Praktiker-Handbuch Bewertung des Grundvermögens und Besteuerung 2022

Praktiker-Handbuch
Bewertung des Grundvermögens und Besteuerung 2022

Bewertungsgesetz
Richtlinien und Erlasse zur Bewertung des Grundvermögens
Erbschaftsteuer-Richtlinien 2019 (Auszug)

Grundsteuergesetz
Grundsteuer-Richtlinien

Zahlreiche Anlagen
u. a.
Fassungsvergleich Grundsteuergesetz
(Anwendung bis zum Kalenderjahr 2024/ab dem Kalenderjahr 2025)
Abweichende landesrechtliche Regelungen

Rechtsprechung

Reform des Grundsteuer- und Bewertungsrechts

Bearbeitet von
Diplom-Finanzwirt Michael Roscher

Stand: 1. Januar 2022

IDW VERLAG GMBH

Das Thema Nachhaltigkeit liegt uns am Herzen:

35. Auflage

Das Werk einschließlich aller seiner Teile ist urheberrechtlich geschützt. Jede Verwertung außerhalb der engen Grenzen des Urheberrechtsgesetzes ist ohne vorherige schriftliche Einwilligung des Verlages unzulässig und strafbar. Dies gilt insbesondere für Vervielfältigungen, Übersetzungen, Mikroverfilmungen und die Einspeicherung und Verbreitung in elektronischen Systemen. Es wird darauf hingewiesen, dass im Werk verwendete Markennamen und Produktbezeichnungen dem marken-, kennzeichen- oder urheberrechtlichen Schutz unterliegen.

© 2022 IDW Verlag GmbH, Tersteegenstraße 14, 40474 Düsseldorf
Die IDW Verlag GmbH ist ein Unternehmen des Instituts der Wirtschaftsprüfer in Deutschland e.V. (IDW).
Satz: Reemers Publishing Services, Krefeld
Druck und Verarbeitung: Druckerei C.H.Beck. Nördlingen
KN 12023

Die Angaben in diesem Werk wurden sorgfältig erstellt und entsprechen dem Wissensstand bei Redaktionsschluss. Da Hinweise und Fakten jedoch dem Wandel der Rechtsprechung und der Gesetzgebung unterliegen, kann für die Richtigkeit und Vollständigkeit der Angaben in diesem Werk keine Haftung übernommen werden. Gleichfalls werden die in diesem Werk abgedruckten Texte und Abbildungen einer üblichen Kontrolle unterzogen; das Auftreten von Druckfehlern kann jedoch gleichwohl nicht völlig ausgeschlossen werden, so dass für aufgrund von Druckfehlern fehlerhafte Texte und Abbildungen ebenfalls keine Haftung übernommen werden kann.

ISBN 978-3-8021-2704-5
Bibliografische Information der Deutschen Bibliothek
Die Deutsche Bibliothek verzeichnet diese Publikation in der Deutschen Nationalbibliografie; detaillierte bibliografische Daten sind im Internet über http://www.d-nb.de abrufbar.

www.idw-verlag.de

Vorwort

Mit der Verkündung eines Gesetzespakets zur Reform der Grundsteuer innerhalb der vom Bundesverfassungsgericht bis Ende des Jahres 2019 gesetzten Frist hat der Bundesgesetzgeber die Voraussetzung geschaffen, dass die Grundsteuer als unverzichtbare und verlässliche Einnahmequelle der Kommunen auch über das Jahr 2019 hinaus erhalten bleibt. Die Länder erhielten die Möglichkeit, abweichende landesrechtliche Regelungen zu treffen (sog. Länderöffnungsklausel). Den Gemeinden wurde für Kalenderjahre ab 2025 die Option eingeräumt, aus städtebaulichen Gründen für baureife Grundstücke einen gesonderten – höheren – Hebesatz festzusetzen (sog. Grundsteuer C).

Im Rahmen des Jahressteuergesetzes 2020 vom 21. Dezember 2020, des Fondsstandortgesetzes vom 3. Juni 2021 und des Grundsteuerreform-Umsetzungsgesetzes vom 16. Juli 2021 wurden die grundsteuer- und bewertungsrechtlichen Vorschriften insbesondere aus Gründen der Rechtssicherheit und der praxisgerechten Anwendung fortentwickelt. Das Bundesministerium der Finanzen hat mit Zustimmung des Bundesrates auf Basis der Ermächtigungsgrundlage in § 263 BewG die Verordnung zur Neufassung der Anlagen 27 bis 33 des Bewertungsgesetzes vom 29. Juni 2021 und die Mietniveau-Einstufungsverordnung vom 18. August 2021 erlassen. Darüber hinaus sind zur Anwendung des Siebenten Abschnitts des Zweiten Teils des Bewertungsgesetzes zur Bewertung des Grundbesitzes für die Grundsteuer ab 1. Januar 2022 koordinierte Erlasse der obersten Finanzbehörden der Länder vom 9. November 2021 ergangen.

Im Bereich der Bewertung des Grundvermögens verfolgen fünf Länder ein abweichendes Grundsteuermodell. Zwei Länder haben landesspezifische Grundsteuermesszahlen festgelegt. Die entsprechenden Landesgesetze sind in einem gesonderten Teil dieses Handbuchs enthalten.

Nach der Flut an Rechtsvorschriften tritt nunmehr die praktische Umsetzung der Reform der Grundsteuer in eine entscheidende Phase! Im Rahmen einer Hauptfeststellung auf den 1.1.2022 sind für alle ca. 36 Millionen inländischen wirtschaftlichen Einheiten des Grundbesitzes (Betriebe der Land- und Forstwirtschaft sowie Grundstücke) auf der Grundlage des reformierten Grundsteuer- und Bewertungsrechts Grundsteuerwerte oder andere Bemessungsgrundlagen gesondert festzustellen. Aufbauend auf diesen Feststellungen erfolgt eine Hauptveranlagung der Grundsteuermessbeträge auf den 1.1.2025.

Neue Entwicklungen gibt es aber nicht nur im Rahmen der Reform der Grundsteuer. Im Wege des Grundsteuerreform-Umsetzungsgesetzes vom 16. Juli 2021 wurden u. a. auch die Anwendung der sonstigen für die Wertermittlung erforderlichen Daten der Gutachterausschüsse bei der Grundbesitzbewertung für Zwecke der Erbschaft- und Schenkungsteuer sowie Grunderwerbsteuer sach- und praxisgerecht ausgestaltet und die Anforderungen an die fachliche Eignung des Gutachters beim Nachweis des niedrigeren gemeinen Werts nach § 198 BewG konkretisiert. Die am 1. Januar 2022 in Kraft getretene neue Immobilienwertermittlungsverordnung vom 14. Juli 2021 stellt einen Meilenstein in der Novellierung des Wertermittlungsrechts auf der Grundlage des Baugesetzbuchs dar. Mit der neuen Verordnung soll insbesondere stärker als bislang sichergestellt werden, dass die Ermittlung der Bodenrichtwerte und der sonstigen für die Wertermittlung erforderlichen Daten bundesweit nach einheitlichen Grundsätzen erfolgt.

Die 35. Auflage dieses Praktiker-Handbuchs bringt sie in bewährter Art und Weise hinsichtlich der Gesetzestexte und wesentlichen Verwaltungsanweisungen sowie den Urteilen und Beschlüssen des Bundesfinanzhofs und des Bundesverfassungsgerichts im Zusammenhang mit der Grundsteuer sowie der Bewertung des Grundvermögens für Zwecke der Grundsteuer, der Erbschaft- und Schenkungsteuer sowie der Grunderwerbsteuer auf den am 1. Januar 2022 geltenden Stand. Darüber hinaus enthält das Handbuch die wichtigsten Vorschriften zur Verkehrswertermittlung auf der Grundlage des Baugesetzbuchs.

Düsseldorf, im März 2022

Der Bearbeiter
IDW-Verlag

Inhaltsverzeichnis

Inhaltsverzeichnis VII
    Erster Teil: Bewertungsvorschriften VII
    Zweiter Teil: Grundsteuer-Vorschriften XXXI
    Dritter Teil: Reform der Grundsteuer XXXV
Abkürzungsverzeichnis XXXIX
Stichwortverzeichnis 1715

Erster Teil:
Bewertungsvorschriften

Bewertungsgesetz (BewG)

Erster Teil: Allgemeine Bewertungsvorschriften

§ 1	Geltungsbereich	3
§ 2	Wirtschaftliche Einheit	3
§ 3	Wertermittlung bei mehreren Beteiligten	4
§ 3a	(weggefallen)	4
§ 4	Aufschiebend bedingter Erwerb	4
§ 5	Auflösend bedingter Erwerb	4
§ 6	Aufschiebend bedingte Lasten	4
§ 7	Auflösend bedingte Lasten	4
§ 8	Befristung auf einen unbestimmten Zeitpunkt	4
§ 9	Bewertungsgrundsatz, gemeiner Wert	5
	ErbStR R B 9.1 Gemeiner Wert	5
	R B 9.2 Ungewöhnliche oder persönliche Verhältnisse	5
§ 10	Begriff des Teilwerts	6
§ 11	Wertpapiere und Anteile	6
§ 12	Kapitalforderungen und Schulden	7
§ 13	Kapitalwert von wiederkehrenden Nutzungen und Leistungen	7
§ 14	Lebenslängliche Nutzungen und Leistungen	8
§ 15	Jahreswert von Nutzungen und Leistungen	9
§ 16	Begrenzung des Jahreswerts von Nutzungen	9

Zweiter Teil: Besondere Bewertungsvorschriften

§ 17	Geltungsbereich	10
§ 18	Vermögensarten	10

Erster Abschnitt: Einheitsbewertung

A. Allgemeines

§ 19	Feststellung von Einheitswerten	11
§ 20	Ermittlung des Einheitswerts	13
§ 21	Hauptfeststellung	13
§ 22	Fortschreibungen	14
§ 23	Nachfeststellung	16
§ 24	Aufhebung des Einheitswerts	16
§ 24a	Änderung von Feststellungsbescheiden	16
§ 25	Nachholung einer Feststellung	17
§ 26	Umfang der wirtschaftlichen Einheit bei Ehegatten oder Lebenspartnern	17
§ 27	Wertverhältnisse bei Fortschreibungen und Nachfeststellungen	17

§ 28	Erklärungspflicht	17
§ 29	Auskünfte, Erhebungen und Mitteilungen	18
§ 30	Abrundung	19
§ 31	Bewertung von ausländischem Sachvermögen	19
§ 32	Bewertung von inländischem Sachvermögen	19

B. Land- und forstwirtschaftliches Vermögen
I. Allgemeines

§ 33	Begriff des land- und forstwirtschaftlichen Vermögens	20
§ 34	Betrieb der Land- und Forstwirtschaft	21
§ 35	Bewertungsstichtag	21
§ 36	Bewertungsgrundsätze	22
§ 37	Ermittlung des Ertragswerts	22
§ 38	Vergleichszahl, Ertragsbedingungen	22
§ 39	Bewertungsstützpunkte	23
§ 40	Ermittlung des Vergleichswerts	23
§ 41	Abschläge und Zuschläge	24
§ 42	Nebenbetriebe	24
§ 43	Abbauland	24
§ 44	Geringstland	24
§ 45	Unland	24
§ 46	Wirtschaftswert	25
§ 47	Wohnungswert	25
§ 48	Zusammensetzung des Einheitswerts	25
§ 48a	Einheitswert bestimmter intensiv genutzter Flächen	25
§ 49	(weggefallen)	25

II. Besondere Vorschriften
a) Landwirtschaftliche Nutzung

§ 50	Ertragsbedingungen	26
§ 51	Tierbestände	27
§ 51a	Gemeinschaftliche Tierhaltung	28
§ 52	Sonderkulturen	28

b) Forstwirtschaftliche Nutzung

§ 53	Umlaufende Betriebsmittel	29
§ 54	Bewertungsstichtag	29
§ 55	Ermittlung des Vergleichswerts	29

c) Weinbauliche Nutzung

§ 56	Umlaufende Betriebsmittel	30
§ 57	Bewertungsstützpunkte	30
§ 58	Innere Verkehrslage	30

d) Gärtnerische Nutzung

§ 59	Bewertungsstichtag	30
§ 60	Ertragsbedingungen	30
§ 61	Anwendung des vergleichenden Verfahrens	31

e) Sonstige land- und forstwirtschaftliche Nutzung

§ 62	Arten und Bewertung der sonstigen land- und forstwirtschaftlichen Nutzung	31

III. Bewertungsbeirat, Gutachterausschuß

§ 63	Bewertungsbeirat	32
§ 64	Mitglieder	32
§ 65	Aufgaben	33
§ 66	Geschäftsführung	33
§ 67	Gutachterausschuß	33

C. Grundvermögen
I. Allgemeines

§ 68	Begriff des Grundvermögens		34
	BewRGr 1.	Begriff des Grundvermögens (§ 68 BewG)	36
§ 69	Abgrenzung des Grundvermögens vom land- und forstwirtschaftlichen Vermögen		38
	BewRGr 2.	Abgrenzung des Grundvermögens vom land- und forstwirtschaftlichen Vermögen (§ 69 BewG)	38
	3.	Abgrenzung des Grundvermögens vom Betriebsvermögen (§ 99 BewG)	41
§ 70	Grundstück		42
	BewRGr 4.	Grundstück (§ 70 BewG)	42
§ 71	Gebäude und Gebäudeteile für den Zivilschutz		44
	BewRGr 5.	Gebäude und Gebäudeteile für den Bevölkerungsschutz (§ 71 BewG)	44

II. Unbebaute Grundstücke

§ 72	Begriff		45
	BewRGr 6.	Begriff des unbebauten Grundstücks (§ 72 Abs. 1 BewG)	46
	7.	Wertermittlung bei unbebauten Grundstücken (§ 9 BewG)	46
	8.	Getrennte Wertermittlung für Vorderland und Hinterland	47
	9.	Wertermittlung bei Eckgrundstücken	47
	10.	Sonstige Besonderheiten bei der Wertermittlung	49
	11.	Grundstücke mit Gebäuden von untergeordneter Bedeutung (§ 72 Abs. 2 und § 9 BewG)	50
	12.	Grundstücke mit zerstörten oder dem Verfall preisgegebenen Gebäuden (§ 72 Abs. 3 und § 9 BewG)	50
§ 73	Baureife Grundstücke		51
	BewRGr 13.	Baureife Grundstücke (§ 73 BewG)	51

III. Bebaute Grundstücke
a) Begriff und Bewertung

§ 74	Begriff		52
	BewRGr 14.	Begriff der bebauten Grundstücke (§ 74 BewG)	52
§ 75	Grundstücksarten		53
	BewRGr 15.	Arten der bebauten Grundstücke (§ 75 BewG)	54
§ 76	Bewertung		57
	BewRGr 16.	Bewertung der bebauten Grundstücke (§ 76 BewG)	58
§ 77	Mindestwert		61
	BewRGr 17.	Mindestwert (§ 77 BewG)	61

b) Verfahren
1. Ertragswertverfahren

§ 78	Grundstückswert		62
	BewRGr 18.	Überblick über das Verfahren	62

	19.	Bewirtschaftungskosten	62
	20.	Bodenwertanteil	63
§ 79	Jahresrohmiete		66
BewRGr	21.	Allgemeines (§ 79 Abs. 1 BewG)	67
	22.	Schönheitsreparaturen	68
	23.	Ansatz der üblichen Miete (§ 79 Abs. 2 Satz 1 BewG)	69
	24.	Schätzung der üblichen Miete bei Einfamilienhäusern und Zweifamilienhäusern (§ 79 Abs. 2 Satz 2 BewG)	69
	25.	Miete bei Grundsteuervergünstigung (§ 79 Abs. 3 BewG)	69
§ 80	Vervielfältiger		71
BewRGr	26.	Regelmäßige Vervielfältiger (§ 80 Abs. 1 und 2 BewG)	71
	27.	Vervielfältiger bei wesentlicher Verlängerung oder Verkürzung der Lebensdauer des Gebäudes (§ 80 Abs. 3 BewG)	71
	28.	Vervielfältiger bei Gebäuden oder Gebäudeteilen verschiedener Bauart oder verschiedenen Alters (§ 80 Abs. 4 BewG)	72
	29.	Vervielfältiger bei Wiederaufbau von kriegsbeschädigten Gebäuden	73
§ 81	Außergewöhnliche Grundsteuerbelastung		74
Verordnung zur Durchführung des § 81 des Bewertungsgesetzes			74
	§ 1		74
	§ 2		74
	§ 3		75
	§ 4		76
	§ 5		76
	§ 6		76
BewRGr	30.	Ermittlung der Belastungszahl; Berücksichtigung der außergewöhnlichen Grundsteuerbelastung (§ 81 BewG)	76
§ 82	Ermäßigung und Erhöhung		79
BewRGr	31.	Ermäßigung des Grundstückswerts (§ 82 Abs. 1 BewG)	79
	32.	Erhöhung des Grundstückswerts (§ 82 Abs. 2 BewG)	80
	33.	Höchstmaß der Ermäßigung und Erhöhung des Grundstückswerts (§ 82 Abs. 3 BewG)	82

2. Sachwertverfahren

§ 83	Grundstückswert		86
BewRGr	34.	Ermittlung des Grundstückswerts	86
§ 84	Bodenwert		87
BewRGr	35.	Ermittlung des Bodenwerts	87
§ 85	Gebäudewert		88
BewRGr	36.	Ermittlung des Gebäudewerts	88
	37.	Berechnung des umbauten Raumes	89
	38.	Raummeterpreise	89
	39.	Ermäßigung oder Erhöhung des nach dem Raummeterpreis errechneten Werts	90
	40.	Umrechnung der durchschnittlichen Herstellungskosten des Jahres 1958 nach den Baupreisverhältnissen im Hauptfeststellungszeitpunkt	91
§ 86	Wertminderung wegen Alters		92
BewRGr	41.	Wertminderung wegen Alters (§ 86 BewG)	92
		a) Wertminderung im Regelfall	92

		b) Berechnung der Wertminderung bei Gebäuden mit Gebäudeteilen verschiedenen Alters	93
		c) Berechnung der Wertminderung bei Verkürzung der gewöhnlichen Lebensdauer	93
		d) Berechnung der Wertminderung bei Verlängerung der restlichen Lebensdauer	94
		e) Restwert	94
§ 87	Wertminderung wegen baulicher Mängel und Schäden		95
	BewRGr 42.	Wertminderung wegen baulicher Mängel und Schäden (§ 87 BewG)	95
	43.	Zusammentreffen von Wertminderungen infolge Verkürzung der Lebensdauer und von Wertminderungen infolge schlechten baulichen Zustandes	95
§ 88	Ermäßigung und Erhöhung...................................		96
	BewRGr 44.	Ermäßigung und Erhöhung des Gebäudesachwerts (§ 88 BewG)	96
		a) Allgemeines......................................	96
		b) Ermäßigung wegen der Lage des Grundstücks...........	96
		c) Ermäßigung wegen wirtschaftlicher Überalterung........	97
		d) Ermäßigung wegen der Notwendigkeit vorzeitigen Abbruchs	97
		e) Ermäßigung wegen unorganischen Aufbaus.............	98
		f) Ermäßigung wegen übermäßiger Raumhöhe	98
		g) Erhöhungen	99
		h) Abschläge und Zuschläge am Gebäudesachwert sämtlicher oder einzelner Gebäude.................	99
§ 89	Wert der Außenanlagen...................................		100
	BewRGr 45.	Ermittlung des Werts der Außenanlagen	100
§ 90	Angleichung an den gemeinen Wert		101
Verordnung zur Durchführung des § 90 des Bewertungsgesetzes			101
	§ 1		101
	§ 2		101
	§ 3		102
	§ 4		103
	§ 5		103
	§ 6		103
	BewRGr 46.	Anzuwendende Wertzahl	103

IV. Sondervorschriften

§ 91	Grundstücke im Zustand der Bebauung.......................		104
	BewRGr 47.	Grundstücke im Zustand der Bebauung (§ 91 BewG)	104
§ 92	Erbbaurecht		105
	BewRGr 48.	Erbbaurecht (§ 92 BewG)...........................	106
§ 93	Wohnungseigentum und Teileigentum		110
	BewRGr 49.	Wohnungseigentum und Teileigentum (§ 93 BewG)	110
§ 94	Gebäude auf fremdem Grund und Boden		113
	BewRGr 50.	Gebäude auf fremden Grund und Boden (§ 94 BewG)	114

D. Betriebsvermögen

§ 95	Begriff des Betriebsvermögens	116
§ 96	Freie Berufe	116
§ 97	Betriebsvermögen von Körperschaften, Personenvereinigungen und Vermögensmassen	117
§ 98	(weggefallen)...	118
§ 98a	(weggefallen)...	118

§ 99	Betriebsgrundstücke		118
	BewRGr 3.	Abgrenzung des Grundvermögens vom Betriebsvermögen (§ 99 BewG)	118
	ErbStR R B 99	Betriebsgrundstücke	119
§ 100	(weggefallen)		120
§ 101	(weggefallen)		120
§ 102	(weggefallen)		120
§ 103	Schulden und sonstige Abzüge		120
§ 104	(weggefallen)		121
§ 105	(weggefallen)		121
§ 106	(weggefallen)		121
§ 107	(weggefallen)		121
§ 108	(weggefallen)		121
§ 109	Bewertung		121
§ 109a	(weggefallen)		121

Zweiter Abschnitt: Sondervorschriften und Ermächtigungen

§ 110	(weggefallen)	122
§ 111	(weggefallen)	122
§ 112	(weggefallen)	122
§ 113	(weggefallen)	122
§ 113a	(weggefallen)	122
§ 114	(weggefallen)	122
§ 115	(weggefallen)	122
§ 116	(weggefallen)	122
§ 117	(weggefallen)	122
§ 117a	(weggefallen)	122
§ 118	(weggefallen)	122
§ 119	(weggefallen)	122
§ 120	(weggefallen)	122
§ 121	Inlandsvermögen	123
§ 121a	Sondervorschrift für die Anwendung der Einheitswerte 1964	123
§ 121b	(weggefallen)	123
§ 122	Besondere Vorschriften für Berlin (West)	123
§ 123	Ermächtigungen	124
§ 124	(weggefallen)	124

Dritter Abschnitt: Vorschriften für die Bewertung von Vermögen in dem in Artikel 3 des Einigungsvertrages genannten Gebiet

A. Land- und forstwirtschaftliches Vermögen

§ 125	Land- und forstwirtschaftliches Vermögen	125
§ 126	Geltung des Ersatzwirtschaftswerts	127
§ 127	Erklärung zum Ersatzwirtschaftswert	127
§ 128	Auskünfte, Erhebungen, Mitteilungen, Abrundung	127

B. Grundvermögen

§ 129	Grundvermögen	128
§ 129a	Abschläge bei Bewertung mit einem Vielfachen der Jahresrohmiete	130
§ 130	Nachkriegsbauten	131
§ 131	Wohnungseigentum und Teileigentum, Wohnungserbbaurecht und Teilerbbaurecht	131

§ 132	Fortschreibung und Nachfeststellung der Einheitswerte 1935	132
§ 133	Sondervorschrift für die Anwendung der Einheitswerte 1935	132

C. Betriebsvermögen

§ 134	(weggefallen)	133
§ 135	(weggefallen)	133
§ 136	(weggefallen)	133
§ 137	Bilanzposten nach dem D-Markbilanzgesetz	133

Vierter Abschnitt: Vorschriften für die Bewertung von Grundbesitz für die Grunderwerbsteuer ab 1. Januar 1997

A. Allgemeines

§ 138	Feststellung von Grundbesitzwerten	134
§ 139	Abrundung	134

B. Land- und forstwirtschaftliches Vermögen

§ 140	Wirtschaftliche Einheit und Umfang des land- und forstwirtschaftlichen Vermögens	135
§ 141	Umfang des Betriebs der Land- und Forstwirtschaft	135
§ 142	Betriebswert	136
§ 143	Wert der Betriebswohnungen und des Wohnteils	137
§ 144	Zusammensetzung des land- und forstwirtschaftlichen Grundbesitzwerts	137

C. Grundvermögen

I. Unbebaute Grundstücke

§ 145	Unbebaute Grundstücke	138

II. Bebaute Grundstücke

§ 146	Bebaute Grundstücke	139
§ 147	Sonderfälle	139
§ 148	Erbbaurecht	140
§ 148a	Gebäude auf fremdem Grund und Boden	141
§ 149	Grundstücke im Zustand der Bebauung	141
§ 150	Gebäude und Gebäudeteile für den Zivilschutz	141

Fünfter Abschnitt: Gesonderte Feststellungen

§ 151		Gesonderte Feststellungen	142
	ErbStR R B 151.1	Durchführung eines Feststellungsverfahrens	143
	R B 151.2	Gesonderte Feststellung von Grundbesitzwerten nach § 151 BewG	144
	R B 151.3	Benennung des Erbschaftsteuerfinanzamts und des Erblassers/Schenkers	147
	R B 151.4	Gesonderte Feststellung des Werts des Betriebsvermögens oder des Anteils am Betriebsvermögen	147
	R B 151.5	Gesonderte Feststellung des Werts nicht notierter Anteile an Kapitalgesellschaften	147
	R B 151.6	Gesonderte Feststellung des Werts von Genossenschaften	148
	R B 151.7	Gesonderte Feststellung bei vermögensverwaltenden Gemeinschaften/Gesellschaften	148
	R B 151.8	Basiswert	149
	R B 151.9	Nachrichtliche Angaben zu den Feststellungen nach § 151 Absatz 1 Satz 1 Nummer 2 und 3 BewG	149
	R B 151.10	Mitteilungen der Betriebsfinanzämter	150

§ 152	Örtliche Zuständigkeit		152
	ErbStR R B 152	Örtliche Zuständigkeit	152
§ 153	Erklärungspflicht, Verfahrensvorschriften für die gesonderte Feststellung, Feststellungsfrist		153
	ErbStR R B 153	Erklärungspflicht	153
§ 154	Beteiligte am Feststellungsverfahren		156
	ErbStR R B 154	Beteiligte am Feststellungsverfahren und Bekanntgabe des Feststellungsbescheids	156
§ 155	Rechtsbehelfsbefugnis		160
	ErbStR R B 155	Rechtsbehelfsbefugnis	160
§ 156	Außenprüfung		160
	ErbStR R B 156	Außenprüfung	160

Sechster Abschnitt: Vorschriften für die Bewertung von Grundbesitz, von nicht notierten Anteilen an Kapitalgesellschaften und von Betriebsvermögen für die Erbschaftsteuer ab 1. Januar 2009

A. Allgemeines

§ 157	Feststellung von Grundbesitzwerten, von Anteilswerten und von Betriebsvermögenswerten		161

B. Land- und forstwirtschaftliches Vermögen

I. Allgemeines

§ 158	Begriff des land- und forstwirtschaftlichen Vermögens		162
	ErbStR R B 158.1	Begriff des land- und forstwirtschaftlichen Vermögens	163
	R B 158.2	Abgrenzung des land- und forstwirtschaftlichen Vermögens vom Betriebsvermögen	164
	R B 158.3	Abgrenzung des land- und forstwirtschaftlichen Vermögens vom Grundvermögen	165
	R B 158.4	Abgrenzung des land- und forstwirtschaftlichen Vermögens vom übrigen Vermögen	165
§ 159	Abgrenzung land- und forstwirtschaftlich genutzter Flächen zum Grundvermögen		166
	ErbStR R B 159	Abgrenzung land- und forstwirtschaftlich genutzter Flächen	166
§ 160	Betrieb der Land- und Forstwirtschaft		169
	ErbStR R B 160.1	Wirtschaftsteil	170
	R B 160.2	Landwirtschaftliche Nutzung	171
	R B 160.3	Forstwirtschaftliche Nutzung	172
	R B 160.4	Weinbauliche Nutzung	172
	R B 160.5	Gärtnerische Nutzung	173
	R B 160.6	Nutzungsteile Gemüsebau sowie Blumen- und Zierpflanzenbau	173
	R B 160.7	Nutzungsteil Obstbau	173
	R B 160.8	Nutzungsteil Baumschulen	174
	R B 160.9	Übrige land- und forstwirtschaftliche Nutzungen	174
	R B 160.10	Binnenfischerei, Teichwirtschaft und Fischzucht für Binnenfischerei und Teichwirtschaft	174
	R B 160.11	Imkerei	175
	R B 160.12	Wanderschäferei	175
	R B 160.13	Saatzucht	175
	R B 160.14	Pilzanbau	175
	R B 160.15	Nützlinge	176
	R B 160.16	Weihnachtsbaumkulturen	176
	R B 160.17	Besamungsstationen	176
	R B 160.18	Nebenbetriebe	176

	R B 160.19	Abbauland		176
	R B 160.20	Geringstland		177
	R B 160.21	Betriebswohnungen		177
	R B 160.22	Wohnteil		177
§ 161	Bewertungsstichtag			180
	ErbStR	R B 161	Bewertungsstichtag	180
§ 162	Bewertung des Wirtschaftsteils			180
	ErbStR	R B 162	Bewertung des Wirtschaftsteils	180
§ 163	Ermittlung der Wirtschaftswerte			182
	ErbStR	R B 163	Ermittlung der Wirtschaftswerte	183
§ 164	Mindestwert			197
	ErbStR	R B 164	Ermittlung des Mindestwerts	197
§ 165	Bewertung des Wirtschaftsteils mit dem Fortführungswert			205
	ErbStR	R B 165	Bewertung des Wirtschaftsteils mit dem Fortführungswert	205
§ 166	Bewertung des Wirtschaftsteils mit dem Liquidationswert			206
	ErbStR	R B 166	Liquidationswert	206
§ 167	Bewertung der Betriebswohnungen und des Wohnteils			209
	ErbStR	R B 167.1	Bewertung der Betriebswohnungen und des Wohnteils	209
		R B 167.2	Ermäßigungen für Besonderheiten	212
		R B 167.3	Öffnungsklausel für die Betriebswohnungen und den Wohnteil	213
§ 168	Grundbesitzwert des Betriebs der Land- und Forstwirtschaft			215
	ErbStR	R B 168	Grundbesitzwert des Betriebs der Land- und Forstwirtschaft	215

II. Besonderer Teil

a) Landwirtschaftliche Nutzung

§ 169	Tierbestände		218
§ 170	Umlaufende Betriebsmittel		218

b) Forstwirtschaftliche Nutzung

§ 171	Umlaufende Betriebsmittel		219
§ 172	Abweichender Bewertungsstichtag		219

c) Weinbauliche Nutzung

§ 173	Umlaufende Betriebsmittel		220

d) Gärtnerische Nutzung

§ 174	Abweichende Bewertungsverhältnisse		221

e) Übrige land- und forstwirtschaftliche Nutzungen

§ 175	Übrige land- und forstwirtschaftliche Nutzungen		222

C. Grundvermögen
I. Allgemeines

§ 176	Grundvermögen			223
	ErbStR	R B 176.1	Begriff des Grundvermögens	223
		R B 176.2	Grundstück	224
§ 177	Bewertung			225
	ErbStR	R B 177	Bewertungsmaßstab	225

II. Unbebaute Grundstücke

§ 178	Begriff der unbebauten Grundstücke			226
	ErbStR	R B 178	Begriff des unbebauten Grundstücks	226

§ 179	Bewertung der unbebauten Grundstücke....................................	228
	ErbStR R B 179.1 Bewertung von unbebauten Grundstücken	228
	R B 179.2 Ansatz der Bodenrichtwerke	228
	R B 179.3 Ansatz des Bodenwerts...................................	232

III. Bebaute Grundstücke

§ 180	Begriff der bebauten Grundstücke..	234
	ErbStR R B 180 Begriff des bebauten Grundstücks........................	234
§ 181	Grundstücksarten...	235
	ErbStR R B 181.1 Grundstücksarten.....................................	236
	R B 181.2 Wohnungs- und Teileigentum...........................	237
§ 182	Bewertung der bebauten Grundstücke....................................	239
	ErbStR R B 182 Zuordnung zu den Bewertungsverfahren	239
§ 183	Bewertung im Vergleichswertverfahren	241
	ErbStR R B 183 Vergleichswertverfahren................................	241
§ 184	Bewertung im Ertragswertverfahren	244
	ErbStR R B 184 Allgemeine Grundsätze des Ertragswertverfahrens	244
§ 185	Ermittlung des Gebäudeertragswerts.....................................	245
	ErbStR R B 185.1 Bodenwertverzinsung	245
	R B 185.2 Vervielfältiger	246
	R B 185.3 Restnutzungsdauer	246
	R B 185.4 Grundstück mit mehreren Gebäuden bzw. Gebäudeteilen......	249
§ 186	Rohertrag des Grundstücks..	252
	ErbStR R B 186.1 Rohertrag..	252
	R B 186.2 Betriebskosten..	254
	R B 186.3 Vermietung zu gewerblichen, freiberuflichen oder öffentlichen Zwecken...	254
	R B 186.4 Ansatz der üblichen Miete	254
	R B 186.5 Ermittlung der üblichen Miete	255
§ 187	Bewirtschaftungskosten...	257
	ErbStR R B 187 Bewirtschaftungskosten	257
§ 188	Liegenschaftszinssatz...	258
	ErbStR R B 188 Liegenschaftszinssatz	258
§ 189	Bewertung im Sachwertverfahren	260
	ErbStR R B 189 Allgemeine Grundsätze des Sachwertverfahrens	260
§ 190	Ermittlung des Gebäudesachwerts.......................................	264
	ErbStR R B 190.1 Regelherstellungskosten...............................	264
	R B 190.2 Gebäudeart..	265
	R B 190.3 Gebäudestandard	266
	R B 190.4 Baupreisindex	267
	R B 190.5 Besonders werthaltige Außenanlagen	268
	R B 190.6 Brutto-Grundfläche	269
	R B 190.7 Alterswertminderung..................................	271
	R B 190.8 Grundstück mit mehreren Gebäuden bzw. Gebäudeteilen......	274
§ 191	Wertzahlen	275
	ErbStR R B 191 Wertzahlen	275

IV. Sonderfälle

§ 192	Bewertung in Erbbaurechtsfällen...	276
	ErbStR R B 192.1 Begriff des Erbbaurechts...............................	276

		R B 192.2	Bewertung in Erbbaurechtsfällen	276
§ 193	Bewertung des Erbbaurechts			277
	ErbStR	R B 193	Bewertung des Erbbaurechts	277
§ 194	Bewertung des Erbbaugrundstücks			284
	ErbStR	R B 194	Bewertung des Erbbaugrundstücks (belastetes Grundstück)	284
§ 195	Gebäude auf fremdem Grund und Boden			287
	ErbStR	R B 195.1	Gebäude auf fremdem Grund und Boden	287
		R B 195.2	Wertermittlung bei Gebäuden auf fremdem Grund und Boden und belasteten Grundstücken	288
§ 196	Grundstücke im Zustand der Bebauung			291
	ErbStR	R B 196.1	Grundstücke im Zustand der Bebauung	291
		R B 196.2	Wertermittlung bei Grundstücken im Zustand der Bebauung	292
§ 197	Gebäude und Gebäudeteile für den Zivilschutz			295
	ErbStR	R B 197	Gebäude und Gebäudeteile für den Zivilschutz	295

V. Nachweis des niedrigeren gemeinen Werts

§ 198	Nachweis des niedrigeren gemeinen Werts			296
	ErbStR	R B 198	Nachweis des niedrigeren gemeinen Werts	298

D. Nicht notierte Anteile an Kapitalgesellschaften und Betriebsvermögen

§ 199	Anwendung des vereinfachten Ertragswertverfahrens	300
§ 200	Vereinfachtes Ertragswertverfahren	300
§ 201	Ermittlung des Jahresertrags	300
§ 202	Betriebsergebnis	301
§ 203	Kapitalisierungsfaktor	302
§ 204	(unbesetzt)	302
§ 205	(unbesetzt)	302
§ 206	(unbesetzt)	302
§ 207	(unbesetzt)	302
§ 208	(unbesetzt)	302
§ 209	(unbesetzt)	302
§ 210	(unbesetzt)	302
§ 211	(unbesetzt)	302
§ 212	(unbesetzt)	302
§ 213	(unbesetzt)	302
§ 214	(unbesetzt)	302
§ 215	(unbesetzt)	302
§ 216	(unbesetzt)	302
§ 217	(unbesetzt)	302

Siebenter Abschnitt: Bewertung des Grundbesitzes für die Grundsteuer ab 1. Januar 2022

A. Allgemeines

§ 218	Vermögensarten			303
	AEBewGrSt	A 218	Vermögensarten	303
§ 219	Feststellung von Grundsteuerwerten			303
	AEBewGrSt	A 219	Feststellung von Grundsteuerwerten	304
§ 220	Ermittlung der Grundsteuerwerte			304
	AEBewGrSt	A 220	Ermittlung der Grundsteuerwerte	304
§ 221	Hauptfeststellung			304
	AEBewGrSt	A 221	Hauptfeststellung	305

§ 222	Fortschreibungen			305
	AEBewGrSt	A 222	Fortschreibungen	305
§ 223	Nachfeststellung			307
	AEBewGrSt	A 223	Nachfeststellung	307
§ 224	Aufhebung des Grundsteuerwerts			308
	AEBewGrSt	A 224	Aufhebung des Grundsteuerwerts	308
§ 225	Änderung von Feststellungsbescheiden			309
	AEBewGrSt	A 225	Änderung von Feststellungsbescheiden	309
§ 226	Nachholung einer Feststellung			310
	AEBewGrSt	A 226	Nachholung einer Feststellung	310
§ 227	Wertverhältnisse bei Fortschreibungen und Nachfeststellungen			311
	AEBewGrSt	A 227	Wertverhältnisse bei Fortschreibungen und Nachfeststellungen	311
§ 228	Erklärungs- und Anzeigepflicht			312
	AEBewGrSt	A 228	Erklärungs- und Anzeigepflicht	313
§ 229	Auskünfte, Erhebungen und Mitteilungen			314
	AEBewGrSt	A 229	Auskünfte, Erhebungen und Mitteilungen	315
§ 230	Abrundung			315
	AEBewGrSt	A 230	Abrundung	315
§ 231	Abgrenzung von in- und ausländischem Vermögen			315
	AEBewGrSt	A 231	Abgrenzung von in- und ausländischem Vermögen	315

B. Land- und forstwirtschaftliches Vermögen

I. Allgemeines

§ 232	Begriff des land- und forstwirtschaftlichen Vermögens	316
§ 233	Abgrenzung des land- und forstwirtschaftlichen Vermögens vom Grundvermögen in Sonderfällen	316
§ 234	Betrieb der Land- und Forstwirtschaft	317
§ 235	Bewertungsstichtag	318
§ 236	Bewertungsgrundsätze	318
§ 237	Bewertung des Betriebs der Land- und Forstwirtschaft	318
§ 238	Zuschläge zum Reinertrag	319
§ 239	Grundsteuerwert des Betriebs der Land- und Forstwirtschaft	320
§ 240	Kleingartenland und Dauerkleingartenland	320

II. Besondere Vorschriften

a) Landwirtschaftliche Nutzung

§ 241	Tierbestände	321

b) Übrige land- und forstwirtschaftliche Nutzungen

§ 242	Übrige land- und forstwirtschaftliche Nutzungen	322

C. Grundvermögen

I. Allgemeines

§ 243	Begriff des Grundvermögens			323
	AEBewGrSt	A 243	Begriff des Grundvermögens	323
§ 244	Grundstück			324
	AEBewGrSt	A 244	Grundstück	325
§ 245	Gebäude, Gebäudeteile und Anlagen für den Zivilschutz			326
	AEBewGrSt	A 245	Gebäude, Gebäudeteile und Anlagen für den Zivilschutz	326

II. Unbebaute Grundstücke

§ 246	Begriff der unbebauten Grundstücke		326
	AEBewGrSt A 246	Begriff der unbebauten Grundstücke	326
§ 247	Bewertung der unbebauten Grundstücke		327
	AEBewGrSt A 247.1	Bewertung der unbebauten Grundstücke; Allgemeines	328
	A 247.2	Ansatz der Bodenrichtwerte	328
	A 247.3	Ansatz des Bodenwerts nach § 247 Absatz 3 BewG	329

III. Bebaute Grundstücke

§ 248	Begriff der bebauten Grundstücke		330
	AEBewGrSt A 248	Begriff der bebauten Grundstücke	330
§ 249	Grundstücksarten		331
	AEBewGrSt A 249.1	Grundstücksarten; Abgrenzung	332
	A 249.2	Grundstücksart Einfamilienhäuser	334
	A 249.3	Grundstücksart Zweifamilienhäuser	334
	A 249.4	Grundstücksart Mietwohngrundstück	334
	A 249.5	Grundstücksart Wohnungseigentum	335
	A 249.6	Grundstücksart Teileigentum	336
	A 249.7	Grundstücksart Geschäftsgrundstück	336
	A 249.8	Grundstücksart gemischt genutztes Grundstück	336
	A 249.9	Grundstücksart sonstiges bebautes Grundstück	336
	A 249.10	Wohnungsbegriff	337
§ 250	Bewertung der bebauten Grundstücke		337
	AEBewGrSt A 250	Bewertung der bebauten Grundstücke	337
§ 251	Mindestwert		338
	AEBewGrSt A 251	Mindestwert	338
§ 252	Bewertung im Ertragswertverfahren		338
	AEBewGrSt A 252	Bewertung im Ertragswertverfahren	339
§ 253	Ermittlung des kapitalisierten Reinertrags		340
	AEBewGrSt A 253.1	Ermittlung des kapitalisierten Reinertrags; Restnutzungsdauer	340
	A 253.2	Grundstück mit mehreren Gebäuden oder Gebäudeteilen	341
§ 254	Rohertrag des Grundstücks		342
	AEBewGrSt A 254	Rohertrag des Grundstücks	342
§ 255	Bewirtschaftungskosten		343
	AEBewGrSt A 255	Bewirtschaftungskosten	344
§ 256	Liegenschaftszinssätze		344
	AEBewGrSt A 256	Liegenschaftszinssätze	344
§ 257	Ermittlung des abgezinsten Bodenwerts		345
	AEBewGrSt A 257.1	Ermittlung des abgezinsten Bodenwerts; Allgemeines	346
	A 257.2	Berücksichtigung abweichender Grundstücksgrößen bei Ein- und Zweifamilienhäuser	346
	A 257.3	Mehrere Bodenrichtwertzonen	347
	A 257.4	Selbständig nutzbare Teilfläche	348

§ 258	Bewertung im Sachwertverfahren			350
	AEBewGrSt	A 258	Bewertung im Sachwertverfahren	350
§ 259	Ermittlung des Gebäudesachwerts			351
	AEBewGrSt	A 259.1	Bewertung im Sachwertverfahren	352
		A 259.2	Gebäudeart	352
		A 259.3	Baupreisindex	354
		A 259.4	Brutto-Grundfläche (BGF)	355
		A 259.5	Alterswertminderung	357
		A 259.6	Grundstück mit mehreren Gebäuden oder Gebäudeteilen	358
§ 260	Wertzahlen			359
	AEBewGrSt	A 260	Wertzahlen	359

IV. Sonderfälle

§ 261	Erbbaurecht			360
	AEBewGrSt	A 261.1	Erbbaurecht; Begriff des Erbbaurechts	360
		A 261.2	Bewertung in Erbbaurechtsfällen	360
		A 261.3	Wohnungserbbaurecht und Teilerbbaurecht	361
		A 261.4	Mitwirkungspflichten des Erbbauverpflichteten	361
§ 262	Gebäude auf fremdem Grund und Boden			361
	AEBewGrSt	A 262	Gebäude auf fremdem Grund und Boden	361

V. Ermächtigungen

§ 263	Ermächtigungen			362
	AEBewGrSt	A 263	Ermächtigungen	362

Dritter Teil: Schlussbestimmungen

§ 264	Bekanntmachung			363
	AEBewGrSt	A 264	Bekanntmachung	363
§ 265	Anwendungsvorschriften			363
	AEBewGrSt	A 265	Anwendungsvorschriften	364
§ 266	Erstmalige Anwendung des Siebenten Abschnitts des Zweiten Teils			364
	AEBewGrSt	A 266.1	Erstmalige Anwendung des Siebenten Abschnitts des Zweiten Teils; Allgemeines	365
		A 266.2	Übergangsregelungen (§ 266 Absatz 3 BewG)	365

Anlagen (BewG)

Anlage 1	Umrechnungsschlüssel für Tierbestände in Vieheinheiten (VE) nach dem Futterbedarf	367
Anlage 2	Gruppen der Zweige des Tierbestands nach der Flächenabhängigkeit	369
Anlage 3	Vervielfältiger für Mietwohngrundstücke	370
Anlage 4	Vervielfältiger für gemischtgenutzte Grundstücke mit einem gewerblichen Anteil an der Jahresrohmiete bis zu 50 v. H.	371
Anlage 5	Vervielfältiger für gemischtgenutzte Grundstücke mit einem gewerblichen Anteil an der Jahresrohmiete von mehr als 50 v. H.	372
Anlage 6	Vervielfältiger für Geschäftsgrundstücke	373
Anlage 7	Vervielfältiger für Einfamilienhäuser	374
Anlage 8	Vervielfältiger für Zweifamilienhäuser	375

Anlage 9	(weggefallen)	376
Anlage 9a	Kapitalwert einer wiederkehrenden, zeitlich beschränkten Nutzung oder Leistung im Jahresbetrag von einer Deutschen Mark	377
Anlagen	10 bis 13 (weggefallen)	380
Anlage 14	Landwirtschaftliche Nutzung	381
Anlage 15	Forstwirtschaftliche Nutzung	396
Anlage 15a	Forstwirtschaftliche Nutzung	397
Anlage 16	Weinbauliche Nutzung	398
Anlage 17	Gärtnerische Nutzung	399
Anlage 18	Sondernutzungen	400
Anlage 19	Umrechnungsschlüssel für Tierbestände in Vieheinheiten (VE) nach dem Futterbedarf	401
Anlage 20	Gruppen der Zweige des Tierbestands nach der Flächenabhängigkeit	403
Anlage 21	Vervielfältiger	404
Anlage 22	Wirtschaftliche Gesamtnutzungsdauer	407
Anlage 23	Pauschalierte Bewirtschaftungskosten für Verwaltung, Instandhaltung und Mietausfallwagnis in Prozent der Jahresmiete oder üblichen Miete (ohne Betriebskosten)	408
Anlage 24	Ermittlung des Gebäuderegelherstellungswertes	409
Anlage 25	Wertzahlen für Ein- und Zweifamilienhäuser nach § 181 Abs. 1 Nr. 1 BewG und Wohnungseigentum nach § 181 Abs. 1 Nr. 3 BewG sowie Wertzahlen für Teileigentum, Geschäftsgrundstücke, gemischt genutzte Grundstücke und sonstige bebaute Grundstücke nach § 181 Abs. 1 Nr. 3 bis 6 BewG	426
Anlage 26	Abzinsungsfaktoren	427
Anlage 27	Landwirtschaftliche Nutzung (zu § 237 Absatz 2)	431
Anlage 28	Forstwirtschaftliche Nutzung (zu § 237 Absatz 3)	432
Anlage 29	Weinbauliche Nutzung (zu § 237 Absatz 4)	435
Anlage 30	Gärtnerische Nutzung (zu § 237Absatz 5)	436
Anlage 31	Übrige land- und forstwirtschaftliche Nutzungen sowie Abbauland, Geringstland und Unland (zu § 237 Absatz 6 und 7)	437
Anlage 32	Hofstellen (zu § 237 Absatz 8)	438
Anlage 33	Weitere den Ertragswert erhöhende Umstände (zu § 238 Absatz 2)	439
Anlage 34	Umrechnungsschlüssel für Tierbestände in Vieheinheiten (VE) nach dem Futterbedarf (zu § 241 Absatz 5)	440
Anlage 35	Gruppen der Zweige des Tierbestands nach der Flächenabhängigkeit (zu § 241 Absatz 5)	442
Anlage 36	Umrechnungskoeffizienten zur Berücksichtigung abweichender Grundstücksgrößen beim Bodenwert von Ein- und Zweifamilienhäusern (zu den §§ 251 und 257 Absatz 1)	443
Anlage 37	Vervielfältiger (zu § 253 Absatz 2)	445
Anlage 38	Wirtschaftliche Gesamtnutzungsdauer (zu § 253 Absatz 2 und § 259 Absatz 4)	451
Anlage 39	Ermittlung des Rohertrags (zu § 254)	452
Anlage 40	Bewirtschaftungskosten (zu § 255)	457
Anlage 41	Abzinsungsfaktoren (zu § 257 Absatz 2)	458
Anlage 42	Normalherstellungskosten (zu § 259 Absatz 1)	464
Anlage 43	Wertzahlen für Teileigentum, Geschäftsgrundstücke, gemischt genutzte Grundstücke und sonstige bebaute Grundstücke nach § 249 Absatz 1 Nummer 5 bis 8 (zu § 260)	466

Anlagen

Anlage 014.1[1]	a)	BMF-Schreiben vom 4. Oktober 2021 zur **Bewertung einer lebenslänglichen Nutzung oder Leistung; Vervielfältiger für Bewertungsstichtage ab 1. Januar 2022**.	467
	b)	BMF-Schreiben vom 28. Oktober 2020 zur **Bewertung einer lebenslänglichen Nutzung oder Leistung; Vervielfältiger für Bewertungsstichtage ab 1. Januar 2021**.	470
	c)	BMF-Schreiben vom 2. Dezember 2019 zur **Bewertung einer lebenslänglichen Nutzung oder Leistung; Vervielfältiger für Bewertungsstichtage ab 1. Januar 2020**.	473
	d)	BMF-Schreiben vom 22. November 2018 zur **Bewertung einer lebenslänglichen Nutzung oder Leistung; Vervielfältiger für Bewertungsstichtage ab 1. Januar 2019**.	476
	e)	BMF-Schreiben vom 28. November 2017 zur **Bewertung einer lebenslänglichen Nutzung oder Leistung; Vervielfältiger für Bewertungsstichtage ab 1. Januar 2018**.	479
	f)	BMF-Schreiben vom 4. November 2016 zur **Bewertung einer lebenslänglichen Nutzung oder Leistung; Vervielfältiger für Bewertungsstichtage ab 1. Januar 2017**.	479
	g)	BMF-Schreiben vom 2. Dezember 2015 zur **Bewertung einer lebenslänglichen Nutzung oder Leistung; Vervielfältiger für Bewertungsstichtage ab 1. Januar 2016**.	483
Anlage 019.1		Adressierung und Bekanntgabe von **Einheitswertbescheiden an Gesellschaften des bürgerlichen Rechts** (GbR).	487
Anlage 019.2		Gleich lautende Erlasse der obersten Finanzbehörden der Länder vom 17. Januar 2019; **Vorläufige Einheitswertfeststellungen und vorläufige Festsetzungen des Grundsteuermessbetrags**.	488
Anlage 022.1		Richtlinien für die Bewertung des Grundbesitzes im Hauptfeststellungszeitraum 1964 (**Fortschreibungs-Richtlinien**) vom 2. Dezember 1971.	489
Anlage 022.2		Vfg. OFD Magdeburg vom 25. November 1998 betr. **Zurechnungsfortschreibung** im Fall des § 20 UmwStG.	497
Anlage 022.3		Gleich lautende Erlasse der obersten Finanzbehörden der Länder vom 14. Januar 1972: **Fortschreibungen und Nachfeststellungen der Einheitswerte des Grundvermögens auf den 1. Januar 1974**.	498
Anlage 028.1		Vfg. OFD München vom 12. Dezember 2002 betr. Feststellungsfrist bei der Einheitsbewertung des Grundvermögens.	503
Anlage 068.1		**Bürgerliches Gesetzbuch** – Auszug –.	506
Anlage 068.2		Erlaß FinMin Rheinland-Pfalz vom 11. August 1970 betr. **Berücksichtigung der dinglichen Beschränkungen** des Grundstückseigentums bei der Ermittlung des Grundstückswerts.	509
Anlage 068.3		Gleichlautende Erlasse der obersten Finanzbehörden der Länder betr. **Abgrenzung des Grundvermögens von den Betriebsvorrichtungen** vom 5. Juni 2013.	512
Anlage 068.4	a)	Erlaß FinMin NRW vom 6. März 1989 betr. **Be- und Entlüftungsanlagen** in einer **Tiefgarage**.	539
	b)	Rdvfg. OFD Koblenz vom 28. Februar 1998 betr. Abgrenzung der Betriebsvorrichtungen von den Gebäuden bei **Möbelausstellungsräumen**.	539
	c)	Erlaß FinMin Baden-Württemberg vom 21. März 1984 betr. **Zelthallen und Textilbauten**.	539
	d)	Vfg. OFD Frankfurt vom 20. Mai 1987 betr. Bewertung von **Zelthallen**.	540
	e)	Vfg. BayLfSt vom 15. November 2013 betr. **Gebäudeeigenschaft bei Autowaschanlagen** („Stewing-Hallen").	540

---

1) Anlage Paragraf. laufende Nummer.

	f)	Vfg. OFD Saarbrücken vom 29. März 1994 betr. Abgrenzung des Grundvermögens von den Betriebsvorrichtungen bei neuartigen Konstruktionen – **Schiebehallen** –	541
	g)	Vfg. OFD Köln vom 30. September 1994 betr. Abgrenzung der Gebäude von den Betriebsvorrichtungen bei **Selbstbedienungswaschanlagen**	541
	h)	Vfg. OFD Frankfurt/M. vom 23. August 1993 betr. Abgrenzung des Grundvermögens von den Betriebsvorrichtungen bei in **Betonfertigbauweise** errichteten **Bauwerken** und **Containern**	542
	i)	Erlaß FinMin Thüringen vom 1. November 1993 betr. **Bauwerke in Containerbauweise**	543
	j)	Vfg. OFD Magdeburg vom 7. April 1997 betr. Bewertung in **Transformatorenhäusern**	544
	k)	Erlaß FinMin Baden-Württemberg vom 4. Mai 1999 betr. Bewertungsrechtliche Behandlung von **Ganzstahlkonstruktionen zur Präsentation von Pkw** (§ 68 BewG)	545
	l)	Erlaß FinMin Schleswig-Holstein vom 8. Juni 2004 betr. Abgrenzung „Gebäude/Betriebsvorrichtungen" bei **Windkraftanlagen** für Zwecke der Einheitsbewertung	545
	m)	Vfg. OFD Koblenz vom 30. April 2009 betr. Steuerrechtlicher Gebäudebegriff – **Tiefkühllagerhalle**	546
Anlage 069.1		Richtlinien zur **Bewertung des land- und forstwirtschaftlichen Vermögens** vom 17. November 1967 – Auszug	547
Anlage 069.2		**Bundeskleingartengesetz** vom 28. Februar 1983 – Auszug –	549
Anlage 069.3	a)	Erlaß FinMin Sachsen-Anhalt vom 4. Oktober 1991 betr. Bewertung von **Kleingartenland** von **Kleingartenlauben** in Kleingartenanlagen	551
	b)	Vfg. OFD Magdeburg vom 4. Juli 1995 betr. Bewertung von **Kleingartenland** und **Kleingartenlauben** in Kleingartenanlagen	552
	c)	OFD Frankfurt am Main vom 23. Oktober 2017 **zu Grundstücken für Freizeit- und Erholungszwecke und Kleingärten;**Abgrenzung zwischen Grundvermögen und land- und forstwirtschaftlichem Vermögen	552
Anlage 071.1		**Gesetz über den Zivilschutz und die Katastrophenhilfe des Bundes (Zivilschutz- und Katastrophenhilfegesetz – ZSKG)** vom 25. März 1997	557
Anlage 072.1		Erlaß FinMin NRW vom 14. Juli 1981 betr. Errichtung von Gebäuden in **Bauabschnitten**, insbesondere von Zweifamilienhäusern	558
Anlage 072.2		Vfg. OFD Köln vom 28. Juli 1994 betr. Analoge Anwendung des § **90 BewG** bei der Wertermittlung für **Außenanlagen**	559
Anlage 072.3		OFD Frankfurt am Main vom 23. November 2017 zum **Wertansatz für den Grund und Boden bei kleinen Versorgungsflächen**	560
Anlage 072.4		OFD Frankfurt am Main vom 2. Juni 2017 zur **Bezugsfertigkeit eines zur Vermietung vorgesehenen Bürogebäudes**	561
Anlage 075.1		**Baugesetzbuch (BauGB)** i.d.F. der Bekanntmachung vom 3. November 2017 – Auszug –	562
Anlage 075.2		**Baunutzungsverordnung (BauNVO)** i.d.F. der Bekanntmachung vom 21. November 2017 – Auszug –	576
Anlage 075.3		Verordnung über wohnungswirtschaftliche Berechnungen (**Zweite Berechnungsverordnung** – II. BV –) vom 12. Oktober 1990	588
Anlage 075.4		Erlass FinMin Baden-Württemberg vom 14. April 2004 betr. Berechnung der Wohn-/Nutzfläche und Abzug der Betriebskosten bei im Ertragswertverfahren bewerteten Grundstücken ab 1.1.2004 (§§ 79, 146 BewG)	593
Anlage 075.5		Verordnung zur **Berechnung der Wohnfläche** (Wohnflächenverordnung – WoFlV) vom 25. Dezember 2003	594
Anlage 075.6		Vfg. OFD Hannover vom 30. Juli 2002 betr. Wohnflächenberechnung. **Berücksichtigung von Balkonen, Loggien, Dachgarten/-terrassen und Freisitzen** (Terrassen) bei der Einheitsbewertung	596

Anlage 075.7 Verordnung zur Aufstellung von Betriebskosten (**Betriebskostenverordnung – BetrKV**) vom 25. November 2003 598

Anlage 075.8 Erlaß FinMin NRW vom 28. Februar 1967 betr. Bewertung der **Wohnlauben (Kleingartenwohnlauben)** 601

Anlage 075.9 Erlaß FinMin NRW vom 5. Juni 1968 betr. Grundstücksart und wirtschaftliche Einheit des Grund und Bodens, wenn die in fremdem Eigentum stehenden **Gebäude von untergeordneter Bedeutung** sind, und Bewertung der Gebäude auf fremdem Grund und Boden 602

Anlage 075.10 Vfg. OFD Hannover vom 17. August 1981 betr. Einheitsbewertung von **Wochenendhäusern, Ferienhäusern und Ferienwohnungen** 603

Anlage 075.11 a) Vfg. BayLfSt vom 15. November 2013 betr. Gebäudeeigenschaft von **Mobilheimen** 604

b) Erlaß FinMin NRW vom 11. März 1983 betr. Bewertungsrechtliche Behandlung von **Mobilheimen** 604

c) Vfg. BayLfSt vom 15. November 2013 betr. bewertungsrechtliche Behandlung von **Mobilheimen** 605

d) Erlaß FinMin Baden-Württemberg vom 25. April 1996 betr. Behandlung von **Mobilheimen** 605

e) OFD Frankfurt am Main vom 7. August 2017 **zur Gebäudeeigenschaft von Mobilheimen**. 605

Anlage 075.12 Vfg. OFD Frankfurt vom 26. November 1984 betr. Grundstücke, die der **Freizeit und Erholung** dienen. 607

Anlage 075.13 **Wohnungsbegriff** 609

a) Gleich lautende Erlasse der obersten Finanzbehörden der Länder vom 15. Mai 1985 betr. Einheitsbewertung des Grundvermögens; **Änderung der BFH-Rechtsprechung zum Wohnungsbegriff** 609

b) Erlass des FinMin Baden-Württemberg vom 7.3.1991 betr. Einheitsbewertung des Grundvermögens; **Mindestgröße einer Wohnung im Bewertungs- und Grundsteuerrecht** 609

Anlage 076.1 a) Erlaß FinMin NRW vom 10. Januar 1980 betr. Bewertung von **Ein- und Zweifamilienhausgrundstücken mit Schwimmbecken oder Schwimmhallen** .. 611

b) Erlaß FinMin NRW vom 25. April 1988 betr. Bewertung von **Ein- und Zweifamilienhäusern im Sachwertverfahren** 612

c) Vfg. BayLfSt vom 15. November 2013 betr. Abgrenzung der Bewertungsverfahren – Berechnung der maßgebenden **Wohnfläche** 613

d) Vfg. OFD Koblenz vom 24. Juli 2006 betr. Abgrenzung des Sachwertverfahrens vom Ertragswertverfahren bei Ein- und Zweifamilienhäusern 613

Anlage 076.2 Vfg. OFD Hannover vom 4. Februar 1999 betr. Bewertung von **Feriendorfanlagen** bzw. von Ferienhäusern(-wohnungen) innerhalb von Feriendorfanlagen . 617

Anlage 076.3 a) Vfg. BayLfSt vom 15. November 2013 betr. Abgrenzung der Bewertungsverfahren bei **Squashhallen und Fitness-Centern** 619

b) Vfg. OFD Hannover vom 5. August 2003 betr. Abgrenzung des Bewertungsverfahrens bei **Bankgebäuden**. 619

Anlage 076.4 Vfg. OFD Münster vom 26. August 2008 betr. Bewertung von **Grundstücken mit aufstehenden Passivhäusern** 620

Anlage 079.1 Vfg. OFD Münster vom 9. September 2008 betr. **Maßgebliche Miete für nach dem Wohnraumförderungsgesetz** (WoFG) gefördertes selbstgenutzes Wohneigentum und Mietwohnungsbau. 621

Anlage 079.2 Erlaß FinMin NRW vom 23. September 1977 betr. Zuschlag wegen **Schönheitsreparaturen** bei pauschal ermittelter Kostenmiete 622

Anlage 079.3 Erlass SenFin Berlin vom 5. November 2012 betr. Ermittlung der **Ausstattungsgüte von Wohnraum** 623

Anlage 079.4 OFD Frankfurt am Main vom 1. September 2017 zum **Zuschlag für Schönheitsreparaturen bei der Jahresrohmiete nach Abschn. 22 BewRGr** 628

Anlage 080.1	(Anlage 1 BewRGr) Vervielfältiger bei Gemeindegröße: bis 2000 Einwohner	629
Anlage 080.2	(Anlage 2 BewRGr) Vervielfältiger bei Gemeindegröße: über 2000 bis 5000 Einwohner	630
Anlage 080.3	(Anlage 3 BewRGr) Vervielfältiger bei Gemeindegröße: über 5000 bis 10 000 Einwohner	631
Anlage 080.4	(Anlage 4 BewRGr) Vervielfältiger bei Gemeindegröße: über 10 000 bis 50 000 Einwohner	632
Anlage 080.5	(Anlage 5 BewRGr) Vervielfältiger bei Gemeindegröße: über 50 000 bis 100 000 Einwohner	633
Anlage 080.6	(Anlage 6 BewRGr) Vervielfältiger bei Gemeindegröße: über 100 000 bis 200 000 Einwohner	634
Anlage 080.7	(Anlage 7 BewRGr) Vervielfältiger bei Gemeindegröße: über 200 000 bis 500 000 Einwohner	635
Anlage 080.8	(Anlage 8 BewRGr) Vervielfältiger bei Gemeindegröße: über 500 000 Einwohner	636
Anlage 080.9	Erlass FinMin Niedersachsen vom 19. Oktober 2009 betr. Bewertung der in **Fertigbauweise errichteten Gebäude**	637
Anlage 082.1	Vfg. OFD Frankfurt/Main vom 20. Januar 1998 betr. Beeinträchtigung des Grundstückswerts durch **Gerüche**	638
Anlage 082.2	Erlaß FinMin NRW vom 19. Februar 1969 betr. **Belästigung durch Lärm** in der Umgebung von Truppenübungsplätzen	639
Anlage 082.3	Vfg. OFD Frankfurt/Main vom 20. Januar 1998 betr. Ermäßigung des Grundstückswerts wegen **Lärm**	640
Anlage 082.4	a) **Gesetz zum Schutz gegen Fluglärm** vom 31. Oktober 2007 – Auszug –....	642
	b) Verordnungen zu den **Lärmschutzbereichen** nach § 4 Abs. 2 des Gesetzes zum Schutz gegen Fluglärm	645
	c) Erlass des Nds. FinMin vom 31.1.2011 zur Minderung des Einheitswerts von Grundstücken, die durch **Fluglärm** beeinträchtigt sind	646
Anlage 082.5	Rdvfg. OFD Kiel vom 24. April 1968 betr. Schätzung von Abschlägen wegen behebbarer **Baumängeln und Bauschäden**	647
Anlage 082.6	Rdvfg. OFD Düsseldorf vom 25. Juni 1968 betr. Berücksichtigung von **Bergschäden und Bergschadensgefahren**	650
Anlage 082.7	a) (Anlage 9 BewRGr) Abschläge im Falle der **Notwendigkeit baldigen Abbruchs** des Gebäudes (§ 82 Abs. 1 Nr. 3 BewG) und im Falle der Verpflichtung zum Abbruch des Gebäudes (§ 92 Abs. 4, § 94 Abs. 3 Satz 3 BewG) in v. H. des Gebäudewerts – bis 30 Jahre –	655
	b) Bis 49 Jahre weitergeführte Tabelle der Abschläge im Falle der Notwendigkeit baldigen Abbruchs des Gebäudes (§ 82 Abs. 1 Nr. 3 BewG) und im Falle der Verpflichtung zum Abbruch des Gebäudes (§ 92 Abs. 4, § 94 Abs. 3 Satz 3 BewG) in v. H. des Gebäudewerts	656
Anlage 082.8	Erlaß FinMin Niedersachsen vom 22. Januar 1998 betr. **Bodenverunreinigungen** bei der Einheitsbewertung des Grundvermögens einschließlich der Betriebsgrundstücke	657
Anlage 082.9	Gleichlautende Erlasse der obersten Finanzbehörden der Länder betr. Einheitsbewertung von Grundbesitz, der unter **Denkmalschutz** steht, vom 21. Oktober 1985	659
Anlage 082.10	OFD Frankfurt am Main vom 30. November 2017 zum **Abschlag für Grundstücke in Sanierungsgebieten im Sinne der §§ 136 ff. BauGB**	662
Anlage 083.1	(Anlage 10 BewRGr) Darstellung der Ermittlung des Grundstückswerts im Sachwertverfahren	663
Anlage 085.1	(Anlage 11 BewRGr) **Baunebenkosten**	664
Anlage 085.2	(Anlage 12 BewRGr) **Berechnung des umbauten Raums nach DIN 277** (November 1950 x)	665
Anlage 085.3	(Anlage 13 BewRGr) Merkmale für die **Beurteilung der baulichen Ausstattung** bei Gebäuden	676

XXV

Anlage 085.4 (Anlage 14 BewRGr) **Gebäudeklasseneinteilung und Raummeterpreise** 1958, umgerechnet auf den Hauptfeststellungszeitpunkt 1. Januar 1964, für Fabrikgrundstücke 678

Anlage 085.5 Erlaß FinSen Berlin vom 2. August 1967 betr. Ergänzung und Untergliederung der in den Anlagen 14–17 BewRGr angegebenen Preise; hier: **Zu Anlage 14 BewRGr** 685

Anlage 085.6
a) Erlaß FinMin NRW vom 17. Juli 1968 betr. **Einzelfragen zum Sachwertverfahren**... 687
b) Erlaß FinMin NRW vom 9. Februar 1968 betr. **Einzelfragen zu Anlage 14 BewRGr**.. 687
c) Erlaß FinMin NRW vom 27. Juli 1971 betr. Eingruppierung von Gebäuden in die **Gebäudeklassen 2.31 und 2.34 der Anlage 14 BewRGr** 688
d) Erlaß FinMin NRW vom 19. Dezember 1973 betr. **Einzelfragen** zur Bewertung der bebauten Grundstücke **im Sachwertverfahren**............... 688
e) Erlaß FinMin NRW vom 22. Mai 1980 betr. Gebäudeklassen für gewerblich genutzte **Reit- und Tennishallen**.................................... 689
f) Vfg. OFD Frankfurt vom 15. Mai 1986 betr. Abschlag wegen des **Fehlens von Außenwänden** 689
g) Erlaß FinMin Baden-Württemberg vom 26. Juli 2000 betr. Raummeterpreise für PKW-Ausstellungsgebäude (SMART-Tower) 689

Anlage 085.7 **Bewertung von Schuppen**
a) Erlaß FinMin NRW vom 17. Juli 1968 betr. Einzelfragen zum Sachwertverfahren; hier: Abgrenzung des Massivschuppens (Gebäudeklasse 2.23) von den eingeschossigen Massivgebäuden (Gebäudeklasse 2.34)............... 690
b) Erlaß FinMin NRW vom 30. September 1968 betr. Einzelfragen zum Sachwertverfahren; hier: Abschlag wegen fehlenden Fußbodens bei Schuppen ... 690
c) Erlaß FinMin NRW vom 25. Mai 1970 betr. Abschlag wegen Fehlens der Außenwände bei Schuppen 690
d) Erlaß FinMin NRW vom 11. Dezember 1972 betr. Bewertung von Schuppen im Sachwertverfahren 690

Anlage 085.8 **Bewertung von Überdachungen**
Erlaß FinMin NRW vom 18. Dezember 1969 betr. Preise für Überdachungen und PKW-Unterstände in leichter Bauausführung............................... 691

Anlage 085.9 **Bewertungsrechtliche Behandlung von Heizungsanlagen**
a) Erlaß FinMin NRW vom 17. Juli 1968 betr. Einzelfragen zum Sachwertverfahren; hier: Zuschlag für Heizungsanlagen nach Anlage 14 Teil B Nr. 2 BewRGr 692
b) Erlaß FinMin NRW vom 30. September 1968 betr. Einzelfragen zum Sachwertverfahren; hier: Zuschlag für Klimaanlagen bei Gebäuden der Anlage 14 Teil B BewRGr 692
c) Erlaß FinMin NRW vom 19. Dezember 1973 betr. Einzelfragen zur Bewertung der bebauten Grundstücke im Sachwertverfahren; hier: Zuschlag für Heizungsanlagen 692
d) Erlaß FinMin NRW vom 30. Januar 1978 betr. Einzelfragen zur Bewertung eines Geschäftgrundstücks im Sachwertverfahren 692

Anlage 085.10 **Bewertungsrechtliche Behandlung von Aufzügen**
a) Erlaß FinMin NRW vom 17. Juli 1968 betr. Einzelfragen zum Sachwertverfahren; hier: Zuschlag für einen Lastenaufzug nach Anlage 14 Teil A Nr. 4b BewRGr 694
b) Erlaß FinMin NRW vom 21. April 1977 betr. Zuschläge für Personenaufzüge nach den Anlagen 14 und 15 BewRGr................... 694

Anlage 085.11 **Bewertungsrechtliche Behandlung der übergroßen bebauten Flächen**
a) Erlaß FinMin NRW vom 15. Januar 1969 betr. Ermittlung des Gebäudewerts im Sachwertverfahren bei übergroßen bebauten Flächen von Einzelgebäuden 695

	b)	Erlaß FinMin NRW vom 3. März 1970 betr. Ermittlung des Gebäudewerts im Sachwertverfahren bei übergroßer bebauter Fläche von Einzelgebäuden.	695
	c)	Erlaß FinMin NRW vom 23. November 1971 betr. Ermittlung des Gebäudewerts im Sachwertverfahren bei übergroßen bebauten Flächen von Einzelgebäuden	695
	d)	Erlaß FinMin NRW vom 26. Mai 1975 betr. Abschlag bei Gebäuden mit übergroßer bebauter Fläche	696
	e)	Erlaß FinMin NRW vom 7. Januar 1977 betr. Bewertung von Einzelgebäuden mit übergroßen bebauten Flächen	696
	f)	Erlaß FinMin NRW vom 27. Februar 1985 betr. Abschlag für Großobjekte	696
Anlage 085.12	**Abgrenzung der eingeschossigen von den mehrgeschossigen Gebäuden**		
	a)	Erlaß FinMin NRW vom 18. Dezember 1967 betr. Einordnung in die Gebäudeklasse für eingeschossige oder mehrgeschossige Gebäude bei Gebäuden am Hang	697
	b)	Erlaß FinMin NRW vom 7. Januar 1977 betr. Abgrenzung der eingeschossigen von den mehrgeschossigen Gebäuden, Begriff des Vollgeschosses und des Dachgeschosses	697
	c)	Erlaß FinMin NRW vom 1. Februar 1979 betr. Bewertung von zweigeschossigen Shedbauten	698
	d)	Erlaß FinMin NRW vom 12. September 1979 betr. Abgrenzung der eingeschossigen von mehrgeschossigen Gebäuden bei Anwendung der Anlagen 14 und 15 zu den BewRGr	698
Anlage 085.13	**(Anlage 15 BewRGr) Gebäudeklasseneinteilung und Raummeterpreise** 1958, umgerechnet auf den Hauptfeststellungszeitpunkt 1. Januar 1964, **für bestimmte andere Geschäftsgrundstücke und für sonstige bebaute Grundstücke in bestimmten Fällen**		699
Anlage 085.14	Erlaß FinSen Berlin vom 2. August 1967 betr. Ergänzung und Untergliederung der in den Anlagen 14–17 BewRGr angegebenen Preise; hier: **Zu Anlage 15 BewRGr**		704
Anlage 085.15	Wertmäßige Erfassung von **Sprinkleranlagen**		
	a)	ErlaßFinMin Niedersachsen vom 11. März 1985	706
	b)	Erlaß FinMin Niedersachsen vom 4. Mai 1987	706
Anlage 085.16	Erlaß FinSen Bremen vom 26. September 1967 betr. Gebäudeklasseneinteilung und Raummeterpreise für Grundstücke mit **Behelfsbauten**		707
Anlage 085.17	a)	Erlaß FinMin NRW vom 9. Februar 1968 betr. Einzelfragen zu der Anlage 15; hier: Begriff der **Trinkhallen;** Erhöhung des errechneten Werts von Verkaufsständen	708
	b)	Erlaß FinMin NRW vom 7. Januar 1977 betr. Raummeterpreise für **Kühlhäuser**	708
	c)	Erlaß FinMin NRW vom 11. März 1983 betr. Bewertungsrechtliche Behandlung von **Mobilheimen**	708
Anlage 085.18	**(Anlage 16 BewRGr) Bauteil-Preistabelle**		709
Anlage 085.19	Erlaß FinSen Berlin vom 2. August 1967 betr. Ergänzung und Untergliederung der in den Anlagen 14 bis 17 BewRGr angegebenen Preise		712
Anlage 085.20	**Zu Anlage 16 BewRGr**		
	a)	Erlaß FinMin NRW vom 16. Januar 1969 betr. Raummeterpreise **für Schwimmhallen**	713
	b)	Erlaß FinMin NRW vom 15. Juli 1969 zu Anlage 16 BewRGr (hier: **Porenbetonmauerwerk**)	713
Anlage 088.1	Erlaß FinMin NRW vom 27. Februar 1967 betr. Berechnung der **Ermäßigung des Gebäudesachwerts** nach § 88 BewG		714
Anlage 088.2	Erlaß FinMin Baden-Württemberg vom 25. März 1985 betr. Zusammentreffen von **Abschlägen** wegen **wirtschaftlicher Überalterung** und der Notwendigkeit vorzeitigen Abbruchs		717

Anlage 088.3　Gleich lautende Erlasse der obersten Finanzbehörden der Länder vom 8. Oktober 1982 betr. Einheitsbewertung des Grundvermögens; hier: **Auswirkungen der neueren BFH-Rechtsprechung zur Berechnung des Abschlags wegen einer Abbruchverpflichtung und des Abschlags wegen wirtschaftlicher Überalterung** 718

Anlage 089.1　**(Anlage 17 BewRGr) Durchschnittspreise** 1958, umgerechnet auf den Hauptfeststellungszeitpunkt 1. Januar 1964, **für einzelne Außenanlagen** 719

Anlage 089.2　a)　Erlaß FinSen Berlin vom 2. August 1967 betr. Ergänzung und Untergliederung der in den Anlagen 14–17 BewRGr angegebenen Preise; hier: **Zu Anlage 17 BewRGr** 721

　　　　　　　　b)　Erlaß FinSen Berlin vom 2. August 1967 betr. Ergänzung und Untergliederung der in den Anlagen 14–17 BewRGr angegebenen Preise; hier: Zu Abschnitt 45 Abs. 2 BewRGr 721

Anlage 089.3　Vfg OFD Frankfurt vom 13. November 1987 betr. Bewertung von sog. Lärmschutzdämmen und sonstigen Bauteilen, die dem **Umweltschutz** dienen 722

Anlage 090.1　a)　Erlaß FinMin NRW vom 27. Februar 1967 betr. **Wertzahlen nach** der Verordnung zur Durchführung des **§ 90 des Bewertungsgesetzes** in besonderen Fällen 723

　　　　　　　　b)　Erlaß FinMin NRW vom 18. April 1967 betr. **durchschnittliche Wertzahlen bei Fabriken** 723

　　　　　　　　c)　Erlaß FinMin NRW vom 6. Februar 1968 betr. Ausgleich der Wertzahlstufen bei **Fabriken und Werkstätten des Handwerks** 723

　　　　　　　　d)　OFD Frankfurt am Main vom 2. Januar 2018 zu **Wertzahlen nach der VO zu § 90 in besonderen Fällen** 725

Anlage 090.2　a)　Erlaß FinMin NRW vom 2. August 1972 betr. **Wertzahlen** für Wohnteile bei **Geschäftsgrundstücken** 726

　　　　　　　　b)　Vfg. OFD Frankfurt vom 10. Dezember 1986 **betr. Wertzahl für stillgelegte Fabriken** 726

　　　　　　　　c)　Erlaß FinMin Niedersachsen vom 25. Juli 1991 betr. Bewertung von Warenhausgrundstücken mit Parkdächern oder Parkhäusern 727

　　　　　　　　d)　Erlaß FinMin Hessen vom 8. Juni 1994 betr. Angleichung an den gemeinen Wert nach § 90 BewG bei Geschäftsgrundstücken und gemischtgenutzten Grundstücken im ehemaligen **Zonenrandgebiet** 727

Anlage 090.3　Erlaß FinMin Bayern vom 14. Juli 1971 betr. durchschnittliche Wertzahl für **Garagengrundstücke von Kraftomnibusbetrieben** 728

Anlage 092.1　Gesetz über das **Erbbaurecht** 729

Anlage 092.2　a)　Vfg. OFD Frankfurt vom 13. Februar 1987 betr. **wirtschaftliche Einheit von Erbbaurechten** und Gebäuden auf fremdem Grund und Boden. 735

　　　　　　　　b)　Erlaß FinMin Baden-Württemberg vom 14. Oktober 1996 betr. Erwerb des belasteten Grundstückes durch den Erbbauberechtigten 735

　　　　　　　　c)　Vfg. OFD Magdeburg vom 4. September 2013 betr. **Begriff, Entstehung und Verfahren in Fällen des Erbbaurechts** 736

　　　　　　　　d)　Erlaß MinFin Baden-Württemberg vom 24. März 1998 betr. **Verteilung des Gesamtwerts bei der Bewertung von Erbbaurechten** (§ 2 Abs. 3 BewG) 737

Anlage 092.3　OFD Frankfurt am Main vom 28. Dezember 2017 zur **Berücksichtigung einer Abbruchverpflichtung beim Erbbaurecht sowie bei Gebäuden auf fremdem Grund und Boden** 739

Anlage 093.1　Gesetz über das Wohnungseigentum und das Dauerwohnrecht **(Wohnungseigentumsgesetz)** 740

Anlage 093.2　Gleichlautende Erlasse der obersten Finanzbehörden der Länder betr. **Abgrenzung,** Entstehung und Grundstücksart der wirtschaftlichen Einheit, **Wohnungseigentum** und **Teileigentum** vom 26. November 1992 755

Anlage 094.1　Erlaß FinMin NRW vom 28. Februar 1985 betr. **Abschlag** für Gebäude und Außenanlagen auf fremdem Grund und Boden **wegen einer Abbruchverpflichtung** ... 758

Anlage 094.2	a) Vfg. BayLfSt vom 15. November 2013 betr. **Musterhäuser der Bauindustrie**	759
	b) Erlaß FinMin Niedersachsen vom 23. Dezember 1985 betr. Abschlag wegen Abbruchverpflichtung bei Musterhäusern der Fertigbauindustrie	759
Anlage 094.3	Vfg OFD Frankfurt vom 17. September 1984 betr. **Gebäude auf fremdem Grund und Boden**	760
Anlage 094.4	Erlaß FinMin Bayern vom 13. Mai 1985 betr. Bauwerke auf fremdem Grund und Boden mit **Einheitswerten von nicht mehr als 1000 DM**	762
Anlage 094.5	OFD Frankfurt am Main vom 22. Dezember 2017 zu **Gebäuden auf fremdem Grund und Boden**	763
Anlage 125.1	a) Gleichlautende Erlasse der obersten Finanzbehörden der Länder Berlin, Brandenburg, Mecklenburg-Vorpommern, Sachsen, Sachsen-Anhalt und Thüringen vom 11. Dezember 1990 betr. die **Ermittlung von Ersatzwirtschaftswerten** und die **Festsetzung der Grundsteuermeßbeträge für Betriebe der Land- und Forstwirtschaft** ab 1. Januar 1991 – Auszug –	765
	b) Gleichlautende Erlasse der obersten Finanzbehörden der Länder Berlin, Brandenburg, Mecklenburg-Vorpommern, Niedersachsen, Sachsen, Sachsen-Anhalt und Thüringen betr. **Abgrenzung des Grundvermögens vom land- und forstwirtschaftlichen Vermögen im Beitrittsgebiet** vom 22. Dezember 1993	766
	c) Vfg. OFD Magdeburg vom 28. Februar 2001 betr. Einheitsbewertung von Grundstücken, die dem **Abbau von Bodenschätzen** im Tagebau dienen	767
Anlage 125.2	Erlaß FinMin Thüringen vom 20. Mai 1998 betr. **Nachträgliche Feststellung eines Einheitswerts** nach ergangenem Grundsteuermeßbescheid	768
Anlage 129.1	Bewertungsgesetz der Deutschen Demokratischen Republik **(BewG-DDR)** vom 18. September 1970 – Auszug –	769
Anlage 129.2	Durchführungsverordnung zum Reichsbewertungsgesetz **(RBewDV)** vom 2. Februar 1935	770
Anlage 129.3	Gleichlautende Erlasse der obersten Finanzbehörden der Länder vom 7. März 1995 betr. Bewertung von **Grundstücken mit aufstehenden Gebäuden, die dem Verfallpreisgegeben** sind, im Beitrittsgebiet ab 1. Januar 1991	775
Anlage 129.4	Vfg. OFD Magdeburg vom 11. August 1995 betr. Begriff und Bewertung der **unbebauten Grundstücke**, Abgrenzung der unbebauten von den bebauten Grundstücken	776
Anlage 129.5	Vfg. OFD Magdeburg vom 1. Oktober 1996 betr. Behandlung von **Gebäuden auf fremdem Grund und Boden** und Grundstücken mit fremden Gebäuden	778
Anlage 129.6	a) Gleichlautende Erlasse der obersten Finanzbehörden der neuen Länder betr. Abgrenzung, Entstehung und Grundstückshauptgruppe der wirtschaftlichen Einheit **Wohnungs- und Teileigentum im Beitrittsgebiet** ab 1. Januar 1991 vom 25. Juli 1994	780
	b) Vfg OFD Erfurt vom 24. April 1997 betr. **Wohnungs- und Teileigentum**	788
Anlage 129.7	a) Vfg OFD Erfurt vom 16. Mai 1997 betr. Begriff, Entstehung und Verfahren im Falle des **Erbbaurechts**	789
	b) Erlaß FinMin Thüringen vom 25. November 1992 betr. Entstehung und Bewertung von **Untererbbaurechten**	790
Anlage 129.8	Gleichlautende Erlasse der obersten Finanzbehörden der Länder Berlin, Brandenburg, Mecklenburg-Vorpommern, Sachsen, Sachsen-Anhalt und Thüringen vom 6. November 1991 betr. **Bewertung von Einfamilienhäusern** im Beitrittsgebiet ab 1. Januar 1991	791
Anlage 129.9	Erlaß FinMin Thüringen vom 14. Dezember 1995 betr. Bewertung von **Wochenendhäusern**	803
Anlage 129.10	Gleichlautende Erlasse der obersten Finanzbehörden der Länder Berlin, Brandenburg, Mecklenburg-Vorpommern, Sachsen, Sachsen-Anhalt und Thüringen vom 23. November 1992 betr. Abgrenzung der wirtschaftlichen Einheit bei **Einfamilienhäusern mit räumlich getrennt liegenden Garagengrundstücken**.	805

XXIX

Anlage 129.11 Erlaß FinMin Brandenburg vom 5. Juli 1996 betr. Bewertung besonderer **Außenanlagen** bei Einfamilienhäusern 806

Anlage 129.12 Gleichlautende Erlasse der obersten Finanzbehörden der Länder Berlin, Brandenburg, Mecklenburg-Vorpommern, Sachsen, Sachsen-Anhalt und Thüringen vom 19. Januar 1993 betr. **Bewertung von Mietwohngrundstücken und gemischtgenutzten Grundstücken** im Beitrittsgebiet ab 1. Januar 1991 807

Anlage 129.13 Vfg. OFD Magdeburg vom 25. Juli 2002, betr. **Wohnungsleerstand** 818

Anlage 129.14 Vfg. OFD Rostock vom 29. Mai 1996 betr. Anwendung des § 132 Abs. 2 BewG bei teilweise von der Grundsteuer befreiten Grundstücken 819

Anlage 129.15 Gleichlautende Erlasse der obersten Finanzbehörden der Länder Berlin, Brandenburg, Mecklenburg-Vorpommern, Sachsen, Sachsen-Anhalt und Thüringen vom 8. September 1992 betr. **Bewertung von Grundstücken mit Bank-, Versicherungs-, Verwaltungs- und Bürogebäuden sowie Hotelgebäuden** und vergleichbaren Gebäuden im Beitrittsgebiet ab 1. Januar 1991 820

Anlage 129.16 Gleichlautende Erlasse der obersten Finanzbehörden der Länder Berlin, Brandenburg, Mecklenburg-Vorpommern, Sachsen, Sachsen-Anhalt und Thüringen vom 24. November 1992 betr. **Bewertung von Garagen-Grundstücken** im Beitrittsgebiet ab 1. Januar 1991 833

Anlage 129.17 Gleichlautende Erlasse der obersten Finanzbehörden der Länder Berlin, Brandenburg, Mecklenburg-Vorpommern, Sachsen, Sachsen-Anhalt und Thüringen vom 9. November 1992 betr. **Bewertung von Tankstellengrundstücken** im Beitrittsgebiet ab 1. Januar 1991 834

Anlage 129.18 Gleichlautende Erlasse der obersten Finanzbehörden der neuen Länder betr. **Bewertung von Fabrikgrundstücken, Lagerhausgrundstücken, Grundstücken mit Werkstätten und vergleichbaren Grundstücken (Gewerbegrundstücke)** im Beitrittsgebiet ab 1. Januar 1991 vom 21. Mai 1993 852

Anlage 129.19 Gleichlautende Erlasse der obersten Finanzbehörden der neuen Länder betr. **Bewertung von Warenhausgrundstücken, Einkaufszentren sowie Grundstücken mit Großmärkten, SB-Märkten und Verbrauchermärkten und mit Messehallen** im Beitrittsgebiet ab 1. Januar 1991 vom 25. Juni 1993 878

Anlage 129.20 Gleichlautende Erlasse der obersten Finanzbehörden der neuen Länder betr. **Bewertung von übrigen Geschäftsgrundstücken und sonstigen bebauten Grundstücken** im Beitrittsgebiet ab 1. Januar 1991 vom 21. Juli 1994 894

Anlage 129.21 Vfg. OFD Magdeburg vom 3. September 1996 betr. **Errichtung** von Gebäuden **in Bauabschnitten,** Zeitpunkt der Bezugsfertigkeit 922

Anlage 129.22 Gleich lautende Erlasse der obersten Finanzbehörden der Länder Berlin, Brandenburg, Mecklenburg-Vorpommern, Sachsen, Sachsen-Anhalt und Thüringen vom 20. November 1990 betr. **Bewertung des Grundvermögens und der Betriebsgrundstücke im Sinne des § 99 Abs. 1 Nr. 1 BewG sowie Festsetzung der Grundsteuermessbeträge im beigetretenen Teil Deutschlands ab 1. Januar 1991 sowie Erhebung der Grundsteuer bei Mietwohngrundstücken und Einfamilienhäusern** 924

Anlage 151.1 Gleich lautende Erlasse der obersten Finanzbehörden der Länder vom 16. Dezember 2015 betr. **vorläufige Festsetzungen der Grunderwerbsteuer, vorläufige Feststellungen nach § 17 Absatz 2 und 3 GrEStG und vorläufige Feststellungen von Grundbesitzwerten** 933

Anlage 151.2 Gleich lautende Erlasse der obersten Finanzbehörden der Länder vom 15. Juni 2016 betr. **Feststellung nach § 151 Abs. 1 und 2 Nr. 2 BewG sowie § 13a Abs. 1a ErbStG und § 13b Abs. 2a ErbStG im Fall einer Erbengemeinschaft** . . . 935

Anlage 154.1 Gleich lautende Erlasse der obersten Finanzbehörden der Länder vom 14. März 2016 betr. **Anwendung des § 154 Abs. 1 BewG i. d. F. des Steueränderungsgesetzes 2015** 936

Anlage 188.1 Gleich lautende Erlasse der obersten Finanzbehörden der Länder vom 23. September 2020 betr. **Anwendung von durch den Gutachterausschuss ermittelten Liegenschaftszinssätzen bei der Grundbesitzbewertung im Sinne des § 188 Absatz 2 BewG** 939

Anlage 190.1	a) BMF-Schreiben vom 11. Januar 2022 betr. **Ermittlung des Gebäudesachwerts** nach § 190 BewG; **Baupreisindizes zur Anpassung der Regelherstellungskosten** aus der Anlage 24 BewG für **Bewertungsstichtage im Kalenderjahr 2022**	940
	b) BMF-Schreiben vom 18. Januar 2021 betr. **Ermittlung des Gebäudesachwerts** nach § 190 BewG; **Baupreisindizes zur Anpassung der Regelherstellungskosten** aus der Anlage 24 BewG für **Bewertungsstichtage im Kalenderjahr 2021**	940
	c) BMF-Schreiben vom 28. Januar 2020 betr. **Ermittlung des Gebäudesachwerts** nach § 190 BewG; **Baupreisindizes zur Anpassung der Regelherstellungskosten** aus der Anlage 24 BewG für **Bewertungsstichtage im Kalenderjahr 2020**	940
	d) BMF-Schreiben vom 22. Februar 2019 betr. **Ermittlung des Gebäudesachwerts** nach § 190 BewG; **Baupreisindizes zur Anpassung der Regelherstellungskosten** aus der Anlage 24 BewG für **Bewertungsstichtage im Kalenderjahr 2019**.	941
	e) BMF-Schreiben vom 22. Januar 2018 betr. **Ermittlung des Gebäudesachwerts** nach § 190 BewG; **Baupreisindizes zur Anpassung der Regelherstellungskosten** aus der Anlage 24 BewG für **Bewertungsstichtage im Kalenderjahr 2018**	941
	f) BMF-Schreiben vom 11. Januar 2017 zur **Ermittlung des Gebäudesachwerts nach § 190 BewG; Baupreisindizes zur Anpassung der Regelherstellungskosten aus der Anlage 24 BewG für Bewertungsstichtage im Kalenderjahr 2017**	942
	g) BMF-Schreiben vom 11. Januar 2016 zur **Ermittlung des Gebäudesachwerts nach § 190 BewG; Baupreisindizes zur Anpassung der Regelherstellungskosten aus der Anlage 24 BewG für Bewertungsstichtage im Kalenderjahr 2016**	942
Anlage 190.2	Vfg. OFD Hannover vom 15. April 2013 betr. **Brutto-Grundfläche (BGF)**	943
Anlage 198.1	**Baugesetzbuch (BauGB)** i.d.F. der Bekanntmachung vom 3. November 2017 – Auszug Wertermittlung –...	946
Anlage 198.2	**Immobilienwertermittlungsverordnung** – ImmoWertV – vom 14. Juli 2021 ...	949
Anlage 198.3	Gleich lautende Erlasse der obersten Finanzbehörden der Länder vom 2. Dezember 2020: **Nachweis des niedrigeren gemeinen Werts; Berücksichtigung von Sachverständigengutachten zum Nachweis eines niedrigeren Grundbesitzwerts**..1007	
Anlage 198.4	Vfg. OFD Nordrhein-Westfalen vom 26. Juni 2014 betr. **Nachweis des niedrigeren gemeinen Werts nach § 138 Abs. 4 und § 198 BewG**	1008
Anlage 254.1	**Mietniveau-Einstufungsverordnung** (MietNEinV) vom 18. August 2021......	1011
Anlage 259.1	BMF-Schreiben vom 11. Februar 2022 betr. **Ermittlung des Gebäudesachwerts nach § 259 BewG; Baupreisindex zur Anpassung der Normalherstellungskosten** aus der Anlage 42 zum BewG **auf den Hauptfeststellungszeitpunkt 1. Januar 2022**	1394

Zweiter Teil:
Grundsteuer-Vorschriften

Grundsteuergesetz (GrStG)

I. Grundsteuergesetz (Anwendung bis einschließlich zum Kalenderjahr 2024)

Abschnitt I: Steuerpflicht

§ 1	Heberecht..		1396
§ 2	Steuergegenstand...		1397
	GrStR	1. Steuerberechtigung	1397
		2. Verwaltung der Grundsteuer....................................	1397

XXXI

		3.	Örtliche Zuständigkeit für die Festsetzung und Zerlegung des Steuermeßbetrags	1397
		3a.	Örtliche Zuständigkeit der Finanzämter für die Festsetzung und Erhebung der Grundsteuer	1398
		4.	Bekanntgabe des Steuermeßbescheids an den Steuerpflichtigen und Mitteilung des Steuermeßbetrags an die hebeberechtigte Gemeinde	1398
		5.	Meldewesen	1398
§ 3	Steuerbefreiung für Grundbesitz bestimmter Rechtsträger			1399
	GrStR	6.	Allgemeine Voraussetzungen für die Steuerbefreiungen nach § 3 GrStG	1401
		7.	Juristische Personen des öffentlichen Rechts	1401
		8.	Öffentlicher Dienst oder Gebrauch	1402
		9.	Hoheitliche Tätigkeit	1402
		10.	Bestimmungsgemäßer Gebrauch durch die Allgemeinheit	1403
		11.	Grundbesitz der Deutschen Bundesbahn	1403
		12.	Für gemeinnützige oder mildtätige Zwecke benutzter Grundbesitz	1403
		13.	Für sportliche Zwecke benutzter Grundbesitz	1404
		14.	Religionsgesellschaften des öffentlichen Rechts	1404
		15.	Dienstgrundstücke und Dienstwohnungen der Geistlichen und Kirchendiener	1405
§ 4	Sonstige Steuerbefreiungen			1406
	GrStR	16.	Allgemeine Voraussetzungen für die Steuerbefreiungen nach § 4 GrStG	1407
		17.	Dem Gottesdienst gewidmeter Grundbesitz	1407
		18.	Dem öffentlichen Verkehr dienender Grundbesitz	1407
		19.	Verkehrsflughäfen und Verkehrslandeplätze	1408
		20.	Fließende Gewässer	1408
		21.	Öffentlich-rechtliche Wasser- und Bodenverbände	1408
		22.	Für Zwecke der Wissenschaft, des Unterrichts, der Erziehung benutzter Grundbesitz	1408
		23.	Für Zwecke eines Krankenhauses benutzter Grundbesitz	1409
§ 5	Zu Wohnzwecken benutzter Grundbesitz			1410
	GrStR	24.	Grundbesitz, der Wohnzwecken dient	1411
		25.	Gemeinschaftsunterkünfte der Bundeswehr usw.	1411
		26.	Wohnräume in Schülerheimen usw.	1411
		27.	Wohnraum, der unmittelbar begünstigten Zwecken dient	1412
		28.	Bereitschaftsräume	1412
		29.	Grundsteuerrechtliche Behandlung von Grundstücken fremder Staaten	1412
§ 6	Land- und forstwirtschaftlich genutzter Grundbesitz			1414
	GrStR	30.	Land- und forstwirtschaftlich genutzter Grundbesitz	1414
§ 7	Unmittelbare Benutzung für einen steuerbegünstigten Zweck			1415
	GrStR	31.	Unmittelbare Benutzung für einen begünstigten Zweck	1415
§ 8	Teilweise Benutzung für einen steuerbegünstigten Zweck			1415
	GrStR	32.	Teilweise Benutzung für einen steuerbegünstigten Zweck	1415
§ 9	Stichtag für die Festsetzung der Grundsteuer, Entstehung der Steuer			1416
	GrStR	33.	Stichtag für die Festsetzung der Grundsteuer	1416
§ 10	Steuerschuldner			1416
§ 11	Persönliche Haftung			1416
§ 12	Dingliche Haftung			1417

Abschnitt II: Bemessung der Grundsteuer

§ 13	Steuermeßzahl und Steuermeßbetrag	1417
§ 14	Steuermeßzahl für Betriebe der Land- und Forstwirtschaft	1417
§ 15	Steuermeßzahl für Grundstücke	1417
§ 16	Hauptveranlagung	1418
§ 17	Neuveranlagung	1418
§ 18	Nachveranlagung	1419
§ 19	Anzeigepflicht	1419
§ 20	Aufhebung des Steuermeßbetrags	1419
§ 21	Änderung von Steuermeßbescheiden	1420
§ 22	Zerlegung des Steuermeßbetrags	1420
§ 23	Zerlegungsstichtag	1420
§ 24	Ersatz der Zerlegung durch Steuerausgleich	1421
	GrStR 34. Zerlegung des Steuermeßbetrags	1421

Abschnitt III: Festsetzung und Entrichtung der Grundsteuer

§ 25	Festsetzung des Hebesatzes	1422
§ 26	Koppelungsvorschriften und Höchsthebesätze	1422
§ 27	Festsetzung der Grundsteuer	1422
§ 28	Fälligkeit	1423
§ 29	Vorauszahlungen	1423
§ 30	Abrechnung über die Vorauszahlungen	1423
§ 31	Nachentrichtung der Steuer	1423

Abschnitt IV: Erlaß der Grundsteuer

§ 32	Erlaß für Kulturgut und Grünanlagen		1424
	GrStR 35.	Erlaß für Grundbesitz, dessen Erhaltung im öffentlichen Interesse liegt	1424
	36.	Erlaß für öffentliche Grünanlagen, Sport- und Spielplätze	1425
	37.	Erlaß für Grundbesitz, in dessen Gebäuden Gegenstände von wissenschaftlicher usw. Bedeutung untergebracht sind	1425
§ 33	Erlaß wegen wesentlicher Ertragsminderung		1426
	GrStR 38.	Allgemeine Voraussetzungen für einen Erlaß wegen wesentlicher Ertragsminderung	1428
	39.	Erlaß wegen wesentlicher Ertragsminderung bei Betrieben der Land- und Forstwirtschaft	1429
	40.	Erlaß wegen wesentlicher Ertragsminderung bei bebauten Grundstücken	1431
§ 34	Verfahren		1434
	GrStR 41.	Erlaßverfahren	1434
	42.	Erlaß der Grundsteuer nach § 78 des Städtebauförderungsgesetzes	1434
	43.	Rechtsanspruch auf den Erlaß der Grundsteuer	1435

Abschnitt V: Übergangs- und Schlußvorschriften

§ 35	(weggefallen)	1436
§ 36	Steuervergünstigung für abgefundene Kriegsbeschädigte	1437
	GrStR 44. Grundsteuervergünstigung für abgefundene Kriegsbeschädigte und andere Körperbeschädigte	1437
§ 37	Sondervorschriften für die Hauptveranlagung 1974	1439
§ 38	Anwendung des Gesetzes	1439
§ 39	(weggefallen)	1439

Abschnitt VI: Grundsteuer für Steuergegenstände in dem in Artikel 3 des Einigungsvertrages genannten Gebiet ab dem Kalenderjahr 1991

§ 40	Land- und forstwirtschaftliches Vermögen	1440
§ 41	Bemessung der Grundsteuer für Grundstücke nach dem Einheitswert	1440
§ 42	Bemessung der Grundsteuer für Mietwohngrundstücke und Einfamilienhäuser nach der Ersatzbemessungsgrundlage	1441
§ 43	Steuerfreiheit für neugeschaffene Wohnungen	1442
§ 44	Steueranmeldung	1442
§ 45	Fälligkeit von Kleinbeträgen	1443
§ 46	Zuständigkeit der Gemeinden	1443

Anlagen

Anlage 01.1 [1]	Verzeichnis der landesrechtlichen Vorschriften betr. die **Zuständigkeit der Gemeinden** für die Festsetzung und Erhebung der Realsteuern	1445
Anlage 03.1	Erlaß FinMin NRW vom 21. April 1977 betr. grundsteuerliche Behandlung der **Industrie- und Handelskammern**	1446
Anlage 03.2	Grundsätze für die Gewährung von **Ausgleichsleistungen** des Bundes an Gemeinden nach Art. 106 Abs. 8 GG als Folge von **Grundsteuermindereinnahmen** vom 4. Dezember 1996	1447
Anlage 03.3	Erlaß FinMin Niedersachsen vom 26. Juni 1974 betr. Grundsteuerbefreiung in **Erbbaurechtsfällen**	1451
Anlage 03.4	Erlaß FinMin Hessen vom 1. Dezember 1993 betr. Grundsteuerbefreiung für Grundbesitz der Bundesrepublik Deutschland, der bisher für **militärische Zwecke ausländischer Streitkräfte** genutzt wurde	1452
Anlage 03.5	Gleichlautende Erlasse der obersten Finanzbehörden der Länder vom 15. März 1984 betr. grundsteuerliche Behandlung von Grundbesitz, der für sportliche Zwecke benutzt wird (**sportliche Anlagen**)	1453
Anlage 03.6	Vfg. OFD NRW vom 17. September 2013 betr. **Grundsteuerliche Behandlung von kommunalen Kindertageseinrichtungen**	1454
Anlage 03.7	Gleichlautende Erlasse der obersten Finanzbehörden der Länder vom 15. Januar 2001 betr. **Grundsteuerliche Behandlung von Straßen, Wegen und Plätzen**	1455
Anlage 03.8	a) Erlaß FinMin Baden-Württemberg vom 1. August 1997 betr. Befreiung für Grundstücke, die der **Abfallentsorgung** dienen	1457
	b) VfG. OFD Koblenz vom 27. Juli 1999 betr. Grundsteuerbefreiung für **Grundstücke öffentlich-rechtlicher Ver- und Entsorgungsträger**	1457
Anlage 03.9	Erlaß FinMin Sachsen-Anhalt vom 23. April 1992 betr. Umfang der **Grundsteuer-befreiung bei Versuchsgütern** und ähnlichen Einrichtungen	1459
Anlage 03.10	Verzeichnis der **Zwecke**, die als **besonders förderungswürdig** im Sinne des § 10 b Abs. 1 EStG **anerkannt** sind	1460
Anlage 03.11	a) Erlaß FinMin NRW vom 30. Mai 1984 betr. Grundsteuerbefreiung von **Wohnheimen** für Zivildienstleistende	1461
	b) Erlass FinMin Niedersachsen vom 20. November 2001 betr. Grundsteuerfreibetrag für Dienstwohnungen von Pastoralreferenten	1461
Anlage 03.12	Erlaß FinMin Schleswig-Holstein vom 19. August 1991 betr. Grundsteuerfreiheit von **Schwimm- und Heilbädern**	1462
Anlage 03.13	Vfg. OFD Magdeburg vom 20. Juni 2012 betr. Grundbesitz, der dem **Naturschutz** dient	1463
Anlage 03.14	Erlass FinMin Schleswig-Holstein vom 2. Oktober 2002 betr. Behandlung von Grendstücken, die staatlichen **Schlossbetrieben** zur Nutzung überlassen sind	1464

---

1) Anlage Paragraf. laufende Nummer.

Anlage 03.15		Vfg. OFD Hannover vom 19. Oktober 1992 betr. **Grundsteuerbefreiung von Gewässerrandstreifen**.	1465
Anlage 03.16	a)	Erlass FinMin Saarland vom 13. April 2006 betr. Grundsteuerbefreiung bei Grundstücksübertragungen im Rahmen einer Öffentlich Privaten Partnerschaft (sog. Public Privat Partnership – PPP).	1466
	b)	Erlass FinMin Saarland vom 12. Juli 2006 betr. Befreiung für Grundbesitz im Rahmen Öffentlich Privater Partnerschaften nach § 3 Abs. 1 Satz 3 GrStG.	1467
Anlage 03.17		Gleich lautende Erlasse der obersten Finanzbehörden der Länder vom 1. Juli 1971: **Grundsteuerrechtliche Behandlung von Grundstücken fremder Staaten**.	1468
Anlage 04.1	a)	Erlass FinMin Niedersachsen vom 26. Oktober 2009 betr. Grundstücke, die dem Betrieb von **Draisinenbahnen** dienen.	1470
	b)	Vfg. OFD Karlsruhe vom 1. Juli 2010 betr. Behandlung von **Diensträumen der Bundespolizei in Bahnhöfen**.	1470
Anlage 04.2	a)	Gleichlautende Erlasse der obersten Finanzbehörden der Länder betr. Grundsteuerbefreiung für **Verkehrsflughäfen und Verkehrslandeplätze** nach § 4 Nr. 3 Buchstabe b GrStG.	1471
	b)	Erlaß Fin Min Baden-Württemberg vom 11. Dezember 2000 betr. Grundsteuerbefreiung für **Flughafengrundstücke** gem. § 4 Nr. 3b GrStG.	1478
Anlage 04.3		Vfg. OFD Nürnberg vom 2. Dezember 1999 betr. Einheitsbewertung des Grundbesitzes und Grundsteuermaßbetragsveranlagung; Bewertung von Bahnanlagen, **ICE-Neubaustrecken**.	1479
Anlage 04.4		Gemeinsamer Runderlaß des FinMin, Innen- u. Kultusminsiters NRW vom 12. August 1974 betr. **Grundsteuerbefreiung des Grundbesitzes von Privatschulen** nach § 4 Nr. 5 GrStG.	1480
Anlage 04.5	a)	Gemeinsamer Runderlaß NRW vom 5. Februar 1979 betr. **Grundsteuerbefreiung** des Grundbesitzes von **Werkschulen und Lehrwerkstätten** nach § 4 Nr. 5 GrStG.	1481
	b)	Erlaß Finanzbehörde Hamburg vom 25. März 1985 betr. Grundsteuerbefreiung für **Schulungsheime der Gewerkschaften**.	1481
Anlage 04.6		Gemeinsamer Runderlaß NRW vom 9. Juli 1979 betr. **Grundsteuerbefreiung** von Einrichtungen des **Fernunterrichts** nach § 4 Nr. 5 GrStG.	1482
Anlage 04.7		Vfg. OFD Koblenz vom 18. August 2005 betr. keine Grundsteuerbefreiung für gebührenpflichtige Besucher- und Personalparkplätze von Krankenhäusern.	1483
Anlage 04.8		Erlaß Sachsen-Anhalt vom 28. Februar 1992 betr. Verfahren bei **Anerkennung nach § 4 Nr. 5, § 5 Abs. 1 Nr. 2 und § 32 GrStG**.	1484
Anlage 04.9		Verzeichnis der **landesrechtlichen Bestimmungen** über das **Anerkennungsverfahren** zu § 4 Nr. 5, § 5 Abs. 1 Nr. 2 und § 32 Abs. 2 Satz 2 GrStG.	1486
Anlage 05.1		Erlaß FinMin NRW vom 29. Mai 1980 betr. **grundsteuerliche Behandlung** von Wohnräumen in **Heimen von Körperschaften des öffentlichen Rechts** sowie von **kirchlichen gemeinnützigen Körperschaften**, die der Erwachsenenbildung dienen, und von Wohnräumen in Ausbildungsheimen.	1487
Anlage 05.2		Erlaß des FinMin NRW vom 2. September 1976 betr. Auslegung des **Begriffs „Bereitschaftsräume"** in Abschnitt 28 GrStR.	1488
Anlage 05.3		Erlaß FinMin NRW vom 31. August 1979 Richtlinien betr. die **Abgrenzung** des **grundsteuerpflichtigen Grundbesitzes** und dessen Bewertung **bei Mutterhäusern** der Diakonieverbände und Verbände der freien Wohlfahrtspflege, bei **Klöstern** usw.	1489
Anlage 05.4	a)	Verordnung vom 11. November 1981 über die Gewährung von Steuerbefreiungen für **Grundbesitz ausländischer Staaten**, der für Wohnzwecke des Personals diplomatischer Missionen und konsularischer Vertretungen benutzt wird.	1493

	b)	Gleichlautende Erlasse der obersten Finanzbehörden der Länder vom 1. Dezember 2000 betr. Grundsteuerbefreiung **für Grundbesitz ausländischer Staaten** der diplomatischen oder konsularischen Zwecken dient	1493
	c)	Erlass FinSen Berlin vom 1. April 2009 betr. Steuerbefreiung nach der Verordnung über die Bewährung von Vorrechten und Befreiungen an das Wirtschafts- und Handelsbüro der Sonderverwaltungsregion Honkong der Volksrepublik China in Berlin vom 24. Februar 2009	1494
Anlage 05.5		Erlaß FinMin Hessen vom 17. November 1987 betr. Steuerpflicht von Appartements in **Studenten- und Altenwohnheimen**	1495
Anlage 05.6		Vfg. OFD Karlsruhe vom 26. April 2012 betr. **Wohnungsbegriff** nach § 5 Abs. 2 GrStG i. V. mit Antrag auf Befreiung nach § 3 Abs. 1 Nr. 3 a GrStG	1496
Anlage 06.1		Erlass FinMin Thüringen vom 4. Dezember 1991 betr. Ermittlung der Ersatzwirtschaftswerte für das land- und forstwirtschaftliche Vermögen; **Betriebe der Treuhandanstalt,** die sich im Landeseigentum befinden	1499
Anlage 10.1		Vfg. OFD Chemnitz vom 11. Dezember 2006 betr. Zurechnungsfortschreibung bei herrenlosen Grundstücken	1500
Anlage 13.1		OFD Frankfurt am Main vom 17. August 2017 zur **Festsetzung von Grundsteuermessbeträgen**; Verfahren bei Einsprüchen gegen Grundsteuermessbescheide	1501
Anlage 32.1		Erlaß SenFin Berlin vom 14. März 1994 betr. **Grundsteuer-Erlaß für Kulturgut** nach § 32 Abs. 1 Nr. 1 GrStG	1502
Anlage 33.1		Erlass SenFin Berlin vom 21. Januar 2009 betr. **Grundsteuererlass für das Kalenderjahr 2008 ff.** – Änderung des § 33 Grundsteuergesetz	1505
Anlage 36.1		Schreiben FinMin Bayern vom 9. Juli 1976 betr. Grundsteuervergünstigung für **Witwen abgefundener Kriegsbeschädigter**	1508
Anlage 41.1		Verordnung zur Durchführung des Grundsteuergesetzes für den ersten Hauptveranlagungszeitraum **(GrStDVO 1937)** vom 1. Juli 1937 – Auszug –	1509

II. Grundsteuergesetz (Anwendung ab dem Kalenderjahr 2025)

Abschnitt I: Steuerpflicht

§ 1	Heberecht	1511
§ 2	Steuergegenstand	1511
§ 3	Steuerbefreiung für Grundbesitz bestimmter Rechtsträger	1511
§ 4	Sonstige Steuerbefreiungen	1512
§ 5	Zu Wohnzwecken benutzter Grundbesitz	1513
§ 6	Land- und forstwirtschaftlich genutzter Grundbesitz	1513
§ 7	Unmittelbare Benutzung für einen steuerbegünstigten Zweck	1514
§ 8	Teilweise Benutzung für einen steuerbegünstigten Zweck	1514
§ 9	Stichtag für die Festsetzung der Grundsteuer, Entstehung der Steuer	1514
§ 10	Steuerschuldner	1514
§ 11	Persönliche Haftung	1514
§ 12	Dingliche Haftung	1514

Abschnitt II: Bemessung der Grundsteuer

§ 13	Steuermesszahl und Steuermessbetrag	1515
§ 14	Steuermesszahl für Betriebe der Land- und Forstwirtschaft	1515
§ 15	Steuermesszahl für Grundstücke	1515
§ 16	Hauptveranlagung	1516
§ 17	Neuveranlagung	1516
§ 18	Nachveranlagung	1517
§ 19	Anzeigepflicht	1517

§ 20	Aufhebung des Steuermessbetrags	1517
§ 21	Änderung von Steuermessbescheiden	1518
§ 22	Zerlegung des Steuermessbetrags	1518
§ 23	Zerlegungsstichtag	1518
§ 24	Ersatz der Zerlegung durch Steuerausgleich	1518

Abschnitt III: Festsetzung und Entrichtung der Grundsteuer

§ 25	Festsetzung des Hebesatzes	1518
§ 26	Koppelungsvorschriften und Höchsthebesätze	1519
§ 27	Festsetzung der Grundsteuer	1519
§ 28	Fälligkeit	1520
§ 29	Vorauszahlungen	1520
§ 30	Abrechnung über die Vorauszahlungen	1520
§ 31	Nachentrichtung der Steuer	1520

Abschnitt IV: Erlass der Grundsteuer

§ 32	Erlass für Kulturgut und Grünanlagen	1521
§ 33	Erlass wegen wesentlicher Reinertragsminderung bei Betrieben der Land- und Forstwirtschaft	1521
§ 34	Erlass wegen wesentlicher Ertragsminderung bei bebauten Grundstücken	1521
§ 35	Verfahren	1522

Abschnitt V: Übergangs- und Schlussvorschriften

§ 36	Sondervorschriften für die Hauptveranlagung 2025	1522
§ 37	Anwendung des Gesetzes	1522
§ 38	Bekanntmachung	1523

Fassungsvergleich Grundsteuergesetz (GrStG)

Fassungsvergleich GrStG (Anwendung bis einschließlich 2024 / Anwendung ab 2025) 1524

III. Abweichende landesrechtliche Regelungen zum Grundsteuer- und Bewertungsgesetz – Anwendung für die Grundsteuer ab dem Kalenderjahr 2025

Länder	**Überblick** über abweichende landesrechtliche Regelungen	1532
BW	**Baden-Württemberg**: Gesetz zur Regelung einer Landesgrundsteuer (**Landesgrundsteuergesetz** – LGrStG) vom 4. November 2020	1533
BY	**Bayerisches Grundsteuergesetz** (BayGrStG) vom 10. Dezember 2021	1560
HH	**Hamburgisches Grundsteuergesetz** (HmbGrStG) vom 24. August 2021	1565
HE	**Hessisches Grundsteuergesetz** (HGrStG) vom 15. Dezember 2021	1570
NI	**Niedersächsisches Grundsteuergesetz** (NGrStG) vom 7. Juli 2021	1576
SL	Gesetz Nr. 2040 zur Einführung einer Landesgrundsteuer (**Saarländisches Grundsteuergesetz**, GrStG-Saar) vom 15. September 2021	1582
SN	Sächsisches Gesetz über die Festsetzung der Steuermesszahlen bei der Grundsteuer (**Sächsisches Grundsteuermesszahlengesetz** – SächsGrStMG) vom 21. Dezember 2021	1583

Dritter Teil:
Reform des Grundsteuer- und Bewertungsrechts

Wesentliche Gesetzesmaterialien / Drucksachen / Anträge 1584

Anlage R 3.1   Gesetzentwurf der Fraktionen der CDU/CSU und SPD „Entwurf eines Gesetzes zur Änderung des Grundgesetzes (Artikel 72, 105 und 125b)" vom 25. Juni 2019 (BT-Drucks. 19/11084) 1587

Anlage R 3.2	Gesetzentwurf der Fraktionen der CDU/CSU und SPD „Entwurf eines Gesetzes zur Reform des Grundsteuer- und Bewertungsrechts (Grundsteuer-Reformgesetz – GrStRefG)" vom 25. Juni 2019 (BT-Drucks. 19/11085)...................	1591
Anlage R 3.3	Stellungnahme des Bundesrates zum Entwurf eines Gesetzes zur Reform des Grundsteuer- und Bewertungsrechts (Grundsteuer-Reformgesetz – GrStRefG) vom 20. September 2019 (BR-Drucks. 354/19 (B)).......................	1697
Anlage R 3.4	Gegenäußerung der Bundesregierung zu der Stellungnahme des Bundesrates vom 2. Oktober 2019 (BT-Drucks. 19/13713)	1703
Anlage R 3.5	Bericht des Finanzausschusses des Bundestages zum Entwurf eines Gesetzes zur Reform des Grundsteuer- und Bewertungsrechts (Grundsteuer-Reformgesetz – GrStRefG) vom 17. Oktober 10.2019 (BT-Drucks. 19/14158) – Auszug –	1706
Anlage R 3.6	Gesetzentwurf der Fraktionen der CDU/CSU und SPD „Entwurf eines Gesetzes zur Änderung des Grundsteuergesetzes zur Mobilisierung von baureifen Grundstücken für die Bebauung" vom 25. Juni 2019 (BT-Drucks. 19/11086)........	1709

Stichwortverzeichnis.. 1715

Abkürzungsverzeichnis

Abschn.	=	Abschnitt
AEBewGrSt	=	koordinierte Erlasse der obersten Finanzbehörden der Länder zur Anwendung des Siebenten Abschnitts des Zeiten Teils des Bewertungsgesetzes (allgemeiner Teil und Grundvermögen) für die Grundsteuer ab 1. Januar 2022
a. F.	=	alte Fassung
Anl.	=	Anlage
AO	=	Abgabenordnung
Art.	=	Artikel
BayLfSt	=	Bayerisches Landesamt für Steuern
BAnz.	=	Bundesanzeiger
BauGB	=	Baugesetzbuch
BBauBl	=	Bundesbaublatt
BBauG	=	Bundesbaugesetz
BdF	=	Bundesministerium der Finanzen
BewÄndG 1971	=	Bewertungsänderungsgesetz 1971 vom 27. 7. 1971
BewG	=	Bewertungsgesetz
BewRGr	=	Richtlinien für die Bewertung des Grundvermögens vom 19. 9. 1966
BewRL	=	Richtlinien für die Bewertung des land- und forstwirtschaftlichen Vermögens vom 17. 11. 1967
BFH	=	Bundesfinanzhof
BGB	=	Bürgerliches Gesetzbuch
BGBl.	=	Bundesgesetzblatt
BMF	=	Bundesministerium der Finanzen
BStBl.	=	Bundessteuerblatt
BVerfG	=	Bundesverfassungsgericht
BVerwG	=	Bundesverwaltungsgericht
BV	=	Berechnungsverordnung
dgl.	=	dergleichen
DIN	=	Deutsche Industrie-Norm
EGAO	=	Einführungsgesetz zur Abgabenordnung
ErbStR	=	Erbschaftsteuer-Richtlinien
ErbStH	=	Hinweise zu den Erbschaftsteuer-Richtlinien
Erl.	=	Erlaß
EStG	=	Einkommensteuergesetz
EStR	=	Einkommensteuer-Richtlinien
EW	=	Einheitswert
FA	=	Finanzamt
FG	=	Finanzgericht
FinBeh.	=	Finanzbehörde
FinMin	=	Finanzministerium
FinSen	=	Finanzsenator
FortschR	=	Fortschreibungs-Richtlinien vom 2. 12. 1971
GBl.	=	Gesetzblatt
GewStG	=	Gewerbesteuergesetz
GewStR	=	Gewerbesteuer-Richtlinien
GrStG	=	Grundsteuer-Gesetz
GrStR	=	Grundsteuer-Richtlinien

i. d. F.	=	in der Fassung
i. S.	=	im Sinne
JStG	=	Jahressteuergesetz
KAG	=	Kommunalabgabengesetz
KStG	=	Körperschaftsteuergesetz
KStR	=	Körperschaftsteuer-Richtlinien
LAG	=	Lastenausgleichsgesetz
MBl.	=	Ministerialblatt
NRW (NW)	=	Nordrhein-Westfalen
OFD	=	Oberfinanzdirektion
ÖPP	=	Öffentlich Private Partnerschaft
RdF	=	Reichsminister der Finanzen
RFH	=	Reichsfinanzhof
RGBl.	=	Reichsgesetzblatt
RStBl.	=	Reichssteuerblatt
S.	=	Seite
StÄndG	=	Steueränderungsgesetz
VO	=	Verordnung
WEG	=	Wohnungseigentumsgesetz
WoBauG	=	Wohnungsbaugesetz
II. WoBauG VwV	=	Verwaltungsvorschrift nach dem II. WoBauG
WoBindG	=	Wohnungsbindungsgesetz

BewG

Bewertungsgesetz
in der Fassung der Bekanntmachung vom 1. Februar 1991

(BGBl. I S. 230, BStBl. I S. 168)
geändert durch

1. Artikel 8 des Steueränderungsgesetzes 1991 vom 24. Juni 1991 (BGBl. I S. 1322, BStBl. I S. 665)
2. Artikel 13 des Steueränderungsgesetzes 1992 vom 25. Februar 1992 (BGBl. I S. 297, BStBl. I S. 146)
3. Artikel 3 des Zinsabschlaggesetzes vom 9. November 1992 (BGBl. I S. 1853, BStBl. I S. 682)
4. Artikel 24 des Gesetzes zur Umsetzung des Föderalen Konsolidierungsprogramms vom 23. Juni 1993 (BGBl. I S. 944, BStBl. I S. 510)
5. Artikel 9 des Standortsicherungsgesetzes vom 13. September 1993 (BGBl. I S. 1569, BStBl. I S. 774)
6. Artikel 14 des Mißbrauchsbekämpfungs- und Steuerbereinigungsgesetzes vom 21. Dezember 1993 (BGBl. I S. 2310, BStBl. 1994 I S. 50)
7. Artikel 28 des Gesetzes vom 26. Mai 1994 (BGBl. I S. 1014, BStBl. I S. 531)
8. Artikel 26 des Agrarsozialreformgesetzes 1995 vom 29. Juli 1994 (BGBl. I S. 1890, BStBl. I S. 543)
9. Artikel 12 Abs. 38 des Postneuordnungsgesetzes vom 14. September 1994 (BGBl. I S. 2325, BStBl. 1995 I S. 256)
10. Artikel 6 des Entschädigungs- und Ausgleichsleistungsgesetzes vom 27. September 1994 (BGBl. I S. 2624)
11. Artikel 22 des Jahressteuergesetzes 1996 vom 11. Oktober 1995 (BGBl. I S. 1250, BStBl. I S. 438)
12. Artikel 6 des Gesetzes zur Neuregelung der steuerrechtlichen Wohneigentumsförderung vom 15. Dezember 1995 (BGBl. I. 1783, BStBl. I S. 775)
13. Artikel 1 des Jahressteuergesetzes 1997 vom 20. Dezember 1996 (BGBl. I S. 2049, BStBl. I S. 1523)
14. Artikel 6 des Gesetzes zur Fortsetzung der Unternehmenssteuerreform vom 29. Oktober 1997 (BGBl. I S. 2590, BStBl. I S. 928)
15. Artikel 2 des Gesetzes vom 29. Juni 1998 (BGBl. I S. 1692)
16. Artikel 17 des Steuer-Euroglättungsgesetzes vom 19. Dezember 2000 (BGBl. I S. 1790, BStBl. 2001 I S. 3)
17. Artikel 20 des Gesetzes zur Reform des Wohnungsbaurechts vom 13. September 2001 (BGBl. I S. 2376, BStBl. I S. 631)
18. Artikel 105 der Verordnung vom 29. Oktober 2001 (BGBl. I S. 2785)
19. Gesetz zur Änderung des Bewertungsgesetzes vom 10. Dezember 2001 (BGBl. I. S. 3435, BStBl. 2002 I S. 75)
20. Artikel 14 des Steueränderungsgesetzes 2001 vom 20. Dezember 2001 (BGBl. I S. 3794, BStBl. 2002 I S. 4)
21. Artikel 115 der Verordnung vom 31. Oktober 2006 (BGBl. I S. 2407)
22. Artikel 8 des Gesetzes über steuerliche Begleitmaßnahmen zur Einführung der Europäischen Gesellschaft und zur Änderung weiterer steuerlicher Vorschriften vom 7. Dezember 2006 (BGBl. I S. 2782)
23. Artikel 18 des Jahressteuergesetzes 2007 vom 13. Dezember 2006 (BGBl. I S. 2878)
24. Artikel 13a Nr. 1 des Finanzmarktrichtlinie-Umsetzungsgesetzes vom 16. Juli 2007 (BGBl. I S. 1330)
25. Artikel 21 des Jahressteuergesetzes 2008 vom 20. Dezember 2007 (BGBl. I S. 3150)
26. Artikel 2 des Erbschaftsteuerreformgesetzes vom 24. Dezember 2008 (BGBl. I S. 3018, BStBl. 2009 I S. 140)
27. Artikel 13 des Jahressteuergesetzes 2010 vom 8. Dezember 2010 (BGBl. I S. 1768, BStBl. I S. 1394)

BewG

28. Artikel 7 des Steuervereinfachungsgesetzes 2011 vom 1. November 2011 (BGBl. I S. 2131, BStBl. I S. 986)
29. Artikel 10 des Gesetzes zur Umsetzung der Beitreibungsrichtlinie sowie zur Änderung steuerlicher Vorschriften (Beitreibungsrichtlinie-Umsetzungsgesetz – BeitrRLUmsG) vom 7. Dezember 2011 (BGBl. I S. 2592, BStBl. I S. 1171)
30. Artikel 13 Absatz 3 des Gesetzes zur Neuordnung der Organisation der landwirtschaftlichen Sozialversicherung (LSV-Neuordnungsgesetz – LSV-NOG) vom 12. April 2012 (BGBl. I S. 579)
31. Artikel 20 des Gesetzes zur Umsetzung der Amtshilferichtlinie sowie zur Änderung steuerlicher Vorschriften (Amtshilferichtlinie-Umsetzungsgesetz- AmtshilfeRLUmsG) vom 26. Juni 2013 (BGBl. I S. 1809, BStBl. I S. 802)
32. Artikel 3 des Gesetzes zur Anpassung des Investmentsteuergesetzes und anderer Gesetze an das AIFM-Umsetzungsgesetz (AIFM-Steuer-Anpassungsgesetz – AIFM-StAnpG) vom 18. Dezember 2013 (BGBl. I S. 4318)
33. Artikel 6 des Gesetzes zur Anpassung steuerlicher Regelungen an die Rechtsprechung des Bundesverfassungsgerichts vom 18. Juli 2014 (BGBl. I S. 1042)
34. Artikel 231 der Verordnung (Zehnte Zuständigkeitsanpassungsverordnung) vom 31. August 2015 (BGBl. I S. 1474)
35. Artikel 9 des Steueränderungsgesetzes 2015 vom 2. November 2015 (BGBl. I S. 1834, BStBl. I S. 846)
36. Artikel 2 des Gesetzes zur Anpassung des Erbschaftsteuer- und Schenkungsteuergesetzes an die Rechtsprechung des Bundesverfassungsgerichts vom 4. November 2016 (BGBl. I S. 2464, BStBl. I S. 1202)
37. Artikel 1 und 2 des Gesetzes zur Reform des Grundsteuer- und Bewertungsrechts (Grundsteuer-Reformgesetz – GrStRefG) vom 26. November 2019 (BGBl. I S. 1794, BStBl. I S. 1319)
38. Artikel 25 des Gesetzes zur weiteren steuerlichen Förderung der Elektromobilität und zur Änderung weiterer steuerlicher Vorschriften vom 12. Dezember 2019 (BGBl. I S. 2451, BStBl. 2020 I S. 17)
39. Artikel 30 des Jahressteuergesetzes 2020 (JStG 2020) vom 21. Dezember 2020 (BGBl. I S. 3096, BStBl. 2021 I S. 6)
40. Artikel 7 und 8 des Gesetzes zur Stärkung des Fondsstandorts Deutschland und zur Umsetzung der Richtlinie (EU) 2019/1160 zur Änderung der Richtlinien 2009/65/EG und 2011/61/EU im Hinblick auf den grenzüberschreitenden Vertrieb von Organismen für gemeinsame Anlagen (Fondsstandortgesetz – FoStoG) vom 3. Juni 2021 (BGBl. I S. 1498, BStBl. 2021 I S. 803)
41. Artikel 7 des Gesetzes zur Modernisierung des Körperschaftsteuerrechts vom 25. Juni 2021 (BGBl. I S. 2050, BStBl. I S. 889)
42. Artikel 9 des Gesetzes zur Abwehr von Steuervermeidung und unfairem Steuerwettbewerb und zur Änderung weiterer Gesetze vom 25. Juni 2021 (BGBl. I S. 2056, BStBl. I S. 895)
43. Artikel 1 der Verordnung zur Neufassung der Anlagen 27 bis 33 des Bewertungsgesetzes vom 29. Juni 2021 (BGBl. I S. 2290, BStBl I S. 2161)[1]
44. Artikel 1 und 2 des Gesetzes zur erleichterten Umsetzung der Reform der Grundsteuer und Änderung weiterer steuerrechtlicher Vorschriften (Grundsteuerreform-Umsetzungsgesetz – GrStRefUG) vom 16. Juli 2021 (BGBl. I S. 2931, BStBl. 2021 I S. 1451)

unter Einarbeitung der **Richtlinien für die Bewertung des Grundvermögens (BewRGr)** vom 19. September 1966 (Beilage zum BAnz. Nr. 183 vom 29. September 1966, BStBl. I S. 890), der **Erbschaftsteuer-Richtlinien 2019 (ErbStR 2019)** vom 16. Dezember 2019 (BStBl. I Sondernummer 1/2019 S. 2), der **Hinweise zu den Erbschaftsteuer-Richtlinien 2019 (ErbStH 2019)** vom 16. Dezember 2019 (BStBl. I Sondernummer 1/2019 S. 151) sowie der koordinierten **Erlasse der obersten Finanzbehörden der Länder vom 9. November 2021 zur Anwendung des Siebenten Abschnitts des Zweiten Teils des Bewertungsgesetzes zur Bewertung des Grundbesitzes (allgemeiner Teil und Grundvermögen) für die Grundsteuer ab 1. Januar 2022 – AEBewGrSt -** (BStBl. I S. 2334), soweit hierdurch die Bewertung des Grundvermögens berührt wird.

---

[1] Berichtigung der Verordnung zur Neufassung der Anlagen 27 bis 33 des Bewertungsgesetzes vom 12. Oktober 2021 (BGBl. I S. 4831)

Erster Teil
Allgemeine Bewertungsvorschriften

§ 1 Geltungsbereich

(1) Die allgemeinen Bewertungsvorschriften (§§ 2 bis 16) gelten für alle öffentlich-rechtlichen Abgaben, die durch Bundesrecht geregelt sind, soweit sie durch Bundesfinanzbehörden oder durch Landesfinanzbehörden verwaltet werden.

(2) Die allgemeinen Bewertungsvorschriften gelten nicht, soweit im Zweiten Teil dieses Gesetzes oder in anderen Steuergesetzen besondere Bewertungsvorschriften enthalten sind.

§ 2 Wirtschaftliche Einheit

(1) ¹Jede wirtschaftliche Einheit ist für sich zu bewerten. ²Ihr Wert ist im ganzen festzustellen. ³Was als wirtschaftliche Einheit zu gelten hat, ist nach den Anschauungen des Verkehrs zu entscheiden. ⁴Die örtliche Gewohnheit, die tatsächliche Übung, die Zweckbestimmung und die wirtschaftliche Zusammengehörigkeit der einzelnen Wirtschaftsgüter sind zu berücksichtigen.

(2) Mehrere Wirtschaftsgüter kommen als wirtschaftliche Einheit nur insoweit in Betracht, als sie demselben Eigentümer gehören.

(3) Die Vorschriften der Absätze 1 und 2 gelten nicht, soweit eine Bewertung der einzelnen Wirtschaftsgüter vorgeschrieben ist.

Rechtsprechungsauswahl

BFH-Urteil v. 25.1.2012 II R 25/10 (BStBl. II S. 403): Windkraftanlagen als wirtschaftliche Einheit i.S. des § 2 Abs. 1 BewG.
Mehrere mit Windkraftanlagen bebaute Grundstücksflächen bilden regelmäßig keine wirtschaftliche Einheit i.S. des § 2 Abs. 1 BewG, wenn sie durch Grundstücke, die zum land- und forstwirtschaftlichen Vermögen gehören, voneinander getrennt sind.

BFH-Beschluss v. 8.10.2004 II B 141/03 (BFH/NV 2005 S. 159): Die Frage, ob dem Erwerber eines Wochenendhauses auf fremdem Grund und Boden, der nach dem Zivilrecht der DDR Eigentümer geworden ist, dieses Gebäude zum 1. Januar 1991 als wirtschaftliches Eigentum zuzurechnen ist, ist nicht klärungsbedürftig. Das nach dem Recht der DDR begründete Eigentum des Erwerbers ist über den 3. Oktober 1990 hinaus erhalten geblieben und schließt es aus, das Gebäude zusammen mit dem Grundstück als eine einzige wirtschaftliche Einheit dem Grundstückseigentümer zuzurechnen.

BFH-Beschluss v. 2.9.2004 II B 105/03 (BFH/NV 2005 S. 164): Der Maßgeblichkeit der Verhältnisse am Stichtag steht es nicht entgegen, wenn das FG für die Frage der Möglichkeit der getrennten Veräußerbarkeit von Grundstücken am Stichtag auch später erfolgte Maßnahmen des Steuerpflichtigen berücksichtigt.

§ 3 Wertermittlung bei mehreren Beteiligten

¹Steht ein Wirtschaftsgut mehreren Personen zu, so ist sein Wert im ganzen zu ermitteln. ²Der Wert ist auf die Beteiligten nach dem Verhältnis ihrer Anteile zu verteilen, soweit nicht nach dem maßgebenden Steuergesetz die Gemeinschaft selbständig steuerpflichtig ist.

§ 3a (weggefallen)

§ 4 Aufschiebend bedingter Erwerb

Wirtschaftsgüter, deren Erwerb vom Eintritt einer aufschiebenden Bedingung abhängt, werden erst berücksichtigt, wenn die Bedingung eingetreten ist.

§ 5 Auflösend bedingter Erwerb

(1) ¹Wirtschaftsgüter, die unter einer auflösenden Bedingung erworben sind, werden wie unbedingt erworbene behandelt. ²Die Vorschriften über die Berechnung des Kapitalwertes der Nutzungen von unbestimmter Dauer (§ 13 Abs. 2 und 3, § 14, § 15 Abs. 3) bleiben unberührt.

(2) ¹Tritt die Bedingung ein, so ist die Festsetzung der nicht laufend veranlagten Steuern auf Antrag nach dem tatsächlichen Wert des Erwerbs zu berichtigen. ²Der Antrag ist bis zum Ablauf des Jahres zu stellen, das auf den Eintritt der Bedingung folgt.

§ 6 Aufschiebend bedingte Lasten

(1) Lasten, deren Entstehung vom Eintritt einer aufschiebenden Bedingung abhängt, werden nicht berücksichtigt.

(2) Für den Fall des Eintritts der Bedingung gilt § 5 Abs. 2 entsprechend.

§ 7 Auflösend bedingte Lasten

(1) Lasten, deren Fortdauer auflösend bedingt sind, werden, soweit nicht ihr Kapitalwert nach § 13 Abs. 2 und 3, § 14, § 15 Abs. 3 zu berechnen ist, wie unbedingte abgezogen.

(2) Tritt die Bedingung ein, so ist die Festsetzung der nicht laufend veranlagten Steuern entsprechend zu berichtigen.

§ 8 Befristung auf einen unbestimmten Zeitpunkt

Die §§ 4 bis 7 gelten auch, wenn der Erwerb des Wirtschaftsguts oder die Entstehung oder der Wegfall der Last von einem Ereignis abhängt, bei dem nur der Zeitpunkt ungewiß ist.

§ 9 BewG

§ 9 Bewertungsgrundsatz, gemeiner Wert

(1) Bei Bewertungen ist, soweit nichts anderes vorgeschrieben ist, der gemeine Wert zugrunde zu legen.

(2) ¹Der gemeine Wert wird durch den Preis bestimmt, der im gewöhnlichen Geschäftsverkehr nach der Beschaffenheit des Wirtschaftsgutes bei einer Veräußerung zu erzielen wäre. ²Dabei sind alle Umstände, die den Preis beeinflussen, zu berücksichtigen. ³Ungewöhnliche oder persönliche Verhältnisse sind nicht zu berücksichtigen.

(3) ¹Als persönliche Verhältnisse sind auch Verfügungsbeschränkungen anzusehen, die in der Person des Steuerpflichtigen oder eines Rechtsvorgängers begründet sind. ²Das gilt insbesondere für Verfügungsbeschränkungen, die auf letztwilligen Anordnungen beruhen.

ErbStR 2019
Zu § 9 BewG

R B 9.1 Gemeiner Wert

¹Der gemeine Wert wird durch den Preis bestimmt, der im gewöhnlichen Geschäftsverkehr nach der Beschaffenheit des Wirtschaftsguts bei einer Veräußerung zu erzielen wäre. ²Unter gewöhnlichem Geschäftsverkehr ist nach der Rechtsprechung der Handel zu verstehen, der sich nach den marktwirtschaftlichen Grundsätzen von Angebot und Nachfrage vollzieht und bei dem jeder Vertragspartner ohne Zwang und nicht aus Not oder besonderen Rücksichten, sondern freiwillig in Wahrung seiner eigenen Interessen zu handeln in der Lage ist.

Hinweise (ErbStH 2019)

H B 9.1   *Gewöhnlicher Geschäftsverkehr*

→ *BFH vom 14.10.1966 III 281/63, BStBl. 1967 III S. 82, vom 14.2.1969 III 88/65, BStBl. II S. 395, vom 6.5.1977 III R 17/75, BStBl. II S. 626, und vom 28.11.1980 III R 86/78, BStBl. II S. 353*

ErbStR 2019

R B 9.2 Ungewöhnliche oder persönliche Verhältnisse

(1) ¹Zu den ungewöhnlichen Verhältnissen, die bei der Ermittlung des gemeinen Werts unberücksichtigt bleiben, zählen insbesondere Umstände, mit denen im Geschäftsverkehr bei der Schätzung des Werts eines Wirtschaftsguts üblicherweise nicht gerechnet werden muss. ²Für die Ermittlung des gemeinen Werts können nur solche Verkaufspreise berücksichtigt werden, die unter üblichen Bedingungen im gewöhnlichen Geschäftsverkehr zustande gekommen sind. ³Vertragliche Preisvorgaben für die Übertragung von Beteiligungen an Personengesellschaften oder Anteilen an Kapitalgesellschaften unterhalb des gemeinen Werts zählen zu den ungewöhnlichen Verhältnissen.

(2) ¹Zu den persönlichen Verhältnissen, die bei der Ermittlung des gemeinen Werts unberücksichtigt bleiben, zählen insbesondere Verfügungsbeschränkungen. ²Verfügung in diesem Sinne ist die Übertragung des Eigentums an einem Vermögensgegenstand. ³Zu den Verfügungsbeschränkungen zählen z. B. eine angeordnete Testamentsvollstreckung, die Anordnung einer Vor- oder Nacherbschaft oder einer Nachlassverwaltung. ⁴Vertraglich vereinbarte Verfügungsbeschränkungen für Übertragungen von Beteiligungen an Personengesellschaften oder Anteilen an Kapitalgesellschaften durch Geschäfte unter Lebenden und im Todesfall gehören zu den persönlichen Verhältnissen, die bei der Wertermittlung nicht zu berücksichtigen sind. ⁵Hierzu zählen insbesondere Regelungen, die eine Verfügung nur auf

– Mitgesellschafter,
– Angehörige,
– bestimmte Personengruppen, wie z. B. Familienstämme oder
– eine inländische Familienstiftung oder eine entsprechende ausländische Familienstiftung

zulassen.

(3) Der Steuerpflichtige kann nachweisen, dass die ungewöhnlichen oder persönlichen Verhältnisse tatsächlich nicht zu einem unter dem gemeinen Wert liegenden Wert geführt haben.

BewG §§ 9–11

Hinweise (ErbStH 2019)

H B 9.2 Verfügungsbeschränkungen
  BFH vom 12.7.2005 II R 8/04, BStBl. II S. 845
  Verfügungsbeschränkungen bei Anteilen an Kapitalgesellschaften
  → R B 11.3
  Vorwegabschlag bei Familienunternehmen
  → R E 13a.20

§ 10 Begriff des Teilwerts

[1]Wirtschaftsgüter, die einem Unternehmen dienen, sind, soweit nichts anderes vorgeschrieben ist, mit dem Teilwert anzusetzen. [2]Teilwert ist der Betrag, den ein Erwerber des ganzen Unternehmens im Rahmen des Gesamtkaufpreises für das einzelne Wirtschaftsgut ansetzen würde. [3]Dabei ist davon auszugehen, daß der Erwerber das Unternehmen fortführt.

§ 11 Wertpapiere und Anteile

(1) [1]Wertpapiere und Schuldbuchforderungen, die am Stichtag an einer deutschen Börse zum Handel im regulierten Markt zugelassen sind, werden mit dem niedrigsten am Stichtag für sie im regulierten Markt notierten Kurs angesetzt. [2]Liegt am Stichtag eine Notierung nicht vor, so ist der letzte innerhalb von 30 Tagen vor dem Stichtag im regulierten Markt notierte Kurs maßgebend. [3]Entsprechend sind die Wertpapiere zu bewerten, die in den Freiverkehr einbezogen sind.

(2) [1]Anteile an Kapitalgesellschaften, die nicht unter Absatz 1 fallen, sind mit dem gemeinen Wert anzusetzen. [2]Lässt sich der gemeine Wert nicht aus Verkäufen unter fremden Dritten ableiten, die weniger als ein Jahr zurückliegen, so ist er unter Berücksichtigung der Ertragsaussichten der Kapitalgesellschaft oder einer anderen anerkannten, auch im gewöhnlichen Geschäftsverkehr für nichtsteuerliche Zwecke üblichen Methode zu ermitteln; dabei ist die Methode anzuwenden, die ein Erwerber der Bemessung des Kaufpreises zu Grunde legen würde. [3]Die Summe der gemeinen Werte der zum Betriebsvermögen gehörenden Wirtschaftsgüter und sonstigen aktiven Ansätze abzüglich der zum Betriebsvermögen gehörenden Schulden und sonstigen Abzüge (Substanzwert) der Gesellschaft darf nicht unterschritten werden; die §§ 99 und 103 sind anzuwenden. [4]Die §§ 199 bis 203 sind zu berücksichtigen.

(3) Ist der gemeine Wert einer Anzahl von Anteilen an einer Kapitalgesellschaft, die einer Person gehören, infolge besonderer Umstände (z. B. weil die Höhe der Beteiligung die Beherrschung der Kapitalgesellschaft ermöglicht) höher als der Wert, der sich auf Grund der Kurswerte (Absatz 1) oder der gemeinen Werte (Absatz 2) für die einzelnen Anteile insgesamt ergibt, so ist der gemeine Wert der Beteiligung maßgebend.

(4) Anteile oder Aktien, die Rechte an einem Investmentvermögen im Sinne des Kapitalanlagegesetzbuchs verbriefen, sind mit dem Rücknahmepreis anzusetzen.

§ 12 Kapitalforderungen und Schulden

(1) ¹Kapitalforderungen, die nicht in § 11 bezeichnet sind, und Schulden sind mit dem Nennwert anzusetzen, wenn nicht besondere Umstände einen höheren oder geringeren Wert begründen. ²Liegen die besonderen Umstände in einer hohen, niedrigen oder fehlenden Verzinsung, ist bei der Bewertung vom Mittelwert einer jährlich vorschüssigen und jährlich nachschüssigen Zahlungsweise auszugehen.

(2) Forderungen, die uneinbringlich sind, bleiben außer Ansatz.

(3) ¹Der Wert unverzinslicher Forderungen oder Schulden, deren Laufzeit mehr als ein Jahr beträgt und die zu einem bestimmten Zeitpunkt fällig sind, ist der Betrag, der vom Nennwert nach Abzug von Zwischenzinsen unter Berücksichtigung von Zinseszinsen verbleibt. ²Dabei ist von einem Zinssatz von 5,5 Prozent auszugehen.

(4) ¹Noch nicht fällige Ansprüche aus Lebens-, Kapital- oder Rentenversicherungen werden mit dem Rückkaufswert bewertet. ²Rückkaufswert ist der Betrag, den das Versicherungsunternehmen dem Versicherungsnehmer im Falle der vorzeitigen Aufhebung des Vertragsverhältnisses zu erstatten hat. ³Die Berechnung des Werts, insbesondere die Berücksichtigung von ausgeschütteten und gutgeschriebenen Gewinnanteilen kann durch Rechtsverordnung geregelt werden.

§ 13 Kapitalwert von wiederkehrenden Nutzungen und Leistungen

(1) ¹Der Kapitalwert von Nutzungen oder Leistungen, die auf bestimmte Zeit beschränkt sind, ist mit dem aus Anlage 9a zu entnehmenden Vielfachen des Jahreswerts anzusetzen. ²Ist die Dauer des Rechts außerdem durch das Leben einer oder mehrerer Personen bedingt, darf der nach § 14 zu berechnende Kapitalwert nicht überschritten werden.

(2) Immerwährende Nutzungen oder Leistungen sind mit dem 18,6fachen des Jahreswertes, Nutzungen oder Leistungen von unbestimmter Dauer vorbehaltlich des § 14 mit dem 9,3fachen des Jahreswerts zu bewerten.

(3) ¹Ist der gemeine Wert der gesamten Nutzungen oder Leistungen nachweislich geringer oder höher, so ist der nachgewiesene gemeine Wert zugrunde zu legen. ²Der Ansatz eines geringeren oder höheren Werts kann jedoch nicht darauf gestützt werden, daß mit einem anderen Zinssatz als 5,5 Prozent oder mit einer anderen als mittelschüssigen Zahlungsweise zu rechnen ist.

§ 14 Lebenslängliche Nutzungen und Leistungen

(1) ¹Der Kapitalwert von lebenslänglichen Nutzungen und Leistungen ist mit dem Vielfachen des Jahreswerts nach Maßgabe der Sätze 2 bis 4 anzusetzen. ²Die Vervielfältiger sind nach der Sterbetafel des Statistischen Bundesamtes zu ermitteln und ab dem 1. Januar des auf die Veröffentlichung der Sterbetafel durch das Statistische Bundesamt folgenden Kalenderjahres anzuwenden. ³Der Kapitalwert ist unter Berücksichtigung von Zwischenzinsen und Zinseszinsen mit einem Zinssatz von 5,5 Prozent als Mittelwert zwischen dem Kapitalwert für jährlich vorschüssige und jährlich nachschüssige Zahlungsweise zu berechnen. ⁴Das Bundesministerium der Finanzen stellt die Vervielfältiger für den Kapitalwert einer lebenslänglichen Nutzung oder Leistung im Jahresbetrag von einem Euro nach Lebensalter und Geschlecht der Berechtigten in einer Tabelle zusammen und veröffentlicht diese zusammen mit dem Datum der Veröffentlichung der Sterbetafel im Bundessteuerblatt.

(2) ¹Hat eine nach Absatz 1 bewertete Nutzung oder Leistung bei einem Alter
1. bis zu 30 Jahren
nicht mehr als 10 Jahre,
2. von mehr als 30 Jahren bis zu 50 Jahren
nicht mehr als 9 Jahre,
3. von mehr als 50 Jahren bis zu 60 Jahren
nicht mehr als 8 Jahre,
4. von mehr als 60 Jahren bis zu 65 Jahren
nicht mehr als 7 Jahre,
5. von mehr als 65 Jahren bis zu 70 Jahren
nicht mehr als 6 Jahre,
6. von mehr als 70 Jahren bis zu 75 Jahren
nicht mehr als 5 Jahre,
7. von mehr als 75 Jahren bis zu 80 Jahren
nicht mehr als 4 Jahre,
8. von mehr als 80 Jahren bis zu 85 Jahren
nicht mehr als 3 Jahre,
9. von mehr als 85 Jahren bis zu 90 Jahren
nicht mehr als 2 Jahre,
10. von mehr als 90 Jahren
nicht mehr als 1 Jahr

bestanden und beruht der Wegfall auf dem Tod des Berechtigten oder Verpflichteten, so ist die Festsetzung der nicht laufend veranlagten Steuern auf Antrag nach der wirklichen Dauer der Nutzung oder Leistung zu berichtigen. ²§ 5 Abs. 2 Satz 2 gilt entsprechend. ³Ist eine Last weggefallen, so bedarf die Berichtigung keines Antrags.

(3) Hängt die Dauer der Nutzung oder Leistung von der Lebenszeit mehrerer Personen ab und erlischt das Recht mit dem Tod des zuletzt Sterbenden, so ist das Lebensalter und das Geschlecht derjenigen Person maßgebend, für die sich der höchste Vervielfältiger ergibt; erlischt das Recht mit dem Tod des zuerst Sterbenden, so ist das Lebensalter und das Geschlecht derjenigen Person maßgebend, für die sich der niedrigste Vervielfältiger ergibt.

(4) ¹Ist der gemeine Wert der gesamten Nutzungen oder Leistungen nachweislich geringer oder höher als der Wert, der sich nach Absatz 1 ergibt, so ist der nachgewiesene gemeine Wert zugrunde zu legen. ²Der Ansatz eines geringeren oder höheren Werts kann jedoch nicht darauf gestützt werden, daß mit einer kürzeren oder längeren Lebensdauer, mit einem anderen Zinssatz als 5,5 Prozent oder mit einer anderen als mittelschüssigen Zahlungsweise zu rechnen ist.

§ 15 Jahreswert von Nutzungen und Leistungen

(1) Der einjährige Betrag der Nutzung einer Geldsumme ist, wenn kein anderer Wert feststeht, zu 5,5 Prozent anzunehmen.

(2) Nutzungen oder Leistungen, die nicht in Geld bestehen (Wohnung, Kost, Waren und sonstige Sachbezüge), sind mit den üblichen Mittelpreisen des Verbrauchsorts anzusetzen.

(3) Bei Nutzungen oder Leistungen, die in ihrem Betrag ungewiß sind oder schwanken, ist als Jahreswert der Betrag zugrunde zu legen, der in Zukunft im Durchschnitt der Jahre voraussichtlich erzielt werden wird.

§ 16 Begrenzung des Jahreswerts von Nutzungen

Bei der Ermittlung des Kapitalwerts der Nutzungen eines Wirtschaftsguts kann der Jahreswert dieser Nutzungen höchstens den Wert betragen, der sich ergibt, wenn der für das gesamte Wirtschaftsgut nach den Vorschriften des Bewertungsgesetzes anzusetzende Wert durch 18,6 geteilt wird.

Rechtsprechungsauswahl

BFH-Urteil v. 9.4.2014 II R 48/12 (BStBl. II S. 554): § 16 BewG bei Erbschaft- und Schenkungsteuer nach wie vor anwendbar

1. Die Begrenzung des Jahreswerts von Nutzungen nach § 16 BewG ist auch nach Inkrafttreten des ErbStRG anwendbar, wenn der Nutzungswert bei der Festsetzung der Erbschaft- oder Schenkungsteuer vom gesondert festgestellten Grundbesitzwert abgezogen wird.
2. § 16 BewG ist nicht anzuwenden, wenn der Nutzungswert bei der Ermittlung des niedrigeren gemeinen Werts eines Grundstücks abgezogen wird.

Zweiter Teil

Besondere Bewertungsvorschriften

§ 17 Geltungsbereich

(1) Die besonderen Bewertungsvorschriften sind nach Maßgabe der jeweiligen Einzelsteuergesetze anzuwenden.

(2) Die §§ 18 bis 94, 122 und 125 bis 132 gelten für die Grundsteuer und die §§ 121a und 133 zusätzlich für die Gewerbesteuer.

(3) [1]Soweit sich nicht aus den §§ 19 bis 150 etwas anderes ergibt, finden neben diesen auch die Vorschriften des Ersten Teils dieses Gesetzes (§§ 1 bis 16) Anwendung. [2]§ 16 findet auf die Grunderwerbsteuer keine Anwendung.

§ 18 Vermögensarten

Das Vermögen, das nach den Vorschriften des Zweiten Teils dieses Gesetzes zu bewerten ist, umfaßt die folgenden Vermögensarten:

1. Land- und forstwirtschaftliches Vermögen (§§ 33 bis 67, § 31),
2. Grundvermögen (§§ 68 bis 94, § 31),
3. Betriebsvermögen (§§ 95 bis 109, § 31).

§ 19 BewG

Erster Abschnitt:

Einheitsbewertung

A. Allgemeines

§ 19 Feststellung von Einheitswerten

(1) Einheitswerte werden für inländischen Grundbesitz, und zwar für Betriebe der Land- und Forstwirtschaft (§§ 33, 48a und 51a), für Grundstücke (§§ 68 und 70) und für Betriebsgrundstücke (§ 99) festgestellt (§ 180 Abs. 1 Nr. 1 der Abgabenordnung).

(2) (aufgehoben)

(3) In dem Feststellungsbescheid (§ 179 der Abgabenordnung) sind auch Feststellungen zu treffen

1. über die Art der wirtschaftlichen Einheit und bei Grundstücken auch über die Grundstücksart (§§ 72, 74 und 75) oder die Grundstückshauptgruppe (§ 32 der weiter anzuwendenden Durchführungsverordnung zum Reichsbewertungsgesetz vom 2. Februar 1935, RGBl. I S. 81, zuletzt geändert durch die Verordnung zur Änderung der Durchführungsverordnung zum Vermögensteuergesetz, der Durchführungsverordnung zum Reichsbewertungsgesetz und der Aufbringungsumlage-Verordnung vom 8. Dezember 1944, RGBl. I S. 338);

2. über die Zurechnung der wirtschaftlichen Einheit und bei mehreren Beteiligten über die Höhe ihrer Anteile.

(4) Feststellungen nach den Absätzen 1 und 3 erfolgen nur, wenn und soweit sie für die Besteuerung von Bedeutung sind.

Rechtsprechungsauswahl

BFH-Urteil vom 16.5.2018 II R 16/13 (BStBl. II S. 690)
Kostenentscheidung bei Weitergeltungsanordnung des BVerfG
Der Kläger, dessen Revision zurückgewiesen wird, hat die Kosten des Revisionsverfahrens auch zu tragen, wenn der angefochtene Verwaltungsakt auf Vorschriften beruht, die zwar verfassungswidrig sind, deren Anwendung im Streitfall aber aufgrund einer entsprechenden Anordnung des BVerfG zulässig ist.

BVerfG, Urteil des Ersten Senats vom 10.4.2018
– 1 BvL 11/14, 1 BvL 12/14, 1 BvL 1/15, 1 BvR 639/11, 1 BvR 889/12 –
Tenor (Auszug)
1. Die §§ ... des Bewertungsgesetzes ... sind, soweit sie bebaute Grundstucke außerhalb des Bereichs der Land- und Forstwirtschaft und außerhalb des in Artikel 3 des Einigungsvertrags genannten Gebiets betreffen, jedenfalls seit dem 1. Januar 2002 unvereinbar mit Artikel 3 Absatz 1 Grundgesetz.
2. Der Gesetzgeber ist verpflichtet, eine Neuregelung spätestens bis zum 31. Dezember 2019 zu treffen. Bis zu diesem Zeitpunkt durfen die als unvereinbar mit Artikel 3 Absatz 1 Grundgesetz festgestellten Regeln uber die Einheitsbewertung weiter angewandt werden. Nach Verkundung einer Neuregelung durfen die beanstandeten Regelungen fur weitere funf Jahre ab der Verkundung, längstens aber bis zum 31. Dezember 2024 angewandt werden.
3. Fur Kalenderjahre nach Ablauf der Fortgeltungsfristen durfen auch auf bestandskräftige Bescheide, die auf den als verfassungswidrig festgestellten Bestimmungen des Bewertungsgesetzes beruhen, keine Belastungen mehr gestutzt werden.

BewG § 19

BFH-Beschluss vom 22.10.2014 II R 16/13 (BStBl. II S. 957): Vorlage der Vorschriften über die Einheitsbewertung an das BVerfG zur Prüfung der Verfassungsmäßigkeit
Der BFH hält die Vorschriften über die Einheitsbewertung (spätestens) ab dem Bewertungsstichtag 1. Januar 2009 für verfassungswidrig, weil die Maßgeblichkeit der Wertverhältnisse am Hauptfeststellungszeitpunkt 1. Januar 1964 für die Einheitsbewertung zu Folgen führt, die mit dem allgemeinen Gleichheitssatz (Art. 3 Abs. 1 GG) nicht mehr vereinbar sind.

Nichtannahmebeschluss des BVerfG vom 24.5.2015 – 2 BvR 287/11: Vorinstanz: BFH-Urteil vom 30.6.2010 II R 12/09
Die Verfassungsbeschwerde wird nicht zur Entscheidung angenommen. Sie ist unzulässig, weil ihre Begründung nicht den gesetzlichen Anforderungen (§ 23 Abs. 1 Satz 2, § 92 BVerfGG) entspricht. Sie setzt sich insbesondere nicht mit der Auffassung des Bundesfinanzhofs auseinander, die Grundsteuerbefreiung stelle eine negative Staatsleistung im Sinne von Art. 140 GG in Verbindung mit Art. 138 Abs. 1 WRV zugunsten korporierter Religionsgesellschaften dar (vgl. BVerfGE 19, 1 <13>).

BFH-Urteil vom 30.6.2010 II R 12/09 (BStBl. II 2011 S. 48): Beschränkung der Grundsteuerbefreiung auf korporierte Religionsgesellschaften und jüdische Kultusgemeinden verfassungsgemäß; Verfassungsmäßigkeit der Einheitsbewertung
1. Die Beschränkung der Grundsteuerbefreiungen nach § 3 Abs. 1 Satz 1 Nr. 4 und § 4 Nr. 1 GrStG auf solche Religionsgesellschaften, die Körperschaften des öffentlichen Rechts sind, sowie auf jüdische Kultusgemeinden ist nicht verfassungswidrig.
2. Die Vorschriften über die Einheitsbewertung des Grundvermögens sind trotz der verfassungsrechtlichen Zweifel, die sich aus den lange zurückliegenden Hauptfeststellungszeitpunkten des 1. Januar 1964 bzw. – im Beitrittsgebiet – des 1. Januar 1935 und darauf beruhenden Wertverzerrungen ergeben, jedenfalls für Stichtage bis zum 1. Januar 2007 noch verfassungsgemäß.

BFH-Beschluß vom 22.2.2001 II B 39/00 (BStBl. II S. 476): Ist der Einheitswert eines Grundstücks in Gesamthandseigentum nur noch für die Grundsteuer von Bedeutung, hat gemäß § 39 Abs. 2 Nr. 2 AO 1977 seine Aufteilung auf die Gesamthänder zu unterbleiben. Die Aufteilung ist für Grundsteuerzwecke nicht erforderlich, weil das GrStG in § 10 Abs. 1 und 3 für beide denkbaren Möglichkeiten der Zurechnung (Gesamthandsgemeinschaft oder Gesamthänder) eine Regelung über den Steuerschuldner enthält.

BFH-Urteil vom 13.12.2000 X R 42/96 (BStBl. 2001 II S. 471): Ein Grundlagenbescheid, der einen gleichartigen, dem Inhaltsadressaten wirksam bekannt gegebenen Steuerverwaltungsakt in seinem verbindlichen Regelungsgehalt nur wiederholt, löst keine Anpassungspflicht nach § 175 Abs. 1 Nr. 1 AO 1977 a. F. (jetzt § 175 Abs. 1 Satz 1 Nr. 1 AO 1977) aus und wirkt auch nicht gemäß § 171 Abs. 10 AO 1977 auf den Lauf der Festsetzungsfrist für den Folgebescheid ein.

§§ 20, 21 BewG

§ 20 Ermittlung des Einheitswerts
¹Die Einheitswerte werden nach den Vorschriften dieses Abschnitts ermittelt. ²Bei der Ermittlung der Einheitswerte ist § 163 der Abgabenordnung nicht anzuwenden; dies gilt nicht für Übergangsregelungen, die die oberste Finanzbehörde eines Landes im Einvernehmen mit den obersten Finanzbehörden der übrigen Länder trifft.

§ 21 Hauptfeststellung[1)]
(1) Die Einheitswerte werden in Zeitabständen von je sechs Jahren allgemein festgestellt (Hauptfeststellung).
(2) ¹Der Hauptfeststellung werden die Verhältnisse zu Beginn des Kalenderjahres (Hauptfeststellungszeitpunkt) zugrunde gelegt. ²Die Vorschriften in § 35 Abs. 2, und den §§ 54 und 59 über die Zugrundelegung eines anderen Zeitpunkts bleiben unberührt.

Rechtsprechungsauswahl
BGH-Urteil v. 17.11.2000 – V ZR 334/99 (FamRZ 2001 S. 353): Der Umstand, daß die nach § 21 I BewG in regelmäßigen Zeitabständen von sechs Jahren vorzunehmende Hauptfeststellung des Einheitswertes seit dem Inkrafttreten der Neufassung der HöfeO im Jahre 1976 unterblieben ist, hat zur Folge, daß die an die Einheitswertfestsetzung geknüpfte Abfindungsregelung des § 12 HöfeO lückenhaft geworden ist, soweit sich die seinerzeit zugrundegelegte Wertrelation zwischen Einheitswert und Ertragswert des Hofes infolge der Entwicklung der allgemeinen wirtschaftlichen Verhältnisse erheblich verschoben hat. Diese Lücke ist durch eine entsprechende Anwendung des § 12 II S. 3 HöfeO zu schließen.

---

1) Für Grundbesitz hat eine Hauptfeststellung der Einheitswerte auf den Beginn des Kalenderjahres 1964 (Hauptfeststellung 1964) stattgefunden. Der Zeitpunkt der nächsten Hauptfeststellung wird durch Gesetz bestimmt (Art. 2 Abs. 1 letzter Satz BewÄndG 1965 i.d.F. vom 22. 7. 1970). Die Einheitswerte auf den 1. 1. 1964 wurden erstmals zum 1. 1. 1974 angewendet (vgl. Art. 1 Abs. 1 BewÄndG 1971).

BewG § 22

§ 22 Fortschreibungen

(1) Der Einheitswert wird neu festgestellt (Wertfortschreibung), wenn der in Deutscher Mark ermittelte und auf volle hundert Deutsche Mark abgerundete Wert, der sich für den Beginn eines Kalenderjahrs ergibt, von dem entsprechenden Wert des letzten Feststellungszeitpunkts nach oben um mehr als den zehnten Teil, mindestens aber um 5 000 Deutsche Mark, oder um mehr als 100 000 Deutsche Mark, nach unten um mehr als den zehnten Teil, mindestens aber um 500 Deutsche Mark, oder um mehr als 5 000 Deutsche Mark, abweicht.

(2) Über die Art oder Zurechnung des Gegenstandes (§ 19 Abs. 3 Nr. 1 und 2) wird eine neue Feststellung getroffen (Artfortschreibung oder Zurechnungsfortschreibung), wenn sie von der zuletzt getroffenen Feststellung abweicht und es für die Besteuerung von Bedeutung ist.

(3) ¹Eine Fortschreibung nach Absatz 1 oder Absatz 2 findet auch zur Beseitigung eines Fehlers der letzten Feststellung statt. ²§ 176 der Abgabenordnung ist hierbei entsprechend anzuwenden. ³Dies gilt jedoch nur für die Feststellungszeitpunkte, die vor der Verkündung der maßgeblichen Entscheidung eines obersten Gerichts des Bundes liegen.

(4) ¹Eine Fortschreibung ist vorzunehmen, wenn dem Finanzamt bekannt wird, daß die Voraussetzungen für sie vorliegen. ²Der Fortschreibung werden vorbehaltlich des § 27 die Verhältnisse im Fortschreibungszeitpunkt zugrunde gelegt. ³Fortschreibungszeitpunkt ist

1. bei einer Änderung der tatsächlichen Verhältnisse der Beginn des Kalenderjahrs, das auf die Änderung folgt;
2. in den Fällen des Absatzes 3 der Beginn des Kalenderjahres, in dem der Fehler dem Finanzamt bekannt wird, bei einer Erhöhung des Einheitswerts jedoch frühestens der Beginn des Kalenderjahrs, in dem der Feststellungsbescheid erteilt wird.

⁴Die Vorschriften in § 35 Abs. 2 und den §§ 54 und 59, über die Zugrundelegung eines anderen Zeitpunkts bleiben unberührt.

Rechtsprechungsauswahl

BFH-Urteil vom 22.5.2019 II R 22/17 (BFH/NV 2019 S. 1064): Wertfortschreibung zur Beseitigung eines Bewertungsfehlers

1. NV: Ein Bewertungsfehler liegt vor, wenn die Finanzbehörde bei der Schätzung der Jahresrohmiete über die tatsächliche Ausstattung und Gestaltung des zu bewertenden Grundstücks und damit über Schätzungsgrundlagen im Irrtum war und die Jahresrohmiete unter Berücksichtigung der tatsächlichen Verhältnisse der Höhe nach offensichtlich unzutreffend geschätzt hat.
2. NV: Eine wesentliche Veränderung von Räumen kann vorliegen, wenn durch Renovierungs- und Sanierungsmaßnahmen ihre Beschaffenheit derart verbessert wurde, dass keine Vergleichbarkeit mehr mit dem Zustand des ursprünglichen Baujahrs besteht, sondern sie einem späteren Baujahr zuzuordnen sind. Die übliche Miete richtet sich dann nach dem Entgelt für Räume des späteren Baujahrs.

BFH-Urteil vom 30.06.2010 II R 17/09 und 18/09 (BFH/NV S. 2028): Wertfortschreibung wegen Ausbauten und Umbauten bei späterem Wegfall einer Grundsteuerbefreiung – Änderung eines Einheitswertbescheids wegen neuer Tatsachen

1. Eine Wertfortschreibung wegen Ausbauten und Umbauten kann auch dann noch vorgenommen werden, wenn die Fortschreibungsgrenzen erst durch den späteren Wegfall einer Grundsteuerbefreiung überschritten werden.
2. Ein Einheitswertbescheid, in dem wegen einer angenommenen Grundsteuerbefreiung ein Teil des Grundstücks nicht bewertet wurde, kann nach § 173 Abs. 1 Nr. 1 AO geändert werden, wenn dem FA nachträglich Tatsachen bekannt werden, die am letzten Feststellungszeitpunkt einer steuerbefreiten Nutzung entgegenstanden.

BFH-Beschluss vom 15.10.2008 II B 74/08 (BFH/NV 2009 S. 125):

1. Die für das Beitrittsgebiet geltenden Sonderregelungen für die Einheitsbewertung sind trotz des lange zurückliegenden Hauptfeststellungszeitpunkts anzuwenden.
2. Die Vorschrift des § 22 Abs. 3 BewG über die Fortschreibung zur Beseitigung eines Fehlers der letzten Feststellung ist auch im Beitrittsgebiet anwendbar.

3. Liegt zu einer vom Beschwerdeführer herausgestellten Rechtsfrage bereits höchstrichterliche Rechtsprechung vor, muss der Beschwerdeführer zur Darlegung des Zulassungsgrundes der grundsätzlichen Bedeutung der Rechtssache fundiert ausführen, weshalb diese Rechtsprechung noch nicht zu einer hinreichenden Klärung geführt habe oder aufgrund welcher neuen Entwicklung sie nunmehr erneut in Frage gestellt werden müsse.

BFH-Urteil vom 30.7.2008 II R 5/07 (BFH/NV 2009 S. 7):
1. Veränderungen der Verkehrslage und Geschäftslage eines Grundstücks können als sichtbare Wertänderungen die tatsächlichen Verhältnisse betreffen. Dazu müssen die Veränderungen auf besonderen Umständen beruhen, aufgrund deren das Grundstück einen Sondertatbestand erfüllt.
2. Eine Veränderung der Verkehrslage und Geschäftslage, die auf einer veränderten Einzelhandelsstruktur und veränderten Käuferströmen sowie auf der Wirtschaftsabschwächung und der damit sinkenden Kaufkraft der Region beruht, betrifft die Wertverhältnisse. In solchen Fällen besteht während des laufenden Hauptfeststellungszeitraums unter den Voraussetzungen des § 33 Abs. 1 und 2 GrStG ein Anspruch auf Grundsteuererlass.

BFH-Urteil v. 22.2.2002 II R 18/00 (BStBl. II S. 456): Bei der fehlerbeseitigenden Wertfortschreibung ist hinsichtlich der Wertgrenzen des § 22 Abs. 1 Nr. 1 BewG auch dann auf den Einheitswert vom letzten Feststellungszeitpunkt abzustellen, wenn dieser betragsmäßig zu Gunsten des Steuerpflichtigen fehlerhaft, nämlich zu niedrig, war und nur deshalb die Wertgrenze überschritten worden ist.

BFH-Urteil v. 30.1.2002 II R 36/99 (BFH/NV S. 1025):
1. Die Änderungen des § 122 Abs. 3 BewG i.d.F. des Missbrauchsbekämpfungs- und Steuerbereinigungsgesetz – StMBG – vom 21. Dezember 1993 – BewG n.F. –, der Wegfall der (Berlin-)Ermäßigung nach § 1 VO zu § 122 Abs. 3 BewG n.F. sowie die Regelung in § 122 Abs. 5 BewG n.F. sind verfassungsrechtlich zulässig.
2. Bei der Fortschreibung des Einheitswerts sind alle nach dem letzten Feststellungszeitpunkt neu hinzugetretenen Umstände zu berücksichtigen. Dabei kommte es nicht darauf an, ob die einzelnen „neuen" Umstände für sich die Fortschreibungsgrenzen erreichen; vielmehr reicht es aus, wenn sie in ihrer Gesamtheit zu einer Änderung des Einheitswerts führen, die mindestens die Wertgrenzen des § 22 Abs. 1 BewG erreicht.

§ 23 Nachfeststellung

(1) Für wirtschaftliche Einheiten, für die ein Einheitswert festzustellen ist, wird der Einheitswert nachträglich festgestellt (Nachfeststellung), wenn nach dem Hauptfeststellungszeitpunkt (§ 21 Abs. 2)

1. die wirtschaftliche Einheit neu entsteht;
2. eine bereits bestehende wirtschaftliche Einheit erstmals zu einer Steuer herangezogen werden soll.

(2) ¹Der Nachfeststellung werden vorbehaltlich des § 27 die Verhältnisse im Nachfeststellungszeitpunkt zugrunde gelegt. ²Nachfeststellungszeitpunkt ist in den Fällen des Absatzes 1 Nr. 1 der Beginn des Kalenderjahrs, das auf die Entstehung der wirtschaftlichen Einheit folgt, und in den Fällen des Absatzes 1 Nr. 2 der Beginn des Kalenderjahrs, in dem der Einheitswert erstmals der Besteuerung zugrunde gelegt wird. ³Die Vorschriften in § 53 Abs. 2 und den §§ 54 und 59 über die Zugrundelegung eines anderen Zeitpunkts bleiben unberührt.

§ 24 Aufhebung des Einheitswerts

(1) Der Einheitswert wird aufgehoben, wenn dem Finanzamt bekannt wird, daß

1. die wirtschaftliche Einheit wegfällt;
2. der Einheitswert der wirtschaftlichen Einheit infolge von Befreiungsgründen der Besteuerung nicht mehr zugrunde gelegt wird.

(2) Aufhebungszeitpunkt ist in den Fällen des Absatzes 1 Nr. 1 der Beginn des Kalenderjahrs, das auf den Wegfall der wirtschaftlichen Einheit folgt, und in den Fällen des Absatzes 1 Nr. 2 der Beginn des Kalenderjahrs, in dem der Einheitswert erstmals der Besteuerung nicht mehr zugrunde gelegt wird.

§ 24a Änderung von Feststellungsbescheiden

¹Bescheide über Fortschreibungen oder Nachfeststellungen von Einheitswerten des Grundbesitzes können schon vor dem maßgebenden Feststellungszeitpunkt erteilt werden. ²Sie sind zu ändern oder aufzuheben, wenn sich bis zu diesem Zeitpunkt Änderungen ergeben, die zu einer abweichenden Feststellung führen.

§ 25 Nachholung einer Feststellung

(1) ¹Ist die Feststellungsfrist (§ 181 der Abgabenordnung) bereits abgelaufen, kann eine Fortschreibung (§ 22) oder Nachfeststellung (§ 23) unter Zugrundelegung der Verhältnisse vom Fortschreibungs- oder Nachfeststellungszeitpunkt mit Wirkung für einen späteren Feststellungszeitpunkt vorgenommen werden, für den diese Frist noch nicht abgelaufen ist. ²§ 181 Abs. 5 der Abgabenordnung bleibt unberührt.

(2) Absatz 1 ist bei der Aufhebung des Einheitswerts (§ 24) entsprechend anzuwenden.

Rechtsprechungsauswahl

BFH-Urteil vom 11.11.2009 II R 14/08 (BStBl. II 2010 S. 723): Korrektur eines Einheitswertbescheids nach Ablauf der Feststellungsfrist – dreistufiges Verfahren zur Festsetzung der Grundsteuer – Grundlagenbescheid – offenbare Unrichtigkeit – Revisionsbegründung bei zwei in einem Verfahren verbundenen Steuerbescheiden.

1. Ein Einheitswertbescheid kann gemäß § 181 Abs. 5 AO nach Ablauf der Feststellungsfrist insoweit erlassen oder korrigiert werden, als die Festsetzungsfrist für die Grundsteuer noch nicht abgelaufen ist.
2. § 25 BewG ermöglicht nicht nur die Nachholung erstmaliger gesonderter Feststellungen mit Wirkung auf einen späteren Feststellungszeitpunkt, sondern auch die Berichtigung, Änderung und Aufhebung solcher Feststellungen.

§ 26 Umfang der wirtschaftlichen Einheit bei Ehegatten oder Lebenspartnern

Die Zurechnung mehrerer Wirtschaftsgüter zu einer wirtschaftlichen Einheit (§ 2) wird beim Grundbesitz im Sinne der §§ 33 bis 94, 99 und 125 bis 133 nicht dadurch ausgeschlossen, daß die Wirtschaftsgüter zum Teil dem einen, zum Teil dem anderen Ehegatten oder Lebenspartner gehören.

§ 27 Wertverhältnisse bei Fortschreibungen und Nachfeststellungen

Bei Fortschreibungen und bei Nachfeststellungen der Einheitswerte für Grundbesitz sind die Wertverhältnisse im Hauptfeststellungszeitpunkt zugrunde zu legen.

§ 28 Erklärungspflicht

(1) Erklärungen zur Feststellung des Einheitswerts sind auf jeden Hauptfeststellungszeitpunkt abzugeben.

(2) ¹Die Erklärungen sind innerhalb der Frist abzugeben, die das Bundesministerium der Finanzen im Einvernehmen mit den obersten Finanzbehörden der Länder bestimmt. ²Die Frist ist im Bundesanzeiger bekanntzumachen. ³Fordert die Finanzbehörde zur Abgabe einer Erklärung auf einen Hauptfeststellungszeitpunkt oder auf einen anderen Feststellungszeitpunkt, besonders auf (§ 149 Abs. 1 Satz 2 der Abgabenordnung), hat sie eine besondere Frist zu bestimmen, die mindestens einen Monat betragen soll.

(3) ¹Erklärungspflichtig ist derjenige, dem Grundbesitz zuzurechnen ist. ²Er hat die Steuererklärung eigenhändig zu unterschreiben.

§ 29 Auskünfte, Erhebungen und Mitteilungen

(1) ¹Die Eigentümer von Grundbesitz haben der Finanzbehörde auf Anforderung alle Angaben zu machen, die sie für die Sammlung der Kauf-, Miet- und Pachtpreise braucht. ²Bei dieser Erklärung ist zu versichern, daß die Angaben nach bestem Wissen und Gewissen gemacht sind.

(2) ¹Die Finanzbehörden können zur Vorbereitung einer Hauptfeststellung und zur Durchführung von Feststellungen der Einheitswerte des Grundbesitzes örtliche Erhebungen über die Bewertungsgrundlagen anstellen. ²Das Grundrecht der Unverletzlichkeit der Wohnung (Artikel 13 des Grundgesetzes) wird insoweit eingeschränkt.

(3) ¹Die nach Bundes- oder Landesrecht zuständigen Behörden haben den Finanzbehörden die rechtlichen und tatsächlichen Umstände mitzuteilen, die ihnen im Rahmen ihrer Aufgabenerfüllung bekannt geworden sind und die für die Feststellung von Einheitswerten des Grundbesitzes, für die Feststellung von Grundbesitzwerten oder für die Grundsteuer von Bedeutung sein können; mitzuteilen sind auch diejenigen Umstände, die für die Erbschaftsteuer oder die Grunderwerbsteuer von Bedeutung sein können, sofern die Finanzbehörden dies anordnen. ²Den Behörden stehen die Stellen gleich, die für die Sicherung der Zweckbestimmung der Wohnungen zuständig sind, die auf der Grundlage des Zweiten Wohnungsbaugesetzes, des Wohnungsbaugesetzes für das Saarland oder auf der Grundlage des Wohnraumförderungsgesetzes[1)] gefördert worden sind.

(4) ¹Die Grundbuchämter teilen den für die Feststellung des Einheitswerts und den für die Feststellung des Grundbesitzwerts zuständigen Finanzbehörden für die in Absatz 3 bezeichneten Zwecke mit

1. die Eintragung eines neuen Eigentümers oder Erbbauberechtigten sowie bei einem anderen als rechtsgeschäftlichen Erwerb auch die Anschrift des neuen Eigentümers oder Erbbauberechtigten; dies gilt nicht für die Fälle des Erwerbs nach den Vorschriften des Zuordnungsrechts,

2. die Eintragung der Begründung von Wohnungseigentum oder Teileigentum,

3. die Eintragung der Begründung eines Erbbaurechts, Wohnungserbbaurechts oder Teilerbbaurechts.

²In den Fällen der Nummern 2 und 3 ist gleichzeitig der Tag des Eingangs des Eintragungsantrags beim Grundbuchamt mitzuteilen. ³Bei einer Eintragung aufgrund Erbfolge ist das Jahr anzugeben, in dem der Erblasser verstorben ist. ⁴Die Mitteilungen sollen der Finanzbehörde über die für die Führung des Liegenschaftskatasters zuständige Behörde oder über eine sonstige Behörde, die das amtliche Verzeichnis der Grundstücke (§ 2 Abs. 2 der Grundbuchordnung) führt, zugeleitet werden.

(5) ¹Die mitteilungspflichtige Stelle hat die Betroffenen vom Inhalt der Mitteilung zu unterrichten. ²Eine Unterrichtung kann unterbleiben, soweit den Finanzbehörden Umstände aus dem Grundbuch, den Grundakten oder aus dem Liegenschaftskataster mitgeteilt werden.

(6) ¹Die nach den Absätzen 3 oder 4 verpflichteten Behörden und Stellen übermitteln die Mitteilungen den Finanzbehörden nach amtlich vorgeschriebenem Datensatz durch Datenfernübertragung. ²Die Grundbuchämter und die für die Führung des Liegenschaftskatasters zuständigen Behörden übermitteln die bei ihnen geführten Daten laufend, mindestens alle drei Monate. ³Das Bundesministerium der Finanzen legt im Einvernehmen mit den obersten Finanzbehörden der Länder und den obersten Vermessungs- und Katasterbehörden der Länder die Einzelheiten und den Beginn der elektronischen Übermittlung in einem Schreiben fest. ⁴Dieses Schreiben ist im Bundesanzeiger und im Bundessteuerblatt zu veröffentlichen.

---

1) Wohnraumförderungsgesetz vom 13. September 2001 (BGBl. I S. 2376), zuletzt geändert durch Artikel 42 des Gesetzes vom 20.11.2019 (BGBl. I S. 1626).

§ 30 Abrundung
Die in Deutscher Mark ermittelten Einheitswerte werden auf volle hundert Deutsche Mark nach unten abgerundet und danach in Euro umgerechnet. Der umgerechnete Betrag wird auf volle Euro abgerundet.

§ 31 Bewertung von ausländischem Sachvermögen
(1) [1]Für die Bewertung des ausländischen land- und forstwirtschaftlichen Vermögens, Grundvermögens und Betriebsvermögens gelten die Vorschriften des Ersten Teils dieses Gesetzes, insbesondere § 9 (gemeiner Wert). [2]Nach diesen Vorschriften sind auch die ausländischen Teile einer wirtschaftlichen Einheit zu bewerten, die sich sowohl auf das Inland als auch auf das Ausland erstreckt.

(2) [1]Bei der Bewertung von ausländischem Grundbesitz sind Bestandteile und Zubehör zu berücksichtigen. [2]Zahlungsmittel, Geldforderungen, Wertpapiere und Geldschulden sind nicht einzubeziehen.

§ 32 Bewertung von inländischem Sachvermögen
[1]Für die Bewertung des inländischen land- und forstwirtschaftlichen Vermögens, Grundvermögens und Betriebsvermögens gelten die Vorschriften der §§ 33 bis 109. [2]Nach diesen Vorschriften sind auch die inländischen Teile einer wirtschaftlichen Einheit zu bewerten, die sich sowohl auf das Inland als auch auf das Ausland erstreckt.

BewG § 33

B. Land- und forstwirtschaftliches Vermögen

I. Allgemeines

§ 33 Begriff des land- und forstwirtschaftlichen Vermögens

(1) ¹Zum land- und forstwirtschaftlichen Vermögen gehören alle Wirtschaftsgüter, die einem Betrieb der Land- und Forstwirtschaft dauernd zu dienen bestimmt sind. ²Betrieb der Land- und Forstwirtschaftlich ist die wirtschaftliche Einheit des land- und forstwirtschaftlichen Vermögens.

(2) Zu den Wirtschaftsgütern, die einem Betrieb der Land- und Forstwirtschaft dauernd zu dienen bestimmt sind, gehören insbesondere der Grund und Boden, die Wohn- und Wirtschaftsgebäude, die stehenden Betriebsmittel und ein normaler Bestand an umlaufenden Betriebsmitteln; als normaler Bestand gilt ein solcher, der zur gesicherten Fortführung des Betriebes erforderlich ist.

(3) ¹Zum land- und forstwirtschaftlichen Vermögen gehören nicht
1. Zahlungsmittel, Geldforderungen, Geschäftsguthaben und Wertpapiere,
2. Geldschulden,
3. über den normalen Bestand hinausgehende Bestände (Überbestände) an umlaufenden Betriebsmitteln,
4. Tierbestände oder Zweige des Tierbestands und die hiermit zusammenhängenden Wirtschaftsgüter (z. B. Gebäude und abgrenzbare Gebäudeteile mit den dazugehörigen Flächen, Betriebsmittel), wenn die Tiere weder nach § 51 oder § 51a zur landwirtschaftlichen Nutzung noch nach § 62 zur sonstigen land- und forstwirtschaftlichen Nutzung gehören. ²Die Zugehörigkeit der landwirtschaftlich genutzten Flächen zum land- und forstwirtschaftlichen Vermögen wird hierdurch nicht berührt.

§ 34 Betrieb der Land- und Forstwirtschaft

(1) Ein Betrieb der Land- und Forstwirtschaft umfaßt
1. den Wirtschaftsteil,
2. den Wohnteil.

(2) Der Wirtschaftsteil eines Betriebs der Land- und Forstwirtschaft umfaßt
1. die land- und forstwirtschaftlichen Nutzungen:
   a) die landwirtschaftliche Nutzung,
   b) die forstwirtschaftliche Nutzung,
   c) die weinbauliche Nutzung,
   d) die gärtnerische Nutzung,
   e) die sonstige land- und forstwirtschaftliche Nutzung;
2. die folgenden nicht zu einer Nutzung nach Nummer 1 gehörenden Wirtschaftsgüter:
   a) Abbauland (§ 43),
   b) Geringstland (§ 44),
   c) Umland (§ 45),
3. die Nebenbetriebe (§ 42).

(3) Der Wohnteil eines Betriebs der Land- und Forstwirtschaft umfaßt die Gebäude und Gebäudeteile, soweit sie dem Inhaber des Betriebs, den zu seinem Haushalt gehörenden Familienangehörigen und den Altenteilen zu Wohnzwecken dienen.

(4) In den Betrieb sind auch dem Eigentümer des Grund und Bodens nicht gehörende Gebäude, die auf dem Grund und Boden des Betriebs stehen, und dem Eigentümer des Grund und Bodens nicht gehörende Betriebsmittel, die der Bewirtschaftung des Betriebs dienen, einzubeziehen.

(5) Ein Anteil des Eigentümers eines Betriebs der Land- und Forstwirtschaft an einem Wirtschaftsgut ist in den Betrieb einzubeziehen, wenn es mit dem Betrieb zusammen genutzt wird.

(6) In einem Betrieb der Land- und Forstwirtschaft, der von einer Gesellschaft oder Gemeinschaft des bürgerlichen Rechts betrieben wird, sind auch die Wirtschaftsgüter einzubeziehen, die einem oder mehreren Beteiligten gehören und dem Betrieb zu dienen bestimmt sind.

(6a) Einen Betrieb der Land- und Forstwirtschaft bildet auch die gemeinschaftliche Tierhaltung (§ 51a) einschließlich der hiermit zusammenhängenden Wirtschaftsgüter.

(7) [1]Einen Betrieb der Land- und Forstwirtschaft bilden auch Stückländereien. [2]Stückländereien sind einzelne land- und forstwirtschaftliche genutzte Flächen, bei denen die Wirtschaftsgebäude oder die Betriebsmittel oder beide Arten von Wirtschaftsgütern nicht dem Eigentümer des Grund und Bodens gehören.

§ 35 Bewertungsstichtag

(1) Für die Größe des Betriebs sowie für den Umfang und den Zustand der Gebäude und der stehenden Betriebsmittel sind die Verhältnisse im Feststellungszeitpunkt maßgebend.

(2) Für die umlaufenden Betriebsmittel ist der Stand am Ende des Wirtschaftsjahres maßgebend, das dem Feststellungszeitpunkt vorangegangen ist.

BewG §§ 36–38

§ 36 Bewertungsgrundsätze

(1) Bei der Bewertung ist unbeschadet der Regelung, die in § 47 für den Wohnungswert getroffen ist, der Ertragswert zugrunde zu legen.

(2) [1]Bei der Ermittlung des Ertragswerts ist von der Ertragsfähigkeit auszugehen. [2]Ertragsfähigkeit ist der bei ordnungsmäßiger und schuldenfreier Bewirtschaftung mit entlohnten fremden Arbeitskräften gemeinhin und nachhaltig erzielbare Reinertrag. [3]Ertragswert ist das Achtzehnfache dieses Reinertrags.

(3) Bei der Beurteilung der Ertragsfähigkeit sind die Ertragsbedingungen zu berücksichtigen, soweit sie nicht unwesentlich sind.

§ 37 Ermittlung des Ertragswerts

(1) [1]Der Ertragswert der Nutzungen wird durch ein vergleichendes Verfahren (§§ 38 bis 41) ermittelt. [2]Das vergleichende Verfahren kann auch auf Nutzungsteile angewendet werden.

(2) Kann ein vergleichendes Verfahren nicht durchgeführt werden, so ist der Ertragswert nach der Ertragsfähigkeit der Nutzung unmittelbar zu ermitteln (Einzelertragswertverfahren).

§ 38 Vergleichszahl, Ertragsbedingungen

(1) Die Unterschiede der Ertragsfähigkeit der gleichen Nutzung in den verschiedenen Betrieben werden durch Vergleich der Ertragsbedingungen beurteilt und vorbehaltlich der §§ 55 und 62 durch Zahlen ausgedrückt, die dem Verhältnis der Reinerträge entsprechen (Vergleichszahlen).

(2) Bei dem Vergleich der Ertragsbedingungen sind zugrunde zu legen

1. die tatsächlichen Verhältnisse für:
    - a) die natürlichen Ertragsbedingungen, insbesondere Bodenbeschaffenheit, Geländegestaltung, klimatische Verhältnisse,
    - b) die folgenden wirtschaftlichen Ertragsbedingungen:
        - aa) innere Verkehrslage (Lage für die Bewirtschaftung der Betriebsfläche),
        - bb) äußere Verkehrslage (insbesondere Lage für die Anfuhr der Betriebsmittel und die Abfuhr der Erzeugnisse),
        - cc) Betriebsgröße;
2. die in der Gegend als regelmäßig anzusehenden Verhältnisse für die in Nummer 1 Buchstabe b nicht bezeichneten wirtschaftlichen Ertragsbedingungen, insbesondere Preise und Löhne, Betriebsorganisation, Betriebsmittel.

(3) Bei Stückländereien sind die wirtschaftlichen Ertragsbedingungen nach Absatz 2 Nr. 1 Buchstabe b mit den regelmäßigen Verhältnissen der Gegend anzusetzen.

§ 39 Bewertungsstützpunkte

(1) ¹Zur Sicherung der Gleichmäßigkeit der Bewertung werden in einzelnen Betrieben mit gegendüblichen Ertragsbedingungen die Vergleichszahlen von Nutzungen und Nutzungsteilen vorweg ermittelt (Hauptbewertungsstützpunkte). ²Die Vergleichszahlen der Hauptbewertungsstützpunkte werden vom Bewertungsbeirat (§§ 63 bis 66) vorgeschlagen und durch Rechtsverordnung festgesetzt. ³Die Vergleichszahlen der Nutzungen und Nutzungsteile in den übrigen Betrieben werden durch Vergleich mit den Vergleichszahlen der Hauptbewertungsstützpunkte ermittelt. ⁴§ 55 bleibt unberührt.

(2) ¹Die Hauptbewertungsstützpunkte können durch Landes-Bewertungsstützpunkte und Orts-Bewertungsstützpunkte als Bewertungsbeispiele ergänzt werden. ²Die Vergleichszahlen der Landes-Bewertungsstützpunkte werden vom Gutachterausschuß (§ 67), die Vergleichszahlen der Orts-Bewertungsstützpunkte von den Landesfinanzbehörden ermittelt. ³Die Vergleichszahlen der Landes-Bewertungsstützpunkte und Orts-Bewertungsstützpunkte können bekanntgegeben werden.

(3) ¹Zugepachtete Flächen, die zusammen mit einem Bewertungsstützpunkt bewirtschaftet werden, können bei der Ermittlung der Vergleichszahlen mit berücksichtigt werden. ²Bei der Feststellung des Einheitswerts eines Betriebs, der als Bewertungsstützpunkt dient, sind zugepachtete Flächen nicht zu berücksichtigen (§ 2 Abs. 2).

§ 40 Ermittlung des Vergleichswerts

(1) ¹Zum Hauptfeststellungszeitpunkt wird für die landwirtschaftliche, die weinbauliche und die gärtnerische Nutzung oder für deren Teile der 100 Vergleichszahlen entsprechende Ertragswert vorbehaltlich Absatz 2 durch besondere Gesetze festgestellt. ²Aus diesem Ertragswert wird der Ertragswert für die einzelne Nutzung oder den Nutzungsteil in den Betrieben mit Hilfe der Vergleichszahlen abgeleitet (Vergleichswert). ³Der auf einen Hektar bezogene Vergleichswert ist der Hektarwert.

(2) Für die Hauptfeststellung auf den Beginn des Kalenderjahres 1964 betragen die 100 Vergleichszahlen entsprechenden Ertragswerte bei

der landwirtschaftlichen Nutzung	
ohne Hopfen und Spargel	37,26 DM
Hopfen	254,00 DM
Spargel	76,50 DM
der weinbaulichen Nutzung	200,00 DM
den gärtnerischen Nutzungsteilen	
Gemüse-, Blumen- und Zierpflanzen	108,00 DM
Obstbau	72,00 DM
Baumschulen	221,40 DM.

(3) ¹Die Hoffläche und die Gebäudefläche des Betriebs sind in die einzelne Nutzung einzubeziehen, soweit sie ihr dienen. ²Hausgärten bis zur Größe von 10 Ar sind zur Hof- und Gebäudefläche zu rechnen. ³Wirtschaftswege, Hecken, Gräben, Grenzraine und dergleichen sind in die Nutzung einzubeziehen, zu der sie gehören; dies gilt auch für Wasserflächen, soweit sie nicht Umland sind oder zur sonstigen land- und forstwirtschaftlichen Nutzung (§ 62) gehören.

(4) Das Finanzamt hat bei Vorliegen eines rechtlichen Interesses dem Steuerpflichtigen Bewertungsgrundlagen und Bewertungsergebnisse der Nutzung oder des Nutzungsteils von Bewertungsstützpunkten, die bei der Ermittlung der Vergleichswerte seines Betriebs herangezogen worden sind, anzugeben.

(5) Zur Berücksichtigung der rückläufigen Reinerträge sind die nach den Absätzen 1 und 2 ermittelten Vergleichswerte für Hopfen um 80 Prozent, für Spargel um 50 Prozent und für Obstbau um 60 Prozent zu vermindern; es ist jedoch jeweils mindestens ein Hektarwert von 1200 Deutsche Mark anzusetzen.

BewG §§ 41–45

§ 41 Abschläge und Zuschläge

(1) Ein Abschlag oder ein Zuschlag am Vergleichswert ist zu machen,

1. soweit die tatsächlichen Verhältnisse bei einer Nutzung oder einem Nutzungsteil von den bei der Bewertung unterstellten regelmäßigen Verhältnissen der Gegend (§ 38 Abs. 2 Nr. 2) um mehr als 20 Prozent abweichen und
2. wenn die Abweichung eine Änderung des Vergleichswerts der Nutzung oder des Nutzungsteils um mehr als den fünften Teil, mindestens aber um 1000 Deutsche Mark, oder um mehr als 10 000 Deutsche Mark bewirkt.

(2) Der Abschlag oder der Zuschlag ist nach der durch die Abweichung bedingten Minderung oder Steigerung der Ertragsfähigkeit zu bemessen.

(2a) [1]Der Zuschlag wegen Abweichung des tatsächlichen Tierbestands von den unterstellten regelmäßigen Verhältnissen der Gegend ist bei Fortschreibungen (§ 22) oder Nachfeststellungen (§ 23) um 50 Prozent zu vermindern.

(3) Bei Stückländereien sind weder Abschläge für fehlende Betriebsmittel beim Eigentümer des Grund und Bodens noch Zuschläge für Überbestand an diesen Wirtschaftsgütern bei deren Eigentümern zu machen.

§ 42 Nebenbetriebe

(1) Nebenbetriebe sind Betriebe, die dem Hauptbetrieb zu dienen bestimmt sind und nicht einen selbständigen gewerblichen Betrieb darstellen.

(2) Die Nebenbetriebe sind gesondert mit dem Einzelertragswert zu bewerten.

§ 43 Abbauland

(1) Zum Abbauland gehören die Betriebsflächen, die durch Abbau der Bodensubstanz überwiegend für den Betrieb nutzbar gemacht werden (Sand-, Kies-, Lehmgruben, Steinbrüche, Torfstiche und dergleichen).

(2) Das Abbauland ist gesondert mit dem Einzelertragswert zu bewerten.

§ 44 Geringstland

(1) Zum Geringstland gehören die Betriebsflächen geringster Ertragsfähigkeit, für die nach dem Bodenschätzungsgesetz keine Wertzahlen festzustellen sind.

(2) Geringstland ist mit einem Hektarwert von 50 Deutsche Mark zu bewerten.

§ 45 Unland

(1) Zum Unland gehören die Betriebsflächen, die auch bei geordneter Wirtschaftsweise keinen Ertrag abwerfen können.

(2) Unland wird nicht bewertet.

§ 46 Wirtschaftswert

¹Aus den Vergleichswerten (§ 40 Abs. 1) und den Abschlägen und Zuschlägen (§ 41), aus den Einzelertragswerten sowie aus den Werten der nach den §§ 42 bis 44 gesondert zu bewertenden Wirtschaftsgüter wird der Wert für den Wirtschaftsteil (Wirtschaftswert) gebildet. ²Für seine Ermittlung gelten außer den Bestimmungen in den §§ 35 bis 45 auch die besonderen Vorschriften in den §§ 50 bis 62.

§ 47 Wohnungswert

¹Der Wert für den Wohnteil (Wohnungswert) wird nach den Vorschriften ermittelt, die beim Grundvermögen für die Bewertung der Mietwohngrundstücke im Ertragswertverfahren (§§ 71, 78 bis 82 und 91) gelten. ²Bei der Schätzung der üblichen Miete (§ 79 Abs. 2) sind die Besonderheiten, die sich aus der Lage der Gebäude oder Gebäudeteile im Betrieb ergeben, zu berücksichtigen. ³Der ermittelte Betrag ist um 15 Prozent zu vermindern.

§ 48 Zusammensetzung des Einheitswerts

Der Wirtschaftswert und der Wohnungswert bilden zusammen den Einheitswert des Betriebs.

§ 48a Einheitswert bestimmter intensiv genutzter Flächen

¹Werden Betriebsflächen durch einen anderen Nutzungsberechtigten als den Eigentümer bewirtschaftet, so ist

1. bei der Sonderkultur Spargel (§ 52),
2. bei den gärtnerischen Nutzungsteilen Gemüse-, Blumen- und Zierpflanzenbau sowie Baumschulen (§ 61),
3. bei der Saatzucht (§ 62 Abs. 1 Nr. 6)

der Unterschiedsbetrag zwischen dem für landwirtschaftliche Nutzung maßgebenden Vergleichswert und dem höheren Vergleichswert, der durch die unter den Nummern 1 bis 3 bezeichneten Nutzungen bedingt ist, bei der Feststellung des Einheitswerts des Eigentümers nicht zu berücksichtigen und für den Nutzungsberechtigten als selbständiger Einheitswert festzustellen. ²Ist ein Einheitswert für land- und forstwirtschaftliches Vermögen des Nutzungsberechtigten festzustellen, so ist der Unterschiedsbetrag in diesen Einheitswert einzubeziehen. ³Die Sätze 1 und 2 gelten nicht, wenn der Eigentümer die Flächen bereits intensiv im Sinne der Nummern 1 bis 3 genutzt hat.

§ 49 (weggefallen)

BewG § 50

II. Besondere Vorschriften

a) Landwirtschaftliche Nutzung

§ 50 Ertragsbedingungen

(1) ¹Bei der Beurteilung der natürlichen Ertragsbedingungen (§ 38 Abs. 2 Nr. 1 Buchstabe a) ist von den Ergebnissen der Bodenschätzung nach dem Bodenschätzungsgesetz auszugehen. ²Dies gilt auch für das Bodenartenverhältnis.

(2) Ist durch die natürlichen Verhältnisse ein anderes als das in der betreffenden Gegend regelmäßige Kulturartenverhältnis bedingt, so ist abweichend von § 38 Abs. 2 Nr. 2 das tatsächliche Kulturartenverhältnis maßgebend.

§ 51 BewG

§ 51 Tierbestände

(1) (aufgehoben)

(1a) ¹Für Feststellungszeitpunkte ab dem 1. Januar 1999 gehören Tierbestände in vollem Umfang zur landwirtschaftlichen Nutzung, wenn im Wirtschaftsjahr

für die ersten 20	nicht mehr als 10 Vieheinheiten
für die nächsten 10 Hektar	nicht mehr als 7 Vieheinheiten
für die nächsten 20 Hektar	nicht mehr als 6 Vieheinheiten
für die nächsten 50 Hekter	nicht mehr als 3 Vieheinheiten
und für die weitere Fläche	nicht mehr als 1,5 Vieheinheiten

je Hektar der vom Inhaber des Betriebs regelmäßig landwirtschaftlich genutzten Flächen erzeugt oder gehalten werden. ²Die Tierbestände sind nach dem Futterbedarf in Vieheinheiten umzurechnen. ³Diese Zuordnung der Tierbestände steht einer Änderung der tatsächlichen Verhältnisse gleich, die im Kalenderjahr 1998 eingetreten ist; § 27 ist insoweit nicht anzuwenden.

(2) ¹Übersteigt die Anzahl der Vieheinheiten nachhaltig die in Absatz 1a bezeichnete Grenze, so gehören nur die Zweige des Tierbestands zur landwirtschaftlichen Nutzung, deren Vieheinheiten zusammen diese Grenze nicht überschreiten. ²Zunächst sind mehr flächenabhängige Zweige des Tierbestands und danach weniger flächenabhängige Zweige des Tierbestands zur landwirtschaftlichen Nutzung zu rechnen. ³Innerhalb jeder dieser Gruppen sind zuerst Zweige des Tierbestands mit der geringen Anzahl von Vieheinheiten und dann Zweige mit der größeren Anzahl von Vieheinheiten zur landwirtschaftlichen Nutzung zu rechnen. ⁴Der Tierbestand des einzelnen Zweiges wird nicht aufgeteilt.

(3) ¹Als Zweig des Tierbestands gilt bei jeder Tierart für sich

1. das Zugvieh,
2. das Zuchtvieh,
3. das Mastvieh,
4. das übrige Nutzvieh.

²Das Zuchtvieh einer Tierart gilt nur dann als besonderer Zweig des Tierbestands, wenn die erzeugten Jungtiere überwiegend zum Verkauf bestimmt sind. ³Ist das nicht der Fall, so ist das Zuchtvieh dem Zweig des Tierbestands zuzurechnen, dem es überwiegend dient.

(4) ¹Der Umrechnungsschlüssel für Tierbestände in Vieheinheiten sowie die Gruppen der mehr oder weniger flächenabhängigen Zweige des Tierbestands sind aus den Anlagen 1 und 2 zu entnehmen. ²Für die Zeit von einem nach dem 1. Januar 1964 liegenden Hauptfeststellungszeitpunkt an können der Umrechnungsschlüssel für Tierbestände in Vieheinheiten sowie die Gruppen der mehr oder weniger flächenabhängigen Zweige des Tierbestands durch Rechtsverordnung Änderungen der wirtschaftlichen Gegebenheiten, auf denen sie beruhen, angepaßt werden.

(5) ¹Die Absätze 1a bis 4 gelten nicht für Pelztiere. ²Pelztiere gehören nur dann zur landwirtschaftlichen Nutzung, wenn die erforderlichen Futtermittel überwiegend von den vom Inhaber des Betriebs landwirtschaftlich genutzten Flächen gewonnen sind.

§ 51a Gemeinschaftliche Tierhaltung

(1) ¹Zur landwirtschaftlichen Nutzung gehört auch die Tierzucht und Tierhaltung von Erwerbs- und Wirtschaftsgenossenschaften (§ 97 Abs. 1 Nr. 2), von Gesellschaften, bei denen die Gesellschafter als Unternehmer (Mitunternehmer) anzusehen sind (§ 97 Abs. 1 Nr. 5), oder von Vereinen (§ 97 Abs. 2), wenn

1. alle Gesellschafter oder Mitglieder
   a) Inhaber eines Betriebs der Land- und Forstwirtschaft mit selbstbewirtschafteten regelmäßig landwirtschaftlich genutzten Flächen sind,
   b) nach dem Gesamtbild der Verhältnisse hauptberuflich Land- und Forstwirte sind,
   c) Landwirte im Sinne des § 1 Abs. 2 des Gesetzes über die Alterssicherung der Landwirte sind und dies durch eine Bescheinigung der landwirtschaftlichen Altersklasse nachgewiesen wird und
   d) die sich nach § 51 Abs. 1a für sie ergebende Möglichkeit zur landwirtschaftlichen Tiererzeugung oder Tierhaltung in Vieheinheiten ganz oder teilweise auf die Genossenschaft, die Gesellschaft oder den Verein übertragen haben;
2. die Anzahl der von der Genossenschaft, der Gesellschaft oder dem Verein im Wirtschaftsjahr erzeugten oder gehaltenen Vieheinheiten keine der nachfolgenden Grenzen nachhaltig überschreitet:
   a) die Summe der sich nach Nummer 1 Buchstabe d ergebenden Vieheinheiten und
   b) die Summe der Vieheinheiten, die sich nach § 51 Abs. 1a auf der Grundlage der Summe der von den Gesellschaftern oder Mitgliedern regelmäßig landwirtschaftlich genutzten Flächen ergibt;
3. die Betriebe der Gesellschafter oder Mitglieder nicht mehr als 40 km von der Produktionsstätte der Genossenschaft, der Gesellschaft oder des Vereins entfernt liegen.

²Die Voraussetzungen der Nummer 1 Buchstabe d und der Nummer 2 sind durch besondere, laufend zu führende Verzeichnisse nachzuweisen.

(2) Der Anwendung des Absatzes 1 steht es nicht entgegen, wenn die dort bezeichneten Genossenschaften, Gesellschaften oder Vereine die Tiererzeugung oder Tierhaltung ohne regelmäßig landwirtschaftlich genutzte Flächen betreiben.

(3) Von den in Absatz 1 bezeichneten Genossenschaften, Gesellschaften oder Vereinen regelmäßig landwirtschaftlich genutzte Flächen sind bei der Ermittlung der nach Absatz 1 Nr. 2 maßgebenden Grenzen wie Flächen von Gesellschaften oder Mitgliedern zu behandeln, die ihre Möglichkeit zur landwirtschaftlichen Tiererzeugung oder Tierhaltung im Sinne des Absatzes 1 Nr. 1 Buchstabe d auf die Genossenschaft, die Gesellschaft oder den Verein übertragen haben.

(4) Bei dem einzelnen Gesellschafter oder Mitglied der in Absatz 1 bezeichneten Genossenschaften, Gesellschaften oder Vereine ist § 51 Abs. 1a mit der Maßgabe anzuwenden, daß die in seinem Betrieb erzeugten oder gehaltenen Vieheinheiten mit den Vieheinheiten zusammenzurechnen sind, die im Rahmen der nach Absatz 1 Nr. 1 Buchstabe d übertragenen Möglichkeiten erzeugt oder gehalten werden.

(5) Die Vorschriften des § 51 Abs. 2 bis 4 sind entsprechend anzuwenden.

§ 52 Sonderkulturen

Hopfen, Spargel und andere Sonderkulturen sind als landwirtschaftliche Nutzungsteile (§ 37 Abs. 1) zu bewerten.

§§ 53–55 BewG

b) Forstwirtschaftliche Nutzung

§ 53 Umlaufende Betriebsmittel

Eingeschlagenes Holz gehört zum normalen Bestand an umlaufenden Betriebsmitteln, soweit es den jährlichen Nutzungssatz nicht übersteigt; bei Betrieben, die nicht jährlich einschlagen (aussetzende Betriebe), tritt an die Stelle des jährlichen Nutzungssatzes ein den Betriebsverhältnissen entsprechender mehrjähriger Nutzungssatz.

§ 54 Bewertungsstichtag

Abweichend von § 35 Abs. 1 sind für den Umfang und den Zustand des Bestandes an nicht eingeschlagenem Holz die Verhältnisse am Ende des Wirtschaftsjahres zugrunde zu legen, das dem Feststellungszeitpunkt vorangegangen ist.

§ 55 Ermittlung des Vergleichswerts

(1) Das vergleichende Verfahren ist auf Hochwald als Nutzungsteil (§ 37 Abs. 1) anzuwenden.

(2) Die Ertragsfähigkeit des Hochwaldes wird vorweg für Nachhaltsbetriebe mit regelmäßigem Alters- oder Vorratsklassenverhältnis ermittelt und durch Normalwerte ausgedrückt.

(3) [1]Normalwert ist der für eine Holzart unter Berücksichtigung des Holzertrags auf einen Hektar bezogene Ertragswert eines Nachhaltsbetriebs mit regelmäßigem Alters- und Vorratsklassenverhältnis. [2]Die Normalwerte werden für Bewertungsgebiete vom Bewertungsbeirat vorgeschlagen und durch Rechtsverordnung festgesetzt. [2]Der Normalwert beträgt für die Hauptfeststellung auf den Beginn des Kalenderjahres 1964 höchstens 3200 Deutsche Mark (Fichte, Ertragsklasse I A, Bestockungsgrad 1,0).

(4) [1]Die Anteile der einzelnen Alters- oder Vorratsklassen an den Normalwerten werden durch Prozentsätze ausgedrückt. [2]Für jede Alters- oder Vorratsklasse ergibt sich der Prozentsatz aus dem Verhältnis ihres Abtriebswertes zum Abtriebswert des Nachhaltsbetriebs mit regelmäßigem Alters- oder Vorratsklassenverhältnis. [3]Die Prozentsätze werden einheitlich für alle Bewertungsgebiete durch Rechtsverordnung festgesetzt. [4]Sie betragen für die Hauptfeststellung auf den Beginn des Kalenderjahres 1964 höchstens 260 Prozent der Normalwerte.

(5) [1]Ausgehend von den nach Absatz 3 festgesetzten Normalwerten wird für die forstwirtschaftliche Nutzung des einzelnen Betriebs der Ertragswert (Vergleichswert) abgeleitet. [2]Dabei werden die Prozentsätze auf die Alters- oder Vorratsklassen angewendet.

(6) Der Wert der einzelnen Alters- oder Vorratsklasse beträgt mindestens 50 Deutsche Mark je Hektar.

(7) Mittelwald und Niederwald sind mit 50 Deutsche Mark je Hektar anzusetzen.

(8) Zur Förderung der Gleichmäßigkeit der Bewertung wird, ausgehend von den Normalwerten des Bewertungsgebiets nach Absatz 3, durch den Bewertungsbeirat (§§ 63 bis 66) für den forstwirtschaftlichen Nutzungsteil Hochwald in einzelnen Betrieben mit gegendüblichen Ertragsbedingungen (Hauptbewertungsstützpunkte) der Vergleichswert vorgeschlagen und durch Rechtsverordnung festgesetzt.

(9) Zur Berücksichtigung der rückläufigen Reinerträge sind die nach Absatz 5 ermittelten Ertragswerte (Vergleichswerte) um 40 Prozent zu vermindern; die Absätze 6 und 7 bleiben unberührt.

c) Weinbauliche Nutzung

§ 56 Umlaufende Betriebsmittel

(1) [1]Bei ausbauenden Betrieben zählen die Vorräte an Weinen aus der letzten und der vorletzten Ernte vor dem Bewertungsstichtag zum normalen Bestand an umlaufenden Betriebsmitteln. [2]Für die Weinvorräte aus der vorletzten Ernte vor dem Bewertungsstichtag gilt dies jedoch nur, soweit sie nicht auf Flaschen gefüllt sind.

(2) [1]Für Feststellungszeitpunkte ab dem 1. Januar 1996 zählen bei ausbauenden Betrieben die Vorräte an Weinen aus den Ernten der letzten fünf Jahre vor dem Bewertungsstichtag zum normalen Bestand an umlaufenden Betriebsmitteln. [2]Diese Zuordnung der Weinvorräte steht einer Änderung der tatsächlichen Verhältnisse gleich, die im Kalenderjahr 1995 eingetreten ist; § 27 ist insoweit nicht anzuwenden.

(3) Abschläge für Unterbestand an Vorräten dieser Art sind nicht zu machen.

§ 57 Bewertungsstützpunkte

Als Bewertungsstützpunkte dienen Weinbauanlagen oder Teile von Weinbauanlagen.

§ 58 Innere Verkehrslage

Bei der Berücksichtigung der inneren Verkehrslage sind abweichend von § 38 Abs. 2 Nr. 1 nicht die tatsächlichen Verhältnisse, sondern die in der Weinbaulage regelmäßigen Verhältnisse zugrunde zu legen; § 41 ist entsprechend anzuwenden.

d) Gärtnerische Nutzung

§ 59 Bewertungsstichtag

(1) Die durch Anbau von Baumschulgewächsen genutzte Betriebsfläche wird abweichend von § 35 Abs. 1 nach den Verhältnissen an dem 15. September bestimmt, der dem Feststellungszeitpunkt vorangegangen ist.

(2) Die durch Anbau von Gemüse, Blumen und Zierpflanzen genutzte Betriebsfläche wird abweichend von § 35 Abs. 1 nach den Verhältnissen an dem 30. Juni bestimmt, der dem Feststellungszeitpunkt vorangegangen ist.

§ 60 Ertragsbedingungen

(1) Bei der Beurteilung der natürlichen Ertragsbedingungen (§ 38 Abs. 2 Nr. 1 Buchstabe a) ist von den Ergebnissen der Bodenschätzung nach dem Bodenschätzungsgesetz auszugehen.

(2) Hinsichtlich der ertragsteigernden Anlagen, insbesondere der überdachten Anbauflächen, sind – abweichend von § 38 Abs. 2 Nr. 2 – die tatsächlichen Verhältnisse des Betriebs zugrunde zu legen.

§§ 61, 62 BewG

§ 61 Anwendung des vergleichenden Verfahrens
Das vergleichende Verfahren ist auf Gemüse-, Blumen- und Zierpflanzen, auf Obstbau und auf Baumschulen als Nutzungsteile (§ 37 Abs. 1 Satz 2) anzuwenden.

e) Sonstige land- und forstwirtschaftliche Nutzung

§ 62 Arten und Bewertung der sonstigen land- und forstwirtschaftlichen Nutzung
(1) Zur sonstigen land- und forstwirtschaftlichen Nutzung gehören insbesondere
1. die Binnenfischerei,
2. die Teichwirtschaft,
3. die Fischzucht für Binnenfischerei und Teichwirtschaft,
4. die Imkerei,
5. die Wanderschäferei,
6. die Saatzucht.

(2) Für die Arten der sonstigen land- und forstwirtschaftlichen Nutzung werden im vergleichenden Verfahren abweichend von § 38 Abs. 1 keine Vergleichszahlen, sondern unmittelbar Vergleichswerte ermittelt.

III. Bewertungsbeirat, Gutachterausschuß

§ 63 Bewertungsbeirat

(1) Beim Bundesministerium der Finanzen wird ein Bewertungsbeirat gebildet.

(2) ¹Der Bewertungsbeirat gliedert sich in eine landwirtschaftliche Abteilung, eine forstwirtschaftliche Abteilung, eine Weinbauabteilung und eine Gartenbauabteilung. ²Die Gartenbauabteilung besteht aus den Unterabteilungen für Gemüse-, Blumen- und Zierpflanzenbau, für Obstbau und für Baumschulen.

(3) (weggefallen)

§ 64 Mitglieder

(1) Dem Bewertungsbeirat gehören an
1. in jeder Abteilung und Unterabteilung:
   a) ein Beamter des Bundesministeriums der Finanzen als Vorsitzender,
   b) ein Beamter des Bundesministeriums für Ernährung und Landwirtschaft;
2. in der landwirtschaftlichen Abteilung und in der forstwirtschaftlichen Abteilung je zehn Mitglieder;
3. in der Weinbauabteilung acht Mitglieder;
4. in der Gartenbauabteilung vier Mitglieder mit allgemeiner Sachkunde, zu denen für jede Unterabteilung drei weitere Mitglieder mit besonderer Fachkenntnis hinzutreten.

(2) Nach Bedarf können weitere Mitglieder berufen werden.

(3) ¹Die Mitglieder nach Absatz 1 Nr. 2 bis 4 und nach Absatz 2 werden auf Vorschlag der obersten Finanzbehörden der Länder durch das Bundesministerium der Finanzen im Einvernehmen mit dem Bundesministerium für Ernährung und Landwirtschaft berufen. ²Die Berufung kann mit Zustimmung der obersten Finanzbehörden der Länder zurückgenommen werden. ³Scheidet eines der nach Absatz 1 Nr. 2 bis 4 berufenen Mitglieder aus, so ist ein neues Mitglied zu berufen. ⁴Die Mitglieder müssen sachkundig sein.

(4) ¹Die nach Absatz 3 berufenen Mitglieder haben bei den Verhandlungen des Bewertungsbeirats ohne Rücksicht auf Sonderinteressen nach bestem Wissen und Gewissen zu verfahren. ²Sie dürfen den Inhalt der Verhandlungen des Bewertungsbeirats sowie die Verhältnisse der Steuerpflichtigen, die ihnen im Zusammenhang mit ihrer Tätigkeit aufgrund dieses Gesetzes bekanntgeworden sind, nicht unbefugt offenbaren und Geheimnisse, insbesondere Betriebs- oder Geschäftsgeheimnisse, nicht unbefugt verwerten. ³Sie werden bei Beginn ihrer Tätigkeit von dem Vorsitzenden des Bewertungsbeirats durch Handschlag verpflichtet, diese Obliegenheiten gewissenhaft zu erfüllen. ⁴Über diese Verpflichtung ist eine Niederschrift aufzunehmen, die von dem Verpflichteten mit unterzeichnet wird. ⁵Auf Zuwiderhandlungen sind die Vorschriften über das Steuergeheimnis und die Strafbarkeit seiner Verletzung entsprechend anzuwenden.

§§ 65–67 BewG

§ 65 Aufgaben

Der Bewertungsbeirat hat die Aufgabe, Vorschläge zu machen
1. für die durch besondere Gesetze festzusetzenden Ertragswerte (§ 40 Abs. 1),
2. für die durch Rechtsverordnung festzusetzenden Vergleichszahlen (§ 39 Abs. 1) und Vergleichswerte (§ 55 Abs. 8) der Hauptbewertungsstützpunkte,
3. für die durch Rechtsverordnung festzusetzenden Normalwerte der forstwirtschaftlichen Nutzung für Bewertungsgebiete (§ 55 Abs. 3).

§ 66 Geschäftsführung

(1) [1]Der Vorsitzende führt die Geschäfte des Bewertungsbeirats und leitet die Verhandlungen. [2]Das Bundesministerium der Finanzen kann eine Geschäftsordnung für den Bewertungsbeirat erlassen.

(2) [1]Die einzelnen Abteilungen und Unterabteilungen des Bewertungsbeirats sind beschlußfähig, wenn mindestens zwei Drittel der Mitglieder anwesend sind. [2]Bei Abstimmung entscheidet die Stimmenmehrheit, bei Stimmengleichheit die Stimme des Vorsitzenden.

(3) [1]Der Bewertungsbeirat hat seinen Sitz am Sitz des Bundesministerium der Finanzen. [2]Er hat bei der Durchführung seiner Aufgaben die Ermittlungsbefugnisse, die den Finanzämtern nach der Abgabenordnung zustehen.

(4) [1]Die Verhandlungen des Bewertungsbeirats sind nicht öffentlich. [2]Der Bewertungsbeirat kann nach seinem Ermessen Sachverständige hören; § 64 Abs. 4 gilt entsprechend.

§ 67 Gutachterausschuß

(1) [1]Zur Förderung der Gleichmäßigkeit der Bewertung des land- und forstwirtschaftlichen Vermögens in den Ländern, insbesondere durch Bewertung von Landes-Bewertungsstützpunkten, wird bei jeder Oberfinanzdirektion ein Gutachterausschuß gebildet. [2]Bei jedem Gutachterausschuß ist eine landwirtschaftliche Abteilung zu bilden. [3]Weitere Abteilungen können nach Bedarf entsprechend der Gliederung des Bewertungsbeirats (§ 63) gebildet werden.

(2) Die landwirtschaftliche Abteilung des Gutachterausschusses übernimmt auch die Befugnisse des Landesschätzungsbeirats nach dem Bodenschätzungsgesetz.

(3) Dem Gutachterausschuß oder jeder seiner Abteilungen gehören an
1. der Oberfinanzpräsident oder ein von ihm beauftragter Angehöriger seiner Behörde als Vorsitzender,
2. ein von der für die Land- und Forstwirtschaft zuständigen obersten Landesbehörde beauftragter Beamter,
3. fünf sachkundige Mitglieder, die durch die für die Finanzverwaltung zuständige oberste Landesbehörde im Einvernehmen mit der für die Land- und Forstwirtschaft zuständigen obersten Landesbehörden berufen werden. Die Berufung kann zurückgenommen werden. § 64 Abs. 2 und 4 gilt entsprechend. Die Landesregierungen werden ermächtigt, durch Rechtsverordnung die zuständigen Behörden abweichend von Satz 1 zu bestimmen. Sie können diese Ermächtigung auf oberste Landesbehörden übertragen.

(4) [1]Der Vorsitzende führt die Geschäfte des Gutachterausschusses und leitet die Verhandlungen. [2]Die Verhandlungen sind nicht öffentlich. [3]Für die Beschlußfähigkeit und die Abstimmung gilt § 66 Abs. 2 entsprechend.

BewG § 68

C. Grundvermögen

I. Allgemeines

§ 68 Begriff des Grundvermögens

(1) Zum Grundvermögen gehören
1. der Grund und Boden, die Gebäude, die sonstigen Bestandteile und das Zubehör,
2. das Erbbaurecht,
3. das Wohnungseigentum, Teileigentum, Wohnungserbbaurecht und Teilerbbaurecht nach dem Wohnungseigentumsgesetz,

soweit es sich nicht um land- und forstwirtschaftliches Vermögen (§ 33) oder um Betriebsgrundstücke (§ 99) handelt.

(2) ¹In das Grundvermögen sind nicht einzubeziehen
1. Bodenschätze,
2. die Maschinen und sonstigen Vorrichtungen aller Art, die zu einer Betriebsanlage gehören (Betriebsvorrichtungen), auch wenn sie wesentliche Bestandteile sind.

²Einzubeziehen sind jedoch die Verstärkungen von Decken und die nicht ausschließlich zu einer Betriebsanlage gehörenden Stützen und sonstigen Bauteile wie Mauervorlagen und Verstrebungen.

Rechtsprechungsauswahl

BFH Urteil vom 22.7.2020 II R 37/17 (BStBl. II 2021 S. 662)
Zur temporären Nutzung aufgestellte Container sind bewertungsrechtlich kein Gebäude
Container, die nicht auf einem eigenen Fundament ruhen, sind bewertungsrechtlich kein Gebäude, wenn sie lediglich für eine vorübergehende Nutzung aufgestellt sind und nach Wegfall des nur zeitweise bestehenden Raumbedarfs wieder entfernt werden sollen.

BFH Urteil vom 22.7.2020 II R 28/18 (BStBl. II 2021 S. 515)
Einheitsbewertung einer Kiesgrube
1. Eine zum Abbau eines Bodenschatzes verpachtete Fläche verliert ihre Zuordnung zum Betrieb der Land- und Forstwirtschaft nicht, wenn die Rekultivierung und die Wiederaufnahme der land- und forstwirtschaftlichen Nutzung vorgesehen sind.
2. Weder die Eigentumsverhältnisse am Bodenschatz noch das für die Abbauberechtigung entrichtete Entgelt haben für die Einheitsbewertung eine Bedeutung.

BFH-Urteil vom 28.2.2013 III R 35/12 (BStBl. II S. 606): Aufzugsanlage in einer Bäckerei
Der Aufzug in einer Bäckerei, dessen Hauptzweck darin besteht, die für die Herstellung der Backwaren benötigten Materialien zu den verschiedenen Produktionsebenen zu befördern, stellt eine Betriebsvorrichtung dar.

BFH-Urteil 25.1.2012 II R 25/10 (BStBl. II S. 403): Windkraftanlagen als wirtschaftliche Einheit i.S. des § 2 Abs. 1 BewG.
Mehrere mit Windkraftanlagen bebaute Grundstücksflächen bilden regelmäßig keine wirtschaftliche Einheit i.S. des § 2 Abs. 1 BewG, wenn sie durch Grundstücke, die zum land- und forstwirtschaftlichen Vermögen gehören, voneinander getrennt sind.

BFH-Urteil vom 26.10.2011 II R 27/10 (BStBl. II 2012 S. 5): Schwimmende Anlage bewertungsrechtlich kein Gebäude.
Eine auf dem Wasser schwimmende Anlage ist mangels fester Verbindung mit dem Grund und Boden und wegen fehlender Standfestigkeit bewertungsrechtlich kein Gebäude.

BFH-Urteil vom 9.7.2009 II R 7/08 (BFH/NV 2009 S. 1609):
1. Ein Kfz-Tower, der aus zwei mehrstöckigen Stahlregalen mit dazwischen befindlichem Aufzug besteht, ist auch dann zum nicht nur vorübergehenden Aufenthalt von Menschen geeignet, wenn er weder bei den Einfahrten und Ausfahrten noch den Regalen über feste Böden verfügt und das ein-

§ 68 BewG

zelne Fahrzeug vom Beginn bis zum Ende der Einlagerung auf einer bestimmten Palette bewegt wird. Es reicht aus, dass die Fahrzeuge von Menschen in den Tower hinein und wieder heraus gefahren werden müssen.

2. Das Gebäudemerkmal der Standfestigkeit ist gegeben, obwohl die räumliche Umschließung (Glasfassaden) an den Stahlregalen aufgehängt ist und das Dach auf ihnen ruht. Bei derartigen doppelfunktionalen Konstruktionselementen geht die Gebäudefunktion der betrieblichen Funktion vor.

BFH-Urteil vom 19.11.2008 II R 10/08 (BFH/NV 2009 S. 548):
1. Anders als bei einer Änderung nach § 173 Abs. 1 Nr. 1 AO kann eine Tatsache, die sich zugunsten des Steuerpflichtigen auswirkt, nicht als bekannt angesehen werden, wenn sie der zuständige Bedienstete lediglich hätte kennen können oder kennen müssen. Die Tatsache ist nur bei positiver Kenntnis des Bediensteten nicht mehr neu.
2. Ist in dem notariell beurkundeten Vertrag über den Verkauf einer Tankstelle als Gegenstand der Veräußerung lediglich angegeben, dieser bestehe aus dem Grundbesitz nebst Aufbauten und allen wesentlichen Bestandteilen, und erkennt der Bedienstete nicht, dass sich unter den wesentlichen Bestandteilen Betriebsvorrichtungen befinden (müssen), fehlt ihm die positive Kenntnis von der Mitveräußerung der Betriebsvorrichtungen.

BFH-Urteil vom 24.5.2007 II R 68/05 (BStBl. II 2008 S. 653): Ein mit dem Untergrund fest verbundenes öffentliches Toilettenhäuschen mit einer Grundfläche von 8 qm und einem Gewicht von 3 t, das mit einer automatischen Türöffnung und mit einer Anlage zur automatischen Reinigung der Toilette ausgestattet ist, ist als Gebäude im bewertungsrechtlichen Sinn zu beurteilen. Die Toilette und die Reinigungstechnik stellen dabei nicht zum Grundvermögen gehörende Betriebsvorrichtungen dar

BFH-Beschluss vom 17.1.2007 II B 43/06 (BFH/NV S. 653): Dient ein Grundstück sowohl zu Freizeit- und Erholungszwecken als auch zu land- und forstwirtschaftlichen Zwecken (Sportfischerei) und ist dabei die Nutzung zu land- und forstwirtschaftlichen Zwecken nur insoweit gestattet, als sie die Nutzung zu Freizeit- und Erholungszwecken nicht beeinträchtigt, ist das Grundstück dem Grundvermögen zuzuordnen. Dies ist so offensichtlich, dass kein Bedarf nach einer revisionsgerichtlichen Klärung besteht.

BFH-Urteil vom 24.3.2006 III R 40/04 (BFH/NV S. 2130):
1. Regale und Regalwände in einer Apotheke sind als Betriebsvorrichtungen zulagenbegünstigte Wirtschaftsgüter, wenn sie der Ausstellung der in der Apotheke zum Verkauf angebotenen Arzneimittel und Gesundheitsprodukte dienen.
2. Betriebsvorrichtungen sind auch dann selbständige, bewegliche Wirtschaftsgüter, wenn sie zivilrechtlich als wesentliche Gebäudebestandteile zu beurteilen sind.
3. Der Begriff der Betriebsvorrichtung setzt Gegenstände voraus, durch die das Gewerbe unmittelbar betrieben wird. Zwischen der Betriebsvorrichtung und dem Betriebsablauf muss ein ähnlich enger Zusammenhang bestehen, wie er üblicherweise bei Maschinen gegeben ist. Für die Abgrenzung zwischen Gebäudebestandteilen und Betriebsvorrichtungen kommt es deshalb darauf an, ob die Vorrichtung im Rahmen der allgemeinen Nutzung des Gebäudes erforderlich ist oder ob sie unmittelbar der Ausübung des Gewerbes dient.

BFH-Urteil vom 15.6.2005 II R 67/04 /BStBl. II S. 688): Einem Bauwerk fehlt die Eigenschaft, einen mehr als nur vorübergehenden Aufenthalt von Menschen zu gestatten, nicht schon deshalb, weil in ihm ein Lärmpegel herrscht, der den Grenzwert nach § 15 Abs. 1 Satz 2 Nr. 3 ArbStättV überschreitet (Klarstellung zum BFH-Urteil vom 30. Januar 1991 II R 48/88, BFHE 163, 236, BStBl. II 1991, 618).

BFH-Urteil v. 28.5.2003 II R 41/01 (BStBl. II S. 693): Bedarf ein Bauwerk der äußeren Umschließung, weil die in ihm stattfindenden betrieblichen Abläufe und/oder die darin eingebundenen Menschen vor Wind und Wetter geschützt werden müssen, sind die Konstruktionselemente, mit deren Hilfe die Standfestigkeit der Umschließung erreicht wird, auch dann dem Grundvermögen zuzuordnen, wenn sie gleichzeitig eine betriebliche Funktion erfüllen, zu diesem Zweck verstärkt sind und ohne die Stützfunktion für das Bauwerk als Betriebsvorrichtung anzusehen wären.

BFH-Beschluss v. 11. 1. 2002 II B 13/01 (BFH/NV S. 760): Die Rechtsfrage, ob die Möglichkeit für Menschen, sich in einem Gebäude aufzuhalten, ein Betreten des Bauwerks voraussetzt oder durch ein Befahren erreicht werden kann, ist nicht klärungsbedürftig. So lange das Befahren des Bauwerks durch Menschen seinen Grund nicht darin hat, dass sie sich außerhalb der Fahrzeuge wegen der klimatischen oder betrieblichen Bedingungen darin nicht aufhalten können, besteht zwischen einem Betreten und einem Befahren offenkundig kein entscheidungserheblicher Unterschied.

BFH-Urteil v. 13. 12. 2001 III R 21/98 (BStBl. 2001 II S. 310): Eine in einem Lagergebäude eingebaute Brandmeldeanlage ist keine Betriebsvorrichtung und damit kein investitionszulagenbegünstigtes bewegliches Wirtschaftsgut.

BFH-Urteil v. 5. 9. 2001 III R 8/99 (BStBl. 2002 II S. 877):
1. Eine Wärmerückgewinnungsanlage ist nicht schon deshalb als Betriebsvorrichtung zu beurteilen, weil es sich bei den Kühlzellen, deren abgegebene Wärme durch die Anlage aufbereitet wird, um Betriebsvorrichtungen handelt.
2. Eine Betriebsvorrichtung kann jedoch dann vorliegen, wenn die Anlage dem in einem Gebäude ausgeübten Gewerbebetrieb unmittelbar dient und der Zweck, das Gebäude zu beheizen und mit Warmwasser zu versorgen, demgegenüber in den Hintergrund tritt.

BFH-Urteil v. 9. 8. 2001 III R 43/98 (BStBl. 2002 II S. 100):
1. Eine in ein als Friseursalon genutztes Gebäude nachträglich vom Eigentümer eingebaute Be- und Entlüftungsanlage, die den Schutz von Personal und Kunden vor gesundheitsgefährdenden Emissionen bei der Herstellung von Frisuren und vor Überspannungen bei den benutzten Elektrogeräten dient, ist Betriebsvorrichtung.
2. Die einzelnen Elemente einer aus genormten Teilen zusammengesetzten und verschraubten Schreibtischkombination sowie zu Schrankwänden zusammengesetzte Regale stellen selbständig bewertbare Wirtschaftsgüter und keine in der jeweiligen Zusammensetzung einheitlichen Wirtschaftsgüter dar. Ob von der Investitionszulagenförderung ausgenommene geringwertige Wirtschaftsgüter i. S. von § 6 Abs. 2 EStG vorliegen, bestimmt sich bei den einzelnen Gegenständen, deren Anschaffungskosten jeweils 800 DM nicht übersteigen, im Wesentlichen nach der technischen Abgestimmtheit der Gegenstände aufeinander (Fortführung des Urteils des erkennenden Senats vom 21.7.1998 – III R 110/95 –, BFHE 186, 572, BStBl. II 1998, 789).

BewRGr

1. Begriff des Grundvermögens (§ 68 BewG)

(1) § 68 BewG bestimmt den Begriff des Grundvermögens. Nach Absatz 1 Nr. 1 gehören dazu der Grund und Boden, die Gebäude, die sonstigen Bestandteile und das Zubehör. Zum Grundvermögen gehören ebenso das Erbbaurecht (vgl. Abschnitt 48) sowie das Wohnungseigentum und verwandte Rechte nach dem Wohnungseigentumsgesetz (vgl. Abschnitt 49). Die Begriffe „Bestandteile" und „Zubehör" sind dem bürgerlichen Recht entnommen und daher nach bürgerlichem Recht auszulegen.

(2) Ein Bauwerk ist als Gebäude anzusehen, wenn es Menschen oder Sachen durch räumliche Umschließung Schutz gegen äußere Einflüsse gewährt, den Aufenthalt von Menschen gestattet, fest mit dem Grund und Boden verbunden, von einiger Beständigkeit und ausreichend standfest ist (BFH-Urteil vom 24. 5. 1963, BStBl. III S. 376). Zu den wesentlichen Bestandteilen des Gebäudes gehören die zu seiner Herstellung eingefügten Sachen (§ 94 Abs. 2 BGB). Das „Einfügen zur Herstellung" bedeutet, daß eine Sache zwischen Teile eines Gebäudes gebracht und durch Einpassen an eine für sie bestimmte Stelle mit den sie umschließenden Stücken vereinigt und damit ihrer Zweckbestimmung zugeführt wird (BFH-Urteil vom 4. 5. 1962, BStBl. III S. 333). Das sind z. B. Türen, Treppen, Fenster, eingebaute Möbel und Öfen, Badeeinrichtungen, Zentralheizungs-, Warmwasser- und Brennstoffversorgungsanlagen und Aufzüge, auch wenn sie nachträglich eingebaut worden sind. In das Gebäude eingefügte Sachen, die Betriebsvorrichtungen sind, sind nach bürgerlichem Recht ebenfalls wesentliche Bestandteile des Gebäudes. Bei der Einheitsbewertung des Grundvermögens sind sie aber auszuscheiden (vgl. Absatz 6). Sachen, die nur zu einem vorübergehenden Zweck in das Gebäude eingefügt sind, gehören nach § 95 BGB nicht zu den Bestandteilen des Gebäudes (BFH-Urteil vom 22. 10. 1965, BStBl. 1966 III S. 5).

(3) Außer den Gebäuden gehören zum Grundvermögen auch andere Bestandteile wie z. B. die Außenanlagen. Dazu gehören insbesondere Platz- und Wegbefestigungen, Terrassen, Gartenanlagen, Umzäunungen sowie Leitungen und sonstige Anlagen außerhalb der Gebäude, welche der Versorgung und der Kanalisation dienen. Auch subjektiv dingliche Rechte – d. s. Rechte, die mit dem Eigentum an einem Grundstück verbunden sind und seinem jeweiligen Eigentümer zustehen – gehören als rechtliche Bestandteile (§ 96 BGB) zum Grundvermögen. Das sind in der Regel die Überbaurechte (§ 912 BGB) und die Grunddienstbarkeiten (§ 1018 BGB), z. B. Wegerechte, Fensterrechte.

(4) Zubehör sind nach § 97 BGB bewegliche Sachen, die, ohne Bestandteile der Hauptsache zu sein, dem wirtschaftlichen Zweck der Hauptsache zu dienen bestimmt sind und zu ihr in einem Verhältnis wirtschaftlicher Unterordnung stehen. Zubehör sind danach z. B. die dem Grundstückseigentümer gehörenden Treppenläufer, Beleuchtungskörper, Mülltonnen. Auch vom Grundstückseigentümer mitver-

mietete oder den Mietern zur Verfügung gestellte Waschmaschinen, Kühlschränke, Herde, Öfen u. ä. sind Zubehör. Zu beachten ist jedoch, daß eine Sache nicht Zubehör ist, wenn sie im Verkehr nicht als Zubehör angesehen wird.

(5) (überholt)

(6) Nicht in das Grundvermögen einzubeziehen sind nach § 68 Abs. 2 Nr. 2 BewG Maschinen und sonstige Vorrichtungen aller Art, die zu einer Betriebsanlage gehören (Betriebsvorrichtung), auch wenn sie wesentliche Bestandteile eines Gebäudes oder, ohne Bestandteil eines Gebäudes zu sein, Bestandteile des Grundstücks sind. Solche Vorrichtungen sind aber nur dann Betriebsvorrichtungen, wenn mit ihnen unmittelbar ein Gewerbe betrieben wird (BFH-Urteil vom 14. 8. 1958, BStBl. III S. 400). Zu beachten ist jedoch § 68 Abs. 2 letzter Satz BewG. Danach rechnen Verstärkungen von Decken, die durch eine Betriebsvorrichtung bedingt sind, sowie Stützen und andere Bauteile, z. B. Mauervorlagen und Verstrebungen, die sowohl einer Betriebsvorrichtung wie dem Gebäude dienen, immer zum Gebäude. Es ist ohne Bedeutung, in welchem Umfang ein solcher Bauteil der Betriebsvorrichtung oder dem Gebäude dient.

§ 69 Abgrenzung des Grundvermögens vom land- und forstwirtschaftlichen Vermögen

(1) Land- und forstwirtschaftlich genutzte Flächen sind dem Grundvermögen zuzurechnen, wenn nach ihrer Lage, den im Feststellungszeitpunkt bestehenden Verwertungsmöglichkeiten oder den sonstigen Umständen anzunehmen ist, daß sie in absehbarer Zeit anderen als land- und forstwirtschaftlichen Zwecken, insbesondere als Bauland, Industrieland oder Land für Verkehrszwecke dienen werden.

(2) Bildet ein Betrieb der Land- und Forstwirtschaft die Existenzgrundlage des Betriebsinhabers, so sind dem Betriebsinhaber gehörende Flächen, die von einer Stelle aus ordnungsgemäß nachhaltig bewirtschaftet werden, dem Grundvermögen nur dann zuzurechnen, wenn mit großer Wahrscheinlichkeit anzunehmen ist, daß sie spätestens nach zwei Jahren anderen als land- und forstwirtschaftlichen Zwecken dienen werden.

(3) [1]Flächen sind stets dem Grundvermögen zuzurechnen, wenn sie in einem Bebauungsplan als Bauland festgesetzt sind, ihre sofortige Bebauung möglich ist und die Bebauung innerhalb des Plangebiets in benachbarten Bereichen begonnen hat oder schon durchgeführt ist. [2]Satz 1 gilt nicht für die Hofstelle und für andere Flächen in unmittelbarem räumlichen Zusammenhang mit der Hofstelle bis zu einer Größe von insgesamt einem Hektar.

(4) Absatz 2 findet in den Fällen des § 55 Abs. 5 Satz 1 des Einkommensteuergesetze keine Anwendung.

Rechtsprechungsauswahl

BFH-Urteil 25.1.2012 II R 25/10 (BStBl. II S. 403): Windkraftanlagen als wirtschaftliche Einheit i.S. des § 2 Abs. 1 BewG.

Mehrere mit Windkraftanlagen bebaute Grundstücksflächen bilden regelmäßig keine wirtschaftliche Einheit i.S. des § 2 Abs. 1 BewG, wenn sie durch Grundstücke, die zum land- und forstwirtschaftlichen Vermögen gehören, voneinander getrennt sind.

BFH-Urteil vom 9.4.2008 II R 24/06 (BStBl. II S. 951): Überläßt der Inhaber eines Betriebes der Land- und Forstwirtschaft einem Bergbauunternehmer durch Einräumung eines Nutzungsrechts Teile des Grund und Bodens zum Abbau des darin befindlichen bergfreien Bodenschatzes und hat der Unternehmer das Grundstück nach erfolgtem Abbau in rekultiviertem Zustand zur Fortsetzung der land- und forstwirtschaftlichen Nutzung zurückzugeben, ist das Grundstück bei einem zwischenzeitlichen Übergang im Wege eines Erwerbs von Todes wegen oder einer Schenkung nicht als unbebautes Grundstück zu bewerten. Es ist vielmehr Teil des land- und forstwirtschaftlichen Vermögens geblieben.

BewRGr

2. Abgrenzung des Grundvermögens vom land- und forstwirtschaftlichen Vermögen (§ 69 BewG)

(1) § 68 Abs. 1 BewG enthält zusammen mit § 33 Abs. 1 BewG die allgemeine Regel für die Abgrenzung zwischen Grundvermögen und land- und forstwirtschaftlichem Vermögen; § 69 betrifft trotz seiner allgemein gehaltenen Überschrift nur Sonderfälle. Nach § 33 Abs. 1 BewG gehört zum land- und forstwirtschaftlichen Vermögen, was einem Betrieb der Land- und Forstwirtschaft dauernd zu dienen bestimmt ist. Nch § 68 Abs. 1 BewG setzt die Annahme von Grundvermögen voraus, daß es sich nicht um land- und forstwirtschaftliches Vermögen handelt. Ob die Fläche oder ein Gebäude zum Grundvermögen oder zum land- und forstwirtschaftlichen Vermögen gehört, ist demnach bei der Feststellung des Einheitswerts des Betriebs der Land- und Forstwirtschaft zu entscheiden.

(2) Nach § 69 BewG gehören im Feststellungszeitpunkt noch land- und forstwirtschaftliche Flächen – abweichend von der grundsätzlichen Regelung in § 33 Abs. 1 und § 68 Abs. 1 BewG – unter bestimmten Voraussetzungen zum Grundvermögen. In § 69 Abs. 1 und 2 BewG handelt es sich um Fälle, für die in Zukunft mit einer Verwendung der Flächen für andere als land- und forstwirtschaftliche Zwecke zu rechnen ist. In § 69 Abs. 3 BewG handelt es sich darum, daß eine in einem rechtsverbindlichen Bebauungsplan als Bauland ausgewiesene Fläche unter näher bestimmten Voraussetzungen in jedem Fall als Grundvermögen zu bewerten ist. Liegt eine im Feststellungszeitpunkt land- und forstwirtschaftlich genutzte Fläche im Gebiet eines Bebauungsplans (Plangebiet) und ist sie in diesem als Bauland ausgewiesen, so kann eine Zurechnung zum Grundvermögen nicht nur nach § 69 Abs. 3 BewG, sondern u. U. auch nach § 69 Abs. 1 oder 2 BewG in Betracht kommen. Es empfiehlt sich in der Regel, zunächst zu prüfen, ob die Voraussetzungen des § 69 Abs. 3 BewG vorliegen.

(3) Land- und forstwirtschaftliche genutzte Flächen werden nach § 69 Abs. 3 BewG in jedem Fall zum Grundvermögen gerechnet, wenn die folgenden Voraussetzungen sämtlich erfüllt sind:
1. die Flächen müssen in einem rechtsverbindlichen Bebauungsplan (§§ 8 ff. BBauG)[1] als Bauland ausgewiesen sein.
2. die sofortige Bebauung muß rechtlich und tatsächlich möglich sein;
3. die Bebauung muß innerhalb des Plangebietes in einem benachbarten Bereich begonnen haben oder schon durchgeführt sein;
4. die Flächen dürfen nicht Hofstelle oder mit ihr in räumlichem Zusammenhang stehende Hof-, Garten- und Weideflächen sein;
5. weinbaulich oder gärtnerisch genutzte Flächen dürfen nicht zu einem ihrem Eigentümer als Existenzgrundlage dienenden Betrieb gehören, bei dem der Weinbau oder der Gartenbau den Hauptzweck darstellt.

Hierzu ist noch folgendes zu bemerken:

Zu Nr. 2:
Ob eine sofortige Bebauung möglich ist, kann insbesondere von der Größe und dem Zuschnitt der Fläche abhängen. So kann eine Fläche für jede (nicht etwa nur für eine geplante) Bebauung zu klein oder zu ungünstig geschnitten sein. Auch die Bodenverhältnisse (z. B. Sumpf) können eine sofortige Bebauung ausschließen. In rechtlicher Hinsicht ist vor allem entscheidend, ob die sofortige Bebauung nach öffentlich-rechtlichen Vorschriften zulässig ist. Als Hinderungsgründe öffentlich-rechtlicher Art kommen insbesondere Veränderungssperren (§ 14 BBauG), die Unzulässigkeit von Bauvorhaben (vor allem nach § 30 BBauG) und nicht sofort erfüllbare Vorschriften über die Bebauung in Betracht – letzteres z. B. in Fällen, in denen die Grundstücksfläche für die vorgeschriebene offene Bebauung zu klein ist.

Zu Nr. 3:
Ob in benachbarten Bereichen die Bebauung schon begonnen hat oder durchgeführt ist, ist allein auf das jeweilige Plangebiet abzustellen. Die Bebauung von Flächen außerhalb des Plangebiets kommt selbst dann, wenn diese Flächen unmittelbar an das Plangebiet anschließen, nicht als Bebauung in einem benachbarten Bereich in Betracht. Andererseits ist hierfür nicht zu fordern, daß die Bebauung in der nächsten Nachbarschaft der zu bewertenden Fläche begonnen hat. Was als benachbarter Bereich anzusehen ist, richtet sich nach den örtlichen Verhältnissen. Bei Baulücken in geschlossener Ortslage ist die geforderte Voraussetzung stets erfüllt.

Zu Nr. 4:
Unter den im räumlichen Zusammenhang mit der Hofstelle stehenden Garten- und Weideflächen, die ebenso wie die Hofflächen nicht nach § 69 Abs. 3 BewG zum Grundvermögen gerechnet werden dürfen, sind der Hausgarten und die sog. Hofweide zu verstehen. Nicht darunter fallen die zur gärtnerischen Nutzung gehörenden Flächen (abgesehen von Hausgärten über 10 Ar, welche nach § 40 Abs. 3 Satz 2 BewG zur gärtnerischen Nutzung gehören können) sowie Wiesen und nicht mehr als Hofweide anzusprechende Weideflächen. Der räumliche Zusammenhang mit der Hofstelle kann auch dann anerkannt werden, wenn die Garten- oder Weideflächen durch kleinere Straßen, durch Wege oder durch kleinere Ackerflächen von der Hofstelle getrennt sind.

Zu Nr. 5:
Ob der Weinbau oder der Gartenbau den Hauptzweck eines Betriebs der Land- und Forstwirtschaft bildet, ist danach zu beurteilen, welche Nutzung (§ 34 Abs. 2 BewG) bei der Erzielung der Erträge im Vordergrund steht. Im allgemeinen wird das die Nutzung sein, die auch wertmäßig überwiegt. Eine weinbauliche oder gärtnerische Nutzung schließt aber eine Zurechnung zum Grundvermögen nach § 69 Abs. 3 BewG nur dann aus, wenn die Flächen im Eigentum des Betriebsinhabers stehen und der Betrieb die Existenzgrundlage 1) des Betriebsinhabers bildet; zur Frage der Existenzgrundlage vgl. Absatz 5 zu Nr. 1.

(4) Nach § 69 Abs. 1 oder 2 BewG sind alle Fälle abzugrenzen, bei denen eines der folgenden Merkmale zutrifft:
1. Fehlen eines Bebauungsplans;
2. Einstufung im Bebauungsplan nicht als Bauland, aber z. B. als Grünfläche oder als Verkehrsfläche;
3. fehlende Möglichkeit der sofortigen Bebauung;
4. noch keine im benachbarten Bereich begonnene oder durchgeführte Bebauung;
5. Hoffläche oder in räumlichem Zusammenhang dazu stehende Garten- oder Weidefläche;

---

1) Jetzt Baugesetzbuch.

§ 69 BewG

6. weinbauliche oder gärtnerische Nutzung, wenn sie Hauptzweck eines dem Eigentümer als Existenzgrundlage dienenden Betriebs ist.

In diesen Fällen ist daher die innerhalb bestimmter Zeit zu erwartende Verwendung für andere als für land- und forstwirtschaftliche Zwecke zu prüfen.

Eine Abgrenzung nach § 69 Abs. 1 oder 2 BewG kann darüber hinaus in Betracht kommen, wenn dies zweckmäßiger ist als eine Abgrenzung nach § 69 Abs. 3 BewG. Das trifft beispielsweise zu, wenn das in einem Bebauungsplan als Bauland ausgewiesene Gelände mit Sicherheit schon in Kürze in unbebautem Zustand für gewerbliche Zwecke genutzt werden wird, auf der anderen Seite aber die Möglichkeit einer sofortigen Bebauung zweifelhaft oder mindestens schwer festzustellen ist.

(5) Die Zurechnung der im Feststellungszeitpunkt land- und forstwirtschaftlich genutzten Flächen zum Grundvermögen nach § 69 Abs. 1 BewG setzt lediglich voraus, daß eine künftige Verwendung der Flächen für andere als land- und forstwirtschaftliche Zwecke anzunehmen ist und daß die Änderung der Nutzungsweise in absehbarer Zeit erwartet wird. Für die Zurechnung zum Grundvermögen nach § 69 Abs. 2 BewG gelten dagegen strengere Voraussetzungen. Hier muß eine große Wahrscheinlichkeit bestehen, daß die Flächen spätestens nach zwei Jahren anderen als land- und forstwirtschaftlichen Zwecken dienen werden. § 69 Abs. 2 BewG stellt als eine Spezialvorschrift gegenüber § 69 Abs. 1 BewG eine Anzahl zusätzlicher Tatbestandsmerkmale auf, die die im Feststellungszeitpunkt noch land- und forstwirtschaftlich genutzten Flächen aufweisen müssen:

1. Der Betrieb der Land- und Forstwirtschaft, zu dem die Flächen gehören, muß die Existenzgrundlage des Betriebsinhabers bilden;
2. es muß sich entweder um Flächen im Eigentum des Betriebsinhabers oder – nach § 69 Abs. 2 Satz 2 BewG – um Flächen handeln, die vom Betriebsinhaber nicht nur vorübergehend mitbewirtschaftet werden;
3. es muß eine ordnungsgemäße nachhaltige Bewirtschaftung von einer Stelle aus vorliegen.

Diese Merkmale liegen bei den land- und forstwirtschaftlich genutzten Flächen meistens vor. Deshalb ist zweckmäßig vor der Anwendung von § 69 Abs. 1 BewG zu prüfen, ob § 69 Abs. 2 BewG anzuwenden ist. Zu den Merkmalen ist noch folgendes zu bemerken:

Zu Nr. 1:

Eine Existenzgrundlage im Sinne dieser Vorschrift liegt dann vor, wenn der Betrieb den Lebensbedarf des Betriebsinhabers überwiegend decken kann. Dies kann auch bei Nebenerwerbsstellen der Fall sein, grundsätzlich dagegen nicht bei solchen Flächen, die nur zur Deckung des Eigenbedarfs bewirtschaftet werden. Ebensowenig dient ein Betrieb der Existenzgrundlage, der aus Liebhaberei um der Jagd willen oder als Versuchsbetrieb für den eigenen Gewerbebetrieb unterhalten wird. Im Falle der Dauerpacht (vgl. zu Nr. 2) ist entscheidend, ob die Flächen die Existenzgrundlage des Pächters bilden. Dabei sind dessen eigene Flächen und die Pachtflächen als eine Einheit anzusehen (§ 69 Abs. 2 Satz 2 BewG).

Zu Nr. 2:

Eine nicht nur vorübergehende Bewirtschaftung von Pachtflächen setzt nicht einen für längere Dauer geschlossenen Pachtvertrag oder ähnlichen Vertrag voraus. Eine alljährliche Verlängerung des Pachtverhältnisses reicht aus. Liegt danach eine dauernde Pacht vor, so ist eine nicht nur vorübergehende Bewirtschaftung auch dann noch anzuerkennen, wenn im Feststellungszeitpunkt wegen des bevorstehenden Baues einer Brückenauffahrt, einer Autobahn oder aus ähnlichen Gründen ein Ende der Pacht und Bewirtschaftung abzusehen ist. Dagegen handelt es sich um eine nur vorübergehende Bewirtschaftung, wenn ein baldiges Ende des Pachtverhältnisses schon bei seiner Begründung abzusehen ist. Im übrigen ist es für die Anwendung von § 69 Abs. 2 BewG ohne Bedeutung, ob der Betrieb des Pächters insgesamt oder nur teilweise aus Pachtland besteht.

Zu Nr. 3:

Mit der Bewirtschaftung von einer Stelle aus ist die Bewirtschaftung von einer Hofstelle aus oder – wenn bei einer Nutzungsart wie bei der forstwirtschaftlichen Nutzung die Bezeichnung „Hofstelle" nicht üblich ist – von einem entsprechenden Betriebszentrum aus gemeint. Eine in größerer Entfernung liegende Fläche, die für Rechnung des Betriebsinhabers durch eine dritte Person bewirtschaftet wird, genießt daher nicht den Schutz des § 69 Abs. 2 BewG.

(6) Die bei § 69 Abs. 2 BewG – ebenso wie bei § 69 Abs. 1 BewG – vorausgesetzte Erwartung einer künftigen Verwendung der Fläche für andere als land- und forstwirtschaftliche Zwecke kann sich auf viele Umstände gründen: die Möglichkeit einer künftigen Verwendung als Bauland oder einen Erwerb zu Baulandpreisen, wenn die Fläche nicht als Ersatzland (z. B. bei Enteignungen) oder zur Abrundung eines Betriebs der Land- und Forstwirtschaft dienen soll; den Erwerb durch einen Nichtlandwirt, z. B. durch eine Grundstücksgesellschaft, ein Wohnungsunternehmen oder auch ein Industrieunternehmen, die die

Fläche vorläufig noch in der land- und forstwirtschaftlichen Nutzung des Veräußerers belassen (RFH-Urteil vom 25. 7. 1940; RStBl. 1941 S. 277); Landverkäufe, die eine beginnende Parzellierung erkennen lassen; die Fläche wird für eine Brückenauffahrt benötigt; ein in Richtung auf die Fläche fortschreitender Straßenbau u. a. Der Wille des Eigentümers, die Fläche weiterhin land- und forstwirtschaftlich zu nutzen, ist nicht von Bedeutung, wenn nach der Lage, den Verwertungsmöglichkeiten oder den sonstigen Umständen anzunehmen ist, daß sie anderen als land- und forstwirtschaftlichen Zwecken dienen wird (BFH-Urteil vom 28. 7. 1961, BStBl. III S. 420). Bei § 69 Abs. 2 BewG genügt aber anders als bei § 69 Abs. 1 BewG nicht die Erwartung einer Nutzungsänderung in absehbarer Zeit. Vielmehr wird hier eine große Wahrscheinlichkeit für eine solche Nutzungsänderung in spätestens zwei Jahren verlangt. Diese strengen Voraussetzungen sind beispielsweise erfüllt, wenn die Fläche schon vor dem Feststellungszeitpunkt für die Erweiterung eines Fabrikgrundstücks veräußert und dem Veräußerer nur noch eine Nutzung bis zur Einbringung der ersten Ernte nach dem Feststellungszeitpunkt zugestanden worden ist. Die besonderen Voraussetzungen des § 69 Abs. 2 BewG sind aber z. B. nicht erfüllt, wenn es bei einem sich nähernden Straßenbau ungewiß ist, ob die Fläche schon innerhalb von zwei Jahren oder erst später in Anspruch genommen wird.

(7) Unter dem Begriff „absehbare Zeit" in § 69 Abs. 1 BewG ist in Übereinstimmung mit der bisherigen Rechtsprechung ein Zeitraum von 6 Jahren (normale Dauer des Hauptfeststellungszeitraums) zu verstehen, der jeweils vom Feststellungszeitpunkt an gerechnet wird.

(8) Für die Abgrenzung der Flächen, die als Kleingartenland oder als Dauerkleingartenland genutzt werden, gilt folgendes:

1. Kleingartenland sind Flächen, die der Kleingarten- und Kleinpachtlandordnung vom 31. Juli 1919 (RGBl. S. 1371) und den Vorschriften des Gesetzes zur Ergänzung der Kleingarten- und Kleinpachtlandordnung vom 26. Juni 1935 (RGBl. I S. 809) in der Fassung des Änderungsgesetzes vom 2. August 1940 (RGBl. I S. 1074) unterliegen. Sind diese Flächen in einem Bebauungsplan als Bauland festgesetzt, so sind sie nach § 69 Abs. 3 BewG dann Grundvermögen, wenn ihre sofortige Bebauung möglich ist und die Bebauung innerhalb des Plangebiets in benachbarten Bereichen begonnen hat. Treffen diese Voraussetzungen nicht zu, so sind die Flächen wegen des weitgehenden Pachtschutzes in der Regel als land- und forstwirtschaftliches Vermögen zu bewerten (RFH-Urteile vom 7. 12. 1939, RStBl. 1940 S. 9, und vom 4. 4. 1940, RStBl. S. 509, BFH-Urteil vom 10. 2. 1956, BStBl. III S. 78).

2. Dauerkleingartenland sind Flächen, die einer Bebauung entzogen und für eine dauernde kleingärtnerische Nutzung bestimmt sind. Sie sind also in jedem Fall als land- und forstwirtschaftliches Vermögen zu bewerten (RFH-Urteil vom 7. 12. 1939, RStBl. 1940 S. 9).

3. Abgrenzung des Grundvermögens vom Betriebsvermögen (§ 99 BewG)
(abgedruckt) hinter § 99 BewG

§ 70 BewG

§ 70 Grundstück

(1) Jede wirtschaftliche Einheit des Grundvermögens bildet ein Grundstück im Sinne dieses Gesetzes.

(2) ¹Ein Anteil des Eigentümers eines Grundstücks an anderem Grundvermögen (z. B. an gemeinschaftlichen Hofflächen oder Garagen) ist in das Grundstück einzubeziehen, wenn alle Anteile an dem gemeinschaftlichen Grundvermögen Eigentümern von Grundstücken gehören, die ihren Anteil jeweils zusammen mit ihrem Grundstück nutzen. ²Das gilt nicht, wenn das gemeinschaftliche Grundvermögen nach den Anschauungen des Verkehrs als selbständige wirtschaftliche Einheit anzusehen ist (§ 2 Abs. 1 Satz 3 und 4).

(3) Als Grundstück im Sinne dieses Gesetzes gilt auch ein Gebäude, das auf fremdem Grund und Boden errichtet oder in sonstigen Fällen einem anderen als dem Eigentümer des Grund und Bodens zuzurechnen ist, selbst wenn es wesentlicher Bestandteil des Grund und Bodens geworden ist.

BewRGr

4. Grundstück (§ 70 BewG)

(1) Die wirtschaftliche Einheit des Grundvermögens ist das Grundstück. Der Begriff „Grundstück" ist dabei nicht gleichbedeutend mit dem Begriff des Grundstücks im Sinne des bürgerlichen Rechts. Maßgebend ist nach § 2 BewG allein, was als wirtschaftliche Einheit nach den Anschauungen des Verkehrs anzusehen ist. Dabei ist zu beachten, daß sich die Verkehrsanschauung mit der wirtschaftlichen Entwicklung weiterentwickelt. Zu einer Wohnung gehört oft eine räumlich von ihr getrennt liegende Garage. Das die Wohnung enthaltende Gebäude und die Garage sind als ein Grundstück zu bewerten, wenn die räumliche Trennung nicht zu groß ist, so daß die Verkehrsanschauung beide als eine wirtschaftliche Einheit ansieht.

(2) Nach § 2 Abs. 2 BewG darf, abgesehen von § 26 BewG, zu einer wirtschaftlichen Einheit nur Grundbesitz zusammengefaßt werden, der demselben Eigentümer gehört. Flächen, die im Eigentum eines Eigentümers stehen, und Flächen, die ihm und anderen Personen gemeinsam – gesamthänderisch oder nach Bruchteilen – gehören, können daher grundsätzlich nicht eine wirtschaftliche Einheit bilden. Der Grundsatz des § 2 Abs. 2 BewG wird jedoch durch § 70 Abs. 2 BewG durchbrochen. Bei Umlegungen, aber auch in anderen Fällen, wird für gemeinschaftliche Hofräume, Einstellplätze, Garagen, Zuwege und sonstiges gemeinschaftliches Eigentum, das den Zwecken der im Alleineigentum der einzelnen beteiligten Personen stehenden Hauptgrundstücke untergeordnet ist, manchmal die Rechtsform des Miteigentums gewählt. In derartigen Fällen sind die gemeinschaftlichen, wirtschaftlich zugleich mehreren Hauptgrundstücken untergeordneten Flächen, Gebäude usw. abweichend von § 2 Abs. 2 BewG nicht als besondere wirtschaftliche Einheiten anzusehen; der Miteigentumsanteil oder ein sich aus der Beteiligung an der Gesamthand ergebender Anteil ist nach § 70 Abs. 2 BewG in die wirtschaftliche Einheit des Hauptgrundstücks einzubeziehen. § 70 Abs. 2 ist entsprechend anzuwenden, wenn die Hauptgrundstücke, die verschiedene wirtschaftliche Einheiten bilden, und die diesen untergeordneten Flächen, Gebäuden usw. demselben Eigentümer gehören (z. B. ein Waschhaus für eine aus mehreren Einheiten bestehende Wohnhausgruppe einer Wohnungsgesellschaft).

(3) Ein Gebäude, das auf fremdem Grund und Boden errichtet ist, gilt als Grundstück im Sinne des Bewertungsgesetzes, also als selbständige wirtschaftliche Einheit des Grundvermögens. Dabei ist es unerheblich, ob es wesentlicher Bestandteil des Grund und Bodens geworden (§ 94 BGB) oder nur zu einem vorübergehenden Zweck mit ihm verbunden ist (§ 95 BGB). Auf fremdem Grund und Boden ist ein Gebäude errichtet, wenn es einem anderen als dem Eigentümer des Grund und Bodens gehört. Für die steuerliche Zurechnung ist in der Regel nach § 11 Ziff. 4 StAnpG entscheidend, wer Eigenbesitzer des Gebäudes ist (BFH-Urteil vom 30. 4. 1954, BStBl. III S. 194). Eigenbesitzer ist, wer den Besitz so ausübt, als stehe ihm die alleinige Herrschaftsgewalt zu. Dies ist z. B. der Fall, wenn der Pächter eines unbebauten Grundstücks berechtigt ist, Einbauten und Umbauten an dem von ihm errichteten Gebäude ohne Genehmigung des Verpächters durchzuführen oder das Gebäude vor oder bei Ablauf der Pachtzeit abzureißen (RFH-Urteil vom 30. 11. 1933, RStBl. 1934 S. 166). Allerdings kann aus dem Umstand, daß nach dem Pachtvertrag das Gebäude bei Ablauf der Pachtzeit nicht entfernt werden darf, nicht ohne weiteres geschlossen werden, daß wirtschaftliches Eigentum des Pächters nicht vorliegt. Maßgebend sind die Vertragsgestaltung und der Wille der Parteien. Dabei können von Bedeutung sein die Vertragsdauer, die Vereinbarungen über den Pachtzins (Mietzins) und die Frage, wer die technische und wirtschaftliche Abnutzung des Gebäudes sowie das Risiko des zufälligen Untergangs zu tragen hat. Be-

schränkt sich der Pachtzins (Mietzins) auf den Grund und Boden oder unterschreitet er im Hinblick auf das entschädigungslose Überlassen des Gebäudes den normalen Bodenzinssatz, so kann Eigenbesitz des Pächters (Miete) anzunehmen sein. Die schuldrechtliche Forderung des Verpächters auf das entschädigungslose Überlassen des Gebäudes muß ggf. beim Betriebsvermögen oder sonstigen Vermögen erfaßt werden (RFH-Urteil vom 30. 3. 1944, RStBl. S. 507). Erstreckt sich der Pachtzins (Mietzins) dagegen auch auf das Gebäude, so wird wirtschaftliches Eigentum des Pächters (Mieters) nicht vorliegen. Der Pachtzins (Mietzins) erstreckt sich auch dann auf das Gebäude, wenn die vom Pächter (Mieter) aufgewendeten Baukosten als Baukostenzuschuß anzusehen sind. In besonderen Fällen kann ein Gebäude auch einem anderen als dem zugerechnet werden, der es errichtet hat. Das wird dann der Fall sein, wenn zwischen dem Erbauer des Gebäudes und einem Dritten ein Rechtsverhältnis besteht, das unter § 11 Ziff. 3 StAnpG[1] fällt (BFH-Urteil vom 19. 9. 1958, BStBl. III S. 440). Wegen der Bewertung vgl. Abschnitt 50.

---

[1] Jetzt § 39 Abs. 2 Nr. 1 AO.

§ 71 Gebäude und Gebäudeteile für den Zivilschutz

Gebäude, Teile von Gebäuden und Anlagen, die zum Schutz der Bevölkerung sowie lebens- und verteidigungswichtiger Sachgüter vor der Wirkung von Angriffswaffen geschaffen worden sind, bleiben bei der Ermittlung des Einheitswerts außer Betracht, wenn sie im Frieden nicht oder nur gelegentlich oder geringfügig für andere Zwecke benutzt werden.

BewRGr

5. Gebäude und Gebäudeteile für den Bevölkerungsschutz (§ 71 BewG)

(1) Die §§ 8 und 12 des Schutzbaugesetzes vom 9. September 1965 (BGBl. I S. 1232, BStBl. I S. 543)[1] gelten erst vom 16. September 1965 an. Für die Hauptfeststellung auf den 1. Januar 1964 ist deshalb nur § 71 BewG anzuwenden.

(2) Die Gebäude, Gebäudeteile und Anlagen, die bei der Bewertung außer Betracht bleiben, müssen wegen der begünstigten Zwecke geschaffen sein. Sie müssen den Anforderungen nach § 3 des Schutzbaugesetzes genügen. Die Gebäude oder Gebäudeteile dürfen ferner im Frieden nicht für andere Zwecke benutzt werden. Eine nur gelegentliche oder geringfügige Benutzung ist indessen unbeachtlich. Eine nur gelegentliche Nutzung liegt z. B. vor, wenn in einem für die begünstigten Zwecke geschaffenen Raum von Zeit zu Zeit Veranstaltungen abgehalten werden, zu deren Durchführung der Raum nicht besonders hergerichtet zu werden braucht. Werden in einem Keller lediglich Gartengeräte abgestellt, so handelt es sich um eine geringfügige Nutzung.

(3) Bei einem nach dem Ertragswertverfahren zu bewertenden Grundstück muß die auf begünstigte Gebäude oder Gebäudeteile und ggf. auch auf Einrichtungsgegenstände entfallende Miete aus der Jahresrohmiete ausgeschieden werden. Im Sachwertverfahren bleibt der auf begünstigte Räume entfallende umbaute Raum außer Ansatz.

---

[1] Jetzt Zivilschutz- und Katastrophenhilfegesetz v. 25. März 1997 (vgl. Anlage 071.1).

BewG § 72

II. Unbebaute Grundstücke

§ 72 Begriff

(1) ¹Unbebaute Grundstücke sind Grundstücke, auf denen sich keine benutzbaren Gebäude befinden. ²Die Benutzbarkeit beginnt im Zeitpunkt der Bezugsfertigkeit. ³Gebäude sind als bezugsfertig anzusehen, wenn den zukünftigen Bewohnern oder sonstigen Benutzern zugemutet werden kann, sie zu benutzen; die Abnahme durch die Bauaufsichtsbehörde ist nicht entscheidend.

(2) Befinden sich auf einem Grundstück Gebäude, deren Zweckbestimmung und Wert gegenüber der Zweckbestimmung und dem Wert des Grund und Bodens von untergeordneter Bedeutung ist, so gilt das Grundstück als unbebaut.

(3) Als unbebautes Grundstück gilt auch ein Grundstück, auf dem infolge der Zerstörung oder des Verfalls der Gebäude auf die Dauer benutzbarer Raum nicht mehr vorhanden ist.

Rechtsprechungsauswahl

BFH-Urteil vom 25.4.2013 II R 44/11 (BFH/NV S. 1544): Bezugsfertigkeit eines zur Vermietung vorgesehenen Bürogebäudes

1. Ein neu errichtetes Bürogebäude, das nach seiner Funktion zur Vermietung einzelner, entsprechend den individuellen Bedürfnissen der Mieter gestalteter Räume dienen soll, ist bezugsfertig i.S.v. § 72 Abs. 1 Satz 3 BewG, wenn die für das Gebäude wesentlichen Bestandteile (z.B. Außenwände, Fenster, tragende Innenwände, Estrichböden, Dach, Treppenhaus) fertiggestellt sind und zumindest ein Teil nutzbar ist.
2. Der Benutzbarkeit im bewertungsrechtlichen Sinn steht nicht entgegen, wenn vor dem Einzug der Mieter noch z.B. Innenwände und Türen errichtet, Malerarbeiten durchgeführt, sanitäre Einrichtungen eingebaut und Bodenbeläge verlegt werden müssen.

BFH-Urteil vom 9.4.2008 II R 24/06 (BStBl. II S. 951): Überlässt der Inhaber eines Betriebes der Land- und Forstwirtschaft einem Bergbauunternehmer durch Einräumung eines Nutzungsrechts Teile des Grund und Bodens zum Abbau des darin befindlichen bergfreien Bodenschatzes und hat der Unternehmer das Grundstück nach erfolgtem Abbau in rekultiviertem Zustand zur Fortsetzung der land- und forstwirtschaftlichen Nutzung zurückzugeben, ist das Grundstück bei einem zwischenzeitlichen Übergang im Wege eines Erwerbs von Todes wegen oder einer Schenkung nicht als unbebautes Grundstück zu bewerten. Es ist vielmehr Teil des land- und forstwirtschaftlichen Vermögens geblieben.

BFH-Urteil v. 17.11.2004 II R 35/02 (BFH/NV S. 837): Es ist nicht zu beanstanden, dass die Finanzverwaltung bei der Feststellung des Einheitswerts eines Erbbaurechts an ehemals landwirtschaftlich genutzten Grundstücken, die nunmehr als Golfplatz genutzt werden, unter den Voraussetzungen des § 92 Abs. 2 BewG den innerlandwirtschaftlichen Verkehrswert als Untergrenze ansetzt.

BFH-Urteil v. 20.10.2004 II R 34/02 (BStBl. 2005 II S. 256): Es ist nicht zu beanstanden, dass die Finanzverwaltung bei der Feststellung des Einheitswerts ehemals landwirtschaftlich genutzter Grundstücke, die am Bewertungsstichtag an einen Golfplatzbetreiber verpachtet sind, den innerlandwirtschaftlichen Verkehrswert als Untergrenze ansetzt. Dies gilt sowohl für bereits eingerichtete als auch für noch einzurichtende Golfplätze.

BFH-Urteil vom 14.5.2003 II R 14/01 (BStBl. II S. 906): Grundstück mit unbewohnbarem Gebäude als unbebautes Grundstück.

1. Die Abgrenzung zwischen bebauten und unbebauten Grundstücken bestimmt sich nach der Zumutbarkeit der bestimmungsgemäßen Gebäudenutzung zum Feststellungszeitpunkt.
2. Die Unzumutbarkeit einer bestimmungsgemäßen Gebäudenutzung ist nicht deshalb ausgeschlossen, weil sie auf behebbaren Baumängeln und Bauschäden sowie sog. aufgestautem Reparaturbedarf beruht.

BFH-Urteil vom 18.12.2002 II R 20/01 (BStBl. II 2003 S. 228): Abgrenzung der bebauten von den unbebauten Grundstücken – Rückfall eines bebauten Grundstücks in Zustand eines unbebauten Grundstücks – einfache Beiladung des Grundstückskäufers zum Verfahren wegen Einheitsbewertung – kein Insichprozess bei Beschreiten des Finanzrechtswegs durch Fiskus.

Ein Grundstück, auf dem sich leer stehende, aber benutzbare Gebäude befinden, ist bei der Feststellung des Einheitswerts des Grundvermögens (auch nach dem in den neuen Bundesländern geltenden Be-

§ 72 BewG

wertungsrecht) nicht allein deshalb als unbebautes Grundstück zu bewerten, weil am Stichtag eine Nutzung aus dem formalen Grund einer fehlenden Genehmigung oder aus bauplanungsrechtlichen Gründen nicht zulässig gewesen wäre.

BewRG

6. Begriff des unbebauten Grundstücks (§ 72 Abs. 1 BewG)

(1) Unbebaute Grundstücke sind Grundstücke, auf denen sich keine benutzbaren (bezugsfertigen) Gebäude befinden. Flächen, die zu einem im Erbbaurecht bezugsfertig errichteten Gebäude oder zu einem bezugsfertigen Gebäude auf fremdem Grund und Boden gehören, gelten mit Rücksicht auf die vorhandenen Gebäude nicht als unbebaute Grundstücke (§ 92 Abs. 1, § 94 Abs. 1 BewG).

(2) Die Entscheidung, ob ein Gebäude bezugsfertig ist, ist auf das ganze Gebäude und nicht auf einzelne Wohnungen oder Räume abzustellen. Sind z. B. Wohnungen im Erdgeschoß bereits vor einem Feststellungszeitpunkt, die übrigen Wohnungen jedoch erst danach bezugsfertig geworden, so ist das Gebäude erst zu dem darauffolgenden Feststellungszeitpunkt bezugsfertig. Bis dahin ist das Grundstück noch als unbebautes Grundstück zu bewerten. Wird dagegen ein Gebäude in Bauabschnitten errichtet, so gilt jeder in einem beendeten Bauabschnitt errichtete Teil des Gebäudes als ein bezugsfertiges Gebäude (§ 74 BewG). Ein Gebäude wird z. B. dann in Bauabschnitten errichtet, wenn wegen der Schwierigkeiten der Kreditbeschaffung von einem mehrstöckigen Gebäude zunächst nur das Erdgeschoß fertiggestellt wird. Werden dagegen die Bauarbeiten unterbrochen, weil eine Fortführung vorübergehend technisch nicht möglich ist (z. B. wegen einer Frostperiode), so schließt die Unterbrechung nicht einen Bauabschnitt ab.

(3) Die Bezugsfertigkeit ist davon abhängig, ob den zukünftigen Bewohnern oder Benutzern zugemutet werden kann, die Wohnungen oder Räume zu benutzen. Es kommt also nicht darauf an, wann die Wohnungen oder Räume tatsächlich bezogen werden. Auch der Zeitpunkt der Abnahme durch die Bauaufsichtsbehörde ist nicht entscheidend. Bei der Entscheidung, wann im einzelnen Falle eine Benutzung zumutbar ist, sind die sich ändernden Zeitumstände zu berücksichtigen (Urteil des OVG Lüneburg vom 21. 1. 1956, Bundesbaubl. 1957 S.13). Nach den heutigen Wohngewohnheiten ist die Zumutbarkeit nach strengen Maßstäben zu messen. Mitunter werden Wohnungen oder Räume bereits bezogen, obwohl noch wesentliche Bauarbeiten (z. B. die Herstellung von Fußböden in einzelnen Zimmern) verrichtet werden müssen. In diesen Fällen ist das Gebäude trotz seiner Benutzung in der Regel noch nicht bezugsfertig. Andererseits kommt es vor, daß die zukünftigen Bewohner das Beziehen hinausschieben, obwohl nur noch geringfügige Restarbeiten auszuführen sind. Das Gebäude ist dann, auch wenn die zukünftigen Bewohner es noch nicht benutzen, als bezugsfertig anzusehen.

7. Wertermittlung bei unbebauten Grundstücken (§ 9 BewG)

(1) Für unbebaute Grundstücke ist das Verfahren, in dem der als Einheitswert festzustellende gemeine Wert (§ 9 Abs. 1 BewG) zu ermitteln ist, im Gesetz nicht besonders geregelt. In § 9 Abs. 2 und 3 BewG sind lediglich allgemeine Bewertungsgrundsätze aufgestellt, die bei seiner Ermittlung zu beachten sind.

(2) Der Wert unbebauter Grundstücke umfaßt den Wert des Grund und Bodens (Bodenwert) und den Wert der Außenanlagen. Bei der Ermittlung der Bodenwerte ist im allgemeinen von durchschnittlichen Werten auszugehen, die sich für ein Gebiet, eine Straße oder einen Straßenabschnitt ohne Beachtung der Grundstücksgrenzen und ohne Rücksicht auf die besonderen Eigenschaften der einzelnen Grundstücke je Quadratmeter ergeben. Aus den durchschnittlichen Werten sind Bodenwerte der Grundstücke abzuleiten, indem im Einzelfall die Größe des Grundstücks sowie seine Besonderheiten und seine Abweichungen gegenüber den durchschnittlichen Verhältnissen berücksichtigt werden. Als Besonderheiten und Abweichungen kommen vor allem der Anteil des Vorderlandes und des Hinterlandes (vgl. Abschnitt 8 Abs. 2), die besondere Lage, z. B. die Ecklage (vgl. Abschnitt 9), sowie die Größe, der Zuschnitt, die Oberflächenbeschaffenheit und der Baugrund (vgl. Abschnitt 10) in Betracht.

(3) Durch die Erschließung (§§ 123 ff. BBauG) wird der Wert des Grundstücks erhöht. Die Erschließung ist jedoch regelmäßig kein werterhöhendes Merkmal des einzelnen Grundstücks, sondern werterhöhendes Merkmal sämtlicher Grundstücke an einer Straße oder in einer Gegend. Sie wird daher bereits im durchschnittlichen Wert berücksichtigt. Die Werterhöhung tritt ein, wenn die Erschließungsanlagen ganz oder in einem Bauabschnitt endgültig hergestellt sind. Es ist für den Wert des Grundstücks ohne Bedeutung, ob die Gemeinde Erschließungsbeiträge bereits angefordert hat oder ob sie Vorauszahlungen (§ 133 Abs. 3 BBauG) verlangt hat; ebenso ist es ohne Bedeutung, ob der Eigentümer des Grundstücks vor Abschluß der Erschließung Vorauszahlungen geleistet hat. Hierdurch können u. U. Forderungen oder Schulden begründet sein.

(4) Für die Ermittlung des Werts der Außenanlagen gilt Abschnitt 45 sinngemäß.

8. Getrennte Wertermittlung für Vorderland und Hinterland

(1) Bei der Ermittlung des Bodenwerts ist eine Grundstücksfläche nur dann in Vorderland und Hinterland aufzuteilen, wenn dies auch zuvor bei der Ermittlung des durchschnittlichen Werts geschehen ist. Bezieht sich der durchschnittliche Wert dagegen auf die Gesamtfläche, z. B. in der Regel bei Rohbauland, Industrieland, Verkehrsflächen und bei Grünflächen, unterbleibt die Aufteilung.

(2) Ist die Grundstücksfläche in Vorderland und Hinterland aufzuteilen, so ist sie nach ihrer Tiefe in Zonen zu gliedern, deren Abgrenzung sich nach den örtlichen Verhältnissen richtet. Gelten keine örtlichen Besonderheiten, so kann dabei im allgemeinen von folgendem ausgegangen werden:

Die Fläche bis 40 m Tiefe ist Vorderland (Zone I),
die Fläche über 40 m bis 80 m Tiefe ist Hinterland (Zone II),
die Fläche über 80 m Tiefe, soweit sie baulich ausnutzbar ist, ist Hinterland (Zone IIIa),
die Fläche über 80 m Tiefe, soweit sie baulich nicht ausnutzbar ist, ist Hinterland (Zone IIIb).

Die Wertansätze für das Hinterland betragen dann in der Regel in
Zone II etwa die Hälfte des Werts des Vorderlandes,
Zone IIIa etwa ein Viertel des Werts des Vorderlandes,
Zone IIIb weniger als ein Viertel des Werts des Vorderlandes.

(3) Ist die Grundstücksfläche so geschnitten, daß eine Aufteilung der Gesamtfläche in Vorderland und Hinterland nach den vorstehenden Grundsätzen nicht ohne weiteres möglich ist, so sind die auf Vorderland und Hinterland entfallenden Flächenanteile zu schätzen.

9. Wertermittlung bei Eckgrundstücken

(1) Bei Eckgrundstücken ist in der Regel von dem höheren der Werte auszugehen, die für die begrenzenden Straßen gelten.

(2) Eckgrundstücke können wertvoller, aber auch geringwertiger als Reihengrundstücke sein. Ein höherer Wert ist in erster Linie durch die größere bauliche Ausnutzbarkeit der Eckgrundstücke begründet. Bei Eckgrundstücken an Geschäftsstraßen wirkt außerdem eine höhere Ertragsfähigkeit werterhöhend (z. B. durch Eckläden).

(3) Eckgrundstücke an Geschäftsstraßen haben infolge der bevorzugten Geschäftslage und der entsprechend höheren Ertragsfähigkeit einen wesentlich höheren Wert als andere Grundstücke der Geschäftsstraßen. Dieser höhere Wert ist dadurch bedingt, daß gegenüber den Mehrerträgen, die infolge der bevorzugten Geschäftslage zu erwarten sind, die Bewirtschaftungskosten nicht in demselben Ausmaß steigen.

(4) Eckgrundstücke am Schnittpunkt von Wohnstraßen haben gegenüber Reihengrundstücken nur dann einen höheren Wert, wenn auf ihnen ein Gebäude mit gewerblich genutzten Räumen (vor allem mit Eckläden oder einer Gastwirtschaft) errichtet werden kann. Sind sie dagegen nur durch eine größere bauliche Ausnutzbarkeit bevorzugt, so ist ein höherer Wert im allgemeinen nicht anzunehmen, weil dieser Vorteil durch die erhöhten Bewirtschaftungskosten aufgehoben wird.

(5) Bei Eckgrundstücken an Straßen, die für eine offene Bauweise oder für die Errichtung von Einfamilienhäusern und Zweifamilienhäusern vorgesehen sind, bedingt die Ecklage keinen Vorteil für das Grundstück. Der Wert solcher Eckgrundstücke kann im Einzelfall sogar geringer sein als der Wert der Reihengrundstücke.

(6) Ein höherer Wert aufgrund der Ecklage ist nur durch einen Zuschlag zu dem Wert des „engeren Eckgrundstücks" zu berücksichtigen. Der Zuschlag ist nach einem Vomhundertsatz des durchschnittlichen Werts für die wertvollere Straße zu bemessen. Die ortsübliche Vorderlandtiefe bestimmt an beiden Straßenfronten, von der Ecke aus gerechnet, die Abmessungen des „engeren Eckgrundstücks". Dabei dürfen als Straßenfront höchstens je 30 m angesetzt werden. Alle über diese Abmessungen hinausgehenden Grundstücksteile sind wie Grundstücke mit nur einer Straßenfront zu bewerten. Als Anhalt für die Zuschläge können folgende Rahmensätze dienen:

am Schnittpunkt von Wohnstraßen	5 bis 10 v. H.,
am Schnittpunkt einer Geschäftsstraße mit einer Wohnstraße	15 bis 25 v. H.,
am Schnittpunkt zweier Geschäftsstraßen	25 bis 45 v. H.

Die unteren Rahmensätze sind anzuwenden, wenn der durchschnittliche Wert für die weniger wertvolle Straße erheblich geringer als der Wert für die wertvollere Straße ist oder wenn es sich um eine weniger bevorzugte Geschäftslage handelt. Die oberen Rahmensätze sind anzuwenden, wenn die durchschnittlichen Werte für die Straßen annähernd gleich sind und wenn es sich um eine besonders gute Geschäftslage handelt.

Beispiel:

Ein Eckgrundstück liegt an zwei Geschäftsstraßen mit einer besonders guten Geschäftslage. Die durchschnittlichen Werte für die Straßen sind 100 DM und 90 DM. Die ortsübliche Vorderlandtiefe beträgt 25 m. Zum Wert des „engeren Eckgrundstücks" (25 m x 25 m = 625 m^2) ist ein Zuschlag, der an der oberen Grenze der Rahmensätze liegt, von 45 v. H. = 45 DM zu machen. Der Wert des „engeren Eckgrundstücks" beträgt dann 145 DM/m^2.

(7) Spitzwinklige Eckgrundstücke haben einen geringeren Wert als rechtwinklige Eckgrundstücke, wenn sie von einer Wohnstraße oder von zwei Wohnstraßen begrenzt werden. Werden sie dagegen von zwei Geschäftsstraßen begrenzt, so hebt der Vorteil, daß die Gebäude größere Schaufensterfronten haben können, in der Regel die Nachteile einer ungünstigen Grundrißgestaltung und einer geringeren Nutzfläche auf.

(8) Gehen die Abmessungen des gesamten Grundstücks an beiden Straßenfronten über das „engere Eckgrundstück" hinaus, ist die restliche Fläche von den beiden Straßenfronten aus in zwei Teilflächen aufzuteilen. Für jede der beiden Teilflächen ist zunächst die Größe des Vorderlandes zu berechnen. Das verbleibende Hinterland ist anteilig den beiden Teilflächen zuzurechnen. Die Zurechnung eines Anteils zum „engeren Eckgrundstück" unterbleibt, weil dieses nur aus Vorderland besteht.

Beispiel:

Ein Eckgrundstück liegt am Schnittpunkt zweier Geschäftsstraßen, deren Geschäftslage unterschiedlich ist. Es hat Abmessungen von 60 m und 40 m. Die durchschnittlichen Werte für die beiden Straßen betragen 120 DM und 60 DM. Die Vorderlandtiefe beträgt 30 m. Zum Wert für das „engere Eckgrundstück" (30 m x 30 m = 900 m^2) ist ein Zuschlag von 25 v. H. = 30 DM zu machen. Der Wert für das „engere Eckgrundstück" beträgt danach 150 DM/m^2.

Für die Ermittlung des Bodenwerts ist das Grundstück in drei Teilgrundstücke zu zerlegen, für die die Werte getrennt zu berechnen sind. Die Summe dieser drei Werte ergibt dann den Bodenwert des Grundstücks.

Teilgrundstück I

Das „engere Eckgrundstück" besteht nur aus Vorderland. Seine Größe beträgt 30 m x 30 m = 900 m^2.

Teilgrundstück II

Das Grundstück hat an der wertvolleren Straße eine Straßenfront von 60 m. Davon entfallen auf das „engere Eckgrundstück" 30 m, so daß noch eine Straßenfront von 30 m für das Teilgrundstück II verbleibt. Die Größe des Vorderlandes dieses Teilgrundstücks beträgt dann 30 m x 30 m = 900 m^2.

Teilgrundstück III

Das Grundstück hat an der weniger wertvollen Straße eine Straßenfront von 40 m. Davon entfallen auf das „engere Eckgrundstück" 30 m, so daß noch eine Straßenfront von 10 m für das Teigrundstück III verbleibt. Die Größe des Vorderlandes dieses Teilgrundstücks beträgt dann 10 m x 30 m = 300 m^2.

BewRGr 9–10   BewG § 72

```
                          |  Vorderland        |  Hinterland
durchschnittlicher        |     III            |
Wert 60,— DM              |                    |
                          |--------------------|-----------------
  40 m   30 m             | „engeres           |  Vorderland
                          |  Eckgrundstück"    |
                          |     I              |     II
                          | durchschnittlicher |
                          | Wert 150,— DM      |
                                                    durchschnittlicher
                          |←—— 30 m ——→|           Wert 120,— DM
                          |←———————— 60 m ——————————→|
```

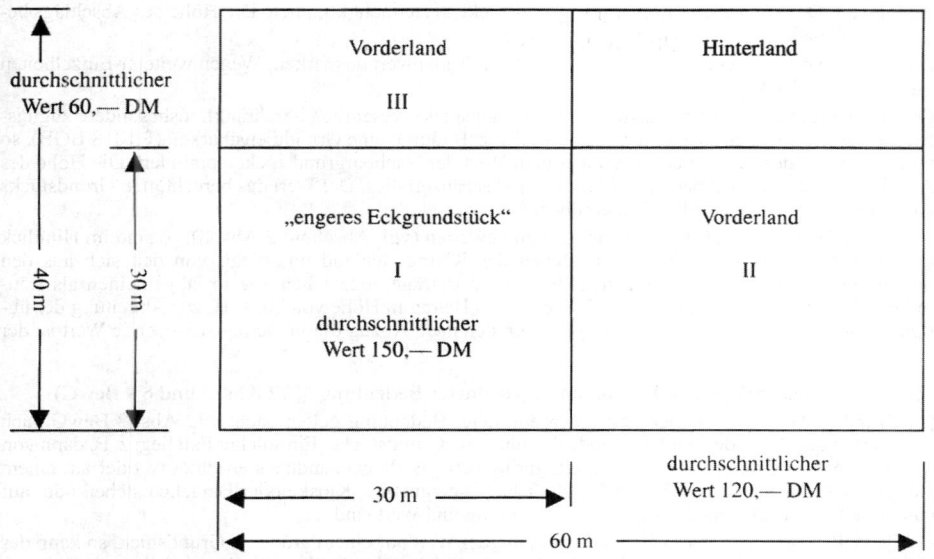

Das verbleibende Hinterland von 300 m² (2400 m² Gesamtgröße – 900 m² Teilgrundstück I – 900 m² Teilgrundstück II – 300 m² Teilgrundstück III = 300 m²) ist auf die Teilgrundstücke II und III entsprechend dem Verhältnis der Vorderlandgröße dieser Teilgrundstücke zu verteilen. Von dem Vorderland beider Teilgrundstücke (900 m² + 300 m² = 1200 m²) entfallen auf Teilgrundstück II

$$\frac{900 \times 100}{1\,200} = 75 \text{ v. H.}$$

auf Teilgrundstück III

$$\frac{200 \times 100}{1\,200} = 25 \text{ v. H.}$$

Es sind also 75 v. H. von 300 m² Hinterland = 225 m² dem Teilgrundstück II und 25 v. H. von 300 m² Hinterland = 75 m² dem Teilgrundstück III zuzurechnen.

Die Einheitswerte sind wie folgt zu berechnen:

Teilgrundstück I	
900 (m² Vorderland) x 150 DM	= 135 000 DM
Teilgrundstück II	
900 (m² Vorderland) + m² Hinterland) x 120 DM	= 121 500 DM
Teilgrundstück III	
300 (m² Vorderland) +(m² Hinterland) x 60 DM	= 20 250 DM
Gesamtwert des Eckgrundstücks	= 275 750 DM

10. Sonstige Besonderheiten bei der Wertermittlung

(1) Die Größe und der Zuschnitt eines Grundstücks sind für seine Ausnutzbarkeit wesentlich. Der Umstand, daß ein Grundstück zu klein oder zu groß ist, mindert seinen Wert gegenüber dem Wert der in der betreffenden Gegend liegenden Grundstücke mit üblicher Größe. Schmale und tiefgeschnittene Grundstücke haben meist einen geringeren Wert. Ein gut geschnittenes Grundstück wird den unregelmäßig geschnittenen Grundstücken vorgezogen werden. Die Verwendbarkeit eines tiefgeschnittenen Grundstücks, insbesondere seines Hinterlandes, für gewerbliche Zwecke erhöht seinen Wert. Andererseits wird Hinterland, das weder baulich noch gewerblich, sondern nur als Gartenland nutzbar ist, u. U. nur mit dem Wert von gärtnerisch genutztem Land anzusetzen sein.

(2) Die Oberflächenbeschaffenheit und der Baugrund (vgl. Abschnitt 35 Abs. 3) wirken sich nur dann auf den Bodenwert aus, wenn die besondere Beschaffenheit des Grund und Bodens, die z. B. eine außergewöhnliche Gründung erfordert, nur einzelne Grundstücke betrifft. Werden im Vergleich zum Bodenwert erhebliche Kosten erforderlich, um das Grundstück baureif zu machen, so mindert dieser Umstand den

§ 72 BewG BewRGr 10–12

Bodenwert. Das kann auch für Trümmergrundstücke in Betracht kommen. Die Höhe des Abschlags bestimmt sich nach den Umständen des Einzelfalls.

(3) Die Lage eines Grundstücks kann sich auf den Bodenwert auswirken. Wegen weiterer Einzelheiten vgl. Abschnitt 35 Abs. 3.

(4) Ist der Eigentümer in der Nutzung seines Grundstücks wesentlich beschränkt, insbesondere zugunsten des Eigentümers eines anderen Grundstücks, z. B. durch eine Grunddienstbarkeit (§ 1018 BGB), so wird hierdurch der Bodenwert gegenüber dem Wert der Nachbargrundstücke gemindert. Die Höhe des Abschlags bestimmt sich nach den Umständen des Einzelfalles. Der Wert des berechtigten Grundstücks ist im allgemeinen entsprechend zu erhöhen.

(5) Ist Kleingartenland als Grundvermögen zu bewerten (vgl. Abschnitt 2 Abs. 8), so sind im Hinblick auf die erheblichen Beschränkungen, denen das Kleingartenland unterliegt, von den sich aus den durchschnittlichen Werten ergebenden Werten die Beträge abzuziehen, die im allgemeinen als Räumungsentschädigung zu zahlen sind. Ferner ist ein Betrag in Höhe von 20. v. H. zur Abgeltung der übrigen Beschränkungen zu berücksichtigen. Der sich nach Abzug dieser Beträge ergebende Wert ist der Bodenwert.

11. Grundstücke mit Gebäuden von untergeordneter Bedeutung (§ 72 Abs. 2 und § 9 BewG)

(1) Grundstücke mit Gebäuden von untergeordneter Bedeutung gelten nach § 72 Abs. 2 BewG auch dann, wenn die Gebäude benutzbar sind, als unbebaute Grundstücke. Ein solcher Fall liegt z. B. dann vor, wenn auf einem größeren Grundstück ein geringwertiges Wochenendhaus errichtet ist oder auf einem wertvollen Grundstück, das für ein Geschäftshaus geeignet ist, Kioske oder Baracken stehen oder auf einem Zeltplatz die Gebäude von geringem Umfang und Wert sind.

(2) Handelt es sich jedoch um Gebäude mit einigem Wert auf einem größeren Grundstück, so kann das Gebäude zwar nach seiner Zweckbestimmung angesichts der Größe des Grundstücks von untergeordneter Bedeutung sein, der Wert der Gebäude steht aber einer Bewertung als unbebautes Grundstück entgegen.

12. Grundstücke mit zerstörten oder dem Verfall preisgegebenen Gebäuden (§ 72 Abs. 3 und § 9 BewG)

(1) Sind auf dem Grundstück keine auf die Dauer benutzbaren Räume vorhanden, weil die Gebäude zerstört oder dem Verfall preisgegeben worden sind, so ist das Grundstück nach § 72 Abs. 3 BewG als unbebautes Grundstück zu bewerten. Das gilt insbesondere auch für die Grundstücke, die aufgrund des Fortschreibungsgesetzes vom 10. März 1949 (WiGBl. S. 25)[1] bisher als bebaute Grundstücke der vor der Zerstörung der Gebäude in Betracht kommenden Grundstücksart gegolten haben. Sind jedoch noch Keller vorhanden, die zu gewerblichen oder zu Wohnzwecken ausgebaut und deshalb auf die Dauer benutzbar sind, so muß das Grundstück weiter als ein bebautes Grundstück behandelt werden.

(2) Für die noch vorhandenen Gebäudereste mindert sich der Bodenwert um die Kosten, die im Hauptfeststellungszeitpunkt zu ihrer Beseitigung hätten aufgewendet werden müssen.

---

[1] Gilt nicht im Land Berlin.

§ 73 Baureife Grundstücke

(1) Innerhalb der unbebauten Grundstücke bilden die baureifen Grundstücke eine besonderes Grundstücksart.

(2) ¹**Baureife Grundstücke sind unbebaute Grundstücke, wenn sie in einem Bebauungsplan als Bauland festgesetzt sind, ihre sofortige Bebauung möglich ist und die Bebauung innerhalb des Plangebiets in benachbarten Bereichen begonnen hat oder schon durchgeführt ist.** ²**Zu den baureifen Grundstücken gehören nicht Grundstücke, die für den Gemeinbedarf vorgesehen sind.**

BewRGr

13. Baureife Grundstücke (§ 73 BewG)

§ 73 BewG erlangt erst dann Bedeutung, wenn für die baureifen Grundstücke in einem künftigen Steuergesetz eine andere Besteuerung (z. B. eine andere Steuermeßzahl oder ein anderer Hebesatz bei der Grundsteuer) als für die nicht unter diese Grundstücksart fallenden unbebauten Grundstücke bestimmt werden sollte. Nach § 216 AO[1] sind erst von diesem Zeitpunkt an in den Einheitswertbescheiden Feststellungen zu treffen, daß es sich bei einem unbebauten Grundstück um ein baureifes Grundstück handelt. Soweit Einheitswertbescheide dann bereits ergangen sind, müssen Ergänzungsbescheide erlassen werden (§ 216 Abs. 2 AO)[2]. Für einen derartigen künftigen Fall ist die Grundstücksart der baureifen Grundstücke schon jetzt innerhalb der unbebauten Grundstücke im Gesetz abgegrenzt.

---

1) Jetzt § 19 Abs. 3 Nr. 1 BewG.
2) Jetzt § 179 Abs. 3 AO.

§ 74 BewG

III. Bebaute Grundstücke

a) Begriff und Bewertung

§ 74 Begriff

¹Bebaute Grundstücke sind Grundstücke, auf denen sich benutzbare Gebäude befinden, mit Ausnahme der in § 72 Abs. 2 und 3 bezeichneten Grundstücke. ²Wird ein Gebäude in Bauabschnitten errichtet, so ist der fertiggestellte und bezugsfertige Teil als benutzbares Gebäude anzusehen.

BewRGr

14. Begriff der bebauten Grundstücke (§ 74 BewG)
Der Begriff des Gebäudes ist in Abschnitt 1 Abs. 2 erläutert. Wegen der Frage der Benutzbarkeit und Bezugsfertigkeit von Gebäuden vgl. Abschnitt 6.

BewG § 75

§ 75 Grundstücksarten

(1) Bei der Bewertung bebauter Grundstücke sind die folgenden Grundstücksarten zu unterscheiden:
1. Mietwohngrundstücke,
2. Geschäftsgrundstücke,
3. gemischtgenutzte Grundstücke,
4. Einfamilienhäuser,
5. Zweifamilienhäuser,
6. Sonstige bebaute Grundstücke.

(2) Mietwohngrundstücke sind Grundstücke, die zu mehr als achtzig Prozent, berechnet nach der Jahresrohmiete (§ 79), Wohnzwecken dienen mit Ausnahme der Einfamilienhäuser und Zweifamilienhäuser (Absätze 5 und 6).

(3) Geschäftsgrundstücke sind Grundstücke, die zu mehr als achtzig Prozent, berechnet nach der Jahresrohmiete (§ 79), eigenen oder fremden gewerblichen oder öffentlichen Zwecken dienen.

(4) Gemischtgenutzte Grundstücke sind Grundstücke, die teils Wohnzwecken, teils eigenen oder fremden gewerblichen oder öffentlichen Zwecken dienen und nicht Mietwohngrundstücke, Geschäftsgrundstücke, Einfamilienhäuser oder Zweifamilienhäuser sind.

(5) [1]Einfamilienhäuser sind Wohngrundstücke, die nur eine Wohnung enthalten. [2]Wohnungen des Hauspersonals (Pförtner, Heizer, Gärtner, Kraftwagenführer, Wächter usw.) sind nicht mitzurechnen. [3]Eine zweite Wohnung steht, abgesehen von Satz 2, dem Begriff „Einfamilienhaus" entgegen, auch wenn sie von untergeordneter Bedeutung ist. [4]Ein Grundstück gilt auch dann als Einfamilienhaus, wenn es zu gewerblichen oder öffentlichen Zwecken mitbenutzt wird und dadurch die Eigenart als Einfamilienhaus nicht wesentlich beeinträchtigt wird.

(6) [1]Zweifamilienhäuser sind Wohngrundstücke, die nur zwei Wohnungen enthalten. [2]Die Sätze 2 bis 4 von Absatz 5 sind entsprechend anzuwenden.

(7) Sonstige bebaute Grundstücke sind solche Grundstücke, die nicht unter die Absätze 2 bis 6 fallen.

Rechtsprechungsauswahl

BFH-Beschluss v. 24.11.2004 II B 175/03 (BFH/NV 2005 S. 511): Die Rechtsfrage der Anwendung des neuen bewertungsrechtlichen Wohnungsbegriffs für Stichtage ab dem 1. Januar 1974 auf Wohngrundstücke, die im Laufe des Jahres 1973 bezugsfertig errichtet, aus- oder umgebaut wurden, ist nicht mehr klärungsbedürftig.

BFH-Beschluss v. 11.11.2004 II B 172/03 (BFH/NV 2005 S. 509):
1. Um bewertungsrechtlich zwei selbständige Wohnungen annehmen zu können, müssen gemeinsame Verkehrsflächen nach ihrer Lage und baulichen Funktion von beiden Wohnbereichen vollständig getrennt sein.
2. Die Besetzung der Richterbank richtet sich bei einer Vertagung der Verhandlung – anders als bei einer Unterbrechung – im neuen Termin nach den für diesen geltenden Regeln.

BFH-Urteil v. 22.5.2002 II R 43/00 (BFH/NV 2003 S. 7): Der von der Rechtsprechung entwickelte bewertungsrechtliche „neue" Wohnungsbegriff ist auch dann anzuwenden, wenn nach dem 1. Januar 1973 in einem bestehenden Haus eine weitere Wohneinheit mit den erforderlichen Nebenräumen geschaffen wird oder wenn Wohnräume, die zuvor als solche vor dem 1. Januar 1973 bereits vorhanden waren, aber nach dem „alten" Wohnungsbegriff keine Wohnung bildeten, zu einer Wohneinheit ausgebaut werden.

BFH-Urteil v. 7.11.2000 II R 68/98 (BFH/NV 2001 S. 749):
1. Ein Raum, der nur über die Wohnzwecke dienende Raumeinheit zugänglich ist, kann nicht einer freiberuflichen Nutzung zugeordnet werden.

2. Das Vorhandensein von Parkflächen, ein Arztschild, Fahrradständer oder eine besondere Gestaltung von Fenstern im Erdgeschoss führen nicht zu einer wesentlichen Beeinträchtigung der Eigenart als Einfamilienhaus.

3. Der Umstand, dass freiberuflich genutzte Räume baulich von der Wohnung getrennt sind und eine gewisse Selbständigkeit innerhalb eines äußerlich einheitlichen Gebäudes aufweisen, führt nicht zu einer wesentlichen Beeinträchtigung des Einfamilienhauscharakters.

BFH-Urteil v. 20.9.2000 II R 7/99 (BFH/NV 2001 S. 428): Die Systematik des § 75 BewG schließt es aus, ein Wohngrundstück mit nur einer Wohnung im bewertungsrechtlichen Sinn als Mietwohngrundstück im Sinne von § 75 Abs. 2 BewG zu bewerten. Bei der bewertungsrechtlichen Einordnung eines Wohngebäudes darf nicht von der Verkehrsanschauung, einer etwa bestehenden allgemeinen Vorstellung vom Erscheinungsbild z. B. eines Einfamilienhauses ausgegangen werden. Der Begriff des Ein- bzw. Zweifamilienhauses im bewertungsrechtlichen Sinn ist kein von der Verkehrsauffassung bestimmter Begriff, sondern ein durch Umschreibung in § 75 Abs. 5 und 6 BewG gekennzeichneter Rechtsbegriff (vgl. BFH-Urteile in BFHE 148, 76, BStBl. II 1987, 104 und in BFHE 155, 128, BStBl. II 1989, 135).

BewRGr

15. Arten der bebauten Grundstücke (§ 75 BewG)
(1) Die Arten der bebauten Grundstücke sind in § 75 Abs. 1 Nrn. 1 bis 6 BewG erschöpfend aufgezählt. Bebaute Grundstücke, die sich nicht in eine der Grundstücksarten nach Nrn. 1 bis 5 einordnen lassen, gehören zu der Grundstücksart „sonstige bebaute Grundstücke".

(2) Die Einordnung eines Grundstücks in eine der drei Grundstücksarten „Mietwohngrundstücke", „Geschäftsgrundstücke" und „gemischtgenutzte Grundstücke" richtet sich nach der tatsächlichen Nutzung im Feststellungszeitpunkt. Bei verschiedenartiger Nutzung ist die gesamte Jahresrohmiete in die Miete für Wohnungen einerseits und in die Miete für gewerblichen oder öffentlichen Zwecken dienenden Grundstücksteile andererseits aufzuteilen. Für grundsteuerbegünstigte Teile des Grundstücks ist dabei die nach § 79 Abs. 3 BewG um 12 v. H., für Arbeiterwohnstätten die nach § 79 Abs. 4 BewG um 14 v. H. erhöhte Jahresrohmiete anzusetzen. Zu den Wohnungen sind auch solche Gebäude und Gebäudeteile zu rechnen, die als Zubehörräume der Wohnungen anzusehen sind (z. B. Garagen, Schuppen, Stallgebäude). Gewerblichen Zwecken dienen Grundstücke oder Grundstücksteile, wenn sie zu eigenen oder fremden gewerblichen Zwecken oder für einen wirtschaftlichen Geschäftsbetrieb verwendet werden (z. B. Werkstätten, Verkaufsläden, Büroräume). Das gilt auch für einzelne Räume innerhalb einer Wohnung, wenn sie ausschließlich gewerblich benutzt werden. Die Verwendung für gewerbliche Zwecke setzt eine selbständige nachhaltige Betätigung voraus, die mit Gewinnabsicht unternommen wird und sich als Beteiligung am allgemeinen wirtschaftlichen Verkehr darstellt (vgl. § 1 der GewStDV 1961; RFH-Urteil vom 24. 4. 1928, RStBl. S. 195). Dem Betrieb eines Gewerbes steht die Ausübung eines freien Berufes gleich (§ 96 BewG). Wohnräume, die gewerblich oder beruflich nur mitbenutzt werden, sind nicht als gewerblichen Zwecken dienende Räume zu behandeln. Öffentlichen Zwecken dienen vor allem Grundstücke, auf denen sich Dienstgebäude der öffentlichen Verwaltung befinden. Ist ein solches Grundstück von der Grundsteuer (§§ 4 bis 6 GrStG)[1] und von den anderen einheitswertabhängigen Steuern ganz oder teilweise befreit, so ist ein Einheitswert insoweit nicht festzustellen. In diesem Fall bleibt der steuerbefreite Teil bei der Entscheidung, welcher Grundstücksart das Grundstück zuzurechnen ist, außer Betracht. Ist dagegen das ganze Grundstück steuerpflichtig, so ist bei seiner Einordnung in eine Grundstücksart und bei seiner Bewertung auch der öffentlichen Zwecken dienende Teil zu erfassen. Das Grundstück kann dann entsprechend dem Verhältnis der Jahresrohmieten ein Geschäftsgrundstück, ein gemischtgenutztes Grundstück oder ein Mietwohngrundstück sein. Dienstwohnungen und andere Wohnungen in einem sonst wegen Steuerfreiheit nicht zu bewertenden Dienstgebäude sind ohne Rücksicht auf ihre Anzahl wie ein Mietwohngrundstück zu behandeln. Ist die Befreiung bei den einzelnen einheitswertabhängigen Steuern unterschiedlich, so sind für die einzelnen Steuern Einheitswerte festzustellen (§ 214 Nr. 3 Buchst. b AO), bei denen die Grundstücksart unterschiedlich sein kann.

(3) Für die Einordnung eines Wohngrundstücks in die Grundstücksart „Einfamilienhäuser" ist allein maßgebend, ob es nur eine Wohnung enthält; Wohnungen des Hauspersonals bleiben außer Betracht. Ohne Bedeutung ist, ob das Grundstück im Feststellungszeitpunkt vom Eigentümer selbst bewohnt wird oder an Dritte vermietet ist. Eine Wohnung ist eine Zusammenfassung von Wohnraum und Nebengelaß. Der Inhaber der Wohnung muß in der Lage sein, in den ihm zur Verfügung stehenden Räumen einen

---
[1] Jetzt §§ 3 bis 8 des im zweiten Teil abgedruckten GrStG vom 7. 8. 1973.

eigenen Haushalt zu führen. Das ist in der Regel dann der Fall, wenn eine eigene Küche oder zumindest eine Kochgelegenheit und eine Toilette vorhanden sind (vgl. hierzu das zur Grundsteuer ergangene Urteil des BFH vom 16. 12. 1955, BStBl. 1956 III S. 47). Bei der Prüfung der Frage, ob eine Wohnung vorliegt, sind die Verkehrsauffassung und die besonderen örtlichen Verhältnisse zu berücksichtigen (BFH-Urteil vom 1. 8. 1952, BStBl. III S. 251). Zum Begriff einer Wohnung gehört jedoch nicht allgemein, daß sie gegen andere Wohnungen und Wohnräume abgeschlossen ist und einen selbständigen Zugang hat (BFH-Urteil vom 16. 12. 1955 a. a. O.) Einzelräume, die leer oder möbliert vermietet werden, erfüllen demnach die Voraussetzungen, die an den Begriff einer Wohnung gestellt werden, regelmäßig nicht (vgl. hierzu BFH-Urteil vom 1. 8. 1952 a. a. O.).[1] Unter den hier genannten Voraussetzungen sind auch Wochenendhäuser, die während des ganzen Jahres bewohnt sind, als Einfamilienhäuser zu behandeln. Ob die teilweise Nutzung eines Wohngrundstücks zu gewerblichen oder öffentlichen Zwecken ihm die Eigenart als Einfamilienhaus nimmt, hängt von der Verkehrsauffassung ab; dabei ist das Ausmaß der gewerblichen (öffentlichen) Nutzung von Bedeutung, doch kann es nicht allein entscheidend sein (BFH-Urteil vom 3. 2. 1956, BStBl. III S. 78). Ein Wohngrundstück mit nur einer Wohnung, dessen Gebäude zu weniger als der Hälfte seine Wohn- und Nutzfläche zu gewerblichen (öffentlichen) Zwecken benutzt wird, kann demnach in der Regel als Einfamilienhaus behandelt werden.

(4) Zu der Grundstücksart „Zweifamilienhäuser" gehören außer den eigentlichen Zweifamilienhäusern mit zwei gleichwertigen Wohnungen auch die Wohngrundstücke, die eine Hauptwohnung und eine Einliegerwohnung enthalten. Dabei ist es gleichgültig, ob eine Wohnung vermietet ist, ob beide Wohnungen eigengenutzt sind.

(5) Für die Behandlung von nur einem Eigentümer gehörenden Doppelhäusern und Reihenhäusern als Einfamilienhäuser, Zweifamilienhäuser oder Mietwohngrundstücke ist maßgebend, ob die einzelnen Wohngrundstücke als selbständige wirtschaftliche Einheiten im Sinne des § 2 BewG anzusehen sind. Falls die Doppelhäuser und Reihenhäuser durch Brandmauern oder Trennwände voneinander getrennt sind und einen gesonderten Eingang usw. haben und damit nach ihrer baulichen Gestaltung und Einrichtung unabhängig voneinander veräußert werden können, ist jedes Grundstück als selbständige wirtschaftliche Einheit zu behandeln (RFH-Urteil vom 29. 10. 1942, RStBl. 1943 S. 7; BFH-Urteil vom 7.2.1964, BStBl. III S. 180).

(6) Zu den sonstigen bebauten Grundstücken gehören bebaute Grundstücke, die weder Wohnzwecken noch gewerblichen oder öffentlichen Zwecken dienen. Hierunter fallen z. B. Clubhäuser, Vereinshäuser, Bootshäuser, studentische Verbindungshäuser, Turnhallen, Schützenhallen und Jagdhütten. Kindererholungsheime sind nicht als Mietwohngrundstücke, sondern als sonstige bebaute Grundstücke zu behandeln; der wesentliche Zweck dieser Heime ist nicht die Befriedigung des Wohnbedürfnisses, sondern in erster Linie das Bestreben, die aufgenommenen Kinder gesundheitlich zu fördern (RFH-Urteil vom 25. 6. 1931, RStBl. S. 867). Voraussetzung ist hier jedoch, daß sich der Betrieb der Kindererholungsheime im einzelnen Fall nicht als Gewerbebetrieb darstellt (vgl. die Ausführungen zu Absatz 2). In diesem Falle ist ein solches Grundstück als Geschäftsgrundstück zu behandeln. Auch selbständige Garagengrundstücke sind sonstige bebaute Grundstücke, falls sie nicht gewerblich genutzt werden. Wochenendhäuser, die nicht Einfamilienhäuser sind (vgl. Absatz 3), sind ebenfalls den sonstigen bebauten Grundstücken zuzurechnen.

(7) In § 75 BewG ist nichts Besonderes über die Bestimmung der Grundstücksart in den Fällen vorgeschrieben, in denen ein Grundstück Wohnzwecken, gewerblichen oder öffentlichen Zwecken und „sonstigen Zwecken" dient. In Betracht kommen hier drei Gruppen von Fällen. Das Grundstück dient

1. teils Wohnzwecken, teils „sonstigen Zwecken",
2. teils gewerblichen oder öffentlichen Zwecken, teils „sonstigen Zwecken",
3. teils Wohnzwecken, teils gewerblichen oder öffentlichen Zwecken, teils „sonstigen Zwecken".

Da sich die Einordnung eines Grundstücks in eine der im Gesetz bezeichneten Grundstücksarten vor allem nach dem überwiegenden Nutzung für bestimmte Zwecke richtet, ist in diesen Fällen die in § 75 Abs. 2 und 3 BewG für die Mietwohngrundstücke und die Geschäftsgrundstücke getroffene Regelung entsprechend anzuwenden. Bebaute Grundstücke, die zu mehr als 80 v. H. der Jahresmiete oder, wenn sie nicht ganz vermietet sind, zu mehr als 80 v. H. der Wohn- und Nutzfläche „sonstigen Zwecken" dienen, sind als sonstige bebaute Grundstücke zu behandeln. Andernfalls sind die entsprechend ihrer tatsächlichen Nutzung als Mietwohngrundstücke, als Geschäftsgrundstücke oder als gemischtgenutzte Grundstücke zu bewerten. Dabei ist die Nutzung für „sonstige Zwecke" der Nutzung für gewerbliche und öffentliche Zwecke gleichzumachen, da sie der Nutzung für gewerbliche oder öffentliche Zwecke am

---

1) Zum Wohnungsbegriff vgl. auch die neuere Rechtsprechung des Bundesfinanzhofs in der Rechtsprechungsauswahl.

§ 75 BewG

nächsten kommt. Grundstücke, die wegen ihrer Steuerfreiheit nicht zubewerten sind, bleiben sowohl bei der Entscheidung, ob ein sonstiges bebautes Grundstück oder ein bebautes Grundstück einer der in § 75 Abs. 1 Nrn. 1 bis 5 BewG bezeichneten Arten vorliegt, als auch bei der Entscheidung, welche dieser Grundstücksarten ggf. zutrifft, außer Betracht.

Beispiel A:
In einem Vereinshaus, das ein Tennisverein auf dem ihm gehörenden Grundstück errichtet hat, befinden sich die Vereinsräume, die Wohnung des Platzwartes und ein kleines Ladengeschäft. Bei der Entscheidung der Frage, in welche Grundstücksart das Grundstück einzuordnen ist, bleiben die von der Grundsteuer befreiten Grundstücksteile (§ 4 Ziff. 4 GrStG, § 8 Abs. 1, 2 und 4 GrStDV) außer Betracht. Das Gebäude wird – gemessen nach seiner restlichen Wohn- und Nutzfläche – zu 85 v. H. für „sonstige Zwecke", zu 10 v. H. für Wohnzwecke und zu 5 v. H. für gewerbliche Zwecke genutzt. Das Grundstück ist daher ein sonstiges bebautes Grundstück.

Beispiel B:
Ein bebautes Grundstück enthält ein Ladengeschäft, Wohnungen und Räume, die an eine studentische Verbindung vermietet sind. Die an sie vermieteten Räume nehmen eins der vier Vollgeschosse ein. Nach dem Verhältnis der Jahresrohmiete wird das Grundstück zu 30 v. H. für gewerbliche Zwecke, zu 45. v. H. für Wohnzwecke und zu 25 v. H. für die „sonstigen Zwecke" der Verbindung genutzt. Da es zu 55 v. H. Wohnzwecken dient, ist es als ein gemischtgenutztes Grundstück zu bewerten.

BewG § 76

§ 76 Bewertung

(1) Der Wert des Grundstücks ist vorbehaltlich des Absatzes 3 im Wege des Ertragswertverfahrens (§§ 78 bis 82) zu ermitteln für

1. Mietwohngrundstücke,
2. Geschäftsgrundstücke,
3. Gemischtgenutzte Grundstücke,
4. Einfamilienhäuser,
5. Zweifamilienhäuser.

(2) Für die sonstigen bebauten Grundstücke ist der Wert im Wege des Sachwertverfahrens (§§ 83 bis 90) zu ermitteln.

(3) Das Sachwertverfahren ist abweichend von Absatz 1 anzuwenden

1. bei Einfamilienhäusern und Zweifamilienhäusern, die sich durch besondere Gestaltung oder Ausstattung wesentlich von den nach Absatz 1 zu bewertenden Einfamilienhäusern und Zweifamilienhäusern unterscheiden;
2. bei solchen Gruppen von Geschäftsgrundstücken und in solchen Einzelfällen bebauter Grundstücke der in § 75 Abs. 1 Nr. 1 bis 3 bezeichneten Grundstücksarten, für die weder eine Jahresrohmiete ermittelt noch die übliche Miete nach § 79 Abs. 2 geschätzt werden kann;
3. bei Grundstücken mit Behelfsbauten und bei Grundstücken mit Gebäuden in einer Bauart oder Bauausführung, für die ein Vervielfältiger (§ 80) in den Anlagen 3 bis 8 nicht bestimmt ist.

Rechtsprechungsauswahl

BFH-Beschluss vom 4.7.2007 II B 95/06 (BFH/NV S. 1829): Der Rechtsfrage, ob die Einheitsbewertung wegen Wertverzerrungen zwischen den Einheitswerten in den alten und neuen Bundesländern verfassungswidrig sei, kommt keine grundsätzliche Bedeutung zu. Sie ist höchstrichterlich geklärt.

BFH-Urteil vom 16.5.2007 II R 36/05 (BFH/NV S. 1827):
1. Nicht besonders gestaltete Bürogebäude sind im Ertragswertverfahren zu bewerten, wenn es zum Hauptfeststellungszeitpunkt bereits eine hinreichende Anzahl vergleichbar großer und vermieteter Bürogebäude gab.
2. Eine zu einem Bürogebäude gehörende Tiefgarage ist im Regelfall wie ein Keller zu bewerten.

BFH-Urteil vom 11.1.2006 II R 12/04 (BStBl. II S. 615):
1. Die tatbestandlichen Voraussetzungen für die Anwendung des Sachwertverfahrens gemäß § 76 Abs. 3 Nr. 1 BewG sind an den Wertverhältnissen im Hauptfeststellungszeitpunkt (1. Januar 1964) auszurichten.
2. Ein Anspruch auf Wertfortschreibung für ein im Sachwertverfahren bewertetes Objekt kann nicht daraus abgeleitet werden, dass im Wesentlichen vergleichbare Objekte im Ertragswertverfahren bewertet worden sind.

BFH-Beschluss vom 22.7.2005 II B 121/04 (BFH/NV S. 1979):
1. Die Frage, ob angesichts der Rechtsprechungsentwicklung zur „besonderen Gestaltung" von Einfamilienhäusern und Zweifamilienhäusern bei lediglich geringfügiger Überschreitung der von der Rechtsprechung angenommenen Grenzgröße der Hauptwohnung von 220 qm eine Bewertung im Ertragswertverfahren in Betracht kommen kann, ist nicht klärungsbedürftig.
2. Die Frage, ob die unterschiedliche Bewertung von Einfamilienhäusern/Zweifamilienhäusern im Ertragswertverfahren und Sachwertverfahren (§ 76 Abs.1 und Abs.3 Nr.1 BewG) gegen Art.3 Abs.1 GG verstößt, hat keine grundsätzliche Bedeutung. Wertverzerrungen bei der Bemessungsgrundlage sind bei der Grundsteuer wegen der geringeren steuerlichen Belastungswirkung verfassungsrechtlich in höherem Ausmaß hinnehmbar als bei Erbschaftsteuer und Vermögensteuer (BFH-Beschluss vom 8.2.2000 II B 65/99, BFH/NV 2000, 1076).

§ 76 BewG

BFH-Beschluss v. 23.2.2004 II B 128/02 (BFH/NV S. 764):
1. Die Rechtsfrage, ob das FA eine steuerverschärfende Änderung der Rechtsprechung berücksichtigen darf, die erst während der überlangen Dauer des Einspruchsverfahrens eingetreten ist, ist nicht klärungsfähig, wenn das FA bereits bei Erlass des Feststellungsbescheides zum Ausdruck gebracht hat, dass die Voraussetzungen der bisherigen Rechtsprechung vorliegen, davon zu keinem Zeitpunkt abgerückt ist und somit auf die verschärfende Rechtsprechung nicht abgestellt hat.
2. Die wesentliche Abweichung eines Gebäudes in Gestaltung oder Ausstattung von denjenigen Einfamilienhäusern, die zum Hauptfeststellungszeitpunkt im Ertragswertverfahren zu bewerten waren, beinhaltet zwingend die Aussage, dass sich für das Bewertungsobjekt die im Hauptfeststellungszeitpunkt übliche Miete nicht schätzen lässt.

BFH-Beschluss v. 30.1.2004 II B 105/02 (BFH/NV S. 763)[1]: Eine Wohnfläche von mehr als 220 qm führt bei einem Einfamilienhaus oder einem Zweifamilienhaus, bei dem zumindest eine Wohnung diese Größe aufweist, unabhängig von der Anzahl der in dem Haus bzw. der Wohnung lebenden Personen zur Anwendung des Sachwertverfahrens. Eine übliche Miete ist für derartige Gebäude nicht zu ermitteln, weil Einfamilienhäuser oder Wohnungen in Zweifamilienhäusern von dieser Größe zum 1. Januar 1964 nicht in ausreichend repräsentativer Zahl vermietet waren.

BFH-Beschluss v. 27.1.2003 II B 194/01; BVerfG-Beschluss v. 6.5.2004 1 BvR 675/03 (StEd S. 434): Durch den vorbezeichneten Beschluss hat die 1. Kammer des Ersten Senats die Verfassungsbeschwerde in einer Sache nicht zur Entscheidung angenommen, in deren Ausgangsverfahren das durch die Verfassungsbeschwerde ebenfalls angegriffene FG-Urteil die Bewertung eines durch Kaufvertrag erworbenen und danach durch Umbaumaßnahmen veränderten Wohngrundstücks als ein Ein- oder Zweifamilienhaus zum Gegenstand hatte.

BFH-Beschluss v. 20.12.2002 II B 44/02; BVerfG-Beschluss v. 6.5.2004 1 BvR 434/03 (StEd S. 405): Durch den vorbezeichneten Beschluss hat die 1. Kammer des Ersten Senats die Verfassungsbeschwerde in einer Sache nicht zur Entscheidung angenommen, in deren Ausgangsverfahren die Eigentümerin eines Einfamilienhauses mit einer Wohnfläche von 340 qm ohne Erfolg beanstandet hatte, dass die persönlichen Verhältnisse des Steuerpflichtigen bei der Einheitsbewertung und der Grundsteuer unberücksichtigt blieben und dass das im Streitfall angewandte Sachwertverfahren bei der Bewertung von Einfamilienhäusern zu höheren Einheitswerten führe als die Bewertung nach dem Ertragswertverfahren.

BFH-Beschluss v. 9.8.2002 II B 154/01 (BFH/NV 2003 S. 298): Das Verlangen des Klägers, Kriterien zu entwickeln, unter welchen Umständen bei einem Einfamilienhaus mit einer Wohnfläche vom mehr als 220 qm diese Wohnfläche zu einer besonderen Gestaltung im Sinne des § 76 Abs. 3 Nr. 1 BewG führt, erfordert keine Entscheidung des BFH als Revisionsgericht, da insoweit eine Rechtsfortbildung nicht zu erwarten ist.

BFH-Urteil v. 21.2.2002 II R 66/99 (BStBl. II S. 378):
1. Die für die Bewertung im Ertragswertverfahren notwendige Anzahl vermieteter Objekte einer bestimmten Gruppe von Grundstücken muss zum Hauptfeststellungszeitpunkt vorhanden gewesen sein.
2. Die Voraussetzungen des § 76 Abs. 3 Nr. 2 BewG sind dann erfüllt, wenn ein Geschäftsgrundstück so gestaltet ist, dass es zu den Zwecken der in Frage stehenden Gruppe von Geschäftsgrundstücken, für die eine übliche Miete nicht geschätzt werden kann, objektiv verwendbar ist. Ein im Sachwertverfahren zu bewertendes Grundstück für Bank- und Kreditinstitute liegt demnach dann vor, wenn das Grundstück objektiv so gestaltet ist, dass es zur Abwicklung des üblichen Bankgeschäfts mit Kunden verwendet werden kann.

BewRGr

16. Bewertung der bebauten Grundstücke (§ 76 BewG)
(1) § 76 BewG sieht für die Wertermittlung bei den bebauten Grundstücken zwei Verfahren vor, deren Anwendung sich hauptsächlich nach der Art des in Betracht kommenden Grundstücks richtet. Wegen des Ertragswertverfahrens vgl. die Abschnitte 18 bis 33, wegen des Sachwertverfahrens vgl. die Abschnitte 34 bis 46.

---
1) Durch BverfG-Beschluss v. 6.5.2004 – 1 BvR 606/04 (StEd S. 402) hat die 1. Kammer des Ersten Senats die Verfassungsbeschwerde gegen den o. a. BFH-Beschluss nicht zur Entscheidung angenommen.

(2) Einfamilienhäuser und Zweifamilienhäuser werden nach § 76 Abs. 1 BewG grundsätzlich im Ertragswertverfahren bewertet. Eine Ausnahme bilden solche Grundstücke, die besonders gestaltet oder ausgestattet sind. Diese werden nach § 76 Abs. 3 Nr. 1 BewG im Sachwertverfahren bewertet.

(3) Eine besondere Gestaltung liegt vor allem dann vor, wenn das Gebäude wegen der Größe der Wohnfläche, der Form oder der Anordnung der Wohnräume oder in anderer Weise so stark von der üblichen Gestaltung abweicht, daß im Falle der Vermietung eine dem Wert des Grundstücks angemessene Miete nicht erzielt werden könnte.

(4) Ob eine besondere Ausstattung vorliegt, ist nach dem Gesamtcharakter des Grundstücks zu entscheiden. Die folgenden Merkmale können für diese Entscheidung als Anhaltspunkte herangezogen werden. Ein einzelnes Merkmal genügt jedoch nicht, vielmehr müssen mehrere solcher Merkmale bei im übrigen guter Ausstattung gleichzeitig vorliegen.

Merkmale:
1. Dach mit Kupfer oder Blech gedeckt.
2. Fassade aus Naturstein oder anderen wertvollen Baustoffen.
3. Treppen aus besonders wertvollem Material, z. B. Marmor oder Naturstein; Geländer kunstgeschmiedet, geschnitzt oder aus wertvollem Metall.
4. Türen aus Eiche (massiv) oder Edelholz (massiv oder furniert).
5. Verglasung aus Spiegelglas, Isolier- oder Bleiverglasung.
6. Räume mit wertvoller Vertäfelung der Wände oder Decken, eingebauten Wandschränken mit Türen aus Edelholz oder massiver Eiche, sonstige kostbare Wand- und Deckenbehandlung, wie z. B. kostbare Stoff- oder Lederbespannung, wertvolle Wand- und Deckenmalereien.
7. Wertvoller Fußbodenbelag, z. B. Parkett aus verschiedenen Holzarten oder aus Edelholz, Marmorböden, Solnhofer Platten, Veloursböden.
8. Klimaanlage.
9. Je Wohnung mehr als 2 Bäder oder zusätzlich zu einem Bad mehrere Duschen.
10. Offener Kamin aus wertvollem Baustoff.
11. Schwimmbecken.
12. Aufwendige Nebengebäude oder Außenanlagen, z. B. Reithalle, Tennisplatz, Wasserspiele.

(5) Mietwohngrundstücke, gemischtgenutzte Grundstücke und Geschäftsgrundstücke werden ebenfalls grundsätzlich im Ertragswertverfahren bewertet. Jedoch sind bei den Geschäftsgrundstücken bestimmte Gruppen (Absätze 6 und 7) und bei allen drei Grundstücksarten bestimmte Einzelfälle (Absatz 8) ausgenommen und ins Sachwertverfahren verwiesen.

(6) Nach dem Sachwertverfahren werden solche Gruppen von Geschäftsgrundstücken bewertet, für die weder eine Jahresrohmiete ermittelt noch die übliche Miete nach § 79 Abs. 2 BewG geschätzt werden kann (§ 76 Abs. 3 Nr. 2 BewG). Es handelt sich hierbei um meist eigengenutzte Geschäftsgrundstücke mit Gebäuden, die mit Rücksicht auf ihre Verwendung innerhalb bestimmter gewerblicher Betriebe besonders gestaltet und auch bei den gewerblichen Betrieben derselben Art von Fall zu Fall sehr unterschiedlich sind. Danach werden insbesondere folgende Gruppen von Geschäftsgrundstücken im Sachwertverfahren bewertet: Fabrikgrundstücke, Theatergrundstücke, Lichtspielhäuser, Sanatorien, Kliniken, Privatschulen, Grundstücke mit größeren Verwaltungsgebäuden, Grundstücke für Bank- und Kreditinstitute, Grundstücke für Versicherungsunternehmen sowie Werkstätten, Bahngrundstücke, Hafengrundstücke, Garagengrundstücke, Tankstellengrundstücke, Molkereigrundstücke, Kühlhäuser, Trockenhäuser, Markthallen, Verkaufsstände, Ausstellungs- und Messehallen, Trinkhallen, Hallenbäder, Badehäuser und Transformatorenhäuser. Von den Verwaltungsgebäuden, Versicherungsgebäuden u. ä. sind die nach dem Ertragswertverfahren zu bewertenden Bürohäuser zu unterscheiden. Bürohäuser sind nach ihrer baulichen Gestaltung dazu bestimmt oder geeignet, zu Bürozwecken vermietet zu werden.

(7) Im Sachwertverfahren werden auch Hotelgrundstücke, Zeltplätze (Campinggrundstücke), Warenhausgrundstücke und Lagerhausgrundstücke bewertet. Hotelgrundstücke sind Grundstücke, die der Beherbergung dienen. Zu ihnen gehören auch Fremdenheime. Das Sachwertverfahren ist dagegen nicht bei Grundstücken anzuwenden, bei denen die Beherbergung nur eine untergeordnete Rolle spielt. Zeltplätze sind als Geschäftsgrundstücke im Sachwertverfahren zu bewerten, wenn sie als bebaute Grundstücke anzusehen sind und für gewerbliche Zwecke genutzt werden. Die Behandlung der Zeltplätze als bebaute Grundstücke setzt voraus, daß sich auf ihnen Gebäude mit einigem Wert befinden (vgl. Abschnitt 1 Abs. 1), z. B. ein oder mehrere Gebäude mit Gaststätten, Aufenthaltsräume, Läden, Waschräume o. ä. Als Warenhausgrundstücke werden Geschäftsgrundstücke bewertet, die im ganzen oder weit überwiegend dem Betrieb eines Einzelhandelsunternehmens dienen und die üblichen Ladengrundstücke

§ 76 BewG

an Umfang übertreffen. Auf die Art des Betriebes kommt es hierbei nicht an. Als Warenhäuser sind auch die – hinsichtlich der Art der angebotenen Waren beschränkten – Kaufhäuser und Spezialkaufhäuser größeren Umfangs anzusehen. Lagerhausgrundstücke dienen überwiegend dem Handel und dem Speditionsgewerbe. Wie Lagerhäuser sind auch Auslieferungslager von Fabrikationsbetrieben sowie Umschlagschuppen und Lagergebäude zu behandeln, die von Handelsbetrieben (Holzhandel, Schrotthandel, Baustoffhandel u. a.) benutzt werden.

(8) Für die Anwendung des Sachwertverfahrens im Einzelfall kommen nach § 76 Abs. 3 Nr. 2 BewG z. B. zusammen mit dem Betriebsinventar vermietete Geschäftsgrundstücke in Betracht, bei denen die einheitlich bemessene Gesamtmiete eine Aufteilung in das auf die Benutzung des Grundstücks entfallende Entgelt und in das auf die Überlassung des Inventars entfallende Entgelt auch im Wege der Schätzung nicht zuläßt (vgl. hierzu RFH-Urteil vom 14. 2. 1935, RStBl. S. 723). Das gleiche gilt in den Fällen eigengenutzter Mietwohngrundstücke, Geschäftsgrundstücke und gemischtgenutzten Grundstücke, bei denen für die Schätzung der üblichen Miete Vergleichsgrundstücke nicht zur Verfügung stehen.

(9) Grundstücke mit Behelfsbauten, die nach § 79 Abs. 3 Nr. 3 BewG im Sachwertverfahren bewertet werden, sowie Grundstücke, für die das Sachwertverfahren vorgeschrieben ist, weil die Vervielfältigertabellen in den Anlagen 3 bis 8 zum Bewertungsgesetz keinen für diese Fälle im Ertragswertverfahren anzuwendenden Vervielfältiger enthalten, können zu jeder der in § 76 Abs. 1 BewG aufgezählten fünf Grundstücksarten gehören. Bei den Behelfsbauarten handelt es sich vor allem um solche Gebäude, die nur für einen vorübergehenden Zweck errichtet worden sind oder deren Lebensdauer infolge ihrer Bauart, ihrer Bauausführung oder infolge der Verwendung bestimmter Baustoffe verhältnismäßig gering ist. Zu ihnen gehören z. B. Behelfsheime und behelfsmäßige Ladengebäude. Zu den Grundstücken, die in Ermangelung eines im Ertragswertverfahren anzuwendenden Vervielfältiger im Sachwertverfahren bewertet werden, gehören u. a. Grundstücke mit Gebäuden in Holzfachwerk, die ohne massive Fundamente errichtet sind, oder Grundstücke mit Gebäuden aus Wellblech, soweit die Gebäude nicht unter den Begriff der Behelfsbauten fallen.

§ 77 Mindestwert[1)]

[1]Der für ein bebautes Grundstück anzusetzende Wert darf nicht geringer sein, als der Wert, mit dem der Grund und Boden allein als unbebautes Grundstück zu bewerten wäre. [2]Müssen Gebäude oder Gebäudeteile wegen ihres baulichen Zustands abgebrochen werden, so sind die Abbruchkosten zu berücksichtigen.

BewRGr

17. Mindestwert (§ 77 BewG)

(1) Die Mindestbewertung setzt voraus, daß Grund und Boden und Gebäude zusammen eine wirtschaftliche Einheit bilden. Sie ist daher bei der Bewertung von Gebäuden auf fremdem Grund und Boden (§ 94 BewG) nicht anzuwenden, weil hier Grund und Boden und Gebäude getrennt bewertet werden.

(2) Die Regelung über die Mindestbewertung stellt nur darauf ab, ob der gemeine Wert des Grund und Bodens ohne Außenanlagen – ggf. aber unter Berücksichtigung von Abbruchkosten (vgl. Absatz 4) – höher ist als der Wert, der sich nach den Vorschriften über die Bewertung gebauter Grundstücke ergibt. Ist dies der Fall, so ist der höhere Bodenwert – Mindestwert – als Einheitswert festzustellen. Weitere Voraussetzungen bestehen für die Mindestbewertung der bebauten Grundstücke – den Grund und Boden, die aufstehenden Gebäude und die Außenanlagen (vgl. hierzu BFH-Urteil vom 15. 3. 1953, BStBl. III S. 252).

(3) Die Mindestbewertung kommt hauptsächlich in Fällen der an sich nach dem Ertragswertverfahren vorgeschriebenen Bewertung in Betracht, bei der der Einheitswert unabhängig vom Wert des Grund und Bodens ermittelt wird. Auch beim Sachwertverfahren kann die Mindestbewertung in Betracht kommen. Dies trifft z. B. in den Fällen zu, in denen der Bodenwert hoch ist, dagegen die Wertzahl (§ 90 BewG) sowie der Wert der Gebäude und Außenanlagen (§§ 85 und 89 BewG) gering sind. Unter diesen Umständen kann sich im Sachwertverfahren nach § 83 BewG für das Grundstück ein Grundstückswert ergeben, der unter dem Wert des Grund und Bodens liegt.

(4) [2)]Die Berücksichtigung von Abbruchkosten nach § 77 Satz 2 BewG setzt voraus, daß auf dem Grundstück einzelne Gebäude oder Gebäudeteile (z. B. ein Gebäudeflügel oder die oberen Stockwerke eines Gebäudes) nicht mehr benutzbar sind und daher aus bautechnischen Gründen abgebrochen werden müssen. Dagegen sind die Kosten unberücksichtigt zu lassen, die durch einen gleichzeitigen Abbruch noch benutzbarer Gebäude oder Gebäudeteile entstehen. Kosten, die dadurch entstehen, daß Gebäude oder Gebäudeteile abgebrochen werden, um das Grundstück entsprechend seinem Bodenwert wirtschaftlich sinnvoller auszunutzen, können ebenfalls bei der Ermittlung des Grundstückswerts nicht abgezogen werden.

---

1) Nach Art. 7 § 1 des StÄndG 1969 vom 18. 8. 1969 (BGBl. I S. 1211, BStBl. II S. I S. 477) ist § 77 im Hauptfeststellungszeitraum 1964 in folgender Fassung anzuwenden: „§ 77 Mindestwert Der für ein bebautes Grundstück anzusetzende Wert darf nicht geringer sein als 50 vom Hundert des Werts, mit dem der Grund und Boden allein als unbebautes Grundstück zu bewerten wäre."

2) Abs. 4 ist im Hauptfeststellungszeitraum 1964 nicht anzuwenden; siehe Fußnote 1.

§ 78 BewG

b) Verfahren

1. Ertragswertverfahren

§ 78 Grundstückswert

¹Der Grundstückswert umfaßt den Bodenwert, den Gebäudewert und den Wert der Außenanlagen. ²Er ergibt sich durch Anwendung eines Vervielfältigers (§ 80) auf die Jahresrohmiete (§ 79) unter Berücksichtigung der §§ 81 und 82.

Rechtsprechungsauswahl

BFH-Beschluss v. 20.12.2002 II B 44/02 (BFH/NV 2003 S. 508):
1. Da sowohl das Ertrags- als auch das Sachwertverfahren zu einem typisierten gemeinen Wert führen sollen, haben persönliche Verhältnisse wie die Größe der das Grundstück am Bewertungsstichtag bewohnenden Familie unberücksichtigt zu bleiben.
2. Infolge des Objektsteuercharakters der Grundsteuer verstößt es nicht gegen Art. 6 Abs. 1 GG, dass es für kinderreiche Familien keine Grundsteuervergünstigung gibt.

BewRGr

18. Überblick über das Verfahren

(1) Die Ermittlung des Grundstückswerts auf der Grundlage des Ertragswertverfahrens ist in den §§ 78 bis 82 BewG geregelt. Der Grundstückswert ergibt sich nach diesem Verfahren durch Anwendung eines Vervielfältigers (vgl. Abschnitte 26 bis 29) auf die Jahresrohmiete (vgl. Abschnitte 21 bis 25) und umfaßt den Bodenwert, den Gebäudewert und den Wert der Außenanlagen.

(2) Die durch Vervielfachung der Jahresrohmiete ermittelten Grundstückswerte werden nach § 81 BewG in solchen Gemeinden allgemein ermäßigt oder erhöht, in denen infolge besonders hoher oder niedriger Hebesätze die Grundsteuerbelastung erheblich von der in den Vervielfältigern berücksichtigten durchschnittlichen Belastung abweicht (vgl. Abschnitt 30). Ferner sind Grundstückswerte nach § 82 BewG in Einzelfällen zu ermäßigen oder zu erhöhen, wenn besondere Umstände tatsächlicher Art vorliegen, die den Wert beeinflussen (vgl. Abschnitte 31 bis 33).

(3) In seiner äußeren Anwendungsform gleicht das Ertragsverfahren dem bei der Hauptfeststellung 1935 angewendeten Jahresrohmieteverfahren. Bei beiden Verfahren wird der Grundstückswert durch Anwendung eines Vervielfältigers auf die Jahresrohmiete ermittelt. Im Gegensatz zu dem früheren Jahresrohmietverfahren handelt es sich aber bei dem Ertragswertverfahren um ein Verfahren, bei dem der Einheitswert auf der Grundlage des Reinertrags ermittelt wird. Zwar wird der Reinertrag bei der Wertermittlung des einzelnen zu bewertenden Grundstücks nicht besonders festgestellt. Er ist jedoch die Grundlage bei der Bildung der auf die Rohmiete anzuwendenden Vervielfältiger gewesen. Den Vervielfältigern liegen Reinerträge zugrunde, die unter Berücksichtigung pauschalierter Bewirtschaftungskosten (vgl. Abschnitt 19) und pauschalierter Bodenertragsanteile (vgl. Abschnitt 20) aufgegliedert nach Grundstücksarten, Baujahrsgruppen und Gemeindegrößenklassen ermittelt worden sind. Die Vervielfältiger ergeben sich aus den Tabellen der Anlagen 3 bis 8 des Gesetzes.

(4) Zur Vereinfachung der praktischen Bewertungsarbeit sind diesen Richtlinien als Anlagen 1 bis 8 Vervielfältigertabellen beigefügt, die nicht wie im Gesetz nach Grundstücksarten, sondern nach Gemeindegrößen gegliedert sind.

19. Bewirtschaftungskosten

(1) Die Pauschalierung der Bewirtschaftungskosten schließt ihre Berücksichtigung in abweichender Höhe nach Lage des einzelnen Falles aus. Bewirtschaftungskosten sind die zur ordnungsgemäßen Bewirtschaftung von Grundstücken laufend erforderlichen Kosten. Das sind, abgesehen von der Abschreibung, die bereits außerhalb der Pauschalierung der Bewirtschaftungskosten bei der Berechnung der Vervielfältiger berücksichtigt ist:
1. die Verwaltungskosten,
2. die Instandhaltungskosten,
3. das Mietausfallwagnis,
4. die Betriebskosten.

(2) Verwaltungskosten sind die Kosten der zur Verwaltung von Grundstücken erforderlichen Arbeitskräfte und Einrichtungen, die Kosten der Aufsicht sowie der Wert der vom Eigentümer (Vermieter) geleisteten Verwaltungsarbeit. Zu den Verwaltungskosten gehören auch die Kosten für die gesetzlichen oder freiwilligen Prüfungen des Jahresabschlusses und der Geschäftsführung.

(3) Instandhaltungskosten sind die Kosten, die während der Nutzungsdauer zur Erhaltung des bestimmungsmäßigen Gebrauchs der baulichen Anlagen aufgewendet werden müssen, um die durch Abnutzung, Alterung und Witterungseinflüsse entstehenden baulichen oder sonstigen Mängel ordnungsgemäß zu beseitigen.

(4) Mietausfallwagnis ist das Wagnis einer Ertragsminderung, die durch uneinbringliche Mietrückstände oder Leerstehen von Raum, der zur Vermietung bestimmt ist, entsteht. Es dient auch zur Deckung der Kosten einer Rechtsverfolgung auf Zahlung, Aufhebung eines Mietverhältnisses oder Räumung.

(5)[1] Betriebskosten sind die Kosten, die dem Eigentümer durch das Eigentum am Grundstück oder durch den bestimmungsmäßigen Gebrauch des Gebäudes laufend entstehen. Hierzu gehören insbesondere die Kosten für Wasserversorgung, Müllabfuhr, Straßenreinigung, Entwässerung, Hauswart, Beleuchtung, Schornsteinreinigung, Sach- und Haftpflichtversicherung, Hausreinigung, Gartenpflege sowie die laufenden öffentlichen Lasten des Grundstücks mit Ausnahme der Hypothekengewinnabgabe. Die Kosten für den Betrieb der zentralen Heizungs-, Warmwasserversorgungs- und Brennstoffversorgungsanlage sowie des Fahrstuhls sind zwar Bewirtschaftungskosten, sie sind aber nicht bei der Pauschalierung berücksichtigt worden, weil sie nach § 79 Abs. 1 BewG nicht zur Jahresrohmiete gehören (vgl. Abschnitt 21).

20. Bodenwertanteil

(1) Der durch Anwendung des Vervielfältigers auf die Jahresrohmiete ermittelte Grundstückswert umfaßt auch den Bodenwert. Der Bodenwert ist dabei im Grundstückswert entsprechend dem bei der Bildung der Vervielfältigers zugrunde gelegten Anteil des Bodenertrags am Grundstücksertrag enthalten. Dieser Anteil ist nach Grundstücksarten, Baujahrgruppen und Gemeindegrößenklassen unterschiedlich pauschaliert worden.

(2) In den besonderen Fällen, in denen der Grundstückswert in einen Gebäudewertanteil (einschl. des Wertes der Außenanlagen) und einen Bodenwertanteil aufgeteilt werden muß, muß deshalb der Bodenwertanteil aus dem im Vervielfältiger berücksichtigten Bodenertragsanteil errechnet werden. Das gilt
1. beim Abschlag wegen der Notwendigkeit baldigen Abbruchs des Gebäudes (vgl. Abschnitt 31 Abs. 4),
2. in bestimmten Fällen einer wesentlichen Verkürzung der Lebensdauer (vgl. Abschnitt 31 Abs. 5),
3. bei Grundstücken im Zustand der Bebauung (vgl. Abschnitt 47),
4. beim Erbbaurecht (vgl. Abschnitt 48),
5. beim Wohnungseigentum und Teileigentum (vgl. Abschnitt 49),
und
6. bei Gebäuden auf fremdem Grund und Boden (vgl. Abschnitt 50).

Die Pauschalierung des Bodenertragsanteils schließt die gesonderte Ermittlung des Bodenwerts im einzelnen Fall aus, soweit nicht nach § 82 BewG ein Zuschlag wegen der Größe der Fläche in Betracht kommt (vgl. Abschnitt 32).

---

1) Siehe Anlage 075.7.

§ 78 BewG

BewRGr 20

(3) Die Bodenertragsanteile sind der nachstehenden Tabelle zu entnehmen:

Gemeindegrößenklasse Einwohner			Mietwohngrund-stücke			Gemischtge-nutzte Grund-stücke bis 50 v. H. gewerbl. Mietanteil			Gemischtge-nutzte Grund-stücke über 50 v. H. gewerbl. Mietanteil			Geschäfts-grundstücke			Einfamilien-häuser			Zweifamilien-häuser		
			\multicolumn{18}{c}{Im Vervielfältiger zu berücksichtigender Bodenertragsanteil in den Baujahrgruppen in v. H. der Jahresrohmiete}																	
			1 A v.H.	2 B v.H.	3 C v.H.	A v.H.	B v.H.	C v.H.	A v.H.	B v.H.	C v.H.	A v.H.	B v.H.	C v.H.	A v.H.	B v.H.	C v.H.	A v.H.	B v.H.	C v.H.
1			2	3	4	5	6	7	8	9	10	11	12	13	14	15	16	17	18	19
	bis	2 000	5	5	5	5	5	5	5	5	5	10	10	10	10	5	10	10	5
über 2 000	bis	5 000	5	5	5	5	5	5	5	5	5	10	10	10	10	5	10	10	5
über 5 000	bis	10 000	5	5	5	5	5	5	10	10	5	10	10	10	10	5	10	10	5
über 10 000	bis	50 000	10	10	5	10	10	10	15	15	10	15	15	15	10	10	10	10	10
über 50 000	bis	100 000	10	10	5	10	10	10	15	15	10	20	20	15	15	15	10	15	15	10
über 100 000	bis	200 000	10	10	5	10	10	10	15	15	15	20	20	15	15	15	10	15	15	10
über 200 000	bis	500 000	10	10	5	10	10	10	15	15	15	20	20	20	15	15	10	15	15	10
über 500 000		Einwohn.	10	10	10	10	15	15	15	15	15	20	20	20	15	15	15	15	15	15

1 A = Altbauten, bezugsfertig bis zum 31. März 1924
2 B = Neubauten, bezugsfertig in der Zeit vom 1. April 1924 bis zum 20. Juni 1948
3 C = Nachkriegsbauten, bezugsfertig nach dem 20. Juni 1948

(4) Die sich aus der vorstehenden Übersicht ergebenden Bodenertragsanteile sind mit folgenden, der jeweiligen Grundstücksart und Gemeindegrößenklasse entsprechenden Kapitalisierungsfaktoren zu multiplizieren. Das Ergebnis ist der im Grundstückswert enthaltene Bodenwertanteil.

Grundstücksart	Kapitalisierungsfaktoren für	
	Altbauten und Neubauten in Gemeinden bis 5 000 Einwohner	Grundstücke aller Baujahr-gruppen in Gemeinden über 5 000 Einwohner und Nach-kriegsbauten in Gemeinden bis 5 000 Einwohner
Mietwohngrundstücke	20	18,1818
Gemischtgen.Grundstücke mit einem gewerblichen Mietanteil bis 50 v. H.	18,1818	16,6666
Gemischtgenutzte Grundstücke mit einem gewerblichen Mietanteil über 50 v. H.	16,666	15,3846
Geschäftsgrundstücke	15,3846	14,2857
Einfamilienhäuser	25	22,2222
Zweifamilienhäuser	22,2222	20

Diese Kapitalisierungsfaktoren ergeben sich aus den Sollzinssätzen für die ewige Rente, die bei der Berechnung des Teils des Vervielfältigers, der auf den Bodenwert entfällt zugrunde gelegt worden sind.

(5) Beispiel für die Berechnung des Bodenwertanteils nach den Absätzen 3 und 4:

Grundstücksart..Geschäftsgrundstück
Gemeindegröße...50 000 bis 100 000 Einwohner
Baujahr..1930 (Neubau)
Bauart...Holzfachwerk mit
....Ziegelsteinausmauerung
Jahresrohmiete..20 000 DM

20 000 DM x 7,6 (vgl. Anlage 5) = 152 000 DM.

Als Bodenertragsanteil sind im Vervielfältiger 20 v. H. der Jahresrohmiete berücksichtigt (vgl. Absatz 3).

20 v. H. von 20 000 DM (Jahresrohmiete) = 4 000 DM.

Der Kapitalisierungsfaktor (vgl. Absatz 4) beträgt = 14,2857 (abgerundet 14,3).

Als Bodenwertanteil ergibt sich somit ein Betrag von 14,3 x 4 000 = <u>57 200 DM</u>

Als Gebäudewertanteil verbleibt dann   152 000 DM   (Grundstückswert)
                                       ./. 57 200 DM   (Bodenwertanteil)
                                       =   94 800 DM.

(6) Zur Vereinfachung des Rechenvorgangs sind die Bodenertragsanteile (Absatz 3) und die Kapitalisierungsfaktoren (Absatz 4) in der folgenden Tabelle zu einheitlichen Multiplikatoren zusammengefaßt worden. Der Bodenwertanteil ergibt sich durch die Anwendung dieser Multiplikatoren auf die Jahresrohmiete.

Multiplikatoren der Jahresrohmiete zur Errechnung der Bodenwertanteile bei

Gemeindegrößenklasse Einwohner			Mietwohngrundstücke			Gemischtgenutzte Grundstücke bis 50 v. H. gewerbl. Mietanteil			Gemischtgenutzte Grundstücke über 50 v. H. gewerbl. Mietanteil			Geschäftsgrundstücke			Einfamilienhäuser			Zweifamilienhäuser		
			1			2			3											
			A	B	C	A	B	C	A	B	C	A	B	C	A	B	C	A	B	C
		1	2	3	4	5	6	7	8	9	10	11	12	13	14	15	16	17	18	19
	bis	2 000	1	1	0,91	0,91	0,91	0,83	0,83	0,83	0,77	1,54	1,54	1,43	2,5	2,5	1,11	2,22	2,22	1
über 2 000	bis	5 000	1	1	0,91	0,91	0,91	0,83	0,83	0,83	0,77	1,54	1,54	1,43	2,5	2,5	1,11	2,22	2,22	1
über 5 000	bis	10 000	0,91	0,91	0,91	0,83	0,83	0,83	1,54	1,54	0,77	1,43	1,43	1,43	2,22	2,22	1,11	2	2	1
über 10 000	bis	50 000	1,82	1,82	0,91	1,67	1,67	1,67	2,31	2,31	1,54	2,14	2,14	2,14	2,22	2,22	2,22	2	2	1
über 50 000	bis	100 000	1,82	1,82	0,91	1,67	1,67	1,67	2,31	2,31	1,54	2,86	2,14	2,14	3,33	3,33	2,22	3	3	2
über 100 000	bis	200 000	1,82	1,82	0,91	1,67	1,67	1,67	2,31	2,31	1,54	2,86	2,14	2,14	3,33	3,33	2,22	3	3	2
über 200 000	bis	500 000	1,82	1,82	0,91	1,67	1,67	1,67	2,31	2,31	1,54	2,86	2,86	2,14	3,33	3,33	2,22	3	3	2
über 500 000		Einwohn.	1,82	1,82	1,82	2,49	2,49	2,49	2,31	2,31	1,54	2,86	2,14	2,14	3,33	3,33	3,33	3	3	3

1 A = Altbauten, bezugsfertig bis zum 31. März 1924
2 B = Neubauten, bezugsfertig in der Zeit vom 1. April 1924 bis zum 20. Juni 1948
3 C = Nachkriegsbauten, bezugsfertig nach dem 20. Juni 1948

Beispiel wie in Absatz 5 mit Berechnung des Bodenwertanteils nach dem sich aus der vorstehenden Tabelle (Spalte 12) ergebenden Multiplikator:

Jahresrohmiete   20 000 DM
Multiplikator   2,86
Bodenwertanteil 2,86 x 20 000 DM   = 57 200 DM

(7) Die Multiplikatoren für den Bodenwertanteil sind auch in den nach Gemeindegrößen geordneten Vervielfältigertabellen, die als Anlagen 1 bis 8 beigefügt sind, aufgeführt.

§ 79 BewG

§ 79 Jahresrohmiete

(1) ¹Jahresrohmiete ist das Gesamtentgelt, das die Mieter (Pächter) für die Benutzung des Grundstücks aufgrund vertraglicher Vereinbarungen nach dem Stand im Feststellungszeitpunkt für ein Jahr zu entrichten haben. ²Umlagen und alle sonstigen Leistungen des Mieters sind einzubeziehen. ³Zur Jahresrohmiete gehören auch Betriebskosten (z. B. Gebühren der Gemeinde), die durch die Gemeinde von den Mietern unmittelbar erhoben werden. ⁴Nicht einzubeziehen sind Untermietzuschläge, Kosten des Betriebs der zentralen Heizungs-, Warmwasserversorgungs- und Brennstoffversorgungsanlage sowie des Fahrstuhls, ferner alle Vergütungen für außergewöhnliche Nebenleistungen des Vermieters, die nicht die Raumnutzung betreffen (z. B. von Wasserkraft, Dampfkraft, Preßluft, Kraftstrom und dergleichen), sowie Nebenleistungen des Vermieters, die nur einzelnen Mietern zugute kommen.

(2) ¹Statt des Betrags nach Absatz 1 gilt die übliche Miete als Jahresrohmiete für solche Grundstücke oder Grundstücksteile,

1. die eigengenutzt, ungenutzt, zu vorübergehendem Gebrauch oder unentgeltlich überlassen sind,
2. die der Eigentümer dem Mieter zu einer um mehr als zwanzig Prozent von der üblichen Miete abweichenden tatsächlichen Miete überlassen hat.

²Die übliche Miete ist in Anlehnung an die Jahresrohmiete zu schätzen, die für Räume gleicher oder ähnlicher Art, Lage und Ausstattung regelmäßig gezahlt wird.

(3) (aufgehoben)

(4) (aufgehoben)

(5) Bei Fortschreibungen und Nachfeststellungen gelten für die Höhe der Miete die Wertverhältnisse im Hauptfeststellungszeitpunkt.

Rechtsprechungsauswahl

BFH Urteil vom 26.8.2020 II R 6/19 (BStBl. II 2021 S. 592)
Einheitsbewertung indifferenter Räume
Räume in einem Einfamilienhaus, die nach Art, Lage und Ausstattung in gleicher Weise für Wohn- wie für Geschäftszwecke verwendet werden können (indifferente Räume), sind als Wohnraum zu bewerten.

BFH-Urteil vom 18.9.2019 II R 15/16 (BStBl. II 2021 S. 64)
Berücksichtigung bauordnungsrechtlicher Einschränkungen bei der Einheitsbewertung von Grundstücken
1. Bei der Bewertung eines Grundstücks ist die übliche Miete für Flächen anzusetzen, die tatsächlich für Wohnzwecke genutzt werden können. Nicht entscheidend ist, ob diese Flächen bauordnungsrechtlich allen Anforderungen an Wohn- oder Aufenthaltsräume genügen.
2. Es ist grundsätzlich unter Würdigung aller Umstände des Einzelfalls zu entscheiden, ob und inwieweit nicht dem Bauordnungsrecht genügende Flächen bei der Ermittlung der üblichen Miete zu berücksichtigen sind.

BFH-Urteil vom 22.5.2019 II R 22/17 (BFH/NV 2019 S. 1064)
Wertfortschreibung zur Beseitigung eines Bewertungsfehlers
1. NV: Ein Bewertungsfehler liegt vor, wenn die Finanzbehörde bei der Schätzung der Jahresrohmiete über die tatsächliche Ausstattung und Gestaltung des zu bewertenden Grundstücks und damit über Schätzungsgrundlagen im Irrtum war und die Jahresrohmiete unter Berücksichtigung der tatsächlichen Verhältnisse der Höhe nach offensichtlich unzutreffend geschätzt hat.
2. NV: Eine wesentliche Veränderung von Räumen kann vorliegen, wenn durch Renovierungs- und Sanierungsmaßnahmen ihre Beschaffenheit derart verbessert wurde, dass keine Vergleichbarkeit mehr mit dem Zustand des ursprünglichen Baujahrs besteht, sondern sie einem späteren Baujahr zuzuordnen sind. Die übliche Miete richtet sich dann nach dem Entgelt für Räume des späteren Baujahrs.

BFH-Urteil vom 19.9.2018 II R 20/15 (BFH/NV 2019 S. 193): Verwendung eines Mietspiegels zur Schätzung der üblichen Miete im Ertragswertverfahren
1. Die Heranziehung eines auf den Hauptfeststellungszeitpunkt 1. Januar 1964 aufgestellten Mietspiegels für die Schätzung der üblichen Miete im Ertragswertverfahren der Einheitsbewertung ist

zulässig, wenn vergleichbare vermietete Objekte nicht vorhanden waren und der Mietspiegel in seinen Aufgliederungen den vom Gesetz gestellten Anforderungen entspricht.

2. Der Mietspiegel soll mit einer gewissen Datenbreite nur einen Anhalt fur die vorzunehmende Schätzung bieten, so dass Fehler in einzelnen Datengrundlagen keinen unmittelbaren Einfluss auf die Besteuerung haben.

BFH-Urteil vom 16.5.2018 II R 37/14 (BStBl. II S. 692): Maßgebliche Mieten im Ertragswertverfahren

Eine Zuruckrechnung der bei der Bewertung im Ertragswertverfahren zugrunde zu legenden Mieten aus aktuellen Mietspiegeln ist nicht zulässig.

BFH-Urteil vom 16.5.2018 II R 14/13 (BFH/NV S. 1245): Keine Berucksichtigung der Zweckbindung nach dem Wohnraumförderungsgesetz bei Einheitsbewertung

Die nach dem Hauptfeststellungszeitpunkt 1. Januar 1964 eingefuhrte Zweckbindung nach dem Wohnraumförderungsgesetz kann bei Nachfeststellungen oder Wertfortschreibungen nicht berucksichtigt werden.

BFH-Urteil v. 2.2.2005 II R 36/03 (BStBl. II S. 428): Da sich die Frage der Verfassungswidrigkeit von Wertverzerrungen innerhalb der Einheitsbewertung des Grundvermögens nur noch unter dem Gesichtspunkt der Grundsteuerbelastung stellt und die im Ertragswertverfahren festgestellten Einheitswerte regelmäßig erheblich unter dem gemeinen Wert liegen, führt das Absehen von einer neuen Hauptfeststellung noch nicht zu einem Verstoß dieser Einheitswerte gegen Art. 3 Abs. 1 GG.

BFH-Beschluss v. 6.4.2004 II B 24/03; BVerfG-Beschluss v. 16.7.2004 – 1 BvR 1139/04 (StEd S. 543): Durch den vorbezeichneten Beschluss hat die 1, Kammer des Ersten Senats die Verfassungsbeschwerde in einer Sache nicht zur Entscheidung angenommen, in deren Ausgangsverfahren der BFH einen Gleichheitsverstoß weder in den unterschiedlichen Bewertungsverfahren noch darin erblickt hatte, dass die Anwendung des Sachwertverfahrens zu höheren Einheitswerten als die Bewertung nach dem Ertragswertverfahren führt und festgestellt hatte, der Anwendung des Sachwertverfahrens brauche nicht der ergebnislose Versuch voranzugehen, eine Jahresrohmiete festzustellen.

BFH-Beschluss v. 11.12.2003 II B 151/02 (BFH/NV 2004 S. 472):
1. Zur Darlegung der Zulassungsgründe i. S. des § 115 Abs. 2 FGO.
2. Bei der zulässigen Schätzung der üblichen Miete anhand eines Mietspiegels ist für die Einteilung in die einzelnen Ausstattungsklassen von den Verhältnissen am 1. Januar 1964 auszugehen, also darauf abzustellen, welche Ausstattungsmerkmale damals als bereits allgemein üblich angesehen werden konnten.

BewRGr

21. Allgemeines (§ 79 Abs. 1 BewG)

(1) Jahresrohmiete ist das gesamte Entgelt, das die Mieter (Pächter) für die Benutzung des Grundstücks oder Grundstücksteils zu entrichten haben. Nach § 68 Abs. 1 Nr. 1 BewG gehören zum Grundstück – der wirtschaftlichen Einheit des Grundvermögens (§ 70 Abs. 1 BewG) – der Grund und Boden, die Bestandteile (insbesondere Gebäude) und das Zubehör. Zur Jahresrohmiete gehören daher auch die Entgelte für die Benutzung von Nebengebäuden (z. B. Garagen, Ställe, Schuppen) und für Grundstücksflächen (z. B. Stellplätze und Hausgarten). Ebenso ist das Entgelt für die Benutzung der Möbel und der sonstigen Einrichtungsgegenstände, die Bestandteile oder Zubehör des Gebäudes sind, Teil der Jahresrohmiete (vgl. Abschnitt 1).

(2) Betriebsvorrichtungen gehören nicht zum Grundvermögen (§ 68 Abs. 2 Nr. 2 BewG, vgl. Abschnitt 1). Beträge, die für die Benutzung solcher Vorrichtungen entrichtet werden, sind deshalb bei der Ermittlung der Jahresrohmiete auszuscheiden. Das gilt z. B. für den Fall, daß eine Gastwirtschaft mit Inventar verpachtet ist und in der Pacht ein Betrag für die Benutzung des Inventars enthalten ist.

(3) Jahresrohmiete ist die Sollmiete; Mietausfälle sind nicht zu berücksichtigen. Auf die Miete anzurechnende Baukostenzuschüsse und Mietvorauszahlungen gehören zur Jahresrohmiete. Die Kosten für die Umbauten und Einbauten, die der Mieter vorgenommen hat, sind bei der Ermittlung der Jahresrohmiete wie Mietvorauszahlungen zu berücksichtigen, wenn die Umbauten und Einbauten nach der Beendigung des Mietverhältnisses nicht wieder beseitigt werden dürfen, den Mietwert aber erhöhen. Das gilt nicht, wenn der Vermieter dem Mieter bei Beendigung des Mietverhältnisses für die Umbauten und Einbauten einen angemessenen Ausgleich zu zahlen hat. In Zweifelsfällen sind die Mietverträge einzusehen.

§ 79 BewG

(4) Umlagen und alle sonstigen Leistungen des Mieters mit Ausnahme der in § 79 Abs. 1 Satz 4 BewG aufgeführten Zuschläge und Kosten (vgl. Absatz 5) sind in die Miete einzubeziehen. Haben die Mieter außer der „eigentlichen" Miete bestimmte Bewirtschaftungskosten, insbesondere Betriebskosten, zu tragen, so gehören diese zur Jahresrohmiete. Bei Abgaben oder Gebühren, die zu den vom Mieter zu tragenden Betriebskosten gehören, ist es gleichgültig, ob diese an den Hauseigentümer oder unmittelbar an die Gemeinde, die Wasser- oder die Elektrizitätswerke zu zahlen sind. In Betracht kommen insbesondere Grundsteuern, Wassergeld, Schornsteinfegergebühren, Kosten für Müllabfuhr, Fäkalienabfuhr, die Kosten für Treppen- und Flurbeleuchtung sowie für die Beleuchtung der Räume, die für die gemeinsame Benutzung bestimmt sind, Versicherungskosten, Straßenreinigungskosten, Deich- und Sielgebühren.

(5) Untermietzuschläge und Kosten für den Betrieb der zentralen Heizungs-, Warmwasserversorgungs- und Brennstoffversorgungsanlage sowie des Fahrstuhls, ferner alle Vergütungen für außergewöhnliche Nebenleistungen des Vermieters, die nicht die Raumnutzung betreffen (z. B. Bereitstellung von Wasserkraft, Dampfkraft, Preßluft, Kraftstrom), sowie Nebenleistungen des Vermieters (z. B. Spiegelglasversicherung), die nur einzelnen Mietern zugute kommen, gehören nicht zur Jahresrohmiete.

(6) Als Jahresrohmiete ist die Miete maßgebend, die der Mieter vertragsgemäß nach dem Stand vom Hauptfeststellungszeitpunkt, umgerechnet auf ein Jahr, zu zahlen hat (§ 79 Abs.1 Satz 1 BewG). Das ist das Zwölffache der für Januar 1964 geltenden Monatsmiete. In den besonderen Fällen, in denen die Jahresrohmiete aufgrund der Mietpreisfreigabe nach § 15 des Zweiten Bundesmietengesetzes in der Fassung des Artikels 1 Nr. 1 des Gesetzes zur Änderung von Fristen des Gesetzes über den Abbau der Wohnungszwangswirtschaft und über ein soziales Miet- und Wohnrecht vom 29. Juli 1963 (BGBl. I S. 524) in der Zeit vom 1. November 1963 bis zum 1. Januar 1964 erhöht worden ist, gilt die Miete vor der Mieterhöhung als Jahresrohmiete vom Hauptfeststellungszeitpunkt (vgl. Artikel 2 Abs. 1 Satz 2 des Gesetzes zur Änderung des Bewertungsgesetzes vom 13. August 1965, BGBl. I S. 851); BStBl. I S. 375).

22. Schönheitsreparaturen

(1) Zu den sonstigen Leistungen des Mieters, die in die Miete einzubeziehen sind, gehört auch die Übernahme der Schönheitsreparaturen durch den Mieter. Ohne die Übernahme wäre der Vermieter nach § 536 BGB verpflichtet, dem Mieter die Mietsache in einem zu dem vertragsmäßigen Gebrauch geeigneten Zustand zu erhalten. Hierzu gehört auch die Ausführung der Schönheitsreparaturen.

(2) Bei der Berechnung der Vervielfältiger sind die Kosten für die Schönheitsreparaturen im Hinblick auf die gesetzliche Verpflichtung des Vermieters in die Bewirtschaftungskosten des Grundstücks eingerechnet worden. Werden die Kosten für die Schönheitsreparaturen vom Mieter getragen, so ist die Jahresrohmiete um folgende Hundertsätze zu erhöhen, und zwar bei

Einfamilienhäusern, Zweifamilienhäusern und Mietwohngrundstücken	um je 5 v. H.,
bei gemischtgenutzten Grundstücken	um je 4 v. H.,
und bei Geschäftsgrundstücken	um je 3 v. H.

der Jahresrohmiete.

(3) Ist die Jahresrohmiete nach § 79 Abs. 3 BewG (vgl. Abschnitt 25) um 12 v. H. oder nach § 79 Abs. 4 BewG um 14 v. H. zu erhöhen, so bemißt sich der Zuschlag für Schönheitsreparaturen nach Absatz 2 nach der Grundstücksart, die sich nach der Erhöhung der Miete ergibt. Wird das Grundstück teils zu Wohnzwecken, teils zu gewerblichen Zwecken genutzt, so kann sich in Grenzfällen durch den Zuschlag nach Absatz 2 die Grundstücksart ändern. In diesen Fällen bestimmt sich die Höhe des Zuschlags nach der Grundstücksart, der das Grundstück nach § 75 BewG ohne Berücksichtigung dieses Zuschlags zuzuordnen wäre, die Art des Grundstücks jedoch nach dem Verhältnis der Jahresrohmieten, das sich nach Berücksichtigung des Zuschlags ergibt.

Beispiel:

Das Grundstück wird teils zu Wohnzwecken, teils zu gewerblichen Zwecken genutzt. Die Wohnungen sind grundsteuerbegünstigt. Kosten für die Schönheitsreparaturen werden für die gewerblichen Räume von den Mietern übernommen, für die Wohnungen vom Vermieter getragen.

Jahresrohmiete des Wohnzwecken dienenden Teils	36 200 DM
+ 12 v. H. Zuschlag wegen Grundsteuervergünstigung	4 344 DM
	40 544 DM
Jahresrohmiete des gewerblichen Zwecken dienenden Teils	10 000 DM
Jahresrohmiete	50 544 DM

Die Jahresrohmiete des Wohnzwecken dienenden Teils beträgt 80,2 v. H. der gesamten Jahresrohmiete. Das Grundstück wäre danach ein Mietwohngrundstück. Da die Mieter der gewerblichen Räume die Schönheitsreparaturen übernommen haben, muß die Jahresrohmiete dieser Räume um 5 v. H. erhöht werden.

Jahresrohmiete des Wohnzwecken dienenden Teils		40 544 DM
Jahresrohmiete des gewerblichen Zwecken dienenden Teils	10 000 DM	
+ 5 v. H. Schönheitsreparaturen	500 DM	10 500 DM
Gesamte Jahresrohmiete		51 044 DM

Die Jahresrohmiete des Wohnzwecken dienenden Teils beträgt nunmehr 79,4 v. H. der gesamten Jahresrohmieten. Das Grundstück ist durch die Verschiebung der Anteile der Jahresrohmiete zu einem gemischtgenutzten Grundstück geworden. Diese Grundstücksart ist bei der Bewertung festzustellen. Es verbleibt jedoch bei dem Zuschlag für Schönheitsreparaturen von 5 v. H.

23. Ansatz der üblichen Miete (§ 79 Abs. 2 Satz 1 BewG)

(1) Ist die übliche Miete nach § 79 Abs. 2 Nr. 2 BewG anzusetzen, so braucht nicht geprüft zu werden, ob die abweichende tatsächliche Miete mit Rücksicht auf persönliche oder wirtschaftliche Verhältnisse oder mit Rücksicht auf ein Arbeitsverhältnis zugebilligt worden ist. Die Gründe, die zu der Abweichung der tatsächlichen Miete von der üblichen Miete um mehr als 20 v. H. geführt haben, sind unbeachtlich. Die übliche Miete für Wohnraum, der mietpreisrechtlichen Vorschriften unterliegt, darf die nach diesen Vorschriften zulässige Miete nicht überschreiten.

(2) Soweit bei der Ermittlung der üblichen Miete die Wohnfläche von Bedeutung ist, ist sie nach den Grundsätzen der §§ 42 bis 44 der Zweiten Berechnungsverordnung vom 1. August 1963 (BGBl. I S. 594) zu berechnen.

24. Schätzung der üblichen Miete bei Einfamilienhäusern und Zweifamilienhäusern (§ 79 Abs. 2 Satz 2 BewG)

(1) Bei den nach dem Ertragswertverfahren zu bewertenden Einfamilienhäusern und Zweifamilienhäusern sind bei der Schätzung der üblichen Miete grundsätzlich Vergleichsmieten heranzuziehen.

(2) Bei der Mehrzahl der Einfamilienhäuser handelt es sich um kleine und einfach ausgestattete Wohngebäude oder serienmäßig hergestellte Siedlungshäuser sowie um Wohngebäude mittlerer Ausstattung. Soweit bei diesen Häusern keine Vergleichsmieten vorhanden sind, ist die Miete entsprechend der Lage des Grundstücks, der baulichen Ausstattung, der Größe und dem Alter des Gebäudes zu schätzen. Auch bei Reihenhäusern werden Vergleichsmieten vorhanden sein. Bei vielen Einfamilienhäusern, die nach individuellen Gesichtspunkten und nach persönlichem Geschmack gebaut worden sind, wird kein Vergleich mit vermieteten Einfamilienhäusern möglich sein. In diesen Fällen ist die Jahresrohmiete unter Berücksichtigung der Lage des Grundstücks sowie der Art, der Ausstattungsmerkmale, der Größe und des Alters des Gebäudes zu schätzen. Bei der Schätzung ist außerdem von Bedeutung, ob und ggf. welche mietpreisrechtlichen Vorschriften im Falle der Vermietung gelten würden.

(3) Ist in einem Zweifamilienhaus die eigengenutzte Wohnung mit der vermieteten Wohnung vergleichbar, so ist die übliche Miete für die eigengenutzte Wohnung aus der Miete für die andere Wohnung abzuleiten. Dabei ist zu beachten, daß die Miete für die Wohnung im Obergeschoß oft geringfügig höher ist als die Miete für die Wohnung im Erdgeschoß. Andererseits ist von Bedeutung, daß die Benutzung des Hausgartens die Höhe der tatsächlichen Miete beeinflußt und sich daher auch in der Schätzung der üblichen Miete auswirkt. Sind die Wohnungen nicht vergleichbar, so ist wie bei Einfamilienhäusern zu verfahren.

(4) Bei der Schätzung der üblichen Miete sind die Vorschriften des § 79 Abs. 3 und 4 BewG zu beachten.

25. Miete bei Grundsteuervergünstigung (§ 79 Abs. 3 BewG)

Aus der in den Fällen der Grundsteuervergünstigung zu berichtigenden Jahresrohmiete ist der auf den Grund und Boden entfallende Anteil nicht auszuscheiden, obwohl der Grund und Boden nach dem Ersten Wohnungsbaugesetz, dem Zweiten Wohnungsbaugesetz und nach den im Saarland geltenden Vorschriften nicht begünstigt ist. Dieser Umstand ist bei der Festsetzung des Pauschsatzes von 12 v.H. bereits berücksichtigt worden. Bei voll steuerbegünstigten Grundstücken ist deshalb die gesamte Jahresrohmiete um 12 v.H. zu erhöhen. Bei teilweise begünstigten Grundstücken ist die Jahresrohmiete, die auf den begünstigten Teil entfällt, zu erhöhen.

§ 79 BewG BewRGr 25

Beispiel:

Jahresrohmiete		10 000 DM
davon entfallen auf begünstigte Wohnungen		4 000 DM
nichtbegünstigte Wohnungen und sonstige Grundstücksteile	6 000 DM	
Bei der Bewertung sind anzusetzen		4 000 DM
zuzüglich 12 v. H.	+	480 DM
	+	_6 000 DM_
Anzusetzende Jahresrohmiete	=	_10 480 DM_

§ 80 Vervielfältiger

(1) ¹Die Zahl, mit der die Jahresrohmiete zu vervielfachen ist (Vervielfältiger), ist aus den Anlagen 3 bis 8 zu entnehmen. ²Der Vervielfältiger bestimmt sich nach der Grundstücksart, der Bauart und Bauausführung, dem Baujahr des Gebäudes sowie nach der Einwohnerzahl der Belegenheitsgemeinde im Hauptfeststellungszeitpunkt. ³Erstreckt sich ein Grundstück über mehrere Gemeinden, so ist Belegenheitsgemeinde die Gemeinde, in der der wertvollste Teil des Grundstücks belegen ist. ⁴Bei Umgemeindungen nach dem Hauptfeststellungszeitpunkt sind weiterhin die Einwohnerzahlen zugrunde zu legen, die für die betroffenen Gemeinden oder Gemeindeteile im Hauptfeststellungszeitpunkt maßgebend waren.

(2) Die Landesregierungen werden ermächtigt, durch Rechtsverordnung zu bestimmen, daß Gemeinden oder Gemeindeteile in eine andere Gemeindegrößenklasse eingegliedert werden, als es ihrer Einwohnerzahl entspricht, wenn die Vervielfältiger wegen der besonderen wirtschaftlichen Verhältnisse in diesen Gemeinden oder Gemeindeteilen abweichend festgesetzt werden müssen (z. B. in Kurorten und Randgemeinden)[1]

(3) Ist die Lebensdauer eines Gebäudes gegenüber der nach seiner Bauart und Bauausführung in Betracht kommenden Lebensdauer infolge baulicher Maßnahmen wesentlich verlängert oder infolge nicht behebbarer Baumängel und Bauschäden wesentlich verkürzt, so ist der Vervielfältiger nicht nach dem tatsächlichen Baujahr des Gebäudes, sondern nach dem um die entsprechende Zeit späteren oder früheren Baujahr zu ermitteln.

(4) ¹Befinden sich auf einem Grundstück Gebäude oder Gebäudeteile, die eine verschiedene Bauart oder Bauausführung aufweisen oder die in verschiedenen Jahren bezugsfertig geworden sind, so sind für die einzelnen Gebäude oder Gebäudeteile die nach der Bauart und Bauausführung sowie nach dem Baujahr maßgebenden Vervielfältiger anzuwenden. ²Können die Werte der einzelnen Gebäude oder Gebäudeteile nur schwer ermittelt werden, so kann für das ganze Grundstück ein Vervielfältiger nach einem durchschnittlichen Baujahr angewendet werden.

BewRGr

26. Regelmäßige Vervielfältiger (§ 80 Abs. 1 und 2 BewG)

(1) Für die Gemeindegrößenklasse, nach der sich der im einzelnen Fall anzuwendende Vervielfältiger u. a. bestimmt, ist die Einwohnerzahl der politischen Gemeinde (gemeindefreien Gebiete) im Hauptfeststellungszeitpunkt maßgebend. Diese Einwohnerzahl gilt auch für die Fortschreibungen und Nachfeststellungen, und zwar auch dann, wenn der Gebietsumfang der Gemeinde sich inzwischen geändert hat. Bei Fortschreibungen und Nachfeststellungen des Einheitswertes von Grundstücken in Ortsteilen, die im Hauptfeststellungszeitpunkt noch selbständige Gemeinden waren (Eingemeindungen), sind die Vervielfältiger deshalb nach der Gemeindegröße zu bestimmen, die der Ortsteil als selbständige Gemeinde im Hauptfeststellungszeitpunkt gehabt hat. Genauso ist zu verfahren, wenn Gemeindeteile umgemeindet werden. Auch hier bleibt die Einwohnerzahl sowohl der vergrößerten als auch der verkleinerten Gemeinde im Hauptfeststellungszeitpunkt maßgebend.

(2) Die Eingliederung von Gemeinden oder Gemeindeteilen in eine andere Gemeindegrößenklasse, als es ihrer Einwohnerzahl entspricht (§ 80 Abs. 2 BewG), gilt hinsichtlich der Anwendung abweichender Vervielfältiger ebenfalls für den ganzen Hauptfeststellungszeitpunkt.

27. Vervielfältiger bei wesentlicher Verlängerung oder Verkürzung der Lebensdauer des Gebäudes (§ 80 Abs. 3 BewG).

(1) § 80 Abs. 3 BewG behandelt die Fälle einer wesentlichen Verlängerung oder Verkürzung der Lebensdauer eines Gebäudes.

(2) Eine Verlängerung der Lebensdauer setzt voraus, daß das Gebäude durchgreifend erneuert oder verbessert worden ist. Bauliche Maßnahmen an nicht tragenden Bauteilen (z. B. Neugestaltung der Fassade) verlängern dagegen die Lebensdauer nicht. Ist die verlängerte Lebensdauer eines Gebäudes bei der Bewertung zu berücksichtigen, so darf der Vervielfältiger nicht mehr nach dem tatsächlichen Baujahr be-

---

1) Die einschlägigen Verordnungen der Länder sind abgedruckt im BStBl. 1967 II S. 145, 166, 192, 198, 223, 235, 245, 247, 248.

stimmt werden. Es ist vielmehr von einem der Verlängerung der Lebensdauer entsprechenden späteren Baujahr (fiktiven Baujahr) auszugehen.

Beispiel A:

Das Gebäude eines Mietwohngrundstücks in einer Gemeinde mit über 500 000 Einwohnern ist im Jahre 1910 errichtet worden. Es handelt sich um einen Holzfachwerkbau mit Ziegelsteinausmauerung. Der Vervielfältiger wäre demnach 5,1 (Teil B der Anlage 3 des Gesetzes) Teil B der Anlage 8 der Richtlinien) Infolge durchgreifenden Erneuerungsarbeiten ist die restliche Lebensdauer um 20 Jahre verlängert worden. Der nunmehr anzuwendende Vervielfältiger ist weiterhin dem Teil B derselben Vervielfältigertabelle zu entnehmen, bei seiner Bestimmung ist lediglich von einem um 20 Jahre jüngeren Baujahr (fiktiven Baujahr) des Gebäudes (1910 + 20 Jahre) = 1930 auszugehen. Die Jahresrohmiete des Grundstücks ist also mit 7,0 zu vervielfachen.

(3) Eine entsprechende Regelung ist für solche Fälle vorgesehen, in denen die Lebensdauer des Gebäudes infolge nicht behebbarer Baumängel oder Bauschäden (z. B. Gründungsmängel, Kriegsschäden, Bergschäden) verkürzt worden ist. Nicht behebbar ist ein Baumangel oder Bauschaden, der auch durch Ausbesserung nicht auf die Dauer beseitigt werden kann. Auch hier bleibt die nach der Bauart und Bauausführung des Gebäudes in Betracht kommende Vervielfältigertabelle weiterhin maßgebend; der Verkürzung der Lebensdauer ist insoweit Rechnung zu tragen, als von einem der Verkürzung entsprechenden früheren Jahr als Baujahr (fiktiven Baujahr) auszugehen ist.

Beispiel B:

Das Gebäude eines Mietwohngrundstücks in einer Gemeinde mit über 500 000 Einwohnern ist im Jahre 1925 errichtet worden. Es handelt sich um einen Massivbau. Der Vervielfältiger wäre demnach 7,5 (Teil A der Anlage 3 des Gesetzes, Teil A der Anlage 8 der Richtlinien). Infolge nicht behebbarer Bergschäden ist die restliche Lebensdauer um 20 Jahre verkürzt. Als zugrunde zu legendes fiktives Baujahr ergibt sich (1925 ./. 20) = 1905. Die Jahresrohmiete des Grundstücks ist also mit 5,8 zu vervielfachen.

(4) Die Verkürzung der Lebensdauer infolge nicht behebbarer Baumängel und Bauschäden kann zu einem fiktiven Baujahr führen, das sich nicht in einer Verringerung der Vervielfältiger auswirkt (vgl. hierzu Abschnitt 31 Abs. 5).

28. Vervielfältiger bei Gebäuden oder Gebäudeteilen verschiedener Bauart oder verschiedenen Alters (§ 80 Abs. 4 BewG)

(1) Befinden sich auf einem Grundstück Gebäude oder Gebäudeteile von einer gewissen Selbständigkeit, die eine verschiedene Bauart oder Bauausführung aufweisen oder die in verschiedenen Jahren bezugsfertig geworden sind, so sind für jedes Gebäude oder jeden Gebäudeteil die nach der Bauart und Bauausführung und nach dem Baujahr maßgebenden Vervielfältiger anzuwenden. Die Summe der sich so ergebenden Beträge ist der Grundstückswert. Von einer verschiedenen Bewertung der Gebäudeteile kann jedoch abgesehen werden, wenn ein Teil im Verhältnis zum ganzen Gebäude geringfügig ist.

Beispiel A:

Für ein Mietwohngrundstück in einer Gemeinde mit 60 000 Einwohnern beträgt die Jahresrohmiete 6000 DM. Von dieser Jahresrohmiete entfallen 4000 DM auf das Vorderhaus, das im Jahre 1910 als Holzfachwerkhaus mit Ziegelsteinausmauerung errichtet worden ist, und 2000 DM auf das im Jahre 1920 als Massivhaus bezugsfertig gewordene Hinterhaus. Die Ermittlung des Grundstückswerts ist wie folgt durchzuführen:

Vorderhaus	4 000 x 5,5	= 22 000 DM
Hinterhaus	2 000 x 6,5	= 13 000 DM
Grundstückswert		= 35 000 DM

(2) Anbauten teilen im allgemeinen aufgrund ihrer Bauart oder Nutzung das Schicksal des Hauptgebäudes, als Vervielfältiger ist der für das Hauptgebäude maßgebende Vervielfältiger anzuwenden. Ist dagegen anzunehmen, daß ein Erweiterungsbau nach Größe, Bauart oder Nutzung eine andere Lebensdauer als das Hauptgebäude haben wird, so ist der auf ihn entfallende Anteil der Jahresrohmiete mit dem seiner Bauart und Bauausführung und seinem Baujahr entsprechenden Vervielfältiger zu multiplizieren. Für Aufstockungen ist im allgemeinen das Baujahr der unteren Geschosse zugrunde zu legen. Es ist jedoch zu prüfen, ob durch die baulichen Maßnahmen die rechtliche Lebensdauer des Gebäudes verlängert worden ist.

(3) Die Anwendung eines Vervielfältigers nach einem durchschnittlichen Baujahr nach § 80 Abs. 4 Satz 2 BewG kommt in Betracht, wenn sich die Mieten von Gebäudeteilen verschiedener Bauart und

Bauausführung nicht oder nur schwer abgrenzen lassen und deshalb anteilige Werte der Gebäudeteile nur schwer ermittelt werden können. Dann wird vor allem der Umfang und ggf. auch die unterschiedliche Beschaffenheit der in verschiedenen Jahren bezugsfertig gewordenen Gebäudeteile zu berücksichtigen sein.

Beispiel B:

Von einem im Jahr 1910 als Massivbau errichteten Geschäftsgebäude mit Ladengeschäften, Lagerräume und einer Gastwirtschaft in einer Gemeinde von 60 000 Einwohnern ist der rechte Gebäudeflügel durch Brand zerstört und im Jahre 1956 wieder aufgebaut worden. Die nach dem Wiederaufbau zu zahlenden Mieten lassen sich nicht aufteilen. Beträgt der nicht zerstörte Teil etwa 2/3 und der wiederaufgebaute Teil etwa 1/3 des ganzen Gebäudes, so kommt als durchschnittliches Baujahr in Betracht:

Nicht zerstörter Teil, errichtet 1910, somit bisherige Lebensdauer bis zum Hauptfeststellungszeitpunkt	54 Jahre
wiederaufgebauter Teil, errichtet 1956, somit bisherige Lebensdauer bis zum Hauptfeststellungszeitpunkt	8 Jahre

(Das Jahr, in dem das Gebäude bezugsfertig geworden ist, rechnet als volles Jahr.)

$$54 \times {}^2/_3 = 36$$
$$8 \times {}^1/_3 = 3$$

bisherige durchschnittliche Lebensdauer
des gesamten Gebäudes = 39 Jahre

durchschnittliches Baujahr: 1964 (Hauptfeststellungszeitpunkt) ./. 39 Jahre = 1925
Vervielfältiger = 8,0

29. Vervielfältiger bei Wiederaufbau von kriegsbeschädigten Gebäuden

(1) Ist ein völlig zerstörtes Gebäude unter Verwendung erhalten gebliebener Fundamente oder Keller wieder aufgebaut worden, so ist für die Bestimmung des Vervielfältigers grundsätzlich das Jahr des Wiederaufbaus maßgebend.

(2) Sind beim Wiederaufbau eines zerstörten Gebäudes in erheblichem Umfang stehengebliebene Bauteile verwertet worden, so ist im allgemeinen für die Bestimmung des Vervielfältigers ebenfalls das Jahr des Wiederaufbaus maßgebend. Es ist jedoch zu prüfen, ob wegen der Verwendung stehengebliebener Bauteile und einer etwa dadurch bedingten Beeinträchtigung der Lebensdauer ein fiktives Baujahr in Betracht kommt. In diesen Fällen ist Abschnitt 27 Abs. 3 und 4 sinngemäß anzuwenden.

(3) Sind bei einem teilweise zerstörten Gebäude, bei dem der nicht zerstörte Teil benuzbar geblieben ist, vertikal abgrenzbare Gebäudeteile (z. B. ein Gebäudeflügel) oder horizontal abgrenzbare Gebäudeteile (z. B. ein oder mehrere Geschosse) wiederaufgebaut worden, so ist Abschnitt 28 Abs. 2 sinngemäß anzuwenden.

(4) Lassen sich nach dem Wiederaufbau eines teilweise zerstörten Gebäudes die Mieten für den erhalten gebliebenen Teil und den wiederaufgebauten Teil des Gebäudes nur schwer abgrenzen, so ist der Vervielfältiger entsprechend den Ausführungen in Abschnitt 28 Abs. 3 zu ermitteln.

§ 81 Außergewöhnliche Grundsteuerbelastung

¹Weicht im Hauptfeststellungszeitpunkt die Grundsteuerbelastung in einer Gemeinde erheblich von der in den Vervielfältiger berücksichtigten Grundsteuerbelastung ab, so sind die Grundstückswerte in diesen Gemeinden bis zu 10 Prozent zu ermäßigen oder zu erhöhen. ²Die Prozentsätze werden durch Rechtsverordnung bestimmt.

DVO
Verordnung zur Durchführung des § 81 des Bewertungsgesetzes vom 2. September 1966
(BGBl. I S. 550; BStBl. I S. 882)

Aufgrund des § 81 und des § 123 Abs. 1 des Bewertungsgesetzes in der Fassung vom 10. Dezember 1965 (BGBl. I S. 1861) verordnet die Bundesregierung mit Zustimmung des Bundesrates:

§ 1
In den Fällen, in denen die Einheitswerte der bebauten Grundstücke im Ertragswertverfahren zu ermitteln und die Wertverhältnisse vom 1. Januar 1964 zugrunde zu legen sind, sind außergewöhnliche Grundsteuerbelastungen im Sinne von § 81 des Gesetzes nach Maßgabe der §§ 2 bis 4 zu berücksichtigen.

§ 2
(1) Die Grundsteuerbelastung in jeder Gemeinde wird durch eine Belastungszahl ausgedrückt. Die Belastungszahl ergibt sich durch die Anwendung eines Vervielfältigers auf die Zahl, die am Hauptfeststellungszeitpunkt die Höhe des Hebesatzes bei der Grundsteuer für Grundstücke bestimmt hat.
Bei Anwendung der Tabelle ist von dem Gebiet des Landesfinanzamts und dem Bezirk auszugehen, zu denen die Gemeinde nach den Verordnungen der Präsidenten der Landesfinanzämter über die Bewertung bebauter Grundstücke vom 17. Dezember 1934 (Reichssteuerbl. 1934 I S. 1641 ff.) oder der Verordnung des Präsidenten des Landesfinanzamts Würzburg über die Bewertung bebauter Grundstücke im Saarland vom 29. Februar 1936 (Reichssteuerbl. S. 193) gehört hat; die Bezirke sind mit römischen Ziffern bezeichnet. Mit den Buchstaben a, b oder c ist die Gemeindegruppe bezeichnet, zu der die Gemeinde nach den §§ 29 und 30 der Grundsteuer-Durchführungsverordnung in der Fassung vom 29. Januar 1952 (BGBl. I S. 79), zuletzt geändert durch Art. I der Verordnung zur Änderung grundsteuerlicher Vorschriften vom 31. Juli 1961 (BGBl. I S. 1118) gehört. Ist die Grundsteuer am Hauptfeststellungszeitpunkt abweichend von der nach den §§ 29 und 30 der Grundsteuer-Durchführungsverordnung anzuwendenden Gemeindegruppe erhoben worden, so ist die Gemeindegruppe maßgebend, die der Erhebung der Steuer zugrunde gelegt worden ist. Waren Bezirke in den Verordnungen der Präsidenten der Landesfinanzämter durch Buchstabenzusätze oder Untergruppen unterteilt, so gelten die Zahlen der Tabelle für den ganzen Bezirk.
(2) Der Vervielfältiger ergibt sich aus der nachstehenden Tabelle:

Gebiet der ehemaligen Landesfinanzämter

	Darmstadt		Düsseldorf		Hamburg			Hannover		
	a	b	a	b	a	b	c	a	b	c
I	–	55	67,5	63,5	–	–	56	–	59,5	–
II	–	63,5	76,5	72	–	–	60	–	68	–
III	76,5	72	90	85	72	–	64	72	68	–
IV	81	76,5	99	–	–	80,5	76	81	76,5	76
V	90	–			76,5	72	–	90	85	80
VI	99	–			90	–	80	108	–	92
VII	103,5	–								
VIII										

Gebiet der ehemaligen Landesfinanzämter

	Karlsruhe a	Karlsruhe b	Kassel a	Kassel b	Köln a	Köln b	Magdeburg a
I	–	55	–	55	67,5	63,5	–
II	–	63,5	–	68	85,5	80,5	–
III	–	68	81	76,5	85,5[1)]	80,5	–
IV	72	68	94,5	–	94,5[2)]	89	81
V	76,5	72	103,5	–	103,5	–	94,5
VI	81	76,5					103,5
VII	90	–					
VIII	99	–					

Gebiet der ehemaligen Landesfinanzämter

	Münster a	Münster b	Nordmark a	Nordmark b	Nordmark c	Saarland a	Saarland b	Stuttgart a	Stuttgart b
I	72	68	–	59,5	–	–	68	–	72
II	81	76,5	67,5	63,5	–	81	76,5	–	76,5
III	90	85	72	68	–	90	–	85,5	80,5
IV	99	–	81	–	80	99	–	94,5	89
V			85,5	–	–			103,5	–
VI			99	–	–				
VII			103,5	–	92				
VIII									

Gebiet der ehemaligen Landesfinanzämter

	Thüringen a	Weser-Ems a	Weser-Ems b	München Nürnberg Würzburg a	München Nürnberg Würzburg b	Berlin a
I	–	–	51	–	55	52
II	–	63	59,5	67,5	63,5	
III	94,5	72	68	–	68	
IV	103,5	76,5	72	76,5	72	
V		90	85	81	76,5	
VI		99	–	85,5	80,5	
VII				94,5	–	
VIII				103,5	–	

(3) Gehört eine Gemeinde am Hauptfeststellungszeitpunkt zu verschiedenen Bezirken oder Gemeindegruppen oder war der Hebesatz innerhalb der Gemeinde unterschiedlich, so ist für die Gemeinde nur eine Belastungszahl anzusetzen; diese ergibt sich als Durchschnitt der zunächst besonders berechneten Belastungszahlen. Bei der Bildung des Durchschnitts sind die Einwohnerzahlen am Hauptfeststellungszeitpunkt zu berücksichtigen.

§ 3
Bei den in einer Gemeinde belegenen bebauten Grundstücken, die im Ertragswertverfahren zu bewerten sind und nicht zu den in § 79 Abs. 3 und 4 des Gesetzes bezeichneten Grundstücken gehören, ist der Grundstückswert oder der Wert des entsprechenden Grundstücksteils

1. um 10 vom Hundert zu ermäßigen,
   wenn die Belastungszahl mehr als 29 000 beträgt,

---

1) Einschließlich Idar-Oberstein.
2) Einschließlich Birkenfeld.

§ 81 BewG

2. um 5 vom Hundert zu ermäßigen,
   wenn die Belastungszahl nicht mehr als 29 000, aber mehr als 23 000 beträgt;
3. um 5 vom Hundert zu erhöhen,
   wenn die Belastungszahl nicht mehr als 11 000, aber mehr als 5 000 beträgt,
4. um 10 vom Hundert zu erhöhen,
   wenn die Belastungszahl nicht mehr als 5 000 beträgt.

§ 4
Die Belastungszahl (§ 2) bestimmt auch die Grundsteuerbelastung des Wohnteils der Betriebe der Land- und Forstwirtschaft (§ 34 des Gesetzes) in einer Gemeinde. § 3 ist bei der Ermittlung des Wohnungswerts (§ 47 des Gesetzes) anzuwenden.

§ 5
Diese Verordnung gilt nach § 14 des Dritten Überleitungsgesetzes vom 4. Januar 1952 (BGBl. I S. 1) in Verbindung mit Artikel 8 des Gesetzes zur Änderung des Bewertungsgesetzes vom 13. August 1965 (BGBl. I S. 85) auch im Land Berlin.

§ 6
Diese Verordnung tritt am Tage nach ihrer Verkündung in Kraft.

BewRGr

30. Ermittlung der Belastungszahl; Berücksichtigung der außergewöhnlichen Grundsteuerbelastung (§ 81 BewG)

(1) Die Grundsteuerbelastung in einer Gemeinde wird durch eine Belastungszahl ausgedrückt, die nach § 2 der Verordnung zur Durchführung des § 81 BewG vom 2. September 1966 (BGBl. I S. 550) ermittelt wird. Das gilt auch für die Grundsteuerbelastung in gemeindefreien Gebieten.

Beispiel:

Die Gemeinde gehört zum Bezirk III des ehemaligen Landesfinanzamts Kassel und nach § 29 in Verbindung mit § 30 Abs. 1 und 2 GrStDV[1)] zur Gemeindegruppe a.

Der Vervielfältiger nach § 2 Abs. 2 der o. a. Verordnung beträgt demnach	81.
Der Hebesatz der Gemeinde ab 1. Januar 1964 beträgt	250 v. H.
Die Belastungszahl ist dann 81 x 250	= 20 250.

Nach § 3 der o. a. Verordnung ist weder ein Abschlag noch ein Zuschlag zu machen, weil die Belastungszahl mehr als 11 000 und weniger als 23 000 beträgt.

(2) Für eine Gemeinde ist in jedem Fall nur eine Belastungszahl zu ermitteln. Das gilt nach § 2 Abs. 3 der o. a. Verordnung auch in den Fällen,
1. in denen nach dem 1. Januar 1935[2)] Umgemeindungen rechtswirksam geworden sind und die betroffenen Gemeinden oder Gemeindeteile weiterhin zu der Gemeindegruppe gehören, der sie ohne die Umgemeindung zuzurechnen sind (§ 30 As. 3 GrStDV)[3)].
2. in denen für die Hauptfeststellung auf den 1. Januar 1935[4)] für einzelne Teile von Gemeinden in den Verordnungen der Präsidenten der Landesfinanzämter vom 17. Dezember 1934[5)] (RMBl. S. 785 ff., RStBl. S. 1641 ff.) andere Vervielfältiger festgesetzt worden sind,
3. in denen innerhalb einer Gemeinde verschiedene Hebesätze gelten (§ 4 EinfG-RealStG).

Der Bestand der wirtschaftlichen Einheiten hat sich aber in den betroffenen Gemeinden oder Gemeindeteilen bis zum 1. Januar 1964 regelmäßig in erheblichem Umfang verändert. Durch diese Ver-

---

1) Die Grundsteuer-Durchführungsverordnung vom 29. 1. 1952 (BGBl. I S. 79, BStBl. I S. 87), zuletzt geändert durch die VO vom 31. 7. 1961 (BGBl. I S. 1118, BStBl. I S. 502), ist gemäß Art. 6 Abs. 1 Nr. 2 des Gesetzes zur Reform des Grundsteuerrechts vom 7. 8. 1973 (BGBl. I S. 965, BStBl. I S. 586) mit Wirkung ab 1. 1. 1974 aufgehoben. §§ 29 und 30 GrStDV wirken sich jedoch für den Hauptfeststellungszeitraum 1964 noch voll aus.
2) Im Saarland: 1. Januar 1936.
3) Die Grundsteuer-Durchführungsverordnung vom 29. 1. 1952 (BGBl. I S. 79, BStBl. I S. 87), zuletzt geändert durch die VO vom 31. 7. 1961 (BGBl. I S. 1118, BStBl. I S. 502), ist gemäß Art. 6 Abs. 1 Nr. 2 des Gesetzes zur Reform des Grundsteuerrechts vom 7. 8. 1973 (BGBl. I S. 965, BStBl. I S. 586) mit Wirkung ab 1. 1. 1974 aufgehoben. §§ 29 und 30 GrStDV wirken sich jedoch für den Hauptfeststellungszeitraum 1964 noch voll aus.
4) Im Saarland: Verordnung vom 29. Februar 1936 (RMBl. S. 54, RStBl. S. 193).
5) Im Saarland: 1. Januar 1936.

änderungen hat sich auch das Verhältnis des Aufkommens an Grundsteuer der einzelnen Gemeindeteile zueinander wesentlich verschoben. Das muß bei Ermittlung der Belastungszahl der Gemeinde berücksichtigt werden. § 2 Abs. 3 Satz 2 der o. a. Verordnung bestimmt deshalb, daß bei der Ermittlung der durchschnittlichen Belastungszahl die Einwohnerzahlen der betroffenen Gemeindeteile am Hauptfeststellungszeitpunkt als Maßstab für das veränderte Verhältnis des Grundsteueraufkommens zu berücksichtigen sind. Die Einwohnerzahlen sind von den Gemeinden zu erfragen. Sie sind auf volle Tausend nach unten abzurunden.

Beispiel:

In die Gemeinde A ist eine Gemeinde (nunmehr Gemeindeteil B) nach dem 1. Januar 1935 eingemeindet worden. Für einen besonderen Teil der ursprünglichen Gemeinde A (Gemeindeteil C) ist zum 1. Januar 1935 ein anderer Vervielfältiger festgesetzt worden. Die Gemeinde A – ohne die Gemeindeteile B und C – gehört zum Bezirk II des ehemaligen Landesfinanzamtes Nordmark und nach § 29 in Verbindung mit § 30 Abs. 1 GrStDV[1]) zur Gemeindegruppe b.

Der Vervielfältiger beträgt	63,5

Der Gemeindeteil B gehört zum Bezirk V des ehemaligen Landesfinanzamts Nordmark und nach § 29 in Verbindung mit § 30 Abs. 3 GrStDV zur Gemeindegruppe a.

Der Vervielfältiger beträgt	88,5

Der Gemeindeteil C gehört zum Bezirk III des ehemaligen Landesfinanzamts Nordmark und nach § 29 in Verbindung mit § 30 Abs. 1 GrStDV zur Gemeindegruppe b.

Der Vervielfältiger beträgt	68,0

Die Hebesätze am 1. Januar 1964 betragen

in der Gemeinde A	250 v. H.
im Gemeindeteil B	180 v. H.
im Gemeindeteil C	250 v. H.

Die Einwohnerzahlen am 1. Januar 1964 betragen

in der Gemeinde A	56 000 (abgerundet)
im Gemeindeteil B	15 000 (abgerundet)
im Gemeindeteil C	6 000 (abgerundet)

Die durchschnittliche Belastungszahl errechnet sich wie folgt (Einwohnerzahlen sind dabei nur mit den Tausendern anzusetzen):

A	63,5 x 250 x 56 =	889 000	
B	85,5 x 180 x 15 =	230 850	
C	68,0 x 250 x 6 =	102 000	
	77	1 221 850	

1 221 850 : 77 (Einwohnerzahl insgesamt) = 15 868

Nach § 3 der o. a. Verordnung ist für die ganze Gemeinde weder ein Abschlag noch ein Zuschlag zu machen, weil die Belastungszahl mehr als 11 000 und weniger als 23 000 beträgt.

(3) Hat eine Gemeinde oder ein Gemeindeteil am 1. Januar 1935[2]) zum Gebiet eines anderen Landesfinanzamts gehört, so ist der Vervielfältiger dem Teil der Tabelle in § 2 Abs. 2 der o. a. Verordnung zu entnehmen, der für das Gebiet des anderen Landesfinanzamts gilt.

(4) Grundstücke, die grundsteuerbegünstigt sind, erhalten keinen Abschlag oder Zuschlag, weil die Erhöhung der Jahresrohmiete um 12. v. H. nach § 79 Abs. 3 BewG (vgl. Abschnitt 25) sich so auswirkt, als wenn für das Grundstück eine durchschnittliche Grundsteuerbelastung vorläge. Ist ein Grundstück nur teilweise begünstigt, so ist der Abschlag oder Zuschlag nur auf den Teil des Grundstückswerts anzuwenden, der nicht grundsteuerbegünstigt ist. Das erfolgt zweckmäßig durch entsprechende Ermäßigung oder Erhöhung der Jahresrohmiete für den nichtbegünstigten Teil.

Beispiel:

Die Grundstückswerte in einer Gemeinde sind um 10 v. H. zu erhöhen, weil die Grundsteuerbelastung in der Gemeinde besonders niedrig ist.

---

1) Siehe Fußnote 2.
2) Im Saarland: 1. Januar 1936.

§ 81 BewG

Jahresrohmiete		10 000 DM
davon entfallen auf begünstigte Wohnungen		4 000 DM
nichtbegünstigte Wohnungen		6 000 DM
Bei der Bewertung sind anzusetzen für begünstigte Wohnungen	4 000 DM	
+ 12 v. H. (vgl. Abschnitt 25)	480 DM	
nichtbegünstigte Wohnungen	6 00 DM	
+ 10 v. H. wegen außergewöhnlicher Grundsteuerbelastung	600 DM	11 080 DM

Auf die so ermittelte Miete ist der Vervielfältiger und ggf. in den Fällen der Aufteilung des Einheitswerts (vgl. Abschnitt 20 Abs. 2) der Multiplikator für den Bodenwertanteil anzuwenden. Entsprechend ist bei Grundstücken zu verfahren, bei denen die Jahresrohmiete nach § 79 Abs. 4 BewG um 14 v. H. zu erhöhen ist.

BewG § 82

§ 82 Ermäßigung und Erhöhung

(1) ¹Liegen wertmindernde Umstände vor, die weder in der Höhe der Jahresrohmiete noch in der Höhe des Vervielfältigers berücksichtigt sind, so ist der sich nach den §§ 78 bis 81 ergebende Grundstückswert zu ermäßigen. ²Als solche Umstände kommen z. B. in Betracht

1. ungewöhnlich starke Beeinträchtigungen durch Lärm, Rauch oder Gerüche,
2. behebbare Baumängel und Bauschäden und
3. die Notwendigkeit baldigen Abbruchs.

(2) ¹Liegen werterhöhende Umstände vor, die in der Höhe der Jahresrohmiete nicht berücksichtigt sind, so ist der sich nach den §§ 78 bis 81 ergebende Grundstückswert zu erhöhen. ²Als solche Umstände kommen nur in Betracht

1. die Größe der nicht bebauten Fläche, wenn sich auf dem Grundstück keine Hochhäuser befinden; ein Zuschlag unterbleibt, wenn die gesamte Fläche bei Einfamilienhäusern oder Zweifamilienhäusern nicht mehr als 1500 qm, bei den übrigen Grundstücksarten nicht mehr als das Fünffache der bebauten Fläche beträgt,
2. die nachhaltige Ausnutzung des Grundstücks für Reklamezwecke gegen Entgelt.

(3) ¹Die Ermäßigung nach Absatz 1 Nr. 1 und 2 oder die Erhöhung nach Absatz 2 darf insgesamt dreißig Prozent des Grundstückswerts (§§ 78 bis 81) nicht übersteigen. ²Treffen die Voraussetzungen für die Ermäßigung nach Absatz 1 Nr. 1 und 2 und für die Erhöhung nach Absatz 2 zusammen, so ist der Höchstsatz nur auf das Ergebnis des Ausgleichs anzuwenden.

Rechtsprechungsauswahl

BFH-Urteil vom 13.2.2008 II R 72/06 (BFH/NV S. 1123): Die Tatsache, dass ein im Ertragswertverfahren bewertetes Einfamilienhaus nicht unterkellert ist, rechtfertigt keine Ermäßigung des Grundstückswerts nach § 82 Abs. 1 BewG.

BewRGr

31. Ermäßigung des Grundstückswerts (§ 82 Abs. 1 BewG)

(1) Der sich nach den §§ 78 bis 81 BewG ergebende Grundstückswert kann nur dann ermäßigt werden, wenn sich die wertmindernden Umstände weder in der Höhe der Jahresrohmiete noch in der Höhe des Vervielfältigers ausgewirkt haben. Das bedeutet, daß alle Umstände, die in den Vervielfältigern pauschal berücksichtigt worden sind (z. B. einzelne bzw. die gesamten Bewirtschaftungskosten), nicht mehr durch einen Abschlag nach den individuellen Gegebenheiten des einzelnen Falles berücksichtigt werden können. Danach kommen als wertmindernde Umstände nur solche in Betracht, die ihrer Art nach in Einzelfällen bedeutsam sind. § 82 Abs. 1 BewG zählt die in Betracht kommenden Ermäßigungsgründe zwar nicht erschöpfend auf, jedoch betreffen die in der Vorschrift angeführten Beispiele die wichtigsten und am häufigsten vorkommenden wertmindernden Umstände.

(2) In § 82 Abs. 1 Nr. 1 BewG sind zunächst die von außen her einwirkenden Belästigungen durch Lärm, Rauch und Gerüche genannt. Derartige Einwirkungen führen jedoch nur dann zu einem Abschlag, wenn es sich um ungewöhnlich starke Beeinträchtigungen handelt. Für eine solche Beeinträchtigung kommen z. B. die Lage eines Wohngrundstücks in unmittelbarer Nähe der Müllkippe einer Gemeinde oder seine Lage in der Einflugschneise in unmittelbarer Nähe eines Flugplatzes in Betracht. Der heute übliche Verkehrslärm kann dagegen nicht als eine Beeinträchtigung von außergewöhnlicher Stärke aufgefaßt werden. Liegt eine Beeinträchtigung von außergewöhnlicher Stärke vor, muß geprüft werden, ob sich die wertmindernden Umstände nicht bereits in der Jahresmiete ausgewirkt haben. Das gilt insbesondere bei Wohngrundstücken in Gebieten, in denen starke Beeinträchtigungen allgemein vorkommen.

(3) Als weitere Ermäßigungsgründe sind in § 82 Abs. 1 Nr. 2 BewG die behebbaren Baumängel und Bauschäden genannt. Baumängel beruhen in der Regel auf einer mangelhaften Bauausführung. Behebbare Baumängel können z. B. auf eine ungenügende Isolierung, die jedoch nachträglich verbessert werden kann, oder auf die Verwendung von schlechten, aber auswechselbaren Baustoffen zurückzuführen sein. Bauschäden treten dagegen erst nach der Fertigstellung des Gebäudes durch äußere Einwirkungen auf, z. B. als Wasser-, Erschütterungs-, Schwamm- oder Bergschäden. Unter Umständen kann auch ein aufgestauter erheblicher Reparaturbedarf zu einem behebbaren Bauschaden führen. Auch bei behebbaren Baumängeln oder Bauschäden ist wie bei den in Absatz 2 genannten äußeren Einwirkungen zu

§ 82 BewG

prüfen, ob die Schäden nicht bereits in der Jahresrohmiete berücksichtigt sind. Bauschäden können ebenso wie die in Absatz 2 genannten Einwirkungen in bestimmten Gegenden besonders häufig auftreten. Das ist vor allem in Industrie- und Gewerbegebieten der Fall. Dann kann sich der Umstand, daß bestimmte Schäden am Gebäude immer wieder auftreten (z. B. Wasser-, Erschütterungs- oder Bergschäden) und für den Benutzer des Grundstücks eine Belästigung darstellen, schon im allgemeinen Mietniveau der Gegend und damit auch in der Miethöhe für das einzelne Grundstück ausgewirkt haben. Wenn ein Schaden immer wieder auftritt, sind auch Fälle denkbar, in denen § 80 Abs. 3 BewG und § 82 Abs. 1 BewG nebeneinander angewendet werden müssen. So kann bei Bergschäden die ständige Wiederholung zu einem nicht behebbaren Schaden führen, der nach § 80 Abs. 3 BewG (vgl. Abschnitt 27 Abs. 3) entsprechend der Verkürzung der Lebensdauer des Gebäudes zu berücksichtigen ist; ein einzelner am Feststellungszeitpunkt noch zu beseitigender Schaden, der in nächster Zeit hohe Reparaturkosten erfordert, kann aber daneben durch eine Ermäßigung nach § 82 Abs. 1 BewG zu berücksichtigen sein.

(4) Wegen der Notwendigkeit baldigen Abbruchs des Gebäudes (§ 82 Abs. 1 Nr. 3 BewG) ist regelmäßig ein Abschlag zu machen, wenn das Gebäude innerhalb eines Zeitraums von zehn Jahren nach dem Feststellungszeitpunkt abgebrochen werden muß. Die Höhe dieses Abschlags richtet sich nach der noch verbleibenden Nutzungsdauer und nach der Bauart und Bauausführung des Gebäudes, jedoch nicht nach der Grundstücksart. Der Abschlag ergibt sich aus den Spalten 1 bis 3 der Anlage 9. Die dort aufgeführten Abschläge beziehen sich nur auf den Gebäudewert. Vor Anwendung des Abschlags ist also der Bodenwertanteil aus dem Grundstückswert auszuscheiden.

Beispiel:

Das Gebäude eines Mietwohngrundstücks in einer Gemeinde mit mehr als 500 000 Einwohnern ist im Jahre 1895 errichtet worden. Es handelt sich um einen Massivbau. Die Jahresrohmiete beträgt 10 000 DM. Das Gebäude muß in 6 Jahren abgerissen werden.

10 000 x 5,4 (Vervielfältiger – Anlage 8)	= 54 000 DM
10 000 x 1,82 (Vervielfältiger – Anlage 8)	= 18 200 DM
Gebäudewert	= 35 800 DM
Abschlag (Anlage 9) 60 v. H.	= 21 480 DM
Restgebäudewert	= 14 320 DM
Bodenwertanteil	= 18 200 DM
ermäßigter Grundstückswert	= 32 520 DM
Einheitswert	= 32 500 DM

(5) Andere als die in § 82 Abs. 1 Nrn. 1 bis 3 BewG aufgeführten Umstände führen verhältnismäßig selten zu einer Ermäßigung. Eine ungünstige Gestaltung der Grundstücksfläche oder eine wirtschaftlich überholte Anordnung und Gestaltung der Gebäude wird sich häufig in der Jahresrohmiete ausdrücken. Ist das Maß der baulichen Nutzung herabgesetzt worden (Herabzonung), so berührt das den Bodenwert, der als Bodenwertanteil an der Miete bei der Berechnung der Vervielfältiger pauschaliert worden ist. Ein Abschlag wird deshalb nicht gewährt. Eher kommt als wertmindernder Umstand eine auf dem Grundstück ruhende Grunddienstbarkeit (z. B. Wegerecht, Fensterrecht) in Betracht, wenn die Grundstücksbenutzung erheblich eingeschränkt ist und dies in der Miete – insbesondere in einer bei Eigennutzung geschätzten Miete – nicht zum Ausdruck kommt. Ein Grund für eine Ermäßigung neben den in § 82 Abs. 1 Nr. 1 bis 3 BewG genannten Umständen kann z. B. auch gegeben sein, wenn sich die Lebensdauer eines Gebäudes infolge nicht behebbarer Baumängel und Bauschäden so verkürzt, daß sich nach § 80 Abs. 3 BewG ein fiktives Baujahr ergibt, das sich nicht in einer Verringerung des Vervielfältigers auswirkt (vgl. Abschnitt 27 Abs. 4). Ist am Feststellungszeitpunkt anzunehmen, daß das Gebäude innerhalb eines Zeitraums von 10 Jahren abgebrochen werden muß, ist stets ein Abschlag zu gewähren. Der Abschlag ist wie in den Fällen der Notwendigkeit baldigen Abbruchs (vgl. Absatz 4) zu berechnen. In den übrigen Fällen ist nach den Umständen des Einzelfalls zu entscheiden, ob, ggf. in welcher Höhe, ein Abschlag zu gewähren ist.

32. Erhöhung des Grundstückswerts (§ 82 Abs. 2 BewG)

(1) Erhöhung des nach den §§ 78 und 81 BewG ermittelten Grundstückswerts kommen nur aus zwei Gründen in Betracht:

1. wegen der Größe der nicht bebauten Fläche (Absätze 2 bis 4),
2. wegen einer nachhaltigen Ausnutzung des Grundstücks für Reklamezwecke gegen Entgelt (Absatz 5).

Voraussetzung für eine Erhöhung des Grundstückswerts ist, daß die werterhöhenden Umstände nicht bereits in der Höhe der Jahresrohmiete berücksichtigt worden sind.

(2) Für einen Zuschlag wegen der Größe der nicht bebauten Fläche müssen außerdem die folgenden Voraussetzungen erfüllt sein:
1. Auf dem Grundstück darf sich kein Hochhaus befinden. Als Hochhaus gilt jedes Gebäude, in dem der Fußboden mindestens eines zum dauernden Aufenthalt von Menschen dienenden Raumes mehr als 22 m über Gelände liegt,
2. die gesamte Fläche muß bei Einfamilienhäusern und Zweifamilienhäusern mehr als 1500 m^2 betragen; bei den übrigen Grundstücksarten muß sie mehr als das Fünffache der bebauten Fläche betragen.

(3) Bei der Berechnung des Zuschlags wegen der Größe der nicht bebauten Fläche ist wie folgt zu verfahren: Zunächst ist der Bodenwert des Grundstücks nach den Abschnitten 7 bis 10 zu ermitteln. Von diesem ist der tatsächliche Wert von 1500 m^2 bzw. von dem Fünffachen der bebauten Fläche abzuziehen. Dabei ist der Bodenwertanteil am Grundstückswert (vgl. Abschnitt 20) ohne Bedeutung. Die Aufteilung in Vorderland und Hinterland (vgl. Abschnitt 8) ist zu berücksichtigen. Unbeachtlich ist, auf welchem Teil des Grundstücks sich das Gebäude befindet.

Beispiel:

Ein Einfamilienhaus hat eine Grundstücksfläche von 2000 m^2, so daß bei der Wertermittlung eine Fläche von 500 m^2 besonders zu berücksichtigen ist. Zunächst ist der gesamte Bodenwert zu ermitteln, wobei der Grund und Boden in Vorderland und Hinterland aufgeteilt werden muß. Entfallen von der gesamten Fläche von 2000 m^2 auf das Vorderland (Zone I) 800 m^2 mit einem Wert von 40 DM/m^2, auf das Hinterland (Zone II) 800 m^2 mit einem Wert von 20 DM/m^2 und auf das Hinterland (Zone IIIa) 400 m^2 mit einem Wert von 10 DM/m^2, so beträgt der gesamte Bodenwert

Vorderland Zone I	800 (m^2) x 40 (DM) =	32 000 DM
Hinterland Zone II	800 (m^2) x 20 (DM) =	16 00 DM
Hinterland Zone IIIa	400 (m^2) x 10 (DM) =	4 000 DM
	Bodenwert	52 000 DM

Der Wert von 1500 m^2 Fläche beträgt dann:

Vorderland Zone I	800 (m^2) x 40 (DM) =	32 000 DM
Hinterland Zone II	700 (m^2) x 20 (DM) =	14 000 DM
	1 500 (m^2) =	46 00 DM

Der Unterschied zwischen dem gesamten Bodenwert und dem Wert von 1 500 m^2 Fläche ist der Betrag, um den der Grundstückswert zu erhöhen ist:

Gesamter Bodenwert	=	52 000 DM
Wert von 1 500 m^2 Fläche	=	46 000 DM
Zuschlag	=	6 000 DM

(4) Bei Grundstücken mit übergroßer Fläche ist zunächst zu prüfen, ob die wirtschaftliche Einheit richtig abgegrenzt ist. Die übergroße Fläche eines Grundstücks kann z. B. dadurch entstanden sein, daß der Eigentümer eines Einfamilienhauses eine benachbarte Grundstücksfläche, die nach der Verkehrsanschauung als besondere Bauparzelle (z. B. Baulücke) anzusehen ist, als Hausgarten nutzt. Diese besondere Bauparzelle ist dann als selbständige wirtschaftliche Einheit zu bewerten.

(5) Die Nutzung eines Grundstücks für Reklamezwecke ist dann als werterhöhender Umstand anzusehen, wenn sie nachhaltig gegen Entgelt erfolgt. Eine Eigenreklame des Grundstückseigentümers darf deshalb nicht berücksichtigt werden. Ein Zuschlag kommt auch z. B. nicht in Betracht, wenn der Mieter von Geschäftsräumen die Außenwände des gemieteten Gebäudeteils zu Reklamezwecken benutzt, weil in diesen Fällen ein besonderes Entgelt für die Reklamenutzung nicht gezahlt wird. Auch wenn ein Mieter seinen Gewerbebetrieb im Hinterhaus ausübt, wird ein Entgelt für die Anbringung eines Firmenschildes oder Werbeschildes am Vorderhaus im allgemeinen neben der Raummiete nicht gezahlt werden. Werden dagegen andere mit den gemieteten Räumen nicht in Zusammenhang stehende Flächen von einem Mieter genutzt, z. B. Giebelwände, Dachflächen oder Pfeiler von Arkaden, so ist zu prüfen, ob für die Benutzung ein besonderes Entgelt neben der Geschäftsraummiete vereinbart ist. Ein Zuschlag kommt immer in Betracht, wenn der Grundstückseigentümer Flächen des Gebäudes an Personen vermietet, die nicht Mieter des Grundstücks sind. Für die Höhe des Zuschlags kann im allgemeinen das Neunfache des jährlichen Reinertrags zugrunde gelegt werden.

§ 82 BewG

33. Höchstmaß der Ermäßigung und Erhöhung des Grundstückswerts (§ 82 Abs. 3 BewG)

(1) Das Ausmaß der Ermäßigung oder Erhöhung richtet sich danach, welche Bedeutung dem besonderen Umstand bei einem Verkauf des Grundstücks nach Lage des Grundstücksmarkts beigemessen werden würde (RFH-Urteil vom 30. 3. 1939, RStBl. S. 274).

(2) Die Abschläge für
1. ungewöhnlich starke Beeinträchtigung durch Lärm, Rauch oder Gerüche (vgl. Abschnitt 31 Abs. 2),
2. behebbare Baumängel und Bauschäden (vgl. Abschnitt 31 Abs. 3)

und die Zuschläge für
1. die Größe der nicht bebauten Fläche (vgl. Abschnitt 32 Abs. 2 und 3),
2. die Ausnutzung des Grundstücks für Reklamezwecke (vgl. Abschnitt 32 Abs. 5) dürfen insgesamt 30 v. H. des Grundstückswerts nicht übersteigen. Andere Abschläge wie insbesondere wegen der Notwendigkeit baldigen Abbruchs (vgl. Abschnitt 31 Abs. 4) oder der Verkürzung der Lebensdauer des Gebäudes, wenn das in Betracht kommende fiktive Baujahr sich nicht in einer Verringerung des Vervielfältigers auswirkt (vgl. Abschnitt 31 Abs. 5), können ohne Höchstgrenze gewährt werden. Die Zuschläge sind dagegen ausnahmslos auf 30 v. H. des Grundstückswerts begrenzt.

(3) Bei einem Zusammentreffen von wertmindernden und werterhöhenden Umständen ist der Höchstsatz von 30 v. H. nur auf das Ergebnis des Ausgleichs anzuwenden. Das gilt jedoch nur, soweit die in Absatz 2 jeweils unter den Nrn. 1 und 2 genannten Gründe in Betracht kommen. Die Abschläge wegen der in der Höhe nicht begrenzten Ermäßigungen sind in jedem Falle neben dem getrennt berechneten Abschlag oder Zuschlag, der auch das Ergebnis eines Ausgleichs sein kann, für diese Gründe zu gewähren.

Beispiel A:

Abschlag wegen Beeinträchtigung durch Lärm	10 v. H.
Abschlag wegen Bauschäden	30 v. H.
Summe der Abschläge	40 v. H.
Zuschlag wegen der Größe der nicht bebauten Fläche	5 v. H.
	35 v. H.
Als Abschlag dürfen nur gewährt werden	30 v. H.

(4) Die Abschläge betreffen im Fall der Beeinträchtigung durch Lärm, Rauch oder Gerüche (§ 82 Abs. 1 Nr. 1 BewG) sowohl den Wert des Grund und Bodens (Bodenwert) als auch den Wert des Gebäudes. Die Abschläge für behebbare Baumängel und Bauschäden (§ 82 Abs. 1 Nr. 2 BewG) und für die Notwendigkeit baldigen Abbruchs (§ 82 Abs. 1 Nr. 3 BewG) betreffen dagegen nur den Gebäudewert. Der Zuschlag für die Ausnutzung eines Grundstücks für Reklamezwecke (§ 82 Abs. 2 Nr. 2 BewG) betrifft ebenfalls nur den Gebäudewert, der Zuschlag für die Größe der nicht bebauten Fläche (§ 82 Abs. 2 Nr. 1 BewG) dagegen nur den Bodenwert.

(5) Auch die Reihenfolge der Anwendung der Abschläge und Zuschläge auf den Grundstückswert ist von Bedeutung. Es sind zunächst die auf das Höchstmaß von 30 v. H. dieses Werts begrenzten Abschläge und Zuschläge zu ermitteln und danach erst die weiteren nicht begrenzten Abschläge, insbesondere wegen der Notwendigkeit baldigen Abbruchs, nach dem Gebäudewert zu berechnen. Ist ausnahmsweise ein nicht begrenzter Abschlag zu gewähren, der sich sowohl auf den Gebäudewert als auch auf den Bodenwert bezieht – z. B. für eine Grunddienstbarkeit –, so sind die Anteile des Gebäudes und des Grund und Bodens am Grundstückswert zunächst – ggf. unter Berücksichtigung von Zuschlägen und anderen Abschlägen – zu berechnen und beide Anteile entsprechend zu kürzen.

(6) Die Anwendung der Abschläge und Zuschläge beim Bodenwert und beim Gebäudewert und die Reihenfolg ihrer Anwendung sind beim Erbbaurecht von besonderer Bedeutung. Muß beim Erbbaurecht der Gesamtwert in einen Bodenwertanteil und einem Gebäudewertanteil aufgeteilt werden (vgl. Abschnitt 48), so dürfen die Abschläge und Zuschläge nur bei dem Anteil berücksichtigt werden, den sie betreffen.

Beispiel:

An einem Grundstück in einer Gemeinde mit über 500 000 Einwohnern ist ein Erbbaurecht bestellt worden. Das Gebäude auf dem Grundstück ist ein als Massivbau errichtetes Einfamilienhaus (Baujahr 1930). Die Jahresrohmiete beträgt 10 000 DM. Für eine vorhandene übergroße Fläche muß der Gesamtwert nach § 82 Abs. 2 Nr. 1 BewG (vgl. Abschnitt 32 Abs. 3) um 6 000 DM erhöht werden.

Der Gesamtwert errechnet sich wie folgt:

10 000 x 10,2 (Anlage 8)		102 000 DM
Zuschlag wegen übergroßer Fläche (= rd. 5,9 v. H. des sich nach §§ 78 bis 81 BewG ergebenden Gesamtwerts)	+	6 000 DM
Gesamtwert		108 000 DM
Der Gesamtwert ist wie folgt aufzuteilen:		
Bodenwertanteil 10 000 x 3,33 (Anlage 8)		33 300 DM
Zuschlag wegen übergroßer Fläche (Der Zuschlag betrifft nur den Bodenwert. Er ist also bei der Aufteilung voll dem Bodenwertanteil zuzurechnen)	+	6 000 DM
Bodenwertanteil		39 300 DM
Gesamtwert		108 000 DM
./. Bodenwertanteil		39 300 DM
Gebäudewertanteil		68 700 DM

Beispiel B:

Das Beispiel A wird dahin abgewandelt, daß der Gesamtwert noch um 10 v. H. wegen ungewöhnlich starker Beeinträchtigung durch Lärm infolge der Lage des Grundstücks in der Einflugschneise in unmittelbarer Nähe eines Flugplatzes (vgl. Abschnitt 31 Abs. 2) ermäßigt werden muß. Die Ermäßigung betrifft sowohl den Bodenwert als auch den Gebäudewert.

Der Gesamtwert errechnet sich wie folgt:

10 000 x 10,2			102 000 DM
Abschlag wegen der Beeinträchtigung (10 v. H. des Gesamtwertes)	10 200 DM		
Zuschlag wegen übergroßer Fläche (rd. 5,9 v. H. des Gesamtwerts)	6 000 DM	−	4 200 DM
Gesamtwert			97 800 DM
Der Gesamtwert ist wie folgt aufzuteilen:			
Bodenwertanteil 10 000 x 3,33			33 300 DM
Abschlag wegen der Beeinträchtigung (Der Abschlag betrifft sowohl den Bodenwert als auch den Gebäudewert. Er ist also bei der Ermittlung des Bodenwertanteils in Höhe von 10 v. H. auf diesen Anteil zu beziehen) 10 v. H. von 33 300 DM	3 330 DM		
Zuschlag wegen übergroßer Fläche (vgl. Beispiel A)	6 000 DM	+	2 670 DM
Bodenwertanteil			35 970 DM
Gesamtwert			97 800 DM
./. Bodenwertanteil			35 970 DM
Gebäudewertanteil			61 830 DM

Treffen Abschläge und Zuschläge zusammen und muß das Ergebnis des Ausgleichs auf 30 v. H. begrenzt werden (vgl. Absatz 3), so ist bei der Berechnung des Bodenwertanteils jeder Abschlag und Zuschlag, der den Bodenwert betrifft, in demselben Verhältnis zu mindern, in dem die tatsächliche Höhe des Ausgleichs der Abschläge und Zuschläge auf 30 v. H. (Höchstmaß) zu begrenzen ist. Bei der Berechnung des Gebäudewertanteils wirkt sich das auf die den Gebäudewertanteil betreffenden Abschläge und Zuschläge in gleicher Weise aus.

Beispiel C:

Das Beispiel B wird dahin abgewandelt, daß der Gesamtwert wegen der Nutzung des Grundstücks für Reklamezwecke (vgl. Abschnitt 32 Abs. 5) um 40 v. H. erhöht werden muß. Dieser Zuschlag betrifft jedoch nur den Gebäudewert.

§ 82 BewG   BewRGr 33

Der Gesamtwert errechnet sich wie folgt:

10 000 x 10,2		102 000 DM
Abschlag wegen der Beeinträchtigung	10 v. H.	
Zuschlag wegen übergroßer Fläche	5,9 v. H.	
Zuschlag wegen Reklamenutzung	40 v. H.	
Gesamtzuschlag	35,9 v. H.	
Begrenzt auf 30 v. H. des Gesamtwerts		+ 30 600 DM
Gesamtwert		132 600 DM

Der Gesamtwert ist wie folgt aufzuteilen:

Bodenwertanteil	
10 000 x 3,33	33 300 DM

Abschlag wegen der Beeinträchtigung

10 v. H. vermindert auf 8,35 v. H. $\frac{30}{35,9}$ von

10 v. H.) von 33 300 DM	2 780 DM	

Zuschlag wegen übergroßer Fläche 6 000 DM (rd. 5,9 v. H.) vermindert auf

$\frac{30}{35,9}$ von 6 000 DM

	5 014 DM	+	2 234 DM
Bodenwertanteil			35 534 DM
Gesamtwert			132 600 DM
./. Bodenwertanteil			35 534 DM
Gebäudewertanteil			97 066 DM

Ein Abschlag wegen der Notwendigkeit baldigen Abbruchs des Gebäudes und ein anderer nicht durch § 82 Abs. 3 BewG auf 30 v. H. begrenzter Abschlag sind von den nach den Beispielen A bis C ermittelten Anteilen am Gesamtwert zu machen, und zwar bei dem Anteil, den sie jeweils betreffen.

(7) In anderen Fällen als dem Erbbaurecht, in denen Abschläge nach § 82 Abs. 1 Nrn. 1 und 2 BewG und Zuschläge nach § 82 Abs. 2 Nrn. 1 und 2 BewG zu machen sind und außerdem ein weiterer Abschlag z. B. wegen der Notwendigkeit baldigen Abbruchs des Gebäudes in Betracht kommen, ist der Gebäudewert wie in den Beispielen A bis C in Absatz 6 zu berechnen. Da in diesen Fällen der Bodenwertanteil nicht gesondert ermittelt zu werden braucht, kann der Gebäudewert auch wie folgt berechnet werden:

Beispiel D:

Das Beispiel B wird dahin abgewandelt, daß das Grundstück nicht mit einem Erbbaurecht belastet ist.

Grundstückswert (Gesamtwert im Beispiel B)	97 800 DM
Gebäudewertanteil	
10,2 (Vervielfältiger)	
3,33 (Multiplikator für den Bodenwertanteil)	
6,87 x 10 000 DM	68 700 DM
Abschlag wegen der Beeinträchtigung (Der Abschlag betrifft sowohl den Bodenwert als auch den Gebäudewert. Er ist also bei der Ermittlung des Gebäudewertanteils in Höhe von 10 v. H. auf diesen Anteil zu beziehen)	
10 v. H. von 68 700 DM	– 6 870 DM
Gebäudewertanteil	61 830 DM

Nach diesem Gebäudewertanteil ist z. B. ein Abschlag wegen der Notwendigkeit baldigen Abbruchs des Gebäudes von 70 v. H. zu berechnen.

70 v. H. von 61 830 DM	43 281 DM

Um diesen Betrag ist der Grundstückswert zu ermäßigen.

Der Einheitswert errechnet sich wie folgt:

Grundstückswert	97 800 DM
Abschlag wegen der Notwendigkeit baldigen Abbruchs	– 43 281 DM
	54 519 DM
Einheitswert	54 500 DM

Beispiel E:
Das Beispiel C wird dahin abgewandelt, daß das Grundstück nicht mit einem Erbbaurecht belastet ist.

Grundstückswert (Gesamtwert wie im Beispiel C)	132 600 DM

Gebäudewertanteil
10,2 (Vervielfältiger)
$\underline{3,33}$ (Multiplikator für den Bodenwertanteil)
$\overline{6,87}$ x 10 00 DM

Abschlag wegen der Beeinträchtigung	68 700 DM
10 v. H. vermindert auf 8,35 v. H. ($\frac{30}{35,9}$) von 10 v. H.) von 68 700 DM	5 736 DM
Zuschlag wegen Reklamenutzung	
40 v. H. vermindert auf 33,42 v. H. ($\frac{30}{35,9}$) von 40 v. H.) von 102 00 DM	
(Der Zuschlag betrifft nur den Gebäudewert, ist jedoch auf den Grundstückswert vor Anwendung der Abschläge und Zuschläge bezogen)	34 088 DM + 28 352 DM
Gebäudewertanteil	97 052 DM

Der Unterschied zum Gebäudewertanteil im Beispiel C ergibt sich durch Abrundungen.

Nach diesem Gebäudewertanteil ist z. B. ein Abschlag wegen der Notwendigkeit baldigen Abbruchs des Gebäudes von 70 v. H. zu berechnen.

70 v. H. von 97 052 DM	67 936 DM

Um diesen Betrag ist der Grundstückswert zu ermäßigen.
Der Einheitswert errechnet sich wie folgt:

Grundstückswert	132 600 DM
Abschlag wegen der Notwendigkeit baldigen Abbruchs	– 67 936 DM
	64 664 DM
Einheitswert	64 600 DM

§ 83 BewG

2. Sachwertverfahren

§ 83 Grundstückwert

¹Bei der Ermittlung des Grundstückswertes ist vom Bodenwert (§ 84), vom Gebäudewert (§§ 85 bis 88) und vom Wert der Außenanlagen (§ 89) auszugehen (Ausgangswert). ²Der Ausgangswert ist an den gemeinen Wert anzugleichen (§ 90).

BewRGr

34. Ermittlung des Grundstückswerts

(1) Die Ermittlung des Grundstückswerts im Sachwertverfahren ist in den §§ 83 bis 90 BewG geregelt. Danach wird zunächst der Ausgangswert ermittelt. Dieser Ausgangswert setzt sich aus dem Bodenwert (vgl. Abschnitt 35), dem Gebäudewert (vgl. Abschnitt 36 bis 44) und dem Wert der Außenanlagen (vgl. Abschnitt 45) zusammen. Der Ausgangswert ist durch eine Wertzahl an den gemeinen Wert anzugleichen (vgl. Abschnitt 46).

(2) Einen Überblick über das Sachwertverfahren enthält die Anlage 10.

(3) Die Vorschriften über den Mindestwert (§ 77 BewG) sind auch bei einer Bewertung im Sachwertverfahren zu beachten (vgl. Abschnitt 17).

§ 84 Bodenwert

Der Grund und Boden ist mit dem Wert anzusetzen, der sich ergeben würde, wenn das Grundstück unbebaut wäre.

BewRGr

35. Ermittlung des Bodenwerts

(1) Als Bodenwert ist der gemeine Wert anzusetzen, den der Grund und Boden als unbebautes Grundstück haben würde (§ 84 BewG). Der Umstand, daß das Grundstück bebaut ist, bleibt bei der Wertbemessung des Grund und Bodens außer Betracht. Er drückt sich in der Angleichung des Ausgangswerts an den gemeinen Wert aus (vgl. Abschnitt 46).

(2) Der Bodenwert ist nach den Abschnitten 7 bis 10 zu ermitteln.

(3) Bei den Fabrikgrundstücken und den anderen gewerblich genutzten Grundstücken kann sich eine besonders günstige Lage zum öffentlichen Verkehrsnetz werterhöhend auswirken, z. B. bei der Anschlußmöglichkeit an das Eisenbahnnetz, Lage an schiffbaren Gewässern und in Hafengebieten. Schlechter Baugrund wirkt sich auf den gemeinen Wert des Grund und Bodens wertmindernd aus. Mit diesem wertmindernden Umstand können werterhöhende Umstände zusammentreffen; trotz schlechten Baugrunds besteht z. B. ein Interesse an der Lage des Grundstücks an einem Gewässer (Fluß, See). Dabei kann auch die Möglichkeit, Wasser günstig zu erwerben und abzuleiten, ein werterhöhender Umstand sein. Kann der gemeine Wert nicht von Werten für gleichartige Grundstücke an einem Gewässer abgeleitet werden, sondern stehen nur Werte für Grundstücke mit gutem Baugrund, die nicht im Wasser liegen, als Vergleichswerte zur Verfügung, so ist ggf. der Umstand, daß der Baugrund nur bedingt tragfähig ist, durch einen Abschlag und die Lage am Wasser durch einen Zuschlag zu berücksichtigen. Bei besonders günstigen Industrieanlagen (z. B. in Hafengebieten) kann der Zuschlag wegen der Lage höher sein als der Abschlag wegen des schlechten Baugrunds. Aufgefüllter Boden ist nicht als tragfähiger Baugrund anzusehen; reicht er unter die normale Gründungstiefe (vgl. DIN 277, Ausgabe November 1950 x, Abschnitt 1.344 – Anlage 12), so wirkt er sich wertmindernd aus.

(4) Bei Grundstücken mit Arkaden, die aufgrund einer baubehördlichen Auflage erstellt worden sind und für die sich dieser Umstand nicht schon im Richtwert ausgedrückt hat, ist folgendes zu beachten:

1. Ist das Eigentum an der Gehfläche der Arkaden in privater Hand geblieben, so ist zu prüfen, ob und in welcher Höhe der Wert des Grund und Bodens wegen der Ausnutzungsbeschränkung des Grundstücks gemindert ist. Im allgemeinen kann die Grundfläche der Arkaden vom Eigentümer nicht genutzt werden. Diese Minderausnutzung beeinträchtigt den Wert des Grund und Bodens und ist deshalb bei der Ermittlung des Bodenwerts für das Arkadengrundstück durch einen Abschlag zu berücksichtigen. Die Höhe des Abschlags ergibt sich aus de Verhältnis des von den Arkaden umschlossenen Rauminhalts zum gesamten Rauminhalt des Gebäudes einschließlich der Arkaden. Der Wertminderung durch den Bau der Arkaden können aber Werterhöhungen gegenüberstehen. Oft wird der Arkadenraum durch das Aufstellen von Schaukästen, Vorführeinrichtungen, Vitrinen und dgl. genutzt. Soweit in solchen Fällen eine weitgehende Raumausnutzung besteht, kann der errechnete Abschlag wegfallen.

2. Gehört die Gehfläche der Arkaden der Gemeinde, so ist der Wert des Grund und Bodens wegen der erhöhten baulichen Ausnutzung des restlichen Grund und Bodens durch Über- und Unterbebauung der der Gemeinde gehörenden Grundstücksfläche zu erhöhen. Die Höhe des Mehrwerts ist zu berechnen nach dem Verhältnis des durch die Arkaden gewonnenen Rauminhalts zum Rauminhalt, der sich bei normaler Nutzung (ohne Arkaden) ergeben hätte.

Hat der Grundstückseigentümer die Arkaden freiwillig errichtet, so kann eine Wertminderung in der Regel nicht anerkannt werden.

(5) Bei Grundstücken mit Passagen (überbaute oder mit einem Glasdach versehene Flächen, die dem öffentlichen Verkehr dienen) kann regelmäßig das Hinterland ebenso genutzt werden wie das Vorderland. Durch die bessere Ausnutzung der als Hinterland zu bewertenden Flächen wird ein Minderwert des Grund und Bodens der dem Verkehr dienenden Passage ausgeglichen. Deshalb kommt ein Abschlag wegen geringer baulicher Ausnutzung durch den Passagebau in der Regel nicht in Betracht.

§ 85 Gebäudewert

¹Bei der Ermittlung des Gebäudewertes ist zunächst ein Wert auf der Grundlage von durchschnittlichen Herstellungskosten nach den Baupreisverhältnissen des Jahres 1958 zu errechnen. ²Dieser Wert ist nach den Baupreisverhältnissen im Hauptfeststellungszeitpunkt umzurechnen (Gebäudenormalherstellungswert). ³Der Gebäudenormalherstellungswert ist wegen des Alters des Gebäudes im Hauptfeststellungszeitpunkt (§ 86) und wegen etwa vorhandener baulicher Mängel und Schäden (§ 87) zu mindern (Gebäudesachwert). ⁴Der Gebäudesachwert kann in besonderen Fällen ermäßigt oder erhöht werden (§ 88).

Rechtsprechungsauswahl

BFH Urteil vom 14.10.2020 II R 27/18 (BStBl. II 2021 S. 799)
Einheitsbewertung eines Supermarkts (Altbundesgebiet)
1. Bei der Ermittlung des Gebäudenormalherstellungswerts eines Flachdachgebäudes im Altbundesgebiet ist das von den Außenwänden des Gebäudes gänzlich umschlossene Raumvolumen voll anzurechnen.
2. Befinden sich unterhalb des Dachs Versorgungsleitungen, die mittels einer abgehängten Decke der Sicht entzogen sind, steht dies der Vollanrechnung nicht entgegen.

BFH-Urteil vom 30.6.2010 II R 60/08 (BStBl. II S. 897): Bewertung eines Lebensmittelmarktes als Warenhaus – Verfassungsmäßigkeit der Einheitsbewertung.
1. Lebensmittelmärkte sind der Gebäudeklasse 4 „Warenhäuser" der Anlage 15 zu Abschn. 38 BewRGr zuzurechnen.
2. Eine von der Gebäudeklasseneinteilung der BewRGr abweichende Bewertung ist nur möglich, wenn der nach dieser Einteilung maßgebliche Durchschnittswert für den gemeinen Wert des Gebäudes bedeutsame Eigenschaften, z.B. hinsichtlich Bauart, Bauweise, Konstruktion sowie Objektgröße, nicht ausreichend berücksichtigt und um mindestens 100 % höher als die durchschnittlichen tatsächlichen Herstellungskosten vergleichbarer Bauwerke ist.
3. Die Vorschriften über die Einheitsbewertung des Grundvermögens sind trotz der verfassungsrechtlichen Zweifel, die sich aus den lange zurückliegenden Hauptfeststellungszeitpunkten des 1. Januar 1964 bzw. – im Beitrittsgebiet – des 1. Januar 1935 und darauf beruhenden Wertverzerrungen ergeben, jedenfalls für Stichtage bis zum 1. Januar 2007 noch verfassungsgemäß.

BFH-Urteil v. 12.6.2002 II R 15/99 (BFH/NV S. 1282):
1. Lebensmittelmärkte sind der Gebäudeklasse 4 „Warenhäuser" der Anlage 15 zu Abschn. 38 BewRGr zuzurechnen.
2. Die in den Anlagen 14 und 15 zu Abschn. 38 BewRGr den einzelnen Gebäudeklassen zugeordneten Durchschnittswerte sind zum Zwecke einer möglichst gleichmäßigen Bewertung grundsätzlich anzuwenden. Dies setzt auch die Maßgeblichkeit der Gebäudeklasseneinteilung jedenfalls für den Regelfall voraus. Für die Abgrenzung, ob ein Lebensmittelmarkt ein „Warenhaus" i. S. der Gebäudeklasse 4 der Anlage 15 zu Abschn. 38 BewRGr darstellt, ist die Definition in Abschn. 16 Abs. 7 Satz 5 BewRGr maßgebend.
3. Eine von den BewRGr abweichende Gebäudeklasseneinteilung kommt nur in Betracht, wenn die nach der Gebäudeklasseneinteilung maßgeblichen Durchschnittswerte für den gemeinen Wert des Gebäudes bedeutsame Eigenschaften, z. B. hinsichtlich Bauart, Bauweise, Konstruktion sowie Objektgröße nicht ausreichend berücksichtigen und die Abweichung zwischen dem auf der Grundlage der Durchschnittswerte (nach den BewRGr) und dem nach den tatsächlichen durchschnittlichen Herstellungskosten vergleichbarer Bauwerke ermittelten Gebäudenormalherstellungswert außerhalb jeder bei Durchschnittswerten üblichen und noch vertretbaren Toleranz liegt.

BewRGr

36. Ermittlung des Gebäudewerts

(1) Zur Ermittlung des Gebäudewerts wird zunächst der Gebäudenormalherstellungswert berechnet. Dabei werden Herstellungskosten nach den Baupreisverhältnissen des Jahres 1958 zugrunde gelegt. Diese Herstellungskosten, zu denen auch die in der Anlage 11 bezeichneten Baunebenkosten gehören, ergeben sich durch die Vervielfachung der Anzahl der Kubikmeter des umbauten Raumes (vgl. Abschnitt 37) mit einem durchschnittlichen Preis für einen Kubikmeter umbauen Raumes (vgl. Abschnitt 38). Der sich danach ergebende Wert wird ggf. wegen der bei der Berechnung des umbauten Raumes nicht er-

faßten Bauteile erhöht (vgl. Abschnitt 39 Abs. 1). Ebenso müssen besondere Umstände, die im Raummeterpreis nicht zum Ausdruck kommen, durch Abschläge oder Zuschläge berücksichtigt werden (vgl. Abschnitt 39 Abs. 2). Bei Überdachungen werden die Herstellungskosten nach Durchschnittspreisen je Quadratmeter überdachter Fläche ermittelt. Die so ermittelten durchschnittlichen Herstellungskosten des Jahres 1958 werden nach den Baupreisverhältnissen im Hauptfeststellungszeitpunkt umgerechnet und ergeben den Gebäudenormalherstellungswert (vgl. Abschnitt 40).

(2) Zur Ermittlung des Gebäudesachwert werden vom Gebäudenormalherstellungswert die Wertminderungen wegen Alters (vgl. Abschnitt 41) und wegen etwaiger Baumängel und Bauschäden (vgl. Abschnitt 42) abgezogen.

(3) Der Gebäudesachwert stimmt im Regelfall mit dem Gebäudewert überein. Ausnahmsweise kann der Gebäudesachwert wegen besonderer Umstände ermäßigt oder erhöht werden; vgl. im einzelnen Abschnitt 44.

37. Berechnung des umbauten Raumes

(1) Der umbaute Raum ist nach DIN 277 (November 1950 x) zu berechnen (vgl. auch Anlage 12). Danach werden Vollgeschosse, Keller und ausgebaute Dachgeschosse mit dem vollen Rauminhalt angesetzt. Nicht ausgebaute Dachräume werden mit einem Drittel ihres Rauminhalts berücksichtigt. Das gilt auch dann, wenn die Decke über dem oberen Vollgeschoß nicht begehbar ist (z. B. unterhalb des Daches aufgehängte Staubdecken). Im einzelnen vergleiche die Zeichnungen der Anlage 12.

(2) Bei der Anwendung der Abschnitte 1.1 bis 1.36 der DIN 277 muß insbesondere folgendes beachtetet werden:

1. Einzelne Stützen vor dem Außenmauerwerk eines Gebäudes sind als Wandpfeiler zu behandeln. Ihr Rauminhalt ist nicht dem umbauten Raum des Gebäudes zuzurechnen (Abschnitt 1.343 der DIN 277). Liegen dagegen bei einer Fassade die Fenster und Brüstungen oder das Außenmauerwerk gegenüber der Vorderfläche der Stützen vertieft und sind diese Stützen für die Bauart und Konstruktion des Gebäudes charakteristisch, wie z. B. bei modernen Gebäuden in Skelettbauart, so rechnet die Gebäudegrundfläche bis zu den Vorderflächen der Stützen. Diese Vorderflächen gelten als Außenflächen der Umfassungen (Abschnitt 1.11 der DIN 277). Die Rücksprünge des Außenmauerwerks gegenüber der Vorderfläche der Stützen sind als Nischen zu behandeln, die bei der Ermittlung des umbauten Raumes nicht abgezogen werden (Abschnitt 1.331 der DIN 277).

2. Für selbständige kleinere Gebäude im Inneren von größeren Gebäuden (z. B. Materiallager, Meisterbüros, Kioske) sind die Gebäudenormalherstellungskosten getrennt zu ermitteln. Der Rauminhalt des kleineren Gebäudes ist vom Rauminhalt des größeren Gebäudes nicht abzuziehen.

3. Ist für einzelne Geschosse oder Räume eines Gebäudes ein von den übrigen Geschossen oder Räumen abweichender Raummeterpreis anzusetzen, so ist der umbaute Raum dieser Geschosse oder Räume getrennt zu berechnen (Abschnitt 1.36 der DIN 277). Das wird beispielsweise bei Gebäuden erforderlich sein, die Räume verschiedener Zweckbestimmungen (z. B. neben Fabrikationsräumen auch Büroräume) enthalten. Eine getrennte Raumberechnung kommt ferner in Betracht, wenn bei Gebäuden mit Gebäudeteilen verschiedenen Alters die Wertminderung wegen Alters für jeden Gebäudeteil getrennt berechnet wird; vgl. Abschn. 41 Abs. 4.

38. Raummeterpreise

(1) Die Raummeterpreise sind nach Erfahrungswerten anzusetzen. Maßgebend sind Raummeterpreise, die erfahrungsgemäß im Durchschnitt für Gebäude bestimmter Nutzung, Bauart und Bauweise aufzuwenden sind. Solche Erfahrungswerte sind für bestimmte Geschäftsgrundstücke und für bestimmte Fälle von sonstigen bebauten Grundstücken in den Anlagen 141) und 151) in Verbindung mit der Anlage 131) enthalten. Die Gebäudeklasseneinteilung für Fabrikgrundstücke (Anlage 141) ist auch anzuwenden auf Zechen, Werkstätten des Handels, Lagerhaugrundstücke, Molkereigrundstücke, Schlachthäuser und Mühlengrundstücke. Den angegebenen Raummeterpreisen liegt die DIN 277 (November 1950 x) zugrunde. In den Preisen, die bereits auf die Baupreisverhältnisse im Hauptfeststellungszeitpunkt (1. Januar 1964) umgerechnet worden sind, sind auch die Baunebenkosten enthalten. Die Raummeterpreise können ermäßigt oder erhöht werden, wenn bestimmte Umstände vorliegen. Diese Umstände sind in den Gebäudeklasseneinteilungen (Anlagen 14 und 15) aufgeführt.

(2) Im Teil B der Gebäudeklasseneinteilung für Fabrikgrundstücke (Anlage 14) werden die Gebäudeklassen u. a. nach Geschoßhöhen unterschieden. Als Geschoßhöhe gilt der Abstand von Fußbodenoberfläche bis Deckenunterkante zuzüglich Deckenstärke. Läßt sich im Einzelfall die Deckenstärke nicht ermitteln, so ist sie mit 25 cm anzunehmen. Im einzelnen vergleiche die Zeichnungen in der Anlage 12. Für Gebäude mit verschiedenen Geschoßhöhen kann ein durchschnittlicher Raummeterpreis für das ganze Gebäude angesetzt werden, wenn nicht die Geschosse für sich berechnet werden.

§ 85 BewG   BewRGr 38–39

Beispiel:

Ein Fabrikgebäude der Gebäudeklasse 2.56 hat ein Geschoß von 5 m Höhe (Raummeterpreis 56,00 DM) und zwei Geschosse von je 3,50 m Höhe (Raummeterpreis 63,50 DM). Der durchschnittliche Raummeterpreis für das Gebäude beträgt

$$\frac{56,00 \times 1 + 63,50 \times 2}{3} = 61,00 \text{ DM.}$$

(3) Bei Gebäuden, deren Geschoßhöhe die in der Gebäudeklasseneinteilung vorgesehenen Grenzen von vier Metern oder sechs Metern bis zu 80 cm überschreiten, ist ein der Geschoßhöhe entsprechender Zwischenwert zu berechnen und anzusetzen. Dabei sind zu den Raummeterpreisen, die nach der Geschoßhöhe in Betracht kommen, folgende Zuschläge oder Abschläge zu machen:

Bei einer Überschreitung der Höhe von 4 m und 6 m um

20 cm	40 cm	60 cm	80 cm
9/10	8/10	7/10	6/10

des Preisunterschieds zwischen dem höheren und dem niedrigeren Raummeterpreis.

Beispiel:

Ein Fabrikgebäude der Gebäudeklasse 2,56 hat eine Geschoßhöhe von 4,20 m. Der Raummeterpreis beträgt bis zu 4 m = 63,50 DM und bis zu 6 m = 56,00 DM. Der Zwischenwert für die Geschoßhöhe von 4,20 m beträgt dann

$$56,00 + \frac{7,50 \times 9}{10} = 62,75 \text{ DM.}$$

(4) Für Einfamilienhäuser und Zweifamilienhäuser ist der Raummeterpreis nach der Anlage 16[1]) zu ermitteln. Die angegebenen Preise sind bereits auf die Baupreisverhältnisse im Hauptfeststellungszeitpunkt (1. Januar 1964) umgerechnet. Diese Bauteil-Preistabelle ist auch bei den zur wirtschaftlichen Einheit eines Einfamilienhauses oder Zweifamilienhauses gehörenden Wohngebäuden für das Hauspersonal anzuwenden. Ist für Bauteile ein Preisrahmen angegeben, so richtet sich der anzusetzende Preis nach der Güte der Ausstattung und nach der Anzahl der vorhandenen Bauteile. Der anzusetzende Raummeterpreis ist auf volle Deutsche Mark nach unten abzurunden.

39. Ermäßigung oder Erhöhung des nach dem Raummeterpreis errechneten Werts

(1) Nach Abschnitt 1.4 der DIN 277 (vgl. auch Anlage 12) werden bestimmte Bauteile nicht bei der Berechnung des umbauten Raumes erfaßt. Sie müssen vielmehr bei der Ermittlung des Gebäudenormalherstellungswerts besonders berücksichtigt werden. Bei der Anwendung dieses Abschnitts der DIN 277 ist nicht kleinlich zu verfahren. So sind Dachaufbauten mit vorderen Ansichtsflächen bis zu je 5 qm, Dachreiter, Vordächer bis zu je 1 m Ausladung oder bis zu je 10 qm Fläche, Balkonplatten, Brüstungen von Balkonen, vorgelagerte Treppenstufen (ausgenommen größere Freitreppen), Füchse und Hausschornsteine außer Betracht zu lassen. Dagegen sind die in einer baulicher Verbindung mit dem Gebäude stehenden Rampen und Terrassen sowie die außergewöhnlichen Gründungen und die wasserdruckhaltenden Dichtungen von Kellergeschossen bei der Ermittlung des Gebäudenormalherstellungswertes zu berücksichtigen. Das gleiche gilt für Überdachungen auf Flachdächern (z. B. Überdachungen von Dachgärten). Befinden sich Gebäude auf Grundstücken, bei denen Oberflächenveränderungen (z. B. durch Bergbau) zu befürchten sind, dürfen die Zuschläge für außergewöhnliche Gründungen, soweit durch sie etwaige Schäden infolge der zu erwartenden Oberflächenveränderungen verhindert werden sollen, die Abschläge vom Bodenwert wegen des schlechten Baugrunds nicht übersteigen. Auch für Unterfahrten und Arkaden sind die Herstellungskosten besonders zu berechnen. Dabei können folgende Erfahrungswerte nach den Baupreisverhältnissen im Hauptfeststellungszeitpunkt (1. Januar 1964) als Anhalt zugrunde gelegt werden:

für 1 m² Stahlbetondecke oder Stahlbetonschale	33 DM;
für 1 m² Mauerwerk	100 DM;
für 1 m² Stahlbeton	120 DM.

(2) Der sich durch die Vervielfachung der Anzahl der Kubikmeter umbauten Raumes mit dem Raummeterpreis ergebende Wert ist ferner zu ermäßigen oder zu erhöhen, wenn besondere Umstände vorliegen, die in der Höhe des Raummeterpreises nicht zum Ausdruck kommen. So sind beispielsweise für fehlende Außenwände Abschläge zu machen. Ein Abschlag kommt aber nicht in Betracht, wenn mehrere Gebäude aneinandergebaut sind und dadurch gegenüber freistehenden Gebäuden eine Außenwand eingespart worden ist. Die Ersparnis an Kosten für die Außenwand wird regelmäßig durch größere Aufwendungen für die konstruktive Durchbildung der aneinandergereihten Gebäude ausgeglichen. Die Er-

sparnis beim Mauerwerk kann auch durch Aufwendungen für andere durch das Aneinanderfügen der Baukörper notwendig gewordene bauliche Maßnahmen ausgeglichen sein. Zuschläge sind beispielsweise bei Gebäuden mit geringen gebauten Flächen zu machen. Näheres über diese Abschläge und Zuschläge ergibt sich aus den Gebäudeklasseeinteilungen (Anlagen 14 und 15).

40. Umrechnung der durchschnittlichen Herstellungskosten des Jahres 1958 nach den Baupreisverhältnissen im Hauptfeststellungszeitpunkt

(1) Die Umrechnung der durchschnittlichen Herstellungskosten des Jahres 1958 (vgl. Abschnitt 36 Abs. 1) nach den Baupreisverhältnissen im Hauptfeststellungszeitpunkt erfolgt mit Hilfe des amtlichen Baupreisindex des Statistischen Bundesamtes mit der Bezugsgrundlage 1958 = 100. Maßgebend ist der Baupreisindex des Kalenderjahres, das dem Hauptfeststellungszeitpunkt vorangeht.

(2) Für die Hauptfeststellung auf den Beginn des Kalenderjahres 1964 wird bei Einfamilienhäusern und bei Zweifamilienhäusern ein Baupreisindex von 140 (1958 = 100), bei allen übrigen Gebäuden ein Baupreisindex von 135 (1958 = 100) zugrunde gelegt. Die in den Anlagen 14 bis 16 angegebenen Preise sind bereits unter Berücksichtigung dieser Baupreisindices auf die Baupreisverhältnisse im Hauptfeststellungszeitpunkt (1. Januar 1964) umgerechnet.

§ 86 BewG

§ 86 Wertminderung wegen Alters

(1) ¹Die Wertminderung wegen Alters bestimmt sich nach dem Alter des Gebäudes im Hauptfeststellungszeitpunkt und der gewöhnlichen Lebensdauer von Gebäuden gleicher Art und Nutzung. ²Sie ist in einem Prozentsatz des Gebäudenormalherstellungswertes auszudrücken. ³Dabei ist von einer gleichbleibenden jährlichen Wertminderung auszugehen.

(2) Als Alter des Gebäudes gilt die Zeit zwischen dem Beginn des Jahres, in dem das Gebäude bezugsfertig geworden ist, und dem Hauptfeststellungszeitpunkt.

(3) ¹Als Wertminderung darf insgesamt kein höherer Betrag abgesetzt werden, als sich bei einem Alter von siebzig Prozent der Lebensdauer ergibt. ²Dieser Betrag kann nur überschritten werden, wenn eine außergewöhnliche Wertminderung vorliegt.

(4) Ist die restliche Lebensdauer eines Gebäudes infolge baulicher Maßnahmen verlängert, so ist der nach dem tatsächlichen Alter errechnete Prozentsatz entsprechend zu mindern.

Rechtsprechungsauswahl

BFH-Urteil vom 21.2.2006 II R 31/04 (BFH/NV S. 1450):
1. Die nach dem Hauptfeststellungszeitpunkt eingetretene Alterung des Gebäudes ist bei der Ermittlung des Gebäudewerts im Sachwertverfahren nicht nach § 86 BewG wertmindernd zu berücksichtigen.
2. Eine Ermäßigung des Einheitswerts nach § 88 Abs. 2 BewG wegen wirtschaftlicher Überalterung ist nicht allein deshalb vorzunehmen, weil das Gebäude im Feststellungszeitpunkt schon ein bestimmtes Alter erreicht hat.
3. Ungleichmäßigkeit (Wertverzerrungen) bei der Feststellung der Einheitswerte, die in der Überlänge des Hauptfeststellungszeitraums begründet liegen, führen für den Stichtag des 1. Januar 1997 nicht zur Verfassungswidrigkeit der maßgebenden Vorschriften über die Einheitsbewertung.

BewRGr

41. Wertminderung wegen Alters (§ 86 BewG)
a) Wertminderung im Regelfall

(1) Die Wertminderung wegen Alters bestimmt sich nach dem Alter des Gebäudes im Hauptfeststellungszeitpunkt und der gewöhnlichen Lebensdauer von Gebäuden gleicher Art und Nutzung (§ 86 Abs. 1 BewG). Für die Berechnung des Alters des Gebäudes ist vom 1. Januar des Jahres auszugehen, in dem das Gebäude bezugsfertig geworden ist. Zum Begriff der Bezugsfertigkeit vgl. Abschnitt 6. Bei wiederaufgebauten Gebäuden ist das Jahr des Wiederaufbaus auch dann maßgebend, wenn sie unter Verwendung stehengebliebener Gebäudeteile oder Bauteile wiedererrichtet worden sind. Die gewöhnliche Lebensdauer eines Gebäudes hängt von dessen Bauart und Nutzung ab. Sie läßt sich im voraus nicht mit Sicherheit bestimmen. Deshalb müssen allgemeine Erfahrungssätze zugrunde gelegt werden.

(2) Die Wertminderung wegen Alters wird stets in einem Hundertsatz des Gebäudenormalherstellungswertes ausgedrückt. Dabei darf nur von einer gleichbleibenden jährlichen Wertminderung ausgegangen werden; andere Verfahren sind nicht zulässig (§ 86 Abs. 1 letzter Satz BewG). Als Lebensdauer und jährliche Wertminderung sind zugrunde zu legen:

Bauart	Lebensdauer und jährliche Wertminderung für Fabrikgebäude, Werkstattgebäude, Lagergebäude, Kühlhäuser, Trockenhäuser, Molkereigebäude, Tankstellengebäude, Transformatorenhäuser, Hallenbäder, Badehäuser		die übrigen Gebäude	
	in Jahren	in v. H.	in Jahren	in v. H.
Massivgebäude und Gebäude in Stahl- oder Stahlbetonskelettkonstruktion	80	1,25	100	1,00
Holzfachwerkgebäude mit Ziegelsteinausmauerung	60	1,67	70	1,43
Holzgebäude und Holzfachwerkgebäude mit Lehmausfachung oder mit Verschalung, Massivgebäude aus großformatigen Betonplatten (Fertigteile)	50	2,00	60	1,67
Massivschuppen, Stahlfachwerkgebäude mit Plattenverkleidung, Gebäude in leichter Bauart, bei denen die Außenmauern – ohne Putz gemessen – weniger als 20 cm stark sind (ausgenommen Skelettbauten und Rahmenbauten), Fertigteilbauten aus Holz	40	2,50	40	2,50
Holzgebäude in Tafelbauart mit massiven Fundamenten	30	3,33	30	3,33
Wellblechschuppen, Holzschuppen, Holzgebäude in Tafelbauart ohne massive Fundamente	20	5	20	5

(3) Für Fabrikgebäude der in Absatz 2 unter Nr. 1 genannten Art, die im Zusammenhang mit dem Industriezweig, für den sie verwendet werden, der zerstörenden Einwirkung von Dampf oder Chemikalien ausgesetzt sind und trotz laufender baulicher Unterhaltung besonders starkem Verschleiß unterliegen, ist eine Lebensdauer von 60 Jahren zugrunde zu legen. In Betracht kommen bestimmte Gebäude von chemischen Betrieben und Säurebetrieben, wie z. B. der Leder- oder Kunstdüngerindustrie, ferner der Beizereien, Färbereien, Verzinkereien, Verzinnereien, Appreturanstalten, Papierfabriken, wenn bestimmte wesentliche Bauteile (Dach, Fußboden, Putz usw.) kurzfristig zerstört werden. Sind die Zerstörungen nachweislich so stark, daß bei normaler baulicher Unterhaltung eine Lebensdauer von 60 Jahren nicht erreicht wird, so kann in diesen Einzelfällen eine kürzere Lebensdauer zugrunde gelegt werden.

b) Berechnung der Wertminderung bei Gebäuden mit Gebäudeteilen verschiedenen Alters

(4) Anbauten teilen regelmäßig aufgrund ihrer Bauart oder Nutzung das Schicksal des Hauptgebäudes. Der Berechnung der Wertminderung wegen Alters ist deshalb für das gesamte Gebäude das Alters des Hauptgebäudes zugrunde zu legen. Ist dagegen anzunehmen, daß ein Erweiterungsbau nach Größe, Bauart oder Nutzung eine andere Lebensdauer als das Hauptgebäude haben wird, so ist die Wertminderung wegen Alters jeweils getrennt zu berechnen. Das gleiche gilt, wenn für die einzelnen Gebäudeteile unterschiedliche Raummeterpreise anzusetzen sind; vgl. hierzu Abschnitt 37 Abs. 2 Nr. 3.

(5) Für Aufstockungen ist die Wertminderung wegen Alters im allgemeinen nach dem Alter der unteren Geschosse zu bemessen. Es ist jedoch zu prüfen, ob durch die baulichen Maßnahmen die restliche Lebensdauer des Gebäudes verlängert worden ist; vgl. hierzu Absatz 8.

c) Berechnung der Wertminderung bei Verkürzung der gewöhnlichen Lebensdauer

(6) Die gewöhnliche Lebensdauer eines Gebäudes (Absätze 2 und 3) kann durch Baumängel oder Bauschäden verkürzt sein. Dies trifft dann zu, wenn es sich um erheblich nicht behebbare oder nur mit unverhältnismäßig hohen Kosten zu beseitigende Baumängel (z. B. Gründungsmängel) oder Bauschäden (z. B. Bergschäden, Erschütterungsschäden und dgl.) handelt. In diesen Fällen ist zur Errechnung der Wertminderung wegen Alters die voraussichtlich tatsächliche Lebensdauer von Gebäuden mit derartigen Baumängeln oder Bauschäden zugrunde zu legen. Das ergibt sich aus dem Zusammenhang der Vorschriften in § 86 Abs. 1 BewG und der Vorschriften in § 87 BewG. Die voraussichtliche tatsächliche

§ 86 BewG BewRGr 41

Lebensdauer wird errechnet, indem die voraussichtliche Restlebensdauer im Hauptfeststellungszeitpunkt zu dem tatsächlichen Gebäudealter in diesem Zeitpunkt hinzugerechnet wird.

Beispiel:
> Ein Gebäude mit einer gewöhnlichen Lebensdauer von 100 Jahren und einem Alter im Hauptfeststellungszeitpunkt von 40 Jahren hat einen nicht behebbaren Bergschaden, der die Lebensdauer des Gebäudes wesentlich verkürzt. Die voraussichtliche Restlebensdauer im Hauptfeststellungszeitpunkt beträgt nur noch 20 Jahre. Voraussichtliche Lebensdauer im Hauptfeststellungszeitpunkt (Alter + voraussichtliche Restlebensdauer) 40 + 20 Jahre = 60 Jahre. Die jährliche Wertminderung beträgt demnach 100 : 60 = 1,67 v. H. Die Gesamtwertminderung beträgt mithin 40 x 1,67 = rd. 67 v. H.

Bauliche Mängel und Schäden, die hiernach nicht bei der Berechnung der Wertminderung wegen Alters berücksichtigt werden können (behbbare Mängel und Schäden), berechtigen nur zur Gewährung eines Abschlags nach § 87 BewG (vgl. Abschnitt 42).

(7) Ob und inwieweit bei wiederaufgebauten Gebäuden wegen der Verwendung stehengebliebener Gebäude- oder Bauteile eine Verkürzung der gewöhnlichen Lebensdauer anzunehmen ist, ist nach den gegebenen Umständen des Einzelfalles zu entscheiden. Dabei sind Umfang, Alter und Zustand der beim Wiederaufbau verwendeten Gebäude- oder Bauteile zu berücksichtigen.

d) Berechnung der Wertminderung bei Verlängerung der restlichen Lebensdauer

(8) Nach § 86 Abs. 4 BewG ist der nach dem tatsächlichen Alter errechnete Hundertsatz der Wertminderung wegen Alters zu mindern, wenn die restliche Lebensdauer eines Gebäudes durch bauliche Maßnahmen verlängert wird. Eine Verlängerung der Restlebensdauer wird nur dann anzunehmen sein, wenn das Gebäude durchgreifend erneuert oder verbessert worden ist. Bauliche Maßnahmen an nicht tragenden Bauteilen (z. B. Neugestaltung der Fassade) bewirken keine Verlängerung der Restlebensdauer des Gebäudes. Bei einer Verlängerung der restlichen Lebensdauer ist nicht das tatsächliche Alter des Gebäudes, sondern ein dem Ausmaß der baulichen Erneuerung angemessenes geringeres Alter zugrunde zu legen.

Beispiel:
> Bei einem Gebäude mit einer gewöhnlichen Lebensdauer von 80 Jahren beträgt der jährliche Wertminderungssatz (100 : 80 =) 1,25 v. H. Ist das Gebäude im Hauptfeststellungszeitpunkt 30 Jahre alt, so sind im Regelfall nach § 86 Abs. 1 BewG (30 x 1,25 =) 37,5 Vervielfältiger vom Gebäudenormalherstellungswert abzusetzen. Bei durchgreifender baulicher Erneuerung ist der mit 37,5 v. H. errechnete Wertminderungssatz entsprechend der Verjüngung des Gebäudes zu vermindern. Tritt eine Verlängerung der Restlebensdauer um 20 Jahre ein, so sind nur 10 x 1,25 = 12,5 v. H. als Wertminderung wegen Alters abzusetzen.

e) Restwert

(9) Nach § 86 Abs. 3 Satz 1 BewG darf eine Wertminderung wegen Alters vom Gebäudenormalherstellungswert insgesamt kein höherer Betrag abgesetzt werden, als sich bei einem Alter von siebzig vom Hundert der Lebensdauer und dem Hundertsatz der jährlichen Wertminderung (Absatz 2) ergibt.

Beispiel:
> Ein Gebäude hat aufgrund seiner Bauart eine gewöhnliche Lebensdauer von 80 Jahren. Der jährliche Wertminderungssatz beträgt danach (100 : 80 =) 1,25 v. H. Ist das Gebäude im Hauptfeststellungszeitpunkt 60 Jahre alt, so sind nach § 86 Abs. 1 BewG (60 x 1,25 =) 75 v. H. vom Gebäudenormalherstellungswert abzusetzen. Nach Absatz 3 Satz 1 des § 86 BewG darf jedoch höchstens der Betrag abgesetzt werden, der sich bei einem Alter von 70 Jahren vom Hundert der Lebensdauer ergibt. Das sind (70 v. H. von 80 Jahren =) 56 Jahre; abzusetzen sind 56 x 1,25 = 70 v. H.

Auch bei jeder anderen Lebensdauer nach Absatz 2 als bei den im Beispiel angewendeten 80 Jahren ergibt sich höchstens eine Minderung des Gebäudenormalherstellungswerts um 70 v. H. Der nach Abzug der Wertminderung wegen Alters verbleibende Wert (Restwert) darf somit grundsätzlich 30 v. H. des Gebäudenormalherstellungswert nicht unterschreiten. Eine Ausnahme ist nur zu machen, wenn eine außergewöhnliche Wertminderung vorliegt (§ 86 Abs. 3 Satz 2 BewG). Das kann z. B. in außergewöhnlichen Fällen des Absatzes 6 der Fall sein. In derartigen Fällen darf der Restwert von 30 v. H. aber nur unterschritten werden, wenn im Feststellungszeitpunkt feststeht, daß das Gebäude innerhalb eines Zeitraums von 10 Jahren abgebrochen werden muß.

§ 87 Wertminderung wegen baulicher Mängel und Schäden

¹Für bauliche Mängel und Schäden, die weder bei der Ermittlung des Gebäudenormalherstellungswertes noch bei der Wertminderung wegen Alters berücksichtigt worden sind, ist ein Abschlag zu machen. ²Die Höhe des Abschlags richtet sich nach Bedeutung und Ausmaß der Mängel und Schäden.

BewRGr

42. Wertminderung wegen baulicher Mängel und Schäden (§ 87 BewG)

(1) Für bauliche Mängel und Schäden ist ein Abschlag nur zulässig, wenn die Mängel und Schäden weder im Gebäudenormalherstellungswert noch bei der Wertminderung wegen Alters berücksichtigt worden sind (§ 87 BewG). Baumängel und Bauschäden, die die gewöhnliche Lebensdauer eines Gebäudes verkürzen, werden schon bei der Berechnung der Wertminderung wegen Alters berücksichtigt (vgl. Abschnitt 41 Abs. 6). Ein Abschlag nach § 87 BewG kann daneben für diese Schäden nicht gewährt werden. Der Abschlag ist daher nur für solche baulichen Mängel und Schäden zu gewähren, die behebbar und deshalb bei der Ermittlung der Lebensdauer nicht berücksichtigt sind. In Betracht kommen in erster Linie, sofern der Schaden nach Lage des Falles behoben werden kann, fehlerhafte Bauausführung, Fehlen von Bauteilen sowie die Folgen äußerer Schadenseinwirkungen (z. B. Kriegs-, Rauch- oder Wassereinwirkungen).

(2) Die Höhe des Abschlags richtet sich bei fehlenden Bauteilen nach dem Wertanteil des fehlenden Bauteils am Gesamtwert des Gebäudes. Wegen eines zur Zeit nur vorhandenen Notdaches ist z. B. ein Abschlag zu machen, der dem Wertanteil entspricht, den der fehlende Bauteil am Gesamtwert des Gebäudes haben würde. Im übrigen ist die Höhe des Abschlags nach dem Ausmaß des Schadens an dem jeweiligen Bauteil zu bemessen.

43. Zusammentreffen von Wertminderung infolge Verkürzung der Lebensdauer und von Wertminderungen infolge schlechten baulichen Zustandes

Trifft eine besondere Wertminderung wegen Alters infolge Verkürzung der Lebensdauer (vgl. Abschnitt 41 Abs. 6 und 7) mit einer Wertminderung wegen schlechten baulichen Zustandes (vgl. Abschnitt 42) zusammen, ist so zunächst die Wertminderung wegen Alters vorzunehmen. Von dem dann verbleibenden Wert ist der nach Abschnitt 42 zulässige Abschlag wegen noch nicht berücksichtigter Schäden nach § 87 BewG zu machen.

Beispiel:

Ein Gebäude mit einer gewöhnlichen Lebensdauer von 100 Jahren und einem Alter von 40 Jahren im Hauptfeststellungszeitpunkt muß infolge eines nicht behebbaren Bergschadens mit Sicherheit in 10 Jahren abgebrochen werden. Außerdem liegt ein behebbarer Bauschaden von 20 v. H. vor.

Die Wertminderung wegen Alters beträgt:
Tatsächliche Lebensdauer (Alter + tatsächliche Restlebensdauer)
40 + 10 = 50 Jahre.

Jährlicher Wertminderungssatz $\frac{100}{50} = 2$ v. H.

Wertminderung wegen Alters insgesamt (40 x 2 =) 80 v. H.

Um diesen Hundertsatz ist der Gebäudenormalherstellungswert zu kürzen. Der verbleibende Wert ist um weitere 20 v. H. wegen des behebbaren Bauschadens zu mindern.

§ 88 BewG

§ 88 Ermäßigung und Erhöhung

(1) Der Gebäudesachwert kann ermäßigt oder erhöht werden, wenn Umstände tatsächlicher Art vorliegen, die bei seiner Ermittlung nicht berücksichtigt worden sind.

(2) Eine Ermäßigung kann insbesondere in Betracht kommen, wenn Gebäude wegen der Lage des Grundstücks, wegen unorganischen Aufbaus oder wirtschaftlicher Überalterung in ihrem Wert gemindert sind.

(3) Ein besonderer Zuschlag ist zu machen, wenn ein Grundstück nachhaltig gegen Entgelt für Reklamezwecke genutzt wird.

Rechtsprechungsauswahl

BFH-Urteil vom 21.2.2006 II R 31/04 (BFH/NV S. 1450):
1. Die nach dem Hauptfeststellungszeitpunkt eingetretene Alterung des Gebäudes ist bei der Ermittlung des Gebäudewerts im Sachwertverfahren nicht nach § 86 BewG wertmindernd zu berücksichtigen.
2. Eine Ermäßigung des Einheitswerts nach § 88 Abs. 2 BewG wegen wirtschaftlicher Überalterung ist nicht allein deshalb vorzunehmen, weil das Gebäude im Feststellungszeitpunkt schon ein bestimmtes Alter erreicht hat.
3. Ungleichmäßigkeit (Wertverzerrungen) bei der Feststellung der Einheitswerte, die in der Überlänge des Hauptfeststellungszeitraums begründet liegen, führen für den Stichtag des 1. Januar 1997 nicht zur Verfassungswidrigkeit der maßgebenden Vorschriften über die Einheitsbewertung.

BFH-Urteil v. 2.6.2004 II R 51/01 (HFR 2005 S. 96): Die Ermäßigung des Einheitswerts eines bebauten Grundstücks wegen wirtschaftlicher Überalterung kommt nur dann in Betracht, wenn feststeht, dass sich die tatsächliche Nutzungsdauer eines Gebäudes aus objektiven, wirtschaftlich zwingenden Gründen gegenüber der gewöhnlichen (technischen) Nutzungsdauer verkürzt, d. h. dass der Zeitraum der tatsächlichen Verwendung des Gebäudes gegenüber der gewöhnlichen Lebensdauer für jeden Eigentümer verkürzt ist und damit zu rechnen ist, dass das Gebäude vorzeitig abgebrochen oder dem Verfall preisgegeben wird. Ob und in welchem Ausmaß eine wirtschaftliche Überalterung vorliegt, ist danach zu beurteilen, ob das Gebäude – losgelöst von dem konkreten Betrieb – bei jeder nach der Bauart möglichen Nutzung wirtschaftlich als überaltert anzusehen ist.

BewRGr

44. Ermäßigung und Erhöhung des Gebäudesachwerts (§ 88 BewG)

a) Allgemeines

(1) Der Gebäudesachwert kann bei der Ermittlung des Gebäudewerts in Einzelfällen nach § 88 BewG ermäßigt oder erhöht werden, wenn Umstände tatsächlicher Art vorliegen, die weder bei der Ermittlung des Gebäudenormalherstellungswerts noch durch die Wertminderungen wegen Alters oder wegen baulicher Mängel und Schäden bei der Ermittlung des Gebäudesachwerts berücksichtigt worden sind. Umstände, die nicht nur Einzelfälle betreffen, sondern den Wert ganzer Gruppen von Grundstücken beeinflussen (z. B. Industriezweige im Zonengrenzgebiet), betreffen regelmäßig nicht allein das Gebäude. Sie werden daher bei der Angleichung des Ausgangswerts des Grundstücks an den gemeinen Wert berücksichtigt; vgl. Abschnitt 46.

(2) Die Gründe für eine Ermäßigung oder Erhöhung können verschiedener Art sein. Die im Gesetz genannten Gründe stellen nur Beispiele dar. Nur Umstände objektiver Art, die den gemeine Wert des Grundstücks nachhaltig beeinflussen, können eine Ermäßigung oder Erhöhung rechtfertigen. Rein persönliche oder ungewöhnliche Verhältnisse sind unbeachtlich, da diese den gemeinen Wert nicht beeinflussen (§ 9 BewG). Das Ausmaß der Ermäßigung oder Erhöhung hängt von den Umständen des Einzelfalles ab.

b) Ermäßigung wegen der Lage des Grundstücks

(3) Der Gebäudesachwert kann wegen der Lage des Grundstücks ermäßigt werden, wenn besondere Verhältnisse im Einzelfall nicht nur den Bodenwert, sondern auch den Wert des Gebäudes beeinflussen. Das kann z. B. bei einem Einfamilienhaus der Fall sein, das in unmittelbarer Nähe einer Fabrik mit starker Rauchentwicklung liegt. Räumliche Abgelegenheit und sonstige Besonderheiten der Lage führen aber auch in Einzelfällen nicht zu einer Wertminderung des Gebäudes, wenn die Zweckbestimmung des Grundstücks eine derartige Abgelegenheit erforderlich macht oder wenn die Abgelegenheit sich nicht

nachhaltig auf die Nutzung auswirkt (RFH-Urteil vom 14. 6. 1939, RStBl. S. 863). Das gilt insbesondere für Fabrikgrundstücke.

c) Ermäßigung wegen wirtschaftlicher Überalterung

(4) Ein Gebäude kann auch wirtschaftlich veralten. Ist die wirtschaftliche Wertminderung größer als der Betrag, um den sich der Wert des Gebäudes wegen seines Alters vermindert, so kann eine Ermäßigung wegen wirtschaftlicher Überalterung vorgenommen werden. Voraussetzung ist jedoch, daß das Gebäude nicht nur für den derzeitigen Eigentümer, sondern auch für einen Erwerber des Grundstücks seine volle wirtschaftliche Verwertbarkeit verloren hat. Entscheidend für die Gewährung eines Abschlags ist deshalb, ob aus wirtschaftlich zwingenden objektiven Gründen anzunehmen ist, daß der Zeitraum der tatsächlichen Verwendung des Gebäudes gegenüber der gewöhnlichen Lebensdauer verkürzt ist und daß deshalb das Gebäude vorzeitig abgebrochen werden muß (RFH-Urteil vom 16.11.1939, RStBl. 1940 S. 492).

Beispiel:

Bei einem Braunkohlenbergwerk beträgt die künftige Abbaumöglichkeit im Hauptfeststellungszeitpunkt nur noch 15 Jahre. Die dem Bergbau dienenden Gebäude sind bei Erschöpfung der Abbausubstanz für andere Zwecke nicht verwertbar. Ein Abschlag wegen wirtschaftlicher Überalterung ist gerechtfertigt.

(5) Die Höhe des Abschlags bemißt sich nach der Verkürzung der Lebensdauer, die wegen der Überalterung für das Gebäude anzunehmen ist. Sie ist gleich dem Unterschied, der sich für die Wertminderung bei Zugrundelegung der gewöhnlichen oder der nach Abschnitt 41 Abs. 6 und 7 verkürzten Lebensdauer gegenüber der Wertminderung bei Zugrundelegung der kürzeren Lebensdauer ergibt.

Beispiel:

Ein Gebäude hat infolge wirtschaftlicher Überalterung statt einer gewöhnlichen Lebensdauer von 80 Jahren nur eine Lebensdauer von 60 Jahren. Es ist im Hauptfeststellungszeitpunkt 50 Jahre alt. Die Wertminderung wegen Alters beträgt

bei gewöhnlicher Lebensdauer 50 x 1,25 = 62,5 v. H.
bei verkürzter Lebensdauer   50 x 1,67 = 83,5 v. H.
                              Unterschied = 21 Punkte.

Der Gebäudesachwert ist wegen wirtschaftlicher Überalterung um 21 v. H. des Gebäudenormalherstellungswerts zu ermäßigen.

(6) Ein Abschlag wegen wirtschaftlicher Überalterung kann nur insoweit gewährt werden, als er über die Wertminderung hinausgeht, die wegen des Alters ggf. unter Berücksichtigung einer verkürzten gewöhnlichen Lebensdauer (vgl. Abschnitt 41 Abs. 6 und 7) bereits berücksichtigt worden ist. Kein Abschlag ist zu gewähren, wenn Gebäude aus Zweckmäßigkeitsgründen früher abgebrochen werden sollen, als es dem baulichen Zustand entspricht oder für die Erhaltung der Wirtschaftlichkeit erforderlich ist. Auch geplante bauliche Veränderungen (Ein- und Umbauten) rechtfertigen nicht die Annahme einer wirtschaftlichen Überalterung.

d) Ermäßigung wegen der Notwendigkeit vorzeitigen Abbruchs

(7) Eine Ermäßigung des Gebäudesachwerts kann auch in Betracht kommen, wenn einwandfrei feststeht, daß ein Gebäude aus anderen Gründen, z. B. aus städtebaulichen Gründen, in den nächsten 10 Jahren abgebrochen werden muß. Als Anhaltspunkt für die Höhe der Ermäßigung kann der Betrag zugrunde gelegt werden, der sich aus dem Unterschied zwischen der nach der gewöhnlichen oder der nach Abschnitt 41 Abs. 6 und 7 verkürzten Lebensdauer errechneten Wertminderung wegen Alters und der Wertminderung bei Zugrundelegung der infolge des vorzeitigen Abbruchs verkürzten Lebensdauer ergibt.

Beispiel:

Ein Gebäude mit einer gewöhnlichen Lebensdauer von 100 Jahren muß in 5 jahren abgebrochen werden. Es ist im Hauptfeststellungszeitpunkt 40 Jahre alt. Der Gebäudenormalherstellungswert beträgt 90 000 DM, der Gebäudesachwert

$$(90\,000 - \frac{90\,000 \times 40}{100} =) \; 54\,000 \text{ DM}.$$

Die Ermäßigung wegen vorzeitigen Abbruchs errechnet sich wie folgt:

Berücksichtigte Alterswertminderung = 40 v. H.

§ 88 BewG

Die verkürzte Lebensdauer beträgt:
40 Jahre (Alter) + 5 Jahre (restliche Lebensdauer) = 45 Jahre.

Danach ergibt sich ein Absetzungssatz von $\frac{40}{45}$ x 100 = 89 v. H.

Die Ermäßigung beträgt somit ($\frac{90\,000 \times 49}{100}$ =) 44 000 DM.

Eine Ermäßigung wegen vorzeitigen Abbruchs kommt nicht in Betracht, wenn ein Gebäude aus subjektiven Gründen vorzeitig abgebrochen werden soll. Zur Frage der Ermittlung des Gebäudesachwerts wegen vorzeitigen Abbruchs von Gebäuden auf fremdem Grund und Boden vgl. Abschnitt 50.

e) Ermäßigung wegen unorganischen Aufbaus

(8) Ein Abschlag wegen unorganischen Aufbaus kommt im allgemeinen nur bei Fabrikgrundstücken in Betracht. Ein Fabrikbetrieb ist unorganisch aufgebaut, wenn durch die ungünstige Anordnung aller oder einzelner Betriebsgebäude die Werkstoffe bei ihrer Verarbeitung unnötige Wege zurücklegen müssen und dadurch dem Betrieb gegenüber einem organisch aufgebauten Betrieb nennenswerte Mehrkosten entstehen. Um festzustellen, ob ein unorganischer Aufbau vorliegt, ist der auf dem Grundstück geführte Betrieb mit einem Normalbetrieb und nicht mit einem Muster- oder Idealbetrieb zu vergleichen (RFH-Urteile vom 3. 11. 1939, RStBl. 1940 S. 319, und vom 15. 5. 1941, RStBl. S. 589). Ein unorganischer Aufbau kann durch den nach und nach erfolgten Aufbau der Fabrikgebäude entstehen. Er kann ferner darauf beruhen, daß infolge Produktionssteigerung einzelner Abteilungen die vorhandene Nutzfläche nicht mehr ausreicht und der notwendige Erweiterungsbau an anderer Stelle errichtet werden muß. Ein Abschlag ist nicht vorzunehmen, wenn die Mehrkosten offensichtlich auf Organisationsfehler, auf die Verwendung veralteter Maschinen oder auf Mängel an Betriebsvorrichtungen oder ihre für den Betriebsvorgang unzweckmäßige Anordnung zurückzuführen sind. Dagegen kann eine unzweckmäßige Anordnung der Betriebsvorrichtungen einen Abschlag wegen unorganischen Aufbaus begründen, wenn sie durch die Abmessung und die Lage der Gebäude bedingt ist.

(9) Ein unorganischer Aufbau liegt nicht vor, wenn ein für den Betrieb notwendiges Gebäude fehlt (RFH-Urteil vom 27. 7. 1938, RStBl. S. 921). Ältere Fabrikgebäude entsprechen nicht immer dem letzten Stand der Entwicklung und des Fortschritts. Trotzdem ist nicht schon aus diesem Grunde ein Abschlag wegen unorganischen Aufbaus gerechtfertigt (RFH-Urteil vom 3. 11. 1939, RStBl. 1940 S. 319). Bei einem einstufigen Betrieb, dessen Betriebsgebäude sich auf zwei voneinander entfernt liegenden Grundstücken befinden, kann wegen der verstreuten Lage der Fabrikgebäude ein Abschlag wegen unorganischen Aufbaus in Betracht kommen, wenn der einheitliche Organismus der Fabrik gestört ist (RFH-Urteil vom 11. 7. 1940, RStBl. S. 918). Anders sind die Verhältnisse bei mehrstufigen Betrieben eines Werkes zu beurteilen. Liegen bei einem Werk mit mehreren Erzeugungsstufen die Grundstücke und damit die Fabrikgebäude der einzelnen Stufenbetriebe unorganisch zueinander, so wird dieser Umstand nur dann einen Abschlag wegen unorganischen Aufbaus rechtfertigen, wenn die Grundstücke der Stufenbetriebe zusammen eine wirtschaftliche Einheit des Grundbesitzes bilden (RFH-Urteil vom 5. 3. 1942, RStBl. S. 810).

(10) Der Eigentümer hat an Hand eines Lageplanes nachzuweisen, welche Wege der Werkstoff bei seiner Verarbeitung zurücklegen muß. Ergibt sich, daß die Linienführung in dem ganzen Betrieb oder in einem Teil unzweckmäßig ist und daß unnötige Wege zurückzulegen sind, die bei einem normalen Fabrikbetrieb vermieden werden, so ist ein Abschlag gerechtfertigt. Die Höhe des Abschlags ist zu schätzen. Einen Anhalt für die Bemessung kann der Hundertsatz bieten, um den die tatsächlichen Produktionskosten von den Produktionskosten abweichen, die in einem Normalbetrieb entstehen würden. Dieser Vergleich setzt voraus, daß der Eigentümer an Hand von Kalkulationsunterlagen die durch die Lage der (des) Gebäude(s) entstehende Produktionsverteuerung nachweist.

f) Ermäßigung wegen übermäßiger Raumhöhe

(11) Eine Ermäßigung wegen übermäßiger Raumhöhe kann in Betracht kommen, wenn Gebäude Räume mit übergroßen Höhen aufweisen, die bei neuen Bauten nicht mehr üblich sind. Bei Fabrikgebäuden ist jedoch Voraussetzung, daß das Gebäude mit den übergroßen Raumhöhen auch für andere Industriezweige nicht verwendbar ist.

Beispiel:

> Eine Fabrik benötigt zur Herstellung ihrer Waren große Maschinen. Die Gebäude mußten daher eine beträchtliche Höhe haben. Durch Fortentwicklung der Technik haben sich die Dimensionen der Maschinen wesentlich geändert. Das Unternehmen war gezwungen, die alten Maschinen durch neuzeitliche mit geringen Höhenabmessungen zu ersetzen. Die große Höhe der Gebäude ist nicht mehr erforderlich.

Der Abschlag wird ausschließlich für das Übermaß an Raumhöhe zugestanden. Bei den in der Anlage 14 Teil B aufgeführten Gebäuden ist eine Geschoßhöhe (vgl. Abschnitt 38 Abs. 2) bis 4 m jedoch ohne Rücksicht auf die in den betreffenden Räumen untergebrachte Betriebsart stets als normal anzusehen. Bei einem Gebäude mit offenem Dachstuhl ist für die Frage, ob eine übergroße Raumhöhe vorhanden ist, der Raum zwischen den Dachbindern nicht mit einzubeziehen.

(12) Die Höhe des Abschlags bemißt sich nach dem Unterschied zwischen dem Sachwert des Gebäudes in seiner tatsächlichen Höhe und dem Sachwert des Gebäudes in der Höhe, die für die neue Verwendung zugrunde zu legen ist; mindestens ist bei der Ermittlung des Gebäudesachwerts der in der Anlage 14 Teil B1) aufgeführten Gebäude eine für den neuen Verwendungszweck benötigte Höhe von 4 m anzunehmen (vgl. Absatz 11). Bei der Berechnung des Abschlags ist zu beachten, daß sich bei der angenommenen geringeren Höhe die Gebäudeklasse oder innerhalb der Gebäudeklasse der Raummeterpreis ändern kann.

g) Erhöhungen

(13) Nach § 88 Abs. 3 BewG ist der Gebäudesachwert zu erhöhen, wenn das Grundstück nachhaltig gegen Entgelt für Reklamezwecke genutzt wird. Wegen der Voraussetzungen und Einzelheiten vgl. die in Abschnitt 32 Abs. 5 beim Ertragswertverfahren gemachten Ausführungen. Sie gelten entsprechend auch beim Sachwertverfahren. Neben diesem Zuschlag können auch weitere Zuschläge aus anderen Gründen in Betracht kommen.

h) Abschläge und Zuschläge am Gebäudesachwert sämtlicher oder einzelner Gebäude

(14) Der Abschlag wegen unorganischen Aufbaus ist regelmäßig vom Gebäudesachwert sämtlicher Gebäude einer wirtschaftlichen Einheit vorzunehmen, ebenso der Abschlag wegen ungünstiger Lage des Grundstücks, es sei denn, daß die einzelnen Gebäude räumlich sehr weit voneinander entfernt liegen und nur ein Teil von ihnen durch die ungünstige Lage betroffen ist. Die Abschläge wegen wirtschaftlicher Überalterung, wegen der Notwendigkeit vorzeitigen Abbruchs und wegen übermäßiger Raumhöhe sowie der Zuschlag wegen nachhaltiger entgeltlicher Reklamenutzung sind jeweils am Gebäudesachwert des einzelnen Grundstücks oder des einzelnen Gebäudeteils zu machen, das diese wertmindernden oder werterhöhenden Umstände betreffen. Ob die Abschläge oder Zuschläge aus sonstigen Gründen am Gebäudesachwert sämtlicher oder nur einzelner Gebäude oder einzelner Gebäudeteile einer wirtschaftlichen Einheit zu machen sind, hängt davon ab, ob die wertmindernden oder werterhöhenden Umstände sämtliche Gebäude einer wirtschaftlichen Einheit im gleichen Umfang oder nur einzelne Gebäude oder Gebäudeteile betreffen.

§ 89 BewG

§ 89 Wert der Außenanlagen

¹Der Wert der Außenanlagen (z. B. Umzäunungen, Wege- oder Platzbefestigungen) ist aus durchschnittlichen Herstellungskosten nach den Baupreisverhältnissen des Jahres 1958 zu errechnen und nach den Baupreisverhältnissen im Hauptfeststellungszeitpunkt umzurechnen. ²Dieser Wert ist wegen des Alters der Außenanlagen im Hauptfeststellungszeitpunkt und wegen etwaiger baulicher Mängel und Schäden zu mindern; die Vorschriften der §§ 86 bis 88 gelten sinngemäß.

BewRGr

45. Ermittlung des Werts der Außenanlagen

(1) Zu den Außenanlagen gehören insbesondere die Einfriedungen, Tore, Stützmauern, Brücken, Unterführungen, Wegebefestigungen, Platzbefestigungen, Tennisplätze, Schwimmbecken, Gartenanlagen sowie die außerhalb des Gebäudes gelegenen Versorgungsanlagen und Abwasseranlagen innerhalb der Grundstücksgrenzen. Diese Anlagen rechnen grundsätzlich zum Grundvermögen; wegen der Abgrenzung gegenüber den Betriebsvorrichtungen vgl. Abschnitt 1 Abs. 6.

(2) Der Wert der Außenanlagen wird neben dem Gebäudewert gesondert erfaßt (§ 83 BewG). Bei Geschäftsgrundstücken wird im allgemeinen bei der Bewertung der Außenanlagen von ins einzelne gehenden Ermittlungen abgesehen werden können. In vielen Fällen wird es genügen, als Wert der Außenanlagen 2 bis 8 v. H. des gesamten Gebäudewertes anzusetzen. Andernfalls muß auf Erfahrungswerte zurückgegriffen werden. Solche Erfahrungswerte können für oft vorkommende Außenanlagen aus der Anlage 17 entnommen werden. Die angegebenen Preise sind bereits unter Berücksichtigung eines Baupreisindex von 135 (1958 = 100) auf die Baupreisverhältnisse im Hauptfeststellungszeitpunkt (1. Januar 1964) umgerechnet worden. Von dem Normalherstellungswert ist die Wertminderung wegen Alters abzuziehen. Sie bestimmt sich nach dem Alter der einzelnen Außenanlagen im Hauptfeststellungszeitpunkt und ihrer Lebensdauer. Die Ausführungen in Abschnitt 41 gelten entsprechend. Als gewöhnliche Lebensdauer und jährliche Wertminderung sind zugrunde zu legen:

	Lebensdauer in Jahren in v. H.	jährliche Wertminderung
1. Einfriedungen		
Holz- und Drahtzäune	10 bis 20	10 bis 5
Plattenwände und Einfriedungsmauern	20 bis 50	5 bis 2
2. Wege- und Platzbefestigungen		
Leichte Decken und Plattenwege	10 bis 20	10 bis 5
Sonstige Bodenbefestigung	20 bis 50	5 bis 2
3. Rampen und Stützmauern	20 bis 50	5 bis 2
4. Schwimmbecken	10 bis 20	10 bis 5
5. Entwässerungs- und Versorgungsleitungen	20 bis 50	5 bis 2

(3) Auch bei jeder einzelnen Außenanlage ist in der Regel ein Restwert von 30 v. H. des Normalherstellungswerts anzusetzen; vgl. hierzu Abschnitt 41 Abs. 9. Neben der Wertminderung wegen Alters kommen noch Abschläge wegen etwaiger baulicher Mängel und Schäden in Betracht. Darüber hinaus können in Einzelfällen weitere Abschläge vorzunehmen sein; die Ausführungen in den Abschnitten 42 bis 44 mit Ausnahme des Abschnitts 44 Abs. 11 und 12 gelten entsprechend.

§ 90 Angleichung an den gemeinen Wert

(1) Der Ausgangswert (§ 83) ist durch Anwendung einer Wertzahl an den gemeinen Wert anzugleichen.

(2) ¹Die Wertzahlen werden durch Rechtsverordnung unter Berücksichtigung der wertbeeinflussenden Umstände, insbesondere der Zweckbestimmung und Verwendbarkeit der Grundstücke innerhalb bestimmter Wirtschaftszweige und der Gemeindegrößen, im Rahmen von 85 bis 50 Prozent des Ausgangswertes festgesetzt. ²Dabei können für einzelne Grundstücksarten oder Grundstücksgruppen oder Untergruppen in bestimmten Gebieten, Gemeinden oder Gemeindeteilen besondere Wertzahlungen festgesetzt werden, wenn es die örtlichen Verhältnisse auf dem Grundstücksmarkt erfordern.

DVO
Verordnung zur Durchführung des § 90 des Bewertungsgesetzes vom 2. September 1966 (BGBl. I S. 553, BStBl. I S. 885), geändert durch die Verordnung vom 25. Februar 1970 (BGBl. I S. 216, BStBl. I S. 252).

Aufgrund des § 90 Abs. 2 und des § 123 Abs. 1 des Bewertungsgesetzes in der Fassung vom 10. Dezember 1965 (BGBl. I S. 1861) verordnet die Bundesregierung mit Zustimmung des Bundesrates:

§ 1
In Fällen, in denen die Einheitswerte der bebauten Grundstücke im Sachwertverfahren zu ermitteln und die Wertverhältnisse vom 1. Januar 1964 zugrunde zu legen sind, ist nach den §§ 2 bis 4 zu verfahren.

§ 2
(1) Die Wertzahl zur Angleichung des Ausgangswerts (§ 83 des Gesetzes) an den gemeinen Wert wird in einem Hundertsatz ausgedrückt. Sie ergibt sich aus der nachstehenden Übersicht:

Grundstücksart und Grundstücksgruppe	Wertzahl in v. H.
A. *Geschäftsgrundstücke*	
1. *Fabriken und Werkstätten des Handwerks mit einem Ausgangswert*	
bis zu 500 000 DM	
Altbauten	70
Neubauten	75
Nachkriegsbauten	80
mit einem Ausgangswert über 500 000 DM bis zu 1 000 000 DM	
Altbauten	70
Neubauten	75
Nachkriegsbauten	75
mit einem Ausgangswert über 1 000 000 DM	70
2. *Lagerhäuser*	80
3. *Warenhäuser*	
Altbauten	75
Neubauten	80
Nachkriegsbauten	85
4. *Hotels und Kinderheime*	
Betriebe, die mindestens 3 Monate im Jahre geschlossen sind	65
übrige Betriebe	70
5. *Grundstücke, die unmittelbar und nicht nur vorübergehend der Gewinnung, Lieferung und Verteilung von Wasser zur öffentlichen Versorgung dienen*	60
6. *Grundstücke, die unmittelbar dem öffentlichen Verkehr mit Luftfahrzeugen, Schienenbahnen, Oberleitungsomnibussen und Kraftomnibussen dienen*	50
7. *Grundstücke, die unmittelbar dem Betrieb, der Erhaltung und der Verwaltung eines öffentlichen Hafens dienen*	50
8. *Geld- und Kreditinstitute*	

§ 90 BewG — DVO 2–3

Grundstücksart und Grundstücksgruppe	Wertzahl in v. H.
Altbauten	60
Neubauten	65
Nachkriegsbauten	75
9. Lichtspielhäuser und Theater	
in Gemeinden bis 10 000 Einwohner	60
in Gemeinden über 10 000 bis 100 000 Einwohner	65
in Gemeinden über 100 000 Einwohner	60
10. übrige Geschäftsgrundstücke	
Altbauten	70
Neubauten	75
Nachkriegsbauten	80
B. Mietwohngrundstücke und gemischtgenutzte Grundstücke	
Altbauten	70
Neubauten	75
Nachkriegsbauten	80
C. Einfamilienhäuser und Zweifamilienhäuser	
Altbauten	60
Neubauten	65
Nachkriegsbauten	75
D. Sonstige bebaute Grundstücke	
Altbauten	60
Neubauten	70
Nachkriegsbauten	75

(2) Als Hotels gelten auch Fremdenheime und andere Grundstücke, die dem Beherbungsgewerbe dienen.

(3) Bei Lichtspielhäusern und Theatern ist die Einwohnerzahl der Belegenheitsgemeinde im Hauptfeststellungszeitpunkt maßgebend; § 80 Abs. 1 Sätze 3 und 4 des Gesetzes sind entsprechend anzuwenden.

(4) Es sind anzuwenden die Wertzahlen für
1. *Altbauten, wenn die Gebäude bis zum 31. März 1924 bezugsfertig geworden sind.*
2. *Neubauten, wenn die Gebäude in der Zeit vom 1. April 1924 bis zum 20. Juni 1948 bezugsfertig geworden sind.*
3. *Nachkriegsbauten, wenn die Gebäude nach dem 20. Juni 1948 bezugsfertig geworden sind.*

Bei Grundstücken mit Gebäuden und Gebäudeteilen verschiedener Baujahrsgruppen, für die die Wertminderung wegen Alters (§ 56 des Gesetzes) getrennt berechnet worden ist, ist für das ganze Grundstück eine durchschnittliche Wertzahl zu bilden. Dabei ist von dem Verhältnis der auf die verschiedenen Baujahrgruppen entfallenden Gebäudewerte oder Teile des Gebäudewerts auszugehen. Die errechnete Zahl ist auf die durch die Zahl 5 teilbare Zahl abzurunden, die ihr am nächsten kommt.

(5) Gehören Teile eines Geschäftsgrundstücks zu verschiedenen Grundstücksgruppen, so ist für das ganze Grundstück eine durchschnittliche Wertzahl zu bilden. Dabei ist von dem Verhältnis der auf die verschiedenen Grundstücksgruppen entfallenden Gebäudewerte oder Teile des Gebäudewertes auszugehen. Die errechnete Zahl ist auf die durch die Zahl 5 teilbare Zahl abzurunden, die ihr am nächsten kommt. Dies gilt nicht für Teile eine Fabrikgrundstücks.

§ 3
Für Fabrikgrundstücke, bei denen der gesamte Betrieb stilliegt, gilt folgendes:
1. *Läßt sich das Grundstück nicht mehr für einen Fabrikbetrieb, aber noch für andere Zwecke verwenden, so ermäßigt sich die Wertzahl um 10.*
2. *Läßt sich das Grundstück noch für einen Fabrikbetrieb verwenden, steht aber nicht fest, daß der Betrieb spätestens nach zwei Jahren wieder aufgenommen wird, so ermäßigt sich die Wertzahl um 5.*
3. *Steht fest, daß ein Fabrikbetrieb spätestens nach zwei Jahren wieder aufgenommen wird, so bestimmt sich die Wertzahl nach § 2.*

§ 4
(1) Für Geschäftsgrundstücke und für gemischtgenutzte Grundstücke im Zonenrandgebiet ermäßigt sich die Wertzahl, die sich nach den §§ 2 und 3 ergibt, um 10. Als Zonenrandgebiet im Sinne dieser Verordnung sind anzusehen

1. im Land Schleswig-Holstein
    die kreisfreien Städte   Flensburg, Kiel, Neumünster und Lübeck,
    die Landkreise   Flensburg, Schleswig, Eckernförde, Rendsburg, Plön, Oldenburg, Eutin, Segeberg, Stormarn und Herzogtum Lauenburg;
2. im Land Niedersachsen
    die kreisfreien Städte   Lüneburg und Wolfsburg,
    die Landkreise   Lüneburg, Lüchow-Dannenberg, Uelzen und Gifhorn,
    die kreisfreien Städte   Braunschweig, Salzgitter und Goslar,
    die Landkreise   Helmstedt, Braunschweig, Wolfenbüttel, Goslar, Gandersheim und Restkreis Blankenburg,
    die kreisfreie Stadt   Hildesheim und die frühere kreisfreie Stadt Göttingen,
    die Landkreise   Peine, Hildesheim-Marienburg, Zellerfeld, Osterrode, Einbeck, Northeim, Duderstadt, Göttingen und Münden;
3. im Land Hessen
    die kreisfreien Städte   Kassel und Fulda,
    die Landkreise   Hofgeismar, Kassel, Witzenhausen, Eschwege, Melsungen, Rotenburg, Hersfeld, Hünfeld, Lauterbach, Fulda und Schlüchtern;
4. im Land Bayern
    die kreisfreien Städte   Bad Kissingen und Schweinfurt,
    die Landkreise   Mellrichstadt, Bad Neustadt/Saale, Brückenau, Königshofen/Grabfeld, Bad Kissingen, Hofheim, Ebern, Schweinfurt und Haßfurt,
    die kreisfreien Städte   Coburg, Neustadt b. Coburg, Hof, Selb, Kulmbach, Marktredwitz, Bayreuth und Bamberg,
    die Landkreises   Coburg, Staffelstein, Bamberg, Lichtenfels, Kronach, Stadtsteinach, Kulmbach, Naila, Münchberg, Hof, Rehau, Wunsiedel und Bayreuth,
    die kreisfreie Stadt   Weiden,
    die Landkreise   Tirschenreuth, Kemnath, Neustadt a. d. Waldnaab, Vohenstrauß, Nabburg, Oberviechtach, Waldmünchen, Neunburg v. W., Cham und Roding,
    die kreisfreien Städte   Deggendorf und Passau,
    die Landkreise   Kötzting, Viechtach, Regen, Bogen, Grafenau, Deggendorf, Wolfstein, Wegscheid und Passau.

(2) Durch die Ermittlung nach Absatz 1 darf sich keine geringere Wertzahl als 50 vom Hundert ergeben.

§ 5
(überholt)

§ 6
Diese Verordnung tritt am Tage nach ihrer Verkündung in Kraft.

BewRGr

46. Anzuwendende Wertzahl

Nach § 90 Abs. 1 BewG ist der Ausgangswert (vgl. Abschnitt 34) an den gemeinen Wert anzugleichen. Diese Angleichung erfolgt durch Wertzahlen. Die Wertzahlen werden in einer Rechtsverordnung festgelegt.

IV. Sondervorschriften

§ 91 Grundstücke im Zustand der Bebauung

Bei Grundstücken, die sich am Feststellungszeitpunkt im Zustand der Bebauung befinden, bleiben die nicht bezugsfertigen Gebäude oder Gebäudeteile (z. B. Anbauten oder Zubauten) bei der Ermittlung des Wertes außer Betracht.

BewRGr

47. Grundstücke im Zustand der Bebauung (§ 91 BewG)

(1) Grundstücke, die sich an einem Feststellungszeitpunkt im Zustand der Bebauung befinden, können entweder bebaute oder unbebaute Grundstücke sein. Sie werden für die Grundsteuer (§ 91 Abs. 1 BewG) *und für die Vermögensbesteuerung (§ 91 Abs. 2 BewG)*[1] unterschiedlich behandelt. Die Vorschriften des § 91 BewG sind auch für Gebäude auf fremdem Grund und Boden (§ 70 Abs. 3, § 94 BewG) anzuwenden.

(2) Für die Zwecke der Grundsteuer bleiben die nicht bezugsfertigen Gebäude oder Gebäudeteile außer Ansatz. Das gleiche gilt für die nicht fertiggestellten Außenanlagen. Wegen der Errichtung eines Gebäudes in Bauabschnitten vgl. § 74 Satz 2 BewG, Abschnitt 6 Abs. 2. Hier bleiben die noch nicht bezugsfertig erstellten Teile des Gebäudes außer Betracht. Die vorstehende Regelung gilt sowohl für die Bestimmung der Grundstücksart als auch für die Ermittlung des Grundstückswerts. Bei der Bewertung nach § 91 Abs. 1 BewG wird der zuletzt festgestellte Einheitswert im allgemeinen maßgebend bleiben. In manchen Fällen ist der Beginn der Bebauung jedoch Anlaß, den Einheitswert zu überprüfen und ihn ggf. auf einen vor dem Beginn der Bebauung liegenden Feststellungszeitpunkt fortzuschreiben. Ein solcher Fall liegt vor allem vor, wenn ein bisher als Rohbauland zu behandelndes unbebautes Grundstück zu einem baureifen Grundstück geworden ist, mag auch eine Fortschreibung der Grundstücksart bis auf weiteres nicht durchzuführen sein (§ 73 BewG, Abschnitt 13). Ein Anlaß zur Überprüfung des Einheitswerts liegt auch dann vor, wenn sich der Wert eines unbebauten Grundstücks infolge einer auf besonderen Umständen beruhenden Änderung der Verkehrslage erhöht hat.

(3)[2] *Für die Zwecke der Vermögensbesteuerung ist neben dem Einheitswert nach § 91 Abs. 1 BewG ein besonderer Einheitswert im Wege der Nachfeststellung festzustellen (§ 23 Abs. 1 Nr. 3 BewG). Eine Feststellung des besonderen Einheitswerts schon auf den Hauptfeststellungszeitpunkt kommt erst bei Hauptfeststellungen nach der Hauptfeststellung 1964 in Betracht. Nachfeststellungen des besonderen Einheitswerts nach § 91 Abs. 2 BewG sind erstmals auf den Zeitpunkt vorzunehmen, von dem an die Einheitswerte der Hauptfeststellung 1964 erstmals bei der Vermögensbesteuerung zugrunde gelegt werden (Artikel 2 Abs. 2 des Gesetzes zur Änderung des Bewertungsgesetzes vom 13. August 1965 – BGBl. I S. 851). Auf Bewertungsstichtage, die vor diesem Zeitpunkt liegen, ist der besondere Einheitswert nach Artikel 2 Abs. 4 des oben bezeichneten Gesetzes noch nach den bisher geltenden Bewertungsvorschriften (§ 33a As. 3 BewDV) festzustellen. Ist z. B. mit der Bebauung eines Grundstücks im Jahre 1963 begonnen worden, so wird auf den 1. Januar 1964 der Einheitswert nach § 91 Abs. 1 BewG im Wege der Hauptfeststellung festgestellt; gleichzeitig wird auf diesen Zeitpunkt ein besonderer Einheitswert noch nach § 33a Abs. 3 BewDV festgestellt.*

---

[1] Nach Wegfall der Vermögensteuer ab 1.1.1997 ohne Bedeutung.
[2] Nach Wegfall der Vermögensteuer ab 1.1.1997 ohne Bedeutung.

BewG § 92

§ 92 Erbbaurecht

(1) ¹Ist ein Grundstück mit einem Erbbaurecht belastet, so ist sowohl für die wirtschaftliche Einheit des Erbbaurechts als auch für die wirtschaftliche Einheit des belasteten Grundstücks jeweils ein Einheitswert festzustellen. ²Bei der Ermittlung der Einheitswerte ist von einem Gesamtwert auszugehen, der für den Grund und Boden einschließlich der Gebäude und Außenanlagen festzustellen wäre, wenn die Belastung nicht bestünde. ³Wird der Gesamtwert nach den Vorschriften über die Bewertung der bebauten Grundstücke ermittelt, so gilt jede wirtschaftliche Einheit als bebautes Grundstück der Grundstücksart, von der bei der Ermittlung des Gesamtwerts ausgegangen wird.

(2) Beträgt die Dauer des Erbbaurechts in dem für die Bewertung maßgebenden Zeitpunkt noch 50 Jahre oder mehr, so entfällt der Gesamtwert (Absatz 1) allein auf die wirtschaftliche Einheit des Erbbaurechts.

(3) ¹Beträgt die Dauer des Erbbaurechts in dem für die Bewertung maßgebenden Zeitpunkt weniger als 50 Jahre, so ist der Gesamtwert (Absatz 1) entsprechend der restlichen Dauer des Erbbaurechts zu verteilen. ²Dabei entfallen auf

1. die wirtschaftliche Einheit des Erbbaurechts:
   der Gebäudewert und ein Anteil am Bodenwert; dieser beträgt bei einer Dauer des Erbbaurechts
   unter 50 bis zu 40 Jahren 95 Prozent,
   unter 40 bis zu 35 Jahren 90 Prozent,
   unter 35 bis zu 30 Jahren 85 Prozent,
   unter 30 bis zu 25 Jahren 80 Prozent,
   unter 25 bis zu 20 Jahren 70 Prozent,
   unter 20 bis zu 15 Jahren 60 Prozent,
   unter 15 bis zu 10 Jahren 45 Prozent,
   unter 10 bis zu 5 Jahren 25 Prozent,
        unter 5 Jahren 0 Prozent;

2. die wirtschaftliche Einheit des belasteten Grundstücks:
   der Anteil am Bodenwert, der nach Abzug des in Nummer 1 genannten Anteils verbleibt.

³Abweichend von den Nummern 1 und 2 ist in die wirtschaftliche Einheit des belasteten Grundstücks ein Anteil am Gebäudewert einzubeziehen, wenn besondere Vereinbarungen es rechtfertigen. ⁴Das gilt insbesondere, wenn bei Erlöschen des Erbbaurechts durch Zeitablauf der Eigentümer des belasteten Grundstücks keine dem Gebäudewert entsprechende Entschädigung zu leisten hat. ⁵Geht das Eigentum an dem Gebäude bei Erlöschen des Erbbaurechts durch Zeitablauf entschädigungslos auf den Eigentümer des belasteten Grundstücks über, so ist der Gebäudewert entsprechend der in den Nummern 1 und 2 vorgesehenen Verteilung des Bodenwertes zu verteilen. ⁶Beträgt die Entschädigung für das Gebäude beim Übergang nur einen Teil des Gebäudewertes, so ist der dem Eigentümer des belasteten Grundstücks entschädigungslos zufallende Anteil entsprechend zu verteilen. ⁷Eine in der Höhe des Erbbauzinses zum Ausdruck kommende Entschädigung für den Gebäudewert bleibt außer Betracht. ⁸Der Wert der Außenanlagen wird wie der Gebäudewert behandelt.

(4) Hat sich der Erbbauberechtigte durch Vertrag mit dem Eigentümer des belasteten Grundstücks zum Abbruch des Gebäudes bei Beendigung des Erbbaurechts verpflichtet, so ist dieser Umstand durch einen entsprechenden Abschlag zu berücksichtigen; der Abschlag unterbleibt, wenn vorauszusehen ist, daß das Gebäude trotz der Verpflichtung nicht abgebrochen werden wird.

(5) Das Recht auf den Erbbauzins ist nicht als Bestandteil des Grundstücks und die Verpflichtung zur Zahlung des Erbbauzinses nicht bei der Bewertung des Erbbaurechts zu berücksichtigen.

(6) ¹Bei Wohnungserbbaurechten oder Teilerbbaurechten ist der Gesamtwert (Absatz 1) in gleicher Weise zu ermitteln, wie wenn es sich um Wohnungseigentum oder um Teileigentum handeln würde. ²Die Verteilung des Gesamtwertes erfolgt entsprechend Absatz 3.

§ 92 BewG

(7) ¹Wertfortschreibungen für die wirtschaftlichen Einheiten des Erbbaurechts und des belasteten Grundstück sind abweichend von § 22 Abs. 1 nur vorzunehmen, wenn der Gesamtwert, der sich für den Beginn eines Kalenderjahres ergibt, vom Gesamtwert des letzten Feststellungszeitpunkts um das in § 22 Abs. 1 bezeichnete Ausmaß abweicht. ²§ 30 ist entsprechend anzuwenden. ³Bei einer Änderung der Verteilung des Gesamtwerts nach Absatz 3 sind die Einheitswerte für die wirtschaftlichen Einheiten des Erbbaurechts und des belasteten Grundstücks ohne Beachtung von Wertfortschreibungsgrenzen fortzuschreiben.

BewRGr

48. Erbbaurecht (§ 92 BewG)

(1) Das Erbbaurecht gilt als ein selbständiges Grundstück im Sinne des Bewertungsgesetzes (§ 68 Abs. 1 Nr. 2, § 70 Abs. 1 BewG). Bei Grundstücken, die mit einem Erbbaurecht belastet sind, bilden das Erbbaurecht und das belastete Grundstück zwei selbständige wirtschaftliche Einheiten, für die je ein Einheitswert festzustellen ist. Erstreckt sich das Erbbaurecht nur auf den Teil eines Grundstücks im Sinne des bürgerlichen Rechts, so scheidet dieser Teil als selbständige wirtschaftliche Einheit aus dem Grundstück aus.

(2) Der Gesamtwert, der für das Grundstück einschließlich der Gebäude und Außenanlagen ohne Rücksicht auf die Belastung mit dem Erbbaurecht zu ermitteln ist, ist eine reine Rechnungsgröße. Für seine Verteilung auf die wirtschaftlichen Einheiten des Erbbaurechts und des belasteten Grundstücks ist die Dauer des Erbbaurechts im Feststellungszeitpunkt maßgebend (§ 92 Abs. 2 und 3 BewG). Im allgemeinen entfällt auf die wirtschaftliche Einheit des Erbbaurechts der Gebäudewert einschließlich des Werts der Außenanlagen und ein bestimmter Anteil am Bodenwert; der restliche Bodenwert entfällt auf die wirtschaftliche Einheit des belasteten Grundstücks (§ 92 Abs. 3 BewG). Ist der Gesamtwert jedoch in vollem Umfang dem Erbbauberechtigten zuzurechnen (§ 92 Abs. 2 BewG), so kann die Feststellung eines Einheitswerts für das belastete Grundstück unterbleiben.

(3) Die Verteilung des Gesamtwerts nach § 92 Abs. 3 BewG macht die Berechnung von Anteilen am Bodenwert und mitunter auch die Berechnung von Anteilen am Gebäudewert, die auf die wirtschaftlichen Einheiten des Erbbaurechts und des belasteten Grundstücks entfallen, und damit die vorherige Aufspaltung des Gesamtwerts in einen Bodenwertanteil und einen Gebäudewertanteil erforderlich. Der Bodenwertanteil ergibt sich im Falle der Ermittlung des Gesamtwerts im Ertragswertverfahren aus den Anlagen 1 bis 8. Der sich nach den §§ 79 bis 81 BewG ergebende Gesamtwert (Grundstückswert) ist ggf. wegen der nach § 82 BewG vorgenommenen Ermäßigungen und Erhöhungen zu korrigieren, soweit sie den Wert des Grund und Bodens betreffen (vgl. Abschnitt 33 Abs. 6). Im Falle der Ermittlung des Gesamtwerts im Sachwertverfahren ergibt sich der Bodenwertanteil durch die Anwendung der Wertzahl (§ 90 BewG) auf den Bodenwert (§ 82 BewG). In den Fällen der Mindestbewertung nach § 77 BewG ist der im Gesamtwert enthaltene Bodenwertanteil, wenn der nur den Grund und Boden berücksichtigende Gesamtwert (Mindestwert) an die Stelle eines im Ertragswertverfahren ermittelten Grundstückswerts tritt, nach der folgenden Formel zu berechnen: Bodenwertanteil im Mindestwert =

$$\text{Mindestwert} \times \frac{\text{Bodenwertanteil im Grundstückswert}}{\text{Grundstückswert}}$$

Beispiel A:

Auf einen mit einem Erbbaurecht belasteten Grundstück in einer Gemeinde von 300 000 Einwohnern hat der Erbbauberechtigte im Jahre 1963 ein Mietwohngebäude errichtet.

Es betragen
die Jahresrohmiete 10 000 DM
der Vervielfältiger 9 (vgl. Anlage 7),
der Grundstückswert 10 000 DM x 9 = 90 000 DM,
der Multiplikator für den Bodenwertanteil 0,91 (vgl. Anlage 7),
der Wert des Grund und Bodens (Mindestwert) 100 000 DM.

Demnach beträgt der im Gesamtwert (Mindestwert) enthaltene Bodenwertanteil

$$100\,000 \text{ DM} \frac{10\,000 \text{ DM} \times 0{,}91}{90\,000 \text{ DM}} = 10\,111 \text{ DM}$$

Für das Sachwertverfahren ist in den Fällen der Mindestbewertung der im Gesamtwert enthaltene Bodenwertanteil nach der folgenden Formel zu berechnen:

Bodenwertanteil im Mindestwert =

$$\text{Mindestwert} \times \frac{\text{Bodenwertanteil (Mindestwert)}}{\text{Ausgangswert (§ 83 BewG)}}$$

Beispiel B:

Bei einem mit einem Erbbaurecht belasteten Grundstück, auf dem der Erbbauberechtigte ein Gebäude errichtet hat, betragen der

Bodenwert	8 000 DM
Gebäudewert	5 500 DM
Wert der Außenanlagen	5 000 DM
Ausgangswert	140 000 DM
Angleichung an den gemeinen Wert (angenommene Wertzahl 55)	77 000 DM

Der Gesamtwert ist also mit dem Wert des Grund und Bodens (Mindestwert) anzusetzen. Demnach beträgt der im Gesamtwert (Mindestwert) enthaltene Bodenwertanteil

$$80\,00\text{ DM} \times \frac{80\,000\text{ DM}}{80\,000\text{ DM} + 55\,000\text{ DM} + 5\,000\text{ DM}} = 45\,714\text{ DM}.$$

Der im Gesamtwert (Mindestwert) enthaltene Gebäudewertanteil einschließlich des Werts der Außenanlagen ergibt sich stets aus dem Unterschied des Bodenwertanteils zum Gesamtwert.

(4) Abweichend von der Regelung in § 92 Abs. 3 Nr. 1 und 2 BewG entfällt auch ein Anteil des Gebäudewertes auf die wirtschaftliche Einheit des belasteten Grundstücks, wenn besondere Vereinbarungen zwischen dem Eigentümer des belasteten Grundstücks und dem Eigentümer des Gebäudes es rechtfertigen. Hauptfall einer solchen Vereinbarung ist der Übergang des Eigentums am Gebäude auf den Eigentümer des belasteten Grundstücks bei Erlöschen des Erbbaurechts durch Zeitablauf, ohne daß eine dem Wert des Gebäudes entsprechende Entschädigung gezahlt wird. Im Falle des entschädigungslosen Eigentumsübergangs ist der Gesamtwert in der gleichen Weise wie sonst der Bodenwert zu verteilen; Bodenwert und Gebäudewert brauchen hier also nicht besonders berechnet zu werden.

Beispiel:

Beträgt die Dauer des Erbbaurechts im Feststellungszeitpunkt noch 23 Jahre, so entfallen vom Bodenwert 70 v. H. auf die wirtschaftliche Einheit des Erbbaurechts und 30 v. H. auf die wirtschaftliche Einheit des belasteten Grundstücks. Dementsprechend ist auch der Gebäudewert einschließlich des Werts der Außenanlagen und damit der Gesamtwert mit 70 v. H. dem Erbbauberechtigten und mit 30 v. H. dem Eigentümer des belasteten Grundstücks zuzurechnen, wenn ein entschädigungsloser Übergang des Eigentums am Gebäude auf den Eigentümer des belasteten Grundstücks vereinbart worden ist.

Beträgt dagegen die Entschädigung für das Gebäude nur einen Bruchteil des Gebäudewertes, so bezieht sich die Verteilung nur auf den nicht zu entschädigenden Teil des Gebäudewertes. Es müssen also als Teil des Gesamtwerts ein Bodenwert und ein Gebäudewert und aus diesem ein nicht zu entschädigender Teil des Gebäudewerts berechnet werden.

Beispiel A:

Der Erbbauverpflichtete hat mit dem Erbbauberechtigten vereinbart, daß das Eigentum an dem Gebäude mit dem Erlöschen des Erbbaurechts durch Zeitablauf auf den Eigentümer des belasteten Grundstücks übergeht, wobei nur die Hälfte des Gebäudewerts entschädigt wird. Im Jahre 1926 ist ein Mietwohngrundstück errichtet worden. Am Hauptfeststellungszeitpunkt (1. Januar 1964) beträgt die Dauer des Erbbaurechts noch 27 Jahre. Das Mietwohngrundstück wird im Ertragswertverfahren bewertet. Die Jahresrohmiete beträgt 15 000 DM, der Vervielfältiger (Massivbau, Gemeindegröße 630 000 Einwohner) beträgt 7,5 (vgl. Anlage 8).

Gesamtwert 15 000 DM x 7,5 =	112 500 DM
Bodenwertanteil (vgl. Anlage 8): 15 000 DM-3-1,82 =	27 300 DM
Gebäudewertanteil:	82 200 DM
nicht zu entschädigender Teil des Gebäudewerts	42 600 DM

Nach der Tabelle in § 92 Abs. 3 Nr. 1 BewG beträgt der Anteil am oben berechneten Bodenwert für die wirtschaftliche Einheit des Erbbaurechts 80 v. H., für die wirtschaftliche Einheit des belasteten Grundstücks 20 v.H. In demselben Verhältnis ist der nicht zu entschädigende Teil des Gebäudewerts aufzuteilen.

Von dem Gesamtwert von 112 500 DM entfallen bei der Hauptfeststellung der Einheitswerte auf den 1. Januar 1964 nach § 92 Abs. 3 BewG auf die

§ 92 BewG   BewGr 48

1. wirtschaftliche Einheit des Erbbaurechts:
   80 v. H. des Bodenwerts von 27 300 DM =   21 840 DM
   80 v. H. des halben, später nicht zu entschädigenden Gebäudewerts von 42 600 DM =   34 080 DM
   100 v. H. des halben, später zu entschädigenden Gebäudewerts von 42 600 DM =   42 600 DM
   Einheitswert (abgerundet)   98 500 DM

2. wirtschaftliche Einheit des belasteten Grundstücks:
   20 v. H. des Bodenwerts von 27 300 DM =   5 460 DM
   20 v. H. des halben, später nicht zu entschädigenden Gebäudewerts von 42 600 DM =   8 520 DM
   Einheitswert (abgerundet)   13 900 DM

Beispiel B:

Das Beispiel A wird dahin abgewandelt, daß im Jahre 1936 ein Warenhaus errichtet worden ist. Ein Viertel des Gebäudewerts soll entschädigt werden. Am Hauptfeststellungszeitpunkt (1. Januar 1964) beträgt die Dauer des Erbbaurechts noch 32 Jahre.

Der Gesamtwert am 1. Januar 1964 errechnet sich wie folgt:

Bodenwert	250 000 DM
Gebäudewert	650 000 DM
Ausgangswert	900 00 DM
Angleichung an den gemeinen Wert (Wertzahl 80):	
Gesamtwert	720 000 DM

Anteil des Gebäudewerts am Gesamtwert

650 000 DM x $\frac{80}{100}$ =   520 000 DM

Zu entschädigender Teil des Gebäudewerts   130 000 DM
nicht zu entschädigender Teil des Gebäudewertes   390 000 DM

Nach der Tabelle in § 92 Abs. 3 Nr. 1 BewG beträgt der Anteil am Bodenwert für die wirtschaftliche Einheit des Erbbauberechtigten 85 v. H. für die wirtschaftliche Einheit des belasteten Grundstücks 15 v. H. In demselben Verhältnis ist der nicht zu entschädigende Teil des Gebäudewerts aufzuteilen. Von dem Gesamtwert von 720 000 DM entfallen bei der Hauptfeststellung der Einheitswerte auf den 1. Januar 1964 nach § 92 Abs. 3 BewG auf die

1. wirtschaftliche Einheit des Erbbaurechts:
   85 v. H. des Bodenwerts von 250 000 DM x $\frac{80}{100}$ =   170 000 DM
   85 v. H. des später nicht zu entschädigenden Gebäudewerts von 390 000 DM   331 500 DM
   100 v. H. des später zu entschädigenden Gebäudewerts von 130 000 DM   130 000 DM
   Einheitswert   631 500 DM

2. wirtschaftliche Einheit des belasteten Grundstücks:
   15 v. H. des Bodenwerts von 250 000 DM x $\frac{80}{100}$ =   30 000 DM
   15 v. H. des später nicht zu entschädigenden Gebäudewerts von 390 000 DM   58 500 DM
   Einheitswert   88 500 DM

(5) Die Verpflichtung des Erbbauberechtigten, das Gebäude – ggf. auch die Außenanlagen – bei Beendigung des Erbbaurechts abzubrechen, ist durch einen Abschlag zu berücksichtigen (§ 92 Abs. 4 BewG). Im Falle der Bewertung im Ertragswertverfahren bemißt sich die Höhe dieses Abschlags im allgemeinen nach den Spalten 4 bis 7 der Anlage 9. Muß das Gebäude innerhalb des Zeitraums von zehn Jahren nach dem Feststellungszeitpunkt abgebrochen werden, ist ein Abschlag jedoch nur nach § 82 Abs. 1 Nr. 3 BewG zu gewähren (vgl. Abschnitt 31 Abs. 4). Die Höhe des Abschlags ergibt sich daher in diesen Fällen nur aus den Spalten 1 bis 3 der Anlage 9. Der als Abschlag abzusetzende Betrag ist vom Gebäudewert abzuziehen. Der Gesamtwert mindert sich dann entsprechend. Wegen der Höhe des Abschlags im Falle der Bewertung im Sachwertverfahren vgl. Abschnitt 44 Abs. 7 und Abschnitt 45 Abs. 3 letzter Satz.

(6) Die Bewertung des Wohnungserbbaurechts und des Teilerbbaurechts (§ 30 des Wohnungseigentumsgesetzes vom 15. März 1951 – BGBl. I S. 175) entspricht der Bewertung des Erbbaurechts. Für jedes Wohnungserbbaurecht (Teilerbbaurecht) ist ein Gesamtwert zu ermitteln. Die Verteilung der Gesamtwerte auf die wirtschaftliche Einheit des Wohnungserbbaurechts (Teilerbbaurechts) und des belasteten Grundstücks erfolgt nach der Regelung in § 92 Abs. 3 BewG. Die in den einzelnen Gesamtwerten enthaltenen Anteile am Bodenwert sind nicht zu einem Einheitswert zusammenzufassen.

(7) (gegenstandslos)

§ 93 Wohnungseigentum und Teileigentum

(1) ¹Jedes Wohnungseigentum und Teileigentum bildet eine wirtschaftliche Einheit. ²Für die Bestimmung der Grundstücksart (§ 75) ist die Nutzung des auf das Wohnungseigentum und Teileigentum entfallende Gebäudeteils maßgebend. ³Die Vorschriften der §§ 76 bis 91 finden Anwendung, soweit sich nicht aus den Absätzen 2 und 3 etwas anderes ergibt.

(2) ¹Das zu mehr als achtzig Prozent Wohnzwecken dienende Wohnungseigentum ist im Wege des Ertragswertverfahrens nach den Vorschriften zu bewerten, die für Mietwohngrundstücke maßgebend sind. ²Wohnungseigentum, das zu nicht mehr als achtzig Prozent, aber zu nicht weniger als zwanzig Prozent Wohnzwecken dient, ist im Wege des Ertragswertverfahrens nach den Vorschriften zu bewerten, die für gemischtgenutzte Grundstücke maßgebend sind.

(3) ¹Entsprechen die im Grundbuch eingetragenen Miteigentumsanteile an dem gemeinschaftlichen Eigentum nicht dem Verhältnis der Jahresrohmiete zueinander, so kann dies bei der Feststellung des Wertes entsprechend berücksichtigt werden. ²Sind einzelne Räume, die im gemeinschaftlichen Eigentum stehen, vermietet, so ist ihr Wert nach den im Grundbuch eingetragenen Anteilen zu verteilen und bei den einzelnen wirtschaftlichen Einheiten zu erfassen.

BewRGr

49. Wohnungseigentum und Teileigentum (§ 93 BewG)

(1) Jedes Wohnungseigentum und jedes Teileigentum gilt als ein Grundstück im Sinne des Bewertungsgesetzes (§ 68 Abs. 1 Nr. 3, § 70 Abs. 1 BewG). Wohnungseigentum ist das Sondereigentum an einer Wohnung in Verbindung mit dem Miteigentumsanteil an dem gemeinschaftlichen Eigentum, zu dem es gehört (§ 1 Abs. 2 des Wohnungseigentumsgesetzes – WEG – vom 15. März 1951 – BGBl. I S. 175). Teileigentum ist das Sondereigentum an nicht Wohnzwecken dienenden Räumen eines Gebäudes in Verbindung mit dem Miteigentumsanteil an dem gemeinschaftlichen Eigentum, zu dem es gehört (§ 1 Abs. 3 WEG). Gemeinschaftliches Eigentum sind der Grund und Boden sowie die Teile, Anlagen und Einrichtungen des Gebäudes, die nicht im Sondereigentum oder Eigentum eines Dritten stehen (§ 1 Abs. 4 WEG).
Zum gemeinschaftlichen Eigentum können eine Hausmeisterwohnung, vermietete Wohnungen, Läden usw. gehören. Die wirtschaftliche Einheit besteht danach aus dem Wohnungseigentum einschließlich des Miteigentumsanteils oder dem Teileigentum einschließlich des Miteigentumsanteils.

(2) Die Grundstücksart, in die das Wohnungseigentum oder das Teileigentum einzuordnen ist, richtet sich nach der Nutzung des auf das Wohnungseigentum oder auf das Teileigentum entfallende Gebäudeteiles (§ 93 Abs. 1 Satz 2 BewG). Gehört zu der wirtschaftlichen Einheit des Wohnungseigentums nur eine Wohnung, so ist es ein Einfamilienhaus (§ 75 Abs. 5 BewG). Die Mitbenutzung der Eigentumswohnung zu gewerblichen oder öffentlichen Zwecken steht der Einordnung in die Grundstücksart Einfamilienhäuser (§ 75 Abs. 5 Satz 4 BewG) nicht notwendig entgegen (vgl. Abschnitt 15 Abs. 3). Gehört zum Wohnungseigentum ein Anteil an einer im gemeinschaftlichen Eigentum stehenden Hausmeisterwohnung, so bleibt der Charakter des Wohnungseigentums als Einfamilienhaus ebenfalls gewahrt. Gehört zu dem Wohnungseigentum im Anteil an einer oder mehreren im gemeinschaftlichen Eigentum stehenden sonstigen Wohnungen, so ist es in die Grundstücksart Mietwohngrundstücke einzuordnen (§ 75 Abs. 2 BewG). Gehört zum Wohnungseigentum ein Anteil an im gemeinschaftlichen Eigentum stehenden Räumen, die gewerblichen (öffentlichen) Zwecken dienen, und wird dadurch die Eigenart des Wohnungseigentums als Einfamilienhaus wesentlich beeinträchtigt, so ist es entsprechend dem gewerblichen Anteil der Miete ein gemischtgenutztes Grundstück (§ 75 Abs. 4 BewG) oder – in Ausnahmefällen – ein Geschäftsgrundstück (§ 75 Abs. 3 BewG). Das Teileigentum ist im allgemeinen in die Grundstücksart Geschäftsgrundstücke einzuordnen. Gehört zum Teileigentum ein Anteil an im gemeinschaftlichen Eigentum stehenden Wohnungen oder Wohnräumen, so ist es entsprechend dem auf sie entfallenden Anteil der Miete ein Geschäftsgrundstück oder ein gemischtgenutztes Grundstück.

(3) Nach welchen Vorschriften das Wohnungseigentum und das Teileigentum zu bewerten sind, richtet sich grundsätzlich nach der allgemeinen Vorschrift des § 76 BewG. Das Wohnungseigentum, das zu 20 v. H. oder mehr Wohnzwecken dient, ist jedoch im Wege des Ertragswertverfahrens stets nach den Vorschriften für gemischtgenutzte Grundstücke oder für Mietwohngrundstücke zu bewerten (§ 93 Abs. 2 BewG). Dies gilt stets dann, wenn das Wohnungseigentum in die Grundstücksart Einfamilienhäuser einzuordnen ist. Für die Bewertung eines solchen Wohnungseigentums ist demnach der für Mietwohn-

grundstücke geltende Vervielfältiger anzuwenden, wenn es zu mehr als 80 v. H. Wohnzwecken dient. Andernfalls ist der für gemischtgenutzte Grundstücke geltende Vervielfältiger anzuwenden. Wenn das Wohnungseigentum in Ausnahmefällen zu mehr als 80 v. H. gewerblichen oder öffentlichen Zwecken dient, richtet sich die Bewertung nach den für Geschäftsgrundstücke maßgebenden Vorschriften (§ 76 Abs. 1 Nr. 2 BewG). Das Teileigentum ist nach den Vorschriften zu bewerten, die für die im einzelnen Fall in Betracht kommende Grundstücksart gelten.

(4) Die Miete, die bei der Bewertung des Wohnungseigentums und des Teileigentums zugrunde gelegt wird, umfaßt in ähnlicher Weise wie die Miete, die für eine vermietete Wohnung oder für gewerblich genutzte Räume angesetzt wird, auch das Entgelt für die gemeinsam genutzten Grundstücksteile (z. B. bebaute Flächen, Hofflächen, Flure, Treppen und Dachböden) und das Nutzungsentgelt für die sonstigen im gemeinschaftlichen Eigentum der Wohnungseigentümer befindlichen Teile des Grundstücks. Die zutreffende Erfassung des Mietwerts eines Miteigentumsanteils in dem Mietwert der Eigentumswohnung setzt voraus, daß das Verhältnis, in dem die Miteigentumsanteile zueinander stehen, mit dem Verhältnis übereinstimmt oder etwa dem Verhältnis entspricht, in welchem die Eigentumswohnungen nach ihrem Mietwert zueinander stehen. Deshalb kann bei der Berechnung der Miete, die bei der Bewertung eines Wohnungseigentums zugrunde gelegt wird, anders verfahren werden, wenn die im Grundbuch eingetragenen Miteigentumsanteile der Wohnungseigentümer am gemeinschaftlichen Eigentum (vgl. die §§ 7 und 10 WEG) nicht dem Verhältnis des Mietwerts der Eigentumswohnungen zueinander entsprechen (§ 93 Abs. 3 Satz 1 BewG). Dieses abweichende Verfahren ist jedoch nur in den Fällen anzuwenden, in denen die Miteigentumsanteile von dem Verhältnis der Mietwerte der einzelnen Eigentumswohnungen zueinander erheblich abweichen. Diese Fälle werden jedoch nur sehr selten sein.

(5) Gehören zum Wohnungseigentum oder Teileigentum einzelne im gemeinschaftlichen Eigentum stehende vermietete Wohnungen oder sonstige Räume (z. B. Laden, Garage, Hausmeisterwohnung, Dachgeschoßwohnung), so ist die sich hierdurch ergebende Werterhöhung nach den allgemeinen Grundsätzen zu erfassen und entsprechend den im Grundbuch eingetragenen Miteigentumsanteilen auf die einzelnen wirtschaftlichen Einheiten zu verteilen (§ 93 Abs. 3 Satz 2 BewG). Der Miete für das Sondereigentum ist jeweils die anteilige Miete für das gemeinschaftliche Eigentum, das aus dem Laden usw. besteht, hinzuzurechnen. Auf die gesamte Miete ist der Vervielfältiger für die Grundstücksart anzuwenden, die sich nach § 75 BewG aus dem Verhältnis der auf Wohnzwecke entfallenden Mietanteile zu den auf gewerbliche Zwecke entfallenden Mietanteile ergibt.

Beispiel:

Ein bebautes Grundstück besteht aus 4 Eigentumswohnungen sowie aus einer Dachgeschoßwohnung und einem Ladenraum, die beide im gemeinschaftlichen Eigentum der Wohnungseigentümer stehen und vermietet sind. Für jeden Wohnungseigentümer ist im Grundbuch ein Miteigentumsanteil von einem Viertel eingetragen. Die folgenden Jahresrohmieten sind ermittelt worden:

Eigentumswohnung A	3 600 DM
Eigentumswohnung B	3 600 DM
Eigentumswohnung C	3 300 DM
Eigentumswohnung D	3 300 DM
Dachgeschoßwohnung	1 800 DM
Ladenraum	4 000 DM

Die Einheitswerte sind wie folgt festzustellen:

1. Wohnungseigentum A und B:
   Jahresrohmiete

Eigentumswohnung	3 600 DM
¼ von 1 800 DM =	450 DM
¼ von 4 000 DM =	1 000 DM
	5 050 DM

Von der Jahresrohmiete von 5 050 DM entfallen jeweils ein Anteil von 4 050 DM auf Wohnungen und jeweils ein Anteil von 1 000 DM auf den gewerblichen Zwecken dienenden Ladenraum. Der Anteil der Wohnungen beträgt jeweils

$$\frac{4\,050 \times 100}{5\,050} = 80{,}1 \text{ v. H.}$$

§ 93 BewG

Das Wohnungseigentum A und das Wohnungseigentum B sind also Mietwohngrundstücke und entsprechend zu bewerten. Der Vervielfältiger (Nachkriegsbau, Massivbau, Gemeindegröße von 8 000 Einwohnern) beträgt 9,5 (vgl. Anlage 3).

Der Einheitswert (abgerundet) beträgt 5 050 DM x 9,5 = 47 900 DM

2. Wohnungseigentum C und D:
Jahresrohmiete
Eigentumswohnung 3 300 DM
$^1/_4$ von 1 800 DM = 450 DM
$^1/_4$ von 4 000 DM = 1 000 DM
4 750 DM

Von der Jahresrohmiete von 4 750 DM entfallen jeweils ein Anteil von 3 750 DM auf Wohnungen und jeweils ein Anteil von 1 000 DM auf den gewerblichen Zwecken dienenden Ladenraum. Der Anteil der Wohnung beträgt jeweils

$$\frac{3\,750 \times 100}{4\,750} = 79 \text{ v. H.}$$

Das Wohnungseigentum C und das Wohnungseigentum D sind also gemischtgenutzte Grundstücke und entsprechend zu bewerten.

Vervielfältiger (vgl. Anlage 3) 9,2
Einheitswert 4 750 DM x 9,2 = 43 700 DM

(6) Die einzelne wirtschaftliche Einheit des Wohnungseigentums oder des Teileigentums ist ein Betriebsgrundstück im Sinne von § 99 BewG, wenn die wirtschaftliche Einheit dem gewerblichen Betrieb des Wohnungseigentümers oder Teileigentümers zu mehr als der Hälfte ihres Werts dient.

(7) Das Dauerwohnrecht (§ 31 WEG) gilt grundsätzlich nicht als Grundstück im Sinne des Bewertungsgesetzes. Wie ein Wohnungseigentum ist es nur dann zu behandeln, wenn der Dauerwohnberechtigte aufgrund der zwischen ihm und dem Grundstückseigentümer getroffenen Vereinbarungen wirtschaftlich einem Wohnungseigentümer gleichsteht (vgl. § 11 Ziff. 4 StAnpG)[1]. Das setzt voraus, daß die Rechte und Pflichten des Dauerwohnberechtigten bei wirtschaftlicher Betrachtung den Rechten und Pflichten eines Wohnungseigentümers entsprechen und daß der Dauerwohnberechtigte aufgrund des Dauerwohnrechtsvertrags bei einem Heimfall des Dauerwohnrechts eine angemessene Entschädigung erhält.

---

1) Jetzt § 39 Abs. 2 Nr. 1 AO.

§ 94 Gebäude auf fremden Grund und Boden

(1) ¹Bei Gebäuden auf fremdem Grund und Boden ist der Bodenwert dem Eigentümer des Grund und Bodens und der Gebäudewert dem wirtschaftlichen Eigentümer des Gebäudes zuzurechnen. ²Außenanlagen (z. B. Umzäunungen, Wegbefestigungen), auf die sich das wirtschaftliche Eigentum am Gebäude erstreckt, sind unbeschadet der Vorschriften in § 68 Abs. 2 in die wirtschaftliche Einheit des Gebäudes einzubeziehen. ³Für die Grundstücksart des Gebäudes ist § 75 maßgebend; der Grund und Boden, auf dem das Gebäude errichtet ist, gilt als bebautes Grundstück derselben Grundstücksart.

(2) Für den Grund und Boden ist der Wert nach den für unbebaute Grundstücks geltenden Grundsätzen zu ermitteln; beeinträchtigt die Nutzungsbehinderung, welche sich aus dem Vorhandensein des Gebäudes ergibt, den Wert, so ist dies zu berücksichtigen.

(3) ¹Die Bewertung des Gebäudes erfolgt nach § 76. ²Wird das Gebäude nach dem Ertragswertverfahren bewertet, so ist von dem sich nach den §§ 78 bis 80 ergebenden Wert der auf den Grund und Boden entfallende Anteil abzuziehen. ³Ist vereinbart, daß das Gebäude nach Ablauf der Miet- oder Pachtzeit abzubrechen ist, so ist dieser Umstand durch einen entsprechenden Abschlag zu berücksichtigen; der Abschlag unterbleibt, wenn vorauszusehen ist, daß das Gebäude trotz der Verpflichtung nicht abgebrochen wird.

Rechtsprechungsauswahl

BFH-Beschluss vom 1.10.2020 II B 29/20 (BFH/BV)
Bewertungsabschlag bei Abrissverpflichtung
1. NV: Es ist geklärt, dass eine vertragliche Abbruchverpflichtung, die einen Bewertungsabschlag nach § 94 Abs. 3 Satz 3 BewG begründen soll, eindeutig und unbedingt sein muss.
2. NV: Es ist eindeutig und deshalb nicht klärungsbedürftig, dass die Motive der Vertragsparteien, eine Abrissklausel aufzunehmen, Einfluss auf die Vorhersehbarkeit des Nichtabbruchs haben können.

BFH-Urteil vom 30.1.2019 II R 26/17 (BStBl. II 2020 S. 733)
Teilweise inhaltsgleich mit BFH-Urteil vom 16.1.2019 II R 19/16 – Bewertungsrechtlicher Abschlag wegen Abbruchverpflichtung für Gebäude auf fremdem Grund und Boden
1. Eine unbedingte Abbruchverpflichtung besteht, wenn der Mieter nach den vertraglichen Vereinbarungen bei Beendigung des Mietvertrags grundsätzlich zum entschädigungslosen Abbruch der von ihm errichteten Gebäude verpflichtet ist und er nur in bestimmten Fällen eine Entschädigung für die Gebäude erhält.
2. Eine Entschädigungsregelung lässt die Abbruchverpflichtung nicht entfallen, wenn die Erfüllung der Entschädigungsvoraussetzungen von dem Verhalten des Vermieters oder von Dritten abhängig ist.
3. Lassen sich konkrete Tatsachen für die Voraussehbarkeit des Nichtabbruchs von Gebäuden, die auf fremdem Grund und Boden errichtet wurden, nicht hinreichend sicher feststellen, bleibt es bei dem in § 94 Abs. 3 Satz 3 Halbsatz 1 BewG vorgesehenen Grundsatz, dass der Abschlag wegen Abbruchverpflichtung zu gewähren ist.

BFH-Urteil vom 16.1.2019 II R 19/16 (BStBl. II 2020 S. 730)
Bewertungsrechtlicher Abschlag wegen Abbruchverpflichtung für Gebäude auf fremdem Grund und Boden
1. Ob der Nichtabbruch eines Gebäudes trotz Abbruchverpflichtung voraussehbar ist, ist anhand des Verhaltens der am konkreten Miet- oder Pachtvertragsverhältnis Beteiligten zu beurteilen. Auch das Verhalten der Rechtsvorgänger oder der Beteiligten vergleichbarer Miet- oder Pachtverhältnisse kann bei der Prognoseentscheidung berücksichtigt werden.
2. Für die Voraussehbarkeit des Nichtabbruchs sind die Verhältnisse zum Feststellungszeitpunkt maßgeblich. Seit Vertragsschluss eingetretene Änderungen der tatsächlichen Verhältnisse sind zu berücksichtigen.
3. Die Finanzbehörde trägt die Feststellungslast für die Tatsachen, die für einen Nichtabbruch des Gebäudes bei Vertragsende sprechen. Lassen sich solche Tatsachen nicht hinreichend sicher feststellen, ist der Abschlag zu gewähren.

§ 94 BewG

BewRGr

50. Gebäude auf fremdem Grund und Boden (§ 94 BewG)

(1) Das Gebäude auf fremdem Grund und Boden und der Grund und Boden bilden zwei wirtschaftliche Einheiten des Grundvermögens. Für beide wirtschaftliche Einheiten ist daher je ein Einheitswert festzustellen. Sie sind selbständig und unabhängig voneinander zu bewerten. Ungeachtet der für die Bewertung maßgeblichen Grundsätze gilt der Grund und Boden als bebautes Grundstück derjenigen Grundstücksart, in die die wirtschaftliche Einheit des Gebäudes nach § 75 BewG einzuordnen ist. In den Fällen, in denen der Eigentümer des Gebäudes eine größere, dem Eigentümer des Grund und Bodens gehörende Fläche nur teilweise nutzt, ist daher nur die von ihm genutzte Fläche als (bebauter) „Grund und Boden" im Sinne von § 94 Abs. 1 BewG und damit als besondere wirtschaftliche Einheit des Grundvermögens (§ 2 BewG) anzusehen. Sie ist demnach aus der die gesamte Bodenfläche umfassenden wirtschaftliche Einheit – ggf. im Wege der Nachfeststellung (§ 23 Abs. 1 Nr. 1 BewG) – herauszulösen. Bei einer solchen, durch eine Änderung der tatsächlichen Verhältnisse bedingten Nachfeststellung ist es ohne Bedeutung, ob für die verbleibende wirtschaftliche Einheit (Stammeinheit) der Einheitswert fortgeschrieben werden kann. In diesen Fällen sind drei wirtschaftliche Einheiten vorhanden: das Gebäude als bebautes Grundstück, der wirtschaftlich zu dem Gebäude gehörende Grund und Boden ebenfalls als bebautes Grundstück und die nach der Abtrennung des vom Eigentümer des Gebäudes genutzten Grund und Boden verbleibende Stammeinheit, die im allgemeinen ein unbebautes Grundstück sein wird.

(2) Der Grund und Boden ist mit dem Wert anzusetzen, der sich ergeben würde, wenn das Grundstück unbebaut wäre. Die Bewertung erfolgt nach den Abschnitten 7 bis 10. Der Umstand, daß auf dem Grundstück ein Gebäude steht, ist im allgemeinen nicht zu berücksichtigen. Eine Ermäßigung des Bodenwerts kommt ausnahmsweise dann in Betracht, wenn die Nutzungsbehinderung, die sich aus dem Vorhandensein des Gebäudes ergibt, den Bodenwert beeinträchtigt. Dies setzt voraus, daß im Feststellungszeitpunkt ein zwischen dem Eigentümer des Grund und Bodens und dem Eigentümer des Gebäudes abgeschlossener, für und gegen einen etwaigen Erwerber des Grund und Bodens geltender Pachtvertrag (vgl. § 581 Abs. 2, § 571 Abs. 1 BGB) noch für längere Zeit besteht, ohne daß ein dem Bodenwert entsprechender Pachtzins gezahlt wird. Die Minderung des Bodenwerts richtet sich dann ebenfalls nach der Dauer und dem Ausmaß der Nutzungsbehinderung.

(3) Für die Bewertung des Gebäudes gelten die allgemeinen Vorschriften des § 76 BewG. Wegen der Ermittlung des auszuscheidenden Bodenwertanteils im Falle der Bewertung im Ertragswertverfahren vgl. die Anlagen 1 bis 8. Die Verpflichtung, das Gebäude nach Ablauf der Miet- oder Pachtzeit abzubrechen, mindert den Gebäudewert (§ 94 Abs. 3 Satz 3 Halbsatz 1 BewG). Die Höhe des Abschlags ist im Falle der Bewertung im Ertragswertverfahren im allgemeinen den Spalten 4 bis 7 der Anlage 9 zu entnehmen. Wenn das Gebäude innerhalb eines Zeitraums von zehn Jahren nach dem Feststellungszeitpunkt abgebrochen werden muß, so ist die Höhe des Abschlags jedoch nur den Spalten 1 bis 3 der Anlage 9 zu entnehmen. Wegen der Bemessung des Abschlags im Falle der Bewertung im Sachwertverfahren vgl. Abschnitt 44 Abs. 7. In vielen Fällen läßt sich am Feststellungszeitpunkt noch nicht übersehen, ob der Eigentümer des Grund und Bodens von seinem Recht, den Abbruch des Gebäudes zu verlangen, Gebrauche machen wird oder ob der Pachtvertrag verlängert werden wird. In diesen Fällen kann ein Abschlag nach § 94 Abs. 3 BewG nur gewährt werden, wenn der Gebäudewert infolge der bestehenden Unsicherheit wesentlich gemindert wird. Die Höhe des Abschlags bemißt sich hier nach den Umständen des einzelnen Falles. Ist jedoch am Feststellungszeitpunkt vorauszusehen, daß das Gebäude trotz der Verpflichtung nicht abgebrochen werden wird, so kommt ein Abschlag – auch wegen der bestehenden Unsicherheit – nicht in Betracht (§ 94 Abs. 3 Satz 3 Halbsatz 2 BewG). Ein solcher Fall liegt z. B. vor, wenn der Pachtvertrag bereits einmal verlängert wurde und anzunehmen ist, daß er auch in Zukunft verlängert werden wird, ohne daß Gründe tatsächlicher Art für eine bevorstehende Beendigung des Pachtvertrages sprechen.

(4) In § 94 BewG ist – anders als in der Regelung des Erbbaurechts in den Fällen des § 92 Abs. 2 BewG – nichts Besonderes über die Bewertung des Gebäudes in den Fällen bestimmt, in denen das Eigentum an dem Gebäude nach Ablauf der Miet- oder Pachtzeit entschädigungslos auf den Eigentümer des Grund und Bodens übergeht. Die Forderung des Eigentümers des Grund und Bodens auf die entschädigungslose Überlassung des Gebäudes und die ihr entsprechende Verpflichtung des Eigentümers des Gebäudes wirken sich daher in den Fällen des § 94 BewG weder in der Bewertung des Grund und Bodens noch in der Bewertung des Gebäudes aus. Die Forderung des Eigentümers des Grund und Bodens und die Verpflichtung des Eigentümers des Gebäudes sind vielmehr allein bei der Ermittlung des Gesamtvermögens – beim Betriebsvermögen oder beim sonstigen Vermögen – anzusetzen.

(5) Der Abbruch eines Gebäudes auf fremdem Grund und Boden ist bei den beiden wirtschaftlichen Einheiten „Grund und Boden" und „Gebäude" ggf. auch bei der verbleibenden wirtschaftlichen Einheit

(Stammeinheit) zu berücksichtigen. Das Gebäude fällt als selbständige wirtschaftliche Einheit weg, sein Einheitswert ist aufzuheben (§ 24 Abs. 1 Nr. 1 BewG). Durch den Abbruch des Gebäudes ist der Einheitswert ist aufzuheben (§ 24 Abs. 1 Nr. 1 BewG). Durch den Abbruch des Gebäudes ist der bisher als bebautes Grundstück geltende Grund und Boden ein unbebautes Grundstück geworden; diese Änderung ist durch eine Artfortschreibung (§ 22 Abs. 2 BewG) zu berücksichtigen. Eine etwaige Wertminderung, die sich aus der Nutzungsbehinderung infolge der Bebauung des Grund und Bodens ergab, entfällt. Falls der Grund und Boden aus der verbleibenden wirtschaftlichen Einheit (Stammeinheit) infolge der Errichtung des Gebäudes herausgelöst wurde, wird er in der Regel in die Stammeinheit als unselbständiger Teil – ggf. im Wege der Wertfortschreibung – wieder einbezogen werden. Der Grund und Boden fällt dann regelmäßig als selbständige wirtschaftliche Einheit mit der Folge weg, daß sein Einheitswert ebenfalls nach § 24 Abs. 1 Nr. 1 BewG aufzuheben ist.

(6) Der Übergang des Eigentums an einem Gebäude auf fremdem Grund und Boden auf den Eigentümer des Grund und Bodens führt dazu, daß die bisher bestehenden zwei wirtschaftlichen Einheiten „Grund und Boden" und „Gebäude" nunmehr in der Regel eine wirtschaftliche Einheit „bebautes Grundstück" bilden. Die bisherige wirtschaftliche Einheit „Gebäude" fällt dann als selbständige wirtschaftliche Einheit weg; ihr Einheitswert ist aufzuheben (§ 24 Abs. 1 Nr. 1 BewG). Für die jetzt aus dem Grund und Boden und dem Gebäude bestehende wirtschaftliche Einheit „bebautes Grundstück" ist der Einheitswert fortzuschreiben, wenn infolge des Übergangs des Eigentums an dem Gebäude auf den Eigentümer des Grund und Bodens die Wertgrenzen des § 22 BewG überschritten werden. Hatte vorher noch eine dritte wirtschaftliche Einheit (Stammeinheit) bestanden, so richtet sich die Abgrenzung der wirtschaftlichen Einheiten nach den Umständen des Einzelfalles. In vielen Fällen wird die nunmehr aus dem Grund und Boden und dem Gebäude bestehende wirtschaftliche Einheit „bebautes Grundstück" mit der Stammeinheit zu einer einzigen wirtschaftlichen Einheit zu vereinigen sein. In der Regel wird dann der Einheitswert für die Stammeinheit fortgeschrieben werden. In anderen Fällen wird das „bebaute Grundstück" neben der Stammeinheit als selbständige wirtschaftliche Einheit bestehen bleiben.

D. Betriebsvermögen

§ 95 Begriff des Betriebsvermögens

(1) ¹Das Betriebsvermögen umfaßt alle Teile eines Gewerbebetriebs im Sinne des § 15 Absatz 1 und 2 des Einkommensteuergesetzes, die bei der steuerlichen Gewinnermittlung zum Betriebsvermögen gehören. ²Als Gewerbebetrieb im Sinne des Satzes 1 gilt auch der Betrieb von Gesellschaften im Sinne des § 1 Absatz 1 des Körperschaftsteuergesetzes mit Sitz im Ausland, deren Ort der Geschäftsleitung im Inland belegen ist, und die nach inländischem Gesellschaftsrecht nicht als juristische Person zu behandeln sind, wenn dem Grunde nach eine Tätigkeit im Sinne des § 15 Absatz 1 und Absatz 2 des Einkommensteuergesetzes vorliegt.

(2) Als Gewerbebetrieb gilt unbeschadet des § 97 nicht die Land- und Forstwirtschaft, wenn sie den Hauptzweck des Unternehmens bildet.

§ 96 Freie Berufe

Dem Gewerbebetrieb steht die Ausübung eines freien Berufs im Sinne des § 18 Abs. 1 Nr. 1 des Einkommensteuergesetzes gleich; dies gilt auch für die Tätigkeit als Einnehmer einer staatlichen Lotterie, soweit die Tätigkeit nicht schon im Rahmen eines Gewerbebetriebs ausgeübt wird.

BewG §§ 97, 98

§ 97 Betriebsvermögen von Körperschaften, Personenvereinigungen und Vermögensmassen

(1) ¹Einen Gewerbebetrieb bilden insbesondere alle Wirtschaftsgüter, die den folgenden Körperschaften, Personenvereinigungen und Vermögensmassen gehören, wenn diese ihre Geschäftsleitung oder ihren Sitz im Inland haben:
1. Kapitalgesellschaften (Aktiengesellschaften, Kommanditgesellschaften auf Aktien, Gesellschaften mit beschränkter Haftung, Europäische Gesellschaften);
2. Erwerbs- und Wirtschaftsgenossenschaften;
3. Versicherungsvereinen auf Gegenseitigkeit;
4. Kreditanstalten des öffentlichen Rechts;
5. ¹Gesellschaften im Sinne des § 15 Absatz 1 Satz 1 Nummer 2, des § 15 Absatz 3, des § 18 Absatz 4 Satz 2 des Einkommensteuergesetzes und, wenn sie ihrer Tätigkeit nach einer Gesellschaft im Sinne des § 15 Absatz 1 Satz 1 Nummer 2, des § 15 Absatz 3 oder des § 18 Absatz 4 Satz 2 des Einkommensteuergesetzes entsprechen, Gesellschaften im Sinne des § 1a Absatz 1 des Körperschaftsteuergesetzes und Gesellschaften im Sinne des § 1 Absatz 1 des Körperschaftsteuergesetzes mit Sitz im Ausland, deren Ort der Geschäftsleitung im Inland belegen ist, und die nach inländischem Gesellschaftsrecht als Personengesellschaft zu behandeln sind. ²Zum Gewerbebetrieb einer solchen Gesellschaft gehören auch die Wirtschaftsgüter, die im Eigentum eines Gesellschafters, mehrerer oder aller Gesellschafter stehen, und Schulden eines Gesellschafters, mehrerer oder aller Gesellschafter, soweit die Wirtschaftsgüter und Schulden bei der steuerlichen Gewinnermittlung zum Betriebsvermögen der Gesellschaft gehören (§ 95); diese Zurechnung geht anderen Zurechnungen vor.

²§ 34 Abs. 6a und § 51a bleiben unberührt.

(1a) Der gemeine Wert eines Anteils am Betriebsvermögen einer in § 97 Abs. 1 Satz 1 Nr. 5 genannten Personengesellschaft ist wie folgt zu ermitteln und aufzuteilen:
1. Der nach § 109 Abs. 2 ermittelte gemeine Wert des der Personengesellschaft gehörenden Betriebsvermögens (Gesamthandsvermögen) ist wie folgt aufzuteilen:
   a) die Kapitalkonten aus der Gesamthandsbilanz sind dem jeweiligen Gesellschafter vorweg zuzurechnen;
   b) der verbleibende Wert ist nach dem für die Gesellschaft maßgebenden Gewinnverteilungsschlüssel auf die Gesellschafter aufzuteilen; Vorabgewinnanteile sind nicht zu berücksichtigen.
2. ¹Für die Wirtschaftsgüter und Schulden des Sonderbetriebsvermögens eines Gesellschafters ist der gemeine Wert zu ermitteln. ²Er ist dem jeweiligen Gesellschafter zuzurechnen.
3. Der Wert des Anteils eines Gesellschafters ergibt sich als Summe aus dem Anteil am Gesamthandsvermögen nach Nummer 1 und dem Wert des Sonderbetriebsvermögens nach Nummer 2.

(1b) ¹Der gemeine Wert eines Anteils an einer in § 97 Abs. 1 Satz 1 Nr. 1 genannten Kapitalgesellschaft bestimmt sich nach dem Verhältnis des Anteils am Nennkapital (Grund- oder Stammkapital) der Gesellschaft zum gemeinen Wert des Betriebsvermögens der Kapitalgesellschaft im Bewertungsstichtag. ²Dies gilt auch, wenn das Nennkapital noch nicht vollständig eingezahlt ist. ³Richtet sich die Beteiligung am Vermögen und am Gewinn der Gesellschaft auf Grund einer ausdrücklichen Vereinbarung der Gesellschafter nach der jeweiligen Höhe des eingezahlten Nennkapitals, bezieht sich der gemeine Wert nur auf das tatsächlich eingezahlte Nennkapital. ⁴Abweichend von Satz 1 sind bei der Wertermittlung des Anteils vorbehaltlich des § 9 Absatz 2 und 3 Regelungen zu berücksichtigen, die sich auf den Wert des Anteils auswirken, wie insbesondere eine vom Verhältnis des Anteils am Nennkapital (Grund- oder Stammkapital) abweichende Gewinnverteilung.

(2) Einen Gewerbebetrieb bilden auch die Wirtschaftsgüter, die den sonstigen juristischen Personen des privaten Rechts, den nichtrechtsfähigen Vereinen, Anstalten, Stiftungen und anderen Zweckvermögen gehören, soweit sie einem wirtschaftlichen Geschäftsbetrieb (ausgenommen Land- und Forstwirtschaft) dienen.

(3) (weggefallen)

§§ 98a–99 BewG

§ 98 (weggefallen)

§ 98a (weggefallen)

§ 99 Betriebsgrundstücke

(1) Betriebsgrundstück im Sinne dieses Gesetzes ist der zu einem Gewerbebetrieb gehörende Grundbesitz, soweit er, losgelöst von seiner Zugehörigkeit zu dem Gewerbebetrieb,

1. zum Grundvermögen gehören würde oder
2. einen Betrieb der Land- und Forstwirtschaft bilden würde.

(2) (weggefallen)

(3) Betriebsgrundstücke im Sinne des Absatzes 1 Nr. 1 sind wie Grundvermögen, Betriebsgrundstücke im Sinne des Absatzes 1 Nr. 2 wie land- und forstwirtschaftliches Vermögen zu bewerten.

BewRGr

3. Abgrenzung des Grundvermögens vom Betriebsvermögen (§ 99 BewG)

(1) Die Abgrenzung zwischen Grundvermögen und dem zum Betriebsvermögen gehörenden Grundbesitz (Betriebsgrundstücke) ergibt sich aus § 68 Abs. 1 in Verbindung mit § 99 BewG. Ob ein Grundstück Betriebsgrundstück ist und zu welchem gewerblichen Betrieb es gehört, ist bei der Feststellung des Einheitswerts des Grundstücks nach § 216 Abs. 1 Nr. 1 AO zu entscheiden (BFH-Urteil vom 24.10.1958, BStBl. 1959 III S. 2). Ist im Einheitswertbescheid für das Grundstück eine Feststellung als Betriebsgrundstück unterlassen worden, so kann dies für die Zurechnung zum gewerblichen Betrieb unschädlich sein, wenn die wirtschaftliche Zugehörigkeit offensichtlich und auch unter den Beteiligten unstreitig ist (RFH-Urteil vom 19. 6. 1935, RStBl. S. 1121). In derartigen Fällen sollte die Art des Grundstücks durch Ergänzungsbescheid nach § 216 Abs. 2 AO[1]) richtiggestellt werden.

(2) Die Regelung in § 99 Abs. 2 Sätze 1 und 2 BewG gilt nur in den Fällen, in denen ein Grundstück, das losgelöst von dem gewerblichen Betrieb Grundvermögen wäre, im Eigentum einer einzelnen Person steht. Gehört ein solches Grundstück mehreren Personen, von denen eine Person nicht gleichzeitig Mitinhaber des Gewerbebetriebs ist, so wird das ganze Grundstück dem Grundvermögen zugerechnet (§ 99 Abs. 2 Satz 3 BewG). Gehört das Grundstück dagegen mehreren Personen, die alle an dem Gewerbebetrieb beteiligt sind, so ist das Grundstück stets sein Betriebsgrundstück. Ohne Rücksicht auf die Regelung in § 99 Abs. 2 Sätze 1 bis 3 BewG ist ein Grundstück, das den in § 97 Abs. 1 BewG bezeichneten Körperschaften usw. gehört, stets ein Betriebsgrundstück (§ 99 Abs. 2 Satz 4 BewG); hierbei ist es gleichgültig, ob das Grundstück dem Betrieb der Körperschaft usw. dient oder nicht. Dies gilt auch in den Fällen, in denen die Körperschaft usw. nur Miteigentümerin des Grundstücks ist, für deren Grundstücksanteil. Dient das Grundstück dem Gewerbebetrieb einer aus der Gesamtheit des Grundstückseigentümers bestehenden Gesellschaft, so ist es in jedem Falle ein Betriebsgrundstück. Das gleiche gilt, wenn das Grundstück nur einer oder einigen an der Gesellschaft beteiligten Personen gehört, ohne daß nicht an der Gesellschaft beteiligte Personen, Miteigentümer des Grundstücks sind.

Beispiele:

A. A, B und C sind zu je 1/3 Miteigentümer eines Grundstücks. B betreibt als Einzelunternehmer auf diesem Grundstück einen Gewerbebetrieb. A und C sind nicht an dem Gewerbebetrieb beteiligt; sie haben ihren Grundstücksanteil an B verpachtet. Das Grundstücks gehört zum Grundvermögen, und zwar zu je 1/3 Anteil des Einheitswerts dem A, B und C.

B. A, B und OHG C (bestehend aus den Gesellschaften X und Y) sind zu je 1/3 Miteigentümer eines Grundstücks. Die Anteile von A und B gehören zum Grundvermögen. Der Anteil der OHG C ist stets Betriebsvermögen, gleichgültig, ob das Grundstück dem Betrieb der OHG dient oder nicht.

C. A, B und C betreiben eine Offene Handelsgesellschaft auf einem Grundstück, das A und B zu je 1/2 gehört. Das Grundstück ist Betriebsvermögen der Offenen Handelsgesellschaft, weil es der Gesellschaft dient und im ausschließlichen Eigentum von Gesellschaftern steht.

D: A, B und C sind zu je 1/3 Miteigentümer eines Grundstücks. A und B betreiben auf diesem Grundstück eine Offene Handelsgesellschaft. Das Grundstück gehört nicht zum Betriebsvermögen der Offenen Handelsgesellschaft, sondern zum Grundvermögen des A, B und C zu je 1/3 des Einheits-

---

1) Jetzt § 179 Abs. 3 AO.

werts; denn das Grundstück steht, obwohl es dem Betrieb der Gesellschaft dient, im Miteigentum von C, der an der Gesellschaft nicht beteiligt ist.

(3) Betriebsgrundstücke, die ohne ihre Zugehörigkeit zu einem Gewerbebetrieb zum Grundvermögen gehören würden, sind in derselben Weise wie Grundvermögen zu bewerten (§ 99 Abs. 3 BewG).

ErbStR 2019

Zu § 99 BewG

R B 99 Betriebsgrundstücke

(1) Die Zugehörigkeit eines Grundstücks zum Betriebsvermögen richtet sich nach den ertragsteuerrechtlichen Regelungen.

(2) ¹Ist bei der Ermittlung des gemeinen Werts des Betriebsvermögens der Grundbesitzwert berücksichtigt, erfolgt kein gesonderter Ansatz. ²Wenn das Grundstück oder der Grundstücksteil gesondert anzusetzen ist (Substanzwertverfahren, Ansatz als Sonderbetriebsvermögen oder junges Betriebsvermögen), ist der gemeine Wert zu berücksichtigen, soweit er auf den betrieblichen Teil entfällt. ³Dies ist nach ertragsteuerrechtlichen Grundsätzen zu entscheiden.

Hinweise (ErbStH 2019)

H B 99 *Grundbesitzwert bei Betriebsgrundstücken*

Gehört nur ein Teil des Grundstücks zum Betriebsvermögen und ist der Grundbesitzwert nach § 151 Absatz 1 Satz 1 Nummer 1 BewG festzustellen, ist er für das gesamte Grundstück festzustellen. Dieser ist nach ertragsteuerrechtlichen Grundsätzen vom Betriebsfinanzamt (§ 152 Nummer 2 BewG) aufzuteilen. Ein hiernach dem Grundvermögen zuzuordnender Anteil ist vom Betriebsfinanzamt dem zuständigen Erbschaft- und Schenkungsteuerfinanzamt nachrichtlich mitzuteilen.

→ *R B 151.9*

§§ 100–103 BewG

§ 100 (weggefallen)

§ 101 (weggefallen)

§ 102 (weggefallen)

§ 103 Schulden und sonstige Abzüge

(1) Schulden und sonstige Abzüge, die nach § 95 Abs. 1 zum Betriebsvermögen gehören, werden vorbehaltlich des Absatzes 3 berücksichtigt, soweit sie mit der Gesamtheit oder einzelnen Teilen des Betriebsvermögens im Sinne dieses Gesetzes in wirtschaftlichem Zusammenhang stehen.

(2) Weist ein Gesellschafter in der Steuerbilanz Gewinnansprüche gegen eine von ihm beherrschte Gesellschaft aus, ist bei dieser ein Schuldposten in entsprechender Höhe abzuziehen.

(3) Rücklagen sind nur insoweit abzugsfähig, als ihr Abzug bei der Bewertung des Betriebsvermögens für Zwecke der Erbschaftsteuer durch Gesetz ausdrücklich zugelassen ist.

§ 104 (weggefallen)

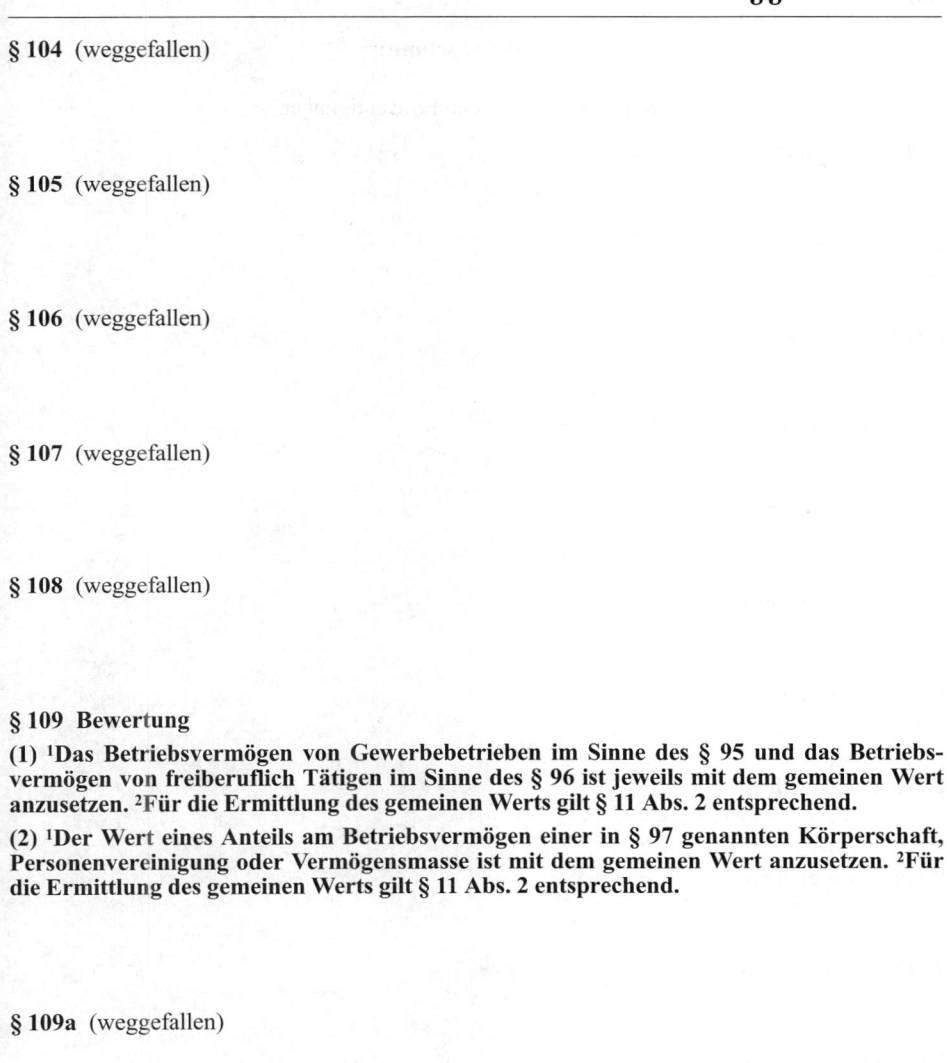

§ 105 (weggefallen)

§ 106 (weggefallen)

§ 107 (weggefallen)

§ 108 (weggefallen)

§ 109 Bewertung

(1) ¹Das Betriebsvermögen von Gewerbebetrieben im Sinne des § 95 und das Betriebsvermögen von freiberuflich Tätigen im Sinne des § 96 ist jeweils mit dem gemeinen Wert anzusetzen. ²Für die Ermittlung des gemeinen Werts gilt § 11 Abs. 2 entsprechend.

(2) ¹Der Wert eines Anteils am Betriebsvermögen einer in § 97 genannten Körperschaft, Personenvereinigung oder Vermögensmasse ist mit dem gemeinen Wert anzusetzen. ²Für die Ermittlung des gemeinen Werts gilt § 11 Abs. 2 entsprechend.

§ 109a (weggefallen)

§§ 110–120 BewG

Zweiter Abschnitt:

Sondervorschriften und Ermächtigungen

§ 110 (weggefallen)

§ 111 (weggefallen)

§ 112 (weggefallen)

§ 113 (weggefallen)

§ 113a (weggefallen)

§ 114 (weggefallen)

§ 115 (weggefallen)

§ 116 (weggefallen)

§ 117 (weggefallen)

§ 117a (weggefallen)

§ 118 (weggefallen)

§ 119 (weggefallen)

§ 120 (weggefallen)

§ 121 Inlandsvermögen

Zum Inlandsvermögen gehören:
1. das inländische land- und forstwirtschaftliche Vermögen;
2. das inländische Grundvermögen;
3. das inländische Betriebsvermögen. Als solches gilt das Vermögen, das einem im Inland betriebenen Gewerbe dient, wenn hierfür im Inland eine Betriebsstätte unterhalten wird oder ein ständiger Vertreter bestellt ist;
4. Anteile an einer Kapitalgesellschaft, wenn die Gesellschaft Sitz oder Geschäftsleitung im Inland hat und der Gesellschafter entweder allein oder zusammen mit anderen ihm nahestehenden Personen im Sinne des § 1 Abs. 2 des Außensteuergesetzes in der jeweils geltenden Fassung[1], am Grund- oder Stammkapital der Gesellschaft mindestens zu einem Zehntel unmittelbar oder mittelbar beteiligt ist;
5. nicht unter Nummer 3 fallende Erfindungen, Gebrauchsmuster und Topographien, die in ein inländisches Buch oder Register eingetragen sind;
6. Wirtschaftsgüter, die nicht unter die Nummern 1, 2 und 5 fallen und einem inländischen Gewerbebetrieb überlassen, insbesondere an diesen vermietet oder verpachtet sind;
7. Hypotheken, Grundschulden, Rentenschulden und andere Forderungen oder Rechte, wenn sie durch inländischen Grundbesitz, durch inländische grundstücksgleiche Rechte oder durch Schiffe, die in ein inländisches Schiffsregister eingetragen sind, unmittelbar oder mittelbar gesichert sind. Ausgenommen sind Anleihen und Forderungen, über die Teilschuldverschreibungen ausgegeben sind;
8. Forderungen aus der Beteiligung an einem Handelsgewerbe als stiller Gesellschafter und aus partiarischen Darlehen, wenn der Schuldner Wohnsitz oder gewöhnlichen Aufenthalt, Sitz oder Geschäftsleitung im Inland hat;
9. Nutzungsrechte an einem der in den Nummern 1 bis 8 genannten Vermögensgegenstände.

§ 121a Sondervorschrift für die Anwendung der Einheitswerte 1964

Während der Geltungsdauer der auf den Wertverhältnissen am 1. Januar 1964 beruhenden Einheitswerte des Grundbesitzes sind Grundstücke (§ 70) und Betriebsgrundstücke im Sinne des § 99 Abs. 1 Nr. 1 für die Gewerbesteuer mit 140 vom Hundert des Einheitswerts anzusetzen.

§ 121b (weggefallen)

§ 122 Besondere Vorschriften für Berlin (West)

§ 50 Abs. 1, § 60 Abs. 1 und § 67 gelten nicht für den Grundbesitz in Berlin (West). Bei der Beurteilung der natürlichen Ertragsbedingungen und des Bodenartenverhältnisses ist das Bodenschätzungsgesetz sinngemäß anzuwenden.

---

[1] Außensteuergesetz vom 8. September 1972 (BGBl. I S. 1713), zuletzt geändert durch Artikel 4 des Gesetzes vom 25. März 2019 (BGBl. I S. 357).

§§ 123, 124 BewG

§ 123 Ermächtigungen

Die Bundesregierung wird ermächtigt, mit Zustimmung des Bundesrates die in § 12 Abs. 4, § 21 Abs. 1, § 39 Abs. 1, § 51 Abs. 4, § 55 Abs. 3, 4 und 8, den §§ 81 und 90 Abs. 2 vorgesehenen Rechtsverordnungen zu erlassen.

§ 124 (weggefallen)

BewG § 125

Dritter Abschnitt:

Vorschriften für die Bewertung von Vermögen
in dem in Artikel 3 des Einigungsvertrages genannten Gebiet

A. Land- und forstwirtschaftliches Vermögen

§ 125 Land- und forstwirtschaftliches Vermögen

(1) Einheitswerte, die für Betriebe der Land- und Forstwirtschaft nach den Wertverhältnissen vom 1. Januar 1935 festgestellt worden sind, werden ab dem 1. Januar 1991 nicht mehr angewendet.

(2) [1]Anstelle der Einheitswerte für Betriebe der Land- und Forstwirtschaft werden abweichend von § 19 Abs. 1 Ersatzwirtschaftswerte für das in Absatz 3 bezeichnete Vermögen ermittelt und ab 1. Januar 1991 der Besteuerung zugrunde gelegt. [2]Der Bildung des Ersatzwirtschaftswertes ist abweichend von § 2 und § 34 Abs. 1, 3 bis 6 und 7 eine Nutzungseinheit zugrunde zu legen, in die alle von derselben Person (Nutzer) regelmäßig selbewg. nutzten Wirtschaftsgüter des land- und forstwirtschaftlichen Vermögens im Sinne des § 33 Abs. 2 einbezogen werden, auch wenn der Nutzer nicht Eigentümer ist. [3]§ 26 ist sinngemäß anzuwenden. [4]Grundbesitz im Sinne des § 3 Abs. 1 Satz 1 Nr. 6 und Satz 2 des Grundsteuergesetzes wird bei der Bildung des Ersatzwirtschaftswerts nicht berücksichtigt.

(3) [1]Zum land- und forstwirtschaftlichen Vermögen gehören abweichend von § 33 Abs. 2 nicht die Wohngebäude einschließlich des dazugehörigen Grund und Bodens. [2]Wohngrundstücke sind dem Grundvermögen zuzurechnen und nach den dafür geltenden Vorschriften zu bewerten.

(4) [1]Der Ersatzwirtschaftswert wird unter sinngemäßer Anwendung der §§ 35, 36, 38, 40, 42 bis 45, 50 bis 54, 56, 59, 60 Abs. 2 und § 62 in einem vereinfachten Verfahren ermittelt. [2]Bei dem Vergleich der Ertragsbedingungen sind abweichend von § 38 Abs. 2 Nr. 1 ausschließlich die in der Gegend als regelmäßig anzusehenden Verhältnisse zugrunde zu legen.

(5) Für die Ermittlung des Ersatzwirtschaftswertes sind die Wertverhältnisse maßgebend, die bei der Hauptfeststellung der Einheitswerte des land- und forstwirtschaftlichen Vermögens in der Bundesrepublik Deutschland auf den 1. Januar 1964 zugrunde gelegt worden sind.

(6) [1]Aus den Vergleichszahlen der Nutzungen und Nutzungsteile, ausgenommen die forstwirtschaftliche Nutzung und die sonstige land- und forstwirtschaftliche Nutzung, werden unter Anwendung der Ertragswerte des § 40 die Ersatzvergleichswerte als Bestandteile des Ersatzwirtschaftswerts ermittelt. [2]Für die Nutzungen und Nutzungsteile gelten die folgenden Vergleichszahlen:

1. landwirtschaftliche Nutzung:
   a) landwirtschaftliche Nutzung ohne Hopfen und Spargel:
      Die landwirtschaftliche Vergleichszahl in 100 je Hektar errechnet sich auf der Grundlage der Ergebnisse der Bodenschätzung unter Berücksichtigung weiterer natürlicher und wirtschaftlicher Ertragsbedingungen;
   b) Hopfen:
      Hopfenbau-Vergleichszahl je Ar 40;
   c) Spargel:
      Spargelbau-Vergleichszahl je Ar 70;
2. weinbauliche Nutzung:
   Weinbau-Vergleichszahlen je Ar:
   a) Traubenerzeugung (Nichtausbau) 22;
   b) Faßweinausbau 25;
   c) Flaschenweinausbau 30;

§ 125 BewG

3. gärtnerische Nutzung:
   Gartenbau-Vergleichszahlen je Ar:
   a) Nutzungsteil Gemüse-, Blumen- und Zierpflanzenbau:
      aa) Gemüsebau 50;
      bb) Blumen- und Zierpflanzenbau 100;
   b) Nutzungsteil Obstbau 50;
   c) Nutzungsteil Baumschulen............................ 60;
   d) Für Nutzungsflächen unter Glas und Kunststoffplatten, ausgenommen Niederglas, erhöhen sich die vorstehenden Vergleichszahlen bei
      aa) Gemüsebau
          nicht heizbar... um das 6fache;
          heizbar.. um das 8fache;
      bb) Blumen- und Zierpflanzenbau, Baumschulen
          nicht heizbar... um das 4fache;
          heizbar.. um das 8fache;

(7) Für die folgenden Nutzungen werden unmittelbar Ersatzvergleichswerte angesetzt:
1. forstwirtschaftliche Nutzung:
   Der Ersatzvergleichswert beträgt 125 Deutsche Mark je Hektar.
2. sonstige land- und forstwirtschaftliche Nutzung:
   Der Ersatzvergleichswert beträgt bei
   a) Binnenfischerei....................................... 2 Deutsche Mark je kg des nachhaltigen Jahresfangs;
   b) Teichwirtschaft
      aa) Forellenteichwirtschaft......................... 20 000 Deutsche Mark je Hektar;
      bb) übrige Teichwirtschaft .... 1000 Deutsche Mark je Hektar;
   c) Fischzucht für Binnenfischerei und Teichwirtschaft
      aa) für Forellenteichwirtschaft .... 30 000 Deutsche Mark je Hektar;
      bb) für übrige Binnenfischerei und Teichwirtschaft....... 1500 Deutsche Mark je Hektar;
   d) Imkerei .... 10 Deutsche Mark je Bienenkasten;
   e) Wanderschäferei .... 20 Deutsche Mark je Mutterschaf;
   f) Saatzucht.. 15 Prozent der nachhaltigen Jahreseinnahmen;
   g) Weihnachtsbaumkultur .... 3000 Deutsche Mark je Hektar;
   h) Pilzanbau .... 25 Deutsche Mark je Quadratmeter;
   i) Besamungsstationen .... 20 Prozent der nachhaltigen Jahreseinnahmen.

§ 126 Geltung des Ersatzwirtschaftswerts

(1) ¹Der sich nach § 125 ergebende Ersatzwirtschaftswert gilt für die Grundsteuer; er wird im Steuermeßbetragsverfahren ermittelt. ²Für eine Neuveranlagung des Grundsteuermeßbetrags werden Änderung des Ersatzwirtschaftswerts gilt § 22 Abs. 1 sinngemäß.

(2) ¹Für andere Steuern ist bei demjenigen, dem Wirtschaftsgüter des land- und forstwirtschaftlichen Vermögens zuzurechnen sind, der Ersatzwirtschaftswert oder ein entsprechender Anteil an diesem Wert anzusetzen. ²Die Eigentumsverhältnisse und der Anteil am Ersatzwirtschaftswert sind im Feststellungsverfahren der jeweiligen Steuer zu ermitteln.

§ 127 Erklärung zum Ersatzwirtschaftswert

(1) ¹Der Nutzer des land- und forstwirtschaftlichen Vermögens (§ 125 Abs. 2 Satz 2) hat dem Finanzamt, in dessen Bezirk das genutzte Vermögen oder sein wertvollster Teil liegt, eine Erklärung zum Ersatzwirtschaftswert abzugeben. ²Der Nutzer hat die Steuererklärung eigenhändig zu unterschreiben.

(2) ¹Die Erklärung ist erstmals für das Kalenderjahr 1991 nach den Verhältnissen zum 1. Januar 1991 abzugeben. ²§ 28 Abs. 2 gilt entsprechend.

§ 128 Auskünfte, Erhebungen, Mitteilungen, Abrundung

§ 29 und § 30 gelten bei der Ermittlung des Ersatzwirtschaftswerts sinngemäß.

§ 129 BewG

B. Grundvermögen

§ 129 Grundvermögen

(1) Für Grundstücke gelten die Einheitswerte, die nach den Wertverhältnissen am 1. Januar 1935 festgestellt sind oder noch festgestellt werden (Einheitswerte 1935).

(2) Vorbehaltlich der §§ 129a bis 131 werden für die Ermittlung der Einheitswerte 1935 statt der §§ 27, 68 bis 94

1. §§ 10, 11 Abs. 1 und 2 und Abs. 3 Satz 2, §§ 50 bis 53 des Bewertungsgesetzes der Deutschen Demokratischen Republik in der Fassung vom 18. September 1970 (Sonderdruck Nr. 674 des Gesetzblattes),
2. § 3a Abs. 1, §§ 32 bis 46 der Durchführungsverordnung zum Reichsbewertungsgesetz vom 2. Februar 1935 (RGBl. I S. 81), zuletzt geändert durch die Verordnung zur Änderung der Durchführungsverordnung zum Vermögensteuergesetz, der Durchführungsverordnung zum Reichsbewertungsgesetz und der Aufbringungsumlage-Verordnung vom 8. Dezember 1944 (RGBl. I S. 338), und
3. die Rechtsverordnungen der Präsidenten der Landesfinanzämter über die Bewertung bebauter Grundstücke vom 17. Dezember 1934 (Reichsministerialblatt S. 785 ff.), soweit Teile des in Artikel 3 des Einigungsvertrages genannten Gebietes in ihrem Geltungsbereich liegen,

weiter angewandt.

Rechtsprechungsauswahl

BFH Urteil vom 14.10.2020 II R 4/19 (BStBl. II 2021 S. 803)
Einheitsbewertung eines SB-Markts (Beitrittsgebiet)
Im Wesentlichen inhaltsgleich mit BFH-Urteil vom 14.10.2020 II R 27/18 [1]

1. Für die Ermittlung der Gebäudenormalherstellungskosten eines SB-Markts im Beitrittsgebiet ist der Raum unterhalb der Traufe voll anzurechnen.
2. Befinden sich unterhalb der Traufe Versorgungsleitungen, die mittels einer abgehängten Decke der Sicht entzogen sind, steht dies der Vollanrechnung nicht entgegen.

BFH-Urteil vom 27.5.2020 II R 38/18 (BStBl. 2021 II S. 552)
Einheitsbewertung von Grundstücken im Beitrittsgebiet

1. Die Regelungen zur Einheitsbewertung von Grundstücken im Beitrittsgebiet sind für ihre restliche Laufzeit verfassungsrechtlich hinzunehmen.
2. Mit dieser Maßgabe stellen die gleichlautenden Ländererlasse betreffend die Bewertung von Grundstücken im Beitrittsgebiet zulässige, typisierte Schätzungen des gemeinen Werts dar.
3. Die Ertragsarmut eines Bewertungsobjekts kann nicht im Rahmen des Sachwertverfahrens zur Einheitswertermittlung berücksichtigt werden.

BFH-Urteil vom 2.4.2008 II R 59/06 (BStBl. II 2009 S. 983):

1. Bei der Schätzung des Einheitswerts eines im Beitrittsgebiet gelegenen sonstigen Gebäudes auf den 1. Januar 1935 ist eine Schätzungsmethode, mit der der gemeine Wert des Gebäudes auf der Grundlage des Bodenwerts und des Gebäudewerts ermittelt und jeweils die durchschnittlichen Herstellungskosten für vergleichbare Objekte auf den Stichtag 1. Januar 1935 zugrunde gelegt sind, rechtlich nicht zu beanstanden. Eine (entsprechende) Anwendung des Sachwertverfahrens der §§ 83 ff. BewG mit allen Detailregelungen ist nicht geboten.
2. Im Anwendungsbereich des § 129 Abs. 2 BewG ist weder der Höchstsatz des Abschlags wegen Alterswertminderung nach § 86 Abs. 3 Satz 1 BewG noch der Abschlag für behebbare Baumängel aus § 87 BewG maßgebend.
3. Die Finanzverwaltung bedarf für den Erlass einer bewertungsrechtlichen Verwaltungsvorschrift, die in einer gesetzlichen Bestimmung verwendete unbestimmte Rechtsbegriffe im Interesse der Einheitlichkeit und Praktikabilität ausfüllt, keiner gesetzlichen Grundlage.

---

1) Siehe Rechtsprechungsauswahl zu § 85 BewG.

BewG § 129

4. Die Abweichung von einer bewertungsrechtlichen Verwaltungsvorschrift kann nur geboten sein, wenn der sich ergebende (Grundstücks-)Wert außerhalb jeder noch vertretbaren Toleranz liegt.

BFH-Beschluss vom 3.3.2008 II B 33/07 (BFH/NV 2008 S. 928):

1. Sowohl die Tz. 3.2.2.3 der gleichlautenden Erlasse der neuen Bundesländer und Berlins betreffend „Bewertung von Einfamilienhäusern im Beitrittsgebiet ab dem 1. Januar 1991" vom 6. November 1991 (BStBl. I 1991, 968)[1)] als auch die Neufassung dieser Textziffer in den gleichlautenden Erlassen vom 22. Juli 1994 – Abschlagsregelung – (BStBl. I 1994, 499) lassen durch die Einfügung des Wortes „insbesondere" erkennen, dass die Aufzählung der Gründe für Abschläge vom Gebäudenormalherstellungswerts nicht abschließend ist.
2. Eine Überschwemmungsgefahr, der der Grundstückseigentümer bereits durch eigene Schutzmaßnahmen auf seinem Grundstück vorgebeugt hat, kann keinen Abschlag vom Gebäudenormalherstellungswert mehr rechtfertigen.

BFH-Beschluss vom 3.12.2007 II B 11/07 (BFH/NV 2008 S. 529):

1. Da die gleichlautenden Erlasse der obersten Finanzbehörden der neuen Länder und Berlins betreffend die Bewertung von Fabrikgrundstücken, Lagerhausgrundstücken, Grundstücken mit Werkstätten und vergleichbaren Grundstücken im Beitrittsgebiet ab 1. Januar 1991 vom 21. Mai 1993 (BStBl. I 1993, 467)[2)] in Tz. 4.2.2.3 Raummeterpreise für „mehrgeschossige Lagergebäude" vorsehen und dabei die Mehrgeschossigkeit in Tz. 4.2.2.1 nach der Anzahl der „Vollgeschosse" bestimmen, kann die Tatsache, dass die zweite Ebene eines Gebäudes überwiegend Lagerzwecken dient, nicht die Annahme eines Vollgeschosses ausschließen.
2. Der Begriff des Vollgeschosses i.S. dieser Erlasse bestimmt sich nicht nach Baurecht. Es gibt keinen bundesbaurechtlichen Begriff des Vollgeschosses. Das dem Bundesrecht zuzuordnende Bewertungsrecht kann sich nicht nach unterschiedlichem Landes-(bau-)recht bestimmen.
3. ...

BFH-Urteil vom 18.7.2007 II R 46/06 (BFH/NV S. 1830):

1. Wurde in der DDR nach Aufspaltung des Eigentums an einem bebauten Grundstück in den im „Eigentum des Volkes" stehenden Grund und Boden und in das Gebäude dieses an einen Privaten veräußert und sodann dem Erwerber durch Zurechnungsfortschreibung der bisher für das Grundstück samt Gebäude festgestellte Einheitswert zugerechnet, setzte sich die wirtschaftliche Einheit des Grundvermögens nicht im Grund und Boden, sondern im Gebäude fort.
2. Erwirbt der Gebäudeeigentümer nach dem Inkrafttreten des Einigungsvertrages den Grund und Boden hinzu, hat das Gebäude ebenfalls bewertungsrechtlich Vorrang.

BFH-Beschluss vom 11.4.2007 II B 104/06 (BFH/NV S. 1280):

1. Die Vorschriften über die Einheitsbewertung im Beitrittsgebiet sind trotz des lange zurückliegenden Hauptfeststellungszeitpunkts verfassungsgemäß.
2. Bei der Fortschreibung des Werts eines im Ertragswertverfahren zu bewertenden Grundstücks im Beitrittsgebiet ist die der Einheitswertfeststellung zugrunde zu legende hypothetische Jahresrohmiete in erster Linie anhand der Mieten von Objekten gleicher oder ähnlicher Art, Lage und Ausstattung zu schätzen.
3. ...

BFH-Urteil vom 1.2.2007 II R 52/05 (BStBl. II 2007 S. 690):

1. Wurde in der DDR nach Überführung des zu einem bebauten Grundstück gehörenden Grund und Bodens in "Eigentum des Volkes" das Gebäude veräußert und sodann dem Erwerber durch Zurechnungsfortschreibung der bisher für das Grundstück samt Gebäude festgestellte Einheitswert zugerechnet, setzte sich die wirtschaftliche Einheit des Grundvermögens nicht im Grund und Boden, sondern im Gebäude fort (Rn.23) (Rn.24).
2. Erwirbt der Gebäudeeigentümer nach dem Inkrafttreten des Einigungsvertrages den Grund und Boden hinzu, bestimmen sich die Wertfortschreibungsgrenzen nach dem mit der Zurechnungsfortschreibung fortgeführten, inzwischen noch nicht geänderten Einheitswert (Rn.27).

---

1) S. Anlage 129.8.
2) S. Anlage 129.18.

§§ 129, 129a BewG

BFH-Beschluss vom 12.1.2006 II B 56/05 (BFH/NV S. 919):
1. Die der Einheitsbewertung zugrunde zu legende Jahresrohmiete ist auch im Beitrittsgebiet in erster Linie in Anlehnung an die für Räume gleicher oder ähnlicher Art, Lage und Ausstattung am Hauptfeststellungszeitpunkt regelmäßige gezahlte Miete zu schätzen.
2. Die in §§ 129 bis 132 BewG vorgesehenen Vorschriften für die Einheitsbewertung im Beitrittsgebiet sind trotz des lange zurückliegenden Hauptfeststellungszeitpunkts (1. Januar 1935) anzuwenden.
3. Mit Einwendungen gegen die vom FG getroffenen Feststellungen werden keine Verfahrensmängel, sondern materiell-rechtliche Fehler geltend gemacht.

BFH-Beschluss vom 11.11.2005 II B 11/05 (BFH/NV 2006 S. 254): Die für die Abgrenzung zwischen bebauten und unbebauten Grundstücken maßgebliche Zumutbarkeit der bestimmungsgemäßen Nutzung eines Gebäudes zum Feststellungszeitpunkt richtet sich auch im Beitrittsgebiet nach dessen tatsächlichem Zustand und nicht danach, ob eine formal erforderliche Nutzungsgenehmigung vorliegt, oder nach der bauplanungsrechtlichen Zulässigkeit der Gebäudenutzung.

BFH-Urteil v. 24.5.2005 II R 2/03 (BFH/NV 2006 S. 29):
1. Die Ermittlung des gemeinsamen Werts eines Grundstücks auf der Grundlage des Bodenwerts, des Gebäudewerts und des Werts der Außenanlagen sowie die Abteilung des Gebäudewerts aus den durchschnittlichen Herstellungskosten durch Wertrückrechnung auf den 1. Januar 1935 sind nicht zu beanstanden.
2. Für die Frage, welcher Gebäudeart ein Objekt zuzurechnen ist, kommt es weder auf die konkrete Nutzung am Bewertungsstichtag noch eine mögliche zukünftige andere Nutzung des Gebäudes an. Entscheidend kann für die Ermittlung der Gebäudenormalherstellungskosten nur die Zweckbestimmung des Gebäudes sein, die sich insbesondere aus der Gebäudeart und -ausstattung ergibt.

BFH-Urteil vom 14.5.2003 II R 14/01 (BStBl. II S. 906): Grundstück mit unbewohnbarem Gebäude als unbebautes Grundstück.
1. Die Abgrenzung zwischen bebauten und unbebauten Grundstücken bestimmt sich nach der Zumutbarkeit der bestimmungsgemäßen Gebäudenutzung zum Feststellungszeitpunkt.
2. Die Unzumutbarkeit einer bestimmungsgemäßen Gebäudenutzung ist nicht deshalb ausgeschlossen, weil sie auf behebbaren Baumängeln und Bauschäden sowie sog. aufgestautem Reparaturbedarf beruht.

BFH-Urteil vom 18.12.2002 II R 20/01 (BStBl. II 2003 S. 228): Abgrenzung der bebauten von den unbebauten Grundstücken – Rückfall eines bebauten Grundstücks in Zustand eines unbebauten Grundstücks – einfache Beiladung des Grundstückskäufers zum Verfahren wegen Einheitsbewertung – kein Insichprozess bei Beschreiten des Finanzrechtswegs durch Fiskus.

Ein Grundstück, auf dem sich leer stehende, aber benutzbare Gebäude befinden, ist bei der Feststellung des Einheitswerts des Grundvermögens (auch nach dem in den neuen Bundesländern geltenden Bewertungsrecht) nicht allein deshalb als unbebautes Grundstück zu bewerten, weil am Stichtag eine Nutzung aus dem formalen Grund einer fehlenden Genehmigung oder aus bauplanungsrechtlichen Gründen nicht zulässig gewesen wäre.

§ 129a Abschläge bei Bewertung mit einem Vielfachen der Jahresrohmiete

(1) Ist eine Ermäßigung wegen des baulichen Zustandes des Gebäudes (§ 37 Abs. 1, 3 und 4 der weiter anzuwendenden Durchführungsverordnung zum Reichsbewertungsgesetz) zu gewähren, tritt der Höchstsatz 50 vom Hundert anstelle des Höchstsatzes von 30 Prozent.

(2) [1]Der Wert eines Grundstücks, der sich aus dem Vielfachen der Jahresrohmiete ergibt, ist ohne Begrenzung auf 30 Prozent (§ 37 Abs. 3 der weiter anzuwendenden Durchführungsverordnung zum Reichsbewertungsgesetz) zu ermäßigen, wenn die Notwendigkeit baldigen Abbruchs besteht. [2]Gleiches gilt, wenn derjenige, der ein Gebäude auf fremdem Grund und Boden oder aufgrund eines Erbbaurechts errichtet hat, vertraglich zum vorzeitigen Abbruch verpflichtet ist.

§ 130 Nachkriegsbauten

(1) Nachkriegsbauten sind Grundstücke mit Gebäuden, die nach dem 20. Juni 1948 bezugsfertig geworden sind.

(2) [1]Soweit Nachkriegsbauten mit einem Vielfachen der Jahresrohmiete zu bewerten sind, ist für Wohnraum die ab Bezugsfertigkeit preisrechtlich zulässige Miete als Jahresrohmiete vom 1. Januar 1935 anzusetzen. [2]Sind Nachkriegsbauten nach dem 30. Juni 1990 bezugsfertig geworden, ist die Miete anzusetzen, die bei unverändertem Fortbestand der Mietpreisgesetzgebung ab Bezugsfertigkeit preisrechtlich zulässig gewesen wäre. [3]Enthält die preisrechtlich zulässige Miete Bestandteile, die nicht zur Jahresrohmiete im Sinne des § 34 der weiter anzuwendenden Durchführungsverordnung zum Reichsbewertungsgesetz gehören, sind sie auszuscheiden.

(3) Für Nachkriegsbauten der Mietwohngrundstücke, der gemischtgenutzten Grundstücke und der mit einem Vielfachen der Jahresrohmiete zu bewertenden Geschäftsgrundstücke gilt einheitlich der Vervielfältiger neun.

§ 131 Wohnungseigentum und Teileigentum, Wohnungserbbaurecht und Teilerbbaurecht

(1) [1]Jedes Wohnungseigentum und Teileigentum bildet eine wirtschaftliche Einheit. [2]Für die Bestimmung der Grundstückshauptgruppe ist die Nutzung des auf das Wohnungseigentum und Teileigentum entfallenden Gebäudeteils maßgebend. [3]Die Vorschriften zur Ermittlung der Einheitswerte 1935 bei bebauten Grundstücken finden Anwendung, soweit sich nicht aus den Absätzen 2 und 3 etwas anderes ergibt.

(2) [1]Das zu mehr als 80 Prozent Wohnzwecken dienende Wohnungseigentum ist mit dem Vielfachen der Jahresrohmiete nach den Vorschriften zu bewerten, die für Mietwohngrundstücke maßgebend sind. [2]Wohnungseigentum, das zu nicht mehr als 80 Prozent, aber zu nicht weniger als 20 Prozent Wohnzwecken dient, ist mit dem Vielfachen der Jahresrohmiete nach den Vorschriften zu bewerten, die für gemischtgenutzte Grundstücke maßgebend sind.

(3) [1]Entsprechen die im Grundbuch eingetragenen Miteigentumsanteile an dem gemeinschaftlichen Eigentum nicht dem Verhältnis der Jahresrohmiete zueinander, so kann dies bei der Feststellung des Wertes entsprechend berücksichtigt werden. [2]Sind einzelne Räume, die im gemeinschaftlichen Eigentum stehen, vermietet, so ist ihr Wert nach den im Grundbuch eingetragenen Anteilen zu verteilen und bei den einzelnen wirtschaftlichen Einheiten zu erfassen.

(4) [1]Bei Wohnungserbbaurechten oder Teilerbbaurechten gilt § 46 der weiter anzuwendenden Durchführungsverordnung zum Reichsbewertungsgesetz sinngemäß. [2]Der Gesamtwert ist in gleicher Weise zu ermitteln, wie wenn es sich um Wohnungseigentum oder um Teileigentum handelte. [3]Er ist auf den Wohnungserbbauberechtigten und den Bodeneigentümer entsprechend zu verteilen.

§§ 132, 133 BewG

§ 132 Fortschreibung und Nachfeststellung der Einheitswerte 1935

(1) Fortschreibungen und Nachfeststellungen der Einheitswerte 1935 werden erstmals auf den 1. Januar 1991 vorgenommen, soweit sich aus den Absätzen 2 bis 4 nichts Abweichendes ergibt.

(2) ¹Für Mietwohngrundstücke und Einfamilienhäuser im Sinne des § 32 der weiter anzuwendenden Durchführungsverordnung zum Reichsbewertungsgesetz unterbleibt eine Feststellung des Einheitswerts auf den 1. Januar 1991, wenn eine ab diesem Zeitpunkt wirksame Feststellung des Einheitswerts für die wirtschaftliche Einheit nicht vorliegt und der Einheitswert nur für die Festsetzung der Grundsteuer erforderlich wäre. ²Der Einheitswert für Mietwohngrundstücke und Einfamilienhäuser wird nachträglich auf einen späteren Feststellungszeitpunkt festgestellt, zu dem der Einheitswert erstmals für die Festsetzung anderer Steuern als der Grundsteuer erforderlich ist.

(3) Wird für Grundstücke im Sinne des Absatzes 2 ein Einheitswert festgestellt, gilt er für die Grundsteuer von dem Kalenderjahr an, das der Bekanntgabe des Feststellungsbescheids folgt.

(4) Änderungen der tatsächlichen Verhältnisse, die sich nur auf den Wert des Grundstücks auswirken, werden erst durch Fortschreibung auf den 1. Januar 1994 berücksichtigt, es sei denn, daß eine Feststellung des Einheitswerts zu einem früheren Zeitpunkt für die Festsetzung anderer Steuern als der Grundsteuer erforderlich ist.

Rechtsprechungsauswahl

BFH-Beschluss vom 3.2.2009 II S 22/08 (BFH/NV S. 893): Änderungen der tatsächlichen Verhältnisse bei einem Grundstück in den neuen Bundesländern, die gemäß § 132 Abs. 4 BewG erstmals für Stichtage ab dem 1. Januar 1994 daraufhin zu überprüfen sind, ob eine Wertfortschreibung vorzunehmen ist, können auch schon vor der Wiederherstellung der staatlichen Einheit eingetreten sein. Dabei kommt auch eine Fortschreibung zur Fehlerbeseitigung in Betracht.

BFH-Urteil vom 20.12.2006 II R 51/05 (BFH/NV 2007 S. 652): Die Feststellung des Einheitswerts für ein Mietwohngrundstück im Beitrittsgebiet ist für die Festsetzung anderer Steuern als der Grundsteuer erforderlich, wenn ein für die Festsetzung einer anderen Steuer zuständiges Finanzamt um der Feststellung nachsucht, etwa um den Kürzungsbetrag nach § 9 Nr. 1 Satz 1 GewStG berechnen zu können.

BFH-Urteil v. 5.5.2004 II R 63/00 (BStBl. II S. 701): Nach § 132 Abs. 2 BewG unterbleibt die gesonderte Feststellung eines Einheitswert 1935 für Grundstücke im Beitrittsgebiet auch in den Fällen, in denen Mietwohngrundstücke i. S. des § 32 Abs. 1 Nr. 1 RBewDV (entspricht § 75 Abs. 2 BewG) neben steuerbefreiten Wohnungen (§ 43 GrStG) nicht Wohnzwecken dienende Räume aufweisen.

§ 133 Sondervorschrift für die Anwendung der Einheitswerte 1935

¹Die Einheitswerte 1935 der Betriebsgrundstücke sind für die Gewerbesteuer wie folgt anzusetzen:

1. Mietwohngrundstücke mit 100 Prozent des Einheitswerts 1935,
2. Geschäftsgrundstücke mit 400 Prozent des Einheitswerts 1935,
3. gemischtgenutzte Grundstücke, Einfamilienhäuser und sonstige bebaute Grundstücke mit 250 vom Hundert des Einheitswerts 1935,
4. unbebaute Grundstücke mit 600 vom Hundert des Einheitswerts 1935.

²Bei Grundstücken im Zustand der Bebauung bestimmt sich die Grundstückshauptgruppe für den besonderen Einheitswert im Sinne von § 33a Abs. 3 der weiter anzuwendenden Durchführungsverordnung zum Reichsbewertungsgesetz nach dem tatsächlichen Zustand, der nach Fertigstellung des Gebäudes besteht.

C. Betriebsvermögen

§ 134 (weggefallen)

§ 135 (weggefallen)

§ 136 (weggefallen)

§ 137 Bilanzposten nach dem D-Markbilanzgesetz
Nicht zum Betriebsvermögen gehören folgende Bilanzposten nach dem D-Markbilanzgesetz:
1. das Sonderverlustkonto,
2. das Kapitalentwertungskonto und
3. das Beteiligungsentwertungskonto.

§§ 138, 139 BewG

Vierter Abschnitt:

Vorschriften für die Bewertung von Grundbesitz für die Grunderwerbsteuer ab 1. Januar 1997[1)]

A. Allgemeines

§ 138 Feststellung von Grundbesitzwerten

(1) [1]Grundbesitzwerte werden unter Berücksichtigung der tatsächlichen Verhältnisse und der Wertverhältnisse zum Besteuerungszeitpunkt festgestellt. [2]§ 29 Abs. 2 und 3 gilt sinngemäß.

(2) Für die wirtschaftlichen Einheiten des land- und forstwirtschaftlichen Vermögens und für Betriebsgrundstücke im Sinne des § 99 Abs. 1 Nr. 2 sind die Grundbesitzwerte unter Anwendung der §§ 139 bis 144 zu ermitteln.

(3) [1]Für die wirtschaftlichen Einheiten des Grundvermögens und für Betriebsgrundstücke im Sinne des § 99 Abs. 1 Nr. 1 sind die Grundbesitzwerte unter Anwendung der §§ 68, 69 und 99 Abs. 2 und der §§ 139 und 145 bis 150 zu ermitteln. [2]§ 70 gilt mit der Maßgabe, dass der Anteil des Eigentümers eines Grundstücks an anderem Grundvermögen (beispielsweise an gemeinschaftlichen Hofflächen oder Garagen) abweichend von Absatz 2 Satz 1 dieser Vorschrift in das Grundstück einzubeziehen ist, wenn der Anteil zusammen mit dem Grundstück genutzt wird. § 20 Satz 2 ist entsprechend anzuwenden.

(4) Weist der Steuerpflichtige nach, dass der gemeine Wert der wirtschaftlichen Einheit im Besteuerungszeitpunkt niedriger ist als der nach §§ 143, 145 bis 149 ermittelte Wert, ist der gemeine Wert als Grundbesitzwert festzustellen.

Rechtsprechungsauswahl

BVerfG-Beschluss vom 23.6.2015 – 1 BvL 13/11 – und – 1 BvL 14/11: Ersatzbemessungsgrundlage im Grunderwerbsteuerrecht nach § 8 Abs. 2 GrEStG i. V. m. §§ 138 ff. BewG ist verfassungswidrig
1. § 8 Absatz 2 des Grunderwerbsteuergesetzes in der Fassung des Jahressteuergesetzes 1997 vom 20. Dezember 1996 (BGBl. I S. 2049) sowie in allen seitherigen Fassungen ist mit Artikel 3 Absatz 1 des Grundgesetzes unvereinbar.
2. Das bisherige Recht ist bis zum 31. Dezember 2008 weiter anwendbar. Der Gesetzgeber ist verpflichtet, spätestens bis zum 30. Juni 2016 rückwirkend zum 1. Januar 2009 eine Neuregelung zu treffen.

§ 139 Abrundung
Die Grundbesitzwerte werden auf volle fünfhundert Euro nach unten abgerundet.

---

1) Für nach dem 31. Dezember 2008 verwirklichte Erwerbsvorgänge ist in den Fällen des § 8 Abs. 2 GrEStG der Grundbesitzwert für Zwecke der Grunderwerbsteuer nach § 151 Abs. 1 Satz 1 Nummer 1 in Verbindung mit § 157 Abs. 1 bis 3 BewG zu ermitteln (Steueränderungsgesetz 2015 vom 2. November 2015 BGBl. I S. 1834).

B. Land- und forstwirtschaftliches Vermögen

§ 140 Wirtschaftliche Einheit und Umfang des land- und forstwirtschaftlichen Vermögens

(1) ¹Der Begriff der wirtschaftlichen Einheit und der Umfang des land- und forstwirtschaftlichen Vermögens richten sich nach § 33. ²Dazu gehören auch immaterielle Wirtschaftsgüter (z. B. Brennrechte, Milchlieferrechte, Jagdrechte und Zuckerrübenlieferrechte), soweit sie einem Betrieb der Land- und Forstwirtschaft dauernd zu dienen bestimmt sind.

(2) Zu den Geldschulden im Sinne des § 33 Abs. 3 Nr. 2 gehören auch Pensionsverpflichtungen.

§ 141 Umfang des Betriebs der Land- und Forstwirtschaft

(1) Der Betrieb der Land- und Forstwirtschaft umfaßt
1. den Betriebsteil,
2. die Betriebswohnungen,
3. den Wohnteil.

(2) ¹Der Betriebsteil umfaßt den Wirtschaftsteil eines Betriebs der Land- und Forstwirtschaft (§ 34 Abs. 2), jedoch ohne die Betriebswohnungen (Absatz 3). ²§ 34 Abs. 4 bis 7 ist bei der Ermittlung des Umfangs des Betriebsteils anzuwenden.

(3) Betriebswohnungen sind Wohnungen einschließlich des dazugehörigen Grund und Bodens, die einem Betrieb der Land- und Forstwirtschaft zu dienen bestimmt, aber nicht dem Wohnteil zuzurechnen sind.

(4) Der Wohnteil umfaßt die Gebäude und Gebäudeteile im Sinne des § 34 Abs. 3 und den dazugehörigen Grund und Boden.

§ 142 BewG

§ 142 Betriebswert

(1) ¹Der Wert des Betriebsteils (Betriebswert) wird unter sinngemäßer Anwendung der §§ 35 und 36 Abs. 1 und 2, der §§ 42, 43 und 44 Abs. 1 und der §§ 45, 48a, 51, 51a, 53, 54, 56, 59 und 62 Abs. 1 ermittelt. ²Abweichend von § 36 Abs. 2 Satz 3 ist der Ertragswert das 18,6fache des Reinertrags.

(2) Der Betriebswert setzt sich zusammen aus den Einzelertragswerten für die Nebenbetriebe (§ 42), das Abbauland (§ 43), die gemeinschaftliche Tierhaltung (§ 51a) und die in Nummer 5 nicht genannten Nutzungsteile der sonstigen land- und forstwirtschaftlichen Nutzungs- sowie den folgenden Ertragswerten:

1. landwirtschaftliche Nutzung:
   a) landwirtschaftliche Nutzung ohne Hopfen und Spargel:
      Der Ertragswert ist auf der Grundlage der Ergebnisse der Bodenschätzung nach dem Bodenschätzungsgesetz zu ermitteln. Er beträgt 0,35 Euro je Ertragsmeßzahl;
   b) Nutzungsteil Hopfen .... 52 Euro je Ar;
   c) Nutzungsteil Spargel .... 76 Euro je Ar;
2. forstwirtschaftliche Nutzung:
   a) Nutzungsgrößen bis zu 10 Hektar, Nichtwirtschaftswald, Baumartengruppe Kiefer, Baumartengruppe Fichte bis zu 60 Jahren, Baumartengruppe Buche und sonstiges Laubholz bis zu 100 Jahren und Eiche bis zu 140 Jahren .... 0,26 Euro je Ar;
   b) Baumartengruppe Fichte über 60 bis zu 80 Jahren und Plenterwald .... 7,50 Euro je Ar;
   c) Baumartengruppe Fichte über 80 bis zu 100 Jahren .... 15 Euro je Ar;
   d) Baumartengruppe Fichte über 100 Jahre .... 20 Euro je Ar;
   e) Baumartengruppe Buche und sonstiges Laubholz über 100 Jahre .... 5 Euro je Ar;
   f) Eiche über 140 Jahre .... 10 Euro je Ar;
3. weinbauliche Nutzung:
   a) Traubenerzeugung und Faßweinausbau:
      aa) in den Weinbaugebieten Ahr, Franken und Württemberg .... 36 Euro je Ar;
      bb) in den übrigen Weinbaugebieten .... 18 Euro je Ar;
   b) Flaschenweinausbau:
      aa) in den Weinbaugebieten Ahr, Baden, Franken, Rheingau und Württemberg .... 82 Euro je Ar;
      bb) in den übrigen Weinbaugebieten .... 36 Euro je Ar;
4. gärtnerische Nutzung:
   a) Nutzungsteil Gemüse-, Blumen- und Zierpflanzenbau:
      aa) Gemüsebau:
          – Freilandflächen .... 56 Euro je Ar;
          – Flächen unter Glas und Kunststoffen .... 511 Euro je Ar;
      bb) Blumen- und Zierpflanzenbau:
          – Freilandflächen .... 184 Euro je Ar;
          – beheizbare Flächen unter Glas und Kunststoffen.. 1841 Euro je Ar;
          – nichtbeheizbare Flächen unter Glas und Kunststoffen .... 920 Euro je Ar;
   b) Nutzungsteil Obstbau .... 20 Euro je Ar;

c) Nutzungsteil Baumschulen:
     – Freilandflächen.................................. 164 Euro je Ar;
     – Flächen unter Glas und Kunststoffen .... 1329 Euro je Ar;
5. sonstige land- und forstwirtschaftliche Nutzung:
   a) Nutzungsteil Wanderschäferei .... 10 Euro je Mutterschaft;
   b) Nutzungsteil Weihnachtsbaumkultur .... 133 Euro je Ar;
6. Geringstland:
   Der Ertragswert für Geringstland (§ 44) beträgt........... 0,26 Euro je Ar.

(3) ¹Für die nach § 13a des Erbschaftsteuergesetzes begünstigten Betriebe der Land- und Forstwirtschaft kann beantragt werden, den Betriebswert abweichend von Absatz 2 Nr. 1 bis 6 insgesamt als Einzelertragswert zu ermitteln. ²Der Antrag ist bei Abgabe der Feststellungserklärung schriftlich zu stellen. ³Die dafür notwendigen Bewertungsgrundlagen sind vom Steuerpflichtigen nachzuweisen.

(4) ¹In den Fällen des § 34 Abs. 4 ist der Betriebswert nach § 19 Abs. 3 Nr. 2 zu verteilen. ²Bei der Verteilung wird für einen anderen Beteiligten als den Eigentümer des Grund und Bodens ein Anteil nicht festgestellt, wenn er weniger als 500 Euro beträgt. ³Die Verteilung unterbleibt, wenn die Anteile der anderen Beteiligten zusammen weniger als 500 Euro betragen. ⁴In den Fällen des § 34 Abs. 6 gelten die Sätze 1 bis 3 entsprechend. ⁵Soweit der Betriebswert des Eigentümers des Grund und Bodens unter Berücksichtigung von § 48a festgestellt ist, findet in den Fällen des § 34 Abs. 4 eine Verteilung nicht statt.

§ 143 Wert der Betriebswohnungen und des Wohnteils

(1) Der Wert der Betriebswohnungen (§ 141 Abs. 3) und der Wert des Wohnteils (§ 141 Abs. 4) sind nach den Vorschriften zu ermitteln, die beim Grundvermögen für die Bewertung von Wohngrundstücken gelten (§§ 146 bis 150).

(2) In den Fällen des § 146 Abs. 6 ist für die Betriebswohnungen und für den Wohnteil bei Vorliegen der Voraussetzungen des Absatzes 3 jeweils höchstens das Fünffache der bebauten Fläche zugrunde zu legen.

(3) Zur Berücksichtigung von Besonderheiten, die sich im Falle einer räumlichen Verbindung der Betriebswohnungen und des Wohnteils mit der Hofstelle ergeben, sind deren Werte (§§ 146 bis 149) jeweils um 15 Prozent zu ermäßigen.

§ 144 Zusammensetzung des land- und forstwirtschaftlichen Grundbesitzwerts

Der Betriebswert, der Wert der Betriebswohnungen und der Wert des Wohnteils bilden zusammen den land- und forstwirtschaftlichen Grundbesitzwert.

§ 145 BewG

C. Grundvermögen

I. Unbebaute Grundstücke

§ 145 Unbebaute Grundstücke

(1) [1]Unbebaute Grundstücke sind Grundstücke, auf denen sich keine benutzbaren Gebäude befinden. [2]Die Benutzbarkeit beginnt im Zeitpunkt der Bezugsfertigkeit. [3]Gebäude sind als bezugsfertig anzusehen, wenn den zukünftigen Bewohnern oder sonstigen Benutzern zugemutet werden kann, sie zu benutzen; die Abnahme durch die Bauaufsichtsbehörde ist nicht entscheidend.

(2) [1]Befinden sich auf dem Grundstück Gebäude, die auf Dauer keiner oder nur einer unbedeutenden Nutzung zugeführt werden können, gilt das Grundstück als unbebaut; als unbedeutend gilt eine Nutzung, wenn die hierfür erzielte Jahresmiete (§ 146 Abs. 2) oder die übliche Miete (§ 146 Abs. 3) weniger als 1 Prozent des nach Absatz 3 anzusetzenden Werts beträgt. [2]Als unbebautes Grundstück gilt auch ein Grundstück, auf dem infolge der Zerstörung oder des Verfalls der Gebäude auf Dauer benutzbarer Raum nicht mehr vorhanden ist.

(3) [1]Der Wert eines unbebauten Grundstücks bestimmt sich regelmäßig nach seiner Fläche und dem um 20 Prozent ermäßigten Bodenrichtwert (§ 196 des Baugesetzbuchs in der jeweils geltenden Fassung). [2]Die Bodenrichtwerte sind von den Gutachterausschüssen nach dem Baugesetzbuch zu ermitteln und den Finanzämtern mitzuteilen. [3]Bei der Wertermittlung ist stets der Bodenrichtwert anzusetzen, der vom Gutachterausschuss zuletzt festzustellen war. [4]Wird von den Gutachterausschüssen kein Bodenrichtwert ermittelt, ist der Bodenwert aus den Werten vergleichbarer Flächen abzuleiten und um 20 Prozent zu ermäßigen.

II. Bebaute Grundstücke

§ 146 Bebaute Grundstücke

(1) Grundstücke, auf die die in § 145 Abs. 1 genannten Merkmale nicht zutreffen, sind bebaute Grundstücke.

(2) ¹Der Wert eines bebauten Grundstücks ist das 12,5fache der im Besteuerungszeitpunkt vereinbarten Jahresmiete, vermindert um die Wertminderung wegen des Alters des Gebäudes (Absatz 4). ²Jahresmiete ist das Gesamtentgelt, das die Mieter (Pächter) für die Nutzung der bebauten Grundstücke aufgrund vertraglicher Vereinbarungen für den Zeitraum von zwölf Monaten zu zahlen haben. ³Betriebskosten sind nicht einzubeziehen.

(3) ¹An die Stelle der Jahresmiete tritt die übliche Miete für solche Grundstücke oder Grundstücksteile,

1. die eigengenutzt, ungenutzt, zu vorübergehendem Gebrauch oder unentgeltlich überlassen sind,
2. die der Eigentümer dem Mieter zu einer um mehr als 20 Prozent von der üblichen Miete abweichenden tatsächlichen Miete überlassen hat.

²Die übliche Miete ist die Miete, die für nach Art, Lage, Größe, Ausstattung und Alter vergleichbare, nicht preisgebundene Grundstücke von fremden Mietern bezahlt wird; Betriebskosten (Absatz 2 Satz 3) sind hierbei nicht einzubeziehen. ³Ungewöhnliche oder persönliche Verhältnisse bleiben dabei außer Betracht.

(4) ¹Die Wertminderung wegen Alters des Gebäudes beträgt für jedes Jahr, das seit Bezugsfertigkeit des Gebäudes bis zum Besteuerungszeitpunkt vollendet worden ist, 0,5 Prozent, höchstens jedoch 25 Prozent des Werts nach den Absätzen 2 und 3. ²Sind nach Bezugsfertigkeit des Gebäudes bauliche Maßnahmen durchgeführt worden, die die gewöhnliche Nutzungsdauer des Gebäudes um mindestens 25 Jahre verlängert haben, ist bei der Wertminderung wegen Alters von einer der Verlängerung der gewöhnlichen Nutzungsdauer entsprechenden Bezugsfertigkeit auszugehen.

(5) Enthält ein bebautes Grundstück, das ausschließlich Wohnzwecken dient, nicht mehr als zwei Wohnungen, ist der nach den Absätzen 1 bis 4 ermittelte Wert um 20 Prozent zu erhöhen.

(6) Der für ein bebautes Grundstück nach den Absätzen 2 bis 5 anzusetzende Wert darf nicht geringer sein als der Wert, mit dem der Grund und Boden allein als unbebautes Grundstück nach § 145 Abs. 3 zu bewerten wäre.

(7) Die Vorschriften gelten entsprechend für Wohnungseigentum und Teileigentum.

§ 147 Sonderfälle

(1) ¹Läßt sich für bebaute Grundstücke die übliche Miete (§ 146 Abs. 3) nicht ermitteln, bestimmt sich der Wert abweichend von § 146 nach der Summe des Werts des Grund und Bodens und des Werts der Gebäude. ²Dies gilt insbesondere, wenn die Gebäude zur Durchführung bestimmter Fertigungsverfahren, zu Spezialnutzungen oder zur Aufnahme bestimmter technischer Einrichtungen errichtet worden sind und nicht oder nur mit erheblichem Aufwand für andere Zwecke nutzbar gemacht werden können.

(2) ¹Der Wert des Grund und Bodens ist gemäß § 145 mit der Maßgabe zu ermitteln, daß an Stelle des in § 145 Abs. 3 vorgesehenen Abschlags von 20 Prozent ein solcher von 30 Prozent tritt. ²Der Wert der Gebäude bestimmt sich nach den ertragsteuerlichen Bewertungsvorschriften; maßgebend ist der Wert im Besteuerungszeitpunkt.

§ 148 BewG

§ 148 Erbbaurecht

(1) Ist das Grundstück mit einem Erbbaurecht belastet, ist bei der Ermittlung der Grundbesitzwerte für die wirtschaftliche Einheit des belasteten Grundstücks und für die wirtschaftliche Einheit des Erbbaurechts von dem Gesamtwert auszugehen, der sich für den Grund und Boden einschließlich der Gebäude vor Anwendung des § 139 ergäbe, wenn die Belastung nicht bestünde.

(2) Der Wert des Grund und Bodens entfällt auf die wirtschaftliche Einheit des belasteten Grundstücks.

(3) [1]Der Gebäudewert entfällt allein auf die wirtschaftliche Einheit des Erbbaurechts, wenn die Dauer dieses Rechts im Besteuerungszeitpunkt mindestens 40 Jahre beträgt oder der Eigentümer des belasteten Grundstücks bei Erlöschen des Erbbaurechts durch Zeitablauf eine dem Wert des Gebäudes entsprechende Entschädigung zu leisten hat. [2]Beträgt die Dauer des Erbbaurechts im Besteuerungszeitpunkt weniger als 40 Jahre und ist eine Entschädigung ausgeschlossen, ist der Gebäudewert zu verteilen. [3]Dabei entfallen auf die wirtschaftliche Einheit des Erbbaurechts bei einer Dauer dieses Rechts

unter 40 bis zu 35 Jahren	90 Prozent
unter 35 bis zu 30 Jahren	85 Prozent
unter 30 bis zu 25 Jahren	80 Prozent
unter 25 bis zu 20 Jahren	70 Prozent
unter 20 bis zu 15 Jahren	60 Prozent
unter 15 bis zu 10 Jahren	50 Prozent
unter 10 bis zu 8 Jahren	40 Prozent
unter 8 bis zu 7 Jahren	35 Prozent
unter 7 bis zu 6 Jahren	30 Prozent
unter 6 bis zu 5 Jahren	25 Prozent
unter 5 bis zu 4 Jahren	20 Prozent
unter 4 bis zu 3 Jahren	15 Prozent
unter 3 bis zu 2 Jahren	10 Prozent
unter 2 Jahren bis zu 1 Jahr	5 Prozent
unter 1 Jahr	0 Prozent.

[4]Auf die wirtschaftliche Einheit des belasteten Grundstücks entfällt der verbleibende Teil des Gebäudewerts. [5]Beträgt die Entschädigung für das Gebäude beim Übergang nur einen Teil des gemeinen Werts, ist der dem Eigentümer des belasteten Grundstücks entschädigungslos zufallende Anteil entsprechend zu verteilen. [6]Eine in der Höhe des Erbbauzinses zum Ausdruck kommende Entschädigung für den gemeinen Wert des Gebäudes bleibt außer Betracht.

(4) [1]Bei den nach § 146 zu bewertenden Grundstücken beträgt der Gebäudewert 80 Prozent des nach § 146 Abs. 2 bis 5 ermittelten Wertes; der verbleibende Teil des Gesamtwerts entspricht dem Wert des Grund und Bodens. [2]Bei bebauten Grundstücken im Sinne des § 147 Abs. 1 ist der Wert des Grund und Bodens nach § 147 Abs. 2 Satz 1 und der Gebäudewert nach § 147 Abs. 2 Satz 2 zu ermitteln.

(5) Für Wohnungserbbaurechte oder Teilerbbaurechte gelten die Absätze 1 bis 4 entsprechend.

(6) Das Recht auf den Erbbauzins wird weder als Bestandteil des Grundstücks noch als gesondertes Recht angesetzt; die Verpflichtung zur Zahlung des Erbbauzinses ist weder bei der Bewertung des Erbbaurechts noch als gesonderte Verpflichtung abzuziehen.

§ 148a Gebäude auf fremdem Grund und Boden

(1) ¹Bei Gebäuden auf fremdem Grund und Boden ist § 148 Abs. 1 entsprechend anzuwenden. ²Der Bodenwert ist dem Eigentümer des Grund und Bodens, der Gebäudewert dem Eigentümer des Gebäudes zuzurechnen.

(2) § 148 Abs. 4 und 6 ist entsprechend anzuwenden.

§ 149 Grundstücke im Zustand der Bebauung

(1) ¹Ein Grundstück im Zustand der Bebauung liegt vor, wenn mit den Bauarbeiten begonnen wurde und Gebäude oder Gebäudeteile noch nicht bezugsfertig sind. ²Der Zustand der Bebauung beginnt mit den Abgrabungen oder der Einbringung von Baustoffen, die zur planmäßigen Errichtung des Gebäudes führen.

(2) ¹Der Wert ist entsprechend § 146 unter Zugrundelegung der üblichen Miete zu ermitteln, die nach Bezugsfertigkeit des Gebäudes zu erzielen wäre. ²Von diesem Wert sind 80 Prozent als Gebäudewert anzusetzen. ³Dem Grundstückswert ohne Berücksichtigung der nicht bezugsfertigen Gebäude oder Gebäudeteile, ermittelt bei unbebauten Grundstücken nach § 145 Abs. 3 und bei bereits bebauten Grundstücken nach § 146, sind die nicht bezugsfertigen Gebäude oder Gebäudeteile mit dem Betrag als Gebäudewert hinzuzurechnen, der dem Verhältnis der bis zum Besteuerungszeitpunkt entstandenen Herstellungskosten zu den gesamten Herstellungskosten entspricht. ⁴Dieser Wert darf den Wert des Grundstücks, der nach Bezugsfertigkeit des Gebäudes anzusetzen wäre, nicht übersteigen.

(3) Ist die übliche Miete nicht zu ermitteln, ist der Wert entsprechend § 147 zu ermitteln.

§ 150 Gebäude und Gebäudeteile für den Zivilschutz

Gebäude, Teile von Gebäuden und Anlagen, die wegen der in § 1 des Zivilschutzgesetzes bezeichneten Zwecke geschaffen worden sind und im Frieden nicht oder nur gelegentlich oder geringfügig für andere Zwecke benutzt werden, bleiben bei der Ermittlung des Grundstückswerts außer Betracht.

§ 151 BewG

Fünfter Abschnitt:

Gesonderte Feststellungen

§ 151 Gesonderte Feststellungen

(1) ¹Gesondert festzustellen (§ 179 AO) sind
1. Grundbesitzwerte (§§ 138, 157);
2. der Wert des Betriebsvermögens oder des Anteils am Betriebsvermögen (§ 95, 96, 97);
3. der Wert von Anteilen an Kapitalgesellschaften im Sinne des § 11 Abs. 2;
4. der Anteil am Wert von anderen als in den Nummern 1 bis 3 genannten Vermögensgegenständen und von Schulden, die mehreren Personen zustehen,

wenn die Werte für die Erbschaftsteuer oder eine andere Feststellung im Sinne dieser Vorschrift von Bedeutung sind. ²Die Entscheidung über eine Bedeutung für die Besteuerung trifft das für die Festsetzung der Erbschaftsteuer oder die Feststellung nach Satz 1 Nr. 2 bis 4 zuständige Finanzamt.

(2) In dem Feststellungsbescheid für Grundbesitzwerte sind auch Feststellungen zu treffen
1. über die Art der wirtschaftlichen Einheit,
2. über die Zurechnung der wirtschaftlichen Einheit und bei mehreren Beteiligten über die Höhe des Anteils, der für die Besteuerung oder eine andere Feststellung von Bedeutung ist; beim Erwerb durch eine Erbengemeinschaft erfolgt die Zurechnung in Vertretung der Miterben auf die Erbengemeinschaft. ²Entsprechendes gilt für die Feststellungen nach Absatz 1 Satz 1 Nr. 2 bis 4.

(3) ¹Gesondert festgestellte Werte im Sinne des Absatzes 1 Satz 1 Nummer 1 bis 4 sind einer innerhalb einer Jahresfrist folgenden Feststellung für dieselbe wirtschaftliche Einheit unverändert zu Grunde zu legen, wenn sich die für die erste Bewertung maßgeblichen Stichtagsverhältnisse nicht wesentlich geändert haben. ²Der Erklärungspflichtige kann eine von diesem Wert abweichende Feststellung nach den Verhältnissen am Bewertungsstichtag durch Abgabe einer Feststellungserklärung beantragen.

(4) Ausländisches Vermögen unterliegt nicht der gesonderten Feststellung.

(5) ¹Grundbesitzwerte (Absatz 1 Satz 1 Nr. 1) sind auch festzustellen, wenn sie für die Grunderwerbsteuer von Bedeutung sind. Absatz 1 Satz 2 gilt entsprechend. ²Absatz 2 ist nicht anzuwenden.

Rechtsprechungsauswahl

BFH Urteil vom 6.5.2021 II R 34/18 (DStR 2021 S. 1872)
Gesonderte Feststellung des Grundbesitzwerts gegenüber einem Vermächtnisnehmer
1. Ist ein Vermächtnis auf Zuwendung von Grundbesitz gerichtet, ist für die Besteuerung der nach § 151 Abs. 1 Satz 1 Nr. 1 BewG gesondert festzustellende Grundbesitzwert maßgeblich.
2. Vermächtnisnehmer sind wie Erben und Miterben am Feststellungsverfahren beteiligt, wenn Gegenstand des Vermächtnisses ein nach § 151 Abs. 1 Satz 1 Nr. 1 BewG gesondert zu bewertendes Grundstück ist. Eine (eigene) gesonderte Feststellung von Grundbesitzwerten allein gegenüber dem oder – bei mehreren – den Vermächtnisnehmern ist in §§ 151 ff. BewG nicht vorgesehen.
3. Ein eigenständiger Feststellungsbescheid über den Grundbesitzwert gegenüber einem Vermächtnisnehmer ist fehlerhaft, aber nicht unwirksam. Ein solcher Bescheid kann in Bestandskraft erwachsen.

BFH-Beschluss vom 16.3.2020 II B 94/18 (BFH/NV 2020 S. 912)
Notwendige Beiladung der nicht klagenden Miterben bei einem Bescheid über die gesonderte Feststellung des Grundbesitzwertes für Zwecke der Erbschaftsteuer
NV: Erhebt ein Miterbe Klage gegen einen Bescheid über die gesonderte Feststellung des Grundbesitzwertes für Zwecke der Erbschaftsteuer, der den Miterben einer Erbengemeinschaft das Grundstück zurechnet, sind die nicht klagenden Miterben notwendig zum Klageverfahren beizuladen.

BFH-Urteil vom 26.6.2019 II R 58/15 (BFH/NV 2019 S. 1222)
Gesonderte und einheitliche Feststellung des Grundbesitzwerts gegenüber mehreren Miterben – Keine Ablaufhemmung der Festsetzungsfrist durch Anfechtung eines nichtigen Bescheids

1. NV: Einem Bescheid über die gesonderte und einheitliche Feststellung des Grundbesitzwerts bei mehreren Miterben muss klar und eindeutig entnommen werden können, gegen welche Beteiligten der Erbengemeinschaft sich die Feststellungen richten.
2. NV: Ein nichtiger Bescheid wahrt die Festsetzungsfrist nicht. Eine Ablaufhemmung kann sich daher nicht aus der Anfechtung eines solchen Bescheids ergeben.

BFH-Urteil vom 30.9.2015 II R 31/13 (BStBl. II 2016 S.): Gesonderte und einheitliche Feststellung des Grundbesitzwertes gegenüber mehreren Miterben – Nichtigkeit des Feststellungsbescheids bei unzureichender Benennung der Inhaltsadressaten

1. Feststellungsbescheide müssen ebenso wie Steuerbescheide hinreichend deutlich erkennen lassen, für wen sie inhaltlich bestimmt sind.
2. Die gesonderte und einheitliche Feststellung des Grundbesitzwertes erfolgt gegenüber der Erbengemeinschaft in Vertretung für die Miterben. Inhaltsadressaten der Feststellung sind die Miterben, für deren Besteuerung der Grundbesitzwert von Bedeutung ist.
3. Dem Bescheid über die gesonderte und einheitliche Feststellung des Grundbesitzwertes bei mehreren Miterben muss klar und eindeutig entnommen werden können, gegen welche Beteiligten der Erbengemeinschaft sich die Feststellungen richten.

BVerfG-Beschluss vom 23.6.2015 – 1 BvL 13/11 – und – 1 BvL 14/11:

1. § 8 Absatz 2 des Grunderwerbsteuergesetzes in der Fassung des Jahressteuergesetzes 1997 vom 20. Dezember 1996 (BGBl. I S. 2049) sowie in allen seitherigen Fassungen ist mit Artikel 3 Absatz 1 des Grundgesetzes unvereinbar.
2. Das bisherige Recht ist bis zum 31. Dezember 2008 weiter anwendbar. Der Gesetzgeber ist verpflichtet, spätestens bis zum 30. Juni 2016 rückwirkend zum 1. Januar 2009 eine Neuregelung zu treffen.

ErbStR 2019

Zu § 151 BewG

R B 151.1 Durchführung eines Feststellungsverfahrens

(1) ¹Abweichend von dem Grundsatz, dass die Besteuerungsgrundlagen einen unselbstständigen Teil des Steuerbescheids bilden (§ 157 Absatz 2 AO), sehen die §§ 151 ff. BewG in bestimmten Fällen eine Feststellung der Besteuerungsgrundlagen vor. ²Die gesonderte Feststellung ist zugleich einheitlich vorzunehmen, wenn § 154 Absatz 1 Satz 2 BewG dies besonders vorschreibt.

(2) ¹Nach § 151 Absatz 1 BewG sind im Bedarfsfall gesondert festzustellen
1. Grundbesitzwerte im Sinne des § 157 BewG,
2. der Wert des Betriebsvermögens bei Gewerbebetrieben (§ 95 BewG),
3. der Wert des Betriebsvermögens bei freiberuflich Tätigen (§ 96 BewG),
4. der Wert des Anteils am Betriebsvermögen von Personengesellschaften (§ 97 Absatz 1a BewG),
5. der Wert von Anteilen an Kapitalgesellschaften im Sinne des § 11 Absatz 2 BewG sowie
6. der Anteil am Wert von anderen (nicht in § 151 Absatz 1 Satz 1 Nummer 1 bis 3 BewG genannten) Vermögensgegenständen und von Schulden, die mehreren Personen zustehen.

²Voraussetzung hierfür ist, dass die Werte für die Erbschaftsteuer oder eine andere Feststellung im Sinne dieser Vorschrift von Bedeutung sind. ³Die Entscheidung über eine Bedeutung für die Besteuerung trifft das für die Festsetzung der Erbschaftsteuer zuständige Finanzamt. ⁴Die Entscheidung über eine Bedeutung für eine andere Feststellung im Sinne dieser Vorschrift trifft das die Feststellung anfordernde Finanzamt (im mehrstufigen Feststellungsverfahren).

(3) ¹Ausländisches Vermögen, das nicht Teil einer inländischen wirtschaftlichen Einheit des Betriebsvermögens ist oder zum Vermögen einer Kapitalgesellschaft oder vermögensverwaltenden Gemeinschaft/Gesellschaft mit Sitz oder Geschäftsleitung im Inland gehört, unterliegt nicht der gesonderten Feststellung (§ 151 Absatz 4 BewG). ²Der gemeine Wert ausländischen Vermögens, das zu einem inländischen Betriebsvermögen oder zum Vermögen einer Kapitalgesellschaft oder vermögensverwaltenden Gemeinschaft/Gesellschaft mit Sitz oder Geschäftsleitung im Inland gehört, ist im Rah-

§ 151 BewG — ErbStR R B 151.1, 151.2

men der gesonderten Feststellung des gemeinen Werts dieser wirtschaftlichen Einheit nach § 151 Absatz 1 Satz 1 Nummer 2 bis 4 BewG zu berücksichtigen (→ R B 152). ³Ausländischer Grundbesitz wird nach § 31 BewG bewertet (§ 12 Absatz 7 ErbStG).

(4) ¹Im Einvernehmen der Verfahrensbeteiligten kann darauf verzichtet werden, ein Feststellungsverfahren durchzuführen, wenn es sich um einen Fall von geringer Bedeutung handelt. ²Ein Fall von geringer Bedeutung liegt insbesondere vor, wenn der Verwaltungsaufwand der Beteiligten außer Verhältnis zur steuerlichen Auswirkung steht und der festzustellende Wert unbestritten ist. ³Zur Prüfung, ob ein Fall nur von geringer Bedeutung ist, hat das Finanzamt, das eine Feststellung anfordert, dabei auch stets die jeweilige Beteiligungsstufe anzugeben, damit das Feststellungsfinanzamt Rückschlüsse auf die steuerliche Auswirkung ziehen kann.

ErbStR 2019

R B 151.2 Gesonderte Feststellung von Grundbesitzwerten nach § 151 BewG

(1) ¹Das Lagefinanzamt (§ 152 Nummer 1 BewG) hat nach § 151 Absatz 1 Satz 1 Nummer 1 BewG Grundbesitzwerte gesondert festzustellen. ²Die Zugehörigkeit von Wirtschaftsgütern zum Betriebsvermögen oder Grundvermögen richtet sich nach ertragsteuerlichen Grundsätzen (§§ 95 bis 97 BewG).

(2) Hinsichtlich der Zurechnung der wirtschaftlichen Einheit gilt Folgendes:

1. War der Erblasser Alleineigentümer einer wirtschaftlichen Einheit des Grundbesitzes und geht das Eigentum daran im Weg des Erwerbs durch Erbanfall nur auf einen Erben als Gesamtrechtsnachfolger über, ist der gesamte Wert der wirtschaftlichen Einheit dem Erwerber allein zuzurechnen.

2. ¹War der Erblasser Alleineigentümer einer wirtschaftlichen Einheit des Grundbesitzes und geht das Eigentum daran im Weg des Erwerbs durch Erbanfall auf mehrere Erben als Gesamtrechtsnachfolger über, ist der Wert der wirtschaftlichen Einheit der Erbengemeinschaft in Vertretung der Miterben zuzurechnen (§ 151 Absatz 2 Nummer 2 Satz 1 Halbsatz 2 BewG). ²Die Feststellung ist erforderlich, wenn sich bei mindestens einem Miterben eine „materielle" Steuerpflicht ergibt. ³Die Ermittlung der Erbquote obliegt dem Erbschaftsteuerfinanzamt.

3. ¹War der Erblasser Miteigentümer einer wirtschaftlichen Einheit des Grundbesitzes und geht der Miteigentumsanteil daran im Weg des Erwerbs durch Erbanfall auf einen Erben oder auf mehrere Erben als Gesamtrechtsnachfolger über, ist der Wert des vererbten Miteigentumsanteils nach Nummer 1 oder 2 dem Erben oder der Erbengemeinschaft (in Vertretung der Miterben) zuzurechnen. ²Die übrigen Miteigentümer sind nicht am Verfahren zu beteiligen.

4. ¹Wird eine wirtschaftliche Einheit des Grundbesitzes oder ein Miteigentumsanteil daran durch Vermächtnis zugewandt, ist der Wert der wirtschaftlichen Einheit oder des Miteigentumsanteils dem Erben oder der Erbengemeinschaft (in Vertretung der Miterben) zuzurechnen und festzustellen. ²Da der Vermächtnisnehmer einen eigenen Erwerbstatbestand nach § 3 Absatz 1 Nummer 1 ErbStG erfüllt, ist der Wert der wirtschaftlichen Einheit zusätzlich dem Vermächtnisnehmer zuzurechnen. ³Eine eigenständige gesonderte Feststellung erfolgt zusätzlich gegenüber dem Vermächtnisnehmer. ⁴Das gilt auch im Fall eines Vorausvermächtnisses.

5. ¹Geht eine wirtschaftliche Einheit des Grundbesitzes oder ein Miteigentumsanteil daran im Wege der Schenkung unter Lebenden über, ist dem Erwerber der Wert des von ihm erworbenen (Mit-)Eigentumsanteils am Grundbesitz zuzurechnen. ²Wird die wirtschaftliche Einheit oder ein Miteigentumsanteil daran an mehrere Erwerber verschenkt, liegen mehrere Schenkungen vor. ³Für jeden Schenkungsfall ist dem Erwerber der Anteil an der wirtschaftlichen Einheit zuzurechnen, der dem erworbenen Miteigentumsanteil entspricht. ⁴Entsprechendes gilt, wenn mehrere Schenker jeweils einen Miteigentumsanteil an einer wirtschaftlichen Einheit einem Erwerber zuwenden.

(3) Bei der gesonderten Feststellung von Grundbesitzwerten für das land- und forstwirtschaftliche Vermögen gilt Folgendes:

1. ¹Der nach den Vorschriften des § 168 BewG zu ermittelnde Grundbesitzwert für das land- und forstwirtschaftliche Vermögen ist nach § 151 Absatz 1 Satz 1 Nummer 1 BewG gesondert festzustellen. ²Dabei sind die Werte für den Wirtschaftsteil, für die Betriebswohnungen und für den Wohnteil jeweils als Besteuerungsmerkmale im Feststellungsbescheid auszuweisen. ³Das gilt auch bei der Aufteilung nach § 168 Absatz 3 BewG.

2. ¹Im Rahmen der gesonderten Feststellung werden keine Aussagen zum Liquidationswert im Sinne des § 166 BewG getroffen. ²Im Fall der Nachbewertung nach § 162 Absatz 3 und 4 BewG ist der erteilte Feststellungsbescheid nach § 175 Absatz 1 Satz 1 Nummer 2 AO zu ändern. ³Der jeweilige Liquidationswert im Sinne des § 166 BewG wird dabei zum Gegenstand des Feststellungs-

verfahrens. ⁴Die hierfür erforderlichen Daten werden im Rahmen der Feststellungserklärung zum Bewertungsstichtag erhoben.

3. Im Fall der Nachbewertung (§ 162 Absatz 3 und 4 BewG) fordert das Erbschaftsteuerfinanzamt vom Lagefinanzamt die Feststellung des Werts für den Wirtschaftsteil unter Berücksichtigung des Liquidationswerts an, wenn dies für die Besteuerung von Bedeutung ist.

(4) ¹Ist bei einer Grundstücksschenkung absehbar, dass der Steuerwert der freigebigen Zuwendung unter dem persönlichen Freibetrag des Erwerbers liegt und führt auch eine Zusammenrechnung mit früheren Zuwendungen von derselben Person (§ 14 ErbStG) nicht zu einer Steuerfestsetzung, kann auf eine Feststellung des Grundbesitzwerts zunächst verzichtet werden. ²Diese ist auf den Zeitpunkt der Ausführung der Grundstücksschenkung nachzuholen, wenn im Verlauf der folgenden zehn Jahre die Grundstücksschenkung in die Zusammenrechnung mit einem weiteren Erwerb von derselben Person (§ 14 ErbStG) einzubeziehen ist und hierdurch der persönliche Freibetrag des Erwerbers überschritten wird. ³Soweit die Besteuerungsgrundlagen, z. B. die tatsächlich erzielte oder die übliche Miete, für die nachträgliche Feststellung des Grundbesitzwerts zum Bewertungsstichtag nicht mehr ermittelt werden können, sind sie zu schätzen. ⁴Nach § 181 Absatz 5 Satz 1 AO kann eine gesonderte Feststellung des Grundbesitzwerts auch nach Ablauf der für sie geltenden Feststellungsfrist insoweit erfolgen, als der Grundbesitzwert für eine Steuerfestsetzung von Bedeutung ist, für die die Festsetzungsfrist im Zeitpunkt der gesonderten Feststellung noch nicht abgelaufen ist; hierbei bleibt § 171 Absatz 10 AO außer Betracht. ⁵In diesen Fällen ist im Feststellungsbescheid ein gesonderter Hinweis auf § 181 Absatz 5 Satz 1 AO aufzunehmen.

(5) ¹Ist ein Grundstückserwerb von Todes wegen nach den Regelungen des § 13 Absatz 1 Nummer 4b oder 4c ErbStG (Familienheim) vollständig steuerfrei, kann zunächst darauf verzichtet werden, die Feststellung des Grundbesitzwerts anzufordern. ²Auf die Anforderung der Feststellung eines Grundbesitzwertes, der nach § 13 Absatz 1 Nummer 4c ErbStG wegen Überschreitens der Wohnungsgrößengrenze nur teilweise steuerfrei ist, kann zunächst dann verzichtet werden, wenn der steuerpflichtige Anteil zusammen mit etwaigen anderen Zuwendungen vom Erblasser – auch unter Berücksichtigung etwaiger Vorerwerbe (Absatz 4) – den persönlichen Freibetrag des Erben nicht überschreitet. ³Die jeweiligen Feststellungen sind bei einem nachträglichen Wegfall der Steuerbefreiungen nachzuholen, wenn die (vollständige) Steuerpflicht des Grundstücks – ggf. unter Berücksichtigung von Vorerwerben – zu einem Überschreiten der persönlichen Freibeträge führt. ⁴Absatz 4 Satz 3 bis 5 gilt entsprechend.

(6) ¹Das Betriebsfinanzamt verzichtet zunächst auf die Anforderung eines Grundbesitzwertes gemäß § 151 Absatz 1 Satz 1 Nummer 1 BewG, wenn

1. der Substanzwert (§ 11 Absatz 2 BewG) offensichtlich nicht zum Ansatz kommt,
2. es sich bei dem Grundstück um betriebsnotwendiges Vermögen handelt (kein Vermögen im Sinne des § 200 Absatz 2 BewG),
3. es sich nicht um Verwaltungsvermögen handelt (§ 13b Absatz 4 Nummer 1 ErbStG) und
4. kein junges Betriebsvermögen im Sinne des § 200 Absatz 4 BewG vorliegt.

²Soweit Steuerbegünstigungen nach § 13a ErbStG mit Wirkung für die Vergangenheit nach § 13a Absatz 6 ErbStG wegfallen, sind die jeweiligen Feststellungen nachzuholen, wenn sie für die Besteuerung von Bedeutung sind.

(7) ¹In den Fällen der mittelbaren Grundstücksschenkung sind gesonderte Feststellungen des Grundbesitzwerts durchzuführen. ²Entsprechendes gilt, wenn der Jahreswert der Nutzungen eines Grundstücks nach § 16 BewG zu begrenzen ist. ³Dabei ist der Grundbesitzwert auch dann für das gesamte Grundstück festzustellen, wenn sich das Nutzungsrecht nur auf einen Teil des Grundstücks bezieht.

(8) ¹Beim Erwerb von Betriebsvermögen (§§ 95, 96 BewG) ist für Betriebsgrundstücke der Grundbesitzwert gesondert festzustellen, wenn er für die Feststellung des Werts des Betriebsvermögens erforderlich ist. ²Das ist stets der Fall, wenn

1. der Substanzwert (§ 11 Absatz 2 BewG) zu ermitteln ist,
2. es sich bei dem Grundstück um nicht betriebsnotwendiges Vermögen handelt (§ 200 Absatz 2 BewG),
3. es sich um Verwaltungsvermögen handelt (§ 13b Absatz 4 Nummer 1 ErbStG) oder
4. junges Betriebsvermögen im Sinne des § 200 Absatz 4 BewG vorliegt.

(9) ¹Beim Erwerb eines Anteils am Betriebsvermögen im Sinne des § 97 Absatz 1a BewG ist für Grundbesitz, der zum Gesamthandsvermögen der Gesellschaft gehört, der Grundbesitzwert gesondert festzustellen, wenn er für die Feststellung des Werts des Anteils erforderlich ist. ²Für Grundbesitz, der zum Sonderbetriebsvermögen gehört und Gegenstand des Erwerbs ist, gilt dies entsprechend. ³Im Fest-

§ 151 BewG   ErbStR R B 151.2

stellungsbescheid ist auch anzugeben, wem der Grundbesitz zuzurechnen ist. ⁴Dabei ist Folgendes zu beachten:
1. Gehört der Grundbesitz in vollem Umfang der Gesellschaft, ist der Wert der wirtschaftlichen Einheit der Gesellschaft in voller Höhe zuzurechnen und festzustellen.
2. ¹Gehört der Grundbesitz nur zum Teil der Gesellschaft, ist neben dem gesamten Grundbesitzwert auch der auf die Gesellschaft entfallende Wertanteil festzustellen und der Gesellschaft zuzurechnen. ²Die übrigen Miteigentümer sind nicht am Verfahren zu beteiligen.
3. Bei Grundstücken des Sonderbetriebsvermögens gilt dies entsprechend.

⁵Der Anteil am Betriebsvermögen im Sinne des § 97 Absatz 1a BewG, der übergeht, ist bei der Grundbesitzwertfeststellung nicht anzugeben. ⁶Der nach diesen Grundsätzen gesondert festgestellte Grundbesitzwert bzw. anteilige Grundbesitzwert geht in die Ermittlung der erworbenen Beteiligung an der Personengesellschaft ein.

(10) ¹Beim Erwerb eines Anteils an einer Kapitalgesellschaft ist für Grundbesitz, der zum Vermögen der Gesellschaft gehört, der Grundbesitzwert gesondert festzustellen, wenn er für die Feststellung des Werts des Anteils erforderlich ist. ²Absätze 6, 8 und 9 gelten entsprechend.

(11) Die Basiswertregelung in R B 151.8 ist anzuwenden.

Hinweise (ErbStH 2019)

H B 151.2 *Aufteilung des Grundbesitzwerts bei nicht ausschließlich betrieblicher Nutzung*

Wird ein Grundstück nicht nur zu betrieblichen Zwecken genutzt, kann das Erbschaftsteuerfinanzamt ebenso wie das Betriebsfinanzamt einen Grundbesitzwert anfordern. Das Lagefinanzamt übersendet eine Mitteilung über den insgesamt festgestellten Grundbesitzwert sowohl an das anfordernde Betriebsfinanzamt als auch an das Erbschaftsteuerfinanzamt. Das Betriebsfinanzamt teilt dem Erbschaftsteuerfinanzamt mit, in welchem Umfang das Grundstück zum Grundvermögen gehört. Zu diesem Zweck haben die Betriebsfinanzämter bei jeder Anforderung zur Feststellung eines Grundbesitzwerts das zuständige Erbschaftsteuerfinanzamt zu benennen (→ R B 151.3).

Nachrichtliche Angaben

In der Mitteilung des Lagefinanzamts an das für die Berücksichtigung in einem Folgebescheid zuständige Finanzamt sind nachrichtlich auch folgende Angaben aufzunehmen:

Gesamte Wohn- und Nutzfläche der Gebäude/des Gebäudes	*Die Angabe wird als Ausgangsgröße zur Berechnung des Flächenverhältnisses benötigt.*
Wohnfläche einer bisher vom Rechtsvorgänger selbst genutzten Wohnung	*Die Angabe wird zur Anwendung des § 13 Absatz 1 Nummer 4a bis 4c ErbStG (Familienheim) benötigt (→ R E 13.3 Absatz 2).*
Gesamte Wohnfläche der zu Wohnzwecken vermieteten Gebäude oder Gebäudeteile	*Die Angabe wird zur Anwendung des § 13d ErbStG benötigt (→ R E 13d Absatz 6).*
Gesamte zum ertragsteuerlichen Betriebsvermögen des Rechtsvorgängers gehörende Wohn- und Nutzfläche des Gebäudes/des Gebäudes	*Die Angaben werden* *– zur Bestimmung des dem Betriebsvermögen zuzurechnenden Anteils des Grundbesitzwerts und* *– zur Bestimmung des Verwaltungsvermögens i. S. d. § 13b Absatz 4 ErbStG benötigt.*
Gesamte der vom Rechtsvorgänger zu eigenen betrieblichen Zwecken genutzten Wohn- und Nutzfläche der Gebäude/des Gebäudes	
Art und Höhe einer im Rahmen des nachgewiesenen gemeinen Werts des Grundstücks (§ 198 BewG) abgezogenen Belastung (Wohnrecht, Nießbrauchsrecht)	*Die Angabe wird zur Vermeidung der Doppelberücksichtigung der Belastung benötigt (§ 10 Absatz 6 Satz 6 ErbStG).*

Verbindlichkeiten i. S. d. § 158 Absatz 5 BewG, die im Rahmen der Ermittlung des Werts des Betriebs der Land- und Forstwirtschaft (unter Zuordnung zum Wirtschaftsteil, zum Wohnteil oder zum Teil der Betriebswohnungen) berücksichtigt wurden	Die Angabe wird zur Vermeidung der Doppelberücksichtigung der Belastung benötigt (§ 10 Absatz 5 Nummer 1, Absatz 6 Satz 6 ErbStG).
Nutzungsrechte, die im Rahmen der Öffnungsklausel nach § 165 Absatz 3, § 167 Absatz 4 BewG berücksichtigt wurden	Die Angabe wird zur Vermeidung der Doppelberücksichtigung der Belastung benötigt (§ 10 Absatz 6 Satz 6 ErbStG).

Nachträgliche Feststellung zum Zweck der Zusammenrechnung
→ *BFH vom 25.11.2008 II R 11/07, BStBl. 2009 II S. 287*

Treuhandverhältnis

Im Fall eines Treuhandverhältnisses, bei dem der Herausgabeanspruch des Treugebers auf ein Grundstück gerichtet ist, ist eine gesonderte Feststellung des Grundbesitzwerts durchzuführen.

ErbStR 2019

R B 151.3 Benennung des Erbschaftsteuerfinanzamts und des Erblassers/Schenkers

[1]Das für die Feststellung zuständige Finanzamt hat in jeder Aufforderung zur Feststellung nach § 151 Absatz 1 Satz 1 Nummer 1 bis 4 BewG stets das Erbschaftsteuerfinanzamt und den Erblasser/Schenker zu benennen. [2]Das gilt auch in den Fällen, in denen das Betriebsfinanzamt von einem anderen Betriebsfinanzamt zur Feststellung eines gemeinen Werts des Betriebs aufgefordert worden ist (mehrstufiges Feststellungsverfahren). [3]Unter anderem wird auf diese Weise gewährleistet, dass das Lagefinanzamt (Bewertungsstelle) neben der Mitteilung für das Betriebsfinanzamt auch dem Erbschaftsteuerfinanzamt den Grundbesitzwert unmittelbar zuleiten kann.

ErbStR 2019

R B 151.4 Gesonderte Feststellung des Werts des Betriebsvermögens oder des Anteils am Betriebsvermögen

(1) Hinsichtlich der Zurechnung der wirtschaftlichen Einheit gilt R B 151.2 Absatz 2 Nummer 1 bis 5 sinngemäß.

(2) [1]In den Fällen einer mittelbaren Schenkung von Betriebsvermögen oder eines Anteils am Betriebsvermögen ist eine gesonderte Feststellung des Werts durchzuführen.[2]Entsprechendes gilt, wenn der Jahreswert der Nutzungen eines Betriebsvermögens oder eines Anteils am Betriebsvermögen nach § 16 BewG zu begrenzen ist.

(3) Die Basiswertregelung in R B 151.8 ist anzuwenden.

Hinweise (ErbStH 2019)

H B 151.4 *Atypische stille Beteiligung oder Unterbeteiligung*

Im Fall einer atypischen stillen Beteiligung oder Unterbeteiligung, bei der der stille Gesellschafter als Mitunternehmer anzusehen ist, ist eine gesonderte Feststellung des Werts des Betriebsvermögens oder des Anteils am Betriebsvermögen durchzuführen.

Treuhandverhältnis

Im Fall eines Treuhandverhältnisses, bei dem der Herausgabeanspruch des Treugebers auf Betriebsvermögen gerichtet ist, ist eine gesonderte Feststellung des Werts des Betriebsvermögens oder des Anteils am Betriebsvermögen durchzuführen.

ErbStR 2019

R B 151.5 Gesonderte Feststellung des Werts nicht notierter Anteile an Kapitalgesellschaften

(1) Hinsichtlich der Zurechnung gilt R B 151.2 Absatz 2 Nummer 1 bis 5 sinngemäß.

§ 151 BewG ErbStR R B 151.5–151.7

(2) ¹In den Fällen einer mittelbaren Schenkung von nicht notierten Anteilen an Kapitalgesellschaften ist eine gesonderte Feststellung des Werts durchzuführen. ²Entsprechendes gilt, wenn der Jahreswert der Nutzungen von nicht notierten Anteilen an Kapitalgesellschaften nach § 16 BewG zu begrenzen ist.

(3) Die Basiswertregelung in R B 151.8 ist anzuwenden.

Hinweise (ErbStH 2019)

H B 151.5 Treuhandverhältnis

Im Fall eines Treuhandverhältnisses, bei dem der Herausgabeanspruch des Treugebers auf nicht notierte Anteile an Kapitalgesellschaften gerichtet ist, ist eine gesonderte Feststellung des Werts nicht notierter Anteile an Kapitalgesellschaften durchzuführen.

ErbStR 2019

R B 151.6 Gesonderte Feststellung des Werts von Genossenschaften

¹Bei zum Betriebsvermögen gehörenden Genossenschaftsanteilen gilt grundsätzlich das Folgende: ²Diese sind im Rahmen der Ermittlung des Substanzwerts als Kapitalforderungen nach § 12 BewG mit dem Nennwert zu bewerten. ³Im vereinfachten Ertragswertverfahren sind die Erträge im Jahresertrag nach § 200 Absatz 1 BewG zu erfassen. ⁴Genossenschaftsanteile stellen keine Beteiligungen i. S. d. § 200 Abs. 3 BewG dar. ⁵Sie zählen als Forderungen zu den Finanzmitteln i. S. d. § 13b Abs. 4 Nr. 5 ErbStG. ⁶Das für die Genossenschaft zuständige Finanzamt hat keine Feststellungen durchzuführen.

ErbStR 2019

R B 151.7 Gesonderte Feststellung bei vermögensverwaltenden Gemeinschaften/Gesellschaften

(1) ¹Beim Erwerb eines Anteils an einer vermögensverwaltenden Gemeinschaft/Gesellschaft sind die Vermögensgegenstände und Schulden der Gesellschaft entsprechend § 10 Absatz 1 Satz 4 ErbStG dem Erwerber zuzurechnen. ²Im Feststellungsbescheid für andere Vermögensgegenstände und Schulden ist der Wert des Anteils des Erblassers oder Schenkers an den Besitzposten und den Schuldposten (unsaldiert) festzustellen. ³Hinsichtlich der Zurechnung gilt R B 151.2 Absatz 2 Nummer 1 bis 5 sinngemäß.

(2) ¹Grundbesitzwerte und Werte von nicht notierten Anteilen an Kapitalgesellschaften sind nicht in die Feststellung nach § 151 Absatz 1 Satz 1 Nummer 4 BewG für die vermögensverwaltende Gesellschaft/Gemeinschaft einzubeziehen. ²Sofern inländischer Grundbesitz oder nicht notierte Anteile an Kapitalgesellschaften mit Sitz oder Geschäftsleitung im Inland zum Vermögen der Gesellschaft/Gemeinschaft gehören, sind die erforderlichen Feststellungen durch das zuständige Lagefinanzamt gemäß § 151 Absatz 1 Satz 1 Nummer 1 BewG bzw. das zuständige Betriebsfinanzamt gemäß § 151 Absatz 1 Satz 1 Nummer 3 BewG durchzuführen.

(3) Die Basiswertregelung in R B 151.8 ist anzuwenden.

Hinweise (ErbStH 2019)

H B 151.7 Treuhandverhältnis

Im Fall eines Treuhandverhältnisses, bei dem der Herausgabeanspruch des Treugebers auf einen Anteil an einer vermögensverwaltenden Gesellschaft gerichtet ist, ist eine gesonderte Feststellung des Anteils am Wert der Vermögensgegenstände und Schulden der Gesellschaft durchzuführen.

Vermögensverwaltende Gemeinschaft/Gesellschaften

Gehören zum Vermögen einer vermögensverwaltenden Gemeinschaft/Gesellschaft inländischer Grundbesitz, inländisches Betriebsvermögen oder Anteile an Kapitalgesellschaften mit Sitz oder Geschäftsleitung im Inland, teilt das Verwaltungsfinanzamt dies unter Bezeichnung der wirtschaftlichen Einheit und der Lage bzw. des Sitzes dem Erbschaftsteuerfinanzamt mit. Dieses fordert die erforderlichen gesonderten Feststellungen bei dem jeweiligen Lagefinanzamt (§ 152 Nummer 1 BewG) bzw. Betriebsfinanzamt (§ 152 Nummer 2 oder 3 BewG) an. Das Verwaltungsfinanzamt (§ 152 Nummer 4 BewG) fordert die erforderliche Erklärung zur Feststellung des übrigen Vermögens einschließlich des Auslandsvermögens und der Schulden (§ 152 Nummer 4 BewG) von der Gemeinschaft/Gesellschaft an.

> *Beispiel:*
>
> *Der Erblasser A war zu 50 % an der A&B GbR beteiligt. Das Vermögen der GbR umfasst ein vermietetes Grundstück in C, zwei vermietete Grundstücke in D, ein Bankkonto und ein vermietetes Grundstück in Italien. Zur Anschaffung des Grundstücks in Italien hat die GbR bei einer Bank in Deutschland einen Kredit aufgenommen, der am Todestag noch nicht vollständig getilgt war.*
>
> *Bei der GbR handelt es sich um eine vermögensverwaltende Gesellschaft i. S. d. § 10 Absatz 1 Satz 4 ErbStG, so dass die Wirtschaftsgüter der GbR anteilig den Gesellschaftern zuzurechnen sind.*
>
> *Das für das Grundstück in C zuständige Lagefinanzamt stellt dessen Wert auf Anforderung des Erbschaftsteuerfinanzamts gesondert fest (§ 151 Absatz 1 Satz 1 Nummer 1 i. V. m. § 152 Nummer 1 BewG). Das für die Grundstücke in D zuständige Lagefinanzamt stellt deren Wert auf Anforderung des Erbschaftsteuerfinanzamts gesondert fest (§ 151 Absatz 1 Satz 1 Nummer 1 i. V. m. § 152 Nummer 1 BewG). Das für die GbR zuständige Verwaltungsfinanzamt stellt den Wert des Anteils des A am Bankkonto und den Schulden der GbR auf Anforderung des Erbschaftsteuerfinanzamts gesondert fest (§ 151 Absatz 1 Satz 1 Nummer 4 i. V. m. § 152 Nummer 4 BewG). Der Wert des Grundstücks in Italien wird nicht gesondert festgestellt, weil es sich um Auslandsvermögen handelt (→ R B 151.1 Absatz 2). Das für die GbR zuständige Verwaltungsfinanzamt hat den Wert des Grundstücks in Italien zu ermitteln (→ R B 152) und in die Feststellung nach § 151 Absatz 1 Satz 1 Nummer 4 BewG zu übernehmen.*

ErbStR 2019

R B 151.8 Basiswert

(1) ¹In den Fällen des § 151 Absatz 1 Satz 1 Nummer 1 BewG hat das jeweilige Lagefinanzamt bei mehrmaligem Erwerb einer wirtschaftlichen Einheit innerhalb eines Jahres der Wertermittlung einen bereits festgestellten Grundbesitzwert (sog. Basiswert, § 151 Absatz 3 BewG) zu Grunde zu legen, wenn innerhalb dieses Jahres keine wesentlichen Änderungen eingetreten sind. ²Der Basiswert ist der in dem ersten Erwerbsfall auf den jeweiligen Bewertungsstichtag ermittelte Grundbesitzwert. ³Die Basiswertregelung kann nur in den Fällen angewandt werden, in denen für beide Bewertungsstichtage ein Grundbesitzwert nach der gleichen Bewertungsmethode zu ermitteln ist. ⁴Dieser Basiswert gilt ab diesem Zeitpunkt für einen Zeitraum von einem Jahr. ⁵Nach Ablauf der Jahresfrist ist für den jeweils nächsten Erwerbsfall eine Bewertung nach den Verhältnissen vom Bewertungsstichtag durchzuführen und damit zugleich ein neuer Basiswert zu ermitteln. ⁶Der Erklärungspflichtige kann eine von dem Basiswert abweichende Feststellung des Grundbesitzwerts nach den Verhältnissen zum Bewertungsstichtag durch Abgabe einer Feststellungserklärung mit den dafür erforderlichen stichtagsbezogenen Grundstücksdaten beantragen. ⁷Sofern der festgestellte Grundbesitzwert innerhalb einer Jahresfrist als Basiswert einer weiteren Feststellung zu Grunde gelegt wird, verlängert sich hierdurch nicht die Jahresfrist des § 151 Absatz 3 BewG.

(2) ¹Entsprechendes gilt für festgestellte Werte nach § 151 Absatz 1 Satz 1 Nummer 2, 3 und 4 BewG. ²Bei Personengesellschaften gilt der Basiswert nur hinsichtlich des Wertes des Gesamthandsvermögens. ³Der Wert des Sonderbetriebsvermögens ist grundsätzlich gesondert zu ermitteln und anzusetzen. ⁴Der Erklärungspflichtige kann eine von dem Basiswert abweichende Feststellung nach den Verhältnissen am Bewertungsstichtag durch Abgabe einer Feststellungserklärung beantragen. ⁵Dies ist für jede der einzelnen Feststellungen nach § 151 BewG, § 13a Absatz 4 oder § 13b Absatz 10 ErbStG unabhängig voneinander möglich.

ErbStR 2019

R B 151.9 Nachrichtliche Angaben zu den Feststellungen nach § 151 Absatz 1 Satz 1 Nummer 2 und 3 BewG

– unbesetzt –

Hinweise (ErbStH 2019)

H B 151.9 *Nachrichtliche Angaben*

> *Zusätzlich zu den in § 151 Absatz 1 BewG genannten Feststellungen teilt das Betriebsfinanzamt dem Erbschaftsteuerfinanzamt folgende Angaben nachrichtlich mit:*

§ 151 BewG

ErbStR R B 151.9, 151.10

1. Bei Feststellungen für Einzelunternehmen

   a) *Umfang der betrieblichen Nutzung bei gemischt genutzten Grundstücken:*

   Wird ein Grundstück nicht nur zu betrieblichen Zwecken genutzt, ist der nicht betriebliche Teil bei der Erbschaft- bzw. Schenkungsteuer als zusätzliches Vermögen anzusetzen. Das Feststellungsfinanzamt teilt dem Erbschaftsteuerfinanzamt mit, in welchem Umfang das Grundstück zum Grundvermögen gehört.

   b) *Umfang und Wert von ausländischem Vermögen*

   Im Feststellungsbescheid sind der Umfang und der Wert des ausländischen Vermögens auszuweisen, das im festgestellten Wert des Betriebsvermögens des Einzelunternehmens enthalten ist, aber einer Betriebstätte in einem Drittland dient.

   c) *Hauptzweck des Unternehmens i. S. d. § 13b Absatz 4 Nummer 5 ErbStG*

   Im Feststellungsbescheid ist nachrichtlich mitzuteilen, ob das Unternehmen nach seinem Hauptzweck einer land- und forstwirtschaftlichen, gewerblichen oder freiberuflichen Tätigkeit dient (§ 13 Absatz 1, § 15 Absatz 1 Satz 1 Nummer 1, § 18 Absatz 1 Nummer 1 und 2 EStG).

2. Bei Feststellungen für Personengesellschaften

   a) *Umfang der betrieblichen Nutzung bei gemischt genutzten Grundstücken*

   Wird ein Grundstück nicht nur zu betrieblichen Zwecken genutzt, ist der nicht betriebliche Teil bei der Erbschaft- bzw. Schenkungsteuer als zusätzliches Vermögen anzusetzen. Das Feststellungsfinanzamt teilt dem Erbschaftsteuerfinanzamt mit, in welchem Umfang das Grundstück zum Grundvermögen gehört.

   b) *Umfang und Wert von ausländischem Vermögen*

   Im Feststellungsbescheid sind der Umfang und der Wert des ausländischen Vermögens auszuweisen, das im festgestellten Wert des Betriebsvermögens der Personengesellschaft enthalten ist, aber einer Betriebstätte in einem Drittland dient.

   c) *Hauptzweck des Unternehmens i. S. d. § 13b Absatz 4 Nummer 5 ErbStG*

   Im Feststellungsbescheid ist nachrichtlich mitzuteilen, ob das Unternehmen nach seinem Hauptzweck einer land- und forstwirtschaftlichen, gewerblichen oder freiberuflichen Tätigkeit dient (§ 13 Absatz 1, § 15 Absatz 1 Satz 1 Nummer 1, § 18 Absatz 1 Nummer 1 und 2 EStG).

   d) *Vorwegabschlag i. S. d. § 13a Absatz 9 ErbStG*

   Im Feststellungsbescheid ist nachrichtlich mitzuteilen, ob und in welcher Höhe ein Vorwegabschlag zu gewähren ist. Soweit erforderlich sind auch die Werte des Gesamthandsvermögens mitzuteilen. Satz 1 und 2 gelten bei mehrstufigen Feststellungsverfahren nur auf der ersten Stufe.

3. Bei Feststellungen für Anteile an Kapitalgesellschaften

   a) *Hauptzweck des Unternehmens i. S. d. § 13b Absatz 4 Nummer 5 ErbStG*

   Im Feststellungsbescheid ist nachrichtlich mitzuteilen, ob das Unternehmen nach seinem Hauptzweck einer land- und forstwirtschaftlichen, gewerblichen oder freiberuflichen Tätigkeit dient (§ 13 Absatz 1, § 15 Absatz 1 Satz 1 Nummer 1, § 18 Absatz 1 Nummer 1 und 2 EStG).

   b) *Vorwegabschlag i. S. d. § 13a Absatz 9 ErbStG*

   Im Feststellungsbescheid ist nachrichtlich mitzuteilen, ob und in welcher Höhe ein Vorwegabschlag zu gewähren ist. Dies gilt bei mehrstufigen Feststellungsverfahren nur auf der ersten Stufe.

Das Feststellungsfinanzamt hat die nachrichtlichen Angaben auch dann mitzuteilen, wenn hierfür zusätzliche Ermittlungen durch das Feststellungsfinanzamt erforderlich sind.

ErbStR 2019

R B 151.10 Mitteilungen der Betriebsfinanzämter

– unbesetzt –

Hinweise (ErbStH 2019)

H B 151.10 Angaben im Zusammenhang mit der Überwachung der Voraussetzungen der Steuerbegünstigungen nach §§ 13a, 13c, 19a und 28a ErbStG

1. Das Betriebsfinanzamt teilt auf Anforderung dem Erbschaftsteuerfinanzamt nach Ablauf der Behaltensfrist den Umfang der Entnahmen mit (§ 13a Absatz 6 Satz 1 Nummer 3 ErbStG).
2. Das Betriebsfinanzamt teilt dem Erbschaftsteuerfinanzamt mit, ob innerhalb der Behaltensfrist (§ 13a Absatz 6 Satz 1 ErbStG bzw. § 13a Absatz 10 Satz 1 Nummer 6 ErbStG)

   a) wesentliche Betriebsgrundlagen veräußert, ins Privatvermögen überführt oder anderen betriebsfremden Zwecken zugeführt wurden oder der Betrieb aufgegeben oder veräußert wurde (schädliche Verfügung nach § 13a Absatz 6 Satz 1 Nummer 1 und 4 ErbStG).

   In diesem Zusammenhang ist auch mitzuteilen, ob
   - eine dieser wesentlichen Betriebsgrundlagen zum jungen Verwaltungsvermögen (§ 13b Absatz 7 Satz 2 ErbStG) oder zum jungen Betriebsvermögen (§ 200 Absatz 4 BewG) gehörte,
   - in diesen Fällen eine Reinvestition vorgenommen wurde (§ 13a Absatz 6 Satz 3 ErbStG).

   b) andere Verfügungen getätigt wurden, die nach § 13a Absatz 6 ErbStG zu einem Wegfall der Verschonungen führen.
3. Das Betriebsfinanzamt teilt dem Erbschaftsteuerfinanzamt mit, ob innerhalb der zwanzigjährigen Frist des § 13a Absatz 9 Satz 5 ErbStG die Voraussetzungen für den Vorwegabschlag nicht mehr vorliegen.

Die Mitteilungen nach Nummer 2 oder 3 sind zu fertigen, sobald das zuständige Betriebsfinanzamt von einer schädlichen Verfügung bzw. dem Verstoß Kenntnis erlangt. Dies gilt auch, wenn die Behaltensfrist oder die Frist von 20 Jahren noch nicht abgelaufen ist.

§ 152 BewG

§ 152 Örtliche Zuständigkeit

Für die gesonderten Feststellungen ist örtlich zuständig

1. in den Fällen des § 151 Abs. 1 Satz 1 Nr. 1 das Finanzamt, in dessen Bezirk das Grundstück, das Betriebsgrundstück oder der Betrieb der Land- und Forstwirtschaft oder, wenn sich das Grundstück, das Betriebsgrundstück oder der Betrieb der Land- und Forstwirtschaft auf die Bezirke mehrerer Finanzämter erstreckt, der wertvollste Teil liegt;
2. in den Fällen des § 151 Abs. 1 Satz 1 Nr. 2 das Finanzamt, in dessen Bezirk sich die Geschäftsleitung des Gewerbebetriebs, bei Gewerbebetrieben ohne Geschäftsleitung im Inland das Finanzamt, in dessen Bezirk eine Betriebsstätte – bei mehreren Betriebsstätten die wirtschaftlich bedeutendste – unterhalten wird, und bei freiberuflicher Tätigkeit das Finanzamt, von dessen Bezirk aus die Berufstätigkeit vorwiegend ausgeübt wird;
3. in den Fällen des § 151 Abs. 1 Satz 1 Nr. 3 das Finanzamt, in dessen Bezirk sich die Geschäftsleitung der Kapitalgesellschaft befindet, bei Kapitalgesellschaften ohne Geschäftsleitung im Inland oder, wenn sich der Ort der Geschäftsleitung nicht feststellen lässt, das Finanzamt, in dessen Bezirk die Kapitalgesellschaft ihren Sitz hat;
4. in den Fällen des § 151 Abs. 1 Satz 1 Nr. 4 das Finanzamt, von dessen Bezirk die Verwaltung des Vermögens ausgeht, oder, wenn diese im Inland nicht feststellbar ist, das Finanzamt, in dessen Bezirk sich der wertvollste Teil des Vermögens befindet.

ErbStR 2019

Zu § 152 BewG

R B 152 Örtliche Zuständigkeit

(1) ¹Für die Wertermittlung ausländischen Vermögens, das nicht Teil eines inländischen Betriebsvermögens ist oder zum Vermögen einer Kapitalgesellschaft oder einer vermögensverwaltenden Gemeinschaft/Gesellschaft mit Sitz oder Geschäftsleitung im Inland gehört und das somit nicht der gesonderten Feststellung unterliegt (§ 151 Absatz 4 BewG), bleibt das jeweilige Erbschaftsteuerfinanzamt zuständig. ²Gehört ausländisches Vermögen zu einem inländischen Betriebsvermögen oder zum Vermögen einer Kapitalgesellschaft mit Sitz oder Geschäftsleitung im Inland, ist das Betriebsfinanzamt unabhängig von der Art des Vermögens (Grundbesitz oder Beteiligungen) für die Wertermittlung zuständig (§ 152 Nummer 2 und 3 BewG). ³Gehört ausländisches Vermögen zum Vermögen einer vermögensverwaltenden Gemeinschaft/Gesellschaft, gilt Satz 2 entsprechend für das Verwaltungsfinanzamt (§ 152 Nummer 4 BewG).

(2) Absatz 1 ist auch bei Feststellungen nach § 13a Absatz 4 ErbStG und nach § 13b Absatz 10 ErbStG anzuwenden.

Hinweise (ErbStH 2019)

H B 152 Zeitpunkt der Festlegung der örtlichen Zuständigkeit für gesonderte Feststellungen im Sinne des § 151 Absatz 1 Satz 1 Nummer 2 bis 4 BewG

Örtlich zuständig für die gesonderten Feststellungen im Sinne des § 151 Absatz 1 Satz 1 Nummer 2 bis 4 BewG ist das Betriebs- oder Verwaltungsfinanzamt, in dessen Bezirk im Zeitpunkt der Durchführung der gesonderten Feststellung die jeweiligen Voraussetzungen erfüllt sind. Nach dem Bewertungsstichtag erfolgte örtliche Änderungen des Sitzes der Geschäftsleitung des Gewerbebetriebs oder der Kapitalgesellschaft, der vorwiegenden Ausübung der freiberuflichen Tätigkeit bzw. der Verwaltung des Vermögens in den Bezirk eines anderen Finanzamts führen zu einem Wechsel der örtlichen Zuständigkeit für die gesonderten Feststellungen, wenn sie bis zu diesem Zeitpunkt noch nicht durchgeführt wurden.

§ 153 Erklärungspflicht, Verfahrensvorschriften für die gesonderte Feststellung, Feststellungsfrist

(1) ¹Das Finanzamt kann von jedem, für dessen Besteuerung eine gesonderte Feststellung von Bedeutung ist, die Abgabe einer Feststellungserklärung verlangen. ²Die Frist zur Abgabe der Feststellungserklärung muss mindestens einen Monat betragen.

(2) ¹Ist der Gegenstand der Feststellung mehreren Personen zuzurechnen oder ist eine Personengesellschaft oder Kapitalgesellschaft dessen Eigentümer, kann das Finanzamt auch von der Gemeinschaft oder Gesellschaft die Abgabe einer Feststellungserklärung verlangen. ²Dies gilt auch, wenn Gegenstand der Feststellung ein Anteil am Betriebsvermögen ist. ³Das Finanzamt kann in Erbbaurechtsfällen die Abgabe einer Feststellungserklärung vom Erbbauberechtigten und vom Erbbauverpflichteten verlangen. ⁴Absatz 4 Satz 2 ist nicht anzuwenden.

(3) In den Fällen des § 151 Abs. 1 Satz 1 Nr. 3 kann das Finanzamt nur von der Kapitalgesellschaft die Abgabe einer Feststellungserklärung verlangen.

(4) ¹Der Erklärungspflichtige hat die Erklärung eigenhändig zu unterschreiben. ²Hat ein Erklärungspflichtiger eine Erklärung zur gesonderten Feststellung abgegeben, sind andere Beteiligte insoweit von der Erklärungspflicht befreit.

(5) § 181 Abs. 1 und 5 der Abgabenordnung sind entsprechend anzuwenden.

Rechtsprechungsauswahl

BFH-Urteil vom 26.6.2019 II R 58/15 (BFH/NV 2019 S. 1222)
Gesonderte und einheitliche Feststellung des Grundbesitzwerts gegenüber mehreren Miterben – Keine Ablaufhemmung der Festsetzungsfrist durch Anfechtung eines nichtigen Bescheids

1. NV: Einem Bescheid über die gesonderte und einheitliche Feststellung des Grundbesitzwerts bei mehreren Miterben muss klar und eindeutig entnommen werden können, gegen welche Beteiligten der Erbengemeinschaft sich die Feststellungen richten.
2. NV: Ein nichtiger Bescheid wahrt die Festsetzungsfrist nicht. Eine Ablaufhemmung kann sich daher nicht aus der Anfechtung eines solchen Bescheids ergeben.

ErbStR 2019

Zu § 153 BewG

R B 153 Erklärungspflicht

(1) Grundsätzlich kann das zuständige Finanzamt von jedem, für dessen Besteuerung eine gesonderte Feststellung von Bedeutung ist, die Abgabe einer Feststellungserklärung verlangen.

(2) Bei der Bewertung nicht notierter Anteile an Kapitalgesellschaften ist die Erklärung von der Kapitalgesellschaft anzufordern.

(3) ¹In den Fällen, in denen der Gegenstand der Feststellung einer Personengesellschaft i. S. d. § 97 Absatz 1 Satz 1 Nummer 5 BewG zuzurechnen ist, ist die Feststellungserklärung vorrangig von der Gesellschaft anzufordern. ²In den Fällen, in denen der Gegenstand der Feststellung (insbesondere Grundbesitz) einer Kapitalgesellschaft zuzurechnen ist, ist die Feststellungserklärung nur von der Kapitalgesellschaft anzufordern.

(4) Absatz 3 gilt entsprechend bei vermögensverwaltenden Grundstücksgesellschaften bzw. -gemeinschaften und anderen vermögensverwaltenden Gesellschaften bzw. -gemeinschaften i. S. d. § 151 Absatz 1 Satz 1 Nummer 4 BewG.

(5) ¹Durch die Aufforderung zur Abgabe der Erklärung wird die Kapitalgesellschaft oder die Personengesellschaft bzw. -gemeinschaft Beteiligte des Feststellungsverfahrens i. S. d. § 154 Absatz 1 Satz 1 Nummer 2 BewG. ²In einem solchen Fall kann der Basiswert (§ 151 Absatz 3 Satz 1 BewG) der Kapitalgesellschaft oder der Personengesellschaft bzw. -gemeinschaft mitgeteilt werden.

(6) ¹In Erbbaurechtsfällen kann das Finanzamt die Abgabe einer Feststellungserklärung vom Erbbauberechtigten und vom Erbbauverpflichteten verlangen. ²Im Falle der Bewertung eines Erbbaurechts ist vorrangig der Erbbauberechtigte zur Abgabe der Feststellungserklärung aufzufordern. ³Kann dieser die für die Bewertung erforderlichen Angaben nicht erbringen, ist der Erbbauverpflichtete zur Abgabe

§ 153 BewG ErbStR R B 153

der Feststellungserklärung aufzufordern. [4]Der Erbbauberechtigte ist nach § 154 Absatz 1 Nummer 1 BewG Beteiligter am Feststellungsverfahren, da ihm das Erbbaurecht zuzurechnen ist. [5]Wurde der Erbbauverpflichtete zur Erklärungsabgabe aufgefordert, ist er nach § 154 Absatz 1 Nummer 2 BewG Beteiligter am Feststellungsverfahren. [6]Für die Bewertung eines Erbbaugrundstücks gelten die Sätze 2 bis 5 entsprechend.

(7) In den Fällen der Begrenzung des Jahreswerts von Nutzungen nach § 16 BewG können sowohl der Erwerber als auch der Eigentümer zur Abgabe einer Feststellungserklärung aufgefordert werden (§ 180 AO).

(8) Absatz 1 bis 5 sind auch bei Feststellungen nach § 13a Absatz 4 ErbStG und nach § 13b Absatz 10 ErbStG anzuwenden.

§ 154 BewG

§ 154 Beteiligte am Feststellungsverfahren

(1) ¹Am Feststellungsverfahren sind beteiligt
1. diejenigen, denen der Gegenstand der Feststellung zuzurechnen ist,
2. diejenigen, die das Finanzamt zur Abgabe einer Feststellungserklärung aufgefordert hat;
3. diejenigen, die eine Steuer als Schuldner oder Gesamtschuldner schulden und für deren Festsetzung die Feststellung von Bedeutung ist.

²Gegenüber mehreren Beteiligten nach Satz 1 erfolgt eine gesonderte und einheitliche Feststellung (§ 179 Absatz 2 Satz 2 der Abgabenordnung).

(2) In den Fällen des § 151 Abs. 1 Satz 1 Nr. 3 ist der Feststellungsbescheid auch der Kapitalgesellschaft bekannt zu geben.

(3) ¹Soweit der Gegenstand der Feststellung einer Erbengemeinschaft in Vertretung der Miterben zuzurechnen ist, ist § 183 der Abgabenordnung entsprechend anzuwenden. ²Bei der Bekanntgabe des Feststellungsbescheids ist darauf hinzuweisen, dass die Bekanntgabe mit Wirkung für und gegen alle Miterben erfolgt.

Rechtsprechungsauswahl

BFH-Urteil vom 30.9.2015 II R 31/13 (BStBl. II 2016 S.): Gesonderte und einheitliche Feststellung des Grundbesitzwertes gegenüber mehreren Miterben – Nichtigkeit des Feststellungsbescheids bei unzureichender Benennung der Inhaltsadressaten

1. Feststellungsbescheide müssen ebenso wie Steuerbescheide hinreichend deutlich erkennen lassen, für wen sie inhaltlich bestimmt sind.
2. Die gesonderte und einheitliche Feststellung des Grundbesitzwertes erfolgt gegenüber der Erbengemeinschaft in Vertretung für die Miterben. Inhaltsadressaten der Feststellung sind die Miterben, für deren Besteuerung der Grundbesitzwert von Bedeutung ist.
3. Dem Bescheid über die gesonderte und einheitliche Feststellung des Grundbesitzwertes bei mehreren Miterben muss klar und eindeutig entnommen werden können, gegen welche Beteiligten der Erbengemeinschaft sich die Feststellungen richten.

ErbStR 2019

Zu § 154 BewG

R B 154 Beteiligte am Feststellungsverfahren und Bekanntgabe des Feststellungsbescheids

(1) ¹Beteiligte am Feststellungsverfahren sind
1. diejenigen, denen der Gegenstand der Feststellung zuzurechnen ist (§ 154 Absatz 1 Satz 1 Nummer 1 BewG). ²Beteiligter in diesem Sinne ist auch derjenige, bei dem der Gegenstand einer Feststellung im Rahmen eines weiteren Feststellungsverfahrens von Bedeutung ist, weil dessen Wert in diese Wertfeststellung einfließt (bei einem mehrstufigen Feststellungsverfahren).
2. diejenigen, die das Finanzamt zur Abgabe der Feststellungserklärung aufgefordert hat (§ 154 Absatz 1 Satz 1 Nummer 2 BewG).
3. diejenigen, die eine Steuer als Schuldner oder Gesamtschuldner schulden und für deren Festsetzung die Feststellung von Bedeutung ist (§ 154 Absatz 1 Satz 1 Nummer 3 BewG). ²Bei der Schenkungsteuer sind somit der Schenker und der Beschenkte beteiligt.

²Zu den Beteiligten in Erbbaurechtsfällen → R B 153 Absatz 6 Satz 4 bis 6.

(2) ¹Richtet sich ein Feststellungsbescheid gegen mehrere Beteiligte im Sinne des § 154 Absatz 1 Satz 1 BewG, erfolgt eine gesonderte und einheitliche Feststellung (§ 154 Absatz 1 Satz 2 BewG). ²Bei einer Erbengemeinschaft erfolgt eine gesonderte und einheitliche Feststellung. ³Inhaltsadressaten der Feststellung sind die Miterben. ⁴Im Bescheid über die gesonderte und einheitliche Feststellung des Werts sind alle Miterben namentlich aufzuführen (→ R B 151.2 Absatz 2 Nummer 2 und 3). ⁵Bei einer Schenkung erfolgt eine gesonderte und einheitliche Feststellung. ⁶Inhaltsadressat sind sowohl der Schenker als auch der Beschenkte. ⁷Im Bescheid über die gesonderte und einheitliche Feststellung des Werts sind der Schenker und der Beschenkte aufzuführen.

(3) ¹Der Feststellungsbescheid ist grundsätzlich allen Beteiligten bekannt zu geben (§ 153 Absatz 5 in Verbindung mit § 154 BewG, § 181 Absatz 1 AO, § 122 Absatz 1 Satz 1 AO). ²Bei Schenkungsfällen wird der Feststellungsbescheid dem Beschenkten bekanntgegeben. ³Wenn dieser die Schenkungsteuer nicht entrichtet und der Schenker als Gesamtschuldner dafür in Anspruch genommen wird, wird ein inhaltsgleicher Feststellungsbescheid an den Schenker nachträglich bekanntgegeben. ⁴Im Falle einer Schenkung, bei der der Schenker die Schenkungsteuer übernommen hat, ist der Feststellungsbescheid an den Schenker und den Beschenkten bekanntzugeben. ⁵Bei der Feststellung des Werts von nicht notierten Anteilen an Kapitalgesellschaften ist der Feststellungsbescheid auch der Kapitalgesellschaft bekanntzugeben (§ 154 Absatz 2 BewG). ⁶Wenn der Feststellungsgegenstand einer Erbengemeinschaft in Vertretung der Miterben zuzurechnen ist, gelten für die Bekanntgabe des Feststellungsbescheides die Grundsätze des § 183 AO. ⁷Der Bescheid ist dem von der Erbengemeinschaft benannten Vertreter bekanntzugeben (§ 183 Absatz 1 Satz 1 AO). ⁸Hat die Erbengemeinschaft keinen Vertreter benannt, ist entsprechend § 183 Absatz 1 Satz 3 bis 4 AO zu verfahren.

(4) Absatz 1 bis 3 sind auch bei Feststellungen nach § 13a Absatz 4 ErbStG und nach § 13b Absatz 10 ErbStG anzuwenden.

Hinweise (ErbStH 2019)

H B 154 Feststellungsbeteiligte und Bekanntgabe der Feststellungsbescheide

1. *Auf der ersten Stufe (Erbschaftsteuerfinanzamt – ErbStFA fordert Feststellung bei Feststellungsfinanzamt – FestFA 1 an)*

   Zuwendungs-/Feststellungsgegenstand kann sein:

   1. *Grundbesitz (§ 151 Abs. 1 Satz 1 Nr. 1 BewG),*
   2. *Einzelunternehmen (§ 151 Abs. 1 Satz 1 Nr. 2 BewG),*
   3. *Beteiligung an einer Personengesellschaft (§ 151 Abs. 1 Satz 1 Nr. 2 BewG),*
   4. *Anteil an einer Kapitalgesellschaft (§ 151 Abs. 1 Satz 1 Nr. 3 BewG) oder*
   5. *Anteil an einer vermögensverwaltenden Gesellschaft/Gemeinschaft (§ 151 Abs. 1 Satz 1 Nr. 4 BewG).*

   – *Der Steuerschuldner ist Beteiligter (§ 154 Abs. 1 Satz 1 Nr. 3 BewG):*

   a) *Erbfall*

Alleinerbe	Beteiligter nach § 154 Abs. 1 Satz 1 Nr. 1 und 3 BewG
Erbengemeinschaft	Erbengemeinschaft Beteiligte nach § 154 Abs. 1 Satz 1 Nr. 1 i. V. m. § 151 Abs. 2 Nr. 2 BewG; Miterben sind Beteiligte nach § 154 Abs. 1 Satz 1 Nr. 3 BewG

   b) *Schenkung*

Beschenkter	Beteiligter nach § 154 Abs. 1 Satz 1 Nr. 1 und 3 BewG
Schenker	Beteiligter nach § 154 Abs. 1 Satz 1 Nr. 3 BewG

   – *Personengesellschaft: Beteiligte nach § 154 Abs. 1 Satz 1 Nr. 2 BewG, wenn sie zur Abgabe der Feststellungserklärung aufgefordert wurde.*
   – *Kapitalgesellschaft: Beteiligte nach § 154 Abs. 1 Satz 1 Nr. 2 BewG, da diese zur Abgabe der Feststellungserklärung aufzufordern ist.*
   – *Vermögensverwaltende Gesellschaft/Gemeinschaft: Beteiligte nach § 154 Abs. 1 Satz 1 Nr. 2 BewG, wenn sie zur Abgabe der Feststellungserklärung aufgefordert wurde.*

2. *Auf der zweiten Stufe (FestFA 1 fordert Feststellung bei FestFA 2 an)*

   Zuwendungs-/Feststellungsgegenstand kann sein:

   1. *Grundbesitz/Betriebsgrundstück (§ 151 Abs. 1 Satz 1 Nr. 1 BewG)*
   2. *Beteiligung an einer Personengesellschaft (§ 151 Abs. 1 Satz 1 Nr. 2 BewG),*
   3. *Anteil an einer Kapitalgesellschaft (§ 151 Abs. 1 Satz 1 Nr. 3 BewG) oder*
   4. *Anteil an einer vermögensverwaltenden Gesellschaft/Gemeinschaft (§ 151 Abs. 1 Satz 1 Nr. 4 BewG)*

§ 154 BewG ErbStR R B 154

– Der <u>Steuerschuldner</u> ist Beteiligter (§ 154 Abs. 1 Satz 1 Nr. 3 BewG):

a) Erbfall

Alleinerbe	Beteiligter nach § 154 Abs. 1 Satz 1 Nr. 3 BewG
Erbengemeinschaft	Erbengemeinschaft Beteiligte nach § 154 Abs. 1 Satz 1 Nr. 1 i. V. m. § 151 Abs. 2 Nr. 2 BewG; Miterben sind Beteiligte nach § 154 Abs. 1 Satz 1 Nr. 3 BewG

b) Schenkung

Beschenkter	Beteiligter nach § 154 Abs. 1 Satz 1 Nr. 3 BewG
Schenker	Beteiligter nach § 154 Abs. 1 Satz 1 Nr. 3 BewG

<u>Grundbesitz/Betriebsgrundstück (§ 151 Abs. 1 Satz 1 Nr. 1 BewG)</u>
– <u>Personengesellschaft</u>: Beteiligte nach § 154 Abs. 1 Satz 1 Nr. 1 und 2 BewG.
– <u>Kapitalgesellschaft</u>: Beteiligte nach § 154 Abs. 1 Satz 1 Nr. 1 und 2 BewG.
<u>Beteiligung an einer Personengesellschaft (§ 151 Abs. 1 Satz 1 Nr. 2 BewG)</u>
– <u>Personengesellschaft erste Stufe</u>: Beteiligte nach § 154 Abs. 1 Satz 1 Nr. 1 BewG.
  Hinweis: Auch wenn es sich hierbei um eine Kapitalgesellschaft handeln würde, wäre diese Beteiligte nach § 154 Abs. 1 Satz 1 Nr. 1 BewG.
– <u>Personengesellschaft zweite Stufe</u>: Beteiligte nach § 154 Abs. 1 Satz 1 Nr. 2 BewG, wenn diese zur Abgabe der Feststellungserklärung aufgefordert wurde.
<u>Anteil an einer Kapitalgesellschaft (§ 151 Abs. 1 Satz 1 Nr. 3 BewG)</u>
– <u>Personengesellschaft erste Stufe</u>: Beteiligte nach § 154 Abs. 1 Satz 1 Nr. 1 BewG.
  Hinweis: Auch wenn es sich hierbei um eine Kapitalgesellschaft handeln würde, wäre diese Beteiligter nach § 154 Abs. 1 Satz 1 Nr. 1 BewG.
– <u>Kapitalgesellschaft zweite Stufe</u>: Beteiligte nach § 154 Abs. 1 Satz 1 Nr. 2 BewG, da diese zur Abgabe der Feststellungserklärung aufzufordern ist.
<u>Anteil an einer vermögensverwaltenden Gesellschaft/Gemeinschaft (§ 151 Abs. 1 Satz 1 Nr. 4 BewG)</u>
– <u>Personengesellschaft erste Stufe</u>: Beteiligte nach § 154 Abs. 1 Satz 1 Nr. 1 BewG.
  Hinweis: Auch wenn es sich hierbei um eine Kapitalgesellschaft handeln würde, wäre diese Beteiligter nach § 154 Abs. 1 Satz 1 Nr. 1 BewG.
– <u>Vermögensverwaltende Gesellschaft/Gemeinschaft</u>: wie Personengesellschaft zweite Stufe Beteiligte nach § 154 Abs. 1 Satz 1 Nr. 2 BewG, wenn diese zur Abgabe der Feststellungserklärung aufgefordert wurde.

3. Dritte und weitere Stufen (FestFA 3)

Zuwendungs-/Feststellungsgegenstand kann sein:
1. Grundbesitz/Betriebsgrundstück (§ 151 Abs. 1 Satz 1 Nr. 1 BewG),
2. Beteiligung an einer Personengesellschaft (§ 151 Abs. 1 Satz 1 Nr. 2 BewG),
3. Anteil an einer Kapitalgesellschaft (§ 151 Abs. 1 Satz 1 Nr. 3 BewG) oder
4. Anteil an einer vermögensverwaltenden Gesellschaft/Gemeinschaft (§ 151 Abs. 1 Satz 1 Nr. 4 BewG).

– Der <u>Steuerschuldner</u> ist Beteiligter (§ 154 Abs. 1 Satz 1 Nr. 3 BewG):

a) Erbfall

Alleinerbe	Beteiligter nach § 154 Abs. 1 Satz 1 Nr. 3 BewG
Erbengemeinschaft	Erbengemeinschaft Beteiligte nach § 154 Abs. 1 Satz 1 Nr. 1 i. V. m. § 151 Abs. 2 Nr. 2 BewG; Miterben sind Beteiligte nach § 154 Abs. 1 Satz 1 Nr. 3 BewG

b) Schenkung

Beschenkter	Beteiligter nach § 154 Abs. 1 Satz 1 Nr. 3 BewG
Schenker	Beteiligter nach § 154 Abs. 1 Satz 1 Nr. 3 BewG

- *Stufe 1 Personengesellschaft oder Kapitalgesellschaft ist keine Beteiligte i. S. d. § 154 BewG.*
- *Stufe 2 unabhängig von der Gesellschaftsform Beteiligte i. S. d. § 154 Abs. 1 Satz 1 Nr. 1 BewG.*
- *Stufe 3*
  - <u>*Grundbesitz/Betriebsgrundstück*</u>
    Personengesellschaft (Stufe 2): Beteiligte nach § 154 Abs. 1 Satz 1 Nr. 1 und 2 BewG.
    Kapitalgesellschaft (Stufe 2): Beteiligte nach § 154 Abs. 1 Satz 1 Nr. 1 und 2 BewG.
  - <u>*Beteiligung an einer Personengesellschaft*</u>
    Personengesellschaft (Stufe 3) Beteiligte nach § 154 Abs. 1 Satz 1 Nr. 2 BewG, wenn sie zur Abgabe der Feststellungserklärung aufgefordert wurde.
  - <u>*Anteil an einer Kapitalgesellschaft*</u>
    Kapitalgesellschaft (Stufe 3) Beteiligte nach § 154 Abs. 1 Satz 1 Nr. 2 BewG, da diese zur Abgabe der Feststellungserklärung aufzufordern ist.
  - <u>*Beteiligung an einer vermögensverwaltenden Gesellschaft/Gemeinschaft*</u>
    Gesellschaft/Gemeinschaft (Stufe 3) Beteiligte nach § 154 Abs. 1 Satz 1 Nr. 2 BewG, wenn sie zur Abgabe der Feststellungserklärung aufgefordert wurde.

Gesonderte oder gesonderte und einheitliche Feststellung
Eine gesonderte Feststellung ist nur in den folgenden Fällen durchzuführen:
a) *Alleinerbe mit Erwerb eines Betriebs der Land- und Forstwirtschaft*
b) *Alleinerbe mit Erwerb eines Grundstücks oder Erwerb eines Miteigentumsanteils an einem Grundstück*
c) *Alleinerbe mit Erwerb eines Einzelunternehmens*
Zum Erwerb durch einen Vermächtnisnehmer → R B 151.2 Absatz 2 Nummer 4.
In allen anderen Fällen erfolgt eine gesonderte und einheitliche Feststellung.

§ 155, 156 BewG

§ 155 Rechtsbehelfsbefugnis
¹Zur Einlegung von Rechtsbehelfen gegen den Feststellungsbescheid sind die Beteiligten im Sinne des § 154 Abs. 1 sowie diejenigen befugt, für deren Besteuerung nach dem Grunderwerbsteuergesetz der Feststellungsbescheid von Bedeutung ist. ²Soweit der Gegenstand der Feststellung einer Erbengemeinschaft in Vertretung der Miterben zuzurechnen ist, sind § 352 der Abgabenordnung und § 48 der Finanzgerichtsordnung entsprechend anzuwenden.

ErbStR 2019

Zu § 155 BewG

R B 155 Rechtsbehelfsbefugnis
¹Zur Einlegung eines Rechtsbehelfs sind die Beteiligten im Sinne des § 154 BewG befugt. ²Soweit der Gegenstand der Feststellung einer Erbengemeinschaft in Vertretung der Miterben zuzurechnen ist (§ 151 Absatz 2 Nummer 2 BewG), sind § 352 AO und § 48 FGO entsprechend anzuwenden.

§ 156 Außenprüfung
Eine Außenprüfung zur Ermittlung der Besteuerungsgrundlagen ist bei jedem Beteiligten (§ 154 Abs. 1) zulässig.

ErbStR 2019

Zu § 156 BewG

R B 156 Außenprüfung
Zur Ermittlung der Besteuerungsgrundlagen kann eine Außenprüfung nach §§ 193 ff. AO bei jedem Beteiligten (§ 154 Absatz 1 BewG) angeordnet werden.

BewG § 157

Sechster Abschnitt:

Vorschriften für die Bewertung von Grundbesitz, von nicht notierten Anteilen an Kapitalgesellschaften und von Betriebsvermögen für die Erbschaftsteuer ab 1. Januar 2009

A. Allgemeines

§ 157 Feststellung von Grundbesitzwerten, von Anteilswerten und von Betriebsvermögenswerten

(1) ¹Grundbesitzwerte werden unter Berücksichtigung der tatsächlichen Verhältnisse und der Wertverhältnisse zum Bewertungsstichtag festgestellt. ²§ 29 Abs. 2 und 3 gilt sinngemäß.

(2) Für die wirtschaftlichen Einheiten des land- und forstwirtschaftlichen Vermögens und für Betriebsgrundstücke im Sinne des § 99 Abs. 1 Nr. 2 sind die Grundbesitzwerte unter Anwendung der §§ 158 bis 175 zu ermitteln.

(3) ¹Für die wirtschaftlichen Einheiten des Grundvermögens und für Betriebsgrundstücke im Sinne des § 99 Abs. 1 Nr. 1 sind die Grundbesitzwerte unter Anwendung der §§ 159 und 176 bis 198 zu ermitteln. ²§ 70 gilt mit der Maßgabe, dass der Anteil des Eigentümers eines Grundstücks an anderem Grundvermögen (zum Beispiel an gemeinschaftlichen Hofflächen oder Garagen) abweichend von Absatz 2 Satz 1 dieser Vorschrift in das Grundstück einzubeziehen ist, wenn der Anteil zusammen mit dem Grundstück genutzt wird. ³§ 20 Satz 2 ist entsprechend anzuwenden.

(4) ¹Der Wert von Anteilen an Kapitalgesellschaften im Sinne des § 11 Abs. 2 Satz 2 (Anteilswert) wird unter Berücksichtigung der tatsächlichen Verhältnisse und der Wertverhältnisse zum Bewertungsstichtag festgestellt. ²Der Anteilswert ist unter Anwendung des § 11 Abs. 2 zu ermitteln.

(5) ¹Der Wert von Betriebsvermögen oder des Anteils am Betriebsvermögen im Sinne der §§ 95, 96 und 97 (Betriebsvermögenswert) wird unter Berücksichtigung der tatsächlichen Verhältnisse und der Wertverhältnisse zum Bewertungsstichtag festgestellt. ²Der Betriebsvermögenswert ist unter Anwendung des § 109 Abs. 1 und 2 in Verbindung mit § 11 Abs. 2 zu ermitteln.

§ 158 BewG

B. Land- und forstwirtschaftliches Vermögen

I. Allgemeines

§ 158 Begriff des land- und forstwirtschaftlichen Vermögens

(1) ¹Land- und Forstwirtschaft ist die planmäßige Nutzung der natürlichen Kräfte des Bodens zur Erzeugung von Pflanzen und Tieren sowie die Verwertung der dadurch selbst gewonnenen Erzeugnisse. ²Zum land- und forstwirtschaftlichen Vermögen gehören alle Wirtschaftsgüter, die einem Betrieb der Land- und Forstwirtschaft zu diesem Zweck auf Dauer zu dienen bestimmt sind.

(2) ¹Die wirtschaftliche Einheit des land- und forstwirtschaftlichen Vermögens ist der Betrieb der Land- und Forstwirtschaft. ²Wird ein Betrieb der Land- und Forstwirtschaft in Form einer Personengesellschaft oder Gemeinschaft geführt, sind in die wirtschaftliche Einheit auch die Wirtschaftsgüter einzubeziehen, die einem oder mehreren Beteiligten gehören, wenn sie dem Betrieb der Land- und Forstwirtschaft auf Dauer zu dienen bestimmt sind.

(3) ¹Zu den Wirtschaftsgütern, die der wirtschaftlichen Einheit Betrieb der Land- und Forstwirtschaft zu dienen bestimmt sind, gehören insbesondere

1. der Grund und Boden,
2. die Wirtschaftsgebäude,
3. die stehenden Betriebsmittel,
4. der normale Bestand an umlaufenden Betriebsmitteln,
5. die immateriellen Wirtschaftsgüter,
6. die Wohngebäude und der dazugehörende Grund und Boden.

²Als normaler Bestand an umlaufenden Betriebsmitteln gilt ein solcher, der zur gesicherten Fortführung des Betriebs erforderlich ist.

(4) Zum land- und forstwirtschaftlichen Vermögen gehören nicht

1. Grund und Boden sowie Gebäude und Gebäudeteile, die nicht land- und forstwirtschaftlichen Zwecken dienen,
2. Kleingartenland und Dauerkleingartenland,
3. Geschäftsguthaben, Wertpapiere und Beteiligungen,
4. über den normalen Bestand hinausgehende Bestände an umlaufenden Betriebsmitteln,
5. Tierbestände oder Zweige des Tierbestands und die hiermit zusammenhängenden Wirtschaftsgüter (zum Beispiel Gebäude und abgrenzbare Gebäudeteile mit den dazugehörenden Flächen, Betriebsmittel), wenn die Tiere weder zur landwirtschaftlichen Nutzung noch nach § 175 zu den übrigen land- und forstwirtschaftlichen Nutzungen gehören. Die Zugehörigkeit der landwirtschaftlich genutzten Flächen zum land- und forstwirtschaftlichen Vermögen wird hierdurch nicht berührt,
6. Geldforderungen und Zahlungsmittel,
7. Pensionsverpflichtungen.

(5) Verbindlichkeiten gehören zum land- und forstwirtschaftlichen Vermögen, soweit sie nicht im unmittelbaren wirtschaftlichen Zusammenhang mit den in Absatz 4 genannten Wirtschaftsgütern stehen.

R B 158.1 — BewG § 158

ErbStR 2019

Zu § 158 BewG

R B 158.1 Begriff des land- und forstwirtschaftlichen Vermögens

(1) ¹Die wirtschaftliche Einheit des land- und forstwirtschaftlichen Vermögens umfasst nach § 158 Absatz 1 BewG alle Wirtschaftsgüter, die objektiv einem Betrieb der Land- und Forstwirtschaft dauernd zu dienen bestimmt sind. ²Die Definition der wirtschaftlichen Einheit richtet sich tätigkeitsbezogen nach den Grundsätzen der R 15.5 EStR und im Übrigen nach § 2 BewG. ³Eine Betriebsverpachtung im Ganzen ist deshalb als Fortsetzung der bisherigen Tätigkeit auf andere Art und Weise anzusehen. ⁴Voraussetzung ist, dass die Wirtschaftsgüter dem Betrieb auf Dauer zu dienen bestimmt sind. ⁵Dies ist der Fall, wenn der bisherige Eigentümer am Bewertungsstichtag die wesentlichen Wirtschaftsgüter des Betriebs an Andere zur land- und forstwirtschaftlichen Nutzung überlassen hatte und die Voraussetzungen für eine Stückländerei nicht vorliegen.

Hinweise (ErbStH 2019)

H B 158.1 (1) Betriebsverpachtung im Ganzen

Beispiel:

V hat seinen Betrieb mit 100 Hektar landwirtschaftlicher und 50 Hektar forstwirtschaftlich genutzter Fläche nebst Besatzkapital seit zwei Jahren im Ganzen verpachtet. V möchte seinen Betrieb im Wege der vorweggenommenen Erbfolge auf sein Kind K übertragen, das sich noch für drei Jahre in Berufsausbildung befindet. K tritt in den bestehenden Pachtvertrag ein, der noch für drei Jahre abgeschlossen ist.

Zum land- und forstwirtschaftlichen Vermögen gehören alle Wirtschaftsgüter, die objektiv einem Betrieb der Land- und Forstwirtschaft dauernd zu dienen bestimmt sind. Da alle wesentlichen Wirtschaftsgüter im Rahmen der Betriebsverpachtung im Ganzen weiterhin land- und forstwirtschaftlichen Zwecken dienen, ist die Verpachtung als Fortsetzung der bisherigen Tätigkeit auf andere Art und Weise anzusehen. Auch die Voraussetzung, dass die Wirtschaftsgüter dem Betrieb dauernd zu dienen bestimmt sind, ist erfüllt, da die Überlassung aus betriebswirtschaftlichen oder betriebstechnischen Gründen am Bewertungsstichtag für weniger als 15 Jahre erfolgt.

(2) ¹Der Betrieb der Land- und Forstwirtschaft (§ 158 Absatz 2 BewG) setzt weder eine Mindestgröße noch einen vollen land- und forstwirtschaftlichen Besatz mit Wirtschaftsgebäuden, Betriebsmitteln usw. voraus. ²Auch ein einzelnes land- und forstwirtschaftlich genutztes Grundstück, das gemäß § 159 BewG nicht zum Grundvermögen zu rechnen ist, kann ein Betrieb der Land- und Forstwirtschaft sein. ³Mehrere Flächen werden ohne Rücksicht auf ihre räumliche Lage unter der Voraussetzung zu einer wirtschaftlichen Einheit vereinigt, dass sie zusammen bewirtschaftet werden und zwischen ihnen ein wirtschaftlicher Zusammenhang besteht. ⁴Das ist zu verneinen, wenn die Bewirtschaftung abgelegener Flächen von der Hofstelle oder einem sonstigen Sitz der Betriebsleitung aus nach der Verkehrsauffassung nicht möglich ist oder der Betriebsinhaber keine unmittelbare Einwirkungsmöglichkeit und eigene Aufsicht über die sachdienliche Nutzung dieser Flächen hat. ⁵Besonderheiten der jeweiligen Nutzung sind zu berücksichtigen.

Hinweise (ErbStH 2019)

H B 158.1 (2) Abgrenzung Bewertungsrecht und Ertragsteuerrecht

Beispiel:

Vater V schenkt ein land- und forstwirtschaftlich genutztes Grundstück seinem Kind K. Das Grundstück stellt ertragsteuerrechtlich Privatvermögen dar.

Das Grundstück ist ein Betrieb der Land- und Forstwirtschaft i. S. d. R B 158.1 Absatz 2. Zwar beurteilen das Bewertungsrecht und das Ertragsteuerrecht die Land- und Forstwirtschaft tätigkeitsbezogen nach gleichen Kriterien. Eine wirtschaftliche Einheit Betrieb der Land- und Forstwirtschaft setzt jedoch nicht die Zugehörigkeit des Grundbesitzes und des Besatzkapitals zum ertragsteuerrechtlichen Betriebsvermögen voraus.

(3) ¹Wird ein Betrieb der Land- und Forstwirtschaft von einer (Personen-) Gesellschaft oder Gemeinschaft betrieben (§ 158 Absatz 2 Satz 2 BewG), ist der Wert des land- und forstwirtschaftlichen Vermögens einheitlich zu ermitteln (§ 3 BewG). ²Dabei sind außer den Wirtschaftsgütern, die der Ge-

§ 158 BewG

sellschaft oder Gemeinschaft gehören, auch die im Eigentum eines oder mehrerer Gesellschafter oder Gemeinschafter stehenden und dem Betrieb auf Dauer zu dienen bestimmten Wirtschaftsgüter, z. B. Nutzflächen, Gebäude oder Betriebsmittel, in den Betrieb einzubeziehen. ³Dagegen scheidet die Zurechnung von Wirtschaftsgütern aus, die zwar dem Betrieb dauernd zu dienen bestimmt sind, jedoch im Eigentum eines Nichtgesellschafters bzw. -gemeinschafters stehen. ⁴Die Sätze 2 und 3 gelten auch bei Ehegatten.

(4) ¹Zu den Wirtschaftsgütern, die einem Betrieb der Land- und Forstwirtschaft dauernd zu dienen bestimmt sind, können auch Grunddienstbarkeiten und betrieblich veranlasste wiederkehrende Nutzungen und Leistungen gehören. ²Die Aufzählung der einzelnen Wirtschaftsgüter in § 158 Absatz 3 Satz 1 BewG ist nicht abschließend. ³Entscheidend ist ihre Zweckbestimmung am Bewertungsstichtag (§ 12 Absatz 3 ErbStG in Verbindung mit §§ 151, 157 BewG).

(5) ¹Grund und Boden sowie Gebäude, die einem Betrieb der Land- und Forstwirtschaft dauernd zu dienen bestimmt sind, gehören auch dann zum land- und forstwirtschaftlichen Vermögen, wenn der Betrieb ganz oder in Teilen auf bestimmte oder unbestimmte Zeit nicht bewirtschaftet wird. ²Das ist der Fall, wenn sie keine Zweckbestimmung erhalten haben, die zu einer zwingenden Zuordnung zum Grund- oder Betriebsvermögen führen. ³Als Beispiele hierfür kommen in Betracht:

1. Grund und Boden, der auf bestimmte oder unbestimmte Zeit nicht land- und forstwirtschaftlich genutzt wird, z. B. stillgelegte Flächen;
2. der Wohnteil, der wegen Änderung der Anzahl der zum Haushalt des Betriebsinhabers gehörenden Familienangehörigen oder der Altenteiler nicht oder nicht voll genutzt wird;
3. Wirtschaftsgebäude, die vorübergehend oder dauernd teilweise oder ganz leer stehen, z. B. gehört der leer stehende Rindviehstall eines Betriebs, dessen Inhaber wegen Wirtschaftsumstellung das Rindvieh abgeschafft hat, zum land- und forstwirtschaftlichen Vermögen.

(6) Zu den Betriebsmitteln eines Betriebs der Land- und Forstwirtschaft gehören außer den Pflanzenbeständen und Vorräten, den Maschinen und Geräten auch die Tierbestände nach Maßgabe der §§ 169 und 175 BewG.

ErbStR 2019

R B 158.2 Abgrenzung des land- und forstwirtschaftlichen Vermögens vom Betriebsvermögen

(1) ¹Das land- und forstwirtschaftliche Vermögen ist vom Betriebsvermögen vorrangig nach R 15.5 EStR abzugrenzen. ²Wirtschaftsgüter, die außer im eigenen Betrieb der Land- und Forstwirtschaft auch in einem demselben Inhaber gehörenden Gewerbebetrieb verwendet werden, gehören grundsätzlich nur zum land- und forstwirtschaftlichen Vermögen, wenn sie nicht nach § 95 BewG dem Betriebsvermögen zuzuordnen sind.

(2) ¹Land- und forstwirtschaftlich genutzte Flächen, die im Eigentum einer der in § 97 Absatz 1 BewG bezeichneten Körperschaften, Personenvereinigungen und Vermögensmassen stehen, sind wegen der Rechtsform des Eigentümers Betriebsvermögen. ²Die Flächen sind als Betriebsgrundstücke nach § 99 Absatz 1 Nummer 2 BewG wie land- und forstwirtschaftliches Vermögen zu bewerten.

(3) ¹Wird für die Erbschaftsteuer der Wert des Betriebsvermögens bzw. ein Anteil daran oder der Wert nicht notierter Anteile an Kapitalgesellschaften benötigt, ist für die Betriebsgrundstücke im Sinne des § 99 Absatz 1 Nummer 2 BewG im Rahmen der Mindestbewertung nach § 11 Absatz 2 Satz 3 BewG ein Grundbesitzwert festzustellen. ²Das Betriebsgrundstück gehört in diesem Fall zum Betriebsvermögen. ³Dies gilt auch für die in § 158 Absatz 4 BewG genannten Wirtschaftsgüter, die nicht dem land- und forstwirtschaftlichen Vermögen, sondern dem Betriebsvermögen zuzuordnen sind. ⁴Gleiches gilt für die mit diesen Wirtschaftsgütern jeweils im unmittelbaren wirtschaftlichen Zusammenhang stehenden Verbindlichkeiten (§ 158 Absatz 5 BewG).

(4) ¹Gehören Tierbestände oder Zweige des Tierbestands weder nach § 169 BewG noch nach § 175 BewG zum land- und forstwirtschaftlichen Vermögen, gehören auch die mit ihnen in wirtschaftlicher Verbindung stehenden Gebäude oder Gebäudeteile nicht zum land- und forstwirtschaftlichen Vermögen. ²Zu den Gebäuden und Gebäudeteilen sind auch die Grundflächen und die Beiflächen, wie Zuwege, Auslauf für Tiere usw., zu rechnen. ³Mit den Tierbeständen gehören auch die übrigen mit ihnen wirtschaftlich zusammenhängenden Wirtschaftsgüter, wie Futtermittel und andere Betriebsmittel sowie die damit im unmittelbaren wirtschaftlichen Zusammenhang stehenden Verbindlichkeiten, nicht zum land- und forstwirtschaftlichen Vermögen.

(5) Wird ein Gewerbebetrieb in einem Gebäude unterhalten, das auch dem Betrieb der Land- und Forstwirtschaft dient, ist der entsprechende Gebäudeteil nur dem land- und forstwirtschaftlichen Vermögen zuzurechnen, wenn er nicht nach § 95 Absatz 1 BewG dem Betriebsvermögen zuzuordnen ist.

Hinweise (ErbStH 2019)

H B 158.2 Abgrenzung des Gewerbebetriebs von der Land- und Forstwirtschaft
→ R 15.5 EStR
→ Gleich lautende Erlasse der obersten Finanzbehörden der Länder vom 15.12.2011 (BStBl. I S. 1213, 1217)

ErbStR 2019

R B 158.3 Abgrenzung des land- und forstwirtschaftlichen Vermögens vom Grundvermögen

(1) ¹Zu den Wirtschaftsgütern, die zwischen dem land- und forstwirtschaftlichen Vermögen und dem Grundvermögen abzugrenzen sind, gehören insbesondere der Grund und Boden sowie die Wohn- und Wirtschaftsgebäude (§ 158 Absatz 4 Nummer 1 BewG). ²Ob eine Fläche oder ein Gebäude zum Grundvermögen oder zum land- und forstwirtschaftlichen Vermögen gehört, ist bei der Feststellung des Grundbesitzwerts für den Betrieb der Land- und Forstwirtschaft zu entscheiden.

(2) Bei der Beherbergung von Fremden richtet sich die Abgrenzung des land- und forstwirtschaftlichen Vermögens vom Grundvermögen nach den Grundsätzen der R 15.7 EStR.

ErbStR 2019

R B 158.4 Abgrenzung des land- und forstwirtschaftlichen Vermögens vom übrigen Vermögen

(1) ¹Geschäftsguthaben, Wertpapiere und Beteiligungen (§ 158 Absatz 4 Nummer 3 BewG) gehören nicht zum land- und forstwirtschaftlichen Vermögen, sondern sind übriges Vermögen. ²Zu den Beteiligungen gehören insbesondere die Anteile an anderen Personengesellschaften bzw. -gemeinschaften oder Anteile an Kapitalgesellschaften, für die jeweils ein eigenständiger Wert zu ermitteln ist. ³Für Beteiligungen an Maschinengemeinschaften, die ausschließlich für ihre Gesellschafter bzw. Gemeinschafter tätig sind, ist ein eigenständiger Wert zu ermitteln und dem übrigen Vermögen zuzurechnen (§ 151 Absatz 1 Satz 1 Nummer 4 BewG). ⁴Soweit eine Maschinengemeinschaft die Voraussetzungen eines Gewerbebetriebs erfüllt, sind die Wirtschaftsgüter als Betriebsvermögen zu erfassen (§ 151 Absatz 1 Satz 1 Nummer 2 BewG).

(2) Bewegliche Wirtschaftsgüter, die einem Betrieb der Land- und Forstwirtschaft zu dienen bestimmt sind, tatsächlich aber am Bewertungsstichtag (→ R B 161) einem derartigen Betrieb des Eigentümers nicht dienen, gehören nicht zum land- und forstwirtschaftlichen Vermögen, sondern zum übrigen Vermögen.

(3) ¹Der Überbestand an umlaufenden Betriebsmitteln eines Betriebs der Land- und Forstwirtschaft zählt nicht zum land- und forstwirtschaftlichen Vermögen (§ 158 Absatz 4 Nummer 4 BewG), sondern zum übrigen Vermögen. ²Der Überbestand wird in der Weise ermittelt, dass vom gesamten Wert aller umlaufenden Betriebsmittel der gesamte Wert des Normalbestandes an umlaufenden Betriebsmitteln abgezogen wird; dabei ist nach Nutzungen vorzugehen.

(4) Nach § 158 Absatz 4 Nummer 7 BewG gehören die Pensionsverpflichtungen nicht zum land- und forstwirtschaftlichen Vermögen, sondern sind bei der Ermittlung des steuerpflichtigen Erwerbs im Erbfall als Nachlassverbindlichkeiten im Sinne des § 10 Absatz 5 ErbStG und im Schenkungsfall bei der Ermittlung des Steuerwerts der freigebigen Zuwendung (§ 7 Absatz 1 ErbStG) zu berücksichtigen.

(5) Stehen die in § 158 Absatz 4 Nummer 3 bis 7 BewG genannten Wirtschaftsgüter und Pensionsverpflichtungen sowie die mit Grundvermögen im Sinne des § 158 Absatz 4 Nummer 1 und 2 und § 159 BewG in unmittelbarem wirtschaftlichen Zusammenhang stehenden Verbindlichkeiten mehreren Personen zu, ist der Anteil am Wert nach § 151 Absatz 1 Satz 1 Nummer 4 BewG gesondert festzustellen.

§ 159 BewG

§ 159 Abgrenzung land- und forstwirtschaftlich genutzter Flächen zum Grundvermögen

(1) Land- und forstwirtschaftlich genutzte Flächen sind dem Grundvermögen zuzurechnen, wenn nach ihrer Lage, den am Bewertungsstichtag bestehenden Verwertungsmöglichkeiten oder den sonstigen Umständen anzunehmen ist, dass sie in absehbarer Zeit anderen als land- und forstwirtschaftlichen Zwecken, insbesondere als Bauland, Industrieland oder Land für Verkehrszwecke, dienen werden.

(2) Bildet ein Betrieb der Land- und Forstwirtschaft die Existenzgrundlage des Betriebsinhabers, so sind dem Betriebsinhaber gehörende Flächen, die von einer Stelle aus ordnungsgemäß nachhaltig bewirtschaftet werden, dem Grundvermögen nur dann zuzurechnen, wenn mit großer Wahrscheinlichkeit anzunehmen ist, dass sie spätestens nach zwei Jahren anderen als land- und forstwirtschaftlichen Zwecken dienen werden.

(3) [1]Flächen sind stets dem Grundvermögen zuzurechnen, wenn sie in einem Bebauungsplan als Bauland festgesetzt sind, ihre sofortige Bebauung möglich ist und die Bebauung innerhalb des Plangebiets in benachbarten Bereichen begonnen hat oder schon durchgeführt ist. [2]Satz 1 gilt nicht für die Hofstelle und für andere Flächen in unmittelbarem räumlichen Zusammenhang mit der Hofstelle bis zu einer Größe von insgesamt 1 Hektar.

ErbStR 2019

Zu § 159 BewG

R B 159 Abgrenzung land- und forstwirtschaftlich genutzter Flächen

(1) [1]Nach § 159 BewG gehören am Bewertungsstichtag noch land- und forstwirtschaftlich genutzte Flächen unter bestimmten Voraussetzungen zum Grundvermögen. [2]§ 159 Absatz 1 und 2 BewG betrifft Flächen, bei denen zukünftig mit einer Verwendung für andere als land- und forstwirtschaftliche Zwecke zu rechnen ist. [3]§ 159 Absatz 3 BewG regelt, unter welchen Voraussetzungen die in einem rechtsverbindlichen Bebauungsplan als Bauland ausgewiesenen Flächen stets als Grundvermögen zu bewerten sind. [4]Wird eine land- und forstwirtschaftlich genutzte Fläche am Bewertungsstichtag im Bebauungsplan als Bauland ausgewiesen, kann eine Zurechnung zum Grundvermögen nicht nur nach § 159 Absatz 3 BewG, sondern auch nach § 159 Absatz 1 oder 2 BewG in Betracht kommen.

(2) Land- und forstwirtschaftlich genutzte Flächen werden nach § 159 Absatz 3 BewG in jedem Fall zum Grundvermögen gerechnet, wenn alle folgenden Voraussetzungen erfüllt sind:

1. Die Flächen müssen in einem rechtsverbindlichen Bebauungsplan (§§ 8 ff. BauGB) als Bauland ausgewiesen sein.

2. [1]Die sofortige Bebauung muss rechtlich und tatsächlich möglich sein. [2]Die Möglichkeit einer sofortigen Bebauung kann insbesondere von der Größe und dem Zuschnitt der Fläche abhängen. [3]So kann eine Fläche für jede (nicht etwa nur für eine geplante) Bebauung zu klein oder zu ungünstig geschnitten sein. [4]Auch die Bodenverhältnisse (z. B. Sumpf) können eine sofortige Bebauung ausschließen. [5]In rechtlicher Hinsicht ist vor allem entscheidend, ob die sofortige Bebauung nach öffentlich-rechtlichen Vorschriften zulässig ist. [6]Als Hinderungsgründe öffentlich-rechtlicher Art kommen insbesondere Veränderungssperren (§ 14 BauGB), die Unzulässigkeit von Bauvorhaben (§ 30 BauGB) und nicht sofort erfüllbare Vorschriften über die Bebauung in Betracht. [7]Das gilt beispielsweise, wenn die Grundstücksfläche für die vorgeschriebene offene Bebauung zu klein ist.

3. [1]Die Bebauung muss innerhalb des Plangebiets in einem benachbarten Bereich begonnen haben oder schon durchgeführt sein. [2]Ob in benachbarten Bereichen die Bebauung schon begonnen hat oder durchgeführt ist, ist allein auf das jeweilige Plangebiet abzustellen. [3]Die Bebauung von Flächen außerhalb des Plangebiets kommt selbst dann, wenn diese Flächen unmittelbar an das Plangebiet anschließen, nicht als Bebauung in einem benachbarten Bereich in Betracht. [4]Andererseits ist hierfür nicht zu fordern, dass die Bebauung in der nächsten Nachbarschaft der zu bewertenden Fläche begonnen hat. [5]Was als benachbarter Bereich anzusehen ist, richtet sich nach den örtlichen Verhältnissen. [6]Bei Baulücken in geschlossener Ortslage ist die geforderte Voraussetzung stets erfüllt.

4. [1]Die Flächen dürfen nicht zur Hofstelle gehören oder in räumlichem Zusammenhang mit der Hofstelle stehen und einen Hektar nicht übersteigen. [2]Unter den im unmittelbaren Zusammenhang mit der Hofstelle stehenden Flächen, die ebenso wie die Hofflächen nicht nach § 159 Absatz 3 BewG zum Grundvermögen gerechnet werden dürfen, sind der Hausgarten und die sog. Hofweide zu verstehen. [3]Nicht darunter fallen die zur gärtnerischen Nutzung gehörenden Flächen sowie Wiesen und nicht mehr als Hofweide anzusehenden Weideflächen. [4]Der räumliche Zusammenhang mit der Hofstelle

kann auch dann anerkannt werden, wenn die Garten- oder Weideflächen durch kleinere Straßen, durch Wege oder durch kleinere Ackerflächen von der Hofstelle getrennt sind.

(3) ¹Nach § 159 Absatz 1 oder 2 BewG sind alle Fälle abzugrenzen, bei denen eines der folgenden Merkmale zutrifft:
1. Fehlen eines Bebauungsplanes;
2. Einstufung im Bebauungsplan nicht als Bauland, aber z. B. als Grünfläche oder als Verkehrsfläche;
3. fehlende Möglichkeit der sofortigen Bebauung;
4. noch keine im benachbarten Bereich begonnene oder durchgeführte Bebauung;
5. Hoffläche.

²In diesen Fällen ist daher die innerhalb bestimmter Zeit zu erwartende Verwendung für andere als für land- und forstwirtschaftliche Zwecke zu prüfen. ³Eine Abgrenzung nach § 159 Absatz 1 oder 2 BewG kann darüber hinaus in Betracht kommen, wenn dies zweckmäßiger ist als eine Abgrenzung nach § 159 Absatz 3 BewG. ⁴Das trifft beispielsweise zu, wenn das in einem Bebauungsplan als Bauland ausgewiesene Gelände mit Sicherheit schon in Kürze in unbebautem Zustand für gewerbliche Zwecke genutzt werden wird, auf der anderen Seite aber die Möglichkeit einer sofortigen Bebauung zweifelhaft oder mindestens schwer festzustellen ist.

(4) ¹Die Zurechnung der am Bewertungsstichtag land- und forstwirtschaftlich genutzten Flächen zum Grundvermögen nach § 159 Absatz 1 BewG setzt lediglich voraus, dass eine künftige Verwendung der Flächen für andere als land- und forstwirtschaftliche Zwecke anzunehmen ist und dass die Änderung der Nutzungsweise in absehbarer Zeit erwartet wird. ²Für die Zurechnung zum Grundvermögen nach § 159 Absatz 2 BewG gelten dagegen strengere Voraussetzungen. ³Hiernach muss eine große Wahrscheinlichkeit bestehen, dass die Flächen spätestens nach zwei Jahren anderen als land- und forstwirtschaftlichen Zwecken dienen werden. ⁴§ 159 Absatz 2 BewG stellt als eine Spezialvorschrift gegenüber § 159 Absatz 1 BewG eine Anzahl zusätzlicher Tatbestandsmerkmale auf, die die am Bewertungsstichtag noch land- und forstwirtschaftlich genutzten Flächen aufweisen müssen:

1. ¹Der Betrieb der Land- und Forstwirtschaft, zu dem die Flächen gehören, muss die Existenzgrundlage des Betriebsinhabers bilden. ²Der Betrieb bildet die Existenzgrundlage, wenn der Lebensbedarf des Betriebsinhabers dadurch überwiegend gedeckt werden kann. ³Dies kann auch bei Nebenerwerbsstellen der Fall sein. ⁴Keine Existenzgrundlage sind Flächen, die nur zur Deckung des Eigenbedarfs bewirtschaftet werden oder wenn ein Betrieb aus Liebhaberei, um der Jagd willen oder als Versuchsbetrieb für den eigenen Gewerbebetrieb unterhalten wird.
2. Es muss sich um Flächen im Eigentum des Betriebsinhabers handeln, die von ihm nicht nur vorübergehend mitbewirtschaftet werden.
3. ¹Es muss eine ordnungsgemäße nachhaltige Bewirtschaftung von einer Stelle aus vorliegen. ²Davon ist auszugehen, wenn die Bewirtschaftung von einer Hofstelle oder einem Betriebszentrum erfolgen kann. ³Eine in größerer Entfernung liegende Fläche, die für Rechnung des Betriebsinhabers durch eine dritte Person bewirtschaftet wird, fällt nicht unter § 159 Absatz 2 BewG.

⁵Diese Merkmale liegen bei den land- und forstwirtschaftlich genutzten Flächen meistens vor. ⁶Deswegen sollte vor Anwendung von § 159 Absatz 1 BewG zunächst § 159 Absatz 2 BewG geprüft werden.

(5) ¹Die bei § 159 Absatz 2 BewG – ebenso wie bei § 159 Absatz 1 BewG – vorausgesetzte Erwartung einer künftigen Verwendung der Fläche für andere als land- und forstwirtschaftliche Zwecke kann sich auf viele Umstände gründen:
1. die Möglichkeit einer künftigen Verwendung als Bauland oder einen Erwerb zu Baulandpreisen, wenn die Fläche nicht als Ersatzland (z. B. bei Enteignungen) oder zur Abrundung eines Betriebs der Land- und Forstwirtschaft dienen soll;
2. den Erwerb durch einen Nichtlandwirt, z. B. durch eine Grundstücksgesellschaft, ein Wohnungsunternehmen oder auch ein Industrieunternehmen, das die Fläche vorläufig noch in der land- und forstwirtschaftlichen Nutzung des Veräußerers belässt;
3. Landverkäufe, die eine beginnende Parzellierung erkennen lassen; die Fläche wird für eine Brückenauffahrt benötigt; ein in Richtung auf die Fläche fortschreitender Straßenbau u.a.

²Der Wille des Eigentümers, die Fläche weiterhin land- und forstwirtschaftlich zu nutzen, ist nicht von Bedeutung, wenn nach der Lage, den Verwertungsmöglichkeiten oder den sonstigen Umständen anzunehmen ist, dass sie anderen als land- und forstwirtschaftlichen Zwecken dienen wird. ³Bei § 159 Absatz 2 BewG genügt aber anders als bei § 159 Absatz 1 BewG nicht die Erwartung einer Nutzungsänderung in absehbarer Zeit. ⁴Vielmehr wird hier eine große Wahrscheinlichkeit für eine solche Nutzungsänderung in spätestens zwei Jahren verlangt. ⁵Diese strengeren Voraussetzungen sind beispiels-

§ 159 BewG

weise erfüllt, wenn die Fläche schon vor dem Bewertungsstichtag für die Erweiterung eines Fabrikgrundstücks veräußert und dem Veräußerer nur noch eine Nutzung bis zur Einbringung der ersten Ernte nach dem Bewertungsstichtag zugestanden worden ist. ⁶Die besonderen Voraussetzungen des § 159 Absatz 2 BewG sind aber z. B. nicht erfüllt, wenn es bei einem sich nähernden Straßenbau ungewiss ist, ob die Fläche schon innerhalb von zwei Jahren oder erst später in Anspruch genommen wird.

(6) Unter dem Begriff "absehbare Zeit" in § 159 Absatz 1 BewG ist in Übereinstimmung mit der bisherigen Rechtsprechung ein Zeitraum von sechs Jahren zu verstehen, der jeweils vom Bewertungsstichtag an beginnt.

Hinweise (ErbStH 2019)

H B 159 *Abgrenzung des land- und forstwirtschaftlichen Vermögens vom Grundvermögen*
→ BFH vom 13.8.2003 II R 48/01, BStBl. II S. 908.
Abgrenzung zwischen Hof- und Gebäudeflächen und anderen Flächen
→ BFH vom 9.10.1985 II R 247/81, BStBl. 1986 II S. 13.
Andere als landwirtschaftliche Nutzung
→ BFH vom 4.8.1972 III R 47/72, BStBl. II S. 849.
Aufstellen eines Flächennutzungsplans
→ BFH vom 27.1.1978 III R 101/75, BStBl. II S. 292.
Entfernung zwischen Hofstelle und landwirtschaftlich genutzten Flächen
→ BFH vom 2.5.1980 III R 15/78, BStBl. II S. 490.
Existenzgrundlage
→ BFH vom 28.6.1974 III R 43/73, BStBl. II S. 702.
Wille des Eigentümers
→ BFH vom 28.7.1961 III 219/60 U, BStBl. III S. 420.

BewG § 160

§ 160 Betrieb der Land- und Forstwirtschaft

(1) Ein Betrieb der Land- und Forstwirtschaft umfasst
1. den Wirtschaftsteil,
2. die Betriebswohnungen und
3. den Wohnteil.

(2) ¹Der Wirtschaftsteil eines Betriebs der Land- und Forstwirtschaft umfasst
1. die land- und forstwirtschaftlichen Nutzungen:
   a) die landwirtschaftliche Nutzung,
   b) die forstwirtschaftliche Nutzung,
   c) die weinbauliche Nutzung,
   d) die gärtnerische Nutzung,
   e) die übrigen land- und forstwirtschaftlichen Nutzungen,
2. die Nebenbetriebe,
3. die folgenden nicht zu einer Nutzung nach den Nummern 1 und 2 gehörenden Wirtschaftsgüter:
   a) Abbauland,
   b) Geringstland,
   c) Unland.

²Der Anbau von Hopfen, Tabak und Spargel gehört nur zu den Sondernutzungen, wenn keine landwirtschaftliche Nutzung im Sinne des Satzes 1 Nr. 1 Buchstabe a vorliegt.

(3) Nebenbetriebe sind Betriebe, die dem Hauptbetrieb zu dienen bestimmt sind und nicht einen selbständigen gewerblichen Betrieb darstellen.

(4) Zum Abbauland gehören die Betriebsflächen, die durch Abbau der Bodensubstanz überwiegend für den Betrieb der Land- und Forstwirtschaft nutzbar gemacht werden (Sand-, Kies-, Lehmgruben, Steinbrüche, Torfstiche und dergleichen).

(5) Zum Geringstland gehören die Betriebsflächen geringster Ertragsfähigkeit, für die nach dem Bodenschätzungsgesetz vom 20. Dezember 2007 (BGBl. I S. 3150, 3176) keine Wertzahlen festzustellen sind.

(6) Zum Unland gehören die Betriebsflächen, die auch bei geordneter Wirtschaftsweise keinen Ertrag abwerfen können.

(7) ¹Einen Betrieb der Land- und Forstwirtschaft bilden auch Stückländereien, die als gesonderte wirtschaftliche Einheit zu bewerten sind. ²Stückländereien sind einzelne land- und forstwirtschaftlich genutzte Flächen, bei denen die Wirtschaftsgebäude oder die Betriebsmittel oder beide Arten von Wirtschaftsgütern nicht dem Eigentümer des Grund und Bodens gehören, sondern am Bewertungsstichtag für mindestens 15 Jahre einem anderen Betrieb der Land- und Forstwirtschaft zu dienen bestimmt sind.

(8) Betriebswohnungen sind Wohnungen, die einem Betrieb der Land- und Forstwirtschaft zu dienen bestimmt, aber nicht dem Wohnteil zuzurechnen sind.

(9) Der Wohnteil eines Betriebs der Land- und Forstwirtschaft umfasst die Gebäude und Gebäudeteile, die dem Inhaber des Betriebs, den zu seinem Haushalt gehörenden Familienangehörigen und den Altenteilern zu Wohnzwecken dienen.

§ 160 BewG

ErbStR 2019

Zu § 160 BewG

R B 160.1 Wirtschaftsteil

(1) Der Wirtschaftsteil umfasst die in § 160 Absatz 2 BewG aufgeführten Nutzungen, Nebenbetriebe einschließlich der dazugehörigen Wirtschaftsgebäude, Betriebsmittel und immateriellen Wirtschaftsgüter sowie die Wirtschaftsgüter Abbauland, Geringstland und Unland.

(2) ¹Die **Gesamtfläche** des Wirtschaftsteils gliedert sich in
1. die landwirtschaftlich genutzten Flächen,
2. die forstwirtschaftlich genutzten Flächen,
3. die weinbaulich genutzten Flächen,
4. die gärtnerisch genutzten Flächen,
5. die sonstigen Flächen (z. B. Geringstland, Unland, Abbauland, fischereiwirtschaftlich genutzte Wasserflächen),
6. die Hof- und Wirtschaftsgebäudeflächen, soweit sie nicht zu den Betriebswohnungen oder zum Wohnteil gehören.

²Zu den jeweiligen Flächen gehören auch Wege, Hecken, Gräben, Grenzraine und dergleichen.

(3) ¹Die Hof- und Wirtschaftsgebäudeflächen umfassen die Gebäude- und Gebäudenebenflächen, soweit sie nicht den Wohngebäuden zuzuordnen sind. ²Nicht zu den Wohngebäuden gehörende Gartenflächen (→ R B 160.22 Absatz 6) sind der landwirtschaftlichen Nutzung zuzurechnen. ³Wirtschaftswege, Hecken, Gräben, Grenzraine und dergleichen sind in die Hof- und Wirtschaftsgebäudefläche einzubeziehen; dies gilt auch für unproduktive Wasserflächen, Bewässerungsteiche, Dämme, Uferstreifen und dergleichen, die nicht als Unland klassifiziert sind. ⁴Diese Flächen sind regelmäßig aus den Katasterunterlagen zu übernehmen. ⁵Sind in einem forstwirtschaftlichen Betriebswerk oder Betriebsgutachten derartige Flächenanteile der forstwirtschaftlichen Nutzung zugerechnet, ist dem bei der Bewertung zu folgen. ⁶Wegen der Behandlung der Wege und Holzlagerplätze bei der forstwirtschaftlichen Nutzung vgl. R B 160.3 Absatz 2.

(4) ¹Als Wirtschaftsgebäude kommen insbesondere Gebäude zur Unterbringung von Vieh, Vorräten, Maschinen und anderen Betriebsmitteln sowie Verkaufs-, Arbeits- und Sozialräume in Betracht. ²Hierzu gehören auch Büros, in denen ausschließlich die mit der Betriebsorganisation und Betriebsführung zusammenhängenden Arbeiten vorgenommen werden.

(5) Werden Tierbestände, die nach § 169 BewG zu einem Betrieb der Land- und Forstwirtschaft gehören, vom Inhaber dieses Betriebs vorübergehend in einen anderen Betrieb als **Pensionsvieh** gegeben, sind diese Tierbestände auf Grund der Eigentümerstellung und der objektiven Zweckbestimmung nicht dem Pensionsbetrieb, sondern dem Betrieb des Inhabers zuzurechnen.

(6) ¹Stückländereien bilden eine wirtschaftliche Einheit für sich (§ 160 Absatz 7 BewG). ²Mehrere Stückländereien in der Hand eines Eigentümers können zu einer wirtschaftlichen Einheit zusammengefasst werden. ³Bei Stückländereien handelt es sich regelmäßig um einzelne land- und forstwirtschaftlich genutzte Flächen, die einem anderen Betrieb der Land- und Forstwirtschaft auf Grund einer Nutzungsüberlassung dauernd zu dienen bestimmt sind. ⁴Unter den Begriff der Stückländereien fallen auch die Flächen, die aus einem vollständigen Betrieb heraus, zu dem auch Gebäude und Betriebsmittel gehören, überlassen werden, da die Wirtschaftsgebäude oder die Betriebsmittel oder beide Arten von Wirtschaftsgütern, die der Bewirtschaftung dieser Fläche dienen, nicht dem Eigentümer des Grund und Bodens gehören. ⁵Voraussetzung für eine Bewertung als Stückländerei ist, dass die Nutzungsüberlassung am Bewertungsstichtag noch mindestens 15 Jahre beträgt. ⁶Dies gilt unabhängig von der Art der Nutzungsüberlassung und den damit verbundenen Möglichkeiten einer Vertragsverlängerung. ⁷Ist das zeitliche Kriterium nicht erfüllt, erfolgt die Bewertung der einzelnen land- und forstwirtschaftlichen Flächen nach allgemeinen Grundsätzen des land- und forstwirtschaftlichen Vermögens.

(7) Wirtschaftsteil, Betriebswohnung und Wohnteil können jeweils für sich einen Betrieb der Land- und Forstwirtschaft bilden.

Hinweise (ErbStH 2019)

H B 160.1 Pensionsvieh
→ *BFH vom 20.1.1956 III 244/55, BStBl. III S. 202.*

ErbStR 2019

R B 160.2 Landwirtschaftliche Nutzung

(1) ¹Zur landwirtschaftlichen Nutzung gehören alle Wirtschaftsgüter, die der Pflanzen- und Tierproduktion dienen. ²Hierzu gehören die Nutzungsarten (Betriebsformen) Ackerbau, Futterbau und Veredlung nach Maßgabe des § 169 BewG. ³Als landwirtschaftliche Nutzung sind auch die Betriebsformen Pflanzenbau-Verbund, Vieh-Verbund sowie Pflanzen- und Viehverbund einzustufen (→ Anlage 1 und R B 163 Absatz 3).

(2) ¹Nicht zur landwirtschaftlichen Nutzung gehören grundsätzlich der spezialisierte Anbau von Hopfen, Tabak und Spargel und anderen Sonderkulturen. ²Soweit eine landwirtschaftliche Nutzung vorliegt, ist jedoch der Anbau von Hopfen, Spargel und Tabak nach § 160 Absatz 2 Satz 2 BewG als landwirtschaftliche Nutzung zu erfassen. ³Die Saatzucht, Besamungsstationen und Weihnachtsbaumkulturen gehören ebenfalls nicht zur landwirtschaftlichen Nutzung, sondern zu den sonstigen land- und forstwirtschaftlichen Nutzungen.

(3) ¹Die Flächen der landwirtschaftlichen Nutzung bestimmen sich nach den Anbauverhältnissen am Bewertungsstichtag. ²Zur Ermittlung der Anbauverhältnisse sind die veröffentlichten Standarddeckungsbeiträge der selbst bewirtschafteten Flächen und die Anzahl der vorhandenen Tiere maßgeblich. ³Bei der Abgrenzung der landwirtschaftlichen von der gewerblichen Tierhaltung ist § 169 BewG in Verbindung mit Anlage 19 und 20 zum BewG und § 175 Absatz 2 BewG zu beachten.

(4) ¹Gemeinschaftliche Tierhaltungen sind nach § 51a BewG in Verbindung mit § 13 Absatz 1 Nummer 1 Satz 5 EStG der Land- und Forstwirtschaft zuzuordnen und damit land- und forstwirtschaftliches Vermögen im Sinne der §§ 158 ff. BewG. ²Die Tierzucht ist der landwirtschaftlichen Nutzung im Sinne des § 160 Absatz 2 Satz 1 Nummer 1 Buchstabe a BewG und der Nutzungsart Veredlung im Sinne der Anlage 14 zum BewG zuzuordnen.

Anlage 1
(zu R B 160.2 und 163)

Anbauflächen bzw. Tierarten	Produktionszweig
Weichweizen und Spelz, Hartweizen, Roggen, Gerste, Hafer, Körnermais, sonstiges Getreide zur Körnergewinnung, Eiweißpflanzen zur Körnergewinnung Kartoffeln (einschl. Früh- und Pflanzkartoffeln), Zuckerrüben (ohne Saatgut), Sämereien und Pflanzgut auf dem Ackerland, sonstige Ackerkulturen auf dem Ackerland Schwarzbrache (einschl. Grünbrache), für die keine Beihilfe gewährt wird, nicht wirtschaftlich genutzte Schwarzbrache (einschl. Grünbrache) mit Beihilfe Tabak, Hopfen, Raps und Rübsen, Sonnenblumen, Soja, Leinsamen (Öllein), andere Ölfrüchte, Flachs, Hanf, andere Textilpflanzen, andere Handelsgewächse, die noch nicht aufgeführt sind, Spargel Nur, wenn kein Weidevieh vorhanden ist (*): Futterhackfrüchte (ohne Saatgut), Ackerwiesen und -weiden, Grünmais (Silagemais), sonstige Futterpflanzen	Ackerbau

Grünland:
– nur, wenn kein Weidevieh vorhanden ist (*)
– Grünland und Weiden ohne ertragsarme Weiden, ungepflegtes Weideland
Weidevieh:
Einhufer, Mastbullen bis 19,2 Monate, Aufzuchtfärsen bis 28,8 Monate, Rinder unter 1 Jahr, männliche Rinder 1-2 Jahre, weibliche Rinder 1-2 Jahre, männliche Rinder 2 Jahre und älter, Färsen 2 Jahre und älter, Milchkühe, sonstige Kühe, Mutterschafe, sonstige Schafe, Ziegen
    davon **Rinder für die Milcherzeugung** (**):
    Rinder unter 1 Jahr, weibliche Rinder 1-2 Jahren, Färsen 2 Jahre und älter, Milchkühe
	Futterbau (Grünland und Weidevieh)

Zuchtsauen (50 kg und mehr), sonstige Schweine Masthähnchen und -hühnchen, Legehennen, sonstiges Geflügel Mutterkaninchen	**Veredlung**

(*) Hinweis zu den Futterflächen:

Ist **Weidevieh** vorhanden, sind die Standarddeckungsbeiträge der Futterflächen mit dem Ansatz der Standarddeckungsbeiträge des Weideviehs abgegolten, da von einem ausgeglichenen Futtersaldo ausgegangen wird. Das bedeutet, dass in diesem Fall die Standarddeckungsbeiträge der Futterflächen nicht in den Standarddeckungsbeitrag des jeweiligen Produktionszweigs (Ackerbau bzw. Futterbau) einbezogen werden. **Futterflächen** sind Futterhackfrüchte (ohne Saatgut), Ackerwiesen und -weiden, Grünmais (Silagemais), sonstige Futterpflanzen, Grünland und Weiden ohne ertragsarme Weiden, ungepflegtes Weideland

(**) Hinweis zu den Rindern für die Milcherzeugung:
Der Standarddeckungsbeitrag der Rinder für die Milcherzeugung ist ein Teilbetrag des Standarddeckungsbeitrags des Weideviehs; er ist zusätzlich zu ermitteln, da er für die Einordnung eines spezialisierten Futterbaubetriebs in die Betriebsform „Milchviehhaltung" bzw. „Sonstiger Futterbau" benötigt wird.

Hinweise (ErbStH 2019)

H B 160.2   Standarddeckungsbeiträge
→ *BMF-Schreiben vom 18.03.2009 (BStBl. I S. 479) und Anlage 2*

ErbStR 2019

R B 160.3   Forstwirtschaftliche Nutzung

(1) ¹Zur forstwirtschaftlichen Nutzung gehören alle Wirtschaftsgüter, die der Erzeugung und Gewinnung von Rohholz dienen. ²Wirtschaftsgüter der forstwirtschaftlichen Nutzung sind insbesondere die der Holzerzeugung dienenden Flächen, die Waldbestockung sowie die Wirtschaftsgebäude und die Betriebsmittel. ³Zu dem normalen Bestand an umlaufenden Betriebsmitteln der forstwirtschaftlichen Nutzung gehört auch eingeschlagenes Holz, soweit es den jährlichen Nutzungssatz im Sinne des § 68 Absatz 1 EStDV nicht übersteigt. ⁴Ein Überbestand an umlaufenden Betriebsmitteln zählt zum übrigen Vermögen. ⁵Durch Windbruch und Windwurf angefallenes Holz gilt solange nicht als eingeschlagen, wie es mit der Wurzel verbunden ist.

(2) ¹Die Fläche der forstwirtschaftlichen Nutzung umfasst alle Flächen, die dauernd der Erzeugung von Rohholz gewidmet sind (Holzboden- und Nichtholzbodenfläche). ²Zur Holzbodenfläche rechnen neben bestockten Flächen, die sich in Baumartengruppen gliedern, auch Waldwege, Waldeinteilungs- und Sicherungsstreifen, wenn ihre Breite einschließlich der Gräben 5 m nicht übersteigt und Flächen, die nur vorübergehend nicht bestockt sind (Blößen). ³Die übrige Fläche der forstwirtschaftlichen Nutzung umfasst eventuell vorhandene Hof- und Wirtschaftsgebäudeflächen sowie die Nichtholzbodenfläche. ⁴Zur Nichtholzbodenfläche rechnen die dem Transport und der Lagerung des Holzes dienenden Flächen (Waldwege, ständige Holzlagerplätze usw.), wenn sie nicht zur Holzbodenfläche gerechnet werden. ⁵Dazu gehören auch die Flächen der Saat- und Pflanzkämpe und der Samenplantagen, wenn sie zu mehr als zwei Drittel der Erzeugung von Pflanzen für den eigenen Betrieb dienen (→ R B 160.8 Absatz 2). ⁶Das gilt auch für Wildäcker und Wildwiesen, soweit sie nicht zur landwirtschaftlichen Nutzung oder zum Geringstland gehören. ⁷In der Flur oder im bebauten Gebiet gelegene bodengeschätzte Flächen, die mit einzelnen Baumgruppen, Baumreihen oder mit Hecken bestockt sind oder Baumschulen bzw. Weihnachtsbaumkulturen dienen, gehören nicht zur forstwirtschaftlichen Nutzung.

ErbStR 2019

R B 160.4   Weinbauliche Nutzung

(1) ¹Zur weinbaulichen Nutzung gehören alle Wirtschaftsgüter, die der Erzeugung von Trauben sowie der Gewinnung von Maische, Most und Wein aus diesen dienen. ²Wirtschaftsgüter der weinbaulichen Nutzung sind insbesondere die Flächen zur Erzeugung von Trauben, die Wirtschaftsgebäude und Betriebsmittel, die der Traubenerzeugung, der Gewinnung von Maische und Most sowie dem Ausbau und der Lagerung des Weines dienen. ³Bei Betrieben, die erzeugte Trauben zu Fass- und Flaschenwein ausbauen, gehören die gesamten Vorräte an Fass- und Flaschenwein aus den Ernten der letzten fünf Kalenderjahre vor dem Bewertungsstichtag zum normalen Bestand an umlaufenden Betriebsmitteln (§ 173 Absatz 1 BewG).

(2) ¹Die Fläche der weinbaulichen Nutzung des Betriebs umfasst die im Ertrag stehenden Rebanlagen, die vorübergehend nicht bestockten Flächen sowie die noch nicht ertragsfähigen Jungfelder. ²Der Anbau von Reben zur Gewinnung von Unterlagsholz, so genannte Rebmuttergärten, und die Anzucht von Pflanzreben, so genannte Rebschulen, gehören zur weinbaulichen Nutzung, wenn sie zu mehr als zwei Drittel dem Eigenbedarf des Betriebs dienen. ³Ist dies nicht der Fall, sind Rebmuttergärten und Rebschulen dem Nutzungsteil Baumschulen der gärtnerischen Nutzung zuzuordnen (→ R B 160.8 Absatz 3). ⁴In die Weinbaulage eingesprengte Flächen anderer Nutzungen sind der weinbaulichen Nut-

zung zuzurechnen, wenn sie nur vorübergehend nicht weinbaulich genutzt werden. ⁵Ehemalige Weinbauflächen, die brach liegen und bei denen zukünftig nicht mehr mit einer land- und forstwirtschaftlichen Nutzung zu rechnen ist, sind nach den jeweiligen Verhältnissen Geringstland oder Unland.

ErbStR 2019

R B 160.5 Gärtnerische Nutzung

(1) ¹Zur gärtnerischen Nutzung gehören alle Wirtschaftsgüter, die dem Anbau von Gemüse, Blumen- und Zierpflanzen, Obst sowie Baumschulerzeugnissen dienen. ²Die gärtnerische Nutzung gliedert sich in die Nutzungsteile:

1. Gemüsebau (→ R B 160.6),
2. Blumen- und Zierpflanzenbau (→ R B 160.6),
3. Obstbau (→ R B 160.7),
4. Baumschulen (→ R B 160.8).

(2) ¹Die Zurechnung der Flächen zu den Nutzungsteilen bestimmt sich nach den Bewirtschaftungsverhältnissen (§§ 161, 174 BewG). ²Ist eine Zurechnung am Bewertungsstichtag nicht möglich, erfolgt die Einordnung der Flächen nach der vorgesehenen Nutzung (§ 174 Absatz 3 BewG).

ErbStR 2019

R B 160.6 Nutzungsteil Gemüsebau sowie Blumen- und Zierpflanzenbau

(1) ¹Die Fläche der Nutzungsteile Gemüsebau sowie Blumen- und Zierpflanzenbau ist für die Bewertung in folgende Nutzungsarten aufzugliedern:

1. durch Gemüsebau genutzte Flächen:

   a) Freilandflächen,

   b) Flächen unter Glas und Kunststoffen;

2. durch Blumen- und Zierpflanzenbau genutzte Flächen:

   a) Freilandflächen,

   b) Flächen unter Glas und Kunststoffen;

²Zur Fläche des Nutzungsteils gehören auch die Flächenanteile, die Pflanzenbeständen nicht unmittelbar als Standraum dienen, wie Zwischenflächen, Vorgewende und für die Bearbeitung notwendige Wege.

(2) ¹Zu Flächen unter Glas und Kunststoffen gehören insbesondere mit Gewächshäusern (z. B. Breitschiff-, Venlo- und Folienhäuser), Folientunneln und anderen Kulturräumen (z. B. Treibräume) überbaute Flächen. ²Die Größe der Flächen unter Glas und Kunststoffen bemisst sich nach der Größe der überdachten Fläche einschließlich der Umfassungswände, d.h. von Außenkante zu Außenkante des aufsteigenden Mauerwerks bzw. der Stehwände gemessen.

(3) ¹Zum Gemüsebau gehört auch der Anbau von Tee, Gewürz- und Heilkräutern. ²Flächen, die der Gemüsesamenvermehrung dienen, sind entsprechend den Anweisungen für die Bewertung des Gemüsebaus zu bewerten. ³Flächen, die der Vermehrung von Blumensamen, Blumenzwiebeln und dergleichen dienen, sind nach den Anweisungen für die Bewertung des Blumen- und Zierpflanzenbaus zu bewerten.

(4) Flächen zur Gewinnung von Schmuckreisig und Bindegrün, die überwiegend zum Verkauf bestimmt sind, und Flächen zur Produktion von Rollrasen oder Vegetationsmatten sind dem Blumen- und Zierpflanzenbau zuzurechnen.

ErbStR 2019

R B 160.7 Nutzungsteil Obstbau

Zum Nutzungsteil Obstbau gehören die obstbaulich genutzten Flächen, insbesondere des Baumobstes, des Strauchbeerenobstes und der Erdbeeren, einschließlich derjenigen Flächenanteile, die den Pflanzenbeständen nicht unmittelbar als Standraum dienen, wie Zwischenflächen und Vorgewende.

ErbStR 2019

R B 160.8 Nutzungsteil Baumschulen

(1) ¹Zum Nutzungsteil Baumschulen gehören die Flächen, die dem Anbau von Baumschulerzeugnissen dienen. ²Dazu rechnen insbesondere die Anzucht von Nadel- und Laubgehölzen, Rhododendren, Azaleen sowie Obstgehölzen einschließlich Beerenobststräuchern. ³Die Anzucht von Rosen und Stauden rechnet nur dann zum Nutzungsteil Baumschulen, wenn ihre Nutzung als Dauerkultur nicht überwiegt. ⁴Andernfalls sind sie dem Nutzungsteil Blumen- und Zierpflanzenbau zuzuordnen.

(2) ¹Forstliche Saat- und Pflanzkämpe gehören zum Nutzungsteil Baumschulen, wenn sie nicht zu mehr als zwei Drittel der Erzeugung von Pflanzen für den Eigenbedarf der in demselben Betrieb der Land- und Forstwirtschaft vorhandenen forstwirtschaftlichen Nutzung dienen. ²Andernfalls rechnen forstliche Saat- und Pflanzkämpe zur forstwirtschaftlichen Nutzung (→ R B 160.3 Absatz 2). ³Eine Erfassung als Nebenbetrieb scheidet aus.

(3) ¹Rebschulen und Rebmuttergärten gehören zum Nutzungsteil Baumschulen, soweit sie nicht zu mehr als zwei Drittel der weinbaulichen Nutzung des eigenen Betriebs dienen. ²Andernfalls rechnen sie zur weinbaulichen Nutzung (→ R B 160.4 Absatz 2).

(4) Zur Fläche des Nutzungsteils gehören auch die Flächenanteile, die Pflanzenbeständen nicht unmittelbar als Standraum dienen, wie Zwischenflächen, Vorgewende und für die Bearbeitung notwendige Wege sowie die Einschlags-, Schau- und Ausstellungsflächen.

(5) Die Abgrenzung zu Weihnachtsbaumkulturen richtet sich nach R B 160.16.

ErbStR 2019

R B 160.9 Übrige land- und forstwirtschaftliche Nutzungen

(1) ¹Der Begriff der übrigen land- und forstwirtschaftlichen Nutzungen ist ein Sammelbegriff für alle land- und forstwirtschaftlichen Nutzungen, die nicht zu den in R B 160.2 bis 8 genannten Nutzungen oder Nutzungsteilen gehören. ²Es werden insbesondere die Sondernutzungen und die sonstigen land- und forstwirtschaftlichen Nutzungen unterschieden.

(2) Zu den Sondernutzungen gehören der Anbau von Hopfen, Tabak, Spargel und anderen Sonderkulturen, wenn keine landwirtschaftliche Nutzung im Sinne des § 160 Absatz 2 Satz 1 Nummer 1 Buchstabe a BewG vorliegt.

(3) Zu den sonstigen land- und forstwirtschaftlichen Nutzungen gehören
1. die Binnenfischerei (→ R B 160.10),
2. die Teichwirtschaft (→ R B 160.10),
3. die Fischzucht für Binnenfischerei und Teichwirtschaft (→ R B 160.10),
4. die Imkerei (→ R B 160.11),
5. die Wanderschäferei (→ R B 160.12),
6. die Saatzucht (→ R B 160.13),
7. der Pilzanbau (→ R B 160.14),
8. die Produktion von Nützlingen (→ R B 160.15),
9. die Weihnachtsbaumkulturen (→ R B 160.16) und
10. die Besamungsstationen (→ R B 160.17).

ErbStR 2019

R B 160.10 Binnenfischerei, Teichwirtschaft und Fischzucht für Binnenfischerei und Teichwirtschaft

(1) ¹Binnenfischerei ist die Ausübung der Fischerei in Binnengewässern auf Grund von Fischereiberechtigungen. ²Zur Binnenfischerei gehören
1. die Fischerei in stehenden Gewässern,
2. die Fischerei in fließenden Gewässern einschließlich der Kanäle.

(2) Für die Bewertung ist es unerheblich, ob die Fischereiberechtigung
1. dem Inhaber des Fischereibetriebs als Ausfluss seines Grundeigentums zusteht oder
2. als selbstständiges besonderes Recht ausgeübt wird oder

3. auf einer sonstigen Nutzungsüberlassung, z. B. Verleihung, beruht.

(3) Zum Nutzungsteil Teichwirtschaft und Fischzucht für Binnenfischerei und Teichwirtschaft gehören alle Wirtschaftsgüter, die der Erzeugung von Speisefischen (einschließlich deren Eier und Brut) unabhängig von der Haltungsform dienen, insbesondere die Erzeugung von Forellen, Karpfen und so genannten Beifischen, wie z. B. Schleien, Hechten, Zandern, Amurkarpfen.

ErbStR 2019

R B 160.11 Imkerei

(1) ¹Die Imkerei umfasst alle Formen der Bienenhaltung, die auf einen wirtschaftlichen Erfolg ausgerichtet sind. ²Dabei ist nicht zwischen der Bienenhaltung zur Gewinnung von Honig und Wachs und anderen Formen der Bienenhaltung, wie z. B. Königinnenzucht oder Bienenhaltung für pharmazeutische Zwecke zu unterscheiden.

(2) Zu den Wirtschaftsgütern, die einer Imkerei dauernd zu dienen bestimmt sind, gehören neben den Bienenvölkern die Bienenstände, die Bienenkästen und -körbe, die Imkereigeräte und die Vorräte sowie der Grund und Boden des Standorts der Bienenkästen und -körbe.

ErbStR 2019

R B 160.12 Wanderschäferei

(1) ¹Wanderschäferei ist eine extensive Form der Schafhaltung, die durch die Haltungsform der Großherde und ständigen Standortwechsel gekennzeichnet ist. ²Im Gegensatz zu intensiven Formen der Schafhaltung (wie z. B. Koppelschafhaltung, Gutsschäferei) werden von Wanderschäfereien überwiegend fremde Flächen durch vorübergehende Beweidung genutzt. ³Wenn die Schafhaltung jedoch überwiegend auf Flächen stattfindet, die durch Nutzungsüberlassungsverträge dauernd (ganzjährig) zur Beweidung zur Verfügung stehen, handelt es sich nicht mehr um Wanderschäfereien, sondern um eine Schafhaltung, die im Rahmen der landwirtschaftlichen Nutzung zu bewerten ist.

(2) ¹Da Wanderschäfereien landwirtschaftliche Flächen nicht regelmäßig nutzen, ist eine Beziehung zwischen Tierbestand, gemessen in Vieheinheiten, und Flächengrundlage zur Deckung des Futterbedarfs nicht herstellbar. ²Bei Wanderschäfereien ist deshalb § 169 BewG nicht anwendbar.

ErbStR 2019

R B 160.13 Saatzucht

(1) ¹Saatzucht ist die Erzeugung von Zuchtsaatgut. ²Zum Saatgut zählen Samen, Pflanzgut oder Pflanzenteile, die für die Erzeugung von Kulturpflanzen bestimmt sind. ³Dabei ist nicht zu unterscheiden zwischen Nutzpflanzensaatgut und dem Saatgut anderer Kulturpflanzen. ⁴Zur Saatzucht gehören alle Wirtschaftsgüter, die ihr zu dienen bestimmt sind, insbesondere:

1. Grund und Boden für die Zuchtgärten und Pflanzkämpe einschließlich der Hof- und Gebäudeflächen, Wirtschaftswege und Trennstreifen;
2. Wirtschaftsgebäude (z. B. Zuchtlaboratorien, Gewächshäuser, Lager- und Verwaltungsgebäude);
3. stehende Betriebsmittel (z. B. Pflanzenbestände, Maschinen);
4. umlaufende Betriebsmittel (z. B. die zum Verkauf bestimmten Erzeugnisse und Vorräte).

(2) Nicht zu den Wirtschaftsgütern einer Saatzucht, sondern zur landwirtschaftlichen oder gärtnerischen Nutzung zählen die der Saatgutvermehrung dienenden Flächen und Betriebsmittel; das gilt auch dann, wenn die Vermehrung im Rahmen der landwirtschaftlichen oder gärtnerischen Nutzung eines Betriebs der Land- und Forstwirtschaft durchgeführt wird, zu dem die Saatzucht gehört.

ErbStR 2019

R B 160.14 Pilzanbau

¹Gegenstand der Bewertung ist der Anbau von Speisepilzen. ²Zum Pilzanbau gehören alle **Wirtschaftsgüter**, die der Erzeugung von Speisepilzen dienen, insbesondere die Wirtschaftsgebäude mit den Beetflächen, Pasteurisierungs-, Anwachs- und Anspinnräumen sowie Konservierungsanlagen und Lagerplätze.

§ 160 BewG R B 160.15–160.19

ErbStR 2019

R B 160.15 Nützlinge

¹Zur Produktion von Nützlingen gehören alle Wirtschaftsgüter, die ihr zu dienen bestimmt sind. ²Unter die Produktion von Nützlingen fallen insbesondere Spinnentiere (z. B. Raubmilben) und Insekten (z. B. Schlupfwespen).

ErbStR 2019

R B 160.16 Weihnachtsbaumkultur

(1) Zur Nutzung der Weihnachtsbaumkulturen gehören alle **Wirtschaftsgüter**, die dem Anbau von Weihnachtsbäumen dienen.

(2) ¹Die Fläche der Nutzung Weihnachtsbaumkulturen umfasst die dem Anbau von Weihnachtsbäumen dienenden Flächen einschließlich der zur Weihnachtsbaumkultur gehörenden Lagerplätze und Fahrschneisen. ²Dienen Flächen der Jungpflanzenanzucht zu mehr als zwei Drittel der Erzeugung von Pflanzen für eigene Weihnachtsbaumkulturen, gehören diese Flächen zur Weihnachtsbaumkultur, andernfalls zum gärtnerischen Nutzungsteil Baumschulen (→ entsprechend R B 160.8 Absatz 2). ³Zum Nutzungsteil Weihnachtsbaumkulturen gehören auch langfristig forstwirtschaftlich genutzte Flächen, aus denen mehr als zwei Drittel des Bestandes als Weihnachtsbäume geschlagen werden, da in diesen Fällen die Vorkultur Weihnachtsbaumkultur den maßgeblichen Ertragswert prägt. ⁴Bei der Abgrenzung der Weihnachtsbaumkulturen von dem gärtnerischen Nutzungsteil Baumschulen sind die Kulturmaßnahmen als wesentliche Unterscheidungsmerkmale heranzuziehen. ⁵Die Bäume von Weihnachtsbaumkulturen unterscheiden sich insbesondere dadurch von Baumschulkulturen, dass sie nach der Anpflanzung nicht umgeschult werden. ⁶Der untergeordnete Verkauf von Ballenware führt nicht zu einer Bewertung der Fläche als Baumschule.

ErbStR 2019

R B 160.17 Besamungsstationen

(1) ¹Eine Besamungsstation dient der Vatertierhaltung zur Gewinnung von Sperma für die künstliche Besamung. ²Zur Besamungsstation gehört auch der Embryotransfer bei landwirtschaftlichen Nutztieren, soweit damit eine landwirtschaftliche Tierhaltung verbunden ist.

(2) Eine Besamungsstation bildet nur dann einen Betrieb der Land- und Forstwirtschaft, wenn der nach dem Futterbedarf in Vieheinheiten umgerechnete Bestand an Tieren die Grenzen des § 169 Absatz 1 BewG nicht nachhaltig übersteigt.

(3) Zu einer Besamungsstation gehören alle Wirtschaftsgüter, die ihr zu dienen bestimmt sind, insbesondere:

1. Flächen für die Tierhaltung einschließlich der Hof- und Gebäudeflächen sowie Wirtschaftswege;
2. Wirtschaftsgebäude (z. B. Ställe, Laboratorien, Lager- und Verwaltungsgebäude);
3. Tierbestände;
4. sonstige Betriebsmittel (z. B. Maschinen und Geräte für Besamung und Embryotransfer, Fahrzeuge, Vorräte).

ErbStR 2019

R B 160.18 Nebenbetriebe

¹Die Definition des Nebenbetriebs im Sinne des § 160 Absatz 3 BewG entspricht inhaltlich der des Einkommensteuerrechts. ²Das Vorliegen eines Nebenbetriebs bestimmt sich nach den Tatbestandsmerkmalen der R 15.5 Absatz 3 EStR.

ErbStR 2019

R B 160.19 Abbauland

¹Zum Abbauland gehören Sandgruben, Kiesgruben, Steinbrüche und dergleichen, wenn sie durch Abbau der Bodensubstanz überwiegend für den Betrieb der Land- und Forstwirtschaft nutzbar gemacht werden. ²Stillgelegte Kiesgruben und Steinbrüche eines Betriebs der Land- und Forstwirtschaft, die weder kul-

turfähig sind noch bei geordneter Wirtschaftsweise Ertrag abwerfen können, gehören zum Unland und nicht zum Abbauland.

ErbStR 2019

R B 160.20 Geringstland

[1]Betriebsflächen geringster Ertragsfähigkeit (Geringstland) sind unkultivierte, jedoch kulturfähige Flächen, deren Ertragsfähigkeit so gering ist, dass sie in ihrem derzeitigen Zustand nicht regelmäßig land- und forstwirtschaftlich genutzt werden können; dazu gehören insbesondere unkultivierte Moor- und Heideflächen sowie die ehemals bodengeschätzten Flächen und die ehemaligen Weinbauflächen, deren Nutzungsart sich durch Verlust des Kulturzustands verändert hat. [2]Der Verlust des Kulturzustands ist dann als gegeben anzusehen, wenn der kalkulierte Aufwand zur Wiederherstellung des Kulturzustands in einem Missverhältnis zu der Ertragsfähigkeit steht, die nach der Rekultivierung zu erwarten ist. [3]Das ist regelmäßig dann der Fall, wenn der Aufwand den einer Neukultivierung übersteigen würde. [4]Bei bodengeschätzten Flächen kann der nachhaltige Verlust des Kulturzustands insbesondere erst nach folgenden Ereignissen eintreten:

1. Ansiedlung von Gehölzen infolge Nichtnutzung bei Hutungen und Hackrainen,
2. Versteinung und Vernässung infolge Nichtnutzung, z. B. bei Hochalmen,
3. Ansiedlung von Gehölzen und Verschlechterung der Wasserverhältnisse infolge Nichtnutzung, z. B. bei Streuwiesen,
4. nachhaltige Verschlechterung des Pflanzenbestandes und der Wasserverhältnisse infolge zunehmender Überflutungsdauer und steigender Wasserverschmutzung bei Überschwemmungsgrünland oder Staunässe in Bodensenkungsgebieten,
5. Vergiftung und Vernichtung des Pflanzenbestandes infolge schädlicher Industrieemissionen.

[5]Bei Weinbauflächen, insbesondere in Steilhanglagen, kann der Verlust des Kulturzustands durch Ansiedlung von Gehölzen, Bodenabtrag sowie Einsturz von Mauern und Treppen infolge Nichtnutzung eintreten.

Hinweise (ErbStH 2019)

H B 160.20 Bodenschätzung

→ Gesetz zur Schätzung des landwirtschaftlichen Kulturbodens vom 20.12.2007 (BGBl. I S. 3150 ff).

ErbStR 2019

R B 160.21 Betriebswohnungen

(1) [1]Gebäude oder Gebäudeteile des Betriebs, die dessen Arbeitnehmern und deren Familienangehörigen zu Wohnzwecken zur Verfügung gestellt werden, sind Betriebswohnungen. [2]Dabei ist es nicht erforderlich, dass der Wohnungsinhaber oder seine Familienangehörigen ganz in dem Betrieb tätig sind. [3]Es genügt, dass der jeweilige Arbeitnehmer vertraglich dazu verpflichtet ist, wenigstens 100 Arbeitstage oder 800 Arbeitsstunden im Jahr mitzuarbeiten. [4]Das Merkmal der Betriebswohnung bleibt bei fortdauernder Nutzung der Wohnung durch den Arbeitnehmer nach Eintritt in den Ruhestand erhalten.

(2) [1]Zum Grund und Boden der Betriebswohnungen im Sinne des § 160 Absatz 8 BewG zählen neben der bebauten Fläche auch die vom Betrieb im Rahmen der Wohnungsüberlassung zur Verfügung gestellten übrigen Flächen, wie z. B. Stellplätze und Gärten. [2]Bei der Abgrenzung der Gartenflächen gilt R B 160.22 Absatz 6 entsprechend.

ErbStR 2019

R B 160.22 Wohnteil

(1) [1]Gebäude oder Gebäudeteile, die dem Inhaber eines Betriebs der Land- und Forstwirtschaft und den zu seinem Haushalt gehörenden Familienangehörigen zu Wohnzwecken dienen, sind dem Wohnteil zuzurechnen, wenn der Betriebsinhaber oder mindestens einer der zu seinem Haushalt gehörenden Familienangehörigen durch eine mehr als nur gelegentliche Tätigkeit in dem Betrieb an ihn gebunden ist. [2]Gebäude oder Gebäudeteile, die Altenteilern zu Wohnzwecken dienen, gehören zum Wohnteil, wenn die Nutzung der Wohnung in einem Altenteilsvertrag geregelt ist. [3]Werden dem Hauspersonal nur ein-

§ 160 BewG

zelne zu Wohnzwecken dienende Räume überlassen, rechnen diese zum Wohnteil des Betriebs der Land- und Forstwirtschaft. ⁴Bei der Überlassung von Wohnungen an Arbeitnehmer des Betriebs ist R B 160.21 Absatz 1 anzuwenden.

(2) ¹Die Wohnung des Inhabers eines größeren Betriebs der Land- und Forstwirtschaft ist dem Betrieb dauernd zu dienen bestimmt, wenn er oder mindestens einer der zu seinem Haushalt gehörenden Familienangehörigen den Betrieb selbstständig leitet und die Lage der Wohnung die hierfür erforderliche Anwesenheit im Betrieb ermöglicht. ²Wird er darin von anderen Personen, z. B. einem Angestellten unterstützt, ändert dies an der Zurechnung zum Wohnteil nichts. ³Die Wohnung des Inhabers eines größeren Betriebs, der den Betrieb durch eine andere Person selbstständig verwalten lässt, gehört dagegen nicht zum Wohnteil, sondern zum Grundvermögen. ⁴Herrenhäuser und Schlösser gehören insoweit zum Wohnteil, als sie bei Vorliegen der oben bezeichneten Voraussetzungen dem Inhaber des Betriebs, seinen Familienangehörigen oder den Altenteilern zu Wohnzwecken dienen.

(3) ¹Die Wohnung des Inhabers eines Kleinbetriebs ist dem Betrieb dauernd zu dienen bestimmt, wenn er oder einer der zu seinem Haushalt gehörenden Familienangehörigen durch eine mehr als nur gelegentliche Tätigkeit an den Betrieb gebunden ist. ²Eine mehr als nur gelegentliche Tätigkeit kann schon bei einem jährlichen Arbeitsaufwand von insgesamt vier bis sechs Wochen gegeben sein. ³Bei der Beurteilung, ob eine mehr als nur gelegentliche Tätigkeit ausgeübt wird, sind die Art der Nutzung und die Größe der Nutzflächen zu berücksichtigen.

Hinweise (ErbStH 2019)

H B 160.22 (3) *Mehr als nur gelegentliche Tätigkeit*
→ BFH vom 28.3.1990 II R 125/87, BStBl. II S. 727.

(4) Die Wohngebäude von Inhabern so genannter landwirtschaftlicher Nebenerwerbsstellen, die im Allgemeinen eine Landzulage von nicht mehr als 3 000 m² haben, sind – auch bei ausreichendem Viehbesatz – in der Regel als Grundvermögen zu bewerten, weil es Hauptzweck des Wohngebäudes ist, dem Wohnbedürfnis des Eigentümers der Nebenerwerbsstelle und seiner Familie zu dienen.

Hinweise (ErbStH 2019)

H B 160.22 (4) *Nebenerwerbsstellen*
→ BFH vom 26.1.1973 III R 122/71, BStBl. II S. 282.

(5) ¹Die Wohnung des Betriebsinhabers muss sich nicht in unmittelbarer Nachbarschaft oder auf dem Hauptgrundstück eines mehrere Grundstücke umfassenden land- und forstwirtschaftlichen Betriebs befinden. ²Entscheidend ist, dass die Lage der Wohnung dem Betriebsinhaber ermöglicht, soweit erforderlich im Betrieb anwesend zu sein und in den Betriebsablauf einzugreifen.

Hinweise (ErbStH 2019)

H B 160.22 (5) *Lage der Wohnung*
→ BFH vom 9.5.1990 II R 19/88, BStBl. II S. 729.

(6) ¹Zum Grund und Boden des Wohnteils im Sinne des § 160 Absatz 9 BewG zählen neben der bebauten Fläche auch die übrigen Flächen, wie z. B. Stellplätze und Gärten. ²Die Zuordnung des Grund und Bodens sowie der Gartenflächen richtet sich nach der Verkehrsauffassung. ³Es bestehen keine Bedenken, die ertragsteuerrechtlich getroffene Entscheidung zu Grunde zu legen. ⁴Bei Betrieben, die vor dem 31. Dezember 1998 bereits bestanden, kann folglich nur der Teil des Grund und Bodens dem Wohnteil zugerechnet werden, der nach § 13 Absatz 4 und 5 EStG steuerfrei entnommen werden konnte. ⁵Zu den Einzelheiten der Abgrenzung → R B 167.1.

Hinweise (ErbStH 2019)

H B 160.22 (6) *Zur Wohnung gehörender Grund und Boden*
→ BMF-Schreiben vom 4.6.1997 (BStBl. I S. 630), vom 13.1.1998 (BStBl. I S. 129) und vom 2.4.2004 (BStBl. I S. 442).

(7) ¹Bei verpachteten Betrieben scheidet der Eigentümer aus der Bewirtschaftung des Betriebes aus. ²Behält der Verpächter das Wohnhaus für sich zurück, so ist die Verbindung des Wohnhauses zur verpachteten Betriebsfläche gelöst. ³Die Verpächterwohnung gehört damit grundsätzlich nicht mehr zum

Wohnteil, sondern zum Grundvermögen. [4]Dies gilt nicht, sofern sich die Wohnungen von Pächter und Verpächter in einem Gebäude befinden.

(8) Für Altenteilerwohnungen gelten die Regelungen für Betriebsinhaberwohnungen entsprechend.

§§ 161, 162 BewG

§ 161 Bewertungsstichtag

(1) Für die Größe des Betriebs, für den Umfang und den Zustand der Gebäude sowie für die stehenden Betriebsmittel sind die Verhältnisse am Bewertungsstichtag maßgebend.

(2) Für die umlaufenden Betriebsmittel ist der Stand am Ende des Wirtschaftsjahres maßgebend, das dem Bewertungsstichtag vorangegangen ist.

ErbStR 2019

Zu § 161 BewG

R B 161 Bewertungsstichtag

[1]Der Bewertungsstichtag bestimmt sich für Zwecke der Erbschaftsteuer nach den §§ 9, 11, 12 Absatz 3 ErbStG in Verbindung mit §§ 151 Absatz 1 Satz 1 Nummer 1, 157 Absatz 1 BewG. [2]Zur Vereinfachung der Bewertung ist für die umlaufenden Betriebsmittel der Stand am Ende des dem Bewertungsstichtag vorangegangenen Wirtschaftsjahres maßgebend. [3]Dabei ist das nach § 4a EStG in Verbindung mit § 8c EStDV jeweils einschlägige Wirtschaftsjahr zu Grunde zu legen.

§ 162 Bewertung des Wirtschaftsteils

(1) [1]Bei der Bewertung des Wirtschaftsteils ist der gemeine Wert zu Grunde zu legen. [2]Dabei ist davon auszugehen, dass der Erwerber den Betrieb der Land- und Forstwirtschaft fortführt. [3]Bei der Ermittlung des gemeinen Werts für den Wirtschaftsteil sind die land- und forstwirtschaftlichen Nutzungen, die Nebenbetriebe, das Abbau-, Geringst- und Unland jeweils gesondert mit ihrem Wirtschaftswert (§ 163) zu bewerten. [4]Dabei darf ein Mindestwert nicht unterschritten werden (§ 164).

(2) Der Wert des Wirtschaftsteils für einen Betrieb der Land- und Forstwirtschaft im Sinne des § 160 Abs. 7 wird nach § 164 ermittelt.

(3) [1]Wird ein Betrieb der Land- und Forstwirtschaft oder ein Anteil im Sinne des § 158 Abs. 2 Satz 2 innerhalb eines Zeitraums von 15 Jahren nach dem Bewertungsstichtag veräußert, erfolgt die Bewertung der wirtschaftlichen Einheit abweichend von den §§ 163 und 164 mit dem Liquidationswert nach § 166. [2]Dies gilt nicht, wenn der Veräußerungserlös innerhalb von sechs Monaten ausschließlich zum Erwerb eines anderen Betriebs der Land- und Forstwirtschaft oder eines Anteils im Sinne des § 158 Abs. 2 Satz 2 verwendet wird.

(4) [1]Sind wesentliche Wirtschaftsgüter (§ 158 Abs. 3 Satz 1 Nr. 1 bis 3 und 5) dem Betrieb der Land- und Forstwirtschaft innerhalb eines Zeitraums von 15 Jahren nicht mehr auf Dauer zu dienen bestimmt, erfolgt die Bewertung der Wirtschaftsgüter abweichend von den §§ 163 und 164 mit dem jeweiligen Liquidationswert nach § 166. [2]Dies gilt nicht, wenn der Veräußerungserlös innerhalb von sechs Monaten ausschließlich im betrieblichen Interesse verwendet wird.

ErbStR 2019

Zu § 162 BewG

R B 162 Bewertung des Wirtschaftsteils

(1) [1]Die Bewertung des Wirtschaftsteils erfolgt auf der Basis des sog. Fortführungswerts (§ 162 Absatz 1 BewG). [2]Dies ist der Wert, der den einzelnen Nutzungen, Nebenbetrieben und übrigen Wirtschaftsgütern in einem Betrieb der Land- und Forstwirtschaft unter objektiven ökonomischen Bedingungen im Rahmen einer Betriebsfortführung beizumessen ist. [3]Im Falle der eisernen Verpachtung im Sinne der §§ 582a

ff. BGB ist mit dem Ansatz des Fortführungswertes für das Besatzkapital der Substanzerhaltungsanspruch des eisernen Verpächters abgegolten.

(2) Die Bewertung von Stückländereien und anderen für weniger als 15 Jahre verpachteten Flächen (unechte Stückländereien) erfolgt aus Vereinfachungsgründen und mangels Selbstbewirtschaftung unmittelbar mit dem Mindestwert nach § 164 BewG.

(3) ¹Im Falle der Veräußerung eines ganzen Betriebs oder eines Anteils im Sinne des § 158 Absatz 2 Satz 2 BewG innerhalb einer Frist von 15 Jahren erfolgt der Ansatz des Liquidationswerts (Nachbewertungsvorbehalt). ²Zur Berechnung des Liquidationswerts → R B 166 Absatz 1 und Absatz 2. ³Der Ansatz des Liquidationswerts entfällt, wenn der gesamte Veräußerungserlös ausschließlich zum Erwerb eines anderen Betriebs der Land- und Forstwirtschaft oder eines Anteils im Sinne des § 158 Absatz 2 Satz 2 BewG innerhalb von sechs Monaten verwendet wird – Reinvestition. ⁴Die Frist von sechs Monaten beginnt mit Ablauf des Tages, an dem Nutzen, Lasten und Gefahren übergehen. ⁵Für die Berechnung der Fristen gelten die Vorschriften der §§ 187, 188 und 193 BGB.

(4) ¹Die dem Grunde nach für einen Betrieb der Land- und Forstwirtschaft wesentlichen Wirtschaftsgüter Grund und Boden, Wirtschaftsgebäude, stehende Betriebsmittel und immaterielle Wirtschaftsgüter unterliegen – unabhängig von der ertragsteuerrechtlichen Behandlung – nach § 162 Absatz 4 BewG ebenfalls dem Nachbewertungsvorbehalt nach Absatz 3. ²Werden wesentliche Wirtschaftsgüter innerhalb der Frist von 15 Jahren veräußert oder sind sie einem Betrieb der Land- und Forstwirtschaft nicht mehr dauernd zu dienen bestimmt (R B 158.1 Absatz 1), erfolgt ebenfalls der Ansatz des Liquidationswerts. ³Wesentliche Wirtschaftsgüter sind bei stehenden Betriebsmitteln nur dann anzunehmen, wenn der gemeine Wert des einzelnen Wirtschaftsguts oder einer Sachgesamtheit von Wirtschaftsgütern (z. B. Tierbestände, Büroausstattung, Werkzeug) am Bewertungsstichtag mindestens 50 000 Euro beträgt. ⁴Soweit stehende Betriebsmittel mit dem Grund und Boden verbunden sind, findet Satz 3 keine Anwendung. ⁵Zur Berechnung des Liquidationswerts → R B 166 Absatz 1 und 3.

(5) ¹Der Ansatz des Liquidationswerts kommt nicht in Betracht, wenn der Veräußerungserlös innerhalb von sechs Monaten im betrieblichen Interesse verwendet wird (Reinvestitionsklausel). ²Eine Verwendung im betrieblichen Interesse liegt vor, wenn anstelle des veräußerten (wesentlichen) Wirtschaftsguts eine Reinvestition in die Wirtschaftsgüter Grund und Boden, Wirtschaftsgebäude, stehende Betriebsmittel (Absatz 4 Satz 3 und 4) oder immaterielle Wirtschaftsgüter erfolgt. ³Gleiches gilt für den Fall, dass ein wesentliches Wirtschaftsgut einem Betrieb der Land- und Forstwirtschaft nicht mehr dauernd zu dienen bestimmt ist. ⁴An die Stelle des Veräußerungserlöses tritt der gemeine Wert des einzelnen Wirtschaftsguts. ⁵Eine Verwendung im betrieblichen Interesse ist auch dann anzunehmen, wenn der Veräußerungserlös zur Tilgung betrieblicher Verbindlichkeiten im Sinne des § 158 Absatz 5 BewG eingesetzt wird.

(6) Bei der Bewertung des Wirtschaftsteils für Zwecke der Grunderwerbsteuer in den Fällen eines Nachbewertungsvorbehalts gemäß § 162 Absatz 3 oder 4 BewG ist R B 166 Absatz 6 zu beachten.

Hinweise (ErbStH 2019)

H B 162 *Bewertung in Fällen der Nutzungsüberlassung*
→ *Gleich lautende Erlasse der obersten Finanzbehörden der Länder vom 4.12.2014 (BStBl. I S. 1577)*

§ 163 BewG

§ 163 Ermittlung der Wirtschaftswerte

(1) ¹Bei der Ermittlung der jeweiligen Wirtschaftswerte ist von der nachhaltigen Ertragsfähigkeit land- und forstwirtschaftlicher Betriebe auszugehen. ²Ertragsfähigkeit ist der bei ordnungsmäßiger Bewirtschaftung gemeinhin und nachhaltig erzielbare Reingewinn. ³Dabei sind alle Umstände zu berücksichtigen, die bei einer Selbstbewirtschaftung den Wirtschaftserfolg beeinflussen.

(2) ¹Der Reingewinn umfasst das ordentliche Ergebnis abzüglich eines angemessenen Lohnansatzes für die Arbeitsleistung des Betriebsinhabers und der nicht entlohnten Arbeitskräfte. ²Die im unmittelbaren wirtschaftlichen Zusammenhang mit einem Betrieb der Land- und Forstwirtschaft stehenden Verbindlichkeiten sind durch den Ansatz der Zinsaufwendungen abgegolten. ³Zur Berücksichtigung der nachhaltigen Ertragsfähigkeit ist der Durchschnitt der letzten fünf abgelaufenen Wirtschaftsjahre vor dem Bewertungsstichtag zu Grunde zu legen.

(3) ¹Der Reingewinn für die landwirtschaftliche Nutzung bestimmt sich nach der Region, der maßgeblichen Nutzungsart (Betriebsform) und der Betriebsgröße nach der Europäischen Größeneinheit (EGE). ²Zur Ermittlung der maßgeblichen Betriebsform ist das Klassifizierungssystem nach der Entscheidung 85/377/EWG der Kommission vom 7. Juni 1985 zur Errichtung eines gemeinschaftlichen Klassifizierungssystems der landwirtschaftlichen Betriebe (ABl. EG Nr. L 220 S. 1), zuletzt geändert durch Entscheidung der Kommission vom 16. Mai 2003 (ABl. EU Nr. L 127 S. 48), in der jeweils geltenden Fassung heranzuziehen. ³Hierzu sind die Standarddeckungsbeiträge der selbst bewirtschafteten Flächen und der Tiereinheiten der landwirtschaftlichen Nutzung zu ermitteln und daraus die Betriebsform zu bestimmen. ⁴Die Summe der Standarddeckungsbeiträge ist durch 1 200 Euro zu dividieren, so dass sich die Betriebsgröße in EGE ergibt, die einer der folgenden Betriebsgrößenklassen zuzuordnen ist:

1. Kleinbetriebe von 0 bis unter 40 EGE,
2. Mittelbetriebe von 40 bis 100 EGE,
3. Großbetriebe über 100 EGE.

⁵Das Bundesministerium der Finanzen veröffentlicht die maßgeblichen Standarddeckungsbeiträge im Bundessteuerblatt. 6Der entsprechende Reingewinn ergibt sich aus der Spalte 4 der Anlage 14 in Euro pro Hektar landwirtschaftlich genutzter Fläche (EUR/ha LF).

(4) ¹Der Reingewinn für die forstwirtschaftliche Nutzung bestimmt sich nach den Flächen der jeweiligen Nutzungsart (Baumartengruppe) und den Ertragsklassen. ²Die jeweilige Nutzungsart umfasst:

1. Die Baumartengruppe Buche, zu der auch sonstiges Laubholz einschließlich der Roteiche gehört,
2. die Baumartengruppe Eiche, zu der auch alle übrigen Eichenarten gehören,
3. die Baumartengruppe Fichte, zu der auch alle übrigen Nadelholzarten mit Ausnahme der Kiefer und der Lärche gehören,
4. die Baumartengruppe Kiefer und Lärchen mit Ausnahme der Weymouthskiefer,
5. die übrige Fläche der forstwirtschaftlichen Nutzung.

³Die Ertragsklassen bestimmen sich für

1. die Baumartengruppe Buche nach der von Schober für mäßige Durchforstung veröffentlichten Ertragstafel,
2. die Baumartengruppe Eiche nach der von Jüttner für mäßige Durchforstung veröffentlichten Ertragstafel,
3. die Baumartengruppe Fichte nach der von Wiedemann für mäßige Durchforstung veröffentlichten Ertragstafel,

4. die Baumartengruppe Kiefer nach der von Wiedemann für mäßige Durchforstung veröffentlichten Ertragstafel.

⁴Der nach den Sätzen 2 und 3 maßgebliche Reingewinn ergibt sich aus der Spalte 4 der Anlage 15 in Euro pro Hektar (EUR/ha).

(5) ¹Der Reingewinn für die weinbauliche Nutzung bestimmt sich nach den Flächen der jeweiligen Nutzungsart (Verwertungsform). ²Er ergibt sich aus der Spalte 3 der Anlage 16.

(6) ¹Der Reingewinn für die gärtnerische Nutzung bestimmt sich nach dem maßgeblichen Nutzungsteil, der Nutzungsart und den Flächen. ²Er ergibt sich aus der Spalte 4 der Anlage 17.

(7) Der Reingewinn für die Sondernutzungen Hopfen, Spargel, Tabak ergibt sich aus der Spalte 3 der Anlage 18.

(8) ¹Der Reingewinn für die sonstigen land- und forstwirtschaftlichen Nutzungen, für Nebenbetriebe sowie für Abbauland ist im Einzelertragswertverfahren zu ermitteln, soweit für die jeweilige Region nicht auf einen durch statistische Erhebungen ermittelten pauschalierten Reingewinn zurückgegriffen werden kann. ²Der Einzelertragswert ermittelt sich aus dem betriebsindividuellen Ergebnis und dem Kapitalisierungszinssatz nach Absatz 11.

(9) Der Reingewinn für das Geringstland wird pauschal mit 5,40 Euro pro Hektar festgelegt.

(10) Der Reingewinn für das Unland beträgt 0 Euro.

(11) ¹Der jeweilige Reingewinn ist zu kapitalisieren. ²Der Kapitalisierungszinssatz beträgt 5,5 Prozent und der Kapitalisierungsfaktor beträgt 18,6.

(12) Der kapitalisierte Reingewinn für die landwirtschaftliche, die forstwirtschaftliche, die weinbauliche, die gärtnerische Nutzung oder für deren Nutzungsteile, die Sondernutzungen und das Geringstland ist mit der jeweiligen Eigentumsfläche des Betriebs zum Bewertungsstichtag zu vervielfältigen, der dieser Nutzung zuzurechnen ist.

(13) ¹Die Hofflächen und die Flächen der Wirtschaftsgebäude sind dabei anteilig in die einzelnen Nutzungen einzubeziehen. ²Wirtschaftswege, Hecken, Gräben, Grenzraine und dergleichen sind in die Nutzung einzubeziehen, zu der sie gehören; dies gilt auch für Wasserflächen, soweit sie nicht Unland sind oder zu den übrigen land- und forstwirtschaftlichen Nutzungen gehören.

(14) Das Bundesministerium der Finanzen wird ermächtigt, durch Rechtsverordnung mit Zustimmung des Bundesrates die Anlagen 14 bis 18 zu diesem Gesetz dadurch zu ändern, dass es die darin aufgeführten Reingewinne turnusmäßig an die Ergebnisse der Erhebungen nach § 2 des Landwirtschaftsgesetzes anpasst.

ErbStR 2019

Zu § 163 BewG

R B 163 Ermittlung der Wirtschaftswerte

(1) ¹Für die land- und forstwirtschaftlichen Nutzungen, Nebenbetriebe und Wirtschaftsgüter ist jeweils gesondert ein Reingewinn zu ermitteln, der die nachhaltige Ertragsfähigkeit bei ordnungsmäßiger Selbstbewirtschaftung gemeinhin zum Ausdruck bringt. ²Zur Berücksichtigung der nachhaltigen Ertragsfähigkeit ist der durchschnittliche Reingewinn der letzten fünf Wirtschaftsjahre heranzuziehen. ³Dabei ist nicht auf Muster- oder Spitzenbetriebe abzustellen, sondern auf Betriebsergebnisse objektiv vergleichbarer Betriebe. ⁴Eine ordnungsmäßige Selbstbewirtschaftung liegt vor, wenn bei der Bewirtschaftung nur der betriebsnotwendige Arbeitskräfte- und Inventarbesatz vorhanden ist. ⁵Mit dem jeweiligen Reingewinn sind alle Wirtschaftsgüter im Sinne des § 158 Absatz 3 und 5 BewG abgegolten.

§ 163 BewG

Hinweise (ErbStH 2019)

H B 163 (1) *Abrundung/Aufrundung*

Ergeben sich bei der Ermittlung eines Wirtschaftswerts Euro-Beträge mit Nachkommastellen, sind diese kaufmännisch auf volle Euro-Beträge auf- bzw. abzurunden.

Flächenangaben

Die zur Berechnung eines Wirtschaftswerts erforderlichen Flächenangaben sind in Hektar, Ar und Quadratmeter anzugeben.

(2) ¹Der Reingewinn berücksichtigt die betriebswirtschaftliche Ausrichtung einer Nutzung und ist mit 18,6 zu kapitalisieren. ²Liegen abweichende Ertragsverhältnisse vor, ist entsprechend den gesetzlichen Vorgaben in den Anlagen 14 bis 17 zum BewG der Reingewinn innerhalb einer Nutzung jeweils gesondert zu ermitteln und mit dem gesetzlichen Kapitalisierungsfaktor von 18,6 zu vervielfältigen. ³Die kapitalisierten Reingewinne einer Nutzung bzw. bei abweichenden Ertragsverhältnissen die jeweils kapitalisierten Reingewinne sind mit den jeweiligen Eigentumsflächen bzw. Flächenanteilen zu multiplizieren.

(3) ¹Zur Bestimmung des Reingewinns der landwirtschaftlichen Nutzung sind die Standarddeckungsbeiträge (→ Anlage 2) der selbst bewirtschafteten Flächen und der Tiereinheiten zu ermitteln und

1. die Betriebsform zu bestimmen. ²Hierzu ist das Verhältnis der einzelnen Standarddeckungsbeiträge zur Summe der Standarddeckungsbeiträge des gesamten Betriebs maßgebend. ³Aus dem Verhältnis der ermittelten Standarddeckungsbeiträge und deren Zuordnung zu den Nutzungsarten Futterbau, Ackerbau und Veredlung (→ Anlage 1) ergibt sich die maßgebliche Nutzungsart der landwirtschaftlichen Nutzung:

Anteil des Standarddeckungsbeitrags des Produktionszweigs am Gesamtstandarddeckungsbeitrag des Betriebs	Nutzungsart (Betriebsform)
Ackerbau > 2/3	Ackerbau
Futterbau > 2/3 und Rinder für die Milcherzeugung > 2/3	Milchviehhaltung
Futterbau > 2/3 und Rinder für die Milcherzeugung ≤ 2/3	Sonstiger Futterbau
Veredlung > 2/3	Veredlung
Ackerbau > 1/3 und Futterbau ≤ 1/3 und Veredlung ≤ 1/3	Pflanzenbau-Verbund
Futterbau > 1/3 **und/oder** Veredlung > 1/3 und Ackerbau ≤ 1/3	Vieh-Verbund
alle übrigen Betriebe	Pflanzenbau- und Viehverbund

2. die Betriebsgröße nach der Europäischen Größeneinheit (EGE) zu bestimmen. ²Hierzu ist die Summe der Standarddeckungsbeiträge des Betriebs durch 1 200 Euro zu dividieren. ³Anschließend erfolgt die Zuordnung zu einer der folgenden Betriebsgrößenklassen:
    a) Kleinbetriebe 0 bis unter 40 EGE
    b) Mittelbetriebe 40 bis 100 EGE
    c) Großbetriebe über 100 EGE.

²Anhand der nach Nummer 1 und 2 ermittelten Bewertungsmerkmale ist der Reingewinn/ha nach Anlage 14 zum BewG herzuleiten. ³Der so ermittelte Reingewinn/ha ist mit 18,6 zu kapitalisieren und auf alle Eigentumsflächen der landwirtschaftlichen Nutzung anzuwenden.

Hinweise (ErbStH 2019)

H B 163 (3) *Wirtschaftswert der landwirtschaftlichen Nutzung*

Beispiel:

Ermittlung des Wirtschaftswerts für einen Landwirtschaftsbetrieb in Oberbayern mit folgenden Betriebsverhältnissen:

R B 163   **BewG § 163**

Ackerbau 50 ha Eigentum und 55,0020 ha Zupachtflächen, betriebliche Verbindlichkeiten 57 000 EUR.

1. **Ermittlung des Gesamtstandarddeckungsbeitrags für die landwirtschaftliche Nutzung**

Standarddeckungsbeitrag/ha für		Anbauflächen			Betrag in EUR
		ha	a	m^2	
Weichweizen	598 EUR	30	00	00	17 940,00
Kartoffeln	2 327 EUR	40	00	00	+ 93 080,00
Raps	584 EUR	30	00	00	+ 17 520,00
Gerste	516 EUR	2	50	10	+ 1 290,52
Roggen	402 EUR	2	50	10	+ 1 005,40
Summe					130 835,92
Gesamtstandarddeckungsbeitrag des Betriebs (gerundet)					130 836

2. **Ermittlung der Nutzungsart bzw. Betriebsform für die landwirtschaftliche Nutzung**
Da die Standarddeckungsbeiträge der pflanzlichen Nutzung entsprechend R B 163 Absatz 3 Satz 1 Nummer 1 Satz 3 i. V. m. Anlage 1 alle dem Ackerbau zuzuordnen sind, ist das Klassifizierungsmerkmal > 2/3 erfüllt. Es liegt ein reiner Ackerbaubetrieb vor.

3. **Ermittlung der Betriebsgröße für die landwirtschaftliche Nutzung**
Gesamtstandarddeckungsbeitrag 130 836 EUR : 1 200 EUR = 109,03 EGE
Die Betriebsgröße liegt über 100 EGE = Großbetrieb.

4. **Bewertungsparameter Anlage 14 zum BewG**
Reingewinn/ha – Oberbayern, Großbetrieb, Ackerbau   *109 EUR*

5. **Bewertung des Betriebs**
Reingewinnverfahren

Nutzungsart	Wert EUR/ha	Kapitalisierungsfaktor	jeweilige Eigentumsfläche			Wirtschaftswert in EUR
			ha	a	m^2	
Ackerbau über 100 EGE	109	18,6	50	00	00	101 370,00
Wirtschaftswert der landwirtschaftlichen Nutzung						101 370

Die betrieblichen Verbindlichkeiten sind mit dem Ansatz des Reingewinns von 109 EUR/ha berücksichtigt.

Wirtschaftswert der landwirtschaftlichen Nutzung bei Betrieben mit Vieh
Ist Weidevieh vorhanden, sind die Standarddeckungsbeiträge der Futterflächen mit dem Ansatz der Standarddeckungsbeiträge des Weideviehs abgegolten, da von einem ausgeglichenen Futtersaldo ausgegangen wird. Das bedeutet, dass in diesem Fall die Standarddeckungsbeiträge der Futterflächen nicht in den Standarddeckungsbeitrag des jeweiligen Produktionszweigs (Ackerbau bzw. Futterbau) einbezogen werden. Futterflächen sind Futterhackfrüchte (ohne Saatgut), Ackerwiesen und -weiden, Grünmais (Silagemais), sonstige Futterpflanzen, Grünland und Weiden ohne ertragsarme Weiden, ungepflegtes Weideland.

(4) [1]Der jeweilige Reingewinn der forstwirtschaftlichen Nutzung bestimmt sich nach den Flächen der jeweiligen Baumartengruppe oder der übrigen Fläche der forstwirtschaftlichen Nutzung laut Anlage 15 zum BewG und ist mit 18,6 zu kapitalisieren. [2]Nichtwirtschaftswald mit einer Gesamtgröße bis zu 10 ha ist unabhängig von seiner Baumarten- und Altersklassenzusammensetzung mit dem Reingewinn für Kiefer – III. Ertragsklasse zu bewerten. [3]Die für die Errechnung des Wirtschaftswerts erforderlichen Grunddaten sind ggf. einem forstwirtschaftlichen Betriebsgutachten oder Betriebswerk zu entnehmen.

Hinweise (ErbStH 2019)

H B 163 (4) *Wirtschaftswert der forstwirtschaftlichen Nutzung*
    Beispiel:
    Ermittlung des Wirtschaftswerts für einen Forstbetrieb mit folgendem Altersklassenwald:

§ 163 BewG　　　　　　　　　　　　　　　　　　　　　　　　　　R B 163

Fichte – EKL I	3,51 ha
Kiefer – EKL I	3,12 ha
Eiche – EKL I	4,17 ha
Verbindlichkeiten Holzaufarbeitungskosten	3 500 EUR

Reingewinnverfahren

Nutzungsart	Wert EUR/ha	Kapitalisie-rungsfaktor	jeweilige Eigentumsfläche			Wirtschaftswert in EUR
			ha	a	m^2	
Fichte – I. Ertragsklasse	105	18,6	3	51	00	6 855,03
Kiefer – I. Ertragsklasse	26	18,6	3	12	00	+ 1 508,83
Eiche – I. Ertragsklasse	90	18,6	4	17	00	+ 6 980,58
Summe						15 344,44
Wirtschaftswert der forstwirtschaftlichen Nutzung (gerundet)						15 344

Die betrieblichen Verbindlichkeiten sind mit dem Ansatz des jeweiligen Reingewinns berücksichtigt.

(5) ¹Der jeweilige Reingewinn der weinbaulichen Nutzung bestimmt sich nach den Flächen der jeweiligen Nutzungsart (Verwertungsform) Flaschenweinerzeuger, Fassweinerzeuger oder Traubenerzeuger laut Anlage 16 zum BewG und ist mit 18,6 zu kapitalisieren. ²Bei der Beurteilung der Ertragsfähigkeit der weinbaulichen Nutzung sind die Nutzungsarten (Verwertungsform) der geernteten Trauben zu berücksichtigen. ³Es werden folgende Verwertungsformen unterschieden:
1. Die Traubenerzeugung umfasst die Erzeugung von Trauben, Maische oder Most und deren Veräußerung an Genossenschaften oder andere Betriebe (Nichtausbau).
2. Der Fassweinausbau umfasst die Erzeugung und die Verarbeitung der Trauben im eigenen Betrieb und den Ausbau sowie den Verkauf von Fasswein.
3. Der Flaschenweinausbau umfasst die Erzeugung und die Verarbeitung der Trauben im eigenen Betrieb und den Ausbau sowie die Bereitung und den Verkauf von Flaschenwein.

⁴Kommen die Verwertungsformen in einem Betrieb nebeneinander vor, ist der Wirtschaftswert unter Berücksichtigung der auf die jeweilige Verwertungsform nachhaltig entfallende Erntemenge am Bewertungsstichtag zu ermitteln.

Hinweise (ErbStH 2019)

H B 163 (5) *Wirtschaftswert der weinbaulichen Nutzung*

Beispiel:

Ermittlung des Wirtschaftswerts für einen Weinbaubetrieb mit folgenden Betriebsverhältnissen:

9 ha Eigentum und 7 ha Zupachtflächen

Die nachhaltige Erntemenge der letzten fünf Jahre beträgt 168 000 Liter, davon wurden

an die Winzergenossenschaft als Trauben geliefert	21 000 l
als Fasswein verkauft	42 000 l
als Flaschenwein verkauft	105 000 l

Verwertungsform	Nachhaltige Erntemenge in Liter Wein	Ermittelte Anteile der Verwertungsformen	Entsprechende Flächenanteile in		
			ha	a	m^2
Traubenerzeugung	21 000	12,50 %	1	12	50
Fassweinerzeugung	42 000	25,00 %	2	25	00
Flaschenweinerzeugung	105 000	62,50 %	5	62	50
Summe	168 000	100,00 %	9	00	00

Reingewinnverfahren

Nutzungsart	Wert EUR/ha	Kapitalisierungsfaktor	jeweilige Eigentumsfläche			Wirtschaftswert in EUR
			ha	a	m²	
Flaschenwein	− 193	18,6	5	62	50	− 20 192,63
Fasswein	− 759	18,6	2	25	00	− 31 764,15
Traubenerzeugung	− 1 252	18,6	1	12	50	− 26 198,10
Summe						− 78 154,88
Wirtschaftswert der weinbaulichen Nutzung (gerundet)						− 78 155

(6) ¹Der jeweilige Reingewinn der gärtnerischen Nutzung bestimmt sich nach den Flächen des jeweiligen Nutzungsteils bzw. dessen Nutzungsart laut Anlage 17 zum BewG und ist mit 18,6 zu kapitalisieren. ²Die für die Errechnung des Wirtschaftswerts erforderlichen Grunddaten sind ggf. dem Anbauverzeichnis im Sinne des § 142 AO zu entnehmen.

Hinweise (ErbStH 2019)

H B 163 (6) *Wirtschaftswert der gärtnerischen Nutzung*

Beispiel:

Ermittlung des Wirtschaftswerts für einen Gartenbaubetrieb mit folgenden Betriebsverhältnissen:

Nutzungsteil	ha	a	m²
Gemüsebau – Freiland	1	00	00
Gemüsebau – Flächen unter Glas und Kunststoffen	1	00	00
Blumen- und Zierpflanzenbau – Freiland	2	00	00
Blumen- und Zierpflanzenbau – Flächen unter Glas und Kunststoffen	0	50	00
Obstbau	1	00	00
Baumschulen	3	00	00

Verbindlichkeiten 301 000 EUR

Reingewinnverfahren

Nutzungsart	Wert EUR/ha	Kapitalisierungsfaktor	jeweilige Eigentumsfläche			Wirtschaftswert in EUR
			ha	a	m²	
Gemüsebau – Freiland	− 1 365	18,6	1	00	00	− 25 389,00
Gemüsebau – Flächen unter Glas und Kunststoffen	6 098	18,6	1	00	00	113 422,80
Blumen- und Zierpflanzenbau – Freiland	− 108	18,6	2	00	00	− 4 017,60
Blumen- und Zierpflanzenbau – Flächen unter Glas und Kunststoffen	− 6 640	18,6	0	50	00	− 61 752,00
Obstbau	− 379	18,6	1	00	00	− 7 049,40
Baumschulen	894	18,6	3	00	00	49 885,20
Summe						65 100,00
Wirtschaftswert der gärtnerischen Nutzung (gerundet)						65 100

Die betrieblichen Verbindlichkeiten sind mit dem Ansatz des jeweiligen Reingewinns berücksichtigt.

(7) ¹Der jeweilige Reingewinn für die Sondernutzungen Hopfen, Tabak, Spargel bestimmt sich nach den Flächen der jeweiligen Nutzung laut Anlage 18 zum BewG und ist mit 18,6 zu kapitalisieren. ²Die für die

§ 163 BewG

Errechnung des Wirtschaftswerts erforderlichen Grunddaten sind ggf. dem Anbauverzeichnis im Sinne des § 142 AO zu entnehmen.

Hinweise (ErbStH 2019)

H B 163 (7) *Wirtschaftswert der Sondernutzungen*
Beispiel:
Ermittlung des Wirtschaftswerts für die Sondernutzung Spargelbaubetrieb von 10,1050 ha.

Nutzungsart	Wert EUR/ha	Kapitalisierungsfaktor	jeweilige Eigentumsfläche			Wirtschaftswert in EUR
			ha	a	m²	
Spargel	− 1 365	18,6	10	10	50	− 256 555,85
Wirtschaftswert der Sondernutzung Spargel (gerundet)						− 256 556

(8) ¹Der jeweilige Reingewinn für die sonstigen land- und forstwirtschaftlichen Nutzungen ist grundsätzlich nach den Grundzügen eines Einzelertragswertverfahrens zu ermitteln. ²In diesen Fällen ist das betriebsindividuelle Ergebnis nach den Grundsätzen des Absatzes 1 zu ermitteln. ³Das betriebsindividuelle Ergebnis ist möglichst aus den Ergebnissen der letzten fünf vor dem Bewertungsstichtag abgelaufenen Wirtschaftsjahre herzuleiten und als nachhaltig erzielbarer Reingewinn mit 18,6 zu kapitalisieren; das Ergebnis stellt den jeweiligen Wirtschaftswert dar. ⁴Zur Gleichmäßigkeit der Bewertung kann abweichend hiervon ein pauschaler Reingewinn ermittelt und bekannt gemacht werden, der mit 18,6 zu kapitalisieren ist und den Wirtschaftswert darstellt. ⁵Soweit ein pauschaler Reingewinn ermittelt wurde, sind individuelle Einzelertragswertermittlungen nur bei Vorliegen besonderer Verhältnisse vorzunehmen.

Hinweise (ErbStH 2019)

H B 163 (8) *Nachhaltig erzielbarer Reingewinn im Einzelertragswertverfahren*
Der Reingewinn ist möglichst aus den Ergebnissen der letzten fünf vor dem Bewertungsstichtag abgelaufenen Wirtschaftsjahre wie folgt herzuleiten:

	Erlöse
abzüglich	Aufwendungen
=	Gewinn/Verlust
abzüglich	Zeitraumfremde Erträge, Zulagen und außerordentlichen Erträgen
zuzüglich	Zeitraumfremde Aufwendungen und außerordentliche Aufwendungen
=	Ordentliches Ergebnis
abzüglich	Lohnansatz für nicht entlohnte Arbeitskräfte und den Betriebsinhaber
=	Reingewinn

(9) ¹Dem jeweiligen Reingewinn für die Nebenbetriebe (→ R B 160.18) ist bei der Ermittlung eines Einzelertragswerts nur der Ertrag zu Grunde zu legen, der nicht bereits bei der Bewertung des Hauptbetriebs berücksichtigt worden ist. ²Das ist z. B. bei der Forellenräucherei der Mehrertrag, der sich durch die Bearbeitung der im Hauptbetrieb erzeugten Forellen ergibt. ³Im Übrigen gelten die Grundsätze des Absatzes 8.

(10) ¹Der Reingewinn für das Abbauland kann zur Vereinfachung der Bewertung regelmäßig pauschal mit 2,70 Euro je Ar angesetzt werden. ²Im Übrigen gelten die Grundsätze des Absatzes 8.

(11) ¹Die Hof- und Wirtschaftsgebäudeflächen sind in die einzelne Nutzung einzubeziehen, soweit sie ihr dienen und nicht den Betriebswohnungen oder dem Wohnteil zuzurechnen sind. ²Wirtschaftsgüter, die verschiedenen Nutzungen zu dienen bestimmt sind, sind den Nutzungen zuzuordnen, denen sie am Bewertungsstichtag überwiegend dienen.

(12) ¹Die Eigentumsfläche des Betriebs bestimmt sich nach den Verhältnissen am Bewertungsstichtag und umfasst der bei der Ermittlung des jeweiligen Reingewinns einer Nutzung zu Grunde gelegten Flächen bzw. Flächenanteile zuzüglich der Hof- und Wirtschaftsgebäudeflächen. ²Soweit Flächen am Bewertungsstichtag noch nicht im Eigentum des Steuerpflichtigen stehen, aber Nutzen, Lasten und Gefahren bereits auf den Steuerpflichtigen übergegangen sind, sind diese bei der jeweiligen Nutzung mit ihrer Nutzungsart zu berücksichtigen.

(13) Die bei der Ermittlung der Wirtschaftswerte zu Grunde gelegten Betriebs- und Eigentumsverhältnisse schließen eine Aufteilung einzelner Faktoren aus, die den Ertragswert beeinflussen.

BewG § 163

Anlage 1

(zu R B 160.2 und 163)

Anbauflächen bzw. Tierarten	Produktionszweig
Weichweizen und Spelz, Hartweizen, Roggen, Gerste, Hafer, Körnermais, sonstiges Getreide zur Körnergewinnung, Eiweißpflanzen zur Körnergewinnung Kartoffeln (einschl. Früh- und Pflanzkartoffeln), Zuckerrüben (ohne Saatgut), Sämereien und Pflanzgut auf dem Ackerland, sonstige Ackerkulturen auf dem Ackerland Schwarzbrache (einschl. Grünbrache), für die keine Beihilfe gewährt wird, nicht wirtschaftlich genutzte Schwarzbrache (einschl. Grünbrache) mit Beihilfe Tabak, Hopfen, Raps und Rübsen, Sonnenblumen, Soja, Leinsamen (Öllein), andere Ölfrüchte, Flachs, Hanf, andere Textilpflanzen, andere Handelsgewächse, die noch nicht aufgeführt sind, Spargel Nur, wenn kein Weidevieh vorhanden ist (*): Futterhackfrüchte (ohne Saatgut), Ackerwiesen und -weiden, Grünmais (Silagemais), sonstige Futterpflanzen	Ackerbau

Grünland:
 – nur, wenn kein Weidevieh vorhanden ist (*)
 – Grünland und Weiden ohne ertragsarme Weiden, ungepflegtes Weideland
 Weidevieh:
 Einhufer, Mastbullen bis 19,2 Monate, Aufzuchtfärsen bis 28,8 Monate, Rinder unter 1 Jahr, männliche Rinder 1-2 Jahre, weibliche Rinder 1-2 Jahre, männliche Rinder 2 Jahre und älter, Färsen 2 Jahre und älter, Milchkühe, sonstige Kühe, Mutterschafe, sonstige Schafe, Ziegen
     davon **Rinder für die Milcherzeugung** (**):
     Rinder unter 1 Jahr, weibliche Rinder 1-2 Jahren, Färsen 2 Jahre und älter, Milchkühe
	Futterbau (Grünland und Weidevieh)

Zuchtsauen (50 kg und mehr), sonstige Schweine Masthähnchen und -hühnchen, Legehennen, sonstiges Geflügel Mutterkaninchen	Veredlung

(*) Hinweis zu den Futterflächen:

Ist **Weidevieh** vorhanden, sind die Standarddeckungsbeiträge der Futterflächen mit dem Ansatz der Standarddeckungsbeiträge des Weideviehs abgegolten, da von einem ausgeglichenen Futtersaldo ausgegangen wird. Das bedeutet, dass in diesem Fall die Standarddeckungsbeiträge der Futterflächen nicht in den Standarddeckungsbeitrag des jeweiligen Produktionszweigs (Ackerbau bzw. Futterbau) einbezogen werden. **Futterflächen** sind Futterhackfrüchte (ohne Saatgut), Ackerwiesen und -weiden, Grünmais (Silagemais), sonstige Futterpflanzen, Grünland und Weiden ohne ertragsarme Weiden, ungepflegtes Weideland

(**) Hinweis zu den Rindern für die Milcherzeugung:

Der Standarddeckungsbeitrag der Rinder für die Milcherzeugung ist ein Teilbetrag des Standarddeckungsbeitrags des Weideviehs; er ist zusätzlich zu ermitteln, da er für die Einordnung eines spezialisierten Futterbaubetriebs in die Betriebsform ‚Milchviehhaltung' bzw. ‚Sonstiger Futterbau' benötigt wird.

§ 163 BewG — R B 163

Anlage 2
(zu R B 163)

Code	Merkmal (folgende Angaben in € / Tier und Jahr (bei Geflügel pro 100 Tiere))	Schleswig-Holstein	Niedersachsen Braunschweig	Niedersachsen Hannover	Niedersachsen Lüneburg	Niedersachsen Weser-Ems
J/01	Einhufer	186	186	186	186	186
Jm	Mastbullen -19.2 Monate	538	551	549	549	541
Ja	Aufzuchtfärsen -28.8 Monate	439	436	436	436	419
J/02	Rinder unter 1 Jahr	250	253	253	253	247
J/03	Männliche Rinder 1 - 2 Jahren	479	496	494	494	491
J/04	Weibliche Rinder 1 - 2 Jahren	135	131	131	131	123
J/05	Männliche Rinder 2 Jahre und älter	336	344	343	343	338
J/06	Färsen 2 Jahre und älter	135	131	131	131	123
J/07	Milchkühe	1.317	1.364	1.362	1.290	1.328
J/08	Sonstige Kühe	266	266	266	266	266
J/09a	Mutterschafe	44	44	44	44	44
J/09b	Sonstige Schafe	22	22	22	22	22
J/10	Ziegen (jeden Alters)	39	39	39	39	39
J/11	Ferkel unter 20 kg LG	55	77	76	75	87
J/12	Zuchtsauen, 50 kg und mehr	400	307	307	307	310
J/13	Sonstige Schweine	55	77	76	75	87
J/14	Masthähnchen und -hühnchen	133	133	133	133	133
J/15	Legehennen	831	903	903	903	921
J/16	Sonstiges Geflügel	703	703	703	703	703
J/17	Mutterkaninchen	133	133	133	133	133
	Merkmal (folgende Angaben in € / ha)					
D/01	Weichweizen und Spelz	862	735	752	664	642
D/02	Hartweizen	665	656	600	624	613
D/03	Roggen	567	526	517	494	448
D/04	Gerste	717	629	598	563	544
D/05	Hafer	619	585	550	524	487
D/06	Körnermais	686	631	624	628	669
D/08	Sonstiges Getreide zur Körnergewinnung	681	600	584	556	573
D/09	Eiweißpflanzen zur Körnergewinnung	474	399	405	372	394
D/10	Kartoffeln (einschl. Früh- und Pflanzkartoffeln)	3.291	2.965	2.808	2.634	3.137
D/11	Zuckerrüben (ohne Saatgut)	1.945	1.985	2.089	1.897	1.880
D/12	Futterhackfrüchte (ohne Saatgut)	479	302	323	284	280
D/18a	Ackerwiesen und -weiden	285	368	361	383	395
D/18b	Grünmais (Silagemais)	573	821	756	759	724
D/18b	Sonstige Futterpflanzen	327	427	423	424	361
D/19	Sämereien und Pflanzgut auf dem Ackerland	878	878	878	878	878
D/20	Sonstige Ackerkulturen auf dem Ackerland	500	500	500	500	500
D/21	Schwarzbrache (einschl. Grünbrache), für die keine Beihilfe gewährt wird	50	50	50	50	50
D/22	Schwarzbrache (einschl. Grünbrache), die einer Beihilferegelung unterliegt und nicht wirtschaftlich genutzt wird	240	190	190	190	190
D/23	Tabak	6.448	6.448	6.448	6.448	6.448
D/24	Hopfen	4.003	4.003	4.003	4.003	4.003
D/26	Raps und Rübsen	779	666	653	587	565
D/27	Sonnenblumen	428	346	346	346	368
D/28	Soja	503	384	382	384	416
D/29	Leinsamen (Öllein)	555	555	555	555	555
D/30	Andere Ölfrüchte	782	671	658	613	611
D/31	Flachs	628	628	628	628	628
D/32	Hanf	632	632	632	632	632
D/33	Andere Textilpflanzen	628	628	628	628	628
D/35	Andere Handelsgewächse, die noch nicht aufgeführt wurden	779	666	653	587	565
F/01	Grünland und Weiden ohne ertragsarme Weiden	374	422	436	448	475
F/02	Ungepflegtes Weideland	99	99	99	99	99
	Durchschnittlicher Standarddeckungsbeitrag nach R B 164 Abs. 9 ErbStR	691	653	644	618	632
	Merkmal für die Regelung nach § 160 Abs. 2 Satz 2 BewG (folgende Angaben in € / ha)					
D/14a	Spargel	11.111	11.111	11.111	11.111	11.111
D/23	Tabak	6.448	6.448	6.448	6.448	6.448
D/24	Hopfen	4.003	4.003	4.003	4.003	4.003

Anlage 2
(zu R B 163)

Standarddeckungsbeiträge nach der EU-Typologie

		Nordrhein-Westfalen				
Code	Merkmal (folgende Angaben in € / Tier und Jahr, bei Geflügel pro 100 Tiere)	Düsseldorf	Köln	Münster	Detmold	Arnsberg
J/01	Einhufer	186	186	186	186	186
Jm	Mastbullen -19.2 Monate	640	639	640	639	640
Ja	Aufzuchtfärsen -26.8 Monate	410	410	422	422	421
J/02	Rinder unter 1 Jahr	272	271	275	274	274
J/03	Männliche Rinder 1 - 2 Jahren	614	612	609	608	609
J/04	Weibliche Rinder 1 - 2 Jahren	99	99	105	106	105
J/05	Männliche Rinder 2 Jahre und älter	400	399	400	399	400
J/06	Färsen 2 Jahre und älter	99	99	105	106	105
J/07	Milchkühe	1.428	1.315	1.374	1.384	1.313
J/08	Sonstige Kühe	266	266	266	266	266
J/09a	Mutterschafe	44	44	44	44	44
J/09b	Sonstige Schafe	22	22	22	22	22
J/10	Ziegen (jeden Alters)	39	39	39	39	39
J/11	Ferkel unter 20 kg LG	71	71	74	74	74
J/12	Zuchtsauen, 50 kg und mehr	339	339	305	305	305
J/13	Sonstige Schweine	71	71	74	74	74
J/14	Masthähnchen und -hühnchen	133	133	133	133	133
J/15	Legehennen	903	903	903	903	876
J/16	Sonstiges Geflügel	703	703	703	703	703
J/17	Mutterkaninchen	133	133	133	133	133
	Merkmal (folgende Angaben in € / ha)					
D/01	Weichweizen und Spelz	725	769	701	713	737
D/02	Hartweizen	666	666	666	666	666
D/03	Roggen	544	594	516	546	580
D/04	Gerste	596	645	575	603	614
D/05	Hafer	550	550	538	559	560
D/06	Körnermais	755	695	761	709	779
D/08	Sonstiges Getreide zur Körnergewinnung	583	608	545	574	576
D/09	Eiweißpflanzen zur Körnergewinnung	363	448	429	418	422
D/10	Kartoffeln (einschl. Früh- und Pflanzkartoffeln)	3.712	4.024	2.602	2.902	3.232
D/11	Zuckerrüben (ohne Saatgut)	2.087	2.132	1.840	2.090	2.239
D/12	Futterhackfrüchte (ohne Saatgut)	438	396	402	435	414
D/18a	Ackerwiesen und -weiden	341	312	312	297	303
D/18b	Grünmais (Silagemais)	874	837	816	770	789
D/18b	Sonstige Futterpflanzen	330	372	346	365	357
D/19	Sämereien und Pflanzgut auf dem Ackerland	878	878	878	878	878
D/20	Sonstige Ackerkulturen auf dem Ackerland	500	500	500	500	500
D/21	Schwarzbrache (einschl. Grünbrache), für die keine Beihilfe gewährt wird	50	50	50	50	50
D/22	Schwarzbrache (einschl. Grünbrache), die einer Beihilferegelung unterliegt und nicht wirtschaftlich genutzt wird	190	190	190	190	190
D/23	Tabak	6.448	6.448	6.448	6.448	6.448
D/24	Hopfen	4.003	4.003	4.003	4.003	4.003
D/26	Raps und Rübsen	638	662	650	665	651
D/27	Sonnenblumen	510	534	526	528	526
D/28	Soja	368	480	439	422	425
D/29	Leinsamen (Öllein)	555	555	555	555	555
D/30	Andere Ölfrüchte	647	672	660	668	654
D/31	Flachs	628	628	628	628	628
D/32	Hanf	632	632	632	632	632
D/33	Andere Textilpflanzen	628	628	628	628	628
D/35	Andere Handelsgewächse, die noch nicht aufgeführt wurden	638	662	650	665	651
F/01	Grünland und Weiden ohne ertragsarme Weiden	426	350	365	376	364
F/02	Ungepflegtes Weideland	99	99	99	99	99
	Durchschnittlicher Standarddeckungsbeitrag nach R B 164 Abs. 9 ErbStR	688	709	638	660	679
	Merkmal für die Regelung nach § 160 Abs. 2 Satz 2 BewG (folgende Angaben in € / ha)					
D/14a	Spargel	11.111	11.111	11.111	11.111	11.111
D/23	Tabak	6.448	6.448	6.448	6.448	6.448
D/24	Hopfen	4.003	4.003	4.003	4.003	4.003

§ 163 BewG

R B 163

Anlage
(zu R B 163)

Code	Standarddeckungsbeiträge nach der EU-Typologie	Hessen Darmstadt	Hessen Gießen	Hessen Kassel	Rheinland-Pfalz	Saarland
	Merkmal (folgende Angaben in €/Tier und Jahr (bei Geflügel pro 100 Tiere))					
J/01	Einhufer	186	186	186	186	186
Jm	Mastbullen -19.2 Monate	560	563	562	567	563
Ja	Aufzuchtfärsen -28.8 Monate	374	379	378	376	373
J/02	Rinder unter 1 Jahr	241	243	243	244	242
J/03	Männliche Rinder 1 - 2 Jahren	531	532	532	539	535
J/04	Weibliche Rinder 1 - 2 Jahren	95	97	96	94	94
J/05	Männliche Rinder 2 Jahre und älter	350	352	351	355	352
J/06	Färsen 2 Jahre und älter	95	97	96	94	94
J/07	Milchkühe	1.228	1.305	1.345	1.326	1.332
J/08	Sonstige Kühe	266	266	266	266	266
J/09a	Mutterschafe	44	44	44	44	44
J/09b	Sonstige Schafe	22	22	22	22	22
J/10	Ziegen (jeden Alters)	39	39	39	39	39
J/11	Ferkel unter 20 kg LG	66	66	66	52	67
J/12	Zuchtsauen, 50 kg und mehr	380	380	380	369	369
J/13	Sonstige Schweine	66	66	66	52	67
J/14	Masthähnchen und -hühnchen	133	133	133	133	133
J/15	Legehennen	866	802	802	704	768
J/16	Sonstiges Geflügel	703	703	703	703	703
J/17	Mutterkaninchen	133	133	133	133	133
	Merkmal (folgende Angaben in €/ha)					
D/01	Weichweizen und Spelz	635	594	626	538	500
D/02	Hartweizen	584	543	568	606	579
D/03	Roggen	419	483	462	404	409
D/04	Gerste	514	504	507	522	466
D/05	Hafer	457	493	490	423	386
D/06	Körnermais	624	606	634	513	411
D/08	Sonstiges Getreide zur Körnergewinnung	468	487	507	441	419
D/09	Eiweißpflanzen zur Körnergewinnung	323	355	351	292	263
D/10	Kartoffeln (einschl. Früh- und Pflanzkartoffeln)	3.304	2.310	2.487	3.074	1.989
D/11	Zuckerrüben (ohne Saatgut)	1.976	2.034	1.941	2.040	2.020
D/12	Futterhackfrüchte (ohne Saatgut)	494	419	441	450	371
D/18a	Ackerwiesen und -weiden	209	224	215	211	204
D/18b	Grünmais (Silagemais)	813	895	883	789	676
D/18b	Sonstige Futterpflanzen	208	219	219	283	301
D/19	Sämereien und Pflanzgut auf dem Ackerland	878	878	878	878	878
D/20	Sonstige Ackerkulturen auf dem Ackerland	500	500	500	500	500
D/21	Schwarzbrache (einschl. Grünbrache), für die keine Beihilfe gewährt wird	50	50	50	50	50
D/22	Schwarzbrache (einschl. Grünbrache), die einer Beihilferegelung unterliegt und nicht wirtschaftlich genutzt wird	190	190	190	163	148
D/23	Tabak	6.448	6.448	6.448	6.448	6.448
D/24	Hopfen	4.003	4.003	4.003	4.003	4.003
D/26	Raps und Rübsen	635	594	594	587	518
D/27	Sonnenblumen	375	374	374	500	385
D/28	Soja	289	314	300	293	261
D/29	Leinsamen (Öllein)	555	555	555	555	555
D/30	Andere Ölfrüchte	643	600	599	603	537
D/31	Flachs	628	628	628	628	628
D/32	Hanf	632	632	632	632	632
D/33	Andere Textilpflanzen	628	628	628	628	628
D/35	Andere Handelsgewächse, die noch nicht aufgeführt wurden	635	594	594	587	518
F/01	Grünland und Weiden ohne ertragsarme Weiden	304	316	315	295	304
F/02	Ungepflegtes Weideland	99	99	99	99	99
	Durchschnittlicher Standarddeckungsbeitrag nach R B 164 Abs. 9 ErbStR	623	590	595	606	539
	Merkmal für die Regelung nach § 160 Abs. 2 Satz 2 BewG (folgende Angaben in €/ha)					
D/14a	Spargel	11.111	11.111	11.111	11.111	11.111
D/23	Tabak	6.448	6.448	6.448	6.448	6.448
D/24	Hopfen	4.003	4.003	4.003	4.003	4.003

Anlage 2
(zu R B 163)

Standarddeckungsbeiträge nach der EU-Typologie		Baden-Württemberg			
		Stuttgart	Karlsruhe	Freiburg	Tübingen
Code	Merkmal (folgende Angaben in € / Tier und Jahr (bei Geflügel: pro 100 Tiere)				
J/01	Einhufer	186	186	186	186
Jm	Mastbullen -19.2 Monate	623	622	624	625
Ja	Aufzuchtfärsen -28.8 Monate	468	468	470	474
J/02	Rinder unter 1 Jahr	281	280	281	282
J/03	Männliche Rinder 1 - 2 Jahren	571	570	571	571
J/04	Weibliche Rinder 1 - 2 Jahren	134	134	135	137
J/05	Männliche Rinder 2 Jahre und älter	390	389	390	391
J/06	Färsen 2 Jahre und älter	134	134	135	137
J/07	Milchkühe	1.236	1.182	1.126	1.274
J/08	Sonstige Kühe	266	266	266	266
J/09a	Mutterschafe	44	44	44	44
J/09b	Sonstige Schafe	22	22	22	22
J/10	Ziegen (jeden Alters)	39	39	39	39
J/11	Ferkel unter 20 kg LG	67	67	67	67
J/12	Zuchtsauen, 50 kg und mehr	328	328	328	328
J/13	Sonstige Schweine	67	67	67	67
J/14	Masthähnchen und -hühnchen	133	133	133	133
J/15	Legehennen	690	690	690	691
J/16	Sonstiges Geflügel	703	703	703	703
J/17	Mutterkaninchen	133	133	133	133
	Merkmal (folgende Angaben in € / ha)				
D/01	Weichweizen und Spelz	587	547	538	578
D/02	Hartweizen	622	558	551	640
D/03	Roggen	466	407	416	437
D/04	Gerste	531	515	492	501
D/05	Hafer	495	486	487	521
D/06	Körnermais	669	644	662	674
D/08	Sonstiges Getreide zur Körnergewinnung	513	466	466	505
D/09	Eiweißpflanzen zur Körnergewinnung	327	330	320	327
D/10	Kartoffeln (einschl. Früh- und Pflanzkartoffeln)	2.300	2.057	2.358	2.123
D/11	Zuckerrüben (ohne Saatgut)	2.207	2.026	2.029	2.186
D/12	Futterhackfrüchte (ohne Saatgut)	635	626	685	722
D/18a	Ackerwiesen und -weiden	211	199	207	246
D/18b	Grünmais (Silagemais)	747	730	751	781
D/18bi	Sonstige Futterpflanzen	298	308	306	340
D/19	Sämereien und Pflanzgut auf dem Ackerland	878	878	878	878
D/20	Sonstige Ackerkulturen auf dem Ackerland	500	500	500	500
D/21	Schwarzbrache (einschl. Grünbrache), für die keine Beihilfe gewährt wird	50	50	50	50
D/22	Schwarzbrache (einschl. Grünbrache), die einer Beihilferegelung unterliegt und nicht wirtschaftlich genutzt wird	190	190	190	190
D/23	Tabak	6.448	6.448	6.448	6.448
D/24	Hopfen	4.003	4.003	4.003	4.003
D/26	Raps und Rübsen	563	572	552	545
D/27	Sonnenblumen	464	525	494	475
D/28	Soja	304	317	291	316
D/29	Leinsamen (Öllein)	555	555	555	555
D/30	Andere Ölfrüchte	572	582	571	560
D/31	Flachs	628	628	628	628
D/32	Hanf	632	632	632	632
D/33	Andere Textilpflanzen	628	628	628	628
D/35	Andere Handelsgewächse, die noch nicht aufgeführt wurden	563	572	552	545
F/01	Grünland und Weiden ohne ertragsarme Weiden	284	283	297	338
F/02	Ungepflegtes Weideland	99	99	99	99
	Durchschnittlicher Standarddeckungsbeitrag nach R B 164 Abs. 9 ErbStR	604	583	593	604
	Merkmal für die Regelung nach § 160 Abs. 2 Satz 2 BewG (folgende Angaben in € / ha)				
D/14a	Spargel	11.111	11.111	11.111	11.111
D/23	Tabak	6.448	6.448	6.448	6.448
D/24	Hopfen	4.003	4.003	4.003	4.003

§ 163 BewG R B 163

Anlage 2
(zu R B 163)

Standarddeckungsbeiträge nach der EU-Typologie

		Bayern						
Code	Merkmal (folgende Angaben in € / Tier und Jahr; bei Geflügel pro 100 Tiere)	Oberbayern	Niederbayern	Oberpfalz	Oberfranken	Mittelfranken	Unterfranken	Schwaben
J/01	Einhufer	186	186	186	186	186	186	186
Jm	Mastbullen -19.2 Monate	636	637	635	633	634	633	637
Ja	Aufzuchtfärsen -28.8 Monate	479	480	479	478	477	478	480
J/02	Rinder unter 1 Jahr	287	287	286	286	286	286	287
J/03	Männliche Rinder 1 - 2 Jahren	582	583	581	579	580	579	583
J/04	Weibliche Rinder 1 - 2 Jahren	137	138	138	138	137	138	138
J/05	Männliche Rinder 2 Jahre und älter	397	398	397	396	396	396	398
J/06	Färsen 2 Jahre und älter	137	138	138	138	137	138	138
J/07	Milchkühe	1.270	1.217	1.230	1.281	1.307	1.318	1.329
J/08	Sonstige Kühe	266	266	266	266	266	266	266
J/09b	Mutterschafe	44	44	44	44	44	44	44
J/09a	Sonstige Schafe	22	22	22	22	22	22	22
J/10	Ziegen (jeden Alters)	39	39	39	39	39	39	39
J/11	Ferkel unter 20 kg LG	67	67	67	67	67	67	67
J/12	Zuchtsauen, 50 kg und mehr	371	371	371	371	371	371	371
J/13	Sonstige Schweine	67	67	67	67	67	67	67
J/14	Masthähnchen und -hühnchen	133	133	133	133	133	133	133
J/15	Legehennen	754	754	754	754	754	754	754
J/16	Sonstiges Geflügel	703	703	703	703	703	703	703
J/17	Mutterkaninchen	133	133	133	133	133	133	133
	Merkmal (folgende Angaben in € / ha)							
D/01	Weichweizen und Spelz	598	620	586	526	553	586	621
D/02	Hartweizen	619	645	605	512	587	623	658
D/03	Roggen	402	424	399	380	376	436	414
D/04	Gerste	516	499	495	494	472	533	520
D/05	Hafer	491	484	449	425	420	454	503
D/06	Körnermais	703	725	653	617	618	649	714
D/08	Sonstiges Getreide zur Körnergewinnung	464	451	443	433	438	480	483
D/09	Eiweißpflanzen zur Körnergewinnung	326	321	314	307	311	312	330
D/10	Kartoffeln (einschl. Früh- und Pflanzkartoffeln)	2.327	2.618	2.352	2.036	1.907	2.074	2.697
D/11	Zuckerrüben (ohne Saatgut)	2.416	2.489	2.414	1.827	2.142	2.109	2.415
D/12	Futterhackfrüchte (ohne Saatgut)	660	668	613	561	518	548	664
D/18a	Ackerwiesen und -weiden	296	285	290	285	270	280	300
D/18b	Grünmais (Silagemais)	886	904	842	784	810	790	917
D/18b	Sonstige Futterpflanzen	422	420	404	395	384	382	420
D/19	Sämereien und Pflanzgut auf dem Ackerland	878	878	878	878	878	878	878
D/20	Sonstige Ackerkulturen auf dem Ackerland	500	500	500	500	500	500	500
D/21	Schwarzbrache (einschl. Grünbrache), für die keine Beihilfe gewährt wird	50	50	50	50	50	50	50
D/22	Schwarzbrache (einschl. Grünbrache), die einer Beihilferegelung unterliegt und nicht wirtschaftlich genutzt wird	190	190	190	190	190	190	190
D/23	Tabak	6.448	6.448	6.448	6.448	6.448	6.448	6.448
D/24	Hopfen	4.003	4.003	4.003	4.003	4.003	4.003	4.003
D/26	Raps und Rübsen	584	630	573	526	517	572	608
D/27	Sonnenblumen	488	485	475	429	438	484	490
D/28	Soja	320	313	320	307	316	312	324
D/29	Leinsamen (Öllein)	555	555	555	555	555	555	555
D/30	Andere Ölfrüchte	587	633	575	532	518	575	612
D/31	Flachs	628	628	628	628	628	628	628
D/32	Hanf	632	632	632	632	632	632	632
D/33	Andere Textilpflanzen	628	628	628	628	628	628	628
D/35	Andere Handelsgewächse, die noch nicht aufgeführt wurden	584	630	573	526	517	572	608
F/01	Grünland und Weiden ohne ertragsarme Weiden	421	393	381	378	384	375	432
F/02	Ungepflegtes Weideland	99	99	99	99	99	99	99
	Durchschnittlicher Standarddeckungsbeitrag nach R B 164 Abs. 9 ErbStR	630	648	618	567	574	597	651
	Merkmal für die Regelung nach § 160 Abs. 2 Satz 2 BewG (folgende Angaben in € / ha)							
D/14a	Spargel	11.111	11.111	11.111	11.111	11.111	11.111	11.111
D/23	Tabak	6.448	6.448	6.448	6.448	6.448	6.448	6.448
D/24	Hopfen	4.003	4.003	4.003	4.003	4.003	4.003	4.003

Anlage 2
(zu R B 163)

Standarddeckungsbeiträge nach der EU-Typologie

Code	Merkmal (folgende Angaben in € / Tier und Jahr (bei Geflügel pro 100 Tiere)	Brandenburg	Mecklenburg-Vorpommern	Sachsen Chemnitz	Sachsen Dresden	Sachsen Leipzig
J/01	Einhufer	186	186	186	186	186
Jm	Mastbullen -19.2 Monate	494	508	562	555	555
Ja	Aufzuchtfärsen -28.8 Monate	279	298	296	290	291
J/02	Rinder unter 1 Jahr	201	209	224	220	221
J/03	Männliche Rinder 1 - 2 Jahren	488	498	564	558	558
J/04	Weibliche Rinder 1 - 2 Jahren	56	63	52	50	50
J/05	Männliche Rinder 2 Jahre und älter	309	318	351	347	347
J/06	Färsen 2 Jahre und älter	56	63	52	50	50
J/07	Milchkühe	1.469	1.437	1.478	1.505	1.601
J/08	Sonstige Kühe	266	266	266	266	266
J/09a	Mutterschafe	44	44	44	44	44
J/09b	Sonstige Schafe	22	22	22	22	22
J/10	Ziegen (jeden Alters)	39	39	39	39	39
J/11	Ferkel unter 20 kg LG	49	57	63	63	63
J/12	Zuchtsauen, 50 kg und mehr	420	405	408	408	408
J/13	Sonstige Schweine	49	57	63	63	63
J/14	Masthähnchen und -hühnchen	133	133	133	133	133
J/15	Legehennen	920	837	987	987	987
J/16	Sonstiges Geflügel	703	703	703	703	703
J/17	Mutterkaninchen	133	133	133	133	133
	Merkmal (folgende Angaben in € / ha)					
D/01	Weichweizen und Spelz	492	640	621	600	606
D/02	Hartweizen	456	613	593	593	593
D/03	Roggen	316	408	499	378	444
D/04	Gerste	430	556	549	517	552
D/05	Hafer	372	472	536	488	496
D/06	Körnermais	471	499	593	581	566
D/08	Sonstiges Getreide zur Körnergewinnung	357	496	481	398	446
D/09	Eiweißpflanzen zur Körnergewinnung	260	313	372	358	342
D/10	Kartoffeln (einschl. Früh- und Pflanzkartoffeln)	1.731	1.994	2.947	2.541	2.705
D/11	Zuckerrüben (ohne Saatgut)	1.592	1.707	1.935	1.958	1.924
D/12	Futterhackfrüchte (ohne Saatgut)	317	149	277	258	294
D/18a	Ackerwiesen und -weiden	94	224	358	288	294
D/18b	Grünmais (Silagemais)	418	535	689	581	591
D/18bi	Sonstige Futterpflanzen	242	315	442	401	339
D/19	Sämereien und Pflanzgut auf dem Ackerland	878	878	878	878	878
D/20	Sonstige Ackerkulturen auf dem Ackerland	500	500	500	500	500
D/21	Schwarzbrache (einschl. Grünbrache), für die keine Beihilfe gewährt wird	50	50	50	50	50
D/22	Schwarzbrache (einschl. Grünbrache), die einer Beihilferegelung unterliegt und nicht wirtschaftlich genutzt wird	189	189	190	190	190
D/23	Tabak	6.448	6.448	6.448	6.448	6.448
D/24	Hopfen	4.003	4.003	4.003	4.003	4.003
D/26	Raps und Rübsen	551	642	639	609	635
D/27	Sonnenblumen	338	274	492	373	381
D/28	Soja	230	329	380	400	366
D/29	Leinsamen (Öllein)	555	555	555	555	555
D/30	Andere Ölfrüchte	564	657	641	612	636
D/31	Flachs	628	628	628	628	628
D/32	Hanf	632	632	632	632	632
D/33	Andere Textilpflanzen	628	628	628	628	628
D/35	Andere Handelsgewächse, die noch nicht aufgeführt wurden	551	642	639	609	635
F/01	Grünland und Weiden ohne ertragsarme Weiden	230	291	326	288	301
F/02	Ungepflegtes Weideland	99	99	99	99	99
	Durchschnittlicher Standarddeckungsbeitrag nach R B 164 Abs. 9 ErbStR	489	549	626	586	597
	Merkmal für die Regelung nach § 160 Abs. 2 Satz 2 BewG (folgende Angaben in € / ha)					
D/14a	Spargel	11.111	11.111	11.111	11.111	11.111
D/23	Tabak	6.448	6.448	6.448	6.448	6.448
D/24	Hopfen	4.003	4.003	4.003	4.003	4.003

§ 163 BewG   R B 163

Anlage 2
(zu R B 163)

Standarddeckungsbeiträge nach der EU-Typologie		Sachsen-Anhalt			Thüringen	Stadtstaaten
		Dessau	Halle	Magdeburg		
Code	Merkmal (folgende Angaben in € / Tier und Jahr (bei Geflügel pro 100 Tiere)					
J/01	Einhufer	186	186	186	186	186
Jm	Mastbullen -19.2 Monate	499	512	505	562	524
Ja	Aufzuchtfärsen -28.8 Monate	283	293	286	280	378
J/02	Rinder unter 1 Jahr	203	209	206	220	232
J/03	Männliche Rinder 1 - 2 Jahren	493	505	499	571	486
J/04	Weibliche Rinder 1 - 2 Jahren	57	60	57	43	104
J/05	Männliche Rinder 2 Jahre und älter	312	320	315	351	328
J/06	Färsen 2 Jahre und älter	57	60	57	43	104
J/07	Milchkühe	1.502	1.449	1.405	1.485	1.324
J/08	Sonstige Kühe	266	266	266	266	266
J/09a	Mutterschafe	44	44	44	44	44
J/09b	Sonstige Schafe	22	22	22	22	22
J/10	Ziegen (jeden Alters)	39	39	39	39	39
J/11	Ferkel unter 20 kg LG	61	61	61	64	59
J/12	Zuchtsauen, 50 kg und mehr	425	425	425	443	368
J/13	Sonstige Schweine	61	61	61	64	59
J/14	Masthähnchen und -hühnchen	133	133	133	133	133
J/15	Legehennen	876	876	876	945	885
J/16	Sonstiges Geflügel	703	703	703	703	703
J/17	Mutterkaninchen	133	133	133	133	133
	Merkmal (folgende Angaben in € / ha)					
D/01	Weichweizen und Spelz	630	688	665	625	655
D/02	Hartweizen	597	593	577	661	578
D/03	Roggen	389	452	383	514	449
D/04	Gerste	560	617	561	580	553
D/05	Hafer	486	511	475	556	496
D/06	Körnermais	561	573	514	605	587
D/08	Sonstiges Getreide zur Körnergewinnung	444	501	431	497	511
D/09	Eiweißpflanzen zur Körnergewinnung	350	371	364	359	295
D/10	Kartoffeln (einschl. Früh- und Pflanzkartoffeln)	2.336	2.766	2.564	2.925	2.900
D/11	Zuckerrüben (ohne Saatgut)	1.488	1.780	1.682	1.831	1.845
D/12	Futterhackfrüchte (ohne Saatgut)	173	174	153	257	362
D/18a	Ackerwiesen und -weiden	120	193	162	302	254
D/18bi	Grünmais (Silagemais)	420	603	482	703	578
D/18bii	Sonstige Futterpflanzen	211	274	234	378	319
D/19	Sämereien und Pflanzgut auf dem Ackerland	878	878	878	878	878
D/20	Sonstige Ackerkulturen auf dem Ackerland	500	500	500	500	500
D/21	Schwarzbrache (einschl. Grünbrache), für die keine Beihilfe gewährt wird	50	50	50	50	50
D/22	Schwarzbrache (einschl. Grünbrache), die einer Beihilferegelung unterliegt und nicht wirtschaftlich genutzt wird	190	190	190	214	204
D/23	Tabak	6.448	6.448	6.448	6.448	6.448
D/24	Hopfen	4.003	4.003	4.003	4.003	4.003
D/26	Raps und Rübsen	613	676	643	629	610
D/27	Sonnenblumen	394	442	405	450	378
D/28	Soja	355	345	372	337	378
D/29	Leinsamen (Öllein)	555	555	555	555	555
D/30	Andere Ölfrüchte	614	678	647	639	652
D/31	Flachs	628	628	628	628	628
D/32	Hanf	632	632	632	632	632
D/33	Andere Textilpflanzen	628	628	628	628	628
D/35	Andere Handelsgewächse, die noch nicht aufgeführt wurden	613	676	643	629	610
F/01	Grünland und Weiden ohne ertragsarme Weiden	244	255	252	285	352
F/02	Ungepflegtes Weideland	99	99	99	99	99
	Durchschnittlicher Standarddeckungsbeitrag nach R B 164 Abs. 9 ErbStR	543	598	564	619	605
	Merkmal für die Regelung nach § 160 Abs. 2 Satz 2 BewG (folgende Angaben in € / ha)					
D/14a	Spargel	11.111	11.111	11.111	11.111	11.111
D/23	Tabak	6.448	6.448	6.448	6.448	6.448
D/24	Hopfen	4.003	4.003	4.003	4.003	4.003

196

§ 164 Mindestwert

(1) Der Mindestwert des Wirtschaftsteils setzt sich aus dem Wert für den Grund und Boden sowie dem Wert der übrigen Wirtschaftsgüter zusammen und wird nach den Absätzen 2 bis 4 ermittelt.

(2) ¹Der für den Wert des Grund und Bodens im Sinne des § 158 Abs. 3 Satz 1 Nr. 1 zu ermittelnde Pachtpreis pro Hektar (ha) bestimmt sich nach der Nutzung, dem Nutzungsteil und der Nutzungsart des Grund und Bodens. ²Bei der landwirtschaftlichen Nutzung ist dabei die Betriebsgröße in EGE nach § 163 Abs. 3 Satz 4 Nr. 1 bis 3 zu berücksichtigen. ³Der danach maßgebliche Pachtpreis ergibt sich jeweils aus der Spalte 5 der Anlagen 14, 15 und 17 sowie aus der Spalte 4 der Anlagen 16 und 18 und ist mit den Eigentumsflächen zu vervielfältigen.

(3) Der Kapitalisierungszinssatz des regionalen Pachtpreises beträgt 5,5 Prozent und der Kapitalisierungsfaktor beträgt 18,6.

(4) ¹Der Wert für die übrigen Wirtschaftsgüter im Sinne des § 158 Abs. 3 Satz 1 Nr. 2 bis 5 (Besatzkapital) bestimmt sich nach der Nutzung, dem Nutzungsteil und der Nutzungsart des Grund und Bodens. ²Bei der landwirtschaftlichen Nutzung ist dabei die Betriebsgröße in EGE nach § 163 Abs. 3 Satz 4 Nr. 1 bis 3 zu berücksichtigen. ³Der danach maßgebliche Wert für das Besatzkapital ergibt sich jeweils aus der Spalte 6 der Anlagen 14, 15a und 17 sowie aus der Spalte 5 der Anlagen 16 und 18 und ist mit den selbst bewirtschafteten Flächen zu vervielfältigen.

(5) Der Kapitalisierungszinssatz für die übrigen Wirtschaftsgüter (§ 158 Abs. 3 Satz 1 Nr. 2 bis 5) beträgt 5,5 Prozent und der Kapitalisierungsfaktor beträgt 18,6.

(6) ¹Der kapitalisierte Wert für den Grund und Boden und der kapitalisierte Wert für die übrigen Wirtschaftsgüter sind um die damit in wirtschaftlichem Zusammenhang stehenden Verbindlichkeiten zu mindern. ²Der Mindestwert, der sich hiernach ergibt, darf nicht weniger als 0 Euro betragen.

(7) Das Bundesministerium der Finanzen wird ermächtigt, durch Rechtsverordnung mit Zustimmung des Bundesrates die Anlagen 14 bis 18 zu diesem Gesetz dadurch zu ändern, dass es die darin aufgeführten Pachtpreise und Werte für das Besatzkapital turnusmäßig an die Ergebnisse der Erhebungen nach § 2 des Landwirtschaftsgesetzes anpasst.

ErbStR 2019

Zu § 164 BewG

R B 164 Ermittlung des Mindestwerts

(1) ¹Der Mindestwert umfasst den Wert des Grund und Bodens sowie den Wert der sonstigen Wirtschaftsgüter (Besatzkapital). ²Der Wert des Grund und Bodens wird durch Kapitalisierung eines Pachtpreises unter Berücksichtigung der Eigentumsfläche des Betriebs ermittelt. ³Das Besatzkapital wird durch Kapitalisierung des Werts der Wirtschaftsgüter unter Berücksichtigung der selbst bewirtschafteten Flächen ermittelt.

Hinweise (ErbStH 2019)

H B 164 (1) Mindestwert

1. Mindestwert der landwirtschaftlichen Nutzung

Beispiel:

Landwirtschaftsbetrieb in Oberbayern mit folgenden Betriebsverhältnissen:

Ackerbau 50 ha Eigentum und 55,0020 ha Zupachtflächen, betriebliche Verbindlichkeiten 57 000 EUR.

§ 164 BewG

a) **Ermittlung des Gesamtstandarddeckungsbeitrags für die landwirtschaftliche Nutzung**

Standarddeckungsbeitrag/ha für		Anbauflächen			Betrag in EUR
		ha	a	m²	
Weichweizen	598 EUR	30	00	00	17 940,00
Kartoffeln	2 327 EUR	40	00	00	+ 93 080,00
Raps	584 EUR	30	00	00	+ 17 520,00
Gerste	516 EUR	2	50	10	+ 1 290,52
Roggen	402 EUR	2	50	10	+ 1 005,40
Summe					130 835,92
Gesamtstandarddeckungsbeitrag des Betriebs (gerundet)					130 836

b) **Ermittlung der Nutzungsart bzw. Betriebsform für die landwirtschaftliche Nutzung**
Da die Standarddeckungsbeiträge der pflanzlichen Nutzung alle dem Ackerbau zuzuordnen sind, ist das Klassifizierungsmerkmal > 2/3 erfüllt. Es liegt ein reiner Ackerbaubetrieb vor.

c) **Ermittlung der Betriebsgröße für die landwirtschaftliche Nutzung**
Gesamtstandarddeckungsbeitrag 130 836 EUR : 1 200 EUR = 109,03 EGE
Die Betriebsgröße liegt über 100 EGE = Großbetrieb.

d) **Bewertungsparameter Anlage 14 zum BewG**
Pachtpreis/ha – Oberbayern, Großbetrieb, Ackerbau   312 EUR
Besatzkapital/ha – Oberbayern, Großbetrieb, Ackerbau   68 EUR

e) **Bewertung des Betriebs**
Mindestwertverfahren

Nutzungsart	Wert EUR/ha	jeweilige Fläche			Kapitalisierungsfaktor	Mindestwert in EUR
		ha	a	m²		
Grund und Boden Ackerbau > 100 EGE	312	50	00	00	18,6	290 160,00
Besatzkapital Ackerbau > 100 EGE	68	105	00	20	18,6	+ 132 806,53
Verbindlichkeiten						./. 57 000,00
Summe						365 966,53
Mindestwert der landwirtschaftlichen Nutzung (gerundet)						365.967

2. Mindestwert der forstwirtschaftlichen Nutzung

Beispiel:
Ermittlung des Wirtschaftswerts für einen Forstbetrieb mit folgendem Altersklassenwald:

Fichte bis 60 Jahre – EKL I	3,51 ha
Kiefer bis 60 Jahre – EKL I	3,12 ha
Eiche bis 60 Jahre – EKL I	4,17 ha
Verbindlichkeiten Holzaufarbeitungskosten	3 500 EUR

Mindestwertverfahren

Nutzungsart	Wert EUR/ha	jeweilige Fläche			Kapitalisierungsfaktor	Mindestwert in EUR
		ha	a	m²		
Grund und Boden	5,40	10	80	00	18,6	1 084,75

Besatzkapital Fichte – *I. EKL 41 bis 60 Jahre*	112,50	3	51	00	18,6	+ 7 344,68
Besatzkapital Kiefer – *I. EKL 41 bis 60 Jahre*	15,20	3	12	00	18,6	+ 882,09
Besatzkapital Eiche – *I. EKL 41 bis 60 Jahre*	45,90	4	17	00	18,6	+ 3 560,10
Verbindlichkeiten						./. 3 500,00
						9 371,62
Mindestwert der forstwirtschaftlichen Nutzung (gerundet)						9 372

3. Mindestwert der weinbaulichen Nutzung

Beispiel:

Ermittlung des Wirtschaftswerts für einen Weinbaubetrieb mit folgenden Betriebsverhältnissen:

9 ha Eigentum und 7 ha Zupachtflächen

Die nachhaltige Erntemenge der letzten fünf Jahre beträgt 168 000 Liter, davon wurden

an die Winzergenossenschaft als Trauben geliefert	21 000 l
als Fasswein verkauft	42 000 l
als Flaschenwein verkauft	105 000 l

Verwertungsform	*Nachhaltige Erntemenge in Liter Wein*	*Ermittelte Anteile der Verwertungsformen*	*Entsprechende Flächenanteile der Eigentumsfläche in*			*Entsprechende Flächenanteile selbst bewirtschaftete Fläche*		
			ha	a	m²	ha	a	m²
Traubenerzeugung	21 000	12,50 %	1	12	50	2	00	00
Fassweinerzeugung	42 000	25,00 %	2	25	00	4	00	00
Flaschenweinerzeugung	105 000	62,50 %	5	62	50	10	00	00
Summe	168 000	100 %	9	00	00	16	00	00

Mindestwertverfahren

Nutzungsart	*Wert EUR/ha*	*jeweilige Fläche*			*Kapitalisierungsfaktor*	*Mindestwert in EUR*
		ha	a	m²		
Grund und Boden Flaschenwein	970	5	62	50	18,6	101 486,25
Besatzkapital Flaschenwein	1 522	10	00	00	18,6	283 092,00
Grund und Boden Fasswein	589	2	25	00	18,6	24 649,65
Besatzkapital Fasswein	588	4	00	00	18,6	43 747,20
Grund und Boden Traubenerzeugung	859	1	12	50	18,6	17 974,58
Besatzkapital Traubenerzeugung	509	2	00	00	18,6	18 934,80
Verbindlichkeiten						./. 0,00
						489 884,48
Mindestwert der weinbaulichen Nutzung (gerundet)						489.884

§ 164 BewG   R B 164

4. Mindestwert der gärtnerischen Nutzung

Beispiel:

Ermittlung des Mindestwerts für einen Gartenbaubetrieb mit folgenden Betriebsverhältnissen:

Nutzungsteil	ha	a	m²
Gemüsebau – Freiland	1	00	00
Gemüsebau – Flächen unter Glas und Kunststoffen	1	00	00
Blumen- und Zierpflanzenbau – Freiland	2	00	00
Blumen- und Zierpflanzenbau – Flächen unter Glas und Kunststoffen	0	50	00
Obstbau	1	00	00
Baumschulen	3	00	00

Verbindlichkeiten 301.000 EUR

Nutzungsart	Wert EUR/ha	jeweilige Fläche ha	a	m²	Kapitalisierungsfaktor	Mindestwert in EUR
Grund und Boden Gemüse Freiland	657	1	00	00	18,6	12 220,20
Besatzkapital Gemüse Freiland	484	1	00	00	18,6	+ 9 002,40
Grund und Boden Gemüse unter Glas und Kunststoffen	2 414	1	00	00	18,6	+ 44 900,40
Besatzkapital Gemüse unter Glas und Kunststoffen	2 750	1	00	00	18,6	+ 51 150,00
Grund und Boden Blumen Freiland	1 044	2	00	00	18,6	+ 38 836,80
Besatzkapital Blumen Freiland	1 393	2	00	00	18,6	+ 51 819,60
Grund und Boden Blumen unter Glas und Kunststoffen	5 516	0	50	00	18,6	+ 51 298,80
Besatzkapital Blumen unter Glas und Kunststoffen	6 895	0	50	00	18,6	+ 64 123,50
Grund und Boden Obstbau	325	1	00	00	18,6	+ 6 045,00
Besatzkapital Obstbau	426	1	00	00	18,6	+ 7 923,60
Grund und Boden Baumschule	223	3	00	00	18,6	+ 12 443,40
Besatzkapital Baumschule	2 359	3	00	00	18,6	+ 131 632,20
Verbindlichkeiten						./. 301 000,00
						180 395,90
Mindestwert der gärtnerischen Nutzung (gerundet)						180 396

(2) ¹Der Pachtpreis bestimmt sich nach der jeweiligen Nutzung, ggf. dem Nutzungsteil und der Nutzungsart des Grund und Bodens und ergibt sich aus den Anlagen 14 bis 18 zum BewG. ²Bei der landwirtschaftlichen Nutzung ist zur Bestimmung des maßgebenden Pachtpreises entsprechend den gesetzlichen Vorgaben zusätzlich die Betriebsgröße zu berücksichtigen. ³Der jeweilige Pachtpreis ist mit den jeweiligen Eigentums-

flächen bzw. Flächenanteilen des Betriebs am Bewertungsstichtag zu multiplizieren. ⁴Der hieraus errechnete Wert ist mit 18,6 zu kapitalisieren.

(3) ¹Für die sonstigen land- und forstwirtschaftlichen Nutzungen gelten die Grundsätze des Absatzes 1 Satz 1 entsprechend. ²Soweit Flächen einer sonstigen land- und forstwirtschaftlichen Nutzung zu dienen bestimmt sind, ist ein Pachtpreis von 171 Euro/ha anzusetzen.

Hinweise (ErbStH 2019)

H B 164 (3) *Ermittlung des Besatzkapitals (selbst bewirtschaftete Fläche)*

Beispiel Zupacht:

Landwirt (L) betreibt einen landwirtschaftlichen Betrieb mit 30 Hektar Eigentumsfläche und 200 Hektar Pachtfläche. Am 1.3.2018 verstirbt L. Alleinerbe ist Sohn S.

Der Erwerb des Betriebs am 1.3.2018 erfolgt von Todes wegen (§ 3 Absatz 1 Nummer 1 ErbStG). Der festzustellende Grundbesitzwert berechnet sich im Falle des Mindestwerts durch Kapitalisierung des regionalen Pachtpreises mit 18,6 für die 30 Hektar Grund und Boden (Eigentumsfläche) und durch Kapitalisierung des Besatzkapitals mit dem Faktor 18,6 für 230 Hektar (selbst bewirtschaftete Fläche).

Beispiel Pachtbetrieb:

Landwirt (L) betreibt mit eigenem Besatzkapital einen landwirtschaftlichen Betrieb ausschließlich auf Pachtflächen von 230 Hektar. Am 1.3.2018 verstirbt L. Alleinerbe ist Sohn S, der den Betrieb mit eigenen Flächen fortführt.

Der Erwerb des Betriebs am 1.3.2018 erfolgt von Todes wegen (§ 3 Absatz 1 Nummer 1 ErbStG). Der festzustellende Grundbesitzwert berechnet sich im Falle des Mindestwerts durch Kapitalisierung des Besatzkapitals mit dem Faktor 18,6 für 230 Hektar selbst bewirtschafteter Fläche.

Beispiel Schenkung von Besatzkapital:

Landwirt (L) betreibt einen landwirtschaftlichen Betrieb (30 Hektar) und überträgt am 1.7.2018 das gesamte Besatzkapital im Wege der gleitenden Hofnachfolge an seinen Sohn (S). Den Grund und Boden behält er zurück und verpachtet diese Flächen an S. Am 1.3.2019 verstirbt L. S erbt den Grund und Boden.

Der Erwerb des Besatzkapitals am 1.7.2018 ist eine freigebige Zuwendung (§ 7 Absatz 1 Nummer 1 ErbStG). Der festzustellende Grundbesitzwert berechnet sich im Falle des Mindestwerts durch Kapitalisierung des auf die 30 Hektar entfallenden Besatzkapitals mit dem Faktor 18,6 (→ R B 164 Absatz 6 Satz 4).

Der Erwerb des Grund und Bodens am 1.3.2019 erfolgt von Todes wegen (§ 3 Absatz 1 Nummer 1 ErbStG). Der festzustellende Grundbesitzwert berechnet sich durch Kapitalisierung des regionalen Pachtpreises mit dem Faktor 18,6. Da L die Flächen nicht mehr selbst bewirtschaftet hat, ist kein Besatzkapital zu berücksichtigen.

Beispiel Übertragung von Besatzkapital von Todes wegen:

Landwirt (L) betreibt einen landwirtschaftlichen Betrieb (30 Hektar) und überträgt am 1.7.2018 den gesamten Grund und Boden an seinen Sohn (S), der diesen an seinen Vater verpachtet. L behält das gesamte Besatzkapital zurück. Am 1.3.2019 verstirbt L. S erbt das gesamte Besatzkapital.

Der Erwerb des Grund und Bodens am 1.7.2018 ist eine freigebige Zuwendung (§ 7 Absatz 1 Nummer 1 ErbStG). Der festzustellende Grundbesitzwert berechnet sich im Falle des Mindestwerts durch Kapitalisierung des regionalen Pachtpreises mit dem Faktor 18,6. Da das Besatzkapital nicht übertragen wurde, erfolgt hierfür kein Wertansatz nach § 164 Absatz 4 BewG.

Der Erwerb des Besatzkapitals am 1.3.2019 erfolgt von Todes wegen (§ 3 Absatz 1 Nummer 1 ErbStG). Der festzustellende Grundbesitzwert berechnet sich im Falle des Mindestwerts durch Kapitalisierung des auf die 30 Hektar entfallenden Besatzkapitals mit dem Faktor 18,6, da die nach § 164 Absatz 4 Satz 3 BewG erforderliche Selbstbewirtschaftung der Flächen durch L vorlag.

Beispiel Bestimmung des Besatzkapitals

Landwirt (L) betreibt einen gemischten Betrieb (12 Hektar Landwirtschaft und 8 Hektar Obstbau). Er spezialisiert sich auf den Obstbau und überträgt den landwirtschaftlich ge-

§ 164 BewG R B 164

nutzten Grund und Boden von 12 Hektar am 1.7.2018 an seinen Sohn (S), der diesen im Rahmen seines eigenen Betriebs der Land- und Forstwirtschaft bewirtschaftet. L behält das gesamte Besatzkapital zurück, das er zur Bewirtschaftung der verbliebenen Flächen verwendet, und pachtet noch 15 Hektar Obstbauflächen zu. Am 1.3.2019 verstirbt L. S erbt die Fläche von 8 Hektar und das gesamte Besatzkapital.

Der Erwerb des Grund und Bodens von 12 Hektar am 1.7.2018 ist eine freigebige Zuwendung (§ 7 Absatz 1 Nummer 1 ErbStG). Der festzustellende Grundbesitzwert berechnet sich im Falle des Mindestwerts durch Kapitalisierung des regionalen Pachtpreises mit dem Faktor 18,6. Da das Besatzkapital nicht übertragen wurde, erfolgt hierfür kein Wertansatz nach § 164 Absatz 4 BewG.

Der Erwerb des Grund und Bodens von 8 Hektar sowie des gesamten Besatzkapitals am 1.3.2019 erfolgt von Todes wegen (§ 3 Absatz 1 Nummer 1 ErbStG). Der festzustellende Grundbesitzwert berechnet sich für den Grund und Boden durch Kapitalisierung des regionalen Pachtpreises für 8 Hektar. Der Wert des gesamten Besatzkapitals berechnet sich durch Kapitalisierung des auf die 23 Hektar entfallenden Werts mit dem Faktor 18,6, da die nach § 164 Absatz 4 Satz 3 BewG erforderliche Selbstbewirtschaftung der Flächen durch L am Bewertungsstichtag in diesem Umfang vorlag.

(4) Für das Abbauland ist ein pauschaler Pachtpreis von 136 Euro/ha anzusetzen.

(5) Für das Geringstland ist ein pauschaler Pachtpreis von 5,40 Euro/ha anzusetzen.

(6) [1]Der Wert des Besatzkapitals bestimmt sich nach der jeweiligen Nutzung, ggf. dem Nutzungsteil und der Nutzungsart in Abhängigkeit des Grund und Bodens und ergibt sich aus den Anlagen 14 bis 18 zum BewG. [2]Bei der landwirtschaftlichen Nutzung ist zur Bestimmung des maßgebenden Werts entsprechend den gesetzlichen Vorgaben zusätzlich die Betriebsgröße zu berücksichtigen. [3]Der jeweilige Wert des Besatzkapitals ist mit den jeweiligen selbst bewirtschafteten Flächen des Betriebs am Bewertungsstichtag zu multiplizieren. [4]Die Frage, ob Flächen selbst bewirtschaftet werden, ist aus der Sicht des Erblassers oder Schenkers zu beurteilen. [5]Der hieraus errechnete Wert ist mit 18,6 zu kapitalisieren.

(7) Das Besatzkapital für die sonstigen land- und forstwirtschaftlichen Nutzungen ist mit dem gemeinen Wert der einzelnen Wirtschaftsgüter zu bewerten.

(8) [1]Die Summe aus den kapitalisierten Werten für den Grund und Boden sowie das Besatzkapital ist um die damit im unmittelbaren wirtschaftlichen Zusammenhang stehenden Verbindlichkeiten zu mindern. [2]Der sich hieraus ergebende Mindestwert darf nicht weniger als 0 Euro betragen. [3]Einer Überschuldung kann wegen der Begrenzung des Mindestwerts auf 0 Euro daher nur im Rahmen der Öffnungsklausel nach § 165 Absatz 3 BewG Rechnung getragen werden.

(9) [1]Stückländereien (§ 160 Absatz 7 BewG) sind nach § 162 Absatz 2 BewG ausschließlich im Mindestwertverfahren zu bewerten. [2]Zur Ermittlung des zutreffenden Pachtpreises sind die den Ertragswert bildenden Faktoren einer Nutzungsart, insbesondere die nach § 163 Absatz 3 Satz 3 BewG erforderlichen Daten, zu erklären. [3]Soweit es dem Steuerpflichtigen nicht möglich ist, die Daten zu beschaffen, sind zur Ermittlung des Werts für den Grund und Boden folgende Pachtpreise auf der Grundlage der Klassifizierung im Automatisierten Liegenschaftskataster heranzuziehen:

Flächengebundene Nutzungen	Reingewinn in Euro pro Hektar	Pachtpreis in Euro pro ha	Wert für das Besatzkapital in Euro pro ha
Landwirtschaftliche Nutzung – Grünland → 2/3 der Flächen	Sonstiger Futterbau Anlage 14	Sonstiger Futterbau Anlage 14	Sonstiger Futterbau Anlage 14
Landwirtschaftliche Nutzung – Ackerland → 2/3 der Flächen	Ackerbau Anlage 14	Ackerbau Anlage 14	Ackerbau Anlage 14
Landwirtschaftliche Nutzung – alle übrigen Fälle	Pflanzenbau-Verbund Anlage 14	Pflanzenbau-Verbund Anlage 14	Pflanzenbau-Verbund Anlage 14
Forstwirtschaftliche Nutzung	Anlage 15	5,40	Anlage 15a
Weinbauliche Nutzung	– 759,00	589,00	588,00
Gärtnerische Nutzung – Gartenland	– 1.365,00	657,00	484,00

BewG § 164

Flächengebundene Nutzungen	Reingewinn in Euro pro Hektar	Pachtpreis in Euro pro ha	Wert für das Besatzkapital in Euro pro ha
Gärtnerische Nutzung – Anbauflächen unter Glas	6.098,00	2 414,00	2.750,00
Gärtnerische Nutzung – Baumschule	894.00	223,00	2.359,00
Gärtnerische Nutzung – Obstplantage	– 379,00	325,00	426,00
Sondernutzung – Spargel	– 1.365,00	657,00	612,00
Sondernutzung – Hopfen	– 414,00	492,00	348,00
Sondernutzung – Tabak	– 820,00	492,00	129,00

[4]Zur Einstufung der Pachtpreise für die landwirtschaftliche Nutzung ist der durchschnittliche Standarddeckungsbeitrag einer Region heranzuziehen und mit der Eigentumsfläche der landwirtschaftlichen Nutzung zu multiplizieren. [5]Der sich hiernach ergebende Wert ist zur Ermittlung der Betriebsgröße durch 1 200 Euro zu dividieren. [6]Für die Einstufung der Betriebsgröße gilt § 163 Absatz 3 Satz 4 BewG. [7]Die vorstehenden Grundsätze sind auch für den Fall anzuwenden, dass bei einer Betriebsverpachtung im Ganzen oder bei einer Verpachtung von Flächen für weniger als 15 Jahre (unechte Stückländereien) die den Ertragswert bildenden Faktoren sowohl für den Grund und Boden als auch für das Besatzkapital nicht ermittelt werden können.

Hinweise (ErbStH 2019)

H B 164 (9) Stückländerei

Beispiel:

Ein Landwirt in Rheinland-Pfalz gibt seinen Betrieb auf und verpachtet seine Eigentumsflächen für 20 Jahre wie folgt:

Pächter 1	5,0 ha Klassifizierung Gartenland
Pächter 2	2,5 ha Klassifizierung Grünland
Pächter 3	20,0 ha Klassifizierung Ackerland
Pächter 4	3,0 ha Klassifizierung Weinbau
Pächter 5	2,5 ha Klassifizierung Obstplantage

Es liegt ein Betrieb der Land- und Forstwirtschaft – Stückländerei vor, da die Voraussetzungen des § 160 Absatz 7 BewG erfüllt sind. Soweit die den Ertragswert bildenden Faktoren nicht ermittelt werden können, ist der Betrieb in einem vereinfachten Verfahren wie folgt zu bewerten:

1. ***Ermittlung des Gesamtstandarddeckungsbeitrags für die landwirtschaftliche Nutzung***

    Durchschnittlicher Standarddeckungsbeitrag der landwirtschaftlichen Nutzung:
    Rheinland-Pfalz   *606 EUR*
    Flächen der landwirtschaftlichen Nutzung:
    22,5000 ha x 606 EUR =   *13 635 EUR*

2. ***Ermittlung der Nutzungsart bzw. Betriebsform für die landwirtschaftliche Nutzung***

    Die Flächen der landwirtschaftlichen Nutzung (22,5000 ha) sind zu mehr als 2/3 Ackerland.

3. ***Ermittlung der Betriebsgröße für die landwirtschaftliche Nutzung***

    Gesamtstandarddeckungsbeitrag
    13 635 EUR : 1 200 EUR =   *11,36 EGE*
    Die Betriebsgröße liegt unter 40 EGE = Kleinbetrieb.

§ 164 BewG

R B 164

4. Bewertungsparameter Anlage 14 zum BewG

Pachtpreis/ha:
Rheinland-Pfalz, Kleinbetrieb, Ackerbau   208 EUR

5. Bewertung des Betriebs
Mindestwertverfahren

Nutzungsart	Wert EUR/ha	jeweilige Fläche			Kapitalisie-rungsfaktor	Mindestwert in EUR
		ha	a	m^2		
Grund und Boden Ackerland 0 bis 40 EGE	208	22	50	00	18,6	87 048,00
Grund und Boden Weinbau	589	3	00	00	18,6	+ 32 866,20
Grund und Boden Gartenland	657	5	00	00	18,6	+ 61 101,00
Grund und Boden Obstplantage	325	2	50	00	18,6	+ 15 112,50
Verbindlichkeiten						./. 0,00
Summe						196 127,70
Mindestwert						196.128

(10) [1]Sind für Zwecke der Erbschaftsteuer Anteile an gemeinschaftlichen Tierhaltungen im Sinne des § 51a BewG zu ermitteln, ist zunächst der Gesamtwert für die Tierhaltungsgemeinschaft im Wege des Mindestwertverfahrens zu ermitteln und daraus der Wert des entsprechenden Anteils zu berechnen. [2]Falls die Grenzen des § 51a Absatz 1 Satz 1 Nummer 2 BewG nicht überschritten werden, gehört der Tierbestand einer gemeinschaftlichen Tierhaltung auch dann zum land- und forstwirtschaftlichen Vermögen, wenn die Gesellschafter oder Mitglieder mehr Vieheinheiten auf die Gemeinschaft übertragen, als nach § 169 Absatz 1 und § 51a Absatz 1 Satz 1 Nummer 1 Buchstabe d BewG zulässig sind. [3]Bei den betreffenden Gesellschaftern oder Mitgliedern ist § 169 Absatz 2 bis 5 BewG anzuwenden.

§ 165 Bewertung des Wirtschaftsteils mit dem Fortführungswert

(1) Der Wert des Wirtschaftsteils wird aus der Summe der nach § 163 zu ermittelnden Wirtschaftswerte gebildet.

(2) Der für einen Betrieb der Land- und Forstwirtschaft anzusetzende Wert des Wirtschaftsteils darf nicht geringer sein als der nach § 164 ermittelte Mindestwert.

(3) Weist der Steuerpflichtige nach, dass der gemeine Wert des Wirtschaftsteils niedriger ist als der nach den Absätzen 1 und 2 ermittelte Wert, ist dieser Wert anzusetzen; § 166 ist zu beachten.

ErbStR 2019
Zu § 165 BewG

R B 165 Bewertung des Wirtschaftsteils mit dem Fortführungswert

(1) Die Summe der einzelnen Wirtschaftswerte gemäß R B 163 bildet den Wert des Wirtschaftsteils als Fortführungswert.

(2) Ist der nach R B 164 ermittelte Mindestwert höher als der nach Absatz 1 ermittelte Wert des Wirtschaftsteils, so ist der Mindestwert als Fortführungswert anzusetzen.

(3) [1]Für den Wirtschaftsteil des Betriebs der Land- und Forstwirtschaft kann abweichend von der Wertermittlung nach den §§ 163, 164 BewG der niedrigere gemeine Wert (Verkehrswert) am Bewertungsstichtag angesetzt werden, wenn der Steuerpflichtige diesen nachweist (§ 165 Absatz 3 BewG). [2]Der Nachweis eines niedrigeren gemeinen Werts kann nicht durch ein Einzelertragswertverfahren für den Wirtschaftsteil erbracht werden, da die Grundsätze zur Ermittlung eines Liquidationswerts zu beachten sind.

(4) [1]Den Steuerpflichtigen trifft die Nachweislast für einen niedrigeren gemeinen Wert und nicht eine bloße Darlegungslast. [2]Als Nachweis ist regelmäßig ein Gutachten eines Sachverständigen für Bewertungsfragen in der Landwirtschaft erforderlich. [3]Das Gutachten ist nicht bindend, sondern unterliegt der Beweiswürdigung durch das Finanzamt. [4]Enthält das Gutachten Mängel (z. B. methodische Mängel oder unzutreffende Wertansätze), ist es zurückzuweisen; ein Gegengutachten durch das Finanzamt ist nicht erforderlich. [5]Von dem ermittelten Verkehrswert sind die im unmittelbaren wirtschaftlichen Zusammenhang stehenden Verbindlichkeiten abzuziehen, so dass gegebenenfalls ein negativer Wert des Wirtschaftsteils in den Grundbesitzwert einfließt.

Hinweise (ErbStH 2019)

H B 165 Wert des Wirtschaftsteils

Beispiel:
Land- und Forstwirtschaftlicher Betrieb mit folgenden Betriebsverhältnissen:

Wirtschaftswert der landwirtschaftlichen Nutzung	*101 370 EUR*
Wirtschaftswert der forstwirtschaftlichen Nutzung	*15 344 EUR*
Wert des Wirtschaftsteils = Summe der Wirtschaftswerte	*116 714 EUR*
Mindestwert	
der landwirtschaftlichen Nutzung	*365 967 EUR*
der forstwirtschaftlichen Nutzung	*+ 9 372 EUR*
Wert des Wirtschaftsteils	*375 339 EUR*

Der Wert des Wirtschaftsteils beträgt 375 339 EUR, da der Wert des Wirtschaftsteils nicht geringer sein darf als der ermittelte Mindestwert.

§ 166 BewG

§ 166 Bewertung des Wirtschaftsteils mit dem Liquidationswert

(1) Im Falle des § 162 Abs. 3 oder Abs. 4 ist der Liquidationswert nach Absatz 2 zu ermitteln und tritt mit Wirkung für die Vergangenheit an die Stelle des bisherigen Wertansatzes.

(2) Bei der Ermittlung des jeweiligen Liquidationswerts nach Absatz 1
1. ist der Grund und Boden im Sinne des § 158 Abs. 3 Satz 1 Nr. 1 mit den zuletzt vor dem Bewertungsstichtag ermittelten Bodenrichtwerten zu bewerten. ²§ 179 Satz 2 bis 4 gilt entsprechend. ³Zur Berücksichtigung der Liquidationskosten ist der ermittelte Bodenwert um 10 Prozent zu mindern;
2. sind die übrigen Wirtschaftsgüter im Sinne des § 158 Abs. 3 Satz 1 Nr. 2 bis 5 mit ihrem gemeinen Wert zu bewerten. ²Zur Berücksichtigung der Liquidationskosten sind die ermittelten Werte um 10 Prozent zu mindern.

Rechtsprechungsauswahl

BFH-Urteil vom 30.1.2019 II R 9/16 (BStBl. II S. 599)
Grundbesitzwert für nach dem Erbanfall veräußerte, zu einem land- und forstwirtschaftlichen Betrieb gehörende Grundstücke

Weist der Steuerpflichtige nach, dass der gemeine Wert der kurze Zeit nach dem Erbanfall veräußerten land- und forstwirtschaftlich genutzten Flächen wesentlich niedriger ist als der nach § 166 BewG ermittelte Liquidationswert, kann der niedrigere gemeine Wert als Grundbesitzwert für Zwecke der Erbschaftsteuer festgestellt werden.

ErbStR 2019

Zu § 166 BewG

R B 166 Liquidationswert

(1) ¹Der Wert des Grund und Bodens bestimmt sich nach den zuletzt vor dem Bewertungsstichtag ermittelten Bodenrichtwerten (ohne Aufwuchs) für die jeweilige Nutzung. ²Der gemeine Wert der übrigen Wirtschaftsgüter bestimmt sich nach dem jeweiligen Einzelveräußerungspreis des Wirtschaftsguts am Bewertungsstichtag. ³Für die Ermittlung des Liquidationswerts der Wirtschaftsgebäude gelten grundsätzlich die auf Grund § 199 Absatz 1 des Baugesetzbuches (BauGB) erlassenen Vorschriften.

(2) ¹Bei der Veräußerung eines ganzen Betriebs (→ R B 162 Absatz 3) ist der Wert des Grund und Bodens sowie des Besatzkapitals zu ermitteln und zur Berücksichtigung der Liquidationskosten ohne weiteren Nachweis um 10 Prozent zu mindern. ²Die Summe der hiernach ermittelten Werte ist um die damit im unmittelbaren wirtschaftlichen Zusammenhang stehenden Verbindlichkeiten zu mindern. ³Der Wert des Wirtschaftsteils wird in diesem Fall vollständig durch den Liquidationswert ersetzt.

Hinweise (ErbStH 2019)

H B 166 (2) *Ermittlung des Liquidationswerts für einen Betrieb*

Beispiel:

Ein im Wege der Schenkung am 1.7.2013 übertragener Betrieb der Land- und Forstwirtschaft (100 ha) wird im Jahr 2019 für 3 000 000 EUR im Ganzen veräußert. Im Jahr 2015 wurde der bisherige Betrieb komplett umstrukturiert und die Verbindlichkeiten für den Bau des Wirtschaftsgebäudes von 154 720 EUR abgelöst.

Der Betrieb der Land- und Forstwirtschaft ist rückwirkend nach den tatsächlichen Verhältnissen und den Wertverhältnissen am Bewertungsstichtag 1.7.2013 zu bewerten. Die nach dem Bewertungsstichtag eingetretene Umstrukturierung innerhalb des land- und forstwirtschaftlichen Vermögens und die Tilgung der Schuld im Jahr 2015 sind unerheblich.

1. *Liquidationswerte des Grund und Bodens und der übrigen Wirtschaftsgüter am Bewertungsstichtag 1.7.2013*

   Bodenwert nach § 166 Absatz 2 Nummer 1 BewG

   Eigentumsfläche 100 ha

   Bodenrichtwert 12 000 EUR/ha x 100 ha   *1 200 000 EUR*

Abschlag für Liquidationskosten 10 %	./. 120 000 EUR
Verbindlichkeiten	./. 0 EUR
Liquidationswert Grund und Boden	**1 080 000 EUR**
Wert der übrigen Wirtschaftsgüter nach § 166 Absatz 2 Nummer 2 BewG	
Wert der Wirtschaftsgebäude	200 000 EUR
Wert der Maschinen	+ 112 000 EUR
Wert der Betriebsvorrichtung	+ 28 000 EUR
Wert des Umlaufvermögens	+ 20 800 EUR
Summe der Werte für das Besatzkapital	360 800 EUR
Abschlag für Liquidationskosten 10 %	./. 36 080 EUR
Verbindlichkeiten	./. 154 720 EUR
Liquidationswert Besatzkapital	**170 000 EUR**

2. *Ermittlung des Werts des Wirtschaftsteils*
   Der Wert des Wirtschaftsteils setzt sich aus den beiden Liquidationswerten zusammen und beträgt demnach 1 250 000 EUR.

(3) [1]Bei der Veräußerung einzelner Wirtschaftsgüter oder wenn Wirtschaftsgüter einem Betrieb der Land- und Forstwirtschaft nicht mehr dauernd zu dienen bestimmt sind (→ R B 162 Absatz 4) ist der gemeine Wert des jeweiligen Wirtschaftsguts zu ermitteln und zur Berücksichtigung der Liquidationskosten ohne weiteren Nachweis um 10 Prozent zu mindern. [2]Der hiernach jeweils ermittelte Wert ist um die damit im unmittelbaren wirtschaftlichen Zusammenhang stehenden Verbindlichkeiten zu mindern. [3]Der Wert des Wirtschaftsteils ist in diesem Fall nach Absatz 4 und den Verhältnissen beim Mindestwert zu korrigieren.

Hinweise (ErbStH 2019)

H B 166 (3) *Ermittlung des Liquidationswerts für einzelne Wirtschaftsgüter*

Beispiel:

Ein im Wege der Schenkung am 1.7.2018 übertragener Betrieb der Land- und Forstwirtschaft in Schleswig-Holstein wird zum 1.7.2021 verkleinert, da die Ehefrau nicht mehr im Betrieb mitarbeiten kann. Hierzu werden 10 Hektar Ackerland und der gesamte Milchviehbestand verkauft. 30 Hektar Grünland werden für 10 Jahre verpachtet.

Der Bodenrichtwert für Ackerland beträgt am Bewertungsstichtag 1.7.2018 1,20 EUR/m². Die Veräußerung des Milchviehbestandes am 1.7.2021 hat einen Erlös von 50 000 EUR erbracht. Der Buchwert des Milchviehbestandes beträgt 8 000 EUR, der Buchwert aller übrigen Wirtschaftsgüter (ohne Grund und Boden) beträgt 127 500 EUR. Die Veräußerungskosten belaufen sich auf 2 500 EUR. Verbindlichkeiten sind mit den veräußerten Wirtschaftsgütern nicht verbunden.

Der Betrieb war bisher im Mindestwertverfahren wie folgt bewertet:

Grund und Boden 100 ha x 338 x 18,6 =	*628 680 EUR*
Besatzkapital 100 ha x 78 x 18,6 =	*+ 145 080 EUR*
Verbindlichkeiten	*./. 53 760 EUR*
Wert des Wirtschaftsteils	*720 000 EUR*

Die Veräußerung wesentlicher Wirtschaftsgüter ohne Reinvestition zum 1.7.2021 löst den Nachbewertungsvorbehalt nach § 162 Absatz 4 i. V. m. § 166 BewG aus. Der Milchviehbestand gehört zu den stehenden Betriebsmitteln und weist am Bewertungsstichtag einen Wert von mindestens 50 000 EUR auf (→ R B 162 Absatz 5 Satz 2). Der Betrieb ist rückwirkend zum Bewertungsstichtag so zu bewerten, als seien die einzelnen Wirtschaftsgüter zu diesem Zeitpunkt veräußert worden:

  1. *Ermittlung des Liquidationswerts*

Bodenwert nach § 166 Absatz 2 Nummer 1 BewG	
Liquidationswert 10 Hektar x (1,20 EUR/m² x 10 000 m²)	*120 000 EUR*

§ 166 BewG

Abschlag für Liquidationskosten 10 %	./. 12 000 EUR
Verbindlichkeiten	./. 0 EUR
Liquidationswert Grund und Boden	**108 000 EUR**
Wert der übrigen Wirtschaftsgüter nach § 166 Absatz 2 Nummer 2 BewG	
Wert der Betriebsmittel	50 000 EUR
Abschlag für Liquidationskosten 10 %	./. 5 000 EUR
Verbindlichkeiten	./. 0 EUR
Liquidationswert Besatzkapital	**45 000 EUR**
Summe der Liquidationswerte (108 000 EUR + 45 000 EUR =)	153.000 EUR

2. Berechnung der Korrekturbeträge

Ausscheidender Grund und Boden 10 ha zu 100 ha Eigentumsfläche	10,00 %
Ausscheidender Milchviehbestand Buchwert 8 000 EUR zur Summe der Buchwerte aller Wirtschaftsgüter 127 500 EUR	6,27 %

3. Berechnung des Werts des Wirtschaftsteils

Wert des Wirtschaftsteils bisher:	720 000 EUR
Grund und Boden 100 ha x 338 EUR x 18,6 x 10,00 %	./. 62 868 EUR
Besatzkapital 100 ha x 78 EUR x 18,6 x 6,27 %	./. 9 097 EUR
Liquidationswert	+ 153 000 EUR
Neuer Wert des Wirtschaftsteils	**801 035 EUR**

Der neue Wert des Wirtschaftsteils beträgt 801 035 EUR.

(4) [1]Der bisherige Wert des Wirtschaftsteils ist um den anteiligen Wert des ausscheidenden Wirtschaftsguts zu mindern. [2]Hierzu ist

1. beim Grund und Boden die ausscheidende Fläche und der bei der Wertermittlung zu Grunde gelegte Pachtpreis sowie der Kapitalisierungsfaktor von 18,6 heranzuziehen;
2. bei den übrigen Wirtschaftsgütern die selbst bewirtschaftete Fläche, der bei der Wertermittlung zu Grunde gelegte Wert für das Besatzkapital, der Kapitalisierungsfaktor von 18,6 und der prozentuale Anteil des Wirtschaftsguts am Besatzkapital heranzuziehen. [2]Zur Ermittlung des prozentualen Anteils des Wirtschaftsguts am Besatzkapital sind die Buchwerte der einzelnen Wirtschaftsgüter ohne Grund und Boden am Bewertungsstichtag zu ermitteln. [3]Aus dem Verhältnis der Buchwerte ergibt sich der prozentuale Anteil für die Minderung des Besatzkapitals.

(5) Der nach Absatz 4 korrigierte Wert des Wirtschaftsteils ist um den Liquidationswert des jeweils ausscheidenden Wirtschaftsguts zu erhöhen.

(6) Soweit für Zwecke der Grunderwerbsteuer eine Bewertung des Wirtschaftsteils mit dem Liquidationswert erfolgt, bleiben Wirtschaftsgüter, die nicht mit dem Grund und Boden verbunden sind (z. B. Maschinen, Tierbestände), außer Ansatz.

ErbStR R B 167.1   **BewG § 167**

§ 167 Bewertung der Betriebswohnungen und des Wohnteils

(1) Die Bewertung der Betriebswohnungen und des Wohnteils erfolgt nach den Vorschriften, die für die Bewertung von Wohngrundstücken im Grundvermögen (§§ 182 bis 196) gelten.

(2) Für die Abgrenzung der Betriebswohnungen und des Wohnteils vom Wirtschaftsteil ist höchstens das Fünffache der jeweils bebauten Fläche zu Grunde zu legen.

(3) Zur Berücksichtigung von Besonderheiten, die sich im Falle einer engen räumlichen Verbindung von Wohnraum mit dem Betrieb ergeben, ist der Wert des Wohnteils und der Wert der Betriebswohnungen nach den Absätzen 1 und 2 um 15 Prozent zu ermäßigen.

(4) ¹Weist der Steuerpflichtige nach, dass der gemeine Wert des Wohnteils oder der Betriebswohnungen niedriger ist als der sich nach den Absätzen 1 bis 3 ergebende Wert, ist der gemeine Wert anzusetzen. ²Für den Nachweis des niedrigeren gemeinen Werts gelten grundsätzlich die auf Grund des § 199 Abs. 1 des Baugesetzbuchs erlassenen Vorschriften.

ErbStR 2019

Zu § 167 BewG

R B 167.1 Bewertung der Betriebswohnungen und des Wohnteils

(1) ¹Die beim Grundvermögen für die Bewertung von Wohngrundstücken geltenden §§ 182 bis 196 BewG sowie die R B 176 bis R B 196 sind bei der Ermittlung des Werts der Betriebswohnungen und des Wohnteils anzuwenden. ²Wegen der Zugehörigkeit von Gebäuden und Gebäudeteilen eines Betriebs der Land- und Forstwirtschaft zu den Betriebswohnungen und zum Wohnteil → R B 160.21 und R B 160.22.

Hinweise (ErbStH 2019)

H B 167.1 (1)   *Häusliches Arbeitszimmer*

> *Ein im Wohnbereich belegenes Arbeitszimmer stellt bewertungsrechtlich lediglich einen Raum dar, dem innerhalb der Nutzung zu Wohnzwecken eine dieser Nutzung nicht widersprechende Funktion zugewiesen ist (→ BFH vom 9.11.1988 II R 61/87, BStBl. 1989 II S. 135).*

(2) ¹Für Betriebswohnungen und den Wohnteil ist der zugehörige Grund und Boden (→ R B 160.21 Absatz 2 und R B 160.22 Absatz 6) jeweils gesondert zu ermitteln. ²Für die Betriebswohnungen und den Wohnteil richtet sich die Abgrenzung vom Wirtschaftsteil nach der Verkehrsauffassung. ³Es bestehen keine Bedenken, die ertragsteuerrechtlich getroffene Entscheidung zu Grunde zu legen. ⁴Der Grund und Boden wird auf das Fünffache der bebauten Fläche der jeweils zu bewertenden Wohngebäude begrenzt.

Hinweise (ErbStH 2019)

H B 167.1 (2)   *Abgrenzung des Grund und Bodens vom Wirtschaftsteil*

> *Beispiel:*
>
> *Ein vom Betriebsleiter genutztes freistehendes Einfamilienhaus mittleren Ausstattungsstandards (Standardstufe 3) befindet sich auf einer 10 000 m² großen Hofstelle. Das Haus (Baujahr 2002) verfügt über einen Keller und ein ausgebautes Dachgeschoss. Die Brutto-Grundfläche beträgt 100 m² je Geschoss. Der zuletzt vor dem Bewertungsstichtag ermittelte Bodenrichtwert beträgt für das maßgebliche Grundstück 175 EUR/m². Zum 31.12.1998 wurden das Haus und der Hausgarten mit insgesamt 1 140 m² steuerfrei aus dem ertragsteuerlichen Betriebsvermögen entnommen.*
>
> *Für die Arbeitnehmer des Betriebs wurde ebenfalls im Jahre 2002 ein freistehendes Zweifamilienhaus mittleren Ausstattungsstandards (Standardstufe 3) errichtet. Das voll unterkellerte Haus verfügt über zwei übereinander liegende Wohnungen und ein nicht ausgebautes Dachgeschoss, das jedoch nutzbar ist. Die Brutto-Grundfläche beträgt für jedes Geschoss 100 m². Zum Zweifamilienhaus gehören eine Umgriffsfläche von 150 m² und zwei Parkplätze zu je 15 m².*
>
> *Vom Gutachterausschuss stehen weder geeignete Vergleichswerte bzw. Vergleichsfaktoren noch örtliche Sachwertfaktoren zur Verfügung.*
>
> *Der Besteuerungsfall tritt am 3.1.2018 ein.*

§ 167 BewG

ErbStR R B 167.1

I. Wohnteil

Das Einfamilienhaus des Betriebsleiters gehört zum Wohnteil des Betriebs der Land- und Forstwirtschaft. Zur Abgrenzung des Wohnteils vom Wirtschaftsteil ist die Verkehrsanschauung heranzuziehen. Der Flächenansatz ist auf das Fünffache der bebauten Fläche zu begrenzen (§ 167 Absatz 2 BewG).

1. Berechnung der maßgeblichen Fläche des Wohnteils

Prüfung der Höchstgrenze

1. Bebaute Fläche des Grundstücks lt. Kataster	100 m²
2. Hausgarten	+ 1 040 m²
Summe	1 140 m²
Maximal das Fünffache der bebauten Fläche	500 m²

2. Berechnung des Sachwerts des Wohnteils

a) Bodenwert inkl. Außenanlagen (§§ 179, 189 Absatz 2 BewG)

Bodenrichtwert	175 EUR/m²	
maßgebliche Grundstücksfläche	x 500 m²	
Bodenwert		87 500 EUR

b) Gebäudesachwert (§ 190 Absatz 1 und 2 BewG)
Gebäuderegelherstellungswert lt. Anlage 24

Gebäudeart 1.01 – Standardstufe 3	835 EUR/m²	
Baupreisindex 116,8/100	975 EUR/m²	
Brutto-Grundfläche: (KG, EG, DG je 100 m²)	x 300 m²	292 500 EUR
Davon Alterswertminderung (§ 190 Abs. 4 i. V. m. Anlage 22 BewG) Verhältnis der tatsächlichen Nutzungsdauer zur Gesamtnutzungsdauer = 16 Jahre : 70 Jahre	22,86 %	./. 66 866 EUR
Gebäudesachwert		225 634 EUR

c) Vorläufiger Sachwert (§ 189 Absatz 3 BewG)

Bodenwert	87.500 EUR
Gebäudesachwert	+ 225.634 EUR
Vorläufiger Sachwert	313.134 EUR

d) Sachwert

Vorläufiger Sachwert	313.134 EUR
Wertzahl lt. Anlage 25 zum BewG	x 0,8
Sachwert	250.507 EUR

II. Betriebswohnungen

Das Zweifamilienhaus für die Arbeitnehmer des Betriebs gehört zu den Betriebswohnungen des Betriebs der Land- und Forstwirtschaft. Zur Abgrenzung der Betriebswohnungen vom Wirtschaftsteil ist ebenfalls die Verkehrsanschauung heranzuziehen (§ 167 Absatz 2 BewG).

1. Berechnung der maßgeblichen Fläche für die Betriebswohnungen

Prüfung der Höchstgrenze

1. Bebaute Fläche des Grundstücks lt. Kataster	100 m²
2. Umgriffsfläche	+ 150 m²
3. Nebenfläche (Parkplätze)	+ 30 m²
Summe	280 m²
Maximal das Fünffache der bebauten Fläche	500 m²

2. *Berechnung des Sachwerts der Betriebswohnungen*

a) *Bodenwert inkl. Außenanlagen (§§ 179, 189 Absatz 2 BewG)*

Bodenrichtwert	175 EUR/m²	
maßgebliche Grundstücksfläche	x 280 m²	
Bodenwert		49 000 EUR

b) *Gebäudesachwert (§ 190 Absatz 1 und 2 BewG)*

Gebäuderegelherstellungswert lt. Anlage 24	690 EUR/m²	
– Gebäudeart 1.121- Standardstufe 3		
Baupreisindex 116,8/100	89 EUR/m²	
Brutto-Grundfläche (KG, EG, OG, DG je 100 m²)	x 400 m²	358 000 EUR
Davon		
Alterswertminderung lt. Anlage 22		
Verhältnis der tatsächlichen Nutzungsdauer zur Gesamtnutzungsdauer lt. Anlage 22 =		
16 Jahre : 70 Jahre	22,86 %	./. 81 839 EUR
Gebäudesachwert		276 161 EUR

c) *Vorläufiger Sachwert (§ 189 Absatz 3 BewG)*

Bodenwert	49 000 EUR
Gebäudesachwert	+ 276 161 EUR
Vorläufiger Sachwert	325 161 EUR

d) *Sachwert*

Vorläufiger Sachwert	325.470 EUR
Wertzahl lt. Anlage 25 zum BewG	x 0,8
Sachwert	260.128 EUR

III. Verbleibende Hofstelle

Die beim Wohnteil und den Betriebswohnungen nicht erfasste restliche Hoffläche wird beim Wirtschaftsteil erfasst.

(3) [1]Bei der Bewertung der Betriebswohnungen und des Wohnteils ist jedes Gebäude bzw. jeder Gebäudeteil gesondert zu betrachten. [2]Dabei ist die Abgrenzung nach Absatz 2 Satz 2 zu beachten. [3]Handelt es sich um ein freistehendes Bauwerk, erfolgt die Wertermittlung für das Wohnhaus bzw. die Wohnung des Altenteilers nach den Grundsätzen für Ein- und Zweifamilienhäuser. [4]Befindet sich die jeweils zu bewertende Wohnung innerhalb eines räumlichen Verbunds mit anderen Gebäuden oder Gebäudeteilen, sind die Grundsätze für die Bewertung von Wohnungseigentum (§ 182 Absatz 2 Nummer 1 in Verbindung mit Absatz 4 Nummer 1 BewG) maßgebend.

Hinweise (ErbStH 2019)

H B 167.1 (3) *Bewertung von Gebäuden innerhalb eines Betriebs der Land- und Forstwirtschaft*
Beispiel:

Eine landwirtschaftliche Hofstelle besteht aus einer geschlossenen Hofanlage und weiteren Gebäuden, die wie folgt genutzt werden:

§ 167 BewG

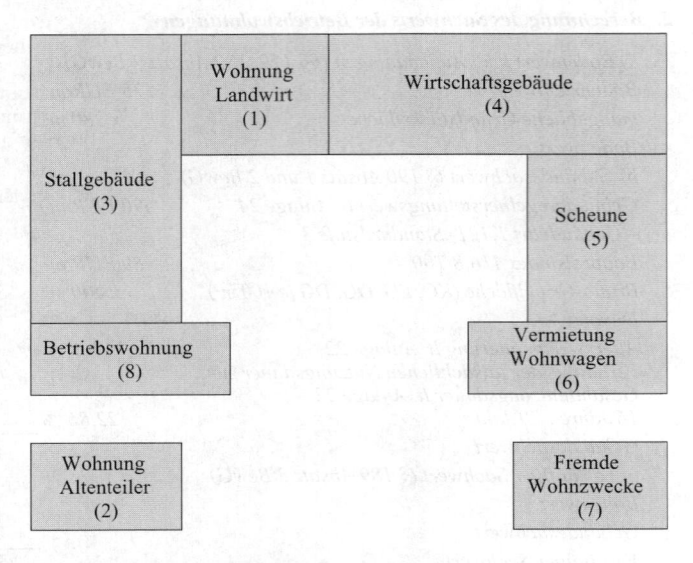

ErbStR R B 167.1, 167.2

```
         ┌─────────────┬──────────────────┐
         │  Wohnung    │ Wirtschaftsgebäude│
         │  Landwirt   │       (4)         │
         │    (1)      │                   │
┌────────┤             ├──────────┬────────┘
│Stall-  │             │          │
│gebäude │             │          │ Scheune
│  (3)   │             │          │  (5)
│        │             │          │
└────────┤             ├──────────┘
         │             │
┌────────┤             ├──────────┐
│Betriebs│             │Vermietung│
│wohnung │             │Wohnwagen │
│  (8)   │             │   (6)    │
└────────┘             └──────────┘


┌────────┐             ┌──────────┐
│Wohnung │             │ Fremde   │
│Altent- │             │Wohnzwecke│
│eiler   │             │   (7)    │
│  (2)   │             │          │
└────────┘             └──────────┘
```

Zum Betrieb der Land- und Forstwirtschaft gehören:
a) *Wirtschaftsteil*
   Die Gebäude/-teile (3), (4), (5)
b) *Betriebswohnungen*
   Der Gebäudeteil (8)
c) *Wohnteil*
   Die Gebäude/-teile (1), (2).

Die Bewertung der Gebäude bzw. Gebäudeteile erfolgt wie beim Grundvermögen. Beim Gebäudeteil (1) und (8) handelt es sich um eine Wohnung innerhalb eines räumlichen Verbunds mit anderen Gebäuden oder Gebäudeteilen. Hierfür sind die Grundsätze für die Bewertung von Wohnungseigentum (§ 182 Absatz 2 Nummer 1 i. V. m. Absatz 4 Nummer 1 BewG) maßgebend. Für Gebäude (2) als freistehendes Bauwerk erfolgt die Wertermittlung als Einfamilienhaus.

Dagegen gehören das Gebäude (7) und der Gebäudeteil (6) jeweils als eigenständige wirtschaftliche Einheit grundsätzlich zum Grundvermögen.

ErbStR 2019

R B 167.2 Ermäßigungen für Besonderheiten

(1) ¹Bei bebauten Grundstücksflächen, die Arbeitnehmern des Betriebs oder dem Betriebsleiter und seinen Familienangehörigen sowie Altenteilern für Wohnzwecke zur Verfügung stehen, ist für den Einzelfall zu prüfen, ob eine räumliche Verbindung mit der Hofstelle besteht. ²Nur wenn im Einzelfall die räumliche Verbindung vorliegt, ist der jeweilige nach den Vorschriften des Grundvermögens ermittelte Wert nach § 167 Absatz 3 BewG um 15 Prozent zu ermäßigen.

(2) ¹Hofstelle ist diejenige Stelle, von der aus land- und forstwirtschaftliche Flächen ordnungsgemäß nachhaltig bewirtschaftet werden. ²Umfang und Ausstattung der Hofstelle richten sich grundsätzlich nach den Erfordernissen und der Größe der von dieser Stelle aus bewirtschafteten Flächen. ³Eine Hofstelle umfasst die Wirtschaftsgebäude und die dazugehörigen Nebenflächen (→ R B 160.1 Absatz 3). ⁴Hecken, Gräben, Grenzraine und dergleichen gehören nur dann zur Hofstelle, wenn sie in räumlicher Verbindung mit den Wirtschaftsgebäuden stehen.

(3) ¹Befinden sich Betriebswohnungen und Wohnteil unmittelbar neben den Wirtschaftsgebäuden oder den dazugehörigen Nebenflächen, ist eine räumliche Verbindung im Sinne des § 167 Absatz 3 BewG stets anzunehmen. ²Diese Voraussetzung ist z. B. auch erfüllt, wenn Betriebswohnungen und Wohnteil durch eine öffentliche Straße mit geringer Verkehrsbelastung von der Hofstelle getrennt sind.

(4) ¹Eine räumliche Verbindung mit der Hofstelle besteht nicht, wenn zwischen der Hofstelle und den Betriebswohnungen oder dem Wohnteil Industriegelände oder bebaute Grundstücke liegen. ²Ebenso geht die räumliche Verbindung verloren, wenn die Betriebswohnungen oder die zum Wohnteil gehörenden Wohngrundstücke durch Autobahnen oder Flüsse von der Hofstelle getrennt sind. ³Das Gleiche gilt auch, wenn die Betriebswohnungen oder die zum Wohnteil gehörenden Wohngrundstücke zwar nur durch eine Straße oder einen Weg von der Hofstelle getrennt sind, aber in einem geschlossenen Wohnbaugebiet liegen.

(5) ¹Die Ermäßigung von 15 Prozent im Sinne des § 167 Absatz 3 BewG ist stets von dem ermittelten Vergleichs-, Ertrags- oder Sachwert vorzunehmen.

Hinweise (ErbStH 2019)

H B 167.2 *Ermäßigungen für Besonderheiten (Ermäßigung von 15 Prozent)*
Beispiel:
Fortsetzung des Beispiels zu H B 167.1 (2). Der Wohnteil liegt auf der Hofstelle und grenzt unmittelbar an die Wirtschaftsgebäude. Für die Betriebswohnungen soll keine enge räumliche Verbindung zur Hofstelle bestehen.

I. Wohnteil

e) Anzusetzender Sachwert		
Sachwert		*250 507 EUR*
Abschlag wegen enger räumlicher Verbindung	*15 %*	*./. 37 577 EUR*
Anzusetzender Sachwert		*212 930 EUR*

II. Betriebswohnungen

e) Anzusetzender Sachwert	
Sachwert	*260 128 EUR*
Kein Abschlag wegen enger räumlicher Verbindung	*./. 0 EUR*
Anzusetzender Sachwert	*260 128 EUR*

ErbStR 2019

R B 167.3 Öffnungsklausel für die Betriebswohnungen und den Wohnteil

(1) ¹Für die Betriebswohnungen oder den Wohnteil des Betriebs der Land- und Forstwirtschaft kann abweichend von der Wertermittlung nach den §§ 179 und 182 bis 196 BewG der niedrigere gemeine Wert (Verkehrswert) am Bewertungsstichtag angesetzt werden, wenn der Steuerpflichtige diesen nachweist (§ 167 Absatz 4 BewG). ²Beim Ansatz des niedrigeren gemeinen Werts scheidet die Ermäßigung nach § 167 Absatz 3 BewG aus.

(2) ¹Als Nachweis ist regelmäßig ein Gutachten des örtlich zuständigen Gutachterausschusses oder eines Sachverständigen für die Bewertung von Grundstücken erforderlich. ²Das Gutachten ist für die Feststellung des Grundbesitzwerts nicht bindend, sondern unterliegt der Beweiswürdigung durch das Finanzamt. ³Enthält das Gutachten Mängel (z. B. methodische Mängel oder unzutreffende Wertansätze), ist es zurückzuweisen; ein Gegengutachten durch das Finanzamt ist nicht erforderlich. ⁴Für den Nachweis des niedrigeren gemeinen Werts gelten grundsätzlich die auf Grund des § 199 Absatz 1 BauGB erlassenen Vorschriften. ⁵Nach Maßgabe dieser Vorschriften besteht insoweit die Möglichkeit, sämtliche wertbeeinflussenden Umstände zur Ermittlung des gemeinen Werts (Verkehrswerts) von Grundstücken zu berücksichtigen. ⁶Hierzu gehören auch die den Wert beeinflussenden Rechte und Belastungen privatrechtlicher und öffentlich-rechtlicher Art, wie z. B. Grunddienstbarkeiten und persönliche Nutzungsrechte. ⁷Ein Einzelnachweis zu Bewertungsgrundlagen nach §§ 179 und 182 bis 196 BewG, z. B. hinsichtlich der Bewirtschaftungskosten, kommt nicht in Betracht. ⁸Auszüge aus der Kaufpreissammlung können ein Gutachten nicht ersetzen.

(3) ¹Ein im gewöhnlichen Geschäftsverkehr innerhalb eines Jahres vor oder nach dem Bewertungsstichtag zustande gekommener Kaufpreis über den entsprechenden Teil der wirtschaftlichen Einheit kann als Nachweis dienen. ²Ist ein Kaufpreis außerhalb dieses Zeitraums im gewöhnlichen Geschäftsverkehr zustande gekommen und sind die maßgeblichen Verhältnisse hierfür gegenüber den Verhältnissen zum Bewertungsstichtag unverändert geblieben, so kann auch dieser als Nachweis des niedrigeren gemeinen Werts dienen. ³Es bestehen keine Bedenken, diesen Wert regelmäßig ohne Wertkorrekturen zu übernehmen.

§ 167 BewG

ErbStR R B 167.3

Hinweise (ErbStH 2019)

H B 167.3 *Nachweis des niedrigeren gemeinen Werts durch Sachverständigengutachten*

→ *BFH vom 10.11.2004 II R 69/01, BStBl. 2005 II S. 259 und vom 3.12.2008 II R 19/08, BStBl. 2009 II S. 403*

→ *Gleich lautende Erlasse der obersten Finanzbehörden der Länder vom 19.2.2014 (BStBl. I S. 808)*

Nachweis des niedrigeren gemeinen Werts durch zeitnahen Kaufpreis

→ *BFH vom 2.7.2004 II R 55/01, BStBl. II S. 703.*

Nießbrauchs- und andere Nutzungsrechte, die sich auf den Grundbesitzwert ausgewirkt haben

Ist nach § 167 Absatz 4 BewG ein nachgewiesener gemeiner Wert, der auf Grund von Grundstücksbelastungen durch Nutzungsrechte, wie z. B. Nießbrauch oder Wohnrecht, gemindert wurde, als Grundbesitzwert festgestellt worden, hat das Lagefinanzamt das für die Festsetzung der Erbschaftsteuer zuständige Finanzamt (ErbSt-FA) hierauf hinzuweisen (vgl. § 10 Absatz 6 Satz 6 ErbStG)

Vorschriften auf der Grundlage des § 199 Absatz 1 BauGB

→ *Verordnung über Grundsätze für die Ermittlung der Verkehrswerte von Grundstücken (Immobilienwertermittlungsverordnung – ImmoWertV) vom 19.5.2010 (BGBl I S. 639)*

→ *Richtlinie zur Ermittlung von Bodenrichtwerten (Bodenrichtwertrichtlinie – BRW-RL) vom 11.1.2011 (BAnz AT 11.2.2011 Nr. 24 S. 597)*

→ *Richtlinie zur Ermittlung des Sachwerts (Sachwertrichtlinie – SW-RL) vom 5.9.2012 (BAnz AT 18.10.2012 B1)*

→ *Richtlinie zur Ermittlung des Vergleichswerts und des Bodenwerts (Vergleichswertrichtlinie – VW-RL) vom 20.3.2014 (BAnz AT 11.4.2014 B7)*

→ *Richtlinie zur Ermittlung des Ertragswerts (Ertragswertrichtlinie – EW-RL) vom 12.11.2015 (BAnz AT 4.12.2015 B4)*

Beispiel:

Fortsetzung des Beispiels zu H B 167.1 (2) und H B 167.2. Der Steuerpflichtige weist durch ein entsprechendes Wertgutachten eines Sachverständigen nach, dass der gemeine Wert für den Wohnteil 150 000 EUR beträgt.

Der Nachweis des niedrigeren gemeinen Werts wurde zulässiger Weise nur für den Wohnteil geführt (§ 167 Absatz 4 BewG). Da der Nachweis durch ein Sachverständigengutachten nach den Grundsätzen der Verkehrswertermittlung erfolgt, sind die Gründe für die besondere Ermäßigung i. S. d. § 167 Absatz 3 BewG entfallen. Der Wohnteil ist auf Grund des Gutachtens mit 150 000 EUR anzusetzen.

§ 168 Grundbesitzwert des Betriebs der Land- und Forstwirtschaft

(1) Der Grundbesitzwert eines Betriebs der Land- und Forstwirtschaft besteht aus
1. dem Wert des Wirtschaftsteils (§ 160 Abs. 2),
2. dem Wert der Betriebswohnungen (§ 160 Abs. 8) abzüglich der damit im unmittelbaren wirtschaftlichen Zusammenhang stehenden Verbindlichkeiten,
3. dem Wert des Wohnteils (§ 160 Abs. 9) abzüglich der damit im unmittelbaren wirtschaftlichen Zusammenhang stehenden Verbindlichkeiten.

(2) Der Grundbesitzwert für Stückländereien als Betrieb der Land- und Forstwirtschaft (§ 160 Abs. 7) besteht nur aus dem Wert des Wirtschaftsteils.

(3) Der Grundbesitzwert für einen Anteil an einem Betrieb der Land- und Forstwirtschaft im Sinne des § 158 Abs. 2 Satz 2 ist nach den Absätzen 4 bis 6 aufzuteilen.

(4) ¹Der Wert des Wirtschaftsteils ist nach den beim Mindestwert (§ 164) zu Grunde gelegten Verhältnissen aufzuteilen. ²Dabei ist
1. der Wert des Grund und Bodens und der Wirtschaftsgebäude oder ein Anteil daran (§ 158 Abs. 3 Satz 1 Nr. 1 und 2) dem jeweiligen Eigentümer zuzurechnen. ²Im Falle des Gesamthandseigentums ist der Wert des Grund und Bodens nach der Höhe der gesellschaftsrechtlichen Beteiligung aufzuteilen;
2. der Wert der übrigen Wirtschaftsgüter (§ 158 Abs. 3 Satz 1 Nr. 3 bis 5) nach dem Wertverhältnis der dem Betrieb zur Verfügung gestellten Wirtschaftsgüter aufzuteilen. ²Im Falle des Gesamthandseigentums ist der Wert der übrigen Wirtschaftsgüter nach der Höhe der gesellschaftsrechtlichen Beteiligung aufzuteilen;
3. der Wert der zu berücksichtigenden Verbindlichkeiten (§ 164 Abs. 4) dem jeweiligen Schuldner zuzurechnen. ²Im Falle des Gesamthandseigentums ist der Wert der zu berücksichtigenden Verbindlichkeiten nach der Höhe der gesellschaftsrechtlichen Beteiligung aufzuteilen.

(5) ¹Der Wert für die Betriebswohnungen ist dem jeweiligen Eigentümer zuzurechnen. ²Im Falle des Gesamthandseigentums ist der Wert nach der Höhe der gesellschaftsrechtlichen Beteiligung aufzuteilen.

(6) ¹Der Wert für den Wohnteil ist dem jeweiligen Eigentümer zuzurechnen. ²Im Falle des Gesamthandseigentums ist der Wert nach der Höhe der gesellschaftsrechtlichen Beteiligung aufzuteilen.

ErbStR 2019

Zu § 168 BewG

R B 168 Grundbesitzwert des Betriebs der Land- und Forstwirtschaft

(1) ¹Der Grundbesitzwert eines Betriebs der Land- und Forstwirtschaft setzt sich grundsätzlich aus dem Wert des Wirtschaftsteils, dem Wert der Betriebswohnungen und dem Wert des Wohnteils zusammen. ²Die Werte werden jeweils getrennt ermittelt und dann zu einer Summe zusammengefasst. ³Der Wert der Betriebswohnungen und der Wert des Wohnteils sind unter Berücksichtigung der damit im unmittelbaren wirtschaftlichen Zusammenhang stehenden Verbindlichkeiten zu ermitteln. ⁴Abweichend von Satz 1 besteht der Grundbesitzwert für Stückländereien nur aus dem Wert des Wirtschaftsteils. ⁵Die gesonderte Feststellung des Grundbesitzwerts erfolgt unter Berücksichtigung der R B 151.2 Absatz 3.

(2) Auch wenn ein Betrieb der Land- und Forstwirtschaft anteilig übertragen wird, ist eine Wertermittlung für die gesamte wirtschaftliche Einheit erforderlich (§ 12 Absatz 3 ErbStG in Verbindung mit § 151 Absatz 1 Satz 1 Nummer 1, § 157 BewG).

(3) ¹Soweit der Anteil an einer Personengesellschaft oder -gemeinschaft der Besteuerung unterliegt, ist der Grundbesitzwert für den ganzen Betrieb einheitlich zu ermitteln. ²Dabei sind alle Wirtschaftsgüter zu berücksichtigen, die dem Betrieb auf Dauer zu dienen bestimmt sind, auch wenn sie nur einem oder mehreren Beteiligten gemeinsam gehören. ³Die Vorschrift des § 158 Absatz 4 BewG ist bei der Einbeziehung der Wirtschaftsgüter zu beachten. ⁴Der hiernach ermittelte Grundbesitzwert ist grundsätzlich nach den Eigentumsverhältnissen aufzuteilen.

§ 168 BewG

(4) ¹Der Wert des Wirtschaftsteils ist nach den bei der Ermittlung des Mindestwerts zu Grunde gelegten Verhältnissen aufzuteilen. ²Dabei richtet sich die Zuordnung des Grund und Bodens, der Wirtschaftsgebäude und der Verbindlichkeiten nach den Eigentumsverhältnissen der Gesellschaft und der Gesellschafter. ³Die Zuordnung der übrigen Wirtschaftsgüter erfolgt nach den Eigentumsverhältnissen der Gesellschaft und entsprechend dem vom Eigentümer zur Verfügung gestellten Umfang. ⁴Hierfür sind die gesellschaftsvertraglichen Vereinbarungen maßgeblich, wobei es unerheblich ist, ob die Wirtschaftsgüter auf Grund gesellschaftsrechtlicher oder schuldrechtlicher Vereinbarungen überlassen werden.

(5) Aus Vereinfachungsgründen ist es abweichend von Absatz 4 nicht zu beanstanden, wenn der Wert des Besatzkapitals nach dem Verhältnis der Buchwerte der einzelnen Wirtschaftsgüter aufgeteilt wird, die dem Betrieb am Bewertungsstichtag zu dienen bestimmt sind.

(6) Sind für eine Aufteilung der Wirtschaftsgüter keine geeigneten Unterlagen vorhanden (z. B. in Fällen der Gewinnermittlung nach § 13a EStG), folgt die Verteilung des Grundbesitzwerts nach Köpfen.

(7) ¹Der für die Betriebswohnungen und den Wohnteil jeweils gesondert ermittelte Wert ist nach den Eigentumsverhältnissen zu berücksichtigen. ²Befinden sich die Betriebswohnungen oder der Wohnteil im Eigentum der Gesellschaft, so ist der Wert den Gesellschaftern entsprechend ihrer Beteiligungshöhe anteilig zuzurechnen.

(8) Absatz 7 gilt auch für Verbindlichkeiten.

(9) Der Umfang des festzustellenden Grundbesitzwertes für den Anteil am land- und forstwirtschaftlichen Vermögen bestimmt sich nach R B 151.2 Absatz 2.

Hinweise (ErbStH 2019)

H B 168 *Personengesellschaften/Gemeinschaften (Aufteilung des festzustellenden Grundbesitzwerts)*

Beispiel Übergang eines Anteils im Erbfall:

V und X gründen eine Gesellschaft, die land- und forstwirtschaftlich tätig wird. V stellt 10 ha Fläche und die Wirtschaftsgebäude, X die Maschinen. Die V+X GbR erwirbt noch 10 ha Fläche dazu und pachtet zusätzlich 10 ha Fläche an. Beide sind zu je 1/2 am Gesamthandsvermögen beteiligt. Es tritt der Besteuerungsfall ein.

Die Flächen des V haben einen Buchwert von 280 000 EUR, das Wirtschaftsgebäude einen Buchwert von 20 000 EUR. Die Wirtschaftsgüter des X haben einen Buchwert von 180 000 EUR. Die Flächen der Gesellschaft haben einen Buchwert von 300 000 EUR. Die Verbindlichkeiten für den Kauf der Fläche betragen am Bewertungsstichtag noch 24 000 EUR und für die Anschaffung der Maschinen durch X noch 10 000 EUR.

Die wirtschaftliche Einheit Betrieb der Land- und Forstwirtschaft ist im Ganzen zu bewerten. Der für den Besteuerungsfall notwendige Anteil an der Gesellschaft ist nach § 168 Absatz 3 BewG durch Aufteilung zu ermitteln.

1. *Ermittlung des Grundbesitzwerts*

Bodenwert	20 ha x 250 EUR x 18,6	93 000 EUR
Besatzkapital	30 ha x 150 EUR x 18,6	+ 83 700 EUR
Verbindlichkeiten		./. 34 000 EUR
Wert des Wirtschaftsteils		142 700 EUR

2. *Aufteilung des Grundbesitzwerts:*

	Gesamt	V	X
Grundstücke nach Eigentumsverhältnissen:	93 000 EUR		
davon 10/20 auf V und X zu je 1/2	46 500 EUR	23 250 EUR	23 250 EUR
davon 10/20 auf V	46 500 EUR	46 500 EUR	
Besatzkapital nach den zur Verfügung gestellten Wirtschaftsgütern von 200 000 EUR:	83 700 EUR		
davon V Wirtschaftsgebäude 20 000 = 10 %	8 370 EUR	8 370 EUR	
davon X Maschinen 180 000 = 90 %	75 330 EUR		75 330 EUR

Verbindlichkeiten nach Eigentumsverhältnissen:	34 000 EUR		
davon 24 000 EUR auf V und X zu je 1/2	24 000 EUR ./. 12 000 EUR		./. 12 000 EUR
davon 10 000 EUR auf X	10 000 EUR		./. 10 000 EUR
Summe		66 120 EUR	76 580 EUR

Soweit der Besteuerungsfall für V eintritt ist ein Anteil von 66 120 EUR, bei Eintritt für X ist ein Anteil von 76 580 EUR als Grundbesitzwert festzustellen.

Beispiel Übergang eines Anteils und von Sonderbetriebsvermögen im Wege der Schenkung:

A und B bewirtschaften einen Betrieb der Land- und Forstwirtschaft in der Rechtsform einer GbR, an der sie jeweils zu 50 % beteiligt sind. Zum Sonderbetriebsvermögen des A gehört ein Mähdrescher und zum Sonderbetriebsvermögen des B ein Traktor.

B überträgt zum 1.7.2018 im Wege der Schenkung die Hälfte seines Anteils auf S. Den zu seinem Sonderbetriebsvermögen gehörenden Traktor überträgt er in vollem Umfang.

1. Ermittlung des Grundbesitzwerts

Wirtschaftsteil	1 000 000 EUR
davon Grund und Boden	750 000 EUR
davon Besatzkapital	250 000 EUR
Betriebswohnungen	600 000 EUR
Wohnteil	400 000 EUR

2. Ermittlung des zur Verfügung gestellten Besatzkapitals

Sonderbetriebsvermögen A – Mähdrescher	Buchwert	300 000 EUR
Sonderbetriebsvermögen B – Traktor	Buchwert	+ 200 000 EUR
Gesamthandsvermögen – Maschinen und Gebäude GbR	Buchwert	+ 650 000 EUR
Buchwerte insgesamt		1 150 000 EUR

	in EUR	A 50 % in EUR	B 50 % in EUR	davon übertragener Anteil	Erwerber S in EUR
Wirtschaftsteil					
Grund und Boden	750 000	375 000	375 000	50 %	187 500
Besatzkapital	250 000				
Aufteilungsverhältnis 650 000 EUR : 1 150 000 EUR	141 304	70 652	70 652	50 %	+ 35 326
Sonderbetriebsvermögen A 300 000 EUR : 1 150 000 EUR	65 217	65 217			
Sonderbetriebsvermögen B 200.000 EUR : 1 150 000 EUR	43 478		43 478	100 %	+ 43 478
Betriebswohnungen	600 000	300 000	300 000	50 %	+ 150 000
Wohnteil	400 000	200 000	200 000	50 %	+ 100 000
Wert des übertragenen Anteils am Grundbesitzwert					516 304

Nach R B 151.2 Absatz 2 Nummer 5 ist der Grundbesitzwert des übertragenen Anteils des B mit einem Betrag von 516 304 EUR festzustellen.

§§ 169, 170 BewG

II. Besonderer Teil
a) Landwirtschaftliche Nutzung

§ 169 Tierbestände

(1) ¹Tierbestände gehören in vollem Umfang zur landwirtschaftlichen Nutzung, wenn im Wirtschaftsjahr

für die ersten 20 Hektar	nicht mehr als 10 Vieheinheiten
für die nächsten 10 Hektar	nicht mehr als 7 Vieheinheiten
für die nächsten 20 Hektar	nicht mehr als 6 Vieheinheiten
für die nächsten 50 Hektar	nicht mehr als 3 Vieheinheiten
und für die weitere Fläche	nicht mehr als 1,5 Vieheinheiten

je Hektar der vom Inhaber des Betriebs regelmäßig landwirtschaftlich genutzten Flächen erzeugt oder gehalten werden. ²Die Tierbestände sind nach dem Futterbedarf in Vieheinheiten umzurechnen.

(2) ¹Übersteigt die Anzahl der Vieheinheiten nachhaltig die in Absatz 1 bezeichnete Grenze, so gehören nur die Zweige des Tierbestands zur landwirtschaftlichen Nutzung, deren Vieheinheiten zusammen diese Grenze nicht überschreiten. ²Zunächst sind mehr flächenabhängige Zweige des Tierbestands und danach weniger flächenabhängige Zweige des Tierbestands zur landwirtschaftlichen Nutzung zu rechnen. ³Innerhalb jeder dieser Gruppen sind zuerst Zweige des Tierbestands mit der geringeren Anzahl von Vieheinheiten und dann Zweige mit der größeren Anzahl von Vieheinheiten zur landwirtschaftlichen Nutzung zu rechnen. ⁴Der Tierbestand des einzelnen Zweiges wird nicht aufgeteilt.

(3) ¹Als Zweig des Tierbestands gilt bei jeder Tierart für sich

1. das Zugvieh,
2. das Zuchtvieh,
3. das Mastvieh und
4. das übrige Nutzvieh.

²Das Zuchtvieh einer Tierart gilt nur dann als besonderer Zweig des Tierbestands, wenn die erzeugten Jungtiere überwiegend zum Verkauf bestimmt sind. ³Ist das nicht der Fall, so ist das Zuchtvieh dem Zweig des Tierbestands zuzurechnen, dem es überwiegend dient.

(4) ¹Die Absätze 1 bis 3 gelten nicht für Pelztiere. ²Pelztiere gehören nur dann zur landwirtschaftlichen Nutzung, wenn die erforderlichen Futtermittel überwiegend von den vom Inhaber des Betriebs landwirtschaftlich genutzter Flächen gewonnen werden.

(5) ¹Für die Umrechnung der Tierbestände in Vieheinheiten sowie für die Gruppen der mehr flächenabhängigen oder weniger flächenabhängigen Zweige des Tierbestands sind die in den Anlagen 19 und 20 aufgeführten Werte maßgebend. ²Das Bundesministerium der Finanzen wird ermächtigt, durch Rechtsverordnung mit Zustimmung des Bundesrates die Anlagen 19 und 20 zu diesem Gesetz dadurch zu ändern, dass der darin aufgeführte Umrechnungsschlüssel und die Gruppen der Zweige eines Tierbestands an geänderte wirtschaftliche oder technische Entwicklungen angepasst werden können.

§ 170 Umlaufende Betriebsmittel

Bei landwirtschaftlichen Betrieben zählen die umlaufenden Betriebsmittel nur soweit zum normalen Bestand, als der Durchschnitt der letzten fünf Jahre nicht überschritten wird.

b) Forstwirtschaftliche Nutzung

§ 171 Umlaufende Betriebsmittel

[1]Eingeschlagenes Holz gehört zum normalen Bestand an umlaufenden Betriebsmitteln, soweit es den jährlichen Nutzungssatz nicht übersteigt. [2]Bei Betrieben, die nicht jährlich einschlagen (aussetzende Betriebe), tritt an die Stelle des jährlichen Nutzungssatzes ein den Betriebsverhältnissen entsprechender mehrjähriger Nutzungssatz.

§ 172 Abweichender Bewertungsstichtag

Bei der forstwirtschaftlichen Nutzung sind abweichend von § 161 Abs. 1 für den Umfang und den Zustand des Bestands an nicht eingeschlagenem Holz die Verhältnisse am Ende des Wirtschaftsjahres zu Grunde zu legen, das dem Bewertungsstichtag vorangegangen ist.

§ 173 BewG

c) Weinbauliche Nutzung

§ 173 Umlaufende Betriebsmittel

(1) Bei ausbauenden Betrieben zählen die Vorräte an Weinen aus den Ernten der letzten fünf Jahre vor dem Bewertungsstichtag zum normalen Bestand an umlaufenden Betriebsmitteln.

(2) Abschläge für Unterbestand an Weinvorräten sind nicht zu machen.

d) Gärtnerische Nutzung

§ 174 Abweichende Bewertungsverhältnisse

(1) ¹Die durch Anbau von Baumschulgewächsen genutzte Betriebsfläche wird nach § 161 Abs. 1 bestimmt. ²Dabei sind die zum 15. September feststellbaren Bewirtschaftungsverhältnisse zu Grunde zu legen, die dem Bewertungsstichtag vorangegangen sind.

(2) ¹Die durch Anbau von Gemüse, Blumen und Zierpflanzen genutzte Betriebsfläche wird nach § 161 Abs. 1 bestimmt. ²Dabei sind die zum 30. Juni feststellbaren Bewirtschaftungsverhältnisse zu Grunde zu legen, die dem Bewertungsstichtag vorangegangen sind.

(3) Sind die Bewirtschaftungsverhältnisse nicht feststellbar, richtet sich die Einordnung der Flächen nach der vorgesehenen Nutzung.

§ 175 BewG

e) Übrige land- und forstwirtschaftliche Nutzungen

§ 175 Übrige land- und forstwirtschaftliche Nutzungen

(1) Zu den übrigen land- und forstwirtschaftlichen Nutzungen gehören
1. die Sondernutzungen Hopfen, Spargel, Tabak und andere Sonderkulturen,
2. die sonstigen land- und forstwirtschaftlichen Nutzungen.

(2) Zu den sonstigen land- und forstwirtschaftlichen Nutzungen gehören insbesondere
1. die **Binnenfischerei,**
2. die **Teichwirtschaft,**
3. die **Fischzucht für Binnenfischerei und Teichwirtschaft,**
4. die **Imkerei,**
5. die **Wanderschäferei,**
6. die **Saatzucht,**
7. der **Pilzanbau,**
8. die **Produktion von Nützlingen,**
9. die **Weihnachtsbaumkulturen.**

C. Grundvermögen
I. Allgemeines

§ 176 Grundvermögen

(1) Zum Grundvermögen gehören

1. der Grund und Boden, die Gebäude, die sonstigen Bestandteile und das Zubehör,
2. das Erbbaurecht,
3. das Wohnungseigentum, Teileigentum, Wohnungserbbaurecht und Teilerbbaurecht nach dem Wohnungseigentumsgesetz,

soweit es sich nicht um land- und forstwirtschaftliches Vermögen (§§ 158 und 159) oder um Betriebsgrundstücke (§ 99) handelt.

(2) In das Grundvermögen sind nicht einzubeziehen

1. Bodenschätze,
2. die Maschinen und sonstigen Vorrichtungen aller Art, die zu einer Betriebsanlage gehören (Betriebsvorrichtungen), auch wenn sie wesentliche Bestandteile sind. [2]Einzubeziehen sind jedoch die Verstärkungen von Decken und die nicht ausschließlich zu einer Betriebsanlage gehörenden Stützen und sonstigen Bauteile wie Mauervorlagen und Verstrebungen.

Rechtsprechungsauswahl

BFH-Urteil 26.10.2011 II R 27/10 (BStBl. II 2012 S. 5): Schwimmende Anlage bewertungsrechtlich kein Gebäude.

Eine auf dem Wasser schwimmende Anlage ist mangels fester Verbindung mit dem Grund und Boden und wegen fehlender Standfestigkeit bewertungsrechtlich kein Gebäude.

ErbStR 2019
Zu § 176 BewG

R B 176.1 Begriff des Grundvermögens

(1) [1]§ 176 BewG bestimmt den Begriff des Grundvermögens. [2]Dazu gehören der Grund und Boden, die Gebäude, die sonstigen Bestandteile und das Zubehör (→ Abschnitt 1 BewRGr). [3]Zum Grundvermögen gehören ebenso das Erbbaurecht (→ R B 192.1) sowie das Wohnungs- und Teileigentum, Wohnungserbbaurecht und Teilerbbaurecht nach dem Wohnungseigentumsgesetz (→ R B 181.2).

(2) [1]Das Grundvermögen ist vom land- und forstwirtschaftlichen Vermögen abzugrenzen. [2]Zum land- und forstwirtschaftlichen Vermögen gehört, was einem Betrieb der Land- und Forstwirtschaft dauernd zu dienen bestimmt ist. [3]Nur wenn die in §§ 158 und 159 BewG genannten Voraussetzungen für die Zurechnung zum land- und forstwirtschaftlichen Vermögen nicht vorliegen, können die Wirtschaftsgüter, insbesondere Grund und Boden sowie Gebäude, zum Grundvermögen gehören.

(3) [1]Die Abgrenzung zwischen Grundvermögen und dem zum Betriebsvermögen gehörenden Grundbesitz (Betriebsgrundstücke) ergibt sich aus § 176 Absatz 1 in Verbindung mit §§ 95 und 99 BewG. [2]Nach § 95 Absatz 1 BewG umfasst das Betriebsvermögen alle Teile eines Gewerbebetriebs im Sinne des § 15 Absatz 1 und 2 EStG, die bei der steuerlichen Gewinnermittlung zum Betriebsvermögen gehören. [3]Grundbesitz der in § 97 Absatz 1 BewG bezeichneten inländischen Körperschaften, Personenvereinigungen und Vermögensmassen gehört grundsätzlich kraft Rechtsform zum Betriebsvermögen. [4]Ein zum Gesamthandsvermögen einer Personengesellschaft im Sinne von § 97 Absatz 1 Satz 1 Nummer 5 BewG gehörendes Grundstück kann nach § 99 BewG nicht Betriebsvermögen sein, wenn es ausschließlich oder fast ausschließlich der privaten Lebensführung eines, mehrerer oder aller Gesellschafter dient.

(4) Nicht in das Grundvermögen einzubeziehen sind nach § 176 Absatz 2 BewG Bodenschätze sowie Maschinen und sonstige Vorrichtungen aller Art einer Betriebsanlage (Betriebsvorrichtungen), auch wenn sie wesentliche Bestandteile eines Gebäudes oder, ohne Bestandteil eines Gebäudes zu sein, Bestandteile des Grundstücks sind.

§ 176 BewG

Hinweise (ErbStH 2019)

H B 176.1 Abgrenzung des Grundvermögens von den Betriebsvorrichtungen
→ *Gleich lautende Ländererlasse vom 5.6.2013 (BStBl. I S. 734)*
Aufteilung des Grundbesitzwerts bei nicht ausschließlich betrieblicher Nutzung
Gehört nur ein Teil des Grundstücks zum Betriebsvermögen, ist der Grundbesitzwert für das gesamte Grundstück nach § 151 Absatz 1 Satz 1 Nummer 1 BewG festzustellen. Dieser ist nach ertragsteuerrechtlichen Grundsätzen vom Betriebsfinanzamt (§ 152 Nummer 2 BewG) aufzuteilen (→ R B 151.2 Absatz 1).

ErbStR 2019

R B 176.2 Grundstück

(1) ¹Die wirtschaftliche Einheit des Grundvermögens ist das Grundstück. ²Der Begriff „Grundstück" ist dabei nicht gleichbedeutend mit dem Begriff des Grundstücks im Sinne des Bürgerlichen Rechts. ³Maßgebend ist nach § 2 BewG allein, was als wirtschaftliche Einheit nach den Anschauungen des Verkehrs anzusehen ist. ⁴Nach § 2 Absatz 2 BewG kann zu einer wirtschaftlichen Einheit nur Grundbesitz zusammengefasst werden, der demselben Eigentümer gehört. ⁵Flächen, die im Eigentum eines Eigentümers stehen, und Flächen, die ihm und anderen Personen gemeinsam – gesamthänderisch oder nach Bruchteilen – gehören, können daher keine wirtschaftliche Einheit bilden.

(2) ¹Grenzt eine unbebaute Fläche an eine Grundstücksfläche, die zum Beispiel mit einem Einfamilienhaus bebaut ist, können beide Flächen auch bei so genannter offener Bauweise selbstständige wirtschaftliche Einheiten bilden. ²Wird von einem größeren Grundstück eine Teilfläche verpachtet und errichtet der Pächter auf dieser Fläche ein Gebäude, ist die Teilfläche als besondere wirtschaftliche Einheit zu bewerten.

(3) Der Anteil des Eigentümers an gemeinschaftlichen Hofflächen oder Garagen ist nach § 157 Absatz 3 Satz 2 BewG in das Grundstück einzubeziehen, wenn der Anteil zusammen mit diesem genutzt wird.

Hinweise (ErbStH 2019)

H B 176.2 Verpachtete Teilfläche
→ *BFH vom 6.10.1978 III R 23/75, BStBl. 1979 II S. 37*
Wirtschaftliche Einheit bei offener Bauweise
→ *BFH vom 16.2.1979 III R 67/76, BStBl. II S. 279*

§ 177 Bewertung

(1) Den Bewertungen nach den §§ 179 und 182 bis 196 ist der gemeine Wert (§ 9) zu Grunde zu legen.

(2) ¹Die für die Wertermittlung erforderlichen Daten des Gutachterausschusses im Sinne des § 193 Absatz 5 Satz 2 des Baugesetzbuchs sind bei den Bewertungen nach den §§ 182 bis 196 für längstens zwei Jahre ab dem Ende des Kalenderjahres maßgeblich, in dem der vom Gutachterausschuss zugrunde gelegte Auswertungszeitraum endet. ²Soweit sich die maßgeblichen Wertverhältnisse nicht wesentlich geändert haben, können die Daten auch über einen längeren Zeitraum als zwei Jahre hinaus angewendet werden.

ErbStR 2019

Zu § 177 BewG

R B 177 Bewertungsmaßstab

¹Bei der Bewertung des Grundvermögens ist der gemeine Wert nach § 9 BewG zu Grunde zu legen. ²Dieser entspricht inhaltlich dem Verkehrswert (Marktwert) nach § 194 BauGB.

Hinweise (ErbStH 2019)

H B 177 *Abrundung/Aufrundung*

Ergeben sich bei der Ermittlung des Grundbesitzwerts Euro-Beträge mit Nachkommastellen, sind diese grundsätzlich jeweils in der für den Steuerpflichtigen günstigsten Weise auf volle Euro-Beträge auf- bzw. abzurunden. Hinsichtlich der Ermittlung und des Ansatzes des Bodenwerts → R B 179.3.

Gemeiner Wert = Verkehrswert

→ *BFH vom 2.2.1990 III R 173/86, BStBl. II S. 497*

§ 178 BewG

II. Unbebaute Grundstücke

§ 178 Begriff der unbebauten Grundstücke

(1) ¹Unbebaute Grundstücke sind Grundstücke, auf denen sich keine benutzbaren Gebäude befinden. ²Die Benutzbarkeit beginnt im Zeitpunkt der Bezugsfertigkeit. ³Gebäude sind als bezugsfertig anzusehen, wenn den zukünftigen Bewohnern oder sonstigen Benutzern zugemutet werden kann, sie zu benutzen; die Abnahme durch die Bauaufsichtsbehörde ist nicht entscheidend.

(2) ¹Befinden sich auf dem Grundstück Gebäude, die auf Dauer keiner Nutzung zugeführt werden können, gilt das Grundstück als unbebaut. ²Als unbebaut gilt auch ein Grundstück, auf dem infolge von Zerstörung oder Verfall der Gebäude auf Dauer kein benutzbarer Raum mehr vorhanden ist.

Rechtsprechungsauswahl

BFH-Urteil 18.4.2012 II R 58/10 (BStBl. II S. 874): Bezugsfertigkeit eines zur Vermietung vorgesehenen Bürogebäudes – Berücksichtigung einer Alterswertminderung.

Ein neu errichtetes Bürogebäude, das nach seiner Funktion zur Vermietung einzelner, entsprechend den individuellen Bedürfnissen der Mieter gestalteter Büros dienen soll, ist bezugsfertig i.S. von § 146 Abs. 4 Satz 1 i. V. m. § 145 Abs. 1 Satz 3 BewG, wenn die für das Gebäude wesentlichen Bestandteile (z. B. Außenwände, Fenster, tragende Innenwände, Estrichböden, Dach, Treppenhaus) fertiggestellt sind und zumindest eine Büroeinheit benutzbar ist.

ErbStR 2019

Zu § 178 BewG

R B 178 Begriff des unbebauten Grundstücks

(1) Unbebaute Grundstücke sind Grundstücke, auf denen sich keine benutzbaren Gebäude befinden.

Hinweise (ErbStH 2019)

H B 178 (1) Gebäudebegriff

→ *Gleich lautende Ländererlasse vom 5.6.2013 (BStBl. I S. 734)*

(2) ¹Die Benutzbarkeit beginnt im Zeitpunkt der Bezugsfertigkeit des Gebäudes. ²Es muss den zukünftigen Bewohnern oder sonstigen Benutzern nach objektiven Merkmalen zugemutet werden können, die Wohnungen oder Räume des gesamten Gebäudes zu benutzen. ³Am Bewertungsstichtag müssen alle wesentlichen Bauarbeiten abgeschlossen sein. ⁴Geringfügige Restarbeiten, die üblicherweise vor dem tatsächlichen Bezug durchgeführt werden (z. B. Malerarbeiten, Verlegen des Bodenbelags), schließen die Bezugsfertigkeit nicht aus. ⁵Auf die Abnahme durch die Bauaufsichtsbehörde kommt es nicht an. ⁶Ist das Gebäude am Bewertungsstichtag bezogen, begründet dies die widerlegbare Vermutung der Bezugsfertigkeit.

(3) ¹Bei der Entscheidung, ob ein Gebäude bezugsfertig ist, ist auf das ganze Gebäude und nicht auf einzelne Wohnungen oder Räume abzustellen. ²Sind z. B. Wohnungen im Erdgeschoss vor dem Bewertungsstichtag, die übrigen Wohnungen jedoch erst danach bezugsfertig geworden, ist das Gebäude als nicht bezugsfertig anzusehen. ³Die Bewertung eines Grundstücks im Zustand der Bebauung erfolgt nach § 196 BewG. ⁴Dies ist z. B. der Fall, wenn bei einem Bürogebäude mehrere Geschosse bereits bezugsfertig sind und bei anderen noch der vollständige Innenausbau fehlt. ⁵Wird ein Gebäude dagegen nur zum Teil fertig gestellt und der Innenausbau nach den Wünschen der künftigen Nutzer zurückgestellt, ist das Gebäude insgesamt als bezugsfertig anzusehen. ⁶Bei abschnittsweise errichtetem Gebäude ist die Entscheidung, ob ein bezugsfertiges Gebäude anzunehmen ist, nach der Verkehrsanschauung zu treffen. ⁷Eine Errichtung in Bauabschnitten ist gegeben, wenn ein Gebäude nicht in einem Zuge in planmäßig vorgesehenem Umfang bzw. im Rahmen der behördlichen Genehmigung bezugsfertig erstellt wird (z. B. wird anstelle des geplanten Mietwohngrundstücks zunächst nur eine Wohnung im Erdgeschoss fertig gestellt). ⁸Die Verzögerung/Unterbrechung darf jedoch nicht auf bautechnischen Gründen beruhen (z. B. Überwindung einer Frostperiode) und muss von gewisser Dauer – mindestens zwei Jahre – sein.

Hinweise (ErbStH 2019)

H B 178 (3)   *Errichtung in Bauabschnitten (Unterbrechung)*
→ *BFH vom 29.4.1987 II R 262/83, BStBl. II S. 594*

Bezugsfertigkeit eines zur Vermietung vorgesehenen Bürogebäudes
Ein neu errichtetes Bürogebäude, das nach seiner Funktion zur Vermietung einzelner, entsprechend den individuellen Bedürfnissen der Mieter gestalteter Räume dienen soll, ist bezugsfertig, wenn die für das Gebäude wesentlichen Bestandteile (z. B. Außenwände, Fenster, tragende Innenwände, Estrichböden, Dach, Treppenhaus) fertiggestellt sind und zumindest ein Teil nutzbar ist.

(4) ^{1}Ein Gebäude ist nicht mehr benutzbar, wenn infolge des Verfalls des Gebäudes oder der Zerstörung keine auf Dauer benutzbaren Räume vorhanden sind (§ 178 Absatz 2 Satz 2 BewG). ^{2}Ein Gebäude ist dem Verfall preisgegeben, wenn der Verfall so weit fortgeschritten ist, dass das Gebäude nach objektiven Verhältnissen auf Dauer nicht mehr benutzt werden kann. ^{3}Die Verfallsmerkmale müssen an der Bausubstanz erkennbar sein und das gesamte Gebäude betreffen. ^{4}Von einem Verfall ist auszugehen, wenn erhebliche Schäden an konstruktiven Teilen des Gebäudes eingetreten sind und ein Zustand gegeben ist, der aus bauordnungsrechtlicher Sicht die sofortige Räumung nach sich ziehen würde. ^{5}Das ist stets der Fall, wenn eine Anordnung der Bauaufsichtsbehörde zur sofortigen Räumung des Grundstücks vorliegt; dabei ist gesondert zu prüfen, ob der Zustand von Dauer ist. ^{6}Hingegen wirken sich behebbare Baumängel und Bauschäden sowie aufgestauter Reparaturbedarf infolge von unterlassenen Instandsetzungs- und Reparaturarbeiten regelmäßig nur vorübergehend auf Art und Umfang der Gebäudenutzung aus und betreffen nicht unmittelbar die Konstruktion des Gebäudes. ^{7}Sie führen deshalb nicht dazu, ein Gebäude als dem Verfall preisgegeben anzusehen. ^{8}Befinden sich auf dem Grundstück Gebäude, die auf Grund von Umbauarbeiten vorübergehend nicht benutzbar sind, gilt das Grundstück als bebautes Grundstück. ^{9}Sofern bereits vorhandene Gebäude am Bewertungsstichtag wegen baulicher Mängel oder fehlender Ausstattungsmerkmale (z. B. Heizung, Wohnungstüren) vorübergehend nicht benutzbar sind, liegt kein unbebautes Grundstück vor. ^{10}Nicht zu erfassen sind jedoch Gebäude, die infolge Entkernung keine bestimmungsgemäß benutzbaren Räume mehr enthalten, auch wenn dies nur vorübergehend der Fall ist. ^{11}Ein Gebäude ist zerstört, wenn keine auf Dauer benutzbaren Räume vorhanden sind.

Hinweise (ErbStH 2019)

H B 178 (4)   *Anordnung der Bauaufsichtsbehörde*
→ *BFH vom 20.6.1975 III R 87/74, BStBl. II S. 803*

Entkernung
→ *BFH vom 24.10.1990 II R 9/88, BStBl. 1991 II S. 60*

§ 179 BewG

§ 179 Bewertung der unbebauten Grundstücke

¹Der Wert unbebauter Grundstücke bestimmt sich regelmäßig nach ihrer Fläche und den Bodenrichtwerten (§ 196 des Baugesetzbuchs). ²Die Bodenrichtwerte sind von den Gutachterausschüssen nach dem Baugesetzbuch zu ermitteln und den Finanzämtern mitzuteilen. ³Bei der Wertermittlung ist stets der Bodenrichtwert anzusetzen, der vom Gutachterausschuss zuletzt vor dem Bewertungsstichtag zu ermitteln war. ⁴Wird von den Gutachterausschüssen kein Bodenrichtwert ermittelt, ist der Bodenwert aus den Werten vergleichbarer Flächen abzuleiten.

ErbStR 2019

Zu § 179 BewG

R B 179.1 Bewertung von unbebauten Grundstücken

(1) ¹Der Wert unbebauter Grundstücke umfasst den Wert des Grund und Bodens, mit dem die Außenanlagen abgegolten sind. ²Bei der Bestimmung des Werts eines unbebauten Grundstücks ist vom Bodenrichtwert auszugehen (§ 179 Satz 1 BewG). ³Bei den Bodenrichtwerten handelt es sich um durchschnittliche Lagewerte, die von den Gutachterausschüssen nach § 196 BauGB auf Grund der Kaufpreissammlung flächendeckend unter Berücksichtigung des unterschiedlichen Entwicklungszustandes ermittelt und den Finanzämtern mitgeteilt werden.

(2) Als Entwicklungszustände kommen in Betracht (→ § 5 Immobilienwertermittlungsverordnung – ImmoWertV):

1. Flächen der Land- oder Forstwirtschaft,
2. Bauerwartungsland,
3. Rohbauland und
4. baureifes Land.

(3) ¹Bauerwartungsland sind Flächen, die nach ihren weiteren Grundstücksmerkmalen (→ § 6 ImmoWertV), insbesondere dem Stand der Bauleitplanung und der sonstigen städtebaulichen Entwicklung des Gebiets, eine bauliche Nutzung auf Grund konkreter Tatsachen mit hinreichender Sicherheit erwarten lassen. ²Ist damit zu rechnen, dass die Flächen in absehbarer Zeit (→ Abschnitt 2 Absatz 7 BewRGr) anderen als land- und forstwirtschaftlichen Zwecken dienen werden und daher gemäß § 159 BewG als Grundvermögen anzusehen sind, werden diese Flächen regelmäßig als Bauerwartungsland angesetzt. ³Rohbauland sind Flächen, die nach den §§ 30, 33 und 34 BauGB für eine bauliche Nutzung bestimmt sind, deren Erschließung aber noch nicht gesichert ist oder die nach Lage, Form oder Größe für eine bauliche Nutzung unzureichend gestaltet sind. ⁴Im Regelfall handelt es sich hierbei um größere, unerschlossene Grundstücksflächen, die die Eigenschaft als land- und forstwirtschaftliches Vermögen verloren haben, selbst wenn sie noch land- und forstwirtschaftlich genutzt werden (§ 159 BewG). ⁵Bruttorohbauland schließt im Gegensatz zum Nettorohbauland die für öffentliche Zwecke benötigten Flächen des Planungsgebiets ein. ⁶Baureifes Land sind Flächen, die nach öffentlich-rechtlichen Vorschriften und den tatsächlichen Gegebenheiten baulich nutzbar sind (→ § 5 Absatz 4 ImmoWertV).

Hinweise (ErbStH 2019)

H B 179.1 ImmoWertV

→ *Verordnung über die Grundsätze für die Ermittlung der Verkehrswerte von Grundstücken (Immobilienwertermittlungsverordnung – ImmoWertV) vom 19.5.2010 (BGBl I S. 639)*

ErbStR 2019

R B 179.2 Ansatz der Bodenrichtwerte

(1) ¹Bei der Wertermittlung ist der Bodenrichtwert anzusetzen, dessen turnusmäßige Ermittlung dem Bewertungsstichtag vorausging. ²Es kommt somit nicht darauf an, wann der Gutachterausschuss den Bodenrichtwert tatsächlich ermittelt und dem Finanzamt mitgeteilt hat. ³Vom Gutachterausschuss veröffentlichte Bodenpreisindexreihen, die aus Kauffällen des Grundstücksmarktes abgeleitet wurden, sind als Bestandteil der Bodenrichtwerte zu berücksichtigen. ⁴Nach § 196 BauGB sind Bodenrichtwerte vom Gutachterausschuss flächendeckend zu ermitteln. ⁵Dabei bildet der Gutachterausschuss Richtwertzonen, die jeweils Gebiete umfassen, die nach Art und Maß der Nutzung weitgehend übereinstimmen. ⁶Die

wertbeeinflussenden Grundstücksmerkmale des Bodenrichtwertgrundstücks sind vom Gutachterausschuss darzustellen. [7]Wertbeeinflussende Grundstücksmerkmale sind insbesondere die Art und das Maß der baulichen Nutzung, das sich in der Geschossflächenzahl und in der Anzahl der möglichen Geschosse ausdrücken kann, die Grundstückstiefe und die Grundstücksgröße sowie die Unterteilung in erschließungsbeitragspflichtiges oder erschließungsbeitragsfreies Bauland. [8]Für Grundstücke, die mit den wertbeeinflussenden Grundstücksmerkmalen des Bodenrichtwertgrundstücks in der jeweiligen Bodenrichtwertzone übereinstimmen, ist der Bodenrichtwert anzusetzen. [9]Der Wert von Grundstücken, die von den wertbeeinflussenden Grundstücksmerkmalen des Bodenrichtwertgrundstücks abweichen, ist grundsätzlich nach den Vorgaben des Gutachterausschusses (→ Absätze 2 bis 6) aus dem Bodenrichtwert der jeweiligen Richtwertzone abzuleiten.

(2) [1]Definiert der Gutachterausschuss den Bodenrichtwert in Abhängigkeit von einer Geschossflächenzahl, ist bei Grundstücken, deren planungsrechtlich zulässige Geschossflächenzahl von der des Bodenrichtwertgrundstücks abweicht, der Bodenwert nach folgender Formel abzuleiten:

$$\frac{\text{Umrechnungskoeffizient für die Geschossflächenzahl des zu bewertenden Grundstücks}}{\text{Umrechnungskoeffizient für die Geschossflächenzahl des Bodenrichtwertgrundstücks}} \times \text{Bodenrichtwert} = \text{Bodenwert/m}^2$$

[2]Die Umrechnungskoeffizienten sind den Bewertungsstellen der Finanzämter vom zuständigen Gutachterausschuss zusammen mit den Bodenrichtwerten mitzuteilen.

(3) Sofern die Gutachterausschüsse Umrechnungskoeffizienten in Abhängigkeit von der Grundstücksgröße vorgegeben haben, sind diese anzusetzen.

(4) [1]Sind die Bodenrichtwerte in Abhängigkeit von der Grundstückstiefe ermittelt worden, ist die Grundstücksfläche aufzuteilen. [2]Dabei ist die Grundstücksfläche nach ihrer Tiefe in Zonen zu gliedern, deren Abgrenzung sich nach den Vorgaben des Gutachterausschusses richtet.

(5) [1]Für Frei- und Verkehrsflächen, die als solche ausgewiesen sind, ist vom Bodenrichtwert ein angemessener Abschlag zu machen, soweit er nicht bereits in die Ermittlung des Bodenrichtwerts eingeflossen ist. [2]Die Höhe des Abschlags ist unter Berücksichtigung der Verhältnisse des Einzelfalls zu bemessen.

(6) [1]Zu den wesentlichen wertbeeinflussenden Grundstücksmerkmalen des Bodenrichtwertgrundstücks gehört bei baureifem Land stets der erschließungsbeitragsrechtliche Zustand (→ § 10 Absatz 2 Satz 2 Nummer 2 ImmoWertV). [2]Bodenrichtwerte für baureifes Land werden in der Regel von den Gutachterausschüssen für erschließungsbeitragsfreie und kostenerstattungsbeitragsfreie Grundstücke ermittelt. [3]Hat der Gutachterausschuss einen Bodenrichtwert für erschließungsbeitragspflichtiges Bauland festgelegt, ist dieser Richtwert maßgebend, solange die Erschließungsbeitragspflicht besteht. [4]Die Beitragspflicht kann auch dann noch bestehen, wenn die Erschließungsmaßnahmen bereits abgeschlossen wurden. [5]Auf den tatsächlichen Erschließungszustand kommt es somit nicht an. [6]Bei unterschiedlichen erschließungsbeitragsrechtlichen Zuständen zwischen Bodenrichtwertgrundstück und zu bewertendem Grundstück kommt eine Anpassung (Zu- oder Abschlag) nach Maßgabe vom Gutachterausschuss dokumentierter Erschließungsbeiträge in Betracht.

(7) [1]Wertkorrekturen des Bodenrichtwerts nach den Absätzen 2 bis 6 können nebeneinander in Betracht kommen. [2]Sind die vom Gutachterausschuss mitgeteilten Umrechnungskoeffizienten für die Geschossflächenzahl, Grundstücksgröße oder Grundstückstiefe (→ Absatz 2 bis 4) aus erschließungsbeitragsfreien Grundstücken abgeleitet worden, sind die erschließungsbeitragspflichtigen Grundstücke vor Anwendung der Umrechnungskoeffizienten zunächst auf einen erschließungsbeitragsfreien Zustand umzurechnen. [3]Die Höhe der Erschließungsbeiträge, insbesondere für Kanalanlagen und Straßenausbau, sind nach den Vorgaben des Gutachterausschusses zu berücksichtigen. [4]Der Bodenwert ist zunächst aus den Absätzen 2 bis 4 abzuleiten. [5]Von dem abgeleiteten Bodenwert sind die Anpassungen nach den Absätzen 5 und 6 vorzunehmen. [6]Zwischenwerte sind auf volle Cent abzurunden.

(8) Weitere wertbeeinflussende Grundstücksmerkmale, wie z. B. Ecklage, Zuschnitt, Oberflächenbeschaffenheit und Beschaffenheit des Baugrundes, Lärm-, Staub- oder Geruchsbelästigungen, Altlasten sowie Außenanlagen bleiben außer Ansatz.

Hinweise (ErbStH 2019)

H B 179.2 Abweichende planungsrechtlich zulässige Geschossflächenzahl

Definiert der Gutachterausschuss den Bodenrichtwert in Abhängigkeit von einer planungsrechtlich zulässigen Geschossflächenzahl (GFZ) und werden hierfür keine örtlichen Umrechnungskoeffizienten vorgegeben, gelten die Folgenden:

§ 179 BewG   ErbStR R B 179.2

Geschossflächenzahl	Umrechnungs-koeffizient	Geschossflächenzahl	Umrechnungs-koeffizient
0,4	0,66	1,4	1,19
0,5	0,72	1,5	1,23
0,6	0,78	1,6	1,28
0,7	0,84	1,7	1,32
0,8	0,90	1,8	1,36
0,9	0,95	1,9	1,41
1,0	1,00	2,0	1,45
1,1	1,05	2,1	1,49
1,2	1,10	2,2	1,53
1,3	1,14	2,3	1,57
		2,4	1,61

Die in der Tabelle angegebenen Umrechnungskoeffizienten beziehen sich auf Wohnbauland im erschließungsbeitragsfreien Zustand.

Weichen die Geschossflächenzahlen des Bodenrichtwertgrundstücks oder des zu bewertenden Grundstücks von den in der Tabelle angegebenen Werten ab, sind die Umrechnungskoeffizienten nach folgender Formel zu berechnen (GFZ = Geschossflächenzahl):

Umrechnungskoeffizient = $0,6 \times \sqrt{GFZ} + 0,2 \times GFZ + 0,2$

Beispiel 1:
Der zuletzt ermittelte Bodenrichtwert eines Grundstücks beträgt 150 EUR/m² bei einer Geschossflächenzahl von 0,8. Das zu bewertende Grundstück hat eine zulässige Geschossflächenzahl von 0,6. Der Bodenwert/m² beträgt:

$$\frac{0{,}78 \text{ (Umrechnungskoeffizient bei einer Geschossflächenzahl von 0,6)}}{0{,}90 \text{ (Umrechnungskoeffizient bei einer Geschossflächenzahl von 0,8)}} \times 150{,}00 \text{ EUR/m}^2 = 130{,}00 \text{ EUR/m}^2$$

Beispiel 2:
Der zuletzt ermittelte Bodenrichtwert eines Grundstücks beträgt 150,00 EUR/m² bei einer Geschossflächenzahl von 0,8. Das zu bewertende Grundstück hat eine zulässige Geschossflächenzahl von 1,2. Der Bodenwert/m² beträgt nach der oben angeführten Formel:

$$\frac{1{,}10 \text{ (Umrechnungskoeffizient bei einer Geschossflächenzahl von 1,2)}}{0{,}90 \text{ (Umrechnungskoeffizient bei einer Geschossflächenzahl von 0,8)}} \times 150{,}00 \text{ EUR/m}^2 = 183{,}33 \text{ EUR/m}^2$$

Beispiel 3:
Der zuletzt ermittelte Bodenrichtwert eines Grundstücks beträgt 215 EUR/m² (erschließungsbeitragspflichtig / noch zu leistende Erschließungsbeiträge: 40 EUR/m²; GFZ = 1,2). Das zu bewertende Grundstück ist 800 m² groß und erschließungsbeitragsfrei (GFZ 1,6).

Bodenrichtwert (erschließungsbeitragspflichtig)	215,00 EUR/m²
Erschließungsbeiträge	+ 40,00 EUR/m²
Bodenrichtwert (erschließungsbeitragsfrei)	255,00 EUR/m²

Anpassung wegen abweichender Geschossflächenzahl
Umrechnungsfaktor:

$$\frac{1{,}18 \text{ (Umrechnungskoeffizient bei einer Geschossflächenzahl von 1,6)}}{1{,}10 \text{ (Umrechnungskoeffizient bei einer Geschossflächenzahl von 1,2)}} \times 255{,}00 \text{ EUR/m}^2 = 296{,}72 \text{ EUR/m}^2$$

Wert des Grund und Bodens
800 m² x 296,72 EUR/m²   237 376,00 EUR

Abweichende Grundstücksgröße

Definiert der Gutachterausschuss den Bodenrichtwert in Abhängigkeit von der Grundstücksgröße, erfolgt innerhalb des typisierten Regelbewertungsverfahrens eine Umrechnung nach Maßgabe des Gutachterausschusses.

Stellt der Gutachterausschuss keine Umrechnungskoeffizienten zur Berücksichtigung abweichender Grundstücksgrößen beim Bodenwert von Ein- und Zweifamilienhausgrundstücken zur Verfügung, sind ersatzweise folgende Umrechnungskoeffizienten aus der Anlage 2 der Vergleichswertrichtlinie (VW-RL) vom 20.3.2014 (BAnz AT 11.4.2014 B3) heranzuziehen:

	Grundstücksfläche in m²							
	500	600	700	800	900	1.000	1.100	1.200
Umrechnungs-koeffizienten	1,03	1,02	1,00	0,99	0,98	0,97	0,96	0,96

Die Umrechnungskoeffizienten können nur innerhalb einer Bodenrichtwertspanne von 30 bis 300 EUR/m² verwendet werden. Für Grundstücksflächen zwischen den angegebenen Intervallen können die Umrechnungskoeffizienten durch lineare Interpolation ermittelt werden. Über den tabellarisch aufgeführten Gültigkeitsbereich hinaus ist eine Extrapolation der Umrechnungskoeffizienten nicht sachgerecht.

Hierzu folgendes Anwendungsbeispiel:

Gegeben	Bodenrichtwert: 150 EUR/m² bei einer Grundstücksgröße von 900 m² Grundstücksgröße des Bewertungsobjekts: 600 m²
Gesucht	an die Grundstücksgröße des Bewertungsobjekts angepasster Bodenwert
Lösung	UK für Grundstücksgröße 900 m² = 0,98 UK für Grundstücksgröße 600 m² = 1,02 150 EUR/m² x 1,02/0,98 = rd. 156 EUR/m²

Abweichende wertrelevante Geschossflächenzahl

Definiert der Gutachterausschuss den Bodenrichtwert in Abhängigkeit von einer wertrelevanten Geschossflächenzahl (WGFZ), erfolgt innerhalb des typisierten Regelbewertungsverfahrens eine Umrechnung nach Maßgabe des Gutachterausschusses.

Stellt der Gutachterausschuss keine Umrechnungskoeffizienten zur Berücksichtigung abweichender wertrelevanter Geschossflächenzahlen beim Bodenwert von Mehrfamilienhausgrundstücken (Mietwohngrundstücken) zur Verfügung, sind ersatzweise folgende Umrechnungskoeffizienten aus der Anlage 1 der Vergleichswertrichtlinie (VW-RL) vom 20.3.2014 (BAnz AT 11.4.2014 B3) heranzuziehen:

Boden-richtwert (EUR/m²)	wertrelevante Geschossflächenzahl (WGFZ)													
	0,4	0,6	0,8	1,0	1,2	1,4	1,6	1,8	2,0	2,2	2,4	2,6	2,8	3,0
200	0,88	0,93	0,97	1,00	1,03	1,05	1,07	1,08	1,10	1,11				
250	0,79	0,88	0,94	1,00	1,05	1,09	1,13	1,17	1,20	1,23	1,26			
300	0,71	0,83	0,92	1,00	1,07	1,13	1,19	1,24	1,29	1,34	1,38	1,43		
350		0,80	0,91	1,00	1,08	1,16	1,23	1,30	1,36	1,42	1,47	1,52	1,58	
400		0,77	0,89	1,00	1,10	1,18	1,27	1,35	1,42	1,49	1,56	1,62	1,68	
450			0,88	1,00	1,11	1,21	1,31	1,40	1,48	1,57	1,64	1,72	1,79	1,86
500			0,87	1,00	1,12	1,24	1,34	1,45	1,55	1,64	1,73	1,82	1,90	1,98

Für Bodenrichtwerte zwischen den Bodenrichtwertintervallen können die Umrechnungskoeffizienten durch lineare Interpolation ermittelt werden. Über den tabellarisch aufgeführten Gültigkeitsbereich hinaus ist eine Extrapolation der Umrechnungskoeffizienten nicht sachgerecht.

Hierzu folgendes Anwendungsbeispiel:

Gegeben	Bodenrichtwert: 380 EUR/m² bei einer WGFZ von 1,2 WGFZ des Bewertungsobjekts: 1,6
Gesucht	an die WGFZ des Bewertungsobjekts angepasster Bodenwert
Lösung	UK für WGFZ 1,2 = 1,09 UK für WGFZ 1,6 = 1,25 380 EUR/m² x 1,25/1,09 = rd. 436 EUR/m²

§ 179 BewG   ErbStR R B 179.2, 179.3

Anzusetzender Bodenrichtwert

Zum 3.1.2018 wird ein unbebautes Grundstück verschenkt. Der Gutachterausschuss hat zuletzt zum 31.12.2015 einen Bodenrichtwert von 200 EUR/m² ermittelt. In seiner Sitzung im April 2018 ermittelt der Gutachterausschuss zum 31.12.2017 einen Bodenrichtwert von 230 EUR/m². Der Gutachterausschuss teilt den Bodenrichtwert dem Finanzamt erst im Mai 2018 mit. Bei der Bewertung des unbebauten Grundstücks muss das Finanzamt von einem Bodenrichtwert von 230 EUR/m² ausgehen. Dies ist der turnusmäßig zuletzt vor dem Bewertungsstichtag vom Gutachterausschuss zu ermittelnde Wert.

Bodenrichtwertrichtlinie – BRW-RL

→ Richtlinie zur Ermittlung von Bodenrichtwerten (Bodenrichtwertrichtlinie – BRW-RL) vom 11.1.2011 (BAnz. Nummer 24 S. 597)

Erschließungsbeitragsrechtlicher Zustand des Grundstücks

→ BFH vom 18.8.2005 II R 62/03, BStBl. 2006 II S. 5

Grundstücksmerkmale

→ § 4 Absatz 2 ImmoWertV

Lagetypische Bodenrichtwerte

Lagetypische Bodenrichtwerte können zugrunde gelegt werden, wenn der Gutachterausschuss keine zonalen Bodenrichtwerte gebildet hat.

Umrechnungskoeffizienten für Geschossflächenzahl

→ BFH vom 12.7.2006 II R 1/04, BStBl. II S. 742

Umrechnungskoeffizienten für Grundstücksgröße

→ BFH vom 11.5.2005 II R 21/02, BStBl. II S. 686

Vergleichswertrichtlinie – VW-RL

→ Richtlinie zur Ermittlung des Vergleichswerts und des Bodenwerts (Vergleichswertrichtlinie – VW-RL) vom 20.3.2014 (BAnz AT 11.4.2014 B3)

Wertrelevante Geschossflächenzahl

→ Definition: Nummer 6 Absatz 6 Bodenrichtwertrichtlinie (BRW-RL) vom 11.1.2011 (BAnz. Nummer 24 S. 597)

Innerhalb des typisierten Regelbewertungsverfahrens erfolgt die Ermittlung der wertrelevanten Ge-schossflächenzahl (WGFZ) für das zu bewertende Grundstück nach den Modellparametern des örtlich zuständigen Gutachterausschusses.

ErbStR 2019

R B 179.3 Ansatz des Bodenwerts

(1) ¹Der aus dem Bodenrichtwert nach R B 179.2 ermittelte Bodenwert pro m² ist auf volle Cent abzurunden und ergibt multipliziert mit der Grundstücksfläche den Wert des Grund und Bodens (Bodenwert). ²Der Bodenwert ist auf volle Euro abzurunden.

(2) ¹Hat der Gutachterausschuss keinen Bodenrichtwert nach § 196 BauGB ermittelt, ist der Bodenwert pro m² aus den Bodenrichtwerten vergleichbarer Flächen abzuleiten. ²R B 179.2 ist hierbei entsprechend zu berücksichtigen; bei Bedarf ist der Gutachterausschuss um Auskunft zu ersuchen (→ § 193 Absatz 1 Satz 1 Nummer 2 bzw. Satz 2 BauGB). ³Durch Multiplikation von Grundstücksfläche und abgeleitetem Bodenwert pro m² sowie Abrundung des Produkts auf volle Euro ergibt sich der Bodenwert.

Hinweise (ErbStH 2019)

H B 179.3 (2) Keine Bodenrichtwerte

Hat der Gutachterausschuss – gleich aus welchen Gründen – keinen Bodenrichtwert ermittelt, ist der Bodenwert aus den Bodenrichtwerten vergleichbarer Flächen abzuleiten (→ § 179 Satz 4 BewG). Für Bauerwartungsland und Rohbauland gelten in diesen Fällen aus Vereinfachungsgründen regelmäßig folgende Wertansätze:

| ErbStR R B 179.3 | BewG § 179 |

1. Bauerwartungsland   25 %,
2. Bruttorohbauland   50 % und
3. Nettorohbauland   75 %
des Bodenrichtwerts für vergleichbares erschließungsbeitragsfreies Bauland, sofern hierzu keine Angaben der Gutachterausschüsse vorliegen.

§ 180 BewG

III. Bebaute Grundstücke

§ 180 Begriff der bebauten Grundstücke

(1) Bebaute Grundstücke sind Grundstücke, auf denen sich benutzbare Gebäude befinden. Wird ein Gebäude in Bauabschnitten errichtet, ist der fertiggestellte Teil als benutzbares Gebäude anzusehen.

(2) Als Grundstück im Sinne des Absatzes 1 gilt auch ein Gebäude, das auf fremdem Grund und Boden errichtet oder in sonstigen Fällen einem anderen als dem Eigentümer des Grund und Bodens zuzurechnen ist, selbst wenn es wesentlicher Bestandteil des Grund und Bodens geworden ist.

Rechtsprechungsauswahl

BFH-Urteil 18.4.2012 II R 58/10 (BStBl. II S. 874): Bezugsfertigkeit eines zur Vermietung vorgesehenen Bürogebäudes – Berücksichtigung einer Alterswertminderung.

Ein neu errichtetes Bürogebäude, das nach seiner Funktion zur Vermietung einzelner, entsprechend den individuellen Bedürfnissen der Mieter gestalteter Büros dienen soll, ist bezugsfertig i.S. von § 146 Abs. 4 Satz 1 i. V. m. § 145 Abs. 1 Satz 3 BewG, wenn die für das Gebäude wesentlichen Bestandteile (z.B. Außenwände, Fenster, tragende Innenwände, Estrichböden, Dach, Treppenhaus) fertiggestellt sind und zumindest eine Büroeinheit benutzbar ist.

ErbStR 2019

Zu § 180 BewG

R B 180 Begriff des bebauten Grundstücks

(1) [1]Bebaute Grundstücke sind Grundstücke, auf denen sich benutzbare Gebäude befinden. [2]Wegen der Tatbestandsmerkmale Benutzbarkeit und Bezugsfertigkeit → R B 178.

(2) Wird ein Gebäude in Bauabschnitten errichtet, ist der fertig gestellte Teil als benutzbares Gebäude anzusehen (→ R B 178 Absatz 3).

(3) [1]Zur wirtschaftlichen Einheit eines bebauten Grundstücks gehören der Grund und Boden, die Gebäude, die sonstigen Bestandteile und das Zubehör (→ R B 176.1 Absatz 1). [2]Nicht einzubeziehen sind Maschinen und Betriebsvorrichtungen (→ R B 176.1 Absatz 4).

(4) [1]Zum Grund und Boden gehören die bebaute Fläche und die mit dem Gebäude im Zusammenhang stehende unbebaute Fläche, insbesondere der Hofraum sowie Haus- und Vorgarten. [2]Bei einer hieran anschließenden größeren unbebauten Fläche ist für die Beurteilung, was als wirtschaftliche Einheit gilt, die Verkehrsanschauung maßgebend (→ R B 176.2 Absatz 1).

(5) [1]Wesentliche Bestandteile des Grundstücks sind auch die Gebäude und die mit Gebäuden verbundenen Anbauten (z. B. Wintergärten). [2]Im Grundbesitzwert zu erfassen sind die Nebengebäude, wenn sie auf dem mit dem Hauptgebäude bebauten Grundstück stehen (z. B. Garagen).

Hinweise (ErbStH 2019)

H B 180 *Abgrenzung des Grundvermögens von den Betriebsvorrichtungen*
  → *Gleich lautende Ländererlasse vom 5.6.2013 (BStBl. I S. 734)*
  Gebäudebegriff
  → *Gleich lautende Ländererlasse vom 5.6.2013 (BStBl. I S. 734)*

BewG § 181

§ 181 Grundstücksarten

(1) Bei der Bewertung bebauter Grundstücke sind die folgenden Grundstücksarten zu unterscheiden:
1. Ein- und Zweifamilienhäuser,
2. Mietwohngrundstücke,
3. Wohnungs- und Teileigentum,
4. Geschäftsgrundstücke,
5. gemischt genutzte Grundstücke und
6. sonstige bebaute Grundstücke.

(2) ¹Ein- und Zweifamilienhäuser sind Wohngrundstücke, die bis zu zwei Wohnungen enthalten und kein Wohnungseigentum sind. ²Ein Grundstück gilt auch dann als Ein- oder Zweifamilienhaus, wenn es zu weniger als 50 Prozent, berechnet nach der Wohn- oder Nutzfläche, zu anderen als Wohnzwecken mitbenutzt und dadurch die Eigenart als Ein- oder Zweifamilienhaus nicht wesentlich beeinträchtigt wird.

(3) Mietwohngrundstücke sind Grundstücke, die zu mehr als 80 Prozent, berechnet nach der Wohn- oder Nutzfläche, Wohnzwecken dienen, und nicht Ein- und Zweifamilienhäuser oder Wohnungseigentum sind.

(4) Wohnungseigentum ist das Sondereigentum an einer Wohnung in Verbindung mit dem Miteigentumsanteil an dem gemeinschaftlichen Eigentum, zu dem es gehört.

(5) Teileigentum ist das Sondereigentum an nicht zu Wohnzwecken dienenden Räumen eines Gebäudes in Verbindung mit dem Miteigentum an dem gemeinschaftlichen Eigentum, zu dem es gehört.

(6) Geschäftsgrundstücke sind Grundstücke, die zu mehr als 80 Prozent, berechnet nach der Wohn- und Nutzfläche, eigenen oder fremden betrieblichen oder öffentlichen Zwecken dienen und nicht Teileigentum sind.

(7) Gemischt genutzte Grundstücke sind Grundstücke, die teils Wohnzwecken, teils eigenen oder fremden betrieblichen oder öffentlichen Zwecken dienen und nicht Ein- und Zweifamilienhäuser, Mietwohngrundstücke, Wohnungseigentum, Teileigentum oder Geschäftsgrundstücke sind.

(8) Sonstige bebaute Grundstücke sind solche Grundstücke, die nicht unter die Absätze 2 bis 7 fallen.

(9) ¹Eine Wohnung ist die Zusammenfassung einer Mehrheit von Räumen, die in ihrer Gesamtheit so beschaffen sein müssen, dass die Führung eines selbständigen Haushalts möglich ist. ²Die Zusammenfassung einer Mehrheit von Räumen muss eine von anderen Wohnungen oder Räumen, insbesondere Wohnräumen, baulich getrennte, in sich abgeschlossene Wohneinheit bilden und einen selbständigen Zugang haben. ³Außerdem ist erforderlich, dass die für die Führung eines selbständigen Haushalts notwendigen Nebenräume (Küche, Bad oder Dusche, Toilette) vorhanden sind. ⁴Die Wohnfläche muss mindestens 23 Quadratmeter (m²) betragen.

§ 181 BewG

ErbStR R B 181.1

ErbStR 2019

Zu § 181 BewG

R B 181.1 Grundstücksarten

(1) ¹Bei bebauten Grundstücken wird nach § 181 BewG zwischen folgenden Grundstücksarten unterschieden.

Grundstücksart	Voraussetzungen
1. Ein- und Zweifamilienhäuser	• Wohngrundstücke mit bis zu zwei Wohnungen; • Mitbenutzung für betriebliche oder öffentliche Zwecke zu weniger als 50 Prozent – berechnet nach der Wohn- oder Nutzfläche – ist unschädlich, soweit dadurch nicht die Eigenart als Ein- oder Zweifamilienhaus wesentlich beeinträchtigt wird; • kein Wohnungseigentum nach Nummer 3.
2. Mietwohngrundstücke	• Grundstücke, die zu mehr als 80 Prozent – berechnet nach der Wohn- oder Nutzfläche – Wohnzwecken dienen und nicht Ein- und Zweifamilienhäuser im Sinne der Nummer 1 oder Wohnungseigentum nach Nummer 3 sind.
3. Wohnungs- und Teileigentum	• Wohnungseigentum ist das Sondereigentum an einer Wohnung in Verbindung mit dem Miteigentumsanteil an dem gemeinschaftlichen Eigentum, zu dem es gehört (§ 1 Absatz 2 WEG[1]). • Teileigentum ist das Sondereigentum an nicht zu Wohnzwecken dienenden Räumen eines Gebäudes in Verbindung mit dem Miteigentum an dem gemeinschaftlichen Eigentum, zu dem es gehört (§ 1 Absatz 3 WEG).
4. Geschäftsgrundstücke	• Grundstücke, die zu mehr als 80 Prozent – berechnet nach der Wohn- oder Nutzfläche – eigenen oder fremden betrieblichen oder öffentlichen Zwecken dienen und nicht Teileigentum nach Nummer 3 sind.
5. gemischt genutzte Grundstücke	• Grundstücke, die teils Wohnzwecken, teils eigenen oder fremden betrieblichen oder öffentlichen Zwecken dienen und keine Grundstücke im Sinne der Nummer 1 bis 4 sind.
6. sonstige bebaute Grundstücke	• Grundstücke, die nicht unter die Nummer 1 bis 5 fallen.

²Die Grundstücksart ist für die Zuordnung des Bewertungsverfahrens von entscheidender Bedeutung (§ 182 BewG, → R B 182). ³Die Abgrenzung der Grundstücksarten ist nach dem Verhältnis der Wohn- und Nutzfläche vorzunehmen. ⁴Dabei sind Nutzflächen, die in einem Nutzungszusammenhang mit Wohnflächen stehen (z. B. Garagen, Kellerräume), nicht einzubeziehen. ⁵Maßgeblich ist die Wohnfläche nach der Wohnflächenverordnung (WoFlV). ⁶Ist die Wohnfläche bis zum 31. Dezember 2003 nach der II. Berechnungsverordnung (II. BV) berechnet worden, bleibt es bei dieser Berechnung (→ § 5 WoFlV), soweit nach dem 31. Dezember 2003 keine baulichen Änderungen an dem Wohnraum vorgenommen worden sind, die eine Neuberechnung erforderlich machen. ⁷Abzustellen ist auf die tatsächliche Nutzung am Bewertungsstichtag.

(2) ¹Bei der Festlegung der Grundstücksart ist stets die gesamte wirtschaftliche Einheit zu betrachten. ²Dies gilt auch, wenn sich auf einem Grundstück mehrere Gebäude oder Gebäudeteile unterschiedlicher Bauart oder Nutzung befinden.

(3) ¹§ 181 Absatz 9 BewG definiert die Wohnung im bewertungsrechtlichen Sinne. ²Eine Wohnung ist hiernach die Zusammenfassung einer Mehrheit von Räumen, die in ihrer Gesamtheit so beschaffen sein müssen, dass die Führung eines selbstständigen Haushalts möglich ist. ³Die Zusammenfassung einer Mehrheit von Räumen muss eine von anderen Wohnungen oder Räumen, insbesondere Wohnräumen, baulich getrennte, in sich abgeschlossene Wohneinheit bilden, einen selbstständigen Zugang haben und mindestens eine Wohnfläche von 23 Quadratmeter aufweisen. ⁴Außerdem ist erforderlich, dass die für die Führung eines selbstständigen Haushalts notwendigen Nebenräume (Küche, Bad oder Dusche, Toilette) vorhanden sind.

---

[1] Wohnungseigentumsgesetz v. 12.1.2021 (siehe Anlage 093.1).

Hinweise (ErbStH 2019)

H B 181.1 Abgrenzung der Grundstücksart nach dem Verhältnis von Wohn- und Nutzfläche
Beispiel:
Auf einem Grundstück befindet sich ein mehrgeschossiges Gebäude, in dem sich insgesamt 400 m² Wohnfläche und 200 m² Nutzfläche befinden. Die Nutzfläche entfällt zu jeweils 50 % auf die Kellerräume der Wohnungsmieter des Gebäudes sowie auf betrieblich genutzte Flächen. Das Grundstück ist der Grundstücksart gemischt genutztes Grundstück zuzuordnen, da nur 80 % von insgesamt 500 m² Wohn- und Nutzfläche der Wohnungsnutzung dienen. Die im Nutzungszusammenhang mit den Wohnflächen stehenden Kellerräume der Mieter (Nutzfläche 100 m²) sind hierbei nicht zu berücksichtigen.

Wohn-/Nutzfläche nach WoFlV
→ Verordnung zur Berechnung der Wohnfläche vom 25.11.2003 (BGBl I S. 2346)

ErbStR 2019

R B 181.2 Wohnungs- und Teileigentum

(1) ¹Jedes Wohnungseigentum und jedes Teileigentum gilt als ein Grundstück im Sinne des Bewertungsgesetzes (§ 176 Absatz 1 Nummer 3 BewG). ²Wohnungseigentum und Teileigentum werden nach § 2 WEG[1]) entweder durch vertragliche Einräumung von Sondereigentum (§ 3 WEG) oder durch Teilung (§ 8 WEG) begründet. ³Nach § 3 WEG kann Sondereigentum auch an Räumen in einem erst zu errichtenden Gebäude eingeräumt werden. ⁴Ebenso ist die Teilung durch den Eigentümer auch bei einem erst noch zu errichtenden Gebäude möglich (§ 8 Absatz 1 WEG). ⁵Die rechtliche Zusammenführung von Sondereigentum und Miteigentumsanteil bildet von Beginn an Wohnungseigentum oder Teileigentum im Sinne des § 1 Absatz 2 und 3 WEG.

(2) ¹Das Wohnungs-/Teileigentum entsteht zivilrechtlich mit der Anlegung des Wohnungs- oder Teileigentumsgrundbuchs. ²Schenkungsteuerrechtlich gilt das Wohnungs-/Teileigentum bereits dann als entstanden, wenn die Teilungserklärung beurkundet ist und die Anlegung des Grundbuchs beantragt werden kann (→ R E 9.1 Absatz 1). ³Dies gilt sowohl für am Bewertungsstichtag noch nicht bezugsfertige Gebäude als auch für bereits bestehende Gebäude.

(3) ¹Die wirtschaftliche Einheit des Wohnungs-/Teileigentums setzt sich aus dem Sondereigentum und dem Miteigentumsanteil an dem gemeinschaftlichen Eigentum zusammen, zu dem es gehört. ²Sind bei einem Wohnungseigentum mehrere Wohnungen mit nur einem Miteigentumsanteil verbunden, sind sie grundsätzlich zu einer wirtschaftlichen Einheit zusammenzufassen. ³Eine Ausnahme besteht jedoch dann, wenn die tatsächlichen Gegebenheiten der Verkehrsanschauung entgegenstehen. ⁴Liegen die Wohnungen in demselben Haus unmittelbar übereinander oder nebeneinander und sind sie so miteinander verbunden, dass sie sich als ein Raumkörper darstellen, bilden sie eine wirtschaftliche Einheit. ⁵Besteht keine derartige Verbindung, weil sich die Wohnungen getrennt von anderen im Sondereigentum stehenden Wohnungen im Gebäude befinden, sind nach der Verkehrsanschauung mehrere wirtschaftliche Einheiten anzunehmen.

(4) ¹Handelt es sich dagegen um mehrere Wohnungen, die jeweils mit einem Miteigentumsanteil am Grundstück verbunden sind und liegen mithin zivilrechtlich mehrere selbstständige Wohnungseigentumsrechte vor, ist trotz des tatsächlichen Aneinandergrenzens und der Eintragung auf ein gemeinsames Wohnungsgrundbuchblatt eine Zusammenfassung zu einer einheitlichen wirtschaftlichen Einheit nicht möglich. ²Werden mehrere Wohnungen durch größere bauliche Maßnahmen zu einer einzigen Wohnung umgestaltet und sind sie danach nicht mehr ohne größere bauliche Veränderungen getrennt veräußerbar, bilden sie nur eine wirtschaftliche Einheit. ³Dies gilt entsprechend für die bauliche Zusammenfassung von Wohnung und Gewerberaum.

(5) ¹Zubehörräume, insbesondere Kellerräume und sonstige Abstellräume, die der Grundstückseigentümer gemeinsam mit seinem Miteigentumsanteil nutzt, sind ohne Rücksicht auf die zivilrechtliche Gestaltung in die wirtschaftliche Einheit einzubeziehen. ²Gehören zu der Wohnung auch Garagen, sind sie in die wirtschaftliche Einheit des Wohnungseigentums einzubeziehen (§ 157 Absatz 3 Satz 2 in Verbindung mit § 70 Absatz 1 und 2 BewG). ³Es kommt nicht darauf an, ob sich die Garagen auf dem Grundstück der Eigentumswohnungsanlage oder auf einem Grundstück in der näheren Umgebung befinden. ⁴An Abstellplätzen außerhalb von Sammelgaragen kann kein Sondereigentum begründet werden. ⁵Derartige Abstellplätze sind Gemeinschaftseigentum, die jedoch mittels einer Nutzungsver-

---
[1]) Wohnungseigentumsgesetz v. 12.1.2021 (siehe Anlage 093.1).

§ 181 BewG

einbarung einem bestimmten Wohnungseigentums- oder Teileigentumsrecht zugeordnet werden können.

Hinweise (ErbStH 2019)

H B 181.2 Wohnungen als wirtschaftliche Einheit
→ *BFH vom 1.4.1987 II R 79/86, BStBl. II S. 840 und vom 1.8.1990 II R 46/88, BStBl. II S. 1016*

§ 182 Bewertung der bebauten Grundstücke

(1) Der Wert der bebauten Grundstücke ist nach dem Vergleichswertverfahren (Absatz 2 und § 183), dem Ertragswertverfahren (Absatz 3 und §§ 184 bis 188) oder dem Sachwertverfahren (Absatz 4 und §§ 189 bis 191) zu ermitteln.

(2) Im Vergleichswertverfahren sind grundsätzlich zu bewerten
1. Wohnungseigentum,
2. Teileigentum,
3. Ein- und Zweifamilienhäuser.

(3) Im Ertragswertverfahren sind zu bewerten
1. Mietwohngrundstücke,
2. Geschäftsgrundstücke und gemischt genutzte Grundstücke, für die sich auf dem örtlichen Grundstücksmarkt eine übliche Miete ermitteln lässt.

(4) Im Sachwertverfahren sind zu bewerten
1. Grundstücke im Sinne des Absatzes 2, wenn kein Vergleichswert vorliegt,
2. Geschäftsgrundstücke und gemischt genutzte Grundstücke mit Ausnahme der in Absatz 3 Nr. 2 genannten Grundstücke,
3. sonstige bebaute Grundstücke.

ErbStR 2019

Zu § 182 BewG

R B 182 Zuordnung zu den Bewertungsverfahren

(1) ¹Der Wert eines Grundstücks ist entweder nach dem Vergleichswertverfahren, dem Ertragswertverfahren oder dem Sachwertverfahren zu bemessen. ²Welches Verfahren für die zu bewertende wirtschaftliche Einheit anzuwenden ist, richtet sich nach der Grundstücksart der wirtschaftlichen Einheit (§ 181 BewG, → R B 181.1).

(2) ¹Das Vergleichswertverfahren (§ 183 BewG) ist für das Wohnungseigentum, das Teileigentum und für die Ein- und Zweifamilienhäuser anzuwenden, sofern der Gutachterausschuss entsprechende Vergleichspreise oder Vergleichsfaktoren ermittelt hat. ²Nachrangig kann auf die in der Finanzverwaltung vorliegenden Unterlagen zu Vergleichspreisen zurückgegriffen werden

(3) ¹Das Ertragswertverfahren (§§ 184 bis 188 BewG) ist für Geschäftsgrundstücke und gemischt genutzte Grundstücke anzuwenden, für die sich auf dem örtlichen Grundstücksmarkt eine übliche Miete ermitteln lässt. ²Die übliche Miete kann auch durch ein Mietgutachten nachgewiesen werden (→ R B 186.5 Absatz 5). ³Das Verfahren ist nicht anzuwenden, wenn zwar eine tatsächliche Miete vereinbart ist, jedoch keine übliche Miete ermittelt werden kann, da in einem solchen Fall ein Vergleich nicht möglich ist. ⁴Mietwohngrundstücke sind nach § 182 Absatz 3 Nummer 1 BewG stets im Ertragswertverfahren zu bewerten. ⁵Ist in diesen Fällen weder eine tatsächliche Miete vorhanden noch eine ortsübliche Miete ermittelbar, ist die Miete marktbezogen, beispielsweise durch Abgleich mit den Mietverhältnissen in vergleichbaren überregionalen Lagen, zu schätzen.

(4) ¹Das Sachwertverfahren (§§ 189 bis 191 BewG) ist für die Bewertung der sonstigen bebauten Grundstücke heranzuziehen. ²Darüber hinaus ist das Sachwertverfahren das Auffangverfahren für

– das Wohnungseigentum, das Teileigentum und für Ein- und Zweifamilienhäuser, wenn das Vergleichswertverfahren mangels Vergleichspreisen oder Vergleichsfaktoren nicht anwendbar ist;

– Geschäftsgrundstücke und gemischt genutzte Grundstücke, für die sich auf dem örtlichen Grundstücksmarkt keine übliche Miete ermitteln lässt.

§ 182 BewG

Hinweise (ErbStH 2019)

H B 182 (4) *Betriebsaufspaltung/Konzernverbund*
Beispiel:
Im Rahmen einer Betriebsaufspaltung überlässt das Besitzunternehmen einem Betriebsunternehmen ein Geschäftsgrundstück. Eine ortsübliche Miete ist nicht ermittelbar. Das Grundstück ist daher nicht im Ertragswertverfahren, sondern im Sachwertverfahren zu bewerten.

(5) Befinden sich auf einem Grundstück mehrere selbstständige Gebäude oder Gebäudeteile und lässt sich für mindestens eines dieser Gebäude oder Gebäudeteile keine übliche Miete ermitteln, erfolgt die Wertermittlung für die gesamte wirtschaftliche Einheit einheitlich nach dem Sachwertverfahren.

§ 183 Bewertung im Vergleichswertverfahren

(1) ¹Bei Anwendung des Vergleichswertverfahrens sind Kaufpreise von Grundstücken heranzuziehen, die hinsichtlich der ihren Wert beeinflussenden Merkmale mit dem zu bewertenden Grundstück hinreichend übereinstimmen (Vergleichsgrundstücke). ²Grundlage sind vorrangig die von den Gutachterausschüssen im Sinne der §§ 192 ff. des Baugesetzbuchs mitgeteilten Vergleichspreise.

(2) ¹Anstelle von Preisen für Vergleichsgrundstücke können von den Gutachterausschüssen für geeignete Bezugseinheiten, insbesondere Flächeneinheiten des Gebäudes, ermittelte und mitgeteilte Vergleichsfaktoren herangezogen werden. ²Bei Verwendung von Vergleichsfaktoren, die sich nur auf das Gebäude beziehen, ist der Bodenwert nach § 179 gesondert zu berücksichtigen. ³Anzuwenden sind die Vergleichsfaktoren, die von den Gutachterausschüssen für den letzten Auswertungszeitraum abgeleitet werden, der vor dem Kalenderjahr endet, in dem der Bewertungsstichtag liegt.

(3) Besonderheiten, insbesondere die den Wert beeinflussenden Belastungen privatrechtlicher und öffentlich-rechtlicher Art, werden im Vergleichswertverfahren nach den Absätzen 1 und 2 nicht berücksichtigt.

ErbStR 2019

Zu § 183 BewG

R B 183 Vergleichswertverfahren

(1) ¹Bei der Anwendung des Vergleichswertverfahrens wird der Grundbesitzwert des zu bewertenden bebauten Grundstücks entweder aus Vergleichspreisen (Absatz 2) für vergleichbare Grundstücke oder aus Vergleichsfaktoren (Absatz 3) abgeleitet. ²Vergleichspreis- und Vergleichsfaktorverfahren stehen gesetzessystematisch gleichrangig nebeneinander; es besteht ein Auswahlermessen. ³Der Vergleichswert bebauter Grundstücke umfasst den Boden- und Gebäudewert.

(2) ¹Im Vergleichspreisverfahren wird der Vergleichswert aus einer ausreichenden Zahl von geeigneten Vergleichspreisen ermittelt. ²Für die Ableitung der Vergleichspreise sind die Kaufpreise solcher Grundstücke heranzuziehen, die mit dem zu bewertenden Grundstück hinreichend übereinstimmende Grundstücksmerkmale aufweisen (Vergleichsgrundstücke, § 183 Absatz 1 BewG). ³Eine hinreichende Übereinstimmung der Grundstücksmerkmale der Vergleichsgrundstücke liegt vor, wenn sie insbesondere hinsichtlich ihrer Lage, Art und Maß der baulichen Nutzung, Größe, Erschließungszustand, Gebäudeart und Alter des Gebäudes mit dem zu bewertenden Grundstück weitgehend übereinstimmen bzw. die Abweichungen in sachgerechter Weise (→ Absatz 4) berücksichtigt werden können. ⁴Vorrangig ist auf die von den Gutachterausschüssen für Grundstückswerte mitgeteilten Vergleichspreise zurückzugreifen. ⁵Liegen mehrere Vergleichspreise vor, soll der Durchschnittswert angesetzt werden. ⁶Sofern der Gutachterausschuss nur Durchschnittskaufpreise (Kaufpreismittel) aus einer Vielzahl von Kauffällen einer Grundstücksart ohne Berücksichtigung unterschiedlicher wertbeeinflussender Grundstücksmerkmale abgeleitet hat, sind diese als Vergleichspreise nicht geeignet. ⁷Soweit von den Gutachterausschüssen keine Vergleichspreise vorliegen, kann das zuständige Finanzamt geeignete Vergleichspreise aus anderen Kaufpreissammlungen als nach § 195 BauGB berücksichtigen.

Hinweise (ErbStH 2019)

H B 183 (2) *Anzahl der Vergleichspreise*

Voraussetzung für die Anwendung des Vergleichswertverfahrens ist eine ausreichende Anzahl geeigneter Vergleichspreise; ausnahmsweise kann auch ein Vergleichspreis genügen.

Auszüge aus der Kaufpreissammlung

Bloße Auszüge aus der Kaufpreissammlung und deren schematische Mittelwertbildung stellen keine geeigneten Vergleichspreise dar.

Kaufpreis für das zu bewertende Grundstück als Vergleichspreis

Als ein Vergleichspreis kann auch der für die zu bewertende wirtschaftliche Einheit tatsächlich innerhalb eines Jahres vor dem Bewertungsstichtag unter fremden Dritten erzielte Kaufpreis gelten, sofern zwischenzeitlich keine Änderungen der Wertverhältnisse einge-

§ 183 BewG

treten sind und dem Verkauf keine ungewöhnlichen oder persönlichen Verhältnisse zu Grunde gelegen haben.

(3) ¹Anstelle von Vergleichspreisen können zur Ermittlung des Vergleichswerts auch Vergleichsfaktoren herangezogen werden, die vom Gutachterausschuss für Grundstückswerte für geeignete Bezugseinheiten, z. B. die Wohnfläche (Gebäudefaktor) oder den erzielbaren jährlichen Ertrag (Ertragsfaktor), ermittelt und mitgeteilt werden (§ 183 Absatz 2 BewG). ²Der Vergleichswert ergibt sich dann durch Vervielfachung der Bezugseinheit mit dem Vergleichsfaktor. ³Vergleichsfaktoren sind geeignet, wenn die Grundstücksmerkmale der ihnen zugrunde liegenden Grundstücke hinreichend mit denen des zu bewertenden Grundstücks übereinstimmen bzw. die Abweichungen in sachgerechter Weise (Absatz 4) berücksichtigt werden können. ⁴Beziehen sich die Vergleichsfaktoren nur auf den Gebäudewert, ist der Bodenwert zusätzlich nach Maßgabe des § 179 BewG zu ermitteln.

Hinweise (ErbStH 2019)

H B 183 (3) *Vergleichsfaktoren*

Anwendungsvoraussetzungen bei Wohnungseigentum:

Bei Vergleichsfaktoren für Wohnungseigentum sollten regelmäßig mindestens folgende Klassifizierungsmerkmale vorliegen: Baujahrsklasse, Wohnungsgröße der Vergleichswohnung oder eine Wohnungsgrößenspanne und die Wohnlage.

Beispiel (Einfamilienhäuser):

Hat der Gutachterausschuss nur einen Vergleichsfaktor für ein Reihenhaus ermittelt, kann dieser nur dann als Vergleichsfaktor für ein freistehendes Einfamilienhaus benutzt werden, wenn vom Gutachterausschuss zusätzlich entsprechende Korrekturfaktoren vorliegen.

Vergleichsfaktoren in Spannen:

Hat der örtliche Gutachterausschuss Vergleichsfaktoren in Spannen veröffentlicht und dabei Differenzierungsmerkmale ausgewiesen, ist der entsprechend differenzierte Wert aus der Spanne zugrunde zu legen. Andernfalls ist regelmäßig nicht der Mittelwert, sondern der unterste Wert der Spanne anzusetzen.

Kein Vergleichsfaktor in Spannen liegt vor, wenn der Gutachterausschuss den Vergleichsfaktor als festen Wert vorgibt und zusätzlich nach oben und nach unten eine Standardabweichung benennt. In diesem Fall ist als Vergleichsfaktor der vorgegebene Wert anzusetzen.

(4) ¹Weichen die Grundstücksmerkmale der Vergleichsgrundstücke bzw. der den Vergleichsfaktoren zugrunde liegenden Grundstücke von den Grundstücksmerkmalen des zu bewertenden Grundstücks ab, so sind diese Abweichungen durch Zu- und Abschläge nach Vorgabe des Gutachterausschusses für Grundstückswerte zu berücksichtigen. ²Besonderheiten, insbesondere die den Wert beeinflussenden Rechte und Belastungen privatrechtlicher und öffentlich-rechtlicher Art, werden in dem typisierenden Vergleichswertverfahren nach § 183 Absatz 1 und 2 BewG nicht berücksichtigt (§ 183 Absatz 3 BewG).

Hinweise (ErbStH 2019)

H B 183 (4) *Vergleichsfaktoren (Abweichungen)*

Stehen vom örtlichen Gutachterausschuss zur Berücksichtigung der Abweichungen zwischen den Grundstücksmerkmalen der Vergleichsgrundstücke bzw. der den Vergleichsfaktoren zugrunde liegenden Grundstücke und den Grundstücksmerkmalen des zu bewertenden Grundstücks keine Anpassungsfaktoren (z. B. Indexreihen oder Umrechnungskoeffizienten) zur Verfügung, kann eine hinreichende Übereinstimmung noch unterstellt werden, wenn die Grundstücksmerkmale des zu bewertenden Grundstücks, wie z. B. die Wohn-/Nutzfläche des Gebäudes, die Grundstücksgröße oder das Alter des Gebäudes, um höchstens jeweils 20 % vom Vergleichsgrundstück abweichen.

Beispiel:

Der Grundstücksmarktbericht des örtlichen Gutachterausschusses für Grundstückswerte enthält im Zusammenhang mit der Darstellung von Vergleichsfaktoren für Wohnungseigentum u.a. folgende Angaben:

1. Definition der Musterwohnung:
   - Größe (Wohnfläche):   80 m²
   - Geschosslage: 1. OG
   - Ausstattung: durchschnittlich (mittel)
   - Unterhaltungszustand: baujahrtypisch
   - Vermietung: unvermietet
   - Garage / Stellplatz: nicht enthalten

2. Vergleichsfaktoren je Quadratmeter Wohnfläche

Die Werte sind umgerechnet auf die definierte Musterwohnung.		Baujahrsklasse	
		1920 bis 1944	1945 bis 1960
Stadtbezirk	Wohnlage	EUR/m² Wohnfläche	
A	gut	1 700	1 800
	mittel	1 500	1 650
	einfach	1 350	1 500
B	gut	1 900	1 850
	mittel	1 700	1 650
	einfach	1 500	1 550
Garagen und Stellplätze sind bei diesen Werten nicht berücksichtigt.			

3. Anwendung der Vergleichsfaktoren

   Liegt z. B. eine im Jahr 1950 errichtete Eigentumswohnung (Wohnungseigentum) mit einer Wohnfläche von 70 m² im Stadtbezirk A in guter Wohnlage, weicht sie hinsichtlich der Wohnfläche im Vergleich zur Musterwohnung mit einer Differenz von 10 m² geringfügig ab (Abweichung nicht mehr als 20 % von 80 m²). Deshalb kann der Vergleichswert (Grundbesitzwert) unmittelbar durch Anwendung des Vergleichsfaktors ermittelt werden:

   70 m² Wohnfläche x 1 800 EUR/m² = 126 000 EUR

   Würde die Wohnfläche der zu bewertenden Eigentumswohnung (Wohnungseigentum) nur 60 m² betragen (Abweichung im Vergleich zur Musterwohnung über 20 % von 80 m²) wäre eine Anwendung des Vergleichsfaktors nur möglich, wenn der Gutachterausschuss zusätzlich entsprechende Umrechnungskoeffizienten hinsichtlich unterschiedlicher Wohnflächen ermittelt und mitgeteilt hat.

§ 184 BewG

§ 184 Bewertung im Ertragswertverfahren

(1) Bei Anwendung des Ertragswertverfahrens ist der Wert der Gebäude (Gebäudeertragswert) getrennt von dem Bodenwert auf der Grundlage des Ertrags nach § 185 zu ermitteln.

(2) Der Bodenwert ist der Wert des unbebauten Grundstücks nach § 179.

(3) ¹Der Bodenwert und der Gebäudeertragswert (§ 185) ergeben den Ertragswert des Grundstücks. Es ist mindestens der Bodenwert anzusetzen. ²Sonstige bauliche Anlagen, insbesondere Außenanlagen, sind regelmäßig mit dem Ertragswert des Gebäudes abgegolten.

ErbStR 2019

Zu § 184 BewG

R B 184 Allgemeine Grundsätze des Ertragswertverfahrens

¹Im Ertragswertverfahren nach den §§ 184 bis 188 BewG wird der Grundbesitzwert (Ertragswert) aus der Summe von Bodenwert (Bodenertragswert) und Gebäudewert (Gebäudeertragswert) gebildet. ²Der Bodenwert ist wie bei einem unbebauten Grundstück nach Maßgabe des § 179 BewG zu ermitteln. ³Der Gebäudewert ist getrennt vom Bodenwert auf der Grundlage des Ertrags zu bestimmen. ⁴Sonstige bauliche Anlagen, insbesondere Außenanlagen, sind regelmäßig mit dem Ertragswert abgegolten. ⁵Als Ertragswert (Grundbesitzwert) ist mindestens der Bodenwert anzusetzen.

Hinweise (ErbStH 2019)

H B 184 Überblick über das Verfahren (Schema)

Rohertrag (Jahresmiete bzw. übliche Miete)
(§ 185 Absatz 1, § 186 BewG)

./.

Bewirtschaftungskosten
(§ 185 Absatz 1, § 187 BewG)

=

Reinertrag des Grundstücks
(§ 185 Absatz 1 BewG)

./.

Bodenwertverzinsung/ Bodenwert x Liegenschaftszinssatz
(§ 179, § 185 Absatz 2, § 188 BewG)

=

Bodenrichtwert *(ggf. angepasster Bodenwert)*	*Gebäudereinertrag (≥ 0 Euro)* *(§ 185 Absatz 2 BewG)*
x	x
Grundstücksfläche	*Vervielfältiger* *(§ 185 Absatz 3 BewG)*
=	=
Bodenwert *(§ 179, § 184 Absatz 2 BewG)*	**Gebäudeertragswert** *(§ 185 Absatz 1 bis 3 BewG)*
▼	▼

Ertragswert = Grundbesitzwert
(§ 184 Absatz 3 BewG)

§ 185 Ermittlung des Gebäudeertragswerts

(1) ¹Bei der Ermittlung des Gebäudeertragswerts ist von dem Reinertrag des Grundstücks auszugehen. ²Dieser ergibt sich aus dem Rohertrag des Grundstücks (§ 186) abzüglich der Bewirtschaftungskosten (§ 187).

(2) ¹Der Reinertrag des Grundstücks ist um den Betrag zu vermindern, der sich durch eine angemessene Verzinsung des Bodenwerts ergibt; dies ergibt den Gebäudereinertrag. ²Der Verzinsung des Bodenwerts ist der Liegenschaftszinssatz (§ 188) zu Grunde zu legen. ³Ist das Grundstück wesentlich größer, als es einer den Gebäuden angemessenen Nutzung entspricht, und ist eine zusätzliche Nutzung oder Verwertung einer Teilfläche zulässig und möglich, ist bei der Berechnung des Verzinsungsbetrags der Bodenwert dieser Teilfläche nicht zu berücksichtigen.

(3) ¹Der Gebäudereinertrag ist mit dem sich aus der Anlage 21 ergebenden Vervielfältiger zu kapitalisieren. ²Maßgebend für den Vervielfältiger sind der Liegenschaftszinssatz und die Restnutzungsdauer des Gebäudes. ³Die Restnutzungsdauer wird grundsätzlich aus dem Unterschiedsbetrag zwischen der wirtschaftlichen Gesamtnutzungsdauer, die sich aus der Anlage 22 ergibt, und dem Alter des Gebäudes am Bewertungsstichtag ermittelt. ⁴Sind nach Bezugsfertigkeit des Gebäudes Veränderungen eingetreten, die die wirtschaftliche Gesamtnutzungsdauer des Gebäudes verlängert oder verkürzt haben, ist von einer der Verlängerung oder Verkürzung entsprechenden Restnutzungsdauer auszugehen. ⁵Die Restnutzungsdauer eines noch nutzbaren Gebäudes beträgt regelmäßig mindestens 30 Prozent der wirtschaftlichen Gesamtnutzungsdauer.

ErbStR 2019

Zu § 185 BewG

R B 185.1 Bodenwertverzinsung

(1) ¹Der Reinertrag für ein bebautes Grundstück stellt sowohl die Verzinsung für den Grund und Boden als auch für die auf dem Grundstück vorhandenen Gebäude dar. ²Da der Grund und Boden als unvergänglich gilt, die Gebäude jedoch nur eine begrenzte Nutzungsdauer haben, ist der Reinertrag in Verzinsungsanteile des Bodens und der Gebäude aufzuspalten. ³Der Reinertragsanteil (Verzinsungsbetrag) des Grund und Bodens ergibt als Barwert einer ewigen Rente den Bodenertragswert, der im Ertragswertverfahren durch den Ansatz des Bodenwerts nach Maßgabe des § 179 BewG bereits erfasst wird. ⁴Der Reinertragsanteil der Gebäude ist zur Ermittlung des Gebäudewerts (Gebäudeertragswerts) als Zeitrente über die Restnutzungsdauer der Gebäude zu kapitalisieren (→ R B 185.2).

(2) ¹Zur Ermittlung des Gebäudereinertrags ist vom Reinertrag des Grundstücks die Bodenwertverzinsung abzuziehen. ²Hierzu ist der Bodenwert (→ R B 179.3) mit dem angemessenen und nutzungstypischen Liegenschaftszinssatz (→ R B 188.1) zu multiplizieren.

(3) ¹Ist das Grundstück wesentlich größer, als es einer den Gebäuden angemessenen Nutzung entspricht, und ist eine zusätzliche Nutzung oder Verwertung einer Teilfläche (selbstständig verwertbare Teilfläche) zulässig und möglich, ohne dass mehrere wirtschaftliche Einheiten vorliegen, ist diese Teilfläche bei der Berechnung des Bodenwertverzinsungsbetrages nicht zu berücksichtigen (§ 185 Absatz 2 Satz 3 BewG). ²Mithin ist bei der Ermittlung des Betrags der Bodenwertverzinsung nur die der jeweiligen Bebauung zurechenbare Grundstücksfläche anzusetzen. ³Diese zurechenbare Grundstücksfläche entspricht regelmäßig der bebauten Fläche einschließlich der sog. Umgriffsfläche. ⁴Dabei ist nicht entscheidend, ob die selbstständig nutzbaren Teilflächen baulich nutzbar sind. ⁵Vielmehr wird unter einer selbstständig nutzbaren Teilfläche jede sinnvolle Nutzung verstanden (Lagerfläche, Abstellfläche, Gartenfläche, Schrebergarten usw.). ⁶Die selbstständig nutzbare Teilfläche muss hinreichend groß und so gestaltet sein, dass eine entsprechende Nutzung oder Verwertung möglich ist.

Hinweise (ErbStH 2019)

H B 185.1 (3) Selbstständig verwertbare Teilfläche
Beispiel:

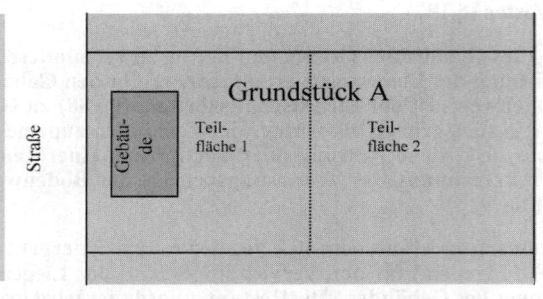

```
                    Grundstück A
  Straße  | Gebäu- | Teil-      | Teil-
          | de     | fläche 1   | fläche 2
```

Für das Ertragswertobjekt auf dem Grundstück A ist lediglich die Teilfläche 1 für den zu erzielenden Ertrag notwendig. Die Teilfläche 2 ist selbstständig nutzbar. Eine sofortige Parzellierung der beiden Teilflächen ist nicht möglich, so dass das Grundstück A eine wirtschaftliche Einheit bildet. Bei der Berechnung des Betrags der Bodenwertverzinsung ist ausschließlich die Teilfläche 1 zu berücksichtigen. Bei der Bodenwertermittlung sind dagegen beide Teilflächen anzusetzen.

(4) ¹Verbleibt nach Abzug der Bodenwertverzinsung kein oder ein negativer Betrag ist nach § 184 Absatz 3 Satz 2 BewG der Bodenwert anzusetzen (Mindestwert).

ErbStR 2019

R B 185.2 Vervielfältiger

¹Der Vervielfältiger, mit dem der Gebäudereinertrag kapitalisiert wird, bestimmt sich nach dem Liegenschaftszinssatz (§ 188 BewG, → R B 188.1) und der Restnutzungsdauer (→ R B 185.3). ²Mathematisch handelt es sich um einen Zeitrentenbarwertfaktor einer jährlich nachschüssig zahlbaren Rente, wobei als Rente die jährlich anfallenden Reinerträge der Gebäude mit Hilfe des Vervielfältigers kapitalisiert werden. ³Die Vervielfältiger sind in der Anlage 21 zum BewG dargestellt. ⁴Für Fälle, in denen von den Gutachterausschüssen Liegenschaftszinssätze ermittelt werden, die nicht direkt in der Anlage 21 zum BewG ausgewiesen sind, enthält diese eine Formel zur Berechnung des Vervielfältigers.

ErbStR 2019

R B 185.3 Restnutzungsdauer

(1) ¹Die Restnutzungsdauer wird grundsätzlich aus dem Unterschied zwischen der typisierten wirtschaftlichen Gesamtnutzungsdauer und dem Alter des Gebäudes am Bewertungsstichtag ermittelt. ²Es bestehen aus Vereinfachungsgründen keine Bedenken, das Alter des Gebäudes durch Abzug des Jahres der Bezugsfertigkeit des Gebäudes (Baujahr) vom Jahr des Bewertungsstichtags zu bestimmen.

(2) ¹Die typisierte wirtschaftliche Gesamtnutzungsdauer eines Gebäudes ist der Anlage 22 zum BewG zu entnehmen. ²Sie richtet sich nach der Grundstücksart im Sinne des § 181 BewG und den in der Anlage 22 zum BewG ausgewiesenen Gebäudearten. ³Die Gesamtnutzungsdauer für nicht aufgeführte Gebäudearten ist aus der Gesamtnutzungsdauer vergleichbarer Gebäudearten abzuleiten. ⁴Wird ein Gebäude mit nichtselbstständigen Gebäudeteilen unterschiedlich genutzt, ist die Wahl der maßgeblichen wirtschaftlichen Gesamtnutzungsdauer entsprechend der Grundstücksart des § 181 BewG wie folgt vorzunehmen:

1. ¹Handelt es sich bei der zu bewertenden wirtschaftlichen Einheit um ein Mietwohngrundstück, ist die typisierte wirtschaftliche Gesamtnutzungsdauer für Mietwohngrundstücke in Höhe von 70 Jahren anzunehmen. ²Dies gilt unabhängig davon, ob im Gebäude enthaltene Räume (z. B. Verkaufsräume oder Büros) für Zwecke genutzt werden, für die eine abweichende wirtschaftliche Gesamtnutzungsdauer anzunehmen wäre.

2. ¹Handelt es sich bei der zu bewertenden wirtschaftlichen Einheit um ein Geschäftsgrundstück, das aus einem Gebäude mit nicht selbstständigen Gebäudeteilen verschiedener Bauart oder Nutzung (z. B. geschossweise unterschiedliche Bauart, Tiefgarage unter Bankgebäude) besteht, ist zur Ermittlung einer einheitlichen Restnutzungsdauer die typisierte wirtschaftliche Gesamtnutzungsdauer für Geschäftsgrundstücke laut Anlage 22 zum BewG anzunehmen, die dem durch die Hauptnutzung des Gebäudes bestimmten Gesamtgepräge des Gebäudes entspricht. ²Dies gilt unabhängig davon, ob im Gebäude ent-

ErbStR R B 185.3 — BewG § 185

haltene Räume (z. B. Wohnungen) für Zwecke genutzt werden, für die eine abweichende wirtschaftliche Gesamtnutzungsdauer anzunehmen wäre. ³Ist keine der Nutzungen des Gebäudes prägend, ist für dieses Gebäude bei der Ermittlung der Restnutzungsdauer von der durchschnittlichen Gesamtnutzungsdauer der jeweiligen Gebäudearten der Anlage 22 zum BewG auszugehen.

3. Handelt es sich bei der zu bewertenden wirtschaftlichen Einheit um ein gemischt genutztes Grundstück, ist die typisierte wirtschaftliche Gesamtnutzungsdauer für gemischt genutzte Grundstücke in Höhe von 70 Jahren anzunehmen.

⁵Zur Bestimmung der Gesamtnutzungsdauer bei einer wirtschaftlichen Einheit mit mehreren selbstständigen Gebäuden bzw. Gebäudeteilen → R B 185.4 Abs. 2.

(3) Sind nach Bezugsfertigkeit des Gebäudes Veränderungen eingetreten, kann von einer Verlängerung (→ Abs. 4) oder Verkürzung (→ Abs. 5) der Restnutzungsdauer auszugehen sein.

(4) ¹Eine Verlängerung der Restnutzungsdauer ist nur anzunehmen, wenn in den letzten zehn Jahren durchgreifende Modernisierungen vorgenommen wurden, die nach dem Punktesystem der nachfolgenden Tabelle 1 eine überwiegende oder umfassende Modernisierung ergeben. ²Hinsichtlich der durchgeführten Modernisierungsarbeiten ist auf die überwiegende Erneuerung bzw. Verbesserung der jeweiligen einzelnen Bauteile (Modernisierungselemente) abzustellen, die Punkte der Tabelle 1 sind für das jeweilige Bauteil folglich nur insgesamt oder gar nicht anzusetzen. ³Die verlängerte Restnutzungsdauer ergibt sich aus den nachfolgenden Tabellen 2 bis 6. ⁴Eine Interpolation ist nicht vorzunehmen. ⁵Die nachfolgenden Tabellen sind für Wohngebäude und analog für Nichtwohngebäude anzuwenden.

Tabelle 1

Modernisierungselemente	Punkte
Dacherneuerung inkl. Verbesserung der Wärmedämmung	4
Modernisierung der Fenster und Außentüren	2
Modernisierung der Leitungssysteme (Strom, Gas, Wasser, Abwasser)	2
Modernisierung der Heizungsanlage	2
Wärmedämmung der Außenwände	4
Modernisierung von Bädern	2
Modernisierung des Innenausbaus, z. B. Decken und Fußböden, Treppen	2
Wesentliche Verbesserung der Grundrissgestaltung	2

14 – 16 Punkte: überwiegend modernisiert
≥ 18 Punkte: umfassend modernisiert

Tabelle 2

	Übliche Gesamtnutzungsdauer von 70 Jahren	
	Modernisierungsgrad	
	14 bis 16 Punkte	≥ 18 Punkte
Gebäudealter (Jahre)	neue Restnutzungsdauer (Jahre)	
≥ 10	60	62
≥ 15	57	60
≥ 20	54	58
≥ 25	51	57
≥ 30	49	55
≥ 35	47	54
≥ 40	45	53
≥ 45	43	52
≥ 50	42	51
≥ 55	41	50
≥ 60	40	50
≥ 65	39	49
≥ 70	38	49

§ 185 BewG　　　　　　　　　　　　　　　　　　　　ErbStR R B 185.3

Tabelle 3

Gebäudealter (Jahre)	Übliche Gesamtnutzungsdauer von 60 Jahren	
	Modernisierungsgrad	
	14 bis 16 Punkte	≥ 18 Punkte
	neue Restnutzungsdauer (Jahre)	
≥ 10	50	52
≥ 15	47	51
≥ 20	45	49
≥ 25	42	48
≥ 30	40	46
≥ 35	38	54
≥ 40	37	44
≥ 45	35	43
≥ 50	34	43
≥ 55	33	42
≥ 60	33	42

Tabelle 4

Gebäudealter (Jahre)	Übliche Gesamtnutzungsdauer von 50 Jahren	
	Modernisierungsgrad	
	14 bis 16 Punkte	≥ 18 Punkte
	neue Restnutzungsdauer (Jahre)	
≥ 10	41	43
≥ 15	38	41
≥ 20	36	40
≥ 25	33	39
≥ 30	32	38
≥ 35	30	37
≥ 40	29	36
≥ 45	28	35
≥ 50	27	35

Tabelle 5

Gebäudealter (Jahre)	Übliche Gesamtnutzungsdauer von 50 Jahren	
	Modernisierungsgrad	
	14 bis 16 Punkte	≥ 15 Punkte
	neue Restnutzungsdauer (Jahre)	
≥ 5	35	36
≥ 10	32	34
≥ 15	29	32
≥ 20	27	31
≥ 25	25	30
≥ 30	23	29
≥ 35	22	28
≥ 40	22	28

Tabelle 6

Gebäudealter (Jahre)	Übliche Gesamtnutzungsdauer von 30 Jahren	
	Modernisierungsgrad	
	14 bis 16 Punkte	≥ 18 Punkte
	neue Restnutzungsdauer (Jahre)	
≥ 5	25	26
≥ 10	22	25
≥ 15	20	32
≥ 20	18	22
≥ 25	17	21
≥ 30	16	21

(5) ¹Eine Verkürzung der Restnutzungsdauer kommt nur bei bestehender Abbruchverpflichtung für das Gebäude in Betracht. ²Baumängel und Bauschäden oder wirtschaftliche Gegebenheiten können im typisierenden Bewertungsverfahren zu keiner Verkürzung der Restnutzungsdauer führen.

(6) ¹Die Restnutzungsdauer eines noch nutzbaren Gebäudes beträgt nach § 185 Abs. 3 Satz 5 BewG regelmäßig noch mindestens 30 Prozent der wirtschaftlichen Gesamtnutzungsdauer. ²Die Regelung unterstellt einen durchschnittlichen Erhaltungszustand und macht insbesondere bei älteren Gebäuden in vielen Fällen die Prüfung entbehrlich, ob die restliche Lebensdauer infolge baulicher Maßnahmen verlängert wurde. ³Bei bestehender Abbruchverpflichtung für das Gebäude kann die Mindest-Restnutzungsdauer jedoch unterschritten werden.

ErbStR 2019

R B 185.4 Grundstück mit mehreren Gebäuden bzw. Gebäudeteilen

(1) Besteht eine wirtschaftliche Einheit aus mehreren Gebäuden oder Gebäudeteilen mit einer gewissen baulichen Selbstständigkeit, die eine verschiedene Bauart aufweisen, unterschiedlich genutzt werden oder die in verschiedenen Jahren bezugsfertig geworden sind, können sich unterschiedliche Restnutzungsdauern ergeben.

(2) Die typisierte wirtschaftliche Gesamtnutzungsdauer bestimmt sich bei einer wirtschaftlichen Einheit aus mehreren selbstständigen Gebäuden bzw. Gebäudeteilen unter Berücksichtigung der Grundstücksarten nach § 181 BewG wie folgt:

1. ¹Bei Mietwohngrundstücken gilt für alle Gebäude bzw. Gebäudeteile – unabhängig von ihrer Nutzung – eine Gesamtnutzungsdauer von 70 Jahren. ²Dies gilt auch für Garagen und Nebengebäude. ³Liegen keine anderweitigen Erkenntnisse vor, bestehen keine Bedenken, bei Garagen und Nebengebäuden die Bezugsfertigkeit im Zeitpunkt der Bezugsfertigkeit des Hauptgebäudes zu unterstellen.

2. Bei Geschäftsgrundstücken und gemischt genutzten Grundstücken mit mehreren selbstständigen Gebäuden bzw. Gebäudeteilen können sich – je nach Nutzung – unterschiedliche Gesamtnutzungsdauern ergeben.

(3) Ergeben sich bei einer wirtschaftlichen Einheit aus mehreren selbstständigen Gebäuden bzw. Gebäudeteilen unterschiedliche Restnutzungsdauern ist eine gewogene Restnutzungsdauer unter Berücksichtigung der jeweiligen Roherträge zu ermitteln.

(4) Können die Roherträge nur mit einem unverhältnismäßig hohen Aufwand den einzelnen selbstständigen Gebäuden bzw. Gebäudeteilen zugeordnet werden (z. B. bei Vermietung sämtlicher Gebäude zu einem Gesamtentgelt), bestehen keine Bedenken, von einer nach Wohn- bzw. Nutzflächen gewichteten Restnutzungsdauer auszugehen.

(5) ¹Anbauten teilen im Allgemeinen auf Grund ihrer Bauart oder Nutzung das Schicksal des Hauptgebäudes. ²Ist dagegen anzunehmen, dass ein Erweiterungsbau nach Größe, Bauart oder Nutzung eine andere Restnutzungsdauer als das Hauptgebäude haben wird, gelten die Absätze 1 bis 4 entsprechend. ³Für Aufstockungen ist im Allgemeinen das Baujahr der unteren Geschosse zu Grunde zu legen. ⁴Es ist jedoch zu prüfen, ob durch die baulichen Maßnahmen die Restnutzungsdauer des Gebäudes verlängert worden ist.

§ 185 BewG ErbStR R B 185.4

(6) ¹Bei einer wirtschaftlichen Einheit mit mehreren nichtselbstständigen Gebäuden bzw. Gebäudeteilen ist von einer einheitlichen Restnutzungsdauer auszugehen. ²Zur Bestimmung der wirtschaftlichen Gesamtnutzungsdauer gelten R B 185.3 Abs. 2 Sätze 1 bis 4 entsprechend.

(7) Auf R B 182 Abs. 5 wird verwiesen.

Hinweise (ErbStH 2019)

H B 185.4 *Formel zur Ermittlung der gewogenen Restnutzungsdauer*

$$RND_{gewogen} = \frac{RoG_1 \times RND_1 + RoG_n \times RND_n}{RoG_1 + RoG_n}$$

RND = Restnutzungsdauer
RoG = Rohertrag des Gebäudes/Gebäudeteils

Formel zur Ermittlung der gewichteten Restnutzungsdauer

$$RND_{gewichtet} = \frac{WF/NF_1 \times RND_1 + WF/NF_n \times RND_n}{WF/NF_1 + WF/NF_n}$$

RND = Restnutzungsdauer
WF/NF = Wohn- bzw. Nutzfläche des Gebäudes/Gebäudeteils

Gebäudemix

Beispiel 1 (gewogene Restnutzungsdauer):
Der Grundbesitzwert (Ertragswert) für ein Geschäftsgrundstück (Bodenwert: 300 000 EUR), bebaut mit einem Verwaltungsgebäude (jährlicher Rohertrag: 100 000 EUR, Baujahr 1999) und einem Industriegebäude (jährlicher Rohertrag: 40 000 EUR, Baujahr 1999), ermittelt sich am Bewertungsstichtag (1.2.2018) wie folgt:

1. Ermittlung der gewogenen Restnutzungsdauer:

Verwaltungsgebäude:	wirtsch. Gesamtnutzungsdauer (Anlage 22 zum BewG)	60 Jahre
	abzüglich Alter am Bewertungsstichtag	./. 19 Jahre
	Restnutzungsdauer	41 Jahre
Industriegebäude:	wirtsch. Gesamtnutzungsdauer (Anlage 22 zum BewG)	40 Jahre
	abzüglich Alter am Bewertungsstichtag	./. 19 Jahre
	Restnutzungsdauer	21 Jahre

(Mindest-Restnutzungsdauer nach § 185 Abs. 3 Satz 5 BewG jeweils überschritten)

$$RND_{gewogen} = \frac{RoG_1\ (100\,000\ EUR) \times RND_1\ (41\ Jahre) + RoG_2\ (40\,000\ EUR) \times RND_2\ (21\ Jahre)}{RoG_1\ (100\,000\ EUR) + RoG_2\ (40\,000\ EUR)}$$

$RND_{gewogen} = 35{,}29 =$ rd. 35 Jahre

2. Grundbesitzwert:

Rohertrag (100 000 EUR + 40 000 EUR =)	140 000 EUR
abzüglich Bewirtschaftungskosten 22 %	./. 30 800 EUR
(Anlage 23 BewG: Geschäftsgrundstück, 35 Jahre RND)	
Reinertrag des Grundstücks	109 200 EUR
abzüglich Bodenwertverzinsung	./. 19 500 EUR
(§ 188 Absatz 2 Satz 2 Nummer 4 BewG:	
Liegenschaftszinssatz 6,5 % x 300 000 EUR Bodenwert)	
Gebäudereinertrag	89 700 EUR
Vervielfältiger 13,69	x 13,69
(Anlage 21 BewG: $RND_{gewogen}$ 35 Jahre, Liegenschaftszinssatz 6,5 %)	
Gebäudeertragswert	1 227 993 EUR
Bodenwert (300.000 EUR)	+ 300.000 EUR
Ertragswert/Grundbesitzwert	1 527 993 EUR

ErbStR R B 185.4 — BewG § 185

Beispiel 2 (gewichtete Restnutzungsdauer):
Das Geschäftsgrundstück nach Beispiel 1 wurde zu einem jährlichen Gesamtentgelt in Höhe von 140 000 EUR vermietet. Das Verwaltungsgebäude hat eine Nutzfläche von 1 000 m² und das Industriegebäude eine Nutzfläche von 800 m².

1. Ermittlung der gewichteten Restnutzungsdauer:

Verwaltungsgebäude:	wirtsch. Gesamtnutzungsdauer (Anlage 22 BewG)	60 Jahre
	abzüglich Alter am Bewertungsstichtag	./. 19 Jahre
	Restnutzungsdauer	41 Jahre
Industriegebäude:	wirtsch. Gesamtnutzungsdauer (Anlage 22 BewG)	40 Jahre
	abzüglich Alter am Bewertungsstichtag	./. 19 Jahre
	Restnutzungsdauer	21 Jahre

(Mindest-Restnutzungsdauer nach § 185 Absatz 3 Satz 5 BewG jeweils überschritten)

$$RND_{gewichtet} = \frac{NF_1\ (1\ 000\ m^2) \times RND_1\ (41\ Jahre) + NF_2\ (800\ m^2) \times RND_2\ (21\ Jahre)}{NF_1\ (1\ 000\ m^2) + NF_2\ (800\ m^2)}$$

$RND_{gewichtet}$ = 32,11 = rd. 32 Jahre

2. Grundbesitzwert:

Rohertrag (140 000 EUR)	140 000 EUR
abzüglich Bewirtschaftungskosten 22 %	./. 30 800 EUR
(Anlage 23 zum BewG: Geschäftsgrundstück, 32 Jahre RND)	
Reinertrag des Grundstücks	109 200 EUR
abzüglich Bodenwertverzinsung	./. 19 500 EUR
(§ 188 Abs. 2 Satz 2 Nummer 4 BewG:	
Liegenschaftszinssatz 6,5 % x 300 000 EUR Bodenwert)	
Gebäudereinertrag	89 700 EUR
Vervielfältiger 13,33	x 13,33
(Anlage 21 zum BewG: $RND_{gewichtet}$ 32 Jahre,	
Liegenschaftszinssatz 6,5 %)	
Gebäudeertragswert	1 195 701 EUR
Bodenwert (300.000 EUR)	+ 300.000 EUR
Ertragswert/Grundbesitzwert	1 495 701 EUR

§ 186 BewG

§ 186 Rohertrag des Grundstücks

(1) ¹Rohertrag ist das Entgelt, das für die Benutzung des bebauten Grundstücks nach den am Bewertungsstichtag geltenden vertraglichen Vereinbarungen für den Zeitraum von zwölf Monaten zu zahlen ist. ²Umlagen, die zur Deckung der Betriebskosten gezahlt werden, sind nicht anzusetzen.

(2) ¹Für Grundstücke oder Grundstücksteile,

1. die eigengenutzt, ungenutzt, zu vorübergehendem Gebrauch oder unentgeltlich überlassen sind,
2. die der Eigentümer dem Mieter zu einer um mehr als 20 Prozent von der üblichen Miete abweichenden tatsächlichen Miete überlassen hat,

ist die übliche Miete anzusetzen. ²Die übliche Miete ist in Anlehnung an die Miete zu schätzen, die für Räume gleicher oder ähnlicher Art, Lage und Ausstattung regelmäßig gezahlt wird. Betriebskosten sind nicht einzubeziehen.

Rechtsprechungsauswahl

BFH-Urteil vom 5.12.2019 II R 41/16 (BStBl. II 2020 S. 741)
Ansatz der üblichen Miete als Rohertrag anstelle des vertraglich vereinbarten Entgelts

1. Der für die Bewertung im Ertragswertverfahren maßgebliche Rohertrag eines bebauten Grundstücks ist grundsätzlich das Entgelt, das für die Benutzung nach den vertraglichen Vereinbarungen als Miete zu zahlen ist.
2. Eine vertraglich vereinbarte Miete kann nicht mehr als üblich angesehen werden, wenn sie mehr als 20 % niedriger ist als der unterste Wert der Spanne des verwendeten Mietspiegels oder wenn sie mehr als 20 % höher ist als der oberste Wert der Spanne. Auf den Mittelwert kommt es insoweit nicht an.

ErbStR 2019

Zu § 186 BewG

R B 186.1 Rohertrag

(1) ¹Rohertrag ist das Entgelt, das der Mieter oder Pächter für die Benutzung des bebauten Grundstücks nach den am Bewertungsstichtag geltenden vertraglichen Vereinbarungen, umgerechnet auf zwölf Monate, zu zahlen hat. ²Das gilt auch für öffentlich geförderte Wohnungen. ³Neben der vertraglich vereinbarten Miete rechnen zum Entgelt auch

– Mieteinnahmen für Stellplätze,
– Mieteinnahmen für Nebengebäude, z. B. für Garagen,
– Vergütungen für außergewöhnliche Nebenleistungen des Vermieters, die nicht die Raumnutzung betreffen, aber neben der Raumnutzung auf Grund des Mietvertrags gewährt werden (z. B. Reklamenutzung sowie für das Aufstellen von Automaten),
– Vergütungen für Nebenleistungen, die zwar die Raumnutzung betreffen, jedoch nur einzelnen Mietern zugute kommen (z. B. zusätzliche Mieteinnahmen für die Verkabelung des Gebäudes zwecks Datenfernübertragung, für den Einbau einer Klimaanlage oder für die Nutzung eines Schwimmbads),
– Untermietzuschläge,
– Baukostenzuschüsse und Mietvorauszahlungen, soweit sie auf die Miete anzurechnen sind,
– Zahlungen des Mieters an Dritte für den Eigentümer, soweit es sich nicht um Betriebskosten im Sinne des § 27 der II. BV oder der Betriebskostenverordnung (BetrKV) handelt (z. B. Erschließungskosten),
– Leistungen des Mieters, die nicht in Geld bestehen, soweit sie nicht gleichzeitig als Betriebskosten zu berücksichtigen wären (z. B. die Übernahme der Grundstücksverwaltung),
– um Neben- und Betriebskosten bereinigte Leasing-Raten, soweit sie auf die Überlassung des Grundstücks entfallen.

⁴Nicht in das Entgelt einzubeziehen sind insbesondere

– Umlagen, die zur Deckung der Betriebskosten gezahlt werden (→ R B 186.2 und R B 187.1),
– Einnahmen für die Überlassung von Maschinen und Betriebsvorrichtungen,
– Einnahmen für die Überlassung von Einrichtungsgegenständen (z. B. bei möblierten Wohnungen, Ferienwohnungen, Studentenwohnheimen),

ErbStR R B 186.1   **BewG § 186**

- Dienstleistungen, die nicht die Grundstücksnutzung betreffen (Reinigungsdienste),
- Zuzahlungen Dritter außerhalb des Mietverhältnisses (z. B. bei Bauherrengemeinschaften Zahlungen des Mietgarantiegebers),
- Aufwendungszuschüsse im öffentlich geförderten Wohnungsbau,
- die Umsatzsteuer.

[5]Bei dem Entgelt handelt es sich um eine Sollmiete. [6]Auf die tatsächlich gezahlte Miete kommt es nicht an. [7]Bei Mietausfall ist somit trotz des geringeren Ertrags eine Bewertung auf der Grundlage der vereinbarten Miete vorzunehmen. [8]Bei mehrstöckigen Mietverhältnissen berechnet sich die Jahresmiete nach den Beträgen, die der oder die Mieter (Hauptmieter) an den Vermieter (Eigentümer) vereinbarungsgemäß zu zahlen haben. [9]Hierzu zählen auch Untermietzuschläge.

(2) [1]In den Fällen der Betriebsaufspaltung ist vorbehaltlich des § 186 Absatz 2 Satz 1 Nummer 2 BewG von der zwischen dem Besitzunternehmen und dem Betriebsunternehmen vertraglich vereinbarten Miete auszugehen. [2]Ist das Grundstück oder ein Teil davon am Bewertungsstichtag nicht vermietet (z. B. Leerstand bei Mieterwechsel oder wegen Modernisierung), ist die übliche Miete anzusetzen.

Hinweise (ErbStH 2019)

H B 186.1   *Betriebsaufspaltung*

Beispiel:

U vermietet als Eigentümer ein Geschäftsgrundstück an die U-GmbH zur Ausübung ihrer gewerblichen Tätigkeit (tatsächliche Miete 20 EUR/m² Nutzfläche). U ist Alleingesellschafter der U-GmbH. Auf Grund der personellen und sachlichen Verflechtung liegt eine Betriebsaufspaltung vor. Am 15.1.2018 stirbt U, Erbe ist S. Die übliche Miete beträgt 14 EUR/m².

Da die zwischen Besitz- und Betriebsunternehmen vereinbarte Miete um mehr als 20 % von der üblichen Miete abweicht (Abweichung rd. 43 %), ist die übliche Miete nach § 186 Absatz 2 Satz 1 Nummer 2 BewG zum Bewertungsstichtag anzusetzen.

Gestaffelte Mietänderung

Beispiel:

V vermietete als Eigentümer ab dem 1.6.2016 langfristig ein Laborgebäude mit einer Nutzfläche von 120 m². Die vereinbarte monatliche Nettokaltmiete betrug 800 EUR. Zum jeweils 1.6. eines Jahres sieht der Mietvertrag eine Steigerung der vereinbarten Nettokaltmiete in Höhe von 0,20 EUR je m² Wohnfläche vor. Am 31.1.2018 verstarb V.

Das vereinbarte Entgelt zum Bewertungsstichtag am 31.1.2018 ermittelt sich wie folgt:

vereinbarte monatliche Miete (800 EUR x 12)	9 600 EUR
Mietsteigerung zum 1.6.2017 (0,20 EUR x 120 m² x 12)	+ 288 EUR
Entgelt nach § 186 Absatz 1 BewG	9 888 EUR

Mehrstöckige Mietverhältnisse

Beispiel:

A (Eigentümer) hat an B (Hauptmieter/Untervermieter) langfristig ein Gewerbegrundstück vermietet. B ging mit Zustimmung des A ein Untermietverhältnis mit C (Untermieter) ein. Die Miete aus dem Untermietvertrag ist höher als die zwischen Eigentümer und Hauptmieter vereinbarte. Sie betrug im Bewertungsstichtag monatlich 7 200 EUR (zuzüglich der USt). Die Miete aus dem Hauptmietvertrag belief sich auf 3 400 EUR monatlich. Ausweislich eines Nachtrags zum Hauptmietvertrag steht dem Eigentümer die Hälfte aus dem Untervermietungsgewinn zu. Der Rohertrag im Sinne des § 186 BewG ist wie folgt zu berechnen:

Mietzins des Untermieters	7 200 EUR
Mietzins des Hauptmieters	./. 3 400 EUR
Überschuss aus Weitervermietung	3 800 EUR
davon 50 %	1 900 EUR
Miete aus dem Hauptmietvertrag	3 400 EUR
50 % aus dem Überschuss der Weitervermietung	+ 1 900 EUR
Mietertrag des Eigentümers im Monat	5 300 EUR
Entgelt (5 300 EUR x 12 =)	63 600 EUR

§ 186 BewG   ErbStR R B 186.1–186.4

Mietvorauszahlungen
Beispiel:
V vermietet als Eigentümer langfristig ein Geschäftsgrundstück.
Zwecks Finanzierung notwendiger Modernisierungsmaßnahmen vereinbaren die Vertragsparteien neben der Zahlung der monatlichen Miete in Höhe von 2 000 EUR für den Zeitraum von 5 Jahren (60 Monaten) ab dem 1.2.2018 zusätzlich eine Vorauszahlung auf die erhöhte Miete. Diese beträgt nach Ablauf des Vorauszahlungszeitraums (1.2.2022) 2 500 EUR. Am 1.3.2018 verschenkt V dieses Grundstück.

Das vereinbarte Entgelt zum Bewertungsstichtag am 1.3.2018 ermittelt sich wie folgt:

vereinbarte monatliche Miete (2.000 EUR x 12 =)	24 000 EUR
vereinbarte Mietvorauszahlung (30.000 EUR : 60 x 12 =)	+ 6.000 EUR
Entgelt nach § 186 Absatz 1 BewG	30.000 EUR

ErbStR 2019

R B 186.2 Betriebskosten

(1) [1]Nicht zum Entgelt gehören die als Umlage gezahlten Betriebskosten im Sinne des § 27 II. BV oder der BetrKV, die neben der Miete mit dem Mieter abgerechnet werden können (umlagefähige Betriebskosten). [2]Sind die Betriebskosten ganz oder teilweise in der vereinbarten Miete enthalten, sind sie herauszurechnen. [3]Werden Betriebskosten pauschal erhoben und nicht mit dem Mieter abgerechnet, sind sie im Entgelt zu erfassen; die tatsächlich angefallenen Betriebskosten sind davon abzuziehen. [4]Instandsetzungs- und Verwaltungskosten sowie das Mietausfallwagnis (nicht umlagefähige Bewirtschaftungskosten) werden erst im Rahmen des § 187 BewG berücksichtigt.

(2) [1]Werden Instandsetzungs- und Instandhaltungskosten jedoch vom Mieter getragen (Triple-Net-Vereinbarungen), sind diese Kosten – ggf. mit einem pauschalen Zuschlag – in die Jahresmiete einzurechnen. [2]Dies gilt nicht für die üblichen Schönheitsreparaturen bei Wohnraum.

Hinweise (ErbStH 2019)

H B 186.2 Betriebskosten

Aufstellung der Betriebskosten → Anlage 3 zu § 27 Absatz 1 II. BV und § 2 BetrKV

ErbStR 2019

R B 186.3 Vermietung zu gewerblichen, freiberuflichen oder öffentlichen Zwecken

Die Grundsätze der R B 186.1 und R B 186.2 gelten entsprechend für gewerblich, freiberuflich oder öffentlich genutzte Grundstücke oder Grundstücksteile.

ErbStR 2019

R B 186.4 Ansatz der üblichen Miete

(1) [1]Die übliche Miete ist nach § 186 Absatz 2 BewG in den Fällen anzusetzen, in denen Grundstücke oder Grundstücksteile

- eigengenutzt,
- ungenutzt,
- zu vorübergehendem Gebrauch überlassen,
- unentgeltlich überlassen sind oder
- zu einer um mehr als 20 Prozent von der üblichen Miete abweichenden tatsächlichen Miete überlassen werden.

(2) [1]Der Ansatz der üblichen Miete bei der Nutzung durch den Eigentümer gilt nicht nur für Wohnräume, sondern auch für gewerblich oder freiberuflich genutzte Räume. [2]Deshalb ist z. B. das vom Grundstückseigentümer selbst genutzte Bürohaus und der selbst genutzte Laden unter Ansatz der üblichen Miete zu bewerten. [3]Die übliche Miete ist auch dann anzusetzen, wenn ein Grundstück oder ein Grundstücksteil an andere unentgeltlich zur Nutzung überlassen wird, unabhängig davon, ob es sich bei den anderen um Angehörige des Grundstückseigentümers oder um fremde Dritte handelt. [4]Auf die Art der Nutzung des Grundstücks oder des Grundstücksteils kommt es nicht an. [5]Ungenutzt ist ein Grund-

stück, wenn kein Mietvertragsverhältnis vorliegt und es leer steht. [6]Vorübergehender Gebrauch liegt vor, wenn die Vermietungen typischerweise unter zwölf Monaten erfolgen, wie z. B. bei Vermietungen von Ferienwohnungen. [7]Die Gründe, die zu der Abweichung der tatsächlichen Miete von der üblichen Miete um mehr als 20 Prozent nach unten oder oben geführt haben, sind unbeachtlich.

(3) [1]Die übliche Miete ist in Anlehnung an die Miete zu schätzen, die für Räume gleicher oder ähnlicher Art, Lage und Ausstattung regelmäßig gezahlt wird (§ 186 Absatz 2 Satz 2 BewG). [2]Der Begriff „Ausstattung" beinhaltet nicht den baulichen Zustand des Gebäudes bezogen auf Baumängel bzw. Bauschäden. [3]Bei der für die übliche Miete maßgebenden Ausstattung handelt es sich um die baualterstypischen, mietwertbestimmenden Merkmale eines Grundstücks wie z. B. Elektro-, Sanitär- und Heizungsinstallationen. [4]Betriebskosten sind hierbei nicht einzubeziehen (§ 186 Absatz 2 Satz 3 BewG). [5]Bei der Schätzung der üblichen Miete für frei finanzierte Wohnungen bleiben Mieten außer Betracht, die auf ungewöhnlichen oder persönlichen Verhältnissen beruhen, oder für Wohnungen gelten, die mit öffentlichen Mitteln gefördert worden sind. [6]Die übliche Miete für Wohnungen im öffentlich geförderten Wohnungsbau ist aus der Miete vergleichbarer preisgebundener Wohnungen abzuleiten.

ErbStR 2019

R B 186.5 Ermittlung der üblichen Miete

(1) [1]Die übliche Miete kann aus Vergleichsmieten oder Mietspiegeln abgeleitet, mit Hilfe einer Mietdatenbank (§ 558e BGB) geschätzt oder durch ein Mietgutachten ermittelt werden. [2]Bei Garagen ist als übliche Miete regelmäßig ein Festwert pro Stellplatz anzusetzen.

(2) [1]Die Ableitung der üblichen Miete aus Vergleichsmieten kommt unter Berücksichtigung des § 186 Absatz 2 Satz 1 Nummer 2 BewG insbesondere in Betracht, wenn

1. sich unter § 186 Absatz 2 Satz 1 fallende und vermietete Räumlichkeiten in einem Objekt befinden. [2]Die übliche Miete kann bei vergleichbarer Ausstattung aus der vereinbarten Jahresmiete abgeleitet werden. [3]Dies ist z. B. in einem Mietwohngrundstück möglich, in dem eine Wohnung selbstgenutzt und zumindest eine vermietete Wohnung in ihrer Ausstattung vergleichbar ist und die Miete für die vermietete Wohnung im gewöhnlichen Geschäftsverkehr zustande gekommen ist;

2. der Steuerpflichtige Eigentümer mehrerer Objekte ist, die in unmittelbarer Nachbarschaft zu dem eigengenutzten Objekt belegen sind. [2]Auch hier kann die übliche Miete aus den Vergleichsmieten der vermieteten Objekte abgeleitet werden. [3]Dazu muss der Steuerpflichtige die Vergleichsobjekte dem Finanzamt benennen;

3. dem Finanzamt Vergleichsmieten vorliegen, z. B. aus ertragsteuerlichen Unterlagen.

[2]§ 30 AO ist zu beachten.

(3) [1]Liegt ein nach § 558d BGB erstellter Mietspiegel vor, kann bei der Ableitung der üblichen Miete auf diesen zurückgegriffen werden, wenn dieser Mietspiegel für den Bewertungsstichtag gilt. [2]Bei anderen Mietspiegeln (z. B. einfache Mietspiegel nach § 558c BGB) ist darauf zu achten, dass sie einen repräsentativen Querschnitt der ortsüblichen Entgelte vergleichbarer Wohnungen oder Räumlichkeiten enthalten. [3]Sofern der Mietspiegel Mietentgelte einschließlich der Betriebskosten ausweist, müssen die Betriebskosten mit den dort angegebenen Beträgen herausgerechnet werden.

(4) Nach § 558e BGB handelt es sich bei einer Mietdatenbank um eine zur Ermittlung der ortsüblichen Vergleichsmiete fortlaufend geführte Sammlung von Mieten, die von der Gemeinde oder von Interessenvertretern der Vermieter und Mieter gemeinsam geführt oder anerkannt wird und aus der Auskünfte gegeben werden, die für einzelne Wohnungen einen Schluss auf die ortsübliche Vergleichsmiete zulassen.

(5) [1]Der Steuerpflichtige kann die übliche Miete durch ein Mietgutachten nachweisen. [2]Das Mietgutachten ist von einem Sachverständigen oder dem zuständigen Gutachterausschuss zu erstellen.

(6) [1]Befinden sich in einem Mietwohngrundstück Ferienwohnungen, ist die übliche Miete insoweit nach der saisonabhängigen Miete unter Berücksichtigung der üblichen Auslastung zu ermitteln. [2]Zeiten der Selbstnutzung sind in die durchschnittliche Auslastung des Objekts einzubeziehen. [3]Leerstandszeiten sind im zeitlichen Verhältnis der tatsächlichen Selbstnutzung zur tatsächlichen Vermietung aufzuteilen. [4]Entgelte für die Überlassung von Einrichtungsgegenständen oder sonstige Dienst- und Sachleistungen (z. B. Gestellung von Frühstück und Bettwäsche/Handtüchern, Endreinigung und Umlage von Nebenkosten sowie Gepäcktransfer) sind bei der Ermittlung der üblichen Miete nicht zu berücksichtigen (→ R B 186.1 Absatz 1 Satz 4).

§ 186 BewG

ErbStR R B 186.5

(7) Ist ein Grundstück oder ein Teil davon am Bewertungsstichtag wegen Modernisierungsarbeiten nicht vermietet, ist die übliche Miete ausgehend vom Zustand des Grundstücks oder Grundstücksteils vor der Modernisierung zu ermitteln.

Hinweise (ErbStH 2019)

H B 186.5 *Bekanntgabe der Vergleichsgrundstücke*
→ BFH vom 18.11.1998 II R 79/96, BStBl. 1999 II S. 10

Ermittlung der üblichen Miete in einem Mietwohngrundstück
Beispiel:

In einem Mietwohngrundstück befinden sich vier vergleichbare Wohnungen. Drei Wohnungen sind vermietet, zu 5, 7 und 10 EUR/m² Wohnfläche. Eine Wohnung ist selbstgenutzt. Die übliche Miete für vergleichbare Wohnungen beträgt nach dem Mietspiegel 11 EUR/m².

Wohnung	Vereinbarte Nettokaltmiete	Abweichung zur üblichen Miete von 11 EUR	Anzusetzende Vergleichsmiete
WE 1	5 EUR	54 %	11 EUR
WE 2	7 EUR	36 %	11 EUR
WE 3	10 EUR	9 %	10 EUR
WE 4	– eigengenutzt		11 EUR

Mietermittlung in den Fällen der vorübergehenden Gebrauchsüberlassung
Beispiel:

V besitzt eine Ferienwohnung, die zum vorübergehenden Gebrauch dauernd wechselnden Mietern überlassen wird.

Zeitraum	Miete pro Woche	Anzahl der Wochen der jeweiligen Saison	Durchschnittliche Auslastung des Objektes (einschließlich Zeiten der Selbstnutzung und des anteiligen Leerstandes)	Übliche Miete (Spalte 2 x Spalte 3 x Spalte 4)
1	2	3	4	5
Vor-/Nachsaison	230 EUR	12	40%	1 104 EUR
Hauptsaison	300 EUR	12	80%	+ 2 880 EUR
Nebensaison	200 EUR	28	20%	+ 1 120 EUR
Summe		52		5 104 EUR

Als übliche Miete im Bewertungsstichtag für den Zeitraum von 12 Monaten ist ein Betrag von 5 104 EUR anzusetzen.

Mietspiegel

In Mietspiegeln wird häufig der um Ausreißer bereinigte Durchschnitt aller erhobenen Mietwerte in Form des Mittelwertes veröffentlicht. Zusätzlich werden Mietspannen angegeben, um den Besonderheiten des Einzelfalls besser Rechnung tragen zu können. Grundsätzlich ist der im Mietspiegel ausgewiesene gewichtete Mittelwert anzusetzen. Bei ausreichenden Anhaltspunkten für einen konkreten niedrigeren oder höheren Wert ist dieser Wert anzusetzen. Für die Überprüfung der Ortsüblichkeit von tatsächlich erzielten Mieten ist auf den jeweils unteren Wert oder den jeweils oberen Wert der Spanne abzustellen. D. h. eine Miete, die mehr als 20 % niedriger ist als der untere Wert der Spanne bzw. die mehr als 20 % höher ist als der obere Wert der Spanne, ist nicht mehr ortsüblich.

Zuordnung der Leerstandszeiten bei Ferienwohnungen
→ BFH vom 6.11.2001 IX R 97/00, BStBl. 2002 II S. 726

§ 187 Bewirtschaftungskosten

(1) Bewirtschaftungskosten sind die bei gewöhnlicher Bewirtschaftung nachhaltig entstehenden Verwaltungskosten, Betriebskosten, Instandhaltungskosten und das Mietausfallwagnis; durch Umlagen gedeckte Betriebskosten bleiben unberücksichtigt.

(2) ¹Die Bewirtschaftungskosten sind nach Erfahrungssätzen anzusetzen. ²Anzuwenden sind die Erfahrungssätze, die von den Gutachterausschüssen für den letzten Auswertungszeitraum abgeleitet werden, der vor dem Kalenderjahr endet, in dem der Bewertungsstichtag liegt. ³Soweit von den Gutachterausschüssen keine geeigneten Erfahrungssätze zur Verfügung stehen, ist von den pauschalierten Bewirtschaftungskosten nach Anlage 23 auszugehen.

ErbStR 2019

Zu § 182 BewG

R B 187 Bewirtschaftungskosten

(1) ¹Die im Rahmen des Ertragswertverfahrens anzusetzenden Bewirtschaftungskosten sind die bei gewöhnlicher Bewirtschaftung nachhaltig entstehenden Verwaltungskosten, Betriebskosten, Instandhaltungskosten und das Mietausfallwagnis; durch Umlagen oder sonstige Kostenübernahmen gedeckte Kosten bleiben unberücksichtigt. ²Zinsen für Hypothekendarlehen und Grundschulden oder sonstige Zahlungen für auf dem Grundstück lastende privatrechtliche Verpflichtungen bleiben ebenfalls außer Ansatz.

(2) ¹Die Bewirtschaftungskosten sind pauschal mit Erfahrungssätzen anzusetzen; die tatsächlich entstandenen Kosten sind nicht zu berücksichtigen. ²Sofern vom Gutachterausschuss geeignete Erfahrungssätze vorliegen, sind diese zu Grunde zu legen. ³Stehen diese nicht zur Verfügung, ist von den pauschalierten Bewirtschaftungskosten nach Anlage 23 zum BewG auszugehen. ⁴Maßgebend für die Anwendung der Anlage 23 zum BewG sind die Grundstücksart und die Restnutzungsdauer des Gebäudes. ⁵Die Mindest-Restnutzungsdauer nach § 185 Absatz 3 Satz 5 BewG ist hierbei zu berücksichtigen.

Hinweise (ErbStH 2019)

H B 187 (2) *Bewirtschaftungskosten nach der II. BV*

Die Bewirtschaftungskosten nach der II. BV können als geeignete Erfahrungssätze angesehen werden, wenn deren Anwendung bei der Ableitung der Liegenschaftszinssätze durch den Gutachterausschuss im Grundstücksmarktbericht mit dem örtlichen Marktgeschehen begründet wird. Ein alleiniger Hinweis auf die Ansätze der II. BV im Modell zur Ableitung des Liegenschaftszinssatzes genügt nicht. Die Spannenangaben der II. BV müssen darüber hinaus nachvollziehbar konkretisiert sein (z. B. Ansatz der Höchstwerte nach der II. BV, Verzicht auf die Zu- und Abschläge zu den Instandhaltungskosten, Festwerte bzw. andere nachvollziehbare feste Modellannahmen).

§ 188 BewG

§ 188 Liegenschaftszinssatz

(1) Der Liegenschaftszinssatz ist der Zinssatz, mit dem der Verkehrswert von Grundstücken im Durchschnitt marktüblich verzinst wird.

(2) ¹Anzuwenden sind die Liegenschaftszinssätze, die von den Gutachterausschüssen für den letzten Auswertungszeitraum abgeleitet werden, der vor dem Kalenderjahr endet, in dem der Bewertungsstichtag liegt. ²Soweit von den Gutachterausschüssen keine geeigneten Liegenschaftszinssätze zur Verfügung stehen, gelten die folgenden Zinssätze:

1. 5 Prozent für Mietwohngrundstücke,
2. 5,5 Prozent für gemischt genutzte Grundstücke mit einem gewerblichen Anteil von bis zu 50 Prozent, berechnet nach der Wohn- und Nutzfläche,
3. 6 Prozent für gemischt genutzte Grundstücke mit einem gewerblichen Anteil von mehr als 50 Prozent, berechnet nach der Wohn- und Nutzfläche, und
4. 6,5 Prozent für Geschäftsgrundstücke.

Rechtsprechungsauswahl

BFH-Urteil vom 18.9.2019 II R 13/16 (BStBl. II 2020 S. 760[1])
Anwendung von durch den Gutachterausschuss ermittelten Liegenschaftszinssätzen

Durch den Gutachterausschuss ermittelte örtliche Liegenschaftszinssätze sind für die Bewertung von Grundstücken für Zwecke der Erbschaftsteuer geeignet, wenn der Gutachterausschuss bei der Ermittlung die an ihn gerichteten Vorgaben des BauGB sowie der darauf beruhenden Verordnungen eingehalten und die Liegenschaftszinssätze für einen Zeitraum berechnet hat, der den Bewertungsstichtag umfasst. Auf den Zeitpunkt der Beschlussfassung oder der Veröffentlichung der Liegenschaftszinssätze durch den Gutachterausschuss kommt es für ihre zeitliche Anwendung nicht an.

ErbStR 2019

Zu § 188 BewG

R B 188 Liegenschaftszinssatz

(1) ¹Die Liegenschaftszinssätze sind die Zinssätze, mit denen Verkehrswerte von Grundstücken je nach Grundstücksart im Durchschnitt marktüblich verzinst werden (→ § 14 Absatz 3 Satz 1 ImmoWertV). ²Mit den Liegenschaftszinssätzen werden die allgemein vom Grundstücksmarkt erwarteten künftigen Entwicklungen, insbesondere der Ertrags- und Wertverhältnisse sowie der üblichen steuerlichen Rahmenbedingungen, berücksichtigt.

(2) ¹Der angemessene und nutzungstypische Liegenschaftszinssatz ist nach der Grundstücksart (§ 181 BewG, → R B 181.1) und der Lage auf dem Grundstücksmarkt zu bestimmen. ²Dabei ist vorrangig auf den für diese Grundstücksart vom Gutachterausschuss für Grundstückswerte ermittelten und veröffentlichten Liegenschaftszinssatz zurückzugreifen. ³Werden durch den Gutachterausschuss keine geeigneten Liegenschaftszinssätze ermittelt, so sind die typisierten Liegenschaftszinssätze des § 188 Absatz 2 Satz 2 BewG anzuwenden.

Hinweise (ErbStH 2019)

H B 188 (2) Liegenschaftszinssatz in Spannen

Sind von den Gutachterausschüssen Liegenschaftszinssätze ausschließlich in Wertspannen veröffentlicht worden, bestehen keine Bedenken, folgende Vereinfachungsregeln anzuwenden:

1. *Liegt der gesetzliche Liegenschaftszinssatz nach § 188 Absatz 2 Satz 2 Nummer 1 bis 4 BewG innerhalb der vom Gutachterausschuss angegebenen Spanne, ist der gesetzliche Liegenschaftszinssatz der Grundbesitzbewertung zu Grunde zu legen.*
2. *Liegt der gesetzliche Zinssatz außerhalb der Spanne, ist der Liegenschaftszinssatz innerhalb der Spanne zu wählen, der dem gesetzlichen Liegenschaftszinssatz am nächsten liegt. Dies ist der obere oder untere Grenzwert der Spanne.*

---
[1] Hinweis auf gleichlautende Erlasse der obersten Finanzbehörden der Länder vom 23.9.2020; Anlage 188.1.

Kein Liegenschaftszinssatz in Spannen liegt beispielsweise vor, wenn der Gutachterausschuss den Liegenschaftszinssatz als festen Wert vorgibt und zusätzlich nach oben und nach unten eine Standardabweichung benennt. In diesem Fall ist als Liegenschaftszinssatz der vorgegebene Wert anzusetzen. Entsprechendes gilt, wenn der Liegenschaftszinssatz aus grafischen Darstellungen oder Tabellen im Grundstücksmarktbericht spezifiziert werden kann.

Liegenschaftszinssatz (maßgebende Grundstücksart)

Bei der Bestimmung des zutreffenden Liegenschaftszinssatzes ist zunächst von der Grundstücksart auszugehen, die nach dem Bewertungsgesetz maßgebend ist. Sofern der Gutachterausschuss bei der Veröffentlichung der Liegenschaftszinssätze eine von den Grundstücksarten des Bewertungsgesetzes abweichende Unterteilung der Grundstückstypen vornimmt, ist zu prüfen, ob diese Abweichung beim Ansatz des maßgebenden Liegenschaftszinssatzes berücksichtigt werden kann. Können die vom Gutachterausschuss ermittelten Liegenschaftszinssätze den bewertungsrechtlich maßgebenden Grundstücksarten nicht zugeordnet werden, sind die Liegenschaftszinssätze des § 188 Absatz 2 Satz 2 BewG maßgebend.

Beispiel:

Ein bebautes Grundstück in Geschäftslage verfügt im Erdgeschoss über einen Laden (80 m², 32 000 EUR Rohertrag) und in den darüber liegenden fünf Etagen über Wohnungen (insgesamt 500 m², 36 000 EUR Rohertrag). Bewertungsrechtlich ist das Grundstück ein Mietwohngrundstück, weil nach § 181 Absatz 3 BewG das Flächenverhältnis maßgebend ist. Der Gutachterausschuss hat für derartige Grundstücke jedoch lediglich den Liegenschaftszinssatz für ein „gemischt genutztes Grundstück" ausgewiesen, weil er bei der Ermittlung der Liegenschaftszinssätze das Verhältnis der Roherträge zugrunde gelegt hat. Bei der Bewertung des Mietwohngrundstücks hat das Finanzamt den Liegenschaftszinssatz anzusetzen, der vom Gutachterausschuss für gemischt genutzte Grundstücke ausgewiesen wurde.

(3) [1]Liegenschaftszinssätze sind als geeignet anzusehen, wenn die Ableitung der Liegenschaftszinssätze weitgehend in demselben Modell erfolgt ist wie die Bewertung. [2]Es sind jeweils die Liegenschaftszinssätze anzusetzen, die vom Gutachterausschuss zuletzt vor dem Bewertungsstichtag veröffentlicht wurden.

§ 189 BewG

§ 189 Bewertung im Sachwertverfahren

(1) ¹Bei Anwendung des Sachwertverfahrens ist der Wert der Gebäude (Gebäudesachwert) getrennt vom Bodenwert nach § 190 zu ermitteln. ²Sonstige bauliche Anlagen, insbesondere Außenanlagen, und der Wert der sonstigen Anlagen sind regelmäßig mit dem Gebäudewert und dem Bodenwert abgegolten.

(2) Der Bodenwert ist der Wert des unbebauten Grundstücks nach § 179.

(3) ¹Der Bodenwert und der Gebäudesachwert (§ 190) ergeben den vorläufigen Sachwert des Grundstücks. ²Dieser ist zur Anpassung an den gemeinen Wert mit einer Wertzahl nach § 191 zu multiplizieren.

ErbStR 2019

Zu § 189 BewG

R B 189 Allgemeine Grundsätze des Sachwertverfahrens

¹¹Bei Anwendung des Sachwertverfahrens (§§ 189 bis 191 BewG) ist der Gebäudesachwert getrennt vom Bodenwert auf der Grundlage von gewöhnlichen Herstellungskosten zu bemessen. ²²Der Bodenwert ist wie bei einem unbebauten Grundstück nach Maßgabe des § 179 BewG zu ermitteln. ³³Die Summe aus Gebäudesachwert und Bodenwert ergibt den vorläufigen Sachwert, der zur Anpassung an den gemeinen Wert mit einer Wertzahl nach § 191 BewG zu multiplizieren ist. ⁴Der Wert der sonstigen baulichen Anlagen, insbesondere der Außenanlagen, und der Wert der sonstigen Anlagen, wie z. B. gärtnerische Anpflanzungen, sind regelmäßig mit dem Gebäude- und dem Bodenwert abgegolten. ⁵Nur in Ausnahmefällen mit besonders werthaltigen Außenanlagen, wie z. B. ein größerer Swimmingpool, und sonstigen Anlagen werden hierfür gesonderte Wertansätze nach gewöhnlichen Herstellungskosten berücksichtigt (→ R B 190.5).

Hinweise (ErbStH 2019)

H B 189 Ablauf des Verfahrens (im Regelfall: ohne Außenanlagen und sonstige Anlagen)

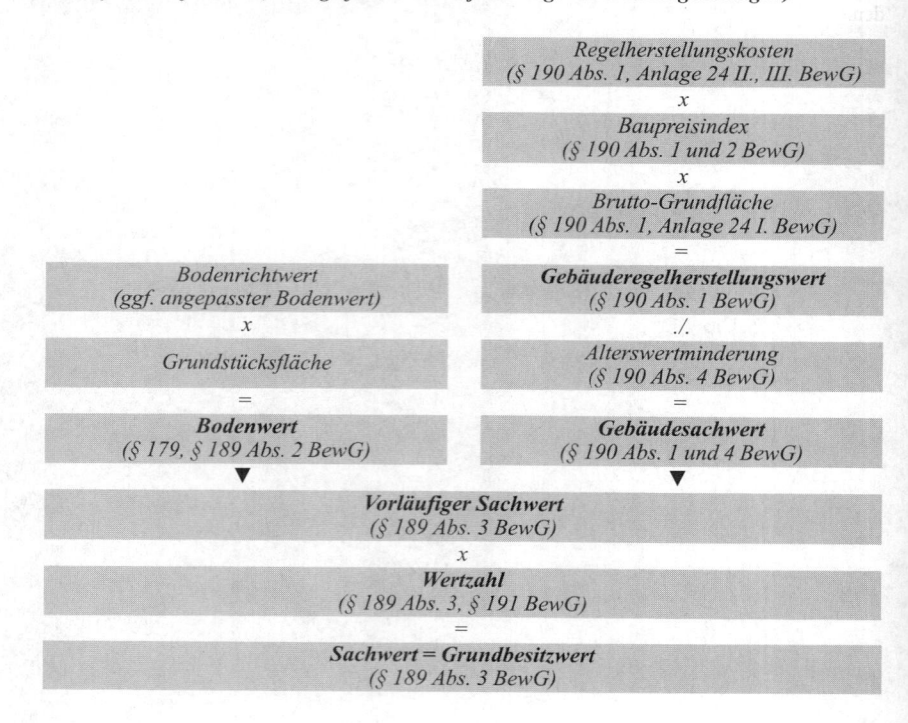

	Regelherstellungskosten (§ 190 Abs. 1, Anlage 24 II., III. BewG)
	x
	Baupreisindex (§ 190 Abs. 1 und 2 BewG)
	x
	Brutto-Grundfläche (§ 190 Abs. 1, Anlage 24 I. BewG)
	=
Bodenrichtwert (ggf. angepasster Bodenwert)	Gebäuderegelherstellungswert (§ 190 Abs. 1 BewG)
x	./.
Grundstücksfläche	Alterswertminderung (§ 190 Abs. 4 BewG)
=	=
Bodenwert (§ 179, § 189 Abs. 2 BewG)	**Gebäudesachwert** (§ 190 Abs. 1 und 4 BewG)
▼	▼
Vorläufiger Sachwert (§ 189 Abs. 3 BewG)	
x	
Wertzahl (§ 189 Abs. 3, § 191 BewG)	
=	
Sachwert = Grundbesitzwert (§ 189 Abs. 3 BewG)	

Bewertung im Sachwertverfahren
Beispiel:
Ein mit einem freistehenden Einfamilienhaus (Baujahr 2004, Keller- und Erdgeschoss, Dachgeschoss ausgebaut, Gebäudestandard – alle Bauteile Standardstufe 3) bebautes Grundstück ist zum 1.2.2018 (Bewertungsstichtag) zu bewerten. Die Brutto-Grundfläche des Gebäudes beträgt 220 m². An das Haus grenzt eine nicht überdachte Terrasse (Baujahr 2006, Bruchsteinplatten mit Unterbeton) mit einer Fläche von 30 m² an. Auf dem Grundstück befinden sich außerdem eine freistehende Garage in Massivbauweise mit einer Brutto-Grundfläche von 23 m² (Baujahr 2006) und ein Außen-Schwimmbecken (Baujahr 2006, normale Ausführung) mit einer Fläche von 52 m². Das Grundstück hat eine Fläche von 700 m² und der Bodenrichtwert beträgt 200 EUR/m². Vom Gutachterausschuss stehen keine Vergleichspreise, Vergleichsfaktoren und örtlichen Sachwertfaktoren für das Grundstück zur Verfügung.

Bodenwert

Grundstücksfläche x Bodenrichtwert (700 m² x 200 EUR/m²)		*140 000 EUR*

Gebäudesachwert

1. freistehendes Einfamilienhaus (EFH)

Regelherstellungskosten		*927 EUR/m²*
Regelherstellungskosten (aus Anlage 24 zum BewG)	*835 EUR/m²*	
Gebäudeart	*1.01*	
Standardstufe (alle Bauteile)	*3*	
Baupreisindex (§ 190 Abs. 1 und 2 BewG)	*x 116,8/100*	
Gebäudeart	*1.01.*	
Bewertungsstichtag	*2018*	
Brutto-Grundfläche		*x 220 m²*
Gebäuderegelherstellungswert		*214 500 EUR*
Alterswertminderung	*20,00 % (14 J. : 70 J.)*	*./. 42 900 EUR*
Gebäudeart	*1.01*	
Bezugsfertigkeit des Gebäudes	*2004*	
Alter des Gebäudes	*14 Jahre*	
Wirtschaftliche Gesamtnutzungsdauer		
(aus Anlage 22 BewG)	*70 Jahre*	
Gebäudesachwert (Einfamilienhaus)		*171 600 EUR*

Mindestwertansatz nach § 190 Abs. 4 Satz 5 BewG ist überschritten (30 % des Gebäuderegelherstellungswerts in Höhe von 214 500 EUR = 64 350 EUR)

2. Garage

Regelherstellungskosten		*569 EUR/m²*
Regelherstellungskosten (aus Anlage 24 zum BewG)	*485 EUR/m²*	
Gebäudeart (Einzelgarage)	*14.1*	
Standardstufe (Garage in Massivbauweise)	*4*	
Baupreisindex (§ 190 Abs. 1 und 2 BewG)	*x 117,4/100*	
Gebäudeart	*14.1*	
Bewertungsstichtag	*2018*	
Brutto-Grundfläche		*x 23 m²*
Regelherstellungswert		*13 087 EUR*

§ 189 BewG

ErbStR R B 189

Alterswertminderung	20,00 % (12 J. : 60 J.)	./. 2 618 EUR

Garage

Bezugsfertigkeit der Garage	2006
Alter der Garage	12 Jahre
Wirtschaftliche Gesamtnutzungsdauer (aus Anlage 22 zum BewG)	60 Jahre
Gebäudesachwert (Garage)	10 469 EUR

Mindestwertansatz nach § 190 Abs. 4 Satz 5 BewG ist überschritten
(30 % des Regelherstellungswerts in Höhe von 13 087 EUR = 3 926 EUR)

3. Gebäudesachwert am Bewertungsstichtag

Gebäudesachwert (Einfamilienhaus) + Gebäudesachwert (Garage)	182 069 EUR

Besonders werthaltige Außenanlagen

1. Terrasse

Regelherstellungskosten		70 EUR/m²
Regelherstellungskosten (aus R B 190.5)	60 EUR/m²	
Wege- und Platzbefestigungen (Bruchsteinplatten mit Unterbeton) Baupreisindex (R B 190.4 und 190.5)	x 116,8/100	
Außenanlagen wie Wohngebäude/Gebäudeart 1.01–5.1		
Bewertungsstichtag	2018	
Fläche		x 30 m²
Regelherstellungswert		2 100 EUR
Alterswertminderung	30,00 % (12 J. : 40 J.)	./. 630 EUR

Terrasse

Fertigstellung	2006
Alter	12 Jahre
Wirtschaftliche Gesamtnutzungsdauer (aus R B 190.5)	40 Jahre
Sachwert (Terrasse)	1 470 EUR

2. Schwimmbecken

Regelherstellungskosten		613 EUR/m²
Regelherstellungskosten (aus R B 190.5)	525 EUR/m²	
Schwimmbecken (normale Ausführung) Baupreisindex (R B 190.4 und 190.5)	x 116,8/100	
Außenanlagen wie Wohngebäude/Gebäudeart 1.01–5.1		
Bewertungsstichtag	2018	
Fläche		x 52 m²
Regelherstellungswert		31 876 EUR
Alterswertminderung	40,00 % (12 J. : 30 J.)	./. 12 751 EUR

Schwimmbecken

Fertigstellung	2006
Alter	12 Jahre

Wirtschaftliche Gesamtnutzungsdauer		
(aus R B 190.5)	30 Jahre	
Sachwert (Schwimmbecken)		19 125 EUR
Sachwert der besonders werthaltigen Außenanlagen		
Sachwert (Terrasse) + Sachwert (Schwimmbecken)		20 595 EUR
Der Sachwert übersteigt 10 % des Gebäudesachwerts.		
(10 % des Gebäudesachwerts in Höhe von 182 069 EUR = 18 206 EUR)		
Vorläufiger Sachwert		342 664 EUR
Bodenwert	140 000 EUR	
Gebäudesachwert	+ 182 069 EUR	
Sachwert Außenanlagen	+ 20 595 EUR	
Summe	342 664 EUR	
Grundbesitzwert (Sachwert)		
Vorläufiger Sachwert	342 664 EUR	
Wertzahl (aus Anlage 25 zum BewG)	x 0,80	
Einfamilienhaus		
Vorläufiger Sachwert	342 664 EUR	
Bodenrichtwert	200 EUR/m²	
Grundbesitzwert		**274 131 EUR**

§ 190 BewG

§ 190 Ermittlung des Gebäudesachwerts

(1) ¹Bei der Ermittlung des Gebäudesachwerts ist von den Regelherstellungskosten des Gebäudes auszugehen. ²Regelherstellungskosten sind die gewöhnlichen Herstellungskosten je Flächeneinheit. ³Durch Multiplikation der jeweiligen nach Absatz 2 an den Bewertungsstichtag angepassten Regelherstellungskosten mit der Brutto-Grundfläche des Gebäudes ergibt sich der Gebäuderegelherstellungswert. ⁴Die Regelherstellungskosten sind in der Anlage 24 enthalten.

(2) ¹Die Anpassung der Regelherstellungskosten erfolgt anhand der vom Statistischen Bundesamt veröffentlichten Baupreisindizes. ²Dabei ist auf die Preisindizes für die Bauwirtschaft abzustellen, die das Statistische Bundesamt für den Neubau in konventioneller Bauart von Wohn- und Nichtwohngebäuden jeweils als Jahresdurchschnitt ermittelt. ³Diese Preisindizes sind für alle Bewertungsstichtage des folgenden Kalenderjahres anzuwenden. ⁴Das Bundesministerium der Finanzen veröffentlicht die maßgebenden Baupreisindizes im Bundessteuerblatt.

(3) Das Bundesministerium der Finanzen wird ermächtigt, durch Rechtsverordnung mit Zustimmung des Bundesrates die Anlage 24 zu diesem Gesetz dadurch zu ändern, dass es die darin aufgeführten Regelherstellungskosten nach Maßgabe marktüblicher gewöhnlicher Herstellungskosten aktualisiert, soweit dies zur Ermittlung des gemeinen Werts erforderlich ist.

(4) ¹Vom Gebäuderegelherstellungswert ist eine Alterswertminderung abzuziehen. ²Diese wird regelmäßig nach dem Verhältnis des Alters des Gebäudes am Bewertungsstichtag zur wirtschaftlichen Gesamtnutzungsdauer nach Anlage 22 bestimmt. ³Sind nach Bezugsfertigkeit des Gebäudes Veränderungen eingetreten, die die wirtschaftliche Gesamtnutzungsdauer des Gebäudes verlängert haben, so ist von einem entsprechenden späteren Baujahr auszugehen. ⁴Bei bestehender Abbruchverpflichtung für das Gebäude ist bei der Ermittlung der Alterswertminderung von der tatsächlichen Gesamtnutzungsdauer des Gebäudes auszugehen. ⁵Der nach Abzug der Alterswertminderung verbleibende Gebäudewert ist regelmäßig mit mindestens 30 Prozent des Gebäuderegelherstellungswerts anzusetzen.

ErbStR 2019

Zu § 190 BewG

R B 190.1 Regelherstellungskosten

(1) ¹Die Regelherstellungskosten (RHK) im Sinne des § 190 Abs. 1 BewG sind nicht die tatsächlichen, sondern die gewöhnlichen Herstellungskosten je Quadratmeter Brutto-Grundfläche einschließlich Umsatzsteuer. ²Sie werden unterteilt nach Grundstücksarten, Gebäudearten und Gebäudestandards, wie sie in der Anlage 24, Teil II. und III., zum BewG dargestellt sind. ³Sie wurden aus den Normalherstellungskosten 2010 (NHK 2010) abgeleitet.

Hinweise (ErbStH 2019)

H B 190.1 (1) Umsatzsteuer

> *Die Berechtigung zum Vorsteuerabzug zählt zu den ungewöhnlichen und persönlichen Verhältnissen i. S. d. § 9 Absatz 2 Satz 3 BewG (→ BFH vom 30.06.2010 II R 60/08, BStBl. II S. 897).*

(2) ¹Die NHK 2010 und infolgedessen die RHK stellen Bundesmittelwerte dar, d. h. es handelt sich um Durchschnittswerte für das gesamte Bundesgebiet. ²Eine Regionalisierung der Regelherstellungskosten mittels sog. Regionalisierungs- und Ortsgrößenfaktoren erfolgt nicht. ³Die Berücksichtigung der örtlichen Marktverhältnisse erfolgt ausschließlich über die Anwendung der Wertzahl nach § 191 BewG.

BewG § 190

ErbStR 2019

R B 190.2 Gebäudeart

(1) ¹Bei der Ermittlung der nach Anlage 24, Teil II., zum BewG anzunehmenden Gebäudeart ist auf das gesamte Gebäude oder einen baulich selbstständig abgrenzbaren Teil eines Gebäudes (Gebäudeteil) abzustellen. ²Entscheidend für die Einstufung ist allein das durch die Hauptnutzung des Gebäudes/Gebäudeteils entstandene Gesamtgepräge. ³Zur Hauptnutzung gehörende übliche Nebenräume (z. B. Lager- und Verwaltungsräume bei Warenhäusern) sind entsprechend dem Gesamtgepräge der Hauptnutzung zuzurechnen.

Hinweise (ErbStH 2019)

H B 190.2 (1) Tiefgaragenstellplatz bei Wohnungs- und Teileigentum

Bei Wohnungs- und Teileigentum mit Tiefgaragenstellplatz wird grundsätzlich von einer wirtschaftlichen Einheit ausgegangen. Der Tiefgaragenstellplatz ist hierbei als gesonderter Gebäudeteil unter Anwendung der Regelherstellungskosten der Gebäudeart 14.3. (Tiefgaragen) zu bewerten.

Teileigentum

Bei der Bewertung von Teileigentum ist zur Bestimmung der Gebäudeart grundsätzlich auf die Nutzung des Teileigentums abzustellen. Zur Bewertung eines Teileigentums als Rechtsanwalts-, Notar- oder Arztpraxis in einem mehrgeschossigen Wohnhaus, welches baulich wie ein vergleichbares Wohnungseigentum gestaltet ist, ist es sachgerecht, die Regelherstellungskosten der Gebäudearten 4.1. bis 4.3. heranzuziehen. Befindet sich ein solches Teileigentum z. B. in einem Büro- und Geschäftsgebäude, können die Regelherstellungskosten der Gebäudearten 5.2. bis 6.1. verwandt werden.

Wohnungseigentum

Für Wohnungseigentum in Gebäuden, die wie Ein- und Zweifamilienhäuser gestaltet sind, ist die Gebäudeart für Ein- und Zweifamilienhäuser anzusetzen.

(2) ¹Regelherstellungskosten für in der Anlage 24 zum BewG nicht aufgeführte Gebäudearten sind aus den Regelherstellungskosten vergleichbarer Gebäudearten abzuleiten. ²Zu diesem Zweck ist auf die Gebäudeart abzustellen, die mit der Hauptnutzung des Gebäudes die größten Übereinstimmungen aufweist.

Hinweise (ErbStH 2019)

H B 190.2 (2) Nicht aufgeführte Gebäudearten

Nach Tz. 20 der Anlage 24, Teil II. zum BewG gilt die Auffangklausel, wonach für nicht aufgeführte Gebäudearten (GA) die Regelherstellungskosten sowie die wirtschaftliche Gesamtnutzungsdauer (GND) aus vergleichbaren Gebäudearten abzuleiten sind. Hierzu folgende Ableitungsbeispiele:

Nicht aufgeführte Gebäudeart	Vergleichbar mit Gebäudeart	GND	GA
Apotheke, Boutique, Laden	Kauf-/Warenhäuser	50 Jahre	13.2
Baumarkt, Discountermarkt, Gartenzentrum	Verbrauchermärkte	30 Jahre	13.1
Gewerblich genutzte freistehende Überdachung	Lagergebäude ohne Mischnutzung, Kaltlager	40 Jahre	16.1
Jugendheim, Tagesstätte, Bürgerhaus	Gemeindezentren, Vereinsheime	40 Jahre	7.1
Möbelhaus, eingeschossig	Verbrauchermärkte	30 Jahre	13.1
Möbelhaus, mehrgeschossig	Kauf-/Warenhäuser	50 Jahre	13.2
Pferdestall u.Ä.	Reithallen	30 Jahre	18.1
Restaurant	Beherbergungsstätten/Hotels/ Verpflegungseinrichtungen	40 Jahre	11.1
Tankstelle/Waschstraße	Betriebs-/Werkstätten, eingeschossig	40 Jahre	15.1
Therme	Freizeitbäder/Kur- und Heilbäder	40 Jahre	12.4
Wochenendhaus	Ein- und Zweifamilienhäuser	70 Jahre	1.01 – 3.33

§ 190 BewG — ErbStR R B 190.2, 190.3

(3) ¹Ist ein Gebäude zu mehr als 50 Prozent der bebauten Fläche unterkellert, ist von einem Gebäude mit Keller auszugehen. ²Entsprechend ist von einem Gebäude mit ausgebautem Dachgeschoss auszugehen, wenn dies zu mehr als 50 Prozent ausgebaut ist.

ErbStR 2019

R B 190.3 Gebäudestandard

¹Zur Feststellung des Gebäudestandards eines Gebäudes oder eines Gebäudeteils ist die Beschreibung der Gebäudestandards in Anlage 24, Teil III., zum BewG zu verwenden. ²Die Beschreibung der Gebäudestandards ist beispielhaft und dient der Orientierung. ³Sie kann nicht alle in der Praxis auftretenden Standardmerkmale aufführen. ⁴Merkmale, die die Tabelle nicht beschreibt, sind sachgerecht zu berücksichtigen. ⁵Es müssen nicht alle aufgeführten Merkmale zutreffen. ⁶Der Gebäudestandard wird regelmäßig anhand von fünf Standardstufen bestimmt, die sich nach den Standardmerkmalen der Bauteile unterscheiden. ⁷Liegen bei einem Bauteil verschiedene Standardmerkmale vor, ist für die Bestimmung der jeweiligen Standardstufe auf die überwiegenden Standardmerkmale abzustellen. ⁸Für ein Bauteil ist somit eine Standardstufe zu bestimmen. ⁹Bei den Wohngebäuden (Gebäudearten 1.01. bis 5.1. der Anlage 24 zum BewG) sind die Bauteile zusätzlich nach Wägungsanteilen zu gewichten. ¹⁰Ist ein Bauteil nicht vorhanden, bleiben die Regelherstellungskosten dieses Bauteils unberücksichtigt. ¹¹In diesen Fällen wird bei den Wohngebäuden (Gebäudearten 1.01. bis 5.1. der Anlage 24 zum BewG) nur die Summe aus den gewichteten Regelherstellungskosten der vorhandenen Bauteile gebildet, bei den Nichtwohngebäuden (Gebäudearten 5.2. bis 13.3., 14.2. bis 14.4. und 15.1. bis 18.2. der Anlage 24 zum BewG) wird die Summe der Regelherstellungskosten der vorhandenen Bauteile durch die Anzahl der für die Gebäudeart nach Anlage 24, Teil III., zum BewG, typischerweise vorhandenen Bauteile dividiert (→ H B 190.4). ¹²Für Einzel- und Mehrfachgaragen (Gebäudeart 14.1. der Anlage 24 zum BewG) werden die Standardstufen unmittelbar im Teil II. der Anlage 24 zum BewG beschrieben.

Hinweise (ErbStH 2019)

H B 190.3   *Bestimmung der Regelherstellungskosten (RHK) für ein freistehendes Einfamilienhaus (Gebäudeart 1.01.) bei unterschiedlichen Standardstufen*

Beispiel:

Bauteil	Standardstufe					Wägungsanteil %
	1	*2*	*3*	*4*	*5*	
Außenwände				x		23
Dach					x	15
Fenster und Außentüren			x			11
Innenwände und -türen			x			11
Deckenkonstruktion und Treppen			x			11
Fußböden			x			5
Sanitäreinrichtungen		x				9
Heizung			x			9
Sonstige technische Ausstattung			x			6
RHK in EUR/m² für die Gebäudeart 1.01 nach Anlage 24, Teil II., zum BewG	655	725	835	1 005	1 260	

Bauteil		EUR/m² BGF
Außenwände	1 005 EUR/m² x 23 %	231
Dach	1 260 EUR/m² x 15 %	189
Femster und Außentüren	835 EUR/m² x 11 %	92
Innenwände und -türen	835 EUR/m² x 11 %	92

ErbStR R B 190.3, 190.4   **BewG § 190**

Bauteil		EUR/m² BGF
Deckenkonstruktion und Treppen	835 EUR/m² x 11 %	92
Fußböden	835 EUR/m² x 5 %	42
Sanitäreinrichtungen	725 EUR/m² x 9 %	65
Heizung	835 EUR/m² x 9 %	75
Sonstige technische Ausstattung	835 EUR/m² x 6 %	50
RHK in EUR/m² BGF (gewichtet)		**928**

In den Fällen von Standardstufen mit Wägungsanteilen ist kaufmännisch auf volle Euro zu runden. H B 177 ErbStH 2011 findet insoweit keine Anwendung.

Bestimmung der Regelherstellungskosten (RHK) für ein neu errichtetes Bürogebäude (Gebäudeart 6.1.), bei dem ein Teil des Gebäudes bereits nutzbar ist, für den überwiegenden Teil des Gebäudes jedoch der Innenausbau, insbesondere die sonstige technische Ausstattung, zur Berücksichtigung der Bedürfnisse potentieller Mieter zurückgestellt wurde.

Beispiel:

Bauteile (Anlage 24, Teil III., zum BewG)	Standardstufe				
	1	2	3	4	5
Außenwände				x	
Dach					x
Fenster und Außentüren			x		
Innenwände und -türen			x		
Deckenkonstruktion und Treppen			x		
Fußböden			x		
Sanitäreinrichtungen		x			
Heizung			x		
Sonstige technische Ausstattung					
RHK in EUR/m² für die Gebäudeart 6.1 nach Anlage 24, Teil II., zum BewG	735	815	1 040	1 685	1 900

1	2	3	4
Anzahl der Bauteile	Standardstufe	Regelherstellungskosten	Spalte 1 x Spalte 3
1	2	815 EUR/m²	815 EUR/m²
5	3	1 040 EUR/m²	5 200 EUR/m²
1	4	1 685 EUR/m²	1 685 EUR/m²
1	5	1 900 EUR/m²	1 900 EUR/m²
Summe	8		9 600 EUR/m²
RHK (Division durch die 9 Bauteile der Gebäudeart 6.1)			**1 066 EUR/m²**

ErbStR 2019

R B 190.4 Baupreisindex

(1) ¹Die in der Anlage 24 zum BewG enthaltenen Regelherstellungskosten mit Kostenstand 2010 sind auf den Bewertungsstichtag zu beziehen. ²Für diese Anpassung ist nach § 190 Abs. 2 BewG auf die Preisindizes für die Bauwirtschaft, die das Statistische Bundesamt für den Neubau in konventioneller Bauart von Wohn- und Nichtwohngebäuden jeweils als Jahresdurchschnitt ermittelt hat, abzustellen. ³Diese Preisindizes sind für alle Bewertungsstichtage des folgenden Kalenderjahres anzuwenden. ⁴Das Bundesministerium der Finanzen veröffentlicht die maßgebenden Baupreisindizes im Bundessteuerblatt.

§ 190 BewG

ErbStR R B 190.4, 190.5

(2) ¹Zu den Wohngebäuden gehören die Gebäudearten 1.01. bis 5.1. der Anlage 24, Teil II., zum BewG (freistehende Ein- und Zweifamilienhäuser, Doppel- und Reihenhäuser, Mehrfamilienhäuser, gemischt genutzte Grundstücke bzw. Wohnhäuser mit Mischnutzung). ²Die übrigen Gebäudearten werden den Nichtwohngebäuden zugeordnet.

Hinweise (ErbStH 2019)

H B 190.4 Indizierung der Regelherstellungskosten (RHK) am Bewertungsstichtag

Beispiel:

Einfamilienhaus (Gebäudeart 1.01)	
Bewertungsstichtag	15. Januar 2018
RHK aus der Anlage 24, Teil II., zum BewG / Gebäudeart 1.01 / alle 9 Bauteile Standardstufe 3 / Basisjahr der RHK = 2010	835 EUR/m² BGF
Baupreisindex des Statistischen Bundesamtes für das Jahr 2010 für Wohngebäude; Basisjahr = 2010	100,0
Maßgeblicher Baupreisindex des Statistischen Bundesamtes am Bewertungsstichtag für Wohngebäude (Jahresdurchschnitt 2017)	116,8

$$RHK = \frac{116,8}{100,0} \times 835\ EUR/m^2 = 975,28\ EUR/m^2\ BGF = 975\ EUR/m^2$$

ErbStR 2019

R B 190.5 Besonders werthaltige Außenanlagen

¹Übliche Außenanlagen und sonstige Anlagen sind regelmäßig mit dem Gebäudewert und dem Bodenwert abgegolten. ²Nur in Einzelfällen mit besonders werthaltigen Außenanlagen und sonstigen Anlagen ist ein gesonderter Wertansatz zu prüfen. ³Außenanlagen sind besonders werthaltig, wenn sie das übliche Maß der für die Gebäudeart typischen Außenanlagen offensichtlich überschreiten. ⁴Danach ist von einem gesonderten Wertansatz für Außenanlagen regelmäßig abzusehen, wenn ihre Sachwerte (RHK für Außenanlagen nach Alterswertminderung) bei einer überschlägigen Berechnung 10 Prozent des Gebäudesachwerts nicht übersteigen. ⁵Sind besonders werthaltige Außenanlagen zu erfassen, gelten die in der nachfolgenden Tabelle ausgewiesenen durchschnittlichen Herstellungskosten. ⁶Aus Vereinfachungsgründen bestehen keine Bedenken, die in der nachstehenden Tabelle dargestellten Werte analog den Wohngebäuden auf den Bewertungsstichtag zu indizieren (→ R B 190.4).

Tabelle: Regelherstellungskosten für Außenanlagen (beispielhafte Darstellung/Basisjahr 2010 = 100)

Regelherstellungskosten der Außenanlagen einschließlich Baunebenkosten und Umsatzsteuer			
Typisierte Gesamtnutzungsdauer = 40 Jahre			
Einfriedungen	Euro je lfd. m		
	bis 1 m hoch	bis 2 m hoch	über 2 m hoch
Einfriedungsmauer aus Ziegelstein, 11,5 cm dick	70	110	135
Einfriedungsmauer aus Ziegelstein, 24 cm dick	105	150	180
Einfriedungsmauer aus Ziegelstein, 36,5 cm dick	135	215	295
Einfriedungsmauer aus Beton, Kunststein und dgl.	75	135	170
Einfriedungsmauer aus Naturstein mit Abdeckplatten	200	260	325
Wege- und Platzbefestigungen	Euro je m²		
Wassergebundene leichte Decke auf leichter Packlage	15		
Betonplattenbelag	45		
Sonstiger Plattenbelag	50		
Asphalt-, Teer-, Beton-, oder ähnliche Decke auf Pack- oder Kieslage	40		
Kopfstein- oder Kleinpflaster	60		

Regelherstellungskosten der Außenanlagen einschließlich Baunebenkosten und Umsatzsteuer	
Bruchsteinplatten mit Unterbeton	60
Freitreppen	**Euro je lfd. m Stufen**
	80
Rampen	**Euro je m² Grundfläche**
frei stehend ohne Verbindung mit einem Gebäude	105
Stützmauern	**Euro je m² vordere Ansichtsfläche**
Beton	105
Bruchstein	135
Werkstein	260
Typisierte Gesamtnutzungsdauer = 30 Jahre	
Schwimmbecken je nach Ausführung	**Euro je m²**
einfache Ausführung	200
normale Ausführung	525
gehobene Ausführung	850

Hinweise (ErbStH 2019)

H B 190.5 Bewertung von besonders werthaltigen Außenanlagen
→ H 189 Bewertung im Sachwertverfahren (Beispiel)

ErbStR 2019

R B 190.6 Brutto-Grundfläche

(1) Die Brutto-Grundfläche ist die Summe der Grundflächen aller Grundrissebenen eines Bauwerks mit Nutzungen nach DIN 277-2:2005-02 und deren konstruktive Umschließungen (→ Anlage 24, Teil I., zum BewG).

(2) [1]Bei der Ermittlung der Brutto-Grundfläche wird zwischen folgenden Bereichen unterschieden:
– Bereich a: überdeckt und allseitig in voller Höhe umschlossen
– Bereich b: überdeckt, jedoch nicht allseitig in voller Höhe umschlossen
– Bereich c: nicht überdeckt

[2]Die Regelherstellungskosten (RHK) berücksichtigen jedoch nur die Brutto-Grundfläche der Bereiche a und b. [3]Der Bereich c wird nicht erfasst.

(3) [1]Die Brutto-Grundflächen zur Berechnung der RHK sind getrennt nach Grundrissebenen zu ermitteln. [2]Grundflächen von waagerechten Flächen sind aus ihren tatsächlichen Maßen, Grundflächen von schräg liegenden Flächen, z. B. Tribünen, Zuschauerräumen, Treppen und Rampen, aus ihrer vertikalen Projektion zu ermitteln.

(4) Die Grundflächen sind in Quadratmeter anzugeben.

(5) [1]Für die Ermittlung der Brutto-Grundfläche sind die äußeren Maße der Bauteile einschließlich Bekleidung, z. B. Putz, Außenschalen mehrschaliger Wandkonstruktionen, in Höhe der Boden- bzw. Deckenbelagsoberkanten anzusetzen. [2]Brutto-Grundflächen des Bereiches b sind an Stellen, an denen sie nicht umschlossen sind, bis zur vertikalen Projektion ihrer Überdeckung zu ermitteln. [3]Brutto-Grundflächen von Bauteilen (Konstruktions-Grundflächen), die zwischen den Bereichen a und b liegen, sind dem Bereich a zuzuordnen. [4]Nicht zur Brutto-Grundfläche gehören Flächen, die ausschließlich der Wartung, Inspektion und Instandsetzung von Baukonstruktionen und technischen Anlagen dienen, z. B. nicht nutzbare Dachflächen, fest installierte Dachleitern und -stege, Wartungsstege in abgehängten Decken. [5]Nicht berücksichtigt bei der Ermittlung der Brutto-Grundfläche werden:
– Kriechkeller,
– Kellerschächte,
– Außentreppen,
– nicht nutzbare Dachflächen – auch Zwischendecken -,
– Balkone (auch wenn sie überdeckt sind) und
– Spitzböden (zusätzliche Ebene im Dachgeschoss, unabhängig vom Ausbauzustand).

[6]Auf die Brutto-Grundfläche anzurechnen sind nutzbare Dachgeschossflächen.

§ 190 BewG

ErbStR R B 190.6

Dachgeschoss

nicht nutzbar	eingeschränkt nutzbar	nutzbar
≤ ca. 1,25 m	≤ ca. 2,00 m	≥ ca. 2,00 m

Anrechnung der Grundfläche der Dachgeschossebene bei der Ermittlung der BGF

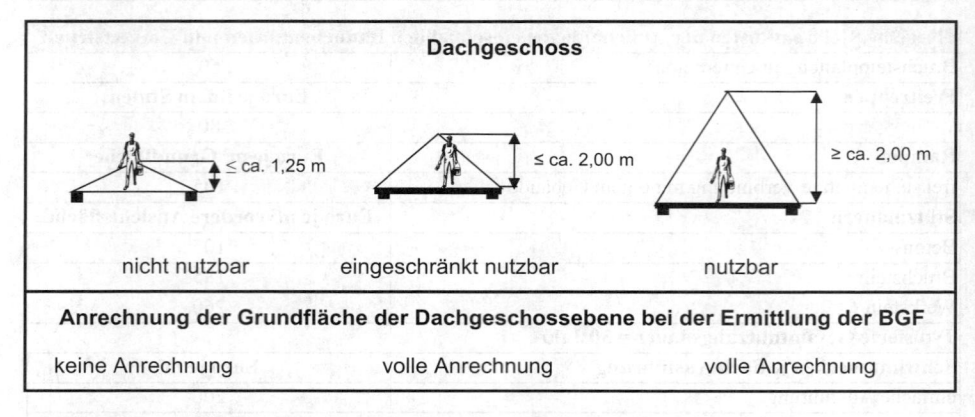

| keine Anrechnung | volle Anrechnung | volle Anrechnung |

Abbildung zur Zuordnung der Grundflächen zu den Bereichen a, b und c

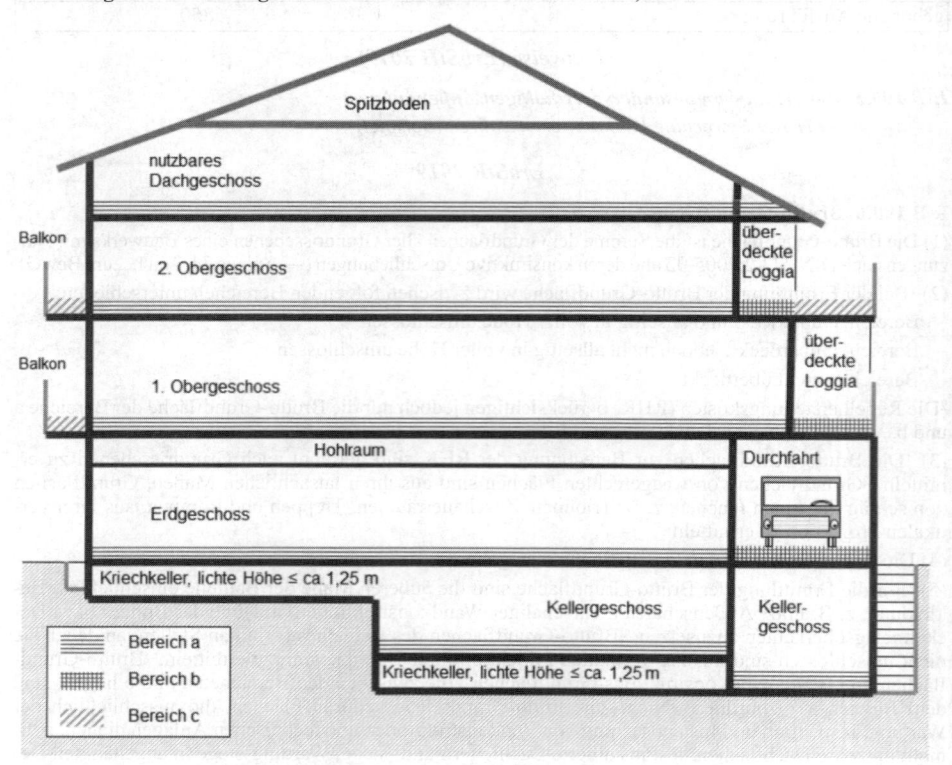

Bereich a
Bereich b
Bereich c

Elemente der Abbildung: Spitzboden, nutzbares Dachgeschoss, Balkon, 2. Obergeschoss, überdeckte Loggia, 1. Obergeschoss, Hohlraum, Durchfahrt, Erdgeschoss, Kriechkeller lichte Höhe ≤ ca. 1,25 m, Kellergeschoss.

Hinweise (ErbStH 2019)

H B 190.6 Tiefgaragenplatz bei Wohnungs- und Teileigentum

Bei Wohnungs- und Teileigentum mit Tiefgaragenstellplatz wird grundsätzlich von einer wirtschaftlichen Einheit ausgegangen. Der Tiefgaragenstellplatz ist hierbei als gesonderter Gebäudeteil zu bewerten. Es bestehen keine Bedenken die Brutto-Grundfläche (BGF) des Tiefgaragenstellplatzes aus Vereinfachungsgründen wie folgt zu ermitteln:

BGF = tatsächliche Stellplatzfläche (Länge x Breite) x 1,55.

ErbStR 2019

R B 190.7 Alterswertminderung

(1) ¹Vom Gebäuderegelherstellungswert ist eine Alterswertminderung abzuziehen. ²Diese wird regelmäßig nach dem Verhältnis des Alters des Gebäudes am Bewertungsstichtag zur typisierten wirtschaftlichen Gesamtnutzungsdauer nach Anlage 22 zum BewG bestimmt. ³Es bestehen aus Vereinfachungsgründen keine Bedenken, das Alter des Gebäudes durch Abzug des Jahres der Bezugsfertigkeit des Gebäudes vom Jahr des Bewertungsstichtags zu bestimmen. ⁴Hinsichtlich der Ermittlung der wirtschaftlichen Gesamtnutzungsdauer gelten die Grundsätze des Ertragswertverfahrens entsprechend (→ R B 185.3 Abs. 2 bzw. R B 185.4 Abs. 2).

(2) Sind nach Bezugsfertigkeit des Gebäudes Veränderungen eingetreten, kann ein fiktiv späteres Baujahr (→ Abs. 3) anzunehmen oder die tatsächliche Gesamtnutzungsdauer des Gebäudes (→ Abs. 4) zu berücksichtigen sein.

(3) ¹Ein fiktiv späteres Baujahr ist anzunehmen, wenn in den letzten zehn Jahren durchgreifende Modernisierungen vorgenommen wurden, die nach dem Punktesystem der nachfolgenden Tabelle 1 eine überwiegende oder umfassende Modernisierung ergeben. ²Hinsichtlich der durchgeführten Modernisierungsarbeiten ist auf die überwiegende Erneuerung bzw. Verbesserung der jeweiligen einzelnen Bauteile (Modernisierungselemente) abzustellen, die Punkte der Tabelle 1 sind für das jeweilige Bauteil folglich nur insgesamt oder gar nicht anzusetzen. ³Die Anzahl der Jahre der Verlängerung für die Ermittlung des fiktiven späteren Baujahrs ist den nachfolgenden Tabellen 2 bis 6 zu entnehmen. ⁴Eine Interpolation ist nicht vorzunehmen. ⁵Übersteigt das Gebäudealter am Bewertungsstichtag die übliche Gesamtnutzungsdauer ermittelt sich das fiktiv spätere Baujahr aus folgender Formel [Beispiel → H B 190.7 (3)]:

fiktives Baujahr =	Jahr des Bewertungsstichtags + Verschiebung Baujahr ./. übliche Gesamtnutzungsdauer

⁶Die nachfolgenden Tabellen sind für Wohngebäude und analog für Nichtwohngebäude anzuwenden.

Tabelle 1

Modernisierungselemente	Punkte
Dacherneuerung inklusive Verbesserung der Wärmedämmung	4
Modernisierung der Fenster und Außentüren	2
Modernisierung der Leitungssysteme (Strom, Gas, Wasser, Abwasser)	2
Modernisierung der Heizungsanlage	2
Wärmedämmung der Außenwände	4
Modernisierung von Bädern	2
Modernisierung des Innenausbaus, z. B. Decken und Fußböden, Treppen	2
Wesentliche Verbesserung der Grundrissgestaltung	2

14 – 16 Punkte: überwiegend modernisiert
≥ 18 Punkte: umfassend modernisiert

§ 190 BewG

Tabelle 2

Gebäudealter (Jahre)	Übliche Gesamtnutzungsdauer von 70 Jahren	
	Modernisierungsgrad	
	14 bis 16 Punkte	≥ 18 Punkte
	Verschiebung Baujahr (Jahre)	
≥ 10	0	2
≥ 15	2	5
≥ 20	4	8
≥ 25	6	12
≥ 30	9	15
≥ 35	12	19
≥ 40	15	23
≥ 45	18	27
≥ 50	22	31
≥ 55	26	35
≥ 60	30	40
≥ 65	34	44
= 70	38	49
> 70	38 Satz 5; Jahr des Bewertungsstichtags + 38 ./. 70)	49 (→ Satz 5; Jahr des Bewertungsstichtags + 49 ./. 70)

Tabelle 3

Gebäudealter (Jahre)	Übliche Gesamtnutzungsdauer von 60 Jahren	
	Modernisierungsgrad	
	14 bis 16 Punkte	≥ 18 Punkte
	Verschiebung Baujahr (Jahre)	
≥ 10	0	2
≥ 15	2	6
≥ 20	5	9
≥ 25	7	13
≥ 30	10	16
≥ 35	13	20
≥ 40	17	24
≥ 45	20	28
≥ 50	24	33
≥ 55	28	37
= 60	33	42
> 60	33 (→ Satz 5; Jahr des Bewertungsstichtags + 33 ./. 60)	42 (→ Satz 5; Jahr des Bewertungsstichtags + 42 ./. 60)

Tabelle 4

Gebäudealter (Jahre)	Übliche Gesamtnutzungsdauer von 50 Jahren	
	Modernisierungsgrad	
	14 bis 16 Punkte	≥ 18 Punkte
	Verschiebung Baujahr (Jahre)	
≥ 10	1	3
≥ 15	3	6
≥ 20	6	10
≥ 25	8	14
≥ 30	12	18
≥ 35	15	22
≥ 40	19	26
≥ 45	23	30
= 50	27	35
> 50	27 (→ Satz 5; Jahr des Bewertungsstichtags + 27 ./. 50)	35 (→ Satz 5; Jahr des Bewertungsstichtags + 35 ./. 50)

Tabelle 5

Gebäudealter (Jahre)	Übliche Gesamtnutzungsdauer von 40 Jahren	
	Modernisierungsgrad	
	14 bis 16 Punkte	≥ 18 Punkte
	Verschiebung Baujahr (Jahre)	
≥ 5	0	1
≥ 10	2	4
≥ 15	4	7
≥ 20	7	11
≥ 25	10	15
≥ 30	13	19
≥ 35	17	23
= 40	22	28
> 40	22 (→ Satz 5; Jahr des Bewertungsstichtags + 22 ./. 40)	28 (→ Satz 5; Jahr des Bewertungsstichtags + 28 ./. 40)

Tabelle 6

Gebäudealter (Jahre)	Übliche Gesamtnutzungsdauer von 30 Jahren	
	Modernisierungsgrad	
	14 bis 16 Punkte	≥ 18 Punkte
	Verschiebung Baujahr (Jahre)	
≥ 5	0	1
≥ 10	2	5
≥ 15	5	8
≥ 20	8	12
≥ 25	12	16
= 30	16	21
> 30	16 (→ Satz 5; Jahr des Bewertungsstichtags + 16 ./. 30)	21 (→ Satz 5; Jahr des Bewertungsstichtags + 21 ./. 30)

§ 190 BewG ErbStR R B 190.7, 190.8

Hinweise (ErbStH 2019)

H B 190.7 (3) *Ermittlung des fiktiv späteren Baujahrs, wenn das Gebäudealter am Bewertungsstichtag die übliche Gesamtnutzungsdauer übersteigt (→ R B 190.7 Abs. 3 Satz 5)*
Beispiel:

Einfamilienhaus (Gebäudeart 1.01), Baujahr 1900, umfassend modernisiert (18 Punkte)	
Bewertungsstichtag	15. Januar 2018
Verschiebung Baujahr nach Tabelle 1 i.V.m. Tabelle 2 (Gebäudealter > 70 Jahre; Modernisierungsgrad: 18 Punkte)	49 Jahre
Übliche Gesamtnutzungsdauer nach Anlage 22 zum BewG	70 Jahre

2018 (Jahr des Bewertungsstichtags) + 49 Jahre (Verschiebung Baujahr)
./. 70 Jahre (übliche Gesamtnutzungsdauer) = 1997 (fiktiv späteres Baujahr)

(4) Bei bestehender Abbruchverpflichtung für das Gebäude ist bei der Ermittlung der Alterswertminderung von der tatsächlichen Gesamtnutzungsdauer des Gebäudes auszugehen (→ § 190 Abs. 4 Satz 4 BewG).

(5) [1]Der nach Abzug der Alterswertminderung verbleibende Gebäudewert ist regelmäßig mit mindestens 30 Prozent des Gebäuderegelherstellungswerts anzusetzen. [2]Diese Restwertregelung berücksichtigt, dass auch ein älteres Gebäude, das laufend instand gehalten wird, einen Wert hat. [3]Sie berücksichtigt einen durchschnittlichen Erhaltungszustand und macht in vielen Fällen die Prüfung entbehrlich, ob die restliche Lebensdauer des Gebäudes infolge baulicher Maßnahmen verlängert wurde. [4]Bei bestehender Abbruchverpflichtung für das Gebäude kann dieser Mindestansatz jedoch unterschritten werden (→ R B 190.7 Abs. 4).

ErbStR 2019

R B 190.8 Grundstück mit mehreren Gebäuden bzw. Gebäudeteilen

(1) [1]Besteht eine wirtschaftliche Einheit aus mehreren Gebäuden oder Gebäudeteilen von einer gewissen Selbstständigkeit, die eine verschiedene Bauart aufweisen, unterschiedlich genutzt werden oder die in verschiedenen Jahren bezugsfertig geworden sind, ist jedes Gebäude und jeder Gebäudeteil für sich zu bewerten. [2]Ist z. B. ein Grundstück mit einem Einfamilienhaus und einer Garage bebaut, ergibt die Summe aus dem Gebäudesachwert des Einfamilienhauses und dem Gebäudesachwert der Garage den Gebäudewert. [3]Regelherstellungskosten, Brutto-Grundfläche und Alterswertminderung sind jeweils gesondert zu ermitteln. [4]Für selbstständige Gebäude bzw. Gebäudeteile für das bzw. für die in den Anlagen zum BewG keine Gebäudeart ausgewiesen ist, sind die Gesamtnutzungsdauer aus der Gesamtnutzungsdauer vergleichbarer Gebäudearten und die Regelherstellungskosten aus den Regelherstellungskosten vergleichbarer Gebäudearten abzuleiten. [5]Zur Bestimmung der Gesamtnutzungsdauer gilt R B 185.4 Abs. 2 Nummer 2 entsprechend.

Hinweise (ErbStH 2019)

H B 190.8 (1) *Geschäftsgrundstück (mehrere selbständige Gebäude/unterschiedliche Gebäudearten)*
Beispiel:
Befindet sich auf einem Geschäftsgrundstück neben industriellen Gebäuden ein Mehrfamilienhaus, welches als Wohnunterkunft für die Arbeitnehmer des Betriebs genutzt wird, ist es sachgerecht, für dieses Gebäude die Gesamtnutzungsdauer für Mietwohngrundstücke (70 Jahre nach Anlage 22 zum BewG) und die Regelherstellungskosten für die Gebäudearten 4.1. bis 4.3. (Mehrfamilienhäuser) heranzuziehen.

(2) [1]Anbauten teilen im Allgemeinen auf Grund ihrer Bauart oder Nutzung das Schicksal des Hauptgebäudes. [2]Ist dagegen anzunehmen, dass ein Erweiterungsbau nach Größe, Bauart oder Nutzung eine andere Alterswertminderung als das Hauptgebäude haben wird, gilt Abs. 1 entsprechend. [3]Für Aufstockungen ist im Allgemeinen das Baujahr der unteren Geschosse zu Grunde zu legen. [4]Es ist jedoch zu prüfen, ob durch die baulichen Maßnahmen für das Gebäude ein fiktiv späteres Baujahr anzunehmen ist.

(3) [1]Bei einer wirtschaftlichen Einheit mit mehreren nichtselbstständigen Gebäuden bzw. Gebäudeteilen ist von einer einheitlichen Alterswertminderung auszugehen. [2]Zur Bestimmung der wirtschaftlichen Gesamtnutzungsdauer gelten in diesen Fällen R B 185.3 Abs. 2 Sätze 1 bis 4 entsprechend.

§ 191 Wertzahlen

(1) ¹Als Wertzahlen im Sinne des § 189 Abs. 3 sind die Sachwertfaktoren anzuwenden, die von den Gutachterausschüssen im Sinne der §§ 192 ff. des Baugesetzbuchs für das Sachwertverfahren bei der Verkehrswertermittlung abgeleitet wurden. ²Anzuwenden sind die Sachwertfaktoren, die von den Gutachterausschüssen für den letzten Auswertungszeitraum abgeleitet werden, der vor dem Kalenderjahr endet, in dem der Bewertungsstichtag liegt.

(2) Soweit von den Gutachterausschüssen keine geeigneten Sachwertfaktoren zur Verfügung stehen, sind die in der Anlage 25 bestimmten Wertzahlen zu verwenden.

ErbStR 2019

Zu § 191 BewG

R B 191 Wertzahlen

(1) ¹Als Wertzahlen sind vorrangig die vom Gutachterausschuss ermittelten Sachwertfaktoren (Marktanpassungsfaktoren) zur Angleichung an den gemeinen Wert anzuwenden. ²Stehen keine geeigneten Sachwertfaktoren zur Verfügung, sind die in der Anlage 25 zum BewG dargestellten Wertzahlen zu verwenden.

(2) Sachwertfaktoren sind als geeignet anzusehen, wenn die Ableitung der Sachwertfaktoren weitgehend in demselben Modell erfolgt ist wie die Bewertung.

Hinweise (ErbStH 2019)

H B 191 (2) *Sachwertfaktoren*

Angabe in Wertspannen:

Sind von den Gutachterausschüssen Sachwertfaktoren ausschließlich in Wertspannen veröffentlicht worden, ist der Faktor anzusetzen, der der typisierten Wertzahl nach Anlage 25 zum BewG weitgehend entspricht.

(3) ¹Bei Anwendung der Wertzahlen nach Anlage 25 zum BewG ist auf den Bodenrichtwert ohne Wertkorrekturen (→ R B 179.2 Abs. 2 bis 6) abzustellen. ²In den Fällen des § 179 Satz 4 BewG ist auf den Bodenrichtwert der herangezogenen vergleichbaren Flächen abzustellen.

Hinweise (ErbStH 2019)

H B 191 (3) *Wertzahl (Anwendung der Anlage 25 BewG)*

Bei Anwendung der Wertzahlen nach Anlage 25 zum BewG ist auf den Bodenrichtwert ohne Wertkorrekturen (→ R B 179.2 Abs. 2 bis 6) abzustellen. So ist auch bei einer Differenzierung zwischen einem Vorder- und Hinterlandpreis ausschließlich der Bodenrichtwert für das Vorderland anzusetzen.

IV. Sonderfälle

§ 192 Bewertung in Erbbaurechtsfällen

[1]Ist das Grundstück mit einem Erbbaurecht belastet, sind die Werte für die wirtschaftliche Einheit Erbbaurecht (§ 193) und für die wirtschaftliche Einheit des belasteten Grundstücks (§ 194) gesondert zu ermitteln. [2]Mit der Bewertung des Erbbaurechts (§ 193) ist die Verpflichtung zur Zahlung des Erbbauzinses und mit der Bewertung des Erbbaurechtsgrundstücks (§ 194) ist das Recht auf den Erbbauzins abgegolten; die hiernach ermittelten Grundbesitzwerte dürfen nicht weniger als 0 Euro betragen.

ErbStR 2019

Zu § 192 BewG

R B 192.1 Begriff des Erbbaurechts

(1) [1]Das Erbbaurecht ist das veräußerliche und vererbliche Recht an einem Grundstück, auf oder unter der Oberfläche des Grundstücks ein Bauwerk zu haben. [2]Bei Grundstücken, die mit einem Erbbaurecht belastet sind, bilden das Erbbaurecht und das belastete Grundstück je eine selbstständige wirtschaftliche Einheit (§ 176 Absatz 1 Nummer 2, § 192 BewG). [3]Das belastete Grundstück ist das Grundstück, an dem das Erbbaurecht bestellt ist. [4]Übernimmt der Eigentümer des belasteten Grundstücks das Erbbaurecht oder erwirbt der Erbbauberechtigte das belastete Grundstück („Eigentümererbbaurecht"), bleiben Erbbaurecht und belastetes Grundstück als selbstständige wirtschaftliche Einheiten bestehen.

(2) [1]Das Erbbaurecht entsteht zivilrechtlich mit der Eintragung in das Grundbuch (§ 11 ErbbauRG in Verbindung mit § 873 BGB). [2]Schenkungsteuerrechtlich gilt das Erbbaurecht bereits dann als entstanden, wenn die dingliche Einigung über die Bestellung eines Erbbaurechts erfolgt ist und die Vertragsparteien in der Lage sind, die Eintragung im Grundbuch zu bewirken (→ R E 9.1 Absatz 1).

(3) [1]Das Erbbaurecht erstreckt sich im Allgemeinen auf das ganze Grundstück. [2]Erstreckt es sich jedoch nur auf einen Teil des Grundstücks im Sinne des Zivilrechts, ist dieser Teil als selbstständige wirtschaftliche Einheit im Sinne des § 192 ff. BewG zu bewerten. [3]Für den restlichen Teil des Grundstücks ist die Bewertung nach den allgemeinen Grundsätzen durchzuführen.

(4) [1]Errichtet der Erbbauberechtigte ein einheitliches Gebäude auf einem erbbaurechtsbelasteten und einem ihm gehörenden angrenzenden Grundstück, sind der Gebäudeteil auf dem erbbaurechtsbelasteten Grundstück als Erbbaurecht und das eigene Grundstück mit dem dort errichteten Gebäudeteil als bebautes Grundstück getrennt zu bewerten. [2]Entsprechend ist zu verfahren, wenn das angrenzende Grundstück auf Grund eines Pachtvertrags vom Erbbauberechtigten bebaut worden ist und für diesen Gebäudeteil eine Bewertung als Gebäude auf fremdem Grund und Boden nach § 195 BewG durchzuführen ist.

Hinweise (ErbStH 2019)

H B 192.1 Gesetz über das Erbbaurecht (Erbbaurechtsgesetz – ErbbauRG)

→ *Gesetz über das Erbbaurecht (Erbbaurechtsgesetz – ErbbauRG) vom 15.1.1919 (BGBl. III, Gliederungsnummer 403-6) in der jeweils geltenden Fassung*

ErbStR 2019

R B 192.2 Bewertung in Erbbaurechtsfällen

[1]Die Werte für die wirtschaftliche Einheit des Erbbaurechts (§ 193 BewG) und für die wirtschaftliche Einheit des belasteten Grundstücks / Erbbaugrundstücks (§ 194 BewG) sind gesondert zu ermitteln. [2]Mit der Bewertung des Erbbaurechts (§ 193 BewG) ist die Verpflichtung zur Zahlung des Erbbauzinses und mit der Bewertung des Erbbaugrundstücks (§ 194 BewG) ist das Recht auf den Erbbauzins abgegolten. [3]Die Grundbesitzwerte für das Erbbaurecht und das Erbbaugrundstück dürfen jeweils nicht weniger als 0 Euro betragen.

§ 193 Bewertung des Erbbaurechts

(1) Der Wert des Erbbaurechts ist im Vergleichswertverfahren nach § 183 zu ermitteln, wenn für das zu bewertende Erbbaurecht Vergleichskaufpreise oder aus Kaufpreisen abgeleitete Vergleichsfaktoren vorliegen.

(2) In allen anderen Fällen setzt sich der Wert des Erbbaurechts zusammen aus einem Bodenwertanteil nach Absatz 3 und einem Gebäudewertanteil nach Absatz 5.

(3) [1]Der Bodenwertanteil ergibt sich aus der Differenz zwischen
1. dem angemessenen Verzinsungsbetrag des Bodenwerts des unbelasteten Grundstücks nach Absatz 4 und
2. dem vertraglich vereinbarten jährlichen Erbbauzins.

[2]Der so ermittelte Unterschiedsbetrag ist über die Restlaufzeit des Erbbaurechts mit dem sich aus Anlage 21 ergebenden Vervielfältiger zu kapitalisieren.

(4) [1]Der angemessene Verzinsungsbetrag des Bodenwerts des unbelasteten Grundstücks ergibt sich durch Anwendung des Liegenschaftszinssatzes im Sinne des § 188 Absatz 2 Satz 1 auf den Bodenwert nach § 179. [2]Soweit von den Gutachterausschüssen keine geeigneten Liegenschaftszinssätze zur Verfügung stehen, gelten die folgenden Zinssätze:
1. 3 Prozent für Ein- und Zweifamilienhäuser und Wohnungseigentum, das wie Ein- und Zweifamilienhäuser gestaltet ist,
2. 5 Prozent für Mietwohngrundstücke und Wohnungseigentum, das nicht unter Nummer 1 fällt,
3. 5,5 Prozent für gemischt genutzte Grundstücke mit einem gewerblichen Anteil von bis zu 50 Prozent, berechnet nach der Wohn- und Nutzfläche, sowie sonstige bebaute Grundstücke,
4. 6 Prozent für gemischt genutzte Grundstücke mit einem gewerblichen Anteil von mehr als 50 Prozent, berechnet nach der Wohn- und Nutzfläche, und
5. 6,5 Prozent für Geschäftsgrundstücke und Teileigentum.

(5) [1]Der Gebäudewertanteil ist bei der Bewertung des bebauten Grundstücks im Ertragswertverfahren der Gebäudeertragswert nach § 185, bei der Bewertung im Sachwertverfahren der Gebäudesachwert nach § 190. [2]Ist der bei Ablauf des Erbbaurechts verbleibende Gebäudewert nicht oder nur teilweise zu entschädigen, ist der Gebäudewertanteil des Erbbaurechts um den Gebäudewertanteil des Erbbaugrundstücks nach § 194 Abs. 4 zu mindern.

ErbStR 2019

Zu § 193 BewG

R B 193 Bewertung des Erbbaurechts

(1) [1]Der Wert des Erbbaurechts ist vorrangig im Vergleichswertverfahren (→ R B 183) zu ermitteln, wenn für das zu bewertende Erbbaurecht Vergleichspreise oder aus Kaufpreisen abgeleitete Vergleichsfaktoren für entsprechende Vergleichsgrundstücke vorliegen. [2]Vergleichspreise oder aus Kaufpreisen abgeleitete Vergleichsfaktoren liegen vor, wenn sie aus bebauten Erbbaurechten abgeleitet wurden, die mit der zu bewertenden wirtschaftlichen Einheit hinreichend übereinstimmen. [3]Dies ist der Fall, wenn die Grundstücksart übereinstimmt und die Bebauung, der Erbbauzinssatz, der Bodenrichtwert sowie die Restlaufzeit des Erbbaurechts nicht erheblich abweichen.

(2) [1]Kann das Vergleichswertverfahren nicht angewandt werden, setzt sich der Wert des Erbbaurechts aus dem Bodenwertanteil nach § 193 Absatz 3 BewG und dem Gebäudewertanteil nach § 193 Absatz 5 BewG zusammen (finanzmathematische Methode). [2]Ist das mit dem Erbbaurecht belastete Grundstück unbebaut, besteht der Grundbesitzwert des Erbbaurechts allein im Bodenwertanteil nach Absatz 3.

(3) Der Bodenwertanteil ergibt sich aus dem kapitalisierten Unterschiedsbetrag zwischen dem angemessenen Verzinsungsbetrag des Bodenwerts des unbelasteten Grundstücks und dem vertraglich vereinbarten jährlichen Erbbauzins am Bewertungsstichtag.

§ 193 BewG ErbStR R B 193

(4) ¹Der angemessene Verzinsungsbetrag ergibt sich aus der Multiplikation des Bodenwerts für das Grundstück nach § 179 BewG und des Liegenschaftszinssatzes. ²Stehen Liegenschaftszinssätze der Gutachterausschüsse nicht zur Verfügung, sind die Zinssätze nach § 193 Absatz 4 Satz 2 BewG anzuwenden.

(5) ¹Maßgebender Erbbauzins ist nach § 193 Absatz 3 Satz 1 Nummer 2 BewG der am Bewertungsstichtag zu zahlende Erbbauzins, umgerechnet auf einen Jahresbetrag. ²Dabei ist stets auf die vertraglichen Vereinbarungen abzustellen; auf den gezahlten Erbbauzins kommt es nicht an. ³Sind Erbbauzinsen während der Laufzeit des Erbbaurechts in unterschiedlicher Höhe vereinbart (z. B. bei Sonderzahlungen oder gestaffeltem Erbbauzins), kann aus Vereinfachungsgründen ein durchschnittlicher Jahresbetrag aus den insgesamt nach dem Bewertungsstichtag zu leistenden Erbbauzinsen in Abhängigkeit von der Restlaufzeit gebildet werden. ⁴Die künftigen Anpassungen auf Grund von Wertsicherungsklauseln (z. B. Anknüpfung der Erbbauzinsen an den Lebenshaltungskostenindex) sind nicht zu berücksichtigen. ⁵Ist kein Erbbauzins zu zahlen, stellt der angemessene Verzinsungsbetrag des Bodenwerts gleichzeitig den Unterschiedsbetrag dar.

Hinweise (ErbStH 2019)

H B 193 (5) *Erbbauzins in einer Summe bei Bestellung des Erbbaurechts (Einmalzahlung)*

Beispiel:

Am 1.1.1998 wurde an einem Mietwohngrundstück ein Erbbaurecht mit einer Laufzeit von 50 Jahren bestellt, dessen Grundbesitzwert auf den 2.1.2018 zu ermitteln ist. Der Erbbauberechtigte hat 1998 den gesamten Erbbauzins (jährlich 6 % vom Bodenwert 200 000 EUR) für 50 Jahre im Voraus bezahlt. Der Bodenwert beträgt am Bewertungsstichtag 300 000 EUR. Es wird ein Jahresreinertrag von 100 000 EUR erzielt. Die Restnutzungsdauer des Gebäudes entspricht der Restlaufzeit des Erbbaurechts (30 Jahre). Bei Ablauf des Erbbaurechts ist eine Entschädigungszahlung für das Gebäude in Höhe des Gebäudewerts vorgesehen. Der Gutachterausschuss verfügt über keine Vergleichspreise oder Vergleichsfaktoren. Der Liegenschaftszinssatz beträgt laut Gutachterausschuss 6,0 %.

Ermittlung Bodenwertanteil

Verzinsungsbetrag des Bodenwerts (6,0 % von 300 000 EUR =)		18 000 EUR
Liegenschaftszins (§ 193 Absatz 4 Satz 1 BewG)	6,0 %	
vertraglich vereinbarter jährlicher Erbbauzins		./. 0 EUR
kein Ansatz, da Einmalzahlung vor Bewertungsstichtag		
Unterschiedsbetrag		18 000 EUR
Vervielfältiger (aus Anlage 21 BewG)		x 13,76
Liegenschaftszins (§ 193 Absatz 4 Satz 1 BewG)	6,0 %	
Bewertungsstichtag	2.1.2018	
Restlaufzeit des Erbbaurechts	30 Jahre	
Bodenwertanteil (nach § 193 Absatz 3 i. V. m. Absatz 4 BewG)		247 680 EUR

Gebäudeertragswert am Bewertungsstichtag nach § 193 Absatz 5 i. V. M. § 185 BewG

Grundstücksreinertrag		100 000 EUR
Verzinsungsbetrag des Bodenwerts (6,0 % von 300 000 EUR =)		./. 18 000 EUR
Liegenschaftszins (§ 188 Absatz 2 Satz 1 BewG)	6,0 %	
Gebäudereinertrag		82 000 EUR
Vervielfältiger (aus Anlage 21 BewG)		x 13,76
Restnutzungsdauer	30 Jahre	
Liegenschaftszins (§ 188 Absatz 2 Satz 1 BewG)	6,0 %	
Gebäudeertragswert am Bewertungsstichtag		1 128 320 EUR

Grundbesitzwert des Erbbaurechts nach § 193 BewG

Bodenwertanteil nach § 193 Absatz 3 BewG	247 680 EUR
Gebäudewertanteil nach § 193 Absatz 5 BewG	+ 1 128 320 EUR
Grundbesitzwert	1 376 000 EUR

Gestaffelter Erbbauzins
Beispiel:
Zwecks Bebauung mit einem Einfamilienhaus wurde an einem bisher unbebauten Grundstück ein Erbbaurecht bestellt. Das Grundstück hat eine Fläche von 600 m² und der Bodenrichtwert beträgt 200 EUR/m². Die vertragliche Erbbauzinsvereinbarung sieht vor, dass der am Bewertungsstichtag zu zahlende Erbbauzins in Höhe von 2 400 EUR/Jahr in der verbleibenden Restlaufzeit des Erbbaurechts von 80 Jahren nach Ablauf von jeweils zehn Jahren um 120 EUR/Jahr steigt.

Ermittlung Bodenwertanteil

Verzinsungsbetrag des Bodenwerts		
3,0 % von 120 000 EUR (600 m² x 200 EUR/m²)		*3 600 EUR*
Liegenschaftszins		
(§ 193 Absatz 4 Satz 2 Nummer 1 BewG)	*3,0 %*	
vertraglich vereinbarter jährlicher Erbbauzins		*./. 2 820 EUR*
am Bewertungsstichtag noch zu leistende Erbbauzinsen:		
80 Jahre x 2 400 EUR =	*192 000 EUR*	
70 Jahre x 120 EUR =	*+ 8 400 EUR*	
60 Jahre x 120 EUR =	*+ 7 200 EUR*	
50 Jahre x 120 EUR =	*+ 6 000 EUR*	
40 Jahre x 120 EUR =	*+ 4 800 EUR*	
30 Jahre x 120 EUR =	*+ 3 600 EUR*	
20 Jahre x 120 EUR =	*+ 2 400 EUR*	
10 Jahre x 120 EUR =	*+ 1 200 EUR*	
Summe:	*225 600 EUR*	
Restlaufzeit am Bewertungsstichtag	*80 Jahre*	
Durchschnitt (225 600 EUR : 80 Jahre)	*2 820 EUR/Jahr*	
Unterschiedsbetrag		*780 EUR*
Vervielfältiger (aus Anlage 21 BewG)		*x 30,20*
Liegenschaftszins		
(§ 193 Absatz 4 Satz 2 Nummer 1 BewG)	*3,0 %*	
Restlaufzeit des Erbbaurechts	*80 Jahre*	
Bodenwertanteil (nach § 193 Absatz 3 i. V. m. Absatz 4 BewG)		
= Grundbesitzwert		*23 556 EUR*

(6) ¹Der Unterschiedsbetrag ist über die Restlaufzeit des Erbbaurechts mit dem sich aus Anlage 21 zum BewG ergebenden Vervielfältiger zu kapitalisieren. ²Der Vervielfältiger ergibt sich aus dem maßgebenden Liegenschaftszinssatz und der auf volle Jahre abgerundeten Restlaufzeit des Erbbaurechts. ³Beträgt die Restlaufzeit des Erbbaurechts weniger als ein Jahr, ist der Vervielfältiger und der Bodenwert mit Null anzusetzen. ⁴Gibt der Gutachterausschuss andere Liegenschaftszinssätze als die in der Anlage 21 zum BewG aufgeführten vor, ist der Vervielfältiger nach der dort angegebenen Formel zu berechnen. ⁵Ist das mit einem Erbbaurecht belastete Grundstück unbebaut und liegen keine Angaben zur Nachfolgenutzung vor, bestehen keine Bedenken, wie folgt zu verfahren:

1. Mangels tatsächlichen Vorhandenseins eines Gebäudes kann zunächst auf die geplante Nutzung seitens des Erbbauverpflichteten bzw. -berechtigten abgestellt werden (vgl. Erbbaurechtsvertrag).
2. Bestehen noch keine konkreten Nutzungspläne, kann von der vorgesehenen Bebauung und Nutzung laut Bauleitplan (Bebauungsplan/ Flächennutzungsplan) auf die Grundstücksart geschlossen werden.

(7) ¹Der Gebäudewertanteil des Erbbaurechts ist der Gebäudeertragswert nach § 185 BewG bei im Ertragswertverfahren (→ R B 184 bis 188) bzw. der Gebäudesachwert nach § 190 BewG bei im Sachwertverfahren (→ R B 189 bis 190.8) zu bewertenden Grundstücken. ²Verbleibt bei der Ermittlung des Gebäudeertragswerts nach Abzug der Bodenwertverzinsung vom Grundstücksreinertrag kein oder ein negativer Betrag ist im Sinne des § 184 Absatz 3 Satz 2 BewG der Gebäudeertragswert mit 0 Euro an-

§ 193 BewG

zusetzen. ³Ist bei Ablauf des Erbbaurechts der verbleibende Gebäudewert nicht oder nur teilweise zu entschädigen, ist der Gebäudewertanteil des Erbbaurechts um den Gebäudewertanteil des Erbbaugrundstücks gemäß § 194 Absatz 4 BewG zu mindern (→ R B 194 Absatz 5 und 6). ⁴Befindet sich das im Erbbaurecht entstehende Gebäude im Zustand der Bebauung, stellen die am Bewertungsstichtag entstandenen Herstellungskosten nach § 196 BewG für die sich im Bau befindlichen Gebäude bzw. Gebäudeteile, ggf. abzüglich des bei Ablauf des Erbbaurechts nicht entschädigten und auf den Bewertungsstichtag abgezinsten Anteils der Herstellungskosten, den Gebäudewertanteil des Erbbaurechts dar (→ R B 196.1 und R B 196.2).

Hinweise (ErbStH 2019)

H B 193 (7) Bewertung der wirtschaftlichen Einheit des Erbbaurechts

Beispiel 1 (Ertragswertverfahren):

Ein Mietwohngrundstück mit einem Rohertrag nach § 186 BewG i.H.v. 45 000 EUR ist in Ausübung eines Erbbaurechts im Jahre 2008 errichtet worden. Das belastete Grundstück hat eine Fläche von 500 m² und der Bodenrichtwert beträgt 300 EUR/m². Der vertraglich vereinbarte jährliche Erbbauzins beträgt zum Bewertungsstichtag am 15.3.2018 3 000 EUR und ist bis zum Ablauf des Erbbaurechts am 1.1.2041 zu zahlen. Eine Entschädigungszahlung für das Gebäude ist nicht vorgesehen. Der Gutachterausschuss verfügt über keine Vergleichspreise oder Vergleichsfaktoren. Liegenschaftszinssätze und Erfahrungssätze für Bewirtschaftungskosten hat der Gutachterausschuss ebenfalls nicht ermittelt.

Ermittlung Bodenwertanteil

Verzinsungsbetrag des Bodenwerts		
5,0 % von 150 000 EUR (500 m² x 300 EUR/m²)		*7 500 EUR*
Liegenschaftszins		
(§ 193 Absatz 4 Satz 2 Nummer 2 BewG)	*5,0 %*	
vertraglich vereinbarter jährlicher Erbbauzins		*./. 3 000 EUR*
Unterschiedsbetrag		*4 500 EUR*
Vervielfältiger (aus Anlage 21 BewG)		*x 13,16*
Liegenschaftszins		
(§ 193 Absatz 4 Satz 2 Nummer 2 BewG)	*5,0 %*	
Bewertungsstichtag	*15.3.2018*	
Ablauf des Erbbaurechts	*1.1.2041*	
Restlaufzeit des Erbbaurechts	*22 Jahre*	
Bodenwertanteil (nach § 193 Absatz 3 i. V. m. Absatz 4 BewG)		*59 220 EUR*

Gebäudeertragswert am Bewertungsstichtag nach § 193 Absatz 5 i. V. m. § 185 BewG

Jahresmiete (Rohertrag nach § 186 BewG)		*45 000 EUR*
Bewirtschaftungskosten (aus Anlage 23 BewG)		
21 % von 45 000 EUR		*./. 9 450 EUR*
Grundstücksart	*Mietwohngrundstück*	
Bezugsfertigkeit des Gebäudes	*2008*	
Alter des Gebäudes	*10 Jahre*	
Wirtschaftliche Gesamtnutzungsdauer		
(aus Anlage 22 BewG)	*70 Jahre*	
Restnutzungsdauer	*60 Jahre*	
Grundstücksreinertrag		*35 550 EUR*
Verzinsungsbetrag des Bodenwerts		
5,0 % von 150 000 EUR		*./. 7 500 EUR*
Liegenschaftszins		
(§ 188 Absatz 2 Satz 2 Nummer 1 BewG)	*5,0 %*	
Gebäudereinertrag		*28 050 EUR*

Vervielfältiger (aus Anlage 21 BewG)		x 18,93
Restnutzungsdauer	60 Jahre	
Liegenschaftszins		
(§ 188 Absatz 2 Satz 2 Nummer 1 BewG)	5,0 %	
Gebäudeertragswert am Bewertungsstichtag		530 986 EUR

Gebäudeertragswert bei Ablauf des Erbbaurechts nach § 194 Absatz 4 BewG

Jahresmiete (Rohertrag nach § 186 BewG)		45 000 EUR
Bewirtschaftungskosten (aus Anlage 23 BewG)		
23 % von 45 000 EUR		./. 12 150 EUR
Bezugsfertigkeit des Gebäudes	2008	
Ablauf des Erbbaurechts	1.1.2041	
Alter des Gebäudes bei Ablauf Erbbaurecht	33 Jahre	
Wirtschaftliche Gesamtnutzungsdauer (aus Anlage 22 BewG)	70 Jahre	
Restnutzungsdauer bei Ablauf Erbbaurecht	37 Jahre	
Grundstücksreinertrag		32 850 EUR
Verzinsungsbetrag des Bodenwerts 5,0 % von 150.000 EUR		./. 7 500 EUR
Liegenschaftszins		
(§ 188 Absatz 2 Satz 2 Nummer 1 BewG)	5,0 %	
Gebäudereinertrag		25 350 EUR
Vervielfältiger (aus Anlage 21 BewG)		x 16,71
Restnutzungsdauer bei Ablauf Erbbaurecht	37 Jahre	
Liegenschaftszins		
(§ 188 Absatz 2 Satz 2 Nummer 1 BewG)	5,0 %	
Gebäudeertragswert bei Ablauf des Erbbaurechts		423 598 EUR

Gebäudewertanteil nach § 193 Absatz 5 i. V. m. § 194 Absatz 4 BewG

Gebäudeertragswert am Bewertungsstichtag		530 986 EUR
abgezinster Gebäudeertragswert bei Ablauf des Erbbaurechts		./. 144 786 EUR
entschädigungsloser Anteil des Gebäudeertragswerts bei Ablauf des Erbbaurechts	423 598 EUR	
(keine Entschädigung)		
Abzinsungsfaktor (aus Anlage 26 BewG)		x 0,3418
Bewertungsstichtag	15.3.2018	
Ablauf des Erbbaurechts	1.1.2041	
Restlaufzeit des Erbbaurechts	22 Jahre	
Liegenschaftszins		
(§ 193 Absatz 4 Satz 2 Nummer 2 BewG)	5,0 %	
Gebäudewertanteil		386 200 EUR

Grundbesitzwert des Erbbaurechts nach § 193 BewG

Bodenwertanteil nach § 193 Absatz 3 BewG	59 220 EUR
Gebäudewertanteil nach § 193 Absatz 5 i. V. m. § 194 Absatz 4 BewG	+ 386 200 EUR
Grundbesitzwert	445 420 EUR

§ 193 BewG   ErbStR R B 193

Beispiel 2 (Sachwertverfahren):
Ein freistehendes Einfamilienhaus (mit Keller, Erdgeschoss und ausgebautem Dachgeschoss – alle Bauteile Standardstufe 3) ist in Ausübung eines Erbbaurechts im Jahre 1959 errichtet worden. Die Brutto-Grundfläche beträgt 230 m². Eine Garage ist nicht vorhanden. Das belastete Grundstück hat eine Fläche von 500 m² und der Bodenrichtwert beträgt 250 EUR/m². Der vertraglich vereinbarte jährliche Erbbauzins beträgt zum Bewertungsstichtag am 6.4.2018 2 800 EUR und ist bis zum Ablauf des Erbbaurechts am 1.4.2058 zu zahlen. Eine Entschädigungszahlung für das Gebäude ist in Höhe von 75 % des Gebäudewerts vorgesehen. Der Gutachterausschuss verfügt über keine Vergleichspreise oder Vergleichsfaktoren. Liegenschaftszinssätze hat der Gutachterausschuss ebenfalls nicht ermittelt.

Ermittlung Bodenwertanteil

Verzinsungsbetrag des Bodenwerts		
3,0 % von 125 000 EUR (500 m² x 250 EUR/m²)		3 750 EUR
Liegenschaftszins		
(§ 193 Absatz 4 Satz 2 Nummer 1 BewG)	3,0 %	
vertraglich vereinbarter jährlicher Erbbauzins		./. 2 800 EUR
Unterschiedsbetrag		950 EUR
Vervielfältiger (aus Anlage 21 BewG)		x 22,81
Liegenschaftszins		
(§ 193 Absatz 4 Satz 2 Nummer 1 BewG)	3,0 %	
Ablauf des Erbbaurechts	1.4.2058	
Restlaufzeit des Erbbaurechts	39 Jahre	
Bodenwertanteil (nach § 193 Absatz 3 i. V. m. Absatz 4 BewG)		21 669 EUR

Gebäudesachwert am Bewertungsstichtag nach
§ 193 Absatz 5 i. V. m. § 190 BewG

Regelherstellungskosten		975 EUR/m²
Regelherstellungskosten (aus Anlage 24 zum BewG)	835 EUR/m²	
Gebäudeart	1.01	
Standardstufe (alle Bauteile)	3	
Baupreisindex (§ 190 Abs. 1 und 2 BewG)		x 116,8/100
Gebäudeart	1.01	
Bewertungsstichtag	2018	
Brutto-Grundfläche		x 230 m²
Gebäuderegelherstellungswert		224 250 EUR
Alterswertminderung	84,29 % (59 J. : 70 J.)	./. 189 021 EUR
Gebäudeart	1.01	
Bezugsfertigkeit des Gebäudes	1959	
Alter des Gebäudes	59 Jahre	
Wirtschaftliche Gesamtnutzungsdauer		
(aus Anlage 22 BewG)	70 Jahre	
Gebäudesachwert		35 229 EUR
Mindestwertansatz nach § 190 Absatz 2 Satz 4 BewG	67 275 EUR	
30 % des Gebäuderegelherstellungswerts in Höhe von 224 250 EUR		
Gebäudesachwert am Bewertungsstichtag		67 275 EUR

Gebäudesachwert bei Ablauf des Erbbaurechts
nach § 193 Absatz 5 i. V. m. § 194 Absatz 4 BewG

Regelherstellungskosten		976 EUR/m²
Regelherstellungskosten (aus Anlage 24 zum BewG)	835 EUR/m²	
Gebäudeart	1.01	
Standardstufe (alle Bauteile)	3	

Baupreisindex (§ 190 Abs. 1 und 2 BewG)		x 116,8/100	
Gebäudeart	1.01		
Bewertungsstichtag	2018		
Brutto-Grundfläche			x 230 m²
Gebäuderegelherstellungswert			224 480 EUR
Alterswertminderung		100 %	./. 224 480 EUR
Gebäudeart	1.01		
Bezugsfertigkeit des Gebäudes	1959		
Ablauf des Erbbaurechts	01.04.2058		
Alter des Gebäudes	99 Jahre		
Wirtschaftliche Gesamtnutzungsdauer (aus Anlage 22 BewG)	70 Jahre		
Gebäudesachwert			0 EUR
Mindestwertansatz nach § 190 Absatz 2 Satz 4 BewG		67 344 EUR	
30 % des Gebäuderegelherstellungswerts in Höhe von		224 480 EUR	
Gebäudesachwert bei Ablauf des Erbbaurechts			67 334 EUR
Gebäudewertanteil nach § 193 Absatz 5 i. V. m. § 194 Absatz 4 BewG			
Gebäudesachwert am Bewertungsstichtag			67 275 EUR
abgezinster Gebäudesachwert bei Ablauf des Erbbaurechts			./. 5 317 EUR
entschädigungsloser Anteil des Gebäudesachwerts bei Ablauf des Erbbaurechts			
(25 % von 67 344 EUR)		16 836 EUR	
Abzinsungsfaktor (aus Anlage 26 BewG)		x 0,3158	
Bewertungsstichtag	6.4.2018		
Ablauf des Erbbaurechts	1.4.2058		
Restlaufzeit des Erbbaurechts	39 Jahre		
Liegenschaftszins	3,0 %		
(§ 193 Absatz 4 Satz 2 Nummer 1 BewG)			
Gebäudewertanteil			61 958 EUR
Grundbesitzwert des Erbbaurechts nach § 193 BewG			
Bodenwertanteil nach § 193 Absatz 3 BewG			21 669 EUR
Gebäudewertanteil nach § 193 Absatz 5 i. V. m. § 194 Absatz 4 BewG			+ 61 958 EUR
Wert des Erbbaurechts			83 627 EUR
Grundbesitzwert			83 627 EUR

(8) [1]Eine Berücksichtigung weiterer wertbeeinflussender Umstände – beispielsweise vom Üblichen abweichende Auswirkungen vertraglicher Vereinbarungen, insbesondere die Berücksichtigung von fehlenden Wertsicherungsklauseln oder der Ausschluss einer Anpassung des Erbbaurechtsvertrags – sowie die Anwendung von Marktanpassungsfaktoren kommt nicht in Betracht.

§ 194 BewG Bewertung des Erbbaugrundstücks

(1) Der Wert des Erbbaugrundstücks ist im Vergleichswertverfahren nach § 183 zu ermitteln, wenn für das zu bewertende Grundstück Vergleichskaufpreise oder aus Kaufpreisen abgeleitete Vergleichsfaktoren vorliegen.

(2) [1]In allen anderen Fällen bildet der Bodenwertanteil nach Absatz 3 den Wert des Erbbaugrundstücks. [2]Dieser ist um einen Gebäudewertanteil nach Absatz 4 zu erhöhen, wenn der Wert des Gebäudes vom Eigentümer des Erbbaugrundstücks nicht oder nur teilweise zu entschädigen ist.

(3) [1]Der Bodenwertanteil ist die Summe des über die Restlaufzeit des Erbbaurechts abgezinsten Bodenwerts nach § 179 und der über diesen Zeitraum kapitalisierten Erbbauzinsen. [2]Der Abzinsungsfaktor für den Bodenwert wird in Abhängigkeit vom Zinssatz nach § 193 Abs. 4 und der Restlaufzeit des Erbbaurechts ermittelt; er ist Anlage 26 zu entnehmen. [3]Als Erbbauzinsen sind die am Bewertungsstichtag vereinbarten jährlichen Erbbauzinsen anzusetzen; sie sind mit dem sich aus Anlage 21 ergebenden Vervielfältiger zu kapitalisieren.

(4) Der Gebäudewertanteil des Erbbaugrundstücks entspricht dem Gebäudewert oder dem anteiligen Gebäudewert, der dem Eigentümer des Erbbaugrundstücks bei Beendigung des Erbbaurechts durch Zeitablauf entschädigungslos zufällt; er ist nach Maßgabe der Anlage 26 auf den Bewertungsstichtag abzuzinsen.

Rechtsprechungsauswahl

BFH-Urteil vom 26.8.2020 II R 43/18 (BStBl. II 2021 S. 597)
Wirtschaftliche Einheiten beim Erbbaugrundstück

1. Lasten auf einem Grundstück mehrere Wohnungs- oder Teilerbbaurechte, zerfällt die wirtschaftliche Einheit des Erbbaugrundstücks nach der Verkehrsauffassung in eine entsprechende Anzahl wirtschaftlicher Einheiten.
2. Mit jedem Wohnungs- oder Teilerbbaurecht korrespondiert eine wirtschaftliche Einheit in Gestalt des anteiligen Erbbaugrundstücks.

ErbStR 2019

Zu § 194 BewG

R B 194 Bewertung des Erbbaugrundstücks (belastetes Grundstück)

(1) [1]Der Wert des Erbbaugrundstücks ist vorrangig im Vergleichswertverfahren (→ R B 183) zu ermitteln, wenn für das Erbbaugrundstück Vergleichspreise oder aus Kaufpreisen abgeleitete Vergleichsfaktoren für entsprechende Vergleichsgrundstücke vorliegen. [2]Vergleichspreise oder aus Kaufpreisen abgeleitete Vergleichsfaktoren für ein Erbbaugrundstück liegen vor, wenn sie für Grundstücke ermittelt wurden, die nach der Grundstücksart übereinstimmen und hinsichtlich der Bebauung, der Erbbauzinssätze, der Bodenrichtwerte sowie der Restlaufzeit des Erbbaurechts nicht erheblich abweichen. [3]Der Wert für das Erbbaugrundstück kann auch durch Anwendung eines Vergleichsfaktors auf den Wert des unbelasteten Grundstücks ermittelt werden.

(2) [1]Kann das Vergleichswertverfahren nicht angewandt werden, setzt sich der Wert des Erbbaugrundstücks aus dem Bodenwertanteil nach § 194 Absatz 3 BewG und ggf. dem Gebäudewertanteil nach § 194 Absatz 4 BewG zusammen (finanzmathematische Methode). [2]Ist das mit dem Erbbaurecht belastete Grundstück unbebaut, besteht der Grundbesitzwert des Erbbaugrundstücks allein im Bodenwertanteil nach § 194 Absatz 3 BewG (vgl. aber R B 193 Absatz 7 Satz 4).

(3) [1]Der Bodenwertanteil ergibt sich aus dem abgezinsten Bodenwert und dem kapitalisierten vertraglich vereinbarten jährlichen Erbbauzins. [2]Die Abzinsung des Bodenwerts (§ 194 Absatz 3 Satz 2, § 193 Absatz 4 BewG in Verbindung mit der Anlage 26 zum BewG) und die Kapitalisierung des Erbbauzinses (§ 194 Absatz 3 Satz 3 BewG in Verbindung mit der Anlage 21 zum BewG) erfolgen nach der Restlaufzeit des Erbbaurechts. [3]Der Abzinsungsfaktor nach Anlage 26 zum BewG ist abhängig vom maßgebenden Liegenschaftszinssatz und der auf volle Jahre abgerundeten Restlaufzeit des Erbbaurechts. [4]Dabei ist auf die von den Gutachterausschüssen ermittelten Liegenschaftszinssätze abzustellen. [5]Wurden solche nicht ermittelt, sind die in § 193 Absatz 4 Satz 2 BewG genannten Zinssätze anzuwenden.

[6]Beträgt die Restlaufzeit des Erbbaurechts weniger als ein Jahr, ist der Abzinsungsfaktor 1 anzuwenden. [7]R B 193 Absatz 6 Satz 5 gilt entsprechend.

(4) [1]Dem abgezinsten Bodenwert ist der kapitalisierte Erbbauzins hinzuzurechnen. [2]Maßgebender Erbbauzins ist nach § 194 Absatz 3 Satz 3 BewG der am Bewertungsstichtag zu zahlende Erbbauzins, umgerechnet auf einen Jahresbetrag. [3]Dabei ist stets auf die vertraglichen Vereinbarungen abzustellen; auf den gezahlten Erbbauzins kommt es nicht an. [4]Sind Erbbauzinsen während der Laufzeit des Erbbaurechts in unterschiedlicher Höhe vereinbart (z. B. bei Sonderzahlungen oder gestaffeltem Erbbauzins), kann aus Vereinfachungsgründen ein durchschnittlicher Jahresbetrag aus den insgesamt nach dem Bewertungsstichtag zu leistenden Erbbauzinsen in Abhängigkeit von der Restlaufzeit gebildet werden. [5]Die künftigen Anpassungen auf Grund von Wertsicherungsklauseln (z. B. Anknüpfung der Erbbauzinsen an den Lebenshaltungskostenindex) sind nicht zu berücksichtigen. [6]Ist kein Erbbauzins zu zahlen, stellt der abgezinste Bodenwert den Bodenwertanteil dar. [7]Zur Kapitalisierung des Erbbauzinses ist der Vervielfältiger für die auf volle Jahre abgerundete Restlaufzeit und des Liegenschaftszinssatzes der Anlage 21 zum BewG zu entnehmen. [8]Beträgt die Restlaufzeit des Erbbaurechts weniger als ein Jahr, ist der Vervielfältiger mit einem Wert von Null zu berücksichtigen. [9]Gibt der Gutachterausschuss andere Liegenschaftszinssätze als die in der Anlage 21 zum BewG aufgeführten vor, ist der Vervielfältiger nach der dort angegebenen Formel zu berechnen. [10]R B 193 Absatz 6 Satz 5 gilt entsprechend.

(5) [1]Ein Gebäudewertanteil des Erbbaugrundstücks ergibt sich nur dann, wenn bei Beendigung des Erbbaurechts durch Zeitablauf der verbleibende Gebäudewert nicht oder nur teilweise zu entschädigen ist. [2]Dieser entspricht dem nach Anlage 26 zum BewG abgezinsten ggf. anteiligen Gebäudeertrags- bzw. Gebäudesachwert, der dem Eigentümer des Erbbaugrundstücks bei Beendigung des Erbbaurechts durch Zeitablauf entschädigungslos zufällt. [3]Es ist dementsprechend eine Berechnung des Gebäudeertrags- bzw. Gebäudesachwerts auf den Zeitpunkt des Ablaufs des Erbbaurechts durchzuführen. [4]Bei dieser Berechnung ist hinsichtlich des Rohertrags gemäß § 186 BewG vom gleichen Betrag wie am Bewertungsstichtag auszugehen. [5]Beim Ansatz der pauschalierten Bewirtschaftungskosten gemäß § 187 BewG (Anlage 23 zum BewG) und dem Vervielfältiger nach Anlage 21 zum BewG im Ertragswertverfahren sowie bei der Ermittlung der Alterswertminderung im Rahmen der Gebäudesachwertermittlung gemäß § 190 Absatz 4 BewG ist auf den Zeitpunkt des Ablaufs des Erbbaurechts abzustellen. [6]Bei der Ermittlung des Gebäudeertrags- bzw. Gebäudesachwerts ist § 194 Absatz 4 BewG bzw. der Mindestansatz gemäß § 185 Absatz 3 Satz 5 BewG bzw. § 190 Absatz 4 Satz 5 BewG zu beachten. [7]Verbleibt bei der Ermittlung des Gebäudeertragswerts nach Abzug der Bodenwertverzinsung vom Grundstücksreinertrag kein oder ein negativer Betrag ist im Sinne des § 184 Absatz 3 Satz 2 BewG der Gebäudeertragswert mit 0 Euro anzusetzen. [8]Befindet sich das Erbbaurecht im Zustand der Bebauung, stellt der ggf. bei Ablauf des Erbbaurechts nicht entschädigte und auf den Bewertungsstichtag abgezinste Anteil der am Bewertungsstichtag für die sich im Bau befindlichen Gebäude bzw. Gebäudeteile entstandenen Herstellungskosten den Gebäudewertanteil des Erbbaugrundstücks dar (→ R B 193 Absatz 7 Satz 4, R B 196.1 und R B 196.2).

(6) [1]Der gemäß § 194 Absatz 4 BewG anzuwendende Abzinsungsfaktor ergibt sich aus Anlage 26 zum BewG; er ist abhängig vom angewandten Liegenschaftszinssatz gemäß § 193 Absatz 4 BewG und der auf volle Jahre abgerundeten Restlaufzeit des Erbbaurechts. [2]Beträgt die Restlaufzeit des Erbbaurechts weniger als ein Jahr, ist der Abzinsungsfaktor 1 anzuwenden. [3]Gibt der Gutachterausschuss andere Zinssätze als die in der Anlage 26 zum BewG aufgeführten vor, ist der Abzinsungsfaktor nach der dort angegebenen Formel zu berechnen.

(7) Eine Berücksichtigung weiterer wertbeeinflussender Umstände – beispielsweise vom Üblichen abweichenden Auswirkungen vertraglicher Vereinbarungen, insbesondere die Berücksichtigung von fehlenden Wertsicherungsklauseln oder der Ausschluss einer Anpassung des Erbbaurechtsvertrags – sowie die Anwendung von Marktanpassungsfaktoren kommt nicht in Betracht.

Hinweise (ErbStH 2019)

H B 194 Bewertung der wirtschaftlichen Einheit des Erbbaugrundstücks

Beispiel (Sachverhalt wie in H B 193.7 Beispiel 1):

Ermittlung Bodenwertanteil

Bodenwert	*(500 m² x 300 EUR/m²)*	150 000 EUR	
Abzinsungsfaktor (aus Anlage 26 BewG)		x 0,3418	51 270 EUR
Bewertungsstichtag	15.3.2018		
Ablauf des Erbbaurechts	1.1.2041		

§ 194 BewG

Restlaufzeit des Erbbaurechts	22 Jahre		
Liegenschaftszins			
(§ 193 Absatz 4 Satz 2 Nummer 2 BewG)	5,0 %		
vertraglich vereinbarter jährlicher Erbbauzins		3 000 EUR	
Vervielfältiger (aus Anlage 21 BewG)		x 13,16	+ 39 480 EUR
Liegenschaftszins			
(§ 193 Absatz 4 Satz 2 Nummer 2 BewG)	5,0 %		
Restlaufzeit des Erbbaurechts	22 Jahre		
Bodenwertanteil (nach § 194 Absatz 3 BewG)			**90 750 EUR**
Gebäudeertragswert bei Ablauf des Erbbaurechts nach § 194 Absatz 4 BewG			
Jahresmiete (Rohertrag nach § 186 BewG)			45 000 EUR
Bewirtschaftungskosten (aus Anlage 23 BewG)			
27 % von 45 000 EUR			./. 12 150 EUR
Bezugsfertigkeit des Gebäudes	2008		
Ablauf des Erbbaurechts	1.1.2041		
Alter des Gebäudes bei Ablauf Erbbaurecht	33 Jahre		
Wirtschaftliche Gesamtnutzungsdauer			
(aus Anlage 22 BewG)	70 Jahre		
Restnutzungsdauer bei Ablauf Erbbaurecht	37 Jahre		
Grundstücksreinertrag			32 850 EUR
Verzinsungsbetrag des Bodenwerts 5,0 % von 150.000 EUR			./. 7 500 EUR
Liegenschaftszins			
(§ 188 Absatz 2 Satz 2 Nummer 1 BewG)	5,0 %		
Gebäudereinertrag (≥ 0)			25 350 EUR
Vervielfältiger (aus Anlage 21 zum BewG)			x 16,71
Restnutzungsdauer bei Ablauf Erbbaurecht	37 Jahre		
Liegenschaftszins			
(§ 188 Absatz 2 Satz 2 Nummer 1 BewG)	5,0 %		
Gebäudeertragswert bei Ablauf des Erbbaurechts			423 598 EUR
Gebäudeertragswert bei Ablauf des Erbbaurechts gemäß § 194 Absatz 4 BewG abgezinst auf den Bewertungsstichtag			144 785 EUR
entschädigungsloser Anteil des Gebäudeertragswerts bei Ablauf des Erbbaurechts		423 598 EUR	
(keine Entschädigung)			
Abzinsungsfaktor (aus Anlage 26 zum BewG)		x 0,3418	
Bewertungsstichtag	15.3.2018		
Ablauf des Erbbaurechts	1.1.2041		
Restlaufzeit des Erbbaurechts	22 Jahre		
Liegenschaftszins			
(§ 193 Absatz 4 Satz 2 Nummer 2 BewG)	5,0 %		
Grundbesitzwert des Erbbaugrundstücks gemäß § 194 BewG			
Bodenwertanteil nach § 194 Absatz 3 BewG			90 750 EUR
Gebäudewertanteil nach § 194 Absatz 4 BewG			+ 144 785 EUR
Grundbesitzwert			235 535 EUR

§ 195 Gebäude auf fremdem Grund und Boden

(1) In Fällen von Gebäuden auf fremdem Grund und Boden sind die Werte für die wirtschaftliche Einheit des Gebäudes auf fremdem Grund und Boden (Absatz 2) und die wirtschaftliche Einheit des belasteten Grundstücks (Absatz 3) gesondert zu ermitteln.

(2) ¹Das Gebäude auf fremdem Grund und Boden wird bei einer Bewertung im Ertragswertverfahren mit dem Gebäudeertragswert nach § 185, bei einer Bewertung im Sachwertverfahren mit dem Gebäudesachwert nach § 190 bewertet. ²Ist der Nutzer verpflichtet, das Gebäude bei Ablauf des Nutzungsrechts zu beseitigen, ist bei der Ermittlung des Gebäudeertragswerts der Vervielfältiger nach Anlage 21 anzuwenden, der sich für die am Bewertungsstichtag verbleibende Nutzungsdauer ergibt. ³§ 185 Abs. 3 Satz 5 ist nicht anzuwenden. ⁴Ist in diesen Fällen der Gebäudesachwert zu ermitteln, bemisst sich die Alterswertminderung im Sinne des § 190 Absatz 4 Satz 1 bis 3 nach dem Alter des Gebäudes am Bewertungsstichtag und der tatsächlichen Gesamtnutzungsdauer. ⁵§ 190 Absatz 4 Satz 5 ist nicht anzuwenden.

(3) ¹Der Wert des belasteten Grundstücks ist der auf den Bewertungsstichtag abgezinste Bodenwert nach § 179 zuzüglich des über die Restlaufzeit des Nutzungsrechts kapitalisierten Entgelts. ²Der Abzinsungsfaktor für den Bodenwert wird in Abhängigkeit vom Zinssatz nach § 193 Abs. 4 und der Restlaufzeit des Nutzungsverhältnisses ermittelt; er ist Anlage 26 zu entnehmen. ³Das über die Restlaufzeit des Nutzungsrechts kapitalisierte Entgelt ergibt sich durch Anwendung des Vervielfältigers nach Anlage 21 auf das zum Bewertungsstichtag vereinbarte jährliche Entgelt.

ErbStR 2019

Zu § 195 BewG

R B 195.1 Gebäude auf fremdem Grund und Boden

(1) Zu bewerten sind als selbstständige wirtschaftliche Einheiten sowohl ein Gebäude auf fremdem Grund und Boden als auch das (mit dem Gebäude auf fremdem Grund und Boden) belastete Grundstück.

(2) ¹Ein Gebäude auf fremdem Grund und Boden liegt vor, wenn ein anderer als der Eigentümer des Grund und Bodens darauf ein Gebäude errichtet hat und ihm das Gebäude zuzurechnen ist (§ 70 Absatz 3, § 151 Absatz 1 Satz 1 Nummer 1, § 157 Absatz 3 Satz 2, § 180 Absatz 2 BewG). ²Das ist insbesondere der Fall, wenn es Scheinbestandteil des Grund und Bodens ist (§ 95 BGB). ³Sofern dem Nutzungsberechtigten für den Fall der Nutzungsbeendigung gegenüber dem Eigentümer des Grund und Bodens ein Anspruch auf Ersatz des Verkehrswerts des Gebäudes zusteht, ist bewertungsrechtlich von einem Gebäude auf fremdem Grund und Boden auszugehen. ³Ein solcher Anspruch kann sich aus einer vertraglichen Vereinbarung oder aus dem Gesetz ergeben. ⁴Als Gebäude auf fremdem Grund und Boden erfasst werden das Gebäude, die sonstigen Bestandteile, wie die vom Nutzungsberechtigten errichteten Außenanlagen und das Zubehör.⁵Werden auf einem Grundstück nur Betriebsvorrichtungen (§ 176 Absatz 2 Satz 1 Nummer 2 BewG) oder Außenanlagen errichtet, liegt kein Gebäude auf fremdem Grund und Boden vor.

(3) ¹Die wirtschaftliche Einheit belastetes Grundstück umfasst die vertraglich überlassene Fläche des Grund und Bodens. ²Enthält der Vertrag hierzu keine Angaben, ist auf die tatsächlichen Verhältnisse des Einzelfalls abzustellen. ³Dabei ist neben der Grundfläche des Gebäudes regelmäßig auch die Fläche im Umgriff des Gebäudes zu erfassen. ⁴Ist eine eindeutige Abgrenzung nicht möglich, bestehen keine Bedenken, vom Fünffachen der bebauten Fläche auszugehen. ⁵Ist ein einheitliches Gebäude auf mehreren unmittelbar nebeneinander liegenden Grundstücken errichtet worden, die unterschiedlichen Grundstückseigentümern gehören, gilt R B 192.1 Absatz 4 entsprechend.

Hinweise (ErbStH 2019)

H B 195.1 *Abgrenzung des Grundvermögens von den Betriebsvorrichtungen*
→ *Gleich lautende Ländererlasse vom 5.6.2013 (BStBl. I S. 734)*
Fläche im Umgriff des Gebäudes
→ *BFH vom 2.8.1989 II R 219/85, BStBl. II S. 826*
Herausgabeanspruch des bürgerlich-rechtlichen Eigentümers
→ *BFH vom 21.12.1978 III R 20/77, BStBl. 1979 II S. 466*

§ 195 BewG

ErbStR 2019

R B 195.2 Wertermittlung bei Gebäuden auf fremdem Grund und Boden und belasteten Grundstücken

(1) ¹Die Bewertung von Gebäuden auf fremdem Grund und Boden richtet sich nach § 195 Absatz 2 BewG. ²Der Grundbesitzwert ergibt sich bei der Bewertung im Ertragswertverfahren aus dem Gebäudeertragswert (→ R B 184 bis 188). ³Ist der Nutzer verpflichtet, das Gebäude bei Ablauf des Nutzungsrechts zu beseitigen, ist der Vervielfältiger nach Anlage 21 zum BewG anzuwenden, der sich für die am Bewertungsstichtag verbleibende Nutzungsdauer ergibt. ⁴Die Regelung zur Mindestrestnutzungsdauer nach § 185 Absatz 3 Satz 5 BewG ist in diesen Fällen nicht anzuwenden (→ R B 184 bis 188; insbesondere R B 185.3 Absatz 6). ⁵Bei der Bewertung des Gebäudes auf fremdem Grund und Boden im Sachwertverfahren ergibt sich der Grundbesitzwert aus dem Gebäudesachwert (→ R B 189 bis 191). ⁶Ist der Nutzer verpflichtet, das Gebäude bei Ablauf des Nutzungsrechts zu beseitigen, bemisst sich die Alterswertminderung (§ 190 Absatz 4 Sätze 1 bis 3 BewG) nach dem Alter des Gebäudes am Bewertungsstichtag und der tatsächlichen Gesamtnutzungsdauer (§ 190 Absatz 4 Satz 4 BewG), maximal der wirtschaftlichen Gesamtnutzungsdauer. ⁷Die Regelung zum Mindestwert nach § 190 Absatz 4 Satz 5 BewG ist in diesen Fällen nicht anzuwenden (→ R B 189 bis 191, insbesondere R B 190.7 Absatz 5). ⁸Ein Bodenwertanteil ist bei Gebäuden auf fremdem Grund und Boden nicht zu berücksichtigen.

(2) ¹Die Bewertung von mit fremden Gebäuden belasteten Grundstücken richtet sich nach § 195 Absatz 3 BewG. ²Die Abzinsung des Bodenwerts (§ 195 Absatz 3 Satz 2, § 193 Absatz 4 in Verbindung mit der Anlage 26 zum BewG) und die Kapitalisierung des Nutzungsentgelts (§ 195 Absatz 3 Satz 3 BewG in Verbindung mit der Anlage 21 zum BewG) erfolgt in Anhängigkeit von der Restlaufzeit des Nutzungsrechts. ³Die Restlaufzeit ist auf volle Jahre abzurunden. ⁴Ein Gebäudewertanteil ist nicht zu berücksichtigen.

Hinweise (ErbStH 2019)

H B 195.2 Gebäude auf fremdem Grund und Boden

Beispiel 1:

Ein Gebäude auf fremdem Grund und Boden (industrielles Produktionsgebäude in Massivbauweise; zu eigenen betrieblichen Zwecken genutzt; Baujahr 1997; alle Bauteile Standardstufe 3; keine übliche Miete ermittelbar) ist für Zwecke der Erbschaftsteuer auf den 15.4.2018 zu bewerten. Die Restlaufzeit des Nutzungsrechts beträgt am Bewertungsstichtag noch 4 Jahre (bis 2022). Das Gebäude ist bei Beendigung des Nutzungsrechts zu beseitigen. Die Brutto-Grundfläche des Gebäudes beträgt 3 100 m².

Das industrielle Produktionsgebäude stellt ein Geschäftsgrundstück dar (Nutzung ausschließlich zu eigenen gewerblichen Zwecken). Für das Geschäftsgrundstück lässt sich auf Grund der Spezialnutzung keine übliche Miete ermitteln, so dass die Bewertung des Gebäudes auf fremdem Grund und Boden nach dem Sachwertverfahren erfolgt. Bedingt durch den bei Beendigung des Pachtverhältnisses notwendigen Abriss des Gebäudes ergibt sich eine verkürzte Nutzungsdauer für das in Massivbauweise errichtete industrielle Produktionsgebäude (Gebäudeart 15.4 der Anlage 24 II BewG). Die tatsächliche Nutzungsdauer des Gebäudes beträgt insgesamt 25 Jahre (1997 bis 2022), am Besteuerungsstichtag ist es 21 Jahre alt. Die längere wirtschaftliche Gesamtnutzungsdauer von 40 Jahren nach Anlage 22 BewG ist auf Grund der Abrissverpflichtung ebenso unbeachtlich wie der Mindestrestwert in Höhe von 30 % der Regelherstellungskosten.

Gebäudesachwert

Regelherstellungskosten		*1 115 EUR/m²*
Regelherstellungskosten (aus Anlage 24 zum BewG)		*950 EUR/m²*
Gebäudeart	*15.4*	
Standardstufe (alle Bauteile)	*3*	
Baupreisindex (§ 190 Abs. 1 und 2 BewG)		*x 117,4/100*
Gebäudeart	*15.4*	
Bewertungsstichtag	*2018*	
Brutto-Grundfläche		*x 3 100 m²*
Gebäuderegelherstellungswert		*3 456 500 EUR*

Alterswertminderung mit Abbruchverpflichtung

Gebäuderegelherstellungswert		3 456 500 EUR
Alterswertminderung mit Abbruchverpflichtung	84,00 % (21 J. :25 J.)	./. 2 765 200 EUR
Gebäudeart	15.4	
Bezugsfertigkeit des Gebäudes	1997	
Alter des Gebäudes	21 Jahre	
tatsächliche Gesamtnutzungsdauer	25 Jahre	
Gebäudesachwert		691 300 EUR

Eine Anpassung an dem gemeinen Wert durch Wertzahl erfolgt nicht.

Beispiel 2:

Ein Gebäude auf fremdem Grund und Boden (Verbrauchermarkt; zu eigenen betrieblichen Zwecken genutzt; Baujahr 2010; alle Bauteile Standardstufe 4; keine übliche Miete ermittelbar) ist für Zwecke der Erbschaftsteuer auf den 15.03.2018 zu bewerten. Die Restlaufzeit des Nutzungsrechts beträgt am Bewertungsstichtag noch 26 Jahre (bis 2044). Das Gebäude ist bei Beendigung des Nutzungsrechts zu beseitigen. Die Brutto-Grundfläche des Gebäudes beträgt 775 m².

Der Verbrauchermarkt stellt ein Geschäftsgrundstück dar (Nutzung ausschließlich zu eigenen gewerblichen Zwecken). Für das Geschäftsgrundstück lässt sich auf Grund einer Spezialnutzung keine übliche Miete ermitteln, so dass die Bewertung des Gebäudes auf fremdem Grund und Boden nach dem Sachwertverfahren erfolgt. Die wirtschaftliche Gesamtnutzungsdauer beträgt nach Anlage 22 BewG 30 Jahre. Die tatsächliche Nutzungsdauer des Gebäudes beträgt insgesamt 34 Jahre (2010 bis 2044); am Besteuerungsstichtag ist es 8 Jahre alt. Auf Grund der Abrissverpflichtung ist der Mindestrestwert in Höhe von 30 % der Regelherstellungskosten unbeachtlich.

Gebäudesachwert

Regelherstellungskosten		1 021 EUR/m²
Regelherstellungskosten (aus Anlage 24 zum BewG)		870 EUR/m²
Gebäudeart	13.1	
Standardstufe (alle Bauteile)	4	
Baupreisindex (§ 190 Abs. 1 und 2 BewG)		x 117,4/100
Gebäudeart	13.1	
Bewertungsstichtag	2018	
Brutto-Grundfläche		x 775 m²
Gebäuderegelherstellungswert		791 275 EUR

Alterswertminderung mit Abbruchverpflichtung

Gebäuderegelherstellungswert		791 275 EUR
Alterswertminderung mit Abbruchverpflichtung	23,53 % (8 J. :34 J.)	./. 186 187 EUR
Gebäudeart	13.1	
Bezugsfertigkeit des Gebäudes	2010	
Alter des Gebäudes	8 Jahre	
tatsächliche Gesamtnutzungsdauer	34 Jahre	
Gebäudesachwert		605 088 EUR

Alterswertminderung ohne Abbruchverpflichtung

Gebäuderegelherstellungswert		791 275 EUR
Alterswertminderung ohne Abbruchverpflichtung	26,67 % (8 J. : 30 J.)	./. 211 034 EUR
Gebäudeart	13.1	
Bezugsfertigkeit des Gebäudes	2010	
Alter des Gebäudes	8 Jahre	

§ 195 BewG

ErbStR R B 195.2

wirtschaftliche Gesamtnutzungsdauer	*30 Jahre*
Gebäudesachwert	580 241 EUR

Anzusetzen ist der niedrigere der beiden Gebäudesachwerte (580 241 EUR). Eine Anpassung an den gemeinen Wert durch Wertzahl erfolgt nicht.

Belastetes Grundstück

Beispiel:

Ein mit einem fremden Gebäude bebautes Grundstück ist auf Grund einer Schenkung zum 20.3.2018 zu bewerten. Das Grundstück ist 1 450 m² groß; der Bodenrichtwert (BRW) beträgt 130 EUR/m². Die Restlaufzeit des Nutzungsrechts beträgt am Bewertungsstichtag noch 22 Jahre. Der vereinbarte Pachtzins beträgt jährlich 12 000 EUR. Der Gutachterausschuss gibt einen Liegenschaftszinssatz von 5,5 % vor.

Grundbesitzwert

abgezinster Bodenwert (1 450 m² x BRW 130 EUR/m² x 0,3079)	58 039 EUR
(§ 195 Absatz 3 Satz 2 i. V. m. § 193 Absatz 4 und Anlage 26 zum BewG)	
kapitalisierter Pachtzins (12 000 EUR x 12,58)	
(§ 195 Absatz 3 Satz 3 i. V. m. Anlage 21 zum BewG)	+ 150 960 EUR
Grundbesitzwert	208 999 EUR

§ 196 Grundstücke im Zustand der Bebauung

(1) ¹Ein Grundstück im Zustand der Bebauung liegt vor, wenn mit den Bauarbeiten begonnen wurde und Gebäude und Gebäudeteile noch nicht bezugsfertig sind. ²Der Zustand der Bebauung beginnt mit den Abgrabungen oder der Einbringung von Baustoffen, die zur planmäßigen Errichtung des Gebäudes führen.

(2) Die Gebäude oder Gebäudeteile im Zustand der Bebauung sind mit den bereits am Bewertungsstichtag entstandenen Herstellungskosten dem Wert des bislang unbebauten oder bereits bebauten Grundstücks hinzuzurechnen.

ErbStR 2019

Zu § 196 BewG

R B 196.1 Grundstücke im Zustand der Bebauung

(1) ¹Ein Grundstück im Zustand der Bebauung liegt vor, wenn mit den Abgrabungsarbeiten oder mit der Einbringung von Baustoffen zur planmäßigen Errichtung eines Gebäudes oder Gebäudeteils begonnen worden ist (§ 196 Absatz 1 BewG). ²Der vorherige Abbruch eines Gebäudes oder Gebäudeteils ist noch nicht als Beginn der Baumaßnahme zur Errichtung des neu geschaffenen Gebäudes oder Gebäudeteils anzusehen. ³Der Zustand der Bebauung endet mit der Bezugsfertigkeit des ganzen Gebäudes, sofern es nicht in Bauabschnitten errichtet wird (→ R B 178 Absatz 3). ⁴Gebäude im Zustand der Bebauung liegen auch dann vor, wenn durch An-, Aus- oder Umbauten an einem bereits vorhandenen Gebäude neuer Wohn- oder Gewerberaum geschaffen wird. ⁵Modernisierungsmaßnahmen erfüllen diese Voraussetzung regelmäßig nicht.

(2) ¹Zu der wirtschaftlichen Einheit gehören der Grund und Boden, die Gebäude bzw. Gebäudeteile, auch wenn sie am Bewertungsstichtag noch nicht bezugsfertig sind, die sonstigen Bestandteile und das Zubehör. ²Nicht einzubeziehen sind Betriebsvorrichtungen, auch wenn sie wesentliche Bestandteile sind. ³Damit ist dem Umstand, ob die Betriebsvorrichtungen am Bewertungsstichtag fertig gestellt sind oder sich noch im Bau befinden, keine Bedeutung beizumessen.

(3) ¹Als Beginn der Abgrabungsarbeiten auf dem Grundstück ist der Zeitpunkt anzusehen, in dem mit den Erdarbeiten, insbesondere mit dem Ausschachten der Baugrube oder mit dem Planieren als Vorarbeiten für eine Bodenplatte, begonnen wird. ²Bis zum Beginn der Erdarbeiten sind die für die Planung des Gebäudes aufgewandten Kosten als immaterielles Wirtschaftsgut zu erfassen. ³Ab Beginn der Erdarbeiten sind die Planungskosten durch den Wert für das Grundstück im Zustand der Bebauung abgegolten. ⁴Sind für die Durchführung der Baumaßnahme keine Abgrabungsarbeiten erforderlich oder ist mit der Einbringung von Baustoffen zur planmäßigen Errichtung eines Gebäudes oder Gebäudeteils vor Durchführung der Erdarbeiten begonnen worden, ist für den Beginn der Baumaßnahme auf den Zeitpunkt der erstmaligen Verarbeitung von Baustoffen abzustellen.

(4) ¹Ein Grundstück im Zustand der Bebauung liegt bis zur Bezugsfertigkeit des Gebäudes oder Gebäudeteils vor. ²Bezugsfertig ist ein Gebäude, wenn den künftigen Bewohnern oder sonstigen Benutzern zugemutet werden kann, es zu benutzen; auf die Abnahme durch die Bauaufsichtsbehörde kommt es nicht an (§ 178 Absatz 1 BewG). ³Am Bewertungsstichtag müssen alle wesentlichen Bauarbeiten abgeschlossen sein. ⁴Dies ist nicht der Fall, wenn noch Klempnerarbeiten ausstehen, an der zur Wohnung führenden Treppe das Geländer fehlt, Türen und Fenster noch einzubauen sind, Anschlüsse für Strom- und Wasserversorgung verlegt werden müssen, die Heizung zu installieren ist, sanitäre Einrichtungen noch einzubauen sind oder der Untergrund für den Fußbodenbelag noch aufgebracht werden muss. ⁵Geringfügige Restarbeiten, die üblicherweise vor dem tatsächlichen Bezug durchgeführt werden (z. B. Malerarbeiten, Anbringen einer Antenne oder Satellitenanlage sowie Verlegen des Fußbodenbelags), schließen die Bezugsfertigkeit nicht aus. ⁶Ist das Gebäude am Bewertungsstichtag bezogen, begründet dies die widerlegbare Vermutung der Bezugsfertigkeit. ⁷Wird ein Gebäude in Bauabschnitten errichtet, ist die Entscheidung, ob sich ein Gebäude im Zustand der Bebauung befindet, unter Berücksichtigung der bis zum Bewertungsstichtag eingetretenen Verhältnisse nach der Verkehrsanschauung zu treffen. ⁸Es kommt also darauf an, wie der Schenker oder Erblasser das Bauvorhaben durchführen wollte. ⁹Nach dem Bewertungsstichtag durchgeführte Baumaßnahmen bleiben bei der Entscheidung, ob eine abschnittsweise Errichtung eines Gebäudes vorliegt, außer Betracht. ¹⁰Kommt es durch den Eigentümerwechsel, z. B. im Erbfall, zu einer unvorhergesehenen Unterbrechung der Baumaßnahme, liegt keine Errichtung eines Gebäudes in Bauabschnitten vor. ¹¹Wird ein Gebäude in Bauabschnitten errichtet, liegt hinsichtlich des bezugsfertigen Teils ein bebautes Grundstück vor. ¹²Ein Grundstück im Zustand der Bebauung kann in diesen Fällen nur angenommen werden, wenn mit dem nächsten Bauabschnitt bereits begonnen wor-

§ 196 BewG   ErbStR R B 196.1, 196.2

den ist und hierfür Baumaterialien eingebracht worden sind (z. B. Ausbau eines zunächst als Abstellraum genutzten Gebäudeteils im Dach- oder Kellergeschoss, Aufstockung und Anbau).

ErbStR 2019

R B 196.2 Wertermittlung bei Grundstücken im Zustand der Bebauung

(1) ¹Der Grundbesitzwert für ein Grundstück mit einem Gebäude im Zustand der Bebauung umfasst neben dem Wert des unbebauten Grundstücks bzw. dem Wert der bezugsfertigen Gebäude oder Gebäudeteile auch die noch nicht bezugsfertigen Gebäude oder Gebäudeteile. ²Dabei ist dem bisherigen Wert des unbebauten bzw. des bebauten Grundstücks der Wert der bis zum Bewertungsstichtag entstandenen Herstellungskosten des im Bau befindlichen Gebäudes oder Gebäudeteils hinzuzurechnen.

(2) ¹Grundstücke, die sich am Bewertungsstichtag im Zustand der Bebauung befinden, können sowohl unbebaute als auch bereits bebaute Grundstücke sein. ²Die Entscheidung, ob vor Beginn der am Bewertungsstichtag noch nicht abgeschlossenen Baumaßnahme ein unbebautes oder ein bebautes Grundstück vorgelegen hat, ist nach § 178 Absatz 1 BewG zu treffen (→ R B 178 Absatz 3). ³Befinden sich auf einem Grundstück außer dem im Bau befindlichen Gebäude zu Beginn der Baumaßnahme keine bezugsfertigen Gebäude, liegt ein unbebautes Grundstück vor. ⁴Hierfür ist der Wert nach § 179 BewG zu ermitteln. ⁵Sind auf einem Grundstück vor Beginn der noch nicht abgeschlossenen Baumaßnahme bereits bezugsfertige Gebäude oder Gebäudeteile nach § 180 BewG vorhanden, erfolgt dessen Bewertung nach §§ 182 bis 195 BewG.

(3) ¹Dem nach Absatz 2 ermittelten Wert sind die bis zum Bewertungsstichtag entstandenen Herstellungskosten des im Bau befindlichen Gebäudes oder Gebäudeteils hinzuzurechnen. ²Maßgeblich sind die entstandenen Herstellungskosten; auf den tatsächlichen Zahlungsabfluss kommt es nicht an. ³Abbruchkosten für auf den Grundstück vor Beginn der Baumaßnahme vorhandene Gebäude oder Gebäudeteile rechnen unabhängig von ihrer ertragsteuerlichen Beurteilung nicht zu den Herstellungskosten im Sinne des Satzes 1 (→ R B 196.1 Absatz 1 Satz 2). ⁴Können die bis zum Bewertungsstichtag entstandenen Herstellungskosten nicht eindeutig ermittelt werden, müssen sie anhand des Baufortschritts geschätzt werden, als Anhaltspunkt für diese Schätzung kann z. B. § 3 Absatz 2 Nummer 2 Makler- und Bauträgerverordnung (MaBV) dienen.

Hinweise (ErbStH 2019)

H B 196.2 (3) *Errichtung eines Gebäudes auf einem bisher unbebauten Grundstück*

Beispiel:

Ein zuvor unbebautes Grundstück (Größe 611 m², Bodenrichtwert 100 EUR/m²) wird mit einem Einfamilienhaus bebaut und zum 1.2.2018 verschenkt. Bis zu diesem Zeitpunkt sind Herstellungskosten von 65 000 EUR entstanden, von denen 50 000 EUR bezahlt worden sind.

Wert für das zuvor unbebaute Grundstück	
(§ 196 Absatz 2 i. V. m. § 179 BewG)	
611 m² x 100 EUR/m²	*61 100 EUR*
Entstandene Herstellungskosten	
(§ 196 Absatz 2 BewG; die tatsächliche Zahlung ist unbeachtlich)	*+ 65 000 EUR*
Grundbesitzwert	*126 100 EUR*

Errichtung eines Gebäudes auf einem bisher bebauten Grundstück

Beispiel 1:

Ein Zweifamilienhaus (ZFH), das auf einem 900 m² großen Grundstück errichtet worden ist (Bodenrichtwert 200 EUR/m²), wird um zwei Stockwerke aufgestockt. Nach Abschluss der Baumaßnahme wird das Mehrfamilienhaus 4 Wohnungen beinhalten. Der Eigentümer verstirbt noch während der Bauphase am 1.3.2018. Bis zu diesem Zeitpunkt sind Herstellungskosten für die Aufstockung von 50 000 EUR entstanden (ohne Abbruchkosten für die Beseitigung des alten Dachaufbaus). Der Vergleichswert (inkl. Bodenwert) beträgt lt. Grundstücksmarktbericht des örtlichen Gutachterausschusses für ein vergleichbares Zweifamilienhaus 370 000 EUR.

Wert des bebauten Grundstücks vor Beginn der Baumaßnahme

(§ 196 Absatz 2 i. V. m. § 183 Absatz 1 BewG)

Vergleichswert ZFH lt. Grundstücksmarktbericht	370 000 EUR
(maßgeblich ist die Grundstücksart und das Bewertungsverfahren vor Durchführung der Baumaßnahme)	
Entstandene Herstellungskosten	
(§ 196 Absatz 2 BewG)	+ 50 000 EUR
Grundbesitzwert	**420 000 EUR**

Beispiel 2:

Ein mit einem Mehrfamilienhaus (Mietwohngrundstück) bebautes Grundstück, das 1 100 m² groß ist und für das ein Bodenrichtwert von 150 EUR/m² anzusetzen ist, wird um einen Anbau erweitert. Der Eigentümer verschenkt das Grundstück (während der Bauphase) zum 2.4.2018. Herstellungskosten sind bis zu diesem Zeitpunkt in Höhe von 45.000 EUR entstanden. Das Jahresentgelt (Miete) vor Errichtung des Anbaus beträgt 23 600 EUR und entspricht der üblichen Miete. Das Gebäude ist im Bewertungsstichtag 20 Jahre alt. Der Gutachterausschuss hat keine Erfahrungssätze für Bewirtschaftungskosten und keinen Liegenschaftszinssatz zur Verfügung gestellt.

Die Gesamtnutzungsdauer des Mietwohngrundstücks beträgt nach Anlage 22 BewG 70 Jahre. Da der Gutachterausschuss keine Erfahrungssätze für Bewirtschaftungskosten und keinen Liegenschaftszinssatz zur Verfügung stellt, gelten die Werte nach Anlage 23 BewG (Bewirtschaftungskosten = 23 %) und § 188 Absatz 2 Satz 2 Nummer 1 BewG (Liegenschaftszinssatz = 5 %). Der Vervielfältiger beträgt nach Anlage 21 BewG bei einer Restnutzungsdauer von 50 Jahren 18,26.

Wert des bebauten Grundstücks vor Beginn der Baumaßnahme (§ 196 Absatz 2 i. V. m. §§ 184 ff. BewG)		
Bodenwert		
1 100 m² x 150 EUR/m²		165 000 EUR
Gebäudewert		
Grundstücksrohertrag (Jahresentgelt)	23 600 EUR	
Bewirtschaftungskosten (23 % x 23 600 EUR)	./. 5 428 EUR	
Grundstücksreinertrag	18 172 EUR	
Bodenwertverzinsung (5 % x 165 000 EUR)	./. 8 250 EUR	
Gebäudereinertrag	9 922 EUR	
Vervielfältiger	x 18,26	+ 181 175 EUR
Wert des bebauten Grundstücks vor Beginn der Baumaßnahme		346 175 EUR
Entstandene Herstellungskosten		
(§ 196 Absatz 2 BewG)		+ 45 000 EUR
Grundbesitzwert		**391 175 EUR**

(4) ¹Befindet sich ein zuvor unbebautes Erbbaugrundstück (→ R B 193 Absatz 2) im Zustand der Bebauung, ermittelt sich der Grundbesitzwert aus dem Bodenwertanteil des Erbbaurechts und den bis zum Bewertungsstichtag entstandenen Herstellungskosten, ggf. abzüglich des bei Ablauf des Erbbaurechts nicht entschädigten und auf den Bewertungsstichtag abgezinsten Anteils der Herstellungskosten (→ R B 193 Absatz 7 Satz 4). ²Sind auf einem Erbbaurecht oder bei einem Gebäude auf fremdem Grund und Boden vor Beginn der am Bewertungsstichtag noch nicht abgeschlossenen Baumaßnahme bereits bezugsfertige Gebäude oder Gebäudeteile nach § 180 BewG vorhanden, erfolgt deren Bewertung entsprechend Absatz 2 Satz 5.

Hinweise (ErbStH 2019)

H B 196.2 (4) *Errichtung eines Gebäudes auf einem bislang unbebauten Erbbaugrundstück*

Beispiel:

Auf einem bislang unbebauten Erbbaurecht wird ein Einfamilienhaus errichtet. Das Erbbaugrundstück hat eine Fläche von 600 m² und der Bodenrichtwert beträgt 200 EUR/m².

Der vertraglich vereinbarte jährliche Erbbauzins beträgt zum Bewertungsstichtag am 15.3.2018 3 000 EUR und ist bis zum Ablauf des Erbbaurechts am 1.1.2108 zu zahlen. Der Gutachterausschuss verfügt über keine Vergleichspreise oder Vergleichsfaktoren. Für den Bau des Einfamilienhauses sind bis zum Bewertungsstichtag Herstellungskosten in Höhe von 100 000 EUR entstanden. Eine Entschädigungszahlung für das Gebäude bei Ablauf des Erbbaurechts ist in Höhe von 50 % vorgesehen.

Ermittlung Bodenwertanteil

Verzinsungsbetrag des Bodenwerts		
3,0 % von 120 000 EUR (600 m² x 200 EUR/m²)		*3 600 EUR*
Liegenschaftszins		
(§ 193 Absatz 4 Satz 2 Nummer 1 BewG)	*3,0 %*	
vertraglich vereinbarter jährlicher Erbbauzins		*./. 3 000 EUR*
Unterschiedsbetrag		*600 EUR*
Vervielfältiger (aus Anlage 21 zum BewG)		*x 30,93*
Liegenschaftszins		
(§ 193 Absatz 4 Satz 2 Nummer 1 BewG)	*3,0 %*	
Bewertungsstichtag	*15.3.2018*	
Ablauf des Erbbaurechts	*1.1.2108*	
Restlaufzeit des Erbbaurechts	*89 Jahre*	
Bodenwertanteil (nach § 193 Absatz 3 i. V. m. Absatz 4 BewG)		*18 558 EUR*

Ermittlung Gebäudewertanteil

Entstandene Herstellungskosten (§ 196 Absatz 2 BewG)		*100 000 EUR*
Anteil Erbbaugrundstück (→ R B 193 Absatz 7 Satz 4)		*./. 3 600 EUR*
bei Ablauf des Erbbaurechts nicht zu entschädigender Anteil an den Herstellungskosten		
(50 % von 100 000 EUR)	*50 000 EUR*	
Abzinsungsfaktor nach Anlage 26 zum BewG	*x 0,0720*	
Bewertungsstichtag	*15.3.2018*	
Ablauf des Erbbaurechts	*1.1.2108*	
Restlaufzeit des Erbbaurechts	*89 Jahre*	
Liegenschaftszins		
(§ 193 Absatz 4 Satz 2 Nummer 1 BewG)	*3,0 %*	
Gebäudewertanteil		*96 400 EUR*

Grundbesitzwert

Bodenwertanteil	*18 558 EUR*
Gebäudewertanteil	*+ 96 400 EUR*
Grundbesitzwert	*114 958 EUR*

§ 197 Gebäude und Gebäudeteile für den Zivilschutz

Gebäude, Teile von Gebäuden und Anlagen, die wegen der in § 1 des Zivilschutzgesetzes vom 25. März 1997 (BGBl. I S. 726), das zuletzt durch Artikel 2 des Gesetzes vom 27. April 2004 (BGBl. I S. 630) geändert worden ist, in der jeweils geltenden Fassung bezeichneten Zwecke geschaffen worden sind und im Frieden nicht oder nur gelegentlich oder geringfügig für andere Zwecke benutzt werden, bleiben bei der Ermittlung des Grundbesitzwerts außer Betracht.

ErbStR 2019

Zu § 197 BewG

R B 197 Gebäude und Gebäudeteile für den Zivilschutz

(1) [1]Gebäude, Gebäudeteile und Anlagen, die dem Zivilschutz dienen, bleiben bei der Ermittlung des Grundbesitzwerts außer Ansatz (§ 197 BewG). [2]Eine nur gelegentliche oder geringfügige Mitbenutzung der Gebäude, Gebäudeteile und Anlagen für andere als dem Zivilschutz dienende Zwecke ist für die Gewährung der sachlichen Befreiung unschädlich. [3]Diese liegt z. B. vor, wenn in einem für die begünstigten Zwecke geschaffenen Raum von Zeit zu Zeit Veranstaltungen abgehalten werden, zu deren Durchführung der Raum nicht besonders hergerichtet werden muss. [4]Werden in dem Gebäudeteil lediglich Gartengeräte, Fahrräder oder dergleichen abgestellt, handelt es sich ebenfalls um eine geringfügige Mitbenutzung. [5]Dagegen ist die Steuerbefreiung zu versagen, wenn die Gebäude, Gebäudeteile und Anlagen ständig anderen Zwecken dienen, z. B. als Lager-, Lehr-, oder Ausbildungsräume.

(2) Der Wert des Grund und Bodens ist regelmäßig mit dem gesamten Wert des unbebauten Grundstücks nach § 179 BewG anzusetzen.

§ 198 BewG

V. Nachweis des niedrigeren gemeinen Werts

§ 198 Nachweis des niedrigeren gemeinen Werts

(1) ¹Weist der Steuerpflichtige nach, dass der gemeine Wert der wirtschaftlichen Einheit am Bewertungsstichtag niedriger ist als der nach den §§ 179, 182 bis 196 ermittelte Wert, so ist dieser Wert anzusetzen. ²Für den Nachweis des niedrigeren gemeinen Werts gelten grundsätzlich die auf Grund des § 199 Abs. 1 des Baugesetzbuchs erlassenen Vorschriften.

(2) Als Nachweis des niedrigeren gemeinen Werts kann regelmäßig ein Gutachten des zuständigen Gutachterausschusses im Sinne der §§ 192 ff. des Baugesetzbuchs oder von Personen, die von einer staatlichen, staatlich anerkannten oder nach DIN EN ISO/IEC 17024 akkreditierten Stelle als Sachverständige oder Gutachter für die Wertermittlung von Grundstücken bestellt oder zertifiziert worden sind, dienen.

(3) Als Nachweis des niedrigeren gemeinen Werts kann ein im gewöhnlichen Geschäftsverkehr innerhalb eines Jahres vor oder nach dem Bewertungsstichtag zustande gekommener Kaufpreis über das zu bewertende Grundstück dienen, wenn die maßgeblichen Verhältnisse hierfür gegenüber den Verhältnissen am Bewertungsstichtag unverändert sind.

Rechtsprechungsauswahl

BFH Urteil vom 14.10.2020 II R 7/18 (BStBl. II 2021 S. 665)

Immobilienwertnachweis durch Gutachten

Die ImmoWertV gestattet die Ermittlung des Bedarfswerts eines Erbbaugrundstücks nach der finanzmathematischen Methode.

BFH Urteil vom 16.9.2020 II R 1/18 (BStBl II 2021 S. 594)

Nachweis eines niedrigeren gemeinen Werts eines Grundstücks

1. Bodenrichtwerte sind für die Bestimmung des Bodenwerts geeignet, wenn sie für eine Bodenrichtwertzone ermittelt sind, in der das Grundstück liegt. Sind für ein Anliegergrundstück ein Straßen- und ein Platzwert anwendbar, ist im Rahmen einer Einzelbewertung zu entscheiden, in welchem Umfang das Grundstück jeweils dem Straßen- und dem Platzwert zuzuordnen ist.
2. Die zeitliche Anwendbarkeit der WertV und der ImmowertV richtet sich danach, ob sie am Bewertungsstichtag in Kraft waren. Für Bewertungsstichtage bis 30.6.2010 sind die Vorschriften der WertV anwendbar. Der Zeitpunkt der Gutachtenerstellung ist für die Anwendung der Verordnungen nicht von Bedeutung.

BFH-Beschluss vom 12.6.2020 II B 46/19 (BFH/NV 2020 S. 1273)

Ermittlung des Bodenwerts durch Sachverständigengutachten – grundsätzliche Bedeutung

NV: Es ist bereits geklärt, welche Voraussetzungen ein ordnungsgemäßes Sachverständigengutachten erfüllen muss und dass es der freien Beweiswürdigung des Finanzgerichts unterliegt, ob ein Sachverständigengutachten den geforderten Nachweis erbringt.

BFH Urteil vom 5.12.2019 – II R 9/18 (BStBl. II 2021 S. 135)[1]

Nachweis des niedrigeren gemeinen Werts durch Sachverständigengutachten

1. § 198 BewG eröffnet dem Steuerpflichtigen die Möglichkeit, einen niedrigeren gemeinen Wert nachzuweisen, als er sich aus den typisierenden Bewertungsvorschriften des BewG ergäbe. Die Nachweislast geht über die Darlegungs- und Feststellungslast hinaus.
2. Soll der Nachweis eines niedrigeren gemeinen Werts durch Vorlage eines Gutachtens erbracht werden, muss das Gutachten entweder durch den örtlich zuständigen Gutachterausschuss oder einen öffentlich bestellten und vereidigten Sachverständigen für die Bewertung von Grundstücken erstellt sein (Anknüpfung an das Senatsurteil vom 11.9.2013 – II R 61/11, BFHE 243, 376, BStBl. II 2014, 363; gegen die gleich lautenden Erlasse der obersten Finanzbehörden der Länder vom 19.2.2014).
3. Ob das Gutachten den Nachweis erbringt, unterliegt der freien Beweiswürdigung des FA und des FG. Der Nachweis ist erbracht, wenn dem Gutachten ohne weitere Beweiserhebung, insbesondere Einschaltung weiterer Sachverständiger, gefolgt werden kann.

---

1) Hinweis auf die gleich lautenden Erlasse der obersten Finanzbehörden der Länder vom 2.12.2020; Anlage 198.7.

BewG § 198

BFH-Urteil vom 30.1.2019 II R 9/16 (BStBl. II S. 599):
Grundbesitzwert für nach dem Erbanfall veräußerte, zu einem land- und forstwirtschaftlichen Betrieb gehörende Grundstücke
Weist der Steuerpflichtige nach, dass der gemeine Wert der kurze Zeit nach dem Erbanfall veräußerten land- und forstwirtschaftlich genutzten Flächen wesentlich niedriger ist als der nach § 166 BewG ermittelte Liquidationswert, kann der niedrigere gemeine Wert als Grundbesitzwert für Zwecke der Erbschaftsteuer festgestellt werden.

BFH-Urteil vom 25.4.2018 II R 47/15 (DStR 2018 S. 2147): Kein Nachweis eines niedrigeren Grundstückswerts durch den Bilanzansatz oder durch Ableitung aus dem Kaufpreis für einen Gesellschaftsanteil
1. Fur den Nachweis eines niedrigeren gemeinen Werts eines zum Vermögen einer Gesellschaft gehörenden Grundstucks reicht der Wertansatz des Grundstucks in der Bilanz der Gesellschaft nicht aus.
2. Der Nachweis eines niedrigeren Grundstuckswerts kann regelmäßig auch nicht durch Ableitung aus dem Kaufpreis fur einen Gesellschaftsanteil gefuhrt werden.

BFH-Urteil vom 24.10.2017 II R 40/15 (BStBl. II 2019 S. 21:) Berücksichtigung von Sanierungskosten in einem Sachverständigengutachten
1. Zur Ordnungsmäßigkeit eines Sachverständigengutachtens gehören methodische Qualität und eine zutreffende Erhebung und Dokumentation der Begutachtungsgrundlagen.
2. Ist im Ertragswertverfahren dem schlechten Zustand eines Gebäudes bei Erträgen, Bewirtschaftungskosten und Restnutzungsdauer nicht Rechnung getragen worden, können Instandsetzungskosten durch Abschläge zu berücksichtigen sein. Aus dem Gutachten muss sich jedoch ergeben, wie sich die Mängel und Schäden auf den Verkehrswert auswirken.
3. Je weniger unmittelbare tatsächliche Erkenntnisse des Sachverständigen vorliegen, umso geringer ist der Nachweiswert des Gutachtens.

BFH-Urteil vom 17.5.2017 II R 60/15 (BFH/NV S. 1299): Berücksichtigung des Verkaufspreises für eine Eigentumswohnung als Nachweis des niedrigen Werts nach Bestandskraft des Wertfeststellungsbescheids
1. Die Änderung eines bestandskräftigen Feststellungsbescheids nach § 173 Abs. 1 Nr. 2 AO kommt bei zeitnahem Verkauf der Wohnung nur in Betracht, wenn die Wohnung schon vor der abschließenden Entscheidung des Finanzamts über die Feststellung verkauft wurde.
2. Wird der Kaufvertrag erst nach der abschließenden Entscheidung des Finanzamts über die Feststellung abgeschlossen, liegt ein nachträglich entstandenes Beweismittel vor, das nicht zu einer Änderung nach § 173 Abs. 1 Nr. 2 AO führt.
3. Der erst nach Eintritt der Bestandskraft der Feststellungsbescheide erfolgte Verkauf der Eigentumswohnung ist kein rückwirkendes Ereignis i.S. des § 175 Abs. 1 Satz 1 Nr. 2 AO, das die Änderung der Wertfeststellung rechtfertigt.

BFH-Urteil vom 15.3.2017 II R 10/15 (BFH/NV S. 1153): Nachweis des niedrigeren Grundbesitzwerts durch Gutachten
1. Ein fehlerhaftes Gutachten kann zum Nachweis eines niedrigeren gemeinen Werts eines Grundstücks gemäß § 138 Abs. 4 BewG dienen, wenn das FG die Fehler ohne Einschaltung weiterer Sachverständiger berichtigen kann.
2. Ist ein Gutachten nicht zum Nachweis von Mängeln geeignet, können die Mängel nicht bei der Feststellung des Grundbesitzwerts berücksichtigt werden.

BFH-Urteil vom 9.4.2014 II R 48/12 (BStBl. II S. 554): § 16 BewG bei Erbschaft- und Schenkungsteuer nach wie vor anwendbar
1. Die Begrenzung des Jahreswerts von Nutzungen nach § 16 BewG ist auch nach Inkrafttreten des ErbStRG anwendbar, wenn der Nutzungswert bei der Festsetzung der Erbschaft- oder Schenkungsteuer vom gesondert festgestellten Grundbesitzwert abgezogen wird.
2. § 16 BewG ist nicht anzuwenden, wenn der Nutzungswert bei der Ermittlung des niedrigeren gemeinen Werts eines Grundstücks abgezogen wird.

BFH-Urteil vom 11.9.2013 II R 61/11 (BStBl. II 2014 S. 363): Bewertung bebauter Grundstücke im Ertragswertverfahren für Zwecke der Erbschaftsteuer (Rechtslage bis 2006)

§ 198 BewG ErbStR R B 198

1. Der Bewertung eines bebauten Grundstücks für Zwecke der Erbschaftsteuer ist nach der bis 2006 geltenden Rechtslage regelmäßig auch dann die im Durchschnitt der letzten drei Jahre vor dem Besteuerungszeitpunkt erzielte Miete zugrunde zu legen, wenn diese niedriger als die übliche Miete war und die Vermietung zwischen verbundenen Unternehmen erfolgte.
2. Der Nachweis eines niedrigeren gemeinen Wertes gemäß § 146 Abs. 7 BewG a.F. kann nur durch ein Gutachten erbracht werden, das der örtlich zuständige Gutachterausschuss oder ein öffentlich bestellter und vereidigter Sachverständiger für die Bewertung von Grundstücken erstellt hat.

→ siehe Anlage 198.6

BFH-Urteil vom 19.6.2013 II R 20/12 (BStBl. II S. 738): Sachverständigenkosten zur Ermittlung des Grundstückswerts als Nachlassverbindlichkeit

Die Aufwendungen für die Erstellung eines Sachverständigengutachtens zum Nachweis des niedrigeren gemeinen Werts eines zum Nachlass gehörenden Grundstücks sind als Nachlassverbindlichkeit abzugsfähig, wenn sie in engem zeitlichen und sachlichen Zusammenhang mit dem Erwerb von Todes wegen anfallen.

ErbStR 2019

Zu § 198 BewG

R B 198 Nachweis des niedrigeren gemeinen Werts

(1) [1]Abweichend von der Wertermittlung nach den § 179 und §§ 182 bis 196 BewG ist der niedrigere gemeine Wert (Verkehrswert/Marktwert) am Bewertungsstichtag festzustellen, wenn der Steuerpflichtige diesen nachweist (§ 198 BewG). [2]Den Steuerpflichtigen trifft die Nachweislast für einen niedrigeren gemeinen Wert und nicht eine bloße Darlegungslast. [3]Die Vorlage von Auszügen aus der Kaufpreissammlung erfüllt diese Voraussetzungen nicht.

(2) [1]Der Nachweis des niedrigeren gemeinen Werts kann für die nach § 179, §§ 182 bis 196 BewG bewerteten wirtschaftlichen Einheiten geführt werden, wobei der Nachweis die jeweils gesamte wirtschaftliche Einheit umfassen muss. [2]Bei Grundstücken im Zustand der Bebauung ist der Verkehrswertnachweis für die gesamte wirtschaftliche Einheit unter Berücksichtigung der baulichen Gegebenheiten zulässig.

(3) [1]Als Nachweis ist regelmäßig ein Gutachten des zuständigen Gutachterausschusses oder eines Sachverständigen für die Bewertung von Grundstücken erforderlich. [2]Das Gutachten ist für die Feststellung des Grundbesitzwerts nicht bindend, sondern unterliegt der Beweiswürdigung durch das Finanzamt. [3]Enthält das Gutachten Mängel (z. B. methodische Mängel oder unzutreffende Wertansätze), ist es zurückzuweisen; ein Gegengutachten durch das Finanzamt ist nicht erforderlich. [4]Zur Ordnungsmäßigkeit eines Sachverständigengutachtens gehören methodische Qualität und eine zutreffende Erhebung und Dokumentation der Begutachtungsgrundlagen. [5]Für den Nachweis des niedrigeren gemeinen Werts gelten grundsätzlich die auf Grund des § 199 Absatz 1 BauGB erlassenen Vorschriften. [6]Nach Maßgabe dieser Vorschriften sind sämtliche wertbeeinflussenden Umstände zur Ermittlung des gemeinen Werts (Verkehrswerts) von Grundstücken zu berücksichtigen. [7]Hierzu gehören auch die den Wert beeinflussenden Rechte und Belastungen privatrechtlicher und öffentlich-rechtlicher Art, wie z. B. Grunddienstbarkeiten und persönliche Nutzungsrechte. [8]Mit Ausnahme des Nachweises der üblichen Miete (→ R B 186.5 Absatz 5) kommt ein Einzelnachweis zu Bewertungsgrundlagen nach § 179 und §§ 182 bis 196 BewG, z. B. hinsichtlich der Bewirtschaftungskosten, nicht in Betracht. [9]Auszüge aus der Kaufpreissammlung können ein Gutachten nicht ersetzen.

(4) [1]Ein im gewöhnlichen Geschäftsverkehr innerhalb eines Jahres vor oder nach dem Bewertungsstichtag zustande gekommener Kaufpreis über das zu bewertende Grundstück kann als Nachweis dienen. [2]Ist ein Kaufpreis außerhalb dieses Zeitraums im gewöhnlichen Geschäftsverkehr zustande gekommen und sind die maßgeblichen Verhältnisse hierfür gegenüber den Verhältnissen zum Bewertungsstichtag unverändert geblieben, so kann auch dieser als Nachweis des niedrigeren gemeinen Werts dienen. [3]Es bestehen keine Bedenken, diesen Wert regelmäßig ohne Wertkorrekturen als Grundbesitzwert festzustellen.

Hinweise (ErbStH 2019)

H B 198 *Vorschriften auf der Grundlage des § 199 Abs. 1 BauGB*
→ *Verordnung über die Grundsätze für die Ermittlung der Verkehrswerte von Grundstücken (Immobilienwertermittlungsverordnung – ImmoWertV) vom 19.5.2010 (BGBl I S. 639)*

→ *Richtlinie zur Ermittlung von Bodenrichtwerten (Bodenrichtwertrichtlinie – BRW-RL) vom 11.1.2011 (BAnz AT 11.2.2011 Nr. 24 S. 597)*
→ *Richtlinie zur Ermittlung des Sachwerts (Sachwertrichtlinie – SW-RL) vom 5.9.2012 (BAnz AT 18.10.2012 B1)*
→ *Richtlinie zur Ermittlung des Vergleichswerts und des Bodenwerts (Vergleichswertrichtlinie – VW-RL) vom 20.3.2014 (BAnz AT 11.4.2014 B3)*
→ *Richtlinie zur Ermittlung des Ertragswerts (Ertragswertrichtlinie – EW-RL) vom 12.11.2015 (BAnz AT 4.12.2015 B4)*

Fristsetzung zur Vorlage eines Sachverständigengutachtens
→ *§ 364b AO (Fristsetzung)*

Nachweis des niedrigeren gemeinen Werts durch Sachverständigengutachten
→ *BFH vom 10.11.2004 II R 69/01, BStBl. 2005 II S. 259, vom 3.12.2008 II R 19/08, BStBl. 2009 II S. 403 und vom 11.9.2013 II R 61/11, BStBl. 2014 II S. 363*
→ *Gleich lautende Ländererlasse vom 19.2.2014 (BStBl. I S. 808)*

Nachweis des niedrigeren gemeinen Werts durch zeitnahen Kaufpreis
→ *BFH vom 2.7.2004 II R 55/01, BStBl. II S. 703*

Liegen im Rahmen des Nachweises des niedrigeren gemeinen Werts gleichzeitig ein zeitnah zum Bewertungsstichtag im gewöhnlichen Geschäftsverkehr zustande gekommener Kaufpreis und ein Sachverständigengutachten vor, bestehen keine Bedenken, der Grundbesitzwertfeststellung den Kaufpreis zugrunde zu legen. Der im gewöhnlichen Geschäftsverkehr vereinbarte bzw. erzielte Kaufpreis liefert den sichersten Anhaltspunkt für den gemeinen Wert.

Nießbrauchs- und andere Nutzungsrechte, die sich auf den Grundbesitzwert ausgewirkt haben

Ist nach § 198 BewG ein nachgewiesener gemeiner Wert, der auf Grund von Grundstücksbelastungen durch Nutzungsrechte, wie z. B. Nießbrauch oder Wohnrecht, gemindert wurde, als Grundbesitzwert festgestellt worden, hat das Lagefinanzamt das für die Festsetzung der Erbschaft- und Schenkungsteuer zuständige Finanzamt hierauf hinzuweisen (vgl. § 10 Absatz 6 Satz 6 ErbStG).

BewG §§ 199–201

D. Nicht notierte Anteile an Kapitalgesellschaften und Betriebsvermögen

§ 199 Anwendung des vereinfachten Ertragswertverfahrens

(1) Ist der gemeine Wert von Anteilen an einer Kapitalgesellschaft nach § 11 Abs. 2 Satz 2 unter Berücksichtigung der Ertragsaussichten der Kapitalgesellschaft zu ermitteln, kann das vereinfachte Ertragswertverfahren (§ 200) angewendet werden, wenn dieses nicht zu offensichtlich unzutreffenden Ergebnissen führt.

(2) Ist der gemeine Wert des Betriebsvermögens oder eines Anteils am Betriebsvermögen nach § 109 Abs. 1 und 2 in Verbindung mit § 11 Abs. 2 Satz 2 unter Berücksichtigung der Ertragsaussichten des Gewerbebetriebs oder der Gesellschaft zu ermitteln, kann das vereinfachte Ertragswertverfahren (§ 200) angewendet werden, wenn dieses nicht zu offensichtlich unzutreffenden Ergebnissen führt.

§ 200 Vereinfachtes Ertragswertverfahren

(1) Zur Ermittlung des Ertragswerts ist vorbehaltlich der Absätze 2 bis 4 der zukünftig nachhaltig erzielbare Jahresertrag (§§ 201 und 202) mit dem Kapitalisierungsfaktor (§ 203) zu multiplizieren.

(2) Können Wirtschaftsgüter und mit diesen in wirtschaftlichem Zusammenhang stehende Schulden aus dem zu bewertenden Unternehmen im Sinne des § 199 Abs. 1 oder 2 herausgelöst werden, ohne die eigentliche Unternehmenstätigkeit zu beeinträchtigen (nicht betriebsnotwendiges Vermögen), so werden diese Wirtschaftsgüter und Schulden neben dem Ertragswert mit dem eigenständig zu ermittelnden gemeinen Wert oder Anteil am gemeinen Wert angesetzt.

(3) Hält ein zu bewertendes Unternehmen im Sinne des § 199 Abs. 1 oder 2 Beteiligungen an anderen Gesellschaften, die nicht unter Absatz 2 fallen, so werden diese Beteiligungen neben dem Ertragswert mit dem eigenständig zu ermittelnden gemeinen Wert angesetzt.

(4) Innerhalb von zwei Jahren vor dem Bewertungsstichtag eingelegte Wirtschaftsgüter, die nicht unter die Absätze 2 und 3 fallen, und mit diesen im wirtschaftlichen Zusammenhang stehende Schulden werden neben dem Ertragswert mit dem eigenständig zu ermittelnden gemeinen Wert angesetzt.

§ 201 Ermittlung des Jahresertrags

(1) [1]Die Grundlage für die Bewertung bildet der zukünftig nachhaltig zu erzielende Jahresertrag. [2]Für die Ermittlung dieses Jahresertrags bietet der in der Vergangenheit tatsächlich erzielte Durchschnittsertrag eine Beurteilungsgrundlage.

(2) [1]Der Durchschnittsertrag ist regelmäßig aus den Betriebsergebnissen (§ 202) der letzten drei vor dem Bewertungsstichtag abgelaufenen Wirtschaftsjahre herzuleiten. [2]Das gesamte Betriebsergebnis eines am Bewertungsstichtag noch nicht abgelaufenen Wirtschaftsjahres ist anstelle des drittletzten abgelaufenen Wirtschaftsjahres einzubeziehen, wenn es für die Herleitung des künftig zu erzielenden Jahresertrags von Bedeutung ist. [3]Die Summe der Betriebsergebnisse ist durch drei zu dividieren und ergibt den Durchschnittsertrag. [4]Das Ergebnis stellt den Jahresertrag dar.

(3) [1]Hat sich im Dreijahreszeitraum der Charakter des Unternehmens nach dem Gesamtbild der Verhältnisse nachhaltig verändert oder ist das Unternehmen neu entstanden, ist von einem entsprechend verkürzten Ermittlungszeitraum auszugehen. [2]Bei Unternehmen, die durch Umwandlung, durch Einbringung von Betrieben oder Teilbetrieben oder durch Umstrukturierungen entstanden sind, ist bei der Ermittlung des Durchschnittsertrags von den früheren Betriebsergebnissen des Gewerbebetriebs oder der Gesellschaft auszugehen. [3]Soweit sich die Änderung der Rechtsform auf den Jahresertrag auswirkt, sind die früheren Betriebsergebnisse entsprechend zu korrigieren.

§ 202 BewG

§ 202 Betriebsergebnis

(1) ¹Zur Ermittlung des Betriebsergebnisses ist von dem Gewinn im Sinne des § 4 Abs. 1 Satz 1 des Einkommensteuergesetzes auszugehen (Ausgangswert); dabei bleiben bei einem Anteil am Betriebsvermögen Ergebnisse aus den Sonderbilanzen und Ergänzungsbilanzen unberücksichtigt. ²Der Ausgangswert ist noch wie folgt zu korrigieren:

1. Hinzuzurechnen sind
   a) Investitionsabzugsbeträge, Sonderabschreibungen oder erhöhte Absetzungen, Bewertungsabschläge, Zuführungen zu steuerfreien Rücklagen sowie Teilwertabschreibungen. ²Es sind nur die normalen Absetzungen für Abnutzung zu berücksichtigen. ³Diese sind nach den Anschaffungs- oder Herstellungskosten bei gleichmäßiger Verteilung über die gesamte betriebsgewöhnliche Nutzungsdauer zu bemessen. ⁴Die normalen Absetzungen für Abnutzung sind auch dann anzusetzen, wenn für die Absetzungen in der Steuerbilanz vom Restwert auszugehen ist, der nach Inanspruchnahme der Sonderabschreibungen oder erhöhten Absetzungen verblieben ist;
   b) Absetzungen auf den Geschäfts- oder Firmenwert oder auf firmenwertähnliche Wirtschaftsgüter;
   c) einmalige Veräußerungsverluste sowie außerordentliche Aufwendungen;
   d) im Gewinn nicht enthaltene Investitionszulagen, soweit in Zukunft mit weiteren zulagebegünstigten Investitionen in gleichem Umfang gerechnet werden kann;
   e) der Ertragsteueraufwand (Körperschaftsteuer, Zuschlagsteuern und Gewerbesteuer);
   f) Aufwendungen, die im Zusammenhang stehen mit Vermögen im Sinne des § 200 Abs. 2 und 4, und übernommene Verluste aus Beteiligungen im Sinne des § 200 Abs. 2 bis 4;

2. abzuziehen sind
   a) gewinnerhöhende Auflösungsbeträge steuerfreier Rücklagen sowie Gewinne aus der Anwendung des § 6 Abs. 1 Nr. 1 Satz 4 und Nr. 2 Satz 3 des Einkommensteuergesetzes;
   b) einmalige Veräußerungsgewinne sowie außerordentliche Erträge;
   c) im Gewinn enthaltene Investitionszulagen, soweit in Zukunft nicht mit weiteren zulagebegünstigten Investitionen in gleichem Umfang gerechnet werden kann;
   d) ein angemessener Unternehmerlohn, soweit in der bisherigen Ergebnisrechnung kein solcher berücksichtigt worden ist. ²Die Höhe des Unternehmerlohns wird nach der Vergütung bestimmt, die eine nicht beteiligte Geschäftsführung erhalten würde. ³Neben dem Unternehmerlohn kann auch fiktiver Lohnaufwand für bislang unentgeltlich tätige Familienangehörige des Eigentümers berücksichtigt werden;
   e) Erträge aus der Erstattung von Ertragsteuern (Körperschaftsteuer, Zuschlagsteuern und Gewerbesteuer);
   f) Erträge, die im Zusammenhang stehen mit Vermögen im Sinne des § 200 Abs. 2 bis 4;

3. hinzuzurechnen oder abzuziehen sind auch sonstige wirtschaftlich nicht begründete Vermögensminderungen oder -erhöhungen mit Einfluss auf den zukünftig nachhaltig zu erzielenden Jahresertrag und mit gesellschaftsrechtlichem Bezug, soweit sie nicht nach den Nummern 1 und 2 berücksichtigt wurden.

(2) In den Fällen des § 4 Abs. 3 des Einkommensteuergesetzes ist vom Überschuss der Betriebseinnahmen über die Betriebsausgaben auszugehen. Absatz 1 Satz 2 Nr. 1 bis 3 gilt entsprechend.

(3) Zur Abgeltung des Ertragsteueraufwands ist ein positives Betriebsergebnis nach Absatz 1 oder Absatz 2 um 30 Prozent zu mindern.

§ 203 Kapitalisierungsfaktor

(1) Der in diesem Verfahren anzuwendende Kapitalisierungsfaktor beträgt 13,75.

(2) Das Bundesministerium der Finanzen wird ermächtigt, durch Rechtsverordnung mit Zustimmung des Bundesrates den Kapitalisierungsfaktor an die Entwicklung der Zinsstrukturdaten anzupassen.

§ 204 (unbesetzt)

§ 205 (unbesetzt)

§ 206 (unbesetzt)

§ 207 (unbesetzt)

§ 208 (unbesetzt)

§ 209 (unbesetzt)

§ 210 (unbesetzt)

§ 211 (unbesetzt)

§ 212 (unbesetzt)

§ 213 (unbesetzt)

§ 214 (unbesetzt)

§ 215 (unbesetzt)

§ 216 (unbesetzt)

§ 217 (unbesetzt)

Siebenter Abschnitt:

Bewertung des Grundbesitzes für die Grundsteuer ab 1. Januar 2022

A. Allgemeines

§ 218 Vermögensarten

¹Für Vermögen, das nach diesem Abschnitt zu bewerten ist, erfolgt abweichend von § 18 eine Unterscheidung in folgende Vermögensarten:
1. Land- und forstwirtschaftliches Vermögen (§ 232),
2. Grundvermögen (§ 243).

²Betriebsgrundstücke im Sinne des § 99 Absatz 1 Nummer 2 werden dem land- und forstwirtschaftlichen Vermögen zugeordnet und sind wie land- und forstwirtschaftliches Vermögen zu bewerten. ³Betriebsgrundstücke im Sinne des § 99 Absatz 1 Nummer 1 werden dem Grundvermögen zugeordnet und sind wie Grundvermögen zu bewerten.

AEBewGrSt[1])

Zu § 218 BewG

A 218 Vermögensarten

¹Für die Bewertung nach dem Siebenten Abschnitt des Zweiten Teils des Bewertungsgesetzes erfolgt eine Einordnung in die Vermögensarten land- und forstwirtschaftliches Vermögen sowie Grundvermögen. ²Betriebsgrundstücke sind einer dieser beiden Vermögensarten zuzuordnen und entsprechend der zugeordneten Vermögensart zu bewerten. ³Die Zuordnung erfolgt entsprechend der Regelung in § 99 BewG. ⁴Danach ist ein Betriebsgrundstück im Sinne des Bewertungsrechts der zu einem Gewerbebetrieb gehörende Grundbesitz, soweit er, losgelöst von seiner Zugehörigkeit zu dem Gewerbebetrieb, entweder einen Betrieb der Land- und Forstwirtschaft bilden oder zum Grundvermögen gehören würde.

§ 219 Feststellung von Grundsteuerwerten

(1) Grundsteuerwerte werden für inländischen Grundbesitz, und zwar für Betriebe der Land- und Forstwirtschaft (§§ 232 bis 234, 240) und für Grundstücke (§§ 243 und 244) gesondert festgestellt (§ 180 Absatz 1 Satz 1 Nummer 1 der Abgabenordnung).

(2) In dem Feststellungsbescheid (§ 179 der Abgabenordnung) sind auch Feststellungen zu treffen über:
1. die Vermögensart und beim Grundvermögen auch über die Grundstücksart (§ 249) sowie
2. die Zurechnung der wirtschaftlichen Einheit und bei mehreren Beteiligten über die Höhe ihrer Anteile.

(3) Die Feststellungen nach den Absätzen 1 und 2 erfolgen nur, soweit sie für die Besteuerung von Bedeutung sind.

---

1) Koordinierte Erlasse der obersten Finanzbehörden der Länder vom 9. November 2021 zur Anwendung des Siebenten Abschnitts des Zweiten Teils des Bewertungsgesetzes zur Bewertung des Grundbesitzes (allgemeiner Teil und Grundvermögen) für die Grundsteuer ab 1. Januar 2022 (AEBewGrSt), BStBl. I S. 2334.

BewG §§ 219–221

AEBewGrSt[1]

Zu § 219 BewG

A 219 Feststellung von Grundsteuerwerten

(1) ¹Grundsteuerwerte sind für inländischen Grundbesitz, und zwar für Betriebe der Land- und Forstwirtschaft und für Grundstücke, gesondert festzustellen, soweit sie für die Besteuerung von Bedeutung sind. ²Grundsteuerwerte sind in der Regel für die Besteuerung von Bedeutung, soweit eine Steuerpflicht besteht. ³Die Entscheidung über die persönliche oder sachliche Steuerpflicht kann sowohl im Rahmen der Feststellung des Grundsteuerwerts als auch bei der Festsetzung des Steuermessbetrags getroffen werden (§ 184 Absatz 1 Satz 2 AO). ⁴Im Bescheid über die Feststellung des Grundsteuerwerts sind neben der Feststellung des Wertes Feststellungen über die Vermögensart, beim Grundvermögen auch über die Grundstücksart und die Zurechnung der wirtschaftlichen Einheit sowie der Höhe der Anteile bei mehreren Beteiligten zu treffen. ⁵In Fällen vollständig steuerbefreiten Grundbesitzes kann ein negativer Feststellungsbescheid des Grundsteuerwerts nach § 219 Absatz 3 BewG erlassen werden. ⁶Nach §§ 181 Absatz 1 Satz 1, 184 Absatz 1 Satz 3, 155 Absatz 1 Satz 3 AO gilt auch der negative Feststellungsbescheid als Steuerbescheid.

(2) ¹Eine gesonderte Artfeststellung für Betriebsgrundstücke ist nicht durchzuführen. ²Betriebsgrundstücke werden einer der zwei Vermögensarten des § 218 BewG zugeordnet (siehe A 218) und innerhalb dieser Vermögensart bewertet.

§ 220 Ermittlung der Grundsteuerwerte

¹Die Grundsteuerwerte werden nach den Vorschriften dieses Abschnitts ermittelt. ²Bei der Ermittlung der Grundsteuerwerte ist § 163 der Abgabenordnung nicht anzuwenden; hiervon unberührt bleiben Übergangsregelungen, die die oberste Finanzbehörde eines Landes im Einvernehmen mit den obersten Finanzbehörden der übrigen Länder trifft.

AEBewGrSt[2]

Zu § 220 BewG

A 220 Ermittlung der Grundsteuerwerte

(1) Grundsteuerwerte werden nach den Vorschriften des Siebenten Abschnitts des Zweiten Teils des Bewertungsgesetzes ermittelt.

(2) ¹Bei der Ermittlung der Grundsteuerwerte kommt eine abweichende Feststellung aus Billigkeitsgründen nach § 163 der Abgabenordnung (AO) nicht in Betracht. ²Es bleiben jedoch Übergangsregelungen möglich, die die oberste Finanzbehörde eines Landes im Einvernehmen mit den obersten Finanzbehörden der übrigen Länder trifft.

§ 221 Hauptfeststellung

(1) Die Grundsteuerwerte werden in Zeitabständen von je sieben Jahren allgemein festgestellt (Hauptfeststellung).

(2) Der Hauptfeststellung werden die Verhältnisse zu Beginn des Kalenderjahres (Hauptfeststellungszeitpunkt) zugrunde gelegt.

---

1) Koordinierte Erlasse der obersten Finanzbehörden der Länder vom 9. November 2021 zur Anwendung des Siebenten Abschnitts des Zweiten Teils des Bewertungsgesetzes zur Bewertung des Grundbesitzes (allgemeiner Teil und Grundvermögen) für die Grundsteuer ab 1. Januar 2022 (AEBewGrSt), BStBl. I S. 2334.

2) Koordinierte Erlasse der obersten Finanzbehörden der Länder vom 9. November 2021 zur Anwendung des Siebenten Abschnitts des Zweiten Teils des Bewertungsgesetzes zur Bewertung des Grundbesitzes (allgemeiner Teil und Grundvermögen) für die Grundsteuer ab 1. Januar 2022 (AEBewGrSt), BStBl. I S. 2334.

§§ 221, 222 BewG

AEBewGrSt[1)]

Zu § 221 BewG

A 221 Hauptfeststellung

[1]Grundsteuerwerte werden in Zeitabständen von je sieben Jahren allgemein festgestellt. [2]Den Hauptfeststellungen sind die jeweiligen Verhältnisse im Hauptfeststellungszeitpunkt zugrunde zu legen. [3]Maßgebend sind die Verhältnisse zu Beginn des jeweiligen Kalenderjahres. [4]§ 235 Absatz 2 BewG bleibt unberührt.

§ 222 Fortschreibungen

(1) Der Grundsteuerwert wird neu festgestellt (Wertfortschreibung), wenn der in Euro ermittelte und auf volle 100 Euro abgerundete Wert, der sich für den Beginn eines Kalenderjahres ergibt, von dem entsprechenden Wert des letzten Feststellungszeitpunkts nach oben oder unten um mehr als 15 000 Euro abweicht.

(2) Über die Art oder Zurechnung der wirtschaftlichen Einheit (§ 219 Absatz 2) wird eine neue Feststellung getroffen (Artfortschreibung oder Zurechnungsfortschreibung), wenn sie von der zuletzt getroffenen Feststellung abweicht und es für die Besteuerung von Bedeutung ist.

(3) [1]Eine Fortschreibung nach Absatz 1 oder 2 findet auch zur Beseitigung eines Fehlers der letzten Feststellung statt. [2]§ 176 der Abgabenordnung über den Vertrauensschutz bei der Aufhebung und Änderung von Steuerbescheiden ist hierbei entsprechend anzuwenden. [3]Satz 2 gilt nur für die Feststellungszeitpunkte, die vor der Verkündung der maßgeblichen Entscheidung eines der in § 176 der Abgabenordnung genannten Gerichte liegen.

(4) [1]Eine Fortschreibung ist vorzunehmen, wenn dem Finanzamt bekannt wird, dass die Voraussetzungen für sie vorliegen. [2]Der Fortschreibung werden vorbehaltlich des § 227 die Verhältnisse im Fortschreibungszeitpunkt zugrunde gelegt. [3]Fortschreibungszeitpunkt ist:

1. bei einer Änderung der tatsächlichen Verhältnisse der Beginn des Kalenderjahres, das auf die Änderung folgt, und
2. in den Fällen des Absatzes 3 der Beginn des Kalenderjahres, in dem der Fehler dem Finanzamt bekannt wird, bei einer Erhöhung des Grundsteuerwerts jedoch frühestens der Beginn des Kalenderjahres, in dem der Feststellungsbescheid erteilt wird.

AEBewGrSt[2)]

Zu § 222 BewG

A 222 Fortschreibungen

(1) [1]Eine Wertfortschreibung der Grundsteuerwerte ist vorzunehmen, wenn der in Euro ermittelte und auf volle durch hundert Euro ohne Rest teilbare abgerundete Wert, der sich für den Beginn eines Kalenderjahres ergibt, von dem entsprechenden Wert des letzten Feststellungszeitpunkts nach oben oder nach unten um mehr als 15 000 Euro abweicht. [2]Mehrere bis zu einem Fortschreibungszeitpunkt eingetretene Wertabweichungen sind zusammenzufassen. [3]Beträgt der nach § 230 BewG ermittelte neue Wert null Euro, so ist der Grundsteuerwert nur dann auf null Euro festzustellen, wenn die Wertgrenzen des § 222 Absatz 1 BewG überschritten sind. [4]Eine Wertfortschreibung erfolgt nicht allein deshalb, weil sich das Alter des Gebäudes im Hauptfeststellungszeitraum verändert und sich damit eine abweichende Alterswertminderung nach § 259 Absatz 4 BewG oder abweichende Kapitalisierungs- und Abzinsungsfaktoren nach § 253 Absatz 2 BewG bzw. nach § 257 Absatz 2 BewG ergäben (siehe auch A 227). [5]Maßgebend ist das Gebäudealter im Hauptfeststellungszeitpunkt.

---

1) Koordinierte Erlasse der obersten Finanzbehörden der Länder vom 9. November 2021 zur Anwendung des Siebenten Abschnitts des Zweiten Teils des Bewertungsgesetzes zur Bewertung des Grundbesitzes (allgemeiner Teil und Grundvermögen) für die Grundsteuer ab 1. Januar 2022 (AEBewGrSt), BStBl. I S. 2334.
2) Koordinierte Erlasse der obersten Finanzbehörden der Länder vom 9. November 2021 zur Anwendung des Siebenten Abschnitts des Zweiten Teils des Bewertungsgesetzes zur Bewertung des Grundbesitzes (allgemeiner Teil und Grundvermögen) für die Grundsteuer ab 1. Januar 2022 (AEBewGrSt), BStBl. I S. 2334.

§ 222 BewG

(2) ¹Eine Art- und/oder Zurechnungsfortschreibung ist vorzunehmen, wenn sich zu den zuletzt getroffenen Feststellungen Abweichungen ergeben, die für die Besteuerung von Bedeutung sind (§ 219 Absatz 2 BewG). ²Wertgrenzen sind bei der Art- und Zurechnungsfortschreibung nicht zu beachten. ³Eine Artfortschreibung setzt eine Änderung in der Art einer wirtschaftlichen Einheit voraus (§ 222 Absatz 2 BewG). ⁴Die Art eines Grundstücks ändert sich z. B., wenn aus einem Einfamilienhaus ein Zweifamilienhaus wird. ⁵Eine Zurechnungsfortschreibung (§ 222 Absatz 2 BewG) setzt voraus, dass sich die Eigentumsverhältnisse geändert haben. ⁶Das ist insbesondere der Fall, wenn ein Grundstück verkauft, verschenkt oder vererbt, Alleineigentum an einem Grundstück in Miteigentum umgewandelt wird oder sich die Miteigentumsverhältnisse an einem Grundstück ändern. ⁷Eine Zurechnungsfortschreibung ist hingegen nicht bei einer bloßen Umfirmierung einer Kapitalgesellschaft vorzunehmen.

(3) ¹Die drei Arten der Fortschreibung (A 222 Absätze 1 und 2) stehen selbständig nebeneinander. ²Auf denselben Fortschreibungszeitpunkt sind deshalb Fortschreibungen der verschiedenen Art zulässig.³ Sie können verbunden werden, soweit dies zweckmäßig ist. ⁴Eine bereits auf einen bestimmten Fortschreibungszeitpunkt vorgenommene Fortschreibung der einen Art schließt eine nachfolgende Fortschreibung einer anderen Art auf denselben Zeitpunkt nicht aus (vgl. BFH-Urteil vom 9. Januar 1959 III 288/57 U, BStBl. III S. 110). ⁵Nochmalige Fortschreibungen derselben Art auf denselben Feststellungszeitpunkt sind dagegen für denselben Sachverhalt (vorbehaltlich der Korrekturnormen nach § 172 ff. AO) nicht zulässig. ⁶Dies gilt auch bei negativen Feststellungsbescheiden.

Beispiel:

B erwirbt im Februar 2022 von A einen Bauplatz. Das Finanzamt führt auf den 1. Januar 2023 eine Zurechnungsfortschreibung auf B durch. Am 13. Januar 2023 geht beim Finanzamt die Anzeige gemäß § 228 Absatz 2 BewG des B ein, dass er auf diesem Grundstück im Oktober 2022 ein Fertighaus (Einfamilienhaus) bezugsfertig errichtet hat.

Die Bebauung des Grundstücks führt zu einer Art- und Wertfortschreibung. Da Zurechnungs-, Art- und Wertfortschreibungen eigenständige Verwaltungsakte sind, ist neben der bereits erfolgten Zurechnung noch eine Art- und Wertfortschreibung auf den 1. Januar 2023 nach § 222 Absatz 1 und 2 BewG (Zurechnung wie bisher B) vorzunehmen.

(4) ¹Grundsätzlich steht die Zurechnungsfortschreibung auf den späteren Stichtag einer Zurechnungsfortschreibung auf einen früheren Stichtag entgegen (vgl. BFH-Urteil vom 23. September 1955 III 1/55 U, BStBl. III 1955 S. 316). ²Wurde auf einen bestimmten Fortschreibungszeitpunkt eine Zurechnungsfortschreibung vorgenommen, ist damit zugleich festgestellt, dass eine Fortschreibung der gleichen Art auf einen vorangegangenen Stichtag nicht durchgeführt wird. ³Bei der Zurechnungsfortschreibung ist die Wirkung aber begrenzt hinsichtlich der Personen, gegenüber denen die Feststellung getroffen wird. ⁴Regelmäßig wird der Bescheid über die Zurechnungsfortschreibung nur dem neuen Zurechnungsträger bekannt gegeben. ⁵Somit kann die Bestandskraft auch nur diesem gegenüber eintreten. ⁶Deshalb kann eine bisher unterbliebene Zurechnungsfortschreibung auf den jeweils maßgebenden (früheren) Fortschreibungszeitpunkt nachgeholt werden. ⁷Diese nachgeholte Fortschreibung ist in ihrer Auswirkung auf Feststellungszeitpunkte zu beschränken, für die die Feststellungsverjährung noch nicht eingetreten ist.

(5) ¹Eine Fortschreibung erfolgt auch zur Beseitigung eines Fehlers (§ 222 Absatz 3 Satz 1 BewG). ²Ein Fehler i. S. des § 222 Absatz 3 Satz 1 BewG ist jede objektive Unrichtigkeit. ³Für die Zulässigkeit der fehlerberichtigenden Fortschreibung ist nicht Voraussetzung, dass ein klarliegender, einwandfrei feststellbarer Fehler vorliegt (vgl. BFH-Urteil vom 29. November 1989 II R 53/87, BStBl. II 1990 S. 149). ⁴Soll eine fehlerhafte Feststellung durch Wertfortschreibung geändert werden, so müssen außerdem die in Absatz 1 bezeichneten Wertgrenzen des § 222 Absatz 1 BewG überschritten werden. ⁵Eine auf eine Änderung der Rechtsprechung des Bundesfinanzhofs gegründete fehlerbeseitigende Fortschreibung ist für solche Feststellungszeitpunkte unzulässig, die vor dem Erlass der Entscheidung des Bundesfinanzhofs liegen (§ 222 Absatz 3 Satz 2 und 3 BewG). ⁶Wenn die Grundstücksart unzutreffend festgestellt wurde und deshalb eine Artfortschreibung zur Beseitigung des Fehlers durchzuführen ist, ist auch ein damit (ggf.) verbundener Wechsel des Bewertungsverfahrens (Ertrags-/Sachwertverfahren) vorzunehmen. ⁷Eine sich ergebende Wertveränderung ist im Rahmen einer ggf. auf denselben Stichtag durchzuführenden Wertfortschreibung zur Beseitigung des Fehlers zu berücksichtigen.

(6) ¹Bei einer Änderung der tatsächlichen Verhältnisse (siehe dazu A 227) ist eine Fortschreibung auf den Beginn des Kalenderjahres, das auf die Änderung folgt, vorzunehmen (§ 222 Absatz 4 Nummer 1 BewG). ²Eine Fortschreibung zur Beseitigung eines Fehlers ist auf den Beginn des Kalenderjahres, in dem der Fehler dem Finanzamt bekannt wird, vorzunehmen, bei einer Erhöhung des Grundsteuerwerts jedoch frühestens auf den Beginn des Kalenderjahres, in dem der Feststellungsbescheid erteilt wird (§ 222 Absatz 4 Nummer 2 BewG). ³Bei Nachfeststellungen, die im Rahmen der Beseitigung eines

Fehlers erforderlich sind, ist Satz 2 entsprechend anzuwenden. ⁴Für eine fehlerbeseitigende Artfortschreibung ist der Fortschreibungszeitpunkt in der Regel der Beginn des Kalenderjahres, in dem der Fehler dem Finanzamt bekannt wird. ⁵Dies gilt zunächst unabhängig davon, ob sich als Folge der Artfortschreibung der Grundsteuerwert erhöht. ⁶Wird der Feststellungsbescheid bei einer Erhöhung des Grundsteuerwerts erst in einem darauffolgenden Jahr erlassen, ist der Fortschreibungszeitpunkt der Beginn des Kalenderjahres, in dem der Feststellungsbescheid erteilt wird (§ 222 Absatz 4 Satz 3 Nummer 2, 2. Alternative BewG, vgl. BFH-Urteil vom 13. November 1991 II R 15/89, BStBl. II 1994 S. 393). ⁷Zur fehlerbeseitigenden Aufhebung des Grundsteuerwerts siehe A 224 Absatz 3.

(7) Die Vorschrift des § 235 Absatz 2 BewG über die Zugrundelegung eines anderen Zeitpunkts sowie § 227 BewG, wonach die Wertverhältnisse im Hauptfeststellungszeitpunkt zugrunde zu legen sind, bleiben von § 222 Absatz 4 BewG unberührt.

§ 223 Nachfeststellung

(1) Für wirtschaftliche Einheiten, für die ein Grundsteuerwert festzustellen ist, wird der Grundsteuerwert nachträglich festgestellt (Nachfeststellung), wenn nach dem Hauptfeststellungszeitpunkt:
1. die wirtschaftliche Einheit neu entsteht oder
2. eine bereits bestehende wirtschaftliche Einheit erstmals zur Grundsteuer herangezogen werden soll.

(2) ¹Der Nachfeststellung werden vorbehaltlich des § 227 die Verhältnisse im Nachfeststellungszeitpunkt zugrunde gelegt. ²Nachfeststellungszeitpunkt ist:
1. in den Fällen des Absatzes 1 Nummer 1 der Beginn des Kalenderjahres, das auf die Entstehung der wirtschaftlichen Einheit folgt, und
2. in den Fällen des Absatzes 1 Nummer 2 der Beginn des Kalenderjahres, in dem der Grundsteuerwert erstmals der Besteuerung zugrunde gelegt wird.

AEBewGrSt[1]

Zu § 223 BewG

A 223 Nachfeststellung

(1) Eine Nachfeststellung ist durchzuführen, wenn nach dem Hauptfeststellungszeitpunkt (§ 221 Absatz 2 BewG) eine wirtschaftliche Einheit neu entsteht (§ 223 Absatz 1 Nummer 1 BewG) oder eine bereits bestehende wirtschaftliche Einheit erstmals zur Grundsteuer herangezogen werden soll (§ 223 Absatz 1 Nummer 2 BewG).

(2) ¹Eine neue wirtschaftliche Einheit entsteht z. B., wenn
1. Wohnungs- oder Teileigentum neu begründet wird,
2. von einem Grundstück eine Teilfläche veräußert oder abgetrennt und nicht mit einer bereits bestehenden wirtschaftlichen Einheit verbunden wird oder
3. eine land- und forstwirtschaftlich genutzte Fläche aus dem Betrieb der Land- und Forstwirtschaft ausscheidet und eine selbständige wirtschaftliche Einheit des Grundvermögens bildet.

²Dabei ist es ohne Bedeutung, ob der Grundsteuerwert für die wirtschaftliche Einheit, aus der die neue Einheit ausscheidet, fortgeschrieben werden kann. ³Eine Nachfeststellung, die aufgrund einer anderen rechtlichen Beurteilung der Abgrenzung einer wirtschaftlichen Einheit erfolgen soll, ohne dass die neue wirtschaftliche Einheit veräußert worden ist, setzt jedoch eine gleichzeitige Wertfortschreibung voraus (vgl. BFH-Urteil vom 5. April 1957 III 333/56 U, BStBl. III S. 190). ⁴Erhält ein Steuerpflichtiger aus Anlass der Umlegung von Grundstücken an Stelle seines für Umlegungszwecke in Anspruch genommenen Grundstücks ein anderes Grundstück, so ist ebenfalls eine Nachfeststellung durchzuführen (vgl. BFH-Urteil vom 24. Februar 1961 III 207/59 U, BStBl. III S. 205). ⁵Nachfeststellungen sind auch vorzunehmen, wenn ein Baugelände parzelliert wird. ⁶Die einzelnen Bauparzellen bilden grundsätzlich je-

---

[1] Koordinierte Erlasse der obersten Finanzbehörden der Länder vom 9. November 2021 zur Anwendung des Siebenten Abschnitts des Zweiten Teils des Bewertungsgesetzes zur Bewertung des Grundbesitzes (allgemeiner Teil und Grundvermögen) für die Grundsteuer ab 1. Januar 2022 (AEBewGrSt), BStBl. I S. 2334.

weils für sich eine neue wirtschaftliche Einheit, für die eine Nachfeststellung vorzunehmen ist. [7]Sind sie nicht veräußert, sind sie dem bisherigen Eigentümer zuzurechnen. [8]Der Grundsteuerwert für die bisherige wirtschaftliche Einheit ist aufzuheben, wenn sie wegfällt.

(3) Liegt insbesondere aufgrund einer Grundsteuerbefreiung kein festgestellter Grundsteuerwert für eine bestehende wirtschaftliche Einheit vor (§ 219 Absatz 3 BewG), ist bei Wegfall der Voraussetzungen für die Grundsteuerbefreiung eine Nachfeststellung nach § 223 Absatz 1 Nummer 2 BewG durchzuführen.

(4) [1]Nachfeststellungszeitpunkt ist bei der Neuentstehung einer wirtschaftlichen Einheit der Beginn des Kalenderjahres, das auf die Entstehung der wirtschaftlichen Einheit folgt, und in den Fällen des Wegfalls eines Befreiungsgrundes der Beginn des Kalenderjahres, in dem der Grundsteuerwert erstmals der Besteuerung unterliegt.

Beispiel 1:

Im Jahr 2023 wird ein bisher unbebautes Grundstück in Wohnungs- und Teileigentum aufgeteilt. Der Grundsteuerwert für die bisherige wirtschaftliche Einheit ist aufzuheben. Für die neu entstandenen wirtschaftlichen Einheiten sind gemäß § 223 Absatz 1 Nummer 1 BewG Nachfeststellungen des Grundsteuerwerts auf den 1. Januar 2024 durchzuführen.

Beispiel 2:

Teilung eines Grundstücks im Jahr 2023 durch Herausmessung einer Teilfläche (neues Flurstück). Für den verbleibenden Teil der bereits bestehenden wirtschaftlichen Einheit ist eine Wertfortschreibung (regelmäßig nach unten) auf den 1. Januar 2024 durchzuführen, wenn die Wertfortschreibungsgrenzen (§ 222 Absatz 1 BewG) überschritten werden. Für die neu entstandene wirtschaftliche Einheit ist gemäß § 223 Absatz 1 Nummer 1 BewG eine Nachfeststellung des Grundsteuerwerts auf den 1. Januar 2024 durchzuführen.

[2]Die Vorschrift des § 235 Absatz 2 BewG über die Zugrundelegung eines anderen Zeitpunkts sowie § 227 BewG, wonach die Wertverhältnisse im Hauptfeststellungszeitpunkt zugrunde zu legen sind, bleiben von § 223 Absatz 2 BewG unberührt. [3]Bei einer Änderung der tatsächlichen Verhältnisse siehe A 227.

§ 224 Aufhebung des Grundsteuerwerts

(1) Der Grundsteuerwert wird aufgehoben, wenn dem Finanzamt bekannt wird, dass:

1. die wirtschaftliche Einheit wegfällt oder

2. der Grundsteuerwert der wirtschaftlichen Einheit infolge von Befreiungsgründen der Besteuerung nicht mehr zugrunde gelegt wird.

(2) Aufhebungszeitpunkt ist:

1. in den Fällen des Absatzes 1 Nummer 1 der Beginn des Kalenderjahres, das auf den Wegfall der wirtschaftlichen Einheit folgt, und

2. in den Fällen des Absatzes 1 Nummer 2 der Beginn des Kalenderjahres, in dem der Grundsteuerwert erstmals der Besteuerung nicht mehr zugrunde gelegt wird.

AEBewGrSt[1)]

Zu § 224 BewG

A 224 Aufhebung des Grundsteuerwerts

(1) [1]Der Grundsteuerwert ist aufzuheben, wenn eine wirtschaftliche Einheit wegfällt (§ 224 Absatz 1 Nummer 1 BewG) oder der Grundsteuerwert der wirtschaftlichen Einheit infolge von Befreiungsgründen der Besteuerung nicht mehr zugrunde gelegt wird (§ 224 Absatz 1 Nummer 2 BewG). [2]Eine wirtschaftliche Einheit kann z. B. dann wegfallen, wenn zwei wirtschaftliche Einheiten im Sinne des § 2 BewG zu einer neuen wirtschaftlichen Einheit zusammenzufassen sind. [3]In diesen Fällen ist der Grundsteuerwert der einen wirtschaftlichen Einheit nach § 224 Absatz 1 Nummer 1 BewG aufzuheben und der

---

1) Koordinierte Erlasse der obersten Finanzbehörden der Länder vom 9. November 2021 zur Anwendung des Siebenten Abschnitts des Zweiten Teils des Bewertungsgesetzes zur Bewertung des Grundbesitzes (allgemeiner Teil und Grundvermögen) für die Grundsteuer ab 1. Januar 2022 (AEBewGrSt), BStBl. I S. 2334.

§§ 224, 225 BewG

Grundsteuerwert der anderen wirtschaftlichen Einheit in der Regel gemäß § 222 Absatz 1 BewG fortzuschreiben, wenn die Wertfortschreibungsgrenzen überschritten werden. [4]Eine Wertfortschreibung des Grundsteuerwerts der neuen wirtschaftlichen Einheit ist keine Voraussetzung für die Aufhebung des Grundsteuerwerts der weggefallenen wirtschaftlichen Einheit. [5]Welche wirtschaftliche Einheit aufzuheben und welche fortzuschreiben ist, bestimmt sich nach Zweckmäßigkeitserwägungen und den Umständen des Einzelfalls. [6]Dabei ist zu berücksichtigen, welches Grundstück dem neuen Gesamtgrundstück das Gepräge gibt.

Beispiel:

> Ein bebautes Wohngrundstück wird mit einem danebenliegenden Gartengrundstück (Eckgrundstücke) vereinigt und bildet nach der Verkehrsanschauung nun eine zusammengehörende wirtschaftliche Einheit. Der Grundsteuerwert für das Gartengrundstück ist aufzuheben. Der Grundsteuerwert des Wohngrundstücks ist unter Berücksichtigung der Wertfortschreibungsgrenzen fortzuschreiben.

[7]Der Grundsteuerwert ist auch aufzuheben, wenn für eine wirtschaftliche Einheit die Voraussetzungen für eine Steuerbefreiung eintreten und er infolgedessen nicht mehr der Grundsteuer zugrunde gelegt wird (§ 224 Absatz 1 Nummer 2 BewG). [8]Werden neue Steuerbefreiungsvorschriften eingeführt, entfällt die Bedeutung der Grundsteuerwerte für die Besteuerung derjenigen wirtschaftlichen Einheiten, die unter die Steuerbefreiungsvorschrift fallen, und die Grundsteuerwerte sind folglich ebenfalls aufzuheben.

(2) [1]Die Grundsteuerwerte sind im Fall des § 224 Absatzes 1 Nummer 1 BewG auf den Beginn des Kalenderjahres aufzuheben, das auf den Wegfall der wirtschaftlichen Einheit folgt. [2]Im Fall des § 224 Absatz 1 Nummer 2 BewG sind die Grundsteuerwerte auf den Beginn des Kalenderjahres aufzuheben, das auf den Eintritt der Voraussetzungen für eine Grundsteuerbefreiung folgt.

Beispiel:

> Im Oktober 2026 erwirbt eine Kirchengemeinde ein bisher brachliegendes unbebautes Grundstück und nutzt dieses künftig als Bestattungsplatz (gemäß § 4 Nummer 2 GrStG vollständig von der Grundsteuer befreit). Der Grundsteuerwert ist auf den 1. Januar 2027 aufzuheben.

(3) [1]Hätte die Feststellung eines Grundsteuerwerts unterbleiben müssen (z. B. weil die wirtschaftliche Einheit bereits als Teil einer anderen wirtschaftlichen Einheit erfasst ist oder von der Grundsteuer zu befreien gewesen wäre), ist eine fehlerbeseitigende Aufhebung des Grundsteuerwerts gemäß § 224 Absatz 1 Nummer 1 BewG durchzuführen. [2]Aufhebungszeitpunkt ist in diesem Fall der Beginn des Kalenderjahres, in dem der Fehler dem Finanzamt bekannt wird (vgl. BFH-Urteil vom 16. Oktober 1991 II R 23/89, BStBl. II 1992 S. 454).

§ 225 Änderung von Feststellungsbescheiden

[1]Bescheide über Fortschreibungen oder über Nachfeststellungen von Grundsteuerwerten können schon vor dem maßgeblichen Feststellungszeitpunkt erteilt werden. [2]Sie sind zu ändern oder aufzuheben, wenn sich bis zu diesem Zeitpunkt Änderungen ergeben, die zu einer abweichenden Feststellung führen.

AEBewGrSt[1)]

Zu § 225 BewG

A 225 Änderung von Feststellungsbescheiden

[1]Bescheide über Fortschreibungen oder Nachfeststellungen von Grundsteuerwerten können bereits vor den maßgeblichen Feststellungszeitpunkten ergehen. [2]Ergeben sich bis zu den Feststellungszeitpunkten Änderungen, die zu einer abweichenden Feststellung führen würden, sind die Bescheide durch Änderung oder Aufhebung an die geänderten Verhältnisse anzupassen. [3]Die Wertgrenzen nach § 222 Absatz 1 BewG sind dabei nicht zu berücksichtigen.

---

1) Koordinierte Erlasse der obersten Finanzbehörden der Länder vom 9. November 2021 zur Anwendung des Siebenten Abschnitts des Zweiten Teils des Bewertungsgesetzes zur Bewertung des Grundbesitzes (allgemeiner Teil und Grundvermögen) für die Grundsteuer ab 1. Januar 2022 (AEBewGrSt), BStBl. I S. 2334.

BewG §§ 225, 226

Beispiel 1:
    A erbt im Februar 2022 ein Grundstück von V. Das Finanzamt führt im Juni 2022 eine Zurechnungsfortschreibung von V auf A auf den 1. Januar 2023 durch (Bescheiddatum 24. Juni 2022). A verkauft im November 2022 (Übergang Nutzen und Lasten zum 1. Dezember 2022) dieses Grundstück an B. Der Grundstücksverkauf (Eigentümerwechsel) wird dem Finanzamt erst im Januar 2023 bekannt.
    Die Zurechnungsfortschreibung auf den 1. Januar 2023 von V auf A ist nach § 225 BewG aufzuheben. B erhält einen neu zu erlassenden Zurechnungsbescheid von V auf B auf den 1. Januar 2023 (der Zeitpunkt des Bekanntwerdens des Eigentumswechsels beim Finanzamt ist unbeachtlich).

Beispiel 2:
    A ist Eigentümer eines unbebauten Grundstücks. Im Februar 2022 wird auf dem Grundstück ein Einfamilienhaus mit 120 m² Wohnfläche bezugsfertig errichtet. Das Finanzamt führt im Mai 2022 eine Art- und Wertfortschreibung auf den 1. Januar 2023 als bebautes Grundstück – Einfamilienhaus – basierend auf 120 m² Wohnfläche durch (Bescheiddatum 24. Mai 2022). Im Oktober 2022 wird ein Anbau mit 30 m² Wohnfläche bezugsfertig errichtet. A reicht im Januar 2023 die Anzeige (Einfamilienhaus mit 150 m² inklusive Anbau) gemäß § 228 Absatz 2 BewG ein.
    Die Änderungen der tatsächlichen Verhältnisse im Jahr 2022 führen insgesamt zu einer Art- und Wertfortschreibung vom unbebauten Grundstück zum bebauten Grundstück – Einfamilienhaus – basierend auf 150 m² Wohnfläche. Die Änderung der tatsächlichen Verhältnisse (Errichtung des Anbaus im Oktober 2022) trat erst nach der abschließenden Zeichnung (Mai 2022), aber vor dem maßgebenden Feststellungszeitpunkt (1. Januar 2023) ein. Mangels einschlägiger Änderungsvorschriften nach der Abgabenordnung ist eine Änderung der Art- und Wertfortschreibung vom 24. Mai 2022 auf den 1. Januar 2023 nach § 225 BewG durchzuführen und ein bebautes Grundstück – Einfamilienhaus – basierend auf 150 m² festzustellen.

§ 226 Nachholung einer Feststellung

(1) ¹Ist die Feststellungsfrist (§ 181 der Abgabenordnung) abgelaufen, kann eine Fortschreibung (§ 222) oder Nachfeststellung (§ 223) unter Zugrundelegung der Verhältnisse vom Fortschreibungs- oder Nachfeststellungszeitpunkt mit Wirkung für einen späteren Feststellungszeitpunkt vorgenommen werden, für den diese Frist noch nicht abgelaufen ist. ²§ 181 Absatz 5 der Abgabenordnung bleibt hiervon unberührt.

(2) Absatz 1 ist bei der Aufhebung des Grundsteuerwerts (§ 224) entsprechend anzuwenden.

AEBewGrSt[1]

Zu § 226 BewG

A 226 Nachholung einer Feststellung

(1) Wurde eine Fortschreibung, Nachfeststellung oder Aufhebung auf den maßgebenden Feststellungszeitpunkt nicht durchgeführt und ist die Feststellungsfrist bereits abgelaufen, kann nach § 226 Absatz 1 Satz 1 und Absatz 2 BewG die Fortschreibung, Nachfeststellung oder Aufhebung des Grundsteuerwerts unter Zugrundelegung der Verhältnisse vom Fortschreibungs-, Nachfeststellungs- oder Aufhebungszeitpunkt mit Wirkung für einen späteren unverjährten Feststellungszeitpunkt nachgeholt werden.

Beispiel:
    Im Jahr 2030 wird bemerkt, dass eine Nachfeststellung auf den 1. Januar 2023 trotz im Jahr 2023 ordnungsgemäß erfolgter Anzeige der Änderung der Verhältnisse durch den Steuerpflichtigen bisher nicht durchgeführt worden ist. Für den Feststellungszeitpunkt 1. Januar 2023 ist wegen der erstmaligen Anwendung des Grundsteuerwerts zum 1. Januar 2025 mit Ablauf des 31. Dezember 2029 Feststellungsverjährung eingetreten (§ 181 Absatz 4 AO). Im Jahr 2030 wird die Nachfeststellung nach § 226 Absatz 1 Satz 1 BewG auf den 1. Januar 2023 mit Wirkung ab dem 1. Januar 2026 (erster nicht verjährter Stichtag) unter Zugrundelegung der Verhältnisse vom 1. Januar 2023 nachgeholt.

(2) ¹Ist die Feststellungsfrist bereits abgelaufen, aber die Festsetzungsfrist für die Grundsteuer oder eine andere Folgesteuer noch nicht abgelaufen, kann die Feststellung oder Aufhebung des Grundsteuerwerts nach § 226 Absatz 1 Satz 2 BewG i. V. m. § 181 Absatz 5 Satz 1 AO auf einen Stichtag nachgeholt

---

[1] Koordinierte Erlasse der obersten Finanzbehörden der Länder vom 9. November 2021 zur Anwendung des Siebenten Abschnitts des Zweiten Teils des Bewertungsgesetzes zur Bewertung des Grundbesitzes (allgemeiner Teil und Grundvermögen) für die Grundsteuer ab 1. Januar 2022 (AEBewGrSt), BStBl. I S. 2334.

werden, zu dem zwar die Feststellungsfrist bereits abgelaufen, die Festsetzungsfrist für die Grundsteuer oder eine andere Folgesteuer aber noch nicht abgelaufen ist. ²Im Feststellungsbescheid ist darauf hinzuweisen, dass der Feststellungsbescheid nach Ablauf der Feststellungsfrist ergangen und nur für die Grundsteuerfestsetzung oder eine andere Folgesteuerfestsetzung von Bedeutung ist, für die die Festsetzungsfrist noch nicht abgelaufen ist (§ 181 Absatz 5 Satz 2 AO).

(3) Absätze 1 und 2 gelten entsprechend für Berichtigungen, Änderungen und Aufhebungen nach den Vorschriften der Abgabenordnung (vgl. BFH-Urteil vom 11. November 2009 II R 14/08, BStBl. II 2010 S. 723).

§ 227 Wertverhältnisse bei Fortschreibungen und Nachfeststellungen

Bei Fortschreibungen und bei Nachfeststellungen der Grundsteuerwerte sind die Wertverhältnisse im Hauptfeststellungszeitpunkt zugrunde zu legen.

AEBewGrSt[1)]

Zu § 227 BewG

A 227 Wertverhältnisse bei Fortschreibungen und Nachfeststellungen

(1) Bei Fortschreibungen und Nachfeststellungen der Grundsteuerwerte sind die Wertverhältnisse im Hauptfeststellungszeitpunkt und die tatsächlichen Verhältnisse im Fortschreibungs- bzw. Nachfeststellungszeitpunkt zugrunde zu legen.

(2) ¹Bei dem land- und forstwirtschaftlichen Vermögen sind die Wertverhältnisse Ausdruck des Ertragsgefüges des jeweiligen land- und forstwirtschaftlichen Betriebs, das dem Ertragswert auf den Hauptfeststellungszeitpunkt zugrunde gelegt wurde. ²Bei Fortschreibungen und Nachfeststellungen sind daher unverändert zu übernehmen:
1. die Reinerträge je Flächen- oder sonstigen Einheit der jeweiligen Nutzung, des jeweiligen Nutzungsteils und der jeweiligen Nutzungsart der Anlagen 27–31 zum BewG und
2. die Zuschläge des § 238 BewG ggf. i. V. m. der Anlage 33 zum BewG.

³Zu den tatsächlichen Verhältnissen, deren Änderung zu einer Wertfortschreibung führen können, gehören insbesondere
1. Flächenänderungen (Zu- oder Abnahme der Gesamtfläche des Betriebs der Land- und Forstwirtschaft),
2. Änderungen von Flächen innerhalb eines Betriebs der Land- und Forstwirtschaft zwischen den Nutzungen, Nutzungsteilen und Nutzungsarten,
3. Veränderungen bei den Bruttogrundflächen der in Anlage 31 und 32 zum BewG aufgeführten Wirtschaftsgebäude,
4. Änderungen des Tierbestandes und
5. Veränderungen bei den Ertrag steigernden Anlagen (z. B. Zunahme der Anbauflächen unter Glas und Kunststoffen sowie Änderung der Ausbauform im Weinbau, Bau einer Windenergieanlage).

(3) ¹Beim Grundvermögen umfasst der Begriff der Wertverhältnisse vor allem die wirtschaftlichen Verhältnisse, die ihren Niederschlag in den Grundstücks- und Baupreisen sowie im allgemeinen Mietniveau gefunden haben. ²Zu den Wertverhältnissen im Hauptfeststellungszeitpunkt gehören insbesondere
1. der jeweilige Bodenrichtwert im Sinne des § 247 Absatz 1 und 2 BewG und die Werte vergleichbarer Flächen im Sinne des § 247 Absatz 3 BewG,
2. bei einer Bewertung im Ertragswertverfahren nach §§ 252 ff. BewG
    a) der Rohertrag des Grundstücks nach § 254 BewG i. V. m. Anlage 39 zum BewG,
    b) der Kapitalisierungsfaktor nach § 253 Absatz 2 BewG i. V. m. Anlage 37 zum BewG (siehe auch A 227 Absatz 4),
    c) die Bewirtschaftungskosten nach § 255 BewG i. V. m. Anlage 40 zum BewG,
    d) der Liegenschaftszinssatz nach § 256 BewG und
    e) der Abzinsungsfaktor nach § 257 Absatz 2 BewG i. V. m. Anlage 41 zum BewG (siehe auch A 227 Absatz 4),

---

[1)] Koordinierte Erlasse der obersten Finanzbehörden der Länder vom 9. November 2021 zur Anwendung des Siebenten Abschnitts des Zweiten Teils des Bewertungsgesetzes zur Bewertung des Grundbesitzes (allgemeiner Teil und Grundvermögen) für die Grundsteuer ab 1. Januar 2022 (AEBewGrSt), BStBl. I S. 2334.

BewG §§ 227, 228

3. bei einer Bewertung im Sachwertverfahren nach §§ 258 ff. BewG
   a) die Normalherstellungskosten nach § 259 Absatz 1 BewG, wie sie sich aus der Anlage 42 zum BewG ergeben,
   b) der jeweilige Baupreisindex nach § 259 Absatz 3 BewG und
   c) die Alterswertminderung nach § 259 Absatz 4 BewG (siehe auch A 227 Absatz 4).

³Zu den tatsächlichen Verhältnissen, deren Änderung zu einer Wert- und ggf. Artfortschreibung führen können, gehören insbesondere
1. Flächenänderungen beim Grund und Boden sowie bei Gebäuden,
2. Änderungen des Entwicklungszustandes des Grundstücks,
3. Errichtung oder Fertigstellung eines Gebäudes auf dem Grundstück,
4. Änderung der Nutzungsart sowie
5. Abriss oder Zerstörung eines Gebäudes auf dem Grundstück.

⁴Änderungen der Vermögensart, wie z. B. der Wechsel einer landwirtschaftlichen Fläche in das Grundvermögen nach § 233 Absatz 2 BewG, führen nicht zu einer Art- und ggf. einer Wertfortschreibung, sondern zu einer Nachfeststellung für die neu entstandene wirtschaftliche Einheit des Grundvermögens. ⁵Sind alle Grundstücke eines Betriebs der Land- und Forstwirtschaft vom Wechsel der Vermögensart betroffen, ist zugleich eine Aufhebung des Grundsteuerwerts für die wirtschaftliche Einheit des land- und forstwirtschaftlichen Vermögens vorzunehmen. ⁶Geht nur ein Teil eines Betriebs der Land- und Forstwirtschaft in das Grundvermögen über, ist wegen des Flächenabgangs bei der verbleibenden wirtschaftlichen Einheit des land- und forstwirtschaftlichen Vermögens eine Wertfortschreibung zu prüfen.

(4) ¹Für die Berechnung der Alterswertminderung ist jeweils das Alter des Gebäudes im Hauptfeststellungszeitpunkt zugrunde zu legen. ²Dies gilt auch bei einer bestehenden Abbruchverpflichtung. ³Entsprechendes gilt für die Bestimmung der Restnutzungsdauer eines Gebäudes bei der Bewertung eines Grundstücks im Ertragswertverfahren nach §§ 252 ff. BewG zur Ermittlung des Kapitalisierungsfaktors nach § 253 Absatz 2 BewG i. V. m. Anlage 37 zum BewG und des Abzinsungsfaktors nach § 257 Absatz 1 BewG i. V. m. Anlage 41 zum BewG. ⁴Existierte das Gebäude bereits im Hauptfeststellungszeitpunkt und wird aufgrund des Entstehens einer neuen wirtschaftlichen Einheit (z. B. bei der Bildung von Wohnungs- oder Teileigentum) eine Nachfeststellung erforderlich, ist das Gebäudealter im Hauptfeststellungszeitpunkt maßgebend. ⁵Existierte das Gebäude im Hauptfeststellungszeitpunkt noch nicht und wird eine Wertfortschreibung aufgrund der Errichtung des Gebäudes erforderlich, ist eine Alterswertminderung nicht zu berücksichtigen. ⁶Maßgeblich ist in diesem Fall das Alter des Gebäudes im Feststellungszeitpunkt (0 Jahre). ⁷Dies gilt auch für die Bestimmung der Restnutzungsdauer zur Ermittlung des Kapitalisierungsfaktors nach § 253 Absatz 2 BewG i. V. m. Anlage 37 zum BewG und des Abzinsungsfaktors nach § 257 Absatz 1 BewG i. V. m. Anlage 41 zum BewG.

§ 228 Erklärungs- und Anzeigepflicht

(1) ¹Die Steuerpflichtigen haben Erklärungen zur Feststellung der Grundsteuerwerte für den Hauptfeststellungszeitpunkt oder einen anderen Feststellungszeitpunkt abzugeben, wenn sie hierzu durch die Finanzbehörde aufgefordert werden (§ 149 Absatz 1 Satz 2 der Abgabenordnung). ²Fordert die Finanzbehörde zur Abgabe einer Erklärung auf, hat sie eine Frist zur Abgabe der Erklärung zu bestimmen, die mindestens einen Monat betragen soll. ³Die Aufforderung zur Abgabe einer Erklärung kann vom Bundesministerium der Finanzen im Einvernehmen mit den obersten Finanzbehörden der Länder durch öffentliche Bekanntmachung erfolgen.

(2) ¹Eine Änderung der tatsächlichen Verhältnisse, die sich auf die Höhe des Grundsteuerwerts, die Vermögensart oder die Grundstücksart auswirken oder zu einer erstmaligen Feststellung führen kann, ist auf den Beginn des folgenden Kalenderjahres anzuzeigen. ²Gleiches gilt, wenn das Eigentum oder das wirtschaftliche Eigentum an einem auf fremdem Grund und Boden errichteten Gebäude übergegangen ist. ³Die Frist für die Abgabe dieser Anzeige beträgt einen Monat und beginnt mit Ablauf des Kalenderjahres, in dem sich die tatsächlichen Verhältnisse geändert haben oder das Eigentum oder das wirtschaftliche Eigentum an einem auf fremdem Grund und Boden errichteten Gebäude übergegangen ist.

(3) Die Erklärung nach Absatz 1 und die Anzeige nach Absatz 2 sind abzugeben

§ 228 BewG

1. von dem Steuerpflichtigen, dem die wirtschaftliche Einheit zuzurechnen ist,
2. bei einem Grundstück, das mit einem Erbbaurecht belastet ist, vom Erbbauberechtigten unter Mitwirkung des Erbbauverpflichteten oder
3. bei einem Gebäude auf fremdem Grund und Boden vom Eigentümer des Grund und Bodens unter Mitwirkung des Eigentümers oder des wirtschaftlichen Eigentümers des Gebäudes.

(4) Die Erklärungen nach Absatz 1 und die Anzeigen nach Absatz 2 sind bei dem für die gesonderte Feststellung zuständigen Finanzamt abzugeben.

(5) Die Erklärungen nach Absatz 1 und die Anzeigen nach Absatz 2 sind Steuererklärungen im Sinne der Abgabenordnung, die eigenhändig zu unterschreiben sind.

(6) ¹Die Erklärungen nach Absatz 1 und die Anzeigen nach Absatz 2 sind nach amtlich vorgeschriebenem Datensatz durch Datenfernübertragung zu übermitteln. ²Auf Antrag kann die Finanzbehörde zur Vermeidung unbilliger Härten auf eine Übermittlung durch Datenfernübertragung verzichten. ³Für die Entscheidung über den Antrag gilt § 150 Absatz 8 der Abgabenordnung.

AEBewGrSt[1)]

Zu § 228 BewG

A 228 Erklärungs- und Anzeigepflicht

(1) ¹Zur Durchführung der Feststellung von Grundsteuerwerten ist auf den jeweiligen Hauptfeststellungszeitpunkt grundsätzlich eine Erklärung des Steuerpflichtigen zur Feststellung des Grundsteuerwerts anzufordern. ²Zur Verwaltungsvereinfachung kann dies im Wege der öffentlichen Bekanntmachung erfolgen. ³Andernfalls hat das zuständige Finanzamt den Steuerpflichtigen zur Erklärungsabgabe aufzufordern. ⁴Haben sich bei einer wirtschaftlichen Einheit die tatsächlichen Verhältnisse (siehe A 227) geändert, so kann das Finanzamt den Steuerpflichtigen zur Abgabe einer Feststellungserklärung auffordern. ⁵Fordert die Finanzbehörde zu einer Erklärung auf, hat sie eine Frist zur Abgabe zu bestimmen, die mindestens einen Monat betragen soll. ⁶In besonders gelagerten Ausnahmefällen kann auch eine kürzere Frist gesetzt werden, insbesondere, wenn Verjährung droht und die Pflicht zur Abgabe der Erklärung in einer kürzeren Frist für den Steuerpflichtigen zumutbar ist.

(2) ¹Bei einer Änderung der tatsächlichen Verhältnisse (siehe A 227), die den Wert oder die Art (Vermögens- oder Grundstücksart) beeinflussen oder zu einer erstmaligen Feststellung führen können, hat dies der Steuerpflichtige auf den Beginn des folgenden Kalenderjahres anzuzeigen. ²Änderungen, die eine Zurechnungsfortschreibung zur Folge haben, wie z. B. der Eigentumsübergang an einem Grundstück, bedürfen keiner Anzeige des Steuerpflichtigen. ³Bei dem Übergang des zivilrechtlichen oder des wirtschaftlichen Eigentums an einem auf fremdem Grund und Boden errichteten Gebäude ist eine Anzeige abzugeben. ⁴Die Abgabefrist für diese Anzeigen beträgt einen Monat und beginnt mit Ablauf des Kalenderjahres, in dem sich die tatsächlichen Verhältnisse geändert haben oder das (wirtschaftliche) Eigentum übergegangen ist. ⁵Die Anzeigepflicht nach § 19 GrStG bleibt unberührt.

(3) ¹Die Erklärung nach § 228 Absatz 1 BewG und die Anzeige nach § 228 Absatz 2 BewG sind im Regelfall von demjenigen abzugeben, dem das Grundstück zuzurechnen ist. ²Da in Erbbaurechtsfällen das Grundstück dem Erbbauberechtigten zugerechnet wird (vgl. § 261 BewG), ist folgerichtig auch der Erbbauberechtigte verpflichtet, die Feststellungserklärung oder Anzeige abzugeben. ³Der Erbbauverpflichtete hat an der Erklärung oder Anzeige mitzuwirken, da im Einzelfall nicht auszuschließen ist, dass bestimmte Informationen nur vom Erbbauverpflichteten erlangt werden können. ⁴Bei einem Gebäude auf fremdem Grund und Boden ist der Grundstückseigentümer verpflichtet, die Steuererklärung oder Anzeige abzugeben. ⁵Der Eigentümer oder der wirtschaftliche Eigentümer des Gebäudes hat mitzuwirken.

(4) ¹Die Erklärung nach § 228 Absatz 1 BewG und die Anzeige nach § 228 Absatz 2 BewG sind bei dem für die gesonderte Feststellung zuständigen Finanzamt abzugeben und – sofern keine elektronische Übermittlung erfolgt (vgl. § 228 Absatz 6 BewG) – eigenhändig zu unterschreiben. ²Örtlich zuständig für die gesonderte Feststellung ist nach der allgemeinen abgabenrechtlichen Zuständigkeitsverteilung das Lagefinanzamt (§ 18 Absatz 1 Nummer 1 AO).

[1)] Koordinierte Erlasse der obersten Finanzbehörden der Länder vom 9. November 2021 zur Anwendung des Siebenten Abschnitts des Zweiten Teils des Bewertungsgesetzes zur Bewertung des Grundbesitzes (allgemeiner Teil und Grundvermögen) für die Grundsteuer ab 1. Januar 2022 (AEBewGrSt), BStBl. I S. 2334.

(5) ¹Die Erklärungen nach § 228 Absatz 1 BewG und die Anzeigen nach § 228 Absatz 2 BewG sind Steuererklärungen im Sinne der Abgabenordnung. ²Die Erfüllung sowohl der Erklärungs- als auch der Anzeigepflicht ist erzwingbar (§§ 328 ff. AO). ³Bei Nichterfüllung oder bei nicht fristgerechter Erfüllung der Erklärungs- oder Anzeigepflicht ist ein Verspätungszuschlag nach § 152 Absatz 1 oder 2 AO unter den dort genannten Voraussetzungen festzusetzen. ⁴Auf die Erklärungen nach § 228 Absatz 1 BewG zur gesonderten Feststellung des Grundsteuerwerts auf den Hauptfeststellungszeitpunkt 1. Januar 2022 ist § 152 Absatz 2 AO nicht anzuwenden (Art. 97 § 8 EGAO). ⁵Die Anzeigepflicht nach § 228 Absatz 2 BewG kann innerhalb der Anzeigefrist auch durch Abgabe einer Erklärung nach § 228 Absatz 1 BewG erfüllt werden. ⁶Der Erklärungs- und Anzeigepflichtige sowie sein Gesamtrechtsnachfolger haben die Pflicht zur Berichtigung der Erklärung bzw. Anzeige des Erklärungs- und Anzeigepflichtigen aus § 153 Absatz 1 AO.

(6) ¹Unabhängig von der Anzeigepflicht kann die Fortschreibung eines Grundsteuerwerts auch von Amts wegen erfolgen. ²Das kann insbesondere der Fall sein, wenn der Steuerpflichtige seiner Erklärungs- oder Anzeigepflicht nicht nachgekommen ist und dem Finanzamt alle steuererheblichen Tatsachen bereits bekannt sind. ³Die Fortschreibung von Amts wegen unterliegt keiner zeitlichen Beschränkung. ⁴Sie ist jedoch unzulässig, wenn die auf ihr beruhende Steuer verjährt und deshalb der Grundsteuerwert ohne steuerliche Bedeutung ist.

§ 229 Auskünfte, Erhebungen und Mitteilungen

(1) ¹Die Eigentümer von Grundbesitz haben der Finanzbehörde auf Anforderung alle Angaben zu machen, die sie für die Sammlung der Kauf-, Miet- und Pachtpreise braucht. ²Dabei haben sie zu versichern, dass sie die Angaben nach bestem Wissen und Gewissen gemacht haben.

(2) ¹Die Finanzbehörden können zur Vorbereitung einer Hauptfeststellung und zur Durchführung von Feststellungen der Grundsteuerwerte örtliche Erhebungen über die Bewertungsgrundlagen anstellen. ²Das Grundrecht der Unverletzlichkeit der Wohnung (Artikel 13 des Grundgesetzes) wird insoweit eingeschränkt.

(3) Die nach Bundes- oder Landesrecht zuständigen Behörden haben den Finanzbehörden die rechtlichen und tatsächlichen Umstände mitzuteilen, die ihnen im Rahmen ihrer Aufgabenerfüllung bekannt geworden sind und die für die Feststellung von Grundsteuerwerten oder für die Grundsteuer von Bedeutung sein können.

(4) ¹Die Grundbuchämter haben den für die Feststellung des Grundsteuerwerts zuständigen Finanzbehörden mitzuteilen:

1. die Eintragung eines neuen Eigentümers oder Erbbauberechtigten sowie bei einem anderen als einem rechtsgeschäftlichen Erwerb zusätzlich die Anschrift des neuen Eigentümers oder Erbbauberechtigten; dies gilt nicht für die Fälle des Erwerbs nach den Vorschriften des Zuordnungsrechts,

2. die Eintragung der Begründung von Wohnungseigentum oder Teileigentum,

3. die Eintragung der Begründung eines Erbbaurechts, Wohnungserbbaurechts oder Teilerbbaurechts.

²In den Fällen des Satzes 1 Nummer 2 und 3 ist gleichzeitig der Tag des Eingangs des Eintragungsantrags beim Grundbuchamt mitzuteilen. ³Bei einer Eintragung aufgrund Erbfolge ist das Jahr anzugeben, in dem der Erblasser verstorben ist. ⁴Die Mitteilungen sollen der Finanzbehörde über die für die Führung des Liegenschaftskatasters zuständige Behörde oder über eine sonstige Behörde, die das amtliche Verzeichnis der Grundstücke (§ 2 Absatz 2 der Grundbuchordnung) führt, zugeleitet werden.

(5) ¹Die nach den Absätzen 3 oder 4 mitteilungspflichtige Stelle hat die betroffenen Personen vom Inhalt der Mitteilung zu unterrichten. ²Eine Unterrichtung kann unterbleiben, soweit den Finanzbehörden Umstände aus dem Grundbuch, den Grundakten oder aus dem Liegenschaftskataster mitgeteilt werden.

(6) ¹Die nach den Absätzen 3 oder 4 mitteilungspflichtigen Stellen übermitteln die Mitteilungen den Finanzbehörden nach amtlich vorgeschriebenem Datensatz über die amtlich bestimmte Schnittstelle. ²Die Grundbuchämter und die für die Führung des Liegenschafts-

§§ 229–231 BewG

katasters zuständigen Behörden übermitteln die bei ihnen geführten Daten laufend, mindestens alle drei Monate. ³Das Bundesministerium der Finanzen legt im Einvernehmen mit den obersten Finanzbehörden der Länder und den obersten Vermessungs- und Katasterbehörden der Länder die Einzelheiten der elektronischen Übermittlung und deren Beginn in einem Schreiben fest. ⁴Dieses Schreiben ist im Bundesanzeiger und im Bundessteuerblatt zu veröffentlichen.

AEBewGrSt[1]

Zu § 229 BewG

A 229 Auskünfte, Erhebungen und Mitteilungen
- unbesetzt -

§ 230 Abrundung
Die ermittelten Grundsteuerwerte werden auf volle 100 Euro nach unten abgerundet.

AEBewGrSt[2]

Zu § 230 BewG

A 230 Abrundung
Die sich im Rahmen der Ermittlung des Grundsteuerwerts ergebenden Zwischenwerte sind kaufmännisch auf zwei Nachkommastellen zu runden.

§ 231 Abgrenzung von in- und ausländischem Vermögen
(1) ¹Für die Bewertung des inländischen nach diesem Abschnitt zu bewertenden Vermögens gelten die §§ 232 bis 262. ²Nach diesen Vorschriften sind auch die inländischen Teile einer wirtschaftlichen Einheit zu bewerten, die sich sowohl auf das Inland als auch auf das Ausland erstrecken.
(2) Die ausländischen Teile einer wirtschaftlichen Einheit unterliegen nicht der gesonderten Feststellung nach § 219.

AEBewGrSt[3]

Zu § 231 BewG

A 231 Abgrenzung von in- und ausländischem Vermögen
¹Für das inländische nach dem Siebenten Abschnitt des Zweiten Teils des Bewertungsgesetzes zu bewertende Vermögen gelten die Vorschriften der §§ 232 bis 262 BewG. ²Nach diesen Vorschriften sind auch die inländischen Teile einer wirtschaftlichen Einheit zu bewerten, die sich sowohl auf das Inland als auch auf das Ausland erstrecken. ³Dies gilt insbesondere für die Bewertung von Betrieben der Land- und Forstwirtschaft, wenn diese teilweise über Landesgrenzen hinweg betrieben werden. ⁴Für Zwecke der Grundsteuer wird in diesen Fällen nur der inländische Teil der wirtschaftlichen Einheit bewertet. ⁵Der ausländische Teil einer wirtschaftlichen Einheit unterliegt nicht der gesonderten Feststellung nach § 219 BewG.

---

1) Koordinierte Erlasse der obersten Finanzbehörden der Länder vom 9. November 2021 zur Anwendung des Siebenten Abschnitts des Zweiten Teils des Bewertungsgesetzes zur Bewertung des Grundbesitzes (allgemeiner Teil und Grundvermögen) für die Grundsteuer ab 1. Januar 2022 (AEBewGrSt), BStBl. I S. 2334.
2) Koordinierte Erlasse der obersten Finanzbehörden der Länder vom 9. November 2021 zur Anwendung des Siebenten Abschnitts des Zweiten Teils des Bewertungsgesetzes zur Bewertung des Grundbesitzes (allgemeiner Teil und Grundvermögen) für die Grundsteuer ab 1. Januar 2022 (AEBewGrSt), BStBl. I S. 2334.
3) Koordinierte Erlasse der obersten Finanzbehörden der Länder vom 9. November 2021 zur Anwendung des Siebenten Abschnitts des Zweiten Teils des Bewertungsgesetzes zur Bewertung des Grundbesitzes (allgemeiner Teil und Grundvermögen) für die Grundsteuer ab 1. Januar 2022 (AEBewGrSt), BStBl. I S. 2334.

B. Land- und forstwirtschaftliches Vermögen

I. Allgemeines

§ 232 Begriff des land- und forstwirtschaftlichen Vermögens

(1) ¹Land- und Forstwirtschaft ist die planmäßige Nutzung der natürlichen Kräfte des Bodens zur Erzeugung von Pflanzen und Tieren sowie die Verwertung der dadurch selbst gewonnenen Erzeugnisse. ²Zum land- und forstwirtschaftlichen Vermögen gehören alle Wirtschaftsgüter, die einem Betrieb der Land- und Forstwirtschaft dauernd zu dienen bestimmt sind.

(2) ¹Die wirtschaftliche Einheit des land- und forstwirtschaftlichen Vermögens ist der Betrieb der Land- und Forstwirtschaft. ²Wird der Betrieb der Land- und Forstwirtschaft oder werden Teile davon einem anderen Berechtigten zur Erzeugung von Pflanzen und Tieren sowie zur Verwertung der dadurch selbst gewonnenen Erzeugnisse überlassen, so gilt dies als Fortsetzung der land- und forstwirtschaftlichen Tätigkeit des Überlassenden.

(3) ¹Zu den Wirtschaftsgütern, die dem Betrieb der Land- und Forstwirtschaft dauernd zu dienen bestimmt sind, gehören insbesondere:

1. der Grund und Boden,
2. die Wirtschaftsgebäude,
3. die stehenden Betriebsmittel,
4. der normale Bestand an umlaufenden Betriebsmitteln,
5. die immateriellen Wirtschaftsgüter.

²Als normaler Bestand an umlaufenden Betriebsmitteln gilt ein Bestand, der zur gesicherten Fortführung des Betriebs erforderlich ist.

(4) Nicht zum land- und forstwirtschaftlichen Vermögen gehören:

1. Grund und Boden sowie Gebäude und Gebäudeteile, die Wohnzwecken oder anderen nicht land- und forstwirtschaftlichen Zwecken dienen,
2. Tierbestände oder Zweige des Tierbestands und die hiermit zusammenhängenden Wirtschaftsgüter (zum Beispiel Gebäude und abgrenzbare Gebäudeteile mit den dazugehörenden Flächen, stehende und umlaufende Betriebsmittel), wenn die Tiere weder nach § 241 zur landwirtschaftlichen Nutzung noch nach § 242 Absatz 2 zu den sonstigen land- und forstwirtschaftlichen Nutzungen gehören; die Zugehörigkeit der landwirtschaftlich genutzten Flächen zum land- und forstwirtschaftlichen Vermögen wird hierdurch nicht berührt,
3. Zahlungsmittel, Geldforderungen, Geschäftsguthaben, Wertpapiere und Beteiligungen sowie
4. Geldschulden und Pensionsverpflichtungen.

§ 233 Abgrenzung des land- und forstwirtschaftlichen Vermögens vom Grundvermögen in Sonderfällen

(1) Dienen im Umgriff einer Windenergieanlage Flächen einem Betrieb der Land- und Forstwirtschaft, sind abweichend von § 232 Absatz 4 Nummer 1 die Standortflächen der Windenergieanlage und der dazugehörenden Betriebsvorrichtungen (abgegrenzte Standortfläche der Windenergieanlage) dem land- und forstwirtschaftlichen Vermögen zuzurechnen.

(2) Land- und forstwirtschaftlich genutzte Flächen sind dem Grundvermögen zuzurechnen, wenn nach ihrer Lage, den am Feststellungszeitpunkt bestehenden Verwertungsmöglichkeiten oder den sonstigen Umständen anzunehmen ist, dass sie innerhalb eines Zeitraums

von sieben Jahren anderen als land- und forstwirtschaftlichen Zwecken, insbesondere als Bau-, Gewerbe- oder Industrieland oder als Land für Verkehrszwecke, dienen werden.

(3) ¹Flächen sind stets dem Grundvermögen zuzurechnen, wenn sie in einem Bebauungsplan als Bauland festgesetzt sind, ihre sofortige Bebauung möglich ist und die Bebauung innerhalb des Plangebiets in benachbarten Bereichen begonnen hat oder schon durchgeführt ist. ²Satz 1 gilt nicht für die Hofstelle.

§ 234 Betrieb der Land- und Forstwirtschaft

(1) Ein Betrieb der Land- und Forstwirtschaft umfasst:
1. die land- und forstwirtschaftlichen Nutzungen:
    a) die landwirtschaftliche Nutzung,
    b) die forstwirtschaftliche Nutzung,
    c) die weinbauliche Nutzung,
    d) die gärtnerische Nutzung,
        aa) Nutzungsteil Gemüsebau,
        bb) Nutzungsteil Blumen- und Zierpflanzenbau,
        cc) Nutzungsteil Obstbau,
        dd) Nutzungsteil Baumschulen,
    e) die übrigen land- und forstwirtschaftlichen Nutzungen,
2. die Nutzungsarten:
    a) Abbauland,
    b) Geringstland,
    c) Unland,
    d) Hofstelle,
3. die Nebenbetriebe.

(2) Die land- und forstwirtschaftlichen Betriebsflächen sind einer Nutzung, innerhalb der gärtnerischen Nutzung einem Nutzungsteil, oder einer Nutzungsart zuzuordnen (gesetzliche Klassifizierung).

(3) Zum Abbauland gehören die Betriebsflächen, die durch Abbau der Bodensubstanz überwiegend für den Betrieb der Land- und Forstwirtschaft nutzbar gemacht werden, zum Beispiel Steinbrüche, Torfstiche, Sand-, Kies- und Lehmgruben.

(4) Zum Geringstland gehören die Betriebsflächen geringster Ertragsfähigkeit, für die nach dem Bodenschätzungsgesetz keine Wertzahlen festzustellen sind.

(5) Zum Unland gehören die Betriebsflächen, die auch bei geordneter Wirtschaftsweise keinen Ertrag abwerfen können.

(6) Zur Hofstelle gehören alle Hof- und Wirtschaftsgebäudeflächen einschließlich der Nebenflächen, wenn von dort land- und forstwirtschaftliche Flächen nachhaltig bewirtschaftet werden.

(7) Als Nebenbetrieb gilt ein Betrieb, der dem Hauptbetrieb zu dienen bestimmt ist und nicht einen selbständigen gewerblichen Betrieb darstellt.

BewG §§ 235–237

§ 235 Bewertungsstichtag

(1) Für die Größe des Betriebs sowie für den Umfang und den Zustand der Gebäude sind die Verhältnisse im Feststellungszeitpunkt maßgebend.

(2) Für die stehenden und umlaufenden Betriebsmittel ist der Stand am Ende des Wirtschaftsjahres maßgebend, das dem Feststellungszeitpunkt vorangegangen ist.

§ 236 Bewertungsgrundsätze

(1) Der Bewertung eines Betriebs der Land- und Forstwirtschaft ist der Ertragswert zugrunde zu legen.

(2) [1]Bei der Ermittlung des Ertragswerts ist von der Ertragsfähigkeit auszugehen. [2]Ertragsfähigkeit ist der bei ordnungsmäßiger Bewirtschaftung gemeinhin und nachhaltig erzielbare Reinertrag eines pacht- und schuldenfreien Betriebs mit entlohnten fremden Arbeitskräften (Reinertrag). [3]Er ermittelt sich aus dem Betriebseinkommen abzüglich des Lohnaufwands für die entlohnten Arbeitskräfte und des angemessenen Anteils für die Arbeitsleistung des Betriebsleiters sowie der nicht entlohnten Arbeitskräfte. [4]Hierbei sind alle Umstände zu berücksichtigen, die bei einer Selbstbewirtschaftung des Betriebs den Wirtschaftserfolg beeinflussen.

(3) [1]Der Reinertrag wird aus den Erhebungen nach § 2 des Landwirtschaftsgesetzes oder aus Erhebungen der Finanzverwaltung für jede gesetzliche Klassifizierung gesondert ermittelt. [2]Bei der Ermittlung des jeweiligen Reinertrags ist zur Berücksichtigung der nachhaltigen Ertragsfähigkeit ein Durchschnitt aus den letzten zehn vorliegenden Wirtschaftsjahren zu bilden, die vor dem Hauptfeststellungszeitpunkt geendet haben.

(4) Der Ertragswert ist das 18,6fache der Summe der Reinerträge des Betriebs.

§ 237 Bewertung des Betriebs der Land- und Forstwirtschaft

(1) [1]Bei der Ermittlung des Ertragswerts für einen Betrieb der Land- und Forstwirtschaft sind die land- und forstwirtschaftlichen Nutzungen, Nutzungsarten und die Nebenbetriebe (§ 234 Absatz 1) mit ihrem jeweiligen Reinertrag nach den Absätzen 2 bis 8 zu bewerten. [2]Mit dem Ansatz des jeweiligen Reinertrags sind auch dem Eigentümer des Grund und Bodens nicht gehörende stehende und umlaufende Betriebsmittel, die der Bewirtschaftung des Betriebs dienen, abgegolten.

(2) [1]Der Reinertrag der landwirtschaftlichen Nutzung ermittelt sich aus der Summe der Flächenwerte. [2]Der jeweilige Flächenwert ist das Produkt aus der Größe der gesetzlich klassifizierten Eigentumsfläche des Betriebs und den Bewertungsfaktoren der Anlage 27. [3]Die Bewertungsfaktoren Grundbetrag und Ertragsmesszahl nach § 9 des Bodenschätzungsgesetzes sind für jede Eigentumsfläche gesondert zu ermitteln.

(3) [1]Der Reinertrag der forstwirtschaftlichen Nutzung ermittelt sich aus der Summe der Flächenwerte. [2]Der jeweilige Flächenwert ist das Produkt aus der Größe der gesetzlich klassifizierten Eigentumsfläche des Betriebs und dem jeweiligen gegendüblichen Bewertungsfaktor gemäß Anlage 28. [3]Die gegendüblichen Bewertungsfaktoren bestimmen sich nach den forstwirtschaftlichen Wuchsgebieten und deren Baumartenanteilen nach der zuletzt vor dem Hauptfeststellungszeitpunkt durchgeführten Bundeswaldinventur (§ 41a des Bundeswaldgesetzes). [4]Abweichend hiervon werden klassifizierte Eigentumsflächen mit katastermäßig nachgewiesenen Bewirtschaftungsbeschränkungen als Geringstland bewertet, wenn infolge der Bewirtschaftungsbeschränkungen eine nachhaltige forstwirtschaftliche Nutzung unterbleibt.

(4) ¹Der Reinertrag der weinbaulichen Nutzung ermittelt sich aus der Summe der Flächenwerte. ²Der jeweilige Flächenwert ist das Produkt aus der Größe der gesetzlich klassifizierten Eigentumsfläche des Betriebs und dem Bewertungsfaktor für die Verwertungsform Traubenerzeugung gemäß Anlage 29.

(5) ¹Der Reinertrag der gärtnerischen Nutzung ist gegliedert nach den Nutzungsteilen zu ermitteln. ²Der Reinertrag eines Nutzungsteils ermittelt sich aus der Summe der Flächenwerte. ³Der jeweilige Flächenwert ist das Produkt aus der gesetzlich klassifizierten Eigentumsfläche des Betriebs und dem jeweiligen Bewertungsfaktor gemäß Anlage 30. ⁴Abweichend hiervon wird der Nutzungsteil Gemüsebau wie eine landwirtschaftliche Nutzung bewertet, wenn im Wechsel landwirtschaftliche und gärtnerische Erzeugnisse gewonnen werden und keine Bewässerungsmöglichkeiten bestehen.

(6) ¹Der Reinertrag für die übrigen land- und forstwirtschaftlichen Nutzungen ist für jede Nutzung nach § 242 gesondert zu ermitteln. ²Der Reinertrag einer übrigen land- und forstwirtschaftlichen Nutzung ermittelt sich aus der Summe der Flächenwerte. ³Der jeweilige Flächenwert ist das Produkt aus der Größe der gesetzlich klassifizierten Eigentumsfläche des Betriebs und dem jeweiligen Bewertungsfaktor einschließlich des Zuschlags gemäß Anlage 31. ⁴Für die sonstigen land- und forstwirtschaftlichen Nutzungen, für die kein Bewertungsfaktor festgelegt wurde, ist der Reinertrag der jeweiligen Nutzung durch Multiplikation der Bruttogrundflächen der nachhaltig genutzten Wirtschaftsgebäude mit dem Zwölffachen des Werts gemäß Anlage 31 und für den dazu gehörenden Grund und Boden nach Absatz 8 zu ermitteln; dies gilt unabhängig von einer gesetzlichen Klassifizierung als Hofstelle.

(7) ¹Der Reinertrag für die Nutzungsarten Abbauland, Geringstland und Unland ermittelt sich aus der Summe der Flächenwerte der jeweiligen Nutzungsart. ²Der jeweilige Flächenwert ist das Produkt aus der Größe der gesetzlich klassifizierten Eigentumsfläche des Betriebs und dem jeweiligen Bewertungsfaktor gemäß Anlage 31.

(8) ¹Der Reinertrag für die Hofflächen und die Nebenbetriebe ermittelt sich aus der Summe der Flächenwerte. ²Der Flächenwert ist das Produkt aus der jeweils als Hofstelle gesetzlich klassifizierten Eigentumsfläche des Betriebs und dem dreifachen Bewertungsfaktor gemäß Anlage 32.

§ 238 Zuschläge zum Reinertrag

(1) Ein Zuschlag zum Reinertrag einer Nutzung oder Nutzungsart ist vorzunehmen,

1. bei der landwirtschaftlichen Nutzung gemäß Anlage 27, wenn der tatsächliche Tierbestand am maßgeblichen Bewertungsstichtag (§ 235) die in Anlage 27 genannte Grenze nachhaltig überschreitet,

2. bei der gärtnerischen Nutzung gemäß Anlage 30, wenn in einem Nutzungsteil Flächen unter Glas und Kunststoffen dem Betrieb zu dienen bestimmt sind. ²Zu den Flächen unter Glas und Kunststoffen gehören insbesondere mit Gewächshäusern, begehbaren Folientunneln, Foliengewächshäusern und anderen Kulturräumen überbaute Bruttogrundflächen. ³Unerheblich ist, ob die Flächen unter Glas und Kunststoffen neben der Erzeugung auch zur Lagerung oder zum Vertrieb der Erzeugnisse zu dienen bestimmt sind,

3. bei der Nutzungsart Hofstelle gemäß Anlage 32 für die weinbauliche Nutzung und für Nebenbetriebe. ²Der Zuschlag ermittelt sich durch Multiplikation der Bruttogrundflächen der nachhaltig genutzten Wirtschaftsgebäude mit dem Zwölffachen des jeweiligen Bewertungsfaktors. ³Unerheblich ist, ob die Wirtschaftsgebäude neben der Erzeugung auch zur Lagerung oder zum Vertrieb der Erzeugnisse zu dienen bestimmt sind.

(2) ¹Der Reinertrag einer Nutzung oder Nutzungsart ist um einen Zuschlag zu erhöhen, wenn die Eigentumsflächen des Betriebs zugleich der Stromerzeugung aus Windenergie

dienen. ²Der Zuschlag ermittelt sich aus dem Produkt der abgegrenzten Standortfläche der Windenergieanlage und dem Bewertungsfaktor gemäß Anlage 33.

§ 239 Grundsteuerwert des Betriebs der Land- und Forstwirtschaft

(1) Die Summe der Reinerträge des Betriebs einschließlich der Zuschläge (§§ 237, 238) ist zur Ermittlung des Ertragswerts mit dem Faktor 18,6 zu kapitalisieren und ergibt den Grundsteuerwert des Betriebs der Land- und Forstwirtschaft.

(2) ¹Die Summe der Reinerträge einschließlich der Zuschläge (§§ 237, 238) eines Betriebs der Land- und Forstwirtschaft ist für jede Gemeinde gesondert zu ermitteln, wenn sich die wirtschaftliche Einheit über mehrere Gemeinden erstreckt. ²Der auf eine Gemeinde entfallende Anteil am Grundsteuerwert berechnet sich aus der jeweils für eine Gemeinde gesondert ermittelten Summe der Reinerträge im Verhältnis zur Gesamtsumme der Reinerträge des Betriebs der Land- und Forstwirtschaft.

§ 240 Kleingartenland und Dauerkleingartenland

(1) Als Betrieb der Land- und Forstwirtschaft gelten auch Kleingartenland und Dauerkleingartenland im Sinne des Bundeskleingartengesetzes.

(2) ¹Bei der Ermittlung des Ertragswerts für Kleingartenland und Dauerkleingartenland ist abweichend von § 237 der Reinertrag für den Nutzungsteil Gemüsebau anzusetzen. ²Der Reinertrag ergibt sich aus der Summe der Produkte der jeweils gesetzlich klassifizierten Eigentumsfläche und dem Reinertrag für das Freiland gemäß Anlage 30.

(3) ¹Gartenlauben von mehr als 30 Quadratmetern Brutto-Grundfläche gelten als Wirtschaftsgebäude. ²§ 237 Absatz 8 findet entsprechende Anwendung.

(4) Die Summe der Reinerträge nach den Absätzen 2 und 3 ist zur Ermittlung des Ertragswerts mit dem Faktor 18,6 zu kapitalisieren und ergibt den Grundsteuerwert des Betriebs der Land- und Forstwirtschaft.

II. Besondere Vorschriften
a) Landwirtschaftliche Nutzung

§ 241 Tierbestände

(1) ¹Tierbestände gehören in vollem Umfang zur landwirtschaftlichen Nutzung, wenn im Wirtschaftsjahr

für die ersten 20 Hektar	nicht mehr als	10 Vieheinheiten,
für die nächsten 10 Hektar	nicht mehr als	7 Vieheinheiten,
für die nächsten 20 Hektar	nicht mehr als	6 Vieheinheiten,
für die nächsten 50 Hektar	nicht mehr als	3 Vieheinheiten,
und für die weitere Fläche	nicht mehr als	1,5 Vieheinheiten

je Hektar der vom Inhaber des Betriebs selbst bewirtschafteten Flächen der landwirtschaftlichen Nutzung erzeugt oder gehalten werden. ²Zu den selbst bewirtschafteten Flächen gehören die Eigentumsflächen und die zur Nutzung überlassenen Flächen. ³Die Tierbestände sind nach dem Futterbedarf in Vieheinheiten umzurechnen.

(2) ¹Übersteigt die Anzahl der Vieheinheiten nachhaltig die in Absatz 1 bezeichnete Grenze, so gehören nur die Zweige des Tierbestands zur landwirtschaftlichen Nutzung, deren Vieheinheiten zusammen diese Grenze nicht überschreiten. ²Zunächst sind mehr flächenabhängige Zweige des Tierbestands und danach weniger flächenabhängige Zweige des Tierbestands zur landwirtschaftlichen Nutzung zu rechnen. ³Innerhalb jeder dieser Gruppen sind zuerst Zweige des Tierbestands mit der geringeren Anzahl von Vieheinheiten und dann Zweige mit der größeren Anzahl von Vieheinheiten zur landwirtschaftlichen Nutzung zu rechnen. ⁴Der Tierbestand des einzelnen Zweiges wird nicht aufgeteilt.

(3) ¹Als Zweig des Tierbestands gilt bei jeder Tierart für sich:

1. das Zugvieh,
2. das Zuchtvieh,
3. das Mastvieh,
4. das übrige Nutzvieh.

²Das Zuchtvieh einer Tierart gilt nur dann als besonderer Zweig des Tierbestands, wenn die erzeugten Jungtiere überwiegend zum Verkauf bestimmt sind. ³Ist das nicht der Fall, so ist das Zuchtvieh dem Zweig des Tierbestands zuzurechnen, dem es überwiegend dient.

(4) ¹Die Absätze 1 bis 3 gelten nicht für Pelztiere. ²Pelztiere gehören nur dann zur landwirtschaftlichen Nutzung, wenn die erforderlichen Futtermittel überwiegend von den vom Inhaber des Betriebs landwirtschaftlich genutzten Flächen gewonnen werden.

(5) Der Umrechnungsschlüssel für Tierbestände in Vieheinheiten sowie die Gruppen der mehr oder weniger flächenabhängigen Zweige des Tierbestands sind den Anlagen 34 und 35 zu entnehmen.

BewG § 242

b) Übrige land- und forstwirtschaftliche Nutzungen

§ 242 Übrige land- und forstwirtschaftliche Nutzungen

(1) Zu den übrigen land- und forstwirtschaftlichen Nutzungen gehören:
1. Hopfen, Spargel und andere Sonderkulturen,
2. die sonstigen land- und forstwirtschaftlichen Nutzungen.

(2) Zu den sonstigen land- und forstwirtschaftlichen Nutzungen gehören insbesondere:
1. die Binnenfischerei,
2. die Teichwirtschaft,
3. die Fischzucht für Binnenfischerei und Teichwirtschaft,
4. die Imkerei,
5. die Wanderschäferei,
6. die Saatzucht,
7. der Pilzanbau,
8. die Produktion von Nützlingen,
9. die Weihnachtsbaumkulturen,
10. die Kurzumtriebsplantagen.

C. Grundvermögen

I. Allgemeines

§ 243 Begriff des Grundvermögens

(1) Zum Grundvermögen gehören, soweit es sich nicht um land- und forstwirtschaftliches Vermögen (§§ 232 bis 242) handelt:
1. der Grund und Boden, die Gebäude, die sonstigen Bestandteile und das Zubehör,
2. das Erbbaurecht,
3. das Wohnungseigentum und das Teileigentum,
4. das Wohnungserbbaurecht und das Teilerbbaurecht nach § 30 Absatz 1 des Wohnungseigentumsgesetzes.

(2) In das Grundvermögen sind nicht einzubeziehen:
1. Bodenschätze,
2. die Maschinen und sonstigen Vorrichtungen aller Art, die zu einer Betriebsanlage gehören (Betriebsvorrichtungen), auch wenn sie wesentliche Bestandteile sind.

(3) Einzubeziehen sind jedoch die Verstärkungen von Decken und die nicht ausschließlich zu einer Betriebsanlage gehörenden Stützen und sonstigen Bauteile wie Mauervorlagen und Verstrebungen

AEBewGrSt[1]

Zu § 243 BewG

A 243 Begriff des Grundvermögens

(1) [1]§ 243 BewG bestimmt den Begriff des Grundvermögens. [2]Dazu gehören insbesondere der Grund und Boden, die Gebäude, die sonstigen Bestandteile und das Zubehör. [3]Zum Grundvermögen gehören ebenso das Erbbaurecht i. S. d. Erbbaurechtsgesetzes (ErbbauRG) (siehe hierzu A 261.1), das Wohnungs- und Teileigentum (siehe hierzu A 249.5 und 249.6) sowie das Wohnungserbbaurecht und Teilerbbaurecht (siehe hierzu A 261.3) jeweils i. S. d. Wohnungseigentumsgesetzes (WEG).

(2) Der Grund und Boden bezeichnet einen räumlich abgegrenzten Teil der Erdoberfläche und erstreckt sich auf den Raum über der Oberfläche und auf den Erdkörper unter der Oberfläche (§ 905 des Bürgerlichen Gesetzbuches (BGB); siehe Einschränkung in A 243 Absatz 7).

(3) [1]Ein Gebäude ist ein Bauwerk, das Menschen oder Sachen durch räumliche Umschließung Schutz gegen äußere Einflüsse gewährt, den Aufenthalt von Menschen gestattet, fest mit dem Grund und Boden verbunden, von einiger Beständigkeit und ausreichend standfest ist (vgl. BFH-Urteil vom 24. Mai 1963 III 140/60 U, BStBl. III S. 376). [2]Zu den wesentlichen Bestandteilen des Gebäudes gehören die zu seiner Herstellung eingefügten Sachen (§ 94 Absatz 2 BGB). [3]Eine Sache ist zur Herstellung des Gebäudes eingefügt, wenn sie zwischen Teile eines Gebäudes gebracht und durch Einpassen an eine für sie bestimmte Stelle mit den sie umschließenden Stücken vereinigt und damit ihrer Zweckbestimmung zugeführt wird (vgl. BFH-Urteil vom 4. Mai 1962 III 348/60 U, BStBl. III S. 333). [4]Das sind z. B. Türen, Treppen, Fenster, eingebaute Möbel und Öfen, Badeinrichtungen, Zentralheizungs-, Warmwasser- und Brennstoffversorgungsanlagen sowie Aufzüge, auch wenn sie nachträglich eingebaut worden sind. [5]In das Gebäude eingefügte Sachen, die Betriebsvorrichtungen sind, sind nach bürgerlichem Recht ebenfalls wesentliche Bestandteile des Gebäudes. [6]Bei der Bewertung des Grundvermögens für Zwecke der Grundsteuer sind sie jedoch nicht zu berücksichtigen (siehe Absatz 8). [7]Sachen, die nur zu einem vorübergehenden Zweck in das Gebäude eingefügt sind, gehören nach § 95 BGB nicht zu den Bestandteilen des Gebäudes (vgl. BFH-Urteil vom 22. Oktober 1965 III 145/62 U, BStBl. 1966 III S. 5).

(4) [1]Die Begriffe sonstige Bestandteile und Zubehör sind nach bürgerlichem Recht auszulegen. [2]Zu den sonstigen Bestandteilen eines Grundstücks gehören die übrigen wesentlichen und nicht wesentlichen Bestandteile eines Grundstücks (siehe §§ 93 ff. BGB). [3]Wesentliche Bestandteile des Grundstücks sind

---

[1] Koordinierte Erlasse der obersten Finanzbehörden der Länder vom 9. November 2021 zur Anwendung des Siebenten Abschnitts des Zweiten Teils des Bewertungsgesetzes zur Bewertung des Grundbesitzes (allgemeiner Teil und Grundvermögen) für die Grundsteuer ab 1. Januar 2022 (AEBewGrSt), BStBl. I S. 2334.

neben den Gebäuden die mit einem Gebäude verbundenen Anbauten (z. B. Wintergärten). [4]Zu den Bestandteilen eines Grundstücks gehören auch die Außenanlagen. [5]Sie werden bei der Bewertung für Zwecke der Grundsteuer nicht gesondert angesetzt und sind mit dem Grundsteuerwert abgegolten (siehe A 247.1 Absatz 1 Satz 2 und A 258 Absatz 1 Satz 4). [6]Dazu gehören insbesondere Platz- und Wegebefestigungen, Terrassen, Gartenanlagen, Umzäunungen sowie Leitungen und sonstige Anlagen außerhalb der Gebäude, welche der Versorgung und der Kanalisation dienen. [7]Rechte, die mit dem Eigentum am Grundstück verbunden sind, gelten als Bestandteil des Grundstücks (vgl. § 96 BGB). [8]Sie gehören zwar zum Grundvermögen, werden allerdings nicht gesondert als Grundstück erfasst und auch nicht bei der Bewertung des belasteten Grundstücks berücksichtigt. [9]Das sind insbesondere Überbaurechte (§ 912 BGB) und Grunddienstbarkeiten (§ 1018 BGB, z. B. Wege- oder Fensterrechte). [10]Nicht zum Grundvermögen gehören Nutzungsrechte (so etwa Nießbrauchs- und Wohnrechte), da sie nach Inhalt und Entstehung nicht mit der Beschaffenheit des Grundstücks zusammenhängen.

(5) Der Grundsteuerwert umfasst auch Nebengebäude und Zubehörräume (z. B. Keller-, Abstell- und Heizungsräume), wenn sie auf dem mit dem Hauptgebäude bebauten Grundstück stehen (z. B. Garagen) oder zusammen mit dem Grundstück genutzt werden.

(6) [1]Zubehör sind nach § 97 BGB bewegliche Sachen, die, ohne Bestandteile der Hauptsache zu sein, dem wirtschaftlichen Zweck der Hauptsache zu dienen bestimmt sind und zu ihr in einem Verhältnis wirtschaftlicher Unterordnung stehen. [2]Zubehör sind danach z. B. die dem Grundstückseigentümer gehörenden Treppenläufer, Beleuchtungskörper, Mülltonnen. [3]Auch vom Grundstückseigentümer mitvermietete oder den Mietern zur Verfügung gestellte Waschmaschinen, Kühlschränke, Herde, Öfen u. Ä. sind Zubehör. [4]Zubehör wird bei der Bewertung für Zwecke der Grundsteuer nicht gesondert angesetzt und ist mit dem Grundsteuerwert abgegolten.

(7) Das Grundvermögen ist vom land- und forstwirtschaftlichen Vermögen abzugrenzen (vgl. koordinierte Erlasse der obersten Finanzbehörden der Länder zur Bewertung des land- und forstwirtschaftlichen Vermögens nach dem Siebenten Abschnitt des Zweiten Teils des Bewertungsgesetzes, A 232.3 und 233).

(8) [1]Nicht in das Grundvermögen einzubeziehen sind nach § 243 Absatz 2 BewG Bodenschätze sowie Maschinen und sonstige Vorrichtungen aller Art einer Betriebsanlage (Betriebsvorrichtungen), auch wenn sie wesentliche Bestandteile eines Gebäudes oder, ohne Bestandteil eines Gebäudes zu sein, Bestandteile des Grundstücks sind. [2]Die gleich lautenden Erlasse zur Abgrenzung des Grundvermögens von den Betriebsvorrichtungen vom 5. Juni 2013 (BStBl. I S. 734) sind entsprechend anzuwenden.

§ 244 Grundstück

(1) Jede wirtschaftliche Einheit des Grundvermögens bildet ein Grundstück im Sinne dieses Abschnitts.

(2) [1]**Ein Anteil des Eigentümers eines Grundstücks an anderem Grundvermögen (zum Beispiel an gemeinschaftlichen Hofflächen oder Garagen) ist in die wirtschaftliche Einheit Grundstück einzubeziehen, wenn der Anteil zusammen mit dem Grundstück genutzt wird.** [2]**Das gilt nicht, wenn das gemeinschaftliche Grundvermögen nach den Anschauungen des Verkehrs als selbständige wirtschaftliche Einheit anzusehen ist (§ 2 Absatz 1 Satz 3 und 4).**

(3) Als Grundstück gelten auch:

1. **das Erbbaurecht zusammen mit dem Erbbaurechtsgrundstück,**

2. **ein Gebäude auf fremdem Grund und Boden zusammen mit dem dazugehörenden Grund und Boden,**

3. **jedes Wohnungseigentum und Teileigentum nach dem Wohnungseigentumsgesetz sowie**

4. **jedes Wohnungserbbaurecht und Teilerbbaurecht zusammen mit dem anteiligen belasteten Grund und Boden.**

§ 244 BewG

AEBewGrSt[1)]

Zu § 244 BewG

A 244 Grundstück

(1) ¹Die wirtschaftliche Einheit des Grundvermögens ist das Grundstück. ²Der Begriff Grundstück ist dabei nicht gleichbedeutend mit dem Begriff des Grundstücks nach bürgerlichem Recht. ³Maßgebend ist nach § 2 BewG allein, was als wirtschaftliche Einheit nach den Anschauungen des Verkehrs anzusehen ist. ⁴Dabei können auch mehrere Flurstücke, Gebäude oder selbständige Gebäudeteile zusammenzufassen sein. ⁵Voraussetzung ist, dass sie zu einer Vermögensart und demselben Eigentümer oder denselben Eigentümern gehören (§ 2 Absatz 2 BewG; siehe aber A 244 Absatz 3, A 261 und A 262). ⁶Flächen, die im Eigentum eines Eigentümers stehen, und Flächen, die ihm und anderen Personen gemeinsam – gesamthänderisch oder nach Bruchteilen – gehören, können daher grundsätzlich keine wirtschaftliche Einheit bilden und sind getrennt voneinander zu bewerten (Ausnahmen siehe Absatz 3 und A 266.2 Absatz 5).

(2) ¹Grenzt eine unbebaute Fläche an eine Grundstücksfläche, die z. B. mit einem Einfamilienhaus bebaut ist, können beide Flächen auch bei offener Bauweise selbständige wirtschaftliche Einheiten bilden. ²Diese Fälle sind von denjenigen abzugrenzen, in denen nur eine wirtschaftliche Einheit mit einer selbständig nutzbaren Teilfläche vorliegt (siehe A 257.4 Absatz 1). ³Wird von einem größeren Grundstück eine Teilfläche verpachtet und errichtet der Pächter auf dieser Fläche ein Gebäude, ist die Teilfläche als selbständige wirtschaftliche Einheit zu bewerten.

(3) ¹Der Anteil des Eigentümers an anderem Grundvermögen (z. B. gemeinschaftlichen Hofflächen oder Garagen) ist nach § 244 Absatz 2 Satz 1 BewG in das Grundstück einzubeziehen, wenn der Anteil zusammen mit diesem genutzt wird und eine gewisse räumliche Nähe zum Gebäude besteht und trotz der räumlichen Trennung die wirtschaftliche Zusammengehörigkeit erkennbar bleibt. ²Diese Vorschrift ermöglicht es, abweichend von § 2 Absatz 2 BewG mehrere Grundstücksteile auch dann zu einer wirtschaftlichen Einheit zusammenzufassen, wenn sie unterschiedlichen Eigentümern gehören (Ausnahmen zu A 244 Absatz 1). ³Voraussetzung dafür ist, dass das gemeinschaftliche Grundvermögen nach der Verkehrsanschauung nicht als selbständige wirtschaftliche Einheit anzusehen ist (§ 244 Absatz 2 Satz 2 BewG).

Beispiel 1:

Ein Garagengrundstück gehört einer Vielzahl von Eigentümern und wird von einzelnen Eigentümern gemeinsam mit ihren in räumlicher Nähe liegenden Reihenhäusern genutzt. Der Anteil des Eigentümers an dem Garagengrundstück zusammen mit seinem Reihenhaus bilden in diesem Fall eine wirtschaftliche Einheit. Hierbei ist es nicht erforderlich, dass alle Miteigentümer des Garagengrundstücks ihren Anteil jeweils zusammen mit einem Reihenhaus nutzen.

Beispiel 2:

Eine unbebaute Fläche von 1.000 m² wird gemeinsam von den Eigentümern der angrenzenden wirtschaftlichen Einheiten (z. B. als Spielplatz oder Gartenfläche) genutzt. An dem unbebauten Flurstück besteht Miteigentum.

Jedem Eigentümer wird die anteilige Fläche des unbebauten Grundstücks zugerechnet. Beträgt der Anteil z. B. jeweils 25/100, ist zu der Fläche jeder wirtschaftlichen Einheit eine Fläche von 250 m² hinzuzurechnen. Ob für das unbebaute Flurstück ein eigenes Grundbuchblatt angelegt wurde, ist insoweit unbeachtlich.

(4) ¹§ 244 Absatz 3 BewG definiert den Umfang der wirtschaftlichen Einheit in Erbbaurechtsfällen. ²Danach ist das Erbbaurecht, das aufgrund des Erbbaurechts errichtete Bauwerk und der mit dem Erbbaurecht belastete Grund und Boden zu einer wirtschaftlichen Einheit zusammenzufassen (siehe auch A 261). ³Gebäude auf fremdem Grund und Boden sind zusammen mit dem dazu gehörenden Grund und Boden insgesamt ebenfalls zu einer wirtschaftlichen Einheit zusammenzufassen (siehe auch A 262). ⁴Auch bei der Belastung mit einem Wohnungs- oder Teilerbbaurecht bildet das Wohnungs- bzw. Teilerbbaurecht zusammen mit dem anteiligen belasteten Grund und Boden eine wirtschaftliche Einheit.

[1)] Koordinierte Erlasse der obersten Finanzbehörden der Länder vom 9. November 2021 zur Anwendung des Siebenten Abschnitts des Zweiten Teils des Bewertungsgesetzes zur Bewertung des Grundbesitzes (allgemeiner Teil und Grundvermögen) für die Grundsteuer ab 1. Januar 2022 (AEBewGrSt), BStBl. I S. 2334.

§ 245 Gebäude, Gebäudeteile und Anlagen für den Zivilschutz

Gebäude, Gebäudeteile und Anlagen, die wegen der in § 1 des Zivilschutz- und Katastrophenhilfegesetzes bezeichneten Zwecke geschaffen worden sind und im Frieden nicht oder nur gelegentlich oder geringfügig für andere Zwecke benutzt werden, bleiben bei der Ermittlung des Grundsteuerwerts außer Betracht.

AEBewGrSt[1)]

Zu § 245 BewG

A 245 Gebäude, Gebäudeteile und Anlagen für den Zivilschutz

(1) [1]Gebäude, Gebäudeteile und Anlagen, die dem Zivilschutz i. S. d. Zivilschutz- und Katastrophenhilfegesetz dienen (z. B. Gasschleusen, Luftschutzbunker, -keller oder -räume, Hausschutzräume oder Druckkammern), bleiben bei der Ermittlung des Grundsteuerwerts außer Betracht (§ 245 BewG). [2]Die Gebäude, Gebäudeteile und Anlagen, die bei der Bewertung außer Betracht bleiben, müssen wegen der begünstigten Zwecke geschaffen sein. [3]Die Gebäude oder Gebäudeteile dürfen ferner im Frieden nicht für andere Zwecke benutzt werden. [4]Eine nur gelegentliche oder geringfügige Benutzung ist indessen unbeachtlich. [5]Eine gelegentliche Nutzung liegt z. B. vor, wenn in einem für die begünstigten Zwecke geschaffenen Raum von Zeit zu Zeit Veranstaltungen abgehalten werden, zu deren Durchführung der Raum nicht besonders hergerichtet werden muss. [6]Werden in einem Keller lediglich Gartengeräte abgestellt, so handelt es sich um eine geringfügige Nutzung.

(2) Die Flächen der dem Zivilschutz dienenden Gebäude, Gebäudeteile und Anlagen werden sowohl im Ertragswert- als auch im Sachwertverfahren nicht angesetzt.

II. Unbebaute Grundstücke

§ 246 Begriff der unbebauten Grundstücke

(1) [1]**Unbebaute Grundstücke sind Grundstücke, auf denen sich keine benutzbaren Gebäude befinden.** [2]**Die Benutzbarkeit beginnt zum Zeitpunkt der Bezugsfertigkeit.** [3]**Gebäude sind als bezugsfertig anzusehen, wenn den zukünftigen Bewohnern oder sonstigen vorgesehenen Benutzern die bestimmungsgemäße Gebäudenutzung zugemutet werden kann.** [4]**Nicht entscheidend für den Zeitpunkt der Bezugsfertigkeit ist die Abnahme durch die Bauaufsichtsbehörde.**

(2) [1]**Befinden sich auf dem Grundstück Gebäude, die auf Dauer keiner Nutzung zugeführt werden können, so gilt das Grundstück als unbebaut.** [2]**Als unbebaut gilt auch ein Grundstück, auf dem infolge von Zerstörung oder Verfall der Gebäude auf Dauer kein benutzbarer Raum mehr vorhanden ist.**

AEBewGrSt[2)]

Zu § 246 BewG

A 246 Begriff der unbebauten Grundstücke

(1) Unbebaute Grundstücke sind Grundstücke, auf denen sich keine oder keine benutzbaren Gebäude befinden. Für Gebäude, die noch nicht benutzbar sind (fehlende Bezugsfertigkeit), wird auf die Absätze 2 und 3 und für Gebäude, die nicht mehr benutzbar sind, auf die Absätze 4 und 5 hingewiesen.

(2) [1]Die Benutzbarkeit beginnt zum Zeitpunkt der Bezugsfertigkeit des Gebäudes. [2]Es muss den zukünftigen Bewohnern oder sonstigen vorgesehenen Benutzern nach objektiven Merkmalen zugemutet werden können,

---

1) Koordinierte Erlasse der obersten Finanzbehörden der Länder vom 9. November 2021 zur Anwendung des Siebenten Abschnitts des Zweiten Teils des Bewertungsgesetzes zur Bewertung des Grundbesitzes (allgemeiner Teil und Grundvermögen) für die Grundsteuer ab 1. Januar 2022 (AEBewGrSt), BStBl. I S. 2334.

2) Koordinierte Erlasse der obersten Finanzbehörden der Länder vom 9. November 2021 zur Anwendung des Siebenten Abschnitts des Zweiten Teils des Bewertungsgesetzes zur Bewertung des Grundbesitzes (allgemeiner Teil und Grundvermögen) für die Grundsteuer ab 1. Januar 2022 (AEBewGrSt), BStBl. I S. 2334.

Wohnungen oder Räume des Gebäudes bestimmungsgemäß zu benutzen. ³Im Feststellungszeitpunkt müssen alle wesentlichen Bauarbeiten abgeschlossen sein. ⁴Geringfügige Restarbeiten, die üblicherweise vor dem tatsächlichen Bezug durchgeführt werden (z. B. Malerarbeiten, Verlegen des Bodenbelags), schließen die Bezugsfertigkeit nicht aus (vgl. BFH-Urteil vom 25.Juli 1980 III R 46/78, BStBl. II 1981 S. 152). ⁵Auf die Abnahme durch die Bauaufsichtsbehörde kommt es nicht an. ⁶Ist das Gebäude im Feststellungszeitpunkt bezogen, begründet dies die widerlegbare Vermutung der Bezugsfertigkeit.

(3) ¹Bei der Prüfung, ob ein Gebäude bezugsfertig ist, ist grundsätzlich auf das ganze Gebäude und nicht auf einzelne Wohnungen oder Räume abzustellen, es sei denn, es handelt sich dabei um eigenständige wirtschaftliche Einheiten (z. B. Wohnungseigentum, siehe A 249.5). ²Sind z. B. Wohnungen im Erdgeschoss vor dem Feststellungszeitpunkt, die übrigen Wohnungen jedoch erst danach bezugsfertig geworden und ist keine Bebauung in Bauabschnitten gegeben, ist das Gebäude als nicht bezugsfertig anzusehen. ³Wird ein Gebäude nur zum Teil fertig gestellt und der Innenausbau z. B. nach den Wünschen der künftigen Nutzer zurückgestellt, ist das Gebäude insgesamt als bezugsfertig anzusehen (vgl. BFH-Urteil vom 18. April 2012 II R 58/10, BStBl. II S. 874). ⁴Bei abschnittsweise errichteten Gebäuden (§ 248 Satz 2 BewG) ist der bezugsfertige Teil als Gebäude anzusehen. ⁵Eine Errichtung in Bauabschnitten ist gegeben, wenn ein Gebäude nicht in einem Zuge in planmäßig vorgesehenem Umfang oder im Rahmen der behördlichen Genehmigung bezugsfertig erstellt wird (z. B. wird anstelle des geplanten Mietwohngrundstücks zunächst nur eine Wohnung im Erdgeschoss fertig gestellt). ⁶Die Verzögerung oder Unterbrechung darf jedoch nicht auf bautechnischen Gründen beruhen (z. B. Überwindung einer Frostperiode) und muss von gewisser Dauer sein (in der Regel mindestens zwei Jahre, vgl. BFH-Urteil vom 29. April 1987 II R 262/83, BStBl. II S. 594). ⁷Bei Grundstücken, die sich im Feststellungszeitpunkt noch im Bau befinden, bleiben die nicht bezugsfertigen Gebäude oder Gebäudeteile (z. B. Anbauten oder Zubauten) bei der Ermittlung des Grundsteuerwerts außer Betracht.

(4) ¹Die Gebäudeeigenschaft endet, wenn das Gebäude nicht mehr benutzbar ist. ²Ein Gebäude ist insbesondere nicht mehr benutzbar, wenn infolge des Verfalls des Gebäudes oder der Zerstörung keine auf Dauer benutzbaren Räume vorhanden sind (§ 246 Absatz 2 Satz 1 BewG). ³Ein Gebäude ist dem Verfall preisgegeben, wenn der Abnutzungsprozess so weit fortgeschritten ist, dass das Gebäude nach objektiven Verhältnissen auf Dauer nicht mehr benutzt werden kann. ⁴Die Verfallsmerkmale müssen an der Bausubstanz erkennbar sein und das gesamte Gebäude betreffen. ⁵Von einem Verfall ist auszugehen, wenn erhebliche Schäden an konstruktiven Teilen des Gebäudes eingetreten sind und ein Zustand gegeben ist, der aus bauordnungsrechtlicher Sicht die sofortige Räumung nach sich ziehen würde. ⁶Das ist stets der Fall, wenn eine Anordnung der Bauaufsichtsbehörde zur sofortigen Räumung des Grundstücks vorliegt; dabei ist gesondert zu prüfen, ob der Zustand von Dauer ist.

(5) ¹Behebbare Baumängel und Bauschäden sowie aufgestauter Reparaturbedarf aufgrund von unterlassenen Instandsetzungs- und Reparaturarbeiten wirken sich regelmäßig nur vorübergehend auf Art und Umfang der Gebäudenutzung aus und betreffen nicht unmittelbar die Konstruktion des Gebäudes. ²Sie führen deshalb in der Regel nicht dazu, dass auf dem Grundstück kein auf Dauer benutzbarer Raum vorliegt (vgl. BFH-Urteil vom 14. Mai 2003 II R 14/01, BStBl. II S. 906). ³Befinden sich auf dem Grundstück Gebäude, die auf Grund von Umbauarbeiten vorübergehend nicht benutzbar sind, stellt das Grundstück ebenfalls ein bebautes Grundstück dar. ⁴Sofern bereits vorhandene Gebäude im Feststellungszeitpunkt wegen baulicher Mängel oder fehlender Ausstattung (z. B. fehlende Heizung, Wohnungstüren) vorübergehend nicht benutzbar sind, liegt kein unbebautes Grundstück vor. ⁵Sind die Haupträume eines Gebäudes insbesondere infolge Abrisses von Decken und Wänden (Entkernung, vgl. BFH-Urteil vom 24. Oktober 1990 II R 9/88, BStBl. II 1991 S. 60) nicht mehr bestimmungsgemäß nutzbar, liegt ein unbebautes Grundstück vor. ⁶Ein Gebäude ist zerstört, wenn keine auf Dauer benutzbaren Räume vorhanden sind. ⁷Sind noch Kellerräume vorhanden, die zu gewerblichen oder zu Wohnzwecken ausgebaut und deshalb auf Dauer nutzbar sind, so ist das Grundstück weiter als ein bebautes Grundstück anzusehen.

§ 247 Bewertung der unbebauten Grundstücke

(1) ¹Der Grundsteuerwert unbebauter Grundstücke ermittelt sich regelmäßig durch Multiplikation ihrer Fläche mit dem jeweiligen Bodenrichtwert (§ 196 des Baugesetzbuchs). ²Soweit in den §§ 243 bis 262 sowie in den Anlagen 36 bis 43 nichts anderes bestimmt ist, werden Abweichungen zwischen den Grundstücksmerkmalen des Bodenrichtwertgrundstücks und des zu bewertenden Grundstücks mit Ausnahme unterschiedlicher

1. Entwicklungszustände und

2. Arten der Nutzung bei überlagernden Bodenrichtwertzonen

nicht berücksichtigt.

BewG § 247

(2) Die Bodenrichtwerte sind von den Gutachterausschüssen im Sinne der §§ 192 ff. des Baugesetzbuchs auf den Hauptfeststellungszeitpunkt zu ermitteln, zu veröffentlichen und nach amtlich vorgeschriebenem Datensatz durch Datenfernübertragung an die zuständigen Finanzbehörden zu übermitteln.

(3) Wird von den Gutachterausschüssen im Sinne der §§ 192 ff. des Baugesetzbuchs kein Bodenrichtwert ermittelt, ist der Wert des unbebauten Grundstücks aus den Werten vergleichbarer Flächen abzuleiten.

AEBewGrSt[1]

Zu § 247 BewG

A 247.1 Bewertung der unbebauten Grundstücke; Allgemeines

(1) ¹Der Grundsteuerwert unbebauter Grundstücke ergibt sich regelmäßig aus dem Produkt der Grundstücksfläche und dem jeweiligen Bodenrichtwert (§ 196 BauGB). ²Der Wert unbebauter Grundstücke umfasst den Wert des Grund und Bodens, mit dem die Außenanlagen abgegolten sind. ³Bei der Wertermittlung ist der Bodenrichtwert anzusetzen, der vom Gutachterausschuss auf den jeweiligen Hauptfeststellungszeitpunkt ermittelt wurde. ⁴Dieser Wert gilt für den gesamten Hauptfeststellungszeitraum.

(2) ¹Der Bodenrichtwert ist der durchschnittliche Lagewert des Bodens für eine Mehrheit von Grundstücken innerhalb eines abgegrenzten Gebiets (Bodenrichtwertzone), die nach ihren Grundstücksmerkmalen weitgehend übereinstimmen und für die im Wesentlichen gleiche allgemeine Wertverhältnisse vorliegen. ²Der Bodenrichtwert ist auf einen Quadratmeter Grundstücksfläche eines Grundstücks mit den dargestellten Grundstücksmerkmalen (Bodenrichtwertgrundstück) bezogen. ³In bebauten Gebieten werden die Bodenrichtwerte mit dem Wert ermittelt, der sich ergeben würde, wenn der Boden unbebaut wäre (§ 196 Absatz 1 Satz 2 BauGB).

AEBewGrSt[2]

Zu § 247 BewG

A 247.2 Ansatz der Bodenrichtwerte

(1) ¹Anzusetzen ist regelmäßig der auf das Bodenrichtwertgrundstück bezogene Bodenrichtwert. ²Abweichungen zwischen den Grundstücksmerkmalen des Bodenrichtwertgrundstücks und des zu bewertenden Grundstücks werden mit Ausnahme unterschiedlicher Entwicklungszustände und Arten der Nutzung bei überlagernden Bodenrichtwertzonen nicht berücksichtigt.

(2) Als Entwicklungszustände kommen in Betracht:
1. Flächen der Land- oder Forstwirtschaft (vgl. §§ 232 bis 242 BewG),
2. Bauerwartungsland,
3. Rohbauland und
4. baureifes Land.

(3) ¹Bauerwartungsland sind Flächen, die nach ihren weiteren Grundstücksmerkmalen, insbesondere dem Stand der Bauleitplanung und der sonstigen städtebaulichen Entwicklung des Gebiets, eine bauliche Nutzung auf Grund konkreter Tatsachen mit hinreichender Sicherheit erwarten lassen. ²Ist damit zu rechnen, dass die Flächen innerhalb eines Zeitraums von sieben Jahren anderen als land- und forstwirtschaftlichen Zwecken dienen werden und daher gemäß § 233 Absatz 2 BewG als Grundvermögen anzusehen sind, werden diese Flächen regelmäßig als Bauerwartungsland angesetzt.

(4) ¹Rohbauland sind Flächen, die nach den §§ 30, 33 und 34 BauGB für eine bauliche Nutzung bestimmt sind, deren Erschließung aber noch nicht gesichert ist oder die nach Lage, Form oder Größe für eine bauliche Nutzung unzureichend gestaltet sind. ²Im Regelfall handelt es sich hierbei um größere, unerschlossene Grundstücksflächen, die die Eigenschaft als land- und forstwirtschaftliches Vermögen verloren haben, selbst wenn sie noch land- und forstwirtschaftlich genutzt werden. ³Eine Unterscheidung

---

[1] Koordinierte Erlasse der obersten Finanzbehörden der Länder vom 9. November 2021 zur Anwendung des Siebenten Abschnitts des Zweiten Teils des Bewertungsgesetzes zur Bewertung des Grundbesitzes (allgemeiner Teil und Grundvermögen) für die Grundsteuer ab 1. Januar 2022 (AEBewGrSt), BStBl. I S. 2334.

[2] Koordinierte Erlasse der obersten Finanzbehörden der Länder vom 9. November 2021 zur Anwendung des Siebenten Abschnitts des Zweiten Teils des Bewertungsgesetzes zur Bewertung des Grundbesitzes (allgemeiner Teil und Grundvermögen) für die Grundsteuer ab 1. Januar 2022 (AEBewGrSt), BStBl. I S. 2334.

zwischen Bruttorohbauland, welches die für öffentliche Zwecke benötigten Flächen des Planungsgebiets einschließt, und Nettorohbauland, welches diese Flächen nicht umfasst, wird für die Ermittlung des Grundsteuerwerts nicht vorgenommen.

(5) ¹Baureifes Land sind Flächen, die nach öffentlich-rechtlichen Vorschriften und den tatsächlichen Gegebenheiten baulich nutzbar sind. ²Der Gutachterausschuss ermittelt die Bodenrichtwerte regelmäßig für baureifes Land.

(6) ¹Der Entwicklungszustand des Bodenrichtwertgrundstücks ist für das zu bewertende Grundstück regelmäßig zu übernehmen. ²Weicht der Entwicklungszustand des Bodenrichtwertgrundstücks vom zu bewertenden Grundstück ab, sind die Abweichungen durch pauschalierte Ab- und Zuschläge zu berücksichtigen (siehe A 247.3).

(7) ¹Die Art der baulichen Nutzung des Bodenrichtwertgrundstücks ist für das zu bewertende Grundstück regelmäßig zu übernehmen.

Beispiel:

Ein Grundstück mit einem Lebensmittelmarkt liegt in einer Bodenrichtwertzone von Grundstücken mit Einfamilienhäusern. Das Grundstück wird mit dem vorhandenen Bodenrichtwert angesetzt.

²Bei sich überlagernden Bodenrichtwertzonen ist der Bodenrichtwert für dasjenige Bodenrichtwertgrundstück heranzuziehen, dessen Art der Nutzung am ehesten der des zu bewertenden Grundstücks entspricht.

Beispiel 1:

Für eine Bodenrichtwertzone liegen zwei unterschiedliche Bodenrichtwerte für „Wohnen" – einmal für „mehrgeschossig", einmal für „ein-/zweigeschossig" – vor. Für ein zweigeschossiges Einfamilienhaus ist der Bodenrichtwert für „Wohnen, ein-/zweigeschossig" zugrunde zu legen.

Beispiel 2:

Für eine Bodenrichtwertzone liegen unterschiedliche Bodenrichtwerte für „Geschäftshäuser" und „Mehrfamilienhäuser" vor. Für ein Einfamilienhaus ist der Bodenrichtwert für „Mehrfamilienhäuser" zugrunde zu legen, da diese Art der Nutzung am ehesten der des zu bewertenden Grundstücks entspricht.

(8) Besondere Merkmale des einzelnen zu bewertenden Grundstücks wie Ecklage, Zuschnitt, Vorder- und Hinterland, Oberflächenbeschaffenheit, Beschaffenheit des Baugrundes, Lärm-, Staub-, Geruchsbelästigungen, Altlasten sowie Außenanlagen bleiben außer Ansatz.

AEBewGrSt[1]

Zu § 247 BewG

A 247.3 Ansatz des Bodenwerts nach § 247 Absatz 3 BewG

(1) ¹Hat der Gutachterausschuss, gleich aus welchen Gründen, keinen Bodenrichtwert nach § 196 BauGB ermittelt, ist der Bodenwert pro Quadratmeter aus den Bodenrichtwerten vergleichbarer Flächen abzuleiten. ²Hat der Gutachterausschuss für ein Grundstück im Entwicklungszustand Bauerwartungsland oder Rohbauland keinen Bodenrichtwert ermittelt, gelten folgende Wertansätze:

1. Bauerwartungsland 25 Prozent und
2. Rohbauland 50 Prozent

des Bodenrichtwerts für vergleichbares erschließungsbeitragsfreies Bauland. ³Durch Multiplikation von Grundstücksfläche und abgeleitetem Bodenwert pro Quadratmeter ergibt sich der Wert des unbebauten Grundstücks.

(2) ¹Bei Fortschreibungen und Nachfeststellungen von Grundsteuerwerten während des Hauptfeststellungszeitraums sind die Wertverhältnisse im Hauptfeststellungszeitpunkt und die tatsächlichen Verhältnisse im Feststellungszeitpunkt zugrunde zu legen (siehe A 227). ²Ändert sich der Entwicklungszustand der Grundstücke in der Bodenrichtwertzone im Hauptfeststellungszeitraum (z. B. infolge der Erschließung eines Neubaugebiets: Bauerwartungsland im Hauptfeststellungszeitpunkt in baureifes Land im Feststellungszeitpunkt), sind die Gutachterausschüsse verpflichtet, bei der nächsten Fortschreibung der Bodenrichtwerte auf der Grundlage der geänderten Qualität auch Bodenrichtwerte bezogen auf die Wertverhältnisse zum Zeitpunkt der letzten Hauptfeststellung zu ermitteln (§ 196 Absatz 2

---

1) Koordinierte Erlasse der obersten Finanzbehörden der Länder vom 9. November 2021 zur Anwendung des Siebenten Abschnitts des Zweiten Teils des Bewertungsgesetzes zur Bewertung des Grundbesitzes (allgemeiner Teil und Grundvermögen) für die Grundsteuer ab 1. Januar 2022 (AEBewGrSt), BStBl. I S. 2334.

BewG §§ 247, 248

Satz 1 BauGB). ³Das Finanzamt kann nach § 196 Absatz 2 Satz 2 BauGB auf eine entsprechende Ermittlung verzichten, wenn eine sachgerechte Wertableitung, insbesondere durch vom Gutachterausschuss zur Verfügung gestellte Indexreihen, gewährleistet bleibt. ⁴Bei einer solchen Wertableitung handelt es sich um einen Anwendungsfall des § 247 Absatz 3 BewG.

(3) ¹Für den bebauten Außenbereich (§ 35 BauGB) sind vom Gutachterausschuss separate Bodenrichtwerte zu ermitteln. ²Ein ggf. vorhandener Bodenrichtwert für land- und forstwirtschaftliche Flächen ist für die Flächen, die der Bebauung zuzuordnen sind, bei einer Bewertung von Grundstücken im Grundvermögen nicht anzusetzen. ³Liegen keine solchen Bodenrichtwerte für den bebauten Außenbereich vor, kann auf vom Gutachterausschuss, vom Oberen Gutachterausschuss oder von der Zentralen Geschäftsstelle der Gutachterausschüsse zur Verfügung gestellte Umrechnungskoeffizienten in Bezug auf den Bodenrichtwert vergleichbarer baureifer Grundstücke benachbarter Baugebiete zurückgegriffen werden. ⁴Bei einer solchen Wertableitung handelt es sich um einen Anwendungsfall des § 247 Absatz 3 BewG.

III. Bebaute Grundstücke

§ 248 Begriff der bebauten Grundstücke

Bebaute Grundstücke sind Grundstücke, auf denen sich benutzbare Gebäude befinden. Wird ein Gebäude in Bauabschnitten errichtet, ist der bezugsfertige Teil als benutzbares Gebäude anzusehen.

AEBewGrSt[1)]

Zu § 248 BewG

A 248 Begriff der bebauten Grundstücke

(1) ¹Bebaute Grundstücke sind Grundstücke, auf denen sich benutzbare Gebäude befinden (siehe zum Begriff des Gebäudes A 243 Absatz 3 und zur Benutzbarkeit A 246 Absatz 2 bis 4). ²Dies gilt auch, wenn diese vom Wert und/oder Umfang her von untergeordneter Bedeutung sind.

Beispiel 1:
> Auf einem größeren Grundstück befindet sich ein geringwertiges Wochenendhaus.

Beispiel 2:
> Auf einem wertvollen Grundstück, das für eine Bebauung mit einem Geschäftshaus geeignet ist, befinden sich Kioske oder Baracken.

Beispiel 3:
> Auf einem Zeltplatz befinden sich Gebäude von geringem Umfang und Wert.

> Es handelt sich jeweils um bebaute Grundstücke.

(2) ¹Zum Grund und Boden eines bebauten Grundstücks gehören die bebaute Fläche und die mit dem Gebäude im Zusammenhang stehende unbebaute Fläche, insbesondere der Hof sowie Haus- und Vorgarten. ²Bei einer hieran anschließenden größeren unbebauten Fläche ist für die Beurteilung, was als wirtschaftliche Einheit gilt, die Verkehrsanschauung maßgebend. ³Liegt in diesen Fällen eine wirtschaftliche Einheit vor, ist zu prüfen, ob eine selbständig nutzbare Teilfläche gegeben ist (siehe A 244 Absatz 2 und A 257.4 – selbständig nutzbare Teilfläche).

(3) ¹Gebäude oder Gebäudeteile, die innerhalb land- und forstwirtschaftlich genutzter Hofstellen Wohnzwecken oder anderen als land- und forstwirtschaftlichen Zwecken dienen, gehören zum Grundvermögen. ²In Fällen mit einer hohen Anzahl von zu berücksichtigenden Gebäuden und/oder Gebäudeteilen sowie bei fehlender Datengrundlage kann der dem Grundvermögen zugehörige Grund und Boden hilfsweise mit dem Dreifachen der Wohn- und Nutzfläche der jeweils zu bewertenden Gebäude und/oder Gebäudeteile angesetzt werden (vgl. koordinierte Erlasse der obersten Finanzbehörden der Länder zur Bewertung des land- und forstwirtschaftlichen Vermögens nach dem Siebenten Abschnitt des Zweiten Teils des Bewertungsgesetzes, A 237.24 Absatz 7).

---

1) Koordinierte Erlasse der obersten Finanzbehörden der Länder vom 9. November 2021 zur Anwendung des Siebenten Abschnitts des Zweiten Teils des Bewertungsgesetzes zur Bewertung des Grundbesitzes (allgemeiner Teil und Grundvermögen) für die Grundsteuer ab 1. Januar 2022 (AEBewGrSt), BStBl. I S. 2334.

§§ 248, 249 BewG

(4) ¹Wird ein Gebäude in Bauabschnitten errichtet, sind nur die fertig gestellten und bezugsfertigen Teile (Bauabschnitte) als benutzbares Gebäude anzusehen (siehe A 246 Absatz 3 Satz 3 bis 6). ²Zu den Auswirkungen bei Errichtung in Bauabschnitten auf die Bestimmung der Grundstücksart siehe A 249.1 Absatz 6.

§ 249 Grundstücksarten

(1) Bei der Bewertung bebauter Grundstücke sind die folgenden Grundstücksarten zu unterscheiden:

1. Einfamilienhäuser,
2. Zweifamilienhäuser,
3. Mietwohngrundstücke,
4. Wohnungseigentum,
5. Teileigentum,
6. Geschäftsgrundstücke,
7. gemischt genutzte Grundstücke und
8. sonstige bebaute Grundstücke.

(2) ¹Einfamilienhäuser sind Wohngrundstücke, die eine Wohnung enthalten und kein Wohnungseigentum sind. ²Ein Grundstück gilt auch dann als Einfamilienhaus, wenn es zu weniger als 50 Prozent der Wohn- und Nutzfläche zu anderen als Wohnzwecken mitbenutzt und dadurch die Eigenart als Einfamilienhaus nicht wesentlich beeinträchtigt wird.

(3) ¹Zweifamilienhäuser sind Wohngrundstücke, die zwei Wohnungen enthalten und kein Wohnungseigentum sind. ²Ein Grundstück gilt auch dann als Zweifamilienhaus, wenn es zu weniger als 50 Prozent der Wohn- und Nutzfläche zu anderen als Wohnzwecken mitbenutzt und dadurch die Eigenart als Zweifamilienhaus nicht wesentlich beeinträchtigt wird.

(4) Mietwohngrundstücke sind Grundstücke, die zu mehr als 80 Prozent der Wohn- und Nutzfläche Wohnzwecken dienen und nicht Ein- und Zweifamilienhäuser oder Wohnungseigentum sind.

(5) Wohnungseigentum ist das Sondereigentum an einer Wohnung in Verbindung mit dem Miteigentumsanteil an dem gemeinschaftlichen Eigentum, zu dem es gehört.

(6) Teileigentum ist das Sondereigentum an nicht zu Wohnzwecken dienenden Räumen eines Gebäudes in Verbindung mit dem Miteigentum an dem gemeinschaftlichen Eigentum, zu dem es gehört.

(7) Geschäftsgrundstücke sind Grundstücke, die zu mehr als 80 Prozent der Wohn- und Nutzfläche eigenen oder fremden betrieblichen oder öffentlichen Zwecken dienen und nicht Teileigentum sind.

(8) Gemischt genutzte Grundstücke sind Grundstücke, die teils Wohnzwecken, teils eigenen oder fremden betrieblichen oder öffentlichen Zwecken dienen und nicht Ein- und Zweifamilienhäuser, Mietwohngrundstücke, Wohnungseigentum, Teileigentum oder Geschäftsgrundstücke sind.

(9) Sonstige bebaute Grundstücke sind solche Grundstücke, die nicht unter die Absätze 2 bis 8 fallen.

(10) ¹Eine Wohnung ist in der Regel die Zusammenfassung mehrerer Räume, die in ihrer Gesamtheit so beschaffen sein müssen, dass die Führung eines selbständigen Haushalts möglich ist. ²Die Zusammenfassung der Räume muss eine von anderen Wohnungen oder Räumen, insbesondere Wohnräumen, baulich getrennte, in sich abgeschlossene Wohneinheit bilden und einen selbständigen Zugang haben. ³Daneben ist erforderlich, dass die für die Führung eines selbständigen Haushalts notwendigen Nebenräume (Küche, Bad oder Dusche, Toilette) vorhanden sind. ⁴Die Wohnfläche soll mindestens 20 Quadratmeter betragen.

BewG § 249

AEBewGrSt[1)]

Zu § 249 BewG

A 249.1 Grundstücksarten; Abgrenzung

(1) Bei bebauten Grundstücken wird nach § 249 BewG zwischen den folgenden abschließend aufgezählten Grundstücksarten unterschieden:

Grundstücksart	Voraussetzungen
1. Einfamilienhäuser	• Wohngrundstücke mit einer Wohnung; • Mitbenutzung für betriebliche oder öffentliche Zwecke zu weniger als 50 Prozent – berechnet nach der Wohn- und Nutzfläche – ist unschädlich, soweit dadurch die Eigenart als Einfamilienhaus nicht wesentlich beeinträchtigt wird; • kein Wohnungseigentum im Sinne der Nummer 4.
2. Zweifamilienhäuser	• Wohngrundstücke mit zwei Wohnungen; • Mitbenutzung für betriebliche oder öffentliche Zwecke zu weniger als 50 Prozent – berechnet nach der Wohn- und Nutzfläche – ist unschädlich, soweit dadurch die Eigenart als Zweifamilienhaus nicht wesentlich beeinträchtigt wird; • kein Wohnungseigentum im Sinne der Nummer 4.
3. Mietwohngrundstücke	• Grundstücke, die zu mehr als 80 Prozent – berechnet nach der Wohn- und Nutzfläche – Wohnzwecken dienen • keine Ein- oder Zweifamilienhäuser im Sinne der Nummer 1 bzw. Nummer 2 • kein Wohnungseigentum im Sinne der Nummer 4.
4. Wohnungseigentum	• Wohnungseigentum ist das Sondereigentum an einer Wohnung in Verbindung mit dem Miteigentumsanteil an dem gemeinschaftlichen Eigentum, zu dem es gehört (§ 1 Absatz 2 WEG).
5. Teileigentum	• Teileigentum ist das Sondereigentum an nicht zu Wohnzwecken dienenden Räumen eines Gebäudes in Verbindung mit dem Miteigentum an dem gemeinschaftlichen Eigentum, zu dem es gehört (§ 1 Absatz 3 WEG).
6. Geschäftsgrundstücke	• Grundstücke, die zu mehr als 80 Prozent – berechnet nach der Wohn- und Nutzfläche – eigenen oder fremden betrieblichen oder öffentlichen Zwecken dienen • kein Teileigentum im Sinne der Nummer 5.
7. gemischt genutzte Grundstücke	• Grundstücke, die teils Wohnzwecken, teils eigenen oder fremden betrieblichen oder öffentlichen Zwecken dienen • keine Grundstücke im Sinne der Nummern 1 bis 6.
8. sonstige bebaute Grundstücke	• Auffangtatbestand: Grundstücke, die nicht unter die Nummern 1 bis 7 fallen.

(2) ¹Bei der Festlegung der Grundstücksart ist stets die gesamte wirtschaftliche Einheit zu betrachten. ²Dies gilt auch, wenn sich auf einem Grundstück mehrere Gebäude oder Gebäudeteile unterschiedlicher Bauart oder Nutzung befinden.

[1)] Koordinierte Erlasse der obersten Finanzbehörden der Länder vom 9. November 2021 zur Anwendung des Siebenten Abschnitts des Zweiten Teils des Bewertungsgesetzes zur Bewertung des Grundbesitzes (allgemeiner Teil und Grundvermögen) für die Grundsteuer ab 1. Januar 2022 (AEBewGrSt), BStBl. I S. 2334.

§ 249 BewG

Beispiel:

Zu einer wirtschaftlichen Einheit gehören zwei aneinandergrenzende Gebäude. In dem einen Gebäude befindet sich eine Wohneinheit und in dem anderen Gebäude befinden sich zwei Wohneinheiten. Die Wohneinheiten erfüllen jeweils den Begriff der Wohnung. Bewertungsrechtlich handelt es sich um eine wirtschaftliche Einheit mit mehr als zwei Wohnungen (= Mietwohngrundstück). Dass die Gebäude, würden sie jeweils eine selbständige wirtschaftliche Einheit bilden, als Ein- bzw. Zweifamilienhaus einzuordnen wären, ist unerheblich.

(3) [1]Die Abgrenzung der Grundstücksarten ist vorbehaltlich § 249 Absatz 2 Satz 1 und Absatz 3 Satz 1 BewG (siehe auch A 249.10) nach dem Verhältnis der Wohn- und Nutzfläche vorzunehmen. [2]Abzustellen ist auf die tatsächliche Nutzung der Haupträume im Feststellungszeitpunkt. [3]Dies gilt auch für steuerbefreite Gebäude oder Gebäudeteile. [4]Für die Einordnung in die entsprechende Grundstücksart ist ohne Bedeutung, ob das Gebäude eigenen oder fremden Wohn- oder Nutzzwecken dient oder leer steht. [5]Bei Leerstand ist darauf abzustellen, für welche Nutzung die leer stehenden Räume vorgesehen sind.

(4) [1]Wohnflächen liegen vor, wenn die Flächen Wohnbedürfnissen dienen. [2]Zu den Nutzflächen zählen Flächen, die betrieblichen (z. B. Werkstätten, Verkaufsläden, Büroräume), öffentlichen oder sonstigen Zwecken (z. B. Vereinsräume) dienen und keine Wohnflächen sind. [3]Wohnräume, die betrieblich oder freiberuflich mitgenutzt werden (z. B. Arbeitszimmer), sind nicht als betrieblichen Zwecken dienende Räume zu behandeln. [4]Öffentlichen Zwecken dienen Flächen, die zur Wahrnehmung öffentlich-rechtlicher Aufgaben genutzt werden.

(5) [1]Für die Ermittlung des Verhältnisses von Wohn- und Nutzfläche wird regelmäßig die Wohnfläche nach der Wohnflächenverordnung (WoFlV) und die Nutzfläche nach der DIN 277 in der jeweils geltenden Fassung ermittelt. [2]Ist die Wohnfläche zulässigerweise bis zum 31. Dezember 2003 nach der II. Berechnungsverordnung berechnet worden und haben sich keine baulichen Änderungen ergeben, kann diese Berechnung hilfsweise für die Ermittlung des Verhältnisses von Wohn- und Nutzfläche zugrunde gelegt werden. [3]Nutzflächen von Nebenräumen, die in einem Nutzungszusammenhang mit Wohnflächen stehen, sind nicht einzubeziehen. [4]Nebenräume sind z. B. Keller-, Abstell-, Wasch-, Trocken- und Heizungsräume sowie Garagen. [5]Nutzflächen von Nebenräumen, die nicht im Nutzungszusammenhang mit Wohnflächen stehen, sind bei der Ermittlung des Verhältnisses von Wohn- und Nutzfläche zu berücksichtigen.

Beispiel:

Auf einem Grundstück befindet sich ein mehrgeschossiges Gebäude, das wie folgt genutzt wird:

420 m² Wohnfläche

200 m² Nutzfläche

davon 100 m² betrieblich genutzte Flächen,
50 m² Kellerräume in einem Nutzungszusammenhang mit Wohnflächen und
50 m² Kellerräume in einem Nutzungszusammenhang mit den betrieblich genutzten Flächen

Das Grundstück ist der Grundstücksart gemischt genutztes Grundstück zuzuordnen, da 73,68 Prozent (420 m² von insgesamt 570 m² Wohn- und Nutzfläche) und nicht mehr als 80 Prozent von insgesamt 570 m² Wohn- und Nutzfläche Wohnzwecken dienen. Die zur Wohnfläche gehörenden Kellerräume (Nutzfläche 50 m²) sind hierbei nicht zu berücksichtigen.

(6) Liegt eine Errichtung des Gebäudes in Bauabschnitten vor (siehe hierzu A 246 Absatz 3 Satz 3 bis 6 und A 248 Absatz 4), ist für die Ermittlung des Verhältnisses von Wohn- und Nutzfläche auf den zum jeweiligen Feststellungszeitpunkt bezugsfertigen Teil des Gebäudes abzustellen.

Beispiel:

Ein als Zweifamilienhaus geplantes Gebäude wird in Bauabschnitten errichtet (keine zusammenhängende Bauabwicklung). Zum Feststellungszeitpunkt ist zunächst nur die Hauptwohnung fertig und der Ausbau der Einliegerwohnung zurückgestellt. Zum Feststellungszeitpunkt liegt die Grundstücksart Einfamilienhaus vor. Nach Fertigstellung und Bezugsfertigkeit der Einliegerwohnung ist eine Artfortschreibung der Grundstücksart vorzunehmen, da erst zu diesem Zeitpunkt ein Zweifamilienhaus vorliegt. Bei Überschreiten der Wertgrenzen ist auch eine Wertfortschreibung vorzunehmen.

BewG § 249

AEBewGrSt[1]

Zu § 249 BewG

A 249.2 Grundstücksart Einfamilienhäuser

¹Für die Einordnung eines Wohngrundstücks in die Grundstücksart Einfamilienhäuser ist maßgeblich, dass nur eine Wohnung im bewertungsrechtlichen Sinn (siehe zum Wohnungsbegriff A 249.10) vorhanden ist. ²Die Mitbenutzung zu Nichtwohnzwecken, insbesondere zu gewerblichen, freiberuflichen oder öffentlichen Zwecken, zu weniger als 50 Prozent, berechnet nach der Wohn- und Nutzfläche, ist für die Einordnung als Einfamilienhaus unschädlich, wenn die Eigenart als Einfamilienhaus nicht wesentlich beeinträchtigt wird (vgl. BFH-Urteil vom 9. November 1988 II R 61/87, BStBl. II 1989 S. 135). ³Ob eine teilweise Nutzung zu anderen als Wohnzwecken die Eigenart als Einfamilienhaus beeinträchtigt, ist im Einzelfall nach einer Gesamtbetrachtung aller Umstände zu entscheiden. ⁴Dabei ist auf das äußere Erscheinungsbild abzustellen (vgl. BFH-Urteil vom 9. November 1988 II R 61/87, BStBl. II 1989 S. 135). ⁵Entscheidend ist, dass die Mitbenutzung zu anderen als Wohnzwecken das Grundstück nicht deutlich prägt (vgl. BFH-Urteil vom 23. Oktober 1985 II R 250/81, BStBl. II 1986 S. 173). ⁶Überwiegt die Nutzung zu anderen als Wohnzwecken kommt eine Einordnung als Einfamilienhaus unabhängig von einer Beeinträchtigung der Eigenart nicht mehr in Betracht (vgl. BFH-Urteil vom 9. November 1988 II R 61/87, BStBl. II 1989 S. 135). ⁷Wochenendhäuser, die während des ganzen Jahres bewohnbar sind, können Einfamilienhäuser sein (siehe auch A 249.9 Satz 4).

AEBewGrSt[2]

Zu § 249 BewG

A 249.3 Grundstücksart Zweifamilienhäuser

¹Für Zweifamilienhäuser gelten die Ausführungen in A 249.2 mit der Maßgabe sinngemäß, dass das Gebäude zwei Wohnungen im bewertungsrechtlichen Sinn (siehe zum Wohnungsbegriff A 249.10) aufweisen muss. ²Zu der Grundstücksart Zweifamilienhäuser gehören neben den typischen Zweifamilienhäusern mit zwei voneinander abgetrennten Wohnungen auch die Wohngrundstücke, die eine Hauptwohnung und eine Einliegerwohnung enthalten, wenn die Einliegerwohnung alle erforderlichen Merkmale einer bewertungsrechtlichen Wohnung gemäß § 249 Absatz 10 BewG erfüllt. ³Erfüllt die Einliegerwohnung nicht den bewertungsrechtlichen Wohnungsbegriff, handelt es sich bei dem bebauten Grundstück um ein Einfamilienhaus, wenn die übrigen Voraussetzungen eines Einfamilienhauses erfüllt sind.

AEBewGrSt[3]

Zu § 249 BewG

A 249.4 Grundstücksart Mietwohngrundstück

¹Mietwohngrundstücke sind Grundstücke, die zu mehr als 80 Prozent, berechnet nach der Wohn- und Nutzfläche, Wohnzwecken dienen und keine Ein- oder Zweifamilienhäuser oder Wohnungseigentum sind. ²Mietwohngrundstücke enthalten in der Regel mehr als zwei Wohnungen im bewertungsrechtlichen Sinn. ³Ein Mietwohngrundstück kann auch vorliegen, wenn keine der im Gebäude befindlichen Wohnräume den Wohnungsbegriff erfüllen (z. B. Wohnräume in einem Studentenwohnheim in Gestalt eines Appartementhauses). ⁴Typische Mietwohngrundstücke sind z. B. Mehrfamilienhäuser. ⁵Eine Mitbenutzung zu Nichtwohnzwecken unter 20 Prozent steht der Einordnung als Mietwohngrundstück nicht entgegen. ⁶Dies gilt unabhängig davon, ob die Eigenart des Mietwohngrundstücks erhalten bleibt. ⁷Auch eine aufwendig gebaute Villa mit einer großzügigen Hauptwohnung und mehreren Wohnungen für Bedienstete ist ein Mietwohngrundstück.

---

1) Koordinierte Erlasse der obersten Finanzbehörden der Länder vom 9. November 2021 zur Anwendung des Siebenten Abschnitts des Zweiten Teils des Bewertungsgesetzes zur Bewertung des Grundbesitzes (allgemeiner Teil und Grundvermögen) für die Grundsteuer ab 1. Januar 2022 (AEBewGrSt), BStBl. I S. 2334.

2) Koordinierte Erlasse der obersten Finanzbehörden der Länder vom 9. November 2021 zur Anwendung des Siebenten Abschnitts des Zweiten Teils des Bewertungsgesetzes zur Bewertung des Grundbesitzes (allgemeiner Teil und Grundvermögen) für die Grundsteuer ab 1. Januar 2022 (AEBewGrSt), BStBl. I S. 2334.

3) Koordinierte Erlasse der obersten Finanzbehörden der Länder vom 9. November 2021 zur Anwendung des Siebenten Abschnitts des Zweiten Teils des Bewertungsgesetzes zur Bewertung des Grundbesitzes (allgemeiner Teil und Grundvermögen) für die Grundsteuer ab 1. Januar 2022 (AEBewGrSt), BStBl. I S. 2334.

§ 249 BewG

AEBewGrSt[1]

Zu § 249 BewG

A 249.5 Grundstücksart Wohnungseigentum

(1) [1]Jedes Wohnungseigentum gilt grundsätzlich als ein Grundstück im Sinne des Bewertungsgesetzes (§ 243 Absatz 1 Nummer 3 BewG). [2]Wohnungseigentum wird nach § 2 WEG entweder durch vertragliche Einräumung von Sondereigentum (§ 3 WEG) oder durch Teilung (§ 8 WEG) begründet. [3]Nach § 3 WEG kann Sondereigentum auch an Räumen in einem erst zu errichtenden Gebäude eingeräumt werden. [4]Ebenso ist die Teilung durch den Eigentümer auch bei einem erst noch zu errichtenden Gebäude möglich (§ 8 Absatz 1 WEG). [5]Die rechtliche Zusammenführung von Sondereigentum und Miteigentumsanteil bildet von Beginn an Wohnungseigentum im Sinne des § 1 Absatz 2 und 3 WEG.

(2) [1]Das Wohnungseigentum entsteht zivilrechtlich mit der Anlegung des Wohnungseigentumsgrundbuchs und dessen Eintragung. [2]Bewertungsrechtlich gilt das Wohnungseigentum bereits dann als entstanden, wenn die Teilungserklärung beurkundet ist und der Eintragungsantrag beim Grundbuchamt eingegangen ist. [3]Dies gilt sowohl für im Feststellungszeitpunkt noch nicht bezugsfertige Gebäude als auch für bereits bestehende Gebäude. [4]Ist am Bewertungszeitpunkt die Wohnung noch nicht bezugsfertig errichtet, handelt es sich um ein unbebautes Grundstück und die Bewertung richtet sich nach den Vorschriften für unbebaute Grundstücke.

(3) [1]Die wirtschaftliche Einheit des Wohnungseigentums setzt sich aus dem Sondereigentum und dem Miteigentumsanteil an dem gemeinschaftlichen Eigentum zusammen, zu dem es gehört. [2]Befinden sich in einem Gebäude mehrere räumlich voneinander getrennte Wohnungen, sind nach der Verkehrsanschauung mehrere wirtschaftliche Einheiten anzunehmen. [3]Dies gilt auch bei einer Eintragung auf demselben Grundbuchblatt (sogenannte Zusammenschreibung; vgl. BFH-Urteil vom 1. August 1990 II R 46/88, BStBl. II S. 1016). [4]Werden mehrere Wohnungen durch größere bauliche Maßnahmen zu einer einzigen Wohnung umgestaltet und sind sie danach nicht mehr ohne größere bauliche Veränderungen getrennt veräußerbar, bilden sie nur eine wirtschaftliche Einheit (vgl. BFH-Urteil vom 1. April 1987 II R 79/86, BStBl. II S. 840). [5]Dies gilt entsprechend für die bauliche Zusammenfassung von Wohnung und Gewerberaum.

(4) [1]Zubehörräume, insbesondere Tiefgaragenstellplätze, Kellerräume und sonstige Abstellräume, die der Grundstückseigentümer gemeinsam mit seinem Miteigentumsanteil nutzt, sind grundsätzlich in die wirtschaftliche Einheit einzubeziehen. [2]Auf die zivilrechtliche Gestaltung kommt es dabei nicht an. [3]Sollte an den Zubehörräumen Sondereigentum begründet worden sein, ist es für die Zusammenfassung zu einer wirtschaftlichen Einheit ebenfalls unerheblich, ob die Eintragung im Grundbuch auf einem Grundbuchblatt oder auf zwei separaten Grundbuchblättern erfolgt ist. [4]Wird ein Tiefgaragenstellplatz getrennt von der Eigentumswohnung, mit der er als wirtschaftliche Einheit zusammengefasst wurde, veräußert und entfällt somit der direkte Nutzungszusammenhang, ist er aus dieser wirtschaftlichen Einheit herauszulösen und für die bisherige wirtschaftliche Einheit ist eine Wertfortschreibung zu prüfen (siehe hierzu A 222; zur Bewertung eines Tiefgaragenstellplatzes A 254 Absatz 5). [5]Gehören zu der Wohnung auch Garagen, sind sie in die wirtschaftliche Einheit des Wohnungseigentums einzubeziehen (§ 244 Absatz 2 Satz 1 BewG). [6]Es kommt nicht darauf an, ob sich die Garagen auf dem Grundstück der Eigentumswohnanlage oder auf einem Grundstück in der näheren Umgebung befinden. [7]Dies gilt auch für Stellplätze, an denen ein Sondereigentum eingeräumt wurde (vgl. § 3 Absatz 1 Satz 2 WEG; vgl. zur Abgeltung der Außenanlagen bei der Bewertung A 243 Absatz 4 Satz 5 bis 7).

(5) [1]Das Dauerwohnrecht (§ 31 WEG) gilt nicht als wirtschaftliche Einheit des Grundvermögens. [2]Wie ein Wohnungseigentum ist es nur dann zu behandeln, wenn der Dauerwohnberechtigte aufgrund der zwischen ihm und dem Grundstückseigentümer getroffenen Vereinbarungen wirtschaftlich einem Wohnungseigentümer gleichsteht. [3]Trägt der Dauerwohnberechtigte statt des zivilrechtlichen Eigentümers die Kosten der Anschaffung oder Herstellung einer von ihm selbstgenutzten Wohnung, ist er wirtschaftlicher Eigentümer, wenn ihm auf Dauer, nämlich für die voraussichtliche Nutzungsdauer der Wohnung, Substanz und Ertrag der Wohnung wirtschaftlich zustehen und er die Gefahr des wirtschaftlichen Untergangs trägt. [4]Das ist u. a. der Fall, wenn ihm bei Heimfall des Dauerwohnrechts ein Anspruch auf Ersatz des vollen Verkehrswertes der Wohnung gegen den zivilrechtlichen Eigentümer zusteht. [5]Eine Entschädigung in Höhe des Verkehrswerts des Dauerwohnrechts genügt nicht. [6]Entsprechendes gilt beim Dauernutzungsrecht.

---

[1] Koordinierte Erlasse der obersten Finanzbehörden der Länder vom 9. November 2021 zur Anwendung des Siebenten Abschnitts des Zweiten Teils des Bewertungsgesetzes zur Bewertung des Grundbesitzes (allgemeiner Teil und Grundvermögen) für die Grundsteuer ab 1. Januar 2022 (AEBewGrSt), BStBl. I S. 2334.

BewG § 249

AEBewGrSt[1]

Zu § 249 BewG

A 249.6 Grundstücksart Teileigentum

[1]Jedes Teileigentum gehört zum Grundvermögen (§ 243 Absatz 1 Nummer 3 BewG) und gilt grundsätzlich als ein Grundstück im Sinne des Bewertungsgesetzes (§ 244 Absatz 3 Nummer 3 BewG). [2]Teileigentum ist das Sondereigentum an nicht zu Wohnzwecken dienenden Räumen eines Gebäudes (z. B. Büroräume, Ladenlokale) in Verbindung mit dem Miteigentum an dem gemeinschaftlichen Eigentum, zu dem es gehört. [3]Gemeinschaftliches Eigentum sind der Grund und Boden sowie die Teile, Anlagen und Einrichtungen des Gebäudes, die nicht im Sondereigentum oder Eigentum eines Dritten stehen (§ 1 Absatz 4 WEG). [4]Der Begriff des Teileigentums, der rein zivilrechtlich zu verstehen ist, entspricht der Definition nach § 1 Absatz 3 WEG. [5]Hinsichtlich der bewertungsrechtlichen Entstehung von Teileigentum gelten die Ausführungen in A 249.5 Absatz 2 und 3 entsprechend.

AEBewGrSt[2]

Zu § 249 BewG

A 249.7 Grundstücksart Geschäftsgrundstück

[1]Geschäftsgrundstücke sind Grundstücke, die gemessen an der Wohn- und Nutzfläche zu mehr als 80 Prozent eigenen oder fremden betrieblichen (gewerblichen, freiberuflichen) oder öffentlichen Zwecken dienen und kein Teileigentum sind. [2]Geschäftsgrundstücke können insbesondere bei Grundstücken vorliegen, die mit Fabrik-, Industrie-, Verwaltungs-, Bürogebäuden, Hotels oder Dienstgebäuden der öffentlichen Verwaltung bebaut sind.

AEBewGrSt[3]

Zu § 249 BewG

A 249.8 Grundstücksart gemischt genutztes Grundstück

[1]Gemischt genutzte Grundstücke sind Grundstücke, die sowohl Wohnzwecken als auch eigenen oder fremden betrieblichen oder öffentlichen Zwecken dienen und keine Ein- oder Zweifamilienhäuser, Mietwohngrundstücke, Wohnungseigentum, Teileigentum oder Geschäftsgrundstücke sind. [2]Gemischt genutzte Grundstücke dienen gemessen an der Wohn- und Nutzfläche zu mindestens 20 Prozent (andernfalls Wohngrundstück oder sonstiges bebautes Grundstück) und zu höchstens 80 Prozent (andernfalls Geschäftsgrundstück) eigenen oder fremden betrieblichen oder öffentlichen Zwecken.

AEBewGrSt[4]

Zu § 249 BewG

A 249.9 Grundstücksart sonstiges bebautes Grundstück

[1]Zu den sonstigen bebauten Grundstücken gehören bebaute Grundstücke, die keiner der anderen Grundstücksarten zugeordnet werden können. [2]Hierunter können z. B. Clubhäuser, Vereinshäuser, Bootshäuser, studentische Verbindungshäuser, Turnhallen von Sportvereinen, Schützenhallen und Jagdhütten fallen. [3]Auch selbständige Garagengrundstücke sind sonstige bebaute Grundstücke, falls sie nicht betrieblich genutzt werden oder in eine andere wirtschaftliche Einheit einzubeziehen sind (siehe

---

1) Koordinierte Erlasse der obersten Finanzbehörden der Länder vom 9. November 2021 zur Anwendung des Siebenten Abschnitts des Zweiten Teils des Bewertungsgesetzes zur Bewertung des Grundbesitzes (allgemeiner Teil und Grundvermögen) für die Grundsteuer ab 1. Januar 2022 (AEBewGrSt), BStBl. I S. 2334.

2) Koordinierte Erlasse der obersten Finanzbehörden der Länder vom 9. November 2021 zur Anwendung des Siebenten Abschnitts des Zweiten Teils des Bewertungsgesetzes zur Bewertung des Grundbesitzes (allgemeiner Teil und Grundvermögen) für die Grundsteuer ab 1. Januar 2022 (AEBewGrSt), BStBl. I S. 2334.

3) Koordinierte Erlasse der obersten Finanzbehörden der Länder vom 9. November 2021 zur Anwendung des Siebenten Abschnitts des Zweiten Teils des Bewertungsgesetzes zur Bewertung des Grundbesitzes (allgemeiner Teil und Grundvermögen) für die Grundsteuer ab 1. Januar 2022 (AEBewGrSt), BStBl. I S. 2334.

4) Koordinierte Erlasse der obersten Finanzbehörden der Länder vom 9. November 2021 zur Anwendung des Siebenten Abschnitts des Zweiten Teils des Bewertungsgesetzes zur Bewertung des Grundbesitzes (allgemeiner Teil und Grundvermögen) für die Grundsteuer ab 1. Januar 2022 (AEBewGrSt), BStBl. I S. 2334.

A 244 Absatz 3). ⁴Wochenendhäuser, die nicht dauernd bewohnt werden können und daher keine Einfamilienhäuser, Zweifamilienhäuser oder Mietwohngrundstücke sind, sind ebenfalls den sonstigen bebauten Grundstücken zuzurechnen (vgl. auch A 249.2 Satz 7).

AEBewGrSt[1)]

Zu § 249 BewG

A 249.10 Wohnungsbegriff

¹§ 249 Absatz 10 BewG definiert die Wohnung im bewertungsrechtlichen Sinn für Zwecke der Grundsteuer. ²Eine Wohnung ist danach in der Regel die Zusammenfassung mehrerer Räume, die in ihrer Gesamtheit so beschaffen sein müssen, dass die Führung eines selbständigen Haushalts möglich ist. ³Diese Räume müssen eine von anderen Wohnungen oder Räumen, insbesondere Wohnräumen, baulich getrennte, in sich abgeschlossene Wohneinheit bilden und einen selbständigen Zugang haben ⁴Außerdem ist erforderlich, dass die für die Führung eines selbständigen Haushalts notwendigen Räume (Küche, Bad oder Dusche, Toilette) vorhanden sind. ⁵Die Wohnfläche soll mindestens 20 Quadratmeter aufweisen. ⁶Es ist im Einzelfall zu prüfen, ob bei einer geringeren Wohnfläche nach der Verkehrsanschauung noch von einer Wohnung im bewertungsrechtlichen Sinn ausgegangen werden kann (z. B. bei sogenannten Tiny-Häusern, d. h. Kleinst- oder Mikrohäusern, Wohnungen in einem Studentenwohnheim). ⁷Wohnungen des Hauspersonals sind auch Wohnungen im bewertungsrechtlichen Sinn.

§ 250 Bewertung der bebauten Grundstücke

(1) Der Grundsteuerwert bebauter Grundstücke ist nach dem Ertragswertverfahren (Absatz 2) oder dem Sachwertverfahren (Absatz 3) zu ermitteln.

(2) Im Ertragswertverfahren nach den §§ 252 bis 257 sind zu bewerten:

1. **Einfamilienhäuser,**
2. **Zweifamilienhäuser,**
3. **Mietwohngrundstücke,**
4. **Wohnungseigentum.**

(3) Im Sachwertverfahren nach den §§ 258 bis 260 sind zu bewerten:

1. **Geschäftsgrundstücke,**
2. **gemischt genutzte Grundstücke,**
3. **Teileigentum,**
4. **sonstige bebaute Grundstücke.**

AEBewGrSt[2)]

Zu § 250 BewG

A 250 Bewertung der bebauten Grundstücke

(1) ¹Der Grundsteuerwert eines bebauten Grundstücks ist entweder nach dem Ertragswertverfahren oder dem Sachwertverfahren zu ermitteln. ²Welches Verfahren für die zu bewertende wirtschaftliche Einheit anzuwenden ist, richtet sich nach der jeweiligen Grundstücksart (siehe hierzu A 249).

(2) Das Ertragswertverfahren (§§ 252 bis 257 BewG) ist für Wohngrundstücke, also Ein- und Zweifamilienhäuser, Mietwohngrundstücke und Wohnungseigentum anzuwenden.

(3) Das Sachwertverfahren (§§ 258 bis 260 BewG) ist für die Bewertung der Geschäftsgrundstücke, gemischt genutzten Grundstücke, Teileigentum und sonstigen bebauten Grundstücke heranzuziehen.

---

1) Koordinierte Erlasse der obersten Finanzbehörden der Länder vom 9. November 2021 zur Anwendung des Siebenten Abschnitts des Zweiten Teils des Bewertungsgesetzes zur Bewertung des Grundbesitzes (allgemeiner Teil und Grundvermögen) für die Grundsteuer ab 1. Januar 2022 (AEBewGrSt), BStBl. I S. 2334.

2) Koordinierte Erlasse der obersten Finanzbehörden der Länder vom 9. November 2021 zur Anwendung des Siebenten Abschnitts des Zweiten Teils des Bewertungsgesetzes zur Bewertung des Grundbesitzes (allgemeiner Teil und Grundvermögen) für die Grundsteuer ab 1. Januar 2022 (AEBewGrSt), BStBl. I S. 2334.

(4) Befinden sich auf einem Grundstück mehrere selbständige Gebäude oder Gebäudeteile, erfolgt die Wertermittlung für die gesamte wirtschaftliche Einheit einheitlich, abhängig von der Bestimmung der Grundstücksart entweder im Ertragswertverfahren oder im Sachwertverfahren.

§ 251 Mindestwert

[1]Der für ein bebautes Grundstück anzusetzende Wert darf nicht geringer sein als 75 Prozent des Werts, mit dem der Grund und Boden allein als unbebautes Grundstück zu bewerten wäre (§ 247). [2]Bei der Bewertung von Ein- und Zweifamilienhäusern im Sinne des § 249 Absatz 2 und 3 ist bei der Ermittlung des Mindestwerts § 257 Absatz 1 Satz 2 anzuwenden.

AEBewGrSt[1)]

Zu § 251 BewG

A 251 Mindestwert

(1) [1]Der für ein bebautes Grundstück anzusetzende Wert darf nicht geringer sein als 75 Prozent des Werts, mit dem der Grund und Boden allein als unbebautes Grundstück zu bewerten wäre (§ 247 BewG). [2]Mit dem Abschlag von 25 Prozent vom Wert des unbebauten Grundstücks werden insbesondere die üblichen Freilegungskosten (z. B. Abrisskosten) typisierend berücksichtigt. [3]Die Berücksichtigung tatsächlich anfallender Freilegungskosten kommt nicht in Betracht.

(2) [1]Die bei der Bewertung von Ein- und Zweifamilienhäusern im Sinne des § 249 Absatz 2 und 3 BewG anzuwendenden typisierenden Umrechnungskoeffizienten bei abweichender Grundstücksgröße nach Anlage 36 zum BewG sind auch im Rahmen der Bestimmung des Mindestwerts zu berücksichtigen.

Beispiel:

Der im Rahmen des Ertragswertverfahrens nach den §§ 252 ff. BewG für ein Einfamilienhaus ermittelte Grundsteuerwert beträgt 650.600 €. Das Grundstück hat eine Grundstücksgröße von 920 m². Der Bodenrichtwert beträgt 1.200 €/m².

Aus Anlage 36 zum BewG ergibt sich bei einer Grundstücksgröße von über 900 m² ein Umrechnungskoeffizient von 0,86. Dieser ist auch bei der Ermittlung des Mindestwertes zu berücksichtigen. Der Mindestwert errechnet sich wie folgt:

Grundstücksgröße × Bodenrichtwert × Umrechnungskoeffizient × 75 Prozent

= 920 m² × 1.200 €/m² × 0,86 × 75 Prozent = 712.080 €

Der auf volle hundert Euro nach unten abgerundete Grundsteuerwert beträgt somit 712.000 €.

§ 252 Bewertung im Ertragswertverfahren

[1]Im Ertragswertverfahren ermittelt sich der Grundsteuerwert aus der Summe des kapitalisierten Reinertrags nach § 253 (Barwert des Reinertrags) und des abgezinsten Bodenwerts nach § 257. [2]Mit dem Grundsteuerwert sind die Werte für den Grund und Boden, die Gebäude, die baulichen Anlagen, insbesondere Außenanlagen, und die sonstigen Anlagen abgegolten.

---

1) Koordinierte Erlasse der obersten Finanzbehörden der Länder vom 9. November 2021 zur Anwendung des Siebenten Abschnitts des Zweiten Teils des Bewertungsgesetzes zur Bewertung des Grundbesitzes (allgemeiner Teil und Grundvermögen) für die Grundsteuer ab 1. Januar 2022 (AEBewGrSt), BStBl. I S. 2334.

§ 252 BewG

AEBewGrSt[1]

Zu § 252 BewG

A 252 Bewertung im Ertragswertverfahren

(1) Das typisierte Ertragswertverfahren nach den §§ 252 bis 257 BewG stellt sich schematisch wie folgt dar:

Spalte 1 (Gebäudeertragswert):

Rohertrag des Grundstücks
§ 254 BewG, Anlage 39 zum BewG

Wohnfläche x Listenmiete
+/- Mietniveau
+
ggf. Anzahl (Tief-)garagenstellplätze
x Festwert
+/- Mietniveau

−

Bewirtschaftungskosten
§ 255 BewG, Anlage 40 zum BewG

=

Reinertrag des Grundstücks
§ 253 Absatz 1 BewG

x

Vervielfältiger
§ 253 Absatz 2 BewG
Anlage 37 zum BewG
§ 256 BewG
Anlage 38 zum BewG

=

Kapitalisierter Reinertrag
Barwert des Reinertrags
§§ 252, 253 BewG

Spalte 2 (Bodenwert):

Bodenrichtwert
§ 247 BewG

bei EFH/ZFH:
x
Umrechnungskoeffizient
§ 257 Absatz 1 Satz 2 BewG
Anlage 36 zum BewG

×

Grundstücksfläche

=

Bodenwert
§§ 247, 257 Absatz 1 BewG

×

Abzinsungsfaktor
§ 257 Absatz 2 BewG
Anlage 41 zum BewG

=

abgezinster Bodenwert
§ 257 BewG

Spalte 3 (ggf. selbständig nutzbare Teilflächen):

Bodenrichtwert
§ 247 BewG

bei EFH/ZFH:
ggf.
x
Umrechnungskoeffizient
§ 257 Absatz 1 Satz 2 BewG
Anlage 36 zum BewG

×

Grundstücksfläche

=

Bodenwert selbständig nutzbarer Teilflächen
§ 257 Absätze 2 und 3 BewG

keine Abzinsung
§ 257 Absatz 2 Satz 1 BewG

Bodenwert selbständig nutzbarer Teilflächen

Ertragswert
§ 252 BewG, mindestens 75 Prozent des Bodenwerts (Mindestwert, § 251 BewG)

=

Grundsteuerwert
§ 230 BewG, abgerundet auf volle 100 Euro nach unten

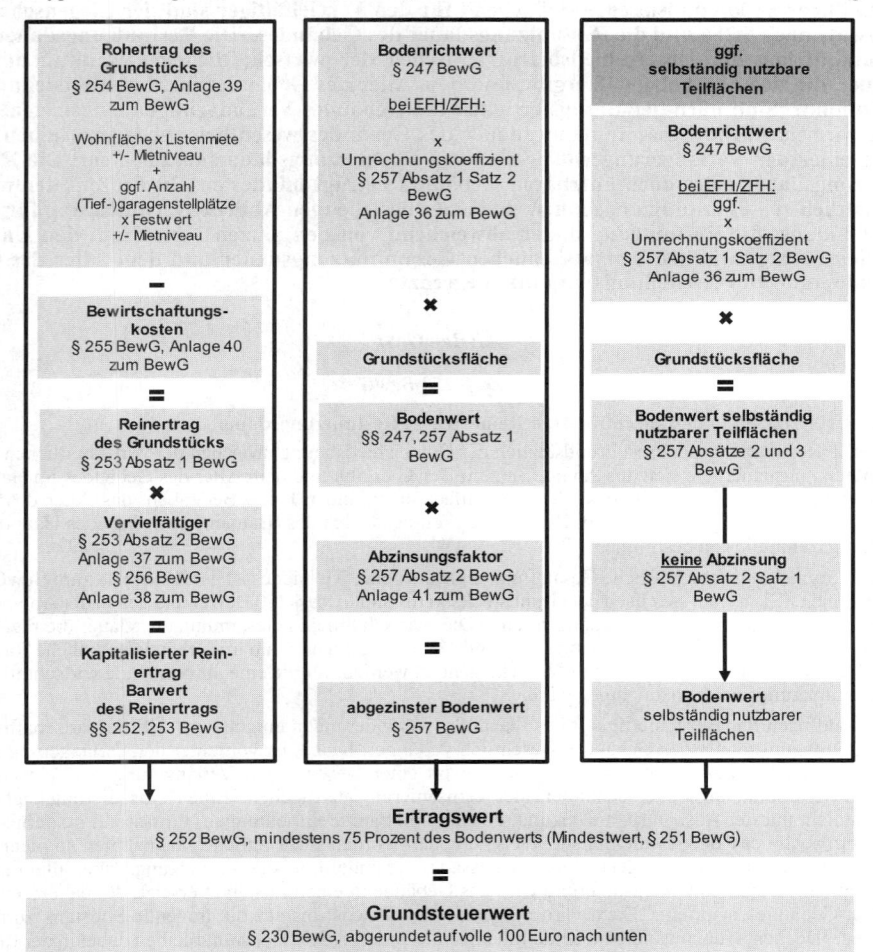

Abbildung 1: Ertragswertverfahren (schematische Darstellung)

(2) Besondere objektspezifische Grundstücksmerkmale wie z. B. von den marktüblich erzielbaren Erträgen erheblich abweichende Erträge des Bewertungsobjekts, Baumängel oder Bauschäden, eine wirtschaftliche Überalterung, ein überdurchschnittlicher Erhaltungszustand, Bodenverunreinigungen sowie grundstücksbezogene Rechte und Belastungen sind im Rahmen dieser typisierenden Wertermittlung nicht gesondert zu ermitteln und zu berücksichtigen.

---

[1] Koordinierte Erlasse der obersten Finanzbehörden der Länder vom 9. November 2021 zur Anwendung des Siebenten Abschnitts des Zweiten Teils des Bewertungsgesetzes zur Bewertung des Grundbesitzes (allgemeiner Teil und Grundvermögen) für die Grundsteuer ab 1. Januar 2022 (AEBewGrSt), BStBl. I S. 2334.

§ 253 Ermittlung des kapitalisierten Reinertrags

(1) ¹Zur Ermittlung des kapitalisierten Reinertrags ist vom Reinertrag des Grundstücks auszugehen. ²Dieser ergibt sich aus dem Rohertrag des Grundstücks (§ 254) abzüglich der Bewirtschaftungskosten (§ 255).

(2) ¹Der Reinertrag des Grundstücks ist mit dem sich aus Anlage 37 ergebenden Vervielfältiger zu kapitalisieren. ²Maßgebend für den Vervielfältiger sind der Liegenschaftszinssatz nach § 256 und die Restnutzungsdauer des Gebäudes. ³Die Restnutzungsdauer ist grundsätzlich der Unterschiedsbetrag zwischen der wirtschaftlichen Gesamtnutzungsdauer, die sich aus Anlage 38 ergibt, und dem Alter des Gebäudes im Hauptfeststellungszeitpunkt. ⁴Sind nach der Bezugsfertigkeit des Gebäudes Veränderungen eingetreten, die die wirtschaftliche Gesamtnutzungsdauer des Gebäudes wesentlich verlängert haben, ist von einer der Verlängerung entsprechenden Restnutzungsdauer auszugehen. ⁵Die Restnutzungsdauer eines noch nutzbaren Gebäudes beträgt mindestens 30 Prozent der wirtschaftlichen Gesamtnutzungsdauer. ⁶Bei einer bestehenden Abbruchverpflichtung für das Gebäude ist die Restnutzungsdauer abweichend von den Sätzen 3 bis 5 auf den Unterschiedsbetrag zwischen der tatsächlichen Gesamtnutzungsdauer und dem Alter des Gebäudes im Hauptfeststellungszeitpunkt begrenzt.

AEBewGrSt[1]

Zu § 253 BewG

A 253.1 Ermittlung des kapitalisierten Reinertrags; Restnutzungsdauer

(1) ¹Die Restnutzungsdauer ist grundsätzlich der Unterschiedsbetrag zwischen der wirtschaftlichen Gesamtnutzungsdauer, die sich aus Anlage 38 zum BewG ergibt, und dem Alter des Gebäudes im Hauptfeststellungszeitpunkt. ²Es bestehen aus Vereinfachungsgründen keine Bedenken, das Alter des Gebäudes durch Abzug des Jahres der Bezugsfertigkeit des Gebäudes (Baujahr) vom Jahr des Hauptfeststellungszeitpunkts zu bestimmen.

(2) ¹Die typisierte wirtschaftliche Gesamtnutzungsdauer eines Gebäudes ist der Anlage 38 zum BewG zu entnehmen. ²Sie richtet sich nach der Grundstücksart im Sinne des § 250 BewG und den in der Anlage 38 zum BewG ausgewiesenen Gebäudearten. ³Die wirtschaftliche Gesamtnutzungsdauer beträgt für Wohngrundstücke einheitlich 80 Jahre. ⁴Dies gilt unabhängig davon, ob im Gebäude enthaltene Räume (z. B. Verkaufsräume oder Büros) für Zwecke genutzt werden, für die eine abweichende wirtschaftliche Gesamtnutzungsdauer anzunehmen wäre.

(3) ¹Sind nach der Bezugsfertigkeit des Gebäudes Veränderungen eingetreten, die die wirtschaftliche Gesamtnutzungsdauer des Gebäudes wesentlich verlängert haben, ist von einer der Verlängerung entsprechenden Restnutzungsdauer auszugehen. ²Von einer wesentlichen Verlängerung der wirtschaftlichen Gesamtnutzungsdauer ist nur bei einer Kernsanierung auszugehen. ³Eine Kernsanierung liegt vor, wenn nicht nur der Ausbau (u. a. Heizung, Fenster und Sanitäreinrichtungen) umfassend modernisiert, sondern auch der Rohbau jedenfalls teilweise erneuert worden ist. ⁴Bauliche Maßnahmen an nicht tragenden Bauteilen (z. B. Neugestaltung der Fassade) verlängern die Gesamtnutzungsdauer allein nicht wesentlich. ⁵Durch eine Kernsanierung wird das Gebäude in einen Zustand versetzt, der nahezu einem neuen Gebäude entspricht. ⁶Dazu wird das Gebäude zunächst bis auf die tragende Substanz zurückgebaut. ⁷Decken, Außenwände, tragende Innenwände und ggf. der Dachstuhl bleiben dabei in der Regel erhalten; ggf. sind diese zu ertüchtigen und/oder instand zu setzen. ⁸Voraussetzungen für das Vorliegen einer Kernsanierung sind insbesondere die komplette Erneuerung der Dacheindeckung, der Fassade, der Innen- und Außenwände mit Ausnahme der tragenden Wände, der Fußböden, der Fenster, der Innen- und Außentüren sowie sämtlicher technischen Systeme wie z. B. der Heizung einschließlich aller Leitungen, des Abwassersystems einschließlich der Grundleitungen, der elektrischen Leitungen und der Wasserversorgungsleitungen, sofern diese technisch einwandfrei und als neubauähnlich und neuwertig zu betrachten sind. ⁹Im Einzelfall müssen nicht zwingend alle der vorgenannten Kriterien gleichzeitig erfüllt sein. ¹⁰Dies gilt insbesondere für solche Gebäude und Gebäudeteile, bei denen aufgrund baurechtlicher Vorgaben eine weitreichende Veränderung nicht zulässig ist (z. B. unter Denkmalschutz stehende Gebäude und Gebäudeteile). ¹¹Im Jahr der Kernsanierung beträgt die Restnutzungsdauer aus

---

1) Koordinierte Erlasse der obersten Finanzbehörden der Länder vom 9. November 2021 zur Anwendung des Siebenten Abschnitts des Zweiten Teils des Bewertungsgesetzes zur Bewertung des Grundbesitzes (allgemeiner Teil und Grundvermögen) für die Grundsteuer ab 1. Januar 2022 (AEBewGrSt), BStBl. I S. 2334.

Vereinfachungsgründen 90 Prozent der wirtschaftlichen Gesamtnutzungsdauer des Gebäudes. [12]Mit dem pauschalen Abschlag in Höhe von 10 Prozent wird die teilweise noch verbliebene alte Bausubstanz berücksichtigt. [13]Als Jahr der Kernsanierung gilt das Jahr, in dem die Kernsanierung abgeschlossen wurde.

Beispiel:

Baujahr 1970, Kernsanierung 2008, wirtschaftliche Gesamtnutzungsdauer 80 Jahre.

Restnutzungsdauer im Jahr der Kernsanierung:

wirtschaftliche Gesamtnutzungsdauer (80 Jahre) ./. 10 Prozent der wirtschaftlichen Gesamtnutzungsdauer (8 Jahre) = 72 Jahre

Restnutzungsdauer im Feststellungszeitpunkt:

72 Jahre ./. (2022 ./. 2008) = 58 Jahre

(4) [1]Die Restnutzungsdauer eines noch nutzbaren Gebäudes beträgt mindestens 30 Prozent der wirtschaftlichen Gesamtnutzungsdauer. [2]Bei den Wohngrundstücken beträgt die Mindest-Restnutzungsdauer daher einheitlich 24 Jahre. [3]Die Regelung unterstellt einen durchschnittlichen Erhaltungszustand und macht insbesondere bei älteren Gebäuden die Prüfung entbehrlich, ob die restliche Lebensdauer infolge baulicher Maßnahmen verlängert wurde. [4]Bei bestehender Abbruchverpflichtung für das Gebäude kann die Mindest-Restnutzungsdauer unterschritten werden.

(5) [1]Eine Verkürzung der Restnutzungsdauer kommt nur bei bestehender Abbruchverpflichtung für das Gebäude in Betracht. [2]Insbesondere Baumängel und Bauschäden oder wirtschaftliche Gegebenheiten führen nicht zu einer Verkürzung der Restnutzungsdauer bei der Ermittlung des Grundsteuerwertes. [3]Dies gilt auch für nicht behebbare Baumängel oder Bauschäden (z. B. Gründungsmängel, Kriegsschäden, Bergschäden), die selbst durch Ausbesserung nicht auf Dauer beseitigt werden können.

Beispiel:

Baujahr 1982, Abbruchverpflichtung 2030, wirtschaftliche Gesamtnutzungsdauer 80 Jahre.

Gesamtnutzungsdauer aufgrund der Abbruchverpflichtung:

Gesamtnutzungsdauer: Jahr der Abbruchverpflichtung 2030 ./. Baujahr 1982 = 48 Jahre

Restnutzungsdauer unter Berücksichtigung der Abbruchverpflichtung:

48 Jahre ./. Alter im Hauptfeststellungszeitpunkt 1. Januar 2022 (2022 ./. 1982 = 40 Jahre) = 8 Jahre

Die Mindest-Restnutzungsdauer von 24 Jahren (30 Prozent von 80 Jahren) ist unbeachtlich.

[4]Eine erst nach dem Hauptfeststellungszeitpunkt vereinbarte Abbruchverpflichtung ist als eine Änderung der tatsächlichen Verhältnisse nach § 228 Absatz 2 BewG dem Finanzamt anzuzeigen und kann unter den weiteren Voraussetzungen des § 222 Absatz 1 BewG zu einer Wertfortschreibung führen.

AEBewGrSt[1)]

Zu § 253 BewG

A 253.2 Grundstück mit mehreren Gebäuden oder Gebäudeteilen

(1) Besteht eine wirtschaftliche Einheit aus mehreren Gebäuden oder Gebäudeteilen die über eine gewisse bauliche Selbständigkeit verfügen oder die in verschiedenen Jahren bezugsfertig geworden sind, können sich unterschiedliche Restnutzungsdauern ergeben.

(2) [1]Bei Wohngrundstücken gilt für alle Gebäude und Gebäudeteile – unabhängig von ihrer Nutzung – eine Gesamtnutzungsdauer von 80 Jahren. [2]Dies gilt auch für Garagen und Nebengebäude. [3]Liegen keine anderweitigen Erkenntnisse vor, so bestehen keine Bedenken, bei Garagen und Nebengebäuden die Bezugsfertigkeit im Zeitpunkt der Bezugsfertigkeit des Hauptgebäudes zu unterstellen.

Beispiel:

Von einem Mietwohngrundstück mit einer Wohn- und Nutzfläche von insgesamt 1 500 m² dienen 1 300 m² Wohnzwecken, und ein Gebäudeteil mit 200 m² Nutzfläche wird als Büroeinheit genutzt.

Die wirtschaftliche Gesamtnutzungsdauer laut Anlage 38 zum BewG beträgt für Mietwohngrundstücke 80 Jahre. Ein gesonderter Ansatz der wirtschaftlichen Gesamtnutzungsdauer für den Gebäudeteil Büroeinheit von 200 m² (z. B. 60 Jahre für Bürogebäude) ist ausgeschlossen.

---

1) Koordinierte Erlasse der obersten Finanzbehörden der Länder vom 9. November 2021 zur Anwendung des Siebenten Abschnitts des Zweiten Teils des Bewertungsgesetzes zur Bewertung des Grundbesitzes (allgemeiner Teil und Grundvermögen) für die Grundsteuer ab 1. Januar 2022 (AEBewGrSt), BStBl. I S. 2334.

(3) Ergeben sich bei einer wirtschaftlichen Einheit aus mehreren selbständigen Gebäuden oder Gebäudeteilen unterschiedliche Restnutzungsdauern, ist eine gewogene Restnutzungsdauer unter Berücksichtigung der jeweiligen Roherträge zu ermitteln.

Beispiel:

Mietwohngrundstück bestehend aus zwei Gebäuden mit je vier Wohnungen. Gebäude A wurde 1970 fertiggestellt (Alter des Gebäudes am Bewertungsstichtag 1. Januar 2022 = 52 Jahre), die typisierten Roherträge belaufen sich auf 22 000 €. Das Gebäude B wurde 2005 fertiggestellt (Alter des Gebäudes im Hauptfeststellungszeitpunkt 1. Januar 2022 = 17 Jahre), die typisierten Roherträge betragen 38 000 €. Insgesamt sind für das Mietwohngrundstück Roherträge von 60.000 € (22 000 € + 38 000 €) anzusetzen.

Für das Gebäude A ergeben sich, bezogen auf die Restnutzungsdauer von 28 Jahren im Hauptfeststellungsstichtag (Gesamtnutzungsdauer 80 Jahre abzüglich Alter am Bewertungsstichtag 52 Jahre), anzusetzende Erträge von

28 Jahre × 22 000 € = 616 000 €

Für das Gebäude B ergeben sich, bezogen auf die Restnutzungsdauer im Hauptfeststellungsstichtag von 63 Jahren (Gesamtnutzungsdauer 80 Jahre abzüglich Alter am Bewertungsstichtag 17 Jahre) anzusetzende Erträge von

63 Jahre × 38 000 € = 2 394 000 €

Die Summe der anzusetzenden Erträge für das Mietwohngrundstück beträgt somit

616 000 € + 2 394 000 € = 3 010 000 €.

Die gewogene Restnutzungsdauer ergibt sich, indem die Summe der anzusetzenden Erträge durch die Summe der jährlichen Erträge geteilt wird:

3 010 000 € / 60 000 € = 50,17 Jahre

Die gewogene Restnutzungsdauer wird kaufmännisch auf volle Jahre gerundet und beträgt somit 50 Jahre.

(4) ¹Anbauten teilen grundsätzlich auf Grund ihrer Bauart oder Nutzung das Schicksal des Hauptgebäudes. ²Ist dagegen anzunehmen, dass ein Erweiterungsbau nach Größe, Bauart oder Nutzung eine andere Restnutzungsdauer als das Hauptgebäude haben wird, gelten die Absätze 1 bis 3 entsprechend. ³Für Aufstockungen ist grundsätzlich das Baujahr der unteren Geschosse zu Grunde zu legen. ⁴Es ist jedoch zu prüfen, ob die baulichen Maßnahmen eine Kernsanierung darstellen und daher die Restnutzungsdauer des Gebäudes wesentlich verlängert worden ist (siehe A 253.1 Absatz 3).

(5) ¹Bei einer wirtschaftlichen Einheit mit mehreren nichtselbständigen Gebäuden oder Gebäudeteilen ist von einer einheitlichen Restnutzungsdauer auszugehen. ²Zur Bestimmung der wirtschaftlichen Gesamtnutzungsdauer gelten die oben ausgeführten Erläuterungen (Restnutzungsdauer, A 253.1 Absatz 2).

§ 254 Rohertrag des Grundstücks

Der jährliche Rohertrag des Grundstücks ergibt sich aus den in Anlage 39 nach Land, Gebäudeart, Wohnfläche und Baujahr des Gebäudes angegebenen monatlichen Nettokaltmieten je Quadratmeter Wohnfläche einschließlich der in Abhängigkeit der Mietniveaustufen festgelegten Zu- und Abschläge.

AEBewGrSt[1)]

Zu § 254 BewG

A 254 Rohertrag des Grundstücks

(1) ¹Ausgangsgröße der Bewertung im Ertragswertverfahren ist der jährliche Rohertrag des Grundstücks. ²Der jährliche Rohertrag des Grundstücks ergibt sich aus typisierten monatlichen Nettokaltmieten. ³Die Höhe der monatlichen Nettokaltmieten pro Quadratmeter ergibt sich aus der Anlage 39 zum BewG. ⁴Die Erklärung der tatsächlichen Mieteinnahmen durch den Steuerpflichtigen oder die Ermittlung einer üblichen Miete ist ausgeschlossen.

---

1) Koordinierte Erlasse der obersten Finanzbehörden der Länder vom 9. November 2021 zur Anwendung des Siebenten Abschnitts des Zweiten Teils des Bewertungsgesetzes zur Bewertung des Grundbesitzes (allgemeiner Teil und Grundvermögen) für die Grundsteuer ab 1. Januar 2022 (AEBewGrSt), BStBl. I S. 2334.

§§ 254, 255 BewG

(2) ¹Bei Wohngrundstücken (Ein- und Zweifamilienhäusern, Mietwohngrundstücken und Wohnungseigentum) wird der jährliche Rohertrag auf der Grundlage von aus dem Mikrozensus des Statistischen Bundesamtes für jedes Land abgeleiteten durchschnittlichen Nettokaltmieten je Quadratmeter Wohnfläche ermittelt. ²Die Nettokaltmieten werden für die drei Grundstücksarten Einfamilienhaus, Zweifamilienhaus und Mietwohngrundstück jeweils in drei Wohnflächengruppen sowie fünf Baujahrgruppen unterteilt. ³Für die Ermittlung des Rohertrags bei Wohnungseigentum sind die Nettokaltmieten für Mietwohngrundstücke anzuwenden. ⁴Bei Wohngrundstücken mit mehr als einer Wohnung (Zweifamilienhaus, Mietwohngrundstück) ist jede Wohnung in eine der drei Wohnflächengruppen einzuordnen.

Beispiel:

Ein Mietwohngrundstück besteht aus einem Gebäude mit insgesamt 5 Wohnungen:

Wohnung 1 = 73 m²

Wohnung 2 = 55 m²

Wohnung 3 = 128 m²

Wohnung 4 = 62 m²

Wohnung 5 = 45 m²

Für die Ermittlung des Rohertrags sind folgende Einteilungen vorzunehmen:

Zwei Wohnungen mit einer Wohnfläche von unter 60 m² und einer Gesamtwohnfläche von 100 m² (Wohnungen 2 und 5)

Zwei Wohnungen mit einer Wohnfläche von 60 m² bis unter 100 m² und einer Gesamtwohnfläche von 135 m² (Wohnungen 1 und 4)

Eine Wohnung mit einer Wohnfläche von 100 m² und mehr und einer Gesamtwohnfläche von 128 m² (Wohnung 3)

(3) ¹Flächen, die zu anderen als Wohnzwecken genutzt werden (z. B. Verkaufsräume oder Büros), gelten als Wohnfläche. ²Für diese Flächen ist bei Mietwohngrundstücken die für Wohnungen mit einer Fläche unter 60 Quadratmetern geltende monatliche Nettokaltmiete in Euro je Quadratmeter Nutzfläche anzusetzen. ³Bei Ein- und Zweifamilienhäusern und bei Wohnungseigentum sind diese Flächen zu der jeweiligen Wohnfläche zu addieren. ⁴Lassen sich die Nutzflächen bei einem Zweifamilienhaus nicht zweifelsfrei einer Wohnung zuordnen, bestehen keine Bedenken, die Flächen zu der Wohnung mit dem niedrigeren Mietwert zu addieren. ⁵Zubehörräume wie z. B. Kellerräume, Abstellräume und Kellerersatzräume außerhalb der Wohnung, Waschküchen und Trockenräume, Bodenräume und Heizungsräume bleiben außer Ansatz. ⁶Räume, die zum dauernden Aufenthalt für Wohnzwecke ausgebaut wurden, sind keine Zubehörräume. ⁷Für Wohnräume, die keine Wohnungen darstellen (z. B. Wohnräume in einem Studentenwohnheim in Gestalt eines Appartementhauses), sind die für Wohnungen bis zu einer Größe von 60 Quadratmetern maßgebenden Mieten anzusetzen.

(4) ¹Die typisierten Nettokaltmieten sind des Weiteren nach Baujahrgruppen differenziert. ²Bei einem kernsanierten Gebäude ist zur Einordnung des Gebäudes in die jeweilige Baujahrgruppe auf ein fiktives Baujahr abzustellen, das sich aus dem Jahr der Kernsanierung abzüglich 8 Jahre (10 Prozent der wirtschaftlichen Gesamtnutzungsdauer) ergibt (siehe A 253.1 Absatz 3).

(5) ¹Für Garagen- und Tiefgaragenstellplätze wird eine Nettokaltmiete als Festwert zugrunde gelegt (35 Euro pro Monat). ²Für sonstige Außenstellplätze erfolgt kein gesonderter Ansatz.

(6) ¹Die nach Ländern, Wohnflächen- und Baujahrgruppen unterschiedenen Nettokaltmieten pro Quadratmeter aus der Anlage 39 zum BewG werden durch Zu- und Abschläge nach sieben gemeindebezogenen Mietniveaustufen angepasst. ²Die Einordnung der Gemeinden in die jeweilige Mietniveaustufe ergibt sich aus der Verordnung zur Einstufung der Gemeinden in eine Mietniveaustufe im Sinne des § 254 des Bewertungsgesetzes (Mietniveau-Einstufungsverordnung – MietNEinV).

§ 255 Bewirtschaftungskosten

¹**Als Bewirtschaftungskosten werden die bei ordnungsgemäßer Bewirtschaftung und zulässiger Nutzung marktüblich entstehenden jährlichen Verwaltungskosten, Betriebskosten, Instandhaltungskosten und das Mietausfallwagnis berücksichtigt, die nicht durch Umlagen oder sonstige Kostenübernahmen gedeckt sind.** ²**Sie ergeben sich aus den pauschalierten Erfahrungssätzen nach Anlage 40.**

AEBewGrSt[1)]

Zu § 255 BewG

A 255 Bewirtschaftungskosten

(1) [1]Bewirtschaftungskosten sind die bei ordnungsgemäßer Bewirtschaftung und zulässiger Nutzung marktüblich entstehenden jährlichen Verwaltungskosten, Betriebskosten, Instandhaltungskosten und das Mietausfallwagnis, die nicht durch Umlagen oder sonstige Kostenübernahmen gedeckt sind. [2]Zinsen für Hypothekendarlehen, Grundschulden oder sonstige Zahlungen für auf dem Grundstück lastende privatrechtliche Verpflichtungen bleiben unberücksichtigt.

(2) [1]Die Bewirtschaftungskosten ergeben sich aus den pauschalierten Erfahrungssätzen nach Anlage 40 zum BewG. [2]Die Bewirtschaftungskosten werden in Abhängigkeit von den unterschiedlichen Grundstücksarten und nach der jeweiligen Restnutzungsdauer der Gebäude differenziert. [3]Eine verlängerte, verkürzte oder gewogene Restnutzungsdauer sowie die Mindest-Restnutzungsdauer nach § 253 Absatz 2 Satz 5 BewG sind hierbei zu berücksichtigen. [4]Ein Ansatz in tatsächlicher Höhe ist ausgeschlossen.

§ 256 Liegenschaftszinssätze

(1) [1]Liegenschaftszinssätze sind die Zinssätze, mit denen der Wert von Grundstücken abhängig von der Grundstücksart durchschnittlich und marktüblich verzinst wird. [2]Bei der Bewertung bebauter Grundstücke gelten die folgenden Zinssätze:

1. 2,5 Prozent für Ein- und Zweifamilienhäuser,
2. 3,0 Prozent für Wohnungseigentum,
3. 4,0 Prozent für Mietwohngrundstücke mit bis zu sechs Wohnungen,
4. 4,5 Prozent für Mietwohngrundstücke mit mehr als sechs Wohnungen.

(2) [1]Bei der Bewertung von Ein- und Zweifamilienhäusern im Sinne des § 249 Absatz 2 und 3 verringert sich der Zinssatz nach Absatz 1 Satz 2 Nummer 1 um jeweils 0,1 Prozentpunkte für jede vollen 100 Euro, die der Bodenrichtwert oder der Bodenwert nach § 247 Absatz 3 je Quadratmeter den Betrag von 500 Euro je Quadratmeter übersteigt. [2]Ab einem Bodenrichtwert oder Bodenwert nach § 247 Absatz 3 je Quadratmeter in Höhe von 1 500 Euro je Quadratmeter beträgt der Zinssatz für Ein- und Zweifamilienhäuser einheitlich 1,5 Prozent.

(3) [1]Bei der Bewertung von Wohnungseigentum im Sinne des § 249 Absatz 5 verringert sich der Zinssatz nach Absatz 1 Satz 2 Nummer 1 um jeweils 0,1 Prozentpunkte für jede vollen 100 Euro, die der Bodenrichtwert oder der Bodenwert nach § 247 Absatz 3 je Quadratmeter den Betrag von 2 000 Euro je Quadratmeter übersteigt. [2]Ab einem Bodenrichtwert oder Bodenwert nach § 247 Absatz 3 je Quadratmeter in Höhe von 3 000 Euro je Quadratmeter beträgt der Zinssatz für Wohnungseigentum einheitlich 2 Prozent.

AEBewGrSt[2)]

Zu § 256 BewG

A 256 Liegenschaftszinssätze

(1) [1]Liegenschaftszinssätze sind die Zinssätze, mit denen der Wert von Grundstücken abhängig von der Grundstücksart durchschnittlich und marktüblich verzinst wird. [2]Mit den Liegenschaftszinssätzen werden die allgemein vom Grundstücksmarkt erwarteten künftigen Entwicklungen, insbesondere der Ertrags- und Wertverhältnisse sowie die üblichen steuerlichen Rahmenbedingungen, berücksichtigt. [3]Besondere Ertragsverhältnisse, die auf wohnungs- und mietrechtliche Bindungen zurückzuführen sind, bleiben unberück-

---

[1)] Koordinierte Erlasse der obersten Finanzbehörden der Länder vom 9. November 2021 zur Anwendung des Siebenten Abschnitts des Zweiten Teils des Bewertungsgesetzes zur Bewertung des Grundbesitzes (allgemeiner Teil und Grundvermögen) für die Grundsteuer ab 1. Januar 2022 (AEBewGrSt), BStBl. I S. 2334.

[2)] Koordinierte Erlasse der obersten Finanzbehörden der Länder vom 9. November 2021 zur Anwendung des Siebenten Abschnitts des Zweiten Teils des Bewertungsgesetzes zur Bewertung des Grundbesitzes (allgemeiner Teil und Grundvermögen) für die Grundsteuer ab 1. Januar 2022 (AEBewGrSt), BStBl. I S. 2334.

sichtigt. [4]Bei der Ermittlung des Grundsteuerwerts gelten unter Berücksichtigung der Anpassung nach § 256 Absatz 2 und 3 BewG (siehe hierzu unten Absatz 2 und 3) die folgenden gesetzlich festgelegten Zinssätze:
1. 2,5 Prozent für Ein- und Zweifamilienhäuser,
2. 3,0 Prozent für Wohnungseigentum,
3. 4,0 Prozent für Mietwohngrundstücke mit bis zu sechs Wohnungen,
4. 4,5 Prozent für Mietwohngrundstücke mit mehr als sechs Wohnungen.

[5]Die von den örtlichen Gutachterausschüssen ermittelten und veröffentlichten Liegenschaftszinssätze sind nicht anzusetzen.

(2) [1]Bei der Bewertung von Ein- und Zweifamilienhäusern verringert sich der Liegenschaftszinssatz um jeweils 0,1 Prozentpunkte je volle 100 Euro, die der Bodenrichtwert oder Bodenwert nach § 247 Absatz 3 BewG je Quadratmeter die Grenze von 500 Euro je Quadratmeter übersteigt. [2]Ab einem Bodenrichtwert oder Bodenwert nach § 247 Absatz 3 BewG (umgerechnet auf einen Wert je Quadratmeter) von 1 500 Euro je Quadratmeter wird ein einheitlicher Liegenschaftszinssatz von 1,5 Prozent angewendet.

Beispiel 1:
Einfamilienhaus in einer Bodenrichtwertzone mit einem Bodenrichtwert von 930 €/m²
Der Liegenschaftszinssatz für Einfamilienhäuser beträgt grundsätzlich 2,5 Prozent. Da im vorliegenden Fall der Bodenrichtwert von 930 €/m² die Grenze von 500 €/m³ um vier volle 100 € übersteigt, reduziert sich der Liegenschaftszinssatz um 4 × 0,1 Prozentpunkte, also 0,4 Prozentpunkte, und beträgt somit 2,1 Prozent.

Beispiel 2:
Einfamilienhaus in einer Bodenrichtwertzone mit einem Bodenrichtwert von 1 700 €/m²
Der Liegenschaftszinssatz für Einfamilienhäuser beträgt grundsätzlich 2,5 Prozent. Da im vorliegenden Fall der Bodenrichtwert von 1 700 €/m² die Grenze von 500 €/m² um zwölf volle 100 € übersteigt, würde sich der Liegenschaftszinssatz um 12 × 0,1 Prozentpunkte also 1,2 Prozentpunkte auf 1,3 Prozent reduzieren. Hier ist allerdings der Liegenschaftszinssatz auf maximal 1,5 Prozent zu reduzieren, da der Bodenrichtwert mehr als 1 500 €/m² beträgt.

[3]Die Kürzung des Liegenschaftszinssatzes nach § 256 Absatz 2 und 3 BewG ist regelmäßig anhand des für die Lagequalität prägenden Bodenrichtwerts vorzunehmen. [4]Dies dürfte in der Regel der Bodenrichtwert der Bodenrichtwertzone sein, in welcher das Gebäude belegen ist (in der Regel höherer Bodenrichtwert). [5]Zulässig ist auch, einen nach Flächenanteilen gewichteten Bodenrichtwert anzusetzen. [6]Dies gilt für den Bodenwert nach § 247 Absatz 3 BewG umgerechnet in Euro je Quadratmeter entsprechend.

(3) [1]Bei der Bewertung von Wohnungseigentum verringert sich der Liegenschaftszinssatz um jeweils 0,1 Prozentpunkte je volle 100 Euro, die der Bodenrichtwert oder der Bodenwert nach § 247 Absatz 3 BewG je Quadratmeter die Grenze von 2 000 Euro je Quadratmeter übersteigt. [2]Ab einem Bodenrichtwert oder Bodenwert nach § 247 Absatz 3 BewG (umgerechnet auf einen Wert je Quadratmeter) von 3 000 Euro je Quadratmeter, wird ein einheitlicher Liegenschaftszinssatz von 2 Prozent angewendet.

Beispiel:
Wohnungseigentum in einer Bodenrichtwertzone mit einem Bodenrichtwert von 2 300 €/m²
Der Liegenschaftszinssatz für Wohnungseigentum beträgt grundsätzlich 3 Prozent. Da im vorliegenden Fall der Bodenrichtwert von 2 300 €/m² die Grenze von 2 000 €/m² um drei volle 100 € übersteigt, reduziert sich der Liegenschaftszinssatz um 3 × 0,1 Prozentpunkte, also 0,3 Prozentpunkte, und beträgt somit 2,7 Prozent.

§ 257 Ermittlung des abgezinsten Bodenwerts

(1) **[1]Zur Ermittlung des abgezinsten Bodenwerts ist vom Bodenwert nach § 247 auszugehen. [2]Bei der Bewertung von Ein- und Zweifamilienhäusern im Sinne des § 249 Absatz 2 und 3 sind zur Berücksichtigung abweichender Grundstücksgrößen beim Bodenwert die Umrechnungskoeffizienten nach Anlage 36 anzuwenden.**

(2) **[1]Der Bodenwert nach Absatz 1 ist mit Ausnahme des Werts von selbständig nutzbaren Teilflächen nach Absatz 3 mit dem sich aus Anlage 41 ergebenden Abzinsungsfaktor ab-**

BewG § 257

zuzinsen. ²Der jeweilige Abzinsungsfaktor bestimmt sich nach dem Liegenschaftszinssatz nach § 256 und der Restnutzungsdauer des Gebäudes nach § 253 Absatz 2 Satz 3 bis 6.

(3) Eine selbständig nutzbare Teilfläche ist ein Teil eines Grundstücks, der für die angemessene Nutzung der Gebäude nicht benötigt wird und selbständig genutzt oder verwertet werden kann.

AEBewGrSt[1]

Zu § 257 BewG

A 257.1 Ermittlung des abgezinsten Bodenwerts; Allgemeines

¹Zur Ermittlung des abgezinsten Bodenwerts ist vom Bodenwert nach § 247 BewG auszugehen. ²Der Bodenwert ist mit Ausnahme des Werts von selbständig nutzbaren Teilflächen (siehe dazu A 257.4) mit dem sich aus Anlage 41 zum BewG ergebenden Abzinsungsfaktor abzuzinsen. ³Der jeweilige Abzinsungsfaktor bestimmt sich nach dem Liegenschaftszinssatz nach § 256 BewG und der Restnutzungsdauer des Gebäudes nach § 253 Absatz 2 Satz 3 bis 6 BewG.

Beispiel:

Ein zu bewertendes Grundstück (500 m²) ist mit einem Einfamilienhaus bebaut. Das Gebäude wurde 1992 bezugsfertig (Baujahr). Zum Hauptfeststellungszeitpunkt beträgt das Alter somit 30 Jahre (2022−1992). Die Restnutzungsdauer des Gebäudes ergibt sich aus der Differenz zwischen der wirtschaftlichen Gesamtnutzungsdauer (vgl. Anlage 38 zum BewG) und dem Alter des Gebäudes im Hauptfeststellungszeitpunkt: 80 Jahre − 30 Jahre (Alter) = 50 Jahre. Der Liegenschaftszinssatz für das Einfamilienhaus beträgt gemäß § 256 BewG 2,5 Prozent. Aus der Restnutzungsdauer von 50 Jahren und dem Liegenschaftszinssatz von 2,5 Prozent ergibt sich gemäß Anlage 41 zum BewG ein Abzinsungsfaktor von 0,2909.

Der abgezinste Bodenwert ermittelt sich wie folgt:

Bodenwert = BRW × 500 m² × 0,2909

AEBewGrSt[2]

Zu § 257 BewG

A 257.2 Berücksichtigung abweichender Grundstücksgrößen bei Ein- und Zweifamilienhäusern

(1) ¹Bei der Bewertung von Ein- und Zweifamilienhäusern sind zur Berücksichtigung abweichender Grundstücksgrößen beim Bodenwert die Umrechnungskoeffizienten nach Anlage 36 zum BewG anzuwenden. ²Veröffentlichungen der örtlichen Gutachterausschüsse zu entsprechenden Umrechnungskoeffizienten sind für Zwecke der Ermittlung von Grundsteuerwerten nicht zu berücksichtigen. ³Das gilt auch dann, wenn sich die Festlegung des Bodenrichtwerts durch den Gutachterausschuss nicht auf ein Bodenrichtwertgrundstück mit einer Größe von 500 Quadratmetern bezieht. ⁴Eine Interpolation erfolgt nicht. ⁵Der Umrechnungskoeffizient ist auf die gleiche Flächengröße anzuwenden, die auch zur Ermittlung des abgezinsten Bodenwerts herangezogen wird.

---

[1] Koordinierte Erlasse der obersten Finanzbehörden der Länder vom 9. November 2021 zur Anwendung des Siebenten Abschnitts des Zweiten Teils des Bewertungsgesetzes zur Bewertung des Grundbesitzes (allgemeiner Teil und Grundvermögen) für die Grundsteuer ab 1. Januar 2022 (AEBewGrSt), BStBl. I S. 2334.

[2] Koordinierte Erlasse der obersten Finanzbehörden der Länder vom 9. November 2021 zur Anwendung des Siebenten Abschnitts des Zweiten Teils des Bewertungsgesetzes zur Bewertung des Grundbesitzes (allgemeiner Teil und Grundvermögen) für die Grundsteuer ab 1. Januar 2022 (AEBewGrSt), BStBl. I S. 2334.

§ 257 BewG

Beispiel:

[Abbildung: Grundstück 800 m² an der Straße]

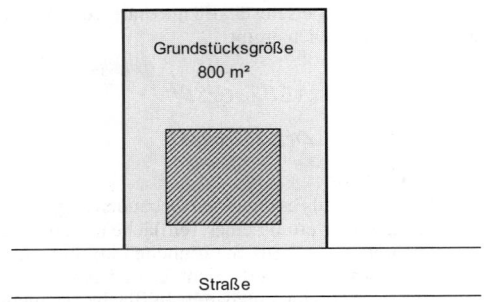

Abbildung 2: Übergroßes Grundstück mit Einfamilienhaus

Einfamilienhaus mit einer Restnutzungsdauer von 30 Jahren auf einem 800 m² großen Grundstück in einer Bodenrichtwertzone mit einem Bodenrichtwert von 500 €/m²

Der Bodenwert errechnet sich durch Multiplikation der Grundstückfläche mit dem jeweiligen Bodenrichtwert: 800 m² × 500 €/m² = 400 000 €. Durch Multiplikation mit dem Umrechnungskoeffizienten für ein Grundstück mit einer Größe von 800 m² gemäß Anlage 36 zum BewG (0,89) ergibt sich ein Bodenwert von 356 000 €.

(2) Liegen gemäß A 257.4 Absatz 2 und 3 keine selbständig nutzbaren Teilflächen vor, ist die gesamte Grundstücksfläche bei Ermittlung des abgezinsten Bodenwerts und der Anpassung aufgrund abweichender Grundstücksgröße bei einem mit einem Ein- oder Zweifamilienhaus bebauten Grundstück zu berücksichtigen.

Beispiel:

[Abbildung: Grundstück in BRW-Zone 1 an der Straße]

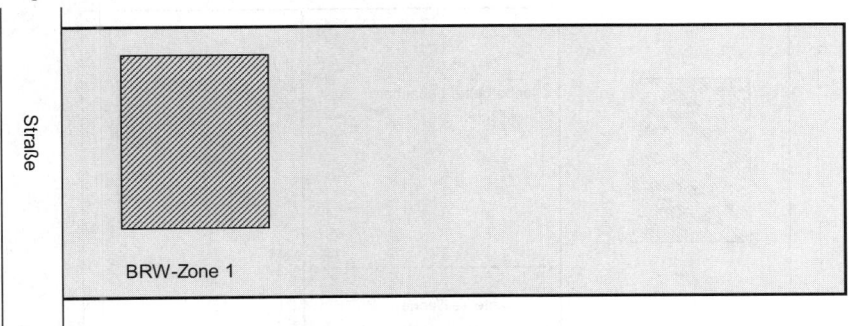

Abbildung 3: Grundstück ohne selbständig nutzbare Teilfläche

Die Grundstücksgröße des zu bewertenden Grundstücks beträgt 1 200 m². Das Grundstück liegt in einer Bodenrichtwertzone, in der BRW 1 für eine Baufläche ausgewiesen wird. Der Bodenwert ermittelt sich wie folgt:

Abgezinster Bodenwert:
BRW 1 × 1.200 m² × 0,80 (vgl. Anlage 36 zum BewG) × Abzinsungsfaktor (vgl. Anlage 41 zum BewG)

AEBewGrSt[1)]

Zu § 257 BewG

A 257.3 Mehrere Bodenrichtwertzonen

¹Liegt das Grundstück mit dem Ein- oder Zweifamilienhaus in mehr als einer Bodenrichtwertzone, sind alle Bodenrichtwerte für die Ermittlung des Bodenwerts nach § 247 BewG zugrunde zu legen, und der Umrechnungskoeffizient nach Anlage 36 zum BewG ist in der Regel auf die gesamte Grundstücksfläche

---

1) Koordinierte Erlasse der obersten Finanzbehörden der Länder vom 9. November 2021 zur Anwendung des Siebenten Abschnitts des Zweiten Teils des Bewertungsgesetzes zur Bewertung des Grundbesitzes (allgemeiner Teil und Grundvermögen) für die Grundsteuer ab 1. Januar 2022 (AEBewGrSt), BStBl. I S. 2334.

BewG § 257

ohne selbständig nutzbare Teilflächen anzuwenden. ²Maßgebend ist der Umrechnungskoeffizient, der sich für die gesamte Grundstücksfläche ohne selbständig nutzbare Teilflächen und einschließlich in anderen Bodenrichtwertzonen liegenden Flächen ergibt.

AEBewGrSt[1)]

Zu § 257 BewG

A 257.4 Selbständig nutzbare Teilfläche

(1) ¹Ist das Grundstück wesentlich größer, als es einer den Gebäuden angemessenen Nutzung entspricht, und ist eine zusätzliche Nutzung oder Verwertung einer Teilfläche (selbständig nutzbare Teilfläche) zulässig und möglich, ohne dass mehrere wirtschaftliche Einheiten im Sinne des § 2 BewG vorliegen, ist diese Teilfläche bei der Abzinsung des Bodenwerts nicht zu berücksichtigen (§ 257 Absatz 2 Satz 1 BewG). ²Für die Annahme einer selbständig nutzbaren Teilfläche ist nicht entscheidend, ob diese selbständig baulich nutzbar ist. ³Vielmehr wird unter einer selbständig nutzbaren Teilfläche jede sinnvolle Nutzung verstanden (Lagerfläche, Abstellfläche, zusätzliche Gartenfläche, Schrebergarten usw.). ⁴Die selbständig nutzbare Teilfläche muss hinreichend groß und so gestaltet sein, dass eine entsprechende Nutzung oder Verwertung möglich ist.

(2) ¹Bei bebaubaren selbständig nutzbaren Teilflächen ergibt sich der Wert der selbständig nutzbaren Teilfläche in der Regel aus dem Produkt dieser Fläche und dem jeweiligen Bodenrichtwert. ²Von einer bebaubaren selbständig nutzbaren Teilfläche ist auszugehen, wenn eine Aufteilung des Grundstücks in eine bebaute und eine bebaubare Teilfläche sowie eine separate Nutz- und Verwertbarkeit gegeben ist und die selbständige Nutzung oder Verwertung dem üblichen Marktverhalten entspricht. ³Der Vorrang des § 2 BewG ist auch in diesen Fällen zu berücksichtigen.

Beispiel:

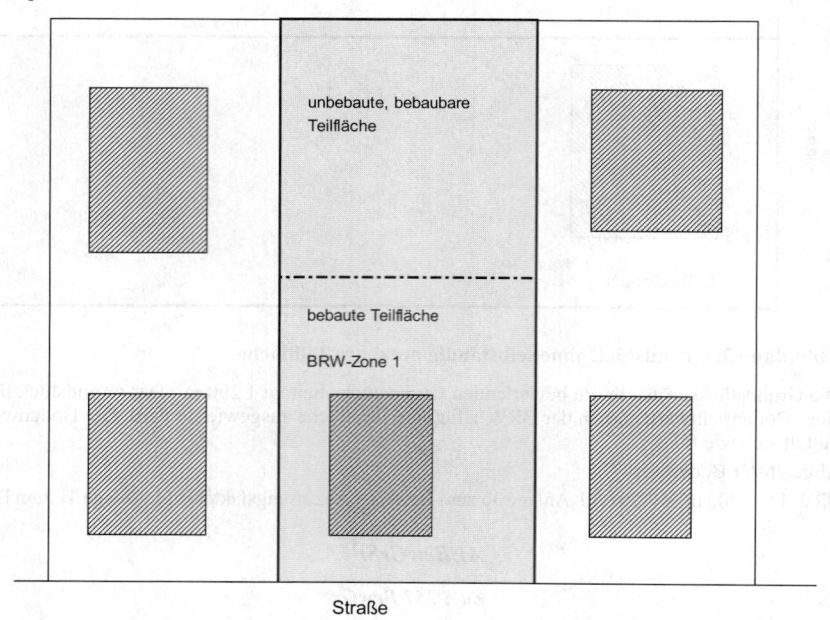

Abbildung 4: Grundstück mit bebaubarer selbständig nutzbarer Teilfläche

Die Grundstücksgröße des mit einem Einfamilienhaus bebauten Grundstücks beträgt 1 200 m². Eine Aufteilung des Grundstücks in ein bebautes und ein eigenständiges, bebaubares Baugrundstück mit

---

[1)] Koordinierte Erlasse der obersten Finanzbehörden der Länder vom 9. November 2021 zur Anwendung des Siebenten Abschnitts des Zweiten Teils des Bewertungsgesetzes zur Bewertung des Grundbesitzes (allgemeiner Teil und Grundvermögen) für die Grundsteuer ab 1. Januar 2022 (AEBewGrSt), BStBl. I S. 2334.

§ 257 BewG

einer jeweiligen Grundstücksgröße von 600 m² ist möglich. Eine selbständige Verwertbarkeit ist gegeben. Der Bodenwert ermittelt sich wie folgt:

Abgezinster Bodenwert der bebauten Teilfläche:

BRW 1 × 600 m² × 0,95 (vgl. Anlage 36 zum BewG) × Abzinsungsfaktor (vgl. Anlage 41 zum BewG).

Bodenwert der bebaubaren selbständig nutzbaren Teilfläche:

BRW 1 × 600 m². Dieser Bodenwert ist bei der Abzinsung nicht zu berücksichtigen. Der Umrechnungskoeffizient ist in diesem Fall auf diese Teilfläche nicht anzuwenden.

(3) ¹Der Wert einer nicht bebaubaren selbständig nutzbaren Teilfläche ergibt sich in der Regel aus dem Produkt der Fläche und dem Bodenrichtwert für eine nicht bauliche Nutzung. ²Von einer nicht bebaubaren selbständig nutzbaren Teilfläche ist insbesondere auszugehen, wenn die Grundstücksteilfläche in einer Bodenrichtwertzone liegt, in der ein von einer baulichen Nutzung abweichender Bodenrichtwert ausgewiesen wird (Beispiel 1). ³Wenn kein gesonderter Bodenrichtwert vorliegt, der die geringere Nutzbarkeit dieser Fläche berücksichtigt, ist der Umrechnungskoeffizient nach Anlage 36 zum BewG auf die Gesamtfläche einschließlich der selbständig nutzbaren Teilfläche anzuwenden (Beispiel 2).

Beispiel 1:

Abbildung 5: Grundstück mit nicht bebaubarer selbständig nutzbarer Teilfläche in zwei BRW-Zonen

Die Grundstücksgröße des mit einem Einfamilienhaus bebauten Grundstücks beträgt 3 600 m². Die Fläche des bebauten Grundstücksteils beträgt 1 200 m² und liegt in einer Bodenrichtwertzone, in der BRW 1 für eine Baufläche ausgewiesen wird. Die nicht bebaubare Teilfläche befindet sich in einer Bodenrichtwertzone, in der BRW 2 für eine nicht bebaubare Fläche (z. B. Grünland, private Grünfläche, Kleingartenfläche, Lagerfläche) ausgewiesen wird. Der Bodenwert ermittelt sich wie folgt:

Abgezinster Bodenwert der bebauten Teilfläche 1:

BRW 1 × 1 200 m² × 0,80 (vgl. Anlage 36 zum BewG) × Abzinsungsfaktor (vgl. Anlage 41 zum BewG).

Bodenwert der nicht bebaubaren selbständig nutzbaren Teilfläche 2:

BRW 2 × 2 400 m². Dieser Bodenwert ist bei der Abzinsung nicht zu berücksichtigen. Der Umrechnungskoeffizient ist in diesem Fall auf diese Teilfläche nicht anzuwenden.

Beispiel 2:

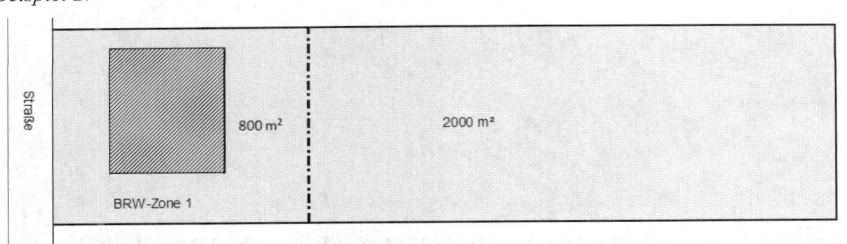

Abbildung 6: Grundstück mit nicht bebaubarer selbständig nutzbarer Teilfläche in einer BRW-Zone

BewG §§ 257, 258

Die Grundstücksgröße des mit einem Einfamilienhaus bebauten Grundstücks beträgt 2 800 m². Das Grundstück liegt in einer Bodenrichtwertzone, in der BRW 1 für eine Baufläche ausgewiesen wird. Der Bodenwert ermittelt sich wie folgt:

Abgezinster Bodenwert der bebauten Teilfläche:

BRW 1 × 800 m² × 0,64 (vgl. Anlage 36 zum BewG) × Abzinsungsfaktor (vgl. Anlage 41 zum BewG).

Bodenwert der nicht bebaubaren selbständig nutzbaren Teilfläche:

BRW 1 × 2 000 m² × 0,64 (vgl. Anlage 36 zum BewG). Dieser Bodenwert ist bei der Abzinsung nicht zu berücksichtigen.

§ 258 Bewertung im Sachwertverfahren

(1) Bei Anwendung des Sachwertverfahrens ist der Wert der Gebäude (Gebäudesachwert) getrennt vom Bodenwert zu ermitteln.

(2) Der Bodenwert ist der Wert des unbebauten Grundstücks nach § 247.

(3) ¹Die Summe aus Bodenwert (§ 247) und Gebäudesachwert (§ 259) ergibt den vorläufigen Sachwert des Grundstücks. ²Dieser ist zur Ermittlung des Grundsteuerwerts im Sachwertverfahren mit der Wertzahl nach § 260 zu multiplizieren. ³Mit dem Grundsteuerwert sind die Werte für den Grund und Boden, die Gebäude, die baulichen Anlagen, insbesondere Außenanlagen, und die sonstigen Anlagen abgegolten.

AEBewGrSt[1]

Zu § 258 BewG

A 258 Bewertung im Sachwertverfahren

(1) ¹Bei Anwendung des Sachwertverfahrens (§§ 258 bis 260 BewG) ermittelt sich der Gebäudesachwert getrennt vom Bodenwert auf der Grundlage von gewöhnlichen Herstellungskosten. ²Der Bodenwert ist wie bei einem unbebauten Grundstück nach Maßgabe des § 247 BewG zu ermitteln. ³Die Summe aus Gebäudesachwert und Bodenwert ergibt den vorläufigen Sachwert, der zur Ermittlung des Grundsteuerwerts mit einer Wertzahl nach § 260 BewG i. V. m. Anlage 43 zum BewG zu multiplizieren ist. ⁴Bauliche Anlagen, insbesondere die Außenanlagen (z. B. befestigte Wege und Plätze, Einfriedungen, siehe auch A 243 Absatz 4 Satz 4 bis 6), und die sonstigen Anlagen sind mit dem Sachwert abgegolten. ⁵Besondere objektspezifische Grundstücksmerkmale (z. B. wirtschaftliche Überalterung, Baumängel oder Bauschäden) sind nicht gesondert zu ermitteln und zu berücksichtigen.

(2) Das typisierte – vereinfachte – Sachwertverfahren nach den §§ 258 bis 260 BewG stellt sich schematisch wie folgt dar:

---

[1] Koordinierte Erlasse der obersten Finanzbehörden der Länder vom 9. November 2021 zur Anwendung des Siebenten Abschnitts des Zweiten Teils des Bewertungsgesetzes zur Bewertung des Grundbesitzes (allgemeiner Teil und Grundvermögen) für die Grundsteuer ab 1. Januar 2022 (AEBewGrSt), BStBl. I S. 2334.

§§ 258, 259 BewG

```
┌─────────────────────────────────────┐
│  Normalherstellungskosten des       │
│  Gebäudes                           │
│  § 259 Absatz 1 BewG, Anlage 42 zum │
│  BewG                               │
└─────────────────────────────────────┘
                  ×
┌─────────────────────────────────────┐
│  Baupreisindex                      │
│  § 259 Absatz 3 BewG                │
└─────────────────────────────────────┘
                  ×
┌─────────────────────────────────────┐
│  Brutto-Grundfläche                 │
│  des Gebäudes                       │
│  § 259 Absatz 2 BewG, Anlage 42 zum │
│  BewG                               │
└─────────────────────────────────────┘
                  =
┌─────────────────────────────────────┐           ┌──────────────────────────┐
│  Gebäudenormalherstellungswert      │           │  Bodenrichtwert          │
│  § 259 Absatz 2 BewG                │           │  § 247 BewG              │
└─────────────────────────────────────┘           └──────────────────────────┘
                  −                                            ×
┌─────────────────────────────────────┐           ┌──────────────────────────┐
│  Alterswertminderung (max. 70 Prozent)│         │  Grundstücksfläche       │
│  § 259 Absatz 4 BewG, Anlage 38 zum │           └──────────────────────────┘
│  BewG                               │                        =
└─────────────────────────────────────┘           ┌──────────────────────────┐
                  =                               │  Bodenwert               │
┌─────────────────────────────────────┐           │  §§ 247, 258 Absatz 2 BewG│
│  Gebäudesachwert                    │           └──────────────────────────┘
│  §§ 259 BewG                        │
└─────────────────────────────────────┘
                           ↓       ↓
           ┌─────────────────────────────────────┐
           │  Vorläufiger Sachwert des Grundstücks│
           │  § 258 Absatz 3 BewG                │
           └─────────────────────────────────────┘
                             ×
           ┌─────────────────────────────────────┐
           │  Wertzahl                           │
           │  § 260 BewG, Anlage 43 zum BewG     │
           └─────────────────────────────────────┘
                             =
           ┌─────────────────────────────────────────────────────────┐
           │  Grundsteuerwert                                        │
           │  mindestens 75 Prozent des Bodenwerts (Mindestwert,     │
           │  § 251 BewG), abgerundet auf volle 100 Euro nach        │
           │  unten (§ 230 BewG)                                     │
           └─────────────────────────────────────────────────────────┘
```

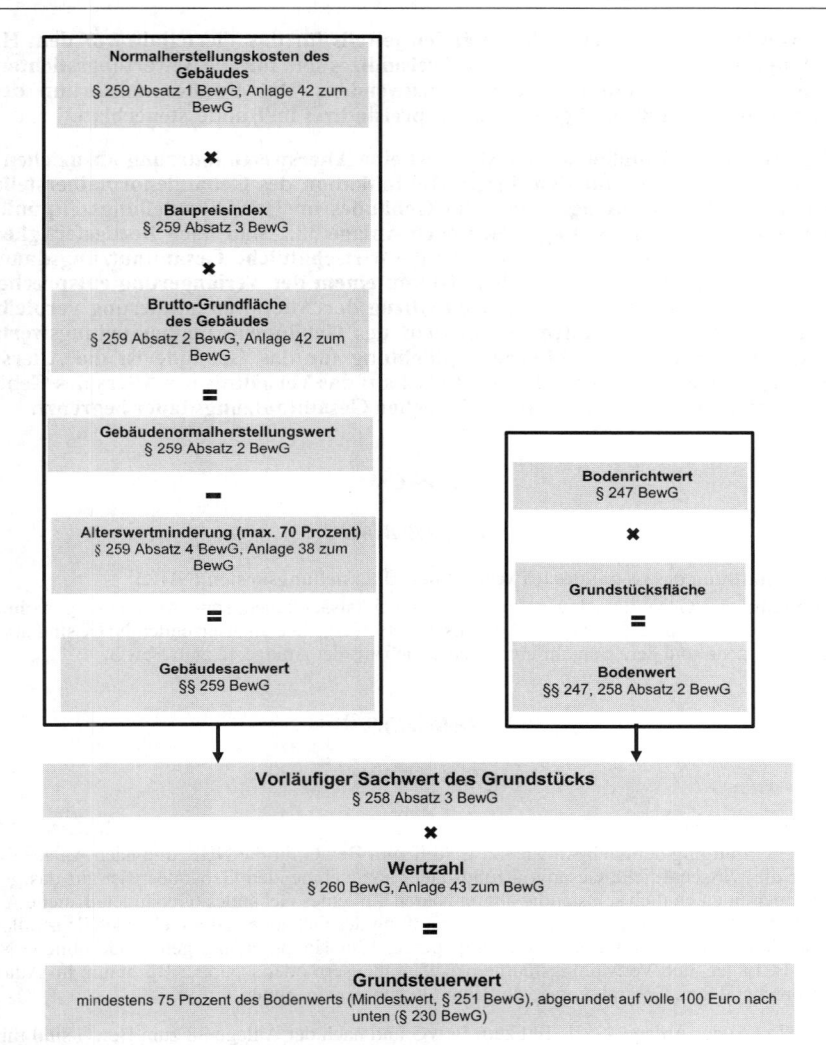

Abbildung 7: Sachwertverfahren (schematische Darstellung)

(3) Die Vorschriften über den Mindestwert (§ 251 BewG) sind auch bei einer Bewertung im Sachwertverfahren zu beachten.

§ 259 Ermittlung des Gebäudesachwerts

(1) Bei der Ermittlung des Gebäudesachwerts ist von den Normalherstellungskosten des Gebäudes in Anlage 42 auszugehen.

(2) Der Gebäudenormalherstellungswert ergibt sich durch Multiplikation der jeweiligen nach Absatz 3 an den Hauptfeststellungszeitpunkt angepassten Normalherstellungskosten mit der Brutto-Grundfläche des Gebäudes.

(3) ¹Die Anpassung der Normalherstellungskosten erfolgt anhand der vom Statistischen Bundesamt veröffentlichten Baupreisindizes. ²Dabei ist auf die Preisindizes für die Bauwirtschaft abzustellen, die das Statistische Bundesamt für den Neubau in konventioneller

BewG § 259

Bauart von Wohn- und Nichtwohngebäuden jeweils für das Vierteljahr vor dem Hauptfeststellungzeitpunkt ermittelt hat. ³Diese Preisindizes sind für alle Bewertungsstichtage des folgenden Hauptfeststellungszeitraums anzuwenden. ⁴Das Bundesministerium der Finanzen veröffentlicht die maßgebenden Baupreisindizes im Bundessteuerblatt.

(4) ¹Vom Gebäudenormalherstellungswert ist eine Alterswertminderung abzuziehen. ²Die Alterswertminderung ergibt sich durch Multiplikation des Gebäudenormalherstellungswerts mit dem Verhältnis des Alters des Gebäudes im Hauptfeststellungszeitpunkt zur wirtschaftlichen Gesamtnutzungsdauer nach Anlage 38. ³Sind nach Bezugsfertigkeit des Gebäudes Veränderungen eingetreten, die die wirtschaftliche Gesamtnutzungsdauer des Gebäudes wesentlich verlängert haben, ist von einem der Verlängerung entsprechenden späteren Baujahr auszugehen. ⁴Der nach Abzug der Alterswertminderung verbleibende Gebäudewert ist mit mindestens 30 Prozent des Gebäudenormalherstellungswerts anzusetzen. ⁵Bei bestehender Abbruchverpflichtung für das Gebäude ist die Alterswertminderung abweichend von den Sätzen 2 bis 4 auf das Verhältnis des Alters des Gebäudes im Hauptfeststellungszeitpunkt zur tatsächlichen Gesamtnutzungsdauer begrenzt.

AEBewGrSt[1]

Zu § 259 BewG

A 259.1 Ermittlung des Gebäudesachwerts; Normalherstellungskosten (NHK)

¹Zur Ermittlung des Gebäudesachwerts ist nicht von den tatsächlichen, sondern von den gewöhnlichen Herstellungskosten auszugehen (vgl. § 259 Absatz 1 BewG). ²Die anzusetzenden NHK sind abhängig von der Gebäudeart und dem Baujahr und ergeben sich aus der Anlage 42 zum BewG.

AEBewGrSt[2]

Zu § 259 BewG

A 259.2 Gebäudeart

(1) ¹Bei der Ermittlung der nach Anlage 42, II. Teil zum BewG für die NHK und nach Anlage 38 zum BewG für die wirtschaftliche Gesamtnutzungsdauer anzunehmenden Gebäudeart ist auf das gesamte Gebäude oder einen baulich selbständig abgrenzbaren Teil eines Gebäudes (Gebäudeteil, siehe A 259.6 Absatz 1) abzustellen. ²Entscheidend für die Einstufung des Gebäudes oder Gebäudeteils ist allein das durch die Hauptnutzung entstandene Gesamtgepräge. ³Zur Hauptnutzung gehörende übliche Nebenräume (z. B. Lager- und Verwaltungsräume bei Warenhäusern oder separater Büroraum im Autohaus) sind entsprechend dem Gesamtgepräge der Hauptnutzung zuzurechnen.

(2) ¹Nach Tz. 20 der Anlage 42, II. Teil zum BewG und nach der Anlage 38 zum BewG sind für nicht aufgeführte Gebäudearten die NHK sowie die wirtschaftliche Gesamtnutzungsdauer aus vergleichbaren Gebäudearten abzuleiten (Auffangklausel). ²Zu diesem Zweck ist bei Geschäftsgrundstücken, dem Teileigentum und sonstigen bebauten Grundstücken auf die Gebäudeart abzustellen, die mit der Hauptnutzung des Gebäudes die größten Übereinstimmungen aufweist.

---

[1] Koordinierte Erlasse der obersten Finanzbehörden der Länder vom 9. November 2021 zur Anwendung des Siebenten Abschnitts des Zweiten Teils des Bewertungsgesetzes zur Bewertung des Grundbesitzes (allgemeiner Teil und Grundvermögen) für die Grundsteuer ab 1. Januar 2022 (AEBewGrSt), BStBl. I S. 2334.

[2] Koordinierte Erlasse der obersten Finanzbehörden der Länder vom 9. November 2021 zur Anwendung des Siebenten Abschnitts des Zweiten Teils des Bewertungsgesetzes zur Bewertung des Grundbesitzes (allgemeiner Teil und Grundvermögen) für die Grundsteuer ab 1. Januar 2022 (AEBewGrSt), BStBl. I S. 2334.

§ 259 BewG

Beispiele:

Nicht aufgeführte Gebäudeart	Vergleichbar mit Gebäudeart	Gesamtnutzungsdauer	Gebäudeart
Abfertigungsgebäude, Terminal, Bahnhofshalle	Betriebs- und Werkstätten, mehrgeschossig, hoher Hallenanteil; industrielle Produktionsgebäude, überwiegend Skelettbauweise	40 Jahre	11.2
Apotheke, Boutique, Laden	Kauf- und Warenhäuser	50 Jahre	10.2
Bar, Tanzbar, Nachtclub	Beherbergungsstätten, Hotels, Verpflegungseinrichtungen	40 Jahre	8
Baumarkt, Discountermarkt, Gartenzentrum	Verbrauchermärkte	30 Jahre	10.1
Bürgerhaus	Gemeindezentren, Saalbauten, Veranstaltungsgebäude, Vereinsheime	40 Jahre	4
Einkaufszentrum (Shopping-Center, Shopping-Mall)	Kauf- und Warenhäuser	50 Jahre	10.2
Gewerblich genutzte freistehende Überdachung	Lagergebäude ohne Mischnutzung, Kaltlager	40 Jahre	12.1
Großraumdisco, Kino, Konzertsaalbau	Gemeindezentren, Saalbauten, Veranstaltungsgebäude, Vereinsheime	40 Jahre	4
Indoor-Spielplatz, Kletter-, Kart-, Skihalle	Sporthallen	40 Jahre	9.1
Jugendheim, Tagesstätte	Wohnheime, Internate, Alten- und Pflegeheime	50 Jahre	6
Logistikzentrum (Lagerung, Verwaltung, Kommissionierung, Verteilung und Umschlag), soweit keine Abgrenzung eigener Gebäudeteile möglich ist	Lagergebäude	40 Jahre	12.1, 12.2 oder 12.3
Markthalle, Großmarkthalle	Verbrauchermärkte	30 Jahre	10.1
Mehrfamilienhaus, Wohnhaus auf gemischt genutzten Grundstücken (vgl. Beispiel 3, A 259.6 Absatz 1)	Gemischt genutzte Grundstücke (Wohnhäuser mit Mischnutzung)	80 Jahre	1
Möbelhaus, eingeschossig	Verbrauchermärkte	30 Jahre	10.1
Möbelhaus, mehrgeschossig	Kauf- und Warenhäuser	50 Jahre	10.2
Parkhaus	Hochgaragen, Tiefgaragen und Nutzfahrzeuggaragen	40 Jahre	16
Pferdestall	Gesamtnutzungsdauer: Reithallen, ehemalige landwirtschaftliche Mehrzweckhallen, Scheunen und Ähnliches, NHK: Stallbauten	30 Jahre	15
Restaurant	Beherbergungsstätten, Hotels, Verpflegungseinrichtungen	40 Jahre	8
Therme, Saunalandschaft	Freizeitbäder, Kur- und Heilbäder	40 Jahre	9.3

BewG § 259

Nicht aufgeführte Gebäudeart	Vergleichbar mit Gebäudeart	Gesamtnutzungsdauer	Gebäudeart
Waschstraße	Betriebs- und Werkstätten, Industrie- und Produktionsgebäude, eingeschossig oder mehrgeschossig, ohne Hallenanteil; industrielle Produktionsgebäude, Massivbauweise	40 Jahre	11.1
Wochenendhaus i. S. v. A 249.9 Satz 4 (kein Fall des A 249.2 Satz 7)	Gemischt genutzte Grundstücke (Wohnhäuser mit Mischnutzung)	80 Jahre	1

(3) ¹Bei der Bewertung von Teileigentum ist zur Bestimmung der Gebäudeart auf die bauliche Gestaltung des Teileigentums abzustellen.

Beispiel:

Discountermarkt unterhalb eines Wohnhauses mit Eigentumswohnungen

Der Discountermarkt als Teileigentum bildet eine eigene wirtschaftliche Einheit und ist im Sachwertverfahren mit den NHK der Gebäudeart 10.1 (entsprechend Verbrauchermärkte) zu bewerten. Die Eigentumswohnungen bilden jede für sich ebenfalls eine eigene wirtschaftliche Einheit, die im Ertragswertverfahren zu bewerten ist.

²Unterscheiden sich die bauliche Gestaltung des Teileigentums und des übrigen Gesamtgebäudes nicht voneinander, ist in der Regel das Gesamtgepräge des Gebäudes maßgebend.

Beispiel:

Zur Bewertung eines Teileigentums als Rechtsanwalts-, Notar- oder Arztpraxis in einem mehrgeschossigen Wohnhaus, welches baulich wie ein vergleichbares Wohnungseigentum gestaltet ist, ist es sachgerecht, die NHK der Gebäudeart 1 (gemischt genutzte Grundstücke (Wohnhäuser mit Mischnutzung)) heranzuziehen. Befindet sich ein solches Teileigentum z. B. in einem Büro- und Geschäftsgebäude, können die NHK der Gebäudeart 3 (Bürogebäude, Verwaltungsgebäude) zugrunde gelegt werden.

(4) Bei einem gemischt genutzten Gebäude (siehe A 249.8 Satz 2) beträgt die wirtschaftliche Gesamtnutzungsdauer einheitlich 80 Jahre, die NHK ergeben sich unabhängig von der konkreten Nutzung aus der Gebäudeart 1 der Anlage 42 zum BewG.

Beispiel:

In einem Gebäude (Baujahr 1987) befindet sich im Erdgeschoss eine Apotheke, die darüber liegenden drei Etagen sind zu Wohnzwecken vermietet. Es liegt ein gemischt genutztes Grundstück vor. Die noch nicht indizierten NHK nach Anlage 42 zum BewG für die gesamte Bruttogrundfläche betragen 695 €/m², die wirtschaftliche Gesamtnutzungsdauer beträgt für das gesamte Gebäude einheitlich 80 Jahre.

AEBewGrSt[1]

Zu § 259 BewG

A 259.3 Baupreisindex

¹Die in der Anlage 42, II. Teil zum BewG enthaltenen NHK mit Kostenstand 2010 sind auf den Hauptfeststellungszeitpunkt umzurechnen. ²Für diese Anpassung ist nach § 259 Absatz 3 BewG auf die Preisindizes für die Bauwirtschaft, die das Statistische Bundesamt für den Neubau in konventioneller Bauart von Nichtwohngebäuden jeweils für das Vierteljahr vor dem Hauptfeststellungszeitpunkt ermittelt hat, abzustellen. ³Diese Preisindizes sind für alle Feststellungszeitpunkte des jeweiligen Hauptfeststellungszeitraums anzuwenden. ⁴Das Bundesministerium der Finanzen veröffentlicht die maßgebenden Baupreisindizes im Bundessteuerblatt.

---

[1] Koordinierte Erlasse der obersten Finanzbehörden der Länder vom 9. November 2021 zur Anwendung des Siebenten Abschnitts des Zweiten Teils des Bewertungsgesetzes zur Bewertung des Grundbesitzes (allgemeiner Teil und Grundvermögen) für die Grundsteuer ab 1. Januar 2022 (AEBewGrSt), BStBl. I S. 2334.

§ 259 BewG

AEBewGrSt[1)]

Zu § 259 BewG

A 259.4 Brutto-Grundfläche (BGF)

(1) ¹Die BGF ist die Summe der bezogen auf die jeweilige Gebäudeart marktüblich nutzbaren Grundflächen aller Grundrissebenen eines Bauwerks mit Nutzungen nach DIN 277-1:2005-02 und deren konstruktive Umschließungen (siehe Anlage 42, I. Teil zum BewG). ²Grundflächen von waagerechten Flächen sind aus ihren tatsächlichen Maßen, Grundflächen von schräg liegenden Flächen (z. B. Tribünen, Zuschauerräumen, Treppen und Rampen) aus ihrer vertikalen Projektion zu ermitteln. ³Die BGF sind in Quadratmeter anzugeben.

(2) ¹Bei der Ermittlung der BGF wird zwischen folgenden Bereichen unterschieden:

- Bereich a: überdeckt und allseitig in voller Höhe umschlossen
- Bereich b: überdeckt, jedoch nicht allseitig in voller Höhe umschlossen
- Bereich c: nicht überdeckt

²Die NHK berücksichtigen nur die BGF der Bereiche a und b. ³Der Bereich c wird nicht erfasst. ⁴Siehe Abbildung 8.

(3) ¹Für die Ermittlung der BGF sind die äußeren Maße der Bauteile einschließlich Bekleidung (z. B. Putz, Außenschalen mehrschaliger Wandkonstruktionen) in Höhe der Boden- oder Deckenbelagsoberkanten anzusetzen. ²BGF des Bereiches b sind an Stellen, an denen sie nicht umschlossen sind, bis zur vertikalen Projektion ihrer Überdeckung zu ermitteln. ³BGF von Bauteilen (Konstruktions-Grundflächen), die zwischen den Bereichen a und b liegen, sind dem Bereich a zuzuordnen. ⁴Nicht zur BGF gehören Flächen, die ausschließlich der Wartung, Inspektion und Instandsetzung von Baukonstruktionen und technischen Anlagen dienen (z. B. nicht nutzbare Dachflächen, fest installierte Dachleitern und -stege, Wartungsstege in abgehängten Decken). ⁵Nicht berücksichtigt bei der Ermittlung der BGF werden:

- Kriechkeller,
- Kellerschächte,
- Außentreppen,
- nicht nutzbare Dachflächen – auch Zwischendecken,
- Balkone (auch wenn sie überdeckt sind) und
- Spitzböden (zusätzliche Ebene im Dachgeschoss, unabhängig vom Ausbauzustand).

⁶Auf die BGF anzurechnen sind nutzbare Dachgeschossflächen (siehe Abbildung 9).

[1)] Koordinierte Erlasse der obersten Finanzbehörden der Länder vom 9. November 2021 zur Anwendung des Siebenten Abschnitts des Zweiten Teils des Bewertungsgesetzes zur Bewertung des Grundbesitzes (allgemeiner Teil und Grundvermögen) für die Grundsteuer ab 1. Januar 2022 (AEBewGrSt), BStBl. I S. 2334.

BewG § 259

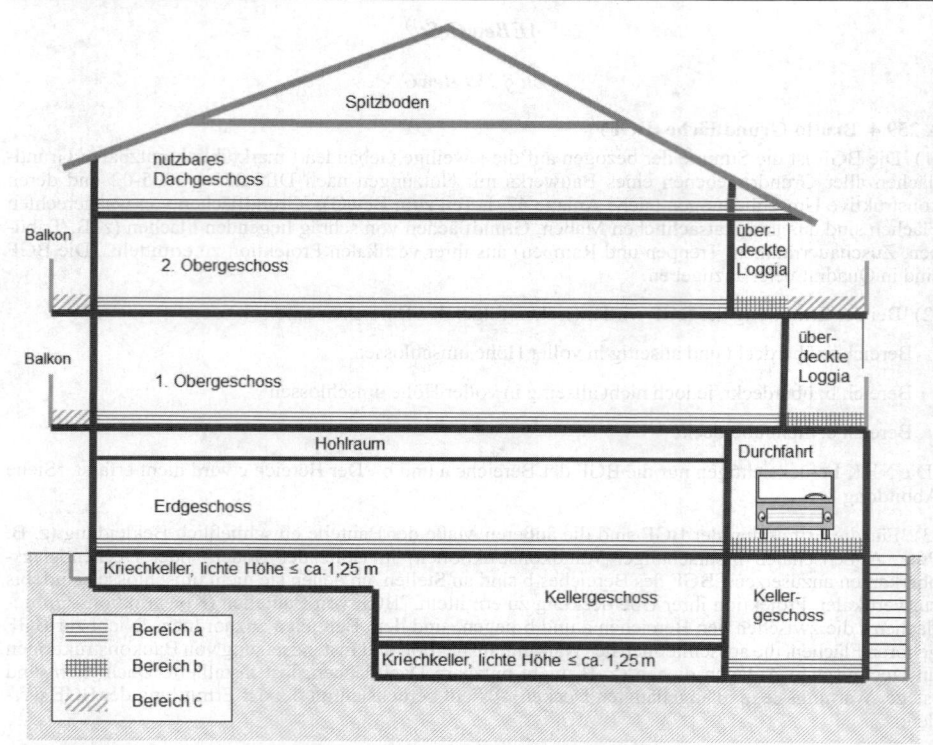

Abbildung 8: Zuordnung der Grundflächen zu den Bereichen a, b und c

Dachgeschoss

nicht nutzbar	eingeschränkt nutzbar	nutzbar
≤ ca. 1,25 m	≤ ca. 2,00	≥ ca. 2,00

Anrechnung der Grundfläche der Dachgeschossebene bei der Ermittlung der BGF

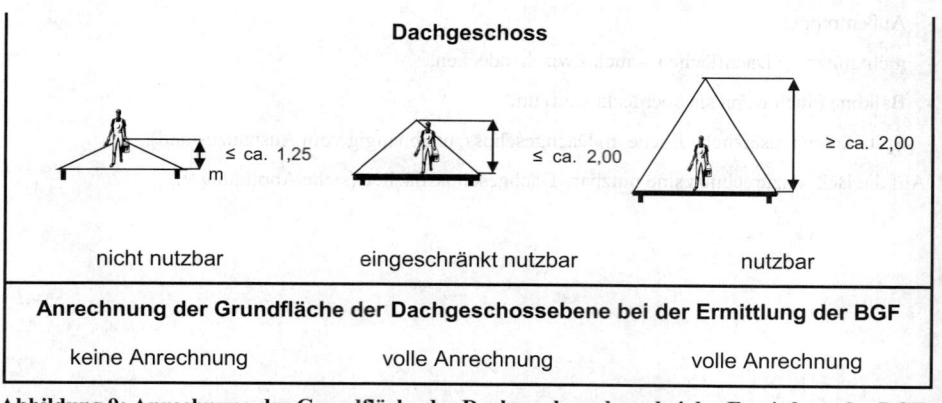

keine Anrechnung	volle Anrechnung	volle Anrechnung

Abbildung 9: Anrechnung der Grundfläche der Dachgeschossebene bei der Ermittlung der BGF

§ 259 BewG

AEBewGrSt[1]

Zu § 259 BewG

A 259.5 Alterswertminderung

(1) ¹Vom Gebäudenormalherstellungswert ist eine Alterswertminderung abzuziehen. ²Diese wird grundsätzlich nach dem Verhältnis des Alters des Gebäudes im Hauptfeststellungszeitpunkt zur typisierten wirtschaftlichen Gesamtnutzungsdauer nach Anlage 38 zum BewG bestimmt. ³Es bestehen aus Vereinfachungsgründen keine Bedenken, das Alter des Gebäudes durch Abzug des Jahres der Bezugsfertigkeit des Gebäudes (Baujahr) vom Jahr des Hauptfeststellungszeitpunkts zu bestimmen. ⁴Die Alterswertminderung ist auf maximal 70 Prozent des Gebäudenormalherstellungswerts begrenzt (siehe A 259.5 Absatz 6).

(2) ¹Die typisierte wirtschaftliche Gesamtnutzungsdauer eines Gebäudes ist der Anlage 38 zum BewG zu entnehmen. ²Sie richtet sich nach der Grundstücksart im Sinne des § 250 BewG und den in der Anlage 38 zum BewG ausgewiesenen Gebäudearten. ³Die Gesamtnutzungsdauer für nicht aufgeführte Gebäudearten ist aus der Gesamtnutzungsdauer vergleichbarer Gebäudearten abzuleiten (siehe A 259.2 Absatz 2). ⁴Wird ein Gebäude mit nichtselbständigen Gebäudeteilen unterschiedlich genutzt, ist die Wahl der maßgeblichen wirtschaftlichen Gesamtnutzungsdauer entsprechend der Grundstücksart des § 250 BewG wie folgt vorzunehmen:

1. ¹Handelt es sich bei der zu bewertenden wirtschaftlichen Einheit um ein Geschäftsgrundstück, das aus einem Gebäude mit nicht selbständigen Gebäudeteilen verschiedener Bauart oder Nutzung (z. B. geschossweise unterschiedliche Bauart) besteht, ist zur Ermittlung einer einheitlichen Alterswertminderung im Hauptfeststellungszeitpunkt die typisierte wirtschaftliche Gesamtnutzungsdauer für Geschäftsgrundstücke laut Anlage 38 zum BewG anzunehmen, die dem durch die Hauptnutzung bestimmten Gesamtgepräge des Gebäudes entspricht. ²Dies gilt unabhängig davon, ob im Gebäude enthaltene Räume (z. B. Wohnungen) für Zwecke genutzt werden, für die eine abweichende wirtschaftliche Gesamtnutzungsdauer anzunehmen wäre.

2. Handelt es sich bei der zu bewertenden wirtschaftlichen Einheit um ein gemischt genutztes Grundstück, ist die typisierte wirtschaftliche Gesamtnutzungsdauer für gemischt genutzte Grundstücke in Höhe von 80 Jahren anzunehmen.

(3) Unter bestimmten Voraussetzungen kann ein fiktiv späteres Baujahr (siehe A 259.5 Absatz 4) anzunehmen oder die tatsächliche Gesamtnutzungsdauer des Gebäudes (siehe A 259.5 Absatz 5) zu berücksichtigen sein.

(4) ¹Sind nach der Bezugsfertigkeit des Gebäudes bauliche Maßnahmen durchgeführt worden, die zu einer wesentlichen Verlängerung der Nutzungsdauer des Gebäudes geführt haben, ist von einem entsprechend späteren Baujahr auszugehen. ²Von einer solchen wesentlichen Verlängerung der Nutzungsdauer ist nur bei einer Kernsanierung auszugehen (siehe hierzu A 253.1 Absatz 3). ⁴Das fiktive Baujahr ermittelt sich aus Vereinfachungsgründen aus dem Jahr der Kernsanierung abzüglich 10 Prozent der wirtschaftlichen Gesamtnutzungsdauer des Gebäudes. ⁵Mit dem pauschalen Abschlag in Höhe von 10 Prozent wird die teilweise noch verbliebene alte Bausubstanz berücksichtigt.

Beispiel:

Baujahr 1970, Kernsanierung 2008, wirtschaftliche Gesamtnutzungsdauer 50 Jahre.

10 Prozent der wirtschaftlichen Gesamtnutzungsdauer (50 Jahre) = 5 Jahre

Fiktives Baujahr: 2008 ./. 5 Jahre = 2003

(5) ¹Besteht für das Gebäude eine Abbruchverpflichtung, ist bei der Ermittlung der Alterswertminderung von der tatsächlichen Gesamtnutzungsdauer des Gebäudes auszugehen (siehe § 259 Absatz 4 Satz 5 BewG). ² Zu einer erst nach dem Hauptfeststellungszeitpunkt vereinbarten Abbruchverpflichtung siehe A 253.1 Absatz 5 Satz 4.

---

[1] Koordinierte Erlasse der obersten Finanzbehörden der Länder vom 9. November 2021 zur Anwendung des Siebenten Abschnitts des Zweiten Teils des Bewertungsgesetzes zur Bewertung des Grundbesitzes (allgemeiner Teil und Grundvermögen) für die Grundsteuer ab 1. Januar 2022 (AEBewGrSt), BStBl. I S. 2334.

BewG § 259

(6) ¹Der nach Abzug der Alterswertminderung verbleibende Gebäudewert ist grundsätzlich mit mindestens 30 Prozent des Gebäudenormalherstellungswerts anzusetzen (§ 259 Absatz 4 Satz 4 BewG). ²Diese Restwertregelung berücksichtigt typisierend, dass auch ein älteres Gebäude, das laufend instand gehalten wird, einen Wert hat. ³Bei bestehender Abbruchverpflichtung für das Gebäude kann dieser Mindestansatz unterschritten werden.

$$\text{Alterswertminderung (\%)} = \frac{\text{Gebäudealter im Hauptfeststellungszeitpunkt}^2}{\text{tatsächliche Gesamtnutzungsdauer}} \times 100$$
$$\text{(Jahr der Abbruchverpflichtung./.Baujahr)}$$

AEBewGrSt[1)]

Zu § 259 BewG

A 259.6 Grundstück mit mehreren Gebäuden oder Gebäudeteilen

(1) ¹Besteht eine wirtschaftliche Einheit aus mehreren Gebäuden oder Gebäudeteilen von einer gewissen Selbständigkeit, die verschiedene Bauarten aufweisen, unterschiedlich genutzt werden oder die in verschiedenen Jahren bezugsfertig geworden sind, ist jedes Gebäude und jeder Gebäudeteil für sich zu bewerten. ²NHK, BGF und Alterswertminderung sind jeweils gesondert zu ermitteln. ³Für selbständige Gebäude oder Gebäudeteile, für die in den Anlagen zum BewG keine Gebäudeart ausgewiesen ist, sind die Gesamtnutzungsdauer aus der Gesamtnutzungsdauer vergleichbarer Gebäudearten und die NHK aus den NHK vergleichbarer Gebäudearten abzuleiten (siehe A 259.2 Absatz 2). ⁴Bei Geschäftsgrundstücken und gemischt genutzten Grundstücken mit mehreren selbständigen Gebäuden oder Gebäudeteilen können sich – je nach Nutzung – unterschiedliche Gesamtnutzungsdauern ergeben.

Beispiel 1:

In einem Gebäude (Baujahr 2020) werden die unteren Etagen von einem Warenhaus genutzt. In den darüber liegenden Etagen wird ein Hotel betrieben. Außerdem befindet sich in dem Gebäude eine Tiefgarage, die von den Warenhauskunden und den Hotelgästen genutzt wird.

Warenhaus, Hotel und Tiefgarage sind jeweils baulich selbständig abgrenzbare Gebäudeteile, die gesondert zu bewerten sind.

	Wirtschaftliche Gesamtnutzungsdauer gemäß Anlage 38 zum BewG	NHK in € /m² BGF (Gebäudeart) gemäß Anlage 42, Teil II zum BewG
Warenhaus	50 Jahre	1.633 (10.2)
Hotel	40 Jahre	1.859 (8)
Tiefgarage	40 Jahre	623 (16)

Beispiel 2:

In einem Gebäude (Baujahr 2005) befindet sich ein Autohaus mit angeschlossener Werkstatt.

Da sich der Ausstellungsteil des Autohauses aufgrund der höherwertigen Bauart und der Schaufensterfront baulich von der Werkstatt (einfache, zweckmäßige, industrielle Bauart) unterscheidet, sind beide Gebäudeteile gesondert zu bewerten.

	Wirtschaftliche Gesamtnutzungsdauer gemäß Anlage 38 zum BewG	NHK in € /m² BGF (Gebäudeart) gemäß Anlage 42, Teil II zum BewG
Gebäudeteil Ausstellung/Beratung/Verkauf	30 Jahre	1.277 (10.3)
Werkstatt	40 Jahre	1.200 (11.1)

[1)] Koordinierte Erlasse der obersten Finanzbehörden der Länder vom 9. November 2021 zur Anwendung des Siebenten Abschnitts des Zweiten Teils des Bewertungsgesetzes zur Bewertung des Grundbesitzes (allgemeiner Teil und Grundvermögen) für die Grundsteuer ab 1. Januar 2022 (AEBewGrSt), BStBl. I S. 2334.

Beispiel 3:
Zu einer wirtschaftlichen Einheit gehören zwei Gebäude: das 1970 errichtete Wohnhaus eines Künstlers sowie ein 2005 errichtetes Atelier mit Werkstatt. Die Ermittlung der Grundstücksart nach dem Verhältnis von Wohn- und Nutzflächen führt zu einem im Sachwertverfahren zu bewertenden gemischt genutzten Grundstück. Die NHK für das Wohnhaus sind aus den NHK einer vergleichbaren Gebäudeart abzuleiten, da ein (reines) Wohngebäude in Anlage 42, Teil II zum BewG nicht genannt wird. Im vorliegenden Fall ist es sachgerecht, für das Wohnhaus die NHK der Gebäudeart 1 „Gemischt genutzte Grundstücke (Wohnhäuser mit Mischnutzung)" zugrunde zu legen, da diese am ehesten den NHK des zu bewertenden Gebäudes entsprechen (vgl. A 259.2 Absatz 2).

	Wirtschaftliche Gesamtnutzungsdauer gemäß Anlage 38 zum BewG	NHK in € /m² BGF (Gebäudeart) gemäß Anlage 42, Teil II zum BewG
Wohnhaus	80 Jahre	695 (1)
Atelier/Werkstatt	40 Jahre	1.200 (11.1)

(2) ¹Anbauten teilen grundsätzlich auf Grund ihrer Bauart oder Nutzung das Schicksal des Hauptgebäudes. ²Ist dagegen anzunehmen, dass ein Erweiterungsbau nach Größe, Bauart oder Nutzung eine andere Alterswertminderung als das Hauptgebäude haben wird, gilt Absatz 1 entsprechend. ³Für Aufstockungen ist grundsätzlich das Baujahr der unteren Geschosse zu Grunde zu legen. ⁴Es ist jedoch zu prüfen, ob die baulichen Maßnahmen an dem Gebäude eine Kernsanierung darstellen und daher ein fiktiv späteres Baujahr anzunehmen ist (siehe A 259.5 Absatz 4).

(3) ¹Bei einer wirtschaftlichen Einheit mit mehreren nichtselbständigen Gebäuden oder Gebäudeteilen ist von einer einheitlichen Alterswertminderung auszugehen. ²Zur Bestimmung der wirtschaftlichen Gesamtnutzungsdauer gelten in diesen Fällen die Erläuterungen in A 259.5 Absatz 2.

§ 260 Wertzahlen
Zur Ermittlung des Grundsteuerwerts ist der vorläufige Sachwert des Grundstücks im Sinne des § 258 Absatz 3 mit der sich aus Anlage 43 ergebenden Wertzahl zu multiplizieren.

AEBewGrSt[1]

Zu § 260 BewG

A 260 Wertzahlen

¹Zur Anpassung des vorläufigen Sachwerts an die allgemeinen Wertverhältnisse auf dem örtlichen Grundstücksmarkt sind die in Anlage 43 zum BewG gesetzlich typisierend in Abhängigkeit der Höhe des vorläufigen Sachwerts vorgegebenen Wertzahlen anzuwenden. ²Wird eine Wertgrenze durch den vorläufigen Sachwert überschritten, findet die diesbezügliche Wertzahl auf den gesamten vorläufigen Sachwert und nicht nur auf den übersteigenden Teil Anwendung. ³Eine Interpolation zwischen den einzelnen Wertzahlen erfolgt nicht. ⁴Die Bestimmung der Wertzahl nach Anlage 43 (zu § 260 BewG) ist regelmäßig anhand des für die Lagequalität prägenden Bodenrichtwerts vorzunehmen. ⁵Dies dürfte in der Regel der Bodenrichtwert der Bodenrichtwertzone sein, in welcher das Gebäude belegen ist (in der Regel höherer Bodenrichtwert). ⁶Zulässig ist auch, einen nach Flächenanteilen gewichteten Bodenrichtwert anzusetzen. ⁷Dies gilt für den Bodenwert nach § 247 Absatz 3 BewG umgerechnet in Euro je Quadratmeter entsprechend.

---

[1] Koordinierte Erlasse der obersten Finanzbehörden der Länder vom 9. November 2021 zur Anwendung des Siebenten Abschnitts des Zweiten Teils des Bewertungsgesetzes zur Bewertung des Grundbesitzes (allgemeiner Teil und Grundvermögen) für die Grundsteuer ab 1. Januar 2022 (AEBewGrSt), BStBl. I S. 2334.

BewG § 261

IV. Sonderfälle

§ 261 Erbbaurecht

¹Bei Erbbaurechten ist für das Erbbaurecht und das Erbbaurechtsgrundstück ein Gesamtwert nach den §§ 243 bis 260 zu ermitteln, der festzustellen wäre, wenn die Belastung mit dem Erbbaurecht nicht bestünde. ²Der ermittelte Wert ist dem Erbbauberechtigten zuzurechnen. ³Für Wohnungserbbaurechte und Teilerbbaurechte gelten die Sätze 1 und 2 entsprechend.

AEBewGrSt[1]

Zu § 261 BewG

A 261.1 Erbbaurecht; Begriff des Erbbaurechts

(1) ¹Das Erbbaurecht ist das veräußerliche und vererbliche Recht an einem Grundstück, auf oder unter der Oberfläche des Grundstücks ein Bauwerk zu haben. ²Bei Grundstücken, die mit einem Erbbaurecht belastet sind, bildet das Erbbaurecht zusammen mit dem belasteten Grundstück eine wirtschaftliche Einheit (§ 244 Absatz 3 Nummer 1 BewG). ³Das gilt auch, wenn der Eigentümer des belasteten Grundstücks das Erbbaurecht oder der Erbbauberechtigte das belastete Grundstück erwirbt (Eigentümererbbaurecht). ⁴Das belastete Grundstück ist das Grundstück, an dem das Erbbaurecht bestellt ist.

(2) ¹Das Erbbaurecht entsteht zivilrechtlich mit der Eintragung in das Grundbuch (§ 11 ErbbauRG i. V. m. § 873 BGB). ²Bewertungsrechtlich gilt das Erbbaurecht bereits dann als entstanden, wenn die dingliche Einigung über die Bestellung eines Erbbaurechts erfolgt ist und der zukünftige Erbbauberechtigte in der Lage ist, die Eintragung in das Grundbuch zu bewirken.

(3) ¹Das Erbbaurecht erstreckt sich im Allgemeinen auf das ganze Grundstück. ²Erstreckt es sich jedoch nur auf einen Teil des Grundstücks im Sinne des Zivilrechts, bildet dieser Teil zusammen mit dem anteiligen belasteten Grund und Boden eine wirtschaftliche Einheit. ³Für den restlichen Teil des Grundstücks ist die Bewertung nach den allgemeinen Grundsätzen durchzuführen.

AEBewGrSt[2]

Zu § 261 BewG

A 261.2 Bewertung in Erbbaurechtsfällen

(1) ¹In Fällen, in denen ein Grundstück mit einem Erbbaurecht belastet ist, ist für den Grund und Boden sowie für ggf. vorhandene Gebäude ein Gesamtwert nach den §§ 243 bis 260 BewG zu ermitteln. ²Festgestellt wird der Wert, der festzustellen wäre, wenn die Belastung mit dem Erbbaurecht nicht bestünde.

(2) ¹Der Gesamtwert von Grund und Boden sowie Gebäude wird dem Erbbauberechtigten zugerechnet. ²Ihm gegenüber ergeht der Feststellungsbescheid über den Grundsteuerwert. ³Wird das Erbbaurecht aufgehoben oder erlischt es durch Zeitablauf, ist auf den Beginn des Kalenderjahres, das auf die Änderung folgt, gegenüber dem Grundstückseigentümer eine Zurechnungsfortschreibung vorzunehmen.

(3) ¹Errichtet der Erbbauberechtigte ein Gebäude auf einem erbbaurechtsbelasteten und einem ihm gehörenden angrenzenden Grundstück, ist das Gebäude gemeinsam mit dem gesamten Grund und Boden als eine wirtschaftliche Einheit zu bewerten. ²Wenn das angrenzende Grundstück auf Grund eines Pachtvertrags vom Erbbauberechtigten bebaut worden ist und es sich bei diesem Gebäudeteil um ein Gebäude auf fremdem Grund und Boden i. S. v. § 262 BewG handelt, sind zwei wirtschaftliche Einheiten zu bilden und entsprechend zu bewerten.

---

1) Koordinierte Erlasse der obersten Finanzbehörden der Länder vom 9. November 2021 zur Anwendung des Siebenten Abschnitts des Zweiten Teils des Bewertungsgesetzes zur Bewertung des Grundbesitzes (allgemeiner Teil und Grundvermögen) für die Grundsteuer ab 1. Januar 2022 (AEBewGrSt), BStBl. I S. 2334.

2) Koordinierte Erlasse der obersten Finanzbehörden der Länder vom 9. November 2021 zur Anwendung des Siebenten Abschnitts des Zweiten Teils des Bewertungsgesetzes zur Bewertung des Grundbesitzes (allgemeiner Teil und Grundvermögen) für die Grundsteuer ab 1. Januar 2022 (AEBewGrSt), BStBl. I S. 2334.

§§ 261, 262 BewG

AEBewGrSt[1)]

Zu § 261 BewG

A 261.3 Wohnungserbbaurecht und Teilerbbaurecht
Für Wohnungserbbaurechte und Teilerbbaurechte gelten A 261.1 und 261.2 entsprechend.

AEBewGrSt[2)]

Zu § 261 BewG

A 261.4 Mitwirkungspflichten des Erbbauverpflichteten
Wegen der Mitwirkung des Erbbauverpflichteten bei den Erklärungs- und Anzeigepflichten siehe A 228 Absatz 3 Sätze 1 bis 3.

§ 262 Gebäude auf fremdem Grund und Boden
[1]Bei einem Gebäude auf fremdem Grund und Boden ist für den Grund und Boden sowie für das Gebäude auf fremdem Grund und Boden ein Gesamtwert nach den §§ 243 bis 260 zu ermitteln. [2]Der ermittelte Wert ist dem Eigentümer des Grund und Bodens zuzurechnen.

AEBewGrSt[3)]

Zu § 262 BewG

A 262 Gebäude auf fremdem Grund und Boden
(1) Das Gebäude auf fremdem Grund und Boden wird mit dem dazu gehörenden Grund und Boden zu einer wirtschaftlichen Einheit zusammengefasst (§ 244 Absatz 3 Nummer 2 BewG) und nach den §§ 243 bis 260 BewG bewertet.

(2) [1]Ein Gebäude auf fremdem Grund und Boden liegt vor, wenn ein anderer als der Eigentümer des Grund und Bodens darauf ein Gebäude errichtet hat und ihm das Gebäude ohne die Regelung in § 262 Satz 2 BewG zuzurechnen wäre. [2]Das ist insbesondere der Fall, wenn das Gebäude Scheinbestandteil des Grund und Bodens ist (§ 95 BGB). [3]Sofern dem Nutzungsberechtigten für den Fall der Nutzungsbeendigung gegenüber dem Eigentümer des Grund und Bodens ein Anspruch auf Ersatz des Verkehrswerts des Gebäudes zusteht, ist bewertungsrechtlich von einem Gebäude auf fremdem Grund und Boden auszugehen. [3]Ein solcher Anspruch kann sich aus einer vertraglichen Vereinbarung oder aus dem Gesetz ergeben. [4]Als Gebäude auf fremdem Grund und Boden werden das Gebäude, die sonstigen Bestandteile, wie die vom Nutzungsberechtigten errichteten Außenanlagen, und das Zubehör erfasst.[5]Werden auf einem Grundstück nur Betriebsvorrichtungen (§ 243 Absatz 2 Nummer 2 BewG) oder Außenanlagen errichtet, liegt kein Gebäude auf fremdem Grund und Boden, sondern ein unbebautes Grundstück vor.

(3) [1]Für die wirtschaftliche Einheit ist ein Gesamtwert festzustellen, der dem Eigentümer des Grund und Bodens zuzurechnen ist. [2]Ihm gegenüber ergeht der Feststellungsbescheid über den Grundsteuerwert.

(4) Wegen der Mitwirkung des wirtschaftlichen Eigentümers des Gebäudes bei den Erklärungs- und Anzeigepflichten siehe A 228 Absatz 3 Sätze 4 und 5.

---

1) Koordinierte Erlasse der obersten Finanzbehörden der Länder vom 9. November 2021 zur Anwendung des Siebenten Abschnitts des Zweiten Teils des Bewertungsgesetzes zur Bewertung des Grundbesitzes (allgemeiner Teil und Grundvermögen) für die Grundsteuer ab 1. Januar 2022 (AEBewGrSt), BStBl. I S. 2334.

2) Koordinierte Erlasse der obersten Finanzbehörden der Länder vom 9. November 2021 zur Anwendung des Siebenten Abschnitts des Zweiten Teils des Bewertungsgesetzes zur Bewertung des Grundbesitzes (allgemeiner Teil und Grundvermögen) für die Grundsteuer ab 1. Januar 2022 (AEBewGrSt), BStBl. I S. 2334.

3) Koordinierte Erlasse der obersten Finanzbehörden der Länder vom 9. November 2021 zur Anwendung des Siebenten Abschnitts des Zweiten Teils des Bewertungsgesetzes zur Bewertung des Grundbesitzes (allgemeiner Teil und Grundvermögen) für die Grundsteuer ab 1. Januar 2022 (AEBewGrSt), BStBl. I S. 2334.

BewG § 263

V. Ermächtigungen

§ 263 Ermächtigungen

(1) ¹Das Bundesministerium der Finanzen wird ermächtigt, durch Rechtsverordnung mit Zustimmung des Bundesrates die folgenden Anlagen zu ändern:

1. die Anlagen 27 bis 33 durch Anpassung der darin aufgeführten Bewertungsfaktoren und Zuschläge zum Reinertrag an die Ergebnisse der Erhebungen nach § 2 des Landwirtschaftsgesetzes oder an die Erhebungen der Finanzverwaltung zum nächsten Feststellungszeitpunkt,

2. im Einvernehmen mit dem Bundesministerium für Ernährung und Landwirtschaft die Anlagen 34 und 35 durch Anpassung des darin aufgeführten Umrechnungsschlüssels und der Gruppen der Zweige eines Tierbestands an geänderte wirtschaftliche oder technische Entwicklungen und

3. die Anlagen 36 bis 43 durch Anpassung der darin aufgeführten Bewertungsfaktoren des Ertrags- und Sachwertverfahrens an geänderte wirtschaftliche oder technische Verhältnisse.

²In der jeweiligen Rechtsverordnung kann das Bundesministerium der Finanzen zur Sicherstellung der Gleichmäßigkeit der Besteuerung, insbesondere zur Sicherstellung einer relations- und realitätsgerechten Abbildung der Grundsteuerwerte, anordnen, dass ab dem nächsten Feststellungszeitpunkt Grundsteuerwerte unter Berücksichtigung der tatsächlichen Verhältnisse und der geänderten Wertverhältnisse durch Anwendung der jeweils angepassten Anlagen 27 bis 43 festgestellt werden.

(2) Das Bundesministerium der Finanzen wird ermächtigt, durch Rechtsverordnung mit Zustimmung des Bundesrates die gemeindebezogene Einordnung in die jeweilige Mietniveaustufe zur Ermittlung der Zu- und Abschläge nach § 254 in Verbindung mit Anlage 39 Teil II auf der Grundlage der Einordnung nach § 12 des Wohngeldgesetzes in Verbindung mit § 1 Absatz 3 und der Anlage der Wohngeldverordnung für steuerliche Zwecke herzuleiten und den dafür maßgeblichen Gebietsstand festzulegen.

AEBewGrSt[1]

Zu § 263 BewG

A 263 Ermächtigungen
- unbesetzt -

---

[1] Koordinierte Erlasse der obersten Finanzbehörden der Länder vom 9. November 2021 zur Anwendung des Siebenten Abschnitts des Zweiten Teils des Bewertungsgesetzes zur Bewertung des Grundbesitzes (allgemeiner Teil und Grundvermögen) für die Grundsteuer ab 1. Januar 2022 (AEBewGrSt), BStBl. I S. 2334.

Dritter Teil

Schlussbestimmungen

§ 264 Bekanntmachung

Das Bundesministerium der Finanzen wird ermächtigt, den Wortlaut dieses Gesetzes und der zu diesem Gesetz erlassenen Rechtsverordnungen in der jeweils geltenden Fassung satzweise nummeriert bekannt zu machen.

AEBewGrSt[1)]

Zu § 264 BewG

A 264 Bekanntmachung
- unbesetzt -

§ 265 Anwendungsvorschriften

(1) Dieses Gesetz in der Fassung des Artikels 7 des Gesetzes vom 1. November 2011 (BGBl. I S. 2131) ist auf Bewertungsstichtage nach dem 30. Juni 2011 anzuwenden.

(2) Soweit die §§ 40, 41, 44, 55 und 125 Beträge in Deutscher Mark enthalten, gelten diese nach dem 31. Dezember 2001 als Berechnungsgrößen fort.

(3) § 145 Absatz 3 Satz 1 und 4, § 166 Absatz 2 Nummer 1, § 179 Satz 4 und § 192 Satz 2 in der Fassung des Artikels 10 des Gesetzes vom 7. Dezember 2011 (BGBl. I S. 2592) sind auf Bewertungsstichtage nach dem 13. Dezember 2011 anzuwenden.

(4) Anlage 1, Anlage 19 und Teil II der Anlage 24 in der Fassung des Artikels 10 des Gesetzes vom 7. Dezember 2011 (BGBl. I S. 2592) sind auf Bewertungsstichtage nach dem 31. Dezember 2011 anzuwenden.

(5) § 11 Absatz 4 in der Fassung des Artikels 3 des Gesetzes vom 18. Dezember 2013 (BGBl. I S. 4318) ist auf Bewertungsstichtage ab dem 22. Juli 2013 anzuwenden.

(6) § 48a in der Fassung des Artikels 20 des Gesetzes vom 26. Juni 2013 (BGBl. I S. 1809) ist auf Bewertungsstichtage ab dem 1. Januar 2014 anzuwenden.

(7) § 26 in der Fassung des Artikels 6 des Gesetzes vom 18. Juli 2014 (BGBl. I S. 1042) ist auf Bewertungsstichtage ab dem 1. August 2001 anzuwenden, soweit Feststellungsbescheide noch nicht bestandskräftig sind.

(8) § 97 Absatz 1b Satz 4 in der am 6. November 2015 geltenden Fassung ist auf Bewertungsstichtage nach dem 31. Dezember 2015 anzuwenden.

(9) § 154 Absatz 1 Satz 1 Nummer 3 und Satz 2 in der am 6. November 2015 geltenden Fassung ist auf Bewertungsstichtage nach dem 31. Dezember 2015 anzuwenden.

(10) Die §§ 190, 195 Absatz 2 Satz 4 und 5 sowie die Anlagen 22, 24 und 25 in der am 6. November 2015 geltenden Fassung sind auf Bewertungsstichtage nach dem 31. Dezember 2015 anzuwenden.

(11) § 203 in der Fassung des Artikels 2 des Gesetzes vom 4. November 2016 (BGBl. I S. 2464) ist auf Bewertungsstichtage nach dem 31. Dezember 2015 anzuwenden.

(12) § 177 Absatz 1 und 2, § 179 Satz 3, § 183 Absatz 2 Satz 3, § 187 Absatz 2 Satz 2 und 3, § 188 Absatz 2 Satz 1, § 191 Absatz 1 Satz 2, § 193 Absatz 4 Satz 1 und § 198 Absatz 1 bis 3 in der Fassung des Artikels 1 des Gesetzes vom 16. Juli 2021 (BGBl. I S. 2931) sind auf Bewertungsstichtage nach dem 22. Juli 2021 anzuwenden.

[1)] Koordinierte Erlasse der obersten Finanzbehörden der Länder vom 9. November 2021 zur Anwendung des Siebenten Abschnitts des Zweiten Teils des Bewertungsgesetzes zur Bewertung des Grundbesitzes (allgemeiner Teil und Grundvermögen) für die Grundsteuer ab 1. Januar 2022 (AEBewGrSt), BStBl. I S. 2334.

AEBewGrSt[1]

Zu § 265 BewG

A 265 Anwendungsvorschriften
- unbesetzt -

§ 266 Erstmalige Anwendung des Siebenten Abschnitts des Zweiten Teils

(1) Die erste Hauptfeststellung für die Grundsteuerwerte nach § 221 wird auf den 1. Januar 2022 für die Hauptveranlagung auf den 1. Januar 2025 durchgeführt.

(2) ¹Für die Anwendung des § 219 Absatz 3 bei der Hauptfeststellung nach Absatz 1 ist zu unterstellen, dass anstelle von Einheitswerten Grundsteuerwerte für die Besteuerung nach dem Grundsteuergesetz in der am 1. Januar 2022 geltenden Fassung von Bedeutung sind. ²Die Steuerbefreiungen des Grundsteuergesetzes in der am 1. Januar 2022 gültigen Fassung sind bei der Hauptfeststellung nach Absatz 1 zu beachten. ³Bei Artfortschreibungen und Zurechnungsfortschreibungen nach § 222 Absatz 2 ist von der Hauptfeststellung auf den 1. Januar 2022 bis zum 1. Januar 2025 zu unterstellen, dass anstelle von Einheitswerten Grundsteuerwerte nach dem Grundsteuergesetz in der jeweils geltenden Fassung von Bedeutung sind.

(3) Werden der Finanzbehörde durch eine Erklärung im Sinne des § 228 auf den 1. Januar 2022 für die Bewertung eines Betriebs der Land- und Forstwirtschaft oder eines Grundstücks vor dem 1. Januar 2022 eingetretene Änderungen der tatsächlichen Verhältnisse erstmals bekannt, sind diese bei Fortschreibungen nach § 22 und Nachfeststellungen nach § 23 auf Feststellungszeitpunkte vor dem 1. Januar 2022 nicht zu berücksichtigen.

(4) ¹Einheitswertbescheide, Grundsteuermessbescheide und Grundsteuerbescheide, die vor dem 1. Januar 2025 erlassen wurden, werden kraft Gesetzes zum 31. Dezember 2024 mit Wirkung für die Zukunft aufgehoben, soweit sie auf den §§ 19 bis 23, 27, 76, 79 Absatz 5, § 93 Absatz 1 Satz 2 des Bewertungsgesetzes in Verbindung mit Artikel 2 Absatz 1 Satz 1 und 3 des Gesetzes zur Änderung des Bewertungsgesetzes in der Fassung des Artikels 2 des Gesetzes vom 22. Juli 1970 (BGBl. I S. 1118) beruhen. ²Gleiches gilt für Einheitswertbescheide, Grundsteuermessbescheide und Grundsteuerbescheide, die vor dem 1 Januar 2025 erlassen wurden, soweit sie auf den §§ 33, 34, 125, 129 des Bewertungsgesetzes in der Fassung vom 1. Februar 1991 (BGBl. I S. 230), das zuletzt durch Artikel 2 des Gesetzes vom 4. November 2016 (BGBl. I S. 2464) und § 42 des Grundsteuergesetzes vom 7. August 1973 (BGBl. I S. 965), das zuletzt durch Artikel 38 des Gesetzes vom 19. Dezember 2008 (BGBl. I S. 2794) geändert worden ist, beruhen. ³Für die Bewertung des inländischen Grundbesitzes (§ 19 Absatz 1 in der Fassung vom 31. Dezember 2024) für Zwecke der Grundsteuer bis einschließlich zum Kalenderjahr 2024 ist das Bewertungsgesetz in der Fassung vom 1. Februar 1991 (BGBl. I S. 230), das zuletzt durch Artikel 2 des Gesetzes vom 4. November 2016 (BGBl. I S. 2464) geändert worden ist, weiter anzuwenden.

(5) Bestehende wirtschaftliche Einheiten, die für Zwecke der Einheitsbewertung unter Anwendung der §§ 26 oder 34 Absatz 4 bis 6 in der bis zum 31. Dezember 2024 gültigen Fassung gebildet wurden, können weiterhin für Zwecke der Feststellung von Grundsteuerwerten nach den Regelungen des Siebenten Abschnitts zugrunde gelegt werden.[2]

---

[1] Koordinierte Erlasse der obersten Finanzbehörden der Länder vom 9. November 2021 zur Anwendung des Siebenten Abschnitts des Zweiten Teils des Bewertungsgesetzes zur Bewertung des Grundbesitzes (allgemeiner Teil und Grundvermögen) für die Grundsteuer ab 1. Januar 2022 (AEBewGrSt), BStBl. I S. 2334.

[2] § 266 Abs. 5 wird nach Artikel 2 i. V. m. Artikel 7 Abs. 2 des Grundsteuerreform-Umsetzungsgesetzes vom 16. Juli 2021 (BGBl. I 2021 S. 2931, BStBl. I 2021 S. 1451) wird am 31. Dezember 2028 aufgehoben.

§ 266 BewG

AEBewGrSt[1])

Zu § 266 BewG

A 266.1 Erstmalige Anwendung des Siebenten Abschnitts des Zweiten Teils; Allgemeines

(1) [1]Die erste Hauptfeststellung für die Grundsteuerwerte nach § 221 BewG wird auf den 1. Januar 2022 durchgeführt. [2]Ab diesem Zeitpunkt können Feststellungsbescheide über die neuen Grundsteuerwerte ergehen.

(2) [1]Bei der Feststellung von Grundsteuerwerten (§ 219 Absatz 3 BewG) sowie bei Art- und Zurechnungsfortschreibungen (§ 222 Absatz 2 BewG) wird das im ersten Hauptfeststellungszeitpunkt geltende Grundsteuerrecht und damit auch die Steuerbefreiungsvorschriften zugrunde gelegt. [2]Sollte bis zum 31. Dezember 2024 eine Steuerbefreiungsvorschrift aufgehoben werden, kann eine Nachfeststellung der Grundsteuerwerte nach § 223 Absatz 1 Nummer 2 BewG erfolgen. [3]Wird eine neue Steuerbefreiungsvorschrift bis zum 31. Dezember 2024 in das Grundsteuergesetz aufgenommen, sind die Grundsteuerwerte nach § 224 Absatz 1 Nummer 2 BewG aufzuheben.

(3) [1]Ab dem Hauptveranlagungszeitpunkt 1. Januar 2025 dürfen auch auf bereits bestandskräftige Bescheide, die auf den vom Bundesverfassungsgericht mit seinem Urteil vom 10. April 2018 – 1 BvL 11/14 u. a. – zur Grundsteuer als verfassungswidrig festgestellten Bestimmungen des Bewertungsgesetzes beruhen, keine Belastungen mehr gestützt werden. [2]Für Feststellungszeitpunkte ab dem 1. Januar 2025 sind daher Fortschreibungen und Nachfeststellungen der Einheitswerte nicht mehr zulässig.

(4) [1]§ 266 Absatz 4 Satz 1 BewG hebt kraft Gesetzes die Einheitswertbescheide, Grundsteuermessbescheide und Grundsteuerbescheide, die für Feststellungs- und Festsetzungszeitpunkte vor dem 1. Januar 2025 erlassen wurden und soweit sie auf den §§ 19, 20, 21, 22, 23, 27, 76, 79 Absatz 5, 93 Absatz 1 Satz 2 BewG i. V. m. Artikel 2 Absatz 1 Satz 1 und Satz 3 des Gesetzes zur Änderung des Bewertungsgesetzes in der Fassung des Artikels 2 des Gesetzes vom 22. Juli 1970 (BGBl. I S. 1118) beruhen, zum 31. Dezember 2024 mit Wirkung für die Zukunft auf. [2]Entsprechendes gilt nach § 266 Absatz 4 Satz 2 BewG für Einheitswertbescheide, mit denen ein Einheitswert auf Grundlage der §§ 33, 34 BewG für land- und forstwirtschaftliches Vermögen festgestellt wurde, Grundsteuermessbescheide, in denen der Grundsteuermessbetrag auf Grundlage des Ersatzwirtschaftswerts (§ 125 BewG) ermittelt wurde, und Grundsteuerbescheide, in denen die Grundsteuer nach der Ersatzbemessungsgrundlage (§ 42 GrStG) bemessen wurde.

(5) [1]Auch nach dem 31. Dezember 2024 können noch Bescheide über die Feststellung des Einheitswerts auf Stichtage vor dem 1. Januar 2025 erlassen, geändert oder aufgehoben werden; § 266 Absatz 4 BewG steht dem nicht entgegen. [2]In diesem Fall soll in den Bescheid eine Erläuterung aufgenommen werden, dass dessen Wirkung bis zum 31. Dezember 2024 begrenzt ist.

AEBewGrSt[2])

Zu § 266 BewG

A 266.2 Übergangsregelungen (§ 266 Absatz 3 BewG)

(1) [1]Werden den Finanzbehörden mit der Erklärung im Sinne des § 228 BewG auf den ersten Hauptfeststellungszeitpunkt 1. Januar 2022 eingetretene Änderungen der tatsächlichen Verhältnisse erstmals bekannt, sind diese bei Fortschreibungen nach § 22 BewG und Nachfeststellungen nach § 23 BewG auf Feststellungszeitpunkte vor dem 1. Januar 2022 nicht zu berücksichtigen. [2]Aufhebungen von Einheitswerten sind davon unberührt und können auf Stichtage vor dem 1. Januar 2022 erfolgen. [3]Die Regelung des § 266 Absatz 3 BewG gilt ohne Ermessen sowohl bei Änderungen zugunsten als auch bei Änderungen zuungunsten des Steuerpflichtigen.

(2) [1]Die Regelung des § 266 Absatz 3 BewG greift auch dann, wenn der Steuerpflichtige einer bestehenden Anzeigepflicht nach § 19 GrStG nicht nachgekommen ist und geänderte Nutzungs- und/oder Eigentumsverhältnisse mit Einfluss auf eine Grundsteuerbefreiung erstmals im Rahmen der Erklärung zur Feststellung des Grundsteuerwerts auf den ersten Hauptfeststellungszeitpunkt 1. Januar 2022 be-

---

1) Koordinierte Erlasse der obersten Finanzbehörden der Länder vom 9. November 2021 zur Anwendung des Siebenten Abschnitts des Zweiten Teils des Bewertungsgesetzes zur Bewertung des Grundbesitzes (allgemeiner Teil und Grundvermögen) für die Grundsteuer ab 1. Januar 2022 (AEBewGrSt), BStBl. I S. 2334.

2) Koordinierte Erlasse der obersten Finanzbehörden der Länder vom 9. November 2021 zur Anwendung des Siebenten Abschnitts des Zweiten Teils des Bewertungsgesetzes zur Bewertung des Grundbesitzes (allgemeiner Teil und Grundvermögen) für die Grundsteuer ab 1. Januar 2022 (AEBewGrSt), BStBl. I S. 2334.

BewG § 266

kannt werden. ²Eine eventuelle straf- oder bußgeldrechtliche Würdigung eines Verstoßes gegen die Anzeigepflicht nach § 19 GrStG bleibt unberührt.

(3) Die Regelung des § 266 Absatz 3 BewG gilt nicht für Änderungen der tatsächlichen Verhältnisse, die

1. den Finanzbehörden vor dem Eingang der Erklärung im Sinne des § 228 BewG auf den ersten Hauptfeststellungszeitpunkt 1. Januar 2022 bekannt geworden sind oder
2. in der Erklärung im Sinne des § 228 BewG auf den ersten Hauptfeststellungszeitpunkt 1. Januar 2022 nicht angegeben wurden und daher den Finanzbehörden erst nach dem Eingang der vorgenannten Erklärung bekannt geworden sind oder
3. in 2021 eingetreten sind, und infolgedessen bei Fortschreibungen nach § 22 BewG und Nachfeststellungen nach § 23 BewG auf den 1. Januar 2022 zu berücksichtigen sind.

(4) ¹Zu den Stichtagen 1. Januar 2023 und 1. Januar 2024 können sowohl Fortschreibungen, Nachfeststellungen und Aufhebungen des Einheitswerts als auch Fortschreibungen, Nachfeststellungen und Aufhebungen des Grundsteuerwerts durchzuführen sein. ²Hierbei sind jeweils Rückschlüsse für die Feststellung der Einheitswerte und der Grundsteuerwerte zu ziehen.

(5) ¹Soweit vor dem 1. Januar 2022 für Zwecke der Einheitsbewertung unter Anwendung des § 26 BewG in der bis zum 31. Dezember 2024 gültigen Fassung Teile eines Grundstücks, die teilweise dem einen, teilweise dem anderen Ehegatten oder Lebenspartner gehören, zu einer wirtschaftlichen Einheit zusammengefasst wurden, kann diese für den ersten Hauptfeststellungszeitraum weiterhin der Feststellung von Grundsteuerwerten nach den Regelungen des Siebenten Abschnitts des Zweiten Teils des Bewertungsgesetzes zugrunde gelegt werden. ²Gleiches gilt, soweit unter Anwendung von § 34 Absatz 4 bis 6 BewG in der bis zum 31. Dezember 2024 gültigen Fassung

1. in die wirtschaftliche Einheit eines Betriebs der Land- und Forstwirtschaft auch dem Eigentümer des Grund und Bodens nicht gehörende Gebäude, die auf dem Grund und Boden des Betriebs stehen, und dem Eigentümer des Grund und Bodens nicht gehörende Betriebsmittel, die der Bewirtschaftung des Betriebs dienen, einbezogen wurden,
2. ein Anteil des Eigentümers eines Betriebs der Land- und Forstwirtschaft an einem mit dem Betrieb zusammen genutzten Wirtschaftsgut in den Betrieb einbezogen wurde oder
3. in einen Betrieb der Land- und Forstwirtschaft, der von einer Gesellschaft oder Gemeinschaft des bürgerlichen Rechts betrieben wird, auch die Wirtschaftsgüter einbezogen wurden, die einem oder mehreren Beteiligten gehören und dem Betrieb zu dienen bestimmt sind.

³Sätze 1 und 2 gelten nicht für nach dem 31. Dezember 2021 neu entstehende wirtschaftliche Einheiten.

Zu § 51 **Anlage 1 BewG**

Umrechnungsschlüssel für Tierbestände in Vieheinheiten nach dem Futterbedarf

Tierart	1 Tier
Alpakas	0,08 VE
Damtiere	
Damtiere unter 1 Jahr	0,04 VE
Damtiere 1 Jahr und älter	0,08 VE
Geflügel	
Legehennen (einschließlich einer normalen Aufzucht zur Ergänzung des Bestandes)	0,02 VE
Legehennen aus zugekauften Junghennen	0,0183 VE
Zuchtputen, -enten, -gänse	0,04 VE
Kaninchen	
Zucht- und Angorakaninchen	0,025 VE
Lamas	0,1 VE
Pferde	
Pferde unter drei Jahren und Kleinpferde	0,7 VE
Pferde drei Jahre und älter	1,1 VE
Rindvieh	
Kälber und Jungvieh unter 1 Jahr (einschließlich Mastkälber, Starterkälber und Fresser)	0,3 VE
Jungvieh 1 bis 2 Jahre alt	0,7 VE
Färsen (älter als 2 Jahre)	1 VE
Masttiere (Mastdauer weniger als 1 Jahr)	1 VE
Kühe (einschließlich Mutter- und Ammenkühe mit den dazugehörigen Saugkälbern)	1 VE
Zuchtbullen, Zugochsen	1,2 VE
Schafe	
Schafe unter 1 Jahr einschließlich Mastlämmer	0,05 VE
Schafe 1 Jahr und älter	0,1 VE
Schweine	
Zuchtschweine (einschließlich Jungzuchtschweine über etwa 90 kg)	0,33 VE
Strauße	
Zuchttiere 14 Monate und älter	0,32 VE
Jungtiere/Masttiere unter 14 Monate	0,25 VE
Ziegen	0,08 VE
Geflügel	
Jungmasthühner	
(bis zu 6 Durchgänge je Jahr – schwere Tiere)	0,0017 VE
(mehr als 6 Durchgänge je Jahr – leichte Tiere)	0,0013 VE

BewG Anlage 1

Zu § 51

Tierart	1 Tier
Junghennen	0,0017 VE
Mastenten	0,0033 VE
Mastenten in der Aufzuchtphase	0,0011 VE
Mastenten in der Mastphase	0,0022 VE
Mastputen aus selbst erzeugten Jungputen	0,0067 VE
Mastputen aus zugekauften Jungputen	0,005 VE
Jungputen (bis etwa 8 Wochen)	0,0017 VE
Mastgänse	0,0067 VE

Kaninchen

Mastkaninchen	0,0025 VE

Rindvieh

Masttiere (Mastdauer 1 Jahr und mehr)	1 VE

Schweine

Leichte Ferkel (bis etwa 12 kg)	0,01 VE
Ferkel (über etwa 12 bis etwa 20 kg)	0,02 VE
Schwere Ferkel und leichte Läufer (über etwa 20 bis etwa 30 kg)	0,04 VE
Läufer (über etwa 30 bis etwa 45 kg)	0,06 VE
Schwere Läufer (über etwa 45 bis etwa 60 kg)	0,08 VE
Mastschweine	0,16 VE
Jungzuchtschweine bis etwa 90 kg	0,12 VE

Anlage 2 BewG

Gruppen der Zweige des Tierbestands nach der Flächenabhängigkeit

1. Mehr flächenabhängige Zweige des Tierbestands
   Pferdehaltung,
   Pferdezucht,
   Schafzucht,
   Schafhaltung,
   Rindviehzucht,
   Milchviehhaltung,
   Rindviehmast.
2. Weniger flächenabhängige Zweige des Tierbestands
   Schweinezucht,
   Schweinemast,
   Hühnerzucht,
   Entenzucht,
   Gänsezucht,
   Putenzucht,
   Legehennenhaltung,
   Junghühnermast,
   Entenmast,
   Gänsemast,
   Putenmast.

BewG Anlage 3

Mietwohngrundstücke
Vervielfältiger

A. bei Massivbauten mit Mauerwerk aus Ziegelsteinen, Natursteinen, Kalksandsteinen, Schwemmsteinen oder ähnlichen Steinen sowie bei Stahl- und Stahlbetonskelettbauten, außer bei solchen Bauten, die unter B. fallen

	Gemeindegrößenklassen							
	bis 2 000	über 2 000 bis 5 000	über 5 000 bis 10 000	über 10 000 bis 50 000	über 50 000 bis 100 000	über 100 000 bis 200 000	über 200 000 bis 500 000	über 500 000 Einwohner
Altbauten vor 1895	7,2	6,9	5,8	5,8	5,7	5,5	5,4	5,3
1895 bis 1899	7,4	7,1	6,0	5,9	5,8	5,7	5,5	5,4
1900 bis 1904	7,8	7,5	6,2	6,2	6,0	5,9	5,7	5,6
1905 bis 1915	8,3	7,9	6,6	6,5	6,3	6,2	6,0	5,8
1916 bis 31. 3. 1924	8,7	8,4	6,9	6,7	6,5	6,4	6,2	6,1
Neubauten								
1. 4. 1924 bis 31. 12. 1934	9,8	9,5	8,3	8,2	8,0	7,8	7,7	7,5
1. 1. 1935 bis 20. 6. 1948	10,2	9,8	8,6	8,4	8,2	8,0	7,9	7,7
Nachkriegsbauten nach dem 20. 6. 1948	9,8	9,7	9,5	9,2	9,0	9,0	9,0	9,1

B. bei Holzfachwerkbauten mit Ziegelsteinausmauerung, Gebäuden aus großformatigen Bimsbetonplatten oder ähnlichen Platten sowie bei anderen eingeschossigen massiven Gebäuden in leichter Bauausführung

Altbauten vor 1908	6,6	6,3	5,3	5,4	5,3	5,2	5,1	5,0
1908 bis 1915	6,9	6,6	5,6	5,6	5,5	5,4	5,3	5,1
1916 bis 31. 3. 1924	7,7	7,4	6,1	6,1	6,0	5,8	5,7	5,5
Neubauten								
1. 4. 1924 bis 31. 12. 1934	9,0	8,7	7,7	7,6	7,5	7,3	7,2	7,0
1. 1. 1935 bis 20. 6. 1948	9,6	9,3	8,2	8,0	7,8	7,7	7,5	7,4
Nachkriegsbauten nach dem 20. 6. 1948	9,5	9,4	9,2	8,9	8,7	8,7	8,7	8,8

C. bei Holzfachwerkbauten mit Lehmausfachung und besonders haltbaren Holzbauten mit massiven Fundamenten

Altbauten vor dem 1. 4. 1924	5,7	5,5	4,7	4,9	4,8	4,7	4,6	4,5
Neubauten								
1. 4. 1924 bis 31. 12. 1934	7,3	7,0	6,4	6,4	6,3	6,2	6,1	6,0
1. 1. 1935 bis 20. 6. 1948	8,5	8,2	7,3	7,2	7,1	7,0	6,8	6,7
Nachkriegsbauten nach dem 20. 6. 1948	8,9	8,7	8,6	8,3	8,1	8,1	8,1	8,3

Anlage 4 BewG

Gemischtgenutze Grundstücke
mit einem gewerblichen Anteil an der Jahresrohmiete bis zu 50 v. H.

Vervielfältiger

A. bei Massivbauten mit Mauerwerk aus Ziegelsteinen, Natursteinen, Kalksandsteinen, Schwemmsteinen oder ähnlichen Steinen sowie bei Stahl- und Stahlbetonskelettbauten, außer bei solchen Bauten, die unter B. fallen

	Gemeindegrößenklassen						
	bis 2 000	über 2 000 bis 5 000	über 5 000 bis 10 000	über 10 000 bis 50 000	über 50 000 bis 100 000	über 100 000 bis 200 000	über 200 000 bis 500 000	über 500 000 Einwohner
Altbauten vor 1895	7,6	7,3	6,4	6,4	6,1	6,0	5,9	6,1
1895 bis 1899	7,8	7,6	6,6	6,5	6,3	6,2	6,0	6,3
1900 bis 1904	8,2	7,9	6,9	6,8	6,5	6,4	6,3	6,4
1905 bis 1915	8,7	8,4	7,2	7,1	6,8	6,7	6,5	6,7
1916 bis 31. 3. 1924	9,1	8,8	7,6	7,4	7,1	6,9	6,8	6,9
Neubauten								
1. 4. 1924 bis 31. 12. 1934	10,2	9,6	8,4	8,1	8,0	7,8	7,7	7,8
1. 1. 1935 bis 20. 6. 1948	10,5	9,8	8,6	8,3	8,2	8,0	7,9	7,9
Nachkriegsbauten nach dem 20. 6. 1948	9,9	9,6	9,2	9,1	9,0	9,0	9,0	9,0

B. bei Holzfachwerkbauten mit Ziegelsteinausmauerung, Gebäuden aus großformatigen Bimsbetonplatten oder ähnlichen Platten sowie bei anderen eingeschossigen massiven Gebäuden in leichter Bauausführung

Altbauten vor 1908	7,0	6,7	5,9	6,0	5,7	5,6	5,5	5,8
1908 bis 1915	7,3	7,0	6,2	6,2	5,9	5,8	5,7	6,0
1916 bis 31. 3. 1924	8,1	7,8	6,8	6,7	6,4	6,3	6,2	6,4
Neubauten								
1. 4. 1924 bis 31. 12. 1934	9,3	8,8	7,7	7,6	7,5	7,3	7,2	7,3
1. 1. 1935 bis 20. 6. 1948	9,9	9,3	8,2	8,0	7,8	7,7	7,5	7,6
Nachkriegsbauten nach dem 20. 6. 1948	9,6	9,3	9,0	8,9	8,7	8,7	8,7	8,8

C. bei Holzfachwerkbauten mit Lehmausfachung und besonders haltbaren Holzbauten mit massiven Fundamenten

Altbauten vor dem 1. 4. 1924	6,1	5,9	5,2	5,4	5,2	5,1	5,0	5,4
Neubauten								
1. 4. 1924 bis 31. 12. 1934	7,7	7,2	6,4	6,5	6,4	6,3	6,1	6,4
1. 1. 1935 bis 20. 6. 1948	8,8	8,3	7,3	7,3	7,1	7,0	6,9	7,1
Nachkriegsbauten nach dem 20. 6. 1948	9,0	8,7	8,4	8,4	8,2	8,2	8,2	8,4

BewG Anlage 5

Gemischtgenutze Grundstücke

mit einem gewerblichen Anteil an der Jahresrohmiete von mehr als 50 v. H.

Vervielfältiger

A. bei Massivbauten mit Mauerwerk aus Ziegelsteinen, Natursteinen, Kalksandsteinen, Schwemmsteinen oder ähnlichen Steinen sowie bei Stahl- und Stahlbetonskelettbauten, außer bei solchen Bauten, die unter B. fallen

	Gemeindegrößenklassen							
	bis 2 000	über 2 000 bis 5 000	über 5 000 bis 10 000	über 10 000 bis 50 000	über 50 000 bis 100 000	über 100 000 bis 200 000	über 200 000 bis 500 000	über 500 000 Einwohner
Altbauten vor 1895	7,6	7,2	6,4	6,6	6,4	6,4	6,4	6,4
1895 bis 1899	7,8	7,4	6,6	6,8	6,5	6,5	6,5	6,5
1900 bis 1904	8,2	7,8	6,8	7,0	6,7	6,7	6,7	6,7
1905 bis 1915	8,6	8,2	7,1	7,2	7,0	7,0	7,0	7,0
1916 bis 31. 3. 1924	9,0	8,6	7,4	7,5	7,2	7,2	7,2	7,2
Neubauten								
1. 4. 1924 bis 31. 12. 1934	9,7	9,1	8,0	8,1	7,9	7,9	7,9	7,9
1. 1. 1935 bis 20. 6. 1948	10,0	9,4	8,2	8,3	8,1	8,1	8,1	8,1
Nachkriegsbauten nach dem 20. 6. 1948	9,6	9,3	8,9	8,9	8,7	8,8	8,8	8,8

B. bei Holzfachwerkbauten mit Ziegelsteinausmauerung, Gebäuden aus großformatigen Bimsbetonplatten oder ähnlichen Platten sowie bei anderen eingeschossigen massiven Gebäuden in leichter Bauausführung

Altbauten vor 1908	7,0	6,7	6,0	6,3	6,1	6,1	6,1	6,1
1908 bis 1915	7,3	7,0	6,2	6,5	6,2	6,2	6,2	6,2
1916 bis 31. 3. 1924	8,1	7,7	6,7	6,9	6,7	6,7	6,7	6,7
Neubauten								
1. 4. 1924 bis 31. 12. 1934	9,0	8,4	7,5	7,6	7,5	7,5	7,5	7,5
1. 1. 1935 bis 20. 6. 1948	9,5	8,9	7,8	7,9	7,8	7,7	7,8	7,8
Nachkriegsbauten nach dem 20. 6. 1948	9,3	9,0	8,6	8,7	8,5	8,6	8,6	8,6

C. bei Holzfachwerkbauten mit Lehmausfachung und besonders haltbaren Holzbauten mit massiven Fundamenten

Altbauten vor dem 1. 4. 1924	6,2	5,9	5,5	5,8	5,6	5,6	5,6	5,6
Neubauten								
1. 4. 1924 bis 31. 12. 1934	7,4	7,0	6,4	6,7	6,5	6,5	6,5	6,5
1. 1. 1935 bis 20. 6. 1948	8,5	8,0	7,2	7,3	7,2	7,2	7,2	7,2
Nachkriegsbauten nach dem 20. 6. 1948	8,8	8,5	8,1	8,2	8,1	8,2	8,2	8,2

Anlage 6 BewG

Geschäftsgrundstücke

Vervielfältiger

A. bei Massivbauten mit Mauerwerk aus Ziegelsteinen, Natursteinen, Kalksandsteinen, Schwemmsteinen oder ähnlichen Steinen sowie bei Stahl- und Stahlbetonskelettbauten, außer bei solchen Bauten, die unter B. fallen

	Gemeindegrößenklassen							
	bis 2 000	über 2 000 bis 5 000	über 5 000 bis 10 000	über 10 000 bis 50 000	über 50 000 bis 100 000	über 100 000 bis 200 000	über 200 000 bis 500 000	über 500 000 Einwohner
Altbauten vor 1895	7,8	7,5	6,7	6,9	6,8	6,8	6,8	6,8
1895 bis 1899	8,0	7,7	6,9	7,0	7,0	7,0	7,0	7,0
1900 bis 1904	8,3	7,9	7,1	7,2	7,1	7,1	7,1	7,1
1905 bis 1915	8,7	8,3	7,4	7,5	7,4	7,4	7,4	7,4
1916 bis 31. 3. 1924	9,0	8,6	7,7	7,8	7,6	7,6	7,6	7,6
Neubauten								
1. 4. 1924 bis 31. 12. 1934	9,4	9,0	8,0	8,0	8,0	8,0	8,0	8,0
1. 1. 1935 bis 20. 6. 1948	9,6	9,2	8,1	8,2	8,1	8,1	8,1	8,1
Nachkriegsbauten nach dem 20. 6. 1948	9,4	9,2	9,0	9,0	8,9	8,9	8,9	8,9

B. bei Holzfachwerkbauten mit Ziegelsteinausmauerung, Gebäuden aus großformatigen Bimsbetonplatten oder ähnlichen Platten sowie bei anderen eingeschossigen massiven Gebäuden in leichter Bauausführung

Altbauten vor 1908	7,3	7,0	6,3	6,5	6,5	6,5	6,5	6,5
1908 bis 1915	7,6	7,2	6,5	6,7	6,7	6,7	6,7	6,7
1916 bis 31. 3. 1924	8,2	7,8	7,0	7,2	7,1	7,1	7,1	7,1
Neubauten								
1. 4. 1924 bis 31. 12. 1934	8,8	8,4	7,5	7,6	7,6	7,6	7,6	7,6
1. 1. 1935 bis 20. 6. 1948	9,2	8,8	7,8	7,9	7,8	7,8	7,8	7,8
Nachkriegsbauten nach dem 20. 6. 1948	9,1	9,0	8,7	8,8	8,7	8,7	8,7	8,7

C. bei Holzfachwerkbauten mit Lehmausfachung und besonders haltbaren Holzbauten mit massiven Fundamenten

Altbauten vor dem 1. 4. 1924	6,6	6,3	5,7	6,0	6,1	6,1	6,1	6,1
Neubauten								
1. 4. 1924 bis 31. 12. 1934	7,5	7,2	6,5	6,7	6,8	6,8	6,8	6,8
1. 1. 1935 bis 20. 6. 1948	8,4	8,0	7,2	7,3	7,3	7,3	7,3	7,3
Nachkriegsbauten nach dem 20. 6. 1948	8,7	8,6	8,3	8,4	8,3	8,3	8,4	8,4

BewG Anlage 7

Einfamilienhäuser

Vervielfältiger

A. bei Massivbauten mit Mauerwerk aus Ziegelsteinen, Natursteinen, Kalksandsteinen, Schwemmsteinen oder ähnlichen Steinen sowie bei Stahl- und Stahlbetonskelettbauten, außer bei solchen Bauten, die unter B. fallen

	Gemeindegrößenklassen							
	bis 2 000	über 2 000 bis 5 000	über 5 000 bis 10 000	über 10 000 bis 50 000	über 50 000 bis 100 000	über 100 000 bis 200 000	über 200 000 bis 500 000	über 500 000 Einwohner
Altbauten vor 1895	9,5	9,0	7,7	7,4	7,8	7,8	7,8	7,8
1895 bis 1899	9,8	9,3	7,9	7,6	8,0	8,0	8,0	8,0
1900 bis 1904	10,3	9,8	8,3	7,9	8,2	8,2	8,2	8,6
1905 bis 1915	11,0	10,4	8,7	8,4	8,6	8,6	8,6	8,6
1916 bis 31. 3. 1924	11,6	11,0	9,1	8,8	8,9	8,9	8,9	8,9
Neubauten								
1. 4. 1924 bis 31. 12. 1934	13,1	12,4	10,6	10,2	10,2	10,2	10,2	10,2
1. 1. 1935 bis 20. 6. 1948	13,5	12,9	10,9	10,5	10,4	10,4	10,4	10,4
Nachkriegsbauten nach dem 20. 6. 1948	13,0	12,4	12,0	11,8	11,8	11,8	11,8	11,9

B. bei Holzfachwerkbauten mit Ziegelsteinausmauerung, Gebäuden aus großformatigen Bimsbetonplatten oder ähnlichen Platten sowie bei anderen eingeschossigen massiven Gebäuden in leichter Bauausführung

Altbauten vor 1908	8,7	8,3	7,1	6,8	7,3	7,3	7,3	7,3
1908 bis 1915	9,1	8,7	7,4	7,1	7,6	7,6	7,6	7,6
1916 bis 31. 3. 1924	10,2	9,6	8,1	7,8	8,1	8,1	8,1	8,1
Neubauten								
1. 4. 1924 bis 31. 12. 1934	11,9	11,3	9,7	9,4	9,4	9,4	9,4	9,4
1. 1. 1935 bis 20. 6. 1948	12,7	12,1	10,3	9,9	9,9	9,9	9,9	9,9
Nachkriegsbauten nach dem 20. 6. 1948	12,5	11,9	11,5	11,4	11,4	11,4	11,4	11,5

C. bei Holzfachwerkbauten mit Lehmausfachung und besonders haltbaren Holzbauten mit massiven Fundamenten

Altbauten vor dem 1. 4. 1924	7,7	7,3	6,3	6,1	6,7	6,7	6,7	6,7
Neubauten								
1. 4. 1924 bis 31. 12. 1934	9,6	9,1	8,0	7,7	8,0	8,0	8,0	8,0
1. 1. 1935 bis 20. 6. 1948	11,1	10,6	9,2	8,9	9,0	9,0	9,0	9,0
Nachkriegsbauten nach dem 20. 6. 1948	11,5	10,9	10,6	10,6	10,6	10,6	10,6	10,8

Anlage 8 BewG

Zweifamilienhäuser

Vervielfältiger

A. bei Massivbauten mit Mauerwerk aus Ziegelsteinen, Natursteinen, Kalksandsteinen, Schwemmsteinen oder ähnlichen Steinen sowie bei Stahl- und Stahlbetonskelettbauten, außer bei solchen Bauten, die unter B. fallen

	Gemeindegrößenklassen							
	bis 2 000	über 2 000 bis 5 000	über 5 000 bis 10 000	über 10 000 bis 50 000	über 50 000 bis 100 000	über 100 000 bis 200 000	über 200 000 bis 500 000	über 500 000 Einwohner
Altbauten vor 1895	8,6	8,1	6,9	6,7	7,0	6,8	6,8	6,8
1895 bis 1899	8,8	8,4	7,1	6,9	7,1	7,0	7,0	7,0
1900 bis 1904	9,3	8,8	7,4	7,1	7,4	7,2	7,2	7,2
1905 bis 1915	9,8	9,3	7,8	7,5	7,7	7,5	7,5	7,5
1916 bis 31. 3. 1924	10,3	9,7	8,2	7,8	8,0	7,8	7,8	7,8
Neubauten								
1. 4. 1924 bis 31. 12. 1934	11,6	11,0	9,5	9,1	9,0	9,0	9,0	9,0
1. 1. 1935 bis 20. 6. 1948	11,9	11,3	9,7	9,3	9,2	9,2	9,2	9,2
Nachkriegsbauten nach dem 20. 6. 1948	11,4	11,0	10,6	10,5	10,5	10,5	10,5	10,5

B. bei Holzfachwerkbauten mit Ziegelsteinausmauerung, Gebäuden aus großformatigen Bimsbetonplatten oder ähnlichen Platten sowie bei anderen eingeschossigen massiven Gebäuden in leichter Bauausführung

Altbauten vor 1908	7,9	7,5	6,4	6,2	6,6	6,5	6,5	6,5
1908 bis 1915	8,3	7,8	6,7	6,4	6,8	6,7	6,7	6,7
1916 bis 31. 3. 1924	9,1	8,6	7,3	7,0	7,3	7,1	7,1	7,1
Neubauten								
1. 4. 1924 bis 31. 12. 1934	10,6	10,1	8,7	8,4	8,5	8,5	8,5	8,5
1. 1. 1935 bis 20. 6. 1948	11,2	10,7	9,2	8,9	8,8	8,8	8,8	8,8
Nachkriegsbauten nach dem 20. 6. 1948	11,0	10,6	10,2	10,1	10,1	10,1	10,1	10,2

C. bei Holzfachwerkbauten mit Lehmausfachung und besonders haltbaren Holzbauten mit massiven Fundamenten

Altbauten vor dem 1. 4. 1924	7,0	6,7	5,8	5,6	6,1	6,0	6,0	6,0
Neubauten								
1. 4. 1924 bis 31. 12. 1934	8,7	8,3	7,3	7,0	7,3	7,3	7,3	7,3
1. 1. 1935 bis 20. 6. 1948	10,0	9,5	8,3	8,0	8,1	8,1	8,1	8,1
Nachkriegsbauten nach dem 20. 6. 1948	10,2	9,8	9,5	9,5	9,5	9,5	9,5	9,7

BewG Anlage 9

weggefallen

Zu § 13 **Anlage 9a BewG**

Kapitalwert
einer wiederkehrenden, zeitlich beschränkten Nutzung oder Leistung im Jahresbetrag von einem Euro

Der Kapitalwert ist unter Berücksichtigung von Zwischenzinsen und Zinseszinsen mit 5,5 vom Hundert errechnet worden. Er ist der Mittelwert zwischen dem Kapitalwert für jährlich vorschüssige und jährlich nachschüssige Zahlungsweise.

Laufzeit in Jahren	Kapitalwert
1	0,974
2	1,897
3	2,772
4	3,602
5	4,388
6	5,133
7	5,839
8	6,509
9	7,143
10	7,745
11	8,315
12	8,856
13	9,368
14	9,853
15	10,314
16	10,750
17	11,163
18	11,555
19	11,927
20	12,279
21	12,613
22	12,929
23	13,229
24	13,513
25	13,783
26	14,038
27	14,280
28	14,510
29	14,727
30	14,933
31	15,129
32	15,314
33	15,490
34	15,656
35	15,814
36	15,963
37	16,105
38	16,239
39	16,367
40	16,487

BewG Anlage 9a

Zu § 13

Laufzeit in Jahren	Kapitalwert
41	16,602
42	16,710
43	16,813
44	16,910
45	17,003
46	17,090
47	17,173
48	17,252
49	17,326
50	17,397
51	17,464
52	17,528
53	17,588
54	17,645
55	17,699
56	17,750
57	17,799
58	17,845
59	17,888
60	17,930
61	17,969
62	18,006
63	18,041
64	18,075
65	18,106
66	18,136
67	18,165
68	18,192
69	18,217
70	18,242
71	18,264
72	18,286
73	18,307
74	18,326
75	18,345
76	18,362
77	18,379
78	18,395
79	18,410
80	18,424
81	18,437
82	18,450
83	18,462
84	18,474
85	18,485

Anlage 9a BewG

Laufzeit in Jahren	Kapitalwert
86	18,495
87	18,505
88	18,514
89	18,523
90	18,531
91	18,539
92	18,546
93	18,553
94	18,560
95	18,566
96	18,572
97	18,578
98	18,583
99	18,589
100	18,593
101	18,598
mehr als 101	18,600

BewG Anlagen 10 bis 13

weggefallen

Zu § 163 Abs. 3, § 164 Abs. 2 und 4   Anlage 14 BewG

Landwirtschaftliche Nutzung

1	2	3	4	5	6
Region Land/Reg.bezirk	Nutzungsart Betriebsform	Betriebsgröße	Reingewinn EUR/ha LF	Pachtpreis EUR/ha LF	Wert für das Besatzkapital EUR/ha LF
Schleswig-Holstein	Ackerbau	Kleinbetriebe 0 bis unter 40 EGE	- 428	240	129
		Mittelbetriebe 40 bis 100 EGE	- 19	286	90
		Großbetriebe über 100 EGE	124	338	78
	Milchvieh	Kleinbetriebe 0 bis unter 40 EGE	- 572	161	241
		Mittelbetriebe 40 bis 100 EGE	- 98	201	238
		Großbetriebe über 100 EGE	143	235	203
	Sonstiger Futterbau	Kleinbetriebe 0 bis unter 40 EGE	- 535	122	160
		Mittelbetriebe 40 bis 100 EGE	- 143	162	142
		Großbetriebe über 100 EGE	73	250	152
	Veredlung	Kleinbetriebe 0 bis unter 40 EGE	- 917	338	343
		Mittelbetriebe 40 bis 100 EGE	- 124	388	358
		Großbetriebe über 100 EGE	224	389	313
	Pflanzenbau-Verbund	Kleinbetriebe 0 bis unter 40 EGE	- 586	201	161
		Mittelbetriebe 40 bis 100 EGE	- 169	245	150
		Großbetriebe über 100 EGE	77	301	148
	Vieh-Verbund	Kleinbetriebe 0 bis unter 40 EGE	- 833	214	188
		Mittelbetriebe 40 bis 100 EGE	- 253	263	222
		Großbetriebe über 100 EGE	66	348	238
	Pflanzen- und Viehverbund	Kleinbetriebe 0 bis unter 40 EGE	- 648	202	169
		Mittelbetriebe 40 bis 100 EGE	- 136	243	172
		Großbetriebe über 100 EGE	68	302	153
Braunschweig	Ackerbau	Kleinbetriebe 0 bis unter 40 EGE	- 456	226	121
		Mittelbetriebe 40 bis 100 EGE	- 20	270	84
		Großbetriebe über 100 EGE	116	318	72
	Milchvieh	Kleinbetriebe 0 bis unter 40 EGE	- 564	164	244
		Mittelbetriebe 40 bis 100 EGE	- 96	203	241
		Großbetriebe über 100 EGE	144	238	205
	Sonstiger Futterbau	Kleinbetriebe 0 bis unter 40 EGE	- 532	122	161
		Mittelbetriebe 40 bis 100 EGE	- 143	162	143
		Großbetriebe über 100 EGE	73	250	152
	Veredlung	Kleinbetriebe 0 bis unter 40 EGE	-1 001	312	315
		Mittelbetriebe 40 bis 100 EGE	- 136	354	326
		Großbetriebe über 100 EGE	206	359	287
	Pflanzenbau-Verbund	Kleinbetriebe 0 bis unter 40 EGE	- 617	190	153
		Mittelbetriebe 40 bis 100 EGE	- 176	234	144
		Großbetriebe über 100 EGE	74	288	141
	Vieh-Verbund	Kleinbetriebe 0 bis unter 40 EGE	- 868	205	180
		Mittelbetriebe 40 bis 100 EGE	- 268	249	209
		Großbetriebe über 100 EGE	62	330	224
	Pflanzen- und Viehverbund	Kleinbetriebe 0 bis unter 40 EGE	- 687	190	160
		Mittelbetriebe 40 bis 100 EGE	- 146	227	160
		Großbetriebe über 100 EGE	64	281	142
Hannover	Ackerbau	Kleinbetriebe 0 bis unter 40 EGE	- 461	224	119
		Mittelbetriebe 40 bis 100 EGE	- 21	268	83
		Großbetriebe über 100 EGE	114	315	71
	Milchvieh	Kleinbetriebe 0 bis unter 40 EGE	- 565	163	244
		Mittelbetriebe 40 bis 100 EGE	- 97	203	240
		Großbetriebe über 100 EGE	144	237	205
	Sonstiger Futterbau	Kleinbetriebe 0 bis unter 40 EGE	- 534	122	160
		Mittelbetriebe 40 bis 100 EGE	- 143	161	142
		Großbetriebe über 100 EGE	73	249	152

BewG Anlage 14

Zu § 163 Abs. 3, § 164 Abs. 2 und 4

1	2	3	4	5	6
Region Land/Reg.bezirk	Nutzungsart Betriebsform	Betriebsgröße	Reingewinn EUR/ha LF	Pachtpreis EUR/ha LF	Wert für das Besatzkapital EUR/ha LF
	Veredlung	Kleinbetriebe 0 bis unter 40 EGE	-1 006	310	313
		Mittelbetriebe 40 bis 100 EGE	- 137	352	325
		Großbetriebe über 100 EGE	205	357	286
	Pflanzenbau-Verbund	Kleinbetriebe 0 bis unter 40 EGE	- 622	189	152
		Mittelbetriebe 40 bis 100 EGE	- 178	234	143
		Großbetriebe über 100 EGE	73	286	140
	Vieh-Verbund	Kleinbetriebe 0 bis unter 40 EGE	- 872	204	179
		Mittelbetriebe 40 bis 100 EGE	- 269	248	208
		Großbetriebe über 100 EGE	62	328	223
	Pflanzen- und Viehverbund	Kleinbetriebe 0 bis unter 40 EGE	- 691	189	159
		Mittelbetriebe 40 bis 100 EGE	- 147	226	159
		Großbetriebe über 100 EGE	63	279	141
Lüneburg	Ackerbau	Kleinbetriebe 0 bis unter 40 EGE	- 478	216	115
		Mittelbetriebe 40 bis 100 EGE	- 21	258	80
		Großbetriebe über 100 EGE	110	304	69
	Milchvieh	Kleinbetriebe 0 bis unter 40 EGE	- 578	160	238
		Mittelbetriebe 40 bis 100 EGE	- 99	198	234
		Großbetriebe über 100 EGE	140	231	199
	Sonstiger Futterbau	Kleinbetriebe 0 bis unter 40 EGE	- 536	121	160
		Mittelbetriebe 40 bis 100 EGE	- 145	160	141
		Großbetriebe über 100 EGE	72	245	150
	Veredlung	Kleinbetriebe 0 bis unter 40 EGE	-1 011	309	311
		Mittelbetriebe 40 bis 100 EGE	- 138	350	323
		Großbetriebe über 100 EGE	204	355	284
	Pflanzenbau-Verbund	Kleinbetriebe 0 bis unter 40 EGE	- 632	186	149
		Mittelbetriebe 40 bis 100 EGE	- 181	230	140
		Großbetriebe über 100 EGE	72	281	138
	Vieh-Verbund	Kleinbetriebe 0 bis unter 40 EGE	- 880	202	178
		Mittelbetriebe 40 bis 100 EGE	- 272	246	206
		Großbetriebe über 100 EGE	61	325	221
	Pflanzen- und Viehverbund	Kleinbetriebe 0 bis unter 40 EGE	- 699	187	157
		Mittelbetriebe 40 bis 100 EGE	- 149	222	156
		Großbetriebe über 100 EGE	62	275	139
Weser-Ems	Ackerbau	Kleinbetriebe 0 bis unter 40 EGE	- 476	217	116
		Mittelbetriebe 40 bis 100 EGE	- 21	261	81
		Großbetriebe über 100 EGE	113	315	71
	Milchvieh	Kleinbetriebe 0 bis unter 40 EGE	- 577	160	239
		Mittelbetriebe 40 bis 100 EGE	- 99	198	235
		Großbetriebe über 100 EGE	140	232	200
	Sonstiger Futterbau	Kleinbetriebe 0 bis unter 40 EGE	- 540	120	158
		Mittelbetriebe 40 bis 100 EGE	- 145	159	140
		Großbetriebe über 100 EGE	72	245	149
	Veredlung	Kleinbetriebe 0 bis unter 40 EGE	- 966	323	326
		Mittelbetriebe 40 bis 100 EGE	- 131	367	339
		Großbetriebe über 100 EGE	213	372	298
	Pflanzenbau-Verbund	Kleinbetriebe 0 bis unter 40 EGE	- 622	190	152
		Mittelbetriebe 40 bis 100 EGE	- 178	233	143
		Großbetriebe über 100 EGE	74	288	142
	Vieh-Verbund	Kleinbetriebe 0 bis unter 40 EGE	- 862	207	181
		Mittelbetriebe 40 bis 100 EGE	- 264	253	213
		Großbetriebe über 100 EGE	63	335	228

Zu § 163 Abs. 3, § 164 Abs. 2 und 4 **Anlage 14 BewG**

1	2	3	4	5	6
Region Land/Reg.bezirk	Nutzungsart Betriebsform	Betriebsgröße	Reingewinn EUR/ha LF	Pachtpreis EUR/ha LF	Wert für das Besatzkapital EUR/ha LF
	Pflanzen- und Viehverbund	Kleinbetriebe 0 bis unter 40 EGE	-684	192	160
		Mittelbetriebe 40 bis 100 EGE	-144	230	162
		Großbetriebe über 100 EGE	64	286	144
Düsseldorf	Ackerbau	Kleinbetriebe 0 bis unter 40 EGE	-443	233	124
		Mittelbetriebe 40 bis 100 EGE	-20	281	87
		Großbetriebe über 100 EGE	123	338	77
	Milchvieh	Kleinbetriebe 0 bis unter 40 EGE	-548	169	251
		Mittelbetriebe 40 bis 100 EGE	-94	209	247
		Großbetriebe über 100 EGE	147	244	210
	Sonstiger Futterbau	Kleinbetriebe 0 bis unter 40 EGE	-492	132	174
		Mittelbetriebe 40 bis 100 EGE	-131	176	155
		Großbetriebe über 100 EGE	79	268	165
	Veredlung	Kleinbetriebe 0 bis unter 40 EGE	-964	323	327
		Mittelbetriebe 40 bis 100 EGE	-131	368	340
		Großbetriebe über 100 EGE	214	373	299
	Pflanzenbau-Verbund	Kleinbetriebe 0 bis unter 40 EGE	-593	198	159
		Mittelbetriebe 40 bis 100 EGE	-171	242	148
		Großbetriebe über 100 EGE	77	301	149
	Vieh-Verbund	Kleinbetriebe 0 bis unter 40 EGE	-824	215	190
		Mittelbetriebe 40 bis 100 EGE	-256	261	219
		Großbetriebe über 100 EGE	65	345	235
	Pflanzen- und Viehverbund	Kleinbetriebe 0 bis unter 40 EGE	-658	199	167
		Mittelbetriebe 40 bis 100 EGE	-140	237	167
		Großbetriebe über 100 EGE	66	294	149
Köln	Ackerbau	Kleinbetriebe 0 bis unter 40 EGE	-432	239	127
		Mittelbetriebe 40 bis 100 EGE	-19	288	90
		Großbetriebe über 100 EGE	127	348	80
	Milchvieh	Kleinbetriebe 0 bis unter 40 EGE	-566	163	243
		Mittelbetriebe 40 bis 100 EGE	-97	202	239
		Großbetriebe über 100 EGE	142	235	203
	Sonstiger Futterbau	Kleinbetriebe 0 bis unter 40 EGE	-493	132	174
		Mittelbetriebe 40 bis 100 EGE	-132	174	154
		Großbetriebe über 100 EGE	78	264	163
	Veredlung	Kleinbetriebe 0 bis unter 40 EGE	-962	324	327
		Mittelbetriebe 40 bis 100 EGE	-131	369	340
		Großbetriebe über 100 EGE	215	374	300
	Pflanzenbau-Verbund	Kleinbetriebe 0 bis unter 40 EGE	-586	200	161
		Mittelbetriebe 40 bis 100 EGE	-169	244	150
		Großbetriebe über 100 EGE	79	305	151
	Vieh-Verbund	Kleinbetriebe 0 bis unter 40 EGE	-829	214	189
		Mittelbetriebe 40 bis 100 EGE	-257	259	218
		Großbetriebe über 100 EGE	65	343	234
	Pflanzen- und Viehverbund	Kleinbetriebe 0 bis unter 40 EGE	-655	200	167
		Mittelbetriebe 40 bis 100 EGE	-139	238	168
		Großbetriebe über 100 EGE	67	296	149
Münster	Ackerbau	Kleinbetriebe 0 bis unter 40 EGE	-460	223	120
		Mittelbetriebe 40 bis 100 EGE	-21	264	83
		Großbetriebe über 100 EGE	113	309	70
	Milchvieh	Kleinbetriebe 0 bis unter 40 EGE	-554	167	249
		Mittelbetriebe 40 bis 100 EGE	-95	206	244
		Großbetriebe über 100 EGE	145	240	207

BewG Anlage 14

Zu § 163 Abs. 3, § 164 Abs. 2 und 4

1	2	3	4	5	6
Region Land/Reg.bezirk	Nutzungsart Betriebsform	Betriebsgröße	Reingewinn EUR/ha LF	Pachtpreis EUR/ha LF	Wert für das Besatzkapital EUR/ha LF
	Sonstiger Futterbau	Kleinbetriebe 0 bis unter 40 EGE	-493	132	174
		Mittelbetriebe 40 bis 100 EGE	-132	174	154
		Großbetriebe über 100 EGE	79	265	163
	Veredlung	Kleinbetriebe 0 bis unter 40 EGE	-1 014	308	310
		Mittelbetriebe 40 bis 100 EGE	-138	349	322
		Großbetriebe über 100 EGE	203	354	284
	Pflanzenbau-Verbund	Kleinbetriebe 0 bis unter 40 EGE	-613	191	154
		Mittelbetriebe 40 bis 100 EGE	-177	234	143
		Großbetriebe über 100 EGE	73	285	139
	Vieh-Verbund	Kleinbetriebe 0 bis unter 40 EGE	-848	208	184
		Mittelbetriebe 40 bis 100 EGE	-266	251	211
		Großbetriebe über 100 EGE	62	332	226
	Pflanzen- und Viehverbund	Kleinbetriebe 0 bis unter 40 EGE	-680	192	161
		Mittelbetriebe 40 bis 100 EGE	-147	225	159
		Großbetriebe über 100 EGE	63	278	141
Detmold	Ackerbau	Kleinbetriebe 0 bis unter 40 EGE	-450	229	122
		Mittelbetriebe 40 bis 100 EGE	-20	274	85
		Großbetriebe über 100 EGE	117	321	73
	Milchvieh	Kleinbetriebe 0 bis unter 40 EGE	-552	167	250
		Mittelbetriebe 40 bis 100 EGE	-95	207	245
		Großbetriebe über 100 EGE	146	241	208
	Sonstiger Futterbau	Kleinbetriebe 0 bis unter 40 EGE	-493	132	174
		Mittelbetriebe 40 bis 100 EGE	-132	174	154
		Großbetriebe über 100 EGE	79	265	164
	Veredlung	Kleinbetriebe 0 bis unter 40 EGE	-1 014	308	311
		Mittelbetriebe 40 bis 100 EGE	-138	349	322
		Großbetriebe über 100 EGE	204	355	284
	Pflanzenbau-Verbund	Kleinbetriebe 0 bis unter 40 EGE	-607	192	155
		Mittelbetriebe 40 bis 100 EGE	-175	237	145
		Großbetriebe über 100 EGE	74	290	142
	Vieh-Verbund	Kleinbetriebe 0 bis unter 40 EGE	-847	209	185
		Mittelbetriebe 40 bis 100 EGE	-265	252	211
		Großbetriebe über 100 EGE	62	333	226
	Pflanzen- und Viehverbund	Kleinbetriebe 0 bis unter 40 EGE	-677	193	162
		Mittelbetriebe 40 bis 100 EGE	-146	227	160
		Großbetriebe über 100 EGE	64	281	143
Arnsberg	Ackerbau	Kleinbetriebe 0 bis unter 40 EGE	-439	235	126
		Mittelbetriebe 40 bis 100 EGE	-20	282	88
		Großbetriebe über 100 EGE	121	332	76
	Milchvieh	Kleinbetriebe 0 bis unter 40 EGE	-564	164	244
		Mittelbetriebe 40 bis 100 EGE	-97	202	240
		Großbetriebe über 100 EGE	143	235	204
	Sonstiger Futterbau	Kleinbetriebe 0 bis unter 40 EGE	-493	132	174
		Mittelbetriebe 40 bis 100 EGE	-132	174	154
		Großbetriebe über 100 EGE	78	263	163
	Veredlung	Kleinbetriebe 0 bis unter 40 EGE	-1 013	308	311
		Mittelbetriebe 40 bis 100 EGE	-138	349	322
		Großbetriebe über 100 EGE	204	355	284
	Pflanzenbau-Verbund	Kleinbetriebe 0 bis unter 40 EGE	-601	194	157
		Mittelbetriebe 40 bis 100 EGE	-173	239	147
		Großbetriebe über 100 EGE	75	294	144

Zu § 163 Abs. 3, § 164 Abs. 2 und 4   Anlage 14 BewG

1	2	3	4	5	6
Region Land/Reg.bezirk	Nutzungsart Betriebsform	Betriebsgröße	Reingewinn EUR/ha LF	Pachtpreis EUR/ha LF	Wert für das Besatzkapital EUR/ha LF
	Vieh-Verbund	Kleinbetriebe 0 bis unter 40 EGE	-850	208	184
		Mittelbetriebe 40 bis 100 EGE	-266	251	210
		Großbetriebe über 100 EGE	62	331	226
	Pflanzen- und Viehverbund	Kleinbetriebe 0 bis unter 40 EGE	-674	194	163
		Mittelbetriebe 40 bis 100 EGE	-145	228	161
		Großbetriebe über 100 EGE	64	283	143
Darmstadt	Ackerbau	Kleinbetriebe 0 bis unter 40 EGE	-485	215	114
		Mittelbetriebe 40 bis 100 EGE	-21	261	80
		Großbetriebe über 100 EGE	113	318	71
	Milchvieh	Kleinbetriebe 0 bis unter 40 EGE	-607	152	227
		Mittelbetriebe 40 bis 100 EGE	-105	187	222
		Großbetriebe über 100 EGE	132	218	188
	Sonstiger Futterbau	Kleinbetriebe 0 bis unter 40 EGE	-537	121	159
		Mittelbetriebe 40 bis 100 EGE	-146	158	139
		Großbetriebe über 100 EGE	71	242	148
	Veredlung	Kleinbetriebe 0 bis unter 40 EGE	-926	336	340
		Mittelbetriebe 40 bis 100 EGE	-125	385	355
		Großbetriebe über 100 EGE	223	387	310
	Pflanzenbau-Verbund	Kleinbetriebe 0 bis unter 40 EGE	-617	193	153
		Mittelbetriebe 40 bis 100 EGE	-177	236	144
		Großbetriebe über 100 EGE	75	292	144
	Vieh-Verbund	Kleinbetriebe 0 bis unter 40 EGE	-850	210	184
		Mittelbetriebe 40 bis 100 EGE	-257	258	218
		Großbetriebe über 100 EGE	64	342	233
	Pflanzen- und Viehverbund	Kleinbetriebe 0 bis unter 40 EGE	-672	196	163
		Mittelbetriebe 40 bis 100 EGE	-141	236	166
		Großbetriebe über 100 EGE	65	293	146
Gießen	Ackerbau	Kleinbetriebe 0 bis unter 40 EGE	-492	212	112
		Mittelbetriebe 40 bis 100 EGE	-22	256	78
		Großbetriebe über 100 EGE	106	301	66
	Milchvieh	Kleinbetriebe 0 bis unter 40 EGE	-591	156	233
		Mittelbetriebe 40 bis 100 EGE	-102	193	228
		Großbetriebe über 100 EGE	136	225	194
	Sonstiger Futterbau	Kleinbetriebe 0 bis unter 40 EGE	-535	122	160
		Mittelbetriebe 40 bis 100 EGE	-145	159	141
		Großbetriebe über 100 EGE	72	245	150
	Veredlung	Kleinbetriebe 0 bis unter 40 EGE	-929	335	339
		Mittelbetriebe 40 bis 100 EGE	-125	384	354
		Großbetriebe über 100 EGE	221	384	309
	Pflanzenbau-Verbund	Kleinbetriebe 0 bis unter 40 EGE	-624	191	151
		Mittelbetriebe 40 bis 100 EGE	-179	234	142
		Großbetriebe über 100 EGE	72	286	138
	Vieh-Verbund	Kleinbetriebe 0 bis unter 40 EGE	-846	211	185
		Mittelbetriebe 40 bis 100 EGE	-256	260	219
		Großbetriebe über 100 EGE	64	343	234
	Pflanzen- und Viehverbund	Kleinbetriebe 0 bis unter 40 EGE	-673	196	163
		Mittelbetriebe 40 bis 100 EGE	-142	235	165
		Großbetriebe über 100 EGE	65	290	145
Kassel	Ackerbau	Kleinbetriebe 0 bis unter 40 EGE	-488	213	113
		Mittelbetriebe 40 bis 100 EGE	-22	256	79
		Großbetriebe über 100 EGE	108	304	67

BewG Anlage 14

Zu § 163 Abs. 3, § 164 Abs. 2 und 4

1	2	3	4	5	6
Region Land/Reg.bezirk	Nutzungsart Betriebsform	Betriebsgröße	Reingewinn EUR/ha LF	Pachtpreis EUR/ha LF	Wert für das Besatzkapital EUR/ha LF
	Milchvieh	Kleinbetriebe 0 bis unter 40 EGE	-584	158	236
		Mittelbetriebe 40 bis 100 EGE	-100	195	231
		Großbetriebe über 100 EGE	138	228	197
	Sonstiger Futterbau	Kleinbetriebe 0 bis unter 40 EGE	-534	122	160
		Mittelbetriebe 40 bis 100 EGE	-144	160	141
		Großbetriebe über 100 EGE	72	247	151
	Veredlung	Kleinbetriebe 0 bis unter 40 EGE	-928	335	339
		Mittelbetriebe 40 bis 100 EGE	-125	385	355
		Großbetriebe über 100 EGE	222	385	309
	Pflanzenbau-Verbund	Kleinbetriebe 0 bis unter 40 EGE	-621	192	152
		Mittelbetriebe 40 bis 100 EGE	-178	235	142
		Großbetriebe über 100 EGE	73	287	139
	Vieh-Verbund	Kleinbetriebe 0 bis unter 40 EGE	-843	212	185
		Mittelbetriebe 40 bis 100 EGE	-255	260	219
		Großbetriebe über 100 EGE	65	344	235
	Pflanzen- und Viehverbund	Kleinbetriebe 0 bis unter 40 EGE	-671	196	163
		Mittelbetriebe 40 bis 100 EGE	-141	236	165
		Großbetriebe über 100 EGE	65	291	146
Rheinland-Pfalz	Ackerbau	Kleinbetriebe 0 bis unter 40 EGE	-501	208	110
		Mittelbetriebe 40 bis 100 EGE	-22	253	77
		Großbetriebe über 100 EGE	109	306	68
	Milchvieh	Kleinbetriebe 0 bis unter 40 EGE	-588	157	234
		Mittelbetriebe 40 bis 100 EGE	-101	194	229
		Großbetriebe über 100 EGE	136	226	195
	Sonstiger Futterbau	Kleinbetriebe 0 bis unter 40 EGE	-535	122	160
		Mittelbetriebe 40 bis 100 EGE	-145	159	141
		Großbetriebe über 100 EGE	72	244	149
	Veredlung	Kleinbetriebe 0 bis unter 40 EGE	-1 003	311	314
		Mittelbetriebe 40 bis 100 EGE	-136	356	328
		Großbetriebe über 100 EGE	206	357	287
	Pflanzenbau-Verbund	Kleinbetriebe 0 bis unter 40 EGE	-641	185	147
		Mittelbetriebe 40 bis 100 EGE	-182	229	139
		Großbetriebe über 100 EGE	72	282	138
	Vieh-Verbund	Kleinbetriebe 0 bis unter 40 EGE	-879	203	178
		Mittelbetriebe 40 bis 100 EGE	-269	247	208
		Großbetriebe über 100 EGE	61	326	222
	Pflanzen- und Viehverbund	Kleinbetriebe 0 bis unter 40 EGE	-703	187	156
		Mittelbetriebe 40 bis 100 EGE	-148	224	157
		Großbetriebe über 100 EGE	62	277	139
Stuttgart	Ackerbau	Kleinbetriebe 0 bis unter 40 EGE	-481	216	115
		Mittelbetriebe 40 bis 100 EGE	-21	261	80
		Großbetriebe über 100 EGE	107	302	67
	Milchvieh	Kleinbetriebe 0 bis unter 40 EGE	-567	163	243
		Mittelbetriebe 40 bis 100 EGE	-98	201	238
		Großbetriebe über 100 EGE	141	233	202
	Sonstiger Futterbau	Kleinbetriebe 0 bis unter 40 EGE	-501	130	171
		Mittelbetriebe 40 bis 100 EGE	-135	171	151
		Großbetriebe über 100 EGE	77	259	160
	Veredlung	Kleinbetriebe 0 bis unter 40 EGE	-1 017	306	309
		Mittelbetriebe 40 bis 100 EGE	-138	350	323
		Großbetriebe über 100 EGE	203	352	282

Zu § 163 Abs. 3, § 164 Abs. 2 und 4 **Anlage 14 BewG**

1	2	3	4	5	6
Region Land/Reg.bezirk	Nutzungsart Betriebsform	Betriebsgröße	Reingewinn EUR/ha LF	Pachtpreis EUR/ha LF	Wert für das Besatzkapital EUR/ha LF
	Pflanzenbau-Verbund	Kleinbetriebe 0 bis unter 40 EGE	- 628	187	150
		Mittelbetriebe 40 bis 100 EGE	- 180	232	141
		Großbetriebe über 100 EGE	71	282	136
	Vieh-Verbund	Kleinbetriebe 0 bis unter 40 EGE	- 858	206	182
		Mittelbetriebe 40 bis 100 EGE	- 267	250	210
		Großbetriebe über 100 EGE	62	329	224
	Pflanzen- und Viehverbund	Kleinbetriebe 0 bis unter 40 EGE	- 690	190	159
		Mittelbetriebe 40 bis 100 EGE	- 148	224	158
		Großbetriebe über 100 EGE	62	276	139
Karlsruhe	Ackerbau	Kleinbetriebe 0 bis unter 40 EGE	- 500	208	110
		Mittelbetriebe 40 bis 100 EGE	- 22	250	77
		Großbetriebe über 100 EGE	103	290	64
	Milchvieh	Kleinbetriebe 0 bis unter 40 EGE	- 577	160	239
		Mittelbetriebe 40 bis 100 EGE	- 100	197	233
		Großbetriebe über 100 EGE	138	229	197
	Sonstiger Futterbau	Kleinbetriebe 0 bis unter 40 EGE	- 503	129	170
		Mittelbetriebe 40 bis 100 EGE	- 136	169	150
		Großbetriebe über 100 EGE	76	256	158
	Veredlung	Kleinbetriebe 0 bis unter 40 EGE	-1 020	306	309
		Mittelbetriebe 40 bis 100 EGE	- 138	349	322
		Großbetriebe über 100 EGE	202	351	282
	Pflanzenbau-Verbund	Kleinbetriebe 0 bis unter 40 EGE	- 638	185	148
		Mittelbetriebe 40 bis 100 EGE	- 183	228	138
		Großbetriebe über 100 EGE	69	276	133
	Vieh-Verbund	Kleinbetriebe 0 bis unter 40 EGE	- 864	205	181
		Mittelbetriebe 40 bis 100 EGE	- 268	248	209
		Großbetriebe über 100 EGE	61	326	222
	Pflanzen- und Viehverbund	Kleinbetriebe 0 bis unter 40 EGE	- 697	188	157
		Mittelbetriebe 40 bis 100 EGE	- 150	222	156
		Großbetriebe über 100 EGE	61	272	137
Freiburg	Ackerbau	Kleinbetriebe 0 bis unter 40 EGE	- 499	208	110
		Mittelbetriebe 40 bis 100 EGE	- 22	251	77
		Großbetriebe über 100 EGE	105	295	65
	Milchvieh	Kleinbetriebe 0 bis unter 40 EGE	- 586	157	235
		Mittelbetriebe 40 bis 100 EGE	- 101	193	229
		Großbetriebe über 100 EGE	136	224	193
	Sonstiger Futterbau	Kleinbetriebe 0 bis unter 40 EGE	- 503	129	170
		Mittelbetriebe 40 bis 100 EGE	- 136	168	149
		Großbetriebe über 100 EGE	76	255	157
	Veredlung	Kleinbetriebe 0 bis unter 40 EGE	-1 020	306	309
		Mittelbetriebe 40 bis 100 EGE	- 138	349	322
		Großbetriebe über 100 EGE	202	351	282
	Pflanzenbau-Verbund	Kleinbetriebe 0 bis unter 40 EGE	- 637	185	148
		Mittelbetriebe 40 bis 100 EGE	- 183	229	138
		Großbetriebe über 100 EGE	70	278	135
	Vieh-Verbund	Kleinbetriebe 0 bis unter 40 EGE	- 867	204	180
		Mittelbetriebe 40 bis 100 EGE	- 269	247	208
		Großbetriebe über 100 EGE	61	325	222
	Pflanzen- und Viehverbund	Kleinbetriebe 0 bis unter 40 EGE	- 698	188	157
		Mittelbetriebe 40 bis 100 EGE	- 150	222	155
		Großbetriebe über 100 EGE	61	273	137

BewG Anlage 14

Zu § 163 Abs. 3, § 164 Abs. 2 und 4

1	2	3	4	5	6
Region Land/Reg.bezirk	Nutzungsart Betriebsform	Betriebsgröße	Reingewinn EUR/ha LF	Pachtpreis EUR/ha LF	Wert für das Besatzkapital EUR/ha LF
Tübingen	Ackerbau	Kleinbetriebe 0 bis unter 40 EGE	-484	215	114
		Mittelbetriebe 40 bis 100 EGE	-22	258	79
		Großbetriebe über 100 EGE	106	298	66
	Milchvieh	Kleinbetriebe 0 bis unter 40 EGE	-559	165	246
		Mittelbetriebe 40 bis 100 EGE	-96	204	241
		Großbetriebe über 100 EGE	144	237	205
	Sonstiger Futterbau	Kleinbetriebe 0 bis unter 40 EGE	-499	130	172
		Mittelbetriebe 40 bis 100 EGE	-134	172	152
		Großbetriebe über 100 EGE	77	261	161
	Veredlung	Kleinbetriebe 0 bis unter 40 EGE	-1018	306	309
		Mittelbetriebe 40 bis 100 EGE	-138	350	323
		Großbetriebe über 100 EGE	202	352	282
	Pflanzenbau-Verbund	Kleinbetriebe 0 bis unter 40 EGE	-630	187	150
		Mittelbetriebe 40 bis 100 EGE	-181	232	140
		Großbetriebe über 100 EGE	70	280	135
	Vieh-Verbund	Kleinbetriebe 0 bis unter 40 EGE	-855	207	183
		Mittelbetriebe 40 bis 100 EGE	-266	251	211
		Großbetriebe über 100 EGE	62	330	225
	Pflanzen- und Viehverbund	Kleinbetriebe 0 bis unter 40 EGE	-690	190	159
		Mittelbetriebe 40 bis 100 EGE	-148	224	157
		Großbetriebe über 100 EGE	62	276	139
Oberbayern	Ackerbau	Kleinbetriebe 0 bis unter 40 EGE	-476	220	116
		Mittelbetriebe 40 bis 100 EGE	-21	268	81
		Großbetriebe über 100 EGE	109	312	68
	Milchvieh	Kleinbetriebe 0 bis unter 40 EGE	-556	166	248
		Mittelbetriebe 40 bis 100 EGE	-96	205	243
		Großbetriebe über 100 EGE	144	239	206
	Sonstiger Futterbau	Kleinbetriebe 0 bis unter 40 EGE	-493	132	174
		Mittelbetriebe 40 bis 100 EGE	-132	174	154
		Großbetriebe über 100 EGE	79	266	164
	Veredlung	Kleinbetriebe 0 bis unter 40 EGE	-942	330	334
		Mittelbetriebe 40 bis 100 EGE	-127	379	350
		Großbetriebe über 100 EGE	219	380	305
	Pflanzenbau-Verbund	Kleinbetriebe 0 bis unter 40 EGE	-610	194	155
		Mittelbetriebe 40 bis 100 EGE	-176	240	144
		Großbetriebe über 100 EGE	73	292	140
	Vieh-Verbund	Kleinbetriebe 0 bis unter 40 EGE	-819	217	191
		Mittelbetriebe 40 bis 100 EGE	-251	265	223
		Großbetriebe über 100 EGE	66	349	238
	Pflanzen- und Viehverbund	Kleinbetriebe 0 bis unter 40 EGE	-660	200	166
		Mittelbetriebe 40 bis 100 EGE	-140	238	167
		Großbetriebe über 100 EGE	66	293	147
Niederbayern	Ackerbau	Kleinbetriebe 0 bis unter 40 EGE	-468	224	118
		Mittelbetriebe 40 bis 100 EGE	-21	273	83
		Großbetriebe über 100 EGE	112	320	70
	Milchvieh	Kleinbetriebe 0 bis unter 40 EGE	-564	163	244
		Mittelbetriebe 40 bis 100 EGE	-97	202	239
		Großbetriebe über 100 EGE	142	235	203
	Sonstiger Futterbau	Kleinbetriebe 0 bis unter 40 EGE	-493	132	174
		Mittelbetriebe 40 bis 100 EGE	-132	174	154
		Großbetriebe über 100 EGE	78	265	163

Zu § 163 Abs. 3, § 164 Abs. 2 und 4 **Anlage 14 BewG**

1	2	3	4	5	6
Region Land/Reg.bezirk	Nutzungsart Betriebsform	Betriebsgröße	Reingewinn EUR/ha LF	Pachtpreis EUR/ha LF	Wert für das Besatzkapital EUR/ha LF
	Veredlung	Kleinbetriebe 0 bis unter 40 EGE	- 941	330	334
		Mittelbetriebe 40 bis 100 EGE	- 127	380	350
		Großbetriebe über 100 EGE	219	380	305
	Pflanzenbau-Verbund	Kleinbetriebe 0 bis unter 40 EGE	- 606	195	156
		Mittelbetriebe 40 bis 100 EGE	- 174	241	146
		Großbetriebe über 100 EGE	74	295	142
	Vieh-Verbund	Kleinbetriebe 0 bis unter 40 EGE	- 821	216	191
		Mittelbetriebe 40 bis 100 EGE	- 252	264	223
		Großbetriebe über 100 EGE	65	348	237
	Pflanzen- und Viehverbund	Kleinbetriebe 0 bis unter 40 EGE	- 658	200	167
		Mittelbetriebe 40 bis 100 EGE	- 139	239	168
		Großbetriebe über 100 EGE	66	295	148
Oberpfalz	Ackerbau	Kleinbetriebe 0 bis unter 40 EGE	- 484	217	114
		Mittelbetriebe 40 bis 100 EGE	- 21	265	80
		Großbetriebe über 100 EGE	108	309	67
	Milchvieh	Kleinbetriebe 0 bis unter 40 EGE	- 563	164	245
		Mittelbetriebe 40 bis 100 EGE	- 97	202	239
		Großbetriebe über 100 EGE	142	235	203
	Sonstiger Futterbau	Kleinbetriebe 0 bis unter 40 EGE	- 495	131	173
		Mittelbetriebe 40 bis 100 EGE	- 133	173	153
		Großbetriebe über 100 EGE	78	264	163
	Veredlung	Kleinbetriebe 0 bis unter 40 EGE	- 944	330	334
		Mittelbetriebe 40 bis 100 EGE	- 127	379	349
		Großbetriebe über 100 EGE	218	379	304
	Pflanzenbau-Verbund	Kleinbetriebe 0 bis unter 40 EGE	- 615	193	153
		Mittelbetriebe 40 bis 100 EGE	- 177	238	143
		Großbetriebe über 100 EGE	73	291	140
	Vieh-Verbund	Kleinbetriebe 0 bis unter 40 EGE	- 823	216	190
		Mittelbetriebe 40 bis 100 EGE	- 252	264	222
		Großbetriebe über 100 EGE	65	347	237
	Pflanzen- und Viehverbund	Kleinbetriebe 0 bis unter 40 EGE	- 664	199	165
		Mittelbetriebe 40 bis 100 EGE	- 141	237	166
		Großbetriebe über 100 EGE	65	292	146
Oberfranken	Ackerbau	Kleinbetriebe 0 bis unter 40 EGE	- 519	201	106
		Mittelbetriebe 40 bis 100 EGE	- 23	242	74
		Großbetriebe über 100 EGE	100	286	63
	Milchvieh	Kleinbetriebe 0 bis unter 40 EGE	- 556	166	248
		Mittelbetriebe 40 bis 100 EGE	- 96	205	242
		Großbetriebe über 100 EGE	144	238	205
	Sonstiger Futterbau	Kleinbetriebe 0 bis unter 40 EGE	- 496	131	172
		Mittelbetriebe 40 bis 100 EGE	- 133	173	153
		Großbetriebe über 100 EGE	78	264	162
	Veredlung	Kleinbetriebe 0 bis unter 40 EGE	- 947	329	332
		Mittelbetriebe 40 bis 100 EGE	- 128	377	348
		Großbetriebe über 100 EGE	217	377	303
	Pflanzenbau-Verbund	Kleinbetriebe 0 bis unter 40 EGE	- 631	188	150
		Mittelbetriebe 40 bis 100 EGE	- 182	231	139
		Großbetriebe über 100 EGE	70	280	135
	Vieh-Verbund	Kleinbetriebe 0 bis unter 40 EGE	- 824	215	190
		Mittelbetriebe 40 bis 100 EGE	- 253	263	222
		Großbetriebe über 100 EGE	65	347	236

BewG Anlage 14

Zu § 163 Abs. 3, § 164 Abs. 2 und 4

1	2	3	4	5	6
Region Land/Reg.bezirk	Nutzungsart Betriebsform	Betriebsgröße	Reingewinn EUR/ha LF	Pachtpreis EUR/ha LF	Wert für das Besatzkapital EUR/ha LF
	Pflanzen- und Viehverbund	Kleinbetriebe 0 bis unter 40 EGE	-674	196	163
		Mittelbetriebe 40 bis 100 EGE	-143	233	163
		Großbetriebe über 100 EGE	64	286	144
Mittelfranken	Ackerbau	Kleinbetriebe 0 bis unter 40 EGE	-507	207	109
		Mittelbetriebe 40 bis 100 EGE	-23	251	76
		Großbetriebe über 100 EGE	101	292	63
	Milchvieh	Kleinbetriebe 0 bis unter 40 EGE	-552	167	250
		Mittelbetriebe 40 bis 100 EGE	-95	207	244
		Großbetriebe über 100 EGE	145	241	207
	Sonstiger Futterbau	Kleinbetriebe 0 bis unter 40 EGE	-495	131	173
		Mittelbetriebe 40 bis 100 EGE	-133	173	153
		Großbetriebe über 100 EGE	78	265	163
	Veredlung	Kleinbetriebe 0 bis unter 40 EGE	-946	329	333
		Mittelbetriebe 40 bis 100 EGE	-128	378	348
		Großbetriebe über 100 EGE	218	378	304
	Pflanzenbau-Verbund	Kleinbetriebe 0 bis unter 40 EGE	-626	190	151
		Mittelbetriebe 40 bis 100 EGE	-180	234	141
		Großbetriebe über 100 EGE	71	283	136
	Vieh-Verbund	Kleinbetriebe 0 bis unter 40 EGE	-822	216	190
		Mittelbetriebe 40 bis 100 EGE	-252	264	222
		Großbetriebe über 100 EGE	65	348	237
	Pflanzen- und Viehverbund	Kleinbetriebe 0 bis unter 40 EGE	-671	197	163
		Mittelbetriebe 40 bis 100 EGE	-142	235	164
		Großbetriebe über 100 EGE	65	288	145
Unterfranken	Ackerbau	Kleinbetriebe 0 bis unter 40 EGE	-488	214	113
		Mittelbetriebe 40 bis 100 EGE	-22	258	79
		Großbetriebe über 100 EGE	105	300	66
	Milchvieh	Kleinbetriebe 0 bis unter 40 EGE	-549	168	251
		Mittelbetriebe 40 bis 100 EGE	-94	208	246
		Großbetriebe über 100 EGE	146	242	209
	Sonstiger Futterbau	Kleinbetriebe 0 bis unter 40 EGE	-494	132	173
		Mittelbetriebe 40 bis 100 EGE	-132	174	154
		Großbetriebe über 100 EGE	79	267	164
	Veredlung	Kleinbetriebe 0 bis unter 40 EGE	-943	330	334
		Mittelbetriebe 40 bis 100 EGE	-127	379	349
		Großbetriebe über 100 EGE	218	379	304
	Pflanzenbau-Verbund	Kleinbetriebe 0 bis unter 40 EGE	-616	192	153
		Mittelbetriebe 40 bis 100 EGE	-178	236	143
		Großbetriebe über 100 EGE	72	287	138
	Vieh-Verbund	Kleinbetriebe 0 bis unter 40 EGE	-818	217	191
		Mittelbetriebe 40 bis 100 EGE	-251	265	223
		Großbetriebe über 100 EGE	66	349	238
	Pflanzen- und Viehverbund	Kleinbetriebe 0 bis unter 40 EGE	-664	198	165
		Mittelbetriebe 40 bis 100 EGE	-141	237	166
		Großbetriebe über 100 EGE	65	291	146
Schwaben	Ackerbau	Kleinbetriebe 0 bis unter 40 EGE	-466	224	118
		Mittelbetriebe 40 bis 100 EGE	-21	273	83
		Großbetriebe über 100 EGE	113	320	71
	Milchvieh	Kleinbetriebe 0 bis unter 40 EGE	-546	169	252
		Mittelbetriebe 40 bis 100 EGE	-94	210	248
		Großbetriebe über 100 EGE	148	244	211

Zu § 163 Abs. 3, § 164 Abs. 2 und 4   **Anlage 14 BewG**

1	2	3	4	5	6
Region Land/Reg.bezirk	Nutzungsart Betriebsform	Betriebsgröße	Reingewinn EUR/ha LF	Pachtpreis EUR/ha LF	Wert für das Besatzkapital EUR/ha LF
	Sonstiger Futterbau	Kleinbetriebe 0 bis unter 40 EGE	-491	133	174
		Mittelbetriebe 40 bis 100 EGE	-131	176	156
		Großbetriebe über 100 EGE	79	269	165
	Veredlung	Kleinbetriebe 0 bis unter 40 EGE	-941	330	335
		Mittelbetriebe 40 bis 100 EGE	-127	380	350
		Großbetriebe über 100 EGE	219	380	305
	Pflanzenbau-Verbund	Kleinbetriebe 0 bis unter 40 EGE	-604	196	156
		Mittelbetriebe 40 bis 100 EGE	-174	242	146
		Großbetriebe über 100 EGE	74	296	143
	Vieh-Verbund	Kleinbetriebe 0 bis unter 40 EGE	-814	218	192
		Mittelbetriebe 40 bis 100 EGE	-250	266	224
		Großbetriebe über 100 EGE	66	351	239
	Pflanzen- und Viehverbund	Kleinbetriebe 0 bis unter 40 EGE	-656	201	167
		Mittelbetriebe 40 bis 100 EGE	-139	240	168
		Großbetriebe über 100 EGE	67	296	149
Saarland	Ackerbau	Kleinbetriebe 0 bis unter 40 EGE	-531	198	104
		Mittelbetriebe 40 bis 100 EGE	-24	240	73
		Großbetriebe über 100 EGE	98	284	61
	Milchvieh	Kleinbetriebe 0 bis unter 40 EGE	-589	157	234
		Mittelbetriebe 40 bis 100 EGE	-101	193	229
		Großbetriebe über 100 EGE	136	225	194
	Sonstiger Futterbau	Kleinbetriebe 0 bis unter 40 EGE	-538	121	159
		Mittelbetriebe 40 bis 100 EGE	-146	158	139
		Großbetriebe über 100 EGE	71	243	149
	Veredlung	Kleinbetriebe 0 bis unter 40 EGE	-953	327	330
		Mittelbetriebe 40 bis 100 EGE	-129	375	345
		Großbetriebe über 100 EGE	216	375	301
	Pflanzenbau-Verbund	Kleinbetriebe 0 bis unter 40 EGE	-648	185	146
		Mittelbetriebe 40 bis 100 EGE	-185	228	137
		Großbetriebe über 100 EGE	69	277	133
	Vieh-Verbund	Kleinbetriebe 0 bis unter 40 EGE	-860	208	182
		Mittelbetriebe 40 bis 100 EGE	-261	255	215
		Großbetriebe über 100 EGE	63	337	229
	Pflanzen- und Viehverbund	Kleinbetriebe 0 bis unter 40 EGE	-694	190	158
		Mittelbetriebe 40 bis 100 EGE	-146	229	160
		Großbetriebe über 100 EGE	63	281	141
Brandenburg	Ackerbau	Kleinbetriebe 0 bis unter 40 EGE	-566	88	97
		Mittelbetriebe 40 bis 100 EGE	-25	97	68
		Großbetriebe über 100 EGE	92	126	57
	Milchvieh	Kleinbetriebe 0 bis unter 40 EGE	-605	63	228
		Mittelbetriebe 40 bis 100 EGE	-104	74	223
		Großbetriebe über 100 EGE	133	97	190
	Sonstiger Futterbau	Kleinbetriebe 0 bis unter 40 EGE	-584	54	147
		Mittelbetriebe 40 bis 100 EGE	-160	44	127
		Großbetriebe über 100 EGE	66	51	137
	Veredlung	Kleinbetriebe 0 bis unter 40 EGE	-926	92	340
		Mittelbetriebe 40 bis 100 EGE	-125	92	355
		Großbetriebe über 100 EGE	222	92	310
	Pflanzenbau-Verbund	Kleinbetriebe 0 bis unter 40 EGE	-666	97	142
		Mittelbetriebe 40 bis 100 EGE	-189	81	134
		Großbetriebe über 100 EGE	68	104	131

BewG Anlage 14

Zu § 163 Abs. 3, § 164 Abs. 2 und 4

1	2	3	4	5	6
Region Land/Reg.bezirk	Nutzungsart Betriebsform	Betriebsgröße	Reingewinn EUR/ha LF	Pachtpreis EUR/ha LF	Wert für das Besatzkapital EUR/ha LF
	Vieh-Verbund	Kleinbetriebe 0 bis unter 40 EGE	-875	90	179
		Mittelbetriebe 40 bis 100 EGE	-261	34	214
		Großbetriebe über 100 EGE	63	86	230
	Pflanzen- und Viehverbund	Kleinbetriebe 0 bis unter 40 EGE	-704	59	156
		Mittelbetriebe 40 bis 100 EGE	-147	70	159
		Großbetriebe über 100 EGE	63	102	140
Mecklenburg-Vorpommern	Ackerbau	Kleinbetriebe 0 bis unter 40 EGE	-506	99	109
		Mittelbetriebe 40 bis 100 EGE	-23	111	76
		Großbetriebe über 100 EGE	102	146	64
	Milchvieh	Kleinbetriebe 0 bis unter 40 EGE	-601	64	229
		Mittelbetriebe 40 bis 100 EGE	-103	75	225
		Großbetriebe über 100 EGE	135	98	192
	Sonstiger Futterbau	Kleinbetriebe 0 bis unter 40 EGE	-569	54	150
		Mittelbetriebe 40 bis 100 EGE	-155	45	132
		Großbetriebe über 100 EGE	68	53	141
	Veredlung	Kleinbetriebe 0 bis unter 40 EGE	-919	91	342
		Mittelbetriebe 40 bis 100 EGE	-124	91	358
		Großbetriebe über 100 EGE	223	91	312
	Pflanzenbau-Verbund	Kleinbetriebe 0 bis unter 40 EGE	-635	100	148
		Mittelbetriebe 40 bis 100 EGE	-182	84	140
		Großbetriebe über 100 EGE	71	111	136
	Vieh-Verbund	Kleinbetriebe 0 bis unter 40 EGE	-862	91	181
		Mittelbetriebe 40 bis 100 EGE	-258	34	217
		Großbetriebe über 100 EGE	64	87	232
	Pflanzen- und Viehverbund	Kleinbetriebe 0 bis unter 40 EGE	-682	62	161
		Mittelbetriebe 40 bis 100 EGE	-143	74	164
		Großbetriebe über 100 EGE	65	108	144
Chemnitz	Ackerbau	Kleinbetriebe 0 bis unter 40 EGE	-475	105	116
		Mittelbetriebe 40 bis 100 EGE	-21	118	81
		Großbetriebe über 100 EGE	113	157	71
	Milchvieh	Kleinbetriebe 0 bis unter 40 EGE	-584	65	236
		Mittelbetriebe 40 bis 100 EGE	-100	76	232
		Großbetriebe über 100 EGE	138	100	197
	Sonstiger Futterbau	Kleinbetriebe 0 bis unter 40 EGE	-538	56	159
		Mittelbetriebe 40 bis 100 EGE	-145	47	141
		Großbetriebe über 100 EGE	72	56	150
	Veredlung	Kleinbetriebe 0 bis unter 40 EGE	-887	96	355
		Mittelbetriebe 40 bis 100 EGE	-120	96	370
		Großbetriebe über 100 EGE	232	96	324
	Pflanzenbau-Verbund	Kleinbetriebe 0 bis unter 40 EGE	-605	103	156
		Mittelbetriebe 40 bis 100 EGE	-174	86	146
		Großbetriebe über 100 EGE	76	116	145
	Vieh-Verbund	Kleinbetriebe 0 bis unter 40 EGE	-825	98	189
		Mittelbetriebe 40 bis 100 EGE	-249	35	225
		Großbetriebe über 100 EGE	67	90	242
	Pflanzen- und Viehverbund	Kleinbetriebe 0 bis unter 40 EGE	-654	66	168
		Mittelbetriebe 40 bis 100 EGE	-136	78	171
		Großbetriebe über 100 EGE	68	112	152
Dresden	Ackerbau	Kleinbetriebe 0 bis unter 40 EGE	-497	100	111
		Mittelbetriebe 40 bis 100 EGE	-22	112	78
		Großbetriebe über 100 EGE	107	148	67

Zu § 163 Abs. 3, § 164 Abs. 2 und 4   **Anlage 14 BewG**

1	2	3	4	5	6
Region Land/Reg.bezirk	Nutzungsart Betriebsform	Betriebsgröße	Reingewinn EUR/ha LF	Pachtpreis EUR/ha LF	Wert für das Besatzkapital EUR/ha LF
	Milchvieh	Kleinbetriebe 0 bis unter 40 EGE	-583	65	236
		Mittelbetriebe 40 bis 100 EGE	-100	77	232
		Großbetriebe über 100 EGE	139	101	198
	Sonstiger Futterbau	Kleinbetriebe 0 bis unter 40 EGE	-543	56	158
		Mittelbetriebe 40 bis 100 EGE	-146	47	139
		Großbetriebe über 100 EGE	71	55	149
	Veredlung	Kleinbetriebe 0 bis unter 40 EGE	-890	95	354
		Mittelbetriebe 40 bis 100 EGE	-121	95	369
		Großbetriebe über 100 EGE	231	95	323
	Pflanzenbau-Verbund	Kleinbetriebe 0 bis unter 40 EGE	-618	101	153
		Mittelbetriebe 40 bis 100 EGE	-177	85	143
		Großbetriebe über 100 EGE	74	113	142
	Vieh-Verbund	Kleinbetriebe 0 bis unter 40 EGE	-830	96	188
		Mittelbetriebe 40 bis 100 EGE	-250	35	225
		Großbetriebe über 100 EGE	66	89	241
	Pflanzen- und Viehverbund	Kleinbetriebe 0 bis unter 40 EGE	-662	64	165
		Mittelbetriebe 40 bis 100 EGE	-138	76	169
		Großbetriebe über 100 EGE	67	110	150
Leipzig	Ackerbau	Kleinbetriebe 0 bis unter 40 EGE	-488	102	113
		Mittelbetriebe 40 bis 100 EGE	-22	115	79
		Großbetriebe über 100 EGE	109	151	68
	Milchvieh	Kleinbetriebe 0 bis unter 40 EGE	-566	68	243
		Mittelbetriebe 40 bis 100 EGE	-97	80	240
		Großbetriebe über 100 EGE	144	104	205
	Sonstiger Futterbau	Kleinbetriebe 0 bis unter 40 EGE	-540	56	158
		Mittelbetriebe 40 bis 100 EGE	-145	47	140
		Großbetriebe über 100 EGE	73	56	151
	Veredlung	Kleinbetriebe 0 bis unter 40 EGE	-889	95	354
		Mittelbetriebe 40 bis 100 EGE	-120	95	369
		Großbetriebe über 100 EGE	232	95	323
	Pflanzenbau-Verbund	Kleinbetriebe 0 bis unter 40 EGE	-613	102	154
		Mittelbetriebe 40 bis 100 EGE	-176	86	144
		Großbetriebe über 100 EGE	74	114	143
	Vieh-Verbund	Kleinbetriebe 0 bis unter 40 EGE	-823	97	190
		Mittelbetriebe 40 bis 100 EGE	-248	36	226
		Großbetriebe über 100 EGE	67	91	243
	Pflanzen- und Viehverbund	Kleinbetriebe 0 bis unter 40 EGE	-658	65	166
		Mittelbetriebe 40 bis 100 EGE	-137	78	171
		Großbetriebe über 100 EGE	68	113	151
Dessau	Ackerbau	Kleinbetriebe 0 bis unter 40 EGE	-506	99	109
		Mittelbetriebe 40 bis 100 EGE	-23	111	76
		Großbetriebe über 100 EGE	104	146	65
	Milchvieh	Kleinbetriebe 0 bis unter 40 EGE	-595	65	232
		Mittelbetriebe 40 bis 100 EGE	-102	76	228
		Großbetriebe über 100 EGE	136	100	195
	Sonstiger Futterbau	Kleinbetriebe 0 bis unter 40 EGE	-573	54	149
		Mittelbetriebe 40 bis 100 EGE	-155	44	131
		Großbetriebe über 100 EGE	68	53	141
	Veredlung	Kleinbetriebe 0 bis unter 40 EGE	-876	95	359
		Mittelbetriebe 40 bis 100 EGE	-118	95	376
		Großbetriebe über 100 EGE	234	95	327

BewG Anlage 14   Zu § 163 Abs. 3, § 164 Abs. 2 und 4

1	2	3	4	5	6
Region Land/Reg.bezirk	Nutzungsart Betriebsform	Betriebsgröße	Reingewinn EUR/ha LF	Pachtpreis EUR/ha LF	Wert für das Besatzkapital EUR/ha LF
	Pflanzenbau-Verbund	Kleinbetriebe 0 bis unter 40 EGE	-625	102	151
		Mittelbetriebe 40 bis 100 EGE	-179	85	142
		Großbetriebe über 100 EGE	72	112	139
	Vieh-Verbund	Kleinbetriebe 0 bis unter 40 EGE	-840	95	186
		Mittelbetriebe 40 bis 100 EGE	-249	35	225
		Großbetriebe über 100 EGE	66	90	241
	Pflanzen- und Viehverbund	Kleinbetriebe 0 bis unter 40 EGE	-665	63	165
		Mittelbetriebe 40 bis 100 EGE	-138	75	170
		Großbetriebe über 100 EGE	67	109	150
Halle	Ackerbau	Kleinbetriebe 0 bis unter 40 EGE	-477	105	115
		Mittelbetriebe 40 bis 100 EGE	-21	118	81
		Großbetriebe über 100 EGE	112	156	70
	Milchvieh	Kleinbetriebe 0 bis unter 40 EGE	-598	64	230
		Mittelbetriebe 40 bis 100 EGE	-102	75	226
		Großbetriebe über 100 EGE	136	99	193
	Sonstiger Futterbau	Kleinbetriebe 0 bis unter 40 EGE	-564	55	152
		Mittelbetriebe 40 bis 100 EGE	-152	45	134
		Großbetriebe über 100 EGE	69	54	143
	Veredlung	Kleinbetriebe 0 bis unter 40 EGE	-873	95	360
		Mittelbetriebe 40 bis 100 EGE	-118	95	377
		Großbetriebe über 100 EGE	235	95	328
	Pflanzenbau-Verbund	Kleinbetriebe 0 bis unter 40 EGE	-609	103	155
		Mittelbetriebe 40 bis 100 EGE	-175	86	145
		Großbetriebe über 100 EGE	75	116	144
	Vieh-Verbund	Kleinbetriebe 0 bis unter 40 EGE	-835	97	187
		Mittelbetriebe 40 bis 100 EGE	-248	35	226
		Großbetriebe über 100 EGE	67	90	242
	Pflanzen- und Viehverbund	Kleinbetriebe 0 bis unter 40 EGE	-654	64	167
		Mittelbetriebe 40 bis 100 EGE	-135	77	172
		Großbetriebe über 100 EGE	68	111	152
Magdeburg	Ackerbau	Kleinbetriebe 0 bis unter 40 EGE	-500	100	110
		Mittelbetriebe 40 bis 100 EGE	-22	112	77
		Großbetriebe über 100 EGE	107	147	67
	Milchvieh	Kleinbetriebe 0 bis unter 40 EGE	-611	62	225
		Mittelbetriebe 40 bis 100 EGE	-105	73	221
		Großbetriebe über 100 EGE	132	96	189
	Sonstiger Futterbau	Kleinbetriebe 0 bis unter 40 EGE	-572	54	150
		Mittelbetriebe 40 bis 100 EGE	-155	45	131
		Großbetriebe über 100 EGE	67	52	140
	Veredlung	Kleinbetriebe 0 bis unter 40 EGE	-876	95	359
		Mittelbetriebe 40 bis 100 EGE	-118	95	376
		Großbetriebe über 100 EGE	235	95	327
	Pflanzenbau-Verbund	Kleinbetriebe 0 bis unter 40 EGE	-622	102	152
		Mittelbetriebe 40 bis 100 EGE	-178	85	142
		Großbetriebe über 100 EGE	73	112	141
	Vieh-Verbund	Kleinbetriebe 0 bis unter 40 EGE	-844	96	185
		Mittelbetriebe 40 bis 100 EGE	-250	34	224
		Großbetriebe über 100 EGE	66	89	240
	Pflanzen- und Viehverbund	Kleinbetriebe 0 bis unter 40 EGE	-664	63	165
		Mittelbetriebe 40 bis 100 EGE	-137	74	170
		Großbetriebe über 100 EGE	67	107	150

Zu § 163 Abs. 3, § 164 Abs. 2 und 4   **Anlage 14 BewG**

1	2	3	4	5	6
Region **Land/Reg.bezirk**	**Nutzungsart** **Betriebsform**	**Betriebsgröße**	**Reingewinn** **EUR/ha LF**	**Pachtpreis** **EUR/ha LF**	**Wert für das Besatzkapital EUR/ha LF**
Thüringen	Ackerbau	Kleinbetriebe 0 bis unter 40 EGE	- 469	106	117
		Mittelbetriebe 40 bis 100 EGE	- 21	119	82
		Großbetriebe über 100 EGE	114	158	72
	Milchvieh	Kleinbetriebe 0 bis unter 40 EGE	- 587	65	235
		Mittelbetriebe 40 bis 100 EGE	- 101	76	230
		Großbetriebe über 100 EGE	138	100	197
	Sonstiger Futterbau	Kleinbetriebe 0 bis unter 40 EGE	- 537	56	159
		Mittelbetriebe 40 bis 100 EGE	- 144	47	141
		Großbetriebe über 100 EGE	72	56	151
	Veredlung	Kleinbetriebe 0 bis unter 40 EGE	- 839	99	375
		Mittelbetriebe 40 bis 100 EGE	- 113	99	393
		Großbetriebe über 100 EGE	245	99	342
	Pflanzenbau-Verbund	Kleinbetriebe 0 bis unter 40 EGE	- 591	105	160
		Mittelbetriebe 40 bis 100 EGE	- 171	88	148
		Großbetriebe über 100 EGE	77	117	148
	Vieh-Verbund	Kleinbetriebe 0 bis unter 40 EGE	- 801	101	195
		Mittelbetriebe 40 bis 100 EGE	- 239	36	235
		Großbetriebe über 100 EGE	69	93	252
	Pflanzen- und Viehverbund	Kleinbetriebe 0 bis unter 40 EGE	- 632	66	173
		Mittelbetriebe 40 bis 100 EGE	- 131	79	179
		Großbetriebe über 100 EGE	70	112	157
Stadtstaaten	Ackerbau	Kleinbetriebe 0 bis unter 40 EGE	- 487	213	113
		Mittelbetriebe 40 bis 100 EGE	- 22	256	79
		Großbetriebe über 100 EGE	110	307	69
	Milchvieh	Kleinbetriebe 0 bis unter 40 EGE	- 593	155	232
		Mittelbetriebe 40 bis 100 EGE	- 102	192	228
		Großbetriebe über 100 EGE	136	225	194
	Sonstiger Futterbau	Kleinbetriebe 0 bis unter 40 EGE	- 554	117	155
		Mittelbetriebe 40 bis 100 EGE	- 150	154	136
		Großbetriebe über 100 EGE	70	238	145
	Veredlung	Kleinbetriebe 0 bis unter 40 EGE	- 965	323	326
		Mittelbetriebe 40 bis 100 EGE	- 131	368	340
		Großbetriebe über 100 EGE	214	372	298
	Pflanzenbau-Verbund	Kleinbetriebe 0 bis unter 40 EGE	- 630	188	150
		Mittelbetriebe 40 bis 100 EGE	- 180	231	141
		Großbetriebe über 100 EGE	73	284	140
	Vieh-Verbund	Kleinbetriebe 0 bis unter 40 EGE	- 874	205	179
		Mittelbetriebe 40 bis 100 EGE	- 266	251	211
		Großbetriebe über 100 EGE	62	332	226
	Pflanzen- und Viehverbund	Kleinbetriebe 0 bis unter 40 EGE	- 691	190	159
		Mittelbetriebe 40 bis 100 EGE	- 145	228	161
		Großbetriebe über 100 EGE	64	283	142

BewG Anlage 15 — Zu § 163 Abs. 4 und § 164 Abs. 2

Forstwirtschaftliche Nutzung

1	2	3	4	5	6
Land	Nutzungsart Baumartengruppe	Ertragsklasse	Reingewinn	Pachtpreis	Wert für das Besatzkapital
			EUR/ha	EUR/ha	EUR/ha
Deutschland	Baumartengruppe Buche	I. Ertragsklasse und besser	78		
		II. Ertragsklasse	51	5,40	Anlage 15a
		III. Ertragsklasse und schlechter	25		
	BaumartengruppeEiche	I. Ertragsklasse und besser	90		
		II. Ertragsklasse	58	5,40	Anlage 15a
		III. Ertragsklasse und schlechter	17		
	Baumartengruppe Fichte	I. Ertragsklasse und besser	105		
		II. Ertragsklasse	75	5,40	Anlage 15a
		III. Ertragsklasseund schlechter	49		
	Baumartengruppe Kiefer	I. Ertragsklasse und besser	26		
		II. Ertragsklasse	11	5,40	Anlage 15a
		III. Ertragsklasse und schlechter	11		
	übrige Fläche der forstwirtschaftlichen Nutzung		11	5,40	Anlage 15a

Zu § 164 Abs. 4 **Anlage 15a BewG**

Forstwirtschaftliche Nutzung

6											
Werte für das Besatzkapital nach Altersklassen in €/ha											
Alterklasse			I.	II.	III.	IV.	V.	VI.	VII.	VIII.	IX.	X.
Jahre			1 - 20	21 - 40	41 - 60	61 - 80	81 - 100	101 - 120	121 - 140	141 - 160	161 - 180	> 180
Buche	I. und	EKL. besser	32,30	32,30	39,70	61,90	99,70	147,60	179,00	167,30	167,30	167,30
Buche	II.	EKL.	19,30	19,30	22,20	34,60	54,80	83,30	104,20	99,60	99,60	99,60
Buche	III. und	EKL. schlechter	6,70	6,70	7,00	12,20	21,30	33,70	45,10	44,60	44,60	44,60
Eiche	I. und	EKL. besser	38,30	38,50	45,90	60,90	80,20	102,50	129,30	155,40	177,70	200,40
Eiche	II.	EKL.	22,80	22,80	25,60	33,80	45,50	58,90	76,30	93,80	107,30	120,90
Eiche	III. und	EKL. schlechter	5,40	5,40	5,50	8,00	12,00	17,20	23,00	29,90	37,50	44,20
Fichte	I. und	EKL. besser	45,20	61,50	112,50	158,60	186,20	186,20	186,20	186,20	186,20	186,20
Fichte	II.	EKL.	30,70	35,90	68,30	102,60	123,80	133,60	133,60	133,60	133,60	133,60
Fichte	III. und	EKL. schlechter	18,40	18,90	34,90	59,20	77,70	88,40	88,40	88,40	88,40	88,40
Kiefer	I. und	EKL. besser	7,10	7,70	15,20	23,10	29,10	34,40	37,60	37,60	37,60	37,60
Kiefer	II.	EKL.	0,00	0,10	2,40	6,10	9,00	11,30	12,70	12,70	12,70	12,70
Kiefer	III. und	EKL. schlechter	0,00	0,00	1,10	5,20	8,80	11,20	12,70	12,70	12,70	12,70

BewG Anlage 16 Zu § 163 Abs. 5 und § 164 Abs. 2 und 4

Weinbauliche Nutzung

1	2	3	4	5
Land	Nutzungsart Verwertungsform	Reingewinn	Pachtpreis	Wert für das Besatzkapital
		EUR/ha LF	EUR/ha LF	EUR/ha LF
Deutschland	Flaschenweinerzeuger	- 193	970	1 522
	Fassweinerzeuger	- 759	589	588
	Traubenerzeuger	-1 252	859	509

Zu § 163 Abs. 6 und § 164 Abs. 2 und 4   **Anlage 17 BewG**

Gärtnerische Nutzung

1	2	3	4	5	6
Land	Nutzungsteil	Nutzungsart	Rein-gewinn	Pachtpreis	Wert für das Besatzkapital
			EUR/ha LF	EUR/ha LF	EUR/ha LF
Deutschland	Gemüsebau	Freilandflächen	-1 365	657	484
		Flächen unter Glas und Kunststoffen	6 098	2 414	2 750
	Blumen- und Zierpflanzenbau	Freilandflächen	- 108	1 044	1 393
		Flächen unter Glas und Kunststoffen	-6 640	5 516	6 895
	Baumschulen		894	223	2 359
	Obstbau		- 379	325	426

BewG Anlage 18 — Zu § 163 Abs. 7 und § 164 Abs. 2 und 4

Sondernutzung

1	2	3	4	5
Land	Nutzungen	Reingewinn	Pachtpreis	Wert für das Besatzkapital
		EUR/ha LF	EUR/ha LF	EUR/ha LF
Deutschland	Hopfen	- 414	492	348
	Spargel	-1 365	657	612
	Tabak	- 820	492	129

Zu § 169 **Anlage 19 BewG**

Umrechnungsschlüssel für Tierbestände in Vieheinheiten nach dem Futterbedarf

Tierart	1 Tier
Alpakas	0,08 VE
Damtiere	
Damtiere unter 1 Jahr	0,04 VE
Damtiere 1 Jahr und älter	0,08 VE
Geflügel	
Legehennen (einschließlich einer normalen Aufzucht zur Ergänzung des Bestandes)	0,02 VE
Legehennen aus zugekauften Junghennen	0,0183 VE
Zuchtputen, -enten, -gänse	0,04 VE
Kaninchen	
Zucht- und Angorakaninchen	0,025 VE
Lamas	0,1 VE
Pferde	
Pferde unter drei Jahren und Kleinpferde	0,7 VE
Pferde drei Jahre und älter	1,1 VE
Rindvieh	
Kälber und Jungvieh unter 1 Jahr (einschließlich Mastkälber, Starterkälber und Fresser)	0,3 VE
Jungvieh 1 bis 2 Jahre alt	0,7 VE
Färsen (älter als 2 Jahre)	1 VE
Masttiere (Mastdauer weniger als 1 Jahr)	1 VE
Kühe (einschließlich Mutter- und Ammenkühe mit den dazugehörigen Saugkälbern)	1 VE
Zuchtbullen, Zugochsen	1,2 VE
Schafe	
Schafe unter 1 Jahr einschließlich Mastlämmer	0,05 VE
Schafe 1 Jahr und älter	0,1 VE
Schweine	
Zuchtschweine (einschließlich Jungzuchtschweine über etwa 90 kg)	0,33 VE
Strauße	
Zuchttiere 14 Monate und älter	0,32 VE
Jungtiere/Masttiere unter 14 Monate	0,25 VE
Ziegen	0,08 VE
Geflügel	
Jungmasthühner	
(bis zu 6 Durchgänge je Jahr – schwere Tiere)	0,0017 VE
(mehr als 6 Durchgänge je Jahr – leichte Tiere)	0,0013 VE

BewG Anlage 19

Zu § 169

Tierart	1 Tier
Junghennen	0,0017 VE
Mastenten	0,0033 VE
Mastenten in der Aufzuchtphase	0,0011 VE
Mastenten in der Mastphase	0,0022 VE
Mastputen aus selbst erzeugten Jungputen	0,0067 VE
Mastputen aus zugekauften Jungputen	0,005 VE
Jungputen (bis etwa 8 Wochen)	0,0017 VE
Mastgänse	0,0067 VE
Kaninchen	
Mastkaninchen	0,0025 VE
Rindvieh	
Masttiere (Mastdauer 1 Jahr und mehr)	1 VE
Schweine	
Leichte Ferkel (bis etwa 12 kg)	0,01 VE
Ferkel (über etwa 12 bis etwa 20 kg)	0,02 VE
Schwere Ferkel und leichte Läufer (über etwa 20 bis etwa 30 kg)	0,04 VE
Läufer (über etwa 30 bis etwa 45 kg)	0,06 VE
Schwere Läufer (über etwa 45 bis etwa 60 kg)	0,08 VE
Mastschweine	0,16 VE
Jungzuchtschweine bis etwa 90 kg	0,12 VE

Zu § 169 Abs. 5   **Anlage 20 BewG**

Gruppen der Zweige des Tierbestands nach der Flächenabhängigkeit

1. Mehr flächenabhängige Zweige des Tierbestands
   Pferdehaltung,
   Pferdezucht,
   Schafzucht,
   Schafhaltung,
   Rindviehzucht,
   Milchviehhaltung,
   Rindviehmast.
2. Weniger flächenabhängige Zweige des Tierbestands
   Schweinezucht,
   Schweinemast,
   Hühnerzucht,
   Entenzucht,
   Gänsezucht,
   Putenzucht,
   Legehennenhaltung,
   Junghühnermast,
   Entenmast,
   Gänsemast,
   Putenmast.

BewG Anlage 21 Zu § 185 Abs. 3 Satz 1, § 193 Abs. 3 Satz 2, § 194 Abs. 3 Satz 3 und § 195 Abs. 2 Satz 2 und Abs. 3 Satz 3

Vervielfältiger

Restnutzungs-dauer; Restlaufzeit des Erbbaurechts bzw. des Nutzungsrechts (in Jahren)	\multicolumn{10}{c}{Zinssatz}
	3 %	3,5 %	4 %	4,5 %	5 %	5,5 %	6 %	6,5 %	7 %	7,5 %	8 %
1	0,97	0,97	0,96	0,96	0,95	0,95	0,94	0,94	0,93	0,93	0,93
2	1,91	1,90	1,89	1,87	1,86	1,85	1,83	1,82	1,81	1,80	1,78
3	2,83	2,80	2,78	2,75	2,72	2,70	2,67	2,65	2,62	2,60	2,58
4	3,72	3,67	3,63	3,59	3,55	3,51	3,47	3,43	3,39	3,35	3,31
5	4,58	4,52	4,45	4,39	4,33	4,27	4,21	4,16	4,10	4,05	3,99
6	5,42	5,33	5,24	5,16	5,08	5,00	4,92	4,84	4,77	4,69	4,62
7	6,23	6,11	6,00	5,89	5,79	5,68	5,58	5,48	5,39	5,30	5,21
8	7,02	6,87	6,73	6,60	6,46	6,33	6,21	6,09	5,97	5,86	5,75
9	7,79	7,61	7,44	7,27	7,11	6,95	6,80	6,66	6,52	6,38	6,25
10	8,53	8,32	8,11	7,91	7,72	7,54	7,36	7,19	7,02	6,86	6,71
11	9,25	9,00	8,76	8,53	8,31	8,09	7,89	7,69	7,50	7,32	7,14
12	9,95	9,66	9,39	9,12	8,86	8,62	8,38	8,16	7,94	7,74	7,54
13	10,63	10,30	9,99	9,68	9,39	9,12	8,85	8,60	8,36	8,13	7,90
14	11,30	10,92	10,56	10,22	9,90	9,59	9,29	9,01	8,75	8,49	8,24
15	11,94	11,52	11,12	10,74	10,38	10,04	9,71	9,40	9,11	8,83	8,56
16	12,56	12,09	11,65	11,23	10,84	10,46	10,11	9,77	9,45	9,14	8,85
17	13,17	12,65	12,17	11,71	11,27	10,86	10,48	10,11	9,76	9,43	9,12
18	13,75	13,19	12,66	12,16	11,69	11,25	10,83	10,43	10,06	9,71	9,37
19	14,32	13,71	13,13	12,59	12,09	11,61	11,16	10,73	10,34	9,96	9,60
20	14,88	14,21	13,59	13,01	12,46	11,95	11,47	11,02	10,59	10,19	9,82
21	15,42	14,70	14,03	13,40	12,82	12,28	11,76	11,28	10,84	10,41	10,02
22	15,94	15,17	14,45	13,78	13,16	12,58	12,04	11,54	11,06	10,62	10,20
23	16,44	15,62	14,86	14,15	13,49	12,88	12,30	11,77	11,27	10,81	10,37
24	16,94	16,06	15,25	14,50	13,80	13,15	12,55	11,99	11,47	10,98	10,53
25	17,41	16,48	15,62	14,83	14,09	13,41	12,78	12,20	11,65	11,15	10,67
26	17,88	16,89	15,98	15,15	14,38	13,66	13,00	12,39	11,83	11,30	10,81
27	18,33	17,29	16,33	15,45	14,64	13,90	13,21	12,57	11,99	11,44	10,94
28	18,76	17,67	16,66	15,74	14,90	14,12	13,41	12,75	12,14	11,57	11,05
29	19,19	18,04	16,98	16,02	15,14	14,33	13,59	12,91	12,28	11,70	11,16
30	19,60	18,39	17,29	16,29	15,37	14,53	13,76	13,06	12,41	11,81	11,26
31	20,00	18,74	17,59	16,54	15,59	14,72	13,93	13,20	12,53	11,92	11,35
32	20,39	19,07	17,87	16,79	15,80	14,90	14,08	13,33	12,65	12,02	11,43
33	20,77	19,39	18,15	17,02	16,00	15,08	14,23	13,46	12,75	12,11	11,51
34	21,13	19,70	18,41	17,25	16,19	15,24	14,37	13,58	12,85	12,19	11,59
35	21,49	20,00	18,66	17,46	16,37	15,39	14,50	13,69	12,95	12,27	11,65
36	21,83	20,29	18,91	17,67	16,55	15,54	14,62	13,79	13,04	12,35	11,72
37	22,17	20,57	19,14	17,86	16,71	15,67	14,74	13,89	13,12	12,42	11,78
38	22,49	20,84	19,37	18,05	16,87	15,80	14,85	13,98	13,19	12,48	11,83
39	22,81	21,10	19,58	18,23	17,02	15,93	14,95	14,06	13,26	12,54	11,88

Zu § 185 Abs. 3 Satz 1, § 193 Abs. 3 Satz 2, § 194 Abs. 3 Satz 3 und § 195 Abs. 2 Satz 2 und Abs. 3 Satz 3 **Anlage 21 BewG**

Restnutzungs-dauer; Restlaufzeit des Erbbaurechts bzw. des Nutzungsrechts (in Jahren)	Zinssatz										
	3 %	3,5 %	4 %	4,5 %	5 %	5,5 %	6 %	6,5 %	7 %	7,5 %	8 %
40	23,11	21,36	19,79	18,40	17,16	16,05	15,05	14,15	13,33	12,59	11,92
41	23,41	21,60	19,99	18,57	17,29	16,16	15,14	14,22	13,39	12,65	11,97
42	23,70	21,83	20,19	18,72	17,42	16,26	15,22	14,29	13,45	12,69	12,01
43	23,98	22,06	20,37	18,87	17,55	16,36	15,31	14,36	13,51	12,74	12,04
44	24,25	22,28	20,55	19,02	17,66	16,46	15,38	14,42	13,56	12,78	12,08
45	24,52	22,50	20,72	19,16	17,77	16,55	15,46	14,48	13,61	12,82	12,11
46	24,78	22,70	20,88	19,29	17,88	16,63	15,52	14,54	13,65	12,85	12,14
47	25,02	22,90	21,04	19,41	17,98	16,71	15,59	14,59	13,69	12,89	12,16
48	25,27	23,09	21,20	19,54	18,08	16,79	15,65	14,64	13,73	12,92	12,19
49	25,50	23,28	21,34	19,65	18,17	16,86	15,71	14,68	13,77	12,95	12,21
50	25,73	23,46	21,48	19,76	18,26	16,93	15,76	14,72	13,80	12,97	12,23
51	25,95	23,63	21,62	19,87	18,34	17,00	15,81	14,76	13,83	13,00	12,25
52	26,17	23,80	21,75	19,97	18,42	17,06	15,86	14,80	13,86	13,02	12,27
53	26,37	23,96	21,87	20,07	18,49	17,12	15,91	14,84	13,89	13,04	12,29
54	26,58	24,11	21,99	20,16	18,57	17,17	15,95	14,87	13,92	13,06	12,30
55	26,77	24,26	22,11	20,25	18,63	17,23	15,99	14,90	13,94	13,08	12,32
56	26,97	24,41	22,22	20,33	18,70	17,28	16,03	14,93	13,96	13,10	12,33
57	27,15	24,55	22,33	20,41	18,76	17,32	16,06	14,96	13,98	13,12	12,34
58	27,33	24,69	22,43	20,49	18,82	17,37	16,10	14,99	14,00	13,13	12,36
59	27,51	24,82	22,53	20,57	18,88	17,41	16,13	15,01	14,02	13,15	12,37
60	27,68	24,94	22,62	20,64	18,93	17,45	16,16	15,03	14,04	13,16	12,38
61	27,84	25,07	22,71	20,71	18,98	17,49	16,19	15,05	14,06	13,17	12,39
62	28,00	25,19	22,80	20,77	19,03	17,52	16,22	15,07	14,07	13,18	12,39
63	28,16	25,30	22,89	20,83	19,08	17,56	16,24	15,09	14,08	13,19	12,40
64	28,31	25,41	22,97	20,89	19,12	17,59	16,27	15,11	14,10	13,20	12,41
65	28,45	25,52	23,05	20,95	19,16	17,62	16,29	15,13	14,11	13,21	12,42
66	28,60	25,62	23,12	21,01	19,20	17,65	16,31	15,14	14,12	13,22	12,42
67	28,73	25,72	23,19	21,06	19,24	17,68	16,33	15,16	14,13	13,23	12,43
68	28,87	25,82	23,26	21,11	19,28	17,70	16,35	15,17	14,14	13,24	12,43
69	29,00	25,91	23,33	21,16	19,31	17,73	16,37	15,19	14,15	13,24	12,44
70	29,12	26,00	23,39	21,20	19,34	17,75	16,38	15,20	14,16	13,25	12,44
71	29,25	26,09	23,46	21,25	19,37	17,78	16,40	15,21	14,17	13,25	12,45
72	29,37	26,17	23,52	21,29	19,40	17,80	16,42	15,22	14,18	13,26	12,45
73	29,48	26,25	23,57	21,33	19,43	17,82	16,43	15,23	14,18	13,27	12,45
74	29,59	26,33	23,63	21,37	19,46	17,84	16,44	15,24	14,19	13,27	12,46
75	29,70	26,41	23,68	21,40	19,48	17,85	16,46	15,25	14,20	13,27	12,46
76	29,81	26,48	23,73	21,44	19,51	17,87	16,47	15,26	14,20	13,28	12,46
77	29,91	26,55	23,78	21,47	19,53	17,89	16,48	15,26	14,21	13,28	12,47
78	30,01	26,62	23,83	21,50	19,56	17,90	16,49	15,27	14,21	13,29	12,47
79	30,11	26,68	23,87	21,54	19,58	17,92	16,50	15,28	14,22	13,29	12,47
80	30,20	26,75	23,92	21,57	19,60	17,93	16,51	15,28	14,22	13,29	12,47

BewG Anlage 21 Zu § 185 Abs. 3 Satz 1, § 193 Abs. 3 Satz 2, § 194 Abs. 3 Satz 3 und § 195 Abs. 2 Satz 2 und Abs. 3 Satz 3

Restnutzungs-dauer; Restlaufzeit des Erbbaurechts bzw. des Nutzungsrechts (in Jahren)	Zinssatz										
	3 %	3,5 %	4 %	4,5 %	5 %	5,5 %	6 %	6,5 %	7 %	7,5 %	8 %
81	30,29	26,81	23,96	21,59	19,62	17,94	16,52	15,29	14,23	13,30	12,48
82	30,38	26,87	24,00	21,62	19,63	17,96	16,53	15,30	14,23	13,30	12,48
83	30,47	26,93	24,04	21,65	19,65	17,97	16,53	15,30	14,23	13,30	12,48
84	30,55	26,98	24,07	21,67	19,67	17,98	16,54	15,31	14,24	13,30	12,48
85	30,63	27,04	24,11	21,70	19,68	17,99	16,55	15,31	14,24	13,30	12,48
86	30,71	27,09	24,14	21,72	19,70	18,00	16,56	15,32	14,24	13,31	12,48
87	30,79	27,14	24,18	21,74	19,71	18,01	16,56	15,32	14,25	13,31	12,48
88	30,86	27,19	24,21	21,76	19,73	18,02	16,57	15,32	14,25	13,31	12,49
89	30,93	27,23	24,24	21,78	19,74	18,03	16,57	15,33	14,25	13,31	12,49
90	31,00	27,28	24,27	21,80	19,75	18,03	16,58	15,33	14,25	13,31	12,49
91	31,07	27,32	24,30	21,82	19,76	18,04	16,58	15,33	14,26	13,31	12,49
92	31,14	27,37	24,32	21,83	19,78	18,05	16,59	15,34	14,26	13,32	12,49
93	31,20	27,41	24,35	21,85	19,79	18,06	16,59	15,34	14,26	13,32	12,49
94	31,26	27,45	24,37	21,87	19,80	18,06	16,60	15,34	14,26	13,32	12,49
95	31,32	27,48	24,40	21,88	19,81	18,07	16,60	15,35	14,26	13,32	12,49
96	31,38	27,52	24,42	21,90	19,82	18,08	16,60	15,35	14,26	13,32	12,49
97	31,44	27,56	24,44	21,91	19,82	18,08	16,61	15,35	14,27	13,32	12,49
98	31,49	27,59	24,46	21,92	19,83	18,09	16,61	15,35	14,27	13,32	12,49
99	31,55	27,62	24,49	21,94	19,84	18,09	16,61	15,35	14,27	13,32	12,49
100	31,60	27,66	24,50	21,95	19,85	18,10	16,62	15,36	14,27	13,32	12,49

In den Fällen anderer Zinssätze der Gutachterausschüsse ist der Vervielfältiger nach folgender Formel zu bilden:

$$V \text{ (Vervielfältiger)} = \frac{1}{q^n} \times \frac{q^n - 1}{q - 1}$$

$q = \text{Zinsfaktor} = 1 + p : 100$

$p = \text{Zinssatz}$

$n = \text{Restnutzungsdauer / Restlaufzeit}$

Zu § 185 Abs. 3 Satz 3, § 190 Abs. 4 Satz 2　　　　　　　　　　　　　　　**Anlage 22 BewG**

Wirtschaftliche Gesamtnutzungsdauer

Ein- und Zweifamilienhäuser	70	Jahre
Mietwohngrundstücke, Mehrfamilienhäuser	70	Jahre
Wohnungseigentum	70	Jahre
Geschäftsgrundstücke, gemischt genutzte Grundstücke und sonstige bebaute Grundstücke:		
Gemischt genutzte Grundstücke (Wohnhäuser mit Mischnutzung)	70	Jahre
Museen, Theater, Sakralbauten, Friedhofsgebäude	70	Jahre
Bürogebäude/Verwaltungsgebäude	60	Jahre
Banken und ähnliche Geschäftshäuser	60	Jahre
Einzelgaragen/Mehrfachgaragen	60	Jahre
Kindergärten (Kindertagesstätten), Allgemeinbildende und Berufsbildende Schulen, Hochschulen, Sonderschulen	50	Jahre
Wohnheime/Internate, Alten-/Pflegeheime	50	Jahre
Kauf-/Warenhäuser	50	Jahre
Krankenhäuser, Tageskliniken, Ärztehäuser	40	Jahre
Gemeindezentren, Saalbauten/Veranstaltungsgebäude, Vereinsheime	40	Jahre
Beherbergungsstätten, Hotels, Verpflegungseinrichtungen	40	Jahre
Sport-/Tennishallen, Freizeitbäder/Kur- und Heilbäder	40	Jahre
Tief-, Hoch- und Nutzfahrzeuggaragen als Einzelbauwerke / Carports	40	Jahre
Betriebs-/Werkstätten, Industrie-/Produktionsgebäude	40	Jahre
Lager-/Versandgebäude	40	Jahre
Verbrauchermärkte, Autohäuser	30	Jahre
Reithallen, ehemalige landwirtschaftliche Mehrzweckhallen, u.Ä.	30	Jahre

Teileigentum ist in Abhängigkeit von der baulichen Gestaltung den vorstehenden Gebäudearten zuzuordnen.

BewG Anlage 23 Zu § 187 Abs. 2 Satz 2

Pauschalierte Bewirtschaftungskosten für Verwaltung, Instandhaltung und Mietausfallwagnis in Prozent der Jahresmiete oder üblichen Miete (ohne Betriebskosten)

Restnutzungsdauer	Grundstücksart			
	1	2	3	4
	Mietwohngrundstück	gemischt genutztes Grundstück mit einem gewerblichen Anteil von bis zu 50% (berechnet nach der Wohn- bzw. Nutzfläche)	gemischt genutztes Grundstück mit einem gewerblichen Anteil von mehr als 50% (berechnet nach der Wohn- bzw. Nutzfläche)	Geschäftsgrundstück
≥ 60 Jahre	21	21		18
40 bis 59 Jahre	23	22		20
20 bis 39 Jahre	27	24		22
< 20 Jahre	29	26		23

Zu § 190 Absatz 1 Satz 4 und Absatz 3   **Anlage 24 BewG**

Ermittlung des Gebäuderegelherstellungswerts

I. Begriff der Brutto-Grundfläche (BGF)

1. Die BGF ist die Summe der bezogen auf die jeweilige Gebäudeart marktüblich nutzbaren Grundflächen aller Grundrissebenen eines Bauwerks. In Anlehnung an die DIN 277-1:2005-02 sind bei den Grundflächen folgende Bereiche zu unterscheiden:
Bereich a: überdeckt und allseitig in voller Höhe umschlossen,
Bereich a: überdeckt und allseitig in voller Höhe umschlossen,
Bereich c: nicht überdeckt.
Für die Anwendung der Regelherstellungskosten (RHK) sind im Rahmen der Ermittlung der BGF nur die Grundflächen der Bereiche a und b zugrunde zu legen. Balkone, auch wenn sie überdeckt sind, sind dem Bereich c zuzuordnen
Für die Ermittlung der BGF sind die äußeren Maße der Bauteile einschließlich Bekleidung, z. B. Putz und Außenschalen mehrschaliger Wandkonstruktionen, in Höhe der Bodenbelagsoberkanten anzusetzen.

2. Nicht zur BGF gehören z. B. Flächen von Spitzböden und Kriechkellern, Flächen, die ausschließlich der Wartung, Inspektion und Instandsetzung von Baukonstruktionen und technischen Anlagen dienen sowie Flächen unter konstruktiven Hohlräumen, z. B. über abgehängten Decken.

II. Regelherstellungskosten (RHK)

Regelherstellungskosten

auf Grundlage der Normalherstellungskosten 2010 (NHK 2010) in Euro/m² BGF einschließlich Baunebenkosten und Umsatzsteuer für die jeweilige Gebäudeart (Kostenstand 2010)

BewG Anlage 24

Zu § 190 Absatz 1 Satz 4 und Absatz 3

1-3	Ein- und Zweifamilienhäuser

Keller- und Erdgeschoss			Standardstufe				
			1	2	3	4	5
	Dachgeschoss ausgebaut						
	1.01	freistehende Einfamilienhäuser	655	725	835	1005	1260
	1.011	freistehende Zweifamilienhäuser[1]	688	761	877	1055	1323
	2.01	Doppel- und Reihenendhäuser	615	685	785	945	1180
	3.01	Reihenmittelhäuser	575	640	735	885	1105
	Dachgeschoss nicht ausgebaut						
	1.02	freistehende Einfamilienhäuser	545	605	695	840	1050
	1.021	freistehende Zweifamilienhäuser[1]	572	635	730	882	1103
	2.02	Doppel- und Reihenendhäuser	515	570	655	790	985
	3.02	Reihenmittelhäuser	480	535	615	740	925
	Flachdach oder flach geneigtes Dach						
	1.03	freistehende Einfamilienhäuser	705	785	900	1085	1360
	1.031	freistehende Zweifamilienhäuser[1]	740	824	945	1139	1428
	2.03	Doppel- und Reihenendhäuser	665	735	845	1020	1275
	3.03	Reihenmittelhäuser	620	690	795	955	1195

Keller-, Erd- und Obergeschoss			Standardstufe				
			1	2	3	4	5
	Dachgeschoss ausgebaut						
	1.11	freistehende Einfamilienhäuser	655	725	835	1005	1260
	1.111	freistehende Zweifamilienhäuser[1]	688	761	877	1055	1323
	2.11	Doppel- und Reihenendhäuser	615	685	785	945	1180
	3.11	Reihenmittelhäuser	575	640	735	885	1105
	Dachgeschoss nicht ausgebaut						
	1.12	freistehende Einfamilienhäuser	570	635	730	880	1100
	1.121	freistehende Zweifamilienhäuser[1]	599	667	767	924	1155
	2.12	Doppel- und Reihenendhäuser	535	595	685	825	1035
	3.12	Reihenmittelhäuser	505	560	640	775	965
	Flachdach oder flach geneigtes Dach						
	1.13	freistehende Einfamilienhäuser	665	740	850	1025	1285
	1.131	freistehende Zweifamilienhäuser[1]	698	777	893	1076	1349
	2.13	Doppel- und Reihenendhäuser	625	695	800	965	1205
	3.13	Reihenmittelhäuser	585	650	750	905	1130

Zu § 190 Absatz 1 Satz 4 und Absatz 3

Anlage 24 BewG

Erdgeschoss, nicht unterkellert		Standardstufe				
		1	2	3	4	5
	Dachgeschoss ausgebaut					
1.21	freistehende Einfamilienhäuser	790	875	1005	1215	1515
1.211	freistehende Zweifamilienhäuser[1]	830	919	1055	1276	1591
2.21	Doppel- und Reihenendhäuser	740	825	945	1140	1425
3.21	Reihenmittelhäuser	695	770	885	1065	1335
	Dachgeschoss nicht ausgebaut					
1.22	freistehende Einfamilienhäuser	585	650	745	900	1125
1.221	freistehende Zweifamilienhäuser[1]	614	683	782	945	1181
2.22	Doppel- und Reihenendhäuser	550	610	700	845	1055
3.22	Reihenmittelhäuser	515	570	655	790	990
	Flachdach oder flach geneigtes Dach					
1.23	freistehende Einfamilienhäuser	920	1025	1180	1420	1775
1.231	freistehende Zweifamilienhäuser[1]	966	1076	1239	1491	1864
2.23	Doppel- und Reihenendhäuser	865	965	1105	1335	1670
3.23	Reihenmittelhäuser	810	900	1035	1250	1560

Erd- und Obergeschoss, nicht unterkellert		Standardstufe				
		1	2	3	4	5
	Dachgeschoss ausgebaut					
1.31	freistehende Einfamilienhäuser	720	800	920	1105	1385
1.311	freistehende Zweifamilienhäuser[1]	756	840	966	1160	1454
2.31	Doppel- und Reihenendhäuser	675	750	865	1040	1300
3.31	Reihenmittelhäuser	635	705	810	975	1215
	Dachgeschoss nicht ausgebaut					
1.32	freistehende Einfamilienhäuser	620	690	790	955	1190
1.321	freistehende Zweifamilienhäuser[1]	651	725	830	1003	1250
2.32	Doppel- und Reihenendhäuser	580	645	745	895	1120
3.32	Reihenmittelhäuser	545	605	695	840	1050
	Flachdach oder flach geneigtes Dach					
1.33	freistehende Einfamilienhäuser	785	870	1000	1205	1510
1.331	freistehende Zweifamilienhäuser[1]	824	914	1050	1265	1586
2.33	Doppel- und Reihenendhäuser	735	820	940	1135	1415
3.33	Reihenmittelhäuser	690	765	880	1060	1325

[1] ermittelt mit Korrekturfaktor 1,05 bezogen auf die Regelherstellungskosten für freistehende Einfamilienhäuser

BewG Anlage 24

Zu § 190 Absatz 1 Satz 4 und Absatz 3

4	**Wohnungseigentum und vergleichbares Teileigentum in Mehrfamilienhäusern (ohne Tiefgaragenplatz) / Mehrfamilienhäuser**
	Für Wohnungseigentum in Gebäuden, die wie Ein- und Zweifamilienhäuser im Sinne des § 181 Absatz 2 des Bewertungsgesetzes gestaltet sind, werden die Regelherstellungskosten der Ein- und Zweifamilienhäuser zugrunde gelegt.
	Umrechnungsfaktor hinsichtlich der Brutto-Grundfläche (BGF) für Wohnungseigentum in Mehrfamilienhäusern: BGF = 1,55 x Wohnfläche

		Standardstufe				
		1	2	3	4	5
4.1	Mehrfamilienhäuser mit bis zu 6 WE	650	720	825	985	1190
4.2	Mehrfamilienhäuser mit 7 bis 20 WE	600	665	765	915	1105
4.3	Mehrfamilienhäuser mit mehr als 20 WE	590	655	755	900	1090

5-18	Gemischt genutzte Grundstücke, Geschäftsgrundstücke und sonstige bebaute Grundstücke

		Standardstufe				
		1	2	3	4	5
5.1	Gemischt genutzte Grundstücke (Wohnhäuser mit Mischnutzung)	605	675	860	1085	1375
5.2	Banken und ähnliche Geschäftshäuser mit Wohnanteil[2]	625	695	890	1375	1720
5.3	Banken und ähnliche Geschäftshäuser ohne Wohnanteil	655	730	930	1520	1900

[2] Anteil der Wohnfläche bis 20 Prozent

		Standardstufe				
		1	2	3	4	5
6.1	Bürogebäude/Verwaltungsgebäude	735	815	1040	1685	1900

		Standardstufe				
		1	2	3	4	5
7.1	Gemeindezentren/Vereinsheime	795	885	1130	1425	1905
7.2	Saalbauten/Veranstaltungsgebäude	955	1060	1355	1595	2085

		Standardstufe				
		1	2	3	4	5
8.1	Kindergärten	915	1020	1300	1495	1900
8.2	Allgemeinbildende Schulen, Berufsbildende Schulen, Hochschulen	1020	1135	1450	1670	2120
8.3	Sonderschulen	1115	1240	1585	1820	2315

Zu § 190 Absatz 1 Satz 4 und Absatz 3   **Anlage 24 BewG**

		Standardstufe				
		1	2	3	4	5
9.1	Wohnheime/Internate	705	785	1000	1225	1425
9.2	Alten-/Pflegeheime	825	915	1170	1435	1665

		Standardstufe				
		1	2	3	4	5
10.1	Krankenhäuser/Kliniken	1210	1345	1720	2080	2765
10.2	Tageskliniken/Ärztehäuser	1115	1240	1585	1945	2255

		Standardstufe				
		1	2	3	4	5
11.1	Beherbergungsstätten/Hotels/Verpflegungseinrichtungen	975	1085	1385	1805	2595

		Standardstufe				
		1	2	3	4	5
12.1	Sporthallen (Einfeldhallen)	930	1035	1320	1670	1955
12.2	Sporthallen (Dreifeldhallen/Mehrzweckhallen)	1050	1165	1490	1775	2070
12.3	Tennishallen	710	790	1010	1190	1555
12.4	Freizeitbäder/Kur- und Heilbäder	1725	1920	2450	2985	3840

		Standardstufe				
		1	2	3	4	5
13.1	Verbrauchermärkte	510	565	720	870	1020
13.2	Kauf-/Warenhäuser	930	1035	1320	1585	1850
13.3	Autohäuser ohne Werkstatt	665	735	940	1240	1480

		Standardstufe				
		1	2	3	4	5
14.1	Einzelgaragen/Mehrfachgaragen[3]			245	485	780
14.2	Hochgaragen[4]			480	655	780
14.3	Tiefgaragen[4]			560	715	850
14.4	Nutzfahrzeuggaragen			530	680	810
14.5	Carports	190				

[3]Standardstufe 1-3: Fertiggaragen; Standardstufe 4: Garagen in Massivbauweise; Standardstufe 5: individuelle Garagen in Massivbauweise mit besonderen Ausführungen wie Ziegeldach, Gründach, Bodenbeläge, Fliesen o.ä., Wasser, Abwasser und Heizung

[4]Umrechnungsfaktor hinsichtlich der Brutto-Grundfläche (BGF) für Tief- und Hochgaragen: BGF = tatsächliche Stellplatzfläche (Länge x Breite) x 1,55

BewG Anlage 24

Zu § 190 Absatz 1 Satz 4 und Absatz 3

		Standardstufe				
		1	2	3	4	5
15.1	Betriebs-/Werkstätten, eingeschossig	685	760	970	1165	1430
15.2	Betriebs-/Werkstätten, mehrgeschossig ohne Hallenanteil	640	715	910	1090	1340
15.3	Betriebs-/Werkstätten, mehrgeschossig, hoher Hallenanteil	435	485	620	860	1070
15.4	Industrielle Produktionsgebäude, Massivbauweise	670	745	950	1155	1440
15.5	Industrielle Produktionsgebäude, überwiegend Skelettbauweise	495	550	700	965	1260

		Standardstufe				
		1	2	3	4	5
16.1	Lagergebäude ohne Mischnutzung, Kaltlager	245	275	350	490	640
16.2	Lagergebäude mit bis zu 25% Mischnutzung[5]	390	430	550	690	880
16.3	Lagergebäude mit mehr als 25% Mischnutzung[5]	625	695	890	1095	1340

[5] Lagergebäude mit Mischnutzung sind Gebäude mit einem überwiegenden Anteil an Lagernutzung und einem geringeren Anteil an anderen Nutzungen wie Büro, Sozialräume, Ausstellungs- oder Verkaufsflächen etc.

		Standardstufe				
		1	2	3	4	5
17.1	Museen	1325	1475	1880	2295	2670
17.2	Theater	1460	1620	2070	2625	3680
17.3	Sakralbauten	1185	1315	1510	2060	2335
17.4	Friedhofsgebäude	1035	1150	1320	1490	1720

		Standardstufe				
		1	2	3	4	5
18.1	Reithallen			235	260	310
18.2	ehemalige landwirtschaftliche Mehrzweckhallen, Scheunen, u.Ä.			245	270	350

19	**Teileigentum**
	Teileigentum ist in Abhängigkeit von der baulichen Gestaltung den vorstehenden Gebäudearten zuzuordnen.

20	**Auffangklausel**
	Regelherstellungskosten für nicht aufgeführte Gebäudearten sind aus den Regelherstellungskosten vergleichbarer Gebäudearten abzuleiten.

Zu § 190 Absatz 1 Satz 4 und Absatz 3 **Anlage 24 BewG**

III. Beschreibung der Gebäudestandards

Die Beschreibung der Gebäudestandards ist beispielhaft und dient der Orientierung. Sie kann nicht alle in der Praxis auftretenden Standardmerkmale aufführen. Es müssen nicht alle aufgeführten Merkmale zutreffen. Die in der Tabelle angegebenen Jahreszahlen beziehen sich auf die im jeweiligen Zeitraum gültigen Wärmeschutzanforderungen; in Bezug auf das konkrete Bewertungsobjekt ist zu prüfen, ob von diesen Wärmeschutzanforderungen abgewichen wird. Die Beschreibung der Gebäudestandards basiert auf dem Bezugsjahr der Normalherstellungskosten (2010).

1-5.1	①	1.01-3.33	Ein- und Zweifamilienhäuser
	②	4.1-5.1	Wohnungseigentum und vergleichbares Teileigentum in Mehrfamilienhäusern (ohne Tiefgaragenplatz)/ Mehrfamilienhäuser sowie gemischt genutzte Grundstücke (Wohnhäuser mit Mischnutzung)

	Standardstufe					Wägungsanteil
	1	2	3	4	5	
	nicht zeitgemäß		Basis	zeitgemäß		
	einfachst	einfach		gehoben	aufwendig	
Außenwände	Holzfachwerk, Ziegelmauerwerk; Fugenglattstrich, Putz, Verkleidung mit Faserzementplatten, Bitumenschindeln oder einfachen Kunststoffplatten; kein oder deutlich nicht zeitgemäßer Wärmeschutz (vor ca. 1980)	ein-/zweischaliges Mauerwerk, z. B. Gitterziegel oder Hohlblocksteine; verputzt und gestrichen oder Holzverkleidung; nicht zeitgemäßer Wärmeschutz (vor ca. 1995)	ein-/zweischaliges Mauerwerk, z. B. aus Leichtziegeln, Kalksandsteinen, Gasbetonsteinen; Edelputz; Wärmedämmverbundsystem oder Wärmedämmputz (nach ca. 1995)	Verblendmauerwerk, zweischalig, hinterlüftet, Vorhangfassade (z. B. Naturschiefer); Wärmedämmung (nach ca. 2005)	aufwendig gestaltete Fassaden mit konstruktiver Gliederung (Säulenstellungen, Erker etc.), Sichtbeton-Fertigteile, Natursteinfassade, Elemente aus Kupfer-/Eloxalblech, mehrgeschossige Glasfassaden; hochwertigste Dämmung (z. B. Passivhausstandard)	23
Dach	Dachpappe, Faserzementplatten / Wellplatten; keine bis geringe Dachdämmung	einfache Betondachsteine oder Tondachziegel, Bitumenschindeln; nicht zeitgemäße Dachdämmung (vor ca. 1995)	Faserzement-Schindeln, beschichtete Betondachsteine und Tondachziegel, Folienabdichtung; Dachdämmung (nach ca. 1995); Rinnen und Fallrohre aus Zinkblech	glasierte Tondachziegel, Flachdachausbildung tlw. als Dachterrassen; Konstruktion in Brettschichtholz, schweres Massivflachdach; besondere Dachformen, z. B. Mansarden-, Walmdach; Aufsparrendämmung, überdurchschnittliche Dämmung (nach ca. 2005)	hochwertige Eindeckung, z. B. aus Schiefer oder Kupfer, Dachbegrünung, befahrbares Flachdach; hochwertigste Dämmung (z. B. Passivhausstandard); Rinnen und Fallrohre aus Kupfer ①aufwendig gegliederte Dachlandschaft, sichtbare Bogendachkonstruktionen	15

BewG Anlage 24

Zu § 190 Absatz 1 Satz 4 und Absatz 3

	Standardstufe					Wägungsanteil
	1	2	3	4	5	
	nicht zeitgemäß		Basis	zeitgemäß		
	einfachst	einfach	Basis	gehoben	aufwendig	
Fenster und Außentüren	Einfachverglasung; einfache Holztüren	Zweifachverglasung (vor ca. 1995); Haustür mit nicht zeitgemäßem Wärmeschutz (vor ca. 1995)	Zweifachverglasung (nach ca. 1995), Rollläden (manuell); Haustür mit zeitgemäßem Wärmeschutz (nach ca. 1995)	Dreifachverglasung, Sonnenschutzglas, aufwendigere Rahmen, Rollläden (elektr.); höherwertige Türanlage z. B. mit Seitenteil, besonderer Einbruchschutz	große, feststehende Fensterflächen, Spezialverglasung (Schall- und Sonnenschutz); Außentüren in hochwertigen Materialien	11
Innenwände und -türen	Fachwerkwände, einfache Putze/Lehmputze, einfache Kalkanstriche; Füllungstüren, gestrichen, mit einfachen Beschlägen ohne Dichtungen	massive tragende Innenwände, nicht tragende Wände in Leichtbauweise (z. B. Holzständerwände mit Gipskarton), Gipsdielen; leichte Türen, Stahlzargen	nicht tragende Innenwände in massiver Ausführung bzw. mit Dämmmaterial gefüllte Ständerkonstruktionen; schwere Türen ①Holzzargen	Sichtmauerwerk; Massivholztüren, Schiebetürelemente, Glastüren, strukturierte Türblätter ①Wandvertäfelungen (Holzpaneele)	gestaltete Wandabläufe (z. B. Pfeilervorlagen, abgesetzte oder geschwungene Wandpartien); Brandschutzverkleidung; raumhohe aufwendige Türelemente ①Vertäfelungen (Edelholz, Metall), Akkustikputz	11
Deckenkonstruktion und Treppen	Holzbalkendecken ohne Füllung, Spalierputz; Weichholztreppen in einfacher Art und Ausführung; kein Trittschallschutz	Holzbalkendecken mit Füllung, Kappendecken; Stahl- oder Hartholztreppen in einfacher Art und Ausführung ①Stahl- oder Hartholztreppen in einfacher Art und Ausführung	①Beton- und Holzbalkendecken mit Tritt- und Luftschallschutz (z. B. schwimmender Estrich); geradläufige Treppen aus Stahlbeton oder Stahl, Harfentreppe, Trittschallschutz ②Betondecken mit Tritt- und Luftschallschutz (z. B. schwimmender Estrich), einfacher Putz	①Decken mit größerer Spannweite, Deckenverkleidung (Holzpaneele/Kassetten); gewendelte Treppen aus Stahlbeton oder Stahl, Hartholztreppenanlage in besserer Art und Ausführung ②zusätzlich Deckenverkleidung	Deckenvertäfelungen (Edelholz, Metall) ①Decken mit großen Spannweiten, gegliedert; breite Stahlbeton-, Metall- oder Hartholztreppenanlage mit hochwertigem Geländer	11
Fußböden	ohne Belag	Linoleum-, Teppich-, Laminat- und PVC-Böden einfacher Art und Ausführung	Linoleum-, Teppich-, Laminat- und PVC-Böden besserer Art und Ausführung; Fliesen, Kunststeinplatten	Natursteinplatten, Fertigparkett, hochwertige Fliesen, Terrazzobelag, hochwertige Massivholzböden auf gedämmter Unterkonstruktion	hochwertiges Parkett, hochwertige Natursteinplatten, hochwertige Edelholzböden auf gedämmter Unterkonstruktion	5

Zu § 190 Absatz 1 Satz 4 und Absatz 3 **Anlage 24 BewG**

	Standardstufe					Wägungs-anteil
	1	2	3	4	5	
	nicht zeitgemäß		Basis	zeitgemäß		
	einfachst	einfach		gehoben	aufwendig	
Sanitär-einrichtungen	einfaches Bad mit Stand-WC; Installation auf Putz; Ölfarbenanstrich, einfache PVC-Bodenbeläge	1 Bad mit WC, Dusche oder Badewanne; einfache Wand- und Bodenfliesen, teilweise gefliest	Wand- und Bodenfliesen, raumhoch gefliest; Dusche und Badewanne ①1 Bad mit WC, Gäste-WC ②1 Bad mit WC je Wohneinheit	1–2 Bäder (②je Wohneinheit) mit tlw. zwei Waschbecken, tlw. Bidet/Urinal, Gäste-WC, bodengleiche Dusche; Wand- und Bodenfliesen; jeweils in gehobener Qualität	hochwertige Wand- und Bodenplatten (oberflächenstrukturiert, Einzel- und Flächendekors) ①mehrere großzügige, hochwertige Bäder, Gäste-WC; ②2 und mehr Bäder je Wohneinheit	9
Heizung	Einzelöfen, Schwerkraftheizung	Fern- oder Zentralheizung, einfache Warmluftheizung, einzelne Gasaußenwandthermen, Nachtstromspeicher-, Fußbodenheizung (vor ca. 1995)	elektronisch gesteuerte Fern- oder Zentralheizung, Niedertemperatur- oder Brennwertkessel	Fußbodenheizung, Solarkollektoren für Warmwassererzeugung ①zusätzlicher Kaminanschluss	Solarkollektoren für Warmwassererzeugung und Heizung, Blockheizkraftwerk, Wärmepumpe, Hybrid-Systeme ①aufwendige zusätzliche Kaminanlage	9
Sonstige technische Ausstattung	sehr wenige Steckdosen, Schalter und Sicherungen, kein Fehlerstromschutzschalter (FI-Schalter), Leitungen teilweise auf Putz	wenige Steckdosen, Schalter und Sicherungen	zeitgemäße Anzahl an Steckdosen und Lichtauslässen, Zählerschrank (ab ca. 1985) mit Unterverteilung und Kippsicherungen	zahlreiche Steckdosen und Lichtauslässe, hochwertige Abdeckungen, dezentrale Lüftung mit Wärmetauscher, mehrere LAN- und Fernsehanschlüsse ②Personenaufzugsanlagen	Video- und zentrale Alarmanlage, zentrale Lüftung mit Wärmetauscher, Klimaanlage, Bussystem ②aufwendige Personenaufzugsanlagen	6

BewG Anlage 24

Zu § 190 Absatz 1 Satz 4 und Absatz 3

5.2-17.4		
③	5.2-6.1	Banken und ähnliche Geschäftshäuser, Bürogebäude/Verwaltungsgebäude
④	7.1-8.3	Gemeindezentren/Vereinsheime, Saalbauten/Veranstaltungsgebäude, Kindergärten, Schulen
⑤	9.1-11.1	Wohnheime, Alten-/Pflegeheime, Krankenhäuser, Tageskliniken, Beherbergungsstätten, Hotels, Verpflegungseinrichtungen
⑥	12.1-12.4	Sporthallen, Tennishallen, Freizeitbäder, Freizeitbäder/Kur- und Heilbäder
⑦	13.1-13.3	Verbrauchermärkte, Kauf-/Warenhäuser, Autohäuser
⑧	15.1-16.3	Betriebs-/Werkstätten, Produktionsgebäude, Lagergebäude
⑨	17.1-17.4	Museen, Theater, Sakralbauten, Friedhofsgebäude

	Standardstufe				
	1	2	3	4	5
	nicht zeitgemäß		Basis	zeitgemäß	
	einfachst	einfach		gehoben	aufwendig
Außenwände	Mauerwerk mit Putz oder mit Fugenglattstrich und Anstrich; einfache Wände, Holz-, Blech-, Faserzementbekleidung, Bitumenschindeln oder einfache Kunststoffplatten; kein oder deutlich nicht zeitgemäßer Wärmeschutz (vor ca. 1980)	ein-/zweischaliges Mauerwerk, z. B. Gitterziegel oder Hohlblocksteine; verputzt und gestrichen oder Holzverkleidung; einfache Metall-Sandwichelemente; nicht zeitgemäßer Wärmeschutz (vor ca. 1995)	Wärmedämmverbundsystem oder Wärmedämmputz (nach ca. 1995); ein-/zweischalige Konstruktion, z. B. Mauerwerk, aus Leichtziegeln, Kalksandsteinen, Gasbetonsteinen; Edelputz; gedämmte Metall-Sandwichelemente	Verblendmauerwerk, zweischalig, hinterlüftet, Vorhangfassade (z. B. Naturschiefer); Wärmedämmung (nach ca. 2005)	Sichtbeton-Fertigteile, Natursteinfassade, Elemente aus Kupfer-/Eloxalblech, mehrgeschossige Glasfassaden; stark überdurchschnittliche Dämmung ③④⑤⑥⑦aufwendig gestaltete Fassaden mit konstruktiver Gliederung (Säulenstellungen, Erker etc.) ③Vorhangfassade aus Glas
Konstruktion⑧	Holzkonstruktion in nicht zeitgemäßer statischer Ausführung	Mauerwerk, Stahl- oder Stahlbetonkonstruktion in nicht zeitgemäßer statischer Ausführung	Stahl- und Betonfertigteile	überwiegend Betonfertigteile; große stützenfreie Spannweiten; hohe Deckenhöhen; hohe Belastbarkeit der Decken und Böden	größere stützenfreie Spannweiten; hohe Deckenhöhen; höhere Belastbarkeit der Decken und Böden

Zu § 190 Absatz 1 Satz 4 und Absatz 3   **Anlage 24 BewG**

	Standardstufe				
	1	2	3	4	5
	nicht zeitgemäß			zeitgemäß	
	einfachst	einfach	Basis	gehoben	aufwendig
Dach	Dachpappe, Faserzementplatten / Wellplatten, Blecheindeckung; kein Unterdach; keine bis geringe Dachdämmung	einfache Betondachsteine oder Tondachziegel, Bitumenschindeln; nicht zeitgemäße Dachdämmung (vor ca. 1995)	Faserzement-Schindeln, beschichtete Betondachsteine und Tondachziegel, Folienabdichtung; Dachdämmung (nach ca. 1995); Rinnen und Fallrohre aus Zinkblech	besondere Dachformen; überdurchschnittliche Dämmung (nach ca. 2005) ③④⑤⑥⑦glasierte Tondachziegel ③⑧schweres Massivflachdach ⑨Biberschwänze	hochwertige Eindeckung z. B. aus Schiefer oder Kupfer; Dachbegrünung; aufwendig gegliederte Dachlandschaft ③④⑤befahrbares Flachdach ③④stark überdurchschnittliche Dämmung ⑤⑥⑦⑧hochwertigste Dämmung
Fenster- und Außentüren	Einfachverglasung; einfache Holztüren	Isolierverglasung, Zweifachverglasung (vor ca. 1995); Eingangstüren mit nicht zeitgemäßem Wärmeschutz (vor ca. 1995)	Zweifachverglasung (nach ca. 1995) ⑤nur Wohnheime, Altenheime, Pflegeheime, Krankenhäuser und Tageskliniken: Automatik-Eingangstüren ⑨kunstvoll gestaltete farbige Fensterglas, Ornamentglas	Dreifachverglasung, Sonnenschutzglas, aufwendigere Rahmen ③④⑥⑦⑧höherwertige Türanlagen ⑤nur Beherbergungsstätten und Verpflegungseinrichtungen: Automatik-Eingangstüren ⑨besonders große kunstvoll gestaltete farbige Fensterflächen	große, feststehende Fensterflächen, Spezialverglasung (Schall- und Sonnenschutz) ③④⑦⑧Außentüren in hochwertigen Materialien ③Automatiktüren ⑥Automatik-Eingangstüren ⑨Bleiverglasung mit Schutzglas, farbige Maßfenster

BewG Anlage 24 Zu § 190 Absatz 1 Satz 4 und Absatz 3

	Standardstufe				
	nicht zeitgemäß			zeitgemäß	
	1	2	3	4	5
	einfachst	einfach	Basis	gehoben	aufwendig
Innenwände und -türen	Fachwerkwände, einfache Putze/Lehmputze, einfache Kalkanstriche; Füllungstüren, gestrichen, mit einfachen Beschlägen ohne Dichtungen	massive tragende Innenwände, nicht tragende Wände in Leichtbauweise (z. B. Holzständerwände mit Gipskarton), Gipsdielen; leichte Türen, Kunststoff-/Holztürblätter, Stahlzargen	④⑤⑥⑦nicht tragende Innenwände in massiver Ausführung bzw. mit Dämmmaterial gefüllte Ständerkonstruktionen ⑤⑥⑦schwere Türen ③nicht tragende Innenwände in massiver Ausführung; schwere Türen ④schwere und große Türen ⑤nur Wohnheime, Altenheime, Pflegeheime, Krankenhäuser und Tageskliniken: Automatik-Flurzwischentüren; rollstuhlgerechte Bedienung ⑧Anstrich	③④⑤⑥⑦Sichtmauerwerk ③④Massivholztüren, Schiebetürelemente, Glastüren ③Innenwände für flexible Raumkonzepte (größere statische Spannweiten der Decken) ⑤nur Beherbergungsstätten und Verpflegungseinrichtungen: Automatik-Flurzwischentüren; rollstuhlgerechte Bedienung ⑥rollstuhlgerechte Bedienung ⑧tlw. gefliest, Sichtmauerwerk; Schiebetürelemente, Glastüren ⑨schmiedeeiserne Türen	③④⑤⑥⑦gestaltete Wandabläufe (z. B. Pfeilervorlagen, abgesetzte oder geschwungene Wandpartien) ④Vertäfelungen (Edelholz, Metall), Akustikputz ③Wände aus großformatigen Glaselementen, Akustikputz, tlw. Automatiktüren, rollstuhlgerechte Bedienung ④raumhohe aufwendige Türelemente; tlw. Automatiktüren, rollstuhlgerechte Bedienung ⑤⑥⑦Akustikputz, raumhohe aufwendige Türelemente ⑦rollstuhlgerechte Bedienung, Automatiktüren ⑧überwiegend gefliest; Sichtmauerwerk; gestaltete Wandabläufe
Deckenkonstruktion und Treppen (nicht bei ⑧)	Weichholztreppen in einfacher Art und Ausführung; kein Trittschallschutz ③④⑤ Holzbalkendecken ohne Füllung, Spalierputz	Stahl- oder Hartholztreppen in einfacher Art und Ausführung ③④⑤⑦⑨ Holzbalkendecken mit Füllung, Kappendecken	③④⑤⑦Betondecken mit Tritt- und Luftschallschutz; einfacher Putz ③④abgehängte Decken ⑤⑦Deckenverkleidung ⑥Betondecke	③höherwertige abgehängte Decken ④⑤⑥⑦Decken mit großen Spannweiten ④Deckenverkleidung	hochwertige breite Stahlbeton-/Metalltreppenanlage mit hochwertigem Geländer ③⑦Deckenvertäfelungen (Edelholz, Metall) ④⑤⑥⑦Decken mit größeren Spannweiten

Zu § 190 Absatz 1 Satz 4 und Absatz 3   **Anlage 24 BewG**

	Standardstufe				
	1	2	3	4	5
	nicht zeitgemäß			zeitgemäß	
	einfachst	einfach	Basis	gehoben	aufwendig
Fußböden	ohne Belag	Linoleum-, Teppich-, Laminat- und PVC-Böden einfacher Art und Ausführung ⑨Holzdielen	③④⑤⑦Fliesen, Kunststeinplatten ③④Linoleum- oder Teppich-Böden besserer Art und Ausführung ⑤⑦Linoleum- oder PVC-Böden besserer Art und Ausführung ⑦nur Sporthallen: Beton, Asphaltbeton, Estrich oder Gussasphalt auf Beton; Teppichbelag, PVC; nur Freizeitbäder/ Heilbäder: Fliesenbelag ⑧Beton ⑨Betonwerkstein, Sandstein	③⑤⑦Natursteinplatten, hochwertige Fliesen, Terrazzobelag, hochwertige Massivholzböden auf gedämmter Unterkonstruktion ③⑦Fertigparkett ⑥nur Sporthallen: hochwertigere flächenstatische Fußbodenkonstruktion, Spezialteppich mit Gummigranulatauflage; hochwertigerer Schwingboden ⑧Estrich, Gussasphalt	③④⑤⑦hochwertiges Parkett, hochwertige Natursteinplatten, hochwertige Edelholzböden auf gedämmter Unterkonstruktion ⑥nur Sporthallen: hochwertigste flächenstatische Fußbodenkonstruktion, Spezialteppich mit Gummigranulatauflage; hochwertigster Schwingboden; nur Freizeitbäder/Heilbäder: hochwertiger Fliesenbelag und Natursteinboden ⑧beschichteter Beton oder Estrichboden; Betonwerkstein, Verbundpflaster ⑨Marmor, Granit

BewG Anlage 24

Zu § 190 Absatz 1 Satz 4 und Absatz 3

	Standardstufe				
	1	2	3	4	5
	nicht zeitgemäß		Basis	zeitgemäß	
	einfachst	einfach	Basis	gehoben	aufwendig
Sanitär-einrichtungen	einfache Toilettenanlagen (Stand-WC); Installation auf Putz; Ölfarbenanstrich, einfache PVC-Bodenbeläge, WC und Bäderanlage geschossweise	Toilettenanlagen in einfacher Qualität; Installation unter Putz; WCs und Duschräume je Geschoss; einfache Wand- und Bodenfliesen, teilw. gefliest	Sanitäreinrichtung in Standard-Ausführung ③④ausreichende Anzahl von Toilettenräumen ⑤mehrere WCs und Duschbäder je Geschoss; Waschbecken im Raum ⑥wenige Toilettenräume und Duschräume bzw. Waschräume ⑦⑧wenige Toilettenräume	Sanitäreinrichtung in besserer Qualität ③④ höhere Anzahl Toilettenräume ⑤je Raum ein Duschbad mit WC nur Wohnheime, Altenheime, Pflegeheime, Krankenhäuser und Tageskliniken: behindertengerecht ⑥ausreichende Anzahl von Toilettenräumen und Duschräumen ⑦⑧ausreichende Anzahl von Toilettenräumen	Sanitäreinrichtung in gehobener Qualität ③④großzügige Toilettenanlagen jeweils mit Sanitäreinrichtung in gehobener Qualität ⑤je Raum ein Duschbad mit WC in guter Ausstattung; nur Wohnheime, Altenheime, Pflegeheime, Krankenhäuser und Tageskliniken: behindertengerecht ⑥großzügige Toilettenanlagen und Duschräume mit Sanitäreinrichtung in gehobener Qualität ⑦großzügige Toilettenanlagen mit Sanitäreinrichtung in gehobener Qualität ⑧großzügige Toilettenanlagen
Heizung	Einzelöfen, Schwerkraftheizung, dezentrale Warmwasserversorgung ⑨ Elektroheizung im Gestühl	Zentralheizung mit Radiatoren (Schwerkraftheizung); einfache Warmluftheizung, mehrere Ausblasöffnungen; Lufterhitzer mit Wärmetauscher mit zentraler Kesselanlage, Fußbodenheizung (vor ca. 1995) ⑨einfache Warmluftheizung, eine Ausblasöffnung	elektronisch gesteuerte Fern- oder Zentralheizung, Niedertemperatur- oder Brennwertkessel	Solarkollektoren für Warmwassererzeugung ③④⑥⑦⑧Fußbodenheizung ⑧zusätzlicher Kaminanschluss	Solarkollektoren für Warmwassererzeugung und Heizung, Blockheizkraftwerk, Wärmepumpe, Hybrid-Systeme ③④⑤⑦Klimaanlage ⑧Kaminanlage

Zu § 190 Absatz 1 Satz 4 und Absatz 3 **Anlage 24 BewG**

	Standardstufe				
	1	2	3	4	5
	nicht zeitgemäß		Basis	zeitgemäß	
	einfachst	einfach		gehoben	aufwendig
Sonstige technische Ausstattung	sehr wenige Steckdosen, Schalter und Sicherungen, kein Fehlerstromschutzschalter (FI-Schalter), Leitungen auf Putz, einfache Leuchten	wenige Steckdosen, Schalter und Sicherungen, Installation unter Putz	③④⑦zeitgemäße Anzahl an Steckdosen und Lichtauslässen, Zählerschrank (ab ca. 1985) mit Unterverteilung und Kippsicherungen; Kabelkanäle; Blitzschutz ⑤⑥⑧zeitgemäße Anzahl an Steckdosen und Lichtauslässen; Blitzschutz ⑤⑦Personenaufzugsanlagen ⑧Teeküchen	zahlreiche Steckdosen und Lichtauslässe, hochwertige Abdeckungen, ③④⑤⑦⑧dezentrale Lüftung mit Wärmetauscher ⑥Lüftung mit Wärmetauscher ③⑤mehrere LAN- und Fernsehanschlüsse ③④⑦hochwertige Beleuchtung; Doppelboden mit Bodentanks zur Verkabelung; ausreichende Anzahl von LAN-Anschlüssen ③Messverfahren von Verbrauch, Regelung von Raumtemperatur und Raumfeuchte ③④⑦Sonnenschutzsteuerung ③④elektronische Zugangskontrolle; Personenaufzugsanlagen ④⑦Messverfahren von Raumtemperatur, Raumfeuchte, Verbrauch, Einzelraumregelung ⑧Kabelkanäle; kleinere Einbauküchen mit Kochgelegenheit, Aufenthaltsräume; Aufzugsanlagen	Video- und zentrale Alarmanlage; Klimaanlage, Bussystem ③④⑤⑦⑧zentrale Lüftung mit Wärmetauscher ⑦Doppelboden mit Bodentanks zur Verkabelung ③aufwendige Personenaufzugsanlagen ⑤⑦⑧aufwendige Aufzugsanlagen ⑧Küchen, Kantinen

BewG Anlage 24 Zu § 190 Absatz 1 Satz 4 und Absatz 3

14.2-14.4	14.2-14.4	Hoch-, Tief- und Nutzfahrzeuggaragen	

	Standardstufe		
	1 – 3	4	5
	Basis	gehoben	aufwendig
Außenwände	offene Konstruktion	Einschalige Konstruktion	aufwendig gestaltete Fassaden mit konstruktiver Gliederung (Säulenstellungen, Erker etc.)
Konstruktion	Stahl- und Betonfertigteile	überwiegend Betonfertigteile; große stützenfreie Spannweiten	größere stützenfreie Spannweiten
Dach	Flachdach, Folienabdichtung	Flachdachausbildung; Wärmedämmung	befahrbares Flachdach (Parkdeck)
Fenster und Außentüren	einfache Metallgitter	begrünte Metallgitter, Glasbausteine	Außentüren in hochwertigen Materialien
Fußböden	Beton	Estrich, Gussasphalt	beschichteter Beton oder Estrichboden
Sonstige technische Ausstattung	Strom- und Wasseranschluss; Löschwasseranlage; Treppenhaus; Brandmelder	Sprinkleranlage; Rufanlagen; Rauch- und Wärmeabzugsanlagen; mechanische Be- und Entlüftungsanlagen; Parksysteme für zwei PKWs übereinander; Personenaufzugsanlagen	Video- und zentrale Alarmanlage; Beschallung; Parksysteme für drei oder mehr PKWs übereinander; aufwendigere Aufzugsanlagen

18.1-18.2	⑩ 18.1	Reithallen	
	⑪ 18.2	Ehemalige landwirtschaftliche Mehrzweckhallen, Scheunen, u.Ä.	

	Standardstufe		
	1 – 3	4	5
	Basis	gehoben	aufwendig
Außenwände	Holzfachwerkwand; Holzstützen, Vollholz; Brettschalung oder Profilblech auf Holz-Unterkonstruktion	Kalksandstein- oder Ziegel-Mauerwerk; Metallstützen, Profil; Holz-Blockbohlen zwischen Stützen, Wärmedämmverbundsystem, Putz	Betonwand, Fertigteile, mehrschichtig; Stahlbetonstützen, Fertigteil; Kalksandstein-Vormauerung oder Klinkerverblendung mit Dämmung
Dach	Holzkonstruktionen, Nagelbrettbinder; Faserzementwellplatten, Profilblech	Stahlrahmen mit Holzpfetten; Faserzementwellplatten; Hartschaumplatten	Brettschichtholzbinder; Betondachsteine oder Dachziegel; Dämmung mit Profilholz oder Paneelen
Fenster und Außentüren bzw. -tore	Lichtplatten aus Kunststoff ⑩Holz-Brettertüren ⑪Holztore	Kunststofffenster ⑩Windnetze aus Kunststoff, Jalousien mit Motorantrieb ⑪Metall-Sektionaltore	Türen und Tore mehrschichtig mit Wärmedämmung, Holzfenster, hoher Fensteranteil

424

Zu § 190 Absatz 1 Satz 4 und Absatz 3   **Anlage 24 BewG**

	Standardstufe		
	1 – 3 Basis	4 gehoben	5 aufwendig
Innenwände	keine	tragende bzw. nicht tragende Innenwände aus Holz; Anstrich	tragende bzw. nicht tragende Innenwände als Mauerwerk; Sperrholz, Gipskarton, Fliesen
Deckenkonstruktionen	keine	Holzkonstruktionen über Nebenräumen; Hartschaumplatten	Stahlbetonplatte über Nebenräumen; Dämmung mit Profilholz oder Paneelen
Fußböden	⑩Tragschicht: Schotter, Trennschicht: Vlies, Tretschicht: Sand ①①Beton-Verbundsteinpflaster	⑩zusätzlich/alternativ: Tragschicht: Schotter, Trennschicht: Kunststoffgewebe, Tretschicht: Sand und Holzspäne ①①zusätzlich/alternativ: Stahlbetonplatte	⑩Estrich auf Dämmung, Fliesen oder Linoleum in Nebenräumen; zusätzlich/alternativ: Tragschicht: Schotter, Trennschicht: Kunststoffplatten, Tretschicht: Sand und Textilflocken, Betonplatte im Bereich der Nebenräume ①①zusätzlich/alternativ: Oberfläche maschinell geglättet, Anstrich
baukonstruktive Einbauten⑩	⑩Reithallenbande aus Nadelholz zur Abgrenzung der Reitfläche	⑩zusätzlich/alternativ: Vollholztafeln fest eingebaut	⑩zusätzlich/alternativ: Vollholztafeln, Fertigteile zum Versetzen
Abwasser-, Wasser-, Gasanlagen	Regenwasserableitung	zusätzlich/alternativ: Abwasserleitungen, Sanitärobjekte (einfache Qualität)	zusätzlich/alternativ: Sanitärobjekte (gehobene Qualität), Gasanschluss
Wärmeversorgungsanlagen	keine	Raumheizflächen in Nebenräumen, Anschluss an Heizsystem	zusätzlich/alternativ: Heizkessel
lufttechnische Anlagen	keine	Firstentlüftung	Be- und Entlüftungsanlage
Starkstrom Anlage	Leitungen, Schalter, Dosen, Langfeldleuchten	zusätzlich/alternativ: Sicherungen und Verteilerschrank	zusätzlich/alternativ: Metall-Dampfleuchten
nutzungsspezifische Anlagen	keine	⑩Reitbodenbewässerung (einfache Ausführung) ①①Schüttwände aus Holz zwischen Stahlstützen, Trocknungsanlage für Getreide	⑩Reitbodenbewässerung (komfortable Ausführung) ①①Schüttwände aus Beton-Fertigteilen

BewG Anlage 25

Zu § 191 Absatz 2

Wertzahlen für Ein- und Zweifamilienhäuser nach § 181 Absatz 1 Nummer 1 BewG und Wohnungseigentum nach § 181 Absatz 1 Nummer 3 BewG

Vorläufiger Sachwert § 189 Abs. 3		Bodenrichtwert bis				
		15 EUR/m²	30 EUR/m²	50 EUR/m²	100 EUR/m²	150 EUR/m²
bis	50 000 EUR	1,0	1,1	1,2	1,2	1,2
	100 000 EUR	0,8	0,9	1,0	1,1	1,1
	150 000 EUR	0,8	0,9	0,9	1,0	1,0
	200 000 EUR	0,7	0,8	0,8	0,9	0,9
	300 000 EUR	0,6	0,7	0,7	0,8	0,8
	400 000 EUR	0,5	0,6	0,7	0,7	0,8
	500 000 EUR	0,5	0,6	0,6	0,7	0,8
über	500 000 EUR	0,5	0,5	0,5	0,6	0,7

Vorläufiger Sachwert § 189 Abs. 3		Bodenrichtwert				
		bis				über
		200 EUR/m²	300 EUR/m²	400 EUR/m²	500 EUR/m²	500 EUR/m²
bis	50 000 EUR	1,3	1,3	1,4	1,4	1,5
	100 000 EUR	1,1	1,2	1,2	1,3	1,3
	150 000 EUR	1,0	1,1	1,1	1,2	1,2
	200 000 EUR	0,9	1,1	1,1	1,2	1,2
	300 000 EUR	0,9	1,0	1,0	1,1	1,2
	400 000 EUR	0,8	0,9	1,0	1,0	1,1
	500 000 EUR	0,8	0,9	1,0	1,0	1,1
über	500 000 EUR	0,7	0,8	0,9	0,9	1,0

Wertzahlen für Teileigentum, Geschäftsgrundstücke, gemischt genutzte Grundstücke und sonstige bebaute Grundstücke nach § 181 Absatz 1 Nummer 3 bis 6 BewG

Vorläufiger Sachwert § 189 Abs. 3		
bis	500 000 EUR	0,90
	750 000 EUR	0,85
	1 000 000 EUR	0,80
	1 500 000 EUR	0,75
	2 000 000 EUR	0,70
	3 000 000 EUR	0,65
über	3 000 000 EUR	0,60

Zu § 194 Abs. 3 Satz 2 und Abs. 4 sowie § 195 Abs. 3 Satz 2 **Anlage 26 BewG**

Abzinsungsfaktoren

Restlaufzeit des Erbbaurechts bzw. des Nutzungsrechts (in Jahren)	Zinssatz										
	3 %	3,5 %	4 %	4,5 %	5 %	5,5 %	6 %	6,5 %	7 %	7,5 %	8 %
1	0,9709	0,9662	0,9615	0,9569	0,9524	0,9479	0,9434	0,9390	0,9346	0,9302	0,9259
2	0,9426	0,9335	0,9246	0,9157	0,9070	0,8985	0,8900	0,8817	0,8734	0,8653	0,8573
3	0,9151	0,9019	0,8890	0,8763	0,8638	0,8516	0,8396	0,8278	0,8163	0,8050	0,7938
4	0,8885	0,8714	0,8548	0,8386	0,8227	0,8072	0,7921	0,7773	0,7629	0,7488	0,7350
5	0,8626	0,8420	0,8219	0,8025	0,7835	0,7651	0,7473	0,7299	0,7130	0,6966	0,6806
6	0,8375	0,8135	0,7903	0,7679	0,7462	0,7252	0,7050	0,6853	0,6663	0,6480	0,6302
7	0,8131	0,7860	0,7599	0,7348	0,7107	0,6874	0,6651	0,6435	0,6227	0,6028	0,5835
8	0,7894	0,7594	0,7307	0,7032	0,6768	0,6516	0,6274	0,6042	0,5820	0,5607	0,5403
9	0,7664	0,7337	0,7026	0,6729	0,6446	0,6176	0,5919	0,5674	0,5439	0,5216	0,5002
10	0,7441	0,7089	0,6756	0,6439	0,6139	0,5854	0,5584	0,5327	0,5083	0,4852	0,4632
11	0,7224	0,6849	0,6496	0,6162	0,5847	0,5549	0,5268	0,5002	0,4751	0,4513	0,4289
12	0,7014	0,6618	0,6246	0,5897	0,5568	0,5260	0,4970	0,4697	0,4440	0,4199	0,3971
13	0,6810	0,6394	0,6006	0,5643	0,5303	0,4986	0,4688	0,4410	0,4150	0,3906	0,3677
14	0,6611	0,6178	0,5775	0,5400	0,5051	0,4726	0,4423	0,4141	0,3878	0,3633	0,3405
15	0,6419	0,5969	0,5553	0,5167	0,4810	0,4479	0,4173	0,3888	0,3624	0,3380	0,3152
16	0,6232	0,5767	0,5339	0,4945	0,4581	0,4246	0,3936	0,3651	0,3387	0,3144	0,2919
17	0,6050	0,5572	0,5134	0,4732	0,4363	0,4024	0,3714	0,3428	0,3166	0,2925	0,2703
18	0,5874	0,5384	0,4936	0,4528	0,4155	0,3815	0,3503	0,3219	0,2959	0,2720	0,2502
19	0,5703	0,5202	0,4746	0,4333	0,3957	0,3616	0,3305	0,3022	0,2765	0,2531	0,2317
20	0,5537	0,5026	0,4564	0,4146	0,3769	0,3427	0,3118	0,2838	0,2584	0,2354	0,2145
21	0,5375	0,4856	0,4388	0,3968	0,3589	0,3249	0,2942	0,2665	0,2415	0,2190	0,1987
22	0,5219	0,4692	0,4220	0,3797	0,3418	0,3079	0,2775	0,2502	0,2257	0,2037	0,1839
23	0,5067	0,4533	0,4057	0,3634	0,3256	0,2919	0,2618	0,2349	0,2109	0,1895	0,1703
24	0,4919	0,4380	0,3901	0,3477	0,3101	0,2767	0,2470	0,2206	0,1971	0,1763	0,1577
25	0,4776	0,4231	0,3751	0,3327	0,2953	0,2622	0,2330	0,2071	0,1842	0,1640	0,1460
26	0,4637	0,4088	0,3607	0,3184	0,2812	0,2486	0,2198	0,1945	0,1722	0,1525	0,1352
27	0,4502	0,3950	0,3468	0,3047	0,2678	0,2356	0,2074	0,1826	0,1609	0,1419	0,1252
28	0,4371	0,3817	0,3335	0,2916	0,2551	0,2233	0,1956	0,1715	0,1504	0,1320	0,1159
29	0,4243	0,3687	0,3207	0,2790	0,2429	0,2117	0,1846	0,1610	0,1406	0,1228	0,1073
30	0,4120	0,3563	0,3083	0,2670	0,2314	0,2006	0,1741	0,1512	0,1314	0,1142	0,0994
31	0,4000	0,3442	0,2965	0,2555	0,2204	0,1902	0,1643	0,1420	0,1228	0,1063	0,0920
32	0,3883	0,3326	0,2851	0,2445	0,2099	0,1803	0,1550	0,1333	0,1147	0,0988	0,0852

BewG Anlage 26 Zu § 194 Abs. 3 Satz 2 und Abs. 4 sowie § 195 Abs. 3 Satz 2

Restlaufzeit des Erbbaurechts bzw. des Nutzungsrechts (in Jahren)	Zinssatz										
	3 %	3,5 %	4 %	4,5 %	5 %	5,5 %	6 %	6,5 %	7 %	7,5 %	8 %
33	0,3770	0,3213	0,2741	0,2340	0,1999	0,1709	0,1462	0,1252	0,1072	0,0919	0,0789
34	0,3660	0,3105	0,2636	0,2239	0,1904	0,1620	0,1379	0,1175	0,1002	0,0855	0,0730
35	0,3554	0,3000	0,2534	0,2143	0,1813	0,1535	0,1301	0,1103	0,0937	0,0796	0,0676
36	0,3450	0,2898	0,2437	0,2050	0,1727	0,1455	0,1227	0,1036	0,0875	0,0740	0,0626
37	0,3350	0,2800	0,2343	0,1962	0,1644	0,1379	0,1158	0,0973	0,0818	0,0688	0,0580
38	0,3252	0,2706	0,2253	0,1878	0,1566	0,1307	0,1092	0,0914	0,0765	0,0640	0,0537
39	0,3158	0,2614	0,2166	0,1797	0,1491	0,1239	0,1031	0,0858	0,0715	0,0596	0,0497
40	0,3066	0,2526	0,2083	0,1719	0,1420	0,1175	0,0972	0,0805	0,0668	0,0554	0,0460
41	0,2976	0,2440	0,2003	0,1645	0,1353	0,1113	0,0917	0,0756	0,0624	0,0516	0,0426
42	0,2890	0,2358	0,1926	0,1574	0,1288	0,1055	0,0865	0,0710	0,0583	0,0480	0,0395
43	0,2805	0,2278	0,1852	0,1507	0,1227	0,1000	0,0816	0,0667	0,0545	0,0446	0,0365
44	0,2724	0,2201	0,1780	0,1442	0,1169	0,0948	0,0770	0,0626	0,0509	0,0415	0,0338
45	0,2644	0,2127	0,1712	0,1380	0,1113	0,0899	0,0727	0,0588	0,0476	0,0386	0,0313
46	0,2567	0,2055	0,1646	0,1320	0,1060	0,0852	0,0685	0,0552	0,0445	0,0359	0,0290
47	0,2493	0,1985	0,1583	0,1263	0,1009	0,0807	0,0647	0,0518	0,0416	0,0334	0,0269
48	0,2420	0,1918	0,1522	0,1209	0,0961	0,0765	0,0610	0,0487	0,0389	0,0311	0,0249
49	0,2350	0,1853	0,1463	0,1157	0,0916	0,0725	0,0575	0,0457	0,0363	0,0289	0,0230
50	0,2281	0,1791	0,1407	0,1107	0,0872	0,0688	0,0543	0,0429	0,0339	0,0269	0,0213
51	0,2215	0,1730	0,1353	0,1059	0,0831	0,0652	0,0512	0,0403	0,0317	0,0250	0,0197
52	0,2150	0,1671	0,1301	0,1014	0,0791	0,0618	0,0483	0,0378	0,0297	0,0233	0,0183
53	0,2088	0,1615	0,1251	0,0970	0,0753	0,0586	0,0456	0,0355	0,0277	0,0216	0,0169
54	0,2027	0,1560	0,1203	0,0928	0,0717	0,0555	0,0430	0,0334	0,0259	0,0201	0,0157
55	0,1968	0,1508	0,1157	0,0888	0,0683	0,0526	0,0406	0,0313	0,0242	0,0187	0,0145
56	0,1910	0,1457	0,1112	0,0850	0,0651	0,0499	0,0383	0,0294	0,0226	0,0174	0,0134
57	0,1855	0,1407	0,1069	0,0814	0,0620	0,0473	0,0361	0,0276	0,0211	0,0162	0,0124
58	0,1801	0,1360	0,1028	0,0778	0,0590	0,0448	0,0341	0,0259	0,0198	0,0151	0,0115
59	0,1748	0,1314	0,0989	0,0745	0,0562	0,0425	0,0321	0,0243	0,0185	0,0140	0,0107
60	0,1697	0,1269	0,0951	0,0713	0,0535	0,0403	0,0303	0,0229	0,0173	0,0130	0,0099
61	0,1648	0,1226	0,0914	0,0682	0,0510	0,0382	0,0286	0,0215	0,0161	0,0121	0,0091
62	0,1600	0,1185	0,0879	0,0653	0,0486	0,0362	0,0270	0,0202	0,0151	0,0113	0,0085
63	0,1553	0,1145	0,0845	0,0625	0,0462	0,0343	0,0255	0,0189	0,0141	0,0105	0,0078
64	0,1508	0,1106	0,0813	0,0598	0,0440	0,0325	0,0240	0,0178	0,0132	0,0098	0,0073
65	0,1464	0,1069	0,0781	0,0572	0,0419	0,0308	0,0227	0,0167	0,0123	0,0091	0,0067
66	0,1421	0,1033	0,0751	0,0547	0,0399	0,0292	0,0214	0,0157	0,0115	0,0085	0,0062

Zu § 194 Abs. 3 Satz 2 und Abs. 4 sowie § 195 Abs. 3 Satz 2 **Anlage 26 BewG**

Restlaufzeit des Erbbaurechts bzw. des Nutzungsrechts (in Jahren)	Zinssatz										
	3 %	3,5 %	4 %	4,5 %	5 %	5,5 %	6 %	6,5 %	7 %	7,5 %	8 %
67	0,1380	0,0998	0,0722	0,0524	0,0380	0,0277	0,0202	0,0147	0,0107	0,0079	0,0058
68	0,1340	0,0964	0,0695	0,0501	0,0362	0,0262	0,0190	0,0138	0,0100	0,0073	0,0053
69	0,1301	0,0931	0,0668	0,0480	0,0345	0,0249	0,0179	0,0130	0,0094	0,0068	0,0049
70	0,1263	0,0900	0,0642	0,0459	0,0329	0,0236	0,0169	0,0122	0,0088	0,0063	0,0046
71	0,1226	0,0869	0,0617	0,0439	0,0313	0,0223	0,0160	0,0114	0,0082	0,0059	0,0042
72	0,1190	0,0840	0,0594	0,0420	0,0298	0,0212	0,0151	0,0107	0,0077	0,0055	0,0039
73	0,1156	0,0812	0,0571	0,0402	0,0284	0,0201	0,0142	0,0101	0,0072	0,0051	0,0036
74	0,1122	0,0784	0,0549	0,0385	0,0270	0,0190	0,0134	0,0095	0,0067	0,0047	0,0034
75	0,1089	0,0758	0,0528	0,0368	0,0258	0,0180	0,0126	0,0089	0,0063	0,0044	0,0031
76	0,1058	0,0732	0,0508	0,0353	0,0245	0,0171	0,0119	0,0083	0,0058	0,0041	0,0029
77	0,1027	0,0707	0,0488	0,0337	0,0234	0,0162	0,0113	0,0078	0,0055	0,0038	0,0027
78	0,0997	0,0683	0,0469	0,0323	0,0222	0,0154	0,0106	0,0074	0,0051	0,0035	0,0025
79	0,0968	0,0660	0,0451	0,0309	0,0212	0,0146	0,0100	0,0069	0,0048	0,0033	0,0023
80	0,0940	0,0638	0,0434	0,0296	0,0202	0,0138	0,0095	0,0065	0,0045	0,0031	0,0021
81	0,0912	0,0616	0,0417	0,0283	0,0192	0,0131	0,0089	0,0061	0,0042	0,0029	0,0020
82	0,0886	0,0596	0,0401	0,0271	0,0183	0,0124	0,0084	0,0057	0,0039	0,0027	0,0018
83	0,0860	0,0575	0,0386	0,0259	0,0174	0,0118	0,0079	0,0054	0,0036	0,0025	0,0017
84	0,0835	0,0556	0,0371	0,0248	0,0166	0,0111	0,0075	0,0050	0,0034	0,0023	0,0016
85	0,0811	0,0537	0,0357	0,0237	0,0158	0,0106	0,0071	0,0047	0,0032	0,0021	0,0014
86	0,0787	0,0519	0,0343	0,0227	0,0151	0,0100	0,0067	0,0044	0,0030	0,0020	0,0013
87	0,0764	0,0501	0,0330	0,0217	0,0143	0,0095	0,0063	0,0042	0,0028	0,0019	0,0012
88	0,0742	0,0484	0,0317	0,0208	0,0137	0,0090	0,0059	0,0039	0,0026	0,0017	0,0011
89	0,0720	0,0468	0,0305	0,0199	0,0130	0,0085	0,0056	0,0037	0,0024	0,0016	0,0011
90	0,0699	0,0452	0,0293	0,0190	0,0124	0,0081	0,0053	0,0035	0,0023	0,0015	0,0010
91	0,0679	0,0437	0,0282	0,0182	0,0118	0,0077	0,0050	0,0032	0,0021	0,0014	0,0009
92	0,0659	0,0422	0,0271	0,0174	0,0112	0,0073	0,0047	0,0030	0,0020	0,0013	0,0008
93	0,0640	0,0408	0,0261	0,0167	0,0107	0,0069	0,0044	0,0029	0,0019	0,0012	0,0008
94	0,0621	0,0394	0,0251	0,0160	0,0102	0,0065	0,0042	0,0027	0,0017	0,0011	0,0007
95	0,0603	0,0381	0,0241	0,0153	0,0097	0,0062	0,0039	0,0025	0,0016	0,0010	0,0007
96	0,0586	0,0368	0,0232	0,0146	0,0092	0,0059	0,0037	0,0024	0,0015	0,0010	0,0006
97	0,0569	0,0355	0,0223	0,0140	0,0088	0,0056	0,0035	0,0022	0,0014	0,0009	0,0006
98	0,0552	0,0343	0,0214	0,0134	0,0084	0,0053	0,0033	0,0021	0,0013	0,0008	0,0005
99	0,0536	0,0332	0,0206	0,0128	0,0080	0,0050	0,0031	0,0020	0,0012	0,0008	0,0005
100	0,0520	0,0321	0,0198	0,0123	0,0076	0,0047	0,0029	0,0018	0,0012	0,0007	0,0005

BewG Anlage 26

Zu § 194 Abs. 3 Satz 2 und Abs. 4 sowie § 195 Abs. 3 Satz 2

In den Fällen anderer Zinssätze der Gutachterausschüsse ist der Abzinsungsfaktor nach folgender Formel zu bilden:

$$\text{Abzinsungsfaktor} = \frac{1}{q^n}$$

q = **Zinsfaktor = 1 + p : 100**

p = **Zinssatz**

n = **Restnutzungsdauer / Restlaufzeit**

Zu § 237 Absatz 2 — **Anlage 27 BewG**

Landwirtschaftliche Nutzung[1]

Bewertungsfaktoren	Bezugseinheit	in EUR
Grundbetrag	pro Ar	2,52
Ertragsmesszahl	pro Ertragsmesszahl (Produkt aus Acker-/Grünlandzahl und Ar)	0,041
Zuschläge für	**Bezugseinheit**	**in EUR**
Verstärkte Tierhaltung	je Vieheinheit über einem Besatz von 2,0 Vieheinheiten je Hektar selbst bewirtschafteter Fläche der landwirtschaftlichen Nutzung	79,00

---
[1] Anlage 27 i. d. F. der Verordnung der Anlagen 27 bis 33 des Bewertungsgesetzes vom 29. Juni 2021 (BGBl. I S. 2290).

BewG Anlage 28

Zu § 237 Absatz 3

Forstwirtschaftliche Nutzung[1]

	Bewertungsfaktor für Wuchsgebiet	in EUR/ha
1	Schleswig-Holstein Nordwest	86,17
2	Jungmoränenlandschaft Schleswig-Holstein Ost/Nordwest-Mecklenburg	80,53
3	Schleswig-Holstein Südwest	90,24
4	Mecklenburg-Westvorpommersches Küstenland	64,57
5	Ostholsteinisch-Westmecklenburger Jungmoränenland	73,13
6	(Mittel-) Mecklenburger Jungmoränenland	62,38
7	Ostmecklenburg-Vorpommersches Jungmoränenland	78,03
8	Ostvorpommersches Küstenland	56,36
9	Nordostbrandenburger Jungmoränenland (Mittelbrandenburger Jungmoränenland)	53,83
10	Ostmecklenburg-Nordbrandenburger Jungmoränenland (Nordbrandenburger Jungmoränenland)	55,09
11	Ostniedersächsisch-Altmärkisches Altmoränenland (Westprignitz-Altmärkisches Altmoränenland)	46,03
12	Südost-Holsteinisch-Südwestmecklenburger Altmoränenland	57,31
13	Ostniedersächsisches Tiefland	66,34
14	Niedersächsischer Küstenraum	79,05
15	Mittelwestniedersächsisches Tiefland	67,41
16	Westfälische Bucht	70,03
17	Weserbergland	101,93
18	Nordwestdeutsche Berglandschwelle	73,10
19	Nordwestliches Harzvorland	65,70
20	Nordöstliche Harzvorländer	43,24
21	Sachsen-Anhaltinische Löss-Ebene	51,09
22	Mittleres nordostdeutsches Altmoränenland	38,39
23	Hoher Fläming	47,69
24	Mittelbrandenburger Talsand- und Moränenland	37,53
25	Düben-Niederlausitzer Altmoränenland	37,65
26	Lausitzer Löss-Hügelland	84,73
27	Zittauer Gebirge	163,92
28	Oberlausitzer Bergland	155,56
29	Elbsandsteingebirge	123,19
30	Westlausitzer Platte und Elbtalzone	68,56

[1] Anlage 28 i. d. F. der Verordnung der Anlagen 27 bis 33 des Bewertungsgesetzes vom 29. Juni 2021 (BGBl. I S. 2290).

Zu § 237 Absatz 3 **Anlage 28 BewG**

	Bewertungsfaktor für Wuchsgebiet	in EUR/ha
31	Sächsisch-Thüringisches Löss-Hügelland	63,80
32	Leipziger Sandlöss-Ebene	50,58
33	Ostthüringisches Trias-Hügelland	72,24
34	Thüringer Becken	64,12
35	Nordthüringisches Trias-Hügelland	60,06
36	Harz	142,70
37	Mitteldeutsches Trias-Berg- und Hügelland	98,77
38	Nordwesthessisches Bergland	88,55
39	Nördliches hessisches Schiefergebirge	99,86
40	Sauerland	145,62
41	Bergisches Land	113,51
42	Niederrheinisches Tiefland	68,33
43	Niederrheinische Bucht	68,27
44	Nordwesteifel	135,51
45	Osteifel	99,15
46	Mittelrheintal	62,52
47	Westerwald	112,73
48	Taunus	94,94
49	Wetterau und Gießener Becken	73,66
50	Vogelsberg und östlich angrenzende Sandsteingebiete	102,75
51	Rhön	97,18
52	Südthüringisches-Oberfränkisches Trias-Hügelland	106,95
53	Thüringer Gebirge	162,51
54	Vogtland	140,47
55	Erzgebirgsvorland	93,22
56	Erzgebirge	171,75
57	Frankenwald, Fichtelgebirge und Steinwald	183,51
58	Oberpfälzer Wald	147,30
59	Oberpfälzer Becken- und Hügelland	78,21
60	Frankenalb und Oberpfälzer Jura	106,82
61	Fränkischer Keuper und Albvorland	73,44
62	Fränkische Platte	67,76
63	Spessart	105,47

BewG Anlage 28 Zu § 237 Absatz 3

Bewertungsfaktor für Wuchsgebiet		in EUR/ha
64	Odenwald	124,93
65	Oberrheinisches Tiefland und Rhein-Main-Ebene	64,13
66	Hunsrück	116,75
67	Moseltal	87,42
68	Gutland	97,81
69	Saarländisch-Pfälzisches Muschelkalkgebiet	78,64
70	Saar-Nahe-Bergland	75,52
71	Westricher Moorniederung	79,49
72	Pfälzerwald	78,67
73	Schwarzwald	181,38
74	Baar-Wutach	172,51
75	Neckarland	117,23
76	Schwäbische Alb	123,63
77	Südwestdeutsches Alpenvorland	177,56
78	Tertiäres Hügelland	166,59
79	Bayerischer Wald	160,79
80	Schwäbisch-Bayerische Schotterplatten- und Altmoränenlandschaft	165,45
81	Schwäbisch-Bayerische Jungmoräne und Molassevorberge	157,93
82	Bayerische Alpen	135,61

Zu § 237 Absatz 4 | **Anlage 29 BewG**

Weinbauliche Nutzung[1]

Bewertungsfaktor für	Flächeneinheit	in EUR
Traubenerzeugung	pro Ar	11,70

---

[1] Anlage 29 i. d. F. der Verordnung der Anlagen 27 bis 33 des Bewertungsgesetzes vom 29. Juni 2021 (BGBl. I S. 2290).

BewG Anlage 30

Zu § 237 Absatz 5

Gärtnerische Nutzung[1)]

Nutzungsteil Gemüsebau

Bewertungsfaktor für	Flächeneinheit	in EUR
Flächen im Freiland und für Kleingarten- und Dauerkleingartenland	pro Ar	12,35
Zuschläge für	**Flächeneinheit**	**in EUR**
Flächen unter Glas und Kunststoffen	pro Ar	45,00

Nutzungsteil Blumen-/Zierpflanzenbau

Bewertungsfaktor für	Flächeneinheit	in EUR
Flächen im Freiland	pro Ar	27,60
Zuschläge für	**Flächeneinheit**	**in EUR**
Flächen unter Glas und Kunststoffen	pro Ar	65,15

Nutzungsteil Obstbau

Bewertungsfaktor für	Flächeneinheit	in EUR
Flächen im Freiland	pro Ar	9,53
Zuschläge für	**Flächeneinheit**	**in EUR**
Flächen unter Glas und Kunststoffen	pro Ar	45,00

Nutzungsteil Baumschulen

Bewertungsfaktor für	Flächeneinheit	in EUR
Flächen im Freiland	pro Ar	22,29
Zuschläge für	**Flächeneinheit**	**in EUR**
Flächen unter Glas und Kunststoffen	pro Ar	65,15

[1)] Anlage 30 i. d. F. der Verordnung der Anlagen 27 bis 33 des Bewertungsgesetzes vom 29. Juni 2021 (BGBl. I S. 2290).

Zu § 237 Absatz 6 und 7 **Anlage 31 BewG**

Übrige land- und forstwirtschaftliche Nutzungen sowie Abbauland, Geringstland und Unland[1]

Sondernutzungen		
Bewertungsfaktor für	**Flächeneinheit**	**in EUR**
Hopfen	pro Ar	13,75
Spargel	pro Ar	12,69

Sonstige land- und forstwirtschaftliche Nutzungen		
Bewertungsfaktor für	**Bezugseinheit**	**in EUR**
Wasserflächen	pro Ar	1,00
Zuschläge für stehende Gewässer		
Wasserflächen für Binnenfischerei, Teichwirtschaft und Fischzucht für Binnenfischerei und Teichwirtschaft	ab 1,00 kg bis 4,00 kg Fischertrag/Ar pro Ar	2,00
Wasserflächen für Binnenfischerei, Teichwirtschaft und Fischzucht für Binnenfischerei und Teichwirtschaft	über 4,00 kg Fischertrag/Ar pro Ar	2,50
Zuschläge für fließende Gewässer		
Teichwirtschaft und Fischzucht für Binnenfischerei und Teichwirtschaft	bis 500 Liter/Sekunde Durchfluss pro Liter/Sekunde	12,50
Teichwirtschaft und Fischzucht für Binnenfischerei und Teichwirtschaft	über 500 Liter/Sekunde Durchfluss pro Liter/Sekunde	15,00
Saatzucht	pro Ar	Anlage 27
Weihnachtsbaumkulturen	pro Ar	19,40
Kurzumtriebsplantagen	pro Ar	Anlage 27
Sonstige land- und forstwirtschaftliche Nutzungen, für die kein Bewertungsfaktor festgelegt wurde		
Wirtschaftsgebäude	pro Quadratmeter Bruttogrundfläche und Monat	1,23

Nutzungsarten Abbauland, Geringstland und Unland		
Bewertungsfaktor für	**Flächeneinheit**	**in EUR**
Abbauland	pro Ar	1,00
Geringstland	pro Ar	0,38
Unland	pro Ar	0,00

---

[1] Anlage 31 i. d. F. der Verordnung der Anlagen 27 bis 33 des Bewertungsgesetzes vom 29. Juni 2021 (BGBl. I S. 2290), berichtigt am 12. Oktober 2021 (BGBl. I S. 4831).

BewG Anlage 32

Zu § 237 Absatz 8

Nutzungsart Hofstelle[1]

Bewertungsfaktor für	Flächeneinheit	in EUR
Hofflächen	pro Ar	6,62
Zuschläge für	**Flächeneinheit**	**in EUR**
Wirtschaftsgebäude der weinbaulichen Nutzung bei Fass- und Flaschenweinerzeugung	pro Quadratmeter Bruttogrundfläche und Monat	1,23
Wirtschaftsgebäude der Nebenbetriebe	pro Quadratmeter Bruttogrundfläche und Monat	1,23

---

[1] Anlage 32 i. d. F. der Verordnung der Anlagen 27 bis 33 des Bewertungsgesetzes vom 29. Juni 2021 (BGBl. I S. 2290).

Zu § 238 Absatz 2 **Anlage 33 BewG**

Weitere den Ertragswert erhöhende Umstände[1]

Bewertungsfaktor für	Flächeneinheit	in EUR
Abgegrenzte Standortfläche der Windenergieanlage	pro Ar	59,58

---

[1] Anlage 33 i.d.F. der Verordnung zur Neufassung der Anlagen 27 bis 33 des Bewertungsgesetzes vom 29. Juni 2021 (BGBl. I S. 2290).

BewG Anlage 34

Zu § 241 Absatz 5

Umrechnungsschlüssel für Tierbestände in Vieheinheiten (VE) nach dem Futterbedarf

Tierart	1 Tier	
Nach dem Durchschnittsbestand in Stück:		
Alpakas	0,08	VE
Damtiere		
Damtiere unter 1 Jahr	0,04	VE
Damtiere 1 Jahr und älter	0,08	VE
Geflügel		
Legehennen (einschließlich einer normalen Aufzucht zur Ergänzung des Bestandes)	0,02	VE
Legehennen aus zugekauften Junghennen	0,0183	VE
Zuchtputen, -enten, -gänse	0,04	VE
Kaninchen		
Zucht- und Angorakaninchen	0,025	VE
Lamas	0,1	VE
Pferde		
Pferde unter 3 Jahren und Kleinpferde	0,7	VE
Pferde 3 Jahre und älter	1,1	VE
Rindvieh		
Kälber und Jungvieh unter 1 Jahr (einschließlich Mastkälber, Starterkälber und Fresser)	0,3	VE
Jungvieh 1 bis 2 Jahre alt	0,7	VE
Färsen (älter als 2 Jahre)	1	VE
Masttiere (Mastdauer weniger als 1 Jahr)	1	VE
Kühe (einschließlich Mutter- und Ammenkühe mit den dazugehörigen Saugkälbern)	1	VE
Zuchtbullen, Zugochsen	1,2	VE
Schafe		
Schafe unter 1 Jahr (einschließlich Mastlämmer)	0,05	VE
Schafe 1 Jahr und älter	0,1	VE
Schweine		
Zuchtschweine (einschließlich Jungzuchtschweine über etwa 90 kg)	0,33	VE
Strauße		
Zuchttiere 14 Monate und älter	0,32	VE
Jungtiere/Masttiere unter 14 Monate	0,25	VE
Ziegen	0,08	VE

Zu § 241 Absatz 5 **Anlage 34 BewG**

Tierart	**1 Tier**	
Nach der Erzeugung in Stück:		
Geflügel		
Jungmasthühner (bis zu 6 Durchgänge je Jahr – schwere Tiere)	0,0017	VE
(mehr als 6 Durchgänge je Jahr – leichte Tiere)	0,0013	VE
Junghennen	0,0017	VE
Mastenten	0,0033	VE
Mastenten in der Aufzuchtphase	0,0011	VE
Mastenten in der Mastphase	0,0022	VE
Mastputen aus selbst erzeugten Jungputen	0,0067	VE
Mastputen aus zugekauften Jungputen	0,005	VE
Jungputen (bis etwa 8 Wochen)	0,0017	VE
Mastgänse	0,0067	VE
Kaninchen		
Mastkaninchen	0,0025	VE
Rindvieh		
Masttiere (Mastdauer 1 Jahr und mehr)	1	VE
Schweine		
Leichte Ferkel (bis etwa 12 kg)	0,01	VE
Ferkel (über etwa 12 bis etwa 20 kg)	0,02	VE
Schwere Ferkel und leichte Läufer (über etwa 20 bis etwa 30 kg)	0,04	VE
Läufer (über etwa 30 bis etwa 45 kg)	0,06	VE
Schwere Läufer (über etwa 45 bis etwa 60 kg)	0,08	VE
Mastschweine	0,16	VE
Jungzuchtschweine bis etwa 90 kg	0,12	VE

BewG Anlage 35

Zu § 241 Absatz 5

Gruppen der Zweige des Tierbestands nach der Flächenabhängigkeit

1. Mehr flächenabhängige Zweige des Tierbestands:
   Pferdehaltung,
   Pferdezucht,
   Schafzucht,
   Schafhaltung,
   Rindviehzucht,
   Milchviehhaltung,
   Rindviehmast.
2. Weniger flächenabhängige Zweige des Tierbestands:
   Schweinezucht,
   Schweinemast,
   Hühnerzucht,
   Entenzucht,
   Gänsezucht,
   Putenzucht,
   Legehennenhaltung,
   Junghühnermast,
   Entenmast,
   Gänsemast,
   Putenmast.

Zu §§ 251 und 257 Absatz 1 **Anlage 36 BewG**

Umrechnungskoeffizienten zur Berücksichtigung abweichender Grundstücksgrößen beim Bodenwert von Ein- und Zweifamilienhäusern

Grundstücksgröße	Umrechnungskoeffizient
$< 250\ m^2$	1,24
$\geq 250\ m^2$	1,19
$\geq 300\ m^2$	1,14
$\geq 350\ m^2$	1,10
$\geq 400\ m^2$	1,06
$\geq 450\ m^2$	1,03
$\geq 500\ m^2$	1,00
$\geq 550\ m^2$	0,98
$\geq 600\ m^2$	0,95
$\geq 650\ m^2$	0,94
$\geq 700\ m^2$	0,92
$\geq 750\ m^2$	0,90
$\geq 800\ m^2$	0,89
$\geq 850\ m^2$	0,87
$\geq 900\ m^2$	0,86
$\geq 950\ m^2$	0,85
$\geq 1.000\ m^2$	0,84
$\geq 1.050\ m^2$	0,83
$\geq 1.100\ m^2$	0,82
$\geq 1.150\ m^2$	0,81
$\geq 1.200\ m^2$	0,80
$\geq 1.250\ m^2$	0,79
$\geq 1.300\ m^2$	0,78
$\geq 1.350\ m^2$	0,77
$\geq 1.400\ m^2$	0,76
$\geq 1.450\ m^2$	0,75
$\geq 1.500\ m^2$	0,74
$\geq 1.550\ m^2$	0,73
$\geq 1.600\ m^2$	0,72
$\geq 1.650\ m^2$	0,71
$\geq 1.700\ m^2$	0,70

BewG Anlage 36

Zu §§ 251 und 257 Absatz 1

Grundstücksgröße	Umrechnungskoeffizient
$\geq 1.750\ m^2$	0,69
$\geq 1.800\ m^2$	0,68
$\geq 1.850\ m^2$	0,67
$\geq 1.900\ m^2$	0,66
$\geq 1.950\ m^2$	0,65
$\geq 2.000\ m^2$	0,64

Zu § 253 Absatz 2 — **Anlage 37 BewG**

Vervielfältiger

Restnut-zungs-dauer (Jahre)	Zinssatz										
	1,5 %	1,6 %	1,7 %	1,8 %	1,9 %	2,0 %	2,1 %	2,2 %	2,3 %	2,4 %	2,5 %
1	0,99	0,98	0,98	0,98	0,98	0,98	0,98	0,98	0,98	0,98	0,98
2	1,96	1,95	1,95	1,95	1,94	1,94	1,94	1,94	1,93	1,93	1,93
3	2,91	2,91	2,90	2,90	2,89	2,88	2,88	2,87	2,87	2,86	2,86
4	3,85	3,84	3,84	3,83	3,82	3,81	3,80	3,79	3,78	3,77	3,76
5	4,78	4,77	4,75	4,74	4,73	4,71	4,70	4,69	4,67	4,66	4,65
6	5,70	5,68	5,66	5,64	5,62	5,60	5,58	5,56	5,55	5,53	5,51
7	6,60	6,57	6,55	6,52	6,50	6,47	6,45	6,42	6,40	6,37	6,35
8	7,49	7,45	7,42	7,39	7,36	7,33	7,29	7,26	7,23	7,20	7,17
9	8,36	8,32	8,28	8,24	8,20	8,16	8,12	8,08	8,05	8,01	7,97
10	9,22	9,17	9,13	9,08	9,03	8,98	8,94	8,89	8,84	8,80	8,75
11	10,07	10,01	9,96	9,90	9,84	9,79	9,73	9,68	9,62	9,57	9,51
12	10,91	10,84	10,77	10,71	10,64	10,58	10,51	10,45	10,38	10,32	10,26
13	11,73	11,65	11,58	11,50	11,42	11,35	11,27	11,20	11,13	11,05	10,98
14	12,54	12,45	12,37	12,28	12,19	12,11	12,02	11,94	11,85	11,77	11,69
15	13,34	13,24	13,14	13,04	12,95	12,85	12,75	12,66	12,57	12,47	12,38
16	14,13	14,02	13,91	13,80	13,69	13,58	13,47	13,37	13,26	13,16	13,06
17	14,91	14,78	14,66	14,53	14,41	14,29	14,17	14,06	13,94	13,83	13,71
18	15,67	15,53	15,40	15,26	15,12	14,99	14,86	14,73	14,60	14,48	14,35
19	16,43	16,27	16,12	15,97	15,82	15,68	15,53	15,39	15,25	15,12	14,98
20	17,17	17,00	16,83	16,67	16,51	16,35	16,19	16,04	15,89	15,74	15,59
21	17,90	17,72	17,54	17,36	17,18	17,01	16,84	16,67	16,51	16,35	16,18
22	18,62	18,42	18,23	18,03	17,84	17,66	17,47	17,29	17,11	16,94	16,77
23	19,33	19,12	18,91	18,70	18,49	18,29	18,09	17,90	17,71	17,52	17,33
24	20,03	19,80	19,57	19,35	19,13	18,91	18,70	18,49	18,29	18,08	17,88
25	20,72	20,47	20,23	19,99	19,75	19,52	19,30	19,07	18,85	18,64	18,42
26	21,40	21,13	20,87	20,62	20,37	20,12	19,88	19,64	19,41	19,18	18,95
27	22,07	21,79	21,51	21,24	20,97	20,71	20,45	20,20	19,95	19,70	19,46
28	22,73	22,43	22,13	21,84	21,56	21,28	21,01	20,74	20,48	20,22	19,96
29	23,38	23,06	22,75	22,44	22,14	21,84	21,56	21,27	20,99	20,72	20,45
30	24,02	23,68	23,35	23,02	22,71	22,40	22,09	21,79	21,50	21,21	20,93
31	24,65	24,29	23,94	23,60	23,27	22,94	22,62	22,30	21,99	21,69	21,40
32	25,27	24,89	24,52	24,17	23,81	23,47	23,13	22,80	22,48	22,16	21,85
33	25,88	25,48	25,10	24,72	24,35	23,99	23,63	23,29	22,95	22,62	22,29
34	26,48	26,07	25,66	25,27	24,88	24,50	24,13	23,77	23,41	23,06	22,72
35	27,08	26,64	26,22	25,80	25,40	25,00	24,61	24,23	23,86	23,50	23,15

BewG Anlage 37

Zu § 253 Absatz 2

Restnut-zungs-dauer (Jahre)	Zinssatz										
	1,5 %	1,6 %	1,7 %	1,8 %	1,9 %	2,0 %	2,1 %	2,2 %	2,3 %	2,4 %	2,5 %
36	27,66	27,21	26,76	26,33	25,90	25,49	25,08	24,69	24,30	23,93	23,56
37	28,24	27,76	27,30	26,84	26,40	25,97	25,55	25,14	24,73	24,34	23,96
38	28,81	28,31	27,82	27,35	26,89	26,44	26,00	25,57	25,16	24,75	24,35
39	29,36	28,85	28,34	27,85	27,37	26,90	26,45	26,00	25,57	25,14	24,73
40	29,92	29,38	28,85	28,34	27,84	27,36	26,88	26,42	25,97	25,53	25,10
41	30,46	29,90	29,35	28,82	28,30	27,80	27,31	26,83	26,36	25,91	25,47
42	30,99	30,41	29,85	29,29	28,76	28,23	27,73	27,23	26,75	26,28	25,82
43	31,52	30,92	30,33	29,76	29,20	28,66	28,14	27,62	27,12	26,64	26,17
44	32,04	31,41	30,81	30,21	29,64	29,08	28,54	28,01	27,49	26,99	26,50
45	32,55	31,90	31,27	30,66	30,07	29,49	28,93	28,38	27,85	27,34	26,83
46	33,06	32,39	31,73	31,10	30,49	29,89	29,31	28,75	28,20	27,67	27,15
47	33,55	32,86	32,19	31,54	30,90	30,29	29,69	29,11	28,55	28,00	27,47
48	34,04	33,33	32,63	31,96	31,31	30,67	30,06	29,46	28,88	28,32	27,77
49	34,52	33,79	33,07	32,38	31,70	31,05	30,42	29,81	29,21	28,63	28,07
50	35,00	34,24	33,50	32,79	32,09	31,42	30,77	30,14	29,53	28,94	28,36
51	35,47	34,68	33,92	33,19	32,48	31,79	31,12	30,47	29,84	29,24	28,65
52	35,93	35,12	34,34	33,58	32,85	32,14	31,46	30,79	30,15	29,53	28,92
53	36,38	35,55	34,75	33,97	33,22	32,50	31,79	31,11	30,45	29,81	29,19
54	36,83	35,98	35,15	34,35	33,58	32,84	32,12	31,42	30,74	30,09	29,46
55	37,27	36,39	35,55	34,73	33,94	33,17	32,44	31,72	31,03	30,36	29,71
56	37,71	36,81	35,94	35,10	34,29	33,50	32,75	32,02	31,31	30,63	29,96
57	38,13	37,21	36,32	35,46	34,63	33,83	33,05	32,31	31,58	30,88	30,21
58	38,56	37,61	36,70	35,82	34,97	34,15	33,35	32,59	31,85	31,14	30,45
59	38,97	38,00	37,07	36,16	35,29	34,46	33,65	32,87	32,11	31,38	30,68
60	39,38	38,39	37,43	36,51	35,62	34,76	33,93	33,14	32,37	31,63	30,91
61	39,78	38,77	37,79	36,84	35,94	35,06	34,22	33,40	32,62	31,86	31,13
62	40,18	39,14	38,14	37,17	36,25	35,35	34,49	33,66	32,86	32,09	31,35
63	40,57	39,51	38,48	37,50	36,55	35,64	34,76	33,92	33,10	32,31	31,56
64	40,96	39,87	38,82	37,82	36,85	35,92	35,03	34,16	33,33	32,53	31,76
65	41,34	40,23	39,16	38,13	37,15	36,20	35,28	34,41	33,56	32,75	31,96
66	41,71	40,58	39,49	38,44	37,43	36,47	35,54	34,64	33,78	32,96	32,16
67	42,08	40,92	39,81	38,74	37,72	36,73	35,79	34,88	34,00	33,16	32,35
68	42,44	41,26	40,13	39,04	38,00	36,99	36,03	35,11	34,22	33,36	32,54
69	42,80	41,60	40,44	39,33	38,27	37,25	36,27	35,33	34,42	33,56	32,72
70	43,15	41,93	40,75	39,62	38,54	37,50	36,50	35,55	34,63	33,75	32,90
71	43,50	42,25	41,05	39,90	38,80	37,74	36,73	35,76	34,83	33,93	33,07
72	43,84	42,57	41,35	40,18	39,06	37,98	36,95	35,97	35,02	34,11	33,24

Zu § 253 Absatz 2   **Anlage 37 BewG**

Restnut-zungs-dauer (Jahre)	Zinssatz										
	1,5 %	1,6 %	1,7 %	1,8 %	1,9 %	2,0 %	2,1 %	2,2 %	2,3 %	2,4 %	2,5 %
73	44,18	42,88	41,64	40,45	39,31	38,22	37,17	36,17	35,21	34,29	33,40
74	44,51	43,19	41,93	40,72	39,56	38,45	37,39	36,37	35,40	34,46	33,57
75	44,84	43,50	42,21	40,98	39,80	38,68	37,60	36,57	35,58	34,63	33,72
76	45,16	43,79	42,49	41,24	40,04	38,90	37,81	36,76	35,76	34,80	33,88
77	45,48	44,09	42,76	41,49	40,28	39,12	38,01	36,95	35,93	34,96	34,03
78	45,79	44,38	43,03	41,74	40,51	39,33	38,21	37,13	36,10	35,11	34,17
79	46,10	44,66	43,29	41,98	40,73	39,54	38,40	37,31	36,27	35,27	34,31
80	46,41	44,95	43,55	42,22	40,96	39,74	38,59	37,48	36,43	35,42	34,45
81	46,71	45,22	43,81	42,46	41,17	39,95	38,77	37,66	36,59	35,56	34,59
82	47,00	45,49	44,06	42,69	41,39	40,14	38,96	37,82	36,74	35,71	34,72
83	47,29	45,76	44,31	42,92	41,60	40,34	39,13	37,99	36,89	35,85	34,85
84	47,58	46,03	44,55	43,14	41,80	40,53	39,31	38,15	37,04	35,98	34,97
85	47,86	46,29	44,79	43,36	42,00	40,71	39,48	38,31	37,19	36,12	35,10
86	48,14	46,54	45,02	43,58	42,20	40,89	39,65	38,46	37,33	36,25	35,22
87	48,41	46,79	45,25	43,79	42,40	41,07	39,81	38,61	37,47	36,37	35,33
88	48,68	47,04	45,48	44,00	42,59	41,25	39,97	38,76	37,60	36,50	35,45
89	48,95	47,28	45,70	44,20	42,77	41,42	40,13	38,90	37,73	36,62	35,56
90	49,21	47,52	45,92	44,40	42,96	41,59	40,28	39,04	37,86	36,74	35,67
91	49,47	47,76	46,14	44,60	43,14	41,75	40,43	39,18	37,99	36,85	35,77
92	49,72	47,99	46,35	44,79	43,32	41,91	40,58	39,32	38,11	36,97	35,87
93	49,97	48,22	46,56	44,98	43,49	42,07	40,73	39,45	38,23	37,08	35,98
94	50,22	48,44	46,76	45,17	43,66	42,23	40,87	39,58	38,35	37,18	36,07
95	50,46	48,67	46,96	45,35	43,83	42,38	41,01	39,70	38,47	37,29	36,17
96	50,70	48,88	47,16	45,53	43,99	42,53	41,14	39,83	38,58	37,39	36,26
97	50,94	49,10	47,36	45,71	44,15	42,68	41,28	39,95	38,69	37,49	36,35
98	51,17	49,31	47,55	45,89	44,31	42,82	41,41	40,07	38,80	37,59	36,44
99	51,40	49,52	47,74	46,06	44,47	42,96	41,53	40,18	38,90	37,68	36,53
100	51,62	49,72	47,92	46,22	44,62	43,10	41,66	40,30	39,00	37,78	36,61

BewG Anlage 37

Zu § 253 Absatz 2

Vervielfältiger

Restnut-zungsdauer (Jahre)	Zinssatz							
	2,6 %	2,7 %	2,8 %	2,9 %	3,0 %	3,5 %	4 %	4,5 %
1	0,97	0,97	0,97	0,97	0,97	0,97	0,96	0,96
2	1,92	1,92	1,92	1,92	1,91	1,90	1,89	1,87
3	2,85	2,85	2,84	2,83	2,83	2,80	2,78	2,75
4	3,75	3,74	3,73	3,73	3,72	3,67	3,63	3,59
5	4,63	4,62	4,61	4,59	4,58	4,52	4,45	4,39
6	5,49	5,47	5,45	5,44	5,42	5,33	5,24	5,16
7	6,33	6,30	6,28	6,25	6,23	6,11	6,00	5,89
8	7,14	7,11	7,08	7,05	7,02	6,87	6,73	6,60
9	7,93	7,90	7,86	7,82	7,79	7,61	7,44	7,27
10	8,71	8,66	8,62	8,57	8,53	8,32	8,11	7,91
11	9,46	9,41	9,36	9,30	9,25	9,00	8,76	8,53
12	10,20	10,13	10,07	10,01	9,95	9,66	9,39	9,12
13	10,91	10,84	10,77	10,70	10,63	10,30	9,99	9,68
14	11,61	11,53	11,45	11,37	11,30	10,92	10,56	10,22
15	12,29	12,20	12,11	12,02	11,94	11,52	11,12	10,74
16	12,95	12,85	12,76	12,66	12,56	12,09	11,65	11,23
17	13,60	13,49	13,38	13,27	13,17	12,65	12,17	11,71
18	14,23	14,11	13,99	13,87	13,75	13,19	12,66	12,16
19	14,84	14,71	14,58	14,45	14,32	13,71	13,13	12,59
20	15,44	15,30	15,16	15,02	14,88	14,21	13,59	13,01
21	16,03	15,87	15,72	15,56	15,42	14,70	14,03	13,40
22	16,59	16,43	16,26	16,10	15,94	15,17	14,45	13,78
23	17,15	16,97	16,79	16,62	16,44	15,62	14,86	14,15
24	17,69	17,50	17,31	17,12	16,94	16,06	15,25	14,50
25	18,22	18,01	17,81	17,61	17,41	16,48	15,62	14,83
26	18,73	18,51	18,30	18,08	17,88	16,89	15,98	15,15
27	19,23	19,00	18,77	18,55	18,33	17,29	16,33	15,45
28	19,72	19,47	19,23	19,00	18,76	17,67	16,66	15,74
29	20,19	19,93	19,68	19,43	19,19	18,04	16,98	16,02
30	20,65	20,38	20,12	19,86	19,60	18,39	17,29	16,29
31	21,11	20,82	20,54	20,27	20,00	18,74	17,59	16,54
32	21,55	21,25	20,96	20,67	20,39	19,07	17,87	16,79
33	21,97	21,66	21,36	21,06	20,77	19,39	18,15	17,02
34	22,39	22,07	21,75	21,44	21,13	19,70	18,41	17,25
35	22,80	22,46	22,13	21,80	21,49	20,00	18,66	17,46
36	23,20	22,84	22,50	22,16	21,83	20,29	18,91	17,67
37	23,58	23,22	22,86	22,51	22,17	20,57	19,14	17,86

Zu § 253 Absatz 2 **Anlage 37 BewG**

Restnut-zungsdauer (Jahre)	Zinssatz							
	2,6 %	2,7 %	2,8 %	2,9 %	3,0 %	3,5 %	4 %	4,5 %
38	23,96	23,58	23,21	22,85	22,49	20,84	19,37	18,05
39	24,33	23,93	23,55	23,17	22,81	21,10	19,58	18,23
40	24,69	24,28	23,88	23,49	23,11	21,36	19,79	18,40
41	25,03	24,61	24,20	23,80	23,41	21,60	19,99	18,57
42	25,37	24,94	24,52	24,10	23,70	21,83	20,19	18,72
43	25,71	25,26	24,82	24,40	23,98	22,06	20,37	18,87
44	26,03	25,57	25,12	24,68	24,25	22,28	20,55	19,02
45	26,34	25,87	25,41	24,96	24,52	22,50	20,72	19,16
46	26,65	26,16	25,69	25,23	24,78	22,70	20,88	19,29
47	26,95	26,45	25,96	25,49	25,02	22,90	21,04	19,41
48	27,24	26,73	26,23	25,74	25,27	23,09	21,20	19,54
49	27,53	27,00	26,48	25,99	25,50	23,28	21,34	19,65
50	27,80	27,26	26,74	26,23	25,73	23,46	21,48	19,76
51	28,07	27,52	26,98	26,46	25,95	23,63	21,62	19,87
52	28,34	27,77	27,22	26,68	26,17	23,80	21,75	19,97
53	28,59	28,01	27,45	26,90	26,37	23,96	21,87	20,07
54	28,84	28,25	27,68	27,12	26,58	24,11	21,99	20,16
55	29,09	28,48	27,89	27,33	26,77	24,26	22,11	20,25
56	29,33	28,71	28,11	27,53	26,97	24,41	22,22	20,33
57	29,56	28,93	28,31	27,72	27,15	24,55	22,33	20,41
58	29,78	29,14	28,52	27,91	27,33	24,69	22,43	20,49
59	30,00	29,35	28,71	28,10	27,51	24,82	22,53	20,57
60	30,22	29,55	28,90	28,28	27,68	24,94	22,62	20,64
61	30,43	29,75	29,09	28,45	27,84	25,07	22,71	20,71
62	30,63	29,94	29,27	28,62	28,00	25,19	22,80	20,77
63	30,83	30,12	29,44	28,79	28,16	25,30	22,89	20,83
64	31,02	30,31	29,61	28,95	28,31	25,41	22,97	20,89
65	31,21	30,48	29,78	29,10	28,45	25,52	23,05	20,95
66	31,39	30,65	29,94	29,26	28,60	25,62	23,12	21,01
67	31,57	30,82	30,10	29,40	28,73	25,72	23,19	21,06
68	31,75	30,99	30,25	29,55	28,87	25,82	23,26	21,11
69	31,92	31,14	30,40	29,69	29,00	25,91	23,33	21,16
70	32,08	31,30	30,55	29,82	29,12	26,00	23,39	21,20
71	32,24	31,45	30,69	29,95	29,25	26,09	23,46	21,25
72	32,40	31,60	30,82	30,08	29,37	26,17	23,52	21,29
73	32,56	31,74	30,96	30,20	29,48	26,25	23,57	21,33
74	32,71	31,88	31,09	30,32	29,59	26,33	23,63	21,37

BewG Anlage 37

Zu § 253 Absatz 2

Restnut-zungsdauer (Jahre)	Zinssatz							
	2,6 %	2,7 %	2,8 %	2,9 %	3,0 %	3,5 %	4 %	4,5 %
75	32,85	32,02	31,21	30,44	29,70	26,41	23,68	21,40
76	32,99	32,15	31,34	30,56	29,81	26,48	23,73	21,44
77	33,13	32,28	31,45	30,67	29,91	26,55	23,78	21,47
78	33,27	32,40	31,57	30,77	30,01	26,62	23,83	21,50
79	33,40	32,52	31,68	30,88	30,11	26,68	23,87	21,54
80	33,53	32,64	31,79	30,98	30,20	26,75	23,92	21,57
81	33,65	32,76	31,90	31,08	30,29	26,81	23,96	21,59
82	33,77	32,87	32,00	31,17	30,38	26,87	24,00	21,62
83	33,89	32,98	32,11	31,27	30,47	26,93	24,04	21,65
84	34,01	33,09	32,20	31,36	30,55	26,98	24,07	21,67
85	34,12	33,19	32,30	31,45	30,63	27,04	24,11	21,70
86	34,23	33,29	32,39	31,53	30,71	27,09	24,14	21,72
87	34,34	33,39	32,48	31,62	30,79	27,14	24,18	21,74
88	34,44	33,49	32,57	31,70	30,86	27,19	24,21	21,76
89	34,54	33,58	32,66	31,77	30,93	27,23	24,24	21,78
90	34,64	33,67	32,74	31,85	31,00	27,28	24,27	21,80
91	34,74	33,76	32,82	31,93	31,07	27,32	24,30	21,82
92	34,84	33,84	32,90	32,00	31,14	27,37	24,32	21,83
93	34,93	33,93	32,98	32,07	31,20	27,41	24,35	21,85
94	35,02	34,01	33,05	32,14	31,26	27,45	24,37	21,87
95	35,10	34,09	33,12	32,20	31,32	27,48	24,40	21,88
96	35,19	34,17	33,19	32,27	31,38	27,52	24,42	21,90
97	35,27	34,24	33,26	32,33	31,44	27,56	24,44	21,91
98	35,35	34,32	33,33	32,39	31,49	27,59	24,46	21,92
99	35,43	34,39	33,39	32,45	31,55	27,62	24,49	21,94
100	35,51	34,46	33,46	32,51	31,60	27,66	24,50	21,95

Berechnungsvorschrift für die Vervielfältiger (Barwertfaktoren für die Kapitalisierung):

$$\text{Vervielfältiger} = \frac{q^n - 1}{q^n \times (q-1)}$$

$$q = 1 + LZ \quad \text{wobei } LZ = \frac{P}{100}$$

LZ = Zinssatz (Liegenschaftszinssatz)
n = Restnutzungsdauer
p = Zinsfuß

Zu § 253 Absatz 2 und § 259 Absatz 4 **Anlage 38 BewG**

Wirtschaftliche Gesamtnutzungsdauer

Ein- und Zweifamilienhäuser	80	Jahre
Mietwohngrundstücke, Mehrfamilienhäuser	80	Jahre
Wohnungseigentum	80	Jahre
Geschäftsgrundstücke, gemischt genutzte Grundstücke und sonstige bebaute Grundstücke:		
Gemischt genutzte Grundstücke (Wohnhäuser mit Mischnutzung)	80	Jahre
Museen, Theater, Sakralbauten	70	Jahre
Bürogebäude, Verwaltungsgebäude	60	Jahre
Banken und ähnliche Geschäftshäuser	60	Jahre
Einzelgaragen und Mehrfachgaragen	60	Jahre
Kindergärten (Kindertagesstätten), allgemeinbildende Schulen und berufsbildende Schulen, Hochschulen, Sonderschulen	50	Jahre
Wohnheime, Internate, Alten- und Pflegeheime	50	Jahre
Kauf-/Warenhäuser	50	Jahre
Krankenhäuser, Kliniken, Tageskliniken, Ärztehäuser	40	Jahre
Gemeindezentren, Saalbauten, Veranstaltungsgebäude, Vereinsheime	40	Jahre
Beherbergungsstätten, Hotels, Verpflegungseinrichtungen	40	Jahre
Sport- und Tennishallen, Freizeitbäder, Kur- und Heilbäder	40	Jahre
Tief-, Hoch- und Nutzfahrzeuggaragen als Einzelbauwerke, Carports	40	Jahre
Betriebs- und Werkstätten, Industrie- und Produktionsgebäude	40	Jahre
Lager- und Versandgebäude	40	Jahre
Verbrauchermärkte, Autohäuser	30	Jahre
Reithallen, ehemalige landwirtschaftliche Mehrzweckhallen, Scheunen und Ähnliches	30	Jahre

Teileigentum ist in Abhängigkeit von der baulichen Gestaltung den vorstehenden Gebäudearten zuzuordnen.

Auffangklausel
Für nicht aufgeführte Gebäudearten ist die wirtschaftliche Gesamtnutzungsdauer aus der wirtschaftlichen Gesamtnutzungsdauer vergleichbarer Gebäudearten abzuleiten.

BewG Anlage 39 — Zu § 254

Ermittlung des Rohertrags

I. Monatliche Nettokaltmieten in EUR/Quadratmeter Wohnfläche**
(Wertverhältnisse/Stand: 1. Januar 2022)

Land	Gebäudeart	Wohnfläche	Baujahr des Gebäudes				
			bis 1948	1949 bis 1978	1979 bis 1990	1991 bis 2000	ab 2001
Baden-Württemberg	Einfamilienhaus	unter 60 m²	7,13	6,88	7,01	8,73	9,40
		von 60 m² bis unter 100 m²	6,24	6,41	6,62	7,58	7,51
		100 m² und mehr	5,53	6,10	6,37	6,61	7,78
	Zweifamilienhaus	unter 60 m²	7,63	8,16	8,15	8,56	8,89
		von 60 m² bis unter 100 m²	5,60	6,06	6,11	6,55	7,60
		100 m² und mehr	5,10	5,38	5,45	6,20	7,31
	Mietwohngrundstück	unter 60 m²	8,60	9,17	9,11	10,10	12,44
		von 60 m² bis unter 100 m²	6,78	7,09	7,33	7,82	8,97
		100 m² und mehr	6,84	6,42	6,82	7,27	8,97
Bayern	Einfamilienhaus	unter 60 m²	7,86	7,54	7,76	9,28	10,64
		von 60 m² bis unter 100 m²	6,89	7,04	7,34	8,07	8,50
		100 m² und mehr	6,09	6,69	7,06	7,03	8,80
	Zweifamilienhaus	unter 60 m²	6,91	7,35	7,41	7,48	8,25
		von 60 m² bis unter 100 m²	5,06	5,45	5,57	5,72	7,07
		100 m² und mehr	4,61	4,85	4,96	5,42	6,79
	Mietwohngrundstück	unter 60 m²	9,82	10,41	10,44	11,12	14,56
		von 60 m² bis unter 100 m²	7,74	8,04	8,40	8,61	10,50
		100 m² und mehr	7,80	7,29	7,81	8,00	10,50
Berlin	Einfamilienhaus	unter 60 m²	9,04	7,79	7,28	10,70	14,45
		von 60 m² bis unter 100 m²	7,92	7,25	6,89	9,28	11,56
		100 m² und mehr	7,01	6,91	6,63	8,09	11,96
	Zweifamilienhaus	unter 60 m²	8,95	8,55	7,83	9,70	12,62
		von 60 m² bis unter 100 m²	6,56	6,33	5,87	7,43	10,79
		100 m² und mehr	5,97	5,64	5,23	7,02	10,37
	Mietwohngrundstück	unter 60 m²	8,47	8,07	7,34	9,60	14,83
		von 60 m² bis unter 100 m²	6,68	6,23	5,91	7,44	10,70
		100 m² und mehr	6,73	5,65	5,50	6,91	10,70

Zu § 254   Anlage 39 BewG

Land	Gebäudeart	Wohnfläche	Baujahr des Gebäudes				
			bis 1948	1949 bis 1978	1979 bis 1990	1991 bis 2000	ab 2001
Brandenburg	Einfamilienhaus	unter 60 m²	8,34	7,20	7,28	10,66	12,20
		von 60 m² bis unter 100 m²	7,31	6,71	6,88	9,26	9,75
		100 m² und mehr	6,47	6,39	6,62	8,07	10,09
	Zweifamilienhaus	unter 60 m²	7,50	7,17	7,10	8,79	9,68
		von 60 m² bis unter 100 m²	5,50	5,31	5,32	6,72	8,28
		100 m² und mehr	5,00	4,73	4,75	6,36	7,96
	Mietwohngrundstück	unter 60 m²	7,45	7,11	7,00	9,13	11,94
		von 60 m² bis unter 100 m²	5,88	5,49	5,63	7,07	8,61
		100 m² und mehr	5,92	4,98	5,24	6,58	8,61
Bremen	Einfamilienhaus	unter 60 m²	7,03	6,49	6,73	7,62	9,00
		von 60 m² bis unter 100 m²	6,16	6,06	6,36	6,62	7,19
		100 m² und mehr	5,45	5,77	6,11	5,77	7,44
	Zweifamilienhaus	unter 60 m²	7,88	8,09	8,19	7,84	8,91
		von 60 m² bis unter 100 m²	5,78	6,00	6,15	6,00	7,62
		100 m² und mehr	5,26	5,33	5,48	5,67	7,33
	Mietwohngrundstück	unter 60 m²	8,08	8,26	8,33	8,38	11,33
		von 60 m² bis unter 100 m²	6,38	6,38	6,71	6,49	8,17
		100 m² und mehr	6,42	5,79	6,24	6,04	8,17
Hamburg	Einfamilienhaus	unter 60 m²	8,69	7,01	7,52	9,56	10,26
		von 60 m² bis unter 100 m²	7,62	6,53	7,11	8,31	8,20
		100 m² und mehr	6,74	6,22	6,84	7,24	8,49
	Zweifamilienhaus	unter 60 m²	10,45	9,34	9,82	10,55	10,89
		von 60 m² bis unter 100 m²	7,67	6,92	7,37	8,07	9,31
		100 m² und mehr	6,97	6,16	6,57	7,64	8,96
	Mietwohngrundstück	unter 60 m²	9,18	8,19	8,57	9,70	11,89
		von 60 m² bis unter 100 m²	7,23	6,32	6,89	7,51	8,58
		100 m² und mehr	7,30	5,73	6,42	6,98	8,58
Hessen	Einfamilienhaus	unter 60 m²	7,96	6,97	6,91	7,83	10,02
		von 60 m² bis unter 100 m²	6,97	6,50	6,54	6,80	8,00
		100 m² und mehr	6,17	6,18	6,29	5,93	8,29
	Zweifamilienhaus	unter 60 m²	7,45	7,23	7,02	6,72	8,27
		von 60 m² bis unter 100 m²	5,46	5,36	5,26	5,15	7,08
		100 m² und mehr	4,97	4,77	4,70	4,87	6,81
	Mietwohngrundstück	unter 60 m²	9,44	9,13	8,81	8,90	13,01
		von 60 m² bis unter 100 m²	7,45	7,05	7,10	6,89	9,39
		100 m² und mehr	7,50	6,39	6,60	6,40	9,39

BewG Anlage 39   Zu § 254

Land	Gebäudeart	Wohnfläche	Baujahr des Gebäudes				
			bis 1948	1949 bis 1978	1979 bis 1990	1991 bis 2000	ab 2001
Mecklenburg-Vorpommern	Einfamilienhaus	unter 60 m²	7,02	5,75	5,50	8,12	8,77
		von 60 m² bis unter 100 m²	6,15	5,37	5,20	7,05	7,01
		100 m² und mehr	5,44	5,11	5,01	6,14	7,26
	Zweifamilienhaus	unter 60 m²	7,48	6,80	6,35	7,92	8,24
		von 60 m² bis unter 100 m²	5,48	5,05	4,77	6,07	7,05
		100 m² und mehr	4,99	4,49	4,25	5,74	6,78
	Mietwohngrundstück	unter 60 m²	8,20	7,44	6,92	9,09	11,22
		von 60 m² bis unter 100 m²	6,48	5,74	5,57	7,04	8,10
		100 m² und mehr	6,52	5,21	5,18	6,55	8,10
Niedersachsen	Einfamilienhaus	unter 60 m²	6,62	6,36	6,31	7,72	8,40
		von 60 m² bis unter 100 m²	5,80	5,93	5,97	6,70	6,71
		100 m² und mehr	5,13	5,64	5,74	5,84	6,95
	Zweifamilienhaus	unter 60 m²	6,78	7,21	7,00	7,23	7,58
		von 60 m² bis unter 100 m²	4,98	5,34	5,25	5,53	6,48
		100 m² und mehr	4,52	4,76	4,68	5,24	6,24
	Mietwohngrundstück	unter 60 m²	8,07	8,57	8,28	9,00	11,22
		von 60 m² bis unter 100 m²	6,36	6,62	6,67	6,98	8,10
		100 m² und mehr	6,42	6,01	6,20	6,48	8,10
Nordrhein-Westfalen	Einfamilienhaus	unter 60 m²	6,97	6,56	6,82	8,30	8,32
		von 60 m² bis unter 100 m²	6,10	6,11	6,44	7,20	6,65
		100 m² und mehr	5,40	5,82	6,19	6,28	6,88
	Zweifamilienhaus	unter 60 m²	7,07	7,38	7,50	7,70	7,44
		von 60 m² bis unter 100 m²	5,19	5,47	5,62	5,89	6,37
		100 m² und mehr	4,71	4,87	5,02	5,57	6,12
	Mietwohngrundstück	unter 60 m²	7,83	8,13	8,23	8,90	10,22
		von 60 m² bis unter 100 m²	6,17	6,29	6,62	6,90	7,38
		100 m² und mehr	6,22	5,69	6,15	6,41	7,38
Rheinland-Pfalz	Einfamilienhaus	unter 60 m²	7,12	6,81	6,88	8,13	9,32
		von 60 m² bis unter 100 m²	6,23	6,36	6,50	7,06	7,45
		100 m² und mehr	5,52	6,05	6,25	6,15	7,72
	Zweifamilienhaus	unter 60 m²	7,30	7,77	7,66	7,64	8,44
		von 60 m² bis unter 100 m²	5,35	5,76	5,75	5,85	7,22
		100 m² und mehr	4,87	5,13	5,13	5,53	6,94
	Mietwohngrundstück	unter 60 m²	8,33	8,82	8,67	9,11	11,95
		von 60 m² bis unter 100 m²	6,57	6,81	6,98	7,06	8,62
		100 m² und mehr	6,62	6,18	6,49	6,57	8,62

Zu § 254   **Anlage 39 BewG**

Land	Gebäudeart	Wohnfläche	Baujahr des Gebäudes				
			bis 1948	1949 bis 1978	1979 bis 1990	1991 bis 2000	ab 2001
Saarland	Einfamilienhaus	unter 60 m²	6,07	6,18	6,13	8,39	9,03
		von 60 m² bis unter 100 m²	5,32	5,76	5,79	7,29	7,21
		100 m² und mehr	4,71	5,48	5,57	6,35	7,47
	Zweifamilienhaus	unter 60 m²	6,33	7,13	6,93	8,00	8,30
		von 60 m² bis unter 100 m²	4,63	5,28	5,19	6,13	7,09
		100 m² und mehr	4,22	4,71	4,63	5,80	6,82
	Mietwohngrundstück	unter 60 m²	7,74	8,70	8,41	10,24	12,62
		von 60 m² bis unter 100 m²	6,10	6,73	6,77	7,94	9,10
		100 m² und mehr	6,15	6,10	6,30	7,37	9,10
Sachsen	Einfamilienhaus	unter 60 m²	6,70	6,21	5,71	8,23	8,97
		von 60 m² bis unter 100 m²	5,87	5,79	5,39	7,15	7,17
		100 m² und mehr	5,19	5,52	5,19	6,23	7,43
	Zweifamilienhaus	unter 60 m²	5,92	6,09	5,47	6,67	7,00
		von 60 m² bis unter 100 m²	4,34	4,51	4,11	5,11	5,99
		100 m² und mehr	3,94	4,01	3,67	4,83	5,75
	Mietwohngrundstück	unter 60 m²	7,57	7,77	6,95	8,93	11,12
		von 60 m² bis unter 100 m²	5,98	6,01	5,60	6,92	8,02
		100 m² und mehr	6,02	5,44	5,20	6,42	8,02
Sachsen-Anhalt	Einfamilienhaus	unter 60 m²	6,23	5,78	5,53	7,43	7,79
		von 60 m² bis unter 100 m²	5,45	5,39	5,22	6,45	6,23
		100 m² und mehr	4,83	5,14	5,02	5,62	6,45
	Zweifamilienhaus	unter 60 m²	6,19	6,37	5,96	6,75	6,83
		von 60 m² bis unter 100 m²	4,54	4,72	4,47	5,17	5,85
		100 m² und mehr	4,13	4,20	3,98	4,89	5,62
	Mietwohngrundstück	unter 60 m²	7,22	7,41	6,90	8,24	9,90
		von 60 m² bis unter 100 m²	5,69	5,72	5,55	6,38	7,14
		100 m² und mehr	5,74	5,19	5,16	5,93	7,14
Schleswig-Holstein	Einfamilienhaus	unter 60 m²	7,16	6,92	6,87	8,47	9,24
		von 60 m² bis unter 100 m²	6,28	6,45	6,49	7,35	7,37
		100 m² und mehr	5,55	6,14	6,24	6,41	7,64
	Zweifamilienhaus	unter 60 m²	7,55	8,10	7,86	8,18	8,58
		von 60 m² bis unter 100 m²	5,54	6,01	5,90	6,27	7,34
		100 m² und mehr	5,03	5,34	5,26	5,92	7,06
	Mietwohngrundstück	unter 60 m²	7,85	8,39	8,10	8,89	11,09
		von 60 m² bis unter 100 m²	6,19	6,47	6,52	6,89	7,99
		100 m² und mehr	6,24	5,87	6,06	6,40	7,99

BewG Anlage 39 Zu § 254

Land	Gebäudeart	Wohnfläche	Baujahr des Gebäudes				
			bis 1948	1949 bis 1978	1979 bis 1990	1991 bis 2000	ab 2001
Thüringen	Einfamilienhaus	unter 60 m²	7,36	6,58	6,41	8,31	9,59
		von 60 m² bis unter 100 m²	6,45	6,13	6,05	7,22	7,66
		100 m² und mehr	5,71	5,83	5,82	6,29	7,94
	Zweifamilienhaus	unter 60 m²	7,07	7,00	6,67	7,30	8,12
		von 60 m² bis unter 100 m²	5,19	5,19	5,00	5,59	6,95
		100 m² und mehr	4,71	4,62	4,45	5,29	6,68
	Mietwohngrundstück	unter 60 m²	7,70	7,61	7,22	8,33	11,00
		von 60 m² bis unter 100 m²	6,08	5,88	5,81	6,45	7,94
		100 m² und mehr	6,12	5,33	5,40	6,00	7,94

*Für Wohnungseigentum gelten die Nettokaltmieten für Mietwohngrundstücke[1]).

**Flächen, die zu anderen als Wohnzwecken genutzt werden, gelten als Wohnfläche. Für diese Flächen ist bei Mietwohngrundstücken die für Wohnungen mit einer Fläche unter 60 m² geltende monatliche Nettokaltmiete in Euro je Quadratmeter Nutzfläche (ohne Zubehörräume) anzusetzen. Bei Ein- und Zweifamilienhäusern sind diese Flächen zu der jeweiligen Wohnfläche zu addieren.

Nettokaltmiete – Festwert – für einen Garagenstellplatz (Einzelgarage/Tiefgarage)	35 EUR/Monat

II. Mietniveaustufen

Zur Berücksichtigung von Mietniveauunterschieden zwischen Gemeinden eines Landes sind die Nettokaltmieten zu I. durch folgende Ab- oder Zuschläge anzupassen:

Mietniveaustufe 1	− 20,0 %
Mietniveaustufe 2	− 10,0 %
Mietniveaustufe 3	+/− 0 %
Mietniveaustufe 4	+ 10,0 %
Mietniveaustufe 5	+ 20,0 %
Mietniveaustufe 6	+ 30,0 %
Mietniveaustufe 7	+ 40,0 %

Die gemeindebezogene Einordnung in die Mietniveaustufen und der dafür maßgebliche Gebietsstand ergibt sich aus der Rechtsverordnung zur Durchführung des § 254 des Bewertungsgesetzes in der jeweils aktuellen Fassung.

1) Fehlender Bezug zum Text (zur Gebäudeart) soll korrigiert werden.

Zu § 255   **Anlage 40 BewG**

Bewirtschaftungskosten

Pauschalierte Bewirtschaftungskosten für Verwaltung, Instandhaltung und Mietausfallwagnis in Prozent des Rohertrags des Grundstücks nach § 254

Restnutzungsdauer	Grundstücksart		
	1	2	3
	Ein- und Zweifamilienhäuser	Wohnungseigentum	Mietwohngrundstück
≥ 60 Jahre	18	23	21
40 bis 59 Jahre	21	25	23
20 bis 39 Jahre	25	29	27
< 20 Jahre	27	31	29

BewG Anlage 41 Zu § 257 Absatz 2

Abzinsungsfaktoren

Restnutzungs-dauer (Jahre)	\multicolumn{10}{c}{Zinssatz}									
	1,5 %	1,6 %	1,7 %	1,8 %	1,9 %	2,0 %	2,1 %	2,2 %	2,3 %	2,4 %	2,5 %
1	0,9852	0,9843	0,9833	0,9823	0,9814	0,9804	0,9794	0,9785	0,9775	0,9766	0,9756
2	0,9707	0,9688	0,9668	0,9649	0,9631	0,9612	0,9593	0,9574	0,9555	0,9537	0,9518
3	0,9563	0,9535	0,9507	0,9479	0,9451	0,9423	0,9396	0,9368	0,9341	0,9313	0,9286
4	0,9422	0,9385	0,9348	0,9311	0,9275	0,9238	0,9202	0,9166	0,9131	0,9095	0,9060
5	0,9283	0,9237	0,9192	0,9147	0,9102	0,9057	0,9013	0,8969	0,8925	0,8882	0,8839
6	0,9145	0,9092	0,9038	0,8985	0,8932	0,8880	0,8828	0,8776	0,8725	0,8674	0,8623
7	0,9010	0,8948	0,8887	0,8826	0,8766	0,8706	0,8646	0,8587	0,8528	0,8470	0,8413
8	0,8877	0,8807	0,8738	0,8670	0,8602	0,8535	0,8468	0,8402	0,8337	0,8272	0,8207
9	0,8746	0,8669	0,8592	0,8517	0,8442	0,8368	0,8294	0,8221	0,8149	0,8078	0,8007
10	0,8617	0,8532	0,8449	0,8366	0,8284	0,8203	0,8123	0,8044	0,7966	0,7889	0,7812
11	0,8489	0,8398	0,8307	0,8218	0,8130	0,8043	0,7956	0,7871	0,7787	0,7704	0,7621
12	0,8364	0,8266	0,8169	0,8073	0,7978	0,7885	0,7793	0,7702	0,7612	0,7523	0,7436
13	0,8240	0,8135	0,8032	0,7930	0,7830	0,7730	0,7632	0,7536	0,7441	0,7347	0,7254
14	0,8118	0,8007	0,7898	0,7790	0,7684	0,7579	0,7475	0,7374	0,7273	0,7175	0,7077
15	0,7999	0,7881	0,7766	0,7652	0,7540	0,7430	0,7322	0,7215	0,7110	0,7006	0,6905
16	0,7880	0,7757	0,7636	0,7517	0,7400	0,7284	0,7171	0,7060	0,6950	0,6842	0,6736
17	0,7764	0,7635	0,7508	0,7384	0,7262	0,7142	0,7024	0,6908	0,6794	0,6682	0,6572
18	0,7649	0,7515	0,7383	0,7253	0,7126	0,7002	0,6879	0,6759	0,6641	0,6525	0,6412
19	0,7536	0,7396	0,7259	0,7125	0,6993	0,6864	0,6738	0,6614	0,6492	0,6372	0,6255
20	0,7425	0,7280	0,7138	0,6999	0,6863	0,6730	0,6599	0,6471	0,6346	0,6223	0,6103
21	0,7315	0,7165	0,7019	0,6875	0,6735	0,6598	0,6463	0,6332	0,6203	0,6077	0,5954
22	0,7207	0,7052	0,6901	0,6754	0,6609	0,6468	0,6330	0,6196	0,6064	0,5935	0,5809
23	0,7100	0,6941	0,6786	0,6634	0,6486	0,6342	0,6200	0,6062	0,5927	0,5796	0,5667
24	0,6995	0,6832	0,6673	0,6517	0,6365	0,6217	0,6073	0,5932	0,5794	0,5660	0,5529
25	0,6892	0,6724	0,6561	0,6402	0,6247	0,6095	0,5948	0,5804	0,5664	0,5527	0,5394
26	0,6790	0,6619	0,6451	0,6289	0,6130	0,5976	0,5825	0,5679	0,5536	0,5398	0,5262
27	0,6690	0,6514	0,6344	0,6177	0,6016	0,5859	0,5706	0,5557	0,5412	0,5271	0,5134
28	0,6591	0,6412	0,6238	0,6068	0,5904	0,5744	0,5588	0,5437	0,5290	0,5148	0,5009
29	0,6494	0,6311	0,6133	0,5961	0,5794	0,5631	0,5473	0,5320	0,5171	0,5027	0,4887
30	0,6398	0,6211	0,6031	0,5856	0,5686	0,5521	0,5361	0,5206	0,5055	0,4909	0,4767
31	0,6303	0,6114	0,5930	0,5752	0,5580	0,5412	0,5251	0,5094	0,4941	0,4794	0,4651
32	0,6210	0,6017	0,5831	0,5650	0,5476	0,5306	0,5143	0,4984	0,4830	0,4682	0,4538
33	0,6118	0,5923	0,5733	0,5550	0,5373	0,5202	0,5037	0,4877	0,4722	0,4572	0,4427
34	0,6028	0,5829	0,5638	0,5452	0,5273	0,5100	0,4933	0,4772	0,4616	0,4465	0,4319
35	0,5939	0,5737	0,5543	0,5356	0,5175	0,5000	0,4832	0,4669	0,4512	0,4360	0,4214

Zu § 257 Absatz 2 **Anlage 41 BewG**

Restnut-zungs-dauer (Jahre)	Zinssatz										
	1,5 %	1,6 %	1,7 %	1,8 %	1,9 %	2,0 %	2,1 %	2,2 %	2,3 %	2,4 %	2,5 %
36	0,5851	0,5647	0,5451	0,5261	0,5078	0,4902	0,4732	0,4568	0,4410	0,4258	0,4111
37	0,5764	0,5558	0,5360	0,5168	0,4984	0,4806	0,4635	0,4470	0,4311	0,4158	0,4011
38	0,5679	0,5471	0,5270	0,5077	0,4891	0,4712	0,4540	0,4374	0,4214	0,4061	0,3913
39	0,5595	0,5385	0,5182	0,4987	0,4800	0,4619	0,4446	0,4280	0,4120	0,3966	0,3817
40	0,5513	0,5300	0,5095	0,4899	0,4710	0,4529	0,4355	0,4188	0,4027	0,3873	0,3724
41	0,5431	0,5216	0,5010	0,4812	0,4622	0,4440	0,4265	0,4097	0,3936	0,3782	0,3633
42	0,5351	0,5134	0,4926	0,4727	0,4536	0,4353	0,4178	0,4009	0,3848	0,3693	0,3545
43	0,5272	0,5053	0,4844	0,4644	0,4452	0,4268	0,4092	0,3923	0,3761	0,3607	0,3458
44	0,5194	0,4974	0,4763	0,4561	0,4369	0,4184	0,4007	0,3838	0,3677	0,3522	0,3374
45	0,5117	0,4895	0,4683	0,4481	0,4287	0,4102	0,3925	0,3756	0,3594	0,3440	0,3292
46	0,5042	0,4818	0,4605	0,4402	0,4207	0,4022	0,3844	0,3675	0,3513	0,3359	0,3211
47	0,4967	0,4742	0,4528	0,4324	0,4129	0,3943	0,3765	0,3596	0,3434	0,3280	0,3133
48	0,4894	0,4668	0,4452	0,4247	0,4052	0,3865	0,3688	0,3518	0,3357	0,3203	0,3057
49	0,4821	0,4594	0,4378	0,4172	0,3976	0,3790	0,3612	0,3443	0,3282	0,3128	0,2982
50	0,4750	0,4522	0,4305	0,4098	0,3902	0,3715	0,3538	0,3369	0,3208	0,3055	0,2909
51	0,4680	0,4451	0,4233	0,4026	0,3829	0,3642	0,3465	0,3296	0,3136	0,2983	0,2838
52	0,4611	0,4381	0,4162	0,3955	0,3758	0,3571	0,3394	0,3225	0,3065	0,2913	0,2769
53	0,4543	0,4312	0,4093	0,3885	0,3688	0,3501	0,3324	0,3156	0,2996	0,2845	0,2702
54	0,4475	0,4244	0,4024	0,3816	0,3619	0,3432	0,3255	0,3088	0,2929	0,2778	0,2636
55	0,4409	0,4177	0,3957	0,3749	0,3552	0,3365	0,3188	0,3021	0,2863	0,2713	0,2572
56	0,4344	0,4111	0,3891	0,3682	0,3485	0,3299	0,3123	0,2956	0,2799	0,2650	0,2509
57	0,4280	0,4046	0,3826	0,3617	0,3420	0,3234	0,3059	0,2893	0,2736	0,2588	0,2448
58	0,4217	0,3983	0,3762	0,3553	0,3357	0,3171	0,2996	0,2830	0,2674	0,2527	0,2388
59	0,4154	0,3920	0,3699	0,3490	0,3294	0,3109	0,2934	0,2769	0,2614	0,2468	0,2330
60	0,4093	0,3858	0,3637	0,3429	0,3233	0,3048	0,2874	0,2710	0,2555	0,2410	0,2273
61	0,4032	0,3797	0,3576	0,3368	0,3172	0,2988	0,2815	0,2652	0,2498	0,2353	0,2217
62	0,3973	0,3738	0,3516	0,3309	0,3113	0,2929	0,2757	0,2594	0,2442	0,2298	0,2163
63	0,3914	0,3679	0,3458	0,3250	0,3055	0,2872	0,2700	0,2539	0,2387	0,2244	0,2111
64	0,3856	0,3621	0,3400	0,3193	0,2998	0,2816	0,2645	0,2484	0,2333	0,2192	0,2059
65	0,3799	0,3564	0,3343	0,3136	0,2942	0,2761	0,2590	0,2430	0,2281	0,2140	0,2009
66	0,3743	0,3508	0,3287	0,3081	0,2887	0,2706	0,2537	0,2378	0,2230	0,2090	0,1960
67	0,3688	0,3452	0,3232	0,3026	0,2834	0,2653	0,2485	0,2327	0,2179	0,2041	0,1912
68	0,3633	0,3398	0,3178	0,2973	0,2781	0,2601	0,2434	0,2277	0,2130	0,1993	0,1865
69	0,3580	0,3345	0,3125	0,2920	0,2729	0,2550	0,2384	0,2228	0,2082	0,1947	0,1820
70	0,3527	0,3292	0,3073	0,2869	0,2678	0,2500	0,2335	0,2180	0,2036	0,1901	0,1776
71	0,3475	0,3240	0,3021	0,2818	0,2628	0,2451	0,2287	0,2133	0,1990	0,1857	0,1732
72	0,3423	0,3189	0,2971	0,2768	0,2579	0,2403	0,2239	0,2087	0,1945	0,1813	0,1690

BewG Anlage 41

Zu § 257 Absatz 2

Restnut-zungs-dauer (Jahre)	Zinssatz										
	1,5 %	1,6 %	1,7 %	1,8 %	1,9 %	2,0 %	2,1 %	2,2 %	2,3 %	2,4 %	2,5 %
73	0,3373	0,3139	0,2921	0,2719	0,2531	0,2356	0,2193	0,2042	0,1901	0,1771	0,1649
74	0,3323	0,3089	0,2872	0,2671	0,2484	0,2310	0,2148	0,1998	0,1859	0,1729	0,1609
75	0,3274	0,3041	0,2824	0,2624	0,2437	0,2265	0,2104	0,1955	0,1817	0,1689	0,1569
76	0,3225	0,2993	0,2777	0,2577	0,2392	0,2220	0,2061	0,1913	0,1776	0,1649	0,1531
77	0,3178	0,2946	0,2731	0,2532	0,2347	0,2177	0,2018	0,1872	0,1736	0,1610	0,1494
78	0,3131	0,2899	0,2685	0,2487	0,2304	0,2134	0,1977	0,1832	0,1697	0,1573	0,1457
79	0,3084	0,2854	0,2640	0,2443	0,2261	0,2092	0,1936	0,1792	0,1659	0,1536	0,1422
80	0,3039	0,2809	0,2596	0,2400	0,2219	0,2051	0,1896	0,1754	0,1622	0,1500	0,1387
81	0,2994	0,2764	0,2553	0,2357	0,2177	0,2011	0,1857	0,1716	0,1585	0,1465	0,1353
82	0,2950	0,2721	0,2510	0,2316	0,2137	0,1971	0,1819	0,1679	0,1550	0,1430	0,1320
83	0,2906	0,2678	0,2468	0,2275	0,2097	0,1933	0,1782	0,1643	0,1515	0,1397	0,1288
84	0,2863	0,2636	0,2427	0,2235	0,2058	0,1895	0,1745	0,1607	0,1481	0,1364	0,1257
85	0,2821	0,2594	0,2386	0,2195	0,2019	0,1858	0,1709	0,1573	0,1447	0,1332	0,1226
86	0,2779	0,2554	0,2346	0,2156	0,1982	0,1821	0,1674	0,1539	0,1415	0,1301	0,1196
87	0,2738	0,2513	0,2307	0,2118	0,1945	0,1786	0,1640	0,1506	0,1383	0,1270	0,1167
88	0,2698	0,2474	0,2269	0,2081	0,1908	0,1751	0,1606	0,1473	0,1352	0,1241	0,1138
89	0,2658	0,2435	0,2231	0,2044	0,1873	0,1716	0,1573	0,1442	0,1322	0,1211	0,1111
90	0,2619	0,2396	0,2193	0,2008	0,1838	0,1683	0,1541	0,1411	0,1292	0,1183	0,1084
91	0,2580	0,2359	0,2157	0,1972	0,1804	0,1650	0,1509	0,1380	0,1263	0,1155	0,1057
92	0,2542	0,2322	0,2121	0,1937	0,1770	0,1617	0,1478	0,1351	0,1234	0,1128	0,1031
93	0,2504	0,2285	0,2085	0,1903	0,1737	0,1586	0,1447	0,1321	0,1207	0,1102	0,1006
94	0,2467	0,2249	0,2050	0,1869	0,1705	0,1554	0,1418	0,1293	0,1179	0,1076	0,0982
95	0,2431	0,2214	0,2016	0,1836	0,1673	0,1524	0,1389	0,1265	0,1153	0,1051	0,0958
96	0,2395	0,2179	0,1982	0,1804	0,1642	0,1494	0,1360	0,1238	0,1127	0,1026	0,0934
97	0,2359	0,2144	0,1949	0,1772	0,1611	0,1465	0,1332	0,1211	0,1102	0,1002	0,0912
98	0,2324	0,2111	0,1917	0,1741	0,1581	0,1436	0,1305	0,1185	0,1077	0,0979	0,0889
99	0,2290	0,2077	0,1885	0,1710	0,1552	0,1408	0,1278	0,1160	0,1053	0,0956	0,0868
100	0,2256	0,2045	0,1853	0,1680	0,1523	0,1380	0,1251	0,1135	0,1029	0,0933	0,0846

Anlage 41 BewG

Zu § 257 Absatz 2

Restnut-zungsdauer (Jahre)	Zinssatz							
	2,6 %	2,7 %	2,8 %	2,9 %	3,0 %	3,5 %	4 %	4,5 %
1	0,9747	0,9737	0,9728	0,9718	0,9709	0,9662	0,9615	0,9569
2	0,9500	0,9481	0,9463	0,9444	0,9426	0,9335	0,9246	0,9157
3	0,9259	0,9232	0,9205	0,9178	0,9151	0,9019	0,8890	0,8763
4	0,9024	0,8989	0,8954	0,8919	0,8885	0,8714	0,8548	0,8386
5	0,8796	0,8753	0,8710	0,8668	0,8626	0,8420	0,8219	0,8025
6	0,8573	0,8523	0,8473	0,8424	0,8375	0,8135	0,7903	0,7679
7	0,8355	0,8299	0,8242	0,8186	0,8131	0,7860	0,7599	0,7348
8	0,8144	0,8080	0,8018	0,7956	0,7894	0,7594	0,7307	0,7032
9	0,7937	0,7868	0,7799	0,7731	0,7664	0,7337	0,7026	0,6729
10	0,7736	0,7661	0,7587	0,7514	0,7441	0,7089	0,6756	0,6439
11	0,7540	0,7460	0,7380	0,7302	0,7224	0,6849	0,6496	0,6162
12	0,7349	0,7264	0,7179	0,7096	0,7014	0,6618	0,6246	0,5897
13	0,7163	0,7073	0,6984	0,6896	0,6810	0,6394	0,6006	0,5643
14	0,6981	0,6887	0,6794	0,6702	0,6611	0,6178	0,5775	0,5400
15	0,6804	0,6706	0,6609	0,6513	0,6419	0,5969	0,5553	0,5167
16	0,6632	0,6529	0,6429	0,6329	0,6232	0,5767	0,5339	0,4945
17	0,6464	0,6358	0,6253	0,6151	0,6050	0,5572	0,5134	0,4732
18	0,6300	0,6191	0,6083	0,5978	0,5874	0,5384	0,4936	0,4528
19	0,6140	0,6028	0,5917	0,5809	0,5703	0,5202	0,4746	0,4333
20	0,5985	0,5869	0,5756	0,5645	0,5537	0,5026	0,4564	0,4146
21	0,5833	0,5715	0,5599	0,5486	0,5375	0,4856	0,4388	0,3968
22	0,5685	0,5565	0,5447	0,5332	0,5219	0,4692	0,4220	0,3797
23	0,5541	0,5419	0,5299	0,5181	0,5067	0,4533	0,4057	0,3634
24	0,5401	0,5276	0,5154	0,5035	0,4919	0,4380	0,3901	0,3477
25	0,5264	0,5137	0,5014	0,4893	0,4776	0,4231	0,3751	0,3327
26	0,5131	0,5002	0,4877	0,4756	0,4637	0,4088	0,3607	0,3184
27	0,5001	0,4871	0,4744	0,4622	0,4502	0,3950	0,3468	0,3047
28	0,4874	0,4743	0,4615	0,4491	0,4371	0,3817	0,3335	0,2916
29	0,4750	0,4618	0,4490	0,4365	0,4243	0,3687	0,3207	0,2790
30	0,4630	0,4497	0,4367	0,4242	0,4120	0,3563	0,3083	0,2670
31	0,4513	0,4378	0,4248	0,4122	0,4000	0,3442	0,2965	0,2555
32	0,4398	0,4263	0,4133	0,4006	0,3883	0,3326	0,2851	0,2445
33	0,4287	0,4151	0,4020	0,3893	0,3770	0,3213	0,2741	0,2340
34	0,4178	0,4042	0,3911	0,3783	0,3660	0,3105	0,2636	0,2239
35	0,4072	0,3936	0,3804	0,3677	0,3554	0,3000	0,2534	0,2143
36	0,3969	0,3832	0,3700	0,3573	0,3450	0,2898	0,2437	0,2050
37	0,3869	0,3732	0,3600	0,3472	0,3350	0,2800	0,2343	0,1962

BewG Anlage 41

Zu § 257 Absatz 2

Restnut-zungsdauer (Jahre)	Zinssatz							
	2,6 %	2,7 %	2,8 %	2,9 %	3,0 %	3,5 %	4 %	4,5 %
38	0,3771	0,3633	0,3502	0,3375	0,3252	0,2706	0,2253	0,1878
39	0,3675	0,3538	0,3406	0,3279	0,3158	0,2614	0,2166	0,1797
40	0,3582	0,3445	0,3313	0,3187	0,3066	0,2526	0,2083	0,1719
41	0,3491	0,3354	0,3223	0,3097	0,2976	0,2440	0,2003	0,1645
42	0,3403	0,3266	0,3135	0,3010	0,2890	0,2358	0,1926	0,1574
43	0,3316	0,3180	0,3050	0,2925	0,2805	0,2278	0,1852	0,1507
44	0,3232	0,3097	0,2967	0,2843	0,2724	0,2201	0,1780	0,1442
45	0,3150	0,3015	0,2886	0,2763	0,2644	0,2127	0,1712	0,1380
46	0,3071	0,2936	0,2807	0,2685	0,2567	0,2055	0,1646	0,1320
47	0,2993	0,2859	0,2731	0,2609	0,2493	0,1985	0,1583	0,1263
48	0,2917	0,2784	0,2657	0,2535	0,2420	0,1918	0,1522	0,1209
49	0,2843	0,2710	0,2584	0,2464	0,2350	0,1853	0,1463	0,1157
50	0,2771	0,2639	0,2514	0,2395	0,2281	0,1791	0,1407	0,1107
51	0,2701	0,2570	0,2445	0,2327	0,2215	0,1730	0,1353	0,1059
52	0,2632	0,2502	0,2379	0,2262	0,2150	0,1671	0,1301	0,1014
53	0,2566	0,2437	0,2314	0,2198	0,2088	0,1615	0,1251	0,0970
54	0,2501	0,2372	0,2251	0,2136	0,2027	0,1560	0,1203	0,0928
55	0,2437	0,2310	0,2190	0,2076	0,1968	0,1508	0,1157	0,0888
56	0,2375	0,2249	0,2130	0,2017	0,1910	0,1457	0,1112	0,0850
57	0,2315	0,2190	0,2072	0,1960	0,1855	0,1407	0,1069	0,0814
58	0,2257	0,2133	0,2016	0,1905	0,1801	0,1360	0,1028	0,0778
59	0,2199	0,2077	0,1961	0,1851	0,1748	0,1314	0,0989	0,0745
60	0,2144	0,2022	0,1907	0,1799	0,1697	0,1269	0,0951	0,0713
61	0,2089	0,1969	0,1855	0,1748	0,1648	0,1226	0,0914	0,0682
62	0,2036	0,1917	0,1805	0,1699	0,1600	0,1185	0,0879	0,0653
63	0,1985	0,1867	0,1756	0,1651	0,1553	0,1145	0,0845	0,0625
64	0,1935	0,1818	0,1708	0,1605	0,1508	0,1106	0,0813	0,0598
65	0,1885	0,1770	0,1661	0,1560	0,1464	0,1069	0,0781	0,0572
66	0,1838	0,1723	0,1616	0,1516	0,1421	0,1033	0,0751	0,0547
67	0,1791	0,1678	0,1572	0,1473	0,1380	0,0998	0,0722	0,0524
68	0,1746	0,1634	0,1529	0,1431	0,1340	0,0964	0,0695	0,0501
69	0,1702	0,1591	0,1488	0,1391	0,1301	0,0931	0,0668	0,0480
70	0,1658	0,1549	0,1447	0,1352	0,1263	0,0900	0,0642	0,0459
71	0,1616	0,1508	0,1408	0,1314	0,1226	0,0869	0,0617	0,0439
72	0,1575	0,1469	0,1369	0,1277	0,1190	0,0840	0,0594	0,0420
73	0,1535	0,1430	0,1332	0,1241	0,1156	0,0812	0,0571	0,0402
74	0,1497	0,1392	0,1296	0,1206	0,1122	0,0784	0,0549	0,0385

Zu § 257 Absatz 2 **Anlage 41 BewG**

Restnutzungsdauer (Jahre)	Zinssatz							
	2,6 %	2,7 %	2,8 %	2,9 %	3,0 %	3,5 %	4 %	4,5 %
75	0,1459	0,1356	0,1260	0,1172	0,1089	0,0758	0,0528	0,0368
76	0,1422	0,1320	0,1226	0,1139	0,1058	0,0732	0,0508	0,0353
77	0,1386	0,1286	0,1193	0,1107	0,1027	0,0707	0,0488	0,0337
78	0,1351	0,1252	0,1160	0,1075	0,0997	0,0683	0,0469	0,0323
79	0,1316	0,1219	0,1129	0,1045	0,0968	0,0660	0,0451	0,0309
80	0,1283	0,1187	0,1098	0,1016	0,0940	0,0638	0,0434	0,0296
81	0,1250	0,1156	0,1068	0,0987	0,0912	0,0616	0,0417	0,0283
82	0,1219	0,1125	0,1039	0,0959	0,0886	0,0596	0,0401	0,0271
83	0,1188	0,1096	0,1011	0,0932	0,0860	0,0575	0,0386	0,0259
84	0,1158	0,1067	0,0983	0,0906	0,0835	0,0556	0,0371	0,0248
85	0,1128	0,1039	0,0956	0,0880	0,0811	0,0537	0,0357	0,0237
86	0,1100	0,1011	0,0930	0,0856	0,0787	0,0519	0,0343	0,0227
87	0,1072	0,0985	0,0905	0,0832	0,0764	0,0501	0,0330	0,0217
88	0,1045	0,0959	0,0880	0,0808	0,0742	0,0484	0,0317	0,0208
89	0,1018	0,0934	0,0856	0,0785	0,0720	0,0468	0,0305	0,0199
90	0,0993	0,0909	0,0833	0,0763	0,0699	0,0452	0,0293	0,0190
91	0,0967	0,0885	0,0810	0,0742	0,0679	0,0437	0,0282	0,0182
92	0,0943	0,0862	0,0788	0,0721	0,0659	0,0422	0,0271	0,0174
93	0,0919	0,0839	0,0767	0,0700	0,0640	0,0408	0,0261	0,0167
94	0,0896	0,0817	0,0746	0,0681	0,0621	0,0394	0,0251	0,0160
95	0,0873	0,0796	0,0726	0,0662	0,0603	0,0381	0,0241	0,0153
96	0,0851	0,0775	0,0706	0,0643	0,0586	0,0368	0,0232	0,0146
97	0,0829	0,0755	0,0687	0,0625	0,0569	0,0355	0,0223	0,0140
98	0,0808	0,0735	0,0668	0,0607	0,0552	0,0343	0,0214	0,0134
99	0,0788	0,0715	0,0650	0,0590	0,0536	0,0332	0,0206	0,0128
100	0,0768	0,0697	0,0632	0,0573	0,0520	0,0321	0,0198	0,0123

Berechnungsvorschrift für die Abzinsungsfaktoren (Barwertfaktoren für die Abzinsung):

$$\text{Abzinsungsfaktor} = \frac{1}{q^n}$$

$$q = 1 + LZ \quad \text{wobei } LZ = \frac{P}{100}$$

LZ = Zinssatz (Liegenschaftszinssatz)
n = Restnutzungsdauer
p = Zinsfuß

BewG Anlage 42 Zu § 259 Absatz 1

Normalherstellungskosten

I. Begriff der Brutto-Grundfläche (BGF)

1. Die BGF ist die Summe der bezogen auf die jeweilige Gebäudeart marktüblich nutzbaren Grundflächen aller Grundrissebenen eines Bauwerks. In Anlehnung an die DIN 277-1:2005-02 sind bei den Grundflächen folgende Bereiche zu unterscheiden:
   Bereich a: überdeckt und allseitig in voller Höhe umschlossen,
   Bereich b: überdeckt, jedoch nicht allseitig in voller Höhe umschlossen,
   Bereich c: nicht überdeckt.
   Für die Anwendung der Normalherstellungskosten (NHK) sind im Rahmen der Ermittlung der BGF nur die Grundflächen der Bereiche a und b zugrunde zu legen. Balkone, auch wenn sie überdeckt sind, sind dem Bereich c zuzuordnen.
   Für die Ermittlung der BGF sind die äußeren Maße der Bauteile einschließlich Bekleidung, z. B. Putz und Außenschalen mehrschaliger Wandkonstruktionen, in Höhe der Bodenbelagsoberkanten anzusetzen.
2. Nicht zur BGF gehören z. B. Flächen von Spitzböden und Kriechkellern, Flächen, die ausschließlich der Wartung, Inspektion und Instandsetzung von Baukonstruktionen und technischen Anlagen dienen, sowie Flächen unter konstruktiven Hohlräumen, z. B. über abgehängten Decken.

II. Normalherstellungskosten (NHK)

Normalherstellungskosten in Euro/m² BGF auf der Grundlage der Normalherstellungskosten 2010 (NHK 2010), einschließlich Baunebenkosten und Umsatzsteuer für die jeweilige Gebäudeart (Kostenstand 2010) sowie eines pauschalen Zuschlages für bauliche Anlagen, insbesondere Außenanlagen, und sonstige Anlagen (3 %)

	Gebäudeart	Baujahrgruppe		
		vor 1995	1995 – 2004	ab 2005
1	Gemischt genutzte Grundstücke (Wohnhäuser mit Mischnutzung)	695	886	1.118
2	Banken und ähnliche Geschäftshäuser	736	937	1.494
3	Bürogebäude, Verwaltungsgebäude	839	1.071	1.736
4	Gemeindezentren, Vereinsheime, Saalbauten, Veranstaltungsgebäude	1.004	1.282	1.555
5	Kindergärten (Kindertagesstätten), allgemeinbildende Schulen, berufsbildende Schulen, Hochschulen, Sonderschulen	1.164	1.488	1.710
6	Wohnheime, Internate, Alten-, Pflegeheime	876	1.118	1.370
7	Krankenhäuser, Kliniken, Tageskliniken, Ärztehäuser	1.334	1.705	2.075
8	Beherbergungsstätten, Hotels, Verpflegungseinrichtungen	1.118	1.427	1.859
9.1	Sporthallen	1.133	1.447	1.777
9.2	Tennishallen	814	1.040	1.226
9.3	Freizeitbäder, Kur- und Heilbäder	1.978	2.524	3.075
10.1	Verbrauchermärkte	582	742	896
10.2	Kauf- und Warenhäuser	1.066	1.360	1.633
10.3	Autohäuser ohne Werkstatt	757	968	1.277
11.1	Betriebs- und Werkstätten eingeschossig oder mehrgeschossig ohne Hallenanteil; industrielle Produktionsgebäude, Massivbauweise	762	973	1.200

Zu § 259 Absatz 1 | **Anlage 42 BewG**

	Gebäudeart	Baujahrgruppe		
		vor 1995	1995 – 2004	ab 2005
11.2	Betriebs- und Werkstätten, mehrgeschossig, hoher Hallenanteil; industrielle Produktionsgebäude, überwiegend Skelettbauweise	536	680	942
12.1	Lagergebäude ohne Mischnutzung, Kaltlager	283	361	505
12.2	Lagergebäude mit bis zu 25 Prozent Mischnutzung	443	567	711
12.3	Lagergebäude mit mehr als 25 Prozent Mischnutzung	716	917	1.128
13	Museen, Theater, Sakralbauten	1.514	1.875	2.395
14	Reithallen, ehemalige landwirtschaftliche Mehrzweckhallen, Scheunen und Ähnliches	263		
15	Stallbauten	422		
16	Hochgaragen, Tiefgaragen und Nutzfahrzeuggaragen	623		
17	Einzelgaragen, Mehrfachgaragen	500		
18	Carports und Ähnliches	196		

19	**Teileigentum** Teileigentum ist in Abhängigkeit von der baulichen Gestaltung den vorstehenden Gebäudearten zuzuordnen.

20	**Auffangklausel** Normalherstellungskosten für nicht aufgeführte Gebäudearten sind aus den Normalherstellungskosten vergleichbarer Gebäudearten abzuleiten.

BewG Anlage 43 Zu § 260

Wertzahlen

für Teileigentum, Geschäftsgrundstücke, gemischt genutzte Grundstücke und sonstige bebaute Grundstücke nach § 249 Absatz 1 Nummer 5 bis 8

Vorläufiger Sachwert		Bodenrichtwert		
		bis 100 EUR/m^2	bis 300 EUR/m^2	über 300 EUR/m^2
bis	500 000 EUR	0,80	0,90	1,00
	750 000 EUR	0,75	0,85	0,95
	1 000 000 EUR	0,70	0,80	0,90
	1 500 000 EUR	0,65	0,75	0,85
	2 000 000 EUR	0,60	0,70	0,80
	3 000 000 EUR	0,55	0,65	0,75
über	3 000 000 EUR	0,50	0,60	0,70

Zu § 14 BewG Anlage 014.1

a) Bewertung einer lebenslänglichen Nutzung oder Leistung; Vervielfältiger für Bewertungsstichtage ab 1. Januar 2022

BMF-Schreiben vom 4. Oktober 2021
(BStBl. I S. 1821)

In der Anlage gebe ich gemäß § 14 Absatz 1 Satz 4 BewG die Vervielfältiger zur Berechnung des Kapitalwerts lebenslänglicher Nutzungen oder Leistungen bekannt, die nach der am 9. Juli 2021 veröffentlichten Sterbetafel 2018/2020 des Statistischen Bundesamtes ermittelt wurden und für Bewertungsstichtage ab dem 1. Januar 2022 anzuwenden sind.

Anlage
zu § 14 Absatz 1 BewG

Kapitalwert
einer lebenslänglichen Nutzung oder Leistung im Jahresbetrag von einem Euro
für Bewertungsstichtage ab 1. Januar 2022

Der Kapitalwert ist nach der am 9. Juli 2021 veröffentlichten Allgemeinen Sterbetafel 2018/2020 des Statistischen Bundesamtes unter Berücksichtigung von Zwischenzinsen und Zinseszinsen mit 5,5 Prozent errechnet worden. Der Kapitalwert der Tabelle ist der Mittelwert zwischen dem Kapitalwert für jährlich vorschüssige und jährlich nachschüssige Zahlungsweise.

Vollendetes Lebensalter	Männer		Frauen	
	Durchschnittliche Lebenserwartung	Kapitalwert	Durchschnittliche Lebenserwartung	Kapitalwert
0	78,64	18,405	83,40	18,467
1	77,90	18,393	82,64	18,458
2	76,92	18,378	81,66	18,446
3	75,93	18,361	80,67	18,433
4	74,94	18,344	79,68	18,420
5	73,95	18,325	78,69	18,405
6	72,95	18,306	77,69	18,390
7	71,96	18,285	76,70	18,374
8	70,97	18,264	75,70	18,357
9	69,97	18,241	74,71	18,340
10	68,98	18,217	73,71	18,321
11	67,98	18,191	72,71	18,301
12	66,99	18,165	71,72	18,280
13	65,99	18,136	70,73	18,258
14	65,00	18,106	69,73	18,235
15	64,01	18,075	68,74	18,211
16	63,02	18,042	67,74	18,185
17	62,03	18,007	66,75	18,158
18	61,05	17,971	65,76	18,129
19	60,07	17,933	64,77	18,099
20	59,10	17,893	63,78	18,068
21	58,12	17,850	62,79	18,034
22	57,14	17,805	61,80	17,999
23	56,17	17,759	60,81	17,962
24	55,19	17,709	59,82	17,922
25	54,22	17,657	58,83	17,881
26	53,24	17,602	57,85	17,838
27	52,26	17,544	56,86	17,792
28	51,29	17,483	55,87	17,744
29	50,31	17,418	54,88	17,693

Anlage 014.1

Zu § 14 BewG

Vollendetes Lebensalter	Männer		Frauen	
	Durchschnittliche Lebenserwartung	Kapitalwert	Durchschnittliche Lebenserwartung	Kapitalwert
30	49,33	17,350	53,89	17,639
31	48,36	17,279	52,91	17,582
32	47,39	17,204	51,93	17,523
33	46,42	17,126	50,94	17,460
34	45,45	17,043	49,96	17,394
35	44,48	16,955	48,98	17,325
36	43,51	16,863	48,00	17,252
37	42,55	16,767	47,03	17,176
38	41,59	16,666	46,05	17,095
39	40,64	16,561	45,07	17,009
40	39,68	16,449	44,10	16,920
41	38,73	16,333	43,13	16,826
42	37,79	16,212	42,16	16,727
43	36,84	16,083	41,20	16,624
44	35,90	15,949	40,23	16,514
45	34,96	15,808	39,27	16,400
46	34,02	15,659	38,31	16,280
47	33,09	15,505	37,36	16,154
48	32,17	15,345	36,40	16,021
49	31,25	15,176	35,46	15,884
50	30,34	15,001	34,52	15,739
51	29,44	14,819	33,58	15,587
52	28,54	14,629	32,65	15,429
53	27,66	14,433	31,72	15,263
54	26,78	14,228	30,80	15,091
55	25,91	14,016	29,88	14,909
56	25,06	13,799	28,97	14,721
57	24,21	13,571	28,07	14,525
58	23,38	13,339	27,17	14,320
59	22,56	13,099	26,29	14,110
60	21,75	12,852	25,41	13,889
61	20,96	12,600	24,53	13,658
62	20,18	12,340	23,67	13,421
63	19,41	12,074	22,81	13,173
64	18,66	11,803	21,96	12,917
65	17,92	11,525	21,12	12,652
66	17,19	11,239	20,29	12,378
67	16,48	10,951	19,47	12,095
68	15,77	10,652	18,64	11,795
69	15,08	10,349	17,83	11,490
70	14,39	10,036	17,03	11,175
71	13,71	9,715	16,24	10,851
72	13,05	9,393	15,46	10,517
73	12,39	9,059	14,69	10,174
74	11,74	8,718	13,93	9,820
75	11,10	8,370	13,18	9,457

Zu § 14 BewG **Anlage 014.1**

Vollendetes Lebensalter	Männer		Frauen	
	Durchschnittliche Lebenserwartung	Kapitalwert	Durchschnittliche Lebenserwartung	Kapitalwert
76	10,48	8,022	12,44	9,084
77	9,87	7,669	11,71	8,702
78	9,26	7,303	10,99	8,310
79	8,67	6,938	10,28	7,908
80	8,09	6,567	9,59	7,502
81	7,54	6,205	8,92	7,094
82	7,01	5,846	8,28	6,690
83	6,49	5,484	7,66	6,285
84	6,01	5,140	7,08	5,894
85	5,55	4,803	6,53	5,512
86	5,12	4,479	6,01	5,140
87	4,72	4,172	5,52	4,780
88	4,35	3,882	5,08	4,449
89	4,01	3,610	4,66	4,125
90	3,71	3,366	4,28	3,826
91	3,43	3,134	3,93	3,545
92	3,16	2,908	3,61	3,283
93	2,93	2,712	3,33	3,051
94	2,71	2,523	3,08	2,840
95	2,53	2,367	2,85	2,644
96	2,37	2,226	2,65	2,471
97	2,22	2,094	2,48	2,323
98	2,09	1,978	2,31	2,173
99	1,95	1,852	2,15	2,031
100 und darüber	1,84	1,753	2,02	1,915

Anlage 014.1

Zu § 14 BewG

b) Bewertung einer lebenslänglichen Nutzung oder Leistung; Vervielfältiger für Bewertungsstichtage ab 1. Januar 2021

BMF-Schreiben vom 28. Oktober 2020
(BStBl. I S. 1048)

In der Anlage gebe ich gemäß § 14 Absatz 1 Satz 4 BewG die Vervielfältiger zur Berechnung des Kapitalwerts lebenslänglicher Nutzungen oder Leistungen bekannt, die nach der am 29. September 2020 veröffentlichten Sterbetafel 2017/2019 des Statistischen Bundesamtes ermittelt wurden und für Bewertungsstichtage ab dem 1. Januar 2021 anzuwenden sind.

Anlage
zu § 14 Absatz 1 BewG

Kapitalwert
einer lebenslänglichen Nutzung oder Leistung im Jahresbetrag von einem Euro
für Bewertungsstichtage ab 1. Januar 2021

Der Kapitalwert ist nach der am 29. September 2020 veröffentlichten Allgemeinen Sterbetafel 2017/2019 des Statistischen Bundesamtes unter Berücksichtigung von Zwischenzinsen und Zinseszinsen mit 5,5 Prozent errechnet worden. Der Kapitalwert der Tabelle ist der Mittelwert zwischen dem Kapitalwert für jährlich vorschüssige und jährlich nachschüssige Zahlungsweise.

Vollendetes Lebensalter	Männer		Frauen	
	Durchschnittliche Lebenserwartung	Kapitalwert	Durchschnittliche Lebenserwartung	Kapitalwert
0	78,63	18,404	83,36	18,466
1	77,90	18,393	82,60	18,458
2	76,92	18,378	81,62	18,445
3	75,93	18,361	80,63	18,433
4	74,94	18,344	79,64	18,419
5	73,95	18,325	78,65	18,405
6	72,96	18,306	77,65	18,389
7	71,96	18,285	76,66	18,374
8	70,97	18,264	75,67	18,357
9	69,97	18,241	74,67	18,339
10	68,98	18,217	73,67	18,320
11	67,99	18,191	72,68	18,300
12	66,99	18,165	71,68	18,279
13	66,00	18,136	70,69	18,257
14	65,00	18,106	69,70	18,234
15	64,01	18,075	68,70	18,210
16	63,02	18,042	67,71	18,184
17	62,03	18,007	66,72	18,157
18	61,05	17,971	65,73	18,128
19	60,07	17,933	64,74	18,098
20	59,10	17,893	63,75	18,067
21	58,12	17,850	62,76	18,033
22	57,15	17,806	61,77	17,998
23	56,17	17,759	60,78	17,960
24	55,19	17,709	59,79	17,921
25	54,22	17,657	58,80	17,880
26	53,24	17,602	57,82	17,837
27	52,26	17,544	56,83	17,791
28	51,29	17,483	55,84	17,742

Zu § 14 BewG Anlage 014.1

Vollendetes Lebensalter	Männer		Frauen	
	Durchschnittliche Lebenserwartung	Kapitalwert	Durchschnittliche Lebenserwartung	Kapitalwert
29	50,31	17,418	54,85	17,691
30	49,34	17,351	53,86	17,637
31	48,36	17,279	52,88	17,581
32	47,39	17,204	51,90	17,521
33	46,42	17,126	50,91	17,458
34	45,46	17,044	49,93	17,392
35	44,49	16,956	48,95	17,323
36	43,52	16,864	47,97	17,250
37	42,56	16,768	47,00	17,173
38	41,60	16,668	46,02	17,092
39	40,64	16,561	45,05	17,007
40	39,69	16,451	44,07	16,917
41	38,73	16,333	43,10	16,823
42	37,79	16,212	42,13	16,724
43	36,84	16,083	41,16	16,620
44	35,90	15,949	40,20	16,511
45	34,96	15,808	39,24	16,396
46	34,02	15,659	38,28	16,276
47	33,09	15,505	37,33	16,150
48	32,17	15,345	36,38	16,018
49	31,25	15,176	35,43	15,879
50	30,34	15,001	34,49	15,734
51	29,44	14,819	33,55	15,582
52	28,54	14,629	32,62	15,424
53	27,66	14,433	31,70	15,260
54	26,78	14,228	30,78	15,087
55	25,92	14,018	29,86	14,905
56	25,06	13,799	28,95	14,717
57	24,22	13,574	28,05	14,521
58	23,39	13,342	27,16	14,318
59	22,57	13,102	26,27	14,105
60	21,77	12,858	25,39	13,884
61	20,98	12,606	24,52	13,655
62	20,20	12,347	23,66	13,418
63	19,43	12,081	22,80	13,170
64	18,68	11,810	21,95	12,914
65	17,94	11,532	21,11	12,648
66	17,21	11,247	20,28	12,374
67	16,49	10,955	19,45	12,088
68	15,78	10,656	18,63	11,792
69	15,09	10,354	17,82	11,486
70	14,40	10,040	17,02	11,171
71	13,72	9,720	16,24	10,851
72	13,05	9,393	15,45	10,513
73	12,39	9,059	14,68	10,169
74	11,73	8,712	13,92	9,815

Anlage 014.1 Zu § 14 BewG

Vollendetes Lebensalter	Männer		Frauen	
	Durchschnittliche Lebenserwartung	Kapitalwert	Durchschnittliche Lebenserwartung	Kapitalwert
75	11,10	8,370	13,17	9,452
76	10,47	8,017	12,42	9,074
77	9,85	7,657	11,69	8,691
78	9,24	7,291	10,96	8,293
79	8,65	6,925	10,25	7,890
80	8,08	6,561	9,56	7,484
81	7,52	6,192	8,89	7,075
82	6,99	5,832	8,26	6,677
83	6,49	5,484	7,65	6,279
84	6,00	5,133	7,07	5,887
85	5,55	4,803	6,52	5,505
86	5,13	4,487	6,01	5,140
87	4,73	4,180	5,53	4,788
88	4,36	3,889	5,08	4,449
89	4,03	3,626	4,67	4,133
90	3,72	3,374	4,28	3,826
91	3,44	3,143	3,93	3,545
92	3,17	2,916	3,62	3,292
93	2,93	2,712	3,34	3,059
94	2,72	2,532	3,09	2,849
95	2,52	2,358	2,86	2,652
96	2,34	2,200	2,66	2,480
97	2,19	2,067	2,49	2,332
98	2,07	1,960	2,33	2,191
99	1,94	1,843	2,18	2,058
100 und darüber	1,83	1,744	2,04	1,933

Zu § 14 BewG   **Anlage 014.1**

c) Bewertung einer lebenslänglichen Nutzung oder Leistung; Vervielfältiger für Bewertungsstichtage ab 1. Januar 2020

BMF-Schreiben vom 2. Dezember 2019
(BStBl. I S. 1288)

In der Anlage gebe ich gemäß § 14 Absatz 1 Satz 4 BewG die Vervielfältiger zur Berechnung des Kapitalwerts lebenslänglicher Nutzungen oder Leistungen bekannt, die nach der am 5. November 2019 veröffentlichten Sterbetafel 2016/2018 des Statistischen Bundesamtes ermittelt wurden und für Bewertungsstichtage ab dem 1. Januar 2020 anzuwenden sind.

Anlage
zu § 14 Absatz 1 BewG

Kapitalwert
einer lebenslänglichen Nutzung oder Leistung im Jahresbetrag von einem Euro
für Bewertungsstichtage ab 1. Januar 2020

Der Kapitalwert ist nach der am 5. November 2019 veröffentlichten Allgemeinen Sterbetafel 2016/2018 des Statistischen Bundesamtes unter Berücksichtigung von Zwischenzinsen und Zinseszinsen mit 5,5 Prozent errechnet worden. Der Kapitalwert der Tabelle ist der Mittelwert zwischen dem Kapitalwert für jährlich vorschüssige und jährlich nachschüssige Zahlungsweise.

Vollendetes Lebensalter	Männer		Frauen	
	Durchschnittliche Lebenserwartung	Kapitalwert	Durchschnittliche Lebenserwartung	Kapitalwert
0	78,48	18,402	83,27	18,465
1	77,76	18,391	82,52	18,457
2	76,78	18,376	81,54	18,444
3	75,79	18,359	80,55	18,432
4	74,80	18,341	79,56	18,418
5	73,81	18,323	78,56	18,403
6	72,82	18,303	77,57	18,388
7	71,82	18,282	76,58	18,372
8	70,83	18,261	75,58	18,355
9	69,84	18,238	74,59	18,337
10	68,84	18,213	73,59	18,319
11	67,85	18,188	72,59	18,299
12	66,85	18,161	71,60	18,278
13	65,86	18,132	70,61	18,256
14	64,86	18,102	69,61	18,232
15	63,87	18,070	68,62	18,208
16	62,88	18,037	67,63	18,182
17	61,90	18,002	66,64	18,155
18	60,91	17,965	65,65	18,126
19	59,94	17,927	64,66	18,096
20	58,96	17,887	63,67	18,064
21	57,99	17,844	62,68	18,030
22	57,01	17,799	61,69	17,995
23	56,03	17,752	60,70	17,957
24	55,06	17,702	59,71	17,918
25	54,08	17,649	58,72	17,876
26	53,11	17,594	57,73	17,833
27	52,13	17,536	56,75	17,787
28	51,15	17,474	55,76	17,738

Anlage 014.1   Zu § 14 BewG

Vollendetes Lebensalter	Männer		Frauen	
	Durchschnittliche Lebenserwartung	Kapitalwert	Durchschnittliche Lebenserwartung	Kapitalwert
29	50,18	17,409	54,77	17,687
30	49,21	17,342	53,78	17,633
31	48,23	17,269	52,80	17,576
32	47,26	17,194	51,82	17,516
33	46,29	17,115	50,84	17,454
34	45,33	17,032	49,85	17,387
35	44,36	16,944	48,87	17,317
36	43,39	16,852	47,89	17,243
37	42,43	16,755	46,92	17,167
38	41,47	16,653	45,94	17,085
39	40,52	16,548	44,96	16,999
40	39,56	16,435	43,99	16,909
41	38,61	16,318	43,02	16,815
42	37,66	16,194	42,05	16,716
43	36,71	16,065	41,09	16,612
44	35,77	15,930	40,12	16,501
45	34,83	15,788	39,16	16,386
46	33,90	15,640	38,21	16,267
47	32,97	15,485	37,25	16,139
48	32,05	15,323	36,30	16,007
49	31,13	15,153	35,36	15,869
50	30,23	14,979	34,42	15,723
51	29,33	14,797	33,48	15,571
52	28,43	14,605	32,55	15,412
53	27,55	14,408	31,63	15,247
54	26,68	14,204	30,71	15,073
55	25,82	13,993	29,80	14,893
56	24,97	13,775	28,89	14,704
57	24,13	13,549	27,99	14,508
58	23,30	13,316	27,10	14,304
59	22,49	13,078	26,22	14,093
60	21,69	12,833	25,34	13,871
61	20,90	12,580	24,47	13,642
62	20,12	12,320	23,61	13,404
63	19,36	12,056	22,75	13,156
64	18,61	11,784	21,90	12,898
65	17,87	11,506	21,06	12,632
66	17,14	11,220	20,23	12,357
67	16,42	10,926	19,40	12,070
68	15,71	10,626	18,58	11,773
69	15,01	10,318	17,78	11,471
70	14,33	10,008	16,98	11,155
71	13,64	9,682	16,19	10,830
72	12,97	9,353	15,41	10,495
73	12,31	9,017	14,63	10,146
74	11,66	8,675	13,87	9,792

Zu § 14 BewG **Anlage 014.1**

Vollendetes Lebensalter	Männer		Frauen	
	Durchschnittliche Lebenserwartung	Kapitalwert	Durchschnittliche Lebenserwartung	Kapitalwert
75	11,02	8,326	13,11	9,422
76	10,38	7,965	12,36	9,043
77	9,76	7,603	11,62	8,654
78	9,16	7,242	10,89	8,254
79	8,57	6,875	10,18	7,850
80	8,00	6,509	9,50	7,448
81	7,44	6,138	8,84	7,044
82	6,92	5,784	8,21	6,645
83	6,43	5,441	7,61	6,252
84	5,95	5,097	7,04	5,867
85	5,51	4,773	6,49	5,484
86	5,09	4,456	5,98	5,118
87	4,70	4,156	5,51	4,773
88	4,34	3,874	5,06	4,434
89	4,01	3,610	4,65	4,117
90	3,71	3,366	4,27	3,818
91	3,42	3,126	3,92	3,537
92	3,15	2,899	3,61	3,283
93	2,92	2,704	3,33	3,051
94	2,69	2,506	3,08	2,840
95	2,51	2,349	2,85	2,644
96	2,33	2,191	2,64	2,462
97	2,19	2,067	2,50	2,340
98	2,05	1,942	2,35	2,209
99	1,93	1,834	2,20	2,076
100 und darüber	1,82	1,735	2,06	1,951

Anlage 014.1

Zu § 14 BewG

d) Bewertung einer lebenslänglichen Nutzung oder Leistung; Vervielfältiger für Bewertungsstichtage ab 1. Januar 2019

BMF-Schreiben vom 22. November 2018
(BStBl. I S. 1306)

In der Anlage gebe ich gemäß § 14 Absatz 1 Satz 4 BewG die Vervielfältiger zur Berechnung des Kapitalwerts lebenslänglicher Nutzungen oder Leistungen bekannt, die nach der am 18. Oktober 2018 veröffentlichten Sterbetafel 2015/2017 des Statistischen Bundesamtes ermittelt wurden und für Bewertungsstichtage ab dem 1. Januar 2019 anzuwenden sind.

Anlage
zu § 14 Absatz 1 BewG

**Kapitalwert
einer lebenslänglichen Nutzung oder Leistung im Jahresbetrag von einem Euro
für Bewertungsstichtage ab 1. Januar 2019**

Der Kapitalwert ist nach der am 18. Oktober 2018 veröffentlichten Allgemeinen Sterbetafel 2015/2017 des Statistischen Bundesamtes unter Berücksichtigung von Zwischenzinsen und Zinseszinsen mit 5,5 Prozent errechnet worden. Der Kapitalwert der Tabelle ist der Mittelwert zwischen dem Kapitalwert für jährlich vorschüssige und jährlich nachschüssige Zahlungsweise.

Vollendetes Lebensalter	Männer		Frauen	
	Durchschnittliche Lebenserwartung	Kapitalwert	Durchschnittliche Lebenserwartung	Kapitalwert
0	78,36	18,400	83,18	18,464
1	77,64	18,389	82,44	18,456
2	76,66	18,374	81,46	18,443
3	75,67	18,357	80,47	18,430
4	74,68	18,339	79,48	18,417
5	73,69	18,320	78,49	18,402
6	72,69	18,301	77,49	18,387
7	71,70	18,280	76,50	18,371
8	70,71	18,258	75,50	18,354
9	69,71	18,235	74,51	18,336
10	68,72	18,210	73,51	18,317
11	67,72	18,184	72,52	18,297
12	66,73	18,157	71,52	18,276
13	65,73	18,128	70,53	18,254
14	64,74	18,098	69,54	18,231
15	63,75	18,066	68,54	18,206
16	62,75	18,033	67,55	18,180
17	61,77	17,998	66,56	18,152
18	60,79	17,961	65,57	18,124
19	59,81	17,922	64,58	18,093
20	58,83	17,881	63,60	18,062
21	57,86	17,838	62,61	18,028
22	56,88	17,793	61,62	17,992

Zu § 14 BewG **Anlage 014.1**

Vollendetes Lebensalter	Männer		Frauen	
	Durchschnittliche Lebenserwartung	Kapitalwert	Durchschnittliche Lebenserwartung	Kapitalwert
23	55,91	17,746	60,63	17,955
24	54,93	17,695	59,64	17,915
25	53,96	17,643	58,65	17,873
26	52,98	17,587	57,66	17,829
27	52,01	17,528	56,67	17,783
28	51,03	17,466	55,69	17,735
29	50,06	17,401	54,70	17,683
30	49,09	17,333	53,71	17,629
31	48,12	17,261	52,73	17,572
32	47,15	17,185	51,75	17,512
33	46,18	17,106	50,77	17,449
34	45,21	17,022	49,78	17,382
35	44,25	16,934	48,80	17,312
36	43,29	16,841	47,82	17,238
37	42,32	16,744	46,85	17,161
38	41,37	16,642	45,87	17,079
39	40,41	16,535	44,89	16,993
40	39,45	16,422	43,92	16,903
41	38,50	16,304	42,95	16,808
42	37,55	16,180	41,98	16,708
43	36,61	16,050	41,01	16,603
44	35,66	15,914	40,05	16,493
45	34,73	15,771	39,09	16,378
46	33,80	15,623	38,13	16,256
47	32,87	15,467	37,18	16,130
48	31,95	15,305	36,23	15,997
49	31,03	15,135	35,29	15,858
50	30,13	14,959	34,35	15,712
51	29,23	14,775	33,42	15,561
52	28,34	14,584	32,49	15,401
53	27,46	14,387	31,56	15,234
54	26,59	14,182	30,65	15,062
55	25,73	13,971	29,74	14,881
56	24,88	13,752	28,83	14,691
57	24,05	13,527	27,94	14,496
58	23,22	13,294	27,05	14,292
59	22,42	13,056	26,16	14,078

Anlage 014.1 Zu § 14 BewG

Vollendetes Lebensalter	Männer		Frauen	
	Durchschnittliche Lebenserwartung	Kapitalwert	Durchschnittliche Lebenserwartung	Kapitalwert
60	21,62	12,810	25,28	13,856
61	20,83	12,557	24,42	13,628
62	20,05	12,298	23,56	13,390
63	19,29	12,032	22,70	13,141
64	18,54	11,759	21,85	12,883
65	17,80	11,480	21,00	12,613
66	17,07	11,193	20,17	12,337
67	16,35	10,898	19,34	12,049
68	15,64	10,596	18,53	11,755
69	14,94	10,287	17,72	11,448
70	14,25	9,970	16,91	11,127
71	13,57	9,647	16,12	10,801
72	12,89	9,315	15,34	10,465
73	12,23	8,976	14,56	10,114
74	11,58	8,632	13,79	9,754
75	10,93	8,277	13,03	9,383
76	10,30	7,920	12,27	8,997
77	9,68	7,557	11,53	8,605
78	9,08	7,191	10,81	8,209
79	8,49	6,824	10,10	7,803
80	7,92	6,457	9,42	7,400
81	7,38	6,098	8,77	7,000
82	6,86	5,745	8,15	6,606
83	6,38	5,403	7,56	6,219
84	5,91	5,066	6,99	5,832
85	5,47	4,744	6,45	5,455
86	5,07	4,441	5,95	5,097
87	4,69	4,151	5,48	4,750
88	4,34	3,873	5,04	4,418
89	4,01	3,613	4,63	4,102
90	3,70	3,361	4,26	3,810
91	3,42	3,126	3,92	3,537
92	3,16	2,907	3,61	3,283
93	2,94	2,717	3,34	3,059
94	2,72	2,534	3,09	2,849
95	2,55	2,382	2,88	2,670
96	2,40	2,251	2,71	2,523

Zu § 14 BewG   **Anlage 014.1**

Vollendetes Lebensalter	Männer		Frauen	
	Durchschnittliche Lebenserwartung	Kapitalwert	Durchschnittliche Lebenserwartung	Kapitalwert
97	2,27	2,136	2,54	2,375
98	2,14	2,027	2,40	2,253
99	2,02	1,917	2,24	2,111
100 und darüber	1,91	1,819	2,11	1,996

e) Bewertung einer lebenslänglichen Nutzung oder Leistung; Vervielfältiger für Bewertungsstichtage ab 1. Januar 2018

BMF-Schreiben vom 28. November 2017
(BStBl. I S. 1526)

Das Statistische Bundesamt wird im Jahr 2017 keine aktuelle Sterbetafel veröffentlichen. Daher bleiben gemäß § 14 Absatz 1 Satz 2 BewG die Vervielfältiger zur Berechnung des Kapitalwerts lebenslänglicher Nutzungen oder Leistungen, die nach der am 20. Oktober 2016 veröffentlichten Sterbetafel 2013/2015 des Statistischen Bundesamtes ermittelt und mit Schreiben des Bundesministeriums der Finanzen vom 4. November 2016 – IV C 7 – S 3104/09/10001, DOK 2016/1012678 (BStBl. I Seite 1166) veröffentlicht wurden, auch für Bewertungsstichtage ab dem 1. Januar 2018 anzuwenden.

f) Bewertung einer lebenslänglichen Nutzung oder Leistung; Vervielfältiger für Bewertungsstichtage ab 1. Januar 2017

BMF-Schreiben vom 4. November 2016
(BStBl. I S. 1166)

In der Anlage gebe ich gemäß § 14 Absatz 1 Satz 4 BewG die Vervielfältiger zur Berechnung des Kapitalwerts lebenslänglicher Nutzungen oder Leistungen bekannt, die nach der am 20. Oktober 2016 veröffentlichten Sterbetafel 2013/2015 des Statistischen Bundesamtes ermittelt wurden und für Bewertungsstichtage ab dem 1. Januar 2017 anzuwenden sind.

Anlage 014.1 Zu § 14 BewG

Anlage
zu § 14 Absatz 1 BewG
Kapitalwert
einer lebenslänglichen Nutzung oder Leistung im Jahresbetrag von einem Euro für Bewertungsstichtage ab 1. Januar 2017

Der Kapitalwert ist nach der am 20. Oktober 2016 veröffentlichten Allgemeinen Sterbetafel 2013/2015 des Statistischen Bundesamtes unter Berücksichtigung von Zwischenzinsen und Zinseszinsen mit 5,5 Prozent errechnet worden. Der Kapitalwert der Tabelle ist der Mittelwert zwischen dem Kapitalwert für jährlich vorschüssige und jährlich nachschüssige Zahlungsweise.

Vollendetes Lebensalter	Männer		Frauen	
	Durchschnittliche Lebenserwartung	Kapitalwert	Durchschnittliche Lebenserwartung	Kapitalwert
0	78,18	18,398	83,06	18,463
1	77,45	18,386	82,31	18,454
2	76,48	18,371	81,33	18,442
3	75,49	18,354	80,34	18,429
4	74,50	18,336	79,35	18,415
5	73,51	18,317	78,36	18,400
6	72,51	18,297	77,36	18,385
7	71,52	18,276	76,37	18,369
8	70,52	18,254	75,37	18,352
9	69,53	18,230	74,38	18,334
10	68,54	18,206	73,38	18,314
11	67,54	18,180	72,38	18,294
12	66,55	18,152	71,39	18,273
13	65,55	18,123	70,40	18,251
14	64,56	18,093	69,40	18,227
15	63,57	18,061	68,41	18,202
16	62,58	18,027	67,42	18,176
17	61,59	17,991	66,43	18,149
18	60,61	17,954	65,44	18,120
19	59,63	17,915	64,45	18,089
20	58,66	17,874	63,46	18,057
21	57,68	17,830	62,48	18,023
22	56,71	17,785	61,49	17,987
23	55,73	17,737	60,50	17,950
24	54,76	17,686	59,51	17,910
25	53,79	17,633	58,52	17,868
26	52,81	17,577	56,54	17,823
27	51,84	17,518	56,32	17,777
28	50,87	17,456	55,56	17,728
29	49,89	17,390	54,57	17,676

Zu § 14 BewG   **Anlage 014.1**

	Männer		Frauen	
Vollendetes Lebensalter	Durchschnittliche Lebenserwartung	Kapitalwert	Durchschnittliche Lebenserwartung	Kapitalwert
30	48,92	17,321	53,59	17,622
31	47,95	17,248	52,60	17,564
32	46,98	17,172	51,62	17,504
33	46,02	17,092	50,63	17,440
34	45,05	17,007	49,65	17,373
35	44,09	16,919	48,67	17,302
36	43,12	16,825	47,69	17,228
37	42,16	16,727	46,72	17,151
38	41,20	16,624	45,74	17,068
39	40,24	16,515	44,76	16,981
40	39,29	16,402	43,79	16,890
41	38,33	16,282	42,82	16,795
42	37,38	16,157	41,85	16,694
43	36,44	16,027	40,89	16,590
44	35,50	15,890	39,92	16,478
45	34,56	15,745	38,96	16,362
46	33,63	15,596	38,01	16,241
47	32,71	15,440	37,06	16,113
48	31,79	15,276	36,11	15,979
49	30,88	15,106	35,17	15,840
50	29,97	14,927	34,23	15,693
51	29,08	14,744	33,30	15,540
52	28,20	14,554	32,37	15,380
53	27,32	14,355	31,45	15,213
54	26,46	14,151	30,54	15,040
55	25,61	13,940	29,64	14,860
56	24,77	13,722	28,73	14,670
57	23,94	13,497	27,84	14,474
58	23,12	13,264	26,95	14,268
59	22,32	13,027	26,06	14,053
60	21,52	12,779	25,19	13,832
61	20,74	12,528	24,32	13,601
62	19,97	12,269	23,46	13,362
63	19,21	12,002	22,60	13,111
64	18,45	11,725	21,74	12,849
65	17,71	11,444	20,90	12,580
66	16,98	11,155	20,07	12,303

Anlage 014.1

Zu § 14 BewG

Vollendetes Lebensalter	Männer		Frauen	
	Durchschnittliche Lebenserwartung	Kapitalwert	Durchschnittliche Lebenserwartung	Kapitalwert
67	16,26	10,860	19,24	12,013
68	15,54	10,552	18,42	11,714
69	14,83	10,237	17,61	11,405
70	14,13	9,915	16,80	11,082
71	13,44	9,585	16,00	10,750
72	12,77	9,252	15,21	10,407
73	12,10	8,908	14,42	10,050
74	11,44	8,556	13,64	9,682
75	10,79	8,198	12,87	9,303
76	10,16	7,838	12,12	8,918
77	9,55	7,478	11,38	8,524
78	8,94	7,106	10,66	8,125
79	8,37	6,748	9,97	7,727
80	7,81	6,384	9,30	7,327
81	7,28	6,030	8,66	6,931
82	6,77	5,680	8,04	6,535
83	6,30	5,349	7,46	6,152
84	5,86	5,031	6,90	5,770
85	5,44	4,721	6,38	5,406
86	5,05	4,426	5,88	5,046
87	4,68	4,141	5,42	4,706
88	4,32	3,858	4,99	4,380
89	3,99	3,593	4,59	4,070
90	3,68	3,341	4,22	3,778
91	3,39	3,101	3,89	3,512
92	3,15	2,899	3,58	3,259
93	2,93	2,712	3,31	3,034
94	2,75	2,558	3,10	2,857
95	2,56	2,393	2,88	2,670
96	2,40	2,253	2,68	2,497
97	2,22	2,094	2,45	2,297
98	2,03	1,924	2,25	2,120
99	1,91	1,816	2,09	1,978
100 und darüber	1,80	1,716	1,95	1,852

Zu § 14 BewG Anlage 014.1

g) Bewertung einer lebenslänglichen Nutzung oder Leistung; Vervielfältiger für Bewertungsstichtage ab 1. Januar 2016

BMF-Schreiben vom 2. Dezember 2015
(BStBl. I S. 954)

In der Anlage gebe ich gemäß § 14 Absatz 1 Satz 4 BewG die Vervielfältiger zur Berechnung des Kapitalwerts lebenslänglicher Nutzungen oder Leistungen bekannt, die nach der am 22. April 2015 veröffentlichten Sterbetafel 2010/2012 des Statistischen Bundesamtes ermittelt wurden und für Bewertungsstichtage ab dem 1. Januar 2016 anzuwenden sind.

Anlage
zu § 14 Absatz 1 BewG

Kapitalwert
einer lebenslänglichen Nutzung oder Leistung im Jahresbetrag von einem Euro
für Bewertungsstichtage ab 1. Januar 2016

Der Kapitalwert ist nach der am 22. April 2015 veröffentlichten Allgemeinen Sterbetafel 2010/2012 des Statistischen Bundesamtes unter Berücksichtigung von Zwischenzinsen und Zinseszinsen mit 5,5 Prozent errechnet worden. Der Kapitalwert der Tabelle ist der Mittelwert zwischen dem Kapitalwert für jährlich vorschüssige und jährlich nachschüssige Zahlungsweise.

Vollendetes Lebensalter	Männer		Frauen	
	Durchschnittliche Lebenserwartung	Kapitalwert	Durchschnittliche Lebenserwartung	Kapitalwert
0	77,72	18,391	82,80	18,460
1	77,01	18,379	82,06	18,451
2	76,03	18,363	81,08	18,439
3	75,05	18,346	80,02	18,425
4	74,06	18,328	79,10	18,411
5	73,07	18,308	78,11	18,397
6	72,07	18,288	77,12	18,380
7	71,08	18,266	76,12	18,363
8	70,02	18,244	75,13	18,346
9	69,09	18,220	74,14	18,329
10	68,10	18,194	73,14	18,310
11	67,11	18,168	72,15	18,289
12	66,11	18,140	71,15	18,268
13	65,12	18,110	70,16	18,245
14	64,13	18,079	69,16	18,221
15	63,14	18,046	68,17	18,196
16	62,15	18,012	67,18	18,170
17	61,16	17,975	66,19	18,142
18	60,18	17,937	65,20	18,112
19	59,21	17,897	64,21	18,082
20	58,24	17,855	63,22	18,049
21	57,27	17,811	62,24	18,015
22	56,34	17,765	61,25	17,978

Anlage 014.1

Zu § 14 BewG

Vollendetes Lebensalter	Männer		Frauen	
	Durchschnittliche Lebenserwartung	Kapitalwert	Durchschnittliche Lebenserwartung	Kapitalwert
23	55,34	17,717	60,26	17,940
24	54,37	17,665	59,28	17,900
25	53,40	17,611	58,22	17,858
26	52,43	17,554	57,30	17,813
27	51,46	17,494	56,32	17,766
28	50,49	17,430	55,33	17,716
29	49,52	17,364	54,34	17,664
30	48,55	17,294	53,36	17,609
31	47,58	17,219	52,37	17,550
32	46,61	17,141	51,39	17,489
33	45,65	17,060	50,41	17,425
34	44,68	16,974	49,42	17,357
35	43,72	16,884	48,44	17,285
36	42,75	16,788	47,47	17,211
37	41,79	16,688	46,49	17,132
38	40,83	16,583	45,51	17,048
39	39,87	16,472	44,54	16,961
40	38,92	16,357	43,57	16,869
41	37,97	16,235	42,60	16,773
42	37,02	16,108	41,63	16,671
43	36,08	15,975	40,66	16,564
44	35,14	15,835	39,70	16,452
45	34,21	15,690	38,75	16,336
46	33,28	15,537	37,79	16,212
47	32,36	15,378	36,85	16,084
48	31,45	15,213	35,90	15,949
49	30,55	15,042	34,97	15,809
50	29,65	14,863	34,04	15,663
51	28,77	14,678	33,11	15,508
52	27,90	14,487	32,19	15,348
53	27,03	14,287	31,28	15,182
54	26,18	14,083	30,37	14,007
55	25,34	13,871	29,46	14,823
56	24,51	13,653	28,57	14,635
57	23,69	13,427	27,67	14,435
58	22,87	13,191	26,78	14,228
59	22,87	12,951	25,90	13,013

Zu § 14 BewG **Anlage 014.1**

Vollendetes Lebensalter	Männer		Frauen	
	Durchschnittliche Lebenserwartung	Kapitalwert	Durchschnittliche Lebenserwartung	Kapitalwert
60	21,28	12,703	25,03	13,791
61	20,50	12,448	24,15	13,555
62	19,72	12,182	23,29	13,313
63	18,96	11,912	22,43	13,060
64	18,21	11,635	21,58	12,798
65	17,46	11,346	20,74	12,528
66	16,73	11,054	19,90	12,245
67	16,00	10,750	19,07	11,952
68	15,28	10,438	18,25	11,650
69	14,57	10,119	17,42	11,331
70	13,87	9,792	16,61	11,005
71	13,18	9,457	15,80	10,663
72	12,50	9,115	14,99	10,309
73	11,83	8,766	14,20	9,947
74	11,18	8,415	13,43	9,580
75	10,54	8,057	12,67	9,202
76	9,92	7,698	11,92	8,813
77	9,33	7,345	11,20	8,425
78	8,76	6,994	10,50	8,034
79	8,21	6,645	9,83	7,645
80	7,68	6,298	9,17	7,248
81	7,18	6,962	8,55	6,862
82	6,71	5,631	7,95	6,476
83	6,24	5,306	7,37	6,091
84	5,80	5,987	6,83	5,722
85	5,38	4,676	6,31	5,356
86	4,99	4,380	5,83	5,009
87	4,62	4,094	5,37	4,668
88	4,28	3,826	4,95	4,349
89	3,96	3,569	4,57	4,055
90	3,66	3,325	4,21	3,770
91	3,39	3,101	3,89	3,512
92	3,15	2,712	3,60	3,275
93	2,93	2,712	3,33	3,051
94	2,73	2,540	3,09	2,849
95	2,55	2,384	2,87	2,661
96	2,39	2,244	2,67	2,489

Anlage 014.1

Zu § 14 BewG

Vollendetes Lebensalter	Männer		Frauen	
	Durchschnittliche Lebenserwartung	Kapitalwert	Durchschnittliche Lebenserwartung	Kapitalwert
97	2,25	2,120	2,50	2,340
98	2,13	2,104	2,33	2,191
99	2,01	1,906	2,19	2,067
100 und darüber	1,90	1,807	2,06	1,951

Zu § 19 BewG   **Anlage 019.1**

Adressierung und Bekanntgabe von Einheitswertbescheiden bei Gesellschaften des bürgerlichen Rechts (GR)

Vfg. OFD Düsseldorf vom 7. April 2004 – S 3106 – 22 – St 235

Mit Beschluss vom 22.2.2001 II B 39/00 (BStBl. II 2001 S. 476) hat der BFH entschieden, dass der Einheitswert eines Grundstücks in Gesamthandseigentum nicht nach § 39 Abs. 2 Nr. 2 AO auf die Gesamthänder aufzuteilen ist, wenn der Einheitswert nur noch für die Grundsteuer von Bedeutung ist. In diesen Fällen ist die GbR selbst Grundsteuerschuldner und beim Einheitswert Zurechnungssubjekt.

Bei der Adressierung und Bekanntgabe der betreffenden Bescheide soll wie folgt verfahren werden:

1. Die GbR hat einen geschäftsüblichen Namen und eine Geschäftsadresse

Die GbR kann mit ihrem geschäftsüblichen Namen als Inhaltsadressat des Einheitswertbescheid bezeichnet werden und der Bescheid an die GbR mit ihrer Geschäftsadresse bekannt gegeben werden (AEAO zu § 122 Nr. 2.4.1.2).

2. Die GbR hat einen geschäftsüblichen Namen, jedoch keine Geschäftsadresse

Hier ist als Empfänger des Einheitswertbescheids und des Grundsteuermessbescheids eine natürliche Person entsprechend AEAO zu § 122 Nr. 2.4.1.3 anzugeben. Diese ist zugleich der Bekanntgabeadressat.

Das Vertretungsverhältnis ist im Bescheid anzugeben (AEAO zu § 122 Nr. 2.4.1.3).

Anschriftenfeld:
Empfänger im Anschriftenfeld
z. B. Volker Müller
mit postalischer Anschrift
(AEAO zu § 122 Nr. 1.6)

Bescheidkopf:
Als Geschäftsführer der
Josef Müller Erben GbR
Inhaltsadressat lt. Einheitswertbescheid
z. B. Josef Müller Erben GbR (geschäftsüblicher Name)
(AEAO zu § 122 Nr. 2.4.1.2)

3. Die GbR hat keinen geschäftsüblichen Namen

Hier sind der Einheitswertbescheid und der Grundsteuermessbescheid an alle Gesellschafter zu richten. Der Inhaltsadressat ist hierbei durch die Angabe aller Gesellschafter zu charakterisieren (AEAO zu § 122 Nr. 2.4, 2.4.1.3).

Die Bekanntgabe genügt an einen vertretungsberechtigten Gesellschafter mit Wirkung für und gegen die Gesellschaft, wobei im Bescheid zum Ausdruck kommen muss, dass er dem Bekanntgabeadressaten als Vertreter der GbR zugeht (AEAO zu § 122 Nr. 2.4.1.3).

Anlage 019.2 Zu § 19 BewG

Vorläufige Einheitswertfeststellungen und vorläufige Festsetzungen des Grundsteuermessbetrags
Gleich lautende Erlasse der obersten Finanzbehörden der Länder vom 17. Januar 2019
(BStBl. I S. 28)

Das Bundesverfassungsgericht hat mit Urteil vom 10. April 2018 – 1 BvR 639/11, 1 BvR 889/12, 1 BvL 11/14, 1 BvL 12/14 und 1 BvL 1/15 – (BGBl. I S. 531) die §§ 19, 20, 21, 22, 23, 27, 76, 79 Absatz 5, § 93 Absatz 1 Satz 2 BewG in Verbindung mit Artikel 2 Absatz 1 Satz 1 und 3 des Gesetzes zur Änderung des Bewertungsgesetzes in der Fassung des Artikels 2 des Gesetzes vom 22. Juli 1970 (BGBl. I S. 1118), soweit sie bebaute Grundstücke außerhalb des Bereichs der Land- und Forstwirtschaft und außerhalb des in Artikel 3 des Einigungsvertrags genannten Gebiets betreffen, für Zeiträume nach dem 31. Dezember 2001 für mit dem Grundgesetz unvereinbar erklärt. Es hat den Gesetzgeber verpflichtet, spätestens bis zum 31. Dezember 2019 eine Neuregelung zu treffen. Bis zu diesem Zeitpunkt dürfen die als unvereinbar mit dem Grundgesetz festgestellten Regeln über die Einheitsbewertung weiter angewandt werden. Nach Verkündung einer Neuregelung dürfen die beanstandeten Regelungen für weitere fünf Jahre ab der Verkündung, längstens aber bis zum 31. Dezember 2024 angewandt werden.

Von der Entscheidung des Bundesverfassungsgerichts nicht betroffen ist die Regelung des § 129 Abs. 2 BewG. Weitere die Verfassungsmäßigkeit des § 129 Abs. 2 BewG betreffende Verfahren sind jedoch nicht anhängig.

Die gleich lautenden Erlasse vom 18. Mai 2015 (BStBl. I S. 439) werden daher mit sofortiger Wirkung aufgehoben.

Dieser Erlass ergeht im Einvernehmen mit den obersten Finanzbehörden der anderen Länder.

Zu §§ 22 bis 24a BewG **Anlage 022.1**

Richtlinien für die Bewertung des Grundbesitzes im Hauptfeststellungszeitraum 1964
(Fortschreibungs-Richtlinien)
Vom 2. Dezember 1971
(BStBl. I S. 638)

Nach Artikel 108 Abs. 7 des Grundgesetzes wird mit Zustimmung des Bundesrates die folgende allgemeine Verwaltungsvorschrift erlassen:

Diese Richtlinien gelten für die auf den 1. Januar 1974 oder auf einen späteren Zeitpunkt durchzuführenden Fortschreibungen, Nachfeststellungen und Aufhebungen der Einheitswerte für die wirtschaftlichen Einheiten des Grundbesitzes im Hauptfeststellungszeitraum 1964. Sie ergänzen die Richtlinien für die Bewertung des Grundvermögens (BewR Gr) vom 19. September 1966 (Beilage zum Bundesanzeiger Nr. 183 vom 29. September 1966, BStBl. I S. 890) sowie die Richtlinien für die Bewertung des land- und forstwirtschaftlichen Vermögen (BewR L) vom 17. November 1967 (Beilage zum Bundesanzeiger Nr. 224 vom 30. November 1967, BStBl. I S. 397) und vom 17. Januar 1968 (Beilage zum Bundesanzeiger Nr. 17 vom 25. Januar 1968, BStBl. I S. 223).

1. Allgemeines

Die Einheitswerte des Grundbesitzes der Hauptfeststellung 1964 werden vom 1. Januar 1974 an der Besteuerung zugrunde gelegt (Artikel 1 Abs. 1 Satz 1 BewÄndG 1971). Auf diesen Zeitpunkt sind daher erstmals Fortschreibungen, Nachfeststellungen und Aufhebungen von Einheitswerten nach neuem Bewertungsrecht durchzuführen (Artikel 1 Abs. 2 BewÄndG 1971). Dabei sind anzuwenden die Vorschriften des Bewertungsgesetzes in der Fassung der Bekanntmachung vom 10. Dezember 1965 (BGBl. I S. 1861, BStBl. 1966 I S. 2), die Vorschriften des Artikels 7 § 1 des Steueränderungsgesetzes 1969 vom 18. August 1969 (BGBl. I S. 1211, BStBl. I S. 477), die Vorschriften des Artikels 1 des Gesetzes zur Änderung und Ergänzung bewertungsrechtlicher Vorschriften und des Einkommensteuergesetzes vom 22. Juli 1970 (BGBl. I S. 1118, BStBl. I S. 911), die Vorschriften des Bewertungsänderungsgesetzes 1971 (BewÄndG 1971) vom 27. Juli 1971 (BGBl. I S. 1157, BStBl. I S. 360), die Vorschriften des Artikels 3 des Zweiten Steueränderungsgesetzes 1971 vom 10. August 1971 (BGBl. I S. 1266, BStBl. I S. 373) sowie die zum Bewertungsgesetz 1965 ergangenen Durchführungsvorschriften.

2. Fortschreibungen (§ 22 BewG 1965)

(1) Eine Wertfortschreibung ist vorzunehmen, wenn der nach § 30 BewG 1965 abgerundete neue Wert vom Einheitswert des letzten Feststellungszeitpunkts nach oben entweder um mehr als den zehnten Teil, mindestens aber um 5 000 DM, oder um mehr als 100 000 DM, nach unten entweder um mehr als den zehnten Teil, mindestens aber um 500 DM, oder um mehr als 5 000 DM abweicht (§ 22 Abs. 1 Nr. 1 BewG 1965 in der Fassung des Artikels 3 Nr. 1 des Bewertungsänderungsgesetzes 1971). Mehrere bis zu einem Fortschreibungszeitpunkt eingetretene Wertabweichungen sind zusammenzufassen. Beträgt der nach § 30 BewG 1965 abgerundete neue Wert Null Deutsche Mark, so ist der Einheitswert nur dann auf Null Deutsche Mark fortzuschreiben, wenn die Wertgrenzen des § 22 Abs. 1. Nr. 1. BewG 1965 überschritten sind.

(2) Eine Artfortschreibung setzt eine Änderung in der Art einer wirtschaftlichen Einheit voraus (§ 22 Abs. 2 BewG 1965). Die Art eines Grundstücks ändert sich z. B., wenn aus einem Einfamilienhaus ein Zweifamilienhaus wird. Eine Änderung in der Art liegt auch vor, wenn ein Grundstück in einen gewerblichen Betrieb einbezogen ist und damit zum Betriebsgrundstück wird. Bei der Artfortschreibung sind Wertgrenzen nicht zu beachten. Sie setzt jedoch voraus, daß die Änderung in der Art steuerlich von Bedeutung ist.

(3) Eine Zurechnungsfortschreibung (§ 22 Abs. 2 BewG 1965) setzt voraus, daß sich die Eigentumsverhältnisse geändert haben. Das ist z. B. der Fall, wenn sich Alleineigentum an einem Grundstück in Miteigentum verwandelt oder wenn sich die Miteigentumsverhältnisse ändern. Eine Zurechnungsfortschreibung ist auch dann vorzunehmen, wenn die wirtschaftliche Eigentum auf einen anderen als den bürgerlich-rechtlichen Eigentümer übergeht. Wirtschaftliches Eigentum kann auch an ideellen Grundstücksanteilen bestehen (BFH-Urteil vom 20. 2. 1953, BStBl. III S. 74). Bei der Zurechnungsfortschreibung sind Wertgrenzen nicht zu beachten.

(4) Die Verteilung des Einheitswerts nach § 49 Abs. 1 BewG 1965 wird im Wege der Zurechnung durchgeführt. Dabei ist in den Feststellungsbescheid der Zusatz aufzunehmen, daß diese Verteilung nicht für Zwecke der Grundsteuer gilt. Ändern sich die Verhältnisse auf die Verteilung, ist eine Zurechnungsfortschreibung nur vorzunehmen, wenn sie für die Veranlagung eines Beteiligten, z. B. zur Vermögensteuer, Bedeutung hat.

Anlage 022.1

Zu §§ 22 bis 24a BewG

(5) Die drei Arten der Fortschreibung (Absätze 1 bis 3) bestehen selbständig nebeneinander. Auf denselben Feststellungszeitpunkt sind deshalb Fortschreibungen der verschiedenen Art zulässig. Sie sind möglichst zu verbinden. Eine bereits auf einen bestimmten Feststellungszeitpunkt vorgenommene Fortschreibung der einen Art schließt eine nachfolgende Fortschreibung einer anderen Art auf denselben Zeitpunkt nicht aus (BFH-Urteil vom 9. 1. 1959, BStBl. III S. 110). Nochmalige Fortschreibungen derselben Art auf denselben Feststellungszeitpunkt sind dagegen nicht zulässig.

(6) Eine Fortschreibung zur Beseitigung eines Fehlers (§ 22 Abs. 3 Satz 1 BewG 1965) ist nur zulässig, wenn ein einwandfrei feststellbarer Fehler vorliegt (BFH-Urteil vom 7. 10. 1955, BStBl. III S. 375). Soll eine fehlerfreie Wertfeststellung durch Wertfortschreibung geändert werden, so müssen außerdem die in Absatz 1 bezeichneten Wertgrenzen des § 22 Abs. 1 Nr. 1 BewG 1965 überschritten werden. Eine auf eine Änderung der Rechtsprechung des Bundesfinanzhofs gegründete fehlerbeseitigende Fortschreibung ist für solche Feststellungszeitpunkte unzulässig, die vor dem Erlaß der Entscheidung des Bundesfinanzhofs liegen (§ 22 Abs. 3 Satz 2 BewG 1965).[1)]

(7) Ein Fortschreibungsbescheid kann schon vor dem maßgebenden Fortschreibungszeitpunkt erteilt werden (§ 24a Satz 1 BewG 1965). Etwaige Änderungen, die an der wirtschaftlichen Einheit bis zum Fortschreibungszeitpunkt eintreten, sind durch eine Änderung oder eine Aufhebung des Bescheids von Amts wegen zu berücksichtigen (§ 24a Satz 2 BewG 1965).

3. Nachfeststellungen (§ 23 BewG 1965)

(1) Eine Nachfeststellung des Einheitswerts ist durchzuführen, wenn eine wirtschaftliche Einheit neu gegründet wird (§ 23 Abs. 1 Nr. 1 BewG 1965). Dies ist z. B. der Fall, wenn von einem Grundstück eine Teilfläche veräußert oder abgetrennt und nicht mit einer bereits bestehenden wirtschaftlichen Einheit verbunden wird, wenn ein Gebäude auf fremdem Grund und Boden errichtet wird oder wenn eine land- und forstwirtschaftlich genutzte Fläche aus dem Betrieb der Land- und Forstwirtschaft ausscheidet und eine selbständige wirtschaftliche Einheit des Grundvermögens bildet (§ 69 BewG 1965). Dabei ist es ohne Bedeutung, ob der Einheitswert für die wirtschaftliche Einheit, aus der die neue Einheit ausscheidet, fortgeschrieben werden kann. Eine Nachfeststellung, die aufgrund einer anderen rechtlichen Beurteilung der Abgrenzung einer wirtschaftlichen Einheit erfolgen soll, ohne daß die neue wirtschaftliche Einheit veräußert worden ist, setzt jedoch eine gleichzeitige Wertfortschreibung voraus (BFH-Urteil vom 5. 4. 1957, BStBl. III S. 190). Erhält ein Steuerpflichtiger aus Anlaß der Umlegung von Grundstücken an Stelle seines für Umlegungszwecke in Anspruch genommenen Grundstücks ein anderes Grundstück, so ist ebenfalls eine Nachfeststellung durchzuführen (BFH-Urteil vom 24. 2. 1961, BStBl. III S. 205); Nachfeststellungszeitpunkt ist jeweils der 1. Januar des Kalenderjahres, das dem Tag der Besitzeinweisung (Erwerb des wirtschaftlichen Eigentums) folgt.

(2) Eine Nachfeststellung des Einheitswerts ist auch durchzuführen, wenn der Grund für die Befreiung von einer der laufend veranlagten einheitswertabhängigen Steuern, wie Grundsteuer und Vermögensteuer, ganz oder teilweise wegfällt (§ 23 Abs. 1 Nr. 2 BewG 1965).

(3)[2)]

(4) Ein Nachfeststellungsbescheid kann schon vor dem maßgebenden Nachfeststellungszeitpunkt erteilt werden (§ 24a Satz 1 BewG 1965). Etwaige Änderungen, die an der wirtschaftlichen Einheit bis zum Nachfeststellungszeitpunkt eintreten, sind durch eine Änderung oder eine Aufhebung des Bescheids von Amts wegen zu berücksichtigen (§ 24a Satz 2 BewG 1965).

4. Aufhebung eines Einheitswerts (§ 24 BewG 1965)

(1) Der Einheitswert ist aufzuheben, wenn eine wirtschaftliche Einheit wegfällt (§ 24 Abs. 1 Nr. 1 BewG 1965). Dies ist z. B. der Fall, wenn eine wirtschaftliche Einheit mit einer anderen verbunden wird; dabei ist es gleichgültig, ob im Zusammenhang damit der Einheitswert der anderen wirtschaftlichen Einheit fortzuschreiben ist. Verbunden werden Grundstücke auch dann, wenn das Eigentum an einem auf fremdem Grund und Boden errichteten Gebäude auf den Eigentümer des Grund und Bodens übergeht (Abschnitt 50 Abs. 6 BewRGr).

(2) Der Einheitswert ist auch aufzuheben, wenn er infolge von Befreiungsgründen keiner einheitswertabhängigen Steuer mehr zugrunde gelegt wird (§ 24 Abs. 1 Nr. 2 BewG 1965). Der Aufhebungszeitpunkt richtet sich in diesen Fällen nach den in Betracht kommenden Steuergesetzen. Danach ist der Einheitswert in der Regel erst auf den Beginn des Kalenderjahrs aufzuheben, das auf den Wegfall der Steuerpflicht folgt.

---

1) Jetzt § 22 Abs. 3 Satz 3 BewG.
2) Absatz 3 nach Aufhebung des § 91 Abs. 2 BewG überholt.

(3) Wegen der Aufhebung des besonderen Einheitswert nach § 24 Abs. 1 Nr. 3 BewG 1965 vgl. Abschnitt 8 Abs. 4.

5. Wertverhältnisse und tatsächliche Verhältnisse bei der Bewertung des land- und forstwirtschaftlichen Vermögens (§ 27 BewG 1965)[1]

6. Wertverhältnisse und tatsächliche Verhältnisse bei der Bewertung des Grundvermögens (§ 27 BewG 1965)

(1) Bei Fortschreibungen und Nachfeststellungen der Einheitswerte für das Grundvermögen sind die Wertverhältnisse vom 1. Januar 1964 und die tatsächlichen Verhältnisse im Fortschreibungszeitpunkt oder im Nachfeststellungszeitpunkt zugrunde zu legen.

(2) Beim Grundvermögen umfaßt der Begriff der Wertverhältnisse vor allem die wirtschaftlichen Verhältnisse, die ihren Niederschlag in den Grundstücks- und Baupreisen und im allgemeinen Mietniveau gefunden haben. Bei der Bewertung unbebauter Grundstücke ist von den durchschnittlichen Werten auszugehen, die zum 1. Januar 1964 für vergleichbare Grundstücke ermittelt worden sind. Wertänderungen, die auf einem Bebauungsplan, auf Erschließungsmaßnahmen oder auf einer Änderung der besonderen Verkehrsverhältnisse beruhen, sind als Änderungen der tatsächlichen Verhältnisse zu berücksichtigen. Bei der Bewertung bebauter Grundstücke im Ertragswertverfahren ist von dem am 1. Januar 1964 geltenden Mietniveau auszugehen. Dabei sind die Vorschriften des Artikels 2 Abs. 1 Satz 2 des Gesetzes zur Änderung des Bewertungsgesetzes vom 13. August 1965 (BGBl. I S. 851) zu beachten. Bei der Bewertung bebauter Grundstücke in Sachwertverfahren sind die für die Hauptfeststellung 1964 maßgebenden Preise zugrunde zu legen.

(3) Bei der Bewertung bebauter Grundstücke im Ertragswertverfahren ist nicht die im Fortschreibungszeitpunkt oder Nachfeststellungszeitpunkt geltende Miete, sondern diejenige Miete zugrunde zu legen, die für das Grundstück am 1. Januar 1964 unter Berücksichtigung des tatsächlichen Zustandes des Grundstücks im Feststellungszeitpunkt anzusetzen gewesen wäre. Für öffentlich geförderte Wohnungen ist demnach von der preisrechtlich zulässigen Miete auszugehen, die am 1. Januar 1964 gegolten hätte.

(4) Die für das jeweilige Baujahr geltenden Vervielfältiger der Anlagen 3 bis 8 zu § 80 BewG 1965 müssen grundsätzlich bei Fortschreibungen und Nachfeststellungen beibehalten werden. Hat sich die Lebensdauer eines Gebäudes durch nach dem 1. Januar 1964 eingetretene Umstände wesentlich verlängert oder verkürzt (§ 80 Abs. 3 BewG 1965), so ist das fiktive Baujahr nach Abschnitt 27 BewRGr zu ermitteln. Bei einem Gebäude, das nach dem 1. Januar 1964 errichtet worden ist, ist im Fall der Verkürzung für die Ermittlung des fiktiven Baujahrs vom tatsächlichen Baujahr, nicht vom 1. Januar 1964 auszugehen.

Beispiel:

Das Gebäude eines Mietwohngrundstücks in einer Gemeinde über 500 000 Einwohner ist im Jahre 1968 errichtet worden. Es handelt sich um einen Massivbau. Der Vervielfältiger wäre demnach 9,1 (Teil A der Anlage 3 des Gesetzes, Teil A der Anlage 068.5 der BewR Gr). Infolge nichtbehebbarer Schäden ist die restliche Lebensdauer um 30 Jahre verkürzt. Als zugrunde zu legendes fiktives Baujahr ergibt sich (1968 ./. 30 =) 1938. Die Jahresrohmiete des Grundstücks ist demnach mit 7,7 zu vervielfachen.

Ist der Vervielfältiger nach einem durchschnittlichen Baujahr zu bestimmen (§ 80 Abs. 4 Satz 2 BewG 1965), so ist dieses Baujahr nach Abschnitt 28 Abs. 3 BewRGr zu ermitteln. Bei einem nach dem 1. Januar 1964 errichteten Gebäude oder Gebäudeteil sind dabei als bisherige Lebensdauer Null Jahre anzusetzen.

Beispiel:

Von einem im Jahre 1910 als Massivbau errichteten Geschäftsgebäude mit Läden, Lagerräumen und einer Gastwirtschaft in einer Gemeinde von 60 000 Einwohnern ist der rechte Gebäudeflügel durch Brand zerstört und im Jahre 1967 wieder aufgebaut worden. Die nach dem Wiederaufbau zu zahlenden Mieten lassen sich nicht aufteilen. Beträgt der nichtzerstörte Teil etwa $^1/_3$ des ganzen Gebäudes, so kommt als durchschnittliches Baujahr in Betracht:

Nichtstörter Teil, errichtet 1910, somit bisherige Lebensdauer bis zum Hauptfeststellungszeitpunkt	54 Jahre.
Wiederaufgebauter Teil, errichtet 1967, somit bisherige Lebensdauer bis zum Hauptfeststellungszeitpunkt	0 Jahre
Bisherige durchschnittliche Lebensdauer des gesamten Gebäudes:	

---

[1] Für die Einheitsbewertung des Grundvermögens ohne Bedeutung; deshalb hier nicht abgedruckt.

Anlage 022.1

Zu §§ 22 bis 24a BewG

$$\frac{54 \times {}^2/_3 = 36}{0 \times {}^1/_3 = 0}$$
$$= 36 \text{ Jahre.}$$

Durchschnittliches Baujahr: 1964 (Hauptfeststellungszeitpunkt)
./. 36 Jahre = 1928.
Vervielfältiger 8.

(5) Die Vervielfältiger bestimmen sich auch bei Fortschreibungen und Nachfeststellungen nach der Einwohnerzahl der Belegenheitsgemeinde oder des gemeindefreien Gebiets am 1. Januar 1964. Eine Änderung der Einwohnerzahl nach dem 1. Januar 1964 bleibt deshalb ebenso unbeachtlich wie eine Eingemeindung oder die Zusammenlegung von mehreren Gemeinden zu einer neuen Gemeinde.

(6) Bei der Bewertung bebauter Grundstücke im Sachwertverfahren ist für die seit dem 1. Januar 1964 bis zum Fortschreibungszeitpunkt oder Nachfeststellungszeitpunkt abgelaufene Zeit keine Alterswertminderung zu berücksichtigen (§ 86 Abs. 1 BewG 1965). Ist die gewöhnliche Lebensdauer eines vor dem 1. Januar 1964 errichteten Gebäudes durch nicht behebbare oder nur mit unverhältnismäßig hohen Kosten zu beseitigende Baumängel oder Bauschäden verkürzt (Abschnitt 41 Abs. 6 BewRGr), so ist die Wertminderung wegen Alters nach der tatsächlichen Lebensdauer des Gebäudes und seinem Alter am 1. Januar 1964 zu berechnen. Die tatsächliche Lebensdauer ergibt sich dadurch, daß die voraussichtliche Restlebensdauer im Feststellungszeitpunkt dem Alter des Gebäudes in diesem Zeitpunkt hinzugerechnet wird.

Beispiel:
Bei einem Gebäude mit einer gewöhnlichen Lebensdauer von 100 Jahren und einem Alter im Hauptfeststellungszeitpunkt vom 1. Januar 1964 von 40 Jahren hat sich im Jahre 1973 ein nicht behebbarer Bergschaden ergeben. Dadurch ist die Lebensdauer des Gebäudes verkürzt. Die voraussichtliche Restlebensdauer im Fortschreibungszeitpunkt beträgt nur noch 30 Jahre. Tatsächliche Lebensdauer (voraussichtliche Restlebensdauer + Alter im Fortschreibungszeitpunkt) 30 + 50 = 80 Jahre. Die Wertminderung wegen Alters beträgt demnach

$\frac{100}{80} \times 40 = 50$ v.H. des Gebäudenormalherstellungswerts.

(7) Ist die restliche Lebensdauer eines vor dem 1. Januar 1964 errichteten Gebäudes durch bauliche Maßnahmen verlängert worden, so ist Abschnitt 41 Abs. 8 BewRGr entsprechend anzuwenden. Dabei ist ein dem Ausmaß der baulichen Erneuerung entsprechendes geringeres Alter, bezogen auf den 1. Januar 1964, zugrunde zu legen.

Beispiel:
Ein Gebäude mit einer gewöhnlichen Lebensdauer von 80 Jahren und einem Alter im Hauptfeststellungszeitpunkt 1. Januar 1964 von 30 Jahren ist im Jahre 1973 durchgreifend erneuert worden. Dadurch ist das Gebäude um 20 Jahre verjüngt. Die Wertminderung wegen Alters beträgt demnach nur noch

$\frac{100}{80} \times 10 = 12,5$ v.H. des Gebäudenormalherstellungswerts.

(8) Bei einem nach dem 1. Januar 1964 errichteten Gebäude kann bei der Alterswertminderung weder eine Verkürzung noch eine Verlängerung der Lebensdauer berücksichtigt werden. Für nicht behebbare oder nur mit unverhältnismäßig hohen Kosten zu beseitigende Baumängel und Bauschäden kann deshalb nur ein Abschlag nach § 87 BewG 1965 in Betracht kommen. Wegen der Höhe des Abschlags vgl. Abschnitt 42 Abs. 2 BewRGr.

7. Besonderheiten bei der Bewertung bebauter Grundstücke[1]

(1) Ein Abschlag wegen der Notwendigkeit baldigen Abbruchs ist zu machen, wenn das Gebäude innerhalb eines Zeitraums von 10 Jahren nach dem Feststellungszeitpunkt abzubrechen ist (Abschnitt 31 Abs. 4 und Abschnitt 44 Abs. 7 BewRGr). Ein einmal gewährter Abschlag ist wegen der sich durch den Zeitablauf verringernden Restlebensdauer des Gebäudes innerhalb des Hauptfeststellungszeitraums nicht neu zu berechnen.

(2) Bei einer Bewertung im Ertragswertverfahren ergibt sich der Abschlag wegen der Notwendigkeit baldigen Abbruchs aus der Anlage 9 der BewRGr. Dies setzt voraus, daß die restliche Lebensdauer des Gebäudes, vom Feststellungszeitpunkt an gerechnet, nicht mehr als 10 Jahre beträgt. Die Höhe des Abschlags nach der Anlage 9 der BewRGr bemißt sich nach der Zeit vom 1. Januar 1964 bis zum Zeitpunkt

---

1) Teilweise überholt.

Zu §§ 22 bis 24a BewG **Anlage 022.1**

des Abbruchs. Dies gilt auch für Gebäude, die nach dem 31. Dezember 1963 bezugsfertig geworden sind. Ergibt sich danach ein Zeitraum von mehr als 10 Jahren, so sind die Spalten 4 bis 6 der Anlage 9 BewRGr anzuwenden.

Beispiel:
Das Gebäude eines Mietwohnungsgrundstücks in einer Gemeinde mit mehr als 500 000 Einwohnern ist im Jahre 1895 errichtet worden. Es handelt sich um einen Massivbau. Die Jahresrohmiete beträgt 10 000 DM. Das Gebäude muß im Jahre 1978 abgerissen werden. Die restliche Lebensdauer beträgt somit, vom Fortschreibungszeitpunkt 1. Januar 1964 an gerechnet, nicht mehr als 10 Jahre.

10 000 x 5,4 (Vervielfältiger – Anlage 068.5 der BewRGr)	= 54 000 DM
10 000 x 1,82 (Bodenwertanteil – Anlage 068.5 der BewRGr)	= 18 200 DM
Gebäudewert	35 800 DM

Die Lebensdauer beträgt am 1. Januar 1964 noch 14 Jahre (das Jahr des Abbruchs ist nicht mitzurechnen); somit Abschlag nach der Spalte 4 der Anlage 9 der BewRGr

$\frac{35\,800 \times 40}{100} =$	14 320 DM
Restgebäudewert	21 480 DM
Bodenwertanteil	18 200 DM
Ermäßigter Grundstückswert	39 680 DM
Einheitswert	39 600 DM

(3) Bei einer Bewertung im Sachwertverfahren ist der Abschlag wegen der Notwendigkeit baldigen Abbruchs nach Abschnitt 44 Abs. 7 Satz 2 BewRGr zu berechnen. Dabei ist bei einem vor dem 1. Januar 1964 errichteten Gebäude die verkürzte Lebensdauer in der Weise zu errechnen, daß die restliche Lebensdauer im Feststellungszeitpunkt dem Alter des Gebäudes in diesem Zeitpunkt hinzugerechnet wird.

Beispiel:
Ein Gebäude mit einer gewöhnlichen Lebensdauer von 80 Jahren muß am 1. Januar 1964 in 7 Jahren abgebrochen werden. Es ist am Hauptfeststellungszeitpunkt 1. Januar 1964 20 Jahre alt gewesen. Der Gebäudenormalherstellungswert beträgt 90 000 DM, der Gebäudewert

(90 000 $- \frac{90\,000 \times 25}{100} =$) 67 500 DM.

Die Ermäßigung wegen vorzeitigen Abbruchs errechnet sich wie folgt:

Berücksichtigte Alterswertminderung = 25 v. H.

Die verkürzte Lebensdauer beträgt: 7 Jahre (restliche Lebensdauer im Fortschreibungszeitpunkt) + 30 Jahre (Alter im Fortschreibungszeitpunkt) = 37 Jahre.

Danach ergibt sich ein Absetzungssatz von 20 x $\frac{100}{37}$ = 55 v. H.

Die Ermäßigigung beträgt somit ($\frac{90\,000 \times 30}{100} =$) 27 000 DM.

Bei einem Gebäude, das erst nach dem 31. Dezember 1963 bezugsfertig geworden ist, ist der Abschlag in Anlehnung an die Regelung in Absatz 2 zu schätzen. Bei einer Ermäßigung wegen wirtschaftlicher Überalterung eines vor dem 1. Januar 1964 errichteten Gebäudes ist der Abschlag entsprechend der Regelung im Abschnitt 44 Abs. 5 BewRGr zu bemessen. Dabei ist von der verkürzten Lebensdauer im Feststellungszeitpunkt und dem Alter des Gebäudes am 1. Januar 1964 auszugehen.

Beispiel:
Ein Gebäude hat aufgrund einer im Jahre 1970 eingetretenen wirtschaftlichen Überalterung statt einer gewöhnlichen Lebensdauer von 100 Jahren im Feststellungszeitpunkt 1. Januar 1974 nur eine Lebensdauer von 80 Jahren. Das Gebäude ist am Hauptfeststellungszeitpunkt 1. Januar 1964 50 Jahre alt gewesen. Die Wertminderung wegen Alters beträgt

bei gewöhnlicher Lebensdauer	50 x 1,00	= 50,0 v. H.
bei verkürzter Lebensdauer	50 x 1,25	= 62,5 v. H.
	Unterschied	12,5 Punkte.

Der Gebäudesachwert ist wegen wirtschaftlicher Überalterung um 12,5 v. H. des Gebäudenormalherstellungswertes zu mindern.

Anlage 022.1 Zu §§ 22 bis 24a BewG

Ist das wirtschaftlich überalterte Gebäude erst nach dem 31. Dezember 1963 bezugsfertig geworden, so ist der Abschlag zu schätzen. Er darf höchstens 10 v. H. des Gebäudenormalherstellungswertes betragen.

(4) Für die Ermittlung des Abschlags wegen einer Abbruchverpflichtung in den Fällen des § 92 Abs. 4 BewG 1965 und des § 94 Abs. 3 Satz 3 BewG 1965 ist bei einer Bewertung im Ertragswertverfahren Absatz 2, bei einer Bewertung im Sachwertverfahren Absatz 3 Sätze 1 bis 3 anzuwenden.

8. Feststellung des besonderen Einheitswerts (§ 23 Abs. 1 Nr. 3, § 91 Abs. 2 BewG 1965)[1]

9. Fortschreibung des Einheitswerts von Erbbaugrundstücken (§ 92 Abs. 7 BewG 1965)

(1) Die Vorschrift des § 92 Abs. 7 BewG 1965 über die Fortschreibung der Einheitswerte der wirtschaftlichen Einheiten des Erbbaurechts und des belasteten Grundstücks ist durch Artikel 3 Nr. 10 des Bewertungsänderungsgesetzes 1971 geändert worden. Danach ist die nach § 22 Abs. 1 Nr. 1 BewG 1965 für die Durchführung von Wertfortschreibungen erforderliche Wertabweichung nicht mehr an den Einheitswerten der wirtschaftlichen Einheiten des Erbbaurechts und des belasteten Grundstücks, sondern am Gesamtwert zu messen. Der Gesamtwert des letzten Feststellungszeitpunkts und der Gesamtwert im Fortschreibungszeitpunkt sind dabei auf volle hundert Deutsche Mark nach unten abzurunden (§ 92 Abs. 7 Satz 2 BewG 1965). Abschnitt 48 Abs. 7 BewRGr ist als gegenstandslos anzusehen.

(2) § 92 Abs. 7 Satz 3 BewG 1965, der Wertfortschreibungen ohne Beachtung einer Fortschreibungsgrenze zuläßt, gilt in allen Fällen, in denen sich der Verteilungsschlüssel für den Gesamtwert infolge Zeitablaufs ändert.

Beispiel A:

Im Jahr 1960 ist auf einem mit einem Erbbaurecht belasteten unbebauten Grundstück ein Lagerhaus errichtet worden. Am Hauptfeststellungszeitpunkt 1. Januar 1964 betrug die Laufzeit des Erbbaurechts noch 45 Jahre. Das bebaute Grundstück wird im Sachwertverfahren bewertet (§ 76 Abs. 2 BewG 1965).

Am 1. Januar 1964 errechnete sich der Gesamtwert wie folgt:

Bodenwert	25 000 DM
Gebäudewert	95 000 DM
Ausgangswert	120 000 DM
Angleichung an den gemeinen Wert (Wertzahl 80):	
Gesamtwert	96 000 DM

Von diesem Gesamtwert entfielen bei der Feststellung der Einheitswerte auf den 1. Januar 1964 nach § 92 Abs. 3 BewG 1965 auf die

1. wirtschaftliche Einheit des Erbbaurechts:

Bodenwert 95 v. H. von 25 000 DM x $\frac{80}{100}$ =   19 000 DM

Gebäudewert

95 000 DM x $\frac{80}{100}$ =   76 000 DM

Einheitswert   95 000 DM

2. wirtschaftliche Einheit des belasteten Grundstücks:

5 v. H. des Bodenwerts von 25 000 DM x $\frac{80}{100}$ =   1 000 DM

Einheitswert   1 000 DM

Am 1. Januar 1974 beträgt die Laufzeit des Erbbaurechts nur noch 35 Jahre. Der Gesamtwert ist deshalb am 1. Januar 1974 infolge der Änderung des Verteilungsschlüssels (§ 92 Abs. 3 BewG 1965) anderweitig zu verteilen. Die Anteile am Bodenwert betragen für das Erbbaurecht 90 v. H. und für das belastete Grundstück 10 v. H.

Von dem Gesamtwert von 96 000 DM entfallen bei der Feststellung der Einheitswerte auf den 1. Januar 1974 nach § 92 Abs. 3 BewG 1965 auf die

---

1) Nach Aufhebung des § 91 Abs. 2 BewG ab 1. 1. 1997 ohne Bedeutung.

Zu §§ 22 bis 24a BewG   **Anlage 022.1**

1. wirtschaftliche Einheit des Erbbaurechts:

Bodenwert	
90 v. H. von 25 000 DM x $\frac{80}{100}$ =	18 000 DM
Gebäudewert (wie am 1. Januar 1964) =	76 000 DM
Einheitswert	94 000 DM

2. wirtschaftliche Einheit des belasteten Grundstücks:

10 v. H. des Bodenwerts von 25 000 DM x $\frac{80}{100}$ =	2 000 DM
Einheitswert	2 000 DM

Treffen Änderungen des Gesamtwerts mit einer Änderung der Verteilung des Gesamtwertes zusammen, so sind die Änderungen des Gesamtwerts durch eine Wertfortschreibung nach § 22 BewG 1965 zu berücksichtigen, wenn sie für sich allein die Fortschreibungsgrenzen überschreiten. Werden die Fortschreibungsgrenzen nicht überschritten, so ist eine Wertfortschreibung nur durchzuführen, soweit sie auf einer Änderung der Verteilung des Gesamtwerts nach § 92 Abs. 7 Satz 3 BewG 1965 beruht.

Beispiel B:

Das Beispiel A wird dahin abgewandelt, daß sich der Gebäudewert durch einen Anbau im Jahre 1973 um 13 000 DM auf 108 000 DM erhöht.

Der Gesamtwert am 1. Januar 1974 errechnet sich wie folgt:

Bodenwert	25 000 DM
Gebäudewert	108 000 DM
Ausgangswert	133 000 DM
Angleichung an den gemeinen Wert (Wertzahl 80):	
Gesamtwert	106 400 DM

Die Fortschreibungsgrenzen des § 22 Abs. 1 Nr. 1 BewG 1965 sind überschritten. Von dem Gesamtwert von 106 400 DM entfallen bei der Feststellung der Einheitswerte auf den 1. Januar 1974 nach § 92 Abs. 3 BewG 1965 auf die

1. wirtschaftliche Einheit des Erbbaurechts

Bodenwert	
90 v. H. von 25 000 DM x $\frac{80}{100}$ =	18 000 DM
Gebäudewert	
108 000 DM x $\frac{80}{100}$ =	86 400 DM
Einheitswert	104 400 DM

2. wirtschaftliche Einheit des belasteten Grundstücks:

10 v. H. des Bodenwerts von 25 000 DM x $\frac{80}{100}$ =	2 000 DM
Einheitswert	2 000 DM

Beispiel C:

Das Beispiel A wird dahin abgewandelt, daß sich der Gebäudewert durch einen Anbau im Jahre 1973 um 10 000 DM auf 105 000 DM erhöht.

Der Gesamtwert am 1. Januar 1974 errechnet sich wie folgt:

Bodenwert	25 000 DM
Gebäudewert	105 000 DM
Ausgangswert	130 000 DM
Angleichung an den gemeinen Wert (Wertzahl 80):	
Gesamtwert	104 000 DM

Anlage 022.1

Zu §§ 22 bis 24a BewG

Die Fortschreibungsgrenzen des § 22 Abs. 1 Nr. 1 BewG 1965 sind nicht überschritten. Eine Wertfortschreibung ist daher nur durchzuführen, soweit sie auf der Änderung des Verteilungsschlüssels für den Gesamtwert infolge Zeitablaufs beruht. Die Einheitswerte sind auf den 1. Januar 1974 wie im Beispiel A festzustellen.

Zu § 22 BewG Anlage 022.2

Zurechnungsfortschreibung im Fall des § 20 UmwStG
Vfg. OFD Magdeburg vom 25. November 1998
– S 3106 – 12 – St 334 V –

Gem. § 20 Abs. 7 Satz 1 UmwStG ist bei der Einbringung eines Betriebs oder Teilbetriebs in eine Kapitalgesellschaft gegen Gewährung von Gesellschaftsanteilen das Einkommen und das Vermögen des Einbringenden und der übernehmenden Kapitalgesellschaft auf Antrag so zu ermitteln, als ob das eingebrachte Betriebsvermögen mit Ablauf des steuerlichen Übertragungsstichtags auf die Übernehmerin übergegangen wäre. Der steuerliche Übertragungsstichtag darf dabei bis zu acht Monate vor dem Tag des Abschlusses des Einbringungsvertrages liegen (§ 20 Abs. 8 Satz 3 UmwStG).

In einer beim FG Nürnberg anhängigen Klage war strittig, ob in einem derartigen Umwandlungsfall der Stichtag für die Zurechnung der mitübertragenen Grundstücke nach dem Datum des Vertragsabschlusses oder nach dem steuerlichen Übertragungsstichtag zu bestimmen ist. Mit – rechtskräftigem – Urteil vom 12.2.1998 (EFG 1998 S. 922) hat das FG entschieden, daß die rückwirkende Einbringung des Teilbetriebs auf den steuerlichen Übertragungsstichtag gem. § 20 Abs. 8 UmwStG auch für die bewertungsrechtliche Zurechnungsfeststellung als maßgebend anzusehen sei, weil diese Vorschrift eine ausdrückliche gesetzliche Durchbrechung des bewertungsrechtlichen Stichtagsprinzips (§ 22 Abs. 4 Satz 3 Nr. 1 BewG) enthalte. Die Rückbeziehung der Zurechnungsfeststellung gilt nach der finanzgerichtlichen Entscheidung auch uneingeschränkt für die GrSt.

Anlage 022.3

Zu § 22 BewG

Fortschreibungen und Nachfeststellungen der Einheitswerte des Grundvermögens auf den 1. Januar 1974

Gleich lautende Erlasse (Entschließung) der obersten Finanzbehörden der Länder vom 14. Januar 1972 (BStBl. I S. 30)[1]

1. Wertverhältnisse und tatsächliche Verhältnisse

(1) Bei den Fortschreibungen und Nachfeststellungen der Einheitswerte des Grundvermögens auf den 1. Januar 1974 sind die Wertverhältnisse im Hauptfeststellungszeitpunkt (§ 27 BewG 1965) und die tatsächlichen Verhältnisse im Fortschreibungszeitpunkt (§ 22 Abs. 4 BewG 1965) oder im Nachfeststellungszeitpunkt (§ 23 Abs. 2 BewG 1965) zugrunde zu legen.

(2) Nach Abschnitt 6 Abs. 2 der Fortschreibungs-Richtlinien umfaßt der Begriff der Wertverhältnisse beim Grundvermögen vor allem die wirtschaftlichen Verhältnisse, die ihren Niederschlag in den Grundstücks- und Baupreisen und im allgemeinen Mietniveau gefunden haben. Insbesondere gehören alle Änderungen, die auf die allgemeine Entwicklung zurückzuführen sind (z.B. der Wegfall oder die Änderung von mietpreisrechtlichen Vorschriften), somit zu den Wertverhältnissen. Zu den tatsächlichen Verhältnissen gehören dagegen alle Änderungen am Grundstück, die durch Einzelmaßnahmen oder Einzelumstände bewirkt worden sind (z.B. der Wegfall der Grundsteuervergünstigung oder der Grundsteuerbeihilfe für Arbeiterwohnstätten, das Ende der Eigenschaft "öffentlich gefördert"), oder die auf einem Bebauungsplan, auf Erschließungsmaßnahmen sowie auf einer Änderung der besonderen Verkehrsverhältnisse beruhen.

(3) Bei den auf den 1. Januar 1974 durchzuführenden Wertfortschreibungen und Nachfeststellungen muß von der Miete ausgegangen werden, die für das Grundstück am 1. Januar 1964 nach seinem am 1. Januar 1974 tatsächlich bestehenden Zustand (Ausstattung, Lage, Finanzierungsart usw.) gegolten haben würde. Diese Miete ist durch Schätzung zu ermitteln. Dabei können die tatsächlichen Mieten vergleichbarer Grundstücke am 1. Januar 1964 oder die unter Beachtung der Wertverhältnisse vom 1. Januar 1964 aufgestellten Mietspiegel-Mieten als Anhalt dienen. Aus der Höhe der nach Bezugsfertigkeit tatsächlich gezahlten Miete können allenfalls Rückschlüsse auf die Ausstattung des Grundstücks gezogen werden. Bei An- und Ausbauten kann bei vergleichbarer Ausstattung die Jahresrohmiete für die neu errichteten Wohnungen und Räume aus der Jahresrohmiete abgeleitet werden, die bei der Einheitsbewertung zum 1. Januar 1964 für die damals bereits vorhandenen Wohnungen zugrunde gelegt worden ist.

2. Wegfall der Grundsteuervergünstigung

(1) Wertfortschreibungen, die ausschließlich wegen Wegfalls der Grundsteuervergünstigung nach dem II. WoBauG veranlaßt sind, können nur auf begründeten Antrag durchgeführt werden. Der Antrag ist dann begründet, wenn das Vielfache des Unterschiedsbetrags zwischen dem bei der letzten Feststellung zur Jahresrohmiete gemachten Zuschlag in Höhe von 12 v.H. und der jetzt vom Grundstückseigentümer über die bisher erstarrte Grundsteuer hinaus tatsächlich mehr zu zahlenden Grundsteuer (tatsächlicher Mehrbetrag an Grundsteuer nach den Wertverhältnissen vom 1.1.1964) die Fortschreibungsgrenzen des § 22 Abs. 1 Nr. 1 BewG voraussichtlich erreicht bzw. übersteigt.

Beispiel:

Der Einheitswert für ein Mietwohngrundstück (Massivbau, Nachkriegsbau) in einer Gemeinde über 500.000 Einwohner ist auf den 1. Januar 1964 wie folgt festgestellt worden:

Jahresrohmiete nach § 79 Abs. 1 BewG 1965	36.200,– DM
Zuschlag nach § 79 Abs. 3 BewG 1965 12 v. H.	4.344,– DM
	40.544,– DM
Vervielfältiger 9,1	x 9,1
abgerundeter Einheitswert	368.900,– DM

Mit Ablauf des Jahres 1969 ist die Grundsteuervergünstigung für dieses Haus weggefallen. Es ist zu prüfen, ob auf den 1. Januar 1974 wegen Wegfalls der Grundsteuervergünstigung eine Wertfortschreibung veranlaßt ist. Andere tatsächliche Veränderungen sind nicht eingetreten.

---

1) Vgl. Hinweise nach den Erlassen.

Zu § 22 BewG   **Anlage 022.3**

Der tatsächliche Mehrbetrag an Grundsteuer nach den Wertverhältnissen vom 1. Januar 1964 beträgt am 1. Januar 1974		2.543,– DM
Unterschiedsbetrag zwischen dem		
Zuschlag in Höhe von 12 v. H.	(4.344,– DM)	
und dem tatsächlichen Mehrbetrag	(2.543,– DM)	= 1.801,– DM
Vielfaches des Mehrbetrags = 9,1 x 1.801,– DM		16.389,10 DM

Fortschreibungsgrenzen auf den 1. Januar 1974 bei Wertabweichungen nach unten
a) mehr als den zehnten Teil, mindestens 500,– DM, 1/10 von 368.900,– DM = 36.890,– DM oder
b) um mehr als 5.000,– DM.
Eine Fortschreibung ist veranlasst, da die Fortschreibungsgrenzen nach b) überstiegen werden.

Der Einheitswert auf den 1. Januar 1974 beträgt:

Jahresrohmiete wie bisher	36.200,– DM
tatsächlicher Mehrbetrag an Grundsteuer nach den Wertverhältnissen vom 1. Januar 1964	2.543,– DM
Jahresrohmiete nach § 79 Abs. 1 BewG	38.743,– DM
Vervielfältiger 9,1	x 9,1
abgerundeter Einheitswert	352.500,– DM

(2) Die unter Absatz 1 getroffene Regelung gilt nicht für steuerbegünstigte Wohnungen und Räume, bei denen der Vermieter den nach Auslaufen der Grundsteuervergünstigung zu zahlenden Mehrbetrag an Grundsteuer nach dem Mietvertrag nicht auf den Mieter umlegen kann. Hier entfällt lediglich der Zuschlag nach § 79 Abs. 3 BewG 1965, ohne daß ein Grundsteuermehrbetrag zu berücksichtigen ist. Auch bei vormals steuerbegünstigten, eigengenutzten Wohnungen, für die bei der Hauptfeststellung als übliche Miete die Marktmiete angesetzt wurde, ist so zu verfahren.

(3) Ist bei der Fortschreibung der tatsächliche Mehrbetrag an Grundsteuer anzusetzen, so ist zu prüfen, ob er den Wertverhältnissen vom 1. Januar 1964 entspricht. Das ist dann nicht der Fall, wenn die Gemeinde den Hebesatz vom Fortschreibungszeitpunkt gegenüber dem zum Hauptfeststellungszeitpunkt geltenden Hebesatz geändert hat. In einem solchen Falle ist der Mehrbetrag mit dem am 1. Januar 1964 geltenden Hebesatz zu errechnen.

(4) Bei allen zum 1. Januar 1964 bewerteten Grundstücken ist die Grundsteuervergünstigung am 1. Januar 1974 weggefallen. Ob es im Einzelfall aus diesem Grund auch tatsächlich zu einer Einheitswertfortschreibung kommt, hängt von der sich ergebenden Wertminderung ab (siehe Abs. 1). Bei Grundstücken mit Einheitswerten unter 50.000 DM kommt es nur darauf an, ob die Bruchteilsgrenze von 1/10 des bisherigen Einheitswerts überschritten wird. Das ist dann nicht der Fall, wenn der hinzuzurechnende tatsächliche Mehrbetrag an Grundsteuer mehr als 0,7 v.H. der ggf. um den Zuschlag für Schönheitsreparaturen erhöhten bisherigen Jahresrohmiete oder üblichen Miete ausmacht. Sind neben den grundsteuerbegünstigten Wohnungen oder Räumen nicht grundsteuerbegünstigte Wohnungen oder Räume von einigem Gewicht vorhanden, z.B. bei einem gemischtgenutzten Grundstück, so wird die Bruchteilsgrenze auch dann nicht überschritten, wenn der hinzuzurechnende Mehrbetrag an Grundsteuer weniger als 0,7 v.H. der ggf. um den Zuschlag für Schönheitsreparaturen erhöhten Jahresrohmiete oder üblichen Miete ausmacht. Bei Grundstücken mit Einheitswerten von 50.000 DM oder mehr ist dagegen nur von Bedeutung, ob die feste Grenze von 5.000 DM erreicht wird.

(5) In der folgenden Aufstellung ist für bestimmte Einheitswertgrößen und für bestimmte Vervielfältiger jeweils der Grundsteuermehrbetrag angegeben, der nicht überschritten werden darf, wenn eine Wertfortschreibung in Betracht kommen soll. Liegt der tatsächlich gezahlte Grundsteuermehrbetrag darüber, so werden die für eine Wertfortschreibung erforderlichen Wertgrenzen nicht mehr erreicht. Die in der Aufstellung angegebenen Grundsteuermehrbeträge bieten bei Einheitswerten bis 100.000 DM einen ungefähren Anhalt, ob eine Wertfortschreibung in Betracht kommen kann. Bei Einheitswerten über 100.000 DM erhöhen sich die in Spalte 11 angegebenen Grundsteuermehrbeträge für je 10.000 DM Einheitswert um die in Spalte 12 ausgewiesenen Beträge. Die Grundsteuermehrbeträge sind ohne Beachtung der Abrundungsvorschrift (§ 30 BewG 1965) ermittelt worden. Wenn der tatsächlich gezahlte

Anlage 022.3

Zu § 22 BewG

Grundsteuermehrbetrag nur unwesentlich hiervon abweicht, ist deshalb stets genau zu prüfen, ob die Wertgrenzen erreicht sind.

Ver-vielfältiger	Grundsteuermehrbetrag bei einem bisherigen Einheitswert von DM					Erhöhungsbetrag je 10.000 DM Einheitswert
	10.000	20.000	30.000	40.000	50.000	
1	2	3	4	5	6	12
13	5	11	16	22	28	82,30
12,5	6	11	17	23	29	85,60
12	6	12	18	24	29	89,20
11,5	6	13	18	25	30	93,00
11	6	13	19	26	32	97,30
10,5	7	13	20	27	33	101,90
10	7	14	21	28	35	107,00
9,5	7	15	22	30	37	112,60
9	8	16	24	32	39	118,90
8,5	8	17	25	33	41	125,90
8,1	9	17	26	35	43	132,10

Ver-vielfältiger	Grundsteuermehrbetrag bei einem bisherigen Einheitswert von DM					Erhöhungsbetrag je 10.000 DM Einheitswert
	60.000	70.000	80.000	90.000	100.000	
1	2	3	4	5	6	12
13	109	191	273	356	438	82,30
12,5	114	199	285	370	456	85,60
12	118	207	297	386	475	89,20
11,5	123	216	309	404	496	93,00
11	129	226	324	421	518	97,30
10,5	135	237	339	441	543	101,90
10	142	249	356	463	570	107,00
9,5	149	262	375	487	600	112,60
9	158	277	396	514	633	118,90
8,5	167	293	419	545	670	125,90
8,1	174	307	439	571	703	132,10

(6) Die Beträge der Aufstellung gelten nur, wenn bei der Feststellung des Einheitswerts keine Abschläge oder Zuschläge nach § 82 BewG 1965 gemacht worden sind. Sind solche Korrekturen vom Grundstückswert vorgenommen worden, so erhöhen oder ermäßigen sich die in der Aufstellung angegebenen Grundsteuermehrbeträge entsprechend.

3. Wegfall der Grundsteuerbeihilfe für Arbeiterwohnstätten

Die Bewilligung der Grundsteuerbeihilfe für Arbeiterwohnstätten ist s.Zt. davon abhängig gemacht worden, daß die Miete eine bestimmte Höhe nicht übersteigt. Mit dem Wegfall der Beihilfe entfällt diese Voraussetzung, so daß der Grundstückseigentümer bei der Mietpreisgestaltung keine den Mietpreis beeinflussenden Vorschriften mehr zu beachten braucht. Die bei der Wertfortschreibung anzusetzende Jahresrohmiete ist nach Abschnitt 1 Abs. 3 zu ermitteln.

Dieser Erlaß ergeht im Einvernehmen mit den obersten Finanzbehörden der anderen Bundesländer.

Zu § 22 BewG

Anlage 022.3

Hinweise:
1. Senatsverwaltung für Finanzen Berlin:
   Wegen der Berlin-Ermäßigung von 20 v.H. – vgl. § 1 der VO zur Durchführung des § 122 Abs. 3 des BewG 1965 – ändern sich die Zahlenangaben in Abschnitt 2 Absätze 1, 4 und 5 (Tabelle) entsprechend. Die für Berliner Grundstücke gültige Fassung ist im Steuer- und Zollblatt für Berlin 1972 S. 52 veröffentlicht.
2. Teiländerung / Erlass des FinMin Baden-Württemberg – S 3106 A-5/71 –vom 28. November 1974
   Wegfall der Eigenschaft „öffentlich gefördert"
   „Zur Durchführung des Wohnungsbindungsgesetzes hat das Innenministerium mit Erlaß vom 1. August 1974 (GABl. S. 961) u.a. bestimmt, daß die Bewilligungsstelle das zuständige Finanzamt zu unterrichten hat, wenn bei einer Wohnung die Eigenschaft „öffentlich gefördert" endet (Nr. 4.3 des Erlasses). Für die Bestätigung des Endes der Eigenschaft „öffentlich gefördert" und damit auch für die Unterrichtung des Finanzamts ist die Landeskreditbank Baden-Württemberg zuständig (Nr. 2.2.2 des Erlasses). Die Beendigung der Eigenschaft „öffentlich gefördert" gehört nach den gleichlautenden Erlassen der Länder vom 14. Januar 1972 (BStBl. II S. 30, Handausgabe BewR Gr (S. 143)) zu den im Feststellungszeitpunkt zu berücksichtigenden tatsächlichen Verhältnissen. Das Ende dieser Eigenschaft kann zu einer Wertfortschreibung führen".
3. Nr. 2 überholt durch Erlass des Niedersächsischen Finanzministeriums – S 3202-32 B-34 – vom 17. August 1988
   Einheitsbewertung des Grundbesitzes
   Wertfortschreibungen und Ermittlung der Jahresrohmiete nach Wegfall der Grundsteuervergünstigung
   (MF-Erlass vom 17. August 1988 – S 3202-32 B-34 – unter Bezugnahme auf die Erlasse vom 14. Januar 1972 (Bew-Kartei ND § 22 BewG Karte 1) und vom 16. Dezember 1974 (Bew-Kartei ND § 79 BewG Karte 14a)
   Nach dem Urteil des Bundesfinanzhofs vom 15. Oktober 1986 II R 230/81 (BStBl. II 1987, 201) ist bei Wertfortschreibungen wegen Wegfalls der Grundsteuervergünstigung vorrangig von der üblichen Marktmiete für nicht grundsteuerbegünstigte Wohnungen im Hauptfeststellungszeitpunkt auszugehen.
   1 Vorbehaltlich der Nr. 2 ist daher ab dem 1. Januar des Kalenderjahres, das dem Ablauf der Grundsteuervergünstigung folgt (Fortschreibungszeitpunkt), wie folgt zu verfahren:
      a) Der bisherige Zuschlag von 12 v.H. (§ 79 Abs. 3 BewG) ist zu streichen.
      b) Gleichzeitig ist die Spiegelmiete „steuerbegünstigte Wohnung (Kostenmiete)" durch die Spiegelmiete „freifinanzierte Wohnung (Marktmiete)" zu ersetzen.
   Ergibt sich hiernach eine insgesamt höhere Jahresrohmiete als bisher, so kommt eine werterhöhende Fortschreibung in Betracht, wenn die für sie geltenden Grenzen überschritten sind.
   Soweit sich aus den Bezugserlassen etwas anderes ergibt, sind sie nicht mehr anzuwenden.
   2 Auch nach Wegfall der Eigenschaft „steuerbegünstigte Wohnung" mit Ablauf des 10-Jahreszeitraums für die Grundsteuervergünstigung kann eine förderungsbedingte Mietpreisbindung fortbestehen:
      a) Für die Wohnung wurde unter Vereinbarung eines Wohnungsbesetzungsrechts ein Darlehen aus Mitteln der Wohnungsfürsorge für Angehörige des öffentlichen Dienstes gewährt. Das Wohnungsbesetzungsrecht und die daraus folgende Bindung an die Kostenmiete (§ 87a II. Wohnungsbaugesetz) besteht über den Fortschreibungszeitpunkt (Nr. 1) hinaus.
      b) Es werden über den Fortschreibungszeitpunkt (Nr. 1) hinaus Aufwendungszuschüsse oder Aufwendungsdarlehen zur Deckung (Senkung) der laufenden Aufwendungen außerhalb der öffentlichen Förderung i.S. der §§ 5, 6, 25 ff. II. Wohnungsbaugesetz gewährt mit einer Zweckbestimmung und der Verpflichtung, die Kostenmiete einzuhalten (sog. zweiter Förderungsweg – vgl. §§ 88 bis 88c II. Wohnungsbaugesetz).
   In den Fällen der Buchst. a) und b) bleibt die für steuerbegünstigte Wohnungen (Kostenmiete) anzusetzende übliche Miete trotz Fortfalls der Eigenschaft „steuerbegünstigte Wohnung" so lange maßgebend, als Zweckbindung und Mietpreisbindung fortbestehen. Nur in diesen Fällen von „steuerbegünstigten Wohnungen" ist daher allein der Fortfall der Grundsteuervergünstigung nach Ablauf des 10-Jahreszeitraums als Fortschreibungsgrund weiterhin nach den Bezugserlassen zu berücksichtigen. Nach Wegfall der förderungsbedingten Mietpreisbindung ist die Spiegelmiete „freifinanzierte Wohnung (Marktmiete)" anzusetzen.

Anlage 022.3 Zu § 22 BewG

3 Soweit in der Vergangenheit abweichend von den Nrn. 1 und 2 verfahren wurde, liegt nunmehr eine fehlerhafte Feststellung vor. Wird dies dem Finanzamt bekannt, so ist der zuletzt festgestellte Einheitswert zur Fehlerbeseitigung fortzuschreiben (§ 22 Abs. 3 und Abs. 4 Nr. 2 BewG).

Zusatz der OFD Hannover (Auszug):

6.1 Bew-Kartei ND § 22 BewG Karte 1 (Kontroll-Nr. 349):
Die Regelung unter 2. ist überholt und deshalb zu streichen.

Zu § 28 BewG

Anlage 028.1

Feststellungsfrist bei der Einheitsbewertung des Grundvermögens
Vfg. OFD München vom 12. Dezember 2002
– S 0362 – 3 St 313 –

1. Anlaufhemmung nach § 181 Abs. 3 AO

Nach der Regelung des § 181 Abs. 3 Satz 1 AO beginnt die Frist für die gesonderte Feststellung von Einheitswerten (Feststellungsfrist) mit Ablauf des Kalenderjahres, auf dessen Beginn die Hauptfeststellung, die Fortschreibung, die Nachfeststellung oder die Aufhebung eines Einheitswertes vorzunehmen ist. Ist eine Erklärung zur gesonderten Feststellung des Einheitswertes abzugeben, beginnt die Feststellungsfrist mit Ablauf des Kalenderjahres, in dem die Erklärung eingereicht wird (Anlaufhemmung; § 181 Abs. 3 Satz 2 AO).

Durch die Anlaufhemmung wird sichergestellt, dass in den Fällen, in denen eine Feststellungserklärung abzugeben ist, die 4-jährige Feststellungsfrist erst mit Ablauf des Kalenderjahres beginnt, in dem die Erklärung eingereicht wird. Voraussetzung für das Eintreten der Anlaufhemmung ist also, dass eine Erklärungspflicht besteht. Diese kann sich aus dem Gesetz (§ 149 Abs. 1 Satz 1 AO) oder aber aus einer Aufforderung der Finanzbehörde (§ 149 Abs. 1 Satz 2 AO) ergeben.

Die Aufforderung durch das Finanzamt, eine Erklärung zur Feststellung des Einheitswertes auf einen Fortschreibungs- oder Nachfeststellungszeitpunkt einzureichen, reicht für die Anlaufhemmung im Sinne des § 181 Abs. 3 Satz 2 AO aus. Für die Dauer der Anlaufhemmung ist regelmäßig der Zeitpunkt maßgebend, zu dem die Erklärung zur Feststellung des Einheitswerts abgegeben wird.

Die Anlaufhemmung endet jedoch spätestens mit Ablauf des 3. Kalenderjahres, das auf das Kalenderjahr folgt, auf dessen Beginn die Einheitswertfeststellung vorzunehmen ist (§ 181 Abs. 3 Satz 2 AO).

Eine Anlaufhemmung besteht auch dann, wenn die Aufforderung zur Abgabe der Feststellungserklärung nach Ablauf des dritten Kalenderjahres, das auf das Kalenderjahr folgt, auf dessen Beginn die Einheitswertfeststellung vorzunehmen ist, aber noch innerhalb der 4-jährigen Feststellungsfrist ergeht. Die Anlaufhemmung ist auch für diesen Fall auf drei Jahre begrenzt (BFH-Urteil vom 18.10.2000 BStBl. 2001 II S. 14). Erfolgt die Aufforderung zur Abgabe der Feststellungserklärung erst nach Ablauf der 4-jährigen Feststellungsfrist, führt dies wegen des Eintritts der Feststellungsverjährung nicht zu einer Anlaufhemmung (BFH-Beschluss vom 09.06.1999 BStBl. .II S. 529).

Beispiele:

a) Die Bewertungsstelle des Finanzamts hat den Grundstückseigentümer A schriftlich zur Abgabe einer Erklärung zur Feststellung des Einheitswerts für sein unbebautes Grundstück auf den 1.1.1998 aufgefordert. Die Aufforderung ist A am 10.11.1998 zugegangen. Er reicht die Erklärung am 10.12.1998 beim Finanzamt ein.

Lösung:

Nach § 181 Abs. 3 AO beginnt die Feststellungsfrist mit Ablauf des Kalenderjahres, in dem die Feststellungserklärung beim Finanzamt eingegangen ist, mithin am 31.12.1998.

Dauer: 4 Jahre

Eintritt der Feststellungsverjährung: 31.12.2002

b) Die Bewertungsstelle hat den Grundstückseigentümer A schriftlich zur Abgabe einer Erklärung zur Feststellung des Einheitswerts für sein mit einem Wochenendhaus bebautes Grundstück zum 1.1.1998 aufgefordert. Die Aufforderung ist am 5.12.2000 zugegangen. A reicht die Erklärung am 28.1.2001 beim Finanzamt ein.

Lösung:

Durch die Aufforderung zur Abgabe der Feststellungserklärung auf den 1.1.1998 innerhalb der Feststellungsfrist wird eine Anlaufhemmung für die Feststellungsverjährung in Gang gesetzt. Diese Anlaufhemmung tritt bis zum Ende des Jahres ein, in dem die Feststellungserklärung dem Finanzamt eingereicht wird, somit dem 31.12.2001. Für EW-Feststellungen auf den 1.1.1998 beginnt die Feststellungsfrist somit am 31.12.2001 und endet mit Ablauf des 31.12.2005.

c) Wie Beispiel b), jedoch reicht A die Erklärung zur Feststellung des Einheitswertes erst am 15.1.2002 beim Finanzamt ein.

Lösung:

Durch die Aufforderung zur Abgabe der Feststellungserklärung verschiebt sich der Beginn der 4-jährigen Feststellungsfrist auf das Ende des Kalenderjahres, in dem die Feststellungserklärung beim Finanzamt eingeht. Dies wäre im konkreten Fall der 31.12.2002. Da die Anlaufhemmung jedoch spätestens am

Anlage 028.1

Zu § 28 BewG

31.12.2001, mit Ablauf des 3. Kalenderjahres, das auf das Kalenderjahr folgt, auf dessen Beginn die Einheitswertfeststellung vorzunehmen ist, endet, beginnt die Feststellungsfrist am 31.12.2001 und endet am 31.12.2005.

d) Das Finanzamt hat den Grundstückseigentümer H am 15.9.1998 zur Abgabe einer Erklärung zur Feststellung des Einheitswertes auf den 1.1.1995 aufgefordert. H reicht trotz Erinnerung, Androhung und Festsetzung von Zwangsgeld keine Feststellungserklärung beim Finanzamt ein.

Lösung:

Durch die Aufforderung zur Abgabe der Feststellungserklärung auf den 1.1.1995 innerhalb der Feststellungsfrist wird die Anlaufhemmung in Gang gesetzt. Diese endet jedoch spätestens mit Ablauf des 3. Kalenderjahres, das auf das Kalenderjahr folgt, auf dessen Beginn die Einheitswertfeststellung vorzunehmen ist. Dies gilt auch dann, wenn die Erklärung nicht abgegeben wird.

Die Feststellungsverjährung beginnt also mit Ablauf des 31.12.1998. Das Finanzamt kann die Schätzung des Einheitswerts auf den Feststellungszeitpunkt 1.1.1995 noch bis zum 31.12.2002 vornehmen.

e) Das Finanzamt hat den Grundstückseigentümer S im Januar 2000 zur Abgabe einer Erklärung zur Feststellung des Einheitswerts auf den 1.1.1995 aufgefordert.

Lösung:

Mit Ablauf des 31.12.1999 ist die Feststellungsverjährung eingetreten. Die Aufforderung zur Abgabe der Feststellungserklärung führt nicht mehr zu einer Anlaufhemmung.

2. Durchführung von Einheitswertfeststellungen trotz abgelaufener Feststellungsfrist nach § 181 Abs. 5 AO

Von dem Grundsatz, dass nach Ablauf der Feststellungsfrist Einheitswertbescheide nicht mehr ergehen dürfen, enthält § 181 Abs. 5 AO eine Ausnahme. Nach dieser Vorschrift kann eine Einheitswertfeststellung auch noch nach Ablauf der für sie geltenden Feststellungsfrist insoweit erfolgen, als sie für eine Steuerfestsetzung von Bedeutung ist, für die die Festsetzungsfrist noch nicht abgelaufen ist.

Beispiel:

Es soll eine Nachfeststellung auf den 1.1.1997 durchgeführt werden. Die Feststellungsfrist begann mit Ablauf des 31.12.1997 und endete mit Ablauf des 31.12.2001. Die Festsetzungsfrist für die Grundsteuer auf den 1.1.1997 endet wegen einer Anlaufhemmung erst am 31.12.2002. Die Nachfeststellung auf den 1.1.1997 kann trotz abgelaufener Feststellungsfrist somit noch erfolgen, hat aber steuerliche Wirkung nur für die Grundsteuer. Auf diese eingeschränkte Wirkung ist im Einheitswertbescheid hinzuweisen.

Nach dem BFH-Urteil vom 18.3.1998 (BStBl. II 1998 S. 555) muss der Hinweis nach § 181 Abs. 5 Satz 2 AO unmissverständlich zum Ausdruck bringen, dass die Feststellungen nach Ablauf der Feststellungsfrist getroffen worden und nur noch für solche Folgesteuern von Bedeutung sind, für die die Festsetzungsfrist im Zeitpunkt der gesonderten Feststellung noch nicht abgelaufen war. Soweit der BFH in seinem Urteil vom 11.1.1995 (BStBl. II 1995 S. 302) darüber hinaus die genaue Angabe für erforderlich angesehen hat, für welche Steuerarten und welche Besteuerungszeiträume (Veranlagungszeiträume) den getroffenen Feststellungen Rechtswirkung zukommen soll, hält er daran nicht mehr fest.

Das Finanzamt braucht daher nicht konkret ermitteln, für welche Steuerarten, Steuerabschnitt und für welche Beteiligten der Feststellungsbescheid tatsächlich noch von Bedeutung ist. Vielmehr ist es ausreichend, in Bescheide über die gesonderte und einheitliche Feststellung von einkommensteuer- und körperschaftsteuerpflichtigen Einkünften, die nach Ablauf der Feststellungsfrist erteilt werden, folgenden Erläuterungstext aufzunehmen:

„Der Feststellungsbescheid ist nach Ablauf der Feststellungsfrist ergangen. Nach § 181 Abs. 5 AO kann er deshalb nur solchen Steuerfestsetzungen zugrunde gelegt werden, deren Festsetzungsfrist im Zeitpunkt der gesonderten Feststellung noch nicht abgelaufen war."

Der gleiche Erläuterungstext kann auch in Einheitswertbescheiden eingesetzt werden, weil weitergehende Einzelheiten der beschränkten Wirkung eines nach Ablauf der Feststellungsfrist ergehenden Einheitswertbescheides durch die Auslegung dieses Bescheides ermittelt werden können.

Fehlt der nach § 181 Abs. 5 AO erforderliche Hinweis, führt dies zur Rechtswidrigkeit – nicht: Nichtigkeit – des Feststellungsbescheids (BFH-Urteil vom 17.08.1989 BStBl. .1990 II S. 411). Ein fehlender oder unklarer Hinweis nach § 181 Abs. 5 Satz 2 AO kann auch nicht durch einen Ergänzungsbescheid i. S. des § 179 Abs. 3 AO nachgeholt werden (BFH-Urteil vom 18.03.1998 BStBl. II S. 426).

Die Vorschrift des § 181 Abs. 5 AO gilt nicht nur für erstmalige Feststellungen, sondern auch für Änderungen und Berichtigungen nach den Vorschriften der Abgabenordnung (BFH-Urteil vom 16.10.1991 BStBl. 1992 II S. 454).

Zu § 28 BewG **Anlage 028.1**

Beispiel:
Auf den 1.1.1997 wurde eine bestandskräftige Nachfeststellung durchgeführt. Die Feststellungsfrist endete am 31.12.2001. Im April 2002 werden neue Tatsachen bekannt, die eine Änderung nach § 173 Abs. 1 Nr. 1 AO rechtfertigen. Die Festsetzungsfrist für die Grundsteuer auf den 1.1.1997 endet wegen einer Anlaufhemmung am 31.12.2002. Trotz Ablaufs der Feststellungsfrist kann die Nachfeststellung auf den 1.1.1997 geändert werden.

Beispiel:
Auf den 1.1.1996 wurde eine bestandskräftige Nachfeststellung durchgeführt. Die Feststellungsfrist für diesen Feststellungszeitpunkt endete mit Ablauf des 31.12.2000. Im April 2002 werden neue Tatsachen bekannt, die eine Änderung nach § 173 Abs. 1 Nr. 1 AO rechtfertigen. Die Verjährungsfrist der von der Einheitswertfeststellung abhängigen Grundsteuer auf den 1.1.1996 ist bereits abgelaufen. Dennoch kann eine Änderung des Nachfeststellungsbescheids durchgeführt werden. Die geänderte Nachfeststellung auf den 1.1.1996 kann jedoch steuerliche Wirkung erstmals auf den Feststellungszeitpunkt entfalten, für den die Festsetzungsfrist der von der Einheitswertfeststellung abhängigen Grundsteuer noch läuft. Im vorliegenden Fall ist dies die Grundsteuer auf den 1.1.1998. Auf diese eingeschränkte Wirkung ist im geänderten Einheitswertbescheid 1.1.1996 hinzuweisen.

Anlage 068.1   Zu § 68 BewG

Bürgerliches Gesetzbuch
in der Fassung der Bekanntmachung vom 2. Januar 2002

(BGBl. I S. 42, 2909; BGBl. 2003 I S. 738)
zuletzt geändert durch Artikel 2 des Gesetzes vom 21. Dezember 2021 (BGBl. I S. 5252)

Buch 1 Allgemeiner Teil
Abschnitt 2 Sachen und Tiere

– A u s z u g –

§ 93 Wesentliche Bestandteile einer Sache

Bestandteile einer Sache, die voneinander nicht getrennt werden können, ohne daß der eine oder der andere zerstört oder in seinem Wesen verändert wird (wesentliche Bestandteile), können nicht Gegenstand besonderer Rechte sein.

§ 94 Wesentliche Bestandteile eines Grundstückes oder Gebäudes

(1) Zu den wesentlichen Bestandteilen eines Grundstücks gehören die mit dem Grund und Boden fest verbundenen Sachen, insbesondere Gebäude, sowie die Erzeugnisse des Grundstücks, solange sie mit dem Boden zusammenhängen. Samen wird mit dem Aussäen, eine Pflanze mit dem Einpflanzen wesentlicher Bestandteil des Grundstücks.

(2) Zu den wesentlichen Bestandteilen eines Gebäudes gehören die zur Herstellung des Gebäudes eingefügten Sachen.

§ 95 Nur vorübergehender Zweck

(1) Zu den Bestandteilen eines Grundstücks gehören solche Sachen nicht, die nur zu einem vorübergehenden Zwecke mit dem Grund und Boden verbunden sind. Das gleiche gilt von einem Gebäude oder anderen Werke, das in Ausübung eines Rechtes an einem fremden Grundstück von dem Berechtigten mit dem Grundstück verbunden worden ist.

(2) Sachen, die nur zu einem vorübergehenden Zwecke in ein Gebäude eingefügt sind, gehören nicht zu den Bestandteilen des Gebäudes.

§ 96 Rechte als Bestandteile eines Grundstückes

Rechte, die mit dem Eigentum an einem Grundstück verbunden sind, gelten als Bestandteile des Grundstücks.

§ 97 Zubehör

(1) Zubehör sind bewegliche Sachen, die, ohne Bestandteile der Hauptsache zu sein, dem wirtschaftlichen Zwecke der Hauptsache zu dienen bestimmt sind und zu ihr in einem dieser Bestimmung entsprechenden räumlichen Verhältnis stehen. Eine Sache ist nicht Zubehör, wenn sie im Verkehre nicht als Zubehör angesehen wird.

(2) Die vorübergehende Benutzung einer Sache für den wirtschaftlichen Zweck einer anderen begründet nicht die Zubehöreigenschaft. Die vorübergehende Trennung eines Zubehörstücks von der Hauptsache hebt die Zubehöreigenschaft nicht auf.

§ 98 Gewerbliches und landwirtschaftliches Inventar

Dem wirtschaftlichen Zwecke der Hauptsache sind zu dienen bestimmt:

1. bei einem Gebäude, das für einen gewerblichen Betrieb dauernd eingerichtet ist, insbesondere bei einer Mühle, einer Schmiede, einem Brauhaus, einer Fabrik, die zu dem Betriebe bestimmten Maschinen und sonstigen Gerätschaften;
2. bei einem Landgute, das zum Wirtschaftsbetrieb bestimmte Gerät und Vieh, die landwirtschaftlichen Erzeugnisse, soweit sie zur Fortführung der Wirtschaft bis zu der Zeit erforderlich sind, zu welcher gleiche oder ähnliche Erzeugnisse voraussichtlich gewonnen werden, sowie der vorhandene, auf dem Gute gewonnene Dünger.

Zu § 68 BewG

Anlage 068.1

Buch 3 Sachenrecht
Abschnitt 3 Eigentum
Erster Titel Inhalt des Eigentums

§ 912 Überbau; Duldungspflicht

(1) Hat der Eigentümer eines Grundstücks bei der Errichtung eines Gebäudes über die Grenze gebaut, ohne daß ihm Vorsatz oder grobe Fahrlässigkeit zur Last fällt, so hat der Nachbar den Überbau zu dulden, es sei denn, daß er vor oder sofort nach der Grenzüberschreitung Widerspruch erhoben hat.

(2) Der Nachbar ist durch eine Geldrente zu entschädigen. Für die Höhe der Rente ist die Zeit der Grenzüberschreitung maßgebend.

§ 913 Zahlung der Überbaurente

(1) Die Rente für den Überbau ist dem jeweiligen Eigentümer des Nachbargrundstücks von dem jeweiligen Eigentümer des anderen Grundstücks zu entrichten.

(2) Die Rente ist jährlich im voraus zu entrichten.

§ 914 Rang, Eintragung und Erlöschen der Rente

(1) Das Recht auf die Rente geht allen Rechten an dem belasteten Grundstück, auch den älteren, vor. Es erlischt mit der Beseitigung des Überbaues.

(2) Das Recht wird nicht in das Grundbuch eingetragen. Zum Verzicht auf das Recht sowie zur Feststellung der Höhe der Rente durch Vertrag ist die Eintragung erforderlich.

(3) Im übrigen finden die Vorschriften Anwendung, die für eine zugunsten des jeweiligen Eigentümers eines Grundstücks bestehende Reallast gelten.

§ 915 Abkauf

(1) Der Rentenberechtigte kann jederzeit verlangen, daß der Rentenpflichtige ihm gegen Übertragung des Eigentums an dem überbauten Teile des Grundstücks den Wert ersetzt, den dieser Teil zur Zeit der Grenzüberschreitung gehabt hat. Macht er von dieser Befugnis Gebrauch, so bestimmen sich die Rechte und Verpflichtungen beider Teile nach den Vorschriften über den Kauf.

(2) Für die Zeit bis zur Übertragung des Eigentums ist die Rente fortzuentrichten.

§ 916 Beeinträchtigung von Erbbaurecht oder Dienstbarkeit

Wird durch den Überbau ein Erbbaurecht oder eine Dienstbarkeit an dem Nachbargrundstück beeinträchtigt, so finden zugunsten des Berechtigten die Vorschriften der §§ 912 bis 914 entsprechende Anwendung.

§ 917 Notweg

(1) Fehlt einem Grundstück die zur ordnungsmäßigen Benutzung notwendige Verbindung mit einem öffentlichen Wege, so kann der Eigentümer von den Nachbarn verlangen, daß sie bis zur Hebung des Mangels die Benutzung ihrer Grundstücke zur Herstellung der erforderlichen Verbindung dulden. Die Richtung des Notwegs und der Umfang des Benutzungsrechts werden erforderlichen Falles durch Urteil bestimmt.

(2) Die Nachbarn, über deren Grundstücke der Notweg führt, sind durch eine Geldrente zu entschädigen. Die Vorschriften des § 912 Abs. 2 Satz 2 und der §§ 913, 914, 916 finden entsprechende Anwendung.

§ 918 Ausschluß des Notwegrechts

(1) Die Verpflichtung zur Duldung des Notwegs tritt nicht ein, wenn die bisherige Verbindung des Grundstücks mit dem öffentlichen Wege durch eine willkürliche Handlung des Eigentümers aufgehoben wird.

(2) Wird infolge der Veräußerung eines Teiles des Grundstücks der veräußerte oder der zurückbehaltene Teil von der Verbindung mit dem öffentlichen Wege abgeschnitten, so hat der Eigentümer desjenigen Teiles, über welchen die Verbindung bisher stattgefunden hat, den Notweg zu dulden. Der Veräußerung eines Teiles steht die Veräußerung eines von mehreren demselben Eigentümer gehörenden Grundstücken gleich.

Anlage 068.1

Zu § 68 BewG

Abschnitt 4 Dienstbarkeiten
Titel 1 Grunddienstbarkeiten

§ 1018 Gesetzlicher Inhalt der Grunddienstbarkeiten
Ein Grundstück kann zugunsten des jeweiligen Eigentümers eines anderen Grundstücks in der Weise belastet werden, daß dieser das Grundstück in einzelnen Beziehungen benutzen darf oder daß auf dem Grundstück gewisse Handlungen nicht vorgenommen werden dürfen oder daß die Ausübung eines Rechtes ausgeschlossen ist, das sich aus dem Eigentum an dem belasteten Grundstück dem anderen Grundstück gegenüber ergibt (Grunddienstbarkeit).

§ 1019 Vorteil des herrschenden Grundstücks
Eine Grunddienstbarkeit kann nur in einer Belastung bestehen, die für die Benutzung des Grundstücks des Berechtigten Vorteil bietet. Über das sich hieraus ergebende Maß hinaus kann der Inhalt der Dienstbarkeit nicht erstreckt werden.

§ 1020 Schonende Ausübung
Bei der Ausübung einer Grunddienstbarkeit hat der Berechtigte das Interesse des Eigentümers des belasteten Grundstücks tunlichst zu schonen. Hält er zur Ausübung der Dienstbarkeit auf dem belasteten Grundstück eine Anlage, so hat er sie in ordnungsmäßigem Zustande zu erhalten, soweit das Interesse des Eigentümers es erfordert.

Abschnitt 5 Vorkaufsrecht

§ 1094 Gesetzlicher Inhalt des dinglichen Vorkaufsrechts
(1) Ein Grundstück kann in der Weise belastet werden, daß derjenige, zu dessen Gunsten die Belastung erfolgt, dem Eigentümer gegenüber zum Vorkaufe berechtigt ist.
(2) Das Vorkaufsrecht kann auch zugunsten des jeweiligen Eigentümers eines anderen Grundstücks bestellt werden.

§ 1095 Belastung eines Bruchteils
Ein Bruchteil eines Grundstücks kann mit dem Vorkaufsrecht nur belastet werden, wenn er in dem Anteil eines Miteigentümers besteht.

Abschnitt 6 Reallasten

§ 1105 Gesetzlicher Inhalt der Reallast
(1) Ein Grundstück kann in der Weise belastet werden, daß an denjenigen, zu dessen Gunsten die Belastung erfolgt, wiederkehrende Leistungen aus dem Grundstück zu entrichten sind (Reallast).
(2) Die Reallast kann auch zugunsten des jeweiligen Eigentümers eines anderen Grundstücks bestellt werden.

§ 1106 Belastung eines Bruchteils
Ein Bruchteil eines Grundstücks kann mit einer Reallast nur belastet werden, wenn er in dem Anteil eines Miteigentümers besteht.

Zu § 68 BewG

Anlage 068.2

Berücksichtigung der dinglichen Beschränkungen des Grundstückseigentums bei der Ermittlung des Grundstückswerts

Erlaß FinMin Rheinland-Pfalz vom 11. August 1970

– S 3101 A – IV/2 –

Bei der Ermittlung des Grundstückswerts sind die dinglichen Beschränkungen des Grundstückseigentums wie folgt zu berücksichtigen:

1. Grunddienstbarkeit

Bei einer Grunddienstbarkeit (§ 1018 BGB) stehen sich das dienende Grundstück und das herrschende Grundstück gegenüber. Die Grunddienstbarkeit ist Belastung des dienenden Grundstücks und Bestandteil des herrschenden Grundstücks (§ 96 BGB). Sie ist deshalb bei der Bewertung beider Grundstücke zu berücksichtigen.

a) Bewertung des belasteten Grundstücks

Die Belastung eines Grundstücks mit einer Grunddienstbarkeit mindert im allgemeinen dessen Wert. Eine Ermäßigung des Grundstückswerts kommt allerdings nur dann in Betracht, wenn die Belastung des Grundstücks mit der Grunddienstbarkeit seine Nutzung wesentlich beschränkt. Das Ausmaß der Ermäßigung bestimmt sich nach den Umständen des Einzelfalles. Es richtet sich danach, welche Bedeutung der Belastung bei einer Veräußerung des dienenden Grundstücks beigemessen werden würde.

Bei der Bewertung von unbebauten Grundstücken ist die Belastung mit einer Grunddienstbarkeit bei der Ermittlung des Bodenwerts zu berücksichtigen (Abschnitt 10 Abs. 4 Satz 1 BewG Gr). In den Fällen der Bewertung der bebauten Grundstücke im Ertragswertverfahren kommt ein Abschlag nach § 82 Abs. 1 BewG nur insoweit in Betracht, als die Wertminderung infolge der Belastung nicht bereits in der Höhe der Jahresrohmiete berücksichtigt ist. Die Ermäßigung des Grundstückswerts unterliegt hier keiner Begrenzung (§ 82 Abs. 3 BewG). In den Fällen der Bewertung der bebauten Grundstücke im Sachwertverfahren wirkt sich eine Wertminderung im allgemeinen im Bodenwert aus (Abschnitt 35 Abs. 2 BewR Gr).

b) Bewertung des herrschenden Grundstücks

Die Belastung eines Grundstücks mit einer Grunddienstbarkeit führt für das herrschende Grundstück nur dann zu einer Werterhöhung, wenn die Belastung „für die Benutzung des Grundstücks des Berechtigten Vorteil bietet" (§ 1019 BGB), der den Verkehrswert des herrschenden Grundstücks beeinflußt (§ 9 Abs. 2 BewG). Das Ausmaß der Werterhöhung richtet sich nach den Umständen des Einzelfalles. Im allgemeinen ist der Wert des dienenden Grundstücks um den Betrag zu erhöhen, um den der Wert des dienenden Grundstücks gemindert ist (vgl. Abschnitt 10 Abs. 4 Satz 3 BewR Gr).

In den Fällen der Bewertung von unbebauten Grundstücken wirkt sich eine Werterhöhung für das herrschende Grundstück im Bodenwert aus. In den Fällen der Bewertung der bebauten Grundstücke im Ertragswertverfahren wirkt sich eine Werterhöhung bereits in der Höhe der Jahresrohmiete aus. Eine Erhöhung des Grundstückswerts nach § 82 Abs. 2 BewG ist dagegen ausgeschlossen. Bei der Bewertung eines bebauten Grundstücks im Sachwertverfahren wirkt sich eine Werterhöhung im allgemeinen im Bodenwert aus.

2. Dingliches Vorkaufsrecht

Das dingliche Vorkaufsrecht (§ 1094 BGB) gehört nicht zu den Umständen, die den gemeinen Wert eines Grundstücks beeinflussen (RFH-Urteil vom 8. 10. 1926, StW 1926 Sp. 2005, 2088). Es bleibt deshalb bei der Bewertung des Grundstücks außer Betracht.

3. Reallast

Die Reallast ist nach § 1105 BGB die Belastung eines Grundstücks mit dem Inhalt, daß aus dem Grundstück an den Berechtigten wiederkehrende Leistungen zu entrichten sind. Nach herrschender Auffassung verleiht sie kein unmittelbares Nutzungsrecht (vgl. Staudinger, 11. Auflage, Anm. I 2 zu § 1105 BGB). Das Grundstück haftet nur für die Entrichtung der Leistungen durch den Eigentümer. Bei dieser Betrachtungsweise nähert sich die Reallast den Grundpfandrechten, insbesondere der Rentenschuld. Sie gehört daher wie diese zu den Verwertungsrechten. Da bei der Grundstücksbewertung nur solche Beschränkungen zu berücksichtigen sind, die nach Inhalt und Entstehung mit der Beschaffenheit des Grundstücks zusammenhängen, werden die Reallasten im allgemeinen nicht zu einer Wertminderung führen.

Anlage 068.2

Zu § 68 BewG

4. Überbau

Bei der Frage, wie der Überbau bei der Einheitsbewertung des Grundvermögens zu bewerten ist, sind die einschlägigen bürgerlich-rechtlichen Vorschriften zu beachten. Nach § 912 Abs. 2 BGB ist der Eigentümer des überbauten Grundstücks für die Duldung des Überbaus durch eine Geldrente zu entschädigen. Die Zahlung der Rente soll den Verlust der Nutzung des überbauten Teils des Grundstücks ausgleichen. Für die Höhe der Überbaurente ist der Zeitpunkt der Grenzüberschreitung maßgebend (§ 912 Abs. 2 Satz 2 BGB).

a) Bewertung des überbauten Grundstücks

Das Rentenrecht ist Bestandteil des überbauten Grundstücks (§ 96 BGB). Es ist deshalb bei der Bewertung des Grundstücks zu berücksichtigen (§ 68 Abs. 1 Nr. 1 BewG). Im Zeitpunkt der Grenzüberschreitung dürfte der Wert der Überbaurente im allgemeinen dem Verlust der Nutzung des überbauten Teils des belasteten Grundstücks entsprechen. Eine sich aus dem Nutzungsverlust ergebende Wertminderung wird demnach in diesem Zeitpunkt durch den Wert der Überbaurente im allgemeinen ausgeglichen. Der vollständige Ausgleich einer Wertminderung tritt jedoch dann nicht mehr ein, wenn der Wert des überbauten Grundstücks steigt. Ebenso fehlt ein Ausgleich im Fall der einmaligen Zahlung oder der Ablösung der Rente oder im Fall des Verzichts auf die Rente.

Bei der Bewertung des überbauten Grundstücks wird eine Wertminderung nur insoweit berücksichtigt, als sie nicht durch den Wert der Überbaurente ausgeglichen ist. Der Wert der Überbaurente ist in Anlehnung an die Regelung in Abschnitt 32 Abs. 5 Satz 7 BewR Gr mit dem Neunfachen des Jahresbetrags anzusetzen.

Bei der Bewertung von unbebauten Grundstücken ist zunächst der Bodenwert für die nicht vom Überbau bedeckte Fläche zu ermitteln. Diesem Wert ist dann der Wert der Überbaurente hinzuzurechnen. In den Fällen der Bewertung der bebauten Grundstücke im Ertragswertverfahren kommt eine Wertminderung nach § 82 Abs. 1 BewG nur insoweit in Betracht, als sie nicht bereits in der Höhe der Jahresrohmiete berücksichtigt ist. Bei der Berechnung des Zuschlags nach § 82 Abs. 2 Nr. 1 BewG ist die vom Überbau bedeckte Fläche als unbebaute Fläche anzusehen. Bei der Bewertung eines bebauten Grundstücks im Sachwertverfahren wirkt sich eine Wertminderung im Bodenwert aus. Dieser ist wie bei einem unbebauten Grundstück zu ermitteln.

b) Bewertung des Grundstücks, von dem aus überbaut worden ist

Der Überbau gehört zur wirtschaftlichen Einheit des Grundstücks, von dem aus überbaut worden ist.

In den Fällen der Bewertung der bebauten Grundstücke im Ertragswertverfahren wirkt sich der Wert des Überbaus im allgemeinen in einer höheren Jahresrohmiete aus. Eine Werterhöhung nach § 82 Abs. 2 BewG ist ausgeschlossen. Die Verpflichtung zur Zahlung der Überbaurente ist als Reallast (§ 914 Abs. 3 BGB) nach § 82 Abs. 1 BewG mit dem Neunfachen des Jahreswerts wertmindernd zu berücksichtigen.

In den Fällen der Bewertung der bebauten Grundstücke im Sachwertverfahren wirkt sich der Wert des Überbaus sowohl im Gebäudenormalherstellungswert und damit im Gebäudewert (§ 85 BewG) als auch in einem höheren Bodenwert aus. Der Bodenwert ist in Anlehnung an die Regelung in Abschnitt 35 Abs. 4 Nr. 2 BewR Gr zu ermitteln. Dabei ist jedoch die Verpflichtung zur Zahlung der Überbaurente als Reallast mit dem Neunfachen des Jahreswerts wertmindernd zu berücksichtigen.

5. Notweg

Nach § 917 Abs. 2 BGB ist der Nachbar, über dessen Grundstück der Notweg führt, durch eine Geldrente zu entschädigen. Diese Rente ist der Überbaurente gleichgestellt (§ 917 Abs. 2 Satz 2 BGB). Das Rentenrecht ist Bestandteil des belasteten Grundstücks. Für die Höhe der Rente ist der Zeitpunkt maßgebend, in dem die Duldungspflicht entstanden ist. Anlage und Unterhaltung des Notwegs obliegen dem Notwegberechtigten.

a) Bewertung des belasteten Grundstücks

Grundsätzlich ist die Bewertung wie in den Fällen der Überbaubelastung durchzuführen. Eine Wertminderung kommt demnach nur insoweit in Betracht, als sie nicht durch den Wert der Rente ausgeglichen ist. Vgl. die Ausführungen unter Nr. 4 Buchs. a.

In den Fällen der Bewertung der bebauten Grundstücke im Ertragswertverfahren ist der Abschlag nach § 82 Abs. 1 BewG vom gesamten Grundstückswert zu machen. Bei der Bewertung der bebauten Grundstücke im Sachwertverfahren wirkt sich eine Wertminderung zunächst im Bodenwert aus. Beeinträchtigt der Notweg auch die Gebäude, so kann eine Ermäßigung des Gebäudesachwertes nach § 88 BewG in Betracht kommen.

b) Bewertung des berechtigten Grundstücks

Das berechtigte Grundstück ist wie ein normal zugängliches Grundstück zu bewerten. Eine Minderung des Bodenwertes kommt wegen der fehlenden Verbindung zu einem öffentlichen Weg nicht in Betracht. Die Verpflichtung zur Zahlung der Rente ist jedoch sowohl in den Fällen der Bewertung der unbebauten Grundstücke als auch in den Fällen der Bewertung der bebauten Grundstücke im Ertragswertverfahren und im Sachwertverfahren wertmindernd zu berücksichtigen.

Dieser Erlaß ergeht im Einvernehmen mit dem Bundesminister der Finanzen und mit den obersten Finanzbehörden der anderen Länder.

Anlage 068.3

Zu § 68 BewG

Abgrenzung des Grundvermögens von den Betriebsvorrichtungen
Gleichlautende Erlasse der obersten Finanzbehörden der Länder vom 5. Juni 2013
(BStBl. I S. 734)

1. Allgemeines
1.1 Rechtsgrundlage

Für die Abgrenzung des Grundvermögens von den Betriebsvorrichtungen sind § 68 BewG und im Beitrittsgebiet § 129 Abs. 2 Nr. 1 BewG i. V. m. § 50 Abs. 1 Satz 2 BewG-DDR maßgebend. Dies gilt auch für die Abgrenzung der Betriebsgrundstücke von den Betriebsvorrichtungen (§ 99 Abs. 1 Nr. 1 BewG). Nach § 68 Abs. 1 Nr. 1 BewG und im Beitrittsgebiet nach § 50 Abs. 1 Satz 1 BewG-DDR gehören zum Grundvermögen der Grund und Boden, die Gebäude, die sonstigen Bestandteile und das Zubehör. Maschinen und sonstige Vorrichtungen aller Art, die zu einer Betriebsanlage gehören (Betriebsvorrichtungen), werden nach § 68 Abs. 2 Satz 1 Nr. 2 BewG oder nach § 50 Abs. 1 Satz 2 BewG-DDR nicht in das Grundvermögen einbezogen. Das gilt selbst dann, wenn sie nach dem bürgerlichen Recht wesentliche Bestandteile des Grund und Bodens oder der Gebäude sind.

1.2 Allgemeine Abgrenzungsgrundsätze

Bei der Abgrenzung des Grundvermögens von den Betriebsvorrichtungen ist zunächst zu prüfen, ob das Bauwerk ein Gebäude ist. Liegen alle Merkmale des Gebäudebegriffs vor, kann das Bauwerk keine Betriebsvorrichtung sein (BFH vom 15. Juni 2005, BStBl. II S. 688 und vom 24. Mai 2007, BStBl. II 2008 S. 12 m. w. N.).

Ist das Bauwerk kein Gebäude, liegt nicht zwingend eine Betriebsvorrichtung vor. Vielmehr muss geprüft werden, ob es sich um einen Gebäudebestandteil bzw. eine Außenanlage oder um eine Betriebsvorrichtung handelt. Wird ein Gewerbe mit dem Bauwerk oder Teilen davon unmittelbar betrieben, liegt grundsätzlich eine Betriebsvorrichtung vor (doppelfunktionale Konstruktionselemente, vgl. Tz. 3.1).

1.3 Betriebsvorrichtungen

Nach § 68 Abs. 2 Satz 1 Nr. 2 BewG oder nach § 50 Abs. 1 Satz 2 BewG-DDR können nur einzelne Bestandteile und Zubehör Betriebsvorrichtung sein. Zu den Betriebsvorrichtungen gehören nicht nur Maschinen und maschinenähnliche Vorrichtungen. Unter diesen Begriff fallen vielmehr alle Vorrichtungen, mit denen ein Gewerbe unmittelbar betrieben wird (BFH vom 11. Dezember 1991, BStBl. II 1992 S. 278). Das können auch selbstständige Bauwerke oder Teile von Bauwerken sein, die nach den Regeln der Baukunst geschaffen sind, z. B. Schornsteine, Öfen, Kanäle.

Für die Annahme einer Betriebsvorrichtung genügt es nicht, dass eine Anlage für die Gewerbeausübung lediglich nützlich, notwendig oder vorgeschrieben ist (z.B. im Rahmen einer Brandschutzauflage – BFH vom 7. Oktober 1983, BStBl. II 1984 S. 262 und vom 13. November 2001, BStBl. II 2002 S. 310).

2. Abgrenzung der Gebäude
2.1 Abgrenzungsgrundsatz

Die Gebäude sind allein mit Hilfe des Gebäudebegriffs von den Betriebsvorrichtungen abzugrenzen. Für die bewertungsrechtliche Einordnung eines Bauwerks als Gebäude ist entscheidend, ob es alle Merkmale eines Gebäudes aufweist (BFH vom 15. Juni 2005, BStBl. II S. 688 und vom 24. Mai 2007, BStBl. II 2008 S. 12 m. w. N.).

2.2 Gebäudebegriff

Nach den in der höchstrichterlichen Rechtsprechung aufgestellten Grundsätzen ist ein Bauwerk als Gebäude anzusehen, wenn es Menschen oder Sachen durch räumliche Umschließung Schutz gegen Witterungseinflüsse gewährt, den Aufenthalt von Menschen gestattet, fest mit dem Grund und Boden verbunden, von einiger Beständigkeit und ausreichend standfest ist (BFH vom 28. Mai 2003, BStBl. II S. 693). Die Abgrenzung von Gebäude und Betriebsvorrichtung kann nicht unter Heranziehung einer in Bezug auf das gesamte Bauwerk bestehenden Verkehrsauffassung erfolgen. Bestehen jedoch Zweifel, ob ein bestimmtes Merkmal des Gebäudebegriffs vorliegt, ist die Entscheidung über das Vorliegen dieses Merkmals in Bezug auf das Bauwerk nach der Verkehrsauffassung zu treffen (zum Begriff der Verkehrsauffassung vgl. BFH vom 13. Juni 1969, BStBl. II S. 517 und S. 612 sowie BFH vom 18. März 1987, BStBl. II S. 551).

Der Begriff des Gebäudes setzt nicht voraus, dass das Bauwerk über die Erdoberfläche hinausragt. Auch unter der Erd- oder Wasseroberfläche befindliche Bauwerke, z. B. Tiefgaragen, unterirdische Betriebsräume, Lagerkeller und Gärkeller, können Gebäude im Sinne des Bewertungsgesetzes sein. Das gleiche gilt für Bauwerke, die ganz oder zum Teil in Berghänge eingebaut sind. Ohne Einfluss auf den Gebäudebegriff ist auch, ob das Bauwerk auf eigenem oder fremdem Grund und Boden steht.

2.3 Schutz gegen Witterungseinflüsse durch räumliche Umschließung

Der Begriff der räumlichen Umschließung, die Schutz gegen Witterungseinflüsse gewähren soll, setzt nicht voraus, dass das Bauwerk an allen Seiten Außenwände hat. Selbst wenn Außenwände an allen Seiten fehlen, kann ein Gebäude vorliegen, wenn das Bauwerk nach der Verkehrsauffassung einen Raum umschließt und dadurch gegen Witterungseinflüsse schützt (BFH vom 19. Januar 1962, BStBl. III S. 121; vgl. Zeichnung 1 und BFH vom 28. September 2000, BStBl. II 2001 S. 137). Markthallen, Industriehallen, Bahnsteighallen und ähnliche Hallen sind dann Gebäude, wenn auch die übrigen Merkmale eines Gebäudes vorliegen. Bei freistehenden schmalen Überdachungen und ähnlichen Schutzdächern kann ein Schutz durch räumliche Umschließung nicht angenommen werden, wenn ihre Breite nicht mindestens die doppelte mittlere lichte Höhe aufweist; sie sind deshalb keine Gebäude (vgl. Zeichnung 2). Bei Überdachungen in leichter Bauausführung – hierzu gehören nicht Bahnsteig-, Haltestellen- und Tankstellenüberdachungen – ist ein Schutz durch räumliche Umschließung nicht gewährleistet, wenn die überdachte Fläche, unabhängig von der Höhe, nicht mehr als 30 qm beträgt. Sind Überdachungen danach nicht als Gebäude anzusehen, ist zu prüfen, ob eine Außenanlage oder eine Betriebsvorrichtung vorliegt.

2.4 Aufenthalt von Menschen

Das Bauwerk muss durch normale Eingänge, z. B. Türen, betreten werden können. Behelfsmäßige Eintrittsmöglichkeiten wie Luken, Leitern und schmale Stege genügen nicht. Darüber hinaus muss das Bauwerk so beschaffen sein, dass man sich in ihm nicht nur vorübergehend aufhalten kann. Transformatorenhäuschen, kleine Rohrnetzstationen, Pumpenhäuschen oder ähnliche kleine Bauwerke, die Betriebsvorrichtungen enthalten und regelmäßig nicht mehr als 30 qm Grundfläche haben, gestatten allenfalls einen nur vorübergehenden Aufenthalt von Menschen. Sie sind deshalb ohne weitere Prüfung als Betriebsvorrichtungen anzusehen (BFH vom 24. Januar 1952, BStBl. III S. 84 und vom 24. Mai 2007, BStBl. II 2008 S. 12 m. w. N.).

Es ist nicht erforderlich, dass das Bauwerk zum Aufenthalt von Menschen bestimmt ist. Es muss jedoch so beschaffen sein, dass dem Menschen ein mehr als nur vorübergehender Aufenthalt möglich ist (BFH vom 18. März 1987, BStBl. II S. 551, vom 15. Juni 2005, BStBl. II S. 688 und vom 24. Mai 2007, BStBl. II 2008 S. 12). Dies gilt beispielsweise für selbsttragende Stahl-Glas-Konstruktionen zur Präsentation von Personenkraftwagen (Tower) sowie für Imbisse und Kioske. Ein Bauwerk verliert seine Gebäudeeigenschaft auch nicht schon dadurch, dass bauliche Unzulänglichkeiten (z. B. schlechte Entlüftung oder schlechte Lichtverhältnisse) den Aufenthalt von Menschen erschweren. Ebenso wird die Gebäudeeigenschaft nicht dadurch berührt, dass Einwirkungen, die durch den Betrieb hervorgerufen werden, auf die Dauer zu gesundheitlichen Schäden führen können, u. a. in Fällen, in denen bei der Arbeit Masken oder Schutzkleidung getragen werden müssen. Die Gebäudeeigenschaft geht ferner verloren, wenn der Aufenthalt der Menschen während eines Betriebsvorgangs vorübergehend nicht möglich ist, z. B. bei Versuchen oder gewissen Arbeitsvorgängen in Laboratorien. Ist der Aufenthalt in dem Bauwerk allein auf Vorrichtungen möglich, die nur zur Bedienung oder Wartung der Maschinen usw. bestimmt sind (z. B. Arbeitsbühnen), so wird dadurch die Gebäudeeigenschaft ebenfalls nicht beeinträchtigt. Die Vorrichtungen selbst sind Betriebsvorrichtungen (vgl. Tz. 3.4).

Bauwerke, in denen eine besonders hohe oder niedrige Temperatur herrscht und die deshalb während des laufenden Betriebsvorgangs einen Aufenthalt von Menschen nicht (vgl. Zeichnung 3) oder nur kurzfristig mit Schutzkleidung (z. B. für Inspektionsgänge) zulassen, sind keine Gebäude (BFH vom 30. Januar 1991, BStBl. II S. 618). Herrschen in dem Bauwerk sowohl hohe oder niedrige Temperaturen als auch ein extremer Lärmpegel, kann das Zusammenwirken dieser Faktoren einen mehr als vorübergehenden Aufenthalt von Menschen ausschließen, so dass das Bauwerk nicht als Gebäude anzusehen ist.

Der hohe Lärmpegel im Bauwerk als solcher kann nicht entscheidendes Hindernis für die Gebäudeeigenschaft sein. Das Überschreiten der arbeitsschutzrechtlichen Lärmgrenzwerte steht der Möglichkeit des nicht nur vorübergehenden Aufenthalts von Menschen nicht entgegen, wenn der Verwendung von entsprechendem Gehörschutz geeignet ist, die Schalleinwirkungen auf das menschliche Ohr unter die arbeitsschutzrechtlich zulässige Höchstgrenze (Schallpegel) zu drücken. Die arbeitsschutzrechtlichen Vorschriften zur Dauer des Aufenthalts sind nicht der Maßstab für die Gebäudeeigenschaft. Denn unter einem nicht nur vorübergehenden Aufenthalt von Menschen ist kein Aufenthalt über einen ganzen Arbeitstag hin zu verstehen (BFH vom 15. Juni 2005, BStBl. II S. 688 und vom 24. Mai 2007, BStBl. II 2008 S. 12).

Anlage 068.3

Zu § 68 BewG

Bei der Gesamtwürdigung, ob ein Teil oder Teile eines Bauwerks, die zum Aufenthalt von Menschen geeignet sind, von untergeordneter Bedeutung sind, ist nicht nur auf die Größenverhältnisse der Bauteile abzustellen, es kommt auch auf die Intensität der Nutzung an. Kleine Bauwerke sind nicht generell von der Bewertung als Gebäude ausgenommen, sondern nur unter der Voraussetzung, dass in ihnen Geräte für automatisch ablaufende, technische Betriebsvorgänge angebracht sind und sie nur gelegentlich zu Kontroll-, Wartungs- oder Reparaturarbeiten betreten werden. Dies trifft beispielsweise auf Türme von Windkraftanlagen zu (BFH vom 24. Mai 2007, BStBl. II 2008 S. 12). Ist der Aufenthalt von Menschen in dem Bauwerk allerdings integraler Teil des Betriebsablaufs, spricht dies für die Qualifizierung als Gebäude.

2.5 Feste Verbindung mit dem Grund und Boden

Ein Bauwerk ist fest mit dem Grund und Boden verbunden, wenn es auf einzelne oder durchgehende Fundamente gegründet ist. Ein Fundament setzt eine feste Verankerung durch eine gewisse Verbindung mit dem Grund und Boden voraus, die nicht durch bloßen Abtransport beseitigt werden kann (BFH vom 23. September 1988, BStBl. II 1989 S. 113 und vom 25. April 1996, BStBl. II S. 613). Auf Tiefe, Art und Material der Fundamente kommt es nicht an (BFH vom 10. Juni 1988, BStBl. II S. 847). Durch Versorgungsleitungen allein kann eine feste Verbindung mit dem Grund und Boden nicht geschaffen werden, da sie ohne Schwierigkeiten gelöst werden können. Bei Zelthallen kann die feste Verbindung mit dem Grund und Boden nur dann angenommen werden, wenn die Lasten der Hallenkonstruktion über einzelne oder durchgehende Fundamente in den Boden geleitet werden (z. B. durch Erdnägel oder Telleranker). Durch diese Maßnahmen ist das Bauwerk nicht mehr jederzeit versetzbar und transportabel. Eine feste Verbindung mit dem Grund und Boden ist auch dann anzunehmen, wenn das Bauwerk mit dem Fundament nicht verankert ist, sondern nur infolge des eigenen Schwere auf dem Fundament ruht (BFH vom 18. Juni 1986, BStBl. II S. 787). Bei Fertiggaragen aus Beton und vergleichbaren Bauwerken liegt auch dann eine feste Verbindung mit dem Grund und Boden vor, wenn sie durch das Eigengewicht auf dem Grundstück festgehalten werden und dadurch auch ohne Verankerung im Boden eine ihrem Verwendungszweck entsprechende Standfestigkeit haben (BFH vom 4. Oktober 1978, BStBl. II 1979 S. 190).

Eine feste Verbindung mit dem Grund und Boden ist auch dann anzunehmen, wenn bei Bauwerken im Feststellungszeitpunkt entweder eine auf Dauer angelegte Nutzung (mindestens sechs Jahre) gegeben ist oder aufgrund der Zweckbestimmung eine dauernde Nutzung zu erwarten ist (BFH vom 23. September 1988, BStBl. II 1989 S. 113).

Diese Grundsätze sind auch bei Mobilheimen zu beachten. Bauwerken, die nach ihrer baulichen Gestaltung zur Verwendung auf stets wechselnden Einsatzstellen vorgesehen und ohne größere bauliche Maßnahmen jederzeit versetzbar und transportabel sind, fehlt es dagegen an der für den Gebäudebegriff immanenten Ortsfestigkeit (BFH vom 18. Juni 1986, BStBl. II S. 787).

Wenn ein selbstständiges Gebäude auf einem anderen selbstständigen Bauwerk steht, das nicht ein Gebäude zu sein braucht, genügt es, dass das Gebäude mit dem anderen Bauwerk und das andere Bauwerk mit dem Grund und Boden fest verbunden ist (BFH vom 13. Juni 1969, BStBl. II S. 612; vgl. Zeichnung 4).

Schwimmende Anlagen sind mangels fester Verbindung mit dem Grund und Boden und wegen fehlender Standfestigkeit keine Gebäude (BFH vom 26. Oktober 2011, BStBl. II 2012 S. 274).

2.6 Beständigkeit des Bauwerks

Die Entscheidung der Frage, ob ein Bauwerk von einiger Beständigkeit ist, richtet sich allein nach der Beschaffenheit (Material) des Bauwerks. Ohne Bedeutung ist daher, ob das Bauwerk nur zu einem vorübergehenden Zweck errichtet wurde, z. B. für Zwecke einer Ausstellung (BFH vom 24. Mai 1963, BStBl. III S. 376).

2.7 Standfestigkeit

Ein Gebäude muss so gebaut sein, dass es nicht einstürzt, wenn die als Betriebsvorrichtungen anzusehenden Teile des Bauwerks entfernt werden (BFH vom 13. Juni 1969, BStBl. II S. 612; vgl. Zeichnung 5).

Einer besonderen Prüfung der Standfestigkeit bedarf es bei Bauwerken, bei denen die Umschließungen ihre Standfestigkeit durch Bauteile wie Fundamente, Stützen, Mauervorlagen und Verstrebungen erhalten, die auch einer Betriebsvorrichtung dienen. Bauteile, die einem doppelten Zweck dienen, rechnen zum Gebäude im Sinne des § 68 Abs. 2 Satz 2 BewG. Die Umschließung ist in diesen Fällen standfest und bei Vorliegen der übrigen Begriffsmerkmale als Gebäude zu behandeln (vgl. Zeichnungen 6 bis 9).

Zu § 68 BewG **Anlage 068.3**

Standfest ist eine Umschließung auch sonst, wenn sie sich auf Teile der Betriebsvorrichtung stützt und wenn die Teile bei einer Beseitigung der Betriebsvorrichtung stehen bleiben können und bei einer anderen Nutzung der Umschließung nicht im Wege stehen. Das gleiche gilt, wenn ein Auswechseln der Betriebsvorrichtung unter vorübergehender Abstützung der Umschließung leicht möglich ist. In Betracht kommen zum Beispiel Fälle, bei denen Mittelstützen, die auf Betriebsvorrichtungen stehen, bei einem etwaigen Abbruch der Betriebsvorrichtungen ohne große Schwierigkeiten unterfangen werden können.

Ansonsten haben Umschließungen und Überdachungen, die ausschließlich auf Betriebsvorrichtungen gegründet sind, keine ausreichende Standfestigkeit. Sie sind deshalb keine Gebäude (vgl. Zeichnung 10). Das gleiche gilt für Umschließungen, die nur als äußere Verkleidungen ausgeführt und an der Betriebsvorrichtung unmittelbar befestigt oder aufgehängt sind. Derartige Umschließungen, die sich oft bei modernen Kesselanlagen finden, sind nach Beseitigung der Betriebsvorrichtung nicht mehr standfest (vgl. Zeichnung 11).

Die Standfestigkeit ist auch bei Bauwerken besonders zu prüfen, deren Außenwände aus Teilen von Betriebsvorrichtungen gebildet werden (vgl. Zeichnungen 12 bis 14). Die Standfestigkeit darf sich nicht aus Stützen und sonstigen Bauteilen wie Mauervorlagen und Verstrebungen ergeben, die ausschließlich zu einer Betriebsanlage gehören. Sofern diese Bauteile dagegen nicht ausschließlich zur Betriebsanlage gehören und sie somit einen doppelten Zweck erfüllen, sind sie stets in das Grundvermögen einzubeziehen (§ 68 Abs. 2 Satz 2 BewG). Das gilt auch, wenn die Außenwand oder Decke eines Bauwerks einem doppelten Zweck dient (vgl. Zeichnung 15).

Bestehen die Außenwände eines Bauwerks dagegen zum Teil aus Umwandungen einer Betriebsvorrichtung, die einen selbstständigen, vertikal abgrenzbaren Teil des gesamten Bauwerks darstellen, ist das Bauwerk durch eine gedachte Trennlinie in einen Gebäudeteil und einen Betriebsvorrichtungsteil aufzuteilen (BFH vom 5. Februar 1965, BStBl. III S. 220; vgl. Zeichnung 11). Eine horizontale Aufteilung des Bauwerks in Gebäude und Betriebsvorrichtung kommt nur in Betracht, wenn die Trennung in einer Ebene über die gesamte Bauwerksgrundfläche möglich ist.

In den Fällen der Tz. 2.5, in denen ein selbstständiges Gebäude auf einem selbstständigen Bauwerk steht, genügt es, wenn die Standfestigkeit durch das untere Bauwerk vermittelt wird (vgl. Zeichnung 4).

Bauwerke mit pneumatischen Konstruktionen (Traglufthallen) sind nicht ausreichend standfest und deshalb keine Gebäude.

3. Abgrenzung der Gebäudebestandteile

3.1 Abgrenzungsgrundsatz

Die Entscheidung der Frage, ob die einzelnen Bestandteile im Sinne des bürgerlichen Rechts nach Bewertungsrecht Teile von Gebäuden oder Betriebsvorrichtungen sind, hängt davon ab, ob sie der Benutzung des Gebäudes ohne Rücksicht auf den gegenwärtig ausgeübten Betrieb dienen oder ob sie in einer besonderen Beziehung zu diesem Betrieb stehen. Als Betriebsvorrichtungen können dabei nur Vorrichtungen angesehen werden, mit denen das Gewerbe unmittelbar betrieben wird (BFH vom 23. März 1990, BStBl. II S. 751, vom 10. Oktober 1990, BStBl. II 1991 S. 59 und vom 11. Dezember 1991, BStBl. II 1992 S. 278).

Gebäudebestandteile sind wie Gebäude ausgehend vom Gebäudebegriff von den Betriebsvorrichtungen abzugrenzen. Von einem Gebäudebestandteil ist danach auszugehen, wenn die Vorrichtung im Rahmen der allgemeinen Nutzung des Gebäudes erforderlich ist. Bei doppelfunktionalen Konstruktionselementen geht die Gebäudefunktion der betrieblichen Funktion vor (BFH vom 28. Mai 2003, BStBl. II S. 693).

3.2 Aufteilung innerhalb von Gebäuden

Bauten im Innern von größeren Werkhallen (Meisterbüros, Materiallager, Schalträume und dergleichen) sind bei der Abgrenzung der Gebäudebestandteile von den Betriebsvorrichtungen grundsätzlich zum Gebäude zu rechnen, weil das insgesamt vorhandene Gebäuderaum durch diese Einbauten lediglich unterteilt wird. Die Frage, ob die Umschließung Schutz gegen Witterungseinflüsse gewährt, tritt angesichts der Funktion, nur das Gebäude zu unterteilen, bei diesen Einbauten nicht auf. Bei solchen Einbauten, z. B. Spritzboxen in Karosseriewerken und bei Transformatorenräumen, ist aber zu prüfen, ob in ihnen während des sich ständig wiederholenden Betriebsvorgangs ein nicht nur vorübergehender Aufenthalt von Menschen möglich ist. Ist ein solcher Aufenthalt ausgeschlossen oder auch mit Schutzkleidung nur kurzfristig möglich (z. B. für Inspektionsgänge), sind die Einbauten Betriebsvorrichtungen.

Die Umschließungen der nicht zum Aufenthalt geeigneten Räume innerhalb von Gebäuden (insbesondere Zellen oder Kammern) rechnen grundsätzlich zu den Betriebsvorrichtungen. Dazu gehören außer

Anlage 068.3

Zu § 68 BewG

der Isolierung auch die baulichen Bestandteile der Trennwände (Isolierwände). Handelt es sich aber um Trennwände, die dazu bestimmt sind, das Gesamtgebäude mit zu stützen (tragende Wände), so gehören sie zum Gebäude. Die zu den Zellen oder Kammern gehörende Isolierung (Wand-, Decken- und Bodenisolierung) ist jedoch in jedem Fall als Teil der Betriebsvorrichtung anzusehen (vgl. Zeichnung 16). Bei Räumen, die insbesondere der Herstellung von Computerchips, Kugellagern und elektronischen Geräten dienen und in denen daher Staubfreiheit sowie eine gleichbleibende Temperatur und Luftfeuchtigkeit gewährleistet sein müssen (sog. Reinräume), sind die Klima- und Luftreinigungsanlagen sowie die Zugangsschleusen als Betriebsvorrichtungen anzusehen. Aufgebrachte Wand- und Deckenverkleidungen sowie ein zusätzlich zu dem vorhandenen Fußboden aufgebrachter Fußboden sind bei diesen Räumen ebenfalls Betriebsvorrichtungen, wenn ein Höchstmaß an Staubfreiheit, eine ganz bestimmte oder sich in engen Grenzen bewegende Raumtemperatur oder eine bestimmte Luftfeuchtigkeit für den Produktionsvorgang unbedingt gewährleistet sein müssen.

Isolierungen sowie Wand-, Decken- und Dachverkleidungen in Sandwich-Bauweise sind jedoch, da sie nicht ausschließlich zu einer Betriebsanlage gehören, stets als Gebäudebestandteile anzusehen.

Verschiebbare Innenwände sind Bestandteile des Gebäudes.

3.3 Verstärkungen der Decken, Fundamente und Mauern

Decken sind stets den Gebäuden zuzurechnen, auch wenn sie stärker sind, als dies im Allgemeinen der Fall ist. Ebenso gehören zum Gebäude die Verstärkungen von Fundamenten und Wänden, wenn die Fundamente und Wände nicht ausschließlich für Betriebsvorrichtungen bestimmt sind.

In Betracht kommen z. B. Mauervorlagen, besondere Stützen und Unterzüge in den Wänden. Dagegen sind Einzelfundamente für Maschinen Betriebsvorrichtungen (vgl. Zeichnung 7).

3.4 Bedienungsvorrichtungen

Arbeitsbühnen, Bedienungsbühnen, Beschickungsbühnen und Galerien aller Art, die ausschließlich zur Bedienung und Wartung von Maschinen, Apparaten usw. bestimmt und geeignet sind, sind Betriebsvorrichtungen. Ihre Abgrenzung gegenüber den Geschossdecken ist nach den Umständen des Einzelfalls vorzunehmen (BFH vom 12. Februar 1982, BStBl. II S. 448).

3.5 Aufzüge und ähnliche Anlagen

Personenaufzüge dienen überwiegend der Benutzung des Gebäudes. Sie sind in mehrgeschossigen Gebäuden zur raschen und sicheren Abwicklung des Personenverkehrs allgemein üblich. Auch Rolltreppen und Rollsteige, die zur Bewältigung des Publikumsverkehrs dienen, sind aus diesem Grund dem Gebäude zuzurechnen (BFH vom 5. März 1971, BStBl. II S. 455).

Lastenaufzüge in gewerblich genutzten Gebäuden, die unmittelbar dem Betriebsvorgang dienen, sind Betriebsvorrichtungen. Der ausschließlich einem solchen Lastenfahrstuhl dienende Schacht (z. B. ein an ein bestehendes Gebäude angebauter Fahrstuhlschacht) ist Teil der Betriebsvorrichtung (BFH vom 7. Oktober 1977, BStBl. II 1978 S. 186). Fahrstuhlschächte, die innerhalb eines Gebäudes liegen, haben regelmäßig auch konstruktive Funktionen (Aufnahme der Eigen- und Nutzlasten angrenzender Geschossdecken); sie gehören daher zum Gebäude. Autoaufzüge in Parkhäusern sind Betriebsvorrichtungen. Auch die Anlagen für den Transport von Rohstoffen oder Gegenständen der Fertigung, z. B. Förderbänder, sind den Betriebsvorrichtungen zuzurechnen.

3.6 Elektrische Anlagen, Heizungsanlagen, Be- und Entwässerungsanlagen, Bäder, Fotovoltaikanlagen

Beleuchtungsanlagen gehören grundsätzlich zum Gebäude (BFH vom 8. Oktober 1987, BStBl. II 1988 S. 440). Spezialbeleuchtungsanlagen, die nicht zur Gebäudebeleuchtung erforderlich sind, z. B. für die Schaufenster, sind jedoch Betriebsvorrichtungen. Das gleiche gilt für Kraftstromanlagen, die ganz oder überwiegend einem Betriebsvorgang dienen.

Sammelheizungsanlagen, Be- und Entlüftungsanlagen, Klimaanlagen, Warmwasseranlagen und Müllschluckanlagen sind regelmäßig Teile des Gebäudes (BFH vom 7. März 1974, BStBl. II S. 429, vom 20. März 1975, BStBl. II S. 689, vom 29. Oktober 1976, BStBl. II 1977 S. 143 und vom 7. September 2000, BStBl. II 2001 S. 253). Sie rechnen aber dann zu den Betriebsvorrichtungen, wenn sie ganz oder überwiegend einem Betriebsvorgang dienen, z. B. Klimaanlagen in Chemiefaserfabriken, Tabakfabriken und Reinräumen.

Auch Be- und Entwässerungsanlagen gehören im Allgemeinen zum Gebäude. Nur wenn sie überwiegend dem Betriebsvorgang dienen, wie z. B. bei Färbereien, Zellstofffabriken, Brauereien, Molkereien und Autowaschhallen, sind sie Betriebsvorrichtungen.

Bäder, die der Körperpflege dienen, rechnen zum Gebäude (BFH vom 12. August 1982, BStBl. II S. 782). Dagegen sind Bäder, die Heilzwecken dienen (z. B. in Kur- und Krankenhäusern) oder mit denen das Gewerbe betrieben wird (z. B. in Badeanstalten), Betriebsvorrichtungen. Schwimmbecken in Hotels sind unselbstständige Gebäudeteile und nicht Betriebsvorrichtungen (BFH vom 11. Dezember 1991, BStBl. II 1992 S. 278).

Ausgehend vom maßgeblichen Gebäudebegriff handelt es sich bei dachintegrierten Fotovoltaikanlagen nicht um Betriebsvorrichtungen, sondern um Gebäudebestandteile. Die den Kern dieser Anlagen bildenden Solardachziegel ersetzen die ansonsten erforderliche Dacheindeckung. Sie erfüllen die typischen Aufgaben jedes normalen Hausdaches. Allein durch die Dacheindeckung gewährt das Gebäude auf der Dachseite vollständigen Schutz gegen äußere Einflüsse, vornehmlich Witterungseinflüsse, selbst wenn die Solardachsteine darüber hinaus auch der Gewinnung von Strom zu dienen vermögen. Bei derartigen doppelfunktionalen Konstruktionselementen geht die Gebäudefunktion der betrieblichen Funktion vor. Solche Bauteile gehören nicht im Sinne des § 68 Abs. 2 Satz 1 Nr. 2 BewG ausschließlich zu einer Betriebsanlage. Eine auf das vorhandene Dach aufgesetzte Fotovoltaikanlage ist für die allgemeine Nutzung des Gebäudes nicht erforderlich und stellt somit keinen Gebäudebestandteil dar.

3.7 Sonstige Anlagen in gewerblich genutzten Gebäuden
Nicht zum Gebäude rechnen Kühleinrichtungen, Absaugevorrichtungen, Bewetterungsanlagen, Entstaubungsanlagen und dergleichen.

Stahltüren, Stahlkammern und Stahlfächer von Tresoranlagen sind ebenso wie die dazugehörigen Alarmanlagen Betriebsvorrichtungen.

Sprinkleranlagen sind regelmäßig Gebäudebestandteile, da sie der Gebäudenutzung dienen. Ihre Einordnung als Betriebsvorrichtung kommt nur dann in Betracht, wenn mit ihnen – ähnlich wie bei Maschinen – das Gewerbe unmittelbar betrieben wird (BFH vom 15. Februar 1980, BStBl. II S. 409 und vom 13. Dezember 2001, BStBl. II 2002 S. 310). Dies ist beispielsweise der Fall, wenn vom Produktionsvorgang eine unmittelbare Brandgefahr ausgeht (Funkenflug) oder hoch explosive und leicht entzündbare Produkte (Feuerwerkskörper) produziert oder gelagert werden. Sprinklerköpfe, die an Maschinen oder sonstigen Produktionseinrichtungen angebracht sind, können auch dann Betriebsvorrichtung sein, wenn die Sprinkleranlage als solche Gebäudebestandteil ist.

Schallschutzvorrichtungen an Decken und Wänden sind regelmäßig Bestandteile des Gebäudes (BFH vom 11. Dezember 1987, BStBl. II 1988 S. 400). Nur in den Fällen, in denen von dem in dem Gebäude ausgeübten Gewerbebetrieb ein so starker Lärm ausgeht, dass ohne entsprechende Schutzvorkehrungen der Betriebsablauf selbst in Frage gestellt wäre, sind Schallschutzvorrichtungen ausnahmsweise Betriebsvorrichtungen (BFH vom 23. März 1990, BStBl. II S. 751).

4. Abgrenzung der Außenanlagen
4.1. Abgrenzungsgrundsatz
Ob Bauwerke als Außenanlagen oder als Betriebsvorrichtungen anzusehen sind, hängt davon ab, ob sie der Benutzung des Grundstücks dienen oder ob sie in einer besonderen Beziehung zu einem auf dem Grundstück ausgeübten Gewerbebetrieb stehen. Außenanlagen gehören stets zum Grundstück.

Als Betriebsvorrichtungen können nur solche Bauwerke oder Teile davon angesehen werden, mit denen das Gewerbe unmittelbar betrieben wird (BFH vom 10. Oktober 1990, BStBl. II 1991 S. 59).

4.2 Einfriedungen, Bodenbefestigungen, Be- und Entwässerungsanlagen sowie Rampen
Einfriedungen stehen grundsätzlich in keiner besonderen Beziehung zu einem auf dem Grundstück ausgeübten Gewerbebetrieb. Sie gehören deshalb als Außenanlagen zum Grundstück. Das gleiche gilt für Bodenbefestigungen (Straßen, Wege, Plätze). Sie sind im Allgemeinen zur besseren Befahrbarkeit des Bodens geschaffen; eine besondere Beziehung zu einem auf dem Grundstück ausgeübten Betrieb fehlt regelmäßig.

Schutzgitter innerhalb des Umspannwerks eines Elektrizitätsunternehmens sowie Platzbefestigungen, die der Wartung der Anlage und nicht zugleich dem sonstigen Verkehr innerhalb des Werks dienen (Schalterstraßen, Trafostraßen, Umkehrplatz), sind dagegen Betriebsvorrichtungen (BFH vom 2. Juni 1971, BStBl. II S. 673). Teststrecken der Automobilwerke sind ebenfalls Betriebsvorrichtungen (BFH vom 19. Februar 1974, BStBl. II 1975 S. 20).

Bodenbefestigungen der Tankstellenbetriebe sind wie die Einfriedungen, die in diesen Fällen üblich sind, wegen ihrer besonderen betrieblichen Ausgestaltung und Zweckbestimmung als Betriebsvorrichtungen anzusehen (BFH vom 23. Februar 1962, BStBl. III S. 179). Dagegen sind die Bodenbefestigungen vor Garagen, Reparaturwerkstätten und Waschhallen sowie die Bodenbefestigungen der Dauerpark- und Abstellplätze den Außenanlagen zuzurechnen. Das gleiche gilt für Bodenbefestigungen

Anlage 068.3
Zu § 68 BewG

vor Restaurations- und Beherbergungsgebäuden, soweit eine räumliche Abgrenzung gegenüber dem Tankstellenbetrieb leicht und einwandfrei möglich ist.

Freistehende Rampen rechnen regelmäßig zu den Außenanlagen, da mit ihnen das Gewerbe nicht unmittelbar betrieben wird.

4.3 Beleuchtungsanlagen auf Straßen, Wegen und Plätzen

Die Beleuchtungsanlagen auf Straßen, Wegen und Plätzen des Grundstücks gehören zu den Außenanlagen. Sie sind jedoch den Betriebsvorrichtungen zuzurechnen, wenn sie überwiegend einem Betriebsvorgang (z. B. Ausleuchtung eines Lagerplatzes für Zwecke der Materiallagerung oder Ausleuchtung von Container-Terminals) dienen.

4.4 Gleisanlagen und Brücken

Gleise, Kräne und sonstige mechanische Verladeeinrichtungen sind Betriebsvorrichtungen. Das gleiche gilt für den Oberbau (Schienen, Schwellen und Bettung) und den Unterbau (Aufschüttungen und Befestigungen der Dämme, Einschnitte und dergleichen) von Schienenbahnen.

Brücken, die nur dem üblichen Verkehr auf dem Grundstück dienen, stehen in keiner besonderen Beziehung zu einem auf dem Grundstück ausgeübten Gewerbebetrieb. Aus dem Umstand allein, dass eine Brücke zwei Betriebsteile miteinander verbindet, kann keine besondere Beziehung der Brücke zu einem Gewerbebetrieb hergeleitet werden. Solche Brücken sind deshalb regelmäßig als Außenanlagen des Grundstücks zu erfassen. Eine Zurechnung zu den Betriebsvorrichtungen kommt nur in Ausnahmefällen in Betracht, so z. B., wenn die Brücke als Schienenweg (Bahnunterbau) für werkseigene Bahnen benutzt wird.

4.5 Uferbefestigungen

Bei den Uferbefestigungen der Hafengrundstücke ist zu unterscheiden zwischen Kaimauern und den anderen Uferbefestigungen. Kaimauern sind Ufermauern, die hauptsächlich dem Hafenbetrieb dienen (Beladung und Entladung von Schiffen). Sie sind Betriebsvorrichtungen. Die anderen Uferbefestigungen (Böschungen, Ufereinfassungen), die ausschließlich zur Stützung der Erdreichs und zur Erhaltung des Hafenbeckens bestimmt sind, gehören dagegen als Außenanlagen zum Grundstück, auch wenn sie in der Form von Ufermauern aus Stein oder Stahlbeton errichtet sind (BFH vom 14. Februar 1969, BStBl. II S. 394). Hat sich an solchen Ufermauern aber nachträglich ein Hafenbetrieb entwickelt, sind sie wie Kaimauern als Betriebsvorrichtung zu behandeln.

5. Abgrenzungshinweise

Für die Abgrenzung des Grundvermögens von den Betriebsvorrichtungen vgl. Anlage 1, bei Sportstätten vgl. Anlage 2.

6. Anwendung

Der Erlass ergeht im Einvernehmen mit den obersten Finanzbehörden des Bundes und der anderen Länder. Er tritt an die Stelle der gleich lautenden Erlasse vom 15. März 2006 (BStBl. I S. 314) und ist in allen noch offenen Fällen anzuwenden.

Zu § 68 BewG

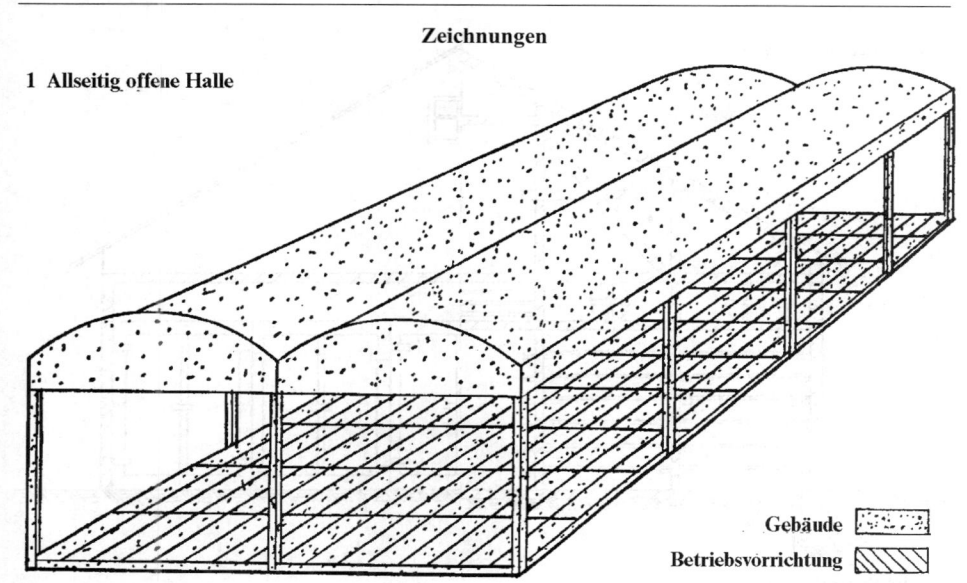

Anlage 068.3

Zeichnungen

1 Allseitig offene Halle

Gebäude:
Das Bauwerk umschließt einen Raum und schützt dadurch gegen Witterungseinflüsse (Tz. 2.3).

2 Tanksäulenüberdachung

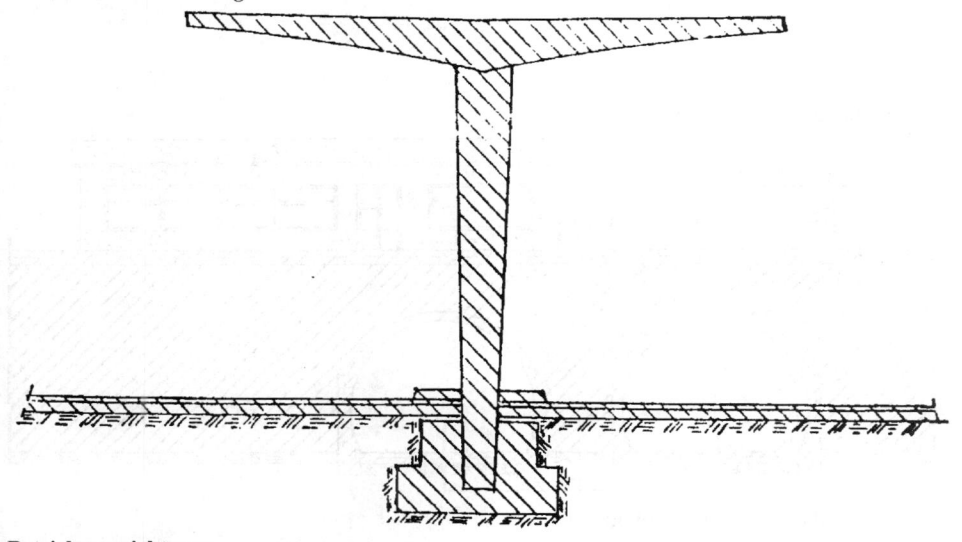

Betriebsvorrichtung:
Es fehlt ein Schutz gegen Witterungseinflüsse durch räumliche Umschließung (Tz. 2.3). Mit der Tanksäulenüberdachung wird das Gewerbe unmittelbar betrieben.

Anlage 068.3

Zu § 68 BewG

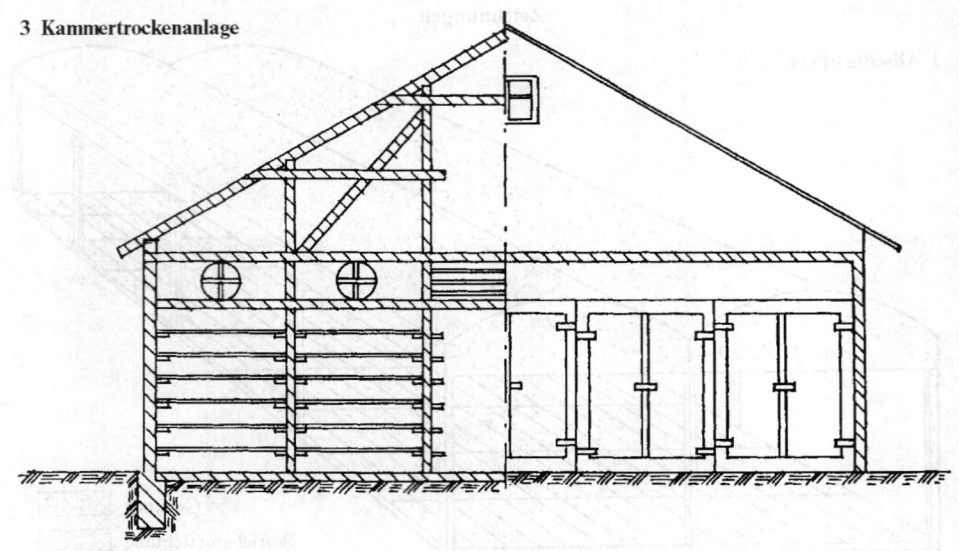

3 Kammertrockenanlage

Betriebsvorrichtung:

Das Bauwerk enthält nur Räume (Kammern), in denen die Temperatur während des Trockenvorgangs einen Aufenthalt von Menschen unmöglich macht (Tz. 2.4).

4 Bahnanlage mit Warteraum

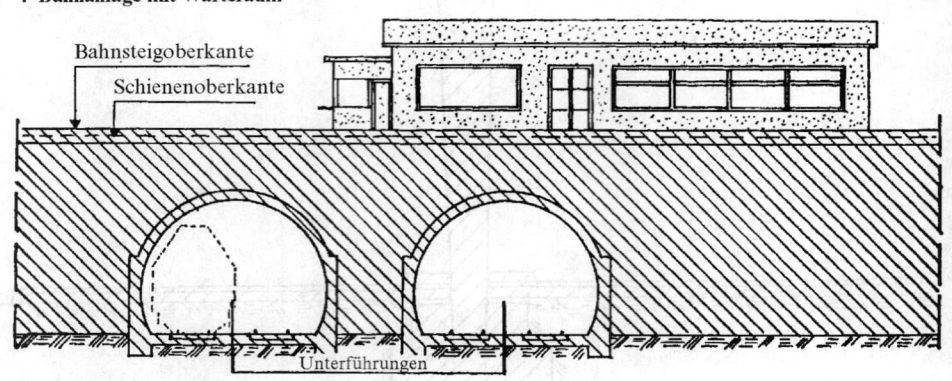

Bahnsteigoberkante
Schienenoberkante
Unterführungen

Gebäude und Betriebsvorrichtung:

Es handelt sich um zwei selbstständige Bauwerke. Der Warteraum ist ein Gebäude. Er ist mit der Betriebsvorrichtung und diese mit dem Grund und Boden fest verbunden (Tz. 2.5). Die Betriebsvorrichtung vermittelt dem Warteraum die Standfestigkeit (Tz. 2.7).

Zu § 68 BewG   **Anlage 068.3**

5 Kesselhaus

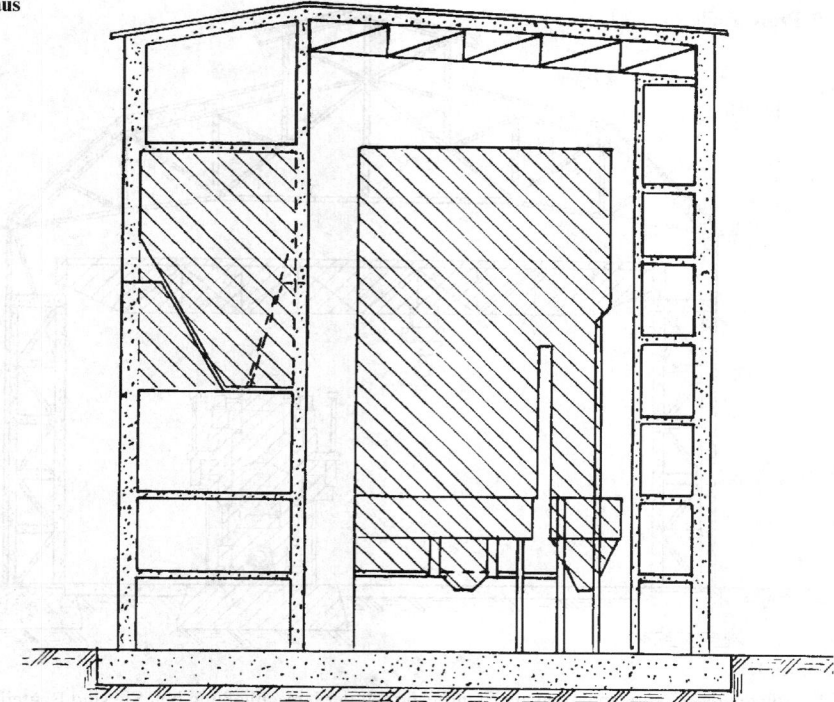

Gebäude:

Die Betriebsvorrichtung trägt nicht zur Standfestigkeit der Umschließung bei (Tz. 2.7).

6 Braunkohlenbunker

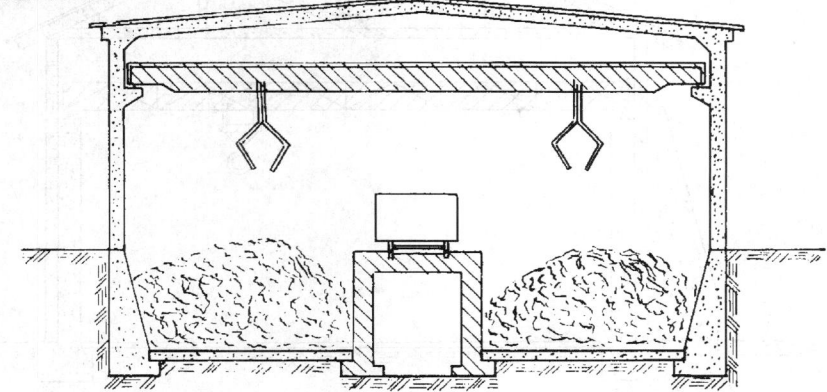

Gebäude:

Die Grundmauern tragen zur Standfestigkeit der Umschließung bei. Sie sind Bauteile, die nicht ausschließlich zu einer Betriebsanlage gehören (Tz. 2.7).

Anlage 068.3   Zu § 68 BewG

7 Pressenhalle

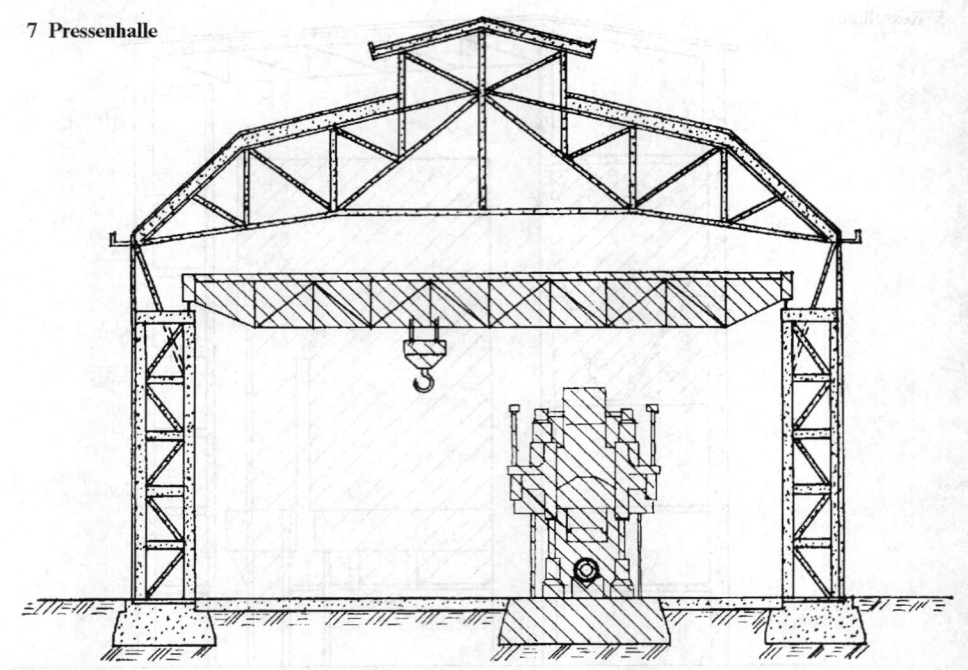

Gebäude:

Die Stützen der Kranbahn tragen zur Standfestigkeit der Umschließung bei. Sie sind Bauteile, die nicht ausschließlich zu einer Betriebsanlage gehören (Tz. 2.7).

8 Wandverstärkungen und Mauervorlagen

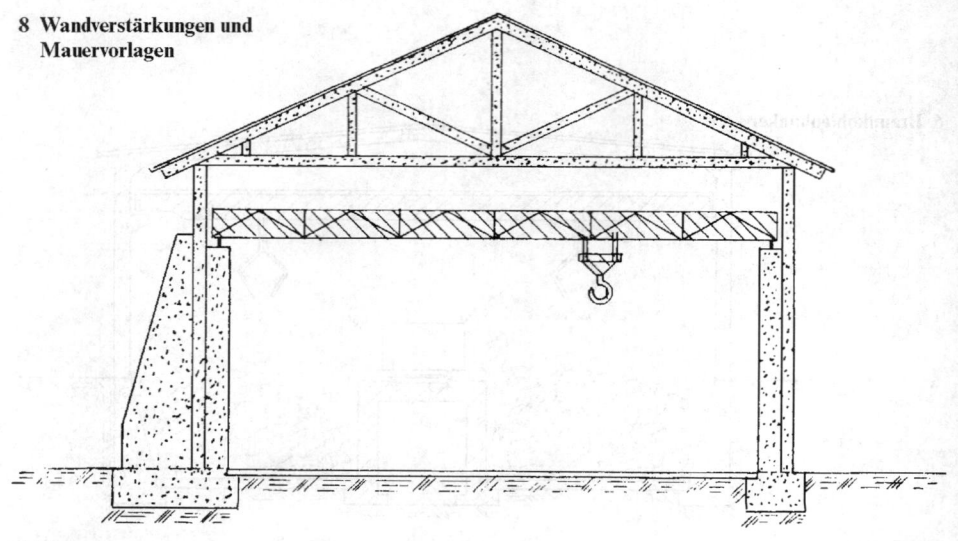

Gebäude:

Die Wandverstärkungen und die Mauervorlagen tragen zur Standfestigkeit der Umschließung bei. Sie sind Bauteile, die nicht ausschließlich zu einer Betriebsanlage gehören (Tz. 2.7).

Zu § 68 BewG **Anlage 068.3**

9 Ringofen

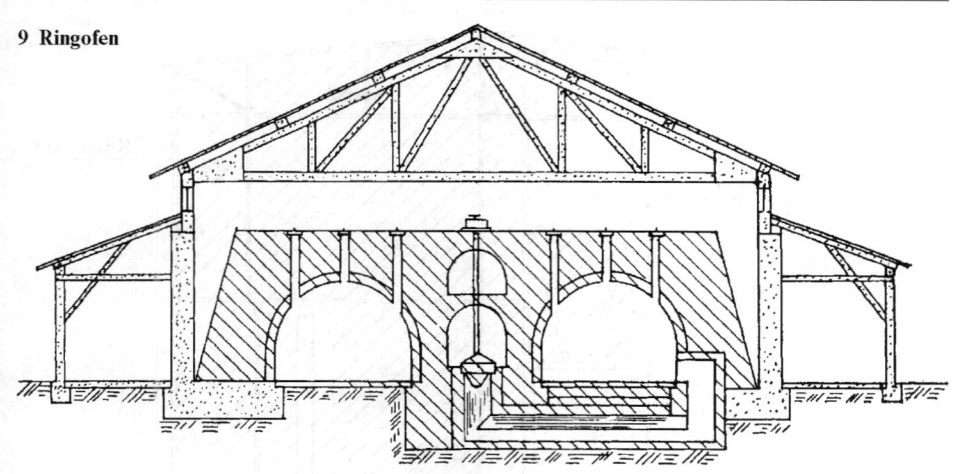

Gebäude:

Die Fundamente tragen zur Standfestigkeit der Umschließung bei. Sie sind Bauteile, die nicht ausschließlich zu einer Betriebsanlage gehören (Tz. 2.7).

10 Zickzackofen

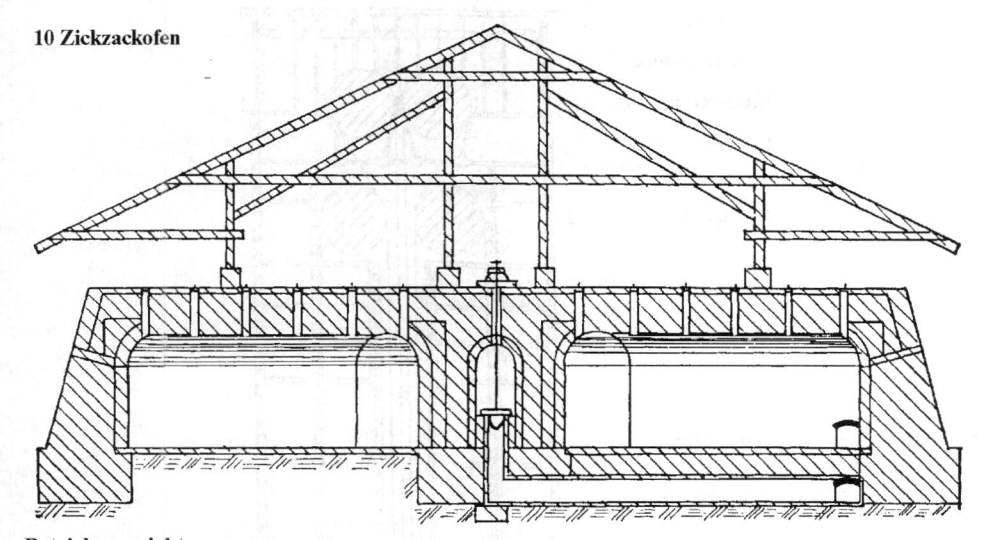

Betriebsvorrichtung:

Die Überdachung ist weder auf Bauteilen, die einer Doppelfunktion dienen, noch auf solchen Teilen der Betriebsvorrichtung gegründet, die bei Entfernen der Betriebsvorrichtung stehenbleiben oder durch vorübergehende Abstützung ohne große Schwierigkeiten ersetzt werden können. Sie ist daher nicht standfest (Tz. 2.7).

Anlage 068.3

Zu § 68 BewG

11 Kesselhaus

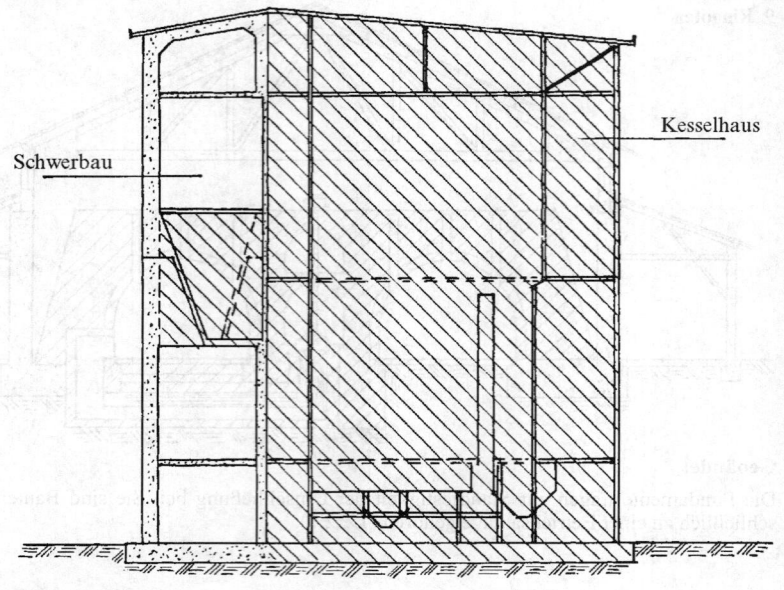

Schwerbau

Kesselhaus

Gebäude und Betriebsvorrichtung:

Die Verkleidung der Kesselanlage ist nicht standfest. Der vertikal abgrenzbare Schwerbau ist jedoch für sich standfest (Tz. 2.7).

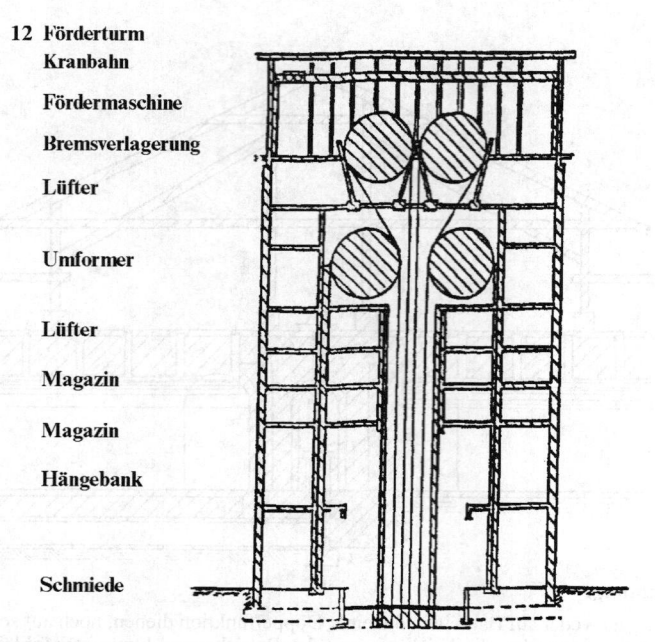

12 Förderturm
Kranbahn
Fördermaschine
Bremsverlagerung
Lüfter
Umformer
Lüfter
Magazin
Magazin
Hängebank
Schmiede

Betriebsvorrichtung:

Die Außenwände gehören zum größten Teil ausschließlich als Tragscheiben zur Förderanlage (Tz. 2.7).

Zu § 68 BewG **Anlage 068.3**

13 Getreidesilo

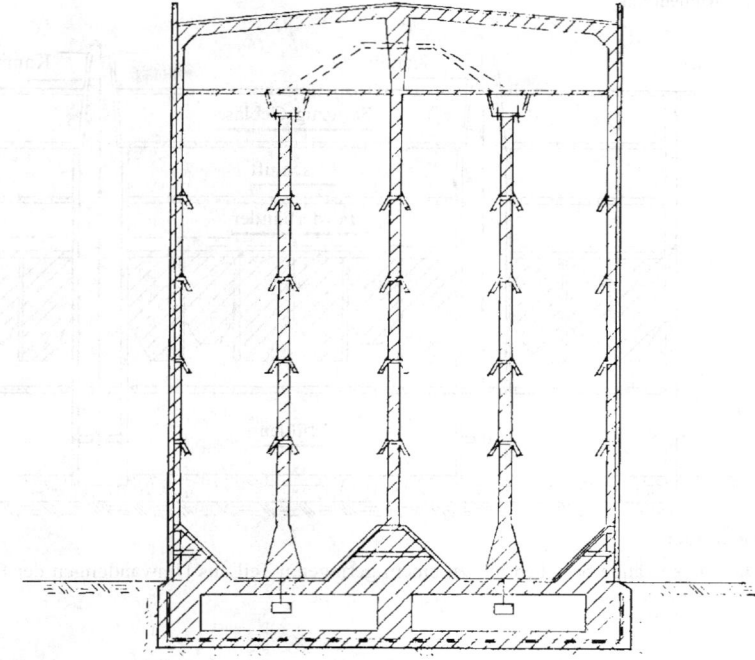

Betriebsvorrichtung:
Die Außenwände bestehen nur aus Behälterumwandungen (Tz. 2.7).

14 Sumpfanlage

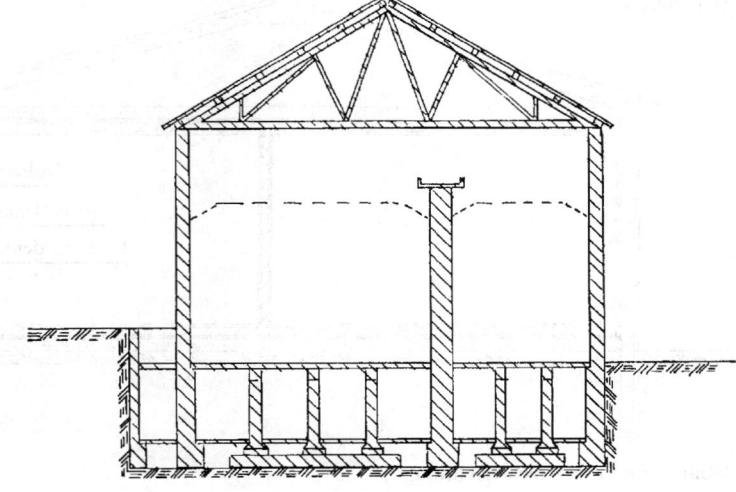

Betriebsvorrichtung:
Die Außenwände bestehen nur aus Behälterumwandungen (Tz. 2.7).

Anlage 068.3

Zu § 68 BewG

15 Kohlenbunker

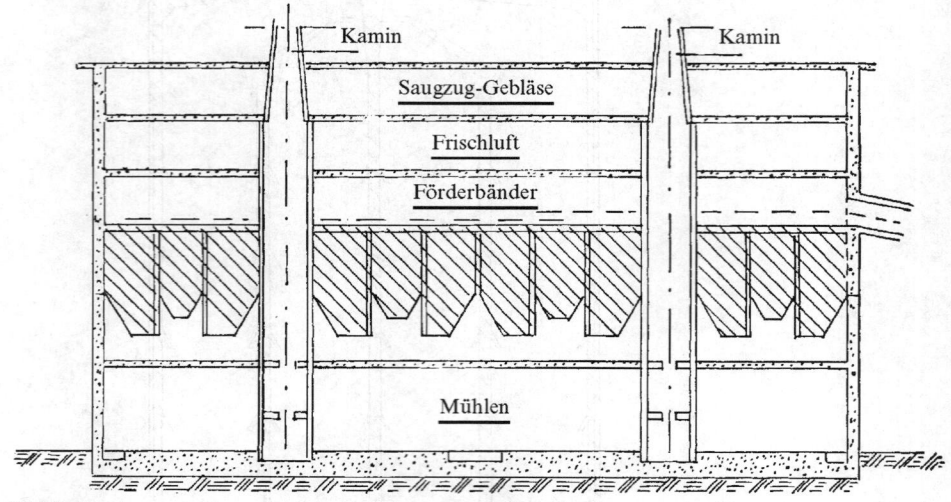

Gebäude:

Die Außenwände bestehen nur zu einem geringeren Teil aus Umwandungen der Betriebsvorrichtung (Tz. 2.7).

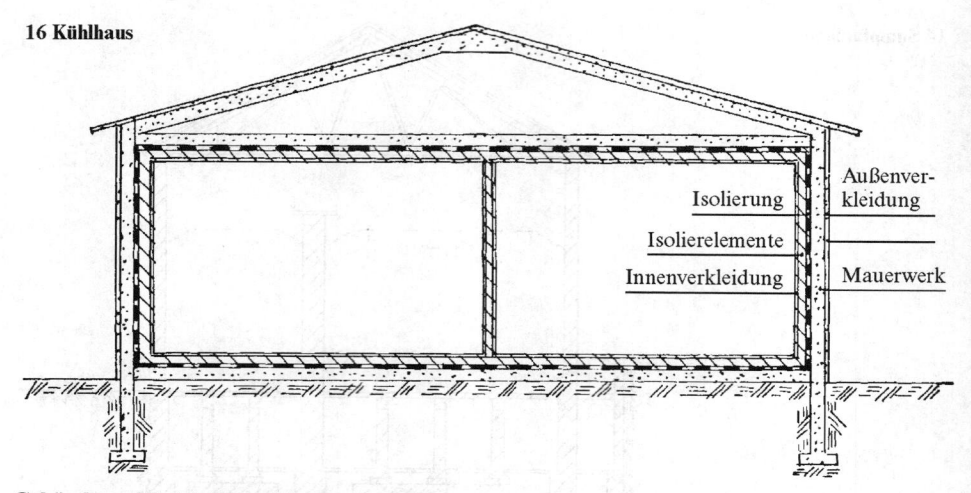

16 Kühlhaus

Gebäude und Betriebsvorrichtung:

Die Kammerwände sind gleichzeitig Außenwände. Die Isolierungen der Kammern und die Trennwand sind Teile der Betriebsvorrichtung (Tz. 3.2).

Zu § 68 BewG   Anlage 068.3

Anlage 1

Grundstücksbestandteil	Gebäude, Gebäudebestandteil, Außenanlage	Betriebsvorrichtung
Abfertigungsvorfelder der Flughäfen gl. lt. Erlass v. 28. November 1995, BStBl. I 1996 S. 14		x
Abhitzeeinrichtungen (Kühltürme, s. Kühlhäuser)		x
Absaugevorrichtungen		x
Abstellplätze BFH v. 10. Oktober 1990, BStBl. II 1991 S. 59	x	
Abwasserfilterbassins, die mit dem Betriebsablauf im engen Zusammenhang stehen		x
Alarmanlagen in – Bau- und Gartenmärkten – Tresoranlagen – Spielhallen zur Innensicherung des Raumes BFH v. 28. Oktober 1999, BStBl. II 2000 S. 150	x x	 x
Anbindungspfähle in Jacht- und Bootshäfen		x
Arbeitsbühnen, soweit im Einzelfall nicht als Geschossdecken anzusehen		x
Auflager, z. B. Mauerverstärkungen, verstärkte Fundamente, die ausschließlich für Maschinen und sonstige Apparate bestimmt sind		x
Aufzüge – Aktenaufzüge (auch in Büro-/Verwaltungsgebäuden) BFH v. 7. Oktober 1977, BStBl. II 1978 S. 186 – Autoaufzüge in Parkhäusern – Lastenaufzüge – Personenaufzüge, Paternoster	 x	 x x x
Auto-Waschboxen		x
Backöfen		x
Bäder, einschließlich der Zu- und Abwasserableitungen – in Sanatorien, Badehäusern, Spaßbädern – in Fabriken (Sanitärräume) – in Hotels – in anderen Gebäuden	 x x x	 x
Bahn- – laderampen – ober- und unterbau – steige – steighalle – steigüberdachungen, die keinen hinreichenden Schutz gegen Witterungseinflüsse bieten – unterführungen	 x 	 x x x x x
Be- und Entlüftungsanlagen – im Allgemeinen – in einer Tiefgarage bzw. in Parkhäusern BFH v. 7. Oktober 1983, BStBl. II 1984 S. 262 – ganz oder überwiegend betrieblichen Zwecken dienend BFH v. 9. August 2001, BStBl. II 2002 S. 100	 x x	 x
Befeuchtungsanlagen – für Reithallenböden – in gewerblichen Betrieben, soweit sie unmittelbar und ausschließlich dem Gewerbebetrieb dienen (z. B. bei der Tabaklagerung) BFH v. 28. November 1975, BStBl. II 1976 S. 200		x x
Befeuerungsanlagen eines Flugplatzes		x

Anlage 068.3

Zu § 68 BewG

Grundstücksbestandteil	Gebäude, Gebäudebestandteil, Außenanlage	Betriebsvorrichtung
Beförderungsanlagen für – Güter (z. B. Förderbänder, Elevatoren, Hängebahnen und Krananlagen) – Personen, z.B. Rollbänder, Rolltreppen	 x	x
Behälter (auch Erz-, Kies-, Kohlen- und Zementbunker (innerhalb von Gebäuden)		x
Beleuchtungsanlagen – in Gebäuden – auf Straßen, Wegen und Plätzen – wenn sie für die Ausübung eines Gewerbebetriebs erforderlich sind	x x	 x
Be- und Entwässerungsanlagen – im Allgemeinen – die überwiegend dem Betriebsvorgang dienen (z.B. in Färbereien, Brauereien, Autowaschanlagen Molkereien und Zellstofffabriken)	x	 x
Blockheizkraftwerk, das der Wärmegewinnung und Wasserversorgung eines Gebäudes dient	x	
Bodenbefestigungen – im Allgemeinen – mit besonderer betrieblicher Ausgestaltung und Zweckbestimmung bei Tankstellen	x	 x
Brandmeldeanlagen in Lagergebäuden BFH v. 13. Dezember 2001, BStBl. II 2002 S. 310		x
Brücken	x	
Bunker für Kohle, Kies, Zement und Erze		x
Container – bei fester Verbindung mit dem Grund und Boden oder bei individueller Zweckbestimmtheit zur dauernden Nutzung z. B. Büro BFH v. 25. April 1996, BStBl. II 1996 S. 613 – ohne feste Verbindung mit dem Grund und Boden z. B. Baustellencontainer BFH v. 18. Juni 1986, BStBl. II 1986 S. 787	x	 x
Einfriedungen – im Allgemeinen – bei Tankstellen	x	 x
Entstaubungsanlagen		x
Fahrbahnen	x	
Fahrradschuppen und Fahrradständer	x	
Fahrstuhlschacht typischer Lastenaufzüge – ohne statische Gebäudefunktion – im Innern des Gebäudes mit statischer Gebäudefunktion	x	x
Fernwärme-Hausanschlussstationen BFH v. 30. März 2000, BStBl. II S. 449		x
Förderbänder und Förderschnecken		x
Fördertürme BFH v. 13. Juni 1969, BStBl. II S. 517		x
Fotovoltaikanlage – dachintegriert – auf das Dach aufgesetzt	x	 x
Fundamentverstärkungen	x	

Zu § 68 BewG Anlage 068.3

Grundstücksbestandteil	Gebäude, Gebäudebestandteil, Außenanlage	Betriebsvorrichtung
Fußboden,		
– im Allgemeinen	x	
– Spezialfußboden z. B. Spezialauflage in Tennishallen oder in „Reinräumen" der Computerindustrie		x
Garagen		
– Fertiggaragen mit vorgefertigter Bodenplatte	x	
– Tiefgarage	x	
Gewächshäuser		
– im Allgemeinen	x	
– fahrbar (Rollhäuser)		x
– Folien	x	
Gleisanlagen		x
Heizungsanlagen	x	
– s. Blockheizkraftwerk		
Hochregallager		
– manuell gesteuertes Bedienungssystem BFH v. 28. Mai 2003, BStBl. II S. 693	x	
– vollautomatische Steuerung BFH v. 18. März 1987, BStBl. II S. 551		x
Hühnerställe mit Legebatterien BFH v. 6. August 1976, BStBl. II S. 772	x	
Innenbauten (Meisterbüros, Schalträume, Materiallager usw., die gesondert von dem Hauptgebäude errichtet worden sind)	x	
Innenwände, die lose aufgestellt sind und Ausstellungszwecken dienen		x
Isolierwände (von Trocken- und Kühlräumen)		x
Isolierelemente in Sandwich-Bauweise	x	
Kassettendecke eines Büroraums mit Beleuchtungsanlage BFH v. 8. Oktober 1987, BStBl. II S. 440	x	
Kegelbahnen (Raum rechnet zum Gebäude)		x
Kfz-Tower; Kraftfahrzeug-Tower	x	
– selbsttragende Stahl-Glas-Konstruktion		
Kinobestuhlung BFH v. 5. Oktober 1966, BStBl. III S. 686		x
Kläranlagen		x
Klimaanlagen;		
– im Allgemeinen, z. B. in Warenhäusern BFH v. 5. März 1971, BStBl. II S. 455	x	
– ganz oder überwiegend betrieblichen Zwecken dienend z. B. in Küchen von Gaststätten, in Räumen mit klimaempfindlichen Geräten (z. B. Computern oder Präzisionsgeräten)		x
Klimageräte, fest mit dem Gebäude verbunden BFH v. 16. Juni 1977, BStBl. II S. 590	x	
Kompressoren		x
Krananlagen		x
Kranbahnstützen, die auch der Umschließung dienen	x	
Kühleinrichtungen		x
Kühlzellen BFH v. 30. Januar 1991, BStBl. II S. 618		x
Ladeneinrichtungen		x
Lärmschutzwände		x

Anlage 068.3

Zu § 68 BewG

Grundstücksbestandteil	Gebäude, Gebäudebestandteil, Außenanlage	Betriebsvorrichtung
Lichtreklamen		x
Luftschleieranlagen in Warenhäusern		x
Lufttrockenschuppen einer Ziegelei	x	
Mauervorlagen	x	
Mobilhallen und -heime, bei fester Verbindung mit dem Grund und Boden oder bei auf Dauer angelegter Nutzung	x	
Molen der Hafengrundstücke	x	
Müllschluckanlagen	x	
Musterhäuser BFH v. 23. September 2008, BStBl. II 2009 S. 986	x	
Notstromaggregate		x
Open-Air-Hallen	x	
Öfen – im Allgemeinen – ganz oder überwiegend betrieblichen Zwecken dienend	x	x
Rampen – am Gebäude – freistehend	x x	
Regale/Regalwände – für Ausstellungszwecke in Apotheken		x
Regenwasserauffanganlagen BFH v. 25. August 1989, BStBl. II 1990 S. 82	x	
Reinräume in der Computerindustrie (spezielle Wand- und Deckenverkleidung, Spezialfußboden)		x
Rohrkanäle (nicht begehbar oder von Elektrizitätswerken)		x
Rohrleitungen – im Allgemeinen – ganz oder überwiegend betrieblichen Zwecken dienend; BFH v. 11. Januar 1991, BStBl. II 1992 S. 5	x	x
Rollbahnen eines Flugplatzes		x
Rolltreppen, Rollbänder zur Personenbeförderung	x	
Sammelheizungsanlagen	x	
Satellitenempfangsanlage BFH v. 25. Mai 2000, BStBl. II 2001 S. 365		x
Schalldämmung, Schalldämpfung – anstelle eines Decken- und Wandputzes oder zusätzlich angebracht – betrieblich bedingt	x	x
Schallschutztüren (zusätzliche), z. B. in Praxen oder Kanzleien BFH v. 29. Oktober 1974, BStBl. II 1975 S. 68		x
Schallschutzvorrichtungen in besonderer Beziehung zur Raumnutzung eines Badeparks	x	
Schaltanlagenbauwerk eines Kraftwerks	x	
Schaufenster BFH v. 17. Mai 1968, BStBl. II S. 581 BFH v. 24. August 1984, BStBl. II 1985 S. 40	x	
Schaukästen, Vitrinen		x
Scherengitter BFH v. 17. Mai 1968, BStBl. II S. 563	x	

Zu § 68 BewG   Anlage 068.3

Grundstücksbestandteil	Gebäude, Gebäudebestandteil, Außenanlage	Betriebsvorrichtung
Schornsteine – im Allgemeinen – mit dem ein Gewerbe unmittelbar betrieben wird	x	x
Schwimmbäder in Hotels BFH v. 11. Dezember 1991, BStBl. II 1992 S. 278	x	
Seilpollervorrichtungen von Seilbahnen		x
Silobauten – im Allgemeinen – Außenwände bestehen nur aus der Behälterumwandung	x	x
Slipanlagen in Häfen		x
Spanngewichtsschächte (-türme) von Seilbahnen		x
Spezialbeleuchtungsanlagen für Schaufenster		x
Sprinkleranlagen – im Allgemeinen – in explosionsgefährdeten Betrieben, soweit sie dem Betriebsvorgang unmittelbar dienen	x	x
Spritzboxen in Karosseriewerken oder Autofabriken		x
Stahlfächer, Stahlkammern und Stahltüren als Bestandteile von Tresoranlagen		x
Ställe	x	
Start- und Landebahnen eines Flugplatzes		x
Steinmahlanlagen-Umhausung BFH v. 15. Juni 2005, BStBl. II S. 688	x	
Steinschlagschutzvorrichtungen von Seilbahnen		x
Strahlenschutzvorrichtungen, z. B. bei Röntgenstrahlen und Radioaktivität		x
Sumpfanlage zur Kalkherstellung		x
Tanks – der Mineralölraffinerien – in Bauwerken (z. B. Sammelheizungsanlagen, Warmwasseranlagen usw.)	x	x
Teststrecken der Automobilwerke		x
Tiefkühllager	x	
Toilette – Toilettenhäuschen auf öffentlichem Grund – Toilette- und Reinigungstechnik BFH v. 24. Mai 2007, BStBl. II 2008 S. 12	x	x
Transportanlagen, siehe Beförderungsanlagen		
Trennwände – tragende Wände – Isolierwände von nicht zum Aufenthalt geeigneten Räumen – Schranktrennwände in Großraumbüros – verschieb- und versetzbare	x x x	x
Tresoranlagen – Stahltüren, Stahlkammern, Stahlfächer und dazugehörige Alarmanlagen – Rundgang, der innere nutzbare Raum sowie Mauer- und Deckenverstärkungen	x	x
Trockenkammern		x

Anlage 068.3

Zu § 68 BewG

Grundstücksbestandteil	Gebäude, Gebäudebestandteil, Außenanlage	Betriebsvorrichtung
Uferbefestigungen – Kaimauern zur Be- und Entladung – Befestigung des Erdreiches	x	x
Umzäunungen	x	
Unterführungen	x	
Verladeeinrichtungen		x
Walzenstraßen		x
Warmwasseranlagen	x	
Wärmedämmung betriebsbedingt		x
Wärmerückgewinnungsanlagen – im Allgemeinen BFH v. 5. September 2002, BStBl. II S. 877 – unmittelbar betrieblichen Zwecken dienend	x	x
Wendeplätze eines Flugplatzes		x
Windkraftanlagen (Türme) BFH v. 25. Januar 2012, BStBl. II S. 403		x
Zementbunker		x
Zementwerke Bauwerke (Umschließung) für Brecher- und Trockneranlagen sowie Kohlen-, Roh- und Zementmühlen BFH v. 15. Juni 2005, BStBl. II S. 688	x	

Zu § 68 BewG

Anlage 068.3

Anlage 2

Einrichtungen und Anlagen		Grund-vermögen	Betriebs-vorrichtung
1.	**Sportplätze und Sportstadien**		
1.1	besonders hergerichtete Spielfelder (Spielfeldbefestigung, Drainage, Rasen Rasenheizung)		x
1.2	Laufbahnen		x
1.3	Sprunggruben		x
1.4	Zuschauerwälle (Erdaufschüttungen und deren Befestigung)		x
1.5	Zuschauertribünen	x[1]	x
1.6	Beleuchtungsanlagen		
1.6.1	spezielle (z.B. Flutlicht)		x
1.6.2	allgemeine	x	
1.7	Einfriedungen	x	
1.8	Abgrenzungszäune und Sperrgitter zwischen Spielfeld und Zuschaueranlagen		x
1.9	allgemeine Wege- und Platzbefestigungen	x	
1.10	Anzeigetafeln		x
1.11	Kartenhäuschen (soweit nicht transportabel)	x	
1.12	Kioske	x	
1.13	Umkleidekabinen	x	
1.14	Duschen im Gebäude und Toiletten	x	
1.15	Saunen	x	
1.16	Schwimmbecken, Massagebecken (im Freien oder im Gebäude)		x
1.17	Unterrichts- und Ausbildungsräume	x	
1.18	Übernachtungsräume für Trainingsmannschaften	x	
1.19	Küchen- und Ausschankeinrichtungen		x
2.	**Schwimmbäder (Frei- und Hallenbäder)**		
2.1	Schwimmbecken		x
2.2	Sprunganlagen		x
2.3	Duschen im Freien		x
2.4	Liegewiesen		
2.4.1	Grund und Boden	x	
2.4.2	Rasen		x
2.5	Kinderspielanlagen		x
2.6	Umkleidekabinen	x	
2.7	Kassenhäuschen (soweit nicht transportabel)	x	
2.8	Kioske	x	
2.9	allgemeine Wege- und Platzbefestigungen	x	
2.10	Zuschauertribünen im Freien und im Gebäude	x[1]	x
2.11	Duschen im Gebäude	x	x
2.12	Duschräume, Toiletten	x	
2.13	technische Räume	x	
2.14	technische Ein- und Vorrichtungen		x

---

1) Die Überdachungen der Zuschauerflächen sind dann als Gebäude zu behandeln, wenn sie nach der Verkehrsauffassung einen Raum umschließen und dadurch gegen Witterungseinflüsse Schutz gewähren (vgl. Tz. 2.3 des Abgrenzungserlasses).

Anlage 068.3

Zu § 68 BewG

Einrichtungen und Anlagen		Grund-vermögen	Betriebs-vorrichtung
2.15	sonstige Räume	x	
2.16	Einrichtung der Saunen, Solarien, Wannenbäder		x
2.17	Beleuchtungsanlagen		
2.17.1	spezielle		x
2.17.2	allgemeine	x	
2.18	Emporen und Galerien	x	
2.19	Bestuhlung zu 2.18		x
3.	**Tennisplätze und Tennishallen**		
3.1.	besonders hergerichtete Spielfelder (Spielfeldbefestigungen mit Unterbau bei Freiplätzen, spezielle Oberböden bei Hallenplätzen)		x
3.2	Drainage		x
3.3	Bewässerungsanlagen (u.a. automatische) der Spielfelder		x
3.4	Netz mit Haltevorrichtungen		x
3.5	Schiedsrichterstühle		x
3.6	freistehende Übungswände		x
3.7	Zuschauertribünen	x[1]	x
3.8	Einfriedungen		
3.8.1	der Spielplätze im Freien		x
3.8.2	sonstige	x	
3.9	Zuschauerabsperrungen, Brüstungen		x
3.10	Traglufthallen		x
3.11	open-air-Hallen	x[2]	
3.12	Beleuchtungsanlagen		
3.12.1	spezielle (z.B. Flutlicht)		x
3.12.2	allgemeine	x	
3.13	Ballfangnetze, Ballfanggardinen		x
3.14	zusätzliche Platzbeheizung (durch Münzeinwurf) in Hallen		x
3.15	Duschen	x	
3.16	Umkleideräume	x	
3.17	Toiletten	x	
3.18	sonstige Räume	x	
4.	**Schießstände**		
4.1	Anzeigevorrichtungen		x
4.2	Zielscheibenanlagen		x
4.3	Schutzvorrichtungen		x
4.4	Einfriedungen		
4.4.1	als Sicherheitsmaßnahme		x
4.4.2	allgemeine	x	
5.	**Kegelbahnen**		
5.1	Bahnen		x

---

1) Die Überdachungen der Zuschauerflächen sind dann als Gebäude zu behandeln, wenn sie nach der Verkehrsauffassung einen Raum umschließen und dadurch gegen Witterungseinflüsse Schutz gewähren (vgl. Tz. 2.3 des Abgrenzungserlasses).

2) Open-air-Hallen sind Tennishallen, bei denen sich Dach- und Wandteile, mechanisch betätigt, großflächig öffnen lassen.

Zu § 68 BewG **Anlage 068.3**

Einrichtungen und Anlagen		Grund-vermögen	Betriebs-vorrichtung
5.2	Kugelfangeinrichtungen		x
5.3	Kugelrücklaufeinrichtungen		x
5.4	automatische Kegelaufstelleinrichtungen		x
5.5	automatische Anzeigeeinrichtungen		x
5.6	Beleuchtungsanlagen		
5.6.1	spezielle		x
5.6.2	allgemeine	x	
5.7	Schallisolierungen		x
6.	**Squashhallen**		
6.1	Trennwände (zur Aufteilung in Boxen)		x
6.2	besondere Herrichtung der Spielwände		x
6.3	Ballfangnetze		x
6.4	Schwingböden		x
6.5	Zuschauertribünen	x	
6.6	Bestuhlung zu 6.5		x
6.7	Beleuchtungsanlagen		
6.7.1	spezielle		x
6.7.2	allgemeine	x	
6.8	Umkleideräume	x	
6.9	Duschräume, Toiletten	x	
6.10	sonstige Räume	x	
7.	**Reithallen**		
7.1	Stallungen (einschl. Boxenaufteilungen, Futterraufen)	x	
7.2	Futterböden (einschl. Zugänge)	x	
7.3	Nebenräume	x	
7.4	spezieller Reithallenboden (z.B. sog. Matratze)		x[1]
7.5	Befeuchtungseinrichtungen für den Reithallenboden		x[1]
7.6	Bande (Holzschutzwände) an den Außenwänden (entlang des Hufschlags)		x
7.7	Beleuchtungsanlagen		
7.7.1	spezielle		x
7.7.2	allgemeine	x	
7.8	Tribüne und Richterstände, soweit nicht Gebäudebestandteil (Galerien, Emporen)		x
7.9	Pferdesolarium (techn. Einrichtungen)		x
7.10	Pferdewaschanlage		x
7.11	Schmiede (techn. Einrichtungen)		x
7.12	Futtersilos		x
7.13	automatische Pferdebewegungsanlage		x
7.14	sonst. Zubehör wie Hindernisse, Spiegel, Geräte zur Aufarbeitung des Bodens, Markierungen und dgl.		x

---

1) Bei bindigen oder harten Böden ist es erforderlich, den gewachsenen Hallenboden gegen eine sog. Matratze (bis zu einer Tiefe von 20 cm) auszutauschen. Ein bindiger Boden (z.B. Lehm) würde mit der Zeit hart wie Beton und damit unbrauchbar werden. Bei Sandboden wird das Erdreich gelockert und mit Zusätzen versehen (je nach Konsistenz des vorhandenen Sandes mit Torf, Hobelspänen, Sägemehl oder Lederschnitzeln). Die vorgenannten präparierten Böden müssen befeuchtet werden, um eine Staubbildung zu vermeiden.

Anlage 068.3

Zu § 68 BewG

Einrichtungen und Anlagen		Grund-vermögen	Betriebs-vorrichtung
8.	**Turn-(Sport) und Festhallen (Mehrzweckhallen)**		
8.1	Schwingboden		
8.1.1	in Mehrzweckhallen	x	
8.1.2	in reinen Turn- und Sporthallen		x
8.2	Turngeräte		x
8.3	Zuschauertribünen (soweit nicht als Galerien oder Emporen Gebäudebestandteile)		x
8.4	Bestuhlung zu 8.3 und zu Galerien und Emporen		x
8.5	Beleuchtungsanlagen		
8.5.1	spezielle		x
8.5.2	allgemeine	x	
8.6	Duschen	x	
8.7	Umkleidekabinen und -räume	x	
8.8	Toiletten	x	
8.9	Saunen	x	
8.10	Kücheneinrichtungen		x
8.11	Ausschankeinrichtungen		x
8.12	Bühneneinrichtungen		x
8.13	bewegliche Trennwände	x	
8.14	Kühlsystem (bei Nutzung für Eissportzwecke)		x
9.	**Pferderennbahnen**		
9.1	Startmaschinen		x
9.2	Totalisatoreneinrichtungen		x
9.3	Hindernisaufbauten		x
10.	**Radrennbahnen**		
10.1	besonders hergerichtete Fahrbahnen		x
11.	**Eissportstadien, -hallen, -zentren**		
11.1	Eislaufflächen, Eisschnelllaufbahnen, Eisschießbahnen		
11.1.1	Oberboden, bestehend aus Kühlsohlenaufbau, Isolierung, Dichtungsbahnen, Schmelzwasserrinnen		x
11.1.2	Unterboden, bestehend aus Beton oder Stahl	x	
11.2	Schneegruben		x
11.3	Kälteerzeuger mit Kondensator, Kompressor, Kältemittelvorrat, Pumpenanlage, Bewässerungsvorrichtung		x
11.4	Umgangszonen		
11.4.1	Schlittschuhschonender Bodenbelag		x
11.4.2	Unterboden	x	
11.5	Anschnallbereich		
11.5.1	Oberbodenbelag		x
11.5.2	Unterboden	x	
11.6	Beleuchtungsanlagen		
11.6.1	spezielle		x
11.6.2	allgemeine	x	
11.7	Lautsprecheranlagen		x
11.8	Spielanzeige, Uhren, Anzeigetafeln		x

Zu § 68 BewG   **Anlage 068.3**

Einrichtungen und Anlagen		Grund-vermögen	Betriebs-vorrichtung
11.9	Abgrenzungen (z.B. Bande), Sicherheitseinrichtungen, Sperrgitter zwischen Spielfeld und Zuschauerbreich		x
11.10	Klimaanlagen im Hallenbereich	x	
11.11	Duschräume, Toiletten, Umkleideräume	x	
11.12	Regieraum, Werkstatt, Massageräume, Sanitätsraum	x	
11.13	Duschen	x	
11.14	Massagebecken		x
11.15	Heizungs- und Warmwasserversorgungs- anlagen	x	
11.16	Trafostationen und Notstromversorgungsanlagen		
11.16.1	Umschließung	x	x[1]
11.16.2	Trafo- und Schalteinrichtung		x
11.16.3	Notstromaggregat		x
11.17	Zuschauertribünen im Freien und im Gebäude	x[2]	x
11.18	Emporen und Galerien	x	
11.19	Bestuhlung zu 11.17, 11.18		x
11.20	Küchen- und Ausschankeinrichtungen		x
11.21	Kassenhäuschen (soweit nicht transportabel)	x	
11.22	Kioske	x	
11.23	allgemeine Wege- und Platzbefestigungen, Einfriedungen, Ver- und Entsorgungsleitungen	x	
12.	**Golfplätze**		
12.1	Grund und Boden	x	
12.2	besonders hergerichtete „Abschläge", Spielbahnen, „roughs" und „greens"(Spielbefestigung, Drainage, Rasen)		x
12.3	Spielbahnhindernisse		x
12.4	Übungsflächen (ohne Grund und Boden) wie pitching-greens (pitching = herausschlagen eines Golfballs aus einem Hindernis) und putting-greens (putting = Einspielen des Golfballs in das hole, das Loch) driving-ranges (Übungsfelder für Weitschläge)		x
12.5	Einfriedungen	x	x[3]
12.6	Abgrenzungseinrichtungen zwischen Spielbahnen und Zuschauern		x
12.7	Allgemeine Wege- und Platzbefestigungen	x	
12.8	Anzeige- und Markierungseinrichtungen oder -gegenstände		x
12.9	Unterstehhäuschen	x	
12.10	Kartenhäuschen (soweit nicht transportabel)	x	
12.11	Kioske	x	
12.12	Clubräume, Wirtschaftsräume, Büros, Aufenthaltsräume	x	
12.13	Umkleideräume	x	

1) Transformatorenhäuser oder ähnliche kleine Bauwerke, die Betriebsvorrichtungen enthalten und nicht mehr als 30 qm Grundfläche haben, gestatten allenfalls einen nur vorübergehenden Aufenthalt von Menschen. Sie sind deshalb ohne weitere Prüfung als Betriebsvorrichtungen anzusehen (vgl. Tz.. 2.4 des Abgrenzungserlasses).

2) Die Überdachungen der Zuschauerflächen sind dann als Gebäude zu behandeln, wenn sie nach der Verkehrsauffassung einen Raum umschließen und dadurch gegen Witterungseinflüsse Schutz gewähren (vgl. Tz. 2.3 des Abgrenzungserlasses).

3) Einfriedungen oder Teile davon, die unmittelbar als Schutzvorrichtung dienen, sind als Betriebsvorrichtungen anzusehen.

Anlage 068.3

Zu § 68 BewG

Einrichtungen und Anlagen		Grund-vermögen	Betriebs-vorrichtung
12.14	Duschräume, Toiletten	x	
12.15	Küchen- und Ausschankeinrichtungen		x
12.16	Verkaufsräume	x	
12.17	Caddy-Räume	x	
12.18	Lager- und Werkstatträume	x	
12.19	Abschlagstände auf driving-ranges	x[1]	x
12.20	Bewässerungsanlagen einschl. Brunnen und Pumpen	x	x[2]
12.21	Brunnen- und Pumpenhäuser	x	x[3]
12.22	Drainagen	x	x[2]

---

1) Die Abschlagstände sind dann als Gebäude zu behandeln, wenn sie nach der Verkehrsauffassung einen Raum umschließen und dadurch gegen Witterungseinflüsse Schutz gewähren (vgl. Tz. 2.3 des Abgrenzungserlasses).

2) Bewässerungsanlagen, Drainagen oder Teile von diesen sind Betriebsvorrichtungen, wenn sie ausschließlich der Unterhaltung der für das Golfspiel notwendigen Rasenflächen dienen.

3) Brunnen- und Pumpenhäuser, die Betriebsvorrichtungen enthalten, nicht mehr als 30 qm Grundfläche haben und deshalb nur einen vorübergehenden Aufenthalt von Menschen gestatten, sind ohne weitere Prüfung als Betriebsvorrichtungen anzusehen (vgl. Tz.. 2.4 des Abgrenzungserlasses).

Zu § 68 BewG Anlage 068.4

a) Be- und Entlüftungsanlagen in einer Tiefgarage
Erlaß FinMin NRW vom 6. März 1989
– S 3190 – 10 – V A 4

Be- und Entlüftungsanlagen in einer Tiefgarage sind Einrichtungen, die den Aufenthalt von Menschen in der Tiefgarage erst ermöglichen; die Garage wird hierdurch nicht betrieben. Diese Be- und Entlüftungsanlagen sind deshalb dem Grundvermögen zuzurechnen. Als Gebäudebestandteil werden sie durch den der Gebäudeklasseneinteilung entspr. Raummeterpreis erfaßt.

b) Abgrenzung der Betriebsvorrichtungen von den Gebäuden bei Möbelausstellungsräumen
Rdvfg. OFD Koblenz vom 28. Februar 1989
– S 3190 A – St 44 1

Im Rahmen der Einheitsbewertung von Ausstellungsräumen der Möbelindustrie sind lediglich Leichtbautrennwände als Betriebsvorrichtungen anzusehen. Dagegen sind an Metallprofilen abgehängte Rasterdecken, verklebte Teppichböden, Beleuchtungen und Brandschutzanlagen als Grundvermögen i. S. des § 68 Abs. 1 Nr. 1 BewG einzuordnen.

c) Abgrenzung Gebäude/Betriebsvorrichtungen bei Zelthallen und Textilbauten
Erlaß FinMin Baden-Württemberg vom 21. März 1984
– S 3190 A – 13/82 –

Zelthallen und Textilbauten sind dann als Gebäude anzusehen, wenn alle Merkmale des Abgrenzungserlasses vom 31. 3. 1967 (BStBl. II S. 127)[1] vorliegen. Dies ist im Einzelfall zu entscheiden. Zelthallen werden nur in wenigen Fällen Gebäude sein, weil meistens die feste Verbindung mit dem Grund und Boden fehlt (vgl. Erlaß vom 31. 7. 1974 S 3190 A – 1/74).
Soweit eine Bewertung als Gebäude in Betracht kommt, sind

Zelthallen   25,– DM/m² Grundfläche und
Textilbauten   100,– DM/m² Grundfläche
(Wertverhältnisse 1. Januar 1964)

zu bewerten.
Die Lebensdauer dieser Gebäude ist mit 15 Jahren anzunehmen.

---

1) Jetzt gleichlautende Erlasse der obersten Finanzbehörden der Länder vom 5.6.2013 (Anlage 068.3).

Anlage 068.4

Zu § 68 BewG

d) Bewertung von Zelthallen
Vfg. OFD Frankfurt vom 20. Mai 1987
– S 3190 A – 12 – St III 41 –

Aus gegebenem Anlaß weise ich zur Bewertung von Zelthallen auf folgendes hin:
Zelthallen bestehen in ihren tragenden Teilen aus einer einfachen Holz- bzw. Stahlkonstruktion, die bei einer besseren Ausführung gegen Korrosion durch Anstrich bzw. Verzinkung geschützt wird. Die Außenhaut besteht regelmäßig aus leichtem Baumwoll- oder leichtem Kunststoffgewebe. Je leichter und flexibler die Außenhaut ist, um so häufiger ist ein Auf- und Abbau möglich. Zug- und Schubbelastung aus den Verkehrslasten werden dabei fast ausschließlich von der Unterkonstruktion getragen, die aus Pfetten (waagerechte, tragende Balken im Dachstuhl) und Bindern besteht, die gewöhnlich leicht und schnell montiert werden können. Sanitär- und Elektroinstallationen sind regelmäßig nicht ausgebaut.

Die Befestigung einer Zelthalle mit dem Grund und Boden erfolgt entweder über
– Erdanker
– Telleranker und
– in Einzelfällen über Betonfundamente.

Zelthallen sind dann als Gebäude anzusehen, wenn alle Merkmale des Abgrenzungserlasses vom 31. 3. 1967 (BStBl. II 1967 S. 127)[1] vorliegen.

Bei den Zelthallen fehlt im allgemeinen die feste Verbindung mit dem Grund und Boden. Diese kann nur dann angenommen werden, wenn die Lasten der Hallenkonstruktion über einzelne oder durchgehende Fundamente in den Boden geleitet werden. Lose auf dem Erdreich aufliegende schwere großformatige Stahlbetonplatten, die untereinander weder verbunden, vergossen oder eingebettet sind, stellen kein eigenes Fundament dar.

Auch in den Fällen, in denen die Hallen durch Schraubbolzen in Schwerlastdübeln mit dem Grund und Boden verbunden werden, liegt keine feste Verbindung mit dem Grund und Boden vor. Erfolgt die Befestigung jedoch durch Zuganker, die in Betonfundamente eingebunden sind, kann eine feste Verbindung mit dem Grund und Boden angenommen werden, weil die Betonfundamente die statischen Kräfte der Halle aufnehmen (vgl. hierzu BFH-Urteil vom 18. 6. 1986 S. 787).

Wegen der unterschiedlichen technischen Varianten bei der Befestigung mit dem Grund und Boden kann nur im Einzelfall beurteilt werden, ob die Gebäudeeigenschaft vorliegt.

e) Gebäudeeigenschaft bei Autowaschanlagen („Stewing-Hallen")
Vfg. BayLfSt vom 15. November 2013, S 3190

Es wurde beantragt, sog. „Stewing-Hallen", die automatische PKW- und Kleintransporter-Waschanlagen umschließen, als Betriebsvorrichtungen zu behandeln. Derartige Bauwerke sind aus Fertigbetonteilen errichtet, mit einem Rolltor verschließbare Hallen, die ausschließlich die für die Waschanlage notwendigen Einrichtungen enthalten. Sie können während des Waschvorgangs nicht betreten werden.

Autowaschanlagen sind i. d. R. Gebäude, wenn sie aus einem massiven Bauwerk bestehen, Tore für die Ein- und Ausfahrt und einen Aufsichtsraum zur Überwachung des Betriebs haben (bestätigt durch BFH vom 14.11.1975, BStBl. II 1976, 198). Mit der Automatisierung des Waschvorgangs hat sich jedoch ein derartiger Aufsichtsraum erübrigt. Dennoch ist ein Betreten solcher Hallen nicht gänzlich ausgeschlossen, z. B. zum Be- und Entsteigen der Pkw's, zur Wartung oder auch zur anderweitigen Nutzung in betriebsfreien Zeiten (z. B. als Stellplatz für Fahrzeuge an Sonntagen). „Stewing-Hallen" sind somit Gebäude, zumal alle übrigen Merkmale des Gebäudebegriffs erfüllt werden.

---

[1] Jetzt gleichlautende Erlasse der obersten Finanzbehörden der Länder vom 5.6.2013 (Anlage 068.3).

Anlage 068.4

Zu § 68 BewG

f) Abgrenzung des Grundvermögens von den Betriebsvorrichtungen bei neuartigen Konstruktionen – Schiebehallen
Vfg. OFD Saarbrücken vom 29. März 1994
– S 3190 – 32 – St 242

Im Einvernehmen mit dem Saarl. Ministerium der Finanzen sind die sog. Schiebehallen als Gebäude zu werten.

Schiebehallen werden i. d. R. zu Lagerzwecken genutzt. Sie sind aus mehreren beweglichen Segmenten zusammengesetzte Bauwerke. Die einzelnen Segmente sind auf Rollen gelagert und können innerhalb der beiden ortsfest errichteten Giebelwände über- bzw. untereinander geschoben werden. Jedes Segment wird von den seitlichen Außenwänden und der Dachkonstruktion begrenzt. Die Tragkonstruktion ist in Profilstahlträgern und zwischengehängten Fachwerkbindern ausgeführt und mit Trapezblechen verkleidet. Die auftretenden Kräfte werden über die Rollen entsprechend dimensionierte, standsicher gegründete Fundamente abgeleitet. Schiebehallen weisen alle Merkmale des Gebäudebegriffs auf. Insbesondere gewähren sie Menschen oder Sachen durch räumliche Umschließung Schutz gegen Witterungseinflüsse und sind fest mit dem Grund und Boden verbunden. Daß durch „Verfahren" einzelner Segmente Teile der Schiebehallen großflächig „freigelegt" werden, beeinträchtigt nicht die Gebäudeeigenschaft, da der Schutz durch entsprechende Segmentverschiebung wiederhergestellt werden kann. Ebenso steht dem Gebäudebegriff nicht entgegen, daß sie nur mit der eigenen Schwere auf den Fundamenten aufliegen (BFH vom 18. 6. 1986, BStBl. II 1986 S. 787).

g) Abgrenzung der Gebäude von den Betriebsvorrichtungen bei Selbstbedienungswaschanlagen
Vfg. OFD Köln vom 30. September 1994
S 3190 – 39 – St 21 A

Bei den Selbstbedienungswaschanlagen, in denen Pkw mit Hochdruckreinigungsgeräten gesäubert werden, handelt es sich um einzelne Waschboxen, die nach Bedarf und Aufstellungsmöglichkeit in beliebiger Anzahl nebeneinander im Baukastensystem aufgestellt werden können. Die tragenden Stützen und die Dachkonstruktion sind als selbsttragender Stahlrahmen ausgebildet, der durch Fundamente fest mit dem Grund und Boden verankert ist.

Die Boxen sind an den Ein- und Ausfahrtseiten offen. Die übrigen Wandungen und die Dachkonstruktionen sind in der Regel mit Plexiglas oder vergleichbaren Materialien verkleidet. Die Stellplätze sind betoniert und haben zur Wasseraufbereitungsanlage hin einen Schmutzwasserablauf.

Zu der Gesamtanlage gehört ein sog. Technikraum, der vom Aufsichtspersonal auch als Aufenthaltsraum genutzt wird. Er ist regelmäßig als ein eingeschossiges Massivbauwerk errichtet.

Bei der Abgrenzung und der Bewertung solcher SB-Autowaschanlagen bitte ich wie folgt zu verfahren:

Gebäudewert:

Waschboxen und Technikraum weisen in aller Regel alle Merkmale auf, an die die Gebäudeeigenschaft geknüpft ist. Sie sind deshalb als „Gebäude" zu bewerten.

Bei der Bewertung der Waschboxen ist von den Raummeterpreisen der Gebäudeklasse 2.31 (Anlage 14 Teil B zu Abschn. 38 BewR Gr) auszugehen, für den eingeschossigen Technikraum gelten die Raummeterpreise der Gebäudeklasse 2.34 ff.

Für die an den Ein- und Ausfahrtseiten fehlenden Außenwände sind Abschläge vorzunehmen.

Wert der Außenanlagen:

Außenanlagen wie z. B. Bodenbefestigungen, sind nach den in Abschn. 4 des Abgrenzungserlasses vom 31. 3. 1992 (BStBl. I 1992, 342) aufgeführten allgemeinen Grundsätzen von den Betriebsvorrichtungen abzugrenzen. Für die Ermittlung des Wertes der Außenanlagen gelten die in Anlage 17 zu Abschn. 45 BewR Gr aufgeführten Durchschnittspreise.

Anlage 068.4 Zu § 68 BewG

h) Abgrenzung des Grundvermögens von den Betriebsvorrichtungen bei in Betonfertigbauweise errichteten Bauwerken und Containern

Vfg. OFD Frankfurt/Main vom 23. August 1993

S 3190 A – 11 – St II 41

1. Bei den in Betonfertigbauweise errichteten Bauwerken und den Containern ergeben sich häufig Zweifelsfragen hinsichtlich der Abgrenzung der Gebäudeeigenschaft.

   Bewertungsrechtlich liegt ein Gebäude vor, wenn ein Bauwerk durch räumliche Umschließung Menschen, Tieren oder Sachen Schutz gegen Witterungseinflüsse gewährt, den nicht nur vorübergehenden Aufenthalt von Menschen gestattet, fest mit dem Grund und Boden verbunden, von einiger Beständigkeit und ausreichend standfest ist (Abschnitt 2.2 –Tz. 5 – des Abgrenzungserlasses vom 31.03.1992 –).

2. Bei den in Betonfertigbauweise errichteten Bauwerken und Containern ist i.d.R. strittig, ob das Abgrenzungskriterium der festen Verbindung mit dem Grund und Boden erfüllt ist. Eine feste Verbindung mit dem Grund und Boden ist regelmäßig gegeben, wenn Teile des Bauwerks in das Erdreich eingefügt sind oder das Gebäude auf einem Fundament ruht, wobei hierbei ausreichend ist, wenn das Bauwerk kraft seiner Eigenschwere auf den Trägerelementen ruht.

   Bei einer Betonfertiggarage kommt der BFH in dem Urteil vom 04.10.1978 (II R 15/77 – BStBl. 1979 Teil II S. 190) zu dem Ergebnis, daß eine feste Verbindung mit dem Grund und Boden gegeben ist, wenn das Bauwerk lediglich durch sein Eigengewicht auf dem Grundstück festgehalten wird, sofern dieses Eigengewicht einer Verankerung gleichzusetzen ist. Als ausreichend wird angesehen, daß derartige Fertiggaragen infolge ihres Eigengewichts ohne Verankerung im Boden eine ihrem Verwendungszweck entsprechende Standfestigkeit haben, da die Bodenplatte die Funktion eines Fundamentes übernimmt und eine feste Verbindung mit dem Grund und Boden schafft.

   Weiterhin wird vom BFH darauf abgestellt, daß die Fertiggarage nach ihrem äußeren Erscheinungsbild den Charakter eines ortsfesten Bauwerks erhält, da diese Garagen üblicherweise in Garagen- oder Wohnanlagen integriert sind.

   Der (technisch bestehenden) Möglichkeit, eine derartige Betonfertiggarage im ganzen zu transportieren und anderweitig aufzustellen, wird keine entscheidende Bedeutung zugemessen.

3. Demgegenüber sind Bauwerke, die lediglich auf lose verlegte Schwellen, Stahlschienen, Zementsockeln oder Holzbalken aufgestellt sind (z. B. Wellblechgaragen, Kioske; vgl. BFH-Urteil vom 01.12.1970 – VI R 380/69 – BStBl. 1971 Teil II S. 317; Wellblechgaragen, die an auf den Boden liegenden Zementbalken verschraubt sind, als Betriebsvorrichtung, vgl. BFH-Urteil vom 01.12.1970 – VI R 180/69 – BStBl. 1971 Teil II S. 161: Verkaufskiosk auf an dem Kiosk befestigten Kanthölzern, die auf den unveränderten Straßenboden aufliegen, als Betriebsvorrichtung) bzw. auf lose auf dem Erdreich aufliegenden schweren großformatigen Stahlbetonplatten ruhen, die untereinander weder verbunden, vergossen oder eingebettet sind (z.B. Container), als nicht fest mit dem Grund und Boden verbunden und somit nicht als Gebäude anzusehen (Ausnahme siehe Tz.5 u. 6).

4. Bei einem Baustellencontainer, der mittels einer selbsttragenden Stahlrahmenkonstruktion auf lose verlegten Schwellen ruht und über sanitäre Versorgung verfügt, die an das Zu- und Abwassernetz einer Werft angeschlossen ist, hat der BFH mit Urteil vom 18.06.1986 (II R 222/83 – BStBl. 1986 Teil II S. 787) entschieden, daß es sich bewertungsrechtlich nicht um ein Gebäude handelt.

   Entscheidend war hierbei, daß der Baustellencontainer zwar durch sein Eigengewicht auf den lose verlegten Schwellen fest aufliegt, aber nach seiner baulichen Gestaltung für eine Verwendung auf stets wechselnden Einsatzstellen vorgesehen ist, so daß ihm die dem Gebäudebegriff immanente Ortsfestigkeit (Beständigkeit) wegen der jederzeit bestehenden Möglichkeit des Transports fehlt.

5. Ergibt sich die zugedachte Ortsfestigkeit (Beständigkeit) nicht durch die Beschaffenheit des Containerbauwerkes, so kann es sich trotzdem um ein Gebäude handeln.

   Der BFH hat mit Urteil vom 23.09.1988 (III R 67/85 – BStBl. 1989 Teil II S. 113) die Gebäudeeigenschaft bei sechs großräumigen Containern, die teilweise als Büro und als Umkleide- bzw. Sanitärräume genutzt wurden und auf großformatigen Kanthölzern aufgestellt und mit Schrauben untereinander verbunden waren, bejaht, obwohl auch in diesem Streitfall die Kanthölzer nur lose auf dem Grund und Boden verlegt waren.

   Als entscheidend wurde hierbei angesehen, daß die strittigen Container nach der individuellen Zweckbestimmung für eine dauernde Nutzung aufgestellt waren und sich dadurch die zugedachte Ortsfestigkeit (Beständigkeit) im äußeren Erscheinungsbild ergab.

Zu § 68 BewG

Anlage 068.4

6. Bei der Abgrenzung des Grundvermögens von den Betriebsvorrichtungen ist bei Containerbauwerken, deren bauartbedingte Ortsfestigkeit zweifelhaft ist (siehe Tz. 5), zu prüfen, ob der betreffende Container zur Verwendung auf stets wechselnden Einsatzstellen vorgesehen ist (z.B. Baustellencontainer) oder für eine lediglich vorübergehende Nutzung aufgestellt ist (z.B. Bürocontainer als Notbehelf während der Bauarbeiten an einem Bürogebäude) oder ob der Container in das Betriebsgelände des Unternehmens integriert und nicht nur provisorisch bis zur Fertigstellung anderer massiver Gebäude aufgestellt ist (z.B. auf unabsehbare Zeit als Büro oder Verkaufsräume oder als Unterkunftsräume genutzte Container, die dementsprechend in das übrige Betriebsgelände integriert sind).
Im letztgenannten Fall erfüllt ein Container Gebäudefunktionen und ist somit im Einheitswert zu erfassen.

7. Weitere objektive Abgrenzungskriterien der Gebäudeeigenschaft eines Containers können sein:
   – die Art der Aufstellung des Containers,
   – die Verbindung mit anderen Gebäuden oder Containern zu baulichen Einheiten,
   – die technische Art der Ausführung der Versorgungsleitungen,
   – die landschaftliche Gestaltung des Grundstücks in der Umgebung des Containers,
   – die evtl. erforderliche baurechtliche Genehmigung.

8. Zur Abgrenzung der Gebäudeeigenschaft eines Containers hat der BFH weiterhin ausgeführt, daß auch bei einer tatsächlichen Veränderung des Aufstellplatzes des Containers (z.B. Kündigung des Pachtgrundstücks) ein Gebäude vorliegt, wenn der Container über einen längeren Zeitraum am selben Ort stand und damit ungeachtet der Zweckbestimmung von einer auf Dauer angelegten Nutzung auszugehen ist. Als längerer Zeitraum ist hierbei von sechs Jahren auszugehen.

i) Abgrenzung des Grundvermögens bzw. der Betriebsgrundstücke von den Betriebsvorrichtungen – Bauwerke in Containerbauweise

Erlaß FinMin Thüringen vom 1. November 1993
– S 3190 – A – 1 – 203/lnvZ 1010A – 5 /93 – 204)

Bei der Abgrenzung des Grundvermögens bzw. der Betriebsgrundstrücke von den Betriebsvorrichtungen bei der Beurteilung von in Containerbauweise errichteten Bauwerken (hier insbesondere: Bank-Container) ist Rdn. 2.5 des gleichlautenden Ländererlasses vom 31.3.1992 anzuwenden. Danach sind Bauwerke in Containerbauweise stets als Gebäude anzusehen, wenn sie auf einem Fundament gegründet sind. Eine feste Verbindung mit dem Grund und Boden ist auch dann anzunehmen, wenn bei Bauwerken im Feststellungszeitpunkt entweder eine auf Dauer angelegte Nutzung (mindestens sechs Jahre) gegeben ist oder aufgrund der Zweckbestimmung eine dauernde Nutzung zu erwarten ist (BFH-Urteil vom 23.9.1988, BStBl. II l989 S. 113).

Anlage 068.4 Zu § 68 BewG

j) Abgrenzung des Grundvermögens von den Betriebsvorrichtungen – Bewertung von Transformatorenhäusern
Vfg. OFD Magdeburg vom 7. April 1997
S 3219 b – 4 – St 332

Nach den in der höchstrichterlichen Rechtsprechung aufgestellten Grundsätzen ist ein Bauwerk als Gebäude anzusehen, wenn es Menschen oder Sachen durch räumliche Umschließung Schutz gegen Witterungseinflüsse gewährt, den Aufenthalt von Menschen gestattet, fest mit dem Grund und Boden verbunden, von einiger Beständigkeit und ausreichend standfest ist (BFH-Urteil vom 13.06.1969, BStBl. II S. 517).

Nach Tz. 2.4 des Erlasses vom 31. März 1992 sind Transformatorenhäuschen, kleine Rohrnetzstationen, Pumpenhäuschen oder ähnliche kleine Bauwerke, die Betriebsvorrichtungen enthalten und nicht mehr als 30 m² Grundfläche haben, als Betriebsvorrichtungen anzusehen, da diese allenfalls einen nur vorübergehenden Aufenthalt von Menschen gestatten.

Transformatorenhäuser mit mehr als 30 m² Grundfläche sind im Einzelfall zu prüfen, ob diese als Gebäude oder als Betriebsvorrichtungen anzusehen sind.

Bei einem üblicherweise als Transformatorenhaus bezeichneten Bauwerk kann es sich auch um Umspann- und Schaltanlagen handeln, in denen der „Trafo" nur eine untergeordnete Rolle spielt, bzw. um reine Schaltanlagen.

Bauwerke, in denen sich außer den Räumen für die Umspann- und Schaltanlagen auch Nebenräume, wie z. B. Lager, Werkstatt, Aufenthaltsräume etc. befinden, sind in der Regel als Gebäude zu behandeln.

In Bauwerken, in denen sich nur Räume für die Umspann- und Schaltanlagen befinden, ist aus Gründen der Sicherheit ein Aufenthalt von Menschen nur beschränkt zulässig. Die in diesen Bauwerken befindlichen Gänge dienen der Wartung der Schaltgeräte.

Die Breite der Gänge, im allgemeinen bis zu 2,50 m, ist abhängig von der Größe (Tiefe) der Schaltgeräte. Diese Räume sind für einen nicht nur vorübergehenden Aufenthalt von Menschen nicht geeignet.

Es bestehen keine Bedenken, diese Bauwerke, soweit sie hinsichtlich der Gestaltung den nachfolgenden schematischen Darstellungen entsprechen, als Betriebsvorrichtungen zu behandeln.

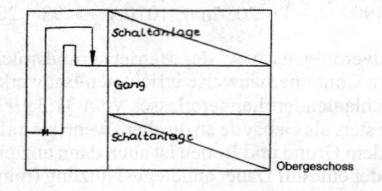

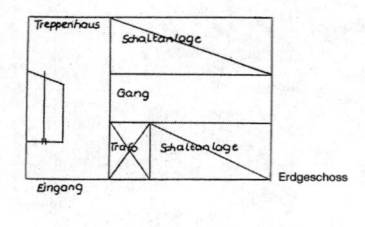

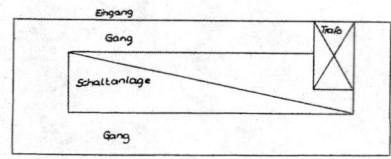

Zu § 68 BewG

Anlage 068.4

k) Bewertungsrechtliche Behandlung von Ganzstahlkonstruktionen zur Präsentation von Pkw (§ 68 BewG)
Erlaß FinMin Baden-Württemberg vom 4. Mai 1999
– 3 – S 3190/15 –

Nach Auffassung der für Fragen der Einheitsbewertung des Grundbesitzes zuständigen Vertreter der obersten Finanzbehörden der Länder sind mehrgeschossige, selbsttragende Ganzstahlkonstruktionen zur Präsentation und Aufbewahrung von Personenkraftwagen nicht als Betriebsvorrichtungen anzusehen, sondern insbesondere deshalb als Gebäude zu bewerten, weil in ihnen ein nicht nur vorübergehender Aufenthalt von Menschen möglich ist.

l) Abgrenzung „Gebäude/Betriebsvorrichtungen" bei Windkraftanlagen für Zwecke der Einheitsbewertung
Erlaß FinMin. Schleswig-Holstein vom 8. Juni 2004
– VI 353-S 3190-102 –

Es ist gefragt worden, ob der Turm einer Windkraftanlage als Betriebsvorrichtung oder als Gebäude zu behandeln ist. Die Türme weisen eine Höhe von etwa 60 m und eine Grundfläche von rund 8 qm sowie Turmabschlüsse von ca. 3 qm auf. Der umbaute Raum beträgt ca. 330 cbm. Die Türme haben als Zutrittsmöglichkeit eine Tür.

Im Inneren der Türme befindet sich neben einer Leiter lediglich ein Schaltschrank, an dem bei Störungen Betriebsabläufe gesteuert und ansonsten in unregelmäßigen Zeitabständen Kontrollen durchgeführt werden. Bei einer Gesamtfläche von etwa 8 qm nehmen die Schaltschränke eine Größe von etwa 1/5 dieser Fläche ein. Eine innen angebrachte Leiter ermöglicht einen witterungsunabhängigen Aufstieg. In der Höhe von 20 m befindet sich jeweils eine erste Plattform, die mit der Leiter durch einen lukengroßen Einstieg erreicht werden kann. Die Plattform war ursprünglich für Montagezwecke erforderlich, dient nunmehr aber in erster Linie als Ruhepodest beim Auf- und Absteigen. Die Belüftung erfolgt durch Lüftungsschlitze in der Eingangstür (Zwangsbelüftung), elektrische Lampen sorgen für ausreichende Lichtverhältnisse.

Die Türme werden ausschließlich für betriebliche Zwecke und Wartungsarbeiten betreten.

Hierzu ist folgende Auffassung zu vertreten: Bei den Türmen von Windkraftanlagen handelt es sich nicht um ein Gebäude, sondern um eine Betriebsvorrichtung, weil sie nur den vorübergehenden Aufenthalt von Menschen zulassen. Der Grund und Boden von Windkraftanlagen ist als Grundvermögen zu bewerten.

Zu der Frage, in welchem Umfang der Grund und Boden von Windkraftanlagen dem Grundvermögen zuzurechnen ist, wird gebeten, die Auffassung zu vertreten, dass in Pachtfällen die vom Betreiber der Windkraftanlage gepachtete Fläche maßgebend ist.

teilweise Änderung durch Erlass FinMin. Schleswig Holstein vom 7. März 2013
– VI 353-S 3131-1001 –

Nach dem Bezugserlass vom 8. Juni 2004 (– VI 353-S 3190-102 –) ist der Feststellung des Einheitswerts für die wirtschaftliche Einheit des mit Windkraftanlagen bebauten Grundstücks die Grundstücksfläche zugrunde zu legen, die von dem Grundstückseigentümer an den Betreiber der Windkraftanlagen verpachtet worden ist.

Die für Fragen der Einheitsbewertung zuständigen Referatsleiter der obersten Finanzbehörden der Länder haben auf der Sitzung IV/12 zu TOP I/2 beschlossen, dass auf Grund der Entscheidung des BFH vom 25.1.2012 – II R 25/10 – (BStBl. 2012 II 403) über die Abgrenzung des land- und forstwirtschaftlichen Vermögens zum Grundvermögen mangels genereller pauschaler Abgrenzungsmerkmale im Einzelfall anhand des konkreten Sachverhalts zu entscheiden ist. An der bisherigen Beschlusslage, wonach in Verpachtungsfällen stets die an den Betreiber der Windkraftanlage verpachteten Flächen insgesamt dem Grundvermögen zuzurechnen sind, wird damit nicht mehr festgehalten.

In diesem Urteil gelangt der BFH zu dem Ergebnis, dass mehrere mit Windkraftanlagen bebaute Grundstücksflächen regelmäßig keine wirtschaftliche Einheit im Sinne des § 2 Abs. 1 BewG bilden, wenn sie durch Grundstücke, die zum land- und forstwirtschaftlichen Vermögen gehören, voneinander getrennt sind.

Anlage 068.4 Zu § 68 BewG

m) Steuerrechtlicher Gebäudebegriff – Tiefkühllagerhalle
Vfg. OFD Koblenz vom 30. April 2009
S 3190 A-St 35 5

Nach den in der höchstrichterlichen Rechtsprechung aufgestellten Grundsätzen ist ein Bauwerk als Gebäude anzusehen, wenn es Menschen oder Sachen durch räumliche Umschließung Schutz gegen Witterungseinflüsse gewährt, den Aufenthalt von Menschen gestattet, fest mit dem Grund und Boden verbunden, von einiger Beständigkeit und ausreichend standfest ist.

Bei Tiefkühllagerhallen handelt es sich um Bauwerke, in denen insgesamt oder in räumlich abgegrenzten Teilbereichen eine besonders niedrige Temperatur (< –23°) herrscht. Wegen des Vorliegens der o.a. Gebäudemerkmale ist deshalb insbesondere über die Frage zu entscheiden, ob während des laufenden Betriebs der nicht nur vorübergehende Aufenthalt von Menschen möglich ist.

In den Tiefkühllagerhallen ist während des Betriebs der mehr als nur vorübergehende Aufenthalt von Menschen möglich. Denn unter einem nicht nur vorübergehenden Aufenthalt von Menschen ist kein Aufenthalt über einen ganzen Arbeitstag hin zu verstehen (BFH vom 15. Juni 2005, BStBl. II S. 688). Der Gebäudeeigenschaft steht auch nicht entgegen, wenn sich Menschen nur in entsprechender besonderer Kleidung darin aufhalten können, um sich gegen gesundheitliche Schäden zu schützen

Regelmäßig findet in Tiefkühllagerhallen ein Lagerbetrieb wie auch bei anderen Stückgutlagerhallen statt, während dem das Lagergut nach Bedarf ein- oder ausgelagert wird. Dazu halten sich die damit beschäftigten Arbeitnehmer auch in dem tiefgekühlten Bauwerksbereich mehr als nur vorübergehend auf. Gegen die Kälte schützen sie sich dabei mit warmer Bekleidung (warme Jacken, russische Mützen, die über die Ohren gehen).

Tiefkühllagerhallen erfüllen damit regelmäßig den steuerrechtlichen Gebäudebegriff. Entsprechendes gilt auch für hinreichend große Tiefkühlbereiche in anderen Bauwerken, wenn ein normaler Zugang möglich ist.

Isolierungen, die keine „Doppelfunktion" (§ 68 Abs. 2 Satz 2 BewG) haben, gehören nicht zum Gebäude.

Zu § 69 BewG **Anlage 069.1**

Richtlinien zur Bewertung des land- und forstwirtschaftlichen Vermögens
Vom 17. November 1967 (BStBl. I S. 397) und vom 17. Januar 1968 (BStBl. I S. 223)
– Auszug –

1.02 Abgrenzung des land- und forstwirtschaftlichen Vermögens vom Grundvermögen (§§ 33, 68, 69 BewG)

(1) Zu den Wirtschaftsgütern, die zwischen dem land- und forstwirtschaftlichen Vermögen und dem Grundvermögen sind, gehören
1. der Grund und Boden (Absätze 2 und 3),
2. die Wohn- und Wirtschaftsgebäude (Absätze 4 bis 11).

Über die Abgrenzung wird bei der Einheitsbewertung des land- und forstwirtschaftlichen Vermögens entschieden.

(2) Der Grund und Boden gehört vorbehaltlllich § 69 BewG zum land- und forstwirtschaftlichen Vermögen, wenn er
1. der landwirtschaftlichen,
2. der forstwirtschaftlichen,
3. der weinbaulichen,
4. der gärtnerischen oder
5. der sonstigen land- und forstwirtschaftlichen Nutzung zu dienen bestimmt oder
6. Abbauland (§ 43 BewG) oder
7. Geringstland (§ 44 BewG) ist;

Grund und Boden, der
8. einem Nebenberieb der Land- und Forstwirtschaft (§ 42 BewG) zu dienen bestimmt ist sowie
9. Unland (§ 45 BewG)

gehören ebenfalls zum land- und forstwirtschaftlichen Vermögen.

(3) Unter den in § 69 BewG bestimmten Voraussetzungen gehören die in Absatz 2 bezeichneten land- und forstwirtschaftlich genutzten Flächen nicht zum land- und forstwirtschaftlichen Vermögen. Wegen der Einzelheiten der Abgrenzung wird auf die Richtlinien für die Bewertung des Grundvermögens (BewR Gr) Teil A Abschnitt 2 vom 19. September 1966 (Beilage zum Bundesanzeiger Nr. 183 vom 29. September 1966) verwiesen.

(4) Gebäude oder Gebäudeteile des Betriebs, die Arbeitskräften, wie Gutsbeamten, Förstern, Gartenmeistern, Kellermeistern, Landarbeitern, Waldarbeitern oder sonstigen Arbeitskräften und deren Familienangehörigen zu Wohnzwecken zur Verfügung gestellt sind, gehören zum land- und forstwirtschaftlichen Vermögen. Dabei ist es nicht erforderlich, daß der Wohnungsinhaber oder seine Familienangehörigen ganz in dem Betrieb tätig sind. Es genügt, daß eine Arbeitskraft wenigstens 100 Tage im Jahr mitzuarbeiten verpflichtet ist.

(5) Gebäude oder Gebäudeteile, die dem Inhaber eines Betriebs der Land- und Forstwirtschaft und den zu seinem Haushalt gehörenden Familienangehörigen zu Wohnzwecken dienen, gehören zum land- und forstwirtschaftlichen Vermögen, wenn der Betriebsinhaber oder mindestens einer der zu seinem Haushalt gehörenden Familienangehörigen durch seine mehr als nur gelegentliche Tätigkeit in dem Betrieb an den Betrieb gebunden ist. In Betrieben von mittlerer Größe ist diese Bindung an den Betrieb in der Regel gegeben. Weitere Voraussetzung ist, daß das Wohngebäude nach der Verkehrsauffassung zum Betrieb der Land- und Forstwirtschaft gehört. Gebäude oder Gebäudeteile, die Altenteilern zu Wohnzwecken dienen, gehören zum land- und forstwirtschaftlichen Vermögen, wenn ein Altenteilsvertrag vorliegt und die Altenteilerwohnung nach den Anschauungen des Verkehrs zur wirtschaftlichen Einheit eines Betriebs der Land- und Forstwirtschaft zu rechnen ist. Aus Gründen der Verwaltungsvereinfachung werden auch die dem Hauspersonal zu Wohnzwecken dienenden Räume zum land- und forstwirtschaftlichen Vermögen gerechnet.

(6) Die Wohnung des Inhabers eines größeren Betriebs der Land- und Forstwirtschaft ist dem Betrieb dauernd zu dienen bestimmt, wenn er oder mindestens einer der zu seinem Haushalt gehörenden Familienangehörigen den Betrieb selbständig leitet und die Lage der Wohnung die hierfür erforderliche Anwesenheit im Betrieb ermöglicht. Wird er darin von andren Personen, z. B. einem Gutsinspektor oder einem Rechnungsführer unterstützt, so ändert dies an der Zurechnung der Wohnung zum land- und forstwirtschaftlichen Vermögen nichts. Die Wohnung des Inhabers eines größeren Betrieb, der den Betrieb durch eine andere Person selbständig verwalten läßt, gehört dagegen nicht zum land- und forst-

Anlage 069.1

Zu § 69 BewG

wirtschaftlichen Vermögen. Herrenhäuser und Schlösser gehören insoweit zum Vermögen, als sie bei Vorliegen der oben bezeichneten Voraussetzungen dem Inhaber des Betriebs, seinen Familienangehörigen, den Altenteilern und Arbeitskräften des Betriebs zu Wohnzwecken dienen.

(7) Die Wohnung des Inhabers eines Kleinbetriebs ist dem Betrieb dauernd zu dienen bestimmt, wenn er oder einer der zu seinem Haushalt gehörenden Familienangehörigen durch eine mehr als nur gelegentliche Tätigkeit an den Betrieb gebunden ist. Das ist bei Kleinbetrieben mit ausschließlich landwirtschaftlicher Nutzung immer dann der Fall, wenn mindestens eine Vieheinheit oder bei Geflügel zwei Vieheinheiten (Anlage 1 zum BewG) gehalten werden oder wenn eine eigene Zugkraft vorhanden ist, die überwiegend dem Betrieb der Land- und Forstwirtschaft des Betriebsinhabers dient.

(8) Eine Hofstelle, von der aus nur Pachtländereien bewirtschaftet werden, dient dann einem land- und forstwirtschaftlichen Hauptzweck, wenn ihre Hauptbestimmung ist, dauernd der Bewirtschaftung der Pachtgrundstücke – und nicht überwiegend einem Wohnzweck oder einem gewerblichen Zweck – zu dienen. Das ist regelmäßig dann der Fall, wenn die Hofstelle land- und forstwirtschaftlichen eingerichtet, d. h. mit Wirtschaftsgebäuden oder wenigstens mit Wirtschaftsräumlichkeiten zur Unterbringung des lebenden und toten Inventars und der Wirtschaftsvorräte und dergleichen versehen ist (RFH-Urteil vom 12. März 1931 – RStBl. S. 627).

(9) Bei Gebäuden oder Gebäudeteilen, die Wohnzwecken dienen und nach den Absätzen 4 bis 8 nicht dem land- und forstwirtschaftlichen Vermögen zuzurechnen sind, gehören auch die zugehörigen Hausgärten und Parkanlagen nicht zum land- und forstwirtschaftlichen Vermögen.

(10) Wohnungen und Wohnräume, die länger als sechs Wochen im Jahr an Betriebsfremde vermietet werden, gehören nicht zum land- und forstwirtschaftlichen Vermögen. Werden solche Wohnungen oder Wohnräume jedoch an Sommer- oder Wintergäste vermietet und wird die Vermietung nur dadurch ermöglicht, daß der Betriebsinhaber seinen Wohnbedarf vorübergehend einschränkt, gehören sie zum land- und forstwirtschaftlichen Vermögen.

(11) Als Wirtschaftsgebäude eines Betriebs der Land- und Forstwirtschaft, die diesem dauernd zu dienen bestimmt sind, kommen insbesondere in Betracht Ställe, Scheunen, Schuppen, Hopfendarren, Kesselhäuser, Arbeitsräume, Kelleranlagen. Hierzu gehören auch die Büros, in denen die mit der Betriebsorganisation und Betriebsführung zusammenhängenden Arbeiten vorgenommen werden.

Zu § 69 BewG, zu Abschn. 2 BewRGr Anlage 069.2

Bundeskleingartengesetz (BKleinG)
Vom 28. Februar 1983
(BGBl. I S. 210)
zuletzt geändert durch
Artikel 11 des Gesetzes
vom 19. September 2006
(BGBl. I S. 2146)

– Auszug –

§ 1 Begriffsbestimmungen

(1) Ein Kleingarten ist ein Garten, der
1. dem Nutzer (Kleingärtner) zur nichterwerbsmäßigen gärtnerischen Nutzung, insbesondere zur Gewinnung von Gartenbauerzeugnissen für den Eigenbedarf, und zur Erholung dient (kleingärtnerische Nutzung) und
2. in einer Anlage liegt, in der mehrere Einzelgärten mit gemeinschaftlichen Einrichtungen, zum Beispiel Wegen, Spielflächen und Vereinshäusern, zusammengefaßt sind (Kleingartenanlage).

(2) Kein Kleingarten ist
1. ein Garten, der zwar die Voraussetzungen des Absatzes 1 erfüllt, aber vom Eigentümer oder einem seiner Haushaltsangehörigen im Sinne des § 18 des Wohnraumförderungsgesetzes genutzt wird (Eigentümergarten);
2. ein Garten, der einem zur Nutzung einer Wohnung Berechtigten im Zusammenhang mit der Wohnung überlassen ist (Wohnungsgarten);
3. ein Garten, der einem Arbeitnehmer im Zusammenhang mit dem Arbeitsvertrag überlassen ist (Arbeitnehmergarten);
4. ein Grundstück, auf dem vertraglich nur bestimmte Gartenbauerzeugnisse angebaut werden dürfen;
5. ein Grundstück, das vertraglich nur mit einjährigen Pflanzen bestellt werden darf (Grabeland).

(3) Ein Dauerkleingarten ist ein Kleingarten auf einer Fläche, die im Bebauungsplan für Dauerkleingärten festgesetzt ist.

§ 2 Kleingärtnerische Gemeinnützigkeit

Eine Kleingärtnerorganisation wird von der zuständigen Landesbehörde als gemeinnützig anerkannt, wenn sie im Vereinsregister eingetragen ist, sich der regelmäßigen Prüfung der Geschäftsführung unterwirft und wenn die Satzung bestimmt, daß
1. die Organisation ausschließlich oder überwiegend die Förderung des Kleingartenwesens sowie die fachliche Betreuung ihrer Mitglieder bezweckt,
2. erzielte Einnahmen kleingärtnerischen Zwecken zugeführt werden und
3. bei der Auflösung der Organisation deren Vermögen für kleingärtnerische Zwecke verwendet wird.

§ 3 Größe des Kleingartens und Gartenlaube

(1) Ein Kleingarten soll nicht größer als 400 Quadratmeter sein. Die Belange des Umweltschutzes, des Naturschutzes und der Landschaftspflege sollen bei der Nutzung und Bewirtschaftung des Kleingartens berücksichtigt werden.

(2) Im Kleingarten ist eine Laube in einfacher Ausführung mit höchstens 24 Quadratmetern Grundfläche einschließlich überdachtem Freisitz zulässig; die §§ 29 bis 36 des Baugesetzbuchs bleiben unberührt. Sie darf nach ihrer Beschaffenheit, insbesonde nach ihrer Ausstattung und Einrichtung, nicht zum dauernden Wohnen geeignet sein.

(3) Die Absätze 1 und 2 gelten entsprechend für Eigentümergärten.

§ 20a Überleitungsregelungen aus Anlaß der Herstellung der Einheit Deutschlands

In dem in Artikel 3 des Einigungsvertrages genannten Gebiet ist dieses Gesetz mit folgenden Maßgaben anzuwenden:
1. Kleingartennutzungsverhältnisse, die vor dem Wirksamwerden des Beitritts begründet worden und nicht beendet sind, richten sich von diesem Zeitpunkt an nach diesem Gesetz.
2. Vor dem Wirksamwerden des Beitritts geschlossene Nutzungsverträge über Kleingärten sind wie Kleingartenpachtverträge über Dauerkleingärten zu behandeln, wenn die Gemeinde bei Wirksam-

Anlage 069.2

Zu § 69 BewG, zu Abschn. 2 BewRGr

werden des Beitritts Eigentümerin der Grundstücke ist oder nach diesem Zeitpunkt das Eigentum an diesen Grundstücken erwirbt.

3. Bei Nutzungsverträgen über Kleingärten, die nicht im Eigentum der Gemeinde stehen, verbleibt es bei der vereinbarten Nutzungsdauer. Sind die Kleingärten im Bebauungsplan als Flächen für Dauerkleingärten festgesetzt worden, gilt der Vertrag als auf unbestimmte Zeit verlängert. Hat die Gemeinde vor Ablauf der vereinbarten Nutzungsdauer beschlossen, einen Bebauungsplan aufzustellen mit dem Ziel, die Fläche für Dauerkleingärten festzusetzen, und den Beschluß nach § 2 Abs. 1 Satz 2 des Baugesetzbuches bekannt gemacht, verlängert sich der Vertrag vom Zeitpunkt der Bekanntmachung an um sechs Jahre. Vom Zeitpunkt der Rechtsverbindlichkeit des Bebauungsplans an sind die Vorschriften über Dauerkleingärten anzuwenden. Unter den in § 8 Abs. 4 Satz 1 des Baugesetzbuches genannten Voraussetzungen kann ein vorzeitiger Bebauungsplan aufgestellt werden.

4. Die vor dem Wirksamwerden des Beitritts Kleingärtnerorganisationen verliehene Befugnis, Grundstücke zum Zwecke der Vergabe an Kleingärtner anzupachten, kann unter den für die Aberkennung der kleingärtnerischen Gemeinnützigkeit geltenden Voraussetzungen entzogen werden. Das Verfahren der Anerkennung und des Entzugs der kleingärtnerischen Gemeinnützigkeit regeln die Länder.

5. Anerkennungen der kleingärtnerischen Gemeinnützigkeit, die vor dem Wirksamwerden des Beitritts ausgesprochen worden sind, bleiben unberührt.

6. Die bei Inkrafttreten des Gesetzes zur Änderung des Bundeskleingartengesetzes zu leistende Pacht kann bis zur Höhe der nach § 5 Abs. 1 zulässigen Höchstpacht in folgenden Schritten erhöht werden:

   1. ab Mai 1994 auf das Doppelte,
   2. ab 1. Januar 1996 auf das Dreifache,
   3. ab 1. Januar 1998 auf das Vierfache

   der ortsüblichen Pacht im erwerbsmäßigen Obst- und Gemüseanbau. Liegt eine ortsübliche Pacht im erwerbsmäßigen Obst- und Gemüseanbau nicht vor, ist die entsprechende Pacht in einer vergleichbaren Gemeinde als Bemessungsgrundlage zugrunde zu legen. Bis zum 1. Januar 1988 geltend gemachte Erstattungsbeträge gemäß § 5 Abs. 5 Satz 3 können vom Pächter in Teilleistungen, höchstens in acht Jahresleistungen, entrichtet werden.

7. Vor dem Wirksamwerden des Beitritts rechtmäßig errichtete Gartenlauben, die die in § 3 Abs. 2 vorgesehene Größe überschreiten, oder andere der kleingärtnerischen Nutzung dienende bauliche Anlagen können unverändert genutzt werden. Die Kleintierhaltung in Kleingartenanlagen bleibt unberührt, soweit sie die Kleingärtnergemeinschaft nicht wesentlich stört und der kleingärtnerischen Nutzung nicht widerspricht.

8. Eine vor dem Wirksamwerden des Beitritts bestehende Befugnis des Kleingärtners, seine Laube dauernd zu Wohnzwecken zu nutzen, bleibt unberührt, soweit andere Vorschriften der Wohnnutzung nicht entgegenstehen. Für die dauernde Nutzung der Laube kann der Verpächter zusätzlich ein angemessenes Entgelt verlangen.

Zu § 69 BewG   **Anlage 069.3**

Bewertung von Kleingartenland und von Kleingartenlauben in Kleingartenanlagen
a) Erlaß FinMin Sachsen-Anhalt vom 4. Oktober 1991
– 45 – S 3191 –

1. Allgemeines
Ab dem 1. 1. 1991 ist das Bundeskleingartengesetz (BKleinG) mit den Maßgaben des § 20 a (überleitungsregelungen aus Anlaß der Herstellung der Einheit Deutschlands) anzuwenden.

§ 1 des BKleinG definiert den Begriff des Kleingartens wie folgt: „Ein Kleingarten ist ein Garten, der dem Nutzer (Kleingärtner) zur nichterwerbsmäßigen gärtnerischen Nutzung, insbesondere zur Gewinnung von Gartenbauerzeugnissen für den Eigenbedarf und zur Erholung dient sowie in einer Anlage liegt".

Ein weiteres Wesensmerkmal des Kleingartens ist die Nutzung fremden Landes, d. h. Kleingärten i. S. d. BKleinG können nur Pachtgärten sein. Ein Kleingarten soll 400 qm Grundstücksfläche nicht überschreiten und darf mit einer Laube bis zu 24 qm bebaute Fläche (einschließlich überdachtem Freisitz) bebaut werden. Diese Laube darf weder von der Ausstattung noch von der Einrichtung her zum dauernden Wohnen geeignet sein (§ 3 Abs. 2 BKleinG).

2. Kleingartenland als land- und forstwirtschaftliches Vermögen
Kleingärten i. S. d. BKleinG, die vorwiegend gärtnerisch genutzt werden, sind dem land- und forstwirtschaftlichen Vermögen zuzurechnen.

Für die vorab beschriebenen Kleingärten ist deshalb zum Bewertungsstichtag 1. 1. 1991 ein Ersatzwirtschaftswert zu ermitteln (s. auch Teil 6 Tz. 6.02 und Tz. 6.07 des gleichlautenden Ländererlasses vom 11. 12. 1990 (BStBl. I 1990, 833)).

3. Kleingartenland als Grundvermögen
1. Kleingärten sind jedoch dem Grundvermögen zuzurechnen, wenn nach ihrer Lage und den sonstigen Verhältnissen, insbesondere mit Rücksicht auf die bestehenden Verwertungsmöglichkeiten, anzunehmen ist, daß sie in absehbarer Zeit anderen als land- und forstwirtschaftlichen Zwecken dienen werden, z. B. wenn sie hiernach als Bauland, Industrieland oder als Land für Verkehrszwecke anzusehen sind (§ 51 Abs. 2 BewG-DDR).
2. Kleingartenflächen, die mit Gebäuden mit einer bebauten Fläche von mehr als 24 qm (einschl. überdachtem Freisitz) bebaut sind, sind ebenfalls dem Grundvermögen zuzurechnen. Diese Gebäude bilden gem. § 50 Abs. 3 BewG-DDR selbständige wirtschaftliche Einheiten „Gebäude auf fremdem Grund und Boden" des Grundvermögens und sind der Grundstückshauptgruppe „Sonstige bebaute Grundstücke" zuzuordnen.

2.1 In Anlehnung an die Richtlinie zur Vereinfachung des Bewertungsverfahrens und zur Ermittlung der Einheitswerte des Grundvermögens vom 3. 10. 1975 – DDR sind in einfachster Bauausführung errichtete Gebäude (Bungalows) in Kleingartenanlagen im Sachwertverfahren mit einem Raummeterpreis von 17,00 DM/cbm umbauten Raum zu bewerten.

2.2 In diesem Fall ist auch der Grund und Boden der gesamten Kleingartenanlage als eine wirtschaftliche Einheit des Eigentümers (ansonsten Zahl der Eigentümer = Zahl der wirtschaftlichen Einheiten) Grund und Boden mit aufstehenden fremden Gebäuden wie ein unbebautes Grundstück zu bewerten. Bei der Ermittlung des Bodenwertes ist von dem Wert auszugehen, der für die Fläche festzustellen gewesen wäre. Von diesem Wert ist unter Berücksichtigung der Beschränkungen, denen das Kleingartenland unterliegt, ein Abschlag in Höhe von 20 v. H. des „Ausgangswertes" vorzunehmen. Diese Regelung wurde vom Reichsfinanzhof (Urteil vom 23. 2. 1939, RStBl. II 1939, 574) gebilligt.

4. Bagatellgrenze bei Gebäuden auf fremdem Grund und Boden
Bauwerke auf fremden Grund und Boden in Kleingartenanlagen sind allgemein nicht als Gebäude zu bewerten, wenn der Einheitswert für das sonstige bebaute Grundstück nicht mehr als 400,00 DM betragen würde.

Gebäude auf fremdem Grund und Boden, für die der Einheitswert mehr als 400,00 DM beträgt, sind stets zu bewerten.

5. Hinweis
Dieser Erlaß gilt auch für die Bewertung von Grundstücksflächen und Lauben bzw. Gebäuden von Kleintierzüchtern in vergleichbaren Kleingartenanlagen.

Anlage 069.3 Zu § 69 BewG

b) Vfg. OFD Magdeburg vom 4. Juli 1995
– S 3191 – 1 – St 336 V –

1. Kleingartenlauben, die vor dem 1. 1. 1991 errichtet wurden

Die Bewertung dieser Kleingartenlauben als Grundvermögen unterbleibt regelmäßig, wenn die auf volle Quadratmeter abgerundete bebaute Fläche einschließlich des überdachten Freisitzes nicht mehr als 25 qm beträgt.

Bei Überschreitung dieser Fläche ist nach Tz. III 2.1 des Erlasses zu verfahren. Gehörten zu diesen Kleingärten Nebengebäude oder Bedachungen, so sind die Werte für Garagen, Schuppen und überdachungen gemäß Tz. 4.2.2.3 der gleichlautenden Erlasse zur Bewertung von Gewerbegrundstücken anzuwenden.

Enthalten in einer Kleingartenanlage belegene Gebäude eine Wohnung (Definition des Wohnungsbegriffs siehe Einfamilienhauserlaß und sind diese während des ganzen Jahres bewohnbar, so sind sie der Grundstückshauptgruppe Einfamilienhaus zuzurechnen und entsprechend zu bewerten. § 42 GrStG zu beachten. Der Umstand, daß diese in einem im Bebauungsplan ausgewiesenen Sondergebiet (Wochenendgebiet) liegen und somit baurechtlich nicht ständig bewohnt werden dürfen, steht der Beurteilung als Einfamilienhaus nicht entgegen.

Erwirbt der Eigentümer einer Kleingartenlaube den dazugehörigen Grund und Boden, so ist die gesamte wirtschaftliche Einheit (Grund und Boden und Gebäude) zu dem auf den Erwerb folgenden Feststellungszeitpunkt als wirtschaftliche Einheit des Grundvermögens zu erfassen. Hierbei ist es unbeachtlich, ob die bebaute Fläche des Gebäudes 25 qm übersteigt.

2. Kleingartenlauben, die nach dem 1. 1. 1991 errichtet wurden

Für diese Lauben gilt das BKleinG. Danach wird eine Genehmigung für die Errichtung einer Kleingartenlaube mit einer bebauten Fläche von mehr als 24 qm regelmäßig nicht erteilt.

3. Versand von Erklärungen

Erklärungen für Gartenlauben im Grundvermögen sind angesichts der geringen steuerlichen Bedeutung nicht zu versenden.

Nur nach Aufforderung, z. B. durch die Stadt oder Gemeinde, oder wenn der ALS im Rahmen der Ermittlung des Ersatzwirtschaftswertes Kenntnisse über größere Objekte in einer Kleingartenanlage erhält, sind Erklärungen für sonstige bebaute Grundstücke oder Einfamilienhäuser zu versenden. Auf größere Ermittlungen ist zu verzichten, wenn möglich, ist nach Aktenlage zu entscheiden.

c) Grundstücke für Freizeit- und Erholungszwecke und Kleingärten
Einheitsbewertung; Abgrenzung zwischen Grundvermögen und land- und forstwirtschaftlichem Vermögen

Vfg. OFD Frankfurt am Main vom 23. Oktober 2017
(S 3191 A – 006 – St 116)

1. Allgemeines

Neben den planungsrechtlich ausgewiesenen Wochenendgrundstücken werden auch Flächen in sogenannten Naherholungsgebieten am Rande eines Gemeindegebietes zu Freizeit- und Erholungszwecken genutzt. Die im Allgemeinen gärtnerisch genutzten Flächen sind häufig parzellenmäßig abgegrenzt. Zur Steigerung des Erholungswertes können sie mit Bauwerken unterschiedlicher Art und Ausstattung versehen sein.

Die zutreffende Abgrenzung der Vermögensart – weiterhin land- und forstwirtschaftliches Vermögen oder Grundvermögen – ergibt sich aus den §§ 33 und 68 BewG. Während § 33 BewG positiv bestimmt, was als land- und forstwirtschaftliches Vermögen zu bewerten ist, grenzt § 68 BewG das Grundvermögen negativ vom land- und forstwirtschaftlichen Vermögen ab. § 69 BewG ist als Ausnahmevorschrift zu § 33 BewG zu prüfen. Zur Bewertung von Flächen, die als Kleingartenland oder als Dauerkleingartenland ausgewiesen sind, siehe Tz. 4.

2. Grundsätze für die vorzunehmende Abgrenzung

Bei Flächen, die tatsächlich landwirtschaftlich (gärtnerisch) genutzt werden, ist zu entscheiden, ob sie dauernd einem Betrieb der Land- und Forstwirtschaft zu dienen bestimmt sind. Unter Landwirtschaft wird die planmäßige Nutzung des Grund und Bodens zur Gewinnung pflanzlicher oder tierischer Er-

Zu § 69 BewG

Anlage 069.3

zeugnisse verstanden sowie deren unmittelbare Verwertung. Wesentlich hierbei ist die tatsächliche, nachhaltige Nutzung und deren Zweckbestimmung durch den Eigentümer oder Pächter.

Eine solch nachhaltige Nutzung von insbesondere in Naherholungsgebieten liegenden, gärtnerisch genutzten Grundstücken ist dann gegeben, wenn diese Grundstücke hinsichtlich Arbeitseinsatz, Investitionen zur Erhaltung oder Steigerung der Ertragsfähigkeit sowie erzielbarem Ertrag einem Vergleich mit einem durchschnittlichen Haupterwerbsbetrieb der gleichen Nutzungsart standhalten können. Zu beurteilen ist, wie ein hauptberuflicher Landwirt das jeweilige Grundstück bei Zugehörigkeit zu seinem Betrieb bewirtschaften würde. Weiteres entscheidendes Abgrenzungsmerkmal ist das Vorhandensein von der Freizeitgestaltung dienenden Einrichtungen (BFH-Urteile vom 05.12.1980, III R 56/77, BStBl. II 1981, 498 und vom 04.03.1987, II R 8/86, BStBl. II 1987, 370).

Sofern diese Grundstücke nach der tatsächlichen Nutzung und der objektiv erkennbaren Zweckbestimmung durch den Eigentümer oder durch den Pächter nicht mehr einem Betrieb der Land- und Forstwirtschaft dienen, sind sie als Grundvermögen zu bewerten. Bei der Bewertung dieser in erster Linie Erholungszwecken dienenden Grundstücke bitte ich, die wertmindernden Umstände, z. B. die Nichtbebaubarkeit, besonders zu berücksichtigen.

3. Grundstücke für Freizeit- und Erholungszwecke außerhalb von Kleingartenanlagen

3.1 Merkmale für die Zugehörigkeit zum Grundvermögen

Um eine möglichst einheitliche Abgrenzung des land- und forstwirtschaftlichen Vermögens vom Grundvermögen sicherzustellen, bitte ich, die nachstehenden Grundsätze und Merkmale zu beachten.

Für die Zuordnung zum Grundvermögen sprechen:

1. Einfriedigung ab etwa 1 m Höhe (mehr als nur Wildschutzzaun) mit Holz- bzw. Stahl- oder Betonpfosten und Sockel sowie Heckenpflanzungen
2. gepflegte Rasenflächen in Verbindung mit Koniferen, Ziersträuchern und Blumenrabatten
3. Wege- und Platzbefestigungen (z. B. für Wohnwagen) und Wegeinfassungen
4. Sitzplätze und Sitzplatzgruppen (z. B. Grillplatz)
5. Kinderspielplatz mit Sandkasten, Wippe, Schaukel usw.
6. das Vorhandensein von Gebäuden

Diese Merkmale müssen nicht alle zusammen vorliegen, jedoch sollten gleichzeitig mehrere Merkmale gegeben sein. Da keine für alle Fälle gültige Definition möglich ist, ist nach dem Gesamtcharakter zu entscheiden.

Eine besondere Beurteilung ist hinsichtlich der unter 6. angesprochenen Gebäude vorzunehmen. Die Gestaltungsmöglichkeiten und Zweckbestimmungen können in unterschiedlichsten Formen auftreten:

3.2 Gebäude

Bauwerke ohne Übernachtungsmöglichkeiten, die nur für den kurzfristigen Aufenthalt geeignet und ausgestaltet sind, enthalten oftmals nur einen Abstellraum oder Schutzraum (z. B. Geräteschuppen, Gartenlaube, Schutzhütte). Soweit sie in üblicher Größe bis etwa 20 qm ausgeführt sind, kommt einem derartigen Gebäude bei der Beurteilung des Gesamtcharakters des Grundstücks keine erhöhte Bedeutung zu.

Ist jedoch ein größeres Gebäude (meist bis ca. 60 qm) mit Übernachtungsmöglichkeit vorhanden, das auch für einen längeren Aufenthalt, z. B. am Wochenende, geeignet ist und neben einem Aufenthaltsraum zusätzlich mit Schlafkammer(n) oder -nische(n) und mit einer Kochgelegenheit ausgestattet ist, kommt einem derartigem Gebäude eine erhöhte Bedeutung bei der Beurteilung des Gesamtcharakters zu. Diese je nach Ausführung als Blockhaus, Wochenendhaus, Jagdhütte usw. bezeichneten Gebäude sprechen regelmäßig für eine Zuordnung zum Grundvermögen. Bei der Beurteilung wird auch die Größe eines Gebäudes im Verhältnis zur Grundstücksgröße eine gewisse Rolle spielen.

3.3 Grundstücksgröße

Auch die Grundstücksgröße hat Bedeutung bei der Frage, ob eine Trennung innerhalb eines Grundstücks in land- und forstwirtschaftliches Vermögen und in Grundvermögen in Betracht kommt. Eine Aufteilung sollte grundsätzlich nicht erfolgen, wenn Grundstücke bis zu einer Größe von 3000 qm einen oder mehrere Merkmale zu 1. bis 6. (siehe Tz. 3.1) aufweisen. In diesen Fällen wird regelmäßig der Freizeit- und Erholungswert den Grundstückscharakter überwiegend bestimmen. Eine Trennung in zwei wirtschaftliche Einheiten ist nur dann vorzunehmen, wenn eine eindeutige Aufgliederung der Nutzungen, auch nach ihrer Intensität, dies erfordert.

Anlage 069.3

Zu § 69 BewG

3.4 Beispiele

Die in der Anlage dargestellten Beispiele sollen einer möglichst einheitlichen Anwendung dienen und die vorgenannten Grundsätze verdeutlichen. Bei verschieden gehaltenen Gestaltungen der Grundstücke kann die Abgrenzung oftmals nicht eindeutig und problemlos erfolgen. In derartigen Zweifelsfällen bitte ich daher die Abgrenzung nach Rücksprache mit dem zuständigen ALS vorzunehmen.

4. Kleingärten

Für Flächen, die als Kleingartenland oder als Dauerkleingartenland genutzt werden, gelten die oben aufgeführten Merkmale und Grundsätze nicht. Kleingärten sind grundsätzlich als land- und forstwirtschaftliches Vermögen zu bewerten (vgl. zu den Einzelheiten Abschn. 2 Abs. 8 BewRGr). Diese Verwaltungsauffassung geht zurück auf ein Urteil des RFH vom 07.12.1939, III 147/39, RStBl I 1940, 9. Der BFH hat diese Rechtsprechung und die BewRGr mit Urteilen vom 19.01.1979, III R 42/77, BStBl. II 1979, 398 und 09.08.1989, II R 116/86, BStBl. II 1989, 870 bestätigt.

Davon abweichend hatte das FG Berlin-Brandenburg mit Urteil vom 24.05.2017, 3 K 3246/13, EFG 2017, 1241-1243, entschieden, dass Kleingärten immer als Grundvermögen zu bewerten seien. Die hiergegen ursprünglich eingelegte Revision wurde jedoch zurückgenommen. Daher ist zu dieser Frage kein Verfahren mehr bei dem BFH anhängig. Aus diesem Grund ist die bisherige – höchstrichterlich bestätigte – Verwaltungsauffassung nach Abschn. 2 Abs. 8 BewRGr weiterhin anzuwenden.

Anlage

1. Beispiele für Grundstücke bis zu ca. 3000 qm Größe

Die Grundstücke haben alle eine Umzäunung.

1.1 Land- und forstwirtschaftliches Vermögen

1.1.1 Gesamteindruck: überwiegend Obstbau, ges. Größe: 2500 qm, davon Obstanbau: 2050 qm

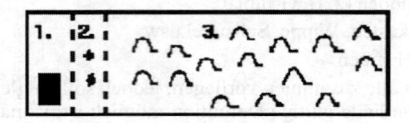

1. Gartenhütte
2. Ziersträucher u. Rasen
3. Obstbäume

1.1.2 Die intensive Nutzung ist aufgegeben; eine Änderung der Zweckbestimmung ist jedoch noch nicht erkennbar.

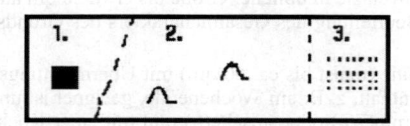

1. Gartenhütte
2. Grünland
3. Gemüse

1.1.3 Teilweise Änderung in Richtung Freizeit und Erholung. Das Grundstück hat jedoch vorherrschend den Charakter eines Nutzgartens. ges. Größe: 1600 qm, davon Nutzgarten: 600 qm

1. einzelne Zierpflanzen, Rasen (eingesäter Grabgarten), Gartenhütte
2. Gemüse

Zu § 69 BewG **Anlage 069.3**

1.2 Grundvermögen

1.2.1 Nach Gesamteindruck objektiv erkennbare Änderung der Zweckbestimmung, ges. Größe ca. 2500 qm

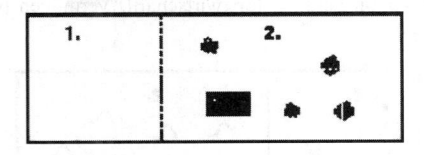

1. Zierrasen
2. Zierrasen, Ziersträucher, Koniferen, Blockhütte

1.2.2 Der Gesamteindruck und die tatsächliche Nutzung zeigen erkennbar die Zweckbestimmung zur Freizeiteinrichtung

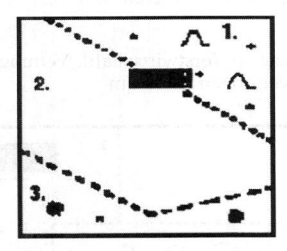

1. Zierrasen, Ziersträucher, Koniferen, Obstbäume, überdachter Freisitz
2. Spielplatz mit Sitzgruppen
3. Ziersträucher, Koniferen

1.2.3 Mischnutzung; trotz ca. 600 qm Obstanbau und ca. 900 qm Wasser- und Umgebungsfläche besteht der Gesamteindruck eines Wochenendgrundstücks. (Massives Gebäude mit Übernachtungsmöglichkeit, große Zierrasen- und Wasserfläche, vorwiegend zu Freizeitzwecken genutzt.) ges. Größe: ca. 2500 qm

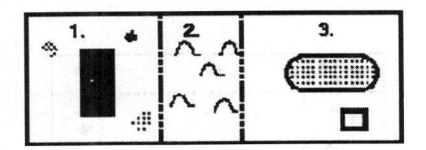

1. Gartenhaus, Zierrasen und Ziersträucher, befestigte Einfahrt
2. Obst
3. Teich in Zierrasen eingebettet, Geräteschuppen

1.2.4 Anlage mit kleinen Fischteichen, Zierrasen, Sitzgruppen und einem relativ großem Blockhaus mit Übernachtungsmöglichkeit.

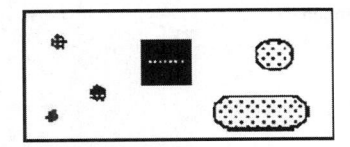

Anlage 069.3

Zu § 69 BewG

2. Beispiele für Grundstücke über 3.000 qm Größe

2.1 Aufteilung in land- u. forstwirtschaftliches Vermögen und Grundvermögen

2.1.1 ges. Größe: 4.000 qm, davon land- u. forstwirtschaftl. Vermögen (Obstbau) 2.400 qm, davon Grundvermögen 1.600 qm

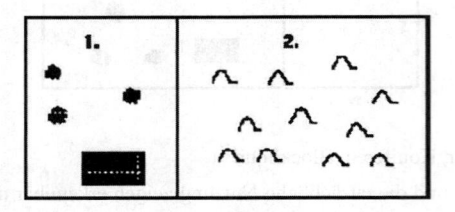

1. Mass. Gebäude, Sitzgruppen, Zierrasen, Koniferen
2. Obstbau mit Grasunternutzung

2.1.2 ges. Größe: 7.000 qm, davon land- u- forstwirtschaftl. Vermögen: Grünland 2.000 qm, Teichwirtschaft 2.550 qm, davon Grundvermögen 2.450 qm

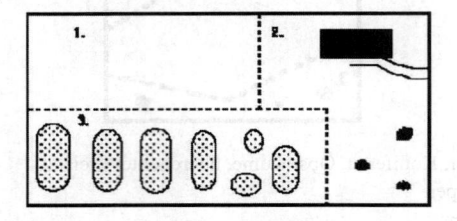

1. Grünland
2. Hof- u. Freizeitfläche
3. Teichwirtschaft

2.2 Grundvermögen

ges. Größe: 6.000 qm

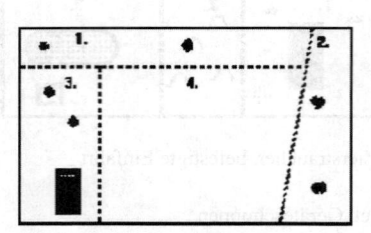

1. Zierpflanzen
2. Ziersträucher, Koniferen
3. Blockhaus, Zierrasen, Sitzgruppen
4. Rasenfläche (Freizeitfläche)

Zu § 71 BewG, zu Abschn. 5 BewRGr **Anlage 071.1**

Gesetz über den Zivilschutz und die Katastrophenhilfe des Bundes (Zivilschutz- und Katastrophenhilfegesetz – ZSKG)
vom 25. März 1997
(BGBl. I S. 726)
zuletzt geändert durch
Artikel 144 der Verordnung vom
19. Juni 2020
(BGBl. I S. 1328)
– Auszug –

Erster Abschnitt
Allgemeine Bestimmungen

§ 1 Aufgaben des Zivilschutzes

(1) Aufgabe des Zivilschutzes ist es, durch nichtmilitärische Maßnahmen die Bevölkerung, ihre Wohnungen und Arbeitsstätten, lebens- oder verteidigungswichtige zivile Dienststellen, Betriebe, Einrichtungen und Anlagen sowie das Kulturgut vor Kriegseinwirkungen zu schützen und deren Folgen zu beseitigen oder zu mildern. Behördliche Maßnahmen ergänzen die Selbsthilfe der Bevölkerung.

(2) zum Zivilschutz gehören insbesondere
1. der Selbstschutz,
2. die Warnung der Bevölkerung,
3. der Schutzbau,
4. die Aufenthaltsregelung,
5. der Katastrophenschutz nach Maßgabe des § 11,
6. Maßnahmen zum Schutz der Gesundheit,
7. Maßnahmen zum Schutz von Kulturgut.

Vierter Abschnitt
Schutzbau

§ 7 Öffentliche Schutzräume

(1) Öffentliche Schutzräume sind die mit Mitteln des Bundes wiederhergestellten Bunker und Stollen sowie die als Mehrzweckhallen in unterirdischen baulichen Anlagen errichteten Schutzräume zum Schutz der Bevölkerung. Sie werden von den Gemeinden verwaltet und unterhalten. Einnahmen aus einer friedensmäßigen Nutzung der Schutzräume stehen den Gemeinden zu. Bildet der öffentliche Schutzraum mit anderen Anlagen eine betriebliche Einheit, so kann dem Grundstückseigentümer die Verwaltung und Unterhaltung des Schutzraumes und seiner Ausstattung übertragen werden. Die Kosten sind ihm von der Gemeinde zu erstatten.

(2) An dem Grundstück und den Baulichkeiten dürfen ohne Zustimmung der nach Landesrecht zuständigen Behörde keine Veränderungen vorgenommen werden, die die Benutzung des öffentlichen Schutzraums beeinträchtigen könnten. Bei Bauten im Eigentum des Bundes erteilt die Zustimmung das Bundesministerium des Innern, für Bau und Heimat.

(3) Die Absätze 1 und 2 gelten auch für Schutzräume in dem in Artikel 3 des Einigungsvertrages genannten Gebiet, die vom Bundesministerium des Innern, für Bau und Heimat als öffentliche Schutzräume anerkannt worden sind, sowie für die Bestandserhaltung der bisher zum Zwecke der gesundheitlichen Versorgung der Bevölkerung im Verteidigungsfall errichteten Schutzbauwerke.

§ 8 Hausschutzräume

(1) Hausschutzräume, die mit Zuschüssen des Bundes oder steuerlich begünstigt gebaut wurden, sind vom Eigentümer oder Nutzungsberechtigten in einem ihrer Bestimmung entsprechenden Zustand zu erhalten,. Veränderungen, die die Benutzung des Schutzraumes beeinträchtigen könnten, dürfen ohne Zustimmung der nach Landesrecht zuständigen Behörde nicht vorgenommen werden.

(2) Der Eigentümer oder Nutzungsberechtigte hat bei Gefahr den Personen, für die der Schutzraum bestimmt ist, die Mitbenutzung zu gestatten.

§ 9 Baulicher Betriebsschutz

Zum Schutz lebens- oder verteidigungswichtiger Anlagen und Einrichtungen können die obersten Bundesbehörden jeweils für ihren Geschäftsbereich Regelungen für bauliche Schutzmaßnahmen treffen.

Anlage 072.1   Zu § 72 BewG, zu Abschn. 6 BewRGr

Errichtung von Gebäuden in Bauabschnitten, insbesondere von Zweifamilienhäusern
Erlaß FinMin NRW v. 14. Juli 1981
– S 3197 – 1 – VA 4 –

1. Bei der Entscheidung, ob ein Gebäude bezugsfertig ist und damit erstmals ein bebautes Grundstück vorliegt, ist auf das ganze Gebäude und nicht auf einzelne Wohnungen oder Räume abzustellen. Nur wenn ein Gebäude in Bauabschnitten errichtet wird, gilt jeder in einem beendeten Bauabschnitt errichtete Teil des Gebäudes als ein bezugsfertiges Gebäude, so daß von der Fertigstellung des ersten Bauabschnitts an ein bebautes Grundstück vorliegt (§ 72 Abs. 1 i. V. m. § 74 BewG; Abschnitt 6 Abs. 2 BewRGr).

2. Es kann im allgemeinen davon ausgegangen werden, daß eine Errichtung in Bauabschnitten nicht vorliegt, wenn die zweite Wohnung eines bis zur Bezugsfertigkeit der ersten Wohnung von der Baubehörde genehmigten oder der Baubehörde angezeigten Zweifamilienhauses (baurechtlich ggf. Einfamilienhaus mit Einliegerwohnung) innerhalb von 2 Jahren seit Bezugsfertigkeit der ersten Wohnung bezugsfertig wird.

    Beispiel:

    Der Baubehörde wird im Herbst 1980 ein Einfamilienhaus mit Einliegerwohnung (bewertungsrechtlich: Zweifamilienhaus) angezeigt. Die Hauptwohnung des Hauses wird im Sommer 1981 bezugsfertig. Anschließend wird die Einliegerwohnung überwiegend in Eigenleistung gebaut, sie wird im Sommer 1983 bezugsfertig. In diesem Fall liegt auf die Stichtage 1. 1. 1982 und 1. 1. 1983 weiterhin ein unbebautes Grundstück vor. Auf den 1. 1. 1984 ist die Wert- und Artfortschreibung zum bebauten Grundstück (Grundstücksart Zweifamilienhaus) durchzuführen.

    Ist der Ausbau einer zweiten Wohnung in einem zunächst genehmigten oder angezeigten Einfamilienhaus weder genehmigungs- noch anzeigepflichtig (§ 1 der Freistellungsverordnung vom 5. 9. 1978 – GV NW 1978 S. 526, geändert durch VO vom 30. 6. 1980 – GV NW 1980 S. 700 – SGV NW 232), liegt eine Errichtung in Bauabschnitten regelmäßig nicht vor, wenn die zweite Wohnung innerhalb von 2 Jahren seit Bezugsfertigkeit der ersten Wohnung bezugsfertig wird.

3. Liegen die Voraussetzungen der Nr. 2 für die Annahme einer zusammenhängenden Bauabwicklung nicht vor und ist deshalb eine Errichtung in Bauabschnitten anzunehmen, so ist nach Bezugsfertigkeit einer Wohnung der bezugsfertige Teil des Gebäudes als „benutzbares Gebäude" anzusehen (§ 74 Satz 2 BewG). Bei der Fortschreibung zum bebauten Grundstück bestimmen sich Wert und Art nur nach dem bezugsfertigen Teil des Gebäudes (Abschnitt 47 Abs. 2 Satz 5 BewRGr); nach Bezugsfertigkeit des ersten Bauabschnitts eines Zweifamilienhauses ist daher die Grundstücksart „Einfamilienhaus" festzustellen.

4. Mit dem Zeitpunkt, auf den erstmals eine Fortschreibung zum bebauten Grundstück vorgenommen wird, beginnt der 10 Jahreszeitraum für eine Grundsteuervergünstigung nach dem II. WoBauG (§ 94 Abs. 1 II. WoBauG). Bei Errichtung eines Zweifamilienhauses in Bauabschnitten gilt für die zweite Wohnung ggf. ein selbständiger Vergünstigungszeitraum.

Zusatz der OFD Hannover
(Auszug aus Vfg. vom 18. Juni 1991, S 3197-1-StH341):

Der BFH hat mit Urteil vom 28. November 1990, BStBl. 1991 II, S. 209, abweichend von der der obigen Anweisung unter Nr. 3 letzter Satz entsprechenden bisherigen Rechtsauffassung, entschieden, dass hinsichtlich des Fortschreibungszeitpunkts für den 1. Bauabschnitt auf den Zeitpunkt abzustellen ist, in dem erkennbar wird, dass ein Bauabschnitt vorliegt.

Beispiel:

Sachverhalt wie obiges Beispiel zu Nr. 2, die Einliegerwohnung wird jedoch erst im Januar 1984 bezugsfertig.

Es liegt eine bauabschnittsweise Errichtung des Gebäudes vor, da die zweite Wohnung nicht innerhalb von zwei Jahren nach Bezugsfertigkeit der ersten Wohnung fertiggestellt worden ist (Nr. 2 des obigen Erlasses). Diese Erkenntnis wird im Sommer 1983 gewonnen. Entsprechend dem o. g. BFH-Urteil ist deshalb die Bewertung des 1. Bauabschnitts (Grundstücksart Einfamilienhaus) erst auf den 1. Januar 1984 vorzunehmen.

Einheitswertfeststellung für unbebaute Grundstücke
– Analoge Anwendung des § 90 BewG bei der Wertermittlung für Außenanlagen

Vfg. OFD Köln v. 28. Juli 1994
– S 3194 – 28 – St 21 A –

Befinden sich auf einem unbebauten Grundstück Außenanlagen, ist deren Wert bei der Wertermittlung für das unbebaute Grundstück zu berücksichtigen (vgl. Abschn. 7 Abs. 2 BewRGr).
Bei der Ermittlung des Werts für die Außenanlagen gilt Abschn. 45 BewRGr (vgl. Abschn. 7 Abs. 4 BewRGr). Eine Angleichung an den gemeinen Wert durch analoge Anwendung des § 90 BewG kommt allerdings nicht in Betracht. Es bestehen jedoch keine Bedenken, zur Anpassung an den gemeinen Wert, den für die Außenanlagen ermittelten Wert pauschal um 20 v. H. zu kürzen.

Anlage 072.3

Zu § 72 BewG

Wertansatz für den Grund und +Boden bei kleinen Versorgungsflächen
Einheitsbewertung von Transformatorenhäusern, Rohrnetz-, Pump- und ähnlichen Stationen

Vfg: OFD Frankfurt am Main vom 23. November 2017

(S 3196 A – 024 – St 116)

Transformatorenhäuser mit einer bebauten Fläche von nicht mehr als 30 m² sind ohne weitere Prüfung als Betriebsvorrichtungen anzusehen. Die Grundfläche, auf der sich ein derartiges Bauwerk befindet, ist ein unbebautes Grundstück (§ 72 BewG), für das der Bodenwert aus der Bodenrichtwertkarte abzuleiten ist. Die auf die durchschnittlichen Verhältnisse (Größe und Zuschnitt der Grundstücke) abgestellten Richtwerte können jedoch für die häufig kleineren Transformatorenhausgrundstücke nur bedingt übernommen werden.

Der Umstand, dass ein Grundstück kleiner als die angrenzenden Grundstücke mit üblicher Größe ist, mindert gegebenenfalls seinen Wert gegenüber dem Wert dieser Grundstücke (Abschn. 10 Abs. 1 BewRGr).

Dies begründet allerdings nicht eine allgemeine Ermäßigung des Wertes von Transformatorenhausgrundstücken.

Liegt jedoch im Einzelfall eine solche Wertminderung vor, so sind, um aufwendige Wertberechnungen zu vermeiden, folgende Abrechnungen von den Richtwerten vorzunehmen:

Grundstücksgröße (m²)	Abrechnung (in %)
bis 50	bis 50
mehr als 50 bis 100	bis 30
mehr als 100 bis 200	bis 15
mehr als 200	0

Hierbei handelt es sich um Anhaltspunkte zur erleichterten Berechnung; in begründeten Fällen kann davon abgewichen werden.

Bei Grundstücken mit Rohrnetz-, Pump- und ähnlichen Stationen kann diese Regelung ebenfalls angewandt werden.

Zu § 72 BewG

Anlage 072.4

Bezugsfertigkeit eines zur Vermietung vorgesehenen Bürogebäudes
Vfg: OFD Frankfurt am Main vom 2. Juni 2017
(S 3197 A – 004 – St 116)

1. Einheitsbewertung

Mit Urteil vom 25.04.2013, II R 44/11, BFH/NV S. 1544, hat der BFH das Urteil des Finanzgerichtes Berlin-Brandenburg vom 11.05.2011, 3 K 3037/06 B (EFG 2011, 1858), aufgehoben und entschieden, dass ein neu errichtetes Bürogebäude bereits dann als bezugsfertig angesehen werden kann, wenn nach objektivierbaren Kriterien bereits eine Vermietung möglich ist, der abschließende Innenausbau aber wegen der späteren Anpassung an die Wünsche des Mieters noch zurückgestellt wird. Nach Auffassung des BFH kann die Bezugsfertigkeit eines neu errichteten Büro- und Geschäftsgebäudes nach § 72 Abs. 1 Satz 3 BewG dann angenommen werden, wenn die für das Gebäude wesentlichen Bestandteile (z. B. Außenwände, Fenster, tragende Innenwände, Estrichböden, Dach, Treppenhaus) fertiggestellt sind und zumindest ein Teil des Gebäudes mietergerecht ausgebaut und benutzbar ist.

Eine Benutzbarkeit der Räumlichkeit liegt dann vor, wenn die Büro- oder Geschäftseinheit durch Wände bzw. eingebaute Türen gegenüber dem noch nicht vermieteten Bereich abgegrenzt ist, die Innenwände eingebaut und Heizung, Sanitäreinrichtung sowie alle notwendigen Grundleitungen für Wasser, Strom, Be- und Entlüftung, Kommunikationsanlagen usw. installiert sind.

Hierbei steht es der Beurteilung eines benutzbaren Gebäudes nicht entgegen, dass noch nicht alle Räumlichkeiten mietergerecht ausgebaut und benutzbar sind. Denn ein Büro- oder Geschäftsgebäude, bei dem der Innenausbau der jeweiligen Büroeinheit wegen der Anpassung an die Wünsche der zukünftigen Mieter zurückgestellt wird, gilt nach der Verkehrsanschauung als bezugsfertig und wird am Markt üblicherweise bereits in diesem Zustand zur Vermietung angeboten.

Daraus folgt, dass wenn in einem solchermaßen fertiggestellten und für den Innenausbau vorbereiteten Gebäude zumindest ein Teil benutzbar ist, dies zugleich für das ganze Gebäude angenommen werden kann.

Nach Abstimmung auf Bundesebene ist das Urteil in allen noch offenen Fällen anzuwenden. Vorgehende, anderslautende Rechtsauffassungen sind überholt, da der BFH im zu entscheidenden Fall die Bezugsfertigkeit des gesamten Bürogebäudes unterstellt hat.

Bei der Ermittlung des Raummeterpreisansatzes ist Folgendes zu beachten:

- Der Raummeterpreis richtet sich stets nach der Gebäudeklasse der tatsächlichen oder beabsichtigten Nutzung des Gebäudes oder des Gebäudeteils.
- Im Rahmen der Bewertung ist bei einer tatsächlichen Nutzung zwischen den Ausstattungsmerkmalen „einfach" bis „aufwendig" zu unterscheiden und danach der jeweilige Raummeterpreis zu bestimmen.
- Im Rahmen der Bewertung ist bei einer beabsichtigten Nutzung als Ausstattungsmerkmal der Wertansatz für den geplanten Endausbau als jeweiliger Raummeterpreis zu bestimmen.

2. Bedarfsbewertung

Bei der Bewertung von Grundstücken ab dem 01.01.2009 für Zwecke der Erbschaft-/ Schenkung- und Grunderwerbsteuer ist R B 178 Abs. 3 Satz 5 ErbStR zu beachten. Wird ein Gebäude nur zum Teil fertiggestellt und der Innenausbau zurückgestellt, um ihn nach den Wünschen der künftigen Nutzer vorzunehmen, ist das Gebäude insgesamt als bezugsfertig anzusehen.

Anlage 075.1 Zu § 75 BewG

Baugesetzbuch (BauGB)
i. d. F. der Bekanntmachung vom 3. November 2017
(BGBl. I S. 3634),
das durch Artikel 9 des Gesetzes vom 10. September 2021 (BGBl. I S. 4147) geändert worden ist

– Auszug –

Erstes Kapitel
Allgemeines Städtebaurecht
Dritter Teil
Regelung der baulichen und sonstigen Nutzung; Entschädigung

Erster Abschnitt
Zulässigkeit von Vorhaben

§ 29 Begriff des Vorhabens; Geltung von Rechtsvorschriften
(1) Für Vorhaben, die die Errichtung, Änderung oder Nutzungsänderung von baulichen Anlagen zum Inhalt haben, und für Aufschüttungen und Abgrabungen größeren Umfangs sowie für Ausschachtungen, Ablagerungen einschließlich Lagerstätten gelten die §§ 30 bis 37.
(2) Die Vorschriften des Bauordnungsrechts und andere öffentlich-rechtliche Vorschriften bleiben unberührt.

§ 30 Zulässigkeit von Vorhaben im Geltungsbereich eines Bebauungsplans
(1) Im Geltungsbereich eines Bebauungsplans, der allein oder gemeinsam mit sonstigen baurechtlichen Vorschriften mindestens Festsetzungen über die Art und das Maß der baulichen Nutzung, die überbaubaren Grundstücksflächen und die örtlichen Verkehrsflächen enthält, ist ein Vorhaben zulässig, wenn es diesen Festsetzungen nicht widerspricht und die Erschließung gesichert ist.
(2) Im Geltungsbereich eines vorhabenbezogenen Bebauungsplans nach § 12 ist ein Vorhaben zulässig, wenn es dem Bebauungsplan nicht widerspricht und die Erschließung gesichert ist.
(3) Im Geltungsbereich eines Bebauungsplans, der die Voraussetzungen des Absatzes 1 nicht erfüllt (einfacher Bebauungsplan), richtet sich die Zulässigkeit von Vorhaben im Übrigen nach § 34 oder § 35.

§ 31 Ausnahmen und Befreiungen
(1) Von den Festsetzungen des Bebauungsplans können solche Ausnahmen zugelassen werden, die in dem Bebauungsplan nach Art und Umfang ausdrücklich vorgesehen sind.
(2) Von den Festsetzungen des Bebauungsplans kann befreit werden, wenn die Grundzüge der Planung nicht berührt werden und
1. Gründe des Wohls der Allgemeinheit, einschließlich des Bedarfs zur Unterbringung von Flüchtlingen oder Asylbegehrenden, die Befreiung erfordern oder der Wohnbedürfnisse der Bevölkerung und
2. die Abweichung städtebaulich vertretbar ist oder
3. die Durchführung des Bebauungsplans zu einer offenbar nicht beabsichtigten Härte führen würde

und wenn die Abweichung auch unter Würdigung nachbarlicher Interessen mit den öffentlichen Belangen vereinbar ist.
(3) In einem Gebiet mit einem angespannten Wohnungsmarkt, das nach § 201a bestimmt ist, kann mit Zustimmung der Gemeinde im Einzelfall von den Festsetzungen des Bebauungsplans zugunsten des Wohnungsbaus befreit werden, wenn die Befreiung auch unter Würdigung nachbarlicher Interessen mit den öffentlichen Belangen vereinbar ist. Von Satz 1 kann nur bis zum Ende der Geltungsdauer der Rechtsverordnung nach § 201a Gebrauch gemacht werden. Die Befristung in Satz 2 bezieht sich nicht auf die Geltungsdauer einer Genehmigung, sondern auf den Zeitraum, bis zu dessen Ende im bauaufsichtlichen Verfahren von der Vorschrift Gebrauch gemacht werden kann. Für die Zustimmung der Gemeinde nach Satz 1 gilt § 36 Absatz 2 Satz 2 entsprechend.

§ 32 Nutzungsbeschränkungen auf künftigen Gemeinbedarfs-, Verkehrs-, Versorgungs- und Grünflächen
Sind überbaute Flächen in dem Bebauungsplan als Baugrundstücke für den Gemeinbedarf oder als Verkehrs-, Versorgungs- oder Grünflächen festgesetzt, dürfen auf ihnen Vorhaben, die eine wertsteigernde Änderung baulicher Anlagen zur Folge haben, nur zugelassen und für sie Befreiungen von den Festsetzungen des Bebauungsplans nur erteilt werden, wenn der Bedarfs- oder Erschließungsträger zustimmt

Zu § 75 BewG **Anlage 075.1**

oder der Eigentümer für sich und seine Rechtsnachfolger auf Ersatz der Werterhöhung für den Fall schriftlich verzichtet, dass der Bebauungsplan durchgeführt wird. Dies gilt auch für die dem Bebauungsplan nicht widersprechenden Teile einer baulichen Anlage, wenn sie für sich allein nicht wirtschaftlich verwertbar sind oder wenn bei der Enteignung die Übernahme der restlichen überbauten Flächen verlangt werden kann.

§ 33 Zulässigkeit von Vorhaben während der Planaufstellung

(1) In Gebieten, für die ein Beschluss über die Aufstellung eines Bebauungsplans gefasst ist, ist ein Vorhaben zulässig, wenn

1. die Öffentlichkeits- und Behördenbeteiligung nach § 3 Absatz 2, § 4 Absatz 2 und § 4a Absatz 2 bis 5 durchgeführt worden ist,
2. anzunehmen ist, dass das Vorhaben den künftigen Festsetzungen des Bebauungsplans nicht entgegensteht,
3. der Antragsteller diese Festsetzungen für sich und seine Rechtsnachfolger schriftlich anerkennt und
4. die Erschließung gesichert ist.

(2) In Fällen des § 4a Absatz 3 Satz 1 kann vor der erneuten Öffentlichkeits- und Behördenbeteiligung ein Vorhaben zugelassen werden, wenn sich die vorgenommene Änderung oder Ergänzung des Bebauungsplanentwurfs nicht auf das Vorhaben auswirkt und die in Absatz 1 Nummer 2 bis 4 bezeichneten Voraussetzungen erfüllt sind.

(3) Wird ein Verfahren nach § 13 oder § 13a durchgeführt, kann ein Vorhaben vor Durchführung der Öffentlichkeits- und Behördenbeteiligung zugelassen werden, wenn die in Absatz 1 Nummer 2 bis 4 bezeichneten Voraussetzungen erfüllt sind. Der betroffenen Öffentlichkeit und den berührten Behörden und sonstigen Trägern öffentlicher Belange ist vor Erteilung der Genehmigung Gelegenheit zur Stellungnahme innerhalb angemessener Frist zu geben, soweit sie dazu nicht bereits zuvor Gelegenheit hatten.

§ 34 Zulässigkeit von Vorhaben innerhalb der im Zusammenhang bebauten Ortsteile

(1) Innerhalb der im Zusammenhang bebauten Ortsteile ist ein Vorhaben zulässig, wenn es sich nach Art und Maß der baulichen Nutzung, der Bauweise und der Grundstücksfläche, die überbaut werden soll, in die Eigenart der näheren Umgebung einfügt und die Erschließung gesichert ist. Die Anforderungen an gesunde Wohn- und Arbeitsverhältnisse müssen gewahrt bleiben; das Ortsbild darf nicht beeinträchtigt werden.

(2) Entspricht die Eigenart der näheren Umgebung einem der Baugebiete, die in der auf Grund des § 9a erlassenen Verordnung bezeichnet sind, beurteilt sich die Zulässigkeit des Vorhabens nach seiner Art allein danach, ob es nach der Verordnung in dem Baugebiet allgemein zulässig wäre; auf die nach der Verordnung ausnahmsweise zulässigen Vorhaben ist § 31 Absatz 1, im Übrigen ist § 31 Absatz 2 entsprechend anzuwenden.

(3) Von Vorhaben nach Absatz 1 oder 2 dürfen keine schädlichen Auswirkungen auf zentrale Versorgungsbereiche in der Gemeinde oder in anderen Gemeinden zu erwarten sein.

(3a) Vom Erfordernis des Einfügens in die Eigenart der näheren Umgebung nach Absatz 1 Satz 1 kann im Einzelfall abgewichen werden, wenn die Abweichung

1. einem der nachfolgend genannten Vorhaben dient:
    a) der Erweiterung, Änderung, Nutzungsänderung oder Erneuerung eines zulässigerweise errichteten Gewerbe- oder Handwerksbetriebs,
    b) der Erweiterung, Änderung oder Erneuerung eines zulässigerweise errichteten, Wohnzwecken dienenden Gebäudes oder
    c) der Nutzungsänderung einer zulässigerweise errichteten baulichen Anlage zu Wohnzwecken, einschließlich einer erforderlichen Änderung oder Erneuerung,
2. städtebaulich vertretbar ist und
3. auch unter Würdigung nachbarlicher Interessen mit den öffentlichen Belangen vereinbar ist.

Satz 1 findet keine Anwendung auf Einzelhandelsbetriebe, die die verbrauchernahe Versorgung der Bevölkerung beeinträchtigen oder schädliche Auswirkungen auf zentrale Versorgungsbereiche in der Gemeinde oder in anderen Gemeinden haben können.

In den Fällen des Satzes 1 Nummer 1 Buchstabe b und c kann darüber hinaus vom Erfordernis des Einfügens im Einzelfall im Sinne des Satzes 1 in mehreren vergleichbaren Fällen abgewichen werden, wenn die übrigen Voraussetzungen des Satzes 1 vorliegen und die Aufstellung eines Bebauungsplans nicht erforderlich ist.

Anlage 075.1

Zu § 75 BewG

(4) Die Gemeinde kann durch Satzung
1. die Grenzen für im Zusammenhang bebaute Ortsteile festlegen,
2. bebaute Bereiche im Außenbereich als im Zusammenhang bebaute Ortsteile festlegen, wenn die Flächen im Flächennutzungsplan als Baufläche dargestellt sind,
3. einzelne Außenbereichsflächen in die im Zusammenhang bebauten Ortsteile einbeziehen, wenn die einbezogenen Flächen durch die bauliche Nutzung des angrenzenden Bereichs entsprechend geprägt sind.

Die Satzungen können miteinander verbunden werden.

(5) Voraussetzung für die Aufstellung von Satzungen nach Absatz 4 Satz 1 Nummer 2 und 3 ist, dass
1. sie mit einer geordneten städtebaulichen Entwicklung vereinbar sind,
2. die Zulässigkeit von Vorhaben, die einer Pflicht zur Durchführung einer Umweltverträglichkeitsprüfung nach Anlage 1 zum Gesetz über die Umweltverträglichkeitsprüfung oder nach Landesrecht unterliegen, nicht begründet wird und
3. keine Anhaltspunkte für eine Beeinträchtigung der in § 1 Absatz 6 Nummer 7 Buchstabe b genannten Schutzgüter oder dafür bestehen, dass bei der Planung Pflichten zur Vermeidung oder Begrenzung der Auswirkungen von schweren Unfällen nach § 50 Satz 1 des Bundes-Immissionsschutzgesetzes zu beachten sind.

In den Satzungen nach Absatz 4 Satz 1 Nummer 2 und 3 können einzelne Festsetzungen nach § 9 Absatz 1 und 3 Satz 1 sowie Absatz 4 getroffen werden. § 9 Absatz 6 und § 31 sind entsprechend anzuwenden. Auf die Satzung nach Absatz 4 Satz 1 Nummer 3 sind ergänzend § 1a Absatz 2 und 3 sowie § 9 Absatz 1a entsprechend anzuwenden; ihr ist eine Begründung mit den Angaben entsprechend § 2a Satz 2 Nummer 1 beizufügen.

(6) Bei der Aufstellung der Satzungen nach Absatz 4 Satz 1 Nummer 2 und 3 sind die Vorschriften über die Öffentlichkeits- und Behördenbeteiligung nach § 13 Absatz 2 Satz 1 Nummer 2 und 3 sowie Satz 2 entsprechend anzuwenden. Auf die Satzungen nach Absatz 4 Satz 1 Nummer 1 bis 3 ist § 10 Absatz 3 entsprechend anzuwenden.

§ 35 Bauen im Außenbereich

(1) Im Außenbereich ist ein Vorhaben nur zulässig, wenn öffentliche Belange nicht entgegenstehen, die ausreichende Erschließung gesichert ist und wenn es
1. einem land- oder forstwirtschaftlichen Betrieb dient und nur einen untergeordneten Teil der Betriebsfläche einnimmt,
2. einem Betrieb der gartenbaulichen Erzeugung dient,
3. der öffentlichen Versorgung mit Elektrizität, Gas, Telekommunikationsdienstleistungen, Wärme und Wasser, der Abwasserwirtschaft oder einem ortsgebundenen gewerblichen Betrieb dient,
4. wegen seiner besonderen Anforderungen an die Umgebung, wegen seiner nachteiligen Wirkung auf die Umgebung oder wegen seiner besonderen Zweckbestimmung nur im Außenbereich ausgeführt werden soll, es sei denn, es handelt sich um die Errichtung, Änderung oder Erweiterung einer baulichen Anlage zur Tierhaltung, die dem Anwendungsbereich der Nummer 1 nicht unterfällt und die einer Pflicht zur Durchführung einer standortbezogenen oder allgemeinen Vorprüfung oder einer Umweltverträglichkeitsprüfung nach dem Gesetz über die Umweltverträglichkeitsprüfung unterliegt, wobei bei kumulierenden Vorhaben für die Annahme eines engen Zusammenhangs diejenigen Tierhaltungsanlagen zu berücksichtigen sind, die auf demselben Betriebs- oder Baugelände liegen und mit gemeinsamen betrieblichen oder baulichen Einrichtungen verbunden sind,
5. der Erforschung, Entwicklung oder Nutzung der Wind- oder Wasserenergie dient,
6. der energetischen Nutzung von Biomasse im Rahmen eines Betriebs nach Nummer 1 oder 2 oder eines Betriebs nach Nummer 4, der Tierhaltung betreibt, sowie dem Anschluss solcher Anlagen an das öffentliche Versorgungsnetz dient, unter folgenden Voraussetzungen:
    a) das Vorhaben steht in einem räumlich-funktionalen Zusammenhang mit dem Betrieb,
    b) die Biomasse stammt überwiegend aus dem Betrieb oder überwiegend aus diesem und aus nahe gelegenen Betrieben nach den Nummern 1, 2 oder 4, soweit letzterer Tierhaltung betreibt,
    c) es wird je Hofstelle oder Betriebsstandort nur eine Anlage betrieben und
    d) die Kapazität einer Anlage zur Erzeugung von Biogas überschreitet nicht 2,3 Millionen Normkubikmeter Biogas pro Jahr, die Feuerungswärmeleistung anderer Anlagen überschreitet nicht 2,0 Megawatt,

Zu § 75 BewG **Anlage 075.1**

7. der Erforschung, Entwicklung oder Nutzung der Kernenergie zu friedlichen Zwecken oder der Entsorgung radioaktiver Abfälle dient, mit Ausnahme der Neuerrichtung von Anlagen zur Spaltung von Kernbrennstoffen zur gewerblichen Erzeugung von Elektrizität, oder
8. der Nutzung solarer Strahlungsenergie in, an und auf Dach- und Außenwandflächen von zulässigerweise genutzten Gebäuden dient, wenn die Anlage dem Gebäude baulich untergeordnet ist.

(2) Sonstige Vorhaben können im Einzelfall zugelassen werden, wenn ihre Ausführung oder Benutzung öffentliche Belange nicht beeinträchtigt und die Erschließung gesichert ist.

(3) Eine Beeinträchtigung öffentlicher Belange liegt insbesondere vor, wenn das Vorhaben
1. den Darstellungen des Flächennutzungsplans widerspricht,
2. den Darstellungen eines Landschaftsplans oder sonstigen Plans, insbesondere des Wasser-, Abfall- oder Immissionsschutzrechts, widerspricht,
3. schädliche Umwelteinwirkungen hervorrufen kann oder ihnen ausgesetzt wird,
4. unwirtschaftliche Aufwendungen für Straßen oder andere Verkehrseinrichtungen, für Anlagen der Versorgung oder Entsorgung, für die Sicherheit oder Gesundheit oder für sonstige Aufgaben erfordert,
5. Belange des Naturschutzes und der Landschaftspflege, des Bodenschutzes, des Denkmalschutzes oder die natürliche Eigenart der Landschaft und ihren Erholungswert beeinträchtigt oder das Orts- und Landschaftsbild verunstaltet,
6. Maßnahmen zur Verbesserung der Agrarstruktur beeinträchtigt, die Wasserwirtschaft oder den Hochwasserschutz gefährdet,
7. die Entstehung, Verfestigung oder Erweiterung einer Splittersiedlung befürchten lässt oder
8. die Funktionsfähigkeit von Funkstellen und Radaranlagen stört.

Raumbedeutsame Vorhaben dürfen den Zielen der Raumordnung nicht widersprechen; öffentliche Belange stehen raumbedeutsamen Vorhaben nach Absatz 1 nicht entgegen, soweit die Belange bei der Darstellung dieser Vorhaben als Ziele der Raumordnung abgewogen worden sind. Öffentliche Belange stehen einem Vorhaben nach Absatz 1 Nummer 2 bis 6 in der Regel auch dann entgegen, soweit hierfür durch Darstellungen im Flächennutzungsplan oder als Ziele der Raumordnung eine Ausweisung an anderer Stelle erfolgt ist.

(4) Den nachfolgend bezeichneten sonstigen Vorhaben im Sinne des Absatzes 2 kann nicht entgegengehalten werden, dass sie Darstellungen des Flächennutzungsplans oder eines Landschaftsplans widersprechen, die natürliche Eigenart der Landschaft beeinträchtigen oder die Entstehung, Verfestigung oder Erweiterung einer Splittersiedlung befürchten lassen, soweit sie im Übrigen außenbereichsverträglich im Sinne des Absatzes 3 sind:
1. die Änderung der bisherigen Nutzung eines Gebäudes, das unter den Voraussetzungen des Absatzes 1 Nummer 1 errichtet wurde, unter folgenden Voraussetzungen:
    a) das Vorhaben dient einer zweckmäßigen Verwendung erhaltenswerter Bausubstanz,
    b) die äußere Gestalt des Gebäudes bleibt im Wesentlichen gewahrt,
    c) die Aufgabe der bisherigen Nutzung liegt nicht länger als sieben Jahre zurück,
    d) das Gebäude ist vor mehr als sieben Jahren zulässigerweise errichtet worden,
    e) das Gebäude steht im räumlich-funktionalen Zusammenhang mit der Hofstelle des land- oder forstwirtschaftlichen Betriebs,
    f) im Falle der Änderung zu Wohnzwecken entstehen neben den bisher nach Absatz 1 Nummer 1 zulässigen Wohnungen höchstens fünf Wohnungen je Hofstelle und
    g) es wird eine Verpflichtung übernommen, keine Neubebauung als Ersatz für die aufgegebene Nutzung vorzunehmen, es sei denn, die Neubebauung wird im Interesse der Entwicklung des Betriebs im Sinne des Absatzes 1 Nummer 1 erforderlich,
2. die Neuerrichtung eines gleichartigen Wohngebäudes an gleicher Stelle unter folgenden Voraussetzungen:
    a) das vorhandene Gebäude ist zulässigerweise errichtet worden,
    b) das vorhandene Gebäude wurde oder weist Missstände oder Mängel auf,
    c) das vorhandene Gebäude wird seit längerer Zeit vom Eigentümer selbst genutzt und
    d) Tatsachen rechtfertigen die Annahme, dass das neu errichtete Gebäude für den Eigenbedarf des bisherigen Eigentümers oder seiner Familie genutzt wird; hat der Eigentümer das vorhandene Gebäude im Wege der Erbfolge von einem Voreigentümer erworben, der es seit längerer Zeit selbst

Anlage 075.1

Zu § 75 BewG

genutzt hat, reicht es aus, wenn Tatsachen die Annahme rechtfertigen, dass das neu errichtete Gebäude für den Eigenbedarf des Eigentümers oder seiner Familie genutzt wird,

3. die alsbaldige Neuerrichtung eines zulässigerweise errichteten, durch Brand, Naturereignisse oder andere außergewöhnliche Ereignisse zerstörten, gleichartigen Gebäudes an gleicher Stelle,
4. die Änderung oder Nutzungsänderung von erhaltenswerten, das Bild der Kulturlandschaft prägenden Gebäuden, auch wenn sie aufgegeben sind, wenn das Vorhaben einer zweckmäßigen Verwendung der Gebäude und der Erhaltung des Gestaltwerts dient,
5. die Erweiterung eines Wohngebäudes auf bis zu höchstens zwei Wohnungen unter folgenden Voraussetzungen:
    a) das Gebäude ist zulässigerweise errichtet worden,
    b) die Erweiterung ist im Verhältnis zum vorhandenen Gebäude und unter Berücksichtigung der Wohnbedürfnisse angemessen und
    c) bei der Errichtung einer weiteren Wohnung rechtfertigen Tatsachen die Annahme, dass das Gebäude vom bisherigen Eigentümer oder seiner Familie selbst genutzt wird,
6. die bauliche Erweiterung eines zulässigerweise errichteten gewerblichen Betriebs, wenn die Erweiterung im Verhältnis zum vorhandenen Gebäude und Betrieb angemessen ist.

In begründeten Einzelfällen gilt die Rechtsfolge des Satzes 1 auch für die Neuerrichtung eines Gebäudes im Sinne des Absatzes 1 Nummer 1, dem eine andere Nutzung zugewiesen werden soll, wenn das ursprüngliche Gebäude vom äußeren Erscheinungsbild auch zur Wahrung der Kulturlandschaft erhaltenswert ist, keine stärkere Belastung des Außenbereichs zu erwarten ist als in Fällen des Satzes 1 und die Neuerrichtung auch mit nachbarlichen Interessen vereinbar ist; Satz 1 Nummer 1 Buchstabe b bis g gilt entsprechend. In den Fällen des Satzes 1 Nummer 2 und 3 sowie des Satzes 2 sind geringfügige Erweiterungen des neuen Gebäudes gegenüber dem beseitigten oder zerstörten Gebäude sowie geringfügige Abweichungen vom bisherigen Standort des Gebäudes zulässig.

(5) Die nach den Absätzen 1 bis 4 zulässigen Vorhaben sind in einer flächensparenden, die Bodenversiegelung auf das notwendige Maß begrenzenden und den Außenbereich schonenden Weise auszuführen. Für Vorhaben nach Absatz 1 Nummer 2 bis 6 ist als weitere Zulässigkeitsvoraussetzung eine Verpflichtungserklärung abzugeben, das Vorhaben nach dauerhafter Aufgabe der zulässigen Nutzung zurückzubauen und Bodenversiegelungen zu beseitigen; bei einer nach Absatz 1 Nummer 2 bis 6 zulässigen Nutzungsänderung ist die Rückbauverpflichtung zu übernehmen, bei einer nach Absatz 1 Nummer 1 oder Absatz 2 zulässigen Nutzungsänderung entfällt sie. Die Baugenehmigungsbehörde soll durch nach Landesrecht vorgesehene Baulast oder in anderer Weise die Einhaltung der Verpflichtung nach Satz 2 sowie nach Absatz 4 Satz 1 Nummer 1 Buchstabe g sicherstellen. Im Übrigen soll sie in den Fällen des Absatzes 4 Satz 1 sicherstellen, dass die bauliche oder sonstige Anlage nach Durchführung des Vorhabens nur in der vorgesehenen Art genutzt wird.

(6) Die Gemeinde kann für bebaute Bereiche im Außenbereich, die nicht überwiegend landwirtschaftlich geprägt sind und in denen eine Wohnbebauung von einigem Gewicht vorhanden ist, durch Satzung bestimmen, dass Wohnzwecken dienenden Vorhaben im Sinne des Absatzes 2 nicht entgegengehalten werden kann, dass sie einer Darstellung im Flächennutzungsplan über Flächen für die Landwirtschaft oder Wald widersprechen oder die Entstehung oder Verfestigung einer Splittersiedlung befürchten lassen. Die Satzung kann auch auf Vorhaben erstreckt werden, die kleineren Handwerks- und Gewerbebetrieben dienen. In der Satzung können nähere Bestimmungen über die Zulässigkeit getroffen werden. Voraussetzung für die Aufstellung der Satzung ist, dass

1. sie mit einer geordneten städtebaulichen Entwicklung vereinbar ist,
2. die Zulässigkeit von Vorhaben, die einer Pflicht zur Durchführung einer Umweltverträglichkeitsprüfung nach Anlage 1 zum Gesetz über die Umweltverträglichkeitsprüfung oder nach Landesrecht unterliegen, nicht begründet wird und
3. keine Anhaltspunkte für eine Beeinträchtigung der in § 1 Absatz 6 Nummer 7 Buchstabe b genannten Schutzgüter oder dafür bestehen, dass bei der Planung Pflichten zur Vermeidung oder Begrenzung der Auswirkungen von schweren Unfällen nach § 50 Satz 1 des Bundes-Immissionsschutzgesetzes zu beachten sind.

Bei Aufstellung der Satzung sind die Vorschriften über die Öffentlichkeits- und Behördenbeteiligung nach § 13 Absatz 2 Satz 1 Nummer 2 und 3 sowie Satz 2 entsprechend anzuwenden. § 10 Absatz 3 ist entsprechend anzuwenden. Von der Satzung bleibt die Anwendung des Absatzes 4 unberührt.

Zu § 75 BewG   Anlage 075.1

§ 36 Beteiligung der Gemeinde und der höheren Verwaltungsbehörde

(1) Über die Zulässigkeit von Vorhaben nach den §§ 31, 33 bis 35 wird im bauaufsichtlichen Verfahren von der Baugenehmigungsbehörde im Einvernehmen mit der Gemeinde entschieden. Das Einvernehmen der Gemeinde ist auch erforderlich, wenn in einem anderen Verfahren über die Zulässigkeit nach den in Satz 1 bezeichneten Vorschriften entschieden wird; dies gilt nicht für Vorhaben der in § 29 Absatz 1 bezeichneten Art, die der Bergaufsicht unterliegen. Richtet sich die Zulässigkeit von Vorhaben nach § 30 Absatz 1, stellen die Länder sicher, dass die Gemeinde rechtzeitig vor Ausführung des Vorhabens über Maßnahmen zur Sicherung der Bauleitplanung nach den §§ 14 und 15 entscheiden kann. In den Fällen des § 35 Absatz 2 und 4 kann die Landesregierung durch Rechtsverordnung allgemein oder für bestimmte Fälle festlegen, dass die Zustimmung der höheren Verwaltungsbehörde erforderlich ist.

(2) Das Einvernehmen der Gemeinde und die Zustimmung der höheren Verwaltungsbehörde dürfen nur aus den sich aus den §§ 31, 33, 34 und 35 ergebenden Gründen versagt werden. Das Einvernehmen der Gemeinde und die Zustimmung der höheren Verwaltungsbehörde gelten als erteilt, wenn sie nicht binnen zwei Monaten nach Eingang des Ersuchens der Genehmigungsbehörde verweigert werden; dem Ersuchen gegenüber der Gemeinde steht die Einreichung des Antrags bei der Gemeinde gleich, wenn sie nach Landesrecht vorgeschrieben ist. Die nach Landesrecht zuständige Behörde kann ein rechtswidrig versagtes Einvernehmen der Gemeinde ersetzen.

§ 37 Bauliche Maßnahmen des Bundes und der Länder

(1) Macht die besondere öffentliche Zweckbestimmung für bauliche Anlagen des Bundes oder eines Landes erforderlich, von den Vorschriften dieses Gesetzbuchs oder den auf Grund dieses Gesetzbuchs erlassenen Vorschriften abzuweichen oder ist das Einvernehmen mit der Gemeinde nach § 14 oder § 36 nicht erreicht worden, entscheidet die höhere Verwaltungsbehörde.

(2) Handelt es sich dabei um Vorhaben, die der Landesverteidigung, dienstlichen Zwecken der Bundespolizei oder dem zivilen Bevölkerungsschutz dienen, ist nur die Zustimmung der höheren Verwaltungsbehörde erforderlich. Vor Erteilung der Zustimmung hat diese die Gemeinde zu hören. Versagt die höhere Verwaltungsbehörde ihre Zustimmung oder widerspricht die Gemeinde dem beabsichtigten Bauvorhaben, entscheidet das zuständige Bundesministerium im Einvernehmen mit den beteiligten Bundesministerien und im Benehmen mit der zuständigen Obersten Landesbehörde.

(3) Entstehen der Gemeinde infolge der Durchführung von Maßnahmen nach den Absätzen 1 und 2 Aufwendungen für Entschädigungen nach diesem Gesetzbuch, sind sie ihr vom Träger der Maßnahmen zu ersetzen. Muss infolge dieser Maßnahmen ein Bebauungsplan aufgestellt, geändert, ergänzt oder aufgehoben werden, sind ihr auch die dadurch entstandenen Kosten zu ersetzen.

(4) Sollen bauliche Anlagen auf Grundstücken errichtet werden, die nach dem Landbeschaffungsgesetz beschafft werden, sind in dem Verfahren nach § 1 Absatz 2 des Landbeschaffungsgesetzes alle von der Gemeinde oder der höheren Verwaltungsbehörde nach den Absätzen 1 und 2 zulässigen Einwendungen abschließend zu erörtern. Eines Verfahrens nach Absatz 2 bedarf es in diesem Falle nicht.

§ 38 Bauliche Maßnahmen von überörtlicher Bedeutung auf Grund von Planfeststellungsverfahren; öffentlich zugängliche Abfallbeseitigungsanlagen

Auf Planfeststellungsverfahren und sonstige Verfahren mit den Rechtswirkungen der Planfeststellung für Vorhaben von überörtlicher Bedeutung sowie auf die auf Grund des Bundes-Immissionsschutzgesetzes für die Errichtung und den Betrieb öffentlich zugänglicher Abfallbeseitigungsanlagen geltenden Verfahren sind die §§ 29 bis 37 nicht anzuwenden, wenn die Gemeinde beteiligt wird; städtebauliche Belange sind zu berücksichtigen. Eine Bindung nach § 7 bleibt unberührt. § 37 Absatz 3 ist anzuwenden.

Sechster Teil

Erschließung

Erster Abschnitt

Allgemeine Vorschriften

§ 123 Erschließungslast

(1) Die Erschließung ist Aufgabe der Gemeinde, soweit sie nicht nach anderen gesetzlichen Vorschriften oder öffentlich-rechtlichen Verpflichtungen einem anderen obliegt.

(2) Die Erschließungsanlagen sollen entsprechend den Erfordernissen der Bebauung und des Verkehrs kostengünstig hergestellt werden und spätestens bis zur Fertigstellung der anzuschließenden baulichen Anlagen benutzbar sein.

Anlage 075.1

Zu § 75 BewG

(3) Ein Rechtsanspruch auf Erschließung besteht nicht.

(4) Die Unterhaltung der Erschließungsanlagen richtet sich nach landesrechtlichen Vorschriften.

§ 124 Erschließungspflicht nach abgelehntem Vertragsangebot

Hat die Gemeinde einen Bebauungsplan im Sinne des § 30 Absatz 1 erlassen und lehnt sie das zumutbare Angebot zum Abschluss eines städtebaulichen Vertrags über die Erschließung ab, ist sie verpflichtet, die Erschließung selbst durchzuführen.

§ 125 Bindung an den Bebauungsplan

(1) Die Herstellung der Erschließungsanlagen im Sinne des § 127 Absatz 2 setzt einen Bebauungsplan voraus.

(2) Liegt ein Bebauungsplan nicht vor, so dürfen diese Anlagen nur hergestellt werden, wenn sie den in § 1 Absatz 4 bis 7 bezeichneten Anforderungen entsprechen.

(3) Die Rechtmäßigkeit der Herstellung von Erschließungsanlagen wird durch Abweichungen von den Festsetzungen des Bebauungsplans nicht berührt, wenn die Abweichungen mit den Grundzügen der Planung vereinbar sind und

1. die Erschließungsanlagen hinter den Festsetzungen zurückbleiben oder
2. die Erschließungsbeitragspflichtigen nicht mehr als bei einer plangemäßen Herstellung belastet werden und die Abweichungen die Nutzung der betroffenen Grundstücke nicht wesentlich beeinträchtigen.

§ 126 Pflichten des Eigentümers

(1) Der Eigentümer hat das Anbringen von

1. Haltevorrichtungen und Leitungen für Beleuchtungskörper der Straßenbeleuchtung einschließlich der Beleuchtungskörper und des Zubehörs sowie
2. Kennzeichen und Hinweisschildern für Erschließungsanlagen

auf seinem Grundstück zu dulden. Er ist vorher zu benachrichtigen.

(2) Der Erschließungsträger hat Schäden, die dem Eigentümer durch das Anbringen oder das Entfernen der in Absatz 1 bezeichneten Gegenstände entstehen, zu beseitigen; er kann stattdessen eine angemessene Entschädigung in Geld leisten. Kommt eine Einigung über die Entschädigung nicht zustande, so entscheidet die höhere Verwaltungsbehörde; vor der Entscheidung sind die Beteiligten zu hören.

(3) Der Eigentümer hat sein Grundstück mit der von der Gemeinde festgesetzten Nummer zu versehen. Im Übrigen gelten die landesrechtlichen Vorschriften.

Zweiter Abschnitt
Erschließungsbeitrag

§ 127 Erhebung des Erschließungsbeitrags

(1) Die Gemeinden erheben zur Deckung ihres anderweitig nicht gedeckten Aufwands für Erschließungsanlagen einen Erschließungsbeitrag nach Maßgabe der folgenden Vorschriften.

(2) Erschließungsanlagen im Sinne dieses Abschnitts sind

1. die öffentlichen zum Anbau bestimmten Straßen, Wege und Plätze;
2. die öffentlichen aus rechtlichen oder tatsächlichen Gründen mit Kraftfahrzeugen nicht befahrbaren Verkehrsanlagen innerhalb der Baugebiete (z. B. Fußwege, Wohnwege);
3. Sammelstraßen innerhalb der Baugebiete; Sammelstraßen sind öffentliche Straßen, Wege und Plätze, die selbst nicht zum Anbau bestimmt, aber zur Erschließung der Baugebiete notwendig sind;
4. Parkflächen und Grünanlagen mit Ausnahme von Kinderspielplätzen, soweit sie Bestandteil der in den Nummern 1 bis 3 genannten Verkehrsanlagen oder nach städtebaulichen Grundsätzen innerhalb der Baugebiete zu deren Erschließung notwendig sind;
5. Anlagen zum Schutz von Baugebieten gegen schädliche Umwelteinwirkungen im Sinne des Bundes-Immissionsschutzgesetzes, auch wenn sie nicht Bestandteil der Erschließungsanlagen sind.

(3) Der Erschließungsbeitrag kann für den Grunderwerb, die Freilegung und für Teile der Erschließungsanlagen selbständig erhoben werden (Kostenspaltung).

(4) Das Recht, Abgaben für Anlagen zu erheben, die nicht Erschließungsanlagen im Sinne dieses Abschnitts sind, bleibt unberührt. Dies gilt insbesondere für Anlagen zur Ableitung von Abwasser sowie zur Versorgung mit Elektrizität, Gas, Wärme und Wasser.

Zu § 75 BewG

Anlage 075.1

§ 128 Umfang des Erschließungsaufwands

(1) Der Erschließungsaufwand nach § 127 umfasst die Kosten für
1. den Erwerb und die Freilegung der Flächen für die Erschließungsanlagen;
2. ihre erstmalige Herstellung einschließlich der Einrichtungen für ihre Entwässerung und ihre Beleuchtung;
3. die Übernahme von Anlagen als gemeindliche Erschließungsanlagen.

Der Erschließungsaufwand umfasst auch den Wert der von der Gemeinde aus ihrem Vermögen bereitgestellten Flächen im Zeitpunkt der Bereitstellung. Zu den Kosten für den Erwerb der Flächen für Erschließungsanlagen gehört im Falle einer erschließungsbeitragspflichtigen Zuteilung im Sinne des § 57 Satz 4 und des § 58 Absatz 1 Satz 1 auch der Wert nach § 68 Absatz 1 Nummer 4.

(2) Soweit die Gemeinden nach Landesrecht berechtigt sind, Beiträge zu den Kosten für Erweiterungen oder Verbesserungen von Erschließungsanlagen zu erheben, bleibt dieses Recht unberührt. Die Länder können bestimmen, dass die Kosten für die Beleuchtung der Erschließungsanlagen in den Erschließungsaufwand nicht einzubeziehen sind.

(3) Der Erschließungsaufwand umfasst nicht die Kosten für
1. Brücken, Tunnels und Unterführungen mit den dazugehörigen Rampen;
2. die Fahrbahnen der Ortsdurchfahrten von Bundesstraßen sowie von Landstraßen I. und II. Ordnung, soweit die Fahrbahnen dieser Straßen keine größere Breite als ihre anschließenden freien Strecken erfordern.

§ 129 Beitragsfähiger Erschließungsaufwand

(1) Zur Deckung des anderweitig nicht gedeckten Erschließungsaufwands können Beiträge nur insoweit erhoben werden, als die Erschließungsanlagen erforderlich sind, um die Bauflächen und die gewerblich zu nutzenden Flächen entsprechend den baurechtlichen Vorschriften zu nutzen (beitragsfähiger Erschließungsaufwand). Soweit Anlagen nach § 127 Absatz 2 von dem Eigentümer hergestellt sind oder von ihm auf Grund baurechtlicher Vorschriften verlangt werden, dürfen Beiträge nicht erhoben werden. Die Gemeinden tragen mindestens 10 vom Hundert des beitragsfähigen Erschließungsaufwands.

(2) Kosten, die ein Eigentümer oder sein Rechtsvorgänger bereits für Erschließungsmaßnahmen aufgewandt hat, dürfen bei der Übernahme als gemeindliche Erschließungsanlagen nicht erneut erhoben werden.

§ 130 Art der Ermittlung des beitragsfähigen Erschließungsaufwands

(1) Der beitragsfähige Erschließungsaufwand kann nach den tatsächlich entstandenen Kosten oder nach Einheitssätzen ermittelt werden. Die Einheitssätze sind nach den in der Gemeinde üblicherweise durchschnittlich aufzuwendenden Kosten vergleichbarer Erschließungsanlagen festzusetzen.

(2) Der beitragsfähige Erschließungsaufwand kann für die einzelne Erschließungsanlage oder für bestimmte Abschnitte einer Erschließungsanlage ermittelt werden. Abschnitte einer Erschließungsanlage können nach örtlich erkennbaren Merkmalen oder nach rechtlichen Gesichtspunkten (z. B. Grenzen von Bebauungsplangebieten, Umlegungsgebieten, förmlich festgelegten Sanierungsgebieten) gebildet werden. Für mehrere Anlagen, die für die Erschließung der Grundstücke eine Einheit bilden, kann der Erschließungsaufwand insgesamt ermittelt werden.

§ 131 Maßstäbe für die Verteilung des Erschließungsaufwands

(1) Der ermittelte beitragsfähige Erschließungsaufwand für eine Erschließungsanlage ist auf die durch die Anlage erschlossenen Grundstücke zu verteilen. Mehrfach erschlossene Grundstücke sind bei gemeinsamer Aufwandsermittlung in einer Erschließungseinheit (§ 130 Absatz 2 Satz 3) bei der Verteilung des Erschließungsaufwands nur einmal zu berücksichtigen.

(2) Verteilungsmaßstäbe sind
1. die Art und das Maß der baulichen oder sonstigen Nutzung;
2. die Grundstücksflächen;
3. die Grundstücksbreite an der Erschließungsanlage.

Die Verteilungsmaßstäbe können miteinander verbunden werden.

(3) In Gebieten, die nach dem Inkrafttreten des Bundesbaugesetzes erschlossen werden, sind, wenn eine unterschiedliche bauliche oder sonstige Nutzung zulässig ist, die Maßstäbe nach Absatz 2 in der Weise anzuwenden, dass der Verschiedenheit dieser Nutzung nach Art und Maß entsprochen wird.

Anlage 075.1

Zu § 75 BewG

§ 132 Regelung durch Satzung
Die Gemeinden regeln durch Satzung
1. die Art und den Umfang der Erschließungsanlagen im Sinne des § 129,
2. die Art der Ermittlung und der Verteilung des Aufwands sowie die Höhe des Einheitssatzes.
3. die Kostenspaltung (§ 127 Abs. 3) und
4. die Merkmale der endgültigen Herstellung einer Erschließungsanlage.

§ 133 Gegenstand und Entstehung der Beitragspflicht
(1) Der Beitragspflicht unterliegen Grundstücke, für die eine bauliche oder gewerbliche Nutzung festgesetzt ist, sobald sie bebaut oder gewerblich genutzt werden dürfen. Erschlossene Grundstücke, für die eine bauliche oder gewerbliche Nutzung nicht festgesetzt ist, unterliegen der Beitragspflicht, wenn sie nach der Verkehrsauffassung Bauland sind und nach der geordneten baulichen Entwicklung der Gemeinde zur Bebauung anstehen. Die Gemeinde gibt bekannt, welche Grundstücke nach Satz 2 der Beitragspflicht unterliegen; die Bekanntmachung hat keine rechtsbegründende Wirkung.

(2) Die Beitragspflicht entsteht mit der endgültigen Herstellung der Erschließungsanlagen, für Teilbeträge, sobald die Maßnahmen, deren Aufwand durch die Teilbeträge gedeckt werden soll, abgeschlossen sind. Im Falle des § 128 Absatz 1 Satz 1 Nummer 3 entsteht die Beitragspflicht mit der Übernahme durch die Gemeinde.

(3) Für ein Grundstück, für das eine Beitragspflicht noch nicht oder nicht in vollem Umfang entstanden ist, können Vorausleistungen auf den Erschließungsbeitrag bis zur Höhe des voraussichtlichen endgültigen Erschließungsbeitrags verlangt werden, wenn ein Bauvorhaben auf dem Grundstück genehmigt wird oder wenn mit der Herstellung der Erschließungsanlagen begonnen worden ist und die endgültige Herstellung der Erschließungsanlagen innerhalb von vier Jahren zu erwarten ist. Die Vorausleistung ist mit der endgültigen Beitragsschuld zu verrechnen, auch wenn der Vorausleistende nicht beitragspflichtig ist. Ist die Beitragspflicht sechs Jahre nach Erlass des Vorausleistungsbescheids noch nicht entstanden, kann die Vorausleistung zurückverlangt werden, wenn die Erschließungsanlage bis zu diesem Zeitpunkt noch nicht benutzbar ist. Der Rückzahlungsanspruch ist ab Erhebung der Vorausleistung mit 2 vom Hundert über dem Basiszinssatz nach § 247 des Bürgerlichen Gesetzbuchs jährlich zu verzinsen. Die Gemeinde kann Bestimmungen über die Ablösung des Erschließungsbeitrags im Ganzen vor Entstehung der Beitragspflicht treffen.

§ 134 Beitragspflichtiger
(1) Beitragspflichtig ist derjenige, der im Zeitpunkt der Bekanntgabe des Beitragsbescheids Eigentümer des Grundstücks ist. Ist das Grundstück mit einem Erbbaurecht belastet, so ist der Erbbauberechtigte anstelle des Eigentümers beitragspflichtig. Ist das Grundstück mit einem dinglichen Nutzungsrecht nach Artikel 233 § 4 des Einführungsgesetzes zum Bürgerlichen Gesetzbuche belastet, so ist der Inhaber dieses Rechts anstelle des Eigentümers beitragspflichtig. Mehrere Beitragspflichtige haften als Gesamtschuldner; bei Wohnungs- und Teileigentum sind die einzelnen Wohnungs- und Teileigentümer nur entsprechend ihrem Miteigentumsanteil beitragspflichtig.

(2) Der Beitrag ruht als öffentliche Last auf dem Grundstück, im Falle des Absatzes 1 Satz 2 auf dem Erbbaurecht, im Falle des Absatzes 1 Satz 3 auf dem dinglichen Nutzungsrecht, im Falle des Absatzes 1 Satz 4 auf dem Wohnungs- oder dem Teileigentum.

§ 135 Fälligkeit und Zahlung des Beitrags
(1) Der Beitrag wird einen Monat nach der Bekanntgabe des Beitragsbescheids fällig.

(2) Die Gemeinde kann zur Vermeidung unbilliger Härten im Einzelfall, insbesondere soweit dies zur Durchführung eines genehmigten Bauvorhabens erforderlich ist, zulassen, dass der Erschließungsbeitrag in Raten oder in Form einer Rente gezahlt wird. Ist die Finanzierung eines Bauvorhabens gesichert, so soll die Zahlungsweise der Auszahlung der Finanzierungsmittel angepasst, jedoch nicht über zwei Jahre hinaus erstreckt werden.

(3) Lässt die Gemeinde nach Absatz 2 eine Verrentung zu, so ist der Erschließungsbeitrag durch Bescheid in eine Schuld umzuwandeln, die in höchstens zehn Jahresleistungen zu entrichten ist. In dem Bescheid sind Höhe und Zeitpunkt der Fälligkeit der Jahresleistungen zu bestimmen. Der jeweilige Restbetrag ist mit höchstens 2 vom Hundert über dem Basiszinssatz nach § 247 des Bürgerlichen Gesetzbuchs jährlich zu verzinsen. Die Jahresleistungen stehen wiederkehrenden Leistungen im Sinne des § 10 Absatz 1 Nummer 3 des Zwangsversteigerungsgesetzes gleich.

(4) Werden Grundstücke landwirtschaftlich oder als Wald genutzt, ist der Beitrag so lange zinslos zu stunden, wie das Grundstück zur Erhaltung der Wirtschaftlichkeit des landwirtschaftlichen Betriebs ge-

nutzt werden muss. Satz 1 gilt auch für die Fälle der Nutzungsüberlassung und Betriebsübergabe an Familienangehörige im Sinne des § 15 der Abgabenordnung. Der Beitrag ist auch zinslos zu stunden, solange Grundstücke als Kleingärten im Sinne des Bundeskleingartengesetzes genutzt werden.

(5) Im Einzelfall kann die Gemeinde auch von der Erhebung des Erschließungsbeitrags ganz oder teilweise absehen, wenn dies im öffentlichen Interesse oder zur Vermeidung unbilliger Härten geboten ist. Die Freistellung kann auch für den Fall vorgesehen werden, dass die Beitragspflicht noch nicht entstanden ist.

(6) Weitergehende landesrechtliche Billigkeitsregelungen bleiben unberührt.

Zweites Kapitel
Besonderes Städtebaurecht

Erster Teil
Städtebauliche Sanierungsmaßnahmen

Erster Abschnitt
Allgemeine Vorschriften

§ 136 Städtebauliche Sanierungsmaßnahmen

(1) Städtebauliche Sanierungsmaßnahmen in Stadt und Land, deren einheitliche Vorbereitung und zügige Durchführung im öffentlichen Interesse liegen, werden nach den Vorschriften dieses Teils vorbereitet und durchgeführt.

(2) Städtebauliche Sanierungsmaßnahmen sind Maßnahmen, durch die ein Gebiet zur Behebung städtebaulicher Missstände wesentlich verbessert oder umgestaltet wird. Städtebauliche Missstände liegen vor, wenn

1. das Gebiet nach seiner vorhandenen Bebauung oder nach seiner sonstigen Beschaffenheit den allgemeinen Anforderungen an gesunde Wohn- und Arbeitsverhältnisse oder an die Sicherheit der in ihm wohnenden oder arbeitenden Menschen auch unter Berücksichtigung der Belange des Klimaschutzes und der Klimaanpassung nicht entspricht oder
2. das Gebiet in der Erfüllung der Aufgaben erheblich beeinträchtigt ist, die ihm nach seiner Lage und Funktion obliegen.

(3) Bei der Beurteilung, ob in einem städtischen oder ländlichen Gebiet städtebauliche Missstände vorliegen, sind insbesondere zu berücksichtige

1. die Wohn- und Arbeitsverhältnisse oder die Sicherheit der in dem Gebiet wohnenden und arbeitenden Menschen in Bezug auf
    a) die Belichtung, Besonnung und Belüftung der Wohnungen und Arbeitsstätten,
    b) die bauliche Beschaffenheit von Gebäuden, Wohnungen und Arbeitsstätten,
    c) die Zugänglichkeit der Grundstücke,
    d) die Auswirkungen einer vorhandenen Mischung von Wohn- und Arbeitsstätten,
    e) die Nutzung von bebauten und unbebauten Flächen nach Art, Maß und Zustand,
    f) die Einwirkungen, die von Grundstücken, Betrieben, Einrichtungen oder Verkehrsanlagen ausgehen, insbesondere durch Lärm, Verunreinigungen und Erschütterungen,
    g) die vorhandene Erschließung,
    h) die energetische Beschaffenheit, die Gesamtenergieeffizienz der vorhandenen Bebauung und der Versorgungseinrichtungen des Gebiets unter Berücksichtigung der allgemeinen Anforderungen an den Klimaschutz und die Klimaanpassung;
2. die Funktionsfähigkeit des Gebiets in Bezug auf
    a) den fließenden und ruhenden Verkehr,
    b) die wirtschaftliche Situation und Entwicklungsfähigkeit des Gebiets unter Berücksichtigung seiner Versorgungsfunktion im Verflechtungsbereich,
    c) die infrastrukturelle Erschließung des Gebiets, seine Ausstattung und die Vernetzung von Grün- und Freiflächen unter Berücksichtigung der Belange des Klimaschutzes und der Klimaanpassung, seine Ausstattung mit Spiel- und Sportplätzen und mit Anlagen des Gemeinbedarfs, insbesondere unter Berücksichtigung der sozialen und kulturellen Aufgaben dieses Gebiets im Verflechtungsbereich.

Anlage 075.1

Zu § 75 BewG

(4) Städtebauliche Sanierungsmaßnahmen dienen dem Wohl der Allgemeinheit. Sie sollen dazu beitragen, dass
1. die bauliche Struktur in allen Teilen des Bundesgebiets nach den allgemeinen Anforderungen an den Klimaschutz und die Klimaanpassung sowie nach den sozialen, hygienischen, wirtschaftlichen und kulturellen Erfordernissen entwickelt wird,
2. die Verbesserung der Wirtschafts- und Agrarstruktur unterstützt wird,
3. die Siedlungsstruktur den Erfordernissen des Umweltschutzes, den Anforderungen an gesunde Lebens- und Arbeitsbedingungen der Bevölkerung und der Bevölkerungsentwicklung entspricht oder
4. die vorhandenen Ortsteile erhalten, erneuert und fortentwickelt werden, die Gestaltung des Orts- und Landschaftsbilds verbessert und den Erfordernissen des Denkmalschutzes Rechnung getragen wird.

Die öffentlichen und privaten Belange sind gegeneinander und untereinander gerecht abzuwägen.

§ 137 Beteiligung und Mitwirkung der Betroffenen

Die Sanierung soll mit den Eigentümern, Mietern, Pächtern und sonstigen Betroffenen möglichst frühzeitig erörtert werden. Die Betroffenen sollen zur Mitwirkung bei der Sanierung und zur Durchführung der erforderlichen baulichen Maßnahmen angeregt und hierbei im Rahmen des Möglichen beraten werden.

§ 138 Auskunftspflicht

(1) Eigentümer, Mieter, Pächter und sonstige zum Besitz oder zur Nutzung eines Grundstücks, Gebäudes oder Gebäudeteils Berechtigte sowie ihre Beauftragten sind verpflichtet, der Gemeinde oder ihren Beauftragten Auskunft über die Tatsachen zu erteilen, deren Kenntnis zur Beurteilung der Sanierungsbedürftigkeit eines Gebiets oder zur Vorbereitung oder Durchführung der Sanierung erforderlich ist. An personenbezogenen Daten können insbesondere Angaben der Betroffenen über ihre persönlichen Lebensumstände im wirtschaftlichen und sozialen Bereich, namentlich über die Berufs-, Erwerbs- und Familienverhältnisse, das Lebensalter, die Wohnbedürfnisse, die sozialen Verflechtungen sowie über die örtlichen Bindungen, erhoben werden.

(2) Die nach Absatz 1 erhobenen personenbezogenen Daten dürfen nur zu Zwecken der Sanierung verwendet werden. Wurden die Daten von einem Beauftragten der Gemeinde erhoben, dürfen sie nur an die Gemeinde weitergegeben werden; die Gemeinde darf die Daten an andere Beauftragte im Sinne des § 157 sowie an die höhere Verwaltungsbehörde weitergeben, soweit dies zu Zwecken der Sanierung erforderlich ist. Nach Aufhebung der förmlichen Festlegung des Sanierungsgebiets sind die Daten zu löschen. Soweit die erhobenen Daten für die Besteuerung erforderlich sind, dürfen sie an die Finanzbehörden weitergegeben werden.

(3) Die mit der Erhebung der Daten Beauftragten sind bei Aufnahme ihrer Tätigkeit nach Maßgabe des Absatzes 2 zu verpflichten. Ihre Pflichten bestehen nach Beendigung ihrer Tätigkeit fort.

(4) Verweigert ein nach Absatz 1 Auskunftspflichtiger die Auskunft, ist § 208 Satz 2 bis 4 über die Androhung und Festsetzung eines Zwangsgelds entsprechend anzuwenden. Der Auskunftspflichtige kann die Auskunft auf solche Fragen verweigern, deren Beantwortung ihn selbst oder einen der in § 383 Absatz 1 Nummer 1 bis 3 der Zivilprozessordnung bezeichneten Angehörigen der Gefahr strafrechtlicher Verfolgung oder eines Verfahrens nach dem Gesetz über Ordnungswidrigkeiten aussetzen würde.

§ 139 Beteiligung und Mitwirkung öffentlicher Aufgabenträger

(1) Der Bund, einschließlich seiner Sondervermögen, die Länder, die Gemeindeverbände und die sonstigen Körperschaften, Anstalten und Stiftungen des öffentlichen Rechts sollen im Rahmen der ihnen obliegenden Aufgaben die Vorbereitung und Durchführung von städtebaulichen Sanierungsmaßnahmen unterstützen.

(2) § 4 Absatz 2 und § 4a Absatz 1 bis 4 und 6 sind bei der Vorbereitung und Durchführung der Sanierung auf Behörden und sonstige Träger öffentlicher Belange sinngemäß anzuwenden. Die Träger öffentlicher Belange haben die Gemeinde auch über Änderungen ihrer Absichten zu unterrichten.

(3) Ist eine Änderung von Zielen und Zwecken der Sanierung oder von Maßnahmen und Planungen der Träger öffentlicher Belange, die aufeinander abgestimmt wurden, beabsichtigt, haben sich die Beteiligten unverzüglich miteinander ins Benehmen zu setzen.

Zu § 75 BewG   **Anlage 075.1**

Drittes Kapitel
Sonstige Vorschriften

Erster Teil
Wertermittlung

§ 192 Gutachterausschuß

(1) Zur Ermittlung von Grundstückswerten und für sonstige Wertermittlungen werden selbständige, unabhängige Gutachterausschüsse gebildet.

(2) Die Gutachterausschüsse bestehen aus einem Vorsitzenden und ehrenamtlichen weiteren Gutachtern.

(3) Der Vorsitzende und die weiteren Gutachter sollen in der Ermittlung von Grundstückswerten oder sonstigen Wertermittlungen sachkundig und erfahren sein und dürfen nicht hauptamtlich mit der Verwaltung der Grundstücke der Gebietskörperschaft, für deren Bereich der Gutachterausschuss gebildet ist, befasst sein. Zur Ermittlung der Bodenrichtwerte sowie der in § 193 Absatz 5 Satz 2 genannten sonstigen für die Wertermittlung erforderlichen Daten ist ein Bediensteter der zuständigen Finanzbehörde mit Erfahrung in der steuerlichen Bewertung von Grundstücken als Gutachter hinzuzuziehen.

(4) Die Gutachterausschüsse bedienen sich einer Geschäftsstelle.

§ 193 Aufgaben des Gutachterausschusses

(1) Der Gutachterausschuss erstattet Gutachten über den Verkehrswert von bebauten und unbebauten Grundstücken sowie Rechten an Grundstücken, wenn

1. die für den Vollzug dieses Gesetzbuchs zuständigen Behörden bei der Erfüllung der Aufgaben nach diesem Gesetzbuch,
2. die für die Feststellung des Werts eines Grundstücks oder der Entschädigung für ein Grundstück oder ein Recht an einem Grundstück auf Grund anderer gesetzlicher Vorschriften zuständigen Behörden,
3. die Eigentümer, ihnen gleichstehende Berechtigte, Inhaber anderer Rechte am Grundstück und Pflichtteilsberechtigte, für deren Pflichtteil der Wert des Grundstücks von Bedeutung ist, oder
4. Gerichte und Justizbehörden

es beantragen. Unberührt bleiben Antragsberechtigungen nach anderen Rechtsvorschriften.

(2) Der Gutachterausschuss kann außer über die Höhe der Entschädigung für den Rechtsverlust auch Gutachten über die Höhe der Entschädigung für andere Vermögensnachteile erstatten.

(3) Die Gutachten haben keine bindende Wirkung, soweit nichts anderes bestimmt oder vereinbart ist.

(4) Eine Abschrift des Gutachtens ist dem Eigentümer zu übersenden.

(5) Der Gutachterausschuss führt eine Kaufpreissammlung, wertet sie aus und ermittelt Bodenrichtwerte und sonstige zur Wertermittlung erforderliche Daten. Zu den sonstigen für die Wertermittlung erforderlichen Daten gehören insbesondere

1. Kapitalisierungszinssätze, mit denen die Verkehrswerte von Grundstücken im Durchschnitt marktüblich verzinst werden (Liegenschaftszinssätze), für die verschiedenen Grundstücksarten, insbesondere Mietwohngrundstücke, Geschäftsgrundstücke und gemischt genutzte Grundstücke,
2. Faktoren zur Anpassung der Sachwerte an die jeweilige Lage auf dem Grundstücksmarkt (Sachwertfaktoren), insbesondere für die Grundstücksarten Ein- und Zweifamilienhäuser,
3. Umrechnungskoeffizienten für das Wertverhältnis von sonst gleichartigen Grundstücken, z. B. bei unterschiedlichem Maß der baulichen Nutzung und
4. Vergleichsfaktoren für bebaute Grundstücke, insbesondere bezogen auf eine Raum- oder Flächeneinheit der baulichen Anlage (Gebäudefaktor) oder auf den nachhaltig erzielbaren jährlichen Ertrag (Ertragsfaktor).

Die erforderlichen Daten im Sinne der Sätze 1 und 2 sind den zuständigen Finanzämtern für Zwecke der steuerlichen Bewertung mitzuteilen.

§ 194 Verkehrswert

Der Verkehrswert (Marktwert) wird durch den Preis bestimmt, der in dem Zeitpunkt, auf den sich die Ermittlung bezieht, im gewöhnlichen Geschäftsverkehr nach den rechtlichen Gegebenheiten und tatsächlichen Eigenschaften, der sonstigen Beschaffenheit und der Lage des Grundstücks oder des sonstigen Gegenstands der Wertermittlung ohne Rücksicht auf ungewöhnliche oder persönliche Verhältnisse zu erzielen wäre.

Anlage 075.1 Zu § 75 BewG

§ 195 Kaufpreissammlung

(1) Zur Führung der Kaufpreissammlung ist jeder Vertrag, durch den sich jemand verpflichtet, Eigentum an einem Grundstück gegen Entgelt, auch im Wege des Tausches, zu übertragen oder ein Erbbaurecht erstmals oder erneut zu bestellen, von der beurkundenden Stelle in Abschrift dem Gutachterausschuss zu übersenden. Dies gilt auch für das Angebot und die Annahme eines Vertrags, wenn diese getrennt beurkundet werden, sowie entsprechend für die Einigung vor einer Enteignungsbehörde, den Enteignungsbeschluss, den Beschluss über die Vorwegnahme einer Entscheidung im Umlegungsverfahren, den Beschluss über die Aufstellung eines Umlegungsplans, den Beschluss über eine vereinfachte Umlegung und für den Zuschlag in einem Zwangsversteigerungsverfahren.

(2) Die Kaufpreissammlung darf nur dem zuständigen Finanzamt für Zwecke der Besteuerung übermittelt werden. Vorschriften, nach denen Urkunden oder Akten den Gerichten oder Staatsanwaltschaften vorzulegen sind, bleiben unberührt.

(3) Auskünfte aus der Kaufpreissammlung sind bei berechtigtem Interesse nach Maßgabe landesrechtlicher Vorschriften zu erteilen (§ 199 Absatz 2 Nummer 4).

§ 196 Bodenrichtwerte

(1) Auf Grund der Kaufpreissammlung sind flächendeckend durchschnittliche Lagewerte für den Boden unter Berücksichtigung des unterschiedlichen Entwicklungszustands zu ermitteln (Bodenrichtwerte). In bebauten Gebieten sind Bodenrichtwerte mit dem Wert zu ermitteln, der sich ergeben würde, wenn der Boden unbebaut wäre. Es sind Richtwertzonen zu bilden, die jeweils Gebiete umfassen, die nach Art und Maß der Nutzung weitgehend übereinstimmen. Die wertbeeinflussenden Merkmale des Bodenrichtwertgrundstücks sind darzustellen. Die Bodenrichtwerte sind jeweils zu Beginn jedes zweiten Kalenderjahres zu ermitteln, wenn nicht eine häufigere Ermittlung bestimmt ist. Für Zwecke der steuerlichen Bewertung des Grundbesitzes sind Bodenrichtwerte nach ergänzenden Vorgaben der Finanzverwaltung zum jeweiligen Hauptfeststellungszeitpunkt oder sonstigen Feststellungszeitpunkt zu ermitteln. Auf Antrag der für den Vollzug dieses Gesetzbuchs zuständigen Behörden sind Bodenrichtwerte für einzelne Gebiete bezogen auf einen abweichenden Zeitpunkt zu ermitteln.

(2) Hat sich in einem Gebiet die Qualität des Bodens durch einen Bebauungsplan oder andere Maßnahmen geändert, sind bei der nächsten Fortschreibung der Bodenrichtwerte auf der Grundlage der geänderten Qualität auch Bodenrichtwerte bezogen auf die Wertverhältnisse zum Zeitpunkt der letzten Hauptfeststellung oder dem letzten sonstigen Feststellungszeitpunkt für steuerliche Zwecke zu ermitteln. Die Ermittlung kann unterbleiben, wenn das zuständige Finanzamt darauf verzichtet.

(3) Die Bodenrichtwerte sind zu veröffentlichen und dem zuständigen Finanzamt mitzuteilen. Jedermann kann von der Geschäftsstelle Auskunft über die Bodenrichtwerte verlangen.

§ 197 Befugnisse des Gutachterausschusses

(1) Der Gutachterausschuss kann mündliche oder schriftliche Auskünfte von Sachverständigen und von Personen einholen, die Angaben über das Grundstück und, wenn das zur Ermittlung von Geldleistungen im Umlegungsverfahren, von Ausgleichsbeträgen und von Enteignungsentschädigungen erforderlich ist, über ein Grundstück, das zum Vergleich herangezogen werden soll, machen können. Er kann verlangen, dass Eigentümer und sonstige Inhaber von Rechten an einem Grundstück die zur Führung der Kaufpreissammlung und zur Begutachtung notwendigen Unterlagen vorlegen. Der Eigentümer und der Besitzer des Grundstücks haben zu dulden, dass Grundstücke zur Auswertung von Kaufpreisen und zur Vorbereitung von Gutachten betreten werden. Wohnungen dürfen nur mit Zustimmung der Wohnungsinhaber betreten werden.

(2) Alle Gerichte und Behörden haben dem Gutachterausschuss Rechts- und Amtshilfe zu leisten. Die Finanzbehörden erteilen dem Gutachterausschuss auf Ersuchen Auskünfte über Grundstücke, soweit ihnen die Verhältnisse der Grundstücke bekannt sind und dies zur Ermittlung von Ausgleichsbeträgen und Enteignungsentschädigungen sowie zur Ermittlung von Verkehrswerten und der für die Wertermittlung erforderlichen Daten einschließlich der Bodenrichtwerte erforderlich ist. Die Auskunftspflicht besteht nicht, soweit deren Erfüllung mit einem unverhältnismäßigen Aufwand verbunden wäre.

§ 198 Oberer Gutachterausschuß

(1) Für den Bereich einer oder mehrerer höherer Verwaltungsbehörden sind Obere Gutachterausschüsse oder Zentrale Geschäftsstellen zu bilden, wenn in dem Bereich der höheren Verwaltungsbehörde mehr als zwei Gutachterausschüsse gebildet sind. Auf die Oberen Gutachterausschüsse sind die Vorschriften über die Gutachterausschüsse entsprechend anzuwenden.

(2) Der Obere Gutachterausschuss oder die Zentrale Geschäftsstelle haben insbesondere die Aufgabe, überregionale Auswertungen und Analysen des Grundstücksmarktgeschehens zu erstellen, auch um zu einer

bundesweiten Grundstücksmarkttransparenz beizutragen. Ist nach Absatz 1 kein Oberer Gutachterausschuss oder keine Zentrale Geschäftsstelle zu bilden, gilt Satz 1 für die Gutachterausschüsse entsprechend.
(3) Der Obere Gutachterausschuss hat auf Antrag eines Gerichts ein Obergutachten zu erstatten, wenn schon das Gutachten eines Gutachterausschusses vorliegt.

§ 199 Ermächtigungen
(1) Die Bundesregierung wird ermächtigt, mit Zustimmung des Bundesrates durch Rechtsverordnung Vorschriften über die Anwendung gleicher Grundsätze bei der Ermittlung der Verkehrswerte und bei der Ableitung der für die Wertermittlung erforderlichen Daten einschließlich der Bodenrichtwerte zu erlassen.
(2) Die Landesregierungen werden ermächtigt, durch Rechtsverordnung
1. die Bildung und das Tätigwerden der Gutachterausschüsse und der Oberen Gutachterausschüsse sowie der Zentralen Geschäftsstellen, soweit in diesem Gesetzbuch nicht bereits geschehen, die Mitwirkung der Gutachter und deren Ausschluss im Einzelfall,
2. die Aufgaben des Vorsitzenden,
3. die Einrichtung und die Aufgaben der Geschäftsstelle,
4. die Führung und Auswertung der Kaufpreissammlung, die Häufigkeit der Bodenrichtwertermittlung sowie die Veröffentlichung der Bodenrichtwerte und sonstiger Daten der Wertermittlung und die Erteilung von Auskünften aus der Kaufpreissammlung,
5. die Übermittlung von Daten der Flurbereinigungsbehörden zur Führung und Auswertung der Kaufpreissammlung,
6. die Übertragung weiterer Aufgaben auf den Gutachterausschuss und den Oberen Gutachterausschuss und
7. die Entschädigung der Mitglieder des Gutachterausschusses und des Oberen Gutachterausschusses

zu regeln.

Zweiter Teil
Allgemeine Vorschriften; Zuständigkeiten; Verwaltungsverfahren; Planerhaltung

Erster Abschnitt
Allgemeine Vorschriften

§ 200 Grundstücke; Rechte an Grundstücken; Baulandkataster
(1) Die für Grundstücke geltenden Vorschriften dieses Gesetzbuchs sind entsprechend auch auf Grundstücksteile anzuwenden.
(2) Die für das Eigentum an Grundstücken bestehenden Vorschriften sind, soweit dieses Gesetzbuch nichts anderes vorschreibt, entsprechend auch auf grundstücksgleiche Rechte anzuwenden.
(3) Die Gemeinde kann sofort oder in absehbarer Zeit bebaubare Flächen in Karten oder Listen auf der Grundlage eines Lageplans erfassen, der Flur- und Flurstücksnummern, Straßennamen und Angaben zur Grundstücksgröße enthält (Baulandkataster). Sie kann die Flächen in Karten oder Listen veröffentlichen, soweit der Grundstückseigentümer nicht widersprochen hat. Die Gemeinde hat ihre Absicht zur Veröffentlichung einen Monat vorher öffentlich bekannt zu geben und dabei auf das Widerspruchsrecht der Grundstückseigentümer hinzuweisen.

§ 200a Ersatzmaßnahmen
Darstellungen für Flächen zum Ausgleich und Festsetzungen für Flächen oder Maßnahmen zum Ausgleich im Sinne des § 1a Absatz 3 umfassen auch Ersatzmaßnahmen. Ein unmittelbarer räumlicher Zusammenhang zwischen Eingriff und Ausgleich ist nicht erforderlich, soweit dies mit einer geordneten städtebaulichen Entwicklung und den Zielen der Raumordnung sowie des Naturschutzes und der Landschaftspflege vereinbar ist.

§ 201 Begriff der Landwirtschaft
Landwirtschaft im Sinne dieses Gesetzbuchs ist insbesondere der Ackerbau, die Wiesen- und Weidewirtschaft einschließlich Tierhaltung, soweit das Futter überwiegend auf den zum landwirtschaftlichen Betrieb gehörenden, landwirtschaftlich genutzten Flächen erzeugt werden kann, die gartenbauliche Erzeugung, der Erwerbsobstbau, der Weinbau, die berufsmäßige Imkerei und die berufsmäßige Binnenfischerei.

§ 202 Schutz des Mutterbodens
Mutterboden, der bei der Errichtung und Änderung baulicher Anlagen sowie bei wesentlichen anderen Veränderungen der Erdoberfläche ausgehoben wird, ist in nutzbarem Zustand zu erhalten und vor Vernichtung oder Vergeudung zu schützen.

Anlage 075.2   Zu § 75 BewG

Verordnung über die bauliche Nutzung der Grundstücke (Baunutzungsverordnung – BauNVO)

i. d. F. der Bekanntmachung vom 21. November 2017
(BGBl. I S. 3786),
zuletzt geändert durch Artikel 2 des Gesetzes vom 14. Juni 2021 (BGBl. I S. 1802)

Inhaltsübersicht[1]

Erster Abschnitt
Art der baulichen Nutzung

§ 1 Allgemeine Vorschriften für Bauflächen und Baugebiete

(1) Im Flächennutzungsplan können die für die Bebauung vorgesehenen Flächen nach der allgemeinen Art ihrer baulichen Nutzung (Bauflächen) dargestellt werden als

1. Wohnbauflächen (W)
2. gemischte Bauflächen (M)
3. gewerbliche Bauflächen (G)
4. Sonderbauflächen (S).

(2) Die für die Bebauung vorgesehenen Flächen können nach der besonderen Art ihrer baulichen Nutzung (Baugebiete) dargestellt werden als

1. Kleinsiedlungsgebiete (WS)
2. reine Wohngebiete (WR)
3. allgemeine Wohngebiete (WA)
4. besondere Wohngebiete (WB)
5. Dorfgebiete (MD)
6. dörfliche Wohngebiete (MDW)
7. Mischgebiete (MI)
8. urbane Gebiete (MU)
9. Kerngebiete (MK)
10. Gewerbegebiete (GE)
11. Industriegebiete (GI)
12. Sondergebiete (SO).

(3) Im Bebauungsplan können die in Absatz 2 bezeichneten Baugebiete festgesetzt werden. Durch die Festsetzung werden die Vorschriften der §§ 2 bis 14 Bestandteil des Bebauungsplans, soweit nicht auf Grund der Absätze 4 bis 10 etwas anderes bestimmt wird. Bei Festsetzung von Sondergebieten finden die Vorschriften über besondere Festsetzungen nach den Absätzen 4 bis 10 keine Anwendung; besondere Festsetzungen über die Art der Nutzung können nach den §§ 10 und 11 getroffen werden.

(4) Für die in den §§ 4 bis 9 bezeichneten Baugebiete können im Bebauungsplan für das jeweilige Baugebiet Festsetzungen getroffen werden, die das Baugebiet

1. nach der Art der zulässigen Nutzung,
2. nach der Art der Betriebe und Anlagen und deren besonderen Bedürfnissen und Eigenschaften

gliedern. Die Festsetzungen nach Satz 1 können auch für mehrere Gewerbegebiete einer Gemeinde im Verhältnis zueinander getroffen werden; dies gilt auch für Industriegebiete. Absatz 5 bleibt unberührt.

(5) Im Bebauungsplan kann festgesetzt werden, dass bestimmte Arten von Nutzungen, die nach den §§ 2 bis 9 sowie 13 und 13a allgemein zulässig sind, nicht zulässig sind oder nur ausnahmsweise zugelassen werden können, sofern die allgemeine Zweckbestimmung des Baugebiets gewahrt bleibt.

---
1) Hier nicht abgedruckt

Zu § 75 BewG   **Anlage 075.2**

(6) Im Bebauungsplan kann festgesetzt werden, dass alle oder einzelne Ausnahmen, die in den Baugebieten nach den §§ 2 bis 9 vorgesehen sind,
1. nicht Bestandteil des Bebauungsplans werden oder
2. in dem Baugebiet allgemein zulässig sind, sofern die allgemeine Zweckbestimmung des Baugebiets gewahrt bleibt.

(7) In Bebauungsplänen für Baugebiete nach den §§ 4 bis 9 kann, wenn besondere städtebauliche Gründe dies rechtfertigen (§ 9 Absatz 3 des Baugesetzbuchs), festgesetzt werden, dass in bestimmten Geschossen, Ebenen oder sonstigen Teilen baulicher Anlagen
1. nur einzelne oder mehrere der in dem Baugebiet allgemein zulässigen Nutzungen zulässig sind,
2. einzelne oder mehrere der in dem Baugebiet allgemein zulässigen Nutzungen unzulässig sind oder als Ausnahme zugelassen werden können oder
3. alle oder einzelne Ausnahmen, die in den Baugebieten nach den §§ 4 bis 9 vorgesehen sind, nicht zulässig oder, sofern die allgemeine Zweckbestimmung des Baugebiets gewahrt bleibt, allgemein zulässig sind.

(8) Die Festsetzungen nach den Absätzen 4 bis 7 können sich auch auf Teile des Baugebiets beschränken.

(9) Wenn besondere städtebauliche Gründe dies rechtfertigen, kann im Bebauungsplan bei Anwendung der Absätze 5 bis 8 festgesetzt werden, dass nur bestimmte Arten der in den Baugebieten allgemein oder ausnahmsweise zulässigen baulichen oder sonstigen Anlagen zulässig oder nicht zulässig sind oder nur ausnahmsweise zugelassen werden können.

(10) Wären bei Festsetzung eines Baugebiets nach den §§ 2 bis 9 in überwiegend bebauten Gebieten bestimmte vorhandene bauliche und sonstige Anlagen unzulässig, kann im Bebauungsplan festgesetzt werden, dass Erweiterungen, Änderungen, Nutzungsänderungen und Erneuerungen dieser Anlagen allgemein zulässig sind oder ausnahmsweise zugelassen werden können. Im Bebauungsplan können nähere Bestimmungen über die Zulässigkeit getroffen werden. Die allgemeine Zweckbestimmung des Baugebiets muss in seinen übrigen Teilen gewahrt bleiben. Die Sätze 1 bis 3 gelten auch für die Änderung und Ergänzung von Bebauungsplänen.

§ 2 Kleinsiedlungsgebiete

(1) Kleinsiedlungsgebiete dienen vorwiegend der Unterbringung von Kleinsiedlungen einschließlich Wohngebäuden mit entsprechenden Nutzgärten und landwirtschaftlichen Nebenerwerbsstellen.

(2) Zulässig sind
1. Kleinsiedlungen einschließlich Wohngebäude mit entsprechenden Nutzgärten, landwirtschaftliche Nebenerwerbsstellen und Gartenbaubetriebe,
2. die der Versorgung des Gebiets dienenden Läden, Schank- und Speisewirtschaften sowie nicht störenden Handwerksbetriebe.

(3) Ausnahmsweise können zugelassen werden
1. sonstige Wohngebäude mit nicht mehr als zwei Wohnungen,
2. Anlagen für kirchliche, kulturelle, soziale, gesundheitliche und sportliche Zwecke,
3. Tankstellen,
4. nicht störende Gewerbebetriebe.

§ 3 Reine Wohngebiete

(1) Reine Wohngebiete dienen dem Wohnen.

(2) Zulässig sind
1. Wohngebäude,
2. Anlagen zur Kinderbetreuung, die den Bedürfnissen der Bewohner des Gebiets dienen.

(3) Ausnahmsweise können zugelassen werden
1. Läden und nicht störende Handwerksbetriebe, die zur Deckung des täglichen Bedarfs für die Bewohner des Gebiets dienen, sowie kleine Betriebe des Beherbergungsgewerbes,
2. sonstige Anlagen für soziale Zwecke sowie den Bedürfnissen der Bewohner des Gebiets dienende Anlagen für kirchliche, kulturelle, gesundheitliche und sportliche Zwecke.

(4) Zu den nach Absatz 2 sowie den §§ 2, 4 bis 7 zulässigen Wohngebäuden gehören auch solche, die ganz oder teilweise der Betreuung und Pflege ihrer Bewohner dienen.

Anlage 075.2   Zu § 75 BewG

§ 4 Allgemeine Wohngebiete
(1) Allgemeine Wohngebiete dienen vorwiegend dem Wohnen.
(2) Zulässig sind
1. Wohngebäude,
2. die der Versorgung des Gebiets dienenden Läden, Schank- und Speisewirtschaften sowie nicht störenden Handwerksbetriebe,
3. Anlagen für kirchliche, kulturelle, soziale, gesundheitliche und sportliche Zwecke.

(3) Ausnahmsweise können zugelassen werden
1. Betriebe des Beherbergungsgewerbes,
2. sonstige nicht störende Gewerbebetriebe,
3. Anlagen für Verwaltungen,
4. Gartenbaubetriebe,
5. Tankstellen.

§ 4a Gebiete zur Erhaltung und Entwicklung der Wohnnutzung (besondere Wohngebiete)
(1) Besondere Wohngebiete sind überwiegend bebaute Gebiete, die aufgrund ausgeübter Wohnnutzung und vorhandener sonstiger in Absatz 2 genannter Anlagen eine besondere Eigenart aufweisen und in denen unter Berücksichtigung dieser Eigenart die Wohnnutzung erhalten und fortentwickelt werden soll. Besondere Wohngebiete dienen vorwiegend dem Wohnen; sie dienen auch der Unterbringung von Gewerbebetrieben und sonstigen Anlagen im Sinne der Absätze 2 und 3, soweit diese Betriebe und Anlagen nach der besonderen Eigenart des Gebiets mit der Wohnnutzung vereinbar sind.

(2) Zulässig sind
1. Wohngebäude,
2. Läden, Betriebe des Beherbergungsgewerbes, Schank- und Speisewirtschaften,
3. sonstige Gewerbebetriebe,
4. Geschäfts- und Bürogebäude,
5. Anlagen für kirchliche, kulturelle, soziale, gesundheitliche und sportliche Zwecke.

(3) Ausnahmsweise können zugelassen werden
1. Anlagen für zentrale Einrichtungen der Verwaltung,
2. Vergnügungsstätten, soweit sie nicht wegen ihrer Zweckbestimmung oder ihres Umfangs nur in Kerngebieten allgemein zulässig sind,
3. Tankstellen.

(4) Für besondere Wohngebiete oder Teile solcher Gebiete kann, wenn besondere städtebauliche Gründe dies rechtfertigen (§ 9 Absatz 3 des Baugesetzbuchs), festgesetzt werden, dass
1. oberhalb eines im Bebauungsplan bestimmten Geschosses nur Wohnungen zulässig sind oder
2. in Gebäuden ein im Bebauungsplan bestimmter Anteil der zulässigen Geschossfläche oder eine bestimmte Größe der Geschossfläche für Wohnungen zu verwenden ist.

§ 5 Dorfgebiete
(1) Dorfgebiete dienen der Unterbringung der Wirtschaftsstellen land- und forstwirtschaftlicher Betriebe, dem Wohnen und der Unterbringung von nicht wesentlich störenden Gewerbebetrieben sowie der Versorgung der Bewohner des Gebiets dienenden Handwerksbetrieben. Auf die Belange der land- und forstwirtschaftlichen Betriebe einschließlich ihrer Entwicklungsmöglichkeiten ist vorrangig Rücksicht zu nehmen.

(2) Zulässig sind
1. Wirtschaftsstellen land- und forstwirtschaftlicher Betriebe und die dazugehörigen Wohnungen und Wohngebäude,
2. Kleinsiedlungen einschließlich Wohngebäude mit entsprechenden Nutzgärten und landwirtschaftliche Nebenerwerbsstellen,
3. sonstige Wohngebäude,
4. Betriebe zur Be- und Verarbeitung und Sammlung land- und forstwirtschaftlicher Erzeugnisse,
5. Einzelhandelsbetriebe, Schank- und Speisewirtschaften sowie Betriebe des Beherbergungsgewerbes,
6. sonstige Gewerbebetriebe,

Zu § 75 BewG **Anlage 075.2**

7. Anlagen für örtliche Verwaltungen sowie für kirchliche, kulturelle, soziale, gesundheitliche und sportliche Zwecke,
8. Gartenbaubetriebe,
9. Tankstellen.

(3) Ausnahmsweise können Vergnügungsstätten im Sinne des § 4a Absatz 3 Nummer 2 zugelassen werden.

§ 5a Dörfliche Wohngebiete

(1) Dörfliche Wohngebiete dienen dem Wohnen sowie der Unterbringung von land- und forstwirtschaftlichen Nebenerwerbsstellen und nicht wesentlich störenden Gewerbebetrieben. Die Nutzungsmischung muss nicht gleichgewichtig sein.

(2) Zulässig sind

1. Wohngebäude,
2. Wirtschaftsstellen land- und forstwirtschaftlicher Nebenerwerbsbetriebe und die dazugehörigen Wohnungen und Wohngebäude,
3. Kleinsiedlungen einschließlich Wohngebäude mit entsprechenden Nutzgärten,
4. nicht gewerbliche Einrichtungen und Anlagen für die Tierhaltung,
5. die der Versorgung des Gebiets dienenden Läden sowie Schank- und Speisewirtschaften,
6. Betriebe des Beherbergungsgewerbes,
7. sonstige Gewerbebetriebe,
8. Anlagen für örtliche Verwaltungen sowie für kirchliche, kulturelle, soziale, gesundheitliche und sportliche Zwecke.

(3) Ausnahmsweise können zugelassen werden

1. Wirtschaftsstellen land- und forstwirtschaftlicher Betriebe und die dazugehörigen Wohnungen und Wohngebäude,
2. Gartenbaubetriebe,
3. Tankstellen.

§ 6 Mischgebiete

(1) Mischgebiete dienen dem Wohnen und der Unterbringung von Gewerbebetrieben, die das Wohnen nicht wesentlich stören.

(2) Zulässig sind

1. Wohngebäude,
2. Geschäfts- und Bürogebäude,
3. Einzelhandelsbetriebe, Schank- und Speisewirtschaften sowie Betriebe des Beherbergungsgewerbes,
4. sonstige Gewerbebetriebe,
5. Anlagen für Verwaltungen sowie für kirchliche, kulturelle, soziale, gesundheitliche und sportliche Zwecke,
6. Gartenbaubetriebe,
7. Tankstellen,
8. Vergnügungsstätten im Sinne des § 4a Absatz 3 Nummer 2 in den Teilen des Gebiets, die überwiegend durch gewerbliche Nutzungen geprägt sind.

(3) Ausnahmsweise können Vergnügungsstätten im Sinne des § 4a Absatz 3 Nummer 2 außerhalb der in Absatz 2 Nummer 8 bezeichneten Teile des Gebiets zugelassen werden.

§ 6a Urbane Gebiete

(1) Urbane Gebiete dienen dem Wohnen sowie der Unterbringung von Gewerbebetrieben und sozialen, kulturellen und anderen Einrichtungen, die die Wohnnutzung nicht wesentlich stören. Die Nutzungsmischung muss nicht gleichgewichtig sein.

(2) Zulässig sind

1. Wohngebäude,
2. Geschäfts- und Bürogebäude,

Anlage 075.2

Zu § 75 BewG

3. Einzelhandelsbetriebe, Schank- und Speisewirtschaften sowie Betriebe des Beherbergungsgewerbes,
4. sonstige Gewerbebetriebe,
5. Anlagen für Verwaltungen sowie für kirchliche, kulturelle, soziale, gesundheitliche und sportliche Zwecke.

(3) Ausnahmsweise können zugelassen werden
1. Vergnügungsstätten, soweit sie nicht wegen ihrer Zweckbestimmung oder ihres Umfangs nur in Kerngebieten allgemein zulässig sind,
2. Tankstellen.

(4) Für urbane Gebiete oder Teile solcher Gebiete kann festgesetzt werden, dass in Gebäuden
1. im Erdgeschoss an der Straßenseite eine Wohnnutzung nicht oder nur ausnahmsweise zulässig ist,
2. oberhalb eines im Bebauungsplan bestimmten Geschosses nur Wohnungen zulässig sind,
3. ein im Bebauungsplan bestimmter Anteil der zulässigen Geschossfläche oder eine im Bebauungsplan bestimmte Größe der Geschossfläche für Wohnungen zu verwenden ist, oder
4. ein im Bebauungsplan bestimmter Anteil der zulässigen Geschossfläche oder eine im Bebauungsplan bestimmte Größe der Geschossfläche für gewerbliche Nutzungen zu verwenden ist.

§ 7 Kerngebiete

(1) Kerngebiete dienen vorwiegend der Unterbringung von Handelsbetrieben sowie der zentralen Einrichtungen der Wirtschaft, der Verwaltung und der Kultur.

(2) Zulässig sind
1. Geschäfts-, Büro- und Verwaltungsgebäude,
2. Einzelhandelsbetriebe, Schank- und Speisewirtschaften, Betriebe des Beherbergungsgewerbes und Vergnügungsstätten,
3. sonstige nicht wesentlich störende Gewerbebetriebe,
4. Anlagen für kirchliche, kulturelle, soziale, gesundheitliche und sportliche Zwecke,
5. Tankstellen im Zusammenhang mit Parkhäusern und Großgaragen,
6. Wohnungen für Aufsichts- und Bereitschaftspersonen sowie für Betriebsinhaber und Betriebsleiter,
7. sonstige Wohnungen nach Maßgabe von Festsetzungen des Bebauungsplans.

(3) Ausnahmsweise können zugelassen werden
1. Tankstellen, die nicht unter Absatz 2 Nummer 5 fallen,
2. Wohnungen, die nicht unter Absatz 2 Nummer 6 und 7 fallen.

(4) Für Teile eines Kerngebiets kann, wenn besondere städtebauliche Gründe dies rechtfertigen (§ 9 Absatz 3 des Baugesetzbuchs), festgesetzt werden, dass
1. oberhalb eines im Bebauungsplan bestimmten Geschosses nur Wohnungen zulässig sind oder
2. in Gebäuden ein im Bebauungsplan bestimmter Anteil der zulässigen Geschossfläche oder eine bestimmte Größe der Geschossfläche für Wohnungen zu verwenden ist.

Dies gilt auch, wenn durch solche Festsetzungen dieser Teil des Kerngebiets nicht vorwiegend der Unterbringung von Handelsbetrieben sowie der zentralen Einrichtungen der Wirtschaft, der Verwaltung und der Kultur dient.

§ 8 Gewerbegebiete

(1) Gewerbegebiete dienen vorwiegend der Unterbringung von nicht erheblich belästigenden Gewerbebetrieben.

(2) Zulässig sind
1. Gewerbebetriebe aller Art, Lagerhäuser, Lagerplätze und öffentliche Betriebe,
2. Geschäfts-, Büro- und Verwaltungsgebäude,
3. Tankstellen,
4. Anlagen für sportliche Zwecke.

(3) Ausnahmsweise können zugelassen werden
1. Wohnungen für Aufsichts- und Bereitschaftspersonen sowie für Betriebsinhaber und Betriebsleiter, die dem Gewerbebetrieb zugeordnet und ihm gegenüber in Grundfläche und Baumasse untergeordnet sind,

Zu § 75 BewG **Anlage 075.2**

2. Anlagen für kirchliche, kulturelle, soziale und gesundheitliche Zwecke,
3. Vergnügungsstätten.

§ 9 Industriegebiete
(1) Industriegebiete dienen ausschließlich der Unterbringung von Gewerbebetrieben, und zwar vorwiegend solcher Betriebe, die in anderen Baugebieten unzulässig sind.
(2) Zulässig sind
1. Gewerbebetriebe aller Art, Lagerhäuser, Lagerplätze und öffentliche Betriebe,
2. Tankstellen.
(3) Ausnahmsweise können zugelassen werden
1. Wohnungen für Aufsichts- und Bereitschaftspersonen sowie für Betriebsinhaber und Betriebsleiter, die dem Gewerbebetrieb zugeordnet und ihm gegenüber in Grundfläche und Baumasse untergeordnet sind,
2. Anlagen für kirchliche, kulturelle, soziale, gesundheitliche und sportliche Zwecke.

§ 10 Sondergebiete, die der Erholung dienen
(1) Als Sondergebiete, die der Erholung dienen, kommen insbesondere in Betracht
Wochenendhausgebiete,
Ferienhausgebiete,
Campingplatzgebiete.
(2) Für Sondergebiete, die der Erholung dienen, sind die Zweckbestimmung und die Art der Nutzung darzustellen und festzusetzen. Im Bebauungsplan kann festgesetzt werden, dass bestimmte, der Eigenart des Gebiets entsprechende Anlagen und Einrichtungen zur Versorgung des Gebiets und für sportliche Zwecke allgemein zulässig sind oder ausnahmsweise zugelassen werden können.
(3) In Wochenendhausgebieten sind Wochenendhäuser als Einzelhäuser zulässig. Im Bebauungsplan kann festgesetzt werden, dass Wochenendhäuser nur als Hausgruppen zulässig sind oder ausnahmsweise als Hausgruppen zugelassen werden können. Die zulässige Grundfläche der Wochenendhäuser ist im Bebauungsplan, begrenzt nach der besonderen Eigenart des Gebiets, unter Berücksichtigung der landschaftlichen Gegebenheiten festzusetzen.
(4) In Ferienhausgebieten sind Ferienhäuser zulässig, die aufgrund ihrer Lage, Größe, Ausstattung, Erschließung und Versorgung für den Erholungsaufenthalt geeignet und dazu bestimmt sind, überwiegend und auf Dauer einem wechselnden Personenkreis zur Erholung zu dienen. Im Bebauungsplan kann die Grundfläche der Ferienhäuser, begrenzt nach der besonderen Eigenart des Gebiets, unter Berücksichtigung der landschaftlichen Gegebenheiten festgesetzt werden.
(5) In Campingplatzgebieten sind Campingplätze und Zeltplätze zulässig.

§ 11 Sonstige Sondergebiete
(1) Als sonstige Sondergebiete sind solche Gebiete darzustellen und festzusetzen, die sich von den Baugebieten nach den §§ 2 bis 10 wesentlich unterscheiden
(2) Für sonstige Sondergebiete sind die Zweckbestimmung und die Art der Nutzung darzustellen und festzusetzen. Als sonstige Sondergebiete kommen insbesondere in Betracht
Gebiete für den Fremdenverkehr, wie Kurgebiete und Gebiete für die Fremdenbeherbergung, auch mit einer Mischung von Fremdenbeherbergung oder Ferienwohnen einerseits sowie Dauerwohnen andererseits,
Ladengebiete,
Gebiete für Einkaufszentren und großflächige Handelsbetriebe,
Gebiete für Messen, Ausstellungen und Kongresse,
Hochschulgebiete,
Klinikgebiete,
Hafengebiete,
Gebiete für Anlagen, die der Erforschung, Entwicklung oder Nutzung erneuerbarer Energien, wie Wind- und Sonnenenergie, dienen.

(3) 1. Einkaufszentren,
2. großflächige Einzelhandelsbetriebe, die sich nach Art, Lage oder Umfang auf die Verwirklichung der Ziele der Raumordnung und Landesplanung oder auf die städtebauliche Entwicklung und Ordnung nicht nur unwesentlich auswirken können,

Anlage 075.2 — Zu § 75 BewG

3. sonstige großflächige Handelsbetriebe, die im Hinblick auf den Verkauf an letzte Verbraucher und auf die Auswirkungen den in Nummer 2 bezeichneten Einzelhandelsbetrieben vergleichbar sind,

sind außer in Kerngebieten nur in für sie festgesetzten Sondergebieten zulässig. Auswirkungen im Sinne des Satzes 1 Nummer 2 und 3 sind insbesondere schädliche Umwelteinwirkungen im Sinne des § 3 des Bundes-Immissionsschutzgesetzes sowie Auswirkungen auf die infrastrukturelle Ausstattung, auf den Verkehr, auf die Versorgung der Bevölkerung im Einzugsbereich der in Satz 1 bezeichneten Betriebe, auf die Entwicklung zentraler Versorgungsbereiche in der Gemeinde oder in anderen Gemeinden, auf das Orts- und Landschaftsbild und auf den Naturhaushalt. Auswirkungen im Sinne des Satzes 2 sind bei Betrieben nach Satz 1 Nummer 2 und 3 in der Regel anzunehmen, wenn die Geschossfläche 1 200 m² überschreitet. Die Regel des Satzes 3 gilt nicht, wenn Anhaltspunkte dafür bestehen, dass Auswirkungen bereits bei weniger als 1 200 m² Geschossfläche vorliegen oder bei mehr als 1 200 m² Geschossfläche nicht vorliegen; dabei sind in Bezug auf die in Satz 2 bezeichneten Auswirkungen insbesondere die Gliederung und Größe der Gemeinde und ihrer Ortsteile, die Sicherung der verbrauchernahen Versorgung der Bevölkerung und das Warenangebot des Betriebs zu berücksichtigen.

§ 12 Stellplätze und Garagen

(1) Stellplätze und Garagen sind in allen Baugebieten zulässig, soweit sich aus den Absätzen 2 bis 6 nichts anderes ergibt.

(2) In Kleinsiedlungsgebieten, reinen Wohngebieten und allgemeinen Wohngebieten sowie Sondergebieten, die der Erholung dienen, sind Stellplätze und Garagen nur für den durch die zugelassene Nutzung verursachten Bedarf zulässig.

(3) Unzulässig sind

1. Stellplätze und Garagen für Lastkraftwagen und Kraftomnibusse sowie für Anhänger dieser Kraftfahrzeuge in reinen Wohngebieten,
2. Stellplätze und Garagen für Kraftfahrzeuge mit einem Eigengewicht über 3,5 Tonnen sowie für Anhänger dieser Kraftfahrzeuge in Kleinsiedlungsgebieten und allgemeinen Wohngebieten.

(4) Im Bebauungsplan kann, wenn besondere städtebauliche Gründe dies rechtfertigen (§ 9 Absatz 3 des Baugesetzbuchs), festgesetzt werden, dass in bestimmten Geschossen nur Stellplätze oder Garagen und zugehörige Nebeneinrichtungen (Garagengeschosse) zulässig sind. Eine Festsetzung nach Satz 1 kann auch für Geschosse unterhalb der Geländeoberfläche getroffen werden. Bei Festsetzungen nach den Sätzen 1 und 2 sind Stellplätze und Garagen auf dem Grundstück nur in den festgesetzten Geschossen zulässig, soweit der Bebauungsplan nichts anderes bestimmt.

(5) Im Bebauungsplan kann, wenn besondere städtebauliche Gründe dies rechtfertigen (§ 9 Absatz 3 des Baugesetzbuchs), festgesetzt werden, dass in Teilen von Geschossen nur Stellplätze und Garagen zulässig sind. Absatz 4 Satz 2 und 3 gilt entsprechend.

(6) Im Bebauungsplan kann festgesetzt werden, dass in Baugebieten oder bestimmten Teilen von Baugebieten Stellplätze und Garagen unzulässig oder nur in beschränktem Umfang zulässig sind, soweit landesrechtliche Vorschriften nicht entgegenstehen.

(7) Die landesrechtlichen Vorschriften über die Ablösung der Verpflichtung zur Herstellung von Stellplätzen und Garagen sowie die Verpflichtung zur Herstellung von Stellplätzen und Garagen außerhalb der im Bebauungsplan festgesetzten Bereiche bleiben bei Festsetzungen nach den Absätzen 4 bis 6 unberührt.

§ 13 Gebäude und Räume für freie Berufe

Für die Berufsausübung freiberuflich Tätiger und solcher Gewerbetreibender, die ihren Beruf in ähnlicher Art ausüben, sind in den Baugebieten nach den §§ 2 bis 4 Räume, in den Baugebieten nach den §§ 4a bis 9 auch Gebäude zulässig.

§ 13a Ferienwohnungen

Räume oder Gebäude, die einem ständig wechselnden Kreis von Gästen gegen Entgelt vorübergehend zur Unterkunft zur Verfügung gestellt werden und die zur Begründung einer eigenen Häuslichkeit geeignet und bestimmt sind (Ferienwohnungen), gehören unbeschadet des § 10 in der Regel zu den nicht störenden Gewerbebetrieben nach § 2 Absatz 3 Nummer 4 und § 4 Absatz 3 Nummer 2 oder zu den Gewerbebetrieben nach § 4a Absatz 2 Nummer 3, § 5 Absatz 2 Nummer 6, § 5a Absatz 2 Nummer 7, § 6 Absatz 2 Nummer 4, § 6a Absatz 2 Nummer 4 und § 7 Absatz 2 Nummer 3. Abweichend von Satz 1 können Räume nach Satz 1 in den übrigen Fällen insbesondere bei einer baulich untergeordneten Bedeutung gegenüber der in dem Gebäude vorherrschenden Hauptnutzung zu den Betrieben des Beherbergungsgewerbes nach § 4 Absatz 3 Nummer 1, § 4a Absatz 2 Nummer 2, § 5 Absatz 2 Nummer 5, § 5a Absatz 2 Nummer 6, § 6 Absatz 2

Nummer 3, § 6a Absatz 2 Nummer 3 und § 7 Absatz 2 Nummer 2 oder zu den kleinen Betrieben des Beherbergungsgewerbes nach § 3 Absatz 3 Nummer 1 gehören.

§ 14 Nebenanlagen; Anlagen zur Nutzung solarer Strahlungsenergie und Kraft-Wärme-Kopplungsanlagen

(1) Außer den in den §§ 2 bis 13 genannten Anlagen sind auch untergeordnete Nebenanlagen und Einrichtungen zulässig, die dem Nutzungszweck der in dem Baugebiet gelegenen Grundstücke oder des Baugebiets selbst dienen und die seiner Eigenart nicht widersprechen. Soweit nicht bereits in den Baugebieten nach dieser Verordnung Einrichtungen und Anlagen für die Tierhaltung, einschließlich der Kleintiererhaltungszucht, zulässig sind, gehören zu den untergeordneten Nebenanlagen und Einrichtungen im Sinne des Satzes 1 auch solche für die Kleintierhaltung. Im Bebauungsplan kann die Zulässigkeit der Nebenanlagen und Einrichtungen eingeschränkt oder ausgeschlossen werden.

(1a) In den Baugebieten nach den §§ 2 bis 11 sind Nebenanlagen, die der öffentlichen Versorgung mit Telekommunikationsdienstleistungen dienen, zulässig; Absatz 1 Satz 3 gilt entsprechend.

(2) Die der Versorgung der Baugebiete mit Elektrizität, Gas, Wärme und Wasser sowie zur Ableitung von Abwasser dienenden Nebenanlagen können in den Baugebieten als Ausnahme zugelassen werden, auch soweit für sie im Bebauungsplan keine besonderen Flächen festgesetzt sind. Dies gilt auch für fernmeldetechnische Nebenanlagen sowie für Anlagen für erneuerbare Energien, soweit nicht Absatz 1 Satz 1 oder Absatz 1a Anwendung findet.

(3) Soweit baulich untergeordnete Anlagen zur Nutzung solarer Strahlungsenergie in, an oder auf Dach- und Außenwandflächen oder Kraft-Wärme-Kopplungsanlagen innerhalb von Gebäuden nicht bereits nach den §§ 2 bis 13 zulässig sind, gelten sie auch dann als Anlagen im Sinne des Absatzes 1 Satz 1, wenn die erzeugte Energie vollständig oder überwiegend in das öffentliche Netz eingespeist wird.

§ 15 Allgemeine Voraussetzungen für die Zulässigkeit baulicher und sonstiger Anlagen

(1) Die in den §§ 2 bis 14 aufgeführten baulichen und sonstigen Anlagen sind im Einzelfall unzulässig, wenn sie nach Anzahl, Lage, Umfang oder Zweckbestimmung der Eigenart des Baugebiets widersprechen. Sie sind auch unzulässig, wenn von ihnen Belästigungen oder Störungen ausgehen können, die nach der Eigenart des Baugebiets im Baugebiet selbst oder in dessen Umgebung unzumutbar sind, oder wenn sie solchen Belästigungen oder Störungen ausgesetzt werden.

(2) Die Anwendung des Absatzes 1 hat nach den städtebaulichen Zielen und Grundsätzen des § 1 Absatz 5 des Baugesetzbuchs zu erfolgen.

(3) Die Zulässigkeit der Anlagen in den Baugebieten ist nicht allein nach den verfahrensrechtlichen Einordnungen des Bundes-Immissionsschutzgesetzes und der auf seiner Grundlage erlassenen Verordnungen zu beurteilen.

Zweiter Abschnitt
Maß der baulichen Nutzung

§ 16 Bestimmung des Maßes der baulichen Nutzung

(1) Wird im Flächennutzungsplan das allgemeine Maß der baulichen Nutzung dargestellt, genügt die Angabe der Geschossflächenzahl, der Baumassenzahl oder der Höhe baulicher Anlagen.

(2) Im Bebauungsplan kann das Maß der baulichen Nutzung bestimmt werden durch Festsetzung

1. der Grundflächenzahl oder der Größe der Grundflächen der baulichen Anlagen,
2. der Geschossflächenzahl oder der Größe der Geschossfläche, der Baumassenzahl oder der Baumasse,
3. der Zahl der Vollgeschosse,
4. der Höhe baulicher Anlagen.

(3) Bei Festsetzung des Maßes der baulichen Nutzung im Bebauungsplan ist festzusetzen

1. stets die Grundflächenzahl oder die Größe der Grundflächen der baulichen Anlagen,
2. die Zahl der Vollgeschosse oder die Höhe baulicher Anlagen, wenn ohne ihre Festsetzung öffentliche Belange, insbesondere das Orts- und Landschaftsbild, beeinträchtigt werden können.

(4) Bei Festsetzung des Höchstmaßes für die Geschossflächenzahl oder die Größe der Geschossfläche, für die Zahl der Vollgeschosse und die Höhe baulicher Anlagen im Bebauungsplan kann zugleich ein Mindestmaß festgesetzt werden. Die Zahl der Vollgeschosse und die Höhe baulicher Anlagen können auch als zwingend festgesetzt werden.

Anlage 075.2

Zu § 75 BewG

(5) Im Bebauungsplan kann das Maß der baulichen Nutzung für Teile des Baugebiets, für einzelne Grundstücke oder Grundstücksteile und für Teile baulicher Anlagen unterschiedlich festgesetzt werden; die Festsetzungen können oberhalb und unterhalb der Geländeoberfläche getroffen werden.

(6) Im Bebauungsplan können nach Art und Umfang bestimmte Ausnahmen von dem festgesetzten Maß der baulichen Nutzung vorgesehen werden.

§ 17 Orientierungswerte für die Bestimmung des Maßes der baulichen Nutzung

Bei der Bestimmung des Maßes der baulichen Nutzung nach § 16 bestehen, auch wenn eine Geschossflächenzahl oder eine Baumassenzahl nicht dargestellt oder festgesetzt wird, folgende Orientierungswerte für Obergrenzen:

1	2	3	4
Baugebiet	Grundflächenzahl (GRZ)	Geschossflächenzahl (GFZ)	Baumassenzahl (BMZ)
in Kleinsiedlungsgebieten (WS)	0,2	0,4	–
in reinen Wohngebieten (WR) allgemeinen Wohngebieten (WA) Ferienhausgebieten	0,4	1,2	–
in besonderen Wohngebieten (WB)	0,6	1,6	–
in Dorfgebieten (MD) Mischgebieten (MI) dörflichen Wohngebieten (MDW)	0,6	1,2	–
in urbanen Gebieten (MU)	0,8	3,0	–
in Kerngebieten (MK)	1,0	3,0	–
in Gewerbegebieten (GE) Industriegebieten (GI) sonstigen Sondergebieten	0,8	2,4	10,0
in Wochenendhausgebieten	0,2	0,2	–

In Wochenendhausgebieten und Ferienhausgebieten dürfen die Orientierungswerte für Obergrenzen nach Satz 1 nicht überschritten werden.

§ 18 Höhe baulicher Anlagen

(1) Bei Festsetzung der Höhe baulicher Anlagen sind die erforderlichen Bezugspunkte zu bestimmen.

(2) Ist die Höhe baulicher Anlagen als zwingend festgesetzt (§ 16 Absatz 4 Satz 2), können geringfügige Abweichungen zugelassen werden.

§ 19 Grundflächenzahl, zulässige Grundfläche

(1) Die Grundflächenzahl gibt an, wieviel Quadratmeter Grundfläche je Quadratmeter Grundstücksfläche im Sinne des Absatzes 3 zulässig sind.

(2) Zulässige Grundfläche ist der nach Absatz 1 errechnete Anteil des Baugrundstücks, der von baulichen Anlagen überdeckt werden darf.

(3) Für die Ermittlung der zulässigen Grundfläche ist die Fläche des Baugrundstücks maßgebend, die im Bauland und hinter der im Bebauungsplan festgesetzten Straßenbegrenzungslinie liegt. Ist eine Straßenbegrenzungslinie nicht festgesetzt, so ist die Fläche des Baugrundstücks maßgebend, die hinter der tatsächlichen Straßengrenze liegt oder die im Bebauungsplan als maßgebend für die Ermittlung der zulässigen Grundfläche festgesetzt ist.

(4) Bei der Ermittlung der Grundfläche sind die Grundflächen von

1. Garagen und Stellplätzen mit ihren Zufahrten,
2. Nebenanlagen im Sinne des § 14,
3. baulichen Anlagen unterhalb der Geländeoberfläche, durch die das Baugrundstück lediglich unterbaut wird,

Zu § 75 BewG   **Anlage 075.2**

mitzurechnen. Die zulässige Grundfläche darf durch die Grundflächen der in Satz 1 bezeichneten Anlagen bis zu 50 vom Hundert überschritten werden, höchstens jedoch bis zu einer Grundflächenzahl von 0,8; weitere Überschreitungen in geringfügigem Ausmaß können zugelassen werden. Im Bebauungsplan können von Satz 2 abweichende Bestimmungen getroffen werden. Soweit der Bebauungsplan nichts anderes festsetzt, kann im Einzelfall von der Einhaltung der sich aus Satz 2 ergebenden Grenzen abgesehen werden

1. bei Überschreitungen mit geringfügigen Auswirkungen auf die natürlichen Funktionen des Bodens oder
2. wenn die Einhaltung der Grenzen zu einer wesentlichen Erschwerung der zweckentsprechenden Grundstücksnutzung führen würde.

§ 20 Vollgeschosse, Geschoßflächenzahl, Geschoßfläche

(1) Als Vollgeschosse gelten Geschosse, die nach landesrechtlichen Vorschriften Vollgeschosse sind oder auf ihre Zahl angerechnet werden.

(2) Die Geschossflächenzahl gibt an, wieviel Quadratmeter Geschossfläche je Quadratmeter Grundstücksfläche im Sinne des § 19 Absatz 3 zulässig sind.

(3) Die Geschossfläche ist nach den Außenmaßen der Gebäude in allen Vollgeschossen zu ermitteln. Im Bebauungsplan kann festgesetzt werden, dass die Flächen von Aufenthaltsräumen in anderen Geschossen einschließlich der zu ihnen gehörenden Treppenräume und einschließlich ihrer Umfassungswände ganz oder teilweise mitzurechnen oder ausnahmsweise nicht mitzurechnen sind.

(4) Bei der Ermittlung der Geschossfläche bleiben Nebenanlagen im Sinne des § 14, Balkone, Loggien, Terrassen sowie bauliche Anlagen, soweit sie nach Landesrecht in den Abstandsflächen (seitlicher Grenzabstand und sonstige Abstandsflächen) zulässig sind oder zugelassen werden können, unberücksichtigt.

§ 21 Baumassenzahl, Baumasse

(1) Die Baumassenzahl gibt an, wieviel Kubikmeter Baumasse je Quadratmeter Grundstücksfläche im Sinne des § 19 Absatz 3 zulässig sind.

(2) Die Baumasse ist nach den Außenmaßen der Gebäude vom Fußboden des untersten Vollgeschosses bis zur Decke des obersten Vollgeschosses zu ermitteln. Die Baumassen von Aufenthaltsräumen in anderen Geschossen einschließlich der zu ihnen gehörenden Treppenräume und einschließlich ihrer Umfassungswände und Decken sind mitzurechnen. Bei baulichen Anlagen, bei denen eine Berechnung der Baumasse nach Satz 1 nicht möglich ist, ist die tatsächliche Baumasse zu ermitteln.

(3) Bauliche Anlagen und Gebäudeteile im Sinne des § 20 Absatz 4 bleiben bei der Ermittlung der Baumasse unberücksichtigt.

(4) Ist im Bebauungsplan die Höhe baulicher Anlagen oder die Baumassenzahl nicht festgesetzt, darf bei Gebäuden, die Geschosse von mehr als 3,50 m Höhe haben, eine Baumassenzahl, die das Dreieinhalbfache der zulässigen Geschossflächenzahl beträgt, nicht überschritten werden.

§ 21a Stellplätze, Garagen und Gemeinschaftsanlagen

(1) Garagengeschosse oder ihre Baumasse sind in sonst anders genutzten Gebäuden auf die Zahl der zulässigen Vollgeschosse oder auf die zulässige Baumasse nicht anzurechnen, wenn der Bebauungsplan dies festsetzt oder als Ausnahme vorsieht.

(2) Der Grundstücksfläche im Sinne des § 19 Absatz 3 sind Flächenanteile an außerhalb des Baugrundstücks festgesetzten Gemeinschaftsanlagen im Sinne des § 9 Absatz 1 Nummer 22 des Baugesetzbuchs hinzuzurechnen, wenn der Bebauungsplan dies festsetzt oder als Ausnahme vorsieht.

(3) Soweit § 19 Absatz 4 nicht entgegensteht, ist eine Überschreitung der zulässigen Grundfläche durch überdachte Stellplätze und Garagen bis zu 0,1 der Fläche des Baugrundstücks zulässig; eine weitergehende Überschreitung kann ausnahmsweise zugelassen werden

1. in Kerngebieten, Gewerbegebieten und Industriegebieten,
2. in anderen Baugebieten, soweit solche Anlagen nach § 9 Absatz 1 Nummer 4 des Baugesetzbuchs im Bebauungsplan festgesetzt sind.

(4) Bei der Ermittlung der Geschossfläche oder der Baumasse bleiben unberücksichtigt die Flächen oder Baumassen von

1. Garagengeschossen, die nach Absatz 1 nicht angerechnet werden,
2. Stellplätzen und Garagen, deren Grundflächen die zulässige Grundfläche unter den Voraussetzungen des Absatzes 3 überschreiten,

Anlage 075.2

Zu § 75 BewG

3. Stellplätzen und Garagen in Vollgeschossen, wenn der Bebauungsplan dies festsetzt oder als Ausnahme vorsieht.

(5) Die zulässige Geschossfläche oder die zulässige Baumasse ist um die Flächen oder Baumassen notwendiger Garagen, die unter der Geländeoberfläche hergestellt werden, insoweit zu erhöhen, als der Bebauungsplan dies festsetzt oder als Ausnahme vorsieht.

Dritter Abschnitt
Bauweise, überbaubare Grundstücksfläche

§ 22 Bauweise

(1) Im Bebauungsplan kann die Bauweise als offene oder geschlossene Bauweise festgesetzt werden.

(2) In der offenen Bauweise werden die Gebäude mit seitlichem Grenzabstand als Einzelhäuser, Doppelhäuser oder Hausgruppen errichtet. Die Länge der in Satz 1 bezeichneten Hausformen darf höchstens 50 m betragen. Im Bebauungsplan können Flächen festgesetzt werden, auf denen nur Einzelhäuser, nur Doppelhäuser, nur Hausgruppen oder nur zwei dieser Hausformen zulässig sind.

(3) In der geschlossenen Bauweise werden die Gebäude ohne seitlichen Grenzabstand errichtet, es sei denn, dass die vorhandene Bebauung eine Abweichung erfordert.

(4) Im Bebauungsplan kann eine von Absatz 1 abweichende Bauweise festgesetzt werden. Dabei kann auch festgesetzt werden, inwieweit an die vorderen, rückwärtigen und seitlichen Grundstücksgrenzen herangebaut werden darf oder muss.

§ 23 Überbaubare Grundstücksfläche

(1) Die überbaubaren Grundstücksflächen können durch die Festsetzung von Baulinien, Baugrenzen oder Bebauungstiefen bestimmt werden. § 16 Absatz 5 ist entsprechend anzuwenden.

(2) Ist eine Baulinie festgesetzt, so muss auf dieser Linie gebaut werden. Ein Vor- oder Zurücktreten von Gebäudeteilen in geringfügigem Ausmaß kann zugelassen werden. Im Bebauungsplan können weitere nach Art und Umfang bestimmte Ausnahmen vorgesehen werden.

(3) Ist eine Baugrenze festgesetzt, so dürfen Gebäude und Gebäudeteile diese nicht überschreiten. Ein Vortreten von Gebäudeteilen in geringfügigem Ausmaß kann zugelassen werden. Absatz 2 Satz 3 gilt entsprechend.

(4) Ist eine Bebauungstiefe festgesetzt, so gilt Absatz 3 entsprechend. Die Bebauungstiefe ist von der tatsächlichen Straßengrenze ab zu ermitteln, sofern im Bebauungsplan nichts anderes festgesetzt ist.

(5) Wenn im Bebauungsplan nichts anderes festgesetzt ist, können auf den nicht überbaubaren Grundstücksflächen Nebenanlagen im Sinne des § 14 zugelassen werden. Das Gleiche gilt für bauliche Anlagen, soweit sie nach Landesrecht in den Abstandsflächen zulässig sind oder zugelassen werden können.

Vierter Abschnitt

§ 24 (weggefallen)

Fünfter Abschnitt
Überleitungs- und Schlussvorschriften

§ 25 Fortführung eingeleiteter Verfahren

Für Bauleitpläne, deren Aufstellung oder Änderung bereits eingeleitet ist, sind die dieser Verordnung entsprechenden bisherigen Vorschriften weiterhin anzuwenden, wenn die Pläne bei dem Inkrafttreten dieser Verordnung bereits ausgelegt sind.

* Diese Vorschrift betrifft die Fortführung eingeleiteter Verfahren bei Inkrafttreten der Baunutzungsverordnung (1. August 1962) in der ursprünglichen Fassung vom 26. Juni 1962 (BGBl. I S. 429). Für die Fortführung eingeleiteter Verfahren bei Inkrafttreten der Änderungsverordnung (1. Januar 1969) bestimmt Artikel 2 der Verordnung zur Änderung der Baunutzungsverordnung vom 26. November 1968 (BGBl. I S. 1233): „"Für Bauleitpläne, deren Aufstellung oder Änderung bereits eingeleitet ist, gilt die Verordnung in der bisherigen Fassung, wenn die Pläne bei Inkrafttreten dieser Verordnung bereits nach § 2 Absatz 6 des Bundesbaugesetzes ausgelegt sind."

§ 25a Überleitungsvorschriften aus Anlaß der zweiten Änderungsverordnung

(1) Für Bauleitpläne, deren Aufstellung oder Änderung bereits eingeleitet ist, gilt diese Verordnung in ihrer bis zum Inkrafttreten der Zweiten Verordnung zur Änderung dieser Verordnung vom 15. September 1977 (BGBl. I S. 1757) gültigen Fassung, wenn die Pläne bei Inkrafttreten der zweiten Änderungsver-

ordnung nach § 2a Absatz 6 des Bundesbaugesetzes oder § 2 Absatz 6 des Bundesbaugesetzes in der bis zum 1. Januar 1977 geltenden Fassung ausgelegt sind.

(2) Von der Geltung der Vorschriften der zweiten Änderungsverordnung über gesonderte Festsetzungen für übereinanderliegende Geschosse und Ebenen sowie sonstige Teile baulicher Anlagen sind solche Bebauungspläne ausgenommen, auf die § 9 Absatz 3 des Bundesbaugesetzes in der ab 1. Januar 1977 geltenden Fassung nach Maßgabe des Artikels 3 § 1 Absatz 3 des Gesetzes zur Änderung des Bundesbaugesetzes vom 18. August 1976 (BGBl. I S. 2221) keine Anwendung findet. Auf diese Bebauungspläne finden die Vorschriften dieser Verordnung über gesonderte Festsetzungen für übereinanderliegende Geschosse und Ebenen und sonstige Teile baulicher Anlagen in der bis zum Inkrafttreten der zweiten Änderungsverordnung gültigen Fassung weiterhin Anwendung.

§ 25b Überleitungsvorschrift aus Anlass der dritten Änderungsverordnung

(1) Ist der Entwurf eines Bebauungsplans vor dem Inkrafttreten der dritten Änderungsverordnung nach § 2a Absatz 6 des Bundesbaugesetzes öffentlich ausgelegt worden, ist auf ihn § 11 Absatz 3 Satz 3 in der bis zum Inkrafttreten der dritten Änderungsverordnung geltenden Fassung anzuwenden. Das Recht der Gemeinde, das Verfahren zur Aufstellung des Bebauungsplans erneut einzuleiten, bleibt unberührt.

(2) Auf Bebauungspläne, auf die § 11 Absatz 3 in der Fassung der Bekanntmachung vom 15. September 1977 Anwendung findet, ist § 11 Absatz 3 Satz 4 entsprechend anzuwenden.

§ 25c Überleitungsvorschrift aus Anlass der vierten Änderungsverordnung

Ist der Entwurf eines Bauleitplans vor dem 27. Januar 1990 nach § 3 Absatz 2 des Baugesetzbuchs öffentlich ausgelegt worden, ist auf ihn diese Verordnung in der bis zum 26. Januar 1990 geltenden Fassung anzuwenden. Das Recht der Gemeinde, das Verfahren zur Aufstellung des Bauleitplans erneut einzuleiten, bleibt unberührt.

§ 25d Überleitungsvorschrift aus Anlass des Gesetzes zur Stärkung der Innenentwicklung in den Städten und Gemeinden und weiteren Fortentwicklung des Städtebaurechts

Ist der Entwurf eines Bauleitplans vor dem 20. September 2013 nach § 3 Absatz 2 des Baugesetzbuchs öffentlich ausgelegt worden, ist auf ihn diese Verordnung in der bis zum 20. September 2013 geltenden Fassung anzuwenden. Das Recht der Gemeinde, das Verfahren zur Aufstellung des Bauleitplans erneut einzuleiten, bleibt unberührt.

§ 25e Überleitungsvorschrift aus Anlass des Gesetzes zur Mobilisierung von Bauland

Ist der Entwurf eines Bauleitplans vor dem 23. Juni 2021 nach § 3 Absatz 2 des Baugesetzbuchs oder nach dem Planungssicherstellungsgesetz öffentlich ausgelegt worden, ist auf ihn diese Verordnung in der bis zum 23. Juni 2021 geltenden Fassung anzuwenden. Das Recht der Gemeinde, das Verfahren zur Aufstellung des Bauleitplans erneut einzuleiten, bleibt unberührt.

§ 26 Berlin-Klausel

§ 26a Überleitungsregelungen aus Anlass der Herstellung der Einheit Deutschlands

Soweit in dieser Verordnung auf Vorschriften verwiesen wird, die in dem in Artikel 3 des Einigungsvertrages genannten Gebiet keine Anwendung finden, sind die entsprechenden Vorschriften der Deutschen Demokratischen Republik anzuwenden. Bestehen solche Vorschriften nicht oder würde ihre Anwendung dem Sinn der Verweisung widersprechen, gelten die Vorschriften, auf die verwiesen wird, entsprechend.

§ 27 (Inkrafttreten)

Anlage 075.3 Zu § 75 BewG

Verordnung
über wohnungswirtschaftliche Berechnungen nach dem Zweiten Wohnungsbaugesetz
(Zweite Berechnungsverordnung – II. BV)
Vom 12. Oktober 1990
(BGBl. I S. 2178, BStBl. I S. 736)
zuletzt geändert durch Artikel 78 Abs. 2 des Gesetzes vom 23. November 2007
(BGBl. I S. 2614)
– Auszug –

§ 24 Bewirtschaftungskosten

(1) Bewirtschaftungskosten sind die Kosten, die zur Bewirtschaftung des Gebäudes oder der Wirtschaftseinheit laufend erforderlich sind. Bewirtschaftungskosten sind im einzelnen

1. Abschreibung,
2. Verwaltungskosten,
3. Betriebskosten,
4. Instandhaltungskosten,
5. Mietausfallwagnis.

(2) Der Ansatz der Bewirtschaftungskosten hat den Grundsätzen einer ordentlichen Bewirtschaftung zu entsprechen. Bewirtschaftungskosten dürfen nur abgesetzt werden, wenn sie ihrer Höhe nach feststehen oder wenn mit ihrem Entstehen sicher gerechnet werden kann und soweit sie bei gewissenhafter Abwägung aller Umstände und bei ordentlicher Geschäftsführung gerechtfertigt sind. Erfahrungswerte vergleichbarer Bauten sind heranzuziehen. Soweit nach den §§ 26 und 28 Absätze bis zu einer bestimmten Höhe zugelassen sind, dürfen Bewirtschaftungskosten bis zu dieser Höhe angesetzt werden, es sei denn, daß der Ansatz im Einzelfall unter Berücksichtigung der jeweiligen Verhältnisse nicht angemessen ist.

§ 25 Abschreibung

(1) Abschreibung ist der auf jedes Jahr der Nutzung fallende Anteil der verbrauchsbedingten Wertminderung der Gebäude, Anlagen und Einrichtungen. Die Abschreibung ist nach der mutmaßlichen Nutzungsdauer zu errechnen.

(2) Die Abschreibung soll bei Gebäuden 1 vom Hundert der Baukosten, bei Erbbaurechten 1 vom Hundert der Gesamtkosten nicht übersteigen, sofern nicht besondere Umstände eine Überschreitung rechtfertigen.

(3) Als besondere Abschreibung für Anlagen und Einrichtungen dürfen zusätzlich angesetzt werden von den in der Wirtschaftlichkeitsberechnung enthaltenen Kosten

1. der Öfen und Herde 3 vom Hundert,
2. der Einbaumöbel 3 vom Hundert,
3. der Anlagen und der Geräte zur Versorgung mit Warmwasser, sofern sie nicht mit einer Sammelheizung verbunden sind. 4 vom Hundert,
4. der Sammelheizung einschließlich einer damit verbundenen Anlage zur Versorgung mit Warmwasser 3 vom Hundert,
5. der Hausanlage bei eigenständig gewerblicher Lieferung von Wärme 0,5 vom Hundert, und einer damit verbundenen Anlage zur Versorgung mit Warmwasser 4 vom Hundert,
6. des Aufzugs 2 vom Hundert,
7. der Gemeinschaftsantenne 9 vom Hundert,
8. der maschinellen Wascheinrichtung 9 vom Hundert.

§ 26 Verwaltungskosten

(1) Verwaltungskosten sind die Kosten der zur Verwaltung des Gebäudes oder der Wirtschaftseinheit erforderlichen Arbeitskräfte und Einrichtungen, die Kosten der Aufsicht sowie der Wert der vom Vermieter persönlich geleisteten Verwaltungsarbeit. Zu den Verwaltungskosten gehören auch die Kosten für die gesetzlichen oder freiwilligen Prüfungen des Jahresabschlusses und der Geschäftsführung.

(2) Die Verwaltungskosten dürfen höchstens mit 230 Euro jährlich je Wohnung, bei Eigenheimen, Kaufeigenheimen und Kleinsiedlungen je Wohngebäude angesetzt werden.

Zu § 75 BewG **Anlage 075.3**

(3) Für Garagen oder ähnliche Einstellplätze dürfen Verwaltungskosten höchstens mit 30 Euro jährlich je Garagen- oder Einstellplatz angesetzt werden.

(4) Die in den Absätzen 2 und 3 genannten Beträge verändern sich am 1. Januar 2005 und am 1. Januar eines jeden darauf folgenden dritten Jahres um den Prozentsatz, um den sich der vom Statistischen Bundesamt festgestellte Verbraucherpreisindex für Deutschland für den der Veränderung vorausgehenden Monat Oktober gegenüber dem Verbraucherpreisindex für Deutschland für den der letzten Veränderung vorausgehenden Monat Oktober erhöht oder verringert hat. Für die Veränderung am 1. Januar 2005 ist die Erhöhung oder Verringerung des Verbraucherpreisindexes für Deutschland maßgeblich, die im Oktober 2004 gegenüber dem Oktober 2001 eingetreten ist.

§ 27 Betriebskosten

(1) Betriebskosten sind die Kosten, die dem Eigentümer (Erbbauberechtigten) durch das Eigentum am Grundstück (Erbbaurecht) oder durch den bestimmungsmäßigen Gebrauch des Gebäudes oder der Wirtschaftseinheit, der Nebengebäude, Anlagen, Einrichtungen und des Grundstücks laufend entstehen. Der Ermittlung der Betriebskosten ist die Betriebskostenverordnung vom 25. November 2003 (BGBl. I S. 2346, 2347) zugrunde zu legen.

(2) Sach- und Arbeitsleistungen des Eigentümers (Erbbauberechtigten), durch die Betriebskosten erspart werden, dürfen mit dem Betrage angesetzt werden, der für eine gleichwertige Leistung eines Dritten, insbesondere eines Unternehmers, angesetzt werden könnte. Die Umsatzsteuer des Dritten darf nicht angesetzt werden.

(3) Im öffentlich geförderten sozialen Wohnungsbau und im steuerbegünstigten oder frei finanzierten Wohnungsbau, der mit Wohnungsfürsorgemitteln gefördert worden ist, dürfen die Betriebskosten nicht in der Wirtschaftlichkeitsberechnung angesetzt werden.

(4) (weggefallen)

§ 28 Instandhaltungskosten

(1) Instandhaltungskosten sind die Kosten, die während der Nutzungsdauer zur Erhaltung des bestimmungsmäßen Gebrauchs aufgewendet werden müssen, um die durch Abnutzung, Alterung und Witterungseinwirkung entstehenden baulichen oder sonstigen Mängel ordnungsgemäß zu beseitigen. Der Ansatz der Instandhaltungskosten dient auch zur Deckung der Kosten von Instandsetzungen, nicht jedoch der Kosten von Baumaßnahmen, soweit durch sie eine Modernisierung vorgenommen wird oder Wohnraum oder anderer auf die Dauer benutzbarer Raum neu geschaffen wird. Der Ansatz dient nicht zur Deckung der Kosten einer Erneuerung von Anlagen und Einrichtungen, für die eine besondere Abschreibung nach § 25 Abs. 3 zulässig ist.

(2) Als Instandhaltungskosten dürfen je Quadratmeter Wohnfläche im Jahr angesetzt werden:

1. für Wohnungen, deren Bezugsfertigkeit am Ende des Kalenderjahrs
weniger als 22 Jahre zurückliegt   höchstens   7,10 Euro,
2. für Wohnungen, deren Bezugsfertigkeit am Ende des Kalenderjahrs
mindestens 22 Jahre zurückliegt   höchstens   9 Euro,
3. für Wohnungen, deren Bezugsfertigkeit am Ende des Kalenderjahrs
mindestens 35 Jahre zurückliegt   höchstens   11,50 Euro.

Diese Sätze verringern sich bei eigenständig gewerblicher Leistung von Wärme im Sinne des § 1 Abs. 2 Nr. 2 der Verordnung über Heizkostenabrechnung in der Fassung der Bekanntmachung vom 20. Januar 1989 (BGBl. I S. 115) um 0,20 Euro. Diese Sätze erhöhen sich für Wohnungen, für die ein maschinell betriebener Aufzug vorhanden ist, um 1 Euro.

(3) Trägt der Mieter die Kosten für kleine Instandhaltungen in der Wohnung, so verringern sich die Sätze nach Absatz 2 um 1,05 Euro. Die kleinen Instandhaltungen umfassen nur das Beheben kleiner Schäden an den Installationsgegenständen für Elektrizität, Wasser und Gas, den Heiz- und Kocheinrichtungen, den Fenster- und Türverschlüssen sowie den Verschlußvorrichtungen von Fensterläden.

(4) Die Kosten der Schönheitsreparaturen in Wohnungen sind in den Sätzen nach Absatz 2 nicht enthalten. Trägt der Vermieter die Kosten dieser Schönheitsreparaturen, so dürfen sie höchstens mit 8,50 Euro je Quadratmeter Wohnfläche im Jahr angesetzt werden. Schönheitsreparaturen umfassen nur das Tapezieren, Anstreichen oder Kalken der Wände und Decken, das Streichen der Fußböden, Heizkörper einschließlich Heizrohre, der Innentüren sowie der Fenster und Außentüren von innen.

(5) Für Garagen oder ähnlichen Einstellplätze dürfen als Instandhaltungskosten einschließlich Kosten für Schönheitsreparaturen höchstens 68 Euro jährlich je Garagen- oder Einstellplatz angesetzt werden.

(5a) Die in den Absätzen 2 bis 5 genannten Beträge verändern sich entsprechend § 26 Abs. 4.

Anlage 075.3 Zu § 75 BewG

(6) Für Kosten der Unterhaltung von Privatstraßen und Privatwegen, die dem öffentlichen Verkehr dienen, darf ein Erfahrungswert als Pauschbetrag neben den vorstehenden Sätzen angesetzt werden.

(7) Kosten eigener Instandhaltungswerkstätten sind mit den vorstehenden Sätzen abgegolten.

§ 29 Mietausfallwagnis

Mietausfallwagnis ist das Wagnis einer Ertragsminderung, die durch uneinbringliche Rückstände von Mieten, Pachten, Vergütungen und Zuschlägen oder durch Leerstehen von Raum, der zu Vermietung bestimmt ist, entsteht. Es umfaßt auch die uneinbringlichen Kosten einer Rechtsverfolgung auf Zahlung oder Räumung. Das Mietausfallwagnis darf höchstens mit 2 vom Hundert der Erträge im Sinne des § 31 Abs. 1 Satz 1 angesetzt werden. Soweit die Deckung von Ausfällen anders, namentlich durch einen Anspruch auf Erstattung gegenüber einem Dritten, gesichert ist, darf kein Mietausfallwagnis angesetzt werden.

§ 30 Änderung der Bewirtschaftungskosten

(1) Haben sich die Verwaltungskosten oder die Instandhaltungskosten geändert
  1. im öffentlich geförderten sozialen Wohnungsbau nach der Bewilligung der öffentlichen Mittel gegenüber dem bei der Bewilligung aufgrund der Wirtschaftlichkeitsberechnung zugrunde gelegten Betrag,
  2. im steuerbegünstigten Wohnungsbau nach der Bezugsfertigkeit,

so sind in Wirtschaftlichkeitsberechnungen, die nach diesen Zeitpunkten aufgestellt werden, die geänderten Kosten anzusetzen. Dies gilt bei einer Erhöhung dieser Kosten nur, wenn sie auf Umständen beruht, die der Bauherr nicht zu vertreten hat. Die Verwaltungskosten dürfen bis zu der in § 26 zugelassenen Höhe, die Instandhaltungskosten bis zu der in § 28 zugelassenen Höhe ohne Nachweis einer Kostenerhöhung angesetzt werden, es sei denn, daß der Ansatz im Einzelfall unter Berücksichtigung der jeweiligen Verhältnisse nicht angemessen ist. Eine Überschreitung der für die Verwaltungskosten und die Instandhaltungskosten zugelassenen Sätze ist nicht zulässig.

(2) Der Ansatz für die Abschreibung ist in Wirtschaftlichkeitsberechnungen, die nach den in Absatz 1 bezeichneten Zeitpunkten aufgestellt werden, zu ändern, wenn nach § 11 Abs. 1 bis 3 geänderte Gesamtkosten angesetzt werden; eine Änderung des für die Abschreibung angesetzten Vomhundertsatzes ist unzulässig.

(3) Der Ansatz für das Mietausfallwagnis ist in Wirtschaftlichkeitsberechnungen, die nach den in Absatz 1 bezeichneten Zeitpunkten aufgestellt werden, zu ändern, wenn sich die Jahresmiete ändert; eine Änderung des Vomhundertsatzes für das Mietausfallwagnis ist zulässig, wenn sich die Voraussetzungen für seine Bemessung nachhaltig geändert haben.

(4) Werden nach § 11 Abs. bis 6 die Kosten von baulichen Änderungen den Gesamtkosten hinzugerechnet, so dürfen die infolge der Änderungen entstehenden Bewirtschaftungskosten den anderen Bewirtschaftungskosten hinzugerechnet werden. Für die entstehenden Abschreibungen und Instandhaltungskosten gelten die §§ 25 und 28 Abs. 2 bis 6 entsprechend.

§ 31 Erträge

(1) Erträge sind die Einnahmen aus Mieten, Pachten und Vergütungen, die bei ordentlicher Bewirtschaftung des Gebäudes oder der Wirtschaftseinheit nachhaltig erzielt werden können. Umlagen und Zuschläge, die zulässigerweise neben der Einzelmiete erhoben werden, bleiben als Ertrag unberücksichtigt.

(2) Als Ertrag gilt auch der Miet- oder Nutzungswert von Räumen oder Flächen, die vom Eigentümer (Erbbauberechtigten) selbst benutzt werden oder aufgrund eines anderen Rechtsverhältnisses als Miete oder Pacht überlassen sind.

(3) Wird die Wirtschaftlichkeitsberechnung aufgestellt, um für Wohnraum die zur Deckung der laufenden Aufwendungen erforderliche Miete (Kostenmiete) zu ermitteln, so ist der Gesamtbetrag der Erträge in derselben Höhe wie der Gesamtbetrag der laufenden Aufwendungen auszuweisen. Aus dem nach Abzug der Vergütungen verbleibenden Betrag ist die Miete nach den für ihre Ermittlung maßgebenden Vorschriften zu berechnen.

§ 42 Wohnfläche

Ist die Wohnfläche bis zum 31. Dezember 2003 nach dieser Verordnung berechnet worden, bleibt es bei dieser Berechnung. Soweit in den in Satz 1 genannten Fällen nach dem 31. Dezember 2003 bauliche Änderungen an dem Wohnraum vorgenommen werden, die eine Neuberechnung der Wohnfläche erforderlich machen, sind die Vorschriften der Wohnflächenverordnung vom 25. November 2003 (BGBl. I S. 2346) anzuwenden.

§ 43 (aufgehoben)

Zu § 75 BewG **Anlage 075.3**

§ 44 (aufgehoben)

Anlage 2
(zu den §§ 11a und 34 Abs. 1)

Berechnung des umbauten Raumes

Der umbaute Raum ist in m³ anzugeben.

1.1 Voll anzurechnen ist der umbaute Raum eines Gebäudes, der umschlossen wird:
1.11 seitlich von den Außenflächen der Umfassungen,
1.12 unten
1.121 bei unterkellerten Gebäuden von den Oberflächen der untersten Geschoßfußböden,
1.122 bei nichtunterkellerten Gebäuden von der Oberfläche des Geländes. Liegt der Fußboden des untersten Geschosses tiefer als das Gelände, gilt Abschnitt 1.121.
1.13 oben
1.131 bei nichtausgebautem Dachgeschoß von den Oberflächen der Fußböden über den obersten Vollgeschossen,
1.132 bei ausgebautem Dachgeschoß, bei Treppenhausköpfen und Fahrstuhlschächten von den Außenflächen der umschließenden Wände und Decken. (Bei Ausbau mit Leichtbauplatten sind die begrenzenden Außenflächen durch die Außen- und Oberkante der Teile zu legen, welche diese Platten unmittelbar tragen),
1.133 bei Dachdecken, die gleichzeitig die Decke des obersten Vollgeschosses bilden, von den Oberflächen der Tragdecke oder Balkenlage,
1.134 bei Gebäuden oder Bauteilen ohne Geschoßdecken von den Außenflächen des Daches, vgl. Abschnitt 1.35.
1.2 Mit einem Drittel anzurechnen ist der umbaute Raum des nichtausgebauten Dachraumes, der umschlossen wird von den Flächen nach Abschnitt 1.131 oder 1.132 und den Außenflächen des Daches,
1.3 bei den Berechnungen nach Abschnitt 1.1 und 1.2 ist:
1.31 die Gebäudegrundfläche nach den Rohbaumaßnahmen des Erdgeschosses zu berechnen,
1.32 bei wesentlich verschiedenen Geschoßgrundflächen der umbaute Raum geschoßweise zu berechnen,
1.33 nicht abzuziehen der umbaute Raum, der gebildet wird von:
1.331 äußeren Laibungen von Fenstern und Türen und äußeren Nischen in den Umfassungen,
1.332 Hauslauben (Loggien), d. h. an höchstens zwei Seitenflächen offenen, im übrigen umbauten Räumen,
1.34 nicht hinzuzurechnen der umbaute Raum, den folgende Bauteile bilden:
1.341 stehende Dachfenster und Dachaufbauten mit einer vorderen Ansichtsfläche bis zu je 2 m² (Dachaufbauten mit größerer Ansichtsfläche siehe Abschnitt 1.42),
1.342 Balkonplatten und Vordächer bis zu 0,5 m Ausladung (weiter ausladende Balkonplatten und Vordächer siehe Abschnitt 1.44),
1.343 Dachüberstände, Gesimse, ein bis drei nichtunterkellerte, vorgelagerte Stufen, Wandpfeiler, Halbsäulen und Pilaster,
1.344 Gründungen gewöhnlicher Art, deren Unterfläche bei unterkellerten Bauten nicht tiefer als 0,5 m unter der Oberfläche des Kellergeschoßfußbodens, bei nichtunterkellerten Bauten nicht tiefer als 1 m unter der Oberfläche des umgebenden Geländes liegt (Gründungen außergewöhnlicher Art und Tiefe siehe Abschnitt 1.48),
1.345 Kellerlichtschächte und Lichtgräben,
1.35 für Teile eines Baues, deren Innenraum ohne Zwischendecken bis zur Dachfläche durchgeht, der umbaute Raum getrennt zu berechnen, vgl. Abschnitt 1.134,
1.36 für zusammenhängende Teile eines Baues, die sich nach dem Zweck und deshalb in der Art des Ausbaues wesentlich von den übrigen Teilen unterscheiden, der umbaute Raum getrennt zu berechnen.
1.4 Von der Berechnung des umbauten Raumes nicht erfaßt werden folgende (besonders zu veranschlagende) Bauausführungen und Bauteile:

Anlage 075.3

Zu § 75 BewG

1.41 geschlossene Anbauten in leichter Bauart und mit geringwertigem Ausbau und offene Anbauten, wie Hallen, Überdachungen (mit oder ohne Stützen) von Lichthöfen, Unterfahrten auf Stützen, Veranden,
1.42 Dachaufbauten mit vorderen Ansichtsflächen von mehr als 2 m² und Dachreiter,
1.43 Brüstungen von Balkonen und begehbaren Dachflächen,
1.44 Balkonplatten und Vordächer mit mehr als 0,5 m Ausladung,
1.45 Freitreppen mit mehr als 3 Stufen und Terrassen (und ihre Brüstungen),
1.46 Füchse, Gründungen für Kessel und Maschinen,
1.47 freistehende Schornsteine und der Teil von Hausschornsteinen, der mehr als 1 m über den Dachfirst hinausragt,
1.48 Gründungen außergewöhnlicher Art, wie Pfahlgründungen und Gründungen außergewöhnlicher Tiefe, deren Unterfläche tiefer liegt als im Abschnitt 1.344 angegeben,
1.49 wasserdruckhaltende Dichtungen.

Zu § 75 BewG **Anlage 075.4**

Berechnung der Wohn-/Nutzfläche und Abzug der Betriebskosten bei im Ertragsverfahren bewerteten Grundstücken ab 1. 1. 2004 (§§ 79, 146 BewG)

Erlass FinMin Baden-Württemberg v. 14. April 2004

– 3 – S302.9/3 –

Ab dem 1.1. 2004 gilt an Stelle der Vorschriften der §§ 43 und 44 der II. Berechnungsverordnung (II. BV) die Verordnung zur Berechnung der Wohnfläche vom 25. 11. 2003 (Wohnflächenverordnung – WoFlV). Die Wohnflächenverordnung enthält gegenüber den Regelungen der II. BV einige gravierende Änderungen. So sind Wahlrechte bei der Ermittlung der Grundfläche (z. B. Berechnung nach Wahl des Bauherrn aus den Fertigmaßen – lichten Maßen – oder den Rohbaumaßen) und bei der Ermittlung der anrechenbaren Grundfläche (z. B. Anrechnung der Grundflächen von Balkonen, Loggien u. dergl.) oder die Abzugsmöglichkeit bei Ermittlung der anrechenbaren Grundfläche (z. B. Abzug von 10 v. H. bei Wohngebäuden mit einer Wohnung) weggefallen.

Geändert wurde auch die Regelung des § 27 II. BV; aufgehoben wurde die Anlage zur II. BV. Die Betriebskosten sind nunmehr in der Verordnung über die Aufstellung von Betriebskosten (Betriebskostenverordnung) zusammengefasst.

Hinsichtlich der Bewertung von Grundstücken im Ertragsverfahren wird gebeten, wie folgt zu verfahren:

Bedarfsbewertung:

...

Einheitsbewertung:

Für die Einheitsbewertung bleibt weiter die Berechnung der Wohnfläche nach der II. BV maßgeblich, weil die übliche Miete (Vergleichsmiete oder Spiegelmiete) bezogen auf die Wohnfläche nach der II. BV ermittelt wurde. Liegt eine Erweiterung bzw. ein Anbau vor, die bzw. der zu einer Wert- oder Artfortschreibung führt, ist im Allgemeinen die Wohnflächenberechnung des Steuerpflichtigen, der sich insoweit auf Berechnungen seines Architekten bezieht, nicht zu beanstanden.

Die Verordnung zur Berechnung der Wohnfläche, über die Aufstellung von Betriebskosten und zur Änderung anderer Verordnungen vom 25.11. 2003 ist im Bundesgesetzblatt l, 2346 veröffentlicht.

Anlage 075.5

Zu § 75 BewG

Verordnung zur Berechnung der Wohnfläche (Wohnflächenverordnung – WoFlV)
vom 25. November 2003 (BGBl. I S. 2346)

§ 1 Anwendungsbereich, Berechnung der Wohnfläche

(1) Wird nach dem Wohnraumförderungsgesetz die Wohnfläche berechnet, sind die Vorschriften dieser Verordnung anzuwenden.

(2) Zur Berechnung der Wohnfläche sind die nach § 2 zur Wohnfläche gehörenden Grundflächen nach § 3 zu ermitteln und nach § 4 auf die Wohnfläche anzurechnen.

§ 2 Zur Wohnfläche gehörende Grundflächen

(1) Die Wohnfläche einer Wohnung umfasst die Grundflächen der Räume, die ausschließlich zu dieser Wohnung gehören. Die Wohnfläche eines Wohnheims umfasst die Grundflächen der Räume, die zur alleinigen oder gemeinschaftlichen Nutzung durch die Bewohner bestimmt sind.

(2) Zur Wohnfläche gehören auch die Grundflächen von
1. Wintergarten, Schwimmbädern und ähnlichen nach allen Seiten geschlossenen Räumen sowie
2. Balkonen, Loggien, Dachgärten und Terrassen,

wenn sie ausschließlich zu der Wohnung oder dem Wohnheim gehören.

(3) Zur Wohnfläche gehören nicht die Grundflächen folgender Räume:
1. Zubehörräume, insbesondere:
   a) Kellerräume,
   b) Abstellräume und Kellerersatzräume außerhalb der Wohnung,
   c) Waschküchen,
   d) Bodenräume,
   e) Trockenräume,
   f) Heizungsräume und
   g) Garagen,
2. Räume, die nicht den an ihre Nutzung zu stellenden Anforderungen des Bauordnungsrechts der Länder genügen, sowie
3. Geschäftsräume.

§ 3 Ermittlung der Grundfläche

(1) Die Grundfläche ist nach den lichten Maßen zwischen den Bauteilen zu ermitteln; dabei ist von der Vorderkante der Bekleidung der Bauteile auszugehen. Bei fehlenden begrenzenden Bauteilen ist der bauliche Abschluss zu Grunde zu legen.

(2) Bei der Ermittlung der Grundfläche sind namentlich einzubeziehen die Grundflächen von
1. Tür- und Fensterbekleidungen sowie Tür- und Fensterumrahmungen,
2. Fuß-, Sockel- und Schrammleisten,
3. fest eingebauten Gegenständen, wie z. B. Öfen, Heiz- und Klimageräten, Herden, Bade- oder Duschwannen,
4. freiliegenden Installationen,
5. Einbaumöbeln und
6. nicht ortsgebundenen, versetzbaren Raumteilern.

(3) Bei der Ermittlung der Grundflächen bleiben außer Betracht die Grundflächen von
1. Schornsteinen, Vormauerungen, Bekleidungen, freistehenden Pfeilern und Säulen, wenn sie eine Höhe von mehr als 1,50 Meter aufweisen und ihre Grundfläche mehr als 0,1 Quadratmeter beträgt,
2. Treppen mit über drei Steigungen und deren Treppenabsätze,
3. Türnischen und
4. Fenster- und offenen Wandnischen, die nicht bis zum Fußboden herunterreichen oder bis zum Fußboden herunterreichen und 0,13 Meter oder weniger tief sind.

(4) Die Grundfläche ist durch Ausmessung im fertig gestellten Wohnraum oder auf Grund einer Bauzeichnung zu ermitteln. Wird die Grundfläche auf Grund einer Bauzeichnung ermittelt, muss dies

Zu § 75 BewG **Anlage 075.5**

1. für ein Genehmigungs-, Anzeige-, Genehmigungsfreistellungs- oder ähnliches Verfahren nach dem Bauordnungsrecht der Länder gefertigt oder, wenn ein bauordnungsrechtliches Verfahren nicht erforderlich ist, für ein solches geeignet sein und
2. die Ermittlung der lichten Maße zwischen den Bauteilen im Sinne des Absatzes 1 ermöglichen.

Ist die Grundfläche nach einer Bauzeichnung ermittelt worden und ist abweichend von dieser Bauzeichnung gebaut worden, ist die Grundfläche durch Ausmessung im fertig gestellten Wohnraum oder auf Grund einer berichtigten Bauzeichnung neu zu ermitteln.

§ 4 Anrechnung der Grundflächen
Die Grundflächen
1. von Räumen und Raumteilern mit einer lichten Höhe von mindestens zwei Metern sind vollständig,
2. von Räumen und Raumteilern mit einer lichten Höhe von mindestens einem Meter und weniger als zwei Metern sind zur Hälfte,
3. von unbeheizbaren Wintergärten, Schwimmbädern und ähnlichen nach allen Seiten geschlossenen Räumen sind zur Hälfte,
4. von Balkonen, Loggien, Dachgärten und Terrassen sind in der Regel zu einem Viertel, höchstens jedoch zur Hälfte

anzurechnen.

§ 5 Überleitungsvorschrift
Ist die Wohnfläche bis zum 31. Dezember 2003 nach der Zweiten Berechnungsverordnung in der Fassung der Bekanntmachung vom 12. Oktober 1990 (BGBl. I S. 2178), zuletzt geändert durch Artikel 3 der Verordnung vom 25. November 2003 (BGBl. I S. 2346), in der jeweils geltenden Fassung berechnet worden, bleibt es bei dieser Berechnung. Soweit in den in Satz 1 genannten Fällen nach dem 31. Dezember 2003 bauliche Änderungen an dem Wohnraum vorgenommen werden, die eine Neuberechnung der Wohnfläche erforderlich machen, sind die Vorschriften dieser Verordnung anzuwenden.

Anlage 075.6

Zu § 75 BewG

Wohnflächenberechnung; Berücksichtigung von Balkonen, Loggien, Dachgärten/-terrassen und Freisitzen (Terrassen) bei der Einheitsbewertung

Vfg OFD Hannover vom 30. Juli 2002

– S 3202 – 86 – StH 267 –, – S 3202 – 88 – StO 251 –

Gemäß § 44 Abs. 2 Zweite Berechnungsverordnung (II.BV)[1)] können die Grundflächen von ausschließlich zu Wohnraum gehörenden „Balkonen, Loggien, Dachgärten oder gedeckten Freisitzen" zur Ermittlung der Wohnfläche bis zur Hälfte angerechnet werden. Zur Umsetzung dieser (Kann-)Vorschrift für die Zwecke der Einheitsbewertung wird auf Folgendes hingewiesen:

1. Begriffsbestimmungen

Balkon

Ein Balkon ist ein nach einer oder mehreren Stellen offener, überdeckter oder nicht überdeckter und betretbarer Anbau an ein Geschoss des Hauses.

Loggia

Eine Loggia ist ein überdeckter, nur zur Hausfront offener Aufenthaltsplatz, der im Gegensatz zum Balkon nicht vor der Mauer liegt, sondern hinter der Mauerflucht zurückspringt.

Dachgarten/Dachterrasse

Hierbei handelt es sich um einen üblicherweise nicht überdachten „Freisitz", der auf dem obersten Geschoss eines Hauses liegt, sich aber z. B. auch auf einer Garage befinden kann.

Freisitz

Ein Freisitz ist ein ebenerdiger Platz, der ausschließlich einem angrenzenden Wohnraum zugeordnet, mit einem festen Bodenbelag versehen und zum Aufstellen von Tischen und Stühlen geeignet ist.

Gedeckter Freisitz

Ein gedeckter Freisitz kann überdacht sein, z. B. durch ein Dach (auch Glasdach) oder einen überstehenden Gebäudeteil wie den Balkon eines Obergeschosses, braucht es aber nicht. Unter „gedeckt" ist nämlich nicht eine Überdeckung, sondern ein Sichtschutz wie z. B. eine Umfassungswand, Sichtblende oder Bepflanzung zu verstehen (so in Fischer/Dieskau/Pergande/Schwender, Kommentar zum Wohnungsbaurecht, Anm. 6 zu § 44 II. BV).

2. Allgemeines zur Anwendung der II. BV[2)]

Soweit bei der Ermittlung der üblichen Miete i. S. von § 79 Abs. 2 BewG die Wohnfläche von Bedeutung ist, ist diese nach den Grundsätzen der §§ 42 bis 44 II BV zu berechnen (Abschn. 23 Abs. 2 BewRGr). Durch diese Anweisung ist weitgehend sichergestellt, dass insoweit von einheitlichen Regelungen ausgegangen wird. Das bedeutet jedoch nicht, dass diese vor allem für wohnungswirtschaftliche Zwecke (z. B. Wohnungsbauförderung und die damit verbundene Mietpreisbindung) geschaffene Verordnung für die Einheitsbewertung als Rechtsnorm anzusehen ist (FG Baden-Württemberg vom 8. 9. 1994, EFG 1995, 191). Dies gilt insbesondere deshalb, weil bei der Ermittlung der Jahresrohmiete bzw. der üblichen Miete als eigentliche Bewertungsgrundlage alles zu berücksichtigen ist, was den Mietwert (Wohnwert) des Grundstücks beeinflusst (Hinweis auf Abschn. 21 Abs. 1 BewRGr) und deshalb die Wohnfläche nur ein Faktor neben anderen ist. Daraus resultiert, dass bei der Einheitsbewertung u. U. auch Flächen einzubeziehen sind, die nach der II. BV nicht zur Wohnfläche gehören bzw. unberücksichtigt bleiben können.

Über die Einbeziehung von Balkonen, Loggien, Dachgärten/Dachterrassen und Freisitzen ist danach wie folgt zu entscheiden:

3.1 Balkone

Der Wohnwert von Balkonen ist insbesondere aufgrund der Tatsache, dass sie üblicherweise nach mehreren Seiten hin offen sind, gering. Von einer Einbeziehung ist deshalb grundsätzlich abzusehen.

3.2 Loggien

Loggien stellen i. d. R. eine gut nutzbare Erweiterung des Wohnraums dar und erhöhen damit zweifelsfrei den Wohnwert einer Wohnung. Die Grundflächen von vorhandenen Loggien sind deshalb zu 50 v. H. in die Einheitsbewertung mit einzubeziehen.

---

1) Jetzt § 4 Nr. 4 der Wohnflächenverordnung; siehe Anlage 075.5.
2) Siehe jetzt Wohnflächenverordnung.

3.3 Dachgärten/Dachterrassen

Nicht überdachte Dachgärten und Dachterrassen sind wie die Balkone nur beschränkt nutzbar. Sie sind deshalb bei der Einheitsbewertung ebenfalls nicht zu berücksichtigen. Ist ausnahmsweise eine Überdachung vorhanden, sind 50 v. H. der überdachten Fläche zu erfassen.

3.4 Freisitze

Bei der Beurteilung von Freisitzen ist der Begriff „gedeckt" in der bisherigen Bewertungspraxis regelmäßig einengend als „überdeckt", d. h. als „überdacht" ausgelegt worden. Danach ist weiterhin zu verfahren. Gegen eine Auslegung i. S. der Kommentierung (s. o.) spricht aus bewertungsrechtlicher und arbeitsökonomischer Sicht Folgendes:

– Ob ein „Sichtschutz" in Form von z. B. einer Sichtblende oder Bepflanzung vorhanden ist, ergibt sich weder aus der Erklärung zur Feststellung des Einheitswerts noch lässt es sich, i. d. R. aus der Bauzeichnung ersehen. Es wären also gezielte Rückfragen erforderlich. Der dadurch entstehende Arbeitsaufwand stünde in keinem Verhältnis zum evtl. „Mehrergebnis". Außerdem können solche Einrichtungen jederzeit ohne größeren Aufwand entfernt oder hinzugefügt werden.

– Selbst bei Vorhandensein eines derartigen Sichtschutzes ist die Nutzungsmöglichkeit eines nicht überdachten Freisitzes, ähnlich wie bei einem Balkon, witterungsabhängig und deshalb eingeschränkt, sodass auch hier nur von einer geringen Erhöhung des Wohnwerts der dazugehörigen Wohnung auszugehen ist.

Danach sind

– nicht überdachte Freisitze bei der Einheitsbewertung nicht zu erfassen,
– überdachte Freisitze mit 50 v. H. ihrer Grundfläche zu berücksichtigen.

Anlage 075.7

Zu § 75 BewG

Verordnung über die Aufstellung von Betriebskosten (Betriebskostenverordnung – BetrKV)

vom 25. November 2003 (BGBl. I S. 2346)
zuletzt geändert durch Artikel 4 des Gesetzes vom 3. Mai 2012 (BGBl. I S. 958)

§ 1 Betriebskosten

(1) Betriebskosten sind die Kosten, die dem Eigentümer oder Erbbauberechtigten durch das Eigentum oder Erbbaurecht am Grundstück oder durch den bestimmungsmäßigen Gebrauch des Gebäudes, der Nebengebäude, Anlagen, Einrichtungen und des Grundstücks laufend entstehen. Sach- und Arbeitsleistungen des Eigentümers oder Erbbauberechtigten dürfen mit dem Betrag angesetzt werden, der für eine gleichwertige Leistung eines Dritten, insbesondere eines Unternehmens, angesetzt werden könnte; die Umsatzsteuer des Dritten darf nicht angesetzt werden.

(2) Zu den Betriebskosten gehören nicht:

1. die Kosten der zur Verwaltung des Gebäudes erforderlichen Arbeitskräfte und Einrichtungen, die Kosten der Aufsicht, der Wert der vom Vermieter persönlich geleisteten Verwaltungsarbeit, die Kosten für die gesetzlichen und freiwilligen Prüfungen des Jahresabschlusses und die Kosten für die Geschäftsführung (Verwaltungskosten),
2. die Kosten, die während der Nutzungsdauer zur Erhaltung des bestimmungsmäßigen Gebrauchs aufgewendet werden müssen, um die durch Abnutzung, Alterung und Witterungseinwirkung entstehenden baulichen oder sonstigen Mängel ordnungsgemäß zu beseitigen (Instandhaltungs- und Instandsetzungskosten).

§ 2 Aufstellung der Betriebskosten

Betriebskosten im Sinne von § 1 sind:

1. die laufenden öffentlichen Lasten des Grundstücks,

    hierzu gehört namentlich die Grundsteuer;

2. die Kosten der Wasserversorgung,

    hierzu gehören die Kosten des Wasserverbrauchs, die Grundgebühren, die Kosten der Anmietung oder anderer Arten der Gebrauchsüberlassung von Wasserzählern sowie die Kosten ihrer Verwendung einschließlich der Kosten der Eichung sowie der Kosten der Berechnung und Aufteilung, die Kosten der Wartung von Wassermengenreglern, die Kosten des Betriebs einer hauseigenen Wasserversorgungsanlage und einer Wasseraufbereitungsanlage einschließlich der Aufbereitungsstoffe;

3. die Kosten der Entwässerung,

    hierzu gehören die Gebühren für die Haus- und Grundstücksentwässerung, die Kosten des Betriebs einer entsprechenden nicht öffentlichen Anlage und die Kosten des Betriebs einer Entwässerungspumpe;

4. die Kosten

    a) des Betriebs der zentralen Heizungsanlage einschließlich der Abgasanlage,

    hierzu gehören die Kosten der verbrauchten Brennstoffe und ihrer Lieferung, die Kosten des Betriebsstroms, die Kosten der Bedienung, Überwachung und Pflege der Anlage, der regelmäßigen Prüfung ihrer Betriebsbereitschaft und Betriebssicherheit einschließlich der Einstellung durch eine Fachkraft, der Reinigung der Anlage und des Betriebsraums, die Kosten der Messungen nach dem Bundes-Immissionsschutzgesetz, die Kosten der Anmietung oder anderer Arten der Gebrauchsüberlassung einer Ausstattung zur Verbrauchserfassung sowie die Kosten der Verwendung einer Ausstattung zur Verbrauchserfassung einschließlich der Kosten der Eichung sowie der Kosten der Berechnung und Aufteilung

    oder

    b) des Betriebs der zentralen Brennstoffversorgungsanlage,

    hierzu gehören die Kosten der verbrauchten Brennstoffe und ihrer Lieferung, die Kosten des Betriebsstroms, die Kosten der Überwachung sowie die Kosten der Reinigung der Anlage und des Betriebsraums

    oder

    c) der eigenständig gewerblichen Lieferung von Wärme, auch aus Anlagen im Sinne des Buchstabens a,

Zu § 75 BewG **Anlage 075.7**

hierzu gehören das Entgelt für die Wärmelieferung und die Kosten des Betriebs der zugehörigen Hausanlagen entsprechend Buchstabe a

oder

d) der Reinigung und Wartung von Etagenheizungen und Gaseinzelfeuerstätten,

hierzu gehören die Kosten der Beseitigung von Wasserablagerungen und Verbrennungsrückständen in der Anlage, die Kosten der regelmäßigen Prüfung der Betriebsbereitschaft und Betriebssicherheit und der damit zusammenhängenden Einstellung durch eine Fachkraft sowie die Kosten der Messungen nach dem Bundes-Immissionsschutzgesetz;

5. die Kosten

a) des Betriebs der zentralen Warmwasserversorgungsanlage,

hierzu gehören die Kosten der Wasserversorgung entsprechend Nummer 2, soweit sie nicht dort bereits berücksichtigt sind, und die Kosten der Wassererwärmung entsprechend Nummer 4 Buchstabe a

oder

b) der eigenständig gewerblichen Lieferung von Warmwasser, auch aus Anlagen im Sinne des Buchstabens a,

hierzu gehören das Entgelt für die Lieferung des Warmwassers und die Kosten des Betriebs der zugehörigen Hausanlagen entsprechend Nummer 4 Buchstabe a

oder

c) der Reinigung und Wartung von Warmwassergeräten,

hierzu gehören die Kosten der Beseitigung von Wasserablagerungen und Verbrennungsrückständen im Innern der Geräte sowie die Kosten der regelmäßigen Prüfung der Betriebsbereitschaft und Betriebssicherheit und der damit zusammenhängenden Einstellung durch eine Fachkraft;

6. die Kosten verbundener Heizungs- und Warmwasserversorgungsanlagen

a) bei zentralen Heizungsanlagen entsprechend Nummer 4 Buchstabe a und entsprechend Nummer 2, soweit sie nicht dort bereits berücksichtigt sind,

oder

b) bei der eigenständig gewerblichen Lieferung von Wärme entsprechend Nummer 4 Buchstabe c und entsprechend Nummer 2, soweit sie nicht dort bereits berücksichtigt sind,

oder

c) bei verbundenen Etagenheizungen und Warmwasserversorgungsanlagen entsprechend Nummer 4 Buchstabe d und entsprechend Nummer 2, soweit sie nicht dort bereits berücksichtigt sind;

7. die Kosten des Betriebs des Personen- oder Lastenaufzugs,

hierzu gehören die Kosten des Betriebsstroms, die Kosten der Beaufsichtigung der Bedienung, Überwachung und Pflege der Anlage, der regelmäßigen Prüfung ihrer Betriebsbereitschaft und Betriebssicherheit einschließlich der Einstellung durch eine Fachkraft sowie die Kosten der Reinigung der Anlage;

8. die Kosten der Straßenreinigung und Müllbeseitigung,

zu den Kosten der Straßenreinigung gehören die für die öffentliche Straßenreinigung zu entrichtenden Gebühren und die Kosten entsprechender nicht öffentlicher Maßnahmen; zu den Kosten der Müllbeseitigung gehören namentlich die für die Müllabfuhr zu entrichtenden Gebühren, die Kosten entsprechender nicht öffentlicher Maßnahmen, die Kosten des Betriebs von Müllkompressoren, Müllschluckern, Müllabsauganlagen sowie des Betriebs von Müllmengenerfassungsanlagen einschließlich der Kosten der Berechnung und Aufteilung;

9. die Kosten der Gebäudereinigung und Ungezieferbekämpfung,

zu den Kosten der Gebäudereinigung gehören die Kosten für die Säuberung der von den Bewohnern gemeinsam genutzten Gebäudeteile, wie Zugänge, Flure, Treppen, Keller, Bodenräume, Waschküchen, Fahrkorb des Aufzugs;

10. die Kosten der Gartenpflege,

hierzu gehören die Kosten der Pflege gärtnerisch angelegter Flächen einschließlich der Erneuerung von Pflanzen und Gehölzen, der Pflege von Spielplätzen einschließlich der Erneuerung von Sand und der Pflege von Plätzen, Zugängen und Zufahrten, die dem nicht öffentlichen Verkehr dienen;

Anlage 075.7

Zu § 75 BewG

11. die Kosten der Beleuchtung,

   hierzu gehören die Kosten des Stroms für die Außenbeleuchtung und die Beleuchtung der von den Bewohnern gemeinsam genutzten Gebäudeteile, wie Zugänge, Fluge, Treppen, Keller, Bodenräume, Waschküchen;

12. die Kosten der Schornsteinreinigung,

   hierzu gehören die Kehrgebühren nach der maßgebenden Gebührenordnung, soweit sie nicht bereits als Kosten nach Nummer 4 Buchstabe a berücksichtigt sind;

13. die Kosten der Sach- und Haftpflichtversicherung,

   hierzu gehören namentlich die Kosten der Versicherung des Gebäudes gegen Feuer-, Sturm-, Wasser- sowie sonstige Elementarschäden, der Glasversicherung, der Haftpflichtversicherung für das Gebäude, den Öltank und den Aufzug;

14. die Kosten für den Hauswart,

   hierzu gehören die Vergütung, die Sozialbeiträge und alle geldwerten Leistungen, die der Eigentümer oder Erbbauberechtigte dem Hauswart für seine Arbeit gewährt, soweit diese nicht die Instandhaltung, Instandsetzung, Erneuerung, Schönheitsreparaturen oder die Hausverwaltung betrifft; soweit Arbeiten vom Hauswart ausgeführt werden, dürfen Kosten für Arbeitsleistungen nach den Nummern 2 bis 10 und 16 nicht angesetzt werden;

15. die Kosten

   a) des Betriebs der Gemeinschafts-Antennenanlage,

   hierzu gehören die Kosten des Betriebsstroms und die Kosten der regelmäßigen Prüfung ihrer Betriebsbereitschaft einschließlich der Einstellung durch eine Fachkraft oder das Nutzungsentgelt für eine nicht zu dem Gebäude gehörende Antennenanlage sowie die Gebühren, die nach dem Urheberrechtsgesetz für die Kabelweitersendung entstehen,

   oder

   b) des Betriebs der mit einem Breitbandnetz verbundenen privaten Verteilanlage,

   hierzu gehören die Kosten entsprechend Buchstabe a, ferner die laufenden monatlichen Grundgebühren für Breitbandanschlüsse;

16. die Kosten des Betriebs der Einrichtungen für die Wäschepflege,

   hierzu gehören die Kosten des Betriebsstroms, die Kosten der Überwachung, Pflege und Reinigung der Einrichtungen, der regelmäßigen Prüfung ihrer Betriebsbereitschaft und Betriebssicherheit sowie die Kosten der Wasserversorgung entsprechend Nummer 2, soweit sie nicht dort bereits berücksichtigt sind,

17. sonstige Betriebskosten,

   hierzu gehören Betriebskosten im Sinne des § 1, die von den Nummer 1 bis 16 nicht erfasst sind.

Zu § 75 BewG Anlage 075.8

Bewertung der Wohnlauben
(Kleingartenwohnlauben)
Erlaß FinMin NRW v. 28. Februar 1967
– S 3199 – 1 – V 1 –

Bei der Bewertung der Wohnlauben ist zu unterscheiden zwischen Wohnlauben, die
a) dauernd bewohnt sind,
b) nicht dauernd bewohnt sind.

Zu a:
Bei den dauernd bewohnten Lauben ist im allgemeinen davon auszugehen, daß es sich um Einfamilienhäuser handelt, die nach dem Ertragswertverfahren zu bewerten sind. Nur wenn eine dauernd bewohnte Laube ausnahmsweise als Behelfsbau bewertete werden muß, ist das Sachwertverfahren anzuwenden.

Zu b:
Die nicht dauernd bewohnten Kleingartenlauben sind nach § 76 Abs. 2 BewG 1965 als sonstige bebaute Grundstücke im Wege des Sachwertverfahrens zu bewerten. Befinden sie sich auf fremdem Grund und Boden und beträgt der Gebäudewert weniger als 1000 DM, so kann angenommen werden, daß es sich bei ihnen nicht um Gebäude handelt. Ein Einheitswert ist daher für diese Bauwerke nicht festzustellen.

Anlage 075.9

Zu § 75 BewG

Grundstücksart und wirtschaftliche Einheit des Grund und Bodens, wenn die in fremdem Eigentum stehenden Gebäude von untergeordneter Bedeutung sind, und Bewertung der Gebäude auf fremdem Grund und Boden

Erlaß FinMin NRW v. 5. Juni 1968

$$-\frac{S\,3194-5-V\,1}{S\,3217-4-V\,1}-$$

1. Bauwerke auf fremdem Grund und Boden sind allgemein nicht als Gebäude zu bewerten, wenn der Einheitswert nicht mehr als 1000 DM betragen würde. Damit wird die Anweisung in Nr. 2 meines Erlasses vom 28. Febr. 1967 – S 3199 – 1 – V 1 in zweierlei Hinsicht erweitert. Die Regelung bleibt nicht auf die nicht dauernd bewohnten Kleingartenlauben auf fremdem Grund und Boden, die als Gebäude der Grundstücksart sonstige bebaute Grundstücke zuzurechnen und im Sachwertverfahren zu bewerten wären, beschränkt. Außerdem ist die Grenze von weniger als 1000 DM Gebäudewert angehoben worden auf nicht mehr als 1000 DM Einheitswert im Fall der Bewertung der Bauwerke als Gebäude.

2. Gebäude auf fremdem Grund und Boden, für die der Einheitswert mehr als 1000 DM beträgt, müssen stets bewertet werden. Das gilt auch dann, wenn die vorhandenen Gebäude im Falle ihrer Errichtung auf eigenem Grund und Boden als Gebäude, deren Zweckbestimmung und Wert gegenüber der Zweckbestimmung und dem Wert des Grund und Bodens von untergeordneter Bedeutung sind, anzusehen wären, so daß das Grundstück nach § 72 Abs. 2 BewG trotz Vorhandenseins dieser Gebäude als unbebautes Grundstück bewertet werden würde. Eine Anwendung des § 72 Abs. 2 BewG in Fällen des § 94 BewG ist nicht möglich, weil in § 94 nicht auf § 72 Bezug genommen wird und § 72 nicht als übergeordnete Vorschrift angesehen werden kann.

3. Wenn die Bauwerke nicht als Gebäude auf fremdem Grund und Boden bewertet werden (vgl. Nr. 1), so ist der Grund und Boden ein unbebautes Grundstück.

4. Wenn für die Gebäude ein Einheitswert festzustellen ist (vgl. Nr. 2), so gilt der Grund und Boden nach § 94 Abs. 1 Satz 3 BewG als bebautes Grundstück der Grundstücksart, zu der das Gebäude gehört.

5. Hat der Eigentümer einer größeren Grundstücksfläche Teilflächen an mehrere Pächter verpachtet, so können die Teilflächen zu einer wirtschaftlichen Einheit zusammengefaßt werden, wenn die Pächter auf den Flächen keine Gebäude oder nur Bauwerke, deren Einheitswert im Fall ihrer Bewertung als Gebäude nicht mehr als 1000 DM betragen würden (vgl. Nr. 1), errichtet haben. Die zu einer wirtschaftlichen Einheit zusammengefaßten Teilflächen sind dann als ein unbebautes Grundstück zu bewerten.

6. In den Fällen, in denen mehrere Pächter auf den an sie verpachteten Teilflächen Gebäude errichtet haben (vgl. Nr. 2), können die bebauten Teilflächen zu einer wirtschaftlichen Einheit zusammengefaßt werden, wenn oder soweit die Flächen im Fall ihrer Einzelbewertung nach § 94 Abs. 1 Satz 3 BewG in ein und dieselbe Grundstücksart einzuordnen wären. Die zu einer wirtschaftlichen Einheit zusammengefaßten Teilflächen gelten dann entsprechend der Grundstücksart der aufstehenden Gebäude als ein bebautes Grundstück, z. B. als ein Einfamilienhaus oder als ein Geschäftsgrundstück.

Einheitsbewertung von Wochenendhäusern, Ferienhäusern und Ferienwohnungen

Vfg. OFD Hannover vom 17. August 1981

S 3198 – 17 – StH 341

S 3198 – 11 – StO 321

Nach dem Urteil des BFH III R 41/78 v. 25. 5. 79, BStBl. II 1979, 543 ist ein Wochenendhaus als Einfamilienhaus zu bewerten, wenn es eine Wohnung enthält und nach seiner baulichen Gestaltung während des ganzen Jahres bewohnbar ist. Der Umstand, daß ein Wochenendhaus in einem im Bebauungsplan ausgewiesenen Wochenendhausgebiet liegt und somit baurechtlich nicht ständig bewohnt werden darf, steht der Artfeststellung als Einfamilienhaus nicht entgegen.

Zu der in dem BFH-Urteil nicht behandelten Frage, ob ein Wochenendhaus, das wegen seiner baulichen Unzulänglichkeiten nicht ganzjährig bewohnt werden kann, auch „Wohnzwecken" i. S. des § 75 Abs. 2 BewG dient und deshalb als „Mietwohngrundstück" zu behandeln ist, hat das Niedersächsische FG in dem Urt. I 99/81 v. 23. 6. 81 u. a. folgendes ausgeführt:

„Das Grundstück ist mit einem nicht wetterfesten Wochenendhaus bebaut. Dabei handelt es sich um einen Holzbau auf Pfahlgründung mit einem aus Stein gemauerten Sockel. Das Haus ist gegen Witterungseinflüsse nicht isoliert und kann nicht beheizt werden; es ist nicht an die Kanalisation angeschlossen und erhielt erst nach dem Bewertungsstichtag Stromanschluß."

Das Wochenendhaus ist als „sonstiges bebautes Grundstück" zu bewerten. Es ist kein Mietwohngrundstück. Denn es diente nicht „Wohnzwecken" i. S. des § 75 Abs. 2 BewG. Nutzung zu „Wohnzwecken" nach dieser Vorschrift bedeutet nicht, daß das Gebäude i. S. des allgemeinen Sprachgebrauchs „bewohnt" werden kann, sondern verlangt, daß es winterfest ist. Nach § 75 Abs. 2 BewG sind Ein- und Zweifamilienhäuser Ausnahmen zum übergreifenden Begriff „Mietwohngrundstücke". Alle drei Grundstücksarten müssen Wohnzwecken dienen. Wird bei Ein- und Zweifamilienhäusern verlangt, daß die Räume winterfest sind, kann für Mietwohngrundstücke nichts anderes gelten. Es wäre auch ein sinnwidriges Ergebnis, an die bauliche Qualität eines Mietwohngrundstücks geringere Anforderungen zu stellen als an die eines Einfamilienhauses. Beide sind dazu da, Menschen Wohnraum zu gewähren.

Diesem Ergebnis stehen die Ausführungen des BFH im Urteil v. 25. 5. 79 nicht entgegen. Danach dient ein Grundstück Wohnzwecken, auch wenn es nur zeitweise bewohnt wird oder aus rechtlichen Gründen nicht dauernd bewohnt werden darf. Diese Formulierung sagt aber nichts darüber, ob ein Gebäude auch Wohnzwecken dient, wenn es aus tatsächlichen Gründen – z. B. wegen seiner Bauausführung – nicht ganzjährig bewohnt werden kann."

Entsprechend ist zu verfahren.

Ferienhäuser und Ferienwohnungen sind entsprechend zu behandeln, soweit sie nicht wegen ihrer hotelmäßigen Nutzung als Geschäftsgrundstücke zu bewerten sind. Hinweis auf BFH-Urt. III R 167/73 v. 25.6.76, BStBl. II 1976, 728.

Anlage 075.11   Zu § 75 BewG

a) Gebäudeeigenschaft von Mobilheimen
BayLfSt vom 15. November 2013
– S 3208 –

Mobilheime sind wohnwagenähnliche, wetterfeste aus Holz gebaute, teils mit einem Fahrgestell auf Rädern versehene, teils mit massiven Stützpfeilern befestigte Raumeinheiten, die in der Regel auf gepachteten Stellplätzen aufgestellt werden. Sie haben fast die Größe von Wochenendhäusern und enthalten häufig mehrere Räume, Bad oder Dusche und Gasheizung. Es bestehen Anschlüsse für Wasser, Kanal, Strom und Flüssiggas.

Solche Bauwerke sind Gebäude. Dabei ist es unerheblich,
- welcher Art die Fundamente sind (Stein, Beton, hölzerne Pfähle, vorgefertigte Bauteile),
- wie tief sie im Boden verankert sind,
- wie die Verbindung der Mobilheime mit den Fundamenten technisch gelöst wurde (BFH vom 19. 1. 1962 III 228/59 U, BStBl. III, 121 und vom 1. 12. 1970 VI R 380/69, BStBl. II 1971, 317),
- dass Mobilheime aufgrund ihrer Bauweise jederzeit mit mehr oder weniger großem Aufwand von den Fundamenten entfernt und an einen anderen Standort gebracht werden können. Solange sie – auch durch ihr Eigengewicht – nicht auf den Fundamenten ruhen, sind sie mit dem Grund und Boden fest verbunden (vgl. auch BFH vom 1. 12. 1970 und vom 21. 2. 1973 II R 140/67, BStBl. II 507).

b) Bewertungsrechtliche Behandlung von Mobilheimen
Erlaß FinMin NRW v. 11. März 1983
– S 3190 – 42 – V A 4 –

1. Gebäudeeigenschaft von Mobilheimen
Für die Frage, ob sogenannte Mobilheime bewertungsrechtlich als Gebäude anzusehen und damit als Grundvermögen zu bewerten sind, ist deren technische Bezeichnung ohne Bedeutung. Entscheidend ist allein, ob das Mobilheim mit dem Grund und Boden fest verbunden ist. Das ist der Fall, wenn es auf einzelne oder durchgehende Fundamente gegründet ist (siehe Abschnitt 7 Abs. 1 Satz 1 der Abgrenzungsrichtlinien)[1]. Unterlegte Steine oder Stützen, die lediglich der Standsicherheit des Mobilheims dienen, sind nicht als Fundament im Sinne des Abschnitts 7 der Abgrenzungsrichtlinien anzusehen. Im allgemeinen wird danach die Gebäudeeigenschaft nur bei Mobilheimen in Containerbauweise zu bejahen sein.

2. Grundstückart und Bewertungsverfahren
Die als Gebäude anzusehenden Mobilheime sind wie folgt zu bewerten:
a) Ganzjährig bewohnbare Mobilheime gehören zur Grundstücksart der Einfamilienhäuser (§ 75 Abs. 5 BewG). Sie sind nach § 76 Abs. 3 Nr. 3 BewG im Sachwertverfahren zu bewerten.
b) Nicht ganzjährig bewohnbare Mobilheime sind sonstige bebaute Grundstücke (§ 75 Abs. 7 BewG). Sie sind nach § 76 Abs. 2 BewG ebenfalls im Sachwertverfahren zu bewerten.

3. Raummeterpreise

4. Gebäudelebensdauer
Im allgemeinen ist eine gewöhnliche Lebensdauer von 10 bis 30 Jahren zugrunde zu legen. Bei Mobilheimen in Containerbauweise kann u. U. auch von einer höheren Lebensdauer ausgegangen werden.

---

[1] Jetzt Abschnitt 2.5 der gleichlautenden Erlasse der obersten Finanzbehörden der Länder vom 5.6.2013 (Anlage 068.3).

Zu § 75 BewG   **Anlage 075.11**

c) Bewertungsrechtliche Behandlung von Mobilheimen
Vfg. BayLfSt vom 15. November 2013
– S 3190 –

Nach bisheriger Verwaltungsauffassung standen untergelegte Steine oder Stützen, die lediglich der Standfestigkeit eines Mobilheimes dienen, der Annahme der Gebäudeeigenschaft bei Mobilheimen entgegen.

Nach der Rechtsprechung zur Ortsfestigkeit ist eine feste Verbindung mit dem Grund und Boden jedoch auch dann anzunehmen, wenn bei Bauwerken im Feststellungszeitpunkt entweder eine auf Dauer angelegte Nutzung (mindestens sechs Jahre) gegeben ist oder aufgrund der Zweckbestimmung eine dauernde Nutzung zu erwarten ist (BFH v. 23. 9. 1988, BStBl. II 1989, 113; Tz. 2.5 der gleichlautenden Ländererlasse zur Abgrenzung des Grundvermögens von den Betriebsvorrichtungen vom 5. Juni 2013, BStBl. I S. 734). Diese Grundsätze sind auch bei Mobilheimen zu beachten.

d) Behandlung von Mobilheimen
Erlaß FinMin Baden-Württemberg vom 25. April 1996
S 3190/4

Bezüglich der Frage, zu welchem Zeitpunkt bei Mobilheimen im Hinblick auf das Urteil des BFH vom 23. 9. 1988 (BStBl. II 1989, 113) über die Gebäudeeigenschaft entschieden werden kann und auf welchen Feststellungszeitpunkt die in Betracht kommenden Einheitswertfeststellungen durchzuführen sind, ist wie folgt zu verfahren:

Mobilheime sind nicht erst nach einer tatsächlichen Standzeit von sechs Jahren, sondern bereits vorher unter Berücksichtigung der Verhältnisse im Einzelfall zu erfassen. Die erstmalige Feststellung des Einheitswerts ist im Wege der Nachfeststellung auf den Feststellungszeitpunkt durchzuführen, der der Aufstellung des Mobilheimes folgt. Zu diesem Zeitpunkt ist auch über die Gebäudeeigenschaft des Mobilheimes zu entscheiden.

Die betreffenden Einheitswertbescheide sollen im Hinblick auf eine noch nicht erreichte Standzeit von sechs Jahren vorläufig ergehen. Ist eine Standzeit von sechs Jahren erreicht, kann der Einheitswertbescheid für endgültig erklärt werden. Wird der Standort des Mobilheimes vor Ablauf dieser Frist geändert, ist zu prüfen, ob der Einheitswertbescheid aufzuheben ist.

Dieser Erlaß ergeht im Einvernehmen mit den obersten Finanzbehörden der anderen Länder.

e) Gebäudeeigenschaft von Mobilheimen
Einheitsbewertung

Vfg. OFD Frankfurt am Main vom 7. August 2017
(S 3190 A-001-St 116)

1. Gebäudeeigenschaft von Mobilheimen
Für die Frage, ob sogenannte Mobilheime bewertungsrechtlich als Gebäude anzusehen und damit als Grundvermögen zu bewerten sind, ist deren technische Bezeichnung ohne Bedeutung. Entscheidend ist allein, ob das Mobilheim mit dem Grund und Boden fest verbunden ist. Das ist der Fall, wenn es auf einzelne oder durchgehende Fundamente gegründet ist (vgl. Tz. 2.5 des Gleichlautenden Erlasses der obersten Finanzbehörden der Länder zur Abgrenzung des Grundvermögens von den Betriebsvorrichtungen vom 05.06.2013, BStBl. I 2013, 734). Untergelegte Steine oder Stützen, die lediglich der Standsicherheit des Mobilheimes dienen, sind nicht als Fundament im Sinne des Abgrenzungserlasses anzusehen. Im Allgemeinen wird danach die Gebäudeeigenschaft nur bei Mobilheimen in Containerbauweise zu bejahen sein.

Nach der Rechtsprechung zur Ortsfestigkeit ist eine feste Verbindung mit dem Grund und Boden jedoch auch dann anzunehmen, wenn bei Bauwerken im Feststellungszeitpunkt entweder eine auf Dauer angelegte Nutzung (mindestens 6 Jahre am gleichen Standort) gegeben ist oder aufgrund der Zweck-

Anlage 075.11

Zu § 75 BewG

bestimmung eine dauernde Nutzung zu erwarten ist (BFH-Urteil vom 23.09.1988, III R 67/85, BStBl. II 1989, 113). Diese Grundsätze sind auch bei Mobilheimen zu beachten.

Im Hinblick auf das o.g. Urteil stellt sich die Frage, zu welchem Zeitpunkt bei Mobilheimen ohne Fundamente über die Gebäudeeigenschaft entschieden werden kann und auf welchen Feststellungszeitpunkt die in Betracht kommenden Einheitswertfeststellungen durchzuführen sind.

Ich bitte, in den einschlägigen Fällen wie folgt zu verfahren:

Mobilheime sind nicht erst nach einer tatsächlichen Standzeit von sechs Jahren, sondern bereits vorher unter Berücksichtigung der Verhältnisse im Einzelfall zu erfassen. Die erstmalige Erfassung des Mobilheims im Einheitswert ist im Wege der Nachfeststellung bzw. Art- und/oder Wertfortschreibung auf den Feststellungszeitpunkt durchzuführen, der der Aufstellung des Mobilheims folgt. Zu diesem Zeitpunkt ist auch über die Gebäudeeigenschaft des Mobilheims zu entscheiden.

Die betreffenden Einheitswertbescheide sollen im Hinblick auf eine noch nicht erreichte Standzeit von sechs Jahren vorläufig ergehen, wenn der Stpfl. trotz objektiver Kriterien angibt, dass das Mobilheim für eine Standzeit von weniger als sechs Jahren aufgestellt wurde. Ist eine Standzeit von sechs Jahren erreicht, kann der Einheitswertbescheid für endgültig erklärt werden. Wird der Standort des Mobilheimes vor Ablauf dieser Frist geändert, ist zu prüfen, ob der Einheitswertbescheid aufzuheben bzw. zu ändern ist.

Die vorläufige Feststellung ist jedoch nicht durchzuführen bei Mobilheimen die auf Fundamenten ruhen, da in diesem Fall die feste Verbindung mit dem Grund und Boden unstrittig ist und auch bei einer Standzeit von weniger als sechs Jahren die Gebäudeeigenschaft vorliegt.

2. Grundstücksart und Bewertungsverfahren

Die als Gebäude anzusehenden Mobilheime sind wie folgt zu bewerten:

a) Ganzjährig bewohnbare Mobilheime gehören zur Grundstücksart der Einfamilienhäuser (§ 75 Abs. 5 BewG). Sie sind nach § 76 Abs. 3 Nr. 3 BewG im Sachwertverfahren zu bewerten.

b) Nicht ganzjährig bewohnbare Mobilheime sind sonstige bebaute Grundstücke (§ 75 Abs. 7 BewG). Sie sind nach § 76 Abs. 2 BewG ebenfalls im Sachwertverfahren zu bewerten.

3. Raummeterpreise

Die im Erlass des Senators für Finanzen in Berlin vom 02.08.1967, III D 12 – S 3014 – 1/67 – (HMdF-Erlass vom 28.08.1967, S 3208 A – 8 – II A 4 –; Anhang 24 zu Abschn. 38, 45 BewRGr) für Wochenendhäuser festgelegten Raummeterpreise können auch bei der Bewertung von Mobilheimen zugrunde gelegt werden[1].

4. Gebäudelebensdauer

Im Allgemeinen ist eine gewöhnliche Lebensdauer von 10 bis 30 Jahren zugrunde zu legen. Bei Mobilheimen in Containerbauweise kann eventuell auch von einer höheren Lebensdauer ausgegangen werden.

5. Hinweis für die Praxis

Mobilheime sind insbesondere dann als Gebäude anzusehen und damit als Grundvermögen zu bewerten, wenn neben den Abgrenzungsmerkmalen zur Gebäudeeigenschaft nach den vorstehenden Ausführungen Versorgungseinrichtungen (z. B. Strom, Wasser, Telefon, Kanalisation) vorhanden und das Aufstellen von der Bauaufsichtsbehörde genehmigt ist.

Begründeter Anlass für eine Überprüfung der Einheitsbewertung eines Mobilheimes ist daher das Vorliegen einer entsprechenden Genehmigung (Baumitteilung) der Bauaufsichtsbehörde.

---

1) Siehe Anlage 085.14.

Zu § 75 BewG   Anlage 075.12

Begriff und Abgrenzung der bebauten von den unbebauten Grundstücken
– Grundstücke, die der Freizeit und der Erholung dienen

Vfg. OFD Frankfurt vom 26. November 1984
– S 3197 A – 2 St III 40

1. Neben den in planungsrechtlich ausgewiesenen Wochenendgebieten belegenen Wochenendgrundstücken werden auch an landschaftlich reizvollen Orten außerhalb eines Bebauungsgebietes bzw. Wochenendgebiets liegende, ehemals landwirtschaftlich genutzte Pacht- oder Eigentumsflächen zu Freizeit- und Erholungszwecken genutzt. Auf den in der Regel parzellenmäßig abgegrenzten Grundstücken sind zum Zwecke der Steigerung des Erholungswertes häufig Bauwerke der unterschiedlichsten Art und Ausstattung errichtet worden.

2. Die zutreffende Abgrenzung der Vermögensart – weiterhin land- und forstwirtschaftlichens Vermögen oder Grundvermögen – und der Grundstücksart – Einfamilienhäuser oder sonstige bebaute Grundstücke – sowie das anzuwendende Bewertungsverfahren – Ertragswert- oder Sachwertverfahren – dieser Grundstücke ist in früheren Verfügungen bereits hinreichend geregelt worden.

3. Bei den als Grundvermögen zu bewertenden Freizeitflächen kann die unterschiedliche Bauausführung der aufstehenden Bauten, die nicht bereits infolge ihrer Nutzung als Einfamilienhäuser anzusprechen sind, zu Unsicherheit bei der Abgrenzung der bebauten von den unbebauten Grundstücken führen.

4. Ein Bauwerk ist im bewertungsrechtlichen Sinne dann als Gebäude anzusehen und entspr. zu bewerten, wenn die nach den Abgrenzungsrichtlinien vom 31. 3. 1967 (BewRGr.)[1)] festgelegten Begriffsmerkmale insgesamt vorliegen. Sie reichen für eine zutreffende Beurteilung der Gebäudeeigenschaft eines Bauwerks aus. Auf die Größe seiner bebauten Fläche kommt es dabei nicht an.

Bei Zweifeln, ob ein bestimmtes Merkmal des Gebäudebegriffs vorliegt, ist nach der Verkehrsauffassung zu entscheiden.

Die Merkmale der Schutzgewährung durch räumliche Umschließung, der Möglichkeit des Aufenthalts von Menschen, der Beständigkeit und der Standfestigkeit werden in aller Regel bei den betreffenden Freizeitbauten gegeben sein. Hinsichtlich des ebenfalls erforderlichen Merkmals der festen Verbindung mit dem Grund und Boden werden jedoch bei einem Teil dieser Freizeitbauten Zweifel an der Gebäudeeigenschaft nicht auszuschließen sein, so daß hier der Schwerpunkt der Überprüfung liegen wird.

Für dieses Merkmal hat die Rechtsprechung eine klare Abgrenzung geschaffen (vgl. Abschn. 7 der Abgrenzungsrichtlinien). Danach ist für eine feste Verbindung eines Bauwerks mit dem Grund und Boden ein Fundament erforderlich. Bauwerke ohne Fundament sind keine Gebäude.

5. Nachstehend in typisierender Form beispielhaft genannte Ausführungen von Freizeitbauten bieten sich als Entscheidungshilfen an, ob eine feste Verbindung mit dem Grund und Boden gegeben ist, ein Fundament vorliegt und das Bauwerk ein Gebäude darstellt:

5.1 Mehrgeschossige Holzbauten mit ggf. teilweise gemauerten Steinwänden (z. B. Nurdach-Bauten). Das Bauwerk ist ein Gebäude, weil eine Fundamentierung bzw. feste Verbindung mit dem Grund und Boden bei dieser Bauweise unterstellt werden kann.

5.2 Eingeschossige Holzbauten mit von außen sichtbarer Fundamentierung aus Steinen, Betonplatten, Fundamentplatten, eingerammten Beton- oder Holzpfählen; ohne sichtbare Verankerung des Bauwerkbodens mit der Fundamentierung. Das Bauwerk ist als Gebäude anzusehen. Die möglicherweise fehlende Verankerung des Holzhauses mit dem Fundament ist nicht entscheidungserheblich.

5.6 Eingeschossige Holzbauten mit von außen wegen der bis zum Erdboden heruntergezogenen Seitenwände nicht sichtbaren Fundamentierung. Das Bauwerk ist als Gebäude anzusehen; es sei denn, in der Grundstücksbeschreibung des Eigentümers wird eindeutig das Vorhandensein eines Fundaments verneint.

5.7 Eingeschossige Holzbauten, bei denen die Fußbodenuntekante des Bauwerks auf in die Erde **eingelassenen** Schwerbeton- oder Hohlblocksteinen u. ä. ruht. Es ist eine ganze oder teilweise Verblendung des Luftraumes zwischen Fußbodenunterkante des Bauwerks und der Erdoberfläche sichtbar bzw. es fehlt an einer Verblendung. Das Bauwerk ist als Gebäude anzusehen, sofern die Einlaßtiefe der Steine den bautechnischen Erfordernissen eines Fundaments genügt.

5.5 Eingeschossige Holzbauten, bei denen die Fußbodenunterkante auf lose auf dem Erdboden – zum Niveauausgleich ggf. in unterschiedlicher Höhe – aufliegenden Steinen ruht. Das Bauwerk ist kein Gebäude, selbst wenn der Boden des Bauwerks an den Steinen befestigt ist. Die für einen Kiosk ent-

---
1) Jetzt gleichlautende Erlasse der obersten Finanzbehörden der Länder vom 5.6.2013 (Anlage 068.3).

Anlage 075.12 Zu § 75 BewG

wickelten Abgrenzungsgrundsätze im BFH-Urteil vom 1. 12. 1970, BStBl. II 1971 S. 161 gelten hier entsprechend.

5.6 Eingeschossige Holzbauten, deren Fußbodenunterkante von außen sichtbar lediglich auf dem Erdboden aufliegt. Das Bauwerk ist kein Gebäude. Die für Fertiggaragen mit fabrikmäßig vorgefertigter Stahlbetonbodenplatte geltenden Abgrenzungsgrundsätze im BFH-Urteil vom 4. 10. 1978, BStBl. II 1979 S. 190 sind hier nicht anwendbar, weil eine die Funktion eines Fundaments übernehmende Bodenplatte fehlt.

5.7 Wohnwagenüberdachungen aus Holz, Kunststoff oder Wellblech, ggf. mit einseitiger oder beidseitiger Seitenverkleidung. Soweit die für Haltestellenüberdachungen und kleine Wartehallen der Verkehrsbetriebe ländereinheitlich festgelegten Abgrenzungsmerkmale vorliegen, fehlt es an der Gebäudeeigenschaft. Ein Gebäude liegt nur vor, wenn gemäß Abschnitt 5 der Abgrenzungsrichtlinien die Überdachung nach der Verkehrsauffassung entsprechend ihrer Größe und Höhe einen Raum umschließt und dadurch gegen Witterungseinflüsse schützt.

5.8 Soweit das vom Eigentümer in der Grundstücksbeschreibung erklärte Fehlen eines Fundaments oder einer festen Verbindung mit dem Grund und Boden seines Freizeitbaues durch Ortsbesichtigung nicht mit Sicherheit festgestellt werden kann, ist das Bauwerk als Gebäude anzusehen und entsprechend zu bewerten.

Zu § 75 BewG Anlage 075.13

Wohnungsbegriff
a) Einheitsbewertung des Grundvermögens; Änderung der BFH-Rechtsprechung zum Wohnungsbegriff
Gleich lautende Erlasse der obersten Finanzbehörden der Länder vom 15. Mai 1985
(BStBl. I S. 201)

Bei der bewertungsrechtlichen Beurteilung des Wohnungsbegriffs war es nach der Rechtsprechung des Bundesfinanzhofs in Fällen zweifelhafter baulicher Gestaltung bisher ausreichend, daß sich die Zusammenfassung mehrerer Räume zu einer Wohnung bereits aus der Lage dieser Räume zueinander, aus ihrer Zweckbestimmung und der dieser Zweckbestimmung entsprechenden tatsächlichen Nutzung ergibt. Erforderlich war jedoch stets, daß die Küche entsprechend eingerichtet war und tatsächlich als solche genutzt wurde (vgl. BFH-Urteil vom 24. November 1978 III R 81/76, BStBl. II 1979, 255).
An dieser Rechtsprechung hält der Bundesfinanzhof nicht mehr fest. Nach dem Urteil vom 5. Oktober 1984 III R 192/83 (BStBl. II 1985, 151) ist für die Entscheidung der Frage, ob die Zusammenfassung einer Mehrheit von Räumen den bewertungsrechtlichen Wohnungsbegriff erfüllt, nunmehr wesentlich, daß diese Zusammenfassung von Räumen eine von anderen Wohnungen oder Räumen, insbesondere Wohnräumen baulich getrennte, in sich abgeschlossene Wohneinheit bildet (vgl. auch das zur Veröffentlichung im Bundessteuerblatt bestimmte BFH-Urteil vom 8. Februar 1985 III R 62/84). Es muß ein eigener Zugang bestehen, der nicht durch einen anderen Wohnbereich führt.
Weiter müssen grundsätzlich alle notwendigen Nebenräume wie Küche, zumindest ein Raum mit Kochgelegenheit, ein Bad oder eine Dusche und eine Toilette vorhanden sein. Das Vorhandensein nur eines Waschbeckens reicht nicht mehr aus. Dagegen ist nicht erforderlich, daß in den Räumen tatsächlich ein selbständiger Haushalt geführt wird, der Küchenraum als Küche eingerichtet ist und als solche genutzt wird. Es genügt, wenn darin die Anschlüsse für solche Einrichtungs- und Ausstattungsgegenstände vorhanden sind, die für die Führung eines selbständigen Haushalts notwendig sind (vgl. BFH-Urteil vom 25. Juli 1980 III R 46/78, BStBl. II 1981, 152).
Grundsätzlich ist jedoch erforderlich, daß die Räume Wohnzwecken dienen oder zu dienen bestimmt sind (vgl. BFH-Urteil vom 5. Oktober 1984 a. a. O.).
Für die Bestimmung der Grundstücksart ist die neue Rechtsprechung bei Errichtung, Umbau und Erweiterung von Gebäuden anzuwenden, wenn der Antrag auf Baugenehmigung oder die Bauanzeige nach dem 31. Dezember 1985 erfolgt. Kommt es auf eine Baugenehmigung oder auf eine Bauanzeige nicht an, ist die neue Rechtsprechung anzuwenden, wenn die Baumaßnahme oder die sonstige tatsächliche Umgestaltung erst nach diesem Zeitpunkt abgeschlossen ist. Im übrigen verbleibt es im laufenden Hauptfeststellungszeitraum bei der bisherigen Verwaltungsübung; es sei denn, der Steuerpflichtige begehrt die Anwendung der neuen Rechtsprechung.

b) Einheitsbewertung des Grundvermögens; Mindestgröße einer Wohnung im Bewertungs- und Grundsteuerrecht
Erlass des FinMin BW vom 7.3.1991 – S 3198-36/85 –

Bezug: Erlass vom 15. Mai 1985 S 3198 – 36/85 (BStBl. I, 201);
Erlass vom 05. Oktober 1979 S 3198 – 7/79

Nach dem Erlass vom 05. Oktober 1979 S 3198 – 7/79 setzt die Annahme einer Wohnung bei einer abgeschlossenen oder nicht abgeschlossenen Einliegerwohnung das Vorliegen einer Mindestwohnfläche von 25 qm (ohne Berücksichtigung der Regelungen in den §§ 44 Abs. 2 und 3 II. BV) voraus. Bei Grundstücken mit mehr als zwei Wohnungen und bei Eigentumswohnungen kann auch dann noch eine Wohnung vorliegen, wenn die Mindestwohnfläche von 25 qm unterschritten wird. Bei Appartements in Studenten- und Altenwohnheimen reicht für die Annahme einer Wohnung eine Mindestwohnfläche von 20 qm aus.
Der Bundesfinanzhof hat nunmehr im Urteil vom 04. Juli 1990 II R 74/87, das in Kürze im Bundessteuerblatt veröffentlicht werden wird, unter Bezugnahme auf sein Urteil vom 20. Juni 1985 (BStBl. II, 582) bei Wohnungen in Ein- und Zweifamilienhäusern eine Mindestwohnfläche von mehr als 23 qm als ausreichend angesehen. Dieses Urteil ist in den Fällen anzuwenden, in denen eine von anderen Wohnungen oder Räumen baulich getrennte, in sich abgeschlossene Wohneinheit vorliegt, die über einen eigenen Zugang verfügt. In Ergänzung des Bezugserlasses vom 15. Mai 1985 wird deshalb darauf hingewiesen, dass abgeschlossene Wohnungen in Ein- und Zweifamilienhäusern lediglich über eine Min-

Anlage 075.13 Zu § 75 BewG

destwohnfläche von 23 qm verfügen müssen. Bei Appartements in Studenten- und Altenwohnheimen verbleibt es bei der bisherigen Regelung, dass für die Annahme einer Wohnung eine Mindestwohnfläche von 20 qm erforderlich ist.

Bei Anwendung der Übergangsregelung nach dem letzten Satz des Erlasses vom 15. Mai 1985 verbleibt es gemäß der dort ausdrücklich getroffenen Regelung über die Fortgeltung der bisherigen Verwaltungsübung bei der im Erlass vom 05. Oktober 1979 S 3198 – 7/79 getroffenen Regelung zur Mindestwohnfläche.

a) Bewertung von Ein- und Zweifamilienhausgrundstücken mit Schwimmbecken oder Schwimmhallen

Erlaß FinMin NRW v. 10. Januar 1980

S 3199 – 14 – V A 4
S 3201 – 2 – V A 4
S 3208 – 17 – V A 4

1. Abgrenzung der Anwendung des Ertragswertverfahrens von der Anwendung des Sachwertverfahrens

Nach § 76 Abs. 3 Nr. 1 BewG sind nur solche Ein- und Zweifamilienhausgrundstücke im Sachwertverfahren zu bewerten, die sich durch besondere Gestaltung oder Ausstattung oder durch Zusammenwirken von beiden Merkmalen (vgl. BFH-Urteil vom 23. 7. 1971 BStBl. 1971 II S. 797) wesentlich von der Einfamilienhaus-/Zweifamilienhaus-Norm unterscheiden. Dafür ist das Vorhandensein einer Schwimmhalle oder eines Schwimmbades zwar ein Merkmal, aber nicht das einzige Abgrenzungskriterium. Das gilt sowohl bei einer angebauten oder freistehenden Schwimmhalle als auch bei einem im Gebäude oder im Freien fest eingebauten Schwimmbecken.

Der Unterschied zu den im Ertragswertverfahren zu bewertenden Ein- und Zweifamilienhäusern ist dann wesentlich, wenn sich die besondere Gestaltung oder Ausstattung erfahrungsgemäß nach den Marktverhältnissen am Hauptfeststellungszeitpunkt nicht in der Höhe der Miete ausdrückt und dadurch eine erhebliche Unterbewertung des Grundstücks herbeigeführt wird (BFH-Urteile vom 10. 2. 1978, BStBl. 1978 II S. 274, und vom 27. 4. 1978, BStBl. 1978 II S. 523). Für die Abgrenzungsfrage ist demnach entscheidend, ob für das zu bewertende Ein- oder Zweifamilienhausgrundstück eine zutreffende Mietermittlung möglich ist oder nicht. Diese Frage kann nur nach den Umständen des jeweiligen Falles entschieden werden. Auch bei Ein- und Zweifamilienhausgrundstücken mit Schwimmhallen oder Schwimmbädern muß es deshalb weiterhin den Finanzämtern überlassen bleiben, aufgrund des vorliegenden Sachverhalts zu entscheiden, welches Bewertungsverfahren anzuwenden ist.

2. Mietermittlung

Schwimmhallen und Schwimmbäder sowie deren Nebenräume sind bei der Schätzung der üblichen Miete nach § 79 Abs. 2 BewG zu erfassen. Nach welcher Methode dabei vorzugehen ist, bleibt auch weiterhin der Praxis der Finanzämter überlassen.

3. Raummeterpreise für Schwimmhallen

Auf Schwimmhallen, die zur wirtschaftlichen Einheit eines Ein- oder Zweifamilienhausgrundstückes gehören, sind die Raummeterpreise der Gebäudeklasse 9.14 der Anlage 15 BewRGr anzuwenden.

4. Zuschläge für Schwimmbecken in Ein- und Zweifamilienhäusern

Der Rahmenmeterpreis der Anlage 16 BewRGr wird wie folgt untergliedert:

Einfache, kleine flache Becken (insbesondere aus Kunststoff; bis zu 30 m² Wasserfläche) ohne Schwimmbadtechnik:	420 – 500 DM/m²
bessere Becken, meist massiv, mit einfacher Schwimmbadtechnik (z. B. Filteranlage):	500 – 800 DM/m²
gute massive Becken mit gutem Verkleidungsmaterial und umfassender Schwimmbadtechnik (z. B. Filteranlagen, Gegenstromanlage und ähnl.):	800 – 1000 DM/m²
aufwendige Becken mit aufwendiger Schwimmbad-technik (z. B. Filteranlage, Gegenstromanlage, Chloranlage, Unterwasserbeleuchtung und ähnl.):	1000–1400 DM/m²

Schwimmbecken sind im allgemeinen zwischen 1 m und 2 m tief. Der im Einzelfall anzusetzende Zuschlag ist unter Berücksichtigung der jeweiligen Tiefe des Beckens innerhalb der Rahmenpreise zu bestimmen.

Der Rauminhalt des Schwimmbeckens ist stets in den Rauminhalt des Gebäudes einzubeziehen. Das gilt auch in den Fällen, in denen das Schwimmbecken unter dem Fußboden des untersten Geschosses liegt.

Anlage 076.1 Zu § 76 BewG

b) Bewertung von Ein- und Zweifamilienhäusern im Sachwertverfahren
Erlaß FinMin NRW v. 25. April 1988
S 3199 – 6 – VA 4
S 3199 – 14 – VA 4

Im Urteil vom 12. Februar 1986 (BStBl. II S. 320) hat der Bundesfinanzhof entschieden, daß eine Wohnfläche von rd. 220 qm für sich die Bewertung eines Einfamilienhauses im Sachwertverfahren rechtfertigt. Einfamilienhäuser, deren Wohnfläche mehr als 220 qm beträgt, sind somit grundsätzlich im Sachwertverfahren zu bewerten. Abweichend von diesem Grundsatz ist – auch nach Eigentümerwechsel – bei Wohnungen in Gebäuden, die ehemals landwirtschaftlichen Zwecken dienten und insbesondere vor dem 21. Juni 1948 errichtet wurden, trotz einer Wohnfläche von mehr als 220 qm eine Bewertung im Sachwertverfahren nur dann vorzunehmen, wenn weitere Merkmale (vgl. Abschnitt 16 Abs. 4 BewRGr) vorliegen, die auf eine besondere Ausstattung des Gebäudes hindeuten.

Bei Überprüfung, ob die Wohnflächengrenze von 220 qm überschritten wird, ist diese Wohnfläche nach der II. Berechnungsvereinbarung (II, BVO) in der Fassung vom 5. April 1984 (BGBl. II S. 553) zu berechnen. Danach rechnen zur Wohnfläche einer Wohnung die Summe der anrechenbaren Grundflächen der Räume, die ausschließlich zu der Wohnung gehören, einschließlich der Räume, die den nach ihrer Nutzung zu stellenden Anforderungen des Bauordnungsrechts genügen. Abweichend von § 44 Abs. 1 Nr. 2 II. BVO ist die hälftige Grundfläche von Schwimmbädern nicht in die Wohnfläche einzubeziehen. Dies gilt auch für ausschließlich zum Wohnraum gehörende Balkone, Loggien, Dachgärten oder gedeckte Freisitze, die nach § 44 Abs. 2 II. BVO bei der Ermittlung der Wohnfläche bis zur Hälfte angerechnet werden können. Bei Wohngebäuden mit einer Wohnung sind 10 v. H. der ermittelten Grundfläche der Wohnung bei der Wohnflächenberechnung abzuziehen. Bei Wohngebäuden mit zwei nichtabgeschlossenen Wohnungen ist ein Abzug von 10 v. H. der ermittelten Grundfläche beider Wohnungen vorzunehmen. Bei Wohngebäuden mit einer abgeschlossenen und einer nichtabgeschlossenen Wohnung ist die Wohnfläche um 10 v. H. der ermittelten Grundfläche der nichtabgeschlossenen Wohnung zu kürzen.

Für die Frage, ob die Wohnfläche 220 qm überschreitet, ist der bei der Artfeststellung zugrunde gelegte Wohnungsbegriff maßgebend. Dies gilt auch für die Fälle, in denen sich der Steuerpflichtige bei Wohngrundstücken, die nach dem 31. Dezember 1972 bezugsfertig errichtet, um- oder ausgebaut worden sind, auf die Übergangsregelung im Erlaß vom 15. Mai 1985 S 3198 – 8 – VA 4 beruft. Wirkt sich der Umbau eines Wohngebäudes auf die Anzahl der dort befindlichen Wohnungen und somit auf die Grundstücksart aus, so ist diese Änderung auch bei der für die Anwendung des Sachwertverfahrens erforderlichen Prüfung der Wohnflächengrenze zu berücksichtigen.

Bei einem Zweifamilienhaus ist eine Bewertung im Sachwertverfahren vorzunehmen, wenn die Wohnfläche einer Wohnung über 220 qm hinausgeht. Die Ausnahmeregelung für Wohnungen in ehemals landwirtschaftlichen Zwecken dienenden Gebäuden gilt für Zweifamilienhäuser entsprechend.

Nach dem Urteil des Bundesfinanzhofs vom 5. März 1986 (BStBl. II S. 386) rechtfertigt der Umstand, daß sich auf einem Einfamilienhausgrundstück eine Schwimmhalle befindet, für sich allein die Bewertung im Sachwertverfahren.

Dies gilt auch für ein Schwimmbad, das sich z. B. im Keller befindet. Das Vorhandensein einer Schwimmhalle oder eines Schwimmbades ist nur dann als alleiniges Abgrenzungskriterium für eine Bewertung im Sachwertverfahren anzusehen, wenn die Wasserfläche des Schwimmbeckens mindestens 40 qm beträgt, unabhängig davon, wie die Schwimmhalle oder das Schwimmbad ausgestattet sind.

Die angeführten Abgrenzungsmerkmale sind in allen zu bearbeitenden Steuerfällen zu beachten. Soweit dabei im Einzelfall bekannt wird, daß bisher unzutreffend das Ertragswertverfahren angewendet worden ist, ist eine fehlerbeseitigende Wertfortschreibung durchzuführen.

Zu § 76 BewG
Anlage 076.1

c) Abgrenzung der Bewertungsverfahren – Berechnung der maßgebenden Wohnfläche
Vfg. BayLfSt vom 15. November 2013
S 3199, S 3199 B

Bei der Prüfung, ob die Wohnflächengrenze von 220 qm (BFH vom 12. 2. 1986, BStBl. II S. 320) für eine Wohnung in einem Wohngrundstück überschritten wird, ist gem. FMS vom 5. 7. 1988 Az.: 34 – S 3199 – 10/43 – 34 839 [1]) nach der II. BVO zu verfahren. Es kann für die Auswertung des zutreffenden Bewertungsverfahrens mithin ausschlaggebend sein, inwieweit gewerblich oder freiberuflich genutzte Räume in die Wohnfläche einzubeziehen sind.

Nach § 42 Abs. 4 Nr. 4 II. BVO gehören zu den nichtanrechenbaren Geschäftsräumen gewerblich oder freiberuflich genutzte Räume nur dann, wenn sie klar feststellbar von den Wonräumen getrennt sind. Derartige Räume mit einer „indifferenten" Anlage, d. h. Räume, die gleichermaßen als Wohnräume oder zu Geschäftszwecken genutzt werden können (z. B. Büros im Eingangsbereich) gelten hiernach nur dann als „Geschäftsräume", wenn sie tatsächlich zu geschäftlichen oder gewerblichen Zwecken genutzt werden und hinreichend vom Wohnbereich abgegrenzt sind. Eine Verbindung zu den Wohnräumen und/oder ein gemeinsamer Zugang widersprechen der erforderlichen räumlichen, wirtschaftlichen und funktionellen Eigenständigkeit im Sinne der II. BVO.

Bewertungsrechtlich sind solche „indifferenten" Räume nur dann zur Wohnfläche zu rechnen, wenn sie ihrer Lage nach unmittelbar in die Wohnung integriert sind (z. B. ähnlich den Arbeitszimmern). Im übrigen ist auf die Nutzung der Räume abzustellen. Geschäftsräume sind deshalb dann der gewerblichen Nutzung zuzuordnen, wenn sie tatsächlich entsprechend genutzt werden und nach ihrer Lage zueinander eine Einheit bilden. Auf die Zugangsvoraussetzungen kann es dabei nicht ankommen. Ein gemeinsamer Zugang zu Wohn- und Geschäftsräumen ist somit unschädlich.

d) Abgrenzung des Sachwertverfahrens vom Ertragswertverfahren bei Ein-/Zweifamilienhäusern
Vfg. OFD Koblenz vom 24. Juli 2006 S 3199 A – St 35 5

Soweit erkennbar hat der Bundesfinanzhof in seiner Entscheidung vom 11. Januar 2006, II R 12/04 (BStBl. II S. 615) erstmals anschaulich beschrieben, wie die Frage der wesentlichen Unterscheidung im Sinne des § 76 Abs. 3 Nr. 1 BewG als Tatbestandsmerkmal für die Anwendung des Sachwertverfahrens bei Ein-/Zweifamilienhäuser zu subsumieren ist. Ich nehme dieses Urteil zum Anlass, die Abgrenzung des Sachwertverfahrens bei den Einfamilienhäusern unter Beachtung dieser Grundsätze zusammenzufassen und eine praxisgerechte Anwendung der o.a. Rechtsprechung zu fördern.

Ein- und Zweifamilienhäuser sind grundsätzlich im Ertragswertverfahren zu bewerten. Das Sachwertverfahren kommt zur Anwendung, wenn sich das konkrete Bewertungsobjekt durch besondere Gestaltung oder eine besondere Ausstattung – auch durch Zusammenwirkung beider Merkmale – wesentlich von den üblichen im Ertragswertverfahren zu bewertenden Ein- oder Zweifamilienhäusern unterscheidet. Die wesentliche Unterscheidung ist auf der Basis des Standards der Wohnqualität und der Wohnverhältnisse des Hauptfeststellungszeitpunkts zu untersuchen, weil diese zu den für die Durchführung der Einheitsbewertung weiterhin maßgebenden Wertverhältnissen gehören (BFH-Urteil vom 11. Januar 2006 a. a. O.).

Als feststehende Merkmale, die als besondere Gestaltung eine wesentliche Abweichung begründen und damit die Anwendung des Sachwertverfahrens erforderlich machen, gelten:

– Wohnflächen von mehr als 220 m^2 (je Wohnung). Regelungen dazu sind der Bewertungskartei § 76 BewG, Gestaltung, Karte 3 zu entnehmen
– Grundstücksgrößen von mehr als 2500 m^2 (vgl. BFH-Urteil vom 23. Juli 1971, Az: III R 86/69, BStBl. II 1971, 797)
– Schwimmbecken im Haus mit einer Wasserfläche von mindestens 40 m^2 (Bew-Kartei a. a. O.)
– Schwimmhalle auf dem Grundstück (Bew-Kartei a. a. O., BFH-Urteil vom 05.03.86 (BStBl. II S. 386)

In anderen Fällen ist in mehreren Subsumtionsschritten (vgl. BFH-Urteil vom 11. Januar 2006 a. a. O.) darüber zu entscheiden, ob die vom Gesetz geforderte wesentliche Unterscheidung vorliegt.

---
1) Siehe hierzu unter a).

Anlage 076.1

Zu § 76 BewG

Im ersten Schritt sind die vorhandenen Unterschiede in Ausstattung und Gestaltung des Bewertungsobjekts gegenüber dem Ertragswertobjekt in seiner zum Hauptfeststellungszeitpunkt typischerweise vorliegenden Form auf zu zeigen und dabei zu werten, ob qualitativ ein Unterscheidungsmerkmal vorliegt.

Im zweiten Schritt ist darüber zu befinden, inwieweit die so bestimmten Unterscheidungsmerkmale in Ausstattung und / oder Gestaltung zu einer wesentlichen Unterscheidung beim Bewertungsobjekt führen.

Das Ertragswertverfahren stellt das Regelverfahren dar, nach dem die Masse der Einfamilienhäuser zu bewerten ist. Der Gesetzgeber ging dabei von der Überlegung aus, dass es sich bei diesen Häusern meist um kleine, einfach ausgestattete Wohngebäude oder serienmäßig hergestellte Siedlungshäuser handelt, für die regelmäßig Vergleichsmieten vorhanden sind (BFH-Urteil vom 27. April 1978, Az: III R 6/77, BStBl. II 1978, 523) Die Unterschiede in Ausstattung und Gestaltung des Bewertungsobjekts sind gegenüber diesem Gebäudetyp herauszuarbeiten.

Als Massenverfahren unterliegt die Einheitsbewertung bei der Bestimmung des gemeinen Werts vielfach Typisierungen, die nach der Rechtsprechung durchaus legitim sind. Insoweit muss auch hier ein Weg gefunden werden, die geforderten Subsumtionsschritte in ein wirtschaftliches Verwaltungshandeln zu kleiden. Gleichwohl handelt es sich sowohl bei dem Begriff „besondere Gestaltung" als auch bei dem Begriff „besondere Ausstattung" um unbestimmte Rechtsbegriffe, weswegen jede abweichende Sachverhaltsgestaltung einer konkreten Entscheidung bedarf. Dieser große Entscheidungsspielraum ist die Folge der vom Gesetzgeber bewusst gewählten Begriffe, die im Feststellungsverfahren anhand der jeweiligen Sachverhaltsmerkmale ausgefüllt werden müssen (vgl.: BFH-Beschluss vom 19. Juli 1995, Az: II B 9/95, NV). Nach Möglichkeit sind Entscheidungen auf der Basis der schriftlich oder mündlich eingehenden Informationen zu treffen. In Zweifelsfällen werden sich allerdings Ortsbesichtigungen nicht vermeiden lassen. Dabei können insbesondere die von Außen erkennbaren Merkmale (z.B.: Grundriss des Gebäudes, Fassaden-/ Dachgestaltung, Außenanlagen) ohne großen Aufwand erhoben werden. Fotos sind dabei ein effizientes Hilfsmittel. Ggf. kann der Ermittlungsbeamte des Finanzamts eingesetzt werden.

Die Ausstattungs- und Gestaltungsmerkmale der o.a. genannten einfach ausgestatteten Wohngebäude (Standard 1964) sowie diesen gegenübergestellt die tatsächlich vorhandenen des Bewertungsobjekts vergleicht der Bearbeiter nach dem in der nachfolgenden Tabelle dargestellten Schema. Dabei wertet der Bearbeiter die gegenübergestellten Merkmale nach der Maßgabe, ob es sich um eine ins Gewicht fallende Unterscheidung handelt. Die Gewichtung des Unterschieds kann sich auf den Ausstattungsbogen EW 206 bzw. EW 4 (Sachwertverfahren) stützen. Dabei stehen die Ausstattungsmerkmale der Spalten 4 – 6 für die Ausstattung : gut, sehr gut, aufwendig. Ein qualitativer Unterschied (Unterschied fällt ins Gewicht) bei dem einzelnen Ausstattungsmerkmal ist jedenfalls dann zu bejahen, wenn die Ausstattungsstufe gut erreicht ist. Dies ist mit der bestehenden BFH-Rechtsprechung vereinbar, weil Vergleichsbasis die „einfach ausgestattete(n) Wohngebäude" darstellen. Bei den Gestaltungsmerkmalen Wohnfläche und Grundstücksgröße kann ein qualitativer Unterschied bei einer Abweichung von 20 % der in der Tabelle angegebenen Werte bejaht werden. Das vorhandene Schwimmbecken stellt in jedem Fall einen qualitativen Unterschied dar.

Ausstattung/Gestaltung bei	Ausstattung/Gestaltung kleiner, einfach ausgestatteter Wohngebäude oder serienmäßig hergestellter Siedlungshäuser im Jahre 1963/64	Ausstattung/Gestaltung des Bewertungsobjekts	Unterschied fällt ins Gewicht ja/nein (ggf. mit Bemerkung)
Außenverkleidung	Mauerwerk mit einfachem, glatten Putz oder Fugenglattstrich und Anstrich; keine Wärmedämmung		
Fenster, Jalousien und Rollläden	Einfachverglasung, Klappläden		
Türen	glatte Türen oder Füllungstüren; Türblätter und Zargen lackiert		
Fußboden in Räumen	Holzdielen, Nadelfilz, einfacher PVC-Belag		
Decken und Wände in Wohnräumen	einfacher Putz, Deckenanstrich, ggf. Raufasertapete		

Zu § 76 BewG   **Anlage 076.1**

Ausstattung/Gestaltung bei	Ausstattung/Gestaltung kleiner, einfach ausgestatteter Wohngebäude oder serienmäßig hergestellter Siedlungshäuser im Jahre 1963/64	Ausstattung/Gestaltung des Bewertungsobjekts	Unterschied fällt ins Gewicht ja/nein (ggf. mit Bemerkung)
Sanitäre Installation	Einfaches Bad oder Dusche, Wanne freistehend, Ölfarbanstrich oder Fliesensockel (1,50 m)		
Küchenausstattung	keine integrierten Einrichtungsgegenstände		
Treppe	einfache Holztreppe, Massivtreppe mit Kunststoffbelag		
Heizung	Elektrospeicheröfen, Zentralheizung mit einfachen Steuerungselementen; Rohrleitungen auf Putz, Rippenheizkörper; tlw. feste Brennstoffe		
Elektroinstallation	Eine Lichtquelle und ein bis zwei Steckdosen pro Raum; Leitungen teilweise oder ganz auf Putz; Sicherungskasten mit wenigen Einzelsicherungen; ein Telefonanschluss		
sonstiges	keine zusätzlichen Ausstattungen		
innere architektonische Gestaltung	rechteckige Wohnräume; keine besondere innere Gestaltung		
äußere architektonische Gestaltung	rechteckiger Gebäudegrundriss		
Wohnungsgröße	bis 150 m^2	tatsächliche Wohnfläche	
Zimmergrößen	Räume bis 25 m^2; Bad bis 10 m^2	tatsächliche Raumgrößen Anzahl	
Schwimmbecken, Sauna	nicht vorhanden	Wasserfläche, Fläche Saunabereich	
Grundstücksgröße	bis 1500 m^2	tatsächliche Grundstücksgröße	
Außenanlagen	einfach, geringe befestigte Flächen	befestigte Fläche	

Anschließend ist unter Betrachtung aller vergebenen Wertungen zu entscheiden, ob sich das Bewertungsobjekt insgesamt vom Standardtyp wesentlich unterscheidet. Regelmäßig ist dies zu bejahen, wenn die Hälfte der Einzelmerkmale einen Unterschied von Gewicht ausmacht.

Das Wertungsschema wird demnächst als Vorlage im Vorlagenordner zur Verfügung gestellt.

Folgende Entscheidungsalternativen (zweiter Subsumtionsschritt; s.o.) bestehen anschließend:

- Das Bewertungsobjekt weist eine Vielzahl an Ausstattungs-/ Gestaltungsmerkmalen auf, in denen es sich von dem einfach ausgestatteten Wohngebäude nach dem Stand von 1964 durch einen gehobenen Standard beachtlich unterscheidet. In der Gesamtschau führen diese dazu, dass sich das Grundstück wesentlich von den im Ertragswertverfahren zu bewertenden Einfamilienhäusern (bzw. Zweifamilienhäusern) i.S.d. § 76 Abs. 3 Nr. 1 BewG unterscheidet. Es muss deshalb im Sachwertverfahren bewertet werden. Sachliche oder persönliche Billigkeitserwägungen sind bei dieser Entscheidung bewertungsrechtlich ausgeschlossen (§ 20 BewG).

- Das Bewertungsobjekt unterscheidet sich nicht wesentlich von dem einfach ausgestatteten Wohngebäude. Es kommt das Ertragswertverfahren zur Anwendung.

Anlage 076.1

Zu § 76 BewG

Für die praktische Umsetzung des Verfahrens bei der Anforderung von Feststellungserklärungen bitte ich folgendes zu beachten: Regelmäßig werden für neu errichtete Wohnhäuser die sog. Fragebögen (EW 108 u.a.) versendet, um die Sachdaten des Objekts zu erheben. Diese bieten – abgesehen von Wohnfläche und Grundstücksgröße – kaum Informationen, die geeignet sind, die o.a. Abgrenzungsschritte nachzuvollziehen. Deshalb muss regelmäßig bereits im Zeitpunkt der Anforderung des Fragebogens entschieden werden, ob es sich bei dem Grundstück tendenziell um einen Sachwertfall handeln kann. Dann nämlich sind regelmäßig die Sachwerterklärungen (EW 1, 3, 4/03) zu versenden. Grundsätzlich geschieht dies für Gebäude mit Herstellungskosten ab 300.000 €. Ebenso sind die Sachwerterklärungen zu verwenden, wenn die Herstellungskosten je Quadratmeter Bruttogrundfläche 1250 €, je Kubikmeter umbauten Raum 500 € oder je Quadratmeter Wohnfläche 1500 € übersteigen.[1]

Bestehen Unsicherheiten beim Versand der Erklärung, reichen aber die Anhaltspunkte zur Verwendung der Sachwertvordruck nicht aus, soll dem Fragebogen EW 108 zusätzlich der Vordruck EW_106c (Word-Vorlage) hinzugefügt werden.

Diese Vorgehensweise gilt auch in Fällen der Überprüfung des Bestands in Folge baulicher Veränderungen; ggf. sind fehlerbeseitigende Fortschreibungen vorzunehmen.

Ist die Entscheidung zur Bewertung im Sachwertverfahren gefallen, nimmt der Sachbearbeiter die Wertermittlung an Hand der vorliegenden Feststellungserklärung vor. Als Hilfsmittel steht ihm die Vorlage EW206.xlt (Vorlagenordner, BSV) zur Verfügung, mit der der maßgebende Raummeterpreis ermittelt wird. Muss der Bearbeiter aufgrund der vorliegenden Unterlagen annehmen, dass damit eine zutreffende Gebäudewertermittlung nicht möglich ist, oder kommt es zu Einwendungen gegen den Feststellungsbescheid, wird der Bausachverständige hinzugezogen.

---

[1] Aufgriffsgrenzen geändert durch Vfg. OFD Koblenz vom 23. Juni 2008 – S 3199 A – St 355 –.

Zu § 76 BewG **Anlage 076.2**

Bewertung von Feriendorfanlagen bzw. von Ferienhäusern(-wohnungen) innerhalb von Feriendorfanlagen

Vfg. OFD Hannover vom 4. Februar 1999
– S 3199-108-StH 267, S 3199-38-StO 251 –

1 Abgrenzung der wirtschaftlichen Einheit

Unter Feriendorfanlagen versteht man in sich abgeschlossene Anlagen bestehend aus Ferienhäusern(-wohnungen), Restaurant(s), Verwaltungsgebäude(n) und den verschiedenen Freizeiteinrichtungen. Ob die vorhandenen Gebäude jeweils als separate wirtschaftliche Einheiten oder die ganze Anlage als eine wirtschaftliche Einheit zu bewerten ist, richtet sich nach der rechtlichen und tatsächlichen Gestaltung des Einzelfalls.

2 Grundstücksart

Ferienhäuser(-wohnungen) innerhalb einer Feriendorfanlage sind üblicherweise dazu bestimmt, einschließlich des Mobiliars und des weiteren Inventars kurzfristig an ständig wechselnde Mieter (Feriengäste) vermietet zu werden. Es sind folgende Fallgestaltungen zu unterscheiden:

2.1 Die Feriendorfanlage ist als eine wirtschaftliche Einheit zu bewerten:

Die Ferienhäuser(-wohnungen) einer solchen Anlage dienen nicht Wohnzwecken i.S. von § 75 BewG, sondern gewerblichen Zwecken. Sie sind deshalb der Grundstücksart „Geschäftsgrundstück" zuzuordnen.

2.2 Die einzelnen Ferienhäuser(-wohnungen) sowie die übrigen Gebäude (Restaurant, Bürogebäude usw.) gehören verschiedenen Eigentümern:

In diesem Fall kommt eine Bewertung der Ferienhäuser/Ferienwohnungen als Geschäftsgrundstück nur unter folgenden Voraussetzungen in Betracht:

– Das Angebot für die kurzfristige Vermietung an laufend wechselnde Mieter und die Verwaltung müssen von einer Feriendienstorganisation (o.ä.) durchgeführt werden.

– Das Haus/Die Wohnung muss jederzeit zur Vermietung bereitgehalten werden und für die Führung eines Haushalts voll eingerichtet sein, d.h., Mobiliar, Wäsche, Geschirr usw. enthalten. Außerdem muss nach Art der Rezeption eines Hotels laufend Personal anwesend sein, das mit den Feriengästen Mietverträge abschließt und abwickelt und dafür sorgt, dass das Haus/die Wohnung in einem Ausstattungs-, Erhaltungs- und Reinigungszustand ist und bleibt, der die sofortige Vermietung zulässt (vgl. BFH-Urteile vom 25.06.1976, BStBl. II S. 728 sowie vom 28.06.1984, BStBl. II 1985 S. 211).

Ferienhäuser(-wohnungen), bei denen diese Voraussetzungen nicht vorliegen, sind nach den genannten BFH-Urteilen der Grundstücksart „Einfamilienhaus" zuzuordnen.

Restaurant(s), Bürogebäude usw. sind stets Geschäftsgrundstücke. In dem unter 2.1 genannten Fall sind diese Gebäude mit den Ferienhäusern(-wohnungen) zu einer wirtschaftlichen Einheit zusammenzufassen.

3 Bewertungsverfahren

3.1 Die Feriendorfanlage ist als eine wirtschaftliche Einheit zu bewerten:

Die Bewertung der Feriendorfanlage ist im Sachwertverfahren vorzunehmen. Der Raummeterpreis ist nach den Merkmalen der Anlage 13 zu Abschnitt 38 BewRGr zu ermitteln. Für die Ermittlung der Wertzahl (§ 90 BewG) sind Feriendorfanlagen in die Grundstücksgruppe „übrige Geschäftsgrundstücke" einzuordnen (§ 2 Abschnitt A Nr. 10 der VO zu § 90 BewG). Die Anwendung der Wertzahl für „Hotels und Kinderheime" (§ 2 Abschnitt A Nr. 4 der VO zu § 90 BewG) kommt nicht in Betracht, weil Feriendorfanlagen mit derartigen Grundstücken auch nicht annähernd vergleichbar sind (FG Münster vom 26.11.1987 – III 358/84, n.v.).

3.2 Die einzelnen Ferienhäuser(-wohnungen) sowie die übrigen Gebäude (Restaurant, Bürogebäude usw.) gehören verschiedenen Eigentümern:

3.2.1 Für die Bewertung der Restaurant(s), Bürogebäude usw. gelten die Abgrenzungskriterien des § 76 BewG.

3.2.2 Ferienhäuser/-wohnungen, die als Geschäftsgrundstück anzusehen sind, sind im Sachwertverfahren entsprechend den Ausführungen unter 3.1 zu bewerten. Die Anwendung des Ertragswertverfahrens kommt deshalb nicht in Betracht, weil vermietete Vergleichsobjekte nicht in ausreichender Zahl vorhanden sind. Eine Schätzung der üblichen Miete (§ 79 Abs. 2 BewG) anhand der tatsächlich erzielten Mietentgelte ist nicht möglich, weil dieses Entgelt die Ferienhausnutzung

Anlage 076.2 Zu § 76 BewG

einschließlich des Mobiliars und des weiteren Inventars sowie häufig auch noch weitere in einer Feriendorfanlage angebotenen Nutzungsrechte beinhaltet. Eine zuverlässige Aufteilung des Entgelts auf die verschiedenen Nutzungsbereiche ist nicht möglich.

3.2.3 Ferienhäuser/-wohnungen, die der Grundstücksart Einfamilienhaus zuzuordnen sind, sind im Ertragswertverfahren zu bewerten. Dabei kann als übliche Miete grundsätzlich die sich nach dem Mietspiegel ergebende angesetzt werden. Ein Zuschlag zu dieser Miete kommt nur dann in Betracht, wenn das Haus/die Wohnung in einem bevorzugten Feriengebiet belegen ist (z.B. in den Küstenbadeorten), in dem entsprechend hohe Mieten erzielt werden und wenn die jährliche Auslastung mindestens 70 bis 80 v.H. beträgt. Bei einer geringeren Auslastung wird durch die Vermietung an Feriengäste im Jahresdurchschnitt kaum eine höhere Miete erzielt werden können als bei einer Dauervermietung, wobei u.a. der durch den ständigen Mieterwechsel bedingte wesentlich höhere Erhaltungsaufwand zu berücksichtigen ist.

Zu § 76 BewG

Anlage 076.3

a) Abgrenzung der Bewertungsverfahren bei Squashhallen und Fitness-Centern
Vfg BayLfSt vom 15. November 2013
– S 3199 –

Nach einem nicht veröffentlichten Urteil des Finanzgerichts München vom 10. 11. 1999 – 4 K 4790/96 – fallen Squashhallen und Fitness-Center unter die zweite Alternative des § 76 Abs. 3 Nr. 2 BewG. Für derartige Objekte ist nach Auffassung des Senats „zum 1. 1. 1964 keine Jahresrohmiete nach einem Mietspiegel zu ermitteln bzw. gem. § 79 Abs. 2 BewG zu schätzen, da solche Freizeiteinrichtungen – zumal im ländlichen Bereich – überhaupt nicht oder jedenfalls nicht in vergleichbarer Ausstattung, Funktion und Größe vorhanden oder vermietet waren." Die Bewertung im Sachwertverfahren könne im übrigen im Einzelfall auch nicht allein mit der Begründung ausgeschlossen werden, es sei rein rechnerisch oder in Einzelfällen möglich, eine zutreffende Jahresrohmiete – beispielsweise im Wege der Rückrechnung einer tatsächlich erzielten Miete – zu ermitteln (vgl. zuletzt BFH-Beschluß vom 15. 12. 1993 – II R 30/92 –, BFH/NV 1994, 362 mit weiteren Nachweisen).

b) Abgrenzung des Bewertungsverfahrens bei Bankgebäuden
Vfg OFD Hannover vom 5. August 2003
$$\frac{S\ 3199-112-StH\ 267}{S\ 3199-66-StO\ 251}$$

Der Bundesfinanzhof (BFH) hat durch Urteil vom 21. Februar 2002 – II R 66/99, BStBl. II 2002 S. 378, entschieden, dass Bankgebäude – auch Bankfilialen – grundsätzlich im Sachwertverfahren zu bewerten sind, wenn sie für die Zwecke des Bankbetriebes hergerichtet sind. Es komme weder auf den Umfang der bankspezifischen Einrichtungen an noch auf den Anteil der Herstellungskosten des gesamten Objektes. Entscheidend sei allein, dass es im Hauptfeststellungszeitpunkt keine genügend große Zahl vermieteter Objekte dieser Nutzung gegeben habe.

Das Urteil bestätigt die hierzu ergangene bisherige Rechtsprechung und die dem entsprechende Bewertungspraxis. Ergänzend hat der BFH jedoch darauf hingewiesen, dass **nicht jedes** Grundstück eines Kreditinstituts notwendigerweise und stets in den Anwendungsbereich des Sachwertverfahrens fällt. Nicht jede Betätigung der Kreditinstitute erfordert eine sich von anderen Geschäftsgrundstücken unterscheidende Gestaltung des Gebäudes. Dieses Erfordernis besteht vielmehr nur für die eigentlichen bankenspezifischen Betätigungen. Zu ihnen gehört die Abwicklung des üblichen Kundengeschäfts. Ist ein Grundstück auf diesen bankenspezifischen Zweck zugeschnitten, ist es im Sachwertverfahren zu bewerten.

Die Grundsätze dieses BFH-Urteils sind auch zu beachten, wenn ein Grundstück **neben** einer Bankfiliale auch andere Geschäftsräume (Läden, Büro- und Praxisräume) und/oder Wohnungen enthält. Handelt es sich um eine – im vorstehenden Sinne – „typische" Filiale, ist das **gesamte** Grundstück im Sachwertverfahren zu bewerten (hierzu auch Urteile des Finanzgerichts Rheinland-Pfalz vom 11. Dezember 1991 – 7 K 2313/90 – und vom 2. März 1993 – 7 K 1710/92 – (EFG 1992 S. 315 und EFG 1993 S. 706). Eine Bewertung derartiger Grundstücke im Ertragswertverfahren kommt nur dann in Betracht, wenn nach der baulichen Gestaltung und Nutzung der Filiale hierfür im Einzelfall eine übliche Miete ermittelt werden kann.

Anlage 076.4 Zu § 76 BewG

Einheitsbewertung des Grundbesitzes für Zwecke der Grundsteuer; Bewertung von Grundstücken mit aufstehenden Passivhäusern
Vfg. OFD Münster vom 26. August 2008
– S 3201 – 27 – St 23 –

Bei der Bewertung von Grundstücken mit aufstehenden Passivhäusern (i. d. R. Ein- oder Zweifamilienhäuser) ist zu beachten, dass der Einheitswert dieser wirtschaftlichen Einheiten grds. im Ertragswertverfahren (§ 76 Abs. 1 BewG, §§ 78 ff. BewG) zu ermitteln ist.

Der Begriff „Passivhaus" beschreibt einen bestimmten Energiestandard eines Gebäudes. Es ist die Weiterentwicklung des sog. Niedrigenergiehauses. Als Passivhaus wird ein Gebäude definiert, in welchem die thermische Behaglichkeit allein durch Nachheizen oder Nachkühlen des Frischluftvolumenstroms, der für eine ausreichende Luftqualität erforderlich ist, gewährt wird, ohne dazu zusätzliche Umluft zu verwenden. Das Funktionsprinzip des Passivhauses beruht auf einer Konstruktion, die es ermöglicht, Energieverluste durch eine gute Wärmedämmung aller Umfassungswände, eine weitgehend dichte Gebäudehülle und kontrollierte Wohnraumlüftung auf ein Minimum zurückzuführen. Der Heizenergiebedarf wird zu großen Teilen aus Wärmegewinnung durch Sonneneinstrahlung sowie der Abwärme von Personen und technischen Geräten gedeckt. Der verbleibende Heizenergiebedarf erfolgt durch eine kontrollierte Wohnraumbelüftung mit Zuluftnachheizung. Eine Heizungsanlage im herkömmlichen Sinn wird deshalb nicht mehr benötigt.

Das Passivhaus ist grds. mit einem konventionell errichteten Gebäude vergleichbar und stellt lediglich eine Weiterentwicklung des technischen Standards dar. Die zuständigen Vertreter der obersten Finanzbehörden des Bundes und der Länder haben daher beschlossen, dass die Errichtung eines Ein- oder Zweifamilienhauses in Form eines Passivhauses die Anwendung des Sachwertverfahrens nicht rechtfertigt. Die Anwendung des Sachwertverfahrens ist nur dann gerechtfertigt, wenn diese Gebäude zudem besonders ausgestattet oder besonders gestaltet sind (§ 76 Abs. 3 Nr. 1 BewG).

Aufgrund der besonderen Bauweise der Passivhäuser, die sich durch die extrem hohe Wärmedämmung, die kontrollierte Wohnraumbelüftung, das Ausnutzen der Sonnenenergie und Abwärme, das Einsparen einer Heizungsanlage und der entsprechenden Heizkosten wesentlich von der Bauweise und dem technischen Standard zum 1. 1. 1964 unterscheidet, bestehen keine Bedenken, bei Anwendung des Mietspiegels den oberen Mietwert anzusetzen. Zudem liegt auch in der heutigen Zeit die Miete für ein Passivhaus oberhalb der durchschnittlichen Miete für ein „normales" Ein- oder Zweifamilienhaus, da der Mieter mit entsprechend geringen Nebenkosten für Heizung, Warmwasser, etc. belastet ist.

Bei der Bewertung von Null- oder Plusenergiehäusern ist entsprechend zu verfahren.

Zu § 79 BewG   **Anlage 079.1**

Einheitsbewertung des Grundvermögens; Maßgebliche Miete für nach dem Wohnraumförderungsgesetz (WoFG) gefördertes selbstgenutzes Wohneigentum und Mietwohnungsbau

Vfg. OFD Münster vom 9. September 2008
– S 3202 – 51 – St 23 – 35 –

Mit Wirkung vom 1. 1. 2002 ist das II. Wohnungsbaugesetz (WoBauG) aufgehoben worden und das Wohnraumförderungsgesetz (WoFG) in Kraft getreten (vgl. BGBl. I Nr. 48/2001). In § 46 Abs. 2 dieses Gesetzes hat der Bund die Länder ermächtigt, bis zum 31. 12. 2002 noch Bewilligungsbescheide auf der Grundlage des II. WoBauG zu erteilen. Nach Ablauf dieser Übergangsfrist, welche das Land NRW ausschließlich für den Mietwohnungsbau und nicht für selbstgenutztes Wohneigentum angewandt hat, können Förderungen nur noch auf der Grundlage des WoFG genehmigt werden.

Da das WoFG nach dem 1. 1. 1964 eingeführt worden ist, kann es die Wertverhältnisse vom Hauptfeststellungszeitpunkt nicht beeinflussen. Für eine Nachfeststellung oder Fortschreibung ist aber gem. § 27 BewG auf die Wertverhältnisse vom Hauptfeststellungszeitpunkt abzustellen. Folglich kann die öffentliche Förderung nach dem WoFG bei der Feststellung des Einheitswerts im Ertragswertverfahren nicht zu einem Ansatz einer Miete für preisgebundenen Wohnraum führen.

Somit ist für:
– nach dem WoFG gefördertes selbstgenutztes Wohneigentum ab dem 1. 1. 2002 und
– nach dem WoFG geförderten Mietwohnungsbau ab dem 1. 1. 2003 als Jahresrohmiete stets die Marktmiete für frei finanzierte Nachkriegsbauten anzusetzen.

Da Mitteilungen der Gemeinde über die Genehmigung einer Förderung nach dem WoFG steuerlich nicht von Bedeutung und somit nicht mehr erforderlich sind, unterbleibt für die genannten Förderungen die Mitteilung i. S. des § 29 Abs. 3 BewG.

Anlage 079.2 Zu § 79 BewG

Zuschlag wegen Schönheitsreparaturen bei pauschal ermittelter Kostenmiete
Erlaß FinMin NRW vom 23. September 1977

Der Bundesfinanzhof hatte in seinem Urteil vom 11. Oktober 1974 III R 103/73 (BStBl. 1975 II S. 54) entschieden, daß eine Erhöhung der Miete wegen Übernahme der Schönheitsreparaturen durch den Mieter nicht zulässig ist, wenn als übliche Miete die Kostenmiete pauschal in Vomhundertsätzen von den Grundstücks- und Baukosten ermittelt wird. Dabei hatte der Bundesfinanzhof auf die §§ 24 Abs. 1 Nr. 4 und 28 Abs. 4 der Zweiten Berechnungsverordnung Bezug genommen.

Durch diese Bezugnahme waren Zweifel entstanden, weil nach § 28 Abs. 4 der Zweiten Berechnungsverordnung in den Instandhaltungskosten die Kosten für Schönheitsreparaturen nicht enthalten sind.

Der Bundesfinanzhof hat durch Urteil vom 28. Januar 1977 III R 58/76 (BStBl. 1977 II S. 376) nunmehr entschieden, daß bei der Bewertung eines bebauten Grundstücks im Ertragswertverfahren auf der Grundlage der pauschalierten Kostenmiete eine Erhöhung der Miete wegen Übernahme der Kosten der Schönheitsreparaturen durch den Miete nicht in Betracht kommt. In der Begründung des Urteils führt der Bundesfinanzhof u. a. an, daß die Kosten für Schönheitsreparaturen begrifflich zur Kostenmiete gehören und daß dies durch die nähere Ausgestaltung der Zweiten Berechnungsverordnung belegt wird. Es kommt nicht darauf an, ob diese Kosten bei Durchführung einer Wirtschaftlichkeitsberechnung für den Einzelfall in die Kostenmiete aufgenommen werden. Die Pauschalierung der Kostenmiete für steuerbegünstigte Wohnungen mit 6 v. H. der Grundstücks- und Baukosten berücksichtigt von den Bewirtschaftungskosten nur die Abschreibung mit dem individuellen Wert, verzichtet aber darauf, die übrigen Bewirtschaftungskosten im einzelnen anzusetzen. Bei einer derart groben Schätzung der Kostenmiete, die auf eine zutreffende Erfassung der Bewirtschaftungskosten des Einzelfalles verzichtet, erscheint es unvertretbar, individuelle Untersuchungen über eine einzige Unterart der Bewirtschaftungskosten anstellen zu wollen. Bei einer Bewertung auf der Grundlage einer pauschalierten Kostenmiete kann es nicht darauf ankommen, wie die Kosten der Schönheitsreparaturen bei Durchführung einer Wirtschaftlichkeitsberechnung für den Einzelfall behandelt werden. Entscheidend ist vielmehr, daß diese Kosten begrifflich in der Kostenmiete enthalten sind.

Aufgrund der Rechtsprechung des Bundesfinanzhofs ist deshalb bei der Bewertung bebauter Grundstücke im Ertragswertverfahren auf der Grundlage der pauschalierten Kostenmiete als übliche Miete ein Zuschlag für die Übernahme der Schönheitsreparaturen durch den Mieter nicht vorzunehmen.

Zu § 79 BewG

Anlage 079.3

Einheitsbewertung des Grundbesitzes nach den Wertverhältnissen vom 1. 1. 1964; Ermittlung der Ausstattungsgüte von Wohnraum (hier: Einfamilienhäuser, Zweifamilienhäuser, Wohnungseigentum, Mietwohngrundstücke, Geschäftsgrundstücke und gemischtgenutzte Grundstücke)

SenFin Berlin vom 5. November 2012

– III D – S 3202 – 1/2012 –

Dieser Erlass regelt die Ermittlung der Ausstattungsgüte von Wohnraum in Einfamilienhäusern, Zweifamilienhäusern, Wohnungseigentum, Mietwohngrundstücken, Geschäftsgrundstücken und gemischtgenutzten Grundstücken für Zwecke der Einheitsbewertung des Grundbesitzes nach den Wertverhältnissen vom 1. 1. 1964.

Für die Einordnung der Gebäude in eine der verschiedenen Ausstattungsgruppen des Mietspiegels (siehe Rundverfügung OFD Berlin vom 18. 1. 1991 – EW-Nr. 240 (1964) –) ist von der baulichen Gesamtausstattung auszugehen. Das Gebäude bzw. der Wohnraum ist in die Ausstattungsgruppen einfach, mittel, gut oder sehr gut einzuordnen.

1. Ausstattungsgüte von Wohnraum in Ein- und Zweifamilienhäusern

Die Ausstattungsgüte ist anhand des Vordrucks EW 103 (Stand 11.12), der Bestandteil der vom Steuerpflichtigen abzugebenden Einheitswerterklärung ist, zu ermitteln. Zur Erläuterung einzelner Ausstattungsmerkmale wird der neue Vordruck EW 103.1 zur Verfügung gestellt. Die Plausibilität und Richtigkeit der Angaben ist zu prüfen. Zur Ermittlung des Sachverhalts sind ergänzend weitere Unterlagen heranzuziehen, z. B. Baubeschreibungen, Kaufverträge. Ein Grundstück ist bei der Auswertung in der Regel in die Ausstattungsgruppe einzuordnen, in die die überwiegende Anzahl der Einzelmerkmale fällt (gewichtende Betrachtung). Ein Zusammenzählen aller Wertigkeiten und die anschließende Division durch die Anzahl der Merkmale ist nicht zulässig. Das Ergebnis der Einordnung ist zusammen mit dem Einheitswertbescheid bekanntzugeben.

2. Ausstattungsgüte von Wohnraum in Wohnungseigentum, Mietwohngrundstücken, Geschäftsgrundstücken und gemischtgenutzten Grundstücken

Die Ausstattungsgüte ist anhand des neuen Vordrucks EW 103.2, der Bestandteil der vom Steuerpflichtigen abzugebenden Einheitswerterklärung ist, zu ermitteln. Zur Erläuterung einzelner Ausstattungsmerkmale wird der neue Vordruck EW 103.1 zur Verfügung gestellt. Die Plausibilität und Richtigkeit der Angaben ist zu prüfen. Zur Ermittlung des Sachverhalts sind ergänzend weitere Unterlagen heranzuziehen, z. B. Baubeschreibungen, Kaufverträge. Ein Grundstück ist bei der Auswertung in der Regel in die Ausstattungsgruppe einzuordnen, in die die überwiegende Anzahl der Einzelmerkmale fällt (gewichtende Betrachtung). Bei Wohnungen mit Sammelheizung, Warmwasser sowie Bad und WC innerhalb der Wohnung ist nach ständiger Rechtsprechung der Finanzgerichte (FG Berlin-Brandenburg vom 4. 10. 2000 2 K 2138/96; vom 14. 1. 2009 3 K 2567/04) von einer guten Ausstattung auszugehen. Für eine sehr gute Ausstattung müssen mindestens drei Bauteile mit sehr guten Ausstattungsmerkmalen vorhanden sein. Das Ergebnis der Einordnung ist zusammen mit dem Einheitswertbescheid bekannt zugeben.

3. Rechtsbehelfsverfahren

In allen anhängigen Rechtsbehelfsverfahren zur Ausstattungsgüte ist die Ausstattung anhand dieses Runderlasses erneut zu überprüfen. Erforderliche Sachverhaltsermittlungen sind nachzuholen.

4. Vordrucke

Die Vordrucke EW 103, EW 103.1 und EW 103.2 sind diesem Erlass als Anlagen beigefügt. Die Vordrucke sind von den Finanzämtern im Risografverfahren selbst zu vervielfältigen.
Der bisherige Vordruck EW 103 ist nicht mehr zu verwenden. Restexemplare sind zu vernichten.

Anlagen

Anlage 079.3

Zu § 79 BewG

Anlage 1

Finanzamt _____

Steuernummer: _____

Lage des Grundstücks: _____

Ausstattungsgüte von Wohnraum in Ein- und Zweifamilienhäusern

Bauteil	Einfache Ausstattung	Mittlere Ausstattung	Gute Ausstattung	Sehr gute Ausstattung
Außenverkleidung	☐ Putz	☐ Putz	☐ Kunststeinplatten ☐ Klinker ☐ Fliesen	☐ Marmor od. anderer Naturstein
Fenster	☐ Einfache Fenster ☐ Einfache Verglasung	☐ Doppelfenster	☐ Schiebefenster	☐ versenkbare Fenster ☐ Isolierverglasung ☐ Bleiverglasung
Türen	☐ Sperrholz- od. Füllungstüren	☐ Sperrholz- od. Füllungstüren	☐ Schiebetüren ☐ Flügeltüren	☐ Eichenholztüren ☐ Edelholztüren
Fußboden in <u>Wohnräumen</u>	☐ Hobeldielen ☐ Kunststoff ☐ Linoleum	☐ Kunststoff ☐ Linoleum	☐ Parkett, Laminat ☐ Teppichboden ☐ Fliesen	☐ hochwertiges Parkett ☐ hochwertiger Teppichboden ☐ Marmor od. anderer Naturstein
Decken und Wände in Wohnräumen	☐ Anstrich	☐ Tapeten	☐ Tapeten	☐ Stuckdecken ☐ Vertäfelung ☐ Stoff- oder Lederbespannung ☐ Wand- oder Deckenmalerei
Sanitäre Installation	☐ WC außerhalb der Wohnung ☐ kein Bad in der Wohnung	☐ ein Bad je Wohnung ohne zentrale Wasserversorgung	☐ Bad und WC mit zentraler Warmwasserversorgung ☐ mehrere Bäder je Wohnung	☐ Bad mit besonderer und/oder hochwertiger Ausstattung und zentrale Warmwasserversorgung
Küchenausstattung	☐ Kohleherd	☐ Gas- oder Elektroherd	☐ Einbauküche	☐ hochwertige Einbauküche und/oder Einbauküche mit besonderer Ausstattung
Treppe	☐ Holz	☐ Beton mit Kunststein ☐ Holz	☐ Stahl	☐ Marmor od. anderer Naturstein ☐ kunstgeschmiedetes oder geschnitztes Geländer
Heizung	☐ Ofenheizung	☐ Warmluftheizung	☐ Sammelheizung	☐ Fußboden- oder Deckenstrahlungsheizung ☐ Klimaanlage
Sonstiges		☐ Wandschränke	☐ hochwertige Wandschränke	☐ offener Kamin ☐ Schwimmbecken im Gebäude (auch Nebengebäude)
Summe/Anzahl der Merkmale				

EW 103 – Ausstattungsgüte EFH und ZFH – SenFin III D – 11.12

Zu § 79 BewG

Anlage 079.3

Zusätzliche Angaben zur Bauausführung

Bauteil	Ausführung			
Umfassungswände	☐ Platten ☐ Fertigteile	☐ Fachwerk	☐ massiv	
Innenwände	☐ Platten ☐ Fertigteile	☐ Fachwerk	☐ massiv	
Dachdeckung	☐ Dachpappe ☐ Wellplatten	☐ Dachziegel	☐ Schiefer ☐ Ried ☐ Schindeln	☐ Kupfer ☐ Blei

Zutreffendes ist anzukreuzen. Hinsichtlich der Erläuterungen für einzelne Ausstattungsmerkmale siehe Vordruck EW 103.1.

Sollten oben nicht aufgeführte Merkmale von Bedeutung sein, so bitte ich diese ergänzend mitzuteilen.

Erläuterungen zu einzelnen Ausstattungsmerkmalen von Wohnraum

Fenster:

Einfachverglasung ist eine Verglasung, die nur aus einer Flachglasscheibe besteht. Sie ist im modernen Wohnungsbau und bei der Altbausanierung gemäß 1. WärmeschutzV seit 1977 nicht mehr zugelassen.

Bei einer **Doppelverglasung** handelt es sich um zwei einfach verglaste, miteinander verbundene Fensterflügel (Verbundfenster, Doppelfenster, Kastenfenster, Winterfenster). Zwischen den Scheiben befindet sich eine Luftschicht.

Isolierverglasung oder Wärmedämmverglasung verfügt über nur einen Fensterflügel mit mindestens zwei Scheiben. Zwischen den Gläsern befindet sich ein Hohlraum, der luftdicht verschlossen bzw. mit einem Edelgas gefüllt ist. Zweischeibenisolierverglasung wird mindestens seit 1984 standardmäßig für Neubauten oder beim Fenstertausch im Altbau verwendet.

Sperrholz- oder Füllungstüren:

Sperrholztüren sind Türen einfacher Qualität aus mehreren Lagen Sperrholz.

Füllungstüren sind Türen mit einem Holzrahmen und einer hiervon umfassten einfachen Holzfüllung.

Hobeldielen:

Hobeldielen der einfachen Ausstattung sind abgeschliffene Dielenbretter mit einfacher Versiegelung.

Parkett:

Einfaches **Parkett** ist der Ausstattungsgüte gut zuzuordnen. Es handelt sich hierbei um einfaches Holz in gängiger Verarbeitung.

Hochwertiges Parkett der sehr guten Ausstattung besteht aus hochpreisigem Holz (Edelholz) und einer entsprechend hochwertigen Verarbeitung und Versiegelung.

Teppichboden:

Teppichboden der guten Ausstattung liegt vor, wenn es sich um niedrig- oder mittelpreisige Auslegware handelt. Hierzu gehört auch übliche Rollenware.

Hochwertige Teppichböden sind der sehr guten Ausstattung zuzuordnen. Sie zeichnen sich durch qualitativ hochwertige Verarbeitung und edle Materialien aus.

Sanitäre Installation/Bad:

Unter einem **Bad** ist ein gesonderter Raum innerhalb der Wohnung zu verstehen, der mit einer Badewanne **oder** Dusche, einem Waschbecken und Warmwasserversorgung ausgestattet ist. Eine ausreichende **Warmwasserversorgung** liegt vor, wenn eine zentrale Warmwasserversorgung, ein Durchlauferhitzer oder ein Boiler größer 60 Liter vorhanden ist.

Anlage 079.3

Zu § 79 BewG

Für ein Bad mit besonderer und/oder hochwertiger Ausstattung sprechen folgende Einzelmerkmale: Badewanne **und** Dusche sind vorhanden, Doppelhandwaschbecken oder zwei getrennte Waschbecken, Verwendung hochwertiger Materialien für Fußboden und Wände (z.B. Marmor, Naturstein, besondere Fliesen) hochwertige Sanitärausstattung (z.B. farbige Elemente, wasserabweisend, Strukturheizkörper), hochwertige Badmöbel.

Einbauküche:

Eine **Einbauküche** der guten Ausstattung liegt vor, wenn sie lediglich aus Ober- und Unterschränken, Herd und Spüle besteht.

Eine **hochwertige Einbauküche** der sehr guten Ausstattung ist gegeben, wenn es sich um eine hochpreisige Küche, eine Massivholz- oder Designerküche bzw. eine Küche mit hochwertigen Küchengeräten handelt. Ist die Küche mit Geschirrspüler, modernem Herd (mit ggf. Ceranfeld) und Backofen, Kühlschrank und Dunstabzugshaube und/oder mit aufwändigen Möbeln (z.B. Apothekerschrank, Mittelinsel, Eckschränke) und/oder Materialien (z.B. Marmorarbeitsplatte) ausgestattet, so liegt eine sehr gute Ausstattung vor.

Es wird gebeten, der Erklärung den Kaufvertrag (mit Beschreibung) über die Küche beizufügen.

Sammelheizung:

Unter **Sammelheizung** sind alle Heizungsarten zu verstehen, bei denen die Wärme- und Energieerzeugung von einer zentralen Stelle aus geschieht. Eine Etagenheizung oder Wohnungsheizung (Gas-, Öl-, Elektroheizung), die sämtliche Wohnräume angemessen erwärmt, ist einer Sammelheizung gleichzusetzen.

Wandschränke:

Wandschränke der mittleren Ausstattung sind in das Mauerwerk eingelassene Schränke mit einfachen Holztüren (nicht massiv) oder Kunststofftoren.

Hochwertige Wandschränke der guten Ausstattung sind in das Mauerwerk eingelassene Schränke mit Glas- oder massiven Holztüren (ggf. mit Intarsien).

Häufigkeit der Merkmale in der Wohnung:

Ausstattungsmerkmale, die nur teilweise in der Wohnung vorliegen, sind nur dann zu berücksichtigen, wenn mehr als 50 % der Wohnung (nach Fläche oder Anzahl der Bauteile) entsprechend ausgestattet sind (z.B. Fußbodenheizung oder Marmorfußboden in mehr als der Hälfte der Fläche einer Wohnung, überwiegende Anzahl von Einfachfenstern etc.).

Bewertungsverfahren

Ein- und Zweifamilienhäuser werden grundsätzlich im Ertragswertverfahren bewertet. Eine Ausnahme bilden solche Grundstücke, die besonders gestaltet oder ausgestattet sind. Diese werden im Sachwertverfahren bewertet.

Eine besondere Gestaltung liegt vor allem dann vor, wenn das Gebäude wegen der Größe der Wohnfläche, der Form oder wegen der Anordnung der Wohnräume oder in anderer Weise so stark von der üblichen Gestaltung abweicht, dass im Falle der Vermietung eine dem Wert des Grundstücks angemessene Miete nicht erzielt werden könnte.

Einfamilienhäuser, deren Wohnfläche mehr als 220 qm beträgt, sind grundsätzlich im Sachwertverfahren zu bewerten. Dasselbe gilt für Zweifamilienhäuser, wenn eine Wohnung größer als 220 qm ist.

EW 103.1 – Erläuterungen Ausstattungsmerkmale Wohnraum – SenFin III D – 11.12

Zu § 79 BewG

Anlage 079.3

Anlage 2

Finanzamt _____

Steuernummer: _____

Lage des Grundstücks: _____

Ausstattungsgüte von Wohnraum in Wohnungseigentum, Mietwohngrundstücken, Geschäftsgrundstücken und gemischtgenutzten Grundstücken

Bauteil	Einfache Ausstattung	Mittlere Ausstattung	Gute Ausstattung	Sehr gute Ausstattung
Fenster	☐ Einfache Fenster ☐ Einfache Verglasung	☐ Doppelfenster	☐ Schiebefenster	☐ versenkbare Fenster ☐ Isolierverglasung ☐ Bleiglasfenster
Fußboden in <u>Wohnräumen</u>	☐ Hobeldielen ☐ Kunststoff ☐ Linoleum	☐ Kunststoff ☐ Linoleum	☐ Parkett, Laminat ☐ Teppichboden ☐ Fliesen	☐ hochwertiges Parkett ☐ hochwertiger Teppichboden ☐ Marmor oder anderer Naturstein
Bad	☐ WC außerhalb der Wohnung ☐ kein Bad in der Wohnung	☐ ein Bad je Wohnung ohne zentrale Wasserversorgung	☐ **Bad und WC und zentrale Warmwasserversorgung**	☐ Bad mit besonderer und/oder hochwertiger Ausstattung und zentrale Warmwasserversorgung ☐ mehrere Bäder je Wohnung
Küche	☐ Kohleherd	☐ Gas- oder Elektroherd	☐ Einbauküche	☐ hochwertige Einbauküche und/oder Einbauküche mit besonderer Ausstattung
Heizung	☐ Ofenheizung	☐ Warmluftheizung	☐ **Sammelheizung**	☐ Fußboden- oder Deckenstrahlungsheizung ☐ Klimaanlage ☐ Innenkamin (zusätzlich zur Heizung)
Summe/Anzahl der Merkmale				

Zutreffendes ist anzukreuzen. Hinsichtlich der Erläuterungen für einzelne Ausstattungsmerkmale siehe Vordruck EW 103.1.

Sollten oben nicht aufgeführte Merkmale von Bedeutung sein, so bitte ich diese ergänzend mitzuteilen.

EW 103.2 – Ausstattungsgüte WE, MWG, GG und gem. G – SenFin III D – 11.12

Anlage 079.4

Zu § 79 BewG

Zuschlag für Schönheitsreparaturen bei der Jahresrohmiete nach Abschn. 22 BewRGr
Einheitsbewertung

Vfg: OFD Frankfurt am Main vom 1. September 2017
(S 3202 A – 003 – St 116)

1. Hintergrund der Zuschläge

Grundsätzlich sind Vermieter nach § 535 BGB (früher § 536 BGB) verpflichtet, dem Mieter die Mietsache in einem zu dem vertragsmäßigen Gebrauch geeigneten Zustand zu erhalten. Hierzu gehört auch die Ausführung von Schönheitsreparaturen.

Bei der Berechnung der Vervielfältiger sind die Kosten für die Schönheitsreparaturen im Hinblick auf diese gesetzliche Verpflichtung des Vermieters in die Bewirtschaftungskosten des Grundstücks eingerechnet worden.

Von der Hauptfeststellung bis heute war und ist es jedoch allgemein üblich, die Ausführung von Schönheitsreparaturen vertraglich den Mietern zu übertragen. Aus diesem Grund sieht Abschn. 22 Abs. 2 BewRGr Zuschläge zur Jahresrohmiete vor, die durch den BFH angepasst wurden:

2. Abweichende Zuschläge nach der BFH-Rechtsprechung

Werden die Kosten für die Schönheitsreparaturen vom Mieter getragen, so ist die Jahresmiete – abweichend von Abschn. 22 Abs. 2 BewRGr – für gewerblich oder öffentlich genutzte Räume um 3 v. H. und für zu Wohnzwecken genutzte Räume um 5 v. H. zu erhöhen (BFH-Urteil vom 28.06.1974, III R 62/73, BStBl. II 1974, 670).

3. Fälle der Selbstnutzung durch den Eigentümer

Bewohnt der Eigentümer sein Einfamilienhaus oder eine Wohnung seines Zweifamilienhauses selbst, so trägt er die Kosten der Schönheitsreparaturen für diese Wohnung nicht in seiner Eigenschaft als Vermieter, sondern als derjenige, der diese Wohnung bewohnt und benutzt. Wird die übliche Miete für diese Wohnung aus Mietverhältnissen abgeleitet, bei denen die Mieter als Nebenleistung zur Miete die Schönheitsreparaturen auf ihre Kosten durchführen lassen (regelmäßig der Fall, da zum 01.01.1964 keine repräsentative Anzahl vermieteter Einfamilienhäuser vorhanden war), so ist auch die übliche Miete für die eigengenutzte Wohnung wegen Übernahme der Schönheitsreparaturen durch den Mieter zu erhöhen (BFH-Urteil vom 26.07.1974, III R 87/73, BStBl. II 1974, 766 und BFH-Urteil vom 06.12.1974, III R 136/73, BStBl. II 1975, 189).

4. Zuschläge bei Garagen

Sind Wohnungen und Garagen zu einem einheitlichen Entgelt vermietet worden und tragen die Mieter die Kosten für die Schönheitsreparaturen, lässt sich die einheitliche Miete für Wohnung und Garage nicht aufteilen. Auch bei Garagen sind – wenn auch im geringen Umfang – Schönheitsreparaturen auszuführen, so dass die gesamte Miete um die Zuschläge für die Schönheitsreparaturen erhöht werden muss.

Nur wenn die Kosten für die Schönheitsreparaturen der Garage, z. B. eine Sammelgarage im Keller vom Vermieter, die Kosten für die Schönheitsreparaturen der Wohnung aber vom Mieter getragen werden, ist von der einheitlichen Miete der auf die Garage entfallende Anteil der Jahresrohmiete auszuscheiden und nur der auf die Wohnung entfallende Anteil der Jahresrohmiete zu erhöhen.

5. Ausnahmen

Im Hinblick auf die zur Frage des Zuschlags für Schönheitsreparaturen ergangene Rechtsprechung des BFH ergibt sich, dass der Zuschlag für die Übernahme der Kosten für die Schönheitsreparaturen in allen Fällen (bei vermieteten und eigengenutzten Wohnungen) vorzunehmen ist. Hiervon gibt es lediglich zwei Ausnahmen:

a) bei der Einheitswertfeststellung wurde die pauschal ermittelte Kostenmiete zugrunde gelegt (Öffentlich geförderter Wohnungsbau, vgl. BFH-Urteil vom 28.01.1977, III R 58/76, BStBl. II 1977, 376),

b) der Vermieter weist nach bzw. macht glaubhaft, dass er die Kosten für die Schönheitsreparaturen seiner Wohnungen trägt (z. B. Wohnungsbaugesellschaften u. a.). Dies dürfte nur in Ausnahmefällen gegeben sein.

Hieraus folgt, dass im Falle des Wegfalls der Eigenschaft „öffentlich gefördert" eines Grundstücks neben der Überprüfung auf Wertfortschreibung des Einheitswerts unter Ansatz der Marktmiete auch der Zuschlag wegen Übernahme der Kosten für die Schönheitsreparaturen vorzunehmen ist, soweit nicht der unter b) genannte Fall vorliegt.

Zu § 80 BewG Anlage 080.1 (Anlage 1 BewRGr)

Gemeindegröße: bis 2 000 Einwohner

Baujahrgruppe	Vervielfältiger für					
	Ein-familien-häuser	Zwei-familien-häuser	Miet-wohngr.	gemischtgen. Grundstücke bis zu 50 v. H. gewerbl. Anteil	gemischtgen. Grundstücke über 50 v. H. gewerbl. Anteil	Geschäfts-grund-stücke

A. bei Massivbauten mit Mauerwerk aus Ziegelsteinen, Natursteinen, Kalksandsteinen, Schwemmsteinen oder ähnlichen Steinen sowie bei Stahl- und Stahlbetonskelettbauten, außer bei solchen Bauten, die unter B. fallen

Altbauten vor 1895	9,5	8,6	7,2	7,6	7,6	7,8
1895 bis 1899	9,8	8,8	7,4	7,8	7,8	8,0
1900 bis 1904	10,0	9,3	7,8	8,2	8,2	8,3
1905 bis 1915	11,0	9,8	8,3	8,7	8,6	8,7
1916 bis 31. 3. 1924	11,6	10,3	8,7	9,1	9,0	9,0
Neubauten						
1. 4. 1924 bis 31. 12. 1934	13,1	11,6	9,8	10,2	9,7	9,4
1. 1. 1935 bis 20. 6. 1948	13,5	11,9	10,2	10,5	10,0	9,6
Nachkriegsbauten						
nach dem 20. 6. 1948	13,0	11,4	9,8	9,9	9,6	9,4

B. bei Holzfachwerkbauten mit Ziegelsteinausmauerung, Gebäuden aus großformatigen Bimsbetonplatten oder ähnlichen Platten sowie bei anderen eingeschossigen massiven Gebäuden in leichter Bauausführung

Altbauten vor 1908	8,7	7,9	6,6	7,8	7,0	7,3
1908 bis 1915	9,1	9,3	6,9	7,3	7,3	7,6
1916 bis 31. 3. 1924	10,2	9,1	7,7	8,1	8,1	8,2
Neubauten						
1. 4. 1924 bis 31. 12. 1934	11,9	10,6	9,0	9,3	9,0	8,8
1. 1. 1935 bis 20. 6. 1948	12,7	11,2	9,6	9,9	9,5	9,2
Nachkriegsbauten						
nach dem 20. 6. 1948	12,5	11,0	9,5	9,6	9,3	9,1

C. bei Holzfachwerkbauten mit Lehmausfachung und besonders haltbaren Holzbauten mit massiven Fundamenten

Altbauten vor dem 1. 4. 1924	7,7	7,0	5,7	6,1	6,2	6,6
Neubauten						
1. 4. 1924 bis 31. 12. 1934	9,6	8,7	7,3	7,7	7,4	7,5
1. 1. 1935 bis 20. 6. 1948	11,1	10,0	8,5	8,8	8,5	8,4
Nachkriegsbauten						
nach dem 20. 6. 1948	11,5	10,2	8,9	9,0	8,8	8,7
A, B und C	Multiplikator für Bodenwertanteil in Sonderfällen					
Altbauten und Neubauten	2,5	2,22	1,0	0,91	0,83	1,54
Nachkriegsbauten	1,11	1,00	0,91	0,83	0,77	1,43

Anlage 080.2 (Anlage 2 BewRGr) Zu § 80 BewG

Gemeindegröße: bis 2 000 bis 5 000 Einwohner

Baujahrgruppe	Vervielfältiger für					
	Ein-familien-häuser	Zwei-familien-häuser	Miet-wohngr.	gemischtgen. Grundstücke bis zu 50 v. H. gewerbl. Anteil	gemischtgen. Grundstücke über 50 v. H. gewerbl. Anteil	Geschäfts-grund-stücke

A. bei Massivbauten mit Mauerwerk aus Ziegelsteinen, Natursteinen, Kalksandsteinen, Schwemmsteinen oder ähnlichen Steinen sowie bei Stahl- und Stahlbetonskelettbauten, außer bei solchen Bauten, die unter B. fallen

Altbauten vor 1895	9,0	8,1	6,9	7,3	7,2	7,5
1895 bis 1899	9,3	8,4	7,1	7,6	7,4	7,7
1900 bis 1904	9,8	8,8	7,5	7,9	7,8	7,9
1905 bis 1915	10,4	9,3	7,9	8,4	8,2	8,3
1916 bis 31. 3. 1924	11,0	9,7	8,4	8,8	8,6	8,6
Neubauten						
1. 4. 1924 bis 31. 12. 1934	12,4	11,0	9,5	9,6	9,1	9,0
1. 1. 1935 bis 20. 6. 1948	12,9	11,3	9,8	9,8	9,4	9,2
Nachkriegsbauten nach dem 20. 6. 1948	12,4	11,0	9,7	9,6	9,3	9,2

B. bei Holzfachwerkbauten mit Ziegelsteinausmauerung, Gebäuden aus großformatigen Bimsbetonplatten oder ähnlichen Platten sowie bei anderen eingeschossigen massiven Gebäuden in leichter Bauausführung

Altbauten vor 1908	8,3	7,5	6,3	6,7	6,7	7,0
1908 bis 1915	8,7	7,8	6,6	7,0	7,0	7,2
1916 bis 31. 3. 1924	9,6	8,6	7,4	7,8	7,7	7,8
Neubauten						
1. 4. 1924 bis 31. 12. 1934	11,3	10,1	8,7	8,8	8,4	8,4
1. 1. 1935 bis 20. 6. 1948	12,1	10,7	9,3	9,3	8,9	8,8
Nachkriegsbauten nach dem 20. 6. 1948	11,9	10,6	9,4	9,3	9,0	9,0

C. bei Holzfachwerkbauten mit Lehmausfachung und besonders haltbaren Holzbauten mit massiven Fundamenten

Altbauten vor dem 1. 4. 1924	7,3	6,7	5,5	5,9	5,9	6,3
Neubauten						
1. 4. 1924 bis 31. 12. 1934	9,1	8,3	7,0	7,2	7,0	7,2
1. 1. 1935 bis 20. 6. 1948	10,6	9,5	8,2	8,3	8,0	8,0
Nachkriegsbauten nach dem 20. 6. 1948	10,9	9,8	8,7	8,7	8,5	8,6
A, B und C	Multiplikator für Bodenwertanteil in Sonderfällen					
Altbauten und Neubauten	2,5	2,22	1,0	0,91	0,83	1,54
Nachkriegsbauten	1,11	1,00	0,91	0,83	0,77	1,43

Zu § 80 BewG — **Anlage 080.3** (Anlage 3 BewRGr)

Gemeindegröße: bis 5 000 bis 10 000 Einwohner

Baujahrgruppe	Vervielfältiger für					
	Einfamilienhäuser	Zweifamilienhäuser	Mietwohngr.	gemischtgen. Grundstücke bis zu 50 v. H. gewerbl. Anteil	gemischtgen. Grundstücke über 50 v. H.	Geschäftsgrundstücke

A. bei Massivbauten mit Mauerwerk aus Ziegelsteinen, Natursteinen, Kalksandsteinen, Schwemmsteinen oder ähnlichen Steinen sowie bei Stahl- und Stahlbetonskelettbauten, außer bei solchen Bauten, die unter B. fallen

Altbauten vor 1895	7,7	6,9	5,8	6,4	6,4	6,7
1895 bis 1899	7,9	7,1	6,0	6,6	6,6	6,9
1900 bis 1904	8,3	7,4	6,2	6,9	6,8	7,1
1905 bis 1915	8,7	7,8	6,6	7,2	7,1	7,4
1916 bis 31. 3. 1924	9,1	8,2	6,9	7,6	7,4	7,7
Neubauten						
1. 4. 1924 bis 31. 12. 1934	10,6	9,5	8,3	8,4	8,0	8,0
1. 1. 1935 bis 20. 6. 1948	10,9	9,7	8,6	8,6	8,2	8,1
Nachkriegsbauten nach dem 20. 6. 1948	12,0	10,6	9,5	9,2	8,9	9,0

B. bei Holzfachwerkbauten mit Ziegelsteinausmauerung, Gebäuden aus großformatigen Bimsbetonplatten oder ähnlichen Platten sowie bei anderen eingeschossigen massiven Gebäuden in leichter Bauausführung

Altbauten vor 1908	7,1	6,4	5,3	5,9	6,0	6,3
1908 bis 1915	7,4	6,7	5,6	6,2	6,2	6,5
1916 bis 31. 3. 1924	8,1	7,3	6,1	6,8	6,7	7,0
Neubauten						
1. 4. 1924 bis 31. 12. 1934	9,7	8,7	7,7	7,7	7,5	7,5
1. 1. 1935 bis 20. 6. 1948	10,3	9,2	8,2	8,2	7,8	7,8
Nachkriegsbauten nach dem 20. 6. 1948	11,5	10,2	9,2	9,0	8,6	8,7

C. bei Holzfachwerkbauten mit Lehmausfachung und besonders haltbaren Holzbauten mit massiven Fundamenten

Altbauten vor dem 1. 4. 1924	6,3	5,8	4,7	5,2	5,5	5,7
Neubauten						
1. 4. 1924 bis 31. 12. 1934	8,0	7,3	6,4	6,4	6,4	6,5
1. 1. 1935 bis 20. 6. 1948	9,2	8,3	7,3	7,3	7,2	7,2
Nachkriegsbauten nach dem 20. 6. 1948	10,6	9,5	8,6	8,4	8,1	8,3

A, B und C	Multiplikator für Bodenwertanteil in Sonderfällen					
Altbauten und Neubauten	2,22	2,0	0,91	0,83	1,54	1,43
Nachkriegsbauten	1,11	1,00	0,91	0,83	0,77	1,43

Anlage 080.4 (Anlage 4 BewRGr) Zu § 80 BewG

Gemeindegröße: über 10 000 bis 50 000 Einwohner

Baujahrgruppe	Vervielfältiger für					Geschäfts-grundstücke
	Ein-familien-häuser	Zwei-familien-häuser	Miet-wohngr.	gemischtgen. Grundstücke		
				bis zu 50 v. H. gewerbl. Anteil	über 50 v. H.	

A. bei Massivbauten mit Mauerwerk aus Ziegelsteinen, Natursteinen, Kalksandsteinen, Schwemmsteinen oder ähnlichen Steinen sowie bei Stahl- und Stahlbetonskelettbauten, außer bei solchen Bauten, die unter B. fallen

Altbauten vor 1895	7,4	6,7	5,8	6,4	6,6	6,9
1895 bis 1899	7,6	6,9	5,9	6,5	6,8	7,0
1900 bis 1904	7,9	7,1	6,2	6,8	7,0	7,2
1905 bis 1915	8,4	7,5	6,5	7,1	7,2	7,5
1916 bis 31. 3. 1924	8,8	7,8	6,7	7,4	7,5	7,8
Neubauten						
1. 4. 1924 bis 31. 12. 1934	10,2	9,1	8,2	8,1	8,1	8,0
1. 1. 1935 bis 20. 6. 1948	10,5	9,3	8,4	8,3	8,3	8,2
Nachkriegsbauten nach dem 20. 6. 1948	11,8	10,5	9,2	9,1	8,9	9,0

B. bei Holzfachwerkbauten mit Ziegelsteinausmauerung, Gebäuden aus großformatigen Bimsbetonplatten oder ähnlichen Platten sowie bei anderen eingeschossigen massiven Gebäuden in leichter Bauausführung

Altbauten vor 1908	6,8	6,2	5,4	6,0	6,3	6,5
1908 bis 1915	7,1	6,4	5,6	8,2	6,5	6,7
1916 bis 31. 3. 1924	7,8	7,0	6,1	6,7	6,9	7,2
Neubauten						
1. 4. 1924 bis 31. 12. 1934	9,4	8,4	7,6	7,6	7,6	7,6
1. 1. 1935 bis 20. 6. 1948	9,9	8,9	8,0	8,0	7,9	7,9
Nachkriegsbauten nach dem 20. 6. 1948	11,4	10,1	8,9	8,9	8,7	8,8

C. bei Holzfachwerkbauten mit Lehmausfachung und besonders haltbaren Holzbauten mit massiven Fundamenten

Altbauten vor dem 1. 4. 1924	6,1	5,6	4,9	5,4	5,8	6,0
Neubauten						
1. 4. 1924 bis 31. 12. 1934	7,7	7,0	6,4	6,5	6,7	6,7
1. 1. 1935 bis 20. 6. 1948	8,9	8,0	7,2	7,3	7,3	7,3
Nachkriegsbauten nach dem 20. 6. 1948	10,6	9,5	8,3	8,4	8,2	8,4
A, B und C	Multiplikator für Bodenwertanteil in Sonderfällen					
Altbauten und Neubauten	2,22	2,0	1,82	1,67	2,31	2,14
Nachkriegsbauten	2,22	2,0	0,91	1,67	1,54	2,14

Zu § 80 BewG **Anlage 080.5** (Anlage 5 BewRGr)

Gemeindegröße: über 50 000 bis 100 000 Einwohner

Baujahrgruppe	Vervielfältiger für					
	Ein-familien-häuser	Zwei-familien-häuser	Miet-wohngr.	gemischtgen. Grundstücke bis zu 50 v. H. gewerbl. Anteil	gemischtgen. Grundstücke über 50 v. H.	Geschäfts-grund-stücke

A. bei Massivbauten mit Mauerwerk aus Ziegelsteinen, Natursteinen, Kalksandsteinen, Schwemm-steinen oder ähnlichen Steinen sowie bei Stahl- und Stahlbetonskelettbauten, außer bei solchen Bauten, die unter B. fallen

Altbauten vor 1895	7,8	7,0	5,7	6,1	6,4	6,8
1895 bis 1899	8,0	7,1	5,8	6,3	6,5	7,0
1900 bis 1904	8,2	7,4	6,0	6,5	6,7	7,1
1905 bis 1915	8,6	7,7	6,6	6,8	7,0	7,4
1916 bis 31. 3. 1924	8,9	8,0	6,5	7,1	7,2	7,6
Neubauten						
1. 4. 1924 bis 31. 12. 1934	10,2	9,0	8,0	8,0	7,9	8,0
1. 1. 1935 bis 20. 6. 1948	10,4	9,2	8,2	8,2	8,1	8,1
Nachkriegsbauten						
nach dem 20. 6. 1948	11,8	10,5	9,0	9,0	8,7	8,9

B. bei Holzfachwerkbauten mit Ziegelsteinausmauerung, Gebäuden aus großformatigen Bimsbeton-platten oder ähnlichen Platten sowie bei anderen eingeschossigen massiven Gebäuden in leichter Bauausführung

Altbauten vor 1908	7,3	6,6	5,3	5,7	6,1	6,5
1908 bis 1915	7,6	6,8	5,5	5,9	6,2	6,7
1916 bis 31. 3. 1924	8,1	7,3	6,0	6,4	6,7	7,1
Neubauten						
1. 4. 1924 bis 31. 12. 1934	9,4	8,5	7,5	7,5	7,5	7,6
1. 1. 1935 bis 20. 6. 1948	9,9	8,8	7,8	7,8	7,8	7,8
Nachkriegsbauten						
nach dem 20. 6. 1948	11,4	10,1	8,7	8,7	8,5	8,7

C. bei Holzfachwerkbauten mit Lehmausfachung und besonders haltbaren Holzbauten mit massiven Fundamenten

Altbauten vor dem 1. 4. 1924	6,7	6,1	4,8	5,2	5,6	6,1
Neubauten						
1. 4. 1924 bis 31. 12. 1934	8,0	7,3	6,3	6,4	6,5	6,8
1. 1. 1935 bis 20. 6. 1948	9,0	8,1	7,1	7,1	7,2	7,3
Nachkriegsbauten						
nach dem 20. 6. 1948	10,6	9,5	8,1	8,2	8,1	8,3

A, B und C	Multiplikator für Bodenwertanteil in Sonderfällen					
Altbauten und Neubauten	3,33	3,3	1,82	1,67	2,31	2,86
Nachkriegsbauten	2,22	2,0	0,91	1,67	1,54	2,14

Anlage 080.6 (Anlage 6 BewRGr) Zu § 80 BewG

Gemeindegröße: über 100 000 bis 200 000 Einwohner

Baujahrgruppe	Vervielfältiger für					
	Ein-familien-häuser	Zwei-familien-häuser	Miet-wohngr.	gemischtgen. Grundstücke bis zu 50 v. H. gewerbl. Anteil	gemischtgen. Grundstücke über 50 v. H. gewerbl. Anteil	Geschäfts-grund-stücke

A. bei Massivbauten mit Mauerwerk aus Ziegelsteinen, Natursteinen, Kalksandsteinen, Schwemm-steinen oder ähnlichen Steinen sowie bei Stahl- und Stahlbetonskelettbauten, außer bei solchen Bauten, die unter B. fallen

Altbauten vor 1895	7,8	6,8	5,5	6,0	6,4	6,8
1895 bis 1899	8,0	7,0	5,7	6,2	6,5	7,0
1900 bis 1904	8,2	7,2	5,9	6,4	6,7	7,1
1905 bis 1915	8,6	7,5	6,2	6,7	7,0	7,4
1916 bis 31. 3. 1924	8,9	7,8	6,4	6,9	7,2	7,6
Neubauten						
1. 4. 1924 bis 31. 12. 1934	10,2	9,0	7,8	7,8	7,9	8,0
1. 1. 1935 bis 20. 6. 1948	10,4	9,2	8,0	8,0	8,1	8,1
Nachkriegsbauten nach dem 20. 6. 1948	11,8	10,5	9,0	9,0	8,8	8,9

B. bei Holzfachwerkbauten mit Ziegelsteinausmauerung, Gebäuden aus großformatigen Bimsbeton-platten oder ähnlichen Platten sowie bei anderen eingeschossigen massiven Gebäuden in leichter Bauausführung

Altbauten vor 1908	7,3	6,5	5,2	5,6	6,1	6,5
1908 bis 1915	7,6	6,7	5,4	5,8	6,2	6,7
1916 bis 31. 3. 1924	8,1	7,1	5,8	6,3	6,7	7,1
Neubauten						
1. 4. 1924 bis 31. 12. 1934	9,4	8,5	7,3	7,3	7,5	7,6
1. 1. 1935 bis 20. 6. 1948	9,9	8,8	7,7	7,7	7,8	7,8
Nachkriegsbauten nach dem 20. 6. 1948	11,4	10,1	8,7	8,7	8,6	8,7

C. bei Holzfachwerkbauten mit Lehmausfachung und besonders haltbaren Holzbauten mit massiven Fundamenten

Altbauten vor dem 1. 4. 1924	6,7	6,0	4,7	5,1	5,6	6,1
Neubauten						
1. 4. 1924 bis 31. 12. 1934	8,0	7,3	6,2	6,3	6,5	6,8
1. 1. 1935 bis 20. 6. 1948	9,0	8,1	7,0	7,0	7,2	7,3
Nachkriegsbauten nach dem 20. 6. 1948	10,6	9,5	8,1	8,2	8,2	8,3
A, B und C	Multiplikator für Bodenwertanteil in Sonderfällen					
Altbauten und Neubauten	3,33	3,0	1,82	1,67	2,31	2,86
Nachkriegsbauten	2,22	2,0	0,91	1,67	2,31	2,14

Zu § 80 BewG   **Anlage 080.7** (Anlage 7 BewRGr)

Gemeindegröße: über 200 000 bis 500 000 Einwohner

Baujahrgruppe	Vervielfältiger für					
	Einfamilienhäuser	Zweifamilienhäuser	Mietwohngr.	gemischten. Grundstücke bis zu 50 v. H. gewerbl. Anteil	gemischten. Grundstücke über 50 v. H. gewerbl. Anteil	Geschäftsgrundstücke

A. bei Massivbauten mit Mauerwerk aus Ziegelsteinen, Natursteinen, Kalksandsteinen, Schwemmsteinen oder ähnlichen Steinen sowie bei Stahl- und Stahlbetonskelettbauten, außer bei solchen Bauten, die unter B. fallen

Altbauten vor 1895	7,8	6,8	5,4	5,9	6,4	6,8
1895 bis 1899	8,0	7,0	5,5	6,0	6,5	7,0
1900 bis 1904	8,2	7,2	5,7	6,3	6,7	7,1
1905 bis 1915	8,6	7,5	6,0	6,5	7,0	7,4
1916 bis 31. 3. 1924	8,9	7,8	6,2	6,8	7,2	7,6
Neubauten						
1. 4. 1924 bis 31. 12. 1934	10,2	9,0	7,7	7,7	7,9	8,0
1. 1. 1935 bis 20. 6. 1948	10,4	9,2	7,9	7,9	8,1	8,1
Nachkriegsbauten nach dem 20. 6. 1948	11,8	10,5	9,0	9,0	8,8	8,9

B. bei Holzfachwerkbauten mit Ziegelsteinausmauerung, Gebäuden aus großformatigen Bimsbetonplatten oder ähnlichen Platten sowie bei anderen eingeschossigen massiven Gebäuden in leichter Bauausführung

Altbauten vor 1908	7,3	6,5	5,1	5,5	6,1	6,5
1908 bis 1915	7,6	6,7	5,3	5,7	6,2	5,7
1916 bis 31. 3. 1924	8,1	7,1	5,7	6,2	6,7	7,1
Neubauten						
1. 4. 1924 bis 31. 12. 1934	9,4	8,5	7,2	7,2	7,5	7,6
1. 1. 1935 bis 20. 6. 1948	9,9	8,8	7,5	7,5	7,8	7,8
Nachkriegsbauten nach dem 20. 6. 1948	11,4	10,1	8,7	8,7	8,6	8,7

C. bei Holzfachwerkbauten mit Lehmausfachung und besonders haltbaren Holzbauten mit massiven Fundamenten

Altbauten vor dem 1. 4. 1924	6,7	6,0	4,6	5,0	5,6	6,1
Neubauten						
1. 4. 1924 bis 31. 12. 1934	8,0	7,3	6,1	6,1	6,5	6,8
1. 1. 1935 bis 20. 6. 1948	9,0	8,1	6,8	6,9	7,2	7,3
Nachkriegsbauten nach dem 20. 6. 1948	10,6	9,5	8,1	8,2	8,2	8,4

A, B und C	Multiplikator für Bodenwertanteil in Sonderfällen					
Altbauten und Neubauten	3,33	3,3	1,82	1,67	2,31	2,86
Nachkriegsbauten	2,22	2,0	0,91	1,67	2,31	2,86

Anlage 080.8 (Anlage 8 BewRGr) Zu § 80 BewG

Gemeindegröße: über 500 000 Einwohner

Baujahrgruppe	Vervielfältiger für					
	Ein-familien-häuser	Zwei-familien-häuser	Miet-wohngr.	gemischtgen. Grundstücke bis zu 50 v. H. gewerbl. Anteil	gemischtgen. Grundstücke über 50 v. H. gewerbl. Anteil	Geschäfts-grund-stücke
A. bei Massivbauten mit Mauerwerk aus Ziegelsteinen, Natursteinen, Kalksandsteinen, Schwemmsteinen oder ähnlichen Steinen sowie bei Stahl- und Stahlbetonskelettbauten, außer bei solchen Bauten, die unter B. fallen						
Altbauten vor 1895	7,8	6,8	5,3	6,1	6,4	6,8
1895 bis 1899	8,0	7,0	5,4	6,3	6,5	7,0
1900 bis 1904	8,2	7,2	5,6	6,4	6,7	7,1
1905 bis 1915	8,6	7,5	5,8	6,7	7,0	7,4
1916 bis 31. 3. 1924	8,9	7,8	6,1	6,9	7,2	7,6
Neubauten						
1. 4. 1924 bis 31. 12. 1934	10,2	9,0	7,5	7,8	7,9	8,0
1. 1. 1935 bis 20. 6. 1948	10,4	9,2	7,7	7,9	8,1	8,1
Nachkriegsbauten nach dem 20. 6. 1948	11,9	10,5	9,1	9,0	8,8	8,9
B. bei Holzfachwerkbauten mit Ziegelsteinausmauerung, Gebäuden aus großformatigen Bimsbetonplatten oder ähnlichen Platten sowie bei anderen eingeschossigen massiven Gebäuden in leichter Bauausführung						
Altbauten vor 1908	7,3	6,5	5,0	5,8	6,1	6,5
1908 bis 1915	7,6	6,7	5,1	6,0	6,2	5,7
1916 bis 31. 3. 1924	8,1	7,1	5,5	6,4	6,7	7,1
Neubauten						
1. 4. 1924 bis 31. 12. 1934	9,4	8,5	7,0	7,3	7,5	7,6
1. 1. 1935 bis 20. 6. 1948	9,9	8,8	7,4	7,6	7,8	7,8
Nachkriegsbauten nach dem 20. 6. 1948	11,5	10,2	8,8	8,6	8,6	8,7
C. bei Holzfachwerkbauten mit Lehmausfachung und besonders haltbaren Holzbauten mit massiven Fundamenten						
Altbauten vor dem 1. 4. 1924	6,7	6,0	4,5	5,4	5,6	6,1
Neubauten						
1. 4. 1924 bis 31. 12. 1934	8,0	7,3	6,0	6,4	6,5	6,8
1. 1. 1935 bis 20. 6. 1948	9,0	8,1	6,7	7,1	7,2	7,3
Nachkriegsbauten nach dem 20. 6. 1948	10,8	9,7	8,3	8,4	8,2	8,4
A, B und C	Multiplikator für Bodenwertanteil in Sonderfällen					
Altbauten und Neubauten	3,33	3,0	1,82	2,49	2,31	2,86
Nachkriegsbauten	3,33	3,0	1,82	2,49	2,31	2,86

Zu § 80 BewG

Anlage 080.9

Bewertung der in Fertigbauweise errichteten Gebäude
Erlass FinMin Niedersachsen vom 19. Oktober 2009
S 3203 – 1 – 35

Nach § 78 Satz 2 BewG ist der Grundstückswert durch Anwendung eines Vervielfältigers auf die Jahresrohmiete unter Berücksichtigung der §§ 81, 82 BewG zu ermitteln. Die in den Anlagen 3 bis 8 BewG zusammengefassten Vervielfältiger bestimmen sich nach der Grundstücksart, der Bauart und Bauausführung, dem Baujahr und der Einwohnerzahl der Belegenheitsgemeinde im Hauptfeststellungszeitpunkt. Die Vervielfältiger gelten auch für die in Fertigbauweise errichteten Gebäude. Jedoch ist hierbei zu beachten, dass je nach Haupttyp die Vervielfältiger der Gruppe A, B oder C anzuwenden sind.

In dem Erlass vom 31. August 1973, Az.: S 3203 – 1 – 34 ist zu der Bewertung der in Fertigteilbauweise errichteten Gebäude ausgeführt, dass für „Gebäude aus Mauerwerk-, Stahl-, Stahlbeton- oder Betonfertigteilen, soweit sie nicht unter Nr. 2 (Gruppe B) fallen" die Vervielfältiger der Gruppe A und für „Gebäude aus großformatigen Leichtbetonplatten (z.B. Bimsbetonplatten, Porenbetonplatten) oder aus ähnlichen Platten, wenn die Außenwände – ohne Putz gemessen – weniger als 20 cm stark und die Gebäude höchstens zweigeschossig sind" die Vervielfältiger der Gruppe B anzuwenden sind.

Zur Klarstellung weise ich im Einvernehmen mit den Vertretern der obersten Finanzbehörden des Bundes und der anderen Länder darauf hin, dass für die Bestimmung des Vervielfältigers grundsätzlich auf die Bauart und die Bauausführung des Gebäudes abzustellen ist. Der Stärke der Außenwand kommt – als weiteres Merkmal – nur insoweit Bedeutung zu, als das Gebäude nach Bauart und Bauausführung in die Gruppe B einzuordnen ist. Gebäude, die aus Stahlbetonfertig- oder Betonfertigteilen errichtet sind und deren Außenwandstärke – ohne Putz gemessen – weniger als 20 cm beträgt, sind deshalb mit den Vervielfältigern der Gruppe A zu bewerten.

Anlage 082.1

Zu § 82 BewG

Beeinträchtigung des Grundstückswerts durch Gerüche
Vfg. OFD Frankfurt am Main
vom 20. Januar 1998
– S 3204 A-1 – St III 31 (H) –

1. ...
2. ...
3. **Beeinträchtigung durch Gerüche**

    Eine ungewöhnlich starke Beeinträchtigung durch Gerüche rechtfertigt eine Ermäßigung des Grundstückswerts nur in einer geringen Anzahl von Fällen.

    Der Grundstückswert kann nur bei der Bewertung solcher Grundstücke ermäßigt werden, die in unmittelbarer Nähe von Ausgangsstellen der Geruchsbelästigungen (z. B. Müllkippen, Abdeckereien, Werke der chemischen Industrie usw.) liegen. Über die Höhe des Abschlages muß von Fall zu Fall entschieden werden. Dabei soll die Grenze von 5 v. H. möglichst nicht überschritten werden. Die ungewöhnliche starke Beeinträchtigung durch Gerüche ist nur auf Antrag wertmindernd zu berücksichtigen.

Zu § 82 BewG   Anlage 082.2

Belästigung durch Lärm in der Umgebung von Truppenübungsplätzen
Erlaß FinMin NRW vom 19. Februar 1969
– S 3204 – 9 – V 1 –

Die Verhältnisse in der Umgebung von Truppenübungsplätzen z. B. die unterschiedliche Benutzung als Artillerieschießplatz oder als Bombenabwurfplatz, die Schieß- und Windrichtung, die geographischen Verhältnisse, weichen so sehr voneinander ab, daß eine einheitliche Regelung des Abschlags nach § 82 Abs. 1 Nr. 1 BewG wegen der von dem Übungsgelände ausgehenden Lärmbelästigung nicht möglich ist.

Ob die Voraussetzungen für einen Abschlag vorliegen und wie hoch dieser zu bemessen ist, kann nur nach den jeweiligen Umständen des Einzelfalles entschieden werden. Dabei können die folgenden Grundsätze einen Anhalt bieten:

a) Belästigung durch Lärm

In der Umgebung von Truppenübungsplätzen ist ein Abschlag nach § 82 Abs. 1 Nr. 1 BewG wegen Lärms im allgemeinen gerechtfertigt. Über die Höhe des Abschlags kann wegen der unterschiedlichen Verhältnisse nur von Fall zu Fall entschieden werden, die wiederum davon abhängt, welcher Art der Lärm ist. So verursacht der durch Schießübungen mit Maschinengewehren verursachte Lärm eine geringere Belästigung als der durch den Abschuß von Geschützen entstehende Lärm. Außerdem sind die topographischen Verhältnisse (z. B. die geschützte Lage des Grundstücks hinter einem Bergrücken oder die freie Lage auf einer Anhöhe) sowie die üblichen Windverhältnisse zu berücksichtigen. Für den zu gewährenden Abschlag kann die folgende Staffelung als Anhalt dienen:

Bei einer Entfernung

	bis zu 500 m	10 v. H.
von über 500	bis zu 1 000 m	8 v. H.
von über 1 000	bis zu 2 000 m	6 v. H.
von über 2 000	bis zu 3 000 m	4 v. H.
von über 3 000	bis zu 4 000 m	2 v. H.

b) Belästigungen durch Erschütterungen

Im allgemeinen wird die Belästigung durch Erschütterungen, die durch die Schießübungen verursacht werden, mit dem Abschlag wegen der Lärmbelästigung abgegolten sein. Die Anweisung, nach der ein Abschlag wegen ungewöhnlich starker Belästigung durch Erschütterungen auch dann gewährt werden kann, wenn die Grenze von 30 v. H. (§ 82 Abs. 3 BewG) überschritten wird, steht dem nicht entgegen. Ein höherer Abschlag als 30 v. H. des Grundstückswerts wird im allgemeinen nur dann in Betracht kommen, wenn ausnahmsweise die Grenze von 30 v. H. bereits durch Abschläge wegen der in § 82 Abs. 1 Nr. 1 BewG ausdrücklich aufgeführten wertmindernden Umstände erreicht ist und es sich nicht vertreten läßt, für Beeinträchtigungen durch Erschütterungen keinen Abschlag mehr zu gewähren.

c) Belästigung durch vorbeifahrende Panzerkolonnen

Panzerkolonnen verursachen bei ihren Fahrten zwischen Standort und Truppenübungsplatz oder Verladebahnhof oft mehrmals täglich erheblichen Lärm und starke Erschütterungen. Bei der Feststellung der Einheitswerte von Grundstücken, die an solchen Straßen liegen, kann ein Abschlag bis zu 5 v. H. des Grundstückswerts zu gewähren sein.

Anlage 082.3 Zu § 82 BewG

Ermäßigung des Grundstückswerts wegen Lärm
Vfg. OFD Frankfurt am Main vom 20. Januar 1998
– S 3204 A-1 – St III 31 (H) –

1. Ermäßigung des Grundstückswerts wegen Beeinträchtigung durch Verkehrslärm

Eine Ermäßigung des Grundstückswerts wegen Verkehrslärms kommt gem. § 82 Abs. 1 Nr. 1 BewG nur in Betracht, wenn die hierdurch hervorgerufene Beeinträchtigung ungewöhnlich stark ist. Bei der Beurteilung, ob im Einzelfall die Voraussetzungen für einen Abschlag vorliegen, muß nach der Belegenheit des zu bewertenden Grundstücks differenziert werden. Wohnhäuser, die an stark befahrenen Durchgangs- oder Ausfallstraßen (in der Regel Bundes- bzw. Hauptstraßen) oder an einer Kreuzung mit Ampelanlage liegen, sind in ihrem Wert gemindert, da dort der Lärmpegel durch den Verkehr sehr hoch ist. Der hier übliche Verkehrslärm wurde schon bei der Jahresrohmiete 1964 berücksichtigt. Ist der Verkehrslärm seitdem noch wesentlich stärker geworden, oder wurden bei Grundstücken nach 1964 stark befahrene Straßen, Autobahnen oder Schienenwege vorbeigeführt, kann ein Abschlag dagegen durchaus gerechtfertigt sein.

Nach dem BFH-Urteil vom 18. Dezember 1991, BStBl. II 1992 S. 279 sind bei der Entscheidung, ob ein Abschlag nach § 82 Abs. 1 Nr. 1 BewG in Betracht kommt, die Grenzwerte der 16. Verordnung zur Durchführung des Bundes-Immissionsschutzgesetzes vom 12. Juni 1990, BGBl. I 1990 S. 1036 (Verkehrslärmschutzverordnung – 16. BImSchV) als Orientierungshilfe heranzuziehen. Folgenden Immissionsgrenzwerte sind dort festgesetzt worden:

Immissionsgrenzwerte	für den Tag (6 bis 22 Uhr)	für die Nacht (22 bis 6 Uhr)
an Krankenhäusern, Schulen, Kurheimen und Altenheimen	57 dB (A)	47 dB (A)
in reinen und allgemeinen Wohngebieten und Kleinsiedlungsgebieten	59 dB (A)	49 dB (A)
in Kerngebieten, Dorfgebieten und Mischgebieten	64 dB (A)	54 dB (A)
in Gewerbegebieten	69 dB (A)	59 dB (A)

2. Ermäßigung des Grundstückswerts wegen Beeinträchtigung durch Gewerbelärm

Als Gewerbelärm wird die Lärmbelästigung bezeichnet, die von gewerblichen Anlagen verursacht wird. Für Abschläge wegen ungewöhnlich starker Beeinträchtigung durch Gewerbelärm werden aber nur Grundstücke in der Nähe von gewerblichen Anlagen mit besonders starker Lärmeinwirkung auf die Nachbarschaft (Hammerwerke, Walzwerke, Anlagen für Kessel- und Behälterbau usw.) in Betracht kommen.

Die Lautstärke des Lärms ist meßbar. Bei Schallmessungen wird als physikalische Größe der Effektivwert des Schallwechseldrucks in Dezibel (dB) nach der Bewertungskurve (A) – dB (A) – gemessen. Der Lärm kann beim menschlichen Körper gesundheitliche Schäden verursachen. Deshalb soll bei neuen gewerblichen Anlagen die Lautstärke des Lärms die folgenden Meßwerte nicht überschreiten (TA Lärm v. 16.7.1968, Beilage zum Bundesanzeiger Nr. 137 v. 26. 7. 1968)[1]:

	für den Tag (6 bis 22 Uhr)	für die Nacht (22 bis 6 Uhr)
ausschließlich Industrie- oder gewerblich genutzte Gebiete	70 dB (A)	70 dB (A)
vorwiegend industriell oder gewerblich genutzte Gebiete	65 dB (A)	50 dB (A
Gebiete mit gewerblichen Anlagen und Wohnungen (Mischgebieten)	60 dB (A)	40 dB (A)
vorwiegend für Wohnzwecke genutzte Gebiete	55 dB (A)	40 dB (A)
reine Wohngebiete	50 dB (A)	35 dB (A)
Kurgebiete, Krankenhäuser, Pflegeanstalten	45 dB (A)	35 dB (A)

---

1) Siehe jetzt TA Lärm vom 26. 8. 1998 (Beilage zum Bundesanzeiger Nr. 219a vom 19. 11. 1999).

Zu § 82 BewG   **Anlage 082.3**

Werden demnach diese Meßwerte überschritten, so können unter Berücksichtigung der oben erwähnten Meßgenauigkeit folgende Abschläge gewährt werden:

bei einer Überschreitung von
mehr als 10 dB (A) bis 15 dB (A) = 8 v. H.
mehr als 15 dB (A)   = 10 v. H.

Diese Sätze folgen der Überlegung, daß eine Erhöhung der Lautstärke um 9 bis 10 dB (A) eine Verdoppelung der Beeinträchtigung bedeutet. Die bisher bei Lärmmessungen gewonnenen Erfahrungen haben weiterhin gezeigt, daß ab 500 m Entfernung von der Lärmquelle in der Regel eine außergewöhnliche Beeinträchtigung durch Lärm nicht mehr besteht. Vorausgesetzt ist dabei, daß keine besonderen topographischen Verhältnisse vorliegen. Für ein Grundstück, von dem der Lärm ausgeht; ist ein Abschlag nicht zu gewähren.

Anlage 082.4 Zu § 82 BewG

a) Gesetz zum Schutz gegen Fluglärm (FluLärmG)
in der Fassung der Bekanntmachung
vom 31. Oktober 2007
(BGBl. I S. 2550)
– Auszug –

Erster Abschnitt

§ 1 Zweck und Geltungsbereich
Zweck dieses Gesetzes ist es, in der Umgebung von Flugplätzen bauliche Nutzungsbeschränkungen und baulichen Schallschutz zum Schutz der Allgemeinheit und der Nachbarschaft vor Gefahren, erheblichen Nachteilen und erheblichen Belästigungen durch Fluglärm sicherzustellen.

§ 2 Einrichtung von Lärmschutzbereichen
(1) In der Umgebung von Flugplätzen werden Lärmschutzbereiche eingerichtet, die das Gebiet der in dem nachfolgenden Absatz genannten Schutzzonen außerhalb des Flugplatzgeländes umfassen.

(2) Der Lärmschutzbereich eines Flugplatzes wird nach dem Maße der Lärmbelastung in zwei Schutzzonen für den Tag und eine Schutzzone für die Nacht gegliedert. Schutzzonen sind jeweils diejenigen Gebiete, in denen der durch Fluglärm hervorgerufene äquivalente Dauerschallpegel L_{Aeq} sowie bei der Nacht-Schutzzone auch der fluglärmbedingte Maximalpegel L_{Amax} die nachfolgend genannten Werte übersteigt, wobei die Häufigkeit aus dem Mittelwert über die sechs verkehrsreichsten Monate des Prognosejahres bestimmt wird (Anlage zu § 3):

1. Werte für neue oder wesentlich baulich erweiterte zivile Flugplätze im Sinne des § 4 Abs. 1 Nr. 1 und 2:

    Tag-Schutzzone 1:
    L_{Aeq} Tag = 60 dB(A),
    Tag-Schutzzone 2:
    L_{Aeq} Tag = 55 dB(A),
    Nacht-Schutzzone
    a) bis zum 31. Dezember 2010:
    L_{Aeq} Nacht = 53 dB(A),
    L_{Amax} = 6 mal 57 dB(A),
    b) ab dem 1. Januar 2011:
    L_{Aeq} Nacht = 50 dB(A),
    L_{Amax} = 6 mal 53 dB(A);

2. Werte für bestehende zivile Flugplätze im Sinne des § 4 Abs. 1 Nr. 1 und 2:

    Tag-Schutzzone 1:
    L_{Aeq} Tag = 65 dB(A),
    Tag-Schutzzone 2:
    L_{Aeq} Tag = 60 dB(A),
    Nacht-Schutzzone
    L_{Aeq} Nacht = 55 dB(A),
    L_{Amax} = 6 mal 57 dB(A);

3. Werte für neue oder wesentlich baulich erweiterte militärische Flugplätze im Sinne des § 4 Abs. 1 Nr. 3 und 4:

    Tag-Schutzzone 1:
    L_{Aeq} Tag = 63 dB(A),
    Tag-Schutzzone 2:
    L_{Aeq} Tag = 58 dB(A),
    Nacht-Schutzzone
    a) bis zum 31. Dezember 2010:

L_{Aeq} Nacht	=	53 dB(A),
L_{Amax}	=	6 mal 57 dB(A),

b) ab dem 1. Januar 2011:

L_{Aeq} Nacht	=	50 dB(A),
L_{Amax}	=	6 mal 53 dB(A);

4. Werte für bestehende militärische Flugplätze im Sinne des § 4 Abs. 1 Nr. 3 und 4:

Tag-Schutzzone 1:

L_{Aeq} Tag	=	68 dB(A),

Tag-Schutzzone 2:

L_{Aeq} Tag	=	63 dB(A),

Nacht-Schutzzone

L_{Aeq} Nacht	=	55 dB(A),
L_{Amax}	=	6 mal 57 dB(A);

Neue oder wesentlich baulich erweiterte Flugplätze im Sinne dieser Vorschrift sind Flugplätze, für die ab dem 7. Juni 2007 eine Genehmigung, eine Planfeststellung oder eine Plangenehmigung nach § 6 oder § 8 des Luftverkehrsgesetzes für ihre Anlegung, den Bau einer neuen Start- oder Landebahn oder eine sonstige wesentliche bauliche Erweiterung erteilt wird. Die sonstige bauliche Erweiterung eines Flugplatzes ist wesentlich, wenn sie zu einer Erhöhung des äquivalenten Dauerschallpegels L_{Aeq} Tag an der Grenze der Tag-Schutzzone 1 oder des äquivalenten Dauerschallpegels L_{Aeq} Nacht an der Grenze der Nacht-Schutzzone um mindestens 2 dB(A) führt. Bestehende Flugplätze im Sinne dieser Vorschrift sind Flugplätze, bei denen die Voraussetzungen der Sätze 3 und 4 nicht erfüllt sind.

(3) Die Bundesregierung erstattet spätestens im Jahre 2017 und spätestens nach Ablauf von jeweils weiteren zehn Jahren dem Deutschen Bundestag Bericht über die Überprüfung der in Absatz 2 genannten Werte unter Berücksichtigung des Standes der Lärmwirkungsforschung und der Luftfahrttechnik.

§ 3 Ermittlung der Lärmbelastung

(1) Der äquivalente Dauerschallpegel L_{Aeq} Tag für die Tag-Schutzzonen 1 und 2 sowie der äquivalente Dauerschallpegel L_{Aeq} Nacht und der Maximalpegel L_{Amax} für die Nacht-Schutzzone werden unter Berücksichtigung von Art und Umfang des voraussehbaren Flugbetriebs nach der Anlage zu diesem Gesetz ermittelt.

(2) Die Bundesregierung wird ermächtigt, nach Anhörung der beteiligten Kreise (§ 15) durch Rechtsverordnung mit Zustimmung des Bundesrates Art und Umfang der erforderlichen Auskünfte der nach § 11 Verpflichteten und die Berechnungsmethode für die Ermittlung der Lärmbelastung zu regeln.

§ 4 Festsetzung von Lärmschutzbereichen

(1) Ein Lärmschutzbereich ist für folgende Flugplätze festzusetzen:
1. Verkehrsflughäfen mit Fluglinien- oder Pauschalflugreiseverkehr,
2. Verkehrslandeplätze mit Fluglinien- oder Pauschalflugreiseverkehr und mit einem Verkehrsaufkommen von über 25.000 Bewegungen pro Jahr; hiervon sind ausschließlich der Ausbildung dienende Bewegungen mit Leichtflugzeugen ausgenommen,
3. militärische Flugplätze, die dem Betrieb von Flugzeugen mit Strahltriebwerken zu dienen bestimmt sind,
4. militärische Flugplätze, die dem Betrieb von Flugzeugen mit einer höchstzulässigen Startmasse von mehr als 20 Tonnen zu dienen bestimmt sind, mit einem Verkehrsaufkommen von über 25.000 Bewegungen pro Jahr; hiervon sind ausschließlich der Ausbildung dienende Bewegungen mit Leichtflugzeugen ausgenommen.

(2) Die Festsetzung des Lärmschutzbereichs erfolgt durch Rechtsverordnung der Landesregierung. Karten und Pläne, die Bestandteil der Rechtsverordnung sind, können dadurch verkündet werden, dass sie bei einer Amtsstelle zu jedermanns Einsicht archivmäßig gesichert niedergelegt werden. In der Rechtsverordnung ist darauf hinzuweisen.

(3) Der Lärmschutzbereich für einen neuen Flugplatz im Sinne des § 2 Abs. 2 Satz 2 Nr. 1 und 3 ist auf der Grundlage der dort angegebenen Werte festzusetzen. Auf derselben Grundlage ist der Lärmschutzbereich für einen wesentlich baulich erweiterten Flugplatz im Sinne des § 2 Abs. 2 Satz 2 Nr. 1 und 3 neu festzusetzen oder erstmalig festzusetzen, wenn bislang noch keine Festsetzung erfolgt ist. Die Fest-

Anlage 082.4

Zu § 82 BewG

setzung soll vorgenommen werden, sobald die Genehmigung, die Planfeststellung oder die Plangenehmigung für die Anlegung oder die Erweiterung des Flugplatzes erteilt ist.

(4) Der Lärmschutzbereich für einen bestehenden Flugplatz im Sinne des § 2 Abs. 2 Satz 2 Nr. 2 und 4 ist auf der Grundlage der dort angegebenen Werte spätestens bis zum Ende des Jahres 2009 neu festzusetzen oder erstmalig festzusetzen, wenn bislang noch keine Festsetzung erfolgt ist. Ist eine wesentliche bauliche Erweiterung beantragt, ist eine Festsetzung für den bestehenden Flugplatz, die den bisherigen Bestand zur Grundlage hat, nicht mehr erforderlich, wenn eine Festsetzung des Lärmschutzbereichs für den wesentlich baulich erweiterten Flugplatz vorgenommen wird und die Inbetriebnahme des erweiterten Flugplatzes unmittelbar folgt. Die Festsetzungen für verschiedene Flugplätze sollen nach Prioritäten vorgenommen werden, die sich aus der voraussichtlichen Größe der Lärmschutzbereiche und der betroffenen Bevölkerung ergeben; die vorgesehene Abfolge der Festsetzungen und ihr voraussichtlicher Zeitpunkt sind festzulegen und der Öffentlichkeit mitzuteilen.

(5) Der Lärmschutzbereich für einen neuen, wesentlich baulich erweiterten oder bestehenden Flugplatz im Sinne des § 2 Abs. 2 Satz 2 Nr. 1 bis 4 ist neu festzusetzen, wenn eine Änderung in der Anlage oder im Betrieb des Flugplatzes zu einer wesentlichen Veränderung der Lärmbelastung in der Umgebung des Flugplatzes führen wird. Eine Veränderung der Lärmbelastung ist insbesondere dann als wesentlich anzusehen, wenn sich die Höhe des äquivalenten Dauerschallpegels L_{Aeq} Tag an der Grenze der Tag-Schutzzone 1 oder des äquivalenten Dauerschallpegels L_{Aeq} Nacht an der Grenze der Nacht-Schutzzone um mindestens 2 dB(A) ändert. Die Neufestsetzung ist für einen neuen oder wesentlich baulich erweiterten Flugplatz im Sinne des § 2 Abs. 2 Satz 2 Nr. 1 und 3 auf der Grundlage der dort angegebenen Werte vorzunehmen. Die Neufestsetzung ist für einen bestehenden Flugplatz im Sinne des § 2 Abs. 2 Satz 2 Nr. 2 und 4 auf der Grundlage der dort angegebenen Werte vorzunehmen, solange kein Fall des Absatzes 4 Satz 2 vorliegt.

(6) Spätestens nach Ablauf von zehn Jahren seit Festsetzung des Lärmschutzbereichs ist zu prüfen, ob sich die Lärmbelastung wesentlich verändert hat oder innerhalb der nächsten zehn Jahre voraussichtlich wesentlich verändern wird. Die Prüfung ist in Abständen von zehn Jahren zu wiederholen, sofern nicht besondere Umstände eine frühere Prüfung erforderlich machen.

(7) Für einen Flugplatz nach Absatz 1 ist kein Lärmschutzbereich festzusetzen oder neu festzusetzen, wenn dieser innerhalb einer Frist von zehn Jahren nach Vorliegen eines Festsetzungserfordernisses nach den Absätzen 4 und 5 geschlossen werden soll und für seine Schließung das Verwaltungsverfahren bereits begonnen hat. Nach der Schließung eines Flugplatzes ist ein bestehender Lärmschutzbereich aufzuheben. Die Sätze 1 und 2 gelten entsprechend für einen Flugplatz nach Absatz 1, wenn dieser die dort genannten Merkmale in sonstiger Weise dauerhaft verliert; Absatz 8 bleibt unberührt.

(8) Wenn der Schutz der Allgemeinheit es erfordert, sollen auch für andere als in Absatz 1 genannte Flugplätze Lärmschutzbereiche festgesetzt werden. Die Absätze 2 bis 7 gelten entsprechend.

Zu § 82 BewG   **Anlage 082.4**

b) Verordnungen zu den Lärmschutzbereichen
nach § 4 Abs. 2 des Gesetzes zum Schutz gegen Fluglärm
i.d.F. der Bekanntmachung vom 31. Oktober 2007 (BGBl. I S. 2550)
– Auswahl –

I. Verkehrsflughäfen

Berlin-Brandenburg	VO v. 7.8.2013 (GVBl. II/13 Nr. 61)
Bremen	VO v. 8. 12.2009 (Brem.GBl. S. 545),
	geändert durch VO v. 11.6.2013 (Brem.GBl. S. 424)
	VO v.14.09.2010 (Nds. GVBl. S. 386)
Dortmund	VO v. 11.9.2012 (GV. NRW. S. 410)
Dresden	VO v. 30. 1. 2012 (SächsGVBl. S. 66)
Düsseldorf	VO v. 25.10.2011 (GV. NRW. S. 502)
Frankfurt/Main	VO v. 30.9.2011 (GVBl. I S. 438)
Friedrichshafen	VO v. 20.12.2010 (GBl. S. 1223)
Hamburg	VO v. 13.3.2012 (GVOBl. Schl.-H. S. 390)
Hannover-Langenhagen	VO v. 14.09.2010 (Nds. GVBl. S. 326)
Karlsruhe/Baden-Baden	VO v. 20.12.2010 (GBl. S. 1187)
Kassel-Calden	VO v. 11.3.2013 (GVBl. S. 95)
Köln/Bonn	VO v.7.11.2011 (GV. NRW S. 610)
Leipzig/Halle	VO v. 30. 1. 2012 (SächsGVBl. S. 66),
	VO v. 12.12.2012 (GVBl. LSA S. 580)
Lübeck-Blankensee	VO v. 29.2.2012 (GVOBl. Schl.-H. S. 329),
	VO v. 15.1.2013 (GVOBl. M-V S. 113)
Mannheim	VO v. 20.12.2010 (GBl. S. 1238)
Memmingen	VO v. 6.11.2012 (GVBl. S. 535)
Münster/Osnabrück	VO v. 13.3.2012 (GV. NRW. S. 120)
Niederrhein	VO v. 7.12.2013 (GV. NRW. S. 822)
Nürnberg	VO v. 9.9.2014 (GVBl. S. 382)
Paderborn/Lippstadt	VO v. 11.12.2012 (GV. NRW. S. 650)
Saarbrücken	VO v. 9.8.2011 (Amtsbl. I S. 289)
Stuttgart	VO v. 20.12.2010 (GBl. S. 1126)

II. Militärflugplätze

Geilenkirchen	VO v. 15.10.2013 (GV. NRW. S. 586)
Inglostadt/Manching	VO v. 25.2.2014 (GVBl. 2014 S. 72)
Neuburg	VO v. 15.5.2013 (GVBl. S. 324)
Nörvenich	VO v. 11.6.2013 (GV. NRW. S. 336)
Ramstein	VO v. 27.7.2016 (GVBl. RP S. 421)
Wunstorf	VO v. 13.8.2012 (Nds. GVBl. S. 292)

Anlage 082.4

Zu § 82 BewG

c) Einheitsbewertung des Grundvermögens;
Minderung des Einheitswerts von Grundstücken, die durch Fluglärm besonders beeinträchtigt sind

Erlass des Niedersächsischen Finanzministeriums vom 31.1.2011
S 3204-38-35.1

1. Nach dem Gesetz zum Schutz gegen Fluglärm vom 31.10.2007 (BGBl. I 2007 S. 2550) werden in der Umgebung von Flugplätzen Lärmschutzbereiche eingerichtet. Diese Lärmschutzbereiche sind nach § 4 Abs. 2 Fluglärmgesetz (FluLärmG) durch Rechtsverordnung der jeweiligen Landesregierung festzusetzen. Die nunmehr maßgeblichen Grenzwerte für die Schutzzonen sind gegenüber der alten Rechtslage (FluLärmG vom 30.03.1971) deutlich niedriger, zudem ist eine Nacht-Schutzzone eingeführt worden.

2. Eine ungewöhnlich starke Beeinträchtigung durch Lärm ist bei der Einheitsbewertung durch Abschläge vom Grundstückswert zu berücksichtigen, wenn sich der wertmindernde Umstand noch nicht auf die maßgeblichen Berechnungsparameter ausgewirkt hat (§ 82 Abs. 1 Satz 2 Nr. 1 BewG). Nach Inkrafttreten des Fluglärmgesetzes vom 31.10.2007 ist bei der Gewährung von Abschlägen wegen besonderer Beeinträchtigung durch Fluglärm von folgenden Grundsätzen auszugehen:

2.1 Nach § 27 BewG sind bei Fortschreibungen der Einheitswerte für Grundbesitz die Wertverhältnisse im Hauptfeststellungszeitpunkt 01.01.1964 zugrunde zu legen. Eine Wertfortschreibung ist **nur bei Änderung der tatsächlichen Verhältnisse** vorzunehmen. Jede Ausweitung / Veränderung von Lärmschutzzonen ist ohne Auswirkung, solange ihr keine geänderten tatsächlichen Verhältnisse zugrunde liegen.

Eine Überprüfung der Feststellung des Einheitswerts ist nur bei strukturellen Veränderungen (z.B. Umstellung eines Flugplatzes auf An- und Abflug von Düsenflugzeugen) oder des Neubaus eines Flughafens veranlasst.

Soweit für Grundstücke bereits Abschläge wegen einer ungewöhnlich starken Beeinträchtigung durch Fluglärm nach bisher geltenden Verwaltungsregelungen gewährt werden und **keine Änderung** der **tatsächlichen Verhältnisse** des Flugplatzes eingetreten sind, ist keine Überprüfung der Feststellung des Einheitswerts vorzunehmen.

2.2 Soweit eine **Änderung der tatsächlichen Verhältnisse** infolge struktureller Veränderungen oder des Neubaus eines Flughafens eingetreten ist, wird im Rahmen der Wertfortschreibung des Einheitswerts grundsätzlich der auf Grundlage der neuen Grenzwerte nach § 2 Abs. 2 FluLärmG ausgewiesene Lärmschutzbereich für die Beurteilung des Tatbestandsmerkmals „ungewöhnlich starke Beeinträchtigung durch Lärm" herangezogen. Maßgebend sind die gemäß § 4 FluLärmG durch Rechtsverordnung der Landesregierung festgesetzten Tag- und Nachtschutzzonen des Lärmschutzbereichs für den jeweiligen Flugplatz. Dies gilt auch bei Nachfeststellungen.

Für bebaute Grundstücke im Lärmschutzbereich kann ein Abschlag bis 10 % des Grundstückswerts berücksichtigt werden. Im Einzelnen beträgt der Abschlag

- in der Tag-Schutzzone 1   bis zu 10 %,
- in der Tag-Schutzzone 2 und Nacht-Schutzzone   bis zu 5 %.

Für Grundstücke, die außerhalb dieser Zonen liegen, wird regelmäßig kein solcher Abschlag gewährt (BFH-Urteil vom 07.07.1993 BStBl. II 94 S. 6).

Der Abschlag ist grundsätzlich ab dem 01.01. des Kalenderjahres zu gewähren, das auf den Tag des Inkrafttretens der Rechtsverordnung der Landesregierung zur Festsetzung der Schutzzonen folgt. Sofern die Abschläge auf Antrag bereits auf einen Stichtag ab 01.01.2008, jedoch vor dem Inkrafttreten der Rechtsverordnung gewährt werden sollen, bedarf es eines geeigneten einzelfallbezogenen Nachweises darüber, dass die ungewöhnlich starke Lärmbeeinträchtigung zum Stichtag bereits vorlag. Bei Prüfung der Wertfortschreibung sind die in § 22 Abs. 1 BewG festgelegten Grenzen zu beachten.

2.3 Die niedersächsische Landesregierung hat mit Rechtsverordnung vom 14.09.2010 (Nds. GVBl. 2010, S. 326) die Lärmschutzbereiche für den Verkehrsflughafen Hannover-Langenhagen und mit Rechtsverordnung vom 14.09.2010 (Nds. GVBl. 2010, S. 386) die Lärmschutzbereiche für den Verkehrsflughafen Bremen (für das niedersächsische Hoheitsgebiet) festgelegt.

Zu § 82 BewG

Anlage 082.5

Schätzung von Abschlägen wegen behebbarer Baumängel und Bauschäden
Rdvfg. OFD Kiel vom 24. April 1968
S 3204 A – St 21/211 –

Als Hilfsmittel für die Schätzung von Abschlägen wegen behebbarer Baumängel und Bauschäden gem. § 82 BewG hat die OFD Hannover eine Tabelle herausgegeben. Diese Tabelle ist aus den „Richtlinien für die Wertanteile bei Geschoßwohnbauten" nach dem Erlaß des Ministers für Wiederaufbau im Lande Nordrhein-Westfalen I A/225 v. 24. 6. 1948 abgeleitet worden. Die „Richtzahlen" sind hierfür geeigneter als die „Göderitz-Tabelle", die nicht so detailliert ist und Gebäude mit Flachdach nicht berücksichtigt.

Zur Anwendung der Tabelle bemerkt die OFD folgendes:

I. Die Tabelle enthält keine Angaben über nichtunterkellerte Gebäude. Bei solchen Gebäuden ist die Wertigkeit des schadhaften Bauteils in Anlehnung an die Wertigkeit des Bauteils bei einem entsprechenden unterkellerten Gebäude zu schätzen. Dabei werden die Wertanteile bei nichtunterkellerten Gebäuden regelmäßig etwas höher liegen, weil die Baukosten für den Keller entfallen. Es ist jedoch zu beachten, daß für die Fundamente erhebliche Kosten entstehen und daß die Baukosten für den Fußboden im Erdgeschoß wegen der zusätzlichen Isolierung und Wärmedämmung höher liegen als die Kosten der „Decke über dem Keller" bei unterkellerten Gebäuden. In besonders schwierigen Fällen ist ein Bausachverständiger hinzuzuziehen.

II. Vor Anwendung der Tabelle ist festzustellen, wie hoch der Wert des Schadens im Verhältnis zum Gesamtwert des betreffenden Bauteils ist. In diesem Verhältnis ist dann aus der Wertigkeitsziffer der Tabelle der auf den Schaden entfallende Anteil zu errechnen. Bei mehreren Baumängeln oder Bauschäden ergibt die Summe der so ermittelten Schäden an den einzelnen Bauteilen den Gesamtschaden am Gebäude. Der Vomhundertsatz, der sich bei dieser Berechnung für das einzelne Gebäude ergibt, ist auf volle Zahlen aufzurunden.

Zu beachten ist, daß vielfach nur die Auswirkungen von Baumängeln und Bauschäden erkennbar sind, während der Schaden selbst verborgen bleibt. So haben beispielsweise feuchte Wände ihre Ursache in mangelhafter oder fehlender Isolierung. Die schadhafte Isolierung rechtfertigt einen Abschlag. Sofern die Feuchtigkeit an den Wänden zu keinen weiteren Schäden geführt hat (z. B. Schwamm), ist bei diesem Bauteil ein Abschlag nicht gerechtfertigt.

III. Die Tabelle gilt nicht für die im Sachwertverfahren zu bewertenden Geschäftsgrundstücke und die sonstigen bebauten Grundstücke.

Anlage 082.5 Zu § 82 BewG

Tabelle über die Wertigkeit einzelner Bauteile am Gesamtbauwerk

	Anzahl der Vollgeschosse							
	1			2			3	
	ausgebaute Dachgeschosse		Flachdach	ausgebaute Dachgeschosse		Flachdach	ausgebaute Dachgeschosse		Flachdach
	nein	ja		nein	ja		nein	ja	
Keller insgesamt	24,9	23,5	24,0	21,2	20,2	21,2	17,7	16,8	18,6
Mauerwerk	17,4	16,8	17,1	15,1	14,4	15,2	12,6	12,0	13,3
Erd- u. Isolierarbeiten	2,5	2,5	2,6	2,2	2,2	2,2	1,9	1,8	2,0
Kellerboden	5,0	4,2	4,3	3,8	3,6	3,8	3,2	3,0	3,3
Decken insgesamt	14,0	13,1	15,8	13,6	13,1	15,9	13,4	13,2	15,8
Decke über Keller	5,3	4,5	4,6	4,1	3,8	4,2	3,4	3,2	3,6
übrige Decken	5,4	5,4	6,9	5,9	5,8	7,3	6,2	6,2	7,6
Deckenputz	3,3	3,2	4,3	3,6	3,5	4,4	3,8	3,8	4,6
Umfassungswände insges.	10,3	10,0	13,0	11,2	11,0	14,0	12,4	12,0	15,0
Mauerwerk	8,6	8,3	10,8	9,3	9,2	11,7	10,3	10,0	12,5
Außenputzverkleidung	1,7	1,7	2,2	1,9	1,8	2,3	2,1	2,0	2,5
Innenwände unverputzt	10,7	11,0	6,0	11,8	12,0	7,4	12,8	13,0	8,8
Tragend	5,9	6,1	3,5	6,5	6,7	4,1	7,1	7,2	4,9
Nichttragend	4,8	4,9	2,7	5,3	5,3	3,3	5,7	5,8	3,9
Dach insgesamt	15,3	17,8	7,5	13,5	15,5	6,2	11,8	13,5	5,0
Dachstuhl	10,4	12,2	–	9,2	10,6	0	8,0	9,3	–
Dachhaut	3,9	4,5	6,5	3,5	3,9	4,9	3,0	3,4	3,9
Dachrinnen Rohre	1,0	1,1	1,5	0,8	1,0	1,3	0,8	0,8	1,1
Treppen insgesamt	2,2	2,0	3,4	3,1	2,9	4,2	3,8	3,7	5,0
Innerer Ausbau insgesamt	22,6	22,6	30,3	25,7	25,5	31,1	28,1	27,8	31,8
Wandputz	5,9	6,0	8,0	6,8	6,7	8,2	7,4	7,4	8,3
Bodenbelag	4,2	4,1	5,3	4,5	4,5	5,6	4,8	4,8	5,9
Installation	4,4	4,4	6,0	5,1	5,0	6,1	5,6	5,5	6,2
Fenster	3,7	3,7	5,0	4,2	4,2	5,1	4,7	4,6	5,2
Verglasung	1,1	1,1	1,5	1,3	1,2	1,5	1,4	1,4	1,6
Türen	3,3	3,3	4,5	3,8	3,7	4,6	4,2	4,1	4,6

Zu § 82 BewG **Anlage 082.5**

Tabelle über die Wertigkeit einzelner Bauteile am Gesamtbauwerk (Forts.)

	Anzahl der Vollgeschosse							
	1			2			3	
	ausgebaute Dachgeschosse		Flach-dach	ausgebaute Dachgeschosse		Flach-dach	ausgebaute Dachgeschosse		Flach-dach
	nein	ja		nein	ja		nein	ja	
Keller insgesamt	14,6	13,9	15,9	12,2	11,6	12,9	10,7	10,1	9,5
Mauerwerk	10,4	9,9	11,4	8,7	8,3	9,3	7,7	7,2	6,8
Erd- u. Isolierarbeiten	1,6	1,5	1,7	1,3	1,2	1,4	1,1	1,1	1,0
Kellerboden	2,6	2,5	2,8	2,2	2,1	2,2	1,9	1,8	1,7
Decken insgesamt	13,3	13,1	15,7	13,1	12,9	15,5	13,0	12,7	15,3
Decke über Keller	2,8	2,6	3,0	2,3	2,2	2,4	2,1	1,9	1,8
übrige Decken	6,5	6,5	7,9	6,7	6,6	8,1	6,8	6,7	8,4
Deckenputz	4,0	4,0	4,8	4,1	4,1	5,0	4,1	4,1	5,1
Umfassungswände insges.	13,6	13,5	16,0	14,7	14,7	17,0	15,2	15,2	18,0
Mauerwerk	11,3	11,2	13,3	12,3	12,2	14,2	12,7	12,7	15,0
Außenputzverkleidung	2,3	2,3	2,7	2,4	2,5	2,8	2,5	2,5	3,0
Innenwände unverputzt	13,5	13,7	10,2	14,1	14,1	11,6	14,3	14,3	13,0
Tragend	7,2	7,6	5,6	7,3	7,8	6,4	7,4	7,9	7,2
Nichttragend	6,3	6,1	4,6	6,8	6,3	5,2	6,9	6,4	5,8
Dach insgesamt	10,7	11,5	4,1	10,0	10,5	3,7	9,9	10,3	3,5
Dachstuhl	7,3	7,9		6,8	7,2		6,7	7,1	
Dachhaut	2,7	2,9	3,1	2,6	2,6	2,9	2,6	2,6	2,8
Dachrinnen Rohre	0,7	0,7	1,0	0,6	0,7	0,8	0,6	0,6	0,7
Treppen insgesamt	4,5	4,4	5,8	5,0	5,0	6,4	5,3	5,2	7,2
Innerer Ausbau insgesamt	29,8	29,9	32,3	30,9	31,2	32,9	31,6	32,2	33,5
Wandputz	7,9	7,9	8,4	8,3	8,4	8,5	8,5	8,6	8,6
Bodenbelag	5,0	5,0	6,1	5,1	5,1	6,3	5,2	5,2	6,5
Installation	6,0	6,0	6,3	6,2	6,2	6,4	6,3	6,5	6,5
Fenster	4,9	5,0	5,2	5,2	5,2	5,3	5,3	5,4	5,4
Verglasung	1,5	1,5	1,6	1,5	1,6	1,6	1,6	1,6	1,6
Türen	4,5	4,5	4,7	4,6	4,7	4,8	4,7	4,9	4,9

Anlage 082.6   Zu §§ 82, 88 BewG

Berücksichtigung von Bergschäden und Bergschadensgefahren
Rdvfg. OFD Düsseldorf vom 25. Juni 1968 $-\dfrac{\text{S 3204}}{\text{S 3210}}$ A – St 211

Zur Frage, inwieweit Bergschäden und Bergschadensgefahren bei der Hauptfeststellung auf den 1. Januar 1964 zu berücksichtigen sind, stelle ich folgenden einheitlichen Grundsatz auf:

1 Bergschäden

1.1 Bergschäden im Sinne dieser Verfügung sind solche Schäden, die infolge des Bergbaus bereits eingetreten sind.

Bergschäden sind, soweit es sich nicht um Bagatellschäden handelt, bei der Bewertung bebauter Grundstücke im Ertragswertverfahren und im Sachwertverfahren wertmindernd zu berücksichtigen. Auch bei der Bewertung unbebauter Grundstücke sind solche Bergschäden wertmindernd zu berücksichtigen, falls sie sich nicht schon bei der Ermittlung der durchschnittlichen Bodenwerte (Richtwerte) ausgewirkt haben.

1.2 Bergschäden an Gebäuden und Außenanlagen

1.21 Bergschäden an Gebäuden und Außenanlagen sind Bauschäden. Es muß unterschieden werden zwischen nicht behebbaren und behebbaren Bauschäden.

Bergschäden sind nicht behebbar, wenn sie durch Ausbesserung auf die Dauer nicht beseitigt werden können. Den nicht behebbaren Bergschäden gleichgestellt sind Bergschäden, die nur mit unverhältnismäßig hohen Kosten beseitigt werden können. Nicht behebbare oder nur mit unverhältnismäßig hohen Kosten zu beseitigende Bergschäden sind insbesondere:

Schieflage	=	eine durch ungleichmäßige Absenkung hervorgerufene Veränderung der Normallage eines Grundstücks, wobei aufstehende Gebäude diese Bewegung mitmachen;
Gefügelockerung	=	eine auch nach Ausführung von Reparaturarbeiten verbleibende Lockerung des Mauerwerkverbandes;
Deformierung von Bauwerkteilen	=	Veränderung der ursprünglichen und baugerechten Lage von Bauwerkteilen (Verdrehung, Verdrillung, z. B. hervorgerufen durch unterschiedliche Absenkungen aus verschiedenen Richtungen und zu verschiedenen Zeiten);
Versumpfung	=	stauende Nässe, die die Nutzung des Grundstücks oder der Gebäude wertmindernd beeinträchtigt.

In der Regel lassen sich die Bergschäden nicht vollständig beheben, so daß nicht behebbare und behebbare Bergschäden an einem Grundstück nebeneinander vorliegen.

1.22 Berücksichtigung von Bergschäden im Ertragswertverfahren

Nicht behebbare Bergschäden, die zu einer wesentlichen Verkürzung der Lebensdauer geführt haben, ist durch Ansatz eines nach der verkürzten Lebensdauer unter Zugrundelegung eines fiktiven Baujahrs ermittelten Vervielfältigers Rechnung zu tragen (§ 80 Abs. 3 BewG 1965). Wenn sich nicht nachweisen läßt, daß die Lebensdauer wesentlich verkürzt ist, oder wenn die Verkürzung der Lebensdauer nicht zu einem geringeren Vervielfältiger führt, kann ein Abschlag nach § 82 Abs. 1 BewG 1965 in Betracht kommen. Voraussetzung hierfür ist aber, daß der wertmindernde Umstand im Hauptfeststellungszeitpunkt die Höhe der Jahresrohmiete nicht beeinflußt hat. Auf die Bildung der Vervielfältiger haben Bauschäden (Bergschäden) keinen Einfluß gehabt. Kommt wegen nicht behebbarer Bergschäden ein Abschlag nach § 82 Abs. 1 BewG 1965 in Betracht, ist dieser nicht auf das Höchstmaß von 30 v. H. (§ 82 Abs. 3 BewG 1965) begrenzt, weil es sich nicht um eine Ermäßigung nach § 82 Abs. 1 Nr. 1 und 2 BewG 1965 handelt.

Für behebbare Bergschäden, die im Hauptfeststellungszeitpunkt keinen Einfluß auf die Höhe der Jahresrohmiete gehabt haben, ist ein Abschlag nach § 82 Abs. 1 Nr. 2 BewG 1965 zu gewähren. Dabei ist § 82 Abs. 3 BewG 1965 zu beachten.

1.23 Berücksichtigung von Bergschäden im Sachwertverfahren

Nicht behebbare Bergschäden an Gebäuden sind grundsätzlich bei der Errechnung der Wertminderung wegen Alters (§ 86 BewG 1965) zu berücksichtigen, indem eine verkürzte Lebensdauer (voraussichtliche tatsächliche Lebensdauer) zugrunde gelegt wird. Wenn sich nicht nachweisen läßt, daß durch nicht behebbare Bergschäden die Lebensdauer verkürzt ist, ist ein Abschlag

Zu §§ 82, 88 BewG **Anlage 082.6**

nach § 87 BewG 1965 zu gewähren (wenn die Schäden nicht bereits bei der Ermittlung des Gebäudenormalherstellungswerts berücksichtigt worden sind). Für nicht behebbare Bergschäden an Außenanlagen gilt das Vorstehende entsprechend (vgl. § 89 BewG 1965).

Für behebbare Bergschäden an Gebäuden ist ein Abschlag nach § 87 BewG 1965 zu gewähren (wenn die Schäden nicht bereits bei der Ermittlung des Gebäudenormalherstellungswerts berücksichtigt worden sind). Für behebbare Bergschäden an Außenanlagen gilt dies entsprechend (vgl. § 89 BewG 1965).

1.24 **Wertermäßigung**

Bei der Bemessung der Wertermäßigung wegen Bergschäden wird es immer auf die Verhältnisse des Einzelfalles ankommen. Folgendes kann jedoch als Anhalt dienen:

A. **Nicht behebbare Bergschäden**

a) Ein starker nicht behebbarer Bergschaden liegt vor bei einer Schieflage von 20 mm/m und mehr, bei starker Gefügelockerung, bei Deformierung von Bauwerkteilen sowie bei Versumpfung.

Die Wertminderung, die durch Annahme einer verkürzten Lebensdauer oder – und – durch Abschlag zu berücksichtigen ist, beträgt 15 bis 25 v. H., in besonders begründeten Fällen jedoch auch mehr als 25 v. H. Bei einer Schieflage von mehr als 440 mm/m kann davon ausgegangen werden, daß die Restlebensdauer nicht mehr als zehn Jahre betragen wird.

b) Ein mittlerer nicht behebbarer Bergschaden liegt vor bei einer Schieflage von 8 mm/m bis unter 20 mm/m.

Die Wertminderung, die durch Annahme einer verkürzten Lebensdauer oder – und – durch Abschlag zu berücksichtigen ist, beträgt hier 5 bis 15 v. H.

c) Ein leichter nicht behebbarer Bergschaden liegt bei einer Schieflage von 2 mm/m bis unter 8 mm/m vor.

Die Wertminderung, die durch Annahme einer verkürzten Lebensdauer oder – und – durch Abschlag zu berücksichtigen ist, beträgt hier bis zu 5 v. H.

B. **Behebbare Bergschäden**

a) Starke behebbare Bergschäden liegen vor, wenn Bauwerkteile erneuert und starke Risse ausgemauert oder nachträglich Sicherungen und Verankerungen eingebaut werden müssen, wenn Schwebedecken eingebaut werden müssen, weil Deckenrisse mit herkömmlichen Mitteln nicht zu beseitigen sind. Starke behebbare Schäden liegen außerdem vor, wenn Abstützmaßnahmen erforderlich sind und wenn die Standsicherheit gefährdet erscheint; wenn infolge Gefällestörungen die Entwässerung gestört ist; ferner, wenn sich Versumpfungserscheinungen zeigen, die beispielsweise das Mauerwerk durchfeuchten.

Der Abschlag kann 15 v. H. und mehr betragen.

b) Mittlere behebbare Bergschäden liegen vor, wenn Risse in Decken, Innen- und Außenwänden auftreten, die durch Ausfüllen mit Mörtel oder mit anderem Material abgedichtet werden müssen, aber noch nicht unter a) fallen.

Der Abschlag kann 5 bis 15 v. H. betragen.

c) Von leichten behebbaren Bergschäden kann gesprochen werden, wenn Risse lediglich in Innenräumen auftreten.

Der Abschlag darf höchstens 5 v. H. betragen.

1.3 **Bergschäden am Grund und Boden**

Bergschäden am Grund und Boden können bei der Ermittlung des Bodenwerts durch einen Abschlag (in der Regel bis zu 10 v. H.) berücksichtigt werden. Bei der Bewertung bebauter Grundstücke im Sachwertverfahren und bei der Bewertung unbebauter Grundstücke kommt dieser Abschlag aber nur insoweit in Betracht, als Bergschäden noch nicht bei der Ermittlung der durchschnittlichen Bodenwerte (Richtwerte) berücksichtigt worden sind.

Ist bei der Bewertung bebauter Grundstücke ein Abschlag wegen Bergschäden am Grund und Boden gerechtfertigt, muß dieser auch bei der Mindestbewertung (§ 77 BewG 1965) und bei der Ermittlung des Zuschlags wegen übergroßer nicht bebauter Fläche im Ertragswertverfahren (§ 82 Abs. 2 Nr. 1 BewG 1965) beachtet werden.

Bei der Bewertung bebauter Grundstücke im Ertragswertverfahren muß der Abschlag, der sich auf den Bodenwert bezieht, durch eine Ermäßigung des gesamten Grundstückswerts ausgedrückt

651

Anlage 082.6

Zu §§ 82, 88 BewG

werden. Die Ermäßigung des gesamten Grundstückswerts wegen Bergschäden am Grund und Boden beträgt

a) 2 v. H. bei Altbauten und Neubauten,

b) 1 v. H. bei Nachkriegsbauten.

Beim Vorliegen von a) **und** b) bemißt sich die Ermäßigung nach dem überwiegenden Teil.

1.4 Ansprüche gegen Bergwerkseigentümer

Ansprüche gegen Bergwerkseigentümer sind bei der Einheitsbewertung der bergbaugeschädigten Grundstücke außer acht zu lassen. Die Ansprüche sind ggf. vermögensteuerlich als sonstiges Vermögen oder als Betriebsvermögen zu erfassen.

2 Bergschadensgefahr

2.1 Außer der Wertermäßigung wegen Bergschäden (vgl. Nr. 1) kann auch eine Wertermäßigung wegen Bergschadensgefahr (auch wegen der als Folge bereits eingetretener Bergschäden mit Sicherheit noch zu erwartenden weiteren Schäden) in Betracht kommen, und zwar für Grundstücke in Gebieten, in denen Bergbau bis zum Hauptfeststellungszeitpunkt umgegangen war oder im Hauptfeststellungszeitpunkt noch umgegangen ist oder kurz bevorstand.

Bei der Bewertung bebauter Grundstücke kann die Ermäßigung wegen Bergschadensgefahr gemäß § 82 Abs. 1 BewG 1965 (Ertragswertverfahren) bzw. gemäß § 88 BewG (Sachwertverfahren) gewährt werden.

Hinsichtlich der Bewertung bebauter Grundstücke im Ertragswertverfahren ist zu bemerken, daß sich die Bergschadensgefahr im Hauptfeststellungszeitpunkt noch nicht auf die Höhe der Mieten ausgewirkt hatte. Sie hatte auch keinen Einfluß auf die Bildung der Vervielfältiger. Kommt eine Ermäßigung wegen Bergschadensgefahr nach § 82 Abs. 1 BewG 1965 in Betracht, ist der Abschlag nicht auf das Höchstmaß von 30 v. H. (§ 82 Abs. 3 BewG 1965) begrenzt, weil es sich nicht um eine Ermäßigung nach § 82 Abs. 1 Nr. 1 und 2 BewG 1965 handelt.

Bei bebauten Grundstücken ist ein Abschlag wegen Bergschadensgefahr sowohl vom Gebäudewert bzw. Gebäudesachwert als auch vom Bodenwert und vom Wert der Außenanlagen vorzunehmen. Hinsichtlich der Ermäßigung des Bodenwerts der im Sachwertverfahren zu bewertenden Grundstücke, der Ermittlung des Zuschlags wegen übergroßer nicht bebauter Fläche (§ 82 Abs. 2 Nr. 1 BewG 1965) bei im Ertragswertverfahren zu bewertenden bebauten Grundstücken sowie der Mindestbewertung (§ 77 BewG 1965) wird jedoch auf den folgenden Absatz hingewiesen.

Bei der Bewertung unbebauter Grundstücke kommt eine Ermäßigung wegen Bergschadensgefahr nur dann in Betracht, wenn sich die Schadensgefahr nicht schon in den durchschnittlichen Bodenwerten (Richtwerte) mindernd ausgewirkt hat. Dies gilt auch für die Ermittlung des Bodenwerts der im Sachwertverfahren zu bewertenden bebauten Grundstücke, des Zuschlags wegen übergroßer nicht bebauter Fläche (§ 82 Abs. 2 Nr. 1 BewG 1965) bei im Ertragswertverfahren zu bewertenden bebauten Grundstücken sowie für die Mindestbewertung (§ 77 BewG 1965).

2.2 Für die Bemessung der Ermäßigung sind bedeutsam:

a) Art des Abbaus,

b) Ausmaß der Bergschadenssicherungen,

c) Bergschadensverzicht.

Beim oberflächennahen Abbau (bei einer Teufe bis ca. 100 m) ist die Gefahr einer Schädigung zeitmäßig nicht zu begrenzen. Die durch Bergbau geschaffenen Hohlräume brechen infolge des geringen Gebirgsdrucks häufig erst nach Jahrzehnten zusammen. In Einzelfällen sind Hohlräume selbst nach mehr als hundert Jahren festgestellt worden. Beim Abbau in mittlerer Teufe (von ca. 100 m bis ca. 400 m) oder in größerer Teufe (mehr als 400 m) wird wegen des zunehmenden Gebirgsdrucks der Zeitfaktor der Einwirkungen verkürzt.

Bei den Bergschadenssicherungen ist zu unterscheiden zwischen Vollsicherung und Teilsicherung. Vollsicherungen sind Maßnahmen, die grundsätzlich Schäden bergbaulicher Art verhindern sollen (Dreipunktlagerung). In Ausnahmefällen werden jedoch trotz Vollsicherung Schäden entstehen können (z. B. Versumpfung, Tagesbrüche). Bei Teilsicherungen wird die schädliche Einwirkung des Bergbaus gemindert, jedoch nicht verhindert. Teilsicherungen sind beispielsweise eine Betonplatte, Fundamentverstärkungen, Betonwannen, Ringverankerungen, Trennfugen.

Verschiedentlich verzichtet ein Grundstückseigentümer gegenüber dem Bergbau vertraglich auf Ersatz von Bergschaden (Bergschadensverzicht). Zu unterscheiden ist zwischen Vollverzicht und

Teilverzicht sowie zwischen dinglich gesicherten und schuldrechtlich vereinbartem Verzicht. Die dingliche Sicherung erfolgt durch Begründung einer Grunddienstbarkeit am Grundstück zugunsten des Bergwerkseigentümers, die im Grundbuch eingetragen wird. Bei schuldrechtlich vereinbartem Verzicht gilt der Verzicht lediglich zwichen den Vertragsparteien. Im Falle des dinglich gesicherten Vollverzichts besteht keinerlei Anspruch auf Bergschadensersatz. Im Falle des schuldrechtlich vereinbarten Vollverzichts kann ein Einzelrechtsnachfolger des Verzichtenden u. U. vom Eigentumserwerb an neue Schadensersatzansprüche geltend machen. Das gilt aber nur dann, wenn der Einzelrechtsnachfolger nicht an die schuldrechtliche Vereinbarung gebunden ist. Der Teilverzicht ist in der Regel beschränkt auf Ersatz in Höhe des infolge bergbaulicher Einwirkungen geminderten Verkehrswertes des Grundstücks (Teilverzicht in der Regel bis 10 v. H.). Ein dinglich gesicherter Bergschadensverzicht beeinträchtigt den Wert eines Grundstücks. Das gilt auch für den schuldrechtlich vereinbarten Bergschadensverzicht mit Bindungswirkung für den Einzelrechtsnachfolger. Deshalb ist in den Fällen, in denen ein Abschlag wegen Bergschadensgefahr zu gewähren ist, dieser entsprechend höher.

2.3 Wertermäßigung

Die folgenden Abschläge sind nach den von mir getroffenen Feststellungen angemessen:

	bei oberflächennahem Abbau v. H.		bei Abbau in mittlerer Tiefe v. H. *)		bei Abbau in größerer Tiefe v. H. *)	
bei bebauten Grundstücken						
bei Vollsicherung	i. d. R.	0	i. d. R.	0	i. d. R.	0
bei Teilsicherung	bis höchstens	7	bis höchstens	5	bis höchstens	3
ohne Bergschadenssicherung	bis höchstens	10	bis höchstens	7	bis höchstens	5
bei unbebauten Grundstücken	bis höchstens	10	bis höchstens	7	bis höchstens	5

*) Wenn 10 Jahre lang nach Beendigung des Abbaus keine Bergschäden eingetreten sind, kommen im allgemeinen Abschläge wegen Bergschadensgefahr nicht in Betracht.

**) Wenn 5 Jahre lang nach Beendigung des Abbaus keine Bergschäden eingetreten sind, kommen im allgemeinen Abschläge wegen Bergschadensgefahr nicht in Betracht.

Beim Vorliegen eines Teilverzichts kann der Abschlag bis auf 10 v. H. erhöht werden (in Ausnahmefällen auch bei Vollsicherung).

Beim Vorliegen eines Vollverzichts beträgt der Abschlag in der Regel 10 v. H. (in Ausnahmefällen auch bei Vollsicherung). In besonders begründeten Einzelfällen kann der Abschlag jedoch noch höher bemessen werden.

Bei unbebauten Grundstücken können in besonders begründeten Einzelfällen die Abschläge höher als 10, 7 oder 5 v. H. sein, wenn nachgewiesen wird, daß bei einer Bebauung Sicherungsmaßnahmen erforderlich sein werden, deren Kosten die vorbezeichneten Abschläge bei weitem übersteigen werden. Im übrigen wird jedoch auf den fünften Absatz der Nr. 2.1 hingewiesen.

Der Abschlag wegen Bergschadensgefahr ist auch dann zu gewähren, wenn eine Wertermäßigung wegen Bergschäden (vgl. Nr. 1) in Betracht kommt.

3 Außergewöhnliche Gründungen bei Bergschadenssicherungen

Bei der Bewertung bebauter Grundstücke im Ertragswertverfahren ist für vorhandene Bergschadenssicherungen kein Zuschlag anzusetzen.

Bei der Bewertung bebauter Grundstücke im Sachwertverfahren sind außergewöhnliche Gründungen durch besonderen Zuschlag zu erfassen. Deshalb ist im Einzelfall zu prüfen, ob vorhandene Bergschadenssicherungen als außergewöhnliche Gründungen anzusehen sind. Kommt ein Zuschlag in Betracht, ist Abschnitt 39 Abs. 1 BewRGr zu beachten. Der Zuschlag für außergewöhnliche Gründungen (Bergschadenssicherungen) darf den Abschlag vom Bodenwert wegen Bergschäden und Bergschadensgefahren nicht übersteigen. Oftmals Anlage 56 werden sich die Bergschäden und Bergschadensgefahren schon im durchschnittlichen Bodenwert (Richtwert)

Anlage 082.6

Zu §§ 82, 88 BewG

mindernd ausgewirkt haben. Dann kommt bei der Bewertung des Einzelgrundstücks ein besonderer Abschlag vom Bodenwert wegen des Bergschadens und der Bergschadensgefahr nicht in Betracht. In solchen Fällen ist der Zuschlag für außergewöhnliche Gründungen (Bergschadenssicherungen) auf den Betrag zu begrenzen, um den der Bodenwert des Einzelgrundstücks höher liegen würde, wenn Bergschäden und Bergschadensgefahren bei der Ermittlung durchschnittlicher Bodenwerte (Richtwerte) unberücksichtigt geblieben wären.

4 Die Bergschäden und die Bergschadensgefahr sind in der Regel nur auf Antrag bei der Einheitsbewertung der Grundstücke zu berücksichtigen.

Aus den von mir für die Einheitsbewertung der Grundstücks aufgestellten Grundsätzen – insbesondere aus der Anerkennung von Abschlägen – können keine Folgerungen für die zivilrechtliche Durchsetzung von Bergschadensersatzansprüchen gezogen werden.

Zu § 82 BewG **Anlage 082.7** (Anlage 9 BewRGr)

a) Abschläge im Falle der Notwendigkeit baldigen Abbruchs des Gebäudes (§ 82 Abs. 1 Nr. 3 BewG) und im Falle der Verpflichtung zum Abbruch des Gebäudes (§ 92 Abs. 4, § 94 Abs. 3 Satz 3 BewG) in v. H. des Gebäudewerts – bis 30 Jahre –

	§ 82 Abs. 1 Nr. 3 BewG	§ 92 Abs. 4, § 94 Abs. 3 Satz 3 BewG				
		restliche Lebensdauer				
	bis 5 Jahre	6 bis 10 Jahre	11 bis 15 Jahre	16 bis 20 Jahre	21 bis 25 Jahre	26 bis 30 Jahre
1	2	3	4	5	6	7

A. bei Massivbauten mit Mauerwerk aus Ziegelsteinen, Natursteinen, Kalksandsteinen, Schwemmsteinen oder ähnlichen Steinen sowie bei Stahl- und Stahlbetonskelettbauten, außer bei solchen Bauten, die unter B. fallen

Altbauten						
vor 1895	85	60	40	25	15	5
1895 bis 1899	85	60	40	30	20	10
1900 bis 1904	85	65	45	30	20	15
1905 bis 1915	90	65	50	35	25	20
1916 bis 31. 3. 1924	90	65	50	40	30	20
Neubauten						
1. 4. 1924 bis 31. 12. 1934	90	70	50	40	30	25
1. 1. 1935 bis 20. 6. 1948	90	70	55	40	35	25
Nachkriegsbauten						
nach dem 20. 6. 1948	90	70	55	45	35	30

B. bei Holzfachwerkbauten mit Ziegelsteinausmauerung, Gebäuden aus großformatigen Bimsbetonplatten oder ähnlichen Platten sowie bei anderen eingeschossigen massiven Gebäuden in leichter Bauausführung

Altbauten						
vor 1908	85	55	35	15	5	–
1908 bis 1915	85	55	35	20	10	–
1916 bis 31. 3. 1924	85	60	45	30	20	10
Neubauten						
1. 4. 1924 bis 31. 12. 1934	90	65	50	35	25	20
1. 1. 1935 bis 20. 6. 1948	90	65	50	40	30	20
Nachkriegsbauten						
nach dem 20. 6. 1948	90	70	55	40	35	25

C. bei Holzfachwerkbauten mit Lehmausfachung und besonders haltbaren Holzbauten mit massiven Fundamenten

Altbauten						
vor dem 1. 4. 1924	80	45	20	–	–	–
Neubauten						
1. 4. 1924 bis 31. 12. 1934	85	55	35	20	–	–
1. 1. 1935 bis 20. 6. 1948	85	60	45	30	20	10
Nachkriegsbauten						
nach dem 20. 6. 1948	90	65	50	35	30	20

Anlage 082.7 (Anlage 9 BewRGr) Zu § 82 BewG

b) Bis 49 Jahre weitergeführte Tabelle der Abschläge im Falle der Notwendigkeit baldigen Abbruchs des Gebäudes (§ 82 Abs. 1 Nr. 3 BewG) und im Falle der Verpflichtung zum Abbruch des Gebäudes (§ 92 Abs. 4, § 94 Abs. 3 Satz 3 BewG) in v. H. des Gebäudewerts

	§ 82 Abs. 1 Nr. 3 BewG	§ 92 Abs. 4, § 94 Abs. 3 Satz 3 BewG								
		restliche Lebensdauer								
	bis 5 Jahre	6 bis 10 Jahre	11 bis 25 Jahre	16 bis 20 Jahre	21 bis 25 Jahre	26 bis 30 Jahre	31 bis 35 Jahre	36 bis 40 Jahre	41 bis 45 Jahre	46 bis 49 Jahre
1	2	3	4	5	6	7	8	9	10	11
A. bei Massivbauten mit Mauerwerk aus Ziegelsteinen, Natursteinen, Kalksandsteinen, Schwemmsteinen oder ähnlichen Steinen sowie bei Stahl- und Stahlbetonskelettbauten, außer bei solchen Bauten, die unter B. fallen										
Altbauten										
vor 1895	85	60	40	25	15	5	–	–	–	–
1895 bis 1899	85	60	40	30	20	10	5	–	–	–
1900 bis 1904	85	65	45	30	20	15	10	5	–	–
1905 bis 1915	90	65	50	35	25	20	15	10	5	–
1916 bis 31. 3. 1924	90	65	50	40	30	20	15	10	5	–
Neubauten										
1. 4. 1924 bis 31. 12. 1934	90	70	50	40	30	25	20	15	10	5
1. 1. 1935 bis 20. 6. 1948	90	70	55	40	35	25	20	15	10	5
Nachkriegsbauten										
nach dem 20. 6. 1948	90	70	55	45	35	30	25	20	15	5
B. bei Holzfachwerkbauten mit Ziegelsteinausmauerung, Gebäuden aus großformatigen Bimsbetonplatten oder ähnlichen Platten sowie bei anderen eingeschossigen massiven Gebäuden in leichter Bauausführung										
Altbauten										
vor 1908	85	55	35	15	5	–	–	–	–	–
1908 bis 1915	85	55	35	20	10	–	–	–	–	–
1916 bis 31. 3. 1924	85	60	45	30	20	10	5	–	–	–
Neubauten										
1. 4. 1924 bis 31. 12. 1934	90	65	50	35	25	20	15	10	5	–
1. 1. 1935 bis 20. 6. 1948	90	65	50	40	30	20	15	10	5	–
Nachkriegsbauten										
nach dem 20. 6. 1948	90	70	55	40	35	25	15	10	5	–
C. bei Holzfachwerkbauten mit Lehmausfachung und besonders haltbaren Holzbauten mit massiven Fundamenten										
Altbauten										
vor dem 1. 4. 1924	80	45	20	–	–	–	–	–	–	–
Neubauten										
1. 4. 1924 bis 31. 12. 1934	85	55	35	20	–	–	–	–	–	–
1. 1. 1935 bis 20. 6. 1948	85	60	45	30	20	10	5	–	–	–
Nachkriegsbauten										
nach dem 20. 6. 1948	90	65	50	35	30	20	15	10	5	–

Zu § 82 BewG **Anlage 082.8**

Bodenverunreinigungen bei der Einheitsbewertung des Grundvermögens einschließlich der Betriebsgrundstücke

Erlaß FinMin. Niedersachsen vom 22. Januar 1998

– S 3204-29- 34 2 –

1. Einheitsbewertung des Grundvermögens und der Betriebsgrundstücke

1.1 Berücksichtigung von Bodenverunreinigungen

Der Wert eines Grundstücks kann wegen Verunreinigungen mit toxischen Stoffen, insbesondere durch Abfallablagerungen oder durch frühere oder fortdauernde industrielle oder gewerbliche Nutzung des belasteten oder eines anderen Grundstücks gemindert sein. Eine dem Rechnung tragende Ermäßigung des Grundstückswerts setzt voraus, daß Emissionen in einer Menschen, Tiere, Pflanzen oder Sachen schädigenden Weise in das Grundstück eindringen oder eingedrungen sind und – als Immissionen – die bestimmungsgemäße ortsübliche Nutzung des Grundstücks in erheblichem Maße beeinträchtigen (vgl. BFH v. 12.12.1990, II R 97/87, BStBl. II 1991, 196)

Eine Ermäßigung ist deshalb grundsätzlich erst dann vorzunehmen, wenn die zuständigen Ordnungsbehörden eine Sanierung des Grundstücks, eine Stillegung des Betriebes oder vergleichbare Maßnahmen angeordnet oder mit dem Grundstückseigentümer oder einem Dritten die Sanierung des Grundstücks vertraglich vereinbart haben. Erst zu diesem Zeitpunkt liegt eine bewertungsrechtlich zu berücksichtigende Änderung der tatsächlichen Verhältnisse vor; eine Berücksichtigung der Bodenverunreinigungen auf bereits zurückliegende Feststellungszeitpunkte ist zulässig, wenn feststeht, daß die später festgestellten Bodenverunreinigungen, auf die die Maßnahmen zurückgehen, in gleichem Maße bestanden haben.

Haben die zuständigen Ordnungsbehörden eine Maßnahme zur Gefahrenabwehr (noch) nicht ergriffen, kommt eine Ermäßigung des Grundstückswerts nur in Betracht, wenn der Steuerpflichtige die Bodenverunreinigungen und die damit verbundenen erheblichen Beeinträchtigungen durch ein Sachverständigengutachten nachweist und sich im Einzelfall mit einer Prüfung dieses Gutachtens durch die zuständige Ordnungsbehörde einverstanden erklärt.

1.2 Bewertung unbebauter und im Sachwertverfahren zu bewertender bebauter Grundstücke

1.2.1 Bei unbebauten und im Sachwertverfahren bewerteten bebauten Grundstücken ist die Wertminderung durch die Bodenverunreinigung durch einen Abschlag vom Bodenwert des Grundstücks entsprechend dem Verhältnis der Sanierungskosten zu dem geschätzten Verkehrswert des unbelasteten Grund und Bodens im Feststellungszeitpunkt zu berücksichtigen. Dies gilt unabhängig davon, ob der gesamte Grund und Boden oder nur eine Teilfläche verunreinigt ist.

Beispiel 1:

Grundstücke 1 000 qm, davon 600 qm verunreinigt

Sanierungskosten	165 000 DM
Bodenwert 1.1.1964 (unbelasteter Zustand)	60 000 DM
Geschätzter Bodenwert (unbelasteter Zustand) im Feststellungszeitpunkt	300 000 DM

Abschlag vom Bodenwert

$$= \frac{\text{Sanierungskosten} \times 10}{\text{Geschätzter Bodenwert (unbelasteter Zustand) im Feststellungszeitpunkt}}$$

$$= \frac{165 \times 100}{300\,000} = 55 \text{ v. H.}$$

Der Bodenwert 1.1.1964 des teilverunreinigten Grundstücks beträgt somit 45 v. H. von 60 000 DM = 27 000 DM, dementsprechend beträgt der Bodenpreis 27 DM je qm.

1.2.2 Entsprechen die Sanierungskosten dem Wert des unbelasteten Grund und Bodens im Feststellungszeitpunkt oder liegen sie höher als dieser Wert, so ist der Bodenwert 1.1.1964 des belasteten Grund und Bodens mit 0 DM anzusetzen.

1.2.3 Wird durch eine Bodenverunreinigung auch die Nutzung aufstehender Gebäude und/oder von Außenanlagen in erheblichem Maße beeinträchtigt, so kann im Einzelfall auch eine Ermäßigung gemäß § 88 BewG des Gebäudesachwertes und des Werts der Außenanlagen in Betracht kommen.

1.2.4 Nach durchgeführter Sanierung kommt ein Abschlag für einen evtl. verbleibenden Minderwert des Grundstücks nur in Betracht, wenn das Grundstück nicht dieselbe Nutzungs- und Bebau-

Anlage 082.8 Zu § 82 BewG

ungsqualität wiedererlangt hat. Ergeben sich nach der Sanierung z. B. teurere Gründungsvoraussetzungen, so kann der Bodenwert im Einzelfall mit einem geringeren Wert anzusetzen sein.

1.3 Bewertung im Ertragswertverfahren zu bewertender Grundstücke

Bei im Ertragswertverfahren bewerteten Grundstücken gilt in den Fällen, in denen sich eine Bodenverunreinigung nicht auf die Jahresrohmiete ausgewirkt hat, die Tz. 1.2 sinngemäß, soweit sich aus den nachfolgenden Ausführungen keine Besonderheiten ergeben.

Hierbei ist der Bodenwertanteil um einen Abschlag entsprechend dem Verhältnis der Sanierungskosten zu dem geschätzten Verkehrswert des unbelasteten Grund und Bodens im Feststellungszeitpunkt zu mindern.

Da der Abschlag vom Bodenwertanteil verfahrensmäßig nur durch eine Ermäßigung des gesamten Grundstückswerts berücksichtigt werden kann, ist der vom Bodenwertanteil vorzunehmende Abschlag wie folgt in einer Ermäßigung des gesamten Grundstücks umzurechnen.

$$= \frac{\text{Abschlag von Bodenwertanteil in v. H. x Multiplikator für Bodenwertanteil}}{\text{Vervielfältiger}}$$

Bruchteilige Abschlagsbeträge sind zugunsten des Steuerpflichtigen nach der Umrechnung des Abschlags vom Bodenwertanteil in die Ermäßigung des Grundstückswerts zu runden.

Die Ermäßigung des Grundstückswerts wegen Bodenverunreinigungen unterliegt nicht der Begrenzung des § 82 Abs. 3 BewG.

Beispiel 2:

Geschäftsgrundstück, Neubau (1930) in Massivbauweise mit Mauerwerk aus Ziegelsteinen, Gemeindegrößenklasse über 50 000 bis 100 000 Einwohner, Jahresrohmiete = 10 000 DM, Vervielfältiger = 8, Multiplikator für Bodenwertanteil = 2,86, Wertminderung des Grund und Bodens = 55 v. H. (berechnet wie in Beispiel 1):

Ermäßigung des Grundstückswerts

$$= \frac{\text{Abschlag von Bodenwertanteil in v. H. x Multiplikator für Bodenwertanteil}}{\text{Vervielfältiger}}$$

$$= \frac{55 \times 2{,}86}{8} = 19{,}6625 \text{ v. H. gerundet 20 v. H.}$$

1.4 Mindestwert

Ist bei Bewertung bebauter Grundstücke ein Abschlag wegen Bodenverunreinigungen vom Wert des Grund und Bodens vorzunehmen, muß die Ermäßigung auch bei der Mindestbewertung (§ 77 BewG) und bei der Ermittlung des Zuschlags wegen übergroßer nichtbebauter Fläche im Ertragswertverfahren (§ 82 Abs. 2 Nr. 1 BewG) beachtet werden.

1.5 Nachweis

Der Nachweis der Höhe der Sanierungskosten obliegt dem Steuerpflichtigen.

2. Verfahrensfragen

2.1 Die Bewertungsstelle des Lagefinanzamts und die Veranlagungsstelle des Betriebs-/Wohnsitzfinanzamts haben sich wegen der Höhe der Sanierungskosten sowie der Schätzung der Verkehrswerte des sanierten Grundstücks und des zu sanierenden Grundstücks, jeweils nach den Wertverhältnissen am Bewertungsstichtag, in Verbindung zu setzen.

2.2 Hat der Steuerpflichtige oder ein Dritter gegen die Sanierungsordnung Widerspruch eingelegt, so ist die Feststellung des Einheitswerts des Grundstücks gemäß § 165 AO vorläufig durchzuführen.

Zu § 82 BewG

Anlage 082.9

Einheitsbewertung von Grundbesitz, der unter Denkmalschutz steht
Gleichlautende Erlasse der obersten Finanzbehörden der Länder
Vom 21. Oktober 1985
(BStBl. I S. 648)

Die Denkmaleigenschaft einer baulichen Anlage kann einen Minderwert des Grundstücks wegen eingeschränkter wirtschaftlicher Verwertbarkeit und der dem Eigentümer obliegenden Unterhaltsverpflichtungen bewirken. Dieser Minderwert kann einen Abschlag bei der Einheitsbewertung des Grundbesitzes rechtfertigen. Bei Grundstücken mit baulichen Anlagen, die nach dem Denkmalschutzgesetz des Landes ganz oder teilweise unter Schutz gestellt sind (Baudenkmälern), ist künftig wie folgt zu verfahren:

1. Maßgebende Grundstücksart bei Schlössern und Burgen

Innerhalb der Baudenkmäler stellen Schlösser und Burgen (im weiteren Erlaßtext unter der Bezeichnung „Schlösser" zusammengefaßt) eine besondere Gruppe dar, bei der für die Einordnung in die bewertungsrechtliche Grundstücksart folgendes gilt:

1.1 Ein Schloß ist der Grundstücksart „Einfamilienhäuser" zuzurechnen, wenn der Gebäudebestand überwiegend zur Befriedigung des Wohnbedürfnisses dient oder nach seinem baulichen Zustand zu dienen geeignet ist und nur eine Wohnung vorhanden ist. Das wird bei den meisten kleineren Schlössern der Fall sein, die regelmäßig – z. B. als Landsitz – vom Eigentümer allein bewohnt werden.

Es kann aber auch nach der Art der Benutzung eine Bewertung als Zweifamilienhaus, als gemischtgenutztes Grundstück oder als Geschäftsgrundstück in Betracht kommen.

1.2 Sind dagegen – wie es insbesondere bei den größeren Schlössern und Burganlagen häufig der Fall ist – erhebliche Teile der Bausubstanz für die Befriedigung heutiger Wohnbedürfnisse ungeeignet und deshalb auch nicht oder nur gelegentlich genutzt, so ist, wenn die nach der Verkehrsauffassung nicht für Wohnzwecke geeigneten Teile der Bausubstanz überwiegen, das ganze Schloß (einschließlich der Wohnteile) der Grundstücksart „sonstige bebaute Grundstücke" zuzurechnen. Als nicht für Wohnzwecke geeignete Teile der Bausubstanz kommen z. B. Rittersäle, Hallen und andere übergroße Räume, Türme, Tore und dgl., darüber hinaus aber auch baufällige, ungesunde oder unbeheizbare Räume in Betracht. Bei der Zuordnung der Schlösser zur Grundstücksart „sonstige bebaute Grundstücke" ist nicht kleinlich zu verfahren.

1.3 Ein Grundstück mit denkmalgeschützten Gebäuden ist ein Geschäftsgrundstück, wenn es z. B. als Hotel oder Gaststätte benutzt wird. Dabei können auch nicht unmittelbar genutzte Bauteile als dem gewerblichen Betrieb dienend in die wirtschaftliche Einheit Geschäftsgrundstück einzubeziehen sein.

2. Wertermittlung

Baudenkmäler sind nach Maßgabe des § 76 BewG im Ertragswertverfahren oder im Sachwertverfahren zu bewerten, soweit es sich nicht mangels Gebäudeeigenschaft der baulichen Anlagen um unbebaute Grundstücke i. S. des § 72 BewG handelt. Ist letzteres der Fall, so gilt Tz. 2.2.1 für die Wertermittlung entsprechend.

2.1 Ertragswertverfahren

2.1.1 Bei der Schätzung der üblichen Miete anhand von Mietspiegeln, z. B. für eigengenutzte Wohnungen in Schlössern, sind wertmindernde Umstände zu berücksichtigen, die sich z. B. aus der Lage, der Größe, der Ausstattung, dem Bauzustand ergeben. Solche Umstände können insbesondere eine geringe oder überhöhte Geschoßhöhe, eine ungünstige Grundrißgestaltung, ungenügende Fensterflächen, geringe Deckenbelastbarkeit oder für gewerbliche Räume ungünstige Zugänge oder ungenügende Gestaltungsmöglichkeiten im Innern oder am Äußern des Gebäudes sein.

2.1.2 Ein etwaiger Abschlag wegen behebbarer Baumängel und Bauschäden ist nach den allgemeinen Grundsätzen vorzunehmen und betrifft nur den Gebäudwert (Abschn. 31 Abs. 3, Abschn. 33 Abs. 4 Satz 2 BewRGr).

2.1.3 Die besonderen wertmindernden Auswirkungen des Denkmalschutzes infolge der Erhaltungspflicht und des Veränderungsverbots hinsichtlich der bestehenden Bausubstanz sind pauschal durch einen Abschlag vom Grundstückswert (Bodenwert + Gebäudewert + Wert der Außenanlagen) zu berücksichtigen, soweit nicht unter die Begrenzung des § 82 Abs. 3 BewG fällt. Hierbei gilt folgendes:

2.1.3.1 Steht das gesamte Gebäude unter Denkmalschutz, so kann ohne weiteren Nachweis der Grundstückswert in der Regel um 5 v. H. ermäßigt werden.

Anlage 082.9 Zu § 82 BewG

2.1.3.2 Wird nachgewiesen oder zumindest glaubhaft gemacht, daß die denkmalschutzrechtlichen Beschränkungen im Falle einer Veräußerung den Verkaufspreis in ungewöhnlichem Maße mindern, so kann der Grundstückswert um bis zu 10 v. H. ermäßigt werden.

2.1.3.3 Stehen auf einem Grundstück nur ein Teil der vorhandenen Gebäude oder nur Gebäudeteile (z. B. ein Anbau) oder nur Bauteile (z. B. die Fassade) unter Denkmalschutz, so wird der Grundstückswert gleichwohl um einen einheitlichen Hundertsatz ermäßigt, der wie folgt zu ermitteln ist:

Der nach Tz. 2.1.3.1 oder 2.1.3.2 maßgebende Hundertsatz wird zu dem Bruchteil angesetzt, der entspricht

– bei mehreren Gebäuden oder Gebäudeteilen dem Anteil der Jahresrohmiete des denkmalgeschützten Gebäudes (Gebäudeteils) an der gesamten Jahresrohmiete des Grundstücks;

– bei einem auf Bauteile (z. B. die Fassade) beschränkten Denkmalschutz dem Wertanteil des denkmalgeschützten Bauteils am Gebäude (sämtlicher Gebäude des Grundstücks). Der sich so ergebende Hundertsatz der Ermäßigung ist auf eine volle Zahl nach oben aufzurunden.

2.1.3.4 Der Abschlag wird jeweils nur insoweit gewährt, als Bausubstanz nach dem Denkmalschutzgesetz des Landes als Denkmal geschützt und zu erhalten ist; ein Gestaltungsangebot zur Anpassung von Neubauten an benachbarte Baudenkmäler reicht daher nicht aus (vgl. das zu § 32 Abs. 1 Nr. 1 GrStG ergangene BVerwG-Urteil vom 21. September 1984, BStBl. II S. 870). Ob Schutz und Erhaltungspflicht der Bausubstanz nur einzelne Gebäudeteile (z. B. nur das Vorderhaus) oder nur einzelne Bauteile (z. B. die Fassade) betreffen, bestimmt sich nach den materiellen Wirkungen des Denkmalschutzes, die tatsächlich für den Eigentümer eintreten.

2.1.3.5 Mit dem pauschalen Abschlag vom Grundstückswert ist bei normal nutzbarer Bausubstanz auch dem Umstand Rechnung getragen, daß die Instandhaltungskosten den Rahmen übersteigen können, der bei der pauschalen Berücksichtigung in den gesetzlich festgelegten Vervielfältigern zugrunde gelegt wurde; insoweit handelt es sich um eine Ausnahme vom Verbot der individuellen Berücksichtigung von Bewirtschaftungskosten (Abschn. 31 Abs. 1 Satz 2 BewRGr.).

2.1.4 Oft wird eine Werterhöhung nach § 82 Abs. 2 Nr. 1 BewG wegen übergroßer Fläche in Betracht kommen. Eine Erhöhung muß unterbleiben, wenn die nicht bebaute Fläche nicht genutzt werden kann (z. B. ungenutzte Wasserflächen, Umwehrungen, große Höfe). Handelt es sich dagegen um Parks oder andere nutzbare Anlagen, so erhöht sich der Wert. Der Bodenwert wird allerdings im Hinblick auf die sich aus dem Denkmalschutz ergebenden Beschränkungen und Belastungen vorsichtig zu bemessen sein.

2.2 Sachwertverfahren

2.2.1 Bei der Ermittlung des Bodenwerts ist folgendes zu beachten:

Zwar bleibt der Umstand, daß das Grundstück bebaut ist, nach Abschnitt 35 Abs. 1 BewRGr außer Betracht. Es muß aber berücksichtigt werden, daß das unter Denkmalschutz stehende Gebäude nicht beseitigt werden wird, so daß der Eigentümer gehindert ist, den Boden anderweitig auszunutzen.

Bei der Ermittlung des Bodenwerts ist daher wegen der denkmalschutzrechtlichen Beschränkungen ein pauschaler Abschlag in entsprechender Anwendung von Tz. 2.1.3 zu berücksichtigen.

2.2.2 Bei der Ermittlung der Raummeterpreise für denkmalgeschützte Gebäude oder Gebäudeteile kann die vorhandene Innenausstattung nicht unbeachtet bleiben. Dagegen sind besondere Außenausstattungen der Gebäude (z. B. Fassadenornamente, besonders aufwendige Freitreppen) bei der Bewertung weder im Raummeterpreis noch durch besonderen Ansatz zu erfassen.

2.2.3 Bei der Wertminderung wegen Alters ist von der Lebensdauer auszugehen, die sich aus der Tabelle in Abschn. 41 Abs. 2 BewRGr ergibt.

Ob die gewöhnliche Lebensdauer des Gebäudes durch erhebliche, nicht behebbare oder nur mit unverhältnismäßig hohen Kosten zu beseitigende Bauschäden verkürzt ist (Abschn. 41 Abs. 6 BewRGr), richtet sich nach den Verhältnissen des Einzelfalles. Der Restwert nach § 86 Abs. 3 BewG darf jedoch nicht unterschritten werden. Behebbare bauliche Schäden sind nach § 87 BewG in dem Umfang zu berücksichtigen, in dem sie tatsächlich bestehen.

2.2.4 Ermäßigungen nach § 88 BewG werden vornehmlich wegen der Lage des Grundstücks, wegen übergroßer Raumhöhen im Gebäude, aber auch wegen übergroßer Räume (z. B. übergroße Treppenhäuser, die ebenfalls dem Denkmalschutz unterstehen) in Betracht kommen. Das Ausmaß der Ermäßigung richtet sich nach den Verhältnissen des Einzelfalles.

Im Rahmen des § 88 BewG ist der Gebäudewert außerdem wegen der denkmalschutzrechtlichen Beschränkungen zu ermäßigen. Tz 2.1.3 gilt mit der Maßgabe entsprechend, daß es der personellen Berechnung eines auf den gesamten Gebäudesachwert bezogenen einheitlichen Abschlagssatzes nicht bedarf, wenn bei der Bewertung von mehreren Gebäuden oder Gebäudeteilen ausgegangen wurde und von ihnen nur einige unter Denkmalschutz stehen; in diesem Fall kann der Abschlag vielmehr unmittelbar bezogen auf das einzelne Gebäude (Gebäudeteil) gewährt werden.

2.2.5 Bei Schloßanlagen müssen auch andere nutzbare Gebäude, z. B. Pavillons und Orangerien, bewertet werden. Sie zählen nicht zu den Außenanlagen.

2.2.6 Für die Ermittlung des Werts der Außenanlagen gelten die vorstehenden Ausführungen über die Ermittlung des Gebäudewerts entsprechend. Auch besondere Außenanlagen (z. B. Barockgitter) sind nur mit den normalen Durchschnittspreisen anzusetzen. Soweit die Außenanlagen nicht genutzt werden können (z. B. ungenutzte Wasserflächen, Umwehrungen), sind sie nicht zu berücksichtigen. Parkanlagen und sonstige nutzbare Anlagen sind jedoch zu erfassen.

3. Mindestbewertung

Soweit für Grundstücke mit Baudenkmälern der Mindestwert nach § 77 BewG anzusetzen ist, sind die Anweisungen in Tz. 2.2.1 über die Ermittlung des Bodenwerts zu beachten.

4. Wohnteile von Betrieben der Land- und Forstwirtschaft

Steht der Wohnteil eines Betriebs der Land- und Forstwirtschaft ganz oder teilweise unter Denkmalschutz (vgl. Abschn. 1.02 Abs. 6 BewRL), so sind Tz. 2.1.1 bis 2.1.3 bei der Ermittlung des Wohnungswerts entsprechend anzuwenden.

5. Schlußbestimmung

Dieser Erlaß tritt an Stelle der bisherigen, inhaltlich übereinstimmenden Erlasse der obersten Finanzbehörden der Länder.

Anlage 082.10   Zu § 82 BewG

Abschlag für Grundstücke in Sanierungsgebieten im Sinne der §§ 136 ff. BauGB
Einheitsbewertung

Vfg: OFD Frankfurt am Main vom 30. November 2017
(S 3204 A – 006 – St 116)

Für Sanierungsgrundstücke ist ein Abschlag von bis zu 10 v. H. des Grundstückswerts zu gewähren. Dies gilt sowohl im Ertragswert- als auch im Sachwertverfahren (§§ 82 bzw. 88 BewG).

Wann ein Sanierungsgrundstück vorliegt, ergibt sich aus den §§ 136 ff Baugesetzbuch (BauGB). Die Sanierungsmaßnahmen auf Grund dieses Gesetzes beziehen sich jeweils auf bestimmte Sanierungsgebiete, die förmlich festgelegt werden (§ 142 BauGB).

Nach § 143 Abs. 2 BauGB teilt die Gemeinde dem Grundbuchamt die rechtsverbindliche Sanierungssatzung mit und hat hierbei die von der Sanierungssatzung betroffenen Grundstücke einzeln aufzuführen. Das Grundbuchamt trägt in die Grundbücher dieser Grundstücke den sogenannten Sanierungsvermerk ein. Infolgedessen kann der Steuerpflichtige in der Regel ohne Schwierigkeiten nachweisen, dass das betreffende Grundstück in einem Sanierungsgebiet liegt.

Zu § 83 BewG, zu Abschn. 34 BewRGr **Anlage 083.1** (Anlage 10 BewRGr)

Darstellung der Ermittlung des Grundstückswerts im Sachwertverfahren

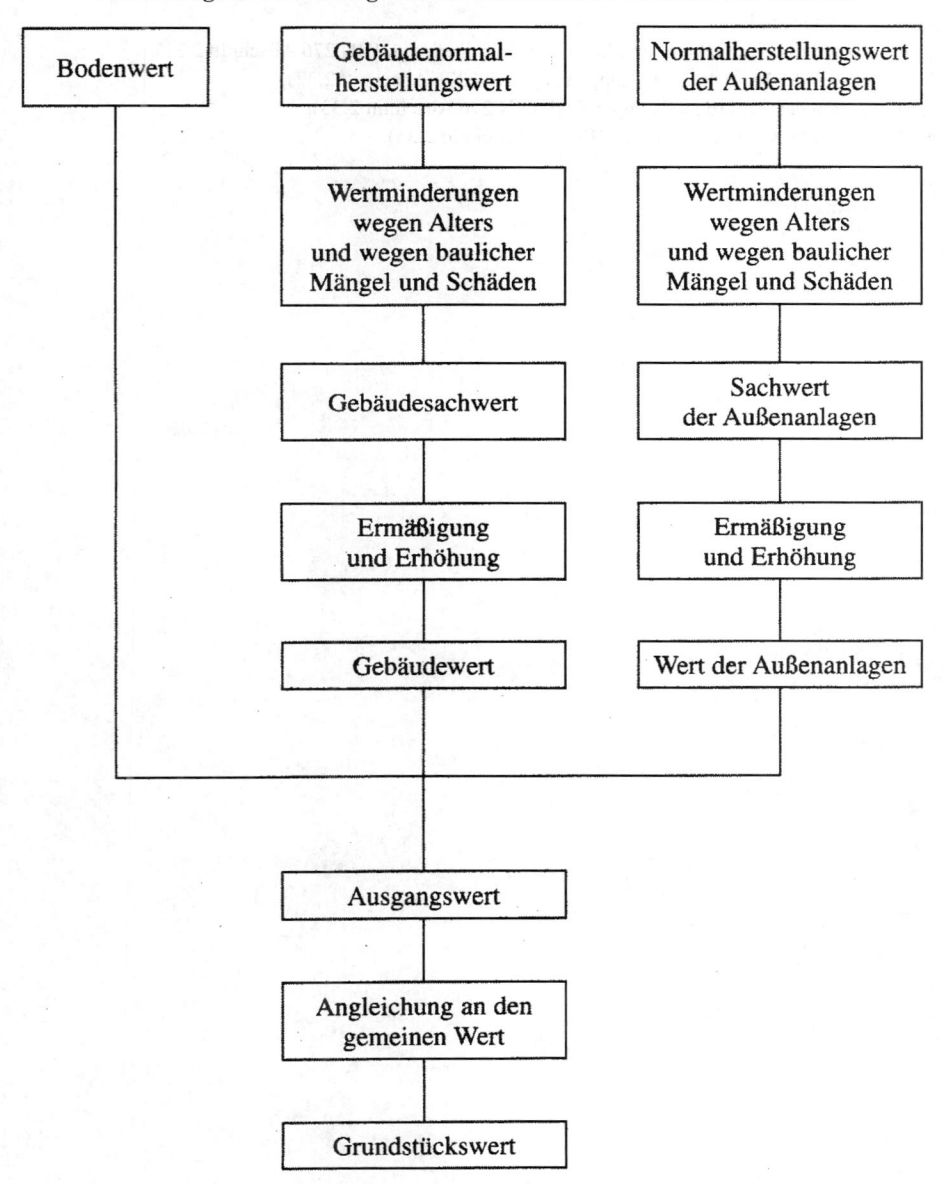

```
┌─────────────┐   ┌──────────────────┐   ┌──────────────────┐
│  Bodenwert  │   │ Gebäudenormal-   │   │Normalherstellungs│
│             │   │ herstellungswert │   │wert der          │
│             │   │                  │   │ Außenanlagen     │
└──────┬──────┘   └────────┬─────────┘   └────────┬─────────┘
       │                   │                      │
       │          ┌────────┴─────────┐   ┌────────┴─────────┐
       │          │ Wertminderungen  │   │ Wertminderungen  │
       │          │ wegen Alters     │   │ wegen Alters     │
       │          │ und wegen        │   │ und wegen        │
       │          │ baulicher Mängel │   │ baulicher Mängel │
       │          │ und Schäden      │   │ und Schäden      │
       │          └────────┬─────────┘   └────────┬─────────┘
       │                   │                      │
       │          ┌────────┴─────────┐   ┌────────┴─────────┐
       │          │ Gebäudesachwert  │   │    Sachwert      │
       │          │                  │   │ der Außenanlagen │
       │          └────────┬─────────┘   └────────┬─────────┘
       │                   │                      │
       │          ┌────────┴─────────┐   ┌────────┴─────────┐
       │          │   Ermäßigung     │   │   Ermäßigung     │
       │          │   und Erhöhung   │   │   und Erhöhung   │
       │          └────────┬─────────┘   └────────┬─────────┘
       │                   │                      │
       │          ┌────────┴─────────┐   ┌────────┴─────────┐
       │          │   Gebäudewert    │   │ Wert der         │
       │          │                  │   │ Außenanlagen     │
       │          └────────┬─────────┘   └──────────────────┘
       │                   │
       └───────────────────┤
                           │
                  ┌────────┴─────────┐
                  │   Ausgangswert   │
                  └────────┬─────────┘
                           │
                  ┌────────┴─────────┐
                  │  Angleichung an  │
                  │  den gemeinen Wert│
                  └────────┬─────────┘
                           │
                  ┌────────┴─────────┐
                  │  Grundstückswert │
                  └──────────────────┘
```

Anlage 085.1 (Anlage 11 BewRGr) Zu § 85, Abschn. 36 Abs. 1 BewRGr

Baunebenkosten

Baunebenkosten sind:
1. die Kosten der Architekten- und Ingenieurleistungen (vgl. DIN 276 Abschnitt 2.31),
2. die Kosten der Verwaltungsleistungen (vgl. DIN 276 Abschnitt 2.32),
3. die Kosten der Behördenleistungen (vgl. DIN 276 Abschnitt 2.33),
4. die sonstigen Nebenkosten (vgl. DIN 276 Abschnitt 2.35).

Zu § 85, Abschn. 37 und 38 BewRGr   **Anlage 085.2** (Anlage 12 BewRGr)

1. Berechnung des umbauten Raumes nach DIN 277
(November 1950 x)

(Zu Abschnitt 37)
Zeichenerklärung:

	Voll anzurechnender umbauter Raum
	Mit einem Drittel anzurechnender umbauter Raum
	Nicht hinzuzurechnender umbauter Raum
	Getrennt (mit anderen Raummeterpreisen) zu berechnender umbauter Raum
	Nicht erfaßter umbauter Raum (besonders zu veranschlagen)

2. Geschoßhöhen für die Ermittlung der durchschnittlichen Raummeterpreise nach Anlage 14 Teil B

Der Buchstabe h gibt die Bemessung der Geschoßhöhe an.
(Zu Abschnitt 38 Abs. 2)

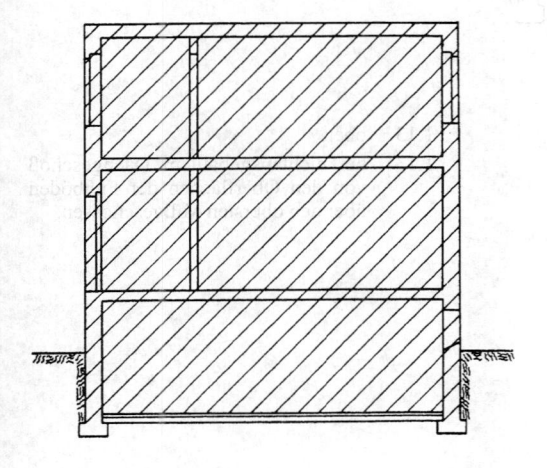

1. Ermittlung des umbauten Raumes für geplante und ausgeführte Hochbauten.
Der umbaute Raum ist in m³ anzugeben.

1.1 Voll anzurechnen ist der umbaute Raum eines Gebäudes, der umschlossen wird:

1.11 seitlich von den Außenflächen der Umfassungen,

1.23 unten

1.121 bei unterkellerten Gebäuden von den Oberflächen der untersten Geschoßfußböden,

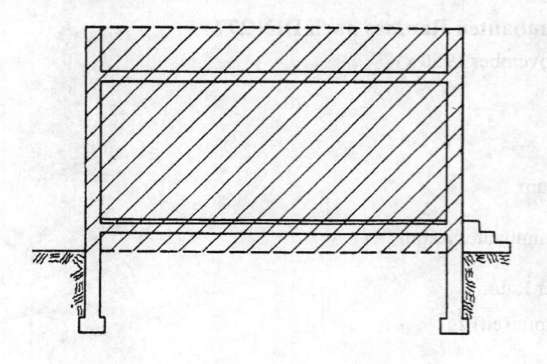

Anlage 085.2 (Anlage 12 BewRGr) Zu § 85, Abschn. 37 und 38 BewRGr

1.122 bei nicht unterkellerten Gebäuden von der Oberfläche des Geländes.

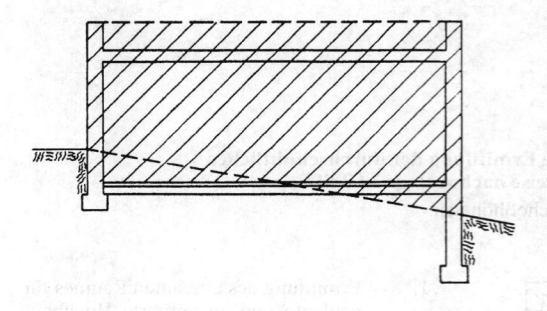

Liegt der Fußboden des untersten Geschosses tiefer als das Gelände, gilt Abschnitt 1.121,

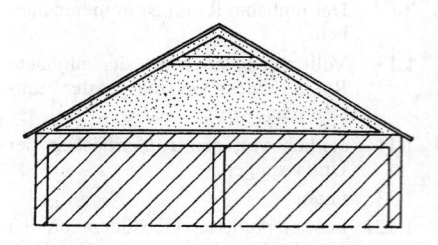

1.13 oben
1.131 bei nichtausgebautem Dachgeschoß von den Oberflächen der Fußböden über den obersten Vollgeschossen,

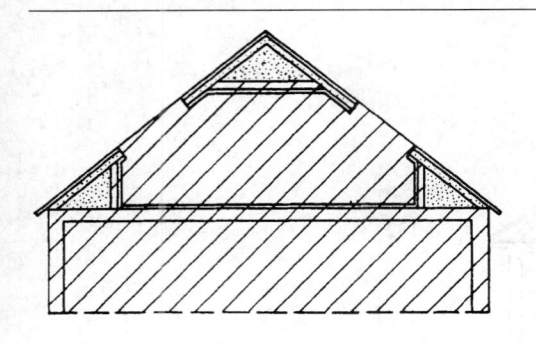

1.132 bei ausgebautem Dachgeschoß, bei Treppenhausköpfen und Fahrstuhlschächten von den Außenflächen der umschließenden Wände und Decken. (Bei Ausbau mit Leichthausplatten sind die begrenzenden Außenflächen durch die Außen- oder Oberkante der Teile zu legen, welche diese Platten unmittelbar tragen),

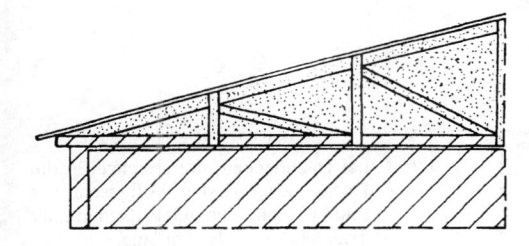

1.132 bzw. 1.131

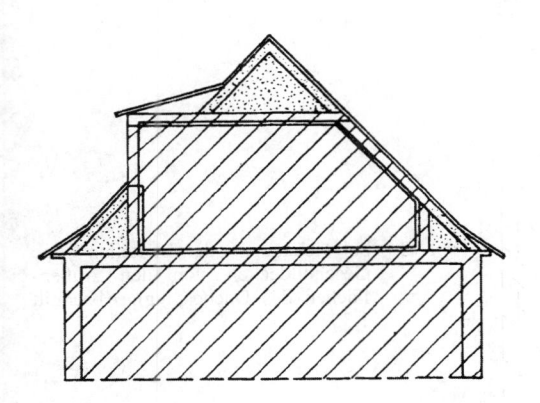

1.132

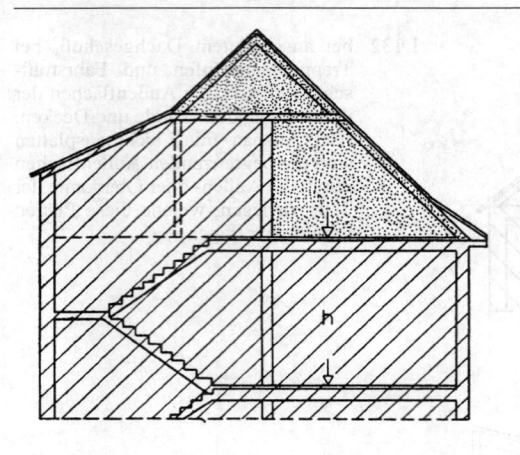

Anlage 085.2 (Anlage 12 BewRGr) Zu § 85, Abschn. 37 und 38 BewRGr

1.132

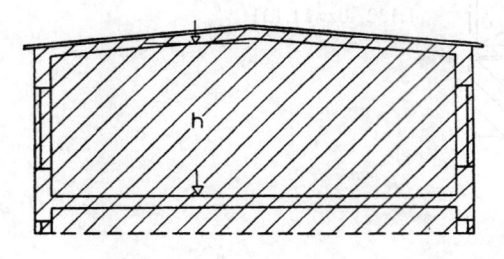

1.133 bei Dachdecken, die gleichzeitig die Decke des obersten Vollgeschosses bilden, von den Oberflächen der Tragdecke oder Balkenlage,

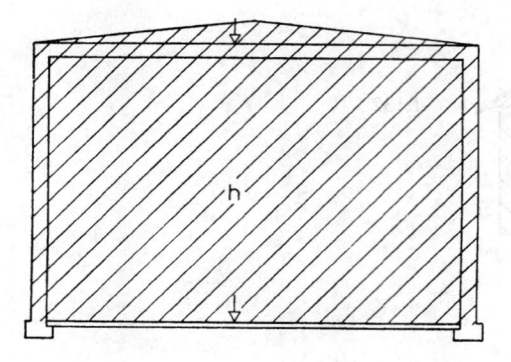

1.134 bei Gebäuden oder Bauteilen ohne Geschoßdecken von den Außenflächen des Daches, vgl. Abschnitt 1.35

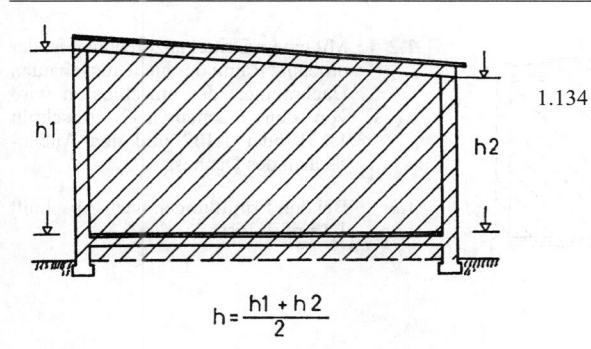

Zu § 85, Abschn. 37 und 38 BewRGr **Anlage 085.2** (Anlage 12 BewRGr)

$h = \dfrac{h1 + h2}{2}$

1.134

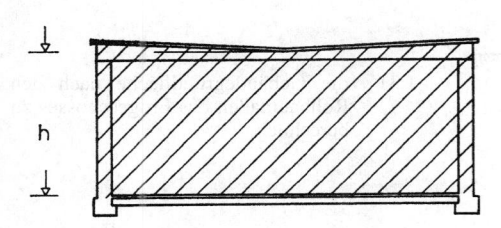

1.134

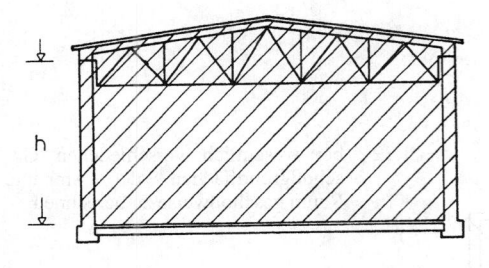

1.134

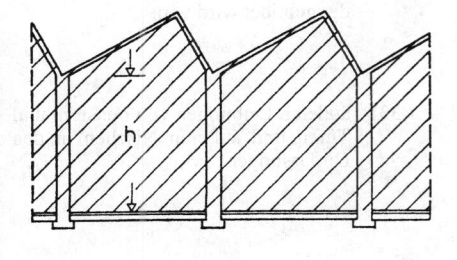

1.134

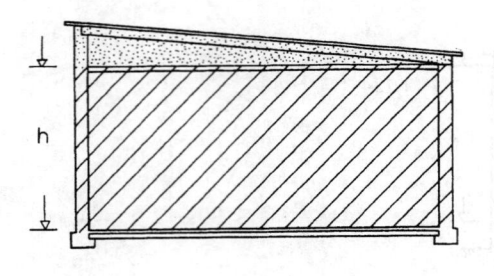

Anlage 085.2 (Anlage 12 BewRGr) Zu § 85, Abschn. 37 und 38 BewRGr

1.2 Mit einem Drittel anzurechnen ist der umbaute Raum des nicht ausgebauten Dachraumes, der umschlossen wird von den Flächen nach Abschnitt 1.131 oder 1.132 und den Außenflächen des Daches.

1.3 Bei den Ermittlungen nach Abschnitt 1.1 und 1.2 ist:

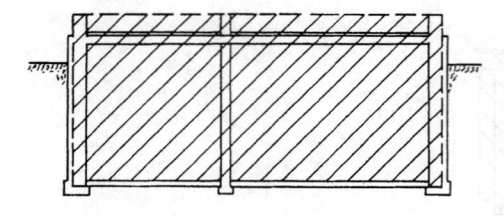

1.31 die Gebäudegrundfläche nach den Rohbaumaßen des Erdgeschosses zu berechnen,

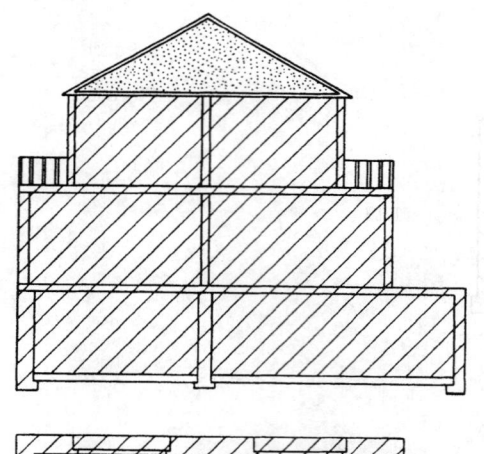

1.32 bei wesentlich verschiedenen Geschoßgrundflächen der umbaute Raum geschoßweise zu berechnen.

1.33 nicht abzuziehen der umbaute Raum, der gebildet wird von:

1.331 äußeren Leibungen von Fenstern und Türen und äußeren Nischen in den Umfassungen,

Anlage 085.2 (Anlage 12 BewRGr)

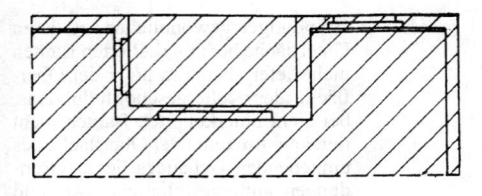

1.332 Hauslauben (Loggien), d.h. an höchstens 2 Seitenflächen offenen, im übrigen umbauten Räumen,

1.34 Nicht hinzuzurechnen der umbaute Raum, den folgende Bauteile bilden:

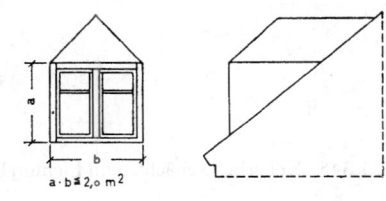

1.341 stehende Dachfenster und Dachaufbauten mit einer vorderen Ansichtsfläche bis zu je 2 m2 (Dachaufbauten mit größerer Ansichtsfläche siehe Abschnitt 1.42),

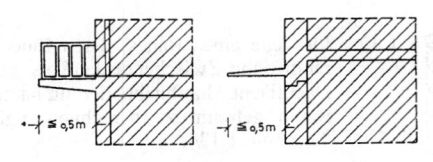

1.342 Balkonplatten und Vordächer bis zu 0,5 m Ausladung (weiter ausladende Balkonplatten und Vordächer siehe Abschnitt 1.44),

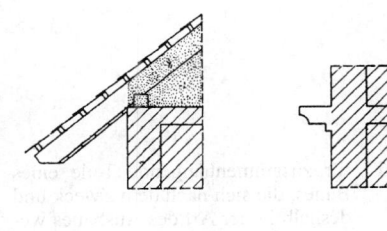

1.343 Dachüberstände, Gesimse, ein bis drei nicht unterkellerte, vorgelagerte Stufen, Wandpfeiler, Halbsäulen und Pilaster,

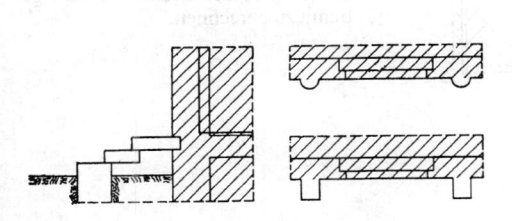

1.343

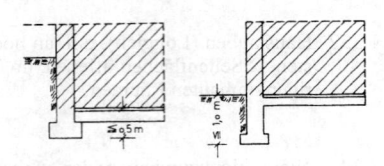

Anlage 085.2 (Anlage 12 BewRGr) Zu § 85, Abschn. 37 und 38 BewRGr

1.344 Gründungen gewöhnlicher Art, deren Unterfläche bei unterkellerten Bauten nicht tiefer als 0,5 m unter der Oberfläche des Kellergeschoßfußbodens, bei nicht unterkellerten Bauten nicht tiefer als 1 m unter der Oberfläche des umgebenden Gebäudes liegt. (Gründungen außergewöhnlicher Art und Tiefe siehe Abschnitt 1.48).

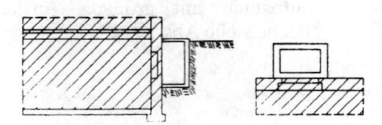

1.345 Kellerlichtschächte und Lichtgräben.

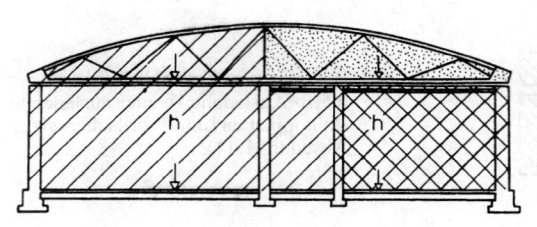

1.35 für Teile eines Baues, deren Innenraum ohne Zwischendecken bis zur Dachfläche durchgeht, der umbaute Raum getrennt zu berechnen, vgl. Abschnitt 1.134,

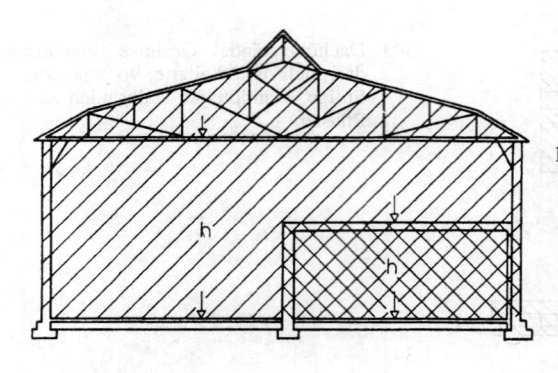

1.36 für zusammenhängende Teile eines Baues, die sich nach dem Zweck und deshalb in der Art des Ausbaues wesentlich von den übrigen Teilen unterscheiden, der umbaute Raum getrennt zu berechnen.

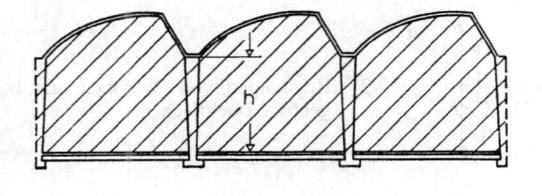

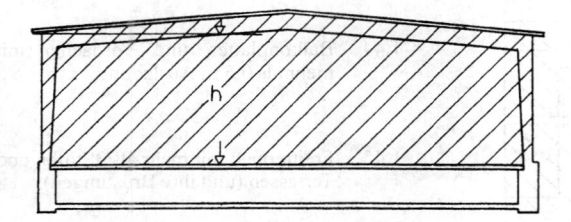

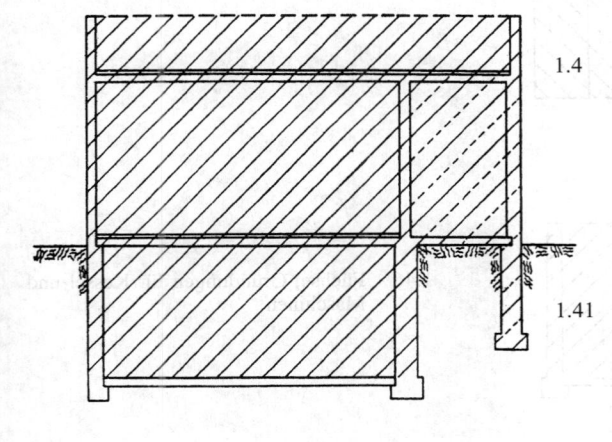

Zu § 85, Abschn. 37 und 38 BewRGr **Anlage 085.2** (Anlage 12 BewRGr)

1.4 Von der Berechnung des umbauten Raumes nicht erfaßt werden folgende (besonders zu veranschlagende) Bauausführungen und Bauteile:

1.41 geschlossene Anbauten in leichter Bauart und mit geringwertigem Ausbau und offene Anbauten, wie Hallen, Überdachungen (mit oder ohne Stützen) von Lichthöfen, Unterfahrten und Stützen, Veranden,

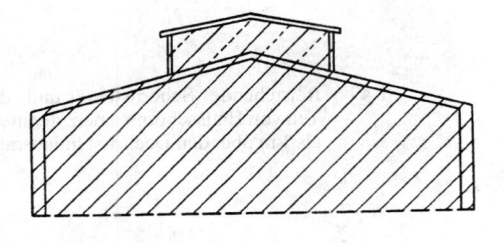

1.42 Dachaufbauten mit vorderen Ansichtsflächen von mehr als 2 m² und Dachreiter.

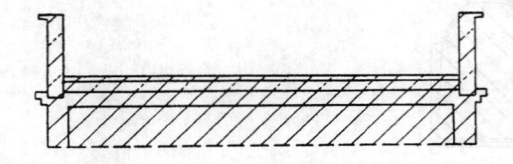

Anlage 085.2 (Anlage 12 BewRGr) Zu § 85, Abschn. 37 und 38 BewRGr

1.43 Brüstungen von Balkonen und begehbare Dachflächen,

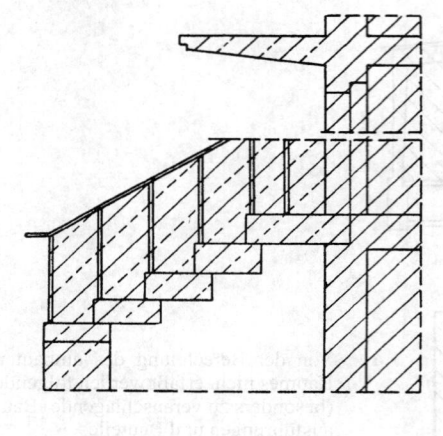

1.44 Balkonplatten und Vordächer mit mehr als 0,5 m Ausladung,

1.45 Freitreppen mit mehr als 3 Stufen und Terrassen (und ihre Brüstungen).

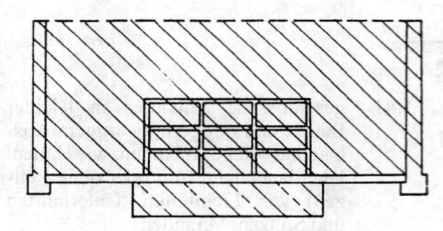

1.46 Füchse, Gründungen für Kessel und Maschinen,

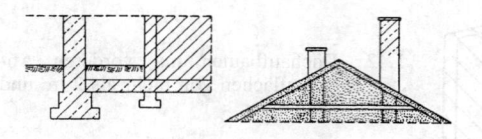

1.47 freistehende Schornsteine und der Teil von Hausschornsteinen, der mehr als 1 m über den Dachfirst hinausragt,

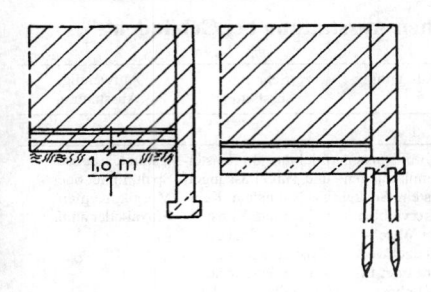

1.48 als Gründungen außergewöhnlicher Art, wie Pfahlgründungen und Gründungen außergewöhnlicher Tiefe, deren Unterfläche tiefer liegt, als im Abschnitt 1.344 angegeben,

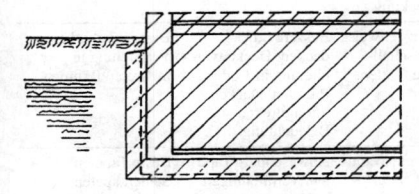

1.49 wasserdruckhaltende Dichtungen.

Anlage 085.3 (Anlage 13 BewRGr) Zu § 85 BewG, zu Abschn. 38 BewRGr

Merkmale für die Beurteilung der baulichen Ausstattung bei Gebäuden

Bau- und Gebäudeteil	Einfache Ausstattung	Mittlere Ausstattung	Gute Ausstattung	Sehr gute Ausstattung	Aufwendige Ausstattung
1	2	3	4	5	6
1. Fassadenausführung	Schwemmsteine, Plattenwände, Hintermauersteine oder Kalksandsteine gefugt; einfacher glatter Putz. Holzfachwerk mit einfacher Ausfachung.	Einfacher Putz mit Fenster- und Türeinfassung; gefugte Vormauersteine. Holzfachwerk mit Klinkerausfachung.	Edelputz mit Fenster- und Türeinfassungen in Kunststein; Sockel mit Klinkerverblendung oder Waschputz. Holzfachwerk aus Lärche oder Eiche mit Klinkerausfachung	Edelputz mit Fenster- und Türeinfassungen aus Naturstein; Keramikplatten; Kunststeinverkleidung; Glasverkleidung; Klinkerfassade aus holländischen oder bunten Klinkern.	Natursteinfassade; Spaltklinker oder Mosaik; Kupfer, Eloxal oder ähnl.
2. Dachausführung	Flaches Pappdach; einfaches Ziegeldach (Giebel- oder Pultdach); Asbestzementeindeckung.	Kleines Walmdach; Giebeldach mit größeren Dachausbauten; leichtes Massivflachdach mit Pappeindeckung.	Größeres Walmdach mit Dachausbauten; Oberlichte besonderer Ausführung; schweres Massivflachdach mit Pappeindeckung.	Sattel- oder Walmdach mit besonderen Ausbauten; Schieferdachdeckung. Dächer mit bes. Wärmeisolierung.	Flachdach mit Kupfer- oder Bleideckung und mit Wärmeisolierung.
3. Deckenbehandlung	Einfacher Deckenputz; unverputzte Holzfaserplatten oder ähnliche Platten.	Decken, gerieben und gefilzt.	Deckenputz teilweise mit Stuck; schalldämmende Platten.	Bessere Stuckdecken; Deckenvertäfelung in 1 oder 2 Räumen; Decken mit indirekter Beleuchtung.	Beste Stuckarbeiten; Vertäfelung in mehreren Räumen.
4. Wandbehandlung	Kalk- oder Leimfarbenanstriche.	Ölfarbenanstriche; einfache Tapeten; Steinemaille; Wandplatten in geringem Ausmaß.	Gute Tapeten; Wandplatten aus Naturstein in geringem Ausmaß. Keramikplatten in reicherem Ausmaß. Holzvertäfelungen in einfachen Ausführungen.	Abwaschbare Tapeten; Vertäfelungen u. Heizkörperverkleidungen aus Edelhölzern oder Rohrbespannungen. Stoffbespannungen; Natursteinplatten in größerem Ausmaß.	Beste Tapeten Seidentapeten, Ledertapeten); Vertäfelungen u. Heizkörperverkleidungen aus ausländischen Edelhölzern (Mahagoni u. ähnl.); Wandbemalungen.
5. Fußböden	Dielen, Seinholz-, Asphalt-, Spachtel- oder ähnliche Böden.	Linoleum und PVC-Böden einfacher Art und Ausführung; Kleinparkett in einem Raum; Buchenparkett.	Linoleum besserer Qualität; teilweise Natursteinplatten; beste PVC-Böden; Kleinparkett 1. Wahl in mehreren Räumen; Bespannungen (Boucle, Haargarn und ähnl.).	Parkett in guter Ausführung, versiegelt; Verloursbespannungen in mehreren Räumen.	Parkett aus besten Hölzern, versiegelt; beste Bespannungen (Nylon, Perlon); Naturstein in mehreren Räumen.
6. Treppen	Einfache Treppen, Betontreppe mit PVC-Belag einfacher Art, einfache Geländer.	Massivtreppen mit Kunststeinbelag, Linoleumbelag oder gutem PVC-Belag; Hartholztreppen: einfache Geländer.	Massivtreppen mit Plattenbelag aus Qualitätskunststein einfacher Qualität; bessere Geländer.	Massivtreppen mit Natursteinauflage und besserem Geländer (z. B. schmiedeeisernes oder geschnitztes Geländer).	Marmortreppen und wertvolle Treppen mit künstlerisch gestaltetem Geländer.
7. Fenster	Einfache Fenster aus Holz oder Stahl mit einfacher Verglasung und einfachen Beschlägen. Fensterbänke aus Asbestzement, Holz oder Beton.	Einfache Fenster aus Holz oder Stahl mit besseren Beschlägen; Rolläden oder Fensterläden; einfache Fensterbänke (Holz oder Kunststein).	Doppelfenster mit einfacher Verglasung und besseren Beschlägen; Blumenfenster mit besserer Verglasung. Fensterbänke aus Kunststein bzw. Klinker oder einfachem Naturstein; Rolläden.	Verbundfenster mit Spiegelglas, Isolierglas, besondere Beschläge; Schiebefenster und dgl.; Blumenfenster mit Bleiverglasung; Fensterbänke aus deutschem Marmor bzw. ähnl. Naturstein; Rolläden bzw. Markisen.	Besonders große teure Fenster mit bester Verglasung; versenkb. Fenster; eingebaute Markisen und dgl.; beste Blumenfenster mit Marmorfensterbänken oder ähnliche Fenster.

Zu § 85 BewG, zu Abschn. 38 BewRGr   **Anlage 085.3** (Anlage 13 BewRGr)

	Bau- und Gebäudeteil	Einfache Ausstattung	Mittlere Ausstattung	Gute Ausstattung	Sehr gute Ausstattung	Aufwendige Ausstattung
		1	2	3	4	5	6
8.	Türen	Einfache glatte Türen oder Füllungstüren mit einfachen Beschlägen.	Bessere glatte Türen oder Füllungstüren mit besseren Beschlägen.	Türen mit Glasfüllungen und guten Beschlägen; Schleiflacktüren; Türen mit Edelholz in geringem Ausmaß. Eingangstüren Eiche oder ähnl.	Türen aus Edelhölzern; Schleiflacktüren mit besten Beschlägen und Ornamentglas; Schiebetüren; Doppeltüren; Metalleingangstüren.	Edelholztüren; Türen in künstlerischer Form; Metalleingangstür in Bronze oder ähnl. Ausführung.
9.	Elektroinstallation	Einfache Ausstattung, wenig Brennstellen, einfache Beleuchtungskörper.	Mehrere Brennstellen und Steckdosen; mittlere Beleuchtungskörper.	Mehrere Brennstellen, Lichtbänder und dgl.; gute Beleuchtungskörper.	Indirekte Beleuchtungskörper, Wandbeleuchtung und gute Beleuchtungskörper.	Aufwendige Ausstattung, beste Beleuchtungskörper.
10.	Sanitäre Installation	Einfache und wenige sanitäre Einrichtungsgegenstände in Wasch- und Toilettenräumen.	Sanitäre Einrichtungsgegenstände in einfacher Ausführung, aber größere Anzahl.	Wie vor, jedoch in besserer Ausführung und außer in Toiletten und Waschräumen auch in anderen Räumen.	Beste Ausführung in Waschräumen, Bädern und Toiletten; in anderen Räumen größere Objekte.	Besonders reiche Ausstattung in bester Qualität.
11.	Boden- und Wandfliesen	Geringfügig (Wand nur teilw.); Boden- u. Wandplatten in einfacher Ausführung Keramikpl. II. bis III. Wahl).	Keramische Boden- und Wandplatten I. bis II. Wahl in einigen Räumen.	Keramische Boden- und Wandplatten I. Wahl in mehreren Räumen; teilweise Naturstein-Bodenplatten.	In mehreren Räumen Mosaikbodenfliesen; Majolikawandplatten; inländische Natursteinplatten.	In mehreren Räumen japanisches Mosaik oder ausländische Natursteine (z. B. Marmor).
12.	Heizung	Öfen. mit festen Brennstoffen und einfacher Regelung. Thermostatregelung.	Warmluftheizung. mit flüssigen Brennstoffen oder Gas bzw. Fernheizung;	Warmwasserheizung	Warmwasserheizung	Klimaanlage.
13.	Anteil der besonderen Räume (z. B. Empfangsräume, Direktionsräume, Sitzungszimmer, Gesellschaftsräume und ähnl.)	Keine	Geringe Anzahl.	Mehrere kleine Räume.	Kleine und größere Räume in größerer Anzahl.	Besonders große Anzahl.

677

Anlage 085.4 (Anlage 14 BewRGr) Zu § 85 BewG, zu Abschn. 38 BewRGr

Gebäudeklasseneinteilung und Raummeterpreis 1958, umgerechnet auf den Hauptfeststellungszeitpunkt 1. Januar 1964, für Fabrikgrundstücke

Teil A:
Verwaltungsgebäude, Sozialgebäude, Laboratorien, Pförtnergebäude und Wohngebäude

Vorbemerkung

Teil A gilt nur für die in der Überschrift genannten Gebäude, wenn sie zur wirtschaftlichen Einheit eines Fabrikgrundstücks gehören, Laboratorien können auch den Gebäuden des Teils B der Gebäudeklasseneinteilung zugerechnet werden. Im allgemeinen werden Forschungslaboratorien unter Teil A und Betriebslaboratorien unter Teil B fallen.

In den Raummeterpreisen und Quadratmeterpreisen sind alle Bestandteile und das Zubehör des Gebäudes erfaßt, soweit dafür keine besonderen Zuschläge zu machen sind.

Die Merkmale für die Beurteilung der baulichen Ausstattung, von der die Anwendung der aufgeführten Raummeterpreise abhängt, ergeben sich aus der Anlage 13. Diese Tabelle ist auf die bei allen Gebäuden möglichen Merkmale eingerichtet. Soweit bei einzelnen Gebäudearten üblicherweise einzelne Merkmale nicht vorhanden sind, müssen diese bei der Eingruppierung außer Betracht gelassen werden. Maßgebend ist die im Durchschnitt zutreffende Güte der Ausstattung. Innerhalb des Rahmensatzes, der für diese Ausstattung gilt, richtet sich der Raummeterpreis nach der besseren oder geringeren Güte der Ausstattung im einzelnen Fall.

Die Art der Konstruktion und die Güte der inneren und äußeren Ausstattung (z. B. Außenputz, Verblendung und dgl.) ist im Rahmenpreis berücksichtigt. Bei Fehlen von Teilen, die in der Gebäudeklasse gewöhnlich vorhanden sind – insbesondere von Teilen der Innenausstattung –, und bei Geschoßhöhen über 4 m ist innerhalb des Rahmenpreises ein niedrigerer Raummeterpreis anzusetzen. Besondere Einrichtungen (Aufzüge) sind durch die dafür vorgesehenen Zuschläge zu berücksichtigen.

Die für das Gebäude anzusetzenden Raummeterpreise gelten auch für die Keller. Sind für das Gebäude unterschiedliche Raummeterpreise anzusetzen (DIN 277 Abschn. 1.36), so ist der niedrigste Preis maßgebend.

Gebäudeklassen und Raummeterpreise

Gebäudeklassen			Raummeterpreise DM
1.1	**Eingeschossige Gebäude**		
1.11	*Holzgebäude und Holzfachwerkgebäude*		
1.111		einfache Ausstattung	25,00 bis 40,00
1.112		mittlere Ausstattung	40,00 bis 55,00
1.113		gute Ausstattung	55,00 bis 70,00
1.114		sehr gute Ausstattung	70,00 bis 100,00
1.115		aufwendige Ausstattung	100,00 bis 130,00
1.12	*Massivgebäude[1], Stahl- oder Stahlbetonskelettgebäude[2]*		
	1.121	einfache Ausstattung	45,00 bis 70,00
	1.122	mittlere Ausstattun	70,00 bis 105,00
	1.123	gute Ausstattung	105,00 bis 145,00
	1.124	sehr gute Ausstattung	145,00 bis 190,00
	1.125	aufwendige Ausstattung	190,00 bis 215,00
1.2	**Mehrgeschossige Gebäude**		
	1.21	Holzgebäude und Holzfachwerkgebäude	
	1.211	einfache Ausstattung	30,00 bis 50,00

---

1) Als Gebäude in Massivkonstruktion gelten Gebäude, deren Außenmauern aus Ziegel-, Kalksand-, Schlacken-, Schwemm-, Schaumbeton-, Gärbeton-, Natursteinen oder ähnlichen Steinen bestehen und bei denen dieses Mauerwerk das Dach und ggf. die Geschoßdecken trägt.

2) Als Gebäude in Stahl- oder Stahlbetonskelettkonstruktion gelten Gebäude, bei denen die tragende Konstruktion aus Stahl oder Stahlbeton hergestellt wurde.

Zu § 85 BewG, zu Abschn. 38 BewRGr **Anlage 085.4** (Anlage 14 BewRGr)

Gebäudeklassen			Raummeterpreise DM
	1.212	mittlere Ausstattung	50,00 bis 65,00
	1.213	gute Ausstattung	65,00 bis 85,00
	1.214	sehr gute Ausstattung	85,00 bis 105,00
	1.215	aufwendige Ausstattung	105,00 bis 145,00
1.22	*Massivgebäude*[1], *Stahl- oder Stahlbetonskelettgebäude*[2]		
	1.221	einfache Ausstattung	55,00 bis 80,00
	1.222	mittlere Ausstattung	80,00 bis 120,00
	1.223	gute Ausstattung	120,00 bis 160,00
	1.224	sehr gute Ausstattung	160,00 bis 200,00
	1.225	aufwendige Ausstattung	200,00 bis 240,00

Erhöhung des Raummeterpreises

1. Hochhäuser:
Liegt der Fußboden mindestens eines Geschosses mehr als 22 m über dem Gelände, so ist für jeden weiteren vollen Meter zu den Raummeterpreisen aller Geschosse (einschließlich Kellergeschoß) ein Zuschlag von 0,5 v. H. zu machen. Maßgebend ist der Unterschied zwischen 22 m und Oberkante Decke des obersten Vollgeschosses. Der Zuschlag ist nur auf den als Hochhaus errichteten Teil des Gebäudes anzuwenden.

Erhöhungen und Ermäßigungen des errechneten Wertes

2. Gründungen außergewöhnlicher Art (DIN 277, Abschn. 1.48):
Der Zuschlag beträgt in der Regel 5 bis 10 v. H.

3. Wasserdruckhaltende Dichtungen (DIN 277, Abschn. 1.49):
Für wasserdruckhaltende Dichtungen (Isolierwannen) ist ein Zuschlag von 50 DM bis 80 DM je m^2 isolierter bebauter Fläche zu machen.

4. Aufzugsanlagen
Der Zuschlag beträgt

a) für Personenaufzüge (einfache Ausführung im Mauerschacht)

für eine Nutzlast von	300 kg (4)	450 kg (6)	750 kg (10 Pers.)
bei 2 Haltestellen	DM 17 200	DM 19 900	DM 25 200
für jede weitere Haltestelle	1 600	1 600	1 700

Bei Aufzügen in Glasschächten sind die vorstehenden Preise um 10 bis 15 v. H. zu erhöhen.

b) für Lastenaufzüge

für eine Nutzlast von	500 kg	1000 kg	1500 kg	2000 kg	3000 kg
bei 2 Haltestellen	DM 9 700	DM 12 200	DM 14 300	DM 18 900	DM 22 800
für jede weitere Haltestelle	1 000	1 200	1 200	1 300	1 400

c) für Paternoster:
bei 7 Geschossen   80 000 DM
für jedes weitere Geschoß   6 700 DM

---

[1] Als Gebäude in Massivkonstruktion gelten Gebäude, deren Außenmauern aus Ziegel-, Kalksand-, Schlacken-, Schwemm-, Schaumbeton-, Gärbeton-, Natursteinen oder ähnlichen Steinen bestehen und bei denen dieses Mauerwerk das Dach und ggf. die Geschoßdecken trägt.

[2] Als Gebäude in Stahl- oder Stahlbetonskelettkonstruktion gelten Gebäude, bei denen die tragende Konstruktion aus Stahl oder Stahlbeton hergestellt wurde.

Anlage 085.4 (Anlage 14 BewRGr)   Zu § 85 BewG, zu Abschn. 38 BewRGr

d) für Rolltreppen:
je Geschoßtreppenlauf der einzelnen Rolltreppe   54 000 DM

5. *Gebäude mit übergroßen oder geringen bebauten Flächen:*
Bei übergroßen bebauten Flächen von Einzelgebäuden beträgt der Abschlag bei bebauten Flächen von

    2 001 bis   5 000 m²   4 v. H.
    5 001 bis 10 000 m²   6 v. H.
  10 001 bis 20 000 m²   8 v. H.
  20 001 bis 30 000 m² 10 v. H.
  mehr als   30 000 m² 12 v. H.

Bei Gebäude mit bebauten Flächen von weniger als 50 m² ist für je volle 5 m² Fläche, die 50 m² unterschreitet, ein Zuschlag von 5 v. H. zu machen.
Der Abschlag oder der Zuschlag ist von dem ggf. nach den Nummern 2 und 3 erhöhten Wert zu berechnen.

Teil B: Fabrikgebäude, Werkstattgebäude, Lagergebäude und andere nicht unter A fallende Gebäude, die zur wirtschaftlichen Einheit eines Fabrikgrundstücks gehören

Vorbemerkung

In den Raummeterpreisen sind alle Bestandteile und das Zubehör des Gebäudes erfaßt, soweit dafür keine besonderen Zuschläge zu machen sind.

Die Preise sind auf reine Zweckbauten in bekannter Konstruktion abgestellt, deren Ausstattung sich im allgemeinen Rahmen hält. Eine bessere Außenausstattung ist durch einen Zuschlag nur insoweit zu berücksichtigen, als sie den gemeinen Wert beeinflußt (z. B. Spaltklinkerverkleidung, Verglasung besonderer Art, Glasbausteinwände und dgl.). Eine bessere Innenausstattung wird in der Regel durch die unter Nr. 2 und 7 aufgeführten Zuschläge angemessen berücksichtigt. Für neu aufkommende Konstruktionen sind die Raummeterpreise ggf. zu ermäßigen oder zu erhöhen.

Das Vorhandensein von Brandmauern genügt allein nicht für die eine Zurechnung zu Gebäuden mit Raumaufteilung.

Die für ein mehrgeschossiges Gebäude maßgebenden Raummeterpreise gelten auch für die Keller. Sind für das Gebäude Raummeterpreise verschiedener Gebäudeklassen anzusetzen (DIN 277 Abschn. 1.36), so sind die Raummeterpreise der Gebäudeklasse mit den niedrigsten Raummeterpreisen maßgebend.

Gebäudeklassen, Raummeterpreise und Quadratmeterpreise

Gebäudeklassen		Raummeterpreise bei Geschoßhöhen bis zu		
		4 m	6 m	8 m
		DM	DM	DM
2.1	**Unterkellerungen**			
2.11	Gebäudekeller eingeschossiger Gebäude	45,00	51,00	60,50
2.12	Keller ohne aufstehende Gebäude (Hofkeller)	81,00	89,00	101,00
2.2	**Schuppen**			
2.21	einfache Holzschuppen, Wellblechschuppen	12,00	11,00	9,50
2.22	einseitig offene Massivschuppen	13,50	12,00	11,00
2.23	Holzfachwerkschuppen, Massivschuppen	20,50	17,50	16,50
2.3	**Eingeschossige Gebäude (außer Shedbauten)**			
2.31	Stahlfachwerkgebäude mit Plattenverkleidungen	19,00	16,50	15,00
2.32	Holzgebäude und Holzfachwerkgebäude ohne Raumaufteilung	23,50	20,50	18,50
2.33	Holzgebäude und Holzfachwerkgebäude mit Raumaufteilung	26,00	22,50	20,50
2.34	Massiv-[1], Stahl- oder Stahlbetonskelettgebäude[2] ohne Raumaufteilung und ohne Decke	34,50	30,50	27,50

1) Siehe Fußnote 1) auf Seite 629.
2) Siehe Fußnote 2) auf Seite 629.

Zu § 85 BewG, zu Abschn. 38 BewRGr   **Anlage 085.4** (Anlage 14 BewRGr)

Gebäudeklassen		Raummeterpreise bei Geschoßhöhen bis zu		
		4 m	6 m	8 m
2.35	Massiv-[1], Stahl- oder Stahlbetonskelettgebäude[2] mit Raumaufteilung und ohne Decke	37,00	32,50	29,50
2.36	Massiv-[3], Stahl- oder Stahlbetonskelettgebäude[4] ohne Raumaufteilung und mit Decke	43,00	37,50	35,00
2.37	Massiv-[5], Stahl- oder Stahlbetonskelettgebäude[6] mit Raumaufteilung und mit Decke	45,50	40,50	36,00
2.4	**Shedbauten**			
2.41	Shedbauten mit Holzbindern	33,00	29,00	26,00
2.42	Shedbauten in Massivbauart mit Stahlbindern	36,00	31,50	29,00
2.43	Shedbauten in Stahl- oder Stahlbetonkonstruktion	38,50	34,00	30,00
2.44	Shedbauten wie 2.43, jedoch in besonderen Konstruktionen (Spannbeton mit Zwischendecken und dgl.)	44,50	39,00	35,00
2.5	**Mehrgeschossige Gebäude**			
2.51	Holzgebäude und Holzfachwerkgebäude ohne Raumaufteilung	45,00	39,50	36,00
2.52	Holzgebäude und Holzfachwerkgebäude mit Raumaufteilung	48,00	43,00	38,00
2.53	Holzfachwerkgebäude mit massivem Erdgeschoß ohne Raumaufteilung	51,00	47,00	41,00
2.54	Holzfachwerkgebäude mit massivem Erdgeschoß mit Raumaufteilung	54,00	47,00	41,00
2.55	Massivgebäude[7] ohne Raumaufteilung	59,00	52,00	47,00
2.56	Massivgebäude[8] mit Raumaufteilung	63,50	56,00	51,00
2.57	Stahl- oder Stahlbetonskelettgebäude[9] ohne Raumaufteilung	68,00	59,00	54,50
2.58	Stahl- oder Stahlbetonskelettgebäude[10] mit Raumaufteilung	70,50	62,00	56,50
2.6	**Gebäude mit Geschoßhöhen über 8 m[11]**	bei Geschoßhöhen bis zu		
		10 m	12 m	üb. 12 m
		DM	DM	DM
2.61	Holzgebäude und Holzfachwerkgebäude mit Stützen	13,50	12,50	10,00
2.62	Massivgebäude, Gebäude in Stahl- oder Stahlbetonkonstruktion	24,50	23,50	22,00
		16 m	18 m	20 m
		DM	DM	DM
		21,50	20,50	20,00

---

1) Siehe Fußnote 1) auf Seite 521.
2) Siehe Fußnote 2) auf Seite 521.
3) Siehe Fußnote 1) auf Seite 521.
4) Siehe Fußnote 2) auf Seite 521.
5) Siehe Fußnote 1) auf Seite 521.
6) Siehe Fußnote 2) auf Seite 521.
7) Siehe Fußnote 1) auf Seite 521.
8) Siehe Fußnote 1) auf Seite 521.
9) Siehe Fußnote 2) auf Seite 521.
10) Siehe Fußnote 2) auf Seite 521.
11) Die Preise gelten auch für einzelne Geschosse, deren Höhe 8 m übersteigt.

Anlage 085.4 (Anlage 14 BewRGr) Zu § 85 BewG, zu Abschn. 38 BewRGr

		24 m	30 m	üb. 30 m
		DM	DM	DM
		19,50	18,50	18,00
2.7	**Überdachungen mit eigenen Stützen**	Preis je Quadratmeter überdachter Fläche[1] bei einer Höhe[2] bis zu		
		4 m	6 m	üb. 6 m
		DM	DM	DM
2.71	in Holzkonstruktion	81,00	87,50	91,50
2.72	in Stahl- oder Stahlbetonkonstruktion	94,50	101,00	105,00
2.8	**Überdachungen ohne eigene Stützen**	Preise je Quadratmeter überdachter Fläche[3]		
2.81	in Holzkonstruktion bis 3 m auskragend	54,00 DM		
2.82	in Holzkonstruktion über 3 m auskragend	67,50 DM		
2.83	in Stahl- oder Stahlbetonkonstruktion bis 3 m auskragend	67,50 DM		
2.84	in Stahl- oder Stahlbetonkonstruktion über 3 m auskragend	89,00 DM		

Ermäßigungen und Erhöhungen des Raummeterpreises

1. Fußboden:

Für fehlenden Fußboden (einschließlich Unterlage) beträgt der Abschlag

    bis 4 m Geschoßhöhe 3,30 DM
    bis 6 m Geschoßhöhe 2,10 DM
    bis 8 m Geschoßhöhe 1,60 DM
    über 8 m Geschoßhöhe 1,30 DM

2. Heizungsanlagen:

a) Ist eine Sammelheizungsanlage, die an der Kesselanlage des Betriebs oder an einer Fernheizung angeschlossen ist, dem Grundstück zuzurechnen, so ist je nach Art und Umfang der Leitungen und Heizkörper ein Zuschlag von 3 v. H. bis 6 v. H. zu machen.

Ist eine eigene Kesselanlage für die Raumbeheizung vorhanden, so erhöht sich der Zuschlag bei jedem von dieser Anlage versorgten Gebäude um 5 Punkte.

b) Erfolgt die Raumbeheizung durch Wand- oder Deckenlufterhitzer, so ist je nach Anzahl, Größe und Ausführung ein Zuschlag bis zu 5 v. H. zu machen.

3. Hochhäuser:

Liegt der Fußboden mindestens eines Geschosses mehr als 22 m über dem Gelände, so ist für jeden weiteren vollen Meter zu den Raummeterpreisen aller Geschosse (einschl. Kellergeschoß) ein Zuschlag von 0,5 v. H. zu machen. Maßgebend ist der Unterschied zwischen 22 m und Oberkante Decke des obersten Vollgeschosses. Der Zuschlag ist nur auf den als Hochhaus errichteten Teil des Gebäudes anzuwenden.

4. Verstärkungen von Stützen und Fundamenten:

    Der Zuschlag beträgt je nach Tragfähigkeit und Ausführung 2,70 bis 6,70 DM/m³

Ermäßigungen und Erhöhungen des errechneten Wertes

5. Außenwände

Für fehlende Außenwände beträgt der Abschlag	DM/m²
bei Quadratmeter Wandfläche bei Gebäudeklassen 2.21 und 2.23	13,50

---

[1] Als Quadratmeter der überdachten Fläche sind die Quadratmeter der Grundstücksfläche anzusetzen, die sich bei senkrechter Projizierung der Dachfläche auf eine waagerechte Ebene ergeben. Vorgehängte Rinnen bleiben unberücksichtigt.

[2] Die Höhe rechnet von Fußbodenoberkante bis zum Auflager der Überdachung auf den Stützen.

[3] Als Quadratmeter der überdachten Fläche sind die Quadratmeter der Grundstücksfläche anzusetzen, die sich bei senkrechter Projizierung der Dachfläche auf eine waagerechte Ebene ergeben. Vorgehängte Rinnen bleiben unberücksichtigt.

Zu § 85 BewG, zu Abschn. 38 BewRGr   **Anlage 085.4** (Anlage 14 BewRGr)

bei Gebäudeklassen 2.31 bis 2.34, 2.51 bis 2.54 und 2.61	20,00
bei Gebäudeklassen 2.35 bis 2.44, 2.55 bis 2.58 und 2.62	24,00

6. *Gebäude mit Decken von großer Tragfähigkeit*

Der Zuschlag beträgt je m² Deckenfläche:

für Nutzlasten in kg/m²	je nach Konstruktion und Spannweite DM/m²
mehr als 1 000 bis 2 000	5 bis 13
mehr als 2 000 bis 3 000	13 bis 27
mehr als 3 000 bis 4 000	27 bis 37
mehr als 4 000 bis 5 000	37 bis 47
mehr als 5 000 bis 7 500	47 bis 60
mehr als 7 500 bis 10 000	60 bis 75

7. *Besondere Innenausstattung:*

Der Zuschlag beträgt:		DM/m²
a)	Bessere Fußböden:	
	Kunstharzböden, Linoleum, Asphaltplatten	10 bis 27
	Steinzeugfliesen, Industrieestrich	13 bis 20
	Holzpflaster	13 bis 27
	Parkett	16 bis 32
b)	Wandverkleidungen:	
	Wandplattenbelag	24 bis 40
	einfache Holzverkleidung	20 bis 33
	Holzvertäfelung	ab 40
	schalldämmende Platten	13 bis 20
c)	Deckenverkleidung:	
	schalldämmende Platten	20 bis 33
	Staubdecken (Glas)	33 bis 54
		DM je Stück
d)	Sanitäre Einrichtungen und Warmwasserversorgung:	
	Wannenbäder	500 bis 800
	Brausebäder	200 bis 400
	Heißwasserspeicher je nach Größe	500 bis 1200

8. *Gründungen außergewöhnlicher Art (DIN 277, Abschn. 1.48):*

Der Zuschlag beträgt in der Regel 5 bis 10 v. H.

9. *Wasserdruckhaltende Dichtungen (DIN 277, Abschn. 1.49):*

Für wasserdruckhaltende Dichtungen (Isolierwannen) ist ein Zuschlag von 50 DM bis 80 DM je m² isolierter bebauter Fläche zu machen.

10. *Rampen (in baulicher Verbindung mit dem Gebäude):*

Der Zuschlag beträgt für

auskragende Rampen je m² Grundfläche	25 bis 40 DM
untermauerte Rampen je m² Grundfläche	33 bis 47 DM

Rampenüberdachungen werden mit den Preisen der Gebäudeklassen 2.7 und 2.8 angesetzt.

Anlage 085.4 (Anlage 14 BewRGr) Zu § 85 BewG, zu Abschn. 38 BewRGr

11. Aufzugsanlagen:
Der Zuschlag beträgt für:
Personenaufzüge (einfache Ausführung im Mauerschacht)

für eine Nutzlast von	300 kg (4)	450 kg (6)	750 kg (10 Pers.)
bei 2 Haltestellen	DM 17 200	DM 19 900	DM 25 200
für jede weitere Haltestelle	1 600	1 600	1 700

Bei Aufzügen in Glasschächten sind die vorstehenden Preise um 10 bis 15 v. H. zu erhöhen.

12. Gebäude mit übergroßen oder geringen bebauten Flächen:
Bei übergroßen bebauten Flächen von Einzelgebäuden beträgt der Abschlag bei bebauten Flächen von

    2 001 bis   5 000 m²   4 v. H.
    5 001 bis   10 000 m²   6 v. H.
  10 001 bis   20 000 m²   8 v. H.
  20 001 bis   30 000 m² 10 v. H.
  mehr als   30 000 m² 12 v. H.

Bei Gebäuden mit bebauten Flächen von weniger als 50 m² ist je volle 5 m² Fläche, die 50 m² unterschreitet, ein Zuschlag von 5 v. H. zu machen.

Der Abschlag oder Zuschlag ist von einem Ausgangsbetrag vorzunehmen, bei dem die Abschläge und Zuschläge bis einschließlich Nr. 10 berücksichtigt sind.

Zu § 85 BewG **Anlage 085.5**

Ergänzung und Untergliederung der in den Anlagen 14–17 BewRGr angegebenen Preise
Erlaß FinSen Berlin vom 2. August 1967
III D 12 – S 3014 – 1/67

Zur Erzielung einer gleichmäßigen Bewertung der Sachwertgrundstücke werden die in den Anlagen 14 bis 17 BewRGr angegebenen Preise wie folgt ergänzt und untergliedert:

Zu Anlage 14 – Teil A – BewRGr
Zu Nr. 4 Aufzugsanlagen
Der Zuschlag beträgt
a) für Personenaufzüge (einfache Ausführung im Mauerschacht)

für eine Nutzlast von (Personen)	1 025 kg (15)	1 650 kg (22)	2 250 kg (30)
	DM	DM	DM
bei 2 Haltestellen	40 000	50 000	75 000
für jede weitere Haltestelle	2 500	2 500	3 000

c) für Paternoster bei 7 Geschossen 80 000 DM. Bei Gebäuden mit weniger als 7 Geschossen ist dieser Zuschlag für jedes fehlende Geschoß um 6 700,– DM zu ermäßigen.

Zu Anlage 14 – Teil B – BewRGr
Zu Gebäudeklasse 2.12
Die Raummeterpreise gelten auch für Untertunnelungen.

Zu Nr. 7a bessere Fußböden	DM/m²
Kunstharz- und Spachtelböden mit hoher Festigkeit: Asphaltplatten, Linoleum	10–12
Linoleum besonderer Stärke	13–15
Dielung (besondere Qualität wie Redpine, Pitchpine)	20–24
PVC-Fußböden auf schwimmendem Estrich	18–23
Gummibelag	22–27
Klinkerflachschicht	15
Industrieestrich	13
Terrazzo	16–18
Steinzeugfliesen	18–20
Kunststeinplatten	25
Solnhofener Platten, Mosaikboden	25–30
Stahlplattenbelag, 5 mm stark (soweit nicht Betriebsvorrichtung)	60
Holzpflaster je nach Stärke und Qualität	13–27
Parkettböden	16–32
davon: Kleinparkett	16–22
normales Parkett je nach Holzart	20–32
Zu Nr. 7b Wandverkleidungen	
Wandplattenbelag	24–40
davon: Elfenbeinfliesen, Industriefliesen	24–28
farbige Fliesen, säurefeste Fliesen	30–36
Mosaikverkleidungen	36–40
Einfache Holzverkleidung je nach Holzqualität	20–33
Holzvertäfelung je nach Holzqualität	ab 40
davon: Eiche, Ahorn, Rüster	bis 70
ausländische Hölzer (z. B. Teak, Palisander)	ab 70
Schalldämmende Platten	13–20
davon: Langloch, Langschlitz-, Kreuzschlitzplatten	15–18
geschlitzte Spanplatten (furniert)	20
Zu Nr. 7c Deckenverkleidungen	
Schalldämmende Platte	20–33
davon: Langloch, Langschlitz-, Kreuzschlitzplatten	22
geschlitzte Spanplatten (furniert)	30
Staubdecken je nach Konstruktion und Glasart	33–54

Anlage 085.5

Zu § 85 BewG

Zu Nr. 7d Heißwasserspeicher

Der in den Richtlinien angegebene Zuschlag für Heißwasserspeicher von 500,– bis 1200,– DM je nach Größe gilt nicht für kleinere Heißwasserspeicher (10 Liter) und Kochendwasser-Automaten (-Liter-Durchlauferhitzer). Sind in einem Gebäude 10 und mehr kleine Heißwasserspeicher vorhanden, so ist für jeden Kleinspeicher ein Zuschlag von 100,– DM vorzunehmen.

Zu Nr.11 Aufzugsanlagen

Der Zuschlag beträgt

für Personenaufzüge (einfache Ausführung im Mauerschacht)

für eine Nutzlast von (Personen)	1 025 kg (15)	1 650 kg (22)	2 250 kg (30)
	DM	DM	DM
bei 2 Haltestellen	40 000	50 000	75 000
für jede weitere Haltestelle	2 500	2 500	3 000

Zuschlag wegen besserer Außenausstattung DM/m²
(Vorbemerkung Abs. 2)

Kunststeinplattenverkleidung	30–35
Spaltklinker	30–38
Spaltklinkerriemchen	40–45
Klinkerverblendung	45–50
Mosaikverkleidung	50–55
Natursteinverkleidung (auch Marmor)	70–95
Glasbausteinwände	75–110
Isolierverglasung	80–100

Besonders zu berechnende Bauteile
(Abschn. 39 Abs. 1 BewRGr)

Größere Dachlaternenaufbauten	15–30
Dachaufbauten mit Ansichtsflächen über 5 m²	20–40
Lichtkuppeln je nach Ausführung und Größe	200–350

Zu § 85 BewG	**Anlage 085.6**

a) Einzelfragen zum Sachwertverfahren
Erlaß FinMin NRW vom 17. Juli 1968
– S 3208 – 13 – V 1 –

1. ...

2. Stahlfachwerkgebäude mit Plattenverkleidungen bei Gebäuden mit Geschoßhöhen über 8 m

Bei Stahlfachwerkgebäuden mit Plattenverkleidungen und Geschoßhöhen über 8 m sind die Raummeterpreise der Gebäudeklasse 2.61 (Holzgebäude und Holzfachwerkgebäude) anzusetzen.

3. Raummeterpreis für ein nicht ausgebautes Dachgeschoß bei einem Gebäude, dessen eines Geschoß in die Anlage 14 Teil A BewRGr und dessen anderes Geschoß in die Anlage 14 Teil B BewRGr fällt

Sind für die Geschosse eines Gebäudes oder für Teile von Geschossen Raummeterpreise nach Anlage 14 Teil A BewRGr und nach Teil B BewRGr anzusetzen, so ist von diesen für das nicht ausgebaute Dachgeschoß der niedrigste Preis maßgebend.

4. Bewertung von kleinen Gebäuden in größeren Gebäuden

Befinden sich in einem größeren Gebäude Einbauten, die an Wänden oder Ecken errichtet sind, fallen diese Einbauten nicht unter die selbständigen kleineren Gebäude nach Abschnitt 37 Abs. 2 Nr. 2 BewRGr. Nach dieser Bestimmung sind die Gebäude-Normalherstellungskosten nur dann getrennt zu ermitteln, wenn es sich um selbständige kleinere Gebäude im Innern von größeren Gebäuden handelt. Es müssen demnach Wände, Fußboden, Dach und innere Ausbauten bei den kleineren Gebäuden vorhanden sein (z. B. bei einer Steuerungsanlage mit Aufsichtsräumen in einem Stahlwerk). Die Bewertung von kleineren Gebäuden im Inneren von größeren Gebäuden wird selten vorkommen.

Handelt es sich bei den größeren Gebäuden um solche ohne Raumaufteilung, kann im allgemeinen von einem Zuschlag für die Einbauten, die an Wänden und Ecken errichtet sind, abgesehen werden. Bei Gebäuden mit Raumaufteilung sind derartige Einbauten regelmäßig in den höheren Raummeterpreisen abgegolten.

5. – 6. ...

b) Einzelfragen zu der Anlage 14 BewRGr
Erlaß FinMin NRW vom 9. Februar 1968
– S 3208 – 12 – V 1 –

1. Einordnung in die Gebäudeklassen für Gebäude mit und ohne Raumaufteilung bei Fabrikgebäuden

In der Anlage 14 Teil B der BewRGr wird u. a. zwischen Gebäuden mit Raumaufteilung und Gebäuden ohne Raumaufteilung unterschieden. Für die Entscheidung darüber, ob ein Gebäude zur Gebäudeklasse „mit Raumaufteilung" gehört, können feste Merkmale, die allen denkbaren Fällen gerecht werden, nicht aufgestellt werden. Da aber bei Gebäuden mit Raumaufteilung ein höherer Raummeterpreis anzusetzen ist als bei Gebäuden ohne Raumaufteilung, wird in Zweifelsfällen darauf abzustellen sein, ob bei vorhandenen Trennwänden nach der Art und der Größe des Raumes der höhere, auf die Unterteilung ausgerichteter Raummeterpreis zu einem zutreffenderen Bewertungsergebnis führt.

2. Ermäßigung des Raummeterpreises für fehlenden Fußboden

Nach der Anlage 14 Teil B Nr. 1 der BewRGr ist die Höhe des Abschlags für fehlenden Fußboden nach der Geschoßhöhe abgestuft. Bei Gebäuden, deren Geschoßhöhen die vorgesehenen Grenzen von 4 oder 6 m bis zu 80 cm übersteigen, ist davon abzusehen, in Anlehnung an die Regelung in Abschnitt 38 Abs. 3 BewRGr Zwischenwerte zu bilden.

3. – 4. ...

Anlage 085.6

Zu § 85 BewG

c) Eingruppierung von Gebäuden in die Gebäudeklassen 2.31 und 2.34 der Anlage 14 BewRGr
Erlaß FinMin NRW vom 27. Juli 1971
– S 3208 – 24 – V C 1 –

Bei der Eingruppierung der Stahlfachwerksgebäude und der Stahlskelettgebäude ist von folgenden Merkmalen auszugehen:

Stahlfachwerksgebäude mit Plattenverkleidungen
– Gebäudeklasse 2.31 der Anlage 14 BewRGr –
sind eingeschossige Gebäude, bei denen die Wandflächen durch gering dimensionierte Stahlprofile fachwerkmäßig aufgeteilt sind. Das Stahlfachwerk hat außer dem Eigengewicht, der Dachlast und der Schneelast keine anderen Verkehrslasten zu tragen. Die Außenverkleidung muß der verhältnismäßig leichten Bauart des Stahlfachwerks entsprechen und kann deshalb auch keine tragende Funktion ausüben. Die in Gebäudeklasse 2.31 (19,– DM/m²) angesprochenen Stahlfachwerkgebäude entsprechen nur einer einfachsten Ausführung mit einer bis zu 5 cm starken Außenwandverkleidung – ohne besondere Wärmedämmung. Darüber hinausgehende Ausführungsarten entsprechen vom Gebäudenormalherstellungswert pro Kubikmeter nicht mehr den in Gebäudeklasse 2.31 enthaltenen Raummeterpreisen und sind in die Gebäudeklasse 2.34 (Massivbauten) einzureihen.

Stahlskelettgebäude
– Gebäudeklasse 2.34 der Anlage 14 BewRGr –
sind eingeschossige Gebäude, bei denen die tragende Konstruktion (Stahlskelett) infolge der größeren Haupt- und Zusatzlasten wesentlich stärke dimensionierte Stahlprofile aufweist. Die Außenverkleidung besteht im allgemeinen aus einer Ausfachung durch unterschiedliche Baustoffe. Sind statt der Ausfachung die Skelettrahmenfelder durch Fertigbauelemente oder dicke großformige Platten an der Innen- oder Außenseite verkleidet, so steht dem eine Eingruppierung in die Gebäudeklasse 2.34 nicht entgegen. Demnach gehören Stahlskelettgebäude mit Sipurex-Bauplatten, die stärker als 5 cm sind, zur Gebäudeklasse 2.34 der Anlage 14 BewRGr. Sie sind in die Baugruppe A der Anlagen 3 bis 8 zu § 80 BewG 1965 einzuordnen. Ihre Lebensdauer beträgt nach Abschn. 41 Abs. 2 Nr. 1 BewRGr 80 bis 100 Jahre.

d) Einzelfragen zur Bewertung der bebauten Grundstücke im Sachwertverfahren
Erlaß FinMin NRW vom 19. Dezember 1973
$\underline{S\ 3208 - 27 - V\ C\ 1}$
S 3208 – 9 – V C 1

1. Zuschlag für Klinkerverblendung
Bei Gebäuden der Anlage 14 Teil B BewRGr ist nach den Vorbemerkungen eine bessere Außenausstattung unter bestimmten Voraussetzungen durch einen Zuschlag zu erfassen. Für Klinkerverblendung beträgt der Zuschlag 45 bis 50 DM/m² (vgl. Erlaß des Senators für Finanzen Berlin vom 2. August 1967 – III D 12 – S 3014 – 1/67 –. Dieser Zuschlag ist jedoch nur dann vorzunehmen, wenn der Klinker dem eigentlichen tragenden Mauerwerk vorgesetzt ist. Bei eingebundenen vermauerten Klinkern kommt ein Zuschlag dagegen nicht in Betracht.

2. ...

Zu § 85 BewG

Anlage 085.6

e) Gebäudeklassen für gewerblich genutzte Reit- und Tennishallen
Erlaß FinMin NRW vom 22. Mai 1980
– S 3208 – 42 – V A 4 –

Reit- und Tennishallen werden in zunehmendem Maße von gewerblich oder freiberuflich tätigen Reit- oder Tennislehrern, Sportgeschäften und anderen Unternehmen errichtet. Diese Gebäude sind als Geschäftsgrundstücke im Sachwertverfahren und in Anlehnung an die Raummeterpreise der Gebäudeklassen der Anlage 14 Teil B BewRGr zu bewerten. Bei Reithallen ist der Raummeterpreis wegen fehlenden Fußbodens zu ermäßigen (Anlage 14 Teil B Nr. 1 BewRGr). Die besonders in neueren Tennishallen vorhandene Spezialauflage auf dem Fußboden ist als Betriebsvorrichtung anzusehen. Der Unterbau des Fußbodens ist jedoch Teil des Gebäudes.

f) Abschlag wegen des Fehlens von Außenwänden bei der Bewertung von Gebäuden im Sachwertverfahren
Vfg. OFD Frankfurt vom 15. Mai 1986
– S 3208 A – 26 – St III 41 –

Nach Abschnitt 39 Abs. 2 Satz 3 BewRGr zu § 85 BewG kommt ein Abschlag wegen fehlender Außenwände (Anlage 14 Teil B Nr. 5 BewRGr) nicht in Betracht, wenn mehrere Gebäude aneinandergebaut sind und dadurch gegenüber freistehenden Gebäuden eine Außenwand eingespart worden ist. Dabei wird davon ausgegangen, daß die Ersparnis an Kosten für die Außenwand regelmäßig durch größere Aufwendungen für die konstruktive Durchbildung der aneinandergereihten Gebäude oder durch Aufwendungen für andere, durch das Aneinanderfügen der Baukörper notwendig gewordene bauliche Maßnahmen ausgeglichen wird.

Dies muß jedoch nicht in jedem Fall zutreffen.

Kann der Grundstückseigentümer im Einzelfall detailliert (z. B. anhand der tatsächlichen Herstellungskosten) nachweisen, daß durch die fehlende Außenwand eine echte Kostenersparnis erreicht worden ist, indem am Gebäude selbst keine Mehrkosten entstanden sind, so ist bei Ausbauten ein Abschlag nach Anlage 14 Teil B Nr. 5 BewRGr zu § 85 BewG zu gewähren. Dies wird nur dann der Fall sein, wenn bei dem zu beurteilenden Gebäude ausschließlich die Stützen und Dachbinder die tragende Funktion übernommen haben, so daß die Außenwände nur den Innenraum von der Außenwelt abschirmen.

Hat also die eingesparte Außenwand keinen Einfluß auf die tragende Konstruktion aus Stützen und Bindern und mußten deshalb keine Konstruktionsteile stärker dimensioniert werden, oder sonstige Bauteile zusätzlich eingefügt werden, so bedeutet die Einsparung der Außenwand eine echte Kostenminderung, der in Form eines Abschlages wegen fehlender Außenwände Rechnung zu tragen ist.

Der vorab genannte Fall stellt eine Ausnahme zu der in den Bewertungslinien getroffenen generellen Regelung dar.

g) Raummeterpreis für Pkw-Ausstellungsgebäude (SMART-Tower)
Erlaß FinMin Baden-Württemberg vom 26. Juni 2000
– S 3190/15 –

Nach dem Erlaß vom 4.5.1999 S 3190/15 [1]) sind mehrgeschossige, selbsttragende Ganzstahlkonstruktionen mit Glashülle zur Präsentation und Aufbewahrung von Pkw (SMART-Tower) als Gebäude zu bewerten.

Der für dieses Gebäude anzusetzende Raummeterpreis kann aufgrund der besonderen Gestaltung nicht aus der Gebäudeklasse 8.5 der Anl. 15 zu Abschn. 38 BewRGr entnommen oder abgeleitet werden, weil diese Gebäude nicht mit herkömmlichen Parkhäusern (Hochgaragen) vergleichbar sind. Der Raummeterpreis ist vielmehr aus der Gebäudeklasse 2.62 der Anlage 14 zu Abschn. 38 BewRGr abzuleiten. Hierbei soll unabhängig von der Anzahl der Geschosse von einem einheitlichen Raummeterpreis von 48 DM/m³ ausgegangen werden.

Die in den Gebäuden befindlichen Hebebühnen zur Ein- und Auslagerung der Kfz sind in diesem Preis nicht berücksichtigt; sie stellen Betriebsvorrichtungen dar.

---

1) Siehe hierzu Anlage 068.4 zu Buchstabe K.

Anlage 085.7

Zu § 85 BewG

Bewertungsrechtliche Behandlung der Schuppen
a) Einzelfragen zum Sachwertverfahren
Erlaß FinMin NRW vom 17. Juli 1968
– S 3208 – 13 – V 1 –

1. Abgrenzung der Massivschuppen (Gebäudeklasse 2.23) von den eingeschossigen Massivgebäuden (Gebäudeklasse 2.34)

Ein Massivschuppen unterscheidet sich von einem Massivgebäude durch die einfachere Bauart und Bauausführung. Durch die leichte Bauart der Außenwände und des Daches sowie durch das Fehlen von innerem Ausbau, guter Belichtung und Belüftung sowie der Be- und Entwässerungsanlagen ist ein Massivschuppen für eine Benutzung als Fertigungsstätte oder Werkstatt nur bedingt geeignet. Ein Schuppen dient vorwiegend Lagerzwecken.

2. – 6. ...

b) Einzelfragen zum Sachwertverfahren
Erlaß FinMin NRW vom 30. September 1968
– S 3208 – 13 – V 1 –

1. Abschlag wegen fehlenden Fußbodens bei Schuppen

Nach Anlage 14 Teil B Nr. 1 der BewRGr ist für fehlenden Fußboden ein Abschlag vom Raummeterpreis zu machen. Da in den Raummeterpreisen stets ein Preis für Fußboden enthalten ist, ist der Abschlag auch für Schuppen zu machen, die im allgemeinen keinen Fußboden haben.

2. ...

c) Abschlag wegen Fehlens der Außenwände bei Schuppen
Erlaß FinMin NRW vom 25. Mai 1970
– S 3208 – 22 – V C 1 –

Nach Anlage 14 Teil B Nr. 5 der BewRGr ist ein Abschlag wegen fehlender Außenwände vom errechneten Wert „bei Gebäudeklassen 2.21 bis 2.23" von 13,50 DM/m² vorzunehmen. Unter die Gebäudeklasse 2.22 fallen allein einseitig getroffene Massivschuppen. In den für diese Gebäudeklasse festgesetzten Raummeterpreisen ist das Fehlen einer Außenwand jedoch bereits berücksichtigt. Fehlt eine weitere Wand, so handelt es sich nicht mehr um einen einseitig offenen Massivschuppen, also nicht mehr um ein Gebäude der Gebäudeklasse 2.22.

In Anlage 14 Teil B Nr. 5 BewRGr muß es deshalb richtig heißen: „bei Gebäudeklassen 2.21 und 2.23".

d) Bewertung von Schuppen im Sachwertverfahren
Erlaß FinMin NRW vom 11. Dezember 1972
– S 3208 – 13 – V C 1 –

Die Raummeterpreise für Schuppen der Gebäudeklasse 2.21 bis 2.23 der Anlage 14 Teil B BewRGr sind aus Normalherstellungskosten von Schuppen ohne Decken abgeleitet worden. Deshalb besteht keine Veranlassung, bei Schuppen ohne Decke einen Abschlag vorzunehmen. Ist in Ausnahmefällen eine belastbare Decke in einem Schuppen vorhanden, so ist ein angemessener Zuschlag zu machen. Der Zuschlag kann bei Stahlbetondecken nach Abschn. 39 Abs. 1 BewRGr bemessen werden. Bei Holzbalkendecken kann der Zuschlag 20,– DM/m² betragen.

Zu § 85 BewG, zu Abschn. 38 BewRGr **Anlage 085.8**

Preise für Überdachungen und PKW-Unterstände in leichter Bauausführung
Erlaß FinMin NRW vom 18. Dezember 1969
– S 3208 – 19 – V C 1 –

Die in Anlage 14 Teil B der Richtlinien für die Bewertung des Grundvermögens nicht aufgeführten Überdachungen und die PKW-Unterstände in leichter Bauausführung sind wie folgt zu bewerten:

1. Überdachungen in leichter Bauausführung
Überdachungen in leichter Bauausführung mit eigenen Stützen werden als Gebäude angesehen, wenn die überdachte Fläche 30 m² übersteigt und ihre Breite mindestens die doppelte **mittlere** lichte Höhe aufweist oder mehr als 8 m beträgt.

Es werden folgende Preise angesetzt:

a) Überdachungen in leichter Bauausführung mit eigenen Stützen bis zu einer Höhe

von	4 m	6 m	über 6 m
mit	32 DM	35 DM	40 DM

b) Überdachungen in leichter Bauausführung ohne eigene Stützen

bis	3 m auskragend	25 bis 30 DM
über	3 m auskragend	30 bis 35 DM.

Übersteigt die überdachte Fläche nicht 30 m², so ist zu prüfen, ob die Überdachung als Außenanlage oder als Betriebsvorrichtung anzusehen ist.
Für die Bewertung der Betriebsgrundstücke der Deutschen Bundesbahn verbleibt es bei den für Überdachungen angesetzten Preisen der Gebäudeklasse 9 der Anlage 3 BewRDB.

2. PKW-Unterstände in leichter Bauausführung
PKW-Unterstände in leichter Bauausführung werden wie Überdachungen in leichter Bauausführung bewertet. Für vorhandene Seitenwände beträgt der Zuschlag 13,50 DM/m².

Anlage 085.9

Zu § 85 BewG, zu Abschn. 38 BewRGr

Bewertungsrechtliche Behandlung von Heizungsanlagen
a) Einzelfragen zum Sachwertverfahren
Erlaß FinMin NRW vom 17. Juli 1968
– S 3208 – 13 – V 1 –

1. – 5. ...

6. Zuschlag für Heizungsanlagen nach Anlage 14 Teil B Nr. 2 BewRGr

Bei der Bemessung des Zuschlags für Heizungsanlagen ist auch der maßgebende Raummeterpreis zu berücksichtigen. Bei einem höheren Raummeterpreis ist ein niedrigerer Hundertsatz, bei einem niedrigen Raummeterpreis ein höherer Hundertsatz anzusetzen.

Besteht bei einem Industriegebäude die Heizungsanlage nur aus Leitungen (Vor- und Rücklauf), so ist nur ein Zuschlag von 1,5 v. H. zu machen.

b) Einzelfragen zum Sachwertverfahren
Erlaß FinMin NRW vom 30. September 1968
– S 3208 – 13 – V 1 –

1. ...

2. Zuschlag für Klimaanlagen bei Gebäuden der Anlage 14 Teil B BewRGr

Nach Anlage 14 Teil B Nr. 2 BewRGr ist für Sammelheizungsanlagen ein Zuschlag vorgesehen. Dieser Zuschlag umfaßt nicht die Aufwendungen für Klimaanlagen. Die Klimaanlagen der in der Anlage 14 Teil B der BewRGr bezeichneten Gebäude sind im allgemeinen Betriebsvorrichtungen. Falls sie ausnahmsweise zum Gebäude gehören, ist ein Zuschlag zu dem nach dem Raummeterpreis errechneten Wert zu machen. Als Zuschlag ist ein DM-Betrag nach Normalherstellungskosten festzusetzen. Liegen derartige Herstellungskosten nicht vor, so ist der Zuschlag zu schätzen.

c) Einzelfragen zur Bewertung der bebauten Grundstücke im Sachwertverfahren
Erlaß FinMin NRW vom 19. Dezember 1973
$$-\frac{S\ 3210-27-V\ C\ 1}{S\ 3208-9-V\ C\ 1}-$$

1. ...

2. Zuschlag für Heizungsanlagen

Anlage 14 Teil B Nr. 2 BewRGr sieht für Heizungsanlagen einen Zuschlag von 3 v. H. bis 6 v. H. des Raummeterpreises vor. Außerhalb des Gebäudes gelegene Kanäle, in denen Teile der Heizungsrohre verlegt worden sind, werden durch den Zuschlag nach Anlage 14 Teil B Nr. 2 BewRGr nicht miterfaßt. Sie rechnen vielmehr zu den Außenanlagen (vgl. Abschn. 45 Abs. 1 Satz 1 BewRGr) und sind deshalb gesondert zu bewerten.

d) Einzelfragen zur Bewertung eines Geschäftsgrundstücks im Sachwertverfahren
Erlaß FinMin NRW vom 30. Januar 1978
– S 3208 – 36 – V A 4 –

1. Erfolgt die Raumbeheizung durch Lufterhitzer, die aus einer ausschließlich der Raumbeheizung dienenden Kesselanlage versorgt werden, ist ein Zuschlag nach Nr. 2a der Anlage 14 Teil B BewRGr um fünf Punkte gerechtfertigt, weil es sich um eine besondere Art der Wärmeverteilung aus einer Zentral- oder Sammelheizungsanlage handelt.

Lufterhitzer i. S. der Nr. 2b der Anlage 14 Teil B BewRGr sind einzelne Geräte, die die Wärme (z. B. durch Strom) selbst erzeugen und nicht aus einer ausschließlich der Raumheizung dienenden Kesselanlage Wärme erhalten.

Zu § 85 BewG, zu Abschn. 38 BewRGr **Anlage 085.9**

2. Für einfache Fußböden (z. B. Zementestrich, Gußasphalt, Hobeldielen u. ä.) sind keine Zuschläge nach Nr. 7 der Anlage 14 Teil B BewRGr zu machen. Die Kosten für solche Beläge sind in den Raummeterpreisen der Anlage 14 Teil B BewRGr enthalten.

Anlage 085.10 Zu § 85 BewG, zu Abschn. 38 BewRGr

Bewertungsrechtliche Behandlung von Aufzügen
a) Einzelfragen zum Sachwertverfahren
Erlaß FinMin vom 17. Juli 1968
– S 3208 – 13 – V 1 –

1. – 4 ...

5. Zuschlag für einen Lastenaufzug nach Anlage 14 Teil A Nr. 4b BewRGr

Befinden sich in einem Gebäude Lastenaufzüge mit Nutzlasten, die in den Anlagen 14 und 15 BewRGr nicht aufgeführt sind, müssen für derartige Aufzüge Zwischenwerte gebildet werden. Die Zuschläge je Haltestelle bleiben unverändert.

6. ...

b) Zuschläge für Personenaufzüge nach den Anlagen 14 und 15 BewRGr
Erlaß FinMin NRW vom 21. April 1977
– S 3208 – 5 – V A 4 –

Nach Nr. 5 des Erlasses vom 17. Juli 1968 S 3208 – 13 – V 1 sind für **Lastenaufzüge** mit Nutzlasten, die in den Anlagen 14 und 15 BewRGr nicht aufgeführt sind, Zwischenwerte zu bilden. Entsprechende Zwischenwerte sind auch bei **Personenaufzügen** zu bilden. Die Zuschläge für zusätzliche Haltestellen bleiben unverändert.

Zu § 85 BewG, zu Abschn. 38 BewRGr **Anlage 085.11**

Bewertungsrechtliche Behandlung der übergroßen bebauten Flächen
a) Ermittlung des Gebäudewerts im Sachwertverfahren bei übergroßen bebauten Flächen von Einzelgebäuden
Erlaß FinMin NRW vom 15. Januar 1969
– S 3208 – 18 – V 1 –

Anlage 14 Teil A Nr. 5 und Teil B. Nr. 12 der BewRGr sieht ebenso wie Anlage 15 Nr. 5 der BewRGr für Einzelgebäude mit übergroßen bebauten Flächen einen Abschlag von dem nach dem Raummeterpreis errechneten Wert vor. Dieser Abschlag kommt selbst dann in Betracht, wenn Teile eines Gebäudes (z. B. Geschosse oder Räume) wegen ihrer unterschiedlichen Bauweise, Ausstattung oder Nutzung in verschiedene Gebäudeklassen einzuordnen sind.

Bei Gebäuden, die in Bauabschnitten errichtet worden sind, ist stets die im jeweiligen Feststellungszeitpunkt insgesamt vorhandene Größe der bebauten Fläche zugrunde zu legen.

Beispiel:

Ein im Jahr 1960 errichtetes Fabrikgebäude mit einer bebauten Fläche von 200 m^2 wurde im Jahr 1961 um 1000 m^2, im Jahr 1962 um 3000 m^2 und im Jahr 1963 um 6000 m^2 erweitert. Im Hauptfeststellungszeitpunkt (1. Januar 1964) beträgt die bebaute Fläche somit 12 000 m^2. Demnach ist der sich aus dem umbauten Raum und dem maßgeblichen Raummeterpreis ergebende Wert um 8 v. H. zu ermäßigen (Anlage 14 Teil B Nr. 12 BewRGr). Ist die Wertminderung wegen Alters nach Abschnitt 41 Abs. 3 BewRGr für jeden Gebäudeteil getrennt zu berechnen, so sind die Werte der einzelnen Gebäudeteile jeweils um 8 v. H. zu ermäßigen.

Bei dieser Regelung kann es vorkommen, daß mit jedem Erweiterungsbau auch der Wert der früher errichteten Gebäudeteile geringer wird. Das ist vom gemeinen Wert her gesehen gerechtfertigt.

b) Ermittlung des Gebäudewerts im Sachwertverfahren bei übergroßer bebauter Fläche von Einzelgebäuden
Erlaß FinMin NRW vom 3. März 1970
– S 3208 – 18 – V C 1 –

Bei Einzelgebäuden mit übergroßen bebauten Flächen ist der nach dem Raummeterpreis errechnete Wert zu ermäßigen (Anlage 14 Teil A Nr. 5 und Teil B Nr. 12, Anlage 15 Nr. 5 BewRGr). Was unter einem Einzelgebäude zu verstehen ist, lassen die Bewertungsrichtlinien aber offen. Ich bitte deshalb, bei der Beurteilung dieser Frage von der folgenden Begriffsbestimmung auszugehen.

Ein Einzelgebäude ist ein selbständig standfestes Gebäude. Selbständig ist ein Gebäude dann, wenn es nicht Teil (Baukörper) eines anderen Gebäudes ist. Es kann aus mehreren Gebäudeteilen (Baukörpern) unterschiedlichen Lebensalters, unterschiedlicher Bauweise, Ausstattung oder Nutzung bestehen. Anbauten gehören dann zum Hauptgebäude, wenn sie mit ihm konstruktiv so verbunden sind, daß das Ganze bautechnisch eine Einheit ist. Besteht ein Gebäude aus mehreren Baukörpern, so müssen die einzelnen Baukörper weder derselben Gebäudeklasse angehören, noch müssen sie in einem Zug erstellt worden sein.

c) Ermittlung des Gebäudewerts im Sachwertverfahren bei übergroßen bebauten Flächen von Einzelgebäuden
Erlaß FinMin NRW vom 23. November 1971
– S 3208 – 18 – V C 1 –

Anlage 14 Teil A Nr. 5 und Teil B Nr. 12 sowie Anlage 15 Nr. 5 der BewRGr sehen für Gebäude mit übergroßen bebauten Flächen Abschläge vor. Der Abschlag beträgt für Gebäude mit einer bebauten Fläche von mehr als 30 000 qm einheitlich 12 v. H. des errechneten Wertes. Der Abschlag ist bei einer bebauten Fläche von mehr als 30 000 qm nicht über 12 v. H. hinaus zu erhöhen. Die Gebäudeherstellungskosten je cbm umbauten Raumes werden mit zunehmender Größe der bebauten Fläche nicht entsprechend geringer. Einer Kostenersparnis bei den Außenwänden stehen zusätzliche andere Kosten gegenüber.

695

Anlage 085.11 — Zu § 85 BewG, zu Abschn. 38 BewRGr

d) Abschlag bei Gebäuden mit übergroßer bebauter Fläche
Erlaß FinMin NRW vom 26. Mai 1975
– S 3208 – 18 – V C 1 –

Nach dem Erlaß vom 3. März 1970 S 3208 – 18 – V C 11) sind unter einem Einzelgebäude im Sinne der Abschlagsregelung selbständige standfeste Gebäude zu verstehen, die nicht Teil (Baukörper) eines anderen Gebäudes sind. Dieser Grundsatz gilt nicht nur für nebeneinander, sondern auch für aufeinander errichtete Gebäude. Ist z. B. ein als Kellergeschoß errichtetes Garagengeschoß mit einer bebauten Fläche von 6000 m^2 teilweise mit einem Hochhaus, dessen bebaute Fläche lediglich 1800 m^2 beträgt, überbaut, so ist der Abschlag wegen übergroßer bebauter Fläche von 6 v. H. für das gesamte Gebäude zu gewähren, wenn das Garagengeschoß und das Hochhaus nicht als zwei selbständige Gebäude angesehen werden können.

e) Bewertung von Einzelgebäuden mit übergroßen bebauten Flächen
Erlaß FinMin NRW vom 7. Januar 1977
– S 3208 – 18 – V A 4 –

Die Bewertung von Einzelgebäuden mit übergroßen bebauten Flächen ist weiter nach dem Erlaß vom 3. März 1970 – S 3208 – 18 – V C 1[1]) durchzuführen. Das Vorhandensein von Dehnungsfugen zum Ausgleich von Spannungen, die in Baustoffen durch Temperaturschwankungen oder Schwinden und Quellen des Baustoffs entstehen, begründet allein noch nicht die Annahme mehrerer selbständiger bautechnischer Einheiten.

f) Abschlag für Großobjekte, Abschlag wegen übergroßer bebauter Fläche und Wertzahl im Sachwertverfahren
Erlaß FinMin NRW vom 27. Februar 1985
S 3210 – 16 – V A 4
S 3215 – 4 – V A 4

Nach dem BFH-Urteil vom 22. 4. 1982 – III R 101/78 (BStBl. II 1982 S. 580) sind bei einer Lagerhalle, die teils auf einem Grundstück des Steuerpflichtigen und teils auf einem Nachbargrundstück errichtet worden ist, an dem zugunsten des Steuerpflichtigen ein Erbbaurecht bestellt ist, der Abschlag für Großobjekte und der Abschlag wegen übergroßer bebauter Fläche gemäß Anlage 14 Teil A Nr.5 und Teil B Nr. 12 BewRGr nach dem Gesamtobjekt zu bemessen. Im maschinellen Verfahren ist für die Berechnung der Abschläge und Zuschläge wegen übergroßer oder geringer bebauter Fläche im Eingabebogen EW 206/207 bei den einschlägigen Fällen stets die Fläche des Gesamtgrundstücks einzugeben. Dagegen muß der Abschlag für Großobjekte in diesen Fällen personell berechnet werden.

Nur bei der Bestimmung der Wertzahl ist wie bisher auf die einzelne zu bewertende wirtschaftliche Einheit abzustellen. Im Gegensatz zu den Abschlägen für Großobjekte und wegen übergroßer bebauter Fläche dienen die Wertzahlen der Angleichung des Ausgangswerts (§ 83 BewG) und nicht nur des Gebäudesachwerts (§ 85 BewG) an den gemeinen Wert des Grundstücks.

---

1) Siehe unter Buchst. b).

Zu § 85 BewG **Anlage 085.12**

Abgrenzung der eingeschossigen von den mehrgeschossigen Gebäuden
a) Einordnung in die Gebäudeklasse für eingeschossige oder mehrgeschossige Gebäude bei Gebäuden am Hang
Erlaß FinMin NRW vom 18. Dezember 1967

S 3208 – 10 – VI

S 3203 – 7 – VI

Die für die Bewertung der bebauten Grundstücke im Sachwertverfahren maßgebenden Anlagen 14 und 15 BewGr unterscheiden zwischen eingeschossigen und mehrgeschossigen Gebäuden. Im Ertragswertverfahren für die Bewertung der bebauten Grundstücke ist bei Anwendung der Vervielfältiger in den Anlagen zu § 80 GewG (Vervielfältigungstabellen) u. a. zwischen eingeschossigen und mehrgeschossigen massiven Gebäuden in leichter Bauausführung zu unterscheiden. Ob ein Gebäude als eingeschossig oder als mehrgeschossig anzusehen ist, hängt von der Zahl der Vollgeschosse ab, dabei bleiben Kellergeschoß und Dachgeschoß außer Betracht.

Zweifelhaft ist, ob das untere Geschoß bei einem am Hang errichteten Gebäude, dessen Fußbodenoberkante an der einen Seite oberhalb, an der anderen unterhalb der Geländeoberfläche liegt, als Kellergeschoß oder als Vollgeschoß anzusehen ist. Die Regelungen in den Bauordnungen der Bundesländer sind unterschiedlich. Um die Gleichmäßigkeit der Bewertung im gesamten Bundesgebiet sicherzustellen, wird deshalb für die Einheitsbewertung folgende besondere bundeseinheitliche Regelung getroffen:

Bei der Einheitsbewertung der Gebäude am Hang sind als Vollgeschosse solche unteren Geschosse anzusehen, deren Deckenunterkante im Mittel mehr als 1,20 m über die Geländeoberfläche hinausragt.

b) Abgrenzung der eingeschossigen von den mehrgeschossigen Gebäuden, Begriff des Vollgeschosses und des Dachgeschosses
Erlaß FinMin NRW vom 7. Januar 1977

S 3208 – 28 – V A 4

S 3208 – 10 – V A 4

S 3203 – 7 – V A 4

Sowohl für die Abgrenzung der eingeschossigen von den mehrgeschossigen Gebäuden der Anlagen 14 und 15 BewRGr – Sachwertverfahren – als auch der eingeschossigen von den mehrgeschossigen massiven Gebäuden in leichter Bauausführung der Vervielfältigertabellen (Anlagen zu § 80 BewG) – Ertragswertverfahren – ist die Anzahl der Vollgeschosse maßgebend. Der Begriff des Vollgeschosses ist weder im Bewertungsgesetz noch in den Bewertungsrichtlinien geregelt. Er ergibt sich lediglich aus den Bauordnungen der Länder. Die dort festgelegten Begriffsbestimmungen eines Vollgeschosses sind unterschiedlich. Sie können deshalb nicht für das Bewertungsrecht übernommen werden. Dafür gilt:

Vollgeschosse im Sinn des Bewertungsrechts sind Geschosse, die nicht Keller- oder Dachgeschosse sind. Als Kellergeschoß ist jedes Geschoß anzusehen, dessen Deckenunterkante im Mittel nicht mehr als 1,20 m über der Geländeoberfläche hinausragt. Damit gilt die im Bezugserlaß vom 18. Dezember 1967 [1]) zunächst nur für Gebäude am Hang getroffene Regelung allgemein.

Dachgeschoß ist ein Geschoß, das seitlich ganz oder teilweise von den Dachflächen begrenzt wird. Hat ein teilweise von Dachflächen begrenztes Geschoß jedoch senkrechte Außenwände von mindestens 2,50 m Höhe, so handelt es sich um ein Vollgeschoß.

---

1) Vgl. unter a).

Anlage 085.12

Zu § 85 BewG

c) Bewertung von zweigeschossigen Shedbauten
Erlaß FinMin NRW vom 1. Februar 1979
– S 3208 – 34 – V A 4 –

Zweigeschossige Shedbauten sind mit den Raummeterpreisen der Gebäudeklasse 2.5 der Anlage 14 Teil B der BewRGr zu bewerten. Das ebenerdige Geschoß eines Gebäudes kann nicht als Kellergeschoß angesehen werden. Das untere Geschoß eines Gebäudes ist nur dann ein Kellergeschoß, wenn die Unterkante der Geschoßdecke im Mittel weniger als 1,20 m über die Geländeoberfläche hinausragt. Liegt die Unterkante der Geschoßdecke im Mittel mehr als 1,20 m über der Geländeoberfläche, so handelt es sich um ein Vollgeschoß (vgl. Erlaß vom 7. 1. 1977 – S 3208 – 28 – V A 4 / S 3208 – 10 – V A 4/S 3203 – 7– V A 42)[1].

Liegen die tatsächlichen Gebäudeherstellungskosten zurückgerechnet auf die Wertverhältnisse vom 1. 1. 1964 unter den nach Anlage 14 Teil B der BewRGr ermittelten Gebäudenormalherstellungskosten, so können entsprechende Abschläge nach § 88 BewG vorgenommen werden.

d) Abgrenzung der eingeschossigen von mehrgeschossigen Gebäuden bei Anwendung der Anlagen 14 und15 zu den BewRGr
Erlaß FinMin NRW vom 12. September 1979
– S 3208 – 28 – V A 4 –

Nach dem Erlaß vom 7. 1. 1977 – S 3208 – 28 – V A 4 / S 3208 – 10 – V A 4 / S 3203 – 7 – V A 42[2] ist ein teilweise von Dachflächen begrenztes Geschoß dann als Vollgeschoß anzusehen, wenn es senkrechte Außenwände von mindestens 2,50 m Höhe aufweist. Diese Regelung ist zur Abgrenzung der Dachgeschosse von den Vollgeschossen getroffen worden. Sie gilt nicht für Zwischengeschosse, insbesondere von Gebäuden mit Flachdächern. Die Frage, ob Zwischengeschosse als Vollgeschosse zu bewerten sind, ist nach den Umständen des Einzelfalls zu entscheiden. Zwischengeschosse werden im allgemeinen nur dann als Vollgeschosse im Sinne der Anlagen 14 und 15 BewRGr zu behandeln sein, wenn sie normal begehbar und voll nutzbar (z. B. für Lagerzwecke) sind.

---

1) Siehe unter b).
2) Siehe unter b).

Zu § 85 BewG Anlage 085.13 (Anlage 15 BewRGr)

Gebäudeklasseneinteilung und Raummeterpreise 1958, umgerechnet auf den Hauptfeststellungszeitpunkt 1. Januar 1964, für bestimmte andere Geschäftsgrundstücke und für sonstige bebaute Grundstücke in bestimmten Fällen

Vorbemerkung

In den Raummeterpreisen und Quadratmeterpreisen sind alle Bestandteile und das Zubehör des Gebäudes erfaßt, soweit dafür keine besonderen Zuschläge zu machen sind. Für besondere bauliche Anlagen (z. B. Schwimmbecken im Gebäude) sind die Zuschläge nach den durchschnittlichen Herstellungskosten zu bemessen.

Die Merkmale für die Beurteilung der baulichen Ausstattung, von der die Anwendung der aufgeführten Raummeterpreise abhängt, ergeben sich aus der Anlage 13. Diese Tabelle ist auf die bei allen Gebäuden möglichen Merkmale eingerichtet. Soweit bei einzelnen Gebäudearten üblicherweise einzelne Merkmale nicht vorhanden sind, müssen diese bei der Eingruppierung außer Betracht gelassen werden. Maßgebend ist die im Durchschnitt zutreffende Güte der Ausstattung. Innerhalb des Rahmensatzes, der für diese Ausstattung gilt, richtet sich der Raummeterpreis nach der besseren oder geringeren Güte der Ausstattung im einzelnen Fall.

Die für das Gebäude anzusetzenden Raummeterpreise gelten auch für die Keller. Sind für das Gebäude unterschiedliche Raummeterpreise anzusetzen (DIN 277 Abschn. 1.36), so ist der niedrigste Preis maßgebend.

3. Hotelgrundstücke

	Gebäudeklasse	Raummeterpreise
3.1	**Eingeschossige Gebäude**	DM
3.11	*Holzgebäude und Holzfachwerkgebäude*	
3.111	einfache Ausstattung	45,00 bis 60,00
3.112	mittlere Ausstattung	60,00 bis 80,00
3.113	gute Ausstattung	80,00 bis 100,00
3.114	sehr gute Ausstattung	100,00 bis 120,00
3.115	aufwendige Ausstattung	120,00 bis 160,00
3.12	*Massivgebäude, Stahl- oder Stahlbetonskelettgebäude*	
3.121	einfache Ausstattung	65,00 bis 85,00
3.122	mittlere Ausstattung	85,00 bis 105,00
3.123	gute Ausstattung	105,00 bis 145,00
3.124	sehr gute Ausstattung	145,00 bis 190,00
3.125	aufwendige Ausstattung	190,00 bis 215,00
3.2	**Mehrgeschossige Gebäude**	
3.21	*Holzgebäude und Holzfachwerkgebäude*	
3.211	einfache Ausstattung	50,00 bis 70,00
3.212	mittlere Ausstattung	70,00 bis 95,00
3.213	gute Ausstattung	95,00 bis 130,00
3.214	sehr gute Ausstattung	130,00 bis 175,00
3.215	aufwendige Ausstattung	175,00 bis 200,00
3.22	*Massivgebäude, Stahl- oder Stahlbetonskelettgebäude*	
3.221	einfache Ausstattung	70,00 bis 95,00
3.222	mittlere Ausstattung	95,00 bis 115,00
3.223	gute Ausstattung	115,00 bis 45,00
3.224	sehr gute Ausstattung	145,00 bis 190,00
3.225	aufwendige Ausstattung	190,00 bis 240,00
3.3	**Nebengebäude (Garagen, Waschhäuser usw.)**	
3.31	einfache Ausstattung	25,00 bis 40,00
3.32	mittlere Ausstattung	40,00 bis 60,00
3.33	gute Ausstattung	60,00 bis 80,00

Anlage 085.13 (Anlage 15 BewRGr) Zu § 85 BewG

Gebäudeklasse	Raummeterpreise
4. Warenhäuser	
4.1 einfache Ausstattung	55,00 bis 80,00
4.2 mittlere Ausstattung	80,00 bis 105,00
4.3 gute Ausstattung	105,00 bis 145,00
4.4 sehr gute Ausstattung	145,00 bis 180,00
4.5 aufwendige Ausstattung	180,00 bis 240,00
5. Lichtspielhäuser	
5.1 einfache Ausstattung	25,00 bis 45,00
5.2 mittlere Ausstattung	45,00 bis 65,00
5.3 gute Ausstattung	65,00 bis 85,00
5.4 sehr gute Ausstattung	85,00 bis 105,00
5.5 aufwendige Ausstattung	105,00 bis 130,00
6. Sanatorien und Kliniken [1)]	
6.1 einfache Ausstattung	65,00 bis 85,00
6.2 mittlere Ausstattung	85,00 bis 105,00
6.3 gute Ausstattung	105,00 bis 130,00
6.4 sehr gute Ausstattung	130,00 bis 175,00
6.5 aufwendige Ausstattung	175,00 bis 215,00
7. Bank-, Versicherungs- und Verwaltungsgebäude	
7.1 einfache Ausstattung	55,00 bis 80,00
7.2 mittlere Ausstattung	80,00 bis 120,00
7.3 gute Ausstattung	120,00 bis 160,00
7.4 sehr gute Ausstattung	160,00 bis 200,00
7.5 aufwendige Ausstattung	200,00 bis 240,00
8. Tankstellengrundstücke und Garagengrundstücke	
8.1 **Tankwärterräume (einschl. Waschräume, Toiletten, Personalwohnräume)**	
8.11 einfache Ausstattung	45,00 bis 65,00
8.12 mittlere Ausstattung	65,00 bis 95,00
8.13 gute Ausstattung	95,00 bis 120,00
8.14 sehr gute Ausstattung	120,00 bis 130,00
8.15 aufwendige Ausstattung	130,00 bis 175,00
8.2 **Wagenwasch- und Wagenpflegeräume, Werkstatträume, Lagerräume**	
8.21 einfache Ausstattung	30,00 bis 45,00
8.22 mittlere Ausstattung	45,00 bis 60,00
8.23 gute Ausstattung	60,00 bis 80,00
8.3 **Garagen**	
8.31 einfache Ausstattung	25,00 bis 40,00
8.32 mittlere Ausstattung	40,00 bis 55,00
8.33 gute Ausstattung	55,00 bis 65,00
8.4 **Übernachtungsräume und Restaurationsbetriebe**	
8.41 einfache Ausstattung	60,00 bis 80,00
8.42 mittlere Ausstattung	80,00 bis 100,00
8.43 gute Ausstattung	100,00 bis 120,00

[1)] Waschhäuser und Garagen sind mit den Preisen der Gebäudeklasse 3.3 zu bewerten. Für Schwesternheime gelten die Preise der Altersheime (vgl. unter 9).

Zu § 85 BewG **Anlage 085.13** (Anlage 15 BewRGr)

	Gebäudeklasse	Raummeterpreise
8.44	sehr gute Ausstattung	120,00 bis 160,00
8.45	aufwendige Ausstattung	160,00 bis 200,00
8.5	**Parkhäuser (Hochgaragen)**	
8.51	einfache Ausstattung	40,00 bis 60,00
8.52	mittlere Ausstattung	60,00 bis 80,00
8.53	gute Ausstattung	80,00 bis 105,00
8.6	**Parkhäuser (Tiefgaragen)**	
8.61	einfache Ausstattung	45,00 bis 65,00
8.62	mittlere Ausstattung	65,00 bis 95,00
8.63	gute Ausstattung	95,00 bis 120,00
8.7	**Sammelgaragen**	
8.71	einfache Ausstattung	30,00 bis 40,00
8.72	mittlere Ausstattung	40,00 bis 60,00
8.73	gute Ausstattung	60,00 bis 80,00
		Preise je m² überdachter Fläche
8.8	**Überdachungen**	DM
8.81	Überdachungen mit eigenen Stützen	
8.811	in Holzkonstruktion	81,00
8.812	in Stahl- oder Stahlbetonkonstruktion	94,50
8.82	Überdachungen ohne eigene Stützen	
8.821	in Holzkonstruktion bis 3 m auskragend	54,00
8.822	in Holzkonstruktion über 3 m auskragend	67,50
8.823	in Stahl- oder Stahlbetonkonstruktion bis 3 m auskragend	67,50
8.824	in Stahl- oder Stahlbetonkonstruktion über 3 m auskragend	89,00

9. Andere Geschäftsgrundstücke und sonstige bebaute Grundstücke

	Gebäudeklasse (Gebäudeart)	Raummeterpreise
9.11	**Altersheime, Pflegeheime**	DM
9.111	einfache Ausstattung	65,00 bis 80,00
9.112	mittlere Ausstattung	80,00 bis 95,00
9.113	gute Ausstattung	95,00 bis 105,00
9.114	sehr gute Ausstattung	105,00 bis 120,00
9.115	aufwendige Ausstattung	120,00 bis 160,00
9.12	**Kinderheime, Ferienheime, Kindergärten**	
9.121	einfache Ausstattung	60,00 bis 70,00
9.122	mittlere Ausstattung	70,00 bis 85,00
9.123	gute Ausstattung	85,00 bis 100,00
9.124	sehr gute Ausstattung	100,00 bis 120,00
9.13	**Privatschulen**	
9.131	einfache Ausstattung	80,00 bis 95,00
9.132	mittlere Ausstattung	95,00 bis 105,00
9.133	gute Ausstattung	105,00 bis 120,00
9.134	sehr gute Ausstattung	120,00 bis 145,00
9.135	aufwendige Ausstattung	145,00 bis 175,00
9.14	**Hallenbäder**	
9.141	einfache Ausstattung	95,00 bis 105,00
9.142	mittlere Ausstattung	105,00 bis 120,00

Anlage 085.13 (Anlage 15 BewRGr) Zu § 85 BewG

	Gebäudeklasse (Gebäudeart)	Raummeterpreise
9.143	gute Ausstattung	120,00 bis 130,00
9.144	sehr gute Ausstattung	130,00 bis 175,00
9.145	aufwendige Ausstattung	175,00 bis 200,00
9.15	**Badehäuser**	
9.151	einfache Ausstattung	55,00 bis 70,00
9.152	mittlere Ausstattung	70,00 bis 95,00
9.153	gute Ausstattung	95,00 bis 120,00
9.154	sehr gute Ausstattung	120,00 bis 145,00
9.155	aufwendige Ausstattung	145,00 bis 190,00
9.21	**Markthallen, Messehallen und dgl.**	
9.211	einfache Ausstattung	40,00 bis 55,00
9.212	mittlere Ausstattung	55,00 bis 65,00
9.213	gute Ausstattung	65,00 bis 80,00
9.214	sehr gute Ausstattung	80,00 bis 105,00
9.215	aufwendige Ausstattung	105,00 bis 130,00
9.22	**Trinkhallen**	
9.221	einfache Ausstattung	65,00 bis 85,00
9.222	mittlere Ausstattung	85,00 bis 105,00
9.223	gute Ausstattung	105,00 bis 120,00
9.224	sehr gute Ausstattung	120,00 bis 145,00
9.225	aufwendige Ausstattung	145,00 bis 175,00
9.23	**Verkaufsstände bis 30 m²**	
9.231	einfache Ausstattung	105,00 bis 130,00
9.232	mittlere Ausstattung	130,00 bis 175,00
9.233	gute Ausstattung	175,00 bis 200,00
9.234	sehr gute Ausstattung	200,00 bis 240,00
9.235	aufwendige Ausstattung	240,00 bis 300,00
9.24	**Verkaufsstände über 30 m²**	
9.241	einfache Ausstattung	80,00 bis 105,00
9.242	mittlere Ausstattung	105,00 bis 130,00
9.243	gute Ausstattung	130,00 bis 160,00
9.244	sehr gute Ausstattung	160,00 bis 190,00
9.245	aufwendige Ausstattung	190,00 bis 215,00
9.25	**Kühlhäuser** [1]	
9.251	einfache Ausstattung	30,00 bis 45,00
9.252	mittlere Ausstattung	45,00 bis 65,00
9.253	gute Ausstattung	65,00 bis 95,00
9.26	**Trockenhäuser**	
9.261	einfache Ausstattung	25,00 bis 40,00
9.262	mittlere Ausstattung	40,00 bis 55,00
9.263	gute Ausstattung	55,00 bis 80,00
9.27	**Transformatorenhäuser**	
9.271	einfache Ausstattung	40,00 bis 55,00
9.272	mittlere Ausstattung	55,00 bis 65,00
9.273	gute Ausstattung	65,00 bis 80,00
9.274	sehr gute Ausstattung	80,00 bis 120,00

---

1) In den Preisen sind die Kosten für die Kälteisolierungen nicht enthalten.

Zu § 85 BewG **Anlage 085.13** (Anlage 15 BewRGr)

Erhöhung des Raummeterpreises

1. **Hochhäuser**

Liegt der Fußboden mindestens eines Geschosses mehr als 22 m über dem Gelände, so ist für jeden weiteren vollen Meter zu den Raummeterpreisen aller Geschosse (einschl. Kellergeschoß) ein Zuschlag von 0,5 v. H. zu machen. Maßgebend ist der Unterschied zwischen 22 m und Oberkante Decke des obersten Vollgeschosses. Der Zuschlag ist nur auf den als Hochhaus errichteten Teil des Gebäudes anzuwenden.

Erhöhungen und Ermäßigungen des errechneten Wertes

2. **Aufzugsanlagen:**

Der Zuschlag beträgt

a) für Personenaufzüge (einfache Ausführung im Mauerschacht)

für eine Nutzlast von	300 kg (4)	450 kg (6)	750 kg (10 Pers.)
	DM	DM	DM
bei 2 Haltestellen	17 200	19 900	25 200
für jede weitere Haltestelle	1 600	1 600	1 700

Bei Aufzügen in Glasschächten sind die vorstehenden Preise um 10 bis 15 v. H. zu erhöhen.

b) für Lastenaufzüge (soweit nicht Betriebsvorrichtungen)

für eine Nutzlast von	500 kg	1 000 kg	1 500 kg	2 000 kg	3 000 kg
	DM	DM	DM	DM	DM
bei 2 Haltestellen	9 700	12 200	14 300	18 900	22 800
für jede weitere Haltestelle	1 000	1 200	1 200	1 300	1 400

c) für Paternoster
    bei 7 Geschossen   80 000 DM
    für jedes weitere Geschoß   6 700 DM

d) für Rolltreppen
    je Geschoßtreppenlauf der einzelnen Rolltreppe   54 000 DM

3. **Gründungen außergewöhnlicher Art (DIN 277, Abschn. 1.48):**

Der Zuschlag beträgt in der Regel 5 bis 10 v. H.

4. **Wasserdruckhaltende Dichtungen (DIN 277, Abschn. 1.49):**

Für wasserdruckhaltende Dichtungen (Isolierungen) ist ein Zuschlag von 50 DM bis 80 DM je m² isolierter bebauter Fläche zu machen.

5. **Gebäude mit übergroßen oder geringen bebauten Flächen:**

Bei übergroßen bebauten Flächen von Einzelgebäuden beträgt der Abschlag bei bebauten Flächen von

2 001 bis 5 000 m²	4 v. H.
5 001 bis 10 000 m²	6 v. H.
10 001 bis 20 000 m²	8 v. H.
20 001 bis 30 000 m²	10 v. H.
mehr als bis 30 000 m²	12 v. H.

Bei Gebäuden mit bebauten Flächen von weniger als 50 m² ist für je volle 5 m² Fläche, die 50 m² unterschreitet, ein Zuschlag von 5 v. H. zu machen.
Der Abschlag oder Zuschlag ist von dem ggf. nach Nr. 3 und Nr. 4 erhöhten Wert zu berechnen.

Anlage 085.14

Zu § 85 BewG

Ergänzung und Untergliederung der in den Anlagen 14–17 BewRGr angegebenen Preise

Erlaß FinSen Berlin vom 2. August 1967
– III D 12 – S 3014 – 1/67 –

Zur Erzielung einer gleichmäßigen Bewertung der Sachwertgrundstücke werden die in den Anlagen 14–17 BewRGr angegebenen Preise wie folgt ergänzt und untergliedert:

Zu Anlage 15 BewRGr
Andere Geschäftsgrundstücke und sonstige bebaute Grundstücke

Gebäudeklasse (Gebäudeart)	Raummeterpreise
Vergnügungsstätten (Gaststätten) [1]	DM
Eingeschossige Gebäude	
Holzgebäude und Holzfachwerkgebäude	
einfache Ausstattung	45– 60
mittlere Ausstattung	60– 80
gute Ausstattung	80–110
sehr gute Ausstattung	110–140
aufwendige Ausstattung	140–170
Massivgebäude, Stahl- oder Stahlbetonskelettgebäude	
einfache Ausstattung	55– 75
mittlere Ausstattung	75–100
gute Ausstattung	100–135
sehr gute Ausstattung	135–175
aufwendige Ausstattung	175–210
Mehrgeschossige Gebäude	
Holzgebäude und Holzfachwerkgebäude	
einfache Ausstattung	50– 70
mittlere Ausstattung	70– 90
gute Ausstattung	90–130
sehr gute Ausstattung	130–170
aufwendige Ausstattung	170–200
Massivgebäude, Stahl- oder Stahlbetonskelettgebäude	
einfache Ausstattung	60– 80
mittlere Ausstattung	80–110
gute Ausstattung	110–140
sehr gute Ausstattung	140–180
aufwendige Ausstattung	180–220
Saalbauten als Hauptgebäude [2]	
Holzgebäude und Holzfachwerkgebäude	
einfache Ausstattung	30– 40
mittlere Ausstattung	40– 60
gute Ausstattung	60– 75
sehr gute Ausstattung	75– 90
aufwendige Ausstattung	90–100

1) Nebengebäude (z. B. Garagen) sind mit den Preisen der Gebäudeklasse 3.3 zu bewerten.
2) Nebengebäude (z. B. Garagen) sind mit den Preisen der Gebäudeklasse 3.3 zu bewerten.

Zu § 85 BewG **Anlage 085.14**

Massivgebäude, Stahl- oder Stahlbetonskelettgebäude
- einfache Ausstattung 35– 45
- mittlere Ausstattung 45– 70
- gute Ausstattung 70– 85
- sehr gute Ausstattung 85–100
- aufwendige Ausstattung 100–130

Theatergebäude[1]
- einfache Ausstattung 85–105
- mittlere Ausstattung 105–130
- gute Ausstattung 130–155
- sehr gute Ausstattung 155–180
- aufwendige Ausstattung 180–220

Klub- und Vereinshäuser
- einfache Ausstattung 65– 80
- mittlere Ausstattung 80– 95
- gute Ausstattung 95–105
- sehr gute Ausstattung 105–120
- aufwendige Ausstattung 120–160

Bootshäuser
Holzgebäude und Holzfachwerkgebäude
- einfache Ausstattung 25– 40
- mittlere Ausstattung 40– 55
- gute Ausstattung 55– 80

Massivgebäude, Stahl- oder Stahlbetonskelettgebäude
- einfache Ausstattung 30– 45
- mittlere Ausstattung 45– 65
- gute Ausstattung 65– 95

Wochenendhäuser
- einfache Ausstattung 30– 50
- mittlere Ausstattung 50– 70
- gute Ausstattung 70–100
- sehr gute Ausstattung 100–140
- aufwendige Ausstattung 140–180

Zu Nr. 2 Aufzugsanlagen
Der Zuschlag beträgt
a) für Personenaufzüge (einfache Ausführung im Mauerschacht)

für eine Nutzlast von (Personen)	1 125 kg (15)	1 650 kg (22)	2 250 kg (30)
bei 2 Haltestellen	40 000 DM	50 000 DM	75 000 DM
für jede weitere Haltestelle	2 500 DM	2 500 DM	3 000 DM

c) für Paternoster bei 7 Geschossen 80 000 DM. Bei Gebäuden mit weniger als 7 Geschossen ist dieser Zuschlag für jedes fehlende Geschoß um 6 700,– DM zu ermäßigen.

---

[1] Nebengebäude (z. B. Garagen) sind mit den Preisen der Gebäudeklasse 3.3 zu bewerten.

Anlage 085.15 Zu § 85 BewG, zu Abschn. 38 BewRGr

Wertmäßige Erfassung von Sprinkleranlagen
a) Erlaß FinMin Niedersachsen
vom 11. März 1985
– S 3190 – 21 – 34 –

Bei der Bewertung im Sachwertverfahren kommt für die Sprinkleranlage ein Zuschlag in Betracht, der nach der Größe der Schutzfläche des Sprinklerkopfes mit 7,– bis 15,– DM/m² je nach den Verhältnissen des einzelnen Falles anzusetzen ist. Dabei werden bei Flächen über 20 m² je Sprinklerkopf 7,– DM/m² und bei Flächen unter 10 m² je Sprinklerkopf 15,– DM/m² anzusetzen sein.

Soweit ein Gebäude mit Sprinkleranlage in eine Gebäudeklasse mit Rahmenpreisen fällt, z. B. Warenhäuser, für die die Gebäudeklassen 4.1 bis 4.5 der Anlage 15 BewRGr gelten, kann die Sprinkleranlage innerhalb der Rahmenpreise berücksichtigt werden, so daß ein besonderer Zuschlag entfallen kann. Hierbei ist zu beachten, daß eine Umrechnung der vorgenannten m²-Preise auf den m³-Preis vorzunehmen ist.

b) Erlaß FinMin Niedersachsen
vom 4. Mai 1987
– S 3190 – 21 – 34 –

Gegen die Höhe der Zuschläge für Sprinkleranlagen in Warenhäusern mit Schutzflächen unter 10 qm je Sprinklerkopf entsprechend der Regelung im Erlaß des Niedersächsischen Finanzministeriums vom 11. März 1985 sind seitens der betroffenen Unternehmen und der Verbände Einwendungen erhoben worden. Nach dem Ergebnis einer erneuten Prüfung bestehen keine Bedenken, bei der Bewertung von Warenhäusern im Sachwertverfahren in allen Fällen Schutzflächen unter 10 qm je Sprinklekopf durch einen Zuschlag in Höhe von 9,– DM je qm geschützter Fläche zu erlassen.

Zu § 85 BewG   **Anlage 085.16**

Gebäudeklasseneinteilung und Raummeterpreise für Grundstücke mit Behelfsbauten
Erlaß FinSen Bremen vom 26. September 1967
– S 3208 – A 1/St 51 –

I.

Gemäß § 76 Abs. 3 Nr. 3 BewG 1965 sind Grundstücke mit Behelfsbauten im Sachwertverfahren zu bewerten. Dabei ist die nachstehende Gebäudeklasseneinteilung anzuwenden:
Gebäudeklasseneinteilung und Raummeterpreise 1958, umgerechnet auf den Hauptfeststellungszeitpunkt 1. 1. 64, für Grundstücke mit Behelfsbauten

Gebäudeklassen	Raummeterpreise DM	
Wellblechbauten mit Ausbau	20	
Ladengebäude aus Holz (einschl. Tafelbauweise)	25	
Ladengebäude aus massiven Baustoffen	28	
	ohne Keller	mit Keller
Eingeschossige Wohnbauten – Holzgebäude –		
einfache Ausstattung	30	35
bessere Ausstattung	40	42
Eingeschossige Wohnbauten – Plattenbauweise –		
– einfache Ausstattung	45	45
Eingeschossige Wohnbauten – Plattenbauweise –		
– bessere Ausstattung	55	50
Eingeschossige Wohnbauten – Mauerwerk –		
einfache Ausstattung	60	52
Eingeschossige Wohnbauten – Mauerwerk –		
bessere Ausstattung	70	57

Bei teilweiser Unterkellerung sind Zwischenwerte zu berechnen und anzusetzen. Bei Gebäuden mit nur geringer bebauter Fläche ist kein Zuschlag zu machen.

II.

Die vorstehende Gebäudeklasseneinteilung gilt nicht für Grundstücke mit Gebäuden in einer Bauart oder Bauausführung, für die ein Vervielfältiger (§ 80 BewG 1965) in den Anlagen 3–8 nicht bestimmt ist (§ 76 Abs. 3 Nr. 3 BewG 1965).

Anlage 085.17

Zu § 85 BewG

a) Einzelfragen zu der Anlage 15
Erlaß FinMin NRW vom 9. Februar 1968
– S 3208 – 12 – V 1 –

1. –2. ...

3. Begriff der Trinkhallen

Unter Trinkhallen im Sinne der Gebäudeklasse 9.22 der Anlage 15 der BewRGr sind nur solche Gebäude zu verstehen, die im Rahmen eines Kurbetriebs für die Kurgäste unterhalten werden. Die nach der Gewerbeordnung zum Schankwirtsgewerbe gehörenden Trinkhallen fallen dagegen unter die Gebäudeklassen 9.23 oder 9.24 der Anlage 15 der BewRGr (Verkaufsstände).

4. Erhöhung des errechneten Werts von Verkaufsständen

Nach Anlage 15 der BewRGr gehören Verkaufsstände bis 30 m² zur Gebäudeklasse 9.23 und Verkaufsstände über 30 m² zur Gebäudeklasse 9.24. Die Raummeterpreise für die beiden Gruppen von Verkaufsständen sind nach der Größe der bebauten Fläche abgestuft worden. Deshalb kann bei Verkaufsständen mit einer bebauten Fläche von weniger als 50 m² ein Zuschlag nach Nr. 5 der Anlage 15 der BewRGr wegen geringer bebauter Fläche nicht mehr in Betracht kommen.

b) Raummeterpreise für Kühlhäuser
Erlaß FinMin NRW vom 7. Januar 1977
– S 3208 – 11 – V A 4 –

Auch bei Kühlhäusern neuester Konstruktion handelt es sich um Gebäude. Bei ihrer Bewertung ist von den jeweils niedrigsten Raummeterpreisen der Gebäudeklassen 9.251, 9.252 und 9.253 der Anlage 15 BewRGr auszugehen. Je nach Geschoßhöhe sind folgende Abschläge zu gewähren:
Bei einer Geschoßhöhe von 8 Meter bis 10 Meter 10 v. H.
bei einer Geschoßhöhe von 10 Meter bis 12 Meter 15 v. H.
bei einer Geschoßhöhe über 12 Meter 20 v. H.

c) Bewertungsrechtliche Behandlung von Mobilheimen
Erlaß FinMin NRW vom 10. März 1983
– S 3190 – 42 – V A 4 –

1. –2. ...

3. Raummeterpreise

Die im Erlaß des Senators für Finanzen Berlin vom 2. August 1967 – III D 12 – S 3014 – 1/67 –1) für Wochenendhäuser festgelegten Raummeterpreise können auch bei der Bewertung von Mobilheimen zugrunde gelegt werden.

4. ...

Zu § 85 BewG   **Anlage 085.18** (Anlage 16 BewRGr)

Bauteil-Preistabelle
(zugleich Berechnungsbogen zur Ermittlung des Raummeterpreises auf den Hauptfeststellungszeitpunkt 1. Januar 1964)
für die im Sachwertverfahren zu bewertenden Einfamilienhäuser und Zweifamilienhäuser

Bauteil bzw. Handwerkszweig	Ausführungsarten						anzusetzen
1	2	3	4	5	6		7
1. Dach mit Dachentwässerung und Isolierungen	Holzdach mit Wellplatten; Flachdach (Brettbinder) mit Pappe 8,40–12,60 DM	Deckung aus Ziegel, Biberschwänzen und dgl.; Massivflachdach Zinkdeckung 12,60–16,80 DM	Deckung aus Schiefer; Massivflachdach mit Korkisolierung; 16,80–21,00 DM	Massivflachdach mit mehreren Isolierungen; Kupferdeckung 21,00–25,20 DM	Steildach mit Kupferdeckung, Holzschindeln und ähnl. 25,20–29,40 DM		DM
2. Fassadenausführung	Glatt-, Spritz- und Kratzputz mit Klinkersockel 4,20–6,30 DM	Edelputz mit Klinkersockel; Fensterumrahmung aus Kunststein 6,30–8,40 DM	Verblendung mit Hartbrandstein bzw. einfachen Klinkern; Fensterumrahmung aus Naturstein 8,40–11,20 DM	Verblendung aus besonderen Klinkern bzw. Kunststeinplatten 11,20–14,00 DM	Natursteinverblendung 14,00 DM–15,80 DM		DM
3. Außenmauerwerk	Schwemmsteine, Blocksteine, Kalksandsteine 16,80–19,60 DM	wie vor, jedoch teilweise Ziegelmauerwerk 19,60–22,40 DM	Ziegelmauerwerk bis 24 cm 22,40–25,20 DM	Ziegelmauerwerk über 24 cm und Natursteine 25,20–30,80 DM			DM
4. Innenmauerwerk einschl. Putz	Schwemmsteine, Blocksteine, Kalksandsteine; einfacher Putz 12,60–15,40 DM	Kalksandsteine, Ziegelsteine; besserer Putz 15,40–18,20 DM	Ziegelsteine; Putz mit Gipsüberzug 18,20–21,00 DM	Ziegelsteine in der Hauptsache 24 cm. Gipsputz 21,00–22,40 DM			DM
5. Decken einschl. Deckenputz	Hohlkörperdecke, Holzbalkendecken; einfacher Putz 12,60–18,20 DM	Beton- oder Stahlbetondecke; einfacher Putz und wenig Stück 14,00–19,60 DM	wie vor mit Stuckanwendung in mehreren Räumen 16,80–22,40 DM	wie vor mit besonderer Schallschluckdecke in 1–2 Räumen 22,40–28,00 DM			DM
6. Treppen	Weichholztreppen; Massivtreppen mit Kunststoffbelag 0,70–2,10 DM	Hartholztreppe; Kunststeintreppe 2,10–2,80 DM	Treppe aus ausländischen Hölzern; Kunststein mit Naturstein 2,80–4,90 DM	Natursteintreppen 4,90–8,40 DM			DM
7. Fußbodenbelag ohne Fliesen	Dielen, Linoleum, Kunststoffbeläge, Kleinparkett 2,10–5,60 DM	Kleinparkett bzw. Parkett; bessere Kunststoffbeläge 5,60–8,40 DM	Parkett bzw. Gummi; beste Kunststoffbeläge 8,40–11,20 DM	besseres Parkett (Rauchparkett); teilweise Natursteinplatten 11,20–14,00 DM	Marmorböden, Nylon- oder Perlonbespannungen 14,00–16,80 DM		DM
8. Fenster einschl. Verglasung und Beschlag	Einfache und Doppelfenster bzw. Verbundfenster mit einfachen Beschlägen u. einf. Verglasung bis 2,00 m² 2,80–5,60 DM	wie vor, jedoch größere Fensterflächen einschl. Stahlfenster mit besseren Beschlägen bis 4,00 m² 4,20–7,00 DM	Fenster in besserer Ausführung mit Isolierglas 7,00–9,80 DM	Fenster in großer Ausführung über 4,00 m² 9,80–14,00 DM	Fenster wie vor, jedoch teilweise versenkbar 14,00–22,40 DM		DM

Anlage 085.18 (Anlage 16 BewRGr) Zu § 85 BewG

Bauteil bzw. Handwerkszweig	Ausführungsarten					anzusetzen
1	2	3	4	5	6	7
9. Türen	Sperrholz oder einfache Füllungstüren 2,10–3,50 DM	Sperrholztüren, teilweise Schiebetüren 3,50–5,60 DM	Eichenholztüren, Sperrholztüren in Edelholz mit guten Beschlägen 5,60–7,70 DM	Edelholztüren, größere Anzahl mit guten Beschlägen 7,70–9,80 DM	Edelholztüren und Harmonikatüren bester Ausführung 9,80–12,60 DM	DM
10. Sanitäre Installation ohne Fliesen	Bad, Waschbecken in normaler Ausführung 2,80–5,60 DM	Bad mit Wanne und Dusche, 2–2 WC mit Handwaschbecken bes. Warmwasserbereiter 5,60–8,40 DM	wie vor, jedoch bessere Objekte, teilweise farbig und groß 8,40–11,20 DM	2 Bäder, 1–2 Duschen, 2–3 WC in guter Ausführung 11,20–14,00 DM	wie vor, jedoch 2–4 Bäder, mehrere WC, Waschbecken in mehreren Räumen 14,00–16,80 DM	DM
11. Elektrische Installation	Anlage in normaler Ausführung 1,40–2,80 DM	Ausführung reichhaltiger, z. B. mehrere Steckdosen, Schalter in allen Räumen, Kraftanschluß 2,80–4,20 DM	darüber hinausgehende aufwendige elektr. Ausstattung, z. B. Sprechanlage, Heißwasserspeicher 4,20–5,60 DM	wie vor, jedoch mit Haustelefon, Sicherungsanlage usw. 5,60–8,40 DM		DM
12. Heizung	Warmluftheizung moderner Ausführung, Sammelheizung mit festen Brennstoffen 8,40–9,80 DM	Sammelheizung mit Ölfeuerung 9,80–12,60 DM	wie vor, jedoch mit Warmwasserversorgung und Isolierung 12,60–16,80 DM	wie vor, in 1 Raum Fußboden- oder Deckenstrahlungsheizung 16,80–21,00 DM	in mehreren Räumen Heizung wie vor 21,00–25,20 DM	DM
13. Anstriche und Tapezieren	Öl- oder Kunstharzanstriche; einfache bis mittlere Tapeten 2,10–2,80 DM	wie vor, jedoch bessere Tapeten 2,50–5,60 DM	Türen in Schleiflack; beste Tapete, z. B. Linkrusta usw. 5,60–8,40 DM	Ausführung wie vor, jedoch Anstrich von Vertäfelungen und Einbaumöbeln in geringem Umfang 8,40–11,20 DM	Ausführung wie vor, jedoch Kunstleder- oder Seidentapeten in 1–2 Räumen; Anstrich von mehreren Einbaumöbeln 11,20–16,80 DM	DM
14. Schmiede- und Schlosserarbeiten	Gitter- und Stahltüren in geringem Umfang. Einfaches Treppengeländer 0,40–1,40 DM	Mehrere Vergitterungen, Stahltüren größerer Ausmaße 1,10–2,10 DM	schmiedeeiserne Gitter und Verzierungen, sonst wie vor 2,10–4,20 DM	Gitter und Treppengeländer in guter Ausführung, teilweise Messing 4,20–7,00 DM	Gitter und Treppengeländer in künstlerischer Gestaltung 7,00–11,20 DM	DM
15. Wand- und Bodenfliesen in Küche, Bad, WCs	Küche, Bad (Einbauwanne), Toilette, auf größeren Installationswände gefliest; Bodenplatten 1,40–3,50 DM	Wand- und Bodenplatten z. B. farbig oder Flächen, tlw. Natursteinplatten 3,50–5,60 DM	wie vor, jedoch bessere Qualität Mosaik (tlw. Mosaikboden) 5,60–7,70 DM	Wand- und Bodenplatten in Marmorplatten (italienisch); Wände ganz gefliest 7,00–9,80 DM	wie vor, jedoch in 1 Raum oder japanische Mosaikplatten 9,80–16,80 DM	DM

Zu § 85 BewG **Anlage 085.18** (Anlage 16 BewRGr)

Bauteil bzw. Handwerkszweig	Ausführungsarten					anzusetzen
1	2	3	4	5	6	7
16. Wandbekleidung, Deckenvertäfelung, Heizkörperverkleidung	Heizkörperverkleidung in 1–2 Räumen; geringe Wand- bzw. Deckenvertäfelungen einfacher Art einschl. Schallschluckdecken 0,70–2,80 DM	wie vor, jedoch größere Flächen in einfacher bzw. Ausführung 2,80–5,60 DM	Ausführung in besserer Qualität und große Flächen 4,90–7,00 DM	Vertäfelungen ganzer Räume, teilw. mit ausländischen Hölzern 7,00–11,20 DM		DM
17. Einbaumöbel	Einbauküche, geringe Anzahl von Einbauschränken 1,40–2,80 DM	größere Anzahl von Einbaumöbeln 2,80–5,60 DM	Einbaumöbel in Edelholz 5,60–8,40 DM	mehrere Zimmer mit Einbaumöbeln in Edelholz 8,40–12,60 DM	Einbaumöbel in fast allen Räumen 12,60–16,80 DM	DM
18. Fensterläden, Rolläden, Jalousien	Fensterläden und Rolläden in geringer Anzahl 1,40–2,80 DM	desgl. in größerer Anzahl 2,80–4,20 DM	Rolläden mit elektr. Winde und Sonnenjalousien 4,20–8,40 DM			DM
19. Sonstige Ausstattung, Blumenfenster, Fensterbänke, Balkone	kleine Blumenfenster, Balkone, Vordächer, Fensterbänke, Solnhofener Platten 1,40–2,80 DM	größere Blumenfenster, Balkone usw.; Fensterbänke; Naturstein je nach Ausführung 2,80–8,40 DM				DM
20. Kellerausbau	gering, ohne bes. Aufwand 5 v. H.	mehrere Räume ausgebaut als Wohnräume oder gut ausgestattete Bar u. dgl. 10 v. H.	Ausbau bis 10/10 bis 20 v. H.			DM
					Summe:	DM
					Raummeterpreis (abger.)	DM

Erhöhungen des nach dem Raummeterpreis errechneten Werts
Die Zuschläge betragen je nach Ausführung
a) für jeden Kamin   420 bis 1 600 DM
b) für Schwimmbecken im Gebäude je m²   420 bis 1 400 DM

Nebengebäude
Garagen   50 bis   80 DM je m³
Stallgebäude   20 bis   40 DM je m³
Treibhäuser   80 bis 120 DM je m² überd. Fläche

Anlage 085.19

Zu § 85 BewG

Ergänzung und Untergliederung der in den Anlagen 14 bis 17 BewRGr angegebenen Preise

Erlaß FinSen Berlin vom 2. August 1967
– III D 12 – S 3014 – 1/67 –

Zur Erzielung einer gleichmäßigen Bewertung der Sachwertgrundstücke werden die in den Anlagen 14 bis 17 BewRGr angegebenen Preise wie folgt ergänzt und untergliedert:

Zu Anlage 16 BewRGr

Bei Holzgebäuden und Holzfachwerkgebäuden ist für Außen- und Innenmauerwerk stets der unterste Rahmensatz der Spalte 2 anzusetzen.

Zu § 85 BewG Anlage 085.20

a) Raummeterpreise für Schwimmhallen
Erlaß FinMin NRW vom 16. Januar 1969
– S 3208 – 17 – V 1 –

Anlage 16 der BewRGr sieht zur Bewertung der Einfamilienhäuser und Zweifamilienhäuser im Sachwertverfahren für Schwimmbecken einen Zuschlag vor. Dieser Zuschlag bezieht sich aber nur auf solche Schwimmbecken, die in das Wohnhaus, meistens im Keller, eingebaut sind. Auf Schwimmhallen, die sich in einem nur sie umfassenden besonderen Gebäudeteil befinden, die aber zur wirtschaftlichen Einheit eines Einfamilienhauses oder Zweifamilienhauses gehören, sind dagegen die Raummeterpreise der Gebäudeklasse 9.14 der Anlage 15 der BewRGr anzuwenden.

b) Anlage 16 BewRGr
Erlaß FinMin NRW vom 15. Juli 1969
– S 3208 – 21 – V 1 –

In der Anlage 16 BewRGr (Zeilen 3 und 4) ist Porenbetonmauerwerk nicht aufgeführt. Außen- und Innenwände aus Porenbetonmauerwerk und auch aus Stahlbeton sind wie Ziegelmauerwerk – Zeilen 3 und 4, Spalten 4 und 5 – zu bewerten.

Anlage 088.1 Zu § 88 BewG

Berechnung der Ermäßigung des Gebäudesachwerts nach § 88 BewG 1965
Erlaß FinMin NRW vom 27. Februar 1967
– S 3210 – 2 – V 1 –

I.

1. Zusammentreffen von Abschlägen wegen baulicher Mängel und Schäden und wegen wirtschaftlicher Überalterung

Nach Abschn. 44 Abs. 5 BewRGr bemißt sich der Abschlag vom Gebäudesachwert wegen wirtschaftlicher Überalterung (§ 88 Abs. 2 BewG 1965) nach einem Hundertsatz des Gebäudenormalherstellungswerts. Diese Regelung gilt aber nur für solche Fälle, in denen Abschläge wegen baulicher Mängel oder Schäden nach § 87 BewG 1965 nicht in Betracht kommen. Ist auch ein Abschlag nach § 87 BewG 1965 zu gewähren, so muß der Abschlag wegen wirtschaftlicher Überalterung um den Betrag gekürzt werden, der sich nach Anwendung des Hundertsatzes für den Abschlag nach § 87 BewG 1965 auf den Gebäudenormalherstellungswert ergibt.

Beispiel:

Ein Gebäude mit einer gewöhnlichen Lebensdauer von 100 Jahren ist im Hauptfeststellungszeitpunkt 30 Jahre alt. Es liegt ein behebbarer Bauschaden von 20 v. H. vor. Infolge wirtschaftlicher Überalterung beträgt die tatsächliche Restlebensdauer des Gebäudes nur noch 20 Jahre. Der Gebäudenormalherstellungswert beträgt 200 000 DM.

Danach ergibt sich folgender Gebäudewert:

Gebäudenormalherstellungswert	200 000 DM
Wertminderung wegen Alters 30 v. H.	– 60 000 DM
verbleiben	140 000 DM
Wertminderung wegen Bauschäden 20 v. H.	– 28 000 DM
Gebäudesachwert	112 000 DM

Abschlag wegen wirtschaftlicher Überalterung
Wertminderung wegen Alters
bei gewöhnlicher Lebensdauer

$$30 \times 1{,}00 = 30 \text{ v. H.}$$

bei verkürzter Lebensdauer

$$30 \times 2{,}00 = 60 \text{ v. H.}$$
Unterschied = 30

$$(200\,000 - \frac{200\,000 \times 20}{100}) \times \frac{30}{100} = -48\,000 \text{ DM}$$

Gebäudewert 64 000 DM

2. Zusammentreffen von Abschlägen wegen baulicher Mängel und Schäden und wegen der Notwendigkeit vorzeitigen Abbruchs

Die in Abschnitt 44 Abs. 7 BewRGr vorgeschriebene Berechnung des Abschlags wegen der Notwendigkeit vorzeitigen Abbruchs gilt dann nicht, wenn auch ein Abschlag wegen schlechten baulichen Zustands nach § 87 BewG 1965 zu gewähren ist. Trifft eine Wertminderung nach § 87 BewG 1965 mit einem Abschlag wegen der Notwendigkeit vorzeitigen Abbruchs zusammen, so muß ebenso wie in den Fällen der wirtschaftlichen Überalterung der Abschlag wegen der Notwendigkeit vorzeitigen Abbruchs gekürzt werden (vgl. vorstehende Ziff. 1).

3. Zusammentreffen von Abschlägen wegen übermäßiger Raumhöhe und wirtschaftlicher Überalterung

Es kann vorkommen, daß für ein Gebäude ein Abschlag wegen übergroßer Raumhöhe und ein Abschlag wegen wirtschaftlicher Überalterung zu gewähren ist. In diesen Fällen ist zunächst der Abschlag wegen übermäßiger Raumhöhe vorzunehmen. Bei der Bemessung des Abschlags wegen wirtschaftlicher Überalterung ist dann der sich nach der angenommenen geringeren Raumhöhe ergebende Gebäudenormalherstellungswert zugrunde zu legen.

Zu § 88 BewG **Anlage 088.1**

Beispiel A:
Ein Gebäude mit einer gewöhnlichen Lebensdauer von 100 Jahren ist im Hauptfeststellungszeitpunkt 30 Jahre alt. Infolge wirtschaftlicher Überalterung beträgt die Restlebensdauer nur noch 20 Jahre. Das Gebäude weist Räume mit übergroßen Höhen auf. Der Gebäudenormalherstellungswert beträgt nach der tatsächlichen Gebäudehöhe 400 000 DM, nach der angenommenen geringeren Höhe 200 000 DM.

Der Gebäudewert errechnet sich wie folgt:

Gebäudenormalherstellungswert			400 000 DM
Wertminderung wegen Alters 30 v. H.			− 120 000 DM
Gebäudesachwert			280 000 DM
Abschlag wegen übermäßiger Raummhöhe			
Sachwert nach der tatsächlichen Höhe	= 280 000 DM		
Sachwert nach der angenommenen Höhe			
$200\,000 - \dfrac{200\,000 \times 30}{100}$	= 140 000 DM		
	140 000 DM		− 140 000 DM
		verbleiben	140 000 DM
Abschlag wegen wirtschaftlicher Überalterung			
Wertminderung wegen Alters			
bei gewöhnlicher Lebensdauer	$30 \times 1{,}00 = 30$ v. H.		
bei verkürzter Lebensdauer	$30 \times 2{,}00 = 60$ v. H.		
	Unterschied = 30		
$\dfrac{200\,000 \times 30}{100} =$			− 60 000 DM
Gebäudewert			80 000 DM

Beispiel B:
Sachverhalt wie im Beispiel A; es liegt jedoch noch ein behebbarer Bauschaden von 10 v. H. vor.

Der Gebäudewert errechnet sich wie folgt:

Gebäudenormalherstellungswert			400 000 DM
Wertminderung wegen Alters 30 v. H.			− 120 000 DM
		verbleiben	280 000 DM
Wertminderung wegen Bauschäden 10 v. H.			− 28 000 DM
Gebäudesachwert			252 000 DM
Abschlag wegen übermäßiger Raumhöhe			
Sachwert nach der tatsächlichen Raumhöhe	252 000 DM		
Sachwert nach der angenommenen Höhe			
$200\,000 - \dfrac{200\,000 \times 30}{100} = 140\,000$ DM			
Abschlag wegen Bauschäden			
10 v. H. =	− 14 000 DM	− 126 000 DM	
	Unterschied	126 000 DM	− 126 000 DM
			126 000 DM
Abschlag wegen wirtschaftlicher Überalterung			
$\left(200\,000 - \dfrac{200\,000 \times 20}{100}\right) \times \dfrac{30}{100} =$			− 54 000 DM
Gebäudewert			72 000 DM

Anlage 088.1   Zu § 88 BewG

4. Zusammentreffen von Abschlägen wegen wirtschaftlicher Überalterung und der Notwendigkeit vorzeitigen Abbruchs aus anderen Gründen

Beide Abschläge sind nebeneinander zu gewähren. Allerdings kann der Abschlag wegen der Notwendigkeit vorzeitigen Abbruchs nur von dem nach Abzug des Abschlags wegen wirtschaftlicher Überalterung verbleibenden Wert vorgenommen werden.

Beispiel A:

Ein Gebäude mit einer gewöhnlichen Lebensdauer von 100 Jahren ist im Hauptfeststellungszeitpunkt 40 Jahre alt. Infolge wirtschaftlicher Überalterung beträgt die Restlebensdauer nur noch 20 Jahre. Aufgrund einer vertraglichen Verpflichtung muß das Gebäude schon in 5 Jahren abgebrochen werden. Der Gebäudenormalherstellungswert beträgt 400 000 DM.

Danach ergibt sich folgender Gebäudewert:

Gebäudenormalherstellungswert		400 000 DM
Wertminderung wegen Alters 40 v. H.		− 160 000 DM
Gebäudesachwert		240 000 DM

Abschlag wegen wirtschaftlicher Überalterung
Wertminderung wegen Alters
bei gewöhnlicher Lebensdauer

$$40 \times 1{,}00 = 40 \text{ v. H.}$$

bei verkürzter Lebensdauer

$$40 \times 1{,}67 = \underline{67} \text{ v. H.}$$
$$\text{Unterschied} = 27$$

$$\frac{400\,000 \times 27}{100} = \qquad\qquad − 108\,000 \text{ DM}$$

verbleiben   132 000 DM

Abschlag wegen der Abbruchverpflichtung

Restlebensdauer aufgrund der wirtschaftlichen Überalterung	20 Jahre
Tatsächliche Restlebensdauer	5 Jahre
Unterschied	= 15 Jahre

$$\frac{132\,000 \times 15}{20} = \qquad\qquad − 99\,000 \text{ DM}$$

Gebäudewert   33 000 DM

Beispiel B:

Sachverhalt wie im Beispiel A; es liegt jedoch ein behebbarer Bauschaden von 10 v. H. vor.

Der Gebäudewert errechnet sich wie folgt:

Gebäudenormalherstellungswert	400 000 DM
Wertminderung wegen Alters 40 v. H.	− 160 000 DM
verbleiben	240 000 DM
Wertminderung wegen Bauschäden 10 v. H.	− 24 000 DM
Gebäudesachwert	216 000 DM

Abschlag wegen wirtschaftlicher Überalterung

$$(400\,000 − \frac{400\,000 \times 10}{100}) \times \frac{27}{100} = \qquad − 97\,200 \text{ DM}$$

verbleiben   118 800 DM

Abschlag wegen der Abbruchsverpflichtung

$$\frac{118\,000 \times 15}{20} = \qquad\qquad − 89\,100 \text{ DM}$$

Gebäudewert   29 700 DM

Zu § 88 BewG

Anlage 088.2

Zusammentreffen von Abschlägen
wegen wirtschaftlicher Überalterung und der Notwendigkeit vorzeitigen Abbruchs

Erlaß FinMin Baden-Württemberg vom 25. März 1985
– S 3210 – 1/69 –

Liegen die Voraussetzungen für einen Abschlag wegen wirtschaftlicher Überalterung und wegen einer Abbruchverpflichtung gleichzeitig vor, so sind nach den bisherigen Anweisungen beide Abschläge nebeneinander zu gewähren. Dieser Grundsatz gilt jedoch nur, wenn die Restlebensdauer aufgrund der Abbruchverpflichtung kürzer ist als die Restlebensdauer aufgrund der wirtschaftlichen Überalterung. Folgende Fälle sind zu unterscheiden:

1. Die Abbruchverpflichtung ist erst nach Ablauf der verkürzten Gesamtlebensdauer wegen wirtschaftlicher Überalterung zu erfüllen.

   Die Abbruchverpflichtung wirkt sich in diesem Fall nicht wertmindernd auf das Gebäude aus. Bei der Ermittlung des Einheitswerts ist somit lediglich der Abschlag wegen wirtschaftlicher Überalterung zu berücksichtigen.

2. Die verkürzte Gesamtlebensdauer wegen wirtschaftlicher Überalterung endet in dem Zeitpunkt, für den die Abbruchverpflichtung vertraglich vorgesehen ist.

   Auch in diesem Fall würde ein Erwerber neben der Kürzung des Gebäudewerts wegen wirtschaftlicher Überalterung keinen zusätzlichen Abschlag wegen einer Abbruchverpflichtung geltend machen. Bei der Ermittlung des Einheitswerts ist somit nur ein einheitlicher Abschlagssatz zugrundezulegen, der sich nach dem Verhältnis des Gebäudealters im Feststellungszeitpunkt zur verkürzten Gesamtlebensdauer bestimmt.

3. Der Abbruch des Gebäudes ist vor Ablauf der wegen wirtschaftlicher Überalterung verkürzten Gesamtlebensdauer vorzunehmen.

   In diesem Fall ist neben dem Abschlag wegen wirtschaftlicher Überalterung der Umstand, daß das Gebäude vor Ablauf der verkürzten Gesamtlebensdauer abgebrochen werden soll, durch eine weitere Ermäßigung des Gebäudesachwerts zu berücksichtigen. Die Wertminderung wegen der Notwendigkeit vorzeitigen Abbruchs ist hierbei in Anlehnung an die im Erlaß vom 6. 4. 1967 S 3210 – 1/67 dargestellten Berechnungsmethode vorzunehmen.

Beispiel:

Ein Gebäude, das 1965 errichtet worden ist und eine gewöhnliche Lebensdauer von 40 Jahren hat, soll im Jahre 1989 abgebrochen werden. Wegen wirtschaftlicher Überalterung beträgt die technische Lebensdauer im Feststellungszeitpunkt 1. 1. 1984 nur noch 10 Jahre. Der Gebäudenormalherstellungswert wurde dem Finanzamt mit 400 000 DM ermittelt. Bei der Berechnung des Einheitswerts auf den 1. 1. 1984 sind folgende Abschläge zu berücksichtigen:

a) Ermäßigung wegen wirtschaftlicher Überalterung

$$\frac{\text{Alter im Feststellungszeitpunkt (19 Jahre)}}{\text{verkürzte Gesamtlebensdauer (29 Jahre)}} = 66 \text{ v. H.}$$

Höhe des Abschlags (66 v. H. von 400 000 DM) = 264 000 DM

b) Wertminderung wegen der Notwendigkeit vorzeitigen Abbruchs

Restlebensdauer aufgrund der wirtschaftlichen Überalterung	10 Jahre
tatsächliche Restlebensdauer	5 Jahre
Unterschied	5 Jahre

Höhe des Abschlags $\frac{5 \times 100}{10} = 50$ v. H. von dem um die Ermäßigung

wegen wirtschaftlicher Überalterung geminderten Gebäudewert (136 000 DM)	= 68 000 DM
Gebäudewert nach Berücksichtigung der Abschläge	68 000 DM

Anlage 088.3 Zu § 88 BewG

Einheitsbewertung des Grundvermögens;
hier: Auswirkungen der neueren BFH-Rechtsprechung zur Berechnung des Abschlags wegen einer Abbruchverpflichtung und des Abschlags wegen wirtschaftlicher Überalterung

Gleich lautende Erlasse der obersten Finanzbehörden der Länder vom 8. Oktober 1982
(BStBl. I S. 771)

I.

Der Bundesfinanzhof hat in seinem Urteil vom 3. Juli 1981 III R 53/79 (BStBl. II S. 761) die bisherigen Anweisungen zur Bemessung eines Abschlags wegen einer Abbruchverpflichtung bei den nach dem 31. Dezember 1963 errichteten und im Sachwertverfahren zu bewertenden Gebäuden auf fremdem Grund und Boden nicht gebilligt. Er ist der Auffassung, dass der Abschlag nach dem Verhältnis des tatsächlichen Alters des Gebäudes im jeweiligen Feststellungszeitpunkt zu der verkürzten Gesamtlebensdauer zu bemessen sei. Der so geschätzte Abschlag dürfe nicht um die fiktive Alterswertminderung für die Zeit zwischen dem Hauptfeststellungszeitpunkt und dem Fortschreibungszeitpunkt gekürzt werden.

Zur Anwendung dieses Urteils wird bemerkt:

1. Bei Gebäuden, die nach dem 31. Dezember 1963 errichtet wurden, ist der Abschlag nach § 94 Abs. 3 Satz 3 BewG wie folgt zu berechnen:

$$\frac{\text{Alter im Feststellungszeitpunkt}}{\text{verkürzte Gesamtlebensdauer}} \times 100 = \text{Abschlag in v.H. des Gebäudenormalherstellungswerts.}$$

Um den sich danach ergebenden Betrag ist der Gebäudesachwert zu kürzen.

2. Bei Gebäuden, die vor dem 1. Januar 1964 errichtet wurden, ist der sich nach der Berechnungsformel unter Nr. 1 ergebende Hundertsatz des Abschlags auch weiterhin um den Hundertsatz der Alterswertminderung nach § 86 BewG zu kürzen (vgl. BFH-Urteil vom 3. März 1972 III R 136/71, BStBl. II S. 896). Die Berechnungsformel lautet demnach:

$$\frac{\text{Alter im Feststellungszeitpunkt}}{\text{verkürzte Gesamtlebensdauer}} \times 100 - \text{Alterswertminderung in v.H.}$$

= Abschlag in v.H. des Gebäudenormalherstellungswerts. Um den sich danach ergebenden Betrag ist der Gebäudesachwert zu kürzen.

3. Das Näherrücken des Abbruchzeitpunkts ist als Änderung der tatsächlichen Verhältnisse anzusehen. Unter den Voraussetzungen des § 22 Abs. 1 Nr. 1 BewG ist deshalb eine Wertfortschreibung durchzuführen.

4. Die unter Nr. 1 bis 3 getroffene Regelung gilt auch in den Fällen der Verpflichtung zum Abbruch eines im Erbbaurecht errichteten Gebäudes (§ 92 Abs. 4 BewG) sowie der Notwendigkeit baldigen Abbruchs eines Gebäudes (§ 88 Abs. 1 BewG) und der wirtschaftlichen Überalterung eines Gebäudes (§ 88 Abs. 2 BewG). Der Abschlag wegen der Notwendigkeit baldigen Abbruchs setzt auch weiterhin voraus, daß das Gebäude innerhalb eines Zeitraums von 10 Jahren nach dem Feststellungszeitpunkt abzubrechen ist (Abschnitt 7 Abs. 1 Satz 1 der Fortschreibungs-Richtlinien in Verbindung mit Abschnitt 44 Abs. 7 Satz 1 BewR Gr). Abschläge wegen wirtschaftlicher Überalterung und wegen einer Abbruchverpflichtung können wie bisher nebeneinander zu gewähren sein.

II.

Bei einer Bewertung im Ertragswertverfahren ergibt sich der Abschlag wegen der Verpflichtung zum Abbruch des Gebäudes (§ 92 Abs. 4, § 94 Abs. 3 Satz 3 BewG) und wegen der Notwendigkeit baldigen Abbruchs des Gebäudes (§ 82 Abs. 1 Nr. 3 BewG) auch weiterhin aus der fortgeführten Anlage 9 der BewR Gr. Die Höhe des Abschlags bemisst sich jedoch – abweichend von Abschnitt 7 Abs. 2 Sätze 3 und 4 der Fortschreibungs-Richtlinien – stets nach der Zeit vom Feststellungszeitpunkt bis zum Zeitpunkt des Abbruchs.

Beispiel:

Massivgebäude, Baujahr 1950; Abbruch des Gebäudes Anfang 1984; Feststellungszeitpunkt 1. Januar 1981.

Der Abschlag beträgt nach der Spalte 2 der Anlage 9 der BewRGr 90 v.H. des Gebäudewerts.

III.

Abschnitt 7 der Fortschreibungs-Richtlinien ist insoweit überholt.

Zu § 89 BewG, zu Abschn. 45 BewRGr **Anlage 089.1** (Anlage 17 BewRGr)

Durchschnittspreise 1958 umgerechnet auf den Hauptfeststellungszeitpunkt 1. Januar 1964, für einzelne Außenanlagen

Einfriedungen:

		Höhe bis		
		1 m	2 m	3 m
		DM	DM	DM
Waldlattenzaun	je lfdm.	9,00	–	–
Maschendrahtzaun mit Beton- oder Stahlpfosten	je lfdm.	6,50 bis 12,00	10,00 bis 16,00	13,00 bis 19,00
Wellendrahtgitter mit Beton- oder Stahlpfosten	je lfdm.	16,00 bis 20,00	19,00 bis 22,00	21,00 bis 27,00
Zaun aus gehobelten Brettern	je lfdm.	10,00 bis 13,00	12,00 bis 16,00	14,50 bis 19,00
Plattenwände, geputzt	je lfdm.	16,50	24,00	32,00
Einfriedungsmauer aus Ziegelsteinen, 11,5 cm stark	je lfdm.	28,00	44,50	50,50
Einfriedungsmauer aus Ziegelsteinen, 24 cm stark	je lfdm.	40,00	60,00	70,00
Einfriedungsmauer aus Ziegelsteinen, 36,5 cm stark	je lfdm.	56,50	85,00	115,00
Holzzaun auf massivem Sockel	je lfdm.	29,50	37,50	43,00
Stahlgitter auf massivem Sockel	je lfdm.	37,50	48,50	55,00
Einfriedungsmauer aus Beton, Kunststein und dgl.	je lfdm.	30,00	55,00	65,00
Einfriedungsmauer aus Naturstein mit Abdeckplatten	je lfdm.	80,00	105,00	130,00

Tore, Türen

		DM
aus Holz	je m^2	30 bis 80
aus Stahl	je m^2	55 bis 120

Wege- und Platzbefestigungen

		DM
Wassergebundene, leichte Decke auf leichter Packlage	je m^2	6 bis 10
Zementplattenbelag	je m^2	13 bis 24
sonstiger Plattenbelag	je m^2	16 bis 27
Asphalt-, Teereinstreu-, Beton- oder ähnliche Decke auf Pack- oder Kieslage	je m^2	13 bis 19
Kopfstein- oder Kleinsteinpflaster	je m^2	21 bis 27
Wege mit Bruchsteinplattenbelag mit Unterbeton	je m^2	20 bis 24

Freiteppen

je lfdm. Stufe	20 bis 40

Be- und Entwässerungsanlagen (nur Anhaltspunkte)

		DM
Wasseranschluß ohne Gräben	je lfdm.	9 bis 17
Wasseranschluß mit Gräben	je lfdm.	30 bis 65
Entwässerungsleitungen	je lfdm.	40 bis 80

Rampen
(freistehend, ohne bauliche Verbindung mit einem Gebäude, sofern sie zum Grundstück rechnen)   je m^2 Grundfläche   DM 40,00

Stützmauern
je m^2 vordere Ansichtsfläche
(die Kosten der Fundamente sind eingerechnet)

aus Beton	40,00
aus Bruchstein in Mörtel oder als Trockenmauerwerk	55,00
aus Werkstein in Schichtenmauerwerk	105,00

Anlage 089.1 (Anlage 17 BewRGr)   Zu § 89 BewG, zu Abschn. 45 BewRGr

Schwimmbecken
je m² und je nach Ausführung   80 bis 350

Zu § 89 BewG, zu Abschn. 45 BewRGr   **Anlage 089.2**

a) Ergänzung und Untergliederung der in den Anlagen 14–17 BewRGr angegebenen Preise

Erlaß FinSen Berlin vom 2. August 1967
– III D 12 – S 3014 – 1/67 –

Zur Erzielung einer gleichmäßigen Bewertung der Sachwertgrundstücke werden die in den Anlagen 14 bis 17 BewRGr angegebenen Preise wie folgt geändert und untergliedert:

Zu Anlage 17 BewRGr ………………………………………………… DM/m^2

1. Aufwendige Gartengestaltung ……………………………………… 5–20
2. Tennisplätze mittlerer Ausführung ………………………………… 12–14
   ggf. pro Spielfeld (800 m^2) ………………………………………… rd. 10 000 DM
3. Brückenbauten auf bebauten Grundstücken mit mittleren Spannweiten …… 1000–3000 DM
   …………………………………………………………………………… Fahrbahnfläche

b) Ergänzung und Untergliederung der in den Anlagen 14–17 BewRGr angegebenen Preise

Erlaß FinSen Berlin vom 2. August 1967
– III D 12 – S 3014 – 1/67 –

Zu Abschnitt 45 Abs. 2 BewRGr
Lebensdauer in Jahren und jährliche Wertminderung in v. H. für Außenanlagen

	Lebensdauer in Jahren	Jährliche Wertminderung in v. H.
Für aufwendige Gartengestaltung	10	10
Für Tennisplätze mittlerer Ausführung	10	10
Für Brückenbauten auf bebauten Grundstücken für mittlere Spannweiten	50–100	2–1

Anlage 089.3 *Zu § 89 BewG*

Ermittlung des Werts von Außenanlagen bei der Einheitsbewertung der bebauten Grundstücke;
hier: Bewertung von sog. Lärmschutzdämmen und sonstigen Bauteilen, die dem Umweltschutz dienen

Vfg. OFD Frankfurt vom 13. November 1987
– S 3211 A – 1 – St III 40 –

Soweit eine – aufgrund von Auflagen der Genehmigungsbehörden für den Umweltschutz vorgeschriebene – dem bebauten Grundstück dienende bauliche Anlage errichtet ist, die in dem Katalog der Anlage 17 BewRGr nicht angesprochen wird, ist deren wertbeeinflussende Auswirkung zu erfassen.

Bei Grundstücken, die nach dem Sachwertverfahren zu bewerten sind, wäre der Wert eines vorhandenen Lärmschutzdammes mangels hierfür bestehender Durchschnittspreise aus den tatsächlichen Herstellungskosten abzuleiten. Der durch diese Außenanlage eingetretenen Werterhöhung des Grundstücks steht aber eine Minderung des Grund- und Bodenwerts wegen der nunmehr fehlenden oder eingeschränkten Ausnutzbarkeit der Bodenfläche des Lärmschutzdammes entgegen, so daß sich Werterhöhung und Wertminderung beim Grundstück ausgleichen werden. Dies rechtfertigt, von einer besonderen Wertermittlung im Falle eines Lärmschutzdammes abzusehen.

Sind Lärmschutzdämme auf Wohngrundstücken errichtet worden, ist ihr Wert im Rahmen der Einheitsbewertung des Grundstücks nach dem Ertragswertverfahren mit dem Ansatz der üblichen Jahresrohmiete des betreffenden Mietpreisspiegels abgegolten.

Neuartige Bauteile (z. B. schalldämmende Bauteile bei einer Zementmühle) oder Konstruktionen, die aufgrund von Auflagen für den Umweltschutz vorgeschrieben sind, werden – soweit es sich dabei nicht um Betriebsvorrichtungen handelt – als Gebäudebestandteil erfaßt und in Anlehnung an die Wertansätze der Anlagen 14 und 15 BewRGr bewertet.

Zu § 90 BewG, zu Abschn. 46 BewRGr **Anlage 090.1**

a) Wertzahlen nach der Verordnung zur Durchführung des § 90 des Bewertungsgesetzes in besonderen Fällen

Erlaß FinMin NRW vom 27. Februar 1967
– S 3212 – 1 – V 1 –

1. Für Zechen sind die Wertzahlen der Fabrikgrundstücke anzuwenden.
2. Molkereigrundstücke und Kühlhausgrundstücke fallen unter die Grundstücksgruppe „übrige Geschäftsgrundstücke" im Sinne des § 2 Abs. 1 Buchst. A Nr. 9 der Verordnung zur Durchführung des § 90 des Bewertungsgesetzes.
3. Betriebswerkstätten von Verkehrsbetrieben dienen unmittelbar dem öffentlichen Verkehr. Sie sind deshalb der in § 2 Abs. 1 Buchst. A Nr. 6 der Verordnung zur Durchführung des § 90 des Bewertungsgesetzes bezeichneten Grundstücksgruppe zuzurechnen.

b) Durchschnittliche Wertzahlen bei Fabriken

Erlaß FinMin NRW vom 18. April 1967
– S 3212 – 2 – V 1 –

Nch § 2 Abs. 5 Satz 1 der Verordnung zur Durchführung des § 90 BewG 1965 ist bei Geschäftsgrundstücken, die zu verschiedenen Grundstücksgruppen gehören, eine durchschnittliche Wertzahl zu bilden. Ausdrücklich ausgenommen von dieser Regelung sind die Teile eines Fabrikgrundstücks (§ 2 Abs. 5 letzter Satz VO). Unter Fabrikgrundstück i. S. dieser Vorschrift ist ein Grundstück zu verstehen, dessen Gebäude ausschließlich einem auf dem Grundstück unterhaltenen Fabrikbetrieb dienen. Für die Bildung einer durchschnittlichen Wertzahl bei Geschäftsgrundstücken nach § 2 Abs. 5 Satz 1 der Verordnung zur Durchführung des § 90 BewG 1965 können daher Wertzahlen für Fabriken und andere Wertzahlen in Betracht kommen.

Beispiel:

Geschäftsgrundstück mit einem dreigeschossigen Gebäude. Im Erdgeschoß befindet sich ein Warenhaus, im ersten und zweiten Geschoß eine Fabrik für optische Meßinstrumente. Für das Grundstück ist eine durchschnittliche Wertzahl aus den Wertzahlen für Warenhäuser und für Fabriken zu bilden.

c) Ausgleich der Wertzahlstufen bei Fabriken und Werkstätten des Handwerks

Erlaß FinMin NRW vom 6. Februar 1968
– S 3212 – 4 – V 1 –

Nach § 2 Abs. 1 Buchst. A Nr. 1 der Verordnung zu § 90 BewG 1965 sind die Wertzahlen für die Fabriken und für die Werkstätten des Handwerks nach der Höhe des für das Grundstück ermittelten Ausgangswerts abgestuft. Für Neu- und Nachkriegsbauten kommen je nach der Höhe des Ausgangswerts unterschiedliche Wertzahlen in Betracht. Für Nachkriegsbauten ist die Wertzahl niedriger, wenn der Ausgangswert die Grenze von 500 000 DM überschreitet. Ebenso ergeben sich für Neubauten und für Nachkriegsbauten niedrigere Wertzahlen, wenn der Ausgangswert mehr als 1 000 000 DM beträgt.

Diese Abstufung der Wertzahlen führt u. U. dazu, daß sich bei Ausgangswerten bis zu 500 000 DM oder bis zu 1 000 000 DM ein höherer Einheitswert ergibt als bei einem Ausgangswert über 500 000 DM oder über 1 000 000 DM. Beispielsweise ergibt sich

bei den Nachkriegsbauten, wenn der Ausgangswert 500 000 DM beträgt, ein

Einheitswert von $\frac{500\,000 \times 80}{100} = 400\,000$ DM, während sich bei einem Ausgangswert von 500 001 DM

unter Berücksichtigung der Abrundungsvorschrift

in § 30 BewG 1965 ein Einheitswert von nur $\frac{500\,001 \times 75}{100} = 375\,000$ DM ergibt, und bei den Neuund

Nachkriegsbauten, wenn der Ausgangswert

Anlage 090.1   Zu § 90 BewG, zu Abschn. 46 BewRGr

1 000 000 DM beträgt, ein Einheitswert von $\frac{1\,000\,000 \times 75}{100}$ = 750 000 DM, während sich bei einem Ausgangswert von 1 000 001 DM ein Einheitswert von nur

$\frac{1\,000\,001 \times 70}{100}$ = 700 000 DM ergibt.

Es ergeben sich somit Überschneidungen an der Grenze eines Ausgangswerts von 500 000 DM bis zur Höhe von 25 000 DM und an der Grenze eines Ausgangswerts von 1 000 000 DM bis zur Höhe von 50 000 DM.

Solche Überschneidungen widersprechen den Absichten des Verordnungsgebers. Sie müssen durch einen besonderen Ausgleich der Wertzahlstufen vermieden werden. Dazu werden für den Einheitswert nachstehend Höchstbeträge eingeführt, bis der Ausgangswert die Grenze von 500 000 DM oder 1 000 000 DM überschreitet.

Der Einheitswert ist in folgenden Fällen, wenn der Ausgangswert zwischen den angegebenen Beträgen liegt, wie folgt auf einen Höchstbetrag zu begrenzen:	Höchstbetrag des Einheitswerts (./. % von 500 000 DM bzw. 1 000 000 DM)
	DM
1. in den Fällen des § 2 Abs. 1 Buchst. A Nr. 1 der VO zu § 90 BewG 1965	
a) bei Nachkriegsbauten mit einem Ausgangswert zwischen 468 875 DM und 500 000 DM auf	375 000 (75%)
b) bei Neubauten und Nachkriegsbauten mit einem Ausgangswert zwischen 933 466,67 DM und 1 000 000 DM auf	700 000 (70 %)
2. in den Fällen der Stillegung des Betriebs nach § 3 Nr. 1 der VO zu § 90 BewG 1965	
a) bei Nachkriegsbauten mit einem Ausgangswert zwischen 464 428,57 DM und 500 000 auf	325 000 (65%)
b) bei Neubauten und Nachkriegsbauten mit einem Ausgangswert zwischen 923 230,77 DM und 1 000 000 DM auf	600 000 (60%)
3. in den Fällen der Stillegung des Betriebes nach § 3 Nr. 2 der VO zu § 90 BewG 1965	
a) bei Nachkriegsbauten mit einem Ausgangswert zwischen 466 800 DM und 500 000 DM auf	350 000 (70%)
b) bei Neubauten und Nachkriegsbauten mit einem Ausgangswert zwischen 928 714,29 DM und 1 000 000 DM auf	650 000 (65%)

Als Ausgangswerte, von denen an sich die Begrenzung auswirkt, sind dabei jeweils die Beträge errechnet worden, bei denen die Anwendung der in der Verordnung für Ausgangswerte bis zu 500 000 DM bzw. 1 000 000 DM vorgeschriebenen höheren Wertzahl erstmals zu einem Einheitswert führt, welcher um 100 DM über dem Einheitswert liegt, der sich bei der Anwendung der für Ausgangswerte über 500 000 DM bzw. 1 000 000 DM vorgeschriebenen niedrigeren Wertzahl auf einen gerade noch über dieser Betragsgrenze liegenden Ausgangswert unter Berücksichtigung der Abrundungsvorschriften ergibt.

Diese Regelung gilt auch für die Fälle des § 2 Abs. 4 Satz 2 der Verordnung zu § 90 BewG 1965. Gehört zu der wirtschaftlichen Einheit mit einem Ausgangswert bis zu 500 000 ein Nachkriegsbau, so darf der Einheitswert höchstens mit dem in der Tabelle unter Nr. 1 Buchst. a, Nr. 2 Buchst. a oder Nr. 3 Buchst. a aufgeführten Betrag festgestellt werden. Gehören zu der wirtschaftlichen Einheit mit einem Ausgangswert über 500 000 DM bis zu 1 000 000 DM Neubauten oder Nachkriegsbauten, so darf der Einheitswert höchstens mit dem in der Tabelle unter Nr. 1 Buchst. b, Nr. 2 Buchst. b oder Nr. 3 Buchst. b aufgeführten Betrag festgestellt werden.

Dagegen bezieht sich die Begrenzung des Einheitswerts nicht auf die in § 2 Abs. 5 der Verordnung zu § 90 BewG 1965 geregelten Fälle von Geschäftsgrundstücken, die teilweise zu den Fabriken und teilweise zu einer anderen Gruppe von Geschäftsgrundstücken gehören. In diesen Fällen wird weder bei der Bildung der durchschnittlichen Wertzahl noch bei der Feststellung des Einheitswerts eine Begrenzung vorgenommen.

Zu § 90 BewG　　　　　　　　　　　　　　　　　　　　　　　　　　　　　　**Anlage 090.1**

d) Wertzahlen nach der VO zu § 90 in besonderen Fällen
(Ausbesserungswerke, Brauereien, Busbetriebe, Kelter- und Kellereigebäude, Molkereien)

Vfg. OFD Frankfurt am Main vom 2. Januar 2018
(S 3212 A-001-St 116)

1. Ausbesserungswerke
Bahnausbesserungswerke unterscheiden sich in ihrer Funktion nicht wesentlich von den Betriebswerkstätten. Sie dienen ebenso wie die Betriebswerkstätten unmittelbar dem öffentlichen Verkehr. Ausbesserungswerke sind deshalb der in § 2 Abs. 1 Buchst. A Nr. 6 der VO zu § 90 BewG bezeichneten Grundstücksgruppe zuzurechnen.

2. Brauereien
Brauereien stellen ihre Erzeugnisse im Allgemeinen fabrikmäßig her. Deshalb sind sie als Fabriken im Sinne des § 2 Abs. 1 Buchst. A Nr. 1 der VO zu § 90 BewG anzusehen. Sie sind auch als Fabrikgrundstücke im Sinne der Anlage 14 BewRGr und des Abschnitts 41 Abs. 2 BewRGr zu bewerten.

3. Busbetriebe
Betreibt ein Busbetrieb mit seinen Bussen sowohl öffentlichen Linienverkehr als auch Reiseverkehr, so ist für die Anwendung der Wertzahl auf den Ausgangswert des Garagengrundstücks – analog zu § 6 Abs. 3 Grundsteuergesetz – die überwiegende Nutzung des Grundstücks maßgebend.

Werden sämtliche Busse grundsätzlich im öffentlichen Linienverkehr eingesetzt und wird nur mit einigen davon überwiegend Gelegenheitsverkehr durchgeführt, so dienen die in der Garagenhalle abgestellten Busse nicht ausschließlich dem öffentlichen Verkehr. Es stellt sich daher die Frage, ob für das Garagengrundstück nach § 2 Abs. 5 der VO zu § 90 BewG eine durchschnittliche Wertzahl zu bilden ist. Nach Auffassung der Mehrheit der Bewertungsreferenten der Länder ist dies zu verneinen.

Eine durchschnittliche Wertzahl nach § 2 Abs. 5 der VO zu § 90 BewG ist nur dann zu bilden, wenn Teile eines Geschäftsgrundstücks zu verschiedenen Grundstücksgruppen gehören. Bei einem reinen Garagengrundstück trifft dies jedoch nicht zu, es werden vielmehr nicht abgrenzbare Flächen der Garagenhalle zu jeweils wechselnden verschiedenen Zwecken genutzt.

In solchen Fällen muss daher auf die überwiegende Nutzung des Gebäudes abgestellt werden.

4. Kelter- und Kellereigebäude
Kelter- und Kellereigebäude der Weingärtnergenossenschaften und der Zentralkellereien (einschließlich der gewerblichen Weinkellereien und der Großkellereien) sind als Fabrikgebäude im Sinne des § 2 Abs. 1 Buchst. A Nr. 1 der VO zu § 90 BewG zu bewerten. Danach sind auch die Raummeterpreise der Anlage 14 BewRGr und Abschnitt 41 Abs. 2 BewRGr entsprechend anzuwenden.

5. Molkereien
Molkereigrundstücke sind als Fabrikgrundstücke im Sinne des § 2 Abs. 1 Buchst. A Nr. 1 der VO zu § 90 BewG zu bewerten. Für stillgelegte Molkereien ist somit die Wertzahl nach § 3 der VO zu § 90 BewG zu ermäßigen.

Anlage 090.2   Zu § 90 BewG, zu Abschn. 46 BewRGr

a) Wertzahlen für Wohnteile bei Geschäftsgrundstücken
Erlaß FinMin NRW vom 2. August 1972

$$- \frac{S\ 3015 - 2 - V\ C\ 1}{S\ 3212 - 15 - V\ C\ 1} -$$

Wenn Teile eines im Sachwertverfahren zu bewertenden Geschäftsgrundstücks Wohnzwecken dienen, ist nach § 2 Abs. 5 der Verordnung zu § 90 BewG 1965 eine durchschnittliche Wertzahl nicht zu bilden. § 2 Abs. 5 der Verordnung gilt nur für die Grundstücksart „Geschäftsgrundstücke". Eine durchschnittliche Wertzahl ist deshalb nach dieser Vorschrift nur dann zu bilden, wenn Teile eines Geschäftsgrundstücks zu den in § 2 Abs. 1 der VO unter Buchst. A bezeichneten Grundstücksgruppen gehören. Der Wohnzwecken dienende Teil eines Geschäftsgrundstücks fällt nicht darunter. Dieser Teil ist vielmehr der Grundstücksgruppe zuzurechnen, zu der er im Zusammenhang steht (z. B. die Wohnung des Bahnhofsvorstehers zur Grundstücksgruppe Nr. 6, die Hausmeisterwohnung in einem Bankgebäude zur Grundstücksgruppe Nr. 8). Besteht kein nutzungsmäßiger Zusammenhang mit einem Teil des Geschäftsgrundstücks, so ist der Wohnteil dem Teil des Geschäftsgrundstücks mit der niedrigsten Wertzahl zuzurechnen.

b) Wertzahl für stillgelegte Fabriken – Wertzahl nach § 3 der VO zur Durchführung des § 90 BewG
Vfg. OFD Frankfurt vom 10. Dezember 1986

– S 3212 A – 10 – St III 41 –

Aus gegebenem Anlaß wird darauf hingewiesen, daß die Sonderregelung des § 3 der VO nur für Grundstücke gilt, die in ihrer Gesamtheit als Fabrikgrundstücke anzusehen sind. § 3 der VO trägt der durch die Stillegung des Betriebs eingetretenen Minderung des gemeinen Werts eines Fabrikgrundstückes Rechnung. Aus diesem Grund kann eine Ermäßigung der Wertzahl nur erfolgen, wenn der gesamte Betrieb eingestellt wurde, nicht aber, wenn lediglich einzelne Teile des Grundstücks ungenutzt sind.

Die Vorschrift des § 3 der VO unterscheidet drei Fallgruppen der Stillegung:

1. Steht fest, daß ein Fabrikbetrieb spätestens nach zwei Jahren wieder aufgenommen wird, so bestimmt sich die Wertzahl nach § 2 der VO. Bei dieser Fallgruppe handelt es sich in der Regel um Veräußerungsvorgänge, d. h. der Veräußerer stellt seinen Fabrikbetrieb ein, und der Erwerber betreibt – ggf. nach betriebsspezifischen baulichen Veränderungen – seinen Fabrikbetrieb auf dem erworbenen Grundstück. Liegt also die alsbaldige Wiederaufnahme des Fabrikbetriebes im wirtschaftlichen Interesse des Erwerbers, so kann man in der Regel davon ausgehen, daß der Fabrikbetrieb innerhalb des Zweijahreszeitraums wieder aufgenommen wird. Gleiches gilt für bestimmte Betriebszweige innerhalb eines Konzerns, bei denen die Fertigung eines Produktes wegen Unrentabilität aufgegeben und die Produktion auf die Herstellung eines anderen Produktes umgestellt wird.

2. Läßt sich das Grundstück noch für einen Fabrikbetrieb verwenden, steht aber nicht fest, daß der Betrieb spätestens nach zwei Jahren wieder aufgenommen wird, so ermäßigt sich die Wertzahl um 5.

3. Läßt sich das Grundstück nicht mehr für einen Fabrikbetrieb, aber noch für andere Zwecke verwenden, so ermäßigt sich die Wertzahl um 10.

Die Grundsätze des § 3 Nr. 1 und Nr. 2 der VO müssen im Zusammenhang gesehen werden, denn Voraussetzung für die Ermäßigung der Wertzahl ist eine Betriebseinstellung aus rein wirtschaftlichen Erwägungen bzw. aus zwangsbedingter Notwendigkeit (Unrentabilität, Konkurs u. ä.). Die Gründe, die letztendlich zur Betriebsaufgabe führten, beeinflussen zu einem wesentlichen Anteil auch die spätere Verwendbarkeit des Grundstücks. So wird das Grundstück in der Regel nach der Betriebseinstellung auf dem Immobilienmarkt zur Veräußerung angeboten. Der Kreis der künftigen Erwerber wird im wesentlichen durch Grundstückslage, -beschaffenheit, -größe, -zuschnitt, Verkehrsanbindung, Zustand und Größe der vorhandenen Baulichkeiten bestimmt.

Eine Entscheidung über die Ermäßigung der Wertzahl kann somit nur unter Berücksichtigung aller dieser Umstände, d. h. der Verhältnisse im jeweiligen Feststellungszeitpunkt erfolgen. Dies ergibt sich bereits aus dem für die Einheitswertfeststellung maßgebenden Stichtagsprinzip.

Steht also der künftige Verwendungszweck eines Fabrikgrundstücks am Feststellungszeitpunkt noch nicht fest bzw. läßt sich nicht absehen, ob das Fabrikgrundstück innerhalb von zwei Jahren wieder seiner ursprünglichen Verwendung oder einer anderweitigen Verwendung zugeführt werden kann, so ist die Wertzahl um 5 zu ermäßigen.

Die Ermäßigung nach § 3 Nr. 1 der VO bildet die Ausnahme; sie kann nur vorgenommen werden, wenn unter Berücksichtigung aller wertbeeinflussenden Faktoren eine künftige Nutzung als Fabrikgrundstück mit an Sicherheit grenzender Wahrscheinlichkeit auszuschließen ist. Ein entsprechender Nachweis ist vom Antragsteller zu führen.

c) Bewertung von Warenhausgrundstücken mit Parkdächern oder Parkhäusern
Erlaß FinMin Niedersachsen vom 25. Juli 1991
– S 3212 – 12 – 34 –

Bei der Bewertung von Warenhausgrundstücken mit Parkdächern oder Parkhäusern ist aufgrund des als Urteil wirkenden Vorbescheids des BFH vom 14. November 1990 – II R 126/87 – (BStBl. 1991 II S. 556) auch dann nach § 2 Abs. 5 der Verordnung zu § 90 BewG eine durchschnittliche Wertzahlung zu bilden, wenn die Parkflächen in einem Nutzungs- und Funktionszusammenhang mit dem Warenhausbetrieb stehen, es sei denn, der Parkhausteil ist nur von untergeordneter Bedeutung oder es handelt sich lediglich um Parkflächen für Mitarbeiter.

d) Angleichung an den gemeinen Wert nach § 90 BewG bei Geschäftsgrundstücken und gemischtgenutzten Grundstücken im ehemaligen Zonenrandgebiet
Erlaß FinMin Hessen vom 8. Juni 1994
S 3212 A – 1 – II B 4a

Nach § 4 der Verordnung zu § 90 BewG vom 2. 9. 1966 (BStBl. I, 885) sind die Wertzahlen für Geschäftsgrundstücke und gemischtgenutzte Grundstücke, die im Zonenrandgebiet liegen, um 10 Punkte zu ermäßigen.

Die durch die Wiedervereinigung in diesem Gebiet eingetretenen Wertänderungen müssen bei der Einheitsbewertung des Grundbesitzes unberücksichtigt bleiben, da es sich hier um die Änderung von Wertverhältnissen handelt, für die § 27 BewG auf den Hauptfeststellungszeitpunkt 1. 1. 1964 abstellt.

Die Wertänderungen dürfen daher nicht zu einer Fortschreibung des Einheitswerts auf einen späteren Bewertungsstichtag führen.

Anlage 090.3 Zu § 90 BewG

Durchschnittliche Wertzahl für Garagengrundstücke von Kraftomnibusbetrieben
Erlaß FinMin Bayern vom 14. Juli 1971
S 3212 – 10/8 – 27 121

Eine durchschnittliche Wertzahl ist nur dann zu bilden, wenn Teile eines Geschäftsgrundstücks zu verschiedenen Grundstücksgruppen gehören (§ 2 Abs. 5 VO zu § 90 BewG). Das ist nicht der Fall, wenn bei Kraftomnibusbetrieben für den öffentlichen Linienverkehr sowie für den Reiseverkehr verwendete Omnibusse in einer gemeinsamen Garagenhalle abgestellt werden. Obwohl somit das Grundstück auch dem öffentlichen Verkehr dient, wird eine räumliche Abgrenzung der verschiedenen Nutzungen nicht möglich sein. Es ist deshalb auf die überwiegende Nutzung des Gebäudes abzustellen.

Zu § 92 BewG **Anlage 092.1**

Gesetz über das Erbbaurecht (Erbbaurechtsgesetz – ErbbauRG)

in der im BGBl. Teil III, Gliederungsnummer 403-6, veröffentlichten bereinigten Fassung
zuletzt geändert durch Artikel 4 Absatz 7 des Gestzes vom 1. Oktober 2013
(BGBl. I S. 3719)
– Auszug –

I. Begriff und Inhalt des Erbbaurechts

1. Gesetzlicher Inhalt
§ 1 [Begriff – Umfang]

(1) Ein Grundstück kann in der Weise belastet werden, daß demjenigen, zu dessen Gunsten die Belastung erfolgt, das veräußerliche und vererbliche Recht zusteht, auf oder unter der Oberfläche des Grundstücks ein Bauwerk zu haben (Erbbaurecht).

(2) Das Erbbaurecht kann auf einen für das Bauwerk nicht erforderlichen Teil des Grundstücks erstreckt werden, sofern das Bauwerk wirtschaftlich die Hauptsache bleibt.

(3) Die Beschränkung des Erbbaurechts auf einen Teil eines Gebäudes, insbesondere ein Stockwerk ist unzulässig.

(4) Das Erbbaurecht kann nicht durch auflösende Bedingungen beschränkt werden. Auf eine Vereinbarung, durch die sich der Erbbauberechtigte verpflichtet, beim Eintreten bestimmter Voraussetzungen das Erbbaurecht aufzugeben und seine Löschung im Grundbuch zu bewilligen, kann sich der Grundstückseigentümer nicht berufen.

2. Vertragsmäßiger Inhalt
§ 2 [Dinglich wirksame Vereinbarungen]

Zum Inhalt des Erbbaurechts gehören auch Vereinbarungen des Grundstückseigentümers und des Erbbauberechtigten über:
1. die Errichtung, die Instandhaltung und die Verwendung des Bauwerkes;
2. die Versicherung des Bauwerkes und seinen Wiederaufbau im Falle der Zerstörung;
3. die Tragung der öffentlichen und privatrechtlichen Lasten und Abgaben;
4. eine Verpflichtung des Erbbauberechtigten, das Erbbaurecht beim Eintreten bestimmter Voraussetzungen auf den Grundstückseigentümer zu übertragen (Heimfall);
5. eine Verpflichtung des Erbbauberechtigten zur Zahlung von Vertragsstrafen;
6. die Einräumung eines Vorrechts für den Erbbauberechtigten auf Erneuerung des Erbbaurechts nach dessen Ablauf;
7. eine Verpflichtung des Grundstückseigentümers, das Grundstück an den jeweiligen Erbbauberechtigten zu verkaufen.

§ 3 [Heimfallanspruch]

Der Heimfallanspruch des Grundstückseigentümers kann nicht von dem Eigentum an dem Grundstück getrennt werden; der Eigentümer kann verlangen, daß das Erbbaurecht einem von ihm zu bezeichnenden Dritten übertragen wird.

§ 4 [Verjährung]

Der Heimfallanspruch sowie der Anspruch auf eine Vertragsstrafe (§ 2 Nrn. 4 und 5) verjährt in sechs Monaten von dem Zeitpunkt an, in dem der Grundstückseigentümer von dem Vorhandensein der Voraussetzungen Kenntnis erlangt, ohne Rücksicht auf diese Kenntnis in zwei Jahren vom Eintreten der Voraussetzungen an.

§ 5 [Zustimmung des Grundstückseigentümers]

(1) Als Inhalt des Erbbaurechts kann auch vereinbart werden, daß der Erbbauberechtigte zur Veräußerung des Erbbaurechts der Zustimmung des Grundstückseigentümers bedarf.

(2) Als Inhalt des Erbbaurechts kann ferner vereinbart werden, daß der Erbbauberechtigte zur Belastung des Erbbaurechts mit einer Hypothek, Grund- oder Rentenschuld oder einer Reallast der Zustimmung des Grundstückseigentümers bedarf. Ist eine solche Vereinbarung getroffen, so kann auch eine Änderung des Inhalts der Hypothek, Grund- oder Rentenschuld oder der Reallast, die eine weitere Belastung des Erbbaurechts enthält, nicht ohne Zustimmung des Grundstückseigentümers erfolgen.

Anlage 092.1

Zu § 92 BewG

§ 6 [Fehlende Zustimmung]

(1) Ist eine Vereinbarung gemäß § 5 getroffen, so ist eine Verfügung des Erbbauberechtigten über das Erbbaurecht und ein Vertrag, durch den er sich zu einer solchen Verfügung verpflichtet, unwirksam, solange nicht der Grundstückseigentümer die erforderliche Zustimmung erteilt hat.

(2) Auf eine Vereinbarung, daß ein Zuwiderhandeln des Erbbauberechtigten gegen eine nach § 5 übernommene Beschränkung einen Heimfallanspruch begründen soll, kann sich der Grundstückseigentümer nicht berufen.

§ 7 [Anspruch auf Zustimmung]

(1) Ist anzunehmen, daß durch die Veräußerung (§ 5 Abs. 1) der mit der Bestellung des Erbbaurechts verfolgte Zweck nicht wesentlich beeinträchtigt oder gefährdet wird, und daß die Persönlichkeit des Erwerbers Gewähr für eine ordnungsmäßige Erfüllung der sich aus dem Erbbaurechtsinhalt ergebenden Verpflichtungen bietet, so kann der Erbbauberechtigte verlangen, daß der Grundstückseigentümer die Zustimmung zur Veräußerung erteilt. Dem Erbbauberechtigten kann auch für weitere Fälle ein Anspruch auf Erteilung der Zustimmung eingeräumt werden.

(2) Ist eine Belastung (§ 5 Abs. 2) mit den Regeln einer ordnungsmäßigen Wirtschaft vereinbar, und wird der mit der Bestellung des Erbbaurechts verfolgte Zweck nicht wesentlich beeinträchtigt oder gefährdet, so kann der Erbbauberechtigte verlangen, daß der Grundstückseigentümer die Zustimmung zu der Belastung erteilt.

(3) Wird die Zustimmung des Grundstückseigentümers ohne ausreichenden Grund verweigert, so kann sie auf Antrag des Erbbauberechtigten durch das Amtsgericht ersetzt werden, in dessen Bezirk das Grundstück belegen ist. Die Vorschriften des § 53 Abs. 1 Satz 1, Abs. 2 und des § 60 Abs. 1 Nr. 6 des Gesetzes über die Angelegenheiten der freiwilligen Gerichtsbarkeit gelten entsprechend.

§ 8 [Zwangsvollstreckung im Erbbaurecht]

Verfügungen, die im Wege der Zwangsvollstreckung oder der Arrestvollziehung oder durch den Konkursverwalter erfolgen, sind insoweit unwirksam, als sie die Rechte des Grundstückseigentümers aus einer Vereinbarung gemäß § 5 vereiteln oder beeinträchtigen würden.

3. Erbbauzins

§ 9 [Allgemeine Vorschriften]

(1) Wird für die Bestellung des Erbbaurechts ein Entgelt in wiederkehrenden Leistungen (Erbbauzins) ausbedungen, so finden die Vorschriften des Bürgerlichen Gesetzbuchs über die Reallasten entsprechende Anwendung. Die zugunsten der Landesgesetze bestehenden Vorbehalte über Reallasten finden keine Anwendung.

(2) Der Anspruch des Grundstückseigentümers auf Entrichtung des Erbbauzinses kann in Ansehung noch nicht fälliger Leistungen nicht von dem Eigentum an dem Grundstück getrennt werden.

(3) Als Inhalt des Erbbauzinses kann vereinbart werden, daß

1. die Reallast abweichend von § 52 Abs. 1 des Gesetzes über die Zwangsversteigerung und die Zwangsverwaltung mit ihrem Hauptanspruch bestehenbleibt, wenn der Grundstückseigentümer aus der Reallast oder der Inhaber eines im Range vorgehenden oder gleichstehenden dinglichen Rechts die Zwangsversteigerung des Erbbaurechts betreibt, und

2. der jeweilige Erbbauberechtigte dem jeweiligen Inhaber der Reallast gegenüber berechtigt ist, das Erbbaurecht in einem bestimmten Umfang mit einer der Reallast im Rang vorgehenden Grundschuld, Hypothek oder Rentenschuld im Erbbaugrundbuch zu belasten.

Ist das Erbbaurecht mit dinglichen Rechten belastet, ist für die Wirksamkeit der Vereinbarung die Zustimmung der Inhaber der der Erbbauzinsreallast im Rang vorgehenden oder gleichstehenden dinglichen Rechte erforderlich.

(4) Zahlungsverzug des Erbbauberechtigten kann den Heimfallanspruch nur dann begründen, wenn der Erbbauberechtigte mit dem Erbbauzinse mindestens in Höhe zweier Jahresbeträge im Rückstand ist.

§ 9a [Erhöhung des Erbbauzinses]

(1) Dient das auf Grund eines Erbbaurechts errichtete Bauwerk Wohnzwecken, so begründet eine Vereinbarung, daß eine Änderung des Erbbauzinses verlangt werden kann, einen Anspruch auf Erhöhung des Erbbauzinses nur, soweit diese unter Berücksichtigung aller Umstände des Einzelfalles nicht unbillig ist. Ein Erhöhungsanspruch ist regelmäßig als unbillig anzusehen, wenn und soweit die nach der vereinbarten Bemessungsgrundlage zu errechnende Erhöhung über die seit Vertragsabschluß eingetretene Änderung der allgemeinen wirtschaftlichen Verhältnisse hinausgeht. Änderungen der Grundstücks-

Zu § 92 BewG **Anlage 092.1**

wertverhältnisse bleiben außer den in Satz 4 genannten Fällen außer Betracht. Im Einzelfall kann bei Berücksichtigung aller Umstände, insbesondere
1. einer Änderung des Grundstückswertes infolge eigener zulässigerweise bewirkter Aufwendungen des Grundstückseigentümers oder
2. der Vorteile, welche eine Änderung des Grundstückswertes oder die ihr zugrunde liegenden Umstände für den Erbbauberechtigten mit sich bringen,

ein über diese Grenze hinausgehender Erhöhungsanspruch billig sein. Ein Anspruch auf Erhöhung des Erbbauzinses darf frühestens nach Ablauf von drei Jahren seit Vertragsabschluß und, wenn eine Erhöhung des Erbbauzinses bereits erfolgt ist, frühestens nach Ablauf von drei Jahren seit der jeweils letzten Erhöhung des Erbbauzinses geltend gemacht werden.

(2) Dient ein Teil des auf Grund des Erbbaurechts errichteten Bauwerks Wohnzwecken, so gilt Absatz 1 nur für den Anspruch auf Änderung eines angemessenen Teilbetrages des Erbbauzinses.

(3) Die Zulässigkeit einer Vormerkung zur Sicherung eines Anspruchs auf Erhöhung des Erbbauzinses wird durch die vorstehenden Vorschriften nicht berührt.

4. Rangstelle
§ 10

(1) Das Erbbaurecht kann nur zur ausschließlich ersten Rangstelle bestellt werden; der Rang kann nicht geändert werden. Rechte, die zur Erhaltung der Wirksamkeit gegenüber dem öffentlichen Glauben des Grundbuchs der Eintragung nicht bedürfen, bleiben außer Betracht.

(2) Die Landesregierungen werden ermächtigt, durch Rechtsverordnung zu bestimmen, dass bei der Bestellung des Erbbaurechts von dem Erfordernis der ersten Rangstelle abgewichen werden kann, wenn dies für die vorhergehenden Berechtigten und den Bestand des Erbbaurechts unschädlich ist.

5. Anwendung des Grundstücksrechts
§ 11

(1) Auf das Erbbaurecht finden die sich auf Grundstücke beziehenden Vorschriften mit Ausnahme der §§ 925, 927, 928 des Bürgerlichen Gesetzbuchs sowie die Vorschriften über Ansprüche aus dem Eigentum entsprechende Anwendung, soweit sich nicht aus diesem Gesetz ein anderes ergibt. Eine Übertragung des Erbbaurechts, die unter einer Bedingung oder einer Zeitbestimmung erfolgt, ist unwirksam.

(2) Auf einen Vertrag, durch den sich der eine Teil verpflichtet, ein Erbbaurecht zu bestellen oder zu erwerben, findet der § 311b Abs. 1 des Bürgerlichen Gesetzbuchs entsprechende Anwendung.

6. Bauwerk. Bestandteile
§ 12 [Wesentliche Bestandteile]

(1) Das auf Grund des Erbbaurechts errichtete Bauwerk gilt als wesentlicher Bestandteil des Erbbaurechts. Das gleiche gilt für ein Bauwerk, das bei der Bestellung des Erbbaurechts schon vorhanden ist. Die Haftung des Bauwerkes für die Belastungen des Grundstücks erlischt mit der Eintragung des Erbbaurechts im Grundbuch.

(2) Die §§ 94 und 95 des Bürgerlichen Gesetzbuchs finden auf das Erbbaurecht entsprechende Anwendung; die Bestandteile des Erbbaurechts sind nicht zugleich Bestandteile des Grundstücks.

(3) Erlischt das Erbbaurecht, so werden die Bestandteile des Erbbaurechts Bestandteile des Grundstücks.

§ 13 [Untergang des Bauwerks]
Das Erbbaurecht erlischt nicht dadurch, daß das Bauwerk untergeht.

II. Grundbuchvorschriften
§ 14 [Erbbaugrundbuch]

(1) Für das Erbbaurecht wird bei der Eintragung in das Grundbuch von Amts wegen ein besonderes Grundbuchblatt (Erbbaugrundbuch) angelegt. Im Erbbaugrundbuch sind auch der Eigentümer und jeder spätere Erwerber des Grundstücks zu vermerken. Zur näheren Bezeichnung des Inhalts des Erbbaurechts kann auf die Eintragungsbewilligung Bezug genommen werden.

(2) Bei der Eintragung im Grundbuch des Grundstücks ist zur näheren Bezeichnung des Inhalts des Erbbaurechts auf das Erbbaugrundbuch Bezug zu nehmen.

(3) Das Erbbaugrundbuch ist für das Erbbaurecht das Grundbuch im Sinne des Bürgerlichen Gesetzbuchs. Die Eintragung eines neuen Erbbauberechtigten ist unverzüglich auf dem Blatt des Grundstücks

Anlage 092.1

Zu § 92 BewG

zu vermerken. Bei Wohnungs- und Teilerbbauberechtigten wird der Vermerk durch Bezugnahme auf die Wohnungs- und Teilerbbaugrundbücher ersetzt.

(4) Die Landesregierungen werden ermächtigt, durch Rechtsverordnung zu bestimmen, dass die Vermerke nach Absatz 1 Satz 2 und Absatz 3 Satz 2 automatisiert angebracht werden, wenn das Grundbuch und das Erbbaugrundbuch als Datenbankgrundbuch geführt werden. Die Anordnung kann auf einzelne Grundbuchämter sowie auf einzelne Grundbuchblätter beschränkt werden. Die Landesregierungen können die Ermächtigung durch Rechtsverordnung auf die Landesjustizverwaltungen übertragen.

§ 15 [Nachweis der Zustimmung]
In den Fällen des § 5 darf der Rechtsübergang und die Belastung erst eingetragen werden, wenn dem Grundbuchamte die Zustimmung des Grundstückseigentümers nachgewiesen ist.

§ 16 [Löschung]
Bei der Löschung des Erbbaurechts wird das Erbbaugrundbuch von Amts wegen geschlossen.

§ 17 [Bekanntmachung]
(1) Jede Eintragung in das Erbbaugrundbuch soll auch dem Grundstückseigentümer, die Eintragung von Verfügungsbeschränkungen des Erbbauberechtigten den im Erbbaugrundbuch eingetragenen dinglich Berechtigten bekanntgemacht werden. Im übrigen sind § 44 Abs. 2, 3, § 55 Abs. 1 bis 3, 5 bis 8, §§ 55a und 55b der Grundbuchordnung entsprechend anzuwenden.

(2) Dem Erbbauberechtigten soll die Eintragung eines Grundstückseigentümers, die Eintragung von Verfügungsbeschränkungen des Grundstückseigentümers sowie die Eintragung eines Widerspruchs gegen die Eintragung des Eigentümers in das Grundbuch des Grundstücks bekanntgemacht werden.

(3) Auf die Bekanntmachung kann verzichtet werden.

V. Beendigung, Erneuerung, Heimfall

1. Beendigung

a) Aufhebung

§ 26
Das Erbbaurecht kann nur mit Zustimmung des Grundstückseigentümers aufgehoben werden. Die Zustimmung ist dem Grundbuchamt oder dem Erbbauberechtigten gegenüber zu erklären; sie ist unwiderruflich.

b) Zeitablauf

§ 27 [Entschädigung]
(1) Erlischt das Erbbaurecht durch Zeitablauf, so hat der Grundstückseigentümer dem Erbbauberechtigten eine Entschädigung für das Bauwerk zu leisten. Als Inhalt des Erbbaurechts können Vereinbarungen über die Höhe der Entschädigung und die Art ihrer Zahlung sowie über ihre Ausschließung getroffen werden.

(2) Ist das Erbbaurecht zur Befriedigung des Wohnbedürfnisses minderbemittelter Bevölkerungskreise bestellt, so muß die Entschädigung mindestens zwei Dritteile des gemeinen Wertes betragen, den das Bauwerk bei Ablauf des Erbbaurechts hat. Auf eine abweichende Vereinbarung kann sich der Grundstückseigentümer nicht berufen.

(3) Der Grundstückseigentümer kann seine Verpflichtung zur Zahlung der Entschädigung dadurch abwenden, daß er dem Erbbauberechtigten das Erbbaurecht vor dessen Ablauf für die voraussichtliche Standdauer des Bauwerkes verlängert; lehnt der Erbbauberechtigte die Verlängerung ab, so erlischt der Anspruch auf Entschädigung. Das Erbbaurecht kann zur Abwendung der Entschädigungspflicht wiederholt verlängert werden.

(4) Vor Eintritt der Fälligkeit kann der Anspruch auf Entschädigung nicht abgetreten werden.

§ 28 [Haftung der Entschädigungsforderung]
Die Entschädigungsforderung haftet auf dem Grundstück an Stelle des Erbbaurechts und mit dessen Range.

§ 29 [Rechte der Hypothekengläubiger]
Ist das Erbbaurecht bei Ablauf der Zeit, für die es bestellt war, noch mit einer Hypothek oder Grundschuld oder mit Rückständen aus Rentenschulden oder Reallasten belastet, so hat der Gläubiger der Hypothek, Grund- oder Rentenschuld oder Reallast an dem Entschädigungsanspruch dieselben Rechte, die ihm im Falle des Erlöschens seines Rechtes durch Zwangsversteigerung an dem Erlöse zustehen.

Zu § 92 BewG **Anlage 092.1**

§ 30 [Miet- und Pachtverträge]

(1) Erlischt das Erbbaurecht, so finden auf Miet- und Pachtverträge, die der Erbbauberechtigte abgeschlossen hat, die im Falle der Übertragung des Eigentums geltenden Vorschriften entsprechende Anwendung.

(2) Erlischt das Erbbaurecht durch Zeitablauf, so ist der Grundstückseigentümer berechtigt, das Miet- oder Pachtverhältnis unter Einhaltung der gesetzlichen Frist zu kündigen. Die Kündigung kann nur für einen der beiden ersten Termine erfolgen, für die sie zulässig ist. Erlischt das Erbbaurecht vorzeitig, so kann der Grundstückseigentümer das Kündigungsrecht erst ausüben, wenn das Erbbaurecht auch durch Zeitablauf erlöschen würde.

(3) Der Mieter oder Pächter kann den Grundstückseigentümer unter Bestimmung einer angemessenen Frist zur Erklärung darüber auffordern, ob er von dem Kündigungsrechte Gebrauch mache. Die Kündigung kann nur bis zum Ablauf der Frist erfolgen.

2. Erneuerung

§ 31

(1) Ist dem Erbbauberechtigten ein Vorrecht auf Erneuerung des Erbbaurechts eingeräumt (§ 2 Nr. 6), so kann er das Vorrecht ausüben, sobald der Eigentümer mit einem Dritten einen Vertrag über Bestellung eines Erbbaurechts an dem Grundstück geschlossen hat. Die Ausübung des Vorrechts ist ausgeschlossen, wenn das für den Dritten zu bestellende Erbbaurecht einem anderen wirtschaftlichen Zwecke zu dienen bestimmt ist.

(2) Das Vorrecht erlischt drei Jahre nach Ablauf der Zeit, für die das Erbbaurecht bestellt war.

(3) Die Vorschriften der §§ 505 bis 510, 513, 514 des Bürgerlichen Gesetzbuchs finden entsprechende Anwendung.

(4) Dritten gegenüber hat das Vorrecht die Wirkung einer Vormerkung zur Sicherung eines Anspruchs auf Einräumung des Erbbaurechts. Die §§ 1099 bis 1102 des Bürgerlichen Gesetzbuchs gelten entsprechend. Wird das Erbbaurecht vor Ablauf der drei Jahre (Abs. 2) im Grundbuch gelöscht, so ist zur Erhaltung des Vorrechts eine Vormerkung mit dem bisherigen Range des Erbbaurechts von Amts wegen einzutragen.

(5) Soweit im Falle des § 29 die Tilgung noch nicht erfolgt ist, hat der Gläubiger bei der Erneuerung an dem Erbbaurechte dieselben Rechte, die er zur Zeit des Ablaufs hatte. Die Rechte an der Entschädigungsforderung erlöschen.

3. Heimfall

§ 32 [Vergütungsanspruch]

(1) Macht der Grundstückseigentümer von seinem Heimfallanspruch Gebrauch, so hat er dem Erbbauberechtigten eine angemessene Vergütung für das Erbbaurecht zu gewähren. Als Inhalt des Erbbaurechts können Vereinbarungen über die Höhe dieser Vergütung und die Art ihrer Zahlung sowie ihre Ausschließung getroffen werden.

(2) Ist das Erbbaurecht zur Befriedigung des Wohnbedürfnisses minderbemittelter Bevölkerungskreise bestellt, so darf die Zahlung einer angemessenen Vergütung für das Erbbaurecht nicht ausgeschlossen werden. Auf eine abweichende Vereinbarung kann sich der Grundstückseigentümer nicht berufen. Die Vergütung ist nicht angemessen, wenn sie nicht mindestens zwei Dritteile des gemeinsamen Wertes des Erbbaurechts zur Zeit der Übertragung beträgt.

§ 33 [Fortbestehen von Belastungen]

(1) Beim Heimfall des Erbbaurechts bleiben die Hypotheken, Grund- und Rentenschulden und Reallasten bestehen, soweit sie nicht dem Erbbauberechtigten selbst zustehen. Dasselbe gilt für die Vormerkung eines gesetzlichen Anspruchs auf Eintragung einer Sicherungshypothek. Andere auf dem Erbbaurechte lastende Rechte erlöschen.

(2) Haftet bei einer Hypothek, die bestehen bleibt, der Erbbauberechtigte zugleich persönlich, so nimmt der Grundstückseigentümer die Schuld in Höhe der Hypothek. Die Vorschriften des § 416 des Bürgerlichen Gesetzbuchs finden entsprechende Anwendung. Das gleiche gilt, wenn bei einer bestehenbleibenden Grundschuld oder bei Rückständen aus Rentenschulden oder Reallasten der Erbbauberechtigte zugleich persönlich haftet.

(3) Die Forderungen, die der Grundstückseigentümer nach Absatz 2 übernimmt, werden auf die Vergütung (§ 32) angerechnet.

Anlage 092.1

Zu § 92 BewG

4. Bauwerk
§ 34 [Heimfall, Erlöschen]
Der Erbbauberechtigte ist nicht berechtigt, beim Heimfall oder beim Erlöschen des Erbbaurechts das Bauwerk wegzunehmen oder sich Bestandteile des Bauwerkes anzueignen.

Zu § 92 BewG **Anlage 092.2**

a) Wirtschaftliche Einheit von Erbbaurechten und Gebäuden auf fremdem Grund und Boden

Vfg. OFD Frankfurt vom 13. Februar 1987

$$-\frac{S\ 3192}{S\ 3217}\ A-3-St\ III\ 41-$$

In den Fällen, in denen zwei (oder mehrere) wirtschaftliche Einheiten (z. B. ein eigenes Grundstück und ein Erbbaurecht) mit einem einheitlichen Gebäude überbaut werden, bitte ich wie folgt zu verfahren:

1. Eigenes Grundstück und Erbbaurecht

Das eigene Grundstück und das Erbbaurecht sind als getrennte wirtschaftliche Einheit zu behandeln. Das bedeutet, daß jedes Erbbaurecht nur ein unselbständiges Teilgebäude erfassen kann.

1.1 Bei der Bewertung im Sachwertverfahren ist jeweils der umbaute Raum für das Teilgebäude zu erfassen, das auf dem Grund und Boden der jeweiligen wirtschaftliche Einheit steht. Bei der Ermittlung des Gebäudewertes sind jedoch die Merkmale für das Gesamtgebäude maßgebend, z. B. Gebäudeklasse bzw. Abschläge wegen übergroßer bebauter Fläche usw. Abschläge für fehlende Außenwände infolge der bewertungsrechtlichen Teilung der Gebäude kommen nicht in Betracht. In Einzelfällen können durch diese Aufteilung für den Steuerpflichtigen ungünstigere Ergebnisse wegen der fallenden Wertzahlen für Fabriken und Werkstätten des Handwerks (§ 2 Nr. 1 der VO zur Durchführung des § 90 BewG) entstehen.

1.2 Sollte ausnahmsweise eine Bewertung im Ertragswertverfahren vorzunehmen sein, so ist jeweils der Anteil an der Jahresrohmiete, der auf das Teilgebäude entfällt, zu ermitteln. Die Zu- und Abschläge nach § 82 BewG gelten entsprechend für das jeweilige Teilgebäude / z. B. Zuschlag für die Größe der nichtbebauten Fläche.

2. Erbbaurecht und Pachtgrundstück

Ebenso ist in den Fällen zu verfahren, in denen ein einheitliches Gebäude auf zwei aneinandergrenzenden Grundstücken errichtet worden ist und dem Gebäudeeigentümer an einem Grundstück ein Erbbaurecht bestellt worden ist, während er auf dem anderen Grundstück die Gebäudeteile als Gebäude auf fremdem Grund und Boden errichtet hat. Das Erbbaurecht und das Gebäude auf fremdem Grund und Boden sind als zwei wirtschaftliche Einheiten anzusehen (die dritte WE ist der Grund und Boden mit aufstehendem fremdem Gebäude).

3. Eigenes Grundstück und Pachtgrundstück

Hat der Grundstückseigentümer auf seinem Grundstück und auf dem nur gepachteten Nachbargrundstück ein einheitliches Gebäude errichtet, das, soweit es auf dem Nachbargrundstück steht, ein Gebäude auf fremdem Grund und Boden ist, so kann das Gebäude auf fremdem Grund und Boden in die wirtschaftliche Einheit des eigenen Grundstücks einbezogen werden.

4. Mehrere Erbbaurechte

Gehören Grundstücke, an denen Erbbaurechte für einen Berechtigten bestellt worden sind, ein und demselben Eigentümer (Erbbauverpflichtungen bzw. Erbbaugeber), so sind die einzelnen Erbbaurechte zu einer wirtschaftliche Einheit und die einzelnen belasteten Grundstücke zu einer wirtschaftlichen Einheit zusammenzufassen, wenn die Erbbaurechte im selben Zeitpunkt erlöschen.

b) Erwerb des belasteten Grundstücks durch den Erbbauberechtigten

Erlaß FinMin Baden-Württemberg vom 14. Oktober 1996

S 3215/4

Bei Grundstücken, die mit einem Erbbaurecht belastet sind, bilden das Erbbaurecht und das belastete Grundstück zwei selbständige wirtschaftliche Einheiten, für die jeweils ein eigener Einheitswert festzustellen ist (§ 92 Abs. 1 BewG).

Diese beiden wirtschaftlichen Einheiten bleiben auch dann bestehen, wenn der Erbbauberechtigte nachträglich das mit dem Erbbaurecht belastete Grundstück erwirbt, es aber unterläßt, das Erbbaurecht, z. B. aus Kostengründen, löschen zu lassen. § 92 Abs. 1 BewG stellt allein auf die zivilrechtliche Gestaltung ab. Auch wenn der Erbbauberechtigte zivilrechtlich Eigentümer des Grund und Bodens wird, erlischt das Erbbaurecht nicht ohne weiteres. Es bleibt als sog. Eigentümer-Erbbaurecht nach § 889 BGB bestehen bis es im Grundbuch gelöscht wird (Urteil des Niedersächsischen FG vom 21. 2. 1995 I 469/91 und I 479/91).

Anlage 092.2

Zu § 92 BewG

c) Einheitsbewertung des Grundvermögens und der Grundsteuer; Begriff, Entstehung und Verfahren in Fällen des Erbbaurechts

Vfg. OFD Magdeburg vom 4. September 2013
– S 3219 1-2-St 336 V; S 3219 1-2-St 272 –

1. Das Erbbaurecht im bürgerlichen Recht

a) Begriff des Erbbaurechts

Das Erbbaurecht ist das zeitlich befristete, veräußerliche und vererbliche Recht, ein Bauwerk auf – in der Regel – fremdem Grund und Boden zu errichten, innezuhaben und zu unterhalten. Für die Dauer dieses Rechts steht dem Erbbauberechtigten die Sachherrschaft über die Grundstücksfläche zu. Bürgerlich-rechtlicher Eigentümer des mit dem Erbbaurecht belasteten Grundstücks bleibt der Erbbauverpflichtete.

Das Erbbaurecht ist einem Grundstück gleichgestellt und kann deshalb z. B. in gleicher Weise mit Grundpfandrechten belastet werden.

b) Formalrechtliche Entstehung und Gestaltung

Zur Entstehung des Erbbaurechts bedarf es sowohl der Einigung zwischen dem Grundstückseigentümer (Erbbauverpflichteter) und dem Erbbauberechtigten über die Bestellung durch notariell beurkundeten Erbbaurechtsvertrag als auch der Eintragung im Grundbuch. Neben dem Vermerk als Belastung des Erbbaugrundstücks wird für das Erbbaurecht ein eigenes Grundbuchblatt angelegt (Erbbaugrundbuch). Für die Dauer des Erbbaurechts verpflichtet sich der Berechtigte in der Regel zur Zahlung eines Erbbauzinses an den Grundstückseigentümer.

Das Erbbaurecht endet regelmäßig durch Aufhebung oder durch Zeitablauf; Erbbauverpflichtete und -berechtigte haben daneben die Möglichkeit, die Rückübertragung (Heimfall) des Erbbaurechts für bestimmte Fälle (z. B. Vertragsverletzung) zu vereinbaren.

2. Das Erbbaurecht im Bewertungsrecht

a) Bewertungsrechtliche Stellung

Das Erbbaurecht wird im Bewertungsrecht – wie auch im bürgerlichen Recht – als selbständiges Grundstück behandelt (§ 129 Abs. 2 Nr. 1 BewG i. V. m. § 50 Abs. 2 BewG-DDR).

b) Bewertung des Erbbaurechts im Beitrittsgebiet

Wird an einem Grundstück ein Erbbaurecht bestellt und wurde für dieses Grundstück bereits ein EW (z. B. als unbebautes Grundstück) festgestellt, ist eine Zurechnungsfortschreibung durchzuführen. Nach der Bebauung durch den Erbbauberechtigten ist eine Art- und Wertfortschreibung zu prüfen.

Ist kein EW vorhanden, weil das Grundstück z. B. aus einer bestehenden wirtschaftlichen Einheit herausgelöst wurde, ist dieser im Wege der Nachfeststellung zu ermitteln.

Nach § 46 Abs. 1 RBewDV ist für die wirtschaftliche Einheit des mit dem Erbbaurecht belasteten Grundstücks der Gesamtwert zu ermitteln und ein Einheitswert so festzustellen, als wenn die Belastung nicht bestünde.

Bei einer Laufzeit des Erbbaurechts von weniger als 50 Jahren sind die Anteile des Erbbauberechtigten und des Grundstückseigentümers am Gesamtwert aufzuteilen und diesen zuzurechnen (§ 46 Abs. 3 RBewDV).

c) Erbbaurecht im Zusammenhang mit der Sachenrechtsbereinigung

In Zukunft wird das Erbbaurecht insbesondere in den neuen Bundesländern an Bedeutung gewinnen, da sich im Zuge der Sachenrechtsbereinigung viele Nutzungsberechtigte für die Möglichkeit der Einräumung eines Erbbaurechts entscheiden können. Wird bei der Sachenrechtsbereinigung zwischen dem Eigentümer des Grund und Bodens und dem Eigentümer des Gebäudes die Bestellung eines Erbbaurechts vereinbart, ist entsprechend der Regelung in der Bew-Kartei ST § 50 BewG-DDR Karte 3 (Tz. 2.3 des Erlasses), das Erbbaurecht im Rahmen einer Zurechnungsfortschreibung des darüber hinaus wegen Art- und ggf. Wertänderung fortzuschreibenden Einheitswerts der bisherigen wirtschaftlichen Einheit des Grund und Bodens zu berücksichtigen. Die Anteile des Erbbauberechtigten und des Grundstückseigentümers sind dabei nach § 46 RBewDV zu ermitteln. Besteht für das Gebäude ein Einheitswert, ist dieser aufzuheben.

d) Zeitpunkt der Entstehung des Erbbaurechts

Grundsätzlich entsteht das Erbbaurecht mit der Eintragung im Grundbuch. Wird dem Berechtigten jedoch durch Regelung im Erbbaurechtsvertrag die wirtschaftliche Stellung des Erbbauberechtigten bereits auf einen früheren Zeitpunkt übertragen (z. B. vertragliche Regelung zur Übergabe des Erbbaugrundstücks oder Nutzen- und Lastenwechsel vor zivilrechtlicher Entstehung durch Grundbucheintragung), ist ihm das Erbbaurecht bereits auf den darauf folgenden Stichtag zuzurechnen. Feststellungszeitpunkt für die Erfassung und Bewertung des Erbbaurechts ist demnach grundsätzlich der auf die Entstehung des Erbbaurechts/Grundbucheintragung folgende 1.1.; wird dem Erbbauberechtigten das wirtschaftliche Eigentum aber bereits vor Grundbucheintragung übertragen, so ist der Einheitswert schon auf den Beginn des Kalenderjahres, das auf den wirtschaftlichen Erwerb des Erbbaurechts folgt, festzustellen.

3. Steuerbefreiung bei einem Erbbaurecht

Die Regelung des § 10 Abs. 2 GrStG, wonach der Erbbauberechtigte auch Schuldner der Grundsteuer ist, berührt nicht die Anwendung der Befreiungsvorschriften der §§ 3–8 GrStG. Entscheidend ist vielmehr, wem das Grundstück ausschließlich (§ 3 Abs. 1 letzter Satz, § 4 Nrn. 5 und 6 GrStG) zugerechnet worden ist.

Wenn die Dauer des Erbbaurechts – vom Stichtag her gesehen – weniger als 50 Jahre beträgt, ist die Verteilung nach § 46 Abs. 3 RBewDV eine Frage der Zurechnung der wirtschaftlichen Einheit. Folglich ist in einem solchen Fall die subjektive Befreiungsvoraussetzung nur dann erfüllt, wenn sowohl in der Person des Erbbauberechtigten als auch in der des Eigentümers des Grund und Bodens ein Befreiungsgrund vorliegt.

4. Das Erbbaurecht als Betriebsgrundstück

Für Betriebsgrundstücke ist der Gewerbeertrag gem. § 9 Abs. 1 Nr. 1 GewStG zu kürzen. Diese Kürzung bei zum Betriebsvermögen gehörendem Grundbesitz (Betriebsgrundstück) ist beim Erbbaurecht nur auf den (ggf. anteiligen) Wert des Erbbaurechts beschränkt. Der (ggf. anteilige) Wert des Erbbaugrundstücks ist bei der Kürzung nicht zu berücksichtigen (H 9.1 [Erbbaurecht] GewStR 2009).

Die Entscheidung, ob eine Betriebsgrundstück vorliegt, ist nicht mehr bei bei der Einheitsbewertung, sondern nur noch nach ertragsteuerlichen Grundsätzen zu treffen. In AUTBEG ist daher keine Angabe der Vermögensart vorgesehen (§ 19 Abs. 3 BewG).

Um den zutreffenden (anteiligen) Einheitswert für die o. g. Kürzung ermitteln zu können, bitte ich wie folgt zu verfahren:

Ist Erbbauberechtigter eine der in § 97 BewG genannten Körperschaften, Personenvereinigungen und Vermögensmassen, gelten die Grundsätze nach Tz. 2 und der Wert ist ggf. auf den Erbbauberechtigten und -verpflichteten aufzuteilen (Tz. 2 b). Gleiches gilt, wenn der Erbbauberechtigte eine natürliche Person ist und Einkünfte aus einem Gewerbebetrieb (§ 15 Abs. 2 EStG) erzielt. Wird das Erbbaurecht eigenbetrieblich genutzt, handelt es sich um notwendiges Betriebsvermögen (R 4.2 Abs. 7 EStR 2012). Bei zu Wohnzwecken oder zur gewerblichen Nutzung vermieteten Erbbaurechten kann es sich um gewillkürtes Betriebsvermögen handeln (R 4.2 Abs. 9 EStR 2012). Um den Ermittlungsaufwand, insbesondere beim gewillkürten Betriebsvermögen, in Grenzen zu halten, ist nur bei ausschließlich zu eigenen Wohnzwecken genutzten Erbbaurechten (Einfamilienhaus, Wohnungseigentum, Wochenendhäuser etc.) auf die Aufteilung auf den Erbbauberechtigten und -verpflichteten zu verzichten.

d) Verteilung des Gesamtwerts bei der Bewertung von Erbbaurechten (§ 92 Abs. 3 BewG)
Erlaß FinMin. Baden-Württemberg vom 24. März 1998
– 3 – S 3215/6 –

In Erbbaurechtsfällen ist die Verteilung des Gesamtwerts auf die wirtschaftlichen Einheiten des Erbbaurechts sowie des belasteten Grundstücks nach § 92 Abs. 3 BewG nach Wegfall der VSt. weitgehend ohne steuerliche Bedeutung. Für Zwecke der Grundsteuererhebung ist der Erbbauberechtigte sowohl hinsichtlich der wirtschaftlichen Einheit des Erbbaurechts als auch der des belasteten Grundstücks Steuerschuldner (§ 10 Abs. 2 GrStG). Eine steuerliche Relevanz ergibt sich lediglich noch für die Festsetzung der GewSt. Gem. § 9 Nr. 1 Satz 1 GewStG ist die Summe des Gewinns und der Hinzurechnungen um 1,2 v. H. des Einheitswerts des zum Betriebsvermögen des Unternehmens gehörenden Grundbesitzes zu kürzen.

In allen Fällen, bei denen es sich nicht um Betriebsgrundstücke handelt, ist künftig wie folgt zu verfahren:

1. Eine Verteilung des Gesamtwerts ist in den Fällen, in denen dieser erstmals gem. § 92 Abs. 3 BewG nicht mehr in voller Höhe auf das Erbbaurecht entfällt, auf Stichtage ab dem 1.1.1997 regelmäßig nicht mehr vorzunehmen. Weil sie für die Grundsteuer keine nennenswerte steuerliche Bedeutung

Anlage 092.2   Zu § 92 BewG

---

hat (mit Ausnahme von Rundungsdifferenzen), muß sie nach § 19 Abs. 4 BewG unterbleiben. Entsprechendes gilt auch für Neuverteilungen des Gesamtwertes (§ 92 Abs. 7 Satz 3 BewG).

2. Kommt es wegen einer Nachfeststellung oder Wertfortschreibung zu einer neuen Feststellung des Gesamtwerts (§ 92 Abs. 7 Satz 1 i. V. mit § 22 BewG), so ist § 92 Abs. 3 BewG anzuwenden. Die Bekanntgabe der Nachfeststellung/Wertfortschreibung erfolgt nur gegenüber den Erbbauberechtigten als Schuldner der Grundsteuer (§ 19 Abs. 4 BewG).

3. Gelten für Erbbaurecht und belastetes Grundstück unterschiedliche Befreiungstatbestände bei der Grundsteuer, werden die Fortschreibungen wegen anderweitiger Verteilung des Gesamtwerts wie bisher, aber nur gegenüber dem Erbbauberechtigten als Schuldner der Grundsteuer durchgeführt.

4. Wird in Einzelfällen eine steuerliche Bedeutung geltend gemacht (z. B. bei Grundstücken, die zu einem Betriebsvermögen gehören, ohne Betriebsgrundstück zu sein), ist die Verteilung gegenüber dem Beteiligten durchzuführen, bei dem sich diese Bedeutung tatsächlich ergibt. Zeigt die Prüfung des Falls, daß eine steuerliche Bedeutung nicht vorliegt, ist der Antrag des Stpfl. unter Hinweis auf § 19 Abs. 4 BewG abzulehnen.

Bei Betriebsgrundstücken ist die Erst-/Neuverteilung des Gesamtwerts wegen der möglichen steuerlichen Bedeutung bei der GewSt. (s.o.) stets vorzunehmen.

Berücksichtigung einer Abbruchverpflichtung beim Erbbaurecht sowie bei Gebäuden auf fremdem Grund und Boden
Einheitsbewertung

Vfg: OFD Frankfurt am Main vom 28. Dezember 2017
(S 3215 A – 003 – St 116)

Die Verpflichtung des Erbbaurechts, das Gebäude bei Beendigung des Erbbaurechts abzubrechen, ist durch einen Abschlag zu berücksichtigen. Bei Bewertungen im Ertragswertverfahren ist die Höhe des Abschlags der Anlage 9 der BewRGr zu entnehmen (Abschn. 48 Abs. 5, Abschn. 50 Abs. 3 BewRGr). Diese Tabelle endet bei einer restlichen Lebensdauer des Gebäudes von 30 Jahren.

Ein Abschlag unterbleibt jedoch auch bei einer restlichen Lebensdauer von mehr als 30 Jahren nicht. Dem Erbbauberechtigten wird nach § 92 Abs. 3 Satz 5 BewG in Verbindung mit der Tabelle in Satz 2 ein Anteil am Gebäudewert zugerechnet, wenn das Erbbaurecht noch mehr als 30 Jahre, aber weniger als 50 Jahre dauert und das Gebäude bei seinem Ablauf entschädigungslos an den Eigentümer des belasteten Grundstücks fällt. Bei dieser Rechtslage kann dem Erbbauberechtigten in dem wirtschaftlich für ihn ähnlich liegenden Fall, in dem er das Gebäude nach dem nach 30, aber früher als in 50 Jahren bevorstehenden Ablauf des Erbbaurechts abbrechen muss, ebenfalls nicht der volle Gebäudewert, sondern nur ein um einen Abschlag verminderter Gebäudewert zugerechnet werden. Bei einem Gebäude auf fremdem Grund und Boden ist entsprechend zu entscheiden. Der Abschlag bei einer Bewertung im Ertragswertverfahren ist der Tabelle Anhang 25 zu Abschn. 31, 48, 50 BewRGr (Handausgabe BewRGr) zu entnehmen, die an die Hundertsätze der Anlage 9 BewRGr anschließt.

Anlage 093.1

Zu § 93 BewG, zu Abschn. 49 BewRGr

Gesetz über das Wohnungseigentum und das Dauerwohnrecht
(Wohnungseigentumsgesetz)

Wohnungseigentumsgesetz in der Fassung der Bekanntmachung vom 12. Januar 2021 (BGBl. I S. 34) (Wegen des Umfangs der Geltung im Saarland vgl. § 3 II Nr. 1 G v. 30.6.1959 101-3; in Berlin gem. Art. III G v. 2.8.1951 GVBl. S. 547 am 10.8.1951 in Kraft getreten; Überschrift: Buchstabenabkürzung eingef. durch Art. 1 Nr. 1 G v. 16.10.2020 2187 mWv 1.12.2020)

Teil 1
Wohnungseigentum

Abschnitt 1
Begriffsbestimmungen

§ 1
Begriffsbestimmungen

(1) Nach Maßgabe dieses Gesetzes kann an Wohnungen das Wohnungseigentum, an nicht zu Wohnzwecken dienenden Räumen eines Gebäudes das Teileigentum begründet werden.

(2) Wohnungseigentum ist das Sondereigentum an einer Wohnung in Verbindung mit dem Miteigentumsanteil an dem gemeinschaftlichen Eigentum, zu dem es gehört.

(3) Teileigentum ist das Sondereigentum an nicht zu Wohnzwecken dienenden Räumen eines Gebäudes in Verbindung mit dem Miteigentumsanteil an dem gemeinschaftlichen Eigentum, zu dem es gehört.

(4) Wohnungseigentum und Teileigentum können nicht in der Weise begründet werden, dass das Sondereigentum mit Miteigentum an mehreren Grundstücken verbunden wird.

(5) Gemeinschaftliches Eigentum im Sinne dieses Gesetzes sind das Grundstück und das Gebäude, soweit sie nicht im Sondereigentum oder im Eigentum eines Dritten stehen.

(6) Für das Teileigentum gelten die Vorschriften über das Wohnungseigentum entsprechend.

Abschnitt 2
Begründung des Wohnungseigentums

§ 2
Arten der Begründung

Wohnungseigentum wird durch die vertragliche Einräumung von Sondereigentum (§ 3) oder durch Teilung (§ 8) begründet.

§ 3
Vertragliche Einräumung von Sondereigentum

(1) [1]Das Miteigentum (§ 1008 des Bürgerlichen Gesetzbuchs) an einem Grundstück kann durch Vertrag der Miteigentümer in der Weise beschränkt werden, dass jedem der Miteigentümer abweichend von § 93 des Bürgerlichen Gesetzbuchs das Eigentum an einer bestimmten Wohnung oder an nicht zu Wohnzwecken dienenden bestimmten Räumen in einem auf dem Grundstück errichteten oder zu errichtenden Gebäude (Sondereigentum) eingeräumt wird. [2]Stellplätze gelten als Räume im Sinne des Satzes 1.

(2) Das Sondereigentum kann auf einen außerhalb des Gebäudes liegenden Teil des Grundstücks erstreckt werden, es sei denn, die Wohnung oder die nicht zu Wohnzwecken dienenden Räume bleiben dadurch wirtschaftlich nicht die Hauptsache.

(3) Sondereigentum soll nur eingeräumt werden, wenn die Wohnungen oder sonstigen Räume in sich abgeschlossen sind und Stellplätze sowie außerhalb des Gebäudes liegende Teile des Grundstücks durch Maßangaben im Aufteilungsplan bestimmt sind.

§ 4
Formvorschriften

(1) Zur Einräumung und zur Aufhebung des Sondereigentums ist die Einigung der Beteiligten über den Eintritt der Rechtsänderung und die Eintragung in das Grundbuch erforderlich.

(2) [1]Die Einigung bedarf der für die Auflassung vorgeschriebenen Form. [2]Sondereigentum kann nicht unter einer Bedingung oder Zeitbestimmung eingeräumt oder aufgehoben werden.

(3) Für einen Vertrag, durch den sich ein Teil verpflichtet, Sondereigentum einzuräumen, zu erwerben oder aufzuheben, gilt § 311b Absatz 1 des Bürgerlichen Gesetzbuchs entsprechend.

§ 5
Gegenstand und Inhalt des Sondereigentums

(1) ¹Gegenstand des Sondereigentums sind die gemäß § 3 Absatz 1 Satz 1 bestimmten Räume sowie die zu diesen Räumen gehörenden Bestandteile des Gebäudes, die verändert, beseitigt oder eingefügt werden können, ohne dass dadurch das gemeinschaftliche Eigentum oder ein auf Sondereigentum beruhendes Recht eines anderen Wohnungseigentümers über das bei einem geordneten Zusammenleben unvermeidliche Maß hinaus beeinträchtigt oder die äußere Gestaltung des Gebäudes verändert wird. ²Soweit sich das Sondereigentum auf außerhalb des Gebäudes liegende Teile des Grundstücks erstreckt, gilt § 94 des Bürgerlichen Gesetzbuchs entsprechend.

(2) Teile des Gebäudes, die für dessen Bestand oder Sicherheit erforderlich sind, sowie Anlagen und Einrichtungen, die dem gemeinschaftlichen Gebrauch der Wohnungseigentümer dienen, sind nicht Gegenstand des Sondereigentums, selbst wenn sie sich im Bereich der im Sondereigentum stehenden Räume oder Teile des Grundstücks befinden.

(3) Die Wohnungseigentümer können vereinbaren, dass Bestandteile des Gebäudes, die Gegenstand des Sondereigentums sein können, zum gemeinschaftlichen Eigentum gehören.

(4) ¹Vereinbarungen über das Verhältnis der Wohnungseigentümer untereinander und Beschlüsse aufgrund einer solchen Vereinbarung können nach den Vorschriften des Abschnitts 4 zum Inhalt des Sondereigentums gemacht werden. ²Ist das Wohnungseigentum mit der Hypothek, Grund- oder Rentenschuld oder der Reallast eines Dritten belastet, so ist dessen nach anderen Rechtsvorschriften notwendige Zustimmung nur erforderlich, wenn ein Sondernutzungsrecht begründet oder ein mit dem Wohnungseigentum verbundenes Sondernutzungsrecht aufgehoben, geändert oder übertragen wird.

§ 6
Unselbständigkeit des Sondereigentums

(1) Das Sondereigentum kann ohne den Miteigentumsanteil, zu dem es gehört, nicht veräußert oder belastet werden.

(2) Rechte an dem Miteigentumsanteil erstrecken sich auf das zu ihm gehörende Sondereigentum.

§ 7
Grundbuchvorschriften

(1) ¹Im Fall des § 3 Absatz 1 wird für jeden Miteigentumsanteil von Amts wegen ein besonderes Grundbuchblatt (Wohnungsgrundbuch, Teileigentumsgrundbuch) angelegt. ²Auf diesem ist das zu dem Miteigentumsanteil gehörende Sondereigentum und als Beschränkung des Miteigentums die Einräumung der zu den anderen Miteigentumsanteilen gehörenden Sondereigentumsrechte einzutragen. ³Das Grundbuchblatt des Grundstücks wird von Amts wegen geschlossen.

(2) ¹Zur Eintragung eines Beschlusses im Sinne des § 5 Absatz 4 Satz 1 bedarf es der Bewilligungen der Wohnungseigentümer nicht, wenn der Beschluss durch eine Niederschrift, bei der die Unterschriften der in § 24 Absatz 6 bezeichneten Personen öffentlich beglaubigt sind, oder durch ein Urteil in einem Verfahren nach § 44 Absatz 1 Satz 2 nachgewiesen ist. ²Antragsberechtigt ist auch die Gemeinschaft der Wohnungseigentümer.

(3) ¹Zur näheren Bezeichnung des Gegenstands und des Inhalts des Sondereigentums kann auf die Eintragungsbewilligung oder einen Nachweis gemäß Absatz 2 Satz 1 Bezug genommen werden. ²Veräußerungsbeschränkungen (§ 12) und die Haftung von Sondernachfolgern für Geldschulden sind jedoch ausdrücklich einzutragen.

(4) ¹Der Eintragungsbewilligung sind als Anlagen beizufügen:
1. eine von der Baubehörde mit Unterschrift und Siegel oder Stempel versehene Bauzeichnung, aus der die Aufteilung des Gebäudes und des Grundstücks sowie die Lage und Größe der im Sondereigentum und der im gemeinschaftlichen Eigentum stehenden Teile des Gebäudes und des Grundstücks ersichtlich ist (Aufteilungsplan); alle zu demselben Wohnungseigentum gehörenden Einzelräume und Teile des Grundstücks sind mit der jeweils gleichen Nummer zu kennzeichnen;
2. eine Bescheinigung der Baubehörde, dass die Voraussetzungen des § 3 Absatz 3 vorliegen.

²Wenn in der Eintragungsbewilligung für die einzelnen Sondereigentumsrechte Nummern angegeben werden, sollen sie mit denen des Aufteilungsplans übereinstimmen.

(5) Für Teileigentumsgrundbücher gelten die Vorschriften über Wohnungsgrundbücher entsprechend.

Anlage 093.1   Zu § 93 BewG, zu Abschn. 49 BewRGr

§ 8
Teilung durch den Eigentümer

(1) Der Eigentümer eines Grundstücks kann durch Erklärung gegenüber dem Grundbuchamt das Eigentum an dem Grundstück in Miteigentumsanteile in der Weise teilen, dass mit jedem Anteil Sondereigentum verbunden ist.

(2) Im Fall des Absatzes 1 gelten § 3 Absatz 1 Satz 2, Absatz 2 und 3, § 4 Absatz 2 Satz 2 sowie die §§ 5 bis 7 entsprechend.

(3) Wer einen Anspruch auf Übertragung von Wohnungseigentum gegen den teilenden Eigentümer hat, der durch Vormerkung im Grundbuch gesichert ist, gilt gegenüber der Gemeinschaft der Wohnungseigentümer und den anderen Wohnungseigentümern anstelle des teilenden Eigentümers als Wohnungseigentümer, sobald ihm der Besitz an den zum Sondereigentum gehörenden Räumen übergeben wurde.

§ 9
Schließung der Wohnungsgrundbücher

(1) Die Wohnungsgrundbücher werden geschlossen:
1. von Amts wegen, wenn die Sondereigentumsrechte gemäß § 4 aufgehoben werden;
2. auf Antrag des Eigentümers, wenn sich sämtliche Wohnungseigentumsrechte in einer Person vereinigen.

(2) Ist ein Wohnungseigentum selbständig mit dem Recht eines Dritten belastet, so werden die allgemeinen Vorschriften, nach denen zur Aufhebung des Sondereigentums die Zustimmung des Dritten erforderlich ist, durch Absatz 1 nicht berührt.

(3) Werden die Wohnungsgrundbücher geschlossen, so wird für das Grundstück ein Grundbuchblatt nach den allgemeinen Vorschriften angelegt; die Sondereigentumsrechte erlöschen, soweit sie nicht bereits aufgehoben sind, mit der Anlegung des Grundbuchblatts.

Abschnitt 3
Rechtsfähige Gemeinschaft der Wohnungseigentümer

§ 9a
Gemeinschaft der Wohnungseigentümer

(1) [1]Die Gemeinschaft der Wohnungseigentümer kann Rechte erwerben und Verbindlichkeiten eingehen, vor Gericht klagen und verklagt werden. [2]Die Gemeinschaft der Wohnungseigentümer entsteht mit Anlegung der Wohnungsgrundbücher; dies gilt auch im Fall des § 8. [3]Sie führt die Bezeichnung „Gemeinschaft der Wohnungseigentümer" oder „Wohnungseigentümergemeinschaft" gefolgt von der bestimmten Angabe des gemeinschaftlichen Grundstücks.

(2) Die Gemeinschaft der Wohnungseigentümer übt die sich aus dem gemeinschaftlichen Eigentum ergebenden Rechte sowie solche Rechte der Wohnungseigentümer aus, die eine einheitliche Rechtsverfolgung erfordern, und nimmt die entsprechenden Pflichten der Wohnungseigentümer wahr.

(3) Für das Vermögen der Gemeinschaft der Wohnungseigentümer (Gemeinschaftsvermögen) gelten § 18, § 19 Absatz 1 und 27 entsprechend.

(4) [1]Jeder Wohnungseigentümer haftet einem Gläubiger nach dem Verhältnis seines Miteigentumsanteils (§ 16 Absatz 1 Satz 2) für Verbindlichkeiten der Gemeinschaft der Wohnungseigentümer, die während seiner Zugehörigkeit entstanden oder während dieses Zeitraums fällig geworden sind; für die Haftung nach Veräußerung des Wohnungseigentums ist § 160 des Handelsgesetzbuchs entsprechend anzuwenden. [2]Er kann gegenüber einem Gläubiger neben den in seiner Person begründeten auch die der Gemeinschaft der Wohnungseigentümer zustehenden Einwendungen und Einreden geltend machen, nicht aber seine Einwendungen und Einreden gegenüber der Gemeinschaft der Wohnungseigentümer. [3]Für die Einrede der Anfechtbarkeit und Aufrechenbarkeit ist § 770 des Bürgerlichen Gesetzbuchs entsprechend anzuwenden.

(5) Ein Insolvenzverfahren über das Gemeinschaftsvermögen findet nicht statt.

§ 9b
Vertretung

(1) [1]Die Gemeinschaft der Wohnungseigentümer wird durch den Verwalter gerichtlich und außergerichtlich vertreten, beim Abschluss eines Grundstückskauf- oder Darlehensvertrags aber nur aufgrund eines Beschlusses der Wohnungseigentümer. [2]Hat die Gemeinschaft der Wohnungseigentümer keinen

Zu § 93 BewG, zu Abschn. 49 BewRGr Anlage 093.1

Verwalter, wird sie durch die Wohnungseigentümer gemeinschaftlich vertreten. ³Eine Beschränkung des Umfangs der Vertretungsmacht ist Dritten gegenüber unwirksam.

(2) Dem Verwalter gegenüber vertritt der Vorsitzende des Verwaltungsbeirats oder ein durch Beschluss dazu ermächtigter Wohnungseigentümer die Gemeinschaft der Wohnungseigentümer.

Abschnitt 4
Rechtsverhältnis der Wohnungseigentümer untereinander und zur Gemeinschaft der Wohnungseigentümer

§ 10
Allgemeine Grundsätze

(1) ¹Das Verhältnis der Wohnungseigentümer untereinander und zur Gemeinschaft der Wohnungseigentümer bestimmt sich nach den Vorschriften dieses Gesetzes und, soweit dieses Gesetz keine besonderen Bestimmungen enthält, nach den Vorschriften des Bürgerlichen Gesetzbuchs über die Gemeinschaft. ²Die Wohnungseigentümer können von den Vorschriften dieses Gesetzes abweichende Vereinbarungen treffen, soweit nicht etwas anderes ausdrücklich bestimmt ist.

(2) Jeder Wohnungseigentümer kann eine vom Gesetz abweichende Vereinbarung oder die Anpassung einer Vereinbarung verlangen, soweit ein Festhalten an der geltenden Regelung aus schwerwiegenden Gründen unter Berücksichtigung aller Umstände des Einzelfalls, insbesondere der Rechte und Interessen der anderen Wohnungseigentümer, unbillig erscheint.

(3) ¹Vereinbarungen, durch die die Wohnungseigentümer ihr Verhältnis untereinander in Ergänzung oder Abweichung von Vorschriften dieses Gesetzes regeln, die Abänderung oder Aufhebung solcher Vereinbarungen sowie Beschlüsse, die aufgrund einer Vereinbarung gefasst werden, wirken gegen den Sondernachfolger eines Wohnungseigentümers nur, wenn sie als Inhalt des Sondereigentums im Grundbuch eingetragen sind. ²Im Übrigen bedürfen Beschlüsse zu ihrer Wirksamkeit gegen den Sondernachfolger eines Wohnungseigentümers nicht der Eintragung in das Grundbuch.

§ 11
Aufhebung der Gemeinschaft

(1) ¹Kein Wohnungseigentümer kann die Aufhebung der Gemeinschaft verlangen. ²Dies gilt auch für eine Aufhebung aus wichtigem Grund. ³Eine abweichende Vereinbarung ist nur für den Fall zulässig, dass das Gebäude ganz oder teilweise zerstört wird und eine Verpflichtung zum Wiederaufbau nicht besteht.

(2) Das Recht eines Pfändungsgläubigers (§ 751 des Bürgerlichen Gesetzbuchs) sowie das im Insolvenzverfahren bestehende Recht (§ 84 Absatz 2 der Insolvenzordnung), die Aufhebung der Gemeinschaft zu verlangen, ist ausgeschlossen.

(3) ¹Im Fall der Aufhebung der Gemeinschaft bestimmt sich der Anteil der Miteigentümer nach dem Verhältnis des Wertes ihrer Wohnungseigentumsrechte zur Zeit der Aufhebung der Gemeinschaft. ²Hat sich der Wert eines Miteigentumsanteils durch Maßnahmen verändert, deren Kosten der Wohnungseigentümer nicht getragen hat, so bleibt eine solche Veränderung bei der Berechnung des Wertes dieses Anteils außer Betracht.

§ 12
Veräußerungsbeschränkung

(1) Als Inhalt des Sondereigentums kann vereinbart werden, dass ein Wohnungseigentümer zur Veräußerung seines Wohnungseigentums der Zustimmung anderer Wohnungseigentümer oder eines Dritten bedarf.

(2) ¹Die Zustimmung darf nur aus einem wichtigen Grund versagt werden. ²Durch Vereinbarung gemäß Absatz 1 kann dem Wohnungseigentümer darüber hinaus für bestimmte Fälle ein Anspruch auf Erteilung der Zustimmung eingeräumt werden.

(3) ¹Ist eine Vereinbarung gemäß Absatz 1 getroffen, so ist eine Veräußerung des Wohnungseigentums und ein Vertrag, durch den sich der Wohnungseigentümer zu einer solchen Veräußerung verpflichtet, unwirksam, solange nicht die erforderliche Zustimmung erteilt ist. ²Einer rechtsgeschäftlichen Veräußerung steht eine Veräußerung im Wege der Zwangsvollstreckung oder durch den Insolvenzverwalter gleich.

Anlage 093.1

Zu § 93 BewG, zu Abschn. 49 BewRGr

(4) ¹Die Wohnungseigentümer können beschließen, dass eine Veräußerungsbeschränkung gemäß Absatz 1 aufgehoben wird. ²Ist ein Beschluss gemäß Satz 1 gefasst, kann die Veräußerungsbeschränkung im Grundbuch gelöscht werden. ³§ 7 Absatz 2 gilt entsprechend.

§ 13
Rechte des Wohnungseigentümers aus dem Sondereigentum

(1) Jeder Wohnungseigentümer kann, soweit nicht das Gesetz entgegensteht, mit seinem Sondereigentum nach Belieben verfahren, insbesondere dieses bewohnen, vermieten, verpachten oder in sonstiger Weise nutzen, und andere von Einwirkungen ausschließen.

(2) Für Maßnahmen, die über die ordnungsmäßige Instandhaltung und Instandsetzung (Erhaltung) des Sondereigentums hinausgehen, gilt § 20 mit der Maßgabe entsprechend, dass es keiner Gestattung bedarf, soweit keinem der anderen Wohnungseigentümer über das bei einem geordneten Zusammenleben unvermeidliche Maß hinaus ein Nachteil erwächst.

§ 14
Pflichten des Wohnungseigentümers

(1) Jeder Wohnungseigentümer ist gegenüber der Gemeinschaft der Wohnungseigentümer verpflichtet,
1. die gesetzlichen Regelungen, Vereinbarungen und Beschlüsse einzuhalten und
2. das Betreten seines Sondereigentums und andere Einwirkungen auf dieses und das gemeinschaftliche Eigentum zu dulden, die den Vereinbarungen oder Beschlüssen entsprechen oder, wenn keine entsprechenden Vereinbarungen oder Beschlüsse bestehen, aus denen ihm über das bei einem geordneten Zusammenleben unvermeidliche Maß hinaus kein Nachteil erwächst.

(2) Jeder Wohnungseigentümer ist gegenüber den übrigen Wohnungseigentümern verpflichtet,
1. deren Sondereigentum nicht über das in Absatz 1 Nummer 2 bestimmte Maß hinaus zu beeinträchtigen und
2. Einwirkungen nach Maßgabe des Absatzes 1 Nummer 2 zu dulden.

(3) Hat der Wohnungseigentümer eine Einwirkung zu dulden, die über das zumutbare Maß hinausgeht, kann er einen angemessenen Ausgleich in Geld verlangen.

§ 15
Pflichten Dritter

Wer Wohnungseigentum gebraucht, ohne Wohnungseigentümer zu sein, hat gegenüber der Gemeinschaft der Wohnungseigentümer und anderen Wohnungseigentümern zu dulden:
1. die Erhaltung des gemeinschaftlichen Eigentums und des Sondereigentums, die ihm rechtzeitig angekündigt wurde; § 555a Absatz 2 des Bürgerlichen Gesetzbuchs gilt entsprechend;
2. Maßnahmen, die über die Erhaltung hinausgehen, die spätestens drei Monate vor ihrem Beginn in Textform angekündigt wurden; § 555c Absatz 1 Satz 2 Nummer 1 und 2, Absatz 2 bis 4 und § 555d Absatz 2 bis 5 des Bürgerlichen Gesetzbuchs gelten entsprechend.

§ 16
Nutzungen und Kosten

(1) ¹Jedem Wohnungseigentümer gebührt ein seinem Anteil entsprechender Bruchteil der Früchte des gemeinschaftlichen Eigentums und des Gemeinschaftsvermögens. ²Der Anteil bestimmt sich nach dem gemäß § 47 der Grundbuchordnung im Grundbuch eingetragenen Verhältnis der Miteigentumsanteile. ³Jeder Wohnungseigentümer ist zum Mitgebrauch des gemeinschaftlichen Eigentums nach Maßgabe des § 14 berechtigt.

(2) ¹Die Kosten der Gemeinschaft der Wohnungseigentümer, insbesondere der Verwaltung und des gemeinschaftlichen Gebrauchs des gemeinschaftlichen Eigentums, hat jeder Wohnungseigentümer nach dem Verhältnis seines Anteils (Absatz 1 Satz 2) zu tragen. ²Die Wohnungseigentümer können für einzelne Kosten oder bestimmte Arten von Kosten eine von Satz 1 oder von einer Vereinbarung abweichende Verteilung beschließen.

(3) Für die Kosten und Nutzungen bei baulichen Veränderungen gilt § 21.

§ 17
Entziehung des Wohnungseigentums

(1) Hat ein Wohnungseigentümer sich einer so schweren Verletzung der ihm gegenüber anderen Wohnungseigentümern oder der Gemeinschaft der Wohnungseigentümer obliegenden Verpflichtungen

Zu § 93 BewG, zu Abschn. 49 BewRGr **Anlage 093.1**

schuldig gemacht, dass diesen die Fortsetzung der Gemeinschaft mit ihm nicht mehr zugemutet werden kann, so kann die Gemeinschaft der Wohnungseigentümer von ihm die Veräußerung seines Wohnungseigentums verlangen.

(2) Die Voraussetzungen des Absatzes 1 liegen insbesondere vor, wenn der Wohnungseigentümer trotz Abmahnung wiederholt gröblich gegen die ihm nach § 14 Absatz 1 und 2 obliegenden Pflichten verstößt.

(3) Der in Absatz 1 bestimmte Anspruch kann durch Vereinbarung der Wohnungseigentümer nicht eingeschränkt oder ausgeschlossen werden.

(4) [1]Das Urteil, durch das ein Wohnungseigentümer zur Veräußerung seines Wohnungseigentums verurteilt wird, berechtigt zur Zwangsvollstreckung entsprechend den Vorschriften des Ersten Abschnitts des Gesetzes über die Zwangsversteigerung und die Zwangsverwaltung. [2]Das Gleiche gilt für Schuldtitel im Sinne des § 794 der Zivilprozessordnung, durch die sich der Wohnungseigentümer zur Veräußerung seines Wohnungseigentums verpflichtet.

§ 18
Verwaltung und Benutzung

(1) Die Verwaltung des gemeinschaftlichen Eigentums obliegt der Gemeinschaft der Wohnungseigentümer.

(2) Jeder Wohnungseigentümer kann von der Gemeinschaft der Wohnungseigentümer
1. eine Verwaltung des gemeinschaftlichen Eigentums sowie
2. eine Benutzung des gemeinschaftlichen Eigentums und des Sondereigentums

verlangen, die dem Interesse der Gesamtheit der Wohnungseigentümer nach billigem Ermessen (ordnungsmäßige Verwaltung und Benutzung) und, soweit solche bestehen, den gesetzlichen Regelungen, Vereinbarungen und Beschlüssen entsprechen.

(3) Jeder Wohnungseigentümer ist berechtigt, ohne Zustimmung der anderen Wohnungseigentümer die Maßnahmen zu treffen, die zur Abwendung eines dem gemeinschaftlichen Eigentum unmittelbar drohenden Schadens notwendig sind.

(4) Jeder Wohnungseigentümer kann von der Gemeinschaft der Wohnungseigentümer Einsicht in die Verwaltungsunterlagen verlangen.

§ 19
Regelung der Verwaltung und Benutzung durch Beschluss

(1) Soweit die Verwaltung des gemeinschaftlichen Eigentums und die Benutzung des gemeinschaftlichen Eigentums und des Sondereigentums nicht durch Vereinbarung der Wohnungseigentümer geregelt sind, beschließen die Wohnungseigentümer eine ordnungsmäßige Verwaltung und Benutzung.

(2) Zur ordnungsmäßigen Verwaltung und Benutzung gehören insbesondere
1. die Aufstellung einer Hausordnung,
2. die ordnungsmäßige Erhaltung des gemeinschaftlichen Eigentums,
3. die angemessene Versicherung des gemeinschaftlichen Eigentums zum Neuwert sowie der Wohnungseigentümer gegen Haus- und Grundbesitzerhaftpflicht,
4. die Ansammlung einer angemessenen Erhaltungsrücklage,
5. die Festsetzung von Vorschüssen nach § 28 Absatz 1 Satz 1 sowie
6. die Bestellung eines zertifizierten Verwalters nach § 26a, es sei denn, es bestehen weniger als neun Sondereigentumsrechte, ein Wohnungseigentümer wurde zum Verwalter bestellt und weniger als ein Drittel der Wohnungseigentümer (§ 25 Absatz 2) verlangt die Bestellung eines zertifizierten Verwalters.

§ 20
Bauliche Veränderungen

(1) Maßnahmen, die über die ordnungsmäßige Erhaltung des gemeinschaftlichen Eigentums hinausgehen (bauliche Veränderungen), können beschlossen oder einem Wohnungseigentümer durch Beschluss gestattet werden.

(2) [1]Jeder Wohnungseigentümer kann angemessene bauliche Veränderungen verlangen, die

Anlage 093.1   Zu § 93 BewG, zu Abschn. 49 BewRGr

1. dem Gebrauch durch Menschen mit Behinderungen,
2. dem Laden elektrisch betriebener Fahrzeuge,
3. dem Einbruchsschutz und
4. dem Anschluss an ein Telekommunikationsnetz mit sehr hoher Kapazität

dienen. ²Über die Durchführung ist im Rahmen ordnungsmäßiger Verwaltung zu beschließen.

(3) Unbeschadet des Absatzes 2 kann jeder Wohnungseigentümer verlangen, dass ihm eine bauliche Veränderung gestattet wird, wenn alle Wohnungseigentümer, deren Rechte durch die bauliche Veränderung über das bei einem geordneten Zusammenleben unvermeidliche Maß hinaus beeinträchtigt werden, einverstanden sind.

(4) Bauliche Veränderungen, die die Wohnanlage grundlegend umgestalten oder einen Wohnungseigentümer ohne sein Einverständnis gegenüber anderen unbillig benachteiligen, dürfen nicht beschlossen und gestattet werden; sie können auch nicht verlangt werden.

§ 21
Nutzungen und Kosten bei baulichen Veränderungen

(1) ¹Die Kosten einer baulichen Veränderung, die einem Wohnungseigentümer gestattet oder die auf sein Verlangen nach § 20 Absatz 2 durch die Gemeinschaft der Wohnungseigentümer durchgeführt wurde, hat dieser Wohnungseigentümer zu tragen. ²Nur ihm gebühren die Nutzungen.

(2) ¹Vorbehaltlich des Absatzes 1 haben alle Wohnungseigentümer die Kosten einer baulichen Veränderung nach dem Verhältnis ihrer Anteile (§ 16 Absatz 1 Satz 2) zu tragen,

1. die mit mehr als zwei Dritteln der abgegebenen Stimmen und der Hälfte aller Miteigentumsanteile beschlossen wurde, es sei denn, die bauliche Veränderung ist mit unverhältnismäßigen Kosten verbunden, oder
2. deren Kosten sich innerhalb eines angemessenen Zeitraums amortisieren.

²Für die Nutzungen gilt § 16 Absatz 1.

(3) ¹Die Kosten anderer als der in den Absätzen 1 und 2 bezeichneten baulichen Veränderungen haben die Wohnungseigentümer, die sie beschlossen haben, nach dem Verhältnis ihrer Anteile (§ 16 Absatz 1 Satz 2) zu tragen. ²Ihnen gebühren die Nutzungen entsprechend § 16 Absatz 1.

(4) ¹Ein Wohnungseigentümer, der nicht berechtigt ist, Nutzungen zu ziehen, kann verlangen, dass ihm dies nach billigem Ermessen gegen angemessenen Ausgleich gestattet wird. ²Für seine Beteiligung an den Nutzungen und Kosten gilt Absatz 3 entsprechend.

(5) ¹Die Wohnungseigentümer können eine abweichende Verteilung der Kosten und Nutzungen beschließen. ²Durch einen solchen Beschluss dürfen einem Wohnungseigentümer, der nach den vorstehenden Absätzen Kosten nicht zu tragen hat, keine Kosten auferlegt werden.

§ 22
Wiederaufbau

Ist das Gebäude zu mehr als der Hälfte seines Wertes zerstört und ist der Schaden nicht durch eine Versicherung oder in anderer Weise gedeckt, so kann der Wiederaufbau nicht beschlossen oder verlangt werden.

§ 23
Wohnungseigentümerversammlung

(1) ¹Angelegenheiten, über die nach diesem Gesetz oder nach einer Vereinbarung der Wohnungseigentümer die Wohnungseigentümer durch Beschluss entscheiden können, werden durch Beschlussfassung in einer Versammlung der Wohnungseigentümer geordnet. ²Die Wohnungseigentümer können beschließen, dass Wohnungseigentümer an der Versammlung auch ohne Anwesenheit an deren Ort teilnehmen und sämtliche oder einzelne ihrer Rechte ganz oder teilweise im Wege elektronischer Kommunikation ausüben können.

(2) Zur Gültigkeit eines Beschlusses ist erforderlich, dass der Gegenstand bei der Einberufung bezeichnet ist.

Zu § 93 BewG, zu Abschn. 49 BewRGr **Anlage 093.1**

(3) ¹Auch ohne Versammlung ist ein Beschluss gültig, wenn alle Wohnungseigentümer ihre Zustimmung zu diesem Beschluss in Textform erklären. ²Die Wohnungseigentümer können beschließen, dass für einen einzelnen Gegenstand die Mehrheit der abgegebenen Stimmen genügt.

(4) ¹Ein Beschluss, der gegen eine Rechtsvorschrift verstößt, auf deren Einhaltung rechtswirksam nicht verzichtet werden kann, ist nichtig. ²Im Übrigen ist ein Beschluss gültig, solange er nicht durch rechtskräftiges Urteil für ungültig erklärt ist.

§ 24
Einberufung, Vorsitz, Niederschrift

(1) Die Versammlung der Wohnungseigentümer wird von dem Verwalter mindestens einmal im Jahr einberufen.

(2) Die Versammlung der Wohnungseigentümer muss von dem Verwalter in den durch Vereinbarung der Wohnungseigentümer bestimmten Fällen, im Übrigen dann einberufen werden, wenn dies in Textform unter Angabe des Zwecks und der Gründe von mehr als einem Viertel der Wohnungseigentümer verlangt wird.

(3) Fehlt ein Verwalter oder weigert er sich pflichtwidrig, die Versammlung der Wohnungseigentümer einzuberufen, so kann die Versammlung auch durch den Vorsitzenden des Verwaltungsbeirats, dessen Vertreter oder einen durch Beschluss ermächtigten Wohnungseigentümer einberufen werden.

(4) ¹Die Einberufung erfolgt in Textform. ²Die Frist der Einberufung soll, sofern nicht ein Fall besonderer Dringlichkeit vorliegt, mindestens drei Wochen betragen.

(5) Den Vorsitz in der Wohnungseigentümerversammlung führt, sofern diese nichts anderes beschließt, der Verwalter.

(6) ¹Über die in der Versammlung gefassten Beschlüsse ist unverzüglich eine Niederschrift aufzunehmen. ²Die Niederschrift ist von dem Vorsitzenden und einem Wohnungseigentümer und, falls ein Verwaltungsbeirat bestellt ist, auch von dessen Vorsitzenden oder seinem Vertreter zu unterschreiben.

(7) ¹Es ist eine Beschluss-Sammlung zu führen. ²Die Beschluss-Sammlung enthält nur den Wortlaut

1. der in der Versammlung der Wohnungseigentümer verkündeten Beschlüsse mit Angabe von Ort und Datum der Versammlung,
2. der schriftlichen Beschlüsse mit Angabe von Ort und Datum der Verkündung und
3. der Urteilsformeln der gerichtlichen Entscheidungen in einem Rechtsstreit gemäß § 43 mit Angabe ihres Datums, des Gerichts und der Parteien,

soweit diese Beschlüsse und gerichtlichen Entscheidungen nach dem 1. Juli 2007 ergangen sind. ³Die Beschlüsse und gerichtlichen Entscheidungen sind fortlaufend einzutragen und zu nummerieren. ⁴Sind sie angefochten oder aufgehoben worden, so ist dies anzumerken. ⁵Im Fall einer Aufhebung kann von einer Anmerkung abgesehen und die Eintragung gelöscht werden. ⁶Eine Eintragung kann auch gelöscht werden, wenn sie aus einem anderen Grund für die Wohnungseigentümer keine Bedeutung mehr hat. ⁷Die Eintragungen, Vermerke und Löschungen gemäß den Sätzen 3 bis 6 sind unverzüglich zu erledigen und mit Datum zu versehen. ⁸Einem Wohnungseigentümer oder einem Dritten, den ein Wohnungseigentümer ermächtigt hat, ist auf sein Verlangen Einsicht in die Beschluss-Sammlung zu geben.

(8) ¹Die Beschluss-Sammlung ist von dem Verwalter zu führen. ²Fehlt ein Verwalter, so ist der Vorsitzende der Wohnungseigentümerversammlung verpflichtet, die Beschluss-Sammlung zu führen, sofern die Wohnungseigentümer durch Stimmenmehrheit keinen anderen für diese Aufgabe bestellt haben.

§ 25
Beschlussfassung

(1) Bei der Beschlussfassung entscheidet die Mehrheit der abgegebenen Stimmen.

(2) ¹Jeder Wohnungseigentümer hat eine Stimme. ²Steht ein Wohnungseigentum mehreren gemeinschaftlich zu, so können sie das Stimmrecht nur einheitlich ausüben.

(3) Vollmachten bedürfen zu ihrer Gültigkeit der Textform.

(4) Ein Wohnungseigentümer ist nicht stimmberechtigt, wenn die Beschlussfassung die Vornahme eines auf die Verwaltung des gemeinschaftlichen Eigentums bezüglichen Rechtsgeschäfts mit ihm oder die Einleitung oder Erledigung eines Rechtsstreits gegen ihn betrifft oder wenn er nach § 17 rechtskräftig verurteilt ist.

§ 26
Bestellung und Abberufung des Verwalters

(1) Über die Bestellung und Abberufung des Verwalters beschließen die Wohnungseigentümer.

2) ¹Die Bestellung kann auf höchstens fünf Jahre vorgenommen werden, im Fall der ersten Bestellung nach der Begründung von Wohnungseigentum aber auf höchstens drei Jahre. ²Die wiederholte Bestellung ist zulässig; sie bedarf eines erneuten Beschlusses der Wohnungseigentümer, der frühestens ein Jahr vor Ablauf der Bestellungszeit gefasst werden kann.

(3) ¹Der Verwalter kann jederzeit abberufen werden. ²Ein Vertrag mit dem Verwalter endet spätestens sechs Monate nach dessen Abberufung.

(4) Soweit die Verwaltereigenschaft durch eine öffentlich beglaubigte Urkunde nachgewiesen werden muss, genügt die Vorlage einer Niederschrift über den Bestellungsbeschluss, bei der die Unterschriften der in § 24 Absatz 6 bezeichneten Personen öffentlich beglaubigt sind.

(5) Abweichungen von den Absätzen 1 bis 3 sind nicht zulässig.

§ 26a
Zertifizierter Verwalter

(1) Als zertifizierter Verwalter darf sich bezeichnen, wer vor einer Industrie- und Handelskammer durch eine Prüfung nachgewiesen hat, dass er über die für die Tätigkeit als Verwalter notwendigen rechtlichen, kaufmännischen und technischen Kenntnisse verfügt.

(2) ¹Das Bundesministerium der Justiz und für Verbraucherschutz wird ermächtigt, durch Rechtsverordnung nähere Bestimmungen über die Prüfung zum zertifizierten Verwalter zu erlassen. ²In der Rechtsverordnung nach Satz 1 können insbesondere festgelegt werden:

1. nähere Bestimmungen zu Inhalt und Verfahren der Prüfung;
2. Bestimmungen über das zu erteilende Zertifikat;
3. Voraussetzungen, unter denen sich juristische Personen und Personengesellschaften als zertifizierte Verwalter bezeichnen dürfen;
4. Bestimmungen, wonach Personen aufgrund anderweitiger Qualifikationen von der Prüfung befreit sind, insbesondere weil sie die Befähigung zum Richteramt, einen Hochschulabschluss mit immobilienwirtschaftlichem Schwerpunkt, eine abgeschlossene Berufsausbildung zum Immobilienkaufmann oder zur Immobilienkauffrau oder einen vergleichbaren Berufsabschluss besitzen.

§ 27
Aufgaben und Befugnisse des Verwalters

(1) Der Verwalter ist gegenüber der Gemeinschaft der Wohnungseigentümer berechtigt und verpflichtet, die Maßnahmen ordnungsmäßiger Verwaltung zu treffen, die

1. untergeordnete Bedeutung haben und nicht zu erheblichen Verpflichtungen führen oder
2. zur Wahrung einer Frist oder zur Abwendung eines Nachteils erforderlich sind.

(2) Die Wohnungseigentümer können die Rechte und Pflichten nach Absatz 1 durch Beschluss einschränken oder erweitern.

§ 28
Wirtschaftsplan, Jahresabrechnung, Vermögensbericht

(1) ¹Die Wohnungseigentümer beschließen über die Vorschüsse zur Kostentragung und zu den nach § 19 Absatz 2 Nummer 4 oder durch Beschluss vorgesehenen Rücklagen. ²Zu diesem Zweck hat der Verwalter jeweils für ein Kalenderjahr einen Wirtschaftsplan aufzustellen, der darüber hinaus die voraussichtlichen Einnahmen und Ausgaben enthält.

(2) ¹Nach Ablauf des Kalenderjahres beschließen die Wohnungseigentümer über die Einforderung von Nachschüssen oder die Anpassung der beschlossenen Vorschüsse. ²Zu diesem Zweck hat der Verwalter eine Abrechnung über den Wirtschaftsplan (Jahresabrechnung) aufzustellen, die darüber hinaus die Einnahmen und Ausgaben enthält.

(3) Die Wohnungseigentümer können beschließen, wann Forderungen fällig werden und wie sie zu erfüllen sind.

Zu § 93 BewG, zu Abschn. 49 BewRGr **Anlage 093.1**

(4) ¹Der Verwalter hat nach Ablauf eines Kalenderjahres einen Vermögensbericht zu erstellen, der den Stand der in Absatz 1 Satz 1 bezeichneten Rücklagen und eine Aufstellung des wesentlichen Gemeinschaftsvermögens enthält. ²Der Vermögensbericht ist jedem Wohnungseigentümer zur Verfügung zu stellen.

§ 29
Verwaltungsbeirat

(1) ¹Wohnungseigentümer können durch Beschluss zum Mitglied des Verwaltungsbeirats bestellt werden. ²Hat der Verwaltungsbeirat mehrere Mitglieder, ist ein Vorsitzender und ein Stellvertreter zu bestimmen. ³Der Verwaltungsbeirat wird von dem Vorsitzenden nach Bedarf einberufen.

(2) ¹Der Verwaltungsbeirat unterstützt und überwacht den Verwalter bei der Durchführung seiner Aufgaben. ²Der Wirtschaftsplan und die Jahresabrechnung sollen, bevor die Beschlüsse nach § 28 Absatz 1 Satz 1 und Absatz 2 Satz 1 gefasst werden, vom Verwaltungsbeirat geprüft und mit dessen Stellungnahme versehen werden.

(3) Sind Mitglieder des Verwaltungsbeirats unentgeltlich tätig, haben sie nur Vorsatz und grobe Fahrlässigkeit zu vertreten.

Abschnitt 5
Wohnungserbbaurecht

§ 30
Wohnungserbbaurecht

(1) Steht ein Erbbaurecht mehreren gemeinschaftlich nach Bruchteilen zu, so können die Anteile in der Weise beschränkt werden, dass jedem der Mitberechtigten das Sondereigentum an einer bestimmten Wohnung oder an nicht zu Wohnzwecken dienenden bestimmten Räumen in einem auf Grund des Erbbaurechts errichteten oder zu errichtenden Gebäude eingeräumt wird (Wohnungserbbaurecht, Teilerbbaurecht).

(2) Ein Erbbauberechtigter kann das Erbbaurecht in entsprechender Anwendung des § 8 teilen.

(3) ¹Für jeden Anteil wird von Amts wegen ein besonderes Erbbaugrundbuchblatt angelegt (Wohnungserbbaugrundbuch, Teilerbbaugrundbuch). ²Im Übrigen gelten für das Wohnungserbbaurecht (Teilerbbaurecht) die Vorschriften über das Wohnungseigentum (Teileigentum) entsprechend.

Teil 2
Dauerwohnrecht

§ 31
Begriffsbestimmungen

(1) ¹Ein Grundstück kann in der Weise belastet werden, dass derjenige, zu dessen Gunsten die Belastung erfolgt, berechtigt ist, unter Ausschluss des Eigentümers eine bestimmte Wohnung in einem auf dem Grundstück errichteten oder zu errichtenden Gebäude zu bewohnen oder in anderer Weise zu nutzen (Dauerwohnrecht). ²Das Dauerwohnrecht kann auf einen außerhalb des Gebäudes liegenden Teil des Grundstücks erstreckt werden, sofern die Wohnung wirtschaftlich die Hauptsache bleibt.

(2) Ein Grundstück kann in der Weise belastet werden, dass derjenige, zu dessen Gunsten die Belastung erfolgt, berechtigt ist, unter Ausschluss des Eigentümers nicht zu Wohnzwecken dienende bestimmte Räume in einem auf dem Grundstück errichteten oder zu errichtenden Gebäude zu nutzen (Dauernutzungsrecht).

(3) Für das Dauernutzungsrecht gelten die Vorschriften über das Dauerwohnrecht entsprechend.

§ 32
Voraussetzungen der Eintragung

(1) Das Dauerwohnrecht soll nur bestellt werden, wenn die Wohnung in sich abgeschlossen ist.

(2) ¹Zur näheren Bezeichnung des Gegenstands und des Inhalts des Dauerwohnrechts kann auf die Eintragungsbewilligung Bezug genommen werden. ²Der Eintragungsbewilligung sind als Anlagen beizufügen:

Anlage 093.1   Zu § 93 BewG, zu Abschn. 49 BewRGr

1. eine von der Baubehörde mit Unterschrift und Siegel oder Stempel versehene Bauzeichnung, aus der die Aufteilung des Gebäudes sowie die Lage und Größe der dem Dauerwohnrecht unterliegenden Gebäude- und Grundstücksteile ersichtlich ist (Aufteilungsplan); alle zu demselben Dauerwohnrecht gehörenden Einzelräume sind mit der jeweils gleichen Nummer zu kennzeichnen;
2. eine Bescheinigung der Baubehörde, dass die Voraussetzungen des Absatzes 1 vorliegen.

[3]Wenn in der Eintragungsbewilligung für die einzelnen Dauerwohnrechte Nummern angegeben werden, sollen sie mit denen des Aufteilungsplans übereinstimmen.

(3) Das Grundbuchamt soll die Eintragung des Dauerwohnrechts ablehnen, wenn über die in § 33 Absatz 4 Nummer 1 bis 4 bezeichneten Angelegenheiten, über die Voraussetzungen des Heimfallanspruchs (§ 36 Absatz 1) und über die Entschädigung beim Heimfall (§ 36 Absatz 4) keine Vereinbarungen getroffen sind.

§ 33
Inhalt des Dauerwohnrechts

(1) [1]Das Dauerwohnrecht ist veräußerlich und vererblich. [2]Es kann nicht unter einer Bedingung bestellt werden.

(2) Auf das Dauerwohnrecht sind, soweit nicht etwas anderes vereinbart ist, die Vorschriften des § 14 entsprechend anzuwenden.

(3) Der Berechtigte kann die zum gemeinschaftlichen Gebrauch bestimmten Teile, Anlagen und Einrichtungen des Gebäudes und Grundstücks mitbenutzen, soweit nichts anderes vereinbart ist.

(4) Als Inhalt des Dauerwohnrechts können Vereinbarungen getroffen werden über:
1. Art und Umfang der Nutzungen;
2. Instandhaltung und Instandsetzung der dem Dauerwohnrecht unterliegenden Gebäudeteile;
3. die Pflicht des Berechtigten zur Tragung öffentlicher oder privatrechtlicher Lasten des Grundstücks;
4. die Versicherung des Gebäudes und seinen Wiederaufbau im Fall der Zerstörung;
5. das Recht des Eigentümers, bei Vorliegen bestimmter Voraussetzungen Sicherheitsleistung zu verlangen.

§ 34
Ansprüche des Eigentümers und der Dauerwohnberechtigten

(1) Auf die Ersatzansprüche des Eigentümers wegen Veränderungen oder Verschlechterungen sowie auf die Ansprüche der Dauerwohnberechtigten auf Ersatz von Verwendungen oder auf Gestattung der Wegnahme einer Einrichtung sind die §§ 1049, 1057 des Bürgerlichen Gesetzbuchs entsprechend anzuwenden.

(2) Wird das Dauerwohnrecht beeinträchtigt, so sind auf die Ansprüche des Berechtigten die für die Ansprüche aus dem Eigentum geltenden Vorschriften entsprechend anzuwenden.

§ 35
Veräußerungsbeschränkung

[1]Als Inhalt des Dauerwohnrechts kann vereinbart werden, dass der Berechtigte zur Veräußerung des Dauerwohnrechts der Zustimmung des Eigentümers oder eines Dritten bedarf. [2]Die Vorschriften des § 12 gelten in diesem Fall entsprechend.

§ 36
Heimfallanspruch

(1) [1]Als Inhalt des Dauerwohnrechts kann vereinbart werden, dass der Berechtigte verpflichtet ist, das Dauerwohnrecht beim Eintritt bestimmter Voraussetzungen auf den Grundstückseigentümer oder einen von diesem zu bezeichnenden Dritten zu übertragen (Heimfallanspruch). [2]Der Heimfallanspruch kann nicht von dem Eigentum an dem Grundstück getrennt werden.

(2) Bezieht sich das Dauerwohnrecht auf Räume, die dem Mieterschutz unterliegen, so kann der Eigentümer von dem Heimfallanspruch nur Gebrauch machen, wenn ein Grund vorliegt, aus dem ein Vermieter die Aufhebung des Mietverhältnisses verlangen oder kündigen kann.

Zu § 93 BewG, zu Abschn. 49 BewRGr **Anlage 093.1**

(3) Der Heimfallanspruch verjährt in sechs Monaten von dem Zeitpunkt an, in dem der Eigentümer von dem Eintritt der Voraussetzungen Kenntnis erlangt, ohne Rücksicht auf diese Kenntnis in zwei Jahren von dem Eintritt der Voraussetzungen an.

(4) ¹Als Inhalt des Dauerwohnrechts kann vereinbart werden, dass der Eigentümer dem Berechtigten eine Entschädigung zu gewähren hat, wenn er von dem Heimfallanspruch Gebrauch macht. ²Als Inhalt des Dauerwohnrechts können Vereinbarungen über die Berechnung oder Höhe der Entschädigung oder die Art ihrer Zahlung getroffen werden.

§ 37
Vermietung

(1) Hat der Dauerwohnberechtigte die dem Dauerwohnrecht unterliegenden Gebäude- oder Grundstücksteile vermietet oder verpachtet, so erlischt das Miet- oder Pachtverhältnis, wenn das Dauerwohnrecht erlischt.

(2) Macht der Eigentümer von seinem Heimfallanspruch Gebrauch, so tritt er oder derjenige, auf den das Dauerwohnrecht zu übertragen ist, in das Miet- oder Pachtverhältnis ein; die Vorschriften der §§ 566 bis 566e des Bürgerlichen Gesetzbuchs gelten entsprechend.

(3) ¹Absatz 2 gilt entsprechend, wenn das Dauerwohnrecht veräußert wird. ²Wird das Dauerwohnrecht im Wege der Zwangsvollstreckung veräußert, so steht dem Erwerber ein Kündigungsrecht in entsprechender Anwendung des § 57a des Gesetzes über die Zwangsversteigerung und die Zwangsverwaltung zu.

§ 38
Eintritt in das Rechtsverhältnis

(1) Wird das Dauerwohnrecht veräußert, so tritt der Erwerber an Stelle des Veräußerers in die sich während der Dauer seiner Berechtigung aus dem Rechtsverhältnis zu dem Eigentümer ergebenden Verpflichtungen ein.

(2) ¹Wird das Grundstück veräußert, so tritt der Erwerber an Stelle des Veräußerers in die sich während der Dauer seines Eigentums aus dem Rechtsverhältnis zu dem Dauerwohnberechtigten ergebenden Rechte ein. ²Das Gleiche gilt für den Erwerb auf Grund Zuschlags in der Zwangsversteigerung, wenn das Dauerwohnrecht durch den Zuschlag nicht erlischt.

§ 39
Zwangsversteigerung

(1) Als Inhalt des Dauerwohnrechts kann vereinbart werden, dass das Dauerwohnrecht im Fall der Zwangsversteigerung des Grundstücks abweichend von § 44 des Gesetzes über die Zwangsversteigerung und die Zwangsverwaltung auch dann bestehen bleiben soll, wenn der Gläubiger einer dem Dauerwohnrecht im Rang vorgehenden oder gleichstehenden Hypothek, Grundschuld, Rentenschuld oder Reallast die Zwangsversteigerung in das Grundstück betreibt.

(2) Eine Vereinbarung gemäß Absatz 1 bedarf zu ihrer Wirksamkeit der Zustimmung derjenigen, denen eine dem Dauerwohnrecht im Rang vorgehende oder gleichstehende Hypothek, Grundschuld, Rentenschuld oder Reallast zusteht.

(3) Eine Vereinbarung gemäß Absatz 1 ist nur wirksam für den Fall, dass der Dauerwohnberechtigte im Zeitpunkt der Feststellung der Versteigerungsbedingungen seine fälligen Zahlungsverpflichtungen gegenüber dem Eigentümer erfüllt hat; in Ergänzung einer Vereinbarung nach Absatz 1 kann vereinbart werden, dass das Fortbestehen des Dauerwohnrechts vom Vorliegen weiterer Voraussetzungen abhängig ist.

§ 40
Haftung des Entgelts

(1) ¹Hypotheken, Grundschulden, Rentenschulden und Reallasten, die dem Dauerwohnrecht im Rang vorgehen oder gleichstehen, sowie öffentliche Lasten, die in wiederkehrenden Leistungen bestehen, erstrecken sich auf den Anspruch auf das Entgelt für das Dauerwohnrecht in gleicher Weise wie auf eine Mietforderung, soweit nicht in Absatz 2 etwas Abweichendes bestimmt ist. ²Im Übrigen sind die für Mietforderungen geltenden Vorschriften nicht entsprechend anzuwenden.

Anlage 093.1   Zu § 93 BewG, zu Abschn. 49 BewRGr

(2) ¹Als Inhalt des Dauerwohnrechts kann vereinbart werden, dass Verfügungen über den Anspruch auf das Entgelt, wenn es in wiederkehrenden Leistungen ausbedungen ist, gegenüber dem Gläubiger einer dem Dauerwohnrecht im Rang vorgehenden oder gleichstehenden Hypothek, Grundschuld, Rentenschuld oder Reallast wirksam sind. ²Für eine solche Vereinbarung gilt § 39 Absatz 2 entsprechend.

§ 41
Besondere Vorschriften für langfristige Dauerwohnrechte

(1) Für Dauerwohnrechte, die zeitlich unbegrenzt oder für einen Zeitraum von mehr als zehn Jahren eingeräumt sind, gelten die besonderen Vorschriften der Absätze 2 und 3.

(2) Der Eigentümer ist, sofern nicht etwas anderes vereinbart ist, dem Dauerwohnberechtigten gegenüber verpflichtet, eine dem Dauerwohnrecht im Rang vorgehende oder gleichstehende Hypothek löschen zu lassen für den Fall, dass sie sich mit dem Eigentum in einer Person vereinigt, und die Eintragung einer entsprechenden Löschungsvormerkung in das Grundbuch zu bewilligen.

(3) Der Eigentümer ist verpflichtet, dem Dauerwohnberechtigten eine angemessene Entschädigung zu gewähren, wenn er von dem Heimfallanspruch Gebrauch macht.

§ 42
Belastung eines Erbbaurechts

(1) Die Vorschriften der §§ 31 bis 41 gelten für die Belastung eines Erbbaurechts mit einem Dauerwohnrecht entsprechend.

(2) Beim Heimfall des Erbbaurechts bleibt das Dauerwohnrecht bestehen.

Teil 3
Verfahrensvorschriften

§ 43
Zuständigkeit

(1) ¹Die Gemeinschaft der Wohnungseigentümer hat ihren allgemeinen Gerichtsstand bei dem Gericht, in dessen Bezirk das Grundstück liegt. ²Bei diesem Gericht kann auch die Klage gegen Wohnungseigentümer im Fall des § 9a Absatz 4 Satz 1 erhoben werden.

(2) Das Gericht, in dessen Bezirk das Grundstück liegt, ist ausschließlich zuständig für

1. Streitigkeiten über die Rechte und Pflichten der Wohnungseigentümer untereinander,
2. Streitigkeiten über die Rechte und Pflichten zwischen der Gemeinschaft der Wohnungseigentümer und Wohnungseigentümern,
3. Streitigkeiten über die Rechte und Pflichten des Verwalters einschließlich solcher über Ansprüche eines Wohnungseigentümers gegen den Verwalter sowie
4. Beschlussklagen gemäß § 44.

§ 44
Beschlussklagen

(1) ¹Das Gericht kann auf Klage eines Wohnungseigentümers einen Beschluss für ungültig erklären (Anfechtungsklage) oder seine Nichtigkeit feststellen (Nichtigkeitsklage). ²Unterbleibt eine notwendige Beschlussfassung, kann das Gericht auf Klage eines Wohnungseigentümers den Beschluss fassen (Beschlussersetzungsklage).

(2) ¹Die Klagen sind gegen die Gemeinschaft der Wohnungseigentümer zu richten. ²Der Verwalter hat den Wohnungseigentümern die Erhebung einer Klage unverzüglich bekannt zu machen. ³Mehrere Prozesse sind zur gleichzeitigen Verhandlung und Entscheidung zu verbinden.

(3) Das Urteil wirkt für und gegen alle Wohnungseigentümer, auch wenn sie nicht Partei sind.

(4) Die durch eine Nebenintervention verursachten Kosten gelten nur dann als notwendig zur zweckentsprechenden Rechtsverteidigung im Sinne des § 91 der Zivilprozessordnung, wenn die Nebenintervention geboten war.

Zu § 93 BewG, zu Abschn. 49 BewRGr **Anlage 093.1**

§ 45
Fristen der Anfechtungsklage

[1]Die Anfechtungsklage muss innerhalb eines Monats nach der Beschlussfassung erhoben und innerhalb zweier Monate nach der Beschlussfassung begründet werden. [2]Die §§ 233 bis 238 der Zivilprozessordnung gelten entsprechend.

Teil 4
Ergänzende Bestimmungen

§ 46
Veräußerung ohne erforderliche Zustimmung

[1]Fehlt eine nach § 12 erforderliche Zustimmung, so sind die Veräußerung und das zugrundeliegende Verpflichtungsgeschäft unbeschadet der sonstigen Voraussetzungen wirksam, wenn die Eintragung der Veräußerung oder einer Auflassungsvormerkung in das Grundbuch vor dem 15. Januar 1994 erfolgt ist und es sich um die erstmalige Veräußerung dieses Wohnungseigentums nach seiner Begründung handelt, es sei denn, dass eine rechtskräftige gerichtliche Entscheidung entgegensteht. [2]Das Fehlen der Zustimmung steht in diesen Fällen dem Eintritt der Rechtsfolgen des § 878 des Bürgerlichen Gesetzbuchs nicht entgegen. [3]Die Sätze 1 und 2 gelten entsprechend in den Fällen der §§ 30 und 35 des Wohnungseigentumsgesetzes.

§ 47
Auslegung von Altvereinbarungen

[1]Vereinbarungen, die vor dem 1. Dezember 2020 getroffen wurden und die von solchen Vorschriften dieses Gesetzes abweichen, die durch das Wohnungseigentumsmodernisierungsgesetz vom 16. Oktober 2020 (BGBl. I S. 2187) geändert wurden, stehen der Anwendung dieser Vorschriften in der vom 1. Dezember 2020 an geltenden Fassung nicht entgegen, soweit sich aus der Vereinbarung nicht ein anderer Wille ergibt. [2]Ein solcher Wille ist in der Regel nicht anzunehmen.

§ 48
Übergangsvorschriften

(1) [1]§ 5 Absatz 4, § 7 Absatz 2 und § 10 Absatz 3 in der vom 1. Dezember 2020 an geltenden Fassung gelten auch für solche Beschlüsse, die vor diesem Zeitpunkt gefasst oder durch gerichtliche Entscheidung ersetzt wurden. [2]Abweichend davon bestimmt sich die Wirksamkeit eines Beschlusses im Sinne des Satzes 1 gegen den Sondernachfolger eines Wohnungseigentümers nach § 10 Absatz 4 in der vor dem 1. Dezember 2020 geltenden Fassung, wenn die Sondernachfolge bis zum 31. Dezember 2025 eintritt. [3]Jeder Wohnungseigentümer kann bis zum 31. Dezember 2025 verlangen, dass ein Beschluss im Sinne des Satzes 1 erneut gefasst wird; § 204 Absatz 1 Nummer 1 des Bürgerlichen Gesetzbuchs gilt entsprechend.

(2) § 5 Absatz 4 Satz 3 gilt in der vor dem 1. Dezember 2020 geltenden Fassung weiter für Vereinbarungen und Beschlüsse, die vor diesem Zeitpunkt getroffen oder gefasst wurden, und zu denen vor dem 1. Dezember 2020 alle Zustimmungen erteilt wurden, die nach den vor diesem Zeitpunkt geltenden Vorschriften erforderlich waren.

(3) [1]§ 7 Absatz 3 Satz 2 gilt auch für Vereinbarungen und Beschlüsse, die vor dem 1. Dezember 2020 getroffen oder gefasst wurden. [2]Ist eine Vereinbarung oder ein Beschluss im Sinne des Satzes 1 entgegen der Vorgabe des § 7 Absatz 3 Satz 2 nicht ausdrücklich im Grundbuch eingetragen, erfolgt die ausdrückliche Eintragung in allen Wohnungsgrundbüchern nur auf Antrag eines Wohnungseigentümers oder der Gemeinschaft der Wohnungseigentümer. [3]Ist die Haftung von Sondernachfolgern für Geldschulden entgegen der Vorgabe des § 7 Absatz 3 Satz 2 nicht ausdrücklich im Grundbuch eingetragen, lässt dies die Wirkung gegen den Sondernachfolger eines Wohnungseigentümers unberührt, wenn die Sondernachfolge bis zum 31. Dezember 2025 eintritt.

(4) [1]§ 19 Absatz 2 Nummer 6 ist ab dem 1. Dezember 2022 anwendbar. [2]Eine Person, die am 1. Dezember 2020 Verwalter einer Gemeinschaft der Wohnungseigentümer war, gilt gegenüber den Wohnungseigentümern dieser Gemeinschaft der Wohnungseigentümer bis zum 1. Juni 2024 als zertifizierter Verwalter.

(5) Für die bereits vor dem 1. Dezember 2020 bei Gericht anhängigen Verfahren sind die Vorschriften des dritten Teils dieses Gesetzes in ihrer bis dahin geltenden Fassung weiter anzuwenden.

Anlage 093.1 Zu § 93 BewG, zu Abschn. 49 BewRGr

§ 49
Überleitung bestehender Rechtsverhältnisse

(1) Werden Rechtsverhältnisse, mit denen ein Rechtserfolg bezweckt wird, der den durch dieses Gesetz geschaffenen Rechtsformen entspricht, in solche Rechtsformen umgewandelt, so ist als Geschäftswert für die Berechnung der hierdurch veranlassten Gebühren der Gerichte und Notare im Fall des Wohnungseigentums ein Fünfundzwanzigstel des Einheitswerts des Grundstückes, im Falle des Dauerwohnrechtes ein Fünfundzwanzigstel des Wertes des Rechts anzunehmen.

(2) Durch Landesgesetz können Vorschriften zur Überleitung bestehender, auf Landesrecht beruhender Rechtsverhältnisse in die durch dieses Gesetz geschaffenen Rechtsformen getroffen werden.

Zu § 93 BewG, zu Abschn. 49 BewRGr **Anlage 093.2**

Abgrenzung, Entstehung und Grundstücksart der wirtschaftlichen Einheit Wohnungs- und Teileigentum
Gleichlautende Erlasse der obersten Finanzbehörden der Länder nach dem Gebietsstand vor dem 3. Oktober 1990
vom 26. November 1992
(BStBl. 1993 I S. 104)

1. Zivilrechtliche Ausgangslage; Allgemeines

Nach dem Wohnungseigentumsgesetz (WEG) kann Miteigentum an einem Grundstück in der Weise ausgestaltet sein, daß

a) jeweils mit einem Miteigentumsanteil das Sondereigentum an einer (abgeschlossenen) Wohnung und ggf. an Zubehörräumen (z. B. Keller, Garage, dauerhaft markierter Abstellplatz in einer Sammelgarage) verbunden ist (Wohnungseigentum) oder

b) jeweils mit einem Miteigentumsanteil das Sondereigentum an (abgeschlossenen) nicht Wohnzwecken dienenden Räumen (z. B. Ladenlokal, Büroräume mit eigenem Zugang) verbunden ist (Teileigentum).

Ein Miteigentumsanteil kann auch mit dem Sondereigentum an mehreren (abgeschlossenen) Wohnungen, mit dem Sondereigentum an mehreren (abgeschlossenen) nicht Wohnzwecken dienenden Räumen sowie gleichzeitig mit Sondereigentum der ersten und mit Sondereigentum der zweiten Art verbunden sein. Ist mit dem Miteigentumsanteil Sondereigentum sowohl an einer Wohnung als auch an nicht zu Wohnzwecken dienenden Räumen verbunden und überwiegt nicht einer dieser Zwecke offensichtlich, so wird das Grundbuchblatt als „Wohnungs- und Teileigentumsgrundbuch" bezeichnet. Die Bezeichnung der mit Sondereigentum an abgeschlossenen Raumeinheiten verbundenen Miteigentums-Rechte als „Wohnungseigentum", „Teileigentum" oder „Wohnungs- und Teileigentum" ist ohne zivilrechtliche Bedeutung. Zur sprachlichen Vereinfachung wird deshalb im folgenden nur die Bezeichnung „Wohnungseigentum" verwendet.

Ist ein Miteigentumsanteil mit dem Sondereigentum an mehreren Raumeinheiten (z. B. abgeschlossenen Wohnung, abgeschlossenen Gewerberäumen) verbunden, so kann der Eigentümer den Miteigentumsanteil teilen, die jeweils neu entstehenden Miteigentumsanteile mit dem Sondereigentum an einer Raumeinheit verbinden und selbständig veräußern. Dieses Recht kann in der Teilungserklärung oder durch Vereinbarung der Wohnungseigentümer in entsprechender Anwendung des § 12 WEG zwar erschwert, aber nicht ausgeschlossen werden. Die Zustimmung der anderen Wohnungseigentümer oder des Verwalters darf nur aus wichtigem Grund versagt werden.

2. Bildung wirtschaftlicher Einheiten nach der Verkehrsauffassung

a) Grundsatz

Die Bedeutung des § 93 Abs. 1 Satz 1 BewG besteht zum einen darin, den Besonderheiten der Rechtsfigur des Wohnungseigentums bewertungsrechtlich Rechnung zu tragen, indem das Wohnungseigentum aus der Einheit des bebauten Grundstücks herausgenommen und diesem gegenüber verselbständigt wird. Zum anderen wird klargestellt, daß das Sondereigentum an der Wohnung und der Miteigentumsanteil nicht getrennt, sondern als Einheit zu bewerten sind. Im übrigen gelten jedoch die allgemeinen Begrenzungsregeln, wie sie sich aus § 2 Abs. 1 BewG und § 70 Abs. 2 BewG ergeben. Für die Abgrenzung der wirtschaftlichen Einheit ist daher in erster Linie die Verkehrsauffassung maßgebend.

b) Merkmal der selbständigen Veräußerbarkeit

Im Urteil vom 2. Oktober 1970 (BStBl. II S. 822), das mehrere auf einem Grundstück errichtete Reihenhäuser betrifft, hat der Bundesfinanzhof die Annahme einer wirtschaftlichen Einheit einerseits davon abhängig gemacht, daß jedes Reihenhaus für sich allein veräußert werden kann, es andererseits aber abgelehnt, auf die bei allen abgeschlossenen Wohnungen abstrakt bestehende Möglichkeit abzustellen, Wohnungseigentum zu schaffen.

Für die Bestimmung der wirtschaftlichen Einheit beim Wohnungseigentum bedeutet dies, daß **mehrere** Wohnungen, die mit nur **einem** Miteigentumsanteil verbunden sind, **grundsätzlich** zu einer wirtschaftlichen Einheit im Sinne des BewG zusammenzufassen sind. Eine Ausnahme besteht jedoch dann, wenn die tatsächlichen Gegebenheiten der Verkehrsanschauung entgegenstehen.

Liegen die Wohnungen in demselben Haus unmittelbar übereinander oder nebeneinander und sind sie so miteinander verbunden, daß sie sich als ein Raumkörper darstellen, so sind sie als eine wirtschaftliche Einheit zusammenzufassen (BFH-Urteil vom 1. April 987, BStBl. II S. 840). Besteht keine derartige Verbindung, weil sich die Wohnungen getrennt von anderen im Sondereigentum stehenden Wohnungen im Gebäude befinden, verbietet es die Verkehrsanschauung, solcherart unverbundene Teile eines Gebäudes als nur ein Grundstück im Sinne des BewG anzusehen (BFH-Urteile vom 1. April 1987, BStBl. II S. 838, und vom 24. Oktober 1990, BStBl. 1991 II S. 503).

Handelt es sich dagegen um **mehrere** Wohnungen, die **jeweils** mit **einem** Miteigentumsanteil am Grundstück verbunden sind (liegen mithin mehrere rechtlich selbständige Wohnungseigentumsrechte vor), so führt dies die tatsächliche Aneinandergrenzen oder auch das Führen in einem gemeinsamen Wohnungsgrundbuch nicht zur Annahme einer wirtschaftlichen Einheit (BFH-Urteil vom 1. August 1990, BStBl. II S. 1016).

Neben der selbständigen Veräußerbarkeit ist stets weitere Voraussetzung für das Vorliegen einer wirtschaftlichen Einheit die eigenständige Zweckbestimmung; Zubehörräume, wie insbesondere Kellerräume, sonstige Abstellräume und Garagen, sind daher ohne Rücksicht auf die zivilrechtliche Gestaltung in die wirtschaftliche Einheit einzubeziehen.

Die so abgegrenzte wirtschaftliche Einheit des Wohnungseigentums wird in der Regel mit dem Begriff „Eigentumswohnung" des § 12 des II. WoBauG übereinstimmen.

c) Verbindung mehrerer Wohnungen durch bauliche Maßnahmen

Das Merkmal der selbständigen Veräußerbarkeit ist nicht mehr erfüllt, wenn mehrere zunächst jeweils abgeschlossene Wohnung durch bauliche Maßnahmen zu einer einzigen Wohnung umgestaltet wurden und danach nicht mehr ohne größere bauliche Veränderungen getrennt veräußert werden können. In diesem Falle ist nur eine wirtschaftliche Einheit für die zusammengefaßten Wohnungen anzunehmen (BFH-Urteil vom 23. Februar 1979, BStBl. II S. 547).

d) Einbeziehung von Garagen in die wirtschaftliche Einheit des Wohnungseigentums

Gehören zu der Wohnung auch Garagen, so sind sie in die wirtschaftliche Einheit des Wohnungseigentums einzubeziehen (§ 70 Abs. 1 und 2 BewG und Abschn. 4 Abs. 1 und 2 BewRGr). Hierbei spielt es keine Rolle, wie das Eigentum des Wohnungseigentümers an den Garagen gestaltet ist. Es ist unerheblich, ob sich die Garagen auf dem Grundstück der Eigentumswohnanlage oder auf einem Grundstück in der näheren Umgebung befinden. An Abstellplätzen außerhalb von Sammelgaragen kann kein Sondereigentum begründet werden (§ 2 Abs. 2 WEG). Derartige Abstellplätze sind Gemeinschaftseigentum, die jedoch mittels einer Nutzungsvereinbarung einem bestimmten Wohnungseigentums- oder Teileigentumsrecht zugeordnet werden können.

e) Zusammenfassung einer Wohnung mit Gewerberaum

Die Zusammenfassung von Wohnung und Gewerberaum kann unter der Voraussetzung des Buchst. c dazu führen, daß nach der Verkehrsauffassung nur eine wirtschaftliche Einheit anzunehmen ist.

f) Noch nicht bezugsfertige Gebäude

Wohnungeigentum und Teileigentum wird nach § 2 WEG entweder durch vertragliche Einräumung von Sondereigentum (§ 3 WEG) oder durch Teilung (§ 8 WEG) begründet. Nach § 3 WEG kann Sondereigentum auch an Räumen in einem erst zu errichtenden Gebäude eingeräumt werden. Ebenso ist die Teilung durch den Eigentümer auch bei einem erst noch zu errichtenden Gebäude möglich (§ 8 Abs. 1 WEG). Die rechtliche Zusammenführung von Sondereigentum und Miteigentumsanteil bildet vom Beginn an Wohnungseigentum oder Teileigentum im Sinne des § 1 Abs. 2 und 3 WEG. Für die Entstehung eines Wohnungseigentums/Teileigentums im Sinne des § 93 BewG reicht es aus, daß die Teilungserklärung beurkundet und der Eintragungsantrag beim Grundbuchamt eingegangen ist. Ist am Bewertungszeitpunkt das Gebäude noch nicht bezugsfertig errichtet, richtet sich die Bewertung nach den Vorschriften für unbebaute Grundstücke.

g) Teilung eines bereits bestehenden Gebäudes

Auch bei bereits bestehenden Gebäuden reicht es für die Entstehung eines Wohnungs- und Teileigentums i. S. des § 93 BewG aus, daß die Teilungserklärung beurkundet und der Eintragungsantrag beim Grundbuchamt eingegangen ist.

Nach der Entscheidung des Bundesfinanzhofs vom 24. Juli 1991 – II R 132/88 (BStBl. 1993 II S. 87) – entsteht eine wirtschaftliche Einheit beim Wohnungseigentum erst mit dem Anlegen der Wohnungsgrundbücher. Der Urteilsfall betrifft aber die Teilung eines bestehenden Zweifamilienhauses in zwei Eigentumswohnungen, ohne daß über die Eigentumswohnungen ein Kaufvertrag abgeschlossen wurde (Vorratsteilung). Aus diesem Grunde ist das Urteil nur anzuwenden, wenn ein Steuerpflichtiger dies ausdrücklich beantragt.

Zu § 93 BewG, zu Abschn. 49 BewRGr **Anlage 093.2**

3. Bestimmung der Grundstücksart
Für die Bestimmung der Grundstücksart (§ 93 Abs. 1 Satz 2 i. V. m. § 75 BewG; Abschn. 49 Abs. 2 BewRGr) kommt es darauf an, wie der auf die wirtschaftliche Einheit des Wohnungseigentums (Nr. 2) entfallende Gebäudeteil genutzt wird.

Soweit es sich um Wohnungen handelt (einschließlich der Zubehörräume wie insbesondere Keller und Garagen), kommen die Grundstücksarten Einfamilienhaus, Zweifamilienhaus oder Mietwohngrundstück in Betracht. Für den Wohnungsbegriff gelten die zu ihm ergangenen Weisungen. Bei der Zusammenfassung einer Wohnung mit Gewerberaum kann es sich um die Grundstücksart „gemisch-genutztes Grundstück" oder auch „Geschäftsgrundstück" handeln.

4. Die gleichlautenden Erlasse vom 20. Oktober 1981 (BStBl. I S. 640) sowie die koordinierten Ländererlasse über die Entstehung der wirtschaftlichen Einheit beim Wohnungs- und Teileigentum aus dem Jahre 1978 werden aufgehoben.

Anlage 094.1 Zu § 94 BewG, zu Abschn. 50 BewRGr

Abschlag für Gebäude und Außenanlagen auf fremdem Grund und Boden wegen einer Abbruchverpflichtung
Erlaß FinMin NRW vom 28. Februar 1985

$$-\frac{S\ 3210-8-VA\ 4}{S\ 3217-/\!/1-VA\ 4}-$$

In der Praxis werden Abschläge wegen einer Abbruchverpflichtung bei der Bewertung von Gebäuden und Außenanlagen auf fremdem Grund und Boden auch dann beantragt, wenn die vertraglich vereinbarte Abbruchverpflichtung erst nach Ablauf der in Abschnitt 41 Abs. 2 BewRGr angenommenen fiktiven Lebensdauer zu erfüllen ist. Der Abschlag wegen vertraglicher Abbruchverpflichtung ist dann nach dem Verhältnis des tatsächlichen Alters des Gebäudes bzw. der Außenanlagen im Feststellungszeitpunkt zu der verkürzten Gesamtlebensdauer zu bemessen. Dabei ist als Gesamtlebensdauer die voraussichtliche tatsächliche Lebensdauer anzusetzen.

Beispiel:

Feststellungszeitpunkt	1. Januar 1981
Baujahr der Wege- und Parkplatzbefestigung	1967
Gewöhnliche Lebensdauer	20 Jahre
Ablauf der gewöhnlichen Lebensdauer mithin	1987
Abbruchverpflichtung	1990

Abschlagsberechnung:

Alter im Feststellungszeitpunkt

$$\frac{1.\ \text{Januar 1981 (14 Jahre)}}{\text{„Verkürzte" Gesamtlebensdauer (23 Jahre)}} \times 100\ \text{v. H.} = 61\ \text{v. H.}$$

Der Abschlag beträgt damit 61 v. H.

Zu § 94 BewG, zu Abschn. 50 BewRGr **Anlage 094.2**

a) Musterhäuser der Bauindustrie
Vfg. BayLfSt vom 15. November 2013, S 3190

1. Musterhäuser, die nur vorübergehend für Ausstellungszwecke benutzt werden und anschließend einschließlich Grundstück zum Verkauf bestimmt sind, werden wie Kaufeigenheime behandelt, die der Bauträger auf Vorrat errichtet hat. Dabei ist der Anschluss an Versorgungsleitungen nicht Voraussetzung für die Bezugsfertigkeit eines solchen Gebäudes.
2. Bei Musterhäusern, die nach Beendigung ihrer Ausstellung abgebaut und anschließend auf dem Grundstück des Erwerbers wieder aufgebaut werden, gilt folgendes:
    a) Beim Aussteller handelt es sich nach erfolgtem Aufbau um ein bezugsfertiges Gebäude, auch wenn der Anschluss an Versorgungsleitungen fehlt (ggf. Gebäude auf fremdem Grund und Boden). Das Grundstück ist als Geschäftsgrundstück im Sachwertverfahren zu bewerten (§ 76 Abs. 3 Nr. 2 BewG).
    b) Beim Erwerber entsteht durch den Wiederaufbau des Musterhauses ein Neubau, der nach allgemeinen Grundsätzen zu bewerten ist.
3. Musterhäuser, die dauernd Ausstellungszwecken dienen, sind auch ohne Anschluss an Versorgungsleitungen bezugsfertige Gebäude. Sie sind als Geschäftsgrundstücke im Sachwertverfahren zu bewerten (§ 76 Abs. 3 Nr. 2 BewG).

b) Abschlag wegen Abbruchverpflichtung bei Musterhäusern der Fertigbauindustrie
Erlaß FinMin Niedersachsen vom 23. Dezember 1985
– S 3190 – 35 – 34 –

Bei der Bewertung von Musterhäusern der Fertigbauindustrie auf fremdem Grund und Boden und bei im Erbbaurecht errichteten Musterhäusern ist nur dann ein Abschlag nach § 94 Abs. 3 bzw. § 92 Abs. 4 BewG zu gewähren, wenn die Verpflichtung zum Abbruch eindeutig und unbedingt besteht. Eine solche Verpflichtung kann sich entweder aus den Verträgen zwischen dem Grundstückseigentümer und der Ausstellungsgesellschaft oder aus den Verträgen zwischen der Ausstellungsgesellschaft und den Fertighausherstellern ergeben. Die Höhe des Abschlags bestimmt sich nach folgender Formel:

$$\text{Abschlag} = \frac{\text{Alter im Feststellungszeitpunkt}}{\text{verkürzte Gesamtlebensdauer}} \times 100$$

Bei der Bemessung des Abschlags ist der Umstand, daß Bauteile der Häuser nach Abbruch gegebenenfalls noch verwendet werden können, nicht zu berücksichtigen. Als verkürzte Gesamtlebensdauer ist die vertraglich vereinbarte Aufstellungszeit zugrunde zu legen. Die Frage, ob neben dem Abschlag wegen Abbruchverpflichtung ein zusätzlicher Abschlag wegen wirtschaftlicher Überalterung in Betracht kommt, kann nur im Einzelfall entschieden werden.

Werden die Musterhäuser von den Fertighausfirmen während der vereinbarten Ausstellungszeit durch neue Haustypen ersetzt, so führt dieser Umstand bei der Berechnung des Abschlags wegen Abbruchverpflichtung nicht zu einer Minderung der verkürzten Gesamtlebensdauer.

Anlage 094.3   Zu § 94 BewG

Gebäude auf fremdem Grund und Boden
Vfg. OFD Frankfurt vom 17. September 1984
– S 3217 A – 5 – St III 40 (H) –

Von einem Gebäude auf fremdem Grund und Boden kann nur gesprochen werden, wenn das Gebäude einem anderen als dem Grundstückseigentümer gehört.

Nach § 70 Abs. 3 BewG gilt ein Gebäude, das auf fremdem Grund und Boden errichtet ist, als Grundstück, d. h. als selbständige wirtschaftliche Einheit, selbst wenn es wesentlicher Bestandteil des Grund und Bodens geworden ist. Ein Gebäude, das auf fremdem Grund und Boden errichtet worden ist, bildet aber nur dann eine selbständige wirtschaftliche Einheit, wenn es steuerrechtlich (§ 39 Abs. 2 Nr. 1 AO) dem wirtschaftlichen Eigentümer (Gebäudeerbauer) zuzurechnen ist (so insbesondere BFH-Urteil vom 19. 9. 1958, II 77/57 S, BStBl. 1958 II S. 440).

Bauten auf fremdem Grund und Boden werden vor allem im Rahmen von Miet- und Pachtverträgen, also rein schuldrechtlichen Verhältnissen, errichtet.

Ein Gebäude ist demjenigen als wirtschaftlichem Eigentümer zuzurechnen, der durch vertragliche Vereinbarungen oder aus anderen Gründen den Eigentümer des Grund und Bodens von der Ausübung seines Eigentumsrechts (Einwirkung auf das Grundstück) ausschließen kann.

Eine vom bürgerlichen Recht abweichende Zurechnung unter dem Gesichtspunkt des wirtschaftlichen Eigentums kommt daher nur ausnahmsweise dann in Betracht, wenn nach dem Gesamtbild der Verhältnisse ein anderer als der rechtliche Eigentümer die tatsächliche Herrschaft ausübt und den nach bürgerlichem Recht Berechtigten auf Dauer von der Einwirkung auf das Wirtschaftsgut auszuschließen vermag, so daß der Herausgabeanspruch des bürgerlich-rechtlichen Eigentümers keine wirtschaftliche Bedeutung mehr hat (vgl. Urteile des BFH vom 26. 1. 1970, IV R 144/66, BStBl. 1970 II S. 264; vom 18. 11. 1970, I 133/64, BStBl. 1971 II S. 133; vom 14. 11. 1974, IV R 3/70, BStBl. 1975 II S. 281; vom 18. 3. 1977, VII R 180/74, BStBl. 1977 II S. 629).

Der Bundesfinanzhof hat hierzu im Urteil vom 7. 8. 1964, III 52/64, HFR 1965 S. 327 ausgeführt, daß auf Grund der getroffenen Vereinbarungen und ihrer praktischen Durchführung im Einzelfall zu entscheiden ist, ob wirtschaftliche Verfügungsmacht und tatsächliche Sachherrschaft bestehen und damit wirtschaftliches Eigentum vorliegt.

Nachstehend beispielhaft genannte Anhaltspunkte können die Entscheidung über die Anerkennung wirtschaftlichen Eigentums erleichtern.

Für die Anerkennung wirtschaftlichen Eigentums des Errichters von Gebäuden sprechen z. B.:

a) das Recht, Einbauten und Umbauten am Gebäude ohne Genehmigung des Grundeigentümers durchzuführen,

b) das Recht, das Gebäude vor oder nach Ablauf der Vertragsdauer abzureißen (RFH-Urteil vom 30. 11. 1933, BStBl. 1934 II S. 166).

c) das Tragen des Risikos des zufälligen Untergangs des Gebäudes während der Vertragsdauer,

d) Pachtzinsbemessung nur nach dem Wert des Grund und Bodens.

Gegen die Anerkennung wirtschaftlichen Eigentums beim Errichter von Gebäuden sprechen, z. B.:

a) die Verpflichtung, das Gebäude nach Ablauf der Vertragsdauer mit geringer Entschädigung oder entschädigungslos dem Grundeigentümer zu überlassen,

b) das Recht des Grundeigentümers, das Gebäude vor oder nach Ablauf der Vertragsdauer abreißen lassen zu können,

c) Einräumung des dinglichen Vorkaufsrechts und Eintragung einer Vormerkung zur Sicherung des Anspruchs auf Eintragung im Grundbuch für den Grundeigentümer,

d) wenn der Wert des Grund und Bodens in erstklassiger Geschäftslage die Gebäudeherstellungskosten überwiegt (BFH-Urteil vom 30. 4. 1954, III 169/53 U, BStBl. 1954 II S. 194 und vom 22. 6. 1962, III 163/58, HFR 1963 S. 161).

Oftmals läßt auch die wirtschaftliche Interessenlage der Beteiligten Schlüsse auf das Vorliegen wirtschaftlichen Eigentums zu.

Wirtschaftliches Eigentum des Gebäudeerrichters am Gebäude kann nicht allein angenommen werden wegen

Zu § 94 BewG **Anlage 094.3**

a) Finanzierung des Gebäudes
 (nicht entscheidungserheblich – BFH-Urteil v. 24. 2. 1966, III 212/62, BStBl. 1966 III S. 493 – insbesondere auch dann, wenn keine bürgerlich-rechtliche Eigentumsübertragung des Grundstücks nachfolgen soll bzw. nachfolgt),
b) Ausführung von Baumaßnahmen (BFH-Urteil vom 31. 1. 1964, StRK EStG § 7b R. 82 und vom 9. 7. 1965, StRK EStG § 7b R. 104),
c) Recht auf ungehinderte Benutzung des Gebäudes (BFH-Urteil vom 9. 11. 1971, VIII R 97/69, BStBl. 1972 II S. 314).

Sofern in den zuletzt genannten Fällen keine Kriterien vorliegen, die für wirtschaftliches Eigentum des Errichters des Gebäudes sprechen (vgl. hierzu auch BFH-Urteile vom 21. 12. 1978, III R 20/77, BStBl. 1979 II S. 466 und vom 27. 9. 1979, IV R 149/72, HFR 1980 S. 180), ist auch das Gebäude dem Grundeigentümer zuzurechnen.

Anlage 094.4 (Anlage 17 BewRGr) Zu § 94 BewG, zu Abschn. 50 BewRGr

Bauwerke auf fremdem Grund und Boden mit Einheitswerten von nicht mehr als 1000 DM

Erlaß FinMin Bayern vom 13. Mai 1985
– 34 – S 3194 – 1/23 – 16 545 –

Bauwerke auf fremdem Grund und Boden sind nicht als Gebäude zu bewerten, wenn der Einheitswert nicht mehr als 1000 DM betragen würde. Gebäude auf fremdem Grund und Boden, für die der Einheitswert mehr als 1000 DM beträgt, sind zu bewerten.

Sinkt zu einem späteren Feststellungszeitpunkt der Wert des bewerteten Gebäudes, z. B. bei Tankstellengebäuden auf fremdem Grund und Boden wegen des Anstiegs des Abschlags wegen vorzeitigem Abbruchs oder wegen wirtschaftlicher Überalterung, auf weniger als 1100 DM, so ist der Einheitswert nach § 24 Abs. 1 Nr. 1 BewG aufzuheben. Dabei ist es unerheblich, ob die Wertminderung gegenüber dem zuvor festgestellten Einheitswert die Wertfortschreibungsgrenzen erreicht bzw. überschreitet oder unterschreitet.

Für die wirtschaftliche Einheit des Grund und Bodens ist eine Artfortschreibung als unbebautes Grundstück durchzuführen.

Zu § 94 BewG

Anlage 094.5

Gebäude auf fremdem Grund und Boden
Gebäude von untergeordneter Bedeutung / Zusammenfassung mehrerer verpachteter Teilflächen / Fabrikgrundstücke

Vfg: OFD Frankfurt am Main vom 22. Dezember 2017
(S 3217 A – 003 – St 116)

1. Gebäude auf fremdem Grund und Boden mit einem Gebäudewert von weniger als 1.000 DM

Bauwerke auf fremdem Grund und Boden sind nicht als Gebäude zu bewerten, wenn der Einheitswert nicht mehr als 1.000 DM betragen würde. In diesem Fall ist der Grund und Boden ein unbebautes Grundstück.

Gebäude auf fremdem Grund und Boden, für die der Einheitswert mehr als 1.000 DM beträgt, müssen stets bewertet werden. Das gilt auch dann, wenn die vorhandenen Gebäude im Falle ihrer Errichtung auf eigenem Grund und Boden als Gebäude, deren Zweckbestimmung und Wert gegenüber der Zweckbestimmung und dem Wert des Grund und Bodens von untergeordneter Bedeutung sind, anzusehen wären, so dass das Grundstück nach § 72 Abs. 2 BewG trotz Vorhandenseins dieser Gebäude als unbebautes Grundstück bewertet werden würde. Eine Anwendung des § 72 Abs. 2 BewG in Fällen des § 94 BewG ist nicht möglich, weil in § 94 BewG nicht auf § 72 BewG Bezug genommen wird und § 72 BewG nicht als übergeordnete Vorschrift angesehen werden kann.

Wenn für die Gebäude ein Einheitswert festzustellen ist, gilt der Grund und Boden nach § 94 Abs. 1 Satz 3 BewG als bebautes Grundstück der Grundstücksart, zu der das Gebäude gehört.

2. Zusammenfassung mehrerer verpachteter Teilflächen mit fremden Gebäuden zu einer wirtschaftlichen Einheit

2.1 Keine Gebäude oder nur von untergeordneter Bedeutung

Hat der Eigentümer einer größeren Grundstücksfläche Teilflächen an mehrere Pächter verpachtet, so können die Teilflächen zu einer wirtschaftlichen Einheit zusammengefasst werden, wenn die Pächter auf den Flächen keine Gebäude oder nur Bauwerke, deren Einheitswerte im Fall ihrer Bewertung als Gebäude nicht mehr als 1.000 DM betragen würden (vgl. Tz. 1), errichtet haben. Die zu einer wirtschaftlichen Einheit zusammengefassten Teilflächen sind dann als ein unbebautes Grundstück zu bewerten.

2.2 Zu bewertende Gebäude

In den Fällen, in denen mehrere Pächter auf den an sie verpachteten Teilflächen Gebäude errichtet haben, können die bebauten Teilflächen zu einer wirtschaftlichen Einheit zusammengefasst werden, wenn oder soweit die Flächen im Fall ihrer Einzelbewertung nach § 94 Abs. 1 Satz 3 BewG in ein und dieselbe Grundstücksart einzuordnen wären. Die zu einer wirtschaftlichen Einheit zusammengefassten Teilflächen gelten dann entsprechend der Grundstücksart der darauf stehenden Gebäude als ein bebautes Grundstück, z.B. als Einfamilienhaus oder Geschäftsgrundstück.

Die Grundsteuermessbetragsveranlagung für die gesamte Fläche ist jedoch bei der Grundstücksart „Einfamilienhäuser" dann unbillig, wenn der Einheitswert der zusammengefassten Teilflächen über 75.000 DM beträgt, so dass für den 73.000 DM übersteigenden Teil des Einheitswerts nach § 15 GrStG die Steuermesszahl 3,5 v. T. anzuwenden wäre, bei einer Feststellung von Einheitswerten für jede Teilfläche jedoch jeweils für die ersten 75.000 DM des Einheitswerts nur eine Steuermesszahl von 2,6 v. T. in Betracht käme.

Die aus Gründen der Verwaltungsvereinfachung erfolgende Zusammenfassung von Teilflächen zu einer wirtschaftlichen Einheit darf sich bei der Messbetragsveranlagung nicht zu Ungunsten des Grundstückseigentümers auswirken. Für die Grundstücksart „Einfamilienhäuser" ist deshalb bereits bei der Einheitsbewertung darauf zu achten, dass sich als Folge der Zusammenfassung von Teilflächen zu einer wirtschaftlichen Einheit kein höherer Steuermessbetrag ergibt als die Summe der Steuermessbeträge, wenn jede Teilfläche als besondere wirtschaftliche Einheit bewertet worden wäre.

3. Dauerkleingartenland

Bei Dauerkleingartenland, das der Eigentümer selbst bebaut hat, bilden der Grund und Boden und das Gebäude eine wirtschaftliche Einheit, die als bebautes Grundstück der im Einzelfall in Betracht kommenden Grundstücksart – in der Regel als Einfamilienhaus – zu bewerten ist. Die Bestimmungen des Abschnitts 2 Abs. 8 BewRGr sind nicht anzuwenden, weil der Grund und Boden durch die Bebauung zweckentfremdet ist. Abschnitt 2 Abs. 8 BewRGr setzt voraus, dass Dauerkleingartenland nicht bebaut ist.

Anlage 094.5 Zu § 94 BewG

Gehört das auf Dauerkleingartenland errichtete Gebäude einem anderen Eigentümer (Gebäude auf fremdem Grund und Boden), so gelten für die Bewertung sowohl des Gebäudes als auch des Grund und Bodens die Vorschriften des § 94 BewG. Auch in diesem Falle ist der Grund und Boden durch die Errichtung des Gebäudes zweckentfremdet, die Bestimmungen des Abschnitts 2 Abs. 8 BewRGr sind deshalb nicht anzuwenden. Bei der Bodenwertermittlung ist jedoch zu beachten, dass die für Dauerkleingartenland geltenden Auflagen den Wert des Grund und Bodens beeinflusst haben können.

Würde das Bauwerk auf fremdem Grund und Boden im Falle der Bewertung einen Einheitswert von nicht mehr als 1.000 DM haben und damit nicht als Gebäude anzusehen sein (vgl. Tz. 1), ist der Grund und Boden nach Abschnitt 2 Abs. 8 Nr. 2 BewRGr als land- und forstwirtschaftliches Vermögen zu bewerten.

Die vorgenannten Grundsätze gelten auch für die Bewertung von Gebäuden und von Grund und Boden im Kleingartengebiet.

Bei der Zusammenrechnung mehrerer Parzellen zu einer wirtschaftlichen Einheit gelten die Grundsätze der Tz. 2.

4. Abgrenzung der wirtschaftlichen Einheiten bei Gebäuden des Pächters auf gepachteten Fabrikgrundstücken

Bei Gebäuden auf fremdem Grund und Boden in den Fällen, in denen der Pächter eines Werkgeländes mit aufstehenden Gebäuden des Verpächters zusätzlich Gebäude errichtet hat, die in seinem – des Pächters – wirtschaftlichen Eigentum stehen, gilt für die Abgrenzung der wirtschaftlichen Einheiten Folgendes:

Nach § 94 Abs. 1 Satz 3 BewG gilt der Grund und Boden, auf dem ein fremdes Gebäude steht, als bebautes Grundstück der Grundstücksart, zu der das fremde Gebäude gehört. Diese Vorschrift grenzt damit gleichzeitig die wirtschaftliche Einheit für dieses Grundstück ab. Der Grund und Boden ist, soweit er in wirtschaftlichem Zusammenhang mit dem darauf errichteten Gebäude steht, eine selbständige wirtschaftliche Einheit. Diese selbständige wirtschaftliche Einheit ist aus dem größeren Stammgrundstück herauszulösen (BFH-Urteil vom 06.10.1978, III R 23/75, BStBl. II 1979, 37).

Es bestehen keine Bedenken, mehrere vom Pächter auf dem Pachtgelände errichtete, räumlich getrennt liegende Gebäude zu einer wirtschaftlichen Einheit zusammenzufassen Das setzt allerdings voraus, dass die Gebäude zu derselben Grundstücksart gehören. Unter dieser Voraussetzung können auch die dazu gehörenden Grundstücksflächen des Verpächters zu einer wirtschaftlichen Einheit zusammengefasst werden.

Zu § 125 BewG

Anlage 125.1

**a) Ermittlung von Ersatzwirtschaftswerten
und die Festsetzung der Grundsteuermeßbeträge für Betriebe der Land- und Forstwirtschaft
ab 1. Januar 1991**

**Gleichlautende Erlasse der obersten Finanzbehörden
der Länder Berlin, Brandenburg, Mecklenburg-Vorpommern, Sachsen, Sachsen-Anhalt und Thüringen**

vom 11. Dezember 1990
(BStBl. I S. 833)
zuletzt geändert durch Erlasse vom 15.12.2011 (BStBl. I S. 1217)

– Auszug –

Einführung

(1)–(4) ...

(5) Die vorstehend dargelegte Lösung macht es erforderlich, die Wohngebäude der Betriebsinhaber und ihrer Familien sowie der Arbeitnehmer des Betriebs und deren Familien nicht mehr wie bisher in das land- und forstwirtschaftliche Vermögen einzubeziehen (§ 125 Abs. 3 BewG). Diese Wohngebäude gehören nunmehr zum Grundvermögen und sind ab 1. Januar 1991 nach den für das Grundvermögen geltenden Grundsätzen zu bewerten. Soweit es sich bei den Wohngrundstücken um Mietwohngrundstücke und Einfamilienhäuser handelt, gilt für die Grundsteuer zunächst die Ersatzbemessungsgrundlage Wohn- oder Nutzfläche (§§ 42, 44 GrStG).

Teil I

Allgemeines

1.02 Abgrenzung des land- und forstwirtschaftlichen Vermögens vom Grundvermögen (§ 33 BewG und § 51 BewG-DDR)

(1) Zu den Wirtschaftsgütern, die zwischen dem land- und forstwirtschaftlichen Vermögen und dem Grundvermögen abzugrenzen sind, gehören

1. der Grund und Boden,
2. die Wirtschaftsgebäude.

Über die Abgrenzung wird bei der Ermittlung des Ersatzwirtschaftswertes für das land- und forstwirtschaftliche Vermögen entschieden.

(2) Der Grund und Boden gehört vorbehaltlich § 51 BewG-DDR zum land- und forstwirtschaftlichen Vermögen, wenn er

1. der landwirtschaftlichen Nutzung,
2. der forstwirtschaftlichen Nutzung,
3. der weinbaulichen Nutzung,
4. der gärtnerischen Nutzung oder
5. der sonstigen land- und forstwirtschaftlichen Nutzung zu dienen bestimmt ist.

Zum land- und forstwirtschaftlichen Vermögen gehören ferner Abbauland, Geringstland und Unland sowie Grund und Boden, der einem Nebenbetrieb der Land- und Forstwirtschaft zu dienen bestimmt ist.

(3) Unter den in § 51 BewG-DDR (Anlage 1) bestimmten Voraussetzungen gehören die in Absatz 2 bezeichneten land- und forstwirtschaftlich genutzten Flächen nicht zum land- und forstwirtschaftlichen Vermögen. Zu den Einzelheiten der Abgrenzung siehe gleichlautende Erlasse der obersten Finanzbehörden der Länder Berlin, Brandenburg, Mecklenburg-Vorpommern, Niedersachsen, Sachsen, Sachsen-Anhalt und Thüringen vom 22. Dezember 1993 (BStBl. 1994 I S. 96)[1)].

(4) Gebäude oder Gebäudeteile, die Wohnzwecken dienen, sind einschließlich der dazugehörigen Flächen nicht dem land- und forstwirtschaftlichen Vermögen zuzurechnen. Das gilt regelmäßig auch für Hausgärten und Parkanlagen (vgl. auch Abschnitt 1.07 Abs. 3).

(5) Als Wirtschaftsgebäude eines Betriebs der Land- und Forstwirtschaft, die diesem dauernd zu dienen bestimmt sind, kommen insbesondere Ställe, Scheunen, Schuppen, Hopfendarren, Kesselhäuser, Arbeitsräume und Kelleranlagen in Betracht. Hierzu gehören auch die Büros, in denen die mit der Betriebsorganisation und Betriebsführung zusammenhängenden Arbeiten vorgenommen werden.

---

1) Siehe unter b).

Anlage 125.1

Zu § 125 BewG

b) Abgrenzung des Grundvermögens vom land- und forstwirtschaftlichen Vermögen im Beitrittsgebiet ab 1. Januar 1991

Gleichlautende Erlasse der obersten Finanzbehörden der Länder Berlin, Brandenburg, Mecklenburg-Vorpommern, Niedersachsen, Sachsen, Sachsen-Anhalt und Thüringen

vom 22. Dezember 1993

(BStBl. 1994 I S. 96)

Bezug: Gleichlautende Erlasse der obersten Finanzbehörden der Länder Berlin, Brandenburg, Mecklenburg-Vorpommern, Sachsen, Sachsen-Anhalt und Thüringen vom 11. Dezember 1990 betreffend die Ermittlung von Ersatzwirtschaftswerten und die Festsetzung der Grundsteuermeßbeträge für Betriebe der Land- und Forstwirtschaft ab 1. Januar 1991

(BStBl. 1990 I S. 833; Abschnitt 1.02, Absatz 3 Satz 2[1])

1. Geltungsbereich

Dieser Erlaß gilt für die Abgrenzung des Grundvermögens vom land- und forstwirtschaftlichen Vermögen im Beitrittsgebiet. Zum Beitrittsgebiet gehören die Länder Brandenburg, Mecklenburg-Vorpommern, Sachsen, Sachsen-Anhalt und Thüringen und der Teil des Landes Berlin, in dem das Grundgesetz vor dem Wirksamwerden des Beitritts nicht gegolten hat, und zwar nach dem Gebietsstand vom 3. Oktober 1990. Zum Beitrittsgebiet gehören somit auch Gebiete, die nach dem 2. Oktober 1990 im Rahmen einer Gebietsreform in das übrige Bundesgebiet umgegliedert worden sind.

2. Rechtsgrundlagen

Die Abgrenzung zwischen Grundvermögen und land- und forstwirtschaftlichem Vermögen bestimmt sich nach § 125 i. V. m. § 33 Abs. 1 BewG und § 129 Abs. 2 BewG i. V. m. § 51 BewG-DDR.

3. Allgemeine Abgrenzungsgrundsätze

Flächen, die land- und forstwirtschaftlichen Zwecken dauernd zu dienen bestimmt sind, gehören vorbehaltlich des § 51 Abs. 2 BewG-DDR (vgl. Tz. 4) zum land- und forstwirtschaftlichen Vermögen und nicht zum Grundvermögen. Ob eine Fläche zum Grundvermögen oder zum land- und forstwirtschaftlichen Vermögen gehört, ist bei der Ermittlung der Ersatzwirtschaftswerte für das land- und forstwirtschaftliche Vermögen zu entscheiden.

4. Besondere Abgrenzungsregelungen des § 51 Abs. 2 BewG-DDR

Abweichend von Tz. 3 gehören im Feststellungszeitpunkt noch land- und forstwirtschaftlich genutzte Flächen zum Grundvermögen, wenn nach ihrer Lage und den sonstigen Verhältnissen, insbesondere mit Rücksicht auf die bestehenden Verwertungsmöglichkeiten, anzunehmen ist, daß sie in absehbarer Zeit anderen als land- und forstwirtschaftlichen Zwecken dienen werden, z. B. sie hiernach als Bauland, Industrieland oder als Land für Verkehrszwecke anzusehen sind.

Land- und forstwirtschaftlich genutzte Grundstücksflächen sind stets dem Grundvermögen zuzurechnen, wenn die sofortige Bebauung rechtlich (z. B. Vorliegen eines rechtsverbindlichen Bebauungsplans) und tatsächlich (Vorhandensein einer gesicherten Erschließung) möglich ist. Damit rechnen insbesondere erschlossene Flächen am Ortsrand und Baulücken innerhalb von Ortsteilen zum Grundvermögen.

Läßt sich die sofortige Bebaubarkeit auf Grund der rechtlichen und tatsächlichen Verhältnisse nicht eindeutig beurteilen, so können auch andere Umstände für die Zurechnung zum Grundvermögen sprechen. Solche Umstände sind z. B.

1. Erwerb von Flächen zu einem Preis, der erkennbar über den üblichen Bodenpreisen für land- und forstwirtschaftlich genutzte Flächen liegt,
2. Erwerb von Flächen durch Handels- und Industrieunternehmen, Gebietskörperschaften sowie Grundstücksgesellschaften, Wohnungsunternehmen und Baugesellschaften,
3. Verkauf von Flächen in benachbarten Bereichen zu Baulandpreisen.

Darüber hinaus ist es für eine Zurechnung zum Grundvermögen erforderlich, daß sich die gegenwärtige land- und forstwirtschaftliche Nutzung mit großer Wahrscheinlichkeit in absehbarer Zeit ändert. Unter absehbarer Zeit ist ein Zeitraum von sechs Jahren nach dem Feststellungszeitpunkt zu verstehen.

---

1) Siehe unter a)

Zu § 125 BewG **Anlage 125.1**

c) Einheitsbewertung von Grundstücken, die dem Abbau von Bodenschätzen im Tagebau dienen
Vfg OFD Magdeburg vom 28. Februar 2001
– S 3219 c – 5 – St 331 –

Flächen, die land- und forstwirtschaftlichen Zwecken dauernd zu dienen bestimmt sind, gehören vorbehaltlich des § 51 Abs. 2 BewG DDR zum land- und forstwirtschaftlichen Vermögen. Abweichend hiervon gehören im Feststellungszeitpunkt noch land- und forstwirtschaftlich genutzte Flächen zum Grundvermögen, wenn nach ihrer Lage und den sonstigen Verhältnissen anzunehmen ist, daß sie in absehbarer Zeit anderen als land- und forstwirtschaftlichen Zwecken dienen werden. Zur Beurteilung von Flächen, die in einem Zusammenhang mit dem Abbau von Bodenschätzen stehen, werden die folgenden Bearbeitungshinweise gegeben:

1 Abgrenzung

1.1 Grundvermögen
Für eine Zurechnung zum Grundvermögen sprechen folgende Umstände:
1. Erwerb von Flächen zu einem Preis, der erkennbar über den üblichen Bodenpreisen für land- und forstwirtschaftlich genutzte Flächen liegt.
2. Erwerb von Flächen durch Personen, die keinen Betrieb der Land- und Forstwirtschaft unterhalten.
3. Erwerb von Flächen in der Nähe von Tagebaugelände.
4. Verpachtung von Flächen an Abbaubetriebe.

Die Flächen sind – auch wenn sie land- und forstwirtschaftlich genutzt werden – als Grundvermögen zu bewerten, sobald anzunehmen ist, daß innerhalb der nächsten sechs Jahre (absehbarer Zeit) mit dem Abbau von Bodenschätzen begonnen wird.

1.2 Land- und forstwirtschaftliches Vermögen
Die Flächen verbleiben im land- und forstwirtschaftlichen Vermögen, wenn Umstände vorliegen, die eine land- und forstwirtschaftliche Nutzung zulassen, jedoch eine Nutzung für den Abbau der Bodenschätze verhindern, wie z. B. fehlende bergrechtliche Genehmigung, fehlende Abbauwürdigkeit, Schutzstreifen an Verkehrswegen, Naturschutz, Denkmalschutz.

Werden ehemalige Tagebauflächen für land- und forstwirtschaftliche Zwecke rekultiviert, sind diese nach Abschluß der Rekultivierungsarbeiten dem land- und forstwirtschaftlichen Vermögen zuzurechnen; vgl. Abschnitt 2.03 b des gleichlautenden geänderten Ländererlasses vom 1. 7. 1991 (BStBl. I, 655). Dies gilt auch für Flächen, bei denen die Selbstbegrünung soweit fortgeschritten ist, daß sie als Flächen der forstwirtschaftlichen Nutzung anzusehen sind.

2 Bewertung
Der Grund und Boden, der dem Abbau von Bodenschätzen dient, in absehbarer Zeit dienen wird oder nach dem Abbau von Bodenschätzen noch nicht rekultiviert ist, ist bei Einheitswertfeststellungen mit einem Durchschnittswert von 0,04 DM/m² zu bewerten.

3 Zurechnung
Die als Grundvermögen zu bewertenden Flächen sind dem bürgerlich-rechtlichen Eigentümer zuzurechnen. Der Umstand, daß dem Grundstückseigentümer die Nutzung auf unbestimmte Zeit entzogen ist, begründet regelmäßig kein wirtschaftlichen Eigentum des Abbaubetriebes.
Flächen des land- und forstwirtschaftlichen Vermögens sind dem Nutzer zuzurechnen. Werden die Flächen nicht verpachtet, sind sie dem Eigentümer zuzurechnen.

Anlage 125.2 Zu § 125 BewG

Nachträgliche Feststellung eines Einheitswerts nach ergangenem Grundsteuermeßbescheid; Rechtslage in den neuen Bundesländern nach §§ 125 ff. BewG

Erlaß FinMin Thüringen vom 20. Mai 1998
– S 0352 A – 4/98 – 201.1 –

Bei in den neuen Ländern belegenen land- und forstwirtschaftlichen Grundstücken wird der Grundsteuermeßbetragsfestsetzung nicht der Einheitswert, sondern der Ersatzwirtschaftswert als unselbständige Besteuerungslage zugrunde gelegt (§§125 Abs. 2, 126 Abs. 1 BewG). Schuldner der Grundsteuer und alleiniger Adressat des Grundsteuermeßbescheids ist in diesen Fällen der Nutzer des Grundstücks (§ 40 GrStG). Bei Grundstücken, die zum Grundvermögen gehören, wird der Grundsteuermeßbetrag dagegen der Einheitswert zugrunde gelegt; Schuldner der Grundsteuer ist in diesem Fall der Eigentümer des Grundstücks.

Die AO-Referatsleiter vertreten hinsichtlich der Frage, wie zu verfahren ist, wenn sich nachträglich herausstelle, daß ein Grundstück nicht zum land- und forstwirtschaftlichen Vermögen gehört, und die Voraussetzungen des § 173 AO nicht erfüllt sind, folgende Auffassung:

– Wenn Nutzer und Eigentümer des Grundstücks nicht identisch seien, entfaltet der zunächst gegen den Nutzer ergangene Grundsteuermeßbescheid gegenüber dem Eigentümer keine Rechtswirkungen. Der Grundsteuermeßbescheid ist damit kein Hindernis für den Erlaß eines Einheitswertbescheids und anschließend eines Grundsteuermeßbescheids gegen den Eigentümer. Nach Erlaß des „richtigen" Einheitswertbescheids gegenüber dem Eigentümer ist der gegenüber dem Nutzer erlassene Grundsteuermeßbescheid nach § 174 Abs. 1 AO aufzuheben.

– Sind Nutzer und Eigentümer des Grundstücks dagegen identisch, schließt die Bestandskraft des Grundsteuermeßbescheids den Erlaß eines anderweitigen Einheitsbescheids aus.

Zu §§ 129–133 BewG   **Anlage 129.1**

Bewertungsgesetz der Deutschen Demokratischen Republik (BewG-DDR)
in der Fassung vom 18. September 1970
(Sonderdruck Nr. 678 des Gesetzblattes)
– Auszug –

§ 10 Bewertungsgrundsatz
(1) Bei Bewertungen ist, soweit nichts anderes vorgeschrieben ist, der Preis anzusetzen, der im gewöhnlichen Geschäftsverkehr nach der Beschaffenheit des Wirtschaftsgutes bei einer Veräußerung zu erzielen wäre. Dabei sind alle Umstände, die den Preis beeinflussen, zu berücksichtigen. Ungewöhnliche oder persönliche Verhältnisse sind nicht zu berücksichtigen.

(2) Als persönliche Verhältnisse sind auch Verfügungsbeschränkungen anzusehen, die in der Person des Steuerpflichtigen oder eines Rechtsvorgängers begründet sind. Das gilt insbesondere für Verfügungsbeschränkungen, die auf letztwilligen Anordnungen beruhen.

§ 11 Mit Grundbesitz verbundene Rechte, Bestandteile und Zubehör
(1) Bei Grundbesitz erstreckt sich die Bewertung auf die Rechte und Nutzungen, die mit dem Grundbesitz als solchem verbunden sind. Rechte, die den Vorschriften des Zivilrechts über Grundstücke unterliegen (grundstückgleiche Rechte), werden selbständig wie Grundbesitz behandelt.

(2) Wird bei Bewertung von in der Deutschen Demokratischen Republik befindlichem Grundbesitz als solchem der Wert gemäß § 10 zugrunde gelegt, so sind die Bestandteile einzubeziehen. Das Zubehör ist außer Betracht zu lassen. Maschinen und sonstige Vorrichtungen aller Art, die zu einer Betriebsanlage gehören, sind nicht zu berücksichtigen, auch wenn sie wesentliche Bestandteile des Grundbesitzes sind.

(3) Bei der Bewertung von Grundbesitz in anderen Staaten als solchem ist neben den Bestandteilen auch das Zubehör zu berücksichtigen. Zahlungsmittel, Geldforderungen, Wertpapiere und Geldschulden sind nicht einzubeziehen.

II. Grundvermögen

§ 50 Begriff des Grundvermögens
(1) Zum Grundvermögen gehört der Grund und Boden einschließlich der Bestandteile (insbesondere Gebäude) und des Zubehörs. In das Grundvermögen werden nicht einbezogen die Maschinen und sonstigen Vorrichtungen aller Art, die zu einer Betriebsanlage gehören, auch wenn sie wesentliche Bestandteile sind. Jede wirtschaftliche Einheit des Grundvermögens bildet ein selbständiges Grundstück im Sinne dieses Gesetzes.

(2) Als Grundstücke gelten auch das Erbbaurecht und sonstige grundstücksgleiche Rechte.

(3) Als Grundstück gilt auch ein Gebäude, das auf fremdem Grund und Boden errichtet ist, selbst wenn es wesentlicher Bestandteil des Grund und Bodens geworden ist.

§ 51 Abgrenzung des Grundvermögen von anderen Vermögensarten
(1) Zum Grundvermögen gehört nicht Grundbesitz, der zum land- und forstwirtschaftlichen Vermögen gehört.

(2) Land- und forstwirtschaftlich genutzte Grundstücksflächen sind dem Grundvermögen zuzurechnen, wenn nach ihrer Lage und den sonstigen Verhältnissen, insbesondere mit Rücksicht auf die bestehenden Verwertungsmöglichkeiten, anzunehmen ist, daß sie in absehbarer Zeit anderen als land- und forstwirtschaftlichen Zwecken dienen werden, z. B. wenn sie hiernach als Bauland, Industrieland oder als Land für Verkehrszwecke anzusehen sind.

(3) gegenstandslos

(4) Zum Grundvermögen gehören nicht nur die Betriebsgrundstücke (§ 57) und die Gewerbeberechtigungen (§ 58).

§ 52 Bewertung von bebauten Grundstücken
(1) Für die Bewertung der bebauten und der im Bau befindlichen Grundstücke erläßt der Minister der Finanzen die erforderlichen Rechtsvorschriften.

(2) Mindestens ist der Wert anzusetzen, mit dem der Grund und Boden allein als unbebautes Grundstück nach § 53 zu bewerten wäre.

§ 53 Bewertung von unbebauten Grundstücken
Unbebaute Grundstücke sind mit dem Wert gemäß § 10 zu bewerten.

Anlage 129.2

Zu §§ 129–133 BewG

Durchführungsverordnung zum Reichsbewertungsgesetz (RBewDV)
vom 2. Februar 1935

(RGBl. I S. 81, RStBl. S. 189),

geändert durch:

1. § 66 der Verordnung zur Durchführung des Grundsteuergesetzes vom 1. Juli 1937

(RGBl. I S. 733, RStBl. S. 781),

2. die Verordnung zur Änderung der Durchführungsbestimmungen zum Reichsbewertungsgesetz und zum Vermögensteuergesetz vom 22. November 1939

(RGBl. I S. 2271, RStBl. S. 1133),

3. die Verordnung zur Einheitsbewertung zur Vermögensbesteuerung, zum Reichsbewertungsgesetz vom 4. April 1943

(RGBl. I S. 338, RStBl. S. 762).

4. die Verordnung zur Änderung der Durchführungsverordnung zum Reichsbewertungsgesetz vom 8. Dezember 1944

(RGBl. I S. 338, RStBl. S. 762).

– Auszug –

§ 3a Wertverhältnisse beim Grundbesitz

(1) Bei Fortschreibungen und bei Nachfeststellungen der Einheitswerte für Grundbesitz (§§ 22 und 23 des Gesetzes) sind der tatsächliche Zustand des Grundbesitzes (Bestand, bauliche Verhältnisse usw.) vom Fortschreibungszeitpunkt oder vom Nachfeststellungszeitpunkt und die Wertverhältnisse vom 1. Januar 1935 zugrunde zu legen.

(2) ...

§ 32

(1) Im Sinn der nachstehenden Vorschriften sind die folgenden Grundstückshauptgruppen zu unterscheiden:

1. *Mietwohngrundstücke*

    Als Mietwohngrundstücke gelten solche Grundstücke, die zu mehr als 80 vom Hundert Wohnzwecken dienen, mit Ausnahme der Einfamilienhäuser (Ziffer 4).

2. *Geschäftsgrundstücke*

    Als Geschäftsgrundstücke gelten solche bebauten Grundstücke, die zu mehr als 80 vom Hundert unmittelbar eigenen oder fremden gewerblichen oder öffentlichen Zwecken dienen.

3. *Gemischtgenutzte Grundstücke*

    Als gemischtgenutzte Grundstücke gelten solche Grundstücke, die teils Wohnzwecken, teils unmittelbar eigenen oder fremden gewerblichen oder öffentlichen Zwecken dienen und weder nach Ziffer 1 als Mietwohngrundstücke, noch nach Ziffer 2 als Geschäftsgrundstücke, noch nach Ziffer 4 als Einfamilienhäuser anzusehen sind.

4. *Einfamilienhäuser*

    Als Einfamilienhäuser gelten solche Wohngrundstücke, die nach ihrer baulichen Gestaltung nicht mehr als eine Wohnung enthalten. Dabei sind Wohnungen, die für Hauspersonal (Pförtner, Heizer, Gärtner, Kraftwagenführer, Wächter usw.) bestimmt sind, nicht mitzurechnen. Die Eigenschaft als Einfamilienhaus wird auch dadurch nicht beeinträchtigt, daß durch Abtrennen von Räumen weitere Wohnungen (z. B. Not- oder Behelfswohnungen) geschaffen werden, wenn mit ihrem dauernden Bestand nicht gerechnet werden kann. Ein Grundstück gilt auch dann als Einfamilienhaus, wenn es teilweise unmittelbar eigenen oder fremden gewerblichen oder öffentlichen Zwecken dient und dadurch die Eigenart als Einfamilienhaus nach der Verkehrsauffassung nicht wesentlich beeinträchtigt wird.

5. *Die nicht unter die Ziffern 1 bis 4 fallenden bebauten Grundstücke*

(2) Die Frage, ob die im Absatz 1 Ziffern 1 bis 3 bezeichneten Grenzen erreicht sind, ist nach dem Verhältnis der Jahresrohmiete (§ 34) zu beurteilen.

2. Bewertungsgrundlage

§ 33 Grundstücke, deren Bebauung abgeschlossen ist.

(1) Mietwohngrundstücke und gemischtgenutzte Grundstücke sind mit einem Vielfachen der Jahresrohmiete (§ 34) zu bewerten.

(2) Alle übrigen bebauten Grundstücke sind mit dem gemeinen Wert zu bewerten. Läßt sich innerhalb bestimmter Bezirke für Geschäftsgrundstücke oder für eine Untergruppe von diesen (§ 35 Absatz 2) die Jahresrohmiete in der Regel unschwer ermitteln oder schätzen, so können die Oberfinanzpräsidenten bestimmen, daß die Grundstücke dieser Gruppe oder Untergruppe innerhalb des Bezirks mit einem Vielfachen der Jahresrohmiete zu bewerten sind.

(3) Läßt sich in den Fällen des Absatzes 1 oder des Absatzes 2 Satz 2 ausnahmsweise die Rohmiete für ein Grundstück nur schwer ermitteln oder schätzen, so ist das Grundstück mit dem gemeinen Wert zu bewerten.

§ 33a Grundbesitz im Zustand der Bebauung

(1) Bei Grundstücken, die sich am Feststellungszeitpunkt (Absätze 2 der §§ 21 bis 23 des Gesetzes) im Zustand der Bebauung befinden, ist nur der Grund und Boden zu bewerten. Die Kosten, die für die Baulichkeiten bis zum Feststellungszeitpunkt entstanden sind, bleiben außer Betracht.

(2) Befinden sich auf einem solchen Grundstück (Absatz 1) bereits bezugsfertige Gebäude, so ist nur der Grund und Boden einschließlich der bezugsfertigen Gebäude zu bewerten. Die Kosten, die für die im Bau befindlichen Gebäude oder Gebäudeteile (z. B. Anbauten oder Zubauten) bis zum Feststellungszeitpunkt entstanden sind, bleiben außer Betracht. Ein Gebäude ist als bezugsfertig anzusehen, wenn der Bau so weit gefördert ist, daß den zukünftigen Bewohnern oder sonstigen Benutzern des Gebäudes zugemutet werden kann, das Gebäude zu beziehen.

(3)[1] Ist ein Grundstück, das sich im Zustand der Bebauung befindet, bei der Ermittlung des Gesamtwerts eines gewerblichen Betriebs, bei der Bewertung des Gesamtvermögens oder bei der Bewertung des Inlandsvermögens anzusetzen (§ 66 Absatz 4, § 73 Absatz 3 und § 77 Absatz 3 des Gesetzes), so ist neben dem Einheitswert nach Absatz 1 oder 2 für diese Zwecke ein besonderer Einheitswert festzustellen. Dabei sind zu dem sich aus Absatz 1 oder 2 ergebenden Wert die Kosten hinzuzurechnen, die für die im Bau befindlichen Gebäude oder Gebäudeteile (z. B. Anbauten oder Zubauten) bis zum Feststellungszeitpunkt entstanden sind.

(4) Die Absätze 1 bis 3 gelten für land- und forstwirtschaftliche Betriebe (§§ 29, 45, 47, 48 und 49 des Gesetzes) entsprechend, soweit im Rahmen der Bewertung des Betriebs für Gebäude ein besonderer Wert anzusetzen ist.

3. Besondere Vorschriften für die Bewertung nach der Jahresrohmiete

§ 34 Jahresrohmiete

(1) Jahresrohmiete im Sinn dieser Vorschriften ist das Gesamtentgelt (eigentliche Miete, Umlagen und alle sonstigen Leistungen abzüglich der nach Absatz 2 zu berücksichtigenden Beträge), das die Mieter (Pächter) für die Benutzung des Grundstücks aufgrund vertraglicher oder gesetzlicher Bestimmungen nach dem Stand vom Feststellungszeitpunkt, umgerechnet auf ein Jahr, zu entrichten haben. Das gilt auch für den Fall, daß der Mietvertrag schon bald nach dem Feststellungszeitpunkt abläuft.

(2) Nicht zur Jahresrohmiete gehören

die Kosten der Heizstoffe (einschließlich der Kosten der Anfuhr) für Sammelheizung und Warmwasserversorgung,

die eigentlichen Betriebskosten für Fahrstuhl (Stromgebühren, Zählermiete, Kosten der Fahrstuhlrevision),

Vergütungen für außergewöhnliche Nebenleistungen des Vermieters, die nicht die Raumnutzung betreffen, aber neben der Raumnutzung aufgrund des Mietvertrags gewährt werden (Bereitstellung von Wasserkraft, Dampfkraft, Preßluft, Kraftstrom und dergleichen),

Vergütungen für Nebenleistungen, die zwar die Raumnutzung betreffen, aber nur einzelnen Mietern zugute kommen (Spiegelglasversicherungen und dergleichen)

Soweit Beträge hierfür in der Miete enthalten sind, sind sie auszuscheiden.

---
[1] Wegen Wegfalls der Vermögensteuer ab 1. 1. 1997 ohne Bedeutung.

Anlage 129.2

(3) Nicht zu berücksichtigen ist die Kürzung der Miete, die der Vermieter infolge einer zugunsten des Mieters bewilligten Ermäßigung der Gebäudeentschuldungssteuer gewähren muß. Die Miete ist also in diesen Fällen mit dem ungekürzten Betrag anzusetzen.

(4) Statt des sich aus den Absätzen 1 bis 3 ergebenden Betrags gilt die übliche Miete (eigentliche Miete, Umlagen und alle sonstigen Leistungen abzüglich der nach Absatz 2 zu berücksichtigenden Beträge) als Jahresrohmiete für solche Grundstücke oder Grundstücksteile,
1. die eigengenutzt, ungenutzt, zu vorübergehendem Gebrauch oder unentgeltlich überlasssen sind,
2. die der Eigentümer dem Mieter mit Rücksicht auf persönliche (insbesondere verwandtschaftliche) oder wirtschaftliche Beziehungen oder mit Rücksicht auf ein Arbeits- oder Dienstverhältnis zu einem um mehr als 20 vom Hundert von dem üblichen Mietzins abweichenden Entgelt überlassen hat.

Die übliche Miete ist in Anlehnung an die Jahresrohmieten zu schätzen, die für Räume gleicher oder ähnlicher Art und Lage regelmäßig vereinbart sind.

§ 35 Bezirks- und Gruppenbildung

(1) Für die Bewertung mit einem Vielfachen der Jahresrohmiete (§ 33 Absatz 1 und Absatz 2 Satz 2) können die Oberfinanzpräsidenten ihr Gebiet in verschiedene Bezirke einteilen. Jeder Bezirk soll ein räumlich abgegrenztes Gebiet (z. B. in einer größeren Stadt einen bestimmten Stadtteil) oder auch mehrere räumlich abgegrenzte Gebiete (z. B. bestimmte oder alle Gemeinden eines Oberfinanzbezirks unter 10 000 Einwohnern) umfassen, in denen die Verhältnisse auf dem Grundstücksmarkt etwa gleichmäßig liegen.

(2) Abgesehen von der Einteilung in Bezirke (Absatz 1) können die Oberfinanzpräsidenten die Hauptgruppen (§ 32) in Untergruppen teilen. Für die Entscheidung, ob und welche Untergruppen zu bilden sind, sind die Verhältnisse auf dem Grundstücksmarkt maßgebend.

(3) Für die einzelnen Grundstücksgruppen können auch verschiedene Bezirke gebildet werden.

§ 36 Regelmäßige Bewertung

(1) Die Oberfinanzpräsidenten bestimmen für die Grundstücksgruppen (Hauptgruppen und Untergruppen) eines jeden Bezirks nach den Verhältnissen auf dem Grundstücksmarkt die Zahl, mit der die Jahresrohmiete (§ 34) der Grundstücke zu vervielfachen ist (Vervielfältiger). Der Vervielfältiger kann auch eine Dezimalstelle enthalten.

(2) In Ländern, in denen ein Teil der Gemeindegrundsteuer nach landesrechtlichen Vorschriften auf die Mieter umlegbar ist, gilt der Vervielfältiger (Absatz 1) in Bezirken, die sich auf mehrere Gemeinden erstrecken und in denen die Höhe der Gemeindegrundsteuer wesentlich voneinander abweicht, nur für Gemeinden mit einer vom Oberfinanzpräsidenten bestimmten Höhe der Gemeindegrundsteuer; die Höhe ist in einem Rahmensatz auszudrücken. Für Gemeinden, in denen die Gemeindegrundsteuer von diesem Rahmensatz abweicht, bestimmt der Oberfinanzpräsident, in welchem Ausmaß sich der Vervielfältiger (Absatz 1) im Hinblick auf die abweichende Höhe der Gemeindegrundsteuer vermindert oder erhöht.

(3) In Ländern, in denen die Umlegbarkeit der Grundsteuer nicht an eine bestimmte Höhe, sondern an die Erhöhung von einem gewissen Zeitpunkt ab geknüpft ist, gelten die Vervielfältiger ohne Rücksicht auf die Höhe der umlegbaren Grundsteuerbeträge.

§ 37 Ermäßigung oder Erhöhung der Bewertung

(1) Der Wert eines Grundstücks, der sich aus dem Vielfachen der Jahresrohmiete ergibt, ist zu ermäßigen oder zu erhöhen, wenn Umstände tatsächlicher Art vorliegen, die von den bei der Bildung der Vervielfältiger (§ 36) zugrunde gelegten Verhältnissen des Bezirks und der Grundstücksgruppe wesentlich abweichen. Solche Umstände sind, vorbehaltlich des Absatzes 2, nur:

der bauliche Zustand, das Alter oder die Einrichtung des Gebäudes,

die Lage des Grundstücks,

die Art der Bebauung (z. B. Fachwerkbau, wo Massivbau gemeinüblich ist, oder umgekehrt; Zugehörigkeit größerer unbebauter Flächen, wo solche Flächen normalerweise fehlen),

Schadensgefahren (z. B. Berg-, Rauch-, Wasser- oder Erschütterungsschäden),

die Belastung mit Gebäudeentschuldungssteuer.

(2) Die Oberfinanzpräsidenten können, wenn die örtlichen Verhältnisse es dringend erfordern, weitere Umstände bestimmen, die bei wesentlicher Abweichung von den bei der Bildung der Vervielfältiger zugrunde gelegten Verhältnissen des Bezirks und der Grundstücksgruppe eine Wertermäßigung oder Werterhöhung rechtfertigen.

(3) Das Ausmaß der Ermäßigung oder Erhöhung richtet sich nach der Bedeutung, die dem besonderen Umstand bei einem Verkauf des Grundstücks nach Lage des Grundstücksmarkts beigemessen werden würde. Die Ermäßigung oder Erhöhung darf 30 vom Hundert des Werts (des Vielfachen der Jahresrohmiete) nicht übersteigen. Liegen zugleich wertmindernde und werterhöhende Umstände vor, so ist der Höchstsatz erst auf das Ergebnis des Ausgleichs anzuwenden. Die Oberfinanzpräsidenten können für einzelne besondere Umstände (Absatz 1 Satz 2 und Absatz 2) das Ausmaß der Ermäßigung oder Erhöhung bestimmen.

(4) Die Ermäßigung oder Erhöhung unterbleibt, soweit die außergewöhnlichen Verhältnisse bereits in der Jahresrohmiete oder in dem Vervielfältiger für den Bezirk und die Gruppe zum Ausdruck kommen.

§ 38 Gestrichen

4. Gemeinsame Vorschriften

§ 39 Bestimmungen der Oberfinanzpräsidenten

Die Bestimmungen der Oberfinanzpräsidenten aufgrund der §§ 33 bis 37 sind als Rechtsverordnungen im Reichsministerialblatt zu verkünden.

§ 40 Mindestwert

Der für bebaute Grundstücke anzusetzende Wert darf nicht geringer sein als der gemeine Wert, mit dem der Grund und Boden allein als unbebautes Grundstück zu bewerten wäre (§ 52 Absatz 2 des Gesetzes).

§ 41 Gestrichen

§ 42 Ablösung der Gebäudeentschuldungsteuer

Bei der Bewertung von Grundstücken, für die die Gebäudeentschuldungsteuer nach Kapitel I §§ 2 und 3 des Zweiten Teils der Verordnung des Reichspräsidenten vom 8. Dezember 1931 (Reichsgesetzbl. I S. 699, 706) durch Zahlung eines einmaligen Betrags ganz oder teilweise abgelöst ist, diejenige Belastung mit Gebäudeentschuldungsteuer zu unterstellen, die ohne die Ablösung am Feststellungszeitpunkt bestehen würde.

§ 43 Anzeige- und Auskunftspflichten

(1) Für die Hauptfeststellung der Einheitswerte können die Finanzämter und die sonstigen mit der Vorbereitung der Einheitsbewertung befaßten Behörden schon vor dem 1. Januar 1935 von den Grundstückseigentümern Angaben über die Bewertungsgrundlagen für ihren Grundbesitz fordern.

(2) Im Hinblick darauf, daß für die Bewertung der Stand vom 1. Januar 1935 maßgebend ist, hat der Eigentümer Änderungen in den Bewertungsgrundlagen (z. B. in der Jahresrohmiete, in der Größe des Grundstücks infolge Teilverkaufs oder Zukaufs, im Eigentum am Grundstück), die bis zum 1. Januar 1935 eintreten, dem Finanzamt, in dessen Bezirk der Grundbesitz gelegen ist, unverzüglich mitzuteilen.

(3) Die Erklärungen nach den Absätzen 1 und 2 gelten als Steuererklärungen im Sinn der Reichsabgabenordnung.

(4) Die Eigentümer von Grundstücken und deren Rechtsvorgänger haben dem für die Bewertung des Grundstücks zuständigen Finanzamt auf Anfordern alle Angaben zu machen, deren es für die Führung einer Kaufpreissammlung bedarf. Bei den Erklärungen ist zu versichern, daß die Angaben nach bestem Wissen und Gewissen gemacht sind (§ 166 Absatz 3 der Reichsabgabenordnung).

b) Unbebaute Grundstücke

§ 44 Bewertungsmaßstab

Unbebaute Grundstücke, insbesondere Bauland, sind mit dem gemeinen Wert zu bewerten.

§ 45 Grundstücke mit Gebäuden von untergeordneter Bedeutung

Befinden sich auf einem Grundstück Gebäude, deren Zweckbestimmung gegenüber der Zweckbestimmung des Grund und Bodens von untergeordneter Bedeutung ist, so gilt das Grundstück als unbebaut im Sinn des § 53 des Gesetzes. Die Gebäude sind bei der Ermittlung des Einheitswerts mit zu berücksichtigen, soweit sie den Wert des Grundstücks erhöhen.

Zu § 50 Absatz 2 des Gesetzes
c) Erbbaurecht

§ 46

(1) Ist ein Grundstück mit einem Erbbaurecht belastet, so ist zunächst der Gesamtwert für den Grund und Boden einschließlich der Gebäude so zu ermitteln, wie wenn die Belastung nicht bestünde.

Anlage 129.2

Zu §§ 129–133 BewG

(2) Beträgt die Dauer des Erbbaurechts in dem für die Bewertung maßgebenden Zeitpunkt noch fünfzig Jahre oder mehr, so ist der Gesamtwert (Absatz 1) in vollem Umfang dem Erbbauberechtigten zuzurechnen.

(3) Beträgt die Dauer des Erbbaurechts, in dem für die Bewertung maßgebenden Zeitpunkt weniger als fünfzig Jahre, so ist der Gesamtwert (Absatz 1) auf den Grund und Boden und auf die Gebäude nach dem Verhältnis der gemeinen Werte zu verteilen. Dabei sind zuzurechnen:
1. dem Erbbauberechtigten: der Wert der Gebäude und außerdem der Anteil des Erbbaurechts am Wert des Grund und Bodens. Dieser Anteil ist nach der restlichen Dauer des Erbbaurechts zu bemessen. Er beträgt bei einer Dauer des Erbbaurechts

    unter 50 bis zu 45 Jahren 90 vom Hundert,
    unter 45 bis zu 40 Jahren 80 vom Hundert,
    unter 40 bis zu 35 Jahren 70 vom Hundert,
    unter 35 bis zu 30 Jahren 60 vom Hundert,
    unter 30 bis zu 25 Jahren 50 vom Hundert,
    unter 25 bis zu 20 Jahren 40 vom Hundert,
    unter 20 bis zu 15 Jahren 30 vom Hundert,
    unter 15 bis zu 10 Jahren 20 vom Hundert,
    unter 10 bis zu 5 Jahren 10 vom Hundert,
    unter 5 Jahren 0 vom Hundert

    des Wert des Grund und Bodens;
2. dem Eigentümer des Grund und Bodens: der Wert des Grund und Bodens, der nach Abzug des in Ziffer 1 genannten Anteils verbleibt.

Abweichend von Ziffer 1 kann auch dem Eigentümer des Grund und Bodens ein Anteil am Wert des Gebäudes zugerechnet werden, wenn besondere Vereinbarungen es rechtfertigen. Das gilt insbesondere, wenn bei Erlöschen des Erbbaurechts durch Zeitablauf der Eigentümer des Grund und Bodens keine dem Wert des Gebäudes entsprechende Entschädigung zu leisten hat.

(4) Das Recht auf den Erbbauzins ist nicht als Bestandteil des Grundstücks zu berücksichtigen, sondern erst bei der Ermittlung des sonstigen Vermögens oder Betriebsvermögens des Eigentümers des Grund und Bodens anzusetzen. Dementsprechend ist die Verpflichtung zur Zahlung des Erbbauzinses nicht bei der Bewertung des Erbbaurechts zu berücksichtigen, sondern erst bei der Ermittlung des Gesamtvermögens (Inlandsvermögens) oder Betriebsvermögen des Erbbauberechtigten abzuziehen.

Zu §§ 129–133 BewG **Anlage 129.3**

Bewertung von Grundstücken mit aufstehenden Gebäuden, die dem Verfall preisgegeben sind, im Beitrittsgebiet ab 1. Januar 1991

Gleichlautende Erlasse
der obersten Finanzbehörden der Länder Berlin, Brandenburg, Mecklenburg-Vorpommern, Niedersachsen, Sachsen, Sachsen-Anhalt und Thüringen

Vom 7. März 1995 (BStBl. I S. 247)

1 Geltungsbereich

Dieser Erlaß gilt für Grundstücke im Beitrittsgebiet mit dem Verfall preisgegebenen Gebäuden. Zum Beitrittsgebiet gehören die Länder Brandenburg, Mecklenburg-Vorpommern, Sachsen, Sachsen-Anhalt und Thüringen sowie der Teil des Landes Berlin, in dem das Grundgesetz vor dem Wirksamwerden des Beitritts nicht gegolten hat, und zwar nach dem Gebietsstand vom 3. Oktober 1990. Zum Beitrittsgebiet gehören somit auch Gebiete, die nach dem 2. Oktober 1990 im Rahmen einer Gebietsreform in das übrige Bundesgebiet umgegliedert worden sind.

2 Dem Verfall preisgegebene Gebäude

Ein Gebäude ist dem Verfall preisgegeben, wenn der Verfall so weit fortgeschritten ist, daß das Gebäude nach objektiven Verhältnissen auf Dauer nicht mehr benutzt werden kann.

Dies ist der Fall, wenn die Verfallsmerkmale an der Bausubstanz erkennbar sind und das gesamte Gebäude betreffen. Hiervon ist regelmäßig auszugehen, wenn erhebliche Schäden an den konstruktiven Teilen des Gebäudes eingetreten sind.

Behebbare Baumängel und Bauschäden sowie sog. aufgestauter Reparaturbedarf aufgrund von unterlassenen Instandsetzungs- und Reparaturarbeiten wirken sich regelmäßig nur vorübergehend auf Art und Umfang der Gebäudenutzung aus und betreffen nicht unmittelbar die Konstruktion des Gebäudes. Sie können deshalb nicht dazu führen, ein Gebäude als dem Verfall preisgegeben anzusehen.

3 Einordnung als bebautes oder unbebautes Grundstück

Sind alle zu einer wirtschaftlichen Einheit gehörenden Gebäude dem Verfall preisgegeben, so ist diese wirtschaftliche Einheit als unbebautes Grundstück zu bewerten.

Sind nur einzelne zu der wirtschaftlichen Einheit gehörende Gebäude dem Verfall preisgegeben, so ist das Grundstück weiterhin ein bebautes Grundstück.

Sind Gebäudeteile, die nicht vom Verfall betroffen sind, zu gewerblichen oder zu Wohnzwecken nutzbar, z. B. gewerbliche Nutzung eines Kellers, ist das Grundstück regelmäßig als bebautes Grundstück zu behandeln.

4 Bewertung

4.1 Ist das Grundstück mit aufstehenden Gebäuderesten als unbebautes Grundstück zu bewerten, so bestehen in der Regel keine Bedenken, wegen der Abbruchkosten zur Beseitigung der Gebäudereste einen Abschlag in Höhe von 50 v. H. des üblichen Werts des Grund und Bodens zu gewähren. Dem Steuerpflichtigen bleibt es im Einzelfall vorbehalten, einen höheren Abschlag nachzuweisen. In diesem Fall sind die Kosten zu berücksichtigen, die im Hauptfeststellungszeitpunkt 1.Januar 1935 für die Beseitigung der Gebäudereste hätten aufgewandt werden müssen. Übersteigen die Abbruchkosten den üblichen Wert des Grund und Bodens, so ist der Einheitswert auf 0 DM festzustellen.

4.2 Ist das Grundstück mit aufstehenden Gebäuden als bebautes Grundstück zu bewerten, so sind nur die benutzbaren Gebäude oder Gebäudeteile zu erfassen. Die fiktiven Abbruchkosten für die Beseitigung der dem Verfall preisgegebenen Gebäude und Gebäudeteile sind nur bei der Ermittlung des Bodenwerts für die gesamte wirtschaftliche Einheit zu berücksichtigen. Für die Bemessung des Abschlags gilt Tz. 4.1 entsprechend.

4.3 Für die Bestimmung der Grundstückshauptgruppe kommt es allein auf die im Feststellungszeitpunkt nutzbaren Gebäude und Gebäudeteile an.

Einheitswerte 1935:
Begriff und Bewertung der unbebauten Grundstücke;
Abgrenzung der unbebauten von den bebauten Grundstücken
Vfg OFD Magdeburg vom 11. August 1995
– S 3219 c – St 336 V –

Bei der Abgrenzung des unbebauten vom bebauten Grundstück ist nach folgenden Grundsätzen zu verfahren:

Das Bewertungsgesetz 1934, i. d. F. des BewG-DDR, Ausgabe 1970, enthielt keine Begriffsbestimmung für unbebaute Grundstücke. Welche Grundstücke als unbebaut anzusehen sind, ergibt sich aus den Bestimmungen der §§ 33a und 45 RBewDV. Hiernach sind als unbebaut solche Grundstücke zu behandeln, auf denen sich keine „bezugsfertigen" Gebäude oder nur solche Gebäude befinden, deren Zweckbestimmung gegenüber der Zweckbestimmung des Grund und Bodens von untergeordneter Bedeutung sind.

Ob ein Grundstück als unbebaut oder als bebaut anzusehen ist, beurteilt sich nach den Verhältnissen im jeweiligen Feststellungszeitpunkt. Nach diesem Ergebnis richtet sich die Bewertung und die steuerliche Auswirkung.

Ein unbebautes Grundstück liegt stets vor, wenn sich auf diesem Grundstück kein Gebäude befindet.

Sind auf dem Grundstück bereits Bauwerke vorhanden, so ist zu prüfen, ob diese Bauwerke die Begriffsmerkmale eines Gebäudes aufweisen.

Sind die Bauwerke als Gebäude anzusehen, so ist zu überprüfen, ob es sich um benutzbare Gebäude handelt.

Über Beginn und Ende der Benutzbarkeit eines Gebäudes ist unter analoger Anwendung der Vorschrift des § 72 Abs. 1 Satz 2 BewG 1965 (Beginn) bzw. des § 72 Abs. 3 BewG 1965 (Ende) zu entscheiden. Danach beginnt die Benutzbarkeit eines Gebäudes mit dem Zeitpunkt seiner Bezugsfertigkeit und endet mit seiner Zerstörung bzw. wenn es dem Verfall preiszugeben ist.

Grundstücke, auf denen sich Gebäude befinden, sind nur unter bestimmten Voraussetzungen als unbebaute Grundstücke zu bewerten.

Diese Voraussetzungen liegen vor, bei

– Grundstücken mit Gebäuden von untergeordneter Bedeutung
– Grundstücken mit aufstehenden Gebäuden, die dem Verfall preisgegeben sind
– Grundstücken, auf denen die aufstehenden Gebäude abgebrochen werden, um sie danach erneut zu bebauen
– Grundstücken, die sich im Zustand der Bebauung befinden
– Grundstücken, auf denen die aufstehenden Gebäude infolge Entkernung in der Bauphase keine der bestimmungsgemäßen Nutzung zuführbaren Räume enthalten

Vom Zeitpunkt des Baubeginns bis zum Zeitpunkt der Bezugsfertigkeit befindet sich das Grundstück im Zustand der Bebauung. Das Grundstück gilt dann, trotz der im Bau befindlichen, aber noch nicht bezugsfertigen Gebäude als unbebautes Grundstück. Die Artfortschreibung vom unbebauten zum bebauten Grundstück ist erst auf den der Bezugsfertigkeit der(s) Gebäude(s) folgenden 1. 1. vorzunehmen.

Nur wenn ein Gebäude in Bauabschnitten errichtet wird, gilt jeder in einem beendeten Bauabschnitt errichtete Teil des Gebäudes als ein bezugsfertiges Gebäude, so daß von der Fertigstellung des ersten Bauabschnittes ab ein bebautes Grundstück vorliegt. Dabei bestimmt sich der Wert und die Art des Grundstücks nur nach dem bezugsfertigen Teil des Gebäudes).

Ebenfalls als unbebaute Grundstücke zu bewerten sind Grundstücke mit zerstörten oder dem Verfall preisgegebenen Gebäuden. Voraussetzung dafür ist, daß infolge der Zerstörung oder des Verfalls des Gebäudes kein auf die Dauer benutzbarer Raum mehr vorhanden ist.

Eine Definition des Begriffs „auf die Dauer nicht mehr benutzbar" findet sich in § 16 Abs. 3 des II. WoBauG. „Raum ist auf die Dauer nicht mehr benutzbar, wenn ein zu seiner Bedeutung erforderlicher Gebäudeteil zerstört ist oder wenn der Raum oder der Gebäudeteil sich in einem Zustand befindet, der aus Gründen der Bau- und Gesundheitsaufsicht eine dauernde, der Zweckbestimmung entsprechende Benutzung des Raumes nicht mehr gestattet, dabei ist es unerheblich, ob der Raum tatsächlich benutzt wird".

Der Begriff „auf Dauer nicht benutzbarer Raum" ist stets im Zusammenhang mit der Zerstörung oder dem Verfall von Gebäuden zu sehen. Daraus folgt, daß ein „aufgestauter Reparaturbedarf" als Folge der

Unterlassung der notwendigen Gebäudeinstandhaltung stets nur im Rahmen von Abschlägen vom Gebäudewert wegen behebbarer Baumängel und Bauschäden zu berücksichtigen ist, d. h. diese Grundstücke sind stets als bebaute Grundstücke zu bewerten.

Anlage 129.5 Zu §§ 129–133 BewG

Behandlung von Gebäuden auf fremdem Grund und Boden und Grundstücken mit fremden Gebäuden

Vfg OFD Magdeburg, vom 1. Oktober 1996
– S 3219 n – 1 – St 336 V –

In der DDR wurden in einer Vielzahl von Fällen Gebäude aufgrund von staatlich verliehenen Nutzungsrechten auf Grundstücken errichtet, die nicht im Eigentum des Gebäudeeigentümers standen. In diesen sowie in allen übrigen Fällen, in denen der Eigentümer des Gebäudes nicht mit dem Eigentümer des Grund und Bodens identisch ist, ist nach den folgenden Regelungen zu verfahren. Zu unterscheiden ist dabei die bewertungsrechtliche Behandlung vor und nach Überführung der nach ZGB (DDR) begründeten Nutzungsrechte in Rechtsverhältnisse i. S. d. BGB (Sachenrechtsbereinigung):

1. Verhältnisse vor Sachenrechtsbereinigung

1.1 Gebäude auf fremdem Grund und Boden

Das Gebäude bildet nach § 129 Abs. 2 Nr. 1 BewG i. V. m. § 50 As. 3 BewG DDR eine selbständige wirtschaftliche Einheit i. S. v. § 2 BewG.

War das Gebäude am 1. 1. 1991 vorhanden und war hierfür kein Einheitswert festgestellt oder für andere Steuern als Grundsteuer festzustellen und handelt es sich bei dem Gebäude um ein Einfamilienhaus oder Mietwohngrundstück, so bemißt sich die Grundsteuer gemäß § 42 GrStG nach der Ersatzbemessungsgrundlage.

In allen anderen Fällen ist grundsätzlich ein Einheitswert festzustellen.

1.2 Grund und Boden mit fremdem Gebäude

Der Grund und Boden bildet eine selbständige wirtschaftliche Einheit i. S. v. § 2 BewG.
Es ist stets ein Einheitswert festzustellen.

1.3 Grundsteuerbefreiung[1]

Die Grundsteuerbefreiung umfaßt unter den Voraussetzungen des § 43 GrStG nur das Gebäude. Der Grund und Boden bleibt steuerpflichtig.

Nach Wegfall der Steuerbefreiung ist die Grundsteuer für Gebäude, die

– *nach dem 31. 12. 1980 und vor dem 1. 1. 1991 bezugsfertig wurden, nach der Ersatzbemessungsgrundlage zu ermitteln,*

– *in 1991 bezugsfertig wurden, nach einem im Wege der Nachfeststellung festzustellenden Einheitswert zu ermitteln.*

2. Verhältnisse nach Sachenrechtsbereinigung

2.1 Erwerb des Grund und Bodens durch den Eigentümer des Gebäudes

In diesen Fällen ist der Einheitswert der wirtschaftlichen Einheit des Grund und Bodens im Wege der Wert-, Art- und Zurechnungsfortschreibung fortzuschreiben.

Besteht für das Gebäude der Einheitswert, ist dieser aufzuheben.

Wurde die Grundsteuer für das Gebäude nach der Ersatzbemessungsgrundlage erhoben, findet diese Regelung letztmalig für das Jahr, in dem der Grund und Boden erworben wurde, Anwendung.

Soweit die Grundsteuerbefreiung nach § 43 GrStG (vgl. Tz. 1.3) noch nicht abgelaufen ist, ist auch der Wert des Grund und Bodens in die Befreiung einzubeziehen (§ 43 Abs. 2 GrSStG). Es folgt daher eine Neuveranlagung des Grundsteuermeßbetrags auf 0 DM. Dies gilt auch für die Fälle, in denen keine Wertfortschreibung erfolgt (geringer Gebäudewert, Werterhöhung nicht mehr als 5 000 DM).[2]

2.2 Erwerb des Gebäudes durch den Eigentümer des Grund und Bodens

In diesen Fällen ist der Einheitswert der wirtschaftlichen Einheit des Grund und Bodens im Wege der Wert- und Artfortschreibung fortzuschreiben.

Besteht für das Gebäude ein Einheitswert, ist dieser aufzuheben.

Wurde die Grundsteuer für das Gebäude nach der Ersatzbemessungsgrundlage erhoben, findet diese Regelung letztmalig für das Jahr, in dem das Gebäude erworben wurde, Anwendung.

Der letzte Absatz zu Tz. 2.1 ist entsprechend anzuwenden.[3]

---

1) Durch Zeitablauf überholt.
2) Durch Zeitablauf überholt.
3) Durch Zeitablauf überholt.

Zu §§ 129–133 BewG **Anlage 129.5**

2.3 Bestellung eines Erbbaurechts

Wird zwischen dem Eigentümer des Grund und Bodens und dem Eigentümer des Gebäudes die Bestellung eines Erbbaurechts vereinbart, ist das Erbbaurecht im Rahmen einer Zurechnungsfortschreibung des darüber hinaus wegen Art- und ggf. Wertänderung fortzuschreibenden Einheitswerts der bisherigen wirtschaftlichen Einheit des Grund und Bodens zu berücksichtigen. Die Anteile des Erbbauberechtigten und des Grundstückseigentümers sind dabei nach § 46 RBewDV zu ermitteln.

Besteht für das Gebäude ein Einheitswert, ist dieser aufzuheben.

Der letzte Absatz zu Tz. 2.1 ist entsprechend anzuwenden. [1]

Dieser Erlaß ergeht im Einvernehmen mit dem Bundesministerium der Finanzen und den obersten Finanzbehörden der anderen Länder.

---

1) Durch Zeitablauf überholt.

Anlage 129.6

Zu §§ 129–133 BewG

a) Abgrenzung, Entstehung und Grundstückshauptgruppe der wirtschaftlichen Einheit Wohnungs- und Teileigentum im Beitrittsgebiet ab 1. Januar 1991

Gleichlautende Erlasse der obersten Finanzbehörden der Länder Berlin, Brandenburg, Mecklenburg-Vorpommern, Niedersachsen, Sachsen, Sachsen-Anhalt und Thüringen

vom 25. Juli 1994

(BStBl. I S. 502)

1. Geltungsbereich

Dieser Erlaß gilt für Wohnungs- und Teileigentum im Beitrittsgebiet. Zum Beitrittsgebiet gehören die Länder Brandenburg, Mecklenburg-Vorpommern, Sachsen, Sachsen-Anhalt und Thüringen sowie der Teil des Landes Berlin, in dem das Grundgesetz vor dem Wirksamwerden des Beitritts nicht gegolten hat, und zwar nach dem Gebietsstand vom 3. Oktober 1990. Zum Beitrittsgebiet gehören somit auch Gebiete, die nach dem 2. Oktober 1990 im Rahmen einer Gebietsreform in das übrige Bundesgebiet umgegliedert worden sind.

2. Umschreibung des Wohnungs- und Teileigentums

Nach dem Wohnungseigentumsgesetz (WEG) kann Miteigentum an einem Grundstück in der Weise ausgestaltet sein, daß

a) jeweils mit einem Miteigentumsanteil das Sondereigentum an einer (abgeschlossenen) Wohnung und ggf. an Zubehörräumen (z. B. Keller, Garage, dauerhaft markierter Abstellplatz in einer Sammelgarage) verbunden ist (Wohnungseigentum) oder

b) jeweils mit einem Miteigentumsanteil das Sondereigentum an (abgeschlossenen) nicht Wohnzwecken dienenden Räumen (z. B. Ladenlokal, Büroräume mit eigenem Zugang) verbunden ist (Teileigentum).

Ein Miteigentumsanteil kann auch mit dem Sondereigentum an mehreren (abgeschlossenen) Wohnungen, mit dem Sondereigentum an mehreren (abgeschlossenen) nicht Wohnzwecken dienenden Räumen sowie gleichzeitig mit Sondereigentum der ersten und mit Sondereigentum der zweiten Art verbunden sein. Ist mit dem Miteigentumsanteil Sondereigentum sowohl an einer Wohnung als auch an nicht zu Wohnzwecken dienenden Räumen verbunden und überwiegt nicht einer dieser Zwecke offensichtlich, so wird das Grundbuchblatt als „Wohnungs- und Teileigentumsgrundbuch" bezeichnet. Die Bezeichnung des mit Sondereigentum an abgeschlossenen Raumeinheiten verbundenen Miteigentumsrechts als „Wohnungseigentum", „Teileigentum" oder „Wohnungs- und Teileigentum" ist ohne zivilrechtliche Bedeutung. Zur sprachlichen Vereinfachung wird deshalb im folgenden nur die Bezeichnung „Wohnungseigentum" verwendet.

Ist ein Miteigentumsanteil mit dem Sondereigentum an mehreren Raumeinheiten (z. B. abgeschlossenen Wohnungen, abgeschlossenen Gewerberäumen) verbunden, so kann der Eigentümer den Miteigentumsanteil teilen, die jeweils neu entstehenden Miteigentumsanteile mit dem Sondereigentum an einer Raumeinheit verbinden und selbständig veräußern. Dieses Recht kann in der Teilungserklärung oder durch Vereinbarung der Wohnungseigentümer in entsprechender Anwendung des § 12 WEG zwar erschwert, aber nicht ausgeschlossen werden. Die Zustimmu6ng der anderen Wohnungseigentümer oder des Verwalters darf nur aus wichtigem Grund versagt werden.

3. Bildung wirtschaftlicher Einheiten nach der Verkehrsauffassung

3.1 Grundsatz

Die Bedeutung des § 131 Abs. 1 Satz 1 BewG besteht zum einen darin, den Besonderheiten der Rechtsfigur des Wohnungseigentums bewertungsrechtlich Rechnung zu tragen, indem das Wohnungseigentum aus der Einheit des bebauten Grundstücks herausgenommen und diesem gegenüber verselbständigt wird. Zum anderen wird klargestellt, daß das Sondereigentum an der Wohnung und der Miteigentumsanteil nicht getrennt, sondern als Einheit zu bewerten sind.

Die Fiktion des § 131 Abs. 1 Satz 1 BewG schließt jedoch im übrigen nicht die allgemeinen Abgrenzungsregeln für die Bestimmung der wirtschaftlichen Einheit als Bewertungsgegenstand aus, wie sie sich aus § 2 BewG und § 50 Abs. 1 Satz 3 BewG-DDR ergeben. Die Entscheidung darüber, was als wirtschaftliche Einheit zu gelten hat, ist nach den Anschauungen des Verkehrs zu treffen (§ 2 Abs. 1 Satz 3 BewG).

3.2 Merkmal der selbständigen Veräußerbarkeit

Nach § 50 Abs. 1 Satz 3 BewG-DDR bildet jede wirtschaftliche Einheit des Grundvermögens ein selbständiges Grundstück i. S. des BewG, für das ein Einheitswert festzustellen ist.

Mehrere Wohnungen, die mit nur **einem** Miteigentumsanteil verbunden sind, bilden **grundsätzlich** eine wirtschaftliche Einheit im Sinne des BewG. Eine Ausnahme besteht jedoch dann, wenn die tatsächlichen Gegebenheiten der Verkehrsanschauung entgegenstehen.

Liegen die Wohnungen in demselben Haus unmittelbar übereinander oder nebeneinander und sind sie so miteinander verbunden, daß sie sich als ein Raumkörper darstellen, so sind sie als eine wirtschaftliche Einheit zusammenzufassen (BFH-Urteil vom 1. April 1987, BStBl. II s. 840). Besteht keine derartige Verbindung, weil sich die Wohnungen getrennt von anderen im Sondereigentum stehenden Wohnungen im Gebäude befinden, verbietet es die Verkehrsanschauung, solcherart unverbundene Teile eines Gebäudes als nur ein Grundstück im Sinne des BewG anzusehen (BFH-Urteil vom 1. April 1987, BStBl. II S. 836, und vom 24. Oktober 1990, BStBl. 1991 II S. 503).

Handelt es sich dagegen um **mehrere** Wohnungen, die **jeweils** mit **einem** Miteigentumsanteil am Grundstück verbunden sind (liegen mithin mehrere rechtlich selbständige Wohnungseigentumsrechte vor), so führt das tatsächliche Aneinandergrenzen oder auch das Führen auf einem gemeinsamen Wohnungsgrundbuch nicht zur Annahme einer wirtschaftlichen Einheit (BFH-Urteil vom 1. August 1990, BStBl. II S. 1015).

Neben der selbständigen Veräußerbarkeit ist stets weitere Voraussetzung für das Vorliegen einer wirtschaftlichen Einheit die eigenständige Zweckbestimmung; Zubehörräume, wie insbesondere Kellerräume, sonstige Abstellräume und Garagen, sind daher ohne Rücksicht auf die zivilrechtliche Gestaltung in die wirtschaftliche Einheit einzubeziehen.

3.3 Verbindung mehrerer Wohnungen durch bauliche Maßnahmen

Das Merkmal der selbständigen Veräußerbarkeit ist nicht mehr erfüllt, wenn mehrere zunächst jeweils abgeschlossene Wohnungen durch bauliche Maßnahmen zu einer einzigen Wohnung umgestaltet wurden und danach nicht mehr ohne größere bauliche Veränderungen getrennt veräußert werden können. In diesem Fall ist nur eine wirtschaftliche Einheit für die zusammengefaßten Wohnungen anzunehmen (BFH-Urteil vom 23. Februar 1979, BStBl. II S. 547).

3.4 Einbeziehung von Garagen in die wirtschaftliche Einheit des Miteigentums

Gehören zu der Wohnung auch Garagen, so sind sie in die wirtschaftliche Einheit des Wohnungseigentums einzubeziehen. Hierbei spielt es keine Rolle, wie das Eigentum des Wohnungseigentümers an den Garagen gestaltet ist. Es ist unerheblich, ob sich die Garagen auf dem Grundstück der Eigentumsanlage oder auf einem Grundstück in der näheren Umgebung befinden (vgl. wegen weiterer Einzelheiten gleichlautende Erlasse vom 23. November 1992, BStBl. I S. 724). An Abstellplätzen außerhalb von Sammelgaragen kann kein Sondereigentum begründet werden (§ 3 Abs. 2 WEG). Derartige Abstellplätze sind Gemeinschaftseigentum, die jedoch mittels Nutzungsvereinbarung einem bestimmten Wohnungseigentums- oder Teileigentumsrecht zugeordnet werden können.

3.5 Zusammenfassung einer Wohnung mit Gewerberaum

Die Zusammenfassung von Wohnung und Gewerberaum kann unter den Voraussetzungen der Tz. 3.3 dazu führen, daß nach der Verkehrsauffassung nur eine wirtschaftliche Einheit anzunehmen ist.

3.6 Noch nicht bezugsfertige Gebäude

Wohnungseigentum und Teileigentum wird nach § 2 WEG entweder durch vertragliche Einräumung von Sondereigentum (§ 3 WEG) oder durch Teilung (§ 8 WEG) begründet. Nach § 3 WEG kann Sondereigentum auch an Räumen in einem erst zu errichtenden Gebäude eingeräumt werden. Ebenso ist die Teilung durch den Eigentümer auch bei einem erst noch zu errichtenden Gebäude möglich (§ 6 Abs. 1 WEG). Die rechtliche Zusammenführung von Sondereigentum und Miteigentumsanteil bildet von Beginn an Wohnungseigentum oder Teileigentum im Sinne des § 1 Abs. 2 und § 131 BewG reicht es aus, daß die Teilungserklärung beurkundet und der Eintragungsantrag beim Grundbuchamt eingegangen ist. Ist am Bewertungszeitpunkt das Gebäude noch nicht bezugsfertig errichtet, richtet sich die Bewertung nach den Vorschriften für unbebaute Grundstücke.

Anlage 129.6

Zu §§ 129–133 BewG

3.7 Teilung eines bereits bestehenden Gebäudes

Auch bei bereits bestehenden Gebäuden reicht es für die Entstehung eines Wohnungs- und Teileigentums im Sinne des § 131 BewG aus, daß die Teilungserklärung beurkundet und der Eintragungsantrag beim Grundbuchamt eingegangen ist.

Nach der Entscheidung des Bundesfinanzhofes vom 24. Juli 1991 (BStBl. 1993 II S. 87) entsteht eine wirtschaftliche Einheit beim Miteigentum erst mit dem Anlegen der Wohnungsgrundbücher. Der Urteilsfall betrifft aber die Teilung eines bestehenden Zweifamilienhauses in zwei Eigentumswohnungen, ohne daß über die Eigentumswohnungen ein Kaufvertrag abgeschlossen wurde (Vorratsteilung). Aus diesem Grunde ist das Urteil nur anzuwenden, wenn ein Steuerpflichtiger dies ausdrücklich beantragt.

4 Bestimmung der Grundstückshauptgruppe

Für die Bestimmung der Grundstückshauptgruppe (§ 131 Abs. 1 Satz 2 BewG i. V. m. § 32 RBewDV) kommt es darauf an, wie der auf die wirtschaftliche Einheit des Wohnungseigentums (Tz. 3) entfallende Gebäudeteil genutzt wird.

Soweit es sich um Wohnungen handelt (einschließlich der Zubehörräume wie insbesondere Keller und Garagen), kommen die Grundstückshauptgruppen Einfamilienhaus oder Mietwohngrundstück in Betracht. Für den Wohnungsbegriff gelten die gleichlautenden Erlasse vom 6. November 1991 (BStBl. I S. 968). Bei der Zusammenfassung einer Wohnung mit Gewerberaum kann auch die Grundstückshauptgruppe „gemischtgenutztes Grundstück" oder „Geschäftsgrundstück" in Betracht kommen.

5 Bewertung von Wohnungs- und Teileigentum

5.1 Bewertung nach dem Vielfachen der Jahresrohmiete

Das zu mehr als 80 v. H. Wohnzwecken dienende Wohnungseigentum ist für Feststellungszeitpunkte ab 1. Januar 1991 mit dem Vielfachen der Jahresrohmiete nach den Vorschriften zu bewerten, die für Mietwohngrundstücke maßgebend sind; Wohnungseigentum, das zu nicht mehr als 80 v. H., aber zu nicht weniger als 20 v. H. Wohnzwecken dient, ist mit dem Vielfachen der Jahresrohmiete nach den Vorschriften zu bewerten, die für gemischtgenutzte Grundstücke maßgebend sind (§ 131 Abs. 2 BewG). Wegen der Ermittlung des Einheitswerts wird auf die gleichlautenden Erlasse vom 19. Januar 1993 betreffend die Bewertung von Mietwohngrundstücken und gemischtgenutzten Grundstücken im Beitrittsgebiet ab 1. Januar 1991 (BStBl. I S. 173) hingewiesen.

5.2 Bewertung im Sachwertverfahren

Für Feststellungszeitpunkte ab dem 1. Januar 1991 erfolgt die Ermittlung des gemeinen Werts von Teileigentum, das zu mehr als 80 v. H. unmittelbar eigenen oder fremden gewerblichen oder öffentlichen Zwecken dient (Geschäftsgrundstück im Sinne des § 32 Abs. 1 Nr. 2 RBewDV), im Sachwertverfahren, soweit nicht nach den Rechtsverordnungen der Präsidenten der Landesfinanzämter über die Bewertung bebauter Grundstücke vom 17. Dezember 1934 (Reichsministerialblatt S. 785 ff.; Reichssteuerblatt S 1641 ff.) eine Bewertung mit dem Vielfachen der Jahresrohmiete vorgeschrieben ist.

Das Sachwertverfahren geht von einer getrennten Ermittlung des Bodenwerts und des Gebäudewerts aus.

5.2.1 Bodenwert

Ausgangsgröße für die Ermittlung des auf das Teileigentum entfallenden Bodenwertanteils ist der Bodenwert des zu der gesamten Wohnungs-/Teileigentumsanlage gehörenden Grundstücks. Dieser Bodenwert ist mit dem gemeinen Wert (Wertverhältnis 1. Januar 1935) anzusetzen, den der Grund und Boden als unbebautes Grundstück haben würde. Der Umstand, daß das Grundstück bebaut ist, wirkt sich somit auf die Höhe des Bodenwerts nicht aus. Bei der Ermittlung des Bodenwerts ist regelmäßig von den durchschnittlichen Werten auszugehen, die sich für ein Gebiet ohne Rücksicht auf die besonderen Eigenschaften der einzelnen Grundstücke je m² ergeben. Für diese Werte sind regelmäßig die Kaufpreissammlungen sowie die Richtpreise der ehemaligen Preisbehörden maßgebend. Aus diesen Ausgangsdaten ist der gemeine Wert für das jeweilige Grundstück entsprechend seiner Grundstücksqualität abzuleiten.

Zu §§ 129–133 BewG **Anlage 129.6**

Für das Teileigentum ist der dem Miteigentumsanteil entsprechende Anteil an diesem Bodenwert anzusetzen, wobei ein Sondernutzungsrecht an einer unbebauten Fläche ggf. bei der Ermittlung des anteiligen Bodenwerts zu berücksichtigen ist.

Übliche Außenanlagen sind durch den Ansatz des Bodenwerts und des Gebäudewerts abgegolten. Aufwendige Außenanlagen sind dagegen mit einem eigenen Wertansatz, ggf. anteilig, zu erfassen.

5.2.2 Gebäudewert,

Der Gebäudenormalherstellungswert für jedes Teileigentum errechnet sich aus den nach Tz. 5.2.2.1 ermittelten Nutzflächen und den unter Tz. 5.2.2.3 aufgeführten durchschnittlichen Flächenpreisen, ggf. erhöht um die Zuschläge nach Tz. 5.2.2.5. Der Gebäudenormalherstellungswert ist um Abschläge (vgl. Tz. 5.2.2.6) und um die Wertminderung wegen Alters (vgl. Tz. 5.2.2.7.1) oder die an deren Stelle tretenden Abschläge wegen nicht behebbarer Baumängel oder Bauschäden, wegen vorzeitigen Abbruchs oder wegen wirtschaftlicher Überalterung des Gebäudes (vgl. Tz. 5.2.2.7.2 und 5.2.2.7.3) zu ermäßigen.

5.2.2.1 Ermittlung der Nutzfläche

Die Nutzfläche entspricht der Grundfläche der Räume, die zum Sondereigentum gehören oder an denen ein alleiniges Sondernutzungsrecht eingeräumt wurde (Innenmaße, bei Rohbaumaßnahmen abzüglich 3 v. H.). Nur **zur Hälfte** der Grundfläche sind zu berücksichtigen

Räume oder Raumteile mit einer lichten Höhe von mindestens 1 Meter und weniger als 2 Metern sowie

Balkone, Loggien, Dachgärten oder gedeckte Freisitze.

Räume und Raumteile mit einer lichten Höhe von weniger als 1 Meter sind nicht anzusetzen. Die Nutzfläche ist auf volle Quadratmeter nach unten abzurunden.

5.2.2.2 Mitbenutzung für Wohnzwecke

Soweit ein Teil der zum Sondereigentum gehörenden, nach Tz. 5.2.2.1 ermittelten Fläche (weniger als 20 v. H. dieser Fläche) für Wohnzwecke genutzt wird, ist für diese Fläche der Flächenpreis der Hauptnutzung anzusetzen. Gehört zum Teileigentum ein Miteigentumsanteil an einer nicht im Sondereigentum stehenden Wohnung (z. B. Hausmeisterwohnung), so ist die darauf entfallende Wohnfläche anteilig dem Teileigentum zuzurechnen und mit dem Flächenpreis für die Hautnutzung anzusetzen.

5.2.2.3 Durchschnittlicher Flächenpreis

Für das Teileigentum ist entsprechend den nachfolgend aufgeführten Nutzungen ein Flächenpreis unter Verwendung der Ausstattungstabelle I anzusetzen. Für in der Tabelle nicht genannte Nutzungen ist der Flächenpreis aus dem Raummeterpreis für im Sachwertverfahren zu bewertende Geschäftsgrundstücke abzuleiten.

Durchschnittliche Flächenpreise für Teileigentum			
Ausstattungsgüte	Büros, Praxen, DM/m²	Banken, Läden, DM/m²	Hotels, Gaststätten, DM/m²
– 1,00	58	68	68
1,01 – 1,25	66	77	72
1,61 – 1,50	74	86	77
1,51 – 1,50	81	95	86
2,01 – 2,50	93	108	104
2,51 – 3,00	104	122	118
3,01 – 3,50	116	136	136
3,51 – 4,00	128	149	154
4,01 – 4,50	139	163	167
4,51 – 4,75	151	176	185
4,76 – 5,00	159	185	203

5.2.2.4 Bestimmung der Ausstattungsgüte

Die Bestimmung der unter Tz. 5.2.2.3 in der Tabelle aufgeführten Ausstattungsgüte erfolgt durch Ankreuzen der vorhandenen Ausstattungsmerkmale in der Ausstattungstabelle I (Anlage). Dort nicht ausgeführte Bauausführungen sind in die wertmäßig entsprechende Aus-

Anlage 129.6

Zu §§ 129–133 BewG

stattungsgüte einzuordnen. Für ein einfaches Ausstattungsmerkmal ist ein Punkt, für ein durchschnittliches zwei Punkte, für ein gutes drei Punkte usw. zu vergeben. Liegen unterschiedliche Ausstattungsgüten vor, so ist nur die überwiegende Ausstattungsgüte bei der Auswertung zu berücksichtigen. Es gilt somit der Grundsatz: Ein Ausstattungsmerkmal = ein Punktewert.

Das Teileigentum ist entsprechend dem arithmetischen Mittel aus der Summe der einzelnen Punktewerte dividiert durch die Anzahl der einbezogenen Ausstattungsmerkmale in die unter Tz. 5.2.2.3 angegebenen Ausstattungsgüten einzustufen.

5.2.2.5 Zuschläge zu den Flächenpreisen

Besteht das Gebäude, in dem sich das Teileigentum befindet, aus mehr als fünf Geschossen, so ist zu dem durchschnittlichen Flächenpreis ein Zuschlag zu machen, der sich nach der Zahl der Mehrgeschosse des Gebäudes richtet. Der Zuschlag beträgt für jedes Mehrgeschoß vom 6. bis 9. Geschoß 1 v. H. und vom 10. Geschoß ab 1,5 v. H.

Weitere Zuschläge kommen grundsätzlich nicht in Betracht.

5.2.2.6 Abschläge vom Gebäudenormalherstellungswert

Eine Ermäßigung des Gebäudenormalherstellungswerts eines Gebäudes kann insbesondere wegen des schlechten baulichen Zustands, wegen Schadensgefahren (z. B. Berg-, Wasser- und Erschütterungsschäden), wegen ungewöhnlich starker Beeinträchtigungen durch Lärm, Rauch, Gerüche oder wegen Altlasten in Betracht kommen. Die Abschläge beziehen sich auf den Gebäudenormalherstellungswert; sie dürfen 60 v. H. des Gebäudenormalherstellungswerts nicht übersteigen.

Der schlechte bauliche Zustand eines Gebäudes wird regelmäßig auf behebbare Baumängel und Bauschäden zurückzuführen sein. Dabei ist der Abschlag unter Berücksichtigung des Schadensgrads für den betreffenden Bauteil im Einzelfall zu schätzen.

5.2.2.7 Alterswertminderung und Abschläge vom gekürzten Gebäudenormalherstellungswert

5.2.2.7.1 Alterswertminderung

Der um die Abschläge nach Tz. 5.2.2.6 gekürzte Gebäudenormalherstellungswert ist wegen des **Alters des Gebäudes,** in dem sich das Teileigentum befindet, zu mindern. Maßgebend für die Alterswertminderung ist die gewöhnliche Lebensdauer des Gebäudes und dessen Alter zum 1. Januar 1935 (Hauptfeststellungszeitpunkt). Für nach dem 1. Januar 1935 errichtete Gebäude ist keine Alterswertminderung anzusetzen.

Für die Berechnung der Alterswertminderung ist auf den 1. Januar des Jahres abzustellen, in dem das Gebäude bezugsfertig geworden ist. Es ist von einer gleichbleibenden jährlichen Wertminderung auszugehen.

Als Lebensdauer für das Gebäude sind zugrunde zu legen:
- bei Massivbauten: 100 Jahre,
- bei Holzfachwerkgebäuden: 70 Jahre,
- bei Betongroßtafelbauten: 60 Jahre,
- bei Gebäuden in einfachster Bauweise (z. B. Holztafelbau): 40 Jahre.

Anbauten teilen das Schicksal des Hauptgebäudes. Ist anzunehmen, daß ein Erweiterungsbau nach Größe, Bauart und Nutzung eine andere Lebensdauer als das Hauptgebäude haben wird, so ist die Alterswertminderung jeweils getrennt zu berechnen. Für Aufstockungen ist die Alterswertminderung nach dem Alter der unteren Gebäude zu bemessen.

Wird ein Gebäude durch bauliche Maßnahmen durchgreifend erneuert und verlängert sich dadurch seine restliche Lebensdauer, so ist die Lebensdauer nicht nach dem tatsächlichen Alter des Gebäudes, sondern nach einem Baualter unter Berücksichtigung der verlängerten restlichen Lebensdauer zu bemessen.

5.2.2.7.2 Nicht behebbare Baumängel oder Bauschäden

Nicht behebbare Baumängel oder Bauschäden, die zu einer Verkürzung der Gesamtlebensdauer des Gebäudes führen, sind durch einen Abschlag zu berücksichtigen. Auch hier ist auf das Gebäude abzustellen, in dem sich das Teileigentum befindet. Bezugsgröße für diesen Abschlag ist der um die Abschläge nach Tz. 5.2.2.6 gekürzte Gebäudenormalherstellungswert. Der Abschlag ist wie folgt zu ermitteln:

$$\text{Abschlag in v. H.} = \frac{\text{Alter im Feststellungszeitpunkt}}{\text{Verkürzte Gesamtlebensdauer}} \times 100 \text{ v. H.}$$

Zu §§ 129–133 BewG **Anlage 129.6**

Der sich ergebende Vomhundertsatz ist auf zwei Dezimalstellen aufzurunden.

Bei Gebäuden, die vor dem 1. Januar 1935 errichtet worden sind, ist die Alterswertminderung bei der Abschlagsberechnung berücksichtigt.

Bei Gebäuden unterschiedlichen Alters ist der Abschlag jeweils gesondert zu berechnen.

Der Wert, der nach Abzug der Alterswertminderung oder des an deren Stelle tretenden Abschlags wegen nicht behebbarer Baumängel oder Bauschäden verbleibt, darf grundsätzlich 40 v. H. des Gebäudenormalherstellungswerts nicht unterschreiten (Restwert).

5.2.2.7.3 Abschlag wegen der Notwendigkeit baldigen Abbruchs und wegen wirtschaftlicher Überalterung

Die **Notwendigkeit baldigen Abbruchs** und die **wirtschaftliche Überalterung** sind ebenfalls durch Abschläge vor dem nach Tz. 5.2.2.6 gekürzten Gebäudenormalherstellungswert zu berücksichtigen.

Die Abschlagsberechnung erfolgt wie bei nicht behebbaren Baumängeln und Bauschäden, jedoch ohne Begrenzung auf einen Restwert.

Liegen die Voraussetzungen für mehrere Abschläge vom gekürzten Gebäudenormalherstellungswert vor, ist nur der Abschlag zu gewähren, der zu dem geringsten Gebäudewert führt.

5.2.3 Gemeiner Wert

Der Bodenwert (einschließlich Wert der Außenanlagen) und der Gebäudewert ergeben den gemeinen Wert des Teileigentums. Dieser Wert ist für Zwecke der Einheitsbewertung auf volle 100 DM nach unten abzurunden (§ 30 Nr. 1 BewG).

Bei der Ermittlung des Einheitswerts sind keine Wertzahlen anzuwenden; die Wertangleichung an den gemeinen Wert ist bereits bei der Festlegung der durchschnittlichen Flächenpreise berücksichtigt. Ein Abschlag wegen Belastung mit Gebäudeentschuldungsteuer kommt nicht in Betracht.

Anlage 129.6   Zu §§ 129–133 BewG

Ausstattungstabelle 1

Ausstattungsmerkmal	Ausstattungsgüte				
	1	2	3	4	5
Ausfachung/Fassade	Einfache Plattenwände (Holz, Blech, Faserzement); einfacher Putz; Verbreiterung	Leichtbetonwände; Rauhputz	Schwerbetonplatten; Putz mit Fenster- und Türeinfassung in Kunststein; Vormauerschale; Spaltklinker	Putz mit Fenster- und Türeinfassungen aus Naturstein; Spaltklinker; Kunststeinverkleidung	Natursteinfassade Keramikplatten; Kupfer, Eloxal oder ähnliches; Glasverkleidung
Dachausführung	Einfach Dächer (Dachpappen, Blech-, Faserzementeindeckung)	Leichte Betondächer ohne wärmedämmung; einfache Ziegeldeckung	Betondächer mit Wärmedämmung und Pappeindeckung; bessere Ziegeleindeckung; Kunstschiefer	Betondächer mit Wärmedämmung und bessere Eindeckung; Kiesschüttung; Naturschieferdeckung; Dächer mit bes. Aufbauten	Dachterrassen; befahrbare Dächer; Dächer mit wertvoller Eindeckung (z. B. Kupfer)
Wärmebehandlung (ohne Sanitärräume)	Einfacher Wandputz Anstrich	Kunstharzputz	Einfache Vertäfelung	Sichtmauerwerk; keramische Platten	Edelholzvertäfelung; Natursteinplatten
Fußboden	Dielen, Steinholz-, Asphalt, Estrich- oder ähnliche Böden	Linoleum; PVZ-Böden; Nadelfilz	Kunststeinplatten; Teppichböden: Kleinparkett	Parkett; Fliesen; Velourteppichboden	Natursteinplatten
Treppen	Holztreppen; Betontreppen; Stahltreppen	Treppen mit Linoleum-, PVC-, oder Teppichbodenbelag	Treppen mit Kunststeinauflage	Treppen mit Natursteinauflage; Treppen aus Edelhölzern	Natursteintreppen
Fenster	Fenster mit einfacher Verglasung	Fenster mit einfacher Verglasung, jedoch mit Rolläden	Doppel- oder Verbundfenster; Fenster mit Isolierglas	Wie vor, jedoch mit Rolläden	Fenster mit dreifacher Verglasung; raumhohe versenkbare Fenster
Türen	Einfache glatte Türen	Türen mit Edelholzfurnier; kunststoffbeschichtete Türen	Füllungstüren	Schiebe- oder Doppeltüren	Massive Edelholztüren; Ganzglastüren

Zu §§ 129–133 BewG **Anlage 129.6**

Ausstattungsmerkmal	Ausstattungsgüte				
	1	2	3	4	5
Elektroinstallation	Wenig Brennstellen und Steckdosen	Mehrere Brennstellen und Steckdosen	Mehrere Brennstellen mit Lichtbändern	Indirekte Beleuchtung zusätzliche Wandbeleuchtung; Einbaubeleuchtung	Aufwendige Elektroinstallation, z. B. Bodensteckdosen und Überwachungsanlage
Sanitäre Installation[1]	Einfache und wenige sanitäre Objekte in Wasch- und Toilettenräumen	Sanitäre Objekte in größerer Anzahl in Wasch- und Toilettenräumen	Sanitäre Objekte außer in Wasch- und Toilettenräumen auch in anderen Räumen	Sanitäre Beleuchtung in Waschräumen, Bädern, Toiletten und anderer Räumen in guter Ausstattung	Besonders aufwendige Ausstattung
Heizung	Einzelöfen	Warmluftheizung; Nachtstromspeichereinzelöfen	Sammel- oder Fernwärmeheizung ohne Warmwasserbereitung; Nachtstromspeicherzentralheizung	Sammel- oder Fernwärmeheizung mit Warmwasserbereitung	Aufwendige Heizungstechnik
Besondere Räume (z. B. Empfangsräume, Direktionsräume, Sitzungszimmer, Gesellschaftsräume)	Keine	Geringe Anzahl kleiner Räume	Mehrere kleine Räume oder geringe Anzahl größerer Räume	Mehrere kleine Räume oder geringe Anzahl größerer Räume	Mehrere kleine und große Räume
Anzahl der Ausstattungsmerkmale in der jeweiligen Spalte					
Punktwert	x 1	x 2	x 3	x 4	x 5
Zwischenergebnis					= Summe der Zwischenergebnisse (Gesamtpunktwert)

[1] bei sehr guter Ausstattungsqualität ist die nächsthöhere Ausstattungsstufe anzusetzen.

Anlage 129.6

Zu §§ 129–133 BewG

b) Wohnungs- und Teileigentum
Vfg OFD Erfurt vom 24. April 1997
S 3219 in A – 01 – St 262 (R)

Aus gegebenem Anlaß wird darauf hingewiesen, daß bei der Bewertung von Wohnungs- und/oder Teileigentum wie folgt zu verfahren ist:

1. Begründung von Wohnungs- bzw. Teileigentum an einem bestehenden Gebäude

1.1 Bewertetes Grundstück

Mit der Begründung des Wohnungs- bzw. Teileigentums fällt die bisherige wirtschaftliche Einheit auf den der Begründung folgenden 1. Januar weg, und es entstehen die wirtschaftlichen Einheiten des Wohnungs- und Teileigentums.

Dieser Tatbestand ist durch Aufhebung des Einheitswertes (§ 24 BewG) und des Grundsteuermeßbetrages (§ 20 GrStG), durch Nachfeststellung der Einheitswerte für das Wohnungs- und Teileigentum (§ 23 BewG) sowie durch Nachveranlagungen der Grundsteuermeßbeträge (§ 18 GrStG) Rechnung zu tragen.

Die Aufhebungen und die Nachfeststellungen bzw. Nachveranlagungen sind stets in „einem Arbeitsgang" durchzuführen, um Grundsteuerausfälle zu vermeiden.

1.2 Ersatzbemessungsgrundlage

Mit Begründung des Wohnungs- und Teileigentums entstehen neue wirtschaftliche Einheiten i. S. des § 131 BewG, für die erstmals auf den der Begründung folgenden 1. Januar Einheitswerte (Nachfeststellungen, § 23 BewG) festzustellen und Grundsteuermeßbeträge (Nachveranlagung, § 18 GrStG) festzusetzen sind.

Mit der Bekanntgabe der Grundsteuermeßbescheide wird der Belegenheitsgemeinde der Wegfall der Ersatzbemessungsgrundlage bekannt. Soweit für den Feststellungs- bzw. Festsetzungszeitraum bereits GrSt-Zahlungen nach der Ersatzbemessungsgrundlage erfolgten, werden diese verrechnet.

2. Begründung von Wohnungs- und Teileigentum für ein noch zu errichtendes Gebäude

Begründet der Grundstückseigentümer Wohnungs- und Teileigentum für ein noch zu errichtendes Gebäude, so ist dies als Vorratsteilung i. S. der Tz. 3.7 des Bezugserlasses zu werten, wenn nicht bereits Kaufverträge über das noch zu errichtende Sondereigentum an einer Wohnung bzw. Teileigentum an nicht zu Wohnzwecken dienenden Räumen abgeschlossen wurden.

Im Falle der Vorratsteilung entsteht die wirtschaftliche Einheit erst mit dem Anlegen der Wohnungsgrundbücher.

3. *Steuerfreiheit für neugeschaffene Wohnungen (§ 43 GrStG)* [1]

Für Grundstücke mit neugeschaffenen Wohnungen, die nach dem 31.12.1980 und vor dem 1.1.1992 bezugsfertig geworden sind, gilt die Steuerbefreiung nach § 43 GrStG auch, wenn nach diesem Zeitpunkt an dem Grundstück Wohnungs- bzw. Teileigentum begründet wurde. § 43 GrStG wirkt als objektbezogene Steuerbefreiung.

Einheitswertfeststellungen sowie Grundsteuermeßbetragsveranlagungen für die wirtschaftlichen Einheiten des Wohnungs- und Teileigentums sind erst auf den dem Wegfall der Befreiung folgenden Stichtag durchzuführen.

---

1) Durch Zeitablauf überholt.

Zu §§ 129–133 BewG **Anlage 129.7**

a) Begriff, Entstehung und Verfahren im Falle des Erbbaurechts
Vfg OFD Erfurt vom 16. Mai 1997
– S 3219 1 A – 01/97 – S 7263 –

1. **Begriff, formalrechtliche Entstehung** ...

2. **Das Erbbaurecht im Bewertungsrecht**

2.1 Bewertungsrechtliche Stellung

Das Erbbaurecht wird im Bewertungsrecht – wie auch im bürgerlichen Recht – als selbständiges Grundstück behandelt (§ 129 Abs. 2 Nr. 1 BewG i. V. m. § 50 Abs. 2 BewG-DDR).

2.2 Bewertung des Erbbaurechts im Beitrittsgebiet

Wird an einem Grundstück ein Erbbaurecht bestellt und wurde für dieses Grundstück bereits ein Einheitswert (z.b. als unbebautes Grundstück) festgestellt, ist eine Zurechnungsfortschreibung durchzuführen. Nach der Bebauung durch den Erbbauberechtigten ist eine Art- und Wertfortschreibung zu prüfen.

Ist kein Einheitswert vorhanden, weil das Grundstück z.b. aus einer bestehenden wirtschaftlichen Einheit herausgelöst wurde, ist dieser im Wege der Nachfeststellung festzustellen. Nach § 46 Abs. 1 RBewDV ist für die wirtschaftliche Einheit des mit dem Erbbaurecht belasteten Grundstücks der Gesamtwert zu ermitteln und ein Einheitswert so festzustellen, als wenn die Belastung nicht bestünde. Bei einer Laufzeit des Erbbaurechts von weniger als 50 Jahren sind die Anteile des Erbbauberechtigten und des Grundstückseigentümers am Gesamtwert aufzuteilen und diesen zuzurechnen (§ 46 Abs. 3 RBewDV).

2.3 Erbbaurecht im Zusammenhang mit der Sachenrechtsbereinigung

In Zukunft wird das Erbbaurecht insbesondere in den neuen Bundesländern an Bedeutung gewinnen, da sich im Zuge der Sachenrechtsbereinigung viele Nutzungsberechtigte für die Möglichkeit der Einräumung eines Erbbaurechts entscheiden können. Wird bei der Sachenrechtsbereinigung zwischen dem Eigentümer des Grund und Bodens und dem Eigentümer des Gebäudes die Bestellung eines Erbbaurechts vereinbart, ist das Erbbaurecht im Rahmen einer Zurechnungsfortschreibung des darüber hinaus wegen Art- und ggf. Wertänderung fortzuschreibenden Einheitswerts der bisherigen wirtschaftlichen Einheit des Grund und Bodens zu berücksichtigen Die Anteile des Erbbauberechtigten und des Grundstückseigentümers sind dabei nach § 46 RBewDV zu ermitteln. Besteht für das Gebäude ein Einheitswert, ist dieser aufzuheben.

2.4 Zeitpunkt der Entstehung des Erbbaurechts

Grundsätzlich entsteht das Erbbaurecht mit der Eintragung im Grundbuch. Wird dem Berechtigten jedoch durch Regelung im Erbbaurechtsvertrag die wirtschaftliche Stellung des Erbbauberechtigten bereits auf einen früheren Zeitpunkt übertragen (z.B. vertragliche Regelung zur Übergabe des Erbbaugrundstücks oder Nutzen- und Lastenwechsel vor zivilrechtlicher Entstehung durch Grundbucheintragung), ist ihm das Erbbaurecht bereits auf den darauf folgenden Stichtag zuzurechnen. Feststellungszeitpunkt für die Erfassung und Bewertung des Erbbaurechts ist demnach grundsätzlich der auf die Entstehung des Erbbaurechts/ Grundbbucheintragung folgenden 1.1.; wird dem Erbbauberechtigten das wirtschaftliche Eigentum aber bereits vor Grundstückseintragung übertragen, so ist der Einheitswert schon auf den Beginn des Kalenderjahres, das auf den wirtschaftlichen Erwerb des Erbbaurechts folgt, festzustellen.

3. **Steuerbefreiung bei einem Erbbaurecht**

Die Regelung des § 10 Abs. 2 GrStG, wonach der Erbbauberechtigte auch Schuldner der Grundsteuer ist, berührt nicht die Anwendung der Befreiungsvorschriften der §§ 3-8 GrStG. Entscheidend ist vielmehr, wem das Grundstück ausschließlich (§ 3 Abs. 1 letzter Satz, § 4 Nrn. 5 und 6 GrStG) zugerechnet worden ist. Wenn die Dauer des Erbbaurechts – vom Stichtag her gesehen – weniger als 50 Jahre beträgt, ist die Verteilung nach § 46 Abs. 3 RBewDV eine Frage der Zurechnung der wirtschaftlichen Einheit. Folglich ist in einem solchen Fall die subjektive Befreiungsvoraussetzung nur dann erfüllt, wenn sowohl in der Person des Erbbauberechtigten als auch in der des Eigentümers des Grund und Bodens ein Befreiungsgrund vorliegt.

Anlage 129.7

b) Neue Bundesländer – Entstehung und Bewertung von Untererbbaurechten (§ 50 Abs. 2 BewG-DDR i.V. mit § 46 RBewDV)
Erlaß FinMin Thüringen vom 25. November 1992
S 3219 1 Absatz – 1 2.03

Das Erbbaurecht ist bürgerlich-rechtlich wie ein selbständiges Grundstück zu behandeln. Auf das Erbbaurecht sind die sich auf Grundstücke beziehenden Vorschriften entspr. anzuwenden. Zulässig ist daher auch die Belastung eines Erbbaurechts mit einem Untererbbaurecht. Das Untererbbaurecht darf jedoch nicht weitergehende Grundbuchblatt und wird außerdem in Abt. II des Grundbuchs des belasteten Erbbaurechts eingetragen.

Da das BewG keine ausdrückliche Regelung vorsieht, ist für die Bewertung von Untererbbaurechten § 46 RBewDV sinngemäß anzuwenden. Bewertungsrechtlich gilt das Untererbbaurecht ebenso wie das Erbbaurecht als selbständiges Grundstück.

Es liegen somit drei wirtschaftliche Einheiten vor:
1. das Untererbbaurecht,
2. das mit dem Untererbbaurecht belastete Erbbaurecht,
3. das mit dem Erbbaurecht belastete Grundstück.

Bei der Wertermittlung sind die nachstehenden Besonderheiten zu beachten: Auf die wirtschaftliche Einheit des Untererbbaurechts entfällt der Anteil am Gesamtwert, der sich aus der Laufzeit des Untererbbaurechts ergibt. Bei der Bewertung der wirtschaftlichen Einheit des belasteten Erbbaurechts ist die Belastung mit dem Untererbbaurecht wertmindernd zu berücksichtigen. Von dem Wertanteil, der sich bei der Verteilung des Gesamtwerts aus der Laufzeit des belasteten Grundstücks ergibt, ist deshalb der nicht abgerundete Wert des Untererbbaurechts abzuziehen. Der Wert des belasteten Grundstücks ist danach = DM, wenn

– die Laufzeit des Untererbbaurechts noch mindestens 50 Jahre beträgt oder
– die Laufzeit des Untererbbaurechts geringer als 50 Jahre ist, das belastete Erbbaurecht dieselbe Laufzeit hat wie das Untererbbaurecht und die Vereinbarungen, die nach § 46 RBewDV eine Aufteilung des Gebäudewerts notwendig machen, in beiden Verträgen gleich lauten.

Die Laufzeit des Untererbbaurechts kann die Laufzeit des eigentlichen Erbbaurechts regelmäßig nicht übersteigen.

Es ist darauf zu achten, daß bei Bestehen von Erbbaurechten, auch bei Restlaufzeiten von über 50 Jahren, jeweils eine Bewertungsakte über den Erbbauberechtigten und für den Erbbauverpflichteten anzulegen und nach dem Belebungsplan entsprechend zu kennzeichnen ist. Entsprechend ist bei dem Untererbbaurecht zu verfahren.

Zu §§ 129–133 BewG   **Anlage 129.8**

Bewertung von Einfamilienhäusern im Beitrittsgebiet ab 1. Januar 1991
Gleich lautende Erlasse der obersten Finanzbehörden der Länder Berlin, Brandenburg, Mecklenburg-Vorpommern, Sachsen, Sachsen-Anhalt und Thüringen
Vom 6. November 1991
(BStBl. I S. 968)
zuletzt geändert durch gleich lautende Erlasse vom 17. Dezember 2008 (BStBl. I 2009 S. 342)

1 Geltungsbereich

Dieser Erlaß gilt für die Bewertung von Einfamilienhäusern im Beitrittsgebiet ab 1. Januar 1991. Zum Beitrittsgebiet gehören die Länder Brandenburg, Mecklenburg-Vorpommern, Sachsen, Sachsen-Anhalt und Thüringen und der Teil des Landes Berlin, in dem das Grundgesetz vor dem Wirksamwerden des Beitritts nicht gegolten hat, und zwar nach dem Gebietsstand vom 3. Oktober 1990. Zum Beitrittsgebiet gehören somit auch Gebiete, die nach dem 2. Oktober 1990 im Rahmen einer Gebietsreform in das übrige Bundesgebiet umgegliedert worden sind.

2 Abgrenzung der Grundstückshauptgruppe Einfamilienhäuser zu den übrigen Grundstückshauptgruppen

Einfamilienhäuser sind Wohnungsgrundstücke, die nach ihrer baulichen Gestaltung nicht mehr als eine Wohnung enthalten. Wohnungen des Hauspersonals sowie Not- oder Behelfswohnungen, mit deren dauerndem Bestand nicht gerechnet werden kann, bleiben außer Betracht. Ein Grundstück gilt auch dann als Einfamilienhaus, wenn es teilweise unmittelbar eigenen oder fremden gewerblichen oder öffentlichen Zwecken dient und dadurch die Eigenart als Einfamilienhaus nach der Verkehrsauffassung nicht wesentlich beeinträchtigt wird (§ 32 Abs. 1 Nr. 4 RBewDV)1).

2.1 Abgrenzung zum Begriff des Eigenheims

Der Begriff des Einfamilienhauses ist objektbezogen; er deckt sich daher nicht mit dem Begriff des Eigenheims, der auf die Eigennutzung durch den Eigentümer abstellt.

2.2 Wohnungen für das Hauspersonal

Wohnungen des Hauspersonals (Pförtner, Heizer, Gärtner, Kraftwagenführer, Wächter usw.) sind für die Einordnung eines Wohngrundstücks in die Grundstückshauptgruppe „Einfamilienhäuser" nicht mitzurechnen (§ 32 Abs. 1 Nr. 4 Satz 2 RBewDV). Die Frage, ob eine Wohnung **für das Hauspersonal bestimmt ist,** hängt im wesentlichen davon ab, daß die Wohnung nach Bauart, Lage und Ausstattung deutlich hinter der Hauptwohnung zurückbleibt. Außerdem müssen die Größe und die Anlage der Grundstücksfläche sowie der Umfang und die Gestaltung des darauf befindlichen Gebäudes nach der Verkehrsauffassung erwarten lassen, daß ein derartiges Grundstück ohne im Haus wohnendes Personal nicht bewirtschaftet werden kann und auch nicht bewirtschaftet zu werden pflegt (BFH-Urteil vom 15. 11. 1985, BStBl. 1986 II S. 247). In Betracht kommen vor allem Wohnungen neben Keller- und Heizungsräumen, über und neben der Garage sowie in einem für das Hauspersonal bestimmten untergeordneten Anbau. Eine für das Hauspersonal bestimmte Wohnung liegt auch dann vor, wenn diese Wohnung zum Feststellungszeitpunkt nicht vom Hauspersonal tatsächlich genutzt wird, sondern an Dritte vermietet ist, die in keinem Anstellungsverhältnis zum Grundstückseigentümer stehen. Dabei dürfen jedoch die für das Hauspersonal bestimmten Wohnungen nicht durch Umbau ihrer ursprünglichen Bestimmung als Personalwohnungen entzogen sein. Ist die Abgrenzung zwischen Haupt- und Personalwohnungen zweifelhaft, so kann die tatsächliche Art der nachhaltigen Nutzung von Bedeutung sein (BFH-Urteil vom 7. 11. 1958, BStBl. 1959 III S. 4).

Zum Hauspersonal rechnen nur Personen, die grundsätzlich Dienstleistungen für die Wartung und Pflege des Wohnungsgrundstücks selbst erbringen (BFH-Urteil vom 15. 11. 1985, BStBl. 1986 II S. 247). Da eine Hausgehilfin überwiegend personenbezogen tätig ist, gehört sie nicht zum Kreis des Hauspersonals. Dies gilt auch für eine Haushälterin, die ihre Dienstleistungen überwiegend gegenüber dem Grundstückseigentümer und seiner Familie erbringt.

2.3 Not- oder Behelfswohnungen

Die Eigenschaft als Einfamilienhaus bleibt auch erhalten, wenn durch Abtrennung von Räumen weitere Wohnungen geschaffen werden, mit deren dauerndem Bestand nicht gerechnet

Anlage 129.8 Zu §§ 129–133 BewG

werden kann (z. B. Not- oder Behelfswohnungen). Die Feststellung, ob eine selbständige Wohnung von Dauer vorliegt, ist nach der Verkehrsauffassung zu treffen, die sich aus den Umständen des Einzelfalls unter Berücksichtigung der örtlichen Verhältnisse ergibt. Ist wegen des erheblichen Bauaufwands oder wegen der Lage auf dem örtlichen Wohnungsmarkt damit zu rechnen, daß die abgetrennten Wohnungen noch auf unabsehbare Zeit bestehen bleiben, so kann von einem dauernden Bestand ausgegangen werden. Das Grundstück verliert in diesem Fall seine Eigenschaft als Einfamilienhaus.

2.4 Wohnungsbegriff

Für die Zuordnung zu der Grundstückshauptgruppe „Einfamilienhäuser" kommt es auf die Anzahl der vorhandenen Wohnungen an. Dabei ist zwischen dem Wohnungsbegriff für Wohngrundstücke, die nach dem 31. 12. 1993 bezugsfertig errichtet werden, und dem Wohnungsbegriff für Wohngrundstücke, die vor dem 1. 1. 1994 errichtet worden sind, zu unterscheiden.

2.4.1 Wohnungsbegriff bei Wohngrundstücken, die vor dem 1. 1. 1994 errichtet worden sind

Bei diesen Wohngrundstücken reicht es für die Annahme einer Wohnung aus, daß sich die Zusammenfassung mehrerer Räume zu einer Wohnung aus der Lage dieser Räume zueinander aus ihrer Zweckbestimmung und der dieser Zweckbestimmung entsprechenden tatsächlichen Nutzung ergibt.

Die Zusammenfassung von Räumen kann nur dann als Wohnung angesehen werden, wenn die Räume in ihrer Gesamtheit so beschaffen sind, daß in ihnen die Führung eines selbständigen Haushalts möglich ist. Dazu ist es u. a. erforderlich, daß die Wohneinheit eine bestimmte **Mindestgröße** aufweist. Demnach müssen Wohnungen in Einfamilienhäusern über eine Mindestwohnfläche von 23 m^2 (ohne Berücksichtigung der Vorschriften in § 44 Abs. 2 und 3 II. Berechnungsverordnung: BStBl. 1990 I S. 736) verfügen.

In einer Wohnung muß eine **Küche** oder ein **Raum mit Kochgelegenheit** vorhanden sein. Ist die Wohneinheit baulich nicht abgeschlossen, muß der als Küche vorgesehene Raum tatsächlich mit den erforderlichen Einrichtungen ausgestattet sein. Unerheblich ist es, ob der Vermieter die Küche ausgestattet hat oder ob dies durch den Mieter geschehen ist. Zur Mindestausstattung einer Küche gehören ein betriebsfähiger (angeschlossener) Herd, eine eigene Wasserzapfstelle und ein eigener Ausguß (Spüle) sowie die Möglichkeit der Entlüftung und der Belichtung entsprechend den landesrechtlichen Bauvorschriften. Eine mobile Kochplatte anstelle des Herds ist nicht ausreichend. Anstelle der Küche kann auch eine sog. Kompakt- oder Schrankküche oder eine sog. Kochnische ausreichen, wenn sie von den sanitären Räumen räumlich getrennt und selbständig lüftbar ist, z. B. durch Lüftungsleitungen. Voraussetzung ist jedoch, daß auch insoweit die o. g. Mindestausstattung vorliegt.

Ist die Wohneinheit abgeschlossen, so reicht es für die Annahme einer Wohnung aus, wenn der als Küche vorgesehene Raum mit den dafür erforderlichen Anschlüssen ausgestattet ist, ohne tatsächlich eingerichtet zu sein (BFH-Urteile vom 25. 7. 1980, BStBl. 1981 II S. 152, und vom 20. 6. 1985, BStBl. 1985 II S. 497).

Die Annahme einer Wohnung setzt voraus, daß sich in den zu einer Wohnung zusammengefaßten Räumen ein **Bad mit Wanne** oder **Dusche** sowie eine Toilette befinden müssen. Bei vor dem 1. 1. 1960 bezugsfertig gewordenen Wohngebäuden reicht es regelmäßig aus, wenn anstelle eines Bads mit Wanne oder Dusche eine **Toilette** und eine Waschgelegenheit vorhanden sind. Als Waschgelegenheit kann neben einer Einrichtung für die Ganzkörperpflege auch ein Handwaschbecken angesehen werden.

Grundsätzlich ist die Zusammenfassung von Räumen nur dann als selbständige Wohnung anzusehen, wenn die Räume gegenüber anderen Wohnungen oder Wohnräumen **baulich abgeschlossen** sind und einen **eigenen Zugang** haben. Sind die Räume aufgrund ihrer baulichen Gestaltung nicht als abgeschlossene Wohnung anzusehen, kommt es für die Annahme einer Wohnung auf die Lage der Räume zueinander, auf die Zweckbestimmung und die dieser Zweckbestimmung entsprechenden tatsächlichen Nutzungen an. Die zu einer Wohneinheit gehörenden Räume müssen daher zusammenhängend getrennt von den Räumen einer anderen Wohneinheit angeordnet sein (z. B. in einem einzelnen Geschoß), damit durch eine gewisse wahrnehmbare Abgrenzung überhaupt von zwei verschiedenen Wohneinheiten ausgegangen werden kann. An einer solchen Abgrenzung fehlt es, wenn die Räume nur über eine Treppe zu erreichen sind, die in einem Aufenthaltsraum einer anderen Wohnung beginnt oder durch einen solchen hindurchführt und nach ihrer architektonischen Gestaltung und Anordnung offensichtlich die einzelnen Räume miteinander verbinden soll. Sind die Räume jedoch wahrnehmbar abgegrenzt, so ist ein Zugang zu diesen Räumen durch Diele und Treppenbereich einer anderen Wohnung unschädlich, wenn die Räume der anderen Wohnung durch Türen gegenüber Diele, Flur oder Treppenbereich abgeschlossen sind.

Die zu einer Wohnung zusammengefaßten Räume müssen nach ihrer baulichen Gestaltung **während des ganzen Jahres bewohnbar** sein. Eine zeitlich begrenzte Nutzung (z. B. während der Sommermonate) reicht für die Anerkennung als Wohnung i. S. d. BewG nicht aus. Entscheidend ist vielmehr, daß die Räume zur Führung eines selbständigen Haushalts zu jeder Jahreszeit, insbesondere auch während der Wintermonate, geeignet sind. Bei Wochenendhäusern kann eine Dauerbewohnbarkeit regelmäßig nur dann angenommen werden, wenn

– Wasserversorgung,

– Abwasserbeseitigung,

– Strom- oder vergleichbare Energieversorgung,

– Beheizungsmöglichkeit und

– ausreichende Isolierung

vorhanden sind, die eine ganzjährige Benutzung des Gebäudes ermöglichen. Der Umstand, daß ein Wohnhaus in einem Wochenendhausgebiet belegen ist und aus diesem Grund nach der Baunutzungsverordnung nur zeitlich begrenzt, und zwar regelmäßig nur an Wochenenden und in den Ferien, bewohnt werden darf, hat für die Annahme einer Wohnung keine Bedeutung.

Werden hiernach die Anforderungen an eine Wohnung nicht erfüllt, ist das Wochenendhaus als sonstiges bebautes Grundstück zu bewerten.

Baurechtswidrig errichtete Räume können als Wohnung angesehen werden, wenn die betreffenden Räume zum dauernden Aufenthalt von Menschen geeignet sind, selbst wenn sie – wie z. B. die Räume eines Wochenendhauses – rechtlich nicht zum dauernden Aufenthalt bestimmt sind. Bei Räumen im Kellergeschoß ist es erforderlich, daß die betreffenden Räume durch Fenster ausreichend belichtet und entlüftbar sind (BFH-Urteil vom 24. 4. 1991, BStBl. 1991 II S. 683).

Die zu einer Wohnung zusammengefaßten Räume müssen **tatsächlich Wohnzwecken dienen**. Wird ein zu einer Wohneinheit gehörender Raum als häusliches Arbeitszimmer genutzt, so ist hierin noch keine Nutzung zu Wohnzwecken zu sehen (BFH-Urteil vom 9. 11. 1988, BStBl. 1989 II S. 135). Wohneinheiten, die entgegen ihrer eigentlichen Zweckbestimmung zu gewerblichen, freiberuflichen, öffentlichen oder sonstigen Zwecken genutzt werden, stellen keine Wohnungen im Sinne des Bewertungsrechts dar. Sie bleiben bei der Bestimmung der Anzahl der Wohnungen außer Betracht. Somit kann ein Wohngrundstück, in dem sich eine abgeschlossene Wohnung und eine freiberufliche Praxis befinden, vorbehaltlich der Tz. 2.5, als Einfamilienhaus bewertet werden.

2.4.2 Wohnungsbegriff bei Wohngrundstücken, die nach dem 31. 12. 1993 errichtet werden

Bei diesen Wohngrundstücken ist für die Annahme einer Wohnung erforderlich, daß die Zusammenfassung von Räumen eine von anderen Wohnungen oder Räumen, insbesondere Wohnräumen, baulich getrennte, in sich **abgeschlossene Wohneinheit** bildet. Es muß ein dauerhafter baulicher Abschluß vorhanden sein, der jedoch nicht in allen Belangen den Anforderungen an die Abgeschlossenheit nach den Regelungen zum Wohnungseigentumsgesetz oder nach den DIN-Vorschriften entsprechen muß (BFH-Urteil vom 4. 7. 1990, BStBl. 1991 II S. 131). Weiter muß ein **eigener Zugang** bestehen, der nicht durch einen anderen Wohnbereich führt. Diese Voraussetzung ist z. B. erfüllt, wenn ein eigener Zugang unmittelbar von außen vorhanden ist oder wenn jede Wohneinheit in dem Gebäude jeweils durch eine abschließbare Etagentür gegenüber dem gemeinsamen Treppenhaus oder Vorraum abgetrennt ist.

Die zu einer Wohneinheit zusammengefaßten Räume müssen über eine **Küche** verfügen. Dabei reicht es aus, wenn in dem als Küche vorgesehenen Raum die Anschlüsse für diejenigen Einrichtungs- und Ausstattungsgegenstände vorhanden sind, die für die Führung eines selbständigen Haushalts notwendig sind, insbesondere Stromanschluß für den Elektroherd bzw. Gasanschluß für den Gasherd, Kalt- und ggf. Warmwasserzuleitung und von den sanitären Räumen gesonderter Ausguß.

Weiter muß ein **Bad mit Wanne** oder **Dusche** und eine **Toilette** vorhanden sein; ein Waschbecken reicht nicht aus.

Anlage 129.8

Zu §§ 129–133 BewG

Für die weiteren Merkmale des Wohnungsbegriffs (Mindestwohnfläche, ganzjährige Nutzung, baurechtswidrig errichtete Räume und gewerbliche bzw. freiberufliche Nutzung) gilt Tz. 2.4.1 entsprechend.

2.4.3 Wohnungsbegriff bei Um- und Ausbauten

Wird ein Wohngrundstück, das vor dem 1. 1. 1994 errichtet worden ist, nach dem 31. 12. 1993 um- oder ausgebaut, so ist auf das gesamte Wohngrundstück der neue Wohnungsbegriff anzuwenden, wenn durch die Maßnahme Veränderungen an den bisher vorhandenen Wohnungen erfolgen, die sich auf den alten Wohnungsbegriff auswirken. Wird durch die Maßnahme lediglich eine zusätzliche Wohnung geschaffen, ohne daß die bereits vorhandenen Wohnungen hiervon berührt werden, so ist die neugeschaffene Wohnung, wenn sie nach dem 31. 12. 1993 fertiggestellt wird, nach dem neuen Wohnungsbegriff zu beurteilen. Für die vorhandenen Wohnungen bleibt dagegen der alte Wohnungsbegriff maßgebend.

Beispiel:

A ist Eigentümer eines Wohngrundstücks, das vor dem 1. 1. 1994 errichtet worden ist. Im Erdgeschoß dieses Wohngrundstücks befindet sich eine Wohneinheit, die über die zur Führung eines Haushalts notwendigen Räume verfügt. Im Laufe des Jahres 1994 wird das Dachgeschoß des Wohngrundstücks ausgebaut und dort eine abgeschlossene Wohneinheit mit den zu einer Haushaltsführung notwendigen Räumen geschaffen. Die Wohnung im Erdgeschoß ist gegenüber der Dachgeschoßwohnung nicht abgeschlossen.

Vor dem Ausbau ist das Wohngrundstück als Einfamilienhaus zu bewerten. Durch die Baumaßnahme in 1994 ist eine zweite Wohnung geschaffen worden, die die Voraussetzungen an den neuen Wohnungsbegriff erfüllt. Durch den Ausbau haben sich bei der bereits vorhandenen Erdgeschoßwohnung keine Veränderungen ergeben. Somit ist hier der alte Wohnungsbegriff anzuwenden. Das Wohngrundstück verfügt über zwei Wohnungen und ist daher ab dem 1. 1. 1995 als Mietwohngrundstück zu bewerten.

2.5 Gewerbliche oder freiberufliche Mitbenutzung

Wird ein Wohngrundstück zu gewerblichen (öffentlichen) oder freiberuflichen Zwecken mitbenutzt und wird dadurch die Eigenart als Einfamilienhaus nicht wesentlich beeinträchtigt, so ist das Grundstück der Grundstückshauptgruppe Einfamilienhäuser zuzuordnen.

Bei einer **gewerblichen Mitbenutzung** hängt die Frage der wesentlichen Beeinträchtigung von dem Umfang der gewerblichen Nutzung, dem äußeren Erscheinungsbild des Grundstücks und der inneren baulichen Gestaltung des Gebäudes ab. Hierbei nimmt das äußere Erscheinungsbild des Gebäudes gegenüber den anderen Abgrenzungskriterien eine Vorrangstellung ein. Daher kann eine Zuordnung zu den gemischtgenutzten Grundstücken auch bei einer gewerblichen Mitbenutzung von weniger als 50 v. H. in Betracht kommen, wenn es sich bei dem Grundstück nach dem äußeren Erscheinungsbild nicht um typisches Einfamilienhaus handelt.

Die **freiberufliche Mitbenutzung** beeinträchtigt regelmäßig die Eigenart des Grundstücks weniger stark als die Mitbenutzung zu gewerblichen Zwecken. Demzufolge wird eine freiberufliche Nutzung oder eine vergleichbare Nutzung dann der Zuordnung zu den Einfamilienhäusern entgegenstehen, wenn sie den Umfang der Nutzung zu Wohnzwecken erreicht oder übersteigt (BFH-Urteil vom 23. 9 1977, BStBl. 1978 II S. 188, und vom 9. 10. 1985, BStBl. 1986 II S. 172). Für die Bestimmung des Verhältnisses der Nutzung zu Wohnzwecken und der Mitbenutzung zu anderen Zwecken ist nicht auf das Verhältnis der Jahresrohmieten, sondern auf den Flächenanteil abzustellen. Zubehörräume (z. B. Kellerräume), die nach der II. Berechnungsverordnung nicht in der Wohnfläche enthalten sind, werden nur dann für die Bestimmung des räumlichen Umfangs der freiberuflichen Mitbenutzung berücksichtigt, wenn sich diese Mitbenutzung auch auf derartige Räume erstreckt (BFH-Urteil vom 9. 11. 1988, BStBl. 1989 II S. 135).

3 Ermittlung des Einheitswerts

3.1 Wirtschaftliche Einheit

Der Einheitswert für das Einfamilienhaus umfaßt den Grund und Boden einschließlich der Bestandteile (insbesondere Gebäude) und des Zubehörs (§ 50 Abs. 1 Satz 1 BewG-DDR). Bei der Bewertung im Sachwertverfahren nach Tz. 3.2 ist für das Zubehör kein besonderer Wert anzusetzen.

Zum **Grund und Boden** gehören die bebaute Fläche und die mit dem Gebäude im räumlichen Zusammenhang stehende umbaute Fläche, insbesondere Hofraum sowie Haus- und Vorgar-

Zu §§ 129–133 BewG **Anlage 129.8**

ten. Bei einer größeren unbebauten Fläche ist für die Beurteilung, was als wirtschaftliche Einheit gilt, die Verkehrsanschauung maßgebend. Dabei sind die örtliche Gewohnheit, die tatsächliche Übung, die Zweckbestimmung und die wirtschaftliche Zusammengehörigkeit der einzelnen Wirtschaftsgüter zu berücksichtigen (§ 2 Abs. 1 BewG).

Zu den im Einheitswert miterfaßten Bestandteilen des Grund und Bodens gehören auch Zäune, Pflasterungen, Wegbefestigungen, Plattenbeläge sowie Pflanzungen aller Art.

Wesentliche Bestandteile des Grund und Bodens sind auch das **Gebäude** und die mit dem Gebäude verbundenen **Anbauten** (z. B. Wintergärten und angebaute Schuppen). Im Einheitswert zu erfassen sind weiter die Nebengebäude, wenn sie auf dem zum Einfamilienhaus gehörenden Grundstück stehen (z. B. Garagen, Gartenhäuser und Waschküchen). Nebengebäude, die getrennt von dem Hauptgebäude, z. B. auf der anderen Straßenseite stehen, sind regelmäßig nicht in die wirtschaftliche Einheit „Einfamilienhaus" einzubeziehen.

3.2 Bewertung mit dem gemeinen Wert

Einfamilienhäuser sind mit dem gemeinen Wert zu bewerten (§ 52 Abs. 1 BewG-DDR i. V. m. § 33 Abs. 2 RBewDV). Bei Fortschreibungen und bei Nachfeststellungen der Einheitswerte sind der tatsächliche Zustand vom Fortschreibungs- oder Nachfeststellungszeitpunkt und die Wertverhältnisse vom 1. 1. 1935 zugrunde zu legen (§ 3a RBewDV). Die Bewertung erfolgt für Feststellungszeitpunkte ab dem 1. 1. 1991 **stets im Sachwertverfahren,** und zwar unter getrennter Ermittlung des Boden- und Gebäudewerts.

3.2.1 Bodenwert

Bei der Ermittlung des Bodenwerts (Wertverhältnisse vom 1. 1. 1935) ist im allgemeinen von durchschnittlichen Werten auszugehen, die sich für ein Gebiet, eine Straße oder einem Straßenabschnitt ohne Beachtung der Grundstücksgrenzen und ohne Rücksicht auf die besonderen Eigenschaften der einzelnen Grundstücke je m2 ergeben. Für diese Werte sind regelmäßig die Kaufpreissammlungen sowie die Richtpreise der ehemaligen Preisbehörden maßgebend. Aus den durchschnittlichen Werten ist dann der Bodenwert des betreffenden Einfamilienhausgrundstücks abzuleiten (z. B. unter Berücksichtigung der Besonderheiten hinsichtlich der Unterteilung in Vorder- und Hinterland, seiner Größe, seines Zuschnitts und seines Baugrunds).

Ermäßigungen wegen Lärmbelästigung (vgl. Tz. 3.2.2.3.1), Beeinträchtigungen durch Rauch, Staub und Gerüche (vgl. Tz. 3.2.2.3.2), Ermäßigungen wegen Grundstücksbelastungen (vgl. Tz. 3.2.2.3.3) und ggf. Ermäßigungen wegen Bergschäden und Bergschadensgefahren (vgl. Tz. 3.2.2.3.4) sind regelmäßig bei der Ermittlung des Bodenwerts im Ansatz des Quadratmeterpreises zu berücksichtigen. Abschläge wegen der Unterschutzstellung eines Gebäudes als Baudenkmal sollten als prozentualer Abschlag bei der Ermittlung des Bodenwerts ausgewiesen werden.

3.2.2 Gebäudewert

Der Gebäudenormalherstellungswert für das Gebäude errechnet sich aus den unter Tz. 3.2.2.1 aufgeführten durchschnittlichen Raummeterpreisen und dem nach Tz. 3.2.2.2 berechneten umbauten Raum. Der Gebäudenormalherstellungswert ist um Abschläge (vgl. Tz. 3.2.2.3) und um die Wertminderung wegen Alters (vgl. Tz. 3.2.2.4) zu korrigieren.

3.2.2.1 Durchschnittliche Raummeterpreise

Bei der Ermittlung des Gebäudenormalherstellungswerts sind folgende durchschnittliche Raummeterpreise zugrunde zu legen:

    I. Einfamilienhäuser in einfachster Bauausführung (ohne Bad, Ofenheizung, nur zum Teil unterkellert):   20 DM/m^3

   II. Einfamilienhäuser in üblicher Bauausführung (Bad, WC, Zentralheizung):   24 DM/m^3

  III. Einfamilienhäuser mit besonderer Ausstattung (Fassade aus Naturstein, Treppen aus Marmor oder Naturstein, Geländer kunstgeschmiedet oder geschnitzt, Massivtüren aus Eiche oder Edelholz, Isolier- oder Bleiverglasung, Räume mit Vertäfelung der Wände oder Decken, Parkett, Marmor- oder Veloursböden, je Wohnung mehr als zwei Bäder oder zusätzlich zu einem Bad mehrere Duschen, offener Kamin, Schwimmbecken sowie aufwendige Nebengebäude):   30 DM/m^3

Die Merkmale für die Umschreibung der Bauausführung sind beispielhaft genannt. Sie dienen nur als Anhaltspunkte; entscheidend ist der Gesamtcharakter des Grundstücks.

Anlage 129.8

Zu §§ 129–133 BewG

Gehören zu dem Einfamilienhaus Garagen mit einer bebauten Fläche bis zu 20 m², so kann aus Vereinfachungsgründen von folgenden Durchschnittspreisen ausgegangen werden:
- Garagen aus Fertigbauteilen (Leichtbauweise): 500 DM und
- Garagen in Massivbauweise: 700 DM.

Bei größeren Garagen ist der umbaute Raum zu ermitteln und ein Raummeterpreis von 15 DM/m³ bzw. 17 DM/m³ anzusetzen.

Die o. a. Raummeterpreise schließen den Teuerungszuschlag von 30 v. H. auf die Wertbasis vom 1. 1. 1914 ein und stellen somit die Wertansätze auf den 1. 1. 1935 dar.

3.2.2.2 Ermittlung des umbauten Raums

Bei der Ermittlung des umbauten Raums ist hinsichtlich der Länge und Breite von den Außenmaßen des Einfamilienhauses auszugehen. Bei der Bestimmung der Höhe ist zwischen unterkellerten und nicht unterkellerten Einfamilienhäusern zu unterscheiden.

Bei einem voll unterkellerten Einfamilienhaus bestimmt sich die Höhe von der Oberfläche des Kellerfußbodens bis zur Oberfläche des Dachfußbodens oder der Traufe.

Gebäude mit Keller, ohne Drempel
(Höhe bis zur Oberfläche des Dachfußbodens)

Gebäude mit Keller und mit Drempel
(Höhe bis zur Traufe)

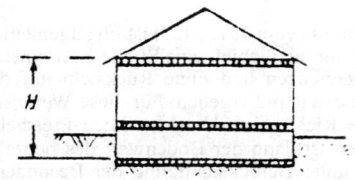

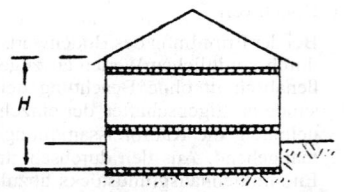

Die Höhe eines nicht unterkellerten Einfamilienhauses rechnet von der Oberfläche des Geländes bis zur Oberfläche des Dachfußbodens oder der Traufe.

Gebäude ohne Keller und ohne Drempel
(Höhe bis zur Oberfläche des Dachfußbodens)

Gebäude ohne Keller, mit Drempel
(Höhe bis zur Traufe)

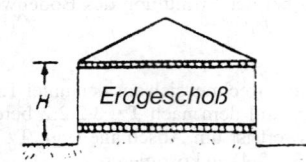

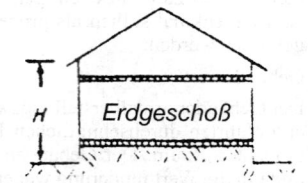

Ist ein Einfamilienhaus nur teilweise unterkellert, so ist der umbaute Raum des Kellers besonders – ggf. durch Schätzung – zu ermitteln und dem umbauten Raum des übrigen Gebäudes hinzuzurechnen.

Der umbaute Raum eines Dachgeschosses, dessen Fläche weniger als 50 v. H. ausgebaut ist, bleibt außer Ansatz. Ist das Dachgeschoß zu mindestens 50 v. H. seiner Fläche ausgebaut, so ist die maximale Innenhöhe der Dachgeschoßräume zur Hälfte der übrigen Gebäudehöhe hinzuzurechnen.

3.2.2.3 Abschläge vom Gebäudenormalherstellungswert

Eine Ermäßigung des Gebäudenormalherstellungswerts kann insbesondere wegen ungewöhnlich starker Beeinträchtigungen durch Lärm, Rauch oder Gerüche, wegen sonstiger Grundstücksbelastungen, wegen Bergschäden und Bergschadensgefahren und wegen behebbarer Baumängel oder Bauschäden in Betracht kommen.

3.2.2.3.1 Ermäßigung wegen Lärmbelästigung

Eine ungewöhnlich starke Beeinträchtigung durch Straßenverkehrslärm ist nur in besonders begründeten Fällen anzuerkennen.

Zu §§ 129–133 BewG **Anlage 129.8**

Ein Abschlag kann wegen ungewöhnlich starker Beeinträchtigung durch Gewerbelärm, z. B. durch die Nähe von gewerblichen Anlagen mit besonders starken Lärmemissionen, in Betracht kommen. Werden die Meßwerte nach der TA-Lärm vom 16. Juli 1968 (Beilage zum Bundesanzeiger Nr. 137 vom 27. Juli 1968) um mehr als 10 dB (A) überschritten, kann der Gebäudenormalherstellungswert ermäßigt werden bei einer Überschreitung

– bis 15 dB (A) um 8 v. H.

– mehr als 15 dB (A) um 10 v. H.

Liegt das Einfamilienhaus in der Einflugschneise eines Flugplatzes, kann dies zu einer ungewöhnlich starken Lärmbeeinträchtigung führen.

Der Lärm in unmittelbarer Nähe eines kleineren Verkehrsflugplatzes oder Sportflugplatzes stellt regelmäßig keine Beeinträchtigung von außergewöhnlicher Stärke dar, so daß bei der Einheitsbewertung kein Abschlag zu gewähren ist. Dagegen dürfte der Lärm in der Nähe eines größeren Verkehrs- oder Militärflugplatzes als ungewöhnlich starke Beeinträchtigung anzusehen sein. Bei Flugplätzen ohne An- und Abflug von Düsenflugzeugen kann ein Abschlag bis zu 5 v. H., bei Flugplätzen mit An- und Abflug von Düsenflugzeugen ein Abschlag bis zu 10 v. H. des Gebäudenormalherstellungswerts berücksichtigt werden.

3.2.2.3.2 Beeinträchtigungen durch Rauch, Staub und Gerüche

Beeinträchtigungen durch Rauch, Staub und Gerüche führen nur dann zu einer Ermäßigung des Gebäudenormalherstellungswerts, wenn sich die Quelle der Belästigung (z. B. eine Zementfabrik, Hochöfen oder Gießereien) in der Nähe des Grundstücks befindet. Wegen der Ermäßigung bei Grundstücken, die in der Nähe von Mülldeponien liegen, vgl. BFH-Urteil vom 12. Dezember 1990 (BStBl. 1991 II S. 196).

Die Höhe des Abschlags ist von den Verhältnissen im Einzelfall abhängig; regelmäßig wird bei ungewöhnlich starker Beeinträchtigung durch Gerüche ein Abschlag bis zu 5 v. H. des Gebäudenormalherstellungswerts als ausreichend angesehen werden können. Bei ungewöhnlich starken Beeinträchtigungen durch Rauch und Staub, vor allem in Industriegebieten, kann ein Abschlag bis zu 10 v. H. des Gebäudenormalherstellungswerts gewährt werden.

3.2.2.3.3 Ermäßigung wegen Grundstücksbelastungen

Grundstücksbelastungen, wie z.B. Grunddienstbarkeiten in Form des Wege-, Fenster- und Leitungsrechts, können zu einer Ermäßigung des Gebäudenormalherstellungswerts führen. Denkmalschutzrechtliche Belastungen können durch einen Abschlag vom nach Tz. 3.2.2.3 gekürzten Gebäudenormalherstellungswert berücksichtigt werden (Tz. 3.2.2.4).

3.2.2.3.4 Ermäßigung wegen Bergschäden und Bergschadensgefahren

Bei behebbaren Bergschäden ist ein nach dem Ausmaß des Schadens gestaffelter Abschlag vom Gebäudenormalherstellungswert zu gewähren, der bei erheblichen Schäden 15 v. H. und mehr, bei mittleren Schäden 5 v. H. bis 15 v. H. und bei leichten Schäden bis zu 5 v. H. betragen kann. Neben dem Abschlag wegen Bergschäden kann auch ein Abschlag wegen Schadensgefahren in Betracht kommen, deren Höhe sich nach der Art des Abbaus, des Ausmaßes der Bergschadenssicherungen und dem Bergschadensverzicht richtet.

Abschläge wegen nicht behebbarer Bergschäden sind wie Abschläge wegen nicht behebbarer Bauschäden nach Tz. 3.2.2.4 zu ermitteln.

3.2.2.3.5 Ermäßigung wegen behebbarer Baumängel oder Bauschäden

Bei Einfamilienhäusern kann der schlechte bauliche Zustand zu einer Ermäßigung des Gebäudenormalherstellungswerts führen. Der schlechte bauliche Zustand wird regelmäßig auf Baumängel (z. B. auf fehlerhafte oder mangelhafte Bauausführung, auf ungenügende Isolierung, auf Verwendung von schlechten, nicht auswechselbaren Baustoffen, auf schlechte Verarbeitung, auf Schäden von Bauteilen oder auf mangelnde statische Festigkeit) und auf Bauschäden (z. B. auf Wasser-, Erschütterungs-, Schlamm- oder Bergschäden oder auf einen aufgestauten erheblichen Reparaturbedarf) zurückzuführen sein.

Liegt ein behebbarer Baumangel oder Bauschaden vor, so ergibt sich die Höhe des Abschlags aus dem Schadensgrad und dem Wertanteil des schadhaften Bauteils am Gesamtwert des Gebäudes. Der Schadensgrad bestimmt sich nach dem Verhältnis des Werts des Schadens zum Gesamtwert des betreffenden Bauteils. Der Wertanteil des jeweiligen Bauteils ist der als Anlage beigefügten Wertanteilstabelle zu entnehmen. Der aus Schadensgrad und Wertanteil ermittelte Vomhundertsatz ist auf volle Zahlen aufzurunden. Bezugsgröße ist der Gebäudenormalherstellungswert.

Anlage 129.8

Zu §§ 129–133 BewG

Bei mehreren Baumängeln oder Bauschäden ergibt die Summe der unter Ansatz des Wertanteils und des Schadensgrads für jeden Bauteil ermittelten Schäden den gesamten Schaden am Gebäude. Der Vomhundertsatz für den Gesamtschaden ist ebenfalls auf volle Zahlen aufzurunden.

3.2.2.4 Alterswertminderung und Abschläge vom gekürzten Gebäudenormalherstellungswert

Der um die Abschläge nach Tz. 3.2.2.3 gekürzte Gebäudenormalherstellungswert ist wegen des Alters des Gebäudes im Hauptfeststellungszeitpunkt (1. Januar 1935) zu mindern. Maßgebend für die Alterswertminderung ist die gewöhnliche Lebensdauer des Gebäudes und dessen Alter zum 1. Januar 1935. Für nach dem 1. Januar 1935 errichtete Gebäude ist keine Alterswertminderung anzusetzen.

Für die Berechnung der Alterswertminderung ist vom 1. Januar des Jahres auszugehen, in dem das Gebäude bezugsfertig geworden ist. Es ist von einer gleichbleibenden jährlichen Wertminderung auszugehen. Als Lebensdauer sind bei Massivgebäuden 100 Jahre, bei Holzfachwerkgebäuden mit Ziegelsteinausmauerung 70 Jahre und bei Holzgebäuden und Holzfachwerkgebäuden mit Lehmausfachung oder mit Verschalung sowie bei Massivgebäuden aus großformatigen Betonplatten (Fertigteile) 60 Jahre zugrunde zu legen.

Anbauten teilen regelmäßig das Schicksal des Hauptgebäudes. Deshalb ist bei der Berechnung der Alterswertminderung für das gesamte Gebäude das Alter des Hauptgebäudes zugrunde zu legen. Ist jedoch anzunehmen, daß ein Erweiterungsbau nach Größe, Bauart und Nutzung eine andere Lebensdauer als das Hauptgebäude haben wird, so ist die Alterswertminderung jeweils getrennt zu berechnen. Für Aufstockungen ist die Alterswertminderung im allgemeinen nach dem Alter der untersten Geschosse zu bemessen. Dabei ist jedoch zu prüfen, ob durch die baulichen Maßnahmen die restliche Lebensdauer des Gebäudes verlängert worden ist.

Wird das Einfamilienhaus durch bauliche Maßnahmen durchgreifend erneuert oder verbessert und verlängert sich dadurch seine restliche Lebensdauer, so ist die Lebensdauer nicht nach dem tatsächlichen Alter des Gebäudes, sondern nach einem Baualter unter Berücksichtigung der verlängerten restlichen Lebensdauer zu bemessen.

Nicht behebbare Baumängel oder Bauschäden, die zu einer Verkürzung der Gesamtlebensdauer führen, sind durch einen Abschlag zu berücksichtigen. Bezugsgröße für diesen Abschlag ist der um die Abschläge nach Tz. 3.2.2.3 gekürzte Gebäudenormalherstellungswert. Der Abschlag ist wie folgt zu ermitteln:

$$\text{Abschlag in v. H.} = \frac{\text{Alter im Feststellungszeitpunkt}}{\text{Verkürzte Gesamtlebensdauer}} \times 100 \text{ v. H.}$$

Der sich ergebende Vomhundertsatz ist auf zwei Dezimalstellen aufzurunden.

Bei Gebäuden, die vor dem 1. Januar 1935 errichtet worden sind, ist die Alterswertminderung bei der Abschlagsberechnung berücksichtigt.

Bei Gebäuden oder selbständigen Gebäudeteilen unterschiedlichen Alters ist der Abschlag jeweils gesondert zu berechnen.

Der Wert, der nach Abzug der Alterswertminderung oder des an deren Stelle tretenden Abschlags wegen nicht behebbarer Baumängel oder Bauschäden verbleibt, darf grundsätzlich 40 v. H. des Gebäudenormalherstellungswerts nicht unterschreiten (Restwert). Die Notwendigkeit des baldigen Abbruchs ist ebenfalls durch einen Abschlag vom gekürzten Gebäudenormalherstellungswert (Tz. 3.2.2.3) zu berücksichtigen. Die Abschlagsberechnung erfolgt wie bei nicht behebbaren Baumängeln und Bauschäden, jedoch ohne Begrenzung auf einen Restwert. Der gekürzte Gebäudenormalherstellungswert bzw. Restwert kann außerdem wegen denkmalschutzrechtlicher Belastungen ermäßigt werden. Ohne Einzelnachweis kann ein Abschlag von 5 v.H. des gekürzten Gebäudenormalherstellungswerts bzw. Restwerts gewährt werden, wenn das gesamte Grundstück unter Denkmalschutz steht. Wird nachgewiesen oder zumindest glaubhaft gemacht, dass die denkmalschutzrechtlichen Beschränkungen im Fall einer Veräußerung den Verkaufspreis in ungewöhnlichem Maße mindern, so kann die Ermäßigung bis zu 10 v.H. betragen.

Liegen die Voraussetzungen für mehrere Abschläge vom gekürzten Gebäudenormalherstellungswert vor, ist – mit Ausnahme des Abschlages für denkmalschutzrechtliche Belastungen – nur der Abschlag zu gewähren, der zu dem niedrigsten Gebäudewert führt.

Zu §§ 129–133 BewG **Anlage 129.8**

3.2.2.5 Beispiele zur Abschlagsregelung
Beispiel 1:
Für ein Einfamilienhaus (Baujahr 1920) ist bei der Einheitsbewertung auf den 1. Januar 1991 unter Berücksichtigung wertmindernder Umstände (Fluglärm 5 v. H. und Denkmalschutz 10 v. H.) ein Bodenwert von 4 275 DM anzusetzen. Das eingeschossige Gebäude mit ausgebautem Dachgeschoß (Massivbau) hat einen umbauten Raum von 800 m³. Für das Einfamilienhaus ist bei üblicher Bauausführung ein Raummeterpreis von 24 DM/m³ zugrunde zu legen. Folgende Abschläge sind zu berücksichtigen:
– Bauschäden: Dach zu 50 v. H. beschädigt und Fenster in vollem Umfang unbrauchbar;
– Fluglärm: wegen Lage in der Einflugschneise 5 v. H. des Gebäudenormalherstellungswerts;
– Denkmalschutz: aufgrund Einzelnachweises 10 v. H. des gekürzten Gebäudenormalherstellungswerts.

Berechnung des Einheitswerts

a) Bodenwert   4 275 DM
b) Gebäudewert
Gebäudenormalherstellungswert 800 m³ x 24 DM/m³ =   19 200 DM
Abschläge vom Gebäudenormalherstellungswert wegen
– behebbarer Baumängel und Bauschäden

	Wertanteil in v. H.	Schadensgrad in v. H.	
Dach	17,8	50	8,9 v. H.
Fenster	3,7	100	3,7 v. H.
			12,6 v. H.
aufgerundet			13,0 v. H.
– Fluglärm			5,0 v. H.
			18,0 v. H.

18 v. H. von 19 200 DM =   – 3 456 DM
gekürzter Gebäudenormalherstellungswert   15 744 DM
Abschläge vom gekürzten Gebäudenormalherstellungswert wegen
– Alterswertminderung

$$\frac{\text{Alter am 1. Januar 1935} = 15 \text{ Jahre}}{\text{gewöhnliche Lebensdauer} = 100 \text{ Jahre}} \times 100 \text{ v. H.} = 15 \text{ v. H.}$$

15 v. H. von 15 744 DM =   – 2 362 DM
     12 044 DM

Die Abschläge für Bauschäden, Fluglärm und Alterswertminderung übersteigen nicht 60 v.H. des Gebäudenormalherstellungswerts (60 v.H. von 19200 DM = 11520 DM) und sind daher nicht zu begrenzen. Für den Abschlag wegen Denkmalschutz ist diese Grenze unbeachtlich.
– Denkmalschutz 10 v. H.   – 1 338 DM
     12 044 DM

c) Grundstückswert (4 275 DM + 12 044 DM)   16 319 DM
d) Einheitswert (abgerundet)   16 300 DM

Anlage 129.8

Zu §§ 129–133 BewG

Beispiel 2:
Sachverhalt wie Beispiel 1, jedoch sollen nicht behebbare Baumängel zu einer Verkürzung der gewöhnlichen Lebensdauer von 100 auf 90 Jahre führen.

Berechnung des Einheitswerts

a)	Bodenwert	4 275 DM
b)	Gebäudewert	
	Gebäudenormalherstellungswert (wie Beispiel 1)	19 200 DM
	Abschläge vom Gebäudenormalherstellungswert (wie Beispiel 1)	– 3 456 DM
	Gekürzter Gebäudenormalherstellungswert	15 744 DM

Anstelle der Alterswertminderung von 15 v. H. ist der Abschlag wegen nicht behebbarer Baumängel anzusetzen. Er berechnet sich wie folgt:

$$\frac{\text{Alter am 1. Januar 1991} = 71 \text{ Jahre}}{\text{Verkürzte Gesamtlebensdauer} = 90 \text{ Jahre}} \times 100 \text{ v. H.} = 78{,}88 \text{ v. H.}$$

78,88 v.H. von 15 744 DM = 12 419 DM

Der Abschlag wegen nicht behebbarer Baumängel ist zusammen mit den Abschlägen vom Gebäudenormalherstellungswert auf 60 v. H. des Gebäudenormalherstellungswerts (60 v.H. von 19 200 DM = 11 520 DM) zu begrenzen. Ein Abschlag wegen nicht behebbarer Baumängel kann somit nur in Höhe von 8 064 DM gewährt werden:

Höchstgrenze =	11 520 DM	
bereits berücksichtigte Abschläge vom Gebäudenormalherstellungswert	– 3 456 DM	
Abschlag wegen nicht behebbarer Baumängel	8 064 DM	– 8 064 DM
Differenz = Restwert (40 v. H. von 19 200 DM)		7 680 DM

Der Restwert kann noch durch den Abschlag wegen denkmalschutzrechtlicher Belastungen ermäßigt werden.

Abschlag wegen Denkmalschutz 10 v. H.		– 768 DM
		6 912 DM
c) Grundstückswert (4 275 DM + 6 912 DM)		11 187 DM
d) Einheitswert (abgerundet)		11 100 DM

Beispiel 3:
Sachverhalt wie Beispiel 1, jedoch ohne Denkmalschutz, der auch Auswirkungen auf den Bodenwert hat, und mit einer Abbruchverpflichtung für das Gebäude zum 31. Dezember 2010

Berechnung des Einheitswert

a)	Bodenwert (5 030 DM – 5 v. H. Lärm)	4 778 DM
d)	Gebäudewert	
	Gebäudenormalherstellungswert (wie Beispiel 1)	19 200 DM
	Abschläge vom Gebäudenormalherstellungswert (wie Beispiel 1)	– 3 456 DM
	gekürzter Gebäudenormalherstellungswert	15 744 DM

Anstelle der Alterswertminderung von 15 v. H. ist der Abschlag wegen Abbruchverpflichtung anzusetzen. Dieser ist nicht auf 60 v. H. des Gebäudenormalherstellungswerts begrenzt. Er berechnet sich wie folgt:

$$\frac{\text{Alter am 1. Januar 1991} = 71 \text{ Jahre}}{\text{Verkürzte Gesamtlebensdauer} = 90 \text{ Jahre}} \times 100 \text{ v. H.} = 78{,}88 \text{ v. H.}$$

78,88 v. H. von 15 744 DM		– 12 419 DM
		3 325 DM
c) Grundstückswert (4 778 DM + 3 325 DM)		8 103 DM
d) Einheitswert (abgerundet)		8 100 DM

3.2.3 Gemeiner Wert des Einfamilienhauses

Der Bodenwert (vgl. Tz. 3.2.1) und der Gebäudewert (vgl. Tz. 3.2.2) ergeben den gemeinen Wert des Einfamilienhauses, der abgerundet auf volle 100 DM nach unten den Einheitswert darstellt. Es sind keine Wertzahlen anzuwenden.

„Ein Abschlag wegen Belastung mit Gebäudeentschuldungsteuer kommt nicht in Betracht."

3.2.4 Fortschreibungen

Soweit der bisherige Einheitswert des Einfamilienhauses fortzuschreiben ist (z. B. nach An- und Umbauten sowie Erweiterungen), wird das gesamte Grundstück nach den o. a. Grundsätzen bewertet.

Anlage 129.8

Zu §§ 129–133 BewG

Anlage

Tabelle über die Wertigkeit einzelner Bauteile zum Gesamtbauwerk*)

	Anzahl der Vollgeschosse					
	1			2		
	ausgebautes Dachgeschoß		Flachdach	ausgebautes Dachgeschoß		Flachdach
	nein	ja		nein	ja	
Keller insgesamt	24,9	23,5	24,0	21,2	20,2	21,2
Mauerwerk	17,4	16,8	17,1	15,1	14,4	15,2
Erd- und Isolierarbeiten	2,5	2,5	2,6	2,2	2,2	2,2
Kellerboden	5,0	4,2	4,3	3,8	3,6	3,8
Decken insgesamt	14,0	13,1	15,8	13,6	13,1	15,9
Decke über Keller	5,3	4,5	4,6	4,1	3,9	4,2
übrige Decken	5,4	5,4	6,9	5,9	5,8	7,3
Deckenputz	3,3	3,2	4,3	3,6	3,5	4,4
Umfangswände insgesamt	10,3	10,0	13,0	11,2	11,0	14,0
Mauerwerk	8,6	8,3	10,8	9,3	9,2	11,7
Außenputzverkleidung	1,7	1,7	2,2	1,9	1,8	2,3
Innenwände unverputzt	10,7	11,0	6,0	11,8	12,0	7,4
Tragend	5,9	6,1	3,5	6,5	6,7	4,1
Nichttragend	4,8	4,9	2,7	5,3	5,3	3,5
Dach insgesamt	15,3	17,8	7,5	13,5	15,5	6,2
Dachstuhl	10,4	12,2	–	9,2	10,6	–
Dachhaut	3,9	4,5	6,5	3,5	3,9	4,9
Dachrinne / Rohre	1,0	1,1	1,5	0,8	1,0	1,3
Treppen insgesamt	2,2	2,0	3,4	3,1	2,9	4,2
Innerer Ausbau insgesamt	22,6	22,6	30,3	25,7	25,5	31,1
Wandputz	5,9	6,0	8,0	6,8	6,7	8,2
Bodenbelag	4,2	4,1	5,3	4,5	4,5	5,6
Installation	4,4	4,4	6,0	5,1	5,0	6,1
Fenster	3,7	3,7	5,0	4,2	4,2	5,1
Verglasung	1,1	1,1	1,5	1,3	1,2	1,5
Türen	3,3	3,3	4,5	3,8	3,7	4,6

*) Abgeleitet aus den „Richtlinien für die Wertanteile bei Geschoßwohnbauten" nach dem Erlaß des Ministers für Wiederaufbau im Lande Nordhein-Westfalen I A/225 vom 24.6.1948.

Zu §§ 129–133 BewG **Anlage 129.9**

Bewertung von Wochenendhäusern
Erlaß FinMin Thüringen vom 14. Dezember 1995
S 3106 b A – 2 – 201.5

1. **Umschreibung der Grundstücke**

   Wochenendhäuser sind vorwiegend für den Aufenthalt am Wochenende und in den Ferien zu Erholungs- und Freizeitzwecken genutzte Gebäude, die in als Sondergebiete (§ 10 Baunutzungsverordnung) ausgewiesenen Erholungsgebieten am Ortsrand oder außerhalb des Ortes liegen.

2. **Abgrenzung land- und forstwirtschaftliches Vermögen/Grundvermögen**

   Für die Abgrenzung „land- und forstwirtschaftliches Vermögen/Grundvermögen" ist der Gesamteindruck eines Grundstücks entscheidend.

   Nachstehende Merkmale stehen z. B. für eine Zuordnung der Grundstücke zum Grundvermögen:
   - Vorhandensein von Gebäuden
   - Einfriedung des Grundstücks
   - gepflegte Rasenflächen bepflanzt mit Koniferen und Ziersträuchern, angelegte Blumenrabatten
   - Wegbefestigungen und Wegeinfassungen
   - Terrasse, Platzbefestigung für Sitzgruppe, Grillplatz
   - Kinderspieleinrichtungen (Sandkasten, Schaukel).

3. **Abgrenzung zur Grundstückshauptgruppe Einfamilienhaus**

   Wochenendhausgrundstücke sind grundsätzlich der Grundstückshauptgruppe sonstige bebaute Grundstücke (§ 32 Abs. 1 Nr. 5 RBewDV) zuzuordnen. In einem Sondergebiet i. S. der Tz. 1 des Erlasses belegene Gebäude, die eine Wohnung enthalten und während des ganzen Jahres bewohnbar sind, sind der Grundstückshauptgruppe Einfamilienhaus zuzurechnen. Hinsichtlich des Wohnungsbegriffs wird auf Tz. 2.4.1 bis 2.4.3 des gleichlautenden Erlasses zur Bewertung von Einfamilienhäusern verwiesen. Bei der Ermittlung des Gebäudenormalherstellungswertes ist Tz. 3.2.2.1 des o. a. Erlasses anzuwenden. Der Umstand, daß dieses Gebäude in einem im Bebauungsplan ausgewiesenem Wochenendgebiet (Sondergebiet) liegt und somit baurechtlich nicht ständig bewohnt werden darf, steht der Zurechnung als Einfamilienhaus nicht entgegen.

4. **Ermittlung des Einheitswerts**

   4.1 Wirtschaftliche Einheit

   Der Einheitswert für das Wochenendhaus umfaßt den Grund und Boden einschließlich der Bestandteile (insbesondere Gebäude) und das Zubehör (§ 50 Abs. 1 Satz 1 Bew-DRR).

   Zum Grund und Boden gehören die bebaute Fläche und die mit dem Gebäude in räumlichem Zusammenhang stehende unbebaute Fläche. Im Einheitswert des Grund und Bodens mit erfaßte Bestandteile sind Zäune, Pflasterungen, Wegbefestigungen, Plattenbeläge sowie Pflanzungen aller Art. Wesentliche Bestandteile des Grund und Bodens sind das Gebäude und die mit dem Gebäude verbundenen Anbauten. Nebengebäude, die auf dem Grundstück stehen (z. B. Garagen), sind in den Einheitswert mit einzubeziehen.

   Steht das **Gebäude auf fremdem Grund und Boden** (§ 50 Abs. 3 BewG-DDR), so bildet das Gebäude eine selbständige wirtschaftliche Einheit des Grundvermögens und ist als bebautes Grundstück anzusehen.

   Der Grund und Boden ist eine weitere wirtschaftliche Einheit des Grundvermögens und ist als **unbebautes Grundstück** (§ 53 BewG-DDR) zu bewerten.

   4.2 Bewertung mit dem gemeinen Wert

   Wochenendhäuser sind mit dem gemeinen Wert zu bewerten (§ 52 Abs. 1 BewG-DDR i. V. m. § 33 Abs. 2 RBewDV). Die Bewertung erfolgt für Feststellungszeitpunkte ab dem 01. 01. 1991 im Sachwertverfahren unter getrennter Ermittlung des Boden- und Gebäudewerts nach Wertverhältnissen 01. 01. 1935 (§ 3 a RBewDV).

   4.2.1 Bodenwert

   Bei der Ermittlung des Bodenwerts ist von den durchschnittlichen Werten auszugehen, die Lage, z. B. außerhalb des Ortes, ist zu beachten und wertmäßig zu berücksichtigen.

Anlage 129.9   Zu §§ 129–133 BewG

4.2.2 Gebäudewert

Die bauliche Beschaffenheit des Gebäudes ist ausschlaggebend für den der Berechnung des Gebäudenormalherstellungswertes zugrunde zu legenden Raummeterpreis.

Wochenendhäuser in einfachster Bauausführung und Ausstattung sind in Anlehnung an die Richtlinie zur Vereinfachung des Bewertungsverfahrens vom 3. 10. 1975 mit einem Raummeterpreis von 17,– DM/m^3 zu bewerten. Liegt eine bessere, dem Einfamilienhaus vergleichbare Ausstattung (Bad, WC, Heizung) vor, so ist ein Raummeterpreis von 20,– DM/m^3 anzusetzen. Bei Unterkellerungen ist der umbaute Raum in die Gesamtermittlung mit einzubeziehen und mit dem gleichen Raummeterpreis wie für das aufstehende Gebäude anzusetzen. Unterkellerungen, die lediglich einen PKW-Abstellplatz enthalten, sind mit einem Raummeterpreis von 17,– DM/m^3 zu bewerten. Für zu den Wochenendhäusern gehörende Nebengebäude oder Überdachungen, sind die Werte für Schuppen und Überdachungen gemäß Tz. 4.2.2.3 des gleichlautenden Erlasses zur Bewertung von Gewerbegrundstücken anzuwenden.

4.2.3 Garagen

Gehören zu dem Wochenendhaus Garagen mit einer bebauten Fläche bis zu 20 m^2, so kann aus Vereinfachungsgründen von folgenden Durchschnittspreisen ausgegangen werden:

– Garagen aus Fertigbauteilen (Leichtbauweise)   500 DM und
– Garagen in Massivbauweise   700 DM

Bei größeren Garagen ist der umbaute Raum zu ermitteln und ein Raummeterpreis von 15 DM/m^3 bzw. 17 DM/m^3 anzusetzen.

4.2.4 Ermittlung des umbauten Raumes

Der umbaute Raum ist entsprechend Tz. 3.2.2.2 des Einfamilienhauserlasses zu berechnen. Sind Wochenendhäuser als Finnhütte gebaut, so ist der umbaute Raum wie folgt zu ermitteln:

Finnhütte mit Keller und nicht ausgebautem Spitzgiebel

Finnhütte ohne Keller aufgeständert mit ausgebautem Dachraum

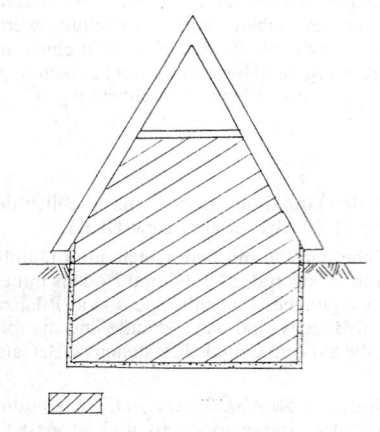

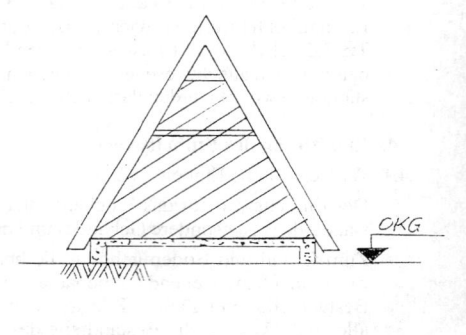

anzurechnender umbauter Raum   auf Stützen oder Fundamentsockel

4.3 Gemeiner Wert des Wochenendhauses

Der Bodenwert (vgl. 4.2.1) und der/die Gebäudewerte (vgl. Tz. 4.2.2 bis 4.2.3) ergeben den gemeinen Wert des Wochenendhauses, der abgerundet auf volle 100 DM nach unten den Einheitswert darstellt.

Abgrenzung der wirtschaftlichen Einheit bei Einfamilienhäusern mit räumlich getrennt liegenden Garagengrundstücken

Gleichlautende Erlasse der obersten Finanzbehörden der Länder Berlin, Brandenburg, Mecklenburg-Vorpommern, Sachsen, Sachsen-Anhalt und Thüringen

vom 23. November 1992

(BStBl. I S. 724)

In den Einheitswert für ein Einfamilienhaus kann eine getrennt liegende Garage nur einbezogen werden, wenn die räumliche Trennung von Einfamilienhaus und Garage so gering ist, daß die Verkehrsauffassung (§ 2 BewG) beide Gebäude als wirtschaftliche Einheit ansieht.

Bei Reihenhaussiedlungen grenzen häufig das einzelne Reihenhaus und die dazugehörende Garage des gleichen Eigentümers nicht unmittelbar aneinander. Dennoch sind beide Gebäude, wenn sie in geringer räumlicher Entfernung zueinander liegen, regelmäßig als eine wirtschaftliche Einheit anzusehen. Dies ist z. B. der Fall, wenn die zu einer Gruppe von Reihenhäusern gehörenden Garagen an das letzte Reihenhaus angrenzen. Die räumliche Trennung steht der Annahme einer wirtschaftlichen Einheit des jeweiligen Reihenhauses und der zu ihm gehörenden Garage nicht entgegen. Dies gilt auch, wenn die Reihenhäuser und die dazugehörenden Garagen lediglich durch einen öffentlichen Weg oder eine Anliegerstraße voneinander getrennt sind. Dagegen können beide Grundstücke nicht zu einer wirtschaftlichen Einheit zusammengefaßt werden, wenn der Reihenhauskomplex und das Garagengrundstück durch eine öffentliche Straße getrennt werden, die dem Durchgangsverkehr dient.

Anlage 129.11   Zu §§ 129–133 BewG

Bewertung besonderer Außenanlagen bei Einfamilienhäusern
Erlaß FinMin Brandenburg vom 5. Juli 1996
– 32 – S 3219 h – 1/96

Für die Bewertung besonderer Außenanlagen (Schwimmbecken im Freien, Tennisplätze) gilt folgendes:
- Bei Einfamilienhäusern sind durch den Ansatz des Bodenwerts nur die üblichen Außenanlagen abgegolten. Besondere Außenanlagen sind zusätzlich zum Bodenwert zu erfassen. Als besondere Außenanlagen kommen z. B. Außenschwimmbecken von bestimmter Größe sowie Tennisplätze in Betracht.
- Als außergewöhnlich sollen nur Schwimmbecken im Freien mit einer Wasserfläche des Schwimmbeckens von mindestens 40 m²>angesehen werden (in Anlehnung an den Erlaß des FinMin NRW vom 25. 4. 1988 zur Bewertung von Ein- und Zweifamilienhäusern im Sachwertverfahren. Kleinere Schwimmbecken sind als üblich anzusehen und durch den Ansatz des Bodenwerts mit erfaßt.
- Aus Vereinfachungsgründen soll für größere Schwimmbecken im Freien, unabhängig von der Ausführung, ein Durchschnittswert von 60 DM je m² Wasserfläche angesetzt werden. Dieser Durchschnittswert ist aus dem Preisrahmen der Anlage 17 zu Abschn. 45 BewRGr durch Rückrechnung abgeleitet worden. Eine solche Rückrechnung ist bei Flächenwerten statthaft, da hier die Frage der Anwendung der DIN-Vorschriften keine Bedeutung hat.
- Für Tennisplätze ist ebenfalls ein Durchschnittswert anzusetzen, und zwar 2600 DM je Spielfeld. Auch dieser Durchschnittswert wurde aus den zur Einheitsbewertung 1964 ermittelten Werten abgeleitet.

Dieser Erlaß ist im Einvernehmen mit den obersten Finanzbehörden des Bundes und der übrigen Länder ergangen.

Zu §§ 129–133 BewG   **Anlage 129.12**

Bewertung von Mietwohngrundstücken und gemischtgenutzten Grundstücken im Beitrittsgebiet ab 1. Januar 1991
Gleichlautende Erlasse der obersten Finanzbehörden der Länder Berlin, Brandenburg, Mecklenburg-Vorpommern, Sachsen, Sachsen-Anhalt und Thüringen
vom 19. Januar 1993

(BStBl. I S. 173)

1 Geltungsbereich

Dieser Erlaß gilt für die Bewertung von Mietwohngrundstücken und gemischtgenutzten Grundstücken im Beitrittsgebiet. Zum Beitrittsgebiet gehören die Länder Brandenburg, Mecklenburg-Vorpommern, Sachsen, Sachsen-Anhalt und Thüringen und der Teil des Landes Berlin, in dem das Grundgesetz vor dem Wirksamwerden des Beitritts nicht gegolten hat.

2 Umschreibung der Grundstückshauptgruppen, Mietwohngrundstücke und gemischtgenutzte Grundstücke

2.1 Mietwohngrundstücke

Mietwohngrundstücke sind Grundstücke, die zu mehr als 80 v. H. Wohnzwecken dienen, mit Ausnahme der Einfamilienhäuser (§ 32 Abs. 1 Nr. 1 RBewDV). Maßgebend ist die tatsächliche Nutzung des Gebäudes im Feststellungszeitpunkt. Ist ein bebautes Grundstück, das kein Einfamilienhaus ist, im Feststellungszeitpunkt insgesamt zu Wohnzwecken vermietet, so ist es stets der Grundstückshauptgruppe Mietwohngrundstück zuzurechnen. Wird ein Gebäude zu eigenen oder fremden gewerblichen Zwecken oder zu öffentlichen Zwecken mitbenutzt, kommt es für die Frage, ob das Gebäude zu mehr als 80 v. H. Wohnzwecken dient, auf das Verhältnis der Jahresrohmiete an (§ 32 Abs. 2 RBewDV). Zu diesem Zweck muß das Gesamtentgelt in die Jahresrohmiete für Wohnräume einerseits und in die Jahresrohmiete für gewerblichen oder öffentlichen Zwecken dienende Räume andererseits aufgeteilt werden. Zu dem Wohnzwecken dienenden Gebäudeteil rechnen die zu Wohnzwecken überlassenen und selbewg.nutzten Räume sowie die dazugehörenden Zubehörräume, insbesondere Garagen. Wohnräume, die gleichzeitig gewerblich oder beruflich mitbenutzt werden, gehören zu dem Wohnzwecken dienenden Gebäudeteil. Gewerblichen Zwecken dient ein Gebäudeteil, wenn er zu eigenen oder fremden gewerblichen Zwecken oder für einen wirtschaftlichen Geschäftsbetrieb verwendet wird (z. B. Werkstätten, Verkaufsläden, Büroräume). Dem Gewerbebetrieb steht die Ausübung eines freien Berufs gleich (§ 96 BewG). Werden einzelne Räume innerhalb einer Wohnung ausschließlich gewerblich oder freiberuflich genutzt, wie z. B. das Arbeitszimmer eines Rechtsanwalts, Notars oder Steuerberaters, sind diese Räume dem gewerblichen Zwecken dienenden Gebäudeteil zuzurechnen. Öffentlichen Zwecken dienen vor allem Grundstücke, auf denen sich Dienstgebäude der öffentlichen Verwaltung befinden. Ist ein solches Grundstück insgesamt steuerpflichtig, ist bei seiner Einordnung in eine Grundstückshauptgruppe und bei seiner Bewertung auch der öffentlichen Zwecken dienende Teil zu erfassen. Ist es dagegen von der Grundsteuer und von den anderen einheitswertabhängigen Steuern teilweise befreit, bleibt der steuerbefreite Teil bei der Entscheidung, welcher Grundstückshauptgruppe das Grundstück zuzurechnen ist, außer Betracht. Dienstwohnungen und andere Wohnungen in einem sonst wegen Steuerfreiheit nicht zu bewertenden Dienstgebäude sind ohne Rücksicht auf ihre Anzahl wie ein Mietwohngrundstück zu behandeln.

Wegen der Abgrenzung zu den Einfamilienhäusern im Beitrittsgebiet vgl. gleichlautende Erlasse vom 6. November 1991, BStBl. I S. 968.

2.2 Gemischtgenutzte Grundstücke

Als gemischtgenutzte Grundstücke gelten solche Grundstücke, die teils Wohnzwecken und teils unmittelbar eigenen oder fremden gewerblichen oder öffentlichen Zwecken dienen, wobei die Nutzung zu Wohnzwecken mindestens 20 v. H. betragen muß und nicht mehr als 80 v. H. betragen darf. Darüber hinaus darf das Grundstück nicht als Einfamilienhaus anzusehen sein (§ 32 Abs. 1 Nr. 3 RBewDV). Der jeweilige Nutzungsanteil bestimmt sich auch hier nach dem Verhältnis der Jahresrohmiete (§ 32 Abs. 2 RBewDV, vgl. Tz. 2.1).

3 Wirtschaftliche Einheit

Der Einheitswert für Mietwohngrundstücke und für gemischtgenutzte Grundstücke umfaßt den Grund und Boden, das Gebäude, die Außenanlagen und das Zubehör (Grundstückswert: § 50 Abs. 1 Satz 1 BewG-DDR). Nebengebäude, insbesondere Garagen, die durch eine Straße getrennt

Anlage 129.12 — Zu §§ 129–133 BewG

von dem Hauptgebäude auf einem anderen Grundstück stehen, sind nach der Verkehrsauffassung regelmäßig als gesonderte wirtschaftliche Einheit anzusehen.

4 Ermittlung des Einheitswerts

Mietwohngrundstücke und gemischtgenutzte Grundstücke sind mit einem Vielfachen der Jahresrohmiete zu bewerten (§ 33 RBewDV). Für die Bewertung kommt es auf die tatsächlichen Verhältnisse vom Fortschreibungs- und Nachfeststellungszeitpunkt an. Für die Wertermittlung sind dagegen im Fall der Fortschreibung oder Nachfeststellung die Wertverhältnisse vom 1. Januar 1935 maßgebend (§ 3a RBewDV).

4.1 Jahresrohmiete

4.1.1 Ansatz der zum 1. Januar 1935 tatsächlich zu zahlenden Miete

Bei Mietwohngrundstücken und gemischtgenutzten Grundstücken, die im Hauptfeststellungszeitpunkt bereits bezugsfertig waren, ist als Jahresrohmiete die nach dem Stand vom 1. Januar 1935 tatsächlich zu zahlende Miete, umgerechnet auf ein Jahr, anzusetzen (§ 34 Abs. 1 RBewDV). Zur Jahresrohmiete rechnen neben der eigentlichen Miete alle Umlagen und sonstigen Leistungen, die der Mieter für die Überlassung der gemieteten Räume zahlt (z. B. umgelegte Grundsteuer, Kosten der Müllabfuhr, Straßenreinigungskosten sowie Kosten der Treppen- und Flurbeleuchtung).

Das Entgelt für die Überlassung von Maschinen und Betriebsvorrichtungen ist aus der Jahresrohmiete auszuscheiden. Ist z. B. in einem gemischtgenutzten Grundstück ein Laden mit Einrichtung oder eine Gastwirtschaft mit Inventar gegen Zahlung eines Gesamtentgelts vermietet, müssen bei Feststellung der Jahresrohmiete die in der Gesamtmiete enthaltenen Beträge für die Überlassung der Betriebsvorrichtungen abgezogen werden. Die Kosten der Heizstoffe für Sammelheizung und Warmwasserversorgung sowie die eigentlichen Betriebskosten für den Fahrstuhl (Stromgebühren, Zählermiete und Kosten für die Fahrstuhlwartung) rechnen ebenfalls nicht zur Jahresrohmiete (§ 34 Abs. 2 RBewDV). Weitere in der Jahresrohmiete enthaltenen Beträge sind nicht auszuscheiden.

Vergütungen für außergewöhnliche Nebenleistungen des Vermieters, die nicht die Raumnutzung betreffen, aber neben der Raumnutzung aufgrund des Mietvertrags gewährt werden, z. B. für die Bereitstellung von Wasserkraft, Dampfkraft, Preßluft und Kraftstrom, sowie die Vergütungen für Nebenleistungen, die zwar die Raumnutzung betreffen, aber nur einzelnen Mietern zugute kommen (z. B. Vergütungen für Spiegelglasversicherungen), bleiben bei der Ermittlung der Jahresrohmiete außer Ansatz (§ 34 Abs. 2 RBewDV). Diese Aufzählung ist nur beispielhaft, so daß im Einzelfall auch noch weitere Beträge aus der Jahresrohmiete auszuscheiden sind.

Die Jahresrohmiete ist in den Fällen, in denen der Vermieter infolge einer zugunsten des Mieters bewilligten Ermäßigung der Gebäudeentschuldungsteuer eine Kürzung der Miete gewähren mußte, mit dem ungekürzten Betrag anzusetzen (§ 34 Abs. 3 RBewDV).

Bei Grundstücken mit Gebäuden, die nach dem 31. Dezember 1934 und vor dem 21. Juni 1948 bezugsfertig wurden, bewirkte der Mietpreisstop, daß bei der Bewertung ebenfalls von der tatsächlich vereinbarten Miete – nämlich derjenigen im Nachfeststellungszeitpunkt – ausgegangen wurde.

4.1.2 Ansatz der üblichen Miete

An die Stelle der tatsächlichen Jahresrohmiete tritt die übliche Miete, wenn entweder keine Miete zu zahlen ist oder die zu zahlende Miete wegen persönlicher oder wirtschaftlicher Beziehungen oder mit Rücksicht auf ein Arbeits- oder Dienstverhältnis um mehr als 20 v. H. von der üblichen Miete abweicht. Die übliche Miete ist unter Berücksichtigung der Jahresrohmieten zu schätzen, die für Räume gleicher oder ähnlicher Art und Lage regelmäßig gezahlt werden (§ 34 Abs. 4 Satz 2 RBewDV).

4.1.3 Ansatz der preisrechtlich zulässigen Miete

Bei Mietwohngrundstücken und gemischtgenutzten Grundstücken, die nach dem 20. Juni 1948 bezugsfertig geworden sind (Nachkriegsbauten), ist als Jahresrohmiete für Wohnräume die ab Bezugsfertigkeit preisrechtlich zulässige Miete anzusetzen (§ 130 Abs. 2 Satz 1 BewG).

Das Mietpreisrecht der ehemaligen Deutschen Demokratischen Republik ist für alle Wohnungen wirksam geworden, die vor dem 3. Oktober 1990 bezugsfertig geworden sind; für nach dem 2. Oktober 1990 bezugsfertig gewordene Wohnungen gilt das Miethöhegesetz mit seinem Vergleichsmieten-System und bei Förderung mit öffentlichen Mitteln die Kostenmiete nach dem II. Wohnungbaugesetz (§ 11 des Miethöhegesetzes und § 116a des II. Wohnungsbaugesetzes –

jeweils in der Fassung nach Anlage I Kapitel XIV Abschn. II Nr. 7 und 5 des Einigungsvertrages). Für vor dem 3. Oktober 1990 bezugsfertig gewordene Wohnungen beruht daher die ab Bezugsfertigkeit vom Mieter zu zahlende Miete noch auf dem Mietpreisrecht. Diese Miete ist preisrechtlich weiterhin als Ausgangsgröße maßgebend; sie wurde ab 1. Oktober 1991 durch die Erste Grundmietenverordnung vom 17. Juni 1991 (BGBl. I S. 1269) und durch Umlage der Betriebskosten (Verordnung vom 17. Juni 1991, BGBl. I S. 1270) erhöht; weitere Erhöhungen der Ausgangsmiete sieht die Zweite Grundmietenverordnung vom 27. Juli 1992 (BGBl. I S. 1416) vor: Zur Bestimmung der als Jahresrohmiete maßgebenden preisrechtlich zulässigen Miete kann daher bei Wohnungen, die vor dem 3. Oktober 1990 bezugsfertig geworden sind, in der Regel die vor dem 1. Oktober 1991 tatsächlich gezahlte Miete angesetzt werden, nachdem zuvor insbesondere die Kosten der Heizstoffe für Sammelheizung und Warmwasserversorgung sowie die eigentlichen Betriebskosten für den Fahrstuhl ausgeschieden wurden.

Der hiernach für die Abgrenzung des noch preisgebundenen Wohnraums maßgebende 2. Oktober 1990 tritt somit an Stelle des in § 130 Abs. 2 Satz 2 BewG genannten 30. Juni 1990.

Bei Wohnungen, die nach dem 2. Oktober 1990 bezugsfertig geworden sind oder noch werden und die daher nicht mehr preisgebunden sind, ist als Jahresrohmiete vom 1. Januar 1935 die Miete maßgebend, die nach Aussonderung der nicht zur Jahresrohmiete gehörenden Bestandteile als preisrechtlich zulässige Miete zu zahlen wäre, wenn das am 2. Oktober 1990 geltende Mietpreisrecht unverändert fortbestünde.

4.1.4 Miete für Nachkriegsbauten bei gewerblicher Nutzung

§ 130 Abs. 2 BewG gilt nur für Wohnraum. Für Räume, die zu anderen Zwecken, insbesondere zu gewerblichen, freiberuflichen oder öffentlichen Zwecken benutzt werden, ist die Jahresrohmiete vom 1. Januar 1935 zugrunde zu legen (vgl. die allgemeinen Grundsätze zur Jahresrohmiete unter Tz. 4.1.1).

4.2 Vervielfältiger

Auf die Jahresrohmiete für Grundstücke mit Gebäuden, die vor dem 21. Juni 1948 bezugsfertig geworden sind, sind die von den Präsidenten der Landesfinanzämter in den Rechtsverordnungen vom 17. Dezember 1934 (Reichsministerialblatt S. 785 ff.) für Mietwohngrundstücke und gemischtgenutzte Grundstücke angegebenen Vervielfältiger anzuwenden. Für Nachkriegs-bauten ist ein einheitlicher Vervielfältiger von 9 zugrunde zu legen (§ 130 Abs. 3 BewG).

4.3 Ansatz der Jahresrohmiete und der Vervielfältiger bei Wertfortschreibungen bei Bezugsfertigkeit vor dem 21. Juni 1948

Sind auf den 1. Januar 1991 oder auf einen späteren Feststellungszeitpunkt bei Mietwohngrundstücken oder gemischtgenutzten Grundstücken, die vor dem 21. Juni 1948 bezugsfertig geworden sind, Wertfortschreibungen ausschließlich zur Berücksichtigung von Abschlägen (vgl. Tz. 4.5) durchzuführen, so sind die bisherigen Ansätze für Jahresrohmiete und Vervielfältiger bei der Ermittlung des Einheitswerts im Fortschreibungszeitpunkt zu übernehmen.

In allen anderen Fällen ist bei Wertfortschreibungen ab dem 1. Januar 1991 hinsichtlich der Jahresrohmiete und des maßgebenden Vervielfältigers wie folgt zu verfahren:

– Bei einem einheitlichen Baukörper, dessen Einheitswert wegen tatsächlicher Änderungen fortzuschreiben ist, erfolgt die Bewertung für das gesamte Grundstück unter Ansatz der preisrechtlich zulässigen Miete und des für den freifinanzierten Wohnungsbau maßgebenden Vervielfältigers, unabhängig davon, ob Abschläge zu berücksichtigen sind oder nicht. Entsprechend ist zu verfahren, wenn ein Teil des Gebäudes abgebrochen worden ist und aus diesem Grund eine Wertfortschreibung durchzuführen ist.

– Sind auf einem Mietwohngrundstück oder auf einem gemischtgenutzten Grundstück zusätzlich zu dem vorhandenen Gebäude selbständige An- oder Erweiterungsbauten errichtet worden, ist bei einer Wertfortschreibung wegen dieser Baumaßnahmen bei der Ermittlung des Werts für das vorhandene Gebäude die bisher angesetzte Jahresrohmiete und der bisher maßgebende Vervielfältiger zugrunde zu legen, wenn das vorhandene Gebäude von den tatsächlichen Änderungen nicht berührt wird. Für die neugeschaffenen Gebäude oder Gebäudeteile sind dagegen die nach den Verhältnissen vom Fortschreibungszeitpunkt maßgebende Miete und der dazugehörende Vervielfältiger anzusetzen.

4.4 Ansatz der Jahresrohmiete und des Vervielfältigers bei Feststellungen bei Bezugsfertigkeit nach dem 20. Juni 1948

Ist der Einheitswert für Mietwohngrundstücke oder für gemischtgenutzte Grundstücke, die nach dem 20. Juni 1948 bezugsfertig geworden sind, auf den 1. Januar 1991 oder auf einen späteren

Anlage 129.12 Zu §§ 129–133 BewG

Zeitpunkt festzustellen, ist die nach Tz. 4.1.3 anzusetzende Jahresrohmiete mit dem Vervielfältiger 9 zu vervielfachen und ggf. nach Tz. 4.5 zu ermäßigen bzw. nach Tz. 4.6 zu erhöhen.

4.5 Ermäßigungen

Der Wert des Grundstücks, der sich aus dem Vielfachen der Jahresrohmiete ergibt, ist insbesondere wegen ungewöhnlich starker Beeinträchtigungen durch Lärm, Rauch oder Gerüche, wegen der ungünstigen Lage eines Grundstücks, wegen sonstiger Grundstücksbelastungen, wegen behebbarer und nicht behebbarer Baumängel oder Bauschäden, wegen Bergschäden und Bergschadensgefahren und wegen der Notwendigkeit des baldigen Abbruchs zu ermäßigen (§ 37 Abs. 1 RBewDV). Eine Ermäßigung kommt nur in Betracht, wenn sich der Ermäßigungsgrund noch nicht in der Jahresrohmiete oder in dem Vervielfältiger ausgewirkt hat (§ 37 Abs. 4 RBewDV).

Die Ermäßigung darf grundsätzlich 30 v. H. des Vielfachen der Jahresrohmiete nicht übersteigen. Ist eine Ermäßigung wegen des baulichen Zustands des Gebäudes, insbesondere wegen Baumängel oder Bauschäden (vgl. Tz. 4.5.4) zu gewähren, ist für alle Abschläge nach Tz. 4.5.1 bis 4.5.5 in Höchstsatz von 50 v. H. zugrunde zu legen. Liegt zugleich eine Werterhöhung (vgl. Tz. 4.6) vor, so ist der Höchstsatz auf das Ergebnis nach Verrechnung der Ermäßigungen und der Erhöhung anzuwenden.

4.5.1 Ermäßigung wegen Lärmbelästigung

Eine ungewöhnlich starke Beeinträchtigung durch Straßenverkehrslärm kann nur in besonders begründeten Fällen anerkannt werden.

Ein Abschlag kann auch wegen ungewöhnlich starker Beeinträchtigung durch Gewerbelärm, z. B. durch die Nähe von gewerblichen Anlagen mit besonders starken Lärmemissionen, in Betracht kommen. Werden die Meßwerte nach der TA-Lärm vom 16. Juli 1968 (Beilage zum Bundesanzeiger Nr. 137 vom 26. Juli 1968) um mehr als 10 dB (A) überschritten, kann das Vielfache der Jahresrohmiete ermäßigt werden bei einer Überschreitung.

– bis 15 dB (A) um 8 v. H.
– mehr als 15 dB (A) um 10 v. H.

Liegt das Mietwohngrundstück oder das gemischtgenutzte Grundstück in der Einflugschneise eines Flugplatzes, kann dies zu einer ungewöhnlich starken Lärmbeeinträchtigung führen.

Der Lärm in unmittelbarer Nähe eines kleineren Verkehrsflugplatzes oder Sportflugplatzes stellt regelmäßig keine Beeinträchtigung von außergewöhnlicher Stärke dar, so daß bei der Einheitsbewertung kein Abschlag zu gewähren ist. Dagegen dürfte der Lärm in der Nähe eines größeren Verkehrs- oder Militärflugplatzes als ungewöhnlich starke Beeinträchtigung anzusehen sein. Bei Flugplätzen ohne An- und Abflug von Düsenflugzeugen kann ein Abschlag bis zu 5 v. H., bei Flugplätzen mit An- und Abflug von Düsenflugzeugen ein Abschlag bis zu 10 v. H. des Vielfachen der Jahresrohmiete berücksichtigt werden.

4.5.2 Beeinträchtigungen durch Rauch, Staub und Gerüche

Beeinträchtigungen durch Rauch, Staub und Gerüche führen nur dann zu einer Ermäßigung des Vielfachen der Jahresrohmiete, wenn sich die Quelle der Belästigung (z. B. eine Zementfabrik, Hochöfen oder Gießereien) in der Nähe des Grundstücks befindet. Wegen der Ermäßigung des Vielfachen der Jahresrohmiete bei Grundstücken, die in der Nähe von Mülldeponien liegen, vgl. BFH-Urteil vom 12. Dezember 1990 (BStBl. 1991 II S. 196).

Die Höhe des Abschlags ist von den Verhältnissen im Einzelfall abhängig; regelmäßig wird bei ungewöhnlich starker Beeinträchtigung durch Gerüche ein Abschlag bis zu 5 v. H. des Vielfachen der Jahresrohmiete als ausreichend angesehen werden können. Bei ungewöhnlich starken Beeinträchtigungen durch Rauch und Staub, vor allem in Industriegebieten, kann ein Abschlag bis zu 10 v. H. des Vielfachen der Jahresrohmiete gewährt werden. Emissionen durch Rauch, Staub und Gerüche in einer Groß- und Industriestadt rechtfertigen keine Ermäßigung, wenn die Luftverunreinigungen nicht regional begrenzt auf einem bestimmten Teil der Stadt auftreten.

4.5.3 Ermäßigung wegen Grundstücksbelastungen

Grundstücksbelastungen, wie z. B. Grunddienstbarkeiten in Form des Wege-, Fenster- und Leitungsrechts sowie die Unterschutzstellung eines Gebäudes als Baudenkmal, können zu einer Ermäßigung des Vielfachen der Jahresrohmiete führen.

Bei denkmalgeschützten Gebäuden kann ohne Einzelnachweis ein Abschlag von 5 v. H. des Vielfachen der Jahresrohmiete gewährt werden, wenn das gesamte Grundstück unter Denkmalschutz steht. Wird nachgewiesen oder zumindest glaubhaft gemacht, daß die denkmalschutz-

Zu §§ 129–133 BewG **Anlage 129.12**

rechtlichen Beschränkungen im Fall einer Veräußerung den Verkaufspreis in ungewöhnlichem Maße mindern, so kann das Vielfache der Jahresrohmiete um bis zu 10 v. H. ermäßigt werden.

4.5.4 Ermäßigung wegen Baumängel oder Bauschäden

Bei Mietwohngrundstücken und gemischtgenutzten Grundstücken kann der schlechte bauliche Zustand zu einer Ermäßigung des Gebäudewerts führen. Der schlechte bauliche Zustand wird regelmäßig auf Baumängel (z. B. auf eine fehlerhafte oder mangelhafte Bauausführung, auf ungenügende Isolierung, auf Verwendung von schlechten, aber auswechselbaren Baustoffen, auf schlechte Verarbeitung, auf Schäden von Bauteilen oder auf mangelnde statische Festigkeit) und auf Bauschäden (z. B. auf Wasser-, Erschütterungs-, Schlamm- oder Bergschäden oder auf einen aufgestauten erheblichen Reparaturbedarf) zurückzuführen sein.

Liegt ein behebbarer Baumangel oder Bauschaden vor, so ergibt sich die Höhe des Abschlags aus dem Schadensgrad und dem Wertanteil des schadhaften Bauteils am Gesamtwert des Gebäudes. Der Schadensgrad bestimmt sich nach dem Verhältnis des Werts des Schadens zum Gesamtwert des betreffenden Bauteils. Der Wertanteil des jeweiligen Bauteils ist bei Mietwohngrundstücken der Anlage 1 und bei gemischtgenutzten Grundstücken den Anlagen 1 und 2 zu entnehmen. Der aus Schadensgrad und Wertanteil ermittelte VomHundert-Satz ist auf volle Zahlen aufzurunden. Bezugsgröße ist der **Gebäudewert**.

Der Gebäudewert ist mit 90 v. H. des Vielfachen der Jahresrohmiete anzusetzen.

Bei mehreren Baumängeln oder Bauschäden ergibt die Summe der unter Ansatz des Wertanteils und des Schadensgrads für jeden Bauteil ermittelten Schäden den gesamten Schaden am Gebäude. Der Vom-Hundert-Satz für den Gesamtschaden ist ebenfalls auf volle Zahlen aufzurunden.

Liegt ein nicht behebbarer Baumangel oder Bauschaden (z. B. ein Gründungsmangel oder ein Bergschaden) vor und verkürzt sich dadurch die Lebensdauer des Gebäudes, so ist diesem Umstand dadurch Rechnung zu tragen, daß bei der Bestimmung des Vervielfältigers von einem der Verkürzung entsprechenden früheren Jahr (fiktives Baujahr) auszugehen ist. Wirkt sich das fiktive Baujahr nicht in einer Verringerung des Vervielfältigers aus, ist bei einem Gebäude, das aus der Sicht des Feststellungszeitpunkts innerhalb eines Zeitraums von 10 Jahren abgebrochen werden muß, stets ein Abschlag zu gewähren. Der Abschlag ist wie in den Fällen der Notwendigkeit baldigen Abbruchs (vgl. Tz. 4.5.6) zu berechnen. In den übrigen Fällen ist nach den Umständen des Einzelfalls zu entscheiden, ob und in welcher Höhe ein Abschlag zu gewähren ist. Ist eine Ermäßigung wegen vorzeitigen Abbruchs (vgl. Tz. 4.5.6) zu gewähren, kommt ein Abschlag wegen nicht behebbarer Baumängel oder Bauschäden nicht in Betracht.

Der Abschlag wegen behebbarer oder nicht behebbarer Baumängel oder Bauschäden ist im Hinblick auf eine zu erwartende Gesetzesänderung nicht auf 30 v. H. des Vielfachen der Jahresrohmiete zu begrenzen. Vielmehr kann ein solcher Abschlag zusammen mit den anderen Abschlägen nach Tz. 4.5.1 bis 4.5.3 und Tz. 4.5.5 sowie nach Verrechnung mit einer etwaigen Erhöhung (vgl. Tz. 4.6) bis zu 50 v. H. des Vielfachen der Jahresrohmiete berücksichtigt werden.

4.5.5 Ermäßigung wegen Bergschäden und Bergschadensgefahren

Bei behebbaren Bergschäden ist ein nach dem Ausmaß des Schadens gestaffelter Abschlag vom Gebäudewert (vgl. Tz. 4.5.4) zu gewähren, der bei erheblichen Schäden 15 v. H. und mehr, bei mittleren Schäden 5 v. H. bis 15 v. H. und bei leichten Schäden bis zu 5 v. H. betragen kann. Ggf. ist auch dem Bodenwert Rechnung zu tragen. Neben dem Abschlag wegen Bergschäden kann auch ein Abschlag wegen Bergschadensgefahren in Betracht kommen, deren Höhe sich nach der Art des Abbaus, des Ausmaßes der Bergschadenssicherungen und dem Bergschadensverzicht richtet.

Abschläge wegen nicht behebbarer Bergschäden sind wie Abschläge wegen nicht behebbarer Bauschäden nach Tz. 4.5.4 zu ermitteln.

4.5.6 Ermäßigung wegen vorzeitigen Abbruchs[1]

Muß das Gebäude innerhalb eines Zeitraums von 10 Jahren nach dem Feststellungszeitpunkt abgebrochen werden oder besteht eine vertragliche Abbruchverpflichtung, so ist der Gebäudewert (vgl. Tz. 4.5.4), gekürzt um die Abschläge nach Tz. 4.5.1 bis 4.5.5, wie folgt zu ermäßigen:

---
[1] Siehe hierzu Anlage 129.13.

Anlage 129.12

Zu §§ 129–133 BewG

	Restliche Lebensdauer									
	1 Jahr	2 Jahre	3 Jahre	4 Jahre	5 Jahre	6 Jahre	7 Jahre	8 Jahre	9 Jahre	10 Jahre
Abschlag in v. H. des gekürzten Gebäudewerts	100	90	80	70	60	50	40	30	20	10

Bei der Bestimmung der restlichen Lebensdauer ist das Vorliegen eines nicht behebbaren Baumangels oder Bauschadens zu berücksichtigen; hierfür ist kein gesonderter Abschlag anzusetzen.

Eine Abbruchverpflichtung, die erst 10 Jahre nach dem Feststellungszeitpunkt zu erfüllen ist, führt nicht zu einer Ermäßigung des Gebäudewerts.

Der Abschlag wegen vorzeitigen Abbruchs ist betragsmäßig weder auf 30 v. H. noch auf 50 v. H. des Vielfachen der Jahresrohmiete begrenzt.

4.6 Erhöhung wegen der Größe der nicht bebauten Fläche

Das Vielfache der Jahresrohmiete, ggf. gekürzt um die Abschläge nach Tz. 4.5, ist wegen der Größe der nicht bebauten Fläche zu erhöhen, wenn sich dieser Umstand nicht bereits in der Höhe der Jahresrohmiete ausgewirkt hat und es sich bei dem Grundstück nicht um ein Hochhaus handelt. Als Hochhaus gilt jedes Gebäude, das aus mehr als 5 Geschossen besteht.

Für die Berechnung des Zuschlags ist der Bodenwert des Grundstücks wie bei einem unbebauten Grundstück zu ermitteln. Von diesem Bodenwert ist dann der Bodenwert für ein unterstelltes Normalgrundstück abzuziehen, dessen Größe dem Fünffachen der bebauten Fläche entspricht. Um den Unterschiedsbetrag ist das Vielfache der Jahresrohmiete ggf. gekürzt um die Abschläge nach Tz. 4.5, zu erhöhen. In diesen Fällen, in denen neben der Werterhöhung auch wertmindernde Umstände zu berücksichtigen sind, sind die Erhöhung und die Ermäßigungen zu verrechnen und erst dann mit dem Höchstsatz für die Ermäßigungen zu vergleichen.

4.7 Zusammenfassendes Beispiel zur Abschlagsregelung

Für ein Mietwohngrundstück (Baujahr 1890) ist bei der Einheitsbewertung auf den 1. Januar 1991 eine Jahresrohmiete nach den Wertverhältnissen vom 1. Januar 1935 in Höhe von 7 680 DM und ein Vervielfältiger von 11 anzusetzen. Wegen der Beeinträchtigung durch Gewerbelärm ist ein Abschlag von 10 v. H. und wegen Geruchsbelästigung ein Abschlag von 5 v. H. des Vielfachen der Jahresrohmiete zu gewähren. Das Gebäude steht unter Denkmalschutz; wegen der Unterschutzstellung ist ein Abschlag von 10 v. H. des Vielfachen der Jahresrohmiete zu berücksichtigen. Wegen der Belastung mit Grunddienstbarkeiten kommt ein weiterer Abschlag von 7 v. H. des Vielfachen der Jahresrohmiete in Betracht. Das Mietwohngrundstück wird aus der Sicht des Feststellungszeitpunkts 1. Januar 1991 in sieben Jahren abgebrochen. Wegen der Größe der nichtbebauten Fläche ist ein Zuschlag von 400 DM zu machen.

a) Es liegen keine Baumängel oder Bauschäden vor.

b) Wegen behebbarer Baumängel ist ein Abschlag von 20 v. H. des Gebäudewerts zu berücksichtigen.

Im Fall a) ist das Vielfache der Jahresrohmiete (7 680 DM x 11 = 84 480 DM) um Abschläge von insgesamt 46 877 DM zu ermäßigen und um einen Zuschlag wegen der Größe der nicht bebauten Fläche von

381 DM ($\frac{25\,344}{26\,634}$ x 400 DM) zu erhöhen.

Anlage 129.12

Zu §§ 129–133 BewG

Zeile	Ermäßigungen/ Erhöhung	des Gebäudewerts (90 v. H.) – DM –	des Bodenwerts (10 v. H.) – DM –
1	2	3	4
1	Abschlag wegen Lärmbelästigung	7 603	845
2	Abschlag wegen Beeinträchtigung durch Rauch, Staub und Gerüche	3 802	422
3	Abschlag wegen Grundstücksbelastungen für Denkmalschutz 10 v. H. wegen Belastung mit Grunddienstbarkeiten 7. v. H	12 926	1 436
4	Abschlag wegen Bergschadensgefahren	–	–
5	Zwischensumme von Zeile 1 bis 4	24 331	2 703
6	Zuschlag wegen Größe der nicht bebauten Fläche		400
7	Saldo (Zeile 5 – Zeile 6)	24 331	2 303
		26 634	Summe Spalte 3 und 4
8	30 v.H. des Vielfachen der Jahresrohmiete	25 344	
9	Ist der Betrag in Zeile 8 niedriger als in Zeile 7, so ist als Summe der Abschläge nach Zeilen 1 bis 4 der Betrag lt. Zeile 8 anzusetzen und wie folgt aufzuteilen	25 344	
10		$\dfrac{\text{Betrag lt. Zeile 9 } 25\,344}{\text{Betrag lt. Zeile 7 } 26\,634}$ ˣ Betrag lt. Zeile 5 Spalte 3 24 331 = 25 153	$\dfrac{\text{Betrag lt. Zeile 9 } 25\,344}{\text{Betrag lt. Zeile 7 } 26\,634}$ ˣ Betrag lt. Zeile 5 Spalte 4 2 703 = 2 572
11	Ist der Betrag in Zeile 8 größer als in Zeile 7, so sind als Abschläge die Beträge lt. Zeile 5 anzusetzen	–	–
12	Abschlag wegen vorzeitigen Abbruchs – Gebäudewert (90 v. H. des Vielfachen der Jahresrohmiete) 76 032 DM		

Anlage 129.12

Zu §§ 129–133 BewG

Zeile	Ermäßigungen/ Erhöhung	des Gebäudewerts (90 v. H.) – DM –	des Bodenwerts (10 v. H.) – DM –
1	2	3	4
	– Betrag lt. Zeile 10 oder 11 Spalte 3 – 23 153 DM		
	Bemessungsgrundlage 52 879 DM		
	40 v. H. der Bemessungsgrundlage	21 152	
13	Summe der Abschläg (Zeile 10 oder 11 und 12)	44 305	2 572

Nach Berücksichtigung der Zu- und Abschläge ergibt sich ein Einheitswert von 37 900 DM (84 480 DM + 381 DM – 46 877 DM; abgerundet).

Im Fall b) ist das Vielfache der Jahresrohmiete von 84 480 DM ebenfalls um einen Zuschlag wegen der Größe der nicht bebauten Fläche von 400 DM zu erhöhen. Die Abschläge betragen 56 839 DM.

Zeile	Ermäßigungen/ Erhöhung	des Gebäudewerts (90 v. H.) – DM –	des Bodenwerts (10 v. H.) – DM –
1	2	3	4
1	Abschlag wegen Lärmbelästigung	7 603	845
2	Abschlag wegen Beeinträchtigung durch Rauch, Staub und Gerüche	3 802	422
3	Abschlag wegen Grundstücksbelastungen (insbesondere Denkmalschutz)	12 926	1 436
4	Abschlag wegen Bergschadensgefahren	–	–
5	Abschlag wegen behebbarer Baumängel/Bauschäden sowie Bergschäden	15 201	
6	Abschlag wegen nicht behebbarer Baumängel/Bauschäden sowie nicht behebbarer Bergschäden	–	–
7	Zwischensumme von Zeile 1 bis 6	39 538	2 703
8	Zuschlag wegen Größe der nicht babauten Fläche		400
9	Saldo (Zeile 7 – Zeile 8)	39 538	2 303
		41 841	
10	50 v.H. des Vielfachen der Jahresrohmiete	42 240	

Zu §§ 129–133 BewG **Anlage 129.12**

Zeile	Ermäßigungen/ Erhöhung	des Gebäudewerts (90 v. H.) – DM –	des Bodenwerts (10 v. H.) – DM –
1	2	3	4
11	Ist der Betrag in Zeile 10 niedriger als in Zeile 9, so ist als Summe der Abschläge nach Zeilen 1 bis 6 der Betrag lt. Zeile 10 anzusetzen und wie folgt aufzuteilen		–
12		$\dfrac{\text{Betrag lt. Zeile 11}}{\text{Betrag lt. Zeile 9}} \times$ Betrag lt. Zeile 7 Spalte 3 = _____	$\dfrac{\text{Betrag lt. Zeile 11}}{\text{Betrag lt. Zeile 9}} \times$ Betrag lt. Zeile 7 Spalte 4 = _____
13	Ist der Betrag in Zeile 10 größer als in Zeile 9, so sind als Abschläge die Beträge lt. Zeile 7 anzusetzen	39 583	2 703
14	Abschlag wegen vorzeitigen Abbruchs – Gebäudewert (90 v. H. des Vielfachen der Jahresrohmiete) 76 032 DM – Betrag lt. Zeile 12 oder 13 Spalte 3 – 39 494 DM Bemessungsgrundlage 36 494 DM 40 v. H. der Bemessungsgrundlage	14 598	
15	Summe der Abschläg (Zeile 12 oder 13 und 14)	54 136	2 703

Nach Berücksichtigung der Zu- und Abschläge verbleibt ein Einheitswert von 28 000 (84 480 DM + 400 DM – 56 839 DM; abgerundet).

4.8 Gemeiner Wert

Das Vielfache der Jahresrohmiete, korrigiert um die Ermäßigung und die Erhöhung, ergibt den gemeinen Wert. Ein Abschlag wegen Belastung mit Gebäudeentschuldungsteuer kommt nicht in Betracht. Der Wert ist auf volle Hundert DM nach unten abzurunden (§ 30 Nr. 1 BewG); das Ergebnis stellt den Einheitswert dar.

Gemäß § 52 Abs. 2 BewG-DDR ist mindestens der Wert als Einheitswert anzusetzen, mit dem der Grund und Boden allein als unbebautes Grundstück nach § 53 BewG-DDR zu bewerten wäre.

Anlage 129.12

Zu §§ 129–133 BewG

Anlage 1
R/IVC3/250 Ber

Tabelle über die Wertigkeit einzelner Bauteile zum Gesamtbauwerk bei Mietwohngebäuden sowie bei Bank-, Versicherungs-, Verwaltungs- und Bürogebäuden

Bauteil/Gewerk	1			2			3			4			5			6 und mehr		
	ausgebautes Dachgeschoß nein	ausgebautes Dachgeschoß ja	Flachdach	ausgebautes Dachgeschoß nein	ausgebautes Dachgeschoß ja	Flachdach	ausgebautes Dachgeschoß nein	ausgebautes Dachgeschoß ja	Flachdach	ausgebautes Dachgeschoß nein	ausgebautes Dachgeschoß ja	Flachdach	ausgebautes Dachgeschoß nein	ausgebautes Dachgeschoß ja	Flachdach	ausgebautes Dachgeschoß nein	ausgebautes Dachgeschoß ja	Flachdach
Keller insgesamt	24,9	23,5	24,0	21,2	20,2	21,2	17,7	16,8	18,6	14,6	13,9	15,9	12,2	11,6	12,9	10,7	10,1	9,5
Mauerwerk	17,4	16,8	17,1	15,1	14,4	15,2	12,6	12,0	13,3	10,4	9,9	11,4	8,7	8,3	9,3	7,7	7,2	6,8
Erd- und Isolierarbeiten	2,5	2,5	2,6	2,2	2,2	2,2	1,9	1,8	2,0	1,6	1,5	1,7	1,3	1,2	1,4	1,1	1,1	1,0
Kellerboden	5,0	4,2	4,3	3,8	3,6	3,8	3,2	3,0	3,3	2,6	2,5	2,8	2,2	2,1	2,2	1,9	1,8	1,7
Decken insgesamt	14,0	13,1	15,8	13,6	13,1	15,9	13,4	13,2	15,8	13,3	13,1	15,7	13,1	12,9	15,5	13,0	12,7	15,3
Decke über Keller	5,3	4,5	4,6	4,1	3,8	4,2	3,4	3,2	3,6	2,8	2,6	3,0	2,3	2,2	2,4	2,1	1,9	1,8
übrige Decken	5,4	5,4	6,9	5,9	5,8	7,3	6,2	6,2	7,6	6,5	6,5	7,9	6,7	6,6	8,1	6,8	6,7	8,4
Deckenputz	3,3	3,2	4,3	3,6	3,5	4,4	3,8	3,8	4,6	4,0	4,0	4,8	4,1	4,1	5,0	4,1	4,1	5,1
Umfangswände insgesamt	10,3	10,0	13,0	11,2	11,0	14,0	12,4	12,0	15,0	13,6	13,5	16,0	14,7	14,7	17,0	15,2	15,2	18,0
Mauerwerk	8,6	8,3	10,8	9,3	9,2	11,7	10,3	10,0	12,5	11,3	11,2	13,3	12,3	12,2	14,2	12,7	12,7	15,0
Außenputzverkleidung	1,7	1,7	2,2	1,9	1,8	2,3	2,1	2,0	2,5	2,3	2,3	2,7	2,4	2,5	2,8	2,5	2,5	3,0
Innenwände unverputzt	10,7	11,0	6,0	11,8	12,0	7,4	12,8	13,0	8,8	13,5	13,7	10,2	14,1	14,1	11,6	14,3	14,3	13,0
Tragend	5,9	6,1	3,5	6,5	6,7	4,1	7,1	7,2	4,9	7,2	7,6	5,6	7,3	7,8	6,4	7,4	7,9	7,2
Nichttragend	4,8	4,9	2,7	5,3	5,3	3,3	5,7	5,8	3,9	6,3	6,1	4,6	6,8	6,3	5,2	6,9	6,4	5,8
Dach insgesamt	15,3	17,8	7,5	13,5	15,5	6,2	11,8	13,5	5,0	10,7	11,5	4,1	10,0	10,5	3,7	9,9	10,3	3,5
Dachstuhl	10,4	12,2	–	9,2	10,6	–	8,0	9,3	–	7,3	7,9	–	6,8	7,2	–	6,7	7,1	–
Dachhaut	3,9	4,5	6,5	3,5	3,9	4,9	3,0	3,4	3,9	2,7	2,9	3,1	2,6	2,6	2,9	2,6	2,6	2,8
Dachrinnen / Rohre	1,0	1,1	1,5	0,8	1,0	1,3	0,8	0,8	1,1	0,7	0,7	1,0	0,6	0,7	0,8	0,6	0,6	0,7
Treppen insgesamt	2,2	2,0	3,4	3,1	2,9	4,2	3,8	3,7	5,0	4,5	4,4	5,8	5,0	5,0	6,4	5,3	5,2	7,2
Innerer Ausbau insgesamt	22,6	22,6	30,3	25,7	25,5	31,1	28,1	27,8	31,8	29,8	29,9	32,3	30,9	31,2	32,9	31,6	32,2	33,5
Wandputz	5,9	6,0	8,0	6,8	6,7	8,2	7,4	7,4	8,3	7,9	7,9	8,4	8,3	8,4	8,5	8,5	8,6	8,6
Bodenbelag	4,2	4,1	5,3	4,5	4,5	5,6	4,8	4,8	5,9	5,0	5,0	6,1	5,1	5,1	6,3	5,2	5,2	6,5
Installation	4,4	4,4	6,0	5,1	5,0	6,1	5,6	5,5	6,2	6,0	6,0	6,3	6,2	6,2	6,4	6,3	6,5	6,5
Fenster	3,7	3,7	5,0	4,2	4,2	5,1	4,7	4,6	5,2	4,9	5,0	5,2	5,2	5,2	5,3	5,3	5,4	5,4
Verglasung	1,1	1,1	1,5	1,3	1,2	1,5	1,4	1,4	1,6	1,5	1,5	1,6	1,5	1,6	1,6	1,6	1,6	1,6
Türen	3,3	3,3	4,5	3,8	3,7	4,6	4,2	4,1	4,6	4,5	4,5	4,7	4,6	4,7	4,8	4,7	4,9	4,9

* Ist ein Schaden an einer Heizung vorhanden, ist deren Warenanteil zusätzlich mit 4 v. H. bis 7 v. H. anzusetzen.

Zu §§ 129–133 BewG

Anlage 129.12

Anlage 2

Tabelle über die Wertigkeit einzelner Bauteile zum Gesamtbauwerk bei gemischtgenutzten Grundstücken mit Ausnahme von Bank-, Versicherungs-, Verwaltungs- und Bürogebäuden

Bauteil	Massivbau Zahl der Geschosse						Skelettbau aus Stahl oder Stahlbeton Zahl der Geschosse					
	1	2	3	4	5	6	1	2	3	4	5	6
Dach[1]	8,6	6,6	5,4	4,5	3,8	3,4	7,5	5,4	5,1	4,2	3,4	3,0
Decken	13,0	15,6	17,4	18,2	19,3	19,7	22,8	20,5	20,1	20,2	20,6	21,0
Wände	31,4	28,7	27,9	27,3	26,8	26,5	22,3	23,3	23,8	24,2	24,3	24,1
Leichte Trennwände	–	–	–	–	–	–	–	–	–	–	–	–
Traggerippe, Stahl, Stahlbeton, gußeiserne Säulen	–	–	–	–	–	–	11,3	13,7	14,6	15,3	15,9	16,3
Gründung	9,8	7,5	6,1	5,7	4,8	4,3	14,8	11,9	10,1	8,7	7,7	6,7
Fußboden	4,4	5,3	5,8	6,1	6,4	6,6	3,5	3,8	3,8	3,9	3,9	3,8
Putz- und andere Oberflächenbehandlung[2]	4,5	5,7	6,6	7,1	7,3	7,8	3,3	4,7	5,3	5,7	6,0	6,2
Treppen[3]	1,4	1,6	1,8	1,9	2,0	2,1	0,7	0,8	0,8	0,8	0,9	0,9
Fenster[4]	6,8	7,5	7,8	8,0	8,2	8,4	2,8	3,7	4,1	4,4	4,6	4,8
Türen	2,8	2,8	2,8	2,8	2,8	2,8	0,6	0,8	0,9	1,0	1,0	1,1
Keller- und Dachverschläge	–	–	–	–	–	–	–	–	–	–	–	–
Maler-, Tapezierarbeiten	2,4	2,8	2,9	3,1	3,2	3,2	1,3	1,9	2,2	2,3	2,5	2,6
Be- und Entwässerung	3,7	3,9	3,9	3,8	3,8	3,8	2,0	1,8	1,6	1,6	1,5	1,4
Gas- und Stromversorgung	3,4	3,1	3,0	2,8	2,7	2,7	0,9	1,0	1,0	1,0	1,0	1,1
Heizung[5]	6,3	7,3	7,4	7,5	7,6	7,6	4,3	3,9	3,5	3,3	3,1	3,3
Sonstige Einrichtungen	1,5	1,3	1,2	1,2	1,1	1,1	1,9	2,8	3,1	3,4	3,6	3,7

1) Von den Richtzahlen für das Dach entfallen auf:
Dachdeckung 22 v. H.
Lattung und Schalung 14 v. H.
Dachstuhl 43 v. H.
Klempnerarbeiten 21 v. H.

2) Von den Richtzahlen für den Putz entfallen auf:
Putzart
Außenputz 35 v. H.
Innenputz 45 v. H.
Deckenputz 20 v. H.

3) Von den Richtzahlen für Treppen entfallen bei Massivarbeiten auf:
Tragwerk und Stufenaufmauerung 40 v. H.
Tritt- und Setzstufen 45 v. H.
Geländer 15 v. H.

4) Von den Richtzahlen für Fenster entfallen auf:
Tischlerarbeiten 83 v. H.
Glaserarbeiten 17 v. H.

5) Von den Richtzahlen für Heizung entfallen bei Sammelheizung auf die Kesselanlage 20 v. H.

Anlage 129.13

Zu §§ 129–133 BewG

Wohnungsleerstand
Vfg OFD Magdeburg vom 25. Juli 2002
– S 3219 f – 1 – St 331 –

Es ist festzustellen, dass Wohnungsunternehmen zunehmend mit dem Begehren an die Finanzämter herantreten, den Leerstand von Wohnraum bei der Einheitsbewertung zu berücksichtigen. Es werden hierzu die folgenden Bearbeitungshinweise gegeben:

1. Wertverhältnisse 1.1.1935
Für den noch andauernden Hauptfeststellungszeitraum sind die Wertverhältnisse nach § 3a RBewDV auf den 1.1.1935 festgeschrieben. Darunter sind vor allem die politischen, wirtschaftlichen und Verkehrsverhältnisse zu verstehen, die sich in dem allgemeinen Markt- und Preisniveau im Hauptfeststellungszeitpunkt niedergeschlagen haben. Zur Sicherung der Gleichmäßigkeit der Besteuerung dürfen sich Veränderungen dieser Verhältnisse innerhalb eines Hauptfeststellungszeitraums nicht auswirken (BFH vom 12.3.1982, – III R 63/79 –, BStBl. II 1982, 451). Zu diesen Wertverhältnissen gehört auch die Nachfragesituation nach Wohnraum. Nach dem Beitritt wurden in den neuen Bundesländern zum einen in großem Umfang Wohnungen neu errichtet, zum anderen ist ein Bevölkerungsrückgang zu verzeichnen. Dies führte zu einer Situation, in der das Angebot an Wohnraum die Nachfrage deutlich übersteigt. Hierbei handelt es sich um eine konjunkturelle Erscheinung, die sich nicht auf ein zu bewertendes Grundstück beschränkt. Derartige Umstände müssen bei der Einheitswertfeststellung unberücksichtigt bleiben (RFH vom 15.9.1938, – III 95/38 – RStBl. 1939, 63).

2. Jahresrohmiete
Nach § 129 Abs. 2 Nr. 2 Bewertungsgesetz i. V. m. § 34 Abs. 4 Satz 1 Nr. 1 Durchführungsverordnung zum Reichsbewertungsgesetz (RBewDV) gilt die übliche Miete als Jahresrohmiete für Grundstücke und Grundstücksteile, die u. a. ungenutzt sind. Die übliche Miete ist nach § 34 Abs. 4 Satz 2 RBewDV in Anlehnung an die Jahresrohmiete zu schätzen. Hiernach ist folglich der Leerstand einer Wohnung ohne Bedeutung. Auch kommt es auf die Dauer des Leerstandes nicht an. Das Bewertungsrecht sieht hier stets als Ersatz der Jahresrohmiete die übliche Miete vor.

3. Ermäßigung wegen vorzeitigem Abbruch
Nach Tz. 4.5.6 der gleich lautenden Ländererlasse vom 24.11.1992 [1] ist der Gebäudewert zu ermäßigen, wenn eine vertragliche Abbruchverpflichtung besteht oder das Gebäude innerhalb eines Zeitraums von 10 Jahren abgebrochen werden muss. Der Abbruch des Gebäudes muss aus objektiven Gründen notwendig sein. Beruht der Abbruch des Gebäudes auf einer freien Entscheidung des Eigentümers, z. B. Abbruch von Gebäuden im Rahmen einer (ggf. befristeten) finanziellen staatlichen Förderung, führt dies nicht zu einer Ermäßigung (vgl. § 9 Abs. 2 Satz 3 BewG).
Wirtschaftliche Überlegungen müssen hierbei unberücksichtigt bleiben (vgl. 1.).

4. Berücksichtigung von Bauschäden und Baumängeln
Gründe für eine Unvermietbarkeit können jedoch ggf. zu einer Fortschreibung des Einheitswerts führen. Dies ist insbesondere bei einem schlechten baulichen Zustand des Gebäudes der Fall. Die Berücksichtigung des baulichen Zustands erfolgt unabhängig von der Nutzung oder Nichtnutzung des Gebäudes. Bauschäden und Baumängel können durch eine Ermäßigung des Gebäudewerts berücksichtigt werden. Sind die konstruktiven Teile des Gebäudes erheblich beschädigt, ist das Gebäude dem Verfall preisgegeben. Befinden sich keine weiteren Gebäude auf dem Grundstück, ist es als unbebautes Grundstück zu bewerten. Ggf. sind hierbei Abschläge für die Beseitigung von Gebäuderesten zu berücksichtigen.

5. Grundsteuererlass nach § 33 GrStG
Führt der Leerstand zu einer wesentlichen Ertragsminderung, kann die Gemeinde die Grundsteuer unter den Voraussetzungen des § 33 GrStG erlassen.

---

1) Siehe Anlage 129.12.

Anwendung des § 132 Abs. 2 BewG bei teilweise von der Grundsteuer befreiten Grundstücken

Vfg OFD Rostock vom 29. Mai 1996
S 3106 b – G 1184 – St 34

Ist ein Grundstück von der Grundsteuer und den anderen einheitswertabhängigen Steuern teilweise befreit, bleibt der steuerbefreite Teil bei der Entscheidung, welcher Grundstückshauptgruppe das Grundstück zuzurechnen ist, außer Betracht.

Besteht der steuerpflichtige Teil eines solchen Grundstücks nur aus Dienst- oder anderen Wohnungen, ist das betreffende Grundstück bewertungsrechtlich wie ein Mietwohngrundstück zu behandeln (vgl. gleichlautende Erlasse vom 19. 1. 1993, BStBl. I 1993 S. 173, Rdn. 2.1). Daraus folgt, daß für ein solches Mietwohngrundstück in Anwendung des § 132 Abs. 2 BewG eine Nachfeststellung auf den 1. 1. 1991 unterbleibt.

Für Zwecke der Bemessung der Grundsteuer hat der Steuerschuldner für die Jahre ab 1991 eine Steueranmeldung abzugeben (§ 42 i. V. mit § 44 GrStG). Liegt eine Anmeldung noch nicht vor, ist deren Abgabe nachzuholen. Nach § 44 Abs. 1 GrStG besteht insoweit eine Pflicht zur Abgabe einer Steuererklärung. Aufgrund der Anlaufhemmung des § 170 Abs. 2 Nr. 1 AO tritt Festsetzungsverjährung in diesen Fällen erst mit Ablauf des 31. 12. 1998 ein.

Ist für ein teilbefreites Grundstück wegen seiner Zuordnung zur Grundstückshauptgruppe Mietwohngrundstück nach § 132 Abs. 2 BewG auf den 1. 1. 1991 kein Einheitswert festzustellen und ist dem FA nicht bekannt, daß eine Anmeldung i. S. des § 44 GrStG vorliegt, ist – wie auch in anderen Fällen – eine Erörterung der Angelegenheit mit der für die Grundsteuer zuständigen Stelle erforderlich.

Anlage 129.15

Zu §§ 129–133 BewG

Bewertung von Grundstücken mit Bank-, Versicherungs-, Verwaltungs- und Bürogebäuden sowie Hotelgebäuden und vergleichbaren Gebäude im Beitrittsgebiet ab 1. Januar 1991

Gleichlautende Erlasse der obersten Finanzbehörden der Länder Berlin, Brandenburg, Mecklenburg-Vorpommern, Sachsen, Sachsen-Anhalt und Thüringen

Vom 8. September 1992

(BStBl. I S. 572).

1 Geltungsbereich

Dieser Erlaß gilt für Bank-, Versicherungs-, Verwaltungs- und Bürogebäude sowie Hotelgebäude und vergleichbare Gebäude im Beitrittsgebiet, wenn der Einheitswert im Sachwertverfahren zu ermitteln ist. Zum Beitrittsgebiet gehören die Länder Brandenburg, Mecklenburg-Vorpommern, Sachsen, Sachsen-Anhalt und Thüringen und der Teil des Landes Berlin, in dem das Grundgesetz vor dem Wirksamwerden des Beitritts nicht gegolten hat.

2 Umschreibung der Grundstücke

2.1 Bankgebäude

Bankgebäude bestehen regelmäßig zum einen aus dem Kassen- und Schalterraum für den Publikumsverkehr einschließlich Tresorraum sowie Sprechzimmern für die Beratung von Kunden und zum anderen aus Büroräumen für die geschäftsführenden und verwaltenden Abteilungen.

2.2 Versicherungs- und Verwaltungsgbäude

Versicherungs- und Verwaltungsgebäude werden regelmäßig für die eigene Verwaltung und zur Führung des eigenen Geschäftsbetriebs genutzt. Ihre Gestaltung und Ausstattung ist an den betrieblichen Bedürfnissen des Unternehmens ausgerichtet.

Versicherungsgebäude entsprechen regelmäßig – vom Kassen- und Schalterraum abgesehen – in ihrer baulichen Gestaltung und Ausstattung den Bankgebäuden.

2.3 Bürogebäude

Bürogebäude sind dazu bestimmt und geeignet, für Bürozwecke vermietet zu werden. Hierzu gehören auch Ärztehäuser.

2.4 Hotel- und vergleichbare Gebäude

2.4.1 Hotelgebäude und Hotelpensionen

Hotelgebäude sind Beherbergungsbetriebe, die in ihrer baulichen Gestaltung und Ausstattung gehobenen Ansprüchen an die Unterbringung und Verpflegung von Gästen genügen. Hierzu rechnen neben den typischen mehrgeschossigen Hotelgebäuden auch Hotelpensionen. Nicht dazu gehören Grundstücke mit Gebäuden, in denen der Beherbergungsbetrieb nur von untergeordneter Bedeutung ist, sowie kleine Hotels mit nicht mehr als zwölf Betten.

2.4.2. Vergleichbare Gebäude

(Ferienheime und Feriendorfanlagen)

Ferienheime sind in ihrer baulichen Gestaltung den Hotelgebäuden vergleichbar; sie werden überwiegend von Erholungssuchenden genutzt. Häufig sind sie durch Umwidmung früherer Hotelgebäude und Hotelpensionen entstanden. Sie sind regelmäßig einfach ausgestattet und verfügen über Gemeinschaftseinrichtungen (sanitäre Räume, Aufenthalts- und Freizeiträume).

Feriendorfanlagen sind abgeschlossene Anlagen, die in der Regel aus Ferienhäusern (-wohnungen), Restaurants, Verwaltungsgebäuden und Freizeitanlagen bestehen. Ferienhäuser oder -wohnungen innerhalb einer Feriendorfanlage sind regelmäßig dazu bestimmt, einschließlich des Mobiliars und des weiteren Inventars kurzfristig an ständig wechselnde Feriengäste vermietet zu werden. Sie dienen deshalb nicht Wohnzwecken, sondern einer über die reine Vermögensverwaltung hinausgehenden gewerblichen Nutzung. Dementsprechend sind sie der Grundstückshauptgruppe „Geschäftsgrundstück" zuzuordnen (§ 32 Abs. 1 Nr. 2 RBewDV).

3 Wirtschaftliche Einheit

Der Einheitswert umfaßt den Grund und Boden, das Gebäude, die Außenanlagen und das Zubehör (§ 50 Abs. 1 Satz 1 BewG-DDR). Für das Zubehör ist kein besonderer Wert anzusetzen.

Zum Grund und Boden gehört neben der bebauten Fläche die mit dem Gebäude im räumlichen Zusammenhang stehende unbebaute Fläche. Bei Hotelgrundstücken sind auch größere unbebaute Flächen, die als Hotel- und Restaurationsgärten sowie als Sportplätze genutzt werden, mit in die wirtschaftliche Einheit einzubeziehen.

Zu den Bestandteilen des Grund und Bodens rechnen die Außenanlagen, insbesondere Zäune, Pflasterungen, Wegebefestigungen, Plattenbeläge, Pflanzungen, Außenschwimmbecken und Tennisplätze. Zu der wirtschaftlichen Einheit gehören die aufstehenden Gebäude, die damit verbundenen Anbauten sowie weitere auf dem Grundstück befindliche Nebengebäude (z. B. Garagen, Vorratsräume und Waschküchen). Nebengebäude, die durch eine Straße getrennt von dem Hauptgebäude auf einem anderen Grundstück stehen, sind nach der Verkehrsauffassung regelmäßig als gesonderte wirtschaftliche Einheit anzusehen.

4 Ermittlung des Einheitswerts

Die Grundstücke mit Bank-, Versicherungs-, Verwaltungs- und Bürogebäuden sowie Hotelgebäuden und vergleichbaren Gebäuden sind mit dem gemeinen Wert zu bewerten (§ 52 Abs. 1 BewG-DDR i. V. m. § 33 Abs. 2 und 3 RBewDV). Für die Bewertung kommt es auf die tatsächlichen Verhältnisse vom Fortschreibungs- oder Nachfeststellungszeitpunkt an. Für die Wertermittlung sind dagegen die Preisverhältnisse vom 1. Januar 1935 maßgebend. Dies gilt auch für Fortschreibungs- und Nachfeststellungen des Einheitswerts auf spätere Zeitpunkte (§ 3a RBewDV).

Für Feststellungszeitpunkte ab dem 1. Januar 1991 erfolgt die Ermittlung des gemeinen Werts im Sachwertverfahren, soweit nicht nach den Rechtsverordnungen der Präsidenten der Landesfinanzämter über die Bewertung bebauter Grundstücke vom 17. Dezember 1934 (Reichsministerialblatt S. 785 ff.; Reichssteuerblatt S. 1641 ff.) eine Bewertung mit dem Vielfachen der Jahresrohmiete vorgeschrieben ist. Das Sachwertverfahren geht von einer getrennten Ermittlung des Bodenwerts einschließlich der Außenanlagen und des Gebäudewerts aus.

4.1 Bodenwert

Als Bodenwert ist der gemeine Wert (Wertverhältnisse 1. Januar 1935) anzusetzen, denn der Grund und Boden als unbebautes Grundstück haben würde. Der Umsatnd, daß das Grundstück bebaut ist, wirkt sich somit auf die Höhe des Bodenwertes nicht aus.

Bei der Ermittlung des Bodenwerts ist von den durchschnittlichen Werten auszugehen, die sich für ein Gebiet, eine Straße oder einen Straßenabschnitt ohne Rücksicht auf die besonderen Eigenschaften der einzelnen Grundstücke je m² ergeben. Für diese Werte sind regelmäßig die Kaufpreissammlungen sowie die Richtpreise der ehemaligen Preisbehörde maßgebend.

Aus den durchschnittlichen Werten ist der Bodenwert des betreffenden Grundstücks abzuleiten, wobei insbesondere die Unterleitung in Vorder- und Hinterland, die Grundstücksgröße, die Ausnutzbarkeit, der Erschließungszustand, der Zuschnitt, die Oberflächenbeschaffenheit und der Baugrund zu berücksichtigen sind. Demnach ist bei Hotelgrundstücken mit größeren unbebauten Flächen, die insbesondere als Hotel- und Restaurationsgarten oder als Sportplatz genutzt werden, für diese unbebaute Fläche ein niedrigerer Bodenwert anzusetzen als für die übrige Fläche.

Übliche Außenanlagen, wie z. B. Zäune, Pflasterungen, Wegebefestigungen, Plattenbeläge, Pflanzungen, sind durch den Ansatz des Boden- und Gebäudewerts abgegolten. Aufwendige Außenanlagen, insbesondere bei Hotelgrundstücken (z. B. Außenschwimmbecken und Sportplätze), sind dagegen zusätzlich zum Bodenwert mit einem eigenen Wertansatz zu erfassen.

4.2 Gebäudewert

Der Gebäudenormalherstellungswert für das Gebäude errechnet sich aus dem nach Tz. 4.2.1 ermittelten umbauten Raum und den unter Tz. 4.2.2 aufgeführten durchschnittlichen Raummeterpreisen. Der Gebäudenormalherstellungswert ist um Abschläge (vgl. Tz. 4.2.3) und um die Wertminderung wegen Alters oder die an deren Stelle tretenden Abschläge wegen nichtbehebbarer Baumängel oder Bauschäden, wegen vorzeitigen Abbruchs oder wegen wirtschaftlicher Überalterung des Gebäudes (vgl. Tz. 4.2.4) zu ermäßigen.

4.2.1 Ermittlung des umbauten Raums

Bei der Ermittlung des umbauten Raums ist von der Gebäudegrundfläche und der Höhe auszugehen. Die Gebäudegrundfläche ist aus der Länge und Breite, gemessen nach Außenmaßen des Rohbaus, zu berechnen. Die Höhe bestimmt sich aus dem Abstand zwischen der Oberkante des untersten Geschoßfußbodens (Kellerfußboden) und der Oberkante der Decke über dem obersten ausgebauten Vollgeschoß. Bei einem ausgebauten Dachgeschoß ist die maximale In-

Anlage 129.15

Zu §§ 129–133 BewG

nenhöhe des ausgebauten Dachgeschosses der übrigen Gebäudehöhe zur Hälfte hinzuzurechnen.

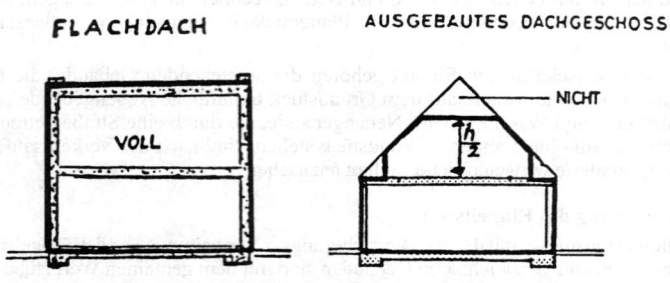

FLACHDACH — VOLL

AUSGEBAUTES DACHGESCHOSS — NICHT, $\frac{h}{2}$

Der umbaute Raum eines nicht ausgebauten Dachgeschosses ist grundsätzlich nicht zu berücksichtigen. Bei einem Gebäude mit einem Drempel (Kniestock) ist jedoch auch bei einem nicht ausgebauten Dachgeschoß als Höhe der Abstand zwischen der Oberkante des untersten Geschoßfußbodens und der Traufe anzusetzen.

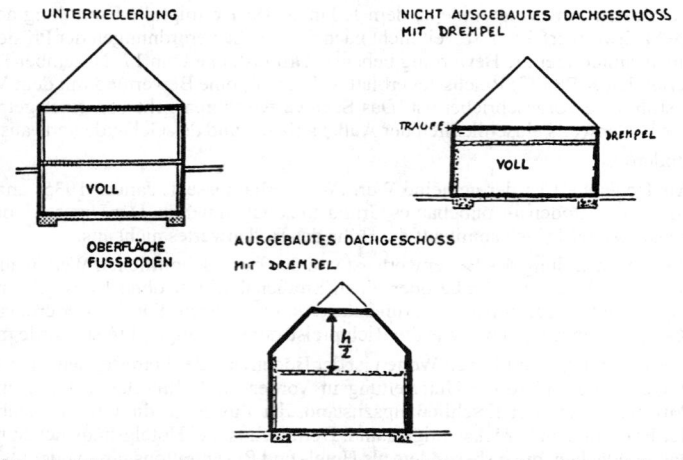

UNTERKELLERUNG — VOLL, OBERFLÄCHE FUSSBODEN

NICHT AUSGEBAUTES DACHGESCHOSS MIT DREMPEL — TRAUFE, DREMPEL, VOLL

AUSGEBAUTES DACHGESCHOSS MIT DREMPEL — $\frac{h}{2}$

Ist das Gebäude nicht unterkellert, so berechnet sich die Höhe aus dem Abstand der Oberfläche des Geländes bis zur Oberkante der Decke über dem obersten ausgebauten Vollgeschoß oder über dem ausgebauten Dachgeschoß (maximale Innenhöhe des ausgebauten Dachgeschosses mit 50 v. H. anzusetzen), mindestens aber bis zur Traufe.

KEINE UNTERKELLERUNG — VOLL, OBERFLÄCHE GELÄNDE

Bei wesentlich verschiedenen Geschoßgrundflächen ist der umbaute Raum für die Geschosse getrennt zu berechnen. Eine getrennte Berechnung ist auch bei einer Teilunterkellerung und bei einem nur teilweise ausgebauten Dachgeschoß vorzunehmen.

Zu §§ 129–133 BewG **Anlage 129.15**

Bei der Ermittlung des umbauten Raums von Hotelgebäuden und vergleichbaren Gebäuden ist als Besonderheit zu beachten, daß für ein der Übernachtung dienendes Geschoß als Höchstmaß eine Geschoßhöhe (einschließlich Decke) von 3,50 m anzusetzen ist. Für Geschosse, die Restaurationsräume oder andere nicht der Übernachtung dienende Räume enthalten, ist die tatsächliche Höhe zugrundezulegen.

4.2. Durchschnittlicher Raummeterpreis

4.2.2.1 Raummeterpreis für Bank-, Versicherungs-, Verwaltungs- und Bürogebäude

Ausstattungsgüte	Raummeterpreis DM/m^2
einfach	
– 1,00 Punkt	15
– 1,01 bis 1,25 Punkte	17
– 1,26 bis 1,50 Punkte	19
mittel	
– 1,51 bis 2,00 Punkte	21
– 2,01 bis 2,50 Punkte	24
gut	
– 2,51 bis 3,00 Punkte	27
– 3,01 bis 3,50 Punkte	30
sehr gut	
– 3,51 bis 4,00 Punkte	33
– 4,01 bis 4,50 Punkte	36
aufwendig	
– 4,51 bis 4,75 Punkte	39
– 4,76 bis 5,00 Punkte	40

4.2.2.2 Raummeterpreise für Hotelgebäude und vergleichbare Gebäude

Ausstattungsgüte	Raummeterpreis DM/m²
einfach	
– 1,00 Punkt	15
– 1,01 bis 1,25 Punkte	16
– 1,26 bis 1,50 Punkte	17
mittel	
– 1,51 bis 2,00 Punkte	19
– 2,01 bis 2,50 Punkte	23
gut	
– 2,51 bis 3,00 Punkte	26
– 3,01 bis 3,50 Punkte	30
sehr gut	
– 3,51 bis 4,00 Punkte	34
– 4,01 bis 4,50 Punkte	37
aufwendig	
– 4,51 bis 4,75 Punkte	41
– 4,76 bis 5,00 Punkte	45

4.2.2.3 Bestimmung der Ausstattungsgüte

Die Bestimmung der Ausstattungsgüte eines Gebäudes erfolgt durch Ankreuzen der vorhandenen Ausstattungsmerkmale in der Ausstattungstabelle (Anlage 1). Dort nicht aufgeführte Bauausführungen sind in die wertmäßig entsprechende Ausstattungsgüte einzuordnen. Für ein einfaches Ausstattungsmerkmal ist ein Punkt, für ein durchschnittliches sind zwei Punkte, für ein gutes drei Punkte usw. zu vergeben. Liegen bei einem Gebäudeteil unterschiedliche Ausstattungsgüten vor, so ist nur die überwiegende Ausstattungsgüte bei der Auswertung zu berücksichtigen. Es gilt somit der Grundsatz: ein Gebäudeteil = ein Punktwert.

Die Gebäude sind entsprechend dem arithmetischen Mittel aus der Summe der einzelnen Punktewerte dividiert durch die Anzahl der einbezogenen Gebäudeteile in die unter Tz. 4.2.2.1 oder 4.2.2.2 angegebenen Ausstattungsgüten einzustufen.

Beispiel:

Ein Bürogebäude besteht aus Leichtbetonwänden mit einem einfachen Rauhputz: Das Satteldach ist mit einfachen Ziegeln eingedeckt. Die Innenwände sind mit einem Kunstharzputz versehen. Auf dem Estrich ist ein Linoleum-Belag aufgebracht. Die Betontreppe ist gestrichen. Die Fenster sind einfach verglast. Die Türen sind kunststoffbeschichtet. In den Räumen sind wenige Brennstellen und Steckdosen vorhanden. In dem Gebäude befinden sich lediglich zwei Toiletten in einfacher Ausführung. Die Beheizung erfolgt über eine Sammelheizung ohne Warmwasserzubereitung. Besondere Räume sind nicht vorhanden.

Die Summe der Punktewerte ergibt 18; dividiert durch die Anzahl der Gebäudeteile (11) errechnet sich hieraus ein durchschnittlicher Punktewert von 1,63. Der Raummeterpreis beträgt somit 21 DM/m³.

Zu §§ 129–133 BewG **Anlage 129.15**

Merkmale der baulichen Ausstattung für Bank-, Versicherungs-, Verwaltungs- und Bürogebäude sowie Hotelgebäude und vergleichbare Gebäude

Bau- und Gebäudeteil	Ausstattung				
	1	2	3	4	5
Ausfachung/Fassade	Einfache Plattenwände (Holz, Blech, Faserzement); einfacher Putz; Verbreiterung	Leichtbetonwände; Rauhputz	Schwerbetonplatten; Putz mit Fenster- und Türeinfassung in Kunststein; Vormauerschale; Spaltklinker	Putz mit Fenster- und Türeinfassungen aus Naturstein, Spaltklinker; Kunststeinverkleidung	Natursteinfassade Keramikplatten; Kupfer, Eloxal oder ähnliches; Glasverkleidung
		x			
Dachausführung	Einfache Dächer (Dachpappen, Blech-, Faserzementeindeckung)	Leichte Betondächer ohne wärmedämmung; einfache Ziegeldeckung	Betondächer mit Wärmedämmung und Pappeindeckung; bessere Ziegeleindeckung; Kunstschiefer	Betondächer mit Wärmedämmung und bessere Eindeckung; Kiesschüttung; Naturschieferdeckung; Dächer mit bes. Aufbauten	Dachterrassen; befahrbare Dächer; Dächer mit wertvoller Eindeckung (z. B. Kupfer)
		x			
Wärmbehandlung (ohne Sanitärräume)	Einfacher Wandputz Anstrich	Kunstharzputz	Einfache Vertäfelung	Sichtmauerwerk; keramische Platten	Edelholzvertäfelung; Natursteinplatten
		x			
Fußboden	Dielen, Steinholz-, Asphalt, Estrich- oder ähnliche Böden	Linoleum; PVZ-Böden; Nadelfilz	Kunststeinplatten; Teppichböden: Kleinparkett	Parkett; Fliesen; Velourteppichboden	Natursteinplatten
		x			
Treppen	Holztreppen; Betontreppen; Stahltreppen	Treppen mit Linoleum-, PVC-, oder Teppichbodenbelag	Treppen mit Kunststeinauflage	Treppen mit Natursteinauflage; Treppen aus Edelhölzern	Natursteintreppen
	x				
Fenster	Fenster mit einfacher Verglasung	Fenster mit einfacher Verglasung, jedoch mit Rolläden	Doppel- oder Verbundfenster; Fenster mit Isolierglas	Wie vor, jedoch mit Rolläden	Fenster mit dreifacher Verglasung; raumhohe versenkbare Fenster
Türen	Einfache glatte Türen	Türen mit Edelholzfurnier; kunststoffbeschichtete Türen	Füllungstüren	Schiebe- oder Doppeltüren	Massive Edelholztüren; Ganzglastüren
		x			

Anlage 129.15 Zu §§ 129–133 BewG

Bau- und Gebäudeteil	Ausstattung				
	1	2	3	4	5
Elektroinstallation	Wenig Brennstellen und Steckdosen x	Mehrere Brennstellen und Steckdosen	Mehrere Brennstellen mit Lichtbändern	Indirekte Beleuchtung zusätzliche Wandbeleuchtung; Einbaubeleuchtung	Aufwendige Elektroinstallation, z. B. Bodensteckdosen und Überwachungsanlage
Sanitäre Installation[1)]	Einfache und wenige sanitäre Objekte in Wasch- und Toilettenräumen x	Sanitäre Objekte in größerer Anzahl in Wasch- und Toilettenräumen	Sanitäre Objekte außer in Wasch- und Toilettenräumen auch in anderen Räumen	Sanitäre Beleuchtung in Waschräumen, Bädern, Toiletten und anderer Räumen in guter Ausstattung	Besonders aufwendige Ausstattung
Heizung	Einzelöfen	Warmluftheizung; Nachtstromspeichereinzelöfen	Sammel- oder Fernwärmeheizung ohne Warmwasserbereitung: Nachtstromspeicherzentralheizung x	Sammel- oder Fernwärmeheizung mit Warmwasserbereitung	Aufwendige Heizungstechnik
Besondere Räume (z. B. Empfangsräume, Direktionsräume, Sitzungszimmer, Gesellschaftsräume)	Keine x	Geringe Anzahl kleiner Räume	Mehrere kleine Räume oder geringe Anzahl größerer Räume	Mehrere kleine Räume oder geringe Anzahl größerer Räume	Mehrere kleine und große Räume
Anzahl der Ausstattungsmerkmale in der jeweiligen Spalte	5	5	1		
Punktewert	x 1	x 2	x 3	x 4	x 5
Zwischenergebnis	= 5	= 10	= 3	=	=
			18	= Summe der Zwischenergebnisse (Gesamtpunktwert)	

1) bei sehr guter Ausstattungsqualität ist die nächsthöhere Ausstattungsstufe anzusetzen.

4.2.2.4 Zuschläge zu den Raummeterpreisen

Besteht das Gebäude aus mehr als fünf Geschossen, so ist zu dem durchschnittlichen Raummeterpreis für das gesamte Gebäude ein Zuschlag zu machen, der sich nach der Zahl der Mehrgeschosse richtet. Der Zuschlag beträgt für jedes Mehrgeschoß vom 6. bis 9. Geschoß 1. v. H. und vom 10. Geschoß ab 1,5 v. H.

Weitere Zuschläge kommen grundsätzlich nicht in Betracht.

4.2.2.5 Mitbenutzung für andere Zwecke

Soweit bei Hotelgebäuden und Ferienheimen ein nicht untergeordneter Teil der Flächen (mehr als 10 v. H. der Flächen) für andere Zwecke, insbesondere als Wohnungen oder als mit dem Hotelbetrieb nicht im Zusammenhang stehende Büroräume genutzt wird, ist der umbaute Raum unter Berücksichtigung der unterschiedlichen Nutzungen gesondert zu ermitteln, wobei die als Wohnungen genutzten Flächen mit dem für Einfamilienhäuser maßgebenden durchschnittlichen Raummeterpreisen und die als Büroräume genutzten Flächen mit dem für Bürogebäude maßgebenden durchschnittlichen Raummeterpreis anzusetzen sind. Entsprechend ist bei Bank-, Versicherungs- und Bürogebäuden zu verfahren.

4.2.2.6 Raummeterpreise für Ferienheime und Feriendorfanlagen

Für Ferienheime und Feriendorfanlagen sind grundsätzlich die Raummeterpreise für Hotelgebäude anzusetzen. Fehlen bei Objekten in Feriendorfanlagen einzelne, in der Ausstattungstabelle für diese Gebäudeart üblicherweise als vorhanden unterstellte Bau- oder Gebäudeteile, wie z. B. Heizung, sanitäre Installation, Elektroinstallation, ist der ermittelte Raummeterpreis für jeden fehlenden Bau- oder Gebäudeteil um 10 v. H. zu kürzen.

4.2.3 Abschläge vom Gebäudenormalherstellungswert

Eine Ermäßigung des Gebäudenormalherstellungswerts eines Gebäudes oder eines selbständigen Gebäudeteils kann insbesondere wegen des schlechten baulichen Zustands, wegen Schadensgefahren (z. B. Berg-, Rauch-, Wasser- und Erschütterungsschäden), wegen ungewöhnlich starker Beeinträchtigungen durch Lärm, Rauch, Gerüche oder wegen Altlasten in Betracht kommen. Sonderabschläge wegen Strukturänderung, unorganischen Aufbaus und Preisverfalls sind nicht zu berücksichtigen. Die Abschläge beziehen sich auf den Gebäudenormalherstellungswert; sie dürfen 60 v. H. des Gebäudenormalherstellungswerts nicht übersteigen.

Der schlechte bauliche Zustand des Gebäudes wird regelmäßig auf behebbare Baumängel und Bauschäden zurückzuführen sein. Dabei ist der Abschlag unter Berücksichtigung des Schadensgrads und des aus den Anlagen 2 und 3 zu entnehmenden Wertanteils für den betreffenden Bauteil zu ermitteln. Der Schadensgrad bestimmt sich nach dem Verhältnis des Werts des Schadens zum Gesamtwert des betreffenden Bauteils. Bei mehreren Baumängeln oder Bauschäden ergibt die Summe der so ermittelten Schäden an den einzelnen Bauteilen den Gesamtschaden am Gebäude. Der Vomhundertsatz ist auf volle Zahlen aufzurunden.

Beispiel:

Bei einem dreigeschossigen Bürogebäude mit einem Satteldach muß die Dacheindeckung erneuert werden. Der Schadensgrad wird auf 60 v. H. geschätzt. Das Dachgeschoß ist nicht ausgebaut. Weiter müssen sämtliche Fenster erneuert werden.

Nach der Wertanteilstabelle (Anlage 2) ergibt sich unter Berücksichtigung des jeweiligen Schadensgrads folgender Abschlag:

Bauteil	Schadensgrad	Wertanteil	Abschlag in v. H
Dacheindeckung	60 v. H.	3 v. H.	1,8
Fenster	100 v. H.	4,7 v. H.	$\frac{4,7}{6,5}$

Der Abschlag beträgt aufgerundet 7 v. H.

4.2.4 Alterswertminderung und Abschläge vom gekürzten Gebäudenormalherstellungswert

Der um die Abschläge nach Tz. 4.2.3 gekürzte Gebäudenormalherstellungswert ist wegen des **Alters des Gebäudes** im Hauptfeststellungszeitpunkt (1. Januar 1935) **zu mindern.** Maßgebend für die Alterswertminderung ist die gewöhnliche Lebensdauer des Gebäudes und dessen Alter zum 1. Januar 1935. Für nach dem 1. Januar 1935 errichtete Gebäude ist keine Alterswertminderung anzusetzen.

Anlage 129.15

Für die Berechnung der Alterswertminderung ist vom 1. Januar des Jahres auszugehen, in dem das Gebäude bezugsfertig geworden ist. Es ist von einer gleichbleibenden jährlichen Wertminderung auszugehen. Als Lebensdauer sind bei Massivgebäuden 100 Jahre, bei Holzfachwerkgebäuden 70 Jahre, bei Betongroßtafelbauten 60 Jahre und bei einfachster Bauweise (z. B. Holztafelbau) 40 Jahre zugrunde zu legen.

Nicht behebbare Baumängel oder Bauschäden, die zu einer Verkürzung der Gesamtlebensdauer führen, sind durch einen Abschlag zu berücksichtigen. Bezugsgröße für diesen Abschlag ist der um die Abschläge nach Tz. 4.2.3 gekürzte Gebäudenormalherstellungswert. Der Abschlag ist wie folgt zu ermitteln:

$$\text{Abschlag in v. H.} = \frac{\text{Alter im Feststellungszeitpunkt}}{\text{verkürzte Gesamtlebensdauer}} \times 100 \text{ v. H.}$$

Der sich ergebende Vomhundertsatz ist auf zwei Dezimalstellen aufzurunden.

Bei Gebäuden, die vor dem 1. Januar 1935 errichtet worden sind, ist die Alterswertminderung bei der Abschlagsberechnung berücksichtigt.

Bei Gebäuden unterschiedlichen Alters ist der Abschlag jeweils gesondert zu berechnen.

Der Wert, der nach Abzug der Alterswertminderung oder des an deren Stelle tretenden Abschlags wegen nicht behebbarer Baumängel oder Bauschäden verbleibt, darf grundsätzlich 40 v. H. des Gebäudenormalherstellungswerts nicht unterschreiten (Restwert).

Die **Notwendigkeit baldigen Abbruchs** und die **wirtschaftliche Überalterung** sind ebenfalls durch Abschläge vom gekürzten Gebäudenormalherstellungswert (Tz. 4.2.3) zu berücksichtigen. Die Abschlagsberechnung erfolgt wie bei nicht behebbaren Baumängeln und Bauschäden, jedoch ohne Begrenzung auf einen Restwert. Liegen die Voraussetzungen für mehrere Abschläge vom gekürzten Gebäudenormalherstellungswert vor, ist nur der Abschlag zu gewähren, der zu dem niedrigsten Gebäudewert führt.

Anbauten teilen das Schicksal des Hauptgebäudes. Ist anzunehmen, daß ein Erweiterungsbau nach Größe, Bauart und Nutzung eine andere Lebensdauer als das Hauptgebäude haben wird, so sind die Alterswertminderung und die Abschläge jeweils getrennt zu berechnen. Für Aufstockungen ist die Alterswertminderung nach dem Alter der unteren Gebäude zu bemessen.

Wird das Gebäude durch bauliche Maßnahmen durchgreifend erneuert und verlängert sich dadurch seine restliche Lebensdauer, ist die Lebensdauer nicht nach dem tatsächlichen Alter des Gebäudes, sondern nach einem Baualter unter Berücksichtigung der verlängerten restlichen Lebensdauer zu bemessen.

4.3 Gemeiner Wert

Der Bodenwert, ggf. einschließlich eines zusätzlichen Wertansatzes für aufwendige Außenanlagen, und der Gebäudewert ergeben den gemeinsamen Wert des Grundstücks. Dieser Wert ist für Zwecke der Einheitsbewertung auf volle 100 DM nach unten abzurunden.

Bei der Ermittlung des Einheitswerts sind keine Wertzahlen anzuwenden; die Wertangleichung an den gemeinen Wert ist bereits bei der Festlegung der durchschnittlichen Raummeterpreise berücksichtigt. Ein Abschlag wegen Belastung mit Gebäudeentschuldungsteuer kommt nicht in Betracht.

5 *Verfahrensrechtliche Besonderheiten*[1]

Soweit bisher bereits Einheitswerte für zum Betriebsvermögen gehörende Grundstücke mit Bank-, Versicherungs-, Verwaltungs- und Bürogebäuden sowie Hotelgebäuden und vergleichbaren Gebäuden aufgrund der 10 v. H.-Regelung (vgl. Tz. 4.4 der gleichlautenden Erlasse vom 20. November 1990, BStBl. I S. 827) unter dem Vorbehalt der Nachprüfung festgestellt worden sind, sind diese Einheitswerte unter Berücksichtigung der oben dargestellten Bewertungsgrundsätze neu zu ermitteln. Die Änderung erfolgt nach § 164 Abs. 2 AO. In dem geänderten Feststellungsbescheid ist der Vorbehalt der Nachprüfung aufzuheben, soweit nicht andere Gebäude die Aufrechterhaltung des Vorbehalts rechtfertigen.

---

1) Durch Zeitablauf überholt.

Zu §§ 129–133 BewG **Anlage 129.15**

Anlage 1

Merkmale der baulichen Ausstattung für Bank-, Versicherungs-, Verwaltungs- und Bürogebäude sowie Hotelgebäude und vergleichbare Gebäude

Bau- und Gebäudeteil	Ausstattung				
	1	2	3	4	5
Ausfachung/Fassade	Einfache Plattenwände (Holz, Blech, Faserzement); einfacher Putz; Verbreiterung	Leichtbetonwände; Rauhputz	Schwerbetonplatten; Putz mit Fenster- und Türeinfassung in Kunststein; Vormauerschale; Spaltklinker	Putz mit Fenster- und Türeinfassungen aus Naturstein; Spaltklinker; Kunststeinverkleidung	Natursteinfassade Keramikplatten; Kupfer, Eloxal oder ähnliches; Glasverkleidung
Dachausführung	Einfache Dächer (Dachpappen, Blech-, Faserzementeindeckung)	Leichte Betondächer ohne wärmedämmung; einfache Ziegeldeckung	Betondächer mit Wärmedämmung und Pappeindeckung; bessere Ziegeleindeckung; Kunstschiefer	Betondächer mit Wärmedämmung und bessere Eindeckung; Kiesschüttung; Naturschiefereindeckung; Dächer mit bes. Aufbauten	Dachterrassen; befahrbare Dächer; Dächer mit wertvoller Eindeckung (z. B. Kupfer)
Warmbehandlung (ohne Sanitärräume)	Einfacher Wandputz Anstrich	Kunstharzputz	Einfache Vertäfelung	Sichtmauerwerk; keramische Platten	Edelholzvertäfelung; Natursteinplatten
Fußboden	Dielen, Steinholz-, Asphalt, Estrich- oder ähnliche Böden	Linoleum; PVZ-Böden; Nadelfilz	Kunststeinplatten; Teppichböden: Kleinparkett	Parkett; Fliesen; Velourteppichboden	Natursteinplatten
Treppen	Holztreppen; Betontreppen; Stahltreppen	Treppen mit Linoleum-, PVC-, oder Teppichbodenbelag	Treppen mit Kunststeinauflage	Treppen mit Natursteinauflage; Treppen aus Edelhölzern	Natursteintreppen
Fenster	Fenster mit einfacher Verglasung	Fenster mit einfacher Verglasung, jedoch mit Rolläden	Doppel- oder Verbundfenster; Fenster mit Isolierglas	Wie vor, jedoch mit Rolläden	Fenster mit dreifacher Verglasung; raumhohe versenkbare Fenster
Türen	Einfache glatte Türen	Türen mit Edelholzfurnier; kunststoffbeschichtete Türen	Füllungstüren	Schiebe- oder Doppeltüren	Massive Edelholztüren; Ganzglastüren

Anlage 129.15 Zu §§ 129–133 BewG

Bau- und Gebäudeteil	Ausstattung				
	1	2	3	4	5
Elektroinstallation	Wenig Brennstellen und Steckdosen x	Mehrere Brennstellen und Steckdosen	Mehrere Brennstellen mit Lichtbändern	Indirekte Beleuchtung zusätzliche Wandbeleuchtung; Einbaubeleuchtung	Aufwendige Elektroinstallation, z. B. Bodensteckdosen und Überwachungsanlage
Sanitäre Installation[1]	Einfache und wenige sanitäre Objekte in Wasch- und Toilettenräumen x	Sanitäre Objekte in größerer Anzahl in Wasch- und Toilettenräumen	Sanitäre Objekte außer in Wasch- und Toilettenräumen auch in anderen Räumen	Sanitäre Beleuchtung in Waschräumen, Bädern, Toiletten und anderer Räumen in guter Ausstattung	Besonders aufwendige Ausstattung
Heizung	Einzelöfen	Warmluftheizung; Nachtstromspeichereinzelöfen	Sammel- oder Fernwärmeheizung ohne Warmwasserbereitung; Nachtstromspeicherzentralheizung	Sammel- oder Fernwärmeheizung mit Warmwasserbereitung	Aufwendige Heizungstechnik
Besondere Räume (z. B. Empfangsräume, Direktionsräume, Sitzungszimmer, Gesellschaftsräume)	Keine x	Geringe Anzahl kleiner Räume	Mehrere kleine Räume oder geringe Anzahl größerer Räume	Mehrere kleine Räume oder geringe Anzahl größerer Räume	Mehrere kleine und große Räume
Anzahl der Ausstattungsmerkmale in der jeweiligen Spalte					
Punktewert	x 1	x 2	x 3	x 4	x 5
Zwischenergebnis	=	=	=	=	= Summe der Zwischenergebnisse (Gesamtpunktwert)

[1] bei sehr guter Ausstattungsqualität ist die nächsthöhere Ausstattungsstufe anzusetzen.

Zu §§ 129–133 BewG **Anlage 129.15**

Anlage 2

Tabelle über die Wertigkeit einzelner Bauteile zum Gesamtbauwerk bei Mietwohngebäuden sowie bei Bank-, Versicherungs-, Verwaltungs- und Bürogebäuden sowie Feriendorfwohnungen

Anzahl der Vollgeschosse	1			2			3			4			5			6 und mehr		
	ausgebautes Dachgeschoß		Flachdach	ausgebautes Dachgeschoß		Flachdach	ausgebautes Dachgeschoß		Flachdach	ausgebautes Dachgeschoß		Flachdach	ausgebautes Dachgeschoß		Flachdach	ausgebautes Dachgeschoß		Flachdach
Bauteil/Gewerk	nein	ja		nein	ja		nein	ja		nein	ja		nein	ja		nein	ja	
Keller insgesamt	24,9	23,5	24,0	21,2	20,2	21,2	17,7	16,8	18,6	14,6	13,9	15,9	12,2	11,6	12,9	10,7	10,1	9,5
Mauerwerk	17,4	16,8	17,1	15,1	14,4	15,2	12,6	12,0	13,3	10,4	9,9	11,4	8,7	8,3	9,3	7,7	7,2	6,8
Erd- und Isolierarbeiten	2,5	2,5	2,6	2,2	2,2	2,2	1,9	1,8	2,0	1,6	1,5	1,7	1,3	1,2	1,4	1,1	1,1	1,0
Kellerboden	5,0	4,2	4,3	3,8	3,6	3,8	3,2	3,0	3,3	2,6	2,5	2,8	2,2	2,1	2,2	1,9	1,8	1,7
Decken insgesamt	14,0	13,1	15,8	13,6	13,1	15,9	13,4	13,2	15,8	13,3	13,1	15,7	13,1	12,9	15,5	13,0	12,7	15,3
Decke über Keller	5,3	4,5	4,6	4,1	3,8	4,2	3,4	3,2	3,6	2,8	2,6	3,0	2,3	2,2	2,4	2,1	1,9	1,8
übrige Decken	5,4	5,4	6,9	5,9	5,8	7,3	6,2	6,2	7,6	6,5	6,5	7,9	6,7	6,6	8,1	6,8	6,7	8,4
Deckenputz	3,3	3,2	4,3	3,6	3,5	4,4	3,8	3,8	4,6	4,0	4,0	4,8	4,1	4,1	5,0	4,1	4,1	5,1
Umfangswände insgesamt	10,3	10,0	13,0	11,2	11,0	14,0	12,4	12,0	15,0	13,6	13,5	16,0	14,7	14,7	17,0	15,2	15,2	18,0
Mauerwerk	8,6	8,3	10,8	9,3	9,2	11,7	10,3	10,0	12,5	11,3	11,2	13,3	12,3	12,2	14,2	12,7	12,7	15,0
Außenputzverkleidung	1,7	1,7	2,2	1,9	1,8	2,3	2,1	2,0	2,5	2,3	2,3	2,7	2,4	2,5	2,8	2,5	2,5	3,0
Innenwände unverputzt	10,7	11,0	6,0	11,8	12,0	7,4	12,8	13,0	8,8	13,5	13,7	10,2	14,1	14,1	11,6	14,3	14,3	13,0
Tragend	5,9	6,1	3,5	6,5	6,7	4,1	7,1	7,2	4,9	7,2	7,6	5,6	7,3	7,8	6,4	7,4	7,9	7,2
Nichttragend	4,8	4,9	2,7	5,3	5,3	3,3	5,7	5,8	3,9	6,3	6,1	4,6	6,8	6,3	5,2	6,9	6,4	5,8
Dach insgesamt	15,3	17,8	7,5	13,5	15,5	6,2	11,8	13,5	5,0	10,7	11,5	4,1	10,0	10,5	3,7	9,9	10,3	3,5
Dachstuhl	10,4	12,2	–	9,2	10,6	–	8,0	9,3	–	7,3	7,9	–	6,8	7,2	–	6,7	7,1	–
Dachhaut	3,9	4,5	6,5	3,5	3,9	4,9	3,0	3,4	3,9	2,7	2,9	3,1	2,6	2,6	2,9	2,6	2,6	2,8
Dachrinnen / Rohre	1,0	1,1	1,5	0,8	1,0	1,3	0,8	0,8	1,1	0,7	0,7	1,0	0,6	0,7	0,8	0,6	0,6	0,7
Treppen insgesamt	2,2	2,0	3,4	3,1	2,9	4,2	3,8	3,7	5,0	4,5	4,4	5,8	5,0	5,0	6,4	5,3	5,2	7,2
Innerer Ausbau insgesamt	22,6	22,6	30,3	25,7	25,5	31,1	28,1	27,8	31,8	29,8	29,9	32,3	30,9	31,2	32,9	31,6	32,2	33,5
Wandputz	5,9	6,0	8,0	6,8	6,7	8,2	7,4	7,4	8,3	7,9	7,9	8,4	8,3	8,4	8,5	8,5	8,6	8,6
Bodenbelag	4,2	4,1	5,3	4,5	4,5	5,6	4,8	4,8	5,9	5,0	5,0	6,1	5,1	5,1	6,3	5,2	5,2	6,5
Installation	4,4	4,4	6,0	5,1	5,0	6,1	5,6	5,5	6,2	6,0	6,0	6,3	6,2	6,2	6,4	6,3	6,5	6,5
Fenster	3,7	3,7	5,0	4,2	4,2	5,1	4,7	4,6	5,2	4,9	5,0	5,2	5,2	5,2	5,3	5,3	5,4	5,4
Verglasung	1,1	1,1	1,5	1,3	1,2	1,5	1,4	1,4	1,6	1,5	1,5	1,6	1,5	1,6	1,6	1,6	1,6	1,6
Türen	3,3	3,3	4,5	3,8	3,7	4,6	4,2	4,1	4,6	4,5	4,5	4,7	4,6	4,7	4,8	4,7	4,9	4,9

* Ist ein Schaden an einer Heizung vorhanden, ist deren Warenanteil zusätzlich mit 4 v. H. bis 7 v. H. anzusetzen.

Anlage 129.15 Zu §§ 129–133 BewG

Anlage 3

Tabelle über die Wertigkeit einzelner Bauteile zum Gesamtbauwert bei Hotelgebäuden und Ferienheimen

Bauteil/Gewerk	Anteil in v. H.	
	ohne Keller	mit Keller
Erdarbeiten, Gründung und Fundamente	4,8	–
Keller (einschl. Gründung und Fundamente)	–	12,7
Außenwände	11,9	10,9
Decken	8,5	7,9
Dach	6,2	5,7
Innenwände	8,1	7,4
Innenausbau insgesamt	44,3	40,6
davon		
Bodenbeläge	4,3	3,9
Türen	3,8	3,5
Fenster	4,8	4,4
Malerarbeiten	2,4	2,2
Wandverkleidung	3,3	3,1
Deckenverkleidung	2,9	2,6
Sanitäre Anlagen	8,1	7,4
Heizung	7,1	6,6
Elektr. Installation	4,8	4,4
Treppen	2,8	2,5
Sonstiges	16,2	14,8

Bewertung von Garagengrundstücken im Beitrittsgebiet ab 1. Januar 1991

Gleichlautende Erlasse der obersten Finanzbehörden der Länder Berlin, Brandenburg, Mecklenburg-Vorpommern, Sachsen, Sachsen-Anhalt und Thüringen

vom 24. November 1992

(BStBl. I S. 725)

1 Geltungsbereich

Dieser Erlaß gilt für die Ermittlung von Einheitswerten für Garagengrundstücke im Beitrittsgebiet. Zum Beitrittsgebiet gehören die Länder Brandenburg, Mecklenburg-Vorpommern, Sachsen, Sachsen-Anhalt und Thüringen und der Teil des Landes Berlin, in dem das Grundgesetz vor dem Wirksamwerden des Beitritts nicht gegolten hat.

2 Umschreibung der Grundstücke

Garagengrundstücke im Sinne dieses Erlasses sind Grundtücke, auf denen sich ausschließlich oder fast ausschließlich Garagen (Einzel- oder Sammelgaragen) befinden. Hierzu gehören nicht Parkhäuser (Hoch- und Tiefgaragen).

3 Wirtschaftliche Einheit

Der Einheitswert umfaßt regelmäßig den Grund und Boden und die Gebäude sowie die Außenanlagen und das Zubehör (§ 50 Abs. 1 Satz 1 BewG-DDR). Für die Außenanlagen und das Zubehör sind keine besonderen Werte anzusetzen.

Zu dem Garagengrundstück gehört neben der bebauten Fläche auch die mit dem Gebäude im räumlichen Zusammenhang stehende unbebaute Fläche. Die Abgrenzung ist nach den Verhältnissen im Einzelfall vorzunehmen. Garagengrundstücke sind der Grundstückshauptgruppe sonstige bebaute Grundstücke (§ 32 Abs. 1 Nr. 5 RBewDV) zuzuordnen.

Bei Einzel- oder Sammelgaragen auf fremdem Grund und Boden liegen nach § 50 Abs. 3 BewG-DDR zwei wirtschaftliche Einheiten vor, zum einen der Grund und Boden (als unbebautes Grundstück zu bewerten) und zum anderen die Einzel- oder Sammelgarage (nach § 32 Abs. 1 Nr. 5 RBewDV als sonstiges bebautes Grundstück zu bewerten).

4 Ermittlung des Einheitswerts

Die Garagengrundstücke sind mit dem gemeinen Wert zu bewerten (§ 52 Abs. 1 BewG-DDR in Verbindung mit § 33 Abs. 2 RBewDV). Für die Bewertung kommt es auf die tatsächlichen Verhältnisse vom Fortschreibungs- oder Nachfeststellungszeitpunkt an. Für die Wertermittlung sind dagegen die Wertverhältnisse vom 1. Januar 1935 maßgebend. Dies gilt auch für Fortschreibungen und Nachfeststellungen des Einheitswerts auf spätere Zeitpunkte (§ 3a RBewDV).

Die Ermittlung des gemeinen Werts erfolgt im Sachwertverfahren, und zwar unter getrennter Ermittlung des Bodenwerts und des Gebäudewerts.

4.1 Bodenwert

Als Bodenwert ist der gemeine Wert (Wertverhältnisse 1. Januar 1935) anzusetzen, den der Grund und Boden als unbebautes Grundstück haben würde. Der Umstand, daß das Grundstück bebaut ist, wirkt sich somit auf die Höhe des Bodenwerts nicht aus.

4.2 Gebäudewert

Der Gebäudewert ist bei Einzel- oder Sammelgaragen in

– Leichtbauweise (Fertigteilgaragen) mit 500 DM und

– in Massivbauweise mit 700 DM

je Pkw-Stellplatz anzusetzen.

Durch die Wertansätze sind die Alterswertminderung sowie wertmindernde und werterhöhende Umstände abgegolten.

4.3 Gemeiner Wert

Der Bodenwert (vgl. Tz. 4.1) und der Gebäudewert (vgl. Tz. 4.2) ergeben den gemeinen Wert des Garagengrundstücks. Der Wert ist auf volle 100 DM nach unten abzurunden (§ 30 Nr. 1 BewG); das Ergebnis stellt den Einheitswert dar.

Anlage 129.17

Zu §§ 129–133 BewG

Bewertung von Tankstellengrundstücken im Beitrittsgebiet ab 1. Januar 1991
Gleichlautende Erlasse der obersten Finanzbehörden der Länder Berlin, Brandenburg, Mecklenburg-Vorpommern, Sachsen, Sachsen-Anhalt und Thüringen
vom 9. November 1992
(BStBl. I S. 712)

1 Geltungsbereich

Dieser Erlaß gilt für die Ermittlung von Einheitswerten für Tankstellengrundstücke im Beitrittsgebiet. Zum Beitrittsgebiet gehören die Länder Brandenburg, Mecklenburg-Vorpommern, Sachsen, Sachsen-Anhalt und Thüringen und der Teil des Landes Berlin, in dem das Grundgesetz vor dem Wirksamwerden des Beitritts nicht gegolten hat.

2 Umschreibung der Grundstücke

Tankstellengrundstücke sind Geschäftsgrundstücke, die einem Tankstellenbetrieb einschließlich seiner Nebenleistungen dienen. Zum Tankstellengebäude gehören auch Verkaufs-, Personal- und Sanitärräume. Ferner können Wagenwasch-, Pflege- und Werkstatthallen, Lager und Garagen sowie Restaurations-, Hotel- und Wohngebäude auf Tankstellengrundstücken vorhanden sein.

Nicht zu den Tankstellengrundstücken rechnen Tankanlagen zur Eigenversorgung innerhalb eines Gewerbebetriebs (z. B. auf einem Fabrikgrundstück oder auf einem Grundstück, das von einem Fuhrunternehmen genutzt wird) sowie Kleintankstellen (nur Zapfsäulen, ggf. mit einer Überdachung).

3 Wirtschaftliche Einheit

Der Einheitswert umfaßt regelmäßig den Grund und Boden und die Gebäude sowie die Außenanlagen und das Zubehör (§ 50 Abs. 1 Satz 1 BewG-DDR). Für das Zubehör ist kein besonderer Wert anzusetzen.

3.1 Grund und Boden

Zum Grund und Boden gehört neben den bebauten Flächen auch die mit dem Gebäude im räumlichen Zusammenhang stehende unbebaute Fläche.

3.2 Betriebsvorrichtungen

Bauwerke oder Anlagen von Tankstellen können nur insoweit als Gebäude oder Außenanlagen in den Einheitswert einbezogen werden, als sie nicht zu den Betriebsvorrichtungen rechnen. Wegen der Abgrenzung von Gebäuden, Gebäudeteilen und Außenanlagen gegenüber den Betriebsvorrichtungen vgl. gleichlautende Erlasse vom 31. März 1992 (BStBl. I S. 342) und Anlage 1.

3.3 Tankstellen auf fremdem Grund und Boden

Bei Tankstellen auf fremdem Grund und Boden liegen nach § 50 Abs. 3 BewG-DDR zwei wirtschaftliche Einheiten vor, zum einen der Grund und Boden (als unbebautes Grundstück zu bewerten) und zum anderen die Tankstellengebäude mit Außenanlagen.

4 Ermittlung des Einheitswerts

Die Tankstellengrundstücke sind mit dem gemeinen Wert zu bewerten (§ 52 Abs. 1 BewG-DDR i. V. m. § 33 Abs. 2 und 3 RBewDV). Für die Bewertung kommt es auf die tatsächlichen Verhältnisse vom Fortschreibungs- oder Nachfeststellungszeitpunkt an. Für die Wertermittlung sind dagegen die Wertverhältnisse vom 1. Januar 1935 maßgebend. Dies gilt auch für Fortschreibungen und Nachfeststellungen des Einheitswerts auf spätere Zeitpunkte (§ 3a RBewDV).

Die Ermittlung des Einheitswerts erfolgt stets im Sachwertverfahren, und zwar unter getrennter Ermittlung des Bodenwerts, des Werts der Außenanlagen und des Gebäudewerts.

4.1 Bodenwert

Als Bodenwert ist der gemeine Wert (Wertverhältnisse 1. Januar 1935) anzusetzen, den der Grund und Boden als unbebautes Grundstück haben würde. Der Umstand, daß das Grundstück bebaut ist, wirkt sich somit auf die Höhe des Bodenwerts nicht aus.

Bei der Ermittlung des Bodenwerts ist von den durchschnittlichen Werten auszugehen, die sich für ein Gebiet, eine Straße oder einen Straßenabschnitt ohne Rücksicht auf die besonderen

Zu §§ 129–133 BewG **Anlage 129.17**

Eigenschaften der einzelnen Grundstücke je m² ergeben. Für diese Werte sind regelmäßig die Kaufpreissammlungen sowie die Richtpreise der ehemaligen Preisbehörden maßgebend.
Aus den durchschnittlichen Werten ist der Bodenwert des betreffenden Grundstücks abzuleiten.

4.2 Wert der Außenanlagen

Die nicht als Betriebsvorrichtungen anzusehenden Außenanlagen, wie z. B. Be- und Entwässerungsanlagen, Bodenbefestigungen vor Waschhallen, Reparaturwerkstätten und Garagen sowie Dauerpark- oder Abstellplätze, sind pauschal mit 8 v. H. des Gebäudewerts zu erfassen, wenn der Eigentümer keinen niedrigeren Wert nachweist.

4.3 Gebäudewert

Der Gebäudenormalherstellungswert für Tankstellenräume, Wagenwasch-, Pflege- und Werkstatthallen sowie Lager und Garagen errechnet sich aus dem nach Tz. 4.3.1 ermittelten umbauten Raum und den unter Tz. 4.3.2.1 bis 4.3.2.4 aufgeführten durchschnittlichen Raummeterpreisen. Für Überdachungen sind die unter Tz. 4.3.2.5 angegebenen Quadratmeterpreise anzusetzen. Der Gebäudenormalherstellungswert ist um Abschläge (vgl. Tz. 4.3.3) und um die Wertminderung wegen Alters sowie die an deren Stelle tretenden Abschläge wegen nicht behebbarer Baumängel oder Bauschäden, wegen vorzeitigen Abbruchs oder wegen wirtschaftlicher Überalterung des Gebäudes (vgl. Tz. 4.3.4) zu ermäßigen.

4.3.1 Ermittlung des umbauten Raums

Der umbaute Raum ist nach Anlage 2 zu ermitteln. Bei der Ermittlung des umbauten Raums von Hotelgebäuden auf Tankstellengrundstücken ist als Besonderheit zu beachten, daß für ein der Übernachtung dienendes Geschoß als Höchstmaß eine Geschoßhöhe (einschließlich Decke) von 3,50 m anzusetzen ist. Für Geschosse, die Restaurationsräume und andere nicht der Übernachtung dienende Räume enthalten, ist die tatsächliche Höhe zugrunde zu legen.

4.3.2 Durchschnittliche Raummeterpreise

4.3.2.1 Raummeterpreise für Tankstellenräume (einschließlich Verkaufs-, Personal- und Sanitärräume)

Ausstattungsgüte	Raummeterpreis DM/m³
einfach	
– 1,00 Punkt	12
– 1,01 bis 1,25 Punkte	14
– 1,26 bis 1,50 Punkte	16
mittel	
– 1,51 bis 2,00 Punkte	18
– 2,01 bis 2,50 Punkte	21
gut	
– 2,51 bis 3,00 Punkte	24
– 3,01 bis 3,50 Punkte	27
sehr gut	
– 3,51 bis 4,00 Punkte	30
– 4,01 bis 4,50 Punkte	32
aufwendig	
– 4,51 bis 4,75 Punkte	34
– 4,76 bis 5,00 Punkte	36

Anlage 129.17

Zu §§ 129–133 BewG

4.3.2.2 Raummeterpreise für Wagenwasch-, Pflege- und Werkstatthallen sowie Lager und Garagen

Ausstattungsgüte	Raummeterpreis DM/m³
einfach – 1,00 Punkt	9
– 1,01 bis 1,25 Punkte	11
– 1,26 bis 1,50 Punkte	13
mittel – 1,51 bis 2,00 Punkte	15
– 2,01 bis 2,50 Punkte	17
gut – 2,51 bis 3,00 Punkte	19
– ab 3,01 Punkte	21

4.3.2.3 Raummeterpreis für Restaurations- und Hotelräume auf Tankstellengrundstücken

Ausstattungsgüte	Raummeterpreis DM/m³
einfach – 1,00 Punkt	15
– 1,01 bis 1,25 Punkte	16
– 1,26 bis 1,50 Punkte	17
mittel – 1,51 bis 2,00 Punkte	19
– 2,01 bis 2,50 Punkte	23
gut – 2,51 bis 3,00 Punkte	26
– 3,01 bis 3,50 Punkte	30
sehr gut – 3,51 Punkte	34

4.3.2.4 Raummeterpreis für Wohnräume

Für Wohnräume sind die Raummeterpreise für Einfamilienhäuser anzusetzen (vgl. gleichlautende Erlasse vom 6. November 1991, BStBl. I S. 968).

4.3.2.5 Preise für Überdachungen

Überdachungen	Preis pro m² überdachter Fläche in DM
mit eigenen Stützen	
– in leichter Bauausführung	7
– in Holzkonstruktionen	15
– in Stahl- oder Stahlbetonkonstruktion	20
ohne eigene Stützen (Überstände, Vordächer)	
– in leichter Bauausführung	6
– in Holzkonstruktionen	12
– in Stahl- oder Stahlbetonkonstruktion	16

4.3.2.6 Bestimmung der Ausstattungsgüte

Die Bestimmung der Ausstattungsgüte der Tankstellenräume, Wagenwasch-, Pflege- und Werkstatthallen sowie Lager und Garagen erfolgt durch Ankreuzen der vorhandenen Ausstattungsmerkmale in der Ausstattungstabelle II (Anlage 3). Dort nicht aufgeführte Bauausführungen sind in die wertmäßig entsprechende Ausstattungsgüte einzuordnen. Für ein einfaches Austattungsmerkmal ist ein Punkt, für ein durchschnittliches sind zwei Punkte, für ein gutes drei Punkte usw. zu vergeben. Liegen bei einem Gebäudeteil unterschiedliche Ausstattungsgüten vor, so ist nur die überwiegende Ausstattungsgüte bei der Auswertung zu berücksichtigen. Es gilt somit der Grundsatz: Ein Gebäudeteil = ein Punktewert.

Die Gebäude sind entsprechend dem arithmetischen Mittel aus der Summe der einzelnen Punktewerte dividiert durch die Anzahl der einbezogenen Gebäudeteile in die unter Tz. 4.3.2.1 bis 4.3.2.3 angegebenen Ausstattungsgüten einzustufen.

Die Ausstattungsgüte für Restaurations- und Hotelräume auf Tankstellengrundstücken bestimmt sich nach der als Anlage 4 beigefügten Ausstattungstabelle I entsprechend den vorstehenden Anweisungen.

4.3.2.7 Zuschläge zu den Raummeterpreisen

Zuschläge kommen grundsätzlich nicht in Betracht.

4.3.3 Abschläge vom Gebäudenormalherstellungswert

Eine Ermäßigung des Gebäudenormalherstellungswerts eines Gebäudes oder eines selbständigen Gebäudeteils kann insbesondere wegen des schlechten baulichen Zustands, wegen Schadensgefahren (z. B. Berg-, Wasser- und Erschütterungsschäden), wegen ungewöhnlich starker Beeinträchtigungen durch Lärm, Rauch, Gerüche oder wegen Altlasten in Betracht kommen. Sonderabschläge wegen Strukturänderung, unorganischen Aufbaus und Preisverfalls sind nicht zu berücksichtigen. Die Abschläge beziehen sich auf den Gebäudenormalherstellungswert; sie dürfen 60 v. H. des Gebäudenormalherstellungswerts nicht übersteigen.

Der schlechte bauliche Zustand des Gebäudes wird regelmäßig auf behebbare Baumängel und Bauschäden zurückzuführen sein. Dabei ist der Abschlag unter Berücksichtigung des Schadensgrads für den betreffenden Bauteil zu schätzen.

4.3.4 Alterswertminderung und Abschläge vom gekürzten Gebäudenormalherstellungswert

4.3.4.1 Alterswertminderung

Der um die Abschläge nach Tz. 4.3.3 gekürzte Gebäudenormalherstellungswert ist wegen des Alters des Gebäudes im Hauptfeststellungszeitpunkt (1. Januar 1935) zu mindern. Maßgebend für die Alterswertminderung ist die gewöhnliche Lebensdauer des Gebäudes und dessen Alter zum 1. Januar 1935. Für nach dem 1. Januar 1935 errichtete Gebäude ist keine Alterswertminderung anzusetzen.

Für die Berechnung der Alterswertminderung ist auf den 1. Januar des Jahres abzustellen, in dem das Gebäude bezugsfertig geworden ist. Es ist von einer gleichbleibenden jährlichen Wertminderung auszugehen.

Als Lebensdauer von Tankstellenräumen, Wasch-, Pflege- und Werkstatthallen sowie Lager und Garagen sind zugrunde zu legen:

– bei Massivbauten und bei Gebäuden in Stahl- oder Stahlbetonskelettkonstruktion: 80 Jahre,

Anlage 129.17

Zu §§ 129–133 BewG

- bei Holzfachwerkgebäuden: 60 Jahre,
- bei Betongroßtafelbauten: 50 Jahre,
und
- bei einfachster Bauweise (z. B. Holztafelbau): 40 Jahre,

Bei den Restaurations- und Hotelgebäuden sowie den Wohngebäuden auf Tankstellengrundstücken ist von einer Lebensdauer
- bei Massivbauten und bei Gebäuden in Stahl- oder Stahlbetonskelettkonstruktion von 100 Jahren,
- bei Holzfachwerkgebäuden von 70 Jahren,
- bei Betongroßtafelbauten von 60 Jahren
und
- bei einfachster Bauweise (z. B. Holztafelbau) von 40 Jahren

auszugehen.

Bei Überdachungen in leichter Bauausführung ist eine Lebensdauer von 20 Jahren, in Holzkonstruktion von 40 Jahren und in Stahl- oder Stahlbetonkonstruktion von 80 Jahren zugrunde zu legen.

4.3.4.2 Nicht behebbare Baumängel oder Bauschäden

Nicht behebbare Baumängel oder Bauschäden, die zu einer Verkürzung der Gesamtlebensdauer führen, sind durch einen Abschlag zu berücksichtigen. Bezugsgröße für diesen Abschlag ist der um die Abschläge nach Tz. 4.3.3 gekürzte Gebäudenormalherstellungswert. Der Abschlag ist wie folgt zu ermitteln:

$$\text{Abschlag in v. H.} = \frac{\text{Alter im Feststellungszeitpunkt}}{\text{verkürzte Gesamtlebensdauer}} \times 100 \text{ v. H.}$$

Bei Gebäuden, die vor dem 1. Januar 1935 errichtet worden sind, ist die Alterswertminderung bei der Abschlagsberechnung berücksichtigt.

Bei Gebäuden unterschiedlichen Alters ist der Abschlag jeweils gesondert zu berechnen.

Der Wert, der nach Abzug der Alterswertminderung oder des an deren Stelle tretenden Abschlags wegen nicht behebbarer Baumängel oder Bauschäden verbleibt, darf grundsätzlich 40 v. H. des Gebäudenormalherstellungswerts nicht unterschreiten (Restwert).

4.3.4.3 Abschlag wegen der Notwendigkeit baldigen Abbruchs oder wegen wirtschaftlicher Überalterung

Die **Notwendigkeit baldigen Abbruchs** und die **wirtschaftliche Überalterung** sind ebenfalls durch Abschläge von dem nach Tz. 4.3.3 gekürzten Gebäudenormalherstellungswert zu berücksichtigen.

Ein Abschlag wegen der Notwendigkeit baldigen Abbruchs ist zu gewähren, wenn die Tankstelle auf fremdem Grund und Boden errichtet worden ist und eine **unbedingte Abbruchverpflichtung** nach Ablauf des Nutzungszeitraums besteht.

*Ein Abschlag wegen wirtschaftlicher Überalterung ist für Tankstellengebäude zu gewähren, die vor dem **1. Juli 1990 errichtet worden und am Feststellungszeitpunkt mindestens 12 Jahre alt sind***[1]*. Ist das Tankstellengebäude nach Fertigstellung durchgreifend erneuert worden, so kommt es für die Beurteilung der wirtschaftlichen Überalterung auf das Jahr der durchgreifenden Erneuerung an.*

Die Abschlagsberechnung erfolgt wie bei nicht behebbaren Baumängeln und Bauschäden, jedoch ohne Begrenzung auf einen Restwert. Bei der Berechnung des Abschlags wegen wirtschaftlicher Überalterung ist von einer verkürzten Gesamtlebensdauer von 40 Jahren auszugehen.

Liegen die Voraussetzungen für mehrere Abschläge vom gekürzten Gebäudenormalherstellungswert vor, ist nur der Abschlag zu gewähren, der zu dem geringsten Gebäudewert führt.

Anbauten teilen das Schicksal des Hauptgebäudes. Ist anzunehmen, daß ein Erweiterungsbau nach Größe, Bauart und Nutzung eine andere Lebensdauer als das Hauptgebäude haben wird, so sind die Alterswertminderung und die Abschläge jeweils getrennt zu berechnen. Für Aufstockungen ist die Alterswertminderung nach dem Alter der unteren Gebäude zu bemessen.

---

1) überholt; Abschlagsregelung ist für Feststellungszeitpunkte ab 1.1.1993 nicht mehr anzuwenden.

Zu §§ 129–133 BewG **Anlage 129.17**

Wird ein Gebäude durch bauliche Maßnahmen durchgreifend erneuert und verlängert sich dadurch seine restliche Lebensdauer, so ist die Lebensdauer nicht nach dem tatsächlichen Alter des Gebäudes, sondern nach einem Baualter unter Berücksichtigung der verlängerten restlichen Lebensdauer zu bemessen.

4.4 Gemeiner Wert

Der Bodenwert, der Wert der Außenanlagen und der Gebäudewert ergeben den gemeinen Wert des Grundstücks. Dieser Wert ist für Zwecke der Einheitsbewertung auf volle 100 DM nach unten abzurunden (§ 30 Nr. 1 BewG).

Bei der Ermittlung des Einheitswerts sind keine Wertzahlen anzuwenden; die Wertangleichung an den gemeinen Wert ist bereits bei der Festlegung der durchschnittlichen Raummeterpreise berücksichtigt. Ein Abschlag wegen Belastung mit Gebäudeentschuldungsteuer kommt nicht in Betracht.

5 Verfahrensrechtliche Besonderheiten [1]

Soweit bisher bereits Einheitswerte für zum Betriebsvermögen gehörende Tankstellengrundstücke aufgrund der 10 v. H.-Regelung (vgl. Tz. 4.4 der gleichlautenden Erlasse vom 20. November 1990, BStBl. I S. 827) unter dem Vorbehalt der Nachprüfung festgestellt worden sind, sind diese Einheitswerte unter Berücksichtigung der oben dargestellten Bewertungsgrundsätze zu ermitteln. Die Änderung erfolgt nach § 164 Abs. 2 AO. In dem geänderten Feststellungsbescheid ist der Vorbehalt der Nachprüfung aufzuheben, soweit nicht andere Gründe die Aufrechterhaltung des Vorbehalts rechtfertigen.

---

1) Durch Zeitablauf überholt.

Anlage 129.17

Zu §§ 129–133 BewG

Anlage 1
Abgrenzung Gebäude/Außenanlagen zu den Betriebsvorrichtungen bei Tankstellengrundstücken
Es gelten die Grundsätze des ländereinheitlichen Abgrenzungserlasses vom 31. 3. 1992, BStBl. I S. 342. Hiernach ergeben sich für die Tankstellen folgende Zuordnungen:

	Betriebs-vorrichtung	Gebäude/Außen-anlage
Reparaturwerkstatt		x
Tanksäulenüberdachung	x[1]	(x)[2]
Tankwartgebäude		x
Wagenpflegehalle		x
Autowaschhalle		x[3]
Kabinen von Selbstbedienungswaschanlagen		x
Vorrichtungen:		
– Hebebühne	x	
– Kompressor	x	
– Benzin- und Ölabscheider	x	
– Tank	x	
– Waschanlage	x	
– Zapfsäule	x	
Beleuchtungsanlage		x
Be- und Entwässerungsanlage		x
Be- und Entwässerungsanlage für Wasch und Pflegehallen	x[4]	
Bodenbefestigungen		
– vor Waschhallen, Reparaturwerkstätten und Garagen sowie Dauerpark- oder Abstellplätze		x
– der Zu- und Abfahrtsfläche zu den Zapfsäulen im Tankbereich	x	
Einfriedungen	x[5]	(x)

1) Bis 30 m² überdachte Fläche oder die Breite überschreitet nicht die doppelte lichte Höhe.
2) übrige Fälle
3) Die Umschließung einer Autowaschstraße ist als Gebäude anzusehen, wenn die Schaltzentrale und der Bedienungsgang unter Berücksichtigung der Flächengröße und der Nutzungsintensität im Verhältnis zum gesamten Bauwerk nicht von untergeordneter Bedeutung ist (BFH-Urteil vom 14. November 1975, BStBl. 1976 II S. 198).
4) einschließlich evtl. Waschwasseraufbereitungsanlagen
5) soweit spezielle Ausgestaltung und Zweckbestimmung für Tankstellenbetrieb zu bejahen ist.

Anlage 129.17

Anlage 2

Berechnung des umbauten Raumes nach DIN 277
(1934)
– abgeleitet –

Zeichenerklärung:

▨ Voll anzurechnender umbauter Raum

☐ Nicht hinzuzurechnender umbauter Raum

▦ Getrennt (mit anderen Raummeterpreisen) zu berechnender umbauter Raum

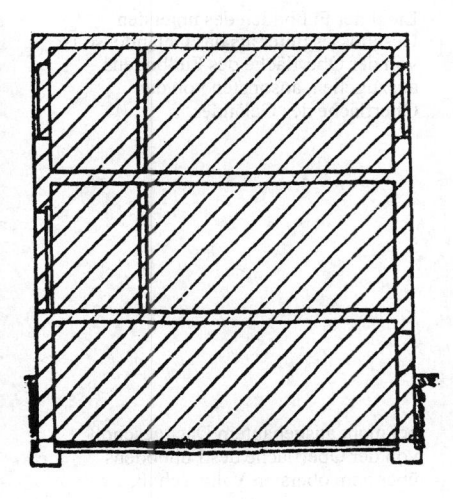

Ermittlung des umbauten Raumes für ausgeführte Hochbauten. Der umbaute Raum ist in m^3 anzugeben.

Voll anzurechnen ist der umbaute Raum eines Gebäudes, der umschlossen wird:

seitlich von den Außenflächen der Umfassungen,

unten
bei unterkellerten Gebäuden von den Oberflächen der untersten Geschoßfußböden,

Anlage 129.17

Zu §§ 129–133 BewG

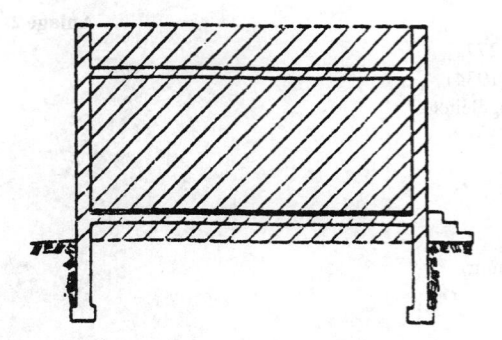

bei nicht unterkellerten Gebäuden von der Oberfläche des Geländes,

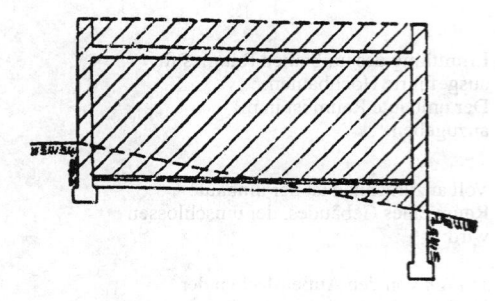

Liegt der Fußboden des untersten Geschosses tiefer als das Gelände, so ist von der Oberfläche des Fußbodens auszugehen, ansonsten von der Oberfläche des Geländes.

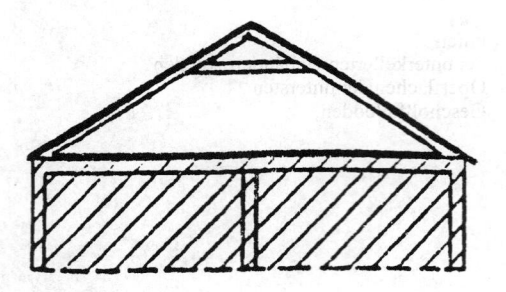

bei nicht ausgebautem Dachgeschoß von der Oberfläche des Fußbodens über dem obersten Vollgeschoß,

Zu §§ 129–133 BewG **Anlage 129.17**

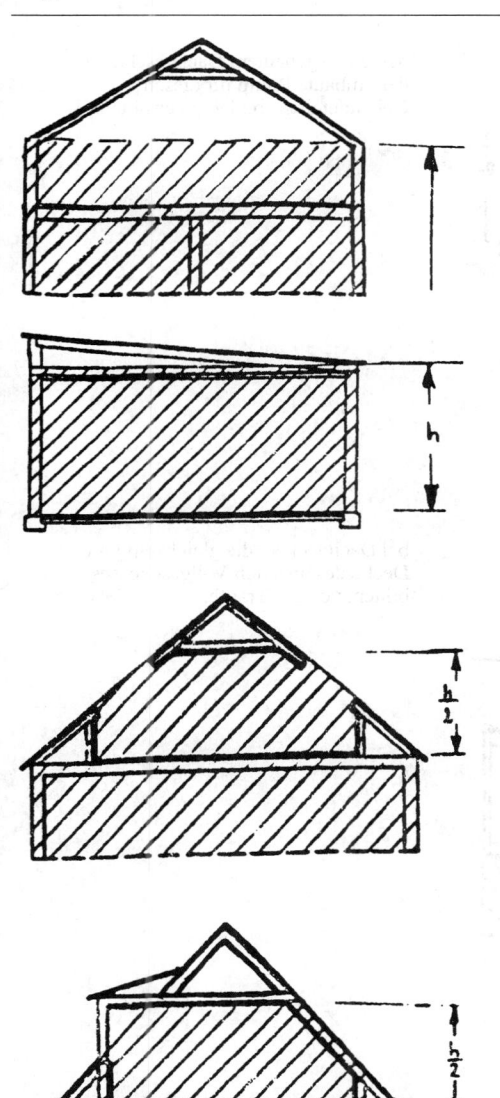

bei nicht ausgebautem Dachgeschoß mit Drempel von der Traufe,

bei ausgebautem Dachgeschoß ist der bis zur Oberfläche des Dachgeschoßfußbodens errechneten Höhe aus Vereinfachungsgründen die Hälfte der maximalen Innenhöhe des Dachgeschosses hinzuzurechnen,

Anlage 129.17 Zu §§ 129–133 BewG

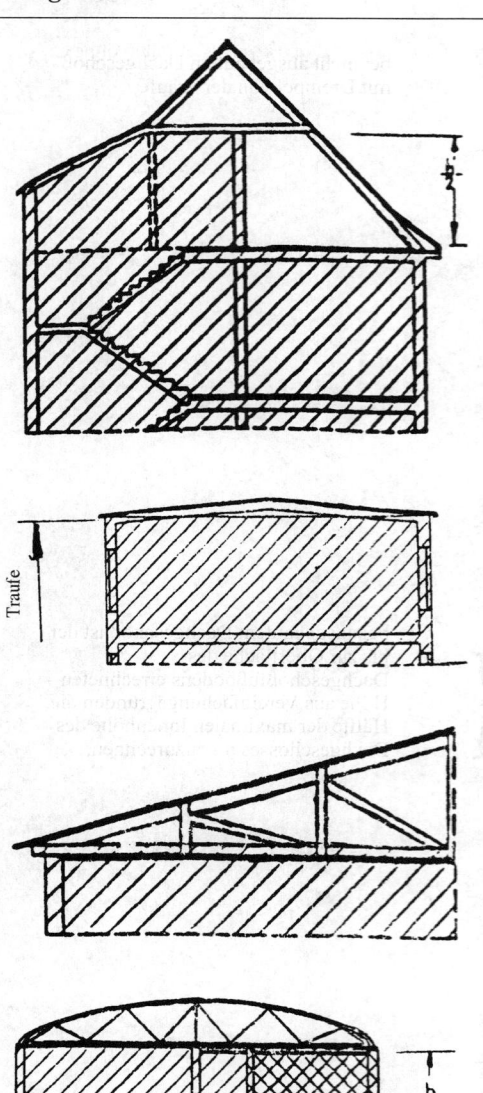

bei teilausgebautem Dachgeschoß ist der umbaute Raum für diesen Gebäudeteil gesondert zu ermitteln,

bei Dachdecken, die gleichzeitig die Decke des obersten Vollgeschosses bilden, von der Traufe,

844

Anlage 129.17

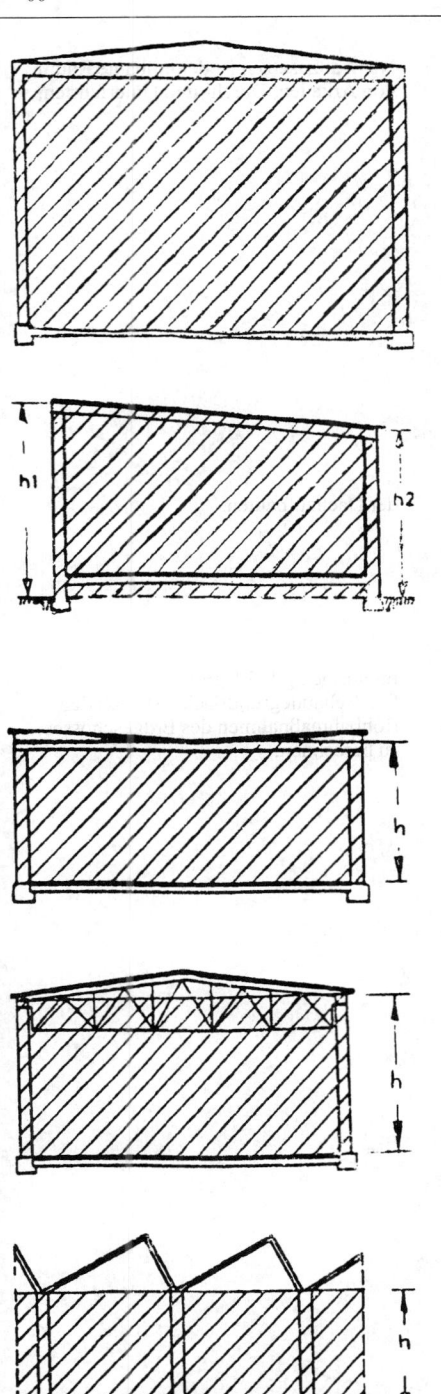

bei Gebäuden oder Bauteilen ohne
Geschoßdecken von der Traufe.

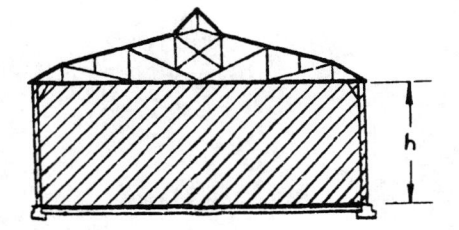

Anlage 129.17 Zu §§ 129–133 BewG

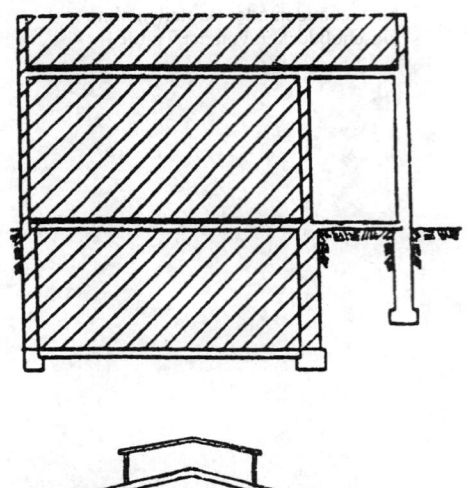

Nicht anzusetzen ist der umbaute Raum von Arkaden, Durch- und Unterfahrten,

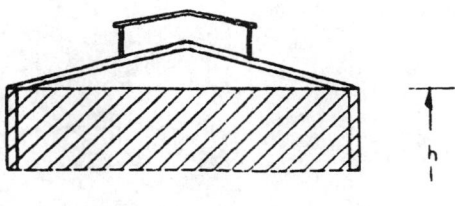

der Dachaufbauten.

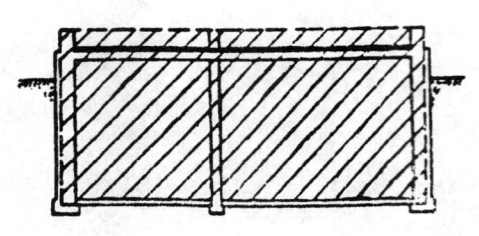

Im übrigen gilt folgendes:
Die Gebäudegrundfläche ist nach den Rohbaumaßnahmen des Erdgeschosses zu berechnen,

Anlage 129.17

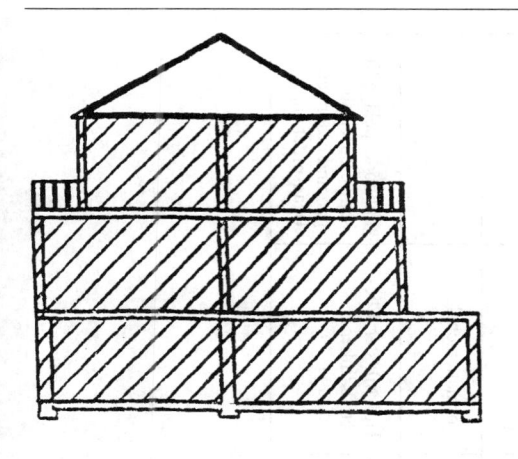

bei wesentlich verschiedenen Geschoßgrundflächen ist der umbaute Raum geschoßweise zu berechnen,

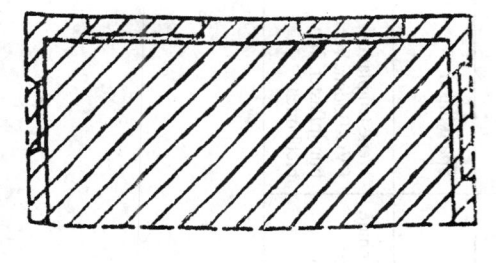

nicht abzuziehen ist der umbaute Raum, der gebildet wird von:

äußeren Leibungen von Fenstern und Türen und äußeren Nischen in den Umfassungen,

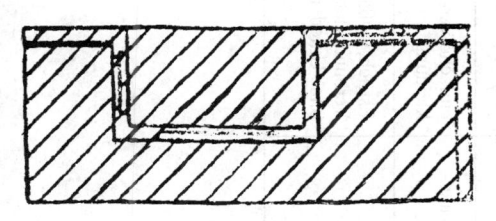

Hauslauben (Loggien), d. h. an höchstens 2 Seitenflächen offen, im übrigen umbauten Räumen.

Anlage 129.17

Zu §§ 129–133 BewG

Anlage 3

Ausstattungstabelle II

Bau- und Gebäudeteil		Ausstattung				
		1	2	3	4	5
Dachausführung[1)]		einfache nicht massive Dächer (Papp-, Blech-, Wellfaserzementeindeckung)	einfache nicht massive Dächer, jedoch mit Wärmedämmung	Gasbetonfertigteile Stegzementdielen, leichte massive Dächer, Ziegeldächer	massive Stahlbetondächer mit Wärmedämmung, Ziegeldach mit Wärmedämmung	Dächer mit Naturschiefer, Kupfer große Anzahl von Oberlichtern (über 20% der Dachfläche), Sheddach
Ausfachung/ Fassade	Skelett-, Fachwerk-, Rahmenbauplatten)	einfache Wände (Holz, Blech, Faserzement Ausfachung[3)] bis 12 cm	einfache Wände[2)] mit Wärmedämmung; bis 25 cm	Leichtbetonwände[2)], Ausfachung bis 30 cm[2)]; Spaltklinker	Schwerbetonplatten[2)], Sandwichplatten, Ausfachung	Ausfachung über 30 cm, Glasverkleidung
	Massivbau	Putz, Sichtmauerwerk	einfache Verkleidung	Spaltklinker	Vormauerschale	
Fußboden		Rohbeton	Estrich, Gußasphalt, Verbundpflaster ohne Unterbau	Werksteinplatten, PVC-Boden, Verbundpflaster, Teppichboden	Holzpflaster, Fliesen, Klinker	Fußbodenbeläge für schwere Belastungen und besondere Beanspruchung

Zu §§ 129–133 BewG **Anlage 129.17**

Bau- und Gebäudeteil	Ausstattung				
	1	2	3	4	5
Heizung	Einzelöfen	Lufterhitzer, elektrische Heizung	Lufterhitzer mit zentraler Kesselanlage, an Kesselanlage des Betriebs angeschlossene Sammelheizung Fernheizung	Sammelheizung mit separater Kesselanlage	aufwendige Heiztechnik
Fenster	geringe Anzahl	einfache Fenster	einfache Fensterbänder	Einzelfenster mit Isolierverglasung, Verbundfenster, Glasbausteine	Fensterbänder mit Isolierverglasung, raumhohe Verglasung
Sonstige Ausstattung (insbesondere Einbauten)	keine oder geringfügig	geringe Anzahl von Büro- und Sozialräumen	mehrere einfache Büro- und Sozialräume	wie vor, jedoch in guter Ausstattung	sehr gut ausgestattete Büro- und Sozialräume
Punktewert	x 1	x 2	x 3	x 4	x 5
Zwischenergebnis	=	=	=	=	=

```
                                        10   = Summe der Zwischenergebnisse
                                                (Gesamtpunktewert)
```

1) Sind mehrere Oberlichter vorhanden (über 20 v. H. der Dachfläche), ist die nächsthöhere Ausstattungsstufe maßgebend.
2) Bei Zusammentreffen von Ausfachung und zusätzlicher Verkleidung ist die nächsthöhere Ausstattungsstufe anzusetzen.
3) Nichttragende vorgesetzte massive Außenwände bei Skelett-, Rahmen- und Fachwerkkonstruktionen sind wie Ausfachungen zu behandeln.

Anlage 129.17

Zu §§ 129–133 BewG

Anlage 4

Ausstattungstabelle I

Bau- und Gebäudeteil	Ausstattung				
	1	2	3	4	5
Ausfachung/Fassade	Einfache Plattenwände (Holz, Blech, Faserzement); einfacher Putz; Verbreiterung	Leichtbetonwände; Rauhputz	Schwerbetonplatten; Putz mit Fenster- und Türeinfassung in Kunststein; Vormauerschale; Spaltklinker	Putz mit Fenster- und Türeinfassungen aus Naturstein; Spaltklinker; Kunststeinverkleidung	Natursteinfassade Keramikplatten; Kupfer, Eloxal oder ähnliches; Glasverkleidung
Dachausführung	Einfache Dächer (Dachpappen, Blech-, Faserzementeindeckung)	Leichte Betondächer ohne wärmedämmung; einfache Ziegeldeckung	Betondächer mit Wärmedämmung und Pappeindeckung; bessere Ziegeleindeckung; Kunstschiefer	Betondächer mit Wärmedämmung und bessere Eindeckung; Kiesschüttung; Naturschieferdeckung; Dächer mit bes. Aufbauten	Dachterrassen; befahrbare Dächer; Dächer mit wertvoller Eindeckung (z. B. Kupfer)
Warmbehandlung (ohne Sanitärräume)	Einfacher Wandputz Anstrich	Kunstharzputz	Einfache Vertäfelung	Sichtmauerwerk; keramische Platten	Edelholzvertäfelung; Natursteinplatten
Fußboden	Dielen, Steinholz-, Asphalt, Estrich- oder ähnliche Böden	Linoleum; PVZ-Böden; Nadelfilz	Kunststeinplatten; Teppichböden: Kleinparkett	Parkett; Fliesen; Velourteppichboden	Natursteinplatten
Treppen	Holztreppen; Betontreppen; Stahltreppen	Treppen mit Linoleum-, PVC-, oder Teppichbodenbelag	Treppen mit Kunststeinauflage	Treppen mit Natursteinauflage; Treppen aus Edelhölzern	Natursteintreppen
Fenster	Fenster mit einfacher Verglasung	Fenster mit einfacher Verglasung, jedoch mit Rolläden	Doppel- oder Verbundfenster; Fenster mit Isolierglas	Wie vor, jedoch mit Rolläden	Fenster mit dreifacher Verglasung; raumhohe versenkbare Fenster
Türen	Einfache glatte Türen	Türen mit Edelholzfurnier; kunststoffbeschichtete Türen	Füllungstüren	Schiebe- oder Doppeltüren	Massive Edelholztüren; Ganzglastüren

Zu §§ 129–133 BewG **Anlage 129.17**

Bau- und Gebäudeteil	Ausstattung				
	1	2	3	4	5
Elektroinstallation	Wenig Brennstellen und Steckdosen	Mehrere Brennstellen und Steckdosen	Mehrere Brennstellen mit Lichtbändern	Indirekte Beleuchtung mit zusätzliche Wandbeleuchtung; Einbaubeleuchtung	Aufwendige Elektroinstallation, z. B. Bodensteckdosen und Überwachungsanlage
Sanitäre Installation[1)]	Einfache und wenige sanitäre Objekte in Wasch- und Toilettenräumen	Sanitäre Objekte in größerer Anzahl in Wasch- und Toilettenräumen	Sanitäre Objekte außer in Wasch- und Toilettenräumen auch in anderen Räumen	Sanitäre Beleuchtung in Waschräumen, Bädern, Toiletten und anderer Räumen in guter Ausstattung	Besonders aufwendige Ausstattung
Heizung	Einzelöfen	Warmluftheizung; Nachstromspeichereinzelöfen	Sammel- oder Fernwärmeheizung ohne Warmwasserbereitung: Nachtstromspeicherzentralheizung	Sammel- oder Fernwärmeheizung mit Warmwasserbereitung	Aufwendige Heizungstechnik
Besondere Räume (z. B. Empfangsräume, Direktionsräume, Sitzungszimmer, Gesellschaftsräume)	Keine	Geringe Anzahl kleiner Räume	Mehrere kleine Räume oder geringe Anzahl größerer Räume	Mehrere kleine Räume oder geringe Anzahl größerer Räume	Mehrere kleine und große Räume
Anzahl der Ausstattungsmerkmale in der jewweiligen Spalte	x		x		
Punktewert	x 1	x 2	x 3	x 4	x 5
Zwischenergebnis	=	=	=	=	= Summe der Zwischenergebnisse (Gesamtpunktwert)

[1)] bei sehr guter Ausstattungsqualität ist die nächsthöhere Ausstattungsstufe anzusetzen.

Anlage 129.18

Zu §§ 129–133 BewG

Bewertung von Fabrikgrundstücken, Lagerhausgrundstücken, Grundstücken mit Werkstätten und vergleichbaren Grundstücken (Gewerbegrundstücken) im Beitrittsgebiet ab 1. Januar 1991

Gleichlautende Erlasse der obersten Finanzbehörden der Länder Berlin, Brandenburg, Mecklenburg-Vorpommern, Sachsen, Sachsen-Anhalt und Thüringen

vom 21. Mai 1993

(BStBl. I S. 467)

geändert durch gleichlautende Erlasse vom 20. Mai 1996

(BStBl. I S. 1118)

1 Geltungsbereich

Dieser Erlaß gilt für Gewerbegrundstücke im Beitrittsgebiet, wenn der Einheitswert im Sachwertverfahren zu ermitteln ist. Zum Beitrittsgebiet gehören die Länder Brandenburg, Mecklenburg-Vorpommern, Sachsen, Sachsen-Anhalt und Thüringen und der Teil des Landes Berlin, in dem das Grundgesetz vor dem Wirksamwerden des Beitritts nicht gegolten hat.

2 Umschreibung der Gewerbegrundstücke

Zu den Fabrikgrundstücken rechnen Grundstücke, auf denen sich regelmäßig neben den Produktionsgebäuden auch Verwaltungs-, Sozial- und Lagergebäude befinden. Darüber hinaus können zu der wirtschaftlichen Einheit auch Werkstatt-, Pförtner- und Transformatorengebäude, Laboratorien, Garagen sowie Wohngebäude (z. B. für Betriebsangehörige) gehören.

Lagerhausgrundstücke, die nicht zu einem Fabrikgrundstück gehören, sind Grundstücke mit regelmäßig hallenartigen Baukörpern, die vorwiegend zur Lagerung und zum Umschlag von Waren genutzt werden. Hierzu rechnen auch Auslieferungslager, Umschlagschuppen und Lagergebäude, die von Handels- und Speditionsunternehmen genutzt werden, sowie Kühlhäuser.

Zu den Grundstücken mit Werkstätten gehören insbesondere Grundstücke, auf denen sich Gebäude von Handwerksbetrieben befinden.

3 Wirtschaftliche Einheit

Die wirtschaftliche Einheit von Gewerbegrundstücken umfaßt regelmäßig den Grund und Boden, die Gebäude, die Außenanlagen und das Zubehör (§ 50 Abs. 1 Satz 1 BewG-DDR). Für das Zubehör ist kein besonderer Wert anzusetzen.

Zum Grund und Boden gehört die im räumlichen Zusammenhang stehende bebaute und unbebaute Fläche eines Gewerbegrundstücks. Demnach sind auch die unbebauten Flächen zwischen Fabrikgebäuden sowie Lagerflächen, die innerhalb des Fabrikgeländes liegen, der wirtschaftlichen Einheit des Gewerbegrundstücks zuzurechnen.

Die räumliche Trennung von Flächen steht der Annahme einer wirtschaftlichen Einheit grundsätzlich entgegen. Grundstücke, die räumlich getrennt liegen, können nicht deshalb zu einer wirtschaftlichen Einheit zusammengefaßt werden, weil sie zu dem selben Gewerbebetrieb gehören. Sind die Flächen eines Gewerbebetriebes durch eine öffentliche Straße voneinander getrennt, können sie regelmäßig nicht als eine wirtschaftliche Einheit angesehen werden. Hiervon kann jedoch in den Fällen abgewichen werden, in denen nach der Verkehrsauffassung (§ 2 BewG) wegen der örtlichen Gewohnheit und der tatsächlichen Nutzung eine wirtschaftliche Zusammengehörigkeit derart besteht, daß sich die Zusammenfassung zu einer wirtschaftlichen Einheit für einen Außenstehenden aufdrängt.

Beispiel:

Die Produktionsstätte eines Industriebetriebs ist durch eine Durchgangsstraße getrennt. Um die Produktionsabläufe in beiden Werksteilen miteinander verbinden zu können, ist die Durchgangsstraße untertunnelt worden.

In dem Tunnel befinden sich neben den Versorgungsleitungen Förderbänder sowie eine für den Lkw-Verkehr ausgebaute Straße, die überwiegend dazu dient, Rohprodukte von dem einen in den anderen Betriebsteil transportieren zu können.

Obwohl die Durchgangsstraße die beiden Betriebsteile voneinander trennt, ist wegen der Verbundenheit der Produktionsabläufe in beiden Betriebsteilen von einer wirtschaftlichen Zusammengehörigkeit auszugehen. Hierfür spricht insbesondere die vorhandene Untertunnelung, die die trennende Wirkung der Durchgangsstraße für den Industriebetrieb beseitigt. Nach der Verkehrsauffassung liegt somit eine wirtschaftliche Einheit vor.

Vorrats- und Erweiterungsgelände, das im Feststellungszeitpunkt noch nicht betrieblich genutzt wird, ist regelmäßig nicht zusammen mit der wirtschaftlichen Einheit des Gewerbegrundstücks zu bewerten. Dies gilt um so mehr für die Fälle, in denen nach den Verhältnissen vom Feststellungszeitpunkt eine Veräußerung des Vorrats- oder Erweiterungsgeländes wahrscheinlich ist. Steht dagegen die künftige Bebauung des Vorrats- oder Erweiterungsgelände durch den Betrieb fest oder sind diese Flächen durch eine Umzäunung in das Fabrikgelände einbezogen, so ist von einer wirtschaftlichen Einheit auszugehen.

Bei einem Fabrikgrundstück bildet das Wohnhaus des Betriebsinhabers eine besondere wirtschaftliche Einheit, wenn dieses Wohnhaus nach Ausmaß und Ausstattung über den Rahmen des Betriebszwecks hinausgeht und die überwiegende Bedeutung dieser Wohnung dem persönlichen Wohnbedürfnis und nicht dem Betriebszweck zukommt.

Hier kommt es entscheidend auf das Bauordnungs- und Bauplanungsrecht als Ausdruck der örtlichen Gewohnheit an; die Zweckbestimmung als subjektives Merkmal ist dagegen von untergeordneter Bedeutung. Eine wirtschaftliche Einheit ist dagegen anzunehmen, wenn ein Wohnhaus mit einer Werkstatt räumlich verbunden ist und die beiden Grundstücke aus baurechtlichen Gründen nur gemeinsam veräußert werden dürfen.

Diese Grundsätze sind auch bei der Frage zu beachten, ob Wohngebäude für Betriebsangehörige in die wirtschaftliche Einheit des Gewerbegrundstücks einzubeziehen sind.

Zu der wirtschaftlichen Einheit gehören auch die **Gebäude** einschließlich ihrer wesentlichen Bestandteile und des Zubehörs. Der Umstand, daß die Gebäude zu unterschiedlichen Zwecken genutzt werden, steht der Annahme einer wirtschaftliche Einheit nicht entgegen.

Ebenfalls zu der wirtschaftlichen Einheit gehören die auf dem Grundstück befindlichen **Außenanlagen,** insbesondere Wege- und Platzbefestigungen sowie Einfriedungen.

Nicht in die wirtschaftliche Einheit einzubeziehen sind Maschinen und sonstige Vorrichtungen aller Art, die zu einer Betriebsanlage gehören (§ 50 Abs. 1 BewG-DDR). Wegen der Abgrenzung der Betriebsvorrichtungen von den Gebäuden und Außenanlagen wird auf die gleichlautenden Erlasse der obersten Finanzbehörden der Länder vom 31. März 1992 (BStBl. I S. 342) verwiesen.

4 Ermittlung des Einheitswerts

Gewerbegrundstücke sind mit dem gemeinen Wert zu bewerten (§ 52 Abs. 1 BewG-DDR in Verbindung mit § 33 Abs. 2 und 3 RBewDV). Für die Bewertung kommt es auf die tatsächlichen Verhältnisse vom Fortschreibungs- oder Nachfeststellungszeitpunkt an. Für die Wertermittlung sind dagegen die Wertverhältnisse vom 1. Januar 1935 maßgebend. Dies gilt auch für Fortschreibungen und Nachfeststellungen des Einheitswerts auf spätere Zeitpunkte (§ 3a RBewDV).

Für Feststellungszeitpunkte ab dem 1. Januar 1991 erfolgt die Ermittlung des gemeinen Werts im Sachwertverfahren, soweit nicht nach den Rechtsverordnungen der Präsidenten der Landesfinanzämter über die Bewertung bebauter Grundstücke vom 17. Dezember 1934 (Reichsministerialblatt S. 785 ff.; Reichssteuerblatt S 1641 ff.) eine Bewertung mit dem Vielfachen der Jahresrohmiete vorgeschrieben ist.

Das Sachwertverfahren geht von einer getrennten Ermittlung des Bodenwerts, des Gebäudewerts und der Außenanlagen aus.

4.1 Bodenwert

Als Bodenwert ist der gemeine Wert (Wertverhältnisse 1. Januar 1935) anzusetzen, den der Grund und Boden als unbebautes Grundstück haben würde. Der Umstand, daß das Grundstück bebaut ist, wirkt sich somit auf die Höhe des Bodenwerts nicht aus.

Bei der Ermittlung des Bodenwerts für Gewerbegrundstücke ist regelmäßig von den durchschnittlichen Werten für Gewerbeflächen auszugehen, die sich für ein Gebiet ohne Rücksicht auf die besonderen Eigenschaften der einzelnen Grundstücke je m² ergeben. Für diese Werte sind regelmäßig die Kaufpreissammlungen sowie die Richtpreise der ehemaligen Preisbehörden maßgebend. Aus diesen Ausgangsdaten ist der gemeine Wert für das jeweilige Grundstück entsprechend seiner Grundstücksqualität abzuleiten. Dabei ist zu berücksichtigen, daß der Bodenrichtwert bei zunehmender Grundstücksgröße degressiv verläuft.

4.2 Gebäudewert

Der Gebäudenormalherstellungswert für jedes Gebäude errechnet sich aus dem nach Tz. 4.2.1 ermittelten umbauten Raum und den unter Tz. 4.2.2 aufgeführten durchschnittlichen Raummeterpreisen sowie Flächenpreisen. Der Gebäudenormalherstellungswert ist um Abschläge (vgl. Tz. 4.2.3) und um die Wertminderung wegen Alters (vgl. Tz. 4.2.4.1) oder die an deren Stelle tretenden Abschläge wegen nicht behebbarer Baumängel oder Bauschäden, wegen vorzeitigen Abbruchs oder wegen wirtschaftlicher Überalterung des Gebäudes (vgl. Tz. 4.2.4.2 und 4.2.4.3) und um den Abschlag wegen Stillegung eines Fabrikbetriebs (vgl. Tz. 4.2.4.4) zu ermäßigen.

4.2.1 Ermittlung des umbauten Raums

Der umbaute Raum ist nach Anlage 1 regelmäßig für jedes Gebäude zu ermitteln. Sind für einzelne Gebäudeteile unterschiedliche Raummeterpreise anzusetzen (z. B. bei Zuordnung einzelner Gebäudeteil in die Gebäudeklasse I und II wegen unterschiedlicher Nutzung), so ist der umbaute Raum für jeden Gebäudeteil gesondert zu berechnen. Eine getrennte Ermittlung für die Gebäudeteile der Gebäudeklassen I und II unterbleibt jedoch in den Fällen, in denen der Anteil der in die Gebäudeklasse I einzuordnenden Gebäudeteile nicht mehr 10 v. H. des gesamten umbauten Raums des jeweiligen Gebäudes ausmacht. Der umbaute Raum von Wohnräumen ist für die Prüfung der 10-v. H.-Grenze der Gebäudeklasse I zuzurechnen. Wird die 10-v.-H.-Grenze nicht überschritten, ist für das gesamte Gebäude der Raummeterpreis nach der Gebäudeklasse II anzusetzen, wobei dem werterhöhenden Umstand, daß ein geringfügiger Teil des Gebäudes mit den Raummeterpreisen für Wohnräume zu bewerten wäre, durch eine entsprechende Einordnung bei dem Bauteil „sonstige Ausstattung" Rechnung zu tragen ist. Weitergehende Zuschläge kommen dafür nicht in Betracht.

4.2.2 Durchschnitliche Raummeterpreise und Flächenpreise

4.2.2.1 Abgrenzung

Bei den zu einem Gewerbegrundstück gehörenden Gebäuden oder Gebäudeteilen sind entsprechend ihrer Nutzung die Raummeterpreise der Gebäudeklasse I oder II oder die Raummeterpreise für Wohnräume anzusetzen.

Zu der Gebäudeklasse I gehören Verwaltungsgebäude einschließlich Bürobaracken und Bürocontainer, Sozialgebäude, Laboratorien, Pförtnergebäude und vergleichbare Gebäude. Zu der Gebäudeklasse II gehören Fabrikgebäude, Lagergebäude, Transformatorengebäude, Wirtschaftsbaracken, Garagen und vergleichbare Gebäude. Bei den Raummeterpreisen der Gebäudeklasse I oder II wird zwischen ein- oder mehrgeschossigen Gebäuden unterschieden. Für die Abgrenzung kommt es auf die Anzahl der Vollgeschosse an. Bei einem Gebäude mit einem Geschoß ist ein eingeschossiges Gebäude, bei einem Gebäude mit mehr als einem Vollgeschoß ist ein mehrgeschossiges Gebäude anzunehmen. Vollgeschosse im Sinne dieses Erlasses sind Geschosse, die nicht Keller- oder Dachgeschosse sind. Kellergeschoß ist ein Geschoß, dessen Deckenunterkante im Mittel nicht mehr als 1,20 m über der Geländeoberfläche hinausragt. Dachgeschoß ist ein Geschoß, das seitlich ganz oder teilweise von den Dachflächen begrenzt wird und über einem Vollgeschoß liegt. Sind jedoch bei einem teilweise von Dachflächen begrenzten Geschoß alle senkrechten Außenwände mindestens 2,50 m hoch, so handelt es sich um ein Vollgeschoß.

4.2.2.2 Raummeterpreise für Verwaltungsgebäude einschließlich Bürobaracken und Bürocontainer, Sozialgebäude, Laboratorien, Pförtnergebäude und vergleichbare Gebäude (Gebäudeklasse I)

Zu §§ 129–133 BewG **Anlage 129.18**

Bei eingeschossigen Gebäuden sind folgende Raummeterpreise anzusetzen:

Ausstattungsgüte	Raummeterpreis DM/m^2
einfach – 1,00 Punkt – 1,01 bis 1,25 Punkte – 1,26 bis 1,50 Punkte	10 13 16
mittel – 1,51 bis 2,00 Punkte – 2,01 bis 2,50 Punkte	 18 21
gut – 2,51 bis 3,00 Punkte – 3,01 bis 3,50 Punkte	 24 27

Bei mehrgeschossigen Gebäuden sind folgende Raummeterpreise anzusetzen:

Ausstattungsgüte	Raummeterpreis DM/m^2
einfach – 1,00 Punkt – 1,01 bis 1,25 Punkte – 1,26 bis 1,50 Punkte	15 17 19
mittel – 1,51 bis 2,00 Punkte – 2,01 bis 2,50 Punkte	 21 24
gut – 2,51 bis 3,00 Punkte – 3,01 bis 3,50 Punkte	 27 30
sehr gut – 3,51 bis 4,00 Punkte – 4,01 bis 4,50 Punkte	 33 36
aufwendig – 4,51 bis 4,75 Punkte – 4,76 bis 5,00 Punkte	 39 41

4.2.2.3 Raummeterpreise für Fabrikgebäude, Werkstattgebäude, Lagergebäude, Transformatorengebäude, Wirtschaftsbaracken, Garagen und vergleichbare Gebäude (Gebäudeklasse II)

Anlage 129.18

Zu §§ 129–133 BewG

Für eingeschossige Gebäude sind folgende Raummeterpreise maßgebend:

Ausstattungsgüte	Raummeterpreis DM/m³
einfach – 1,00 Punkt	6
– 1,01 bis 1,25 Punkte	7
– 1,26 bis 1,50 Punkte	8
mittel – 1,51 bis 2,00 Punkte	9
– 2,01 bis 2,50 Punkte	10
gut – 2,51 bis 3,00 Punkte	11
ab 3,01 Punkte	12

Bei mehrgeschossigen Gebäuden sind folgende Raummeterpreise anzusetzen:

Ausstattungsgüte	Raummeterpreis DM/m³
einfach – 1,00 Punkt	8
– 1,01 bis 1,25 Punkte	10
– 1,26 bis 1,50 Punkte	11
mittel – 1,51 bis 2,00 Punkte	12
– 2,01 bis 2,50 Punkte	13
gut – 2,51 bis 3,00 Punkte	15
ab 3,01 Punkte	16

Geht die Geschoßhöhe eines Vollgeschosses über 4 m hinaus, ist bei diesem Geschoß ein Abschlag nach folgender Tabelle vorzunehmen:

Höhe in mm	Abschlag in v. H.
mehr als 4 bis 6	20
mehr als 6 bis 8	30
mehr als 8 bis 10	36
mehr als 10 bis 12	38
mehr als 12 bis 14	40
mehr als 14 bis 16	42
mehr als 16 bis 18	44
mehr als 18 bis 20	45
mehr als 20 bis 22	46
mehr als 22 bis 24	47
mehr als 24 bis 26	48
mehr als 26 bis 28	49
mehr als 28	50

Zu §§ 129–133 BewG   **Anlage 129.18**

Für Pkw-Garagen gelten folgende Raummeterpreise:

Ausstattungsgüte	Raummeterpreis DM/m³
einfach – 1,00 Punkt – 1,01 bis 1,50 Punkte	8 9

mittel
– 1,51 bis
  2,00 Punkte
– 2,01 bis
  2,50 Punkte
	
	10
	
	11

gut – 2,51 bis 3,50 Punkte	 12

Der Raummeterpreis für einen Hofkeller beträgt 12 DM/m³ und der Raummeterpreis für Schuppen (Holzschuppen, Wellblechschuppen, Massivschuppen, einseitig offene Schuppen) 4 DM/m³.

Bei Überdachungen sind folgende Flächenpreise maßgebend:

Überdachungen	Preis pro m² überdachter Fläche in DM
mit eigenen Stützen – in leichter Bauausführung – in Holzkonstruktion – in Stahl- oder Stahlbetonkonstruktion	 7 15
ohne eigene Stützen (Überstände, Vordächer) – in leichter Bauausführung – in Holzkonstruktion – in Stahl- oder Stahlbetonkonstruktion	 6 12 16

4.2.2.4 Raummeterpreise für Wohnräume

Für Wohngebäude und Wohnräume sind die Raummeterpreise für Einfamilienhäuser anzusetzen (vgl. gleichlautende Erlasse vom 6. November 1991, BStBl. I S. 968).

4.2.2.5 Bestimmung der Ausstattungsgüte

Die Ausstattungsgüte ist durch Ankreuzen der vorhandenen Ausstattungsmerkmale in der Ausstattungstabelle I für Gebäude oder Gebäudeteile der Gebäudeklasse I (Anlage 2) oder in der Ausstattungstabelle II für Gebäude oder Gebäudeteile der Gebäudeklasse II (Anlage 3) zu bestimmen. Dort nicht aufgeführte Bauausführungen sind in die wertmäßig entsprechende Ausstattungsgüte einzuordnen. Für ein einfaches Ausstattungsmerkmal ist 1 Punkt, für ein durchschnittliches sind 2 Punkte, für ein gutes 3 Punkte usw. zu vergeben. Liegen bei einem Bauteil der Gebäudeklasse I oder der Gebäudeklasse II unterschiedliche Ausstattungsgüten vor, so ist nur die überwiegende Ausstattungsgüte bei der Auswertung zu berücksichtigen. Es gilt somit der Grundsatz „ein Bauteil = 1 Punktewert". Die Gebäude oder Gebäudeteile sind entsprechend dem arithmetischen Mittel aus der Summe der einzelnen Punktewerte, dividiert durch die Anzahl der einbezogenen Bauteile in die unter Tz. 4.2.2.2 und Tz. 4.2.2.3 angegebenen Ausstattungsgüten einzustufen.

Sind bei einzelnen Gebäuden der Gebäudeklasse II aufgrund ihrer Konstruktion und ihrer Nutzung Bauteile der Ausstattungstabelle II typischerweise nicht vorhanden, wie z. B. bei einem Kühlhaus die Heizung und die Fenster, so ist der Gesamtpunktewert durch die Anzahl der typischerweise vorhandenen Bauteile zu dividieren.

Beispiel 1:

Ein im Jahr 1930 massiv gebautes zweigeschossiges Verwaltungsgebäude auf einem Fabrikgrundstück hat eine Rauhputzfassade. Das Dach ist mit Ziegeln, ohne Wärmedämmung, einge-

Anlage 129.18

deckt. Die Innenwände sind mit einfachem Putz versehen. Der Fußbodenbelag besteht überwiegend aus PVC. Auch die Treppen sind mit PVC belegt. Die Fenster sind einfach verglast. Die Türen sind überwiegend Füllungstüren. In den Räumen befinden sich mehrere Brennstellen mit Lichtbändern. Das Gebäude verfügt nur über Toiletten mit einfachen und wenigen sanitären Objekten. Die Beheizung erfolgt über eine Sammelheizung ohne Warmwasserbereitung. Es sind zwei kleine Besprechungszimmer vorhanden.

Zu §§ 129–133 BewG   **Anlage 129.18**

Ausstattungstabelle I

Bau- und Gebäudeteil	Ausstattung				
	1	2	3	4	5
Ausfachung/Fassade	Einfache Plattenwände (Holz, Blech, Faserzement); einfacher Putz; Verbreiterung	Leichtbetonwände; Rauhputz x	Schwerbetonplatten; Putz mit Fenster- und Türeinfassung in Kunststein; Vormauerschale; Spaltklinker	Putz mit Fenster- und Türeinfassungen aus Naturstein; Spaltklinker; Kunststeinverkleidung	Natursteinfassade Keramikplatten; Kupfer, Eloxal oder ähnliches; Glasverkleidung
Dachausführung	Einfache Dächer (Dachpappen, Blech-, Faserzementeindeckung)	Leichte Betondächer ohne Wärmedämmung; einfache Ziegeldeckung x	Betondächer mit Wärmedämmung und Pappeindeckung; bessere Ziegeleindeckung; Kunstschiefer	Betondächer mit Wärmedämmung und bessere Eindeckung; Kiesschüttung; Naturschiefereindeckung; Dächer mit bes. Aufbauten	Dachterrassen; befahrbare Dächer; Dächer mit wertvoller Eindeckung (z. B. Kupfer)
Warmbehandlung (ohne Sanitärräume)	Einfacher Wandputz Anstrich	Kunstharzputz	Einfache Vertäfelung	Sichtmauerwerk; keramische Platten	Edelholzvertäfelung; Natursteinplatten
Fußboden	Dielen, Steinholz-, Asphalt, Estrich- oder ähnliche Böden	Linoleum; PVZ-Böden; Nadelfilz x	Kunststeinplatten; Teppichböden: Kleinparkett	Parkett; Fliesen; Velourteppichboden	Natursteinplatten
Treppen	Holztreppen; Betontreppen; Stahltreppen	Treppen mit Linoleum-, PVC-, oder Teppichbodenbelag x	Treppen mit Kunststeinauflage	Treppen mit Natursteinauflage; Treppen aus Edelhölzern	Natursteintreppen
Fenster	Fenster mit einfacher Verglasung x	Fenster mit einfacher Verglasung, jedoch mit Rolläden	Doppel- oder Verbundfenster; Fenster mit Isolierglas	Wie vor, jedoch mit Rolläden	Fenster mit dreifacher Verglasung; raumhohe versenkbare Fenster
Türen	Einfache glatte Türen	Türen mit Edelholzfurnier; kunststoffbeschichtete Türen	Füllungstüren x	Schiebe- oder Doppeltüren	Massive Edelholztüren; Ganzglastüren

859

Anlage 129.18 Zu §§ 129–133 BewG

Bau- und Gebäudeteil	Ausstattung				
	1	2	3	4	5
Elektroinstallation	Wenig Brennstellen und Steckdosen	Mehrere Brennstellen und Steckdosen	Mehrere Brennstellen mit Lichtbändern	Indirekte Beleuchtung und zusätzliche Wandbeleuchtung; Einbaubeleuchtung	Aufwendige Elektroinstallation, z. B. Bodensteckdosen und Überwachungsanlage
Sanitäre Installation[1)]	Einfache und wenige sanitäre Objekte in Wasch- und Toilettenräumen x	Sanitäre Objekte in größerer Anzahl in Wasch- und Toilettenräumen	Sanitäre Objekte außer in Wasch- und Toilettenräumen auch in anderen Räumen	Sanitäre Beleuchtung in Waschräumen, Bädern, Toiletten und anderer Räumen in guter Ausstattung	Besonders aufwendige Ausstattung
Heizung	Einzelöfen	Warmluftheizung; Nachtstromspeichereinzelöfen	Sammel- oder Fernwärmeheizung ohne Warmwasserbereitung; Nachtstromspeicherzentralheizung x	Sammel- oder Fernwärmeheizung mit Warmwasserbereitung	Aufwendige Heizungstechnik
Besondere Räume (z. B. Empfangsräume, Direktionsräume, Sitzungszimmer, Gesellschaftsräume)	Keine	Geringe Anzahl kleiner Räume x	Mehrere kleine Räume oder geringer Anzahl größerer Räume	Mehrere kleine Räume oder geringe Anzahl größerer Räume	Mehrere kleine und große Räume
Anzahl der Ausstattungsmerkmale in der jeweiligen Spalte	3	5	3		
Punktwert	x 1	x 2	x 3	x 4	x 5
Zwischenergebnis	=	=	= 22	=	= Summe der Zwischenergebnisse (Gesamtpunktwert)

1) bei sehr guter Ausstattungsqualität ist die nächsthöhere Ausstattungsstufe anzusetzen.

Die Summe der Punktwerte ergibt 22; dividiert durch die Anzahl der Bauteile (11), errechnet sich hieraus ein durchschnittlicher Punktewert von 2,0. Der Raummeterpreis beträgt somit 21 DM/m^3.

Beispiel 2:

Ein im Jahr 1913 errichtetes eingeschossiges Produktionsgebäude, dessen Außenwände mit Ziegelsteinen gemauert sind, hat ein Ziegeldach ohne Wärmedämmung. Das Gebäude ist mit einem Rohbetonfußboden und einfachen Fensterbändern ausgestattet. Eine Heizung ist nicht vorhanden. In dem Gebäude sind WC-, Wasch- und Umkleideräume (Anteil unter 10 v. H. des umbauten Raums) für das Personal eingebaut.

Anlage 129.18 — Zu §§ 129–133 BewG

Ausstattungstabelle II

Bau- und Gebäudeteil		1	2	3	4	5
Dachausführung[1)]		einfache nicht massive Dächer (Papp-, Blech-, Wellfaserzementeindeckung)	einfache nicht massive Dächer, jedoch mit Wärmedämmung	Gasbetonfertigteile Stegzementdielen, leichte massive Dächer, Ziegeldächer	massive Stahlbetondächer mit Wärmedämmung, Ziegeldach mit Wärmedämmung	Dächer mit Naturschiefer, Kupfer große Anzahl von Oberlichtern (über 20% der Dachfläche), Sheddach
Ausfachung/ Fassade	Skelett-, Fachwerk-, Rahmenbauplatten)	einfache Wände (Holz, Blech, FaserzementAusfachung[3)] bis 12 cm	einfache Wände[2)] mit Wärmedämmung; bis 25 cm	Leichtbetonwände[2)], Ausfachung bis 30 cm[2)], Spaltklinker	Schwerbetonplatten[2)], Sandwichplatten, Ausfachung	Ausfachung über 30 cm, Glasverkleidung
	Massivbau	Putz, Sichtmauerwerk x	einfache Verkleidung	Spaltklinker	Vormauerschale	
Fußboden		Rohbeton x	Estrich, Gußasphalt, Verbundpflaster ohne Unterbau	Werksteinplatten, PVC-Boden, Verbundpflaster, Teppichboden	Holzpflaster, Fliesen, Klinker	Fußbodenbeläge für schwere Belastungen und besondere Beanspruchung

862

Zu §§ 129–133 BewG **Anlage 129.18**

Bau- und Gebäudeteil	Ausstattung				
	1	2	3	4	5
Heizung	Einzelöfen	Lufterhitzer, elektrische Heizung	Lufterhitzer mit zentraler Kesselanlage, an Kesselanlage des Betriebs angeschlossene Sammelheizung Fernheizung	Sammelheizung mit separater Kesselanlage	aufwendige Heiztechnik
Fenster	geringe Anzahl	einfache Fenster	einfache Fensterbänder x	Einzelfenster mit Isolierverglasung, Verbundfenster, Glasbausteine	Fensterbänder mit Isolierverglasung, raumhohe Verglasung
Sonstige Ausstattung (insbesondere Einbauten)	keine oder geringfügig	geringe Anzahl von Büro- und Sozialräumen	mehrere einfache Büro- und Sozialräume	wie vor, jedoch in guter Ausstattung	sehr gut ausgestattete Büro- und Sozialräume
Punktewert	2 x 1	1 x 2	2 x 3	x 4	x 5
Zwischenergebnis	= 2	= 2	= 6	=	=
			10	= Summe der Zwischenergebnisse (Gesamtpunktewert)	

1) Sind mehrere Oberlichter vorhanden (über 20 v. H. der Dachfläche), ist die nächsthöhere Ausstattungsstufe maßgebend.
2) Bei Zusammentreffen von Ausfachung und zusätzlicher Verkleidung ist die nächsthöhere Ausstattungsstufe anzusetzen.
3) Nichttragende vorgesetzte massive Außenwände bei Skelett-, Rahmen- und Fachwerkkonstruktionen sind wie Ausfachungen zu behandeln.

Anlage 129.18   Zu §§ 129–133 BewG

Die Summe der Punktewerte ergibt 10; dividiert durch die Anzahl der Bauteile (6) errechnet sich hieraus ein durchschnittlicher Punktewert von 1,67. Da Produktionsgebäude typischerweise über eine Heizung verfügen, ist das Ausstattungsmerkmal „Heizung" bei der Berechnung des durchschnittlichen Punktwerts berücksichtigt worden, obwohl wegen der fehlenden Heizungsanlage hierfür kein Punktewert vergeben werden konnte. Unter Berücksichtigung des durchschnittlichen Punktewerts von 1,67 ergibt sich für das Produktionsgebäude ein Raummeterpreis von 9 DM/m³.

4.2.2.6 Zuschläge zu den Raummerpreien

Besteht ein Gebäude oder ein Gebäudeteil aus mehr als fünf Geschossen, so ist zu dem durchschnittlichen Raummeterpreis für das gesamte Gebäude oder den Gebäudeteil ein Zuschlag zu machen, der sich nach der Zahl der Mehrgeschosse richtet. Der Zuschlag beträgt für jedes Mehrgeschoß vom 6. bis 9. Geschoß 1 v. H. und vom 10. Geschoß ab 1,5 v. H.

Weitere Zuschläge, insbesondere für Personenaufzüge, Gründungen außergewöhnlicher Art, wasserdruckhaltige Dichtungen, Lichtschächte, Außentreppen, sind nicht vorzunehmen.

4.2.3 Abschläge vom Gebäudenormalherstellungswert

Eine Ermäßigung des Gebäudenormalherstellungswerts eines Gebäudes oder selbständigen Gebäudeteils kann insbesondere wegen des schlechten baulichen Zustands, wegen Schadensgefahren (z. B. Berg-, Wasser- und Erschütterungsschäden), wegen ungewöhnlich starker Beeinträchtigungen durch Lärm, Rauch, Gerüche oder wegen Altlasten in Betracht kommen. Sonderabschläge wegen Strukturänderung, unorganischen Aufbaus und übergroßer bebauter Fläche sind nicht zu berücksichtigen. Die Abschläge beziehen sich auf den Gebäudenormalherstellungswert; sie dürfen 60 v. H. des Gebäudenormalherstellungswerts nicht übersteigen.

Der schlechte bauliche Zustand des Gebäudes wird regelmäßig auf behebbare Baumängel und Bauschäden zurückzuführen sein. Dabei ist der Abschlag unter Berücksichtigung des Schadensgrads und des aus den Anlagen 4 und 5 zu entnehmenden Wertanteils für den betreffenden Bauteil zu ermitteln. Der Schadensgrad bestimmt sich nach dem Verhältnis des Werts des Schadens zum Gesamtwert des betreffenden Bauteils. Bei mehreren Baumängeln oder Bauschäden ergibt die Summe der so ermittelten Schäden an den einzelnen Bauteilen den Gesamtschaden am Gebäude. Der Vomhundertsatz ist auf volle Zahlen aufzurunden.

4.2.4 Alterswertminderung und Abschläge vom gekürzten Gebäudenormalherstellungswert

4.2.4.1 Alterswertminderung

Der um die Abschläge nach Tz. 4.2.3 gekürzte Gebäudenormalherstellungswert ist wegen des **Alters des Gebäudes** im Hauptfeststellungszeitpunkt (1. Januar 1935) zu mindern. Maßgebend für die Alterswertminderung ist die gewöhnliche Lebensdauer des Gebäudes und dessen Alter zum 1. Januar 1935. Für nach dem 1. Januar 1935 errichtete Gebäude ist keine Alterswertminderung anzusetzen.

Für die Berechnung der Alterswertminderung ist auf den 1. Januar des Jahres abzustellen, in dem das Gebäude bezugsfertig geworden ist. Es ist von einer gleichbleibenden jährlichen Wertminderung auszugehen.

Als Lebensdauer für die Gebäude der Gebäudeklasse I sind zugrunde zu legen:

– bei Massivbauten: 100 Jahre,

– bei Holzfachwerkgebäuden: 70 Jahre,

– bei Betongroßtafelbauten: 60 Jahre,

– Bei Gebäuden in einfachster Bauweise (z. B. Holztafelbau): 40 Jahre,

– bei Baracken: 20 Jahre.

Für die Gebäude der Gebäudeklasse II sind als Lebensdauer anzusetzen:

– bei Massivbauten: 80 Jahre,

– bei Holzfachwerkgebäuden: 60 Jahre,

– bei Betongroßtafelbauten: 50 Jahre

– Bei Gebäuden in einfachster Bauweise (z. B. Holztafelbau): 40 Jahre,

– bei Baracken und Schuppen: 20 Jahre.

Bei Überdachungen in leichter Bauausführung ist eine Lebensdauer von 20 Jahren, in Holzkonstruktion von 40 Jahren und in Stahl- oder Stahlbetonkonstruktion von 80 Jahren zugrunde zu legen.

Anbauten teilen das Schicksal des Hauptgebäudes. Ist anzunehmen, daß ein Erweiterungsbau nach Größe, Bauart und Nutzung eine andere Lebensdauer als das Hauptgebäude haben wird, so ist die Alterswertminderung jeweils getrennt zu berechnen. Für Aufstockungen ist die Alterswertminderung nach dem Alter der unteren Gebäude zu bemessen.

4.2.4.2 Nicht behebbare Baumängel oder Bauschäden

Nicht behebbare Baumängel oder Bauschäden, die zu einer Verkürzung der Gesamtlebensdauer führen, sind durch einen Abschlag zu berücksichtigen. Bezugsgröße für diesen Abschlag ist der um die Abschläge nach Tz. 4.2.3 gekürzte Gebäudenormalherstellungswert. Der Abschlag ist wie folgt zu ermitteln:

$$\text{Abschlag in v. H.:} = \frac{\text{Alter im Feststellungszeitpunkt}}{\text{Verkürzte Gesamtlebensdauer}} \times 100 \text{ v. H.}$$

Der sich ergebende Vomhundertsatz ist auf zwei Dezimalstellen aufzurunden.

Bei Gebäuden, die vor dem 1. Januar 1935 errichtet worden sind, ist die Alterswertminderung bei der Abschlagsberechnung berücksichtigt.

Bei Gebäuden unterschiedlichen Alters ist der Abschlag jeweils gesondert zu berechnen.

Der Wert, der nach Abzug der Alterswertminderung oder des anderen Stelle tretenden Abschlags wegen nicht behebbarer Baumängel oder Bauschäden verbleibt, darf grundsätzlich 40 v. H. des Gebäudenormalherstellungswerts nicht unterschreiten (Restwert).

4.2.4.3 Abschlag wegen der Notwendigkeit baldigen Abbruchs und wegen wirtschaftlicher Überalterung

Die Notwendigkeit baldigen Abbruchs und die wirtschaftliche Überalterung sind ebenfalls durch Abschläge von dem nach Tz. 4.2.3 gekürzten Gebäudenormalherstellungswert zu berücksichtigen.

Ein Abschlag wegen wirtschaftlicher Überalterung kann in Betracht kommen, wenn die Gebäude hinsichtlich der Bauweise den üblichen Anforderungen an den Betrieb nicht genügen und auch nicht für andere Zwecke genutzt werden können.

Die Abschlagsberechnung erfolgt wie bei nicht behebbaren Baumängeln und Bauschäden, jedoch ohne Begrenzung auf einen Restwert.

Liegen die Voraussetzungen für mehrere Abschläge vom gekürzten Gebäudenormalherstellungswert vor, ist nur der Abschlag zu gewähren, der zu dem geringsten Gebäudewert führt.

4.2.4.4 Sonderabschlag für stilliegende Fabriken

Bei Fabrikgrundstücken ist, wenn der gesamte auf den Grundstücken befindliche Betrieb stilliegt, zusätzlich zu den Abschlägen nach Tz. 4.2.3, 4.2.4.2 und 4.2.4.3 ein Sonderabschlag zu berücksichtigen. Ein Fabrikbetrieb ist auch dann als insgesamt stillgelegt zu behandeln, wenn – bezogen auf den umbauten Raum – weniger als 10 v. H. der insgesamt vorhandenen Gebäude an fremde Dritte überlassen werden. Ein Sonderabschlag kommt nicht in Betracht, wenn der Fabrikbetrieb fortgeführt wird und nur einzelne Gebäude des Betriebs nicht genutzt werden, oder wenn im Feststellungszeitpunkt feststeht, daß der Fabrikbetrieb innerhalb von drei Jahren danach wieder aufgenommen wird.

Der Sonderabschlag beträgt 20 v. H. Er bemißt sich nach den um die Alterswertminderung und die Abschläge nach Tz. 4.2.3, 4.2.4.2 und 4.2.4.3 gekürzten Gebäudenormalherstellungskosten für sämtliche auf dem Fabrikgrundstück befindlichen Gebäude.

4.3 Wert der Außenanlagen

Übliche Außenanlagen sind bei Gewerbegrundstücken pauschal mit 4 v. H. des Gebäudewerts zu erfassen, wenn der Eigentümer keinen niedrigeren Wert nachweist.

In den Fällen des Einzelnachweises sind bei den nachfolgend beispielhaft aufgeführten Außenanlagen folgende Durchschnittspreise anzusetzen:

Anlage 129.18

Zu §§ 129–133 BewG

Einfriedungen	Höhe bis			
(je lfd. m)	1 m	2 m	2,5 m	Lebens-dauer
	DM	DM	DM	in Jahren
Waldlattenzaun	2,50	–	–	10
Maschendrahtzaun mit Beton oder Eisenpfosten	3,00	5,00	6,00	15
Wellendrahtgitter mit Beton oder Eisenpfosten	4,00	6,00	7,00	25
Zaun aus gehobelten Brettern oder Latten	5,00	8,50	–	10
Einfriedungsmauer aus Ziegelstein, 12 cm stark (mit Pfeilern)	8,50	13,50	17,50	30
Einfriedungsmauer aus Ziegelstein, 25 cm stark	12,50	19,50	24,50	40
Einfriedungsmauer aus Ziegelstein, 38 cm stark	15,50	24,40	30,50	50
Holzzaun auf massivem Sockel	17,50	28,50	33,50	20
Eisengitter auf massivem Sockel	20,50	35,50	41,00	40
Tore, Türen (je m^2)				
– aus Holz			15,50	25
– aus Eisen			0,50	40
Wege- und Platzbefestigungen (je m^2)				
Zementplattenbelag und sonstiger Belag			4,50	20
Alle übrigen Hof- und Platzbefestigungen (z. B. Decke auf Pack- oder Kieslage, Kleinsteinpflaster)			6,50	20 – 40
Be- und Entwässerungsanlagen (je lfd. m)				
Wasseranschluß mit Gräben			13,00	20 – 50
Entwässerungsleitungen			16,50	20 – 50

4.4 Gemeiner Wert

Der Bodenwert, der Gebäudewert und der Wert der Außenanlagen ergeben den gemeinen Wert des Grundstücks. Dieser Wert ist für Zwecke der Einheitsbewertung auf volle 100 DM nach unten abzurunden (§ 30 Nr. 1 BewG). Bei der Ermittlung des Einheitswerts sind keine Wertzahlen anzuwenden; die Wertangleichung an den gemeinen Wert ist bereits bei der Festlegung der durchschnittlichen Raummeterpreise berücksichtigt. Ein Abschlag wegen Belastung mit Gebäudeentschuldungsteuer kommt nicht in Betracht.

5 *Verfahrensrechtliche Besonderheiten* [1]

Soweit bisher bereits Einheitswerte für zum Betriebsvermögen gehörende Gewerbegrundstücke aufgrund der 10-v.H.-Regelung (vgl. Tz. 4.4 der gleichlautenden Erlasse vom 20. November 1990, BStBl. I S. 827) unter dem Vorbehalt der Nachprüfung festgestellt worden sind, sind diese Einheitswerte unter Berücksichtigung der oben dargestellten Bewertungsgrundsätze zu ermitteln. Die Änderung erfolgt nach § 164 Abs. 2 AO. In dem geänderten Feststellungsbescheid ist der Vorbehalt der Nachprüfung aufzuheben, soweit nicht andere Gründe die Aufrechterhaltung des Vorbehalts rechtfertigen.

---

1) Durch Zeitablauf überholt.

Zu §§ 129–133 BewG   **Anlage 129.18**

Anlage 1

Berechnung des umbauten Raumes nach DIN 277
(1934)
– abgeleitet –

Zeichenerklärung:

▨ Voll anzurechnender umbauter Raum

☐ Nicht hinzuzurechnender umbauter Raum

▩ Getrennt (mit anderen Raummeterpreisen) zu berechnender umbauter Raum

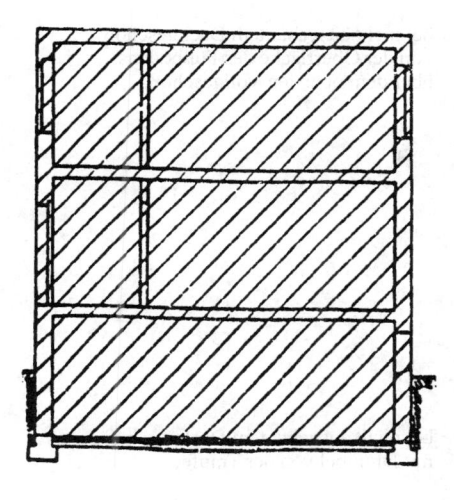

Ermittlung des umbauten Raumes für ausgeführte Hochbauten.
Der umbaute Raum ist in m³ anzugeben.

Voll anzurechnen ist der umbaute Raum eines Gebäudes, der umschlossen wird:

seitlich von den Außenflächen der Umfassungen,

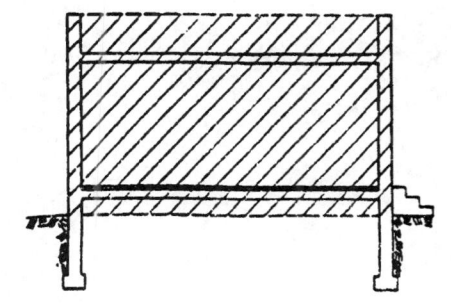

unten
bei unterkellerten Gebäuden von den Oberflächen der untersten Geschoßfußböden,

bei nicht unterkellerten Gebäuden von der Oberfläche des Geländes,

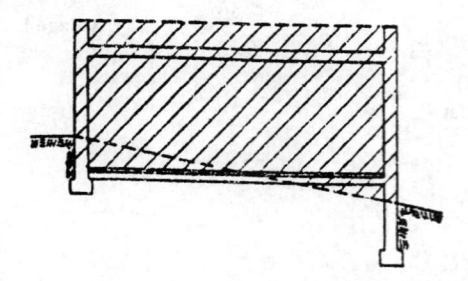

Anlage 129.18   Zu §§ 129–133 BewG

Liegt der Fußboden des untersten Geschosses tiefer als das Gelände, so ist von der Oberfläche des Fußbodens auszugehen, ansonsten von der Oberfläche des Geländes,

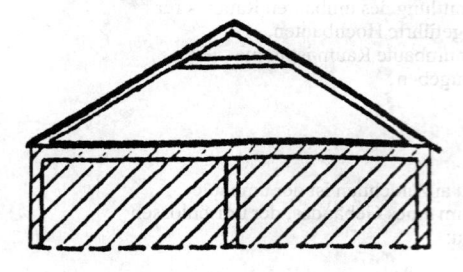

bei nicht ausgebautem Dachgeschoß von der Oberfläche des Fußbodens über dem obersten Vollgeschoß,

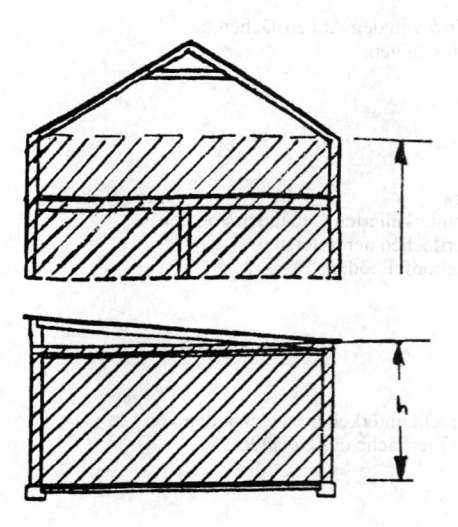

bei nicht ausgebautem Dachgeschoß mit Drempel von der Traufe,

868

Anlage 129.18

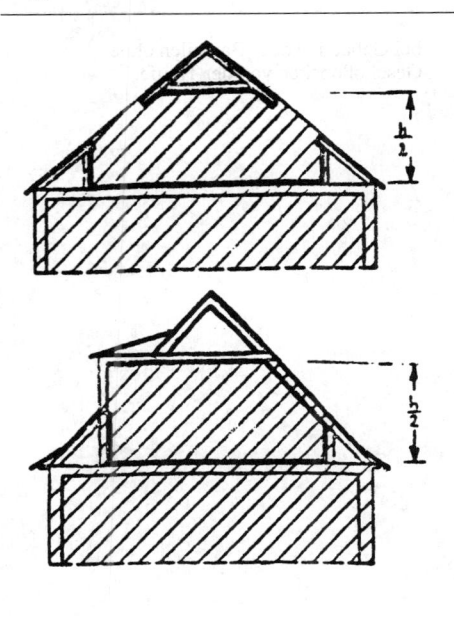

bei ausgebautem Dachgeschoß ist der bis zur Oberfläche des Dachgeschoßfußbodens errechneten Höhe aus Vereinfachungsgründen die Hälfte der maximalen Innenhöhe des Dachgeschosses hinzuzurechnen,

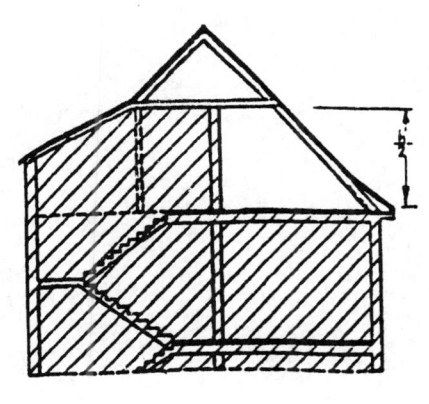

bei teilausgebautem Dachgeschoß ist der umbaute Raum für diesen Gebäudeteil gesondert zu ermitteln,

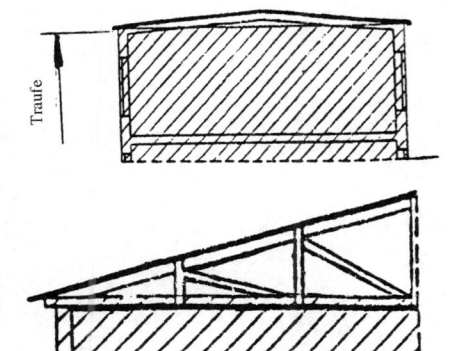

bei Dachdecken, die gleichzeitig die Decke des obersten Vollgeschosses bilden, von der Traufe,

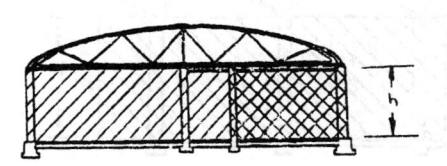

Anlage 129.18 Zu §§ 129–133 BewG

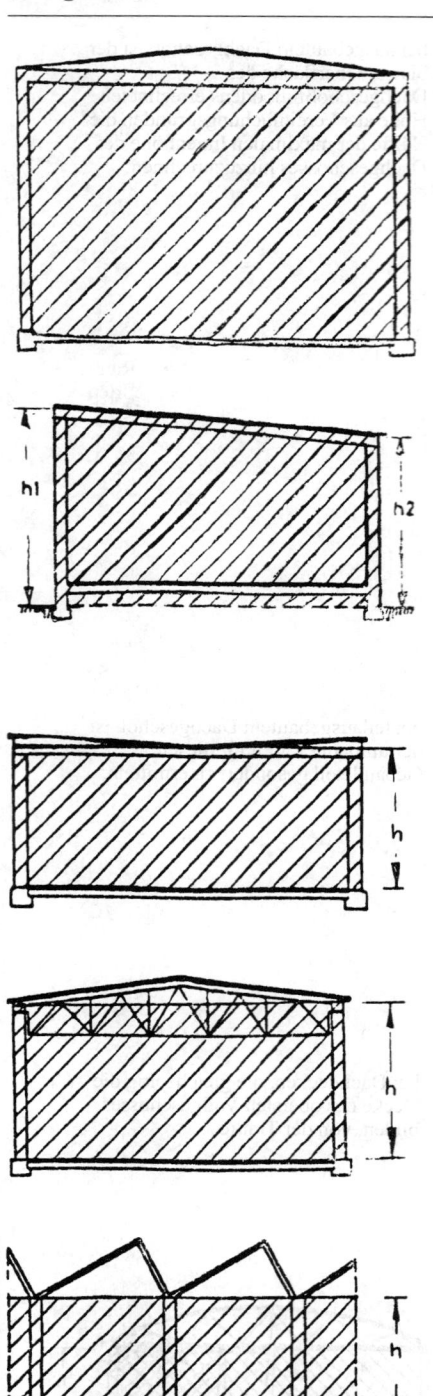

bei Gebäuden oder Bauteilen ohne
Geschoßdecken von der Traufe.

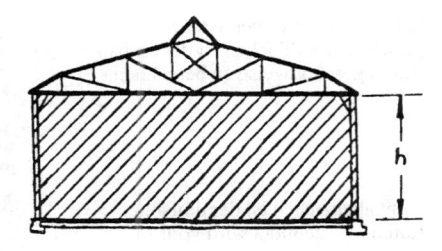

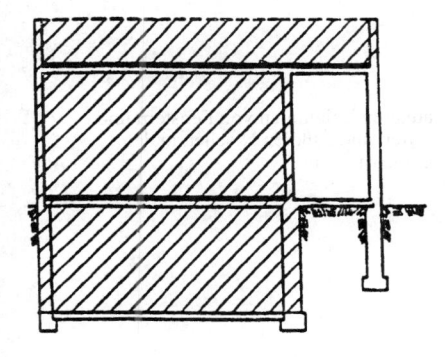

Anlage 129.18

Nicht anzusetzen ist der umbaute Raum von Arkaden, Durch- und Unterfahrten, der Dachaufbauten.

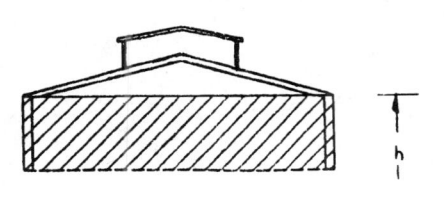

Im übrigen gilt folgendes:

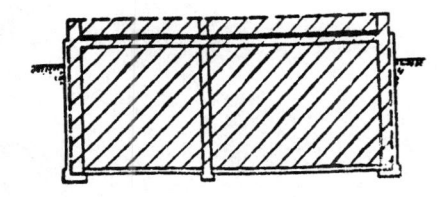

Die Gebäudegrundfläche ist nach den Rohbaumaßnahmen des Erdgeschosses zu berechnen,

Anlage 129.18

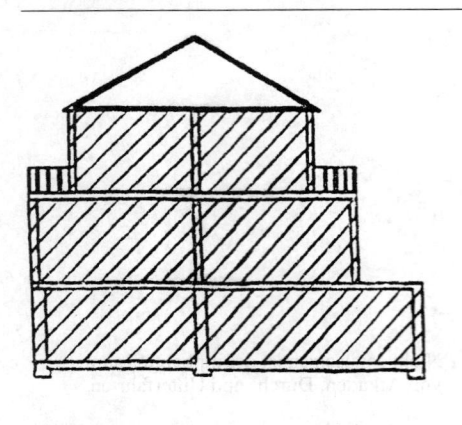

bei wesentlich verschiedenen Geschoßgrundflächen ist der umbaute Raum geschoßweise zu berechnen,

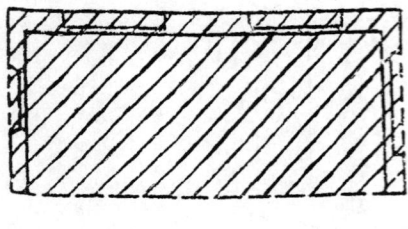

nicht abzuziehen ist der umbaute Raum, der gebildet wird von:

äußeren Leibungen von Fenstern und Türen und äußeren Nischen in den Umfassungen,

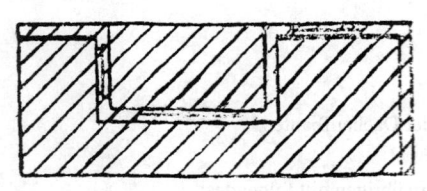

Hauslauben (Loggien), d. h. an höchstens 2 Seitenflächen offen, im übrigen umbauten Räumen.

Zu §§ 129–133 BewG **Anlage 129.18**

Anlage 2

Ausstattungstabelle I

Bau- und Gebäudeteil	Ausstattung				
	1	2	3	4	5
Ausfachung/Fassade	Einfache Plattenwände (Holz, Blech, Faserzement); einfacher Putz; Verbreiterung	Leichtbetonwände; Rauhputz	Schwerbetonplatten; Putz mit Fenster- und Türeinfassung in Kunststein; Vormauerschale; Spaltklinker	Putz mit Fenster- und Türeinfassungen aus Naturstein; Spaltklinker; Kunststeinverkleidung	Natursteinfassade Keramikplatten; Kupfer, Eloxal oder ähnliches; Glasverkleidung
Dachausführung	Einfache Dächer (Dachpappen, Blech-, Faserzementeindeckung	Leichte Betondächer ohne wärmedämmung; einfache Ziegeldeckung	Betondächer mit Wärmedämmung und Pappeindeckung; bessere Ziegeleindeckung; Kunstschiefer	Betondächer mit Wärmedämmung und bessere Eindeckung; Kiesschüttung; Naturschiefereindeckung; Dächer mit bes. Aufbauten	Dachterrassen; befahrbare Dächer; Dächer mit wertvoller Eindeckung (z. B. Kupfer)
Warmbehandlung (ohne Sanitärräume)	Einfacher Wandputz Anstrich	Kunstharzputz	Einfache Vertäfelung	Sichtmauerwerk; keramische Platten	Edelholzvertäfelung; Natursteinplatten
Fußboden	Dielen, Steinholz-, Asphalt, Estrich- oder ähnliche Böden	Linoleum; PVZ-Böden; Nadelfilz	Kunststeinplatten; Teppichböden: Kleinparkett	Parkett; Fliesen; Velourteppichboden	Natursteinplatten
Treppen	Holztreppen; Betontreppen; Stahltreppen	Treppen mit Linoleum-, PVC-, oder Teppichbodenbelag	Treppen mit Kunststeinauflage	Treppen mit Natursteinauflage; Treppen aus Edelhölzern	Natursteintreppen
Fenster	Fenster mit einfacher Verglasung	Fenster mit einfacher Verglasung, jedoch mit Rolläden	Doppel- oder Verbundfenster; Fenster mit Isolierglas	Wie vor, jedoch mit Rolläden	Fenster mit dreifacher Verglasung; raumhohe versenkbare Fenster
Türen	Einfache glatte Türen	Türen mit Edelholzfurnier; kunststoffbeschichtete Türen	Füllungstüren	Schiebe- oder Doppeltüren	Massive Edelholztüren; Ganzglastüren

Anlage 129.18

Zu §§ 129–133 BewG

Bau- und Gebäudeteil	Ausstattung				
	1	2	3	4	5
Elektroinstallation	Wenig Brennstellen und Steckdosen	Mehrere Brennstellen und Steckdosen	Mehrere Brennstellen mit Lichtbändern	Indirekte Beleuchtung zusätzliche Wandbeleuchtung; Einbaubeleuchtung	Aufwendige Elektroinstallation, z. B. Bodensteckdosen und Überwachungsanlage
Sanitäre Installation[1]	Einfache und wenige sanitäre Objekte in Wasch- und Toilettenräumen	Sanitäre Objekte in größerer Anzahl in Wasch- und Toilettenräumen	Sanitäre Objekte außer in Wasch- und Toilettenräumen auch in anderen Räumen	Sanitäre Beleuchtung in Waschräumen, Bädern, Toiletten und anderer Räumen in guter Ausstattung	Besonders aufwendige Ausstattung
Heizung	Einzelöfen	Warmluftheizung; Nachtstromspeichereinzelöfen	Sammel- oder Fernwärmheizung ohne Warmwasserbereitung; Nachtstromspeicherzentralheizung	Sammel- oder Fernwärmheizung mit Warmwasserbereitung	Aufwendige Heizungstechnik
Besondere Räume (z. B. Empfangsräume, Direktionsräume, Sitzungszimmer, Gesellschaftsräume)	Keine	Geringe Anzahl kleiner Räume	Mehrere kleine Räume oder geringe Anzahl größer Räume	Mehrere kleine Räume oder geringe Anzahl größer Räume	Mehrere kleine und große Räume
Anzahl der Ausstattungsmerkmale in der jeweiligen Spalte					
Punktewert	x 1	x 2	x 3	x 4	x 5
Zwischenergebnis	=	=	=	=	=

= Summe der Zwischenergebnisse (Gesamtpunktwert)

1) bei sehr guter Ausstattungsqualität ist die nächsthöhere Ausstattungsstufe anzusetzen.

Anlage 3

Anlage 129.18

Zu §§ 129–133 BewG

Ausstattungstabelle II

Bau- und Gebäudeteil		Ausstattung				
		1	2	3	4	5
Dachausführung[1)]		einfache nicht massive Dächer (Papp-, Blech-, Wellfaserzementeindeckung)	einfache nicht massive Dächer, jedoch mit Wärmedämmung	Gasbetonfertigteile Stegzementdielen, leichte massive Dächer, Ziegeldächer	massive Stahlbetondächer mit Wärmedämmung, Ziegeldach mit Wärmedämmung	Dächer mit Naturschiefer, Kupfer große Anzahl von Oberlichtern (über 20% der Dachfläche), Sheddach
Ausfachung/Fassade	Skelett-, Fachwerk-, Rahmenbauplatten)	einfache Wände (Holz, Blech, FaserzementAusfachung[3)] bis 12 cm	einfache Wände[2)] mit Wärmedämmung; bis 25 cm	Leichtbetonwände[2)], Ausfachung bis 30 cm[2)]; Spaltklinker	Schwerbetonplatten[2)], Sandwichplatten, Ausfachung	Ausfachung über 30 cm, Glasverkleidung
	Massivbau	Putz, Sichtmauerwerk	einfache Verkleidung	Spaltklinker	Vormauerschale	
Fußboden		Rohbeton	Estrich, Gußasphalt, Verbundpflaster ohne Unterbau	Werksteinplatten, PVC-Boden, Verbundpflaster, Teppichboden	Holzpflaster, Fliesen, Klinker	Fußbodenbeläge für schwere Belastungen und besondere Beanspruchung

Anlage 129.18   Zu §§ 129–133 BewG

Bau- und Gebäudeteil	Ausstattung				
	1	2	3	4	5
Heizung	Einzelöfen	Lufterhitzer, elektrische Heizung	Lufterhitzer mit zentraler Kesselanlage, an Kesselanlage des Betriebs angeschlossene Sammelheizung Fernheizung	Sammelheizung mit separater Kesselanlage	aufwendige Heiztechnik
Fenster	geringe Anzahl	einfache Fenster	einfache Fensterbänder	Einzelfenster mit Isolierverglasung, Verbundfenster, Glasbausteine	Fensterbänder mit Isolierverglasung, raumhohe Verglasung
Sonstige Ausstattung (insbesondere Einbauten)	keine oder geringfügig	geringe Anzahl von Büro- und Sozialräumen	mehrere einfache Büro- und Sozialräume	wie vor, jedoch in guter Ausstattung	sehr gut ausgestattete Büro- und Sozialräume
Punktewert	2 x 1	1 x 2	2 x 3	x 4	x 5
Zwischenergebnis	= 2	= 2	= 6	=	=
			10	= Summe der Zwischenergebnisse (Gesamtpunktwert)	

1) Sind mehrere Oberlichter vorhanden (über 20 v. H. der Dachfläche), ist die nächsthöhere Ausstattungsstufe maßgebend.
2) Bei Zusammentreffen von Ausfachung und zusätzlicher Verkleidung ist die nächsthöhere Ausstattungsstufe anzusetzen.
3) Nichttragende vorgesetzte massive Außenwände bei Skelett-, Rahmen- und Fachwerkkonstruktionen sind wie Ausfachungen zu behandeln.

Zu §§ 129–133 BewG **Anlage 129.18**

Anlage 4

**Tabelle über die Wertigkeit einzelner Bauteile
zum Gesamtbauwerk bei Gebäuden der Gebäudeklasse II**

Bauteil/Gewerk	Anteile in v. H.
Dacheindeckung	14,8
Elektrische Installation	3,4
Türen	1,6
Tore	3,4
Fenster	3,3
Außenwand/Fassade einschl. Tragkonstruktion	34,7
Fußboden	4,5
Fundament und Bodenplatte	19,3
Erdarbeiten	3,3
Heizung	5,0
Sonstiges	6,7

Anlage 5

**Tabelle über die Wertigkeit einzelner Bauteile
zum Gesamtbauwerk bei Gebäuden der Gebäudeklasse I**

Bauteil/Gewerk	Anteile in v. H.
Erdarbeiten, Gründung und Fundamente	11,7
Außenwände	12,5
Decken	10,4
Dach	4,1
Innenwände	6,7
Innenausbau insgesamt	43,3
– Bodenbeläge	3,9
– Türen	2,1
– Fenster	8,0
– Malerarbeiten	1,6
Wandverkleidung	4,4
– Deckenverkleidung	2,9
Sanitäre Anlagen	3,9
Heizung	7,8
– Elektr. Installation	6,9
Treppen	1,8
Sonstiges	11,3

Anlage 129.19 Zu §§ 129–133 BewG

Gleichlautende Erlasse der obersten Finanzbehörden der Länder Berlin, Brandenburg, Mecklenburg-Vorpommern, Niedersachsen, Sachsen, Sachsen-Anhalt und Thüringen betreffend die Bewertung von Warenhausgrundstücken sowie Grundstücken mit Markt- und Messehallen im Beitrittsgebiet ab 1. Januar 1991

vom 25. Juni 1993

(BStBl. I S. 528)

zuletzt geändert durch gleich lautende Erlasse vom 16. Februar 2011 (BStBl. I S. 283)

1 **Geltungsbereich**

Dieser Erlass gilt für Warenhäuser, Einkaufszentren, SB- und Verbrauchermärkte sowie Grundstücke mit (Groß-)Märkten und Messehallen im Beitrittsgebiet, für die der Einheitswert im Sachwertverfahren zu ermitteln ist. Zum Beitrittsgebiet gehören die Länder Brandenburg, Mecklenburg-Vorpommern, Sachsen, Sachsen-Anhalt und Thüringen und der Teil des Landes Berlin, in dem das Grundgesetz vor dem Wirksamwerden des Beitritts nicht gegolten hat. Zum Beitrittsgebiet gehören somit auch Gebiete, die nach dem 2. Oktober 1990 im Rahmen einer Gebietsreform in das übrige Bundesgebiet umgegliedert worden sind.

2 **Umschreibung der Grundstücke**

2.1 **Warenhausgrundstücke**

2.1.1 **Warenhäuser**

Warenhäuser sind Gebäude, die in der Regel im ganzen oder weit überwiegend dem Betrieb eines Einzelhandelsunternehmens dienen und die sich gegenüber üblichen Ladengrundstücken durch die Größe ihrer Nutzfläche unterscheiden. Die Nutzfläche von Warenhäusern liegt regelmäßig über 800 m² (vgl. BVerwG-Urteil vom 24.11.2005 – 4 C 14/04 –, BVerwGE 124, 376 und BFH-Urteil vom 30.06.2010 – II R 60/08 –, BStBl. II 2010, 897). Warenhäuser sind üblicherweise mehrgeschossige Massivbauten. Als Warenhäuser sind auch SB-Märkte (Discounter), Verbrauchermärkte sowie die hinsichtlich der Art der angebotenen Waren beschränkten Kaufhäuser und Spezialkaufhäuser mit größeren Nutzflächen anzusehen.

2.1.2 **Einkaufszentren**

Zu den Warenhausgrundstücken gehören auch Einkaufszentren. In Einkaufszentren sind verschiedene Einzelhandelsgeschäfte und Dienstleistungsbetriebe unterschiedlicher Branchen und Größenordnungen zusammengefasst, die regelmäßig einheitlich geplant wurden und zentral verwaltet werden

2.2 **Markt- und Messehallen**

(Groß-)Markt- und Messehallen sind regelmäßig eingeschossige Gebäude bzw. Gebäudeteile mit integriertem Lager-, Büro- und Sozialteil. Ihre übliche Geschosshöhe liegt bei ca. 8 m. Die hallenartigen Gebäude bzw. Gebäudeteile sind meist mit kleinen Fahrzeugen (Gabelstapler, u. ä.) befahrbar. Sie dienen in erster Linie dem Einkauf von Großverbrauchern, zum Beispiel aus der Gastronomie sowie gewerblichen Wiederverkäufern. Aufgrund ihrer Geschosshöhen sind regelmäßig auch Cash C-Märkte) und Baumärkte in die Gebäudeklasse Markt- und Messehallen einzuordnen.

Nicht zu (Groß-)Markthallen und C&C-Märkten gehören großflächige Verkaufsflächen die insbesondere durch nachfolgende Merkmale geprägt werden:

• Mehrgeschossigkeit

• Rolltreppen und Aufzüge

• Restaurant

• Schaufenster

3 **Wirtschaftliche Einheit**

Der Einheitswert umfaßt den Grund und Boden, das Gebäude, die Außenanlagen und das Zubehör (§ 50 Abs. 1 Satz 1 BewG-DDR). Für das Zubehör ist kein besonderer Wert anzusetzen.

Zum Grund und Boden gehört neben der bebauten Fläche die mit dem Gebäude im räumlichen Zusammenhang stehende unbebaute Fläche. Hierzu rechnen auch die Außenanlagen, insbesondere Zäune, Pflasterungen, Wegbefestigungen, Plattenbeläge und Pflanzungen.

Zu der wirtschaftlichen Einheit gehören die aufstehenden Gebäude, die damit verbundenen Anbauten sowie weitere auf dem Grundstück befindliche Nebengebäude. Nebengebäude, die durch eine Straße getrennt von dem Hauptgebäude auf einem anderen Grundstück stehen, sind nach der Verkehrsauffassung regelmäßig als gesonderte wirtschaftliche Einheit anzusehen.

4 Ermittlung des Einheitswerts

Warenhausgrundstücke, Einkaufszentren sowie Grundstücke mit Großmärkten, SB-Märkten und Verbrauchermärkten und mit Messehallen sind mit dem gemeinen Wert zu bewerten (§ 52 Abs. 1 BewG-DDR i. V. m. § 33 Abs. 2 und 3 RBewDV). Für die Bewertung kommt es auf die tatsächlichen Verhältnisse vom Fortschreibungs- oder Nachfeststellungszeitpunkt an. Für die Wertermittlung sind dagegen die Wertverhältnisse vom 1. Januar 1935 maßgebend. Dies gilt auch für Fortschreibungen und Nachfeststellungen des Einheitswerts auf spätere Zeitpunkte (§ 3a RBewDV).

Für Feststellungszeitpunkte ab dem 1. Januar 1991 erfolgt die Ermittlung des gemeinen Werts im Sachwertverfahren, soweit nicht nach den Rechtsverordnungen der Präsidenten der Landesfinanzämter über die Bewertung bebauter Grundstücke vom 17. Dezember 1934 (Reichsministerialblatt S. 785 ff.; Reichssteuerblatt S. 1641 ff.) eine Bewertung mit dem Vielfachen der Jahresrohmiete vorgeschrieben ist.

Das Sachwertverfahren geht von einer getrennten Ermittlung des Bodenwerts einschließlich der Außenanlagen und des Gebäudewerts aus.

4.1 Bodenwert

Als Bodenwert ist der gemeine Wert (Wertverhältnisse 1. Januar 1935) anzusetzen, den der Grund und Boden als unbebautes Grundstück haben würde. Der Umstand, daß das Grundstück bebaut ist, wirkt sich somit auf die Höhe des Bodenwerts nicht aus.

Bei der Ermittlung des Bodenwerts ist von den durchschnittlichen Werten auszugehen, die sich für ein Gebiet, eine Straße oder einen Straßenabschnitt ohne Rücksicht auf die besonderen Eigenschaften der einzelnen Grundstücke je m² ergeben. Für diese Werte sind regelmäßig die Kaufpreissammlungen sowie die Richtpreise der ehemaligen Preisbehörden maßgebend. Dabei ist zu beachten, daß der gemeine Wert eines Warenhausgrundstücks in zentralen Ortslagen durch die Lage des Grundstücks stark beeinflußt wird. Der Ermittlung des Bodenwerts ist daher in diesen Fällen besondere Bedeutung beizumessen.

Übliche Außenanlagen sind bei Warenhausgrundstücken und Einkaufszentren durch den Ansatz des Boden- und Gebäudewerts, abgegolten. Bei Grundstücken mit Großmärkten sowie mit Messehallen sind die Außenanlagen pauschal mit 6 v. H. des Gebäudewerts zu erfassen, wenn der Eigentümer keinen niedrigeren Wert nachweist.

4.2 Gebäudewert

Der Gebäudenormalherstellungswert für das Gebäude errechnet sich aus dem nach Tz. 4.2.1 ermittelten umbauten und den unter Tz. 4.2.2 aufgeführten durchschnittlichen Raummeterpreisen und Flächenpreisen. Der Gebäudenormalherstellungswert ist um Abschläge (vgl. Tz. 4.2.3) und um die Wertminderung wegen Alters oder die an deren Stelle tretenden Abschläge wegen nicht behebbarer Baumängel oder Bauschäden, wegen vorzeitigen Abbruchs oder wegen wirtschaftlicher Überalterung des Gebäudes (vgl. Tz. 4.2.4) zu ermäßigen.

4.2.1 Ermittlung des umbauten Raumes

Der umbaute Raum ist nach Anlage 1 zu ermitteln.

Anlage 129.19

Zu §§ 129–133 BewG

4.2.2 Durchschnittliche Raummeterpreise
4.2.2.1 Raummeterpreise für Warenhausgrundstücke und Einkaufszentren

Ausstattungsgüte	Raummeterpreis DM/m²
einfach	
– 1,00 Punkt	15
– 1,01 bis 1,25 Punkte	17
– 1,26 bis 1,50 Punkte	19
mittel	
– 1,51 bis 2,00 Punkte	21
– 2,01 bis 2,50 Punkte	24
gut	
– 2,51 bis 3,00 Punkte	27
– 3,01 bis 3,50 Punkte	30
sehr gut	
– 3,51 bis 4,00 Punkte	33
– 4,01 bis 4,50 Punkte	36
aufwendig	
– 4,51 bis 4,75 Punkte	39
– 4,76 bis 5,00 Punkte	41

4.2.2.2 Preise für Großmärkte sowie Messehallen

Ausstattungsgüte	Raummeterpreis DM/m²
einfach	
– 1,00 Punkt	10
– 1,01 bis 1,25 Punkte	12
– 1,26 bis 1,50 Punkte	13
mittel	
– 1,51 bis 2,00 Punkte	14
– 2,01 bis 2,50 Punkte	16
gut	
– 2,51 bis 3,00 Punkte	17
ab 3,01 Punkte	18

4.2.2.3 Preise für Überdachungen

Überdachungen	Preis pro m² überdachter Fläche in DM
mit eigenen Stützen	
– in leichter Bauausführung	7
– in Holzkonstruktion	15
– in Stahl- oder Stahlbetonkonstruktion	20
ohne eigene Stützen (Überstände, Vordächer)	
– in leichter Bauausführung	6
– in Holzkonstruktion	12
– in Stahl- oder Stahlbetonkonstruktion	16

4.2.2.4 Bestimmung der Ausstattungsgüte

Die Bestimmung der Ausstattungsgüte erfolgt durch Ankreuzen der vorhandenen Ausstattungsmerkmale in der Ausstattungstabelle I für Warenhäuser und Einkaufszentren (Anlage 2) und in der Ausstattungstabelle II für Großmärkte und Messehallen (Anlage 3). Dort nicht aufgeführte Bauausführungen sind in die wertmäßig entsprechende Ausstattungsgüte einzuordnen. Für ein einfaches Ausstattungsmerkmal ist ein Punkt, für ein durchschnittliches sind zwei Punkte, für ein gutes drei Punkte usw. zu vergeben. Liegen bei einem Gebäudeteil unterschiedliche Ausstattungsgüten vor, so ist nur die überwiegende Ausstattungsgüte bei der Auswertung zu berücksichtigen. Es gilt somit der Grundsatz: ein Gebäudeteil = ein Punktewert.

Die Gebäude sind entsprechend dem arithmetischen Mittel aus der Summe der einzelnen Punktewerte dividiert durch die Anzahl der einbezogenen Gebäudeteile in die unter Tz. 4.2.2.1 angegebenen Ausstattungsgüten einzustufen.

Beispiel 1:

Ein im Jahr 1930 massiv gebautes Wohnhaus mit fünf Geschossen ist mit einer Natursteinfassade ausgestattet. Das Dach ist mit Ziegeln, ohne Wärmedämmung, eingedeckt. Die Innenwände sind mit einem einfachen Putz versehen. Der Fußboden besteht überwiegend aus Parkett. Die Treppen sind mit Teppichboden belegt. Im gesamten Erdgeschoß sind Schaufenster angeordnet, die wertmäßig isolierverglasten Fenstern entsprechen; ansonsten sind nur in geringem Umfang einfach verglaste Fenster vorhanden. Die Innentüren sind überwiegend Füllungstüren. In den Räumen befinden sich mehrere Brennstellen mit Lichtbändern. Das Gebäude verfügt nur über Toiletten mit einfachen und wenigen sanitären Objekten. Die Beheizung erfolgt über eine Sammelheizung ohne Warmwasserbereitung. Es sind zwei kleine Besprechungszimmer vorhanden.

Anlage 129.19 — Zu §§ 129–133 BewG

Ausstattungstabelle I

Bau- und Gebäudeteil	Ausstattung 1	Ausstattung 2	Ausstattung 3	Ausstattung 4	Ausstattung 5
Ausfachung/Fassade	Einfache Plattenwände (Holz, Blech, Faserzement); einfacher Putz; Verbreiterung	Leichtbetonwände; Rauhputz	Schwerbetonplatten; Putz mit Fenster- und Türeinfassung in Kunststein; Vormauerschale; Spaltklinker	Putz mit Fenster- und Türeinfassungen aus Naturstein; Spaltklinker; Kunststeinverkleidung	Natursteinfassade Keramikplatten; Kupfer, Eloxal oder ähnliches; Glasverkleidung x
Dachausführung	Einfache Dächer (Dachpappen, Blech-, Faserzementeindeckung)	Leichte Betondächer ohne wärmedämmung; einfache Ziegeldeckung x	Betondächer mit Wärmedämmung und Pappeindeckung; bessere Ziegeleindeckung; Kunstschiefer	Betondächer mit Wärmedämmung und besserer Eindeckung; Kiessschüttung; Naturschieferdeckung; Dächer mit bes. Aufbauten	Dachterrassen; befahrbare Dächer; Dächer mit wertvoller Eindeckung (z. B. Kupfer)
Warmbehandlung (ohne Sanitärräume)	Einfacher Wandputz Anstrich x	Kunstharzputz	Einfache Vertäfelung	Sichtmauerwertk; keramische Platten	Edelholzvertäfelung; Natursteinplatten
Fußboden	Dielen, Steinholz-, Asphalt, Estrich- oder ähnliche Böden	Linoleum; PVZ-Böden; Nadelfilz	Kunststeinplatten; Teppichböden: Kleinparkett	Parkett; Fliesen; Velourteppichboden x	Natursteinplatten
Treppen	Holztreppen; Betontreppen; Stahltreppen	Treppen mit Linoleum-, PVC-, oder Teppichbodenbelag x	Treppen mit Kunststeinauflage	Treppen mit Natursteinauflage; Treppen aus Edelhölzern	Natursteintreppen
Fenster	Fenster mit einfacher Verglasung	Fenster mit einfacher Verglasung, jedoch mit Rolläden	Doppel- oder Verbundfenster; Fenster mit Isolierglas x	Wie vor, jedoch mit Rolläden	Fenster mit dreifacher Verglasung; raumhohe versenkbare Fenster
Türen	Einfache glatte Türen	Türen mit Edelholzfurnier; kunststoffbeschichtete Türen	Füllungstüren x	Schiebe- oder Doppeltüren	Massive Edelholztüren; Ganzglastüren

882

Zu §§ 129–133 BewG **Anlage 129.19**

Bau- und Gebäudeteil	Ausstattung				
	1	2	3	4	5
Elektroinstallation	Wenig Brennstellen und Steckdosen	Mehrere Brennstellen und Steckdosen	Mehrere Brennstellen mit Lichtbändern x	Indirekte Beleuchtung zusätzliche Wandbeleuchtung; Einbaubeleuchtung	Aufwendige Elektroinstallation, z. B. Bodensteckdosen und Überwachungsanlage
Sanitäre Installation[1]	Einfache und wenige sanitäre Objekte in Wasch- und Toilettenräumen x	Sanitäre Objekte in größerer Anzahl in Wasch- und Toilettenräumen	Sanitäre Objekte außer in Wasch- und Toilettenräumen auch in anderen Räumen	Sanitäre Beleuchtung in Waschräumen, Bädern, Toiletten und anderer Räumen in guter Ausstattung	Besonders aufwendige Ausstattung
Heizung	Einzelöfen	Warmluftheizung; Nachtstromspeichereinzelöfen	Sammel- oder Fernwärmeheizung ohne Warmwasserbereitung; Nachtstromspeicherzentralheizung x	Sammel- oder Fernwärmeheizung mit Warmwasserbereitung	Aufwendige Heizungstechnik
Besondere Räume (z. B. Empfangsräume, Direktionsräume, Sitzungszimmer, Gesellschaftsräume)	Keine	Geringe Anzahl kleiner Räume x	Mehrere kleine Räume oder geringe Anzahl größerer Räume	Mehrere kleine Räume oder geringe Anzahl größerer Räume	Mehrere kleine und große Räume
Anzahl der Ausstattungsmerkmale in der jeweiligen Spalte	2	3	4	1	1
Punktewert	x 1	x 2	x 3	x 4	x 5
Zwischenergebnis	= 2	= 6	= 12	= 4	= 5
			29	= Summe der Zwischenergebnisse (Gesamtpunktwert)	

1) bei sehr guter Ausstattungsqualität ist die nächsthöhere Ausstattungsstufe anzusetzen.

Anlage 129.19   Zu §§ 129–133 BewG

Die Summe der Punktewerte ergibt 29; dividiert durch die Anzahl der Gebäudeteile (11) errechnet sich hieraus ein durchschnittlicher Punktewert von 2,63. Der Raummeterpreis beträgt somit 27 DM/m³.

4.2.2.5 Zuschläge zu den Raummeterpreisen

Besteht das Warenhaus oder das Gebäude oder der Gebäudeteil in einem Einkaufszentrum aus mehr als fünf Geschossen, so ist zu dem durchschnittlichen Raummeterpreis für das gesamte Gebäude oder den Gebäudeteil ein Zuschlag zu machen, der sich nach der Zahl der Mehrgeschosse richtet. Der Zuschlag beträgt für jedes Mehrgeschoß vom 6. Bis 9. Geschoß 1 v. H. und vom 10. Geschoß ab 1,5 v. H.

Weitere Zuschüsse kommen grundsätzlich nicht in Betracht.

4.2.2.6 Mitbenutzung für andere Zwecke

Soweit bei Warenhäusern und Einkaufszentren ein nicht untergeordneter Teil der Flächen eines Gebäudes (mehr als 10 v. H. der Flächen) für andere Zwecke benutzt wird und hierfür ein von Tz. 4.2.2.1 abweichender Raummeterpreis anzusetzen ist, ist der umbaute Raum und der Gebäudenormalherstellungswert unter Berücksichtigung der unterschiedlichen Nutzungen gesondert zu ermitteln. Dabei sind die als Wohnungen genutzten Flächen mit dem für Einfamilienhäuser maßgebenden durchschnittlichen Raummeterpreis anzusetzen.

4.2.3 Abschläge vom Gebäudenormalherstellungswert

Eine Ermäßigung des Gebäudenormalherstellungswerts eines Gebäudes oder eines selbständigen Gebäudeteils kann insbesondere wegen des schlechten baulichen Zustands, wegen Schadensgefahren (z. B. Berg-, Wasser- und Erschütterungsschäden), wegen ungewöhnlich starker Beeinträchtigungen durch Lärm, Rauch, Gerüche oder wegen Altlasten in Betracht kommen. Sonderabschläge wegen Strukturänderung, unorganischen Aufbaus und übergroß bebauter Fläche sind nicht zu berücksichtigen. Die Abschläge beziehen sich auf den Gebäudenormalherstellungswert; sie dürfen 60 v. H. des Gebäudenormalherstellungswerts nicht übersteigen.

Der schlechte bauliche Zustand des Gebäudes wird regelmäßig auf behebbare Baumängel und Bauschäden zurückzuführen sein. Dabei ist der Abschlag unter Berücksichtigung des Schadensgrads und des aus den Anlagen 4 und 5 zu entnehmenden Wertanteils für den betreffenden Bauteil zu ermitteln. Der Schadensgrad bestimmt sich nach dem Verhältnis des Werts des Schadens zum Gesamtwert des betreffenden Bauteils. Bei mehreren Baumängeln oder Bauschäden ergibt die Summe der so ermittelten Schäden an den einzelnen Bauteilen den Gesamtschaden am Gebäude. Der Vomhundertsatz ist auf volle Zahlen aufzurunden.

4.2.4 Alterswertminderung und Abschläge vom gekürzten Gebäudenormalherstellungswert

4.2.4.1 Alterswertminderung

Der um die Abschläge nach Tz. 4.2.3 gekürzte Gebäudenormalherstellungswert ist wegen des **Alters des Gebäudes** im Hauptfeststellungszeitpunkt (1. Januar 1935) **zu mindern.** Maßgebend für die Alterswertminderung ist die gewöhnliche Lebensdauer des Gebäudes und dessen Alter zum 1. Januar 1935. Für nach dem 1. Januar 1935 errichtete Gebäude ist keine Alterswertminderung anzusetzen.

Für die Berechnung der Alterswertminderung ist auf den 1. Januar des Jahres abzustellen, in dem das Gebäude bezugsfertig geworden ist. Es ist von einer gleichbleibenden jährlichen Wertminderung auszugehen.

Als Lebensdauer sind zugrunde zu legen:

– bei Massivbauten: 100 Jahre,

– bei Holzfachwerkgebäuden: 70 Jahre,

– bei Betongroßtafelbauten: 60 Jahre und

– bei einfachster Bauweise (z. B. Holztafelbau): 40 Jahre.

Anbauten teilen das Schicksal des Hauptgebäudes. Ist anzunehmen, daß ein Erweiterungsbau nach Größe, Bauart und Nutzung eine andere Lebensdauer als das Hauptgebäude haben wird, so ist die Alterswertminderung jeweils getrennt zu berechnen. Für Aufstockungen ist die Alterswertminderung nach dem Alter der unteren Gebäude zu bemessen.

Wird ein Gebäude durch bauliche Maßnahmen durchgreifend erneuert und verlängert sich dadurch seine restliche Lebensdauer, so ist die Lebensdauer nicht nach dem tatsächlichen Alter des Gebäudes, sondern nach einem Baualter unter Berücksichtigung der verlängerten restlichen Lebensdauer zu bemessen.

Zu §§ 129–133 BewG **Anlage 129.19**

Bei Überdachungen in leichter Bauausführung ist eine Lebensdauer von 20 Jahren, in Holzkonstruktion von 40 Jahren und in massiver Stahl- oder Stahlbetonkonstruktion von 80 Jahren zugrunde zu legen.

4.2.4.2 **Nicht behebbare Baumängel oder Bauschäden**

Nicht behebbare Baumängel oder Bauschäden, die zu einer Verkürzung der Gesamtlebensdauer führen, sind durch einen Abschlag zu berücksichtigen. Bezugsgröße für diesen Abschlag ist der um die Abschläge nach Tz. 4.2.3 gekürzte Gebäudenormalherstellungswert. Der Abschlag ist wie folgt zu ermitteln:

$$\text{Abschlag in v. H.:} = \frac{\text{Alter im Feststellungszeitpunkt}}{\text{Verkürzte Gesamtlebensdauer}} \times 100 \text{ v. H.}$$

Der sich ergebende Vomhundertsatz ist auf zwei Dezimalstellen aufzurunden.

Bei Gebäuden, die vor dem 1. Januar 1935 errichtet worden sind, ist die Alterswertminderung bei der Abschlagsberechnung berücksichtigt.

Bei Gebäuden unterschiedlichen Alters ist der Abschlag jeweils gesondert zu berechnen.

Der Wert, der nach Abzug der Alterswertminderung oder des an deren Stelle tretenden Abschlags wegen nicht behebbarer Baumängel oder Bauschäden verbleibt, darf grundsätzlich 40 v. H. des Gebäudenormalherstellungswerts nicht unterschreiten (Restwert).

4.2.4.3 **Abschlag wegen der Notwendigkeit baldigen Abbruchs und wegen wirtschaftlicher Überalterung**

Die **Notwendigkeit baldigen Abbruchs** und die **wirtschaftliche Überalterung** sind ebenfalls durch Abschläge von dem nach Tz. 4.2.3 gekürzten Gebäudenormalherstellungswert zu berücksichtigen.

Ein Abschlag wegen wirtschaftlicher Überalterung kann insbesondere für Warenhäuser zu gewähren sein, die hinsichtlich der Bauweise den üblichen Anforderungen an einen Warenhausbetrieb nicht genügen.

Die Abschlagsberechnung erfolgt wie bei nicht behebbaren Baumängeln und Bauschäden, jedoch ohne Begrenzung auf einen Restwert.

Liegen die Voraussetzungen für mehrere Abschläge vom gekürzten Gebäudenormalherstellungswert vor, ist nur der Abschlag zu gewähren, der zu dem geringsten Gebäudewert führt.

4.3 **Gemeiner Wert**

Der Bodenwert, der Wert der Außenanlagen und der Gebäudewert ergeben den gemeinen Wert des Grundstücks. Dieser Wert ist für Zwecke der Einheitsbewertung auf volle 100 DM nach unten abzurunden (§ 30 Nr. 1 BewG).

Bei der Ermittlung des Einheitswerts sind keine Wertzahlen anzuwenden, die Wertangleichung an den gemeinen Wert ist bereits bei der Feststellung der durchschnittlichen Raummeterpreise berücksichtigt. Ein Abschlag wegen Belastung mit Gebäudeentschuldungsteuer kommt nicht in Betracht.

5 *Verfahrensrechtliche Besonderheiten*[1]

Soweit bisher bereits Einheitswerte für zum Betriebsvermögen gehörende Warenhausgrundstücke und Einkaufszentren sowie für Grundstücke mit Großmärkten und mit Messehallen aufgrund der 10-v.-H.-Regelung (vgl. Tz. 4.4 der gleichlautenden Erlasse vom 20. November 1990, BStBl. I S. 827) unter dem Vorbehalt der Nachprüfung festgestellt worden sind, sind diese Einheitswerte unter Berücksichtigung der oben dargestellten Bewertungsgrundsätze neu zu ermitteln. Die Änderung erfolgt nach § 164 Abs. 2 AO. In dem geänderten Feststellungsbescheid ist der Vorbehalt der Nachprüfung aufzuheben, soweit nicht andere Gebäude die Aufrechterhaltung des Vorbehalts rechtfertigen.

---

1) Durch Zeitablauf überholt.

Anlage 129.19

Zu §§ 129–133 BewG

Anlage 1

Berechnung des umbauten Raumes nach DIN 277
(1934)
– abgeleitet –

Zeichenerklärung:

▨ Voll anzurechnender umbauter Raum

☐ Nicht hinzuzurechnender umbauter Raum

▩ Getrennt (mit anderen Raummeterpreisen) zu berechnender umbauter Raum

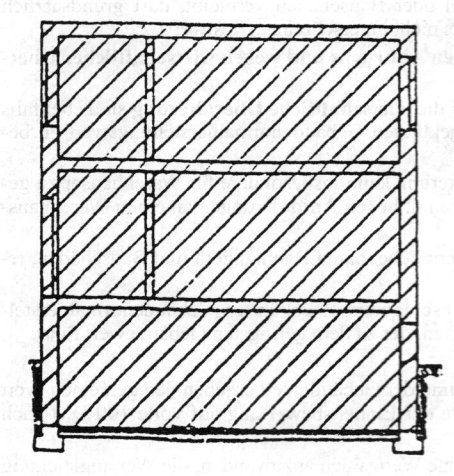

Ermittlung des umbauten Raumes für ausgeführte Hochbauten.
Der umbaute Raum ist in m³ anzugeben.

Voll anzurechnen ist der umbaute Raum eines Gebäudes, der umschlossen wird:

seitlich von den Außenflächen der Umfassungen,

unten bei unterkellerten Gebäuden von den Oberflächen der untersten Geschoßfußböden,

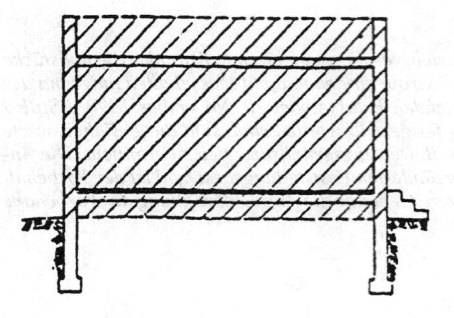

bei nicht unterkellerten Gebäuden von der Oberfläche des Geländes,

Zu §§ 129–133 BewG **Anlage 129.19**

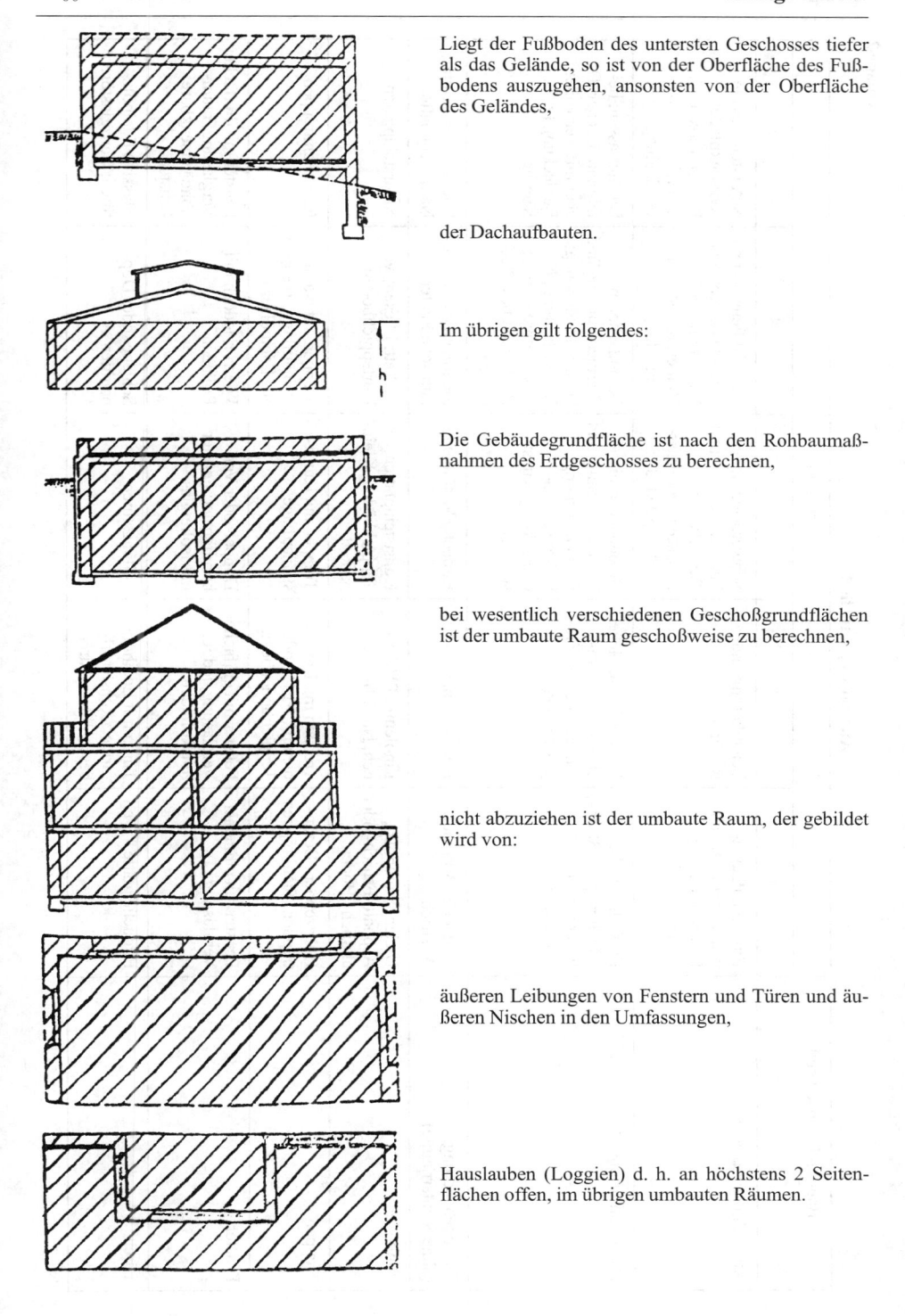

Liegt der Fußboden des untersten Geschosses tiefer als das Gelände, so ist von der Oberfläche des Fußbodens auszugehen, ansonsten von der Oberfläche des Geländes,

der Dachaufbauten.

Im übrigen gilt folgendes:

Die Gebäudegrundfläche ist nach den Rohbaumaßnahmen des Erdgeschosses zu berechnen,

bei wesentlich verschiedenen Geschoßgrundflächen ist der umbaute Raum geschoßweise zu berechnen,

nicht abzuziehen ist der umbaute Raum, der gebildet wird von:

äußeren Leibungen von Fenstern und Türen und äußeren Nischen in den Umfassungen,

Hauslauben (Loggien) d. h. an höchstens 2 Seitenflächen offen, im übrigen umbauten Räumen.

Anlage 129.19 Zu §§ 129–133 BewG

Anlage 2

Ausstattungstabelle I

Bau- und Gebäudeteil	Ausstattung				
	1	2	3	4	5
Ausfachung/Fassade	Einfache Plattenwände (Holz, Blech, Faserzement); einfacher Putz; Verbreiterung	Leichtbetonwände; Rauhputz	Schwerbetonplatten; Putz mit Fenster- und Türeinfassung in Kunststein; Vormauerschale; Spaltklinker	Putz mit Fenster- und Türeinfassungen aus Naturstein; Spaltklinker; Kunststeinverkleidung	Natursteinfassade Keramikplatten; Kupfer, Eloxal oder ähnliches; Glasverkleidung
Dachausführung	Einfache Dächer (Dachpappen, Blech-, Faserzementeindeckung)	Leichte Betondächer ohne wärmedämmung; einfache Ziegeldeckung	Betondächer mit Wärmedämmung und Pappeindeckung; bessere Ziegeleindeckung; Kunstschiefer	Betondächer mit Wärmedämmung und bessere Eindeckung; Kiesschüttung; Naturschieferdeckung; Dächer mit bes. Aufbauten	Dachterrassen; befahrbare Dächer; Dächer mit wertvoller Eindeckung (z. B. Kupfer)
Wärmbehandlung (ohne Sanitärräume)	Einfacher Wandputz Anstrich	Kunstharzputz	Einfache Vertäfelung	Sichtmauerwerk; keramische Platten	Edelholzvertäfelung; Natursteinplatten
Fußböden	Dielen, Steinholz-, Asphalt, Estrich- oder ähnliche Böden	Linoleum; PVZ-Böden; Nadelfilz	Kunststeinplatten; Teppichböden: Kleinparkett	Parkett; Fliesen; Velourteppichboden	Natursteinplatten
Treppen	Holztreppen; Betontreppen; Stahltreppen	Treppen mit Linoleum-, PVC-, oder Teppichbodenbelag	Treppen mit Kunststeinauflage	Treppen mit Natursteinauflage; Treppen aus Edelhölzern	Natursteintreppen
Fenster	Fenster mit einfacher Verglasung	Fenster mit einfacher Verglasung, jedoch mit Rolläden	Doppel- oder Verbundfenster; Fenster mit Isolierglas	Wie vor, jedoch mit Rolläden	Fenster mit dreifacher Verglasung; raumhohe versenkbare Fenster
Türen	Einfache glatte Türen	Türen mit Edelholzfurnier; kunststoffbeschichtete Türen	Füllungstüren	Schiebe- oder Doppeltüren	Massive Edelholztüren; Ganzglastüren

Zu §§ 129–133 BewG **Anlage 129.19**

Bau- und Gebäudeteil	Ausstattung				
	1	2	3	4	5
Elektroinstallation	Wenig Brennstellen und Steckdosen	Mehrere Brennstellen und Steckdosen	Mehrere Brennstellen mit Lichtbändern	Indirekte Beleuchtung mit zusätzliche Wandbeleuchtung; Einbaubeleuchtung	Aufwendige Elektroinstallation, z. B. Bodensteckdosen und Überwachungsanlage
Sanitäre Installation[1]	Einfache und wenige sanitäre Objekte in Wasch- und Toilettenräumen	Sanitäre Objekte in größerer Anzahl in Wasch- und Toilettenräumen	Sanitäre Objekte außer in Wasch- und Toilettenräumen auch in anderen Räumen	Sanitäre Beleuchtung in Waschräumen, Bädern, Toiletten und anderer Räumen in guter Ausstattung	Besonders aufwendige Ausstattung
Heizung	Einzelöfen	Warmluftheizung; Nachtstromspeichereinzelöfen	Sammel- oder Fernwärmeheizung ohne Warmwasserbereitung; Nachtstromspeicherzentralheizung	Sammel- oder Fernwärmeheizung mit Warmwasserbereitung	Aufwendige Heizungstechnik
Besondere Räume (z. B. Empfangsräume, Direktionsräume, Sitzungszimmer, Gesellschaftsräume)	Keine	Geringe Anzahl kleiner Räume	Mehrere kleine Räume oder geringe Anzahl größerer Räume	Mehrere kleine Räume oder geringe Anzahl größerer Räume	Mehrere kleine und große Räume
Anzahl der Ausstattungsmerkmale in der jeweiligen Spalte					
Punktewert	x 1	x 2	x 3	x 4	x 5
Zwischenergebnis	=	=	=	=	= Summe der Zwischenergebnisse (Gesamtpunktwert)

1) bei sehr guter Ausstattungsqualität ist die nächsthöhere Ausstattungsstufe anzusetzen.

Anlage 129.19 — Zu §§ 129–133 BewG

Anlage 3

Ausstattungstabelle II

Bau- und Gebäudeteil		Ausstattung				
		1	2	3	4	5
Dachausführung[1]		einfache nicht massive Dächer (Papp-, Blech-, Wellfaserzementeindeckung)	einfache nicht massive Dächer, jedoch mit Wärmedämmung	Gasbetonfertigteile Stegzementdielen, leichte massive Dächer, Ziegeldächer	massive Stahlbetondächer mit Wärmedämmung, Ziegeldach mit Wärmedämmung	Dächer mit Naturschiefer, Kupfer große Anzahl von Oberlichtern (über 20% der Dachfläche), Sheddach
Ausfachung/Fassade	Skelett-, Fachwerk-, Rahmenbauplatten)	einfache Wände (Holz, Blech, FaserzementAusfachung[3] bis 12 cm	einfache Wände[2] mit Wärmedämmung; bis 25 cm	Leichtbetonwände[2], Ausfachung bis 30 cm[2]; Spaltklinker	Schwerbetonplatten[2], Sandwichplatten, Ausfachung	Ausfachung über 30 cm, Glasverkleidung
	Massivbau	Putz, Sichtmauerwerk	einfache Verkleidung	Spaltklinker	Vormauerschale	
Fußboden		Rohbeton	Estrich, Gußasphalt, Verbundpflaster ohne Unterbau	Werksteinplatten, PVC-Boden, Verbundpflaster, Teppichboden	Holzpflaster, Fliesen, Klinker	Fußbodenbeläge für schwere Belastungen und besondere Beanspruchung

890

Zu §§ 129–133 BewG **Anlage 129.19**

Bau- und Gebäudeteil	Ausstattung				
	1	2	3	4	5
Heizung	Einzelöfen	Lufterhitzer, elektrische Heizung	Lufterhitzer mit zentraler Kesselanlage, an Kesselanlage des Betriebs angeschlossene Sammelheizung Fernheizung	Sammelheizung mit separater Kesselanlage	aufwendige Heiztechnik
Fenster	geringe Anzahl	einfache Fenster	einfache Fensterbänder	Einzelfenster mit Isolierverglasung, Verbundfenster, Glasbausteine	Fensterbänder mit Isolierverglasung, raumhohe Verglasung
Sonstige Ausstattung (insbesondere Einbauten)	keine oder geringfügig	geringe Anzahl von Büro- und Sozialräumen	mehrere einfache Büro- und Sozialräume	wie vor, jedoch in guter Ausstattung	sehr gut ausgestattete Büro- und Sozialräume
Punktewert	x 1	x 2	x 3	x 4	x 5
Zwischenergebnis	=	=	=	=	=
					= Summe der Zwischenergebnisse (Gesamtpunktwert)

1) Sind mehrere Oberlichter vorhanden (über 20 v. H. der Dachfläche), ist die nächsthöhere Ausstattungsstufe maßgebend.
2) Bei Zusammentreffen von Ausfachung und zusätzlicher Verkleidung ist die nächsthöhere Ausstattungsstufe anzusetzen.
3) Nichttragende vorgesetzte massive Außenwände bei Skelett-, Rahmen- und Fachwerkkonstruktionen sind wie Ausfachungen zu behandeln.

Anlage 129.19 — Zu §§ 129–133 BewG

Anlage 4

Tabelle über die Wertigkeit einzelner Bauteile zum Gesamtbauwerk bei Bank-, Versicherungs-, Verwaltungs- und Bürogebäuden

Anzahl der Vollgeschosse	1			2			3			4			5			6 und mehr		
	ausgebautes Dachgeschoß		Flach-dach	ausgebautes Dachgeschoß		Flach-dach	ausgebautes Dachgeschoß		Flach-dach	ausgebautes Dachgeschoß		Flach-dach	ausgebautes Dachgeschoß		Flach-dach	ausgebautes Dachgeschoß		Flach-dach
Bauteil/Gewerk	nein	ja		nein	ja		nein	ja		nein	ja		nein	ja		nein	ja	
Keller insgesamt	24,9	23,5	24,0	21,2	20,2	21,2	17,7	16,8	18,6	14,6	13,9	15,9	12,2	11,6	12,9	10,7	10,1	9,5
Mauerwerk	17,4	16,8	17,1	15,1	14,4	15,2	12,6	12,0	13,3	10,4	9,9	11,4	8,7	8,3	9,3	7,7	7,2	6,8
Erd- und Isolierarbeiten	2,5	2,5	2,6	2,2	2,2	2,2	1,9	1,8	2,0	1,6	1,5	1,7	1,3	1,2	1,4	1,1	1,1	1,0
Kellerboden	5,0	4,2	4,3	3,8	3,6	3,8	3,2	3,0	3,3	2,6	2,5	2,8	2,2	2,1	2,2	1,9	1,8	1,7
Decken insgesamt	14,0	13,1	15,8	13,6	13,1	15,9	13,4	13,2	15,8	13,3	13,1	15,7	13,1	12,9	15,5	13,0	12,7	15,3
Decke über Keller	5,3	4,5	4,6	4,1	3,8	4,2	3,4	3,2	3,6	2,8	2,6	3,0	2,3	2,2	2,4	2,1	1,9	1,8
übrige Decken	5,4	5,4	6,9	5,9	5,8	7,3	6,2	6,2	7,6	6,5	6,5	7,9	6,7	6,6	8,1	6,8	6,7	8,4
Deckenputz	3,3	3,2	4,3	3,6	3,5	4,4	3,8	3,8	4,6	4,0	4,0	4,8	4,1	4,1	5,0	4,1	4,1	5,1
Umfassungswände insgesamt	10,3	10,0	13,0	11,2	11,0	14,0	12,4	12,0	15,0	13,6	13,5	16,0	14,7	14,7	17,0	15,2	15,2	18,0
Mauerwerk	8,6	8,3	10,8	9,3	9,2	11,7	10,3	10,0	12,5	11,3	11,2	13,3	12,3	12,2	14,2	12,7	12,7	15,0
Außenputzverkleidung	1,7	1,7	2,2	1,9	1,8	2,3	2,1	2,0	2,5	2,3	2,3	2,7	2,4	2,5	2,8	2,5	2,5	3,0
Innenwände unverputzt	10,7	11,0	6,0	11,8	12,0	7,4	12,8	13,0	8,8	13,5	13,7	10,2	14,1	14,1	11,6	14,3	14,3	13,0
Tragend	5,9	6,1	3,5	6,5	6,7	4,1	7,1	7,2	4,9	7,2	7,6	5,6	7,3	7,8	6,4	7,4	7,9	7,2
Nichttragend	4,8	4,9	2,7	5,3	5,3	3,3	5,7	5,8	3,9	6,3	6,1	4,6	6,8	6,3	5,2	6,9	6,4	5,8
Dach insgesamt	15,3	17,8	7,5	13,5	15,5	6,2	11,8	13,5	5,0	10,7	11,5	4,1	10,0	10,5	3,7	9,9	10,3	3,5
Dachstuhl	10,4	12,2	–	9,2	10,6	–	8,0	9,3	–	7,3	7,9	–	6,8	7,2	–	6,7	7,1	–
Dachhaut	3,9	4,5	6,5	3,5	3,9	4,9	3,0	3,4	3,9	2,7	2,9	3,1	2,6	2,6	2,9	2,6	2,6	2,8
Dachrinnen / Rohre	1,0	1,1	1,5	0,8	1,0	1,3	0,8	0,8	1,1	0,7	0,7	1,0	0,6	0,7	0,8	0,6	0,6	0,7
Treppen insgesamt	2,2	2,0	3,4	3,1	2,9	4,2	3,8	3,7	5,0	4,5	4,4	5,8	5,0	5,0	6,4	5,3	5,2	7,2
Innerer Ausbau insgesamt	22,6	22,6	30,3	25,7	25,5	31,1	28,1	27,8	31,8	29,8	29,9	32,3	30,9	31,2	32,9	31,6	32,2	33,5
Wandputz	5,9	6,0	8,0	6,8	6,7	8,2	7,4	7,4	8,3	7,9	7,9	8,4	8,3	8,4	8,5	8,5	8,6	8,6
Bodenbelag	4,2	4,1	5,3	4,5	4,5	5,6	4,8	4,8	5,9	5,0	5,0	6,1	5,1	5,1	6,3	5,2	5,2	6,5
Installation	4,4	4,4	6,0	5,1	5,0	6,1	5,6	5,5	6,2	6,0	6,0	6,3	6,2	6,2	6,4	6,3	6,5	6,5
Fenster	3,7	3,7	5,0	4,2	4,2	5,1	4,7	4,6	5,2	4,9	5,0	5,2	5,2	5,2	5,3	5,3	5,4	5,4
Verglasung	1,1	1,1	1,5	1,3	1,2	1,5	1,4	1,4	1,6	1,5	1,5	1,6	1,5	1,6	1,6	1,6	1,6	1,6
Türen	3,3	3,3	4,5	3,8	3,7	4,6	4,2	4,1	4,6	4,5	4,5	4,7	4,6	4,7	4,8	4,7	4,9	4,9

* Ist ein Schaden an einer Heizung vorhanden, ist deren Warenanteil zusätzlich mit 4 v. H. bis 7 v. H. anzusetzen.

Zu §§ 129–133 BewG

Anlage 129.19

Anlage 5

Bauanteile für nicht unterkellerte Großmärkte, SB-Märkte und Verbrauchermärkte sowie Messehallen[1]

Bauteil/Gewerk	Anteile in v. H.
Erdarbeiten, Fundamente und Bodenplatten	16,4
Außenwände/Fassade	16,1
Tragkonstruktion	25,0
Dacheindeckung	15,7
Fußboden	6,7
Türen	1,6
Fenster	6,2
Heizung	7,1
Elektrische Installation	5,2

---

1) Bei unterkellerten Gebäuden sind die Bauteile der Anlage 4 zu entnehmen.

Anlage 129.20 Zu §§ 129–133 BewG

Bewertung von übrigen Geschäftsgrundstücken und sonstigen bebauten Grundstücken im Beitrittsgebiet ab 1. Januar 1991

Gleichlautende Erlasse der obersten Finanzbehörden der Länder Berlin, Brandenburg, Mecklenburg-Vorpommern, Sachsen, Sachsen-Anhalt und Thüringen

vom 21. Juli 1994

(BStBl. I S. 480)

1 Geltungsbereich

Dieser Erlaß gilt für übrige Geschäftsgrundstücke und sonstige bebaute Grundstücke im Beitrittsgebiet ab 1. Januar 1991, wenn der Einheitswert im Sachwertverfahren zu ermitteln ist. Zum Beitrittsgebiet gehören die Länder Brandenburg, Mecklenburg-Vorpommern, Sachsen, Sachsen-Anhalt und Thüringen und der Teil des Landes Berlin, in dem das Grundgesetz vor dem Wirksamwerden des Beitritts nicht gegolten hat, und zwar nach dem Gebietsstand vom 3. Oktober 1990. Zum Beitrittsgebiet gehören somit auch die Gebiete, die nach dem 2. Oktober 1990 im Rahmen einer Gebietsreform in das übrige Bundesgebiet umgegliedert worden sind.

2 Umschreibung der einzelnen Gebäudegruppen

Zu den Grundstücken im Sinne dieses Erlasses zählen Ladengrundstücke, Verkaufsstände, Heime, Privatschulen, Vereinshäuser, Badehäuser, Trinkhallen, Gaststätten, Vergnügungsstätten, Saalbauten, Lichtspielhäuser, Lichtspielzentren, Theater, Hallenbäder, Sanatorien, Kliniken, Tennishallen, Reithallen, Parkhäuser, Bootshäuser, Gewächshäuser, Zelthallen und Textilbauten.

Werden diese Grundstücke zu mehr als 80 v. H. zu gewerblichen Zwecken genutzt, sind sie als Geschäftsgrundstücke anzusehen (§ 32 Abs. 1 Nr. 2 RBewDV). Dienen sie zu mehr als 80 v. H. sonstigen Zwecken, sind sie sonstige bebaute Grundstücke (§ 32 Abs. 1 Nr. 2 RBewDV). Dienen sie zu mehr als 80 v. H. sonstigen **und** gewerblichen Zwecken, bestimmt sich die Grundstückshauptgruppe nach der überwiegenden Nutzung.

2.1 Ladengrundstücke

Zu den Ladengrundstücken zählen die Einzelhandelsläden, wie z. B. Bäckerei, Metzgerei, Apotheken, Imbißstuben, ferner Ladenlokale für Dienstleistungen, wie z. B. Friseur, Versicherungsagenturen, Sonnenstudios, Reinigungen, Spielhallen und Videotheken. Regelmäßig sind die Läden in den Erdgeschossen mehrgeschossiger Gebäude untergebracht und haben eine Nutzfläche von weniger als 500 m². Bei einer Nutzfläche ab 500 m² sind sie der Gruppe der Warenhäuser bzw. SB-Großmärkte zuzuordnen. Alleinstehende, eingeschossige Läden gehören nur dann zu den Ladengrundstücken, wenn die bebaute Fläche mindestens 50 m² beträgt. Ansonsten sind sie den Verkaufsständen (vgl. Tz. 2.2) zuzurechnen.

2.2 Verkaufsstände

Bei den Verkaufsständen handelt es sich um Einzelgebäude mit einer bebauten Fläche von weniger als 50 m². Sie sind regelmäßig eingeschossig.

2.3 Heime

Zu den Heimen im Sinne dieses Erlasses rechnen insbesondere Alten-, Pflege- und Kinderheime. Altenheime sind anstaltsmäßige Einrichtungen, die alte Menschen nicht nur vorübergehend aufnehmen und betreuen (§ 1 Heimgesetz vom 7. August 1974, BGBl. I. S. 1873). Beschränken sich die Leistungen jedoch überwiegend auf die Überlassung von Wohnraum, so sind die Gebäude regelmäßig als Mietwohngrundstücke zu bewerten. Pflegeheime unterscheiden sich von den Altenheimen dadurch, daß sie pflegebedürftige oder behinderte Personen, unabhängig von ihrem Alter, nicht nur vorübergehend aufnehmen und betreuen.

Kinderheime dienen der Unterbringung und Betreuung von Klein- und Schulkindern. Zu den Kinderheimen rechnen auch Erholungsheime für Kinder und Waisenhäuser sowie Heime für Fürsorgezöglinge.

Ebenfalls zu den Heimen gehören die Kindergärten, Kinderhorte, Kindertagesstätten und Krippen, in denen Kinder halb- oder ganztägig betreut werden.

2.4 Privatschulen

Privatschulen sind Schulen, die in privater Trägerschaft stehen. Sie umfassen ein oder mehrere Gebäude mit typischen, auf einen Schulbetrieb ausgerichteten Räumen (z. B. Klassenzimmer, Lehrerzimmer, Gemeinschaftsräume).

2.5 Vereinshäuser

Vereinshäuser sind Gebäude auf einem Vereinsgelände, die der Erholung, Geselligkeit oder Aufbewahrung von Geräten dienen. Sie können auch sanitäre Einrichtungen, Umkleideräume sowie gaststättenähnliche Räume enthalten.

2.6 Badehäuser

Badehäuser sind Gebäude mit Einrichtungen, die der Körperhygiene bzw. der Gesundheit dienen. Hierzu rechnen insbesondere Gebäude bzw. Gebäudeteile, die einem Badebetrieb dienen (z. B. Saunen, Dampfbäder, Duschen, Wannenbäder). Nicht darunter fallen Hallenbäder und Badeanstalten mit Schwimmbädern (vgl. hierzu Tz. 2.14).

2.7 Trinkhallen

Trinkhallen sind nur solche Gebäude, die im Rahmen eines Kurbetriebs für Kurgäste unterhalten werden. Nicht dazu gehören Gebäude, die nach der Gewerbeordnung dem Schankwirtsgewerbe dienen; diese Gebäude sind als Gaststätten (vgl. Tz. 2.8) oder Verkaufsstände (vgl. Tz. 2.2) zu bewerten.

2.8 Gaststätten

Gaststätten dienen überwiegend dem Schank- oder Restaurationsgewerbe. Hierzu gehören auch Gebäude, in denen ein Beherbergungsbetrieb von untergeordneter Bedeutung unterhalten wird, sowie Hotels mit bis zu 12 Betten.

2.9 Vergnügungsstätten

Bei Vergnügungsstätten handelt es sich um Gebäude mit Vergnügungsbetrieben, wie z. B. Diskotheken, Bars, Clubs.

2.10 Saalbauten

Saalbauten enthalten einen saalartigen Raum oder mehrere solcher Räume, die für Tanz- bzw. Kulturveranstaltungen, Versammlungszwecke und ähnliches genutzt werden. Dazu rechnen regelmäßig auch nur zu dieser Nutzung erforderliche Nebenräume.

Sind in dem Saalbau zusätzliche Räume vorhanden, die unabhängig von dem Saalbetrieb genutzt werden (z. B. Restaurant, Kegelbahn, Vereinszimmer, Wohnung), so ist dieser Gebäudeteil kein Saalbau.

2.11 Lichtspielhäuser

Lichtspielhäuser sind den Saalbauten vergleichbare Gebäude, die auf eine Nutzung als Kino ausgerichtet sind, einschließlich der für diesen Zweck erforderlichen Nebenräume. Einem anderen Hauptzweck (z. B. Restaurant, Büro, Wohnung) dienende Räume sind entsprechend ihrer Nutzung als gesonderter Gebäudeteil zu bewerten.

2.12 Lichtspielzentren

Lichtspielzentren sind neuartig konzipierte, mehrgeschossige Gebäude mit mehreren Kinosälen und entsprechend gestalteten Eingangs- und Foyerbereichen, die speziell für diese Nutzung errichtet worden sind.

2.13 Theater

Theater sind Gebäude, die der Aufführung von Theaterstücken, Opern, Operetten, Schauspielen, Musicals, Konzerten usw. dienen. Sie enthalten neben dem Zuschauerhaus (einschließlich Foyers, Garderoben, Kassenbereich) ein Bühnenhaus (einschließlich Bühnen, Proberäume, Verwaltungs- und Technikräume).

2.14 Hallenbäder

Hallenbäder sind Einzelgebäude mit Schwimmbecken und den dieser Hauptnutzung dienenden Nebenräumen (z. B. Umkleideräume, Duschen). Andere, außerhalb des Hallenbadbereichs angeordnete Räume, die unabhängig vom Hallenbadbetrieb genutzt werden (z. B. Restaurant, Fitneßstudio), sind entsprechend ihrer Nutzung zu bewerten.

2.15 Sanatorien

Sanatorien sind Gebäude, die z. B. zur Behandlung chronisch Kranker oder Genesender genutzt werden. Hierzu zählen auch Rehabilitationszentren.

Anlage 129.20

Zu §§ 129–133 BewG

2.16 **Kliniken**

Kliniken sind Gebäude zur stationären ärztlichen Behandlung. Sie enthalten neben den Krankenzimmern regelmäßig Behandlungs- und Aufenthaltsräume für Patienten sowie Aufenthalts- und Bereitschaftsräume für das Personal. Nicht dazu gehören Personalunterkünfte in eigenständigen Gebäuden oder Gebäudeteilen.

2.17 **Tennishallen**

Tennishallen sind Hallenkonstruktionen mit überwiegend leichter gedämmter Außenfassade und leichter gedämmter Dacheindeckung. Sie haben regelmäßig Grundflächen von 1500 m^2 bis 2000 m^2 und Spannweiten bis 40 m.

2.18 **Reithallen**

Reithallen sind eingeschossige, nicht unterkellerte Hallenbauten ohne Fußboden mit leichter ungedämmter Außenverkleidung. Die Grundfläche beträgt regelmäßig bis zu 1000 m^2 und die Spannweite 15 m bis 22 m.

2.19 **Restaurations- und Sozialteil von Tennis- und Reithallen**

Im allgemeinen gehören zu den Tennis- und Reithallen Gaststättenanbauten, teils auch von dem Hallengebäude baulich getrennte Gaststätten, sowie Sozialteile, in denen sich Umkleideräume, Duschen und WC-Anlagen befinden. Die Sozialteile sind überwiegend in einem von der Halle konstruktiv getrennten Baukörper untergebracht, ggf. verbunden mit dem Gaststättenteil.

2.20 **Parkhäuser**

Zu den Parkhäusern gehören Hoch- und Tiefgaragen sowie Parkpaletten.

Hochgaragen sind zumeist innerstädtische mehrgeschossige Stahlbetonskelettgebäude, die der Aufnahme von Pkw dienen. Sie haben regelmäßig Grundflächen von 500 m^2 bis 1000 m^2, Spannweiten von 10 m bis 17 m und Geschoßhöhen von 2,5 m bis 3 m.

Tiefgaragen sind unterirdische, zumeist mehrgeschossige Gebäude, in denen Pkw abgestellt werden. Sie haben regelmäßige Grundflächen von 800 m^2 bis 2000 m^2, Spannweiten von 5 m bis 7 m und Geschoßhöhen von ca. 3 m.

Parkpaletten dienen als Abstellplatz für Pkw. Sie bestehen aus 2 Parkebenen, die über Auf- bzw. Abfahrtrampen zu erreichen sind. Wegen des geringen Ausbaus kommt eine Differenzierung nach Ausstattungsgütern regelmäßig nicht in Betracht.

2.21 **Bootshäuser**

Bootshäuser sind Gebäude in Holz- oder Massivbauweise, die regelmäßig am Ufer von Gewässern gelegen sind und teilweise in die Wasserfläche hineinragen. Sie dienen der Unterbringung von Booten und sind daher meist einfach ausgestattet.

2.22 **Gewächshäuser**

Gewächshäuser sind meist verglaste Gebäude in leichter Stahlkonstruktion zur witterungsunabhängigen Anzucht und Pflege von Pflanzen. Die Licht-, Luft- und Temperaturverhältnisse können nach den Erfordernissen der jeweiligen Kulturen durch verstellbare Glasfenster in Verbindung mit den Beheizungs- und Beregnungsanlagen besonders aufeinander abgestimmt werden.

Nicht dazu gehören gewächshausartige Konstruktionen, die als Verkaufsräume oder zur Lagerung, insbesondere von Pflanzen, genutzt werden.

2.23 **Zelthallen**

Zelthallen bestehen in ihren tragenden Teilen aus einfachen Holz- oder Metallkonstruktionen. Die Außenhaut besteht aus leichtem Baumwoll- oder leichtem Kunststoffgewebe. Sie sind daher zur mehrmaligen Verwendung an unterschiedlichen Standorten bestimmt und geeignet.

2.24 **Textilbauten**

Textilbauten unterscheiden sich gegenüber Zelthallen durch größer dimensionierte Tragkonstruktionen. Die Außenhaut besteht aus hochwertigem Kunststoffgewebe, ggf. auch in Verbindung mit festen Baumaterialien.

2.25 **Sonstige Bauten**

Gebäude, die aufgrund ihrer Nutzung weder den vorstehenden noch den in anderen gleichlautenden Erlassen der obersten Finanzbehörden der Länder Berlin, Brandenburg, Mecklenburg-Vorpommern, Niedersachsen, Sachsen, Sachsen-Anhalt und Thüringen angesprochenen Gebäudegruppen zugeordnet werden können, sind zur Ermittlung des gemeinen Werts der Gebäudegruppe zuzuordnen, die der tatsächlichen baulichen Gestaltung wertmäßig am nächsten kommt.

3 Wirtschaftliche Einheit

Die wirtschaftliche Einheit bestimmt sich nach § 2 BewG. Der Einheitswert umfaßt regelmäßig den Grund und Boden, die Gebäude, die Außenanlagen und das Zubehör (§ 50 Abs. 1 Satz 1 BewG-DDR). Für das Zubehör ist kein besonderer Wert anzusetzen.

Zum **Grund und Boden** gehören die im räumlichen Zusammenhang stehende bebauten und unbebauten Flächen. Zu den Bestandteilen des Grund und Bodens rechnen die Außenanlagen, insbesondere Zäune, Pflasterungen, Wegebefestigungen, Plattenbeläge und Pflanzungen.

Die räumliche Trennung von Flächen steht der Annahme einer wirtschaftlichen Einheit grundsätzlich entgegen. Grundstücke, die räumlich getrennt liegen, können auch dann nicht zu einer wirtschaftlichen Einheit zusammengefaßt werden, wenn sie zu dem selben Betrieb gehören. Sind Flächen durch eine öffentliche Straße voneinander getrennt, können sie regelmäßig nicht als eine wirtschaftliche Einheit angesehen werden.

Zu der wirtschaftlichen Einheit gehören auch die aufstehenden Gebäude, die damit verbundenen Anbauten sowie weitere auf dem Grundstück befindliche Nebengebäude.

Nicht in die wirtschaftliche Einheit einzubeziehen sind Maschinen und sonstige Vorrichtungen aller Art, die zu einer Betriebsanlage gehören (§ 50 Abs. 1 BewG-DDR). Wegen der Abgrenzung der Betriebsvorrichtungen von den Gebäuden und Außenanlagen wird auf die gleichlautenden Erlasse der obersten Finanzbehörden der Länder vom 31. März 1992 (BStBl. I S. 342) verwiesen.

4 Ermittlung des Einheitswerts

Die Grundstücke sind mit dem gemeinen Wert zu bewerten (§ 52 Abs. 1 BewG-DDR in Verbindung mit § 33 Abs. 2 und 3 RBewDV). Für die Bewertung kommt es auf die tatsächlichen Verhältnisse vom Fortschreibungs- oder Nachfeststellungszeitpunkt an. Für die Wertermittlung sind dagegen die Wertverhältnisse vom 1. Januar 1935 maßgebend. Dies gilt auch für Fortschreibungs- und Nachfeststellungen des Einheitswerts auf spätere Zeitpunkte (§ 3a RBewDV).

Für Feststellungszeitpunkte ab dem 1. Januar 1991 erfolgt die Ermittlung des gemeinen Werts im Sachwertverfahren, soweit nicht nach den Rechtsverordnungen der Präsidenten der Landesfinanzämter über die Bewertung bebauter Grundstücke vom 17. Dezember 1934 (Reichsministerialblatt S. 785 ff.; Reichssteuerblatt S. 1644 ff.) eine Bewertung mit dem Vielfachen der Jahresrohmiete vorgeschrieben ist.

Das Sachwertverfahren geht von einer getrennten Ermittlung des Bodenwerts, des Gebäudewerts und der Außenanlagen aus.

4.1 Bodenwert

Als Bodenwert ist der gemeine Wert (Wertverhältnisse 1. Januar 1935) anzusetzen, den der Grund und Boden als unbebautes Grundstück haben würde. Der Umstand, daß das Grundstück bebaut ist, wirkt sich somit auf die Höhe des Bodenwerts nicht aus.

Bei der Ermittlung des Bodenwerts ist regelmäßig von den durchschnittlichen Werten auszugehen, die sich für ein Gebiet ohne Rücksicht auf die besonderen Eigenschaften der einzelnen Grundstücke je m^2 ergeben. Für diese Werte sind regelmäßig die Kaufpreissammlungen sowie die Richtpreise der ehemaligen Preisbehörden maßgebend. Aus diesen Ausgangsdaten ist der gemeine Wert für das jeweilige Grundstück entsprechend seiner Grundstücksqualität abzuleiten.

4.2 Gebäudewert

Der Gebäudenormalherstellungswert für jedes Gebäude errechnet sich aus dem nach **Tz. 4.2.1** ermittelten umbauten Raum und den unter **Tz. 4.2.2** aufgeführten durchschnittlichen Raummeterpreisen sowie Flächenpreisen. Der Gebäudenormalherstellungswert ist um Abschläge (vgl. **Tz. 4.2.5**) und um die Wertminderung wegen Alters (vgl. **Tz. 4.2.6.1**) oder die an deren Stelle tretenden Abschläge wegen nicht behebbarer Baumängel oder Bauschäden, wegen vorzeitigen Abbruchs oder wegen wirtschaftlicher Überalterung des Gebäudes (vgl. **Tz. 4.2.6.2 und 4.2.6.3**) zu ermäßigen.

Anlage 129.20 Zu §§ 129–133 BewG

4.2.1 **Ermittlung des umbauten Raums**

Der umbaute Raum ist nach Anlage 1 regelmäßig für jedes Gebäude zu ermitteln. Abweichend hiervon ist bei der Berechnung des umbauten Raums für Tennishallen und Reithallen auch der umbaute Raum im Dachbereich oberhalb der Traufe zu erfassen. Sind für einzelne Gebäudeteile unterschiedliche Raummeterpreise anzusetzen (z. B. bei Zuordnung einzelner Gebäudeteile in die Gebäudeklasse I und II wegen unterschiedlicher Nutzung), so ist der umbaute Raum für jeden Gebäudeteil gesondert zu berechnen.

Eine getrennte Ermittlung für die Gebäudeteile unterbleibt jedoch – abgesehen von den Tennis- und Reithallen – in den Fällen, in denen ein untergeordneter Teil des umbauten Raums (weniger als 10 v. H.) für andere Zwecke genutzt wird.

4.2.2 **Durchschnittliche Raummeterpreise und Flächenpreise**

4.2.2.1 **Abgrenzung**

Für die Gebäude oder Gebäudeteile sind
- entsprechend ihrer Nutzung die Raummeterpreise unter Verwendung der Ausstattungstabelle I oder II,
- die Raummeterpreise für Bootshäuser in Holzkonstruktion, für Parkpaletten oder für Wohnräume oder
- die Flächenpreise für Zelthallen, Textilhallen und Gewächshäuser

anzusetzen.

Die Ausstattungstabelle I (Anlage 2) ist anzuwenden bei Ladengrundstücke, Verkaufsständen, Heimen, Privatschulen, Vereinshäusern, Badehäusern, Trinkhallen, Gaststätten, Vergnügungsgaststätten, Saalbauten, Lichtspielhäusern, Lichtspielzentren, Theatern, Hallenbädern, Sanatorien, Kliniken, Restaurations- und Sozialteilen von Tennis- und Reithallen sowie vergleichbaren Gebäuden.

Die Ausstattungstabelle II (Anlage 3) ist anzuwenden bei Tennishallen, Reithallen, Hoch- und Tiefgaragen, massiven Bootshäusern und vergleichbaren Gebäuden.

4.2.2.2 **Raummeterpreis für Ladengrundstücke (Ausstattungstabelle I)**

Ausstattungsgüte	Raummeterpreis DM/m³
einfach – 1,00 Punkt	15
– 1,01 bis 1,25 Punkte	17
– 1,26 bis 1,50 Punkte	19
mittel – 1,51 bis 2,00 Punkte	21
– 2,01 bis 2,50 Punkte	24
gut – 2,51 bis 3,00 Punkte	27
– 3,01 bis 3,50 Punkte	30
sehr gut – 3,51 bis 4,00 Punkte	33
– 4,01 bis 4,50 Punkte	36

Zu §§ 129–133 BewG **Anlage 129.20**

Ausstattungsgüte	Raummeterpreis DM/m³
aufwendig	
– 4,51 bis 4,75 Punkte	39
– 4,76 bis 5,00 Punkte	41

4.2.2.3 Raummeterpreis für Verkaufsstände (Ausstattungstabelle I)

Ausstattungsgüte	Raummeterpreis DM/m³
einfach	
– 1,00 Punkt	20
– 1,01 bis 1,25 Punkte	22
– 1,26 bis 1,50 Punkte	24
mittel	
– 1,51 bis 2,00 Punkte	25
– 2,01 bis 2,50 Punkte	28
gut	
– 2,51 bis 3,00 Punkte	21
– 3,01 bis 3,50 Punkte	34
sehr gut	
– 3,51 bis 4,00 Punkte	37
– 4,01 bis 4,50 Punkte	40
aufwendig	
– 4,51 bis 4,75 Punkte	43
– 4,76 bis 5,00 Punkte	45

4.2.2.4 Raummeterpreis für Heime, Privatschulen, Vereinshäuser, Badehäuser und Trinkhallen (Ausstattungstabelle I)

Ausstattungsgüte	Raummeterpreis DM/m³
einfach	
– 1,00 Punkt	15
– 1,01 bis 1,25 Punkte	16
– 1,26 bis 1,50 Punkte	17
mittel	
– 1,51 bis 2,00 Punkte	19
– 2,01 bis 2,50 Punkte	21

Anlage 129.20 Zu §§ 129–133 BewG

Ausstattungsgüte	Raummeterpreis DM/m³
gut	
– 2,51 bis 3,00 Punkte	23
– 3,01 bis 3,50 Punkte	25
sehr gut	
– 3,51 bis 4,00 Punkte	27
– 4,01 bis 4,50 Punkte	29
aufwendig	
– 4,51 bis 4,75 Punkte	32
– 4,76 bis 5,00 Punkte	34

4.2.2.5 **Raummeterpreis für Gaststätten und Vergnügungsstätten (Ausstattungstabelle I)**

Ausstattungsgüte	Raummeterpreis DM/m³
einfach	
– 1,00 Punkt	15
– 1,01 bis 1,25 Punkte	16
– 1,26 bis 1,50 Punkte	17
mittel	
– 1,51 bis 2,00 Punkte	19
– 2,01 bis 2,50 Punkte	23
gut	
– 2,51 bis 3,00 Punkte	26
– 3,01 bis 3,50 Punkte	30
sehr gut	
– 3,51 bis 4,00 Punkte	34
– 4,01 bis 4,50 Punkte	37
aufwendig	
– 4,51 bis 4,75 Punkte	41
– 4,76 bis 5,00 Punkte	45

Anlage 129.20

4.2.2.6 **Raumpreis für Saalbauten und für Lichtspielhäuser (Ausstattungstabelle I)**

Ausstattungsgüte	Raummeterpreis DM/m³
einfach − 1,00 Punkt	12
− 1,01 bis 1,25 Punkte	13
− 1,26 bis 1,50 Punkte	14
mittel − 1,51 bis 2,00 Punkte	16
− 2,01 bis 2,50 Punkte	18
gut − 2,51 bis 3,00 Punkte	20
− 3,01 bis 3,50 Punkte	22
sehr gut − 3,51 bis 4,00 Punkte	24
− 4,01 bis 4,50 Punkte	26
aufwendig ab 4,51 Punkte	28

4.2.2.7 **Raumpreis für Lichtspielzentren, Theater, Hallenbäder, Sanatorien und Kliniken (Ausstattungstabelle I)**

Ausstattungsgüte	Raummeterpreis DM/m³
einfach − 1,00 Punkt	20
− 1,01 bis 1,25 Punkte	21
− 1,26 bis 1,50 Punkte	22
mittel − 1,51 bis 2,00 Punkte	24
− 2,01 bis 2,50 Punkte	26
gut − 2,51 bis 3,00 Punkte	29
− 3,01 bis 3,50 Punkte	32
sehr gut − 3,51 bis 4,00 Punkte	35
− 4,01 bis 4,50 Punkte	37

Anlage 129.20

Zu §§ 129–133 BewG

Ausstattungsgüte	Raummeterpreis DM/m³
aufwendig	
– 4,51 bis 4,75 Punkte	41
– 4,76 bis 5,00 Punkte	45

4.2.2.8 Raummeterpreis für den Restaurations- und Sozialteil von Tennis- und Reithallen (Ausstattungstabelle I)

Ausstattungsgüte	Raummeterpreis DM/m³
einfach	
– 1,00 Punkt	15
– 1,01 bis 1,25 Punkte	16
– 1,26 bis 1,50 Punkte	17
mittel	
– 1,51 bis 2,00 Punkte	19
– 2,01 bis 2,50 Punkte	23
gut	
– 2,51 bis 3,00 Punkte	26
– 3,01 bis 3,50 Punkte	30
sehr gut	
ab 3,51 Punkte	36

4.2.2.9 Raummeterpreis für Tennishallen (ohne Sozialteil) (Ausstattungstabelle II)

Ausstattungsgüte	Raummeterpreis DM/m³
einfach	
– 1,50 Punkt	4
mittel	
– 1,51 bis 2,50 Punkte	5
gut	
ab 2,51 Punkte	6

Die Raummeterpreise beziehen sich bei Tennishallen nicht auf den umbauten Raum nach DIN 277 Ausgabe 1934 (abgeleitet), sondern auf einen umbauten Raum, der auch den Dachbereich oberhalb der Traufe erfaßt.

Zu §§ 129–133 BewG Anlage 129.20

4.2.2.10 **Raummeterpreis für Reithallen (Ausstattungstabelle II)**

Ausstattungsgüte	Raummeterpreis DM/m^3
einfach – 1,50 Punkt	2
mittel ab 1,51 Punkte	3

Die Raummeterpreise beziehen sich bei Reithallen nicht auf den umbauten Raum nach der DIN 277 Ausgabe 1934 (abgeleitet), sondern auf einen umbauten Raum, der auch den Dachbereich oberhalb der Traufe erfaßt.

Der Umstand, daß Reithallen im allgemeinen keinen Fußboden haben, ist in den Raummeterpreisen berücksichtigt worden.

4.2.2.11 **Raummeterpreis für Hochgaragen und Parkpaletten (Ausstattungstabelle II)**

Ausstattungsgüte	Raummeterpreis DM/m^3
einfach – 1,00 Punkt	13
– 1,01 bis 1,25 Punkte	14
– 1,26 bis 1,50 Punkte	15
mittel – 1,51 bis 2,00 Punkte	16
– 2,01 bis 2,50 Punkte	17
gut ab 2,51 Punkte	19

Parkpaletten sind wegen geringen Ausbaus regelmäßig einfach ausgestattet und daher mit einem Raummeterpreis von 13 DM/m^3 zu bewerten.

4.2.2.12 **Raummeterpreis für Tiefgaragen (Ausstattungstabelle II)**

Ausstattungsgüte	Raummeterpreis DM/m^3
einfach – 1,00 Punkt	15
– 1,01 bis 1,25 Punkte	16
– 1,26 bis 1,50 Punkte	17
mittel – 1,51 bis 2,00 Punkte	19
– 2,01 bis 2,50 Punkte	21
gut ab 2,51 Punkte	24

Anlage 129.20

Zu §§ 129–133 BewG

4.2.2.13 **Raummeterpreis für massive Bootshäuser (Ausstattungstabelle II)**

Ausstattungsgüte	Raummeterpreis DM/m³

einfach
– 1,00 Punkt
– 1,01 bis
   1,25 Punkte
– 1,26 bis
   1,50 Punkte
	6
	
	7
	
	8

mittel
– 1,51 bis
   2,00 Punkte
– 2,01 bis
   2,50 Punkte
	
	9
	
	10

gut – 2,51 bis 3,00 Punkte ab 3,01 Punkte	 11 12

4.2.2.14 **Raummeterpreis für Bootshäuser in Holzkonstruktion: 7 DM/m³**

4.2.2.15 **Flächenpreis für Gewächshäuser (ohne Heizung): 18 DM pro m² bebauter Fläche**

Gewächshausartige Konstruktionen, die zur Lagerung, insbesondere von Pflanzen genutzt werden, sind mit den Raummeterpreisen von Lagergebäuden zu bewerten. Werden sie als Verkaufsräume genutzt, sind die Raummeterpreise für Großmärkte, SB-Märkte und Verbrauchermärkte sowie Messehallen anzusetzen.

4.2.2.16 **Flächenpreis für Zelthallen: 5 DM pro m² bebauter Fläche**

4.2.2.17 **Flächenpreis für Textilbauten: 21 DM pro m² bebauter Fläche**

4.2.2.18 **Raummeterpreis für Wohnräume**

Für Wohngebäude und Wohnräume sind die Raummeterpreise für Einfamilienhäuser anzusetzen (vgl. gleichlautende Erlasse vom 6. November 1991, BStBl. I S. 968).

4.2.3 **Bestimmung der Ausstattungsgüte**

Die Ausstattungsgüte ist durch Ankreuzen der vorhandenen Ausstattungsmerkmale in der Ausstattungstabelle I oder II zu bestimmen. Dort nicht aufgeführte Bauausführungen sind in die wertmäßig entsprechende Ausstattungsgüte einzuordnen. Für ein einfaches Ausstattungsmerkmal ist 1 Punkt, für ein durchschnittliches sind 2 Punkte, für ein gutes 3 Punkte usw. zu vergeben. Liegen bei einem Bauteil unterschiedliche Ausstattungsgüten vor, so ist nur die überwiegende Ausstattungsgüte bei der Auswertung zu berücksichtigen. Es gilt somit der Grundsatz „ein Bauteil = ein Punktewert".

Die Gebäude oder Gebäudeteile sind entsprechend dem arithmetischen Mittel aus der Summe der einzelnen Punktewerte dividiert durch die Anzahl der einbezogenen Gebäudeteile in die unter Tz. 4.2.2.2 bis Tz. 4.2.2.13 angegebenen Ausstattungsgüten einzustufen.

Sind bei einzelnen Gebäuden aufgrund ihrer Konstruktion und ihrer Nutzung Bauteile typischerweise nicht vorhanden, wie z. B. bei einer Tiefgarage die Fenster, so ist der Gesamtpunktewert durch die Anzahl der typischerweise vorhandenen Bauteile zu dividieren.

Beispiel:

Ein im Jahr 1930 massiv gebautes zweigeschossiges Altenheim hat eine Rauhputzfassade. Das Dach ist mit Ziegeln, ohne Wärmedämmung, eingedeckt. Die Innenwände sind überwiegend mit Kunstharzputz versehen. Der Fußbodenbelag besteht überwiegend aus PVC. Die Betontreppen sind mit Kunststeinen belegt. Die Fenster sind mit Isolierglas versehen. Die Türen sind überwiegend Füllungstüren. In den Räumen befinden sich mehrere Brennstellen und Steckdosen. Sanitäre Einrichtungen sind, außer in Wasch- und Toilettenräumen, auch in anderen Räumen in einfacher Ausführung installiert. Die Beheizung erfolgt über eine Sammelheizung mit Warmwasserbereitung. Es sind zwei kleine besser ausgestattete Aufenthaltsräume vorhanden.

Zu §§ 129–133 BewG **Anlage 129.20**

Ausstattungstabelle I

Bau- und Gebäudeteil	Ausstattung				
	1	2	3	4	5
Ausfachung/Fassade	Einfache Plattenwände (Holz, Blech, Faserzement); einfacher Putz; Verbreiterung	Leichtbetonwände; Rauhputz	Schwerbetonplatten; Putz mit Fenster- und Türeinfassung in Kunststein; Vormauerschale; Spaltklinker	Putz mit Fenster- und Türeinfassungen aus Naturstein; Spaltklinker; Kunststeinverkleidung	Natursteinfassade Keramikplatten; Kupfer, Eloxal oder ähnliches; Glasverkleidung
Dachausführung	Einfache Dächer (Dachpappen, Blech-, Faserzementeindeckung)	Leichte Betondächer ohne wärmedämmung; einfache Ziegeldeckung x	Betondächer mit Wärmedämmung und Pappeindeckung; bessere Ziegeleindeckung; Kunstschiefer	Betondächer mit Wärmedämmung und bessere Eindeckung; Kiesschüttung; Natursschieferdeckung; Dächer mit bes. Aufbauten	Dachterrassen; befahrbare Dächer; Dächer mit wertvoller Eindeckung (z. B. Kupfer)
Warmbehandlung (ohne Sanitärräume)	Einfacher Wandputz Anstrich	Kunstharzputz x	Einfache Vertäfelung	Sichtmauerwerk; keramische Platten	Edelholzvertäfelung; Natursteinplatten
Fußboden	Dielen, Steinholz-, Asphalt, Estrich- oder ähnliche Böden	Linoleum; PVZ-Böden; Nadelfilz x	Kunststeinplatten; Teppichböden: Kleinparkett	Parkett; Fliesen; Velourteppichboden	Natursteinplatten
Treppen	Holztreppen; Betontreppen; Stahltreppen	Treppen mit Linoleum-, PVC-, oder Teppichbodenbelag	Treppen mit Kunststeinauflage x	Treppen mit Natursteinauflage; Treppen aus Edelhölzern	Natursteintreppen
Fenster	Fenster mit einfacher Verglasung	Fenster mit einfacher Verglasung, jedoch mit Rolläden	Doppel- oder Verbundfenster; Fenster mit Isolierglas x	Wie vor, jedoch mit Rolläden	Fenster mit dreifacher Verglasung; raumhohe versenkbare Fenster
Türen	Einfache glatte Türen	Türen mit Edelholzfurnier; kunststoffbeschichtete Türen	Füllungstüren x	Schiebe- oder Doppeltüren	Massive Edelholztüren; Ganzglastüren

Anlage 129.20

Zu §§ 129–133 BewG

Bau- und Gebäudeteil	Ausstattung				
	1	2	3	4	5
Elektroinstallation	Wenig Brennstellen und Steckdosen	Mehrere Brennstellen und Steckdosen x	Mehrere Brennstellen mit Lichtbändern	Indirekte Beleuchtung; zusätzliche Wandbeleuchtung; Einbaubeleuchtung	Aufwendige Elektroinstallation, z. B. Bodensteckdosen und Überwachungsanlage
Sanitäre Installation[1]	Einfache und wenige sanitäre Objekte in Wasch- und Toilettenräumen	Sanitäre Objekte in größerer Anzahl in Wasch- und Toilettenräumen	Sanitäre Objekte außer in Wasch- und Toilettenräumen auch in anderen Räumen x	Sanitäre Beleuchtung in Waschräumen, Bädern, Toiletten und anderer Räumen in guter Ausstattung	Besonders aufwendige Ausstattung
Heizung	Einzelöfen	Warmluftheizung; Nachtstromspeichereinzelöfen x	Sammel- oder Fernwärmeheizung ohne Warmwasserbereitung; Nachtstromspeicherzentralheizung	Sammel- oder Fernwärmeheizung mit Warmwasserbereitung x	Aufwendige Heizungstechnik
Besondere Räume (z. B. Empfangsräume, Direktionsräume, Sitzungszimmer, Gesellschaftsräume)	Keine	Geringe Anzahl kleiner Räume x	Mehrere kleine Räume oder geringe Anzahl größerer Räume	Mehrere kleine Räume oder geringe Anzahl größerer Räume	Mehrere kleine und große Räume
Anzahl der Ausstattungsmerkmale in der jeweiligen Spalte		6	4	1	
Punktewert	x 1	x 2	x 3	x 4	x 5
Zwischenergebnis	=	= 12	= 12	= 4	=
			28	= Summe der Zwischenergebnisse (Gesamtpunktwert)	

1) bei sehr guter Ausstattungsqualität ist die nächsthöhere Ausstattungsstufe anzusetzen.

Die Summe der Punktewerte ergibt 28; dividiert durch die Anzahl der Bauteile (11) errechnet sich hieraus ein durchschnittlicher Punktewert von 2,55. Der Raummeterpreis beträgt somit 23 DM/m³ (vgl. Tz. 4.2.2.4).

4.2.4 Zuschläge zu den Raummeterpreisen

Besteht ein Gebäude oder ein Gebäudeteil aus mehr als fünf Geschossen, so ist zu dem durchschnittlichen Raummeterpreis für das gesamte Gebäude oder den Gebäudeteil ein Zuschlag zu machen, der sich nach der Zahl der Mehrgeschosse richtet. Der Zuschlag beträgt für jedes Mehrgeschoß vom 6. bis 9. Geschoß 1 v. H. und ab dem 10. Geschoß 1,5 v. H.

Weitere Zuschläge, insbesondere für Personenaufzüge, Gründungen außergewöhnlicher Art, wasserdruckhaltende Dichtungen, Lichtschächte, Außentreppen, sind nicht vorzunehmen.

4.2.5 Abschläge vom Gebäudenormalherstellungswert

Eine Ermäßigung des Gebäudenormalherstellungswerts eines Gebäudes oder eines selbständigen Gebäudeteils kann insbesondere wegen des schlechten baulichen Zustands, wegen Schadensgefahren (z. B. Berg-, Rauch-, Wasser- und Erschütterungsschäden), wegen ungewöhnlich starker Beeinträchtigungen durch Lärm, Rauch, Gerüche oder wegen Altlasten in Betracht kommen. Sonderabschläge wegen Strukturänderung, unorganischen Aufbaus und Preisverfalls sind nicht zu berücksichtigen. Die Abschläge beziehen sich auf den Gebäudenormalherstellungswert; sie dürfen 60 v. H. des Gebäudenormalherstellungswerts nicht übersteigen.

Der schlechte bauliche Zustand des Gebäudes wird regelmäßig auf behebbare Baumängel und Bauschäden zurückzuführen sein. Bei den Ladengrundstücken, Heimen, Privatschulen, Vereinshäusern, Gaststätten, Vergnügungsstätten, Saalbauten, Lichtspielhäusern, Lichtspielzentren, Theatern, Sanatorien, Kliniken, Tennis- und Reithallen, Restaurations- und Sozialteil von Tennis- und Reithallen sowie Hoch- und Tiefgaragen ist der Abschlag unter Berücksichtigung des Schadensgrads und des aus den Anlagen 4 bis 8 zu entnehmenden Wertanteils für den betreffenden Bauteil zu ermitteln. Bei den Verkaufsständen, Badehäusern, Trinkhallen, Hallenbädern, Parkpaletten, Bootshäusern, Gewächshäusern, Zelthallen und Textilbauten ist der Abschlag unter Berücksichtigung des Schadensgrads für den betreffenden Bauteil im Einzelfall zu schätzen. Der Schadensgrad bestimmt sich nach dem Verhältnis des Werts des Schadens zum Gesamtwert des betreffenden Bauteils. Bei mehreren Baumängeln oder Bauschäden ergibt die Summe der so ermittelten Schäden an den einzelnen Bauteilen den Gesamtschaden am Gebäude. Der Vomhundertsatz ist auf volle Zahlen aufzurunden.

4.2.6 Alterswertminderung und Abschläge vom gekürzten Gebäudenormalherstellungswert

4.2.6.1 Alterswertminderung

Der um die Abschläge nach Tz. 4.2.5 gekürzte Gebäudenormalherstellungswert ist wegen des **Alters des Gebäudes** im Hauptfeststellungszeitpunkt (1. Januar 1935) zu mindern. Maßgebend für die Alterswertminderung ist die gewöhnliche Lebensdauer des Gebäudes und dessen Alter zum 1. Januar 1935. Für nach dem 1. Januar 1935 errichtete Gebäude ist keine Alterswertminderung anzusetzen.

Für die Berechnung der Alterswertminderung ist vom 1. Januar des Jahres abzustellen, in dem das Gebäude bezugsfertig geworden ist. Es ist von einer gleichbleibenden jährlichen Wertminderung auszugehen. Als Lebensdauer für Gebäude, für die die Ausstattungstabelle I anzuwenden ist, sind zugrunde zu legen:

– bei Massivbauten:	100 Jahre,
– bei Holzfachwerkgebäuden:	70 Jahre,
– bei Betongroßtafelbauten:	60 Jahre,
– bei Gebäuden in einfachster Bauweise (z. B. Holztafelbau):	40 Jahre.

Für Gebäude, für die die Ausstattungstabelle II anzuwenden ist, und für Gebäude nach Tz. 4.2.2.14 bis 4.2.2.17 sind als Lebensdauer anzusetzen:

– bei Massivbauten:	80 Jahre,
– bei Holzfachwerkgebäuden:	60 Jahre,
– bei Betongroßtafelbauten:	50 Jahre,
– bei Gebäuden in einfachster Bauweise (z. B. Holztafelbau):	40 Jahre,
– bei Textilbauten und Zelthallen:	15 Jahre.

Anbauten teilen das Schicksal des Hauptgebäudes. Ist anzunehmen, daß ein Erweiterungsbau nach Größe, Bauart und Nutzung eine andere Lebensdauer als das Hauptgebäude haben wird, so

Anlage 129.20 — Zu §§ 129–133 BewG

sind die Alterswertminderungen und die Abschläge jeweils getrennt zu berechnen. Für Aufstockungen ist die Alterswertminderung nach dem Alter der unteren Gebäude zu bemessen.

Wird das Gebäude durch bauliche Maßnahmen durchgreifend erneuert und verlängert sich dadurch seine restliche Lebensdauer, ist die Lebensdauer nicht nach dem tatsächlichen Alter des Gebäudes, sondern nach einem Baualter unter Berücksichtigung der verlängerten restlichen Lebensdauer zu bemessen.

4.2.6.2 Nicht behebbare Baumängel oder Bauschäden

Nicht behebbare Baumängel oder Bauschäden, die zu einer Verkürzung der Gesamtlebensdauer führen, sind durch einen Abschlag zu berücksichtigen. Bezugsgröße für diesen Abschlag ist der um die Abschläge nach Tz. 4.2.5 gekürzte Gebäudenormalherstellungswert. Der Abschlag ist wie folgt zu ermitteln:

$$\text{Abschlag in v. H.} = \frac{\text{Alter im Feststellungszeitpunkt}}{\text{Verkürzte Gesamtlebensdauer}} \times 100 \text{ v. H.}$$

Der sich ergebende Vomhundertsatz ist auf zwei Dezimalstellen aufzurunden.

Bei Gebäuden, die vor dem 1. Januar 1935 errichtet worden sind, ist die Alterswertminderung bei der Abschlagsberechnung berücksichtigt.

Bei Gebäuden unterschiedlichen Alters ist der Abschlag jeweils gesondert zu berechnen.

Der Wert, der nach Abzug der Alterswertminderung oder des an deren Stelle tretenden Abschlags wegen nicht behebbarer Baumängel oder Bauschäden verbleibt, darf grundsätzlich 40 v. H. des Gebäudenormalherstellungswerts nicht unterschreiten (Restwert).

4.2.6.3 Abschlag wegen der Notwendigkeit baldigen Abbruchs und wegen wirtschaftlicher Überalterung

Die **Notwendigkeit baldigen Abbruchs** und die **wirtschaftliche Überalterung** sind ebenfalls durch Abschläge von dem nach Tz. 4.2.5 gekürzten Gebäudenormalherstellungswert zu berücksichtigen.

Ein Abschlag wegen wirtschaftlicher Überalterung kann in Betracht kommen, wenn die Gebäude hinsichtlich der Bauweise den üblichen Anforderungen an den Betrieb nicht genügen und auch nicht für andere Zwecke genutzt werden können.

Die Abschlagsberechnung erfolgt wie bei nicht behebbaren Baumängeln und Bauschäden, jedoch ohne Begrenzung auf eine Restwert.

Liegen die Voraussetzungen für mehrere Abschläge vom gekürzten Gebäudenormalherstellungswert vor, ist nur der Abschlag zu gewähren, der zu dem geringsten Gebäudewert führt.

4.3 Wert der Außenanlagen

Übliche Außenanlagen sind bei Vergnügungsgebäuden, Saalbauten, Lichtspielzentren, Hallenbädern, Sanatorien, Kliniken, Gaststätten sowie Tennis- und Reithallen pauschal mit 4 v. H. des Gebäudewerts zu erfassen, wenn der Eigentümer keinen niedrigeren Wert nachweist. In den Fällen des Einzelnachweises gelten die in den gleichlautenden Erlassen vom 21. Mai 1993 (BStBl. I S. 467) unter Tz. 4.3 aufgeführten Durchschnittspreise.

Bei den übrigen Gebäudegruppen sind die üblichen Außenanlagen durch den Ansatz des Bodenwerts abgegolten. Aufwendige Außenanlagen sind mit einem eigenen Wert zu erfassen.

4.4 Gemeiner Wert

Der Bodenwert (einschließlich Wert der Außenanlagen) und der Gebäudewert ergeben den gemeinsamen Wert des Grundstücks. Dieser Wert ist für Zwecke der Einheitsbewertung auf volle 100 DM nach unten abzurunden (§ 30 Nr. 1 BewG).

Bei der Ermittlung des Einheitswerts sind keine Wertzahlen anzuwenden, die Wertangleichung an den gemeinen Wert ist bereits bei der Feststellung der durchschnittlichen Raummeterpreise und Flächenpreise berücksichtigt. Ein Abschlag wegen Belastung mit Gebäudeentschuldungssteuer kommt nicht in Betracht.

5 *Verfahrensrechtliche Besonderheiten* [1]

Soweit bisher bereits Einheitswerte für zum Betriebsvermögen gehörende Grundstücke mit Bank-, Versicherungs-, Verwaltungs- und Bürogebäuden sowie Hotelgebäuden und vergleichbaren Gebäuden aufgrund der 10-v.-H.-Regelung (vgl. Tz. 4.4 der gleichlautenden Erlasse vom 20. November 1990, BStBl. I S. 827) unter dem Vorbehalt der Nachprüfung festgestellt worden sind, sind diese Einheitswerte unter Berücksichtigung der oben dargestellten Bewertungsgrundsätze neu zu ermitteln. Die Änderung erfolgt nach § 164 Abs. 2 AO. In dem geänderten Feststellungsbescheid ist der Vorbehalt der Nachprüfung aufzuheben, soweit nicht andere Gründe die Aufrechterhaltung des Vorbehalts rechtfertigen.

---

1) Durch Zeitablauf überholt.

Zu §§ 129–133 BewG   **Anlage 129.20**

                                                                    Anlage 1

Berechnung des umbauten Raumes nach DIN 277
                         (1934)
                      – abgeleitet –

Zeichenerklärung:

▨   Voll anzurechnender umbauter Raum

▢   Nicht hinzuzurechnender umbauter Raum

▩   Getrennt (mit anderen Raummeterpreisen) zu berechnender umbauter Raum

Ermittlung des umbauten Raumes für ausgeführte Hochbauten.
Der umbaute Raum ist in m³ anzugeben.

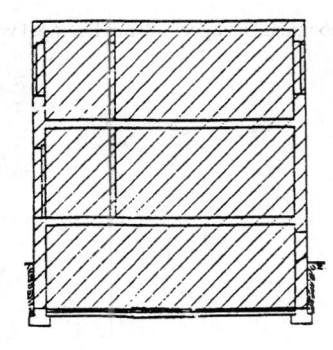

Voll anzurechnen ist der umbaute Raum eines Gebäudes, der umschlossen wird:

seitlich von den Außenflächen der Umfassungen,

unten bei unterkellerten Gebäuden von den Oberflächen der untersten Geschoßfußböden,

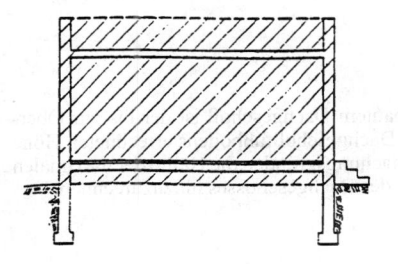

bei nicht unterkellerten Gebäuden von der Oberfläche des Geländes,

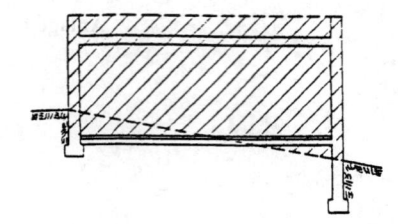

Anlage 129.20

Zu §§ 129–133 BewG

Liegt der Fußboden des untersten Geschosses tiefer als das Gelände, so ist von der Oberfläche des Fußbodens auszugehen, ansonsten von der Oberfläche des Geländes.

oben
bei nicht ausgebautem Dachgeschoß von der Oberfläche des Fußbodens über dem obersten Vollgeschoß,

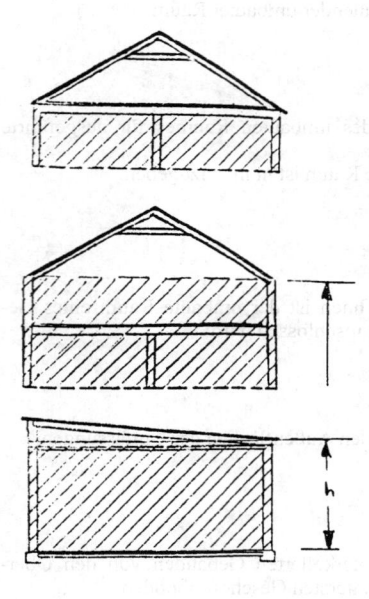

bei nicht ausgebautem Dachgechoß, mit Drempel von der Traufe,

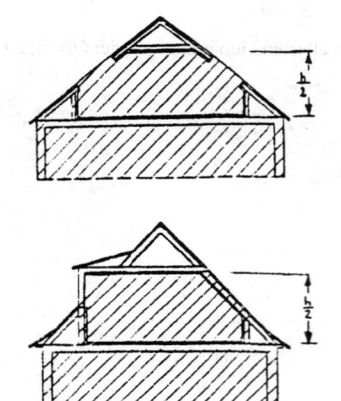

bei ausgebautem Dachgeschoß ist der bis zur Oberfläche des Dachgeschoßfußbodens errechneten Höhe aus Vereinfachungsgründen die Hälfte der maximalen Innenhöhe des Dachgeschosses hinzuzurechnen.

Anlage 129.20

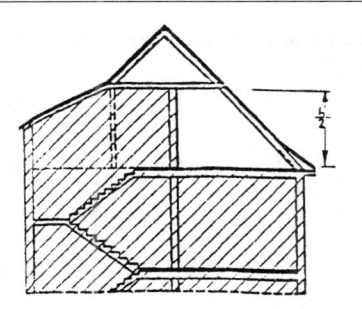

bei teilausgebautem Dachgeschoß ist der umbaute Raum für diesen Gebäudeteil gesondert zu ermitteln,

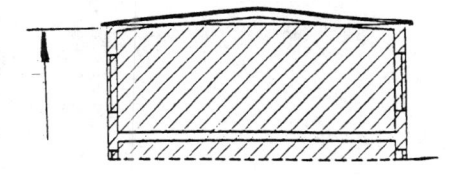

bei Dachdecken, die gleichzeitig die Decke des obersten Vollgeschosses bilden, von der Traufe,

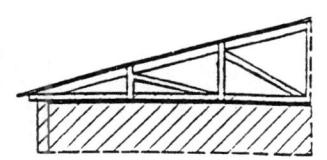

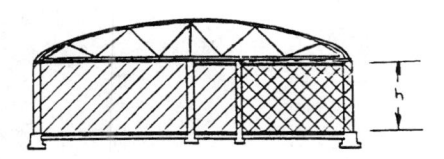

Anlage 129.20

Zu §§ 129–133 BewG

bei Gebäuden oder Bauteilen ohne Geschoßdecken von der Traufe.

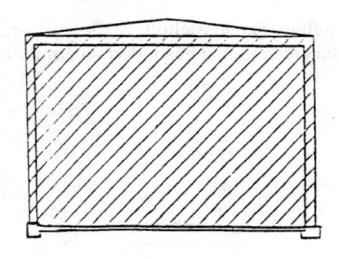

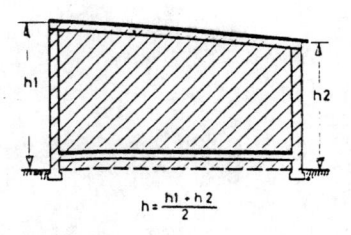

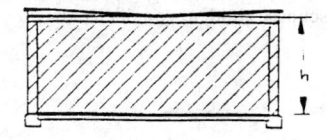

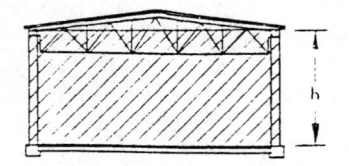

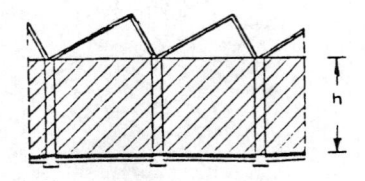

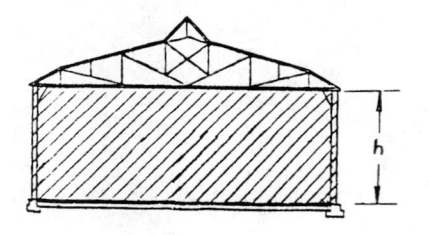

$$h = \frac{h1 + h2}{2}$$

Anlage 129.20

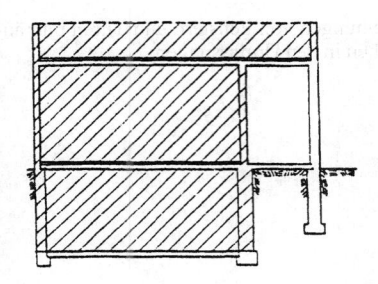

Zu §§ 129–133 BewG

Nicht anzusetzen ist der umbaute Raum von Arkaden, Durch- und Unterfahrten,

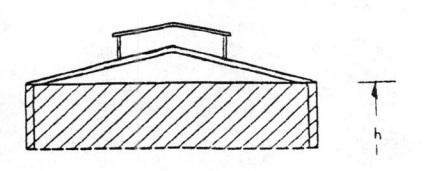

der Dachaufbauten.

Im übrigen gilt folgendes:

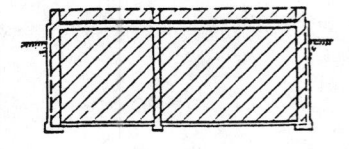

Die Gebäudegrundfläche ist nach den Rohbaumaßnahmen des Erdgeschosses zu berechnen,

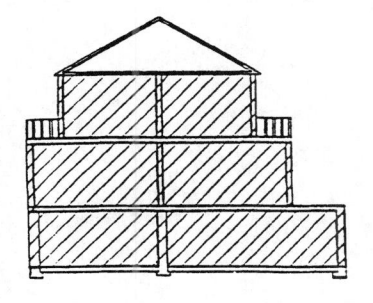

bei wesentlich verschiedenen Geschoßgrundflächen ist der umbaute Raum geschoßweise zu berechnen,

nicht abzuziehen ist der umbaute Raum, der gebildet wird von:

Anlage 129.20   Zu §§ 129–133 BewG

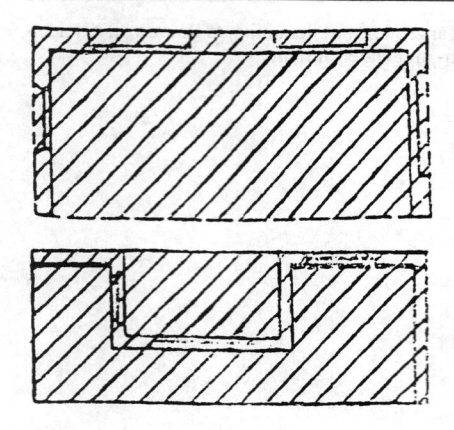

äußeren Leibungen von Fenstern und Türen und äußeren Nischen in den Umfassungen,

Hauslauben (Loggien) d. h. an höchstens 2 Seitenflächen offen, im übrigen umbauten Räumen.

Zu §§ 129–133 BewG **Anlage 129.20**

Anlage 2

Ausstattungstabelle I

Bau- und Gebäudeteil	Ausstattung				
	1	2	3	4	5
Ausfachung/Fassade	Einfache Plattenwände (Holz, Blech, Faserzement); einfacher Putz; Verbreiterung	Leichtbetonwände; Rauhputz	Schwerbetonplatten; Putz mit Fenster- und Türeinfassung in Kunststein; Vormauerschale; Spaltklinker	Putz mit Fenster- und Türeinfassungen aus Naturstein; Spaltklinker; Kunststeinverkleidung	Natursteinfassade Keramikplatten; Kupfer, Eloxal oder ähnliches; Glasverkleidung
Dachausführung	Einfache Dächer (Dachpappen, Blech-, Faserzementeindeckung	Leichte Betondächer ohne wärmedämmung; einfache Ziegeldeckung	Betondächer mit Wärmedämmung und Pappeindeckung; bessere Ziegeleindeckung; Kunstschiefer	Betondächer mit Wärmedämmung und bessere Eindeckung; Kiessschüttung; Naturschieferdeckung; Dächer mit bes. Aufbauten	Dachterrassen; befahrbare Dächer; Dächer mit wertvoller Eindeckung (z. B. Kupfer)
Warmbehandlung (ohne Sanitärräume)	Einfacher Wandputz Anstrich	Kunstharzputz	Einfache Vertäfelung	Sichtmauerwerk; keramische Platten	Edelholzvertäfelung; Natursteinplatten
Fußboden	Dielen, Steinholz-, Asphalt, Estrich- oder ähnliche Böden	Linoleum; PVZ-Böden; Nadelfilz	Kunststeinplatten; Teppichböden: Kleinparkett	Parkett; Fliesen; Velourteppichboden	Natursteinplatten
Treppen	Holztreppen; Betontreppen; Stahltreppen	Treppen mit Linoleum-, PVC-, oder Teppichbodenbelag	Treppen mit Kunststeinauflage	Treppen mit Natursteinauflage; Treppen aus Edelhölzern	Natursteintreppen
Fenster	Fenster mit einfacher Verglasung	Fenster mit einfacher Verglasung, jedoch mit Rolläden	Doppel- oder Verbundfenster; Fenster mit Isolierglas	Wie vor, jedoch mit Rolläden	Fenster mit dreifacher Verglasung; raumhohe versenkbare Fenster
Türen	Einfache glatte Türen	Türen mit Edelholzfurnier; kunststoffbeschichtete Türen	Füllungstüren	Schiebe- oder Doppeltüren	Massive Edelholztüren; Ganzglastüren

Anlage 129.20 — Zu §§ 129–133 BewG

Bau- und Gebäudeteil	Ausstattung				
	1	2	3	4	5
Elektroinstallation	Wenig Brennstellen und Steckdosen	Mehrere Brennstellen und Steckdosen	Mehrere Brennstellen mit Lichtbändern	Indirekte Beleuchtung mit zusätzliche Wandbeleuchtung; Einbaubeleuchtung	Aufwendige Elektroinstallation, z. B. Bodensteckdosen und Überwachungsanlage
Sanitäre Installation[1]	Einfache und wenige sanitäre Objekte in Wasch- und Toilettenräumen	Sanitäre Objekte in größerer Anzahl in Wasch- und Toilettenräumen	Sanitäre Objekte außer in Wasch- und Toilettenräumen auch in anderen Räumen	Sanitäre Beleuchtung in Waschräumen, Bädern, Toiletten und anderer Räumen in guter Ausstattung	Besonders aufwendige Ausstattung
Heizung	Einzelöfen	Warmluftheizung; Nachtstromspeichereinzelöfen	Sammel- oder Fernwärmeheizung ohne Warmwasserbereitung; Nachtstromspeicherzentralheizung	Sammel- oder Fernwärmeheizung mit Warmwasserbereitung	Aufwendige Heizungstechnik
Besondere Räume (z. B. Empfangsräume, Direktionsräume, Sitzungszimmer, Gesellschaftsräume)	Keine	Geringe Anzahl kleiner Räume	Mehrere kleine Räume oder geringe Anzahl größerer Räume	Mehrere kleine Räume oder geringe Anzahl größerer Räume	Mehrere kleine und große Räume
Anzahl der Ausstattungsmerkmale in der jeweiligen Spalte					
Punktewert	x 1	x 2	x 3	x 4	x 5
Zwischenergebnis	=	=	=	=	=
				= Summe der Zwischenergebnisse (Gesamtpunktwert)	

1) bei sehr guter Ausstattungsqualität ist die nächsthöhere Ausstattungsstufe anzusetzen.

Zu §§ 129–133 BewG **Anlage 129.20**

Anlage 3

Ausstattungstabelle II

Bau- und Gebäudeteil		Ausstattung				
		1	2	3	4	5
Dachausführung[1]		einfache nicht massive Dächer (Papp-, Blech-, Wellfaserzementeindeckung)	einfache nicht massive Dächer, jedoch mit Wärmedämmung	Gasbetonfertigteile Stegzementdielen, leichte massive Dächer, Ziegeldächer	massive Stahlbetondächer mit Wärmedämmung, Ziegeldach mit Wärmedämmung	Dächer mit Naturschiefer, Kupfer große Anzahl von Oberlichtern (über 20% der Dachfläche), Sheddach
Ausfachung/ Fassade	Skelett-, Fachwerk-, Rahmenbauplatten	einfache Wände (Holz, Blech, FaserzementAusfachung[3] bis 12 cm	einfache Wände[2] mit Wärmedämmung; bis 25 cm	Leichtbetonwände[2], Ausfachung bis 30 cm[2]; Spaltklinker	Schwerbetonplatten[2], Sandwichplatten, Ausfachung	Ausfachung über 30 cm, Glasverkleidung
	Massivbau	Putz, Sichtmauerwerk	einfache Verkleidung	Spaltklinker	Vormauerschale	
Fußboden		Rohbeton	Estrich, Gußasphalt, Verbundpflaster ohne Unterbau	Werksteinplatten, PVC-Boden, Verbundpflaster, Teppichboden	Holzpflaster, Fliesen, Klinker	Fußbodenbeläge für schwere Belastungen und besondere Beanspruchung

Anlage 129.20 Zu §§ 129–133 BewG

Bau- und Gebäudeteil	Ausstattung				
	1	2	3	4	5
Heizung	Einzelöfen	Lufterhitzer, elektrische Heizung	Lufterhitzer mit zentraler Kesselanlage, an Kesselanlage des Betriebs angeschlossene Sammelheizung Fernheizung	Sammelheizung mit separater Kesselanlage	aufwendige Heiztechnik
Fenster	geringe Anzahl	einfache Fenster	einfache Fensterbänder	Einzelfenster mit Isolierverglasung, Verbundfenster, Glasbausteine	Fensterbänder mit Isolierverglasung, raumhohe Verglasung
Sonstige Ausstattung (insbesondere Einbauten)	keine oder geringfügig	geringe Anzahl von Büro- und Sozialräumen	mehrere einfache Büro- und Sozialräume	wie vor, jedoch in guter Ausstattung	sehr gut ausgestattete Büro- und Sozialräume
Punktwert	x 1	x 2	x 3	x 4	x 5
Zwischenergebnis	=	=	=	=	=

= Summe der Zwischenergebnisse (Gesamtpunktwert)

1) Sind mehrere Oberlichter vorhanden (über 20 v. H. der Dachfläche), ist die nächsthöhere Ausstattungsstufe maßgebend.
2) Bei Zusammentreffen von Ausfachung und zusätzlicher Verkleidung ist die nächsthöhere Ausstattungsstufe anzusetzen.
3) Nichttragende vorgesetzte massive Außenwände bei Skelett-, Rahmen- und Fachwerkkonstruktionen sind wie Ausfachungen zu behandeln.

Zu §§ 129–133 BewG

Anlage 129.20

Anlage 4

Tabelle über die Wertigkeit einzelner Bauteile zum Gesamtbauwerk bei Bank-, Versicherungs-, Verwaltungs- und Bürogebäuden

Anzahl der Vollgeschosse	1			2			3			4			5			6 und mehr		
	ausgebautes Dachgeschoß		Flach-dach	ausgebautes Dachgeschoß		Flach-dach	ausgebautes Dachgeschoß		Flach-dach	ausgebautes Dachgeschoß		Flach-dach	ausgebautes Dachgeschoß		Flach-dach	ausgebautes Dachgeschoß		Flach-dach
Bauteil/Gewerk	nein	ja		nein	ja		nein	ja		nein	ja		nein	ja		nein	ja	
Keller insgesamt	24,9	23,5	24,0	21,2	20,2	21,2	17,7	16,8	18,6	14,6	13,9	15,9	12,2	11,6	12,9	10,7	10,1	9,5
Mauerwerk	17,4	16,8	17,1	15,1	14,4	15,2	12,6	12,0	13,3	10,4	9,9	11,4	8,7	8,3	9,3	7,7	7,2	6,8
Erd- und Isolierarbeiten	2,5	2,5	2,6	2,2	2,2	2,2	1,9	1,8	2,0	1,6	1,5	1,7	1,3	1,2	1,4	1,1	1,1	1,0
Kellerboden	5,0	4,2	4,3	3,8	3,6	3,8	3,2	3,0	3,3	2,6	2,5	2,8	2,2	2,1	2,2	1,9	1,8	1,7
Decken insgesamt	14,0	13,1	15,8	13,6	13,1	15,9	13,4	13,2	15,8	13,3	13,1	15,7	13,1	12,9	15,5	13,0	12,7	15,3
Decke über Keller	5,3	4,5	4,6	4,1	3,8	4,2	3,4	3,2	3,6	2,8	2,6	3,0	2,3	2,2	2,4	2,1	1,9	1,8
übrige Decken	5,4	5,4	6,9	5,9	5,8	7,3	6,2	6,2	7,6	6,5	6,5	7,9	6,7	6,6	8,1	6,8	6,7	8,4
Deckenputz	3,3	3,2	4,3	3,6	3,5	4,4	3,8	3,8	4,6	4,0	4,0	4,8	4,1	4,1	5,0	4,1	4,1	5,1
Umfangswände insgesamt	10,3	10,0	13,0	11,2	11,0	14,0	12,4	12,0	15,0	13,6	13,5	16,0	14,7	14,7	17,0	15,2	15,2	18,0
Mauerwerk	8,6	8,3	10,8	9,3	9,2	11,7	10,3	10,0	12,5	11,3	11,2	13,3	12,3	12,2	14,2	12,7	12,7	15,0
Außenputzverkleidung	1,7	1,7	2,2	1,9	1,8	2,3	2,1	2,0	2,5	2,3	2,3	2,7	2,4	2,5	2,8	2,5	2,5	3,0
Innenwände unverputzt	10,7	11,0	6,0	11,8	12,0	7,4	12,8	13,0	8,8	13,5	13,7	10,2	14,1	14,1	11,6	14,3	14,3	13,0
Tragend	5,9	6,1	3,5	6,5	6,7	4,1	7,1	7,2	4,9	7,2	7,6	5,6	7,3	7,8	6,4	7,4	7,9	7,2
Nichttragend	4,8	4,9	2,7	5,3	5,3	3,3	5,7	5,8	3,9	6,3	6,1	4,6	6,8	6,3	5,2	6,9	6,4	5,8
Dach insgesamt	15,3	17,8	7,5	13,5	15,5	6,2	11,8	13,5	5,0	10,7	11,5	4,1	10,0	10,5	3,7	9,9	10,3	3,5
Dachstuhl	10,4	12,2	–	9,2	10,6	–	8,0	9,3	–	7,3	7,9	–	6,8	7,2	–	6,7	7,1	–
Dachhaut	3,9	4,5	6,5	3,5	3,9	4,9	3,0	3,4	3,9	2,7	2,9	3,1	2,6	2,6	2,9	2,6	2,6	2,8
Dachrinnen / Rohre	1,0	1,1	1,5	0,8	1,0	1,3	0,8	0,8	1,1	0,7	0,7	1,0	0,6	0,7	0,8	0,6	0,6	0,7
Treppen insgesamt	2,2	2,0	3,4	3,1	2,9	4,2	3,8	3,7	5,0	4,5	4,4	5,8	5,0	5,0	6,4	5,3	5,2	7,2
Innerer Ausbau insgesamt	22,6	22,6	30,3	25,7	25,5	31,1	28,1	27,8	31,8	29,8	29,9	32,3	30,9	31,2	32,9	31,6	32,2	33,5
Wandputz	5,9	6,0	8,0	6,8	6,7	8,2	7,4	7,4	8,3	7,9	7,9	8,4	8,3	8,4	8,5	8,5	8,6	8,6
Bodenbelag	4,2	4,1	5,3	4,5	4,5	5,6	4,8	4,8	5,9	5,0	5,0	6,1	5,1	5,1	6,3	5,2	5,2	6,5
Installation	4,4	4,4	6,0	5,1	5,0	6,1	5,6	5,5	6,2	6,0	6,0	6,3	6,2	6,2	6,4	6,3	6,5	6,5
Fenster	3,7	3,7	5,0	4,2	4,2	5,1	4,7	4,6	5,2	4,9	5,0	5,2	5,2	5,2	5,3	5,3	5,4	5,4
Verglasung	1,1	1,1	1,5	1,3	1,2	1,5	1,4	1,4	1,6	1,5	1,5	1,6	1,5	1,6	1,6	1,6	1,6	1,6
Türen	3,3	3,3	4,5	3,8	3,7	4,6	4,2	4,1	4,6	4,5	4,5	4,7	4,6	4,7	4,8	4,7	4,9	4,9

* Ist ein Schaden an einer Heizung vorhanden, ist deren Warenanteil zusätzlich mit 4 v. H. bis 7 v. H. anzusetzen.

Anlage 129.20   Zu §§ 129–133 BewG

Anlage 5

Tabelle über die Wertigkeit einzelner Bauteile zum Gesamtbauwerk für Kliniken, Sanatorien, Heime, Privatschulen, Gaststätten, Vergnügungsgebäude, Vereinshäuser sowie zum Gebäudeteil von Restaurations- und Sozialteilen bei Reit- und Tenishallen

Bauteil/Gewerk	Anteil in v. H.	
	ohne Keller	mit Keller
Erdarbeiten, Gründung und Fundamente	4,8	–
Keller (einschl. Gründung und Fundamente)	–	12,7
Außenwände	11,9	10,9
Decken	8,5	7,9
Dach	6,2	5,7
Innenwände	8,1	7,4
Innenausbau insgesamt	44,3	40,6
davon		
Bodenbeläge	4,3	3,9
Türen	3,8	3,5
Fenster	4,8	4,4
Malerarbeiten	2,4	2,2
Wandverkleidung	3,3	3,1
Deckenverkleidung	2,9	2,6
Sanitäre Anlagen	8,1	7,4
Heizung	7,1	6,6
Elektrische Installation	4,8	4,4
Treppen	2,8	2,5
Sonstiges	16,2	14,2

Anlage 6

Tabelle über die Wertigkeit einzelner Bauteile zu Gesamtbauwerk für Lichtspielhäuser und Saalbauten

Bauteil/Gewerk	Anteile in v. H.
Erdarbeiten, Fundamente und Bodenplatten	16,4
Außenwände/Fassade	16,1
Tragkonstruktion	25,0
Dacheindeckung	15,7
Fußboden	6,7
Türen	1,6
Fenster	6,2
Heizung	7,1
Elektrische Installation	5,2

Zu §§ 129–133 BewG **Anlage 129.20**

Anlage 7

**Tabelle über die Wertigkeit einzelner Bauteile zum Gebäudeteil
von Reit- und Tennishallen ohne Restaurations- und Sozialteil**

Bauteil/Gewerk	Anteile in v. H.
Dacheindeckung	14,8
Elektrische Installation	3,4
Türen	1,6
Fenster	3,4
Außenwand/Fassade einschl. Tragkonstruktion	34,7
Fußboden	4,5
Fundament und Bodenplatte	19,3
Erdarbeiten	3,3
Heizung	5,0
Sonstiges	6,7

Anlage 8

**Tabelle über die Wertigkeit einzelner Bauteile
zum Gesamtbauwerk für Hoch- und Tiefgaragen**

Bauteil/Gewerk	Durchschnittlicher Anteil der Herstellungskosten in v. H.
Dacheindeckung	10,0
Elektrische Installation	4,0
Türen/Toren/Fenster	3,0
Außenwand/Fenster	10,0
Tragkonstruktion	33,5
Fußboden	–
Fundament und Bodenplatte	13,0
Erdarbeiten	2,0
Sonstiges	24,5
Insgesamt	100,0

Anlage 129.21

Zu §§ 129–133 BewG

Errichtung von Gebäuden in Bauabschnitten, Zeitpunkt der Bezugsfertigkeit

Vfg. OFD Magdeburg vom 3. September 1996
– S 3106 – 8 – St – 336 V –

1. Errichtung von Gebäuden in Bauabschnitten

Bei der Entscheidung, ob ein Gebäude bezugsfertig ist und damit erstmals ein bebautes Grundstück vorliegt, ist grundsätzlich auf das ganze Gebäude und nicht auf einzelne Gebäudeteile, einzelne Räume oder auf einzelne Wohnungen abzustellen.

Wird jedoch ein Gebäude in Bauabschnitten errichtet, so gilt jeder fertiggestellte Bauabschnitt als ein bezugsfertiges Gebäude. Ab der Fertigstellung des ersten Bauabschnittes liegt somit ein bebautes Grundstück vor.

Beispiel:

Eine Speditionsfirma plant die Errichtung eines Lager- und Verwaltungsgebäudes, da die vorhandenen Gebäude nur für die Übergangs- und Aufbauphase des Betriebs als geeignet anzusehen waren.

Die Planung berücksichtigt dabei einen reibungslosen Betriebsablauf während der Bauphase, d. h. Neubau und Abbruch erfolgen Zug um Zug.

Aus wirtschaftlichen Gesichtspunkten ist die Fertigstellung des neuen Speditionsterminals vordringlich.

Das Speditionsterminal ist als eingeschossiger Lager- und mehrgeschossiger Bautrakt (Kopfbau) geplant.

Der Lagertrakt wird noch in 1992 in Betrieb genommen (also in 1992 fertiggestellt), während der Bürotrakt (bis September 1993 Rohbau) erst im Februar 1994 fertiggestellt wird.

Ergebnis:

Diese Bauweise ist als Errichtung in Bauabschnitten anzusehen. Das Lagergebäude ist als I. Bauabschnitt zum 1. 1. 1993 als bezugsfertiges Gebäude (Wertfortschreibung) zu bewerten. Nach Fertigstellung des II. Bauabschnitts (Kopfbau, Bürotrakt) in 1994 ist auch dieser zum 1. 1. 1995 als bezugsfertiges Gebäude zu bewerten.

Der Grund für die abschnittsweise Baudurchführung ist ohne Bedeutung. Eine abschnittsweise Bauausführung kann auch gegeben sein, wenn wegen bautechnischer Probleme oder wegen Finanzierungsschwierigkeiten anstelle eines mehrgeschossigen Gebäudes zunächst nur ein oder zwei Geschosse (EG, EG + 1. OG) errichtet werden, während die übrigen Geschosse im Rohbau verbleiben. In diesem Fall spielt der Zeitraum zwischen der Fertigstellung des Erdgeschosses, (z. B. des EG und des 1. OG) und der weiteren Geschosse eine entscheidende Rolle.

Erfolgt eine Fertigstellung der übrigen Geschosse innerhalb eines Zeitraums von zwei Jahren seit Bezugsfertigkeit des Erdgeschosses (bzw. des EG und des 1. OG), so ist das gesamte Gebäude erst ab diesem Zeitpunkt als bezugsfertig anzusehen.

Bleibt die Fertigstellung aber über einen längeren Zeitraum (mehr als 2 Jahre) stecken, so ist das bereits bezugsfertige Erdgeschoß (bzw. des EG und des 1. OG) als Bauabschnitt und damit als bebautes Grundstück zu bewerten (s. auch BFH, BStBl. II 1979, 548).

Witterungsbedingte Unterbrechungen oder nur vorübergehende Unterbrechungen bedingen kein abschnittsweises Bauen (z. B. Unterbrechung der Bauarbeiten wegen einer Frostperiode).

Liegen bei der Errichtung eines „Zweifamilienhauses" (Grundstückshauptgruppe: Mietwohngrundstück, § 32 Abs. 1 Nr. 1 BewG) die Voraussetzungen für die Annahme einer zusammenhängenden Bauabwicklung nicht vor und ist daher die Errichtung in Bauabschnitten anzunehmen, so ist nach Bezugsfertigkeit einer Wohnung für den bezugsfertigen Teil des Gebäudes die Grundstückshauptgruppe „Einfamilienhaus" festzustellen, wenn die zweite Wohnung erst nach mehr als 2 Jahren seit Bezugsfertigkeit der ersten Wohnung bezugsfertig wird.

2. Zeitpunkt der Bezugsfertigkeit

Über die Bezugsfertigkeit eines Gebäudes ist nach objektiven Merkmalen zu entscheiden (vgl. BFH, BStBl. II 1970, 769 – Anlage). Es muß dem zukünftigen Benutzer ein Beziehen der Räume zuzumuten sein.

Ein Wohnhaus (oder eine Wohnung) kann regelmäßig als bezugsfertig angesehen werden, wenn die wesentlichen Bauarbeiten durchgeführt sind. Unerhebliche Restarbeiten stehen der Annahme der Bezugsfertigkeit nicht entgegen. Wenn also Türen und Fenster eingebaut, die Anschlüsse für die Strom-

und Wasserversorgung, die Heizung und die sanitären Einrichtungen vorhanden, die Räume ohne Gefahr (z. B. Treppen) begehbar und die wesentlichen Maler- und Tapezierarbeiten ausgeführt sind, ist eine Wohnung bzw. ein Wohngebäude als bezugsfertig anzusehen.

Das Fehlen der Bodenbeläge (Parkett, Teppichboden, Platten usw.) und des Wandbehangs (Tapeten, Rauhputz usw.) gehört zu den unerheblichen Restarbeiten, die einer Bezugsfertigkeit nicht entgegenstehen.

Die Frage des Zeitpunkts der Bezugsfertigkeit spielt jedoch nicht nur bei Wohngebäuden, sondern auch bei der Errichtung von Bürogebäuden eine entscheidende Rolle, da die Bauherren immer mehr dazu übergehen, größere Nutzflächen den Wünschen der Mieter entsprechend aufzuteilen und sich dabei die fortgeschrittene Bautechnik zunutze machen.

Beispiel:

Ein Bauherr errichtet ein mehrgeschossiges Bürogebäude und bietet dieses über einen Immobilienmakler zur Vermietung an. Das Gebäude befindet sich in folgendem Aufbauzustand:

Fenster, Eingangs-, Etagen- und feuerfeste Schutztüren, Heizung, sanitäre Einrichtungen, Treppenhaus und Aufzugsanlagen sind vorhanden. Die Elektrozuleitungen sind verlegt. Die Geschoßdecken wurden mit Estrich versehen, so daß lediglich der gewünschte Fußbodenbelag fehlt. In den Gebäuden befinden sich, außer den notwendigen konstruktiven Wänden, die Trennwände für Sanitärbereich, Aufzugsschacht und Treppenhaus, jedoch keine Zwischenwände.

Ergebnis:

Die Installation der Zwischenwände kann innerhalb kürzester Zeit erfolgen, da es sich um Fertigbauelemente handelt, die lediglich eingehängt werden. Sodann werden die Installationen der Beleuchtungskörper vorgenommen und der gewünschte Fußbodenbelag verlegt. Mit dieser Methode wird einem künftigen Mieter eine Großfläche (z. B. ein Geschoß) als Mietfläche angeboten, über die er nach Interessenlage verfügen kann, d. h. er kann die Fläche nach seinen speziellen Wünschen aufteilen und die gewünschte Anzahl an Miträumen schaffen lassen.

Liegt ein derartiger Ausbauzustand vor, so muß das Gebäude bereits zu diesem Zeitpunkt, also noch vor Einbau der Fertigbauzwischenwände, Installation der Beleuchtungskörper und Verlegen des Fußbodens als bezugsfertig angesehen werden.

Anlage 129.22

Zu § 129–133 BewG

Bewertung des Grundvermögens und der Betriebsgrundstücke im Sinne des § 99 Abs. 1 Nr. 1 BewG sowie Festsetzung der Grundsteuermeßbeträge im beigetretenen Teil Deutschlands ab 1. Januar 1991 sowie Erhebung der Grundsteuer bei Mietwohngrundstücken und Einfamilienhäusern

Gleich lautende Erlasse der obersten Finanzbehörden der Länder Berlin, Brandenburg, Mecklenburg-Vorpommern, Sachsen, Sachsen-Anhalt und Thüringen
vom 20. November 1990
(BStBl. I S. 827)
zuletzt geändert am 21. April 1992
(BStBl. I S. 371)

Inhaltsübersicht

1 Geltungsbereich
2 Rechtsgrundlagen für die Einheitsbewertung und für die Festsetzung der Grundsteuermeßbeträge ab 1. Januar 1991
3 Feststellung von Einheitswerten für das Grundvermögen und für Betriebsgrundstücke ab 1. Januar 1991
4 Bewertungsverfahren für Feststellungszeitpunkte ab 1. Januar 1991
5 Wiederherstellung der allgemeinen Grundsteuerpflicht ab 1. Januar 1991; Grundsteuerbefreiungen
6 Aufgabenteilung zwischen Finanzbehörden und Gemeinden in den neuen Bundesländern

1 Geltungsbereich

Dieser Erlaß gilt für die Bewertung der wirtschaftlichen Einheiten des Grundvermögens (Grundstücke) und der Betriebsgrundstücke sowie für die Festsetzung der Grundsteuermeßbeträge bei diesen Grundstücken, die in den Ländern Brandenburg, Mecklenburg-Vorpommern, Sachsen, Sachsen-Anhalt und Thüringen und in dem Teil des Landes Berlin liegen, in dem das Grundgesetz vor dem Wirksamwerden des Beitritts nicht gegolten hat.

2 Rechtsgrundlagen für die Einheitsbewertung und für die Festsetzung der Grundsteuermeßbeträge ab 1. Januar 1991

2.1 Für die Feststellung der Einheitswerte nach den Wertverhältnissen am 1. Januar 1935 (Einheitswerte 1935) gilt neben der Abgabenordnung (AO) das Bewertungsgesetz (BewG) in der Fassung der Bekanntmachung vom 30. Mai 1985 (BGBl. I S. 845), zuletzt geändert durch den Einigungsvertrag vom 31. August 1990 i. V. m. Artikel 1 des Gesetzes vom 23. September 1990 (BGBl. 1990 II S. 885, 981). Jedoch sind gemäß § 129 BewG statt der §§ 27, 68 bis 94 BewG anzuwenden.

a) §§ 10, 11 Abs. 1 und 2 und Abs. 3 Satz 2, §§ 50 bis 53 des Bewertungsgesetzes der Deutschen Demokratischen Republik (BewG-DDR) in der Fassung vom 18. September 1970 (Sonderdruck Nr. 674 des Gesetzblattes),

b) § 3a Abs. 1, §§ 32 bis 46 der Durchführungsverordnung zum Reichsbewertungsgesetz (RBewDV) vom 2. Februar 1935 (RGBl. I S. 81), zuletzt geändert durch die Verordnung zur Änderung der Durchführungsverordnung zum Vermögensteuergesetz, der Durchführungsverordnung zum Reichsbewertungsgesetz und der Aufbringungsumlage-Verordnung vom 8. Dezember 1944 (RGBl. I S. 338), und

c) die Rechtsverordnungen der Präsidenten der Landesfinanzämter über die Bewertung bebauter Grundstücke vom 17. Dezember 1934 (Reichsministerialblatt S. 785 ff.), soweit Grundstücke und Betriebsgrundstücke im beigetretenen Teil Deutschlands liegen.

2.2 Für die Festsetzung der Grundsteuermeßbeträge gelten neben dem Bewertungsgesetz und der Abgabenordnung erstmals für die Grundsteuer des Kalenderjahrs 1991 die folgenden Rechts- und Verwaltungsvorschriften:

a) Grundsteuergesetz (GrStG) vom 7. August 1973 (BGBl. I S. 965), zuletzt geändert durch den Einigungsvertrag vom 31. August 1990 i. V. m. Artikel 1 des Gesetzes vom 23. September 1990 (BGBl. 1990 II S. 885, 986), und

b) Grundsteuer-Richtlinien 1978 (GrStR 1978) in der Fassung der Bekanntmachung vom 9. Dezember 1978 (BStBl. I S. 553).

Vorschriften der bisherigen Deutschen Demokratischen Republik, insbesondere über die Befreiung von der Grundsteuer, gelten, auch wenn sie in außersteuerlichen Gesetzen und Verordnungen enthalten sind, letztmals für die Grundsteuer des Kalenderjahres 1990.

3 Feststellung von Einheitswerten für das Grundvermögen und für Betriebsgrundstücke ab 1. Januar 1991

Die in Tz. 2.1 bezeichneten Rechtsgrundlagen gelten im beigetretenen Teil Deutschlands für Feststellungszeitpunkte ab dem 1. Januar 1991 (Anlage I, Kapitel IV, Sachgebiet B, Abschnitt II, Nr. 14 des Einigungsvertrags, BGBl. 1990 II S. 885, 973). Für Feststellungszeitpunkte vor dem 1. Januar 1991 ist im beigetretenen Teil Deutschlands das Bewertungsrecht der bisherigen Deutschen Demokratischen Republik weiter anzuwenden.

3.1 Unbewertete Grundstücke und Betriebsgrundstücke; Nachfeststellung auf den 1. Januar 1991

3.1.1 Geschäftsgrundstücke, gemischtgenutzte Grundstücke, sonstige bebaute Grundstücke und unbebaute Grundstücke

Für Geschäftsgrundstücke, gemischtgenutzte Grundstücke, sonstige bebaute Grundstücke und unbebaute Grundstücke, die für Feststellungszeitpunkte vor dem 1. Januar 1991 wegen ihrer Steuerfreiheit nicht bewertet worden sind und ab 1. Januar 1991 erstmals grundsteuerpflichtig werden (vgl. Tz. 5), sowie für in 1990 entstandene wirtschaftliche Einheiten ist der Einheitswert nach den Wertverhältnissen 1935 auf den 1. Januar 1991 nachträglich festzustellen – Nachfeststellung – (§ 23 ggf. i. V. m. § 132 Abs. 1 BewG). Gleichzeitig ist der Grundsteuermeßbetrag nachträglich zu veranlagen – Nachveranlagung – (§ 18 Abs. 1 GrStG).

3.1.2 Mietwohngrundstücke und Einfamilienhäuser

Ist für Mietwohngrundstücke und Einfamilienhäuser auf Feststellungszeitpunkte vor dem 1. Januar 1991 kein Einheitswert festgestellt worden oder festzustellen, unterbleibt eine Nachfeststellung des Einheitswerts auf den 1. Januar 1991, wenn der Einheitswert nur für Zwecke der Grundsteuer erforderlich wäre (§ 132 Abs. 2 Satz 1 BewG). Denn die Grundsteuer wird für diese Grundstücke von der Gemeinde pauschal nach der Wohn- oder Nutzfläche erhoben (vgl. § 42 GrStG).

Für die Bemessung der Grundsteuer ist stets der Einheitswert maßgebend, wenn für die wirtschaftliche Einheit (abgegrenzt nach dem ab 1.1.1991 geltenden Recht) oder einen Teil der Einheit ein Einheitswert vorhanden ist, der am 1.1.1991 weiterhin steuerwirksam war oder ruhte (zum Begriff des ruhenden Einheitswerts s. Tz. 3.2.1 Satz 3). Die Grundsteuer wird daher auch in folgenden Fällen nach dem Einheitswert bemessen:

a) Auf dem Grundstück befinden sich mehrere Gebäude, von denen infolge vor dem 1.1.1991 bestehender Steuerfreiheit nur der Altbau bewertet ist.

b) Auf dem Grundstück befinden sich ein Einfamilienhaus und eine Garage. Infolge Steuerfreiheit des Einfamilienhauses vor dem 1.1.1991 (einschließlich förderungsfähiger Grundstücksfläche von 500 m²) ist nur die Garage (ggf. einschließlich der 500 m² übersteigenden Grundstücksfläche) als sonstiges bebautes Grundstück bewertet.

c) Auf einem Grundstück mit einer Fläche von mehr als 500 m² befindet sich ein Einfamilienhaus. Infolge Steuerfreiheit des Einfamilienhauses einschließlich förderungsfähiger Grundstücksfläche von 500 m² für die Zeit vor dem 1.1.1991 ist nur die Mehrfläche (z.B. von 400 m²) als unbebautes Grundstück bewertet worden.

d) Neben dem Einheitswert für den Betrieb der Land- und Forstwirtschaft, der mit dem 31.12.1990 seine Wirksamkeit verloren hat (§ 125 Abs. 1 BewG), besteht ein fortgeltender Einheitswert für eine wirtschaftliche Einheit des Grundvermögens (z.B. Mietwohngrundstück, Geschäftsgrundstück). Nachdem die Betriebsinhaber-Wohnung gem. § 125 Abs. 3 BewG ab dem 1.1.1991 ebenfalls dem Grundvermögen zuzurechnen ist, wird sie ab diesem Zeitpunkt Bestandteil dieser wirtschaftlichen Einheit.

In diesen Fällen ist der Einheitswert fortzuschreiben, sobald die Voraussetzungen hierfür vorliegen (vgl. Tz. 3.2). Sind diese mangels Änderung der Art oder der Zurechnung wegen der Wertfortschreibungssperre des § 132 Abs. 4 BewG erst zum 1.1.1994 gegeben oder scheitert eine Wertfortschreibung auch ohne diese Sperre an den Wertgrenzen des § 22 Abs. 1 Nr. 1 BewG, muß dies als eine vom Gesetzgeber gewollte Vereinfachungsmaßnahme hingenommen werden. Die Gemeinde darf daher für den Teil eines Grundstücks, der im Einheitswert nicht erfaßt ist, keine Grundsteuer nach der Ersatzbemessungsgrundlage erheben. Eine Festsetzung der Grundsteuer nach der Ersatzbemessungsgrundlage ist gegebenenfalls entsprechend zu ändern, wenn ein Steu-

Anlage 129.22   Zu § 129–133 BewG

ermeßbetrag auf der Grundlage des Einheitswerts festgesetzt wird (vgl. Tz. 7.3.4 Abs. 2 der Grundsteuer-Erläuterungen vom Dezember 1990, BStBl. 1991 I S. 30, 37).

Wird der Einheitswert zum 1. Januar 1991 für Zwecke der Vermögen-, Erbschaft- oder Gewerbesteuer oder in Sonderfällen für Zwecke der Grunderwerbsteuer benötigt, so ist er auf diesen Zeitpunkt mit Wirkung für alle einheitswertabhängigen Steuern nachträglich festzustellen. Für die Grundsteuer gilt die Besonderheit, daß bei der Nachfeststellung für Mietwohngrundstücke und Einfamilienhäuser der Einheitswert erst von dem Kalenderjahr an gilt, das der Bekanntgabe des Feststellungsbescheids folgt (§ 132 Abs. 3 BewG). In den Erläuterungen zum Einheitswertbescheid ist auf den abweichenden Veranlagungszeitpunkt für die Grundsteuer hinzuweisen. Der für die Festsetzung des Grundsteuermeßbetrags maßgebende Nachveranlagungszeitpunkt wird entsprechend hinausgeschoben.

Beispiel:

Für A ist zum 1. Januar 1991 eine Hauptveranlagung zur Vermögensteuer durchzuführen. A ist Eigentümer eines bisher nicht bewerteten Einfamilienhauses. Für dieses Einfamilienhaus wird im Laufe des Jahres 1991 ein Einheitswert festgestellt und gegenüber dem Grundstückseigentümer bekanntgegeben.

Bei der Vermögensteuer ist der Einheitswert für das Einfamilienhaus bereits ab 1. Januar 1991 zu berücksichtigen. Für die Grundsteuer gilt der Einheitswertbescheid erst ab dem seiner Bekanntgabe folgenden Kalenderjahr 1992. Auf den 1. Januar 1992 ist somit eine Nachveranlagung des Grundsteuermeßbetrags durchzuführen.

Für Mietwohngrundstücke und Einfamilienhäuser von Wohnungsunternehmen sind trotz der Zurechnung zum Betriebsvermögen – von wenigen Ausnahmen abgesehen – keine Einheitswerte nachträglich festzustellen. Für diese Unternehmen ergäbe sich bei der Ansatz der Einheitswerte 1935 – auch unter Berücksichtigung der Wertangleichung gemäß § 133 BewG – ein negativer Einheitswert des Betriebsvermögens, so daß keine Vermögensteuer festzusetzen ist. Bei der Gewerbeertragsteuer wird statt der Kürzung um 1,2 v.H. des Einheitswerts der Betriebsgrundstücke auf Antrag der Teil des Gewerbeertrags von der Steuerpflicht ausgenommen, der auf die Verwaltung und Nutzung des eigenen Grundbesitzes entfällt (§ 9 Nr. 1 Satz 2 f. GewStG). Bei der Gewerbekapitalsteuer ergibt sich trotz der Hinzurechnung der Dauerschulden regelmäßig kein positives Gewerbekapital, so daß auch für die Anwendung der Kürzungsvorschrift nach § 12 Abs. 3 Nr. 1 GewStG keine Einheitswerte benötigt werden.

3.2 Bewertete Grundstücke und Betriebsgrundstücke; Fortschreibung auf den 1. Januar 1991

3.2.1 Sind für Grundstücke und Betriebsgrundstücke auf Zeitpunkte vor dem 1. Januar 1991 Einheitswerte festgestellt worden oder noch festzustellen, so sind diese Einheitswerte vorbehaltlich ihrer Fortschreibung nach Maßgabe der Tz. 3.2.2 bis 3.2.5 ab 1. Januar 1991 der Besteuerung zugrunde zu legen. Anstelle von „Reichsmark" oder „Mark der Deutschen Demokratischen Republik" tritt die Währungseinheit „Deutsche Mark" (DM). Die auf den 1. Januar 1935 oder auf einen späteren Zeitpunkt festgestellten Einheitswerte sind auch dann weiter anzuwenden, wenn die Einheitswerte in der Vergangenheit wegen der Befreiung von allen Steuern zeitweise keine Bedeutung hatten (ruhende Einheitswerte). In diesen Fällen ist lediglich der Grundsteuermeßbetrag auf den 1. Januar 1991 nachträglich zu veranlagen (§ 18 Abs. 2 GrStG). Dies gilt auch, wenn das Grundstück oder Betriebsgrundstück bisher von der Grundsteuer befreit war und der Einheitswert insbesondere für die Vermögensteuer Bedeutung hatte (z.B. bei aufwendigen Einfamilienhäusern).

3.2.2 Alle tatsächlichen Änderungen, die gegenüber der letzten Feststellung eingetreten sind und nicht nach dem Bewertungsrecht der bisherigen Deutschen Demokratischen Republik durch Fortschreibung noch zu erfassen sind, werden durch Fortschreibung des Einheitswerts auf den 1. Januar 1991 berücksichtigt, wenn die Voraussetzungen der Tz. 3.2.3 bis 3.2.5 vorliegen. Das gilt auch, wenn die Fortschreibung bisher mangels steuerlicher Bedeutung unterblieben ist.

Änderungen der tatsächlichen Verhältnisse stehen Sachverhalte der in Tz. 3.1.2 Buchstaben a bis d genannten Art gleich. War ein Grundstück bisher nur zum Teil steuerpflichtig und ist ein Einheitswert nur entsprechend Art und Wert des steuerpflichtigen Teils festgestellt worden, ist somit der Einheitswert unter den Voraussetzungen der Tz. 3.2.3 bis 3.2.5 wegen der wiederhergestellten allgemeinen Grundsteuerpflicht nach § 132 Abs. 1 BewG fortzuschreiben.

3.2.3 Haben sich nur die Eigentumsverhältnisse geändert, ist eine Zurechnungsfortschreibung durchzuführen. Das gilt auch für die Wiederverwendung bisher ruhender Einheitswerte (vgl. Tz. 3.2.1). Die Feststellungen aus dem letzten Einheitswertbescheid hinsichtlich des Werts und der Grundstücksart einschließlich der Grundstückshauptgruppe wirken auch gegenüber dem Rechtsnachfolger (§ 182 Abs. 2 AO). Sie sind dem Rechtsnachfolger im Rahmen der Zurechnungsfortschreibung auf den 1. Januar 1991 lediglich mitzuteilen.

Sind auch Änderungen der tatsächlichen Verhältnisse hinsichtlich der Art und des Werts eingetreten, so werden sie in bezug auf die Art stets und in bezug auf den Wert dann berücksichtigt, wenn die Wertabweichungen des § 22 Abs. 1 Nr. 1 BewG gegeben sind (bei Werterhöhung mehr als 1/10 des zuletzt festgestellten Einheitswerts, mindestens aber 5000 DM, oder mehr als 100000 DM und bei Wertminderung mehr als 1/10 des zuletzt festgestellten Einheitswerts, mindestens aber 500 DM, oder mehr als 5000 DM).

Beispiel:
B hat im Jahre 1990 ein Grundstück in der bisherigen Deutschen Demokratischen Republik erworben. Gegenüber der bisherigen Einheitswertfeststellung ergibt sich zudem eine Wertminderung, die unter Berücksichtigung der Wertfortschreibungsgrenzen zu einer Herabsetzung des Einheitswerts führen würde.

Da auf Grund des Eigentumserwerbs zum 1. Januar 1991 eine Zurechnungsfortschreibung durchzuführen ist, sind die bis dahin eingetretenen wertbeeinflussenden Änderungen der tatsächlichen Verhältnisse durch eine mit der Zurechnungsfortschreibung verbundene Wertfortschreibung zu berücksichtigen.

3.2.4 Sind die Eigentumsverhältnisse unverändert, sind aber Änderungen der tatsächlichen Verhältnisse hinsichtlich der Art und zugleich auch des Werts eingetreten, so ist die Artfortschreibung mit einer Wertfortschreibung zu verbinden, wenn die Fortschreibungsgrenzen des § 22 Abs. 1 Nr. 1 BewG erreicht sind.

3.2.5 Sind die tatsächlichen Verhältnisse in bezug auf die Zurechnung und Art unverändert, liegen aber Änderungen wertbeeinflussender Tatsachen vor, so führen diese auch bei Vorliegen der erforderlichen Wertabweichungen (§ 22 Abs. 1 Nr. 1 BewG) nur dann zu einer Wertfortschreibung, wenn der Einheitswert auf den 1. Januar 1991 für Zwecke der Vermögen-, Erbschaft-, Gewerbe- oder Grunderwerbsteuer benötigt wird (§ 132 Abs. 4 BewG). Ansonsten erfolgt die Wertfortschreibung erst auf den 1. Januar 1994 (§ 132 Abs. 4 BewG). Für Betriebsgrundstücke ist regelmäßig wegen der Gewerbesteuer auf den 1. Januar 1991 eine Wertfortschreibung durchzuführen; wegen der Ausnahme bei Wohnungsunternehmen vgl. jedoch Tz. 3.1.2.

3.2.6 Die Fortschreibung auf den 1. Januar 1991 gilt nicht nur für die Vermögen- oder Gewerbesteuer, sondern auch für die Grundsteuer des Kalenderjahres 1991. Mit der Fortschreibung ist somit eine Neuveranlagung des Grundsteuermeßbetrags auf den 1. Januar 1991 zu verbinden (§ 17 Abs. 1 GrStG), wenn die Grundsteuer im Kalenderjahr 1990 nach einem festgesetzten Steuermeßbetrag erhoben wurde. Ansonsten ist eine Nachveranlagung des Steuermeßbetrags auf den 1. Januar 1991 durchzuführen (§ 18 Abs. 2 GrStG).

3.3 Einheitswertfeststellungen für Feststellungszeitpunkte ab 1. Januar 1992

3.3.1 Für Geschäftsgrundstücke, gemischtgenutzte Grundstücke, sonstige bebaute Grundstücke und unbebaute Grundstücke ist eine Nachfeststellung des Einheitswerts auf den 1. Januar 1992 oder auf einen späteren Zeitpunkt nur in den Fällen durchzuführen, in denen nach dem 1. Januar 1991 eine wirtschaftliche Einheit "Grundstück" neu entstanden ist oder eine bereits bestehende wirtschaftliche Einheit "Grundstück" erstmals zur Vermögen-, Erbschaft-, Gewerbe-, Grunderwerb- oder Grundsteuer herangezogen werden soll (§ 23 Abs. 1 Nr. 1 und 2 BewG). Der neu festgestellte Einheitswert ist bei der Grundsteuer ab dem Nachfeststellungszeitpunkt zugrunde zu legen (§ 18 Abs. 1 GrStG).

Eine Nachfeststellung ist auch dann vorzunehmen, wenn bei Mietwohngrundstücken und Einfamilienhäusern die Voraussetzungen für die Erhebung der Grundsteuer nach der Ersatzbemessungsgrundlage (§ 42 GrStG) wegfallen. Auf den Zeitpunkt, zu dem die Voraussetzungen des § 42 GrStG nicht mehr vorliegen, ist eine Nachfeststellung des Einheitswerts – verbunden mit einer Nachveranlagung des Grundsteuermeßbetrags – durchzuführen. Dies gilt insbesondere für folgende Fälle:

a) Die bauliche Gestaltung oder Nutzung eines Mietwohngrundstücks oder Einfamilienhauses ist in der Weise geändert worden, daß nunmehr ein Geschäftsgrundstück, gemischtgenutztes Grundstück oder sonstiges bebautes Grundstück vorliegt.

b) Das Gebäude eines Mietwohngrundstücks oder eines Einfamilienhauses wird abgerissen, ohne daß bereits zu Beginn des folgenden Kalenderjahres (Feststellungszeitpunkt) der Neubau bezugsfertig errichtet ist. Zu dem genannten Feststellungszeitpunkt liegt daher ein unbebautes Grundstück vor, für das der Einheitswert nachträglich festzustellen und der Grundsteuermeß-

Anlage 129.22

Zu § 129–133 BewG

betrag nachträglich zu veranlagen ist. Mit der Bezugsfertigkeit des Neubaus ist eine Artfortschreibung und in der Regel eine Wertfortschreibung auf den der Bezugsfertigkeit folgenden Feststellungszeitpunkt vorzunehmen (Tz. 3.2.4) und der Grundsteuermeßbetrag neu zu veranlagen (Tz. 3.2.6).

Sind die Voraussetzungen des § 42 GrStG einmal weggefallen (vgl. Fall b), verbleibt es bei der Bemessung der Grundsteuer nach dem Einheitswert; die Erhebung nach der Ersatzbemessungsgrundlage lebt nicht wieder auf.

3.3.2 Bei Mietwohngrundstücken und Einfamilienhäusern, für die eine Nachfeststellung auf den 1. Januar 1991 nach Tz. 3.1.2 unterbleibt, kommt eine Nachfeststellung auf Zeitpunkte ab 1. Januar 1992 nur in Betracht, wenn der Einheitswert für die Vermögen-, Erbschaft-, Gewerbe- oder Grunderwerbsteuer benötigt wird (§ 132 Abs. 2 Satz 2 BewG); Tz. 3.1.2 ist insoweit entsprechend anzuwenden. Bei der Grundsteuer gilt der im Rahmen dieser Nachfeststellung ermittelte Einheitswert erst ab dem Kalenderjahr, das der Bekanntgabe des Einheitswertbescheids folgt (§ 132 Abs. 3 BewG).

§ 132 Abs. 2 und 3 BewG geht als Sonderregelung dem § 23 Abs. 1 Nr. 2 BewG vor. Die Regelung im vorstehenden Absatz gilt deshalb auch dann, wenn das Mietwohngrundstück oder das Einfamilienhaus am 1.1.1991 von der Grundsteuer befreit war, insbesondere als Neubau für 10 Jahre ab dem auf die Bezugsfertigkeit folgenden Kalenderjahr (§ 43 GrStG). Bereits am 1.1.1991 vorhandene und in diesem Zeitpunkt nach § 43 GrStG befreite, nicht bewertete Neubauten der Einfamilienhäuser und Mietwohngrundstücke wachsen jahrgangsweise in die Grundsteuer nach der Ersatzbemessungsgrundlage hinein (vgl. Tz. 7.2.3 der Grundsteuer-Erläuterungen des Bundesfinanzministeriums vom Dezember 1990, BStBl. 1991 I S. 30).

Die vorstehenden Absätze sind nicht anzuwenden, wenn eine wirtschaftliche Einheit nach dem 1.1.1991 neu entsteht. Maßgebend sind dann die Vorschriften des § 23 Abs. 1 Nr. 1 BewG und des § 18 Abs. 1 und 3 Nr. 1 GrStG. Deshalb ist der Einheitswert auf Feststellungszeitpunkte ab 1.1.1992 nachträglich festzustellen und der Grundsteuermeßbetrag mit Wirkung ab dem Feststellungszeitpunkt nachträglich zu veranlagen, wenn z.B. folgende Sachverhalte vorliegen:

a) Eine bisher land- und forstwirtschaftlich genutzte Fläche wird veräußert und als Bauland parzelliert. Für jede Bauparzelle entsteht eine neue wirtschaftliche Einheit „unbebautes Grundstück", für die der Einheitswert nachträglich festzustellen und der Grundsteuermeßbetrag nachträglich zu veranlagen ist. Jeweils nach Bezugsfertigkeit des Gebäudes ist der Einheitswert zum bebauten Grundstück fortzuschreiben und der Steuermeßbetrag neu zu veranlagen.

b) Ein bebautes Grundstück mit mehreren Wohnungen (ggf. auch Gewerberaum wird in Wohnungseigentum (ggf. auch Teileigentum) nach dem Wohnungseigentumsgesetz aufgeteilt. Durch die Teilung entsteht für jede Wohnung (gewerbliche Raumeinheit) eine eigene wirtschaftliche Einheit i.S. des Bewertungsgesetzes (§ 131 BewG). Mit dem Wirksamwerden der Aufteilung geht die bisherige wirtschaftliche Einheit (z.B. gemischtgenutztes Grundstück, Mietwohngrundstück) unter. Wurde für sie Grundsteuer nach dem Einheitswert erhoben, sind der Einheitswert und der Grundsteuermeßbetrag aufzuheben; wurde für sie Grundsteuer nach der Ersatzbemessungsgrundlage erhoben, endet diese mit Ablauf des Kalenderjahrs des Wirksamwerdens der Aufteilung. Für jede neu entstehende wirtschaftliche Einheit Wohnungseigentum oder Teileigentum ist der Einheitswert nachträglich festzustellen und der Grundsteuermeßbetrag mit Wirkung ab dem Feststellungszeitpunkt nachträglich zu veranlagen.

3.3.3 Ist für das Grundstück oder Betriebsgrundstück ein Einheitswert auf den 1. Januar 1991 oder auf einen früheren Zeitpunkt festgestellt worden oder noch festzustellen, so gilt für Wertänderungen im tatsächlichen Bereich Tz. 3.2.5 entsprechend. Durch eine Wertfortschreibung auf den 1. Januar 1994 sind alle bisher nicht erfaßten Wertänderungen zu berücksichtigen. Die fortgeschriebenen Einheitswerte gelten ab diesem Zeitpunkt für alle einheitswertabhängigen Steuern, also auch für die Grundsteuer.

4 Bewertungsverfahren für Feststellungszeitpunkte ab 1. Januar 1991

Die Bewertung von Grundstücken und Betriebsgrundstücken erfolgt bei Fortschreibungen (§ 22 BewG) und Nachfeststellungen (§ 23 BewG) nach dem Bewertungsrecht der bisherigen Deutschen Demokratischen Republik unter Berücksichtigung der weiter angewandten Durchführungsbestimmungen des früheren Reichsrechts (vgl. Tz. 2.1).

4.1 Mietwohngrundstücke und gemischtgenutzte Grundstücke

Mietwohngrundstücke und gemischtgenutzte Grundstücke sind mit einem Vielfachen der Jahresrohmiete zu bewerten (§ 33 RBewDV).

4.1.1 Unter Jahresrohmiete ist das Gesamtentgelt zu verstehen, das die Mieter für die Benutzung des Grundstücks auf Grund vertraglicher oder gesetzlicher Bestimmungen nach dem Stand vom 1. Januar 1935, umgerechnet auf ein Jahr zu entrichten haben. Die Miete nach dem Stand vom 1. Januar 1935 ist auch für Grundstücksteile maßgebend, die gewerblichen, öffentlichen oder sonstigen Zwecken dienen. Zur Jahresrohmiete rechnen neben der eigentlichen Miete alle Umlagen und sonstigen Leistungen, die der Mieter für die Überlassung der gemieteten Räume zahlt (z. B. umgelegte Grundsteuern, Kosten der Müllabfuhr, Straßenreinigungskosten sowie Kosten der Treppen- und Flurbeleuchtung). Dagegen gehören das Entgelt für die Überlassung von Betriebsvorrichtungen, die Kosten der Heizstoffe für Sammelheizung und Warmwasserversorgung sowie die eigentlichen Betriebskosten für den Fahrstuhl, die Vergütungen für außergewöhnliche Nebenleistungen des Vermieters, die nicht die Raumnutzung betreffen, aber neben der Raumnutzung auf Grund des Mietvertrags gewährt werden (z.B. Bereitstellung von Wasserkraft, Dampfkraft, Preßluft und Kraftstrom), sowie die Vergütungen für Nebenleistungen, die zwar die Raumnutzung betreffen, aber nur einzelnen Mietern zugute kommen (z.B. Vergütungen für Spiegelglasversicherungen), nicht zur Jahresrohmiete.

4.1.2 An die Stelle der tatsächlichen Jahresrohmiete tritt die übliche Miete, wenn entweder keine Miete zu zahlen ist oder die zu zahlende Miete wegen persönlicher oder wirtschaftlicher Beziehungen oder mit Rücksicht auf ein Arbeits- oder Dienstverhältnis um mehr als 20 v.H. von der üblichen Miete abweicht. Die übliche Miete ist im Vergleich zu den Jahresrohmieten zu schätzen, die für Räume gleicher oder ähnlicher Art und Lage regelmäßig gezahlt werden (§ 34 Abs. 4 Satz 2 RBewDV).

4.1.3 Bei Mietwohngrundstücken und gemischtgenutzten Grundstücken, die nach dem 20. Juni 1948 bezugsfertig geworden sind (Nachkriegsbauten), ist als Jahresrohmiete für Wohnräume die ab Bezugsfertigkeit preisrechtlich zulässige Miete anzusetzen (§ 130 Abs. 2 Satz 1 BewG). Sie entspricht regelmäßig der vor dem 1. Juli 1990 tatsächlich gezahlten Miete; ggf. sind insbesondere Entgelte für Heizung und Warmwasser auszuscheiden. Wegen der Jahresrohmiete für Nachkriegsbauten, die nach dem 30. Juni 1990 bezugsfertig geworden sind, vgl. § 130 Abs. 2 Satz 2 BewG.

Auf Grund der Ermächtigung in den §§ 35 bis 37 RBewDV haben die Präsidenten der Landesfinanzämter in den Rechtsverordnungen vom 17. Dezember 1934 (Reichsministerialblatt S. 785 ff.) die für Mietwohngrundstücke und gemischtgenutzte Grundstücke anzuwendenden Vervielfältiger veröffentlicht. Zusätzlich zu den dort genannten Vervielfältigern ist für Nachkriegsbauten ein einheitlicher Vervielfältiger von 9 zugrunde zu legen (§ 130 Abs. 3 BewG).

4.1.4 Der aus der Jahresrohmiete unter Ansatz des Vervielfältigers ermittelte Wert des Grundstücks ist nach § 37 RBewDV zu ermäßigen oder zu erhöhen, wenn bei dem einzelnen Grundstück besondere Umstände tatsächlicher Art vorliegen, die in der Jahresrohmiete oder im Vervielfältiger nicht zum Ausdruck kommen und darüber hinaus wesentlich von den Verhältnissen des Bezirks oder der Grundstücksgruppe abweichen, die bei der Bildung der Vervielfältiger nach § 36 RBewDV zugrunde gelegt worden sind. Die Erhöhung oder Ermäßigung darf nach Saldierung der erhöhenden und mindernden Umstände nicht mehr als 30 v.H. des aus der Jahresrohmiete und dem Vervielfältiger ermittelten Werts des Grundstücks betragen (§ 37 Abs. 3 RBewDV).

4.1.5 Gemäß § 52 Abs. 2 BewG-DDR ist mindestens der Wert als Einheitswert anzusetzen, mit dem der Grund und Boden allein als unbebautes Grundstück nach § 53 BewG-DDR zu bewerten wäre.

4.1.6 Wegen der Bewertung von gemischtgenutzten Grundstücken auf den 1. Januar 1991, die den Betriebsgrundstücken zuzuordnen sind, vgl. Tz. 4.4.

4.2 **Einfamilienhäuser, Geschäftsgrundstücke und sonstige bebaute Grundstücke**

Einfamilienhäuser und sonstige bebaute Grundstücke werden im Sachwertverfahren bewertet (§ 33 Abs. 2 RBewDV). Das Sachwertverfahren gilt regelmäßig auch für Geschäftsgrundstücke. Zur Bewertung im Sachwertverfahren ergehen vorbehaltlich Tz. 4.4 noch nähere Weisungen. Die Bewertung von Einfamilienhäusern und sonstigen bebauten Grundstücken sowie von Geschäftsgrundstücken, die nicht den Betriebsgrundstücken zuzuordnen sind, ist daher zurückzustellen.

Im Gebiet des Landesfinanzamts Berlin (§ 1 der Verordnung über die Bewertung bebauter Grundstücke im Gebiet des Landesfinanzamts Berlin vom 17. Dezember 1934, Reichsministerialblatt S. 785) und im Gebiet des Landesfinanzamts Nordmark (§ 1 der Verordnung über die Bewertung bebauter Grundstücke im Gebiet des Landesfinanzamts Nordmark vom 17. Dezember 1934, Reichsministerialblatt S. 808) sind bestimmte Geschäftsgrundstücke im Jahresrohmietenverfahren zu bewerten. In diesen Fällen ist für Nachkriegsbauten ebenfalls der einheitliche Vervielfältiger von 9 zugrunde zu legen.

Anlage 129.22 Zu § 129–133 BewG

4.3 Unbebaute Grundstücke

Unbebaute Grundstücke sind mit dem gemeinen Wert nach den Wertverhältnissen am 1. Januar 1935 unter Berücksichtigung der tatsächlichen Verhältnisse vom Feststellungszeitpunkt (hierzu rechnen z.B. Änderungen, die auf einem Bebauungsplan oder auf Erschließungsmaßnahmen beruhen) zu bewerten (§ 53 BewG-DDR i. V. m. § 44 RBewDV). Der Wert unbebauter Grundstücke umfaßt den Wert des Grund und Bodens (Bodenwert) und den Wert der Außenanlagen. Bei der Ermittlung der Bodenwerte ist im allgemeinen von durchschnittlichen Werten auszugehen, die sich für ein Gebiet, eine Straße oder einen Straßenabschnitt ohne Beachtung der Grundstücksgrenzen und ohne Rücksicht auf die besonderen Eigenschaften der einzelnen Grundstücke je Quadratmeter ergeben. Aus den durchschnittlichen Werten sind die Bodenwerte der Grundstücke abzuleiten, indem im Einzelfall die Größe des Grundstücks sowie seine Besonderheiten und seine Abweichungen gegenüber den durchschnittlichen Verhältnissen berücksichtigt werden. Als Besonderheiten und Abweichungen kommen vor allem der Anteil des Vorderlandes und des Hinterlandes, die besondere Lage sowie die Größe, der Zuschnitt, die Oberflächenbeschaffenheit und der Baugrund in Betracht.

4.4 Vereinfachung bei bestimmten Betriebsgrundstücken

Zur Vereinfachung des Bewertungsverfahrens kann der gemeine Wert von Geschäftsgrundstücken, die den Betriebsgrundstücken zuzuordnen sind, bei der Einheitswertfeststellung auf den 1. Januar 1991 mit 10 v.H. des Werts geschätzt werden, der in der steuerlichen Eröffnungsbilanz zum 1. Juli 1990 für dieses Grundstück (bestehend aus Grund und Boden, Gebäude und Außenanlagen) ausgewiesen worden ist. Entsprechend kann bei gemischtgenutzten Grundstücken, die den Betriebsgrundstücken zuzuordnen sind, verfahren werden, wenn die Ermittlung der Bewertungsgrundlagen, insbesondere der Jahresrohmiete, schwierig ist. Was zur wirtschaftlichen Einheit des Betriebsgrundstücks gehört, bestimmt sich nach § 2 BewG i. V. m. § 11 Abs. 1 und 2 und § 50 Abs. 1 BewG-DDR. Um die wirtschaftliche Einheit und den auf sie entfallenden Teil des Bilanzansatzes bestimmen zu können, sind von dem Steuerpflichtigen geeignete Unterlagen (Auszüge aus der steuerlichen Eröffnungsbilanz, aus dem Inventar und ggf. aus dem Anhang zur steuerlichen Eröffnungsbilanz) anzufordern. Die Einheitswertbescheide sind unter dem Vorbehalt der Nachprüfung (§ 164 AO) zu erteilen.

Sollten sich an dem Betriebsgrundstück in der Zeit vom 1. Juli 1990 bis 31. Dezember 1990 tatsächliche Änderungen ergeben haben, die sich wesentlich auf den Wert des Betriebsgrundstücks auswirken, so ist statt des Eröffnungsbilanzwerts der Wert in der steuerlichen Schlußbilanz zum 31. Dezember 1990 ohne Berücksichtigung der Abschreibungen zugrunde zu legen. Die in der 2. Jahreshälfte 1990 vorgenommenen Abschreibungen sind nicht als wesentliche Änderung der tatsächlichen Verhältnisse anzusehen. Eine wesentliche Änderung liegt vor, wenn der aus der steuerlichen Schlußbilanz zum 31. Dezember 1990 abgeleitete Wert von dem aus der steuerlichen Eröffnungsbilanz zum 1. Juli 1990 abgeleiteten Wert nach oben um mehr als 1/10, mindestens aber 5000 DM, oder um mehr als 100000 DM, nach unten um mehr als 1/10, mindestens aber 500 DM, oder um mehr als 5000 DM abweicht.

Sind Geschäftsgrundstücke oder gemischtgenutzte Grundstücke nach dem 30. Juni 1990 und vor dem 1. Januar 1991 dem Betriebsvermögen zugeführt worden, so ist für die Schätzung des Einheitswerts stets der Wert in der steuerlichen Schlußbilanz zum 31. Dezember 1990 ohne Berücksichtigung der Abschreibungen zugrunde zu legen, es sei denn, daß die Betriebsgrundstücke innerhalb der 4monatigen Frist für die Aufstellung der Eröffnungsbilanz aus ehemals volkseigenem Vermögen unentgeltlich übertragen und in der Eröffnungsbilanz ausgewiesen worden sind (§ 2 Satz 2 D-Markbilanzgesetz).

5 Wiederherstellung der allgemeinen Grundsteuerpflicht ab 1. Januar 1991; Grundsteuerbefreiungen

5.1 Mit dem Inkrafttreten der in Tz. 2.2 bezeichneten Rechtsgrundlagen wird die allgemeine Grundsteuerpflicht wiederhergestellt. Das bedeutet insbesondere, daß die Rechtsträgerschaft staatlicher Organe und Einrichtungen, volkseigener Betriebe (VEB), volkseigener Güter (VEG), volkseigener Betriebe der Wohnungswirtschaft, von Arbeiterwohnungsgenossenschaften, von landwirtschaftlichen Produktionsgenossenschaften und von ähnlichen Organisationen kein Grund mehr für eine Befreiung von der Grundsteuer ist. Auch Grundbesitz im Eigentum der Gemeinden als Steuergläubiger ist steuerpflichtig (Selbstbesteuerung). Juristische Personen des öffentlichen Rechts (vgl. Abschn. 7 Abs. 1 bis 3 GrStR 1978), kirchliche Organisationen ohne diesen Status sowie gemeinnützige und mildtätige Körperschaften sind ab dem Kalenderjahr 1991 nur noch insoweit von der Grundsteuer befreit, als sie ihren Grundbesitz unmittelbar für einen der in § 3

Zu §§ 129–133 BewG   **Anlage 129.22**

GrStG bezeichneten begünstigten Zwecke benutzen. § 4 GrStG enthält weitere Grundsteuerbefreiungen, die unabhängig von der Person des Eigentümers gewährt werden. Sie erlangen bei den schon nach § 3 GrStG begünstigten Rechtsträgern jedoch nur hilfsweise Bedeutung. In welchen Fällen und in welchem Umfang eine Grundsteuerbefreiung beansprucht werden kann, ergibt sich im einzelnen aus den §§ 3 bis 9 GrStG und den Abschn. 6 bis 33 GrStR 1978.

5.2 Ab 1. Januar 1991 steuerpflichtig ist daher insbesondere Grundbesitz,
– auf dem sich Wohnungen im Sinne des § 5 Abs. 2 GrStG befinden, wenn es sich nicht um kirchliche Dienstwohnungen im Sinne des § 3 Abs. 1 Nr. 5 GrStG und des Abschn. 15 Abs. 2 bis 4 GrStR 1978 handelt,
– auf dem ein wirtschaftlicher Geschäftsbetrieb ausgeübt wird, der weder Hoheitsbetrieb noch Zweckbetrieb im Sinne der §§ 65 bis 68 AO ist,
– der land- und forstwirtschaftlich genutzt wird, soweit nicht ein Ausnahmefall des § 6 GrStG vorliegt,
– der als unbebautes Grundstück bewertet ist und noch nicht für einen begünstigten Zweck hergerichtet wird (vgl. § 7 Satz 2 GrStG und Abschn. 31 Abs. 2 GrStR 1978),
– der einem Dritten zur Benutzung überlassen ist, es sei denn, daß der Dritte zu den nach § 3 Abs. 1 GrStG begünstigten Rechtsträgern (juristische Personen des öffentlichen Rechts, gemeinnützige und kirchliche Körperschaften) gehört und er den Grundbesitz für einen begünstigten Zweck benutzt.

Auch die bisherige Dauerbefreiung für die Einfamilienhäuser bestimmter Bevölkerungskreise entfällt.

5.3 Unabhängig von der Rechtsträgerschaft und vom Eigentum wird für Grundstücke mit neugeschaffenen Wohnungen, die nach dem 31. Dezember 1980 und vor dem 1. Januar 1992 bezugsfertig geworden sind oder bezugsfertig werden, eine zehnjährige Steuerfreiheit gewährt, deren Voraussetzungen und Umfang sich nach § 43 GrStG bestimmen. Solange danach ein Grundstück, auf dem sich ausschließlich neugeschaffene Wohnungen befinden, in vollem Umfang steuerfrei ist, das heißt

a) bei Bezugsfertigkeit in den Kalenderjahren 1981 bis 1989:

für den Rest des zehnjährigen Befreiungszeitraums, der mit dem 1. Januar des auf das Jahr der Bezugsfertigkeit folgenden Kalenderjahres begonnen hat,

b) bei Bezugsfertigkeit in den Kalenderjahren 1990 und 1991:

für volle zehn Jahre ab 1. Januar 1991 oder 1. Januar 1992,

unterbleibt eine Festsetzung des Grundsteuermeßbetrags. So ist z.B. der Grundsteuermeßbetrag für Grundstücke mit 1981 bezugsfertig gewordenen Wohnungen auf den 1. Januar 1992, der Steuermeßbetrag für 1982 bezugsfertig gewordene Wohnungen auf den 1. Januar 1993 nachträglich zu veranlagen (§ 18 Abs. 2 GrStG), sofern sich die Grundsteuer nach dem Einheitswert bestimmt (vgl. Tz. 3.1.2) und nicht die Ersatzbemessungsgrundlage gemäß § 42 GrStG maßgebend ist. Bei Teilbefreiung (§ 43 Abs. 2 Nr. 1 GrStG) wird der Grundsteuermeßbetrag auf den 1. Januar 1991 festgesetzt, der Steuermeßbetrag unter Zugrundelegung der maßgebenden Steuermeßzahl (§ 41 GrStG) jedoch nur vom steuerpflichtigen Teil des Einheitswerts berechnet.

Über organisatorische Vorkehrungen zur Überwachung der zehnjährigen Steuerbefreiung ergeht eine besondere Regelung.

5.4 Für die Grundsteuer der Grundstücke (Grundsteuer B) gelten vorbehaltlich der Tz. 5.5 die Einheitswerte 1935 (vgl. Tz. 3 und 4). In diesen Fällen bestimmt sich die Steuermeßzahl weiter nach §§ 29 bis 33 der Grundsteuer-Durchführungsverordnung vom 1. Juli 1937 – GrStDV 1937 – (RGBl. I S. 733); vgl. § 41 GrStG. Dementsprechend behalten die festgesetzten Steuermeßbeträge ihre Gültigkeit, wenn nicht eine Neuveranlagung des Steuermeßbetrags vorzunehmen ist. Eine solche kommt z.B. auf den 1. Januar 1991 in Betracht, wenn frühere reichsrechtliche Ermäßigungen des sich nach den §§ 29 bis 33 GrStDV 1937 ergebenden Steuermeßbetrags für Neuhausbesitz noch weitergelaufen sind oder erstmals ab 1. Januar 1991 Steuerfreiheit für neugeschaffene Wohnungen nach § 43 GrStG besteht (vgl. Tz. 5.3).

Eine Ausnahme hiervon gilt für Geschäftsgrundstücke, gemischtgenutzte Grundstücke, sonstige bebaute Grundstücke und unbebaute Grundstücke, die den in Kapitalgesellschaften umgewandelten ehemaligen volkseigenen Kombinaten, Betrieben und Einrichtungen (vgl. Verordnung vom 27. Juni 1990, GBl. I Nr. 41 S. 618) gehören und daher unter die besondere Regelung selbst zu berechnender Vorauszahlungen der Anlage I, Kapitel IV, Sachgebiet B, Abschnitt II, Nr. 15 des

Anlage 129.22

Zu § 129–133 BewG

Einigungsvertrags (BGBl. 1990 II S. 885, 974) fallen; in diesen Fällen verlieren neben den Grundsteuerbescheiden auch die ihnen zugrundeliegenden Grundsteuermeßbescheide ab 1. Januar 1991 ihre Wirksamkeit.

Auf die Notwendigkeit der Neuveranlagung oder Nachveranlagung des Steuermeßbetrags, die sich aus der Wiederherstellung der allgemeinen Grundsteuerpflicht unter Berücksichtigung der Befreiungen – insbesondere auch der zehnjährigen Steuerfreiheit für Neubauten (vgl. Tz. 5.3) – ergibt, ist jeweils im Sachzusammenhang mit der Feststellung der Einheitswerte hingewiesen.

5.5 Für Mietwohngrundstücke und Einfamilienhäuser, für die auf Feststellungszeitpunkte vor dem 1. Januar 1991 ein Einheitswert nicht festgestellt worden oder noch festzustellen ist, gilt die Ersatzbemessungsgrundlage Wohn- oder Nutzfläche (§ 42 GrStG), solange ein wegen anderer Steuern als der Grundsteuer notwendiger Einheitswert für die Grundsteuer nicht maßgebend ist (vgl. Tz. 3.1.2). Wird ein für die Grundsteuer maßgebender Steuermeßbetrag (vgl. Tz. 3.1.2) festgesetzt und der Gemeinde mitgeteilt (vgl. Tz. 6), besteht aber für das betreffende Kalenderjahr bereits eine Festsetzung der Grundsteuer nach der Ersatzbemessungsgrundlage, so hat die Gemeinde die bisherige Festsetzung unter Vorbehalt der Nachprüfung auf Grund der Steueranmeldung (§ 44 GrStG i. V. m. §§ 167, 168 AO) oder die Festsetzung durch Grundsteuerbescheid entsprechend dem festgesetzten Steuermeßbetrag zu ändern (§ 164 Abs. 2, § 175 Abs. 1 Nr. 1 AO). Entsprechendes gilt wegen § 125 BewG für Wohngrundstücke, die bisher im Einheitswert für land- und forstwirtschaftliches Vermögen erfaßt waren und nunmehr Mietwohngrundstücke oder Einfamilienhäuser sind. Festsetzung und Erhebung der Grundsteuer nach der Ersatzbemessungsgrundlage sind eine Selbstverwaltungsaufgabe der Gemeinden, die ohne Mitwirkung der Finanzbehörden zu erfüllen ist. Über organisatorische Vorkehrungen, die die vollständige Erfassung aller grundsteuerpflichtigen Grundstücke durch das Finanzamt oder die Gemeinde gewährleisten, bleiben besondere Weisungen vorbehalten.

6 **Aufgabenteilung zwischen Finanzbehörden und Gemeinden in den neuen Bundesländern**

Dem Finanzamt obliegt neben der Feststellung des Einheitswerts die auf dieser Grundlage vorzunehmende Festsetzung der Steuermeßbeträge. Bei der Festsetzung des Steuermeßbetrags wird auch über die Gewährung einer Grundsteuerbefreiung (vgl. Tz. 5.1 und 5.3) und über die Person des Steuerschuldners entschieden. Der Inhalt der Steuermeßbescheide ist der jeweils hebeberechtigten Gemeinde mitzuteilen (§ 184 Abs. 3 AO). Die Gemeinde ist bei der Festsetzung der Grundsteuer an den Steuermeßbescheid gebunden (§ 184 Abs. 1 letzter Satz i. V. m. § 182 Abs. 1 AO). Es gelten daher die Vorschriften über Grundlagenbescheide und Folgebescheide (so z.B. § 171 Abs. 10, § 175 Abs. 1 Nr. 1, § 351 Abs. 2 § 361 Abs. 3 AO). Festsetzung und Erhebung der Grundsteuer obliegen den Gemeinden (§ 46 GrStG). Bei der Festsetzung der Grundsteuer nach Einheitswerten 1935 wendet die Gemeinde den von ihr für das betreffende Kalenderjahr festgesetzten Hebesatz der Grundsteuer B an, indem sie den Steuermeßbetrag mit dem in einem Prozentsatz ausgedrückten Hebesatz multipliziert.

Zu § 151 Abs. 1 Satz 1 Nr. 1 i. V. m. § 157 Abs. 1 bis 3 BewG **Anlage 151.1**

Vorläufige Festsetzungen der Grunderwerbsteuer, vorläufige Feststellungen nach § 17 Absatz 2 und 3 GrEStG und vorläufige Feststellungen von Grundbesitzwerten

Gleich lautende Erlasse der obersten Finanzbehörden der Länder vom 16. Dezember 2015 (BStBl. I S. 1082)

Erlasse vom 5. Oktober 2015 (BStBl. I S. 790);
TOP 10 der Sitzung AO IV/2015 vom 2. bis 4. Dezember 2015;
TOP VI/1 der Sitzung VerkSt IV/15 vom 8. bis 11. Dezember 2015

Artikel 8 Nummer 2 des Steueränderungsgesetzes 2015 vom 2. November 2015 (BGBl. I S. 1834; BStBl. I S. 846) hat die Verweise in § 8 Absatz 2 des Grunderwerbsteuergesetzes (GrEStG) geändert und damit dem Beschluss des Bundesverfassungsgerichts vom 23. Juni 2015 – 1 BvL 13/11, 1 BvL 14/ 11 – (BStBl. II S. 871) Rechnung getragen. Ersatzbemessungsgrundlage in den Fällen des § 8 Absatz 2 GrEStG ist nunmehr der Grundbesitzwert im Sinne des § 151 Absatz 1 Satz 1 Nummer 1 in Verbindung mit § 157 Absatz 1 bis 3 des Bewertungsgesetzes (BewG). Die neuen Regelungen sind auf Erwerbsvorgänge anzuwenden, die nach dem 31. Dezember 2008 verwirklicht werden (§ 23 Absatz 14 Satz 1 GrEStG).

Für die bisher in den Fällen des § 8 Absatz 2 GrEStG nach den Erlassen vom 1. April 2010 (BStBl. I S. 266) bzw. vom 17. Juni 2011 (BStBl. I S. 575) vorläufig durchgeführten

– Festsetzungen der Grunderwerbsteuer,

– Feststellungen nach § 17 Absatz 2 und 3 GrEStG und

– Feststellungen der Grundbesitzwerte

gilt daher Folgendes:

1. Nach dem 31. Dezember 2008 verwirklichte Erwerbsvorgänge

1.1 Festsetzungen der Grunderwerbsteuer

Es ist von Amts wegen zu prüfen, ob die Festsetzungen der Grunderwerbsteuer unter Berücksichtigung der nach dem neuen Recht durchgeführten bzw. durchzuführenden Feststellungen nach § 17 Absatz 2 und 3 GrEStG (Nummer 1.2) und Feststellungen der Grundbesitzwerte (Nummer 1.3) zu ändern sind.

Ergibt diese Prüfung, dass die Anwendung des neuen Rechts zu einer **Minderung** der bisher festgesetzten **Grunderwerbsteuer** führen würde, ist der Grunderwerbsteuerbescheid zu ändern und für endgültig zu erklären (§ 165 Absatz 2 Satz 2 AO).

Ergibt diese Prüfung, dass die Anwendung des neuen Rechts zu einer **Erhöhung** der bisher festgesetzten **Grunderwerbsteuer** führen würde, stünde § 176 Absatz 1 Satz 1 Nr. 1 AO einer Bescheidänderung zuungunsten des Steuerpflichtigen entgegen. Die Grunderwerbsteuerfestsetzung ist ohne Änderung des festgesetzten Steuerbetrags auf Antrag für endgültig zu erklären (§ 165 Absatz 2 Satz 4 AO). In dem Bescheid, der die bisherige Grunderwerbsteuerfestsetzung für endgültig erklärt, ist darauf hinzuweisen, dass aufgrund des § 176 Absatz 1 Satz 1 Nr. 1 AO eine Erhöhung der Grunderwerbsteuer unterbleibt. Der Grunderwerbsteuerbescheid ist vollstreckbar (§ 23 Absatz 14 Satz 2 GrEStG); § 251 Absatz 2 Satz 1 AO in Verbindung mit § 79 Absatz 2 des Bundesverfassungsgerichtsgesetzes gilt insoweit nicht mehr.

§ 176 Absatz 1 Satz 1 Nr. 1 AO ist nicht anwendbar, wenn eine vorläufige erstmalige Grunderwerbsteuerfestsetzung mit einem zulässigen Einspruch angefochten wurde und das Einspruchsverfahren noch anhängig ist. Der Einspruchsführer kann durch Rücknahme seines Einspruchs eine mögliche Verböserung abwenden und die Anwendung des § 176 Absatz 1 Satz 1 Nr. 1 AO erreichen.

1.2 Feststellungen nach § 17 Absatz 2 und 3 GrEStG

In den Fällen des § 8 Absatz 2 GrEStG wird im Feststellungsverfahren nach § 17 Absatz 2 und 3 GrEStG nicht über die Höhe des Grundbesitzwertes entschieden (§ 17 Absatz 3a GrEStG). Der Beschluss des Bundesverfassungsgerichts vom 23. Juni 2015 (a. a. O.) und die gesetzliche Neuregelung geben somit keinen Anlass, Feststellungen nach § 17 Absatz 2 und 3 GrEStG zu ändern. Die Feststellungen müssen nur auf Antrag des Steuerpflichtigen für endgültig erklärt werden (§ 165 Absatz 2 Satz 4 AO).

1.3 Feststellungen der Grundbesitzwerte

1.3.1 Bisher durchgeführte Feststellungen

Es ist von Amts wegen zu prüfen, ob die Feststellungen der Grundbesitzwerte unter Berücksichtigung des neuen Rechts zu ändern sind.

Ergibt diese Prüfung, dass die Anwendung des neuen Rechts zu einer **Minderung** des bisher festgestellten **Grundbesitzwertes** führen würde, ist der Feststellungsbescheid zu ändern und für endgültig zu erklären (§ 165 Absatz 2 Satz 2 AO).

Anlage 151.1
Zu § 151 Abs. 1 Satz 1 Nr. 1 i. V. m. § 157 Abs. 1 bis 3 BewG

Ergibt diese Prüfung, dass die Anwendung des neuen Rechts zu einer **Erhöhung** des bisher festgestellten **Grundbesitzwertes** führen würde, stünde § 176 Absatz 1 Satz 1 Nr. 1 AO einer Bescheidänderung entgegen. Der Feststellungsbescheid ist ohne Änderung der festgestellten Besteuerungsgrundlagen auf Antrag für endgültig zu erklären (§ 165 Absatz 2 Satz 4 AO). In dem Bescheid, der die Feststellung für endgültig erklärt, ist darauf hinzuweisen, dass aufgrund des § 176 Absatz 1 Satz 1 Nr. 1 AO eine Erhöhung des festgestellten Grundbesitzwertes unterbleibt.

§ 176 Absatz 1 Satz 1 Nr. 1 AO ist nicht anwendbar, wenn eine vorläufige erstmalige Feststellung des Grundbesitzwertes mit einem zulässigen Einspruch angefochten wurde und das Einspruchsverfahren noch anhängig ist. Der Einspruchsführer kann durch Rücknahme seines Einspruchs eine mögliche Verböserung abwenden und die Anwendung des § 176 Absatz 1 Satz 1 Nr. 1 AO erreichen.

1.3.2 Nachholen der Feststellungen

Erforderliche, bislang unterbliebene Feststellungen der Grundbesitzwerte sind unter Anwendung des neuen Rechts durchzuführen. § 176 Absatz 1 Satz 1 Nr. 1 AO steht dem nicht entgegen, da diese Vorschrift nur bei einer Aufhebung oder Änderung eines Steuerbescheids oder eines einem Steuerbescheid gleichstehenden Verwaltungsakts (z. B. Feststellungsbescheid) zu beachten ist.

Wurde die Grunderwerbsteuerfestsetzung allerdings im Vorgriff auf die noch ausstehende Feststellung des Grundbesitzwertes bereits durchgeführt (§ 155 Absatz 2 in Verbindung mit § 162 Absatz 5 AO), steht § 176 Absatz 1 Satz 1 Nr. 1 AO einer Änderung der Grunderwerbsteuerfestsetzung zuungunsten des Steuerpflichtigen entgegen (siehe Nummer 1.1). In diesem Fall kann auf die Nachholung der Feststellung verzichtet werden.

1.4 Bisher vorläufig ausgesetzte Festsetzungen der Grunderwerbsteuer

Falls nach Ergehen des Beschlusses des Bundesverfassungsgerichts vom 23. Juni 2015 (a. a. O.) die Festsetzung der Grunderwerbsteuer gemäß § 165 Absatz 1 Satz 4 in Verbindung mit Satz 2 Nr. 2 AO vorläufig ausgesetzt worden ist, ist die Grunderwerbsteuerfestsetzung unter Zugrundelegung des neuen Rechts nachzuholen (§ 165 Absatz 2 Satz 2 zweiter Halbsatz AO). § 176 Absatz 1 Satz 1 Nr. 1 AO steht der Anwendung des neuen Rechts nicht entgegen, da die Steuer erstmalig und nach Ergehen der Entscheidung des Bundesverfassungsgerichts festgesetzt wird.

2. Vor dem 1. Januar 2009 verwirklichte Erwerbsvorgänge

Aufgrund der im Beschluss des Bundesverfassungsgerichts vom 23. Juni 2015 (a. a. O.) getroffenen Weitergeltungsanordnung sind durchgeführte Grunderwerbsteuerfestsetzungen, Feststellungen nach § 17 Absatz 2 und 3 GrEStG sowie Feststellungen von Grundbesitzwerten nicht zu ändern. Diese Festsetzungen und Feststellungen müssen nur für endgültig erklärt werden, wenn der Steuerpflichtige dies beantragt (§ 165 Absatz 2 Satz 4 AO).

Zu § 151 Abs. 1 und 2 Nr. 2 BewG　　　　　　　　　　　　　　　　　　　　　　　　　**Anlage 151.2**

Feststellung nach § 151 Abs. 1 und 2 Nr. 2 BewG sowie § 13a Abs. 1a ErbStG und § 13b Abs. 2a ErbStG im Fall einer Erbengemeinschaft

Gleich lautende Erlasse der obersten Finanzbehörden der Länder vom 15. Juni 2016

(BStBl. I S. 1082)

Werte nach § 151 Abs. 1 BewG sind gegenüber einer Erbengemeinschaft in Vertretung der Miterben gesondert und einheitlich festzustellen (BFH-Urteil vom 30. September 2015, BStBl. II 2016 S. 637). An den hiervon abweichenden Regelungen in R B 151.2 Abs. 2 Nr. 2 Satz 1 ErbStR 2011 und H B 154 „Feststellungsbeteiligte und Bekanntgabe der Feststellungsbescheide bei Unterbeteiligungen" Beispiel 3 ErbStH 2011 wird insoweit nicht mehr festgehalten.

Die Bekanntgabe richtet sich nach §§ 122, 183 AO. Inhaltsadressaten der Feststellung sind die Miterben, für deren Besteuerung die Werte nach § 151 Abs. 1 BewG von Bedeutung sind (BFH-Urteil vom 30. September 2015, a. a. O.). Im Bescheid über die gesonderte und einheitliche Feststellung sind alle Miterben namentlich aufzuführen (AEAO zu § 122, Nr. 2.5.1). Dabei reicht es aus, neben einer Kurzbezeichnung im Bescheidkopf (Beispiel: Erbengemeinschaft Max Meier) die einzelnen Miterben in den Bescheiderläuterungen oder in einer Anlage zum Bescheid aufzuführen.

Die vorstehenden Grundsätze sind auch bei den Feststellungen nach § 13a Abs. 1a ErbStG und nach § 13b Abs. 2a ErbStG anzuwenden.

Dieser Erlass ergeht im Einvernehmen mit den obersten Finanzbehörden des Bundes und der anderen Länder.

Anlage 154.1

Zu § 154

Anwendung des § 154 Abs. 1 BewG i. d. F. des Steueränderungsgesetzes 2015
Gleich lautende Erlasse der obersten Finanzbehörden der Länder vom 14. März 2016
(BStBl. I S. 249)

Nach § 154 Abs. 1 Satz 1 Nr. 3 BewG i. d. F. des Steueränderungsgesetzes 2015 (BGBl. I Seite 1834, BStBl. I Seite 846) gilt für Bewertungsstichtage ab 1. Januar 2016, dass Gesamtschuldner (beispielsweise Schenker und Beschenkter bei einer Schenkung) immer Beteiligte am Verfahren sind.

Die Wertfeststellung ist in der überwiegenden Anzahl der Fälle nur für einen der beiden Beteiligten von Bedeutung (beispielsweise bei der Schenkung im Allgemeinen für den Beschenkten; bei der Grundstücksveräußerung im Allgemeinen für den Grundstückserwerber). Die Bekanntgabe der Feststellung kann zunächst auf diesen Beteiligten beschränkt werden, wobei jedoch alle Beteiligten im Bescheid namentlich zu bezeichnen sind. Ist eine anschließende Bekanntgabe an einen anderen Beteiligten erforderlich, kann diese nachgeholt werden (AEAO zu § 122, Nr. 2.5.1 und 4.7). Das anfordernde Finanzamt hat dem Feststellungsfinanzamt mitzuteilen, wer für die Entrichtung der Steuer in Anspruch genommen werden soll (der Schenker bzw. Beschenkte im Rahmen der Gesamtschuldnerschaft oder der Schenker im Falle der Steuerübernahme nach § 10 Abs. 2 ErbStG). Im Falle einer Schenkung, bei der der Schenker die Steuer übernommen hat, ist der Bescheid an den Beschenkten und Schenker bekannt zu geben.

Nach dem neuen § 154 Abs. 1 Satz 2 BewG i. d. F. des Steueränderungsgesetzes 2015 gilt für Bewertungsstichtage ab 1. Januar 2016, dass in Fällen mit mehreren Beteiligten nach § 154 Abs. 1 Satz 1 BewG eine gesonderte und einheitliche Feststellung vorzunehmen ist. Die Bekanntgabe richtet sich nach §§ 122, 183 AO.

Diese Grundsätze sind auch bei den Feststellungen nach § 13a Abs. 1a ErbStG und nach § 13b Abs. 2a ErbStG anzuwenden (§ 13a Abs. 1a Satz 3 und § 13b Abs. 2a Satz 4 ErbStG).

Soweit die Regelungen in R B 154 ErbStR 2011 und H B 154 ErbStH 2011 dem entgegenstehen, sind sie nicht mehr anzuwenden.

1. Schenkung eines Grundstücks oder eines Gewerbebetriebs
Bei der Schenkung eines Gewerbebetriebs gelten die nachfolgenden Beispiele 1 bis 3 entsprechend.

Beispiel 1: Schenkung eines Grundstücks
A verschenkt an B ein Grundstück. A und B sind Gesamtschuldner der Schenkungsteuer gemäß § 20 Abs. 1 Satz 1 ErbStG. B als Beschenkter soll für die Zahlung der Schenkungsteuer in Anspruch genommen werden.

Für den Grundbesitzwert erfolgt eine gesonderte und einheitliche Feststellung gemäß § 151 Abs. 1 Satz 1 Nr. 1 BewG i. V. m. § 154 Abs. 1 Satz 1 Nr. 3 und § 154 Abs. 1 Satz 2 BewG (A und B als Gesamtschuldner sind beide namentlich als Beteiligte im Bescheid aufzuführen).

Die Bekanntgabe des Feststellungsbescheids für den Grundbesitzwert erfolgt an den Beteiligten B. Gegenüber dem Beteiligten A kann auf die Bekanntgabe verzichtet werden, weil er die Steuer nicht übernommen hat und auch nicht als Schuldner in Anspruch genommen werden soll.

Beispiel 2: Schenkung eines Grundstücks und Steuerübernahme durch den Schenker
A verschenkt an B ein Grundstück. A und B sind Gesamtschuldner der Schenkungsteuer gemäß § 20 Abs. 1 Satz 1 ErbStG. A als Schenker zahlt die Schenkungsteuer aufgrund vertraglicher Übernahmeverpflichtung.

Für den Grundbesitzwert erfolgt eine gesonderte und einheitliche Feststellung gemäß § 151 Abs. 1 Satz 1 Nr. 1 BewG i. V. m. § 154 Abs. 1 Satz 1 Nr. 3 und § 154 Abs. 1 Satz 2 BewG (A und B als Gesamtschuldner sind beide namentlich als Beteiligte im Bescheid aufzuführen).

Der Feststellungsbescheid für den Grundbesitzwert ist an die Beteiligten A und B bekanntzugeben.

Beispiel 3: Schenkung eines Grundstücks und nachträgliche Inanspruchnahme des Schenkers als Gesamtschuldner
A verschenkt an B ein Grundstück. A und B sind Gesamtschuldner der Schenkungsteuer gemäß § 20 Abs. 1 Satz 1 ErbStG. B als Beschenkter hat einen Feststellungsbescheid erhalten (siehe Beispiel 1). B zahlt jedoch die ihm gegenüber festgesetzte Steuer nicht. Deshalb soll A als Gesamtschuldner der Steuer in Anspruch genommen werden.

Für den Grundbesitzwert erfolgt eine gesonderte und einheitliche Feststellung gemäß § 151 Abs. 1 Satz 1 Nr. 1 BewG i. V. m. § 154 Abs. 1 Satz 1 Nr. 3 und § 154 Abs. 1 Satz 2 BewG (A und B als Gesamtschuldner sind beide namentlich als Beteiligte im Bescheid aufzuführen).

Zu § 154 — **Anlage 154.1**

Die Bekanntgabe des Feststellungsbescheids für den Grundbesitzwert erfolgte zunächst nur an den Beteiligten B. Da B die Steuer nicht zahlte und A als Gesamtschuldner in Anspruch genommen werden soll, muss die Bekanntgabe des inhaltsgleichen Feststellungsbescheids für den Grundbesitzwert nunmehr auch gegenüber A erfolgen. Das Schenkungsteuerfinanzamt hat das Lagefinanzamt über die beabsichtigte Inanspruchnahme des Schenkers zu informieren und so die nachträgliche Bekanntgabe des Feststellungsbescheides an A zu veranlassen, um auf diese Weise den Feststellungsbescheid A gegenüber wirksam werden zu lassen. Denn ein Feststellungsbeteiligter kann einen Feststellungsbescheid, der ihm nicht bekanntgegeben wurde, grundsätzlich ohne zeitliche Begrenzung anfechten (vgl. BFH-Urteil vom 6. Juli 2011, BStBl. II 2012 S. 5).

2. Erwerb eines Grundstücks oder eines Gewerbebetriebs durch einen Alleinerben

Bei dem Erwerb eines Grundstücks durch einen Alleinerben gilt nachfolgendes Beispiel 4 entsprechend.

Beispiel 4:

A erwirbt als Alleinerbe einen Gewerbebetrieb.

Für den Wert des Betriebsvermögens erfolgt nach § 151 Abs. 1 Satz 1 Nr. 2 BewG lediglich eine gesonderte Feststellung, da der Alleinerbe A der einzige Beteiligte (§ 154 Abs. 1 Satz 1 Nr. 1 und Nr. 3 BewG) ist, weil ihm der Gegenstand der Feststellung zuzurechnen ist und er Schuldner der Erbschaftsteuer ist.

3. Erwerb einer Beteiligung an einer Personengesellschaft durch einen Alleinerben

Beispiel 5:

B erwirbt als Alleinerbe einen Anteil an einer KG. Die KG ist zur Abgabe der Feststellungserklärung nach § 153 Abs. 2 Satz 1 BewG aufgefordert worden.

Für den Wert des Betriebsvermögens erfolgt nach § 151 Abs. 1 Satz 1 Nr. 2 BewG eine gesonderte und einheitliche Feststellung, da mehrere Beteiligte (§ 154 Abs. 1 Satz 2 BewG) vorliegen.

B ist Beteiligter gemäß § 154 Abs. 1 Satz 1 Nr. 1 und Nr. 3 BewG, weil ihm der Gegenstand der Feststellung zuzurechnen ist und er Schuldner der Erbschaftsteuer ist. Darüber hinaus ist die KG Beteiligte gemäß § 154 Abs. 1 Satz 1 Nr. 2 BewG, weil sie zur Abgabe der Feststellungserklärung aufgefordert wurde.

Der Feststellungsbescheid, in dem beide Beteiligte namentlich zu benennen sind, ist sowohl B als auch der KG bekannt zu geben (§ 153 Abs. 5 BewG i. V. m. § 181 Abs. 1 AO und § 122 Abs. 1 Satz 1 AO).

4. Erwerb eines Anteils an einer Kapitalgesellschaft durch einen Alleinerben

Beispiel 6:

B erwirbt als Alleinerbe einen Anteil an einer GmbH. Die GmbH ist gemäß § 153 Abs. 3 BewG zur Abgabe der Feststellungserklärung aufgefordert worden.

Für den Wert des Anteils an der Kapitalgesellschaft erfolgt nach § 151 Abs. 1 Satz 1 Nr. 3 BewG eine gesonderte und einheitliche Feststellung, da mehrere Beteiligte (§ 154 Abs. 1 Satz 2 BewG) vorliegen.

B ist Beteiligter gemäß § 154 Abs. 1 Satz 1 Nr. 1 und 3 BewG, weil ihm der Gegenstand der Feststellung zuzurechnen ist und er Schuldner der Erbschaftsteuer ist. Darüber hinaus ist die GmbH Beteiligte gemäß § 154 Abs. 1 Satz 1 Nr. 2 BewG, weil sie zur Abgabe der Feststellungserklärung aufgefordert wurde.

Der Feststellungsbescheid, in dem beide Beteiligte namentlich zu benennen sind, ist sowohl B (§ 153 Abs. 5 BewG i. V. m. § 181 Abs. 1 AO und § 122 Abs. 1 Satz 1 AO) als auch der GmbH (§ 154 Abs. 2 BewG) bekannt zu geben.

5. Erwerb eines Gewerbebetriebs, einer Beteiligung an einer Personengesellschaft oder eines Anteils an einer Kapitalgesellschaft mit einer Unterbeteiligung durch einen Alleinerben

Beispiel 7:

B erwirbt als Alleinerbe einen Anteil an der KG 1. Zum Betriebsvermögen der KG 1 gehört eine Beteiligung an der KG 2.

Die KG 1 ist zur Abgabe der Feststellungserklärung für die KG 1 und die KG 2 ist zur Abgabe der Feststellungserklärung für die KG 2 nach § 153 Abs. 2 Satz 1 BewG aufgefordert worden.

a) Für den Wert des Anteils an der KG 1 erfolgt nach § 151 Abs. 1 Satz 1 Nr. 2 BewG eine gesonderte und einheitliche Feststellung, da mehrere Beteiligte (§ 154 Abs. 1 Satz 2 BewG) vorliegen (vgl. Beispiel 5).

Der Feststellungsbescheid für den Wert des Anteils an der KG 1, in dem beide Beteiligten namentlich zu benennen sind, ist sowohl B als auch der KG 1 bekannt zu geben (§ 153 Abs. 5 BewG i. V. m. § 181 Abs. 1 AO und § 122 Abs. 1 Satz 1 AO).

Anlage 154.1 — Zu § 154

b) Für den Wert des Anteils an der KG 2 erfolgt nach § 151 Abs. 1 Satz 1 Nr. 2 BewG eine gesonderte und einheitliche Feststellung, da mehrere Beteiligte (§ 154 Abs. 1 Satz 2 BewG) vorliegen.

B ist Beteiligter gemäß § 154 Abs. 1 Satz 1 Nr. 3 BewG, weil er Schuldner der Erbschaftsteuer ist. Die KG 1 ist Beteiligte gemäß § 154 Abs. 1 Satz 1 Nr. 1 BewG, weil ihr der Gegenstand der Feststellung zuzurechnen ist. Darüber hinaus ist die KG 2 Beteiligte gemäß § 154 Abs. 1 Satz 1 Nr. 2 BewG, weil sie zur Abgabe der Feststellungserklärung gemäß § 153 Abs. 2 Satz 1 BewG aufgefordert wurde.

Der Feststellungsbescheid für den Wert des Anteils an der KG 2, in dem alle Beteiligten namentlich zu benennen sind, ist B, der KG 1 und der KG 2 bekannt zu geben (§ 153 Abs. 5 BewG i. V. m. § 181 Abs. 1 AO und § 122 Abs. 1 Satz 1 AO).

6. Grundbesitzwertfeststellung für Zwecke der Grunderwerbsteuer

Besonderheiten bestehen bei der Grundbesitzwertfeststellung für Zwecke der Grunderwerbsteuer in den Fällen des § 1 Abs. 2a, Abs. 3 Nr. 1 und Nr. 2 und Abs. 3a GrEStG.

Beispiel 8:

Erstmalig werden mindestens 95 % der Anteile an einer Kapitalgesellschaft in der Hand eines Gesellschafters vereinigt i. S. d. § 1 Abs. 3 Nr. 1 GrEStG. Alleiniger Steuerschuldner ist der Erwerber der Anteile gemäß § 13 Nr. 5a GrEStG.

Bei nur einem Beteiligten (§ 154 Abs. 1 Satz 1 BewG) wird der Grundbesitzwert nach § 151 Abs. 1 Satz 1 Nr. 1 BewG gesondert festgestellt. Wurde die Kapitalgesellschaft nach § 153 Abs. 2 Satz 1 BewG aufgefordert, eine Feststellungserklärung abzugeben, erfolgt eine gesonderte und einheitliche Feststellung, da mehrere Beteiligte (§ 154 Abs. 1 Satz 2 BewG) vorliegen.

Der Erwerber der Anteile ist Beteiligter gemäß § 154 Abs. 1 Satz 1 Nr. 3 BewG, weil er Schuldner der Grunderwerbsteuer ist. Die Kapitalgesellschaft ist Beteiligte gemäß § 154 Abs. 1 Satz 1 Nr. 2 BewG, sofern sie zur Abgabe der Feststellungserklärung aufgefordert wurde.

Der Feststellungsbescheid, in dem die jeweiligen Beteiligten namentlich zu benennen sind, ist dem Erwerber (§ 153 Abs. 5 BewG i. V. m. § 181 Abs. 1 AO und § 122 Abs. 1 Satz 1 AO) bekanntzugeben. Der Kapitalgesellschaft ist der Feststellungsbescheid nur dann bekanntzugeben, wenn sie zur Abgabe der Feststellungserklärung aufgefordert wurde.

Der Veräußerer der Anteile ist kein Beteiligter gemäß § 154 Abs. 1 Satz 1 BewG, da er nicht Steuerschuldner der Grunderwerbsteuer und ihm der Gegenstand der Feststellung auch nicht zuzurechnen ist.

Dieser Erlass ergeht im Einvernehmen mit den obersten Finanzbehörden des Bundes und der anderen Länder.

Zu § 188 BewG Anlage 188.1

Anwendung von durch den Gutachterausschuss ermittelten Liegenschaftszinssätzen bei der Grundbesitzbewertung im Sinne des § 188 Absatz 2 BewG

Gleich lautende Erlasse der obersten Finanzbehörden der Länder
vom 23. September 2020
(BStBl. I S. 1210)

Mit Urteil vom 18. September 2019 II R 13/16 (BStBl. 2020 II, 760) hat der Bundesfinanzhof entschieden, dass durch den Gutachterausschuss ermittelte örtliche Liegenschaftszinssätze für die Grundbesitzbewertung für Zwecke der Erbschaftsteuer geeignet sind, wenn der Gutachterausschuss die an ihn gerichteten Vorgaben des BauGB sowie der darauf beruhenden Verordnungen eingehalten und die Liegenschaftszinssätze für einen Zeitraum berechnet hat, der den Bewertungsstichtag umfasst. Auf den Zeitpunkt der Beschlussfassung oder Veröffentlichung der Liegenschaftszinssätze durch den Gutachterausschuss kommt es für ihre zeitliche Anwendung nicht an.

Unter Bezugnahme auf die Erörterung mit den für das Bewertungsrecht zuständigen Vertretern der obersten Finanzbehörden des Bundes und der Länder bitte ich, Folgendes zu beachten:

Das BFH-Urteil vom 18. September 2019 II R 13/16 ist über den entschiedenen Einzelfall hinaus nicht anzuwenden.

In der Praxis stellt sich das Problem, dass die Daten der Gutachterausschüsse aufgrund des Umstandes, dass sie erst über mehrere Jahre erhoben und gesammelt, dann periodisch ausgewertet und schließlich veröffentlicht werden müssen, stets eine gewisse Zeit nachhängen. Bis zur Ermittlung und Veröffentlichung von Liegenschaftszinssätzen, bei denen der Bewertungsstichtag innerhalb des Zeitraums der ausgewerteten Kauffälle des Gutachterausschusses liegt, können daher unter Umständen mehrere Jahre liegen. Des Weiteren können sich unterschiedliche Liegenschaftszinssätze ergeben, wenn sich die Auswertungszeiträume der Gutachterausschüsse zeitlich überlappen. Darüber hinaus ist es mit dem Grundsatz der retrograden Wertermittlung unvereinbar, Erkenntnisse aus Daten nach dem Bewertungsstichtag in die Bewertung einzubeziehen.

Im Vorgriff auf eine mögliche gesetzliche Neuregelung ist R B 188 Absatz 3 Satz 2 ErbStR 2019 dahingehend auszulegen, dass die Liegenschaftszinssätze anzuwenden sind, die von den Gutachterausschüssen für den letzten Auswertungszeitraum abgeleitet werden, der vor dem Kalenderjahr endet, in dem der Bewertungsstichtag liegt.

Anlage 190.1   Zu § 190

a) Ermittlung des Gebäudesachwerts nach § 190 BewG; Baupreisindizes zur Anpassung der Regelherstellungskosten aus der Anlage 24 BewG für Bewertungsstichtage im Kalenderjahr 2022

BMF-Schreiben vom 11. Februar 2022
(BStBl. I S. 181)

Gemäß § 190 Abs. 2 Satz 4 BewG gebe ich die maßgebenden Baupreisindizes zur Anpassung der Regelherstellungskosten aus der Anlage 24, Teil II., BewG bekannt, die ausgehend von den vom Statistischen Bundesamt am 10. Januar 2022 veröffentlichten Preisindizes für die Bauwirtschaft (Preisindizes für den Neubau in konventioneller Bauart von Wohn- und Nichtwohngebäuden; Jahresdurchschnitt 2021; 2015 = 100) ermittelt wurden und für Bewertungsstichtage im Kalenderjahr 2022 anzuwenden sind.

Baupreisindizes (nach Umbasierung auf das Jahr 2010 = 100)	
Gebäudearten* 1.01. bis 5.1. Anlage 24, Teil II., BewG	Gebäudearten* 5.2. bis 18.2. Anlage 24, Teil II., BewG
141,0	142,0

* Die Bestimmungen in der Anlage 24, Teil II., BewG zum Teileigentum und zur Auffangklausel gelten analog.

b) Ermittlung des Gebäudesachwerts nach § 190 BewG; Baupreisindizes zur Anpassung der Regelherstellungskosten aus der Anlage 24 BewG für Bewertungsstichtage im Kalenderjahr 2021

BMF-Schreiben vom 18. Januar 2021
(BStBl. I S. 147)

Gemäß § 190 Abs. 2 Satz 4 BewG gebe ich die maßgebenden Baupreisindizes zur Anpassung der Regelherstellungskosten aus der Anlage 24, Teil II., BewG bekannt, die ausgehend von den vom Statistischen Bundesamt am 8. Januar 2021 veröffentlichten Preisindizes für die Bauwirtschaft (Preisindizes für den Neubau in konventioneller Bauart von Wohn- und Nichtwohngebäuden; Jahresdurchschnitt 2020; 2015 = 100) ermittelt wurden und für Bewertungsstichtage im Kalenderjahr 2021 anzuwenden sind.

Baupreisindizes (nach Umbasierung auf das Jahr 2010 = 100)	
Gebäudearten* 1.01. bis 5.1. Anlage 24, Teil II., BewG	Gebäudearten* 5.2. bis 18.2. Anlage 24, Teil II., BewG
129,2	130,1

* Die Bestimmungen in der Anlage 24, Teil II., BewG zum Teileigentum und zur Auffangklausel gelten analog.

c) Ermittlung des Gebäudesachwerts nach § 190 BewG; Baupreisindizes zur Anpassung der Regelherstellungskosten aus der Anlage 24 BewG für Bewertungsstichtage im Kalenderjahr 2020

BMF-Schreiben vom 28. Januar 2020
(BStBl. I S. 209)

Gemäß § 190 Abs. 2 Satz 4 BewG gebe ich die maßgebenden Baupreisindizes zur Anpassung der Regelherstellungskosten aus der Anlage 24, Teil II., BewG bekannt, die ausgehend von den vom Statistischen Bundesamt am 10. Januar 2020 veröffentlichten Preisindizes für die Bauwirtschaft (Preisindizes für den Neubau in konventioneller Bauart von Wohn- und Nichtwohngebäuden; Jahresdurchschnitt 2019; 2015 = 100) ermittelt wurden und für Bewertungsstichtage im Kalenderjahr 2020 anzuwenden sind.

Zu § 190   **Anlage 190.1**

Baupreisindizes (nach Umbasierung auf das Jahr 2010 = 100)	
Gebäudearten* 1.01. bis 5.1. Anlage 24, Teil II., BewG	Gebäudearten* 5.2. bis 18.2. Anlage 24, Teil II., BewG
127,2	128,1

* Die Bestimmungen in der Anlage 24, Teil II., BewG zum Teileigentum und zur Auffangklausel gelten analog.

d) Ermittlung des Gebäudesachwerts nach § 190 BewG; Baupreisindizes zur Anpassung der Regelherstellungskosten aus der Anlage 24 BewG für Bewertungsstichtage im Kalenderjahr 2019

BMF-Schreiben vom 22. Februar 2019

(BStBl. I S. 206)

Gemäß § 190 Abs. 2 Satz 4 BewG gebe ich die maßgebenden Baupreisindizes zur Anpassung der Regelherstellungskosten aus der Anlage 24, Teil II., BewG bekannt, die ausgehend von den vom Statistischen Bundesamt am 10. Januar 2019 veröffentlichten Preisindizes für die Bauwirtschaft (Preisindizes für den Neubau in konventioneller Bauart von Wohn- und Nichtwohngebäuden; Jahresdurchschnitt 2018; 2015 = 100) ermittelt wurden und für Bewertungsstichtage im Kalenderjahr 2019 anzuwenden sind.

Baupreisindizes (nach Umbasierung auf das Jahr 2010 = 100)	
Gebäudearten* 1.01. bis 5.1. Anlage 24, Teil II., BewG	Gebäudearten* 5.2. bis 18.2. Anlage 24, Teil II., BewG
122,0	122,7

* Die Bestimmungen in der Anlage 24, Teil II., BewG zum Teileigentum und zur Auffangklausel gelten analog.

e) Ermittlung des Gebäudesachwerts nach § 190 BewG; Baupreisindizes zur Anpassung der Regelherstellungskosten aus der Anlage 24 BewG für Bewertungsstichtage im Kalenderjahr 2018

BMF-Schreiben vom 22. Januar 2018

(BStBl. I S. 205)

Gemäß § 190 Abs. 2 Satz 4 BewG gebe ich die maßgebenden Baupreisindizes zur Anpassung der Regelherstellungskosten aus der Anlage 24, Teil II., BewG bekannt, die ausgehend von den vom Statistischen Bundesamt am 10. Januar 2018 veröffentlichten Preisindizes für die Bauwirtschaft (Preisindizes für den Neubau in konventioneller Bauart von Wohn- und Nichtwohngebäuden; Jahresdurchschnitt 2017; 2010 = 100) ermittelt wurden und für Bewertungsstichtage im Kalenderjahr 2018 anzuwenden sind.

Baupreisindizes (2010 = 100)	
Gebäudearten* 1.01. bis 5.1. Anlage 24, Teil II., BewG	Gebäudearten* 5.2. bis 18.2. Anlage 24, Teil II., BewG
116,8	117,4

* Die Bestimmungen in der Anlage 24, Teil II., BewG zum Teileigentum und zur Auffangklausel gelten analog.

Anlage 190.1

Zu § 190

f) Ermittlung des Gebäudesachwerts nach § 190 BewG; Baupreisindizes zur Anpassung der Regelherstellungskosten aus der Anlage 24 BewG für Bewertungsstichtage im Kalenderjahr 2017

BMF-Schreiben vom 11. Januar 2017

(BStBl. I S. 30)

Gemäß § 190 Abs. 2 Satz 4 BewG gebe ich die maßgebenden Baupreisindizes zur Anpassung der Regelherstellungskosten aus der Anlage 24, Teil II., BewG bekannt, die ausgehend von den vom Statistischen Bundesamt am 10. Januar 2017 veröffentlichten Preisindizes für die Bauwirtschaft (Preisindizes für den Neubau in konventioneller Bauart von Wohn- und Nichtwohngebäuden; Jahresdurchschnitt 2016; 2010 = 100) ermittelt wurden und für Bewertungsstichtage im Kalenderjahr 2017 anzuwenden sind.

Baupreisindizes (2010 = 100)	
Gebäudearten* 1.01. bis 5.1. Anlage 24, Teil II., BewG	Gebäudearten* 5.2. bis 18.2. Anlage 24, Teil II., BewG
113,4	113,7

* Die Bestimmungen in der Anlage 24, Teil II., BewG zum Teileigentum und zur Auffangklausel gelten analog.

g) Ermittlung des Gebäudesachwerts nach § 190 BewG; Baupreisindizes zur Anpassung der Regelherstellungskosten aus der Anlage 24 BewG für Bewertungsstichtage im Kalenderjahr 2016

BMF-Schreiben vom 11. Januar 2016

(BStBl. I S. 6)

Gemäß § 190 Abs. 2 Satz 4 BewG gebe ich die maßgebenden Baupreisindizes zur Anpassung der Regelherstellungskosten aus der Anlage 24, Teil II., BewG bekannt, die ausgehend von den vom Statistischen Bundesamt am 8. Januar 2016 veröffentlichten Preisindizes für die Bauwirtschaft (Preisindizes für den Neubau in konventioneller Bauart von Wohn- und Nichtwohngebäuden; Jahresdurchschnitt 2015; 2010 = 100) ermittelt wurden und für Bewertungsstichtage im Kalenderjahr 2016 anzuwenden sind.

Baupreisindizes (2010 = 100)	
Gebäudearten* 1.01. bis 5.1. Anlage 24, Teil II., BewG	Gebäudearten* 5.2. bis 18.2. Anlage 24, Teil II., BewG
111,1	111,4

* Die Bestimmungen in der Anlage 24, Teil II., BewG zum Teileigentum und zur Auffangklausel gelten analog.

Zu § 190 BewG

Anlage 190.2

Brutto-Grundfläche (BGF)
in Anlehnung an die Sachwertrichtlinie (SW-RL) vom 5. September 2012, BAnz AT 18. Oktober 2012 B1, S. 1 bis 49

Vfg. OFD Hannover vom 15. April 2013 [1)]
S 3225 – 37 – St 283

Die BGF ist die Summe der Grundflächen aller Grundrissebenen (Geschosse) eines Gebäudes einschließlich deren konstruktive Umschließungen (z. B. Wände, Dach). Hierzu gehören grundsätzlich auch Keller- und nutzbare Dachgeschossebenen.

In Anlehnung an die DIN 277-1:2005-02 sind bei den Grundflächen folgende Bereiche zu unterscheiden:

Bereich a: überdeckt und allseitig in voller Höhe umschlossen,
Bereich b: überdeckt, jedoch nicht allseitig in voller Höhe umschlossen,
Bereich c: nicht überdeckt.

Die Regelherstellungskosten (RHK) berücksichtigen ausschließlich die BGF der Bereiche a und b. Der Bereich c wird nicht einbezogen.

Auf die BGF sind die äußeren Maße der Bauteile einschließlich Bekleidung, z. B. Putz und Außenschalen mehrschaliger Wandkonstruktionen, in Höhe der Boden- bzw. Deckenbelagsoberkanten anzurechnen. Dagegen werden bei der Ermittlung der BGF Flächen, die ausschließlich der Wartung, Inspektion und Instandsetzung von Baukonstruktionen und technischen Anlagen dienen, nicht berücksichtigt.

Zu beachten sind folgende Besonderheiten:

- Balkone:
  Überdachte Balkone sind grundsätzlich zu dem Bereich b zuzuordnen. Jedoch sind Balkone, wenn sie allein durch den Dachüberstand überdeckt sind, dem Bereich c zuzurechnen (vgl. Abbildung 1).
- Dachgeschosse:
  Entscheidend für die Anrechenbarkeit der Grundflächen in Dachgeschossen ist ihre Nutzbarkeit. Dachgeschosse werden mit ihrer vollen Fläche auf die BGF angerechnet und somit als nutzbar behandelt, wenn deren lichte Höhe über 1,25 m beträgt und sie begehbar sind.

Eine Begehbarkeit setzt eine feste Decke und die Zugänglichkeit voraus.

Bei Gebäuden mit Flachdach bzw. flach geneigtem Dach ist aufgrund der Dachkonstruktion eine Dachgeschossnutzung nicht möglich, sodass eine Anrechnung der Grundfläche des Dachgeschosses bei der Berechnung der BGF nicht vorzunehmen ist (vgl. Abbildung 2).

---

1) Überholt ab dem 1.1.2016 durch Abschnitt 10 der gleich lautenden Ländererlasse vom 8.1.2016; vgl. Abschn. 10 AE StÄndG 2015 zu § 190 BewG.

Anlage 190.2

Zu § 190 BewG

Abbildung 1: Zuordnung der Grundflächen zu den Bereichen a, b, c

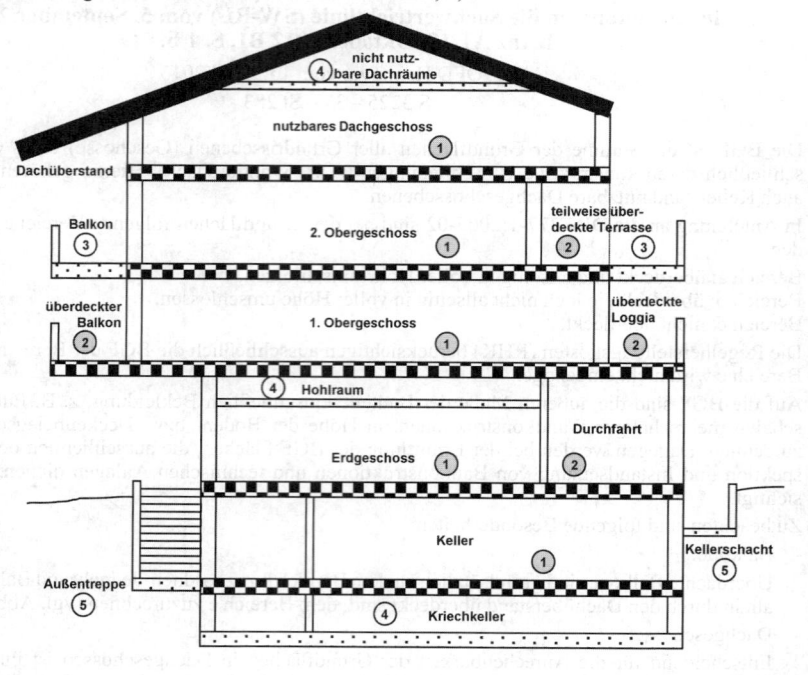

Zur Brutto-Grundfläche gehören die Grundflächen von:

(1) vollständig umschlossenen Räumen (überdeckt und allseitig in voller Höhe umschlossen)

(2) überdeckten Geschossflächen, die nicht allseitig bzw. in voller Höhe umschlossen sind (durch Geschossdecke überdeckt, nicht durch Dachüberstand)

Nicht zur Bruttogrundfläche gehören die Grundflächen von:

(3) mit Dachüberstand überdachte Geschossflächen

(4) Zwischendecken, konstruktiv bedingten Hohlräumen sowie Geschossflächen von nicht nutzbaren Dachräumen und Kriechkellern

(5) Außentreppen und Kellerschächte

Zu § 190 BewG **Anlage 190.2**

Abbildung 2: Anrechenbarkeit der Grundfläche im Dachgeschoss

Dachgeschoss		
≤ 1,25 m	> 1,25 m	
nicht nutzbar	eingeschränkt nutzbar	nutzbar
Anrechnung der BGF der Dachgeschossebene		
keine Anrechnung	volle Anrechnung	volle Anrechnung

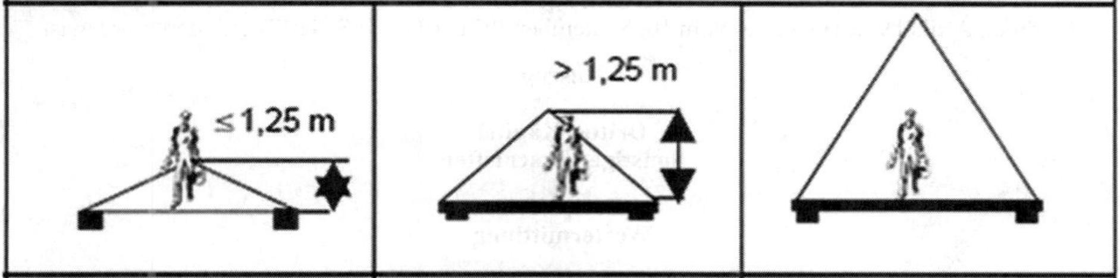

Anlage 198.1 Zu § 198 BewG

Baugesetzbuch (BauGB)
i.d.F. der Bekanntmachung vom 3. November 2017
(BGBl. I S. 3634),
das durch Artikel 9 des Gesetzes vom 10. September 2021 (BGBl. I S. 4147) geändert worden ist

– Auszug –

Drittes Kapitel
Sonstige Vorschriften

Erster Teil
Wertermittlung

§ 192 Gutachterausschuss

(1) Zur Ermittlung von Grundstückswerten und für sonstige Wertermittlungen werden selbständige, unabhängige Gutachterausschüsse gebildet.

(2) Die Gutachterausschüsse bestehen aus einem Vorsitzenden und ehrenamtlichen weiteren Gutachtern.

(3) Der Vorsitzende und die weiteren Gutachter sollen in der Ermittlung von Grundstückswerten oder sonstigen Wertermittlungen sachkundig und erfahren sein und dürfen nicht hauptamtlich mit der Verwaltung der Grundstücke der Gebietskörperschaft, für deren Bereich der Gutachterausschuss gebildet ist, befasst sein. Zur Ermittlung der Bodenrichtwerte sowie der in § 193 Absatz 5 Satz 2 genannten sonstigen für die Wertermittlung erforderlichen Daten ist ein Bediensteter der zuständigen Finanzbehörde mit Erfahrung in der steuerlichen Bewertung von Grundstücken als Gutachter hinzuzuziehen.

(4) Die Gutachterausschüsse bedienen sich einer Geschäftsstelle.

§ 193 Aufgaben des Gutachterausschusses

(1) Der Gutachterausschuss erstattet Gutachten über den Verkehrswert von bebauten und unbebauten Grundstücken sowie Rechten an Grundstücken, wenn

1. die für den Vollzug dieses Gesetzbuchs zuständigen Behörden bei der Erfüllung der Aufgaben nach diesem Gesetzbuch,
2. die für die Feststellung des Werts eines Grundstücks oder der Entschädigung für ein Grundstück oder ein Recht an einem Grundstück auf Grund anderer gesetzlicher Vorschriften zuständigen Behörden,
3. die Eigentümer, ihnen gleichstehende Berechtigte, Inhaber anderer Rechte am Grundstück und Pflichtteilsberechtigte, für deren Pflichtteil der Wert des Grundstücks von Bedeutung ist, oder
4. Gerichte und Justizbehörden

es beantragen. Unberührt bleiben Antragsberechtigungen nach anderen Rechtsvorschriften.

(2) Der Gutachterausschuss kann außer über die Höhe der Entschädigung für den Rechtsverlust auch Gutachten über die Höhe der Entschädigung für andere Vermögensnachteile erstatten.

(3) Die Gutachten haben keine bindende Wirkung, soweit nichts anderes bestimmt oder vereinbart ist.

(4) Eine Abschrift des Gutachtens ist dem Eigentümer zu übersenden.

(5) Der Gutachterausschuss führt eine Kaufpreissammlung, wertet sie aus und ermittelt Bodenrichtwerte und sonstige zur Wertermittlung erforderliche Daten. Zu den sonstigen für die Wertermittlung erforderlichen Daten gehören insbesondere

1. Kapitalisierungszinssätze, mit denen die Verkehrswerte von Grundstücken im Durchschnitt marktüblich verzinst werden (Liegenschaftszinssätze), für die verschiedenen Grundstücksarten, insbesondere Mietwohngrundstücke, Geschäftsgrundstücke und gemischt genutzte Grundstücke,
2. Faktoren zur Anpassung der Sachwerte an die jeweilige Lage auf dem Grundstücksmarkt (Sachwertfaktoren), insbesondere für die Grundstücksarten Ein- und Zweifamilienhäuser,
3. Umrechnungskoeffizienten für das Wertverhältnis von sonst gleichartigen Grundstücken, z. B. bei unterschiedlichem Maß der baulichen Nutzung und
4. Vergleichsfaktoren für bebaute Grundstücke, insbesondere bezogen auf eine Raum- oder Flächeneinheit der baulichen Anlage (Gebäudefaktor) oder auf den nachhaltig erzielbaren jährlichen Ertrag (Ertragsfaktor).

Die erforderlichen Daten im Sinne der Sätze 1 und 2 sind den zuständigen Finanzämtern für Zwecke der steuerlichen Bewertung mitzuteilen.

Zu § 198 BewG   Anlage 198.1

§ 194 Verkehrswert

Der Verkehrswert (Marktwert) wird durch den Preis bestimmt, der in dem Zeitpunkt, auf den sich die Ermittlung bezieht, im gewöhnlichen Geschäftsverkehr nach den rechtlichen Gegebenheiten und tatsächlichen Eigenschaften, der sonstigen Beschaffenheit und der Lage des Grundstücks oder des sonstigen Gegenstands der Wertermittlung ohne Rücksicht auf ungewöhnliche oder persönliche Verhältnisse zu erzielen wäre.

§ 195 Kaufpreissammlung

(1) Zur Führung der Kaufpreissammlung ist jeder Vertrag, durch den sich jemand verpflichtet, Eigentum an einem Grundstück gegen Entgelt, auch im Wege des Tausches, zu übertragen oder ein Erbbaurecht erstmals oder erneut zu bestellen, von der beurkundenden Stelle in Abschrift dem Gutachterausschuss zu übersenden. Dies gilt auch für das Angebot und die Annahme eines Vertrags, wenn diese getrennt beurkundet werden, sowie entsprechend für die Einigung vor einer Enteignungsbehörde, den Enteignungsbeschluss, den Beschluss über die Vorwegnahme einer Entscheidung im Umlegungsverfahren, den Beschluss über die Aufstellung eines Umlegungsplans, den Beschluss über eine vereinfachte Umlegung und für den Zuschlag in einem Zwangsversteigerungsverfahren.

(2) Die Kaufpreissammlung darf nur dem zuständigen Finanzamt für Zwecke der Besteuerung übermittelt werden. Vorschriften, nach denen Urkunden oder Akten den Gerichten oder Staatsanwaltschaften vorzulegen sind, bleiben unberührt.

(3) Auskünfte aus der Kaufpreissammlung sind bei berechtigtem Interesse nach Maßgabe landesrechtlicher Vorschriften zu erteilen (§ 199 Absatz 2 Nummer 4).

§ 196 Bodenrichtwerte

(1) Auf Grund der Kaufpreissammlung sind flächendeckend durchschnittliche Lagewerte für den Boden unter Berücksichtigung des unterschiedlichen Entwicklungszustands zu ermitteln (Bodenrichtwerte). In bebauten Gebieten sind Bodenrichtwerte mit dem Wert zu ermitteln, der sich ergeben würde, wenn der Boden unbebaut wäre. Es sind Richtwertzonen zu bilden, die jeweils Gebiete umfassen, die nach Art und Maß der Nutzung weitgehend übereinstimmen. Die wertbeeinflussenden Merkmale des Bodenrichtwertgrundstücks sind darzustellen. Die Bodenrichtwerte sind jeweils zu Beginn jedes zweiten Kalenderjahres zu ermitteln, wenn nicht eine häufigere Ermittlung bestimmt ist. Für Zwecke der steuerlichen Bewertung des Grundbesitzes sind Bodenrichtwerte nach ergänzenden Vorgaben der Finanzverwaltung zum jeweiligen Hauptfeststellungszeitpunkt oder sonstigen Feststellungszeitpunkt zu ermitteln. Auf Antrag der für den Vollzug dieses Gesetzbuchs zuständigen Behörden sind Bodenrichtwerte für einzelne Gebiete bezogen auf einen abweichenden Zeitpunkt zu ermitteln.

(2) Hat sich in einem Gebiet die Qualität des Bodens durch einen Bebauungsplan oder andere Maßnahmen geändert, sind bei der nächsten Fortschreibung der Bodenrichtwerte auf der Grundlage der geänderten Qualität auch Bodenrichtwerte bezogen auf die Wertverhältnisse zum Zeitpunkt der letzten Hauptfeststellung oder dem letzten sonstigen Feststellungszeitpunkt für steuerliche Zwecke zu ermitteln. Die Ermittlung kann unterbleiben, wenn das zuständige Finanzamt darauf verzichtet.

(3) Die Bodenrichtwerte sind zu veröffentlichen und dem zuständigen Finanzamt mitzuteilen. Jedermann kann von der Geschäftsstelle Auskunft über die Bodenrichtwerte verlangen.

§ 197 Befugnisse des Gutachterausschusses

(1) Der Gutachterausschuss kann mündliche oder schriftliche Auskünfte von Sachverständigen und von Personen einholen, die Angaben über das Grundstück und, wenn das zur Ermittlung von Geldleistungen im Umlegungsverfahren, von Ausgleichsbeträgen und von Enteignungsentschädigungen erforderlich ist, über ein Grundstück, das zum Vergleich herangezogen werden soll, machen können. Er kann verlangen, dass Eigentümer und sonstige Inhaber von Rechten an einem Grundstück die zur Führung der Kaufpreissammlung und zur Begutachtung notwendigen Unterlagen vorlegen. Der Eigentümer und der Besitzer des Grundstücks haben zu dulden, dass Grundstücke zur Auswertung von Kaufpreisen und zur Vorbereitung von Gutachten betreten werden. Wohnungen dürfen nur mit Zustimmung der Wohnungsinhaber betreten werden.

(2) Alle Gerichte und Behörden haben dem Gutachterausschuss Rechts- und Amtshilfe zu leisten. Die Finanzbehörden erteilen dem Gutachterausschuss auf Ersuchen Auskünfte über Grundstücke, soweit ihnen die Verhältnisse der Grundstücke bekannt sind und dies zur Ermittlung von Ausgleichsbeträgen und Enteignungsentschädigungen sowie zur Ermittlung von Verkehrswerten und der für die Wertermittlung erforderlichen Daten einschließlich der Bodenrichtwerte erforderlich ist. Die Auskunftspflicht besteht nicht, soweit deren Erfüllung mit einem unverhältnismäßigen Aufwand verbunden wäre.

Anlage 198.1 Zu § 198 BewG

§ 198 Oberer Gutachterausschuss

(1) Für den Bereich einer oder mehrerer höherer Verwaltungsbehörden sind Obere Gutachterausschüsse oder Zentrale Geschäftsstellen zu bilden, wenn in dem Bereich der höheren Verwaltungsbehörde mehr als zwei Gutachterausschüsse gebildet sind. Auf die Oberen Gutachterausschüsse sind die Vorschriften über die Gutachterausschüsse entsprechend anzuwenden.

(2) Der Obere Gutachterausschuss oder die Zentrale Geschäftsstelle haben insbesondere die Aufgabe, überregionale Auswertungen und Analysen des Grundstücksmarktgeschehens zu erstellen, auch um zu einer bundesweiten Grundstücksmarkttransparenz beizutragen. Ist nach Absatz 1 kein Oberer Gutachterausschuss oder keine Zentrale Geschäftsstelle zu bilden, gilt Satz 1 für die Gutachterausschüsse entsprechend.

(3) Der Obere Gutachterausschuss hat auf Antrag eines Gerichts ein Obergutachten zu erstatten, wenn schon das Gutachten eines Gutachterausschusses vorliegt.

§ 199 Ermächtigungen

(1) Die Bundesregierung wird ermächtigt, mit Zustimmung des Bundesrates durch Rechtsverordnung Vorschriften über die Anwendung gleicher Grundsätze bei der Ermittlung der Verkehrswerte und bei der Ableitung der für die Wertermittlung erforderlichen Daten einschließlich der Bodenrichtwerte zu erlassen.

(2) Die Landesregierungen werden ermächtigt, durch Rechtsverordnung

1. die Bildung und das Tätigwerden der Gutachterausschüsse und der Oberen Gutachterausschüsse sowie der Zentralen Geschäftsstellen, soweit in diesem Gesetzbuch nicht bereits geschehen, die Mitwirkung der Gutachter und deren Ausschluss im Einzelfall,
2. die Aufgaben des Vorsitzenden,
3. die Einrichtung und die Aufgaben der Geschäftsstelle,
4. die Führung und Auswertung der Kaufpreissammlung, die Häufigkeit der Bodenrichtwertermittlung sowie die Veröffentlichung der Bodenrichtwerte und sonstiger Daten der Wertermittlung und die Erteilung von Auskünften aus der Kaufpreissammlung,
5. die Übermittlung von Daten der Flurbereinigungsbehörden zur Führung und Auswertung der Kaufpreissammlung,
6. die Übertragung weiterer Aufgaben auf den Gutachterausschuss und den Oberen Gutachterausschuss und
7. die Entschädigung der Mitglieder des Gutachterausschusses und des Oberen Gutachterausschusses

zu regeln.

Zu § 198 BewG

Anlage 198.2

**Verordnung
über die Grundsätze für die Ermittlung der Verkehrswerte von Immobilien
und der für die Wertermittlung erforderlichen Daten
(Immobilienwertermittlungsverordnung – ImmoWertV)
Vom 14. Juli 2021**

(BGBl. I S. 2805)

Auf Grund des § 199 Absatz 1 des Baugesetzbuchs in der Fassung der Bekanntmachung vom 3. November 2017 (BGBl. I S. 3634) verordnet die Bundesregierung:

Inhaltsübersicht

Teil 1

Allgemeines

Abschnitt 1

Anwendungsbereich; Gegenstand und Grundlagen der Wertermittlung

§ 1 Anwendungsbereich; Wertermittlungsobjekt
§ 2 Grundlagen der Wertermittlung

Abschnitt 2

Begriffsbestimmungen zu einzelnen Grundstücksmerkmalen

§ 3 Entwicklungszustand; sonstige Flächen
§ 4 Alter, Gesamt- und Restnutzungsdauer
§ 5 Weitere Grundstücksmerkmale

Abschnitt 3

Allgemeine Grundsätze der Wertermittlung

§ 6 Wertermittlungsverfahren; Ermittlung des Verkehrswerts
§ 7 Berücksichtigung der allgemeinen Wertverhältnisse
§ 8 Berücksichtigung der allgemeinen und besonderen objektspezifischen Grundstücksmerkmale
§ 9 Eignung und Anpassung der Daten; ungewöhnliche oder persönliche Verhältnisse; Herkunft der Daten
§ 10 Grundsatz der Modellkonformität
§ 11 Künftige Änderungen des Grundstückszustands

Teil 2

Für die Wertermittlung erforderliche Daten

Abschnitt 1

Allgemeines

§ 12 Allgemeines zu den für die Wertermittlung erforderlichen Daten

Abschnitt 2

Bodenrichtwerte

§ 13 Bodenrichtwert und Bodenrichtwertgrundstück
§ 14 Grundlagen der Bodenrichtwertermittlung
§ 15 Bildung der Bodenrichtwertzonen
§ 16 Grundstücksmerkmale des Bodenrichtwertgrundstücks
§ 17 Automatisiertes Führen der Bodenrichtwerte

Abschnitt 3

Sonstige für die Wertermittlung erforderliche Daten

§ 18 Indexreihen
§ 19 Umrechnungskoeffizienten
§ 20 Vergleichsfaktoren
§ 21 Liegenschaftszinssätze; Sachwertfaktoren
§ 22 Erbbaurechts- und Erbbaugrundstücksfaktoren
§ 23 Erbbaurechts- und Erbbaugrundstückskoeffizienten

Anlage 198.2

Zu § 198 BewG

Teil 3
Besondere Grundsätze zu den einzelnen Wertermittlungsverfahren

Abschnitt 1
Vergleichswertverfahren

§ 24 Grundlagen des Vergleichswertverfahrens
§ 25 Vergleichspreise
§ 26 Objektspezifisch angepasster Vergleichsfaktor; objektspezifisch angepasster Bodenrichtwert

Abschnitt 2
Ertragswertverfahren

Unterabschnitt 1
Allgemeines

§ 27 Grundlagen des Ertragswertverfahrens

Unterabschnitt 2
Verfahrensvarianten

§ 28 Allgemeines Ertragswertverfahren
§ 29 Vereinfachtes Ertragswertverfahren
§ 30 Periodisches Ertragswertverfahren

Unterabschnitt 3
Ermittlung des Ertragswerts

§ 31 Reinertrag; Rohertrag
§ 32 Bewirtschaftungskosten
§ 33 Objektspezifisch angepasster Liegenschaftszinssatz
§ 34 Barwertfaktor

Abschnitt 3
Sachwertverfahren

§ 35 Grundlagen des Sachwertverfahrens
§ 36 Vorläufiger Sachwert der baulichen Anlagen; durchschnittliche Herstellungskosten
§ 37 Vorläufiger Sachwert der baulichen Außenanlagen und sonstigen Anlagen
§ 38 Alterswertminderungsfaktor
§ 39 Objektspezifisch angepasster Sachwertfaktor

Teil 4
Bodenwertermittlung; grundstücksbezogene Rechte und Belastungen

Abschnitt 1
Bodenwertermittlung

§ 40 Allgemeines zur Bodenwertermittlung
§ 41 Erhebliche Überschreitung der marktüblichen Grundstücksgröße
§ 42 Bodenwert von Bauerwartungsland und Rohbauland
§ 43 Nutzungsabhängiger Bodenwert bei Liquidationsobjekten
§ 44 Gemeinbedarfsflächen
§ 45 Wasserflächen

Abschnitt 2
Grundstücksbezogene Rechte und Belastungen

Unterabschnitt 1
Allgemeines

§ 46 Allgemeines zu grundstücksbezogenen Rechten und Belastungen
§ 47 Grundsätze der Wertermittlung bei Rechten und Belastungen

Zu § 198 BewG

Anlage 198.2

Unterabschnitt 2
Erbbaurecht und Erbbaugrundstück
§ 48 Allgemeines zum Erbbaurecht und Erbbaugrundstück
§ 49 Vergleichswertverfahren für das Erbbaurecht
§ 50 Finanzmathematischer Wert des Erbbaurechts
§ 51 Vergleichswertverfahren für das Erbbaugrundstück
§ 52 Finanzmathematischer Wert des Erbbaugrundstücks

Teil 5
Schlussvorschriften

§ 53 Übergangsregelungen
§ 54 Inkrafttreten, Außerkrafttreten

Anlage 1 (zu § 12 Absatz 5 Satz 1)	Modellansätze für die Gesamtnutzungsdauer
Anlage 2 (zu § 12 Absatz 5 Satz 1)	Modell zur Ermittlung der Restnutzungsdauer von Wohngebäuden bei Modernisierungen
Anlage 3 (zu § 12 Absatz 5 Satz 2)	Modellansätze für Bewirtschaftungskosten
Anlage 4 (zu § 12 Absatz 5 Satz 3)	Normalherstellungskosten 2010 (NHK 2010)
Anlage 5 (zu § 16 Absatz 3)	Katalog der Grundstücksmerkmale des Bodenrichtwertgrundstücks

Teil 1
Allgemeines

Abschnitt 1
Anwendungsbereich; Gegenstand und Grundlagen der Wertermittlung

§ 1
Anwendungsbereich; Wertermittlungsobjekt

(1) Diese Verordnung ist anzuwenden
1. bei der Ermittlung der Verkehrswerte (Marktwerte) der in Absatz 2 bezeichneten Gegenstände, auch wenn diese nicht marktfähig oder marktgängig sind (Wertermittlung), und
2. bei der Ermittlung der für die Wertermittlung erforderlichen Daten.

(2) Gegenstände der Wertermittlung (Wertermittlungsobjekte) sind
1. Grundstücke und Grundstücksteile einschließlich ihrer Bestandteile sowie ihres Zubehörs,
2. grundstücksgleiche Rechte, Rechte an diesen und Rechte an Grundstücken (grundstücksbezogene Rechte) sowie grundstücksbezogene Belastungen.

§ 2
Grundlagen der Wertermittlung

(1) Der Wertermittlung sind die allgemeinen Wertverhältnisse auf dem Grundstücksmarkt zum Wertermittlungsstichtag und der Grundstückszustand zum Qualitätsstichtag zugrunde zu legen.

(2) Die allgemeinen Wertverhältnisse richten sich nach der Gesamtheit der am Wertermittlungsstichtag für die Preisbildung von Grundstücken im gewöhnlichen Geschäftsverkehr maßgebenden Umstände, wie nach der allgemeinen Wirtschaftssituation, nach den Verhältnissen am Kapitalmarkt sowie nach den wirtschaftlichen und demografischen Entwicklungen des Gebiets.

(3) Der Grundstückszustand ergibt sich aus der Gesamtheit der rechtlichen Gegebenheiten, der tatsächlichen Eigenschaften, der sonstigen Beschaffenheit und der Lage des Wertermittlungsobjekts (Grundstücksmerkmale). Zu den Grundstücksmerkmalen können insbesondere zählen
1. der Entwicklungszustand,
2. die Art und das Maß der baulichen oder sonstigen Nutzung,
3. die tatsächliche Nutzung,

Anlage 198.2

Zu § 198 BewG

4. der beitragsrechtliche Zustand,
5. die Lagemerkmale,
6. die Ertragsverhältnisse,
7. die Grundstücksgröße,
8. der Grundstückszuschnitt,
9. die Bodenbeschaffenheit,
10. bei bebauten Grundstücken zusätzlich
    a) die Art der baulichen Anlagen,
    b) die Bauweise und die Baugestaltung der baulichen Anlagen,
    c) die Größe der baulichen Anlagen,
    d) die Ausstattung und die Qualität der baulichen Anlagen einschließlich ihrer energetischen Eigenschaften und ihrer Barrierefreiheit,
    e) der bauliche Zustand der baulichen Anlagen,
    f) das Alter, die Gesamtnutzungsdauer und die Restnutzungsdauer der baulichen Anlagen,
11. bei landwirtschaftlichen Grundstücken Dauerkulturen und bei forstwirtschaftlichen Grundstücken die Bestockung,
12. die grundstücksbezogenen Rechte und Belastungen.

(4) Der Wertermittlungsstichtag ist der Zeitpunkt, auf den sich die Wertermittlung bezieht und der für die Ermittlung der allgemeinen Wertverhältnisse maßgeblich ist.

(5) Der Qualitätsstichtag ist der Zeitpunkt, auf den sich der für die Wertermittlung maßgebliche Grundstückszustand bezieht. Er entspricht dem Wertermittlungsstichtag, es sei denn, dass aus rechtlichen oder sonstigen Gründen der Zustand des Grundstücks zu einem anderen Zeitpunkt maßgeblich ist.

Abschnitt 2
Begriffsbestimmungen zu einzelnen Grundstücksmerkmalen

§ 3
Entwicklungszustand; sonstige Flächen

(1) Flächen der Land- oder Forstwirtschaft sind Flächen, die, ohne Bauerwartungsland, Rohbauland oder baureifes Land zu sein, land- oder forstwirtschaftlich nutzbar sind.

(2) Bauerwartungsland sind Flächen, die nach ihren weiteren Grundstücksmerkmalen eine bauliche Nutzung aufgrund konkreter Tatsachen, insbesondere nach dem Stand der Bauleitplanung und nach der sonstigen städtebaulichen Entwicklung des Gebiets, mit hinreichender Sicherheit erwarten lassen.

(3) Rohbauland sind Flächen, die nach den §§ 30, 33 oder 34 des Baugesetzbuchs für eine bauliche Nutzung bestimmt sind, deren Erschließung aber noch nicht gesichert ist oder die nach Lage, Form oder Größe für eine bauliche Nutzung unzureichend gestaltet sind.

(4) Baureifes Land sind Flächen, die nach öffentlich-rechtlichen Vorschriften und nach den tatsächlichen Gegebenheiten baulich nutzbar sind.

(5) Sonstige Flächen sind Flächen, die sich keinem der Entwicklungszustände nach den Absätzen 1 bis 4 zuordnen lassen.

§ 4
Alter, Gesamt- und Restnutzungsdauer

(1) Das Alter einer baulichen Anlage ergibt sich aus der Differenz zwischen dem Kalenderjahr des maßgeblichen Stichtags und dem Baujahr.

(2) Die Gesamtnutzungsdauer bezeichnet die Anzahl der Jahre, in denen eine bauliche Anlage bei ordnungsgemäßer Bewirtschaftung vom Baujahr an gerechnet üblicherweise wirtschaftlich genutzt werden kann.

(3) Die Restnutzungsdauer bezeichnet die Anzahl der Jahre, in denen eine bauliche Anlage bei ordnungsgemäßer Bewirtschaftung voraussichtlich noch wirtschaftlich genutzt werden kann. Die Restnutzungsdauer wird in der Regel auf Grundlage des Unterschiedsbetrags zwischen der Gesamtnutzungsdauer und dem Alter der baulichen Anlage am maßgeblichen Stichtag unter Berücksichtigung individueller Gegebenheiten des Wertermittlungsobjekts ermittelt. Individuelle Gegebenheiten des Wertermittlungsobjekts wie beispielsweise durchgeführte Instandsetzungen oder Modernisierungen oder unterlassene Instandhaltungen des Wertermittlungsobjekts können die sich aus dem Unterschiedsbetrag nach Satz 2 ergebende Dauer verlängern oder verkürzen.

Zu § 198 BewG **Anlage 198.2**

§ 5
Weitere Grundstücksmerkmale

(1) Art und Maß der baulichen oder sonstigen Nutzung ergeben sich vorbehaltlich des Satzes 2 aus den für die planungsrechtliche Zulässigkeit von Vorhaben maßgeblichen Vorschriften des Städtebaurechts und aus den sonstigen Vorschriften, die die Nutzbarkeit betreffen. Wird vom städtebaulich zulässigen Maß im Sinne des Satzes 1 in der Umgebung regelmäßig abgewichen oder wird das Maß bei der Kaufpreisbemessung regelmäßig abweichend von den für die planungsrechtliche Zulässigkeit maßgeblichen Vorschriften des Städtebaurechts bestimmt, so ist das Maß der Nutzung maßgebend, das auf dem jeweiligen Grundstücksmarkt üblicherweise zugrunde gelegt wird.

(2) Für den beitragsrechtlichen Zustand des Grundstücks ist die Verpflichtung zur Entrichtung von grundstücksbezogenen Beiträgen maßgebend. Als Beiträge im Sinne des Satzes 1 gelten auch grundstücksbezogene Sonderabgaben und beitragsähnliche Abgaben.

(3) Die Ertragsverhältnisse ergeben sich aus den tatsächlich erzielten und aus den marktüblich erzielbaren Erträgen. Marktüblich erzielbare Erträge sind die nach den Marktverhältnissen am Wertermittlungsstichtag für die jeweilige Nutzung in vergleichbaren Fällen durchschnittlich erzielten Erträge.

(4) Lagemerkmale von Grundstücken ergeben sich aus der räumlichen Position des Grundstücks und beziehen sich insbesondere auf die Verkehrsanbindung, die Nachbarschaft, die Wohn- und Geschäftslage sowie die Umwelteinflüsse.

(5) Die Bodenbeschaffenheit umfasst beispielsweise die Bodengüte, die Eignung als Baugrund und das Vorhandensein von Bodenverunreinigungen.

Abschnitt 3
Allgemeine Grundsätze der Wertermittlung

§ 6
Wertermittlungsverfahren; Ermittlung des Verkehrswerts

(1) Grundsätzlich sind zur Wertermittlung das Vergleichswertverfahren, das Ertragswertverfahren, das Sachwertverfahren oder mehrere dieser Verfahren heranzuziehen. Die Verfahren sind nach der Art des Wertermittlungsobjekts unter Berücksichtigung der im gewöhnlichen Geschäftsverkehr bestehenden Gepflogenheiten und der sonstigen Umstände des Einzelfalls, insbesondere der Eignung der zur Verfügung stehenden Daten, zu wählen; die Wahl ist zu begründen.

(2) In den in Absatz 1 Satz 1 genannten Wertermittlungsverfahren sind regelmäßig in folgender Reihenfolge zu berücksichtigen:
1. die allgemeinen Wertverhältnisse;
2. die besonderen objektspezifischen Grundstücksmerkmale.

(3) Die in Absatz 1 Satz 1 genannten Wertermittlungsverfahren gliedern sich in folgende Verfahrensschritte:
1. Ermittlung des vorläufigen Verfahrenswerts;
2. Ermittlung des marktangepassten vorläufigen Verfahrenswerts;
3. Ermittlung des Verfahrenswerts.

Bei der Ermittlung des vorläufigen Verfahrenswerts und des marktangepassten vorläufigen Verfahrenswerts sind § 7 und § 8 Absatz 2 zu beachten; bei der Ermittlung des Verfahrenswerts ist § 8 Absatz 3 zu beachten.

(4) Der Verkehrswert ist aus dem Verfahrenswert des oder der angewendeten Wertermittlungsverfahren unter Würdigung seiner oder ihrer Aussagefähigkeit zu ermitteln.

§ 7
Berücksichtigung der allgemeinen Wertverhältnisse

(1) Die Berücksichtigung der allgemeinen Wertverhältnisse erfolgt
1. im Vergleichswertverfahren bei Ermittlung des vorläufigen Verfahrenswerts insbesondere durch den Ansatz von Vergleichspreisen, Vergleichsfaktoren und Indexreihen,
2. im Ertragswertverfahren bei Ermittlung des vorläufigen Verfahrenswerts insbesondere durch den Ansatz von marktüblich erzielbaren Erträgen und Liegenschaftszinssätzen und
3. im Sachwertverfahren bei Ermittlung des marktangepassten vorläufigen Verfahrenswerts insbesondere durch den Ansatz von Sachwertfaktoren.

Anlage 198.2

Zu § 198 BewG

(2) Lassen sich die allgemeinen Wertverhältnisse bei Verwendung der Daten nach Absatz 1 auch durch eine Anpassung nach § 9 Absatz 1 Satz 2 nicht ausreichend berücksichtigen, ist zur Ermittlung des marktangepassten vorläufigen Verfahrenswerts eine Marktanpassung durch marktübliche Zu- oder Abschläge erforderlich.

§ 8
Berücksichtigung der allgemeinen und besonderen objektspezifischen Grundstücksmerkmale

(1) Im Rahmen der Wertermittlung sind Grundstücksmerkmale zu berücksichtigen, denen der Grundstücksmarkt einen Werteinfluss beimisst.

(2) Allgemeine Grundstücksmerkmale sind wertbeeinflussende Grundstücksmerkmale, die hinsichtlich Art und Umfang auf dem jeweiligen Grundstücksmarkt regelmäßig auftreten. Ihr Werteinfluss wird bei der Ermittlung des vorläufigen Verfahrenswerts berücksichtigt.

(3) Besondere objektspezifische Grundstücksmerkmale sind wertbeeinflussende Grundstücksmerkmale, die nach Art oder Umfang erheblich von dem auf dem jeweiligen Grundstücksmarkt Üblichen oder erheblich von den zugrunde gelegten Modellen oder Modellansätzen abweichen. Besondere objektspezifische Grundstücksmerkmale können insbesondere vorliegen bei

1. besonderen Ertragsverhältnissen,
2. Baumängeln und Bauschäden,
3. baulichen Anlagen, die nicht mehr wirtschaftlich nutzbar sind (Liquidationsobjekte) und zur alsbaldigen Freilegung anstehen,
4. Bodenverunreinigungen,
5. Bodenschätzen sowie
6. grundstücksbezogenen Rechten und Belastungen.

Die besonderen objektspezifischen Grundstücksmerkmale werden, wenn sie nicht bereits anderweitig berücksichtigt worden sind, erst bei der Ermittlung der Verfahrenswerte insbesondere durch marktübliche Zu- oder Abschläge berücksichtigt. Bei paralleler Durchführung mehrerer Wertermittlungsverfahren sind die besonderen objektspezifischen Grundstücksmerkmale, soweit möglich, in allen Verfahren identisch anzusetzen.

§ 9
Eignung und Anpassung der Daten; ungewöhnliche oder persönliche Verhältnisse; Herkunft der Daten

(1) Kaufpreise sowie weitere Daten wie insbesondere Bodenrichtwerte und sonstige für die Wertermittlung erforderliche Daten sind zur Wertermittlung geeignet, wenn die Daten hinsichtlich Aktualität in Bezug auf den maßgeblichen Stichtag und hinsichtlich Repräsentativität den jeweiligen Grundstücksmarkt zutreffend abbilden und etwaige Abweichungen in den allgemeinen Wertverhältnissen sowie wertbeeinflussende Abweichungen der Grundstücksmerkmale des Wertermittlungsobjekts nach Maßgabe der Sätze 2 und 3 berücksichtigt werden können. Bei Abweichungen der allgemeinen Wertverhältnisse sind die Daten durch geeignete Indexreihen oder in anderer Weise an die Wertverhältnisse am Wertermittlungsstichtag anzupassen. Wertbeeinflussende Abweichungen der Grundstücksmerkmale des Wertermittlungsobjekts sind durch geeignete Umrechnungskoeffizienten, durch eine Anpassung mittels marktüblicher Zu- oder Abschläge oder in anderer Weise zu berücksichtigen. Die Kaufpreise sind um die Werteinflüsse besonderer objektspezifischer Grundstücksmerkmale zu bereinigen.

(2) Zur Wertermittlung sind solche Kaufpreise und andere Daten wie beispielsweise Mieten heranzuziehen, bei denen angenommen werden kann, dass sie nicht durch ungewöhnliche oder persönliche Verhältnisse beeinflusst worden sind. Eine Beeinflussung durch ungewöhnliche oder persönliche Verhältnisse kann angenommen werden, wenn die Kaufpreise und anderen Daten erheblich von den Kaufpreisen und anderen Daten in vergleichbaren Fällen abweichen.

(3) Maßstab für die Wahl der Quelle, aus der die Daten herangezogen werden, ist ihre Eignung nach Absatz 1 Satz 1. Stehen keine geeigneten sonstigen für die Wertermittlung erforderlichen Daten zur Verfügung, können sie oder die entsprechenden Werteinflüsse auch sachverständig geschätzt werden; die Grundlagen der Schätzung sind zu dokumentieren.

§ 10
Grundsatz der Modellkonformität

(1) Bei Anwendung der sonstigen für die Wertermittlung erforderlichen Daten sind dieselben Modelle und Modellansätze zu verwenden, die der Ermittlung dieser Daten zugrunde lagen (Grundsatz der Mo-

dellkonformität). Hierzu ist die nach § 12 Absatz 6 erforderliche Modellbeschreibung zu berücksichtigen.

(2) Liegen für den maßgeblichen Stichtag lediglich solche für die Wertermittlung erforderlichen Daten vor, die nicht nach dieser Verordnung ermittelt worden sind, ist bei Anwendung dieser Daten im Rahmen der Wertermittlung von dieser Verordnung abzuweichen, soweit dies zur Wahrung des Grundsatzes der Modellkonformität erforderlich ist.

§ 11
Künftige Änderungen des Grundstückszustands

(1) Künftige Änderungen des Grundstückszustands sind zu berücksichtigen, wenn sie am Qualitätsstichtag mit hinreichender Sicherheit aufgrund konkreter Tatsachen zu erwarten sind.

(2) Bei künftigen Änderungen des Grundstückszustands ist die voraussichtliche Dauer bis zum Eintritt dieser Änderung (Wartezeit) auch in Verbindung mit einer verbleibenden Unsicherheit des Eintritts dieser Änderung (Realisierungsrisiko) angemessen zu berücksichtigen.

Teil 2
Für die Wertermittlung erforderliche Daten

Abschnitt 1
Allgemeines

§ 12
Allgemeines zu den für die Wertermittlung erforderlichen Daten

(1) Zu den für die Wertermittlung erforderlichen Daten gehören die Bodenrichtwerte und die sonstigen für die Wertermittlung erforderlichen Daten. Sonstige für die Wertermittlung erforderliche Daten sind insbesondere

1. Indexreihen,
2. Umrechnungskoeffizienten,
3. Vergleichsfaktoren,
4. Liegenschaftszinssätze,
5. Sachwertfaktoren,
6. Erbbaurechts- und Erbbaugrundstücksfaktoren sowie
7. Erbbaurechts- und Erbbaugrundstückskoeffizienten.

Die sonstigen für die Wertermittlung erforderlichen Daten sind auf einen Stichtag zu beziehen.

(2) Die für die Wertermittlung erforderlichen Daten werden insbesondere aus der Kaufpreissammlung auf der Grundlage einer ausreichenden Anzahl geeigneter Kaufpreise ermittelt.

(3) Geeignet im Sinne des Absatzes 2 sind Kaufpreise, die hinsichtlich der allgemeinen Wertverhältnisse und des jeweiligen Grundstückszustands hinreichend übereinstimmen. Eine hinreichende Übereinstimmung liegt vor, wenn sich etwaige Abweichungen

1. bei Vorliegen einer hinreichend großen Anzahl von Kaufpreisen in ihren Auswirkungen auf die Preise ausgleichen oder
2. in entsprechender Anwendung des § 9 Absatz 1 Satz 2 und 3 berücksichtigen lassen.

Die Kaufpreise sind um die Werteinflüsse besonderer objektspezifischer Grundstücksmerkmale zu bereinigen. Hinsichtlich einer Beeinflussung durch ungewöhnliche oder persönliche Verhältnisse gilt § 9 Absatz 2 entsprechend.

(4) Zur Ermittlung der sonstigen für die Wertermittlung erforderlichen Daten sind geeignete statistische Verfahren heranzuziehen.

(5) Bei Ermittlung der sonstigen für die Wertermittlung erforderlichen Daten sind zur Festlegung der Gesamtnutzungsdauer die Modellansätze der Anlage 1 und ist zur Ermittlung der Restnutzungsdauer im Fall der Modernisierung von Wohngebäuden das in Anlage 2 beschriebene Modell zugrunde zu legen. Bei Ermittlung der Liegenschaftszinssätze sind als Bewirtschaftungskosten im Sinne des § 32 Absatz 1 Satz 2 Nummer 1 bis 3 die Modellansätze der Anlage 3 zugrunde zu legen. Bei Ermittlung der Sachwertfaktoren sind der Ermittlung der durchschnittlichen Herstellungskosten im Sinne des § 36 Absatz 2 die Normalherstellungskosten nach Anlage 4 zugrunde zu legen.

Anlage 198.2

Zu § 198 BewG

(6) Zur Sicherstellung der nach § 10 Absatz 1 gebotenen modellkonformen Anwendung der sonstigen für die Wertermittlung erforderlichen Daten sind die zugrunde gelegten Modellansätze, Modelle und Bezugseinheiten sowie weitere Informationen in einer Modellbeschreibung anzugeben; hierzu gehören insbesondere

1. die Angabe von Rahmendaten zum Beispiel zum Stichtag, auf den sich das zur Wertermittlung erforderliche Datum bezieht, zum sachlichen und räumlichen Anwendungsbereich und zur Datengrundlage,
2. die Beschreibung der Stichprobe,
3. die Beschreibung der Ermittlungsmethodik,
4. die Beschreibung der verwendeten Parameter und der zugrunde gelegten Bezugseinheiten sowie
5. sonstige Selektionsparameter.

Abschnitt 2
Bodenrichtwerte

§ 13
Bodenrichtwert und Bodenrichtwertgrundstück

(1) Der Bodenrichtwert ist bezogen auf einen Quadratmeter Grundstücksfläche des Bodenrichtwertgrundstücks.

(2) Das Bodenrichtwertgrundstück ist ein unbebautes und fiktives Grundstück, dessen Grundstücksmerkmale weitgehend mit den vorherrschenden grund- und bodenbezogenen wertbeeinflussenden Grundstücksmerkmalen in der nach § 15 gebildeten Bodenrichtwertzone übereinstimmen. Je Bodenrichtwertzone ist ein Bodenrichtwert anzugeben. Bodenrichtwertspannen sind nicht zulässig.

§ 14
Grundlagen der Bodenrichtwertermittlung

(1) Bodenrichtwerte sind vorrangig im Vergleichswertverfahren nach den §§ 24 und 25 zu ermitteln. Für die Anpassung der Kaufpreise an die Grundstücksmerkmale des Bodenrichtwertgrundstücks und an den Bodenrichtwertstichtag gilt § 9 Absatz 1 Satz 2 und 3 entsprechend.

(2) Für die Bodenrichtwertermittlung in Gebieten ohne oder mit geringem Grundstücksverkehr können Kaufpreise und Bodenrichtwerte aus vergleichbaren Gebieten oder aus vorangegangenen Jahren herangezogen werden; Absatz 1 Satz 2 gilt entsprechend. Darüber hinaus können deduktive oder andere geeignete Verfahrensweisen angewendet werden.

(3) Bei der Bodenrichtwertermittlung in bebauten Gebieten können der Zustand und die Struktur der das Gebiet prägenden Bebauung zu berücksichtigen sein.

(4) Bodenrichtwerte enthalten keinen Wertanteil für den Aufwuchs.

(5) Das oder die angewendeten Verfahren für die Ermittlung der Bodenrichtwerte sind zu dokumentieren.

Einzelne Bodenrichtwerte sind nicht zu begründen.

§ 15
Bildung der Bodenrichtwertzonen

(1) Eine Bodenrichtwertzone besteht aus einem räumlich zusammenhängenden Gebiet. Die Bodenrichtwertzonen sind so abzugrenzen, dass lagebedingte Wertunterschiede zwischen den Grundstücken, für die der Bodenrichtwert gelten soll, und dem Bodenrichtwertgrundstück grundsätzlich nicht mehr als 30 Prozent betragen. Wertunterschiede, die sich aus nicht mit dem Bodenrichtwertgrundstück übereinstimmenden Grundstücksmerkmalen einzelner Grundstücke ergeben, sind bei der Abgrenzung nicht zu berücksichtigen.

(2) Einzelne Grundstücke oder Grundstücksteile mit einer vom Bodenrichtwertgrundstück abweichenden Art der Nutzung oder Qualität, wie zum Beispiel Grünflächen, Waldflächen, Wasserflächen, Verkehrsflächen und Gemeinbedarfsflächen, können Bestandteil der Bodenrichtwertzone sein; der dort angegebene Bodenrichtwert gilt nicht für diese Grundstücke.

(3) Bodenrichtwertzonen können sich in begründeten Fällen deckungsgleich überlagern; dies gilt insbesondere, wenn sich aufgrund der unregelmäßigen Verteilung von Grundstücken mit unterschiedlichen Nutzungen oder anderen erheblichen Unterschieden in wertbeeinflussenden Grundstücksmerkmalen keine eigenen Bodenrichtwertzonen abgrenzen lassen. Bei der Bildung von sich deckungsgleich überlagernden Bodenrichtwertzonen muss eine eindeutige Zuordnung der Grundstücke zu einem Bodenrichtwertgrundstück möglich sein; hierbei ist unschädlich, wenn sich einzelne Grundstücke nicht ein-

deutig zuordnen lassen. Bei Bodenrichtwerten nach § 196 Absatz 1 Satz 7 des Baugesetzbuchs können sich die Bodenrichtwertzonen auch nicht deckungsgleich überlagern.

(4) Bei der Bildung von Bodenrichtwertzonen für die Entwicklungszustände Bauerwartungsland und Rohbauland sind Bauleitpläne sowie die Entwicklung am Grundstücksmarkt zu berücksichtigen. Die Bodenrichtwertzonen sind so abzugrenzen, dass in der Bodenrichtwertzone ein überwiegend einheitlicher Entwicklungsgrad der Grundstücke gegeben ist.

§ 16
Grundstücksmerkmale des Bodenrichtwertgrundstücks

(1) Das Bodenrichtwertgrundstück weist keine Grundstücksmerkmale auf, die nur im Rahmen einer Einzelbegutachtung ermittelt werden können; dies betrifft insbesondere nur für einzelne Grundstücke bestehende privatrechtliche, öffentlich-rechtliche und tatsächliche Besonderheiten. Satz 1 findet keine Anwendung auf wertbeeinflussende Grundstücksmerkmale, die in der Bodenrichtwertzone vorherrschend sind.

(2) Von den wertbeeinflussenden Grundstücksmerkmalen des Bodenrichtwertgrundstücks sind der Entwicklungszustand und die Art der Nutzung darzustellen. Weitere Grundstücksmerkmale sind darzustellen, wenn sie wertbeeinflussend sind; hierzu können insbesondere gehören

1. das Maß der baulichen Nutzung nach § 5 Absatz 1,
2. die Bauweise oder die Gebäudestellung zur Nachbarbebauung,
3. die Grundstücksgröße,
4. die Grundstückstiefe und
5. die Bodengüte als Acker- oder Grünlandzahl.

Bei baureifem Land gehört zu den darzustellenden Grundstücksmerkmalen zusätzlich stets der beitragsrechtliche Zustand. Bei förmlich festgelegten Sanierungsgebieten und förmlich festgelegten Entwicklungsbereichen ist zusätzlich darzustellen, ob sich der Bodenrichtwert auf den sanierungs- oder entwicklungsunbeeinflussten Zustand oder auf den sanierungs- oder entwicklungsbeeinflussten Zustand bezieht; dies gilt nicht, wenn nach § 142 Absatz 4 des Baugesetzbuchs ein vereinfachtes Sanierungsverfahren durchgeführt wird.

(3) Die wertbeeinflussenden Grundstücksmerkmale des Bodenrichtwertgrundstücks sind nach Anlage 5 zu spezifizieren.

(4) Wird beim Maß der baulichen Nutzung auf das Verhältnis der Flächen der Geschosse zur Grundstücksfläche abgestellt und ist hierbei nach § 5 Absatz 1 Satz 2 ein gegenüber den planungsrechtlichen Zulässigkeitsvorschriften abweichend bestimmtes Maß wertbeeinflussend, so sind zur Ermittlung dieses Maßes die Flächen aller oberirdischen Geschosse mit Ausnahme von nicht ausbaufähigen Dachgeschossen nach den jeweiligen Außenmaßen zu berücksichtigen. Geschosse gelten in Abgrenzung zu Kellergeschossen als oberirdische Geschosse, soweit ihre Deckenoberkanten im Mittel mehr als 1,40 Meter über die Geländeoberfläche hinausragen; § 20 Absatz 1 der Baunutzungsverordnung findet keine Anwendung. Ausgebaute oder ausbaufähige Dachgeschosse sind mit 75 Prozent ihrer Fläche zu berücksichtigen. Staffelgeschosse werden in vollem Umfang berücksichtigt. Hohlräume zwischen der obersten Decke und der Bedachung, in denen Aufenthaltsräume nicht möglich sind, sind keine Geschosse. Das nach Satz 1 bis 5 ermittelte Verhältnis der Flächen der oberirdischen Geschosse zur Grundstücksfläche ist die wertrelevante Geschossflächenzahl (WGFZ).

(5) Bodenrichtwerte für baureifes Land sind vorbehaltlich des Satzes 2 für beitragsfreie Grundstücke zu ermitteln. Aufgrund örtlicher Gegebenheiten können vorübergehend Bodenrichtwerte für Grundstücke ermittelt werden, für die noch Beiträge zu entrichten oder zu erwarten sind.

§ 17
Automatisiertes Führen der Bodenrichtwerte

Die Bodenrichtwerte sind in automatisierter Form auf der Grundlage der amtlichen Geobasisdaten zu führen.

Abschnitt 3
Sonstige für die Wertermittlung erforderliche Daten

§ 18
Indexreihen

(1) Indexreihen dienen der Berücksichtigung von im Zeitverlauf eintretenden Änderungen der allgemeinen Wertverhältnisse.

Anlage 198.2

Zu § 198 BewG

(2) Indexreihen bestehen aus Indexzahlen, die sich aus dem durchschnittlichen Verhältnis der Preise eines Erhebungszeitraums zu den Preisen eines Basiszeitraums mit der Indexzahl 100 ergeben. Die Indexzahlen können auch auf bestimmte Zeitpunkte innerhalb des Erhebungs- und Basiszeitraums bezogen werden.

(3) Die Indexzahlen werden aus geeigneten Kaufpreisen für Grundstücke bestimmter räumlicher und sachlicher Teilmärkte ermittelt.

§ 19
Umrechnungskoeffizienten

(1) Umrechnungskoeffizienten dienen der Berücksichtigung von Wertunterschieden ansonsten gleichartiger Grundstücke, die sich aus Abweichungen einzelner Grundstücksmerkmale, insbesondere aus dem unterschiedlichen Maß der baulichen Nutzung oder der Grundstücksgröße und -tiefe, ergeben.

(2) Umrechnungskoeffizienten geben das Verhältnis des Werts eines Grundstücks mit einer bestimmten Ausprägung eines Grundstücksmerkmals zu dem Wert eines Grundstücks mit einer bestimmten Basisausprägung dieses Grundstücksmerkmals (Normgrundstück) an.

(3) Die Umrechnungskoeffizienten werden aus geeigneten Kaufpreisen für solche Grundstücke abgeleitet, die sich abgesehen von solchen Abweichungen, die durch Anpassung der Kaufpreise nach § 9 Absatz 1 Satz 2 und 3 berücksichtigt werden, im Wesentlichen nur in dem Grundstücksmerkmal unterscheiden, für das die Umrechnungskoeffizienten abgeleitet werden.

§ 20
Vergleichsfaktoren

(1) Vergleichsfaktoren dienen der Ermittlung von Vergleichswerten insbesondere für bebaute Grundstücke.

(2) Vergleichsfaktoren sind durchschnittliche, auf eine geeignete Bezugseinheit bezogene Werte für Grundstücke mit bestimmten wertbeeinflussenden Grundstücksmerkmalen (Normobjekte).

(3) Vergleichsfaktoren werden ermittelt auf der Grundlage von
1. geeigneten Kaufpreisen und
2. der diesen Kaufpreisen entsprechenden Flächen- oder Raumeinheit (Gebäudefaktoren), den diesen Kaufpreisen entsprechenden marktüblich erzielbaren jährlichen Erträgen (Ertragsfaktoren) oder einer sonstigen geeigneten Bezugseinheit.

§ 21
Liegenschaftszinssätze; Sachwertfaktoren

(1) Liegenschaftszinssätze und Sachwertfaktoren dienen der Berücksichtigung der allgemeinen Wertverhältnisse auf dem jeweiligen Grundstücksmarkt, soweit diese nicht auf andere Weise zu berücksichtigen sind.

(2) Liegenschaftszinssätze sind Kapitalisierungszinssätze, mit denen Verkehrswerte von Grundstücken je nach Grundstücksart im Durchschnitt marktüblich verzinst werden. Liegenschaftszinssätze werden nach den Grundsätzen des Ertragswertverfahrens nach den §§ 27 bis 34 auf der Grundlage von geeigneten Kaufpreisen und den ihnen entsprechenden Reinerträgen ermittelt.

(3) Sachwertfaktoren geben das Verhältnis des vorläufigen marktangepassten Sachwerts zum vorläufigen Sachwert an. Die Sachwertfaktoren werden nach den Grundsätzen des Sachwertverfahrens nach den §§ 35 bis 38 auf der Grundlage von geeigneten Kaufpreisen und den ihnen entsprechenden vorläufigen Sachwerten ermittelt.

§ 22
Erbbaurechts- und Erbbaugrundstücksfaktoren

(1) Erbbaurechts- und Erbbaugrundstücksfaktoren dienen im Wesentlichen der Berücksichtigung der dem Erbbaurecht allgemein beizumessenden Werteinflüsse, soweit sie nicht bereits im finanzmathematischen Wert berücksichtigt sind.

(2) Erbbaurechtsfaktoren geben das Verhältnis des vorläufigen Vergleichswerts des Erbbaurechts zum finanzmathematischen Wert des Erbbaurechts an. Erbbaugrundstücksfaktoren geben das Verhältnis des vorläufigen Vergleichswerts des Erbbaugrundstücks zum finanzmathematischen Wert des Erbbaugrundstücks an.

(3) Die Erbbaurechtsfaktoren und Erbbaugrundstücksfaktoren werden nach den Grundsätzen der §§ 50 und 52 auf der Grundlage von geeigneten Kaufpreisen und den diesen Kaufpreisen entsprechenden finanzmathematischen Werten ermittelt.

§ 23
Erbbaurechts- und Erbbaugrundstückskoeffizienten

(1) Erbbaurechts- und Erbbaugrundstückskoeffizienten dienen im Wesentlichen der Berücksichtigung der dem Erbbaurecht allgemein beizumessenden Werteinflüsse.

(2) Die Erbbaurechtskoeffizienten geben das Verhältnis des vorläufigen Vergleichswerts des Erbbaurechts zum Wert des fiktiven Volleigentums im Sinne des § 49 Absatz 1 Satz 2 an. Die Erbbaugrundstückskoeffizienten geben das Verhältnis des vorläufigen Vergleichswerts des Erbbaugrundstücks zum Bodenwert des fiktiv unbelasteten Grundstücks im Sinne des § 47 Absatz 1 Satz 1 Nummer 2 an.

(3) Die Erbbaurechtskoeffizienten werden auf der Grundlage von geeigneten Kaufpreisen und den diesen Kaufpreisen entsprechenden Werten des fiktiven Volleigentums ermittelt. Die Erbbaugrundstückskoeffizienten werden auf der Grundlage von geeigneten Kaufpreisen und den diesen Kaufpreisen entsprechenden Bodenwerten der fiktiv unbelasteten Grundstücke ermittelt.

Teil 3
Besondere Grundsätze zu den einzelnen Wertermittlungsverfahren

Abschnitt 1
Vergleichswertverfahren

§ 24
Grundlagen des Vergleichswertverfahrens

(1) Im Vergleichswertverfahren wird der Vergleichswert aus einer ausreichenden Anzahl von Vergleichspreisen im Sinne des § 25 ermittelt. Neben oder anstelle von Vergleichspreisen können insbesondere bei bebauten Grundstücken ein objektspezifisch angepasster Vergleichsfaktor im Sinne des § 26 Absatz 1 und bei der Bodenwertermittlung ein objektspezifisch angepasster Bodenrichtwert im Sinne des § 26 Absatz 2 herangezogen werden.

(2) Der vorläufige Vergleichswert kann ermittelt werden 1. auf Grundlage einer statistischen Auswertung einer ausreichenden Anzahl von Vergleichspreisen oder 2. durch Multiplikation eines objektspezifisch angepassten Vergleichsfaktors oder eines objektspezifisch angepassten Bodenrichtwerts mit der entsprechenden Bezugsgröße des Wertermittlungsobjekts.

(3) Der marktangepasste vorläufige Vergleichswert entspricht nach Maßgabe des § 7 dem vorläufigen Vergleichswert.

(4) Der Vergleichswert ergibt sich aus dem marktangepassten vorläufigen Vergleichswert und der Berücksichtigung vorhandener besonderer objektspezifischer Grundstücksmerkmale des Wertermittlungsobjekts.

§ 25
Vergleichspreise

Zur Ermittlung von Vergleichspreisen sind Kaufpreise solcher Grundstücke (Vergleichsgrundstücke) heranzuziehen, die mit dem zu bewertenden Grundstück hinreichend übereinstimmende Grundstücksmerkmale aufweisen und die zu Zeitpunkten verkauft worden sind (Vertragszeitpunkte), die in hinreichender zeitlicher Nähe zum Wertermittlungsstichtag stehen. Die Kaufpreise sind auf ihre Eignung im Sinne des § 9 Absatz 1 Satz 1 zu prüfen und bei etwaigen Abweichungen nach Maßgabe des § 9 Absatz 1 Satz 2 und 3 an die Gegebenheiten des Wertermittlungsobjekts anzupassen.

§ 26
Objektspezifisch angepasster Vergleichsfaktor; objektspezifisch angepasster Bodenrichtwert

(1) Zur Ermittlung des objektspezifisch angepassten Vergleichsfaktors ist der nach § 20 ermittelte Vergleichsfaktor auf seine Eignung im Sinne des § 9 Absatz 1 Satz 1 zu prüfen und bei etwaigen Abweichungen nach Maßgabe des § 9 Absatz 1 Satz 2 und 3 an die Gegebenheiten des Wertermittlungsobjekts anzupassen.

(2) Zur Ermittlung des objektspezifisch angepassten Bodenrichtwerts sind die nach den §§ 13 bis 16 ermittelten Bodenrichtwerte auf ihre Eignung im Sinne des § 9 Absatz 1 Satz 1 zu prüfen und bei etwaigen Abweichungen nach Maßgabe des § 9 Absatz 1 Satz 2 und 3 an die Gegebenheiten des Wertermittlungsobjekts anzupassen.

Anlage 198.2   Zu § 198 BewG

Abschnitt 2
Ertragswertverfahren

Unterabschnitt 1
Allgemeines

§ 27
Grundlagen des Ertragswertverfahrens

(1) Im Ertragswertverfahren wird der Ertragswert auf der Grundlage marktüblich erzielbarer Erträge ermittelt. Soweit die Ertragsverhältnisse mit hinreichender Sicherheit aufgrund konkreter Tatsachen wesentlichen Veränderungen unterliegen oder wesentlich von den marktüblich erzielbaren Erträgen abweichen, kann der Ertragswert auf der Grundlage periodisch unterschiedlicher Erträge ermittelt werden.

(2) Der vorläufige Ertragswert wird auf der Grundlage des nach den §§ 40 bis 43 zu ermittelnden Bodenwerts und des Reinertrags im Sinne des § 31 Absatz 1, der Restnutzungsdauer im Sinne des § 4 Absatz 3 und des objektspezifisch angepassten Liegenschaftszinssatzes im Sinne des § 33 ermittelt.

(3) Der marktangepasste vorläufige Ertragswert entspricht nach Maßgabe des § 7 dem vorläufigen Ertragswert.

(4) Der Ertragswert ergibt sich aus dem marktangepassten vorläufigen Ertragswert und der Berücksichtigung vorhandener besonderer objektspezifischer Grundstücksmerkmale des Wertermittlungsobjekts.

(5) Für die Ermittlung des Ertragswerts stehen folgende Verfahrensvarianten zur Verfügung:
1. das allgemeine Ertragswertverfahren;
2. das vereinfachte Ertragswertverfahren;
3. das periodische Ertragswertverfahren.

Unterabschnitt 2
Verfahrensvarianten

§ 28
Allgemeines Ertragswertverfahren

Im allgemeinen Ertragswertverfahren wird der vorläufige Ertragswert ermittelt durch Bildung der Summe aus
1. dem kapitalisierten jährlichen Reinertragsanteil der baulichen Anlagen zum Wertermittlungsstichtag, der unter Abzug des Bodenwertverzinsungsbetrags ermittelt wurde (vorläufiger Ertragswert der baulichen Anlagen), und
2. dem Bodenwert.

Der Ermittlung des Bodenwertverzinsungsbetrags und der Kapitalisierung des jährlichen Reinertragsanteils der baulichen Anlagen ist jeweils derselbe objektspezifisch angepasste Liegenschaftszinssatz zugrunde zu legen. Die Kapitalisierungsdauer entspricht der Restnutzungsdauer der baulichen Anlagen.

§ 29
Vereinfachtes Ertragswertverfahren

Im vereinfachten Ertragswertverfahren wird der vorläufige Ertragswert ermittelt durch Bildung der Summe aus
1. dem kapitalisierten jährlichen Reinertrag zum Wertermittlungsstichtag (Barwert des Reinertrags) und
2. dem über die Restnutzungsdauer der baulichen Anlagen abgezinsten Bodenwert.

Der Kapitalisierung des jährlichen Reinertrags und der Abzinsung des Bodenwerts ist jeweils derselbe objektspezifisch angepasste Liegenschaftszinssatz zugrunde zu legen. Die Kapitalisierungs- oder Abzinsungsdauer entspricht der Restnutzungsdauer der baulichen Anlagen.

§ 30
Periodisches Ertragswertverfahren

(1) Im periodischen Ertragswertverfahren kann der vorläufige Ertragswert ermittelt werden durch Bildung der Summe aus
1. den zu addierenden und auf den Wertermittlungsstichtag abgezinsten, aus gesicherten Daten abgeleiteten Reinerträgen der Perioden innerhalb des Betrachtungszeitraums und
2. dem über den Betrachtungszeitraum auf den Wertermittlungsstichtag abgezinsten Restwert des Grundstücks.

(2) Der Betrachtungszeitraum, für den die periodisch unterschiedlichen Erträge ermittelt werden, ist so zu wählen, dass die Höhe der im Betrachtungszeitraum anfallenden Erträge mit hinreichender Sicherheit ermittelt werden kann; hierbei sollen zehn Jahre nicht überschritten werden. Der Abzinsung ist in der Regel der objektspezifisch angepasste Liegenschaftszinssatz zugrunde zu legen.

(3) Der Restwert des Grundstücks kann ermittelt werden durch Bildung der Summe aus
1. dem Barwert des Reinertrags der Restperiode und
2. dem über die Restperiode abgezinsten Bodenwert.

Die Restperiode ist die um den Betrachtungszeitraum reduzierte Restnutzungsdauer. Die Kapitalisierung des Reinertrags der Restperiode erfolgt über die Dauer der Restperiode. Der Kapitalisierung und der Abzinsung ist jeweils derselbe objektspezifisch angepasste Liegenschaftszinssatz zugrunde zu legen.

Unterabschnitt 3
Ermittlung des Ertragswerts

§ 31
Reinertrag; Rohertrag

(1) Der jährliche Reinertrag ergibt sich aus dem jährlichen Rohertrag abzüglich der Bewirtschaftungskosten.

(2) Der Rohertrag ergibt sich aus den bei ordnungsgemäßer Bewirtschaftung und zulässiger Nutzung marktüblich erzielbaren Erträgen; hierbei sind die tatsächlichen Erträge zugrunde zu legen, wenn sie marktüblich erzielbar sind. Bei Anwendung des periodischen Ertragswertverfahrens ergibt sich der Rohertrag insbesondere aus den vertraglichen Vereinbarungen.

§ 32
Bewirtschaftungskosten

(1) Bewirtschaftungskosten sind die für eine ordnungsgemäße Bewirtschaftung und zulässige Nutzung entstehenden regelmäßigen Aufwendungen, die nicht durch Umlagen oder sonstige Kostenübernahmen gedeckt sind. Zu den Bewirtschaftungskosten gehören
1. die Verwaltungskosten,
2. die Instandhaltungskosten,
3. das Mietausfallwagnis und
4. die Betriebskosten im Sinne des § 556 Absatz 1 Satz 2 des Bürgerlichen Gesetzbuchs.

(2) Verwaltungskosten umfassen insbesondere die Kosten der zur Verwaltung des Grundstücks erforderlichen Arbeitskräfte und Einrichtungen, die Kosten der Aufsicht und die Kosten der Geschäftsführung sowie den Gegenwert der von Eigentümerseite persönlich geleisteten Verwaltungsarbeit.

(3) Instandhaltungskosten umfassen die Kosten, die im langjährigen Mittel infolge Abnutzung oder Alterung zur Erhaltung des der Wertermittlung zugrunde gelegten Ertragsniveaus der baulichen Anlagen während ihrer Restnutzungsdauer marktüblich aufgewendet werden müssten.

(4) Das Mietausfallwagnis umfasst
1. das Risiko einer Ertragsminderung, die durch uneinbringliche Zahlungsrückstände von Mieten, Pachten und sonstigen Einnahmen oder durch vorübergehenden Leerstand von Grundstücken oder Grundstücksteilen entstehen, die zur Vermietung, Verpachtung oder sonstigen Nutzung bestimmt sind,
2. das Risiko von bei uneinbringlichen Zahlungsrückständen oder bei vorübergehendem Leerstand anfallenden, vom Eigentümer zusätzlich zu tragenden Bewirtschaftungskosten sowie
3. das Risiko von uneinbringlichen Kosten einer Rechtsverfolgung auf Zahlung, auf Aufhebung eines Mietverhältnisses oder auf Räumung.

Anlage 198.2

Zu § 198 BewG

§ 33
Objektspezifisch angepasster Liegenschaftszinssatz

Zur Ermittlung des objektspezifisch angepassten Liegenschaftszinssatzes ist der nach § 21 Absatz 2 ermittelte Liegenschaftszinssatz auf seine Eignung im Sinne des § 9 Absatz 1 Satz 1 zu prüfen und bei etwaigen Abweichungen nach Maßgabe des § 9 Absatz 1 Satz 2 und 3 an die Gegebenheiten des Wertermittlungsobjekts anzupassen.

§ 34
Barwertfaktor

(1) Der Kapitalisierung und der Abzinsung sind Barwertfaktoren auf der Grundlage der Restnutzungsdauer und des objektspezifisch angepassten Liegenschaftszinssatzes zugrunde zu legen.

(2) Der jährlich nachschüssige Rentenbarwertfaktor für die Kapitalisierung (Kapitalisierungsfaktor) ist nach der folgenden Formel zu ermitteln:

$$\text{Kapitalisierungsfaktor (KF)} = \frac{q^n - 1}{q^n \times (q-1)} \qquad q = 1 + LZ \qquad LZ = \frac{p}{100}$$

LZ = Liegenschaftszinssatz
p = Zinsfuß
n = Restnutzungsdauer

Der Barwertfaktor für die Abzinsung (Abzinsungsfaktor) ist nach der folgenden Formel zu ermitteln:

$$\text{Abzinsungsfaktor (AF)} = \frac{1}{q^n} \qquad q = 1 + LZ \qquad LZ = \frac{p}{100}$$

LZ = Liegenschaftszinssatz
p = Zinsfuß
n = Restnutzungsdauer

Abschnitt 3
Sachwertverfahren

§ 35
Grundlagen des Sachwertverfahrens

(1) Im Sachwertverfahren wird der Sachwert des Grundstücks aus den vorläufigen Sachwerten der nutzbaren baulichen und sonstigen Anlagen sowie aus dem Bodenwert ermittelt.

(2) Der vorläufige Sachwert des Grundstücks ergibt sich durch Bildung der Summe aus
1. dem vorläufigen Sachwert der baulichen Anlagen im Sinne des § 36,
2. dem vorläufigen Sachwert der baulichen Außenanlagen und sonstigen Anlagen im Sinne des § 37 und
3. dem nach den §§ 40 bis 43 zu ermittelnden Bodenwert.

(3) Der marktangepasste vorläufige Sachwert des Grundstücks ergibt sich durch Multiplikation des vorläufigen Sachwerts mit einem objektspezifisch angepassten Sachwertfaktor im Sinne des § 39. Nach Maßgabe des § 7 Absatz 2 kann zusätzlich eine Marktanpassung durch marktübliche Zu- oder Abschläge erforderlich sein.

(4) Der Sachwert des Grundstücks ergibt sich aus dem marktangepassten vorläufigen Sachwert und der Berücksichtigung vorhandener besonderer objektspezifischer Grundstücksmerkmale des Wertermittlungsobjekts.

§ 36
Vorläufiger Sachwert der baulichen Anlagen; durchschnittliche Herstellungskosten

(1) Zur Ermittlung des vorläufigen Sachwerts der baulichen Anlagen, ohne bauliche Außenanlagen, sind die durchschnittlichen Herstellungskosten mit dem Regionalfaktor und dem Alterswertminderungsfaktor zu multiplizieren.

(2) Die durchschnittlichen Herstellungskosten der baulichen Anlagen stehen für die aufzuwendenden Kosten, die sich unter Beachtung wirtschaftlicher Gesichtspunkte für die Errichtung eines dem Wertermittlungsobjekt nach Art und Standard vergleichbaren Neubaus am Wertermittlungsstichtag unter Zugrundelegung zeitgemäßer, wirtschaftlicher Bauweisen ergeben würden. Der Ermittlung der durch-

schnittlichen Herstellungskosten sind in der Regel modellhafte Kostenkennwerte zugrunde zu legen, die auf eine Flächen-, Raum- oder sonstige Bezugseinheit bezogen sind (Normalherstellungskosten), und mit der Anzahl der entsprechenden Bezugseinheiten der baulichen Anlage zu multiplizieren. Von den Normalherstellungskosten nicht erfasste werthaltige einzelne Bauteile sind durch marktübliche Zuschläge bei den durchschnittlichen Herstellungskosten zu berücksichtigen. Zur Umrechnung auf den Wertermittlungsstichtag ist der für den Wertermittlungsstichtag aktuelle und für die jeweilige Art der baulichen Anlage zutreffende Preisindex für die Bauwirtschaft des Statistischen Bundesamtes (Baupreisindex) zu verwenden. Ausnahmsweise können die durchschnittlichen Herstellungskosten der baulichen Anlagen nach den durchschnittlichen Kosten einzelner Bauleistungen ermittelt werden.

(3) Der Regionalfaktor ist ein vom örtlich zuständigen Gutachterausschuss festgelegter Modellparameter zur Anpassung der durchschnittlichen Herstellungskosten an die Verhältnisse am örtlichen Grundstücksmarkt.

§ 37
Vorläufiger Sachwert der baulichen Außenanlagen und sonstigen Anlagen

Der vorläufige Sachwert der für die jeweilige Gebäudeart üblichen baulichen Außenanlagen und sonstigen Anlagen ist gesondert zu ermitteln, soweit die Anlagen wertbeeinflussend sind und nicht bereits anderweitig erfasst wurden. Der vorläufige Sachwert kann entsprechend § 36 nach den durchschnittlichen Herstellungskosten, nach Erfahrungssätzen oder hilfsweise durch sachverständige Schätzung ermittelt werden. Werden durchschnittliche Herstellungskosten zugrunde gelegt, richtet sich die bei Ermittlung der Alterswertminderung anzusetzende Restnutzungsdauer in der Regel nach der Restnutzungsdauer der baulichen Anlage.

§ 38
Alterswertminderungsfaktor

Der Alterswertminderungsfaktor entspricht dem Verhältnis der Restnutzungsdauer zur Gesamtnutzungsdauer.

§ 39
Objektspezifisch angepasster Sachwertfaktor

Zur Ermittlung des objektspezifisch angepassten Sachwertfaktors ist der nach § 21 Absatz 3 ermittelte Sachwertfaktor auf seine Eignung im Sinne des § 9 Absatz 1 Satz 1 zu prüfen und bei etwaigen Abweichungen nach § 9 Absatz 1 Satz 2 und 3 an die Gegebenheiten des Wertermittlungsobjekts anzupassen.

Teil 4
Bodenwertermittlung; grundstücksbezogene Rechte und Belastungen

Abschnitt 1
Bodenwertermittlung

§ 40
Allgemeines zur Bodenwertermittlung

(1) Der Bodenwert ist vorbehaltlich des Absatzes 5 ohne Berücksichtigung der vorhandenen baulichen Anlagen auf dem Grundstück vorrangig im Vergleichswertverfahren nach den §§ 24 bis 26 zu ermitteln.

(2) Neben oder anstelle von Vergleichspreisen kann nach Maßgabe des § 26 Absatz 2 ein objektspezifisch angepasster Bodenrichtwert verwendet werden.

(3) Steht keine ausreichende Anzahl von Vergleichspreisen oder steht kein geeigneter Bodenrichtwert zur Verfügung, kann der Bodenwert deduktiv oder in anderer geeigneter Weise ermittelt werden. Werden hierbei die allgemeinen Wertverhältnisse nicht ausreichend berücksichtigt, ist eine Marktanpassung durch marktübliche Zu- oder Abschläge erforderlich.

(4) Bei der Ermittlung der sanierungs- oder entwicklungsbedingten Bodenwerterhöhung zur Bemessung von Ausgleichsbeträgen nach § 154 Absatz 1 oder § 166 Absatz 3 Satz 4 des Baugesetzbuchs sind die Anfangs- und Endwerte bezogen auf denselben Wertermittlungsstichtag zu ermitteln. Der jeweilige Grundstückszustand ist nach Maßgabe des § 154 Absatz 2 des Baugesetzbuchs zu ermitteln.

(5) Die tatsächliche bauliche Nutzung kann insbesondere in folgenden Fällen den Bodenwert beeinflussen:
1. wenn dies dem gewöhnlichen Geschäftsverkehr entspricht, ist ein erhebliches Abweichen der tatsächlichen von der nach § 5 Absatz 1 maßgeblichen Nutzung bei der Ermittlung des Bodenwerts bebauter Grundstücke zu berücksichtigen;

Anlage 198.2

Zu § 198 BewG

2. wenn bauliche Anlagen auf einem Grundstück im Außenbereich rechtlich und wirtschaftlich weiterhin nutzbar sind, ist dieser Umstand bei der Ermittlung des Bodenwerts in der Regel werterhöhend zu berücksichtigen;
3. wenn bei einem Grundstück mit einem Liquidationsobjekt im Sinne des § 8 Absatz 3 Satz 2 Nummer 3 mit keiner alsbaldigen Freilegung zu rechnen ist, gilt § 43.

§ 41
Erhebliche Überschreitung der marktüblichen Grundstücksgröße

Bei einer erheblichen Überschreitung der marktüblichen Grundstücksgröße kommt eine getrennte Ermittlung des Werts der über die marktübliche Grundstücksgröße hinausgehenden selbstständig nutzbaren oder sonstigen Teilfläche in Betracht; der Wert der Teilfläche ist in der Regel als besonderes objektspezifisches Grundstücksmerkmal zu berücksichtigen.

§ 42
Bodenwert von Bauerwartungsland und Rohbauland

Der Bodenwert von Bauerwartungs- oder Rohbauland kann in Anwendung des § 40 Absatz 3 ausgehend vom Bodenwert für entsprechend genutztes oder nutzbares baureifes Land deduktiv durch angemessene Berücksichtigung der auf dem örtlichen Grundstücksmarkt marktüblichen Kosten der Baureifmachung und unter Berücksichtigung der Wartezeit in Verbindung mit einem Realisierungsrisiko nach Maßgabe des § 11 Absatz 2 oder in sonstiger geeigneter Weise ermittelt werden.

§ 43
Nutzungsabhängiger Bodenwert bei Liquidationsobjekten

(1) Ist bei einem Grundstück mit einem Liquidationsobjekt im Sinne des § 8 Absatz 3 Satz 2 Nummer 3 insbesondere aus rechtlichen Gründen mit der Freilegung erst zu einem späteren Zeitpunkt zu rechnen (aufgeschobene Freilegung) oder ist langfristig nicht mit einer Freilegung zu rechnen, so ist bei der Bodenwertermittlung von dem sich unter Berücksichtigung der tatsächlichen Nutzung ergebenden Bodenwert (nutzungsabhängiger Bodenwert) auszugehen, soweit dies marktüblich ist.

(2) Im Fall einer aufgeschobenen Freilegung ist der Wertvorteil, der sich aus der künftigen Nutzbarkeit ergibt, bei der Wertermittlung als besonderes objektspezifisches Grundstücksmerkmal zu berücksichtigen, soweit dies marktüblich ist. Der Wertvorteil ergibt sich aus der abgezinsten Differenz zwischen dem Bodenwert, den das Grundstück ohne das Liquidationsobjekt haben würde, und dem nutzungsabhängigen Bodenwert. Die Freilegungskosten sind über den Zeitraum bis zur Freilegung abzuzinsen und als besonderes objektspezifisches Grundstücksmerkmal zu berücksichtigen, soweit dies marktüblich ist.

§ 44
Gemeinbedarfsflächen

Gemeinbedarfsflächen sind Flächen, für die eine öffentlichen Zweckbindung besteht. Bei Ermittlung des Werts ist danach zu differenzieren, ob es sich um Gemeinbedarfsflächen handelt, die

1. weiterhin für denselben öffentlichen Zweck genutzt werden oder die unter der Änderung der öffentlichen Zweckbindung einem anderen Gemeinbedarf zugeführt werden sollen (bleibende Gemeinbedarfsflächen),
2. ihre öffentliche Zweckbindung verlieren (abgehende Gemeinbedarfsflächen) oder
3. bislang keiner öffentlichen Zweckbestimmung unterlagen und erst für Gemeinbedarfszwecke zu beschaffen sind (künftige Gemeinbedarfsflächen).

§ 45
Wasserflächen

Der Verkehrswert von Wasserflächen hängt in erster Linie von der rechtlich zulässigen Nutzungsmöglichkeit ab. Dabei kann insbesondere eine Abhängigkeit von dem Verkehrswert einer mit der Wasserfläche in unmittelbarem wirtschaftlichen Zusammenhang stehenden Landfläche bestehen oder eine ertragsorientierte Nutzung der Wasserfläche maßgeblich sein.

Zu § 198 BewG

Anlage 198.2

Abschnitt 2
Grundstücksbezogene Rechte und Belastungen

Unterabschnitt 1
Allgemeines

§ 46
Allgemeines zu grundstücksbezogenen Rechten und Belastungen

(1) Grundstücksbezogene Rechte und Belastungen können den Wert des begünstigten und den Wert des belasteten Grundstücks beeinflussen sowie Gegenstand einer eigenständigen Wertermittlung sein.
(2) Als grundstücksbezogene Rechte und Belastungen kommen insbesondere in Betracht
1. grundstücksgleiche Rechte,
2. weitere beschränkte dingliche Rechte,
3. Baulasten,
4. grundstücksbezogene gesetzliche Beschränkungen des Eigentums sowie
5. miet-, pacht- und wohnungsrechtliche Bindungen.

§ 47
Grundsätze der Wertermittlung bei Rechten und Belastungen

(1) Der Wert des begünstigten oder des belasteten Grundstücks kann ermittelt werden
1. aus Vergleichspreisen oder
2. ausgehend vom Wert des fiktiv nicht begünstigten oder des fiktiv unbelasteten Grundstücks.

Hierbei sind die allgemeinen Wertverhältnisse im Hinblick auf das Recht oder die Belastung zu berücksichtigen.
(2) In den Fällen nach Absatz 1 Satz 1 Nummer 2 kann der Wert des begünstigten oder des belasteten Grundstücks ermittelt werden
1. durch den Ansatz von Umrechnungskoeffizienten oder
2. durch Berücksichtigung des Werteinflusses des Rechts oder der Belastung.

(3) Der Werteinfluss im Sinne des Absatzes 2 Nummer 2 kann ermittelt werden
1. durch Berücksichtigung der wirtschaftlichen Vor- und Nachteile oder
2. in anderer geeigneter Weise.

(4) Der Wert eines Rechts oder einer Belastung kann ermittelt werden
1. aus dem Vergleich mit Kaufpreisen für vergleichbare Rechte oder Belastungen,
2. durch Berücksichtigung der wirtschaftlichen Vor- und Nachteile,
3. ausgehend vom Wert des fiktiv nicht begünstigten oder des fiktiv unbelasteten Grundstücks oder
4. in anderer geeigneter Weise.

Hierbei sind die allgemeinen Wertverhältnisse im Hinblick auf das Recht oder die Belastung zu berücksichtigen.
(5) Wird der Werteinfluss oder der Wert des Rechts oder der Belastung aus wirtschaftlichen Vor- und Nachteilen ermittelt, so sind die jährlichen Vor- und Nachteile über die Restlaufzeit des Rechts oder der Belastung zu kapitalisieren. Sind Rechte oder Belastungen an das Leben gebunden, ist mit Leibrentenbarwertfaktoren zu kapitalisieren. Ist der Berechtigte eine juristische Person, ist von einem angemessenen Zeitrentenbarwertfaktor auszugehen.

Unterabschnitt 2
Erbbaurecht und Erbbaugrundstück

§ 48
Allgemeines zum Erbbaurecht und Erbbaugrundstück

Der Verkehrswert des Erbbaurechts und der Verkehrswert des Erbbaugrundstücks sind unter Berücksichtigung der vertraglichen Vereinbarungen und der sonstigen wertbeeinflussenden Umstände in Abhängigkeit von den zur Verfügung stehenden Daten zu ermitteln. Der Verkehrswert des Erbbaurechts kann im Vergleichswertverfahren nach den §§ 49 und 50 oder auf andere geeignete Weise ermittelt werden. Der Verkehrswert des Erbbaugrundstücks kann im Vergleichswertverfahren nach den §§ 51 und 52 oder auf andere geeignete Weise ermittelt werden.

Anlage 198.2

Zu § 198 BewG

§ 49
Vergleichswertverfahren für das Erbbaurecht

(1) Im Vergleichswertverfahren kann der Wert des Erbbaurechts insbesondere ermittelt werden

1. aus Vergleichspreisen für veräußerte Erbbaurechte,
2. ausgehend von dem nach § 50 zu ermittelnden finanzmathematischen Wert des Erbbaurechts oder
3. ausgehend vom Wert des fiktiven Volleigentums im Sinne des Satzes 2.

Der Wert des fiktiven Volleigentums ist der Wert des fiktiv unbelasteten Grundstücks, der dem marktangepassten vorläufigen Vergleichs-, Ertrags- oder Sachwert ohne Berücksichtigung von besonderen objektspezifischen Grundstücksmerkmalen entspricht.

(2) Der vorläufige Vergleichswert des Erbbaurechts kann insbesondere ermittelt werden

1. auf der Grundlage einer statistischen Auswertung einer ausreichenden Anzahl von Vergleichspreisen,
2. durch Multiplikation des finanzmathematischen Werts des Erbbaurechts mit einem objektspezifisch angepassten Erbbaurechtsfaktor oder
3. durch Multiplikation des Werts des fiktiven Volleigentums mit einem objektspezifisch angepassten Erbbaurechtskoeffizienten.

Zur Ermittlung des objektspezifisch angepassten Erbbaurechtsfaktors und des objektspezifisch angepassten Erbbaurechtskoeffizienten ist das nach § 22 oder § 23 ermittelte Datum auf seine Eignung im Sinne des § 9 Absatz 1 Satz 1 zu prüfen und bei etwaigen Abweichungen nach Maßgabe des § 9 Absatz 1 Satz 2 und 3 an die Gegebenheiten des Wertermittlungsobjekts anzupassen.[1]

(3) Der marktangepasste vorläufige Vergleichswert des Erbbaurechts entspricht nach Maßgabe des § 7 dem vorläufigen Vergleichswert des Erbbaurechts.

(4) Der Vergleichswert des Erbbaurechts ergibt sich aus dem marktangepassten vorläufigen Vergleichswert des Erbbaurechts und der Berücksichtigung vorhandener besonderer objektspezifischer Grundstücksmerkmale des Wertermittlungsobjekts.

§ 50
Finanzmathematischer Wert des Erbbaurechts

(1) Ausgangsgröße für die Ermittlung des finanzmathematischen Werts des Erbbaurechts ist der Wert des fiktiven Volleigentums im Sinne des § 49 Absatz 1 Satz 2.

(2) Der finanzmathematische Wert des Erbbaurechts wird ermittelt durch Bildung der Summe aus

1. dem Wert des fiktiven Volleigentums abzüglich des Bodenwerts des fiktiv unbelasteten Grundstücks und
2. der über die Restlaufzeit des Erbbaurechts kapitalisierten Differenz aus dem angemessenen und dem erzielbaren Erbbauzins oder ausnahmsweise der Differenz aus dem jeweils über die Restlaufzeit des Erbbaurechts kapitalisierten angemessenen und erzielbaren Erbbauzins.

Bei einer über die Restlaufzeit des Erbbaurechts hinausgehenden Restnutzungsdauer der baulichen Anlagen ist ergänzend zu Satz 1 der bei Zeitablauf nicht zu entschädigende Wertanteil der baulichen Anlagen abzuzinsen und abzuziehen.

(3) Der angemessene Erbbauzins wird in der Regel auf der Grundlage des angemessenen Erbbauzinssatzes und des Bodenwerts des Grundstücks, an dem das Erbbaurecht bestellt wird, ermittelt. Der angemessene Erbbauzinssatz ist der Zinssatz, der sich bei Neubestellung von Erbbaurechten der betroffenen Grundstücksart am Wertermittlungsstichtag im gewöhnlichen Geschäftsverkehr ergibt oder ein anderer geeigneter Zinssatz.

(4) Der erzielbare Erbbauzins ist der Betrag, der sich aus dem im Erbbaurechtsvertrag vereinbarten Erbbauzins unter Berücksichtigung vertraglich vereinbarter und gesetzlich zulässiger Anpassungsmöglichkeiten ergibt.

---

1) Aufgrund offensichtlicher Unrichtigkeit wurde in § 49 Abs. 2 Satz 2 das Wort „emittelte" durch das Wort „ermittelte" sowie das Wort „Abweichnungen" durch das Wort „Abweichungen" ersetzt.

Zu § 198 BewG **Anlage 198.2**

§ 51
Vergleichswertverfahren für das Erbbaugrundstück

(1) Im Vergleichswertverfahren kann der Wert des Erbbaugrundstücks insbesondere ermittelt werden
1. aus Vergleichspreisen für veräußerte Erbbaugrundstücke,
2. ausgehend von dem nach § 52 zu ermittelnden finanzmathematischen Wert des Erbbaugrundstücks oder
3. ausgehend vom Bodenwert des fiktiv unbelasteten Grundstücks.

(2) Der vorläufige Vergleichswert des Erbbaugrundstücks kann insbesondere ermittelt werden
1. auf Grundlage einer statistischen Auswertung einer ausreichenden Anzahl von Vergleichspreisen für Erbbaugrundstücke,
2. durch Multiplikation des finanzmathematischen Werts des Erbbaugrundstücks mit einem objektspezifisch angepassten Erbbaugrundstücksfaktor oder
3. durch Multiplikation des Bodenwerts des fiktiv unbelasteten Grundstücks mit einem objektspezifisch angepassten Erbbaugrundstückskoeffizienten.

Für die Ermittlung des objektspezifisch angepassten Erbbaugrundstücksfaktors und des objektspezifisch angepassten Erbbaugrundstückskoeffizienten gilt § 49 Absatz 2 Satz 2 entsprechend.

(3) Der marktangepasste vorläufige Vergleichswert des Erbbaugrundstücks entspricht nach Maßgabe des § 7 dem vorläufigen Vergleichswert des Erbbaugrundstücks.

(4) Der Vergleichswert des Erbbaugrundstücks ergibt sich aus dem marktangepassten vorläufigen Vergleichswert des Erbbaugrundstücks und der Berücksichtigung vorhandener besonderer objektspezifischer Grundstücksmerkmale des Wertermittlungsobjekts.

§ 52
Finanzmathematischer Wert des Erbbaugrundstücks

(1) Ausgangsgröße für die Ermittlung des finanzmathematischen Werts des Erbbaugrundstücks ist der Bodenwert des fiktiv unbelasteten Grundstücks.

(2) Der finanzmathematische Wert des Erbbaugrundstücks wird ermittelt durch Bildung der Summe aus
1. dem über die Restlaufzeit des Erbbaurechts abgezinsten Bodenwert des fiktiv unbelasteten Grundstücks und
2. dem über die Restlaufzeit des Erbbaurechts kapitalisierten erzielbaren Erbbauzins im Sinne des § 50 Absatz 4.

Bei einer über die Restlaufzeit hinausgehenden Restnutzungsdauer der baulichen Anlagen ist ergänzend zu Satz 1 der bei Zeitablauf nicht zu entschädigende Wertanteil der baulichen und sonstigen Anlagen abzuzinsen und hinzuzuaddieren.

Teil 5
Schlussvorschriften

§ 53
Übergangsregelungen

(1) Bei Verkehrswertgutachten, die ab dem 1. Januar 2022 erstellt werden, ist unabhängig vom Wertermittlungsstichtag diese Verordnung anzuwenden.

(2) Bis zum Ablauf des 31. Dezember 2024 kann bei Ermittlung der sonstigen für die Wertermittlung erforderlichen Daten die Gesamtnutzungsdauer abweichend von § 12 Absatz 5 Satz 1 und Anlage 1 festgelegt sowie die Restnutzungsdauer abweichend von § 12 Absatz 5 Satz 1 und Anlage 2 ermittelt werden.

§ 54
Inkrafttreten, Außerkrafttreten

Diese Verordnung tritt am 1. Januar 2022 in Kraft. Gleichzeitig tritt die Immobilienwertermittlungsverordnung vom 19. Mai 2010 (BGBl. I S. 639), die durch Artikel 16 des Gesetzes vom 26. November 2019 (BGBl. I S. 1794) geändert worden ist, außer Kraft.

Der Bundesrat hat zugestimmt.

Anlage 198.2

Zu § 198 BewG

Anlage 1

(zu § 12 Absatz 5 Satz 1)

Modellansätze für die Gesamtnutzungsdauer

Zur Festlegung der Gesamtnutzungsdauer sind bei Ermittlung der sonstigen für die Wertermittlung erforderlichen Daten die nachfolgenden Modellansätze zugrunde zu legen.

Art der baulichen Anlage	Gesamtnutzungsdauer
freistehende Ein- und Zweifamilienhäuser, Doppelhäuser, Reihenhäuser	80 Jahre
Mehrfamilienhäuser	80 Jahre
Wohnhäuser mit Mischnutzung	80 Jahre
Geschäftshäuser	60 Jahre
Bürogebäude, Banken	60 Jahre
Gemeindezentren, Saalbauten, Veranstaltungsgebäude	40 Jahre
Kindergärten, Schulen	50 Jahre
Wohnheime, Alten- und Pflegeheime	50 Jahre
Krankenhäuser, Tageskliniken	40 Jahre
Beherbergungsstätten, Verpflegungseinrichtungen	40 Jahre
Sporthallen, Freizeitbäder, Heilbäder	40 Jahre
Verbrauchermärkte, Autohäuser	30 Jahre
Kauf- und Warenhäuser	50 Jahre
Einzelgaragen	60 Jahre
Tief- und Hochgaragen als Einzelbauwerk	40 Jahre
Betriebs- und Werkstätten, Produktionsgebäude	40 Jahre
Lager- und Versandgebäude	40 Jahre
Landwirtschaftliche Betriebsgebäude	30 Jahre

Für nicht aufgeführte Arten baulicher Anlagen ist die Gesamtnutzungsdauer aus der Gesamtnutzungsdauer vergleichbarer baulicher Anlagen abzuleiten.

Zu § 198 BewG

Anlage 198.2

Anlage 2
(zu § 12 Absatz 5 Satz 1)
Modell zur Ermittlung der Restnutzungsdauer von Wohngebäuden bei Modernisierungen

Bei Ermittlung der sonstigen für die Wertermittlung erforderlichen Daten ist zur Ermittlung der Restnutzungsdauer von Wohngebäuden im Fall von Modernisierungen das nachfolgend beschriebene Modell zugrunde zu legen.

Die Verwendung des nachfolgenden Modells ersetzt nicht die erforderliche sachverständige Würdigung des Einzelfalls.

I. Ermittlung der Modernisierungspunktzahl

Die Modernisierungspunktzahl kann durch Punktevergabe für einzelne Modernisierungselemente nach Nummer 1 oder durch sachverständige Einschätzung des Modernisierungsgrades nach Nummer 2 ermittelt werden.

1. Punktevergabe für einzelne Modernisierungselemente

Auf der Grundlage der nachfolgende Tabelle 1 sind unter Berücksichtigung der zum Stichtag oder der kurz vor dem Stichtag durchgeführten Modernisierungsmaßnahmen entsprechende Punkte für Modernisierungselemente zu vergeben. Aus den für die einzelnen Modernisierungselemente vergebenen Punkten ist eine Gesamtpunktzahl für die Modernisierung (Modernisierungspunkte) zu bilden.

Liegen die Maßnahmen weiter zurück, ist zu prüfen, ob nicht weniger als die maximal zu vergebenden Punkte anzusetzen sind. Wenn nicht modernisierte Bauelemente noch zeitgemäßen Ansprüchen genügen, sind mit einer Modernisierung vergleichbare Punkte zu vergeben.

Modernisierungselemente	Maximal zu vergebende Punkte
Dacherneuerung inklusive Verbesserung der Wärmedämmung	4
Modernisierung der Fenster und Außentüren	2
Modernisierung der Leitungssysteme (Strom, Gas, Wasser, Abwasser)	2
Modernisierung der Heizungsanlage	2
Wärmedämmung der Außenwände	4
Modernisierung von Bädern	2
Modernisierung des Innenausbaus, z. B. Decken, Fußböden, Treppen	2
Wesentliche Verbesserung der Grundrissgestaltung	2

Tabelle 1: einzelne Modernisierungselemente mit der maximal zu vergebenden Punkte

2. Sachverständige Einschätzung des Modernisierungsgrades

Auf der Grundlage einer sachverständigen Einschätzung des Modernisierungsgrades kann aufgrund der Tabelle 2 eine Gesamtpunktzahl für die Modernisierung ermittelt werden.

Modernisierungsgrad	Modernisierungspunktzahl
nicht modernisiert	0 bis 1 Punkt
kleine Modernisierungen im Rahmen der Instandhaltung	2 bis 5 Punkte
mittlerer Modernisierungsgrad	6 bis 10 Punkte
überwiegend modernisiert	11 bis 17 Punkte
umfassend modernisiert	18 bis 20 Punkte

Tabelle 2: Ermittlung des Modernisierungsgrads

II. Ermittlung der Restnutzungsdauer bei Modernisierungen

1. Allgemeines

Aus der nach I. ermittelten Modernisierungspunktzahl ergibt sich die Restnutzungsdauer der baulichen Anlage unter Nutzung der Formel unter II.2 auf der Grundlage der zugrunde gelegten Gesamtnutzungsdauer und des Alters der baulichen Anlage.

Anlage 198.2

Zu § 198 BewG

Davon abweichend kann die Restnutzungsdauer bei kernsanierten Objekten bis zu 90 Prozent der jeweiligen Gesamtnutzungsdauer betragen. Durch eine Kernsanierung wird das Gebäude in einen Zustand versetzt, der nahezu einem neuen Gebäude entspricht. Bei einer Kernsanierung ist als Baujahr das Jahr der fachgerechten Sanierung zugrunde zu legen. Die teilweise noch verbliebene alte Bausubstanz oder der von neuen Gebäuden abweichende Zustand zum Beispiel des Kellers ist durch einen Abschlag zu berücksichtigen.

2. Formel zur Ermittlung der Restnutzungsdauer

Der Ermittlung der Restnutzungsdauer im Fall von Modernisierungen liegt ein theoretischer Modellansatz zugrunde. Das Modell geht davon aus, dass die Restnutzungsdauer (RND) auf maximal 70 Prozent der jeweiligen Gesamtnutzungsdauer (GND) gestreckt und nach der folgenden Formel berechnet wird:

$$RND = a \times \frac{Alter^2}{GND} - b \times Alter + c \times GND$$

Für die Variablen a, b und c sind die Werte der Tabelle 3 zu verwenden. Dabei ist zu beachten, dass Modernisierungen erst ab einem bestimmten Alter der baulichen Anlagen Auswirkungen auf die Restnutzungsdauer haben. Aus diesem Grund ist die Formel in Abhängigkeit von der anzusetzenden Gesamtnutzungsdauer erst ab einem bestimmten Alter (relatives Alter) anwendbar.

Das relative Alter wird nach der folgenden Formel ermittelt:

$$\frac{Alter}{GND} \times 100\%$$

Liegt das relative Alter unterhalb des in der Tabelle 3 angegebenen Wertes, gilt für die Ermittlung der Restnutzungsdauer die Formel:

$$RND = GND - Alter$$

Modernisierungspunkte	a	b	c	ab einem relativen Alter von
0	1,2500	2,6250	1,5250	60%
1	1,2500	2,6250	1,5250	60%
2	1,0767	2,2757	1,3878	55%
3	0,9033	1,9263	1,2505	55%
4	0,7300	1,5770	1,1133	40%
5	0,6725	1,4578	1,0850	35%
6	0,6150	1,3385	1,0567	30%
7	0,5575	1,2193	1,0283	25%
8	0,5000	1,1000	1,000	20%
9	0,4660	1,0270	0,9906	19%
10	0,4320	0,9540	0,9811	18%
11	0,3980	0,8810	0,9717	17%
12	0,3640	0,8080	0,9622	16%
13	0,3300	0,7350	0,9528	15%
14	0,3040	0,6760	0,9506	14%
15	0,2780	0,6170	0,9485	13%
16	0,2520	0,5580	0,9463	12%
17	0,2260	0,4990	0,9442	11%
18	0,2000	0,4400	0,9420	10%
19	0,2000	0,4400	0,9420	10%
20	0,2000	0,4400	0,9420	10%

Tabelle 3: Angabe der Variablen a, b, c und des relativen Alters für die Anwendung der Formel zur Ermittlung der Restnutzungsdauer.

Anlage 3
(zu § 12 Absatz 5 Satz 2)
Modellansätze für Bewirtschaftungskosten
Bei Ermittlung der Liegenschaftszinssätze sind die nachfolgenden Modellansätze zugrunde zu legen.

I. Bewirtschaftungskosten für Wohnnutzung
1. Verwaltungskosten (Stand 1. Januar 2021)

298 Euro	jährlich je Wohnung bzw. je Wohngebäude bei Ein- und Zweifamilienhäusern
357 Euro	jährlich je Eigentumswohnung
39 Euro	jährlich je Garage oder ähnlichem Einstellplatz

Die vorstehend genannten Werte gelten für das Jahr 2021. Für Wertermittlungsstichtage in den Folgejahren sind sie wie unter III. dargestellt anzupassen.

2. Instandhaltungskosten (Stand 1. Januar 2021)

11,70 Euro	jährlich je Quadratmeter Wohnfläche, wenn die Schönheitsreparaturen von den Mietern getragen werden
88 Euro	jährlich je Garage oder ähnlichem Einstellplatz einschließlich der Kosten für Schönheitsreparaturen

Die vorstehend genannten Beträge gelten für das Jahr 2021. Für Wertermittlungsstichtage in den Folgejahren sind die Beträge wie unter III. dargestellt anzupassen.

3. Mietausfallwagnis

2 Prozent	des marktüblich erzielbaren Rohertrags bei Wohnnutzung

II. Bewirtschaftungskosten für gewerbliche Nutzung
1. Verwaltungskosten

3 Prozent	des marktüblich erzielbaren Rohertrags bei reiner und gemischter gewerblicher Nutzung

2. Instandhaltungskosten
Den Instandhaltungskosten für gewerbliche Nutzung wird jeweils ein Prozentsatz der Instandhaltungskosten für Wohnnutzung zugrunde gelegt.

100 Prozent	für gewerbliche Nutzung wie z. B. Büros, Praxen, Geschäfte und vergleichbare Nutzungen bzw. gewerblich genutzte Objekte mit vergleichbaren Baukosten, wenn der Vermieter die Instandhaltung für „Dach und Fach" trägt
50 Prozent	für gewerbliche Nutzung wie z. B. SB-Verbrauchermärkte und vergleichbare Nutzungen bzw. gewerblich genutzte Objekte mit vergleichbaren Baukosten, wenn der Vermieter die Instandhaltung für „Dach und Fach" trägt
30 Prozent	für gewerbliche Nutzung wie z. B. Lager-, Logistik- und Produktionshallen und vergleichbare Nutzungen bzw. gewerblich genutzte Objekte mit vergleichbaren Baukosten, wenn der Vermieter die Instandhaltung für „Dach und Fach" trägt

3. Mietausfallwagnis

4 Prozent	des marktüblich erzielbaren Rohertrags bei reiner bzw. gemischter gewerblicher Nutzung

III. Jährliche Anpassung
Die Anpassung der Werte nach den Nummern I.1 und I.2 erfolgt jährlich auf der Grundlage der in Satz 3 genannten Basiswerte mit dem Prozentsatz, um den sich der vom Statistischen Bundesamt festgestellte Verbraucherpreisindex für Deutschland für den Monat Oktober 2001 gegenüber demjenigen für den Monat Oktober des Jahres, das dem Stichtag der Ermittlung des Liegenschaftszinssatzes vorausgeht, erhöht oder verringert hat. Die Werte für die Instandhaltungskosten pro m² sind auf eine Nachkommastelle und bei den Instandhaltungskosten pro Garage oder ähnlichem Einstellplatz sowie bei Verwaltungskosten kaufmännisch auf den vollen Euro zu runden.

Anlage 198.2

Zu § 198 BewG

Es wird von folgenden Basiswerten für die Verwaltungs- und Instandhaltungskosten ausgegangen:

1. Verwaltungskosten

230 Euro	jährlich je Wohnung bzw. je Wohngebäude bei Ein- und Zweifamilienhäusern
275 Euro	jährlich je Eigentumswohnung
30 Euro	jährlich je Garage oder ähnlichem Einstellplatz

2. Instandhaltungskosten

9,00 Euro	jährlich je Quadratmeter Wohnfläche, wenn die Schönheitsreparaturen von den Mietern getragen werden
68 Euro	jährlich je Garage oder ähnlichem Einstellplatz einschließlich der Kosten für Schönheitsreparaturen

Zu § 198 BewG

Anlage 198.2

Anlage 4
(zu § 12 Absatz 5 Satz 3)

Normalherstellungskosten 2010 (NHK 2010)

I. Grundlagen

1. Allgemeines

(1) Bei Ermittlung der Sachwertfaktoren sind der Ermittlung der durchschnittlichen Herstellungskosten die Modellkosten dieser Anlage zugrunde zu legen.

(2) Die Kostenkennwerte der Normalherstellungskosten 2010 nach Nummer II beziehen sich auf eine Art der baulichen Anlage (Gebäudeart) unter Berücksichtigung einer Standardstufe. Die Zuordnung des Wertermittlungsobjekts zu einer Gebäudeart erfolgt aufgrund seiner Nutzung. Die Zuordnung zu einer Standardstufe erfolgt nach Nummer III aufgrund seiner Standardmerkmale; dabei sind zur Ermittlung eines zutreffenden Kostenkennwerts alle wertrelevanten Standardmerkmale des Wertermittlungsobjekts sachverständig einzustufen, auch wenn sie nicht in Nummer III beschrieben sind.

(3) Die Normalherstellungskosten 2010 erfassen die Kostengruppen 300 und 400 der DIN 276[1]), die Umsatzsteuer und die üblicherweise entstehenden Baunebenkosten (Kostengruppen 730 und 771 der DIN 276², insbesondere Kosten für Planung, Baudurchführung, behördliche Prüfungen und Genehmigungen. Darüber hinaus enthalten sie weitere Angaben zur Höhe der eingerechneten Baunebenkosten, teilweise Korrekturfaktoren zur Anpassung des jeweiligen Kostenkennwerts wegen der speziellen Merkmale des Wertermittlungsobjekts sowie teilweise weitergehende Erläuterungen.

(4) Die Kostenkennwerte der Normalherstellungskosten sind in Euro pro Quadratmeter Grundfläche angegeben. Sie sind bezogen auf den im Jahresdurchschnitt bestehenden Kostenstand des Jahres 2010.

2. Brutto-Grundfläche

(1) Die Brutto-Grundfläche (BGF) ist die Summer der bezogen auf die jeweilige Gebäudeart marktüblich nutzbaren Grundflächen aller Grundrissebenen eines Bauwerks. Für die Ermittlung der Brutto-Grundfläche ist die DIN 277[2]) anzuwenden, deren Vorgaben für die Anwendung der Normalherstellungskosten durch die nachfolgenden Absätze teilweise ergänzt werden.

(2) In Anlehnung an die DIN 277³ sind bei den Grundflächen folgende Bereiche zu unterscheiden:
a) Bereich a: überdeckt und allseitig in voller Höhe umschlossen,
b) Bereich b: überdeckt, jedoch nicht allseitig in voller Höhe umschlossen,
c) Bereich c: nicht überdeckt.

Für die Ermittlung der Brutto-Grundfläche sind nur die Grundflächen der Bereiche a und b zu berücksichtigen. Balkone, einschließlich überdeckter Balkone, sind dem Bereich c zuzuordnen.

(3) Für die Ermittlung der Brutto-Grundfläche sind die äußeren Maße der Baukonstruktionen einschließlich Bekleidung in Höhe der Oberseite der Boden- oder Deckenbeläge anzusetzen.

(4) Nicht zur Brutto-Grundfläche gehören beispielsweise Flächen von neben dem Dachgeschoss bestehenden weiteren untergeordneten Ebenen innerhalb des Dachraums (Spitzböden), Flächen von Kriechkellern, Flächen, die ausschließlich der Wartung, Inspektion und Instandsetzung von Baukonstruktionen und technischen Anlagen dienen, sowie Flächen unter konstruktiven Hohlräumen, zum Beispiel über abgehängten Decken.

(5) Im Dachgeschoss richtet sich die Anrechenbarkeit der Grundflächen nach ihrer Nutzbarkeit. Ausreichend ist, wenn eine untergeordnete Nutzung möglich ist, die beispielsweise als Lager- und Abstellraum der Hauptnutzung dient (eingeschränkte Nutzbarkeit). Die Nutzbarkeit von Dachgeschossen setzt eine lichte Höhe von circa 1,25 Metern und ihre Begehbarkeit voraus; eine Begehbarkeit setzt eine feste Decke und die Zugänglichkeit voraus, wobei sich die Art der Zugänglichkeit nach der Intensität der Nutzung richtet. Nicht nutzbare Dachgeschossebenen sind nicht anzurechnen.

3. Besonderheiten und Grad der wirtschaftlichen Nutzbarkeit bei freistehenden Ein- und Zweifamilienhäusern, Doppelhäusern und Reihenhäusern

(1) Freistehende Ein- und Zweifamilienhäuser, Doppelhäuser und Reihenhäuser mit nicht nutzbaren Grundrissebenen im Dachraum sind der Gebäudeart mit Flachdach oder flach geneigtem Dach zuzuordnen.

---

1) DIN 276-1:2006-11, Kosten im Bauwesen – Teil 1: Hochbau. Das Normblatt ist bei der Beuth Verlag GmbH, 10772 Berlin, zu beziehen und ist bei dem Deutschen Patentamt archivmäßig gesichert niedergelegt.

2) DIN 277-1:2005-02, Grundflächen und Rauminhalte von Bauwerken im Hochbau – Teil 1: Begriffe, Ermittlungsgrundlagen. Das Normblatt ist bei der Beuth Verlag GmbH, 10772 Berlin, zu beziehen und ist bei dem Deutschen Patentamt archivmäßig gesichert niedergelegt.

Anlage 198.2 — Zu § 198 BewG

(2) Trotz gleicher Brutto-Grundfläche können sich bei freistehenden Ein- und Zweifamilienhäusern, Doppelhäusern und Reihenhäusern mit ausgebautem oder ausbaufähigem Dachgeschoss im Sinne der Absätze 3 und 4 Unterschiede hinsichtlich des Grades der wirtschaftlichen Nutzbarkeit ergeben, die insbesondere auf Unterschieden der Dachkonstruktion, der Gebäudegeometrie und der Giebelhöhe beruhen können.

(3) Bei Gebäuden mit nicht ausgebautem Dachgeschoss ist zu unterscheiden zwischen

a) Gebäuden mit Dachgeschossen, die nicht zu einer Wohnnutzung als Hauptnutzung ausbaubar sind, jedoch im Unterschied zur Gebäudeart mit Flachdach oder flach geneigtem Dach eine untergeordnete Nutzung zulassen (nicht ausbaufähig) und

b) Gebäuden mit Dachgeschossen, die für eine Wohnnutzung als Hauptnutzung ausbaubar sind.

Bei nicht ausgebauten Dachgeschossen, die nicht im Sinne des Satzes 1 Buchstabe a ausbaufähig sind, ist in der Regel ein Abschlag vom Kostenkennwert anzusetzen.

(4) Bei Gebäuden mit ausgebautem Dachgeschoss bestimmt sich der Grad der wirtschaftlichen Nutzbarkeit des Dachgeschosses insbesondere nach dem Verhältnis der vorhandenen Wohnfläche zur Grundfläche. Die Wohnfläche ist im Wesentlichen abhängig von Dachneigung, Giebelbreite und Drempelhöhe. Ein fehlender Drempel ist in der Regel durch Abschläge zu berücksichtigen. Ein ausgebauter Spitzboden im Sinne von Nummer 2 Absatz 4 ist in der Regel durch Zuschläge zu berücksichtigen.

(5) Ein teilweiser Ausbau des Dachgeschosses oder eine teilweise Unterkellerung können durch anteilige Heranziehung der jeweiligen Kostenkennwerte für die verschiedenen Gebäudearten berücksichtigt werden (Mischkalkulation).

II. Kostenkennwerte – Normalherstellungskosten 2010 (NHK 2010)
Inhaltsübersicht

Kostenkennwerte für
1. freistehende Ein- und Zweifamilienhäuser
   Doppel- und Reihenendhäuser
   Reihenmittelhäuser
2. Mehrfamilienhäuser
3. Wohnhäuser mit Mischnutzung, Banken und Geschäftshäuser
4. Bürogebäude
5. Gemeindezentren, Saalbauten, Veranstaltungsgebäude
6. Kindergärten, Schulen
7. Wohnheime, Alten- oder Pflegeheime
8. Krankenhäuser, Tageskliniken
9. Beherbergungsstätten, Verpflegungseinrichtungen
10. Sporthallen, Freizeitbäder oder Heilbäder
11. Verbrauchermärkte, Kauf- oder Warenhäuser, Autohäuser
12. Garagen
13. Betriebs- oder Werkstätten, Produktionsgebäude
14. Lagergebäude
15. sonstige Gebäude (Museen, Theater, Sakralbauten, Friedhofsgebäude)

landwirtschaftliche Betriebsgebäude
Reithallen, Pferdeställe
16. Reithallen
17. Pferdeställe

Rinderställe, Melkhäuser
18. Kälberställe
19. Jungvieh-, Mastbullen- oder Milchviehställe ohne Melkstand und Warteraum
20. Milchviehställe mit Melkstand und Milchlager
21. Melkhäuser mit Milchlager und Nebenräumen als Einzelgebäude ohne Warteraum und Selektion

Schweineställe
22. Ferkelaufzuchtställe
23. Mastschweineställe
24. Zuchtschweineställe, Deck-, Warte- oder Abferkelbereich
25. Abferkelstall als Einzelgebäude

Zu § 198 BewG   **Anlage 198.2**

Geflügelställe
26. Mastgeflügel, Bodenhaltung (Hähnchen, Puten, Gänse)
27. Legehennen, Bodenhaltung
28. Legehennen, Volierenhaltung
29. Legehennen, Kleingruppenhaltung, ausgestalteter Käfig

sonstige bauliche Anlagen
30. landwirtschaftliche Mehrzweckhallen
31. Außenanlagen zu allen landwirtschaftlichen Betriebsgebäuden

Anlage 198.2 — Zu § 198 BewG

1. Kostenkennwerte für freistehende Ein- und Zweifamilienhäuser, Doppelhäuser, Reihenhäuser[1]

Keller, Erdgeschoss

		Dachgeschoss voll ausgebaut						Dachgeschoss nicht ausgebaut						Flachdach oder flach geneigtes Dach				
Standardstufe		1	2	3	4	5		1	2	3	4	5		1	2	3	4	5
freistehende Einfamilienhäuser[2]	1.01	655	725	835	1005	1260	1.02	545	605	695	840	1050	1.03	705	785	900	1085	1360
Doppel- und Reihenendhäuser	2.01	615	685	785	945	1180	2.02	515	570	655	790	985	2.03	665	735	845	1020	1275
Reihenmittelhäuser	3.01	575	640	735	885	1105	3.02	480	535	615	740	925	3.03	620	690	795	955	1195

Keller-, Erd-, Obergeschoss

		Dachgeschoss voll ausgebaut						Dachgeschoss nicht ausgebaut						Flachdach oder flach geneigtes Dach				
Standardstufe		1	2	3	4	5		1	2	3	4	5		1	2	3	4	5
freistehende Einfamilienhäuser[2]	1.11	655	725	835	1005	1260	1.12	570	635	730	880	1100	1.13	665	740	850	1025	1285
Doppel- und Reihenendhäuser	2.11	615	685	785	945	1180	2.12	535	595	685	825	1035	2.13	625	695	800	965	1205
Reihenmittelhäuser	3.11	575	640	735	885	1105	3.12	505	560	640	775	965	3.13	585	650	750	905	1130

Erdgeschoss, nicht unterkellert

		Dachgeschoss voll ausgebaut						Dachgeschoss nicht ausgebaut						Flachdach oder flach geneigtes Dach				
Standardstufe		1	2	3	4	5		1	2	3	4	5		1	2	3	4	5
freistehende Einfamilienhäuser[2]	1.21	790	875	1005	1215	1515	1.22	585	650	745	900	1125	1.23	920	1025	1180	1420	1775
Doppel- und Reihenendhäuser	2.21	740	825	945	1140	1425	2.22	550	610	700	845	1055	2.23	865	965	1105	1335	1670
Reihenmittelhäuser	3.21	695	770	885	1065	1335	3.22	515	570	655	790	990	3.23	810	900	1035	1250	1560

Erd-, Obergeschoss, nicht unterkellert

		Dachgeschoss voll ausgebaut						Dachgeschoss nicht ausgebaut						Flachdach oder flach geneigtes Dach				
Standardstufe		1	2	3	4	5		1	2	3	4	5		1	2	3	4	5
freistehende Einfamilienhäuser[2]	1.31	720	800	920	1105	1385	1.32	620	690	790	955	1190	1.33	785	870	1000	1205	1510
Doppel- und Reihenendhäuser	2.31	675	750	865	1040	1300	2.32	580	645	745	895	1120	2.33	735	820	940	1135	1415
Reihenmittelhäuser	3.31	635	705	810	975	1215	3.32	545	605	695	840	1050	3.33	690	765	880	1060	1325

[1] einschließlich Baunebenkosten in Höhe von 17%
[2] Korrekturfaktor für freistehende Zweifamilienhäuser: 1,05

Zu § 198 BewG **Anlage 198.2**

2. Kostenkennwerte für Mehrfamilienhäuser[3]

		Standardstufe		
		3	4	5
4.1	Mehrfamilienhäuser [4,5] mit bis zu 6 WE	825	985	1190
4.2	Mehrfamilienhäuser [4,5] mit 7 bis 20 WE	765	915	1105
4.3	Mehrfamilienhäuser [4,5] mit mehr als 20 WE	755	900	1090

[3] einschließlich Baunebenkosten in Höhe von   Gebäudeart   4.1–4.3   19 %

[4] Korrekturfaktoren für die Wohnungsgröße   ca. 35 m² WF/WE = 1,10
   ca. 50 m² WF/WE = 1,00
   ca. 135 m² WF/WE = 0,85

[5] Korrekturfaktoren für die Grundrissart   Einspänner = 1,05
   Zweispänner = 1,00
   Dreispänner = 0,97
   Vierspänner = 0,95

3. Kostenkennwerte für Wohnhäuser mit Mischnutzung, Banken und Geschäftshäuser[6]

		Standardstufe		
		3	4	5
5.1	Wohnhäuser mit Mischnutzung [7,8,9]	860	1085	1375
5.2	Banken und Geschäftshäuser mit Wohnungen [10]	890	1375	1720
5.3	Banken und Geschäftshäuser ohne Wohnungen	930	1520	1900

[6] einschließlich Baunebenkosten in Höhe von   Gebäudeart   5.1   18 %
   Gebäudeart   5.2–5.3   22 %

[7] Korrekturfaktoren für die Wohnungsgröße   ca. 35 m² WF/WE = 1,10
   ca. 50 m² WF/WE = 1,00
   ca. 135 m² WF/WE = 0,85

[8] Korrekturfaktoren für die Grundrissart   Einspänner = 1,05
   Zweispänner = 1,00
   Dreispänner = 0,97
   Vierspänner = 0,95

[9] Wohnhäuser mit Mischnutzung sind Gebäude mit überwiegend Wohnnutzung und einem geringen gewerblichen Anteil. Anteil der Wohnfläche ca. 75 %. Bei deutlich abweichenden Nutzungsanteilen ist eine Ermittlung durch Gebäudemix sinnvoll.

[10] Geschäftshäuser sind Gebäude mit überwiegend gewerblicher Nutzung und einem geringen Wohnanteil. Anteil der Wohnfläche ca. 20–25 %.

Anlage 198.2

Zu § 198 BewG

4. Kostenkennwerte für Bürogebäude[11]

		Standardstufe		
		3	4	5
6.1	Bürogebäude, Massivbau	1040	1685	1900
6.2	Bürogebäude, Stahlbetonskelettbau	1175	1840	2090

[11] einschließlich Baunebenkosten in Höhe von   Gebäudeart   6.1–6.2   18 %

5. Kostenkennwerte für Gemeindezentren, Saalbauten, Veranstaltungsgebäude[12]

		Standardstufe		
		3	4	5
7.1	Gemeindezentren	1130	1425	1905
7.2	Saalbauten/Veranstaltungsgebäude	1355	1595	2085

[12] einschließlich Baunebenkosten in Höhe von   Gebäudeart   7.1–7.2   18 %

6. Kostenkennwerte für Kindergärten, Schulen[13]

		Standardstufe		
		3	4	5
8.1	Kindergärten	1300	1495	1900
8.2	Allgemeinbildende Schulen, Berufsbildende Schulen	1450	1670	2120
8.3	Sonderschulen	1585	1820	2315

[13] einschließlich Baunebenkosten in Höhe von   Gebäudeart   8.1   20 %
                                                                Gebäudeart   8.2   21 %
                                                                Gebäudeart   8.3   17 %

7. Kostenkennwerte für Wohnheime, Alten- oder Pflegeheime[14]

		Standardstufe		
		3	4	5
9.1	Wohnheime/Internate	1000	1225	1425
9.2	Alten-/Pflegeheime	1170	1435	1665

[14] einschließlich Baunebenkosten in Höhe von   Gebäudeart   9.1–9.2   18 %

8. Kostenkennwerte für Krankenhäuser, Tageskliniken[15]

		Standardstufe		
		3	4	5
10.1	Krankenhäuser/Kliniken	1720	2080	2765
10.2	Tageskliniken/Ärztehäuser	1585	1945	2255

[15] einschließlich Baunebenkosten in Höhe von   Gebäudeart   10.1–10.2   21 %

Zu § 198 BewG   **Anlage 198.2**

9. Kostenkennwerte für Beherbergungsstätten, Verpflegungseinrichtungen[16]

		Standardstufe		
		3	4	5
11.1	Hotels	1385	1805	2595

[16] einschließlich Baunebenkosten in Höhe von   Gebäudeart   11.1   21 %

10. Kostenkennwerte für Sporthallen, Freizeitbäder oder Heilbäder[17]

		Standardstufe		
		3	4	5
12.1	Sporthallen (Einfeldhallen)	1320	1670	1955
12.2	Sporthallen (Dreifeldhallen/Mehrzweckhallen)	1490	1775	2070
12.3	Tennishallen	1010	1190	1555
12.4	Freizeitbäder/Heilbäder	2450	2985	3840

[17] einschließlich Baunebenkosten in Höhe von   Gebäudeart   12.1 + 12.3   17 %
    Gebäudeart   12.2   19 %
    Gebäudeart   12.4   24 %

11. Kostenkennwerte für Verbrauchermärkte, Kauf- oder Warenhäuser, Autohäuser[18]

		Standardstufe		
		3	4	5
13.1	Verbrauchermärkte	720	870	1020
13.2	Kauf-/Warenhäuser	1320	1585	1850
13.4	Autohäuser ohne Werkstatt	940	1240	1480

[18] einschließlich Baunebenkosten in Höhe von   Gebäudeart   13.1   16 %
    Gebäudeart   13.2   22 %
    Gebäudeart   13.3   21 %

12. Kostenkennwerte für Garagen[19]

		Standardstufe		
		3	4	5
14.1	Einzelgaragen/Mehrfachgaragen[20]	245	485	780
14.2	Hochgaragen	480	655	780
14.3	Tiefgaragen	560	715	850
14.4	Nutzfahrzeuggaragen	530	680	810

[19] einschließlich Baunebenkosten in Höhe von   Gebäudeart   14.1   12 %
    Gebäudeart   14.2–14.3   15 %
    Gebäudeart   14 4   13 %

[20] **Standardstufe 3:** Fertiggaragen: **Standardstufe 4:** Garagen in Massivbauweise; **Standardstufe 5:** individuelle Garagen in Massivbauweise mit besonderen Ausführungen wie Ziegeldach. Gründach. Bodenbeläge, Fliesen o. ä , Wasser, Abwasser und Heizung

Anlage 198.2

Zu § 198 BewG

13. Kostenkennwerte für Betriebs- oder Werkstätten, Produktionsgebäude[21]

		Standardstufe		
		3	4	5
15.1	Betriebs-/Werkstätten, eingeschossig	970	1165	1430
15.2	Betriebs-/Werkstätten, mehrgeschossig ohne Hallenanteil	910	1090	1340
15.3	Betriebs-/Werkstätten, mehrgeschossig, hoher Hallenanteil	620	860	1070
15.4	Industrielle Produktionsgebäude, Massivbauweise	950	1155	1440
15.5.	Industrielle Produktionsgebäude, überwiegend Skelettbauweise	700	965	1260

[21] einschließlich Baunebenkosten in Höhe von   Gebäudeart   15.1–15.4   19 %
                                                                                                   Gebäudeart   15.5   18 %

14. Kostenkennwerte für Lagergebäude[22]

		Standardstufe		
		3	4	5
16.1	Lagergebäude ohne Mischnutzung, Kaltlager	350	490	640
16.2	Lagergebäude mit bis zu 25 % Mischnutzung [23]	550	690	880
16.3	Lagergebäude mit mehr als 25 % Mischnutzung [23]	890	1095	1340

[22] einschließlich Baunebenkosten in Höhe von   Gebäudeart   16.1   16 %
                                                                                                   Gebäudeart   16.2   17 %
                                                                                                   Gebäudeart   16.3   18 %

[23] Lagergebäude mit Mischnutzung sind Gebäude mit einem überwiegenden Anteil an Lagernutzung und einem geringeren Anteil an anderen Nutzungen wie Büro, Sozialräume, Ausstellungs- oder Verkaufsflächen etc.

15. Kostenkennwerte für sonstige Gebäude (Museen, Theater, Sakralbauten, Friedhofsgebäude[24])

		Standardstufe		
		3	4	5
17.1	Museen	1880	2295	2670
17.2	Theater	2070	2625	3680
17.3	Sakralbauten	1510	2060	2335
17.4	Friedhofsgebäude	1320	1490	1720

[24] einschließlich Baunebenkosten in Höhe von   Gebäudeart   17.1   18 %
                                                                                                    Gebäudeart   17.2   22 %
                                                                                                    Gebäudeart   17.3   16 %
                                                                                                    Gebäudeart   17.4   19 %

Zu § 198 BewG **Anlage 198.2**

16. Kostenkennwerte für Reithallen

18.1.1 Reithallen			
Standardstufe	3	4	5
300 Bauwerk – Baukonstruktion	215	235	280
400 Bauwerk – Technische Anlagen	20	25	30
Bauwerk	235	260	310
einschließlich Baunebenkosten in Höhe von	12 %		
Traufhöhe	5,00 m		
BGF/Nutzeinheit	–		
Korrekturfaktoren	Gebäudegröße BGF 500 m² 1,20 1000 m² 1,00 1500 m² 0,90		

17. Kostenkennwerte für Pferdeställe

18.1.2 Pferdeställe			
Standardstufe	3	4	5
300 Bauwerk – Baukonstruktion	310	450	535
400 Bauwerk – Technische Anlagen	55	70	90
Bauwerk	365	520	625
einschließlich Baunebenkosten in Höhe von	12 %		
Traufhöhe	3,50 m		
BGF/Nutzeinheit	15,00–20,00 m²/Tier		
Korrekturfaktoren	Gebäudegröße BGF 250 m² 1,20 500 m² 1,00 750 m² 0,90		

18. Kostenkennwerte für Kälberställe

18.2.1 Kälberställe			
Standardstufe	3	4	5
300 Bauwerk – Baukonstuktion	335	375	455
400 Bauwerk – Technische Anlagen	145	165	195
Bauwerk	480	540	650
einschließlich Baunebenkosten in Höhe von	12 %		
Traufhöhe	3,00 m		
BGF/Nutzeinheit	4,00–4,50 m²/Tier		
Korrekturfaktoren	Gebäudegröße BGF 100 m² 1,20 150 m² 1,00 250 m² 0,90	Unterbau Güllekanäle (Tiefe 1,00 m) 1,05 ohne Güllekanäle 1,00		

Anlage 198.2

Zu § 198 BewG

19. Kostenkennwerte für Jungvieh-, Mastbullen- oder Milchviehställe ohne Melkstand und Warteraum

18.2.2 Jungvieh-/Mastbullen-/Milchviehstände ohne Melkstand und Warteraum			
Standardstufe	3	4	5
300 Bauwerk – Baukonstuktion	235	260	310
400 Bauwerk – Technische Anlagen	55	65	80
Bauwerk	290	325	390
einschließlich Baunebenkosten in Höhe von	12 %		
Traufhöhe	4,00 m		
BGF/Nutzeinheit	6,50–10,50 m²/Tier		
Korrekturfaktoren	Gebäudegröße BGF 500 m² 1,20 1000 m² 1,00 1500 m² 0,90	Unterbau Güllekanäle (Tiefe 1,00 m) 1,20 ohne Güllekanäle 1,00 Güllelagerraum (Tiefe 2,00 m) 1,40	

20. Kostenkennwerte für Milchviehställe mit Melkstand und Milchlager

18.2.3 Milchviehställe mit Melkstand und Milchlager			
Standardstufe	3	4	5
300 Bauwerk – Baukonstuktion	225	255	310
400 Bauwerk – Technische Anlagen	100	110	130
Bauwerk	325	365	440
einschließlich Baunebenkosten in Höhe von	12 %		
Traufhöhe	4,00 m		
BGF/Nutzeinheit	10,00–15,00 m²/Tier		
Korrekturfaktoren	Gebäudegröße BGF 1000 m² 1,20 1500 m² 1,00 2000 m² 0,90	Unterbau Güllekanäle (Tiefe 1,00 m) 1,20 ohne Güllekanäle 1,00 Güllelagerraum (Tiefe 2,00 m) 1,40	

21. Kostenkennwerte für Melkhäuser mit Milchlager und Nebenräumen als Einzelgebäude ohne Warteraum und Selektion

18.2.4 Melkhäuser mit Milchlager und Nebenräumen als Einzelgebäude ohne Warteraum und Selektion			
Standardstufe	3	4	5
300 Bauwerk – Baukonstuktion	700	780	935
400 Bauwerk – Technische Anlagen	470	520	625
Bauwerk	1170	1300	1560
einschließlich Baunebenkosten in Höhe von	12 %		
Traufhöhe	3,00 m		
BGF/Nutzeinheit	–		
Korrekturfaktoren	Gebäudegröße BGF 100 m² 1,20 150 m² 1,00 250 m² 0,90		

Zu § 198 BewG **Anlage 198.2**

22. Kostenkennwerte für Ferkelaufzuchtställe

18.3.1 Ferkelaufzuchtställe			
Standardstufe	3	4	5
300 Bauwerk – Baukonstuktion	300	330	395
400 Bauwerk – Technische Anlagen	155	175	215
Bauwerk	455	505	610
einschließlich Baunebenkosten in Höhe von	12 %		
Traufhöhe	3,00 m		
BGF/Nutzeinheit	0,45–0,65 m²/Tier		
Korrekturfaktoren	Gebäudegröße BGF 400 m²　　1,20 600 m²　　1,00 800 m²　　0,90	Unterbau Güllekanäle (Tiefe 0,60 m)　1,10 ohne Güllekanäle　　　　　　1,00 Güllelagerraum (Tiefe 1,50 m) 1,20	

23. Kostenkennwerte für Mastschweineställe

18.3.2 Mastschweineställe			
Standardstufe	3	4	5
300 Bauwerk – Baukonstuktion	290	325	400
400 Bauwerk – Technische Anlagen	125	145	170
Bauwerk	415	470	570
einschließlich Baunebenkosten in Höhe von	12 %		
Traufhöhe	3,00 m		
BGF/Nutzeinheit	0,90–1,30 m²/Tier		
Korrekturfaktoren	Gebäudegröße BGF 750 m²　　1,20 1250 m²　　1,00 2000 m²　　0,90	Unterbau Güllekanäle (Tiefe 0,60 m)　1,10 ohne Güllekanäle　　　　　　1,00 Güllelagerraum (Tiefe 1,50 m) 1,20	

24. Kostenkennwerte für Zuchtschweineställe, Deck-, Warte- oder Abferkelbereich

18.3.3 Zuchtschweineställe/ Deck-/Warte-/Abferkelbereich			
Standardstufe	3	4	5
300 Bauwerk – Baukonstuktion	305	340	405
400 Bauwerk – Technische Anlagen	165	180	220
Bauwerk	470	520	625
einschließlich Baunebenkosten in Höhe von	12 %		
Traufhöhe	3,00 m		
BGF/Nutzeinheit	4,50–5,00 m²/Tier		
Korrekturfaktoren	Gebäudegröße BGF 750 m²　　1,20 1250 m²　　1,00 2000 m²　　0,90	Unterbau Güllekanäle (Tiefe 0,60 m)　1,10 ohne Güllekanal　　　　　　　1,00 Güllelagerraum (Tiefe 1,50 m) 1,20	

Anlage 198.2

Zu § 198 BewG

25. Kostenkennwerte für Abferkelstall als Einzelgebäude

18.3.4 Abferkelstall als Einzelgebäude

Standardstufe	3	4	5
300 Bauwerk – Baukonstuktion	320	350	420
400 Bauwerk – Technische Anlagen	205	235	280
Bauwerk	525	585	700
einschließlich Baunebenkosten in Höhe von	12 %		
Traufhöhe	3,00 m		
BGF/Nutzeinheit	6,30–6,50 m²/Tier		
Korrekturfaktoren	Gebäudegröße BGF 200 m² 1,20 400 m² 1,00 600 m² 0,90	Unterbau Güllekanäle (Tiefe 0,60 m) 1,10 ohne Güllekanäle 1,00	

26. Kostenkennwerte für Mastgeflügel, Bodenhaltung (Hähnchen, Puten, Gänse)

18.4.1 Mastgeflügel, Bodenhaltung (Hähnchen, Puten, Gänse)

Standardstufe	3	4	5
300 Bauwerk – Baukonstuktion	219	235	280
400 Bauwerk – Technische Anlagen	50	55	70
Bauwerk	260	290	350
einschließlich Baunebenkosten in Höhe von	12 %		
Traufhöhe	3,00 m		
BGF/Nutzeinheit	0,05–0,06 m²/Tier		
Korrekturfaktoren	Gebäudegröße BGF 1000 m² 1,20 1900 m² 1,00 3800 m² 0,90		

27. Kostenkennwerte für Legehennen, Bodenhaltung

18.4.2 Legehennen, Bodenhaltung

Standardstufe	3	4	5
300 Bauwerk – Baukonstuktion	290	325	390
400 Bauwerk – Technische Anlagen	130	145	170
Bauwerk	420	470	560
einschließlich Baunebenkosten in Höhe von	12 %		
Traufhöhe	3,00 m		
BGF/Nutzeinheit	0,15–0,20 m²/Tier		
Korrekturfaktoren	Gebäudegröße BGF 1000 m² 1,20 2500 m² 1,00 3500 m² 0,90	Unterbau Kotgrube (Tiefe 1,00 m) 1,10	

28. Kostenkennwerte für Legehennen, Volierenhaltung

18.4.3 Legehennen, Volierenhaltung			
Standardstufe	3	4	5
300 Bauwerk – Baukonstuktion	335	370	445
400 Bauwerk – Technische Anlagen	275	305	365
Bauwerk	610	675	810
einschließlich Baunebenkosten in Höhe von	12 %		
Traufhöhe	3,00 m		
BGF/Nutzeinheit	0,07–0,10 m²/Tier		
Korrekturfaktoren	Gebäudegröße BGF 500 m² 1,20 1600 m² 1,00 2200 m² 0,90		

29. Kostenkennwerte für Legehennen, Kleingruppenhaltung, ausgestalteter Käfig

18.4.4 Legehennen, Kleingruppenhaltung, ausgestalteter Käfig			
Standardstufe	3	4	5
300 Bauwerk – Baukonstuktion	340	370	450
400 Bauwerk – Technische Anlagen	335	370	445
Bauwerk	675	740	895
einschließlich Baunebenkosten in Höhe von	12 %		
Traufhöhe	3,00 m		
BGF/Nutzeinheit	0,05–0,07 m²/Tier		
Korrekturfaktoren	Gebäudegröße BGF 500 m² 1,20 1200 m² 1,00 1500 m² 0,90		

30. Kostenkennwerte für landwirtschaftliche Mehrzweckhallen

18.5 Landwirtschaftliche Mehrzweckhallen			
Standardstufe	3	4	5
300 Bauwerk – Baukonstuktion	230	255	330
400 Bauwerk – Technische Anlagen	15	15	20
Bauwerk	245	270	350
einschließlich Baunebenkosten in Höhe von	11 %		
Traufhöhe	5,00 m		
BGF/Nutzeinheit	–		
Korrekturfaktoren	Gebäudegröße BGF 250 m² 1,20 800 m² 1,00 1500 m² 0,90	Unterbau Remise (ohne Betonboden) 0,80	

Anlage 198.2

Zu § 198 BewG

31. Kostenkennwerte für Außenanlagen zu allen landwirtschaftlichen Betriebsgebäuden

Raufutter-Fahrsilo	60–100 €/m³ Nutzraum
Kraftfutter-Hochsilo	70–350 €/m³ Nutzraum
Fertigfutter-Hochsilo	170–350 €/m³ Nutzraum
Mistlager	60–100 €/m³ Nutzraum
Beton-Güllebehälter	30–60 €/m³ Nutzraum
Waschplatz (4,00 × 5,00 m) mit Kontrollschacht und Ölabscheider	4000–5000 €/Stck.
Vordach am Hauptdach angeschleppt	80–100 €/m²
Hofbefestigung aus Beton-Verbundsteinen	40–50 €/m²
Laufhof für Rinder	70–100 €/m² Nutzfläche
Auslauf mit Spaltenboden	150–220 €/m² Nutzfläche
Auslauf, Wintergarten für Geflügel	100–120 €/m² Nutzfläche
Schüttwände bis 3,00 m Höhe	100–125 €/m²

III. Beschreibung der Standards der baulichen Anlagen (Gebäudestandards)
zur Ermittlung der Kostenkennwerte
Inhaltsübersicht

Beschreibung der Gebäudestandards für
1. Freistehende Ein- und Zweifamilienhäuser, Doppelhäuser und Reihenhäuser
2. Mehrfamilienhäuser, Wohnhäuser mit Mischnutzung
3. Bürogebäude, Banken, Geschäftshäuser
4. Gemeindezentren, Saalbauten oder Veranstaltungsgebäude, Kindergärten, Schulen
5. Wohnheime, Alten- oder Pflegeheime, Krankenhäuser, Tageskliniken, Beherbergungsstätten, Verpflegungseinrichtungen
6. Sporthallen, Freizeitbäder/Heilbäder
7. Verbrauchermärkte, Kauf- oder Warenhäuser, Autohäuser
8. Garagen
9. Betriebs- oder Werkstätten, Produktionsgebäude, Lagergebäude
10. Reithallen
11. Pferdeställe
12. Rinderställe und Melkhäuser
13. Schweineställe
14. Geflügelställe
15. landwirtschaftliche Mehrzweckhallen

Zu § 198 BewG   Anlage 198.2

1. Beschreibung der Gebäudestandards für freistehende Ein- und Zweifamilienhäuser, Doppelhäuser und Reihenhäuser

	Standardstufe					Wägungsanteil
	1	2	3	4	5	
Außenwände	Holzfachwerk, Ziegelmauerwerk; Fugenglattstrich, Putz, Verkleidung mit Faserzementplatten, Bitumen-Schindeln oder einfache Kunststoff-platten; kein oder deutlich nicht zeitgemäßer Wärmeschutz (vor ca. 1980)	ein-/zweischaliges Mauerwerk, z. B. Gitterziegel oder Hohlblocksteine; verputzt und gestrichen oder Holzverkleidung; nicht zeitgemäßer Wärmeschutz (vor ca. 1995)	ein-/zweischaliges Mauerwerk, z. B. aus Leichtziegeln, Kalksandsteinen, Gasbetonsteinen; Edelputz; Wärmedämmverbundsystem oder Wärmedämmputz (nach ca. 1995)	Verblendmauerwerk, zweischalig, hinterlüftet, Vorhangfassade (z. B. Naturschiefer); Wärmedämmung (nach ca. 2005)	aufwendig gestaltete Fassaden mit konstruktiver Gliederung (Säulenstellungen, Erker etc.), Sichtbeton-Fertigteile, Natursteinfassade, Elemente aus Kupfer-/Eloxalblech, mehrgeschossige Glasfassaden; Dämmung im Passivhausstandard	23
Dach	Dachpappe, Faserzementplatten/Wellplatten; keine bis geringe Dachdämmung	einfache Betondachsteine oder Tondachziegel, Bitumenschindeln; nicht zeitgemäße Dachdämmung (vor ca. 1995)	Faserzement-Schindeln, beschichtete Betondachsteine und Tondachziegel, Folienabdichtung; Rinnen und Fallrohre aus Zinkblech; Dachdämmung (nach ca. 1995)	glasierte Tondachziegel, Flachdachausbildung tlw. als Dachterrassen; Konstruktion in Brettschichtholz, schweres Massivflachdach; besondere Dachformen, z. B. Mansarden-, Walmdach; Aufsparrendämmung, überdurchschnittliche Dämmung (nach ca. 2005)	hochwertige Eindeckung, z. B. aus Schiefer oder Kupfer, Dachbegrünung, befahrbares Flachdach; aufwendig gegliederte Dachlandschaft, sichtbare Bogendachkonstruktionen; Rinnen und Fallrohre aus Kupfer; Dämmung im Passivhausstandard	15
Fenster und Außentüren	Einfachverglasung; einfache Holztüren	Zweifachverglasung (vor ca. 1995); Haustür mit nicht zeitgemäßem Wärmeschutz (vor ca. 1995)	Zweifachverglasung (nach ca. 1995), Rollläden (manuell); Haustür mit zeitgemäßem Wärmeschutz (nach ca. 1995)	Dreifachverglasung, Sonnenschutzglas, aufwendigere Rahmen, Rollläden (elektr.); höherwertige Türanlage z. B. mit Seitenteil, besonderer Einbruchschutz	große, feststehende Fensterflächen, Spezialverglasung (Schall- und Sonnenschutz); Außentüren in hochwertigen Materialien	11
Innenwände und -türen	Fachwerkwände, einfache Putze/Lehmputze, einfache Kalkanstriche; Füllungstüren, gestrichen, mit einfachen Beschlägen ohne Dichtungen	massive tragende Innenwände, nicht tragende Wände in Leichtbauweise (z. B. Holzständerwände mit Gipskarton), Gipsdielen; leichte Türen, Stahlzargen	nicht tragende Innenwände in massiver Ausführung bzw. mit Dämmmaterial gefüllte Ständerkonstruktionen; schwere Türen, Holzzargen	Sichtmauerwerk, Wandvertäfelungen (Holzpaneele); Massivholztüren, Schiebetürelemente, Glastüren, strukturierte Türblätter	gestaltete Wandabläufe, z. B. Pfeilervorlagen, abgesetzte oder geschwungene Wandpartien; Vertäfelungen (Edelholz, Metall), Akkustikputz, Brandschutzverkleidung; raumhohe aufwendige Türelemente	11
Deckenkonstruktion und Treppen	Holzbalkendecken ohne Füllung, Spalierputz; Weichholztreppen in einfacher Art und Ausführung; kein Trittschallschutz	Holzbalkendecken mit Füllung, Kappendecken; Stahl- oder Hartholztreppen in einfacher Art und Ausführung	Beton- und Holzbalkendecken mit Tritt- und Luftschallschutz (z. B. schwimmender Estrich), geradläufige Treppen aus Stahlbeton oder Stahl, Harfentreppe, Trittschallschutz	Decken mit größerer Spannweite, Deckenverkleidung (Holzpaneele/Kassetten); gewendelte Treppen aus Stahlbeton oder Stahl, Hartholztreppenanlage in besserer Art und Ausführung	Decken mit großen Spannweiten, gegliedert, Deckenvertäfelungen (Edelholz, Metall); breite Stahlbeton-, Metall- oder Hartholztreppenanlage mit hochwertigem Geländer	11

Anlage 198.2

Zu § 198 BewG

	Standardstufe					Wägungs-anteil
	1	2	3	4	5	
Fußböden	ohne Belag	Linoleum-, Teppich-, Laminat- und PVC-Böden einfacher Art und Ausführung	Linoleum-, Teppich-, Laminat- und PVC-Böden besserer Art und Ausführung, Fliesen, Kunststeinplatten	Natursteinplatten, Fertigparkett, hochwertige Fliesen, Terrazzobelag, hochwertige Massivholzböden auf gedämmter Unterkonstruktion	hochwertiges Parkett, hochwertige Natursteinplatten, hochwertige Edelholzböden auf gedämmter Unterkonstruktion	5
Sanitäreinrichtungen	einfaches Bad mit Stand-WC; Installation auf Putz; Ölfarbenanstrich, einfache PVC-Bodenbeläge	1 Bad mit WC, Dusche oder Badewanne; einfache Wand- und Bodenfliesen, teilweise gefliest	1 Bad mit WC, Dusche und Badewanne, Gäste-WC; Wand- und Bodenfliesen, raumhoch gefliest	1–2 Bäder mit tlw. zwei Waschbecken, tlw. Bidet/Urinal, Gäste-WC, bodengleiche Dusche; Wand- und Bodenfliesen; jeweils in gehobener Qualität	mehrere großzügige, hochwertige Bäder, Gäste-WC; hochwertige Wand- und Bodenplatten (oberflächenstrukturiert, Einzel- und Flächendekors)	9
Heizung	Einzelöfen, Schwerkraftheizung	Fern- oder Zentralheizung, einfache Warmluftheizung, einzelne Gasaußenwandthermen, Nachtstromspeicher-, Fußbodenheizung (vor ca. 1995)	elektronisch gesteuerte Fern- oder Zentralheizung, Niedertemperatur- oder Brennwertkessel	Fußbodenheizung, Solarkollektoren für Warmwassererzeugung, zusätzlicher Kaminanschluss	Solarkollektoren für Warmwassererzeugung und Heizung, Blockheizkraftwerk, Wärmepumpe, Hybrid-Systeme; aufwendige zusätzliche Kaminanlage	9
Sonstige technische Ausstattung	sehr wenige Steckdosen, Schalter und Sicherungen, kein Fehlerstromschutzschalter (FI-Schalter), Leitungen teilweise auf Putz	wenige Steckdosen, Schalter und Sicherungen	zeitgemäße Anzahl an Steckdosen und Lichtauslässen, Zählerschrank (ab ca. 1985) mit Unterverteilung und Kippsicherungen	zahlreiche Steckdosen und Lichtauslässe, hochwertige Abdeckungen, dezentrale Lüftung mit Wärmetauscher, mehrere LAN- und Fernsehanschlüsse	Video- und zentrale Alarmanlage, zentrale Lüftung mit Wärmetauscher, Klimaanlage, Bussystem	6

Zu § 198 BewG   Anlage 198.2

2. Beschreibung der Gebäudestandards für Mehrfamilienhäuser, Wohnhäuser mit Mischnutzung

	Standardstufe		
	3	4	5
Außenwände	ein-/zweischaliges Mauerwerk, z. B. aus Leichtziegeln, Kalksandsteinen, Gasbetonsteinen; Edelputz; Wärmedämmverbundsystem oder Wärmedämmputz (nach ca. 1995)	Verblendmauerwerk, zweischalig, hinterlüftet, Vorhangfassade (z. B. Naturschiefer); Wärmedämmung (nach ca. 2005)	aufwendig gestaltete Fassaden mit konstruktiver Gliederung (Säulenstellungen, Erker etc.), Sichtbeton-Fertigteile, Natursteinfassade, Elemente aus Kupfer-/Eloxalblech, mehrgeschossige Glasfassaden; hochwertigste Dämmung
Dach	Faserzement-Schindeln, beschichtete Betondachsteine und Tondachziegel, Folienabdichtung; Dachdämmung (nach ca. 1995)	glasierte Tondachziegel; Flachdachausbildung tlw. als Dachterrasse; Konstruktion in Brettschichtholz, schweres Massivflachdach; besondere Dachform, z. B. Mansarden-, Walmdach; Aufsparrendämmung, überdurchschnittliche Dämmung (nach ca. 2005)	hochwertige Eindeckung z. B. aus Schiefer oder Kupfer, Dachbegrünung, befahrbares Flachdach; stark überdurchschnittliche Dämmung
Fenster und Außentüren	Zweifachverglasung (nach ca. 1995), Rollläden (manuell); Haustür mit zeitgemäßem Wärmeschutz (nach ca. 1995)	Dreifachverglasung, Sonnenschutzglas, aufwendigere Rahmen, Rollläden (elektr.); höherwertige Türanlagen z. B. mit Seitenteil, besonderer Einbruchschutz	große, feststehende Fensterflächen, Spezialverglasung (Schall- und Sonnenschutz); Außentüren in hochwertigen Materialien
Innenwände und -türen	nicht tragende Innenwände in massiver Ausführung bzw. mit Dämmmaterial gefüllte Ständerkonstruktionen; schwere Türen	Sichtmauerwerk; Massivholztüren, Schiebetürelemente, Glastüren, strukturierte Türblätter	gestaltete Wandabläufe (z. B. Pfeilervorlagen, abgesetzte oder geschwungene Wandpartien); Brandschutz-verkleidung; raumhohe aufwendige Türelemente
Deckenkonstruktion	Betondecken mit Tritt- und Luftschallschutz (z. B. schwimmender Estrich); einfacher Putz	zusätzlich Deckenverkleidung	Deckenvertäfelungen (Edelholz, Metall)
Fußböden	Linoleum-, Teppich-, Laminat- und PVC-Böden besserer Art und Ausführung, Fliesen, Kunststeinplatten	Natursteinplatten, Fertigparkett, hochwertige Fliesen, Terrazzobelag, hochwertige Massivholzböden auf gedämmter Unterkonstruktion	hochwertiges Parkett, hochwertige Natursteinplatten, hochwertige Edelholzböden auf gedämmter Unterkonstruktion
Sanitäreinrichtungen	1 Bad mit WC je Wohneinheit; Dusche und Badewanne; Wand- und Bodenfliesen, raumhoch gefliest	1 bis 2 Bäder je Wohneinheit mit tlw. zwei Waschbecken, tlw. Bidet/Urinal, Gäste-WC, bodengleiche Dusche; Wand- und Bodenfliesen jeweils in gehobener Qualität	2 und mehr Bäder je Wohneinheit; hochwertige Wand- und Bodenplatten (oberflächenstrukturiert, Einzel- und Flächendekors)
Heizung	elektronisch gesteuerte Fern- oder Zentralheizung, Niedertemperatur- oder Brennwertkessel	Fußbodenheizung, Solarkollektoren für Warmwassererzeugung	Solarkollektoren für Warmwassererzeugung und Heizung, Blockheizkraftwerk, Wärmepumpe, Hybrid-Systeme
Sonstige technische Ausstattung	zeitgemäße Anzahl an Steckdosen und Lichtauslässen; Zählerschrank (ab ca. 1985) mit Unterverteilung und Kippsicherungen	zahlreiche Steckdosen und Lichtauslässe, hochwertige Abdeckungen, dezentrale Lüftung mit Wärmetauscher, mehrere LAN- und Fernsehanschlüsse, Personenaufzugsanlagen	Video- und zentrale Alarmanlage, zentrale Lüftung mit Wärmetauscher, Klimaanlage; Bussystem; aufwendige Personenaufzugsanlagen

Anlage 198.2

Zu § 198 BewG

3. Beschreibung der Gebäudestandards für Bürogebäude, Banken, Geschäftshäuser

	Standardstufe		
	3	4	5
Außenwände	ein-/zweischalige Konstruktion; Wärmedämmverbundsystem oder Wärmedämmputz (nach ca. 1995)	Verblendmauerwerk, zweischalig, hinterlüftet, Vorhangfassade (z. B. Naturschiefer); Wärmedämmung (nach ca. 2005)	aufwendig gestaltete Fassaden mit konstruktiver Gliederung (Säulenstellungen, Erker etc.), Sichtbeton-Fertigteile, Natursteinfassade, Elemente aus Kupfer-/Eloxalblech, mehrgeschossige Glasfassaden; Vorhangfassade aus Glas; stark überdurchschnittliche Dämmung
Dach	Faserzement-Schindeln, beschichtete Betondachsteine und Tondachziegel, Folienabdichtung; Dachdämmung (nach ca. 1995)	glasierte Tondachziegel; schweres Massivflachdach; besondere Dachform; überdurchschnittliche Dämmung (nach ca. 2005)	hochwertige Eindeckung z. B. aus Schiefer oder Kupfer; Dachbegrünung; befahrbares Flachdach; aufwendig gegliederte Dachlandschaft; stark überdurchschnittliche Dämmung
Fenster und Außentüren	Zweifachverglasung (nach ca. 1995)	Dreifachverglasung, Sonnenschutzglas, aufwendigere Rahmen, höherwertige Türanlagen	große, feststehende Fensterflächen, Spezialverglasung (Schall- und Sonnenschutz); Außentüren in hochwertigen Materialien; Automatiktüren
Innenwände und -türen	nicht tragende Innenwände in massiver Ausführung; schwere Türen	Sichtmauerwerk, Massivholztüren, Schiebetürelemente, Glastüren, Innenwände für flexible Raumkonzepte (größere statische Spannweiten der Decken)	gestaltete Wandabläufe (z. B. Pfeilervorlagen, abgesetzte oder geschwungene Wandpartien); Wände aus großformatigen Glaselementen, Akustikputz, tlw. Automatiktüren; rollstuhlgerechte Bedienung
Deckenkonstruktion	Betondecken mit Tritt- und Luftschallschutz; einfacher Putz; abgehängte Decken	höherwertige abgehängte Decken	Deckenvertäfelungen (Edelholz, Metall)
Fußböden	Linoleum- oder Teppich-Böden besserer Art und Ausführung; Fliesen, Kunststeinplatten	Natursteinplatten, Fertigparkett, hochwertige Fliesen, Terrazzobelag, hochwertige Massivholzböden auf gedämmter Unterkonstruktion	hochwertiges Parkett, hochwertige Natursteinplatten, hochwertige Edelholzböden auf gedämmter Unterkonstruktion
Sanitäreinrichtungen	ausreichende Anzahl von Toilettenräumen in Standard-Ausführung	Toilettenräume in gehobenem Standard	großzügige Toilettenanlagen jeweils mit Sanitäreinrichtung in gehobener Qualität
Heizung	elektronisch gesteuerte Fern- oder Zentralheizung, Niedertemperatur- oder Brennwertkessel	Fußbodenheizung; Solarkollektoren für Warmwassererzeugung	Solarkollektoren für Warmwassererzeugung und Heizung, Blockheizkraftwerk, Wärmepumpe, Hybrid-Systeme; Klimaanlage
Sonstige technische Ausstattung	zeitgemäße Anzahl an Steckdosen und Lichtauslässen; Zählerschrank (ab ca. 1985) mit Unterverteilung und Kippsicherungen; Kabelkanäle; Blitzschutz	zahlreiche Steckdosen und Lichtauslässe; hochwertige Abdeckungen, hochwertige Beleuchtung; Doppelboden mit Bodentanks zur Verkabelung; ausreichende Anzahl von LAN-Anschlüssen; dezentrale Lüftung mit Wärmetauscher, Messverfahren von Verbrauch, Regelung von Raumtemperatur und Raumfeuchte, Sonnenschutzsteuerung; elektronische Zugangskontrolle; Personenaufzugsanlagen	Video- und zentrale Alarmanlage; zentrale Lüftung mit Wärmetauscher, Klimaanlage; Bussystem; aufwendige Personenaufzugsanlagen

Zu § 198 BewG

Anlage 198.2

4. Beschreibung der Gebäudestandards für Gemeindezentren, Saalbauten, Veranstaltungsgebäude, Kindergärten, Schulen

	Standardstufe		
	3	4	5
Außenwände	ein-/zweischalige Konstruktion; Wärmedämmverbundsystem oder Wärmedämmputz (nach ca. 1995)	Verblendmauerwerk, zweischalig, hinterlüftet; Vorhangfassade (z. B. Naturschiefer); Wärmedämmung (nach ca. 2005)	aufwendig gestaltete Fassaden mit konstruktiver Gliederung (Säulenstellungen, Erker etc.), Sichtbeton-Fertigteile, Natursteinfassade, Elemente aus Kupfer-/Eloxalblech, mehrgeschossige Glasfassaden; stark überdurchschnittliche Dämmung
Dach	Faserzement-Schindeln, beschichtete Betondachsteine und Tondachziegel, Folienabdichtung; Dachdämmung (nach ca. 1995)	glasierte Tondachziegel; besondere Dachform; Dämmung (nach ca. 2005)	hochwertige Eindeckung z. B. aus Schiefer oder Kupfer, Dachbegrünung, befahrbares Flachdach; aufwendig gegliederte Dachlandschaft, stark überdurchschnittliche Dämmung
Fenster und Außentüren	Zweifachverglasung (nach ca. 1995)	Dreifachverglasung, Sonnenschutzglas, aufwendigere Rahmen, höherwertige Türanlagen	große, feststehende Fensterflächen, Spezialverglasung (Schall- und Sonnenschutz); Außentüren in hochwertigen Materialien
Innenwände und -türen	nicht tragende Innenwände in massiver Ausführung bzw. mit Dämmmaterial gefüllte Ständerkonstruktionen; schwere und große Türen	Sichtmauerwerk, Massivholztüren, Schiebetürelemente, Glastüren	gestaltete Wandabläufe (z. B. Pfeilervorlagen, abgesetzte oder geschwungene Wandpartien); Vertäfelungen (Edelholz, Metall), Akustikputz, raumhohe aufwendige Türelemente; tlw. Automatiktüren; rollstuhlgerechte Bedienung
Deckenkonstruktion	Betondecken mit Tritt- und Luftschallschutz; einfacher Putz; abgehängte Decken	Decken mit großen Spannweiten, Deckenverkleidung	Decken mit größeren Spannweiten
Fußböden	Linoleum- oder Teppich-Böden besserer Art und Ausführung; Fliesen, Kunststeinplatten	Natursteinplatten, hochwertige Fliesen, Terrazzobelag, hochwertige Massivholzböden auf gedämmter Unterkonstruktion	hochwertiges Parkett, hochwertige Natursteinplatten, hochwertige Edelholzböden auf gedämmter Unterkonstruktion
Sanitäreinrichtungen	ausreichende Anzahl von Toilettenräumen in Standard-Ausführung	Toilettenräume in gehobenem Standard	großzügige Toilettenanlagen mit Sanitäreinrichtung in gehobener Qualität
Heizung	elektronisch gesteuerte Fern- oder Zentralheizung, Niedertemperatur- oder Brennwertkessel	Solarkollektoren für Warmwassererzeugung; Fußbodenheizung	Solarkollektoren für Warmwassererzeugung und Heizung; Blockheizkraftwerk, Wärmepumpe, Hybrid-Systeme; Klimaanlage
Sonstige technische Ausstattung	zeitgemäße Anzahl an Steckdosen und Lichtauslässen; Zählerschrank (ab 1985) mit Unterverteilung und Kippsicherungen; Kabelkanäle; Blitzschutz	zahlreiche Steckdosen und Lichtauslässe; hochwertige Abdeckungen, hochwertige Beleuchtung; Doppelboden mit Bodentanks zur Verkabelung, ausreichende Anzahl von LAN-Anschlüssen; dezentrale Lüftung mit Wärmetauscher, Messverfahren von Raumtemperatur, Raumfeuchte, Verbrauch, Einzelraumregelung, Sonnenschutzsteuerung; elektronische Zugangskontrolle; Personenaufzugsanlagen	Video- und zentrale Alarmanlage; zentrale Lüftung mit Wärmetauscher, Klimaanlage; Bussystem

Anlage 198.2 — Zu § 198 BewG

5. Beschreibung der Gebäudestandards für Wohnheime, Alten- oder Pflegeheime, Krankenhäuser, Tageskliniken, Beherbergungsstätten, Verpflegungseinrichtungen

	Standardstufe 3	Standardstufe 4	Standardstufe 5
Außenwände	ein-/zweischalige Konstruktion; Wärmedämmverbundsystem oder Wärmedämmputz (nach ca. 1995)	Verblendmauerwerk, zweischalig, hinterlüftet, Vorhangfassade (z. B. Naturschiefer); Wärmedämmung (nach ca. 2005)	aufwendig gestaltete Fassaden mit konstruktiver Gliederung (Säulenstellungen, Erker etc.), Sichtbeton-Fertigteile, Natursteinfassade, Elemente aus Kupfer-/Eloxalblech, mehrgeschossige Glasfassaden; hochwertigste Dämmung
Dach	Faserzement-Schindeln, beschichtete Betondachsteine und Tondachziegel, Folienabdichtung; Dachdämmung (nach ca. 1995)	glasierte Tondachziegel; besondere Dachformen; überdurchschnittliche Dämmung (nach ca. 2005)	hochwertige Eindeckung z. B. aus Schiefer oder Kupfer, Dachbegrünung, befahrbares Flachdach; aufwendig gegliederte Dachlandschaft; sichtbare hochwertigste Dämmung
Fenster und Außentüren	Zweifachverglasung (nach ca. 1995) nur Wohnheime, Altenheime, Pflegeheime, Krankenhäuser und Tageskliniken: Automatik-Eingangstüren	Dreifachverglasung, Sonnenschutzglas, aufwendigere Rahmen; nur Beherbergungsstätten und Verpflegungseinrichtungen: Automatik-Eingangstüren	große, feststehende Fensterflächen, Spezialverglasung (Schall- und Sonnenschutz)
Innenwände und -türen	nicht tragende Innenwände in massiver Ausführung bzw. mit Dämmmaterial gefüllte Ständerkonstruktionen; schwere Türen; nur Wohnheime, Altenheime, Pflegeheime, Krankenhäuser und Tageskliniken: Automatik-Flurzwischentüren; rollstuhlgerechte Bedienung	Sichtmauerwerk; nur Beherbergungsstätten und Verpflegungseinrichtungen: Automatik-Flurzwischentüren; rollstuhlgerechte Bedienung	gestaltete Wandabläufe (z. B. Pfeilervorlagen, abgesetzte oder geschwungene Wandpartien); Akustiktipuck, raumhohe aufwendige Türelemente
Deckenkonstruktion und Treppen	Betondecken mit Tritt- und Luftschallschutz; Deckenverkleidung, einfacher Putz	Decken mit großen Spannweiten	Decken mit größeren Spannweiten; hochwertige breite Stahlbeton-, Metalltreppenanlage mit hochwertigem Geländer
Fußböden	Linoleum- oder PVC-Böden besserer Art und Ausführung; Fliesen, Kunststeinplatten	Natursteinplatten, hochwertige Fliesen, Terrazzobelag, hochwertige Massivholzböden auf gedämmter Unterkonstruktion	hochwertiges Parkett, hochwertige Natursteinplatten, hochwertige Edelholzböden auf gedämmter Unterkonstruktion
Sanitäreinrichtungen	mehrere WCs und Duschbäder je Geschoss; Waschbecken im Raum	je Raum ein Duschbad mit WC nur Wohnheime, Altenheime, Pflegeheime, Krankenhäuser und Tageskliniken: behindertengerecht	je Raum ein Duschbad mit WC in guter Ausstattung; nur Wohnheime, Altenheime, Pflegeheime, Krankenhäuser und Tageskliniken: behindertengerecht
Heizung	elektronisch gesteuerte Fern- oder Zentralheizung, Niedertemperatur- oder Brennwertkessel	Solarkollektoren für Warmwassererzeugung	Solarkollektoren für Warmwassererzeugung und Heizung; Blockheizkraftwerk, Wärmepumpe, Hybrid-Systeme; Klimaanlage
Sonstige technische Ausstattung	zeitgemäße Anzahl an Steckdosen und Lichtauslässen; Blitzschutz, Personenaufzugsanlagen	zahlreiche Steckdosen und Lichtauslässe; hochwertige Abdeckungen; dezentrale Lüftung mit Wärmetauscher; mehrere LAN- und Fernsehanschlüsse	Video- und zentrale Alarmanlage, zentrale Lüftung mit Wärmetauscher, Klimaanlage, Bussystem; aufwendige Aufzugsanlagen

Zu § 198 BewG **Anlage 198.2**

6. Beschreibung der Gebäudestandards für Sporthallen, Freizeitbäder oder Heilbäder

	Standardstufe		
	3	4	5
Außenwände	ein-/zweischalige Konstruktion; Wärmedämmverbundsystem oder Wärmedämmputz (nach ca. 1995)	Verblendmauerwerk, zweischalig, hinterlüftet; Vorhangfassade (z. B. Naturschiefer); Wärmedämmung (nach ca. 2005)	aufwendig gestaltete Fassaden mit konstruktiver Gliederung (Säulenstellungen, Erker etc.), Sichtbeton-Fertigteile, Elemente aus Kupfer-/Eloxalblech, mehrgeschossige Glasfassaden; hochwertigste Dämmung
Dach	Faserzement-Schindeln, beschichtete Betondachsteine und Tondachziegel, Folienabdichtung; Dachdämmung (nach ca. 1995)	glasierte Tondachziegel; besondere Dachformen, überdurchschnittliche Dämmung (nach ca. 2005)	hochwertige Eindeckung z. B. aus Schiefer oder Kupfer, Dachbegrünung; aufwendig gegliederte Dachlandschaft, sichtbare Bogendachkonstruktionen; hochwertigste Dämmung
Fenster und Außentüren	Zweifachverglasung (nach ca. 1995)	Dreifachverglasung, Sonnenschutzglas, aufwendigere Rahmen, höherwertige Türanlagen	große, feststehende Fensterflächen, Spezialverglasung (Schall- und Sonnenschutz); Automatik-Eingangstüren
Innenwände und -türen	nicht tragende Innenwände in massiver Ausführung bzw. mit Dämmmaterial gefüllte Ständerkonstruktionen; schwere Türen	Sichtmauerwerk; rollstuhlgerechte Bedienung	gestaltete Wandabläufe (z. B. Pfeilervorlagen, abgesetzte oder geschwungene Wandpartien); Akustikputz, raumhohe aufwendige Türelemente
Deckenkonstruktion und Treppen	Betondecke	Decken mit großen Spannweiten	Decken mit größeren Spannweiten; hochwertige breite Stahlbeton-, Metalltreppenanlage mit hochwertigem Geländer
Fußböden	nur Sporthallen: Beton, Asphaltbeton, Estrich oder Gussasphalt auf Beton; Teppichbelag, PVC; nur Freizeitbäder/ Heilbäder: Fliesenbelag	nur Sporthallen: hochwertigere flächenstatische Fußbodenkonstruktion, Spezialteppich mit Gummigranulatauflage; hochwertigerer Schwingboden	nur Sporthallen: hochwertigste flächenstatische Fußbodenkonstruktion, Spezialteppich mit Gummigranulatauflage; hochwertigster Schwingboden; nur Freizeitbäder/Heilbäder: hochwertiger Fliesenbelag und Natursteinboden
Sanitäreinrichtungen	wenige Toilettenräume und Duschräume bzw. Waschräume	ausreichende Anzahl von Toilettenräumen und Duschräumen in besserer Qualität	großzügige Toilettenanlagen und Duschräume mit Sanitäreinrichtung in gehobener Qualität
Heizung	elektronisch gesteuerte Fern- oder Zentralheizung, Niedertemperatur- oder Brennwertkessel	Fußbodenheizung; Solarkollektoren für Warmwassererzeugung	Solarkollektoren für Warmwassererzeugung und Heizung, Blockheizkraftwerk, Wärmepumpe, Hybrid-Systeme
Sonstige technische Ausstattung	zeitgemäße Anzahl an Steckdosen und Lichtauslässen; Blitzschutz	zahlreiche Steckdosen und Lichtauslässe, hochwertige Abdeckungen, Lüftung mit Wärmetauscher	Video- und zentrale Alarmanlage; Klimaanlage; Bussystem

Anlage 198.2

Zu § 198 BewG

7. Beschreibung der Gebäudestandards für Verbrauchermärkte, Kauf- oder Warenhäuser, Autohäuser

	Standardstufe		
	3	4	5
Außenwände	ein-/zweischalige Konstruktion, Wärmedämmverbundsystem oder Wärmedämmputz (nach ca. 1995)	Verblendmauerwerk, zweischalig, hinterlüftet; Vorhangfassade (z. B. Naturschiefer); Wärmedämmung (nach ca. 2005)	aufwendig gestaltete Fassaden mit konstruktiver Gliederung (Säulenstellungen, Erker etc.), Sichtbeton-Fertigteile, Natursteinfassade, Elemente aus Kupfer-/ Eloxalblech, mehrgeschossige Glasfassaden; hochwertigste Dämmung
Dach	Faserzement-Schindeln, beschichtete Betondachsteine und Tondachziegel, Folienabdichtung; Rinnen und Fallrohre aus Zinkblech; Dachdämmung (nach ca. 1995)	glasierte Tondachziegel; besondere Dachform; überdurchschnittliche Dämmung (nach ca. 2005)	hochwertige Eindeckung z. B. aus Schiefer oder Kupfer, Dachbegrünung; aufwendig gegliederte Dachlandschaft; hochwertigste Dämmung
Fenster und Außentüren	Zweifachverglasung (nach ca. 1995)	Dreifachverglasung, Sonnenschutzglas, aufwendigere Rahmen, höherwertige Türanlagen	große, feststehende Fensterflächen, Spezialverglasung (Schall- und Sonnenschutz); Außentüren in hochwertigen Materialien
Innenwände und -türen	nicht tragende Innenwände in massiver Ausführung bzw. mit Dämmmaterial gefüllte Ständerkonstruktionen; schwere Türen	Sichtmauerwerk	gestaltete Wandabläufe (z. B. Pfeilervorlagen, abgesetzte oder geschwungene Wandpartien); Akustikputz, raumhohe aufwendige Türelemente; rollstuhlgerechte Bedienung, Automatiktüren
Deckenkonstruktion	Betondecken mit Tritt- und Luftschallschutz, einfacher Putz, Deckenverkleidung	Decken mit großen Spannweiten	Decken mit größeren Spannweiten, Deckenvertäfelungen (Edelholz, Metall)
Fußböden	Linoleum- oder Teppich-Böden besserer Art und Ausführung; Fliesen, Kunststeinplatten	Natursteinplatten, Fertigparkett, hochwertige Fliesen, Terrazzobelag, hochwertige Massivholzböden auf gedämmter Unterkonstruktion	hochwertiges Parkett, hochwertige Natursteinplatten, hochwertige Edelholzböden auf gedämmter Unterkonstruktion
Sanitäreinrichtungen	Toilettenräume	ausreichende Anzahl von Toilettenräumen, jeweils in gehobenem Standard	großzügige Toilettenanlagen mit Sanitäreinrichtung in gehobener Qualität
Heizung	elektronisch gesteuerte Fern- oder Zentralheizung; Niedertemperatur- oder Brennwertkessel	Fußbodenheizung; Solarkollektoren für Warmwassererzeugung	Solarkollektoren für Warmwassererzeugung und Heizung; Blockheizkraftwerk, Wärmepumpe, Hybrid-Systeme; Klimaanlage
Sonstige technische Ausstattung	zeitgemäße Anzahl an Steckdosen und Lichtauslässen, Zählerschrank (ab 1985) mit Unterverteilung und Kippsicherungen; Kabelkanäle; Blitzschutz; Personenaufzugsanlagen	zahlreiche Steckdosen und Lichtauslässe; hochwertige Abdeckungen, hochwertige Beleuchtung; Doppelboden mit Bodentanks zur Verkabelung, ausreichende Anzahl von LAN-Anschlüssen; dezentrale Lüftung mit Wärmetauscher, Messverfahren von Raumtemperatur, Raumfeuchte, Verbrauch, Einzelraumregelung, Sonnenschutzsteuerung	Video- und zentrale Alarmanlage; zentrale Lüftung mit Wärmetauscher, Klimaanlage; Bussystem; Doppelboden mit Bodentanks zur Verkabelung; aufwendigere Aufzugsanlagen

Zu § 198 BewG Anlage 198.2

8. Beschreibung der Gebäudestandards für Garagen

	Standardstufe		
	3	4	5
Außenwände	offene Konstruktion	Einschalige Konstruktion	aufwendig gestaltete Fassaden mit konstruktiver Gliederung (Säulenstellungen, Erker etc.)
Konstruktion	Stahl- und Betonfertigteile	überwiegend Betonfertigteile; große stützenfreie Spannweiten	größere stützenfreie Spannweiten
Dach	Flachdach, Folienabdichtung	Flachdachausbildung; Wärmedämmung	befahrbares Flachdach (Parkdeck)
Fenster und Außentüren	einfache Metallgitter	begrünte Metallgitter, Glasbausteine	Außentüren in hochwertigen Materialien
Fußböden	Beton	Estrich, Gussasphalt	beschichteter Beton oder Estrichboden
Sonstige technische Ausstattung	Strom- und Wasseranschluss; Löschwasseranlage; Treppenhaus; Brandmelder	Sprinkleranlage; Rufanlagen; Rauch- und Wärmeabzugsanlagen; mechanische Be- und Entlüftungsanlagen; Parksysteme für zwei PKW übereinander; Personenaufzugsanlagen	Video- und zentrale Alarmanlage; Beschallung; Parksysteme für drei oder mehr PKW übereinander; aufwendigere Aufzugsanlagen

Anlage 198.2

Zu § 198 BewG

9. Beschreibung der Gebäudestandards für Betriebs- oder Werkstätten, Produktionsgebäude, Lagergebäude

	Standardstufe		
	3	4	5
Außenwände	ein-/zweischaliges Mauerwerk, z. B. aus Leichtziegeln, Kalksandsteinen, Gasbetonsteinen; Edelputz; gedämmte Metall-Sandwichelemente; Wärmedämmverbundsystem oder Wärmedämmputz (nach ca. 1995)	Verblendmauerwerk, zweischalig, hinterlüftet; Vorhangfassade (z. B. Naturschiefer); Wärmedämmung (nach ca. 2005)	Sichtbeton-Fertigteile; Natursteinfassade, Elemente aus Kupfer-/Eloxalblech; mehrgeschossige Glasfassaden; hochwertigste Dämmung
Konstruktion	Stahl- und Betonfertigteile	überwiegend Betonfertigteile; große stützenfreie Spannweiten; hohe Deckenhöhen; hohe Belastbarkeit der Decken und Böden	größere stützenfreie Spannweiten; hohe Deckenhöhen; höhere Belastbarkeit der Decken und Böden
Dach	Faserzement-Schindeln, beschichtete Betondachsteine und Tondachziegel; Folienabdichtung; Dachdämmung (nach ca. 1995)	schweres Massivflachdach; besondere Dachformen; überdurchschnittliche Dämmung (nach ca. 2005)	hochwertige Eindeckung z. B. aus Schiefer oder Kupfer, hochwertigste Dämmung
Fenster und Außentüren	Zweifachverglasung (nach ca. 1995)	Dreifachverglasung, Sonnenschutzglas, aufwendigere Rahmen; höherwertige Türanlage	große, feststehende Fensterflächen, Spezialverglasung (Schall- und Sonnenschutz); Außentüren in hochwertigen Materialien
Innenwände und -türen	Anstrich	tlw. gefliest, Sichtmauerwerk; Schiebetürelemente, Glastüren	überwiegend gefliest; Sichtmauerwerk; gestaltete Wandabläufe
Fußböden	Beton	Estrich, Gussasphalt	beschichteter Beton oder Estrichboden; Betonwerkstein, Verbundpflaster
Sanitäreinrichtungen	einfache und wenige Toilettenräume	ausreichende Anzahl von Toilettenräumen	großzügige Toilettenanlagen
Heizung	elektronisch gesteuerte Fern- oder Zentralheizung; Niedertemperatur- oder Brennwertkessel	Fußbodenheizung; Solarkollektoren für Warmwassererzeugung; zusätzlicher Kaminanschluss	Solarkollektoren für Warmwassererzeugung und Heizung; Blockheizkraftwerk; Wärmepumpe; Hybrid-Systeme; aufwendige zusätzliche Kaminanlage
Sonstige technische Ausstattung	zeitgemäße Anzahl an Steckdosen und Lichtauslässen; Blitzschutz; Teeküchen	zahlreiche Steckdosen und Lichtauslässe; hochwertige Abdeckungen; Kabelkanäle; dezentrale Lüftung mit Wärmetauscher; kleinere Einbauküchen mit Kochgelegenheit, Aufenthaltsräume; Aufzugsanlagen	Video- und zentrale Alarmanlage; zentrale Lüftung mit Wärmetauscher, Klimaanlage; Bussystem; Küchen, Kantinen; aufwendigere Aufzugsanlagen

Zu § 198 BewG   Anlage 198.2

10. Beschreibung der Gebäudestandards für Reithallen

	Standardstufe		
	3	4	5
Außenwände	Holzfachwerkwand; Holzstützen, Vollholz; Brettschalung oder Profilblech auf Holz-Unterkonstruktion	Kalksandstein- oder Ziegel-Mauerwerk; Metallstützen, Profil; Holz-Blockbohlen zwischen Stützen, Wärmedämmverbundsystem, Putz	Betonwand, Fertigteile, mehrschichtig; Stahlbetonstützen, Fertigteil; Kalksandstein-Vormauerung oder Klinkerverblendung mit Dämmung
Dach	Holzkonstruktionen, Nagelbrettbinder; Bitumenwellplatten, Profilblech	Stahlrahmen mit Holzpfetten; Faserzementwellplatten; Hartschaumplatten	Brettschichtholzbinder; Betondachsteine oder Dachziegel; Dämmung mit Profilholz oder Paneelen
Fenster und Außentüren bzw. -tore	Lichtplatten aus Kunststoff, Holz-Brettertüren	Kunststofffenster, Windnetze aus Kunststoff, Jalousien mit Motorantrieb	Türen und Tore mehrschichtig mit Wärmedämmung, Holzfenster, hoher Fensteranteil
Innenwände	keine	tragende bzw. nicht tragende Innenwände aus Holz; Anstrich	tragende bzw. nicht tragende Innenwände als Mauerwerk; Sperrholz, Gipskarton, Fliesen
Deckenkonstruktion	keine	Holzkonstruktionen über Nebenräumen; Hartschaumplatten	Stahlbetonplatte über Nebenräumen; Dämmung mit Profilholz oder Paneelen
Fußböden	Tragschicht: Schotter, Trennschicht: Vlies, Tretschicht: Sand	zusätzlich/alternativ: Tragschicht: Schotter, Trennschicht: Kunststoffgewebe, Tretschicht: Sand und Holzspäne	Estrich auf Dämmung, Fliesen oder Linoleum in Nebenräumen; zusätzlich/alternativ: Tragschicht: Schotter, Trennschicht: Kunststoffplatten, Tretschicht: Sand und Textilflocken, Betonplatte im Bereich der Nebenräume
baukonstruktive Einbauten	Reithallenbande aus Nadelholz zur Abgrenzung der Reitfläche	zusätzlich/alternativ: Vollholztafeln fest eingebaut	zusätzlich/alternativ: Vollholztafeln, Fertigteile zum Versetzen
Abwasser-, Wasser-, Gasanlagen	Regenwasserableitung	zusätzlich/alternativ: Abwasserleitungen, Sanitärobjekte (einfache Qualität)	zusätzlich/alternativ: Sanitärobjekte (gehobene Qualität), Gasanschluss
Wärmeversorgungsanlagen	keine	Raumheizflächen in Nebenräumen, Anschluss an Heizsystem	zusätzlich/alternativ: Heizkessel
lufttechnische Anlagen	keine	Firstentlüftung	Be- und Entlüftungsanlage
Starkstrom-Anlage	Leitungen, Schalter, Dosen, Langfeldleuchten	zusätzlich/alternativ: Sicherungen und Verteilerschrank	zusätzlich/alternativ: Metall-Dampfleuchten
nutzungsspezifische Anlagen	keine	Reitbodenbewässerung (einfache Ausführung)	Reitbodenbewässerung (komfortable Ausführung)

Anlage 198.2

Zu § 198 BewG

11. Beschreibung der Gebäudestandards für Pferdeställe

	Standardstufe		
	3	4	5
Außenwände	Holzfachwerkwand; Holzstützen, Vollholz; Brettschalung oder Profilblech auf Holz-Unterkonstruktion	Kalksandstein- oder Ziegel-Mauerwerk; Metallstützen, Profil; Holz-Blockbohlen zwischen Stützen, Wärmedämmverbundsystem, Putz	Betonwand, Fertigteile, mehrschichtig; Stahlbetonstützen, Fertigteil; Kalksandstein-Vormauerung oder Klinkerverblendung mit Dämmung
Dach	Holzkonstruktionen, Vollholzbalken; Nagelbrettbinder; Bitumenwellplatten, Profilblech	Stahlrahmen mit Holzpfetten; Faserzementwellplatten; Hartschaumplatten	Brettschichtholzbinder; Betondachsteine oder Dachziegel; Dämmung mit Profilholz oder Paneelen
Fenster und Außentüren bzw. -tore	Lichtplatten aus Kunststoff, Holz-Brettertüren	Kunststofffenster, Windnetze aus Kunststoff, Jalousien mit Motorantrieb	Türen und Tore mehrschichtig mit Wärmedämmung, Holzfenster, hoher Fensteranteil
Innenwände	keine	tragende bzw. nicht tragende Innenwände aus Holz; Anstrich	tragende bzw. nicht tragende Innenwände als Mauerwerk; Sperrholz, Putz, Fliesen
Deckenkonstruktion	keine	Holzkonstruktionen über Nebenräumen; Hartschaumplatten	Stahlbetonplatten über Nebenräumen; Dämmung mit Profilholz oder Paneelen
Fußböden	Beton-Verbundpflaster in Stallgassen, Stahlbetonplatte im Tierbereich	zusätzlich/alternativ: Stahlbetonplatte; Anstrich, Gummimatten im Tierbereich	zusätzlich/alternativ: Stahlbetonplatte als Stallprofil mit versetzten Ebenen; Nutzestrich auf Dämmung, Anstrich oder Fliesen in Nebenräumen, Kautschuk im Tierbereich
baukonstruktive Einbauten	**Fütterung:** Futtertrog PVC	**Fütterung:** Krippenschalen aus Polyesterbeton	**Fütterung:** Krippenschalen aus Steinzeug
Abwasser-, Wasser-, Gasanlagen	Regenwasserableitung, Wasserleitung	zusätzlich/alternativ: Abwasserleitungen, Sanitärobjekte (einfache Qualität) in Nebenräumen	zusätzlich/alternativ: Sanitärobjekte (gehobene Qualität), Gasanschluss
Wärmeversorgungsanlagen	keine	Elektroheizung in Sattelkammer	zusätzlich/alternativ: Raumheizflächen, Heizkessel
lufttechnische Anlagen	keine	Firstentlüftung	Be- und Entlüftungsanlage
Starkstrom-Anlage	Leitungen, Schalter, Dosen, Langfeldleuchten	zusätzlich/alternativ: Sicherungen und Verteilerschrank	zusätzlich/alternativ: Metall-Dampfleuchten
nutzungsspezifische Anlagen	**Aufstallung:** Boxentrennwände aus Holz, Anbindevorrichtungen **Fütterung:** Tränken, Futterraufen	**Aufstallung:** zusätzlich/alternativ: Boxentrennwände: Hartholz/Metall **Fütterung:** zusätzlich/alternativ: Fressgitter, Futterautomaten, Rollraufe mit elektr. Steuerung	**Aufstallung:** zusätzlich/alternativ: Komfort-Pferdeboxen, Pferde-Solarium **Fütterung:** zusätzlich/alternativ: Futter-Abrufstationen für Rau- und Kraftfutter mit elektr. Tiererkennung und Selektion, Automatische Futterzuteilung für Boxenställe

Zu § 198 BewG   Anlage 198.2

12. Beschreibung der Gebäudestandards für Rinderställe und Melkhäuser

	Standardstufe		
	3	4	5
Außenwände	Holzfachwerkwand; Holzstützen, Vollholz; Brettschalung oder Profilblech auf Holz-Unterkonstruktion	Kalksandstein- oder Ziegel-Mauerwerk; Metallstützen, Profil; Holz-Blockbohlen zwischen Stützen	Betonwand, Fertigteile, mehrschichtig; Stahlbetonstützen, Fertigteil; Klinkerverblendung
Dach	Holzkonstruktionen, Vollholzbalken, Nagelbrettbinder; Bitumenwellplatten, Profilblech	Stahlrahmen mit Holzpfetten; Faserzementwellplatten; Hartschaumplatten	Brettschichtholzbinder; Betondachsteine oder Dachziegel; Dämmung mit Profilholz oder Paneelen
Fenster und Außentüren bzw. -tore	Lichtplatten aus Kunststoff	Kunststofffenster, Windnetze aus Kunststoff, Jalousien mit Motorantrieb	Türen und Tore mehrschichtig mit Wärmedämmung, Holzfenster, hoher Fensteranteil
Innenwände	keine	tragende und nicht tragende Innenwand aus Holz; Anstrich	tragende und nicht tragende Innenwände aus Mauerwerk; Sperrholz, Putz, Fliesen
Deckenkonstruktion	keine	Holzkonstruktionen über Nebenräumen; Hartschaumplatten	Stahlbetonplatte über Nebenräumen; Dämmung mit Profilholz oder Paneelen
Fußböden	Stahlbetonplatte	zusätzlich/alternativ: Stahlbetonplatte mit Oberflächenprofil, Rautenmuster; Epoxidharzbeschichtung am Fressplatz, Liegematten im Tierbereich	zusätzlich/alternativ: Stahlbetonplatte als Stallprofil mit versetzten Ebenen; Estrich auf dem Futtertisch, Liegematratzen im Tierbereich, Gussasphalt oder Gummiauflage
baukonstruktive Einbauten	**Aufstallung:** Beton-Spaltenboden, Einzelbalken	**Aufstallung:** Beton-Spaltenboden, Flächenelemente; Krippenschalen aus Polyesterbeton; Güllerohre vom Stall zum Außenbehälter	**Aufstallung:** Spaltenboden mit Gummiauflage, Gussroste über Treibmistkanal; Krippenschalen aus Steinzeug; zusätzlich/alternativ: Spülleitungen für Einzelkanäle
Abwasser-, Wasser-, Gasanlagen	Regenwasserableitung; Wasserleitung	zusätzlich/alternativ: Abwasserleitungen, Sanitärobjekte (einfache Qualität) in Nebenräumen	zusätzlich/alternativ: Sanitärobjekte (gehobene Qualität); Gasanschluss
Wärme-, Versorgungsanlagen	keine	Elektroheizung im Melkstand	zusätzlich/alternativ: Raumheizflächen, Heizkessel
lufttechnische Anlagen	keine	Firstentlüftung	Be- und Entlüftungsanlage
Starkstrom-Anlage	Leitungen, Schalter, Dosen, Langfeldleuchten	zusätzlich/alternativ: Sicherungen und Verteilerschrank	zusätzlich/alternativ: Metall-Dampfleuchten
nutzungsspezifische Anlagen	**Aufstallung:** Fressgitter, Liegeboxenbügel, Kälberboxen, Abtrennungen aus Holz, Kurzstandanbindung **Fütterung:** Selbsttränke, Balltränke **Entmistung:** keine Technik (Schlepper) **Tierproduktentnahme:** Fischgrätenmelkstand, Melkanlage, Maschinensatz, Milchkühltank, Kühlaggregat, Wärmerückgewinnung	**Aufstallung:** zusätzlich/alternativ: Einrichtungen aus verz. Stahlrohren **Fütterung:** Tränkewanne mit Schwimmer, Tränkeautomat für Kälber **Entmistung:** Faltschieber mit Seilzug und Antrieb, Tauchschneidpumpe, Rührmixer **Tierproduktentnahme:** zusätzlich/alternativ Milchflussgesteuerte Anrüst- und Abschaltautomatik	**Aufstallung:** zusätzlich/alternativ: Komfortboxen **Fütterung:** Edelstahl-Kipptränke, computergesteuerte Kraftfutteranlage mit Tiererkennung **Entmistung:** Schubstangenentmistung **Tierproduktentnahme:** zusätzlich/alternativ: Melkstand-Schnellaustrieb, Tandem- oder Karussellmelkstand, Automatisches Melksystem (Roboter)

Anlage 198.2

Zu § 198 BewG

13. Beschreibung der Gebäudestandards für Schweineställe

	Standardstufe		
	3	4	5
Außenwände	Holzfachwerkwand; Holzstützen, Vollholz; Brettschalung oder Profilblech auf Holz-Unterkonstruktion	Kalksandstein- oder Ziegel-Mauerwerk; Metallstützen, Profil; Holz-Blockbohlen zwischen Stützen, Beton-Schalungssteine mit Putz	Betonwand, Fertigteile, mehrschichtig; Stahlbetonstützen, Fertigteil; Kalksandstein-Vormauerung oder Klinkerverblendung mit Dämmung
Dach	Holzkonstruktionen, Vollholzbalken; Nagelbrettbinder; Bitumenwellplatten, Profilblech	Stahlrahmen mit Holzpfetten; Faserzementwellplatten; Hartschaumplatten	Brettschichtholzbinder; Betondachsteine oder Dachziegel; Dämmung, Kunststoffplatten, Paneele
Fenster und Außentüren bzw. -tore	Lichtplatten aus Kunststoff, Holz-Brettertüren	Kunststofffenster, Windnetze aus Kunststoff, Jalousien mit Motorantrieb, Metalltüren	Türen und Tore mehrschichtig mit Wärmedämmung, Holzfenster, hoher Fensteranteil
Innenwände	keine Innenwände	tragende Innenwände aus Mauerwerk, Putz und Anstrich; nichttragende Innenwände aus Kunststoff-Paneele mit Anstrich	tragende Innenwände als Betonwand, Fertigteile, Anstrich; nichttragende Innenwände aus Mauerwerk, Putz und Anstrich; Sperrholz, Putz, Fliesen
Deckenkonstruktion	keine Decke	Holzkonstruktionen über Nebenräumen; Hartschaumplatten	Stahlbetonplatten über Nebenräumen; Dämmung, Kunststoffplatten, Paneele
Fußböden	Stahlbetonplatte	Stahlbetonplatte; Verbundestrich	zusätzlich/alternativ: Stahlbetonplatte als Stallprofil mit versetzten Ebenen; Stallbodenplatten mit Dämmung, Fliesen auf Estrich in Nebenräumen
baukonstruktive Einbauten	**Fütterung:** Tröge aus Polyesterbeton	**Aufstallung:** Beton-Spaltenboden, Flächenelemente **Fütterung:** Tröge aus Polyesterbeton **Entmistung:** Güllerohre vom Stall zum Außenbehälter, Absperrschieber in Güllekanälen	**Aufstallung:** Gussroste in Sauenställen, Kunststoffroste in Ferkelställen **Fütterung:** Tröge aus Steinzeug **Entmistung:** zusätzlich/alternativ: Spülleitungen für Einzelkanäle
Abwasser-, Wasser-, Gasanlagen	Regenwasserableitung, Wasserleitung	zusätzlich/alternativ: Abwasserleitungen, Sanitärobjekte (einfache Qualität) in Nebenräumen	zusätzlich/alternativ: Sanitärobjekte (gehobene Qualität), Gasanschluss
Wärmeversorgungsanlagen	Warmluftgebläse, Elt.-Anschluss	Raumheizflächen oder Twin- bzw. Delta-Heizungsrohren, Anschluss an vorh. Heizsystem	zusätzlich/alternativ: Warmwasser-Fußbodenheizung, Heizkessel mit Gasbefeuerung, Wärmerückgewinnung aus Stallluft
lufttechnische Anlagen	Zuluftklappen, Lüftungsfirst	Be- und Entlüftungsanlage im Unterdruckverfahren; Zuluftkanäle oder Rieseldecke; Einzelabsaugung, Abluftkanäle, Ventilatoren	zusätzlich/alternativ: Gleichdrucklüftung, Zentralabsaugung, Luftwäscher
Starkstrom-Anlage	Leitungen, Schalter, Dosen, Langfeldleuchten	zusätzlich/alternativ: Sicherungen und Verteilerschrank	zusätzlich/alternativ: Metall-Dampfleuchten
nutzungsspezifische Anlagen	**Aufstallung:** Buchtenabtrennungen aus Kunststoff-Paneelen, Pfosten und Beschläge aus verz. Stahl, Abferkelbuchten, Selbstfang- Kastenstände für Sauen **Fütterung:** Trockenfutterautomaten, Tränkenippel	**Aufstallung:** zusätzlich/alternativ: Pfosten und Beschläge aus V2A, Ruhekisten, Betteneinrichtungen **Fütterung:** zusätzlich/alternativ: Transportrohre, Drahtseilförderer, Rohrbreiautomaten mit Dosierung **Entmistung:** Tauchschneidpumpe, Rührmixer	**Aufstallung:** zusätzlich/alternativ: Sortierschleuse **Fütterung:** zusätzlich/alternativ: Flüssigfütterungsanlage mit Mixbehälter, Sensorsteuerung, Fütterungscomputer, Abrufstation, Tiererkennung, Selektion **Entmistung:** Schubstangenentmistung

Zu § 198 BewG   **Anlage 198.2**

14. Beschreibung der Gebäudestandards für Geflügelställe

	Standardstufe		
	3	4	5
Außenwände	Holzfachwerkwand, Holzstützen, Vollholz, Brettschalung oder Profilblech auf Holz-Unterkonstruktion	Kalksandstein- oder Ziegel-Mauerwerk, Metallstützen, Profil, Metall-Sandwichelemente mit Hartschaumdämmung	Betonwand, Fertigteile, mehrschichtig, Stahlbetonstützen, Fertigteil, Klinkerverblendung
Dach	Holzkonstruktionen, Vollholzbalken, Nagelbrettbinder, Bitumenwellplatten, Profilblech	Stahlrahmen mit Holzpfetten, Faserzementwellplatten, Hartschaumplatten	Brettschichtholzbinder, Betondachsteine oder Dachziegel, Dämmung, Profilholz oder Paneele
Fenster und Außentüren bzw. -tore	Lichtplatten aus Kunststoff; Holz-Brettertüren	Kunststofffenster; Windnetze aus Kunststoff, Jalousien mit Motorantrieb	Türen und Tore mehrschichtig mit Wärmedämmung, Holzfenster, hoher Fensteranteil
Innenwände	keine	tragende bzw. nicht tragende Innenwände aus Holz; Anstrich	tragende bzw. nicht tragende Innenwände als Mauerwerk; Profilblech, Plantafeln, Putz
Deckenkonstruktion	keine	Holzkonstruktionen über Nebenräumen; Hartschaumplatten	Stahlbetonplatten über Nebenräumen; Dämmung, Profilblech oder Paneelen
Fußböden	Stahlbetonplatte	zusätzlich/alternativ: Oberfläche maschinell geglättet; Estrich mit Anstrich (Eierverpackung)	zusätzlich/alternativ: Stallprofil mit versetzten Ebenen, Estrich mit Fliesen (Eierverpackung)
Abwasser-, Wasser-, Gasanlagen	Regenwasserableitung, Wasserleitung	zusätzlich/alternativ: Abwasserleitungen, Sanitärobjekte (einfache Qualität) in Nebenräumen	zusätzlich/alternativ: Sanitärobjekte (gehobene Qualität), Gasanschluss
Wärmeversorgungsanlagen	Warmluftgebläse, Elt.-Anschluss	zusätzlich/alternativ: Raumheizflächen oder Twin- bzw. Delta-Heizungsrohre, Heizkessel	zusätzlich: Wärmerückgewinnung aus der Stallluft
lufttechnische Anlagen	Firstentlüftung	Be- und Entlüftungsanlage im Unterdruckverfahren; Zuluftklappen, Abluftkamine, Ventilatoren	zusätzlich/alternativ: Gleichdrucklüftung, Zentralabsaugung, Luftwäscher
Starkstrom-Anlage	Leitungen, Schalter, Dosen, Langfeldleuchten	zusätzlich/alternativ: Sicherungen und Verteilerschrank	zusätzlich/alternativ: Metall-Dampfleuchten
nutzungsspezifische Anlagen	**Aufstallung:** Geflügelwaage	**Aufstallung:** zusätzlich/alternativ: Kotroste, Sitzstangen, Legenester **Fütterung:** Vollautomatische Kettenfütterung, Strang-Tränkeanlage, Nippeltränken **Entmistung:** Kotbandentmistung **Tierproduktentnahme:** Eier-Sammelband	**Aufstallung:** zusätzlich/alternativ: Etagensystem (Voliere, Kleingruppe) **Entmistung:** zusätzlich/alternativ: Entmistungsbänder mit Belüftung **Tierproduktentnahme:** zusätzlich/alternativ: Sortieranlage, Verpackung

Anlage 198.2

Zu § 198 BewG

15. Beschreibung der Gebäudestandards für landwirtschaftliche Mehrzweckhallen

	Standardstufe		
	3	4	5
Außenwände	Holzfachwerkwand; Holzstützen, Vollholz; Brettschalung oder Profilblech auf Holz-Unterkonstruktion	Kalksandstein- oder Ziegel-Mauerwerk; Metallstützen, Profil; Holz-Blockbohlen zwischen Stützen, Wärmedämmverbundsystem, Putz	Betonwand, Fertigteile, mehrschichtig; Stahlbetonstützen, Fertigteil; Kalksandstein-Vormauerung oder Klinkerverblendung mit Dämmung
Dach	Holzkonstruktionen, Nagelbrettbinder; Bitumenwellplatten, Profilblech	Stahlrahmen mit Holzpfetten; Faserzementwellplatten; Hartschaumplatten	Brettschichtholzbinder; Betondachsteine oder Dachziegel; Dämmung mit Profilholz oder Paneelen
Fenster und Außentüren bzw. -tore	Lichtplatten aus Kunststoff, Holztore	Kunststofffenster, Metall-Sektionaltore	Türen und Tore mehrschichtig mit Wärmedämmung, Holzfenster, hoher Fensteranteil
Innenwände	keine	tragende bzw. nicht tragende Innenwände aus Holz; Anstrich	tragende bzw. nicht tragende Innenwände als Mauerwerk; Sperrholz, Gipskarton, Fliesen
Deckenkonstruktion	keine	Holzkonstruktionen über Nebenräumen; Hartschaumplatten	Stahlbetonplatte über Nebenräumen; Dämmung mit Profilholz oder Paneelen
Fußböden	Beton-Verbundsteinpflaster	zusätzlich/alternativ: Stahlbetonplatte	zusätzlich/alternativ: Oberfläche maschinell geglättet; Anstrich
Abwasser-, Wasser-, Gasanlagen	Regenwasserableitung	zusätzlich/alternativ: Abwasserleitungen, Sanitärobjekte (einfache Qualität) in Nebenräumen	zusätzlich/alternativ: Sanitärobjekte (gehobene Qualität) in Nebenräumen, Gasanschluss
Wärmeversorgungsanlagen	keine	Raumheizflächen in Nebenräumen, Anschluss an Heizsystem	zusätzlich/alternativ: Heizkessel
lufttechnische Anlagen	keine	Firstentlüftung	Be- und Entlüftungsanlage
Starkstrom-Anlage	Leitungen, Schalter, Dosen, Langfeldleuchten	zusätzlich/alternativ: Sicherungen und Verteilerschrank	zusätzlich/alternativ: Metall-Dampfleuchten
nutzungsspezifische Anlagen	keine	Schüttwände aus Holz zwischen Stahlstützen, Trocknungsanlage für Getreide	Schüttwände aus Beton-Fertigteilen

Zu § 198 BewG

Anlage 198.2

Anlage 5
(zu § 16 Absatz 3)
Katalog der Grundstücksmerkmale des Bodenrichtwertgrundstücks

Wertbeeinflussende Grundstücksmerkmale, die nicht in dieser Anlage aufgeführt sind, dürfen nur dann berücksichtigt werden, wenn die aufgeführten Grundstücksmerkmale zur marktgerechten Beschreibung des Bodenrichtwertgrundstücks nicht ausreichend sind.

I. Nutzungsartenkatalog

Für jeden Bodenrichtwert ist der Entwicklungszustand und die Art der Nutzung anzugeben. Lässt sich das Bodenrichtwertgrundstück aufgrund seiner rechtlichen und tatsächlichen Merkmale keinem der Entwicklungszustände nach § 3 Absatz 1 bis 4 zuordnen, ist das Bodenrichtwertgrundstück der Kategorie „Sonstige Flächen" im Sinne des § 3 Absatz 5 zuzuordnen. Zusätzlich zur Art der Nutzung kann eine Ergänzung zur Art der Nutzung angegeben werden.

Nr.	Art der Nutzung bzw. Ergänzung zur Art der Nutzung	Art der Nutzung	Ergänzung zur Art der Nutzung
Baureifes Land (B) / Rohbauland (R) / Bauerwartungsland (E)			
1	Wohnbaufläche	W	
1.1	Kleinsiedlungsgebiet	WS	
1.2	reines Wohngebiet	WR	
1.3	allgemeines Wohngebiet	WA	
1.4	besonderes Wohngebiet	WB	
2	gemischte Baufläche (auch Baufläche ohne nähere Spezifizierung)	M	
2.1	Dorfgebiet	MD	
2.2	Dörfliches Wohngebiet	MDW	
2.3	Mischgebiet	MI	
2.4	Kerngebiet	MK	
2.5	Urbanes Gebiet	MU	
3	gewerbliche Baufläche	G	
3.1	Gewerbegebiet	GE	
3.2	Industriegebiet	GI	
4	Sonderbaufläche	S	
4.1	Sondergebiet für Erholung	SE	
4.2	sonstige Sondergebiete	SO	
5	Baufläche für Gemeinbedarf	GB	

Anlage 198.2

Zu § 198 BewG

Die Bauflächen (1 bis 5) können zusätzlich durch folgende Ergänzungen zur Art der Nutzung weiter spezifiziert werden in:

Ein- und Zweifamilienhäuser	EFH	
Mehrfamilienhäuser	MFH	
Sozialer Mietwohnungsbau	SOW	
Geschäftshäuser (mehrgeschossig)	GH	
Wohn- und Geschäftshäuser	WGH	
Büro- und Geschäftshäuser	BGH	
Bürohäuser	BH	
Produktion und Logistik	PL	
Wochenendhäuser	WO	
Handel und dienstleistungsorientiertes Gewerbe	GD	
Ferienhäuser	FEH	
Freizeit und Touristik	FZT	
Läden (eingeschossig), nicht großflächiger Einzelhandel	LAD	
Einkaufszentren, großflächiger Einzelhandel	EKZ	
Messen, Ausstellungen, Kongresse, Großveranstaltungen aller Art	MES	
Bildungseinrichtungen	BI	
Gesundheitseinrichtungen	MED	
Hafen	HAF	
Garagen, Stellplatzanlagen, Parkhäuser	GAR	
Militär	MIL	
landwirtschaftliche Produktion	LP	
Bebaute Flächen im Außenbereich	ASB	
Bauflächen für Energieerzeugung	EE	

Flächen der Land- oder Forstwirtschaft (LF)

6	landwirtschaftliche Fläche	L	
6.1	Acker	A	
6.2	Grünland	GR	
6.3	Erwerbsgartenanbaufläche	EGA	
6.3.1	Obstanbaufläche	EGA	OG
6.3.2	Gemüseanbaufläche	EGA	GEM
6.3.3	Blumen- und Zierpflanzenanbaufläche	EGA	BLU
6.3.4	Baumschulfläche	EGA	BMS

Zu § 198 BewG   **Anlage 198.2**

6.4	Anbaufläche für Sonderkulturen	SK	
6.4.1	Spargelanbaufläche	SK	SPA
6.4.2	Hopfenanbaufläche	SK	HPF
6.4.3	Tabakanbaufläche	SK	TAB
6.5	Weingarten	WG	
6.5.1	Weingarten in Flachlage	WG	FL
6.5.2	Weingarten in Hanglage	WG	HL
6.5.3	Weingarten in Steillage	WG	STL
6.6	Kurzumtriebsplantagen, Agroforst	KUP	
6.7	Unland, Geringstland, Bergweide, Moor	UN	
7	forstwirtschaftliche Fläche	F	
Sonstige Flächen (SF)			
8.1	private Grünfläche	PG	
8.2	Kleingartenfläche (Bundeskleingartengesetz)	KGA	
8.3	Freizeitgartenfläche	FGA	
8.4	Campingplatz	CA	
8.5	Sportfläche (u. a. Golfplatz)	SPO	
8.6	sonstige private Fläche	SG	
8.7	Friedhof	FH	
8.8	Wasserfläche	WF	
8.9	Flughäfen, Flugplätze usw.	FP	
8.10	private Parkplätze, Stellplatzfläche	PP	
8.11	Lagerfläche	LG	
8.12	Abbauland	AB	
8.12.1	Abbauland von Sand und Kies	AB	SND
8.12.8	Abbauland von Ton und Mergel	AB	TON
8.12.3	Abbauland von Torf	AB	TOF
8.12.4	Steinbruch	AB	STN
8.12.5	Braunkohletagebau	AB	KOH
8.13	Gemeinbedarfsfläche (kein Bauland)	GF	
8.14	Sondernutzungsfläche	SN	

Anlage 198.2

Zu § 198 BewG

II. Weitere Grundstücksmerkmale

Bei baureifem Land ist der beitragsrechtliche Zustand anzugeben. Die weiteren Grundstücksmerkmale sind anzugeben, soweit sie wertbeeinflussend sind.

1. **Beitragsrechtlicher Zustand**

frei	beitragsfrei
ebf	erschließungsbeitrags-/kostenerstattungsbetragsfrei und beitragspflichtig nach Kommunalabgabenrecht,
ebp	erschließungsbeitrags-/kostenerstattungsbetragspflichtig und beitragspflichtig nach Kommunalabgabenrecht

2. **Bauweise oder Gebäudestellung zur Nachbarbebauung**

o	offene Bauweise
g	geschlossene Bauweise
a	abweichende Bauweise
eh	Einzelhäuser
ed	Einzel- und Doppelhäuser
dh	Doppelhaushälften
rh	Reihenhäuser
rm	Reihenmittelhäuser
re	Reihenendhäuser

3. **Maß der baulichen Nutzung**

ZVG	Zahl der Vollgeschosse
ZOG	Zahl der oberirdischen Geschosse (§ 16 Absatz 4)
GFZ	Geschossflächenzahl
WGFZ	wertrelevante Geschossflächenzahl (§ 16 Absatz 4)
GRZ	Grundflächenzahl
BMZ	Baumassenzahl

4. **Angaben zum Grundstück**

t	Grundstückstiefe in Metern
b	Grundstücksbreite in Metern
f	Grundstücksfläche in Quadratmetern

5. **Sanierungs- oder Entwicklungszusatz**

SU	sanierungsunbeeinflusster Zustand, ohne Berücksichtigung der rechtlichen und tatsächlichen Neuordnung
SB	sanierungsbeeinflusster Zustand, unter Berücksichtigung der rechtlichen und tatsächlichen Neuordnung
EU	entwicklungsunbeeinflusster Zustand, ohne Berücksichtigung der rechtlichen und tatsächlichen Neuordnung
EB	entwicklungsbeeinflusster Zustand, unter Berücksichtigung der rechtlichen und tatsächlichen Neuordnung

6. **Bewertung der Bodenschätzung**

AZ	Ackerzahl
GZ	Grünlandzahl

Zu § 198 BewG **Anlage 198.3**

Nachweis des niedrigeren gemeinen Werts;
Berücksichtigung von Sachverständigengutachten zum Nachweis eines niedrigeren Grundbesitzwerts

Gleich lautende Erlasse der obersten Finanzbehörden der Länder
vom 2. Dezember 2020
(BStBl. I 2021 S. 146)

Der Bundesfinanzhof hält in seinem Urteil vom 5. Dezember 2019 II R 9/18, BStBl. II 2021, 135, in Anknüpfung an sein Urteil vom 11. September 2013 II R 61/11, BStBl. II 2014, 363, und gegen die gleich lautenden Erlasse der obersten Finanzbehörden vom 19. Februar 2014, BStBl. I, 808, an seiner Auffassung fest, dass der Nachweis eines niedrigeren gemeinen Werts nach § 198 BewG durch Vorlage eines Gutachtens, nur durch ein Gutachten erbracht werden kann, das der örtlich zuständige Gutachterausschuss oder ein öffentlich bestellter und vereidigter Sachverständiger für die Bewertung von Grundstücken erstellt hat.

Das BFH-Urteil vom 5. Dezember 2019 II R 9/18 ist über den entschiedenen Einzelfall hinaus nicht anzuwenden.

Die Finanzverwaltung hält weiterhin an ihrer Auffassung fest, dass der Steuerpflichtige den Nachweis des niedrigeren gemeinen Werts regelmäßig durch ein Gutachten des zuständigen Gutachterausschusses oder eines Sachverständigen, der über besondere Kenntnisse und Erfahrungen auf dem Gebiet der Bewertung von Grundstücken verfügt, erbringen kann (siehe u. a. R B 198 Absatz 3 Satz 1 ErbStR 2019). Dies sind Personen, die von einer staatlichen, staatlich anerkannten oder nach DIN EN ISO/IEC 17024 akkreditierten Stelle als Sachverständige oder Gutachter für die Wertermittlung von Grundstücken bestellt oder zertifiziert worden sind.

Anlage 198.4

Zu § 198 BewG

Nachweis des niedrigeren gemeinen Werts nach § 138 Abs. 4 und § 198 BewG

Vfg. OFD Nordrhein-Westfalen vom 26. Juni 2014

1.) Allgemeines

Der Nachweis des niedrigeren gemeinen Werts kann durch ein Gutachten oder durch einen im gewöhnlichen Geschäftsverkehr vereinbarten Kaufpreis geführt werden.

Der Nachweis durch o. g. **Kaufpreis** ist möglich, wenn der Kaufpreis ein Jahr vor oder nach dem Bewertungsstichtag zustande gekommen ist. Kommt der Kaufpreis außerhalb dieser Frist zustande, kann der Kaufpreis noch als Nachweis des niedrigeren gemeinen Werts dienen, wenn der Steuerpflichtige schlüssig nachweist, dass die maßgebenden Verhältnisse gegenüber den Verhältnissen am Bewertungsstichtag unverändert geblieben sind (vgl. R B 198 Abs. 4 ErbStR 2011; BFH-Urteil vom 02.07.2004, BStBl. 2004 II S. 703). Vgl. dazu jedoch auch Punkt 3.a).

Beim Nachweis durch **Gutachten** ist zu prüfen, ob dieses den Anforderungen an ein Verkehrswertgutachten entspricht (vgl. R B 198 Abs. 3 S. 4 ErbStR 2011). Danach kann der Steuerpflichtige den Nachweis des niedrigeren gemeinen Werts regelmäßig durch ein Gutachten des zuständigen Gutachterausschusses oder eines Sachverständigen für die Bewertung von Grundstücken erbringen (vgl. Gleich lautende Erlasse der obersten Finanzbehörden der Länder vom 19. Februar 2014; BStBl. 2014 I S. 808).

2.) Gutachten und Kaufpreis liegen bei der Erst- oder Einspruchsbearbeitung zeitgleich vor

Im Zusammenhang mit der Frage, welchem Wert bei **zeitgleichem Vorliegen** eines Kaufpreises und eines Gutachtenwerts der Vorzug im Rahmen des Nachweises des niedrigeren gemeinen Werts nach § 138 Abs. 4 und § 198 BewG zu geben ist, wird gebeten, folgende Rechtsauffassung zu vertreten:

Weist der Steuerpflichtige bei Abgabe der Feststellungserklärung oder innerhalb der Rechtsbehelfsfrist einen niedrigeren gemeinen Wert durch ein Sachverständigengutachten nach, so ist das Finanzamt nicht gehindert, die Erkenntnisse aus einem innerhalb eines Jahres vor oder nach dem Bewertungsstichtag erfolgten Grundstücksverkauf, bei dem ein höherer Preis als laut dem Gutachten erzielt wurde, zu berücksichtigen und den Grundbesitzwert in Höhe des erzielten Kaufpreises festzustellen. Ist der Kaufpreis außerhalb des Jahres nach dem Bewertungsstichtag zustande gekommen, gilt Vorstehendes entsprechend, soweit sich die maßgeblichen Verhältnisse gegenüber den Verhältnissen zum Stichtag nicht verändert haben (siehe Punkt 1.).

Diese Entscheidung basiert auf dem Gedanken, dass beim Vorliegen sowohl eines vom Steuerpflichtigen beigebrachten Sachverständigengutachtens als auch eines zeitnahen Grundstückskaufvertrags beide Beweismittel für eine Überzeugungsbildung heranzuziehen sind. Bei der Wertung sind auch weitere Erkenntnisse, die durch eigene Ermittlungstätigkeit des Bearbeiters gewonnen werden, bei der Rechtsfindung zu berücksichtigen.

Der im gewöhnlichen Geschäftsverkehr vereinbarte bzw. erzielte Kaufpreis für ein Wirtschaftsgut liefert den sichersten Anhaltspunkt für den Wert (gemeiner Wert bzw. Verkehrswert nach § 9 BewG) des Wirtschaftsguts. Der nach den Regeln von Angebot und Nachfrage frei ausgehandelte Marktpreis für ein Wirtschaftsgut bietet die beste Gewähr dafür, den wahren Wert eines Wirtschaftsguts abzubilden. Die Wertermittlung durch einen Gutachter stellt demgegenüber stets eine Schätzung dar.

Hinsichtlich dieser Rechtsauffassung wird auf das Urteil des Finanzgerichts Berlin-Brandenburg vom 15.09.2010, Az.: 3 K 3232/07, EFG 2011, S. 1386 verwiesen.

Ist der nach dem Stichtag durch Veräußerung an einen fremden Dritten erzielte Kaufpreis niedriger als der Gutachtenwert, ist der Grundbesitzwert ebenfalls in Höhe des erzielten Kaufpreises festzustellen, soweit sich die maßgeblichen Verhältnisse gegenüber den Verhältnissen zum Stichtag nicht verändert haben (siehe Punkt 1.).

Die obigen Ausführungen gelten grds. nur, wenn Gutachten und Kaufpreis gleichzeitig bei Bearbeitung der Feststellungserklärung oder des Einspruchs vorliegen. Es ist daher nicht erforderlich, Grundbesitzwertfeststellungen, bei denen es zum Ansatz eines Gutachtenwerts gekommen ist, vor dem Hintergrund eines zukünftigen möglichen Verkaufs in Überwachung zu nehmen. Auch eine Feststellung unter dem Vorbehalt der Nachprüfung (§ 164 AO) ist nicht vorzunehmen.

3.) Änderungsmöglichkeiten einer Grundbesitzwertfeststellung nach Bestandskraft

Wird nach formeller Bestandskraft der Grundbesitzwertfeststellung der Nachweis eines niedrigeren gemeinen Werts geführt, ist wie folgt zu unterscheiden:

a) Nachweis durch Kaufpreis

Der Nachweis des niedrigeren gemeinen Werts durch Kaufpreis kann – anders als nach früherer Rechtsauffassung – nicht mehr nach formell bestandskräftiger Grundbesitzwertfeststellung erbracht werden, wenn der Kaufpreis erst **nach abschließender Entscheidung** des für die Feststellung des Grundbesitzwertes zuständigen Amtsträgers zustande gekommen ist. Insofern kommt nach Beschluss der obersten Finanzbehörden des Bundes und der Länder eine Änderung nach § 173 Abs. 1 Nr. 2 AO nicht mehr in Betracht (an dem früheren Beschluss wird nicht mehr festgehalten).

Zwar ist ein im gewöhnlichen Geschäftsverkehr zeitnah zum Bewertungsstichtag erzielter Kaufpreis geeignet, den Nachweis eines geringeren gemeinen Wertes nach § 198 BewG zu erbringen. Dieses Beweismittel kann jedoch nicht im Sinne des § 173 Abs. 1 AO „nachträglich bekannt" werden, wenn der Kaufvertrag zum Zeitpunkt der abschließenden Zeichnung des Feststellungsbescheids noch nicht existent war. Es können nur Tatsachen bzw. Beweismittel nachträglich bekannt werden, die zum Zeitpunkt der Zeichnung der Grundbesitzwertfeststellung bereits entstanden („existent") waren (vgl. AEAO zu § 173 Nr. 1 .3). Das ist bei einem nach abschließender Zeichnung des Feststellungsbescheides vereinbarten Kaufpreis nicht der Fall.

Der nachträglich zustande gekommene Kaufpreis stellt auch kein rückwirkendes Ereignis i. S. des § 175 Abs. 1 Satz 1 Nr. 2 AO dar. Ein rückwirkendes Ereignis liegt vor, wenn der nach dem Steuertatbestand rechtserhebliche Sachverhalt sich zu einem späteren Zeitpunkt anders gestaltet und steuerlich dergestalt in die Vergangenheit zurückwirkt, dass der Besteuerung nunmehr der veränderte Sachverhalt anstelle des zuvor verwirklichten Sachverhalts zugrunde zu legen ist. Ein Kaufvertrag stellt die Möglichkeit des Nachweises des niedrigeren gemeinen Werts und damit den Nachweis einer steuerlich relevanten Tatsache dar. Allerdings hat der Abschluss des Kaufvertrages für sich genommen keinen Eingang in den Gesetzestext gefunden, so dass der bei der Bewertung zugrunde gelegte Sachverhalt sich durch den Abschluss des Kaufvertrags über das Grundstück auch nicht nachträglich geändert hat. Vgl. zur Begründung auch das Urteil des Finanzgerichts Baden-Württemberg vom 25.06.2012 (Az.: 8 K 3603/11). Damit kann in diesen Fällen eine Änderung der bestandskräftigen und nicht unter dem Vorbehalt der Nachprüfung ergangenen Feststellungen nicht mehr erfolgen.

Etwas anderes gilt nur, wenn der Verkauf des Grundstücks **vor der abschließenden Entscheidung** des für die Grundbesitzwertfeststellung zuständigen Amtsträgers der GÜST/BWST erfolgt ist und ihm diese Tatsache bei seiner Entscheidung nicht bekannt war. In diesen Fällen liegt eine neue Tatsache i. S. des § 173 Abs. 1 AO vor. Ein unanfechtbarer Feststellungsbescheid kann aber nur nach § 173 Abs. 1 Nr. 2 AO geändert werden, wenn den Steuerpflichtigen kein grobes Verschulden an dem nachträglichen Bekanntwerden dieser Tatsache trifft.

Hinweis zum groben Verschulden:

Die Überprüfung, ob ein grobes Verschulden i. S. d. § 173 Abs. 1 Nr. 2 AO vorliegt, erfolgt nach den üblichen Grundsätzen und hängt vom Einzelfall ab. Es ist darauf abzustellen, ob der Steuerpflichtige (oder sein steuerlicher Berater) die ihm nach seinen persönlichen Verhältnissen zumutbare Sorgfalt in ungewöhnlichem Maße und in nicht entschuldbarer Weise verletzt hat. Ein grobes Verschulden kann im Allgemeinen aber angenommen werden, wenn der Steuerpflichtige trotz Aufforderung keine Steuererklärung abgegeben hat oder eine im Steuererklärungsformular ausdrücklich gestellte, auf einen bestimmten Vorgang bezogene Frage nicht beachtet (vgl. AEAO zu § 173 Nr. 5.1.2 und 5.1.3). Von grobem Verschulden ist regelmäßig auszugehen, wenn der Kaufvertrag bereits vor Abgabe der Steuererklärung zustande gekommen ist und der Steuerpflichtige die notwendigen Angaben im Erklärungsvordruck nicht vorgenommen hat. Analog kann der Fall beurteilt werden, in dem der Kaufvertragsabschluss nach Abgabe der Feststellungserklärung, jedoch vor Ablauf der Rechtsbehelfsfrist erfolgt ist und der Steuerpflichtige nicht – unter Hinweis auf den realisierten Kaufpreis – fristgerecht Rechtsbehelf eingelegt hat.

Anlage 198.4

Zu § 198 BewG

Übersicht über die Korrekturmöglichkeiten nach §§ 173 und 175 AO

	Verkauf vor abschließender Zeichnung	Verkauf nach abschließender Zeichnung
neue Tatsache i. S. d. § 173 Abs. 1 AO	ja	nein
grobes Verschulden	ja	–
Korrekturmöglichkeit nach § 173 Abs. 1 Nr. 2 AO	nein	nein
Korrekturmöglichkeit nach § 175 Abs. 1 S. 1 Nr. 2 AO	– (das Vorliegen einer neuen Tatsache i. S. d. § 173 AO schließt § 175 AO aus)	nein

b) Nachweis durch Gutachten

Ein nach Bestandskraft des Feststellungsbescheides erstelltes Sachverständigengutachten kann eine Änderung nach § 173 Abs. 1 Nr. 2 AO nicht begründen, da das Gutachten bei Eintritt der Bestandskraft nicht existierte und folglich dieses Beweismittel auch nicht nachträglich bekannt werden kann.

Wird ein auf den Bewertungsstichtag zu fertigendes Gutachten zwar vor Bestandskraft des Feststellungsbescheides erstellt, jedoch erst nach Bestandskraft der Grundbesitzwertfeststellung vorgelegt, kommt eine Berichtigung nach § 173 Abs. 1 Nr. 2 AO nicht in Betracht. In diesem Fall hätte der Steuerpflichtige innerhalb der Rechtsbehelfsfrist Einspruch einlegen müssen. Außerhalb der Rechtsbehelfsfrist trifft ihn grobes Verschulden an dem nachträglichen Bekanntwerden des Gutachtens, so dass eine Änderung nach § 173 Abs. 1 Nr. 2 AO nicht möglich ist.

Ebenfalls kommt eine Änderung nach § 175 Abs. 1 Nr. 2 AO – analog zu den Ausführungen unter 3a) – nicht in Betracht, da das Gutachten für sich genommen keinen Eingang in den Gesetzestext gefunden hat, so dass der bei der Bewertung zugrunde gelegte Sachverhalt sich durch die Fertigung des Gutachtens über das Grundstück auch nicht nachträglich geändert hat.

Zu § 254 BewG, zu Anlage 39, Teil II., BewG **Anlage 254.1**

**Verordnung
zur Einstufung der Gemeinden in eine Mietniveaustufe
im Sinne des § 254 des Bewertungsgesetzes
(Mietniveau-Einstufungsverordnung – MietNEinV)
Vom 18. August 2021**

(BGBl. I S. 3738, BStBl. I 1871)

Auf Grund des § 263 Absatz 2 des Bewertungsgesetzes, der durch Artikel 1 Nummer 2 des Gesetzes vom 26. November 2019 (BGBl. I S. 1794) eingefügt worden ist, verordnet das Bundesministerium der Finanzen:

§ 1
Gemeindebezogene Einordnung

Die gemeindebezogene Einordnung in die jeweilige Mietniveaustufe zur Ermittlung der Zu- und Abschläge im Sinne des § 254 des Gesetzes in Verbindung mit der Anlage 39, Teil II, zum Gesetz ergibt sich aus der Anlage zu dieser Verordnung. Maßgeblicher Gebietsstand ist der 25. Januar 2021.

Inkrafttreten

Diese Verordnung tritt am Tag nach der Verkündung in Kraft.

Der Bundesrat hat zugestimmt.

Anlage 254.1 Zu § 254 BewG, zu Anlage 39, Teil II., BewG

Anhang zu § 1

Anlage

Gemeindebezogene Einordnung in die jeweilige Mietniveaustufe nach § 254 des Bewertungsgesetzes

	Baden-Württemberg (BW)		
lfd. Nr.	Gemeindenamen	AGS	Mietniveaustufe
1	Aach, Stadt	08335001	2
2	Aalen, Stadt	08136088	3
3	Abstatt	08125001	2
4	Abtsgmünd	08136002	2
5	Achberg	08436001	2
6	Achern, Stadt	08317001	2
7	Achstetten	08426001	1
8	Adelberg	08117001	2
9	Adelmannsfelden	08136003	2
10	Adelsheim, Stadt	08225001	1
11	Affalterbach	08118001	4
12	Aglasterhausen	08225002	1
13	Ahorn	08128138	1
14	Aichelberg	08117002	2
15	Aichhalden	08325001	1
16	Aichstetten	08436003	2
17	Aichtal, Stadt	08116081	4
18	Aichwald	08116076	3
19	Aidlingen	08115001	4
20	Aitern	08336004	3
21	Aitrach	08436004	2
22	Albbruck	08337002	2
23	Albershausen	08117003	2
24	Albstadt, Stadt	08417079	2
25	Aldingen	08327002	1
26	Alfdorf	08119001	2

Baden-Württemberg (BW)			
lfd. Nr.	Gemeindenamen	AGS	Mietniveaustufe
27	Allensbach	08335002	2
28	Alleshausen	08426005	1
29	Allmannsweiler	08426006	1
30	Allmendingen	08425002	2
31	Allmersbach im Tal	08119003	2
32	Alpirsbach, Stadt	08237002	1
33	Altbach	08116004	3
34	Altdorf	08115002	4
35	Altdorf	08116005	3
36	Altenriet	08116006	3
37	Altensteig, Stadt	08235006	2
38	Altheim	08425004	2
39	Altheim	08426008	1
40	Altheim (Alb)	08425005	2
41	Althengstett	08235007	2
42	Althütte	08119004	2
43	Altlußheim	08226003	2
44	Altshausen	08436005	2
45	Ammerbuch	08416048	4
46	Amstetten	08425008	2
47	Amtzell	08436006	2
48	Angelbachtal	08226102	2
49	Appenweier	08317005	2
50	Argenbühl	08436094	2
51	Aspach	08119087	2
52	Asperg, Stadt	08118003	5
53	Assamstadt	08128006	1
54	Asselfingen	08425011	2
55	Attenweiler	08426011	1

Anlage 254.1

Zu § 254 BewG, zu Anlage 39, Teil II., BewG

	Baden-Württemberg (BW)		
lfd. Nr.	Gemeindenamen	AGS	Mietniveaustufe
56	Au	08315003	3
57	Au am Rhein	08216002	2
58	Auenwald	08119006	2
59	Auggen	08315004	3
60	Aulendorf, Stadt	08436008	2
61	Backnang, Stadt	08119008	4
62	Bad Bellingen	08336006	3
63	Bad Boll	08117012	2
64	Bad Buchau, Stadt	08426013	1
65	Bad Ditzenbach	08117006	2
66	Bad Dürrheim, Stadt	08326003	3
67	Bad Friedrichshall, Stadt	08125005	3
68	Bad Herrenalb, Stadt	08235033	2
69	Bad Krozingen	08315006	5
70	Bad Liebenzell, Stadt	08235008	2
71	Bad Mergentheim, Stadt	08128007	3
72	Bad Peterstal-Griesbach	08317008	1
73	Bad Rappenau, Stadt	08125006	3
74	Bad Rippoldsau-Schapbach	08237075	1
75	Bad Säckingen, Stadt	08337096	4
76	Bad Saulgau, Stadt	08437100	2
77	Bad Schönborn	08215100	3
78	Bad Schussenried, Stadt	08426014	1
79	Bad Teinach-Zavelstein, Stadt	08235084	2
80	Bad Überkingen	08117007	2
81	Bad Urach, Stadt	08415078	3
82	Bad Waldsee, Stadt	08436009	3
83	Bad Wildbad, Stadt	08235079	2
84	Bad Wimpfen, Stadt	08125007	2

Zu § 254 BewG, zu Anlage 39, Teil II., BewG   **Anlage 254.1**

lfd. Nr.	Gemeindenamen	AGS	Mietniveaustufe
	**Baden-Württemberg (BW)**		
85	Bad Wurzach, Stadt	08436010	1
86	Baden-Baden	08211000	4
87	Badenweiler	08315007	3
88	Bahlingen am Kaiserstuhl	08316002	2
89	Baienfurt	08436011	2
90	Baiersbronn	08237004	1
91	Baindt	08436012	2
92	Balgheim	08327005	1
93	Balingen, Stadt	08417002	3
94	Ballendorf	08425013	2
95	Ballrechten-Dottingen	08315008	3
96	Baltmannsweiler	08116007	3
97	Balzheim	08425140	2
98	Bammental	08226006	2
99	Bärenthal	08327004	1
100	Bartholomä	08136007	2
101	Beilstein, Stadt	08125008	2
102	Beimerstetten	08425014	2
103	Bempflingen	08116008	3
104	Benningen am Neckar	08118006	4
105	Berg	08436013	2
106	Bergatreute	08436014	2
107	Berghaupten	08317009	1
108	Berghülen	08425017	2
109	Berglen	08119089	2
110	Berkheim	08426019	1
111	Bermatingen	08435005	4
112	Bernau im Schwarzwald	08337013	2
113	Bernstadt	08425019	2

Anlage 254.1 Zu § 254 BewG, zu Anlage 39, Teil II., BewG

\multicolumn{4}{c}{Baden-Württemberg (BW)}			
lfd. Nr.	Gemeindenamen	AGS	Mietniveaustufe
114	Besigheim, Stadt	08118007	4
115	Betzenweiler	08426020	1
116	Beuren	08116011	3
117	Beuron	08437005	1
118	Biberach	08317011	1
119	Biberach an der Riß, Stadt	08426021	3
120	Biederbach	08316003	2
121	Bietigheim	08216005	2
122	Bietigheim-Bissingen, Stadt	08118079	5
123	Billigheim	08225009	1
124	Binau	08225010	1
125	Bingen	08437008	1
126	Binzen	08336008	3
127	Birenbach	08117009	2
128	Birkenfeld	08236004	3
129	Bischweier	08216006	2
130	Bisingen	08417008	1
131	Bissingen an der Teck	08116012	3
132	Bitz	08417010	1
133	Blaubeuren, Stadt	08425020	2
134	Blaufelden	08127008	1
135	Blaustein	08425141	4
136	Blumberg, Stadt	08326005	1
137	Böbingen an der Rems	08136009	2
138	Böblingen, Stadt	08115003	6
139	Bodelshausen	08416006	4
140	Bodman-Ludwigshafen	08335098	2
141	Bodnegg	08436018	2
142	Böhmenkirch	08117010	2

Zu § 254 BewG, zu Anlage 39, Teil II., BewG   **Anlage 254.1**

|	Baden-Württemberg (BW)		
lfd. Nr.	Gemeindenamen	AGS	Mietniveaustufe
143	Böllen	08336010	3
144	Bollschweil	08315014	3
145	Boms	08436019	2
146	Bondorf	08115004	4
147	Bonndorf im Schwarzwald, Stadt	08337022	2
148	Bönnigheim, Stadt	08118010	4
149	Bopfingen, Stadt	08136010	2
150	Börslingen	08425022	2
151	Börtlingen	08117011	2
152	Bösingen	08325009	1
153	Böttingen	08327006	1
154	Bötzingen	08315013	3
155	Boxberg, Stadt	08128014	1
156	Brackenheim, Stadt	08125013	3
157	Bräunlingen, Stadt	08326006	2
158	Braunsbach	08127009	1
159	Breisach am Rhein, Stadt	08315015	4
160	Breitingen	08425024	2
161	Breitnau	08315016	3
162	Bretten, Stadt	08215007	3
163	Bretzfeld	08126011	2
164	Brigachtal	08326075	2
165	Bruchsal, Stadt	08215009	3
166	Brühl	08226009	4
167	Bubsheim	08327007	1
168	Buchen (Odenwald), Stadt	08225014	1
169	Buchenbach	08315020	3
170	Buchheim	08327008	1
171	Buggingen	08315022	3

Anlage 254.1

Zu § 254 BewG, zu Anlage 39, Teil II., BewG

	Baden-Württemberg (BW)		
lfd. Nr.	Gemeindenamen	AGS	Mietniveaustufe
172	Bühl, Stadt	08216007	3
173	Bühlertal	08216008	2
174	Bühlertann	08127012	1
175	Bühlerzell	08127013	1
176	Burgrieden	08426028	1
177	Burgstetten	08119018	2
178	Burladingen, Stadt	08417013	1
179	Büsingen am Hochrhein	08335015	2
180	Calw, Stadt	08235085	3
181	Cleebronn	08125017	2
182	Crailsheim, Stadt	08127014	2
183	Creglingen, Stadt	08128020	1
184	Dachsberg (Südschwarzwald)	08337027	2
185	Daisendorf	08435010	4
186	Dauchingen	08326010	2
187	Dautmergen	08417014	1
188	Deckenpfronn	08115010	4
189	Deggenhausertal	08435067	4
190	Deggingen	08117014	2
191	Deilingen	08327009	1
192	Deißlingen	08325072	1
193	Deizisau	08116014	3
194	Denkendorf	08116015	5
195	Denkingen	08327010	1
196	Denzlingen	08316009	4
197	Dettenhausen	08416009	4
198	Dettenheim	08215111	2
199	Dettighofen	08337030	2
200	Dettingen an der Erms	08415014	2

Zu § 254 BewG, zu Anlage 39, Teil II., BewG **Anlage 254.1**

Baden-Württemberg (BW)			
lfd. Nr.	Gemeindenamen	AGS	Mietniveaustufe
201	Dettingen an der Iller	08426031	1
202	Dettingen unter Teck	08116016	3
203	Dielheim	08226010	2
204	Dietenheim, Stadt	08425028	2
205	Dietingen	08325011	1
206	Dischingen	08135010	1
207	Ditzingen, Stadt	08118011	5
208	Dobel	08235018	2
209	Dogern	08337032	2
210	Donaueschingen, Stadt	08326012	2
211	Donzdorf, Stadt	08117015	2
212	Dormettingen	08417015	1
213	Dornhan, Stadt	08325012	1
214	Dornstadt	08425031	2
215	Dornstetten, Stadt	08237019	1
216	Dörzbach	08126020	1
217	Dossenheim	08226012	6
218	Dotternhausen	08417016	1
219	Drackenstein	08117016	2
220	Dunningen	08325014	1
221	Durbach	08317021	1
222	Dürbheim	08327011	1
223	Durchhausen	08327012	1
224	Durlangen	08136015	2
225	Dürmentingen	08426035	1
226	Durmersheim	08216009	3
227	Dürnau	08117017	2
228	Dürnau	08426036	1
229	Dußlingen	08416011	4

Anlage 254.1

Zu § 254 BewG, zu Anlage 39, Teil II., BewG

Baden-Württemberg (BW)			
lfd. Nr.	Gemeindenamen	AGS	Mietniveaustufe
230	Ebenweiler	08436024	2
231	Eberbach, Stadt	08226013	2
232	Eberdingen	08118012	4
233	Eberhardzell	08426038	1
234	Ebersbach an der Fils, Stadt	08117018	4
235	Ebersbach-Musbach	08436093	2
236	Eberstadt	08125021	2
237	Ebhausen	08235020	2
238	Ebringen	08315028	3
239	Edingen-Neckarhausen	08226105	4
240	Efringen-Kirchen	08336014	3
241	Egenhausen	08235022	2
242	Egesheim	08327013	1
243	Eggenstein-Leopoldshafen	08215102	4
244	Eggingen	08337124	2
245	Ehingen (Donau), Stadt	08425033	3
246	Ehningen	08115013	4
247	Ehrenkirchen	08315131	3
248	Eichstegen	08436027	2
249	Eichstetten am Kaiserstuhl	08315030	3
250	Eigeltingen	08335021	2
251	Eimeldingen	08336019	3
252	Eisenbach (Hochschwarzwald)	08315031	3
253	Eisingen	08236011	2
254	Eislingen/Fils, Stadt	08117019	3
255	Elchesheim-Illingen	08216012	2
256	Ellenberg	08136018	2
257	Ellhofen	08125024	2
258	Ellwangen (Jagst), Stadt	08136019	3

Zu § 254 BewG, zu Anlage 39, Teil II., BewG **Anlage 254.1**

	Baden-Württemberg (BW)		
lfd. Nr.	Gemeindenamen	AGS	Mietniveaustufe
259	Elzach, Stadt	08316010	2
260	Elztal	08225117	1
261	Emeringen	08425035	2
262	Emerkingen	08425036	2
263	Emmendingen, Stadt	08316011	4
264	Emmingen-Liptingen	08327057	1
265	Empfingen	08237024	1
266	Endingen am Kaiserstuhl, Stadt	08316012	2
267	Engelsbrand	08236013	2
268	Engen, Stadt	08335022	2
269	Engstingen	08415089	2
270	Eningen u. A.	08415019	3
271	Enzklösterle	08235025	2
272	Epfenbach	08226017	2
273	Epfendorf	08325015	1
274	Eppelheim, Stadt	08226018	5
275	Eppingen, Stadt	08125026	2
276	Erbach	08425039	3
277	Erdmannhausen	08118014	4
278	Eriskirch	08435013	4
279	Erkenbrechtsweiler	08116018	3
280	Erlenbach	08125027	2
281	Erlenmoos	08426043	1
282	Erligheim	08118015	4
283	Erolzheim	08426044	1
284	Ertingen	08426045	1
285	Eschach	08136020	2
286	Eschbach	08315033	3
287	Eschbronn	08325071	1

Anlage 254.1

Zu § 254 BewG, zu Anlage 39, Teil II., BewG

\multicolumn{4}{c}{Baden-Württemberg (BW)}			
lfd. Nr.	Gemeindenamen	AGS	Mietniveaustufe
288	Eschelbronn	08226020	2
289	Eschenbach	08117020	2
290	Essingen	08136021	2
291	Esslingen am Neckar, Stadt	08116019	5
292	Ettenheim, Stadt	08317026	2
293	Ettlingen, Stadt	08215017	4
294	Eutingen im Gäu	08237027	1
295	Fahrenbach	08225024	1
296	Feldberg (Schwarzwald)	08315037	3
297	Fellbach, Stadt	08119020	5
298	Fichtenau	08127102	1
299	Fichtenberg	08127023	1
300	Filderstadt, Stadt	08116077	5
301	Fischerbach	08317029	1
302	Fischingen	08336024	3
303	Flein	08125030	2
304	Fleischwangen	08436032	2
305	Fluorn-Winzeln	08325070	1
306	Forbach	08216013	2
307	Forchheim	08316013	2
308	Forchtenberg, Stadt	08126028	1
309	Forst	08215021	2
310	Frankenhardt	08127103	1
311	Freiamt	08316054	2
312	Freiberg am Neckar, Stadt	08118078	5
313	Freiburg im Breisgau, Stadtkreis	08311000	6
314	Freudenberg, Stadt	08128039	1
315	Freudenstadt, Stadt	08237028	3
316	Freudental	08118016	4

Zu § 254 BewG, zu Anlage 39, Teil II., BewG **Anlage 254.1**

	Baden-Württemberg (BW)		
lfd. Nr.	Gemeindenamen	AGS	Mietniveaustufe
317	Frickenhausen	08116020	3
318	Frickingen	08435015	4
319	Fridingen an der Donau, Stadt	08327016	1
320	Friedenweiler	08315039	3
321	Friedrichshafen, Stadt	08435016	5
322	Friesenheim	08317031	2
323	Friolzheim	08236019	2
324	Frittlingen	08327017	1
325	Fröhnd	08336025	3
326	Fronreute	08436096	2
327	Furtwangen im Schwarzwald, Stadt	08326017	2
328	Gaggenau, Stadt	08216015	3
329	Gaiberg	08226022	2
330	Gaienhofen	08335025	2
331	Gaildorf, Stadt	08127025	2
332	Gailingen am Hochrhein	08335026	2
333	Gammelshausen	08117023	2
334	Gammertingen, Stadt	08437031	1
335	Gärtringen	08115015	5
336	Gäufelden	08115016	4
337	Gechingen	08235029	2
338	Geisingen, Stadt	08327018	1
339	Geislingen an der Steige, Stadt	08117024	2
340	Geislingen, Stadt	08417022	1
341	Gemmingen	08125034	2
342	Gemmrigheim	08118018	4
343	Gengenbach, Stadt	08317034	2
344	Gerabronn, Stadt	08127032	1
345	Gerlingen, Stadt	08118019	6

Anlage 254.1

Zu § 254 BewG, zu Anlage 39, Teil II., BewG

	Baden-Württemberg (BW)		
lfd. Nr.	Gemeindenamen	AGS	Mietniveaustufe
346	Gernsbach, Stadt	08216017	3
347	Gerstetten	08135015	2
348	Giengen an der Brenz, Stadt	08135016	2
349	Gingen an der Fils	08117025	2
350	Glatten	08237030	1
351	Glottertal	08315041	3
352	Göggingen	08136024	2
353	Gomadingen	08415027	2
354	Gomaringen	08416015	4
355	Gondelsheim	08215025	2
356	Göppingen, Stadt	08117026	3
357	Görwihl	08337038	2
358	Gosheim	08327019	1
359	Gottenheim	08315043	3
360	Gottmadingen	08335028	3
361	Graben-Neudorf	08215099	3
362	Grabenstetten	08415028	2
363	Grafenau	08115054	4
364	Grafenberg	08415029	2
365	Grafenhausen	08337039	2
366	Grenzach-Wyhlen	08336105	5
367	Griesingen	08425050	2
368	Grömbach	08237032	1
369	Großbettlingen	08116022	3
370	Großbottwar, Stadt	08118021	4
371	Grosselfingen	08417023	1
372	Großerlach	08119024	2
373	Großrinderfeld	08128045	1
374	Gruibingen	08117028	2

Zu § 254 BewG, zu Anlage 39, Teil II., BewG

Anlage 254.1

	Baden-Württemberg (BW)		
lfd. Nr.	Gemeindenamen	AGS	Mietniveaustufe
375	Grundsheim	08425052	2
376	Grünkraut	08436039	2
377	Grünsfeld, Stadt	08128047	1
378	Gschwend	08136027	2
379	Guggenhausen	08436040	2
380	Güglingen, Stadt	08125038	2
381	Gundelfingen	08315047	6
382	Gundelsheim, Stadt	08125039	2
383	Gunningen	08327020	1
384	Gutach (Schwarzwaldbahn)	08317039	1
385	Gutach im Breisgau	08316014	2
386	Gütenbach	08326020	2
387	Gutenzell-Hürbel	08426135	1
388	Häg-Ehrsberg	08336106	3
389	Hagnau am Bodensee	08435018	4
390	Haigerloch, Stadt	08417025	1
391	Haiterbach, Stadt	08235032	2
392	Hambrücken	08215029	2
393	Hardheim	08225032	1
394	Hardt	08325024	1
395	Hardthausen am Kocher	08125111	2
396	Hartheim	08315048	3
397	Hasel	08336034	3
398	Haslach im Kinzigtal, Stadt	08317040	1
399	Haßmersheim	08225033	1
400	Hattenhofen	08117029	2
401	Hausach, Stadt	08317041	1
402	Hausen am Bussen	08425055	2
403	Hausen am Tann	08417029	1

Anlage 254.1   Zu § 254 BewG, zu Anlage 39, Teil II., BewG

Baden-Württemberg (BW)			
lfd. Nr.	Gemeindenamen	AGS	Mietniveaustufe
404	Hausen im Wiesental	08336036	3
405	Hausen ob Verena	08327023	1
406	Häusern	08337045	2
407	Hayingen, Stadt	08415034	2
408	Hechingen, Stadt	08417031	3
409	Heddesbach	08226027	2
410	Heddesheim	08226028	3
411	Heidelberg	08221000	5
412	Heidenheim an der Brenz, Stadt	08135019	3
413	Heilbronn, Universitätsstadt	08121000	4
414	Heiligenberg	08435020	4
415	Heiligkreuzsteinach	08226029	2
416	Heimsheim, Stadt	08236025	2
417	Heiningen	08117030	2
418	Heitersheim, Stadt	08315050	3
419	Helmstadt-Bargen	08226106	2
420	Hemmingen	08118027	4
421	Hemsbach, Stadt	08226031	4
422	Herbertingen	08437044	1
423	Herbolzheim, Stadt	08316017	2
424	Herbrechtingen, Stadt	08135020	1
425	Herdwangen-Schönach	08437124	1
426	Hermaringen	08135021	1
427	Heroldstatt	08425139	2
428	Herrenberg, Stadt	08115021	5
429	Herrischried	08337049	2
430	Hessigheim	08118028	4
431	Hettingen, Stadt	08437047	1
432	Heubach, Stadt	08136028	2

Baden-Württemberg (BW)			
lfd. Nr.	Gemeindenamen	AGS	Mietniveaustufe
433	Heuchlingen	08136029	2
434	Heuweiler	08315051	3
435	Hildrizhausen	08115022	4
436	Hilzingen	08335035	2
437	Hinterzarten	08315052	3
438	Hirrlingen	08416018	4
439	Hirschberg an der Bergstraße	08226107	2
440	Hochdorf	08116027	3
441	Hochdorf	08426058	1
442	Höchenschwand	08337051	2
443	Hockenheim, Stadt	08226032	4
444	Höfen an der Enz	08235035	2
445	Hofstetten	08317046	1
446	Hohberg	08317047	1
447	Hohenfels	08335096	2
448	Hohenstadt	08117031	2
449	Hohenstein	08415090	2
450	Hohentengen	08437053	1
451	Hohentengen am Hochrhein	08337053	2
452	Holzgerlingen, Stadt	08115024	6
453	Holzkirch	08425062	2
454	Holzmaden	08116029	3
455	Höpfingen	08225039	1
456	Horb am Neckar, Stadt	08237040	2
457	Horben	08315056	3
458	Horgenzell	08436095	2
459	Hornberg, Stadt	08317051	1
460	Hoßkirch	08436047	2
461	Hüffenhardt	08225042	1

Anlage 254.1

Zu § 254 BewG, zu Anlage 39, Teil II., BewG

Baden-Württemberg (BW)			
lfd. Nr.	Gemeindenamen	AGS	Mietniveaustufe
462	Hüfingen, Stadt	08326027	2
463	Hügelsheim	08216022	2
464	Hülben	08415039	2
465	Hüttisheim	08425064	2
466	Hüttlingen	08136033	2
467	Ibach	08337059	2
468	Iffezheim	08216023	2
469	Igersheim	08128058	1
470	Iggingen	08136034	2
471	Ihringen	08315059	3
472	Illerkirchberg	08425137	2
473	Illerrieden	08425066	2
474	Illingen	08236028	2
475	Illmensee	08437056	1
476	Ilsfeld	08125046	2
477	Ilshofen, Stadt	08127043	1
478	Ilvesheim	08226036	2
479	Immendingen	08327025	1
480	Immenstaad am Bodensee	08435024	4
481	Ingelfingen, Stadt	08126039	1
482	Ingersheim	08118077	4
483	Ingoldingen	08426062	1
484	Inzigkofen	08437059	1
485	Inzlingen	08336043	3
486	Irndorf	08327027	1
487	Isny im Allgäu, Stadt	08436049	3
488	Ispringen	08236030	2
489	Ittlingen	08125047	2
490	Jagsthausen	08125048	2

Zu § 254 BewG, zu Anlage 39, Teil II., BewG **Anlage 254.1**

	Baden-Württemberg (BW)		
lfd. Nr.	Gemeindenamen	AGS	Mietniveaustufe
491	Jagstzell	08136035	2
492	Jestetten	08337060	2
493	Jettingen	08115053	4
494	Jungingen	08417036	1
495	Kaisersbach	08119037	2
496	Kämpfelbach	08236074	2
497	Kandern, Stadt	08336045	3
498	Kanzach	08426064	1
499	Kappel-Grafenhausen	08317152	1
500	Kappelrodeck	08317056	1
501	Karlsbad	08215096	3
502	Karlsdorf-Neuthard	08215103	3
503	Karlsruhe	08212000	4
504	Kehl, Stadt	08317057	3
505	Keltern	08236070	2
506	Kenzingen, Stadt	08316020	2
507	Kernen im Remstal	08119093	5
508	Ketsch	08226037	4
509	Kieselbronn	08236031	2
510	Kippenheim	08317059	1
511	Kirchardt	08125049	2
512	Kirchberg an der Iller	08426065	1
513	Kirchberg an der Jagst, Stadt	08127046	1
514	Kirchberg an der Murr	08119038	2
515	Kirchdorf an der Iller	08426066	1
516	Kirchentellinsfurt	08416022	4
517	Kirchheim am Neckar	08118040	4
518	Kirchheim am Ries	08136037	2
519	Kirchheim unter Teck, Stadt	08116033	5

Anlage 254.1

Zu § 254 BewG, zu Anlage 39, Teil II., BewG

	Baden-Württemberg (BW)		
lfd. Nr.	Gemeindenamen	AGS	Mietniveaustufe
520	Kirchzarten	08315064	3
521	Kißlegg	08436052	2
522	Kleines Wiesental	08336107	3
523	Klettgau	08337062	2
524	Knittlingen, Stadt	08236033	2
525	Kohlberg	08116036	3
526	Kolbingen	08327030	1
527	Köngen	08116035	5
528	Königheim	08128061	1
529	Königsbach-Stein	08236076	2
530	Königsbronn	08135025	1
531	Königseggwald	08436053	2
532	Königsfeld im Schwarzwald	08326031	2
533	Königsheim	08327029	1
534	Konstanz, Universitätsstadt	08335043	5
535	Korb	08119041	4
536	Korntal-Münchingen, Stadt	08118080	6
537	Kornwestheim, Stadt	08118046	5
538	Kraichtal, Stadt	08215097	2
539	Krauchenwies	08437065	1
540	Krautheim, Stadt	08126045	1
541	Kreßberg	08127101	1
542	Kreßbronn am Bodensee	08435029	4
543	Kronau	08215039	2
544	Kuchen	08117033	2
545	Külsheim, Stadt	08128064	1
546	Künzelsau, Stadt	08126046	2
547	Kupferzell	08126047	1
548	Kuppenheim, Stadt	08216024	2

Zu § 254 BewG, zu Anlage 39, Teil II., BewG

Anlage 254.1

Baden-Württemberg (BW)			
lfd. Nr.	Gemeindenamen	AGS	Mietniveaustufe
549	Kürnbach	08215040	2
550	Küssaberg	08337125	2
551	Kusterdingen	08416023	4
552	Ladenburg, Stadt	08226038	3
553	Lahr/Schwarzwald, Stadt	08317065	2
554	Laichingen, Stadt	08425071	2
555	Langenargen	08435030	4
556	Langenau, Stadt	08425072	3
557	Langenbrettach	08125113	2
558	Langenburg, Stadt	08127047	1
559	Langenenslingen	08426067	1
560	Lauchheim, Stadt	08136038	2
561	Lauchringen	08337065	2
562	Lauda-Königshofen, Stadt	08128139	1
563	Laudenbach	08226040	2
564	Lauf	08317068	1
565	Laufenburg (Baden), Stadt	08337066	2
566	Lauffen am Neckar, Stadt	08125056	4
567	Laupheim, Stadt	08426070	3
568	Lautenbach	08317067	1
569	Lauterach	08425073	2
570	Lauterbach	08325036	1
571	Lauterstein, Stadt	08117061	2
572	Lehrensteinsfeld	08125057	2
573	Leibertingen	08437072	1
574	Leimen, Stadt	08226041	5
575	Leinfelden-Echterdingen, Stadt	08116078	6
576	Leingarten, Stadt	08125058	4
577	Leinzell	08136040	2

Anlage 254.1

Zu § 254 BewG, zu Anlage 39, Teil II., BewG

Baden-Württemberg (BW)			
lfd. Nr.	Gemeindenamen	AGS	Mietniveaustufe
578	Lenningen	08116079	3
579	Lenzkirch	08315068	3
580	Leonberg, Stadt	08115028	6
581	Leutenbach	08119042	3
582	Leutkirch im Allgäu, Stadt	08436055	2
583	Lichtenau, Stadt	08216028	2
584	Lichtenstein	08415092	2
585	Lichtenwald	08116037	3
586	Limbach	08225052	1
587	Linkenheim-Hochstetten	08215105	2
588	Lobbach	08226104	2
589	Löchgau	08118047	4
590	Loffenau	08216029	2
591	Löffingen, Stadt	08315070	3
592	Lonsee	08425075	2
593	Lorch, Stadt	08136042	3
594	Lörrach, Stadt	08336050	4
595	Loßburg	08237045	1
596	Lottstetten	08337070	2
597	Löwenstein, Stadt	08125059	2
598	Ludwigsburg, Stadt	08118048	5
599	Magstadt	08115029	4
600	Mahlberg, Stadt	08317073	1
601	Mahlstetten	08327033	1
602	Mainhardt	08127052	1
603	Malsburg-Marzell	08336104	3
604	Malsch	08215046	3
605	Malsch	08226046	2
606	Malterdingen	08316024	2

Zu § 254 BewG, zu Anlage 39, Teil II., BewG **Anlage 254.1**

\multicolumn{4}{c}{Baden-Württemberg (BW)}			
lfd. Nr.	Gemeindenamen	AGS	Mietniveaustufe
607	Mannheim	08222000	5
608	Marbach am Neckar, Stadt	08118049	5
609	March	08315132	3
610	Markdorf, Stadt	08435034	4
611	Markgröningen, Stadt	08118050	4
612	Marxzell	08215047	2
613	Maselheim	08426071	1
614	Massenbachhausen	08125061	2
615	Mauer	08226048	2
616	Maulbronn, Stadt	08236038	2
617	Maulburg	08336057	3
618	Meckenbeuren	08435035	4
619	Meckesheim	08226049	2
620	Meersburg, Stadt	08435036	4
621	Mehrstetten	08415048	2
622	Meißenheim	08317075	1
623	Mengen, Stadt	08437076	1
624	Merdingen	08315072	3
625	Merklingen	08425079	2
626	Merzhausen	08315073	3
627	Meßkirch, Stadt	08437078	1
628	Meßstetten, Stadt	08417044	1
629	Metzingen, Stadt	08415050	4
630	Michelbach an der Bilz	08127056	1
631	Michelfeld	08127059	1
632	Mietingen	08426073	1
633	Mittelbiberach	08426074	1
634	Möckmühl, Stadt	08125063	2
635	Mögglingen	08136043	2

Anlage 254.1

Zu § 254 BewG, zu Anlage 39, Teil II., BewG

Baden-Württemberg (BW)			
lfd. Nr.	Gemeindenamen	AGS	Mietniveaustufe
636	Möglingen	08118051	5
637	Mönchweiler	08326037	2
638	Mönsheim	08236039	2
639	Moos	08335055	2
640	Moosburg	08426078	1
641	Mosbach, Stadt	08225058	3
642	Mössingen, Stadt	08416025	4
643	Mötzingen	08115034	4
644	Mudau	08225060	1
645	Muggensturm	08216033	2
646	Mühlacker, Stadt	08236040	3
647	Mühlenbach	08317078	1
648	Mühlhausen	08226054	2
649	Mühlhausen im Täle	08117035	2
650	Mühlhausen-Ehingen	08335097	2
651	Mühlheim an der Donau, Stadt	08327036	1
652	Mühlingen	08335057	2
653	Mulfingen	08126056	1
654	Müllheim, Stadt	08315074	4
655	Mundelsheim	08118053	4
656	Munderkingen, Stadt	08425081	2
657	Münsingen, Stadt	08415053	2
658	Münstertal/Schwarzwald	08315130	3
659	Murg	08337076	2
660	Murr	08118054	4
661	Murrhardt, Stadt	08119044	2
662	Mutlangen	08136044	2
663	Nagold, Stadt	08235046	4
664	Nattheim	08135026	1

Zu § 254 BewG, zu Anlage 39, Teil II., BewG **Anlage 254.1**

| Baden-Württemberg (BW)			
lfd. Nr.	Gemeindenamen	AGS	Mietniveaustufe
665	Neckarbischofsheim, Stadt	08226055	2
666	Neckargemünd, Stadt	08226056	4
667	Neckargerach	08225064	1
668	Neckarsulm, Stadt	08125065	3
669	Neckartailfingen	08116041	3
670	Neckartenzlingen	08116042	3
671	Neckarwestheim	08125066	2
672	Neckarzimmern	08225067	1
673	Neenstetten	08425083	2
674	Nehren	08416026	4
675	Neidenstein	08226058	2
676	Neidlingen	08116043	3
677	Nellingen	08425084	2
678	Nerenstetten	08425085	2
679	Neresheim, Stadt	08136045	2
680	Neubulach, Stadt	08235047	2
681	Neudenau, Stadt	08125068	2
682	Neuenburg am Rhein, Stadt	08315076	4
683	Neuenbürg, Stadt	08236043	2
684	Neuenstadt am Kocher, Stadt	08125069	2
685	Neuenstein, Stadt	08126058	1
686	Neuffen, Stadt	08116046	3
687	Neufra	08437082	1
688	Neuhausen	08236044	2
689	Neuhausen auf den Fildern	08116047	5
690	Neuhausen ob Eck	08327038	1
691	Neukirch	08435042	4
692	Neuler	08136046	2
693	Neulingen	08236073	2

Anlage 254.1

Zu § 254 BewG, zu Anlage 39, Teil II., BewG

	Baden-Württemberg (BW)
lfd. Nr.	Gemeindenamen	AGS	Mietniveaustufe
694	Neulußheim	08226059	2
695	Neunkirchen	08225068	1
696	Neuried	08317151	1
697	Neustetten	08416049	4
698	Neuweiler	08235050	2
699	Niedereschach	08326041	2
700	Niedernhall, Stadt	08126060	1
701	Niederstetten, Stadt	08128082	1
702	Niederstotzingen, Stadt	08135027	1
703	Niefern-Öschelbronn	08236046	3
704	Nordheim	08125074	2
705	Nordrach	08317085	1
706	Notzingen	08116048	3
707	Nufringen	08115037	4
708	Nürtingen, Stadt	08116049	4
709	Nusplingen	08417045	1
710	Nußloch	08226060	5
711	Oberboihingen	08116050	3
712	Oberderdingen	08215059	2
713	Oberdischingen	08425088	2
714	Obergröningen	08136049	2
715	Oberharmersbach	08317088	1
716	Oberhausen-Rheinhausen	08215107	2
717	Oberkirch, Stadt	08317089	2
718	Oberkochen, Stadt	08136050	2
719	Obermarchtal	08425090	2
720	Oberndorf am Neckar, Stadt	08325045	1
721	Obernheim	08417047	1
722	Oberreichenbach	08235055	2

Zu § 254 BewG, zu Anlage 39, Teil II., BewG **Anlage 254.1**

\multicolumn{4}{c}{Baden-Württemberg (BW)}			
lfd. Nr.	Gemeindenamen	AGS	Mietniveaustufe
723	Oberried	08315084	3
724	Oberriexingen, Stadt	08118059	4
725	Oberrot	08127062	1
726	Obersontheim	08127063	1
727	Oberstadion	08425091	2
728	Oberstenfeld	08118060	4
729	Obersulm	08125110	3
730	Oberteuringen	08435045	4
731	Oberwolfach	08317093	1
732	Obrigheim	08225074	1
733	Ochsenhausen, Stadt	08426087	1
734	Ödheim	08125078	2
735	Offenau	08125079	2
736	Offenburg, Stadt	08317096	3
737	Ofterdingen	08416031	4
738	Oftersheim	08226062	3
739	Oggelshausen	08426090	1
740	Ohlsbach	08317097	1
741	Ohmden	08116053	3
742	Öhningen	08335061	2
743	Öhringen, Stadt	08126066	3
744	Ölbronn-Dürrn	08236075	2
745	Öllingen	08425092	2
746	Öpfingen	08425093	2
747	Oppenau, Stadt	08317098	1
748	Oppenweiler	08119053	2
749	Orsingen-Nenzingen	08335099	2
750	Ortenberg	08317100	1
751	Ostelsheim	08235057	2

Anlage 254.1

Zu § 254 BewG, zu Anlage 39, Teil II., BewG

Baden-Württemberg (BW)			
lfd. Nr.	Gemeindenamen	AGS	Mietniveaustufe
752	Osterburken, Stadt	08225075	1
753	Ostfildern, Stadt	08116080	5
754	Ostrach	08437086	1
755	Östringen, Stadt	08215064	2
756	Ötigheim	08216039	2
757	Ötisheim	08236050	2
758	Ottenbach	08117037	2
759	Ottenhöfen im Schwarzwald	08317102	1
760	Ottersweier	08216041	2
761	Owen, Stadt	08116054	3
762	Owingen	08435047	4
763	Pfaffenhofen	08125081	2
764	Pfaffenweiler	08315089	3
765	Pfalzgrafenweiler	08237054	1
766	Pfedelbach	08126069	1
767	Pfinztal	08215101	3
768	Pforzheim	08231000	4
769	Pfronstetten	08415058	2
770	Pfullendorf, Stadt	08437088	2
771	Pfullingen, Stadt	08415059	4
772	Philippsburg, Stadt	08215066	2
773	Plankstadt	08226063	3
774	Pleidelsheim	08118063	4
775	Pliezhausen	08415060	2
776	Plochingen, Stadt	08116056	4
777	Plüderhausen	08119055	2
778	Radolfzell am Bodensee, Stadt	08335063	4
779	Rainau	08136089	2
780	Rammingen	08425097	2

Zu § 254 BewG, zu Anlage 39, Teil II., BewG **Anlage 254.1**

	Baden-Württemberg (BW)		
lfd. Nr.	Gemeindenamen	AGS	Mietniveaustufe
781	Rangendingen	08417051	1
782	Rastatt, Stadt	08216043	3
783	Ratshausen	08417052	1
784	Rauenberg, Stadt	08226065	2
785	Ravensburg, Stadt	08436064	5
786	Ravenstein, Stadt	08225114	1
787	Rechberghausen	08117038	2
788	Rechtenstein	08425098	2
789	Reichartshausen	08226066	2
790	Reichenau	08335066	2
791	Reichenbach am Heuberg	08327040	1
792	Reichenbach an der Fils	08116058	3
793	Reilingen	08226068	2
794	Remchingen	08236071	2
795	Remseck am Neckar	08118081	5
796	Remshalden	08119090	3
797	Renchen, Stadt	08317110	1
798	Renningen, Stadt	08115041	6
799	Renquishausen	08327041	1
800	Reute	08316036	2
801	Reutlingen, Stadt	08415061	4
802	Rheinau, Stadt	08317153	1
803	Rheinfelden (Baden), Stadt	08336069	4
804	Rheinhausen	08316053	2
805	Rheinmünster	08216063	2
806	Rheinstetten	08215108	4
807	Rickenbach	08337090	2
808	Riederich	08415062	2
809	Riedhausen	08436067	2

Anlage 254.1

Zu § 254 BewG, zu Anlage 39, Teil II., BewG

Baden-Württemberg (BW)			
lfd. Nr.	Gemeindenamen	AGS	Mietniveaustufe
810	Riedlingen, Stadt	08426097	1
811	Riegel am Kaiserstuhl	08316037	2
812	Rielasingen-Worblingen	08335100	4
813	Riesbürg	08136087	2
814	Rietheim-Weilheim	08327056	1
815	Ringsheim	08317113	1
816	Rohrdorf	08235060	2
817	Roigheim	08125084	2
818	Römerstein	08415088	2
819	Rosenberg	08136060	2
820	Rosenberg	08225082	1
821	Rosenfeld, Stadt	08417054	1
822	Rosengarten	08127100	1
823	Rot am See	08127071	1
824	Rot an der Rot	08426100	1
825	Rottenacker	08425104	2
826	Rottenburg am Neckar, Stadt	08416036	4
827	Rottweil, Stadt	08325049	3
828	Rudersberg	08119061	2
829	Rümmingen	08336073	3
830	Ruppertshofen	08136061	2
831	Rust	08317114	1
832	Rutesheim	08115042	5
833	Sachsenheim, Stadt	08118076	4
834	Salach	08117042	2
835	Salem	08435052	3
836	Sandhausen	08226076	4
837	Sankt Blasien, Stadt	08337097	2
838	Sankt Georgen im Schwarzwald, Stadt	08326052	2

Zu § 254 BewG, zu Anlage 39, Teil II., BewG

Anlage 254.1

\multicolumn{4}{c}{Baden-Württemberg (BW)}			
lfd. Nr.	Gemeindenamen	AGS	Mietniveaustufe
839	Sankt Johann	08415093	2
840	Sankt Leon-Rot	08226103	3
841	Sankt Märgen	08315094	3
842	Sankt Peter	08315095	3
843	Sasbach	08316038	2
844	Sasbach	08317116	1
845	Sasbachwalden	08317118	1
846	Satteldorf	08127073	1
847	Sauldorf	08437123	1
848	Schallbach	08336075	3
849	Schallstadt	08315098	3
850	Schechingen	08136062	2
851	Scheer, Stadt	08437101	1
852	Schefflenz	08225115	1
853	Schelklingen, Stadt	08425108	2
854	Schemmerhofen	08426134	1
855	Schenkenzell	08325050	1
856	Schiltach, Stadt	08325051	1
857	Schlaitdorf	08116063	3
858	Schlat	08117043	2
859	Schliengen	08336078	3
860	Schlier	08436069	2
861	Schlierbach	08117044	2
862	Schluchsee	08315102	3
863	Schnürpflingen	08425110	2
864	Schömberg	08235065	2
865	Schömberg, Stadt	08417057	1
866	Schonach im Schwarzwald	08326055	2
867	Schönaich	08115044	4

Anlage 254.1

Zu § 254 BewG, zu Anlage 39, Teil II., BewG

\multicolumn{4}{c}{Baden-Württemberg (BW)}			
lfd. Nr.	Gemeindenamen	AGS	Mietniveaustufe
868	Schönau im Schwarzwald, Stadt	08336079	3
869	Schönau, Stadt	08226080	2
870	Schönbrunn	08226081	2
871	Schönenberg	08336080	3
872	Schöntal	08126072	1
873	Schönwald im Schwarzwald	08326054	2
874	Schopfheim, Stadt	08336081	3
875	Schopfloch	08237061	1
876	Schorndorf, Stadt	08119067	4
877	Schramberg, Stadt	08325053	1
878	Schriesheim, Stadt	08226082	4
879	Schrozberg, Stadt	08127075	1
880	Schuttertal	08317121	1
881	Schutterwald	08317122	1
882	Schwäbisch Gmünd, Stadt	08136065	3
883	Schwäbisch Hall, Stadt	08127076	2
884	Schwaigern, Stadt	08125086	3
885	Schwaikheim	08119068	2
886	Schwanau	08317150	1
887	Schwarzach	08225116	1
888	Schwendi	08426108	1
889	Schwenningen	08437102	1
890	Schwetzingen, Stadt	08226084	4
891	Schwieberdingen	08118067	5
892	Schwörstadt	08336082	3
893	Seckach	08225091	1
894	Seebach	08317126	1
895	Seekirch	08426109	1
896	Seelbach	08317127	1

Baden-Württemberg (BW)

lfd. Nr.	Gemeindenamen	AGS	Mietniveaustufe
897	Seewald	08237073	1
898	Seitingen-Oberflacht	08327055	1
899	Sersheim	08118068	4
900	Setzingen	08425112	2
901	Sexau	08316039	2
902	Siegelsbach	08125087	2
903	Sigmaringen, Stadt	08437104	2
904	Sigmaringendorf	08437105	1
905	Simmersfeld	08235066	2
906	Simmozheim	08235067	2
907	Simonswald	08316042	2
908	Sindelfingen, Stadt	08115045	5
909	Singen (Hohentwiel), Stadt	08335075	4
910	Sinsheim, Stadt	08226085	3
911	Sinzheim	08216049	2
912	Sipplingen	08435053	4
913	Sölden	08315107	3
914	Sonnenbühl	08415091	2
915	Sontheim an der Brenz	08135031	1
916	Spaichingen, Stadt	08327046	3
917	Spechbach	08226086	2
918	Spiegelberg	08119069	2
919	Spraitbach	08136066	2
920	Staig	08425138	2
921	Starzach	08416050	4
922	Staufen im Breisgau, Stadt	08315108	3
923	Stegen	08315109	3
924	Steinach	08317129	1
925	Steinen	08336084	5

Anlage 254.1

Zu § 254 BewG, zu Anlage 39, Teil II., BewG

Baden-Württemberg (BW)			
lfd. Nr.	Gemeindenamen	AGS	Mietniveaustufe
926	Steinenbronn	08115046	4
927	Steinhausen an der Rottum	08426113	1
928	Steinheim am Albuch	08135032	1
929	Steinheim an der Murr, Stadt	08118070	3
930	Steinmauern	08216052	2
931	Steißlingen	08335077	2
932	Sternenfels	08236061	2
933	Stetten	08435054	4
934	Stetten am kalten Markt	08437107	1
935	Stimpfach	08127104	1
936	Stockach, Stadt	08335079	3
937	Stödtlen	08136068	2
938	Straßberg	08417063	1
939	Straubenhardt	08236072	2
940	Stühlingen, Stadt	08337106	2
941	Stutensee, Stadt	08215109	3
942	Stuttgart, Landeshauptstadt	08111000	6
943	Sulz am Neckar, Stadt	08325057	1
944	Sulzbach an der Murr	08119075	2
945	Sulzbach-Laufen	08127079	1
946	Sulzburg, Stadt	08315111	3
947	Sulzfeld	08215082	2
948	Süßen, Stadt	08117049	3
949	Täferrot	08136070	2
950	Talheim	08125094	2
951	Talheim	08327048	1
952	Tamm	08118071	5
953	Tannhausen	08136071	2
954	Tannheim	08426117	1

Zu § 254 BewG, zu Anlage 39, Teil II., BewG **Anlage 254.1**

\multicolumn{4}{c}{Baden-Württemberg (BW)}			
lfd. Nr.	Gemeindenamen	AGS	Mietniveaustufe
955	Tauberbischofsheim, Stadt	08128115	1
956	Tengen, Stadt	08335080	2
957	Teningen	08316043	3
958	Tettnang, Stadt	08435057	4
959	Tiefenbach	08426118	1
960	Tiefenbronn	08236062	2
961	Titisee-Neustadt, Stadt	08315113	2
962	Todtmoos	08337108	2
963	Todtnau, Stadt	08336087	3
964	Triberg im Schwarzwald, Stadt	08326060	2
965	Trochtelfingen, Stadt	08415073	2
966	Trossingen, Stadt	08327049	3
967	Tübingen, Universitätsstadt	08416041	7
968	Tunau	08336089	3
969	Tuningen	08326061	2
970	Tuttlingen, Stadt	08327050	3
971	Überlingen, Stadt	08435059	4
972	Ubstadt-Weiher	08215084	3
973	Uhingen, Stadt	08117051	3
974	Uhldingen-Mühlhofen	08435066	4
975	Ühlingen-Birkendorf	08337128	2
976	Ulm	08421000	4
977	Umkirch	08315115	3
978	Ummendorf	08426120	1
979	Unlingen	08426121	1
980	Untereisesheim	08125096	2
981	Unterensingen	08116068	3
982	Untergruppenbach	08125098	2
983	Unterkirnach	08326065	2

Anlage 254.1

Zu § 254 BewG, zu Anlage 39, Teil II., BewG

\multicolumn{4}{c}{Baden-Württemberg (BW)}			
lfd. Nr.	Gemeindenamen	AGS	Mietniveaustufe
984	Untermarchtal	08425123	2
985	Untermünkheim	08127086	1
986	Unterreichenbach	08235073	2
987	Unterschneidheim	08136075	2
988	Unterstadion	08425124	2
989	Unterwachingen	08425125	2
990	Unterwaldhausen	08436077	2
991	Urbach	08119076	2
992	Uttenweiler	08426124	1
993	Utzenfeld	08336090	3
994	Vaihingen an der Enz, Stadt	08118073	3
995	Vellberg, Stadt	08127089	1
996	Veringenstadt, Stadt	08437114	1
997	Villingendorf	08325060	1
998	Villingen-Schwenningen, Stadt	08326074	3
999	Vogt	08436078	2
1000	Vogtsburg im Kaiserstuhl, Stadt	08315133	3
1001	Vöhrenbach, Stadt	08326068	2
1002	Vöhringen	08325061	1
1003	Volkertshausen	08335081	2
1004	Vörstetten	08316045	2
1005	Waghäusel, Stadt	08215106	2
1006	Waiblingen, Stadt	08119079	5
1007	Waibstadt, Stadt	08226091	2
1008	Wain	08426125	1
1009	Wald	08437118	1
1010	Waldachtal	08237074	1
1011	Waldbronn	08215110	4
1012	Waldbrunn	08225118	1

Zu § 254 BewG, zu Anlage 39, Teil II., BewG Anlage 254.1

Baden-Württemberg (BW)			
lfd. Nr.	Gemeindenamen	AGS	Mietniveaustufe
1013	Waldburg	08436079	2
1014	Walddorfhäslach	08415087	2
1015	Waldenbuch, Stadt	08115048	4
1016	Waldenburg, Stadt	08126085	1
1017	Waldkirch, Stadt	08316056	3
1018	Waldshut-Tiengen, Stadt	08337126	3
1019	Waldstetten	08136079	2
1020	Walheim	08118074	4
1021	Walldorf, Stadt	08226095	5
1022	Walldürn, Stadt	08225109	1
1023	Wallhausen	08127091	1
1024	Walzbachtal	08215089	2
1025	Wangen	08117055	2
1026	Wangen im Allgäu, Stadt	08436081	3
1027	Wannweil	08415080	2
1028	Warthausen	08426128	1
1029	Wäschenbeuren	08117053	2
1030	Wehingen	08327051	1
1031	Wehr, Stadt	08337116	3
1032	Weidenstetten	08425130	2
1033	Weikersheim, Stadt	08128126	1
1034	Weil am Rhein, Stadt	08336091	5
1035	Weil der Stadt, Stadt	08115050	5
1036	Weil im Schönbuch	08115051	4
1037	Weilen unter den Rinnen	08417071	1
1038	Weilheim	08337118	2
1039	Weilheim an der Teck, Stadt	08116070	4
1040	Weingarten (Baden)	08215090	3
1041	Weingarten, Stadt	08436082	5

Anlage 254.1

Zu § 254 BewG, zu Anlage 39, Teil II., BewG

Baden-Württemberg (BW)			
lfd. Nr.	Gemeindenamen	AGS	Mietniveaustufe
1042	Weinheim, Stadt	08226096	4
1043	Weinsberg, Stadt	08125102	3
1044	Weinstadt, Stadt	08119091	5
1045	Weisenbach	08216059	2
1046	Weissach	08115052	4
1047	Weissach im Tal	08119083	2
1048	Weißbach	08126086	1
1049	Weisweil	08316049	2
1050	Wellendingen	08325064	1
1051	Welzheim, Stadt	08119084	3
1052	Wembach	08336094	3
1053	Wendlingen am Neckar, Stadt	08116071	5
1054	Werbach	08128128	1
1055	Wernau (Neckar), Stadt	08116072	5
1056	Wertheim, Stadt	08128131	2
1057	Westerheim	08425134	2
1058	Westerstetten	08425135	2
1059	Westhausen	08136082	2
1060	Widdern, Stadt	08125103	2
1061	Wieden	08336096	3
1062	Wiernsheim	08236065	2
1063	Wiesenbach	08226097	2
1064	Wiesensteig, Stadt	08117058	2
1065	Wiesloch, Stadt	08226098	5
1066	Wildberg, Stadt	08235080	2
1067	Wilhelmsdorf	08436083	2
1068	Wilhelmsfeld	08226099	2
1069	Willstätt	08317141	1
1070	Wimsheim	08236067	2

Zu § 254 BewG, zu Anlage 39, Teil II., BewG **Anlage 254.1**

lfd. Nr.	Gemeindenamen	AGS	Mietniveaustufe
	Baden-Württemberg (BW)		
1071	Winden im Elztal	08316055	2
1072	Winnenden, Stadt	08119085	5
1073	Winterbach	08119086	2
1074	Winterlingen	08417075	1
1075	Wittighausen	08128137	1
1076	Wittlingen	08336100	3
1077	Wittnau	08315125	3
1078	Wolfach, Stadt	08317145	1
1079	Wolfegg	08436085	2
1080	Wolfschlugen	08116073	3
1081	Wolpertshausen	08127099	1
1082	Wolpertswende	08436087	2
1083	Wörnersberg	08237072	1
1084	Wört	08136084	2
1085	Wurmberg	08236068	2
1086	Wurmlingen	08327054	1
1087	Wüstenrot	08125107	2
1088	Wutach	08337127	2
1089	Wutöschingen	08337123	2
1090	Wyhl am Kaiserstuhl	08316051	2
1091	Zaberfeld	08125108	2
1092	Zaisenhausen	08215094	2
1093	Zell am Harmersbach, Stadt	08317146	1
1094	Zell im Wiesental, Stadt	08336103	3
1095	Zell unter Aichelberg	08117060	2
1096	Zimmern ob Rottweil	08325069	1
1097	Zimmern unter der Burg	08417078	1
1098	Zuzenhausen	08226101	2
1099	Zweiflingen	08126094	1

Anlage 254.1

Zu § 254 BewG, zu Anlage 39, Teil II., BewG

Baden-Württemberg (BW)			
lfd. Nr.	Gemeindenamen	AGS	Mietniveaustufe
1100	Zwiefalten	08415085	2
1101	Zwingenberg	08225113	1

Bayern (BY)			
lfd. Nr.	Gemeindenamen	AGS	Mietniveaustufe
1	Abenberg, St	09576111	1
2	Abensberg, St	09273111	2
3	Absberg, M	09577111	1
4	Abtswind, M	09675111	1
5	Achslach	09276111	1
6	Adelschlag	09176111	1
7	Adelsdorf	09572111	3
8	Adelshofen	09179111	6
9	Adelshofen	09571111	1
10	Adelsried	09772111	2
11	Adelzhausen	09771111	2
12	Adlkofen	09274111	1
13	Affing	09771112	2
14	Aham	09274112	1
15	Aholfing	09278112	1
16	Aholming	09271111	1
17	Ahorn	09473112	1
18	Ahorntal	09472111	1
19	Aicha vorm Wald	09275111	1
20	Aichach, St	09771113	3
21	Aichen	09774166	2
22	Aidenbach, M	09275112	1
23	Aidhausen	09674111	1
24	Aiglsbach	09273113	1

Zu § 254 BewG, zu Anlage 39, Teil II., BewG **Anlage 254.1**

	Bayern (BY)		
lfd. Nr.	Gemeindenamen	AGS	Mietniveaustufe
25	Aindling, M	09771114	2
26	Ainring	09172111	3
27	Aislingen, M	09773111	1
28	Aiterhofen	09278113	1
29	Aitrang	09777111	1
30	Albaching	09187186	3
31	Albertshofen	09675112	1
32	Aldersbach	09275114	1
33	Alerheim	09779111	1
34	Alesheim	09577113	1
35	Aletshausen	09774111	2
36	Alfeld	09574111	2
37	Allersberg, M	09576113	1
38	Allershausen	09178113	4
39	Alling	09179113	6
40	Allmannshofen	09772114	2
41	Altdorf b. Nürnberg, St	09574112	3
42	Altdorf, M	09274113	3
43	Alteglofsheim	09375113	2
44	Altenbuch	09676111	1
45	Altendorf	09376112	1
46	Altendorf	09471111	1
47	Altenkunstadt	09478111	1
48	Altenmarkt a. d. Alz	09189111	2
49	Altenmünster	09772115	2
50	Altenstadt	09190111	3
51	Altenstadt a. d. Waldnaab	09374111	1
52	Altenstadt, M	09775111	2
53	Altenthann	09375114	2

Anlage 254.1

Zu § 254 BewG, zu Anlage 39, Teil II., BewG

\multicolumn{4}{c}{Bayern (BY)}			
lfd. Nr.	Gemeindenamen	AGS	Mietniveaustufe
54	Altertheim	09679165	2
55	Altfraunhofen	09274114	1
56	Althegnenberg	09179114	6
57	Altmannstein, M	09176112	1
58	Altomünster, M	09174111	5
59	Altötting, St	09171111	2
60	Altusried, M	09780112	1
61	Alzenau, St	09671111	2
62	Amberg	09778111	1
63	Amberg (Krfr.St)	09361000	2
64	Amerang	09187113	3
65	Amerdingen	09779112	1
66	Ammerndorf, M	09573111	3
67	Ammerthal	09371111	1
68	Amorbach, St	09676112	1
69	Ampfing	09183112	1
70	Andechs	09188117	6
71	Anger	09172112	3
72	Ansbach (Krfr.St)	09561000	2
73	Antdorf	09190113	3
74	Anzing	09175111	6
75	Apfeldorf	09181111	3
76	Apfeltrach	09778113	1
77	Arberg, M	09571113	1
78	Aresing	09185113	1
79	Arnbruck	09276113	1
80	Arnschwang	09372112	1
81	Arnstein, St	09677114	1
82	Arnstorf, M	09277111	1

Zu § 254 BewG, zu Anlage 39, Teil II., BewG   Anlage 254.1

	Bayern (BY)		
lfd. Nr.	Gemeindenamen	AGS	Mietniveaustufe
83	Arrach	09372113	1
84	Arzberg, St	09479112	1
85	Asbach-Bäumenheim	09779115	1
86	Ascha	09278116	1
87	Aschaffenburg (Krfr.St)	09661000	4
88	Aschau a. Inn	09183113	1
89	Aschau i.Chiemgau	09187114	3
90	Aschheim	09184112	7
91	Aßling	09175112	6
92	Attenhofen	09273115	1
93	Attenkirchen	09178115	4
94	Atting	09278117	1
95	Au i.d.Hallertau, M	09178116	4
96	Aub, St	09679114	2
97	Aubstadt	09673113	1
98	Auerbach	09271113	1
99	Auerbach i.d.OPf., St	09371113	1
100	Aufhausen	09375115	2
101	Aufseß	09472115	1
102	Augsburg (Krfr.St)	09761000	4
103	Auhausen	09779117	1
104	Aura a. d. Saale	09672111	1
105	Aura i.Sinngrund	09677116	1
106	Aurach	09571114	1
107	Aurachtal	09572114	3
108	Außernzell	09271114	1
109	Aying	09184137	7
110	Aystetten	09772117	2
111	Baar (Schwaben)	09771176	2

Anlage 254.1

Zu § 254 BewG, zu Anlage 39, Teil II., BewG

	Bayern (BY)		
lfd. Nr.	Gemeindenamen	AGS	Mietniveaustufe
112	Baar-Ebenhausen	09186113	3
113	Babenhausen, M	09778115	1
114	Babensham	09187116	3
115	Bach a. d. Donau	09375116	2
116	Bachhagel	09773112	1
117	Bächingen a. d. Brenz	09773113	1
118	Bad Abbach, M	09273116	3
119	Bad Aibling, St	09187117	4
120	Bad Alexandersbad	09479111	1
121	Bad Bayersoien	09180113	4
122	Bad Berneck i.Fichtelgebirge, St	09472116	1
123	Bad Birnbach, M	09277113	1
124	Bad Bocklet, M	09672112	1
125	Bad Brückenau, St	09672113	1
126	Bad Endorf, M	09187128	3
127	Bad Feilnbach	09187129	3
128	Bad Füssing	09275116	1
129	Bad Griesbach i.Rottal, St	09275124	1
130	Bad Grönenbach, M	09778144	1
131	Bad Heilbrunn	09173111	4
132	Bad Hindelang, M	09780123	2
133	Bad Kissingen, GKSt	09672114	1
134	Bad Kohlgrub	09180112	4
135	Bad Königshofen i.Grabfeld, St	09673141	1
136	Bad Kötzting, St	09372137	1
136a	Bad Neualbenreuth, M	09377142	1
137	Bad Neustadt a. d. Saale, St	09673114	1
138	Bad Reichenhall, GKSt	09172114	4
139	Bad Rodach, St	09473158	1

	Bayern (BY)		
lfd. Nr.	Gemeindenamen	AGS	Mietniveaustufe
140	Bad Staffelstein, St	09478165	1
141	Bad Steben, M	09475112	1
142	Bad Tölz, St	09173112	5
143	Bad Wiessee	09182111	4
144	Bad Windsheim, St	09575112	1
145	Bad Wörishofen, St	09778116	2
146	Baierbach	09274118	1
147	Baierbrunn	09184113	7
148	Baiern	09175113	6
149	Baiersdorf, St	09572115	3
150	Baisweil	09777114	1
151	Balderschwang	09780113	2
152	Balzhausen	09774115	2
153	Bamberg (Krfr.St)	09461000	3
154	Barbing	09375117	2
155	Bärnau, St	09377112	1
156	Bastheim	09673116	1
157	Baudenbach, M	09575113	1
158	Baunach, St	09471115	1
159	Bayerbach	09277112	1
160	Bayerbach b.Ergoldsbach	09274119	1
161	Bayerisch Eisenstein	09276115	1
162	Bayerisch Gmain	09172115	3
163	Bayreuth (Krfr.St)	09462000	3
164	Bayrischzell	09182112	4
165	Bechhofen, M	09571115	1
166	Bechtsrieth	09374170	1
167	Beilngries, St	09176114	1
168	Bellenberg	09775115	2

Anlage 254.1   Zu § 254 BewG, zu Anlage 39, Teil II., BewG

\multicolumn{4}{c}{Bayern (BY)}			
lfd. Nr.	Gemeindenamen	AGS	Mietniveaustufe
169	Benediktbeuern	09173113	4
170	Benningen	09778118	1
171	Beratzhausen, M	09375118	2
172	Berching, St	09373112	1
173	Berchtesgaden, M	09172116	3
174	Berg	09188113	6
175	Berg	09475113	1
176	Berg b.Neumarkt i.d.OPf.	09373113	1
177	Berg im Gau	09185116	1
178	Bergen	09189113	2
179	Bergen	09577115	1
180	Bergheim	09185118	1
181	Bergkirchen	09174113	5
182	Berglern	09177112	4
183	Bergrheinfeld	09678115	1
184	Bergtheim	09679117	2
185	Bernau a. Chiemsee	09187118	3
186	Bernbeuren	09190114	3
187	Berngau	09373114	1
188	Bernhardswald	09375119	2
189	Bernried	09271116	1
190	Bernried am Starnberger See	09190115	3
191	Bessenbach	09671112	2
192	Betzenstein, St	09472118	1
193	Betzigau	09780114	2
194	Beutelsbach	09275117	1
195	Biberbach, M	09772121	2
196	Bibertal	09774119	2
197	Biburg	09273119	1

Zu § 254 BewG, zu Anlage 39, Teil II., BewG

Anlage 254.1

| \multicolumn{4}{c}{Bayern (BY)} |
lfd. Nr.	Gemeindenamen	AGS	Mietniveaustufe
198	Bichl	09173115	4
199	Bidingen	09777118	1
200	Biebelried	09675113	1
201	Bieberehren	09679118	2
202	Biessenhofen	09777112	1
203	Bindlach	09472119	1
204	Binswangen	09773116	1
205	Birgland	09371116	1
206	Birkenfeld	09677119	1
207	Bischberg	09471117	1
208	Bischbrunn	09677120	1
209	Bischofsgrün	09472121	1
210	Bischofsheim i.d.Rhön, St	09673117	1
211	Bischofsmais	09276116	1
212	Bischofswiesen	09172117	3
213	Bissingen, M	09773117	1
214	Blaibach	09372115	1
215	Blaichach	09780115	2
216	Blankenbach	09671113	2
217	Blindheim	09773119	1
218	Böbing	09190117	3
219	Bobingen, St	09772125	4
220	Böbrach	09276118	1
221	Bockhorn	09177113	4
222	Bodenkirchen	09274120	1
223	Bodenmais, M	09276117	1
224	Bodenwöhr	09376116	1
225	Bodolz	09776111	2
226	Bogen, St	09278118	1

Anlage 254.1

Zu § 254 BewG, zu Anlage 39, Teil II., BewG

Bayern (BY)			
lfd. Nr.	Gemeindenamen	AGS	Mietniveaustufe
227	Böhen	09778119	1
228	Böhmfeld	09176116	1
229	Bolsterlang	09780116	2
230	Bonstetten	09772126	2
231	Boos	09778120	1
232	Brand	09377113	1
233	Brannenburg	09187120	3
234	Breitbrunn	09674118	1
235	Breitbrunn a. Chiemsee	09187121	3
236	Breitenberg	09275118	1
237	Breitenbrunn	09778121	1
238	Breitenbrunn, M	09373115	1
239	Breitengüßbach	09471119	1
240	Breitenthal	09774117	2
241	Brennberg	09375120	2
242	Bruck	09175114	6
243	Bruck i. d. OPf., M	09376117	1
244	Bruckberg	09274194	1
245	Bruckberg	09571122	1
246	Bruckmühl, M	09187122	4
247	Brunn	09375122	2
248	Brunnen	09185123	1
249	Brunnthal	09184114	7
250	Bubenreuth	09572119	3
251	Bubesheim	09774118	2
252	Buch a. Buchrain	09177114	4
253	Buch a. Erlbach	09274121	1
254	Buch a. Wald	09571125	1
255	Buch, M	09775118	2

Zu § 254 BewG, zu Anlage 39, Teil II., BewG **Anlage 254.1**

\multicolumn{4}{c}{Bayern (BY)}			
lfd. Nr.	Gemeindenamen	AGS	Mietniveaustufe
256	Buchbach, M	09183114	1
257	Buchbrunn	09675114	1
258	Buchdorf	09779126	1
259	Büchenbach	09576117	1
260	Buchenberg, M	09780117	2
261	Buchhofen	09271118	1
262	Büchlberg	09275119	1
263	Buchloe, St	09777121	2
264	Buckenhof	09572120	3
265	Bundorf	09674120	1
266	Burgau, St	09774121	2
267	Burgberg i.Allgäu	09780118	2
268	Burgbernheim, St	09575115	1
269	Burgebrach, M	09471120	1
270	Burggen	09190118	3
271	Burghaslach, M	09575116	1
272	Burghausen, St	09171112	3
273	Burgheim, M	09185125	1
274	Burgkirchen a. d. Alz	09171113	2
275	Burgkunstadt, St	09478116	1
276	Burglauer	09673186	1
277	Burglengenfeld, St	09376119	2
278	Burgoberbach	09571127	1
279	Burgpreppach, M	09674121	1
280	Burgsalach	09577120	1
281	Burgsinn, M	09677122	1
282	Bürgstadt, M	09676116	1
283	Burgthann	09574117	1
284	Burgwindheim, M	09471122	1

Anlage 254.1

Zu § 254 BewG, zu Anlage 39, Teil II., BewG

Bayern (BY)			
lfd. Nr.	Gemeindenamen	AGS	Mietniveaustufe
285	Burk	09571128	1
286	Burkardroth, M	09672117	1
287	Burtenbach, M	09774122	2
288	Buttenheim, M	09471123	1
289	Buttenwiesen	09773122	1
290	Bütthard, M	09679122	2
291	Buxheim	09176118	1
292	Buxheim	09778123	1
293	Cadolzburg, M	09573114	2
294	Castell	09675116	1
295	Cham, St	09372116	1
296	Chamerau	09372117	1
297	Chieming	09189114	2
298	Chiemsee	09187123	3
299	Coburg (Krfr.St)	09463000	2
300	Collenberg	09676117	1
301	Colmberg, M	09571130	1
302	Creußen, St	09472127	1
303	Dachau, GKSt	09174115	7
304	Dachsbach, M	09575117	1
305	Daiting	09779129	1
306	Dammbach	09671160	2
307	Dasing	09771122	2
308	Deggendorf, GKSt	09271119	2
309	Deining	09373119	1
310	Deiningen	09779130	1
311	Deisenhausen	09774124	2
312	Denkendorf	09176120	1
313	Denklingen	09181113	3

Zu § 254 BewG, zu Anlage 39, Teil II., BewG **Anlage 254.1**

| \multicolumn{4}{c}{Bayern (BY)} ||||
lfd. Nr.	Gemeindenamen	AGS	Mietniveaustufe
314	Dentlein a. Forst, M	09571132	1
315	Dettelbach, St	09675117	1
316	Deuerling	09375127	2
317	Diebach	09571134	1
318	Diedorf, M	09772130	3
319	Diespeck	09575118	1
320	Dießen am Ammersee, M	09181114	5
321	Dietenhofen, M	09571135	1
322	Dietersburg	09277114	1
323	Dietersheim	09575119	1
324	Dieterskirchen	09376122	1
325	Dietfurt a. d. Altmühl, St	09373121	1
326	Dietmannsried, M	09780119	2
327	Dietramszell	09173118	4
328	Dillingen a. d. Donau, GKSt	09773125	2
329	Dingolfing, St	09279112	2
330	Dingolshausen	09678122	1
331	Dinkelsbühl, GKSt	09571136	1
332	Dinkelscherben, M	09772131	2
333	Dirlewang, M	09778127	1
334	Dittelbrunn	09678123	1
335	Dittenheim	09577122	1
336	Döhlau	09475120	1
337	Dollnstein, M	09176121	1
338	Dombühl, M	09571137	1
339	Donaustauf, M	09375130	2
340	Donauwörth, GKSt	09779131	2
341	Donnersdorf	09678124	1
342	Dorfen, St	09177115	4

Anlage 254.1

Zu § 254 BewG, zu Anlage 39, Teil II., BewG

Bayern (BY)			
lfd. Nr.	Gemeindenamen	AGS	Mietniveaustufe
343	Dörfles-Esbach	09473120	1
344	Dorfprozelten	09676118	1
345	Dormitz	09474119	1
346	Drachselsried	09276120	1
347	Duggendorf	09375131	2
348	Durach	09780120	2
349	Dürrlauingen	09774127	2
350	Dürrwangen, M	09571139	1
351	Ebelsbach	09674129	1
352	Ebensfeld, M	09478120	1
353	Eberfing	09190120	3
354	Ebermannsdorf	09371118	1
355	Ebermannstadt, St	09474121	1
356	Ebern, St	09674130	1
357	Ebersberg, St	09175115	6
358	Ebersdorf b.Coburg	09473121	1
359	Ebershausen	09774129	2
360	Ebnath	09377115	1
361	Ebrach, M	09471128	1
362	Eching	09178120	7
363	Eching	09274124	1
364	Eching am Ammersee	09181115	3
365	Eckental, M	09572121	3
366	Eckersdorf	09472131	1
367	Edelsfeld	09371119	1
368	Ederheim	09779136	1
369	Edling	09187124	3
370	Effeltrich	09474122	1
371	Egenhofen	09179117	6

Zu § 254 BewG, zu Anlage 39, Teil II., BewG **Anlage 254.1**

	Bayern (BY)		
lfd. Nr.	Gemeindenamen	AGS	Mietniveaustufe
372	Egg a. d. Günz	09778130	1
373	Eggenfelden, St	09277116	2
374	Eggenthal	09777124	1
375	Egglham	09277117	1
376	Egglkofen	09183115	1
377	Eggolsheim, M	09474123	1
378	Eggstätt	09187125	3
379	Eging a. See, M	09275120	1
380	Eglfing	09190121	3
381	Egling	09173120	4
382	Egling a. d. Paar	09181116	3
383	Egloffstein, M	09474124	1
384	Egmating	09175116	6
385	Egweil	09176122	1
386	Ehekirchen	09185127	1
387	Ehingen	09571141	1
388	Ehingen	09772134	2
389	Ehingen a. Ries	09779138	1
390	Eibelstadt, St	09679124	2
391	Eichenau	09179118	7
392	Eichenbühl	09676119	1
393	Eichendorf, M	09279113	1
394	Eichstätt, GKSt	09176123	3
395	Eiselfing	09187126	3
396	Eisenberg	09777125	1
397	Eisenheim, M	09679167	2
398	Eisingen	09679126	2
399	Eitensheim	09176124	1
400	Eitting	09177116	4

1063

Anlage 254.1

Zu § 254 BewG, zu Anlage 39, Teil II., BewG

	Bayern (BY)		
lfd. Nr.	Gemeindenamen	AGS	Mietniveaustufe
401	Elchingen	09775139	2
402	Elfershausen, M	09672121	1
403	Ellgau	09772136	2
404	Ellingen, St	09577125	1
405	Ellzee	09774133	2
406	Elsendorf	09273163	1
407	Elsenfeld, M	09676121	1
408	Eltmann, St	09674133	1
409	Emersacker	09772137	2
410	Emmering	09175136	6
411	Emmering	09179119	6
412	Emmerting	09171114	1
413	Emskirchen, M	09575121	1
414	Emtmannsberg	09472133	1
415	Engelsberg	09189115	2
416	Engelthal	09574120	2
417	Ensdorf	09371120	1
418	Eppenschlag	09272116	1
419	Eppishausen	09778134	1
420	Erbendorf, St	09377116	1
421	Erding, GKSt	09177117	6
422	Erdweg	09174118	5
423	Eresing	09181118	3
424	Ergersheim	09575122	1
425	Ergolding, M	09274126	3
426	Ergoldsbach, M	09274127	1
427	Erharting	09183116	1
428	Ering	09277118	1
429	Erkheim, M	09778136	1

Zu § 254 BewG, zu Anlage 39, Teil II., BewG **Anlage 254.1**

Bayern (BY)			
lfd. Nr.	Gemeindenamen	AGS	Mietniveaustufe
430	Erlabrunn	09679128	2
431	Erlangen (Krfr.St)	09562000	4
432	Erlbach	09171115	1
433	Erlenbach a. Main, St	09676122	2
434	Erlenbach b.Marktheidenfeld	09677125	1
435	Ermershausen	09674223	1
436	Ernsgaden	09186116	3
437	Eschau, M	09676123	1
438	Eschenbach i.d.OPf., St	09374117	1
439	Eschenlohe	09180114	4
440	Eschlkam, M	09372124	1
441	Eslarn, M	09374118	1
442	Esselbach	09677126	1
443	Essenbach, M	09274128	2
444	Essing, M	09273121	1
445	Estenfeld	09679130	2
446	Ettal	09180115	4
447	Ettenstatt	09577127	1
448	Ettringen	09778137	1
449	Etzelwang	09371140	1
450	Etzenricht	09374119	1
451	Euerbach	09678128	1
452	Euerdorf, M	09672122	1
453	Eurasburg	09173123	4
454	Eurasburg	09771129	2
455	Eußenheim	09677127	1
456	Fahrenzhausen	09178123	4
457	Falkenberg	09277119	1
458	Falkenberg, M	09377117	1

Anlage 254.1

Zu § 254 BewG, zu Anlage 39, Teil II., BewG

	Bayern (BY)		
lfd. Nr.	Gemeindenamen	AGS	Mietniveaustufe
459	Falkenfels	09278120	1
460	Falkenstein, M	09372125	1
461	Farchant	09180116	4
462	Faulbach	09676124	1
463	Feichten a. d. Alz	09171116	1
464	Feilitzsch	09475123	1
465	Feldafing	09188118	6
466	Feldkirchen	09184118	7
467	Feldkirchen	09278121	1
468	Feldkirchen-Westerham	09187130	5
469	Fellen	09677128	1
470	Fellheim	09778139	1
471	Fensterbach	09376125	1
472	Feucht, M	09574123	4
473	Feuchtwangen, St	09571145	2
474	Fichtelberg	09472138	1
475	Finning	09181120	3
476	Finningen	09773150	1
477	Finsing	09177118	4
478	Fischach, M	09772141	2
479	Fischbachau	09182114	4
480	Fischen i.Allgäu	09780121	2
481	Flachslanden, M	09571146	1
482	Fladungen, St	09673123	1
483	Flintsbach a. Inn	09187131	3
484	Floß, M	09374121	1
485	Flossenbürg	09374122	1
486	Forchheim, GKSt	09474126	2
487	Forheim	09779146	1

Zu § 254 BewG, zu Anlage 39, Teil II., BewG   **Anlage 254.1**

\	Bayern (BY)		
lfd. Nr.	Gemeindenamen	AGS	Mietniveaustufe
488	Forstern	09177119	4
489	Forstinning	09175118	6
490	Frammersbach, M	09677129	1
491	Frankenwinheim	09678130	1
492	Frasdorf	09187132	3
493	Frauenau	09276121	1
494	Frauenneuharting	09175119	6
495	Fraunberg	09177120	4
496	Freihung, M	09371121	1
497	Freilassing, St	09172118	4
498	Freising, GKSt	09178124	6
499	Fremdingen	09779147	1
500	Frensdorf	09471131	1
501	Freudenberg	09371122	1
502	Freystadt, St	09373126	1
503	Freyung, St	09272118	1
504	Frickenhausen a. Main, M	09679131	2
505	Fridolfing	09189118	2
506	Friedberg, St	09771130	3
507	Friedenfels	09377118	1
508	Friesenried	09777128	1
509	Frontenhausen, M	09279115	1
510	Fuchsmühl, M	09377119	1
511	Fuchsstadt	09672124	1
512	Fuchstal	09181121	3
513	Fünfstetten	09779148	1
514	Fürsteneck	09272119	1
515	Fürstenfeldbruck, GKSt	09179121	7
516	Fürstenstein	09275121	1

Anlage 254.1

Zu § 254 BewG, zu Anlage 39, Teil II., BewG

	Bayern (BY)		
lfd. Nr.	Gemeindenamen	AGS	Mietniveaustufe
517	Fürstenzell, M	09275122	1
518	Furth	09274132	1
519	Fürth (Krfr.St)	09563000	4
520	Furth im Wald, St	09372126	1
521	Füssen, St	09777129	3
522	Gablingen	09772145	2
523	Gachenbach	09185131	1
524	Gädheim	09674139	1
525	Gaimersheim, M	09176126	4
526	Gaißach	09173124	4
527	Gallmersgarten	09575124	1
528	Gammelsdorf	09178125	4
529	Gangkofen, M	09277121	1
530	Garching a. d. Alz	09171117	1
531	Garching b.München, St	09184119	6
532	Garmisch-Partenkirchen, M	09180117	6
533	Gars a. Inn, M	09183118	1
534	Gattendorf	09475127	1
535	Gaukönigshofen	09679134	2
536	Gauting	09188120	7
537	Gebenbach	09371123	1
538	Gebsattel	09571152	1
539	Gefrees, St	09472139	1
540	Geiersthal	09276122	1
541	Geiselbach	09671119	2
542	Geiselhöring, St	09278123	1
543	Geiselwind, M	09675127	1
544	Geisenfeld, St	09186122	2
545	Geisenhausen, M	09274134	1

Zu § 254 BewG, zu Anlage 39, Teil II., BewG

Anlage 254.1

\multicolumn{4}{c}{Bayern (BY)}			
lfd. Nr.	Gemeindenamen	AGS	Mietniveaustufe
546	Gelchsheim, M	09679135	2
547	Geldersheim	09678132	1
548	Geltendorf	09181122	3
549	Gemünden a. Main, St	09677131	1
550	Genderkingen	09779149	1
551	Georgenberg	09374123	1
552	Georgensgmünd	09576121	1
553	Gerach	09471133	1
554	Geratskirchen	09277122	1
555	Gerbrunn	09679136	2
556	Geretsried, St	09173126	4
557	Gerhardshofen	09575125	1
558	Germaringen	09777130	1
559	Germering, GKSt	09179123	7
560	Geroda, M	09672126	1
561	Geroldsgrün	09475128	1
562	Geroldshausen	09679137	2
563	Gerolfingen	09571154	1
564	Gerolsbach	09186125	3
565	Gerolzhofen, St	09678134	1
566	Gersthofen, St	09772147	3
567	Gerzen	09274135	1
568	Gesees	09472140	1
569	Geslau	09571155	1
570	Gessertshausen	09772148	2
571	Gestratz	09776112	2
572	Giebelstadt, M	09679138	2
573	Gilching	09188121	7
574	Glashütten	09472141	1

Anlage 254.1

Zu § 254 BewG, zu Anlage 39, Teil II., BewG

Bayern (BY)			
lfd. Nr.	Gemeindenamen	AGS	Mietniveaustufe
575	Glattbach	09671120	2
576	Gleiritsch	09376131	1
577	Gleißenberg	09372128	1
578	Glonn, M	09175121	6
579	Glött	09773133	1
580	Gmund a. Tegernsee	09182116	4
581	Gnotzheim, M	09577133	1
582	Gochsheim	09678135	1
583	Goldbach, M	09671121	2
584	Goldkronach, St	09472143	1
585	Gollhofen	09575127	1
586	Görisried	09777131	1
587	Gössenheim	09677132	1
588	Gößweinstein, M	09474129	1
589	Gotteszell	09276123	1
590	Gottfrieding	09279116	1
591	Graben	09772149	2
592	Grabenstätt	09189119	2
593	Gräfelfing	09184120	7
594	Grafenau, St	09272120	1
595	Gräfenberg, St	09474132	1
596	Gräfendorf	09677133	1
597	Grafengehaig, M	09477117	1
598	Grafenrheinfeld	09678136	1
599	Grafenwiesen	09372130	1
600	Grafenwöhr, St	09374124	1
601	Grafing b.München, St	09175122	7
602	Grafling	09271122	1
603	Grafrath	09179125	6

Zu § 254 BewG, zu Anlage 39, Teil II., BewG   **Anlage 254.1**

	Bayern (BY)		
lfd. Nr.	Gemeindenamen	AGS	Mietniveaustufe
604	Grainau	09180118	4
605	Grainet	09272121	1
606	Grasbrunn	09184121	7
607	Grassau, M	09189120	2
608	Grattersdorf	09271123	1
609	Greding, St	09576122	1
610	Greifenberg	09181123	3
611	Greiling	09173127	4
612	Gremsdorf	09572126	3
613	Grettstadt	09678138	1
614	Greußenheim	09679141	2
615	Griesstätt	09187134	3
616	Gröbenzell	09179126	7
617	Großaitingen	09772151	2
618	Großbardorf	09673126	1
619	Großeibstadt	09673127	1
620	Großenseebach	09572127	3
621	Großhabersdorf	09573115	3
622	Großheirath	09473132	1
623	Großheubach, M	09676125	1
624	Großkarolinenfeld	09187137	3
625	Großlangheim, M	09675131	1
626	Großmehring	09176129	1
627	Großostheim, M	09671122	2
628	Großwallstadt	09676126	1
629	Großweil	09180119	4
630	Grub a. Forst	09473134	1
631	Grünenbach	09776113	2
632	Grünwald	09184122	7

Anlage 254.1 Zu § 254 BewG, zu Anlage 39, Teil II., BewG

Bayern (BY)			
lfd. Nr.	Gemeindenamen	AGS	Mietniveaustufe
633	Gstadt a. Chiemsee	09187138	3
634	Gundelfingen a. d. Donau, St	09773136	1
635	Gundelsheim	09471137	1
636	Gundremmingen	09774136	2
637	Güntersleben	09679142	2
638	Günzach	09777138	1
639	Günzburg, GKSt	09774135	2
640	Gunzenhausen, St	09577136	1
641	Guteneck	09376133	1
642	Gutenstetten	09575128	1
643	Guttenberg	09477118	1
644	Haag	09472146	1
645	Haag a. d. Amper	09178129	4
646	Haag i. OB, M	09183119	1
647	Haar	09184123	7
648	Haarbach	09275125	1
649	Habach	09190126	3
650	Hafenlohr	09677135	1
651	Hagelstadt	09375143	2
652	Hagenbüchach	09575129	1
653	Hahnbach, M	09371126	1
654	Haibach	09278129	1
655	Haibach	09671124	2
656	Haidmühle	09272122	1
657	Haimhausen	09174121	5
658	Haiming	09171118	1
659	Hainsfarth	09779154	1
660	Halblech	09777173	1
661	Haldenwang	09774140	2

Zu § 254 BewG, zu Anlage 39, Teil II., BewG **Anlage 254.1**

	Bayern (BY)		
lfd. Nr.	Gemeindenamen	AGS	Mietniveaustufe
662	Haldenwang	09780122	2
663	Halfing	09187139	3
664	Hallbergmoos	09178130	7
665	Hallerndorf	09474133	1
666	Hallstadt, St	09471140	1
667	Halsbach	09171119	1
668	Hammelburg, St	09672127	1
669	Happurg	09574128	2
670	Harburg (Schwaben), St	09779155	1
671	Harsdorf	09477119	1
672	Hartenstein	09574129	2
673	Haselbach	09278134	1
674	Hasloch	09677137	1
675	Haßfurt, St	09674147	2
676	Hattenhofen	09179128	6
677	Haundorf	09577138	1
678	Haunsheim	09773137	1
679	Hausen	09273125	1
680	Hausen	09474134	1
681	Hausen	09673129	1
682	Hausen	09676128	1
683	Hausen b. Würzburg	09679143	2
684	Hausham	09182119	4
685	Hauzenberg, St	09275126	1
686	Hawangen	09778149	1
687	Hebertsfelden	09277124	1
688	Hebertshausen	09174122	5
689	Heideck, St	09576126	1
690	Heidenheim, M	09577140	1

Anlage 254.1 Zu § 254 BewG, zu Anlage 39, Teil II., BewG

	Bayern (BY)		
lfd. Nr.	Gemeindenamen	AGS	Mietniveaustufe
691	Heigenbrücken	09671126	2
692	Heiligenstadt i.OFr., M	09471142	1
693	Heilsbronn, St	09571165	1
694	Heimbuchenthal	09671127	2
695	Heimenkirch, M	09776114	2
696	Heimertingen	09778150	1
697	Heinersreuth	09472150	1
698	Heinrichsthal	09671128	2
699	Heldenstein	09183120	1
700	Helmbrechts, St	09475136	1
701	Helmstadt, M	09679144	2
702	Hemau, St	09375148	2
703	Hemhofen	09572130	3
704	Hemmersheim	09575130	1
705	Hendungen	09673130	1
706	Henfenfeld	09574131	2
707	Hengersberg, M	09271125	1
708	Hepberg	09176131	1
709	Herbstadt	09673131	1
710	Heretsried	09772156	2
711	Hergatz	09776131	2
712	Hergensweiler	09776115	2
713	Heroldsbach	09474135	1
714	Heroldsberg, M	09572131	3
715	Herrieden, St	09571166	1
716	Herrngiersdorf	09273127	1
717	Herrsching a. Ammersee	09188124	5
718	Hersbruck, St	09574132	3
719	Herzogenaurach, St	09572132	4

Zu § 254 BewG, zu Anlage 39, Teil II., BewG **Anlage 254.1**

	Bayern (BY)		
lfd. Nr.	Gemeindenamen	AGS	Mietniveaustufe
720	Heßdorf	09572133	3
721	Hettenshausen	09186126	3
722	Hettstadt	09679146	2
723	Hetzles	09474137	1
724	Heustreu	09673133	1
725	Hilgertshausen-Tandern	09174147	5
726	Hilpoltstein, St	09576127	1
727	Hiltenfingen	09772157	2
728	Hiltpoltstein, M	09474138	1
729	Himmelkron	09477121	1
730	Himmelstadt	09677142	1
731	Hinterschmiding	09272126	1
732	Hirschaid, M	09471145	2
733	Hirschau, St	09371127	1
734	Hirschbach	09371128	1
735	Hitzhofen	09176132	1
736	Höchberg, M	09679147	2
737	Höchheim	09673134	1
738	Höchstadt a. d. Aisch, St	09572135	2
739	Höchstädt a. d. Donau, St	09773139	1
740	Hochstadt a. Main	09478127	1
741	Höchstädt i.Fichtelgebirge	09479126	1
742	Hof (Krfr.St)	09464000	1
743	Hofheim i.UFr., St	09674149	1
744	Hofkirchen, M	09275127	1
745	Hofstetten	09181124	3
746	Hohenaltheim	09779162	1
747	Hohenau	09272127	1
748	Hohenberg a. d. Eger, St	09479127	1

Anlage 254.1

Zu § 254 BewG, zu Anlage 39, Teil II., BewG

Bayern (BY)			
lfd. Nr.	Gemeindenamen	AGS	Mietniveaustufe
749	Hohenbrunn	09184129	7
750	Hohenburg, M	09371129	1
751	Hohenfels, M	09373134	1
752	Hohenfurch	09190129	3
753	Hohenkammer	09178133	4
754	Höhenkirchen-Siegertsbrunn	09184127	7
755	Hohenlinden	09175123	6
756	Hohenpeißenberg	09190130	3
757	Hohenpolding	09177121	4
758	Hohenroth	09673135	1
759	Hohenthann	09274141	1
760	Hohenwart, M	09186128	3
761	Hohenwarth	09372135	1
762	Hollenbach	09771140	2
763	Hollfeld, St	09472154	1
764	Hollstadt	09673136	1
765	Holzgünz	09778151	1
766	Holzheim	09773140	1
767	Holzheim	09775126	2
768	Holzheim	09779163	1
769	Holzheim a. Forst	09375153	2
770	Holzkirchen	09679149	2
771	Holzkirchen, M	09182120	4
772	Hopferau	09777135	1
773	Horgau	09772159	2
774	Hörgertshausen	09178132	4
775	Hösbach, M	09671130	2
776	Höslwang	09187145	3
777	Höttingen	09577141	1

Zu § 254 BewG, zu Anlage 39, Teil II., BewG   **Anlage 254.1**

|	Bayern (BY)		
lfd. Nr.	Gemeindenamen	AGS	Mietniveaustufe
778	Huglfing	09190131	3
779	Huisheim	09779167	1
780	Hummeltal	09472155	1
781	Hunderdorf	09278139	1
782	Hunding	09271126	1
783	Hurlach	09181126	3
784	Hutthurm, M	09275128	1
785	Ichenhausen, St	09774143	2
786	Icking	09173130	4
787	Iffeldorf	09190132	3
788	Igensdorf, M	09474140	1
789	Iggensbach	09271127	1
790	Igling	09181127	3
791	Ihrlerstein	09273133	1
792	Illertissen, St	09775129	2
793	Illesheim	09575133	1
794	Illschwang	09371131	1
795	Ilmmünster	09186130	3
796	Immenreuth	09377127	1
797	Immenstadt i.Allgäu, St	09780124	3
798	Inchenhofen, M	09771141	2
799	Ingenried	09190133	3
800	Ingolstadt (Krfr.St)	09161000	4
801	Innernzell	09272128	1
802	Inning a. Ammersee	09188126	6
803	Inning a. Holz	09177122	4
804	Insingen	09571169	1
805	Inzell	09189124	2
806	Iphofen, St	09675139	1

Anlage 254.1

Zu § 254 BewG, zu Anlage 39, Teil II., BewG

	Bayern (BY)		
lfd. Nr.	Gemeindenamen	AGS	Mietniveaustufe
807	Ippesheim, M	09575134	1
808	Ipsheim, M	09575135	1
809	Irchenrieth	09374127	1
810	Irlbach	09278140	1
811	Irschenberg	09182123	4
812	Irsee, M	09777139	1
813	Isen, M	09177123	4
814	Ismaning	09184130	7
815	Issigau	09475137	1
816	Itzgrund	09473138	1
817	Jachenau	09173131	4
818	Jandelsbrunn	09272129	1
819	Jengen	09777140	1
820	Jesenwang	09179130	6
821	Jettenbach	09183122	1
822	Jettingen-Scheppach, M	09774144	2
823	Jetzendorf	09186132	3
824	Johannesberg	09671133	2
825	Johanniskirchen	09277126	1
826	Julbach	09277127	1
827	Kahl a. Main	09671134	2
828	Kaisheim, M	09779169	1
829	Kalchreuth	09572137	3
830	Kallmünz, M	09375156	2
831	Kaltental, M	09777141	1
832	Kammeltal	09774145	2
833	Kammerstein	09576128	1
834	Kammlach	09778180	1
835	Karbach, M	09677146	1

Zu § 254 BewG, zu Anlage 39, Teil II., BewG **Anlage 254.1**

	Bayern (BY)		
lfd. Nr.	Gemeindenamen	AGS	Mietniveaustufe
836	Karlsfeld	09174126	7
837	Karlshuld	09185139	1
838	Karlskron	09185140	1
839	Karlstadt, St	09677148	1
840	Karlstein a.Main	09671114	2
841	Karsbach	09677149	1
842	Kasendorf, M	09477124	1
843	Kastl	09171121	1
844	Kastl	09377128	1
845	Kastl, M	09371132	1
846	Kaufbeuren (Krfr.St)	09762000	3
847	Kaufering, M	09181128	3
848	Kelheim, St	09273137	2
849	Kellmünz a. d. Iller, M	09775132	2
850	Kemmern	09471150	1
851	Kemnath, St	09377129	1
852	Kempten (Allgäu) (Krfr.St)	09763000	4
853	Kettershausen	09778221	1
854	Kiefersfelden	09187148	3
855	Kienberg	09189126	2
856	Kinding, M	09176137	1
857	Kinsau	09181129	3
858	Kipfenberg, M	09176138	1
859	Kirchanschöring	09189127	2
860	Kirchberg	09177124	4
861	Kirchberg i.Wald	09276126	1
862	Kirchdorf	09183123	1
863	Kirchdorf	09273139	1
864	Kirchdorf a. d. Amper	09178136	4

Anlage 254.1

Zu § 254 BewG, zu Anlage 39, Teil II., BewG

\multicolumn{4}{c}{Bayern (BY)}			
lfd. Nr.	Gemeindenamen	AGS	Mietniveaustufe
865	Kirchdorf a. Inn	09277128	1
866	Kirchdorf i. Wald	09276127	1
867	Kirchehrenbach	09474143	1
868	Kirchendemenreuth	09374128	1
869	Kirchenlamitz, St	09479129	1
870	Kirchenpingarten	09472156	1
871	Kirchensittenbach	09574135	2
872	Kirchenthumbach, M	09374129	1
873	Kirchham	09275130	1
874	Kirchhaslach	09778157	1
875	Kirchheim	09679153	2
876	Kirchheim b. München	09184131	7
877	Kirchheim i. Schw., M	09778158	1
878	Kirchlauter	09674160	1
879	Kirchroth	09278141	1
880	Kirchseeon, M	09175124	7
881	Kirchweidach	09171122	1
882	Kirchzell, M	09676131	1
883	Kissing	09771142	4
884	Kist	09679154	2
885	Kitzingen, GKSt	09675141	2
886	Kleinaitingen	09772160	2
887	Kleinheubach, M	09676132	1
888	Kleinkahl	09671135	2
889	Kleinlangheim, M	09675142	1
890	Kleinostheim	09671136	2
891	Kleinrinderfeld	09679155	2
892	Kleinsendelbach	09474144	1
893	Kleinwallstadt, M	09676133	1

Zu § 254 BewG, zu Anlage 39, Teil II., BewG — Anlage 254.1

|	Bayern (BY)		
lfd. Nr.	Gemeindenamen	AGS	Mietniveaustufe
894	Klingenberg a.Main, St	09676134	1
895	Klosterlechfeld	09772162	2
896	Knetzgau	09674163	1
897	Kochel a. See	09173133	4
898	Köditz	09475141	1
899	Ködnitz	09477127	1
900	Köfering	09375161	2
901	Kohlberg, M	09374131	1
902	Kolbermoor, St	09187150	4
903	Kolitzheim	09678150	1
904	Kollnburg	09276128	1
905	Königsberg i. Bay., St	09674164	1
906	Königsbrunn, St	09772163	4
907	Königsdorf	09173134	4
908	Königsfeld	09471151	1
909	Königsmoos	09185163	1
910	Königstein, M	09371135	1
911	Konnersreuth, M	09377131	1
912	Konradsreuth	09475142	1
913	Konzell	09278143	1
914	Kösching, M	09176139	1
915	Kößlarn, M	09275131	1
916	Kottgeisering	09179131	6
917	Kötz	09774148	2
918	Kraftisried	09777144	1
919	Kraiburg a. Inn, M	09183124	1
920	Krailling	09188127	6
921	Kranzberg	09178137	4
922	Kreuth	09182124	4

Anlage 254.1 Zu § 254 BewG, zu Anlage 39, Teil II., BewG

	Bayern (BY)		
lfd. Nr.	Gemeindenamen	AGS	Mietniveaustufe
923	Kreuzwertheim, M	09677151	1
924	Krombach	09671138	2
925	Kronach, St	09476145	2
926	Kronburg	09778161	1
927	Kröning	09274145	1
928	Krumbach (Schwaben), St	09774150	2
929	Krummennaab	09377132	1
930	Krün	09180122	4
931	Kühbach, M	09771144	2
932	Kühlenthal	09772166	2
933	Kulmain	09377133	1
934	Kulmbach, GKSt	09477128	1
935	Kumhausen	09274146	1
936	Kümmersbruck	09371136	1
937	Kunreuth	09474145	1
938	Künzing	09271128	1
939	Kupferberg, St	09477129	1
940	Küps, M	09476146	1
941	Kürnach	09679156	2
942	Kutzenhausen	09772167	2
943	Laaber, M	09375162	2
944	Laberweinting	09278144	1
945	Lachen	09778162	1
946	Lalling	09271130	1
947	Lam, M	09372138	1
948	Lamerdingen	09777145	1
949	Landau a. d. Isar, St	09279122	1
950	Landensberg	09774151	2
951	Landsberg am Lech, GKSt	09181130	5

Zu § 254 BewG, zu Anlage 39, Teil II., BewG **Anlage 254.1**

Bayern (BY)			
lfd. Nr.	Gemeindenamen	AGS	Mietniveaustufe
952	Landsberied	09179132	6
953	Landshut (Krfr. St)	09261000	4
954	Langdorf	09276129	1
955	Langenaltheim	09577148	1
956	Langenbach	09178138	4
957	Langenfeld	09575138	1
958	Langenmosen	09185143	1
959	Langenneufnach	09772168	2
960	Langenpreising	09177126	4
961	Langensendelbach	09474146	1
962	Langenzenn, St	09573120	2
963	Langerringen	09772170	2
964	Langfurth	09571170	1
965	Langquaid, M	09273141	1
966	Langweid a. Lech	09772171	2
967	Lappersdorf, M	09375165	3
968	Lauben	09778163	1
969	Lauben	09780125	2
970	Laudenbach	09676135	1
971	Lauf a. d. Pegnitz, St	09574138	4
972	Laufach	09671139	2
973	Laufen, St	09172122	3
974	Laugna	09773143	1
975	Lauingen (Donau), St	09773144	1
976	Lauter	09471152	1
977	Lauterhofen, M	09373140	1
978	Lautertal	09473141	1
979	Lautrach	09778164	1
980	Lechbruck am See	09777147	1

Anlage 254.1

Zu § 254 BewG, zu Anlage 39, Teil II., BewG

	Bayern (BY)		
lfd. Nr.	Gemeindenamen	AGS	Mietniveaustufe
981	Legau, M	09778165	1
982	Lehrberg, M	09571171	1
983	Leiblfing	09278146	1
984	Leidersbach	09676136	1
985	Leinach	09679200	2
986	Leinburg	09574139	2
987	Leipheim, St	09774155	2
988	Lengdorf	09177127	4
989	Lengenwang	09777149	1
990	Lenggries	09173135	3
991	Lenting	09176143	1
992	Leonberg	09377137	1
993	Leuchtenberg, M	09374132	1
994	Leupoldsgrün	09475145	1
995	Leutenbach	09474147	1
996	Leutershausen, St	09571174	1
997	Lichtenau, M	09571175	1
998	Lichtenberg, St	09475146	1
999	Lichtenfels, St	09478139	1
1000	Lindau (Bodensee), GKSt	09776116	5
1001	Lindberg	09276130	1
1002	Lindenberg i. Allgäu, St	09776117	3
1003	Lisberg	09471154	1
1004	Litzendorf	09471155	1
1005	Lohberg	09372178	1
1006	Lohkirchen	09183125	1
1007	Lohr a. Main, St	09677155	2
1008	Loiching	09279124	1
1009	Loitzendorf	09278147	1

Zu § 254 BewG, zu Anlage 39, Teil II., BewG   **Anlage 254.1**

|	Bayern (BY)		
lfd. Nr.	Gemeindenamen	AGS	Mietniveaustufe
1010	Lonnerstadt, M	09572139	3
1011	Ludwigschorgast, M	09477135	1
1012	Ludwigsstadt, St	09476152	1
1013	Luhe-Wildenau, M	09374133	1
1014	Lülsfeld	09678153	1
1015	Lupburg, M	09373143	1
1016	Lutzingen	09773146	1
1017	Mähring, M	09377139	1
1018	Maierhöfen	09776118	2
1019	Maihingen	09779176	1
1020	Mainaschaff	09671140	2
1021	Mainbernheim, St	09675144	1
1022	Mainburg, St	09273147	2
1023	Mainleus, M	09477136	1
1024	Mainstockheim	09675146	1
1025	Maisach	09179134	6
1026	Maitenbeth	09183126	1
1027	Malching	09275132	1
1028	Malgersdorf	09277131	1
1029	Mallersdorf-Pfaffenberg, M	09278148	1
1030	Mammendorf	09179136	6
1031	Mamming	09279125	1
1032	Manching, M	09186137	5
1033	Mantel, M	09374134	1
1034	Margetshöchheim	09679161	2
1035	Mariaposching	09278149	1
1036	Marklkofen	09279126	1
1037	Markt Berolzheim, M	09577149	1
1038	Markt Bibart, M	09575144	1

Anlage 254.1

Zu § 254 BewG, zu Anlage 39, Teil II., BewG

	Bayern (BY)		
lfd. Nr.	Gemeindenamen	AGS	Mietniveaustufe
1039	Markt Einersheim, M	09675148	1
1040	Markt Erlbach, M	09575145	1
1041	Markt Indersdorf, M	09174131	5
1042	Markt Nordheim, M	09575146	1
1043	Markt Rettenbach, M	09778168	1
1044	Markt Schwaben, M	09175127	7
1045	Markt Taschendorf, M	09575147	1
1046	Markt Wald, M	09778169	1
1047	Marktbergel, M	09575143	1
1048	Marktbreit, St	09675147	1
1049	Marktgraitz, M	09478143	1
1050	Marktheidenfeld, St	09677157	1
1051	Marktl, M	09171123	1
1052	Marktleugast, M	09477138	1
1053	Marktleuthen, St	09479135	1
1054	Marktoberdorf, St	09777151	2
1055	Marktoffingen	09779177	1
1056	Marktredwitz, GKSt	09479136	1
1057	Marktrodach, M	09476183	1
1058	Marktschellenberg, M	09172124	3
1059	Marktschorgast, M	09477139	1
1060	Marktsteft, St	09675149	1
1061	Marktzeuln, M	09478144	1
1062	Marloffstein	09572141	3
1063	Maroldsweisach, M	09674171	1
1064	Marquartstein	09189129	2
1065	Martinsheim	09675150	1
1066	Marxheim	09779178	1
1067	Marzling	09178140	4

Zu § 254 BewG, zu Anlage 39, Teil II., BewG — Anlage 254.1

Bayern (BY)			
lfd. Nr.	Gemeindenamen	AGS	Mietniveaustufe
1068	Maßbach, M	09672131	1
1069	Massing, M	09277133	1
1070	Mauern	09178142	4
1071	Mauerstetten	09777152	1
1072	Mauth	09272134	1
1073	Maxhütte-Haidhof, St	09376141	2
1074	Medlingen	09773153	1
1075	Meeder	09473144	1
1076	Megesheim	09779180	1
1077	Mehlmeisel	09472164	1
1078	Mehring	09171124	1
1079	Meinheim	09577150	1
1080	Meitingen, M	09772177	2
1081	Mellrichstadt, St	09673142	1
1082	Memmelsdorf	09471159	1
1083	Memmingen (Krfr. St)	09764000	3
1084	Memmingerberg	09778171	1
1085	Mengkofen	09279127	1
1086	Merching	09771145	2
1087	Mering, M	09771146	4
1088	Merkendorf, St	09571177	1
1089	Mertingen	09779181	1
1090	Mespelbrunn	09671141	2
1091	Metten, M	09271132	1
1092	Mettenheim	09183127	1
1093	Michelau i. OFr.	09478145	1
1094	Michelau i. Steigerwald	09678157	1
1095	Michelsneukirchen	09372142	1
1096	Mickhausen	09772178	2

Anlage 254.1

Zu § 254 BewG, zu Anlage 39, Teil II., BewG

Bayern (BY)

lfd. Nr.	Gemeindenamen	AGS	Mietniveaustufe
1097	Miesbach, St	09182125	5
1098	Miltach	09372143	1
1099	Miltenberg, St	09676139	1
1100	Mindelheim, St	09778173	2
1101	Mindelstetten	09176147	1
1102	Mintraching	09375170	2
1103	Missen-Wilhams	09780127	2
1104	Mistelbach	09472166	1
1105	Mistelgau	09472167	1
1106	Mitteleschenbach	09571178	1
1107	Mittelneufnach	09772179	2
1108	Mittelsinn	09677159	1
1109	Mittelstetten	09179137	6
1110	Mittenwald, M	09180123	4
1111	Mitterfels, M	09278151	1
1112	Mitterskirchen	09277134	1
1113	Mitterteich, St	09377141	1
1114	Mitwitz, M	09476154	1
1115	Mödingen	09773147	1
1116	Möhrendorf	09572142	3
1117	Mömbris, M	09671143	1
1118	Mömlingen	09676140	1
1119	Mönchberg, M	09676141	1
1120	Mönchsdeggingen	09779184	1
1121	Mönchsroth	09571179	1
1122	Monheim, St	09779186	1
1123	Moorenweis	09179138	6
1124	Moos	09271135	1
1125	Moosach	09175128	6

Zu § 254 BewG, zu Anlage 39, Teil II., BewG Anlage 254.1

\	Bayern (BY)		
lfd. Nr.	Gemeindenamen	AGS	Mietniveaustufe
1126	Moosbach, M	09374137	1
1127	Moosburg a. d. Isar, St	09178143	5
1128	Moosinning	09177130	4
1129	Moosthenning	09279128	1
1130	Mörnsheim, M	09176148	1
1131	Motten	09672134	1
1132	Möttingen	09779185	1
1133	Mötzing	09375171	2
1134	Mühldorf a. Inn, St	09183128	2
1135	Mühlhausen	09373146	1
1136	Mühlhausen, M	09572143	3
1137	Muhr a. See	09577114	1
1138	Münchberg, St	09475154	1
1139	München, Landeshauptstadt	09162000	7
1140	Münchsmünster	09186139	3
1141	Münchsteinach	09575150	1
1142	Münnerstadt, St	09672135	1
1143	Munningen	09779188	1
1144	Münsing	09173137	4
1145	Münster	09779187	1
1146	Münsterhausen, M	09774160	2
1147	Murnau a. Staffelsee, M	09180124	5
1148	Nabburg, St	09376144	1
1149	Nagel	09479138	1
1150	Naila, St	09475156	1
1151	Nandlstadt, M	09178144	4
1152	Nassenfels, M	09176149	1
1153	Nennslingen, M	09577151	1
1154	Nersingen	09775134	2

Anlage 254.1

Zu § 254 BewG, zu Anlage 39, Teil II., BewG

	Bayern (BY)		
lfd. Nr.	Gemeindenamen	AGS	Mietniveaustufe
1155	Nesselwang, M	09777153	1
1156	entfallen		
1157	Neubeuern, M	09187154	3
1158	Neubiberg	09184146	7
1159	Neubrunn, M	09679164	2
1160	Neuburg a. d. Donau, GKSt	09185149	3
1161	Neuburg a. d. Kammel, M	09774162	2
1162	Neuburg a. Inn	09275133	1
1163	Neuching	09177131	4
1164	Neudrossenfeld	09477142	1
1165	Neuendettelsau	09571180	1
1166	Neuendorf	09677164	1
1167	Neuenmarkt	09477143	1
1168	Neufahrn b. Freising	09178145	7
1169	Neufahrn i. NB	09274153	1
1170	Neufraunhofen	09274154	1
1171	Neuhaus a. d. Pegnitz, M	09574140	2
1172	Neuhaus a. Inn	09275134	1
1173	Neuhof a. d. Zenn, M	09575152	1
1174	Neuhütten	09677165	1
1175	Neukirchen	09278154	1
1176	Neukirchen b. Hl. Blut, M	09372144	1
1177	Neukirchen b. Sulzbach-Rosenberg	09371141	1
1178	Neukirchen vorm Wald	09275135	1
1179	Neukirchen-Balbini, M	09376146	1
1180	Neumarkt i. d. OPf., GKSt	09373147	3
1181	Neumarkt-Sankt Veit, St	09183129	1
1182	Neunburg vorm Wald, St	09376147	1

Zu § 254 BewG, zu Anlage 39, Teil II., BewG　　　　　　　　　　　　　　　　**Anlage 254.1**

Bayern (BY)			
lfd. Nr.	Gemeindenamen	AGS	Mietniveaustufe
1183	Neunkirchen	09676143	1
1184	Neunkirchen a. Brand, M	09474154	1
1185	Neunkirchen a. Sand	09574141	2
1186	Neuötting, St	09171125	1
1187	Neureichenau	09272136	1
1188	Neuried	09184132	7
1189	Neusäß, St	09772184	4
1190	Neuschönau	09272146	1
1191	Neusitz	09571181	1
1192	Neusorg	09377143	1
1193	Neustadt a. d. Aisch, St	09575153	1
1194	Neustadt a. d. Donau, St	09273152	2
1195	Neustadt a. d. Waldnaab, St	09374139	1
1196	Neustadt a. Main	09677166	1
1197	Neustadt am Kulm, St	09374140	1
1198	Neustadt b. Coburg, GKSt	09473151	1
1199	Neutraubling, St	09375174	4
1200	Neu-Ulm, GKSt	09775135	4
1201	Niederaichbach	09274156	1
1202	Niederalteich	09271138	1
1203	Niederbergkirchen	09183130	1
1204	Niederfüllbach	09473153	1
1205	Niederlauer	09673146	1
1206	Niedermurach	09376148	1
1207	Niedernberg	09676144	1
1208	Niederrieden	09778177	1
1209	Niederschönenfeld	09779192	1
1210	Niedertaufkirchen	09183131	1
1211	Niederviehbach	09279130	1

Anlage 254.1

Zu § 254 BewG, zu Anlage 39, Teil II., BewG

Bayern (BY)			
lfd. Nr.	Gemeindenamen	AGS	Mietniveaustufe
1212	Niederwerrn	09678160	1
1213	Niederwinkling	09278159	1
1214	Nittenau, St	09376149	1
1215	Nittendorf, M	09375175	2
1216	Nonnenhorn	09776120	2
1217	Nordendorf	09772185	2
1218	Nordhalben, M	09476159	1
1219	Nordheim a. Main	09675155	1
1220	Nordheim v. d. Rhön	09673147	1
1221	Nördlingen, GKSt	09779194	2
1222	Nüdlingen	09672136	1
1223	Nürnberg (Krfr. St)	09564000	5
1224	Nußdorf	09189130	2
1225	Nußdorf a. Inn	09187156	3
1226	Oberammergau	09180125	4
1227	Oberasbach, St	09573122	3
1228	Oberau	09180126	4
1229	Oberaudorf	09187157	3
1230	Oberaurach	09674159	1
1231	Oberbergkirchen	09183132	1
1232	Oberdachstetten	09571183	1
1233	Oberding	09177133	4
1234	Oberdolling	09176150	1
1235	Oberelsbach, M	09673149	1
1236	Obergriesbach	09771149	2
1237	Obergünzburg, M	09777154	1
1238	Oberhaching	09184134	7
1239	Oberhaid	09471165	1
1240	Oberhausen	09185150	1

Zu § 254 BewG, zu Anlage 39, Teil II., BewG **Anlage 254.1**

	Bayern (BY)		
lfd. Nr.	Gemeindenamen	AGS	Mietniveaustufe
1241	Oberhausen	09190135	3
1242	Oberickelsheim	09575155	1
1243	Oberkotzau, M	09475158	1
1244	Oberleichtersbach	09672138	1
1245	Obermaiselstein	09780131	2
1246	Obermeitingen	09181131	3
1247	Obermichelbach	09573123	3
1248	Obernbreit, M	09675156	1
1249	Obernburg a. Main, St	09676145	1
1250	Oberndorf a. Lech	09779196	1
1251	Oberneukirchen	09183134	1
1252	Obernzell, M	09275137	1
1253	Obernzenn, M	09575156	1
1254	Oberostendorf	09777155	1
1255	Oberottmarshausen	09772186	2
1256	Oberpframmern	09175131	6
1257	Oberpleichfeld	09679169	2
1258	Oberpöring	09271139	1
1259	Oberreichenbach	09572147	3
1260	Oberreute	09776121	2
1261	Oberrieden	09778183	1
1262	Oberroth	09775141	2
1263	Oberscheinfeld, M	09575157	1
1264	Oberschleißheim	09184135	7
1265	Oberschneiding	09278167	1
1266	Oberschönegg	09778184	1
1267	Oberschwarzach, M	09678164	1
1268	Oberschweinbach	09179140	6
1269	Obersinn, M	09677169	1

Anlage 254.1

Zu § 254 BewG, zu Anlage 39, Teil II., BewG

Bayern (BY)			
lfd. Nr.	Gemeindenamen	AGS	Mietniveaustufe
1270	Obersöchering	09190136	3
1271	Oberstaufen, M	09780132	2
1272	Oberstdorf, M	09780133	2
1273	Oberstreu	09673151	1
1274	Obersüßbach	09274165	1
1275	Obertaufkirchen	09183135	1
1276	Oberthulba, M	09672139	1
1277	Obertraubling	09375179	2
1278	Obertrubach	09474156	1
1279	Oberviechtach, St	09376151	1
1280	Obing	09189133	2
1281	Ochsenfurt, St	09679170	2
1282	Odelzhausen	09174135	5
1283	Oerlenbach	09672140	1
1284	Oettingen i. Bay., St	09779197	1
1285	Offenberg	09271140	1
1286	Offenhausen	09574145	2
1287	Offingen, M	09774171	2
1288	Ofterschwang	09780134	2
1289	Ohlstadt	09180127	4
1290	Ohrenbach	09571188	1
1291	Olching, St	09179142	6
1292	Opfenbach	09776122	2
1293	Ornbau, St	09571189	1
1294	Ortenburg, M	09275138	1
1295	Osterberg	09775142	2
1296	Osterhofen, St	09271141	1
1297	Osterzell	09777157	1
1298	Ostheim v.d.Rhön, St	09673153	1

Zu § 254 BewG, zu Anlage 39, Teil II., BewG   **Anlage 254.1**

\multicolumn{4}{c}{Bayern (BY)}			
lfd. Nr.	Gemeindenamen	AGS	Mietniveaustufe
1299	Ottenhofen	09177134	4
1300	Ottensoos	09574146	2
1301	Otterfing	09182127	4
1302	Otting	09779198	1
1303	Ottobeuren, M	09778186	1
1304	Ottobrunn	09184136	7
1305	Otzing	09271143	1
1306	Oy-Mittelberg	09780128	2
1307	Pähl	09190138	3
1308	Painten, M	09273159	1
1309	Palling	09189134	2
1310	Pappenheim, St	09577158	1
1311	Parkstein, M	09374144	1
1312	Parkstetten	09278170	1
1313	Parsberg, St	09373151	1
1314	Partenstein	09677170	1
1315	Passau (Krfr.St)	09262000	3
1316	Pastetten	09177135	4
1317	Patersdorf	09276134	1
1318	Paunzhausen	09178150	4
1319	Pechbrunn	09377145	1
1320	Pegnitz, St	09472175	1
1321	Peißenberg, M	09190139	4
1322	Peiting, M	09190140	2
1323	Pemfling	09372146	1
1324	Pentling	09375180	2
1325	Penzberg, St	09190141	4
1326	Penzing	09181132	3
1327	Perach	09171126	1

Anlage 254.1

Zu § 254 BewG, zu Anlage 39, Teil II., BewG

Bayern (BY)			
lfd. Nr.	Gemeindenamen	AGS	Mietniveaustufe
1328	Perasdorf	09278171	1
1329	Perkam	09278172	1
1330	Perlesreut, M	09272138	1
1331	Petersaurach	09571190	1
1332	Petersdorf	09771155	2
1333	Petershausen	09174136	5
1334	Pettendorf	09375181	2
1335	Petting	09189135	2
1336	Pettstadt	09471169	1
1337	Pfaffenhausen, M	09778187	1
1338	Pfaffenhofen a. d. Glonn	09174137	5
1339	Pfaffenhofen a. d. Ilm, St	09186143	4
1340	Pfaffenhofen a. d. Roth, M	09775143	2
1341	Pfaffing	09187159	3
1342	Pfakofen	09375182	2
1343	Pfarrkirchen, St	09277138	1
1344	Pfarrweisach	09674184	1
1345	Pfatter	09375183	2
1346	Pfeffenhausen, M	09274172	1
1347	Pfofeld	09577159	1
1348	Pförring, M	09176153	1
1349	Pforzen	09777158	1
1350	Pfreimd, St	09376153	1
1351	Pfronten	09777159	1
1352	Philippsreut	09272139	1
1353	Piding	09172128	3
1354	Pielenhofen	09375184	2
1355	Pilsach	09373153	1
1356	Pilsting, M	09279132	1

Bayern (BY)			
lfd. Nr.	Gemeindenamen	AGS	Mietniveaustufe
1357	Pinzberg	09474158	1
1358	Pirk	09374146	1
1359	Pittenhart	09189137	2
1360	Planegg	09184138	7
1361	Plankenfels	09472176	1
1362	Plattling, St	09271146	2
1363	Plech, M	09472177	1
1364	Pleinfeld, M	09577161	1
1365	Pleiskirchen	09171127	1
1366	Pleß	09778188	1
1367	Pleystein, St	09374147	1
1368	Pliening	09175133	6
1369	Plößberg, M	09377146	1
1370	Pöcking	09188137	6
1371	Pocking, St	09275141	1
1372	Poing	09175135	7
1373	Pollenfeld	09176155	1
1374	Polling	09183136	1
1375	Polling	09190142	3
1376	Polsingen	09577162	1
1377	Pommelsbrunn	09574147	2
1378	Pommersfelden	09471172	1
1379	Poppenhausen	09678168	1
1380	Poppenricht	09371144	1
1381	Pörnbach	09186144	3
1382	Pösing	09372147	1
1383	Postau	09274174	1
1384	Postbauer-Heng, M	09373155	1
1385	Postmünster	09277139	1

Anlage 254.1

Zu § 254 BewG, zu Anlage 39, Teil II., BewG

\multicolumn{4}{c}{Bayern (BY)}			
lfd. Nr.	**Gemeindenamen**	**AGS**	**Mietniveaustufe**
1386	Pottenstein, St	09472179	1
1387	Pöttmes, M	09771156	2
1388	Poxdorf	09474160	1
1389	Prackenbach	09276135	1
1390	Prebitz	09472180	1
1391	Prem	09190143	3
1392	Pressath, St	09374149	1
1393	Presseck, M	09477148	1
1394	Pressig, M	09476164	1
1395	Pretzfeld, M	09474161	1
1396	Prichsenstadt, St	09675158	1
1397	Prien a. Chiemsee, M	09187162	4
1398	Priesendorf	09471173	1
1399	Prittriching	09181134	3
1400	Prosselsheim	09679174	2
1401	Prutting	09187163	3
1402	Püchersreuth	09374150	1
1403	Puchheim, St	09179145	7
1404	Pullach i. Isartal	09184139	7
1405	Pullenreuth	09377148	1
1406	Pürgen	09181141	3
1407	Puschendorf	09573124	3
1408	Putzbrunn	09184140	7
1409	Pyrbaum, M	09373156	1
1410	Rain	09278177	1
1411	Rain, St	09779201	1
1412	Raisting	09190144	3
1413	Raitenbuch	09577163	1
1414	Ramerberg	09187164	3

Zu § 254 BewG, zu Anlage 39, Teil II., BewG **Anlage 254.1**

|	Bayern (BY)		
lfd. Nr.	Gemeindenamen	AGS	Mietniveaustufe
1415	Rammingen	09778209	1
1416	Ramsau b.Berchtesgaden	09172129	3
1417	Ramsthal	09672142	1
1418	Randersacker, M	09679175	2
1419	Rannungen	09672143	1
1420	Rattelsdorf, M	09471174	1
1421	Rattenberg	09278178	1
1422	Rattenkirchen	09183138	1
1423	Rattiszell	09278179	1
1424	Raubling	09187165	4
1425	Rauhenebrach	09674187	1
1426	Rechtenbach	09677172	1
1427	Rechtmehring	09183139	1
1428	Reckendorf	09471175	1
1429	Rednitzhembach	09576137	1
1430	Redwitz a.d.Rodach	09478155	1
1431	Regen, St	09276138	1
1432	Regensburg (Krfr. St)	09362000	5
1433	Regenstauf, M	09375190	2
1434	Regnitzlosau	09475161	1
1435	Rehau, St	09475162	1
1436	Rehling	09771158	2
1437	Reichenbach	09372149	1
1438	Reichenbach	09476166	1
1439	Reichenberg, M	09679176	2
1440	Reichenschwand	09574150	2
1441	Reichersbeuern	09173140	4
1442	Reichertshausen	09186146	3
1443	Reichertsheim	09183140	1

Anlage 254.1

Zu § 254 BewG, zu Anlage 39, Teil II., BewG

	Bayern (BY)		
lfd. Nr.	Gemeindenamen	AGS	Mietniveaustufe
1444	Reichertshofen, M	09186147	3
1445	Reichling	09181135	3
1446	Reimlingen	09779203	1
1447	Reisbach, M	09279134	1
1448	Reischach	09171129	1
1449	Reit im Winkl	09189139	2
1450	Remlingen, M	09679177	2
1451	Rennertshofen, M	09185153	1
1452	Rentweinsdorf, M	09674190	1
1453	Rettenbach	09372150	1
1454	Rettenbach	09774174	2
1455	Rettenbach a. Auerberg	09777183	1
1456	Rettenberg	09780137	2
1457	Retzstadt	09677175	1
1458	Reut	09277140	1
1459	Reuth b. Erbendorf	09377149	1
1460	Ried	09771160	2
1461	Riedbach	09674153	1
1462	Rieden	09777164	1
1463	Rieden am Forggensee	09777163	1
1464	Rieden, M	09371146	1
1465	Riedenberg	09672145	1
1466	Riedenburg, St	09273164	1
1467	Riedenheim	09679179	2
1468	Riedering	09187167	3
1469	Riegsee	09180128	4
1470	Riekofen	09375191	2
1471	Rieneck, St	09677177	1
1472	Rimbach	09277141	1

Anlage 254.1

Zu § 254 BewG, zu Anlage 39, Teil II., BewG

	Bayern (BY)		
lfd. Nr.	Gemeindenamen	AGS	Mietniveaustufe
1473	Rimbach	09372151	1
1474	Rimpar, M	09679180	2
1475	Rimsting	09187168	3
1476	Rinchnach	09276139	1
1477	Ringelai	09272140	1
1478	Röckingen	09571192	1
1479	Rödelmaier	09673156	1
1480	Rödelsee	09675161	1
1481	Roden	09677178	1
1482	Rödental, St	09473159	1
1483	Roding, St	09372153	1
1484	Röfingen	09774178	2
1485	Roggenburg	09775149	2
1486	Rögling	09779206	1
1487	Rohr	09576142	1
1488	Rohr i. NB, M	09273165	1
1489	Rohrbach	09186149	3
1490	Rohrdorf	09187169	3
1491	Rohrenfels	09185157	1
1492	Röhrmoos	09174141	5
1493	Röhrnbach, M	09272141	1
1494	Röllbach	09676151	1
1495	Ronsberg, M	09777165	1
1496	Rosenheim (Krfr. St)	09163000	5
1497	Röslau	09479145	1
1498	Roßbach	09277142	1
1499	Roßhaupten	09777166	1
1500	Roßtal, M	09573125	3
1501	Roth, St	09576143	2

Anlage 254.1

Zu § 254 BewG, zu Anlage 39, Teil II., BewG

	Bayern (BY)		
lfd. Nr.	Gemeindenamen	AGS	Mietniveaustufe
1502	Röthenbach (Allgäu)	09776124	2
1503	Röthenbach a. d. Pegnitz, St	09574152	3
1504	Rothenbuch	09671148	2
1505	Rothenburg ob der Tauber, GKSt	09571193	1
1506	Rothenfels, St	09677181	1
1507	Röthlein	09678170	1
1508	Rott	09181137	3
1509	Rott a. Inn	09187170	3
1510	Rottach-Egern	09182129	4
1511	Röttenbach	09572149	3
1512	Röttenbach	09576141	1
1513	Rottenbuch	09190145	3
1514	Rottenburg a. d. Laaber, St	09274176	1
1515	Rottendorf	09679185	2
1516	Rotthalmünster, M	09275143	1
1517	Röttingen, St	09679182	2
1518	Rötz, St	09372154	1
1519	Rückersdorf	09574154	2
1520	Rückholz	09777168	1
1521	Rudelzhausen	09178122	4
1522	Rüdenau	09676153	1
1523	Rüdenhausen, M	09675162	1
1524	Ruderatshofen	09777167	1
1525	Ruderting	09275144	1
1526	Rugendorf	09477151	1
1527	Rügland	09571194	1
1528	Ruhmannsfelden, M	09276142	1
1529	Ruhpolding	09189140	2
1530	Ruhstorf a. d. Rott, M	09275145	1

	Bayern (BY)		
lfd. Nr.	Gemeindenamen	AGS	Mietniveaustufe
1531	Runding	09372155	1
1532	Saal a. d. Donau	09273166	1
1533	Saal a. d. Saale, M	09673160	1
1534	Saaldorf-Surheim	09172130	3
1535	Sachsen b. Ansbach	09571196	1
1536	Sachsenkam	09173141	4
1537	Sailauf	09671150	2
1538	Salching	09278182	1
1539	Saldenburg	09272142	1
1540	Salgen	09778190	1
1541	Salz	09673161	1
1542	Salzweg	09275146	1
1543	Samerberg	09187172	3
1544	Sand a. Main	09674195	1
1545	Sandberg	09673162	1
1546	Sankt Englmar	09278184	1
1547	Sankt Oswald-Riedlhütte	09272143	1
1548	Sankt Wolfgang	09177137	4
1549	Sauerlach	09184141	7
1550	Saulgrub	09180129	4
1551	Schäftlarn	09184142	7
1552	Schalkham	09274179	1
1553	Schauenstein, St	09475165	1
1554	Schaufling	09271148	1
1555	Schechen	09187142	3
1556	Scheidegg, M	09776125	2
1557	Scheinfeld, St	09575161	1
1558	Schernfeld	09176160	1
1559	Scherstetten	09772197	2

Anlage 254.1   Zu § 254 BewG, zu Anlage 39, Teil II., BewG

Bayern (BY)			
lfd. Nr.	Gemeindenamen	AGS	Mietniveaustufe
1560	Scheßlitz, St	09471185	1
1561	Scheuring	09181138	3
1562	Scheyern	09186151	3
1563	Schierling, M	09375196	2
1564	Schillingsfürst, St	09571198	1
1565	Schiltberg	09771162	2
1566	Schirmitz	09374154	1
1567	Schirnding, M	09479147	1
1568	Schlammersdorf	09374155	1
1569	Schleching	09189141	2
1570	Schlehdorf	09173142	4
1571	Schliersee, M	09182131	4
1572	Schlüsselfeld, St	09471220	1
1573	Schmidgaden	09376159	1
1574	Schmidmühlen, M	09371148	1
1575	Schmiechen	09771163	2
1576	Schnabelwaid, M	09472184	1
1577	Schnaitsee	09189142	2
1578	Schnaittach, M	09574155	2
1579	Schnaittenbach, St	09371150	1
1580	Schneckenlohe	09476171	1
1581	Schneeberg, M	09676156	1
1582	Schneizlreuth	09172131	3
1583	Schnelldorf	09571199	1
1584	Schöfweg	09272145	1
1585	Schollbrunn	09677182	1
1586	Schöllkrippen, M	09671152	2
1587	Schöllnach, M	09271149	1
1588	Schönau	09277144	1

Zu § 254 BewG, zu Anlage 39, Teil II., BewG   Anlage 254.1

\multicolumn{4}{c}{Bayern (BY)}			
lfd. Nr.	Gemeindenamen	AGS	Mietniveaustufe
1589	Schönau a. d. Brend	09673163	1
1590	Schönau a. Königssee	09172132	3
1591	Schönberg	09183143	1
1592	Schönberg, M	09272147	1
1593	Schönbrunn i. Steigerwald	09471186	1
1594	Schondorf am Ammersee	09181139	3
1595	Schondra, M	09672149	1
1596	Schongau, St	09190148	4
1597	Schöngeising	09179147	6
1598	Schönsee, St	09376160	1
1599	Schonstett	09187173	3
1600	Schönthal	09372157	1
1601	Schonungen	09678174	1
1602	Schönwald, St	09479150	1
1603	Schopfloch, M	09571200	1
1604	Schorndorf	09372158	1
1605	Schrobenhausen, St	09185158	2
1606	Schwabach (Krfr. St)	09565000	3
1607	Schwabbruck	09190149	3
1608	Schwabhausen	09174143	5
1609	Schwabmünchen, St	09772200	3
1610	Schwabsoien	09190151	3
1611	Schwaig b.Nürnberg	09574156	2
1612	Schwaigen	09180131	4
1613	Schwandorf, GKSt	09376161	1
1614	Schwanfeld	09678175	1
1615	Schwangau	09777169	1
1616	Schwanstetten, M	09576132	1
1617	Schwarzach a. Main, M	09675165	1

Anlage 254.1

Zu § 254 BewG, zu Anlage 39, Teil II., BewG

Bayern (BY)			
lfd. Nr.	Gemeindenamen	AGS	Mietniveaustufe
1618	Schwarzach b. Nabburg	09376162	1
1619	Schwarzach, M	09278187	1
1620	Schwarzenbach	09374156	1
1621	Schwarzenbach a. d. Saale, St	09475168	1
1622	Schwarzenbach a. Wald, St	09475169	1
1623	Schwarzenbruck	09574157	2
1624	Schwarzenfeld, M	09376163	1
1625	Schwarzhofen, M	09376164	1
1626	Schwebheim	09678176	1
1627	Schweinfurt (Krfr.St)	09662000	2
1628	Schweitenkirchen	09186152	3
1629	Schwenningen	09773164	1
1630	Schwifting	09181140	3
1631	Schwindegg	09183144	1
1632	Seefeld	09188132	6
1633	Seeg	09777170	1
1634	Seehausen a. Staffelsee	09180132	4
1635	Seeon-Seebruck	09189143	2
1636	Seeshaupt	09190152	3
1637	Segnitz	09675166	1
1638	Seinsheim, M	09675167	1
1639	Selb, GKSt	09479152	1
1640	Selbitz, St	09475171	1
1641	Senden, St	09775152	4
1642	Sengenthal	09373159	1
1643	Sennfeld	09678178	1
1644	Seßlach, St	09473165	1
1645	Seubersdorf i. d. OPf.	09373160	1
1646	Seukendorf	09573126	3

Zu § 254 BewG, zu Anlage 39, Teil II., BewG **Anlage 254.1**

	Bayern (BY)		
lfd. Nr.	Gemeindenamen	AGS	Mietniveaustufe
1647	Seybothenreuth	09472188	1
1648	Siegenburg, M	09273172	1
1649	Siegsdorf	09189145	2
1650	Sielenbach	09771165	2
1651	Sigmarszell	09776126	2
1652	Simbach a. Inn, St	09277145	1
1653	Simbach, M	09279135	1
1654	Simmelsdorf	09574158	2
1655	Simmershofen	09575163	1
1656	Sindelsdorf	09190153	3
1657	Sinzing	09375199	2
1658	Söchtenau	09187174	3
1659	Solnhofen	09577168	1
1660	Sommerach	09675169	1
1661	Sommerhausen, M	09679187	2
1662	Sommerkahl	09671153	2
1663	Sonderhofen	09679188	2
1664	Sondheim v. d. Rhön	09673167	1
1665	Sonnefeld	09473166	1
1666	Sonnen	09275148	1
1667	Sontheim	09778196	1
1668	Sonthofen, St	09780139	3
1669	Soyen	09187176	3
1670	Spalt, St	09576147	1
1671	Spardorf	09572154	3
1672	Sparneck, M	09475174	1
1673	Spatzenhausen	09180133	4
1674	Speichersdorf	09472190	1
1675	Speinshart	09374157	1

Anlage 254.1

Zu § 254 BewG, zu Anlage 39, Teil II., BewG

Bayern (BY)			
lfd. Nr.	Gemeindenamen	AGS	Mietniveaustufe
1676	Spiegelau	09272149	1
1677	Stadelhofen	09471189	1
1678	Stadlern	09376167	1
1679	Stadtbergen, St	09772202	3
1680	Stadtlauringen, M	09678181	1
1681	Stadtprozelten, St	09676158	1
1682	Stadtsteinach, St	09477156	1
1683	Stallwang	09278189	1
1684	Stammbach, M	09475175	1
1685	Stammham	09171130	1
1686	Stammham	09176161	1
1687	Stamsried, M	09372161	1
1688	Starnberg, St	09188139	7
1689	Staudach-Egerndach	09189146	2
1690	Stegaurach	09471191	1
1691	Stein, St	09573127	4
1692	Steinach	09278190	1
1693	Steinbach a. Wald	09476175	1
1694	Steinberg am See	09376168	1
1695	Steindorf	09771168	2
1696	Steinfeld	09677186	1
1697	Steingaden	09190154	3
1698	Steinhöring	09175137	6
1699	Steinkirchen	09177138	4
1700	Steinsfeld	09571205	1
1701	Steinwiesen, M	09476177	1
1702	Stephanskirchen	09187177	5
1703	Stephansposching	09271151	1
1704	Stetten	09778199	1

Zu § 254 BewG, zu Anlage 39, Teil II., BewG

Anlage 254.1

	Bayern (BY)		
lfd. Nr.	Gemeindenamen	AGS	Mietniveaustufe
1705	Stettfeld	09674201	1
1706	Stiefenhofen	09776127	2
1707	Stockheim	09476178	1
1708	Stockheim	09673170	1
1709	Stockstadt a. Main, M	09671155	2
1710	Störnstein	09374158	1
1711	Stötten a. Auerberg	09777171	1
1712	Stöttwang	09777172	1
1713	Strahlungen	09673171	1
1714	Straßkirchen	09278192	1
1715	Straßlach-Dingharting	09184144	7
1716	Straubing (Krfr.St)	09263000	2
1717	Strullendorf	09471195	1
1718	Stubenberg	09277147	1
1719	Stulln	09376169	1
1720	Sugenheim, M	09575165	1
1721	Sulzbach a. Main, M	09676160	1
1722	Sulzbach-Rosenberg, St	09371151	1
1723	Sulzberg, M	09780140	2
1724	Sulzdorf a. d. Lederhecke	09673172	1
1725	Sulzemoos	09174146	5
1726	Sulzfeld	09673173	1
1727	Sulzfeld a. Main	09675170	1
1728	Sulzheim	09678183	1
1729	Sulzthal, M	09672155	1
1730	Sünching	09375201	2
1731	Surberg	09189148	2
1732	Syrgenstein	09773170	1
1733	Tacherting	09189149	2

Anlage 254.1

Zu § 254 BewG, zu Anlage 39, Teil II., BewG

Bayern (BY)			
lfd. Nr.	Gemeindenamen	AGS	Mietniveaustufe
1734	Taching a. See	09189150	2
1735	Tagmersheim	09779217	1
1736	Tann, M	09277148	1
1737	Tännesberg, M	09374159	1
1738	Tapfheim	09779218	1
1739	Tauberrettersheim	09679192	2
1740	Taufkirchen	09183145	1
1741	Taufkirchen	09184145	3
1742	Taufkirchen (Vils)	09177139	3
1743	Tegernheim	09375204	2
1744	Tegernsee, St	09182132	4
1745	Teisendorf, M	09172134	3
1746	Teising	09171131	1
1747	Teisnach, M	09276143	1
1748	Tettau, M	09476179	1
1749	Tettenweis	09275149	1
1750	Teublitz, St	09376170	1
1751	Teugn	09273175	1
1752	Teunz	09376171	1
1753	Teuschnitz, St	09476180	1
1754	Thaining	09181142	3
1755	Thalmassing	09375205	2
1756	Thalmässing, M	09576148	1
1757	Thannhausen, St	09774185	2
1758	Thanstein	09376172	1
1759	Theilenhofen	09577172	1
1760	Theilheim	09679193	2
1761	Theisseil	09374160	1
1762	Theres	09674180	1

Zu § 254 BewG, zu Anlage 39, Teil II., BewG — Anlage 254.1

	Bayern (BY)		
lfd. Nr.	Gemeindenamen	AGS	Mietniveaustufe
1763	Thierhaupten, M	09772207	2
1764	Thiersheim, M	09479158	1
1765	Thierstein, M	09479159	1
1766	Thundorf i.UFr.	09672157	1
1767	Thüngen, M	09677189	1
1768	Thüngersheim	09679194	2
1769	Thurmansbang	09272150	1
1770	Thurnau, M	09477157	1
1771	Thyrnau	09275150	1
1772	Tiefenbach	09274182	1
1773	Tiefenbach	09275151	1
1774	Tiefenbach	09372163	1
1775	Tirschenreuth, St	09377154	1
1776	Titting, M	09176164	1
1777	Tittling, M	09275152	1
1778	Tittmoning, St	09189152	2
1779	Todtenweis	09771169	2
1780	Töging a. Inn, St	09171132	1
1781	Töpen	09475181	1
1782	Trabitz	09374148	1
1783	Train	09273177	1
1784	Traitsching	09372164	1
1785	Trappstadt, M	09673174	1
1786	Traunreut, St	09189154	2
1787	Traunstein, GKSt	09189155	3
1788	Trausnitz	09376173	1
1789	Trautskirchen	09575166	1
1790	Trebgast	09477158	1
1791	Treffelstein	09372165	1

Anlage 254.1

Zu § 254 BewG, zu Anlage 39, Teil II., BewG

	Bayern (BY)		
lfd. Nr.	Gemeindenamen	AGS	Mietniveaustufe
1792	Treuchtlingen, St	09577173	1
1793	Triefenstein, M	09677154	1
1794	Triftern, M	09277149	1
1795	Trogen	09475182	1
1796	Tröstau	09479161	1
1797	Trostberg, St	09189157	2
1798	Trunkelsberg	09778202	1
1799	Tschirn	09476182	1
1800	Tuchenbach	09573129	3
1801	Tuntenhausen	09187179	3
1802	Türkenfeld	09179149	6
1803	Türkheim, M	09778203	1
1804	Tussenhausen, M	09778204	1
1805	Tüßling, M	09171133	1
1806	Tutzing	09188141	6
1807	Tyrlaching	09171134	1
1808	Übersee	09189159	2
1809	Üchtelhausen	09678186	1
1810	Uehlfeld, M	09575167	1
1811	Uettingen	09679196	2
1812	Uffenheim, St	09575168	1
1813	Uffing a. Staffelsee	09180134	4
1814	Ungerhausen	09778205	1
1815	Unsleben	09673175	1
1816	Unterammergau	09180135	4
1817	Unterdießen	09181143	3
1818	Unterdietfurt	09277151	1
1819	Unteregg	09778207	1
1820	Unterföhring	09184147	7

Bayern (BY)			
lfd. Nr.	Gemeindenamen	AGS	Mietniveaustufe
1821	Untergriesbach, M	09275153	1
1822	Unterhaching	09184148	7
1823	Unterleinleiter	09474168	1
1824	Untermeitingen	09772209	2
1825	Untermerzbach	09674210	1
1826	Unterneukirchen	09171135	1
1827	Unterpleichfeld	09679201	2
1828	Unterreit	09183147	1
1829	Unterroth	09775161	2
1830	Unterschleißheim, St	09184149	7
1831	Unterschwaningen	09571208	1
1832	Untersiemau	09473170	1
1833	Untersteinach	09477159	1
1834	Unterthingau, M	09777175	1
1835	Unterwössen	09189160	2
1836	Untrasried	09777176	1
1837	Ursberg	09774116	2
1838	Ursensollen	09371154	1
1839	Urspringen	09677193	1
1840	Ustersbach	09772211	2
1841	Uttenreuth	09572158	3
1842	Utting am Ammersee	09181144	3
1843	Vachendorf	09189161	2
1844	Valley	09182133	4
1845	Vaterstetten	09175132	7
1846	Veitsbronn	09573130	3
1847	Veitshöchheim	09679202	2
1848	Velburg, St	09373167	1
1849	Velden, M	09274183	1

Anlage 254.1

Zu § 254 BewG, zu Anlage 39, Teil II., BewG

Bayern (BY)			
lfd. Nr.	Gemeindenamen	AGS	Mietniveaustufe
1850	Velden, St	09574160	2
1851	Vestenbergsgreuth, M	09572159	3
1852	Viechtach, St	09276144	1
1853	Viereth-Trunstadt	09471207	1
1854	Vierkirchen	09174150	5
1855	Vilgertshofen	09181133	3
1856	Villenbach	09773179	1
1857	Vilsbiburg, St	09274184	2
1858	Vilseck, St	09371156	1
1859	Vilsheim	09274185	1
1860	Vilshofen an der Donau, St	09275154	1
1861	Vogtareuth	09187181	3
1862	Vohburg a. d. Donau, St	09186158	3
1863	Vohenstrauß, St	09374162	1
1864	Vöhringen, St	09775162	3
1865	Volkach, St	09675174	1
1866	Volkenschwand	09273178	1
1867	Vorbach	09374163	1
1868	Vorra	09574161	2
1869	Waakirchen	09182134	4
1870	Waal, M	09777177	1
1871	Wachenroth, M	09572160	3
1872	Wackersberg	09173145	4
1873	Wackersdorf	09376175	1
1874	Waffenbrunn	09372168	1
1875	Waging a. See, M	09189162	2
1876	Waidhaus, M	09374164	1
1877	Waidhofen	09185166	1
1878	Waigolshausen	09678190	1

Zu § 254 BewG, zu Anlage 39, Teil II., BewG Anlage 254.1

Bayern (BY)			
lfd. Nr.	Gemeindenamen	AGS	Mietniveaustufe
1879	Waischenfeld, St	09472197	1
1880	Wald	09372169	1
1881	Wald	09777179	1
1882	Waldaschaff	09671156	2
1883	Waldbrunn	09679204	2
1884	Waldbüttelbrunn	09679205	2
1885	Walderbach	09372170	1
1886	Waldershof, St	09377157	1
1887	Waldkirchen, St	09272151	1
1888	Waldkraiburg, St	09183148	2
1889	Waldmünchen, St	09372171	1
1890	Waldsassen, St	09377158	1
1891	Waldstetten, M	09774191	2
1892	Waldthurn, M	09374165	1
1893	Walkertshofen	09772214	2
1894	Wallenfels, St	09476184	1
1895	Wallerfing	09271152	1
1896	Wallersdorf, M	09279137	1
1897	Wallerstein, M	09779224	1
1898	Wallgau	09180136	4
1899	Walpertskirchen	09177142	4
1900	Walsdorf	09471208	1
1901	Waltenhausen	09774192	2
1902	Waltenhofen	09780143	2
1903	Walting	09176165	1
1904	Wang	09178155	4
1905	Warmensteinach	09472198	1
1906	Warngau	09182136	4
1907	Wartenberg, M	09177143	4

Anlage 254.1

Zu § 254 BewG, zu Anlage 39, Teil II., BewG

Bayern (BY)			
lfd. Nr.	Gemeindenamen	AGS	Mietniveaustufe
1908	Wartmannsroth	09672161	1
1909	Wasserburg (Bodensee)	09776128	2
1910	Wasserburg a. Inn, St	09187182	4
1911	Wasserlosen	09678192	1
1912	Wassertrüdingen, St	09571214	1
1913	Wattendorf	09471209	1
1914	Wechingen	09779226	1
1915	Wegscheid, M	09275156	1
1916	Wehringen	09772215	2
1917	Weibersbrunn	09671157	2
1918	Weichering	09185168	1
1919	Weichs	09174151	5
1920	Weiden i. d. OPf. (Krfr.St)	09363000	1
1921	Weidenbach, M	09571216	1
1922	Weidenberg, M	09472199	1
1923	Weidhausen b.Coburg	09473174	1
1924	Weiding	09372174	1
1925	Weiding	09376176	1
1926	Weigendorf	09371157	1
1927	Weigenheim	09575179	1
1928	Weihenzell	09571217	1
1929	Weiherhammer	09374166	1
1930	Weihmichl	09274187	1
1931	Weil	09181145	3
1932	Weilbach, M	09676165	1
1933	Weilersbach	09474171	1
1934	Weiler-Simmerberg, M	09776129	2
1935	Weilheim i. OB, St	09190157	4
1936	Weiltingen, M	09571218	1

Zu § 254 BewG, zu Anlage 39, Teil II., BewG **Anlage 254.1**

Bayern (BY)			
lfd. Nr.	Gemeindenamen	AGS	Mietniveaustufe
1937	Weisendorf, M	09572164	3
1938	Weismain, St	09478176	1
1939	Weißdorf	09475184	1
1940	Weißenbrunn	09476185	1
1941	Weißenburg i. Bay., GKSt	09577177	1
1942	Weißenhorn, St	09775164	2
1943	Weißenohe	09474173	1
1944	Weißensberg	09776130	2
1945	Weißenstadt, St	09479166	1
1946	Weitnau, M	09780144	2
1947	Weitramsdorf	09473175	1
1948	Welden, M	09772216	2
1949	Wellheim, M	09176166	1
1950	Wemding, St	09779228	1
1951	Wendelstein, M	09576151	4
1952	Weng	09274188	1
1953	Wenzenbach	09375208	2
1954	Wernberg-Köblitz, M	09376150	1
1955	Werneck, M	09678193	1
1956	Wertach, M	09780145	2
1957	Wertingen, St	09773182	1
1958	Weßling	09188144	6
1959	Wessobrunn	09190158	3
1960	Westendorf	09772217	2
1961	Westendorf	09777182	1
1962	Westerheim	09778214	1
1963	Westerngrund	09671159	2
1964	Westheim	09577179	1
1965	Wettringen	09571222	1

Anlage 254.1

Zu § 254 BewG, zu Anlage 39, Teil II., BewG

\multicolumn{4}{c}{Bayern (BY)}			
lfd. Nr.	Gemeindenamen	AGS	Mietniveaustufe
1966	Wettstetten	09176167	1
1967	Weyarn	09182137	4
1968	Wiedergeltingen	09778216	1
1969	Wielenbach	09190159	3
1970	Wiesau, M	09377159	1
1971	Wiesen	09671162	2
1972	Wiesenbach	09774189	2
1973	Wiesenbronn	09675177	1
1974	Wiesenfelden	09278197	1
1975	Wiesent	09375209	2
1976	Wiesenthau	09474175	1
1977	Wiesentheid, M	09675178	1
1978	Wiesenttal, M	09474176	1
1979	Wieseth	09571223	1
1980	Wiesthal	09677200	1
1981	Wiggensbach, M	09780146	2
1982	Wilburgstetten	09571224	1
1983	Wildenberg	09273181	1
1984	Wildflecken, M	09672163	1
1985	Wildpoldsried	09780147	2
1986	Wildsteig	09190160	3
1987	Wilhelmsdorf	09575181	1
1988	Wilhelmsthal	09476189	1
1989	Wilhermsdorf, M	09573133	3
1990	Willanzheim, M	09675179	1
1991	Willmars	09673182	1
1992	Willmering	09372175	1
1993	Windach	09181146	3
1994	Windberg	09278198	1

Zu § 254 BewG, zu Anlage 39, Teil II., BewG **Anlage 254.1**

\\		Bayern (BY)	
lfd. Nr.	Gemeindenamen	AGS	Mietniveaustufe
1995	Windelsbach	09571225	1
1996	Windischeschenbach, St	09374168	1
1997	Windorf, M	09275159	1
1998	Windsbach, St	09571226	1
1999	Winhöring	09171137	1
2000	Winkelhaid	09574164	2
2001	Winklarn, M	09376178	1
2002	Winterbach	09774196	2
2003	Winterhausen, M	09679206	2
2004	Winterrieden	09778217	1
2005	Winzer, M	09271153	1
2006	Wipfeld	09678196	1
2007	Wirsberg, M	09477163	1
2008	Wittelshofen	09571227	1
2009	Wittibreut	09277152	1
2010	Wittislingen, M	09773183	1
2011	Witzmannsberg	09275160	1
2012	Wolfersdorf	09178156	4
2013	Wolferstadt	09779231	1
2014	Wolfertschwenden	09778218	1
2015	Wolframs-Eschenbach, St	09571229	1
2016	Wolfratshausen, St	09173147	6
2017	Wolfsegg	09375211	2
2018	Wollbach	09673183	1
2019	Wolnzach, M	09186162	2
2020	Wonfurt	09674219	1
2021	Wonneberg	09189165	2
2022	Wonsees, M	09477164	1
2023	Woringen	09778219	1

Anlage 254.1

Zu § 254 BewG, zu Anlage 39, Teil II., BewG

Bayern (BY)			
lfd. Nr.	Gemeindenamen	AGS	Mietniveaustufe
2024	Wörnitz	09571228	1
2025	Wörth	09177144	4
2026	Wörth a. d. Donau, St	09375210	2
2027	Wörth a. d. Isar	09274191	1
2028	Wörth a. Main, St	09676169	1
2029	Wörthsee	09188145	6
2030	Wülfershausen a. d. Saale	09673184	1
2031	Wunsiedel, St	09479169	1
2032	Wurmannsquick, M	09277153	1
2033	Wurmsham	09274193	1
2034	Würzburg (Krfr. St)	09663000	4
2035	Zachenberg	09276146	1
2036	Zandt	09372177	1
2037	Zangberg	09183151	1
2038	Zapfendorf, M	09471214	1
2039	Zeil a. Main, St	09674221	1
2040	Zeilarn	09277154	1
2041	Zeitlarn	09375213	2
2042	Zeitlofs, M	09672166	1
2043	Zell	09372167	1
2044	Zell a. Main, M	09679209	2
2045	Zell im Fichtelgebirge, M	09475189	1
2046	Zellingen, M	09677203	1
2047	Zenting	09272152	1
2048	Ziemetshausen, M	09774198	2
2049	Ziertheim	09773186	1
2050	Zirndorf, St	09573134	2
2051	Zolling	09178157	4
2052	Zorneding	09175139	6

Zu § 254 BewG, zu Anlage 39, Teil II., BewG

Anlage 254.1

	Bayern (BY)		
lfd. Nr.	Gemeindenamen	AGS	Mietniveaustufe
2053	Zöschingen	09773187	1
2054	Zusamaltheim	09773188	1
2055	Zusmarshausen, M	09772223	2
2056	Zwiesel, St	09276148	1

	Berlin (BE)		
lfd. Nr.	Gemeindenamen	AGS	Mietniveaustufe
1	Berlin	11000000	4

	Brandenburg (BB)		
lfd. Nr.	Gemeindenamen	AGS	Mietniveaustufe
1	Ahrensfelde	12060005	3
2	Alt Tucheband	12064009	1
3	Alt Zauche-Wußwerk/Stara Niwa-Wózwjerch	12061005	2
4	Altdöbern	12066008	1
5	Althüttendorf	12060012	2
6	Altlandsberg	12064029	1
7	Am Mellensee	12072002	2
8	Angermünde	12073008	2
9	Bad Belzig	12069020	2
10	Bad Freienwalde (Oder)	12064044	1
11	Bad Liebenwerda, Stadt	12062024	1
12	Bad Saarow	12067024	2
13	Bad Wilsnack	12070008	1
14	Baruth/Mark	12072014	2
15	Beelitz	12069017	3
16	Beeskow	12067036	2
17	Beetzsee	12069018	2
18	Beetzseeheide	12069019	2
19	Beiersdorf-Freudenberg	12064053	1

Anlage 254.1

Zu § 254 BewG, zu Anlage 39, Teil II., BewG

\multicolumn{4}{c}{Brandenburg (BB)}			
lfd. Nr.	Gemeindenamen	AGS	Mietniveaustufe
20	Bensdorf	12069028	2
21	Berge	12070028	1
22	Berkenbrück	12067040	2
23	Berkholz-Meyenburg	12073032	1
24	Bernau bei Berlin	12060020	3
25	Bersteland	12061017	2
26	Bestensee	12061020	2
27	Biesenthal	12060024	2
28	Birkenwerder	12065036	2
29	Blankenfelde-Mahlow	12072017	4
30	Bleyen-Genschmar	12064057	1
31	Bliesdorf	12064061	1
32	Boitzenburger Land	12073069	1
33	Borkheide	12069052	2
34	Borkwalde	12069056	2
35	Brandenburg an der Havel	12051000	2
36	Breddin	12068052	1
37	Breese	12070052	1
38	Breydin	12060034	2
39	Brieselang	12063036	5
40	Briesen/Brjazyna	12071028	1
41	Briesen (Mark)	12067072	2
42	Brieskow-Finkenheerd	12067076	2
43	Britz	12060036	2
44	Bronkow	12066041	1
45	Brück	12069076	2
46	Brüssow	12073085	1
47	Buckautal	12069089	2
48	Buckow (Märkische Schweiz)	12064084	1

Zu § 254 BewG, zu Anlage 39, Teil II., BewG **Anlage 254.1**

	Brandenburg (BB)		
lfd. Nr.	Gemeindenamen	AGS	Mietniveaustufe
49	Burg (Spreewald)/Bórkowy (Błota)	12071032	1
50	Byhleguhre-Byhlen/Beła Góra-Bělin	12061061	2
51	Calau/Kalawa, Stadt	12066052	1
52	Carmzow-Wallmow	12073093	1
53	Casekow	12073097	1
54	Chorin	12060045	2
55	Cottbus/Chóśebuz, Stadt	12052000	2
56	Crinitz	12062088	1
57	Cumlosen	12070060	1
58	Dabergotz	12068072	1
59	Dahme/Mark	12072053	2
60	Dahmetal	12072055	2
61	Dallgow-Döberitz	12063056	2
62	Diensdorf-Radlow	12067112	2
63	Dissen-Striesow/Dešno-Strjažow	12071041	1
64	Doberlug-Kirchhain	12062092	1
65	Döbern/Derbno, Stadt	12071044	1
66	Drachhausen/Hochoza	12071052	1
67	Drahnsdorf	12061097	2
68	Drebkau/Drjowk, Stadt	12071057	1
69	Dreetz	12068109	1
70	Drehnow/Drjenow	12071060	1
71	Eberswalde	12060052	3
72	Eichwalde	12061112	2
73	Eisenhüttenstadt	12067120	3
74	Elsterwerda	12062124	1
75	Erkner	12067124	3
76	Falkenberg	12064125	1
77	Falkenberg/Elster, Stadt	12062128	1

Anlage 254.1

Zu § 254 BewG, zu Anlage 39, Teil II., BewG

	Brandenburg (BB)		
lfd. Nr.	Gemeindenamen	AGS	Mietniveaustufe
78	Falkenhagen (Mark)	12064128	1
79	Falkensee	12063080	4
80	Fehrbellin	12068117	1
81	Felixsee/Feliksowy Jazor	12071074	1
82	Fichtenhöhe	12064130	1
83	Fichtwald	12062134	1
84	Finsterwalde	12062140	2
85	Flieth-Stegelitz	12073157	1
86	Forst (Lausitz)/Baršć (Łužyca), Stadt	12071076	1
87	Frankfurt (Oder)	12053000	2
88	Frauendorf	12066064	1
89	Fredersdorf-Vogelsdorf	12064136	4
90	Friedland	12067137	2
91	Friedrichswalde	12060068	2
92	Friesack	12063088	2
93	Fürstenberg/Havel	12065084	2
94	Fürstenwalde/Spree	12067144	2
95	Gartz (Oder)	12073189	1
96	Garzau-Garzin	12064153	1
97	Gerdshagen	12070096	1
98	Gerswalde	12073201	1
99	Glienicke/Nordbahn	12065096	5
100	Gollenberg	12063094	2
101	Golßen	12061164	2
102	Golzow	12064172	1
103	Golzow	12069216	2
104	Gorden-Staupitz	12062177	1
105	Göritz	12073216	1
106	Görzke	12069224	2

Zu § 254 BewG, zu Anlage 39, Teil II., BewG **Anlage 254.1**

\	Brandenburg (BB)		
lfd. Nr.	Gemeindenamen	AGS	Mietniveaustufe
107	Gosen-Neu Zittau	12067173	2
108	Gräben	12069232	2
109	Gramzow	12073225	1
110	Gransee	12065100	2
111	Gröden	12062196	1
112	Groß Köris	12061192	2
113	Groß Kreutz (Havel)	12069249	2
114	Groß Lindow	12067180	2
115	Groß Pankow (Prignitz)	12070125	1
116	Groß Schacksdorf-Simmersdorf	12071153	1
117	Großbeeren	12072120	2
118	Großderschau	12063112	2
119	Großkmehlen	12066104	1
120	Großräschen/Rań, Stadt	12066112	1
121	Großthiemig	12062208	1
122	Großwoltersdorf	12065117	2
123	Grünewald	12066116	1
124	Grünheide (Mark)	12067201	2
125	Grünow	12073261	1
126	Grunow-Dammendorf	12067205	2
127	Guben	12071160	2
128	Guhrow/Góry	12071164	1
129	Gülitz-Reetz	12070145	1
130	Gumtow	12070149	1
131	Gusow-Platkow	12064190	1
132	Guteborn	12066120	1
133	Halbe	12061216	2
134	Halenbeck-Rohlsdorf	12070153	1
135	Havelaue	12063134	2

Anlage 254.1

Zu § 254 BewG, zu Anlage 39, Teil II., BewG

Brandenburg (BB)			
lfd. Nr.	Gemeindenamen	AGS	Mietniveaustufe
136	Havelsee	12069270	2
137	Heckelberg-Brunow	12064205	1
138	Heideblick	12061219	2
139	Heideland	12062219	1
140	Heidesee	12061217	2
141	Heiligengrabe	12068181	1
142	Heinersbrück/Móst	12071176	1
143	Hennigsdorf	12065136	3
144	Hermsdorf	12066124	1
145	Herzberg (Elster)	12062224	1
146	Herzberg (Mark)	12068188	1
147	Hirschfeld	12062232	1
148	Hohen Neuendorf	12065144	4
149	Hohenbocka	12066132	1
150	Hohenbucko	12062237	1
151	Hohenfinow	12060092	2
152	Höhenland	12064222	1
153	Hohenleipisch	12062240	1
154	Hohenselchow-Groß Pinnow	12073309	1
155	Hoppegarten	12064227	5
156	Ihlow	12072157	2
157	Jacobsdorf	12067237	2
158	Jamlitz	12061224	2
159	Jämlitz-Klein Düben	12071189	1
160	Jänschwalde/Janšojce	12071193	1
161	Joachimsthal	12060100	2
162	Jüterbog	12072169	1
163	Karstädt	12070173	1
164	Kasel-Golzig	12061244	2

Zu § 254 BewG, zu Anlage 39, Teil II., BewG **Anlage 254.1**

	Brandenburg (BB)		
lfd. Nr.	Gemeindenamen	AGS	Mietniveaustufe
165	Ketzin/Havel	12063148	2
166	Kleinmachnow	12069304	4
167	Kleßen-Görne	12063161	2
168	Kloster Lehnin	12069306	2
169	Kolkwitz/Gołkojce	12071244	1
170	Königs Wusterhausen	12061260	3
171	Kotzen	12063165	2
172	Krausnick-Groß Wasserburg	12061265	2
173	Kremitzaue	12062282	1
174	Kremmen	12065165	2
175	Kroppen	12066168	1
176	Kümmernitztal	12070222	1
177	Küstriner Vorland	12064266	1
178	Kyritz	12068264	1
179	Langewahl	12067288	2
180	Lanz	12070236	1
181	Lauchhammer	12066176	2
182	Lawitz	12067292	2
183	Lebus	12064268	1
184	Lebusa	12062289	1
185	Leegebruch	12065180	2
186	Legde/Quitzöbel	12070241	1
187	Lenzen (Elbe)	12070244	1
188	Lenzerwische	12070246	1
189	Letschin	12064274	1
190	Lichterfeld-Schacksdorf	12062293	1
191	Liebenwalde	12065193	2
192	Lieberose	12061308	2
193	Liepe	12060128	2

Anlage 254.1

Zu § 254 BewG, zu Anlage 39, Teil II., BewG

Brandenburg (BB)			
lfd. Nr.	Gemeindenamen	AGS	Mietniveaustufe
194	Lietzen	12064288	1
195	Lindenau	12066188	1
196	Lindendorf	12064290	1
197	Lindow (Mark)	12068280	1
198	Linthe	12069345	2
199	Löwenberger Land	12065198	2
200	Lübben (Spreewald) / Lubin (Błota), Stadt	12061316	2
201	Lübbenau/Spreewald / Lubnjow/Błota, Stadt	12066196	1
202	Luckaitztal	12066202	1
203	Luckau	12061320	2
204	Luckenwalde	12072232	2
205	Ludwigsfelde	12072240	3
206	Lunow-Stolzenhagen	12060149	2
207	Lychen	12073384	1
208	Marienfließ	12070266	1
209	Marienwerder	12060154	2
210	Mark Landin	12073386	1
211	Märkisch Buchholz	12061328	2
212	Märkisch Linden	12068306	1
213	Märkisch Luch	12063186	2
214	Märkische Heide/Markojska Góla	12061329	2
215	Märkische Höhe	12064303	1
216	Massen-Niederlausitz	12062333	1
217	Melchow	12060161	2
218	Merzdorf	12062336	1
219	Mescherin	12073393	1
220	Meyenburg	12070280	1
221	Michendorf	12069397	5
222	Milmersdorf	12073396	1

Zu § 254 BewG, zu Anlage 39, Teil II., BewG **Anlage 254.1**

	Brandenburg (BB)		
lfd. Nr.	Gemeindenamen	AGS	Mietniveaustufe
223	Milower Land	12063189	2
224	Mittenwalde	12061332	2
225	Mittenwalde	12073404	1
226	Mixdorf	12067324	2
227	Mühlberg/Elbe, Stadt	12062341	1
228	Mühlenbecker Land	12065225	4
229	Mühlenberge	12063202	2
230	Mühlenfließ	12069402	2
231	Müllrose	12067336	2
232	Müncheberg	12064317	1
233	Münchehofe	12061344	2
234	Nauen	12063208	3
235	Neiße-Malxetal/Dolina Nysa-Małksa	12071294	1
236	Neißemünde	12067338	2
237	Nennhausen	12063212	2
238	Neu Zauche/Nowa Niwa	12061352	2
239	Neuenhagen bei Berlin	12064336	4
240	Neuhardenberg	12064340	1
241	Neuhausen/Spree / Kopańce/Sprjewja	12071301	1
242	Neulewin	12064349	1
243	Neupetershain/Nowe Wiki	12066228	1
244	Neuruppin	12068320	2
245	Neu-Seeland/Nowa Jazorina	12066226	1
246	Neustadt (Dosse)	12068324	1
247	Neutrebbin	12064365	1
248	Neuzelle	12067357	2
249	Niederer Fläming	12072298	2
250	Niederfinow	12060172	2
251	Niedergörsdorf	12072297	2

Anlage 254.1

Zu § 254 BewG, zu Anlage 39, Teil II., BewG

	Brandenburg (BB)		
lfd. Nr.	Gemeindenamen	AGS	Mietniveaustufe
252	Niemegk	12069448	2
253	Nordwestuckermark	12073429	1
254	Nuthetal	12069454	2
255	Nuthe-Urstromtal	12072312	2
256	Oberbarnim	12064370	1
257	Oberkrämer	12065251	3
258	Oberuckersee	12073430	1
259	Oderaue	12064371	1
260	Oderberg	12060176	2
261	Oranienburg	12065256	3
262	Ortrand	12066240	1
263	Panketal	12060181	4
264	Parsteinsee	12060185	2
265	Passow	12073603	1
266	Paulinenaue	12063228	2
267	Päwesin	12069460	2
268	Peitz/Picnjo, Stadt	12071304	1
269	Perleberg	12070296	1
270	Pessin	12063240	2
271	Petershagen/Eggersdorf	12064380	3
272	Pinnow	12073440	1
273	Pirow	12070300	1
274	Planebruch	12069470	2
275	Planetal	12069474	2
276	Plattenburg	12070302	1
277	Plessa	12062372	1
278	Podelzig	12064388	1
279	Potsdam	12054000	4
280	Premnitz	12063244	2

Zu § 254 BewG, zu Anlage 39, Teil II., BewG   Anlage 254.1

	Brandenburg (BB)		
lfd. Nr.	Gemeindenamen	AGS	Mietniveaustufe
281	Prenzlau	12073452	2
282	Pritzwalk	12070316	1
283	Prötzel	12064393	1
284	Putlitz	12070325	1
285	Rabenstein/Fläming	12069485	2
286	Ragow-Merz	12067397	2
287	Randowtal	12073458	1
288	Rangsdorf	12072340	3
289	Rathenow	12063252	2
290	Rauen	12067408	2
291	Rehfelde	12064408	1
292	Reichenow-Möglin	12064417	1
293	Reichenwalde	12067413	2
294	Reitwein	12064420	1
295	Retzow	12063256	2
296	Rheinsberg	12068353	1
297	Rhinow	12063260	2
298	Rietz-Neuendorf	12067426	2
299	Rietzneuendorf-Staakow	12061405	2
300	Röderland	12062410	1
301	Rosenau	12069537	2
302	Roskow	12069541	2
303	Rückersdorf	12062417	1
304	Rüdersdorf bei Berlin	12064428	2
305	Rüdnitz	12060192	2
306	Ruhland	12066272	1
307	Rühstädt	12070348	1
308	Rüthnick	12068372	1
309	Sallgast	12062425	1

Anlage 254.1

Zu § 254 BewG, zu Anlage 39, Teil II., BewG

Brandenburg (BB)			
lfd. Nr.	Gemeindenamen	AGS	Mietniveaustufe
310	Schenkenberg	12073490	1
311	Schenkendöbern/Derbno	12071337	1
312	Schilda	12062440	1
313	Schipkau	12066285	1
314	Schlaubetal	12067438	2
315	Schlepzig/Słopišća	12061428	2
316	Schlieben	12062445	1
317	Schmogrow-Fehrow/Smogorjow-Prjawoz	12071341	1
318	Schönborn	12062453	1
319	entfallen		
320	Schönefeld	12061433	3
321	Schöneiche bei Berlin	12067440	3
322	Schönermark	12065276	2
323	Schönewalde	12062461	1
324	Schönfeld	12073520	1
325	Schönwald	12061435	2
326	Schönwalde-Glien	12063273	2
327	Schorfheide	12060198	2
328	Schraden	12062464	1
329	Schulzendorf	12061444	2
330	Schwarzbach	12066292	1
331	Schwarzheide	12066296	1
332	Schwedt/Oder	12073532	2
333	Schwerin	12061448	2
334	Schwielochsee/Gójacki Jazor	12061450	2
335	Schwielowsee	12069590	4
336	Seddiner See	12069596	2
337	Seeblick	12063274	2
338	Seelow	12064448	1

Zu § 254 BewG, zu Anlage 39, Teil II., BewG Anlage 254.1

lfd. Nr.	Gemeindenamen	AGS	Mietniveaustufe
	Brandenburg (BB)		
339	Senftenberg/Zły Komorow, Stadt	12066304	2
340	Siehdichum	12067458	2
341	Sieversdorf-Hohenofen	12068409	1
342	Sonnenberg	12065301	2
343	Sonnewalde	12062469	1
344	Spreenhagen	12067469	2
345	Spreewaldheide/Błośańska Góla	12061470	2
346	Spremberg/Grodk, Stadt	12071372	2
347	Stahnsdorf	12069604	4
348	Stechlin	12065310	2
349	Stechow-Ferchesar	12063293	2
350	Steinhöfel	12067473	2
351	Steinreich	12061471	2
352	Storbeck-Frankendorf	12068413	1
353	Storkow (Mark)	12067481	2
354	Straupitz (Spreewald)/Tšupc (Błota)	12061476	2
355	Strausberg	12064472	2
356	Stüdenitz-Schönermark	12068417	1
357	Sydower Fließ	12060250	2
358	Tantow	12073565	1
359	Tauche	12067493	2
360	Tauer/Turjej	12071384	1
361	Teichland/Gatojce	12071386	1
362	Teltow	12069616	4
363	Temmen-Ringenwalde	12073569	1
364	Temnitzquell	12068425	1
365	Temnitztal	12068426	1
366	Templin	12073572	2
367	Tettau	12066316	1

Anlage 254.1

Zu § 254 BewG, zu Anlage 39, Teil II., BewG

\multicolumn{4}{c}{Brandenburg (BB)}			
lfd. Nr.	Gemeindenamen	AGS	Mietniveaustufe
368	Teupitz	12061492	2
369	Trebbin	12072426	2
370	Treplin	12064480	1
371	Treuenbrietzen	12069632	2
372	Triglitz	12070393	1
373	Tröbitz	12062492	1
374	Tschernitz/Cersk	12071392	1
375	Turnow-Preilack/Turnow-Pśiłuk	12071401	1
376	Uckerfelde	12073578	1
377	Uckerland	12073579	1
378	Uebigau-Wahrenbrück, Stadt	12062500	1
379	Unterspreewald	12061510	2
380	Velten	12065332	2
381	Vetschau/Spreewald / Wětošow/Błota, Stadt	12066320	1
382	Vielitzsee	12068437	1
383	Vierlinden	12064482	1
384	Vogelsang	12067508	2
385	Waldsieversdorf	12064484	1
386	Walsleben	12068452	1
387	Wandlitz	12060269	3
388	Weisen	12070416	1
389	Welzow/Wjelcej, Stadt	12071408	1
390	Wendisch Rietz	12067520	2
391	Wenzlow	12069648	2
392	Werben/Wjerbno	12071412	1
393	Werder (Havel)	12069656	3
394	Werneuchen	12060280	2
395	Wiesenau	12067528	2
396	Wiesenaue	12063142	2

Zu § 254 BewG, zu Anlage 39, Teil II., BewG

Anlage 254.1

Brandenburg (BB)

lfd. Nr.	Gemeindenamen	AGS	Mietniveaustufe
397	Wiesenburg/Mark	12069665	2
398	Wiesengrund/Łukojce	12071414	1
399	Wildau	12061540	4
400	Wittenberge	12070424	1
401	Wittstock/Dosse	12068468	1
402	Wollin	12069680	2
403	Woltersdorf	12067544	2
404	Wriezen	12064512	1
405	Wusterhausen/Dosse	12068477	1
406	Wustermark	12063357	2
407	Wusterwitz	12069688	2
408	Zechin	12064538	1
409	Zehdenick	12065356	1
410	Zernitz-Lohm	12068501	1
411	Zeschdorf	12064539	1
412	Zeuthen	12061572	3
413	Zichow	12073645	1
414	Ziesar	12069696	2
415	Ziethen	12060296	2
416	Ziltendorf	12067552	2
417	Zossen	12072477	2

Bremen (HB)

lfd. Nr.	Gemeindenamen	AGS	Mietniveaustufe
1	Bremen	04011000	4
2	Bremerhaven	04012000	2

Hamburg (HH)

lfd. Nr.	Gemeindenamen	AGS	Mietniveaustufe
1	Hamburg	02000000	6

Anlage 254.1

Zu § 254 BewG, zu Anlage 39, Teil II., BewG

	Hessen (HE)		
lfd. Nr.	Gemeindenamen	AGS	Mietniveaustufe
1	Aarbergen	06439001	2
2	Abtsteinach	06431001	2
3	Ahnatal	06633001	1
4	Alheim	06632001	1
5	Allendorf (Eder)	06635001	1
6	Allendorf (Lumda), Stadt	06531001	2
7	Alsbach-Hähnlein	06432001	4
8	Alsfeld, Stadt	06535001	1
9	Altenstadt	06440001	3
10	Amöneburg, Stadt	06534001	1
11	Angelburg	06534002	1
12	Antrifttal	06535002	1
13	Aßlar, Stadt	06532001	2
14	Babenhausen, Stadt	06432002	3
15	Bad Arolsen, Stadt	06635002	1
16	Bad Camberg, Stadt	06533003	2
17	Bad Emstal	06633006	1
18	Bad Endbach	06534003	1
19	Bad Hersfeld, Kreisstadt	06632002	1
20	Bad Homburg v. d. Höhe, Stadt	06434001	6
21	Bad Karlshafen, Stadt	06633002	1
22	Bad König, Stadt	06437001	2
23	Bad Nauheim, Stadt	06440002	4
24	Bad Orb, Stadt	06435001	2
25	Bad Salzschlirf	06631001	1
26	Bad Schwalbach, Kreisstadt	06439002	3
27	Bad Soden am Taunus, Stadt	06436001	7
28	Bad Soden-Salmünster, Stadt	06435002	1

Zu § 254 BewG, zu Anlage 39, Teil II., BewG **Anlage 254.1**

	Hessen (HE)		
lfd. Nr.	Gemeindenamen	AGS	Mietniveaustufe
29	Bad Sooden-Allendorf, Stadt	06636001	1
30	Bad Vilbel, Stadt	06440003	5
31	Bad Wildungen, Stadt	06635003	1
32	Bad Zwesten	06634027	1
33	Battenberg (Eder), Stadt	06635004	1
34	Baunatal, Stadt	06633003	2
35	Bebra, Stadt	06632003	1
36	Bensheim, Stadt	06431002	3
37	Berkatal	06636002	1
38	Beselich	06533001	1
39	Biblis	06431003	2
40	Bickenbach	06432003	4
41	Biebergemünd	06435003	2
42	Biebertal	06531002	2
43	Biebesheim am Rhein	06433001	3
44	Biedenkopf, Stadt	06534004	1
45	Birkenau	06431004	2
46	Birstein	06435004	2
47	Bischoffen	06532002	1
48	Bischofsheim	06433002	4
49	Borken (Hessen), Stadt	06634001	1
50	Brachttal	06435005	2
51	Braunfels, Stadt	06532003	2
52	Brechen	06533002	1
53	Breidenbach	06534005	1
54	Breitenbach am Herzberg	06632004	1
55	Breitscheid	06532004	1
56	Brensbach	06437003	2
57	Breuberg, Stadt	06437004	2

Anlage 254.1 Zu § 254 BewG, zu Anlage 39, Teil II., BewG

	Hessen (HE)		
lfd. Nr.	Gemeindenamen	AGS	Mietniveaustufe
58	Breuna	06633004	1
59	Brombachtal	06437005	2
60	Bromskirchen	06635005	1
61	Bruchköbel, Stadt	06435006	3
62	Büdingen, Stadt	06440004	1
63	Burghaun, Marktgemeinde	06631002	1
64	Burgwald	06635006	1
65	Bürstadt, Stadt	06431005	2
66	Buseck	06531003	2
67	Büttelborn	06433003	4
68	Butzbach, Friedrich-Ludwig-Weidig-Stadt	06440005	2
69	Calden	06633005	1
70	Cölbe	06534006	1
71	Cornberg	06632005	1
72	Darmstadt, Wissenschaftsstadt	06411000	6
73	Dautphetal	06534007	1
74	Dieburg, Stadt	06432004	4
75	Diemelsee	06635007	1
76	Diemelstadt, Stadt	06635008	1
77	Dietzenbach, Kreisstadt	06438001	6
78	Dietzhölztal	06532005	1
79	Dillenburg, Stadt	06532006	2
80	Dipperz	06631003	1
81	Dornburg	06533004	1
82	Dreieich, Stadt	06438002	5
83	Driedorf	06532007	1
84	Ebersburg	06631004	1
85	Ebsdorfergrund	06534008	1
86	Echzell	06440006	1

Zu § 254 BewG, zu Anlage 39, Teil II., BewG   **Anlage 254.1**

	Hessen (HE)
lfd. Nr.	Gemeindenamen	AGS	Mietniveaustufe
87	Edermünde	06634002	1
88	Edertal, Nationalparkgemeinde	06635009	1
89	Egelsbach	06438003	6
90	Ehrenberg (Rhön)	06631005	1
91	Ehringshausen	06532008	1
92	Eichenzell	06631006	1
93	Einhausen	06431006	2
94	Eiterfeld, Marktgemeinde	06631007	1
95	Elbtal	06533005	1
96	Eltville am Rhein, Stadt	06439003	5
97	Elz	06533006	1
98	Eppertshausen	06432005	4
99	Eppstein, Stadt	06436002	5
100	Erbach, Kreisstadt	06437006	3
101	Erlensee, Stadt	06435007	4
102	Erzhausen	06432006	4
103	Eschborn, Stadt	06436003	6
104	Eschenburg	06532009	1
105	Eschwege, Kreisstadt	06636003	1
106	Espenau	06633007	1
107	Feldatal	06535003	1
108	Felsberg, Stadt	06634003	1
109	Fernwald	06531004	2
110	Fischbachtal	06432007	4
111	Flieden	06631008	1
112	Flörsbachtal	06435008	2
113	Flörsheim am Main, Stadt	06436004	5
114	Florstadt, Stadt	06440007	1
115	Frankenau, Nationalparkstadt	06635010	1

Anlage 254.1

Zu § 254 BewG, zu Anlage 39, Teil II., BewG

\multicolumn{4}{|c|}{Hessen (HE)}			
lfd. Nr.	Gemeindenamen	AGS	Mietniveaustufe
116	Frankenberg (Eder), Stadt	06635011	1
117	Frankfurt am Main, Stadt	06412000	6
118	Fränkisch-Crumbach	06437007	2
119	Freiensteinau	06535004	1
120	Freigericht	06435009	2
121	Friedberg (Hessen), Kreisstadt	06440008	4
122	Friedewald	06632006	1
123	Friedrichsdorf, Stadt	06434002	5
124	Frielendorf, Marktflecken	06634004	1
125	Fritzlar, Dom- u. Kaiserstadt	06634005	1
126	Fronhausen	06534009	1
127	Fulda, Stadt	06631009	2
128	Fuldabrück	06633008	1
129	Fuldatal	06633009	2
130	Fürth	06431007	1
131	Gedern, Stadt	06440009	1
132	Geisenheim, Hochschulstadt	06439004	4
133	Gelnhausen, Barbarossastadt, Kreisstadt	06435010	3
134	Gemünden (Felda)	06535005	1
135	Gemünden (Wohra), Stadt	06635012	1
136	Gernsheim, Schöfferstadt	06433004	3
137	Gersfeld (Rhön), Stadt	06631010	1
138	Gießen, Universitätsstadt	06531005	4
139	Gilserberg	06634006	1
140	Ginsheim-Gustavsburg, Stadt	06433005	4
141	Gladenbach, Stadt	06534010	2
142	Glashütten	06434003	4
143	Glauburg	06440010	1
144	Gorxheimertal	06431008	2

Zu § 254 BewG, zu Anlage 39, Teil II., BewG **Anlage 254.1**

Hessen (HE)			
lfd. Nr.	Gemeindenamen	AGS	Mietniveaustufe
145	Grasellenbach	06431009	2
146	Grävenwiesbach	06434004	4
147	Grebenau, Stadt	06535006	1
148	Grebenhain	06535007	1
149	Grebenstein, Stadt	06633010	1
150	Greifenstein	06532010	1
151	Griesheim, Stadt	06432008	5
152	Großalmerode, Stadt	06636004	1
153	Groß-Bieberau, Stadt	06432009	4
154	Großenlüder	06631011	1
155	Groß-Gerau, Stadt	06433006	5
156	Großkrotzenburg	06435011	2
157	Groß-Rohrheim	06431010	2
158	Groß-Umstadt, Stadt	06432010	4
159	Groß-Zimmern	06432011	4
160	Grünberg, Stadt	06531006	1
161	Gründau	06435012	2
162	Gudensberg, Stadt	06634007	1
163	Guxhagen	06634008	1
164	Habichtswald	06633011	1
165	Hadamar, Stadt	06533007	2
166	Haiger, Stadt	06532011	1
167	Haina (Kloster)	06635013	1
168	Hainburg	06438004	3
169	Hammersbach	06435013	2
170	Hanau, Brüder-Grimm-Stadt	06435014	4
171	Hasselroth	06435015	2
172	Hattersheim am Main, Stadt	06436005	6
173	Hatzfeld (Eder), Stadt	06635014	1

Anlage 254.1

Zu § 254 BewG, zu Anlage 39, Teil II., BewG

Hessen (HE)			
lfd. Nr.	Gemeindenamen	AGS	Mietniveaustufe
174	Hauneck	06632007	1
175	Haunetal	06632008	1
176	Heidenrod	06439005	2
177	Helsa	06633012	1
178	Heppenheim (Bergstraße), Kreisstadt	06431011	3
179	Herborn, Stadt	06532012	2
180	Herbstein, Stadt	06535008	1
181	Heringen (Werra), Stadt	06632009	1
182	Herleshausen	06636005	1
183	Hessisch Lichtenau, Stadt	06636006	1
184	Heuchelheim a. d. Lahn	06531007	2
185	Heusenstamm, Stadt	06438005	5
186	Hilders, Marktgemeinde	06631012	1
187	Hirschhorn (Neckar), Stadt	06431012	2
188	Hirzenhain	06440011	1
189	Hochheim am Main, Stadt	06436006	5
190	Höchst i. Odw.	06437009	2
191	Hofbieber	06631013	1
192	Hofgeismar, Stadt	06633013	1
193	Hofheim am Taunus, Kreisstadt	06436007	5
194	Hohenahr	06532013	1
195	Hohenroda	06632010	1
196	Hohenstein	06439006	2
197	Homberg (Efze), Reformationsstadt, Kreisstadt	06634009	1
198	Homberg (Ohm), Stadt	06535009	1
199	Hosenfeld	06631014	1
200	Hünfeld, Konrad-Zuse-Stadt	06631015	1
201	Hünfelden	06533008	1
202	Hungen, Stadt	06531008	1

Zu § 254 BewG, zu Anlage 39, Teil II., BewG   **Anlage 254.1**

Hessen (HE)			
lfd. Nr.	Gemeindenamen	AGS	Mietniveaustufe
203	Hünstetten	06439007	1
204	Hüttenberg	06532014	2
205	Idstein, Hochschulstadt	06439008	3
206	Immenhausen, Stadt	06633014	1
207	Jesberg	06634010	1
208	Jossgrund	06435016	2
209	Kalbach	06631016	1
210	Karben, Stadt	06440012	4
211	Kassel, documenta-Stadt	06611000	3
212	Kaufungen	06633015	2
213	Kefenrod	06440013	1
214	Kelkheim (Taunus), Stadt	06436008	6
215	Kelsterbach, Stadt	06433007	4
216	Kiedrich	06439009	2
217	Kirchhain, Stadt	06534011	2
218	Kirchheim	06632011	1
219	Kirtorf, Stadt	06535010	1
220	Knüllwald	06634011	1
221	Königstein im Taunus, Stadt	06434005	5
222	Korbach, Hansestadt, Kreisstadt	06635015	1
223	Körle	06634012	1
224	Kriftel	06436009	6
225	Kronberg im Taunus, Stadt	06434006	5
226	Künzell	06631017	2
227	Lahnau	06532015	1
228	Lahntal	06534012	1
229	Lampertheim, Stadt	06431013	2
230	Langen (Hessen), Stadt	06438006	6
231	Langenselbold, Stadt	06435017	3

Anlage 254.1

Zu § 254 BewG, zu Anlage 39, Teil II., BewG

	Hessen (HE)		
lfd. Nr.	Gemeindenamen	AGS	Mietniveaustufe
232	Langgöns	06531009	2
233	Laubach, Stadt	06531010	2
234	Lauterbach (Hessen), Kreisstadt	06535011	1
235	Lautertal (Odenwald)	06431014	2
236	Lautertal (Vogelsberg)	06535012	1
237	Leun, Stadt	06532016	1
238	Lich, Stadt	06531011	2
239	Lichtenfels, Stadt	06635016	1
240	Liebenau, Stadt	06633016	1
241	Liederbach am Taunus	06436010	6
242	Limburg a.d.Lahn, Kreisstadt	06533009	2
243	Limeshain	06440014	1
244	Linden, Stadt	06531012	3
245	Lindenfels, Stadt	06431015	2
246	Linsengericht	06435018	2
247	Lohfelden	06633017	2
248	Löhnberg	06533010	1
249	Lohra	06534013	1
250	Lollar, Stadt	06531013	2
251	Lorch, Stadt	06439010	2
252	Lorsch, Karolingerstadt	06431016	4
253	Ludwigsau	06632012	1
254	Lützelbach	06437010	2
255	Mainhausen	06438007	4
256	Maintal, Stadt	06435019	5
257	Malsfeld	06634013	1
258	Marburg, Universitätsstadt	06534014	4
259	Meinhard	06636007	1
260	Meißner	06636008	1

Zu § 254 BewG, zu Anlage 39, Teil II., BewG **Anlage 254.1**

\multicolumn{4}{c}{Hessen (HE)}			
lfd. Nr.	Gemeindenamen	AGS	Mietniveaustufe
261	Melsungen, Stadt	06634014	1
262	Mengerskirchen, Marktflecken	06533011	1
263	Merenberg, Marktflecken	06533012	1
264	Messel	06432012	4
265	Michelstadt, Stadt	06437011	2
266	Mittenaar	06532017	1
267	Modautal	06432013	4
268	Mörfelden-Walldorf, Stadt	06433008	5
269	Mörlenbach	06431017	2
270	Morschen	06634015	1
271	Mossautal	06437012	2
272	Mücke	06535013	1
273	Mühlheim am Main, Stadt	06438008	5
274	Mühltal	06432014	5
275	Münchhausen	06534015	1
276	Münster (Hessen)	06432015	4
277	Münzenberg, Stadt	06440015	1
278	Nauheim	06433009	3
279	Naumburg, Stadt	06633018	1
280	Neckarsteinach, Stadt	06431018	2
281	Nentershausen	06632013	1
282	Neu-Anspach, Stadt	06434007	4
283	Neuberg	06435020	2
284	Neu-Eichenberg	06636009	1
285	Neuenstein	06632014	1
286	Neuental	06634016	1
287	Neuhof	06631018	1
288	Neu-Isenburg, Stadt	06438009	6
289	Neukirchen, Stadt	06634017	1

Anlage 254.1

Zu § 254 BewG, zu Anlage 39, Teil II., BewG

	Hessen (HE)		
lfd. Nr.	Gemeindenamen	AGS	Mietniveaustufe
290	Neustadt (Hessen), Stadt	06534016	1
291	Nidda, Stadt	06440016	1
292	Niddatal, Stadt	06440017	1
293	Nidderau, Stadt	06435021	3
294	Niedenstein, Stadt	06634018	1
295	Niederaula, Marktgemeinde	06632015	1
296	Niederdorfelden	06435022	2
297	Niedernhausen	06439011	4
298	Nieste	06633019	1
299	Niestetal	06633020	2
300	Nüsttal	06631019	1
301	Oberaula	06634019	1
302	Ober-Mörlen	06440018	1
303	Ober-Ramstadt, Stadt	06432016	4
304	Obertshausen, Stadt	06438010	4
305	Oberursel (Taunus), Stadt	06434008	6
306	entfallen		
307	Oberzent, Stadt	06437016	1
308	Oestrich-Winkel, Stadt	06439012	4
309	Offenbach am Main, Stadt	06413000	6
310	Ortenberg, Stadt	06440019	1
311	Ottrau	06634020	1
312	Otzberg	06432017	4
313	Petersberg	06631020	1
314	Pfungstadt, Stadt	06432018	4
315	Philippsthal (Werra), Marktgemeinde	06632016	1
316	Pohlheim, Stadt	06531014	2
317	Poppenhausen (Wasserkuppe)	06631021	1
318	Rabenau	06531015	2

Zu § 254 BewG, zu Anlage 39, Teil II., BewG

Anlage 254.1

Hessen (HE)

lfd. Nr.	Gemeindenamen	AGS	Mietniveaustufe
319	Ranstadt	06440020	1
320	Rasdorf	06631022	1
321	Raunheim, Stadt	06433010	6
322	Rauschenberg, Stadt	06534017	1
323	Reichelsheim (Odenwald)	06437013	2
324	Reichelsheim (Wetterau), Stadt	06440021	1
325	Reinhardshagen	06633022	1
326	Reinheim, Stadt	06432019	3
327	Reiskirchen	06531016	2
328	Riedstadt, Büchnerstadt	06433011	4
329	Rimbach	06431019	2
330	Ringgau	06636010	1
331	Rockenberg	06440022	1
332	Rodenbach	06435023	4
333	Rödermark, Stadt	06438012	4
334	Rodgau, Stadt	06438011	5
335	Romrod, Stadt	06535014	1
336	Ronneburg	06435024	2
337	Ronshausen	06632017	1
338	Rosbach v. d. Höhe, Stadt	06440023	3
339	Rosenthal, Stadt	06635017	1
340	Roßdorf	06432020	4
341	Rotenburg a. d. Fulda, Stadt	06632018	1
342	Rüdesheim am Rhein, Stadt	06439013	2
343	Runkel, Stadt	06533013	1
344	Rüsselsheim am Main, Stadt	06433012	5
345	Schaafheim	06432021	4
346	Schauenburg	06633023	1
347	Schenklengsfeld	06632019	1

Anlage 254.1

Zu § 254 BewG, zu Anlage 39, Teil II., BewG

\multicolumn{4}{c}{Hessen (HE)}			
lfd. Nr.	Gemeindenamen	AGS	Mietniveaustufe
348	Schlangenbad	06439014	2
349	Schlitz, Stadt	06535015	1
350	Schlüchtern, Stadt	06435025	2
351	Schmitten	06434009	4
352	Schöffengrund	06532018	1
353	Schöneck	06435026	4
354	Schotten, Stadt	06535016	1
355	Schrecksbach	06634021	1
356	Schwalbach am Taunus, Stadt	06436011	5
357	Schwalmstadt, Stadt	06634022	1
358	Schwalmtal	06535017	1
359	Schwarzenborn, Stadt	06634023	1
360	Seeheim-Jugenheim	06432022	5
361	Seligenstadt, Einhardstadt	06438013	4
362	Selters (Taunus)	06533014	1
363	Siegbach	06532019	1
364	Sinn	06532020	1
365	Sinntal	06435027	2
366	Söhrewald	06633024	1
367	Solms, Stadt	06532021	2
368	Sontra, Stadt	06636011	1
369	Spangenberg, Liebenbachstadt	06634024	1
370	Stadtallendorf, Stadt	06534018	2
371	Staufenberg, Stadt	06531017	2
372	Steffenberg	06534019	1
373	Steinau a. d. Straße, Brüder-Grimm-Stadt	06435028	1
374	Steinbach (Taunus), Stadt	06434010	5
375	Stockstadt am Rhein	06433013	3
376	Sulzbach (Taunus)	06436012	6

Zu § 254 BewG, zu Anlage 39, Teil II., BewG **Anlage 254.1**

lfd. Nr.	Gemeindenamen	AGS	Mietniveaustufe
	Hessen (HE)		
377	Tann (Rhön), Stadt	06631023	1
378	Taunusstein, Stadt	06439015	4
379	Trebur	06433014	4
380	Trendelburg, Stadt	06633025	1
381	Twistetal	06635018	1
382	Ulrichstein, Stadt	06535018	1
383	Usingen, Stadt	06434011	4
384	Vellmar, Stadt	06633026	2
385	Viernheim, Stadt	06431020	3
386	Villmar, Marktflecken	06533015	1
387	Vöhl, Nationalparkgemeinde	06635019	1
388	Volkmarsen, Stadt	06635020	1
389	Wabern	06634025	1
390	Wächtersbach, Stadt	06435029	2
391	entfallen		
392	Waldbrunn (Westerwald)	06533016	1
393	Waldeck, Stadt	06635021	1
394	Waldems	06439016	2
395	Waldkappel, Stadt	06636012	1
396	Wald-Michelbach	06431021	2
397	Waldsolms	06532022	1
398	Walluf	06439017	2
399	Wanfried, Stadt	06636013	1
400	Wartenberg	06535019	1
401	Wehretal	06636014	1
402	Wehrheim	06434012	4
403	Weilburg, Stadt	06533017	1
404	Weilmünster, Marktflecken	06533018	1
405	Weilrod	06434013	4

Anlage 254.1

Zu § 254 BewG, zu Anlage 39, Teil II., BewG

\multicolumn{4}{c}{Hessen (HE)}			
lfd. Nr.	Gemeindenamen	AGS	Mietniveaustufe
406	Weimar (Lahn)	06534020	1
407	Weinbach	06533019	1
408	Weißenborn	06636015	1
409	Weiterstadt, Stadt	06432023	5
409a	Wesertal	06633030	1
410	Wettenberg	06531018	3
411	Wetter (Hessen), Stadt	06534021	1
412	Wetzlar, Stadt	06532023	3
413	Wiesbaden, Landeshauptstadt	06414000	6
414	Wildeck	06632020	1
415	Willingen (Upland)	06635022	1
416	Willingshausen	06634026	1
417	Witzenhausen, Stadt	06636016	1
418	Wohratal	06534022	1
419	Wölfersheim	06440024	1
420	Wolfhagen, Hans-Staden-Stadt	06633028	1
421	Wöllstadt	06440025	1
422	Zierenberg, Stadt	06633029	1
423	Zwingenberg, Stadt	06431022	2

Mecklenburg-Vorpommern (MV)			
lfd. Nr.	Gemeindenamen	AGS	Mietniveaustufe
1	Admannshagen-Bargeshagen	13072001	2
2	Ahlbeck	13075001	2
3	Ahrenshagen-Daskow	13073001	2
4	Ahrenshoop, Ostseebad	13073002	2
5	Alt Bukow	13072002	2
6	Alt Krenzlin	13076001	1
7	Alt Meteln	13074001	2

Zu § 254 BewG, zu Anlage 39, Teil II., BewG

Anlage 254.1

\multicolumn{4}{c}{Mecklenburg-Vorpommern (MV)}			
lfd. Nr.	Gemeindenamen	AGS	Mietniveaustufe
8	Alt Schwerin	13071001	1
9	Alt Sührkow	13072003	2
10	Alt Tellin	13075002	2
11	Alt Zachun	13076002	1
12	Altefähr	13073003	2
13	Altenhagen	13071002	1
14	Altenhof	13071003	1
15	Altenkirchen	13073004	2
16	Altenpleen	13073005	2
17	Altentreptow, Stadt	13071004	1
18	Altkalen	13072004	2
19	Altwarp	13075003	2
20	Altwigshagen	13075004	2
21	Am Salzhaff	13072005	2
22	Ankershagen, Schliemanngemeinde	13071005	1
23	Anklam, Hansestadt	13075005	2
24	Baabe, Ostseebad	13073006	2
25	Bad Doberan, Stadt	13072006	3
26	Bad Kleinen	13074002	2
27	Bad Sülze, Stadt	13073007	2
28	Balow	13076003	1
29	Bandelin	13075006	2
30	Bandenitz	13076004	1
31	Banzkow	13076005	1
32	Bargischow	13075007	2
33	Barkhagen	13076006	1
34	Barnekow	13074003	2
35	Barnin	13076007	1
36	Bartenshagen-Parkentin	13072007	2

Anlage 254.1

Zu § 254 BewG, zu Anlage 39, Teil II., BewG

\multicolumn{4}{c}{Mecklenburg-Vorpommern (MV)}			
lfd. Nr.	Gemeindenamen	AGS	Mietniveaustufe
37	Barth, Stadt	13073009	2
38	Bartow	13071006	1
39	Basedow	13071007	1
40	Bastorf	13072008	2
41	Baumgarten	13072009	2
42	Beggerow	13071008	1
43	Behrenhoff	13075008	2
44	Behren-Lübchin	13072010	2
45	Belsch	13076008	1
46	Bengerstorf	13076009	1
47	Benitz	13072011	2
48	Bentwisch	13072012	2
49	Bentzin	13075009	2
50	Benz	13074004	2
51	Benz	13075010	2
52	Bergen auf Rügen, Stadt	13073010	2
53	Bergholz	13075011	2
54	Bernitt	13072013	2
55	Bernstorf	13074005	2
56	Beseritz	13071009	1
57	Besitz	13076010	1
58	Bibow	13074006	2
59	Biendorf	13072014	2
60	Binz, Ostseebad	13073011	2
61	Blankenberg	13076011	1
62	Blankenhagen	13072015	2
63	Blankenhof	13071010	1
64	Blankensee	13071011	1
65	Blankensee	13075012	2

Mecklenburg-Vorpommern (MV)			
lfd. Nr.	Gemeindenamen	AGS	Mietniveaustufe
66	Blesewitz	13075013	2
67	Blievenstorf	13076012	1
68	Blowatz	13074007	2
69	Blumenholz	13071012	1
70	Bobitz	13074008	2
71	Bobzin	13076013	1
72	entfallen		
73	Boiensdorf	13074009	2
74	Boizenburg/Elbe, Stadt	13076014	2
75	Boldekow	13075015	2
76	Bollewick	13071013	1
77	Boltenhagen, Ostseebad	13074010	2
78	Boock	13075016	2
79	Börgerende-Rethwisch	13072017	2
80	Borkow	13076015	1
81	Born a. Darß	13073012	2
82	Borrentin	13071014	1
83	Brahlstorf	13076016	1
84	Bredenfelde	13071015	1
85	Breege	13073013	2
86	Breesen	13071016	1
87	Breest	13071017	1
88	Brenz	13076017	1
89	Bresegard bei Eldena	13076018	1
90	Bresegard bei Picher	13076019	1
91	Brietzig	13075017	2
92	Briggow	13071018	1
93	Bröbberow	13072018	2
94	Broderstorf	13072019	2

Anlage 254.1

Zu § 254 BewG, zu Anlage 39, Teil II., BewG

Mecklenburg-Vorpommern (MV)			
lfd. Nr.	Gemeindenamen	AGS	Mietniveaustufe
95	Brüel, Stadt	13076020	1
96	Brunn	13071019	1
97	Brunow	13076021	1
98	Brünzow	13075018	2
99	Brüsewitz	13074012	2
100	Buchholz	13071020	1
101	Bugewitz	13075020	2
102	Buggenhagen	13075021	2
103	Bülow	13076023	1
104	Burg Stargard, Stadt	13071021	1
105	Burow	13071022	1
106	Buschvitz	13073014	2
107	Bütow	13071023	1
108	Butzow	13075022	2
109	Bützow, Stadt	13072020	2
110	Cambs	13076024	1
111	Cammin	13072021	2
112	Carinerland	13072022	2
113	Carlow	13074013	2
114	Carpin	13071025	1
115	Cölpin	13071026	1
116	Cramonshagen	13074014	2
117	Crivitz, Stadt	13076025	1
118	Dabel	13076026	1
119	Daberkow	13075023	2
120	Dahmen	13072023	2
121	Dalberg-Wendelstorf	13074015	2
122	Dalkendorf	13072024	2
123	Dambeck	13076027	1

Zu § 254 BewG, zu Anlage 39, Teil II., BewG

Anlage 254.1

	Mecklenburg-Vorpommern (MV)		
lfd. Nr.	Gemeindenamen	AGS	Mietniveaustufe
124	Damshagen	13074016	2
125	Dargelin	13075025	2
126	Dargen	13075026	2
127	Dargun, Stadt	13071027	1
128	Dassow, Stadt	13074017	2
129	Datzetal	13071028	1
130	Dechow	13074018	2
131	Demen	13076029	1
132	Demmin, Hansestadt	13071029	2
133	Dersekow	13075027	2
134	Dersenow	13076030	1
135	Dettmannsdorf	13073015	2
136	Deyelsdorf	13073016	2
137	entfallen		
138	entfallen		
139	Dierhagen, Ostseebad	13073017	2
140	Divitz-Spoldershagen	13073018	2
141	Dobbertin	13076032	1
142	Dobbin-Linstow	13072026	2
143	Dobin am See	13076033	1
144	Dolgen am See	13072027	2
145	Dömitz, Stadt	13076034	1
146	Domsühl	13076035	1
147	Dorf Mecklenburg	13074019	2
148	Dragun	13074020	2
149	Dranske	13073019	2
150	Drechow	13073020	2
151	Dreetz	13072028	2
152	Dreschvitz	13073021	2

Anlage 254.1

Zu § 254 BewG, zu Anlage 39, Teil II., BewG

	Mecklenburg-Vorpommern (MV)		
lfd. Nr.	Gemeindenamen	AGS	Mietniveaustufe
153	Ducherow	13075029	2
154	entfallen		
155	Dümmer	13076036	1
156	Dummerstorf	13072029	2
157	Eggesin, Stadt	13075031	2
158	Eixen	13073022	2
159	Eldena	13076037	1
159a	Eldetal	13071175	1
160	Elmenhorst	13073023	2
161	Elmenhorst/Lichtenhagen	13072030	2
162	Fahrenwalde	13075032	2
163	Faulenrost	13071032	1
164	Feldberger Seenlandschaft	13071033	1
165	Ferdinandshof	13075033	2
166	Fincken	13071034	1
167	Finkenthal	13072031	2
168	Franzburg, Stadt	13073024	2
169	Friedland, Stadt	13071035	1
170	Friedrichsruhe	13076038	1
171	Fuhlendorf	13073025	2
172	Fünfseen	13071036	1
173	Gadebusch, Stadt	13074021	2
174	Gägelow	13074022	2
175	Galenbeck	13071037	1
176	Gallin	13076039	1
177	Gallin-Kuppentin	13076040	1
178	Gammelin	13076041	1
179	Ganzlin	13076166	1
180	Garz	13075034	2

Zu § 254 BewG, zu Anlage 39, Teil II., BewG Anlage 254.1

\multicolumn{4}{c}{Mecklenburg-Vorpommern (MV)}			
lfd. Nr.	Gemeindenamen	AGS	Mietniveaustufe
181	Garz/Rügen, Stadt	13073027	2
182	Gehlsbach	13076165	1
183	Gelbensande	13072032	2
184	entfallen		
185	Gielow	13071039	1
186	Gingst	13073028	2
187	entfallen		
188	Glasewitz	13072033	2
189	Glasin	13074023	2
190	Glasow	13075035	2
191	Glewitz	13073029	2
192	Glowe	13073030	2
193	Gneven	13076044	1
194	Gnevkow	13071041	1
195	Gnewitz	13072034	2
196	Gnoien, Warbelstadt	13072035	2
197	Godendorf	13071042	1
198	Göhlen	13076046	1
199	Göhren, Ostseebad	13073031	2
200	Göhren-Lebbin	13071043	1
201	Golchen	13071044	1
202	Goldberg, Stadt	13076048	1
203	Gorlosen	13076049	1
204	Görmin	13075036	2
205	Gottesgabe	13074024	2
206	Gotthun	13071045	1
207	Graal-Müritz, Ostseeheilbad	13072036	2
208	Grabow, Stadt	13076050	1
209	entfallen		

Anlage 254.1

Zu § 254 BewG, zu Anlage 39, Teil II., BewG

_	Mecklenburg-Vorpommern (MV)		
lfd. Nr.	Gemeindenamen	AGS	Mietniveaustufe
210	Grabowhöfe	13071047	1
211	Grambin	13075037	2
212	Grambow	13074025	2
213	Grambow	13075038	2
214	Grammendorf	13073032	2
215	Grammentin	13071048	1
216	Grammow	13072037	2
217	Gransebieth	13073033	2
218	Granzin	13076051	1
219	Grapzow	13071049	1
220	Grebs-Niendorf	13076053	1
221	Greifswald, Universitäts- und Hansestadt	13075039	3
222	Gremersdorf-Buchholz	13073034	2
223	Gresse	13076054	1
224	Greven	13076055	1
225	Grevesmühlen, Stadt	13074026	2
226	Gribow	13075040	2
227	Grieben	13074027	2
228	Grimmen, Stadt	13073035	2
229	Grischow	13071050	1
230	Groß Godems	13076056	1
231	Groß Kelle	13071053	1
232	Groß Kiesow	13075041	2
233	Groß Kordshagen	13073036	2
234	Groß Krams	13076057	1
235	Groß Laasch	13076058	1
236	Groß Luckow	13075042	2
237	Groß Miltzow	13071054	1

Zu § 254 BewG, zu Anlage 39, Teil II., BewG   **Anlage 254.1**

|	Mecklenburg-Vorpommern (MV)		
lfd. Nr.	Gemeindenamen	AGS	Mietniveaustufe
238	Groß Mohrdorf	13073037	2
239	Groß Molzahn	13074028	2
240	Groß Nemerow	13071055	1
241	Groß Plasten	13071056	1
242	Groß Polzin	13075043	2
243	Groß Roge	13072038	2
244	Groß Schwiesow	13072039	2
245	entfallen		
246	Groß Stieten	13074030	2
247	Groß Teetzleben	13071057	1
248	Groß Wokern	13072040	2
249	Groß Wüstenfelde	13072041	2
250	Grünow	13071058	1
251	Gültz	13071059	1
252	Gülzow	13071060	1
253	Gülzow-Prüzen	13072042	2
254	Gustow	13073038	2
255	Güstrow, Barlachstadt	13072043	2
256	Gutow	13072044	2
257	Gützkow, Stadt	13075044	2
258	Hagenow, Stadt	13076060	2
259	Hammer a. d. Uecker	13075045	2
260	Hanshagen	13075046	2
261	Heinrichswalde	13075048	2
262	Heringsdorf, Ostseebad	13075049	2
263	Hinrichshagen	13075050	2
264	Hintersee	13075051	2
265	Hohen Demzin	13072045	2
266	Hohen Pritz	13076062	1

Anlage 254.1

Zu § 254 BewG, zu Anlage 39, Teil II., BewG

	Mecklenburg-Vorpommern (MV)		
lfd. Nr.	Gemeindenamen	AGS	Mietniveaustufe
267	Hohen Sprenz	13072046	2
268	Hohen Viecheln	13074031	2
269	Hohen Wangelin	13071063	1
270	Hohenbollentin	13071064	1
271	Hohenfelde	13072047	2
272	Hohenkirchen	13074032	2
273	Hohenmocker	13071065	1
274	Hohenzieritz	13071066	1
275	Holdorf	13074033	2
276	Holldorf	13071067	1
277	Holthusen	13076063	1
278	Hoort	13076064	1
279	Hoppenrade	13072048	2
280	Hornstorf	13074034	2
281	Hugoldsdorf	13073039	2
282	Hülseburg	13076065	1
283	Insel Hiddensee, Seebad	13073040	5
284	Insel Poel, Ostseebad	13074035	2
285	Iven	13075053	2
286	Ivenack	13071068	1
287	Jabel	13071069	1
288	Jakobsdorf	13073041	2
289	Jarmen, Stadt	13075054	2
290	Jatznick	13075055	2
291	Jesendorf	13074036	2
292	Jördenstorf	13072049	2
293	Jürgenshagen	13072050	2
294	Jürgenstorf	13071070	1
295	Kalkhorst	13074037	2

Anlage 254.1

Zu § 254 BewG, zu Anlage 39, Teil II., BewG

\multicolumn{4}{c}{Mecklenburg-Vorpommern (MV)}			
lfd. Nr.	Gemeindenamen	AGS	Mietniveaustufe
296	Kamminke	13075056	2
297	Karenz	13076067	1
298	Kargow	13071071	1
299	Karlsburg	13075156	2
300	Karlshagen, Ostseebad	13075058	2
301	Karnin	13073042	2
302	Karrenzin	13076068	1
303	Karstädt	13076069	1
304	Kassow	13072051	2
305	Katzow	13075059	2
306	Kemnitz	13075060	2
307	Kentzlin	13071072	1
308	Kenz-Küstrow	13073043	2
309	Kieve	13071073	1
310	Kirch Jesar	13076070	1
311	entfallen		
312	Kittendorf	13071074	1
313	Klausdorf	13073044	2
314	Klein Belitz	13072053	2
315	Klein Bünzow	13075061	2
316	Klein Rogahn	13076071	1
317	Klein Trebbow	13074038	2
318	Klein Upahl	13072055	2
319	Klein Vielen	13071075	1
320	Kletzin	13071076	1
321	Klink	13071077	1
322	Klocksin	13071078	1
323	Kloster Tempzin	13076167	1
324	Kluis	13073045	2

Anlage 254.1 Zu § 254 BewG, zu Anlage 39, Teil II., BewG

\multicolumn{4}{c}{Mecklenburg-Vorpommern (MV)}			
lfd. Nr.	Gemeindenamen	AGS	Mietniveaustufe
325	Klütz, Stadt	13074039	2
326	Kneese	13074040	2
327	Knorrendorf	13071079	1
328	Koblentz	13075063	2
329	Kobrow	13076072	1
330	Kogel	13076073	1
331	Königsfeld	13074042	2
332	Korswandt	13075065	2
333	Koserow, Ostseebad	13075066	2
334	Krackow	13075067	2
335	Krakow am See, Stadt	13072056	2
336	Kramerhof	13073046	2
337	Kratzeburg	13071080	1
338	Kreien	13076075	1
339	Krembz	13074043	2
340	Kremmin	13076076	1
341	Krien	13075068	2
342	Kriesow	13071081	1
343	Kritzmow	13072057	2
344	Kritzow	13076077	1
345	Kröpelin, Stadt	13072058	2
346	Kröslin	13075069	2
347	Kruckow	13075070	2
348	Krugsdorf	13075071	2
349	Krummin	13075072	2
350	Krusenfelde	13075073	2
351	Krusenhagen	13074044	2
352	Kublank	13071083	1
353	Kuchelmiß	13072059	2

Zu § 254 BewG, zu Anlage 39, Teil II., BewG   **Anlage 254.1**

	Mecklenburg-Vorpommern (MV)		
lfd. Nr.	Gemeindenamen	AGS	Mietniveaustufe
354	Kuckssee	13071173	1
355	Kuhlen-Wendorf	13076078	1
356	Kühlungsborn, Ostseebad, Stadt	13072060	2
357	Kuhs	13072061	2
358	Kuhstorf	13076079	1
359	Kummerow	13071084	1
360	entfallen		
361	Laage, Stadt	13072062	2
362	Lalendorf	13072063	2
363	Lambrechtshagen	13072064	2
364	Lancken-Granitz	13073048	2
365	Langen Brütz	13076080	1
366	Lärz	13071087	1
367	Lassan, Stadt	13075074	2
368	Leezen	13076082	1
369	Leizen	13071088	1
370	Lelkendorf	13072066	2
371	Leopoldshagen	13075075	2
372	entfallen		
373	Levenhagen	13075076	2
374	Lewitzrand	13076085	1
375	Liepgarten	13075078	2
376	Lietzow	13073049	2
377	Lindenberg	13071089	1
378	Lindetal	13071090	1
379	Lindholz	13073050	2
380	Löbnitz	13073051	2
381	Löcknitz	13075079	2
382	entfallen		

Anlage 254.1

Zu § 254 BewG, zu Anlage 39, Teil II., BewG

Mecklenburg-Vorpommern (MV)			
lfd. Nr.	Gemeindenamen	AGS	Mietniveaustufe
383	Loddin, Seebad	13075080	2
384	Lohme	13073052	2
385	Lohmen	13072067	2
386	Loissin	13075081	2
387	Loitz, Stadt	13075082	2
388	Lübberstorf	13074046	2
389	Lübesse	13076086	1
390	Lüblow	13076087	1
391	Lubmin, Seebad	13075083	2
392	Lübow	13074047	2
393	Lübs	13075084	2
394	Lübstorf	13074048	2
395	Lübtheen, Stadt	13076088	1
396	Lübz, Stadt	13076089	1
397	Luckow	13075085	2
398	Lüdersdorf	13074049	2
399	Lüdershagen	13073053	2
400	entfallen		
401	Ludwigslust, Stadt	13076090	2
402	entfallen		
403	entfallen		
404	Lüssow	13072069	2
405	Lüssow	13073054	2
406	Lütow	13075087	2
407	Lüttow-Valluhn	13076092	1
408	Lützow	13074050	2
409	Malchin, Stadt	13071092	1
410	Malchow, Inselstadt	13071093	1
411	Malk Göhren	13076093	1

Zu § 254 BewG, zu Anlage 39, Teil II., BewG　　　　　　　　　　　　　　　　　　**Anlage 254.1**

	Mecklenburg-Vorpommern (MV)		
lfd. Nr.	Gemeindenamen	AGS	Mietniveaustufe
412	Malliß	13076094	1
413	Marlow, Stadt	13073055	2
414	entfallen		
415	entfallen		
416	Medow	13075088	2
417	Meesiger	13071096	1
418	Meiersberg	13075089	2
419	Mellenthin	13075090	2
420	Melz	13071097	1
421	Menzendorf	13074052	2
422	Mesekenhagen	13075091	2
423	Mestlin	13076096	1
424	Metelsdorf	13074053	2
425	Millienhagen-Oebelitz	13073057	2
426	Milow	13076097	1
427	Mirow, Stadt	13071099	1
428	Mistorf	13072071	2
429	Möllenbeck	13071100	1
430	Möllenbeck	13076098	1
431	Möllenhagen	13071101	1
432	Mölln	13071102	1
433	Mölschow	13075092	2
434	Moltzow	13071103	1
435	Mönchgut, Ostseebad	13073107	2
436	Mönchhagen	13072072	2
437	Mönkebude	13075093	2
438	Moraas	13076099	1
439	Muchow	13076100	1
440	Mühl Rosin	13072073	2

Anlage 254.1

Zu § 254 BewG, zu Anlage 39, Teil II., BewG

Mecklenburg-Vorpommern (MV)			
lfd. Nr.	Gemeindenamen	AGS	Mietniveaustufe
441	Mühlen Eichsen	13074054	2
442	Murchin	13075094	2
443	Mustin	13076101	1
444	Nadrensee	13075095	2
445	Neddemin	13071104	1
446	Neetzka	13071105	1
447	Neetzow-Liepen	13075155	2
448	entfallen		
449	Neu Boltenhagen	13075097	2
450	Neu Gülze	13076102	1
451	Neu Kaliß	13076103	1
452	Neu Kosenow	13075098	2
453	Neu Poserin	13076104	1
454	Neubrandenburg, Vier-Tore-Stadt	13071107	2
455	Neubukow, Stadt	13072074	2
456	Neuburg	13074056	2
457	Neuenkirchen	13071108	1
458	Neuenkirchen	13073059	2
459	Neuenkirchen	13075101	2
460	Neuenkirchen	13075102	2
461	Neukalen, Peenestadt	13071109	1
462	Neukloster, Stadt	13074057	2
463	Neustadt-Glewe, Stadt	13076105	1
464	Neustrelitz, Residenzstadt	13071110	2
465	Neverin	13071111	1
466	Nieden	13075103	2
467	entfallen		
468	Nienhagen, Ostseebad	13072075	2
469	Niepars	13073060	2

Zu § 254 BewG, zu Anlage 39, Teil II., BewG

Anlage 254.1

lfd. Nr.	Gemeindenamen	AGS	Mietniveaustufe
	Mecklenburg-Vorpommern (MV)		
470	Nossendorf	13071112	1
471	Nossentiner Hütte	13071113	1
472	Nostorf	13076106	1
473	Nustrow	13072076	2
474	Obere Warnow	13076164	1
475	Pampow	13076107	1
476	Pantelitz	13073061	2
477	Papendorf	13072077	2
478	Papendorf	13075104	2
479	Papenhagen	13073062	2
480	Parchim, Stadt	13076108	2
481	Parchtitz	13073063	2
482	Pasewalk, Stadt	13075105	1
483	Passee	13074060	2
484	Passow	13076109	1
485	Pätow-Steegen	13076110	1
486	Patzig	13073064	2
487	Peenehagen	13071172	1
488	Peenemünde	13075106	2
489	Penkow	13071114	1
490	Penkun, Stadt	13075107	2
491	Penzin	13072078	2
492	Penzlin, Stadt	13071115	1
493	Perlin	13074061	2
494	entfallen		
495	Picher	13076111	1
496	Pingelshagen	13074062	2
497	Pinnow	13076112	1
498	Plaaz	13072079	2

Anlage 254.1

Zu § 254 BewG, zu Anlage 39, Teil II., BewG

	Mecklenburg-Vorpommern (MV)		
lfd. Nr.	Gemeindenamen	AGS	Mietniveaustufe
499	Plate	13076113	1
500	Plau am See, Stadt	13076114	1
501	Plöwen	13075108	2
502	entfallen		
503	Pokrent	13074064	2
504	Pölchow	13072080	2
505	Polzow	13075109	2
506	Poppendorf	13072081	2
507	Poseritz	13073065	2
508	Postlow	13075110	2
509	Pragsdorf	13071117	1
510	Prebberede	13072082	2
511	Preetz	13073066	2
512	Prerow, Ostseebad	13073067	2
513	Priborn	13071118	1
514	Priepert	13071119	1
515	Pripsleben	13071120	1
516	Prislich	13076115	1
517	Pritzier	13076116	1
518	Prohn	13073068	2
519	Pruchten	13073069	2
520	Pudagla	13075111	2
521	Putbus, Stadt	13073070	2
522	Putgarten	13073071	2
523	Raben Steinfeld	13076117	1
524	Ralswiek	13073072	2
525	Rambin	13073073	2
526	Ramin	13075113	2
527	Rankwitz	13075114	2

Zu § 254 BewG, zu Anlage 39, Teil II., BewG

Anlage 254.1

\multicolumn{4}{c}{Mecklenburg-Vorpommern (MV)}			

lfd. Nr.	Gemeindenamen	AGS	Mietniveaustufe
528	Rappin	13073074	2
529	Rastow	13076118	1
530	Rechlin	13071122	1
531	Reddelich	13072083	2
532	Redefin	13076119	1
533	Rehna, Stadt	13074065	2
534	Reimershagen	13072084	2
535	Rerik, Ostseebad, Stadt	13072085	2
536	Retschow	13072086	2
537	Ribnitz-Damgarten, Bernsteinstadt	13073075	2
538	Richtenberg, Stadt	13073076	2
539	Rieps	13074066	2
540	Ritzerow	13071123	1
541	Röbel/Müritz, Stadt	13071124	1
542	Röckwitz	13071125	1
543	Roduchelstorf	13074067	2
544	Roggendorf	13074068	2
545	Roggenstorf	13074069	2
546	Roggentin	13072087	2
547	Rögnitz	13074070	2
548	Rollwitz	13075115	2
549	Rom	13076120	1
550	Rosenow	13071127	1
551	Rossin	13075116	2
552	Rossow	13075117	2
553	Rostock, Hanse- und Universitätsstadt	13003000	4
554	Rothemühl	13075118	2
555	Rothenklempenow	13075119	2
556	Rövershagen	13072088	2

Anlage 254.1

Zu § 254 BewG, zu Anlage 39, Teil II., BewG

	Mecklenburg-Vorpommern (MV)		
lfd. Nr.	Gemeindenamen	AGS	Mietniveaustufe
557	Rubenow	13075120	2
558	Rubkow	13075121	2
559	Rühn	13072089	2
559a	Ruhner Berge	13076168	1
560	Rukieten	13072090	2
561	Rüting	13074071	2
562	Saal	13073077	2
563	Sagard	13073078	2
564	Samtens	13073079	2
565	Sanitz	13072091	2
566	Sarmstorf	13072092	2
567	Sarnow	13075122	2
568	Sarow	13071128	1
569	Sassen-Trantow	13075123	2
570	Sassnitz, Stadt	13073080	2
571	Satow	13072093	2
572	Sauzin	13075124	2
573	Schaprode	13073081	2
574	Schildetal	13074072	2
575	Schlagsdorf	13074073	2
576	Schlemmin	13073082	2
577	Schloen-Dratow	13071174	1
578	Schmatzin	13075125	2
579	Schönbeck	13071130	1
580	Schönberg, Stadt	13074074	2
581	Schönfeld	13071131	1
582	Schönhausen	13071132	1
583	Schönwalde	13075126	2
584	Schorssow	13072094	2

Zu § 254 BewG, zu Anlage 39, Teil II., BewG **Anlage 254.1**

lfd. Nr.	Gemeindenamen	AGS	Mietniveaustufe
	Mecklenburg-Vorpommern (MV)		
585	Schossin	13076121	1
586	Schwaan, Stadt	13072095	2
587	Schwanheide	13076122	1
588	Schwarz	13071133	1
589	Schwasdorf	13072096	2
590	Schwerin, Landeshauptstadt	13004000	3
591	Seehof	13074075	2
592	Sehlen	13073083	2
593	Sellin, Ostseebad	13073084	2
594	Selmsdorf	13074076	2
595	Selpin	13072097	2
596	Semlow	13073085	2
597	entfallen		
598	Siedenbollentin	13071135	1
598a	Siemz-Niendorf	13074094	2
599	Siedenbrünzow	13071136	1
600	Sietow	13071137	1
601	Siggelkow	13076125	1
602	Silz	13071138	1
603	Sommersdorf	13071139	1
604	Spantekow	13075127	2
605	Splietsdorf	13073086	2
606	Sponholz	13071140	1
607	Spornitz	13076126	1
608	Stäbelow	13072098	2
609	Staven	13071141	1
610	Stavenhagen, Reuterstadt	13071142	1
611	Steffenshagen	13072099	2
612	Steinhagen	13072101	2

Anlage 254.1

Zu § 254 BewG, zu Anlage 39, Teil II., BewG

\multicolumn{4}{c}{Mecklenburg-Vorpommern (MV)}			
lfd. Nr.	Gemeindenamen	AGS	Mietniveaustufe
613	Steinhagen	13073087	2
614	Stepenitztal	13074093	2
615	Sternberg, Stadt	13076128	1
616	Stolpe	13076129	1
617	Stolpe an der Peene	13075128	2
618	Stolpe auf Usedom	13075129	2
619	Stralendorf	13076130	1
620	Stralsund, Hansestadt	13073088	3
621	Strasburg (Uckermark), Stadt	13075130	2
622	Strohkirchen	13076131	1
623	Stubbendorf	13072102	2
624	Stuer	13071143	1
625	entfallen		
626	Süderholz	13073089	2
626a	Südmüritz	13071176	1
627	Sukow	13076133	1
628	Sukow-Levitzow	13072103	2
629	Sülstorf	13076134	1
630	Sundhagen	13073090	2
631	Tarnow	13072104	2
632	Techentin	13076135	1
633	Teldau	13076136	1
634	entfallen		
635	Tessin b. Boizenburg	13076138	1
636	Tessin, Stadt	13072105	2
637	Testorf-Steinfort	13074077	2
638	Teterow, Bergringstadt	13072106	2
639	Thandorf	13074078	2
640	Thelkow	13072107	2

Anlage 254.1

Zu § 254 BewG, zu Anlage 39, Teil II., BewG

Mecklenburg-Vorpommern (MV)			
lfd. Nr.	Gemeindenamen	AGS	Mietniveaustufe
641	Thulendorf	13072108	2
642	Thürkow	13072109	2
643	Toddin	13076169	1
644	Torgelow am See	13071144	1
645	Torgelow, Stadt	13075131	2
646	Tramm	13076140	1
647	Trassenheide, Ostseebad	13075133	2
648	Trent	13073092	2
649	Tribsees, Stadt	13073093	2
650	Trinwillershagen	13073094	2
651	Trollenhagen	13071145	1
652	Tutow	13075134	2
653	Tützpatz	13071146	1
654	Ückeritz, Seebad	13075135	2
655	Ueckermünde, Seebad, Stadt	13075136	2
656	Uelitz	13076141	1
657	Ummanz	13073095	2
658	Upahl	13074079	2
659	Usedom, Stadt	13075137	2
660	Userin	13071147	1
661	Utecht	13074080	2
662	Utzedel	13071148	1
663	entfallen		
664	Veelböken	13074081	2
665	Velgast	13073096	2
666	Vellahn	13076142	1
667	Ventschow	13074082	2
668	Verchen	13071150	1
669	Vielank	13076143	1

Anlage 254.1 Zu § 254 BewG, zu Anlage 39, Teil II., BewG

\multicolumn{4}{c}{Mecklenburg-Vorpommern (MV)}			
lfd. Nr.	Gemeindenamen	AGS	Mietniveaustufe
670	Viereck	13075138	2
671	entfallen		
672	Vogelsang-Warsin	13075139	2
673	Voigtsdorf	13071153	1
674	Vollrathsruhe	13071154	1
675	Völschow	13075140	2
676	Vorbeck	13072110	2
677	Wackerow	13075141	2
678	Walkendorf	13072111	2
679	Walow	13071155	1
680	Wardow	13072112	2
681	Waren (Müritz), Stadt	13071156	3
682	Warin, Stadt	13074084	2
683	Warlitz	13076145	1
684	Warlow	13076146	1
685	Warnkenhagen	13072113	2
686	Warnow	13072114	2
687	Warnow	13074085	2
688	Warrenzin	13071157	1
689	Warsow	13076147	1
690	Wedendorfersee	13074092	2
691	Weitendorf	13076148	1
692	Weitenhagen	13073097	2
693	Weitenhagen	13075142	2
694	Wendisch Baggendorf	13073098	2
695	Wendorf	13073099	2
696	Werder	13071158	1
697	Werder	13076151	1
698	Wesenberg, Stadt	13071159	1

Zu § 254 BewG, zu Anlage 39, Teil II., BewG   **Anlage 254.1**

lfd. Nr.	Gemeindenamen	AGS	Mietniveaustufe
\multicolumn{4}{c}{Mecklenburg-Vorpommern (MV)}
699	Wieck a. Darß	13073100	2
700	Wiek	13073101	2
701	Wiendorf	13072116	2
702	Wildberg	13071160	1
703	Wilhelmsburg	13075143	2
704	Wismar, Hansestadt	13074087	3
705	Wittenbeck	13072117	2
706	Wittenburg, Stadt	13076152	1
707	Wittendörp	13076153	1
708	Wittenförden	13076154	1
709	Wittenhagen	13073102	2
710	Witzin	13076155	1
711	Wöbbelin	13076156	1
712	Woggersin	13071161	1
713	Wokuhl-Dabelow	13071162	1
714	Wolde	13071163	1
715	Woldegk, Windmühlenstadt	13071164	1
716	Wolgast, Stadt	13075144	3
717	Wrangelsburg	13075145	2
718	entfallen		
719	Wulkenzin	13071166	1
720	Wusterhusen	13075146	2
721	Wustrow	13071167	1
722	Wustrow, Ostseebad	13073103	2
723	Zapel	13076158	1
724	Zarnewanz	13072118	2
725	Zarrendorf	13073104	2
726	Zarrentin am Schaalsee, Stadt	13076159	1
727	Zehna	13072119	2

Anlage 254.1

Zu § 254 BewG, zu Anlage 39, Teil II., BewG

\multicolumn{4}{c|}{Mecklenburg-Vorpommern (MV)}			
lfd. Nr.	Gemeindenamen	AGS	Mietniveaustufe
728	Zemitz	13075147	2
729	Zempin, Seebad	13075148	2
730	Zepelin	13072120	2
731	entfallen		
732	Zerrenthin	13075149	2
733	Zettemin	13071169	1
734	Zickhusen	13074088	2
735	Ziegendorf	13076160	1
736	Zierow	13074089	2
737	Zierzow	13076161	1
738	Ziesendorf	13072121	2
739	Ziethen	13075150	2
740	Zingst, Ostseeheilbad	13073105	2
741	Zinnowitz, Ostseebad	13075151	2
742	Zirchow	13075152	2
743	Zirkow	13073106	2
744	Zirzow	13071170	1
745	Zislow	13071171	1
746	Zölkow	13076162	1
747	Zülow	13076163	1
748	Zurow	13074090	2
749	Züsow	13074091	2
750	Züssow	13075154	2

\multicolumn{4}{c|}{Niedersachsen (NI)}			
lfd. Nr.	Gemeindenamen	AGS	Mietniveaustufe
1	Achim, Stadt	03361001	3
2	Adelebsen, Flecken	03159001	1
3	Adelheidsdorf	03351001	1

Zu § 254 BewG, zu Anlage 39, Teil II., BewG **Anlage 254.1**

	Niedersachsen (NI)		
lfd. Nr.	Gemeindenamen	AGS	Mietniveaustufe
4	Adenbüttel	03151001	1
5	Adendorf	03355001	4
6	Aerzen, Flecken	03252001	1
7	Affinghausen	03251001	1
8	Agathenburg	03359001	2
9	Ahausen	03357001	1
10	Ahlden (Aller), Flecken	03358001	1
11	Ahlerstedt	03359002	2
12	Ahnsbeck	03351002	1
13	Ahnsen	03257001	1
14	Alfeld (Leine), Stadt	03254002	1
15	Alfhausen	03459001	1
16	Alfstedt	03357002	1
17	Algermissen	03254003	1
18	Altenmedingen	03360001	1
19	Amelinghausen	03355002	2
20	Amt Neuhaus	03355049	2
21	Anderlingen	03357003	1
22	Andervenne	03454001	1
23	Ankum	03459002	1
24	Apelern	03257002	1
25	Apen	03451001	1
26	Apensen	03359003	2
27	Appel	03353001	3
28	Arholzen	03255001	1
29	Armstorf	03352002	1
30	Artlenburg, Flecken	03355003	2
31	Asendorf	03251002	1
32	Asendorf	03353002	3

Anlage 254.1

Zu § 254 BewG, zu Anlage 39, Teil II., BewG

	Niedersachsen (NI)		
lfd. Nr.	Gemeindenamen	AGS	Mietniveaustufe
33	Auetal	03257003	1
34	Auhagen	03257004	1
35	Aurich (Ostfriesland), Stadt	03452001	1
36	Axstedt	03356001	1
37	Bad Bentheim, Stadt	03456001	2
38	Bad Bevensen, Stadt	03360002	1
39	Bad Bodenteich, Flecken	03360005	1
40	Bad Eilsen	03257005	1
41	Bad Essen	03459003	1
42	Bad Fallingbostel, Stadt	03358008	1
43	Bad Gandersheim, Stadt	03155001	1
44	Bad Grund (Harz)	03159002	1
45	Bad Harzburg, Stadt	03153002	2
46	Bad Iburg, Stadt	03459004	2
47	Bad Laer	03459005	1
48	Bad Lauterberg im Harz, Stadt	03159003	1
49	Bad Münder am Deister, Stadt	03252002	1
50	Bad Nenndorf, Stadt	03257006	2
51	Bad Pyrmont, Stadt	03252003	1
52	Bad Rothenfelde	03459006	1
53	Bad Sachsa, Stadt	03159004	1
54	Bad Salzdetfurth, Stadt	03254005	2
55	Bad Zwischenahn	03451002	2
56	Badbergen	03459007	1
57	Baddeckenstedt	03158002	1
58	Bahrdorf	03154001	1
59	Bahrenborstel	03251003	1
60	Bakum	03460001	1
61	Balge	03256001	1

Niedersachsen (NI)

lfd. Nr.	Gemeindenamen	AGS	Mietniveaustufe
62	Balje	03359004	2
63	Baltrum	03452002	5
64	Bardowick, Flecken	03355004	2
65	Barenburg, Flecken	03251004	1
66	Barendorf	03355005	2
67	Bargstedt	03359005	2
68	Barnstedt	03355006	2
69	Barnstorf, Flecken	03251005	1
70	Barsinghausen, Stadt	03241002	2
71	Barßel	03453001	1
72	Barum	03355007	2
73	Barum	03360003	1
74	Barver	03251006	1
75	Barwedel	03151002	1
76	Basdahl	03357004	1
77	Bassum, Stadt	03251007	1
78	Bawinkel	03454002	1
79	Beckdorf	03359006	2
80	Beckedorf	03257007	1
81	Beckeln	03458001	1
82	Beedenbostel	03351003	1
83	Beesten	03454003	1
84	Beierstedt	03154002	1
85	Belm	03459008	1
86	Belum	03352004	1
87	Bendestorf	03353003	3
88	Berge	03459009	1
89	Bergen an der Dumme, Flecken	03354001	1
90	Bergen, Stadt	03351004	1

Anlage 254.1

Zu § 254 BewG, zu Anlage 39, Teil II., BewG

\multicolumn{4}{c}{Niedersachsen (NI)}			
lfd. Nr.	Gemeindenamen	AGS	Mietniveaustufe
91	Bergfeld	03151003	1
92	Berne	03461001	1
93	Bersenbrück, Stadt	03459010	1
94	Berumbur	03452003	1
95	Betzendorf	03355008	2
96	Bevern, Flecken	03255002	1
97	Beverstedt	03352059	1
98	Bienenbüttel	03360004	1
99	Bilshausen	03159005	1
100	Binnen	03256002	1
101	Bippen	03459011	1
102	Bispingen	03358002	1
103	Bissendorf	03459012	1
104	Bleckede, Stadt	03355009	2
105	Blender	03361002	1
106	Bliedersdorf	03359007	2
107	Blomberg	03462001	1
108	Bockenem, Stadt	03254008	1
109	Bockhorn	03455025	1
110	Bockhorst	03454004	1
111	Bodenfelde, Flecken	03155002	1
112	Bodensee	03159006	1
113	Bodenwerder, Stadt	03255003	1
114	Boffzen	03255004	1
115	Böhme	03358003	1
116	Bohmte	03459013	1
117	Boitze	03355010	2
118	Bokensdorf	03151004	1
119	entfallen		

Niedersachsen (NI)

lfd. Nr.	Gemeindenamen	AGS	Mietniveaustufe
120	Börger	03454005	1
121	Borkum, Stadt	03457002	5
122	Börßum	03158038	1
123	Borstel	03251008	1
124	Bösel	03453002	1
125	Bötersen	03357005	1
126	Bothel	03357006	1
127	Bovenden, Flecken	03159007	2
128	Brackel	03353004	3
129	Brake (Unterweser), Stadt	03461002	2
130	Bramsche, Stadt	03459014	1
131	Braunlage, Stadt	03153016	1
132	Braunschweig, Stadt	03101000	4
133	Breddenberg	03454006	1
134	Breddorf	03357007	1
135	Bremervörde, Stadt	03357008	2
136	Brest	03359008	2
137	Brevörde	03255005	1
138	Brietlingen	03355011	2
139	Brinkum	03457003	1
140	Brockel	03357009	1
141	Bröckel	03351005	1
142	Brockum	03251009	1
143	Brome, Flecken	03151005	1
144	Bruchhausen-Vilsen, Flecken	03251049	1
145	Buchholz	03257008	1
146	Buchholz in der Nordheide, Stadt	03353005	6
147	Buchholz (Aller)	03358005	1
148	Bückeburg, Stadt	03257009	2

Anlage 254.1

Zu § 254 BewG, zu Anlage 39, Teil II., BewG

Niedersachsen (NI)			
lfd. Nr.	Gemeindenamen	AGS	Mietniveaustufe
149	Bücken, Flecken	03256003	1
150	Bühren	03159008	1
151	Bülkau	03352008	1
152	Bülstedt	03357010	1
153	Bunde	03457024	1
154	Burgdorf	03158004	1
155	Burgdorf, Stadt	03241003	3
156	Burgwedel, Stadt	03241004	5
157	Burweg	03359009	2
158	Butjadingen	03461003	1
159	Buxtehude, Hansestadt	03359010	5
160	Cadenberge	03352063	1
161	Calberlah	03151006	1
162	Cappeln (Oldenburg)	03453003	1
163	Celle, Stadt	03351006	3
164	Clausthal-Zellerfeld, Berg- und Univ.-st	03153018	1
165	Clenze, Flecken	03354002	1
166	Cloppenburg, Stadt	03453004	2
167	Colnrade	03458002	1
168	Coppenbrügge, Flecken	03252004	1
169	Cramme	03158005	1
170	Cremlingen	03158006	3
171	Cuxhaven, Stadt	03352011	2
172	Dahlem	03355012	2
173	Dahlenburg, Flecken	03355013	2
174	Dahlum	03158007	1
175	Damme, Stadt	03460002	1
176	Damnatz	03354003	1
177	Danndorf	03154004	1

Zu § 254 BewG, zu Anlage 39, Teil II., BewG **Anlage 254.1**

Niedersachsen (NI)

lfd. Nr.	Gemeindenamen	AGS	Mietniveaustufe
178	Dannenberg (Elbe), Stadt	03354004	1
179	Dassel, Stadt	03155003	1
180	Dedelstorf	03151007	1
181	Deensen	03255007	1
182	Deinste	03359011	2
183	Deinstedt	03357011	1
184	Delligsen, Flecken	03255008	1
185	Delmenhorst, Stadt	03401000	3
186	Denkte	03158008	1
187	Derental	03255009	1
188	Dersum	03454007	1
189	Detern, Flecken	03457006	1
190	Dettum	03158009	1
191	Deutsch Evern	03355014	2
192	Dickel	03251011	1
193	Didderse	03151041	1
194	Diekholzen	03254011	1
195	Dielmissen	03255010	1
196	Diepenau, Flecken	03256004	1
197	Diepholz, Stadt	03251012	1
198	Dinklage, Stadt	03460003	1
199	Dissen am Teutoburger Wald, Stadt	03459015	1
200	Dohren	03353006	3
201	Dohren	03454009	1
202	Dollern	03359012	2
203	Dornum	03452027	1
204	Dörpen	03454008	1
205	Dorstadt	03158010	1
206	Dörverden	03361003	1

Anlage 254.1 Zu § 254 BewG, zu Anlage 39, Teil II., BewG

Niedersachsen (NI)			
lfd. Nr.	Gemeindenamen	AGS	Mietniveaustufe
207	Dötlingen	03458003	1
208	Drage	03353007	3
209	Drakenburg, Flecken	03256005	1
210	Dransfeld, Stadt	03159009	1
211	Drebber	03251013	1
212	Drentwede	03251014	1
213	Drestedt	03353008	3
214	Drochtersen	03359013	2
215	Düdenbüttel	03359014	2
216	Duderstadt, Stadt	03159010	1
217	Duingen	03254041	1
218	Dünsen	03458004	1
219	Dunum	03462002	1
220	Ebergötzen	03159011	1
221	Ebersdorf	03357012	1
222	Ebstorf, Klosterflecken	03360006	1
223	Echem	03355015	2
224	Edemissen	03157001	2
225	Edewecht	03451004	2
226	Egestorf	03353009	3
227	Eggermühlen	03459016	1
228	Ehra-Lessien	03151008	1
229	Ehrenburg	03251015	1
230	Eickeloh	03358006	1
231	Eicklingen	03351007	1
232	Eime, Flecken	03254013	1
233	Eimen	03255012	1
234	Eimke	03360007	1
235	Einbeck, Stadt	03155013	1

Zu § 254 BewG, zu Anlage 39, Teil II., BewG **Anlage 254.1**

	Niedersachsen (NI)		
lfd. Nr.	Gemeindenamen	AGS	Mietniveaustufe
236	Elbe	03158011	1
237	Elbingerode	03159012	1
238	Eldingen	03351008	1
239	Elsdorf	03357013	1
240	Elsfleth, Stadt	03461004	1
241	Elze, Stadt	03254014	1
242	Embsen	03355016	2
243	Emden, Stadt	03402000	2
244	Emlichheim	03456002	1
245	Emmendorf	03360008	1
246	Emmerthal	03252005	1
247	Emsbüren	03454010	1
248	Emstek	03453005	1
249	Emtinghausen	03361004	1
250	Engden	03456003	1
251	Engelschoff	03359015	2
252	Erkerode	03158012	1
253	Esche	03456004	1
254	Eschede	03351025	1
255	Eschershausen, Stadt	03255013	1
256	Esens, Stadt	03462003	1
257	Essel	03358007	1
258	Essen (Oldenburg)	03453006	1
259	Esterwegen	03454011	1
260	Estorf	03256006	1
261	Estorf	03359016	2
262	Eversmeer	03462004	1
263	Evessen	03158013	1
264	Eydelstedt	03251017	1

Anlage 254.1

Zu § 254 BewG, zu Anlage 39, Teil II., BewG

\multicolumn{4}{c}{Niedersachsen (NI)}			
lfd. Nr.	Gemeindenamen	AGS	Mietniveaustufe
265	Eyendorf	03353010	3
266	Eystrup	03256007	1
267	Farven	03357014	1
268	Faßberg	03351010	1
269	Filsum	03457008	1
270	Fintel	03357015	1
271	Firrel	03457009	1
272	Flöthe	03158014	1
273	Frankenfeld	03358009	1
274	Freden (Leine)	03254042	1
275	Fredenbeck	03359017	2
276	Freiburg (Elbe), Flecken	03359018	2
277	Freistatt	03251018	1
278	Frellstedt	03154005	1
279	Freren, Stadt	03454012	1
280	Fresenburg	03454013	1
281	Friedeburg	03462005	1
282	Friedland	03159013	1
283	Friesoythe, Stadt	03453007	1
284	Fürstenau, Stadt	03459017	1
285	Fürstenberg	03255014	1
286	Ganderkesee	03458005	2
287	Gandesbergen	03256008	1
288	Garbsen, Stadt	03241005	4
289	Garlstorf	03353011	3
290	Garrel	03453008	1
291	Garstedt	03353012	3
292	Gartow, Flecken	03354005	1
293	Geeste	03454014	1

Zu § 254 BewG, zu Anlage 39, Teil II., BewG

Anlage 254.1

\multicolumn{4}{	c	}{Niedersachsen (NI)}
lfd. Nr.	Gemeindenamen	AGS	Mietniveaustufe
294	Geestland, Stadt	03352062	2
295	Gehrde	03459018	1
296	Gehrden, Stadt	03241006	3
297	Georgsdorf	03456005	1
298	Georgsmarienhütte, Stadt	03459019	2
299	Gerdau	03360009	1
300	Gersten	03454015	1
301	Getelo	03456006	1
302	Gevensleben	03154006	1
303	Gieboldehausen, Flecken	03159014	1
304	Giesen	03254017	1
305	Gifhorn, Stadt	03151009	3
306	Gilten	03358010	1
307	Glandorf	03459034	1
308	Gleichen	03159015	1
309	Gnarrenburg	03357016	1
310	Gödenstorf	03353013	3
311	Göhrde	03354006	1
312	Goldenstedt	03460004	1
313	Gölenkamp	03456007	1
314	Golmbach	03255015	1
315	Gorleben	03354007	1
316	Goslar, Stadt	03153017	2
317	Göttingen, Stadt	03159016	4
318	Grafhorst	03154007	1
319	Grasberg	03356002	1
320	Grasleben	03154008	1
321	Grethem	03358011	1
322	Gronau (Leine)	03254043	1

Anlage 254.1

Zu § 254 BewG, zu Anlage 39, Teil II., BewG

Niedersachsen (NI)			
lfd. Nr.	Gemeindenamen	AGS	Mietniveaustufe
323	Groß Berßen	03454016	1
324	Groß Ippener	03458006	1
325	Gross Meckelsen	03357017	1
326	Groß Oesingen	03151010	1
327	Groß Twülpstedt	03154009	1
328	Großefehn	03452006	1
329	Großenkneten	03458007	2
330	Großenwörden	03359019	2
331	Großheide	03452007	1
332	Grünendeich	03359020	2
333	Guderhandviertel	03359021	2
334	Gusborn	03354008	1
335	Gyhum	03357018	1
336	Hademstorf	03358012	1
337	Hage, Flecken	03452008	1
338	Hagen am Teutoburger Wald	03459020	1
339	Hagen im Bremischen	03352060	1
340	Hagenburg, Flecken	03257010	1
341	Hagermarsch	03452009	1
342	Hahausen	03153006	1
343	Halbemond	03452010	1
344	Halle	03255016	1
345	Halle	03456008	1
346	Halvesbostel	03353014	3
347	Hambergen	03356003	1
348	Hambühren	03351012	2
349	Hämelhausen	03256009	1
350	Hameln, Stadt	03252006	2
351	Hamersen	03357019	1

Zu § 254 BewG, zu Anlage 39, Teil II., BewG **Anlage 254.1**

\multicolumn{4}{c}{Niedersachsen (NI)}			
lfd. Nr.	Gemeindenamen	AGS	Mietniveaustufe
352	Hammah	03359022	2
353	Handeloh	03353015	3
354	Handorf	03355017	2
355	Handrup	03454017	1
356	Hankensbuettel	03151011	1
357	Hann. Münden, Stadt	03159017	1
358	Hannover, Landeshauptstadt	03241001	5
359	Hanstedt	03353016	3
360	Hanstedt	03360010	1
361	Hardegsen, Stadt	03155005	1
362	Haren (Ems), Stadt	03454018	1
363	Harmstorf	03353017	3
364	Harpstedt, Flecken	03458008	1
365	Harsefeld, Flecken	03359023	3
366	Harsum	03254020	2
367	Hasbergen	03459021	2
368	Haselünne, Stadt	03454019	1
369	Haßbergen	03256011	1
370	Hassel (Weser)	03256010	1
371	Hassendorf	03357020	1
372	Haste	03257011	1
373	Hatten	03458009	2
374	Hattorf am Harz	03159018	1
375	Häuslingen	03358013	1
376	Haverlah	03158016	1
377	Hechthausen	03352020	1
378	Hedeper	03158017	1
379	Heede	03454020	1
380	Heemsen	03256012	1

Anlage 254.1

Zu § 254 BewG, zu Anlage 39, Teil II., BewG

Niedersachsen (NI)			
lfd. Nr.	Gemeindenamen	AGS	Mietniveaustufe
381	Heere	03158018	1
382	Heeslingen	03357021	1
383	Heeßen	03257012	1
384	Hehlen	03255017	1
385	Heidenau	03353018	3
386	Heinade	03255018	1
387	Heinbockel	03359024	2
388	Heiningen	03158019	1
389	Heinsen	03255019	1
390	Hellwege	03357022	1
391	Helmstedt, Stadt	03154028	2
392	Helpsen	03257013	1
393	Helvesiek	03357023	1
394	Hemmingen, Stadt	03241007	4
395	Hemmoor, Stadt	03352022	1
396	Hemsbünde	03357024	1
397	Hemslingen	03357025	1
398	Hemsloh	03251019	1
399	Hepstedt	03357026	1
400	Herzberg am Harz, Stadt	03159019	1
401	Herzlake	03454021	1
402	Hesel	03457010	1
403	Hespe	03257014	1
404	Hessisch Oldendorf, Stadt	03252007	1
405	Heuerßen	03257015	1
406	Heyen	03255020	1
407	Hildesheim, Stadt	03254021	3
408	Hilgermissen	03256013	1
409	Hilkenbrook	03454022	1

Niedersachsen (NI)

lfd. Nr.	Gemeindenamen	AGS	Mietniveaustufe
410	Hillerse	03151012	1
411	Hilter am Teutoburger Wald	03459022	1
412	Himbergen	03360011	1
413	Himmelpforten	03359025	2
414	Hinte	03452011	1
415	Hipstedt	03357027	1
416	Hittbergen	03355018	2
417	Hitzacker (Elbe), Stadt	03354009	1
418	Hodenhagen	03358014	1
419	Höhbeck	03354010	1
420	Hohenhameln	03157002	1
421	Hohne	03351015	1
422	Hohnhorst	03257016	1
423	Hohnstorf (Elbe)	03355019	2
424	Holdorf	03460005	1
425	Holenberg	03255021	1
426	Holle	03254022	1
427	Hollenstedt	03353019	3
428	Hollern-Twielenfleth	03359026	2
429	Hollnseth	03352024	1
430	Holste	03356004	1
431	Holtgast	03462006	1
432	Holtland	03457011	1
433	Holzen	03255022	1
434	Holzminden, Stadt	03255023	1
435	Hoogstede	03456009	1
436	Hörden am Harz	03159020	1
437	Horneburg, Flecken	03359027	2
438	Horstedt	03357028	1

Anlage 254.1

Zu § 254 BewG, zu Anlage 39, Teil II., BewG

	Niedersachsen (NI)
lfd. Nr.	Gemeindenamen	AGS	Mietniveaustufe
439	Hoya, Stadt	03256014	1
440	Hoyerhagen	03256015	1
441	Hüde	03251020	1
442	Hude (Oldenburg)	03458010	1
443	Hülsede	03257017	1
444	Husum	03256016	1
445	Hüven	03454023	1
446	Ihlienworth	03352025	1
447	Ihlow	03452012	1
448	Ilsede	03157009	1
449	Isenbuettel	03151013	1
450	Isernhagen	03241008	4
451	Isterberg	03456010	1
452	Itterbeck	03456011	1
453	Jade	03461005	1
454	Jameln	03354011	1
455	Jelmstorf	03360012	1
456	Jembke	03151014	1
457	Jemgum	03457012	1
458	Jerxheim	03154012	1
459	Jesteburg	03353020	3
460	Jever, Stadt	03455007	2
461	Jork	03359028	4
462	Jühnde	03159021	1
463	Juist, Inselgemeinde	03452013	5
464	Kakenstorf	03353021	3
465	Kalbe	03357029	1
466	Kalefeld	03155006	1
467	Karwitz	03354012	1

Zu § 254 BewG, zu Anlage 39, Teil II., BewG

Anlage 254.1

	Niedersachsen (NI)		
lfd. Nr.	Gemeindenamen	AGS	Mietniveaustufe
468	Katlenburg-Lindau	03155007	1
469	Kettenkamp	03459023	1
470	Kirchbrak	03255025	1
471	Kirchdorf	03251021	1
472	Kirchgellersen	03355020	2
473	Kirchlinteln	03361005	1
474	Kirchseelte	03458011	1
475	Kirchtimke	03357030	1
476	Kirchwalsede	03357031	1
477	Kissenbrück	03158021	1
478	Klein Berßen	03454024	1
479	Klein Meckelsen	03357032	1
480	Kluse	03454025	1
481	Kneitlingen	03158022	1
482	Königslutter am Elm, Stadt	03154013	2
483	Königsmoor	03353022	3
484	Kranenburg	03359029	2
485	Krebeck	03159022	1
486	Krummendeich	03359030	2
487	Krummhörn	03452014	1
488	Küsten	03354013	1
489	Kutenholz	03359031	2
490	Laar	03456012	1
491	Laatzen, Stadt	03241009	4
492	Lachendorf	03351016	1
493	Lage	03456013	1
494	Lähden	03454026	1
495	Lahn	03454027	1
496	Lamspringe	03254044	1

Anlage 254.1

Zu § 254 BewG, zu Anlage 39, Teil II., BewG

	Niedersachsen (NI)		
lfd. Nr.	Gemeindenamen	AGS	Mietniveaustufe
497	Lamstedt	03352029	1
498	Landesbergen	03256017	1
499	Landolfshausen	03159023	1
500	Langelsheim, Stadt	03153007	1
501	Langen	03454028	1
502	Langendorf	03354014	1
503	Langenhagen, Stadt	03241010	4
504	Langeoog	03462007	5
505	Langlingen	03351017	1
506	Langwedel, Flecken	03361006	1
507	Lastrup	03453009	1
508	Lathen	03454029	1
509	Lauenau, Flecken	03257018	1
510	Lauenbrück	03357033	1
511	Lauenförde, Flecken	03255026	1
512	Lauenhagen	03257019	1
513	Leer (Ostfriesland), Stadt	03457013	2
514	Leese	03256018	1
515	Leezdorf	03452015	1
516	Lehe	03454030	1
517	Lehre	03154014	2
518	Lehrte, Stadt	03241011	3
519	Leiferde	03151015	1
520	Lembruch	03251022	1
521	Lemförde, Flecken	03251023	1
522	Lemgow	03354015	1
523	Lemwerder	03461006	1
524	Lengede	03157005	2
525	Lengenbostel	03357034	1

Zu § 254 BewG, zu Anlage 39, Teil II., BewG Anlage 254.1

	Niedersachsen (NI)		
lfd. Nr.	Gemeindenamen	AGS	Mietniveaustufe
526	Lengerich	03454031	1
527	Lenne	03255027	1
528	Liebenau, Flecken	03256019	1
529	Liebenburg	03153008	1
530	Lilienthal	03356005	3
531	Lindern (Oldenburg)	03453010	1
532	Lindhorst	03257020	1
533	Lindwedel	03358015	1
534	Lingen (Ems), Stadt	03454032	1
535	Linsburg	03256020	1
536	Lohheide	03351501	1
537	Lohne (Oldenburg), Stadt	03460006	1
538	Löningen, Stadt	03453011	1
539	Lorup	03454033	1
540	Loxstedt	03352032	1
541	Lübberstedt	03356006	1
542	Lübbow	03354017	1
543	Lüchow (Wendland), Stadt	03354018	1
544	Luckau (Wendland)	03354016	1
545	Lüder	03360013	1
546	Lüdersburg	03355021	2
547	Lüdersfeld	03257021	1
548	Lüerdissen	03255028	1
549	Luhden	03257022	1
550	Lüneburg, Hansestadt	03355022	5
551	Lünne	03454034	1
552	Lütetsburg	03452016	1
553	Lutter am Barenberge, Flecken	03153009	1
554	Maasen	03251024	1

Anlage 254.1

Zu § 254 BewG, zu Anlage 39, Teil II., BewG

	Niedersachsen (NI)		
lfd. Nr.	Gemeindenamen	AGS	Mietniveaustufe
555	Marienhafe, Flecken	03452017	1
556	Mariental	03154015	1
557	Marklohe	03256021	1
558	Marl	03251025	1
559	Marschacht	03353023	3
560	Martfeld	03251026	1
561	Marxen	03353024	3
562	Mechtersen	03355023	2
563	Meerbeck	03257023	1
564	Meine	03151016	1
565	Meinersen	03151017	1
566	Melbeck	03355024	2
567	Melle, Stadt	03459024	1
568	Mellinghausen	03251027	1
569	Menslage	03459025	1
570	Meppen, Stadt	03454035	1
571	Merzen	03459026	1
572	Messenkamp	03257024	1
573	Messingen	03454036	1
574	Mittelnkirchen	03359032	2
575	Mittelstenahe	03352036	1
576	Moisburg	03353025	3
577	Molbergen	03453012	1
578	Moormerland	03457014	1
579	Moorweg	03462008	1
580	Moringen, Stadt	03155009	1
581	Müden (Aller)	03151018	1
582	Munster, Stadt	03358016	2
583	Nahrendorf	03355025	2

Zu § 254 BewG, zu Anlage 39, Teil II., BewG **Anlage 254.1**

\multicolumn{4}{c}{Niedersachsen (NI)}			
lfd. Nr.	Gemeindenamen	AGS	Mietniveaustufe
584	Natendorf	03360014	1
585	Neetze	03355026	2
586	Negenborn	03255030	1
587	Nenndorf	03462009	1
588	Neu Darchau	03354019	1
589	Neu Wulmstorf	03353026	5
590	Neubörger	03454037	1
591	Neuenhaus, Stadt	03456014	1
592	Neuenkirchen	03251028	1
593	Neuenkirchen	03352038	1
594	Neuenkirchen	03358017	1
595	Neuenkirchen	03359033	2
596	Neuenkirchen	03459027	1
597	Neuenkirchen-Vörden	03460007	1
598	Neuharlingersiel	03462010	1
599	Neuhaus (Oste), Flecken	03352039	1
600	Neukamperfehn	03457015	1
601	Neulehe	03454038	1
602	Neuschoo	03462011	1
603	Neustadt am Rübenberge, Stadt	03241012	2
604	Niederlangen	03454039	1
605	Niedernwöhren	03257025	1
606	Niemetal	03159024	1
607	Nienburg (Weser), Stadt	03256022	2
608	Nienhagen	03351018	1
609	Nienstädt	03257026	1
610	Norden, Stadt	03452019	2
611	Nordenham, Stadt	03461007	2
612	Norderney, Stadt	03452020	5

Anlage 254.1

Zu § 254 BewG, zu Anlage 39, Teil II., BewG

\multicolumn{4}{c}{Niedersachsen (NI)}			
lfd. Nr.	Gemeindenamen	AGS	Mietniveaustufe
613	Nordhorn, Stadt	03456015	2
614	Nordleda	03352041	1
615	Nordsehl	03257027	1
616	Nordstemmen	03254026	1
617	Nörten-Hardenberg, Flecken	03155010	1
618	Northeim, Stadt	03155011	2
619	Nortmoor	03457016	1
620	Nortrup	03459028	1
621	Nottensdorf	03359034	2
622	Oberlangen	03454040	1
623	Oberndorf	03352042	1
624	Obernfeld	03159025	1
625	Obernholz	03151019	1
626	Obernkirchen, Stadt	03257028	1
627	Ochtersum	03462012	1
628	Odisheim	03352043	1
629	Oederquart	03359035	2
630	Oerel	03357035	1
631	Oetzen	03360015	1
632	Ohne	03456016	1
633	Ohrum	03158023	1
634	Oldenburg (Oldenburg), Stadt	03403000	4
635	Oldendorf	03359036	2
636	Oldendorf (Luhe)	03355027	2
637	Osloß	03151020	1
638	Osnabrück, Stadt	03404000	3
639	Osteel	03452021	1
640	Osten	03352044	1
641	Osterbruch	03352045	1

Niedersachsen (NI)			
lfd. Nr.	Gemeindenamen	AGS	Mietniveaustufe
642	Ostercappeln	03459029	1
643	Ostereistedt	03357036	1
644	Osterheide	03358501	1
645	Osterholz-Scharmbeck, Stadt	03356007	2
646	Osterode am Harz, Stadt	03159026	1
647	Osterwald	03456017	1
648	Ostrhauderfehn	03457017	1
649	Ottenstein, Flecken	03255031	1
650	Otter	03353027	3
651	Otterndorf, Stadt	03352046	1
652	Ottersberg, Flecken	03361008	2
653	Ovelgönne	03461008	1
654	Oyten	03361009	2
655	Papenburg, Stadt	03454041	1
656	Parsau	03151021	1
657	Pattensen, Stadt	03241013	3
658	Pegestorf	03255032	1
659	Peine, Stadt	03157006	3
660	Pennigsehl	03256023	1
661	Pohle	03257029	1
662	Polle, Flecken	03255033	1
663	Pollhagen	03257030	1
664	Prezelle	03354020	1
665	Prinzhöfte	03458012	1
666	Quakenbrück, Stadt	03459030	1
667	Quendorf	03456018	1
668	Querenhorst	03154016	1
669	Quernheim	03251029	1
670	Räbke	03154017	1

Anlage 254.1 Zu § 254 BewG, zu Anlage 39, Teil II., BewG

\multicolumn{4}{c}{Niedersachsen (NI)}			
lfd. Nr.	Gemeindenamen	AGS	Mietniveaustufe
671	Radbruch	03355028	2
672	Raddestorf	03256024	1
673	Rastdorf	03454042	1
674	Rastede	03451005	2
675	Rätzlingen	03360016	1
676	Rechtsupweg	03452022	1
677	Reeßum	03357037	1
678	Regesbostel	03353028	3
679	Rehburg-Loccum, Stadt	03256025	1
680	Rehden	03251030	1
681	Rehlingen	03355029	2
682	Reinstorf	03355030	2
683	Remlingen-Semmenstedt	03158040	1
684	Renkenberge	03454043	1
685	Rennau	03154018	1
686	Reppenstedt	03355031	2
687	Rethem (Aller), Stadt	03358018	1
688	Rhade	03357038	1
689	Rhauderfehn	03457018	1
690	Rhede (Ems)	03454044	1
691	Rhumspringe	03159027	1
692	Ribbesbüttel	03151022	1
693	Riede	03361010	1
694	Rieste	03459031	1
695	Ringe	03456019	1
696	Rinteln, Stadt	03257031	1
697	Ritterhude	03356008	2
698	Rodenberg, Stadt	03257032	1
699	Rodewald	03256026	1

Zu § 254 BewG, zu Anlage 39, Teil II., BewG   Anlage 254.1

	Niedersachsen (NI)		
lfd. Nr.	Gemeindenamen	AGS	Mietniveaustufe
700	Rohrsen	03256027	1
701	Roklum	03158025	1
702	Rollshausen	03159028	1
703	Römstedt	03360017	1
704	Ronnenberg, Stadt	03241014	4
705	Rosche	03360018	1
706	Rosdorf	03159029	3
707	Rosengarten	03353029	4
708	Rotenburg (Wümme), Stadt	03357039	3
709	Rötgesbüttel	03151023	1
710	Rüdershausen	03159030	1
711	Rühen	03151024	1
712	Rullstorf	03355032	2
713	Sachsenhagen, Stadt	03257033	1
714	Salzbergen	03454045	1
715	Salzgitter, Stadt	03102000	2
716	Salzhausen	03353030	3
717	Salzhemmendorf, Flecken	03252008	1
718	Samern	03456020	1
719	Sandbostel	03357040	1
720	Sande	03455014	1
721	Sarstedt, Stadt	03254028	2
722	Sassenburg	03151025	2
723	Saterland	03453013	1
724	Sauensiek	03359037	2
725	Schapen	03454046	1
726	Scharnebeck	03355033	2
727	Scheden	03159031	1
728	Scheeßel	03357041	1

Anlage 254.1

Zu § 254 BewG, zu Anlage 39, Teil II., BewG

\multicolumn{4}{c}{Niedersachsen (NI)}			
lfd. Nr.	Gemeindenamen	AGS	Mietniveaustufe
729	Schellerten	03254029	1
730	Schiffdorf	03352050	1
731	Schladen-Werla	03158039	1
732	Schnackenburg, Stadt	03354021	1
733	Schnega	03354022	1
734	Schneverdingen, Stadt	03358019	2
735	Scholen	03251031	1
736	Schönewörde	03151026	1
737	Schöningen, Stadt	03154019	1
738	Schöppenstedt, Stadt	03158027	1
739	Schortens, Stadt	03455015	1
740	Schüttorf, Stadt	03456027	1
741	Schwafoerden	03251032	1
742	Schwanewede	03356009	2
743	Schwarme	03251033	1
744	Schwarmstedt	03358020	1
745	Schweindorf	03462013	1
746	Schweringen	03256028	1
747	Schwerinsdorf	03457019	1
748	Schwienau	03360019	1
749	Schwülper	03151027	1
750	Seeburg	03159032	1
751	Seedorf	03357042	1
752	Seelze, Stadt	03241015	4
753	Seesen, Stadt	03153012	1
754	Seevetal	03353031	5
755	Seggebruch	03257034	1
756	Sehlde	03158028	1
757	Sehnde, Stadt	03241016	3

Anlage 254.1

Zu § 254 BewG, zu Anlage 39, Teil II., BewG

\	Niedersachsen (NI)		
lfd. Nr.	Gemeindenamen	AGS	Mietniveaustufe
758	Selsingen	03357043	1
759	Seulingen	03159033	1
760	Sibbesse	03254045	1
761	Sickte	03158030	1
762	Siedenburg, Flecken	03251034	1
763	Sittensen	03357044	1
764	Soderstorf	03355034	2
765	Sögel	03454047	1
766	Söhlde	03254032	1
767	Söllingen	03154027	1
768	Soltau, Stadt	03358021	2
769	Soltendieck	03360020	1
770	Sottrum	03357045	1
771	Spahnharrenstätte	03454048	1
772	Spelle	03454049	1
773	Spiekeroog	03462014	5
774	Sprakensehl	03151028	1
775	Springe, Stadt	03241017	2
776	Stade, Hansestadt	03359038	4
777	Stadland	03461009	1
778	Stadthagen, Stadt	03257035	2
779	Stadtoldendorf, Stadt	03255034	1
780	Staffhorst	03251035	1
781	Staufenberg	03159034	1
782	Stavern	03454050	1
783	Stedesdorf	03462015	1
784	Steimbke	03256029	1
785	Steinau	03352051	1
786	Steinfeld (Oldenburg)	03460008	1

Anlage 254.1

Zu § 254 BewG, zu Anlage 39, Teil II., BewG

Niedersachsen (NI)			
lfd. Nr.	Gemeindenamen	AGS	Mietniveaustufe
787	Steinhorst	03151029	1
788	Steinkirchen	03359039	2
789	Stelle	03353032	5
790	Stemmen	03357046	1
791	Stemshorn	03251036	1
792	Steyerberg, Flecken	03256030	1
793	Stinstedt	03352052	1
794	Stöckse	03256031	1
795	Stoetze	03360022	1
796	Stolzenau	03256032	1
797	Stuhr	03251037	3
798	Südbrookmerland	03452023	1
799	Suderburg	03360023	1
800	Südergellersen	03355035	2
801	Südheide	03351026	1
802	Sudwalde	03251038	1
803	Suhlendorf	03360024	1
804	Sulingen, Stadt	03251040	2
805	Süpplingen	03154021	1
806	Süpplingenburg	03154022	1
807	Surwold	03454051	1
808	Sustrum	03454052	1
809	Suthfeld	03257036	1
810	Syke, Stadt	03251041	2
811	Tappenbeck	03151030	1
812	Tarmstedt	03357047	1
813	Tespe	03353033	3
814	Thedinghausen	03361013	1
815	Thomasburg	03355036	2

Zu § 254 BewG, zu Anlage 39, Teil II., BewG   **Anlage 254.1**

Niedersachsen (NI)			
lfd. Nr.	Gemeindenamen	AGS	Mietniveaustufe
816	Thuine	03454053	1
817	Tiddische	03151031	1
818	Tiste	03357048	1
819	Toppenstedt	03353034	3
820	Tostedt	03353035	3
821	Tosterglope	03355037	2
822	Trebel	03354023	1
823	Tülau	03151032	1
824	Twist	03454054	1
825	Twistringen, Stadt	03251042	1
826	Uchte, Flecken	03256033	1
827	Uehrde	03158031	1
828	Uelsen	03456023	1
829	Uelzen, Hansestadt	03360025	2
830	Uetze	03241018	2
831	Ummern	03151033	1
832	Undeloh	03353036	3
833	Upgant-Schott	03452024	1
834	Uplengen	03457020	1
835	Uslar, Stadt	03155012	1
836	Utarp	03462016	1
837	Vahlberg	03158032	1
838	Vahlbruch	03255035	1
839	Vahlde	03357049	1
840	Varel, Stadt	03455026	1
841	Varrel	03251043	1
842	Vastorf	03355038	2
843	Vechelde	03157007	3
844	Vechta, Stadt	03460009	2

Anlage 254.1

Zu § 254 BewG, zu Anlage 39, Teil II., BewG

Niedersachsen (NI)			
lfd. Nr.	Gemeindenamen	AGS	Mietniveaustufe
845	Velpke	03154024	1
846	Veltheim (Ohe)	03158033	1
847	Verden (Aller), Stadt	03361012	2
848	Vierden	03357050	1
849	Vierhöfen	03353037	3
850	Visbek	03460010	1
851	Visselhövede, Stadt	03357051	1
852	Vögelsen	03355039	2
853	Vollersode	03356010	1
854	Voltlage	03459032	1
855	Vordorf	03151034	1
856	Vorwerk	03357052	1
857	Vrees	03454055	1
858	Waake	03159035	1
859	Waddeweitz	03354024	1
860	Wagenfeld	03251044	1
861	Wagenhoff	03151035	1
862	Wahrenholz	03151036	1
863	Walchum	03454056	1
864	Walkenried	03159036	1
865	Wallenhorst	03459033	1
866	Wallmoden	03153014	1
867	Walsrode, Stadt	03358024	2
868	Wangelnstedt	03255036	1
869	Wangerland	03455020	1
870	Wangerooge, Nordseebad	03455021	5
871	Wanna	03352055	1
872	Warberg	03154025	1
873	Wardenburg	03458013	2

Zu § 254 BewG, zu Anlage 39, Teil II., BewG

Anlage 254.1

	Niedersachsen (NI)		
lfd. Nr.	Gemeindenamen	AGS	Mietniveaustufe
874	Warmsen	03256034	1
875	Warpe	03256035	1
876	Wasbüttel	03151037	1
877	Wathlingen	03351021	1
878	Wedemark	03241019	3
879	Weener, Stadt	03457021	1
880	Wehrbleck	03251045	1
881	Welle	03353038	3
882	Wendeburg	03157008	1
883	Wendisch Evern	03355040	2
884	Wennigsen (Deister)	03241020	2
885	Wenzendorf	03353039	3
886	Werdum	03462017	1
887	Werlte	03454057	1
888	Werpeloh	03454058	1
889	Wesendorf	03151038	1
890	Weste	03360026	1
891	Westergellersen	03355041	2
892	Westerholt	03462018	1
893	Westerstede, Stadt	03451007	1
894	Westertimke	03357053	1
895	Westerwalsede	03357054	1
896	Westoverledingen	03457022	1
897	Wetschen	03251046	1
898	Wettrup	03454059	1
899	Weyhausen	03151039	1
900	Weyhe	03251047	3
901	Wiedensahl, Flecken	03257037	1
902	Wiefelstede	03451008	2

Anlage 254.1

Zu § 254 BewG, zu Anlage 39, Teil II., BewG

Niedersachsen (NI)			
lfd. Nr.	Gemeindenamen	AGS	Mietniveaustufe
903	Wielen	03456024	1
904	Wienhausen, Klostergemeinde	03351022	1
905	Wiesmoor, Stadt	03452025	1
906	Wietmarschen	03456025	1
907	Wietze	03351023	1
908	Wietzen	03256036	1
909	Wietzendorf	03358023	1
910	Wildeshausen, Stadt	03458014	2
911	Wilhelmshaven, Stadt	03405000	2
912	Wilstedt	03357055	1
913	Wilsum	03456026	1
914	Wingst	03352056	1
915	Winkelsett	03458015	1
916	Winnigstedt	03158035	1
917	Winsen (Aller)	03351024	2
918	Winsen (Luhe), Stadt	03353040	4
919	Wippingen	03454060	1
920	Wirdum	03452026	1
921	Wischhafen	03359040	2
922	Wistedt	03353041	3
923	Wittingen, Stadt	03151040	1
924	Wittmar	03158036	1
925	Wittmund, Stadt	03462019	1
926	Wittorf	03355042	2
927	Wohnste	03357056	1
928	Wolfenbüttel, Stadt	03158037	3
929	Wolfsburg, Stadt	03103000	4
930	Wollbrandshausen	03159037	1
931	Wollershausen	03159038	1

Zu § 254 BewG, zu Anlage 39, Teil II., BewG   **Anlage 254.1**

\multicolumn{4}{c}{Niedersachsen (NI)}
lfd. Nr.	Gemeindenamen	AGS	Mietniveaustufe
932	Wölpinghausen	03257038	1
933	Wolsdorf	03154026	1
934	Woltersdorf	03354025	1
935	Worpswede	03356011	1
936	Wrestedt	03360030	1
937	Wriedel	03360029	1
938	Wulfsen	03353042	3
939	Wulften am Harz	03159039	1
940	Wunstorf, Stadt	03241021	2
941	Wurster Nordseeküste	03352061	1
942	Wustrow (Wendland), Stadt	03354026	1
943	Zernien	03354027	1
944	Zetel	03455027	1
945	Zeven, Stadt	03357057	2

\multicolumn{4}{c}{Nordrhein-Westfalen (NW)}
lfd. Nr.	Gemeindenamen	AGS	Mietniveaustufe
1	Aachen	05334002	4
2	Ahaus	05554004	2
3	Ahlen	05570004	2
4	Aldenhoven	05358004	3
5	Alfter	05382004	4
6	Alpen	05170004	2
7	Alsdorf	05334004	2
8	Altena	05962004	1
9	Altenbeken	05774004	1
10	Altenberge	05566004	2
11	Anröchte	05974004	1
12	Arnsberg	05958004	2

Anlage 254.1 Zu § 254 BewG, zu Anlage 39, Teil II., BewG

\multicolumn{4}{c}{Nordrhein-Westfalen (NW)}			
lfd. Nr.	Gemeindenamen	AGS	Mietniveaustufe
13	Ascheberg	05558004	2
14	Attendorn	05966004	2
15	Augustdorf	05766004	1
16	Bad Berleburg	05970004	1
17	Bad Driburg	05762004	1
18	Bad Honnef	05382008	4
19	Bad Laasphe	05970028	1
20	Bad Lippspringe	05774008	2
21	Bad Münstereifel	05366004	2
22	Bad Oeynhausen	05770004	2
23	Bad Salzuflen	05766008	2
24	Bad Sassendorf	05974008	2
25	Bad Wünnenberg	05774040	1
26	Baesweiler	05334008	2
27	Balve	05962008	1
28	Barntrup	05766012	1
29	Beckum	05570008	2
30	Bedburg	05362004	3
31	Bedburg-Hau	05154004	2
32	Beelen	05570012	1
33	Bergheim	05362008	3
34	Bergisch Gladbach	05378004	5
35	Bergkamen	05978004	3
36	Bergneustadt	05374004	2
37	Bestwig	05958008	1
38	Beverungen	05762008	1
39	Bielefeld	05711000	3
40	Billerbeck	05558008	1
41	Blankenheim	05366008	1

Anlage 254.1

Zu § 254 BewG, zu Anlage 39, Teil II., BewG

\multicolumn{4}{c}{Nordrhein-Westfalen (NW)}			
lfd. Nr.	Gemeindenamen	AGS	Mietniveaustufe
42	Blomberg	05766016	1
43	Bocholt	05554008	3
44	Bochum	05911000	3
45	Bönen	05978008	2
46	Bonn	05314000	5
47	Borchen	05774012	1
48	Borgentreich	05762012	1
49	Borgholzhausen	05754004	2
50	Borken	05554012	2
51	Bornheim	05382012	4
52	Bottrop	05512000	3
53	Brakel	05762016	1
54	Breckerfeld	05954004	3
55	Brilon	05958012	1
56	Brüggen	05166004	2
57	Brühl	05362012	5
58	Bünde	05758004	2
59	Burbach	05970008	2
60	Büren	05774016	1
61	Burscheid	05378008	4
62	Castrop-Rauxel	05562004	3
63	Coesfeld	05558012	2
64	Dahlem	05366012	1
65	Datteln	05562008	2
66	Delbrück	05774020	2
67	Detmold	05766020	2
68	Dinslaken	05170008	3
69	Dörentrup	05766024	1
70	Dormagen	05162004	4

Nordrhein-Westfalen (NW)

lfd. Nr.	Gemeindenamen	AGS	Mietniveaustufe
71	Dorsten	05562012	3
72	Dortmund	05913000	3
73	Drensteinfurt	05570016	2
74	Drolshagen	05966008	2
75	Duisburg	05112000	3
76	Dülmen	05558016	2
77	Düren	05358008	3
78	Düsseldorf	05111000	6
79	Eitorf	05382016	2
80	Elsdorf	05362016	3
81	Emmerich am Rhein	05154008	2
82	Emsdetten	05566008	2
83	Engelskirchen	05374008	3
84	Enger	05758008	2
85	Ennepetal	05954008	3
86	Ennigerloh	05570020	1
87	Ense	05974012	1
88	Erftstadt	05362020	4
89	Erkelenz	05370004	2
90	Erkrath	05158004	4
91	Erndtebrück	05970012	1
92	Erwitte	05974016	1
93	Eschweiler	05334012	3
94	Eslohe (Sauerland)	05958016	1
95	Espelkamp	05770008	2
96	Essen	05113000	4
97	Euskirchen	05366016	3
98	Everswinkel	05570024	1
99	Extertal	05766028	1

Zu § 254 BewG, zu Anlage 39, Teil II., BewG **Anlage 254.1**

lfd. Nr.	Gemeindenamen	AGS	Mietniveaustufe
	Nordrhein-Westfalen (NW)		
100	Finnentrop	05966012	1
101	Frechen	05362024	5
102	Freudenberg	05970016	2
103	Fröndenberg/Ruhr	05978012	2
104	Gangelt	05370008	1
105	Geilenkirchen	05370012	2
106	Geldern	05154012	3
107	Gelsenkirchen	05513000	2
108	Gescher	05554016	2
109	Geseke	05974020	2
110	Gevelsberg	05954012	3
111	Gladbeck	05562014	2
112	Goch	05154016	2
113	Grefrath	05166008	3
114	Greven	05566012	3
115	Grevenbroich	05162008	4
116	Gronau (Westf.)	05554020	2
117	Gummersbach	05374012	2
118	Gütersloh	05754008	3
119	Haan	05158008	4
120	Hagen	05914000	3
121	Halle (Westf.)	05754012	2
122	Hallenberg	05958020	1
123	Haltern am See	05562016	3
124	Halver	05962012	3
125	Hamm	05915000	2
126	Hamminkeln	05170012	2
127	Harsewinkel	05754016	2
128	Hattingen	05954016	3

Anlage 254.1

Zu § 254 BewG, zu Anlage 39, Teil II., BewG

	Nordrhein-Westfalen (NW)		
lfd. Nr.	Gemeindenamen	AGS	Mietniveaustufe
129	Havixbeck	05558020	3
130	Heek	05554024	1
131	Heiden	05554028	1
132	Heiligenhaus	05158012	4
133	Heimbach	05358012	2
134	Heinsberg	05370016	2
135	Hellenthal	05366020	1
136	Hemer	05962016	2
137	Hennef (Sieg)	05382020	4
138	Herdecke	05954020	3
139	Herford	05758012	2
140	Herne	05916000	2
141	Herscheid	05962020	2
142	Herten	05562020	3
143	Herzebrock-Clarholz	05754020	2
144	Herzogenrath	05334016	3
145	Hiddenhausen	05758016	2
146	Hilchenbach	05970020	2
147	Hilden	05158016	5
148	Hille	05770012	1
149	Holzwickede	05978016	3
150	Hopsten	05566020	1
151	Horn-Bad Meinberg	05766032	1
152	Hörstel	05566016	1
153	Horstmar	05566024	1
154	Hövelhof	05774024	1
155	Höxter	05762020	1
156	Hückelhoven	05370020	2
157	Hückeswagen	05374016	3

Zu § 254 BewG, zu Anlage 39, Teil II., BewG   Anlage 254.1

\multicolumn{4}{c}{Nordrhein-Westfalen (NW)}			
lfd. Nr.	Gemeindenamen	AGS	Mietniveaustufe
158	Hüllhorst	05770016	1
159	Hünxe	05170016	3
160	Hürtgenwald	05358016	2
161	Hürth	05362028	5
162	Ibbenbüren	05566028	2
163	Inden	05358020	2
164	Iserlohn	05962024	3
165	Isselburg	05554032	2
166	Issum	05154020	2
167	Jüchen, Stadt	05162012	3
168	Jülich	05358024	3
169	Kaarst	05162016	5
170	Kalkar	05154024	2
171	Kall	05366024	2
172	Kalletal	05766036	1
173	Kamen	05978020	3
174	Kamp-Lintfort	05170020	3
175	Kempen	05166012	3
176	Kerken	05154028	2
177	Kerpen	05362032	4
178	Kevelaer	05154032	2
179	Kierspe	05962028	2
180	Kirchhundem	05966016	1
181	Kirchlengern	05758020	1
182	Kleve	05154036	3
183	Köln	05315000	6
184	Königswinter	05382024	4
185	Korschenbroich	05162020	3
186	Kranenburg	05154040	2

1215

Anlage 254.1

Zu § 254 BewG, zu Anlage 39, Teil II., BewG

\multicolumn{4}{c}{Nordrhein-Westfalen (NW)}			
lfd. Nr.	Gemeindenamen	AGS	Mietniveaustufe
187	Krefeld	05114000	4
188	Kreuzau	05358028	2
189	Kreuztal	05970024	2
190	Kürten	05378012	3
191	Ladbergen	05566032	1
192	Laer	05566036	1
193	Lage	05766040	2
194	Langenberg	05754024	2
195	Langenfeld (Rhld.)	05158020	4
196	Langerwehe	05358032	2
197	Legden	05554036	1
198	Leichlingen (Rhld.)	05378016	4
199	Lemgo	05766044	2
200	Lengerich	05566040	1
201	Lennestadt	05966020	2
202	Leopoldshöhe	05766048	2
203	Leverkusen	05316000	4
204	Lichtenau	05774028	1
205	Lienen	05566044	1
206	Lindlar	05374020	3
207	Linnich	05358036	2
208	Lippetal	05974024	1
209	Lippstadt	05974028	2
210	Lohmar	05382028	4
211	Löhne	05758024	2
212	Lotte	05566048	2
213	Lübbecke	05770020	2
214	Lüdenscheid	05962032	3
215	Lüdinghausen	05558024	2

Zu § 254 BewG, zu Anlage 39, Teil II., BewG   **Anlage 254.1**

Nordrhein-Westfalen (NW)			
lfd. Nr.	Gemeindenamen	AGS	Mietniveaustufe
216	Lügde	05766052	1
217	Lünen	05978024	3
218	Marienheide	05374024	2
219	Marienmünster	05762024	1
220	Marl	05562024	3
221	Marsberg	05958024	1
222	Mechernich	05366028	2
223	Meckenheim	05382032	3
224	Medebach	05958028	1
225	Meerbusch	05162022	5
226	Meinerzhagen	05962036	2
227	Menden (Sauerland)	05962040	2
228	Merzenich	05358040	2
229	Meschede	05958032	1
230	Metelen	05566052	1
231	Mettingen	05566056	1
232	Mettmann	05158024	4
233	Minden	05770024	2
234	Moers	05170024	3
235	Möhnesee	05974032	1
236	Mönchengladbach	05116000	3
237	Monheim am Rhein	05158026	5
238	Monschau	05334020	1
239	Morsbach	05374028	1
240	Much	05382036	2
241	Mülheim an der Ruhr	05117000	4
242	Münster	05515000	5
243	Nachrodt-Wiblingwerde	05962044	2
244	Netphen	05970032	2

Anlage 254.1

Zu § 254 BewG, zu Anlage 39, Teil II., BewG

	Nordrhein-Westfalen (NW)		
lfd. Nr.	Gemeindenamen	AGS	Mietniveaustufe
245	Nettersheim	05366032	1
246	Nettetal	05166016	2
247	Neuenkirchen	05566060	2
248	Neuenrade	05962048	2
249	Neukirchen-Vluyn	05170028	3
250	Neunkirchen	05970036	2
251	Neunkirchen-Seelscheid	05382040	3
252	Neuss	05162024	4
253	Nideggen	05358044	2
254	Niederkassel	05382044	4
255	Niederkrüchten	05166020	2
256	Niederzier	05358048	2
257	Nieheim	05762028	1
258	Nordkirchen	05558028	2
259	Nordwalde	05566064	1
260	Nörvenich	05358052	3
261	Nottuln	05558032	2
262	Nümbrecht	05374032	2
263	Oberhausen	05119000	3
264	Ochtrup	05566068	1
265	Odenthal	05378020	4
266	Oelde	05570028	1
267	Oer-Erkenschwick	05562028	3
268	Oerlinghausen	05766056	2
269	Olfen	05558036	2
270	Olpe	05966024	3
271	Olsberg	05958036	1
272	Ostbevern	05570032	2
273	Overath	05378024	4

Zu § 254 BewG, zu Anlage 39, Teil II., BewG — **Anlage 254.1**

	Nordrhein-Westfalen (NW)		
lfd. Nr.	Gemeindenamen	AGS	Mietniveaustufe
274	Paderborn	05774032	2
275	Petershagen	05770028	1
276	Plettenberg	05962052	2
277	Porta Westfalica	05770032	1
278	Preußisch Oldendorf	05770036	1
279	Pulheim	05362036	5
280	Radevormwald	05374036	3
281	Raesfeld	05554040	2
282	Rahden	05770040	1
283	Ratingen	05158028	5
284	Recke	05566072	1
285	Recklinghausen	05562032	3
286	Rees	05154044	2
287	Reichshof	05374040	1
288	Reken	05554044	1
289	Remscheid	05120000	3
290	Rheda-Wiedenbrück	05754028	3
291	Rhede	05554048	2
292	Rheinbach	05382048	4
293	Rheinberg	05170032	3
294	Rheine	05566076	2
295	Rheurdt	05154048	2
296	Rietberg	05754032	2
297	Rödinghausen	05758028	1
298	Roetgen	05334024	2
299	Rommerskirchen	05162028	3
300	Rosendahl	05558040	1
301	Rösrath	05378028	5
302	Ruppichteroth	05382052	2

Anlage 254.1

Zu § 254 BewG, zu Anlage 39, Teil II., BewG

\multicolumn{4}{c}{Nordrhein-Westfalen (NW)}			
lfd. Nr.	Gemeindenamen	AGS	Mietniveaustufe
303	Rüthen	05974036	1
304	Saerbeck	05566080	1
305	Salzkotten	05774036	1
306	Sankt Augustin	05382056	4
307	Sassenberg	05570036	2
308	Schalksmühle	05962056	2
309	Schermbeck	05170036	3
310	Schieder-Schwalenberg	05766060	1
311	Schlangen	05766064	1
312	Schleiden	05366036	1
313	Schloß Holte-Stukenbrock	05754036	2
314	Schmallenberg	05958040	1
315	Schöppingen	05554052	1
316	Schwalmtal	05166024	2
317	Schwelm	05954024	3
318	Schwerte	05978028	3
319	Selfkant	05370024	2
320	Selm	05978032	3
321	Senden	05558044	2
322	Sendenhorst	05570040	2
323	Siegburg	05382060	5
324	Siegen	05970040	3
325	Simmerath	05334028	2
326	Soest	05974040	2
327	Solingen	05122000	4
328	Sonsbeck	05170040	2
329	Spenge	05758032	1
330	Sprockhövel	05954028	3
331	Stadtlohn	05554056	2

Nordrhein-Westfalen (NW)

lfd. Nr.	Gemeindenamen	AGS	Mietniveaustufe
332	Steinfurt	05566084	2
333	Steinhagen	05754040	2
334	Steinheim	05762032	1
335	Stemwede	05770044	1
336	Stolberg (Rhld.)	05334032	3
337	Straelen	05154052	2
338	Südlohn	05554060	1
339	Sundern (Sauerland)	05958044	1
340	Swisttal	05382064	3
341	Tecklenburg	05566088	1
342	Telgte	05570044	3
343	Titz	05358056	2
344	Tönisvorst	05166028	3
345	Troisdorf	05382068	4
346	Übach-Palenberg	05370028	2
347	Uedem	05154056	2
348	Unna	05978036	3
349	Velbert	05158032	3
350	Velen	05554064	1
351	Verl	05754044	2
352	Versmold	05754048	1
353	Vettweiß	05358060	2
354	Viersen	05166032	3
355	Vlotho	05758036	1
356	Voerde (Niederrhein)	05170044	3
357	Vreden	05554068	1
358	Wachtberg	05382072	4
359	Wachtendonk	05154060	2
360	Wadersloh	05570048	1

Anlage 254.1

Zu § 254 BewG, zu Anlage 39, Teil II., BewG

Nordrhein-Westfalen (NW)			
lfd. Nr.	Gemeindenamen	AGS	Mietniveaustufe
361	Waldbröl	05374044	2
362	Waldfeucht	05370032	1
363	Waltrop	05562036	3
364	Warburg	05762036	1
365	Warendorf	05570052	2
366	Warstein	05974044	1
367	Wassenberg	05370036	2
368	Weeze	05154064	2
369	Wegberg	05370040	3
370	Weilerswist	05366040	3
371	Welver	05974048	2
372	Wenden	05966028	1
373	Werdohl	05962060	2
374	Werl	05974052	2
375	Wermelskirchen	05378032	3
376	Werne	05978040	2
377	Werther (Westf.)	05754052	2
378	Wesel	05170048	3
379	Wesseling	05362040	4
380	Westerkappeln	05566092	1
381	Wetter (Ruhr)	05954032	3
382	Wettringen	05566096	1
383	Wickede (Ruhr)	05974056	2
384	Wiehl	05374048	2
385	Willebadessen	05762040	1
386	Willich	05166036	4
387	Wilnsdorf	05970044	1
388	Windeck	05382076	2
389	Winterberg	05958048	1

Zu § 254 BewG, zu Anlage 39, Teil II., BewG **Anlage 254.1**

	Nordrhein-Westfalen (NW)		
lfd. Nr.	Gemeindenamen	AGS	Mietniveaustufe
390	Wipperfürth	05374052	2
391	Witten	05954036	3
392	Wülfrath	05158036	3
393	Wuppertal	05124000	3
394	Würselen	05334036	3
395	Xanten	05170052	3
396	Zülpich	05366044	2

	Rheinland-Pfalz (RP)		
lfd. Nr.	Gemeindenamen	AGS	Mietniveaustufe
1	Aach	07235001	1
2	Abentheuer	07134001	1
3	Abtweiler	07133001	1
4	Acht	07137001	1
5	Achtelsbach	07134002	1
6	Adenau, Stadt	07131001	1
7	Adenbach	07336001	1
8	Affler	07232001	1
9	Ahrbrück	07131002	1
10	Ailertchen	07143200	1
11	Albersweiler	07337001	2
12	Albessen	07336002	1
13	Albig	07331001	2
14	Albisheim (Pfrimm)	07333001	1
15	Alf	07135001	1
16	Alflen	07135002	1
17	Alken	07137201	1
18	Allenbach	07134003	1
19	Allendorf	07141001	1

Rheinland-Pfalz (RP)			
lfd. Nr.	Gemeindenamen	AGS	Mietniveaustufe
20	Allenfeld	07133002	1
21	Almersbach	07132001	1
22	Alpenrod	07143202	1
23	Alsbach	07143001	1
24	Alsdorf	07132002	1
25	Alsdorf	07232002	1
26	Alsenz	07333003	1
27	Alsheim	07331002	2
28	Altdorf	07337002	2
29	Altenahr	07131003	1
30	Altenbamberg	07133003	1
31	Altendiez	07141002	1
32	Altenglan	07336003	1
33	Altenkirchen	07336004	1
34	Altenkirchen (Ww)	07132501	1
35	Alterkülz	07140001	1
36	Althornbach	07340201	1
37	Altlay	07135003	1
38	Altleiningen	07332001	2
39	Altrich	07231001	1
40	Altrip	07338001	3
41	Altscheid	07232003	1
42	Altstrimmig	07135004	1
43	Altweidelbach	07140002	1
44	Alzey, Stadt	07331003	3
45	Ammeldingen an d. Our	07232004	1
46	Ammeldingen, Neuerb.	07232005	1
47	Andernach, gr. kr. St.	07137003	2
48	Anhausen	07138002	1

Zu § 254 BewG, zu Anlage 39, Teil II., BewG   **Anlage 254.1**

\multicolumn{4}{c}{Rheinland-Pfalz (RP)}			
lfd. Nr.	Gemeindenamen	AGS	Mietniveaustufe
49	Annweiler am Trifels	07337501	2
50	Anschau	07137004	1
51	Antweiler	07131004	1
52	Appenheim	07339001	3
53	Arbach	07233201	1
54	Aremberg	07131005	1
55	Arenrath	07231003	1
56	Arft	07137006	1
57	Argenschwang	07133004	1
58	Argenthal	07140003	1
59	Armsheim	07331004	2
60	Arnshöfen	07143203	1
61	Arzbach	07141201	1
62	Arzfeld	07232201	1
63	Asbach	07134004	1
64	Asbach	07138003	1
65	Aschbach	07336005	1
66	Aspisheim	07339002	3
67	Astert	07143204	1
68	Attenhausen	07141003	1
69	Atzelgift	07143205	1
70	Auderath	07135005	1
71	Auel	07141004	1
72	Auen	07133005	1
73	Aull	07141005	1
74	Auw an der Kyll	07232006	1
75	Auw bei Prüm	07232202	1
76	Ayl	07235002	1
77	Baar	07137007	1

Anlage 254.1

Zu § 254 BewG, zu Anlage 39, Teil II., BewG

Rheinland-Pfalz (RP)			
lfd. Nr.	Gemeindenamen	AGS	Mietniveaustufe
78	Bacharach, Stadt	07339003	3
79	Bachenberg	07132004	1
80	Bad Bergzabern, St.	07337005	2
81	Bad Bertrich	07135501	1
82	Bad Breisig, Stadt	07131006	1
83	Bad Dürkheim, Stadt	07332002	3
84	Bad Ems, Stadt	07141006	1
85	Bad Hönningen, Stadt	07138004	1
86	Bad Kreuznach, Stadt	07133006	3
87	Bad Marienberg (Ww)	07143206	1
88	Bad Neuenahr-Ahrw.	07131007	3
89	Bad Sobernheim, St.	07133501	1
90	Badem	07232007	1
91	Badenhard	07140005	1
92	Badenheim	07339004	3
93	Baldringen	07235003	1
94	Balduinstein	07141503	1
95	Balesfeld	07232203	1
96	Bann	07335002	1
97	Bannberscheid	07143003	1
98	Barbelroth	07337006	2
99	Bärenbach	07133008	1
100	Bärenbach	07140006	1
101	Barweiler	07131008	1
102	Bärweiler	07133009	1
103	Basberg	07233002	1
104	Bassenheim	07137202	1
105	Battenberg (Pfalz)	07332003	2
106	Battweiler	07340202	1

Rheinland-Pfalz (RP)

lfd. Nr.	Gemeindenamen	AGS	Mietniveaustufe
107	Bauler	07131009	1
108	Bauler	07232008	1
109	Baumholder, Stadt	07134005	1
110	Bausendorf	07231004	1
111	Baustert	07232009	1
112	Bayerfeld-Steckweil.	07333004	1
113	Becheln	07141008	1
114	Bechenheim	07331005	2
115	Becherbach	07133011	1
116	Becherbach bei Kirn	07133010	1
117	Bechhofen	07340203	1
118	Bechtheim	07331006	2
119	Bechtolsheim	07331007	2
120	Bedesbach	07336106	1
121	Beilingen	07232010	1
122	Beilstein	07135007	1
123	Beindersheim	07338002	3
124	Beinhausen	07233003	1
125	Bekond	07235004	1
126	Belg	07140007	1
127	Belgweiler	07140008	1
128	Bell	07137008	1
129	Bell (Hunsrück)	07140009	1
130	Bellheim	07334001	2
131	Bellingen	07143207	1
132	Beltheim	07140010	1
133	Bendorf, Stadt	07137203	2
134	Bengel	07231005	1
135	Bennhausen	07333005	1

Anlage 254.1

Zu § 254 BewG, zu Anlage 39, Teil II., BewG

	Rheinland-Pfalz (RP)		
lfd. Nr.	Gemeindenamen	AGS	Mietniveaustufe
136	Benzweiler	07140011	1
137	Bereborn	07233202	1
138	Berenbach	07233203	1
139	Berg	07131011	1
140	Berg	07141009	1
141	Berg (Pfalz)	07334002	2
142	Bergen	07134006	1
143	Bergenhausen	07140012	1
144	Berghausen	07141010	1
145	Berglangenbach	07134007	1
146	Berglicht	07231006	1
147	Bergweiler	07231007	1
148	Berkoth	07232011	1
149	Berlingen	07233004	1
150	Bermel	07137011	1
151	Bermersheim	07331009	2
152	Bermersheim vor d. H.	07331008	2
153	Berndorf	07233005	1
154	Berndroth	07141011	1
155	Bernkastel-Kues, St.	07231008	1
156	Berod bei Hachenburg	07132201	1
157	Berod bei Wallmerod	07143208	1
158	Berscheid	07232012	1
159	Berschweiler b. Kirn	07134009	1
160	Berschweiler, Baumh.	07134008	1
161	Berzhahn	07143209	1
162	Berzhausen	07132005	1
163	Bescheid	07235005	1
164	Betteldorf	07233006	1

Zu § 254 BewG, zu Anlage 39, Teil II., BewG

Anlage 254.1

	Rheinland-Pfalz (RP)		
lfd. Nr.	Gemeindenamen	AGS	Mietniveaustufe
165	Bettendorf	07141012	1
166	Bettenfeld	07231009	1
167	Bettingen	07232013	1
168	Betzdorf, Stadt	07132006	1
169	Beulich	07140201	1
170	Beuren	07135008	1
171	Beuren (Hochwald)	07235008	1
172	Bickenbach	07140014	1
173	Bickendorf	07232014	1
174	Biebelnheim	07331010	2
175	Biebelsheim	07133012	1
176	Biebern	07140015	1
177	Biebrich	07141013	1
178	Biedershausen	07340204	1
179	Biedesheim	07333006	1
180	Biersdorf am See	07232015	1
181	Biesdorf	07232016	1
182	Bilkheim	07143210	1
183	Billigheim-Ingenheim	07337007	2
184	Bingen a. Rhein, St.	07339005	3
185	Binningen	07135009	1
186	Binsfeld	07231010	1
187	Birgel	07233007	1
188	Birkenbeul	07132007	1
189	Birkenfeld, Stadt	07134010	1
190	Birkenheide	07338003	3
191	Birken-Honigsessen	07132008	1
192	Birkenhördt	07337008	2
193	Birkheim	07140016	1

Anlage 254.1

Zu § 254 BewG, zu Anlage 39, Teil II., BewG

Rheinland-Pfalz (RP)			
lfd. Nr.	Gemeindenamen	AGS	Mietniveaustufe
194	Birkweiler	07337009	2
195	Birlenbach	07141014	1
196	Birnbach	07132009	1
197	Birresborn	07233204	1
198	Birtlingen	07232017	1
199	Bischheim	07333007	1
200	Bissersheim	07332004	2
201	Bisterschied	07333008	1
202	Bitburg, Stadt	07232018	2
203	Bitzen	07132010	1
204	Blankenrath	07135010	1
205	Blaubach	07336006	1
206	Bleckhausen	07233008	1
207	Bleialf	07232206	1
208	Bobenheim am Berg	07332005	2
209	Bobenheim-Roxheim	07338004	3
210	Bobenthal	07340001	1
211	Böbingen	07337011	2
212	Böchingen	07337012	2
213	Bockenau	07133013	1
214	Bockenheim a. d. W.	07332006	2
215	Boden	07143005	1
216	Bodenbach	07233205	1
217	Bodenheim	07339006	3
218	Bogel	07141015	1
219	Böhl-Iggelheim	07338005	2
220	Bolanden	07333010	1
221	Bollenbach	07134012	1
222	Böllenborn	07337013	2

Zu § 254 BewG, zu Anlage 39, Teil II., BewG Anlage 254.1

\multicolumn{4}{c}{Rheinland-Pfalz (RP)}			
lfd. Nr.	Gemeindenamen	AGS	Mietniveaustufe
223	Bollendorf	07232019	1
224	Bölsberg	07143211	1
225	Bonefeld	07138005	1
226	Bonerath	07235010	1
227	Bongard	07233206	1
228	Boos	07133014	1
229	Boos	07137014	1
230	Boppard, Stadt	07140501	1
231	Börfink	07134011	1
232	Borler	07233207	1
233	Bornheim	07331012	2
234	Bornheim	07337014	2
235	Bornich	07141016	1
236	Borod	07143212	1
237	Börrstadt	07333009	1
238	Börsborn	07336008	1
239	Bosenbach	07336009	1
240	Bottenbach	07340205	1
241	Boxberg	07233010	1
242	Brachbach	07132012	1
243	Brachtendorf	07135011	1
244	Brandscheid	07143213	1
245	Brandscheid	07232207	1
246	Braubach, Stadt	07141501	1
247	Brauneberg	07231012	1
248	Braunshorn	07140018	1
249	Braunweiler	07133015	1
250	Brauweiler	07133016	1
251	Brecht	07232020	1

Anlage 254.1

Zu § 254 BewG, zu Anlage 39, Teil II., BewG

\multicolumn{4}{c}{Rheinland-Pfalz (RP)}			
lfd. Nr.	Gemeindenamen	AGS	Mietniveaustufe
252	Breit	07231202	1
253	Breitenau	07143006	1
254	Breitenbach	07336010	1
255	Breitenheim	07133017	1
256	Breitenthal	07134013	1
257	Breitscheid	07138006	1
258	Breitscheid	07339007	3
259	Breitscheidt	07132013	1
260	Bremberg	07141018	1
261	Bremm	07135012	1
262	Brenk	07131201	1
263	Bretthausen	07143214	1
264	Bretzenheim	07133018	1
265	Breunigweiler	07333011	1
266	Brey	07137204	1
267	Briedel	07135013	1
268	Brieden	07135014	1
269	Briedern	07135015	1
270	Brimingen	07232502	1
271	Brockscheid	07233011	1
272	Brodenbach	07137205	1
273	Brohl	07135016	1
274	Brohl-Lützing	07131014	1
275	Bruch	07231013	1
276	Bruchertseifen	07132014	1
277	Bruchhausen	07138008	1
278	Bruchmühlbach-Miesau	07335003	1
279	Bruchweiler	07134014	1
280	Bruchweiler-Bärenb.	07340501	1

Zu § 254 BewG, zu Anlage 39, Teil II., BewG   Anlage 254.1

\multicolumn{4}{c}{Rheinland-Pfalz (RP)}			
lfd. Nr.	Gemeindenamen	AGS	Mietniveaustufe
281	Brücken	07134015	1
282	Brücken (Pfalz)	07336011	1
283	Brücktal	07233208	1
284	Bruschied	07133201	1
285	Bruttig-Fankel	07135017	1
286	Bubach	07140020	1
287	Bubenheim	07333012	1
288	Bubenheim	07339008	3
289	Buborn	07336012	1
290	Buch	07140021	1
291	Buch	07141019	1
292	Büchel	07135018	1
293	Büchenbeuren	07140024	1
294	Buchet	07232208	1
295	Buchholz (Ww)	07138080	1
296	Budenbach	07140023	1
297	Budenheim	07339009	3
298	Büdesheim	07232209	1
299	Büdlich	07231203	1
300	Buhlenberg	07134016	1
301	Bullay	07135019	1
302	Bundenbach	07134017	1
303	Bundenthal	07340502	1
304	Burbach	07232210	1
305	Bürdenbach	07132015	1
306	Burg	07232022	1
307	Burg (Mosel)	07231014	1
308	Burgbrohl	07131202	1
309	Burgen	07137206	1

Anlage 254.1

Zu § 254 BewG, zu Anlage 39, Teil II., BewG

	Rheinland-Pfalz (RP)		
lfd. Nr.	Gemeindenamen	AGS	Mietniveaustufe
310	Burgen	07231016	1
311	Burglahr	07132016	1
312	Burgschwalbach	07141020	1
313	Burgsponheim	07133019	1
314	Burrweiler	07337015	2
315	Burtscheid	07231017	1
316	Busenberg	07340002	1
317	Busenhausen	07132017	1
318	Caan	07143007	1
319	Callbach	07133020	1
320	Carlsberg	07332007	2
321	Charlottenberg	07141021	1
322	Clausen	07340003	1
323	Cochem, Stadt	07135020	1
324	Contwig	07340206	1
325	Cramberg	07141022	1
326	Cronenberg	07336013	1
327	Daaden, Stadt	07132018	1
328	Dachsenhausen	07141023	1
329	Dackenheim	07332008	2
330	Dackscheid	07232211	1
331	Dahlem	07232024	1
332	Dahlheim	07141024	1
333	Dahn, Stadt	07340004	1
334	Dahnen	07232212	1
335	Dalberg	07133021	1
336	Daleiden	07232213	1
337	Dalheim	07339010	3
338	Dambach	07134018	1

Zu § 254 BewG, zu Anlage 39, Teil II., BewG   **Anlage 254.1**

	Rheinland-Pfalz (RP)		
lfd. Nr.	Gemeindenamen	AGS	Mietniveaustufe
339	Damflos	07235014	1
340	Damscheid	07140025	1
341	Dankerath	07131015	1
342	Dannenfels	07333013	1
343	Dannstadt-Schauernh.	07338006	3
344	Darscheid	07233014	1
345	Darstein	07340005	1
346	Dasburg	07232214	1
347	Dattenberg	07138009	1
348	Datzeroth	07138010	1
349	Daubach	07133022	1
350	Daubach	07143008	1
351	Daun, Stadt	07233501	1
352	Dausenau	07141025	1
353	Dauwelshausen	07232025	1
354	Daxweiler	07133023	1
355	Dedenbach	07131016	1
356	Deesen	07143009	1
357	Deidesheim, Stadt	07332009	2
358	Deimberg	07336014	1
359	Dellfeld	07340207	1
360	Demerath	07233016	1
361	Dennweiler-Frohnbach	07336015	1
362	Densborn	07233209	1
363	Dernau	07131017	1
364	Dernbach	07138011	1
365	Dernbach	07337017	2
366	Dernbach(Westerwald)	07143010	1
367	Derschen	07132019	1

Anlage 254.1 Zu § 254 BewG, zu Anlage 39, Teil II., BewG

	Rheinland-Pfalz (RP)		
lfd. Nr.	Gemeindenamen	AGS	Mietniveaustufe
368	Desloch	07133024	1
369	Dessighofen	07141026	1
370	Detzem	07235015	1
371	Deudesfeld	07233017	1
372	Deuselbach	07231018	1
373	Dexheim	07339011	3
374	Dhronecken	07231019	1
375	Dichtelbach	07140027	1
376	Dickendorf	07132020	1
377	Dickenschied	07140028	1
378	Dickesbach	07134019	1
379	Dieblich	07137207	1
380	Diefenbach	07231020	1
381	Dielkirchen	07333014	1
382	Dienethal	07141027	1
383	Dienheim	07339012	3
384	Dienstweiler	07134020	1
385	Dierbach	07337018	2
386	Dierdorf, Stadt	07138012	1
387	Dierfeld	07231021	1
388	Dierscheid	07231022	1
389	Diethardt	07141502	1
390	Dietrichingen	07340208	1
391	Diez, Stadt	07141029	2
392	Dill	07140029	1
393	Dillendorf	07140030	1
394	Dimbach	07340006	1
395	Dingdorf	07232216	1
396	Dintesheim	07331014	2

Zu § 254 BewG, zu Anlage 39, Teil II., BewG   Anlage 254.1

	Rheinland-Pfalz (RP)
lfd. Nr.	Gemeindenamen	AGS	Mietniveaustufe
397	Dirmstein	07332010	2
398	Ditscheid	07137019	1
399	Dittelsheim-Heßloch	07331015	2
400	Dittweiler	07336016	1
401	Dockendorf	07232026	1
402	Dockweiler	07233018	1
403	Dodenburg	07231023	1
404	Dohm-Lammersdorf	07233019	1
405	Dohr	07135021	1
406	Dolgesheim	07339013	3
407	Dommershausen	07140202	1
408	Donsieders	07340007	1
409	Dörnberg	07141030	1
410	Dorn-Dürkheim	07339201	3
411	Dornholzhausen	07141033	1
412	Dörrebach	07133025	1
413	Dörrenbach	07337019	2
414	Dörrmoschel	07333016	1
415	Dörscheid	07141031	1
416	Dörsdorf	07141032	1
417	Dorsel	07131018	1
418	Dorsheim	07133026	1
419	Dörth	07140031	1
420	Döttesfeld	07138013	1
421	Drees	07233210	1
422	Dreifelden	07143215	1
423	Dreikirchen	07143011	1
424	Dreis	07231024	1
425	Dreisbach	07143216	1

Anlage 254.1

Zu § 254 BewG, zu Anlage 39, Teil II., BewG

Rheinland-Pfalz (RP)			
lfd. Nr.	Gemeindenamen	AGS	Mietniveaustufe
426	Dreis-Brück	07233020	1
427	Dreisen	07333017	1
428	Duchroth	07133027	1
429	Dudeldorf	07232027	1
430	Dudenhofen	07338007	3
431	Dümpelfeld	07131501	1
432	Dünfus	07135022	1
433	Düngenheim	07135023	1
434	Dunzweiler	07336017	1
435	Duppach	07233211	1
436	Dürrholz	07138014	1
437	Ebernhahn	07143012	1
438	Ebertshausen	07141034	1
439	Ebertsheim	07332012	2
440	Echternacherbrück	07232028	1
441	Echtershausen	07232029	1
442	Eckelsheim	07331017	2
443	Eckenroth	07133028	1
444	Eckersweiler	07134021	1
445	Eckfeld	07231025	1
446	Edenkoben, Stadt	07337020	2
447	Edesheim	07337021	2
448	Ediger-Eller	07135024	1
449	Ehlenz	07232030	1
450	Ehlscheid	07138015	1
451	Ehr	07141035	1
452	Ehweiler	07336018	1
453	Eich	07331018	2
454	Eichelhardt	07132022	1

Zu § 254 BewG, zu Anlage 39, Teil II., BewG   **Anlage 254.1**

\multicolumn{4}{c}{Rheinland-Pfalz (RP)}			
lfd. Nr.	Gemeindenamen	AGS	Mietniveaustufe
455	Eichen	07132023	1
456	Eichenbach	07131021	1
457	Eilscheid	07232217	1
458	Eimsheim	07339015	3
459	Einig	07137023	1
460	Einöllen	07336019	1
461	Einselthum	07333018	1
462	Eisenach	07232218	1
463	Eisenberg(Pfalz), St.	07333019	1
464	Eisenschmitt	07231026	1
465	Eisighofen	07141036	1
466	Eitelborn	07143013	1
467	Elben	07132024	1
468	Elbingen	07143501	1
469	Elchweiler	07134022	1
470	Elkenroth	07132025	1
471	Ellenberg	07134023	1
472	Ellenhausen	07143015	1
473	Ellenz-Poltersdorf	07135025	1
474	Ellern (Hunsrück)	07140035	1
475	Ellerstadt	07332013	2
476	Ellscheid	07233021	1
477	Ellweiler	07134024	1
478	Elmstein	07332014	2
479	Elsoff (Westerwald)	07143218	1
480	Elzweiler	07336021	1
481	Emmelbaum	07232031	1
482	Emmelshausen, Stadt	07140036	1
483	Emmerzhausen	07132026	1

Anlage 254.1

Zu § 254 BewG, zu Anlage 39, Teil II., BewG

Rheinland-Pfalz (RP)			
lfd. Nr.	Gemeindenamen	AGS	Mietniveaustufe
484	Endlichhofen	07141037	1
485	Engelstadt	07339016	3
486	Enkenbach-Alsenborn	07335004	1
487	Enkirch	07231029	1
488	Ensch	07235019	1
489	Ensheim	07331019	2
490	Enspel	07143219	1
491	Enzen	07232032	1
492	Eppelsheim	07331020	2
493	Eppenberg	07135026	1
494	Eppenbrunn	07340008	1
495	Eppenrod	07141038	1
496	Erbach	07140037	1
497	Erbes-Büdesheim	07331021	2
498	Erden	07231030	1
499	Erdesbach	07336022	1
500	Erfweiler	07340009	1
501	Ergeshausen	07141039	1
502	Erlenbach bei Dahn	07340010	1
503	Erlenbach bei Kandel	07334004	2
504	Ernst	07135027	1
505	Ernzen	07232033	1
506	Erpel	07138019	1
507	Erpolzheim	07332015	2
508	Ersfeld	07132027	1
509	Erzenhausen	07335005	1
510	Esch	07231031	1
511	Esch	07233022	1
512	Eschbach	07141040	1

Rheinland-Pfalz (RP)			
lfd. Nr.	Gemeindenamen	AGS	Mietniveaustufe
513	Eschbach	07337022	2
514	Eschfeld	07232220	1
515	Esselborn	07331022	2
516	Essenheim	07339017	3
517	Essingen	07337023	2
518	Eßlingen	07232034	1
519	Eßweiler	07336023	1
520	Esthal	07332016	2
521	Etgert	07231032	1
522	Etschberg	07336024	1
523	Etteldorf	07232035	1
524	Ettinghausen	07143220	1
525	Ettringen	07137025	1
526	Etzbach	07132028	1
527	Eulenberg	07132029	1
528	Eulenbis	07335006	1
529	Eulgem	07135028	1
530	Euscheid	07232221	1
531	Eußerthal	07337024	2
532	Ewighausen	07143221	1
533	Fachbach	07141041	1
534	Faid	07135029	1
535	Falkenstein	07333020	1
536	Farschweiler	07235021	1
537	Fehl-Ritzhausen	07143222	1
538	Feilbingert	07133030	1
539	Feilsdorf	07232036	1
540	Fell	07235022	1
541	Fensdorf	07132030	1

Anlage 254.1

Zu § 254 BewG, zu Anlage 39, Teil II., BewG

\multicolumn{4}{c}{Rheinland-Pfalz (RP)}			
lfd. Nr.	Gemeindenamen	AGS	Mietniveaustufe
542	Ferschweiler	07232037	1
543	Feuerscheid	07232222	1
544	Feusdorf	07233023	1
545	Fiersbach	07132031	1
546	Filsen	07141042	1
547	Filz	07135030	1
548	Finkenbach-Gersweil.	07333021	1
549	Fisch	07235025	1
550	Fischbach	07134025	1
551	Fischbach	07335007	1
552	Fischbach bei Dahn	07340011	1
553	Fischbach-Oberraden	07232038	1
554	Flacht	07141043	1
555	Flammersfeld	07132032	1
556	Flemlingen	07337025	2
557	Fleringen	07232223	1
558	Fließem	07232039	1
559	Flomborn	07331024	2
560	Flonheim	07331025	2
561	Flörsheim-Dalsheim	07331023	2
562	Flußbach	07231033	1
563	Fluterschen	07132033	1
564	Föckelberg	07336025	1
565	Föhren	07235026	1
566	Fohren-Linden	07134026	1
567	Forst	07132034	1
568	Forst (Eifel)	07135031	1
569	Forst (Hunsrück)	07135032	1
570	Forst an d. Weinstr.	07332017	2

Zu § 254 BewG, zu Anlage 39, Teil II., BewG **Anlage 254.1**

\	Rheinland-Pfalz (RP)		
lfd. Nr.	Gemeindenamen	AGS	Mietniveaustufe
571	Forstmehren	07132035	1
572	Framersheim	07331026	2
573	Frankelbach	07335009	1
574	Frankeneck	07332018	2
575	Frankenstein	07335010	1
576	Frankenthal (Pfalz)	07311000	3
577	Frankweiler	07337026	2
578	Franzenheim	07235027	1
579	Frauenberg	07134027	1
580	Freckenfeld	07334005	2
581	Frei-Laubersheim	07133031	1
582	Freilingen	07143018	1
583	Freimersheim	07331027	2
584	Freimersheim (Pfalz)	07337027	2
585	Freinsheim, Stadt	07332019	2
586	Freirachdorf	07143019	1
587	Freisbach	07334006	2
588	Frettenheim	07331028	2
589	Freudenburg	07235028	1
590	Friedelsheim	07332020	2
591	Friedewald	07132036	1
592	Friesenhagen	07132037	1
593	Friesenheim	07339018	3
594	Frohnhofen	07336027	1
595	Fronhofen	07140039	1
596	Frücht	07141044	1
597	Fuchshofen	07131022	1
598	Fürfeld	07133032	1
599	Fürthen	07132038	1

Anlage 254.1

Zu § 254 BewG, zu Anlage 39, Teil II., BewG

	Rheinland-Pfalz (RP)		
lfd. Nr.	Gemeindenamen	AGS	Mietniveaustufe
600	Fußgönheim	07338008	3
601	Gabsheim	07331029	2
602	Gackenbach	07143020	1
603	Galenberg	07131204	1
604	Gamlen	07135033	1
605	Gappenach	07137027	1
606	Gau-Algesheim, Stadt	07339019	3
607	Gau-Bickelheim	07331030	2
608	Gau-Bischofsheim	07339020	3
609	Gauersheim	07333022	1
610	Gaugrehweiler	07333023	1
611	Gau-Heppenheim	07331031	2
612	Gau-Odernheim	07331032	2
613	Gau-Weinheim	07331033	2
614	Gebhardshain	07132039	1
615	Gebroth	07133033	1
616	Gefell	07233025	1
617	Gehlert	07143223	1
618	Gehlweiler	07140040	1
619	Gehrweiler	07333024	1
620	Geichlingen	07232040	1
621	Geilnau	07141045	1
622	Geiselberg	07340012	1
623	Geisfeld	07235030	1
624	Geisig	07141046	1
625	Gelenberg	07233212	1
626	Gemmerich	07141047	1
627	Gemünd	07232041	1
628	Gemünden	07140041	1

1244

Zu § 254 BewG, zu Anlage 39, Teil II., BewG   **Anlage 254.1**

	Rheinland-Pfalz (RP)		
lfd. Nr.	Gemeindenamen	AGS	Mietniveaustufe
629	Gemünden	07143224	1
630	Gensingen	07339021	3
631	Gentingen	07232042	1
632	Gerach	07134028	1
633	Gerbach	07333025	1
634	Gerhardsbrunn	07335011	1
635	Gering	07137029	1
636	Germersheim, Stadt	07334007	3
637	Gerolsheim	07332021	2
638	Gerolstein, Stadt	07233026	1
639	Gevenich	07135034	1
640	Gieleroth	07132040	1
641	Gielert	07231035	1
642	Gierschnach	07137030	1
643	Giershausen	07132041	1
644	Giesdorf	07232224	1
645	Giesenhausen	07143225	1
646	Gillenbeuren	07135035	1
647	Gillenfeld	07233027	1
648	Gilzem	07232225	1
649	Gimbsheim	07331034	2
650	Gimbweiler	07134029	1
651	Gindorf	07232043	1
652	Ginsweiler	07336029	1
653	Gipperath	07231036	1
654	Girkenroth	07143226	1
655	Girod	07143021	1
656	Gladbach	07231037	1
657	Glanbrücken	07336030	1

Anlage 254.1

Zu § 254 BewG, zu Anlage 39, Teil II., BewG

Rheinland-Pfalz (RP)			
lfd. Nr.	Gemeindenamen	AGS	Mietniveaustufe
658	Glan-Münchweiler	07336031	1
659	Glees	07131205	1
660	Gleisweiler	07337028	2
661	Gleiszellen-Gleish.	07337029	2
662	Göcklingen	07337031	2
663	Goddert	07143022	1
664	Gödenroth	07140042	1
665	Gollenberg	07134031	1
666	Göllheim	07333026	1
667	Gommersheim	07337032	2
668	Gonbach	07333027	1
669	Gondenbrett	07232227	1
670	Gondershausen	07140043	1
671	Gondorf	07232044	1
672	Gönnersdorf	07131025	1
673	Gönnersdorf	07233028	1
674	Gönnheim	07332022	2
675	Görgeshausen	07143023	1
676	Gornhausen	07231040	1
677	Gösenroth	07134030	1
678	Gossersweiler-Stein	07337033	2
679	Graach an der Mosel	07231041	1
680	Gräfendhron	07231042	1
681	Grafschaft	07131090	2
682	Gransdorf	07232228	1
683	Greimerath	07231044	1
684	Greimerath	07235033	1
685	Greimersburg	07135036	1
686	Grenderich	07135037	1

Rheinland-Pfalz (RP)			
lfd. Nr.	Gemeindenamen	AGS	Mietniveaustufe
687	Griebelschied	07134032	1
688	Gries	07336032	1
689	Grimburg	07235035	1
690	Grolsheim	07339022	3
691	Großbundenbach	07340209	1
692	Großfischlingen	07337035	2
693	Großholbach	07143024	1
694	Großkampenberg	07232229	1
695	Großkarlbach	07332023	2
696	Großlangenfeld	07232230	1
697	Großlittgen	07231046	1
698	Großmaischeid	07138023	1
699	Großniedesheim	07338009	3
700	Großseifen	07143227	1
701	Großsteinhausen	07340210	1
702	Grumbach	07336033	1
703	Grünebach	07132042	1
704	Grünstadt, Stadt	07332024	3
705	Guckheim	07143228	1
706	Gückingen	07141049	1
707	Guldental	07133035	1
708	Güllesheim	07132043	1
709	Gumbsheim	07331035	2
710	Gunderath	07233213	1
711	Gundersheim	07331036	2
712	Gundersweiler	07333028	1
713	Gundheim	07331037	2
714	Guntersblum	07339024	3
715	Gusenburg	07235036	1

Anlage 254.1

Zu § 254 BewG, zu Anlage 39, Teil II., BewG

	Rheinland-Pfalz (RP)		
lfd. Nr.	Gemeindenamen	AGS	Mietniveaustufe
716	Gusterath	07235037	1
717	Gutenacker	07141050	1
718	Gutenberg	07133036	1
719	Gutweiler	07235038	1
720	Habscheid	07232231	1
721	Hachenburg, Stadt	07143229	1
722	Hackenheim	07133037	1
723	Hagenbach, Stadt	07334008	2
724	Hahn	07140044	1
725	Hahn am See	07143232	1
726	Hahn bei Marienberg	07143231	1
727	Hahnenbach	07133038	1
728	Hahnheim	07339025	3
729	Hahnstätten	07141051	1
730	Hahnweiler	07134033	1
731	Hainau	07141110	1
732	Hainfeld	07337036	2
733	Halbs	07143233	1
734	Hallgarten	07133039	1
735	Hallschlag	07233214	1
736	Halsdorf	07232045	1
737	Halsenbach	07140045	1
738	Hambach	07141052	1
739	Hambuch	07135038	1
740	Hamm	07232046	1
741	Hamm (Sieg)	07132044	1
742	Hamm am Rhein	07331038	2
743	Hammerstein	07138024	1
744	Hangen-Weisheim	07331039	2

Rheinland-Pfalz (RP)			
lfd. Nr.	Gemeindenamen	AGS	Mietniveaustufe
745	Hanhofen	07338010	3
746	Hanroth	07138025	1
747	Harbach	07132045	1
748	Hardert	07138026	1
749	Hardt	07143234	1
750	Hargarten	07232233	1
751	Hargesheim	07133040	1
752	Harschbach	07138027	1
753	Harscheid	07131026	1
754	Harspelt	07232234	1
755	Hartenfels	07143025	1
756	Harthausen	07338011	3
757	Härtlingen	07143230	1
758	Harxheim	07339026	3
759	Hasborn	07231049	1
760	Haschbach a. Remig.	07336034	1
761	Haserich	07135039	1
762	Hasselbach	07132046	1
763	Hasselbach	07140046	1
764	Haßloch	07332025	3
765	Hattert	07143235	1
766	Hattgenstein	07134034	1
767	Hatzenbühl	07334009	2
768	Hatzenport	07137208	1
769	Hauenstein	07340014	1
770	Hauptstuhl	07335012	1
771	Hauroth	07135040	1
772	Hausbay	07140047	1
773	Hausen	07134035	1

Anlage 254.1

Zu § 254 BewG, zu Anlage 39, Teil II., BewG

\	Rheinland-Pfalz (RP)		
lfd. Nr.	Gemeindenamen	AGS	Mietniveaustufe
774	Hausen (Wied)	07138007	1
775	Hausten	07137034	1
776	Hausweiler	07336035	1
777	Hecken	07140048	1
778	Heckenbach	07131027	1
779	Heckenmünster	07231050	1
780	Heckhuscheid	07232236	1
781	Heddert	07235040	1
782	Hefersweiler	07336036	1
783	Heidenburg	07231204	1
784	entfallen		
785	Heidweiler	07231051	1
786	Heilbach	07232047	1
787	Heilberscheid	07143026	1
788	Heilenbach	07232048	1
789	Heiligenmoschel	07335013	1
790	Heiligenroth	07143027	1
791	Heimbach	07134036	1
792	Heimborn	07143236	1
793	Heimweiler	07133041	1
794	Heinzenbach	07140049	1
795	Heinzenberg	07133042	1
796	Heinzenhausen	07336038	1
797	Heisdorf	07232238	1
798	Heistenbach	07141053	1
799	Helferskirchen	07143028	1
800	Hellenhahn-Schellen.	07143237	1
801	Hellertshausen	07134037	1
802	Helmenzen	07132047	1

Zu § 254 BewG, zu Anlage 39, Teil II., BewG Anlage 254.1

\multicolumn{4}{c|}{Rheinland-Pfalz (RP)}			
lfd. Nr.	Gemeindenamen	AGS	Mietniveaustufe
803	Helmeroth	07132048	1
804	Heltersberg	07340015	1
805	Hemmelzen	07132049	1
806	Henau	07140050	1
807	Hennweiler	07133043	1
808	Henschtal	07336037	1
809	Hentern	07235043	1
810	Herborn	07134038	1
811	Herbstmühle	07232049	1
812	Herchweiler	07336039	1
813	Herdorf, Stadt	07132050	1
814	Herforst	07232050	1
815	Hergenfeld	07133044	1
816	Hergenroth	07143238	1
817	Hergersweiler	07337037	2
818	Herl	07235044	1
819	Hermersberg	07340016	1
820	Hermeskeil, Stadt	07235045	1
821	Herold	07141054	1
822	Herren-Sulzbach	07336040	1
823	Herresbach	07137035	1
824	Herrstein	07134039	1
825	Herschbach	07143029	1
826	Herschbach (Oww)	07143239	1
827	Herschberg	07340017	1
828	Herschbroich	07131028	1
829	Herschweiler-Petter.	07336041	1
830	Hersdorf	07232332	1
831	Herxheim am Berg	07332026	2

Anlage 254.1

Zu § 254 BewG, zu Anlage 39, Teil II., BewG

\multicolumn{4}{c}{Rheinland-Pfalz (RP)}			
lfd. Nr.	Gemeindenamen	AGS	Mietniveaustufe
832	Herxheim bei Landau	07337038	3
833	Herxheimweyher	07337039	2
834	Herzfeld	07232240	1
835	Heßheim	07338012	3
836	Hesweiler	07135041	1
837	Hettenhausen	07340018	1
838	Hettenleidelheim	07332027	2
839	Hettenrodt	07134040	1
840	Hetzerath	07231053	1
841	Heuchelheim b. Frank.	07338013	3
842	Heuchelheim-Klingen	07337040	2
843	Heupelzen	07132051	1
844	Heuzert	07143240	1
845	Hilgenroth	07132052	1
846	Hilgert	07143030	1
847	Hillesheim	07339028	3
848	Hillesheim, Stadt	07233029	1
849	Hillscheid	07143031	1
850	Hilscheid	07231054	1
851	Hilst	07340019	1
852	Himmighofen	07141055	1
853	Hintertiefenbach	07134041	1
854	Hinterweidenthal	07340020	1
855	Hinterweiler	07233030	1
856	Hinzenburg	07235046	1
857	Hinzert-Pölert	07235047	1
858	Hinzweiler	07336042	1
859	Hirschberg	07141057	1
860	Hirschfeld(Hunsrück)	07140053	1

Zu § 254 BewG, zu Anlage 39, Teil II., BewG   **Anlage 254.1**

Rheinland-Pfalz (RP)			
lfd. Nr.	Gemeindenamen	AGS	Mietniveaustufe
861	Hirschhorn/Pfalz	07335014	1
862	Hirschthal	07340021	1
863	Hirten	07137036	1
864	Hirz-Maulsbach	07132053	1
865	Hochborn	07331011	2
866	Hochdorf-Assenheim	07338014	3
867	Hochscheid	07231056	1
868	Hochspeyer	07335015	1
869	Hochstadt (Pfalz)	07337041	2
870	Hochstätten	07133045	1
871	Höchstberg	07233215	1
872	Höchstenbach	07143241	1
873	Hochstetten-Dhaun	07133046	1
874	Hockweiler	07235048	1
875	Hof	07143243	1
876	Hoffeld	07131030	1
877	Höheinöd	07340022	1
878	Höheischweiler	07340023	1
879	Hohenfels-Essingen	07233033	1
880	Hohenleimbach	07131206	1
881	Hohenöllen	07336043	1
882	Hohen-Sülzen	07331041	2
883	Höhfröschen	07340024	1
884	Höhn	07143242	1
885	Höhr-Grenzhausen,St.	07143032	1
886	Holler	07143033	1
887	Hollnich	07140055	1
888	Holsthum	07232053	1
889	Holzappel	07141059	1

Anlage 254.1

Zu § 254 BewG, zu Anlage 39, Teil II., BewG

\multicolumn{4}{c}{Rheinland-Pfalz (RP)}			
lfd. Nr.	Gemeindenamen	AGS	Mietniveaustufe
890	Holzbach	07140056	1
891	Holzerath	07235050	1
892	Holzhausen an d. H.	07141060	1
893	Holzheim	07141061	1
894	Homberg	07143244	1
895	Homberg	07336044	1
896	Hömberg	07141058	1
897	Hommerdingen	07232054	1
898	Honerath	07131032	1
899	Hönningen	07131029	1
900	Hontheim	07231057	1
901	Hoppstädten	07336045	1
902	Hoppstädten-Weiersb.	07134042	1
903	Horath	07231058	1
904	Horbach	07133047	1
905	Horbach	07143034	1
906	Horbach	07340025	1
907	Horbruch	07134043	1
908	Hördt	07334011	2
909	Horhausen	07141062	1
910	Horhausen (Ww)	07132055	1
911	Höringen	07333030	1
912	Horn	07140058	1
913	Hornbach, Stadt	07340211	1
914	Horperath	07233216	1
915	Horrweiler	07339029	3
916	Horschbach	07336046	1
917	Hörscheid	07233031	1
918	Hörschhausen	07233032	1

Zu § 254 BewG, zu Anlage 39, Teil II., BewG Anlage 254.1

\	Rheinland-Pfalz (RP)		
lfd. Nr.	Gemeindenamen	AGS	Mietniveaustufe
919	Hosten	07232055	1
920	Hottenbach	07134044	1
921	Hövels	07132054	1
922	Hübingen	07143036	1
923	Hüblingen	07143245	1
924	Hüffelsheim	07133048	1
925	Hüffler	07336047	1
926	Hümmel	07131033	1
927	Hümmerich	07138030	1
928	Hundsangen	07143037	1
929	Hundsbach	07133049	1
930	Hundsdorf	07143038	1
931	Hungenroth	07140060	1
932	Hunzel	07141063	1
933	Hupperath	07231062	1
934	Hütschenhausen	07335016	1
935	Hütten	07232056	1
936	Hütterscheid	07232057	1
937	Hüttingen an d. Kyll	07232058	1
938	Hüttingen bei Lahr	07232059	1
939	Idar-Oberstein, St.	07134045	1
940	Idelberg	07132056	1
941	Idenheim	07232060	1
942	Idesheim	07232061	1
943	Igel	07235051	1
944	Ilbesheim	07333031	1
945	Ilbesheim bei Landau	07337042	2
946	Illerich	07135042	1
947	Immerath	07233034	1

Anlage 254.1

Zu § 254 BewG, zu Anlage 39, Teil II., BewG

	Rheinland-Pfalz (RP)		
lfd. Nr.	Gemeindenamen	AGS	Mietniveaustufe
948	Immert	07231064	1
949	Immesheim	07333032	1
950	Impflingen	07337043	2
951	Imsbach	07333033	1
952	Imsweiler	07333034	1
953	Ingelbach	07132057	1
954	Ingelheim am Rhein, Stadt	07339030	4
955	Ingendorf	07232062	1
956	Insheim	07337044	2
957	Insul	07131034	1
958	Ippenschied	07133050	1
959	Irmenach	07231501	1
960	Irmtraut	07143246	1
961	Irrel	07232063	1
962	Irrhausen	07232245	1
963	Irsch	07235052	1
964	Isenburg	07138031	1
965	Isert	07132058	1
966	Isselbach	07141064	1
967	Jakobsweiler	07333035	1
968	Jeckenbach	07133051	1
969	Jettenbach	07336048	1
970	Jockgrim	07334012	2
971	Jucken	07232246	1
972	Jugenheim in Rheinh.	07339031	3
973	Jünkerath	07233035	1
974	Kaden	07143247	1
975	Kadenbach	07143039	1
976	Kaifenheim	07135043	1

Rheinland-Pfalz (RP)			
lfd. Nr.	Gemeindenamen	AGS	Mietniveaustufe
977	Kail	07135044	1
978	Kaisersesch, Stadt	07135045	1
979	Kaiserslautern, kfr. St.	07312000	2
980	Kalenborn	07131036	1
981	Kalenborn	07135046	1
982	Kalenborn-Scheuern	07233036	1
983	Kalkofen	07333036	1
984	Kallstadt	07332028	2
985	Kalt	07137041	1
986	Kaltenborn	07131037	1
987	Kaltenengers	07137209	1
988	Kaltenholzhausen	07141065	1
989	Kammerforst	07143040	1
990	Kamp-Bornhofen	07141066	1
991	Kandel, Stadt	07334013	2
992	Kanzem	07235055	1
993	Kapellen-Drusweiler	07337045	2
994	Kaperich	07233217	1
995	Kappel	07140062	1
996	Kappeln	07336049	1
997	Kapsweyer	07337046	2
998	Karbach	07140063	1
999	Karl	07231065	1
1000	Karlshausen	07232064	1
1001	Kasbach-Ohlenberg	07138501	1
1002	Kaschenbach	07232065	1
1003	Kasdorf	07141067	1
1004	Kasel	07235056	1
1005	Käshofen	07340212	1

Anlage 254.1

Zu § 254 BewG, zu Anlage 39, Teil II., BewG

	Rheinland-Pfalz (RP)		
lfd. Nr.	Gemeindenamen	AGS	Mietniveaustufe
1006	Kastellaun, Stadt	07140064	1
1007	Kastel-Staadt	07235057	1
1008	Katzenbach	07333037	1
1009	Katzenelnbogen, Stadt	07141068	1
1010	Katzweiler	07335017	1
1011	Katzwinkel	07233037	1
1012	Katzwinkel (Sieg)	07132080	1
1013	Kaub, Stadt	07141069	1
1014	Kausen	07132059	1
1015	Kehlbach	07141070	1
1016	Kehrig	07137043	1
1017	Keidelheim	07140065	1
1018	Kelberg	07233218	1
1019	Kell am See	07235058	1
1020	Kellenbach	07133202	1
1021	Kemmenau	07141071	1
1022	Kempenich	07131502	1
1023	Kempfeld	07134046	1
1024	Kenn	07235060	1
1025	Keppeshausen	07232066	1
1026	Kerben	07137048	1
1027	Kerpen (Eifel)	07233038	1
1028	Kerschenbach	07233219	1
1029	Kerzenheim	07333038	1
1030	Kescheid	07132060	1
1031	Kesfeld	07232247	1
1032	Kesseling	07131039	1
1033	Kesten	07231066	1
1034	Kestert	07141072	1

Zu § 254 BewG, zu Anlage 39, Teil II., BewG Anlage 254.1

\multicolumn{4}{c}{Rheinland-Pfalz (RP)}			
lfd. Nr.	Gemeindenamen	AGS	Mietniveaustufe
1035	Kettenhausen	07132061	1
1036	Kettenheim	07331042	2
1037	Kettig	07137211	1
1038	Kickeshausen	07232248	1
1039	Kindenheim	07332029	2
1040	Kinderbeuern	07231067	1
1041	Kindsbach	07335018	1
1042	Kinheim	07231068	1
1043	Kinzenburg	07232249	1
1044	Kirburg	07143248	1
1045	Kirchberg (Hunsrück)	07140067	1
1046	Kircheib	07132062	1
1047	Kirchen (Sieg),Stadt	07132063	1
1048	Kirchheim an der W.	07332030	2
1049	Kirchheimbolanden	07333039	1
1050	Kirchsahr	07131040	1
1051	Kirchwald	07137049	1
1052	Kirchweiler	07233039	1
1053	Kirf	07235062	1
1054	Kirn, Stadt	07133052	1
1055	Kirrweiler	07336050	1
1056	Kirrweiler (Pfalz)	07337047	2
1057	Kirsbach	07233220	1
1058	Kirschroth	07133053	1
1059	Kirschweiler	07134047	1
1060	Kisselbach	07140068	1
1061	Klausen	07231069	1
1062	Kleinbundenbach	07340213	1
1063	Kleinfischlingen	07337048	2

Anlage 254.1

Zu § 254 BewG, zu Anlage 39, Teil II., BewG

Rheinland-Pfalz (RP)			
lfd. Nr.	Gemeindenamen	AGS	Mietniveaustufe
1064	Kleinich	07231070	1
1065	Kleinkarlbach	07332031	2
1066	Kleinlangenfeld	07232250	1
1067	Kleinmaischeid	07138034	1
1068	Kleinniedesheim	07338015	3
1069	Kleinsteinhausen	07340214	1
1070	Klein-Winternheim	07339032	3
1071	Kliding	07135048	1
1072	Klingelbach	07141073	1
1073	Klingenmünster	07337049	2
1074	Klosterkumbd	07140070	1
1075	Klotten	07135049	1
1076	Kludenbach	07140071	1
1077	Klüsserath	07235063	1
1078	Knittelsheim	07334014	2
1079	Knopp-Labach	07340215	1
1080	Knöringen	07337050	2
1081	Kobern-Gondorf	07137212	1
1082	Koblenz, kfr. St.	07111000	3
1083	Kölbingen	07143249	1
1084	Kollig	07137053	1
1085	Kollweiler	07335019	1
1086	Kolverath	07233222	1
1087	Kommen	07231071	1
1088	Köngernheim	07339033	3
1089	Königsau	07133203	1
1090	Königsfeld	07131041	1
1091	Konken	07336052	1
1092	Konz, Stadt	07235068	2

Zu § 254 BewG, zu Anlage 39, Teil II., BewG   Anlage 254.1

\	Rheinland-Pfalz (RP)		
lfd. Nr.	Gemeindenamen	AGS	Mietniveaustufe
1093	Kopp	07233223	1
1094	Körborn	07336051	1
1095	Kordel	07235069	1
1096	Kördorf	07141074	1
1097	Korlingen	07235070	1
1098	Körperich	07232067	1
1099	Korweiler	07140073	1
1100	Kottenborn	07131042	1
1101	Kottenheim	07137055	1
1102	Kötterichen	07233221	1
1103	Kottweiler-Schwanden	07335020	1
1104	Köwerich	07235067	1
1105	Koxhausen	07232068	1
1106	Kraam	07132064	1
1107	Kradenbach	07233040	1
1108	Krähenberg	07340216	1
1109	Kratzenburg	07140075	1
1110	Krautscheid	07232253	1
1111	Kreimbach-Kaulbach	07336053	1
1112	Kretz	07137056	1
1113	Krickenbach	07335021	1
1114	Kriegsfeld	07333040	1
1115	Kronweiler	07134048	1
1116	Kroppach	07143250	1
1117	Kröppen	07340026	1
1118	Krottelbach	07336054	1
1119	Kröv	07231072	1
1120	Kruchten	07232069	1
1121	Kruft	07137057	1

Anlage 254.1

Zu § 254 BewG, zu Anlage 39, Teil II., BewG

	Rheinland-Pfalz (RP)		
lfd. Nr.	Gemeindenamen	AGS	Mietniveaustufe
1122	Krümmel	07143041	1
1123	Krummenau	07134049	1
1124	Krunkel	07132065	1
1125	Kuhardt	07334015	2
1126	Kuhnhöfen	07143251	1
1127	Külz (Hunsrück)	07140076	1
1128	Kümbdchen	07140077	1
1129	Kundert	07143252	1
1130	Kurtscheid	07138036	1
1131	Kusel, Stadt	07336055	1
1132	Kyllburg, Stadt	07232070	1
1133	Kyllburgweiler	07232071	1
1134	Lahnstein, gr. kr. St.	07141075	2
1135	Lahr	07140502	1
1136	Lahr	07232072	1
1137	Lambertsberg	07232254	1
1138	Lambrecht (Pfalz)	07332032	2
1139	Lambsborn	07335201	1
1140	Lambsheim	07338016	3
1141	Lampaden	07235072	1
1142	Landau i. d. Pf. kfr. St	07313000	3
1143	Landkern	07135051	1
1144	Landscheid	07231503	1
1145	Landstuhl, Sickingenstadt, Stadt	07335022	1
1146	Langenbach	07336056	1
1147	Langenbach b.Kirburg	07143253	1
1148	Langenfeld	07137060	1
1149	Langenhahn	07143254	1
1150	Langenlonsheim	07133054	1

Anlage 254.1

	Rheinland-Pfalz (RP)		
lfd. Nr.	Gemeindenamen	AGS	Mietniveaustufe
1151	Langenscheid	07141076	1
1152	Langenthal	07133055	1
1153	Langscheid	07137061	1
1154	Langsur	07235073	1
1155	Langweiler	07134502	1
1156	Langweiler	07336057	1
1157	Langwieden	07335202	1
1158	Lascheid	07232255	1
1159	Lasel	07232256	1
1160	Laubach	07135052	1
1161	Laubach	07140079	1
1162	Laubenheim	07133056	1
1163	Laudert	07140080	1
1164	Laufeld	07231074	1
1165	Laufersweiler	07140081	1
1166	Laumersheim	07332033	2
1167	Lauperath	07232258	1
1168	Laurenburg	07141077	1
1169	Lauschied	07133057	1
1170	Lauterecken, Stadt	07336058	1
1171	Lautersheim	07333041	1
1172	Lautert	07141078	1
1173	Lautzenbrücken	07143255	1
1174	Lautzenhausen	07140082	1
1175	Lehmen	07137504	1
1176	Leidenborn	07232259	1
1177	Leienkaul	07135502	1
1178	Leimbach	07131044	1
1179	Leimbach	07232073	1

Anlage 254.1

Zu § 254 BewG, zu Anlage 39, Teil II., BewG

	Rheinland-Pfalz (RP)		
lfd. Nr.	Gemeindenamen	AGS	Mietniveaustufe
1180	Leimen	07340027	1
1181	Leimersheim	07334016	2
1182	Leiningen	07140084	1
1183	Leinsweiler	07337051	2
1184	Leisel	07134050	1
1185	Leitzweiler	07134051	1
1186	Leiwen	07235074	1
1187	Lemberg	07340028	1
1188	Lettweiler	07133058	1
1189	Leubsdorf	07138037	1
1190	Leuterod	07143042	1
1191	Leutesdorf	07138038	1
1192	Lichtenborn	07232260	1
1193	Liebenscheid	07143256	1
1194	Liebshausen	07140085	1
1195	Lieg	07135053	1
1196	Lierfeld	07232261	1
1197	Lierschied	07141079	1
1198	Liesenich	07135054	1
1199	Lieser	07231075	1
1200	Ließem	07232074	1
1201	Limbach	07133059	1
1202	Limbach	07143257	1
1203	Limburgerhof	07338017	3
1204	Lind	07131047	1
1205	Lind	07137063	1
1206	Linden	07143258	1
1207	Linden	07335023	1
1208	Lindenberg	07332034	2

Zu § 254 BewG, zu Anlage 39, Teil II., BewG **Anlage 254.1**

lfd. Nr.	Gemeindenamen	AGS	Mietniveaustufe
	Rheinland-Pfalz (RP)		
1209	Lindenschied	07140086	1
1210	Lingenfeld	07334017	2
1211	Lingerhahn	07140087	1
1212	Linkenbach	07138040	1
1213	Linz am Rhein, Stadt	07138041	1
1214	Lipporn	07141080	1
1215	Lirstal	07233224	1
1216	Lissendorf	07233041	1
1217	Lochum	07143259	1
1218	Löf	07137214	1
1219	Lohnsfeld	07333042	1
1220	Lohnweiler	07336060	1
1221	Lohrheim	07141081	1
1222	Löllbach	07133060	1
1223	Lollschied	07141082	1
1224	Longen	07235077	1
1225	Longkamp	07231077	1
1226	Longuich	07235078	1
1227	Lonnig	07137065	1
1228	Lonsheim	07331043	2
1229	Lorscheid	07235080	1
1230	Lörzweiler	07339034	3
1231	Lösnich	07231076	1
1232	Lötzbeuren	07231206	1
1233	Luckenbach	07143260	1
1234	Lückenburg	07231078	1
1235	Ludwigshafen, kfr. St	07314000	4
1236	Ludwigshöhe	07339035	3
1237	Ludwigswinkel	07340029	1

Anlage 254.1

Zu § 254 BewG, zu Anlage 39, Teil II., BewG

	Rheinland-Pfalz (RP)		
lfd. Nr.	Gemeindenamen	AGS	Mietniveaustufe
1238	Lug	07340030	1
1239	Lünebach	07232262	1
1240	Lustadt	07334018	2
1241	Lütz	07135056	1
1242	Lutzerath	07135057	1
1243	Lützkampen	07232263	1
1244	Luxem	07137066	1
1245	Lykershausen	07141083	1
1246	Macken	07137215	1
1247	Mackenbach	07335024	1
1248	Mackenrodt	07134052	1
1249	Mähren	07143502	1
1250	Maikammer	07337052	2
1251	Mainz, kfr. St.	07315000	6
1252	Maisborn	07140089	1
1253	Maitzborn	07140090	1
1254	Malberg	07132066	1
1255	Malberg	07232075	1
1256	Malbergweich	07232076	1
1257	Malborn	07231079	1
1258	Mammelzen	07132067	1
1259	Mandel	07133061	1
1260	Mandern	07235081	1
1261	Manderscheid	07232264	1
1262	Manderscheid, Stadt	07231080	1
1263	Mannebach	07233225	1
1264	Mannebach	07235082	1
1265	Mannweiler-Cölln	07333043	1
1266	Manubach	07339036	3

Zu § 254 BewG, zu Anlage 39, Teil II., BewG   **Anlage 254.1**

| \multicolumn{4}{c}{**Rheinland-Pfalz (RP)**} |
lfd. Nr.	Gemeindenamen	AGS	Mietniveaustufe
1267	Marienfels	07141084	1
1268	Marienhausen	07138201	1
1269	Marienrachdorf	07143044	1
1270	Maring-Noviand	07231081	1
1271	Marnheim	07333045	1
1272	Maroth	07143045	1
1273	Martinshöhe	07335203	1
1274	Martinstein	07133062	1
1275	Marzhausen	07143261	1
1276	Masburg	07135058	1
1277	Maßweiler	07340217	1
1278	Mastershausen	07140204	1
1279	Masthorn	07232265	1
1280	Matzenbach	07336107	1
1281	Matzerath	07232266	1
1282	Mauchenheim	07331044	2
1283	Mauden	07132068	1
1284	Mauel	07232267	1
1285	Mauschbach	07340218	1
1286	Maxdorf	07338018	3
1287	Maxsain	07143046	1
1288	Mayen, gr. kr. St.	07137068	2
1289	Mayschoß	07131049	1
1290	Meckel	07232077	1
1291	Meckenbach	07133063	1
1292	Meckenbach	07134053	1
1293	Meckenheim	07332035	2
1294	Medard	07336061	1
1295	Meddersheim	07133064	1

Anlage 254.1

Zu § 254 BewG, zu Anlage 39, Teil II., BewG

	Rheinland-Pfalz (RP)		
lfd. Nr.	Gemeindenamen	AGS	Mietniveaustufe
1296	Meerfeld	07231082	1
1297	Mehlbach	07335025	1
1298	Mehlingen	07335026	1
1299	Mehren	07132069	1
1300	Mehren	07233042	1
1301	Mehring	07235083	1
1302	Meinborn	07138042	1
1303	Meisburg	07233043	1
1304	Meisenheim, Stadt	07133065	1
1305	Melsbach	07138043	1
1306	Mendig, Stadt	07137069	1
1307	Mengerschied	07140092	1
1308	Menningen	07232078	1
1309	Merkelbach	07143262	1
1310	Merlscheid	07232270	1
1311	Mermuth	07140093	1
1312	Merschbach	07231083	1
1313	Mertesdorf	07235085	1
1314	Mertesheim	07332036	2
1315	Mertloch	07137070	1
1316	Merxheim	07133066	1
1317	Merzalben	07340031	1
1318	Merzkirchen	07235154	1
1319	Merzweiler	07336062	1
1320	Mesenich	07135060	1
1321	Messerich	07232079	1
1322	Mettendorf	07232080	1
1323	Mettenheim	07331045	2
1324	Metterich	07232081	1

Zu § 254 BewG, zu Anlage 39, Teil II., BewG   Anlage 254.1

lfd. Nr.	Gemeindenamen	AGS	Mietniveaustufe
	Rheinland-Pfalz (RP)		
1325	Mettweiler	07134054	1
1326	Metzenhausen	07140094	1
1327	Meudt	07143263	1
1328	Meuspath	07131050	1
1329	Michelbach	07140095	1
1330	Michelbach (Ww)	07132070	1
1331	Miehlen	07141085	1
1332	Miellen	07141086	1
1333	Minden	07232082	1
1334	Minderlittgen	07231085	1
1335	Minfeld	07334020	2
1336	Minheim	07231086	1
1337	Misselberg	07141087	1
1338	Mittelbrunn	07335027	1
1339	Mittelfischbach	07141088	1
1340	Mittelhof	07132011	1
1341	Mittelreidenbach	07134055	1
1342	Mittelstrimmig	07135061	1
1343	Mogendorf	07143047	1
1344	Molsberg	07143266	1
1345	Mölsheim	07331046	2
1346	Molzhain	07132071	1
1347	Mommenheim	07339037	3
1348	Monreal	07137074	1
1349	Monsheim	07331048	2
1350	Montabaur, Stadt	07143048	2
1351	Möntenich	07135062	1
1352	Monzelfeld	07231087	1
1353	Monzernheim	07331049	2

Anlage 254.1

Zu § 254 BewG, zu Anlage 39, Teil II., BewG

	Rheinland-Pfalz (RP)		
lfd. Nr.	Gemeindenamen	AGS	Mietniveaustufe
1354	Monzingen	07133067	1
1355	Morbach	07231502	1
1356	Moritzheim	07135064	1
1357	Mörlen	07143264	1
1358	Mörsbach	07143265	1
1359	Mörschbach	07140096	1
1360	Morscheid	07235090	1
1361	Morschheim	07333047	1
1362	Mörschied	07134056	1
1363	Mörsdorf	07140503	1
1364	Mörsfeld	07333046	1
1365	Morshausen	07140205	1
1366	Mörstadt	07331047	2
1367	Mosbruch	07233226	1
1368	Moschheim	07143049	1
1369	Moselkern	07135065	1
1370	Mückeln	07233046	1
1371	Müden (Mosel)	07135066	1
1372	Mudenbach	07143267	1
1373	Mudersbach	07132072	1
1374	Mudershausen	07141089	1
1375	Mühlpfad	07140098	1
1376	Mülbach	07232083	1
1377	Mülheim a.d.Mosel	07231090	1
1378	Mülheim-Kärlich	07137216	1
1379	Müllenbach	07131051	1
1380	Müllenbach	07135067	1
1381	Münchwald	07133068	1
1382	Münchweiler an d. A.	07333048	1

Zu § 254 BewG, zu Anlage 39, Teil II., BewG   Anlage 254.1

\multicolumn{4}{c}{Rheinland-Pfalz (RP)}
lfd. Nr.	Gemeindenamen	AGS	Mietniveaustufe
1383	Münchweiler an d. R.	07340032	1
1384	Münchweiler, Klingb.	07337054	2
1385	Mündersbach	07143268	1
1386	Münk	07137077	1
1387	Münsterappel	07333049	1
1388	Münstermaifeld, Stadt	07137501	1
1389	Münster-Sarmsheim	07339038	3
1390	Mürlenbach	07233227	1
1391	Müsch	07131052	1
1392	Müschenbach	07143269	1
1393	Musweiler	07231091	1
1394	Mutterschied	07140099	1
1395	Mutterstadt	07338019	3
1396	Mützenich	07232271	1
1397	Muxerath	07232084	1
1398	Nachtsheim	07137079	1
1399	Nack	07331050	2
1400	Nackenheim	07339039	3
1401	Nannhausen	07140100	1
1402	Nanzdietschweiler	07336064	1
1403	Nasingen	07232085	1
1404	Nassau, Stadt	07141091	1
1405	Nastätten, Stadt	07141092	1
1406	Nattenheim	07232086	1
1407	Naunheim	07137080	1
1408	Nauort	07143050	1
1409	Naurath (Eifel)	07235091	1
1410	Naurath (Wald)	07235092	1
1411	Nauroth	07132073	1

Anlage 254.1 Zu § 254 BewG, zu Anlage 39, Teil II., BewG

\multicolumn{4}{c}{Rheinland-Pfalz (RP)}
lfd. Nr.	Gemeindenamen	AGS	Mietniveaustufe
1412	Neef	07135068	1
1413	Nehren	07135069	1
1414	Neichen	07233048	1
1415	Neidenbach	07232087	1
1416	Neidenfels	07332037	2
1417	Neitersen	07132502	1
1418	Nentershausen	07143051	1
1419	Nerdlen	07233049	1
1420	Neroth	07233050	1
1421	Nerzweiler	07336065	1
1422	Netzbach	07141093	1
1423	Neu-Bamberg	07133069	1
1424	Neuburg am Rhein	07334021	2
1425	Neuendorf	07232272	1
1426	Neuerburg, Stadt	07232088	1
1427	Neuerkirch	07140101	1
1428	Neuhäusel	07143052	1
1429	Neuheilenbach	07232273	1
1430	Neuhemsbach	07335028	1
1431	Neuhofen	07338020	3
1432	Neuhütten	07235093	1
1433	Neuleiningen	07332038	2
1434	Neumagen-Dhron	07231092	1
1435	Neunkhausen	07143270	1
1436	Neunkirchen	07143271	1
1437	Neunkirchen	07231093	1
1438	Neunkirchen a. Potzb.	07336066	1
1439	Neupotz	07334022	2
1440	Neustadt (Wied)	07138044	1

Rheinland-Pfalz (RP)			
lfd. Nr.	Gemeindenamen	AGS	Mietniveaustufe
1441	Neustadt a. d. W. kfr.S	07316000	2
1442	Neustadt/Westerwald	07143272	1
1443	Neuwied, gr.kr. St.	07138045	2
1444	Newel	07235094	1
1445	Ney	07140102	1
1446	Nickenich	07137081	1
1447	Nieder Kostenz	07140105	1
1448	Niederahr	07143273	1
1449	Niederalben	07336067	1
1450	Niederbachheim	07141094	1
1451	Niederbreitbach	07138047	1
1452	Niederbrombach	07134057	1
1453	Niederburg	07140104	1
1454	Niederdreisbach	07132075	1
1455	Niederdürenbach	07131054	1
1456	Niederelbert	07143053	1
1457	Niedererbach	07143054	1
1458	Niederfell	07137217	1
1459	Niederfischbach	07132076	1
1460	Niedergeckler	07232089	1
1461	Niederhambach	07134058	1
1462	Niederhausen	07133070	1
1463	Niederhausen an d. A.	07333050	1
1464	Niederheimbach	07339040	3
1465	Nieder-Hilbersheim	07339041	3
1466	Niederhofen	07138048	1
1467	Niederhorbach	07337055	2
1468	Niederhosenbach	07134059	1
1469	Niederirsen	07132077	1

Anlage 254.1

Zu § 254 BewG, zu Anlage 39, Teil II., BewG

\multicolumn{4}{c}{Rheinland-Pfalz (RP)}			
lfd. Nr.	Gemeindenamen	AGS	Mietniveaustufe
1470	Niederkirchen	07335029	1
1471	Niederkirchen b. D.	07332039	2
1472	Niederkumbd	07140106	1
1473	Niederlauch	07232276	1
1474	Niedermohr	07335030	1
1475	Niedermoschel	07333051	1
1476	Niederneisen	07141095	1
1477	Niederöfflingen	07231095	1
1478	Nieder-Olm, Stadt	07339042	3
1479	Niederotterbach	07337056	2
1480	Niederpierscheid	07232277	1
1481	Niederraden	07232090	1
1482	Niederroßbach	07143274	1
1483	Niedersayn	07143275	1
1484	Niederscheidweiler	07231096	1
1485	Niederschlettenbach	07340033	1
1486	Niedersohren	07140107	1
1487	Niederstadtfeld	07233052	1
1488	Niederstaufenbach	07336068	1
1489	Niederstedem	07232091	1
1490	Niedersteinebach	07132078	1
1491	Niedert	07140108	1
1492	Niedertiefenbach	07141096	1
1493	Niederwallmenach	07141097	1
1494	Niederwambach	07138050	1
1495	Niederweiler	07140109	1
1496	Niederweiler	07232092	1
1497	Niederweis	07232093	1
1498	Niederwerth	07137218	1

Zu § 254 BewG, zu Anlage 39, Teil II., BewG **Anlage 254.1**

	Rheinland-Pfalz (RP)		
lfd. Nr.	Gemeindenamen	AGS	Mietniveaustufe
1499	Nieder-Wiesen	07331051	2
1500	Niederwörresbach	07134060	1
1501	Niederzissen	07131055	1
1502	Niehl	07232094	1
1503	Niersbach	07231504	1
1504	Nierstein, Stadt	07339043	3
1505	Nievern	07141098	1
1506	Nimshuscheid	07232279	1
1507	Nimsreuland	07232280	1
1508	Nister	07143276	1
1509	Nisterau	07143277	1
1510	Nisterberg	07132079	1
1511	Nister-Möhrendorf	07143278	1
1512	Nistertal	07143279	1
1513	Nittel	07235095	1
1514	Nitz	07233228	1
1515	Nochern	07141099	1
1516	Nohen	07134061	1
1517	Nohn	07233229	1
1518	Nomborn	07143055	1
1519	Norath	07140110	1
1520	Nordhofen	07143056	1
1521	Norheim	07133071	1
1522	Norken	07143280	1
1523	Nörtershausen	07137219	1
1524	Nothweiler	07340034	1
1525	Nünschweiler	07340035	1
1526	Nürburg	07131058	1
1527	Nusbaum	07232095	1

Rheinland-Pfalz (RP)			
lfd. Nr.	Gemeindenamen	AGS	Mietniveaustufe
1528	Nußbach	07336069	1
1529	Nußbaum	07133072	1
1530	Ober Kostenz	07140111	1
1531	Oberahr	07143281	1
1532	Oberalben	07336070	1
1533	Oberarnbach	07335031	1
1534	Oberbachheim	07141100	1
1535	Oberbettingen	07233053	1
1536	Oberbillig	07235096	1
1537	Oberbrombach	07134062	1
1538	Oberdiebach	07339044	3
1539	Oberdreis	07138052	1
1540	Oberdürenbach	07131059	1
1541	Oberehe-Stroheich	07233054	1
1542	Oberelbert	07143057	1
1543	Oberelz	07233230	1
1544	Obererbach	07143058	1
1545	Obererbach (Ww)	07132081	1
1546	Oberfell	07137220	1
1547	Oberfischbach	07141101	1
1548	Ober-Flörsheim	07331052	2
1549	Obergeckler	07232096	1
1550	Oberhaid	07143059	1
1551	Oberhambach	07134063	1
1552	Oberhausen	07337058	2
1553	Oberhausen an d. A.	07333053	1
1554	Oberhausen an d. Nahe	07133074	1
1555	Oberhausen bei Kirn	07133073	1
1556	Oberheimbach	07339045	3

Zu § 254 BewG, zu Anlage 39, Teil II., BewG   **Anlage 254.1**

	Rheinland-Pfalz (RP)		
lfd. Nr.	Gemeindenamen	AGS	Mietniveaustufe
1557	Ober-Hilbersheim	07339046	3
1558	Oberhonnefeld-Gier.	07138053	1
1559	Oberhosenbach	07134064	1
1560	Oberirsen	07132082	1
1561	Oberkail	07232282	1
1562	Oberkirn	07134065	1
1563	Oberlahr	07132083	1
1564	Oberlascheid	07232283	1
1565	Oberlauch	07232284	1
1566	Obermoschel, Stadt	07333054	1
1567	entfallen		
1568	Oberndorf	07333055	1
1569	Oberneisen	07141102	1
1570	Obernheim-Kirchen.	07340219	1
1571	Obernhof	07141103	1
1572	Oberöfflingen	07231100	1
1573	Ober-Olm	07339047	3
1574	Oberotterbach	07337059	2
1575	Oberpierscheid	07232285	1
1576	Oberraden	07138054	1
1577	Oberreidenbach	07134066	1
1578	Oberrod	07143282	1
1579	Oberroßbach	07143283	1
1580	Oberscheidweiler	07231101	1
1581	Oberschlettenbach	07337060	2
1582	Obersimten	07340036	1
1583	Oberstadtfeld	07233055	1
1584	Oberstaufenbach	07336071	1
1585	Oberstedem	07232097	1

Anlage 254.1

Zu § 254 BewG, zu Anlage 39, Teil II., BewG

\multicolumn{4}{c}{Rheinland-Pfalz (RP)}			
lfd. Nr.	Gemeindenamen	AGS	Mietniveaustufe
1586	Obersteinebach	07132085	1
1587	Oberstreit	07133075	1
1588	Obersülzen	07332040	2
1589	Obertiefenbach	07141104	1
1590	Oberwallmenach	07141105	1
1591	Oberwambach	07132086	1
1592	Oberweiler	07232098	1
1593	Oberweiler im Tal	07336072	1
1594	Oberweiler-Tiefenb.	07336073	1
1595	Oberweis	07232099	1
1596	Oberwesel, Stadt	07140112	1
1597	Oberwies	07141106	1
1598	Oberwiesen	07333056	1
1599	Oberwörresbach	07134067	1
1600	Oberzissen	07131060	1
1601	Obrigheim (Pfalz)	07332041	2
1602	Ochtendung	07137086	1
1603	Ockenfels	07138055	1
1604	Ockenheim	07339048	3
1605	Ockfen	07235098	1
1606	Odenbach	07336074	1
1607	Odernheim am Glan	07133076	1
1608	Oelsberg	07141107	1
1609	Offenbach an der Q.	07337061	2
1610	Offenbach-Hundheim	07336075	1
1611	Offenheim	07331053	2
1612	Offstein	07331054	2
1613	Ohlenhard	07131062	1
1614	Ohlweiler	07140113	1

Zu § 254 BewG, zu Anlage 39, Teil II., BewG **Anlage 254.1**

\multicolumn{4}{c}{Rheinland-Pfalz (RP)}			
lfd. Nr.	Gemeindenamen	AGS	Mietniveaustufe
1615	Ohmbach	07336076	1
1616	Ollmuth	07235100	1
1617	Olmscheid	07232287	1
1618	Olsbrücken	07335033	1
1619	Olsdorf	07232100	1
1620	Ölsen	07132087	1
1621	Olzheim	07232288	1
1622	Onsdorf	07235101	1
1623	Oppenheim, Stadt	07339049	3
1624	Oppertshausen	07140115	1
1625	Orbis	07333057	1
1626	Orenhofen	07232289	1
1627	Orfgen	07132088	1
1628	Orlenbach	07232290	1
1629	Ormont	07233232	1
1630	Orsfeld	07232101	1
1631	Osann-Monzel	07231103	1
1632	Osburg	07235103	1
1633	Osterspai	07141108	1
1634	Osthofen, Stadt	07331055	2
1635	Otterbach	07335034	1
1636	Otterberg, Stadt	07335035	1
1637	Ottersheim	07333058	1
1638	Ottersheim b. Landau	07334023	2
1639	Otterstadt	07338021	3
1640	Ötzingen	07143060	1
1641	Otzweiler	07133077	1
1642	Palzem	07235104	1
1643	Pantenburg	07231104	1

Anlage 254.1

Zu § 254 BewG, zu Anlage 39, Teil II., BewG

|			
	Rheinland-Pfalz (RP)		
lfd. Nr.	Gemeindenamen	AGS	Mietniveaustufe
1644	Panzweiler	07135070	1
1645	Partenheim	07331056	2
1646	Paschel	07235105	1
1647	Patersberg	07141109	1
1648	Peffingen	07232103	1
1649	Pellingen	07235106	1
1650	Pelm	07233056	1
1651	Perscheid	07140116	1
1652	Petersberg	07340037	1
1653	Peterslahr	07132089	1
1654	Peterswald-Löffels.	07135071	1
1655	Pfaffen-Schwabenheim	07133078	1
1656	Pfalzfeld	07140117	1
1657	Pfeffelbach	07336077	1
1658	Philippsheim	07232104	1
1659	Pickließem	07232105	1
1660	Piesport	07231105	1
1661	Pillig	07137087	1
1662	Pintesfeld	07232291	1
1663	Pirmasens, kfr. St.	07317000	1
1664	Pittenbach	07232292	1
1665	Plaidt	07137088	1
1666	Plascheid	07232106	1
1667	Platten	07231107	1
1668	Pleckhausen	07132090	1
1669	Plein	07231108	1
1670	Pleisweiler-Oberhof.	07337062	2
1671	Pleitersheim	07133080	1
1672	Pleizenhausen	07140118	1

Zu § 254 BewG, zu Anlage 39, Teil II., BewG Anlage 254.1

\multicolumn{4}{c}{Rheinland-Pfalz (RP)}			
lfd. Nr.	Gemeindenamen	AGS	Mietniveaustufe
1673	Plütscheid	07232293	1
1674	Pluwig	07235107	1
1675	Pohl	07141111	1
1676	Polch, Stadt	07137089	1
1677	Pölich	07235108	1
1678	Pommern	07135072	1
1679	Pomster	07131065	1
1680	Pottum	07143284	1
1681	Pracht	07132091	1
1682	Prath	07141112	1
1683	Preischeid	07232294	1
1684	Preist	07232107	1
1685	Pronsfeld	07232295	1
1686	Prüm, Stadt	07232296	1
1687	Prümzurlay	07232108	1
1688	Puderbach	07138057	1
1689	Pünderich	07135073	1
1690	Queidersbach	07335037	1
1691	Quiddelbach	07131066	1
1692	Quirnbach	07143061	1
1693	Quirnbach/Pfalz	07336501	1
1694	Quirnheim	07332042	2
1695	Racksen	07132092	1
1696	Ralingen	07235111	1
1697	Ramberg	07337064	2
1698	Rammelsbach	07336079	1
1699	Ramsen	07333060	1
1700	Ramstein-Miesenbach	07335038	1
1701	Ransbach-Baumbach	07143062	1

Anlage 254.1

Zu § 254 BewG, zu Anlage 39, Teil II., BewG

\multicolumn{4}{c}{Rheinland-Pfalz (RP)}			
lfd. Nr.	Gemeindenamen	AGS	Mietniveaustufe
1702	Ranschbach	07337065	2
1703	Ransweiler	07333061	1
1704	Rascheid	07235112	1
1705	Rathskirchen	07333201	1
1706	Rathsweiler	07336081	1
1707	Ratzert	07138058	1
1708	Raubach	07138059	1
1709	Raumbach	07133081	1
1710	Ravengiersburg	07140119	1
1711	Raversbeuren	07140120	1
1712	Rayerschied	07140121	1
1713	Rech	07131068	1
1714	Reckenroth	07141113	1
1715	Reckershausen	07140122	1
1716	Rehbach	07133082	1
1717	Rehborn	07133083	1
1718	Rehe	07143285	1
1719	Rehweiler	07336082	1
1720	Reich	07140123	1
1721	Reichenbach	07134068	1
1722	Reichenbach-Steegen	07335501	1
1723	Reichenberg	07141114	1
1724	Reichsthal	07333202	1
1725	Reichweiler	07336084	1
1726	Reidenhausen	07135074	1
1727	Reifenberg	07340220	1
1728	Reiferscheid	07132093	1
1729	Reiff	07232297	1
1730	Reiffelbach	07133084	1

Rheinland-Pfalz (RP)			
lfd. Nr.	Gemeindenamen	AGS	Mietniveaustufe
1731	Reifferscheid	07131069	1
1732	Reil	07231110	1
1733	Reimerath	07233233	1
1734	Reinsfeld	07235114	1
1735	Reipeldingen	07232298	1
1736	Reipoltskirchen	07336085	1
1737	Reitzenhain	07141115	1
1738	Relsberg	07336086	1
1739	Remagen, Stadt	07131070	3
1740	Rengsdorf	07138061	1
1741	Rennerod, Stadt	07143286	1
1742	Retterath	07233234	1
1743	Rettersen	07132094	1
1744	Rettershain	07141116	1
1745	Rettert	07141117	1
1746	Reudelsterz	07137092	1
1747	Reuth	07233235	1
1748	Rhaunen	07134069	1
1749	Rheinböllen, Stadt	07140125	1
1750	Rheinbreitbach	07138062	1
1751	Rheinbrohl	07138063	1
1752	Rheinzabern	07334024	2
1753	Rhens, Stadt	07137221	1
1754	Rhodt unter Rietburg	07337066	2
1755	Riedelberg	07340221	1
1756	Rieden	07137093	1
1757	Riegenroth	07140126	1
1758	Rieschweiler-Mühlb.	07340222	1
1759	Riesweiler	07140127	1

Anlage 254.1

Zu § 254 BewG, zu Anlage 39, Teil II., BewG

	Rheinland-Pfalz (RP)		
lfd. Nr.	Gemeindenamen	AGS	Mietniveaustufe
1760	Rimsberg	07134070	1
1761	Rinnthal	07337067	2
1762	Rinzenberg	07134071	1
1763	Riol	07235115	1
1764	Rittersdorf	07232109	1
1765	Rittersheim	07333062	1
1766	Rivenich	07231111	1
1767	Riveris	07235116	1
1768	Rockenhausen, Stadt	07333502	1
1769	Rockeskyll	07233058	1
1770	Rodalben, Stadt	07340038	1
1771	Rodder	07131072	1
1772	Rödelhausen	07140128	1
1773	Rodenbach	07335040	1
1774	Rodenbach b.Puderb.	07138064	1
1775	Rödern	07140129	1
1776	Rodershausen	07232110	1
1777	Rödersheim-Gronau	07338022	3
1778	Roes	07135075	1
1779	Röhl	07232111	1
1780	Rohrbach	07134073	1
1781	Rohrbach	07140130	1
1782	Rohrbach	07337068	2
1783	Römerberg	07338023	3
1784	Rommersheim	07232300	1
1785	Rorodt	07231112	1
1786	Roschbach	07337069	2
1787	Roscheid	07232301	1
1788	Rosenheim (Altenk.)	07132095	1

	Rheinland-Pfalz (RP)		
lfd. Nr.	Gemeindenamen	AGS	Mietniveaustufe
1789	Rosenkopf	07340223	1
1790	Roßbach	07138065	1
1791	Roßbach	07143287	1
1792	Rotenhain	07143288	1
1793	Roth	07132096	1
1794	Roth	07133085	1
1795	Roth	07140131	1
1796	Roth	07141118	1
1797	Roth an der Our	07232112	1
1798	Roth bei Prüm	07232302	1
1799	Rothenbach	07143289	1
1800	Rothselberg	07336087	1
1801	Rötsweiler-Nockenth.	07134072	1
1802	Rott	07132097	1
1803	Roxheim	07133086	1
1804	Rüber	07137095	1
1805	Rückeroth	07143064	1
1806	Rückweiler	07134074	1
1807	Rüdesheim	07133117	1
1808	Rülzheim	07334025	2
1809	Rumbach	07340039	1
1810	Rümmelsheim	07133087	1
1811	Ruppach-Goldhausen	07143065	1
1812	Ruppertsberg	07332043	2
1813	Ruppertsecken	07333065	1
1814	Ruppertshofen	07141120	1
1815	Ruppertsweiler	07340040	1
1816	Ruschberg	07134075	1
1817	Rüscheid	07138066	1

Anlage 254.1

Zu § 254 BewG, zu Anlage 39, Teil II., BewG

Rheinland-Pfalz (RP)			
lfd. Nr.	Gemeindenamen	AGS	Mietniveaustufe
1818	Rüssingen	07333064	1
1819	Ruthweiler	07336088	1
1820	Rutsweiler a.Lauter	07336090	1
1821	Rutsweiler am Glan	07336089	1
1822	Saalstadt	07340041	1
1823	Saarburg, Stadt	07235118	1
1824	Saffig	07137096	1
1825	Salm	07233060	1
1826	Salmtal	07231113	1
1827	Salz	07143290	1
1828	Salzburg	07143291	1
1829	Sankt Alban	07333066	1
1830	Sankt Aldegund	07135076	1
1831	Sankt Goar, Stadt	07140133	1
1832	Sankt Goarshausen	07141121	1
1833	Sankt Johann	07137097	1
1834	Sankt Johann	07339050	3
1835	Sankt Julian	07336095	1
1836	Sankt Katharinen	07133088	1
1837	Sankt Katharinen (NR)	07138068	1
1838	Sankt Martin	07337070	2
1839	Sankt Sebastian	07137222	1
1840	Sankt Thomas	07232113	1
1841	Sargenroth	07140134	1
1842	Sarmersbach	07233061	1
1843	Sassen	07233236	1
1844	Sauerthal	07141122	1
1845	Saulheim	07331058	2
1846	Saxler	07233062	1

Zu § 254 BewG, zu Anlage 39, Teil II., BewG **Anlage 254.1**

\	Rheinland-Pfalz (RP)		
lfd. Nr.	Gemeindenamen	AGS	Mietniveaustufe
1847	Schalkenbach	07131073	1
1848	Schalkenmehren	07233063	1
1849	Schallodenbach	07335041	1
1850	Schankweiler	07232114	1
1851	Scharfbillig	07232115	1
1852	Schauerberg	07340042	1
1853	Schauren	07134076	1
1854	Schauren	07135077	1
1855	Scheibenhardt	07334027	2
1856	Scheid	07233237	1
1857	Scheidt	07141124	1
1858	Scheitenkorb	07232116	1
1859	Schellweiler	07336091	1
1860	Schenkelberg	07143066	1
1861	Scheuerfeld	07132098	1
1862	Scheuern	07232117	1
1863	Schiersfeld	07333067	1
1864	Schiesheim	07141125	1
1865	Schifferstadt, Stadt	07338025	3
1866	Schillingen	07235119	1
1867	Schindhard	07340043	1
1868	Schladt	07231114	1
1869	Schleich	07235120	1
1870	Schleid	07232118	1
1871	Schlierschied	07140135	1
1872	Schloßböckelheim	07133089	1
1873	Schmalenberg	07340044	1
1874	Schmidthachenbach	07134077	1
1875	Schmißberg	07134078	1

Anlage 254.1

Zu § 254 BewG, zu Anlage 39, Teil II., BewG

Rheinland-Pfalz (RP)			
lfd. Nr.	Gemeindenamen	AGS	Mietniveaustufe
1876	Schmitshausen	07340224	1
1877	Schmitt	07135078	1
1878	Schmittweiler	07133090	1
1879	Schneckenhausen	07335042	1
1880	Schneppenbach	07133204	1
1881	Schnorbach	07140138	1
1882	Schoden	07235122	1
1883	Schömerich	07235123	1
1884	Schönau (Pfalz)	07340045	1
1885	Schönbach	07233064	1
1886	Schönberg	07231115	1
1887	Schönborn	07140139	1
1888	Schönborn	07141126	1
1889	Schönborn	07333068	1
1890	Schöndorf	07235124	1
1891	Schöneberg	07132099	1
1892	Schöneberg	07133091	1
1893	Schönecken	07232304	1
1894	Schönenberg-Kübelb.	07336092	1
1895	Schopp	07335204	1
1896	Schornsheim	07331059	2
1897	Schuld	07131074	1
1898	Schüller	07233239	1
1899	Schürdt	07132100	1
1900	Schutz	07233065	1
1901	Schutzbach	07132101	1
1902	Schwabenheim a.Selz	07339051	3
1903	Schwall	07140140	1
1904	Schwanheim	07340047	1

Zu § 254 BewG, zu Anlage 39, Teil II., BewG   **Anlage 254.1**

	Rheinland-Pfalz (RP)		
lfd. Nr.	Gemeindenamen	AGS	Mietniveaustufe
1905	Schwarzen	07140141	1
1906	Schwarzenborn	07231116	1
1907	Schwarzerden	07133205	1
1908	Schwedelbach	07335043	1
1909	Schwegenheim	07334028	2
1910	Schweich, Stadt	07235125	1
1911	Schweigen-Rechtenb.	07337071	2
1912	Schweighausen	07141127	1
1913	Schweighofen	07337072	2
1914	Schweinschied	07133092	1
1915	Schweisweiler	07333069	1
1916	Schweix	07340048	1
1917	Schweppenhausen	07133093	1
1918	Schwerbach	07134079	1
1919	Schwirzheim	07232305	1
1920	Schwollen	07134080	1
1921	Seck	07143292	1
1922	Seelbach	07141128	1
1923	Seelbach(Westerwald)	07132103	1
1924	Seelbach,Hamm(Sieg)	07132102	1
1925	Seelen	07333203	1
1926	Seesbach	07133094	1
1927	Seffern	07232119	1
1928	Sefferweich	07232120	1
1929	Sehlem	07231117	1
1930	Seibersbach	07133095	1
1931	Seifen	07132104	1
1932	Seinsfeld	07232306	1
1933	Seiwerath	07232307	1

Anlage 254.1

Zu § 254 BewG, zu Anlage 39, Teil II., BewG

	Rheinland-Pfalz (RP)		
lfd. Nr.	Gemeindenamen	AGS	Mietniveaustufe
1934	Selbach (Sieg)	07132105	1
1935	Selchenbach	07336094	1
1936	Sellerich	07232308	1
1937	Selters (Ww), Stadt	07143067	1
1938	Selzen	07339053	3
1939	Sembach	07335205	1
1940	Sengerich	07232309	1
1941	Senheim	07135079	1
1942	Senscheid	07131075	1
1943	Sensweiler	07134081	1
1944	Serrig	07235126	1
1945	Sessenbach	07143068	1
1946	Sessenhausen	07143069	1
1947	Sevenig (Our)	07232310	1
1948	Sevenig b.Neuerburg	07232121	1
1949	Siebeldingen	07337073	2
1950	Siebenbach	07137099	1
1951	Siefersheim	07331060	2
1952	Sien	07134082	1
1953	Sienhachenbach	07134083	1
1954	Sierscheid	07131076	1
1955	Siershahn	07143070	1
1956	Siesbach	07134084	1
1957	Silz	07337074	2
1958	Simmern	07143071	1
1959	Simmern/Hunsrück, St.	07140144	1
1960	Simmertal	07133096	1
1961	Singhofen	07141129	1
1962	Sinspelt	07232122	1

Zu § 254 BewG, zu Anlage 39, Teil II., BewG Anlage 254.1

\multicolumn{4}{c}{Rheinland-Pfalz (RP)}			
lfd. Nr.	Gemeindenamen	AGS	Mietniveaustufe
1963	Sinzig, Stadt	07131077	2
1964	Sippersfeld	07333071	1
1965	Sitters	07333072	1
1966	Sohren	07140145	1
1967	Sohrschied	07140146	1
1968	Sommerau	07235129	1
1969	Sommerloch	07133098	1
1970	Sonnenberg-Winnenb.	07134085	1
1971	Sonnschied	07134086	1
1972	Sörgenloch	07339054	3
1973	Sörth	07132106	1
1974	Sosberg	07135080	1
1975	Spabrücken	07133099	1
1976	Spall	07133100	1
1977	Spangdahlem	07232311	1
1978	Spay	07137223	1
1979	Speicher, Stadt	07232123	1
1980	Spesenroth	07140147	1
1981	Spessart	07131208	1
1982	Speyer, kfr. St.	07318000	3
1983	Spiesheim	07331061	2
1984	Spirkelbach	07340049	1
1985	Sponheim	07133101	1
1986	Sprendlingen	07339056	3
1987	Stadecken-Elsheim	07339057	3
1988	Stadtkyll	07233240	1
1989	Stahlberg	07333073	1
1990	Stahlhofen	07143072	1
1991	Stahlhofen, Wiesensee	07143293	1

Anlage 254.1

Zu § 254 BewG, zu Anlage 39, Teil II., BewG

\multicolumn{4}{c}{Rheinland-Pfalz (RP)}			
lfd. Nr.	Gemeindenamen	AGS	Mietniveaustufe
1992	Standenbühl	07333074	1
1993	Starkenburg	07231120	1
1994	Staudernheim	07133102	1
1995	Staudt	07143073	1
1996	Stebach	07138069	1
1997	Steffeln	07233241	1
1998	Steimel	07138070	1
1999	Steinalben	07340050	1
2000	Steinbach	07140148	1
2001	Steinbach am Glan	07336096	1
2002	Steinbach Donnersb.	07333075	1
2003	Stein-Bockenheim	07331062	2
2004	Steinborn	07232313	1
2005	Steinebach a. d. Wied	07143294	1
2006	Steinebach/Sieg	07132107	1
2007	Steineberg	07233067	1
2008	Steinefrenz	07143074	1
2009	Steinen	07143075	1
2010	Steineroth	07132108	1
2011	Steinfeld	07337076	2
2012	Steiningen	07233068	1
2013	Stein-Neukirch	07143295	1
2014	Steinsberg	07141130	1
2015	Steinweiler	07334030	2
2016	Steinwenden	07335044	1
2017	Stein-Wingert	07143296	1
2018	Stelzenberg	07335045	1
2019	Stetten	07333076	1
2020	Stipshausen	07134087	1

Zu § 254 BewG, zu Anlage 39, Teil II., BewG **Anlage 254.1**

	Rheinland-Pfalz (RP)		
lfd. Nr.	Gemeindenamen	AGS	Mietniveaustufe
2021	Stockem	07232124	1
2022	Stockhausen-Illfurth	07143297	1
2023	Stockum-Püschen	07143298	1
2024	Straßenhaus	07138071	1
2025	Streithausen	07143299	1
2026	Strickscheid	07232315	1
2027	Strohn	07233070	1
2028	Stromberg, Stadt	07133103	1
2029	Strotzbüsch	07233071	1
2030	Strüth	07141131	1
2031	Stürzelbach	07132109	1
2032	Sülm	07232125	1
2033	Sulzbach	07134088	1
2034	Sulzbach	07141132	1
2035	Sulzbachtal	07335046	1
2036	Sulzheim	07331063	2
2037	Taben-Rodt	07235131	1
2038	Talling	07231122	1
2039	Tawern	07235132	1
2040	Tellig	07135081	1
2041	Temmels	07235133	1
2042	Teschenmoschel	07333077	1
2043	Thaleischweiler-Frö.	07340051	1
2044	Thalfang	07231123	1
2045	Thalhausen	07138072	1
2046	Thallichtenberg	07336097	1
2047	Theisbergstegen	07336098	1
2048	Thomm	07235135	1
2049	Thörlingen	07140149	1

Anlage 254.1

Zu § 254 BewG, zu Anlage 39, Teil II., BewG

Rheinland-Pfalz (RP)			
lfd. Nr.	Gemeindenamen	AGS	Mietniveaustufe
2050	Thörnich	07235134	1
2051	Thür	07137101	1
2052	Tiefenbach	07140150	1
2053	Tiefenthal	07133104	1
2054	Tiefenthal	07332044	2
2055	Todenroth	07140151	1
2056	Traben-Trarbach, St.	07231124	1
2057	Traisen	07133105	1
2058	Trassem	07235136	1
2059	Trechtingshausen	07339058	3
2060	Treis-Karden	07135082	1
2061	Trier, kfr. St.	07211000	3
2062	Trierscheid	07131079	1
2063	Trierweiler	07235137	1
2064	Trimbs	07137102	1
2065	Trimport	07232126	1
2066	Trippstadt	07335047	1
2067	Trittenheim	07235207	1
2068	Trulben	07340052	1
2069	Übereisenbach	07232127	1
2070	Udenheim	07331064	2
2071	Üdersdorf	07233075	1
2072	Udler	07233074	1
2073	Uelversheim	07339059	3
2074	Uersfeld	07233242	1
2075	Ueß	07233243	1
2076	Uhler	07140153	1
2077	Ulmen, Stadt	07135083	1
2078	Ulmet	07336099	1

Zu § 254 BewG, zu Anlage 39, Teil II., BewG   Anlage 254.1

\multicolumn{4}{c}{Rheinland-Pfalz (RP)}
lfd. Nr.	Gemeindenamen	AGS	Mietniveaustufe
2079	Undenheim	07339060	3
2080	Unkel, Stadt	07138073	1
2081	Unkenbach	07333078	1
2082	Unnau	07143300	1
2083	Unterjeckenbach	07336100	1
2084	Untershausen	07143077	1
2085	Unzenberg	07140154	1
2086	Uppershausen	07232128	1
2087	Urbach	07138074	1
2088	Urbar	07137224	1
2089	Urbar	07140155	1
2090	Urmersbach	07135084	1
2091	Urmitz	07137225	1
2092	Urschmitt	07135085	1
2093	Ürzig	07231125	1
2094	Usch	07232129	1
2095	Utscheid	07232102	1
2096	Üttfeld	07232333	1
2097	Utzenhain	07140156	1
2098	Utzerath	07233077	1
2099	Üxheim	07233076	1
2100	Vallendar, Stadt	07137226	1
2101	Valwig	07135086	1
2102	Veitsrodt	07134089	1
2103	Veldenz	07231126	1
2104	Vendersheim	07331065	2
2105	Venningen	07337077	2
2106	Vettelschoß	07138075	1
2107	Vielbach	07143078	1

Anlage 254.1

Zu § 254 BewG, zu Anlage 39, Teil II., BewG

Rheinland-Pfalz (RP)			
lfd. Nr.	Gemeindenamen	AGS	Mietniveaustufe
2108	Vierherrenborn	07235140	1
2109	Vinningen	07340053	1
2110	Virneburg	07137105	1
2111	Völkersweiler	07337078	2
2112	Volkerzen	07132110	1
2113	Volkesfeld	07137106	1
2114	Vollmersbach	07134090	1
2115	Vollmersweiler	07334031	2
2116	Volxheim	07133106	1
2117	Vorderweidenthal	07337079	2
2118	Wachenheim	07331066	2
2119	Wachenheim a. d.W.	07332046	2
2120	entfallen		
2121	Wagenhausen	07135087	1
2122	Wahlbach	07140158	1
2123	Wahlenau	07140159	1
2124	Wahlheim	07331067	2
2125	Wahlrod	07143301	1
2126	Wahnwegen	07336101	1
2127	Waigandshain	07143302	1
2128	Waldalgesheim	07339062	3
2129	Waldböckelheim	07133107	1
2130	Waldbreitbach	07138076	1
2131	Waldesch	07137227	1
2132	Waldfischbach-Burg.	07340054	1
2133	Waldgrehweiler	07333079	1
2134	Waldhambach	07337080	2
2135	Waldhof-Falkenstein	07232130	1
2136	Waldlaubersheim	07133108	1

Zu § 254 BewG, zu Anlage 39, Teil II., BewG — **Anlage 254.1**

\multicolumn{4}{c}{Rheinland-Pfalz (RP)}			
lfd. Nr.	Gemeindenamen	AGS	Mietniveaustufe
2137	Waldleiningen	07335048	1
2138	Waldmohr, Stadt	07336102	1
2139	Waldmühlen	07143303	1
2140	Waldorf	07131081	1
2141	Waldrach	07235141	1
2142	Waldrohrbach	07337081	2
2143	Waldsee	07338026	3
2144	Waldweiler	07235142	1
2145	Walhausen	07135088	1
2146	Wallenborn	07233079	1
2147	Wallendorf	07232131	1
2148	Wallersheim	07232318	1
2149	Wallertheim	07331068	2
2150	Wallhalben	07340225	1
2151	Wallhausen	07133109	1
2152	Wallmenroth	07132111	1
2153	Wallmerod	07143304	1
2154	Wallscheid	07231127	1
2155	Walsdorf	07233080	1
2156	Walshausen	07340226	1
2157	Walsheim	07337082	2
2158	Walterschen	07132112	1
2159	Warmsroth	07133110	1
2160	Wartenberg-Rohrbach	07333080	1
2161	Wasenbach	07141133	1
2162	Wassenach	07131209	1
2163	Wasserliesch	07235143	1
2164	Wattenheim	07332047	2
2165	Watzerath	07232320	1

Anlage 254.1

Zu § 254 BewG, zu Anlage 39, Teil II., BewG

\multicolumn{4}{c}{Rheinland-Pfalz (RP)}			
lfd. Nr.	Gemeindenamen	AGS	Mietniveaustufe
2166	Wawern	07232321	1
2167	Wawern	07235144	1
2168	Waxweiler	07232322	1
2169	Wehr	07131210	1
2170	Weibern	07131211	1
2171	Weiden	07134091	1
2172	Weidenbach	07141134	1
2173	Weidenbach	07233081	1
2174	Weidenhahn	07143305	1
2175	Weidenthal	07332048	2
2176	Weidingen	07232132	1
2177	Weiler	07135089	1
2178	Weiler	07137110	1
2179	Weiler bei Bingen	07339063	3
2180	Weiler bei Monzingen	07133111	1
2181	Weilerbach	07335049	1
2182	Weinähr	07141135	1
2183	Weingarten (Pfalz)	07334032	2
2184	Weinolsheim	07339064	3
2185	Weinsheim	07133112	1
2186	Weinsheim	07232226	1
2187	Weisel	07141136	1
2188	Weisenheim am Berg	07332049	2
2189	Weisenheim am Sand	07332050	2
2190	Weißenthurm, Stadt	07137228	1
2191	Weitefeld	07132113	1
2192	Weitersbach	07134092	1
2193	Weitersborn	07133113	1
2194	Weitersburg	07137229	1

Zu § 254 BewG, zu Anlage 39, Teil II., BewG **Anlage 254.1**

lfd. Nr.	Gemeindenamen	AGS	Mietniveaustufe
	Rheinland-Pfalz (RP)		
2195	Weitersweiler	07333081	1
2196	Welcherath	07233244	1
2197	Welchweiler	07336103	1
2198	Welgesheim	07339065	3
2199	Welkenbach	07143306	1
2200	Wellen	07235146	1
2201	Welling	07137112	1
2202	Welschbillig	07235501	1
2203	Welschenbach	07137113	1
2204	Welschneudorf	07143079	1
2205	Welterod	07141137	1
2206	Weltersburg	07143307	1
2207	Wendelsheim	07331070	2
2208	Werkhausen	07132114	1
2209	Wernersberg	07337083	2
2210	Weroth	07143080	1
2211	Wershofen	07131082	1
2212	Weselberg	07340055	1
2213	Westerburg, Stadt	07143308	1
2214	Westernohe	07143309	1
2215	Westheim (Pfalz)	07334033	2
2216	Westhofen	07331071	2
2217	Wettlingen	07232133	1
2218	Weyer	07141138	1
2219	Weyerbusch	07132115	1
2220	Weyher in der Pfalz	07337084	2
2221	Wickenrodt	07134093	1
2222	Wiebelsheim	07140161	1
2223	Wied	07143310	1

Anlage 254.1

Zu § 254 BewG, zu Anlage 39, Teil II., BewG

	Rheinland-Pfalz (RP)		
lfd. Nr.	Gemeindenamen	AGS	Mietniveaustufe
2224	Wierschem	07137114	1
2225	Wiersdorf	07232134	1
2226	Wiesbach	07340227	1
2227	Wiesbaum	07233083	1
2228	Wiesemscheid	07131083	1
2229	Wiesweiler	07336104	1
2230	Wilgartswiesen	07340057	1
2231	Willingen	07143311	1
2232	Willmenrod	07143312	1
2233	Willroth	07132116	1
2234	Willwerscheid	07231132	1
2235	Wilsecker	07232135	1
2236	Wiltingen	07235148	1
2237	Wilzenberg-Hußweiler	07134094	1
2238	Wimbach	07131084	1
2239	Wincheringen	07235149	1
2240	Winden	07141139	1
2241	Winden	07334034	2
2242	Windesheim	07133114	1
2243	Windhagen	07138077	1
2244	Winkel (Eifel)	07233084	1
2245	Winkelbach	07143313	1
2246	Winnen	07143314	1
2247	Winnerath	07131085	1
2248	Winningen	07137230	1
2249	Winnweiler	07333503	1
2250	Winringen	07232327	1
2251	Winterbach	07133115	1
2252	Winterbach (Pfalz)	07340228	1

Zu § 254 BewG, zu Anlage 39, Teil II., BewG **Anlage 254.1**

	Rheinland-Pfalz (RP)		
lfd. Nr.	Gemeindenamen	AGS	Mietniveaustufe
2253	Winterborn	07333083	1
2254	Winterburg	07133116	1
2255	Winterscheid	07232328	1
2256	Wintersheim	07339066	3
2257	Winterspelt	07232329	1
2258	Winterwerb	07141140	1
2259	Wintrich	07231133	1
2260	Wirft	07131086	1
2261	Wirfus	07135090	1
2262	Wirges, Stadt	07143081	1
2263	Wirscheid	07143082	1
2264	Wirschweiler	07134095	1
2265	Wissen, Stadt	07132117	1
2266	Wißmannsdorf	07232501	1
2267	Wittgert	07143084	1
2268	Wittlich, Stadt	07231134	2
2269	Woldert	07138078	1
2270	Wölferlingen	07143085	1
2271	Wolfsheim	07339202	3
2272	Wolfstein, Stadt	07336105	1
2273	Wolken	07137231	1
2274	Wollmerath	07135091	1
2275	Wöllstein	07331072	2
2276	Wölmersen	07132118	1
2277	Wolsfeld	07232137	1
2278	Womrath	07140163	1
2279	Wonsheim	07331075	2
2280	Woppenroth	07140164	1
2281	Worms, kfr. St.	07319000	3

Anlage 254.1

Zu § 254 BewG, zu Anlage 39, Teil II., BewG

Rheinland-Pfalz (RP)			
lfd. Nr.	Gemeindenamen	AGS	Mietniveaustufe
2282	Wörrstadt, Stadt	07331073	2
2283	Wörth am Rhein, St.	07334501	3
2284	Würrich	07140165	1
2285	Würzweiler	07333084	1
2286	Wüschheim	07140166	1
2287	Zehnhausen, Rennerod	07143315	1
2288	Zehnhausen, Wallmerod	07143316	1
2289	Zeiskam	07334036	2
2290	Zell (Mosel), Stadt	07135092	1
2291	Zellertal	07333501	1
2292	Zeltingen-Rachtig	07231136	1
2293	Zemmer	07235151	1
2294	Zendscheid	07232331	1
2295	Zerf	07235152	1
2296	Zettingen	07135093	1
2297	Ziegenhain	07132119	1
2298	Zilshausen	07140504	1
2299	Zimmerschied	07141141	1
2300	Zornheim	07339067	3
2301	Zotzenheim	07339068	3
2302	Züsch	07235153	1
2303	Zweibrücken, kfr. St	07320000	1
2304	Zweifelscheid	07232138	1

Saarland (SL)			
lfd. Nr.	Gemeindenamen	AGS	Mietniveaustufe
1	Beckingen	10042111	1
2	Bexbach, Stadt	10045111	1
3	Blieskastel, Stadt	10045112	2

Zu § 254 BewG, zu Anlage 39, Teil II., BewG   **Anlage 254.1**

\	Saarland (SL)		
lfd. Nr.	Gemeindenamen	AGS	Mietniveaustufe
4	Bous	10044122	1
5	Dillingen/Saar, Stadt	10044111	2
6	Ensdorf	10044123	1
7	Eppelborn	10043111	1
8	Freisen	10046111	1
9	Friedrichsthal, Stadt	10041511	1
10	Gersheim	10045113	1
11	Großrosseln	10041512	1
12	Heusweiler	10041513	2
13	Homburg, Kreisstadt	10045114	3
14	Illingen	10043112	1
15	Kirkel	10045115	4
16	Kleinblittersdorf	10041514	2
17	Lebach, Stadt	10044112	1
18	Losheim am See	10042112	1
19	Mandelbachtal	10045116	1
20	Marpingen	10046112	1
21	Merchweiler	10043113	2
22	Merzig, Kreisstadt	10042113	2
23	Mettlach	10042114	1
24	Nalbach	10044113	1
25	Namborn	10046113	1
26	Neunkirchen, Kreisstadt	10043114	2
27	Nohfelden	10046114	1
28	Nonnweiler	10046115	1
29	Oberthal	10046116	1
30	Ottweiler, Stadt	10043115	1
31	Perl	10042115	2
32	Püttlingen, Stadt	10041515	3

Anlage 254.1 Zu § 254 BewG, zu Anlage 39, Teil II., BewG

	Saarland (SL)		
lfd. Nr.	Gemeindenamen	AGS	Mietniveaustufe
33	Quierschied	10041516	1
34	Rehlingen-Siersburg	10044114	1
35	Riegelsberg	10041517	2
36	Saarbrücken, Landeshauptstadt	10041100	3
37	Saarlouis, Kreisstadt	10044115	2
38	Saarwellingen	10044116	1
39	Schiffweiler	10043116	1
40	Schmelz	10044117	1
41	Schwalbach	10044118	2
42	Spiesen-Elversberg	10043117	1
43	St. Ingbert, Stadt	10045117	2
44	St. Wendel, Kreisstadt	10046117	2
45	Sulzbach/Saar, Stadt	10041518	2
46	Tholey	10046118	1
47	Überherrn	10044119	2
48	Völklingen, Stadt,	10041519	2
49	Wadern, Stadt	10042116	1
50	Wadgassen	10044120	1
51	Wallerfangen	10044121	1
52	Weiskirchen	10042117	2
	Sachsen (SN)		
lfd. Nr.	Gemeindenamen	AGS	Mietniveaustufe
1	Adorf/Vogtl., Stadt	14523010	1
2	Altenberg, Stadt	14628010	1
3	Altmittweida	14522010	1
4	Amtsberg	14521010	1
5	Annaberg-Buchholz, Stadt	14521020	1
6	Arnsdorf	14625010	1

Zu § 254 BewG, zu Anlage 39, Teil II., BewG **Anlage 254.1**

	Sachsen (SN)		
lfd. Nr.	Gemeindenamen	AGS	Mietniveaustufe
7	Arzberg	14730010	1
8	Aue-Bad Schlema, Stadt	14521035	1
9	Auerbach	14521040	1
10	Auerbach/Vogtl., Stadt	14523020	1
11	Augustusburg, Stadt	14522020	1
12	Bad Brambach	14523030	1
13	Bad Düben, Stadt	14730020	1
14	Bad Elster, Stadt	14523040	1
15	Bad Gottleuba-Berggießhübel, Stadt	14628020	1
16	Bad Lausick, Stadt	14729010	2
17	Bad Muskau, Stadt	14626010	1
18	Bad Schandau, Stadt	14628030	1
19	Bahretal	14628040	1
20	Bannewitz	14628050	3
21	Bärenstein	14521060	1
22	Bautzen / Budyšin, Stadt	14625020	2
23	Beiersdorf	14626020	1
24	Beilrode	14730030	1
25	Belgern-Schildau, Stadt	14730045	1
26	Belgershain	14729020	2
27	Bennewitz	14729030	2
28	Bergen	14523050	1
29	Bernsdorf	14524010	1
30	Bernsdorf, Stadt	14625030	1
31	Bernstadt a. d. Eigen, Stadt	14626030	1
32	Bertsdorf-Hörnitz	14626050	1
33	Bischofswerda, Stadt	14625040	2
34	Bobritzsch-Hilbersdorf	14522035	1
35	Bockau	14521080	1

Anlage 254.1

Zu § 254 BewG, zu Anlage 39, Teil II., BewG

	Sachsen (SN)		
lfd. Nr.	Gemeindenamen	AGS	Mietniveaustufe
36	Böhlen, Stadt	14729040	2
37	Borna, Stadt	14729050	2
38	Börnichen/Erzgeb.	14521090	1
39	Borsdorf	14729060	2
40	Bösenbrunn	14523060	1
41	Boxberg/O.L. / Hamor	14626060	1
42	Brand-Erbisdorf, Stadt	14522050	1
43	Brandis, Stadt	14729070	2
44	Breitenbrunn/Erzgeb.	14521110	1
45	Burgstädt, Stadt	14522060	1
46	Burkau	14625060	1
47	Burkhardtsdorf	14521120	1
48	Callenberg	14524020	1
49	Cavertitz	14730050	1
50	Chemnitz, Stadt	14511000	2
51	Claußnitz	14522070	1
52	Colditz, Stadt	14729080	2
53	Coswig, Stadt	14627010	3
54	Crimmitschau, Stadt	14524030	1
55	Crinitzberg	14524040	1
56	Crostwitz / Chrósćicy	14625080	1
57	Crottendorf	14521130	1
58	Cunewalde	14625090	1
59	Dahlen, Stadt	14730060	1
60	Delitzsch, Stadt	14730070	2
61	Demitz-Thumitz	14625100	1
62	Dennheritz	14524050	1
63	Deutschneudorf	14521140	1
64	Diera-Zehren	14627020	1

Zu § 254 BewG, zu Anlage 39, Teil II., BewG **Anlage 254.1**

\multicolumn{4}{c}{Sachsen (SN)}			
lfd. Nr.	Gemeindenamen	AGS	Mietniveaustufe
65	Dippoldiswalde, Stadt	14628060	2
66	Döbeln, Stadt	14522080	1
67	Doberschau-Gaußig / Dobruša-Huska	14625110	1
68	Doberschütz	14730080	1
69	Dohma	14628070	1
70	Dohna, Stadt	14628080	1
71	Dommitzsch, Stadt	14730090	1
72	Dorfchemnitz	14522090	1
73	Dorfhain	14628090	1
74	Drebach	14521150	1
75	Dreiheide	14730100	1
76	Dresden, Stadt	14612000	3
77	Dürrhennersdorf	14626070	1
78	Dürrröhrsdorf-Dittersbach	14628100	1
79	Ebersbach	14627030	1
80	Ebersbach-Neugersdorf, Stadt	14626085	1
81	Ehrenfriedersdorf, Stadt	14521160	1
82	Eibenstock, Stadt	14521170	1
83	Eichigt	14523080	1
84	Eilenburg, Stadt	14730110	2
85	Ellefeld	14523090	1
86	Elsnig	14730120	1
87	Elsterberg, Stadt	14523100	1
88	Elsterheide / Halštrowska Hola	14625120	1
89	Elstertrebnitz	14729100	2
90	Elstra, Stadt	14625130	1
91	Elterlein, Stadt	14521180	1
92	Eppendorf	14522110	1
93	Erlau	14522120	1

Anlage 254.1

Zu § 254 BewG, zu Anlage 39, Teil II., BewG

Sachsen (SN)			
lfd. Nr.	Gemeindenamen	AGS	Mietniveaustufe
94	Falkenstein/Vogtl., Stadt	14523120	1
95	Flöha, Stadt	14522140	2
96	Frankenberg/Sa., Stadt	14522150	1
97	Frankenthal	14625140	1
98	Frauenstein, Stadt	14522170	1
99	Fraureuth	14524060	1
100	Freiberg, Stadt, Universitätsstadt	14522180	2
101	Freital, Stadt	14628110	2
102	Frohburg, Stadt	14729140	2
103	Gablenz / Jabłońc	14626100	1
104	Geithain, Stadt	14729150	2
105	Gelenau/Erzgeb.	14521200	1
106	Geringswalde, Stadt	14522190	1
107	Gersdorf	14524070	1
108	Geyer, Stadt	14521210	1
109	Glashütte, Stadt	14628130	1
110	Glaubitz	14627040	1
111	Glauchau, Stadt	14524080	2
112	Göda / Hodźij	14625150	1
113	Gohrisch	14628140	1
114	Görlitz, Stadt	14626110	1
115	Gornau/Erzgeb.	14521220	1
116	Gornsdorf	14521230	1
117	Grimma, Stadt	14729160	2
118	Gröditz, Stadt	14627050	1
119	Groitzsch, Stadt	14729170	2
120	Groß Düben / Dźěwin	14626120	1
121	Großdubrau / Wulka Dubrawa	14625160	1
122	Großenhain, Stadt	14627060	1

Zu § 254 BewG, zu Anlage 39, Teil II., BewG

Anlage 254.1

	Sachsen (SN)		
lfd. Nr.	Gemeindenamen	AGS	Mietniveaustufe
123	Großharthau	14625170	1
124	Großhartmannsdorf	14522200	1
125	Großnaundorf	14625180	1
126	Großolbersdorf	14521240	1
127	Großpösna	14729190	2
128	Großpostwitz/O. L. / Budestecy	14625190	1
129	Großröhrsdorf, Stadt	14625200	1
130	Großrückerswalde	14521250	1
131	Großschirma, Stadt	14522210	1
132	Großschönau	14626140	1
133	Großschweidnitz	14626150	1
134	Großweitzschen	14522220	1
135	Grünbach	14523130	1
136	Grünhain-Beierfeld, Stadt	14521260	1
137	Grünhainichen	14521270	1
138	Hähnichen	14626160	1
139	Hainewalde	14626170	1
140	Hainichen, Stadt	14522230	1
141	Halsbrücke	14522240	1
142	Hartenstein, Stadt	14524090	1
143	Hartha, Stadt	14522250	1
144	Hartmannsdorf	14522260	1
145	Hartmannsdorf b. Kirchberg	14524100	1
146	Hartmannsdorf-Reichenau	14628150	1
147	Haselbachtal	14625220	1
148	Heidenau, Stadt	14628160	2
149	Heidersdorf	14521280	1
150	Heinsdorfergrund	14523150	1
151	Hermsdorf/Erzgeb.	14628170	1

Anlage 254.1

Zu § 254 BewG, zu Anlage 39, Teil II., BewG

\multicolumn{4}{c}{Sachsen (SN)}			
lfd. Nr.	Gemeindenamen	AGS	Mietniveaustufe
152	Herrnhut, Stadt	14626180	1
153	Hirschfeld	14524110	1
154	Hirschstein	14627070	1
155	Hochkirch / Bukecy	14625230	1
156	Hohendubrau / Wysoka Dubrawa	14626190	1
157	Hohenstein-Ernstthal, Stadt	14524120	2
158	Hohndorf	14521290	1
159	Hohnstein, Stadt	14628190	1
160	Horka	14626200	1
161	Hoyerswerda / Wojerecy, Stadt	14625240	2
162	Jahnsdorf/Erzgeb.	14521310	1
163	Jesewitz	14730140	1
164	Johanngeorgenstadt, Stadt	14521320	1
165	Jöhstadt, Stadt	14521330	1
166	Jonsdorf, Kurort	14626210	1
167	Käbschütztal	14627080	1
168	Kamenz / Kamjenc, Stadt	14625250	2
169	Kirchberg, Stadt	14524130	1
170	Kitzscher, Stadt	14729220	2
171	Klingenberg	14628205	1
172	Klingenthal, Stadt	14523160	1
173	Klipphausen	14627100	1
174	Kodersdorf	14626230	1
175	Königsbrück, Stadt	14625270	1
176	Königsfeld	14522280	1
177	Königshain	14626240	1
178	Königshain-Wiederau	14522290	1
179	Königstein/Sächs. Schw., Stadt	14628210	1
180	Königswalde	14521340	1

Zu § 254 BewG, zu Anlage 39, Teil II., BewG **Anlage 254.1**

	Sachsen (SN)		
lfd. Nr.	Gemeindenamen	AGS	Mietniveaustufe
181	Königswartha / Rakecy	14625280	1
182	Kottmar	14626245	1
183	Krauschwitz i. d. O. L. / Krušwica	14626250	1
184	Kreba-Neudorf / Chrjebja-Nowa Wjes	14626260	1
185	Kreischa	14628220	1
186	Kriebstein	14522300	1
187	Krostitz	14730150	1
188	Kubschütz / Kubšicy	14625290	1
189	Lampertswalde	14627110	1
190	Langenbernsdorf	14524140	1
191	Langenweißbach	14524150	1
192	Laußig	14730160	1
193	Laußnitz	14625300	1
194	Lauta, Stadt	14625310	1
195	Lauter-Bernsbach, Stadt	14521355	1
196	Lawalde	14626270	1
197	Leipzig, Stadt	14713000	2
198	Leisnig, Stadt	14522310	1
199	Lengenfeld, Stadt	14523170	1
200	Leubsdorf	14522320	1
201	Leutersdorf	14626280	1
202	Lichtenau	14522330	1
203	Lichtenberg	14625320	1
204	Lichtenberg/Erzgeb.	14522340	1
205	Lichtenstein/Sa., Stadt	14524160	1
206	Lichtentanne	14524170	1
207	Liebschützberg	14730170	1
208	Liebstadt, Stadt	14628230	1
209	Limbach	14523190	1

Anlage 254.1

Zu § 254 BewG, zu Anlage 39, Teil II., BewG

	Sachsen (SN)		
lfd. Nr.	Gemeindenamen	AGS	Mietniveaustufe
210	Limbach-Oberfrohna, Stadt	14524180	2
211	Löbau, Stadt	14626290	1
212	Löbnitz	14730180	1
213	Lohmen	14628240	1
214	Lohsa / Łaz	14625330	1
215	Lommatzsch, Stadt	14627130	1
216	Lossatal	14729245	2
217	Lößnitz, Stadt	14521370	1
218	Lugau/Erzgeb., Stadt	14521380	1
219	Lunzenau, Stadt	14522350	1
220	Machern	14729250	2
221	Malschwitz / Malešecy	14625340	1
222	Marienberg, Stadt	14521390	1
223	Markersdorf	14626300	1
224	Markkleeberg, Stadt	14729260	3
225	Markneukirchen, Stadt	14523200	1
226	Markranstädt, Stadt	14729270	2
227	Meerane, Stadt	14524190	1
228	Meißen, Stadt	14627140	2
229	Mildenau	14521400	1
230	Mittelherwigsdorf	14626310	1
231	Mittweida, Stadt, Hochschulstadt	14522360	2
232	Mockrehna	14730190	1
233	Moritzburg	14627150	1
234	Mücka / Mikow	14626320	1
235	Mügeln, Stadt	14730200	1
236	Müglitztal	14628250	1
237	Mühlau	14522380	1
238	Mühlental	14523230	1

Zu § 254 BewG, zu Anlage 39, Teil II., BewG

Anlage 254.1

	Sachsen (SN)		
lfd. Nr.	Gemeindenamen	AGS	Mietniveaustufe
239	Mulda/Sa.	14522390	1
240	Muldenhammer	14523245	1
241	Mülsen	14524200	1
242	Naundorf	14730210	1
243	Naunhof, Stadt	14729300	2
244	Nebelschütz / Njebjelčicy	14625350	1
245	Neißeaue	14626330	1
246	Neschwitz / Njeswačidło	14625360	1
247	Netzschkau, Stadt	14523260	1
248	Neuensalz	14523270	1
249	Neuhausen/Erzgeb.	14522400	1
250	Neukieritzsch	14729320	2
251	Neukirch	14625370	1
252	Neukirch/Lausitz	14625380	1
253	Neukirchen/Erzgeb.	14521410	1
254	Neukirchen/Pleiße	14524210	1
255	Neumark	14523280	1
256	Neusalza-Spremberg, Stadt	14626350	1
257	Neustadt i. Sa., Stadt	14628260	2
258	Neustadt/Vogtl.	14523290	1
259	Niederau	14627170	1
260	Niederdorf	14521420	1
261	Niederfrohna	14524220	1
262	Niederwiesa	14522420	1
263	Niederwürschnitz	14521430	1
264	Niesky, Stadt	14626370	1
265	Nossen, Stadt	14627180	1
266	Nünchritz	14627190	1
267	Obergurig / Hornja Hórka	14625390	1

Anlage 254.1

Zu § 254 BewG, zu Anlage 39, Teil II., BewG

	Sachsen (SN)		
lfd. Nr.	Gemeindenamen	AGS	Mietniveaustufe
268	Oberlungwitz, Stadt	14524230	1
269	Oberschöna	14522430	1
270	Oberwiera	14524240	1
271	Oberwiesenthal, Kurort, Stadt	14521440	1
272	Oderwitz	14626390	1
273	Oederan, Stadt	14522440	1
274	Oelsnitz/Erzgeb., Stadt	14521450	1
275	Oelsnitz/Vogtl., Stadt	14523300	1
276	Ohorn	14625410	1
277	Olbernhau, Stadt	14521460	1
278	Olbersdorf	14626400	1
279	Oppach	14626410	1
280	Oschatz, Stadt	14730230	2
281	Oßling	14625420	1
282	Ostrau	14522450	1
283	Ostritz, Stadt	14626420	1
284	Ottendorf-Okrilla	14625430	1
285	Otterwisch	14729330	2
286	Oybin	14626430	1
287	Panschwitz-Kuckau / Pančicy-Kukow	14625440	1
288	Parthenstein	14729340	2
289	Pausa-Mühltroff, Stadt	14523310	1
290	Pegau, Stadt	14729350	2
291	Penig, Stadt	14522460	1
292	Pirna, Stadt	14628270	2
293	Plauen, Stadt	14523320	1
294	Pockau-Lengefeld, Stadt	14521495	1
295	Pöhl	14523330	1
296	Priestewitz	14627200	1

Zu § 254 BewG, zu Anlage 39, Teil II., BewG   **Anlage 254.1**

\multicolumn{4}{c}{Sachsen (SN)}			
lfd. Nr.	Gemeindenamen	AGS	Mietniveaustufe
297	Pulsnitz, Stadt	14625450	1
298	Puschwitz / Bóšicy	14625460	1
299	Quitzdorf am See	14626440	1
300	Rabenau, Stadt	14628300	1
301	Räckelwitz / Worklecy	14625470	1
302	Rackwitz	14730250	1
303	Radeberg, Stadt	14625480	2
304	Radebeul, Stadt	14627210	3
305	Radeburg, Stadt	14627220	1
306	Radibor / Radwor	14625490	1
307	Ralbitz-Rosenthal	14625500	1
308	Rammenau	14625510	1
309	Raschau-Markersbach	14521500	1
310	Rathen, Kurort	14628310	1
311	Rathmannsdorf	14628320	1
312	Rechenberg-Bienenmühle	14522470	1
313	Regis-Breitingen, Stadt	14729360	2
314	Reichenbach im Vogtland, Stadt	14523340	1
315	Reichenbach/O.L., Stadt	14626450	1
316	Reinhardtsdorf-Schöna	14628330	1
317	Reinsberg	14522480	1
318	Reinsdorf	14524250	1
319	Remse	14524260	1
320	Riesa, Stadt	14627230	2
321	Rietschen / Rěčicy	14626460	1
322	Rochlitz, Stadt	14522490	1
323	Röderaue	14627240	1
324	Rodewisch, Stadt	14523360	1
325	Rosenbach	14626470	1

Anlage 254.1

Zu § 254 BewG, zu Anlage 39, Teil II., BewG

Sachsen (SN)			
lfd. Nr.	Gemeindenamen	AGS	Mietniveaustufe
326	Rosenbach/Vogtl.	14523365	1
327	Rosenthal-Bielatal	14628340	1
328	Rossau	14522500	1
329	Roßwein, Stadt	14522510	1
330	Rötha, Stadt	14729370	2
331	Rothenburg/O.L., Stadt	14626480	1
332	Sayda, Stadt	14522520	1
333	Scheibenberg, Stadt	14521510	1
334	Schirgiswalde-Kirschau, Stadt	14625525	1
335	Schkeuditz, Stadt	14730270	2
336	Schleife / Slepo	14626490	1
337	Schlettau, Stadt	14521520	1
338	Schmölln-Putzkau	14625530	1
339	Schneeberg, Stadt	14521530	1
340	Schönau-Berzdorf a. d. Eigen	14626500	1
341	Schönbach	14626510	1
342	Schönberg	14524270	1
343	Schöneck/Vogtl., Stadt	14523370	1
344	Schönfeld	14627250	1
345	Schönheide	14521540	1
346	Schönwölkau	14730280	1
347	Schöpstal	14626520	1
348	Schwarzenberg/Erzgeb., Stadt	14521550	1
349	Schwepnitz	14625550	1
350	Sebnitz, Stadt	14628360	1
351	Seelitz	14522530	1
352	Sehmatal	14521560	1
353	Seiffen/Erzgeb., Kurort	14521570	1
354	Seifhennersdorf, Stadt	14626530	1

Zu § 254 BewG, zu Anlage 39, Teil II., BewG **Anlage 254.1**

\multicolumn{4}{c}{Sachsen (SN)}			
lfd. Nr.	Gemeindenamen	AGS	Mietniveaustufe
355	Sohland a. d. Spree	14625560	1
356	Spreetal / Sprjewiny Doł	14625570	1
357	St. Egidien	14524280	1
358	Stadt Wehlen, Stadt	14628370	1
359	Stauchitz	14627260	1
360	Steina	14625580	1
361	Steinberg	14523380	1
362	Steinigtwolmsdorf	14625590	1
363	Stollberg/Erzgeb., Stadt	14521590	2
364	Stolpen, Stadt	14628380	1
365	Strehla, Stadt	14627270	1
366	Striegistal	14522540	1
367	Struppen	14628390	1
368	Stützengrün	14521600	1
369	Tannenberg	14521610	1
370	Taucha, Stadt	14730300	3
371	Taura	14522550	1
372	Thalheim/Erzgeb., Stadt	14521620	1
373	Thallwitz	14729380	2
374	Tharandt, Stadt	14628400	1
375	Thermalbad Wiesenbad	14521630	1
376	Theuma	14523410	1
377	Thiendorf	14627290	1
378	Thum, Stadt	14521640	1
379	Tirpersdorf	14523420	1
380	Torgau, Stadt	14730310	1
381	Trebendorf / Trjebin	14626560	1
382	Trebsen/Mulde, Stadt	14729400	2
383	Treuen, Stadt	14523430	1

Anlage 254.1

Zu § 254 BewG, zu Anlage 39, Teil II., BewG

	Sachsen (SN)		
lfd. Nr.	Gemeindenamen	AGS	Mietniveaustufe
384	Triebel/Vogtl.	14523440	1
385	Trossin	14730320	1
386	Vierkirchen	14626570	1
387	Wachau	14625600	1
388	Waldenburg, Stadt	14524290	1
389	Waldheim, Stadt	14522570	1
390	Waldhufen	14626580	1
391	Wechselburg	14522580	1
392	Weinböhla	14627310	2
393	Weischlitz	14523450	1
394	Weißenberg / Wóspork, Stadt	14625610	1
395	Weißenborn/Erzgeb.	14522590	1
396	Weißkeißel / Wuskidź	14626590	1
397	Weißwasser/O.L., Stadt / Běła Woda	14626600	2
398	Werda	14523460	1
399	Werdau, Stadt	14524300	1
400	Wermsdorf	14730330	1
401	Wiedemar	14730340	1
402	Wildenfels, Stadt	14524310	1
403	Wilkau-Haßlau, Stadt	14524320	1
404	Wilsdruff, Stadt	14628410	2
405	Wilthen, Stadt	14625630	1
406	Wittichenau / Kulow, Stadt	14625640	1
407	Wolkenstein, Stadt	14521670	1
408	Wülknitz	14627340	1
409	Wurzen, Stadt	14729410	1
410	Zeithain	14627360	1
411	Zettlitz	14522600	1
412	Zittau, Stadt	14626610	1

Zu § 254 BewG, zu Anlage 39, Teil II., BewG — **Anlage 254.1**

	Sachsen (SN)		
lfd. Nr.	Gemeindenamen	AGS	Mietniveaustufe
413	Zschaitz-Ottewig	14522620	1
414	Zschepplin	14730360	1
415	Zschopau, Stadt	14521690	1
416	Zschorlau	14521700	1
417	Zwenkau, Stadt	14729430	2
418	Zwickau, Stadt	14524330	2
419	Zwönitz, Stadt	14521710	1

	Sachsen-Anhalt (ST)		
lfd. Nr.	Gemeindenamen	AGS	Mietniveaustufe
1	Ahlsdorf	15087010	1
2	Aken (Elbe), Stadt	15082005	2
3	Aland	15090003	1
4	Allstedt, Stadt	15087015	1
5	Alsleben (Saale), Stadt	15089005	2
6	Altenhausen	15083020	1
7	Altmärkische Höhe	15090007	1
8	Altmärkische Wische	15090008	1
9	Am Großen Bruch	15083025	1
10	An der Poststraße	15084012	1
11	Angern	15083030	1
12	Annaburg, Stadt	15091010	1
13	Apenburg-Winterfeld, Flecken	15081026	1
14	Arendsee (Altmark), Stadt	15081030	1
15	Arneburg, Stadt	15090010	1
16	Arnstein, Stadt	15087031	1
17	Aschersleben, Stadt	15089015	2
18	Ausleben	15083035	1
19	Bad Bibra, Stadt	15084015	1

Anlage 254.1

Zu § 254 BewG, zu Anlage 39, Teil II., BewG

	Sachsen-Anhalt (ST)		
lfd. Nr.	Gemeindenamen	AGS	Mietniveaustufe
20	Bad Dürrenberg, Solestadt	15088020	2
21	Bad Lauchstädt, Goethestadt	15088025	2
22	Bad Schmiedeberg, Stadt	15091020	1
23	Balgstädt	15084025	1
24	Ballenstedt, Stadt	15085040	1
25	Barby, Stadt	15089026	2
26	Barleben	15083040	1
27	Barnstädt	15088030	2
28	Beendorf	15083060	1
29	Beetzendorf	15081045	1
30	Benndorf	15087045	1
31	Berga	15087055	1
32	Bernburg (Saale), Stadt	15089030	2
33	Biederitz	15086005	2
34	Bismark (Altmark), Stadt	15090070	1
35	Bitterfeld-Wolfen, Stadt	15082015	3
36	Blankenburg (Harz), Stadt	15085055	1
37	Blankenheim	15087070	1
38	Bördeaue	15089041	2
39	Börde-Hakel	15089043	2
40	Bördeland	15089042	2
41	Borne	15089045	2
42	Bornstedt	15087075	1
43	Braunsbedra, Stadt	15088065	2
44	Brücken-Hackpfüffel	15087101	1
45	Bülstringen	15083115	1
46	Burg, Stadt	15086015	2
47	Burgstall	15083120	1
48	Calbe (Saale), Stadt	15089055	2

Zu § 254 BewG, zu Anlage 39, Teil II., BewG **Anlage 254.1**

Sachsen-Anhalt (ST)			
lfd. Nr.	Gemeindenamen	AGS	Mietniveaustufe
49	Calvörde	15083125	1
50	Colbitz	15083130	1
51	Coswig (Anhalt), Stadt	15091060	1
52	Dähre	15081095	1
53	Dessau-Roßlau, Stadt	15001000	3
54	Diesdorf, Flecken	15081105	1
55	Ditfurt	15085090	1
56	Droyßig	15084115	1
57	Eckartsberga, Stadt	15084125	1
58	Edersleben	15087125	1
59	Egeln, Stadt	15089075	2
60	Eichstedt (Altmark)	15090135	1
61	Eilsleben	15083190	1
62	Eisleben, Lutherstadt	15087130	2
63	Elbe-Parey	15086035	2
64	Elsteraue	15084130	1
65	Erxleben	15083205	1
66	Falkenstein/Harz, Stadt	15085110	1
67	Farnstädt	15088100	2
68	Finne	15084132	1
69	Finneland	15084133	1
70	Flechtingen	15083230	1
71	Freyburg (Unstrut), Stadt	15084135	1
72	Gardelegen, Hansestadt	15081135	1
73	Genthin, Stadt	15086040	2
74	Gerbstedt, Stadt	15087165	1
75	Giersleben	15089130	2
76	Gleina	15084150	1
77	Goldbeck	15090180	1

Anlage 254.1

Zu § 254 BewG, zu Anlage 39, Teil II., BewG

\multicolumn{4}{c}{Sachsen-Anhalt (ST)}			
lfd. Nr.	Gemeindenamen	AGS	Mietniveaustufe
78	Gommern, Stadt	15086055	1
79	Goseck	15084170	1
80	Gräfenhainichen, Stadt	15091110	2
81	Gröningen, Stadt	15083245	1
82	Groß Quenstedt	15085125	1
83	Güsten, Stadt	15089165	2
84	Gutenborn	15084207	1
85	Halberstadt, Stadt	15085135	2
86	Haldensleben, Stadt	15083270	2
87	Halle (Saale), Stadt	15002000	3
88	Harbke	15083275	1
89	Harsleben	15085140	1
90	Harzgerode, Stadt	15085145	1
91	Hassel	15090220	1
92	Havelberg, Hansestadt	15090225	1
93	Hecklingen, Stadt	15089175	2
94	Hedersleben	15085160	1
95	Helbra	15087205	1
96	Hergisdorf	15087210	1
97	Hettstedt, Stadt	15087220	2
98	Hohe Börde	15083298	2
99	Hohenberg-Krusemark	15090245	1
100	Hohenmölsen, Stadt	15084235	1
101	Hötensleben	15083320	1
102	Huy	15085185	1
103	Iden	15090270	1
104	Ilberstedt	15089185	2
105	Ilsenburg (Harz), Stadt	15085190	1
106	Ingersleben	15083323	1

Zu § 254 BewG, zu Anlage 39, Teil II., BewG **Anlage 254.1**

\multicolumn{4}{c}{Sachsen-Anhalt (ST)}			
lfd. Nr.	Gemeindenamen	AGS	Mietniveaustufe
107	Jerichow, Stadt	15086080	2
108	Jessen (Elster), Stadt	15091145	2
109	Jübar	15081225	1
110	Kabelsketal	15088150	2
111	Kaiserpfalz	15084246	1
112	Kalbe (Milde), Stadt	15081240	1
113	Kamern	15090285	1
114	Karsdorf	15084250	1
115	Kelbra (Kyffhäuser), Stadt	15087250	1
116	Kemberg, Stadt	15091160	1
117	Klietz	15090310	1
118	Klostermansfeld	15087260	1
119	Klötze, Stadt	15081280	1
120	Könnern, Stadt	15089195	2
121	Köthen (Anhalt), Stadt	15082180	3
122	Kretzschau	15084275	1
123	Kroppenstedt, Stadt	15083355	1
124	Kuhfelde	15081290	1
125	Landsberg, Stadt	15088195	1
126	Lanitz-Hassel-Tal	15084282	1
127	Laucha an der Unstrut, Stadt	15084285	1
128	Leuna, Stadt	15088205	2
129	Loitsche-Heinrichsberg	15083361	1
130	Lützen, Stadt	15084315	1
131	Magdeburg, Landeshauptstadt	15003000	3
132	Mansfeld, Stadt	15087275	1
133	Meineweh	15084013	1
134	Merseburg, Stadt	15088220	3
135	Mertendorf	15084335	1

Anlage 254.1   Zu § 254 BewG, zu Anlage 39, Teil II., BewG

	Sachsen-Anhalt (ST)		
lfd. Nr.	Gemeindenamen	AGS	Mietniveaustufe
136	Möckern, Stadt	15086140	1
137	Molauer Land	15084341	1
138	Möser	15086145	2
139	Mücheln (Geiseltal), Stadt	15088235	2
140	Muldestausee	15082241	2
141	Naumburg (Saale), Stadt	15084355	3
142	Nebra (Unstrut), Stadt	15084360	1
143	Nemsdorf-Göhrendorf	15088250	2
144	Niedere Börde	15083390	1
145	Nienburg (Saale), Stadt	15089235	2
146	Nordharz	15085227	1
147	Oberharz am Brocken, Stadt	15085228	2
148	Obhausen	15088265	2
149	Oebisfelde-Weferlingen, Stadt	15083411	2
150	Oranienbaum-Wörlitz, Stadt	15091241	1
151	Oschersleben (Bode), Stadt	15083415	2
152	Osterburg (Altmark), Hansestadt	15090415	1
153	Osterfeld, Stadt	15084375	1
154	Osternienburger Land	15082256	2
155	Osterwieck, Stadt	15085230	1
156	Petersberg	15088295	2
157	Plötzkau	15089245	2
158	Quedlinburg, Welterbestadt	15085235	2
159	Querfurt, Stadt	15088305	2
160	Raguhn-Jeßnitz, Stadt	15082301	2
161	Rochau	15090435	1
162	Rogätz	15083440	1
163	Rohrberg	15081440	1
164	Salzatal	15088319	2

Zu § 254 BewG, zu Anlage 39, Teil II., BewG

Anlage 254.1

	Sachsen-Anhalt (ST)		
lfd. Nr.	Gemeindenamen	AGS	Mietniveaustufe
165	Salzwedel, Hansestadt	15081455	2
166	Sandau (Elbe), Stadt	15090445	1
167	Sandersdorf-Brehna, Stadt	15082340	2
168	Sangerhausen, Stadt	15087370	2
169	Schkopau	15088330	3
170	Schnaudertal	15084442	1
171	Schollene	15090485	1
172	Schönburg	15084445	1
173	Schönebeck (Elbe), Stadt	15089305	2
174	Schönhausen (Elbe)	15090500	1
175	Schraplau, Stadt	15088340	2
176	Schwanebeck, Stadt	15085285	1
177	Seegebiet Mansfelder Land	15087386	1
178	Seehausen (Altmark), Hansestadt	15090520	1
179	Seeland, Stadt	15089307	2
180	Selke-Aue	15085287	1
181	Sommersdorf	15083485	1
182	Staßfurt, Stadt	15089310	2
183	Steigra	15088355	2
184	Stendal, Hansestadt	15090535	2
185	Stößen, Stadt	15084470	1
186	Südharz	15087412	1
187	Südliches Anhalt, Stadt	15082377	1
188	Sülzetal	15083490	1
189	Tangerhütte, Stadt	15090546	2
190	Tangermünde, Stadt	15090550	2
191	Teuchern, Stadt	15084490	1
192	Teutschenthal	15088365	2
193	Thale, Stadt	15085330	2

Anlage 254.1

Zu § 254 BewG, zu Anlage 39, Teil II., BewG

	Sachsen-Anhalt (ST)
lfd. Nr.	Gemeindenamen	AGS	Mietniveaustufe
194	Ummendorf	15083505	1
195	Völpke	15083515	1
196	Wallhausen	15087440	1
197	Wallstawe	15081545	1
198	Wanzleben-Börde, Stadt	15083531	2
199	Wefensleben	15083535	1
200	Wegeleben, Stadt	15085365	1
201	Weißenfels, Stadt	15084550	2
202	Werben (Elbe), Hansestadt	15090610	1
203	Wernigerode, Stadt	15085370	2
204	Westheide	15083557	1
205	Wethau	15084560	1
206	Wetterzeube	15084565	1
207	Wettin-Löbejün, Stadt	15088216	2
208	Wimmelburg	15087470	1
209	Wittenberg, Lutherstadt	15091375	2
210	Wolmirsleben	15089365	2
211	Wolmirstedt, Stadt	15083565	2
212	Wust-Fischbeck	15090631	1
213	Zahna-Elster, Stadt	15091391	1
214	Zehrental	15090635	1
215	Zeitz, Stadt	15084590	2
216	Zerbst/Anhalt, Stadt	15082430	2
217	Zielitz	15083580	1
218	Zörbig, Stadt	15082440	2

Zu § 254 BewG, zu Anlage 39, Teil II., BewG **Anlage 254.1**

	Schleswig-Holstein (SH)		
lfd. Nr.	Gemeindenamen	AGS	Mietniveaustufe
1	Aasbüttel	01061001	2
2	Achterwehr	01058001	2
3	Achtrup	01054001	2
4	Aebtissinwisch	01061002	2
5	Agethorst	01061003	2
6	Ahlefeld-Bistensee	01058175	2
7	Ahneby	01059102	1
8	Ahrensbök	01055001	3
9	Ahrensburg, Stadt	01062001	7
10	Ahrenshöft	01054002	2
11	Ahrenviöl	01054003	2
12	Ahrenviölfeld	01054004	2
13	Albersdorf	01051001	1
14	Albsfelde	01053001	3
15	Alkersum	01054005	5
16	Almdorf	01054006	2
17	Alt Bennebek	01059001	1
18	Alt Duvenstedt	01058003	2
19	Alt-Mölln	01053002	3
20	Altenhof	01058004	2
21	Altenholz	01058005	2
22	Altenkrempe	01055002	3
23	Altenmoor	01061004	2
24	Alveslohe	01060002	3
25	Ammersbek	01062090	4
26	Appen	01056001	3
27	Arkebek	01051002	1
28	Arlewatt	01054007	2
29	Armstedt	01060003	3

Anlage 254.1

Zu § 254 BewG, zu Anlage 39, Teil II., BewG

	Schleswig-Holstein (SH)
lfd. Nr.	Gemeindenamen	AGS	Mietniveaustufe
30	Arnis, Stadt	01059002	1
31	Arpsdorf	01058007	2
32	Ascheberg (Holstein)	01057001	3
33	Ascheffel	01058008	2
34	Aukrug	01058009	2
35	Aumühle	01053003	3
36	Ausacker	01059103	1
37	Auufer	01061005	2
38	Aventoft	01054009	2
39	Averlak	01051003	1
40	Bad Bramstedt, Stadt	01060004	3
41	Bad Oldesloe, Stadt	01062004	4
42	Bad Schwartau, Stadt	01055004	5
43	Bad Segeberg, Stadt	01060005	4
44	Badendorf	01062003	4
45	Bahrenfleth	01061006	2
46	Bahrenhof	01060006	3
47	Bäk	01053004	3
48	Bälau	01053005	3
49	Bargenstedt	01051004	1
50	Bargfeld-Stegen	01062005	4
51	Bargstall	01058010	2
52	Bargstedt	01058011	2
53	Bargteheide, Stadt	01062006	5
54	Bargum	01054010	2
55	Bark	01060007	3
56	Barkelsby	01058012	2
57	Barkenholm	01051005	1
58	Barlt	01051006	1

Zu § 254 BewG, zu Anlage 39, Teil II., BewG

Anlage 254.1

\multicolumn{4}{c}{Schleswig-Holstein (SH)}
lfd. Nr.	Gemeindenamen	AGS	Mietniveaustufe
59	Barmissen	01057002	3
60	Barmstedt, Stadt	01056002	4
61	Barnitz	01062008	4
62	Barsbek	01057003	3
63	Barsbüttel	01062009	7
64	Basedow	01053006	3
65	Basthorst	01053007	3
66	Bebensee	01060008	3
67	Behlendorf	01053008	3
68	Behrendorf	01054011	2
69	Behrensdorf (Ostsee)	01057004	3
70	Beidenfleth	01061007	2
71	Bekdorf	01061008	2
72	Bekmünde	01061010	2
73	Belau	01057005	3
74	Beldorf	01058013	2
75	Bendfeld	01057006	3
76	Bendorf	01058014	2
77	Bergenhusen	01059005	1
78	Bergewöhrden	01051008	1
79	Beringstedt	01058015	2
80	Berkenthin	01053009	3
81	Beschendorf	01055006	3
82	Besdorf	01061011	2
83	Besenthal	01053010	3
84	Bevern	01056003	3
85	Bilsen	01056004	3
86	Bimöhlen	01060009	3
87	Bissee	01058016	2

Anlage 254.1

Zu § 254 BewG, zu Anlage 39, Teil II., BewG

Schleswig-Holstein (SH)			
lfd. Nr.	Gemeindenamen	AGS	Mietniveaustufe
88	Blekendorf	01057007	3
89	Bliestorf	01053011	3
90	Blomesche Wildnis	01061012	2
91	Blumenthal	01058018	2
92	Blunk	01060010	3
93	Böel	01059006	1
94	Bohmstedt	01054012	2
95	Böhnhusen	01058019	2
96	Bokel	01056006	3
97	Bokel	01058021	2
98	Bokelrehm	01061013	2
99	Bokholt-Hanredder	01056008	3
100	Bokhorst	01061014	2
101	Böklund	01059008	1
102	Boksee	01057010	3
103	Bollingstedt	01059010	1
104	Bondelum	01054013	2
105	Bönebüttel	01057008	3
106	Bönningstedt	01056005	3
107	Boostedt	01060011	3
108	Bordelum	01054014	2
109	Bordesholm	01058022	2
110	Boren	01059187	1
111	Borgdorf-Seedorf	01058023	2
112	Borgstedt	01058024	2
113	Borgsum	01054015	5
114	Borgwedel	01059012	1
115	Börm	01059009	1
116	Bornholt	01058025	2

Zu § 254 BewG, zu Anlage 39, Teil II., BewG

Anlage 254.1

	Schleswig-Holstein (SH)		
lfd. Nr.	Gemeindenamen	AGS	Mietniveaustufe
117	Bornhöved	01060012	3
118	Börnsen	01053012	3
119	Borsfleth	01061015	2
120	Borstel	01060013	3
121	Borstel-Hohenraden	01056009	3
122	Borstorf	01053013	3
123	Bosau	01055007	3
124	Bosbüll	01054016	2
125	Bösdorf	01057009	3
126	Bothkamp	01057011	3
127	Bovenau	01058026	2
128	Böxlund	01059105	1
129	Braak	01062011	4
130	Braderup	01054017	2
131	Brammer	01058027	2
132	Bramstedtlund	01054018	2
133	Brande-Hörnerkirchen	01056010	3
134	Bredenbek	01058028	2
135	Bredstedt, Stadt	01054019	2
136	Breiholz	01058029	2
137	Breitenberg	01061016	2
138	Breitenburg	01061017	2
139	Breitenfelde	01053014	3
140	Brekendorf	01058030	2
141	Breklum	01054020	2
142	Brickeln	01051010	1
143	Brinjahe	01058031	2
144	Brodersby	01058032	2
145	Brodersby-Goltoft	01059189	1

Anlage 254.1 Zu § 254 BewG, zu Anlage 39, Teil II., BewG

	Schleswig-Holstein (SH)		
lfd. Nr.	Gemeindenamen	AGS	Mietniveaustufe
146	Brodersdorf	01057012	3
147	Brokdorf	01061018	2
148	Brokstedt	01061019	2
149	Bröthen	01053015	3
150	Brügge	01058033	2
151	Brunsbek	01062088	4
152	Brunsbüttel, Stadt	01051011	2
153	Brunsmark	01053016	3
154	Brunstorf	01053017	3
155	Büchen	01053020	3
156	Buchholz	01051012	1
157	Buchholz	01053018	3
158	Buchhorst	01053019	3
159	Büdelsdorf, Stadt	01058034	2
160	Bühnsdorf	01060015	3
161	Bullenkuhlen	01056011	3
162	Bünsdorf	01058035	2
163	Bunsoh	01051015	1
164	Burg (Dithmarschen)	01051016	1
165	Busdorf	01059018	1
166	Busenwurth	01051017	1
167	Büsum	01051013	1
168	Büsumer Deichhausen	01051014	1
169	Büttel	01061020	2
170	Christiansholm	01058036	2
171	Christinenthal	01061021	2
172	Dagebüll	01054022	2
173	Dägeling	01061022	2
174	Dahme	01055010	3

Zu § 254 BewG, zu Anlage 39, Teil II., BewG   **Anlage 254.1**

	Schleswig-Holstein (SH)		
lfd. Nr.	Gemeindenamen	AGS	Mietniveaustufe
175	Dahmker	01053021	3
176	Daldorf	01060016	3
177	Dalldorf	01053022	3
178	Damendorf	01058039	2
179	Damlos	01055011	3
180	Dammfleth	01061023	2
181	Damp	01058040	2
182	Damsdorf	01060017	3
183	Dänischenhagen	01058037	2
184	Dannau	01057013	3
185	Dannewerk	01059019	1
186	Dassendorf	01053023	3
187	Dätgen	01058038	2
188	Delingsdorf	01062014	4
189	Dellstedt	01051019	1
190	Delve	01051020	1
191	Dersau	01057015	3
192	Diekhusen-Fahrstedt	01051021	1
193	Dingen	01051022	1
194	Dobersdorf	01057016	3
195	Dollerup	01059106	1
196	Dörnick	01057017	3
197	Dörphof	01058042	2
198	Dörpling	01051023	1
199	Dörpstedt	01059020	1
200	Drage	01054023	2
201	Drage	01061024	2
202	Dreggers	01060018	3
203	Drelsdorf	01054024	2

Anlage 254.1

Zu § 254 BewG, zu Anlage 39, Teil II., BewG

	Schleswig-Holstein (SH)		
lfd. Nr.	Gemeindenamen	AGS	Mietniveaustufe
204	Düchelsdorf	01053024	3
205	Dunsum	01054025	5
206	Duvensee	01053025	3
207	Eckernförde, Stadt	01058043	4
208	Ecklak	01061025	2
209	Eddelak	01051024	1
210	Eggebek	01059107	1
211	Eggstedt	01051026	1
212	Ehndorf	01058044	2
213	Einhaus	01053026	3
214	Eisendorf	01058045	2
215	Elisabeth-Sophien-Koog	01054026	2
216	Ellerau	01060019	3
217	Ellerbek	01056013	3
218	Ellerdorf	01058046	2
219	Ellerhoop	01056014	3
220	Ellhöft	01054027	2
221	Ellingstedt	01059023	1
222	Elmenhorst	01053027	3
223	Elmenhorst	01062016	4
224	Elmshorn, Stadt	01056015	4
225	Elpersbüttel	01051027	1
226	Elsdorf-Westermühlen	01058047	2
227	Elskop	01061026	2
228	Embühren	01058048	2
229	Emkendorf	01058049	2
230	Emmelsbüll-Horsbüll	01054166	2
231	Engelbrechtsche Wildnis	01061027	2
232	Enge-Sande	01054167	2

Zu § 254 BewG, zu Anlage 39, Teil II., BewG Anlage 254.1

	Schleswig-Holstein (SH)		
lfd. Nr.	Gemeindenamen	AGS	Mietniveaustufe
233	Epenwöhrden	01051028	1
234	Erfde	01059024	1
235	Escheburg	01053028	3
236	Esgrus	01059109	1
237	Eutin, Stadt	01055012	4
238	Fahrdorf	01059026	1
239	Fahren	01057018	3
240	Fahrenkrug	01060020	3
241	Fargau-Pratjau	01057090	3
242	Fedderingen	01051030	1
243	Fehmarn, Stadt	01055046	3
244	Felde	01058050	2
245	Feldhorst	01062093	4
246	Felm	01058051	2
247	Fiefbergen	01057020	3
248	Fitzbek	01061028	2
249	Fitzen	01053029	3
250	Fleckeby	01058052	2
251	Flensburg, Stadt	01001000	3
252	Flintbek	01058053	2
253	Fockbek	01058054	2
254	Föhrden-Barl	01060021	3
255	Fredeburg	01053030	3
256	Fredesdorf	01060022	3
257	Freienwill	01059182	1
258	Fresendelf	01054032	2
259	Frestedt	01051032	1
260	Friedrichsgabekoog	01051033	1
261	Friedrichsgraben	01058055	2

Anlage 254.1

Zu § 254 BewG, zu Anlage 39, Teil II., BewG

Schleswig-Holstein (SH)			
lfd. Nr.	Gemeindenamen	AGS	Mietniveaustufe
262	Friedrichsholm	01058056	2
263	Friedrichskoog	01051034	1
264	Friedrichstadt, Stadt	01054033	2
265	Friedrich-Wilhelm-Lübke-Koog	01054034	2
266	Fuhlendorf	01060023	3
267	Fuhlenhagen	01053031	3
268	Galmsbüll	01054165	2
269	Gammelby	01058057	2
270	Garding, Kirchspiel	01054035	2
271	Garding, Stadt	01054036	2
272	Gaushorn	01051035	1
273	Geesthacht, Stadt	01053032	5
274	Gelting	01059112	1
275	Geltorf	01059032	1
276	Geschendorf	01060024	3
277	Gettorf	01058058	2
278	Giekau	01057021	3
279	Giesensdorf	01053033	3
280	Glasau	01060025	3
281	Glinde, Stadt	01062018	5
282	Glücksburg (Ostsee), Stadt	01059113	1
283	Glückstadt, Stadt	01061029	3
284	Glüsing	01051036	1
285	Gnutz	01058059	2
286	Göhl	01055014	3
287	Gokels	01058061	2
288	Goldebek	01054037	2
289	Goldelund	01054038	2
290	Göldenitz	01053034	3

Zu § 254 BewG, zu Anlage 39, Teil II., BewG **Anlage 254.1**

	Schleswig-Holstein (SH)		
lfd. Nr.	Gemeindenamen	AGS	Mietniveaustufe
291	Gönnebek	01060026	3
292	Goosefeld	01058102	2
293	Göttin	01053035	3
294	Grabau	01053036	3
295	Grabau	01062019	4
296	Grambek	01053037	3
297	Grande	01062020	4
298	Grauel	01058062	2
299	Grebin	01057022	3
300	Gremersdorf	01055015	3
301	Grevenkop	01061030	2
302	Grevenkrug	01058063	2
303	Gribbohm	01061031	2
304	Grinau	01053038	3
305	Gröde	01054039	5
306	Grödersby	01059034	1
307	Grömitz	01055016	3
308	Grönwohld	01062021	4
309	Groß Boden	01053039	3
310	Groß Buchwald	01058064	2
311	Groß Disnack	01053040	3
312	Groß Grönau	01053041	3
313	Groß Kummerfeld	01060028	3
314	Groß Niendorf	01060029	3
315	Groß Nordende	01056016	3
316	Groß Offenseth-Aspern	01056017	3
317	Groß Pampau	01053042	3
318	Groß Rheide	01059035	1
319	Groß Rönnau	01060030	3

Anlage 254.1

Zu § 254 BewG, zu Anlage 39, Teil II., BewG

Schleswig-Holstein (SH)

lfd. Nr.	Gemeindenamen	AGS	Mietniveaustufe
320	Groß Sarau	01053043	3
321	Groß Schenkenberg	01053044	3
322	Groß Vollstedt	01058065	2
323	Groß Wittensee	01058066	2
324	Großbarkau	01057023	3
325	Großenaspe	01060027	3
326	Großenbrode	01055017	3
327	Großenrade	01051037	1
328	Großensee	01062022	4
329	Großenwiehe	01059115	1
330	Großhansdorf	01062023	4
331	Großharrie	01057024	3
332	Großsolt	01059116	1
333	Grothusenkoog	01054040	2
334	Grove	01053045	3
335	Groven	01051038	1
336	Grube	01055018	3
337	Grundhof	01059118	1
338	Güby	01058067	2
339	Gudendorf	01051039	1
340	Gudow	01053046	3
341	Gülzow	01053047	3
342	Güster	01053048	3
343	Haale	01058068	2
344	Haby	01058069	2
345	Hadenfeld	01061033	2
346	Hagen	01060031	3
347	Hallig Hooge	01054050	5
348	Halstenbek	01056018	6

Zu § 254 BewG, zu Anlage 39, Teil II., BewG **Anlage 254.1**

	Schleswig-Holstein (SH)		
lfd. Nr.	Gemeindenamen	AGS	Mietniveaustufe
349	Hamberge	01062025	4
350	Hamdorf	01058070	2
351	Hamfelde	01053049	3
352	Hamfelde	01062026	4
353	Hammoor	01062027	4
354	Hamwarde	01053050	3
355	Hamweddel	01058071	2
356	Handewitt	01059183	1
357	Hanerau-Hademarschen	01058072	2
358	Hardebek	01060033	3
359	Harmsdorf	01053051	3
360	Harmsdorf	01055020	3
361	Harrislee	01059120	3
362	Hartenholm	01060034	3
363	Haselau	01056019	3
364	Haseldorf	01056020	3
365	Haselund	01054041	2
366	Hasenkrug	01060035	3
367	Hasenmoor	01060036	3
368	Hasloh	01056021	3
369	Hasselberg	01059121	1
370	Haßmoor	01058073	2
371	Hattstedt	01054042	2
372	Hattstedtermarsch	01054043	2
373	Havekost	01053052	3
374	Havetoft	01059037	1
375	Hedwigenkoog	01051043	1
376	Heede	01056022	3
377	Heide, Stadt	01051044	3

Anlage 254.1

Zu § 254 BewG, zu Anlage 39, Teil II., BewG

	Schleswig-Holstein (SH)		
lfd. Nr.	Gemeindenamen	AGS	Mietniveaustufe
378	Heidekamp	01062031	4
379	Heidgraben	01056023	3
380	Heidmoor	01060037	3
381	Heidmühlen	01060038	3
382	Heikendorf	01057025	3
383	Heiligenhafen, Stadt	01055021	3
384	Heiligenstedten	01061034	2
385	Heiligenstedtenerkamp	01061035	2
386	Heilshoop	01062032	4
387	Heinkenborstel	01058074	2
388	Heist	01056024	3
389	Helgoland	01056025	5
390	Hellschen-Heringsand-Unterschaar	01051045	1
391	Helmstorf	01057026	3
392	Helse	01051046	1
393	Hemdingen	01056026	3
394	Hemme	01051047	1
395	Hemmingstedt	01051048	1
396	Hennstedt	01051049	1
397	Hennstedt	01061036	2
398	Henstedt-Ulzburg	01060039	5
399	Heringsdorf	01055022	3
400	Herzhorn	01061037	2
401	Hetlingen	01056027	3
402	Hillgroven	01051050	1
403	Hingstheide	01061038	2
404	Hitzhusen	01060040	3
405	Hochdonn	01051051	1
406	Hodorf	01061039	2

Anlage 254.1

Schleswig-Holstein (SH)			
lfd. Nr.	Gemeindenamen	AGS	Mietniveaustufe
407	Hoffeld	01058076	2
408	Högel	01054045	2
409	Högersdorf	01060041	3
410	Högsdorf	01057027	3
411	Hohenaspe	01061040	2
412	Hohenfelde	01057029	3
413	Hohenfelde	01061041	2
414	Hohenfelde	01062033	4
415	Hohenhorn	01053053	3
416	Hohenlockstedt	01061042	2
417	Hohenwestedt	01058077	2
418	Hohn	01058078	2
419	Höhndorf	01057028	3
420	Hohwacht (Ostsee)	01057030	3
421	Hoisdorf	01062035	4
422	Hollenbek	01053054	3
423	Hollingstedt	01051053	1
424	Hollingstedt	01059039	1
425	Holm	01054048	2
426	Holm	01056028	3
427	Holstenniendorf	01061043	2
428	Holt	01059124	1
429	Holtsee	01058080	2
430	Holzbunge	01058081	2
431	Holzdorf	01058082	2
432	Honigsee	01057031	3
433	Hornbek	01053056	3
434	Hörnum (Sylt)	01054046	2
435	Horst	01053057	3

Anlage 254.1

Zu § 254 BewG, zu Anlage 39, Teil II., BewG

Schleswig-Holstein (SH)			
lfd. Nr.	Gemeindenamen	AGS	Mietniveaustufe
436	Horst (Holstein)	01061044	2
437	Horstedt	01054052	2
438	Hörsten	01058075	2
439	Hörup	01059123	1
440	Hövede	01051052	1
441	Hude	01054054	2
442	Huje	01061045	2
443	Hummelfeld	01058084	2
444	Humptrup	01054055	2
445	Hürup	01059126	1
446	Husby	01059127	1
447	Hüsby	01059041	1
448	Husum, Stadt	01054056	3
449	Hüttblek	01060042	3
450	Hütten	01058083	2
451	Idstedt	01059042	1
452	Immenstedt	01051054	1
453	Immenstedt	01054057	2
454	Itzehoe, Stadt	01061046	3
455	Itzstedt	01060043	3
456	Jagel	01059043	1
457	Jahrsdorf	01058085	2
458	Janneby	01059128	1
459	Jardelund	01059129	1
460	Jerrishoe	01059131	1
461	Jersbek	01062036	4
462	Jevenstedt	01058086	2
463	Joldelund	01054059	2
464	Jörl	01059132	1

Zu § 254 BewG, zu Anlage 39, Teil II., BewG **Anlage 254.1**

\multicolumn{4}{c}{Schleswig-Holstein (SH)}			
lfd. Nr.	Gemeindenamen	AGS	Mietniveaustufe
465	Jübek	01059044	1
466	Juliusburg	01053058	3
467	Kaaks	01061047	2
468	Kabelhorst	01055023	3
469	Kaisborstel	01061048	2
470	Kaiser-Wilhelm-Koog	01051057	1
471	Kaltenkirchen, Stadt	01060044	4
472	Kalübbe	01057032	3
473	Kampen (Sylt)	01054061	2
474	Kankelau	01053059	3
475	Kappeln, Stadt	01059045	1
476	Karby	01058087	2
477	Karlum	01054062	2
478	Karolinenkoog	01051058	1
479	Kasseburg	01053060	3
480	Kasseedorf	01055024	3
481	Kastorf	01053061	3
482	Katharinenheerd	01054063	2
483	Kattendorf	01060045	3
484	Kayhude	01060046	3
485	Kellenhusen (Ostsee)	01055025	3
486	Kellinghusen, Stadt	01061049	2
487	Kiebitzreihe	01061050	2
488	Kiel, Landeshauptstadt	01002000	5
489	Kirchbarkau	01057033	3
490	Kirchnüchel	01057034	3
491	Kisdorf	01060047	3
492	Kittlitz	01053062	3
493	Klamp	01057035	3

Anlage 254.1

Zu § 254 BewG, zu Anlage 39, Teil II., BewG

	Schleswig-Holstein (SH)		
lfd. Nr.	Gemeindenamen	AGS	Mietniveaustufe
494	Klanxbüll	01054065	2
495	Klappholz	01059049	1
496	Klein Barkau	01057037	3
497	Klein Bennebek	01059050	1
498	Klein Gladebrügge	01060048	3
499	Klein Nordende	01056029	3
500	Klein Offenseth-Sparrieshoop	01056030	3
501	Klein Pampau	01053064	3
502	Klein Rheide	01059051	1
503	Klein Rönnau	01060049	3
504	Klein Wesenberg	01062039	4
505	Klein Wittensee	01058088	2
506	Klein Zecher	01053066	3
507	Klempau	01053067	3
508	Kletkamp	01057038	3
509	Kleve	01051060	1
510	Kleve	01061052	2
511	Klinkrade	01053068	3
512	Klixbüll	01054068	2
513	Koberg	01053069	3
514	Köhn	01057039	3
515	Koldenbüttel	01054070	2
516	Kolkerheide	01054071	2
517	Kollmar	01061118	2
518	Kollmoor	01061053	2
519	Kölln-Reisiek	01056031	3
520	Kollow	01053071	3
521	Königshügel	01058089	2
522	Kosel	01058090	2

Zu § 254 BewG, zu Anlage 39, Teil II., BewG   **Anlage 254.1**

Schleswig-Holstein (SH)			
lfd. Nr.	Gemeindenamen	AGS	Mietniveaustufe
523	Köthel	01053070	3
524	Köthel	01062040	4
525	Kotzenbüll	01054072	2
526	Krempdorf	01061054	2
527	Krempe, Stadt	01061055	2
528	Krempel	01051061	1
529	Kremperheide	01061056	2
530	Krempermoor	01061057	2
531	Krems II	01060050	3
532	Krogaspe	01058091	2
533	Krokau	01057040	3
534	Kronprinzenkoog	01051062	1
535	Kronsgaard	01059136	1
536	Kronshagen	01058092	4
537	Kronsmoor	01061058	2
538	Kropp	01059053	1
539	Kröppelshagen-Fahrendorf	01053072	3
540	Krukow	01053074	3
541	Krummbek	01057041	3
542	Krummendiek	01061059	2
543	Krummesse	01053075	3
544	Krummwisch	01058093	2
545	Krumstedt	01051063	1
546	Krüzen	01053073	3
547	Kuddewörde	01053076	3
548	Kuden	01051064	1
549	Kudensee	01061060	2
550	Kühren	01057042	3
551	Kühsen	01053077	3

Anlage 254.1

Zu § 254 BewG, zu Anlage 39, Teil II., BewG

\	Schleswig-Holstein (SH)		
lfd. Nr.	Gemeindenamen	AGS	Mietniveaustufe
552	Kükels	01060051	3
553	Kulpin	01053078	3
554	Kummerfeld	01056032	3
555	Labenz	01053079	3
556	Laboe	01057043	3
557	Ladelund	01054073	2
558	Lägerdorf	01061061	2
559	Lammershagen	01057044	3
560	Landrecht	01061062	2
561	Landscheide	01061063	2
562	Langballig	01059137	1
563	Langeln	01056034	3
564	Langeneß	01054074	5
565	Langenhorn	01054075	2
566	Langenlehsten	01053080	3
567	Langstedt	01059138	1
568	Langwedel	01058094	2
569	Lankau	01053081	3
570	Lanze	01053082	3
571	Lasbek	01062089	4
572	Latendorf	01060052	3
573	Lauenburg/Elbe, Stadt	01053083	4
574	Lebrade	01057045	3
575	Leck	01054076	2
576	Leezen	01060053	3
577	Lehe	01051065	1
578	Lehmkuhlen	01057046	3
579	Lehmrade	01053084	3
580	Lensahn	01055027	3

Zu § 254 BewG, zu Anlage 39, Teil II., BewG

Anlage 254.1

\multicolumn{4}{c}{Schleswig-Holstein (SH)}			
lfd. Nr.	Gemeindenamen	AGS	Mietniveaustufe
581	Lentföhrden	01060054	3
582	Lexgaard	01054077	2
583	Lieth	01051067	1
584	Linau	01053085	3
585	Lindau	01058096	2
586	Linden	01051068	1
587	Lindewitt	01059179	1
588	List	01054078	2
589	Lockstedt	01061064	2
590	Lohbarbek	01061065	2
591	Lohe-Föhrden	01058097	2
592	Lohe-Rickelshof	01051069	1
593	Loit	01059055	1
594	Looft	01061066	2
595	Loop	01058098	2
596	Loose	01058099	2
597	Löptin	01057047	3
598	Lottorf	01059056	1
599	Löwenstedt	01054079	2
600	Lübeck, Hansestadt	01003000	4
601	Lüchow	01053086	3
602	Luhnstedt	01058101	2
603	Lunden	01051071	1
604	Lürschau	01059057	1
605	Lütau	01053087	3
606	Lütjenburg, Stadt	01057048	3
607	Lütjenholm	01054080	2
608	Lütjensee	01062045	4
609	Lütjenwestedt	01058100	2

Anlage 254.1

Zu § 254 BewG, zu Anlage 39, Teil II., BewG

\	Schleswig-Holstein (SH)		
lfd. Nr.	Gemeindenamen	AGS	Mietniveaustufe
610	Lutterbek	01057049	3
611	Lutzhorn	01056035	3
612	Maasbüll	01059141	1
613	Maasholm	01059142	1
614	Malente	01055028	3
615	Manhagen	01055029	3
616	Marne, Stadt	01051072	1
617	Marnerdeich	01051073	1
618	Martensrade	01057050	3
619	Mechow	01053088	3
620	Meddewade	01062046	4
621	Medelby	01059143	1
622	Meezen	01058103	2
623	Meggerdorf	01059058	1
624	Mehlbek	01061067	2
625	Meldorf, Stadt	01051074	1
626	Melsdorf	01058104	2
627	Meyn	01059144	1
628	Midlum	01054083	5
629	Mielkendorf	01058105	2
630	Mildstedt	01054084	2
631	Mittelangeln	01059185	1
632	Möhnsen	01053089	3
633	Mohrkirch	01059060	1
634	Molfsee	01058107	2
635	Mölln, Stadt	01053090	3
636	Mönkeberg	01057051	3
637	Mönkhagen	01062048	4
638	Mönkloh	01060056	3

Zu § 254 BewG, zu Anlage 39, Teil II., BewG **Anlage 254.1**

	Schleswig-Holstein (SH)		
lfd. Nr.	Gemeindenamen	AGS	Mietniveaustufe
639	Moordiek	01061068	2
640	Moorhusen	01061070	2
641	Moorrege	01056036	3
642	Mörel	01058106	2
643	Mözen	01060057	3
644	Mucheln	01057052	3
645	Mühbrook	01058108	2
646	Mühlenbarbek	01061071	2
647	Mühlenrade	01053091	3
648	Munkbrarup	01059145	1
649	Münsterdorf	01061072	2
650	Müssen	01053092	3
651	Mustin	01053093	3
652	Nahe	01060058	3
653	Nebel	01054085	5
654	Negenharrie	01058109	2
655	Negernbötel	01060059	3
656	Nehms	01060060	3
657	Nehmten	01057053	3
658	Neritz	01062050	4
659	Nettelsee	01057054	3
660	Neu Duvenstedt	01058111	2
661	Neuberend	01059062	1
662	Neudorf-Bornstein	01058110	2
663	Neuenbrook	01061073	2
664	Neuendeich	01056037	3
665	Neuendorf bei Elmshorn	01061074	2
666	Neuendorf-Sachsenbande	01061119	2
667	Neuengörs	01060061	3

Anlage 254.1

Zu § 254 BewG, zu Anlage 39, Teil II., BewG

Schleswig-Holstein (SH)			
lfd. Nr.	Gemeindenamen	AGS	Mietniveaustufe
668	Neuenkirchen	01051075	1
669	Neufeld	01051076	1
670	Neufelderkoog	01051077	1
671	Neukirchen	01054086	2
672	Neukirchen	01055031	3
673	Neumünster, Stadt	01004000	3
674	Neustadt in Holstein, Stadt	01055032	3
675	Neuwittenbek	01058112	2
676	Neversdorf	01060062	3
677	Nieblum	01054087	5
678	Niebüll, Stadt	01054088	2
679	Nieby	01059147	1
680	Nienborstel	01058113	2
681	Nienbüttel	01061076	2
682	Niendorf bei Berkenthin	01053094	3
683	Niendorf/Stecknitz	01053095	3
684	Nienwohld	01062051	4
685	Niesgrau	01059148	1
686	Nindorf	01051078	1
687	Nindorf	01058115	2
688	Noer	01058116	2
689	Norddeich	01051079	1
690	Norddorf auf Amrum	01054089	5
691	Norderbrarup	01059063	1
692	Norderfriedrichskoog	01054090	2
693	Norderheistedt	01051080	1
694	Nordermeldorf	01051137	1
695	Norderstedt, Stadt	01060063	6
696	Norderwöhrden	01051081	1

Zu § 254 BewG, zu Anlage 39, Teil II., BewG **Anlage 254.1**

	Schleswig-Holstein (SH)		
lfd. Nr.	Gemeindenamen	AGS	Mietniveaustufe
697	Nordhackstedt	01059149	1
698	Nordhastedt	01051082	1
699	Nordstrand	01054091	2
700	Norstedt	01054092	2
701	Nortorf	01061077	2
702	Nortorf, Stadt	01058117	2
703	Nottfeld	01059065	1
704	Nübbel	01058118	2
705	Nübel	01059098	1
706	Nusse	01053096	3
707	Nutteln	01061078	2
708	Nützen	01060064	3
709	Ockholm	01054093	2
710	Odderade	01051083	1
711	Oelixdorf	01061079	2
712	Oering	01060065	3
713	Oersberg	01059067	1
714	Oersdorf	01060066	3
715	Oeschebüttel	01061080	2
716	Oesterdeichstrich	01051084	1
717	Oesterwurth	01051140	1
718	Oevenum	01054094	5
719	Oeversee	01059184	1
720	Offenbüttel	01051085	1
721	Oldenborstel	01061081	2
722	Oldenburg in Holstein, Stadt	01055033	3
723	Oldenbüttel	01058119	2
724	Oldendorf	01061082	2
725	Oldenhütten	01058120	2

Anlage 254.1

Zu § 254 BewG, zu Anlage 39, Teil II., BewG

Schleswig-Holstein (SH)			
lfd. Nr.	Gemeindenamen	AGS	Mietniveaustufe
726	Oldenswort	01054095	2
727	Oldersbek	01054096	2
728	Olderup	01054097	2
729	Oldsum	01054098	5
730	Osdorf	01058121	2
731	Ostenfeld (Husum)	01054099	2
732	Ostenfeld (Rendsburg)	01058122	2
733	Osterby	01058123	2
734	Osterby	01059151	1
735	Osterhever	01054100	2
736	Osterhorn	01056038	3
737	Oster-Ohrstedt	01054101	2
738	Osterrade	01051086	1
739	Osterrönfeld	01058124	2
740	Osterstedt	01058125	2
741	Ostrohe	01051087	1
742	Oststeinbek	01062053	4
743	Ottenbüttel	01061083	2
744	Ottendorf	01058126	2
745	Owschlag	01058127	2
746	Padenstedt	01058128	2
747	Pahlen	01051088	1
748	Panker	01057055	3
749	Panten	01053097	3
750	Passade	01057056	3
751	Peissen	01061084	2
752	Pellworm	01054103	5
753	Pinneberg, Stadt	01056039	5
754	Plön, Stadt	01057057	3

Zu § 254 BewG, zu Anlage 39, Teil II., BewG   **Anlage 254.1**

\multicolumn{4}{c}{**Schleswig-Holstein (SH)**}			
lfd. Nr.	Gemeindenamen	AGS	Mietniveaustufe
755	Pogeez	01053098	3
756	Poggensee	01053099	3
757	Pohnsdorf	01057058	3
758	Pölitz	01062056	4
759	Pommerby	01059152	1
760	Poppenbüll	01054104	2
761	Pöschendorf	01061085	2
762	Postfeld	01057059	3
763	Poyenberg	01061086	2
764	Prasdorf	01057060	3
765	Preetz, Stadt	01057062	3
766	Prinzenmoor	01058129	2
767	Prisdorf	01056040	3
768	Probsteierhagen	01057063	3
769	Pronstorf	01060067	3
770	Puls	01061087	2
771	Quarnbek	01058130	2
772	Quarnstedt	01061088	2
773	Quickborn	01051089	1
774	Quickborn, Stadt	01056041	5
775	Raa-Besenbek	01056042	3
776	Rabel	01059154	1
777	Rabenholz	01059155	1
778	Rabenkirchen-Faulück	01059068	1
779	Rade	01061089	2
780	Rade bei Hohenwestedt	01058131	2
781	Rade bei Rendsburg	01058132	2
782	Ramhusen	01051090	1
783	Ramstedt	01054105	2

Anlage 254.1

Zu § 254 BewG, zu Anlage 39, Teil II., BewG

	Schleswig-Holstein (SH)		
lfd. Nr.	Gemeindenamen	AGS	Mietniveaustufe
784	Rantrum	01054106	2
785	Rantzau	01057065	3
786	Rastorf	01057066	3
787	Ratekau	01055035	4
788	Rathjensdorf	01057067	3
789	Ratzeburg, Stadt	01053100	3
790	Rausdorf	01062058	4
791	Reesdorf	01058133	2
792	Reher	01061091	2
793	Rehhorst	01062059	4
794	Rehm-Flehde-Bargen	01051092	1
795	Reinbek, Stadt	01062060	5
796	Reinfeld (Holstein), Stadt	01062061	4
797	Reinsbüttel	01051093	1
798	Rellingen	01056043	5
799	Remmels	01058134	2
800	Rendsburg, Stadt	01058135	3
801	Rendswühren	01057068	3
802	Rethwisch	01061092	2
803	Rethwisch	01062062	4
804	Reußenköge	01054108	2
805	Rickert	01058136	2
806	Rickling	01060068	3
807	Riepsdorf	01055036	3
808	Rieseby	01058137	2
809	Ringsberg	01059157	1
810	Risum-Lindholm	01054109	2
811	Ritzerau	01053101	3
812	Rodenäs	01054110	2

Zu § 254 BewG, zu Anlage 39, Teil II., BewG   **Anlage 254.1**

	Schleswig-Holstein (SH)		
lfd. Nr.	Gemeindenamen	AGS	Mietniveaustufe
813	Rodenbek	01058138	2
814	Rohlstorf	01060069	3
815	Römnitz	01053102	3
816	Rondeshagen	01053103	3
817	Rosdorf	01061093	2
818	Roseburg	01053104	3
819	Rügge	01059070	1
820	Ruhwinkel	01057069	3
821	Rumohr	01058139	2
822	Rümpel	01062065	4
823	Sahms	01053106	3
824	Salem	01053107	3
825	Sandesneben	01053108	3
826	Sankt Annen	01051096	1
827	Sankt Margarethen	01061095	2
828	Sankt Michaelisdonn	01051097	1
829	Sankt Peter-Ording	01054113	2
830	Sarlhusen	01061096	2
831	Sarzbüttel	01051098	1
832	Saustrup	01059072	1
833	Schaalby	01059073	1
834	Schacht-Audorf	01058140	2
835	Schackendorf	01060070	3
836	Schafflund	01059158	1
837	Schafstedt	01051099	1
838	Schalkholz	01051100	1
839	Scharbeutz	01055044	4
840	Schashagen	01055037	3
841	Scheggerott	01059074	1

Anlage 254.1

Zu § 254 BewG, zu Anlage 39, Teil II., BewG

	Schleswig-Holstein (SH)		
lfd. Nr.	Gemeindenamen	AGS	Mietniveaustufe
842	Schellhorn	01057070	3
843	Schenefeld	01061097	2
844	Schenefeld, Stadt	01056044	7
845	Schieren	01060071	3
846	Schierensee	01058141	2
847	Schillsdorf	01057071	3
848	Schinkel	01058142	2
849	Schiphorst	01053109	3
850	Schlesen	01057072	3
851	Schleswig, Stadt	01059075	3
852	Schlichting	01051102	1
853	Schlotfeld	01061098	2
854	Schmalensee	01060072	3
855	Schmalfeld	01060073	3
856	Schmalstede	01058143	2
857	Schmedeswurth	01051103	1
858	Schmilau	01053110	3
859	Schnakenbek	01053111	3
860	Schnarup-Thumby	01059076	1
861	Schönbek	01058144	2
862	Schönberg	01053112	3
863	Schönberg (Holstein)	01057073	3
864	Schönhorst	01058145	2
865	Schönkirchen	01057074	3
866	Schönwalde am Bungsberg	01055038	3
867	Schretstaken	01053113	3
868	Schrum	01051104	1
869	Schuby	01059077	1
870	Schulendorf	01053115	3

Anlage 254.1

	Schleswig-Holstein (SH)		
lfd. Nr.	Gemeindenamen	AGS	Mietniveaustufe
871	Schülldorf	01058146	2
872	Schülp	01051105	1
873	Schülp bei Nortorf	01058147	2
874	Schülp bei Rendsburg	01058148	2
875	Schürensöhlen	01053114	3
876	Schwabstedt	01054116	2
877	Schwartbuck	01057076	3
878	Schwarzenbek, Stadt	01053116	4
879	Schwedeneck	01058150	2
880	Schwentinental, Stadt	01057091	4
881	Schwesing	01054118	2
882	Schwissel	01060074	3
883	Seedorf	01053117	3
884	Seedorf	01060075	3
885	Seefeld	01058151	2
886	Seester	01056033	3
887	Seestermühe	01056045	3
888	Seeth	01054119	2
889	Seeth-Ekholt	01056046	3
890	Sehestedt	01058152	2
891	Selent	01057077	3
892	Selk	01059078	1
893	Seth	01060076	3
894	Siebenbäumen	01053118	3
895	Siebeneichen	01053119	3
896	Siek	01062069	4
897	Sierksdorf	01055039	3
898	Sierksrade	01053120	3
899	Sievershütten	01060077	3

Anlage 254.1

Zu § 254 BewG, zu Anlage 39, Teil II., BewG

\multicolumn{4}{c}{Schleswig-Holstein (SH)}			
lfd. Nr.	Gemeindenamen	AGS	Mietniveaustufe
900	Sieverstedt	01059159	1
901	Silberstedt	01059079	1
902	Silzen	01061100	2
903	Simonsberg	01054120	2
904	Sirksfelde	01053121	3
905	Sollerup	01059162	1
906	Sollwitt	01054123	2
907	Sommerland	01061101	2
908	Sönnebüll	01054121	2
909	Sophienhamm	01058154	2
910	Sören	01058153	2
911	Sörup	01059161	1
912	Sprakebüll	01054124	2
913	Stadum	01054125	2
914	Stafstedt	01058155	2
915	Stakendorf	01057078	3
916	Stangheck	01059163	1
917	Stapel	01059188	1
918	Stapelfeld	01062071	4
919	Stedesand	01054126	2
920	Steenfeld	01058156	2
921	Stein	01057079	3
922	Steinberg	01059164	1
923	Steinbergkirche	01059186	1
924	Steinburg	01062091	4
925	Steinfeld	01059080	1
926	Steinhorst	01053122	3
927	Stelle-Wittenwurth	01051107	1
928	Sterley	01053123	3

Schleswig-Holstein (SH)			
lfd. Nr.	Gemeindenamen	AGS	Mietniveaustufe
929	Sterup	01059167	1
930	Stipsdorf	01060079	3
931	Stockelsdorf	01055040	4
932	Stocksee	01060080	3
933	Stolk	01059081	1
934	Stolpe	01057080	3
935	Stoltebüll	01059168	1
936	Stoltenberg	01057081	3
937	Stördorf	01061102	2
938	Störkathen	01061103	2
939	Strande	01058157	2
940	Strübbel	01051108	1
941	Struckum	01054128	2
942	Strukdorf	01060081	3
943	Struvenhütten	01060082	3
944	Struxdorf	01059082	1
945	Stubben	01053124	3
946	Stuvenborn	01060084	3
947	Süderau	01061104	2
948	Süderbrarup	01059083	1
949	Süderdeich	01051109	1
950	Süderdorf	01051139	1
951	Süderende	01054129	5
952	Süderfahrenstedt	01059084	1
953	Süderhackstedt	01059169	1
954	Süderhastedt	01051110	1
955	Süderheistedt	01051141	1
956	Süderhöft	01054130	2
957	Süderlügum	01054131	2

Anlage 254.1   Zu § 254 BewG, zu Anlage 39, Teil II., BewG

	Schleswig-Holstein (SH)		
lfd. Nr.	Gemeindenamen	AGS	Mietniveaustufe
958	Südermarsch	01054132	2
959	Sülfeld	01060085	3
960	Süsel	01055041	3
961	Sylt	01054168	6
962	Taarstedt	01059086	1
963	Tackesdorf	01058158	2
964	Talkau	01053125	3
965	Tangstedt	01056047	3
966	Tangstedt	01062076	4
967	Tappendorf	01058159	2
968	Tarbek	01060086	3
969	Tarp	01059171	1
970	Tasdorf	01057083	3
971	Tastrup	01059101	1
972	Tating	01054134	2
973	Techelsdorf	01058160	2
974	Tellingstedt	01051114	1
975	Tensbüttel-Röst	01051138	1
976	Tensfeld	01060087	3
977	Tetenbüll	01054135	2
978	Tetenhusen	01059087	1
979	Thaden	01058161	2
980	Thumby	01058162	2
981	Tielen	01059088	1
982	Tielenhemme	01051117	1
983	Timmaspe	01058163	2
984	Timmendorfer Strand	01055042	3
985	Tinningstedt	01054136	2
986	Todenbüttel	01058164	2

	Schleswig-Holstein (SH)		
lfd. Nr.	Gemeindenamen	AGS	Mietniveaustufe
987	Todendorf	01062078	4
988	Todesfelde	01060088	3
989	Tolk	01059090	1
990	Tönning, Stadt	01054138	2
991	Tornesch, Stadt	01056048	5
992	Tramm	01053126	3
993	Trappenkamp	01060089	3
994	Travenbrück	01062092	4
995	Travenhorst	01060090	3
996	Traventhal	01060091	3
997	Treia	01059092	1
998	Tremsbüttel	01062081	4
999	Trennewurth	01051118	1
1000	Trittau	01062082	4
1001	Tröndel	01057082	3
1002	Tümlauer Koog	01054140	2
1003	Tüttendorf	01058165	2
1004	Twedt	01059097	1
1005	Uelvesbüll	01054141	2
1006	Uetersen, Stadt	01056049	4
1007	Ülsby	01059093	1
1008	Ulsnis	01059094	1
1009	Uphusum	01054142	2
1010	Utersum	01054143	5
1011	Vaale	01061105	2
1012	Vaalermoor	01061106	2
1013	Viöl	01054144	2
1014	Vollerwiek	01054145	2
1015	Vollstedt	01054146	2

Anlage 254.1

Zu § 254 BewG, zu Anlage 39, Teil II., BewG

	Schleswig-Holstein (SH)		
lfd. Nr.	Gemeindenamen	AGS	Mietniveaustufe
1016	Volsemenhusen	01051119	1
1017	Waabs	01058166	2
1018	Wacken	01061107	2
1019	Wagersrott	01059095	1
1020	Wahlstedt, Stadt	01060092	3
1021	Wahlstorf	01057084	3
1022	Wakendorf I	01060093	3
1023	Wakendorf II	01060094	3
1024	Walksfelde	01053127	3
1025	Wallen	01051120	1
1026	Wallsbüll	01059173	1
1027	Wanderup	01059174	1
1028	Wangelau	01053128	3
1029	Wangels	01055043	3
1030	Wankendorf	01057085	3
1031	Wapelfeld	01058167	2
1032	Warder	01058168	2
1033	Warnau	01057086	3
1034	Warringholz	01061108	2
1035	Warwerort	01051121	1
1036	Wasbek	01058169	2
1037	Wattenbek	01058170	2
1038	Weddelbrook	01060095	3
1039	Weddingstedt	01051122	1
1040	Wedel, Stadt	01056050	6
1041	Weede	01060096	3
1042	Wees	01059176	1
1043	Weesby	01059177	1
1044	Welmbüttel	01051125	1

Zu § 254 BewG, zu Anlage 39, Teil II., BewG   **Anlage 254.1**

	Schleswig-Holstein (SH)		
lfd. Nr.	Gemeindenamen	AGS	Mietniveaustufe
1045	Welt	01054148	2
1046	Wendtorf	01057087	3
1047	Wennbüttel	01051126	1
1048	Wenningstedt – Braderup (Sylt)	01054149	2
1049	Wensin	01060097	3
1050	Wentorf (Amt Sandesneben-Nusse)	01053130	3
1051	Wentorf bei Hamburg	01053129	5
1052	Wesenberg	01062094	4
1053	Wesselburen, Stadt	01051127	1
1054	Wesselburener Deichhausen	01051128	1
1055	Wesselburenerkoog	01051129	1
1056	Wesseln	01051130	1
1057	Westensee	01058171	2
1058	Westerau	01062083	4
1059	Westerborstel	01051131	1
1060	Westerdeichstrich	01051132	1
1061	Westerhever	01054150	2
1062	Westerholz	01059178	1
1063	Westerhorn	01056051	3
1064	Westermoor	01061109	2
1065	Wester-Ohrstedt	01054152	2
1066	Westerrade	01060098	3
1067	Westerrönfeld	01058172	2
1068	Westre	01054154	2
1069	Wewelsfleth	01061110	2
1070	Wiedenborstel	01061111	2
1071	Wiemersdorf	01060099	3
1072	Wiemerstedt	01051133	1
1073	Wiershop	01053131	3

Anlage 254.1 Zu § 254 BewG, zu Anlage 39, Teil II., BewG

\<td colspan=4\> Schleswig-Holstein (SH)			
lfd. Nr.	Gemeindenamen	AGS	Mietniveaustufe
1074	Willenscharen	01061112	2
1075	Wilster, Stadt	01061113	2
1076	Windbergen	01051134	1
1077	Windeby	01058173	2
1078	Winnemark	01058174	2
1079	Winnert	01054156	2
1080	Winseldorf	01061114	2
1081	Winsen	01060100	3
1082	Wisch	01054157	2
1083	Wisch	01057088	3
1084	Witsum	01054158	5
1085	Wittbek	01054159	2
1086	Wittdün auf Amrum	01054160	5
1087	Wittenbergen	01061115	2
1088	Wittenborn	01060101	3
1089	Wittmoldt	01057089	3
1090	Witzeeze	01053132	3
1091	Witzhave	01062086	4
1092	Witzwort	01054161	2
1093	Wobbenbüll	01054162	2
1094	Wohlde	01059096	1
1095	Wohltorf	01053133	3
1096	Wöhrden	01051113	1
1097	Wolmersdorf	01051135	1
1098	Woltersdorf	01053134	3
1099	Worth	01053135	3
1100	Wrist	01061116	2
1101	Wrixum	01054163	5
1102	Wrohm	01051136	1

Zu § 254 BewG, zu Anlage 39, Teil II., BewG

Anlage 254.1

\multicolumn{4}{c}{Schleswig-Holstein (SH)}
lfd. Nr.	Gemeindenamen	AGS	Mietniveaustufe
1103	Wulfsmoor	01061117	2
1104	Wyk auf Föhr, Stadt	01054164	5
1105	Zarpen	01062087	4
1106	Ziethen	01053136	3

\multicolumn{4}{c}{Thüringen (TH)}
lfd. Nr.	Gemeindenamen	AGS	Mietniveaustufe
1	Abtsbessingen	16065001	1
2	Ahlstädt	16069001	1
3	Albersdorf	16074001	2
4	Alkersleben	16070001	1
5	Allendorf	16073001	2
6	Alperstedt	16068001	1
7	Altenberga	16074002	2
8	Altenbeuthen	16073002	2
9	Altenburg, Stadt	16077001	2
10	entfallen		
11	entfallen		
12	entfallen		
13	entfallen		
13a	Am Ettersberg	16071102	1
14	Am Ohmberg	16061116	1
14a	Amt Creuzburg, Stadt	16063104	1
15	Amt Wachsenburg	16070028	1
16	Andisleben	16068002	1
17	entfallen		
18	Anrode	16064073	1
18a	An der Schmücke, Stadt	16065088	1
19	Apolda, Stadt	16071001	2

Anlage 254.1

Zu § 254 BewG, zu Anlage 39, Teil II., BewG

Thüringen (TH)			
lfd. Nr.	Gemeindenamen	AGS	Mietniveaustufe
20	Arenshausen	16061001	1
21	Arnstadt, Stadt	16070004	2
22	Artern, Stadt	16065086	1
23	Asbach-Sickenberg	16061002	1
24	entfallen		
25	Auengrund	16069058	1
26	Auma-Weidatal, Stadt	16076092	1
27	entfallen		
28	Bad Berka, Stadt	16071003	1
29	Bad Blankenburg, Stadt	16073005	2
30	entfallen		
31	Bad Frankenhausen/Kyffhäuser, Stadt	16065003	1
32	Bad Klosterlausnitz	16074003	2
33	Bad Köstritz, Stadt	16076003	1
34	Bad Langensalza, Stadt	16064003	1
35	Bad Liebenstein, Stadt	16063099	1
36	Bad Lobenstein, Stadt	16075062	1
37	Bad Salzungen, Stadt	16063003	2
38	Bad Sulza, Stadt	16071004	1
39	Bad Tennstedt, Stadt	16064004	1
40	Ballhausen	16064005	1
41	entfallen		
42	Ballstedt	16071005	1
43	Barchfeld-Immelborn	16063004	1
44	Bechstedt	16073006	2
45	entfallen		
46	entfallen		
47	Beinerstadt	16069003	1
48	Bellstedt	16065005	1

Thüringen (TH)

lfd. Nr.	Gemeindenamen	AGS	Mietniveaustufe
49	Belrieth	16066005	1
50	entfallen		
51	Berga/Elster, Stadt	16076004	1
52	Berka v. d. Hainich	16063006	1
53	entfallen		
54	Berlingerode	16061003	1
55	entfallen		
56	entfallen		
57	entfallen		
58	Bethenhausen	16076006	1
59	Bibra	16074004	2
60	Bienstädt	16067004	1
61	entfallen		
62	Birkenfelde	16061007	1
63	entfallen		
64	Birx	16066012	1
65	Bischofrod	16069004	1
66	Bischofroda	16063008	1
67	entfallen		
68	Blankenburg	16064007	1
69	Blankenhain, Stadt	16071008	1
70	entfallen		
71	Bleicherode, Stadt	16062066	1
72	Bobeck	16074005	2
73	Bocka	16076007	1
74	Bodelwitz	16075006	1
75	Bodenrode-Westhausen	16061012	1
76	entfallen		
77	entfallen		

Anlage 254.1

Zu § 254 BewG, zu Anlage 39, Teil II., BewG

\multicolumn{4}{c|}{Thüringen (TH)}			
lfd. Nr.	Gemeindenamen	AGS	Mietniveaustufe
78	Bornhagen	16061014	1
79	Borxleben	16065008	1
80	Bösleben-Wüllersleben	16070006	1
81	entfallen		
82	Brahmenau	16076008	1
83	Braunichswalde	16076009	1
84	Brehme	16061015	1
85	Breitenworbis	16061017	1
86	Breitungen/Werra	16066013	1
87	Bremsnitz	16074007	2
88	entfallen		
89	Brotterode-Trusetal, Stadt	16066074	1
90	Bruchstedt	16064009	1
91	entfallen		
92	Brünn/Thür.	16069006	1
93	entfallen		
94	Bucha	16074008	2
95	entfallen		
96	Büchel	16068005	1
97	Buchfart	16071009	1
98	entfallen		
99	Buhla	16061019	1
100	Bürgel, Stadt	16074009	2
101	entfallen		
102	Burgwalde	16061021	1
103	entfallen		
104	Buttlar	16063011	1
105	Buttstädt	16068063	1
106	Büttstedt	16061018	1

Zu § 254 BewG, zu Anlage 39, Teil II., BewG **Anlage 254.1**

\multicolumn{4}{c}{Thüringen (TH)}			
lfd. Nr.	Gemeindenamen	AGS	Mietniveaustufe
107	Caaschwitz	16076012	1
108	Christes	16066015	1
109	Clingen, Stadt	16065012	1
110	entfallen		
111	entfallen		
112	Crimla	16076014	1
113	entfallen		
114	Crossen an der Elster	16074012	2
115	Cursdorf	16073013	2
116	entfallen		
117	Dachwig	16067009	1
118	entfallen		
119	Deesbach	16073014	2
120	Dermbach	16063015	1
121	entfallen		
122	entfallen		
123	Dieterode	16061023	1
124	Dietzenrode/Vatterode	16061024	1
125	Dillstädt	16066016	1
126	Dingelstädt, Stadt	16061118	1
127	Dingsleben	16069008	1
128	entfallen		
129	Dittersdorf	16075014	1
130	Dobitschen	16077003	1
131	Döbritschen	16071013	1
132	Döbritz	16075016	1
133	Döllstädt	16067011	1
134	entfallen		
135	Dornburg-Camburg, Stadt	16074011	2

Anlage 254.1

Zu § 254 BewG, zu Anlage 39, Teil II., BewG

	Thüringen (TH)		
lfd. Nr.	**Gemeindenamen**	**AGS**	**Mietniveaustufe**
136	Dornheim	16070008	1
137	Döschnitz	16073017	2
138	entfallen		
139	Drei Gleichen	16067089	1
140	Dreitzsch	16075019	1
141	entfallen		
142	entfallen		
143	Drognitz	16073107	2
144	Dünwald	16064014	1
145	Ebeleben, Stadt	16065014	1
146	entfallen		
147	Eberstedt	16071015	1
148	Ecklingerode	16061026	1
149	Eckstedt	16068007	1
150	Effelder	16061027	1
151	Ehrenberg	16069009	1
152	Eichenberg	16069011	1
153	Eichenberg	16074016	2
154	Eichstruth	16061028	1
155	Eineborn	16074017	2
156	Einhausen	16066017	1
157	Eisenberg, Stadt	16074018	1
158	Eisfeld, Stadt	16069012	1
159	Elgersburg	16070011	1
160	Elleben	16070012	1
161	entfallen		
162	Ellingshausen	16066018	1
163	Ellrich, Stadt	16062005	1
164	Elxleben	16068009	1

Zu § 254 BewG, zu Anlage 39, Teil II., BewG — Anlage 254.1

| \multicolumn{4}{c|}{Thüringen (TH)} |
lfd. Nr.	Gemeindenamen	AGS	Mietniveaustufe
165	Elxleben	16070013	1
166	Emleben	16067013	1
167	Empfertshausen	16063023	1
168	Endschütz	16076017	1
169	Erbenhausen	16066019	1
170	Eschenbergen	16067016	1
171	Eßbach	16075023	1
172	entfallen		
173	Ettersburg	16071017	1
174	entfallen		
175	Etzleben	16065016	1
176	Fambach	16066022	1
177	Ferna	16061031	1
178	entfallen		
179	Floh-Seligenthal	16066023	1
180	Fockendorf	16077005	1
181	Föritztal	16072024	1
182	Frankenblick	16072023	1
183	Frankendorf	16071019	1
184	entfallen		
185	Frankenheim/Rhön	16066024	1
186	Frankenroda	16063028	1
187	Frauenprießnitz	16074019	2
188	entfallen		
189	Freienbessingen	16065018	1
190	Freienhagen	16061032	1
191	Freienorla	16074021	2
192	Fretterode	16061033	1
193	Friedelshausen	16066025	1

Anlage 254.1

Zu § 254 BewG, zu Anlage 39, Teil II., BewG

	Thüringen (TH)		
lfd. Nr.	Gemeindenamen	AGS	Mietniveaustufe
194	entfallen		
195	Friedrichroda, Stadt	16067019	1
196	entfallen		
197	entfallen		
198	Friemar	16067022	1
199	entfallen		
200	Gangloffsömmern	16068013	1
201	Gauern	16076019	1
202	Gebesee, Stadt	16068014	1
203	Gefell, Stadt	16075131	1
204	entfallen		
205	Gehofen	16065019	1
206	Geisa, Stadt	16063032	1
207	Geisenhain	16074022	2
208	Geisleden	16061034	1
209	Geismar	16061035	1
210	Georgenthal	16067092	1
211	entfallen		
211a	Geratal	16070057	1
212	Gerbershausen	16061036	1
213	Gernrode	16061037	1
214	Geroda	16075029	1
215	Gerstenberg	16077007	1
216	Gerstengrund	16063033	1
217	Gerstungen	16063097	1
218	entfallen		
219	Gertewitz	16075031	1
220	entfallen		
221	Gierstädt	16067026	1

Zu § 254 BewG, zu Anlage 39, Teil II., BewG   **Anlage 254.1**

\multicolumn{4}{c}{Thüringen (TH)}			
lfd. Nr.	Gemeindenamen	AGS	Mietniveaustufe
222	entfallen		
223	Glasehausen	16061039	1
224	Gneus	16074024	2
225	Göhren	16077008	1
226	entfallen		
227	Goldisthal	16072006	1
228	Göllnitz	16077009	1
229	Golmsdorf	16074026	2
230	entfallen		
231	Göpfersdorf	16077011	1
232	Görkwitz	16075033	1
233	Görsbach	16062008	1
234	entfallen		
235	Göschitz	16075034	1
236	Gösen	16074025	2
237	entfallen		
238	Gössitz	16075035	1
239	Gößnitz, Stadt	16077012	1
240	Gotha, Stadt	16067029	2
241	Grabfeld	16066094	1
242	entfallen		
243	entfallen		
244	Gräfenthal, Stadt	16073028	2
245	Graitschen b. Bürgel	16074028	2
245a	Grammetal	16071103	1
246	Greiz, Stadt	16076022	1
247	Greußen, Stadt	16065089	1
248	Griefstedt	16068015	1
249	Grimmelshausen	16069016	1

Anlage 254.1

Zu § 254 BewG, zu Anlage 39, Teil II., BewG

\multicolumn{4}{c}{Thüringen (TH)}			
lfd. Nr.	Gemeindenamen	AGS	Mietniveaustufe
250	Grobengereuth	16075039	1
251	Großbartloff	16061041	1
252	Großbockedra	16074029	2
253	Großbreitenbach, Stadt	16070058	1
254	entfallen		
255	entfallen		
256	entfallen		
257	entfallen		
258	Großenstein	16076023	1
259	Großeutersdorf	16074031	2
260	Großfahner	16067033	1
261	Großheringen	16071022	1
262	Großlöbichau	16074032	2
263	Großlohra	16062009	1
264	Großmölsen	16068017	1
265	Großneuhausen	16068019	1
266	entfallen		
267	Großpürschütz	16074033	2
268	Großrudestedt	16068021	1
269	Großschwabhausen	16071025	1
270	Großvargula	16064019	1
271	Grub	16069017	1
272	Gumperda	16074034	2
273	Günstedt	16068022	1
274	entfallen		
275	entfallen		
276	Hainichen	16074036	2
277	entfallen		
278	Hainspitz	16074037	2

Zu § 254 BewG, zu Anlage 39, Teil II., BewG

Anlage 254.1

\multicolumn{4}{c}{Thüringen (TH)}			
lfd. Nr.	Gemeindenamen	AGS	Mietniveaustufe
279	Hallungen	16063037	1
280	Hammerstedt	16071027	1
281	entfallen		
282	entfallen		
283	Harth-Pöllnitz	16076088	1
284	Hartmannsdorf	16074038	2
285	Hartmannsdorf	16076026	1
286	Harztor	16062065	1
287	Haselbach	16077015	1
288	Haßleben	16068025	1
289	entfallen		
290	Haussömmern	16064021	1
291	entfallen		
292	Haynrode	16061044	1
293	entfallen		
294	Heideland	16074039	2
295	Heilbad Heiligenstadt, Stadt	16061045	2
296	Helbedündorf	16065032	1
296a	Heldburg, Stadt	16069063	1
297	entfallen		
298	entfallen		
299	entfallen		
300	entfallen		
301	Henfstädt	16069021	1
302	entfallen		
303	entfallen		
304	Herbsleben	16064022	1
305	Heringen/Helme, Stadt	16062064	1
306	Hermsdorf, Stadt	16074041	2

Anlage 254.1

Zu § 254 BewG, zu Anlage 39, Teil II., BewG

Thüringen (TH)			
lfd. Nr.	Gemeindenamen	AGS	Mietniveaustufe
307	entfallen		
308	Herrenhof	16067036	1
309	entfallen		
310	entfallen		
311	Hetschburg	16071031	1
312	Heukewalde	16077016	1
313	Heuthen	16061047	1
314	Heyersdorf	16077017	1
315	entfallen		
316	Hilbersdorf	16076027	1
317	Hildburghausen, Stadt	16069024	1
318	Hirschberg, Stadt	16075046	1
319	Hirschfeld	16076028	1
320	entfallen		
321	Hohenfelden	16071032	1
322	Hohengandern	16061048	1
323	entfallen		
324	Hohenleuben, Stadt	16076029	1
325	Hohenstein	16062062	1
326	Hohenwarte	16073035	2
327	Hohes Kreuz	16061049	1
328	Holzsußra	16065038	1
329	entfallen		
330	Hornsömmern	16064027	1
331	Hörsel	16067088	1
332	Hörselberg-Hainich	16063098	1
333	Hummelshain	16074042	2
334	entfallen		
335	Hundhaupten	16076033	1

Zu § 254 BewG, zu Anlage 39, Teil II., BewG **Anlage 254.1**

| \multicolumn{4}{c}{Thüringen (TH)} | | | |
lfd. Nr.	Gemeindenamen	AGS	Mietniveaustufe
336	entfallen		
337	entfallen		
338	Ilmenau, Stadt	16070029	2
339	Ilmtal-Weinstraße	16071101	1
340	entfallen		
341	entfallen		
342	Jenalöbnitz	16074043	2
343	Jonaswalde	16077018	1
344	Kahla, Stadt	16074044	2
345	Kalbsrieth	16065042	1
346	entfallen		
347	Kaltennordheim, Stadt	16066095	1
348	entfallen		
349	entfallen		
350	Kammerforst	16064032	1
351	entfallen		
352	Kapellendorf	16071037	1
353	Karlsdorf	16074045	2
354	Katzhütte	16073037	2
355	Kauern	16076034	1
356	Kaulsdorf	16073038	2
357	entfallen		
358	Kehmstedt	16062024	1
359	Keila	16075047	1
360	Kella	16061056	1
361	Kiliansroda	16071038	1
362	Kindelbrück	16068064	1
363	Kirchgandern	16061057	1
364	Kirchheilingen	16064033	1

Anlage 254.1

Zu § 254 BewG, zu Anlage 39, Teil II., BewG

Thüringen (TH)			
lfd. Nr.	Gemeindenamen	AGS	Mietniveaustufe
365	entfallen		
366	Kirchworbis	16061058	1
367	Kirschkau	16075048	1
368	entfallen		
369	Kleinbockedra	16074046	2
370	entfallen		
371	entfallen		
372	Kleinebersdorf	16074047	2
373	Kleineutersdorf	16074048	2
374	Kleinfurra	16062026	1
375	Kleinmölsen	16068032	1
376	Kleinneuhausen	16068033	1
377	entfallen		
378	Kleinschwabhausen	16071042	1
379	entfallen		
380	Klettbach	16071043	1
381	entfallen		
382	Kloster Veßra	16069025	1
383	entfallen		
384	entfallen		
385	Kölleda, Stadt	16068034	1
386	Königsee, Stadt	16073112	2
387	Korbußen	16076036	1
388	Körner	16064037	1
389	Kospoda	16075051	1
390	Kraftsdorf	16076089	1
391	entfallen		
392	Kranichfeld, Stadt	16071046	1
393	Krauthausen	16063046	1

Zu § 254 BewG, zu Anlage 39, Teil II., BewG

Anlage 254.1

	Thüringen (TH)		
lfd. Nr.	Gemeindenamen	AGS	Mietniveaustufe
394	entfallen		
395	Krayenberggemeinde	16063101	1
396	entfallen		
397	Kriebitzsch	16077022	1
398	Krölpa	16075129	1
399	Krombach	16061062	1
400	Kromsdorf	16071048	1
401	Kühdorf	16076038	1
402	Kühndorf	16066038	1
403	Küllstedt	16061063	1
404	Kutzleben	16064038	1
405	Kyffhäuserland	16065085	1
406	Laasdorf	16074049	2
407	Langenleuba-Niederhain	16077023	1
408	Langenorla	16075054	1
409	Langenwetzendorf	16076039	1
410	Langenwolschendorf	16076041	1
411	Lauscha, Stadt	16072011	1
412	Lausnitz b. Neustadt an der Orla	16075056	1
413	Lauterbach	16063049	1
414	Lederhose	16076042	1
415	Lehesten	16074051	2
416	Lehesten, Stadt	16073046	2
417	Lehnstedt	16071049	1
418	Leimbach	16063051	1
419	entfallen		
420	Leinefelde-Worbis, Stadt	16061115	1
421	Lemnitz	16075057	1
422	Lengfeld	16069026	1

Anlage 254.1

Zu § 254 BewG, zu Anlage 39, Teil II., BewG

	Thüringen (TH)		
lfd. Nr.	Gemeindenamen	AGS	Mietniveaustufe
423	Lenterode	16061065	1
424	Leutenberg, Stadt	16073106	2
425	entfallen		
426	Leutersdorf	16066039	1
427	entfallen		
428	entfallen		
429	entfallen		
430	Linda b. Weida	16076043	1
431	Lindenkreuz	16076044	1
432	Lindewerra	16061066	1
433	Lindig	16074052	2
434	Lippersdorf-Erdmannsdorf	16074053	2
435	Lipprechterode	16062033	1
436	Löberschütz	16074054	2
437	Löbichau	16077026	1
438	Lödla	16077027	1
439	Löhma	16075063	1
440	Lucka, Stadt	16077028	1
441	Luisenthal	16067044	1
442	entfallen		
443	Lutter	16061067	1
444	Mackenrode	16061068	1
445	Magdala, Stadt	16071053	1
446	entfallen		
447	Marisfeld	16069028	1
448	Markvippach	16068036	1
449	Marolterode	16064043	1
450	Marth	16061069	1
451	Martinroda	16070034	1

Zu § 254 BewG, zu Anlage 39, Teil II., BewG Anlage 254.1

| \multicolumn{4}{|c|}{Thüringen (TH)} |
lfd. Nr.	Gemeindenamen	AGS	Mietniveaustufe
452	Masserberg	16069061	1
453	Mechelroda	16071055	1
454	Mehmels	16066041	1
455	Mehna	16077031	1
456	Meiningen, Stadt	16066042	2
457	entfallen		
458	Mellingen	16071056	1
459	entfallen		
460	Menteroda	16064072	1
461	Mertendorf	16074055	2
462	entfallen		
463	Meura	16073055	2
464	Meusebach	16074056	2
465	entfallen		
466	Meuselwitz, Stadt	16077032	2
467	Miesitz	16075065	1
468	entfallen		
469	Milda	16074057	2
470	Mittelpöllnitz	16075066	1
471	Mittelsömmern	16064045	1
472	Möckern	16074058	2
473	Mohlsdorf-Teichwolframsdorf	16076093	1
474	Molschleben	16067047	1
475	entfallen		
476	Mönchpfiffel-Nikolausrieth	16065046	1
477	Monstab	16077034	1
478	entfallen		
479	Mörsdorf	16074059	2
480	Moßbach	16075068	1

Anlage 254.1

Zu § 254 BewG, zu Anlage 39, Teil II., BewG

\multicolumn{4}{c}{Thüringen (TH)}			
lfd. Nr.	Gemeindenamen	AGS	Mietniveaustufe
481	Moxa	16075069	1
482	Mühlhausen/Thüringen, Stadt	16064046	1
483	entfallen		
484	Münchenbernsdorf, Stadt	16076049	1
485	Nauendorf	16071059	1
486	entfallen		
487	Nausnitz	16074061	2
488	Nazza	16063058	1
489	entfallen		
490	Nesse-Apfelstädt	16067087	1
490a	Nessetal	16067091	1
491	Neubrunn	16066045	1
492	Neuengönna	16074063	2
493	Neuhaus am Rennweg, Stadt	16072013	1
494	Neumark, Stadt	16071061	1
495	entfallen		
496	entfallen		
497	Neundorf (bei Schleiz)	16075072	1
498	entfallen		
499	entfallen		
500	entfallen		
501	Neustadt an der Orla, Stadt	16075073	1
502	Niederbösa	16065048	1
503	Niedergebra	16062037	1
504	Niederorschel	16061074	1
505	Niedertrebra	16071064	1
506	entfallen		
507	Nimritz	16075074	1
508	entfallen		

Zu § 254 BewG, zu Anlage 39, Teil II., BewG **Anlage 254.1**

| Thüringen (TH)			
lfd. Nr.	Gemeindenamen	AGS	Mietniveaustufe
509	Nobitz	16077036	1
510	Nöda	16068037	1
511	entfallen		
512	entfallen		
513	Nordhausen, Stadt	16062041	2
513a	Nottertal-Heilinger Höhen, Stadt	16064077	1
514	Nottleben	16067052	1
515	Oberbodnitz	16074064	2
516	Oberbösa	16065051	1
517	entfallen		
518	Oberheldrungen	16065052	1
519	Oberhof, Stadt	16066047	1
520	entfallen		
521	Obermaßfeld-Grimmenthal	16066049	1
522	entfallen		
523	Oberoppurg	16075075	1
524	entfallen		
525	Oberstadt	16069035	1
526	Obertrebra	16071069	1
527	Oberweid	16066052	1
528	entfallen		
529	Oechsen	16063062	1
530	entfallen		
531	Oettern	16071071	1
532	Oettersdorf	16075076	1
533	Ohrdruf, Stadt	16067053	1
534	entfallen		
535	entfallen		
536	Ollendorf	16068039	1

Anlage 254.1

Zu § 254 BewG, zu Anlage 39, Teil II., BewG

Thüringen (TH)			
lfd. Nr.	Gemeindenamen	AGS	Mietniveaustufe
537	Oppershausen	16064053	1
538	Oppurg	16075077	1
539	Orlamünde, Stadt	16074065	2
540	Osthausen-Wülfershausen	16070041	1
541	Ostramondra	16068041	1
542	Ottendorf	16074066	2
543	entfallen		
544	Paitzdorf	16076055	1
545	Paska	16075079	1
546	Petersberg	16074067	2
547	entfallen		
548	Peuschen	16075081	1
549	Pfaffschwende	16061075	1
550	Pferdingsleben	16067055	1
551	entfallen		
552	Plaue, Stadt	16070043	1
553	Plothen	16075083	1
554	Pölzig	16076058	1
555	Ponitz	16077039	1
556	Pörmitz	16075084	1
557	Pößneck, Stadt	16075085	2
558	Posterstein	16077041	1
559	entfallen		
560	Poxdorf	16074068	2
561	Probstzella	16073067	2
562	Quaschwitz	16075087	1
563	entfallen		
564	entfallen		
565	Ranis, Stadt	16075088	1

Zu § 254 BewG, zu Anlage 39, Teil II., BewG Anlage 254.1

Thüringen (TH)			
lfd. Nr.	Gemeindenamen	AGS	Mietniveaustufe
566	Rannstedt	16071077	1
567	Rastenberg, Stadt	16068042	1
568	Rattelsdorf	16074071	2
569	Rauda	16074072	2
570	Rauschwitz	16074073	2
571	Rausdorf	16074074	2
572	Reichenbach	16074075	2
573	entfallen		
574	Reichstädt	16076059	1
575	Reinholterode	16061076	1
576	Reinsdorf	16065056	1
577	Reinstädt	16074076	2
578	entfallen		
579	Remptendorf	16075134	1
580	entfallen		
581	Renthendorf	16074077	2
582	Reurieth	16069037	1
583	Rhönblick	16066093	1
584	Riethgen	16068043	1
585	Riethnordhausen	16068044	1
586	entfallen		
587	Ringleben	16068045	1
588	Rippershausen	16066056	1
589	Ritschenhausen	16066057	1
590	Rittersdorf	16071079	1
591	entfallen		
592	Rockstedt	16065058	1
593	Rodeberg	16064055	1
594	Rohr	16066058	1

Anlage 254.1

Zu § 254 BewG, zu Anlage 39, Teil II., BewG

	Thüringen (TH)		
lfd. Nr.	Gemeindenamen	AGS	Mietniveaustufe
595	entfallen		
596	Rohrbach	16073074	2
597	Rohrberg	16061078	1
598	Röhrig	16061077	1
599	Römhild, Stadt	16069062	1
600	Ronneburg, Stadt	16076061	1
601	Rosa	16066059	1
602	Rosendorf	16075093	1
602a	Rosenthal am Rennsteig	16075136	1
603	Rositz	16077042	1
604	Roßdorf	16066061	1
605	Roßleben-Wiehe, Stadt	16065087	1
606	Rothenstein	16074079	2
607	entfallen		
608	Rückersdorf	16076062	1
609	entfallen		
610	Rudolstadt, Stadt	16073076	2
611	Ruhla, Stadt	16063066	1
612	Rustenfelde	16061082	1
613	Ruttersdorf-Lotschen	16074081	2
614	Saalburg-Ebersdorf, Stadt	16075135	1
615	entfallen		
616	Saalfeld/Saale, Stadt	16073077	2
617	Saara	16076064	1
618	entfallen		
619	entfallen		
620	Schachtebich	16061083	1
621	Schalkau, Stadt	16072015	1
622	Scheiditz	16074082	2

Zu § 254 BewG, zu Anlage 39, Teil II., BewG **Anlage 254.1**

\multicolumn{4}{c}{Thüringen (TH)}			
lfd. Nr.	Gemeindenamen	AGS	Mietniveaustufe
623	Schimberg	16061113	1
624	Schkölen, Stadt	16074116	2
625	Schlechtsart	16069041	1
626	entfallen		
627	Schleid	16063068	1
628	Schleifreisen	16074084	2
629	Schleiz, Stadt	16075098	1
630	Schleusegrund	16069042	1
631	Schleusingen, Stadt	16069043	1
632	Schlöben	16074085	2
633	Schloßvippach	16068048	1
634	entfallen		
635	Schmalkalden, Kurort, Stadt	16066063	2
636	Schmeheim	16069044	1
637	entfallen		
638	entfallen		
639	Schmiedehausen	16071083	1
640	Schmieritz	16075099	1
641	Schmölln, Stadt	16077043	1
642	Schmorda	16075101	1
643	Schöndorf	16075102	1
644	Schöngleina	16074086	2
645	Schönhagen	16061084	1
646	Schönstedt	16064058	1
647	Schöps	16074087	2
648	Schwaara	16076067	1
649	Schwabhausen	16067059	1
650	Schwallungen	16066064	1
651	Schwarza	16066065	1

Anlage 254.1

Zu § 254 BewG, zu Anlage 39, Teil II., BewG

	Thüringen (TH)		
lfd. Nr.	Gemeindenamen	AGS	Mietniveaustufe
651a	Schwarzatal, Stadt	16073113	2
652	Schwarzbach	16076068	1
653	Schwarzburg	16073082	2
654	Schweickershausen	16069046	1
655	Schwerstedt	16068049	1
656	entfallen		
657	Schwobfeld	16061085	1
658	Seebach	16063071	1
659	Seelingstädt	16076069	1
660	Seisla	16075103	1
661	Seitenroda	16074089	2
662	Serba	16074091	2
663	Sickerode	16061086	1
664	entfallen		
665	Silbitz	16074092	2
666	Sitzendorf	16073084	2
667	Solkwitz	16075105	1
668	Sollstedt	16062049	1
669	Sömmerda, Stadt	16068051	2
670	Sondershausen, Stadt	16065067	2
671	Sonneberg, Stadt	16072018	1
672	Sonneborn	16067063	1
673	Sonnenstein	16061117	1
674	Sprötau	16068052	1
675	St.Bernhard	16069047	1
676	St.Gangloff	16074093	2
677	Stadt Eisenach	16056000	2
678	Stadt Erfurt	16051000	3
679	Stadt Gera	16052000	1

Zu § 254 BewG, zu Anlage 39, Teil II., BewG **Anlage 254.1**

	Thüringen (TH)		
lfd. Nr.	Gemeindenamen	AGS	Mietniveaustufe
680	Stadt Jena	16053000	4
681	entfallen		
682	Stadt Weimar	16055000	3
683	Stadtilm, Stadt	16070048	1
684	entfallen		
685	Stadtroda, Stadt	16074094	2
686	entfallen		
687	Starkenberg	16077044	1
688	Steinach, Stadt	16072019	1
689	Steinbach	16061089	1
690	Steinbach-Hallenberg, Kurort, Stadt	16066069	1
691	Steinheuterode	16061091	1
692	entfallen		
693	Straufhain	16069049	1
694	Straußfurt	16068053	1
695	entfallen		
696	Südeichsfeld	16064074	1
697	Sulza	16074095	2
698	Sülzfeld	16066073	1
698a	Suhl, Stadt	16054000	2
699	Sundhausen	16064061	1
700	Tabarz/Thür. Wald	16067064	1
701	Tambach-Dietharz/Thür. Wald, Stadt	16067065	1
702	Tanna, Stadt	16075132	1
703	Tastungen	16061094	1
704	Tautenburg	16074096	2
705	Tautendorf	16074097	2
706	Tautenhain	16074098	2
707	Tegau	16075109	1

Anlage 254.1

Zu § 254 BewG, zu Anlage 39, Teil II., BewG

Thüringen (TH)			
lfd. Nr.	Gemeindenamen	AGS	Mietniveaustufe
708	Teichwitz	16076074	1
709	Teistungen	16061114	1
710	Thalwenden	16061096	1
711	Themar, Stadt	16069051	1
712	Thierschneck	16074099	2
713	Thonhausen	16077047	1
714	entfallen		
715	Tissa	16074101	2
716	Tömmelsdorf	16075114	1
717	Tonna	16067067	1
718	Tonndorf	16071087	1
719	Topfstedt	16065074	1
720	Tottleben	16064062	1
721	Treben	16077048	1
722	Trebra	16065075	1
723	Treffurt, Stadt	16063076	1
724	Triptis, Stadt	16075116	1
725	Tröbnitz	16074103	2
726	Tröchtelborn	16067068	1
727	Trockenborn-Wolfersdorf	16074102	2
728	entfallen		
729	Tüttleben	16067071	1
730	Uder	16061097	1
731	Udestedt	16068055	1
732	Uhlstädt-Kirchhasel	16073109	2
733	Ummerstadt, Stadt	16069052	1
734	Umpferstedt	16071089	1
735	Unstruttal	16064071	1
735a	Unstrut-Hainrich	16064076	1

Zu § 254 BewG, zu Anlage 39, Teil II., BewG **Anlage 254.1**

\multicolumn{4}{c}{Thüringen (TH)}			
lfd. Nr.	Gemeindenamen	AGS	Mietniveaustufe
736	Unterbodnitz	16074104	2
737	Unterbreizbach	16063078	1
738	entfallen		
739	Untermaßfeld	16066076	1
740	entfallen		
741	entfallen		
742	Unterweißbach	16073094	2
743	Unterwellenborn	16073111	2
744	Urbach	16062054	1
745	Urleben	16064064	1
746	entfallen		
747	Utendorf	16066079	1
748	Vacha, Stadt	16063082	1
749	Vachdorf	16066081	1
750	Veilsdorf	16069053	1
751	entfallen		
752	entfallen		
753	Vogelsberg	16068056	1
754	Vogtei	16064075	1
755	entfallen		
756	Volkerode	16061098	1
757	Volkmannsdorf	16075119	1
758	Vollersroda	16071093	1
759	Vollmershain	16077049	1
760	Wachstedt	16061101	1
761	Wahlhausen	16061102	1
762	entfallen		
763	Waldeck	16074105	2
764	entfallen		

Anlage 254.1

Zu § 254 BewG, zu Anlage 39, Teil II., BewG

	Thüringen (TH)		
lfd. Nr.	Gemeindenamen	AGS	Mietniveaustufe
765	entfallen		
766	Walpernhain	16074106	2
767	Walschleben	16068057	1
768	Waltersdorf	16074107	2
769	Waltershausen, Stadt	16067072	1
770	entfallen		
771	entfallen		
772	Wasserthaleben	16065077	1
773	Wasungen, Stadt	16066086	1
774	entfallen		
775	Wehnde	16061103	1
776	Weida, Stadt	16076079	1
777	Weilar	16063084	1
778	entfallen		
779	Weira	16075121	1
780	Weißbach	16074108	2
781	Weißenborn	16074109	2
782	Weißendorf	16076081	1
783	Weißensee, Stadt	16068058	1
784	Wernburg	16075124	1
785	Werningshausen	16068059	1
785a	Werra-Suhl-Tal, Stadt	16063103	1
786	Werther	16062063	1
787	Westgreußen	16065079	1
788	entfallen		
789	Westhausen	16069056	1
790	Wichmar	16074112	2
791	Wiegendorf	16071095	1
792	entfallen		

\	Thüringen (TH)		
lfd. Nr.	Gemeindenamen	AGS	Mietniveaustufe
793	Wiesenfeld	16061105	1
794	Wiesenthal	16063086	1
795	entfallen		
796	entfallen		
797	Wilhelmsdorf	16075125	1
798	Windischleuba	16077052	1
799	Wingerode	16061107	1
800	entfallen		
801	entfallen		
802	Witterda	16068061	1
803	Witzleben	16070054	1
804	entfallen		
805	entfallen		
806	entfallen		
807	entfallen		
808	entfallen		
809	Wundersleben	16068062	1
810	Wünschendorf/Elster	16076084	1
811	Wurzbach, Stadt	16075133	1
812	Wüstheuterode	16061111	1
813	Wutha-Farnroda	16063092	1
814	Zedlitz	16076086	1
815	entfallen		
816	Zella-Mehlis, Stadt	16066092	2
817	Zeulenroda-Triebes, Stadt	16076087	1
818	Ziegenrück, Stadt	16075127	1
819	Zimmern	16074113	2
820	Zimmernsupra	16067082	1
821	Zöllnitz	16074114	2

Anlage 259.1 Zu § 259 BewG

Ermittlung des Gebäudesachwerts nach § 259 BewG;
Baupreisindex zur Anpassung der Normalherstellungskosten aus der Anlage 42 zum BewG auf den Hauptfeststellungszeitpunkt 1. Januar 2022

BMF-Schreiben vom 11. Februar 2022

(BStBl. I S. 182)

Gemäß § 259 Absatz 3 Satz 4 BewG gebe ich den maßgebenden Baupreisindex zur Anpassung der Normalherstellungskosten aus der Anlage 42, Teil II., zum BewG auf den Hauptfeststellungszeitpunkt 1. Januar 2022 bekannt, der ausgehend von den vom Statistischen Bundesamt am 10. Januar 2022 veröffentlichten Preisindizes für die Bauwirtschaft (Preisindizes für den Neubau in konventioneller Bauart von Nichtwohngebäuden; November 2021; 2015 = 100) ermittelt wurde und für alle Bewertungsstichtage des folgenden Hauptfeststellungszeitraums anzuwenden ist.

Baupreisindex (nach Umbasierung auf das Jahr 2010 = 100)
148,6

Zweiter Teil
Grundsteuer-Vorschriften

GrStG § 1

I. Grundsteuergesetz (GrStG) –
Anwendung bis einschließlich zum Kalenderjahr 2024[1)]
Grundsteuergesetz
vom 7. August 1973 (BGBl. I S. 965, BStBl. I S. 586)

geändert durch

1. Artikel 15 des Einführungsgesetzes zur Abgabenordnung vom 14. Dezember 1976 (BGBl. I S. 3341, BStBl. I S. 694)
2. Anlage 1 Kapitel IV Sachgebiet B Abschnitt II Nr. 30 des Einigungsvertrages vom 31. August 1990 in Verbindung mit Artikel 1 des Gesetzes vom 23. September 1990 (BGBl. 1990 II S. 885, 986)
3. Artikel 12 des Standortsicherungsgesetzes vom 13. September 1993 (BGBl. I S. 1569, BStBl. I S. 774)
4. Artikel 6 Abs. 56 des Eisenbahnneuordnungsgesetzes vom 27. Dezember 1993 (BGBl. I S. 2378, BStBl. 1994 I S. 136)
5. Artikel 12 Abs. 43 des Postneuordnungsgesetzes vom 14. September 1994 (BGBl. I S. 2325)
6. Artikel 9 des Gesetzes zur Fortsetzung der Unternehmenssteuerreform vom 29. Oktober 1997 (BGBl. I S. 2590, BStBl. I S. 928)
7. Artikel 9 Nr. 5 des Gesetzes vom 19. Dezember 1998 (BGBl. I S. 3836, BStBl. 118)
8. Artikel 11 des Steuerbereinigungsgesetzes 1999 vom 22. Dezember 1999 (BGBl. I S. 2601, BStBl. I S. 13)
9. Artikel 21 des Steuer-Euroglättungsgesetzes vom 19. Dezember 2000 (BGBl. I S. 1790, BStBl. 2001 I S. 3)
10. Artikel 29 des Gesetzes vom 21. Juni 2005 (BGBl. I S. 1818, BStBl. I S. 854)
11. Artikel 6 des Gesetzes vom 1. September 2005 (BGBl. I S 2676, BStBl. I S. 870)
12. Artikel 38 der Jahressteuergesetzes 2009 vom 19. Dezember 2008 (BGBl. I S. 2794, BStBl. 2009 I S. 74)

und Grundsteuer-Richtlinien 1978 vom 9.12 1978 (BStBl. I S. 553)

Abschnitt I

Steuerpflicht

§ 1 Heberecht

(1) Die Gemeinde bestimmt, ob von dem in ihrem Gebiet liegenden Grundbesitz Grundsteuer zu erheben ist.

(2) Bestehen in einem Land keine Gemeinden, so stehen das Recht des Absatzes 1 und die in diesem Gesetz bestimmten weiteren Rechte dem Land zu.

(3) Für den in gemeindefreien Gebieten liegenden Grundbesitz bestimmt die Landesregierung durch Rechtsverordnung, wer die nach diesem Gesetz den Gemeinden zustehenden Befugnisse ausübt.

Rechtsprechungsauswahl

BFH-Beschluss vom 16.7.2003 (BFH/NV S. 1609):
1. Soweit die mietrechtlichen Fristen, innerhalb derer nachträglich angefallene Betriebskosten – und damit auch die Grundsteuer – auf den Mieter abgewälzt werden können, kürzer als die Festsetzungsfrist für die Grundsteuer sind, reicht es zur Darlegung der grundsätzlichen Bedeutung der Rechtsfrage, ob dem steuerrechtlich Rechnung zu tragen sei, nicht aus, lediglich vorzutragen, der „Normenkonflikt" sei im Steuerrecht begründet.
2. Die Erhebung der Grundsteuer erfolgt nicht im Hinblick darauf, dass sie auf Dritte abgewälzt werden kann.

[1)] zur Anwendung ab dem Kalenderjahr 2025 siehe II. Grundsteuergesetz (GrStG) – Anwendung ab dem Kalenderjahr 2025; S. 1119.

§ 2 Steuergegenstand

Steuergegenstand ist der Grundbesitz im Sinne des Bewertungsgesetzes:

1. ¹die Betriebe der Land- und Forstwirtschaft (§§ 33, 48a und 51a des Bewertungsgesetzes). ²Diesen stehen die in § 99 Abs. 1 Nr. 2 des Bewertungsgesetzes bezeichneten Betriebsgrundstücke gleich;
2. ¹die Grundstücke (§§ 68, 70 des Bewertungsgesetzes). ²Diesen stehen die in § 99 Abs. 1 Nr. 1 des Bewertungsgesetzes bezeichneten Betriebsgrundstücke gleich.

Rechtsprechungsauswahl

BVerfG-Kammerbeschluss vom 18.2.2009 1 BvR 1334/07 (NJW S. 1868): Durch den Beschluss hat die 1. Kammer des Ersten Senats des Bundesverfassungsgerichts eine Verfassungsbeschwerde nicht zur Entscheidung angenommen. Dem Grunde nach und in ihrer wesentlichen Struktur entspricht die Erhebung der Grundsteuer der Verfassung. Es ist verfassungsrechtlich nicht zu beanstanden, dass die Grundsteuer als Objektsteuer geschuldet und daher grundsätzlich ohne Rücksicht auf die persönlichen Verhältnisse des Grundbesitzers erhoben wird.

BFH-Urteil vom 19.7.2006 II R 81/05 (BStBl. II S. 767): Der Gesetzgeber ist von Verfassungs wegen nicht gehalten, das selbstgenutzte Einfamilienhaus von der Grundsteuer auszunehmen.

BVerfG-Kammerbeschluss vom 21.6.2006 1 BvR 1644/05 (StEd S. 482): Durch den vorbezeichneten Beschluss hat die 2. Kammer des Ersten Senats des Bundesverfassungsgerichts gemäß § 93b in Verbindung mit § 93a BVerfGG in der Fassung der Bekanntmachung vom 11. August 1993 (BGBl. I S. 1473) beschlossen, die Verfassungsbeschwerde nicht zur Entscheidung anzunehmen, in deren Ausgangsverfahren (s. *VGH Baden-Württemberg, Beschluss vom 27.6.2005 2 S 1313/04, DStRE S. 1224*) der Beschwerdeführer ohne Erfolg geltend gemacht hatte, die Grundsteuer sei gleichheitswidrig, führe bei einem selbst bewohnten Hausgrundstück mangels Vermögensertrags zu einer verfassungswidrigen Substanzbesteuerung und bedeute für Grundstückseigentümer die Heranziehung zu einem verfassungsrechtlich nicht gerechtfertigten Sonderopfer.

GrStR

1. Steuerberechtigung

¹Die Berechtigung zur Erhebung der Grundsteuer steht den Gemeinden zu (§ 1 GrStG). ²In den Ländern Berlin und Hamburg, in denen keine Gemeinden bestehen, steht die Berechtigung dem Land zu. ³In der Festsetzung des Hebesatzes durch die Gemeinde liegt die Entscheidung, daß Grundsteuer erhoben wird.

2. Verwaltung der Grundsteuer

¹Die Verwaltung der Grundsteuer obliegt zum Teil den Finanzbehörden der Länder, zum Teil den Gemeinden. ²In den Ländern Berlin und Hamburg wird die Grundsteuer nur von den Finanzbehörden verwaltet. ³Für die Feststellung der Einheitswerte sowie für die Festsetzung und Zerlegung der Steuermeßbeträge sind die Finanzämter zuständig (§ 19 BewG, §§ 184, 185 ff. AO 1977)[1]. ⁴Die Festsetzung und Erhebung der Grundsteuer einschließlich der Stundung, der Niederschlagung und des Erlasses obliegt dagegen der hebeberechtigten Gemeinde. ⁵Hierfür gelten in erster Linie die §§ 25 bis 34 GrStG, sowie die in § 1 Abs. 2 AO 1977 für anwendbar erklärten Vorschriften der Abgabenordnung. ⁶Für die Aussetzung der Vollziehung der Grundsteuermeßbescheide sind die Finanzämter oder gegebenenfalls die Finanzgerichte zuständig, während die Aussetzung der Grundsteuerbescheide den Gemeinden obliegt. ⁷Wird die Vollziehung eines Grundsteuermeßbescheids durch das Finanzamt ausgesetzt, so ist die Gemeinde verpflichtet, von Amts wegen auch die Vollziehung des hierauf beruhenden Grundsteuerbescheids auszusetzen, selbst wenn dieser unanfechtbar geworden ist (§ 361 Abs. 1 Satz 2 und Abs. 3 in Verbindung mit § 1 Abs. 2 Nr. 6 AO 1977).

3. Örtliche Zuständigkeit für die Festsetzung und Zerlegung des Steuermeßbetrags

¹Für die Festsetzung und die Zerlegung des Steuermeßbetrags ist das Lagefinanzamt zuständig (§ 22 Abs. 1 in Verbindung mit § 18 Abs. 1 Nr. 1 AO 1977). ²Das ist das Finanzamt, in dessen Bezirk der Betrieb der Land- und Forstwirtschaft, das Grundstück oder das Betriebsgrundstück liegt. ³Erstreckt sich der Betrieb, das Grundstück oder das Betriebsgrundstück auf die Bezirke mehrerer Finanzämter, so ist das Finanzamt zuständig, in dessen Bezirk der wertvollste Teil liegt.

---

1) Siehe hierzu unser Handbuch „Allgemeines Steuer- und Verfahrensrecht"

GrStG § 2   GrStR 3–5

3a. Örtliche Zuständigkeit der Finanzämter für die Festsetzung und Erhebung der Grundsteuer

¹Soweit die Festsetzung, Erhebung und Beitreibung der Grundsteuer den Finanzämtern obliegt, ist dafür das Finanzamt zuständig, zu dessen Bezirk die hebeberechtigte Gemeinde gehört (§ 22 Abs. 2 AO 1977)[1]. ²Gehört eine hebeberechtigte Gemeinde zu den Bezirken mehrerer Finanzämter, so ist das Finanzamt zuständig, in dessen Bezirk der wertvollste Teil des Betriebs der Land- und Forstwirtschaft, des Grundstücks oder des Betriebsgrundstücks liegt (§ 22 Abs. 2 in Verbindung mit dessen Absatz 1 und § 18 Abs. 1 Nr. 1 AO 1977). ³Dies gilt sinngemäß, soweit das Aufkommen der Realsteuern einem Land zusteht (§ 22 Abs. 3 AO 1977).

4. Bekanntgabe des Steuermeßbescheids an den Steuerpflichtigen und Mitteilung des Steuermeßbetrags an die hebeberechtigte Gemeinde

1) ¹Der Einheitswert und der Steuermeßbetrag werden dem Steuerpflichtigen in der Regel in einem zusammengefaßten Bescheid bekanntgegeben. ²Das Finanzamt kann auch getrennte Bescheide erteilen. ³Das gilt insbesondere für die Steuermeßbeträge, die auf den 1. Januar 1974 (Hauptveranlagung 1974) festgesetzt werden.

(2) ¹Das Finanzamt teilt der hebeberechtigten Gemeinde den festgesetzten Steuermeßbetrag mit (§ 184 Abs. 3 AO 1977)[2]. ²Diese wendet den für das Kalenderjahr gültigen Hebesatz auf den Steuermeßbetrag an und gibt den Jahresbetrag der Grundsteuer in einem Grundsteuerbescheid dem Steuerpflichtigen bekannt (§§ 25, 27 GrStG).

(3) ¹Ist der Steuermeßbetrag zu zerlegen, so sind neben dem Steuerpflichtigen auch die hebeberechtigten Gemeinden Beteiligte am Zerlegungsverfahren (§ 186 AO 1977)[3]. ²Dies ist bei der Bekanntgabe des Zerlegungsbescheids zu berücksichtigen.

5. Meldewesen

(1) Erhält die Gemeinde Kenntnis von der Eröffnung oder der Einstellung eines Betriebs der Land- und Forstwirtschaft, hat sie dies dem zuständigen Finanzamt mitzuteilen.

(2) ¹Die für die Aufsicht über die Bebauung eines unbebauten Grundstücks und die Vornahme von baulichen Veränderungen zuständige Stelle unterrichtet das Finanzamt sowohl über die Erteilung einer Baugenehmigung als auch über die Gebrauchsabnahme unter Angabe des Zeitpunkts der Bezugsfertigkeit und von Merkmalen der Ausstattung des Gebäudes. ²Auch den Abbruch von Gebäuden hat sie den Finanzämtern mitzuteilen. ³Die Meldungen sind möglichst rechtzeitig den Finanzämtern zu übersenden, weil dann die Grundsteuermeßbeträge alsbald nach Fertigstellung der Gebäude den Gemeinden mitgeteilt werden können. ⁴Ferner haben die Gemeinden die Finanzämter über rechtskräftige Bebauungspläne und über Flächennutzungspläne zu unterrichten (§ 111 AO 1977).

(3) Es liegt im Interesse der Gemeinden, daß sie auch sonstige Tatsachen, die für die Feststellung der Einheitswerte und die Festsetzung der Steuermeßbeträge von Bedeutung sind, z. B. Änderung der Nutzungsart, dem Finanzamt mitteilen.

(4) Soweit bauliche Maßnahmen des Bundes und der Länder im bauaufsichtlichen Zustimmungsverfahren durch die staatlichen Behörden durchgeführt werden und deshalb nicht der Baugenehmigung, Überwachung und Abnahme der örtlich zuständigen Bauaufsichtsbehörde bedürfen, haben die staatlichen Baubehörden die Finanzämter über die Errichtung von Neubauten und über die Vornahme baulicher Veränderungen an bebauten Grundstücken zu unterrichten.

---

1)   Siehe hierzu unser Handbuch „Allgemeines Steuer- und Verfahrensrecht"
2)   Siehe hierzu unser Handbuch „Allgemeines Steuer- und Verfahrensrecht"
3)   Siehe hierzu unser Handbuch „Allgemeines Steuer- und Verfahrensrecht"

§ 3 GrStG

§ 3 Steuerbefreiung für Grundbesitz bestimmter Rechtsträger

(1) Von der Grundsteuer sind befreit

1. ¹Grundbesitz, der von einer inländischen juristischen Person des öffentlichen Rechts für einen öffentlichen Dienst oder Gebrauch benutzt wird. ²Ausgenommen ist der Grundbesitz, der von Berufsvertretungen und Berufsverbänden sowie von Kassenärztlichen Vereinigungen und Kassenärztlichen Bundesvereinigungen benutzt wird;
2. Grundbesitz, der vom Bundeseisenbahnvermögen für Verwaltungszwecke benutzt wird;
3. Grundbesitz, der von
   a) einer inländischen juristischen Person des öffentlichen Rechts,
   b) einer inländischen Körperschaft, Personenvereinigung oder Vermögensmasse, die nach der Satzung, dem Stiftungsgeschäft oder der sonstigen Verfassung und nach ihrer tatsächlichen Geschäftsführung ausschließlich und unmittelbar gemeinnützigen oder mildtätigen Zwecken dient,

   für gemeinnützige oder mildtätige Zwecke benutzt wird
4. ¹Grundbesitz, der von einer Religionsgesellschaft, die Körperschaft des öffentlichen Rechts ist, einem ihrer Orden, einer ihrer religiösen Genossenschaften oder einem ihrer Verbände für Zwecke der religiösen Unterweisung, der Wissenschaft, des Unterrichts, der Erziehung oder für Zwecke der eigenen Verwaltung benutzt wird. ²Den Religionsgesellschaften stehen die jüdischen Kultusgemeinden gleich, die nicht Körperschaften des öffentlichen Rechts sind;
5. Dienstwohnungen der Geistlichen und Kirchendiener der Religionsgesellschaften, die Körperschaften des öffentlichen Rechts sind, und der jüdischen Kultusgemeinden. § 5 ist insoweit nicht anzuwenden;
6. Grundbesitz der Religionsgesellschaften, die Körperschaften des öffentlichen Rechts sind, und der jüdischen Kultusgemeinden, der am 1. Januar 1987 und im Veranlagungszeitpunkt zu einem nach Kirchenrecht gesonderten Vermögen, insbesondere einem Stellenfonds gehört, dessen Erträge ausschließlich für die Besoldung und Versorgung der Geistlichen und Kirchendiener sowie ihrer Hinterbliebenen bestimmt sind. Ist in dem in Artikel 3 des Einigungsvertrages genannten Gebiet die Zugehörigkeit des Grundbesitzes zu einem gesonderten Vermögen im Sinne des Satzes 1 am 1. Januar 1987 nicht gegeben, reicht es insoweit aus, daß der Grundbesitz zu einem Zeitpunkt vor dem 1. Januar 1987 zu einem gesonderten Vermögen im Sinne des Satzes 1 gehörte. Die §§ 5 und 6 sind insoweit nicht anzuwenden.

²Der Grundbesitz muß ausschließlich demjenigen, der ihn für die begünstigten Zwecke benutzt, oder einem anderen nach den Nummern 1 bis 6 begünstigten Rechtsträger zuzurechnen sein. ³Satz 2 gilt nicht, wenn der Grundbesitz von einem nicht begünstigten Rechtsträger im Rahmen einer Öffentlich Privaten Partnerschaft einer juristischen Person des öffentlichen Rechts für einen öffentlichen Dienst oder Gebrauch überlassen wird und die Übertragung auf den Nutzer am Ende des Vertragszeitraums vereinbart ist.

(2) ¹Öffentlicher Dienst oder Gebrauch im Sinne dieses Gesetzes ist die hoheitliche Tätigkeit oder der bestimmungsgemäße Gebrauch durch die Allgemeinheit. ²Ein Entgelt für den Gebrauch durch die Allgemeinheit darf nicht in der Absicht, Gewinn zu erzielen, gefordert werden.

(3) Öffentlicher Dienst oder Gebrauch im Sinne dieses Gesetzes ist nicht anzunehmen bei Betrieben gewerblicher Art von juristischen Personen des öffentlichen Rechts im Sinne des Körperschaftsteuergesetzes.

GrStG § 3

Rechtsprechungsauswahl

BFH-Urteil vom 27. September 2017 II R 13/15 (BStBl. II 2018 S. 768)

BFH-Urteil vom 6. Dezember 2017 II R 26/15 (BFH/NV 2018 S. 453 (Leitsatz 1)
Grundsteuerbefreiung bei Öffentlich Privater Partnerschaft

1. Die nach § 3 Abs. 1 Satz 3 GrStG erforderliche Vereinbarung, dass der Grundbesitz (Grundstück im zivilrechtlichen Sinn, Erbbaurecht) am Ende des Vertragszeitraums einer Öffentlich Privaten Partnerschaft auf den Nutzer (juristische Person des öffentlichen Rechts) übertragen wird, kann nicht durch ein bloßes Optionsrecht des Nutzers auf Übertragung des Grundbesitzes am Ende dieses Zeitraums ersetzt werden.
2. Ein Grundstück, das eine juristische Person des öffentlichen Rechts unmittelbar für einen öffentlichen Dienst oder Gebrauch benutzt und das ausschließlich ihr zuzurechnen ist, ist auch dann von der Grundsteuer befreit, wenn es mit einem Erbbaurecht zugunsten eines privaten Rechtsträgers belastet ist.

BFH-Urteil vom 27. September 2017 II R 14/15 (BFH/NV 2018 S. 56): Grundsteuerbefreiung für erbbaurechtsbelastetes Grundstück einer juristischen Person des öffentlichen Rechts

Ein Grundstück, das eine juristische Person des öffentlichen Rechts unmittelbar für einen öffentlichen Dienst oder Gebrauch benutzt und das ausschließlich ihr zuzurechnen ist, ist auch dann von der Grundsteuer befreit, wenn es mit einem Erbbaurecht zugunsten eines privaten Rechtsträgers belastet ist.

BFH-Urteil vom 12.7.2012 I R 106/10 (BStBl. II S. 837): Kommunaler Kindergarten als Betrieb gewerblicher Art – Gemeinnützigkeit.

Von einer Kommune betriebene Kindergärten sind unbeschadet des Rechtsanspruchs von Kindern ab dem vollendeten dritten Lebensjahr auf Förderung in Tageseinrichtungen nach § 24 SGB VIII keine Hoheitsbetriebe, sondern Betriebe gewerblicher Art.

Nichtannahmebeschluss des BVerfG vom 24.5.2015 – 2 BvR 287/11: Vorinstanz: BFH-Urteil vom 30.6.2010 II R 12/09

Die Verfassungsbeschwerde wird nicht zur Entscheidung angenommen. Sie ist unzulässig, weil ihre Begründung nicht den gesetzlichen Anforderungen (§ 23 Abs. 1 Satz 2, § 92 BVerfGG) entspricht. Sie setzt sich insbesondere nicht mit der Auffassung des Bundesfinanzhofs auseinander, die Grundsteuerbefreiung stelle eine negative Staatsleistung im Sinne von Art. 140 GG in Verbindung mit Art. 138 Abs. 1 WRV zugunsten korporierter Religionsgesellschaften dar (vgl. BVerfGE 19, 1 <13>).

BFH-Urteil vom 30.6.2010 II R 12/09 (BStBl. II 2011 S. 48): Beschränkung der Grundsteuerbefreiung auf korporierte Religionsgesellschaften und jüdische Kultusgemeinden verfassungsgemäß; Verfassungsmäßigkeit der Einheitsbewertung

1. Die Beschränkung der Grundsteuerbefreiungen nach § 3 Abs. 1 Satz 1 Nr. 4 und § 4 Nr. 1 GrStG auf solche Religionsgesellschaften, die Körperschaften des öffentlichen Rechts sind, sowie auf jüdische Kultusgemeinden ist nicht verfassungswidrig.
2. Die Vorschriften über die Einheitsbewertung des Grundvermögens sind trotz der verfassungsrechtlichen Zweifel, die sich aus den lange zurückliegenden Hauptfeststellungszeitpunkten des 1. Januar 1964 bzw. – im Beitrittsgebiet – des 1. Januar 1935 und darauf beruhenden Wertverzerrungen ergeben, jedenfalls für Stichtage bis zum 1. Januar 2007 noch verfassungsgemäß.

BFH-Urteil vom 16.12.2009 II R 29/08 (BStBl. II 2010 S. 829): Grundsteuerpflicht bei Ausführung von Hoheitsaufgaben durch private Unternehmer – Funktionale Privatisierung – Keine Zurechnung hoheitlicher Tätigkeit als „Verwaltungshelfer" – Erbbaurecht und belastetes Grundstück als zwei wirtschaftliche Einheiten – Rechtsträgeridentität

Grundbesitz der öffentlichen Hand ist nicht nach § 3 Abs. 1 Satz 1 Nr. 1 GrStG von der Grundsteuer befreit, wenn er zur Durchführung hoheitlicher Aufgaben einem privaten Unternehmer überlassen wird.

BFH-Urteil vom 11.4.2006 II R 77/04 (BFH/NV S. 1707): Erfüllt die Zusammenfassung einer in einem Heim befindlichen Mehrheit von Räumen, in denen schwerbehinderte Kinder und Jugendliche untergebracht sind, die Anforderungen an eine Wohnung im bewertungsrechtlichen Sinn, ist das Heim insoweit auch dann nicht von der Grundsteuer befreit, wenn der Heimträger ausschließlich und unmittelbar gemeinnützigen oder mildtätigen Zwecken dient.

BFH-Urteil v. 10.7.2002 II R 22/00 (BFH/NV 2003 S. 202):

1. Veräußert eine kirchliche Stiftung im Jahr 1992 ein seit langem ihr gehörendes Grundstück und erwirbt sie zugleich ersatzweise ein anderes Grundstück, um ihrer satzungsmäßigen Verpflichtung zur Vermögenserhaltung zu genügen, ist dieses Ersatzgrundstück nicht nach § 3 Abs. 1 Satz 1 Nr. 6

GrStG von der Grundsteuer befreit. Die Tatsache, dass es an die Stelle eines der Stiftung am 1. Januar 1987 gehörenden Grundstücks getreten ist, führt nicht dazu, es im Sinne einer dinglichen Surrogation wie ein an diesem Stichtag bereits vorhandenes Grundstück behandeln zu können.
2. Von Verfassungs wegen ist eine Grundsteuerbefreiung in derartigen Fällen nicht geboten.

BFH-Urteil v. 15.3.2001 II R 38/99 (HFR S. 1049):
1. Der Einordnung einer Raumeinheit als Wohnung, in der die Führung eines selbständigen Haushalts objektiv möglich wäre, steht es nicht entgegen, dass die Überlassung der Räume zu Wohnzwecken in Erfüllung einer öffentlichen Aufgabe (z. B. zur Vermeidung von Obdachlosigkeit der untergebrachten Personen) erfolgt.
2. Der vom Grundsteuergesetz angeordnete vollständige Ausschluss der Grundsteuerbefreiung für Wohnungen gilt auch dann, wenn diese in Erfüllung öffentlicher, mildtätiger oder gemeinnütziger Zwecke überlassen werden.

GrStR
6. Allgemeine Voraussetzungen für die Steuerbefreiungen nach § 3 GrStG
(1) Die Befreiung nach § 3 GrStG hängt von zwei Voraussetzungen ab:
1. Der Grundbesitz muß einem bestimmten Rechtsträger ausschließlich zuzurechnen sein (subjektive Voraussetzung),
2. der Grundbesitz muß von dem Rechtsträger, dem er zuzurechnen ist, für einen bestimmten steuerbegünstigten Zweck unmittelbar benutzt werden (objektive Voraussetzung).

(2) ¹Die Befreiungen gelten auch, wenn der Rechtsträger, dem der Grundbesitz zugerechnet worden ist, seinen Grundbesitz einer anderen nach § 3 Abs. 1 GrStG begünstigten juristischen Person usw. überläßt, wenn diese den Grundbesitz für einen der dort angeführten begünstigten Zwecke benutzt. ²Daher ist es unerheblich, ob der Grundbesitz der anderen begünstigten juristischen Personen usw. unentgeltlich oder entgeltlich, z. B. gegen Miete oder Pacht, zur Benutzung überlassen wird. ³Steuerfrei bleibt z. B. der mit einem Behördengebäude bebaute Grundbesitz, den der Bund zur Benutzung durch eine Landesbehörde vermietet, oder ein Grundstück mit einer Sportanlage, das eine Gemeinde einem gemeinnützigen Sportverein verpachtet.

(3) ¹Diese Voraussetzungen können nicht nur vom bürgerlich-rechtlichen, sondern auch vom wirtschaftlichen Eigentümer erfüllt werden. ²Als Eigentümer gilt derjenige, dem der Steuergegenstand bei der Einheitsbewertung zugerechnet worden ist (§ 39 AO 1977).

7. Juristische Personen des öffentlichen Rechts
(1) ¹Juristische Personen des öffentlichen Rechts sind alle Gebietskörperschaften, z. B. Bund, Länder, Gemeinden, und alle Personalkörperschaften, z. B. Religionsgemeinschaften, denen aufgrund öffentlichen Rechts eine eigene Rechtspersönlichkeit zukommt. ²Auch Stiftungen, Anstalten und Zweckvermögen sind juristische Personen des öffentlichen Rechts, wenn sie aufgrund öffentlichen Rechts mit eigener Rechtspersönlichkeit ausgestattet sind.

(2) ¹Ob eine juristische Person des öffentlichen Rechts vorliegt, richtet sich nach Bundes- oder Landesrecht. ²Grundsätzlich muß sich die öffentlich-rechtliche Eigenschaft aus einem Hoheitsakt (Gesetz, Verordnung oder Verwaltungsakt) ergeben. ³Ist ein Hoheitsakt nicht festzustellen, so kann die Eigenschaft als Körperschaft des öffentlichen Rechts auch aus der geschichtlichen Entwicklung, durch Verwaltungsübung oder nach allgemeinen Rechtsgrundsätzen begründet sein (BFH-Urteil vom 5. 9. 1958, BStBl. III S. 478). ⁴Die Finanzbehörden haben das Recht, und die Pflicht, die Eigenschaft einer juristischen Person als Körperschaft des öffentlichen Rechts nachzuprüfen. ⁵Ist diese Eigenschaft zweifelhaft und nicht ohne weiteres nachweisbar, so ist eine Auskunft der Bundes- oder Landesbehörde einzuholen, der die Aufsicht über die juristische Person im Einzelfall zusteht (BFH-Urteil vom 1. 3. 1951, BStBl. III S. 120).

(3) ¹Ausländische Körperschaften des öffentlichen Rechts erfüllen die Voraussetzungen des § 3 Abs. 1 GrStG regelmäßig nicht. ²Wegen der Anwendung der Grundsteuerbefreiungsvorschriften auf Grundstücke, die den ausländischen Streitkräften und den internationalen militärischen Hauptquartieren zur Benutzung überlassen worden sind, wird auf Abschnitt 9 Abs. 2 hingewiesen.

(4) Die diplomatischen und konsularischen Vertretungen ausländischer Staaten sind nach besonderen zwischenstaatlichen Verträgen von der Grundsteuer befreit (vgl. Abschnitt 29).

GrStG § 3

(5) Bestimmten amtlichen zwischenstaatlichen Organisationen sowie Einrichtungen auswärtiger Staaten und ausländischen Wohlfahrtsorganisationen wird eine Befreiung von der Grundsteuer aufgrund besonderer gesetzlicher Regelungen oder zwischenstaatlicher Vereinbarungen gewährt.

8. Öffentlicher Dienst oder Gebrauch

(1) [1]Unter „Öffentlicher Dienst oder Gebrauch" ist sowohl die hoheitliche Tätigkeit als auch der bestimmungsgemäße Gebrauch durch die Allgemeinheit zu verstehen (§ 3 Abs. 2 GrStG). [2]Mit dem Sammelbegriff „Öffentlicher Dienst oder Gebrauch" soll die oft sehr schwierige Unterscheidung vermieden werden, ob im Einzelfall das eine oder andere vorliegt; denn beide Begriffe gehen ineinander über (BFH-Urteil vom 20. 5. 1960, BStBl. III S. 368). [3]Im Verwaltungsrecht werden die im Verwaltungsgebrauch oder Gemeingebrauch stehenden Grundstücke als „öffentliche Sachen" bezeichnet.

(2) [1]Die Herstellung oder Gewinnung von Gegenständen, die für einen öffentlichen Dienst oder Gebrauch verwendet werden sollen, ist in keinem Fall als öffentlicher Dienst oder Gebrauch anzusehen. [2]Dagegen kann in der Benutzung eines Grundstücks zur Lagerung solcher Gegenstände bereits ein öffentlicher Dienst oder Gebrauch liegen.

9. Hoheitliche Tätigkeit

(1) [1]Hoheitliche Tätigkeit bedeutet die Erfüllung von Hoheitsaufgaben. [2]Es muß sich dabei um Aufgaben handeln, die der juristischen Person des öffentlichen Rechts eigentümlich und ihr vorbehalten sind. [3]Der Begriff der „hoheitlichen Tätigkeit" kann im Steuerrecht nur einheitlich gebraucht werden. [4]Ein Hoheitsbetrieb liegt insbesondere dann vor, wenn er Leistungen erbringt, zu deren Annahme der Leistungsempfänger aufgrund gesetzlicher oder behördlicher Anordnung verpflichtet ist (Annahmezwang). [5]Keine Hoheitsbetriebe sind dagegen u. a. Kreditinstitute, Versorgungsbetriebe und Verkehrsbetriebe der öffentlichen Hand sowie andere Betriebe gewerblicher Art von juristischen Personen des öffentlichen Rechts. [6]Eine bei der Körperschaftsteuer (§ 4 Abs. 5 KStG 1977)[1]) und bei der Gewerbesteuer (§ 2 Abs. 2 GewStDV)[2]) getroffene Entscheidung, ob ein Hoheitsbetrieb vorliegt, ist für die Grundsteuer zu übernehmen.

2. Grundbesitz, der

1. für die Zwecke von Gebietskörperschaften, Personalkörperschaften oder Anstalten des öffentlichen Rechts,

2. für die Zwecke der Bundeswehr, der ausländischen Streitkräfte und internationalen militärischen Hauptquartiere (BFH-Urteil vom 14. 1. 1972, BStBl. II S. 314), des polizeilichen und sonstigen Schutzdienstes,

3. Für die Zwecke eines Hoheitsbetriebs

benutzt wird, dient der Erfüllung von Hoheitsaufgaben.

(3) [1]Behördenkantinen gelten als für die Zwecke eines Hoheitsbetriebs benutzt, wenn sie so eng mit der Erfüllung der hoheitlichen Tätigkeit der Behörde zusammenhängen, daß sie als ein unentbehrliches Hilfsmittel zur Erfüllung der öffentlichen Aufgaben anzusehen sind. [2]Das gilt auch für verpachtete Kantinen und vermietete Kantinenräume (BFH-Urteil vom 29. 3. 1968, BStBl. II S. 499).

(4) [1]Öffentlicher Dienst oder Gebrauch ist nicht anzunehmen bei Betrieben gewerblicher Art von juristischen Personen des öffentlichen Rechts (§ 4 KStG 1977)[3]). [2]Die hierzu bei der Körperschaftsteuer getroffene Entscheidung ist in der Regel auch für die Grundsteuer zu übernehmen. [3]Bei der Körperschaftsteuer wird ein Betrieb gewerblicher Art erst dann angenommen, wenn die wirtschaftliche Tätigkeit der juristischen Person des öffentlichen Rechts von einigem Gewicht ist. [4]Dies ist der Fall, wenn der Jahresumsatz im Sinne von § 1 Abs. 1 Nr. 1 UStG nachhaltig 60 000 DM übersteigt (Abschnitt 5 Abs. 5 KStR 1977)[4]). [5]Fehlt es nur an dieser Voraussetzung oder kommt es wegen des Freibetrags des § 24 KStG 1977[5]) nicht zu einer Körperschaftsteuerveranlagung (vgl. auch Abschnitt 104 KStR 1977), so ist für die Grundsteuer gleichwohl anzunehmen, daß der Grundbesitz nicht für einen öffentlichen Dienst oder Gebrauch benutzt wird.

---

1) Jetzt § 4 Abs. 5 KStG.
2) Siehe unser Handbuch über die Veranlagung zur Gewerbesteuer.
3) Jetzt § 4 KStG.
4) Jetzt R 4.1 Abs. 5 KStR.
5) Jetzt § 24 KStG.

10. Bestimmungsgemäßer Gebrauch durch die Allgemeinheit

(1) ¹Ein Gebrauch durch die Allgemeinheit liegt vor, wenn der Personenkreis, dem die Benutzung vorbehalten ist, als Öffentlichkeit angesehen werden kann. ²Er darf weder fest umgrenzt noch dauernd klein sein. ³Die Benutzung des Grundstücks durch die Öffentlichkeit muß grundsätzlich durch Satzung, Widmung usw. festgelegt sein. ⁴Es genügt, daß die Benutzung von der Körperschaft des öffentlichen Rechts geduldet wird und tatsächlich erfolgt.

(2) ¹Für einen öffentlichen Gebrauch werden sowohl Grundstücke benutzt, die der Öffentlichkeit ohne besondere Zulassung zur bestimmungsgemäßen Nutzung zur Verfügung stehen, z. B. Straßen, Anlagen usw., als auch Grundstücke mit Anstalten, Einrichtungen usw., die der Öffentlichkeit nur nach besonderer Zulassung zur Verfügung stehen, z. B. Schulen, Sportplätze, Krankenhäuser usw. ²Die besondere Zulassung kann in einer zeitlichen Nutzungsbeschränkung, z. B. der Regelung der Benutzungszeiten oder Besuchszeiten in einem Museum, in der Erhebung eines Entgelts, z. B. eines Eintrittsgelds, oder in anderen Beschränkungen bestehen. ³Voraussetzung ist jedoch stets, daß die Beschränkungen nur aus Gründen des öffentlichen Interesses erfolgen. ⁴Zwar schließt die Absicht, Gewinne zu erzielen, die Annahme eines öffentlichen Dienstes oder Gebrauchs aus, umgekehrt reicht aber die fehlende Gewinnerzielungsabsicht allein nicht aus, um einen öffentlichen Dienst oder Gebrauch anzunehmen (BFH-Urteil vom 20. 5. 1960, BStBl. III S. 368). ⁵Wird für die Benutzung ein Entgelt erhoben, das nach den Umständen des Einzelfalls als besonders hoch erscheint, so kann es an einem bestimmungsgemäßen Gebrauch durch die Allgemeinheit fehlen.

11. Grundbesitz der Deutschen Bundesbahn¹⁾

(1) ¹Grundbesitz, der von der Deutschen Bundesbahn und ihren Behörden für Verwaltungszwecke benutzt wird, ist in vollem Umfang steuerfrei (§ 3 Abs. 1 Nr. 2 GrStG). ²Dasselbe gilt für die dem öffentlichen Verkehr dienenden Straßen und Plätze (Ladestraßen, BFH-Urteil vom 11. 11. 1970, BStBl. 1971 II S. 32) sowie für die Schienenwege und für die Grundflächen der unmittelbar hierzu gehörenden Einrichtungen (§ 4 Nr. 3 Buchstabe a GrStG).

(2) ¹Bei Grundbesitz, der von der Deutschen Bundesbahn für Betriebszwecke benutzt wird, ermäßigt sich der Steuermeßbetrag auf die Hälfte (§ 13 Abs. 2 GrStG). ²Betriebszwecken dient der Grundbesitz insoweit, als er für den Personen- und Güterverkehr benutzt wird. ³Dazu gehört z. B. Grundbesitz, der der Aufbewahrung, Instandhaltung und Instandsetzung der Betriebseinrichtungen und Fahrzeuge dient²⁾.

(3) ¹Voll steuerpflichtig ist Grundbesitz, der weder für Verwaltungszwecke noch für Betriebszwecke benutzt wird. ²Das sind insbesondere
1. Wohnungen (§ 5 Abs. 2 GrStG),
2. Hotels, Restaurationsräume, Verkaufsstellen, Läden und ähnliche Einrichtungen,
3. der für die Neuanlagen und Erweiterungen bestimmte Grundbesitz,
4. Grundbesitz, der vermietet oder verpachtet ist, auch wenn ihn der Mieter oder Pächter für Zwecke benutzt, die bei der Bundesbahn begünstigt wären. ³Abschnitt 9 Abs. 3 bleibt unberührt.

12. Für gemeinnützige oder mildtätige Zwecke benutzter Grundbesitz

(1) ¹Die Befreiung des Grundbesitzes nach § 3 Abs. 1 Nr. 3 GrStG setzt voraus, daß dieser entweder einer inländischen juristischen Person des öffentlichen Rechts oder einer inländischen Körperschaft, Personenvereinigung oder Vermögensmasse gehört, die nach der Satzung oder der sonstigen Verfassung und nach ihrer tatsächlichen Geschäftsführung ausschließlich und unmittelbar gemeinnützigen oder mildtätigen Zwecken dient. ²Für die Begriffe „gemeinnützige Zwecke" und „mildtätige Zwecke" im Sinne des Grundsteuergesetzes gelten die §§ 52, 53, 55 bis 68 AO 1977 (§ 51 AO 1977).

(2) ¹Bei inländischen Körperschaften usw., die berechtigt sind, Spendenbescheinigungen nach § 10b EStG in Verbindung mit § 48 Abs. 2 und 3 EStDV auszustellen, können die subjektiven Voraussetzungen ohne weitere Nachprüfung unterstellt werden. ²In Zweifelsfällen hat das Lagefinanzamt bei dem für die Körperschaft zuständigen Finanzamt anzufragen, ob und ggf. in welchem Veranlagungszeitraum die Körperschaft usw. bei der Körperschaftsteuer als gemeinnützig oder mildtätig anerkannt worden ist. ³Diese Entscheidung ist für die Grundsteuer zu übernehmen.

(3) ¹Der Grundbesitz muß für gemeinnützige oder mildtätige Zwecke benutzt werden (objektive Voraussetzung). ²Ob der geltend gemachte Benutzungszweck gemeinnützig oder mildtätig im Sinne der §§ 52, 53, 55 bis 68 AO 1977 ist, muß für die Grundsteuer jeweils selbständig geprüft werden. ³Handelt es sich um einen Zweck, der in der Anlage 7 zu den EStR als besonders förderungswürdig anerkannt ist,

---

1) Jetzt Bundeseisenbahnvermögen.
2) § 13 Abs. 2 GrStG ist aufgehoben.

so ist die Voraussetzung erfüllt. ⁴In anderen Fällen kommt es darauf an, ob der Zweck auch bei der Körperschaftsteuer als gemeinnützig anerkannt worden ist. ⁵Die dort getroffene Entscheidung ist deshalb zu übernehmen.

(4) ¹Grundsteuerfrei ist auch der Grundbesitz, auf dem ein Zweckbetrieb im Sinne der §§ 65 bis 68 AO 1977 unterhalten wird. ²Ob ein solcher Zweckbetrieb vorliegt, wird bereits bei der Körperschaftsteuer entschieden. ³Die dort getroffene Entscheidung ist für die Grundsteuer zu übernehmen. ⁴Wenn auf dem Grundbesitz nur eine oder mehrere zeitlich befristete Veranstaltungen stattfinden, z. B. die Tanzveranstaltung eines Sportvereins in seiner Sporthalle, kommt es für die Entscheidung, ob ein Zweckbetrieb vorliegt, darauf an, welche Nutzung überwiegt (§ 8 Abs. 2 GrStG).

(5) ¹Grundsteuerfrei bleibt der Grundbesitz, auf dem die gemeinnützigen oder mildtätigen Zwecke unmittelbar verfolgt werden. ²Dazu rechnet auch der Grundbesitz, auf dem die Körperschaft ihre Verwaltungstätigkeit ausübt. ³Verwaltungsräume, die der Verwaltung von steuerpflichtigen Grundbesitz dienen, sind dagegen steuerpflichtig (BFH-Urteil vom 10. 12. 1954, BStBl. 1955 III S. 63 und vom 6. 10. 1961, BStBl. III S. 571). ⁴Hat die Körperschaft auch einen oder mehrere wirtschaftliche Geschäftsbetriebe, die nicht Zweckbetriebe im Sinne der §§ 65 bis 68 AO 1977 sind, so ist der Grundbesitz oder Teil des Grundbesitzes steuerpflichtig, der für deren Verwaltung benutzt wird. ⁵Wegen der Abgrenzung ist § 8 GrStG zu beachten.

(6) ¹Bei einer als gemeinnützig anerkannten Körperschaft usw. ist der Grundbesitz steuerpflichtig,
1. der zu Wohnzwecken benutzt wird, soweit er nicht unter § 5 Abs. 1 GrStG fällt,
2. auf dem ein wirtschaftlicher Geschäftsbetrieb ausgeübt wird, der nicht Zweckbetrieb im Sinne der §§ 65 bis 68 AO 1977 ist,
3. Der land- und forstwirtschaftlich genutzt wird, soweit nicht § 6 GrStG anzuwenden ist,
4. der als unbebautes Grundstück bewertet ist, soweit nicht die Voraussetzungen des § 7 GrStG erfüllt sind,
5. der einem Dritten zur Benutzung überlassen ist.

²Das gilt nicht, wenn auch der Dritte zu den nach § 3 Abs. 1 GrStG begünstigten Rechtsträgern gehört und er den Grundbesitz für einen begünstigten Zweck benutzt.

13. Für sportliche Zwecke benutzter Grundbesitz

(1) Der sportlichen Zwecken dienende Grundbesitz, der nach § 3 Abs. 1 Nr. 1 oder 3 GrStG begünstigten Rechtsträger zuzurechnen ist, bleibt grundsteuerfrei, wenn er für die begünstigten Zwecke zur Verfügung gestellt wird (vgl. auch Abschnitt 12 Abs. 5 Satz 1).

(2) ¹Als für sportliche Zwecke benutzt gelten außer den sportlichen Anlagen auch Unterrichts- und Ausbildungsräume, Umkleide-, Bade- und ähnliche Räume, ferner Unterkünfte- und Schutzhütten von Bergsteiger-, Ski- und Wandervereinen. ²Nicht dazu gehören jedoch Räume, die überwiegend der Erholung und der Geselligkeit dienen (§ 8 Abs. 2 GrStG).

14. Religionsgesellschaften des öffentlichen Rechts

(1) ¹Ob eine Religionsgesellschaft, ein Orden, eine religiöse Genossenschaft oder ein religiöser Verband eine Körperschaft des öffentlichen Rechts ist, richtet sich nach Landesrecht. ²Im Zweifelsfall ist der Nachweis durch die Vorlage entsprechender Verleihungsurkunden zu führen. ³Läßt sich dieser Nachweis nicht führen oder steht fest, daß eine Körperschaft des öffentlichen Rechts nicht vorliegt, kann es sich immer noch um eine gemeinnützige Körperschaft im Sinne des § 3 Abs. 1 Nr. 3 Buchstabe b GrStG handeln. ⁴Zur Feststellung der Gemeinnützigkeit vgl. Abschnitt 12. ⁵Die Anerkennung einer Religionsgesellschaft als Körperschaft des öffentlichen Rechts durch ein Land hat keine Wirkungen für die übrigen Länder. ⁶Hat die Religionsgesellschaft in einem anderen Land Grundbesitz, der für ihre begünstigten Zwecke benutzt wird, kann unterstellt werden, daß die Voraussetzungen für die Anerkennung als gemeinnützig erfüllt sind.

(2) ¹Der Grundbesitz einer Religionsgesellschaft des öffentlichen Rechts, der dem Gottesdienst dient, ist nach § 4 Nr. 1 GrStG steuerfrei. ²Grundbesitz einer als gemeinnützig anerkannten religiösen Vereinigung, der dem Gottesdienst dient, ist nach § 3 Abs. 1 Nr. 3 Buchstabe b GrStG steuerfrei (vgl. Abschnitt 17 Abs. 1).

(3) ¹Bei einer Religionsgesellschaft des öffentlichen Rechts ist vorbehaltlich des § 3 Abs. 1 Nr. 5 GrStG steuerpflichtig der Grundbesitz,
1. der für Wohnzwecke benutzt wird,
   soweit nicht § 5 Abs. 1 GrStG anzuwenden ist,
2. auf dem ein steuerpflichtiger Betrieb gewerblicher Art unterhalten wird,

3. der land- und forstwirtschaftlich genutzt wird,
4. der als unbebautes Grundstück bewertet ist, soweit nach § 7 GrStG anzuwenden ist,
5. der einem Dritten zur Benutzung überlassen ist.

²Das gilt nicht, wenn auch der Dritte zu den nach § 3 Abs. 1 GrStG begünstigten Rechtsträgern gehört und er den Grundbesitz für einen begünstigten Zweck benutzt.

(4) ¹Religiöse Unterweisung ist Unterricht zur Förderung des Wissens in religiösen Fragen, insbesondere die Erteilung des Religionsunterrichts, die Abhaltung von Bibelstunden und die Ausbildung des geistlichen Nachwuchses. ²Auch die kirchlichen Bildungsheime oder Akademien und die Exerzitienheime sind als für die Zwecke der religiösen Unterweisung benutzt anzusehen. ³Das Zusammenleben allein nach einer bestimmten Ordensregel gilt nicht als religiöse Unterweisung.

(5) ¹Den Verwaltungszwecken dient insbesondere der Grundbesitz, der für die amtliche Tätigkeit der Kirchenbehörden, die Verwaltungstätigkeit eines Ordens usw. benutzt wird. ²Abschnitt 12 Abs. 5 gilt entsprechend.

15. Dienstgrundstücke und Dienstwohnungen der Geistlichen und Kirchendiener

(1) ¹Für den Begriff „Dienstgrundstück" ist neben der Zugehörigkeit zu einem Stellenfonds, ggf. in Form einer kirchlichen Stiftung, erforderlich, daß der Stelleninhaber, dem es verliehen ist, wie ein Nießbraucher über Nutzungsart und Erträgnisse des Grundstücks, z. B. Miete, Pacht usw., verfügen kann (BFH-Urteile vom 23. 7. 1954, BStBl. III S. 283, vom 30. 7. 1965, BStBl. III S. 566, und vom 9. 7. 1971, BStBl. II S. 781). ²Es genügt also nicht, daß das Grundstück zu dem der Besoldung des Stelleninhabers gewidmeten Vermögen gehört und seine Erträge für die Besoldung verwendet werden (BFH-Urteil vom 10. 7. 1959, BStBl. III S. 368). ³Ebenso reicht es nicht aus, daß lediglich dem Stellenfonds der Nießbrauch an dem Grundbesitz zusteht. ⁴Als Dienstgrundstück gilt ausnahmsweise auch solcher Grundbesitz, an dem ein Nießbrauch des Stelleninhabers nicht mehr besteht, bei dem aber durch Landesrecht ausdrücklich das Grundsteuerprivileg aufrechterhalten wurde (fiktives Dienstgrundstück, BFH-Urteile vom 9. 7. 1971, BStBl. II S. 781 und 785).

(2) ¹Eine „Dienstwohnung" setzt voraus, daß ihre Benutzung dem Stelleninhaber aufgrund eines öffentlich-rechtlichen Dienstverhältnisses als Teil des Diensteinkommens zugewiesen worden und die Benutzung der Wohnung zur ordnungsmäßigen Wahrnehmung der dienstlichen Obliegenheiten erforderlich ist (BFH-Urteil vom 12. 1. 1973, BStBl. II S. 377). ²Diese Voraussetzung liegt nicht vor, wenn die Räume nicht mehr einem bestimmten Stelleninhaber zugewiesen, sondern an Dritte vermietet werden (BFH-Urteil vom 10. 7. 1959, BStBl. III S. 368). ³Dasselbe gilt für kircheneigene Wohnungen, die anderen Beamten oder Angestellten überlassen sind. ⁴Kircheneigene Wohnungen, die Geistlichen und Kirchendienern aufgrund eines Mietvertrags überlassen werden, sind auch dann nicht befreit, wenn der Mietzins auf ihre Gehaltsbezüge angerechnet wird. ⁵Steuerpflichtig sind auch die Wohnungen, die andere juristische Personen des öffentlichen Rechts Geistlichen, z. B. Krankenhaus- oder Gefängnisgeistlichen überlassen haben. ⁶Das gilt auch dann, wenn die überlassene Wohnung im wirtschaftlichen Ergebnis einer Dienstwohnung gleicht.

(3) ¹Geistliche sind Personen, die zur Besorgung des Gottesdienstes und zum Unterricht in der Religion bestellt sind. ²Sie müssen ein in den Organismus einer Kirche eingegliedertes geistliches Amt versehen, dessen Obliegenheiten zu den religiösen Zwecken und Aufgaben der Kirche gehört.

(4) ¹Kirchendiener sind Personen, die, ohne als Geistliche tätig zu sein, an der sakralen Gestaltung des Gottesdienstes unmittelbar mitwirken, z. B. Küster, Organisten. ²Keine Kirchendiener sind Rendanten, beamtete Lehrkräfte eines kirchlichen Gymnasiums, sonstige weltliche Kirchenbeamte und die von einer öffentlich-rechtlichen Religionsgesellschaft angestellten Pförtner, Kraftfahrer, Hausmeister, Gärtner usw.

GrStG § 4

§ 4 Sonstige Steuerbefreiungen

Soweit sich nicht bereits eine Befreiung nach § 3 ergibt, sind von der Grundsteuer befreit

1. Grundbesitz, der dem Gottesdienst einer Religionsgemeinschaft, die Körperschaft des öffentlichen Rechts ist, oder einer jüdischen Kultusgemeinde gewidmet ist;
2. Bestattungsplätze;
3. a) die dem öffentlichen Verkehr dienenden Straßen, Wege, Plätze, Wasserstraßen, Häfen und Schienenwege sowie die Grundflächen mit den diesem Verkehr unmittelbar dienenden Bauwerken und Einrichtungen, zum Beispiel Brücken, Schleuseneinrichtungen, Signalstationen, Stellwerke, Blockstellen;

   b) auf Verkehrsflughäfen und Verkehrslandeplätzen alle Flächen, die unmittelbar zur Gewährleistung eines ordnungsgemäßen Flugbetriebes notwendig sind und von Hochbauten und sonstigen Luftfahrthindernissen freigehalten werden müssen, die Grundflächen mit den Bauwerken und Einrichtungen, die unmittelbar diesem Betrieb dienen, sowie die Grundflächen ortsfester Flugsicherungsanlagen einschließlich der Flächen, die für einen einwandfreien Betrieb dieser Anlagen erforderlich sind;

   c) die fließenden Gewässer und die ihren Abfluß regelnden Sammelbecken, soweit sie nicht unter Buchstabe a fallen;
4. die Grundflächen mit den im Interesse der Ordnung und Verbesserung der Wasser- und Bodenverhältnisse unterhaltenen Einrichtungen der öffentlich-rechtlichen Wasser- und Bodenverbände und die im öffentlichen Interesse staatlich unter Schau gestellten Privatdeiche;
5. ¹Grundbesitz, der für Zwecke der Wissenschaft, des Unterrichts oder der Erziehung benutzt wird, wenn durch die Landesregierung oder die von ihr beauftragte Stelle anerkannt ist, daß der Benutzungszweck im Rahmen der öffentlichen Aufgaben liegt. ²Der Grundbesitz muß ausschließlich demjenigen, der ihn benutzt, oder einer juristischen Person des öffentlichen Rechts zuzurechnen sein;
6. ¹Grundbesitz, der für die Zwecke eines Krankenhauses benutzt wird, wenn das Krankenhaus in dem Kalenderjahr, das dem Veranlagungszeitpunkt (§ 13 Abs. 1) vorangeht, die Voraussetzungen des § 67 Abs. 1 oder 2 der Abgabenordnung erfüllt hat. ²Der Grundbesitz muß ausschließlich demjenigen, der ihn benutzt, oder einer juristischen Person des öffentlichen Rechts zuzurechnen sein.

Rechtsprechungsauswahl

BFH-Urteil vom 25.4.2007 II R 14/06 (BFH/NV S. 1924): Die Grundsteuerbefreiung für Grundbesitz, der für die Zwecke eines Krankenhauses benutzt wird, ist gemäß § 4 Nr. 6 Satz 2 GrStG auch dann nicht zu gewähren, wenn der Grundstückseigentümer alleiniger Gesellschafter der Komplementär-GmbH und einziger Kommanditist der KG ist, die das Krankenhaus betreibt.

BFH-Urteil v. 26. 2. 2003 II R 64/00 (BStBl. II S. 485): Die Grundsteuerbefreiung für Grundbesitz, der für die Zwecke eines Krankenhauses benutzt wird, ist gemäß § 4 Nr. 6 Satz 2 GrStG auch dann nicht zu gewähren, wenn der Grundstückseigentümer und der Klinikbetreiber – bei fehlender Identität – durch Identität ihrer Gesellschafter oder der hinter ihnen stehenden Personen miteinander verbunden sind.

BFH-Beschluss v. 16. 1. 2002 II B 51/00 (BFH/NV S. 814): Es ist rechtlich zweifelhaft im Sinne des § 69 Abs. 2 Satz 2 FGO, ob der Belastungsgrund der Grundsteuer und der Entlastungsgrund des § 4 Nr. 6 GrStG, Krankenanstalten der privaten Besitzer den Krankenanstalten der öffentlichen Hand und der gemeinnützigen Anstalten gleichzustellen, eine Differenzierung danach rechtfertigt, ob der Grundstückseigentümer in eigener Rechtsperson oder in der Rechtsform einer Gesellschaft, an der er allein beteiligt ist, das Krankenhaus betreibt.

GrStR

16. Allgemeine Voraussetzungen für die Steuerbefreiungen nach § 4 GrStG
Die Steuerbefreiungen nach § 4 GrStG haben insbesondere für Eigentümer Bedeutung, die nicht schon nach § 3 GrStG begünstigt sind; denn abgesehen von den Fällen des § 4 Nr. 5 und 6 GrStG kommt es hier auf die Eigentumsverhältnisse nicht an.

17. Dem Gottesdienst gewidmeter Grundbesitz
(1) [1]Der Grundbesitz muß dem Gottesdienst einer öffentlich-rechtlichen Religionsgesellschaft gewidmet sein. [2]Grundbesitz, der dem Gottesdienst einer anderen religiösen Vereinigung dient, kann nach § 3 Abs. 1 Nr. 3 Buchstabe b GrStG steuerfrei bleiben. [3]Ein Grundstück ist dem Gottesdienst gewidmet, wenn es für diesen Zweck hergerichtet ist (§ 7 Satz 2 GrStG) und dauernd bereitgehalten wird. [4]Ob der Gottesdienst ständig oder nur gelegentlich ausgeübt wird, ist ohne Bedeutung. [5]Die Begriffe „widmen" und „benutzen" sind insoweit identisch. [6]§ 7 GrStG gilt deshalb entsprechend. [7]Wird das Grundstück gelegentlich auch zu anderen Zwecken benutzt, muß die Benutzung für den steuerbegünstigten Zweck überwiegen (§ 8 GrStG).

(2) [1]Die Befreiung nach § 4 Nr. 1 GrStG ist nicht davon abhängig, daß der Grundbesitz einer bestimmten Person zuzurechnen ist. [2]Sie gilt deshalb zunächst für die Religionsgesellschaft des öffentlichen Rechts selbst. [3]Sie wird aber auch gewährt, wenn der Grundbesitz einer Privatperson zuzurechnen ist. [4]Voraussetzung ist jedoch, daß er einer Religionsgesellschaft des öffentlichen Rechts zur Benutzung für den Gottesdienst entgeltlich oder unentgeltlich überlassen wird.

18. Dem öffentlichen Verkehr dienender Grundbesitz
(1) [1]Dem öffentlichen Verkehr dient ein Grundstück, wenn es der Öffentlichkeit zur Benutzung offensteht und tatsächlich auch von ihr benutzt wird. [2]Straßen, Wege, Plätze usw. sind demnach von der Grundsteuer befreit, wenn sie ohne Beschränkung auf einen bestimmten, mit dem Verfügungsberechtigten in enger Beziehung stehenden Personenkreis allgemein zugänglich sind. [3]Eine öffentlich-rechtliche Widmung ist weder erforderlich noch für sich allein ausreichend (BFH-Urteil vom 11. 11. 1970, BStBl. 1971 II S. 32). [4]Wegen der Steuerfreiheit von Grundstücken, auf denen eine Straße gebaut werden soll, vgl. § 7 Satz 2 GrStG. [5]*Nicht dem öffentlichen Verkehr dienen Parkplätze, Parkhäuser, Tiefgaragen usw. die nur gegen Entgelt benutzt werden können.*[1)]

(2) [1]Zu den öffentlichen Straßen und Wegen gehören auch die Seitengräben, Böschungen, Schutzstreifen und Mittelstreifen sowie Rast- und Parkplätze, wenn sie von jedem benutzt werden können. [2]Zu den Schutzstreifen zählen nicht Waldungen längs der Bundesfernstraßen, die nach § 10 des Bundesfernstraßengesetzes in der Fassung der Bekanntmachung vom 6. August 1961 (BGBl. I S. 1741)[2)] zu Schutzwaldungen erklärt worden sind.

(3) [1]Öffentliche Kinderspielplätze und öffentliche Grünanlagen dienen nicht dem öffentlichen Verkehr (BFH-Urteil vom 6. 10. 1961, BStBl. 1962 III S. 51). [2]Sie sind jedoch von der Grundsteuer befreit, wenn sie von einer Körperschaft des öffentlichen Rechts oder von einer Körperschaft unterhalten werden, die als gemeinnützig anerkannt ist, und die Voraussetzungen des § 3 Abs. 1 Nr. 1 oder des § 3 Abs. 1 Nr. 3 GrStG erfüllt sind. [3]Wenn sie von anderen Personen unterhalten werden, kann ein Grundsteuererlaß nach § 32 Abs. 1 Nr. 2 GrStG in Betracht kommen.

(4) [1]Wasserstraßen sind Flüsse, Seen und Kanäle, die dem öffentlichen Verkehr dienen. [2]Fließende Gewässer, die nicht dem öffentlichen Verkehr dienen, sind nach § 4 Nr. 3 Buchstabe c GrStG befreit.

(5) [1]Häfen im Sinne des § 4 Nr. 3 Buchstabe a GrStG sind sowohl Seehäfen als auch Binnenhäfen. [2]Ein Hafen oder ein Teil eines Hafens, der nur einem beschränkten Benutzerkreis zur Verfügung steht, z. B. ein Werkshafen, dient nicht dem öffentlichen Verkehr und ist daher nicht von der Grundsteuer befreit. [3]Zu den Häfen rechnen nicht nur die mit Wasser bedeckten Flächen, sondern auch die Böschungen und Grundflächen der Kaimauern und anderer zum Betrieb des Hafens unmittelbar erforderlicher Einrichtungen.

(6) [1]Schienenwege, die dem öffentlichen Verkehr dienen, sind befreit, ohne daß es darauf ankommt, wer den Verkehr auf ihnen betreibt. [2]Hierfür gehören insbesondere die Schienenwege städtischer Straßenbahnen, der Deutschen Bundesbahn[3)] usw. [3]Zu den Schienenwegen gehören die Grundflächen des eigentlichen Bahnkörpers und die Grundflächen der dazugehörenden Seitengräben, Böschungen und Schutzstreifen, Schneedämme und der zwischen den Gleisen gelegenen Geländestreifen sowie die mit

---
1) Siehe Anlage 03.7.
2) Neufassung des Bundesfernstraßengesetzes vom 28.6.2007 (BGBl. I S. 1206), zuletzt geändert durch Artikel 2a des Gesetzes vom 3.12.2020 (BGBl. I S. 2694).
3) Jetzt Bundeseisenbahnvermögen.

den Schienen einschließlich der Rangier-, Neben-, Aufstell-, Abstell- und Ladegleise bedeckten Grundflächen der Betriebshöhe und der Bahnhöfe, auch wenn sie durch Bahnsteighallen überdeckt sind. ⁴Die Grundstücksflächen, über die Hochbahnen, Schwebebahnen und Seilbahnen hinwegführen, sind wie Schienenwege zu behandeln, soweit ihre Benutzbarkeit dadurch wesentlich beeinträchtigt wird.

(7) ¹Bauwerke und Einrichtungen, die unmittelbar dem öffentlichen Verkehr dienen, bleiben steuerfrei. ²Bauwerke und Einrichtungen, die darüber hinaus zum Betrieb eines Verkehrsunternehmens erforderlich sind, z. B. Verwaltungsgebäude, Betriebsgebäude, Bahnsteighallen, Wagenhallen, Abfertigungsgebäude, unterliegen dagegen der Grundsteuer. ³Wegen der besonderen Befreiung für den Grundbesitz der *Deutschen Bundesbahn* vgl. *§ 3 Abs. 1 Nr. 2 und § 13 Abs. 2 GrStG*[1].

19. Verkehrsflughäfen und Verkehrslandeplätze

¹Die Steuerbefreiung (§ 4 Nr. 3 Buchstabe b GrStG) gilt nur für Verkehrsflughäfen und Verkehrslandeplätze. ²Sie kommt nicht in Betracht für Flugplätze, die nicht dem öffentlichen Verkehr dienen. ³Hierfür kann sich allerdings eine Befreiung aus § 3 Abs. 1 Nr. 1 oder 3 GrStG ergeben.

20. Fließende Gewässer

(1) ¹Fließende Gewässer und die ihren Abflußweg regelnden Sammelbecken bleiben ohne Rücksicht auf die Eigentumsverhältnisse steuerfrei. ²Zu den fließenden Gewässern gehören auch die Altwasser der Flüsse.

(2) ¹Die den Abfluß fließender Gewässer regelnden Sammelbecken sind künstliche Anlagen zur Ansammlung oder Stauung des Wassers zur Verhinderung von Überschwemmungen oder zur Speicherung des Wassers, z. B. Stauanlagen, Talsperren. ²Die Steuerbefreiung erstreckt sich nicht auf Sammelbecken, die unmittelbar nur den Zwecken bestimmter Personen, z. B. eines Fischereiberechtigten oder bestimmter Betriebe, z. B. zur Energiegewinnung dienen.

21. Öffentlich-rechtliche Wasser- und Bodenverbände

(1) ¹Befreit sind die Grundflächen mit den Einrichtungen, die zur Ordnung und Verbesserung der Wasser- und Bodenverhältnisse unterhalten werden. ²Es genügt nicht, daß die Einrichtungen der Ordnung und Verbesserung nur der Wasserverhältnisse oder nur der Bodenverhältnisse dienen. ³So sind z. B. die Einrichtungen eines Wasserverbandes, die lediglich dazu dienen, Trink- und Brauchwasser dem Boden zu entnehmen, für den Genuß zuzubereiten, zu speichern und zu verteilen, nicht nach § 4 Nr. 4 GrStG befreit (BFH-Urteil vom 5. 12. 1967, BStBl. 1968 II S. 387). ⁴Die Steuerbefreiung tritt nur ein, wenn die Einrichtungen von einem öffentlich-rechtlichen Wasser- und Bodenverband unterhalten werden. ⁵Die Befreiung erstreckt sich nicht auf Einrichtungen, die unmittelbar nur den Zwecken bestimmter Personen oder Betriebe dienen. ⁶Wird z. B. das aus einem Staubecken abfließende Wasser als Energiequelle benutzt, so dient das Staubecken insoweit keinem steuerbegünstigten Zweck und unterliegt damit der Grundsteuer.

2. ¹Unter „Einrichtungen" sind nicht nur die durch menschliche Tätigkeit geschaffenen Werke zu verstehen, z. B. Dämme, Deiche, Uferböschungen, Ent- und Bewässerungsanlagen, Kläranlagen, Talsperren, sondern auch die durch das Zusammenwirken der Kräfte der Natur und des Menschen entstandenen Sachen, wie das Deichvorland (BFH-Urteil vom 21. 7. 1967, BStBl. 1968 II S. S. 16). ²Auch beim Deichvorland ist es ohne Bedeutung, wem es zuzurechnen ist. ³Die Steuerbefreiung für Deichvorland wird grundsätzlich nicht durch seine Nutzung für landwirtschaftliche Zwecke ausgeschlossen (§ 6 Nr. 3 GrStG). ⁴Die Steuerbefreiung kann aus verschiedenen Grünen wegfallen. ⁵So kann Deichvorland z. B. durch die Errichtung eines regulären Deiches zum nicht mehr steuerbefreiten Hinterland werden (BFH-Urteil vom 21. 7. 1967 a. a. O.). ⁶Es muß in jedem Einzelfall geprüft werden, ob das Deichvorland dem steuerbegünstigten Zweck des § 4 Nr. 4 GrStG tatsächlich dient. ⁷Das wird z. B. dann nicht der Fall sein, wenn der Deich von vornherein weit zurück im Hinterland errichtet wurde und das Deichvorland weder im Interesse der Verbesserung der Wasser- und Bodenverhältnisse angelegt noch dafür unterhalten wird. ⁸Das gilt im besonderen Maße für die Flächen, die mit einem Netz von befestigten Straßen durchzogen sind und intensiv landwirtschaftlich oder gärtnerisch, z. B. durch Obstbau, genutzt werden. ⁹Deichvorlandflächen, die gewerblich genutzt werden, sind ebenfalls nicht steuerbefreit.

22. Für Zwecke der Wissenschaft, des Unterrichts, der Erziehung benutzter Grundbesitz

(1) ¹Grundbesitz, der für Zwecke der Wissenschaft, des Unterrichts oder der Erziehung benutzt wird, ist bei einer juristischen Person des öffentlichen Rechts nach § 3 Abs. 1 Nr. 1 GrStG, bei einer gemein-

---

1) Jetzt Bundeseisenbahnvermögen; § 13 Abs. 2 GrStG ist durch das Eisenbahnneuordnungsgesetz vom 27. Dezember 1993 (BGBl. I S. 2378, BStBl. 94 II S. 136) aufgehoben.

nützigen Körperschaft, Personenvereinigung oder Vermögensmasse nach § 3 Abs. 1 Nr. 2 GrStG und bei einer öffentlich-rechtlichen Religionsgemeinschaft nach § 3 Abs. 1 Nr. 4 GrStG befreit. ²Die Befreiungsvorschriften in § 4 Nr. 5 GrStG hat deshalb nur noch Bedeutung für andere Eigentümer, insbesondere also für Privatschulen.

(2) ¹Zur Wissenschaft gehört auch die Forschung. ²Wird jedoch die Forschung von einem Industrieunternehmen betrieben, so kann nicht ohne weiteres davon ausgegangen werden, daß sie im Rahmen der öffentlichen Aufgaben liegt, auch wenn es sich dabei um Grundlagenforschung handelt und das Unternehmen eng mit wissenschaftlichen Instituten oder Universitäten zusammenarbeitet.

(3) ¹Dem Unterricht dienen nicht nur die allgemeinbildenden Schulen, sondern auch berufsbildende Schulen, z. B. Berufs-, Berufsfach- und Fachschulen. ²Die Ausbildung in hausfraulichen Arbeiten, z. B. Kochen, Nähen, Kinderpflege usw., ist als Ausbildung für einen Beruf anzusehen (BFH-Urteil vom 23. 12. 1955, BStBl. 1956 III S. 28). ³Dem Unterricht dienen auch Werkschulen und Lehrwerkstätten, die auf einen Beruf oder eine vor einer Körperschaft des öffentlichen Rechts abzulegende Prüfung ordnungsgemäß vorbereiten sowie Bildungseinrichtungen, die der beruflichen Fortbildung dienen.

(4) ¹Zur Erziehung im Sinne des § 4 Nr. 5 GrStG gehört auch die Erziehung in Waisenhäusern, in privaten Kindergärten und Kinderhorten. ²Bei Säuglingsheimen und Kindererholungsheimen oder bei Heimen, in denen Kinder nur vorübergehend aufgenommen werden, steht der Erziehungszweck nicht im Vordergrund. ³Sie sind deshalb nicht befreit. ⁴Sie sind jedoch dann steuerfrei, wenn sie die Voraussetzungen des § 3 Abs. 1 GrStG erfüllen.

(5) ¹Die Landesregierung oder die von ihr beauftragte Stelle muß anerkannt haben, daß der Benutzungszweck im Rahmen der öffentlichen Aufgaben liegt. ²Diese Voraussetzung kann bei den in Absatz 3 genannten Werkschulen und Lehrwerkstätten auch dann gegeben sein, wenn sie von einem gewerblichen Unternehmen unterhalten werden. ³Das Anerkennungsverfahren wird landesrechtlich geregelt. ⁴Bei den privaten Unterrichts- und Erziehungseinrichtungen, deren Grundbesitz schon bisher nach § 4 Nr. 7 GrStG a. F. steuerfrei war, kann unterstellt werden, daß diese Anerkennung vorliegt. ⁵Die Befreiung des Grundbesitzes kann aus der Anerkennung allein nicht hergeleitet werden. ⁶Es müssen auch die übrigen Voraussetzungen erfüllt sein.

(6) Der Grundbesitz muß ausschließlich dem Träger der Einrichtung oder einer juristischen Person des öffentlichen Rechts zuzurechnen sein.

23. Für Zwecke eines Krankenhauses benutzter Grundbesitz

(1) ¹Grundbesitz, der für die Zwecke eines Krankenhauses benutzt wird, ist bei einer juristischen Person des öffentlichen Rechts nach § 3 Abs. 1 Nr. 1 GrStG und bei einer gemeinnützigen Körperschaft nach § 3 Abs. 1 Nr. 3 GrStG steuerfrei. ²Die Befreiungsvorschrift des § 4 Nr. 6 GrStG hat deshalb nur Bedeutung für sonstige, d. h. für private Krankenhäuser. ³Ob die Voraussetzungen erfüllt sind, kann für das gesamte Steuerrecht nur einheitlich entschieden werden. ⁴Eine bereits bei der Umsatzsteuer (§ 4 Nr. 16 Buchstabe b UStG) bei der Einkommensteuer (§ 7f EStG) oder bei der Gewerbesteuer (§ 3 Nr. 20 Buchstabe b GewStG) getroffene Entscheidung ist für die Grundsteuer zu übernehmen.

(2) ¹Zu den subjektiven Voraussetzungen für die Befreiung nach § 4 Nr. 6 GrStG gehört, daß der Grundbesitz ausschließlich dem Inhaber des Krankenhauses oder einer juristischen Person des öffentlichen Rechts zuzurechnen ist. ²Die Befreiung steht dem Grundstückseigentümer nur dann zu, wenn das Krankenhaus von ihm selbst betrieben wird, nicht aber, wenn sie sein Ehegatte betreibt (BFH-Urteil vom 9. 10. 1970, BStBl. 1971 II S. 63). ³Ist der Grundbesitz mehreren Personen zuzurechnen oder betreiben mehrere Personen in der Rechtsform einer Personengesellschaft ein Krankenhaus, muß zwischen den Benutzern und denjenigen, denen der Grundbesitz zuzurechnen ist, volle Personengleichheit bestehen. ⁴Diese Voraussetzung ist dann nicht erfüllt, wenn der Grundbesitz, auf dem eine juristische Person des privaten Rechts ein Krankenhaus betreibt, den Gesellschaftern zuzurechnen ist.

(3) Die Grundsteuerbefreiung erstreckt sich auch auf die Verwaltungsräume und auf den Krankenhausgarten, soweit dieser der Erholung der Genesenden dient.

GrStG § 5

§ 5 Zu Wohnzwecken benutzter Grundbesitz

(1) Dient Grundbesitz, der für steuerbegünstigte Zwecke (§§ 3 und 4) benutzt wird, zugleich Wohnzwecken, gilt die Befreiung nur für

1. Gemeinschaftsunterkünfte der Bundeswehr, der ausländischen Streitkräfte, der internationalen militärischen Hauptquartiere, der Bundespolizei, der Polizei und des sonstigen Schutzdienstes des Bundes und der Gebietskörperschaften sowie ihrer Zusammenschlüsse;
2. ¹Wohnräume in Schülerheimen, Ausbildungs- und Erziehungsheimen sowie Prediger- und Priesterseminaren, wenn die Unterbringung in ihnen für die Zwecke des Unterrichts, der Ausbildung oder der Erziehung erforderlich ist. ²Wird das Heim oder Seminar nicht von einem der nach § 3 Abs. 1 Nr. 1, 3 oder 4 begünstigten Rechtsträger unterhalten, so bedarf es einer Anerkennung der Landesregierung oder der von ihr beauftragten Stelle, daß die Unterhaltung des Heims oder Seminars im Rahmen der öffentlichen Aufgaben liegt;
3. Wohnräume, wenn der steuerbegünstigte Zweck im Sinne des § 3 Abs. 1 Nr. 1, 3 oder 4 nur durch ihre Überlassung erreicht werden kann;
4. Räume, in denen sich Personen für die Erfüllung der steuerbegünstigten Zwecke ständig bereithalten müssen (Bereitschaftsräume), wenn sie nicht zugleich die Wohnung des Inhabers darstellen.

(2) Wohnungen sind stets steuerpflichtig, auch wenn die Voraussetzungen des Absatzes 1 vorliegen.

Rechtsprechungsauswahl

BFH Urteil v. 12.2.2020 II R 10/17 (BFH/NV 2021 S. 347)

Ferienhaus ohne Telefon-, Internet- und Fernsehanschluss als Wohnung

1. NV: Ein ganzjährig nutzbares Ferienhaus, in dem sich Nutzer lediglich vorübergehend zu Erholungszwecken aufhalten, kann eine Wohnung i.S. des § 5 Abs. 2 GrStG sein. Der Wohnungsbegriff setzt nicht voraus, dass die Räume zum dauernden Aufenthalt bestimmt sind oder dauernd genutzt werden.
2. NV: Eine Wohnung kann auch dann vorliegen, wenn sie weder über Anschlüsse für Telefon, Internet und Fernsehen noch über einen Briefkasten verfügt. Diese Ausstattungsmerkmale gehören nicht zu den für die Führung eines selbständigen Haushalts notwendigen Einrichtungen.

BFH-Urteil vom 4.12.2014 II R 20/14 (BStBl. II 2015 S. 610)

Wohnungsbegriff i.S. des § 5 Abs. 2 GrStG

Eine Wohnung i.S. des § 5 Abs. 2 GrStG ist in einem Studentenwohnheim in Gestalt eines Appartementhauses gegeben, wenn eine Wohneinheit aus einem Wohn-Schlafraum mit einer vollständig eingerichteten Küchenkombination oder zumindest einer Kochgelegenheit mit den für eine Kleinkücheneinrichtung üblichen Anschlüssen, einem Bad/WC und einem Flur besteht und eine Gesamtwohnfläche von mindestens 20 m² hat.

BFH-Urteil vom 11.4.2006 II R 77/04 (BFH/NV S. 1707): Erfüllt die Zusammenfassung einer in einem Heim befindlichen Mehrheit von Räumen, in denen schwerbehinderte Kinder und Jugendliche untergebracht sind, die Anforderungen an eine Wohnung im bewertungsrechtlichen Sinn, ist das Heim insoweit auch dann nicht von der Grundsteuer befreit, wenn der Heimträger ausschließlich und unmittelbar gemeinnützigen oder mildtätigen Zwecken dient.

BFH-Urteil v. 15. 3. 2001 II R 38/99 (BFH/NV S. 1499):

1. Der Klage einer Gemeinde gegen einen Einheitswertbescheid, aufgrund dessen Grundsteuer zu erheben ist, deren Gläubiger die Gemeinde selbst ist, fehlt es nicht am Rechtsschutzbedürfnis.
2. Versagt das FG bereits mit dem Einheitswertbescheid eine begehrte Grundsteuerbefreiung, so kann die Grundsteuerbefreiung mit der Klage gegen den Einheitswertbescheid geltend gemacht werden.
3. Wohnungen sind auch dann nicht grundsteuerbefreit, wenn sie begünstigten Zwecken dienen.

4. Eine Raumeinheit, die objektiv die Führung eines selbständigen Haushalts erlaubt, verliert die Eigenschaft als Wohnung nicht dadurch, dass sie durch Personen genutzt wird, die keinen gemeinsamen Haushalt führen.

5. Der Einordnung als Wohnung steht es nicht entgegen, dass die Überlassung der Räume in Erfüllung einer öffentlichen Aufgabe erfolgt.

GrStR

24. Grundbesitz, der Wohnzwecken dient

(1) ¹Grundbesitz, der gleichzeitig für Wohnzwecke und für steuerbegünstigte Zwecke benutzt wird, ist vorbehaltlich der Ausnahmen in § 5 Abs. 1 GrStG nicht befreit. ²Beim Grundbesitz, der Wohnzwecken dient, ist zu unterscheiden zwischen Wohnräumen und Wohnung. ³Während Wohnungen, von dem Ausnahmefall des § 3 Abs. 1 Nr. 5 GrStG abgesehen, stets steuerpflichtig sind, können Wohnräume, die gleichzeitig auch für steuerbegünstigte Zwecke benutzt werden, in den Fällen des § 5 Abs. 1 GrStG steuerfrei bleiben. ⁴Bevor die weiteren Voraussetzungen für eine Steuerbefreiung geprüft werden, ist deshalb festzustellen, ob es sich um eine Wohnung oder um einen Wohnraum handelt.

(2) ¹Als Wohnungen sind einzelne oder mehrere Räume anzusehen, die zur Führung eines Haushalts geeignet und zu diesem Zweck jeweils mit Küche oder Kochgelegenheit, Wasserversorgung und Toilette ausgestattet sind. ²In der Regel muß ein erkennbarer Abschluß der Wohnung vorhanden sein. ³Ob im Einzelfall eine Wohnung anzunehmen ist, richtet sich nach der baulichen Gestaltung und der Zweckbestimmung. ⁴Dabei sind auch die örtlichen Gegebenheiten zu berücksichtigen. ⁵Es kann sich auch um eine Einraumwohnung, z. B. ein Appartement, handeln. ⁶Ein einzelner Wohnraum ist dann keine Wohnung, wenn er zur Führung eines selbständigen Haushalts nicht geeignet ist (vgl. hierzu auch BFH-Urteil vom 9. 12. 1970, BStBl. 1971 II S. 230).

25. Gemeinschaftsunterkünfte der Bundeswehr usw.

(1) ¹Gemeinschaftsunterkünfte sind die zur Unterbringung der Angehörigen der Bundeswehr bestimmten Einzel- und Gemeinschaftswohnräume unter der Voraussetzung, daß ihre Unterbringung erforderlich ist, um einen geordneten Dienstbetrieb aufrechtzuerhalten. ²Entsprechendes gilt für die Gemeinschaftsunterkünfte der ausländischen Streitkräfte und internationalen militärischen Hauptquartiere und der anderen Schutzdienste.

(2) ¹Steuerfrei bleiben die zu den Gemeinschaftsunterkünften gehörenden Aufenthaltsräume, Speiseräume, Küchen und Wirtschaftsräume. ²Das gleiche gilt für Kantinen auch dann, wenn sie verpachtet sind. ³Ein unmittelbarer räumlicher Zusammenhang mit den Gemeinschaftsunterkünften ist nicht erforderlich. ⁴Voraussetzung ist aber, daß auch diese Räume notwendig sind, um den militärischen Dienstbetrieb aufrechtzuerhalten. ⁵Demnach kann ein Offizierskasino befreit sein, wenn es aus Gründen der Dienstzeitregelung unterhalten wird und die Offiziere zur Einnahme der Mahlzeiten in diesen Räumen verpflichtet sind.

(3) ¹Die Steuerbefreiung erstreckt sich nicht auf Grundstücke oder Grundstücksteile, die weder unmittelbar der militärischen Tätigkeit dienen noch erforderlich sind, um einen geordneten Dienstbetrieb aufrechtzuerhalten. ²Das gilt z. B. für Räume, in denen sich Ladengeschäfte, Friseursalons, Bankinstitute oder ähnliche Einrichtungen zur Truppenbetreuung befinden (BFH-Urteil vom 14. 1. 1972, BStBl. II S. 318).

26. Wohnräume in Schülerheimen usw.

(1) ¹Wohnräume in Schülerheimen, Ausbildungs- und Erziehungsheimen sowie in Prediger- und Priesterseminaren sind befreit, wenn die darin erfolgende Unterbringung von Schülern, Jugendlichen oder sonstigen Personen für die Zwecke des Unterrichts, der Ausbildung oder der Erziehung erforderlich ist. ²Die Aufzählung der danach in Betracht kommenden Wohnheime ist zwar abschließend, Wohnräume in anderen ähnlichen Heimen können jedoch nach § 5 Abs. 1 Nr. 3 GrStG befreit sein.

(2) ¹Ein Schülerheim ist ein Wohnheim, in dem Jugendliche untergebracht sind, die eine Schule oder ähnliche Ausbildungseinrichtungen besuchen. ²Es ist nicht notwendig, daß zwischen dem Heim und der Schule oder der Ausbildungseinrichtung ein räumlicher Zusammenhang besteht. ³Beide müssen aber organisatorisch so miteinander verbunden sein, daß die Ziele der Schule unmittelbar gefördert werden. ⁴Es kommt nicht darauf an, ob die Schüler in dem Heim nur vorübergehend, z. B. nur jeweils eine Woche in dem einer Schule gehörenden Schullandheim, oder für dauernd, z. B. in einem Internat für das ganze Schuljahr, untergebracht sind.

(3) ¹Mit der Unterbringung in einem Erziehungsheim werden in erster Linie sozialpädagogische Aufgaben verfolgt, die von Schule und Elternhaus heute vielfach nicht mehr erfüllt werden können. ²Erziehungsheime können zwar ebenso wie Schülerheime auch mit einer Schule oder ähnlichen Ausbildungseinrichtungen organisatorisch verbunden sein. ³Dies ist jedoch nicht Voraussetzung für die Steuerbefreiung der Wohnräume in den Erziehungsheimen.

(4) ¹Ausbildungsheime dienen der Unterbringung von Personen, die eine berufliche Bildungseinrichtung besuchen. ²Sie sind ebenso wie Schülerheime zu behandeln.

(5) ¹Gehört das Heim einem der nach § 3 Abs. 1 Nr. 1, 3 oder 4 GrStG begünstigten Rechtsträger, so kann in der Regel unterstellt werden, daß die Unterbringung in dem Heim für die Zwecke des Unterrichts, der Erziehung oder Ausbildung erforderlich ist. ²Gehört das Heim zu einer Privatschule usw., so bedarf es außerdem der Anerkennung durch die zuständige staatliche Stelle, daß seine Unterhaltung im Rahmen der öffentlichen Aufgaben liegt. ³Bei Heimen, die schon bisher befreit waren, kann unterstellt werden, daß diese Anerkennung bereits vorliegt.

27. Wohnraum, der unmittelbar begünstigten Zwecken dient

(1) ¹Kann der steuerbegünstigte Zweck unmittelbar nur durch die Unterbringung von Personen in Wohnräumen erfüllt werden, so gilt die Befreiung auch für die Wohnräume. ²Voraussetzung ist ferner, daß der Rechtsträger, dem der Grundbesitz zuzurechnen ist, eine juristische Person des öffentlichen Rechts (§ 3 Abs. 1 Nr. 3 Buchstabe a GrStG) oder eine als gemeinnützig anerkannte Körperschaft usw. (§ 3 Abs. 1 Nr. 3 Buchstabe b GrStG) ist (BFH-Urteil vom 7. 6. 1973, BStBl. 1973 II S. 1712) und die Wohnräume für einen öffentlichen Dienst oder Gebrauch oder für gemeinnützige oder mildtätige Zwecke benutzt werden.

(2) ¹Für einen öffentlichen Dienst oder Gebrauch werden unmittelbar benutzt z. B. die der Unterbringung von Straf- oder Untersuchungsgefangenen dienenden Räume in einer Justizvollzugsanstalt und die der Unterbringung von Patienten dienenden Räumen in einem Krankenhaus. ²Für gemeinnützige oder mildtätige Zwecke werden unmittelbar benutzt z. B. Wohnräume zur Unterbringung alter Personen in einem Altenheim oder Altenpflegeheim sowie Wohnräume zur Unterbringung erholungsbedürftiger Personen in einem Erholungsheim, wenn diese Heime zu mindestens zwei Dritteln (§ 66 Abs. 3 AO 1977) den in § 53 AO 1977 genannten Personen dienen (vgl. § 68 Nr. 1 Buchstabe a AO 1977).

(3) ¹Nicht steuerbefreit sind Wohnräume zur Unterbringung von Personen, die zur Verfolgung eines bestimmten begünstigten Zwecks zusammenkommen, z. B. als Teilnehmer an einem Lehrgang für Erwachsene in einer Ausbildungsstätte und dergl.; denn in diesen Fällen ist die Unterbringung in den Wohnräumen nicht notwendige Voraussetzung für die Erreichung des begünstigten Zwecks. ²Daß wegen der örtlichen Gegebenheiten oder aus anderen Gründen eine anderweitige Unterbringung nicht möglich ist, steht dem nicht entgegen. ³Vgl. hierzu die BFH-Urteil vom 14. 11. 1958 (BStBl. 1959 II S. 81) und vom 7. 10. 1966 (BStBl. 1967 II S. 30).

28. Bereitschaftsräume

(1) ¹Bereitschaftsräume sind Räume, die für das Bereitschaftspersonal benötigt und von diesem benutzt werden. ²Bereitschaftspersonal ist das Personal, dessen ständige Anwesenheit erforderlich ist, um den begünstigten Zweck zu erfüllen. ³Ständige Anwesenheit bedeutet, daß das Personal bei Tag und Nacht zur Verfügung stehen muß. ⁴Das ist z. B. der Fall bei Krankenschwestern und Ärzten in einem Krankenhaus und bei Erziehern in Schülerheimen. ⁵Eine nur gelegentliche Beanspruchung des Personals genügt nicht.

(2) ¹Bei dem Bereitschaftspersonal braucht es sich nicht immer um dieselben Personen zu handeln. ²Unerheblich ist auch, ob sich das Personal in den Räumen ständig oder nur vorübergehend, z. B. nur zur Nachtzeit, aufhält. ³Die Zahl der im Einzelfall als steuerbefreit anzuerkennenden Bereitschaftsräume richtet sich nach dem Umfang des für den Bereitschaftsdienst notwendigen Personals.

(3) ¹Die Bereitschaftsräume müssen sich entweder auf dem Grundstück, auf welchem der begünstigte Zweck verfolgt wird, oder in der unmittelbaren Nähe des Grundstücks befinden. ²Bei der heutigen Motorisierung ist es zwar nicht ausgeschlossen, daß Bereitschaftspersonal, das in größerer räumlicher Entfernung vom Grundstück untergebracht ist, ebenfalls kurzfristig zur Verfügung steht. ³Das reicht aber nicht aus, um die in Absatz 1 genannten Voraussetzungen zu erfüllen.

(4) Wohnräume können nur dann als Bereitschaftsräume angesehen werden, wenn der Wohnzweck nicht überwiegt.

29. Grundsteuerrechtliche Behandlung von Grundstücken fremder Staaten

(1) ¹Die Grundsteuerbefreiung für Grundbesitz ausländischer Staaten, der diplomatischen Zwecken dient, ist im Wiener Übereinkommen über diplomatische Beziehungen – WÜD – vom 18. April 1961

(BGBl. 1964 II S. 959), die Grundsteuerbefreiung von Grundbesitz, der konsularischen Zwecken dient, ist im Wiener Übereinkommen über konsularische Beziehungen – WÜK – vom 24. April 1963 (BGBl. 1969 II S. 1587) geregelt. ²*Beide Übereinkommen sind auch im Verhältnis zu den Staaten anzuwenden, die ihnen nicht beigetreten sind, sofern Gegenseitigkeit gewährt wird.* [1]

(2) ¹Nach Artikel 23 Abs. 1 WÜD ist der Entsendestaat und der Missionschef hinsichtlich der in ihrem Eigentum stehenden „Räumlichkeiten der Mission" von der Grundsteuer befreit. ²Zu den „Räumlichkeiten der Mission" gehören die „für Zwecke der Mission verwendeten Gebäude oder Gebäudeteile mit dem hierzu gehörenden Gelände, einschließlich der Residenz des Missionschefs" (Artikel 1 Buchstabe i WÜD), nicht aber Gebäude oder Gebäudeteile, die außerhalb der Mission oder der Residenz des Missionschefs den Wohnzwecken der Beamten oder Angestellten der Mission dienen. ³Es gehören weiter auch unbebaute Grundstücke dazu, die für eine diplomatische Nutzung in unbebautem Zustand, z. B. als Parkfläche, oder für eine Bebauung mit einem Gebäude vorgesehen sind. ⁴§ 7 GrStG ist insoweit nicht anwendbar. ⁵Privater Grundbesitz ausländischer Diplomaten ist dagegen grundsteuerpflichtig, es sei denn, daß der ausländische Diplomat den Grundbesitz im Auftrag des Entsendestaates für Zwecke der Mission im Besitz hat (Artikel 34 Buchstabe b WÜD).

(3) ¹Die Grundsteuerbefreiung des Grundbesitzes, der konsularischen Zwecken dient, ist insbesondere in Artikel 32 Abs. 1 und in Artikel 60 WÜK geregelt. ²Die Anweisungen in Absatz 2 gelten entsprechend.

(4) ¹Völkerrechtliche Sonderregelungen, die über die Vorschriften des WÜD und des WÜK hinausgehende Befreiungen von Grundstücken fremder Staaten enthalten, bleiben unberührt. ²*Vgl. die Zusammenstellung im BMF-Schreiben vom 24. 1. 1975 (BStBl. I S. 253), ergänzt durch BMF-Schreiben vom 23. Mai 1978 (BStBl. I S. 226)* [2].

(5) ¹Wird ein Grundstück von einem ausländischen Staat für diplomatische oder konsularische Zwecke im Laufe eines Jahres erworben, so schuldet der Veräußerer die Grundsteuer noch bis zum Schluß des Kalenderjahres. ²Eine Haftung des Entsendestaates als Erwerber des Grundbesitzes (§ 11 Abs. 2 Satz 1 GrStG) kommt jedoch nicht in Betracht; hierbei ist es gleichgültig, ob die Steuer auf den Zeitraum oder nach der Übereignung des Grundstücks entfällt.

---

[1] Überholt, siehe gleichlautende Ländererlasse vom 1. 12. 2000 (BStBl. I S. 1516; siehe Anlage 05.4b)
[2] Jetzt BMF-Schreiben vom 18. 3. 2013 (BStBl. I 2013 S. 404) betr. Steuerliche Vorrechte und Befreiungen aufgrund zwischenstaatlicher Vereinbarungen.

§ 6 Land- und forstwirtschaftlich genutzter Grundbesitz

Wird Grundbesitz, der für steuerbegünstigte Zwecke (§§ 3 und 4) benutzt wird, zugleich land- und forstwirtschaftlich genutzt, so gilt die Befreiung nur für

1. Grundbesitz, der Lehr- oder Versuchszwecken dient;
2. Grundbesitz, der von der Bundeswehr, den ausländischen Streitkräften, den internationalen militärischen Hauptquartieren oder den im § 5 Abs. 1 Nr. 1 bezeichneten Schutzdiensten als Übungsplatz oder Flugplatz benutzt wird;
3. Grundbesitz, der unter § 4 Nr. 1 bis 4 fällt.

GrStR

30. Land-und forstwirtschaftlich genutzter Grundbesitz

(1) [1]Land- und forstwirtschaftlich genutzter Grundbesitz ist steuerpflichtig, auch wenn er gleichzeitig für begünstigte Zwecke benutzt wird oder die land- und forstwirtschaftliche Nutzung der unmittelbaren Verwirklichung begünstigter Zwecke dient. [2]Die Gärtnerei eines Sozialversicherungsträgers ist deshalb auch dann steuerpflichtig, wenn sie ausschließlich Blumen und Pflanzen für die Heilstätten des Versicherungsträgers erzeugt (BFH-Urteil vom 7. 2. 1958, BStBl. II S. 185).

(2) [1]Ausnahmen von dem Grundsatz, daß land- und forstwirtschaftlich genutzter Grundbesitz stets steuerpflichtig ist, enthält § 6 GrStG. [2]Danach bleibt land- und forstwirtschaftlich genutzter Grundbesitz eines nach §§ 3 oder 4 GrStG begünstigten Eigentümers steuerfrei, wenn er Lehr- oder Versuchszwecken dient. [3]Die Nutzung für diesen Zweck muß nachhaltig und darf nicht nur vorübergehend sein. [4]Weiter sind befreit Grundflächen innerhalb eines militärischen Übungsplatzes oder Militärflugplatzes. [5]Das gilt auch dann, wenn sie verpachtet sind (BFH-Urteil vom 15. 3. 1957, BStBl. III S. 183).

§ 7 Unmittelbare Benutzung für einen steuerbegünstigten Zweck

¹Die Befreiung nach den §§ 3 und 4 tritt nur ein, wenn der Steuergegenstand für den steuerbegünstigten Zweck unmittelbar benutzt wird. ²Unmittelbare Benutzung liegt vor, sobald der Steuergegenstand für den steuerbegünstigten Zweck hergerichtet wird.

GrStR

31. Unmittelbare Benutzung für einen begünstigten Zweck

(1) ¹Eine unmittelbare Benutzung für einen bestimmten begünstigten Zweck liegt vor, wenn dieser auf dem Grundstück verfolgt wird. ²Es genügt aber auch, daß auf dem Grundstück nur eine Hilfstätigkeit zur Verwirklichung des begünstigten Zwecks ausgeübt wird, sofern diese hierfür unentbehrlich ist. ³Steuerfrei bleiben deshalb auch Verwaltungsräume in einem zur Erfüllung des begünstigten Zwecks erforderlichen Ausmaß (BFH-Urteil vom 10. 12. 1954, BStBl. 1955 III S. 63).

(2) ¹Die unmittelbare Benutzung für einen steuerbegünstigten Zweck beginnt in dem Zeitpunkt, in dem das Grundstück für diesen Zweck hergerichtet wird. ²Ist hierzu die Errichtung eines Gebäudes oder sonstigen Bauwerks, z. B. Betriebsvorrichtung, erforderlich, so kommt es in der Regel auf den Zeitpunkt an, in welchem das Grundstück den ausführenden Bauunternehmen zur Durchführung der Bauarbeiten überlassen wird (BFH-Urteil vom 17. 1. 1969, BStBl. II S. 346). ³Wird die Benutzung eines bereits in vollem Umfang steuerbefreiten Grundstücks vorübergehend unterbrochen, z. B. durch Abbruch, Umbau oder Neubau des Gebäudes, damit es für einen anderen steuerbegünstigten Zweck hergerichtet wird, bleibt die Steuerbefreiung unberührt. ⁴Verändert sich aus dem gleichen Grund der Umfang des bisher steuerbefreiten Teils, ist vom Zeitpunkt der Herrichtung an auf das Ausmaß der Nutzung für den neuen steuerbegünstigten Zweck abzustellen.

§ 8 Teilweise Benutzung für einen steuerbegünstigten Zweck

(1) Wird ein räumlich abgegrenzter Teil des Steuergegenstandes für steuerbegünstigte Zwecke (§§ 3 und 4) benutzt, so ist nur dieser Teil des Steuergegenstandes steuerfrei.

(2) Dient der Steuergegenstand oder ein Teil des Steuergegenstandes (Absatz 1) sowohl steuerbegünstigten Zwecken (§§ 3 und 4) als auch anderen Zwecken, ohne daß eine räumliche Abgrenzung für die verschiedenen Zwecke möglich ist, so ist der Steuergegenstand oder der Teil des Steuergegenstandes nur befreit, wenn die steuerbegünstigten Zwecke überwiegen.

GrStR

32. Teilweise Benutzung für einen steuerbegünstigten Zweck

(1) Die räumliche Aufteilung eines Steuergegenstandes nach seiner Benutzung für steuerbegünstigte Zwecke und für nichtsteuerbegünstigte Zwecke (§ 8 Abs. 1 GrStG) wird bereits bei der Einheitsbewertung des Grundbesitzes vorgenommen.

(2) ¹Wenn eine räumliche Aufteilung nicht möglich ist (§ 8 Abs. 2 GrStG), kommt es darauf an, ob der Steuergegenstand überwiegend steuerbegünstigten oder nichtsteuerbegünstigten Zwecken dient. ²Ob dabei die Benutzung für steuerbegünstigte und nichtsteuerbegünstigte Zwecke gleichzeitig nebeneinander oder zeitlich hintereinander erfolgt, ist ohne Bedeutung. ³Eine Stadthalle, die sowohl für öffentliche Veranstaltungen, z. B. für Bürgerversammlungen, als auch für private Veranstaltungen, z. B. für Konzerte, benutzt wird, bleibt deshalb steuerfrei, wenn der Gebrauch durch die Allgemeinheit überwiegt.

(3) ¹Die Regelung in § 8 Abs. 2 GrStG ist nicht anzuwenden, wenn Räume sowohl Wohnzwecken als auch steuerbegünstigten Zwecken dienen. ²Hier gilt allein § 5 GrStG.

§ 9 Stichtag für die Festsetzung der Grundsteuer; Entstehung der Steuer

(1) Die Grundsteuer wird nach den Verhältnissen zu Beginn des Kalenderjahres festgesetzt.

(2) Die Steuer entsteht mit dem Beginn des Kalenderjahres, für das die Steuer festzusetzen ist.

GrStR

33. Stichtag für die Festsetzung der Grundsteuer

¹Entscheidend für die Anwendung der Befreiungsvorschriften sind die Verhältnisse zu Beginn des jeweiligen Kalenderjahres. ²Für die Bewertung der Frage, ob die steuerbegünstigte Benutzung zeitlich überwiegt, sind die Verhältnisse in dem Kalenderjahr maßgebend, das dem Kalenderjahr vorangeht, auf dessen Beginn der Steuermeßbetrag festgesetzt wird. ³Beschränkt sich die tatsächliche Benutzung des Grundstücks für steuerbegünstigte Zwecke nur auf bestimmte wiederkehrende Zeitabschnitte eines Kalenderjahres, während in der übrigen Zeit das Grundstück nicht benutzt wird, so ist zu unterstellen, daß die Benutzung für steuerbegünstigte Zwecke in der Zwischenzeit fortbesteht.

§ 10 Steuerschuldner

(1) Schuldner der Grundsteuer ist derjenige, dem der Steuergegenstand bei der Feststellung des Einheitswerts zugerechnet ist.

(2) Derjenige, dem ein Erbbaurecht, ein Wohnungserbbaurecht oder ein Teilerbbaurecht zugerechnet ist, ist auch Schuldner der Grundsteuer für die wirtschaftliche Einheit des belasteten Grundstücks.

(3) Ist der Steuergegenstand mehreren Personen zugerechnet, so sind sie Gesamtschuldner.

Rechtsprechungsauswahl

BFH Urteil vom 23.2.2021 II R 44/17
Zurechnung eines Grundstücks für Zwecke der Grundsteuer
1. Für Zwecke der Grundsteuer ist das Grundstück gemäß § 39 Abs. 2 Nr. 1 Satz 1 AO ausnahmsweise dem wirtschaftlichen Eigentümer zuzurechnen.
2. Grundstückseigentümer und Vorkaufsberechtigter können den Übergang von Nutzen und Lasten abweichend von den in dem ursprünglichen Kaufvertrag festgelegten Bedingungen auf einen späteren Zeitpunkt festlegen.

BFH-Beschluss vom 29.3.2012 II B 65/11 (BFH/NV 1094): Wirtschaftliches Eigentum des Inhabers eines dinglichen Wohnrechts.
Die Bestellung eines lebenslangen dinglichen Wohnungsrechts an einem im Eigentum eines anderen stehenden bebauten Grundstück führt nicht zum wirtschaftlichen Eigentum (§ 39 Abs. 2 Nr. 1 Satz 1 AO) des Wohnungsrechtsinhabers. Dies gilt auch, wenn zu Gunsten des Wohnungsrechtsinhabers eine Vormerkung zur Sicherung des Anspruchs auf Übertragung des Eigentums eingetragen war oder der Wohnungsrechtsinhaber während der Dauer seines Nutzungsrechts die öffentlichen Abgaben zu tragen hat.

BFH-Beschluß v. 22. 2. 2001 II B 39/00 (BStBl. II S. 476): Ist der Einheitswert eines Grundstücks in Gesamthandseigentum nur noch für die Grundsteuer von Bedeutung, hat gemäß § 39 Abs. 2 Nr. 2 AO 1977 seine Aufteilung auf die Gesamthänder zu unterbleiben. Die Aufteilung ist für Grundsteuerzwecke nicht erforderlich, weil das GrStG in § 10 Abs. 1 und 3 für beide denkbaren Möglichkeiten der Zurechnung (Gesamthandsgemeinschaft oder Gesamthänder) eine Regelung über den Steuerschuldner enthält.

§ 11 Persönliche Haftung

(1) Neben dem Steuerschuldner haften der Nießbraucher des Steuergegenstandes und derjenige, dem ein dem Nießbrauch ähnliches Recht zusteht.

(2) ¹Wird ein Steuergegenstand ganz oder zu einem Teil einer anderen Person übereignet, so haftet der Erwerber neben dem früheren Eigentümer für die auf den Steuergegenstand

oder Teil des Steuergegenstandes entfallende Grundsteuer, die für die Zeit seit dem Beginn des letzten vor der Übereignung liegenden Kalenderjahres zu entrichten ist. ²Das gilt nicht für Erwerbe aus einer Insolvenzmasse und für Erwerbe im Vollstreckungsverfahren.

§ 12 Dingliche Haftung

Die Grundsteuer ruht auf dem Steuergegenstand als öffentliche Last.

Abschnitt II

Bemessung der Grundsteuer

§ 13 Steuermeßzahl und Steuermeßbetrag

(1) ¹Bei der Berechnung der Grundsteuer ist von einem Steuermeßbetrag auszugehen. ²Dieser ist durch Anwendung eines Tausendsatzes (Steuermeßzahl) auf den Einheitswert oder seinen steuerpflichtigen Teil zu ermitteln, der nach dem Bewertungsgesetz im Veranlagungszeitpunkt (§ 16 Abs. 1, § 17 Abs. 3, § 18 Abs. 3) für den Steuergegenstand maßgebend ist.

(2) (aufgehoben)

(3) In den Fällen des § 10 Abs. 2 ist der Berechnung des Steuermeßbetrags die Summe der beiden Einheitswerte zugrunde zu legen, die nach § 92 des Bewertungsgesetzes festgestellt werden.

Rechtsprechungsauswahl

BFH Urteil vom 12.2.2020, II R 10/17 (BStBl 2021 II S. 532)
Dingliche Wirkung eines Grundsteuermessbescheids
Der notwendige Inhalt eines Grundsteuermessbescheids – der Grundsteuermessbetrag, der Einheitswert und die Steuermesszahl – bindet auch den Rechtsnachfolger (sog. dingliche Wirkung des Grundsteuermessbescheids). Wird eine Neuveranlagung des Grundsteuermessbetrags nach einer Zurechnungsfortschreibung des Einheitswerts durchgeführt, beschränkt sich die Neuveranlagung auf die Bestimmung des neuen Steuerschuldners. Eine geänderte Steuermesszahl wird nicht berücksichtigt. Eine solche kann im Rahmen einer Neuveranlagung zur Fehlerbeseitigung Berücksichtigung finden.

§ 14 Steuermeßzahl für Betriebe der Land- und Forstwirtschaft

Für Betriebe der Land- und Forstwirtschaft beträgt die Steuermeßzahl 6 vom Tausend.

§ 15 Steuermeßzahl für Grundstücke

(1) Die Steuermeßzahl beträgt 3,5 vom Tausend.

(2) Abweichend von Absatz 1 beträgt die Steuermeßzahl

1. für Einfamilienhäuser im Sinne des § 75 Abs. 5 des Bewertungsgesetzes mit Ausnahme des Wohnungseigentums und des Wohnungserbbaurechts einschließlich des damit belasteten Grundstücks 2,6 vom Tausend für die ersten 38 346,89 Euro des Einheitswerts oder seines steuerpflichtigen Teils und 3,5 vom Tausend für den Rest des Einheitswerts oder seines steuerpflichtigen Teils;

2. für Zweifamilienhäuser im Sinne des § 75 Abs. 6 des Bewertungsgesetzes 3,1 vom Tausend.

§ 16 Hauptveranlagung

(1) ¹Die Steuermeßbeträge werden auf den Hauptfeststellungszeitpunkt (§ 21 Abs. 2 des Bewertungsgesetzes) allgemein festgesetzt (Hauptveranlagung). ²Dieser Zeitpunkt ist der Hauptveranlagungszeitpunkt.

(2) ¹Der bei der Hauptveranlagung festgesetzte Steuermeßbetrag gilt vorbehaltlich der §§ 17 und 20 von dem Kalenderjahr an, das zwei Jahre nach dem Hauptveranlagungszeitpunkt beginnt. ²Dieser Steuermeßbetrag bleibt unbeschadet der §§ 17 und 20 bis zu dem Zeitpunkt maßgebend, von dem an die Steuermeßbeträge der nächsten Hauptveranlagung wirksam werden. ³Der sich nach den Sätzen 1 und 2 ergebende Zeitraum ist der Hauptveranlagungszeitraum.

(3) Ist die Festsetzungsfrist (§ 169 der Abgabenordnung) bereits abgelaufen, so kann die Hauptveranlagung unter Zugrundelegung der Verhältnisse vom Hauptveranlagungszeitpunkt mit Wirkung für einen späteren Veranlagungszeitpunkt vorgenommen werden, für den diese Frist noch nicht abgelaufen ist.

§ 17 Neuveranlagung

(1) Wird eine Wertfortschreibung (§ 22 Abs. 1 des Bewertungsgesetzes) oder eine Artfortschreibung oder Zurechnungsfortschreibung (§ 22 Abs. 2 des Bewertungsgesetzes) durchgeführt, so wird der Steuermeßbetrag auf den Fortschreibungszeitpunkt neu festgesetzt (Neuveranlagung).

(2) Der Steuermeßbetrag wird auch dann neu festgesetzt, wenn dem Finanzamt bekannt wird, daß

1. Gründe, die im Feststellungsverfahren über den Einheitswert nicht zu berücksichtigen sind, zu einem anderen als dem für den letzten Veranlagungszeitpunkt festgesetzten Steuermeßbetrag führen oder
2. die letzte Veranlagung fehlerhaft ist; § 176 der Abgabenordnung ist hierbei entsprechend anzuwenden; das gilt jedoch nur für Veranlagungszeitpunkte, die vor der Verkündigung der maßgeblichen Entscheidung eines obersten Gerichts des Bundes liegen.

(3) ¹Der Neuveranlagung werden die Verhältnisse im Neuveranlagungszeitpunkt zugrunde gelegt. ²Neuveranlagungszeitpunkt ist

1. in den Fällen des Absatzes 1 der Beginn des Kalenderjahres, auf den die Fortschreibung durchgeführt wird;
2. ¹in den Fällen des Absatzes 2 Nr. 1 der Beginn des Kalenderjahres, auf den sich erstmals ein abweichender Steuermeßbetrag ergibt. ²§ 16 Abs. 3 ist entsprechend anzuwenden;
3. in den Fällen des Absatzes 2 Nr. 2 der Beginn des Kalenderjahres, in dem der Fehler dem Finanzamt bekannt wird, bei einer Erhöhung des Steuermeßbetrags jedoch frühestens der Beginn des Kalenderjahres, in dem der Steuermeßbescheid erteilt wird.

(4) Treten die Voraussetzungen für eine Neuveranlagung während des Zeitraums zwischen dem Hauptveranlagungszeitpunkt und dem Zeitpunkt des Wirksamwerdens der Steuermeßbeträge (§ 16 Abs. 2) ein, so wird die Neuveranlagung auf den Zeitpunkt des Wirksamwerdens der Steuermeßbeträge vorgenommen.

Rechtsprechungsauswahl

BFH Urteil v. 12.2.2020 II R 10/17 (DStRE 2020 S. 864)
Dingliche Wirkung eines Grundsteuermessbescheids

Der notwendige Inhalt eines Grundsteuermessbescheids – der Grundsteuermessbetrag, der Einheitswert und die Steuermesszahl – bindet auch den Rechtsnachfolger (sog. dingliche Wirkung des Grundsteuermessbescheids). Wird eine Neuveranlagung des Grundsteuermessbetrags nach einer Zurechnungsfortschreibung des Einheitswerts durchgeführt, beschränkt sich die Neuveranlagung auf die Bestimmung des neuen Steuerschuldners. Eine geänderte Steuermesszahl wird nicht berücksichtigt. Eine solche kann im Rahmen einer Neuveranlagung zur Fehlerbeseitigung Berücksichtigung finden.

§§ 18–20 GrStG

§ 18 Nachveranlagung

(1) Wird eine Nachfeststellung (§ 23 Abs. 1 des Bewertungsgesetzes) durchgeführt, so wird der Steuermeßbetrag auf den Nachfeststellungszeitpunkt nachträglich festgesetzt (Nachveranlagung).

(2) Der Steuermeßbetrag wird auch dann nachträglich festgesetzt, wenn der Grund für die Befreiung des Steuergegenstandes von der Grundsteuer wegfällt, der für die Berechnung der Grundsteuer maßgebende Einheitswert (§ 13 Abs. 1) aber bereits festgestellt ist.

(3) [1]Der Nachveranlagung werden die Verhältnisse im Nachveranlagungszeitpunkt zugrunde gelegt. [2]Nachveranlagungszeitpunkt ist

1. in den Fällen des Absatzes 1 der Beginn des Kalenderjahres, auf den der Einheitswert nachträglich festgestellt wird;
2. [1]in den Fällen des Absatzes 2 der Beginn des Kalenderjahres, der auf den Wegfall des Befreiungsgrundes folgt. [2]§ 16 Abs. 3 ist entsprechend anzuwenden.

(4) Treten die Voraussetzungen für eine Nachveranlagung während des Zeitraums zwischen dem Hauptveranlagungszeitpunkt und dem Zeitpunkt des Wirksamwerdens der Steuermeßbeträge (§ 16 Abs. 2) ein, so wird die Nachveranlagung auf den Zeitpunkt des Wirksamwerdens der Steuermeßbeträge vorgenommen.

§ 19 Anzeigepflicht

[1]Jede Änderung in der Nutzung oder in den Eigentumsverhältnissen eines ganz oder teilweise von der Grundsteuer befreiten Steuergegenstandes hat derjenige anzuzeigen, der nach § 10 als Steuerschuldner in Betracht kommt. [2]Die Anzeige ist innerhalb von drei Monaten nach Eintritt der Änderung bei dem Finanzamt zu erstatten, das für die Festsetzung des Steuermeßbetrags zuständig ist.

§ 20 Aufhebung des Steuermeßbetrags

(1) Der Steuermeßbetrag wird aufgehoben,

1. wenn der Einheitswert aufgehoben wird oder
2. wenn dem Finanzamt bekannt wird, daß
   a) für den ganzen Steuergegenstand ein Befreiungsgrund eingetreten ist oder
   b) der Steuermeßbetrag fehlerhaft festgesetzt worden ist.

(2) Der Steuermeßbetrag wird aufgehoben

1. in den Fällen des Absatzes 1 Nr. 1 mit Wirkung vom Aufhebungszeitpunkt (§ 24 Abs. 2 des Bewertungsgesetzes) an;
2. [1]in den Fällen des Absatzes 1 Nr. 2 Buchstabe a mit Wirkung vom Beginn des Kalenderjahres an, der auf den Eintritt des Befreiungsgrundes folgt. [2]§ 16 Abs. 3 ist entsprechend anzuwenden;
3. in den Fällen des Absatzes 1 Nr. 2 Buchstabe b mit Wirkung vom Beginn des Kalenderjahres an, in dem der Fehler dem Finanzamt bekannt wird.

(3) Treten die Voraussetzungen für eine Aufhebung während des Zeitraums zwischen dem Hauptveranlagungszeitpunkt und dem Zeitpunkt des Wirksamwerdens der Steuermeßbeträge (§ 16 Abs. 2) ein, so wird die Aufhebung auf den Zeitpunkt des Wirksamwerdens der Steuermeßbeträge vorgenommen.

§ 21 Änderung von Steuermeßbescheiden

¹Bescheide über die Neuveranlagung oder die Nachveranlagung von Steuermeßbeträgen können schon vor dem maßgebenden Veranlagungszeitpunkt erstellt werden. ²Sie sind zu ändern oder aufzuheben, wenn sich bis zu diesem Zeitpunkt Änderungen ergeben, die zu einer abweichenden Festsetzung führen.

§ 22 Zerlegung des Steuermeßbetrags

(1) ¹Erstreckt sich der Steuergegenstand über mehrere Gemeinden, so ist der Steuermeßbetrag vorbehaltlich des § 24 in die auf die einzelnen Gemeinden entfallenden Anteile zu zerlegen (Zerlegungsanteile). ²Für den Zerlegungsmaßstab gilt folgendes:

1. ¹Bei Betrieben der Land- und Forstwirtschaft ist der auf den Wohnungswert entfallende Teil des Steuermeßbetrags der Gemeinde zuzuweisen, in der sich der Wohnteil oder dessen wertvollster Teil befindet. ²Der auf den Wirtschaftswert entfallende Teil des Steuermeßbetrags ist in dem Verhältnis zu zerlegen, in dem die auf die einzelnen Gemeinden entfallenden Flächengrößen zueinander stehen.

2. ¹Bei Grundstücken ist der Steuermeßbetrag in dem Verhältnis zu zerlegen, in dem die auf die einzelnen Gemeinden entfallenden Flächengrößen zueinander stehen. ²Führt die Zerlegung nach Flächengrößen zu einem offenbar unbilligen Ergebnis, so hat das Finanzamt auf Antrag einer Gemeinde die Zerlegung nach dem Maßstab vorzunehmen, der nach bisherigem Recht zugrunde gelegt wurde. ³Dies gilt nur so lange, als keine wesentliche Änderung der tatsächlichen Verhältnisse eintritt; im Falle einer wesentlichen Änderung ist nach einem Maßstab zu zerlegen, der den tatsächlichen Verhältnissen besser Rechnung trägt.

³Einigen sich die Gemeinden mit dem Steuerschuldner über die Zerlegungsanteile, so sind diese maßgebend.

(2) Entfällt auf eine Gemeinde ein Zerlegungsanteil von weniger als fünfundzwanzig Euro, so ist dieser Anteil der Gemeinde zuzuweisen, der nach Absatz 1 der größte Zerlegungsanteil zusteht.

§ 23 Zerlegungsstichtag

(1) Der Zerlegung des Steuermeßbetrags werden die Verhältnisse in dem Feststellungszeitpunkt zugrunde gelegt, auf den der für die Festsetzung des Steuermeßbetrags maßgebende Einheitswert festgestellt worden ist.

(2) Ändern sich die Grundlagen für die Zerlegung, ohne daß der Einheitswert fortgeschrieben oder nachträglich festgestellt wird, so sind die Zerlegungsanteile nach dem Stand vom 1. Januar des folgenden Jahres neu zu ermitteln, wenn wenigstens bei einer Gemeinde der neue Anteil um mehr als ein Zehntel, mindestens aber um zwanzig Deutsche Mark von ihrem bisherigen Anteil abweicht.

§ 24 Ersatz der Zerlegung durch Steuerausgleich

¹Die Landesregierung kann durch Rechtsverordnung bestimmen, daß bei Betrieben der Land- und Forstwirtschaft, die sich über mehrere Gemeinden erstrecken, aus Vereinfachungsgründen an Stelle der Zerlegung ein Steuerausgleich stattfindet. ²Beim Steuerausgleich wird der gesamte Steuermeßbetrag der Gemeinde zugeteilt, in der der wertvollste Teil des Steuergegenstandes liegt (Sitzgemeinde); an dem Steueraufkommen der Sitzgemeinde werden die übrigen Gemeinden beteiligt. ³Die Beteiligung soll annähernd zu dem Ergebnis führen, daß bei einer Zerlegung einträte.

GrStR

34. Zerlegung des Steuermeßbetrags

(1) ¹Anstelle der Zerlegung nach Flächengrößen erfolgt eine Zerlegung nach dem bisher zuletzt für das Kalenderjahr 1973 angewendeten Zerlegungsmaßstab nur dann, wenn die Zerlegung nach Flächengrößen zu einem offenbar unbilligen Ergebnis führt. ²Um dies festzustellen, ist der bisherige Zerlegungsmaßstab, ausgedrückt in einem Hundertsatz, auf den neuen von 1974 an geltenden Steuermeßbetrag anzuwenden und das Ergebnis dieser Zerlegung mit dem Ergebnis einer Zerlegung nach Flächengrößen zu vergleichen. ³Ergibt der Vergleich eine Abweichung von weniger als 50 DM, ist in der Regel ein offenbar unbilliges Ergebnis nicht anzunehmen. ⁴Die betroffene Gemeinde hat den Antrag spätestens bis zum Eintritt der Rechtskraft des Zerlegungsbescheids für das Kalenderjahr 1974 zu stellen. ⁵Der Antrag ist jedoch ausgeschlossen, wenn dem Zerlegungsbescheid für das Kalenderjahr 1974 ein von allen Beteiligten vereinbarter Maßstab (§ 22 Abs. 1 letzte Satz GrStG) zugrunde liegt.

(2) ¹Die Zerlegung nach dem bisherigen Zerlegungsmaßstab gilt nur so lange, als keine wesentliche Änderung der tatsächlichen Verhältnisse eintritt. ²Wird infolge einer solchen Änderung der Steuermeßbetrag nach § 17 GrStG neuveranlagt oder sind die Voraussetzungen des § 23 Abs. 2 GrStG erfüllt, ist eine neue Zerlegung durchzuführen. ³Diese erfolgt grundsätzlich nach Flächengrößen oder, wenn sie zu einem offensichtlich unbilligen Ergebnis führt, auf Antrag der betroffenen Gemeinde nach Wertanteilen.

(3) ¹Die verfahrensrechtlichen Vorschriften über die Zerlegung des Grundsteuermeßbetrags sind in den §§ 185 bis 189 AO 1977 enthalten. ²Die Zerlegung soll im unmittelbaren Anschluß an die Festsetzung des Steuermeßbetrags vorgenommen werden.

Abschnitt III

Festsetzung und Entrichtung der Grundsteuer

§ 25 Festsetzung des Hebesatzes

(1) Die Gemeinde bestimmt, mit welchem Hundertsatz des Steuermeßbetrags oder des Zerlegungsanteils die Grundsteuer zu erheben ist (Hebesatz).

(2) Der Hebesatz ist für ein oder mehrere Kalenderjahre, höchstens jedoch für den Hauptveranlagungszeitraum der Steuermeßbeträge festzusetzen.

(3) [1]Der Beschluß über die Festsetzung oder Änderung des Hebesatzes ist bis zum 30. Juni eines Kalenderjahres mit Wirkung vom Beginn dieses Kalenderjahres zu fassen. [2]Nach diesem Zeitpunkt kann der Beschluß über die Festsetzung des Hebesatzes gefaßt werden, wenn der Hebesatz die Höhe der letzten Festsetzung nicht überschreitet.

(4) [1]Der Hebesatz muß jeweils einheitlich sein
1. für die in einer Gemeinde liegenden Betriebe der Land- und Forstwirtschaft;
2. für die in einer Gemeinde liegenden Grundstücke.

[2]Wird das Gebiet von Gemeinden geändert, so kann die Landesregierung oder die von ihr bestimmte Stelle für die von der Änderung betroffenen Gebietsteile auf eine bestimmte Zeit verschiedene Hebesätze zulassen.

§ 26 Koppelungsvorschriften und Höchsthebesätze

In welchem Verhältnis die Hebesätze für die Grundsteuer der Betriebe der Land- und Forstwirtschaft, für die Grundsteuer der Grundstücke und für die Gewerbesteuer zueinander stehen müssen, welche Höchstsätze nicht überschritten werden dürfen und inwieweit mit Genehmigung der Gemeindeaufsichtsbehörde Ausnahmen zugelassen werden können, bleibt einer landesrechtlichen Regelung vorbehalten.

§ 27 Festsetzung der Grundsteuer

(1) [1]Die Grundsteuer wird für das Kalenderjahr festgesetzt. [2]Ist der Hebesatz für mehr als ein Kalenderjahr festgesetzt, kann auch die jährlich zu erhebende Grundsteuer für die einzelnen Kalenderjahre dieses Zeitraums festgelegt werden.

(2) Wird der Hebesatz geändert (§ 25 Abs. 3), so ist die Festsetzung nach Absatz 1 zu ändern.

(3) [1]Für diejenigen Steuerschuldner, die für das Kalenderjahr die gleiche Grundsteuer wie im Vorjahr zu entrichten haben, kann die Grundsteuer durch öffentliche Bekanntmachung festgesetzt werden. [2]Für die Steuerschuldner treten mit dem Tage der öffentlichen Bekanntmachung die gleichen Rechtswirkungen ein, wie wenn ihnen an diesem Tage ein schriftlicher Steuerbescheid zugegangen wäre.

§ 28 Fälligkeit

(1) Die Grundsteuer wird zu je einem Viertel ihres Jahresbetrags am 15. Februar, 15. Mai, 15. August und 15. November fällig.

(2) Die Gemeinden können bestimmen, daß Kleinbeträge wie folgt fällig werden:
1. am 15. August mit ihrem Jahresbetrag, wenn dieser fünfzehn Euro nicht übersteigt;
2. am 15. Februar und 15. August zu je einer Hälfte ihres Jahresbetrages, wenn dieser dreißig Euro nicht übersteigt.

(3) [1]Auf Antrag des Steuerschuldners kann die Grundsteuer abweichend vom Absatz 1 oder Absatz 2 Nr. 2 am 1. Juli in einem Jahresbetrag entrichtet werden. [2]Der Antrag muß spätestens bis zum 30. September des vorangehenden Kalenderjahres gestellt werden. [3]Die beantragte Zahlungsweise bleibt so lange maßgebend, bis ihre Änderung beantragt wird; die Änderung muß spätestens bis zum 30. September des vorangehenden Jahres beantragt werden.

§ 29 Vorauszahlungen

Der Steuerschuldner hat bis zur Bekanntgabe eines neuen Steuerbescheids zu den bisherigen Fälligkeitstagen Vorauszahlungen unter Zugrundelegung der zuletzt festgesetzten Jahressteuer zu entrichten.

§ 30 Abrechnung über die Vorauszahlungen

(1) [1]Ist die Summe der Vorauszahlungen, die bis zur Bekanntgabe des neuen Steuerbescheids zu entrichten waren (§ 29), kleiner als die Steuer, die sich nach dem bekanntgegeben Steuerbescheid für die vorausgegangenen Fälligkeitstage ergibt (§ 28), so ist der Unterschiedsbetrag innerhalb eines Monats nach Bekanntgabe des Steuerbescheids zu entrichten. [2]Die Verpflichtung, rückständige Vorauszahlungen schon früher zu entrichten, bleibt unberührt.

(2) Ist die Summe der Vorauszahlungen, die bis zur Bekanntgabe des neuen Steuerbescheids entrichtet worden sind, größer als die Steuer, die sich nach dem bekanntgegebenen Steuerbescheid für die vorangegangenen Fälligkeitstage ergibt, so wird der Unterschiedsbetrag nach Bekanntgabe des Steuerbescheids durch Aufrechnung oder Zurückzahlung ausgeglichen.

(3) Die Absätze 1 und 2 gelten entsprechend, wenn der Steuerbescheid aufgehoben oder geändert wird.

§ 31 Nachentrichtung der Steuer

Hatte der Steuerschuldner bis zur Bekanntgabe der Jahressteuer keine Vorauszahlungen nach § 29 zu entrichten, so hat er die Steuer, die sich nach dem bekanntgegebenen Steuerbescheid für die vorangegangenen Fälligkeitstage ergibt (§ 28), innerhalb eines Monats nach Bekanntgabe des Steuerbescheids zu entrichten.

Abschnitt IV

Erlaß der Grundsteuer

§ 32 Erlaß für Kulturgut und Grünanlagen

(1) ¹Die Grundsteuer ist zu erlassen

1. ¹für Grundbesitz oder Teile von Grundbesitz, dessen Erhaltung wegen seiner Bedeutung für Kunst, Geschichte, Wissenschaft oder Naturschutz im öffentlichen Interessen liegt, wenn die erzielten Einnahmen und die sonstigen Vorteile (Rohertrag) in der Regel unter den jährlichen Kosten liegen. ²Bei Park- und Gartenanlagen von geschichtlichem Wert ist der Erlaß von der weiteren Voraussetzung abhängig, daß sie in dem billigerweise zu fordernden Umfang der Öffentlichkeit zugänglich gemacht sind;
2. für öffentliche Grünanlagen, Spiel- und Sportplätze, wenn die jährlichen Kosten in der Regel den Rohertrag übersteigen.

(2) ¹Ist der Rohertrag für Grundbesitz, in dessen Gebäuden Gegenstände von wissenschaftlicher, künstlerischer oder geschichtlicher Bedeutung, insbesondere Sammlungen oder Bibliotheken, dem Zweck der Forschung oder Volksbildung nutzbar gemacht sind, durch die Benutzung zu den genannten Zwecken nachhaltig gemindert, so ist von der Grundsteuer der Hundertsatz zu erlassen, um den der Rohertrag gemindert ist. ²Das gilt nur, wenn die wissenschaftliche, künstlerische oder geschichtliche Bedeutung der untergebrachten Gegenstände durch die Landesregierung oder die von ihr beauftragte Stelle anerkannt ist.

Rechtsprechungsauswahl

BFH-Beschluss v. 8. 9. 2005 II B 129/04 (BFH/NV 2006 S. 128):
1. Um die grundsätzliche Bedeutung der Rechtssache oder das Erfordernis einer Entscheidung des BFH zur Fortbildung des Rechts hinreichend darzulegen, muss ausgeführt werden, in welchem Umfang, von welcher Seite und aus welchen Gründen die Beantwortung der Frage zweifelhaft und streitig ist. Das gilt auch, wenn Verfassungsverstöße gerügt werden.
2. Ein Anspruch auf Erlass der Grundsteuer wegen Unwirtschaftlichkeit eines unter Denkmalschutz stehenden Grundbesitzes setzt nach der Rechtsprechung des BVerwG voraus, dass die Unrentabilität auf der Kulturguteigenschaft beruht.

Bayer. VGH-Beschluss v. 3. 7. 2002 – 4 ZB 02.648 (DStRE 2004 S. 148): Bei der Prüfung des Erlasses von Grundsteuer nach § 32 Abs. 1 Nr. 1 GrStG für denkmalgeschützten Grundbesitz sind Schuldzinsen nicht als Aufwand und Abschreibungen nur in üblicher Höhe ohne Berücksichtigung von Sonderabschreibungen zu erfassen.

GrStR

35. Erlaß für Grundbesitz, dessen Erhaltung im öffentlichen Interesse liegt

(1) ¹Die Grundsteuer ist für Grundbesitz zu erlassen, wenn seine Erhaltung wegen seiner Bedeutung für Kunst, Geschichte, Wissenschaft oder Naturschutz im öffentlichen Interesse liegt und wenn der Rohertrag in der Regel unter den jährlichen Kosten liegt. ²Ist zweifelhaft, ob die erste dieser beiden Voraussetzungen erfüllt ist, ist eine Bestätigung der zuständigen Landesbehörde vorzulegen. ³Liegen danach die Voraussetzungen für einen Erlaß bei einem bebauten Grundstück vor, so umfaßt der Erlaß auch die Grundsteuer, die auf den Grund und Boden entfällt.

(2) ¹Zum Rohertrag gehören sämtliche Einnahmen und sonstigen Vorteile, die der Grundbesitz bietet. ²Zu den Einnahmen rechnen z. B. die Miet- und Pachteinnahmen und die Einnahmen aus Besichtigungen und Führungen. ³Zu den sonstigen Vorteilen gehört auch der Nutzungswert, den die eigene Benutzung für den Eigentümer hat. ⁴Er ist mit den bei ordnungsmäßiger Bewirtschaftung zu erzielenden ortsüblichen Miet- und Pachteinnahmen anzusetzen. ⁵Wegen des Rohertrags bei Betrieben der Land- und Forstwirtschaft vgl. Abschnitt 39. Abs. 1. ⁶Zu den Kosten gehören alle im Zusammenhang mit dem Grundbesitz stehenden Verwaltungs- und Betriebsausgaben. ⁷Nicht dazu gehören die Tilgungsleistungen und die Verzinsung des Eigenkapitals. ⁸Bei Gebäuden können auch Abschreibungen und Rückstel-

lungen für größere Reparaturen berücksichtigt werden. [9]Zu den Kosten gehören auch die Aufwendungen, die sich aus Besichtigungen und Führungen ergeben. [10]Der Grundbesitz darf nachhaltig keinen Reinertrag abwerfen. [11]Das schließt nicht aus, daß ausnahmsweise in einem Jahr ein geringer Überschuß erwirtschaftet wird. [12]Da erst rückblickend festgestellt werden kann, ob der Rohertrag in der Regel unter den jährlichen Kosten liegt, soll im Zweifelsfall die Gemeinde die Grundsteuer des laufenden Kalenderjahres und der beiden folgenden Kalenderjahre bis zum Ablauf des dritten Kalenderjahres mit dem Ziel des Erlasses stunden. [13]Der Steuerpflichtige hat nach Ablauf der Stundungsfrist die Erlaßvoraussetzungen nachzuweisen. [14]Wird der Nachweis nicht erbracht oder ist in mindestens zwei Jahren ein Überschuß erzielt worden, so ist die Grundsteuer rückwirkend für diese drei Jahre zu erheben. [15]Werden die Erlaßvoraussetzungen nachgewiesen, ist die Grundsteuer für diese drei Jahre zu erlassen.

(3) [1]Liegen die Voraussetzungen für den Erlaß der Grundsteuer vor, so kommt es nicht darauf an, ob der Grundbesitz der Öffentlichkeit zugänglich ist. [2]Garten- und Parkanlagen müssen jedoch in einem billigerweise zu fordernden Umfang der Öffentlichkeit zugänglich sein. [3]Es genügt, daß sie mindestens den interessierten Kreisen ohne weiteres zugänglich sind und dies auch allgemein erkennbar ist. [4]Vgl. hierzu auch die Behandlung von Grünanlagen in Abschnitt 36.

(4) [1]Liegt nur die Erhaltung eines Teils des Grundbesitzes im öffentlichen Interesse, sind für diesen Teil der Rohertrag und die jährlichen Kosten besonders zu ermitteln. [2]Wenn für diesen Teil des Grundbesitzes der Rohertrag in der Regel unter den jährlichen Kosten liegt, ist von der Grundsteuer des gesamten Steuergegenstandes der hierauf entfallende Betrag zu erlassen.

36. Erlaß für öffentliche Grünanlagen, Sport- und Spielplätze

(1) [1]Für öffentliche Grünanlagen, Sport- und Spielplätze ist die Grundsteuer zu erlassen, wenn die jährlichen Kosten in der Regel den Rohertrag übersteigen. [2]Für die Beurteilung der Frage, ob die jährlichen Kosten den Rohertrag übersteigen, gilt Abschnitt 35 Abs. 2 entsprechend.

(2) [1]Erst durch die Widmung erlangt Grundbesitz den Status öffentlicher Grünanlagen, Spiel- und Sportplätze. [2]Die Öffnung von Grundbesitz zu den begünstigten Zwecken reicht dagegen nicht aus.

(3) [1]Sportplätze sind Anlagen, die zu sportlichen Zwecken von der Öffentlichkeit benutzt werden dürfen. [2]Abschnitt 10 über den Gebrauch durch die Allgemeinheit gilt hier entsprechend. [3]Für die Benutzung kann auch ein Eintrittsgeld verlangt werden. [4]Bei einer Beschränkung der Benutzung auf bestimmte Personengruppen, z. B. auf Mitglieder bestimmter Vereine, fehlt es an einer Benutzung durch die Allgemeinheit.

(4) Spielplätze sind Anlagen, die von Kindern und Jugendlichen ungehindert für ihre Spiele benutzt werden dürfen.

37. Erlaß für Grundbesitz, in dessen Gebäuden Gegenstände von wissenschaftlicher usw. Bedeutung untergebracht sind

(1) [1]Ein Erlaß kann für Grundbesitz in Betracht kommen, auf dem Gegenstände von wissenschaftlicher, künstlerischer oder geschichtlicher Bedeutung untergebracht sind. [2]Bei diesen Gegenständen handelt es sich z. B. um Sammlungen, Bibliotheken oder um die Inneneinrichtung eines Gebäudes. [3]Die wissenschaftliche, künstlerische oder geschichtliche Bedeutung der untergebrachten Gegenstände muß durch die Landesregierung oder durch die von ihr beauftragte Stelle anerkannt sein. [4]Die Anerkennung ist für die Gemeinde verbindlich. [5]Soweit bisher ein Erlaß nach § 26a Ziff. 3 GrStG a. F. gewährt wurde, kann die Gemeinde unterstellen, daß eine Anerkennung bereits vorliegt.

(2) [1]Aus der Anerkennung muß sich ergeben, daß die Gegenstände dem Zwecke der Forschung oder Volksbildung nutzbar gemacht sind. [2]Sie müssen in einem den Verhältnissen entsprechenden Umfang der Öffentlichkeit, mindestens aber den interessierten Kreisen, ohne weiteres zugänglich sein. [3]Dies muß auch allgemein erkennbar sein.

(3) [1]Durch die Aufbewahrung der Gegenstände muß der Rohertrag des Grundbesitzes nachhaltig gemindert werden. [2]Zum Begriff des Rohertrags vgl. Abschnitt 35 Abs. 2. [3]Dabei ist jeweils auf den ganzen Steuergegenstand abzustellen, auch wenn die Gegenstände nur in einem Teil untergebracht sind. [4]Ob der Rohertrag nachhaltig gemindert und in welchem Umfang dies der Fall ist, muß von der Gemeinde festgestellt werden. [5]Wegen der Durchführung des Erlasses vgl. Abschnitt 35 Abs. 2.

(4) [1]Ist der Rohertrag für ein Grundstück nur schwer festzustellen, z. B. für eigengenutzte Grundstücke, so kann wie folgt verfahren werden: [2]Zunächst ist festzustellen, ob für die Räume, in denen die steuerbegünstigten Gegenstände untergebracht sind, noch ein Rohertrag verbleibt. [3]Ist dies nicht der Fall, so ist unter Mitwirkung des Finanzamts der Hundertsatz zu ermitteln, mit dem dieser Grundstücksteil im Einheitswert für das gesamte Grundstück enthalten ist. [4]Ein diesem Hundertsatz entsprechender Betrag ist dann von der Grundsteuer zu erlassen. [5]Bei der Ermittlung des Hundertsatzes ist von dem bei der Einheitsbewertung angewendeten Verfahren auszugehen.

§ 33 Erlaß wegen wesentlicher Ertragsminderung

(1) ¹Ist bei Betrieben der Land- und Forstwirtschaft und bei bebauten Grundstücken der normale Rohertrag des Steuergegenstandes um mehr als 50 Prozent gemindert und hat der Steuerschuldner die Minderung des Rohertrags nicht zu vertreten, so wird die Grundsteuer in Höhe von 25 Prozent erlassen. ²Beträgt die Minderung des normalen Rohertrags 100 Prozent, ist die Grundsteuer in Höhe von 50 Prozent zu erlassen. ³Bei Betrieben der Land- und Forstwirtschaft und bei eigengewerblich genutzten bebauten Grundstücken wird der Erlass nur gewährt, wenn die Einziehung der Grundsteuer nach den wirtschaftlichen Verhältnissen des Betriebs unbillig wäre. ⁴Normaler Rohertrag ist

1. bei Betrieben der Land- und Forstwirtschaft der Rohertrag, der nach den Verhältnissen zu Beginn des Erlasszeitraums bei ordnungsmäßiger Bewirtschaftung gemeinhin und nachhaltig erzielbar wäre;
2. bei bebauten Grundstücken die nach den Verhältnissen zu Beginn des Erlasszeitraums geschätzte übliche Jahresrohmiete.

(2) Bei eigengewerblich genutzten bebauten Grundstücken gilt als Minderung des normalen Rohertrags die Minderung der Ausnutzung des Grundstücks.

(3) Umfaßt der Wirtschaftsteil eines Betriebs der Land- und Forstwirtschaft nur die forstwirtschaftliche Nutzung, so ist die Ertragsminderung danach zu bestimmen, in welchem Ausmaß eingetretene Schäden den Ertragswert der forstwirtschaftlichen Nutzung bei einer Wertfortschreibung mindern würden.

(4) ¹Wird nur ein Teil des Grundstücks eigengewerblich genutzt, so ist die Ertragsminderung für diesen Teil nach Absatz 2, für den übrigen Teil nach Absatz 1 zu bestimmen. ²Umfaßt der Wirtschaftsteil eines Betriebs der Land- und Forstwirtschaft nur zu einem Teil die forstwirtschaftliche Nutzung, so ist die Ertragsminderung für diesen Teil nach Absatz 3, für den übrigen Teil nach Absatz 1 zu bestimmen. ³In den Fällen der Sätze 1 und 2 ist für den ganzen Steuergegenstand ein einheitlicher Hundertsatz der Ertragsminderung nach dem Anteil der einzelnen Teile am Einheitswert des Grundstücks oder am Wert des Wirtschaftsteils des Betriebs der Land- und Forstwirtschaft zu ermitteln.

(5) Eine Ertragsminderung ist kein Erlaßgrund, wenn sie für den Erlaßzeitraum durch Fortschreibung des Einheitswerts berücksichtigt werden kann oder bei rechtzeitiger Stellung des Antrags auf Fortschreibung hätte berücksichtigt werden können.

Rechtsprechungsauswahl

BFH-Urteil vom 17.12.2014, II R 41/12 (BStBl. II 2015 S. 663)
Erlass von Grundsteuer in Sanierungsgebieten – Vertretung des Leerstands eines Gebäudes – Vorübergehender Leerstand eines Gebäudes wegen Umbau rechtfertigt keine Wertfortschreibung

1. Beruht der (teilweise) Leerstand eines Gebäudes auf der Entscheidung des Steuerpflichtigen, die darin befindlichen Wohnungen zunächst nicht zur Vermietung anzubieten und vor einer Neuvermietung grundlegend zu renovieren oder zu sanieren, hat der Steuerpflichtige grundsätzlich den Leerstand zu vertreten.
2. Etwas anderes gilt, wenn der sanierungsbedingte Leerstand ein Gebäude betrifft, das in einem städtebaulichen Sanierungsgebiet belegen ist. Der Steuerpflichtige kann sich dann der zweckmäßigen und zügigen Durchführung der zur Erfüllung des Sanierungszwecks erforderlichen Baumaßnahmen nicht entziehen und hat den durch die Sanierung entstehenden Leerstand auch dann nicht zu vertreten, wenn er die Entscheidung über den Zeitpunkt der Sanierung getroffen hat.

BVerwG vom 14.5.2014 9 C 1.13 (NVwZ-RR 2014 S. 894): Grundsteuererlass; zum Vertretenmüssen der Ertragsminderung

1. Ein Steuerpflichtiger hat eine Ertragsminderung nach § 33 Abs. 1 Satz 1 GrStG a.F. dann nicht zu vertreten, wenn sie auf Umständen beruht, die außerhalb seines Einflussbereiches liegen, d.h. wenn er die Ertragsminderung weder durch ein ihm zurechenbares Verhalten herbeigeführt hat noch ihren Eintritt durch geeignete und ihm zumutbare Maßnahmen hat verhindern können (im Anschluss an Urteile vom 15. April 1983 – BVerwG 8 C 150.81 – BVerwGE 67, 123 <126> und vom 25. Juni 2008 – BVerwG 9 C 8.07 – Buchholz 401.4 § 33 GrStG Nr. 28 Rn. 18).

§ 33 GrStG

2. Hat der Steuerschuldner das Grundstück, für das er einen Grundsteuererlass begehrt, an einen gewerblichen Zwischenmieter mit einer festen Vertragslaufzeit zu einem nicht marktgerechten Mietzins, ohne Kündigungsmöglichkeit und ohne etwaige Beteiligung an höheren Einnahmen des Zwischenvermieters aus der Weitervermietung vermietet, hat er die Ertragsminderung zu vertreten.

BFH-Urteil vom 27.9.2012 II R 8/12 (BStBl. II 2014 S. 117): Grundsteuererlass bei bebauten Grundstücken mit mehreren getrennt vermietbaren Einheiten

Besteht eine wirtschaftliche Einheit aus zahlreichen verschieden ausgestatteten, zu unterschiedlichen Zwecken nutzbaren und getrennt vermietbaren Räumlichkeiten und sind die marktgerechten Mieten für die einzelnen Raumeinheiten unterschiedlich hoch, ist für jede nicht vermietete Raumeinheit gesondert zu prüfen, ob der Steuerpflichtige den Leerstand zu vertreten hat.

BFH-Urteil vom 18.4.2012 II R 36/10 (BStBl. II S. 867): Verfassungsmäßigkeit der Neuregelung des Erlasses von Grundsteuer wegen wesentlicher Ertragsminderung – Heranziehung der Einheitswerte bei der Steuerbemessung – Abgrenzung der unechten von der echten Rückwirkung – Unechte Rückwirkung des § 33 Abs. 1 GrStG n. F. zum Ausgleich unerwarteter Steuermindereinnahmen

1. Die mit Wirkung ab dem Kalenderjahr 2008 erfolgte Neuregelung des Erlasses von Grundsteuer wegen wesentlicher Ertragsminderung verstößt nicht gegen die verfassungsrechtlichen Anforderungen an Steuergesetze und deren Rückwirkung.
2. In einem auf Erlass von Grundsteuer wegen wesentlicher Ertragsminderung gerichteten Verfahren ist nicht zu prüfen, ob die Anknüpfung der Grundsteuer an die Einheitswerte für die Jahre ab 2008 noch verfassungsgemäß ist.

BFH-Urteil vom 30.7.2008 II R 5/07 (BFH/NV 2009 S. 7):

1. Veränderungen der Verkehrslage und Geschäftslage eines Grundstücks können als sichtbare Wertänderungen die tatsächlichen Verhältnisse betreffen. Dazu müssen die Veränderungen auf besonderen Umständen beruhen, aufgrund deren das Grundstück einen Sondertatbestand erfüllt.
2. Eine Veränderung der Verkehrslage und Geschäftslage, die auf einer veränderten Einzelhandelsstruktur und veränderten Käuferströmen sowie auf der Wirtschaftsabschwächung und der damit sinkenden Kaufkraft der Region beruht, betrifft die Wertverhältnisse. In solchen Fällen besteht während des laufenden Hauptfeststellungszeitraums unter den Voraussetzungen des § 33 Abs. 1 und 2 GrStG ein Anspruch auf Grundsteuererlass.

BVerwG-Urteil vom 25.6.2008 9 C 8.07 (HFR 2009 S. 311):

1. Ein Grundsteuererlass kommt nach den in § 33 Abs. 1 GrStG bestimmten Voraussetzungen auch in Fällen strukturellen Leerstandes in Betracht, in denen die Ertragsminderung des Grundstücks weder atypisch noch vorübergehend ist.
2. Kommt es für das Maß der Minderung des normalen Rohertrags auf die übliche Miete (§ 33 Abs. 1 Satz 3 Nr. 2 GrStG, § 79 Abs. 2 BewG) oder die übliche Jahresrohmiete (§ 33 Abs. 1 Satz 3 Nr. 3 GrStG) an, so sind der erzielte Ertrag und der übliche Ertrag gegenüberzustellen. Dabei sind für die Bestimmung des „Üblichen" die Erträge von Objekten vergleichbarer Beschaffenheit gegenüberzustellen (wie Urteil vom 3.5.1991 BVerwG 8 C 13.89).
3. Der Steuerpflichtige hat die Minderung des Rohertrags nicht zu vertreten, wenn er im Falle eines Leerstandes die Vermietung innerhalb einer marktüblichen Preisspanne anbietet. Vermietungsangebote am unteren Rand dieser Preisspanne oder sogar darunter muss er nicht abgeben.
4. Maßnahmen, die die Ertragsminderung reduzieren oder auffangen können, müssen dem Steuerpflichtigen wirtschaftlich zumutbar sein.

BFH-Urteil vom 25.10.2007 II R 4/05 (BFH/NV 2008 S. 405):

1. Bei bebauten und im Sachwertverfahren bewerteten Grundstücken ist die Ertragsminderung nur an der üblichen Jahresrohmiete zu messen, die nach den Verhältnissen zu Beginn des Erlasszeitraums zu schätzen ist.
2. Die übliche Jahresrohmiete bestimmt sich nicht nach den auf dem betroffenen Grundstück tatsächlich erzielten Mieten oder nach deren Durchschnitt; vielmehr ist darunter entsprechend § 79 Abs. 2 BewG die Jahresrohmiete zu verstehen, die für Räume gleicher oder ähnlicher Art, Lage und Ausstattung regelmäßig gezahlt wird.
3. Der Steuerpflichtige hat die Ertragsminderung dann nicht zu vertreten, wenn er sich nachhaltig um eine Vermietung zu einer Miete innerhalb der Spanne eines marktgerechten Mietzinses bemüht hat. Vom Steuerpflichtigen kann nicht verlangt werden, sich stets den unteren Rand der Mietpreisspanne zu eigen zu machen.

BFH-Urteil vom 25.10.2007 II R 5/05 (BStBl. II 2008 S. 384):

1. Eine Ertragsminderung, die das nach § 33 Abs. 1 Satz 1 GrStG erforderliche Ausmaß erreicht, führt auch dann zu einem Grundsteuererlass, wenn sie strukturell bedingt und nicht nur vorübergehender Natur ist.
2. Bei bebauten Grundstücken i.S. des § 33 Abs. 1 Satz 3 Nr. 2 GrStG ist für die Berechnung der Ertragsminderung zunächst danach zu unterscheiden, ob die von der Ertragsminderung betroffenen Räume/Raumeinheiten zu Beginn des Erlasszeitraums leer standen oder – wenn auch verbilligt – vermietet waren.
3. Bei zu diesem Zeitpunkt leer stehenden Räumen bildet die übliche Miete die Bezugsgröße, an der die Ertragsminderung zu messen ist. Bei den vermieteten Räumen bildet die vereinbarte Miete diese Bezugsgröße, solange die Miete nicht um mehr als 20 v.H. von der üblichen Miete abweicht.
4. Ist die Ertragsminderung durch einen Leerstand bedingt, hat sie der Steuerpflichtige nicht zu vertreten, wenn er sich nachhaltig um eine Vermietung zu einem marktgerechten Mietzins bemüht hat.

BFH-Urteil vom 25.10.2007 II R 6/05 (BFH/NV 2008 S. 407):

1. Liegt nach dem Wortlaut des § 33 Abs. 1 Sätze 1 und 3 Nr. 2 und Abs. 5 GrStG eine unverschuldete Ertragsminderung im erforderlichen Ausmaß vor, ist ein Grundsteuererlass unabhängig davon zu gewähren, ob die Ertragsminderung typisch oder atypisch, strukturell oder nicht strukturell bedingt, vorübergehend oder nicht vorübergehend ist. Bei neuen Objekten hindern auch Anlaufschwierigkeiten einen Grundsteuererlass nicht.
2. Der Steuerpflichtige hat die Ertragsminderung dann nicht zu vertreten, wenn er sich nachhaltig um eine Vermietung zu einer Miete innerhalb der Spanne eines marktgerechten Mietzinses bemüht hat. Vom Steuerpflichtigen kann nicht verlangt werden, sich stets den unteren Rand der Mietpreisspanne zu eigen zu machen.
3. Wegen der Verweisung des § 33 Abs. 1 Satz 3 Nr. 2 GrStG auf § 79 BewG gibt es zwei mögliche Bezugsgrößen, an denen eine etwaige Ertragsminderung zu messen ist, nämlich einmal die vereinbarte Jahresrohmiete (bei zu Beginn des Erlasszeitraums vermieteten Räumen) und zum anderen die übliche Miete (u.a. bei zu Beginn des Erlasszeitraums leerstehenden Räumen). Die jeweilige Bezugsgröße bleibt auch dann maßgebend, wenn während des Erlasszeitraums bei zunächst vermieteten Räumen ein Leerstand eintritt und umgekehrt.
4. Soweit sich auf dem Grundstück Räume oder Raumeinheiten von unterschiedlicher Art und Ausstattung befinden, kann die übliche Miete unterschiedlich hoch ausfallen.

GrStR

38. Allgemeine Voraussetzung für einen Erlaß wegen wesentlicher Ertragsminderung[1]

(1) ¹Der Erlaß der Grundsteuer kommt bei Betrieben der Land- und Forstwirtschaft und bei bebauten Grundstücken, nicht aber bei unbebauten Grundstücken in Betracht. ²Der Erlaß setzt voraus, daß

1. die Minderung des normalen Rohertrags (vgl. Abschnitte 39 ff.) mehr als 20 v. H. beträgt und
2. der Steuerschuldner die Minderung des Rohertrags nicht zu vertreten hat (vgl. Absätze 2 bis 4).

³Bei Betrieben der Land- und Forstwirtschaft und bei eigengewerblich genutzten bebauten Grundstücken muß außerdem die Einziehung der Grundsteuer nach den wirtschaftlichen Verhältnissen des Betriebs unbillig sein (vgl. Absatz 5).

(2) ¹Der Steuerschuldner hat die Minderung des normalen Rohertrags eines Betriebs der Land- und Forstwirtschaft oder eines bebauten Grundstücks nicht zu vertreten, wenn die Umstände, die zu einer Minderung des Rohertrags führen, zwingend von außen in die Ertragslage des Betriebs der Land- und Forstwirtschaft oder des bebauten Grundstücks eingegriffen haben und der Steuerschuldner auf ihren Eintritt oder Nichteintritt keinen Einfluß hat. ²Der Steuerschuldner hat demnach Umstände nicht zu vertreten, die unabhängig von seinem Willen eintreten (vgl. hierzu das zur Vermögensteuer ergangene BFH-Urteil vom 7. 5. 1971, BStBl. II S. 696); dagegen hat er für Umstände einzustehen, die er selbst aufgrund freier Willensentschließung herbeigeführt hat (BFH-Urteil vom 7. 5. 1971 a. a. O.).

(3) ¹Bei Betrieben der Land- und Forstwirtschaft hat der Steuerschuldner eine Minderung des normalen Rohertrags insbesondere dann nicht zu vertreten, wenn sie auf Naturereignisse zurückzuführen ist. ²Hierzu gehören Hagel, Auswinterung, Dürre, Hochwasser, Viehseuchen, Eis, Schnee- und Windbruch, Windwurf, Erdbeben, Bergrutsch, Waldbrand und andere nicht abwendbare Ereignisse ähnlicher Art.

---
[1] Siehe auch Anlage 33.1.

³Die Nichtbewirtschaftung von Flächen hat der Steuerschuldner zu vertreten. ⁴Sie ist daher kein Erlaßgrund.

(4) ¹Bei Wohnungen und anderen Räumen, die leerstehen, hat der Vermieter die dadurch bedingte Minderung des normalen Rohertrags in der Regel nicht zu vertreten, wenn er sich in ortsüblicher Weise um deren Vermietung bemüht hat. ²Dabei darf er keine höhere als die marktgerechte Miete verlangt haben. ³Bei vermieteten Wohnungen und Räumen hat er einen Mietausfall nicht zu vertreten, wenn er eine marktgerechte Miete vereinbart hatte, diese jedoch aus Gründen nicht erhalten konnte, auf die er keinen Einfluß hat, z. B. bei Zahlungsunfähigkeit des Mieters. ⁴Bei Wohnungen, die von vornherein z. B. als Ferienwohnungen nur zeitweise vermietet werden können, hat er dagegen die dadurch bedingte Minderung des normalen Rohertrags selbst zu vertreten.

(4a) ¹Bei eigengewerblich genutzten bebauten Grundstücken hat der Unternehmer eine Minderung der Ausnutzung (§ 33 Abs. 2 GrStG) nicht zu vertreten, wenn für ihn keine Möglichkeit bestand, auf deren Ursachen in zumutbarer Weise Einfluß zu nehmen. ²Zu diesen Ursachen könnten auch strukturelle und konjunkturelle Entwicklungen gehören, die ihn zwingen, den bisher auf dem Grundstück unterhaltenen Betrieb stillzulegen oder einzuschränken. ³Dagegen fällt zum Beispiel eine Minderung der Ausnutzung bei Neugründungen oder Kapazitätsausweitungen in der Regel in den Bereich des Unternehmerrisikos. ⁴Sie ist daher auch vom Unternehmer zu vertreten.

(5) ¹Für einen Erlaß kommt es auf die wirtschaftlichen und persönlichen Verhältnisse des Steuerschuldners nicht an. ²Bei Betrieben der Land- und Forstwirtschaft und bei eigengewerblich genutzten bebauten Grundstücken ist jedoch weitere Voraussetzung für den Erlaß, daß die Einbeziehung der Steuer nach den wirtschaftlichen Verhältnissen des Betriebs unbillig wäre. ³Dabei ist allein auf die wirtschaftlichen Verhältnisse während des Kalenderjahres abzustellen, für das der Erlaß beantragt wird (§ 34 Abs. 1 Satz 2 GrStG). ⁴Wenn zum Betrieb mehrere Betriebsstätten gehören, kommt es auf die wirtschaftlichen Verhältnisse des Gesamtunternehmens an. ⁵Dasselbe gilt bei Organgesellschaften. ⁶Zu den wirtschaftlichen Verhältnissen gehört insbesondere das Betriebsergebnis. ⁷Bei seiner Beurteilung ist von dem für die Einkommensteuer oder Körperschaftsteuer maßgebenden Gewinn oder Verlust auszugehen. ⁸Ist danach das Betriebsergebnis negativ, und ist auch die Entrichtung der Grundsteuer aus dem Vermögen oder durch Kreditaufnahme nicht zumutbar, so wäre die Erhebung der Grundsteuer unbillig.

(6) ¹Ein Erlaßgrund liegt nicht vor, wenn die Ertragsminderung auf Umständen beruht, die für den Erlaßzeitraum durch eine Fortschreibung des Einheitswerts berücksichtigt werden können. ²Das gilt auch, wenn der Steuerschuldner es versäumt hat, den Fortschreibungsantrag rechtzeitig zu stellen (§ 33 Abs. 5 GrStG).

Beispiel:

Im Juni 1974 wird das Nebengebäude eines Mietwohngrundstücks durch Brand zerstört. Die eingetretene Wertminderung des Grundstücks kann erst durch Fortschreibung des Einheitswerts auf den 1. Januar 1975 berücksichtigt werden. Für den Erlaßzeitraum 1974 kann demnach ein Erlaß der Grundsteuer in Betracht kommen, nicht jedoch für den Erlaßzeitraum 1975.

³Die Fortschreibung des Einheitswerts für ein stillgelegtes Fabrikgrundstück wegen Anwendung einer niedrigeren Wertzahl nach § 3 Nr. 1 oder 2 der Verordnung zur Durchführung des § 90 des Bewertungsgesetzes führt für sich allein noch nicht zum Ausschluß des Erlasses.

39. Erlaß wegen wesentlicher Ertragsminderung bei Betrieben der Land- und Forstwirtschaft

(1) ¹Normaler Rohertrag im Sinne des § 33 Abs. 1 Nr. 1 GrStG ist bei Betrieben der Land- und Forstwirtschaft der Rohertrag, der aus dem Wirtschaftsteil nach den Verhältnissen zu Beginn des Erlaßzeitraums bei ordnungsmäßiger Bewirtschaftung gemeinhin und nachhaltig erzielbar wäre. ²Soweit Buchführungsergebnisse vorliegen, ist von diesen auszugehen. ³Bei nichtbuchführenden Betrieben ist der normale Rohertrag durch von der Gemeinde zu bildende örtliche Kommissionen zu schätzen; dabei können Erfahrungssätze der Finanzämter verwendet werden.

(2) ¹Die Ertragsminderung ergibt sich – außer bei der forstwirtschaftlichen Nutzung (vgl. Absatz 4) – aus dem Unterschiedsbetrag zwischen dem normalen Rohertrag (§ 33 Abs. 1 Nr. 1 GrStG) und dem im Erlaßzeitraum (Kalenderjahr) tatsächlich erzielten Rohertrag. ²Für die Ermittlung des tatsächlich erzielten Rohertrags sind die Grundsätze für die Feststellung des normalen Rohertrags entsprechend anzuwenden. ³Ein Schadensausgleich, z. B. durch Versicherungsleistungen, ist dabei zu berücksichtigen.

(3) Bei Betrieben mit mehreren Nutzungen, z. B. Landwirtschaft, Weinbau und Gartenbau, ist dem normalen Rohertrag aller Nutzungen des Betriebs der tatsächlich erzielte Rohertrag aller Nutzungen gegenüberzustellen, auch wenn die Ertragsminderung nur bei einer Nutzung eingetreten ist.

(4) ¹Die Minderung des normalen Rohertrags ist für die forstwirtschaftliche Nutzung kein geeigneter Maßstab zur Ermittlung der Ertragsminderung. ²Maßgebend ist vielmehr die Minderung des Rein-

GrStG § 33

ertrags, die ihren Ausdruck in der Minderung des Ertragswerts im Sinne des § 36 Abs. 2 BewG 1965 findet (§ 33 Abs. 3 GrStG). ³In welchem Ausmaß eingetretene Schäden den Ertragswert (Vergleichswert) der forstwirtschaftlichen Nutzung bei einer Wertfortschreibung mindern würden, sollen die Finanzbehörden unter Hinzuziehung der Forstsachverständigen der Oberfinanzdirektion auf Antrag der Gemeinden ermitteln. ⁴Die prozentuale Minderung des Vergleichswerts der forstwirtschaftlichen Nutzung ist als ihre Ertragsminderung anzusetzen.

(5) Bei Betrieben der Land- und Forstwirtschaft ist für alle Nutzungen (§ 34 Abs. 2 Nr. 1 BewG 1965) – außer der forstwirtschaftlichen Nutzung – Erlaßmaßstab der Hundertsatz der Minderung des normalen Rohertrags.

Beispiel 1 (Ertragsminderung bei der landwirtschaftlichen Nutzung):

Zum Wirtschaftsteil gehören eine landwirtschaftliche und eine weinbauliche Nutzung. Die landwirtschaftliche Nutzung ist im Kalenderjahr 1974 von Schäden infolge von Naturereignissen betroffen. Der normale Rohertrag des Wirtschaftsteils des Betriebs am 1. 1. 1974 wird festgestellt

für die landwirtschaftliche Nutzung	90 000 DM
für die weinbauliche Nutzung	30 000 DM
normaler Rohertrag insgesamt	120 000 DM

Die Rohertragsminderung bei der landwirtschaftlichen Nutzung soll 36 000 DM betragen. Die nach § 33 Abs. 1 GrStG zu ermittelnde Ertragsminderung beträgt dann für den Wirtschaftsteil des Betriebs

$$\frac{36\,000 \times 100}{120\,000} = 30 \text{ v. H.}$$

Die Grundsteuer soll 900 DM betragen. Es sind somit nach § 33 Abs. 1 GrStG zu erlassen

$(\frac{30 \times 4}{5} =)$ 24 v. H. von 900 DM = 216 DM.

(6) ¹Bei Betrieben der Land- und Forstwirtschaft ist für die forstwirtschaftliche Nutzung Erlaßmaßstab der Hundertsatz, um den der Ertragswert der forstwirtschaftlichen Nutzung bei einer Wertfortschreibung zu mindern wäre. ²Sind neben der forstwirtschaftlichen Nutzung im gleichen Betrieb noch andere Nutzungen vorhanden, sind jedoch nur in der Forstwirtschaft Schäden eingetreten, so ist der in Satz 1 bezeichnete Hundertsatz entsprechend dem prozentualen Anteil der forstwirtschaftlichen Nutzung am Wirtschaftswert des Betriebs zu bemessen.

Beispiel 2 (Ertragsminderung bei der forstwirtschaftlichen Nutzung):

Zum Wirtschaftsteil des Betriebs gehören eine landwirtschaftliche und eine forstwirtschaftliche Nutzung.

Die forstwirtschaftliche Nutzung wurde im Kalenderjahr 1974 von einem Sturmschaden betroffen. Deshalb wurde der Einheitswert auf den 1. Januar 1975 fortgeschrieben und der Ertragswert der forstwirtschaftlichen Nutzung von 60 000 DM auf 40 000 DM herabgesetzt. Als Ertragsminderung im Sinne des § 33 Abs. 3 GrStG gilt der Betrag von 20 000 DM. Die nach § 33 Abs. 4 Sätze 2 und 3 GrStG in Verbindung mit § 33 Abs. 3 GrStG zu ermittelnde Ertragsminderung beträgt für die forstwirtschaftliche Nutzung

$$\frac{20\,000 \times 100}{60\,000} = 33{,}33 \text{ v. H.}$$

Zum Wirtschaftsteil des Betriebs gehören neben der forstwirtschaftlichen Nutzung mit einem Vergleichswert von 60 000 DM auch eine landwirtschaftliche Nutzung mit einem Vergleichswert von 20 000 DM. Der Wirtschaftswert beträgt mithin 80 000 DM. Der Anteil der forstwirtschaftlichen Nutzung am Wirtschaftswert beträgt

$$\frac{60\,000 \times 100}{80\,000} = 375 \text{ v. H.}$$

Als Ertragsminderung sind zu berücksichtigen:

$$\frac{75 \times 33{,}33}{100} = 25 \text{ v. H.}$$

Die Grundsteuer soll 1200 DM betragen. Somit sind nach § 33 Abs. 1 GrStG zu erlassen

$(\frac{25 \times 4}{5} =)$ 20 v. H. von 12 00 DM = 240 DM.

(7) Bei Betrieben der Land- und Forstwirtschaft mit mehreren Nutzungen, bei denen im selben Jahr bei der landwirtschaftlichen oder einer anderen Nutzung (§ 34 Abs. 2 Nr. 1 Buchstaben c bis e BewG 1965)

und bei der forstwirtschaftlichen Nutzung Schäden eingetreten sind, ist auf der Grundlage der Beispiele 1 und 2 ein einheitlicher Hundertsatz der Ertragsminderung nach dem Anteil der einzelnen Teile am Wirtschaftswert des Betriebs zu ermitteln.

Beispiel 3 (Ertragsminderung bei landwirtschaftlicher und forstwirtschaftlicherNutzung):

Einheitswert des Betriebs der Land- und Forstwirtschaft:

Wohnungswert		10 000 DM
Wirtschaftswert		
landwirtschaftliche Nutzung	60 000 DM	
forstwirtschaftliche Nutzung	20 000 DM	80 000 DM
Einheitswert		90 000 DM

Die Grundsteuer soll 1 080 DM betragen.

Im Kalenderjahr 1974 wurde die landwirtschaftliche Nutzung von einem Dürreschaden, die forstwirtschaftliche Nutzung von einem Sturmschaden betroffen.

Der normale Rohertrag der landwirtschaftlichen Nutzung soll 120 00 DM betragen, die Rohertragsminderung 24 00 DM betragen. Die nach § 33 Abs. 4 GrStG in Verbindung mit § 33 Abs. 1 GrStG zu ermittelnde Ertragsminderung beträgt somit

$$\frac{24\,000 \times 100}{120\,000} = 20 \text{ v. H.}$$

Der Anteil der landwirtschaftlichen Nutzung am Wirtschaftswert beträgt

$$\frac{60\,000 \times 100}{80\,000} = 75 \text{ v. H.}$$

Als Ertragsminderung der landwirtschaftlichen Nutzung sind zu berücksichtigen

$$\frac{75 \times 20}{100} = 15 \text{ v. H.}$$

Wegen des Sturmschadens bei der forstwirtschaftlichen Nutzung werden der Einheitswert auf den 1. Januar 1975 fortgeschrieben und der Ertragswert der forstwirtschaftlichen Nutzung von 20 000 DM auf 12 000 DM herabgesetzt. Als Ertragsminderung im Sinne des § 33 Abs. 3 GrStG gilt der Betrag von 8 000 DM. Die nach § 33 Abs. 4 Sätze 2 und 3 GrStG in Verbindung mit § 33 Abs. 3 GrStG zu ermittelnde Ertragsminderung beträgt für die forstwirtschaftliche Nutzung

$$\frac{8\,000 \times 100}{20\,000} = 40 \text{ v. H.}$$

Der Anteil der forstwirtschaftlichen Nutzung am Wirtschaftswert beträgt

$$\frac{20\,000 \times 100}{80\,000} = 25 \text{ v. H.}$$

Als Ertragsminderung der forstwirtschaftlichen Nutzung sind zu berücksichtigen

$$\frac{25 \times 40}{100} = 10 \text{ v. H.}$$

Insgesamt sind zu berücksichtigen als Ertragsminderung

bei der landwirtschaftlichen Nutzung		15 v. H.
bei der forstwirtschaftlichen Nutzung		10 v. H.
	zusammen	25 v. H.

Zu erlassen sind nach § 33 Abs. 1 GrStG somit

$(\frac{25 \times 4}{5} =)$ 20 v. H. von 1 080 DM = 216 DM.

40. Erlaß wegen wesentlicher Ertragsminderung bei bebauten Grundstücken[1]

(1) ¹Bei bebauten Grundstücken ergibt sich die Minderung des normalen Rohertrags (§ 33 Abs. 1 Nr. 2 und 3 GrStG) aus dem Unterschiedsbetrag zwischen dem normalen Rohertrag zu Beginn des Erlaßzeitraums und dem im Erlaßzeitraum tatsächlich erzielten Rohertrags. ²Sie ist in einem Hundertsatz des normalen Rohertrags festzustellen.

---

1) Siehe auch Anlage 33.1.

Beispiel:

Normaler Rohertrag am 1. Januar 1974	= 20 000 DM
Tatsächlich erzielter Rohertrag im Kalenderjahr 1974	= 15 000 DM
Unterschied	= 5 000 DM

$$\text{Minderung des normalen Rohertrags } \frac{5\,000 \times 100}{20\,000} = 25 \text{ v. H.}$$

³Auch bei nur zeitweiser Minderung des normalen Rohertrags während eines Jahres kann ein Erlaß in Betracht kommen.

(2) ¹Bei den nach § 76 Abs. 1 BewG 1965 im Ertragswertverfahren zu bewertenden Grundstücken ist normaler Rohertrag die Jahresrohmiete, die bei einer Hauptfeststellung der Einheitswerte des Grundbesitzes auf den Beginn des Erlaßzeitraums maßgebend wäre (§ 33 Abs. 1 Nr. 2 GrStG). ²Jahresrohmiete ist nach § 79 Abs. 1 BewG 1965 das Gesamtentgelt, das die Mieter oder Pächter für die Benutzung des Grundstücks nach den vertraglichen Vereinbarungen für ein Jahr zu entrichten haben (Sollmiete). ³Das Gesamtentgelt umfaßt auch die sonstigen Leistungen der Mieter oder Pächter für die Benutzung des Grundstücks. ⁴Dazu gehören neben der vertraglichen Übernahme der Schönheitsreparaturen durch den Mieter oder Pächter auch die Baukostenzuschüsse und Mietvorauszahlungen, die auf die Miete angerechnet werden. ⁵Wie Mietvorauszahlungen sind die Kosten für Umbauten und Einbauten zu behandeln, die von den Mietern oder Pächtern vorgenommen worden sind und nach Beendigung des Miet- und Pachtverhältnisses nicht beseitigt werden dürfen, den Mietwert aber erhöhen. ⁶Der Teil der Jahresrohmiete sind auch die Umlagen, z. B. Kosten des Wasserverbrauchs, Kosten für Treppen- und Flurbeleuchtung, Grundsteuer- und Gebührenbelastungen und Kosten der Entwässerung. ⁷Nicht zur Jahresrohmiete gehören dagegen z. B. die Kosten des Betriebs der zentralen Heizungs-, Warmwasserversorgungs- und Brennstoffversorgungsanlage sowie des Fahrstuhls (vgl. § 79 Abs. 1 Satz 3 BewG 1965). ⁸Einzelheiten über die Ermittlung der Jahresrohmiete ergeben sich aus den Abschnitten 21 und 22 der Richtlinien für die Bewertung des Grundvermögens (BewRGr) vom 19. September 1966 (Beilage zum Bundesanzeiger Nr. 183 vom 29. September 1966). ⁹In den Fällen des § 79 Abs. 2 Nr. 1 und 2 BewG 1965 gilt die übliche Miete als Jahresrohmiete; vgl. im einzelnen die Abschnitte 23 und 24 BewRGr.

(3) ¹Bei den nach § 76 Abs. 2 und 3 BewG 1965 im Sachwertverfahren zu bewertenden Grundstücke ist normaler Rohertrag die nach den Verhältnissen zu Beginn des Erlaßzeitraums geschätzte übliche Jahresrohmiete (§ 33 Abs. 1 Nr. 3 GrStG). ²Sie ist auch dann maßgebend, wenn das Grundstück vermietet ist. ³Die in diesen Fällen zu Beginn des Erlaßzeitraums tatsächlich erzielte Miete wird im allgemeinen der üblichen Jahresrohmiete entsprechen.

(4) ¹Bei der Ermittlung des im Erlaßzeitraum tatsächlich erzielten Rohertrags ist Absatz 2 Sätze 3 bis 8 entsprechend anzuwenden. ²In den Fällen des Absatzes 2 Satz 9 und des Absatzes 3 ist die Minderung des normalen Rohertrags nach der üblichen Miete zu berechnen, die im Erlaßzeitraum insgesamt erzielbar gewesen wäre. ³Bei eigengenutzten Einfamilienhäusern wird danach eine Ertragsminderung nur in Ausnahmefällen vorliegen. ⁴Das kann z. B. der Fall sein, wenn aus besonderen Gründen die Mietwerte in einer bestimmten Gegend nach Beginn des Erlaßzeitraums zurückgehen. ⁵Ebenso kann eine Ertragsminderung vorliegen, wenn die Nutzung des Einfamilienhauses, z. B. durch die Zerstörung eines Teils des Gebäudes, gemindert ist.

(5) ¹Bei eigengewerblich genutzten bebauten Grundstücken ist für den Erlaß der Grundsteuer die Minderung der Ausnutzung des Grundstücks maßgebend (§ 33 Abs. 2 GrStG). ²Das gilt auch dann, wenn das Grundstück nach § 76 Abs. 1 BewG 1965 im Ertragswertverfahren zu bewerten ist. ³Die Minderung der Ausnutzung entspricht dem Unterschied zwischen der normalen Ausnutzung und der tatsächlichen Ausnutzung des Gebäudes. ⁴Steht das Gebäude leer, so beträgt die Minderung der Ausnutzung 100 v. H. ⁵Wenn das Gebäude nur teilweise leersteht, ist für die Bestimmung des Vomhundertsatzes der Minderung in der Regel das Verhältnis der ungenutzten Fläche zur gesamten nutzbaren Fläche maßgebend. ⁶Dasselbe gilt, wenn zu der wirtschaftlichen Einheit, für die der Einheitswert insgesamt festgestellt worden ist, mehrere Gebäude gehören und eines oder mehrere davon ganz oder teilweise leerstehen. ⁷Eine Minderung der Ausnutzung kann auch gegeben sein, ohne daß ein Gebäude ganz oder teilweise leersteht. ⁸Das kann zum Beispiel bei Kurzarbeit der Fall sein. ⁹Das Ausmaß der Minderung der Ausnutzung ist hier nach wirtschaftlichen Gesichtspunkten zu beurteilen. ¹⁰Im Einzelfall ist nach den besonderen Verhältnissen des Betriebs zu entscheiden, welche Merkmale dafür geeignet sind. ¹¹Bei Fabrikations-, Handwerks- und Handelsbetrieben können dies die Arbeitsstunden, der Produktionsmitteleinsatz, der Produktionsausstoß, die Produktionsstunden, der Umsatz oder andere ähnliche Merkmale sein. ¹²Bei Hotels und anderen Betrieben des Beherbergungsgewerbes kann auf die Bettenbelegung oder ggf. den Umsatz abgestellt werden. ¹³Im Einzelfall kann auch eine Kombination mehrerer Merkmale in Betracht kommen. ¹⁴In der Regel kann das danach festzustellende Ausmaß der normalen Ausnutzung, voraus-

gesetzt, daß inzwischen keine Betriebsumstellung erfolgt ist, aus dem Durchschnitt der drei Kalenderjahre abgeleitet werden, die dem Erlaßzeitraum vorangehen.

(6) ¹Wird nur ein Teil des Grundstücks eigengewerblich genutzt, ist für das ganze Grundstück ein einheitlicher Hundertsatz der Ertragsminderung zu ermitteln. ²Dabei ist von dem Anteil der einzelnen Teile am Einheitswert des Grundstücks auszugehen (§ 33 Abs. 4 GrStG).

Beispiel:
Bei einem gemischtgenutzten Grundstück mit vermieteten Wohnungen und eigengewerblich genutzten Geschäftsräumen geht die bevorzugte Geschäftslage im Jahre 1974 verloren. Der Umsatz sinkt dadurch auf 60 v. H. Normaler Rohertrag der Wohnung am 1. Januar 1974 = 20 000 DM. Wegen der Zahlungsunfähigkeit eines Mieters beträgt der tatsächlich erzielte Rohertrag im Kalenderjahr 1974 nur 16 000 DM. Der Hundertsatz der Ertragsminderung errechnet sich wie folgt:

Ertragsminderung der Wohnungen:

$$\frac{4\,000 \times 100}{20\,000} = 20 \text{ v. H.}$$

Der Anteil der Wohnungen soll 40 v. H. des Einheitswerts betragen. Es sind somit zu berücksichtigen

$$\frac{20 \times 40}{100} = 8 \text{ v. H.}$$

Ertragsminderung der eigengewerblich genutzten Räume:

Minderung der Ausnutzung $= 40$ v. H.

Der Anteil der eigengewerblich genutzten Räume soll 6 v. H. des Einheitswerts betragen. Es sind somit zu berücksichtigen

$$\frac{40 \times 60}{100} = 24 \text{ v. H.}$$

Die Ertragsminderung für das gesamte Grundstück beträgt demnach 8 + 24 v. H. $= 32$ v. H.

(7) Der Hundertsatz, um den die Grundsteuer zu erlassen ist, ergibt sich aus vier Fünfteln des Hundertsatzes der Ertragsminderung (§ 33 Abs. 1 Satz 1 GrStG).

Beispiel:
Die Grundsteuer eines Mietwohngrundstücks für das Kalenderjahr 1974 soll 3 000 DM betragen. Ein Teil des Gebäudes ist im Mai 1974 durch Brand zerstört worden. Der normale Rohertrag soll am 1. Januar 1974 = 20 000 DM, der tatsächlich erzielte Rohertrag 15 000 DM betragen. Die

Ertragsminderung beträgt somit ($\frac{5\,000 \times 100}{20\,000} =$) 25 v. H. des normalen Rohertrages.

Zu erlassen sind nach § 33 Abs. 1 GrStG ($\frac{25 \times 4}{5} =$) 20 v. H. von 3 000 DM = 600 DM

(8) ¹In § 33 Abs. 1 GrStG wird pauschal unterstellt, daß bei bebauten Grundstücken ein Fünftel der Grundsteuer auf den Grund und Boden entfällt, für den ebenso wie für unbebaute Grundstücke ein Erlaß der Grundsteuer ausgeschlossen ist. ²Bei einem Gebäude auf fremdem Grund und Boden (§ 94 BewG) umfaßt jedoch der Einheitswert und damit auch der Steuermeßbetrag nur das Gebäude ohne den Grund und Boden. ³Die Beschränkung des Erlasses auf vier Fünftel des Vomhundertsatzes der Ertragsminderung gilt deshalb in diesem Fall nicht.

§ 34 Verfahren

(1) ¹Der Erlaß wird jeweils nach Ablauf eines Kalenderjahres für die Grundsteuer ausgesprochen, die für das Kalenderjahr festgesetzt worden ist (Erlaßzeitraum). ²Maßgebend für die Entscheidung über den Erlaß sind die Verhältnisse des Erlaßzeitraums.

(2) ¹Der Erlaß wird nur auf Antrag gewährt. ²Der Antrag ist bis zu dem auf den Erlaßzeitraum folgenden 31. März zu stellen.

(3) ¹In den Fällen des § 32 bedarf es keiner jährlichen Wiederholung des Antrags. ²Der Steuerschuldner ist verpflichtet, eine Änderung der maßgeblichen Verhältnisse der Gemeinde binnen drei Monaten nach Eintritt der Änderung anzuzeigen.

GrStR

41. Erlaßverfahren

(1) ¹Der Antrag auf Erlaß ist bis zu dem auf den Erlaßzeitraum folgenden 31. März zu stellen (§ 34 Abs. 2 GrStG). ²Geht der Grundsteuerbescheid für den Erlaßzeitraum dem Grundstückseigentümer nicht rechtzeitig zu oder wird die Jahressteuer durch Änderungsbescheid heraufgesetzt, so endet die Antragsfrist erst mit der Rechtsbehelfsfrist für den Grundsteuerbescheid oder den Änderungsbescheid.

(2) ¹Die Frist für den Antrag auf Erlaß der Grundsteuer ist eine gesetzliche Frist. ²Sie kann deshalb nicht verlängert werden. ³Bei Versäumung der Frist ist jedoch auf Antrag Wiedereinsetzung in den vorigen Stand zu gewähren, wenn der Steuerschuldner ohne sein Verschulden verhindert war, die Frist einzuhalten (§ 110 AO 1977).

(3) Der Steuerschuldner ist in den Fällen des § 32 GrStG der Gemeinde gegenüber zur Anzeige verpflichtet, wenn die Voraussetzungen für den Grundstückserlaß wegfallen oder sich das Ausmaß des Grundsteuererlasses ändert (§ 34 Abs. 3 GrStG).

42. Erlaß der Grundsteuer nach § 78 des Städtebauförderungsgesetzes[1)]

(1) ¹Nach § 78 des Städtebauförderungsgesetzes in der Fassung der Bekanntmachung vom 18. August 1976 (BGBl. I S. 2318) ist auf Antrag ein Erlaß der Grundsteuer zu gewähren, wenn

1. bei bebauten Grundstücken der bisherige Mietertrag durch Sanierungs- oder Entwicklungsmaßnahmen um mehr als 20 v. H. gemindert wird (§ 78 Abs. 1 a. a. O.).
2. bei eigengewerblich genutzten bebauten Grundstücken (Grundstücksteilen) die Ausnutzung durch Sanierungs- und Entwicklungsmaßnahmen um mehr als 20 v. H. gemindert wird (§ 78 Abs. 2 a. a. O.).

²Die Grundsteuer ist entsprechend dem Anteil der Ertragsminderung bzw. der Minderung der Ausnutzung bis zu 80 v. H. zu erlassen, ohne daß in den Fällen der Nummer 2 die wirtschaftlichen Verhältnisse des Betriebs zu untersuchen sind.

(2) ¹Bei vermieteten oder verpachteten Grundstücken ist das Ausmaß der Ertragsminderung durch Vergleich der im Kalenderjahr vor dem Beginn der Sanierungs- oder Entwicklungsmaßnahmen erzielten Mieterträge mit den Mietverträgen zu berechnen, die in dem Kalenderjahr erzielt werden, in dem Sanierungs- oder Entwicklungsmaßnahmen durchgeführt werden. ²Das gilt auch, wenn Sanierungs- oder Entwicklungsmaßnahmen im Laufe eines Kalenderjahres beginnen oder abgeschlossen werden. ³Bei eigengewerblich genutzten bebauten Grundstücken ist das Ausmaß der geringeren Ausnutzung durch Vergleich der tatsächlichen Ausnutzung im Kalenderjahr vor dem Beginn der Sanierungs- oder Entwicklungsmaßnahmen mit der tatsächlichen Ausnutzung in dem Kalenderjahr zu berechnen, in dem Sanierungs- oder Entwicklungsmaßnahmen durchgeführt werden. ⁴Dabei können Arbeitsstunden oder Umsatz einen Anhalt geben.

(3) ¹Wird die infolge von Sanierungs- oder Entwicklungsmaßnahmen eingetretene Minderung des Mietertrags bzw. der Ausnutzung durch eine Fortschreibung des Einheitswerts berücksichtigt, kommt ein Grundsteuererlaß nach § 78 des Städtebauförderungsgesetzes nicht in Betracht. ²Bei einer Fortschreibung des Einheitswerts ist ein Grundsteuererlaß jedoch noch insoweit zu gewähren, als infolge der Wertfortschreibung eine Entlastung von der Grundsteuer nicht eintritt. ³Demnach ist der Unterschied zwischen dem Grundsteuerbetrag, der ohne Durchführung der Fortschreibung nach Erlaß aufgrund des § 78 des Städtebauförderungsgesetzes zu zahlen wäre, und dem nach Durchführung der Fortschreibung zu zahlenden Grundsteuerbetrag zu erlassen.

[1)] Das Städtebauförderungsgesetz ist durch Art. 2 Nr. 1 des Gesetzes über das Baugesetzbuch v. 8. Dezember 1986 (BGBl. I S. 2191, BStBl. 1987 I S. 95) aufgehoben worden.

(4) ¹§ 78 des Städtebauförderungsgesetzes ist im Verhältnis zu § 33 GrStG, der den Erlaß der Grundsteuer wegen wesentlicher Ertragsminderung regelt, als eine Sonderregelung anzusehen. ²Für das Verfahren des Grundsteuererlasses ist § 34 Abs. 1 und 2 GrStG anzuwenden.

43. Rechtsanspruch auf den Erlaß der Grundsteuer

¹Liegen die in den §§ 32, 33 GrStG *und § 78 des Städtebauförderungsgesetzes* näher bestimmten Voraussetzungen vor, besteht auf den Grundsteuererlaß ein Rechtsanspruch. ²In anderen Fällen können Billigkeitsmaßnahmen nach § 163 in Verbindung mit § 184 Abs. 2 und 3 sowie nach § 227 AO 1977 in Betracht kommen.

GrStG § 35

Abschnitt V

Übergangs- und Schlußvorschriften

§ 35 (weggefallen)

§ 36 Steuervergünstigung für abgefundene Kriegsbeschädigte

(1) ¹Der Veranlagung der Steuermeßbeträge für Grundbesitz solcher Kriegsbeschädigten, die zum Erwerb oder zur wirtschaftlichen Stärkung ihres Grundbesitzes eine Kapitalabfindung auf Grund des Bundesversorgungsgesetzes in der Fassung der Bekanntmachung vom 22. Januar 1982 (BGBl. I S. 21), zuletzt geändert durch die Verordnung vom 15. Juni 1999 (BGBl. I S. 1328), erhalten haben, ist der um die Kapitalabfindung verminderte Einheitswert zugrunde zu legen. ²Die Vergünstigung wird nur so lange gewährt, als die Versorgungsgebührnisse wegen der Kapitalabfindung in der gesetzlichen Höhe gekürzt werden.

(2) Die Steuervergünstigung nach Absatz 1 ist auch für ein Grundstück eines gemeinnützigen Wohnungs- oder Siedlungsunternehmens zu gewähren, wenn die folgenden Voraussetzungen sämtlich erfüllt sind:

1. Der Kriegsbeschädigte muß für die Zuweisung des Grundstücks die Kapitalabfindung an das Wohnungs- oder Siedlungsunternehmen bezahlt haben.

2. Er muß entweder mit dem Unternehmen einen Mietvertrag mit Kaufanwärterschaft in der Weise abgeschlossen haben, daß er zur Miete wohnt, bis das Eigentum an dem Grundstück von ihm erworben ist, oder seine Rechte als Mieter müssen durch den Mietvertrag derart geregelt sein, daß das Mietverhältnis dem Eigentumserwerb fast gleichkommt.

3. Es muß sichergestellt sein, daß die Steuervergünstigung in vollem Umfang dem Kriegsbeschädigten zugute kommt.

(3) ¹Lagen die Voraussetzungen des Absatzes 1 oder des Absatzes 2 bei einem verstorbenen Kriegsbeschädigten zur Zeit seines Todes vor und hat seine Witwe das Grundstück ganz oder teilweise geerbt, so ist auch der Witwe die Steuervergünstigung zu gewähren, wenn sie in dem Grundstück wohnt. ²Verheiratet sich die Witwe wieder, so fällt die Steuervergünstigung weg.

GrStR

44. Grundsteuervergünstigung für abgefundene Kriegsbeschädigte und andere Körperbehinderte

(1) ¹Die Grundsteuervergünstigung nach § 36 GrStG wird Kriegsbeschädigten und anderen Körpergeschädigten gewährt, die zum Erwerb oder zur wirtschaftlichen Stärkung ihres Grundbesitzes eine Kapitalabfindung auf Grund des Bundesversorgungsgesetzes (BVG) in der Fassung der Bekanntmachung vom 22. Juni 1976 (BGBl. I S. 1633) erhalten haben. ²Das gilt auch, wenn an Stelle einer Kapitalabfindung eine Grundrentenabfindung aufgrund des Rentenkapitalisierungsgesetzes (KOV) vom 27. April 1970 (BGBl. I. S. 413) gewährt worden ist. ³Kapitalabfindungen nach anderen Gesetzen kommen dagegen für diese Grundsteuervergünstigung nicht in Betracht.

(2) ¹Die Grundsteuervergünstigung gilt nur für das Grundstück, das mit Hilfe der Kapitalabfindung erworben oder zu dessen wirtschaftlicher Stärkung die Kapitalabfindung gebraucht worden ist. ²Der wirtschaftlichen Stärkung eines Grundstücks dient z. B. die Verwendung der Kapitalabfindung zur Instandsetzung und Erweiterung von Gebäuden, insbesondere auch zur Tilgung einer mit einem Erwerb in unmittelbarem Zusammenhang stehenden Hypothek. ³Die Voraussetzungen des § 36 GrStG können auch erfüllt sein, wenn die Kapitalabfindung zum Abschluß oder zur Auffüllung eines Bausparvertrages und erst dieser zum Erwerb des Grundstücks oder zur Hypothekentilgung verwendet wird. ⁴Die Kapitalabfindung kann auch für ein Ersatzgrundstück in Betracht kommen, wenn das Landesversorgungsamt einer Übertragung der Kapitalabfindung auf das Ersatzgrundstück zugestimmt hat.

(3) ¹Ist der Beschädigte bei dem in Frage kommenden Grundstück nur Miteigentümer nach Bruchteilen (§ 1008 BGB) oder Teilhaber an einer Gesamthandsgemeinschaft, z. B. Miterbe bei einer Erbengemeinschaft, so wird die Grundsteuervergünstigung nur für seinen Anteil gewährt. ²Handelt es sich um gemeinsames Eigentum des Beschädigten und seines Ehegatten, so kann die Grundsteuervergünstigung auch beim Anteil des Ehegatten berücksichtigt werden.

(4) ¹Nach § 78a BVG können auch Witwen mit Anspruch auf Rente oder auf Witwenbeihilfe sowie Ehegatten von Verschollenen eine Kapitalabfindung erhalten. ²Auch in diesen Fällen ist die Grundsteuervergünstigung zu gewähren.

(5) ¹Stirbt ein verheirateter Beschädigter, bei dem zur Zeit seines Todes die Voraussetzungen des § 36 Abs. 1 oder 2 GrStG vorgelegen haben, wird die Grundsteuervergünstigung seiner Witwe weitergewährt (§ 36 Abs. 3 GrStG). ²In diesem Fall ist die Grundsteuervergünstigung nicht auf den zehnjährigen Abfindungszeitraum beschränkt, sondern wird so lange gewährt, als die Witwe auf dem Grundstück wohnt und nicht wieder heiratet.

(6) ¹Die Grundsteuervergünstigung nach § 36 GrStG *und die Grundsteuervergünstigung nach den §§ 92 und 92a des II. WoBauG* sind zwei selbständige Vergünstigungen, die sich gegenseitig nicht schmälern dürfen[1]. ²Im einzelnen vgl. hierzu *Abschnitte 16 Abs. 4, 17 Abs. 3, 19 Abs. 6, 20 Abs. 7, 21 Abs. 3 ggf. in Verbindung mit Abschnitt 18 VA – II. WoBauG.*

---

1) Das II. WoBauG wurde durch Artikel 2 des Gesetzes zur Reform des Wohnungsbaurechts vom 13. September 2001 (BGBl. I S. 2376) aufgehoben.

§ 37 Sondervorschriften für die Hauptveranlagung 1974

(1) Auf den 1. Januar 1974 findet eine Hauptveranlagung der Grundsteuermeßbeträge statt (Hauptveranlagung 1974).

(2) ¹Die Hauptveranlagung 1974 gilt mit Wirkung von dem am 1. Januar 1974 beginnenden Kalenderjahr an. ²Der Beginn dieses Kalenderjahres ist der Hauptveranlagungszeitpunkt.

(3) Bei der Hauptveranlagung 1974 gilt Artikel 1 des Bewertungsänderungsgesetzes 1971 vom 27. Juli 1971 (BGBl. I S. 1157).

§ 38 Anwendung des Gesetzes

Diese Fassung des Gesetzes gilt erstmals für die Grundsteuer des Kalenderjahres 2008.

§ 39 (weggefallen)

Abschnitt VI

Grundsteuer für Steuergegenstände in dem in Artikel 3 des Einigungsvertrages genannten Gebiet ab dem Kalenderjahr 1991

§ 40 Land- und forstwirtschaftliches Vermögen

¹Anstelle der Betriebe der Land- und Forstwirtschaft im Sinne des § 2 tritt das zu einer Nutzungseinheit zusammengefaßte Vermögen im Sinne des § 125 Abs. 3 des Bewertungsgesetzes. ²Schuldner der Grundsteuer ist abweichend von § 10 der Nutzer des land- und forstwirtschaftlichen Vermögens (§ 125 Abs. 2 des Bewertungsgesetzes). ³Mehrere Nutzer des Vermögens sind Gesamtschuldner.

§ 41 Bemessung der Grundsteuer für Grundstücke nach dem Einheitswert

¹Ist ein im Veranlagungszeitpunkt für die Grundsteuer maßgebender Einheitswert 1935 festgestellt oder festzustellen (§ 132 des Bewertungsgesetzes), gelten bei der Festsetzung des Steuermeßbetrags abweichend von § 15 die Steuermeßzahlen der weiter anwendbaren §§ 29 bis 33 der Grundsteuerdurchführungsverordnung vom 1. Juli 1937 (RGBl. I S. 733). ²Die ermäßigten Steuermeßzahlen für Einfamilienhäuser gelten nicht für das Wohnungseigentum und das Wohnungserbbaurecht einschließlich des damit belasteten Grundstücks.

Rechtsprechungsauswahl

BFH-Beschluss vom 23.11.2009 II B 118/08 (BFH/NV 2010 S. 949): Grundsätzliche Bedeutung und Verfassungsmäßigkeit der Staffelung der Grundsteuermesszahlen nach Gemeindegruppen bei Grundstücken im Beitrittsgebiet

1. Der Rechtsfrage, ob bei Grundstücken im Beitrittsgebiet die Anwendung verschiedener Grundsteuermesszahlen innerhalb einer Gemeinde als Folge einer Eingemeindung nach dem 1. Januar 1935 verfassungswidrig ist, kommt keine grundsätzliche Bedeutung zu. Sie ist höchstrichterlich geklärt.
2. Die allgemeinen Anforderungen an die Darlegung der grundsätzlichen Bedeutung der Rechtssache gelten auch, wenn die Verfassungswidrigkeit einer Norm geltend gemacht wird.

BFH-Urteil vom 20.10.2004 II R 55/02 (BFH/NV 2005 S. 577):

1. Die Abstufung der Steuermesszahlen in § 29 GrStDVO 1937 ist verfassungsrechtlich nicht zu beanstanden; sie ist vielmehr sachlich begründet.
2. Es gibt keine ausreichenden Hinweise dafür, dass die Anwendung der Steuermesszahl 10 v. T. auf die Einheitswerte 1935 zu einer stärkeren grundsteuerlichen Belastung von Altbauten in den neuen Bundesländern führt als dies bei der Anwendung der für die alten Bundesländer maßgeblichen Messzahl von 2,6 v., T. der Fall ist.

§ 42 GrStG

§ 42 Bemessung der Grundsteuer für Mietwohngrundstücke und Einfamilienhäuser nach der Ersatzbemessungsgrundlage

(1) [1]Bei Mietwohngrundstücken und Einfamilienhäusern, für die ein im Veranlagungszeitpunkt für die Grundsteuer maßgebender Einheitswert 1935 nicht festgestellt oder festzustellen ist (§ 132 des Bewertungsgesetzes), bemißt sich der Jahresbetrag der Grundsteuer nach der Wohnfläche und bei anderweitiger Nutzung nach der Nutzfläche (Ersatzbemessungsgrundlage).

(2) [1]Bei einem Hebesatz von 300 vom Hundert für Grundstücke beträgt der Jahresbetrag der Grundsteuer für das Grundstück

a) für Wohnungen, die mit Bad, Innen-WC und Sammelheizung ausgestattet sind,
1 Euro je m^2 Wohnfläche,

b) für andere Wohnungen,
75 Cent je m^2 Wohnfläche,

c) je Abstellplatz für Personenkraftwagen in einer Garage
5 Euro.

[2]Für Räume, die anderen als Wohnzwecken dienen, ist der Jahresbetrag je m^2 Nutzfläche anzusetzen, der für die auf dem Grundstück befindlichen Wohnungen maßgebend ist.

(3) [1]Wird der Hebesatz abweichend von Absatz 2 festgesetzt, erhöhen oder vermindern sich die Jahresbeträge des Absatzes 2 in dem Verhältnis, in dem der festgesetzte Hebesatz für Grundstücke zu dem Hebesatz von 300 vom Hundert steht. [2]Der sich danach ergebende Jahresbetrag je m^2 Wohn- oder Nutzfläche wird auf volle Deutsche Pfennig nach unten abgerundet.

(4) [1]Steuerschuldner ist derjenige, dem das Gebäude bei einer Feststellung des Einheitswerts gemäß § 10 zuzurechnen wäre. [2]Das gilt auch dann, wenn der Grund und Boden einem anderen gehört.

§ 43 Steuerfreiheit für neugeschaffene Wohnungen[1]

(1) ¹*Für Grundstücke mit neugeschaffenen Wohnungen, die nach dem 31. Dezember 1980 und vor dem 1. Januar 1992 bezugsfertig geworden sind oder bezugsfertig werden, gilt folgendes:*

1. *Grundstücke mit Wohnungen, die vor dem 1. Januar 1990 bezugsfertig geworden sind, bleiben für den noch nicht abgelaufenen Teil eines zehnjährigen Befreiungszeitraums steuerfrei, der mit dem 1. Januar des Kalenderjahres beginnt, das auf das Jahr der Bezugsfertigkeit des Gebäudes folgt;*
2. *Grundstücke mit Wohnungen, die im Kalenderjahr 1990 bezugsfertig geworden sind, sind bis zum 31. Dezember 2000 steuerfrei;*
3. *Grundstücke mit Wohnungen, die im Kalenderjahr 1991 bezugsfertig werden, sind bis zum 31. Dezember 2001 steuerfrei.*

²*Dies gilt auch, wenn vor dem 1. Januar 1991 keine Steuerfreiheit gewährt wurde.*

(2) Befinden sich auf einem Grundstück nur zum Teil steuerfreie Wohnungen im Sinne des Absatzes 1, gilt folgendes:

1. *Wird die Grundsteuer nach dem Einheitswert bemessen (§ 41), bemißt sich der Steuermeßbetrag für den sich aus Absatz 1 ergebenden Befreiungszeitraum nur nach dem Teil des jeweils maßgebenden Einheitswerts, der auf die steuerpflichtigen Wohnungen und Räume einschließlich zugehörigen Grund und Bodens entfällt. Der steuerpflichtige Teil des Einheitswerts wird im Steuermeßbetragsverfahren ermittelt.*
2. *Ist die Ersatzbemessungsgrundlage Wohn- oder Nutzfläche maßgebend (§ 42), bleibt während der Dauer des sich aus Absatz 1 ergebenden Befreiungszeitraums die Wohnfläche der befreiten Wohnungen bei Anwendung des § 42 außer Ansatz.*

(3) ¹*Einer Wohnung stehen An-, Aus- oder Umbauten gleich, die der Vergrößerung oder Verbesserung von Wohnungen dienen.* ²*Voraussetzung ist, daß die Baumaßnahmen zu einer Wertfortschreibung geführt haben oder führen.*

§ 44 Steueranmeldung

(1) Soweit die Grundsteuer nach der Wohn- oder Nutzfläche zu bemessen ist, hat der Steuerschuldner eine Steuererklärung nach amtlich vorgeschriebenen Vordruck abzugeben, in der er die Grundsteuer nach § 42 selbst berechnet (Steueranmeldung).

(2) ¹Der Steuerschuldner hat der Berechnung der Grundsteuer den Hebesatz zugrunde zu legen, den die Gemeinde bis zum Beginn des Kalenderjahres bekannt gemacht hat, für das die Grundsteuer erhoben wird. ²Andernfalls hat er die Grundsteuer nach dem Hebesatz des Vorjahres zu berechnen; für das Kalenderjahr 1991 gilt insoweit ein Hebesatz von 300 vom Hundert.

(3) ¹Die Steueranmeldung ist für jedes Kalenderjahr nach den Verhältnissen zu seinem Beginn bis zu dem Fälligkeitstag abzugeben, zu dem Grundsteuer für das Kalenderjahr nach § 28 erstmals fällig ist. ²Für die Entrichtung der Grundsteuer gilt § 28 entsprechend.

---

1) Durch Zeitablauf überholt.

§ 45 Fälligkeit von Kleinbeträgen

Hat der Rat der Stadt oder Gemeinde vor dem 1. Januar 1991 für kleinere Beträge eine Zahlungsweise zugelassen, die von § 28 Ab. 2 und 3 abweicht, bleibt die Regelung bestehen, bis sie aufgehoben wird.

§ 46 Zuständigkeit der Gemeinden

Die Festsetzung und Erhebung der Grundsteuer obliegt bis zu einer anderen landesrechtlichen Regelung den Gemeinden.

Zu §§ 1, 27 GrStG, zu Abschn. 2 GrStR **GrStG Anlage 01.1**

Verzeichnis der landesrechtlichen Vorschriften betreffend die Zuständigkeit der Gemeinden für die Festsetzung und Erhebung der Realsteuern

Baden-Württemberg
Kommunalabgabengesetz (KAG) i. d. F. vom 17.3.2005 (GBl. S. 206), zuletzt geändert durch Artikel 7 des Gesetzes vom 17.12.2020 (GBl. S. 1233, 1249)

Bayern
Kommunalabgabengesetz (KAG) vom 4.4.1993 (GVBl. S. 264), zuletzt geändert durch Artikel 10b des Gesetzes vom 10.12.2021 (GVBl. S. 638)

Brandenburg
Kommunalabgabengesetz (KAG) vom 31.3.2004 (GVBl. I/04, [Nr. 08] S. 174), zuletzt geändert durch Artikel 1 des Gesetzes vom 19.6.2019 (GVBl. I/19, [Nr. 36])

Bremen
Bremisches Abgabengesetz vom 15.5.1962 (GBl. S. 139), zuletzt geändert durch Artikel 2 des Gesetzes vom 14.11.2017 (Brem. GBl. S. 482, 485)

Hessen
Gesetz über kommunale Abgaben (KAG) i. d. F. vom 24.3.2013 (GVBl. 2013, 134), zuletzt geändert durch Artikel 1 des Gesetzes vom 28.5.2018 (GVBl. S. 247)

Mecklenburg-Vorpommern
Kommunalabgabengesetz (KAG) vom 12.4.2005 (GVOBl. S. 146), zuletzt geändert durch Artikel 2 des Gesetzes vom 13.7.2021 (GVOBl. M-V S. 1162)

Niedersachsen
Kommunalabgabengesetz (NKAG) i. d. F. vom 20.4.2017 (Nds. GVBl. S. 121), geändert durch Artikel 6 des Gesetzes vom 13.10.2021 (Nds. GVBl. S. 700)

Nordrhein-Westfalen
Kommunalabgabengesetz (KAG) i. d. F. vom 21.10.1969 (GV NRW S. 712), zuletzt geändert durch Gesetz vom 19.12.2019 (GV NRW S. 1029)

Rheinland-Pfalz
Kommunalabgabengesetz (KAG) vom 20.6.1995 (GVBl. S. 175), zuletzt geändert durch Artikel 1 des Gesetzes vom 5.5.2020 (GVBl. S. 158)

Saarland
Kommunalabgabengesetz (KAG) vom 26.4.1978 i. d. F. vom 29.5.1998 (Amtsbl. S. 691), zuletzt geändert durch Artikel 94 des Gesetzes vom 8.12.2021 (Amtsbl. I S. 2629)

Sachsen
Sächsisches Kommunalabgabengesetz (Sächs. KAG) vom 9.3.2018 (Sächs. GVBl. S. 116), das durch Artikel 2 des Gesetzes vom 5.4.2019 (SächsGVBl. S. 245) geändert worden ist.

Sachsen-Anhalt
Kommunalabgabengesetz (KAG-LSA) vom 13.12.1996 (GVBl. LSA S. 405), zuletzt geändert durch Artikel 1 des Gesetzes vom 15.12.2020 (GVBl. LSA S. 712)

Schleswig-Holstein
Kommunalabgabengesetz (KAG) vom 10.1.2005 (GVOBl. Schl.-H. S. 27), zuletzt geändert durch Artikel 3 des Gesetzes vom 25.5.2021 (GVOBl. S. 566)

Thüringen
Thüringer Kommunalabgabengesetz (ThürKAG) vom 19.9.2000 (GVBl. S. 301), zuletzt geändert durch Gesetz vom 10.10.2019 (GVBl. S. 396)

Für die Stadtstaaten **Berlin** und **Hamburg** ist wegen der dort gegebenen Zuständigkeiten eine gesetzliche Regelung nicht notwendig.

Anlage 03.1 GrStG Zu § 3 Abs. 1 Nr. 1 GrStG, zu Abschn. 9 GrStR

Grundsteuerliche Behandlung der Industrie- und Handelskammern
Erlaß FinMin NRW vom 21. April 1977
G 1103 – 14 – V A 4

Von der Grundsteuerbefreiung des § 3 Abs. 1 Nr. 1 GrStG sind alle Körperschaften ausgeschlossen, die unter den Begriff „Berufsvertretungen und Berufsverbände" fallen. Bei den Industrie- und Handelskammern handelt es sich wie bei anderen Kammern (z. B. Handwerkskammern, Kammern der Ärzte, Rechtsanwälte, Notare usw.) um Berufsvertretungen bzw. Berufsverbände.

Der Bundesfinanzhof hat bereits in seinem zum Lastenausgleichsgesetz ergangenen Urteil vom 18. 11. 1955 III 92/54 (BStBl. 1955 III S. 398) festgestellt, daß die Handelskammern, Gewerbekammern, Handwerkskammern, Landwirtschaftskammern und ähnliche Einrichtungen „unbeschadet der gleichzeitigen Erfüllung gewisser hoheitlicher Aufgaben" zu den Berufsvertretungen bzw. Berufsverbänden gehören. Das Urteil ist zwar vor Erlaß des Gesetzes zur vorläufigen Regelung des Rechts der Industrie- und Handelskammern vom 18. 12. 1956 (BGBl. I S. 920) ergangen. Die Aufgaben dieser Kammern und ihre Stellung gegenüber dem Staat haben sich jedoch dadurch im Grunde nicht verändert, wenn sich auch die Gewichte gegenüber der Aufbauperiode nach dem verlorenen Krieg verlagert haben. Die meisten Aufgaben bestehen in einer Mitwirkung bei den Fragen des Wettbewerbs, des Gläubigerschutzes, der Zulassung zu Gewerben und Berufen sowie der Heranbildung des Nachwuchses mit dem Ziel, durch diese Mitwirkung die beruflichen Interessen der – der Kammer angehörenden – Gewerbetreibenden in ihrer Gesamtheit zu wahren. Wenn auch der Kreis der Vertretenen wesentlich größer ist als bei anderen berufsständischen Vertretungen (wie etwa Ärztekammern, Steuerberaterkammern) und dadurch häufiger bereits innerhalb der Kammern widerstreitende Interessen ausgeglichen werden müssen, so ändert dies nichts am Charakter der Industrie- und Handelskammer als Berufsvertretung bzw. Berufsverband.

Zu § 3 Abs. 1 Nr. 1 GrStG   **GrStG Anlage 03.2**

Grundsätze für die Gewährung von Ausgleichsleistungen des Bundes an Gemeinden nach Art. 106 Abs. 8 GG als Folge von Grundsteuermindereinnahmen (GGrStMi)

Vom 4. Dezember 1996

(GMBl 1997 S. 26)

Art. 106 Abs. 8 GG

Veranlaßt der Bund in einzelnen Ländern oder Gemeinden (Gemeindeverbänden) besondere Einrichtungen, die diesen Ländern oder Gemeinden (Gemeindeverbänden) unmittelbar Mehrausgaben oder Mindereinnahmen (Sonderbelastungen) verursachen, gewährt der Bund den erforderlichen Ausgleich, wenn und soweit den Ländern oder Gemeinden (Gemeindeverbänden) nicht zugemutet werden kann, die Sonderbelastungen zu tragen. Entschädigungsleistungen Dritter und finanzielle Vorteile, die diesen Ländern und Gemeinden (Gemeindeverbänden) als Folge der Einrichtungen erwachsen, werden bei dem Ausgleich berücksichtigt.

Anwendungsgrundsätze

1 Anwendungsbereich

1.1 Artikel 106 Abs. 8 GG regelt einen Sondertatbestand der Finanzverfassung, der einen Ausgleich von Sonderbelastungen einzelner Gemeinden und Gemeindeverbände (GV) durch den Bund vorsieht. Unberührt bleibt der im Grundgesetz enthaltene Grundsatz, nach dem die Finanzverantwortung für die Gemeinden (GV) bei den Ländern liegt. Sie haben mit Hilfe des kommunalen Finanzausgleichs dafür zu sorgen, daß alle Gemeinden (GV) die Finanzausstattung erhalten, die sie zur Finanzierung der regelmäßigen Aufwendungen für die üblichen kommunalen Leistungen benötigen. Die Sonderstellung des Art. 106 Abs. 8 GG erfordert deshalb die strikte Beachtung der Anspruchsvoraussetzungen, die insbesondere auch unter dem Gesichtspunkt der Subsidiarität dieser Verfassungsvorschrift gewertet werden müssen.

1.2 Die Grundsätze für die Gewährung von Ausgleichsleistungen regeln die Behandlung von Ansprüchen nach Art. 106 Abs. 8 GG für Grundsteuermindereinnahmen, die einzelnen Gemeinden (GV) als unmittelbare Folge durch vom Bund veranlaßte Einrichtungen entstehen.

1.3 Die Grundsätze sind in der Regel auf die Einrichtungen der Sondervermögen des Bundes (z. B. Deutsche Bundesbahn, Deutsche Reichsbahn und Deutsche Bundespost) nicht anzuwenden, da diese Einrichtungen allgemein üblich sind, d. h. keinen bestimmten Ausnahmecharakter aufweisen (z. B. Postämter, Bahnhöfe) und damit keine besonderen Einrichtungen sind.

2 Besondere Voraussetzungen

Ausgleichsfähig sind Grundsteuermindereinnahmen durch Grundbesitz des Bundes, der nach § 3 Abs. 1 Nr. 1 Grundsteuergesetz von der Grundsteuer befreit ist. Ausgleichsfähigkeit ist bei Grundsteuermindereinnahmen auch gegeben, wenn der Bund Grundbesitz von einem steuerbegünstigten Rechtsträger im Sinne des § 3 Abs. 1 GrStG gemietet oder gepachtet hat.

Ausgleichsfähig sind ebenfalls Grundsteuermindereinnahmen aufgrund von Bewertungsabschlägen, die als Folge der Einwirkungen von Bundeseinrichtungen gewährt werden (§ 82 Abs. 1 Nr. 1, § 88 Abs. 2 und § 47 BewG; im Beitrittsgebiet nach § 33 Abs. 2, § 37 der Durchführungsverordnung zum Reichsbewertungsgesetz in Verbindung mit § 129 Abs. 2 Nr. 2 BewG).

Anträge, die sich auf vom Bund vor dem Inkrafttreten des Art. 106 Abs. 8 GG (1. April 1957) veranlaßte Einrichtungen beziehen, sind abzulehnen (keine Rückwirkung der Verfassungsvorschrift). Zur Wahrung des Besitzstandes sind jedoch die Fälle davon ausgenommen, in denen der Bund Ersatzbeträge nach § 26 GrStG a. F. gezahlt hat, sofern die übrigen Voraussetzungen des Art. 106 Abs. 8 GG vorliegen.

3 Ermittlung der Grundsteuermindereinnahmen

Ausgleichsfähige Grundsteuermindereinnahmen aufgrund von steuerbefreitem Grundbesitz des Bundes werden wie folgt ermittelt:

3.1 Bei Grundbesitz des Bundes, der bei nicht öffentlicher Nutzung unter die Grundsteuer A fallen würde, ist das Durchschnittssoll des Aufkommens der Gemeinde an Grundsteuer A pro ha Flächeneinheit der grundsteuerpflichtigen Grundstücke als Grundsteuerausfall pro ha Flächeneinheit Bundesbesitz anzusetzen.

Bei Grundbesitz des Bundes, der bei nicht öffentlicher Nutzung unter die Grundsteuer B fallen würde, ist das Durchschnittssoll des Aufkommens der Gemeinde an Grundsteuer B pro ha Flächeneinheit der grundsteuerpflichtigen Grundstücke als Grundsteuerausfall pro ha Flächeneinheit Bundesbesitz anzusetzen.

3.2 Die ausgleichsfähige Mindereinnahme wird durch Multiplikation des Durchschnittssolls an Grundsteuer A oder B pro ha grundsteuerpflichtiger Grundbesitz der Gemeinde mit der in ha ausgedrückten Fläche des steuerbefreiten Grundbesitzes ermittelt.

3.3 Bei der Beurteilung der Frage, ob das Grundstück unter die Grundsteuer A oder B fällt, ist von der letzten steuerlichen Einordnung des Grundstücks vor dem Zeitpunkt auszugehen, in dem der Bund die Einrichtungen veranlaßt hat. In den Fällen der Nr. 2, letzter Satz, ist im Zweifel davon auszugehen, daß das Grundstück unter die Grundsteuer A fällt.

3.4 Für Grundstücke, die in dem nach der Nr. 3.3 maßgebenden Zeitpunkt als Geringstland im Sinne des Bewertungsgesetzes anzusehen waren, ist die Grundsteuermindereinnahme abweichend von Nr. 3.1 auf der Grundlage des im Bewertungsgesetz für Geringstland ausgewiesenen Hektarwertes zu ermitteln (z. Z. 50 Deutsche Mark).

3.5 Die Grundsteuermindereinnahmen aufgrund von Bewertungsabschlägen sind von der Gemeinde auf der Grundlage der Summe der Steuermeßbeträge zu ermitteln, die im jeweiligen Ausgleichsjahr für die bebauten Grundstücke und die Wohnungswerte der Betriebe der Land- und Forstwirtschaft im Sinne des Bewertungsgesetzes maßgebend sind, die in einem Gebiet mit bewertungsrechtlich bedeutsamer (Lärm-)Einwirkung von ausgleichspflichtigen Bundeseinrichtungen liegen. Zur Durchführung dieser Ermittlungen werden die Finanzminister der Länder die betroffenen Finanzämter anweisen, den Gemeinden Amtshilfe durch folgende Angaben zu leisten:

3.5.1 Bezeichnung und Abgrenzung der Gebiete, in denen Bewertungsabschläge (§ 82 Abs. 1 Nr. 1, § 88 Abs. 2 und § 47 BewG; im Beitrittsgebiet nach § 33 Abs. 2, § 37 der Durchführungsverordnung zum Reichsbewertungsgesetz in Verbindung mit § 129 Abs. 2 Nr. 2 BewG) als Folge der Lärmeinwirkungen von Bundeseinrichtungen (z. B. Militärflugplätze, Truppenübungsplätze) gewährt werden, und Angabe des maßgebenden Vomhundertsatzes, mit dem der Abschlag bei der Ermittlung des Einheitswerts für bebauten Grundstücken und des Wohnungswerts von Betrieben der Land- und Forstwirtschaft gewährt wird.

3.5.2 Bezeichnung der in diesen Gebieten liegenden Grundstücke, bei denen Bewertungsabschläge nicht gewährt werden.

4 Berechnung und Zahlung des Ausgleichs[1]

4.1 Ausgleichsleistungen des Bundes haben subsidiären Charakter. Sie sind erst zu gewähren, wenn die Finanzierungsmöglichkeiten des Gemeindehaushalts ausgeschöpft sind, insbesondere die in Betracht kommenden Zuweisungen und Darlehen des Bundes, des Landes und anderer Gemeinden (GV) in Anspruch genommen wurden. Entschädigungsleistungen Dritter werden bei dem Ausgleich berücksichtigt.

4.2 Der Gemeinde sind alle aus der Bundeseinrichtung erwachsenden unmittelbaren und mittelbaren finanziellen Vorteile anzurechnen. Diese Vorteile werden mit mindestens 10 v. H. der nach Nr. 3 errechneten Grundsteuermindereinnahmen angesetzt, sofern die Gemeinde nicht nachweist, daß diese Vorteile niedriger zu veranschlagen sind.

4.3 Die nach Nr. 3 ermittelte Grundsteuermindereinnahme ist durch den Bund nur auszugleichen, wenn und soweit sie der Gemeinde nicht zugemutet werden kann. Der Entscheidung über die Zumutbarkeit ist der Betrag zugrunde zu legen, der sich nach Abzug der unter der Nr. 4.2 ermittelten Werte ergibt. Ob die Sonderbelastung unzumutbar ist, wird nach den Verhältnissen des Einzelfalles durch das zuständige Fachressort des Bundes festgestellt. In diese Feststellung sind auch der Gemeinde zustehende Ansprüche nach Art. 106 Abs. 8 GG infolge von Mehrausgaben einzubeziehen.

4.3.1 Bei der Prüfung der Zumutbarkeit ist u. a. zu berücksichtigen, ob die Gemeinde

4.3.1.1 die Grundsätze der Gemeindewirtschaft in den Gemeindeordnungen der Länder, insbesondere die Grundsätze der Sparsamkeit und Wirtschaftlichkeit bei der Haushaltsplanung, Haushaltsführung und Rechnungslegung streng beachtet hat,

4.3.1.2 die Einnahmemöglichkeiten aus Steuern, Gebühren und Beiträgen ausgeschöpft hat,

---

1) Siehe hierzu auch Bayerischer VGH v. 12. 1. 2000 – 4 ZB 97.717 – (ZKF S. 87).

4.3.1.3 aus dem Einnahmeüberhang des Verwaltungshaushalts die Pflichtzuführungen an den Vermögenshaushalt vornehmen kann,

4.3.1.4 den nach dem Gemeindehaushaltsrecht vorgeschriebenen Mindestbetrag der allgemeinen Rücklage bilden kann,

4.3.1.5 auf Dauer in der Lage ist, den Haushalt auszugleichen und die Grundausstattung mit kommunalen Einrichtungen zu gewährleisten.

4.3.2 Vorbehaltlich des Ergebnisses der Prüfung nach Nr. 4.3.1 wird die Zumutbarkeit der Grundsteuermindereinnahme gemäß Nrn. 3 und 4 unterstellt, wenn sie die in der Anlage angeführten Anteile an der Summe aus Steuereinnahmekraft, Schlüssel- und Bedarfszuweisungen unterschreitet oder erreicht.

4.4 Die Ausgleichsleistung wird für ein Haushaltsjahr festgesetzt und in Form einer Zuweisung gezahlt.

5 Verfahren

5.1 Die Ausgleichsleistungen des Bundes werden jeweils von dem Ressort gewährt, das die zur Errichtung und Unterhaltung der die Sonderbelastung auslösenden Bundeseinrichtung erforderlichen Mittel bereitstellt oder die fachliche Verantwortung trägt:

Das ist bei Einrichtungen
der Bundesfinanzverwaltung
das BMF,
des Bundesgrenzschutzes
das BMI,
des Zivildienstes
das BMFSFJ,
der Bundeswehrverwaltung
das BMVg,
des Verkehrs
das BMV,
der Forschung und des Zivilschutzes
das die fachliche Verantwortung tragende Ressort.

5.2 Anträge auf Gewährung von Ausgleichsleistungen des Bundes sind von der Gemeinde schriftlich – bei mehreren Zuständigkeiten jeweils getrennt – an das zuständige Bundesressort oder die von diesem bestimmte Stelle, in Zweifelsfällen an den Bundesminister der Finanzen, zu richten. Sind mehrere Ressorts betroffen, so hat der Antragsteller zur Herstellung der notwendigen Abstimmungen auf Bundesebene darauf in den einzelnen Anträgen hinzuweisen. Dem Antrag sind beizufügen:

5.2.1 die zur Beschreibung der Sonderbelastung erforderlichen Unterlagen über Art und Umfang der Sonderbelastung (u. a. Grundstücksbeschreibung und -nutzung sowie Flächenfeststellung nach Nr. 3),

5.2.2 der Haushaltsplan, der Finanzplan, Unterlagen der Jahresrechnungsstatistik sowie weitere Angaben, die zur Beurteilung der Zumutbarkeit geeignet sind (insbesondere Rücklagenbildung, Schuldenstand und Schuldendienst, Zuweisungen aus dem kommunalen Finanzausgleich. Steuereinnahmen und Realsteuerhebesätze)

5.2.3 eine allgemeine Darstellung der Finanzlage der Gemeinde.

5.3 Zu Vergleichszwecken für die Berechnung nach der Nr. 4.3.2 werden die Ergebnisse der vierteljährlichen Kassenstatistik und des Realsteuervergleichs des betreffenden Bundeslandes herangezogen.

5.4 Statt Antragsunterlagen nach Nr. 5.2.2 kann auch eine eingehende Darstellung der zuständigen Kommunalaufsichtsbehörde beigefügt werden, die alle nach Nr. 4.3.1 für die Beurteilung des Anspruchs erforderlichen Angaben enthält.

5.5 Dem Antragsteller ist das Ergebnis der Prüfungen schriftlich mitzuteilen. Sind für die Gewährung von Ausgleichszahlungen nach Art. 106 Abs. 8 GG mehrere Stellen des Bundes zuständig, so haben sie vor der schriftlichen Mitteilung Einvernehmen über die Höhe der Ausgleichsleistungen und ihre Aufteilung herzustellen. Der Bundesminister der Finanzen ist in diesen Fällen zu beteiligen.

Anlage 03.2 GrStG Zu § 3 Abs. 1 Nr. 1 GrStG

5.6 Ergeben sich bei der Anwendung der vorstehenden Grundsätze Auslegungsfragen von grundsätzlicher Bedeutung, ist vor der Entscheidung über den Antrag Einvernehmen mit dem Bundesminister der Finanzen herbeizuführen.

5.7 Die vorstehenden Grundsätze sind erstmals für Anträge anzuwenden, die sich auf das Haushaltsjahr 1992 beziehen.

Anlage zu 4.3.2

Grundsätze
für die Gewährung von Ausgleichsleistungen des Bundes an Gemeinden nach Art. 106 Abs. 5 GG als Folge von Grundsteuermindereinnahmen

Bei einer Abweichung der Summe aus Steuereinnahmekraft, Einnahmen aus Schlüsselzuweisungen und Bedarfszuweisungen (DM je Einwohner) vom Landesdurchschnitt der kreisangehörigen Gemeinden bzw. der kreisfreien Städte um	ergibt sich als zumutbare Eigenbelastung ein Anteil von ... v. H. an der Summe aus Steuereinnahmekraft, Einnahmen aus Schlüsselzuweisungen und Bedarfszuweisungen (in DM)
30 und mehr	2,5
20 bis unter 30	2,0
10 bis unter 20	1,5
0 bis unter 10	1,0
−10 bis unter 0	0,8
−20 bis unter −10	0,6
−30 bis unter −20	0,4
weniger als −30	0,2

Grundsteuerbefreiung in Erbbaurechtsfällen
Erlaß FinMin. Niedersachen vom 26. Juni 1974
G 1108 46 – 34

Für die Anwendung der Befreiungsvorschriften der §§ 3 – 8 GrStG ist entscheidend, wem der Grundbesitz zuzurechnen ist (so ausdrücklich § 3 Abs. 1 letzter Satz GrStG). Daraus ergibt sich in den Fällen des § 92 BewG:

a) Liegt nur beim Erbbauberechtigten ein Befreiungsgrund vor, so wird bei der Berechnung des Grundsteuermeßbetrags nach § 13 Abs. 3 GrStG lediglich der Einheitswert des belasteten Grundstücks angesetzt, sofern er nicht auf 0 DM lautet.

b) Liegt nur beim Eigentümer des Grund und Bodens ein Befreiungsgrund vor (z.B. bei einem Dienstgrundstück im Sinne des § 3 Abs. 1 Nr. 5 GrStG, das mit einem Erbbaurecht zugunsten eines Dritten belastet ist), so wird bei der Berechnung des Grundsteuermeßbetrags nach § 13 Abs. 3 GrStG lediglich der Einheitswert für die wirtschaftliche Einheit des Erbbaurechts angesetzt.

Die Regelung des § 10 Abs. 2 GrStG, nach der der Erbbauberechtigte auch Schuldner der Grundsteuer für die wirtschaftliche Einheit des belasteten Grundstücks ist, berührt nicht die Anwendung der Befreiungsvorschriften; entscheidend ist vielmehr ausschließlich die Zurechnung bei der Einheitsbewertung.

Anlage 03.4 GrStG — Zu § 3 Abs. 1 Nr. 1 GrStG

Grundsteuerbefreiung für Grundbesitz der Bundesrepublik Deutschland, der bisher für militärische Zwecke ausländischer Streitkräfte genutzt wurde

Erlaß FinMin Hessen vom 1. Dezember 1993
– G 1103 A – 8 – II B 4a –

Grundbesitz der Bundesrepublik Deutschland, der bisher für militärische Zwecke ausländischer Streitkräfte genutzt wurde, ist nach dem Grundsteuerrecht grundsätzlich ab dem Beginn des Kalenderjahres, das der Aufgabe der militärischen Zwecke der ausländischen Streitkräfte folgt, der Grundsteuer zu unterwerfen. Im übrigen kommt es für die Entscheidung über den Beginn der Grundsteuerpflicht auf die Sach- und Rechtslage im Einzelfall an.

Zu § 3 Abs. 1 Nr. 1 und 3 GrStG, zu Abschn. 13 GrStR **GrStG Anlage 03.5**

Grundsteuerliche Behandlung von Grundbesitz, der für sportliche Zwecke benutzt wird (sportliche Anlagen)

Gleichlautende Erlasse der obersten Finanzbehörden der Länder
vom 15. März 1984
(BStBl. I S. 323)

1. Sportliche Anlagen von inländischen juristischen Personen des öffentlichen Rechts

Sportliche Anlagen, die der Öffentlichkeit zur bestimmungsgemäßen Benutzung zur Verfügung stehen, sind nach § 3 Abs. 1 Nr. 1 GrStG von der Grundsteuer befreit.

Sportliche Anlagen, die einem Sportverein zur Benutzung überlassen sind, sind unter den Voraussetzungen des § 3 Abs. 1 Nr. 3 GrStG steuerfrei.

2. Sportliche Anlagen von Sportvereinen

Ist ein Sportverein einschließlich seiner sportlichen Veranstaltungen gemeinnützig (vgl. insbesondere § 52, § 65 und § 68 Nr. 7 AO sowie Abschn. 10 KStR 1981), sind die sportlichen Anlagen einschließlich der Zuschauerflächen mit oder ohne Tribünenaufbauten von der Grundsteuer befreit (§ 3 Abs. 1 Nr. 3 Buchst. b GrStG).

Bilden die sportlichen Veranstaltungen des Sportvereins einen wirtschaftlichen Geschäftsbetrieb, der nicht Zweckbetrieb im Sinne des § 65 und des § 68 Nr. 7 AO ist, und werden die sportlichen Anlagen ganz oder überwiegend für diese Veranstaltungen benutzt, so unterliegen sie der Grundsteuer.

Bei einem Sportverein, der Fußballveranstaltungen unter Einsatz seiner Lizenzspieler nach dem Bundesligastatut des Deutschen Fußballbundes e.V. durchführt, sind sämtliche sportlichen Veranstaltungen gegen Entgelt als ein wirtschaftlicher Geschäftsbetrieb im Sinne von § 14 AO zu behandeln (Abschn. 11 KStR 1981). Die sportlichen Anlagen dienen grundsteuerfreien Zwecken, soweit sie überwiegend von Amateur- und Jugendmannschaften zu Trainings- und Übungszwecken oder zu Amateursportveranstaltungen, bei denen kein Eintrittsgeld erhoben wird, benutzt werden.

3. Sportliche Anlagen auf Grundbesitz von privaten Eigentümern

Grundbesitz, den ein privater Eigentümer an einen gemeinnützigen Sportverein zur Benutzung für sportliche Zwecke verpachtet hat, unterliegt der Grundsteuer. Wenn sportliche Anlagen öffentliche Sportplätze sind (Abschnitt 36 Abs. 2 und 3 GrStR 1978), ist die Grundsteuer durch die Gemeinde zu erlassen, falls die jährlichen Kosten in der Regel den Rohertrag übersteigen (§ 32 Abs. 1 Nr. 2 GrStG). In anderen Fällen können Billigkeitsmaßnahmen der Gemeinden nach § 227 AO in Betracht kommen.

4. Umfang der Steuerbefreiung

Zu den sportlichen Anlagen rechnen auch Unterrichts- und Ausbildungsräume, Übernachtungsräume für Trainingsmannschaften, Umkleide-, Bade-, Dusch- und Waschräume sowie Räume zur Aufbewahrung von Sportgeräten, auch wenn sie für diesen Zweck an Vereinsmitglieder ganz oder teilweise vermietet sind. Zu den sportlichen Anlagen gehören ferner Unterkunfts- und Schutzhütten von Bergsteiger-, Ski- und Wandervereinen. Die Grundsteuerbefreiung erstreckt sich auch auf die Befreiung kleinerer, einfach ausgestatteter Räume, die der Erfrischung der Sporttreibenden dienen.

Zu den sportlichen Anlagen rechnen solche Räume nicht, die der Erholung oder der Geselligkeit dienen. Die geselligen Veranstaltungen eines als gemeinnützig anerkannten Sportvereins, die sich in dem durch § 68 Nr. 7 AO gezogenen Rahmen halten, bilden jedoch einen Zweckbetrieb. Räume, die überwiegend einem solchen Zweckbetrieb dienen, sind daher grundsteuerfrei.

5. Bewertungsrechtliche Einordnung als Grundvermögen als Voraussetzung der Grundsteuerpflicht

Grundsteuerpflicht besteht nach Nr. 1 ist 4 nur insoweit, als die sportlichen Anlagen als Grundvermögen einzuordnen sind. Für Sportstätten ist die Abgrenzung des Grundvermögens von den Betriebsvorrichtungen durch Erlasse der obersten Finanzbehörden der Länder geregelt. Diese Abgrenzungs-Regelung ist auch in der Anlage zu dem die Umsatzsteuer-Befreiung nach § 4 Nr. 12 UStG betreffenden BMF-Schreiben vom 16. Januar 1984 (BStBl. I S. 40) enthalten.

6. Schlußbestimmung

Dieser Erlaß tritt an Stelle des Erlasses vom 20. März 1974 (BStBl. 1974 I S. 125).

Anlage 03.6 GrStG Zu § 3 Abs. 1 Nr. 1 und 3 GrStG

Grundsteuerliche Behandlung von kommunalen Kindertageseinrichtungen
Vfg. OFD NRW vom 17. September 2013
– Kurzinformation Nr. 002/2013 –

Mit Urteil vom 12. 7. 2012 I R 106/10, BStBl. II S. 837, hat der BFH klargestellt, dass ein von einer Kommune betriebener Kindergarten kein Hoheitsbetrieb, sondern ein Betrieb gewerblicher Art ist. Aus diesem Grund ist die GrSt-Befreiung gem. § 3 Abs. 1 Nr. 1 GrStG i. V. mit § 3 Abs. 3 GrStG mangels eines öffentlichen Dienstes oder Gebrauchs ausgeschlossen.

Da in Kindertageseinrichtungen (Kindertagesstätten, Horte etc.) üblicherweise die Förderung der Erziehung bzw. die Förderung der Jugendhilfe und damit grds. gemeinnützige Zwecke (§ 52 AO) verfolgt werden, ist die GrSt-Befreiung gem. § 3 Abs. 1 Nr. 3 Buchst. a GrStG zu gewähren, wenn das Grundstück von der inländischen Person öffentlichen Rechts für solche Zwecke genutzt wird (subjektive und objektive Voraussetzungen liegen vor). Ggf. ist eine Aufteilung gem. § 8 GrStG zu beachten.

Für die Entscheidung, ob gemeinnützige Zwecke verfolgt werden bzw. das Grundstück für gemeinnützige Zwecke genutzt wird, ist die im Rahmen der KSt getroffene Entscheidung zu übernehmen. Fehlt es wegen der Geringfügigkeit der Erträge bzw. Einnahmen (§ 24 KStG, § 64 Abs. 3 AO) an einer Entscheidung des zuständigen KSt-Bezirks, ist aus Vereinfachungsgründen vom Vorliegen eines steuerunschädlichen Zweckbetriebs auszugehen und die GrSt-Befreiung zu gewähren.

Zu § 3 Abs. 1 Nr. 1 GrStG, zu § 4 Nr. 3 GrStG   **GrStG Anlage 03.7**

Grundsteuerliche Behandlung von Straßen, Wegen und Plätzen
Gleichlautende Erlasse der obersten Finanzbehörden der Länder
vom 15. Januar 2002
(BStBl. I S. 152)

1. **Grundsteuerbefreiung wegen Benutzung für einen öffentlichen Dienst oder Gebrauch nach § 3 Abs. 1 Nr. 1 GrStG** (nur bei inländischen juristischen Personen des öffentlichen Rechts)

1.1 Bei Straßen, Wegen und Plätzen, die der Öffentlichkeit ohne besondere Zulassung zur bestimmungsgemäßen Nutzung zur Verfügung stehen, liegt „bestimmungsgemäßer Gebrauch durch die Allgemeinheit" vor (§ 3 Abs. 2 GrStG; Abschnitt 10 GrStR). Dieser Grundbesitz ist daher wegen Benutzung für einen „öffentlichen Dienst oder Gebrauch" von der Grundsteuer befreit (§ 3 Abs. 1 Nr. 1 GrStG). Befreit sind auch die Parkflächen auf Straßen, Wegen und Seitenstreifen, auf denen das Parken nur zeitlich begrenzt erlaubt ist (Kurzzeitparkplätze). Das Gleiche gilt für Zonen mit Anwohnerparkrechten.

1.2 Nicht befreit sind gebührenpflichtige öffentlichen Parkplätze und Parkhäuser (einschließlich Parkpaletten, Tiefgaragen sowie „Park and Ride"-Plätze). Hier liegt kein „öffentlicher Dienst oder Gebrauch" (§ 3 Abs. 3 GrStG), sondern ein Betrieb gewerblicher Art von Körperschaften des öffentlichen Rechts vor (BFH-Urteil vom 22. September 1976, BStBl. II S., 793). Dies gilt selbst dann, wenn der Parkraum jedermann zur Verfügung steht und die Absicht, Gewinn zu erzielen, fehlt.

1.3 Die Grundsteuerbefreiung nach § 4 Nr. 3 Buchst. a GrStG bleibt hiervon unberührt.

2. **Grundsteuerbefreiung für Verkehrsflächen nach § 4 Nr. 3 Buchst. a GrStG; BFH-Urteil vom 25. April 2001, BStBl. 2002 II S. 54** (bei allen Eigentümern)

2.1 Nach § 4 Nr. 3 Buchst. a GrStG sind die „dem öffentlichen Verkehr dienenden Straßen, Wege, Plätze" von der Grundsteuer befreit. Nicht hierunter fallen Parkhäuser, Parkpaletten und Tiefgaragen. Für die Grundsteuerbefreiung ist es ohne Bedeutung, ob die Straßen, Wege, Plätze nur gegen eine Gebühr oder ein privatrechtliches Entgelt benutzt werden können. Abschnitt 18 Abs. 1 letzter Satz GrStR ist insoweit nicht mehr anzuwenden.

2.2 Ein Grundstück dient dem öffentlichen Verkehr, wenn es der Öffentlichkeit zugänglich ist, d. h. ohne Beschränkung auf einen bestimmten, mit dem Verfügungsberechtigten in enger Beziehung stehenden Personenkreis benutzt werden kann. Das ist nicht der Fall beim Betriebshof eines Verkehrsunternehmens, der zwar dem Personenverkehr dient, aber nicht der Öffentlichkeit zugänglich ist.

Ohne Bedeutung sind Einschränkungen, die sich aus dem Wesen und der Art des Verkehrs ergeben. So sind Fußgängerzonen dem Fußgängerverkehr und Parkplätze dem Autoverkehr vorbehalten; Anlagen für den Güterumschlag dienen dem öffentlichen Güterverkehr.

2.3 Die Grundsteuerbefreiung ist ausgeschlossen für Grundstücke, die der Öffentlichkeit zugänglich sind, jedoch einem gewerblichen Zweck dienen (z. B. Parkplätze, die für Zwecke eines Warenhaus- oder Gastronomiebetriebs unterhalten werden), es sei denn, das Grundstück ist durch Widmung und Indienststellung zu einer (rechtlich) öffentlichen Sache geworden (BFH-Urteil vom 7. Dezember 1988, BStBl. 1989 II S. 302, und vom 25. April 2001, a. a. O.).

3. **Unterhaltung von Parkplätzen und Parkhäusern als unentbehrliche Hilfstätigkeit zur Verwirklichung des begünstigten Zwecks**

3.1 Die Befreiung nach den §§ 3 und 4 GrStG tritt nur ein, wenn der Grundbesitz für den steuerbegünstigten Zweck unmittelbar benutzt wird (§ 7 Satz 1 GrStG). Eine unmittelbare Benutzung für einen bestimmten begünstigten Zweck liegt vor, wenn dieser auf dem Grundstück verfolgt wird. Es genügt aber auch, dass auf dem Grundstück nur eine Hilfstätigkeit zur Verwirklichung des begünstigten Zwecks ausgeübt wird, sofern diese hierfür unentbehrlich ist (Abschnitt 31 Abs. 1 GrStR). Als eine solche Hilfstätigkeit ist auch die Unterhaltung von Parkplätzen und Parkhäusern anzusehen, die zur unentgeltlichen Nutzung für Bedienstete und Besucher bestimmt sind und die zu dem Grundbesitz gehören, auf dem der begünstigte Zweck verfolgt wird. Dies gilt auch für Parkplätze und Parkhäuser, die bewertungsrechtlich nicht zur wirtschaftlichen Einheit des steuerbefreiten Grundbesitzes gehören, wenn zwischen ihnen und dem Grundbesitz ein enger räumlicher Zusammenhang besteht.

3.2 Eine unentbehrliche Hilfstätigkeit zur Verwirklichung des begünstigten Zwecks kann nicht mehr angenommen werden bei Parkplätzen und Parkhäusern, die jedermann gegen Gebühr oder pri-

Anlage 03.7 GrStG Zu § 3 Abs. 1 Nr. 1 GrStG, zu § 4 Nr. 3 GrStG

vatrechtliches Entgelt zur Verfügung stehen. Gleiches gilt für Stellplätze, die an Bedienstete oder Studierende vermietet werden.

4. Schlußbestimmungen
Dieser Erlass ergeht im Einvernehmen mit den obersten Finanzbehörden des Bundes und der anderen Länder. Er tritt an die Stelle des Erlasses vom 6. Dezember 1993 (BStBl. I S. 989).

Zu § 3 Abs. 1 Nr. 1 GrStG   **GrStG Anlage 03.8**

a) Befreiung für Grundstücke von Stadt- und Landkreisen, sowie von Gemeinden und Gemeindeverbänden, die der Abfallentsorgung dienen (§ 3 Abs. 1 Nr. 1 GrStG)

Erlaß FinMin. Baden-Württemberg vom 1. August 1997

G 1103/6

Nach dem Gesetz über die Vermeidung und Entsorgung von Abfällen und die Behandlung von Altlasten in Baden-Württemberg (Landesabfallgesetz – LAbfG) vom 8.1.1990 (GBl. 1996 S. 617) ist die Abfallentsorgung Pflichtaufgabe der Stadt- und Landkreise (öffentlich-rechtliche Entsorgungsträger) bzw. der damit beauftragten Gemeinden, der sie sich rechtlich nicht entziehen können. Zu der Frage, ob die der Abfallentsorgung dienenden Grundstücke dieser juristischen Personen des öffentlichen Rechts unter die Steuerbefreiung des § 3 Abs. 1 Nr. 1 GrStG fallen, wird – auch unter Hinweis auf das BFH-Urteil vom 23.10.1996 (BStBl. II 1997 S. 139 – folgende Rechtsauffassung vertreten:

Die Abfallentsorgung durch Stadt- und Landkreise sowie Gemeinden und Gemeindeverbände stellt – wie bisher – eine hoheitliche Tätigkeit dar. Die von diesen öffentlich-rechtlichen Körperschaften betriebenen Deponien sind deshalb nach § 3 Abs. 1 Nr. 1 GrStG als steuerbefreit anzusehen. Von der Befreiung auszunehmen sind jedoch die Grundstücke bzw. Grundstücksteile, die der Abfallverwertung – speziell der Kompostierung – dienen oder die zur Erfüllung der Entsorgungsaufgabe privaten Betreibern überlassen werden. In diesen Fällen fehlt es an der Erfüllung hoheitlicher Aufgaben bzw. der Voraussetzung des § 3 Abs. 1 Satz 2 GrStG.

b) Grundsteuerbefreiung für Grundstücke öffentlich-rechtlicher Ver- und Entsorgungsträger

Vfg. OFD Koblenz vom 27. Juli 1999

– G 1102 A – St 44 2 –

Es wurde gefragt, wie über die Anträge auf Grundsteuerbefreiung für Grundstücke öffentlich-rechtlicher Ver- bzw. Entsorgungsträger im Falle der Bildung eines Eigenbetriebs „Verbandsgemeindewerke" zu entscheiden ist.

Nach § 3 Abs. 1 Nr. 1 Satz 1 GrStG ist der Grundbesitz, der von einer inländischen juristischen Person des öffentlichen Rechts für einen öffentlichen Dienst oder Gebrauch benutzt wird, von der Grundsteuer befreit.

Der Eigenbetrieb „Verbandsgemeindewerke" ist Teil der Verbandsgemeinde (VG), einer inländischen juristischen Person des öffentlichen Rechts. Es handelt sich hierbei um einen Zusammenschluß von Einrichtungen der Verbandsgemeinde zur Wasserversorgung und Abwasserbeseitigung. Der Eigenbetrieb besitzt keine eigene Rechtspersönlichkeit und bleibt rechtlich Teil der Verwaltung und des Vermögens der VG.

Auch der Grundbesitz von Körperschaften des öffentlichen Rechts bleibt nur dann steuerfrei, wenn eine ausdrückliche Befreiungsvorschrift dafür besteht. Entscheidend ist, ob der Grundbesitz für einen öffentlichen Dienst oder Gebrauch benutzt wird.

Gem. § 3 Abs. 2 und 3 GrStG ist öffentlicher Dienst oder Gebrauch die hoheitliche Tätigkeit oder der bestimmungsmäße Gebrauch durch die Allgemeinheit. Ein Entgelt für den Gebrauch durch die Allgemeinheit darf nicht in der Absicht, Gewinn zu erzielen, gefordert werden. Öffentlicher Dienst oder Gebrauch ist nicht anzunehmen bei Betrieben gewerblicher Art und von Körperschaften des öffentlichen Rechts.

Zur Abgrenzung, ob der Grundbesitz des Eigenbetriebs einer hoheitlichen Tätigkeit oder einem Betrieb gewerblicher Art dient, muß zwischen den Bereichen Wasserbeschaffung, Wasserversorgung und Abwasserbeseitigung eine klare Trennung erfolgen.

Wasserbeschaffung und Wasserversorgung:

Nach ständiger Rechtsprechung des Bundesfinanzhofs (BFH) ist die Wasserbeschaffung „Hoheitsbetrieb" (BFH-Urteil vom 15. 3. 1972, I R 232/71, BStBl. II 1972, S. 500).

Die Versorgung der Bevölkerung mit Wasser ist kraft ausdrücklicher gesetzlicher Regelung ein Betrieb gewerblicher Art (§ 4 Abs. 3 KStG).

Anlage 03.8 GrStG

Zu § 3 Abs. 1 Nr. 1 GrStG

Körperschaften des öffentlichen Rechts sind nach § 1 Abs. 1 Nr. 6 i. V. m. § 4 KStG mit ihren Betrieben gewerblicher Art unbeschränkt körperschaftsteuerpflichtig. Diese Entscheidung ist gem. Abschn. 9 Abs. 4 GrStR für die Grundsteuer zu übernehmen.

Neben der Tätigkeit in der Wasserversorgung tritt die Tätigkeit in der Wasserbeschaffung zurück. Ohne Abgabe des Wassers an einen oder mehrere Abnehmer ist eine Wasserbeschaffung nicht denkbar, da Wasser nicht unbegrenzt speicherfähig ist. Die Wasserbeschaffung wird damit zu einer die Wasserversorgung vorbereitenden Tätigkeit und von ihr absorbiert. Die Wasserbeschaffung ist als Einrichtung von der Weiterleitung nicht trennbar. Betriebe mit untrennbar hoheitlichen und gewerblichen Tätigkeiten gelten nur dann als Hoheitsbetrieb, wenn die Ausübung öffentlicher Gewalt überwiegt. Was die Wasserbeschaffung und die Wasserversorgung anbelangt, ist dies nicht der Fall, da die Wasserverteilung zumindest nicht weniger bedeutsam ist als die Wasserbeschaffung, da die Einnahmen aus der Weiterveräußerung, also aus der der Wasserversorgung dienenden Tätigkeit bezogen werden (vgl. hierzu BFH-Urteil vom 30. 11. 1989, – I R 79-80/86 –, BStBl. II 1990, S. 452).

Die betroffenen Grundstücke, wie z. B. solche, die mit Hochbehältern bebaut sind, dienen demnach der Tätigkeit eines gewerblichen Betriebs, so daß Steuerpflicht besteht. Anträgen auf Grundsteuerbefreiung kann insoweit nicht entsprochen werden.

Abwasserbeseitigung:

Die Abwasserentsorgung wird traditionell unter Berufung auf § 4 Abs. 5 KStG i. V. m. Abschn. 5 Abs. 14 KStR als eine hoheitliche Tätigkeit angesehen, die der Verbandsgemeinde als juristische Person des öffentlichen Rechts und Träger öffentlicher Gewalt „eigentümlich und vorbehalten" ist. Hierbei handelt es sich um eine Pflichtaufgabe der Selbstverwaltung, der sich die VG gem. § 52 Abs. 1 des Landeswassergesetzes (LWG) nicht entziehen kann. Die VG wird insoweit hoheitlich tätig, wenn die Tätigkeit im Bereich des Gesundheitsschutzes und des Umweltschutzes Teil der öffentlichen Daseinsvorsorge ist und eine Privatisierung der Abwasserbeseitigung durch Delegierung der Aufgaben mit befreiender Wirkung auf einen privaten Dritten nicht möglich ist (vgl. hierzu auch BFH-Urteile vom 12. 12. 1968 – V 213/85 –, BStBl. II 1969, S. 280 u. vom 8. 1. 1998 – V R 32/97 –, BStBl. II 1998, S. 410).

Somit sind die der Abwasserbeseitigung dienenden Grundstücke des Eigenbetriebs nach § 3 Abs. 1 Nr. 1 GrStG als steuerfrei anzusehen.

Eigenbetrieb „Verbandsgemeindewerke":

Dienen Grundstücke sowohl der Wasserversorgung als auch der Abwasserbeseitigung, ist davon auszugehen, daß eine räumliche Trennung des Steuergegenstandes in einen steuerpflichtigen und einen steuerfreien Teil gem. § 8 Abs. 1 GrStG erfolgen kann. Sollte eine räumliche Trennung in seltenen Fällen jedoch nicht möglich sein, ist der Steuergegenstand oder der Teil des Steuergegenstandes nur befreit, wenn die steuerbegünstigten Zwecke überwiegen (§ 8 Abs. 2 GrStG).

Zu § 3 Abs. 1 Nr. 1 und 3 GrStG GrStG Anlage 03.9

Umfang der Grundsteuerbefreiung bei Versuchsgütern und ähnlichen Einrichtungen
Erlaß FinMin Sachsen-Anhalt vom 23. April 1992
– 42 – G 1106 – 2 –

1. Umfang der Steuerbefreiung; Steuerpflicht der Wohnungen
Die Grundsteuerbefreiung von Versuchsgütern und ähnlichen Einrichtungen nach § 3 Abs. 1 Nr. 1 oder Nr. 3 GrStG oder nach § 4 Nr. 5 GrStG – jeweils in Verbindung mit § 6 Nr. 1 GrStG – umfaßt den gesamten Grundbesitz, der Lehr- oder Versuchszwecken dient. Dementsprechend sind außer den Versuchsflächen (vgl. Nr. 2) auch alle Gebäude (Teile von Gebäuden) befreit, die unmittelbar dem begünstigten Zweck dienen, so z. B. Labors, Büro-, Unterrichts-, Lager- und Geräteräume. Die einschränkenden Regelungen des § 5 GrStG für Wohnungen und Wohnräume sind zu beachten.

2. Abgrenzung der unmittelbar Versuchszwecken dienenden Flächen
a) Versuche auf dem pflanzenbaulichen Sektor
Bei den Versuchen auf den Gebieten der Pflanzenzucht, des Pflanzenbaues, des Pflanzenschutzes, der Pflanzenernährung usw. ist die praxisnahe Durchführung, d. h. die Eingliederung der Versuche in eine normale Fruchtfolge, von großer Bedeutung. Vielfach sind auch Untersuchungen der Vorfrucht- und Nachfruchtwirkungen erforderlich.

Es ist daher nicht nur die tatsächlich nachhaltig genutzte Versuchsfläche, sondern auch die Fläche befreit, die unter Berücksichtigung der Fruchtfolge für eine praxisnahe Durchführung der Versuche zwingend erforderlich ist (Rotationsfläche). Es kann deshalb davon ausgegangen werden, daß die begünstigte Fläche in der Regel bis zum Dreifachen der Fläche ausmacht, die im nachhaltigen Durchschnitt für Versuche in Anspruch genommen wird. Bei Dauerkulturen, z. B. beim Weinbau, kann allerdings nur das Einfache der jeweils nachhaltig genutzten Versuchsfläche befreit werden.

b) Versuche mit Tieren
Die Praxisnähe ist auch bei den Tierversuchen von großer Bedeutung. Zahlreiche Versuche auf dem Gebiet der Ernährungsphysiologie werden deshalb direkt auf der Weide (d. h. unter natürlichen Haltungsbedingungen) durchgeführt. Die Flächen, die zur Ernährung der Versuchstiere erforderlich sind, sind daher befreit. Erforderlich ist in der Regel eine Futterfläche von einem Hektar für jede im nachhaltigen Durchschnitt gehaltene Vieheinheit im Sinne der Anlage 1 zum BewG.

Anlage 03.10 GrStG Zu § 3 Abs. 1 Nr. 3 GrStG, zu Abschn. 12 GrStR

**Verzeichnis
der Zwecke, die als besonders förderungswürdig im Sinne des § 10b Abs. 1 EStG
anerkannt sind**

Anlage 1 zu § 48 Abs. 2 EStDV ist aufgehoben worden.
Gemeinnützige Zwecke s. § 52 AO.
Mildtätige Zwecke s. § 53 AO.

a) Grundsteuerbefreiung von Wohnheimen für Zivildienstleistende
Erlaß FinMin NRW vom 30. Mai 1984
G 1102 – 16 – V A 4

Bei der Ableistung des Zivildienstes anerkannter Kriegsdienstverweigerer nach dem Zivildienstgesetz (ZDG) i. d. F. vom 29. September 1983 (BGBl. I S. 1221)[1] ist der Dienstleistende auf dienstliche Anordnung verpflichtet, in einer dienstlichen Unterkunft zu wohnen und an einer Gemeinschaftsverpflegung teilzunehmen (§ 31 i. V. m. § 80 ZDG). Werden Wohnheime für Zivildienstleistende von einer juristischen Person des öffentlichen Rechts oder von einer als gemeinnützig anerkannten Körperschaft bereitgestellt, so sind diese mit dem betreffenden Grundbesitz von der Grundsteuer befreit (§ 3 Abs. 1 Nr. 1 bzw. Nr. 3 i. V. m. § 5 Abs. 1 Nr. 3 GrStG).

Damit werden Wohnheime für Zivildienstleistende den Gemeinschaftsunterkünften der Bundeswehr (befreit nach § 3 Abs. 1 Nr. 1 i. V. m. § 5 Abs. 1 Nr. 1 GrStG) und den Studentenheimen (befreit nach § 3 Abs. 1 Nr. 3 i. V. m. § 5 Abs. 1 Nr. 3 GrStG und § 68 Nr. 1 Buchst. b AO) gleichgestellt. Wie stets gilt die Befreiung nur unter der Voraussetzung, daß es sich bei den Unterkünften nicht um „Wohnungen" handelt (§ 5 Abs. 2 GrStG).

b) Grundsteuerbefreiung für Dienstwohnungen von Pastoralreferenten (§ 3 Abs. 1 Nr. 5 GrStG)
Erlaß FinMin Niedersachsen vom 20. November 2001
G 1105 a – 3 – 341

Es ist gefragt worden, ob für die Wohnung in einem Pfarrhaus die Grundsteuerbefreiung nach § 3 Abs. 1 Nr. 5 GrStG zu gewähren ist, wenn diese einem Pastoralreferenten überlassen wurde.

Der BFH fordert eine enge Auslegung des Dienstwohnungsbegriffs (Urteil vom 18. 10. 1989, BStBl. 1990 II S. 190). Danach sind Wohnungen nur dann als Dienstwohnung i. S. des § 3 Abs. 1 Nr. 5 GrStG anzusehen, wenn sie Geistlichen oder Kirchendienern als Teil ihres Einkommens zugewiesen, in der Kirchengemeinde belegen und zur Wahrnehmung der dienstlichen Obliegenheiten erforderlich sind.

Die Vertreter der Obersten Finanzbehörden des Bundes und der Länder vertreten die Auffassung, dass eine Grundsteuerbefreiung nach § 3 Abs. 1 Nr. 5 GrStG auch zu gewähren ist, wenn die Wohnung im Pfarrhaus der Kirchengemeinde zur Wahrnehmung seelsorgerischer Aufgaben von einem Pastoral- oder Gemeindereferenten bezogen wird und eine Anrechnung des Mietwertes dieser Wohnung auf die Vergütung im Rahmen des Dienstverhältnisses erfolgt. Pastoral- und Gemeindereferenten sind insoweit dem Kirchendiener i.S. der Befreiungsvorschrift gleichzusetzen.

Dieser Erlaß ist im Einvernehmen mit den obersten Finanzbehörden der anderen Länder ergangen.

---

[1] Jetzt Neufassung vom 17.5.2005 (BGBl. I S. 1346), zuletzt geändert durch Artikel 7 des Gesetzes vom 12.12.2019 (BGBl. I S. 2652).

Anlage 03.12 GrStG Zu §§ 3 Abs. 1 Nr. 3 GrStG

Grundsteuerbefreiung bei Betrieben gewerblicher Art von Körperschaften des öffentlichen Rechts; Grundsteuerfreiheit von Schwimm- und Heilbädern

Erlaß FinMin Schleswig-Holstein vom 19. August 1991
– VI 330a – G 1105 – 021 –

Grundbesitz von juristischen Personen des öffentlichen Rechts, der für ein öffentliches Schwimmbad benutzt wird, ist wegen unmittelbarer Benutzung zu gemeinnützigen Zwecken von der Grundsteuer befreit (§ 3 Abs. 1 Nr. 3 Buchst. a GrStG).

Die für Schwimmbäder geltenden Befreiungsgründe gelten auch für Grundbesitz der nicht in privatrechtlicher Form betriebenen kommunalen oder staatlichen Kurverwaltungen, der unmittelbar für therapeutische Einrichtungen eines Heilbades (insbesondere seiner Bäder) benutzt wird. Gaststätten (Restaurants) und Beherbergungsbetriebe sind keine Zweckbetriebe und können deshalb nicht von der Grundsteuer befreit werden.

Die Gleichstellung der Heilbäder mit Schwimmbädern soll durch fehlerbeseitigende Einheitswertfeststellung und Grundsteuermeßbetragsfestsetzung berücksichtigt werden, sobald dem Finanzamt im Einzelfall bekannt wird, daß eine bisher angenommene Steuerpflicht auf fehlerhafter Rechtsauslegung beruht.

Soweit Kurverwaltungen in privater Rechtsform betrieben werden (z. B. als GmbH), kommt eine Grundsteuer-Befreiung nur dann in Betracht, wenn die Körperschaft auch die subjektiven Voraussetzungen erfüllt, unter denen persönliche Steuerbefreiung wegen Gemeinnützigkeit bei der Körperschaftsteuer, Gewerbesteuer und Vermögensteuer gewährt wird. Hierfür ist eine Satzung, die den Erfordernissen der §§ 59–61 AO genügt und auch die Vermögensbindung festlegt, unverzichtbar.

Zu § 3 Abs. 1 Nr. 3 GrStG   **GrStG Anlage 03.13**

Besteuerung von Grundbesitz, der dem Naturschutz dient
Vfg. OFD Magdeburg vom 20. Juni 2012
– G 1105-1-St 272 –

Das Grundsteuergesetz (GrStG) sieht für Grundbesitz, der dem Naturschutz dient, unter bestimmten Voraussetzungen sowohl die Befreiung (§ 3 Abs. 1 Nr. 3 GrStG) als auch den Erlass (§ 32 GrStG) der Grundsteuer vor. Hierbei gilt Folgendes:

1. Eine Steuerbefreiung kommt nach § 3 Abs. 1 Nr. 3 GrStG nur unter den folgenden Voraussetzungen in Betracht:

    a) Der Grundbesitz muss im Eigentum einer inländischen juristischen Person des öffentlichen Rechts oder einer inländischen gemeinnützigen Körperschaft stehen (subjektive Voraussetzungen).

    b) Der Grundbesitz muss von der Körperschaft, der er zuzurechnen ist, ausschließlich und unmittelbar zu gemeinnützigen Zwecken verwendet werden (objektive Voraussetzung). Als gemeinnütziger Zweck ist gem. § 52 Abs. 2 Nr. 1 der Abgabenordnung 1977 (AO) die Förderung des Umwelt- und Landschaftsschutzes anzusehen. Der gemeinnützige Benutzungszweck i. S. d. § 52 AO ist bei der Entscheidung über die Grundsteuerbefreiung selbständig zu prüfen.

    Ohne nähere Prüfung sind Flächen von der Grundsteuer zu befreien, wenn diese als Naturschutzgebiet, Naturpark, Landschaftsschutzgebiet oder Naturdenkmal i. S. d. Bundesnaturschutzgesetzes oder des Naturschutzgesetzes des Landes Sachsen-Anhalt ausgewiesen sind.

    Die subjektiven und objektiven Voraussetzungen müssen gleichzeitig vorliegen.

    Eine Grundsteuerbefreiung scheidet jedoch – vorbehaltlich der Ausnahmetatbestände des § 6 Nrn. 1 – 3 GrStG – aus, wenn der Grundbesitz zugleich land- und forstwirtschaftlich genutzt wird (§ 6 GrStG).

    Dabei ist auch eine nur extensive land- und forstwirtschaftliche Nutzung, z. B. durch Schafhaltung oder Ausübung des Jagdrechts, schädlich.

    Allein die gesetzliche Mitgliedschaft in einer Jagdgenossenschaft gem. Bundesjagdgesetz (BJagdG) stellt keine land- und forstwirtschaftliche Nutzung des Grund und Bodens dar (vgl. Urteil FG Düsseldorf vom 1. 9. 2005 – 11 K 5169/02 Gr, BG). Hinzutreten muss die tatsächliche Jagdausübung. Die Jagdgenossenschaft nutzt die Jagd in der Regel durch Verpachtung. Aus § 26 Abs. 7 Landesjagdgesetz für Sachsen-Anhalt vom 23. 7. 1991 (GVBl. LSA S. 186) – LJagdG ergibt sich eine Verpflichtung zur Jagdausübung, von der allerdings Ausnahmen zugelassen sind. So kann der Jagdausübungsberechtigte die Jagd mit Zustimmung der zuständigen Behörde ruhen lassen (§ 10 Abs. 1 und 2 BJagdG). Des Weiteren kann die Ausübung der Jagd in naturschutzrechtlich geschützten Bereichen im Einvernehmen der zuständigen Behörden eingeschränkt werden (§ 24 Abs. 3 LJagdG).

    Liegt eine der oben genannten oder eine andere Ausnahme von der Verpflichtung zur Jagd vor, ist die Grundsteuerbefreiung wegen fehlender land- und forstwirtschaftlicher Nutzung nicht von § 6 GrStG ausgeschlossen.

2. Liegen nach den vorgenannten Grundsätzen die Voraussetzungen für eine Grundsteuerbefreiung nicht vor, so kann nach Maßgabe des § 32 GrStG der Erlass der Grundsteuer in Betracht kommen.

    Die Entscheidung über einen Erlass der Grundsteuer obliegt den für die Festsetzung der Grundsteuer zuständigen Gemeinden (Stadt-, Gemeindeverwaltung) und fällt nicht in die Zuständigkeit der Finanzämter. Ich weise jedoch auf folgende Grundsätze hin:

    Nach § 32 Abs. 1 Nr. 1 GrStG ist die Grundsteuer zu erlassen für Grundbesitz oder Teile von Grundbesitz, dessen Erhaltung wegen seiner Bedeutung für den Naturschutz im öffentlichen Interesse liegt, wenn die erzielten Einnahmen (= Rohertrag) in der Regel unter den jährlichen Kosten liegen.

    Ein Ausschluss von einem Erlass der Grundsteuer aufgrund land- und forstwirtschaftlicher Nutzung der Flächen besteht nicht. § 6 GrStG ist nur für die Steuerbefreiung von Bedeutung.

    Auf die Eigentumsverhältnisse an Grundbesitz kommt es nicht an.

    Sind die übrigen Voraussetzungen des § 32 GrStG erfüllt, kommt daher für Naturschutzgebiete, Naturparks sowie Naturdenkmale in den Fällen, in denen eine Befreiung aufgrund schädlicher land- und forstwirtschaftlicher Nutzung ausgeschlossen ist, ein Erlass der Grundsteuer in Betracht.

3. Rechtsgrundlagen für den Natur- und Landschaftsschutz sind

    a) das Bundesnaturschutzgesetz vom 29. 7. 2009, BGBl. I S. 2542; zuletzt geändert durch Artikel 5 des Gesetzes vom 6. 2. 2012, BGBl. I S. 148.

    b) das Naturschutzgesetz des Landes Sachsen-Anhalt (NatschG LSA) vom 10. 12. 2010, GVBl. LSA 2010 S. 569.

Anlage 03.14 GrStG Zu § 3 Abs. 1 Nr. 3 GrStG

Behandlung von Grundstücken, die staatlichen Schlossbetrieben zur Nutzung überlassen sind (§ 3 Abs. 1 Nr. 3 GrStG)

Erlass FinMin Schleswig-Holstein vom 2. Oktober 2002
VI 316 – G 1105 – 025

Zu der Frage, ob im Eigentum des Landes stehende Burgen, Schlösser usw., die durch staatliche Schlossbetriebe u. a. für steuerbegünstigte kulturelle Zwecke (z. B. als Museum oder Konzertsaal) benutzt werden, auch dann gemäß § 3 Abs. 1 Nr. 3a GrStG befreit sind, wenn die Schlossbetriebe Betriebe gewerblicher Art (§ 4 KStG) und nicht als gemeinnützig anerkannt sind, wird gebeten im Einvernehmen mit den obersten Finanzbehörden der anderen Länder folgende Auffassung zu vertreten:

Gemäß § 3 Abs. 1 Nr. 3a GrStG befreit ist Grundbesitz, der von einer inländischen juristischen Person des öffentlichen Rechts für gemeinnützige oder mildtätige Zwecke benutzt wird (objektive Voraussetzung). Ob der geltend gemachte Benutzungszweck gemeinnützig oder mildtätig i. S. der §§ 52, 53, 55 bis 68 AO ist, muss nach Abschnitt 12 Abs. 3 GrStR für die Grundsteuer selbstständig geprüft werden. Handelt es sich um einen Zweck, der in Anlage 1 zu § 48 Abs. 2 EStDV als besonders förderungswürdig anerkannt ist, gilt diese Voraussetzung als erfüllt. In anderen Fällen kommt es darauf an, ob der Zweck auch bei der Körperschaftsteuer als gemeinnützig anerkannt worden ist. Die dort getroffene Entscheidung ist zu übernehmen.

Die Förderung kultureller Zwecke (ausschließliche und unmittelbare Förderung der Kunst, die Förderung der Pflege und Erhaltung von Kulturwerten sowie die Förderung der Denkmalpflege) ist nach Abschnitt A Nr. 3 der Anlage 1 zu § 48 Abs. 2 EStDV als „besonders förderungswürdig" anzuerkennen. Bei der Ertragsteuer wird die Steuervergünstigung – Spendenabzug nach § 10b EStG – künftig aber ausgeschlossen, wenn eine juristische Person des öffentlichen Rechts eine zur Erfüllung eines gemeinnützigen Zwecks gemachte Zuwendung im steuerpflichtigen Betrieb gewerblicher Art verwendet. Ungeachtet der ertragsteuerlichen Behandlung von Spenden ist es für die Grundsteuerbefreiung gemäß § 3 Abs. 1 Nr. 3a GrStG nicht erforderlich, dass die juristische Person des öffentlichen Rechts mit ihrem Betrieb gewerblicher Art als gemeinnützig anerkannt ist. Für die Befreiung genügt es, dass der Grundbesitz für gemeinnützige oder mildtätige Zwecke tatsächlich und unmittelbar genutzt wird.

Dieser Erlass ergeht im Einvernehmen mit den obersten Finanzbehörden der anderen Länder. Es wird gebeten die Finanzämter entsprechend zu unterrichten.

Grundsteuerbefreiung von Gewässerrandstreifen
Vfg. OFD Hannover vom 19. Oktober 1992
G 1108 – 32 – StO 242
G 1108 – 31 – StH 352

Gewässerrandstreifen im Sinne des § 91a Abs. 1 Niedersächsisches Wassergesetz (NWG), die von einer inländischen juristischen Person des öffentlichen Rechts erworben werden, um die in § 91a Abs. 2 bis 4 NWG enthaltenen Schutzmaßnahmen zu verwirklichen, sind wegen Benutzung zu dem gemeinnützigen Zweck „Naturschutz" nach § 3 Abs. 1 Nr. 3a GrStG unter der Voraussetzung von der Grundsteuer befreit, daß jede land- und forstwirtschaftliche Nutzung unterbleibt, § 6 GrStG. Das Säen von Kräutern und Gräsern und das Pflanzen von Gehölzen und Bäumen sowie als pflegerische Maßnahmen eine jährliche Mahd der Gräser und ein Beschneiden der Gehölze in mehrjährigen Abständen sind jedoch unschädlich.

Bei gepachteten Gewässerrandstreifen kommt eine Grundsteuerbefreiung nach § 3 Abs. 1 Nr. 3a GrStG allerdings nur in Betracht, wenn die Flächen einem anderen nach § 3 Abs. 1 Nr. 1–5 GrStG begünstigten Rechtsträger zuzurechnen sind, § 3 Abs. 1 letzter Satz GrStG.

Anlage 03.16 GrStG   Zu § 3 Abs. 1 Nr. 3 GrStG

a) Grunderwerbsteuerbefreiung bei Grundstücksübertragungen im Rahmen einer Öffentlich Privaten Partnerschaft – ÖPP (sog. Public Private Partnership – PPP)

Erlass FinMin Saarland vom 13. April 2006
B/5 – 2 – 92/2006 – S 4506

Öffentlich Private Partnerschaften (ÖPP) sind eine neue Form der Zusammenarbeit zwischen öffentlichen Stellen und Privatunternehmen zwecks Finanzierung, Bau, Renovierung, Betrieb oder Unterhalt einer Infrastruktur oder der Bereitstellung einer Dienstleistung.

Um die gesetzlichen Rahmenbedingungen zur Erleichterung der Umsetzung von Öffentlich Privaten Partnerschaften zu schaffen, wurde das Gesetz zur Beschleunigung der Umsetzung von Öffentlich Privaten Partnerschaften und zur Verbesserung gesetzlicher Rahmenbedingungen für Öffentlich Private Partnerschaften beschlossen (BGBl. I S. 2676). Neben der Beseitigung von gebühren-, vergabe- und haushaltsrechtlichen Hemmnissen enthält das Gesetz in Artikel 5 Änderungen der §§ 4 und 19 des Grunderwerbsteuergesetzes.

Mit Artikel 5 wird in § 4 GrEStG eine Nummer 9 angefügt, die Grundstückserwerbe und -übergänge im Rahmen von ÖPP unter bestimmten Voraussetzungen von der Grunderwerbsteuer befreit. Die Befreiung erfolgt nur für die Fallkonstellation, dass die juristische Person des öffentlichen Rechts Eigentümerin von Grundstücken i.S.v. § 2 GrEStG ist und diese privaten Auftragnehmern im Rahmen einer ÖPP überträgt. Private Auftragnehmer sind auch Gesellschaften, an denen die juristische Person des öffentlichen Rechts zum Teil oder in vollem Umfang beteiligt ist. Die Grundstücke sollen nach der Herrichtung/nach der Errichtung von Gebäuden von der juristischen Person des öffentlichen Rechts für Verwaltungszwecke genutzt werden. Wesentliches Kriterium für die Befreiung ist, dass das Grundstück nach den vertraglichen Vereinbarungen am Ende der Vertragslaufzeit auf die juristische Person des öffentlichen Rechts rück übertragen wird.

Um sicherzustellen, dass nur förderungswürdige ÖPP-Projekte von der Steuerbefreiung profitieren können, ist die Befreiung an folgende Voraussetzungen gebunden:

– Das Grundstück wird dem privaten Unternehmer von der juristischen Person des öffentlichen Rechts zu Beginn des Vertragszeitraums übertragen.

– Der private Unternehmer überlässt der juristischen Person des öffentlichen Rechts das Grundstück während des Vertragszeitraums zur Nutzung für einen öffentlichen Dienst oder Gebrauch i.S.v. § 3 Abs. 2 GrStG.

– Die Rückübertragung des Grundstücks an die juristische Person des öffentlichen Rechts am Ende des Vertragszeitraums ist vereinbart worden (Nicht ausreichend ist die Einräumung eines bloßen Optionsrechts der juristischen Person des öffentlichen Rechts auf Rückübertragung des Grundstücks).

Bei Erwerbsvorgängen, bei denen der private Auftragnehmer das Grundstück auf dem freien Grundstücksmarkt erwirbt und in das ÖPP-Projekt einbringt, ist die Steuerbefreiung nach § 4 Nr. 9 GrEStG nicht zu gewähren.

Wegen der Voraussetzung, dass das Grundstück für einen öffentlichen Dienst oder Gebrauch (hoheitliche Zwecke) genutzt werden muss, folgt die Grunderwerbsteuerbefreiung den Regelungen der Grundsteuer (vgl. § 3 Abs. 2 und 3 GrStG). Über das Vorliegen der Voraussetzungen des § 3 Abs. 2 GrStG ist im Einvernehmen mit den Bewertungsstellen zu entscheiden.

Das Gesetz zur Beschleunigung der Umsetzung von Öffentlich Privaten Partnerschaften und zur Verbesserung gesetzlicher Rahmenbedingungen für Öffentlich Private Partnerschaften ist am 8. September 2005 in Kraft getreten. Die Steuerbefreiung nach § 4 Nr. 9 GrEStG ist daher auf Erwerbsvorgänge anzuwenden, die nach dem 7. September 2005 verwirklicht werden. Erfolgte die Übertragung des Grundstücks auf den privaten Auftragnehmer – unter Erfüllung der übrigen Voraussetzungen – vor dem In-Kraft-Treten des § 4 Nr. 9 GrEStG, ist gleichwohl die spätere Rückübertragung nach dieser Vorschrift befreit.

Die Steuerbefreiung für die Übertragung des Grundstücks auf den privaten Auftragnehmer entfällt rückwirkend, wenn die Nutzung für einen öffentlichen Dienst oder Gebrauch endet oder die Rückübertragung nicht mehr verlangt werden kann bzw. nicht vorgenommen wird. Es handelt sich um ein rückwirkendes Ereignis i.S.d. § 175 Abs. 1 S. 1 Nr. 2 AO. Hierüber haben die Steuerschuldner gem. der in § 19 Abs. 2 GrEStG neu angefügten Nr. 5 dem Finanzamt Anzeige zu erstatten.

Die Fälle nach § 4 Nr. 9 GrEStG sind hinsichtlich der Erfüllung des begünstigten Zwecks in geeigneter Weise zu überwachen und im Hinblick auf die Vorschriften über die Festsetzungsverjährung im Abstand von 5 Jahren zu überprüfen.

Zu § 3 Abs. 1 Nr. 3 GrStG GrStG Anlage 03.16

Bis die Fälle nach § 4 Nr. 9 GrEStG maschinell verarbeitet werden können, sind entsprechende Freistellungsbescheide personell zu fertigen und die Steuerpflichtigen auf ihre Anzeigepflicht nach § 19 Abs. 2 Nr. 5 GrEStG hinzuweisen.

Dieser Erlass ergeht im Einvernehmen mit den obersten Finanzbehörden der anderen Länder.

b) Befreiung für Grundbesitz im Rahmen Öffentlich Privater Partnerschaften nach § 3 Abs. 1 Satz 3 GrStG

Erlass Erlass FinMin Saarland vom 12. Juli 2006
B/5 – 3 – 110/2006 – G 1103

Öffentlich Private Partnerschaften (ÖPP) sind eine neue Form der Zusammenarbeit zwischen öffentlichen Stellen und Privatunternehmen, bei der die erforderlichen Ressourcen von den Partnern zum gegenseitigen Nutzen in einem gemeinsamen Organisationszusammenhang eingestellt werden. ÖPP sind in vielen Bereichen denkbar: Bau, Sanierung oder Renovierung von Schulen, Hochschulen oder Verwaltungsgebäuden, Betrieb oder Unterhaltung einer Infrastruktur, Bereitstellung einer Dienstleistung.

Um die gesetzlichen Rahmenbedingungen zur Erleichterung der Umsetzung von Öffentlich Privaten Partnerschaften zu schaffen, wurde das Gesetz zur Beschleunigung der Umsetzung von Öffentlichen Privaten Partnerschaften und zur Verbesserung gesetzlicher Rahmenbedingungen für Öffentlich Private Partnerschaften vom 1. September 2005 (ÖPP-Beschleunigungsgesetz; BGBl. I S. 2676) beschlossen.

Durch das Artikel 6 ÖPP-Beschleunigungsgesetz ist § 3 Abs. 1 GrStG dahingehend ergänzt worden, dass Grundbesitz eines nicht begünstigten Rechtsträgers von der Grundsteuer befreit ist, wenn

– der Grundbesitz im Rahmen einer Öffentlich Privaten Partnerschaft einer juristischen Person des öffentlichen Rechts für einen öffentlichen Dienst oder Gebrauch überlassen wird und
– die Übertragung des Eigentums auf den Nutzer am Ende des Vertragszeitraums vereinbart ist.

Allein die Option der öffentlichen Hand, das Eigentum am Ende des Vertragszeitraums zu erwerben, reicht für die Grundsteuerbefreiung nicht aus.

Beispiel:
Seit 2002 ist ein bebautes Grundstück im Rahmen einer Öffentlich Privaten Partnerschaft an einen begünstigten Rechtsträger zu Verwaltungszwecken vermietet. Das Grundstück befindet sich im Eigentum der Privatperson. Die Übertragung des Grundstücks am Ende der Vertragszeit auf den begünstigten Rechtsträger ist vereinbart. Der Eigentümer beantragt die Aufhebung des Grundsteuermessbetrags zum frühestmöglichen Zeitpunkt.

Das ÖPP-Beschleunigungsgesetz vom 1. September 2005 ist am 8. September 2005 in Kraft getreten. Eine Steuerbefreiung nach § 3 Abs. 1 Satz 3 GrStG kommt damit erstmals auf den 1. Januar 2006 in Betracht; der Grundsteuermessbetrag ist auf den 1. Januar 2006 aufzuheben (§ 20 Abs. 1 Nr. 2a, Abs. 2 Nr. 2 GrStG). Da der Einheitswert ab diesem Zeitpunkt nicht mehr für steuerliche Zwecke benötigt wird, ist der Einheitswert gleichfalls auf den 1. Januar 2006 aufzuheben (§ 24 Abs. 1 Nr. 2, Abs. 2 Satz 1 BewG).

Nach bisherigem Recht waren hoheitlich genutzte Grundstücke, die sich nicht im Eigentum der öffentlichen Hand oder anderer begünstigter Rechtsträger befanden, von der Grundsteuerbefreiung nach § 3 Abs. 1 Satz 1 Nr. 1 i. V. m. Satz 2 GrStG ausgeschlossen. Um die Schlechterstellung privater Rechtsträger zu beseitigen und die finanziellen Auswirkungen für die Gemeinden gering zu halten, beseitigt das Gesetz nicht generell die Ausnahmeregelung, sondern dient – zumal die öffentliche Hand in vielen Fällen bereits wirtschaftliche Eigentümerin ist – der Klarstellung.

Im Unterschied zur Grunderwerbsteuerbefreiung (vgl. hierzu Erlass vom 18. April 2006 B/5-2 – 92/2006 – S 4506) ist es für die Grundsteuerbefreiung ohne Belang, ob der private Auftragnehmer das ÖPP-Objekt von der öffentlichen Hand erhalten oder auf dem Grundstücksmarkt selbst erworben hat. Ebenso ist es für die Grundsteuerbefreiung unerheblich, ob das ÖPP-Objekt dem privaten Partner von der öffentlichen Hand förmlich übertragen oder zur Herrichtung und Betreibung lediglich überlassen wurde.

Vertragsänderungen sind unter Hinweis auf § 19 GrStG anzuzeigen.

Dieser Erlass ergeht in Abstimmung mit den obersten Finanzbehörden der anderen Länder.

Anlage 03.17 GrStG   Zu § 3 GrStG

Grundsteuerrechtliche Behandlung von Grundstücken fremder Staaten
Gleich lautende Erlasse der obersten Finanzbehörden der Länder vom 1. Juli 1971
(BStBl. I S. 343)

I. Allgemeines
Die grundsteuerrechtliche Behandlung der Grundstücke fremder Staaten in der Bundesrepublik Deutschland, die für Zwecke von Botschaften oder Konsulaten dieser Staaten benutzt werden, ist durch internationale Vereinbarungen geregelt, die durch Ratifikation bereits Bestandteil des deutschen Steuerrechts geworden sind oder es noch werden.

Durch das Wiener Übereinkommen über diplomatische Beziehungen – WÜD – vom 18. April 1961 (BGBl. 1964 II S. 959 ff.), das nach der Bekanntmachung des Bundesministers des Auswärtigen vom 13. Februar 1965 (BGBl. 1965 II S. 147) in Kraft getreten ist, ist die Grundsteuerbefreiung für Grundbesitz ausländischer Staaten, der **diplomatischen** Zwecken dient, mit Wirkung vom 1. Januar 1965 auf eine neue rechtliche Grundlage gestellt worden. Die Grundsteuerbefreiung von Grundbesitz, der **konsularischen** Zwecken dient, ist im Wiener Übereinkommen über konsularische Beziehungen – WÜK – vom 24. April 1963 (BGBl. 1969 II S. 1587 ff.) neu geregelt worden. Das Inkrafttreten dieses Abkommens bestimmt sich auf Grund Artikel 4 Abs. 2 des Zustimmungsgesetzes vom 26. August 1969 (BGBl. 1969 II S. 1585) nach Artikel 77 des Abkommens. In der Bundesrepublik Deutschland ist das Übereinkommen bisher noch nicht in Kraft getreten.

Soweit fremde Staaten (Entsendestaaten) diese Verträge noch nicht ratifiziert haben oder ihnen durch Unterzeichnung noch nicht beigetreten sind, richtet sich die grundsteuerrechtliche Behandlung der Grundstücke, die im Eigentum dieser ausländischen Staaten oder der unter Abschnitt II Nr. 1 und 2 genannten natürlichen Personen stehen und diplomatischen bzw. konsularischen Zwecken dienen, nach allgemeinen völkerrechtlichen Grundsätzen (§ 9 Nr. 1 StAnpG) die ihren Niederschlag in dem kodifizierten Recht der beiden Wiener Übereinkommen gefunden haben. Deshalb bestehen auch keine Bedenken schon vor der Ratifizierung des Wiener Übereinkommens bei der Grundsteuer nach den Grundsätzen dieses Abkommens zu verfahren.

II. Ausmaß der Befreiungen von der Grundsteuer nach den beiden Wiener Übereinkommen

1. Grundbesitz, der diplomatischen Zwecken dient
a) Artikel 23 Abs. 1 WÜD befreit den Entsendestaat und den Missionschef hinsichtlich der in ihrem Eigentum stehenden „Räumlichkeiten der Mission" von der Grundsteuer. Artikel 1 Buchst. i WÜD bezeichnet als „Räumlichkeiten der Mission" „die Gebäude oder Gebäudeteile und das dazu gehörende Gelände, die für Zwecke der Mission verwendet werden, einschließlich der Residenz des Missionschefs".

Dem Sinn und Zweck des Abkommens entsprechend umfasst der Begriff „Räumlichkeiten" (Art. 23 Abs. 1 i.V. mit Art. 1 Buchst. i WÜD) auch unbebaute Grundstücke, die für eine diplomatische Nutzung in unbebautem Zustand (z.B. als Parkfläche) oder für eine Bebauung mit einem Gebäude vorgesehen sind. Demnach sind unter dem Begriff „Räumlichkeiten" sowohl Gebäude oder Gebäudeteile als auch das zu einem bestehenden oder ggf. noch zu errichtenden Gebäude gehörige Gelände mit der Folge zu verstehen, dass auch unbebaute Grundstücke, die für diplomatische Zwecke erworben und benutzt werden, von der Grundsteuer zu befreien sind.

b) Artikel 34 WÜD gewährt den **Diplomaten** im Empfangsstaat Steuerbefreiung von allen staatlichen, regionalen und kommunalen Personal- und Realsteuern oder -abgaben. Ausgenommen hiervon und – damit zu erheben – sind Steuern und sonstige Abgaben von privatem, im Hoheitsgebiet des Empfangsstaates gelegenem unbeweglichen Vermögen, es sei denn, dass der Diplomat es im Auftrag des Entsendestaates für Zwecke der Mission im Besitz hat (Artikel 34 Buchst. b WÜD).

2. Grundbesitz, der konsularischen Zwecken dient
a) Artikel 32 Abs. 1 WÜK befreit die konsularischen Räumlichkeiten und die Residenz des eine konsularische Vertretung leitenden **Berufskonsularbeamten**, die im Eigentum des Entsendestaates oder einer für diesen handelnden Personen stehen (z.B. im Eigentum des Konsuls oder eines anderen Konsularbeamten) von der Grundsteuer. Nach Artikel 1 Abs. 1 Buchst. j WÜK sind „konsularische Räumlichkeiten" die „Gebäude oder Gebäudeteile und das dazu gehörige Gelände, die ausschließlich für die Zwecke der konsularischen Vertretung benutzt werden".

Bei der Auslegung des Begriffs „Räumlichkeiten" sind die unter Abschnitt II Nr. 1 Buchst. a Abs. 2 dargelegten Grundsätze anzuwenden.

b) Artikel 49 gewährt den Konsularbeamten und Bediensteten des Verwaltungs- und technischen Personals sowie den mit ihnen im gemeinsamen Haushalt lebenden Familienmitgliedern Steuerbefreiung von allen staatlichen, regionalen und kommunalen Personal- und Realsteuern oder -abgaben. Ausgenommen hiervon – und damit zu erheben – sind Steuern und sonstige Abgaben von privatem, im Hoheitsgebiet des Empfangsstaates gelegenem unbeweglichen Vermögen, es sei denn, dass die Voraussetzungen des Artikels 32 Abs. 1 WÜK vorliegen; danach tritt Grundsteuerbefreiung dann ein, wenn die konsularischen Räumlichkeiten und die Residenz des eine konsularische Vertretung leitenden Berufskonsularbeamten im Eigentum einer für den Entsendestaat handelnden Person stehen.

c) Nach Artikel 60 WÜK sind die konsularischen Räumlichkeiten einer von einem Wahlkonsularbeamten geleiteten konsularischen Vertretung, die im Eigentum des Entsendestaates stehen, von der Grundsteuer befreit.

III. Beginn der Befreiung von der Grundsteuer

Der Zeitpunkt, von dem an ein unter den Voraussetzungen der oben erwähnten Vorschriften erworbenes, bisher steuerpflichtiges Grundstück beim Veräußerer von der Grundsteuer freizustellen ist, bestimmt sich nach den folgenden Grundsätzen:

Eine Befreiung des Grundbesitzes von der Grundsteuer kommt für den Veräußerer auf Grund der o.a. internationalen Übereinkommen nicht in Betracht. Der bei ihm eintretende Wegfall der Steuerpflicht ist nach den Vorschriften des deutschen Steuerrechts zu regeln. Folglich ist von der Frage des Beginns der Grundsteuerbefreiung für den Entsendestaat bzw. für dessen diplomatischen oder konsularischen Vertreter die Frage des Wegfalls der Steuerpflicht bei dem Veräußerer zu unterscheiden und auch getrennt zu beurteilen.

Über die Befreiung des o.a. Grundbesitzes von der Grundsteuer ist im Steuermessbetragsverfahren zu entscheiden. Der nach dem alten Bewertungsrecht festgestellte Einheitswert des bisher steuerpflichtigen Grundstücks ist auf den Beginn des auf die Veräußerung folgenden Kalenderjahres auf 0 DM fortzuschreiben. Der nach dem neuen Bewertungsrecht festgestellte Einheitswert ist aufzuheben (§ 24 Abs. 1 Nr. 2 und Abs. 3 BewG 1965 in Verbindung mit Artikel 2 Abs. 2 BewÄndG 1965). Damit wird erreicht, dass der o.a. Grundbesitz beim Erwerber nicht zur Grundsteuer herangezogen werden kann. Abweichend von dem Grundsatz, dass eine Grundsteuerbefreiung erst vom Beginn des auf die Veräußerung folgenden Kalenderjahres an gewährt werden kann, ist nach § 16 Abs. 1 GrStG die Grundsteuer nur bis zum Schluss des maßgebenden Kalendervierteljahres zu entrichten. Bis zum Schluss dieses Kalendervierteljahres schuldet noch der **Veräußerer** die Grundsteuer. Das gilt auch in den Fällen, in denen der Erwerber auf Grund des Kaufvertrages mit dem Zeitpunkt des Übergangs des Grundstücks die laufenden Nutzungen und Lasten, also auch die Verpflichtung übernimmt, die auf die Zeit vom Tag des Erwerbs bis zum Ende des maßgebenden Kalendervierteljahres entfallende Grundsteuer zu bezahlen. Durch diese Vereinbarung wird der **Erwerber** jedoch nicht zum Steuerschuldner. Es handelt sich hierbei vielmehr um eine privat-rechtliche Vereinbarung ohne öffentlich-rechtliche Wirkung, die den Veräußerer nicht von seiner der Gemeinde gegenüber bestehende Verpflichtung zur Bezahlung der Grundsteuer befreit. Eine Haftung des Entsendestaates usw. als Erwerber des Grundbesitzes nach § 116 Abs. 2 AO scheidet von vornherein aus, gleichgültig ob die Steuer auf den Zeitraum vor oder nach der Übereignung des Grundstücks entfällt.

Anlage 04.1 GrStG Zu § 4 Nr. 3 Buchstabe a GrStG, zu Abschn. 18 GrStR

a) Grundsteuerbefreiung nach § 4 Nr. 3 Buchst. a GrStG für Grundstücke, die dem Betrieb von Draisinenbahnen dienen

Erlass FinMin Niedersachsen vom 26. Oktober 2009
G 1102-35-StO 287

Nach § 4 Nr. 3 Buchst. a GrStG sind die dem öffentlichen Verkehr dienenden Straßen, Wege, Plätze, Wasserstraßen, Häfen und Schienenwege sowie die Grundflächen mit den diesem Verkehr unmittelbar dienenden Bauwerken und Einrichtungen (z.B. Brücken, Schleuseneinrichtungen, Signalstationen, Stellwerke, Blockstellen) von der Grundsteuer befreit. Die Vertreter des Bundes und der Länder haben die Frage erörtert, ob ein stillgelegter Schienenweg, auf dem eine Draisinenbahn betrieben wird, weiterhin dem öffentlichen Verkehr im Sinne des § 4 Nr. 3 Buchst. a GrStG dient.

Entscheidend für die Frage, ob die Schienenwege dem öffentlichen Verkehr dienen ist, ob den Betreibern eine Betriebs- und Beförderungspflicht übertragen ist, damit jedermann, der die Beförderungsbedingungen erfüllt, die auf den Schienenwegen verkehrenden Bahnen benutzen kann. Schienenwege, auf denen Bahnen betrieben werden, die nur von einem eingeschränkten Personenkreis benutzt werden können, sind deshalb von der Steuerbefreiung ausgenommen, weil sie nicht unmittelbar dem öffentlichen Verkehr dienen.

Draisinenbahnen fallen nicht unter die Begriffsbestimmung „Eisenbahnen". Hierunter sind nur öffentliche Einrichtungen oder privatrechtlich organisierte Unternehmen zu verstehen, die Eisenbahnverkehrsleistungen erbringen oder eine Eisenbahninfrastruktur betreiben (§ 2 Allgemeines Eisenbahngesetz).

Der Draisinenbetrieb dient nicht dem öffentlichen Verkehr. Es besteht für den Betreiber der Draisinenbahn als touristische Freizeitattraktion kein Kontrahierungszwang, d.h. keine rechtliche Verpflichtung mit einem anderen ein Rechtsverhältnis zu begründen. Diese Verpflichtung ist allerdings gesetzlich für Verkehrsbetriebe (Nahverkehr, Bahn, Bus, Taxi) vorgeschrieben. Diese müssen grundsätzlich jedermann nach den Bedingungen des amtlich veröffentlichten Tarifs befördern.

Schienenwege, auf denen der öffentliche Personen- und Güterverkehr eingestellt ist, unterliegen deshalb grundsätzlich der Grundsteuer.

Die Vertreter des Bundes und der Länder kamen zu dem Ergebnis, dass die Frage der Grundsteuerbefreiung nur anhand des jeweiligen konkreten Einzelfalls entschieden werden kann. Entscheidungserheblich ist dabei insbesondere, ob die Betreiber einem oben beschriebenen Kontrahierungszwang unterliegen.

b) Behandlung von Diensträumen der Bundespolizei in Bahnhöfen

Vfg. OFD Karlsruhe vom 1. Juli 2010
– G 1108/5-St 344 –

Das Hessische Ministerium der Finanzen hat mitgeteilt, dass an die OFD Frankfurt am Main als Hauptort der Bewertung für Bahnanlagen die Frage herangetragen wurde, wie die Diensträume der Bundespolizei in Bahnhöfen bewertungs- bzw. grundsteuerrechtlich zu behandeln seien. Die DB Services Immobilien GmbH vertritt hierzu die Auffassung, dass diese Gebäudeteile von der Grundsteuer zu befreien sind und verweist auf die gleichlautenden Erlasse der obersten Finanzbehörden der Länder vom 28.11.1995 zur grundsteuerlichen Behandlung von Verkehrsflughäfen und Verkehrslandeplätzen (Erlass des FM Baden-Württemberg vom 28.11.1995 G 1108/3, abgedruckt – ohne Anlage – in GrSt – Kartei I zu § 4 Nr. 3 GrStG Karte 6, vergl. BStBl. 1996 I, 14).

Die OFD Frankfurt am Main kommt zu dem Ergebnis, dass die Diensträume der Bundespolizei in Bahnhöfen der Grundsteuer unterliegen und damit im Einheitswert zu erfassen sind. Ich teile diese Auffassung.

Eine Steuerbefreiung nach § 4 Nr. 3 Buchstabe a GrStG kommt nicht in Betracht, da die Diensträume der Bundespolizei nicht unmittelbar dem öffentlichen Verkehr dienen. Dieser wird nicht erst durch die Anwesenheit der Bundespolizei ermöglicht. Die Anwesenheit der Bundespolizei gewährleistet vielmehr, Gefahren für die öffentliche Sicherheit und Ordnung abzuwehren. Dies ergibt sich aus § 3 Abs. 1 BPolG.

Die Steuerbefreiung nach § 4 Nr. 3 Buchstabe b GrStG gilt ausdrücklich für Flächen von Verkehrsflughäfen und Verkehrslandeplätzen. Der hierzu ergangene gleichlautende Ländererlass beinhaltet demgemäß ausschließlich Regelungen zur Anwendung dieser speziellen Befreiungsvorschrift, die Anwendung des Erlasses auf Diensträume der Bundespolizei in Bahnhöfen ist damit ausgeschlossen.

Zu § 4 GrStG, zu Abschn. 19 GrStR **Anlage 04.2 GrStG**

a) Grundsteuerbefreiung
für Verkehrsflughäfen und Verkehrslandeplätze nach § 4 Nr. 3 Buchstabe b GrStG
Gleichlautende Erlasse der obersten Finanzbehörden der Länder betreffend
Vom 28. November 1995
(BStBl. 1996 S. 14)

Die Steuerbefreiung nach § 4 Nr. 3 Buchstabe b GrStG gilt nur für Verkehrsflughäfen und Verkehrslandeplätze. Für Flugplätze, die nicht dem öffentlichen Verkehr mit Luftfahrzeugen dienen (Militär-, Sport- oder Privatflugplätze), kommt diese Regelung nicht in Betracht; allerdings kann sich für diese eine Befreiung nach § 3 Abs. 1 Nr. 1 oder 3 GrStG ergeben.

Die Befreiungsvorschrift des § 4 Nr. 3 Buchstabe b GrStG umfaßt

1. alle Flächen, die unmittelbar zur Gewährleistung eines ordnungsgemäßen Flugbetriebs notwendig sind und von Hochbauten und sonstigen Luftfahrthindernissen freigehalten werden müssen,
2. die Grundflächen mit den Bauwerken und Einrichtungen, die unmittelbar dem ordnungsgemäßen Flugbetrieb dienen, und
3. alle Grundflächen mit ortsfesten Flugsicherungsanlagen einschließlich der Flächen, die für einen einwandfreien Betrieb dieser Anlagen erforderlich sind.

Die beigefügte tabellarische Zusammenstellung enthält Beispiele für die o. g. drei Teilbereiche. In Spalte 2 dieser Tabelle ist die jeweils für oder gegen eine Grundsteuerbefreiung getroffene Entscheidung wiedergegeben; zum besseren Verständnis der Zusammenhänge sind auch Hinweise darüber aufgenommen, ob es sich um Betriebsvorrichtungen handelt (vgl. Erlaß vom 31. März 1992, BStBl. 1992 I S. 342, zur Abgrenzung des Grundvermögens von den Betriebsvorrichtungen). Spalte 3 gibt Auskunft darüber, ob das jeweilige Objekt unmittelbar dem öffentlichen Verkehr mit Luftfahrzeugen im Sinne des § 2 Abs. 1 A Nr. 6 der Verordnung zur Durchführung des § 90 BewG dient. Sie gilt nicht im Beitrittsgebiet.

GrStG Anlage 04.2

Zu § 4 GrStG, zu Abschn. 19 GrStR

Zusammenstellung der unbebauten und bebauten Grundflächen und Gebäude auf Verkehrsflughäfen und Verkehrslandeplätzen
Grundsteuerliche Behandlung und Abgrenzung zu Betriebsvorrichtungen

	Bezeichnung bzw. Funktion	Grundsteuerliche Behandlung	Gebäude oder Gebäudeteile, die unmittelbar dem öffentlichen Verkehr mit Luftfahrzeugen dienen
A	**Flächen, die unmittelbar zur Gewährleistung eines ordnungs-gemäßen Flugbetriebs notwendig sind und von Hochbauten und sonstigen Luftfahrthindernissen freigehalten werden müssen**		
1.	Start- und Landebahnen	Grundflächen befreit[1]; bauliche Bestandteile (Bodenbefestigungen) sind Betriebsvorrichtungen	entfällt[2]
2.	Rollbahnen	befreit; bauliche Bestandteile (Bodenbefestigungen) sind Betriebsvorrichtungen	entfälllt
3.	Schutzstreifen und Sicherheitsflächen	befreit	entfällt
4.	Abfertigungsvorfelder und darunter liegende Fluggasttunnel und Grundflächen befreit; Gepäckverteileranlagen	bauliche Bestandteile (Bodenbefestigungen und Fluggasttunnel, die die Flugsteige – siehe Absatz B Nr. 17 – unmittelbar miteinander verbinden) sind Betriebsvorrichtungen	entfällt
5.	Abstellflächen und Wendeflächen (befestigt und unbefestigt), die dem öffentlichen Verkehr mit Luftfahrzeugen dienen	befreit; bauliche Bestandteile (Bodenbefestigungen) sind Betriebsvorrichtungen	entfällt
6.	Rollbrücken (für kreuzungsfreien Verkehrauf dem Flughafen)	befreit; bauliche Bestandteile (Bodenbefestigungen) sind Betriebsvorrichtungen	entfällt
7.	Flugplatzbetriebsstraßen innerhalb des Flugplatzgeländes	befreit	entfällt

1) „befreit" bedeutet gemäß 4 Nr. 3 Buchstabe b GrStG
2) gilt nur, falls nicht in die wirtschaftliche Einheit eines bebauten Grundstücks einbezogen

Zu § 4 GrStG, zu Abschn. 19 GrStR **Anlage 04.2 GrStG**

	Bezeichnung bzw. Funktion	Grundsteuerliche Behandlung	Gebäude oder Gebäudeteile, die unmittelbar dem öffentlichen Verkehr mit Luftfahrzeugen dienen
B	**Grundflächen mit Bauwerken und Einrichtungen, die unmittelbar dem ordnungsgemäßen Flugbetrieb dienen** [1])		
1.	Abfertigungsgebäude	nicht befreit	ja
2.	ASR*)-Gebäude, Gebäude für Sende- und Empfangsanlage, Gebäude für Flugmonitore (Sendeeinrichtungen für Fernfeldmonitore)	befreit	ja
3.	Baubüros	befreit, wenn sie überwiegend der Herstellung oder Herrichtung steuerfreien Grundbesitzes dienen	ja
4.	Betriebstankstellen	befreit	ja
5.	Bordverpflegungsküchen der Luftverkehrsgesellschaften und Cateringgebäude	nicht befreit	ja
6.	Büros und Verwaltungsgebäude des Flugplatzhalters	befreit, soweit überwiegend steuerfreier Grundbesitz verwaltet wird	ja
7.	Büros und Verwaltungsgebäude der Luftverkehrsgesellschaften	nicht befreit	ja
8.	Büros der Mietwagenunternehmen	nicht befreit	nein
9.	Diensträume der Polizei	nicht befreit; soweit begünstigtem Rechtsträger zuzuordnen, Befreiung nach 3 Abs. 1 Nr. 1	nein
10.	Diensträume des Bundesgrenzschutzes	befreit	ja
11.	Räume für Einwanderungsund Asylbehörden	nicht befreit; soweit begünstigtem Rechtsträger zuzuordnen, Befreiung nach 3 Abs. 1 Nr. 1	nein
12.	Empfangsgebäude	nicht befreit	ja
13.	Feuerwehrgebäude	befreit	ja
14.	Flugplatzgaststätten	nicht befreit	ja, wenn sie nur für Fluggäste zugänglich sind
15.	Flugplatzgärtnereien, die überwiegend damit beschäftigt sind, das Rollfeld zu säubern und den Bewuchs aus Gründen der Flugsicherheit zu überwachen	befreit	ja
16.	Flugsicherungsgebäude	befreit	

1) „befreit" bedeutet gemäß 4 Nr. 3 Buchstabe b GrStG
 * ASR (Airport Surveillance Radar) = Flughafen-Rundsicht-Radar

GrStG Anlage 04.2

Zu § 4 GrStG, zu Abschn. 19 GrStR

	Bezeichnung bzw. Funktion	Grundsteuerliche Behandlung	Gebäude oder Gebäudeteile, die unmittelbar dem öffentlichen Verkehr mit Luftfahrzeugen dienen
17.	Flugsteige, wenn sie der allgemeinen Öffentlichkeit nicht zugänglich sind	befreit sind nur die reinen Zugangsflächen zu den Flugzeugen (nicht befreit sind die in den Flugsteigen enthaltenen sonstigen Räume wie Verkaufsläden, Sozialeinrichtungen, Büros o. ä.). Die begünstigten Flugsteige sind aus den nicht befreiten Abfertigungsgebäuden auszusondern	ja
18.	Flugwetterdienstgebäude (Außenstellen des Deutschen Wetterdienstes)	befreit	ja
19.	Flugzeughallen für Flugzeuge die gewerbsmäßig gegen Entgelt für die Beförderung von Personen und/oder Waren eingesetzt werden, sowie für Privatflugzeugenicht	befreit	ja, mit Ausnahme der Hallen und Werkstätten für Privatflugzeuge
20.	Frachthallen und Transitgepäckhallen	nicht befreit	ja
21.	Garagen, Parkplätze und Parkhäuser für Fluggäste und Flugplatzpersonal	befreit unter den Voraussetzungen des gleichlautenden Erlasses zur grundsteuerlichen Behandlung von Parkplätzen und Parkhäusern vom 06. 12. 1993 (BStBl I S. 989)[1]	ja
22.	Garagen für Kraftfahrzeuge des Flugplatzbetriebes	befreit	ja
23.	Geräteschuppen für den Flugplatzbetrieb	befreit	ja
24.	Heizwerk	befreit, wenn überwiegend steuerfreier Grundbesitz beheizt wird	ja, wenn überwiegend Gebäude beheizt werden, die unmittelbar dem öffentlichen Verkehr mit Luftfahrzeugen dienen
25.	Kantinen für Personal der Flugplatzgesellschaft	befreit in sinngemäßer Anwendung des Abschnitt 9 (3) GrStR	ja
26.	Kontrollturm	befreit	ja
27.	Lagerräume für Materialien des Flugplatzbetriebs	befreit	ja
28.	Lagerräume des Fundamtes und der Luftverkehrsgesellschaften	nicht befreit	ja
29.	Lärmschutzhallen	befreit, Lärmschutzwände sind Betriebsvorrichtungen	ja
30.	Luftpostgebäude und andere Diensträume der Post	nicht befreit, jedoch Befreiung bei Eigentum eines begünstigten Rechtsträgers nach 3 Abs. 1 Nr. 1 und Nr. 1 a GrStG	Luftpostgebäude ja, sonst nein
31.	Pförtnergebäude	befreit	ja
32.	Pumpenhaus	befreit	ja
33.	Rampengerätestationen	befreit	ja

---

[1] Vgl. jetzt Anlage 03.7 GrStG.

Zu § 4 GrStG, zu Abschn. 19 GrStR   **Anlage 04.2 GrStG**

	Bezeichnung bzw. Funktion	Grundsteuerliche Behandlung	Gebäude oder Gebäudeteile, die unmittelbar dem öffentlichen Verkehr mit Luftfahrzeugen dienen
34.	Sanitätsgebäude und Quarantänestation	befreit	ja
35.	Simulationskammern (zur Untersuchung von Fracht- und Gepäckstücken)	befreit	ja
36.	Sozialräume der Flugplatzgesellschaft	nicht befreit	ja
37.	Schulungsräume (für Abfertigungs- und Betriebspersonal)	befreit	ja
38.	Streusandgebäude	befreit	ja
39.	Tankdienstgebäude	befreit, die ortsfesten und zum Teil unterirdischen	ja (soweit Gebäude)
40.	Tanklager	Tankanlagen sind Betriebsvorrichtungen	
41.	Tankstellengebäude für Pkw und Pkw-Waschanlagen	nicht befreit	nein
42.	Technische Stationsgebäude (z. B. für Verkehrsleitung und Luftaufsicht)	befreit	ja
43.	Trafogebäude	befreit, wenn überwiegend steuerfreier Grundbesitz versorgt	ja, wenn überwiegend Gebäude versorgt werden, die unmittelbar dem öffentlichen Verkehr mit Luftfahrzeugen dienen
44.	Umzäumung des gesamten Flugplatzgeländes	befreit, sie dienen der Sicherung des Flugplatzgeländes und stellen Außenanlagen dar	entfällt
45.	Wartungshallen für Flugzeuge	nicht befreit	ja, mit Ausnahme der Werkstätten für Privatflugzeuge und für die Versuchsanstalt für Luft- und Raumfahrt
46.	Werkstattgebäude für Einrichtungen und Fahrzeuge des Flugplatzbetriebes	befreit	ja
47.	Wohnungen des Bereitschaftspersonals	nicht befreit, jedoch Befreiung einzelner Bereitschaftsräume nach 5 Abs. 1 Nr. 4 GrStG	ja
48.	Zollabfertigung	nicht befreit, jedoch Befreiung bei Eigentum eines begünstigten Rechtsträgers nach 3 Abs. 1 Nr. 1 GrStG	ja

GrStG Anlage 04.2

Zu § 4 GrStG, zu Abschn. 19 GrStR

	Bezeichnung bzw. Funktion	Grundsteuerliche Behandlung	Gebäude oder Gebäudeteile, die unmittelbar dem öffentlichen Verkehr mit Luftfahrzeugen dienen
C	**Flugsicherungsanlagen**[1]		
1.	Schutzzonen für Gleitwegsender		
2.	Schutzzonen für Landekurssender		
3.	Grundflächen für RVR[2], Transmissionsmeter, Ceilometer, Windmesser und Meßfeld		
4.	Grundfläche für Haupteinflugzeichen	befreit	entfällt
5.	Grundfläche für Voreinflugzeichen		
6.	Grundfläche für Befeuerungsanlagen		
7.	Grundfläche für ASR-Anlage		
8.	Grundflächen für Sende und Empfangsanlagen sowie Flugmonitore (Sendeeinrichtungen für Fernfeldmonitore)		

1) Die unter B und C vorgesehenen Befreiungen erstrecken sich jeweils auch auf die angrenzenden Straßen, Flächen und Plätze, die zu dem steuerbefreiten Bauwerk oder der steuerbefreiten Einrichtung gehören.
2) RVR (Runway Visual Range) = Start-/Landebahnsicht

Zu § 4 GrStG, zu Abschn. 19 GrStR **Anlage 04.2 GrStG**

Anhang
Gebäude oder Gebäudeteile, die in vorstehender Zusammenstellung nicht enthalten sind, da sie von vornherein für eine Grundbesteuerung ausscheiden, und die nicht unmittelbar dem öffentlichen Verkehr mit Luftfahrzeugen dienen.

1.	Borddienstgebäude der Luftverkehrsgesellschaften, die den Bediensteten Einkaufsmöglichkeiten bieten
2.	Büros und Lagerräume, die an Spediteure vermietet sind
3.	Büros, Verwaltungsgebäude und Werkstätten der Deutschen Versuchsanstalt für Luft- und Raumfahrt
4.	Fallschirmlagergebäude
5.	Flugschulen
6.	Friseursalons
7.	Hotels
8.	Kinos
9.	Reisebüros
10.	Vereinsclubhäuser
11.	Verkaufsläden und Verkaufskioske
12.	Wechselstuben
13.	Wohnungen, soweit es sich nicht um Wohnräume für das Bereitschaftspersonal handelt
14.	Zuschaueranlagen

b) Grundsteuerbefreiung für Flughafengrundstücke gem. § 4 Nr. 3b GrStG
Erlaß FinMin Baden-Württemberg vom 11. Dezember 2000
G 1108/38

Grundstücke bzw. Grundstücksteile, die von der Deutschen Flugsicherung GmbH (DFG) genutzt werden, sind nach § 4 Nr. 3 Buchst. b GrStG auch dann befreit, wenn sie sich außerhalb der Flughäfen befinden. Nicht befreit sind dagegen die Grundstücksteile, die von der DFG für Verwaltungszwecke genutzt werden.

Dieser Erlass ist im Einvernehmen mit den obersten Finanzbehörden der anderen Länder ergangen.

Zu § 4 GrStG, zu Abschn. 18 GrStR **Anlage 04.3 GrStG**

Einheitsbewertung des Grundbesitzes und Grundsteuermessbetragsveranlagung; Bewertung von Bahnanlagen, ICE-Neubaustrecken
Vfg OFD Nürnberg vom 2. Dezember 1999
S 3015 – 8/St 33 A

Die OFD Frankfurt am Main hat als Hauptort für die Bewertung von Bahnanlagen mit Schreiben vom 22. 11. 1999, Az.: – S 3015 – A 10/1 – St III 31 – (E) Folgendes mitgeteilt:

Für den Neu- und Ausbau von Bahnstrecken (z. B. Köln – Frankfurt, Erfurt – Nürnberg, Nürnberg – München) erwirbt die Deutsche Bahn AG die im geplanten Streckenverlauf liegenden Grundstücke. Bei diesen Flächen handelt es sich zum großen Teil um land- und forstwirtschaftlich genutzte oder andere bislang grundsteuerpflichtige Grundstücke.

Gemäß § 4 Nr. 3a GrStG i. V. m. Abschnitt 18 GrStR sind u. a. die dem öffentlichen Verkehr dienenden Schienenwege sowie die Grundflächen mit den diesem Verkehr unmittelbar dienenden Bauwerken und Einrichtungen von der Grundsteuer befreit (siehe auch BewRÖVU Anlage 4 und BewRÖVUiB Anlage 6). Zu den steuerbefreiten Schienenwegen gehören z. B. die Grundflächen des eigentlichen Bahnkörpers, die zugehörenden Seitengräben, Böschungen, Schutzstreifen u. a. (siehe Abschn. 18 Abs. 6 GrStR).

Die Steuerbefreiung tritt gem. § 7 GrStG nur ein, wenn der Steuergegenstand für den steuerbegünstigten Zweck unmittelbar benutzt wird. Dies ist dann der Fall, sobald der Steuergegenstand für den steuerbegünstigten Zweck hergerichtet wird (§ 7 Satz 2 GrStG). Diese Voraussetzung ist ab dem Zeitpunkt der Einrichtung der Baustelle durch die ausführenden Bauunternehmen erfüllt (Abschn. 31 Abs. 2 GrStG). Voraussetzung für die Überlassung der Grundstücke für den Neu- und Ausbau der Bahnstrecken an die ausführenden Bauunternehmer ist der Abschluss des Planfeststellungsverfahrens.

Zum Zeitpunkt der Einrichtung der Baustelle stellt die Zentrale Steuerstelle der DBAG (ZStSt) den Antrag auf (teilweise) Steuerbefreiung für die betroffenen Grundstücke beim zuständigen Lagefinanzamt.

Die erworbenen Grundstücksflächen sind in der Regel nicht deckungsgleich mit dem späteren Verlauf der steuerbefreiten Schienenwege oder sonstiger steuerbefreiter Flächen. Üblicherweise werden nach Fertigstellung nur bestimmte räumlich abgegrenzte Teilflächen der erworbenen Grundstücke zu den steuerbefreiten Zwecken (s. o.) genutzt.

Nach § 8 Abs. 1 GrStG ist ein Steuergegenstand insoweit steuerfrei, wie er – räumlich abgrenzbar – für steuerbegünstigte Zwecke genutzt wird.

Da der genaue Streckenverlauf mit Abschluss des Planfeststellungsverfahrens für jeden Bauabschnitt festliegt, könnten die steuerbefreiten Flächen(anteile) jedes Flurstücks räumlich abgegrenzt werden. Der Arbeitsaufwand hierfür wäre jedoch unverhältnismäßig hoch und könnte im Ergebnis auch nur zu geschätzten Flächenwerten führen, da die endgültige Vermessung dieser Flächen erst nach Fertigstellung des jeweiligen Projekts – in der Regel durch ein Flurbereinigungsverfahren – erfolgt.

Nach Angaben der ZStSt beträgt der Flächenanteil, der steuerbefreiten Zwecken dient, durchschnittlich 30 v. H. der erworbenen Grundstücke.

Da ein Zeitraum von zehn Jahren vom Planfeststellungsverfahren bis zum Abschluss des jeweiligen Großprojekts keine Seltenheit ist, kann eine abschließende Bearbeitung im Regelfall nicht innerhalb der Verjährungsfrist erfolgen.

Als praktikable Lösung der Problematik wird – im Einvernehmen mit den obersten Finanzbehörden der Länder – folgende Vorgehensweise vorgeschlagen:

Bei Neu- und Ausbaustrecken von Bahnstrecken, bei denen eine Grundstücksvermessung noch aussteht und daher der genaue Eigenverbrauch für die Schienenwege noch nicht feststeht, wird auf Antrag der ZStSt zunächst ab dem auf den Baubeginn folgenden Feststellungszeitpunkt pauschal eine Fläche von 30 v. H. der für den Neu-/Ausbau erworbenen Flächen gem. §§ 4 Nr. 3a, 7 und 8 GrStG von der Grundsteuer befreit. Die Bescheide sind unter Hinweis auf § 165 Abs. 1 Satz 1 AO vorläufig zu erlassen und mit einem entsprechenden Vermerk über den Grund der Vorläufigkeit zu versehen.

Die genannte Vereinfachungsregelung gilt nur, soweit sie nach Lage des Einzelfalls nicht zu einem offensichtlich falschen Ergebnis führt.

Grundsteuerbefreiung des Grundbesitzes von Privatschulen nach § 4 Nr. 5 GrStG

Gemeinsamer Runderlaß des Finanzministers (G 1106 – 4 – V C 1),
des Innenministers (III B 1 – 4115 – 4673/74)
und des Kultusministers des Landes NRW (I C 4.03 – 30/2 – 1669/74)
vom 12. August 1974
(1 Bl. NRW 1974 S. 1344, BStBl. I S. 932)

1. **Grundsteuerbefreiung von Privatschulen nach § 4 Nr. 5 GrStG**

   1.1 Grundbesitz von Privatschulen, der nicht schon nach § 3 GrStG von der Grundsteuer befreit ist, ist nach § 4 Nr. 5 GrStG grundsteuerfrei, wenn die Landesregierung oder die von ihr beauftragte Stelle (§ 1 der Grundsteuer-Anerkennungsverordnung vom 15. Januar 1974 – GV NW. S. 54/SGV. NW. 611, BStBl. I S. 100 – anerkannt hat, daß der Benutzungszweck im Rahmen der öffentlichen Aufgaben liegt. Wenn der Grundbesitz schon bisher nach § 4 Ziff. 7 GrStG a. F. steuerfrei war, kann unterstellt werden, daß eine Anerkennung vorliegt (Abschn. 22 Abs. 5 Satz 3 GrStR). Soweit nach § 4 Nr. 5 GrStG steuerfreier Grundbesitz von Privatschulen nicht nach altem Recht von der Grundsteuer befreit war, bedarf es der Anerkennung.

   1.2 Privatschulen sind entweder Ersatz- oder Ergänzungsschulen (§ 36 Abs. 2 des Ersten Gesetzes zur Ordnung des Schulwesens im Lande Nordrhein-Westfalen vom 8. April 1952 – GV. NW. S. 61/SGV NW. 223 –). Ersatzschulen bedürfen nach § 37 des Ersten Gesetzes zur Ordnung des Schulwesens im Lande Nordrhein-Westfalen der Genehmigung durch den Kultusminister.

2. **Allgemeine Anerkennung für private Ersatzschulen**

   2.1 Gem. § 4 Nr. 5 GrStG in Verbindung mit § 1 der Grundsteuer-Anerkennungsverordnung wird allgemein anerkannt, daß der Benutzungszweck des Grundbesitzes von privaten Ersatzschulen im Rahmen der öffentlichen Aufgaben liegt. Diese Anerkennung gilt auch für Kindergärten, die einer Frauenoberschule (hauswirtschaftliche Form) angeschlossen sind oder der Ausbildung von Kindergärtnerinnen und -hortnerinnen dienen.

   2.2 Die oberen Schulaufsichtsbehörden (Regierungspräsidenten und Schulkollegien) haben für die erstmalige Gewährung einer Grundsteuerbefreiung des Grundbesitzes von privaten Ersatzschulen nach § 4 Nr. 5 GrStG zu bescheinigen, daß es sich um eine private Ersatzschule handelt.

3. **Anerkennung für private Ergänzungsschulen**

   Für die Grundsteuerbefreiung des Grundbesitzes privater Ergänzungsschulen nach § 4 Nr. 5 GrStG, der nicht schon nach § 4 Ziff. 7 GrStG a. F. befreit war, ist eine Anerkennung in jedem Einzelfall erforderlich (Hinweis auf dem Gem. RdErl. d. Finanzministers u. d. Innenministers v. 8. 5. 1974 – SMBl. NW. 611160, BStBl. I S. 516 –).

4. **Aufhebung von Runderlassen**

   Folgende RdErl. werden mit Wirkung vom 1. 1. 1974 aufgehoben:
   RdErl. d. Kultusministers v. 18. 12. 1952 (SMBl. NW. 611160, BStBl. 1953 II S. 9); RdErl. d. Finanzministers v. 3. 1. 1953 (BStBl. II S. 9).

Zu § 4 GrStG, zu Abschn. 22 GrStR   **Anlage 04.5 GrStG**

a) Grundsteuerbefreiung des Grundbesitzes von Werkschulen und Lehrwerkstätten nach § 4 Nr. 5 GrStG

Gem. RdErl. d. Finanzministers – G 1106 – 6 – V A 4 –,
d. Innenministers – III B 1 – 4/115 – 6548/78 –,
d. Kultusministers – I C 3.03 – 30/4 Nr. 3318/78 –
u. d. Ministers für Wirtschaft, Mittelstand und Verkehr – II/A 2 – 43 – 02 –
vom 5. Februar 1979 (MBl. NRW 1979 S. 230, BStBl. I S. 199)

1. Grundsteuerbefreiung von Werkschulen und Lehrwerkstätten nach § 4 Nr. 5 GrStG

1.1 Grundbesitz, der Werkschulen und Lehrwerkstätten dient und nicht schon nach § 3 GrStG von der Grundsteuer befreit ist, ist nach § 4 Nr. 5 GrStG grundsteuerfrei, wenn die Landesregierung oder die von ihr beauftragte Stelle (§ 1 der Grundsteuer-Anerkennungsverordnung vom 15. Januar 1974 – GV. NW. S. 54/SGV. NW. 611/BStBl. I S. 100) anerkannt hat, daß der Benutzungszweck im Rahmen der öffentlichen Aufgaben liegt. Für Werkschulen als Ersatzschulen gilt die allgemeine Anerkennung nach dem Gem. RdErl. d. Finanzministers, d. Innenministers u. d. Kultusministers v. 12. 8. 1974 (MBl. NW. S. 1344 (SMBl. NW. 611160/BStBl. I S. 932).

1.2 Die Grundsteuerbefreiung setzt voraus, daß die Werkschule oder die Lehrwerkstatt auf einen Beruf oder eine vor einer Körperschaft des öffentlichen Rechts abzulegende Prüfung ordnungsgemäß vorbereitet (Abschnitt 22 Abs. 3 letzter Satz GrStR). Die Voraussetzung gilt auch für die Umsatzsteuerbefreiung nach § 4 Nr. 21 Buchst. b UStG, wobei der entsprechende Nachweis für die Leistungen dieser Einrichtungen durch eine Bescheinigung des zuständigen Regierungspräsidenten erbracht wird.

2. Allgemeine Anerkennung von Werkschulen (Ergänzungsschulen) und Lehrwerkstätten

2.1 Gem. § 4 Nr. 5 GrStG in Verbindung mit § 1 der Grundsteuer-Anerkennungsverordnung wird allgemein anerkannt, daß der Benutzungszweck von nicht schon nach § 3 GrStG steuerfreiem Grundbesitz, der Werkschulen (Ergänzungsschulen) und Lehrwerkstätten dient, im Rahmen der öffentlichen Aufgaben liegt, wenn für die Leistungen der Einrichtung eine Bescheinigung des Regierungspräsidenten nach § 4 Nr. 21 Buchst. b UStG vorliegt.

2.2 Wird die Grundsteuerbefreiung unter Hinweis auf die für Zwecke der Umsatzsteuer vorliegende Bescheinigung des Regierungspräsidenten geltend gemacht, hat das Lagefinanzamt von dem für die Umsatzsteuer des Unternehmens zuständigen Finanzamt eine Ablichtung der Bescheinigung anzufordern. Das für die Umsatzsteuer zuständige Finanzamt hat das Lagefinanzamt von sich aus über einen etwaigen späteren Widerruf der Bescheinigung zu unterrichten.

b) Grundsteuerbefreiung für Schulungsheime der Gewerkschaften
Erlaß Finanzbehörde Hamburg vom 25. März 1985
54 – G 1106 – 2/82

Die Bewertungsreferenten der obersten Finanzbehörden des Bundes und der Länder haben die Frage der Grundsteuerbefreiung für Schulungsheime der Gewerkschaften inzwischen mit folgendem Ergebnis erörtert:

Eine Weiterbildung im politischen Bereich, insbesondere wenn sie der Schulung von Betriebsratsmitgliedern für ihre Aufgaben im Sinne des Betriebsverfassungsgesetzes dient, liegt als „Unterricht" im Rahmen der öffentlichen Aufgaben, § 4 Nr. 5 GrStG. Träger einer solchen Weiterbildung können nicht nur juristische Personen des öffentlichen Rechts oder gemeinnützige und kirchliche Körperschaften sein, sondern auch nicht unter § 3 Abs. 1 GrStG fallende Privatveranstalter, z. B. Gewerkschaften, vgl. § 4 Nr. 5 GrStG, Abschn. 22 GrStG 1978. Bei diesen Veranstaltern bestehen daher keine Bedenken, die nach § 4 Nr. 5 GrStG erforderliche Anerkennung zu erteilen. Grundbesitz von Gewerkschaften, der im Sinne des § 8 Abs. 2 GrStG überwiegend für Zwecke des Unterrichts im oben bezeichneten Sinne benutzt wird, ist somit grundsteuerfrei.

GrStG Anlage 04.6 Zu § 4 GrStG, zu Abschn. 22 GrStR

Grundsteuerbefreiung von Einrichtungen des Fernunterrichts nach § 4 Nr. 5 GrStG

Gem. RdErl. d. Finanzministers – G 1106 – 7 – V A 4–,
d. Innenministers – III B 1 – 4/115 – 9483/79–,
u. d. Kultusministers – Z A 1 – 10-12/1 – 315/79 – vom 9. Juli 1979
(MBl. NRW 1979 S. 1429, BStBl. I S. 597)

1. Grundsteuerbefreiung von privaten Einrichtungen des Fernunterrichts nach § 4 Nr. 5 GrStG

1.1 Grundbesitz, der von privaten Einrichtungen des Fernunterrichts zu Zwecken des Unterrichts genutzt wird, ist nach § 4 Nr. 5 GrStG grundsteuerfrei, wenn die Landesregierung oder die von ihr beauftragte Stelle (§ 1 der Grundsteuer-Anerkennungsverordnung vom 15. 1. 1974 – GV. NW. S. 54/SGV. NW. 611/BStBl. I S. 100) anerkannt hat, daß der Benutzungszweck im Rahmen der öffentlichen Aufgaben liegt.

1.2 Nach Artikel 1 des Staatsvertrags über das Fernunterrichtswesen vom 16. 2. 1978 ist die Staatliche Zentralstelle für Fernunterricht (Zentralstelle) als Einrichtung des Landes Nordrhein-Westfalen errichtet. Der Staatsvertrag ist am 12 . 3. 1979 bekanntgemacht worden (GV. NW. S. 102/SGV. NW. 223) und laut Bekanntmachung vom 2. 4. 1979 am 1. 4. 1979 in Kraft getreten (GV. NW. S. 232/ SGV. NW. 223).

Die Zentralstelle obliegt gemäß Artikel 7 des Staatsvertrags die Zulassung von Fernlehrgängen nach §§ 12, 19 des Fernunterrichtsschutzgesetzes vom 24. 8. 1976 (BGBl. I S. 2525). Keiner Zulassung nach diesem Gesetz bedürfen Fernlehrgänge, die nach Inhalt und Ziel ausschließlich der Freizeitgestaltung oder der Unterhaltung dienen (sog. Hobbykurse).

2. Allgemeine Anerkennung für private Einrichtungen des Fernunterrichts

2.1 Gemäß § 4 Nr. 5 GrStG in Verbindung mit § 1 der Grundsteuer-Anerkennungsverordnung wird allgemein anerkannt, daß der Benutzungszweck von Grundbesitz, der überwiegend für Zwecke der von der Zentralstelle zugelassenen Fernlehrgänge genutzt wird, im Rahmen der öffentlichen Aufgaben liegt.

2.2 Dem Lagefinanzamt ist der Zulassungsbescheid der Zentralstelle vorzulegen.

3. Abgrenzung des steuerfreien Grundbesitzes

Nicht von der Grundsteuer befreit ist der Grundbesitz, der überwiegend für sog. Hobbykurse benutzt wird. Für diese Kurse kommt eine Einzelanerkennung i. d. R. nicht in Betracht.

Das Lagefinanzamt hat im Steuermeßbetragsverfahren zu prüfen, ob der für die zugelassenen Bildungskurse benutzte Grundbesitz (insbesondere Büroräume des damit befaßten Personals, Unterrichtsräume für begleitenden Unterricht) räumlich abgrenzbar ist (§ 8 Abs. 1 GrStG), so daß dieser Teil befreit werden kann. Ist eine räumliche Abgrenzung nicht möglich, so ist der vom Fernunterrichtsveranstalter benutzte Grundbesitz nur befreit, wenn der begünstigte Zweck (Benutzung für zugelassene Bildungskurse) gegenüber dem nichtbegünstigten Zweck (Benutzung für Hobbykurse) überwiegt (§ 8 Abs. 2 GrStG). Für die Abgrenzung in diesen Fällen kann das Verhältnis der Unterrichtsstunden oder die Anzahl der Teilnehmer zugrunde gelegt werden.

Zu § 4, zu Abschn. 31 GrStR   **Anlage 04.7 GrStG**

Keine Grundsteuerbefreiung für gebührenpflichtige Besucher- und Personalparkplätze von Krankenhäusern
Vfg. OFD Koblenz vom 18.08.2005
G 1107 A

Gebührenfrei nutzbare Besucher- und Personalparkplätze von Krankenhäusern sind nach § 4 Nr. 6 GrStG grundsteuerbefreit, wenn das Krankenhaus die Voraussetzungen des § 67 Abs. 1 oder 2 AO erfüllt. Bezüglich der Parkplätze wird von einer Hilfstätigkeit zur Verwirklichung des begünstigten Zwecks ausgegangen (vgl. Abschn. 31 Abs. 1 GrStR).

Die Grundsteuerbefreiung kann nicht (mehr) gewährt werden, wenn die Krankenhäuser die Besucher- und Personalparkplätze gebührenpflichtig gemacht haben.

Eine Befreiung nach Abschn. 31 Abs. 1 GrStR i.V. mit § 4 Nr. 6 GrStG scheidet aus, weil die Entgeltlichkeit im Zusammenhang mit einer lediglich über den Hilfszweck vermittelten Befreiung als schädlich angesehen wird (Hinweis auf gleich lautende Ländererlasse vom 15.01.2002, BStBl. I 2002 S. 152, Tz. 3.2).

Auch eine Befreiung nach § 4 Nr. 3a GrStG ist nicht gegeben. Zwar können die Grundstücke ohne Beschränkung auf einen bestimmten, mit dem Verfügungsberechtigten in enger Beziehung stehenden Personenkreis benutzt werden. Der Steuerbefreiung steht aber der Umstand entgegen, dass der öffentliche Verkehr einem wirtschaftlichen Zweck, nämlich dem des Krankenhausbetriebs, untergeordnet ist. Die Rechtsprechung fordert für die Grundsteuerbefreiung von Grundstücken, die zwar unmittelbar dem öffentlichen Verkehr dienen, bei denen das Dienen aber mittelbar einen übergeordneten verkehrsfremden Zweck auf einem anderen (benachbarten) Grundstück verfolgt, dass das Grundstück durch Widmung und Indienststellung zu einer (rechtlich) öffentlichen Sache geworden ist (vgl. BFH-Urteil vom 25.04.2001, BStBl. II 2002 S. 54, m. w. N.; Tz. 2.3 der gleich lautenden Ländererlasse vom 15.01.2002). In den hier in Rede stehenden Fällen liegt jedoch regelmäßig keine Widmung vor, so dass die Verbindung zur Nutzung für ein verkehrsfremdes Unternehmen (Krankenhausbetrieb) nicht gelöst und damit Grundsteuerpflicht gegeben ist.

GrStG Anlage 04.8

Zu §§ 4, 5 und 32 GrStG

Verfahren bei Anerkennung nach § 4 Nr. 5, § 5 Abs. 1 Nr. 2 und § 32 Abs. 2 Grundsteuergesetz (GrStG)

Gemeinsamer Erlaß der Ministerien für Ernährung, Landwirtschaft und Forsten, der Finanzen, des Innern, für Schulen, Erwachsenenbildung und Kultur, für Wirtschaft, Technologie und Verkehr und für Wissenschaft und Forschung des Landes Sachsen-Anhalt

vom 28. Februar 1992

(BStBl. I S. 235)

zuletzt geändert durch Erlass vom 14.10.1998 – 45 – G 1106 – (BStBl. I S. 1229)

1 Grundsteuerbefreiung nach § 4 Nr. 5 und § 5 Abs. 1 Nr. 2 GrStG

1.1 Nach § 4 Nr. 5 GrStG setzt die Befreiung von Grundbesitz, der für Zwecke der Wissenschaft, des Unterrichts oder der Erziehung benutzt wird und der nicht bereits nach § 3 GrStG von der Grundsteuer befreit ist, voraus, daß die Landesregierung oder die von ihr beauftragte Stelle anerkennt, daß der Benutzungszweck im Rahmen der öffentlichen Aufgaben liegt.

1.2 Nach § 5 Abs. 1 Nr. 2 GrStG sind Wohnräume in Schülerheimen, Ausbildungs- und Erziehungsheimen sowie in Prediger- und Priesterseminaren von der Grundsteuer befreit, wenn die Zwecke des Unterrichts, der Ausbildung oder der Erziehung die Unterbringung in Heimen erfordern. Bei Heimen und Seminaren, die nicht von einem der nach § 3 Abs. 1 Nrn. 1, 3 oder 4 GrStG begünstigten Rechtsträger unterhalten werden, setzt die Grundsteuerbefreiung voraus, daß die Landesregierung oder die von ihr beauftragte Stelle anerkennt, daß die Unterhaltung des Heimes oder Seminars im Rahmen der öffentlichen Aufgaben liegt.

2 Zuständigkeit und Verfahren bei Anerkennung nach § 4 Nr. 5 und § 5 Abs. 1 Nr. 2 GrStG

2.1 Anerkennungen nach § 4 Nr. 5 GrStG sowie Anerkennungen nach § 5 Abs. 1 Nr. 2 GrStG, daß die Unterhaltung eines Heimes oder Seminars im Rahmen der öffentlichen Aufgaben liegt, werden auf Antrag durch die Oberfinanzdirektion im Einvernehmen mit dem zuständigen Staatlichen Schulamt oder der im Berufsbildungsgesetz genannten zuständigen Stelle erteilt. Der Antrag ist beim Belegenheitsfinanzamt einzureichen. Gegen eine Ablehnung der Anerkennung ist als Rechtsbehelf die Beschwerde gegeben.

2.2 In den Fällen des § 4 Nr. 5 GrStG ist anzugeben

 a) die Bezeichnung des Grundbesitzes, für den Grundsteuerbefreiung begehrt wird,

 b) der Steuerschuldner (§ 10 GrStG),

 c) die Art der Schule oder der Lehrgänge,

 d) die Anzahl der Schüler oder der Lehrgangsteilnehmer,

 e) die Anzahl der Lehrkräfte oder der Aufsichtspersonen.

2.3 In den Fällen des § 5 Abs. 1 Nr. 2 GrStG ist anzugeben

 a) die Bezeichnung des Grundbesitzes, für den Grundsteuerbefreiung begehrt wird,

 b) der Steuerschuldner (§ 10 GrStG),

 c) die Art des Heimes oder des Seminars,

 d) der Träger des Heimes oder des Seminars,

 e) die Anzahl der im Heim oder Seminar untergebrachten Schüler, Jugendlichen, Studierenden oder sonstigen Personen, die eine berufliche Bildungseinrichtung besuchen.

2.4 Das Belegenheitsfinanzamt prüft die Angaben im Antrag und legt diesen mit den Einheitswertakten der Oberfinanzdirektion vor. Aus der Stellungnahme muß hervorgehen, ob die übrigen Voraussetzungen für die Steuerbefreiung gegeben sind (Eigentumsverhältnisse, Ausmaß der Steuerbefreiung, Feststellungszeitpunkt für die Befreiung, Dauer der Voraussetzung).

Antragsberechtigt ist im Einvernehmen mit dem Steuerschuldner auch der Benutzer (Mieter, Pächter) des Grundbesitzes.

3 Änderung der maßgeblichen Verhältnisse

Änderungen in der Nutzung oder in den Eigentumsverhältnissen des befreiten Grundbesitzes sind innerhalb von drei Monaten nach Eintritt der Änderung dem Finanzamt anzuzeigen, das für die Festsetzung des Steuermeßbetrags zuständig ist. Bei Änderung der Nutzung trifft die Anzeigepflicht neben dem Steuerschuldner (§ 19 GrStG) auch den Nutzer des Besitzes.

Zu §§ 4, 5 und 32 GrStG Anlage 04.8 GrStG

4 Zuständigkeit und Verfahren beim Grundsteuererlaß nach § 32 Abs. 2 GrStG

4.1 Die Anerkennung der wissenschaftlichen, künstlerischen oder geschichtlichen Bedeutung von Gegenständen, insbesondere Sammlungen oder Bibliotheken, die in Gebäuden untergebracht und dem Zwecke der Forschung oder Volksbildung nutzbar gemacht sind (§ 32 Abs. 2 GrStG), erteilt die zuständige Bezirksregierung im Einvernehmen mit der Oberfinanzdirektion Magdeburg. Der Antrag ist bei der hebeberechtigten Gemeinde zu stellen, dabei ist anzugeben

   a) der Grundbesitz, für den der Erlaß der Steuer beantragt wird,

   b) der Steuerschuldner,

   c) die Gebäude, in denen Gegenstände von wissenschaftlicher, künstlerischer oder geschichtlicher Bedeutung, insbesondere Sammlungen oder Bibliotheken, untergebracht sind,

   d) die Art der Gegenstände und ihre wissenschaftliche, künstlerische oder geschichtliche Bedeutung,

   e) der Zweck der Forschung oder die Nutzung zur Volksbildung.

5 Gültigkeit

Der Erlaß gilt für Anträge, die sich auf das Kalenderjahr 1991 oder spätere Veranlagungs- bzw. Erhebungszeiträume beziehen.

6 Veröffentlichung

Der Erlaß wird im Ministerialblatt des Landes Sachsen-Anhalt veröffentlicht werden.

GrStG Anlage 04.9 Zu §§ 4, 5 und 32 GrStG, zu Abschn. 22, 26 und 27 GrStR

Verzeichnis der landesrechtlichen Bestimmungen über das Anerkennungsverfahren zu § 4 Nr. 5, § 5 Abs. 1 Nr. 2 und § 32 Abs. 2 Satz 2 GrStG

Baden-Württemberg:
Verordnung vom 9. 11. 1976 (GVBl. BW S. 602; BStBl. 1977 I S. 316), zuletzt geändert durch Verordnung vom 19. 3. 1984 (GVBl. 1984 S. 281) und Erlaß vom 15. 3. 1977 (BStBl. 1977 I S. 317)

Bayern:
Verordnung vom 9. 12. 1975 (Bay. GVBl. S. 393, BStBl. 1976 I S. 71), ergänzt durch Verordnung vom 7.9.1982, BStBl. 1982 S. 794, zuletzt geändert durch Verordnung vom 30. 8. 2005 (GVBl. 2005 S. 468), und Erlaß vom 13. 10. 1976 (BStBl. 1976 I S. 746)

Berlin:
Erlaß vom 18. 3. 1975 (Steuer- und Zollblatt für Berlin 1975 S. 956), zuletzt geändert durch Erlass vom 28.11.2012 (StEd 2013 S. 44)

Brandenburg:
Erlaß vom 21. 12. 1993 (ABl. 1994 S. 22)

Bremen:
Keine Veröffentlichung

Hamburg:
Anordnung vom 9. 11. 1976 (Hgb. Amtl. Anz. S. 1135, BStBl. 1976 I S. 688), zuletzt geändert durch Anordnung vom 21. 6. 2004 (Amtl. Anz. 2004 S. 1309)

Hessen:
Anordnung vom 3. 12. 1974 (Hess. GVBl. S 581, BStBl. 1975 I S. 71), geändert durch Anordnung vom 3. 6. 1986 (GVBl. I S. 205) und Erlaß vom 3.2. 1975 (BStBl.1975 I S. 226)

Mecklenburg-Vorpommern:
Erlaß vom 20. 5. 1996 (Amts. Bl. M-V 1996 S. 539)

Niedersachsen:
Erlaß vom 30. 11. 1976 (BStBl. 1976 I S. 688)

Nordrhein-Westfalen:
Verordnung vom 26. 4. 1983 (BStBl. I S. 384), geändert durch Gesetz vom 5. 4. 2005 (GV NRW 2005 S. 274) und Erlaß vom 20. 5. 1983 (BStBl. I S. 385); Erlaß vom 12. 8. 1974 (BStBl. 1974 I S. 932) betr. allgemeine Anerkennung für private Ersatzschulen; Erlaß vom 5. 2. 1979 (BStBl. I S. 199) betr. allgemeine Anerkennung von Werkschulen (Ergänzungsschulen) und Lehrwerkstätten; Erlaß vom 9. 7. 1979 (BStBl. I S. 597) betr. allgemeine Anerkennung von Einrichtungen des Fernunterrichts

Rheinland-Pfalz:
Verordnung vom 4. 4. 1996 (BStBl. I S. 447), geändert durch Verordnung vom 25. 11. 2009 (GVBl. S. 381)

Saarland:
Verordnung vom 16. 8. 1976 (Saarl. ABl. S. 873, BStBl. 1976 I S. 644), zuletzt geändert durch Verordnung vom 24. 1. 2006 (ABl. S. 174)

Sachsen:
Erlaß vom 4. 6. 1996 (Sächs. GVBl. S. 237), zuletzt geändert durch Verordnung vom 18. 9. 2013 (Sächs. GVBl. S. 780)

Sachsen-Anhalt:
Erlaß vom 28. 2. 1992 (BStBl. I S. 235), geändert am 14.10.1998 (BStBl. I 1998 S. 1229)

Schleswig-Holstein:
Verordnung über die zuständige Behörde nach dem GrStG vom 28. 7. 1976 (GVOBl. SH S. 213, BStBl. I S. 426), zuletzt geändert durch Verordnung vom 24. 10. 1996 (GVOBl. S. 652) und Erlaß vom 15. 4. 1977 (BStBl. 1977 I S. 427)

Thüringen
Erlaß vom 4. 4. 2001 (StAnz. Nr. 18/2001 S. 902)

Zu §§ 4, 5 und 32 GrStG, zu Abschn. 22, 26 und 27 GrStR **Anlage 05.1 GrStG**

Grundsteuerliche Behandlung von Wohnräumen in Heimen von Körperschaften des öffentlichen Rechts sowie von kirchlichen und gemeinnützigen Körperschaften, die der Erwachsenenbildung dienen, und von Wohnräumen in Ausbildungsheimen

Erlaß FinMin NRW vom 29. Mai 1980

G 1105 – 10 – V A 4 / G 1106 – 9 – V A 4

1. Nach § 68 Nr. 8 AO sind mit Wirkung vom 1. 1. 1980 an (Zweites Kapitel, Artikel 1 Nr. 2 und Drittes Kapitel, Artikel 16 des Gesetzes zur Neufassung des Umsatzsteuergesetzes und zur Änderung anderer Gesetze vom 26. 11. 1979, BGBl. I S. 1953, BStBl. I S. 654) Volkshochschulen und „andere Einrichtungen, soweit sie selbst Vorträge, Kurse und andere Veranstaltungen wissenschaftlicher oder belehrender Art durchführen", auch mit den Einrichtungen zur Beherbergung und Beköstigung der Teilnehmer als Zweckbetrieb anzusehen.

   Diese neue Betrachtungsweise des Gesetzgebers hat Auswirkungen auf die Auslegung des § 5 Abs. 1 Nr. 3 GrStG. Vom 1. 1. 1980 an sind dementsprechend die Wohnräume zur Unterbringung der Teilnehmer der unter § 3 Abs. 1 Nr.1, 3 oder 4 GrStG fallenden Träger von Einrichtungen der Erwachsenenbildung ab 1. 1. 1980 von der Grundsteuer freizustellen. Abschnitt 27 Abs. 3 GrStG ist damit überholt. Vom 1. 1. 1980 an sind deshalb auch die Wohnräume in kirchlichen Bildungseinrichtungen (z. B. in evangelischen Akademien und römisch-katholischen Exerzitienheimen) von der Grundsteuer befreit. Dasselbe gilt für die Heimvolksschulen, es sei denn, daß deren Wohnräume als „Ausbildungsheim" i. S. des § 5 Abs. 1 Nr. 2 GrStG i. V. m. Abschnitt 26 Abs. 4 GrStG bereits vor dem 1. 1. 1980 von der Grundsteuer freizustellen waren.

2. Auch bei beruflichen Bildungseinrichtungen ist vom 1. 1. 1980 an stets anzunehmen, daß die Unterbringung von Erwachsenen in einem Ausbildungsheim (§ 5 Abs. 1 Nr. 2 GrStG) für die Zwecke der Ausbildung oder des Unterrichts erforderlich ist. Dem steuerbegünstigten Zweck „Unterricht" sind dabei auch Bildungseinrichtungen zuzurechnen, die der beruflichen Fortbildung dienen (Abschn. 22 Abs. 3 Satz 3 GrStR); Heime, die der Unterbringung von – ggf. erwachsenen – Besuchern einer solchen Bildungseinrichtung dienen, sind deshalb den „Ausbildungsheimen" (§ 5 Abs. 1 Nr. 2 GrStG und Abschn. 26 Abs. 4 GrStR) zuzuordnen.

GrStG Anlage 05.2

Zu § 5 GrStG, zu Abschn. 26 GrStR

Auslegung des Begriffs „Bereitschaftsräume" in Abschnitt 28 GrStR
Erlaß FinMin NRW vom 2. September 1976
G 1102 – 7 – V A 4

1. Wohnräume – nicht jedoch Wohnungen i. S. des § 5 Abs. 2 GrStG – können nach § 5 Abs. 1 Nr. 4 GrStG nur dann als (steuerfreie) Bereitschaftsräume anerkannt werden, wenn sie nicht zugleich die „Wohnung des Inhabers" darstellen. Der Begriff der Wohnung ist in diesem Zusammenhang – wie sich aus Abschnitt 28 Abs. 4 GrStG ergibt – nicht objektiv, sondern subjektiv auszulegen. Das bedeutet, daß der Wohnzweck nicht überwiegen darf. Ob der Wohnzweck überwiegt, hängt somit auch davon ab, wie der Wohnraum von seinem Inhaber genutzt wird. Ein steuerfreier Bereitschaftsraum kann daher nicht angenommen werden, wenn der Inhaber in dem Raum seine (Haupt-) Wohnung i. S. des Melderechts unterhält, also keine weitere Wohnung hat, in die er zumindest bei längeren Arbeitspausen zurückkehrt.

    Diese Regelung führt dazu, daß der Umfang der jeweils anzuerkennenden Bereitschaftsräume u. a. auch von den persönlichen Lebensumständen des jeweiligen Inhabers der einzelnen, dafür in Betracht kommenden Wohnräume abhängt. So können z. B. die Wohnräume von Diakonissen oder Ordensschwestern nicht als Bereitschaftsräume anerkannt werden, auch wenn diese Wohnräume sich innerhalb der Einrichtung befinden, in der sie ihren Bereitschaftsdienst ausüben.

    Um einerseits die praktisch kaum durchführbare Abgrenzung nach den persönlichen Lebensumständen des Bereitschaftspersonals und andererseits eine Benachteiligung der Anstalten und Einrichtungen mit Diakonissen und Ordensschwestern zu vermeiden, ist bei der Abgrenzung nach folgender pauschaler Regelung zu verfahren:

   1.1 In **Krankenanstalten** kann von den Wohnräumen, die objektiv – insbesondere auf Grund ihrer Lage – als Bereitschaftsraum geeignet sind (vgl. Abschnitt 28 Abs. 3 GrStR), höchstens diejenige Anzahl anerkannt werden, die **20 v. H.** des Sollbestandes an Bereitschaftspersonal (Ärzte, Schwestern, Pfleger und das Personal des medizinisch-technischen Dienstes) entspricht. Auf die Anzahl der danach möglichen Bereitschaftsräume sind zunächst die in räumlichem Zusammenhang mit Operationssälen, Intensivstationen, Krankenzimmern usw. liegenden Räume und sodann die weiteren Räume (insbesondere in selbständigen Gebäuden) anzurechnen.

    Diese Regelung gewährleistet, daß für jede Krankenanstalt – bezogen auf ihren Bedarf an Bereitschaftspersonal – die gleiche Anzahl von Bereitschaftsräumen anerkannt wird, gleichgültig, in welchem Umfang von der Krankenanstalt insgesamt Wohnfläche zur Verfügung gestellt werden.

    Beispiel:

    In den Krankenanstalten A, B und C beträgt der Sollbestand des Bereitschaftspersonals übereinstimmend 500 Personen. Höchstens anzuerkennende Anzahl an Bereitschaftsräumen 20 v. H. = 100 Räume.

    Sind in der Krankenanstalt A 300, in der Krankenanstalt B jedoch nur 150 Wohnräume vorhanden, so sind in beiden Krankenanstalten 100 Wohnräume als Bereitschaftsräume anzuerkennen. Hat die Krankenanstalt C nur 60 Wohnräume, so sind sämtliche Wohnräume als Bereitschaftsräume anzuerkennen.

   1.2 Die Pauschalregelung unter Nr. 1.1 gilt auch für **andere gemeinnützige oder mildtätige Einrichtungen** mit Bereitschaftsräumen (z. B. Altenheime, Kinderheime, Schülerheime). In diesen Fällen tritt jedoch an die Stelle des Satzes von 20 v. H. ein Satz von **10 v. H.**

2. Der Nachweis der Krankenanstalt bzw. der sonstigen gemeinnützigen oder mildtätigen Einrichtung, daß sich auf Grund der unter 1. dargelegten Rechtslage insgesamt eine größere Anzahl von Bereitschaftsräumen als nach der Pauschalregelung ergibt, bleibt zulässig. In diesen Fällen ist dann von der Anzahl der tatsächlich nachgewiesenen Bereitschaftsräume auszugehen.

Zu § 5 GrStG **Anlage 05.3 GrStG**

Richtlinien betreffend die Abgrenzung des grundsteuerpflichtigen Grundbesitzes und dessen Bewertung bei Mutterhäusern der Diakonieverbände und Verbände der freien Wohlfahrtspflege, bei Klöstern usw.

Erlaß FinMin NRW vom 31. August 1979
S 3199 – 19 – V A 4
G 1102 – 10 – V A 4

1. Geltungsbereich und steuerliche Zurechnung

1.1 Geltungsbereich

Dieser Erlaß gilt für den Grundbesitz geistlicher Genossenschaften (z. B. Orden, Kongregationen) sowie für den Grundbesitz von Diakonieverbänden und Verbänden der freien Wohlfahrtspflege, der durch die besondere Lebensform der Gemeinschaften geprägt ist. Es handelt sich hierbei insbesondere um Mutterhäuser, Klöster usw.

1.2 Steuerliche Zurechnung

Eine Kapitalgesellschaft, die von einer Ordensgemeinschaft, religiösen Genossenschaft usw. lediglich zur Abwicklung des Rechtsverkehrs mit Grundstücken gegründet worden ist, muß bei der Zurechnung der auf ihren Namen eingetragenen Grundstücke als Treuhänderin der Genossenschaft angesehen werden. Die Grundstücke sind deshalb nach § 39 Abs. 2 Nr. 1 Satz 2 AO 1977 der Ordensgemeinschaft, Genossenschaft usw. als Treugeberin zuzurechnen (vgl. RFH-Urteil vom 27. 2. 1941, RStBl. S. 243).

2. Abgrenzung der steuerpflichtigen und steuerfreien Teile

2.1 Wohnungen und Wohnräume

2.11 Wohnungen sind stets steuerpflichtig (§ 5 Abs. 2 GrStG). Der Begriff „Wohnung" ergibt sich aus Abschn. 15 Abs. 3 BewRGr, der inhaltlich mit Abschn. 24 Abs. 2 GrStR 1978 übereinstimmt. Die Befreiungsvorschrift des § 3 Abs. 1 Nr. 5 GrStG zugunsten kirchlicher Dienstwohnungen gilt nur für Wohnungen im Eigentum von Religionsgesellschaften, die Körperschaften des öffentlichen Rechts sind.

2.12 Wohnräume sind steuerfrei, wenn sie unter die Ausnahmevorschriften des § 5 Abs. 1 Nr. 2 bis 4 GrStG fallen (vgl. hierzu nachstehend Tz. 2.121 bis 2.123). Im übrigen sind Wohnräume (einschl. der Zellen der Ordensangehörigen) steuerpflichtig. Das Zusammenleben nach einer Ordensregel kann nicht als religiöse Unterweisung angesehen werden (Abschn. 14 Abs. 4 letzter Satz GrStR 1978). Es fehlt damit auch an einem begünstigten Zweck, der nur durch die Benutzung der Wohnräume des Ordens erreicht werden könnte.

2.121 Wird ein Schülerheim, ein Ausbildungsheim (Noviziat), ein Erziehungsheim, ein Predigerseminar und/oder ein Priesterseminar unterhalten, so sind die Wohnräume für die Teilnehmer an dem Unterricht oder der Ausbildung in die Befreiung nach § 3 Abs. 1 Nr. 4 GrStG einzubeziehen (§ 5 Abs. 1 Nr. 2 GrStG).

2.122 Wird ein Krankenhaus, ein Altenheim, Ein Pflegeheim oder ein Kinderheim unterhalten, so ist der diesen Einrichtungen dienende Grundbesitz einschließlich der für die Aufnahme der Patienten, der alten Menschen oder der Kinder bestimmten Wohnräume von der Grundsteuer befreit, wenn – wie in aller Regel – die Voraussetzungen für eine Befreiung wegen Benutzung zu gemeinnützigen oder mildtätigen Zwecken vorliegen (§ 3 Abs. 1 Nr. 3 GrStG, §§ 52, 53, 55 ff. AO 1977, insbesondere auch § 67 und § 68 Nr. 1 AO 1977, § 5 Abs. 1 Nr. 3 GrStG, Abschn. 27 Abs. 2 Satz 2 GrStR 1978). Steuerfreiheit besteht auch, wenn das Krankenhaus oder das Altenheim nur Angehörige der Genossenschaft oder des Verbandes aufnimmt, von dem es unterhalten wird. Werden nicht mehr dienstfähige Angehörige von Orden in einem räumlich abgegrenzten besonderen Teil des Mutterhauses, Klosters usw. betreut, so ist dieser Teil wie ein Altenheim zu behandeln.

Die vorstehenden Anweisungen gelten unter den Voraussetzungen des Abschn. 27 Abs. 2 Satz 2 GrStR 1978 für die Erholungsheime entsprechend.

2.123 Für die nach Tz. 2.121 begünstigten Heime, Seminare, Altenheime, Pflegeheime und Kinderheime kann von den Wohnräumen des Mutterhauses, Klosters usw. die Zahl als steuerfrei i. S. des § 5 Abs. 1 Nr. 4 GrStG anerkannt werden, der 10 v. H. der im Bereitschaftsdienst tätigen Angehörigen entspricht. Wird ein Krankenhaus unterhalten, so ist von den Wohnräumen die Zahl als steuerfreie Bereitschaftsräume anzuerkennen, die 20 v. H. der im Bereitschaftsdienst des Krankenhauses tätigen Angehörigen entspricht.

2.13 Abgrenzung des Wohnbereichs

Den Angehörigen des Mutterhauses, Klosters usw. vorbehaltene Kapellen (z. B. Abtskapellen, Oratorien, Hauskapellen), der Kreuzgang, der Kapitalsaal sowie Sprechzimmer sind nicht dem Wohnbereich, sondern dem Grundbesitz zuzurechnen, der der religiösen Unterweisung dient oder dem Gottesdienst gewidmet und daher nach § 3 Abs. 1 Nr. 4 oder § 4 Nr. 1 GrStG befreit ist. Dagegen sind dem Wohnbereich zuzurechnen und daher steuerpflichtig: Speiseräume (Refektorium) und die dem Wirtschafts- und Küchenbetrieb dienenden Räume, sonstige Aufenthaltsräume wie Fernseh- oder Lesezimmer, die mit den Wohnräumen (Zellen) der Angehörigen in räumlichem Zusammenhang stehenden Sanitärräume (Toiletten, Bäder, Duschen), Werkstätten zur Selbstversorgung (z. B. Schneiderei, Wäscherei, Bäckerei). Verkehrsflächen (insbesondere Flure) sind dem steuerpflichtigen Wohnteil zuzurechnen, soweit an ihnen ausschließlich oder überwiegend steuerpflichtige Räume liegen. Im übrigen sind Nebenräume (namentlich Speiseräume und die dem Wirtschafts- und Küchenbetrieb dienenden Räume), die zugleich steuerfreien Räumen dienen (z. B. Schülerheim, Lehrlingsheim, Altenheim) nur dann steuerpflichtig, wenn der steuerpflichtige Wohnteil überwiegt (§ 5 Abs. 2 GrStG).

2.2 Gewerblich genutzte Gebäude

Zu den steuerpflichtigen gewerblich genutzten Gebäuden bzw. Teilen von Gebäuden rechnen insbesondere

– Brauerei- und Brennereigebäude einschließlich aller Nebengebäude, sofern kein landwirtschaftlicher Nebenbetrieb vorliegt,

– Druckerei- und Verlagsräume,

– Werkstätten in eigener Regie,

– Gebäude und Räume für kunstgewerbliche Arbeiten,

– Räume für Pensionsgäste in eigener Regie,

– Verkaufsräume (und Lagerräume) jeder Art.

Steuerfrei ist dagegen der Grundbesitz, der Zweckbetrieben i. S. der §§ 65 bis 68 AO 1977 dient (Abschn. 12 Abs. 4 GrStR 1978).

2.3 Vermietete und verpachtete Räume und Flächen

Sind Räume oder Flächen einem Dritten zur Benutzung überlassen, so sind sie steuerpflichtig. Das gilt nicht, wenn auch der Dritte zu den nach § 3 Abs. 1 GrStG begünstigten Rechtsträgern gehört und er den Grundbesitz für einen begünstigten Zweck benutzt (§ 3 Abs. 1 letzter Satz GrStG, vgl. Abschn. 14 Abs. 3 Nr. 3 Nr. 5 GrStR 1978).

2.4 Land- und forstwirtschaftlich genutzte Gebäude und Flächen

2.41 Zum Wirtschaftsteil des steuerpflichtigen Betriebs der Land- und Forstwirtschaft rechnen insbesondere

– der Grund und Boden,

– die Wirtschaftsgebäude einschließlich der landwirtschaftlichen Werkstätten,

– die Glashäuser samt Heizungsanlage für Gärtnereien,

– die Aufenthalts-, Wohn- und Schlafräume der ständig in der Landwirtschaft tätigen Personen,

– der Arbeits-, Büro-, Wohn- und Schlafraum des Leiters des Betriebs der Land- und Forstwirtschaft.

2.42 Land- und forstwirtschaftlich genutzter Grundbesitz ist nur grundsteuerfrei, wenn er Lehr- oder Versuchszwecken dient (§ 6 Nr. 1 GrStG).

2.43 Land- und forstwirtschaftlich genutzte Flächen sind bei Vorliegen der Voraussetzungen des § 69 BewG dem Grundvermögen zuzurechnen.

2.5 Büro- und Verwaltungsräume

2.51 Gebäude und Teile von Gebäuden, die der Leitung des Betriebs der Land- und Forstwirtschaft und der Verwaltung des land- und forstwirtschaftlich genutzten Grundbesitzes dienen, sind in die wirtschaftliche Einheit des land- und forstwirtschaftlichen Vermögens einzubeziehen.

2.52 Gebäude und Teile von Gebäuden, die als Büro- und Verwaltungsräume ganz oder überwiegend zum Gewerbebetrieb oder sonstigen wirtschaftlichen Geschäftsbetrieb (§ 14 AO 1977) dienen, sind dem gewerblichen Betriebsvermögen zuzurechnen.

2.53 Gebäude und Teile von Gebäuden, die unmittelbar der Verwaltung des Mutterhauses, des Klosters usw. sowie des steuerfreien Grundbesitzes dienen, bleiben nach § 3 Abs .1 Nr. 3 oder 4 GrStG grundsteuerfrei (vgl. Abschn. 14 Abs. 5 und 12 Abs. 5 GrStR 1978, außerdem Abschn. 31 Abs. 1 GrStR 1978). Steuerfrei bleiben jedoch nur solche Räume, die nicht zugleich Wohnzwecken dienen, so z. B. zugleich Schlafraum eines Angehörigen sind (vgl. hierzu auch BFH-Urteil vom 23. 2. 1979, BStBl. II S. 524, unter Nr. 4 Buchst. c der Gründe).

2.6 Sonstige Gebäude bzw. Teile von Gebäuden

Dem Gottesdienst gewidmeter Grundbesitz ist nach § 4 Nr. 1 GrStG von der Grundsteuer befreit. Das gilt z. B. für Klosterkirchen, die dem Gottesdienst der örtlichen Pfarrei dienen. Die Steuerbefreiung für die Klosterkirche erstreckt sich auch auf den sog. Kirchenplatz einschließlich der zum Abstellen der Kraftfahrzeuge und Fahrräder der Gottesdienstbesucher bestimmten Fläche.

2.7 Begrenzung der steuerpflichtigen und steuerfreien Teile beim Grund und Boden

Die Steuerpflicht oder Steuerfreiheit von Gebäuden oder Teilen von Gebäuden (insbesondere Räumen) erstreckt sich jeweils auf den zugehörigen Grund und Boden. Im Ertragswertverfahren umfaßt der sich ergebende Wert pauschal den zugehörigen Bodenwert. Treffen beim Sachwertverfahren für den nicht abgegrenzten Teil des Grund und Bodens (§ 8 Abs. 2 GrStG) auf demselben Grundstück steuerpflichtige und steuerfreie Gebäude (Gebäudeteile) zusammen, so ist der Teil des Grund und Bodens steuerpflichtig, der sich nach dem Verhältnis der Nutzfläche der steuerpflichtigen Gebäude (Gebäudeteile) zu der Nutzfläche der steuerfreien Gebäude (Gebäudeteile) ergibt.

3. Bildung mehrerer wirtschaftlicher Einheiten; Grundstücksart und Bewertungsverfahren

3.1 Wird ein Betrieb der Land- und Forstwirtschaft unterhalten, so bildet dieser stets eine besondere wirtschaftliche Einheit des land- und forstwirtschaftlichen Vermögens (vgl. Tz. 2.4).

3.2 Der Wohnzwecken dienende steuerpflichtige Teil des Grundvermögens (vgl. Tz. 2.1) ist – ggf zusammen mit kleineren gewerblich genutzten Teilen sowie mit vermieteten und verpachteten Teilen (vgl. Tz. 2.2 und 2.3) – als wirtschaftliche Einheit des Grundvermögens (Grundstück) in der Regel im Ertragswertverfahren zu bewerten.

3.2 Die übrigen gewerblich genutzten Gebäude oder Gebäudeteile bilden mit dem zugehörigen Grund und Boden (vgl. Tz. 2.7) eine besondere wirtschaftliche Einheit. Sie sind als Geschäftsgrundstücke einzureihen (§ 75 Abs. 1 und 3 BewG).

4. Wertermittlung

Bei der Wertermittlung ist den besonderen Verhältnissen, die sich insbesondere bei Klostergrundstücken im Hinblick auf die Lage, Bauart und Bauweise sowie die Belastung durch den Denkmalschutz und den damit verbundenen erhöhten Erhaltungsaufwand ergeben können, Rechnung zu tragen.

4.1 Ertragswertverfahren

4.11 Für die unter Tz. 2.1 aufgeführten Wohnräume der Ordensangehörigen, Diakonissen usw. ist die übliche Miete als Jahresrohmiete anzusetzen.

Dabei kann wegen der Besonderheiten in aller Regel nicht das Mietniveau zugrunde gelegt werden, das für Wohnungen in der betreffenden Gegend üblich ist.

4.12 Befindet sich die wirtschaftliche Einheit außerhalb des Ortsbereichs, ist die Jahresrohmiete entsprechend niedriger festzusetzen.

4.13 Bei der Wertermittlung für historische Gebäude sind die zur Bewertung von Schlössern ergangenen Weisungen heranzuziehen (vgl. Tz. 2.12 bis 2.14 des Erlasses vom 21. 10. 1985, BStBl. I S. 648).

4.2 Sachwertverfahren

4.21 Grund und Boden

4.211 Zu den Grundstücken werden vielfach größere Flächen gehören. Hier wird der steuerpflichtige Grund und Boden in Zonen aufgeteilt werden müssen. Unter Umständen kann es auch angezeigt sein, für das ganze Gelände einen niedrigeren Durchschnittswert zu bilden, als er für die angrenzenden Grundstücke maßgebend ist.

4.212 Oft befinden sich Mutterhäuser und Klöster weitab außerhalb des Ortsbereichs. In diesen Fällen ist der Wert des Grund und Bodens niedriger anzusetzen, als wenn sie innerhalb eines Ortsbereichs gelegen wären. Er darf jedoch den Verkehrswert landwirtschaftlich genutzter Grundstücke, bezogen auf den 1.1.1964, nicht unterschreiten.

4.22 Gebäude

4.221 Der Gebäudewert ergibt sich aus dem Gebäudenormalherstellungswert, der noch um die Wertminderung wegen Alters, etwaiger Baumängel und Bauschäden, Belastung mit Denkmalschutz sowie aus sonstigen Gründen zu kürzen ist.

4.222 Der umbaute Raum ist ggf. für Teile von Gebäuden, für einzelne Geschosse oder Räume getrennt zu berechnen, wenn eine unterschiedliche Bauart oder Ausstattung gegeben ist.

4.223 Geschoßhöhen in Wohn-, Schlag- und Gemeinschaftsräumen über 3,50 m sind nur mit 3,50 anzusetzen.

4.224 Kellerräume, die ihrer ganzen Aufmachung nach als Wirtschaftsräume gebaut sind und auch als solche verwendet werden, sind mit der tatsächlichen Höhe, jedoch höchstens mit 3,50 m anzusetzen. Bei eigentlichen Kellerräumen (sog. Haus- und Heizungskellern) ist die Höhe auf 2,50 m zu begrenzen.

4.225 Die Gebäudeklasseneinteilung und die Raummeterpreise ergeben sich je nach Nutzung aus Anlage 15 Nr. 3, 6 und 9 zu Abschn. 38 BewRGr. Für Wohnungen und Wohnräume kann darüber hinaus Anlage 14 Teil A zu Abschn. 38 BewRGr herangezogen werden.

Enthält die wirtschaftliche Einheit Gebäude, Teile von Gebäuden, einzelne Geschosse oder Räume, die für Zwecke der Produktion oder Lagerung genutzt werden, so sind insoweit die Raummeterpreise den Gebäudeklassen 2.1 ff der Anlage 14 Teil B zu Abschnitt 38 BewRGr zu entnehmen.

4.226 Mit der Begrenzung der Geschoßhöhe bei der Berechnung des umbauten Raumes auf 3,50 m (bei sog. Hauskellern auf 2,50 m) ist der wertmindernde Umstand der übermäßigen Raumhöhe abgegolten.

4.23 Außenanlagen

4.231 Der Wert der Außenanlagen ist nach Abschn. 45 BewRGr zu berechnen.

Als Wert kann auch ein Hundertsatz des Gebäudewerts angesetzt werden.

4.232 Für gemauerte Umwehrungen aus Bruchsteinen, 25 cm und mehr stark, sind je lfd. m bei einer Höhe bis

1,00 m	2,00 m	2,00 m und mehr
35,00 DM	48,00 DM	55,00 DM

anzusetzen.

4.24 Wertzahl

Die Wertzahl zur Angleichung des Ausgangswerts an den gemeinen Wert richtet sich nach der Grundstücksart bzw. Grundstücksgruppe und ist aus der VO zu § 90 BewG zu entnehmen.

4.25 Historische Gebäude

Bei der Wertermittlung für historische Gebäude sind ergänzend die zur Bewertung von Schlössern ergangenen Weisungen heranzuziehen.

a) Verordnung über die Gewährung von Steuerbefreiungen für Grundbesitz ausländischer Staaten, der für Wohnzwecke des Personals diplomatischer Missionen und konsularischer Vertretungen benutzt wird
Vom 11. November 1981
(BGBl. II S. 1002, BStBl. I S. 626)

Auf Grund des Artikels 2 Buchstabe a des Gesetzes zu dem Wiener Übereinkommen vom 18. April 1961 über diplomatische Beziehungen vom 6. August 1964 (BGBl. 1964 II S. 957) und auf Grund des Artikels 2 Buchstabe a des Gesetzes zu dem Wiener Übereinkommen vom 24. April 1963 über konsularische Beziehungen vom 26. August 1969 (BGBl. 1969 II S. 1585) verordnete die Bundesregierung mit Zustimmung des Bundesrates:

§ 1 (1) Grundbesitz eines Entsendestaates oder einer für diesen handelnden Person, der für Wohnzwecke der Mitglieder des Personals seiner diplomatischen Mission oder der Mitglieder seiner von einem Berufskonsularbeamten geleiteten konsularischen Vertretung benutzt wird, ist unter der Voraussetzung und nach Maßgabe der Gegenseitigkeit von der Grundsteuer und von der Vermögensteuer befreit. Einkünfte aus solchem Grundbesitz sind unter der Voraussetzung und nach Maßgabe der Gegenseitigkeit von der Einkommensteuer befreit.

(2) Die Gegenseitigkeit wird durch besondere Übereinkunft zwischen der Regierung der Bundesrepublik Deutschland, vertreten durch das Auswärtige Amt, das im Einvernehmen mit dem Bundesminister der Finanzen handelt, und der Regierung des Entsendestaates vereinbart.

§ 2 Diese Verordnung gilt nach § 14 des Dritten Überleitungsgesetzes in Verbindung mit Artikel 3 des Gesetzes zu dem Wiener Übereinkommen vom 18. April 1961 über diplomatische Beziehungen und mit Artikel 3 des Gesetzes zu dem Wiener Übereinkommen vom 24. April 1963 über konsularische Beziehungen auch im Land Berlin.

§ 3 Diese Verordnung tritt mit Wirkung vom 1. Januar 1974 in Kraft.

b) Grundsteuerbefreiung für den Grundbesitz ausländischer Staaten, der diplomatischen oder konsularischen Zwecken dient
Gleichlautende Erlasse der obersten Finanzbehörden der Länder vom 1. Dezember 2000
(BStBl. I S. 1516)

Grundbesitz ausländischer Staaten, der nach vorheriger Zustimmung des Auswärtigen Amtes für diplomatische Zwecke genutzt wird, ist nach dem Wiener Übereinkommen über diplomatische Beziehungen – WÜD – vom 18. April 1961 (BGBl. 1964 II S. 959) und Grundbesitz, der unter der gleichen Voraussetzung konsularischen Zwecken dient, ist nach dem Wiener Übereinkommen über konsularische Beziehungen – WÜK – vom 24. April 1963 (BGBl. 1969 II S. 1587) von der Grundsteuer befreit. Beide Übereinkommen sind auch im Verhältnis zu den Staaten anzuwenden, die ihnen nicht beigetreten sind. Für die Grundsteuerbefreiung ist grundsätzlich nicht erforderlich, dass die Gegenseitigkeit festgestellt wird. Abschn. 29 Abs. 1 Satz 2 GrStR ist nicht mehr anzuwenden. Das Erfordernis der Gegenseitigkeit besteht nur, wenn es sich um Grundbesitz handelt, der für Wohnzwecke des Personals diplomatischer Missionen und berufskonsularischer Vertretungen benutzt wird (§ 1 der VO vom 11. November 1981, BStBl. 1982 I S. 626). In diesen Fällen ist bei Anträgen auf Grundsteuerbefreiung eine Stellungnahme des Auswärtigen Amtes einzuholen, ob und ggf. inwieweit der jeweilige Entsendestaat Gegenseitigkeit gewährt. Bei positivem Bescheid ist die antragstellende Mission auf ihre Anzeigepflicht nach § 19 GrStG hinzuweisen, wenn die Gegenseitigkeit und damit die Voraussetzung für eine Grundsteuerbefreiung entfällt.

GrStG Anlage 05.4

Zu § 5 GrStG, zu Abschn. 29 GrStR

c) Steuerbefreiung nach der Verordnung über die Gewährung von Vorrechten und Befreiungen an das Wirtschafts- und Handelsbüro der Sonderverwaltungsregion Hongkong der Volksrepublik China in Berlin vom 24. Februar 2009

Erlass FinSen Berlin vom 1. April 2009
III C-S 4506-2/2007 / III C-S 6105-2/2009

Die Bundesregierung hat mit Zustimmung des Bundesrates die Verordnung über die Gewährung von Vorrechten und Befreiungen an das Wirtschafts- und Handelsbüro der Sonderverwaltungsregion Hongkong der Volksrepublik China in Berlin vom 24.02.2009 (BGBl. 2009 Teil II Nr. 5, ausgegeben zu Bonn am 27. Februar 2009) – Anlage – erlassen. Die Rechtsverordnung tritt nach ihrem Artikel 20 Abs. 1 am Tag nach der Verkündung in Kraft. Sie ist damit am 28.02.2009 in Kraft getreten.

Mit der Rechtsverordnung ist die Rechtsgrundlage für die Eröffnung des Wirtschafts und Handelsbüros von Hongkong in Berlin geschaffen worden. Dem Büro werden durch die Verordnung Rechtsfähigkeit sowie quasi-diplomatische Vorrechte, Immunitäten und Befreiungen gewährt, die weitgehend einer Behandlung entsprechend dem Wiener Übereinkommen über konsularische Beziehungen (WÜK; BGBl. 1969 II S. 1585) entsprechen. Die Verordnung enthält in Artikel 9 Befreiungen für die Räumlichkeiten des Büros in Berlin. Die Räumlichkeiten sind von der Grundsteuer, der Versicherungsteuer und der Feuerschutzsteuer befreit. Der Erwerb eines Grundstücks in Berlin durch das Büro, das für dessen Nutzung für vergleichbare Aufgaben wie denen einer berufskonsularischen Vertretung bestimmt ist, ist von der Grunderwerbsteuer befreit.

Nach Artikel 10 sind die Dienstfahrzeuge des Büros und bis zu zwei Privatfahrzeuge jedes entsandten Mitarbeiters des Büros von der Kraftfahrzeugsteuer und von der Versicherungsteuer befreit.

Die in den Artikeln 9 und 10 genannten Befreiungen gelten nur, sofern die darin bezeichneten Steuern nicht von einer anderen Person zu entrichten sind. Diese Einschränkungen dienen der Begrenzung der Befreiungen ausschließlich auf die Ausübung der dienstlichen, „konsularischen" Zwecke.

Anlage

Verordnung
über die Gewährung von Vorrechten und Befreiungen an das Wirtschafts- und Handelsbüro der Sonderverwaltungsregion Hongkong der Volksrepublik China in Berlin
vom 24. Februar 2009
(BGBl. II S. 142)

– Auszug –

Auf Grund des Artikels 3 des Gesetzes vom 22. Juni 1954 über den Beitritt der Bundesrepublik Deutschland zum Abkommen über die Vorrechte und Befreiungen der Sonderorganisationen der Vereinten Nationen vom 21. November 1947 und über die Gewährung von Vorrechten und Befreiungen an andere zwischenstaatliche Organisationen (BGBl. 1954 II S. 639), der durch Artikel 4 des Gesetzes vom 16. August 1980 (BGBl. 1980 II S. 941) neu gefasst worden ist, verordnet die Bundesregierung:

Artikel 9
Befreiung der Räumlichkeiten des Büros von der Besteuerung

Die Räumlichkeiten des Büros in Berlin, die in seinem Eigentum oder einer für das Büro handelnden Person stehen oder von ihnen gemietet oder gepachtet sind, sind von der Grundsteuer, der Versicherungsteuer und der Feuerschutzsteuer befreit. Der Erwerb eines Grundstückes in Berlin durch das Büro, das für dessen Nutzung für vergleichbare Aufgaben wie denen einer berufskonsularischen Vertretung bestimmt ist, ist von der Grunderwerbsteuer befreit. Die Befreiungen nach den Sätzen 1 und 2 gelten nur, sofern diese Steuern nicht von einer Person zu entrichten sind, die mit dem Büro oder einer für das Büro handelnden Person Verträge geschlossen hat.

Artikel 10
Befreiung der Dienstkraftfahrzeuge des Büros und bestimmter Privatfahrzeuge der entsandten Mitarbeiter von der Kraftfahrzeugsteuer und der Versicherungsteuer

Die Dienstfahrzeuge des Büros und bis zu zwei Privatfahrzeuge jedes entsandten Mitarbeiters des Büros sind von der Kraftfahrzeugsteuer und der Versicherungsteuer befreit, sofern diese nicht von einer anderen Person zu entrichten sind.

Zu § 5 GrStG, zu Abschn. 24 GrStR **Anlage 05.5 GrStG**

Steuerpflicht von Appartements in Studenten- und Altenwohnheimen
Erlaß FinMin Hessen vom 17. November 1987
– G 1105 A – 14/G 1105 A – 16 – II B 41 –

Nach dem BFH-Urteil vom 11. 2. 1987 II R 210/83 (BStBl. II 1987, S. 306) sind Kleinstappartements in Studentenwohnheimen mit 15,70 m² bis 16,50 m² Gesamtfläche keine Wohnungen i. S. von § 5 Abs. 2 GrStG.

Im Hinblick auf das Urteil des BFH vom 30. 4. 1982 III R 33/80 (BStBl. II 1982 S. 671), in dem der BFH Appartements mit einer Gesamtwohnfläche von mehr als 20 m² als Wohnungen angesehen hat, ist für die Annahme einer Wohnung bei Appartements in Studentenwohnheimen und Altenwohnheimen i. S. des § 5 Abs. 2 GrStG eine Mindestwohnfläche von 20 m² erforderlich.

Bei Wohnflächen unter 20 m² sind diese Appartements ohne Rücksicht auf die Ausstattung nicht als Wohnung, sondern als Wohnräume zu behandeln. Bei der Wohnflächenberechnung bleiben die nach § 44 Abs. 2 und 3 der II. Berechnungsverordnung anrechenbaren Grundflächen außer Betracht.

GrStG Anlage 05.6   Zu § 5 GrStG, zu Abschn. 24 GrStR

Wohnungsbegriff nach § 5 Abs. 2 GrStG i. V. mit Antrag auf Befreiung nach § 3 Abs. 1 Nr. 3 a GrStG
Vfg. OFD Karlsruhe vom 26. April 2012
– G 1102/11-St 344 –

Zur Frage, ob die in einem ansonsten nach § 3 Abs. 1 Nr. 3 GrStG steuerbefreiten Wohnheim eingerichteten Wohnbereiche der Grundsteuer zu unterwerfen sind, bitte ich Folgendes zu beachten:

Dient Grundbesitz, der für steuerbegünstigte Zwecke benutzt wird, zugleich Wohnzwecken, gilt die Befreiung für Wohnräume, wenn der steuerbegünstigte Zweck nach § 3 Abs. 1 Nr. 1, 3 oder 4 GrStG nur durch ihre Überlassung erreicht werden kann (§ 5 Abs. 1 Nr. 3 GrStG). Hieraus folgt, dass Räume, die objektiv als Wohnung zu beurteilen sind, ihre Eigenschaft nicht dadurch verlieren, dass ihre Überlassung zu Wohnzwecken im Rahmen einer pflegerischen bzw. therapeutischen Gesamtkonzeption erfolgt (BFH-Urteil vom 11.04.2006 II R 77/04, BFH/NV 2006, S. 1707).

Der Begriff der Wohnung i. S. des § 5 Abs. 2 GrStG knüpft an den bewertungsrechtlichen Wohnungsbegriff an. Danach ist unter Wohnung die Zusammenfassung einer Mehrheit von Räumen zu verstehen, die in ihrer Gesamtheit so beschaffen sein müssen, dass sie die Führung eines selbständigen Haushalts auf Dauer ermöglichen. Hierzu ist es erforderlich, dass die für die Führung eines selbständigen Haushalts notwendigen Einrichtungen wie Küche oder ein Raum mit Kochgelegenheit, Bad oder Dusche und Toilette vorhanden und – für Bewertungsstichtage ab 01.01.1974 – die als Wohnung in Betracht kommenden Räumlichkeiten gegenüber anderen Wohnungen oder Räumen baulich getrennt sind und somit eine in sich geschlossene Wohneinheit mit eigenem Zugang bilden.

Außerdem müssen die zu einer Wohneinheit zusammengefassten Räume eine bestimmte Mindestwohnfläche aufweisen.

Ist die Führung eines selbständigen Haushalts in einer solchen in sich abgeschlossenen Wohneinheit objektiv möglich, ist diese Einheit auch dann als Wohnung zu beurteilen, wenn sie baulich nicht auf die typischen Bedürfnisse einer Familie zugeschnitten ist oder mehrere Bewohner darin tatsächlich keinen gemeinsamen Haushalt führen.

Zu der Frage, welche Mindestwohnfläche für die Annahme einer Wohnung in einem Studentenwohnheim erforderlich ist, haben die für bewertungsabhängige Steuern und Verkehrssteuern zuständigen Vertreter der obersten Finanzbehörden der Länder anlässlich ihrer Sitzung vom 13. bis 15. März 2012 (TOP I/6, Bew I/12) beschlossen, für Zwecke der Einheitsbewertung und Grundsteuer die Entscheidung des BFH vom 17.05.1990 II R 182/87 (BStBl. 1990 II, S. 705) auch weiterhin anzuwenden. Danach ist für die Annahme einer Wohnung i. S. des § 5 Abs. 2 GrStG eine Wohnfläche von mindestens 20 m² erforderlich. Zur Mindestgröße einer Wohnung im Bewertungs- und Grundsteuerrecht vergleiche auch Bew-Kartei zu § 75 BewG Karte 15.

Die mit dem Erbschaftsteuerreformgesetz – ErbStRG v. 24.12.2008 (BGBl. I, S. 3018) in § 181 Abs. 9 Satz 4 BewG aufgenommene Regelung, wonach Wohnflächen mindestens 23 m² betragen müssen, betrifft den Wohnungsbegriff – entsprechend der Überschrift des sechsten Abschnitts des Bewertungsgesetzes – nur für eine Bewertung zu Zwecken der Erbschaftsteuer ab dem 01.01.2009 und ist somit auf die Bewertung von Alten- u. Studentenwohnheime für Grundsteuerzwecken nicht übertragbar.

Grundsätzlich ist die Frage des Vorliegens einer Wohnung im steuerrechtlichen Sinn anhand der örtlichen Gegebenheiten zu beurteilen. Auf die in der Anlage angeführte Rechtsprechung, die ggf. bei Studentenwohnheimen zu prüfen ist, wird verwiesen.

Gegebenenfalls ist eine Fehlerfortschreibung nach § 22 Abs. 3 BewG durchzuführen.

Anlage
Ergangene BFH-Entscheidungen in chronologischer Reihenfolge
• BFH vom 05.10.1984, Az. III R 192/83, BStBl. II 1985, 151
Leitsatz:
Für die Beurteilung der Frage, ob die Zusammenfassung einer Mehrheit von Räumen den bewertungsrechtlichen Wohnungsbegriff erfüllt, ist jedenfalls für Stichtage ab 1. Januar 1974 wesentlich, dass diese Zusammenfassung von Räumen eine von anderen Wohnungen oder Räumen, insbesondere Wohnräumen, baulich getrennte, in sich abgeschlossene Wohneinheit bildet. Grundsätzlich müssen die Räume Wohnzwecken dienen oder zu dienen bestimmt sein. Es muss ein eigener Zugang bestehen. Darüber hinaus müssen die Räume eine bestimmte Mindestfläche aufweisen. Außerdem ist grundsätzlich erforderlich, dass die für die Führung eines selbständigen Haushalts notwendigen Nebenräume wie Küche, zumindest ein Raum mit Kochgelegenheit, ein Bad oder eine Dusche und eine Toilette vorhanden sind.

Zu § 5 GrStG, zu Abschn. 24 GrStR **Anlage 05.6 GrStG**

- BFH vom 20.06.1985, Az. III R 71/83, BStBl. II 1985, 582

Leitsatz:

1. Der Senat hält an seiner bisherigen Rechtsprechung (Urteil vom 24. November 1978 III R 81/76, BFHE 126, 565, BStBl. II 1979, 255) fest, wonach eine Mehrheit von Räumen jedenfalls dann nicht als Wohnung i.S. des § 75 Abs. 5 und 6 BewG angesehen werden kann, wenn die Gesamtfläche weniger als 23 qm beträgt.

- BFH vom 11.02.1987, Az. II R 210/83, BStBl. II 1987, 306

Leitsatz:

Kleinstappartements in Studentenwohnheimen mit 15,70 qm bis 16,50 qm Gesamtfläche sind keine Wohnungen i.S. von § 5 Abs. 2 GrStG.

Orientierungssatz

1. Der Begriff Wohnung in § 5 Abs. 2 GrStG ist grundsätzlich in gleicher Weise auszulegen, wie ihn die ständige Rechtsprechung des BFH zum Bewertungsrecht ausgelegt hat (vgl. BFH-Urteil vom 30.04.1982 III R 33/80).

- BFH vom 17.05.1990, Az. II R 182/87, BStBl. II 1990, 705

Leitsatz:

1. Eine Wohneinheit, bestehend aus einem Wohn-Schlafraum, Bad/WC und einem Flur, von insgesamt mindestens 20 qm, die sich in einem Appartementhaus (hier: Studentenwohnheim) befindet, ist eine Wohnung i.S. des § 5 Abs. 2 GrStG.

Orientierungssatz

1. Unter einer Wohnung i.S. des § 5 Abs. 2 GrStG ist die Zusammenfassung einer Mehrheit von Räumen zu verstehen, die in ihrer Gesamtheit so beschaffen sein müssen, dass sie die Führung eines selbständigen Haushalts auf Dauer ermöglichen. Dazu ist u.a. erforderlich, dass die abgeschlossene Wohneinheit eine bestimmte Fläche nicht unterschreitet. Unter welcher Voraussetzung eine selbständige Haushaltsführung möglich ist und welche Fläche mindestens vorhanden sein muss, entscheidet sich nach der Verkehrsauffassung (vgl. ständige BFH-Rechtsprechung zum Begriff „Wohnung" im Bewertungsrecht).

- BFH vom 21.07.1993, Az. II R 75/92 (NV), BFH/NV 1994, 410

Leitsatz:

Ein Einzelappartement in einem Studentenwohnheim mit einer Gesamtfläche von 30 qm, bestehend aus einem ca. 25 qm großen Wohn-/Schlafraum mit Küchenecke sowie Flur und Bad mit Toilette, das durch eine Abschlusstür von anderen Räumen getrennt ist, stellt eine Wohnung i.S. des § 5 Abs. 2 GrStG dar.

2. Ein in einem Studentenwohnheim gelegenes Zwei-Zimmer-Appartement, bestehend aus zwei ca. 11 qm großen Wohn-/Schlafräumen, einem Flur mit Kochecke und einem Sanitärraum mit Dusche und Toilette, das durch eine Flurabschlusstür von anderen Räumen getrennt ist, ist auch dann als Wohnung i. S. des § 5 Abs. 2 GrStG anzusehen, wenn es an zwei Studenten getrennt vermietet wird.

Entsprechendes gilt für baulich abgeschlossene Drei-Zimmer-Appartements (bestehend aus drei Wohn-/Schlafräumen, einem gemeinsamen Gruppenwohnraum, Flur, Küchenraum, Badezimmer mit Toilette) und Vier-Zimmer-Appartements (bestehend aus vier Wohn-/Schlafräumen, Flur, Küchenraum und Bad mit Toilette).

- BFH vom 22.09.1993, Az. II R 63/91, BStBl. II 1994, 415

Leitsatz:

1. Ein während des ganzen Jahres nutzbares Ferienhaus, dessen Wohnfläche 49 qm beträgt und das neben einem Aufenthaltsraum mit Küchenzeile ein Bad und drei Schlafräume enthält, stellt eine Wohnung i.S. des § 5 Abs. 2 GrStG dar. Dabei ist ohne Belang, dass die jeweiligen Bewohner bedürftigen Bevölkerungskreisen angehören, häufig wechseln und das Ferienhaus nur vorübergehend – zu Erholungszwecken – nutzen.

- BFH vom 21.04.1999, Az. II R 5/97, BStBl. II 1999, 496

Leitsatz:

1. Wohnungen sind auch dann nicht von der Grundsteuer befreit, wenn sie einer gemeinnützigen Körperschaft gehören und von dieser zu steuerbegünstigten Zwecken verwendet werden. Räume, die objektiv als Wohnung zu beurteilen sind, verlieren diese Eigenschaft nicht dadurch, dass ihre Überlassung zu Wohnzwecken im Rahmen einer pflegerischen und therapeutischen Gesamtkonzeption erfolgt.

GrStG Anlage 05.6 Zu § 5 GrStG, zu Abschn. 24 GrStR

Orientierungssatz

1. Zum Begriff der Wohnung. Die nach der Rechtsprechung des BFH zum Bewertungsrecht entwickelte typologische Umschreibung des Wohnungsbegriffs gilt entsprechend auch für den Wohnungsbegriff i.S. des § 5 Abs. 2 GrStG.

2. Bei der Beurteilung, ob eine Wohnung in diesem Sinne vorliegt, ist auf die objektive bauliche Gestaltung abzustellen. Unbeachtlich ist, ob subjektiv aus der Sicht des einzelnen Nutzers, diesem ein alle Voraussetzungen des Wohnungsbegriffs erfüllender Raum ausschließlich zur Verfügung steht (hier: Patienten in einem Wohnheim).

3. Der Eigenschaft als Wohnung steht es nicht entgegen, dass die Raumeinheiten baulich nicht auf die typischen Bedürfnisse einer Familie zugeschnitten sind. Der Wohnungsbegriff verlangt auch nicht, dass ein gemeinsames Wohnzimmer vorhanden sein muss.

4. Werden in ein Wohnheim Personen mit dem Ziel aufgenommen, dass sie im Rahmen einer Betreuung wieder eine Selbständigkeit erlangen, die ihnen ein Leben ohne medizinische, psychologische und organisatorische Hilfe ermöglicht, so steht dies dem Aspekt der Nutzung von Raumeinheiten auf Dauer zur Führung eines selbständigen Haushalts nicht entgegen.

5. Die Grundsatzentscheidung des Gesetzgebers, nach welcher der Wohnzweck kein steuerbegünstigter Zweck i.S. des GrStG ist, verstößt nicht gegen das Grundgesetz (Beschluss des BVerfG vom 04.04.1984 1 BvR 1139/82).

Zu § 6 GrStG   Anlage 06.1 GrStG

Ermittlung der Ersatzwirtschaftswerte – Betriebe der Treuhandanstalt, die sich im Landeseigentum befinden
Erlaß FinMin Thüringen vom 4. Dezember 1991
– S 3125 A – 2 – St 2.07 –

Land- und forstwirtschaftliche Betriebe im Landeseigentum sind grundsätzlich grundsteuerpflichtig. Ausnahmen sind nach § 6 GrStG insbesondere für den Grundbesitz vorgesehen, der Lehr- oder Versuchszwecken oder militärischen Zwecken dient.

Erklärungspflichtig und Adressat des Grundsteuermeßbescheids ist der tatsächlich wirtschaftende (nutzende Betrieb), d. h. die Stelle, die Erträge und Aufwand aus dem Betrieb der Land- und Forstwirtschaft verwaltet, z. B. VEG, Staatlicher Forstwirtschaftsbetrieb (Parallele zu wirtschaftlichen Betrieben in Bundesbesitz). Das ist bei Verpachtung des Betriebs der Nutzer, bei Selbstbewirtschaftung die zuständige Einrichtung des Landes.

Ist die Bewirtschaftung eines solchen Betriebs völlig aufgegeben worden und sind die Wirtschaftsgüter ungenutzt, so ist die Treuhandanstalt nach § 34 Abs. 3 AO erklärungs- und steuerpflichtig, wenn ihr die Verwaltung des Vermögens für den Eigentümer zusteht.

GrStG Anlage 10.1

Zu § 10 GrStG

Zurechnungsfortschreibung bei herrenlosen Grundstücken

Vfg. OFD Chemnitz vom 11.12.2006
S 3106 – 46/1 – St 23

Hat der Eigentümer eines Grundstücks gemäß § 928 Abs. 1 BGB das Eigentum dadurch aufgegeben, dass er dem Grundbuch gegenüber den Verzicht erklärt hat und der Verzicht im Grundbuch eingetragen wurde, so steht das Recht zur Aneignung des aufgegebenen Grundstücks gemäß § 928 Abs. 2 BGB dem Fiskus des Bundesstaates zu, in dessen Gebiet das Grundstück liegt.

Der Fiskus erwirbt das Eigentum dadurch, dass er sich als Eigentümer in das Grundbuch eintragen lässt. Verzichtet der Fiskus auf sein Aneignungsrecht, bleibt das Grundstück „herrenlos".

Eine gesetzliche Regelung, wie bei der Einheitsbewertung und der Grundsteuermessbetragsveranlagung mit solchen herrenlosen Grundstücken zu verfahren ist, existiert nicht.

Ich bitte in Zukunft wie folgt zu verfahren:

Mit Eigentumsverzicht ist das Grundstück dem bisherigen Eigentümer nicht mehr zuzurechnen. Das hat zur Folge, dass er nicht mehr Schuldner der Grundsteuer gemäß § 10 Abs. 1 GrStG ist. Es ist daher sinnvoll, dem bisherigen Eigentümer mitzuteilen, dass ihm das Grundstück auf den dem Verzicht folgenden 1.1. des Kalenderjahres nicht mehr zuzurechnen ist und die Steuerpflicht endet.

Die Zurechnungsfortschreibung und die Neuveranlagung des Grundsteuermessbetrages sind vorzunehmen auf: „Ohne Eigentümer (Eigentumsverzicht nach § 928 BGB)", wobei die Grundstücksart, die Höhe des Einheitswertes und des Grundsteuermessbetrages unverändert bleiben.

Da das Finanzamt in der Regel erst auf Antrag des bisherigen Eigentümers von dem herrenlosen Grundstück Kenntnis erlangt, sind die Bescheide dem bisherigen Eigentümer bekannt zu geben.

Den zuständigen Gemeinden sind die Gemeindeausfertigungen der Grundsteuermessbetragsveranlagung zu übersenden.

Zu § 13 GrStG Anlage 13.1 GrStG

Festsetzung von Grundsteuermessbeträgen
Verfahren bei Einsprüchen gegen Grundsteuermessbescheide

Vfg. OFD Frankfurt am Main vom 17. August 2017
(G 1130 A-030-St 116)

Zur Festsetzung von Steuermessbeträgen nach § 184 AO gibt der AEAO folgende Hinweise:
„Gemeinden sind nicht befugt, Steuermessbescheide anzufechten (vgl. § 40 Abs. 3 FGO); eine Rechtsbehelfsbefugnis der Gemeinden besteht nur im Zerlegungsverfahren (§ 186 Nr. 2 AO). Die Finanzämter sollen aber die steuerberechtigten Gemeinden über anhängige Einspruchsverfahren gegen Realsteuermessbescheide von größerer Bedeutung unterrichten."

Wegen des unbestimmten Rechtsbegriffs „von größerer Bedeutung" lässt sich eine einheitliche, für alle hessischen Belegenheitsfinanzämter geltende, Betragsgrenze nicht definieren.

Ich bitte daher, in Fällen anhängiger Einspruchsverfahren gegen Grundsteuermessbescheide die betreffenden Belegenheitsgemeinden einzelfallbezogen zu unterrichten.

GrStG Anlage 32.1

Zu § 32 GrStG

Grundsteuer-Erlaß für Kulturgut nach § 32 Abs. 1 Nr. 1 GrStG
Erlaß SenFin Berlin vom 14. März 1994
– II C 2 – G 1163 – 1/92 –

Auf Antrag ist die Grundsteuer für Grundbesitz zu erlassen, wenn für dessen Erhaltung wegen der Bedeutung für Kunst, Geschichte, Wissenschaft oder Naturschutz ein öffentliches Interesse besteht (Kulturgut) und wenn der Rohertrag in der Regel unter den jährlichen Kosten liegt (§§ 32 Abs. 1 Nr. 1 i. V. m. § 34 GrStG).

In Ergänzung der Anweisungen in Abschnitt 35, 41, 43 GrStR 1978 bitten wir um Beachtung der folgenden Hinweise:

1. Kulturgut

1.1. Nachweis des öffentlichen Interesses

Gem. Abschnitt 35 Abs. 1 Satz 2 GrStR 1978 soll der Antragsteller den Nachweis, daß der Grundbesitz Kulturgut i. S. § 32 Abs. 1 Nr. 1 GrStG ist, durch eine Bestätigung der zuständigen Landesbehörde führen. Für Berlin ist gesetzlich die Erhaltung von Grundbesitz wegen seiner Bedeutung für Kunst, Geschichte, Wissenschaft im Denkmalschutzgesetz Berlin (DSchG Bln), die Erhaltung von Grundbesitz wegen seiner Bedeutung für Naturschutz im Bundesnaturschutzgesetz 2 Abschn. X Nr. 1 zum Vereinheitlichungsgesetz Anwendung. Hiernach gilt die Denkmalerklärung gemäß § 9 Abs. 3 in Verbindung mit § 3 Abs. 1 DPflG DDR, die Aufnahme in die Denkmalliste nach §§ 7 Abs. 2, 8 Abs. 2, 9 Abs. 2 sowie die Feststellung nach § 13 Satz 2 des Gesetzes als Eintragung im Sinne von § 6 Abs. 4 DSchG Bln.

1.2. Denkmalschutz

1.2.1. Geltung des Denkmalschutzgesetzes Berlin im Beitrittsgebiet Berlins

Durch das Gesetz über die Vereinheitlichung des Berliner Landesrechts vom 28. September 1990 (GVBl., 219) ist der Geltungsbereich des DSchG Bln mit Wirkung vom 3. Oktober 1990 auf das gesamte Gebiet, das nach dem Einigungsvertrag das Land Berlin bildet, ausgedehnt worden.

Grundbesitz im Ostteil von Berlin ist also in denkmalrechtlicher Hinsicht grundsätzlich genauso zu behandeln wie Grundbesitz im Westteil der Stadt.

Auf die baulichen Anlagen, die bereits vor der Vereinigung nach dem Denkmalpflegegesetz der DDR (DPflG DDR) als Denkmale erfaßt worden waren, findet die Überleitungsregelung der Anlage 2 Abschn. X Nr. 1 zum Vereinheitlichungsgesetz Anwendung. Hiernach gilt die Denkmalerklärung gemäß § 9 Abs. 3 in Verbindung mit § 3 Abs. 1 DPflG DDR, die Aufnahme in die Denkmalliste nach §§ 7 Abs. 2, 8 Abs. 2, 9 Abs. 2 sowie die Feststellung nach § 13 Satz 2 des Gesetzes als Eintragung im Sinne von § 6 Abs. 4 DSchG Bln.

Die zuständige Denkmalschutzbehörde bescheinigt diese Rechtsfolge. Der Antragsteller soll darauf hingewiesen werden, eine entsprechende, auf Antrag auszustellende Bescheinigung der Denkmalschutzbehörde vorzulegen.

1.2.2. Bindende Wirkung der Eintragung als Baudenkmal für die Grundsteuer

Die Entscheidung über die förmliche Ausweisung von Grundbesitz als Baudenkmal nach § 2 Abs. 2 i. V. m. § 6 DSchG Bln ist dem Grunde und dem Umfang nach für die Grundsteuer zu übernehmen. Es genügt die Vorlage des entsprechenden Verwaltungsakts.

1.2.3. Begriff des Kulturguts nicht auf Baudenkmale beschränkt

Auch Grundbesitz, der nicht förmlich als Baudenkmal i. S. § 2 Abs. 1 i. V. m. § 6 DSchG Bln eingetragen ist, kann Kulturgut sein. Der Gesetzgeber hat den Tatbestand des „Kulturguts" in § 32 Abs. 1 Nr. 1 GrStG selbständig und unabhängig von landesrechtlichen Vorschriften des Denkmalschutzgesetzes festgelegt.

Nach dem Urteil des BVerwG vom 21. September 1984 (BStBl. II, 870) ist ein öffentliches Interesse i. S. § 32 Abs. 1 Nr. 1 GrStG jedoch nur dann gegeben, wenn für den Grundbesitz besondere rechtliche Bindungen zugunsten der dort bezeichneten Zwecke bestehen. Die rechtlichen Bindungen müssen in ihrer nutzungsbeschränkenden Wirkung die Grenze dessen überschreiten, was namentlich das Baurecht von Grundstückseigentümern an Rücksichtnahme auf Gemeininteressen ohnehin verlangt. Besondere rechtliche Bindungen in diesem Sinne können sich neben dem „echten" denkmalschutzrechtlichen Erhaltungsgebot für Baudenkmale aus engen denkmalschutzrechtlichen Gestaltungsgeboten ergeben. Diese Frage wird insbesondere dann eine Rolle spielen, wenn der Grundbesitz nur als Teil einer größeren Einheit (Denkmalbereich) dem Denkmalschutz unterliegt.

Die Senatsverwaltung für Stadtentwicklung und Umweltschutz hat hierzu auf Anfrage folgende Auffassung vertreten:

Zu unterscheiden ist zwischen Fällen, in denen die bauliche Anlage Teil eines aus mehreren Anlagen bestehenden Baudenkmals ist (Mehrheit baulicher Anlagen im Sinne des § 2 Abs. 2 DSchG Bln) und Fällen, in denen das Objekt im Geltungsbereich einer Verordnung über Geschützte Baubereiche im Sinne des § 17 DSchG Bln liegt.

a) Bei einem Baudenkmal, das aus mehreren selbständigen Objekten besteht, erstrecken sich die Wirkungen des Denkmalschutzes, insbesondere die Erhaltungsverpflichtung, grundsätzlich auf alle zugehörigen Einzelobjekte, unabhängig davon, ob die einzelnen baulichen Anlagen für sich gesehen eigenständigen Denkmalwert haben oder ob sich der Denkmalwert erst aus der Zugehörigkeit zu der Gesamtheit der baulichen Anlage ergibt.

Die strengen Bindungen des Denkmalschutzes gelten jedoch nicht für solche Einzelobjekte, die zwar innerhalb des räumlichen Bereichs eines aus mehreren Anlagen bestehenden Baudenkmals liegen, aber nicht irgendwie positiv zum Denkmalwert der Gesamtheit beitragen, insbesondere belanglose oder sogar störende Anlagen.

b) Bei geschützten Baubereichen gilt folgendes:

Die Lage in einem geschützten Baubereich begründet keine unmittelbare denkmalrechtliche Erhaltungspflicht. § 17 DSchG Bln ermächtigt lediglich dazu, besondere Anforderungen gestalterischer Art zu stellen, die das Erscheinungsbild des Geschützten Baubereichs betreffen. Die Vorschrift dient somit nur mittelbar der Erhaltung der einzelnen im Geltungsbereich belegenen baulichen Anlagen, indem sie etwaigem Veränderungsdruck durch gestalterische Anforderungen entgegenwirkt.

Es handelt sich aber nicht um primäre denkmalrechtliche Gesaltungsgebote, da sie nicht unmittelbar die Erhaltung originärer Denkmalsubstanz regeln.

Die Bindungen durch die Lage in einem geschützten Baubereich entsprechen somit nicht den Anforderungen des BVerwG im Urteil vom 21. September 1984.

Zu beachten ist, daß Denkmale mit Gebietscharakter im Beitrittsgebiet, die nach dem DPflG DDR als Gesamtheit geschützt waren, nicht unter die Sonderregelung des geschützten Baubereichs im Sinne des § 17 DSchG Bln fallen. Für diese Denkmale galt die denkmalrechtliche Erhaltungsverpflichtung unmittelbar. Sie sind folglich als Mehrheiten baulicher Anlagen im Sinne des § 2 Abs. 2 DSchG Bln anzusehen.

1.3. Naturschutz

Die Voraussetzungen für § 32 Abs. 1 Nr. 1 GrStG sind für Naturschutz erfüllt, wenn ein bestimmtes Gebiet rechtsverbindlich unter Naturschutz gestellt ist (Naturschutzgebiet: § 13 Abs. 1 BNatSchG, § 19 NatSchG Bln) oder wenn ein Naturdenkmal (§ 17 Abs. 1 BNatSchG, § 21 NaSchG Bln) vorliegt.

Ein öffentliches Interesse ist dagegen nicht bereits dann gegeben, wenn der Grundbesitz in einem Landschaftsschutzgebiet (§ 15 Abs. 1 BNatSchG, § 20 NatSchG Bln) liegt oder vergleichbar „schwach" ausgestalteten Zweckbestimmungen (z. B. Naturpark – § 16 BNatSchG – oder geschützte Landschaftsbestandteile – § 18 BNatSchG, § 22 NatSchG Bln –) unterliegt. Die rechtlichen Bindungen haben hier wegen des Fehlens eines ausdrücklichen allgemeinen Veränderungsverbots keine dem Naturschutzgebiet oder Naturdenkmal vergleichbare Intensität.

2. Nachhaltige Unrentierlichkeit des Grundbesitzes

Weitere Voraussetzung für den Erlaß ist, daß in der Regel der Rohertrag unter den jährlichen Kosten liegt, das Grundstück also auf Dauer unrentabel ist. Es kommt dabei jedoch nicht darauf an, daß die fehlende Rentabilität im konkreten Einzelfall durch besondere Ausgaben für die Erhaltung des Kulturguts im öffentlichen Interesse (z. B. den Denkmalschutz) verursacht wird.[1]

2.1. Zur Ermittlung des Rohertrags und der Kosten

Rohertrag und Kosten sind für Zwecke des § 32 Abs. 1 Nr. 1 GrStG selbständig unter Berücksichtigung des Charakters der Grundsteuer als Objektsteuer zu ermitteln.

2.1.1. Rohertrag

Es bestehen keine Bedenken, die bei der Ermittlung der Einkünfte i. S. des EStG zugrunde gelegten Mieten und sonstigen Vorteile für die Berechnung des Rohertrags zu übernehmen. Zu beachten ist, daß zu den sonstigen Vorteilen auch der Wert gehört, den die Eigen-Nutzung des Grundbesitzes für den Eigentümer hat. Als Nutzungswert sind die bei ordnungsgemäßer Be-

---

[1] Überholt durch BVerwG-Urteil vom 8.7.1998 8 C 23/97 (BStBl. II S. 590) und BFH-Beschluss vom 8.9.2005 II B 129/04 (BFH/NV 2006 S. 128).

GrStG Anlage 32.1

Zu § 32 GrStG

wirtschaftung zu erzielenden Miet- und Pachteinnahmen anzusetzen (Abschnitt 35 Abs. 2 Sätze 3, 4 GrStR 1978).

2.1.2. **Kosten**

Kosten sind alle im Zusammenhang mit dem Grundbesitz stehenden Verwaltungs- und Betriebsausgaben (Abschnitt 35 Abs. 2 Satz 6 GrStR 1978, vgl. zum Begriff der „Kosten" grundlegend das Urteil des BVerwG vom 15. Februar 1991 (BStBl. II 1992, 577). Schuld- und Eigenkapitalzinsen sind nicht zu berücksichtigen. Nicht zu den Kosten gehören ferner alle Aufwendungen, die in Abhängigkeit von der Nutzung des Grundbesitzes anfallen (Wasser- und Abwassergebühren, Kosten für Heizung, Hausbeleuchtung, Reinigung, Gartenunterhalt und Einfriedung – es sei denn, auch die Gartenanlage und die Einfriedung stehen unter Denkmalschutz –; vgl. Bayer. VGH, Urteil vom 31. März 1993, ZKF 1993, 207).

Bei Gebäuden können nach Abschnitt 35 Abs. 2 Satz 8 GrStR 1978 Abschreibungen als Kosten i. S. § 32 Abs. 1 Nr. 1 GrStG berücksichtigt werden. Nach dem Urteil des BVerwG vom 15. Februar 1991 ist dabei jedoch nur der Wertverzehr durch Absetzung für Abnutzung oder Substanzverringerung i. S. d. § 7 Abs. 4 und 6 EStG anzusetzen. Nicht in der Berechnung einzubeziehen sind dagegen erhöhte (oder Sonder-)Abschreibungen.

2.2. **Nachhaltigkeit der Unrentierlichkeit**

Gem. § 32 Abs. 1 Nr. 1 GrStG muß der Rohertrag in der Regel unter den jährlichen Kosten liegen. Hierfür ist, beginnend mit dem Kalenderjahr, für das der Erlaß beantragt wird, ein Dreijahreszeitraum in Betracht zu ziehen. Daß der Grundbesitz nachhaltig keinen Reinertrag abwerfen darf, schließt nicht aus, daß ausnahmsweise in einem Jahr ein geringer Überschuß erwirtschaftet wird. Ist in mindestens zwei Jahren ein Reinertrag erzielt worden, kann die Grundsteuer nicht erlassen werden (vgl. Abschnitt 35 Abs. 2 Sätze 10 bis 15 GrStR 1978).

3. **Umfang des Grundsteuer-Erlasses**

Der Erlaß kommt für den einzelnen Steuergegenstand insgesamt in Betracht und erstreckt sich somit bei einem bebauten Grundstück auch auf die Grundsteuer die auf den Grund und Boden entfallen würde.

Liegt nur die Erhaltung eines Teils des Grundbesitzes im öffentlichen Interesse, so ist auch nur die hierauf entfallende Grundsteuer zu erlassen (Abschnitt 35 Abs. 4 GrStR 1978). Für diesen Teil muß eine gesonderte Ermittlung der Rentabilität möglich sein. Unter Teile von Grundbesitz i. S. von § 32 Abs. 1 Nr. 1 GrStG fallen deshalb nur selbständig nutzbare, hinsichtlich ihrer Rentabilität separat bewertbare Grundstücksteile. Dies kann z. B. bei dem Wohnteil des Betriebes der Land- und Forstwirtschaft der Fall sein, der unter Denkmalschutz steht. Eine gesonderte Ermittlung des Rohertrags und der jährlichen Kosten ist dagegen bei unselbständigen Gebäudeteilen, z. B. der denkmalgeschützten Fassade, nicht möglich mit der Folge, daß die Grundsteuer insgesamt nicht erlassen werden kann (vgl. Bayer. VGH vom 19. April 1989, ZKF 1989, 205).

4. **Rechtsbehelf**

Gegen die Ablehnung eines Antrags auf Erlaß der Grundsteuer gem. § 32, 33 GrStR ist ein Rechtsbehelf der Einspruch gegeben (BFH-Urteil vom 10. August 1988, BStBl. II 1989, 13).

Zu § 33 GrStG   **Anlage 33.1 GrStG**

Grundsteuererlass für das Kalenderjahr 2008 ff. – Änderung des § 33 Grundsteuergesetz
Erlass SenFin. Berlin vom 21. Januar 2009
– III D – G 1163a – 1/2009 –

I. Änderung der Vorschrift des § 33 GrStG im Jahressteuergesetz 2009

1. Rechtsgrundlage

Mit dem JStG 2009 vom 19. 12. 2008, veröffentlicht im BGBl. I 2008, 2794, wird in Art. 38 (s. Anlage) das Grundsteuergesetz in den Vorschriften der § 33 Abs. 1 und 38 GrStG geändert. Die Änderung ist ab dem Kalenderjahr 2008 anzuwenden.

2. Bisherige Rechtslage

Nach der bis einschl. Erlassjahr 2007 geltenden Regelung des § 33 GrStG ist die Grundsteuer für Betriebe der Land- und Forstwirtschaft und bebaute Grundstücke teilweise zu erlassen, wenn der normale Rohertrag um mehr als 20 % gemindert ist und der Steuerschuldner diese Minderung nicht zu vertreten hat. Nach höchstrichterlicher Rechtsprechung zu § 33 GrStG (BFH v. 24. 10. 2007, II R 5/05, BStBl. II 2008, 384, DStR 2007, 2323; und BVerwG v. 25. 6. 2008, 9 C 8/07, NVwZ-RR 2008, 814) kommt ein Erlass auch in den Fällen des strukturell bedingten Leerstands in Betracht (z. B. bei strukturell-dauerhaft mangelnder Mieternachfrage). Bei nicht strukturell bedingten Ertragsminderungen wird von der Verwaltungsgerichtsbarkeit auch die Atypizität der Ertragsminderung vorausgesetzt (vgl. OVG NRW v. 16. 1. 2008, 14 A 461/07, ZKF 2008, 90; OVG Münster v. 13. 3. 2008, 14 A 2509/07 und v. 18. 6. 2008, 14 A 1185/07).

Zur Anwendung der Vorschrift des § 33 GrStG bis einschl. Erlassjahr 2007 sind die Runderlasse vom 20. 3. 2008 und 24. 4. 2008 zu beachten (GrSt-Nr. 8, GrSt-Beitrittsgebiet Nr. 2).

3. Neubestimmung der Wesentlichkeitsgrenze und pauschalierter Erlass für bebaute Grundstücke im JStG 2009

In der Vorschrift des § 33 GrStG wird die Wesentlichkeitsgrenze der Minderung, ab der ein Erlass grundsätzlich in Betracht kommt, auf mehr als 50 % des normalen Rohertrags neu bestimmt.

Liegen die Voraussetzungen für einen Erlass wegen wesentlicher Ertragsminderung vor, bleibt dessen Höhe nach § 33 Abs. 1 GrStG gesetzlich festgelegt. Der Erlass wird nunmehr pauschaliert in zwei Billigkeitsstufen gewährt. Die Grundsteuer ist bei einer Ertragsminderung von mehr als 50 % i. H. von 25 % und bei einer Ertragsminderung von 100 % i. H. von 50 % zu erlassen.

Die Änderung ab dem Erlassjahr 2008 soll zu einer gerechteren Lastenverteilung zwischen dem Grundstückseigentümer und der Gemeinde beitragen. Durch die Erhöhung des Ausmaßes der Ertragsminderung, ab dem ein Erlass in Betracht kommen kann, von bisher mehr als 20 % auf mehr als 50 % werden einerseits die Mindereinnahmen für die Gemeinden in Grenzen gehalten, andererseits bleibt aber weiterhin – wenn auch eingeschränkt – ein Erlass für den Steuerschuldner grundsätzlich möglich.

4. Neubestimmung des normalen Rohertrags

Für die bebauten Grundstücke ist der normale Rohertrag die nach den Verhältnissen zu Beginn des Erlasszeitraums geschätzte übliche Jahresrohmiete. Hiermit wird die Ermittlung der Ertragsminderung vereinfacht, da sie generell aus dem Unterschiedsbetrag der nach den Verhältnissen zu Beginn des Erlasszeitraums geschätzten üblichen Jahresrohmiete zur tatsächlich im Erlasszeitraum erzielten Jahresrohmiete berechnet werden soll. Somit ist es für den normalen Rohertrag nicht mehr relevant, ob zu Beginn des Kalenderjahres eine Vermietung vorliegt bzw. welcher Mietpreis tatsächlich für die Räume erzielt wird. Dieses Vorgehen gilt für bebaute Grundstücke, die nach dem Bewertungsgesetz im Ertragswertverfahren oder im Sachwertverfahren zu bewerten sind.

Für die Ermittlung der geschätzten üblichen Jahresrohmiete ist die Nutzbarkeit der Flächen nach Wohn- und/oder gewerblicher Nutzung maßgebend.

5. Betriebe der Land- und Forstwirtschaft

Bei Betrieben der Land- und Forstwirtschaft ergibt sich – wie bisher – die Ertragsminderung grundsätzlich aus dem Unterschiedsbetrag zwischen dem normalen Rohertrag und dem tatsächlich erzielten Rohertrag. Als normaler Rohertrag ist der Rohertrag maßgebend, der aus dem Wirtschaftsteil nach den Verhältnissen zu Beginn des Erlasszeitraums bei ordnungsmäßiger Bewirtschaftung nachhaltig erzielbar wäre.

GrStG Anlage 33.1

Zu § 33 GrStG

II. Anwendung des § 33 GrStG ab Erlassjahr 2008

1. Normaler Rohertrag

9 Unter dem normalen Rohertrag eines bebauten, im Ertragswert- oder Sachwertverfahren zu bewertenden Grundstücks, ist nach § 33 Abs. 1 Satz 3 Nr. 2 GrStG die nach den Verhältnissen zu Beginn des Erlasszeitraums geschätzte übliche Jahresrohmiete zu verstehen. Mit üblicher Jahresrohmiete ist die übliche Miete i. S. des § 79 Abs. 2 BewG gemeint, die in Anlehnung an die für Räume gleicher oder ähnlicher Art, Lage und Ausstattung regelmäßig gezahlte Jahresrohmiete zu schätzen ist. Es handelt sich um eine Bruttokaltmiete, d. h. um das Entgelt, das Mieter für die Benutzung eines Grundstücks aufgrund vertraglicher Vereinbarungen zu entrichten haben einschließlich der Umlagen und sonstigen Leistungen des Mieters (sog. kalte Betriebskosten).

10 Es kommt damit nicht mehr auf die tatsächliche zu Beginn des Erlasszeitraums erzielte Jahresrohmiete an. Auch ist der Umstand, ob es sich um vermietete oder leerstehende Grundstücksteile handelt bzw. ob die erzielte Miete von der üblichen Miete um mehr als 20 % abweicht, für die Ermittlung des normalen Rohertrags ohne Bedeutung. Allerdings trägt die tatsächlich gezahlte Miete die Vermutung der üblichen Jahresrohmiete in sich. Zur Schätzung der üblichen Jahresrohmiete wird auch auf die Ausführungen unten zu Tz. 4 – marktgerechter Mietzins – Rz. 23 f. – hingewiesen.

Beispiel 1:

11 Für ein Grundstück mit 1000 m² Nutzfläche ist am 1. 1. d. J. eine Miete von 8 €/m² vereinbart (Bruttokaltmiete). Die Miete liegt im Rahmen der Gewerbemietenübersicht des FA (s. Tz. 22 des Erlasses v. 20. 3. 2008, GrSt-Nr. 8, GrSt-Nr. 2-Beitrittsgebiet) und der einschlägigen Mietübersichten (z. B. angepasster IHK-Orientierungsrahmen). Sie kann daher als übliche Miete in dieser Höhe geschätzt werden. Der normale Rohertrag beträgt 1000 m² × 8 €/m² × 12 Monate = 96 000 €/m².

Beispiel 2:

12 Für ein Grundstück mit 1 000 m² Nutzfläche ist am 1. 1. eines Jahres ein Betrag von 7 €/m² als übliche Miete (Bruttokaltmiete) ermittelt worden, tatsächlich hat der Stpfl. aber eine Miete von 10 €/m² vereinbart. Als normaler Rohertrag ist die übliche Miete von 7 €/m² × 1 000 m² × 12 Monate anzusetzen: 7 000 € × 12 = 84 000 €.

2. Ermittlung der Ertragsminderung

13 Der normale Rohertrag muss um mehr als 50 % gemindert sein, um einen Anspruch auf Erlass der Grundsteuer i. H. von 25 % zu begründen.

Beispiel 3:

14 Für ein Grundstück mit 1 000 m² Nutzfläche beträgt die übliche Miete 8 €/m²/Monat (s. Bsp. 1). Der normale Rohertrag beträgt 96 000 €. Das Grundstück ist aber nur mit einer Teilfläche vermietet, die zu Mieteinnahmen i. H. von 38 400 € führen. Die Ertragsminderung beträgt 57 600 €, d. h. 60 % des normalen Rohertrags. Die Wesentlichkeitsgrenze von 50 % ist überschritten. Die Grundsteuer ist zu 25 % zu erlassen.

Beispiel 4:

15 Der normale Rohertrag beträgt für das Grundstück mit 1 000 m² Nutzfläche 120 000 €. Der erzielte Ertrag beläuft sich auf 84 000 € (1 000 m² × 7 €/m² × 12 Monate). Die Ertragsminderung von 36 000 € beträgt 30 % des normalen Rohertrags. Die Wesentlichkeitsgrenze einer Minderung von mehr als 50 % ist nicht erreicht. Es besteht kein Anspruch auf Grundsteuererlass nach § 33 GrStG.

16 Der normale Rohertrag muss um 100 % gemindert sein, um einen Anspruch auf Erlass der Grundsteuer i. H. von 50 % zu begründen.

Beispiel 5:

17 Der normale Rohertrag für ein Grundstück mit 1000 m² Nutzfläche beträgt 60 000 € (5 €/m²/Monat). Es werden ganzjährig keine Mieterträge erzielt und der Eigentümer hat dies auch nicht zu vertreten, da er alle ihm zumutbaren Maßnahmen ergriffen hat, um den Leerstand zu vermeiden (s. unten – Tz. 3 – Rz. 18 f). Die Ertragsminderung beträgt 100 %. Die Grundsteuer ist i. H. von 50 % zu erlassen.

3. Vertretenmüssen der Rohertragsminderung bei Leerstand

18 Ein Grundsteuererlass nach § 33 GrStG wird nur gewährt, soweit eine Rohertragsminderung um mehr als 50 % zu bejahen ist und diese vom Grundstückseigentümer nicht zu vertreten ist. Wenn diese Voraussetzung nicht erfüllt ist, bedarf die Frage, in welchem Umfang eine Minderung des Rohertrags eingetreten ist, keiner näheren Aufklärung.

19 Der Begriff des Vertretenmüssens i. S. von § 33 GrStG ist weit auszulegen. Er greift weiter als eine bloße Vermeidung von Vorsatz und Fahrlässigkeit im Zusammenhang mit den zur Ertragsminderung führen-

den Ursachen. Es ist darauf abzustellen, ob es aufgrund vorangegangenen Verhaltens des Steuerpflichtigen schlechthin unbillig wäre, die geltend gemachten ertragsmindernden Umstände bei der Grundsteuerbelastung unberücksichtigt zu lassen (FG Berlin v. 26. 2. 2003, 2 K 2306/99; VG Düsseldorf v. 13. 5. 1985, ZKF 1986, 11).

Der Steuerpflichtige hat nach Abschn. 38 Abs. 2 GrStR die Rohertragsminderung eines Betriebs der Land- und Forstwirtschaft oder eines bebauten Grundstücks nicht zu vertreten, wenn die Umstände, die dazu führen, zwingend von außen in die Ertragslage eingegriffen haben und der Steuerpflichtige auf ihren Eintritt oder Nichteintritt keinen Einfluss hat. Das sind Umstände, die unabhängig von seinem Willen eintreten (BFH v. 7. 5. 1971, III R 65/69, zur Vermögensteuer, BStBl. II 1971, 696). Dagegen hat er für Umstände einzustehen, die er selbst aufgrund freier Willensentschließung herbeigeführt (BFH v. 7. 5. 1971, III R 65/69, a. a. O.) oder nicht beseitigt hat, obwohl ihm dies möglich gewesen wäre. 20

Der Grundstückseigentümer hat die Ertragsminderung bei Wohnungen und anderen Räumen, soweit sie durch Leerstand bedingt ist, dann nicht zu vertreten, wenn er sich nachhaltig um eine Vermietung der Räumlichkeiten zu einem marktgerechten Mietzins bemüht hat (BVerwG v. 6. 9. 1984, 8 C 60/83, KStZ 1985, S. 11). Dabei darf er keine höhere als die marktgerechte Miete verlangen. Das nachhaltige Bemühen ist dann anzunehmen, wenn Makler beauftragt werden, Zeitungsanzeigen geschaltet werden oder das Angebot im Internet erscheint. 21

Der BFH hat die Auffassung vertreten, dass im Falle eines Überangebots auf dem betreffenden Marktsegment vom dem Grundstückseigentümer nicht verlangt werden kann, sich den unteren Rand der Mietpreisspanne zu eigen zu machen. Es reiche aus, dass die Räume dem Markt zur Verfügung stehen und nachhaltig zu einer Miete innerhalb der Spanne eines marktgerechten Mietzinses angeboten worden seien. Es ist ohne Bedeutung, ob und wie lange bei neuen Mietobjekten mit Anlaufschwierigkeiten zu rechnen sei und was zum Unternehmerrisiko eines Vermieters gehöre. Diese Frage ist allerdings mit dem BVerwG nicht abgestimmt worden. Auch der Hessische Verwaltungsgerichtshof hat, wie der BFH einräumt, im Urteil vom 7. 3. 2005, 5 UE 3009/02, DöV 2005, 785) anders entschieden. 22

4. Marktgerechter Mietzins

Bei Mietwohnungen kann als Anhaltspunkt der aktuell veröffentlichte Mietspiegel der Senatsverwaltung für Stadtentwicklung herangezogen werden. 23

Für Gewerbemieten in Berlin kann der von der IHK jeweils veröffentlichte Orientierungsrahmen nur bedingt als eine der möglichen Erkenntnisquellen herangezogen werden. Er ist an Hand weiterer Erkenntnisse an den örtlichen Gewerbemietenmarkt nach Lage, Art und Ausstattung differenziert anzupassen. Hierzu sind auch heranzuziehen: 24

- die Mieten, die von Steuerpflichtigen in den Anträgen auf Grundsteuererlass angegeben werden;
- die Miethöhen, die ausweislich der Immobilienteile der einschlägigen Tageszeitungen gefordert werden.

Im Einzelfall kann auch in der Abt. Stadtentwicklung, Amt für Stadtplanung und Vermessung, Fachbereich Grundstückswertermittlung des jeweiligen Bezirksamts, nach Erkenntnissen über Gewerbemieten gefragt werden. Dort werden Kauffälle des Gutachterausschusses gesammelt, die in der Regel die Miete des Objektes beinhalten. 25

Die in jedem FA-Bezirk zu den Gewerbemieten aufgrund von veröffentlichten Marktdaten zu erstellende regionale Gewerbemietenübersicht ist auch für die Erlassjahre 2008 f. fortzuführen (Hinweis auf Tz. 22 des Erlasses v. 20. 3. 2008). 26

5. Hinweise

Zur Sicherstellung einer gleichmäßigen Arbeitsweise wird gebeten, die Bearbeitung der Erlassanträge koordinierend einem Sachbearbeiter zu übertragen. 27

GrStG Anlage 36.1

Zu § 36 GrStG

Grundsteuervergünstigung für Witwen abgefundener Kriegsbeschädigter

Schreiben FinMin Bayern vom 9. Juli 1976

34 – G 1116 – 3/13 – 30 396

1. Steht Grundbesitz, zu dessen Erwerb oder wirtschaftlicher Stärkung eine Kapitalabfindung nach dem Bundesversorgungsgesetz verwendet worden ist, im gemeinsamen Eigentum von Ehegatten, so wird die Kapitalabfindung in voller Höhe vom Einheitswert des gemeinsamen Grundbesitzes abgezogen (Abschn. 44 Abs. 3 GrStR).

Wird die Ehe später geschieden, ist die auf den Anteil der Ehefrau entfallende Steuervergünstigung mit dem Beginn des der Scheidung folgenden Kalenderjahres zu entziehen, wenn der Anteil an dem gemeinsamen Grundbesitz weiterhin bei der geschiedenen Ehefrau verbleibt. Geht ihr Anteil im Zuge der Scheidung auf den Ehemann über, ist dem kapitalabfindungsberechtigten Ehemann die Steuervergünstigung in der bisherigen Höhe weiter zu gewähren.

2. Die Steuervergünstigung ist der Witwe weiter zu gewähren, wenn sie das Grundstück ganz oder teilweise geerbt hat und darin wohnt. Hat die Witwe das Grundstück nur zum Teil geerbt, ist die Steuervergünstigung nur für ihren Anteil zu gewähren.

Sind gemeinschaftliche Abkömmlinge als Miterben vorhanden, gilt auch für sie die Steuervergünstigung, wenn sie mit dem überlebenden Ehegatten nach § 14 VStG zusammen veranlagt werden bzw. zu veranlagen wären. Gleiches gilt, wenn der Miteigentumsanteil des verstorbenen Ehegatten nur auf die gemeinsamen Abkömmlinge übergegangen ist.

Zu § 41 GrStG Anlage 41.1 GrStG

Verordnung zur Durchführung des Grundsteuergesetzes für den ersten Hauptveranlagungszeitraum

(GrStDVO 1937) vom 1. Juli 1937
(RGBl. I S. 733, RStBl S. 781)
Zuletzt geändert durch Artikel 22 des Steuer-Euroglättungsgesetzes vom 19. Dezember 2000
(BGBl. I S. 1790, BStBl. 2001 I S. 3)

– Auszug –

§ 29 Abstufung der Steuermeßzahlen

Für bebaute Grundstücke gelten die folgenden Steuermeßzahlen:

	Gemeindegruppen		
	a	b	c
	bis 25 000 Einwohner	über 25 000 Einwohner bis 1 000 000 Einwohner	über 1 000 000 Einwohner
	Tausend		
I: Altbauten (bei Einfamilienhäusern nur für den Teil des Einheitswerts, der 15 338,76 Euro übersteigt)	10	10	10
II: Einfamilienhäuser der Altbauten für die ersten angefangenen oder vollen 15 338,76 Euro des Einheitswerts	10	8	6
III: Neubauten (bei Einfamilienhäusern nur für den Teil des Einheitswerts, der 15 338,76 Euro übersteigt)	8	7	6
VI: Einfamilienhäuser der Neubauten für die ersten angefangenen oder vollen 15 338,76 Euro des Einheitswerts	8	6	5

§ 30 Einwohnerzahl

(1) Für die Frage, welcher der im § 29 bezeichneten Gemeindegruppen eine Gemeinde zuzurechnen ist, ist das Ergebnis der allgemeinen Volkszählung vom 16. Juni 1933 maßgebend.

(2) Bei Umgemeindungen, die zwischen dem 16. Juni 1933 und dem 1. Januar 1935 rechtswirksam geworden sind, ist aufgrund des Ergebnisses der allgemeinen Volkszählung 1933 zu ermitteln, wieviel Einwohner auf die Gemeinde in ihrem Gebietsumfang vom 1. Januar 1935 entfallen; im Zweifelsfall entscheidet hierüber die Gemeindeaufsichtsbehörde.

(3) Bei Umgemeindungen, die nach dem 1. Januar 1935 rechtswirksam geworden sind, rechnen die betroffenen Gemeinden oder Gemeindeteile weiterhin zu der Gemeindegruppe, der sie ohne die Umgemeindung nach den Absätzen 1 und 2 zuzurechnen sind.

(4) . . .

§ 31 Altbauten, Neubauten

(1) Zu den Altbauten (§ 29 I und II) gehören die Grundstücke, deren Gebäude bis zum 31. März 1924 bezugsfertig geworden sind.

(2) Zu den Neubauten (§ 29 III und IV) gehören die Grundstücke, deren Gebäude nach dem 31. März 1924 bezugsfertig geworden sind.

(3) Ob auf ein Grundstück, auf dem sich sowohl Altbauten als auch Neubauten befinden, die Steuermeßzahl für Altbauten oder die Meßzahl für Neubauten anzuwenden ist, ist danach zu entscheiden, welcher Teil wertmäßig überwiegt.

(4) Für die Frage, ob ein Gebäude bis zum oder nach dem 31. März 1924 bezugsfertig geworden ist, ist die Entscheidung zu übernehmen, die zuletzt für die bisherige Grundsteuer maßgebend gewesen ist.

§ 32 Einfamilienhäuser

Ob auf ein Grundstück, auf dem sich sowohl ein Einfamilienhaus als auch ein Gebäude einer anderen Grundstücksgruppe befinden, die Steuermeßzahlen für Einfamilienhäuser oder die Meßzahl für die andere Grundstücksgruppe anzuwenden sind, ist danach zu entscheiden, welcher Teil wertmäßig überwiegt.

c) Unbebaute Grundstücke

§ 33

Für unbebaute Grundstücke beträgt die Steuermeßzahl einheitlich 10 vom Tausend.

II. Grundsteuergesetz (GrStG) – Anwendung ab dem Kalenderjahr 2025[1)]
Grundsteuergesetz
vom 7. August 1973 (BGBl. I S 965, BStBl. I S. 586),
zuletzt geändert durch

1. Artikel 38 des Jahressteuergesetzes 2009 vom 19. Dezember 2008 (BGBl. I S. 2794, BStBl. 2009 I S. 74)
2. Artikel 3 des Grundsteuer-Reformgesetzes vom 26. November 2019 (BGBl. I S. 1794, BStBl. I S. 1319)
3. Artikel 1 des Gesetzes zur Änderung des Grundsteuergesetzes zur Mobilisierung von baureifen Grundstücken für die Bebauung vom 30. November 2019 (BGBl I S. 1875, BStBl. I S. 1368)
4. Artikel 31 des Jahressteuergesetzes 2020 (JStG 2020) vom 21. Dezember 2020 (BGBl. I S. 3096, BStBl. 2021 I S. 6)
5. Artikel 3 des Gesetzes zur erleichterten Umsetzung der Reform der Grundsteuer und Änderung weiterer steuerrechtlicher Vorschriften (Grundsteuerreform-Umsetzungsgesetz – GrStRefUG) vom 16. Juli 2021 (BGBl. I S. 2931, BStBl. 2021 I S. 1451)

Abschnitt I
Steuerpflicht

§ 1 Heberecht
(1) Die Gemeinde bestimmt, ob von dem in ihrem Gebiet liegenden Grundbesitz Grundsteuer zu erheben ist.

(2) Bestehen in einem Land keine Gemeinden, so stehen das Recht des Absatzes 1 und die in diesem Gesetz bestimmten weiteren Rechte dem Land zu.

(3) Für den in gemeindefreien Gebieten liegenden Grundbesitz bestimmt die Landesregierung durch Rechtsverordnung, wer die nach diesem Gesetz den Gemeinden zustehenden Befugnisse ausübt.

§ 2 Steuergegenstand
Steuergegenstand ist der inländische Grundbesitz im Sinne des Bewertungsgesetzes:
1. die Betriebe der Land- und Forstwirtschaft (§§ 232 bis 234, 240 des Bewertungsgesetzes); diesen stehen die in § 218 Satz 2 des Bewertungsgesetzes bezeichneten Betriebsgrundstücke gleich;
2. die Grundstücke (§§ 243, 244 des Bewertungsgesetzes); diesen stehen die in § 218 Satz 3 des Bewertungsgesetzes bezeichneten Betriebsgrundstücke gleich.

§ 3 Steuerbefreiung für Grundbesitz bestimmter Rechtsträger
(1) [1]Von der Grundsteuer sind befreit
1. Grundbesitz, der von einer inländischen juristischen Person des öffentlichen Rechts für einen öffentlichen Dienst oder Gebrauch benutzt wird. [2]Ausgenommen ist der Grundbesitz, der von Berufsvertretungen und Berufsverbänden sowie von Kassenärztlichen Vereinigungen und Kassenärztlichen Bundesvereinigungen benutzt wird;
1a. (weggefallen)
2. Grundbesitz, der vom Bundeseisenbahnvermögen für Verwaltungszwecke benutzt wird;

[1)] Zur Anwendung bis zum 31.12.2024 vgl. § 37 Abs. 2 und S. 1004.

3. Grundbesitz, der von
   a) einer inländischen juristischen Person des öffentlichen Rechts,
   b) einer inländischen Körperschaft, Personenvereinigung oder Vermögensmasse, die nach der Satzung, dem Stiftungsgeschäft oder der sonstigen Verfassung und nach ihrer tatsächlichen Geschäftsführung ausschließlich und unmittelbar gemeinnützigen oder mildtätigen Zwecken dient,

   für gemeinnützige oder mildtätige Zwecke benutzt wird;
4. Grundbesitz, der von einer Religionsgesellschaft, die Körperschaft des öffentlichen Rechts ist, einem ihrer Orden, einer ihrer religiösen Genossenschaften oder einem ihrer Verbände für Zwecke der religiösen Unterweisung, der Wissenschaft, des Unterrichts, der Erziehung oder für Zwecke der eigenen Verwaltung benutzt wird. ²Den Religionsgesellschaften stehen die jüdischen Kultusgemeinden gleich, die nicht Körperschaften des öffentlichen Rechts sind;
5. Dienstwohnungen der Geistlichen und Kirchendiener der Religionsgesellschaften, die Körperschaften des öffentlichen Rechts sind, und der jüdischen Kultusgemeinden. ²§ 5 ist insoweit nicht anzuwenden.
6. Grundbesitz der Religionsgesellschaften, die Körperschaften des öffentlichen Rechts sind, und der jüdischen Kultusgemeinden, der am 1. Januar 1987 und im Veranlagungszeitpunkt zu einem nach Kirchenrecht gesonderten Vermögen, insbesondere einem Stellenfonds gehört, dessen Erträge ausschließlich für die Besoldung und Versorgung der Geistlichen und Kirchendiener sowie ihrer Hinterbliebenen bestimmt sind. ²Ist in dem in Artikel 3 des Einigungsvertrages genannten Gebiet die Zugehörigkeit des Grundbesitzes zu einem gesonderten Vermögen im Sinne des Satzes 1 am 1. Januar 1987 nicht gegeben, reicht es insoweit aus, daß der Grundbesitz zu einem Zeitpunkt vor dem 1. Januar 1987 zu einem gesonderten Vermögen im Sinne des Satzes 1 gehörte. ³Die §§ 5 und 6 sind insoweit nicht anzuwenden.

²Der Grundbesitz muß ausschließlich demjenigen, der ihn für die begünstigten Zwecke benutzt, oder einem anderen nach den Nummern 1 bis 6 begünstigten Rechtsträger zuzurechnen sein. ³Satz 2 gilt nicht, wenn der Grundbesitz von einem nicht begünstigten Rechtsträger im Rahmen einer Öffentlich Privaten Partnerschaft einer juristischen Person des öffentlichen Rechts für einen öffentlichen Dienst oder Gebrauch überlassen wird und die Übertragung auf den Nutzer am Ende des Vertragszeitraums vereinbart ist.

(2) ¹Öffentlicher Dienst oder Gebrauch im Sinne dieses Gesetzes ist die hoheitliche Tätigkeit oder der bestimmungsgemäße Gebrauch durch die Allgemeinheit. ²Ein Entgelt für den Gebrauch durch die Allgemeinheit darf nicht in der Absicht, Gewinn zu erzielen, gefordert werden.

(3) Öffentlicher Dienst oder Gebrauch im Sinne dieses Gesetzes ist nicht anzunehmen bei Betrieben gewerblicher Art von juristischen Personen des öffentlichen Rechts im Sinne des Körperschaftsteuergesetzes.

§ 4 Sonstige Steuerbefreiungen

Soweit sich nicht bereits eine Befreiung nach § 3 ergibt, sind von der Grundsteuer befreit

1. Grundbesitz, der dem Gottesdienst einer Religionsgesellschaft, die Körperschaft des öffentlichen Rechts ist, oder einer jüdischen Kultusgemeinde gewidmet ist;
2. Bestattungsplätze;
3. a) die dem öffentlichen Verkehr dienenden Straßen, Wege, Plätze, Wasserstraßen, Häfen und Schienenwege sowie die Grundflächen mit den diesem Verkehr unmittelbar dienenden Bauwerken und Einrichtungen, zum Beispiel Brücken, Schleuseneinrichtungen, Signalstationen, Stellwerke, Blockstellen;
   b) auf Verkehrsflughäfen und Verkehrslandeplätzen alle Flächen, die unmittelbar zur Gewährleistung eines ordnungsgemäßen Flugbetriebes notwendig sind und von Hochbauten und sonstigen Luftfahrthindernissen freigehalten werden müssen, die

Grundflächen mit den Bauwerken und Einrichtungen, die unmittelbar diesem Betrieb dienen, sowie die Grundflächen ortsfester Flugsicherungsanlagen einschließlich der Flächen, die für einen einwandfreien Betrieb dieser Anlagen erforderlich sind;

c) die fließenden Gewässer und die ihren Abfluß regelnden Sammelbecken, soweit sie nicht unter Buchstabe a fallen;

4. die Grundflächen mit den im Interesse der Ordnung und Verbesserung der Wasser- und Bodenverhältnisse unterhaltenen Einrichtungen der öffentlich-rechtlichen Wasser- und Bodenverbände und die im öffentlichen Interesse staatlich unter Schau gestellten Privatdeiche;

5. Grundbesitz, der für Zwecke der Wissenschaft, des Unterrichts oder der Erziehung benutzt wird, wenn durch die Landesregierung oder die von ihr beauftragte Stelle anerkannt ist, daß der Benutzungszweck im Rahmen der öffentlichen Aufgaben liegt. ²Der Grundbesitz muß ausschließlich demjenigen, der ihn benutzt, oder einer juristischen Person des öffentlichen Rechts zuzurechnen sein;

6. Grundbesitz, der für die Zwecke eines Krankenhauses benutzt wird, wenn das Krankenhaus in dem Kalenderjahr, das dem Veranlagungszeitpunkt (§ 13 Abs. 1) vorangeht, die Voraussetzungen des § 67 Abs. 1 oder 2 der Abgabenordnung erfüllt hat. ²Der Grundbesitz muß ausschließlich demjenigen, der ihn benutzt, oder einer juristischen Person des öffentlichen Rechts zuzurechnen sein.

§ 5 Zu Wohnzwecken benutzter Grundbesitz

(1) Dient Grundbesitz, der für steuerbegünstigte Zwecke (§§ 3 und 4) benutzt wird, zugleich Wohnzwecken, gilt die Befreiung nur für

1. Gemeinschaftsunterkünfte der Bundeswehr, der ausländischen Streitkräfte, der internationalen militärischen Hauptquartiere, der Bundespolizei, der Polizei und des sonstigen Schutzdienstes des Bundes und der Gebietskörperschaften sowie ihrer Zusammenschlüsse;

2. Wohnräume in Schülerheimen, Ausbildungs- und Erziehungsheimen sowie Prediger- und Priesterseminaren, wenn die Unterbringung in ihnen für die Zwecke des Unterrichts, der Ausbildung oder der Erziehung erforderlich ist. ²Wird das Heim oder Seminar nicht von einem der nach § 3 Abs. 1 Nr. 1, 3 oder 4 begünstigten Rechtsträger unterhalten, so bedarf es einer Anerkennung der Landesregierung oder der von ihr beauftragten Stelle, daß die Unterhaltung des Heims oder Seminars im Rahmen der öffentlichen Aufgaben liegt;

3. Wohnräume, wenn der steuerbegünstigte Zweck im Sinne des § 3 Abs. 1 Nr. 1, 3 oder 4 nur durch ihre Überlassung erreicht werden kann;

4. Räume, in denen sich Personen für die Erfüllung der steuerbegünstigten Zwecke ständig bereithalten müssen (Bereitschaftsräume), wenn sie nicht zugleich die Wohnung des Inhabers darstellen.

(2) Wohnungen sind stets steuerpflichtig, auch wenn die Voraussetzungen des Absatzes 1 vorliegen.

§ 6 Land- und forstwirtschaftlich genutzter Grundbesitz

Wird Grundbesitz, der für steuerbegünstigte Zwecke (§§ 3 und 4) benutzt wird, zugleich land- und forstwirtschaftlich genutzt, so gilt die Befreiung nur für

1. Grundbesitz, der Lehr- oder Versuchszwecken dient;

2. Grundbesitz, der von der Bundeswehr, den ausländischen Streitkräften, den internationalen militärischen Hauptquartieren oder den in § 5 Abs. 1 Nr. 1 bezeichneten Schutzdiensten als Übungsplatz oder Flugplatz benutzt wird;

3. Grundbesitz, der unter § 4 Nr. 1 bis 4 fällt.

§ 7 Unmittelbare Benutzung für einen steuerbegünstigten Zweck

¹Die Befreiung nach den §§ 3 und 4 tritt nur ein, wenn der Steuergegenstand für den steuerbegünstigten Zweck unmittelbar benutzt wird. ²Unmittelbare Benutzung liegt vor, sobald der Steuergegenstand für den steuerbegünstigten Zweck hergerichtet wird.

§ 8 Teilweise Benutzung für einen steuerbegünstigten Zweck

(1) Wird ein räumlich abgegrenzter Teil des Steuergegenstandes für steuerbegünstigte Zwecke (§§ 3 und 4) benutzt, so ist nur dieser Teil des Steuergegenstandes steuerfrei.

(2) Dient der Steuergegenstand oder ein Teil des Steuergegenstandes (Absatz 1) sowohl steuerbegünstigten Zwecken (§§ 3 und 4) als auch anderen Zwecken, ohne daß eine räumliche Abgrenzung für die verschiedenen Zwecke möglich ist, so ist der Steuergegenstand oder der Teil des Steuergegenstandes nur befreit, wenn die steuerbegünstigten Zwecke überwiegen.

§ 9 Stichtag für die Festsetzung der Grundsteuer; Entstehung der Steuer

(1) Die Grundsteuer wird nach den Verhältnissen zu Beginn des Kalenderjahres festgesetzt.

(2) Die Steuer entsteht mit dem Beginn des Kalenderjahres, für das die Steuer festzusetzen ist.

§ 10 Steuerschuldner

(1) Schuldner der Grundsteuer ist derjenige, dem der Steuergegenstand bei der Feststellung des Grundsteuerwerts zugerechnet ist.

(2) Ist der Steuergegenstand mehreren Personen zugerechnet, so sind sie Gesamtschuldner.

§ 11 Persönliche Haftung

(1) Neben dem Steuerschuldner haften der Nießbraucher des Steuergegenstandes und derjenige, dem ein dem Nießbrauch ähnliches Recht zusteht.

(2) ¹Wird ein Steuergegenstand ganz oder zu einem Teil einer anderen Person übereignet, so haftet der Erwerber neben dem früheren Eigentümer für die auf den Steuergegenstand oder Teil des Steuergegenstandes entfallende Grundsteuer, die für die Zeit seit dem Beginn des letzten vor der Übereignung liegenden Kalenderjahres zu entrichten ist. ²Das gilt nicht für Erwerbe aus einer Insolvenzmasse und für Erwerbe im Vollstreckungsverfahren.

Fußnoten

§ 12 Dingliche Haftung

Die Grundsteuer ruht auf dem Steuergegenstand als öffentliche Last.

Abschnitt II

Bemessung der Grundsteuer

§ 13 Steuermeßzahl und Steuermeßbetrag

¹Bei der Berechnung der Grundsteuer ist von einem Steuermessbetrag auszugehen. ²Dieser ist durch Anwendung eines Promillesatzes (Steuermesszahl) auf den Grundsteuerwert oder seinen steuerpflichtigen Teil zu ermitteln, der nach dem Bewertungsgesetz im Veranlagungszeitpunkt (§ 16 Absatz 1, § 17 Absatz 3, § 18 Absatz 3) für den Steuergegenstand maßgebend ist.

§ 14 Steuermeßzahl für Betriebe der Land- und Forstwirtschaft

Für Betriebe der Land- und Forstwirtschaft beträgt die Steuermeßzahl 0,55 Promille.

§ 15 Steuermeßzahl für Grundstücke

(1) Die Steuermesszahl beträgt
1. für unbebaute Grundstücke im Sinne des § 246 des Bewertungsgesetzes 0,34 Promille,
2. für bebaute Grundstücke
    a) im Sinne des § 249 Absatz 1 Nummer 1 bis 4 des Bewertungsgesetzes 0,31 Promille,
    b) im Sinne des § 249 Absatz 1 Nummer 5 bis 8 des Bewertungsgesetzes 0,34 Promille.

(2) ¹Die Steuermesszahl nach Absatz 1 Nummer 2 Buchstabe a wird um 25 Prozent ermäßigt, wenn
1. für das Grundstück nach § 13 Absatz 3 des Wohnraumförderungsgesetzes vom 13. September 2001 (BGBl. I S. 2376), das zuletzt durch Artikel 3 des Gesetzes vom 2. Oktober 2015 (BGBl. I S. 1610) geändert worden ist, eine Förderzusage erteilt wurde und
2. die sich aus der Förderzusage im Sinne des § 13 Absatz 2 des Wohnraumförderungsgesetzes ergebenden Bindungen für jeden Erhebungszeitraum innerhalb des Hauptveranlagungszeitraums bestehen.

²Liegen die Voraussetzungen des Satzes 1 für einen Teil der Gebäude oder für Teile eines Gebäudes vor, so ist die Ermäßigung der Steuermesszahl entsprechend anteilig zu gewähren.

(3) Absatz 2 gilt entsprechend für Grundstücke, für die nach dem Ersten Wohnungsbaugesetz vom 24. April 1950 (BGBl. S. 83) in der bis zum 31. Dezember 1987 geltenden Fassung, nach dem Zweiten Wohnungsbaugesetz vom 27. Juni 1956 (BGBl I S. 523) in der bis zum 31. Dezember 2001 geltenden Fassung oder nach den Wohnraumförderungsgesetzen der Länder eine Förderzusage erteilt wurde.

(4) ¹Liegen für ein Grundstück weder die Voraussetzungen des Absatzes 2 noch des Absatzes 3 vor, wird die Steuermesszahl nach Absatz 1 Nummer 2 Buchstabe a um 25 Prozent ermäßigt, wenn das jeweilige Grundstück
1. einer Wohnungsbaugesellschaft zugerechnet wird, deren Anteile mehrheitlich von einer oder mehreren Gebietskörperschaften gehalten werden und zwischen der Wohnungsbaugesellschaft und der Gebietskörperschaft oder den Gebietskörperschaften ein Gewinnabführungsvertrag besteht,
2. einer Wohnungsbaugesellschaft zugerechnet wird, die als gemeinnützig im Sinne des § 52 der Abgabenordnung anerkannt ist, oder
3. einer Genossenschaft oder einem Verein zugerechnet wird, der seine Geschäftstätigkeit auf die in § 5 Absatz 1 Nummer 10 Buchstabe a und b des Körperschaftsteuergesetzes genannten Bereiche beschränkt und von der Körperschaftsteuer befreit ist.

²Der Abschlag auf die Steuermesszahl nach Satz 1 wird auf Antrag für jeden Erhebungszeitraum innerhalb des Hauptveranlagungszeitraums gewährt, wenn nachgewiesen wird,

dass die jeweiligen Voraussetzungen am Hauptveranlagungsstichtag vorlagen. ³Entfallen die Voraussetzungen des Satzes 1 während des Hauptveranlagungszeitraums, ist dies nach § 19 Absatz 2 anzuzeigen.

(5) ¹Die Steuermesszahl nach Absatz 1 Nummer 2 wird für bebaute Grundstücke um 10 Prozent ermäßigt, wenn sich auf dem Grundstück Gebäude befinden, die Baudenkmäler im Sinne des jeweiligen Landesdenkmalschutzgesetzes sind. ²Stehen auf einem Grundstück nur ein Teil der Gebäude oder nur Teile eines Gebäudes im Sinne des jeweiligen Landesdenkmalschutzgesetzes unter Denkmalschutz, so ist die Ermäßigung der Steuermesszahl entsprechend anteilig zu gewähren.

§ 16 Hauptveranlagung

(1) ¹Die Steuermeßbeträge werden auf den Hauptfeststellungszeitpunkt (§ 221 Absatz 2 des Bewertungsgesetzes) allgemein festgesetzt (Hauptveranlagung). ²Dieser Zeitpunkt ist der Hauptveranlagungszeitpunkt.

(2) ¹Der bei der Hauptveranlagung festgesetzte Steuermeßbetrag gilt vorbehaltlich der §§ 17 und 20 von dem Kalenderjahr an, das zwei Jahre nach dem Hauptveranlagungszeitpunkt beginnt. ²Dieser Steuermeßbetrag bleibt unbeschadet der §§ 17 und 20 bis zu dem Zeitpunkt maßgebend, von dem an die Steuermeßbeträge der nächsten Hauptveranlagung wirksam werden. ³Der sich nach den Sätzen 1 und 2 ergebende Zeitraum ist der Hauptveranlagungszeitraum.

(3) Ist die Festsetzungsfrist (§ 169 der Abgabenordnung) bereits abgelaufen, so kann die Hauptveranlagung unter Zugrundelegung der Verhältnisse vom Hauptveranlagungszeitpunkt mit Wirkung für einen späteren Veranlagungszeitpunkt vorgenommen werden, für den diese Frist noch nicht abgelaufen ist.

§ 17 Neuveranlagung

(1) Wird eine Wertfortschreibung (§ 222 Absatz 1 des Bewertungsgesetzes) oder eine Artfortschreibung oder Zurechnungsfortschreibung (§ 222 Absatz 2 des Bewertungsgesetzes) durchgeführt, so wird der Steuermeßbetrag auf den Fortschreibungszeitpunkt neu festgesetzt (Neuveranlagung).

(2) Der Steuermeßbetrag wird auch dann neu festgesetzt, wenn dem Finanzamt bekannt wird, daß

1. Gründe, die im Feststellungsverfahren über den Grundsteuerwert nicht zu berücksichtigen sind, zu einem anderen als dem für den letzten Veranlagungszeitpunkt festgesetzten Steuermeßbetrag führen oder

2. die letzte Veranlagung fehlerhaft ist; § 176 der Abgabenordnung ist hierbei entsprechend anzuwenden; das gilt jedoch nur für Veranlagungszeitpunkte, die vor der Verkündung der maßgeblichen Entscheidung eines obersten Gerichts des Bundes liegen.

(3) ¹Der Neuveranlagung werden die Verhältnisse im Neuveranlagungszeitpunkt zugrunde gelegt. ²Neuveranlagungszeitpunkt ist

1. in den Fällen des Absatzes 1 der Beginn des Kalenderjahres, auf den die Fortschreibung durchgeführt wird;

2. in den Fällen des Absatzes 2 Nr. 1 der Beginn des Kalenderjahres, auf den sich erstmals ein abweichender Steuermeßbetrag ergibt. ²§ 16 Abs. 3 ist entsprechend anzuwenden;

3. in den Fällen des Absatzes 2 Nr. 2 der Beginn des Kalenderjahres, in dem der Fehler dem Finanzamt bekannt wird, bei einer Erhöhung des Steuermeßbetrags jedoch frühestens der Beginn des Kalenderjahres, in dem der Steuermeßbescheid erteilt wird.

(4) Treten die Voraussetzungen für eine Neuveranlagung während des Zeitraums zwischen dem Hauptveranlagungszeitpunkt und dem Zeitpunkt des Wirksamwerdens der Steuermeßbeträge (§ 16 Abs. 2) ein, so wird die Neuveranlagung auf den Zeitpunkt des Wirksamwerdens der Steuermeßbeträge vorgenommen.

§ 18 Nachveranlagung

(1) Wird eine Nachfeststellung (§ 223 Absatz 1 des Bewertungsgesetzes) durchgeführt, so wird der Steuermeßbetrag auf den Nachfeststellungszeitpunkt nachträglich festgesetzt (Nachveranlagung).

(2) Der Steuermeßbetrag wird auch dann nachträglich festgesetzt, wenn der Grund für die Befreiung des Steuergegenstandes von der Grundsteuer wegfällt, der für die Berechnung der Grundsteuer maßgebende Grundsteuerwert (§ 13 Abs. 1) aber bereits festgestellt ist.

(3) ¹Der Nachveranlagung werden die Verhältnisse im Nachveranlagungszeitpunkt zugrunde gelegt. ²Nachveranlagungszeitpunkt ist

1. in den Fällen des Absatzes 1 der Beginn des Kalenderjahres, auf den der Grundsteuerwert nachträglich festgestellt wird;
2. in den Fällen des Absatzes 2 der Beginn des Kalenderjahres, der auf den Wegfall des Befreiungsgrundes folgt. ²§ 16 Abs. 3 ist entsprechend anzuwenden.

(4) Treten die Voraussetzungen für eine Nachveranlagung während des Zeitraums zwischen dem Hauptveranlagungszeitpunkt und dem Zeitpunkt des Wirksamwerdens der Steuermeßbeträge (§ 16 Abs. 2) ein, so wird die Nachveranlagung auf den Zeitpunkt des Wirksamwerdens der Steuermeßbeträge vorgenommen.

§ 19 Anzeigepflicht

(1) ¹Jede Änderung in der Nutzung oder in den Eigentumsverhältnissen eines ganz oder teilweise von der Grundsteuer befreiten Steuergegenstandes hat derjenige anzuzeigen, der nach § 10 als Steuerschuldner in Betracht kommt. ²Die Anzeige ist innerhalb von drei Monaten nach Eintritt der Änderung bei dem Finanzamt zu erstatten, das für die Festsetzung des Steuermeßbetrags zuständig ist.

(2) ¹Den Wegfall der Voraussetzungen für die ermäßigte Steuermesszahl nach § 15 Absatz 2 bis 5 hat derjenige anzuzeigen, der nach § 10 als Steuerschuldner in Betracht kommt. ²Die Anzeige ist innerhalb von drei Monaten nach dem Wegfall der Voraussetzungen bei dem Finanzamt zu erstatten, das für die Festsetzung des Steuermessbetrags zuständig ist.

§ 20 Aufhebung des Steuermeßbetrags

(1) Der Steuermeßbetrag wird aufgehoben,
1. wenn der Grundsteuerwert aufgehoben wird oder
2. wenn dem Finanzamt bekannt wird, daß
   a) für den ganzen Steuergegenstand ein Befreiungsgrund eingetreten ist oder
   b) der Steuermeßbetrag fehlerhaft festgesetzt worden ist.

(2) Der Steuermeßbetrag wird aufgehoben
1. in den Fällen des Absatzes 1 Nr. 1 mit Wirkung vom Aufhebungszeitpunkt (§ 224 Absatz 2 des Bewertungsgesetzes) an;
2. in den Fällen des Absatzes 1 Nr. 2 Buchstabe a mit Wirkung vom Beginn des Kalenderjahres an, der auf den Eintritt des Befreiungsgrundes folgt. ²§ 16 Abs. 3 ist entsprechend anzuwenden;
3. in den Fällen des Absatzes 1 Nr. 2 Buchstabe b mit Wirkung vom Beginn des Kalenderjahres an, in dem der Fehler dem Finanzamt bekannt wird.

(3) Treten die Voraussetzungen für eine Aufhebung während des Zeitraums zwischen dem Hauptveranlagungszeitpunkt und dem Zeitpunkt des Wirksamwerdens der Steuermeßbeträge (§ 16 Abs. 2) ein, so wird die Aufhebung auf den Zeitpunkt des Wirksamwerdens der Steuermeßbeträge vorgenommen.

§ 21 Änderung von Steuermeßbescheiden

¹Bescheide über die Neuveranlagung oder die Nachveranlagung von Steuermeßbeträgen können schon vor dem maßgebenden Veranlagungszeitpunkt erteilt werden. ²Sie sind zu ändern oder aufzuheben, wenn sich bis zu diesem Zeitpunkt Änderungen ergeben, die zu einer abweichenden Festsetzung führen.

§ 22 Zerlegung des Steuermeßbetrags

(1) Erstreckt sich der Steuergegenstand über mehrere Gemeinden, so ist der Steuermessbetrag vorbehaltlich des § 24 anteilig in die auf die einzelnen Gemeinden entfallenden Anteile zu zerlegen (Zerlegungsanteile).

(2) Zerlegungsmaßstab ist bei Betrieben der Land- und Forstwirtschaft der nach § 239 Absatz 2 des Bewertungsgesetzes ermittelte Gemeindeanteil am Grundsteuerwert des Betriebs der Land- und Forstwirtschaft.

(3) ¹Zerlegungsmaßstab ist bei Grundstücken das Verhältnis, in dem die auf die einzelnen Gemeinden entfallenden Flächengrößen zueinander stehen. ²Führt die Zerlegung nach Flächengrößen zu einem offenbar unbilligen Ergebnis, sind die Zerlegungsanteile maßgebend, auf die sich die Gemeinden mit dem Steuerschuldner einigen.

(4) Entfällt auf eine Gemeinde ein Zerlegungsanteil von weniger als 25 Euro, so ist dieser Anteil der Gemeinde zuzuweisen, der nach Absatz 2 oder 3 der größte Zerlegungsanteil zusteht.

§ 23 Zerlegungsstichtag

(1) Der Zerlegung des Steuermeßbetrags werden die Verhältnisse in dem Feststellungszeitpunkt zugrunde gelegt, auf den der für die Festsetzung des Steuermeßbetrags maßgebende Grundsteuerwert festgestellt worden ist.

(2) Ändern sich die Grundlagen für die Zerlegung, ohne daß der Grundsteuerwert fortgeschrieben oder nachträglich festgestellt wird, so sind die Zerlegungsanteile nach dem Stand vom 1. Januar des folgenden Jahres neu zu ermitteln, wenn wenigstens bei einer Gemeinde der neue Anteil um mehr als ein Zehntel, mindestens aber um zehn Euro von ihrem bisherigen Anteil abweicht.

§ 24 Ersatz der Zerlegung durch Steuerausgleich

¹Die Landesregierung kann durch Rechtsverordnung bestimmen, daß bei Betrieben der Land- und Forstwirtschaft, die sich über mehrere Gemeinden erstrecken, aus Vereinfachungsgründen an Stelle der Zerlegung ein Steuerausgleich stattfindet. ²Beim Steuerausgleich wird der gesamte Steuermeßbetrag der Gemeinde zugeteilt, in der der wertvollste Teil des Steuergegenstandes liegt (Sitzgemeinde); an dem Steueraufkommen der Sitzgemeinde werden die übrigen Gemeinden beteiligt. ³Die Beteiligung soll annähernd zu dem Ergebnis führen, das bei einer Zerlegung einträte.

Abschnitt III

Festsetzung und Entrichtung der Grundsteuer

§ 25 Festsetzung des Hebesatzes

(1) Die Gemeinde bestimmt, mit welchem Hundertsatz des Steuermeßbetrags oder des Zerlegungsanteils die Grundsteuer zu erheben ist (Hebesatz).

(2) Der Hebesatz ist für ein oder mehrere Kalenderjahre, höchstens jedoch für den Hauptveranlagungszeitraum der Steuermeßbeträge festzusetzen.

(3) ¹Der Beschluß über die Festsetzung oder Änderung des Hebesatzes ist bis zum 30. Juni eines Kalenderjahres mit Wirkung vom Beginn dieses Kalenderjahres zu fassen. ²Nach diesem Zeitpunkt kann der Beschluß über die Festsetzung des Hebesatzes gefaßt werden, wenn der Hebesatz die Höhe der letzten Festsetzung nicht überschreitet.

(4) ¹Der Hebesatz muss vorbehaltlich des Absatzes 5 jeweils einheitlich sein
1. für die in einer Gemeinde liegenden Betriebe der Land- und Forstwirtschaft;
2. für die in einer Gemeinde liegenden Grundstücke.

²Werden Gemeindegebiete geändert, so kann die Landesregierung oder die von ihr bestimmte Stelle für die von der Änderung betroffenen Gebietsteile für eine bestimmte Zeit verschiedene Hebesätze zulassen.

(5) ¹Die Gemeinde kann aus städtebaulichen Gründen baureife Grundstücke als besondere Grundstücksgruppe innerhalb der unbebauten Grundstücke im Sinne des § 246 des Bewertungsgesetzes bestimmen und abweichend von Absatz 4 Satz 1 Nummer 2 für die Grundstücksgruppe der baureifen Grundstücke einen gesonderten Hebesatz festsetzen. ²Baureife Grundstücke sind unbebaute Grundstücke im Sinne des § 246 des Bewertungsgesetzes, die nach Lage, Form und Größe und ihrem sonstigen tatsächlichen Zustand sowie nach öffentlich-rechtlichen Vorschriften sofort bebaut werden könnten. ³Eine erforderliche, aber noch nicht erteilte Baugenehmigung sowie zivilrechtliche Gründe, die einer sofortigen Bebauung entgegenstehen, sind unbeachtlich. ⁴Als städtebauliche Gründe kommen insbesondere die Deckung eines erhöhten Bedarfs an Wohn- und Arbeitsstätten sowie Gemeinbedarfs- und Folgeeinrichtungen, die Nachverdichtung bestehender Siedlungsstrukturen oder die Stärkung der Innenentwicklung in Betracht. ⁵Die Gemeinde hat den gesonderten Hebesatz auf einen bestimmten Gemeindeteil zu beschränken, wenn nur für diesen Gemeindeteil die städtebaulichen Gründe vorliegen. ⁶Der Gemeindeteil muss mindestens 10 Prozent des gesamten Gemeindegebiets umfassen und in dem Gemeindeteil müssen mehrere baureife Grundstücke belegen sein. ⁷Die genaue Bezeichnung der baureifen Grundstücke, deren Lage sowie das Gemeindegebiet, auf das sich der gesonderte Hebesatz bezieht, sind jeweils nach den Verhältnissen zu Beginn eines Kalenderjahres von der Gemeinde zu bestimmen, in einer Karte nachzuweisen und im Wege einer Allgemeinverfügung öffentlich bekanntzugeben. ⁸In der Allgemeinverfügung sind die städtebaulichen Erwägungen nachvollziehbar darzulegen und die Wahl des Gemeindegebiets, auf das sich der gesonderte Hebesatz beziehen soll, zu begründen. ⁹Hat eine Gemeinde die Grundstücksgruppe baureifer Grundstücke bestimmt und für die Grundstücksgruppe der baureifen Grundstücke einen gesonderten Hebesatz festgesetzt, muss dieser Hebesatz für alle in der Gemeinde oder dem Gemeindeteil liegenden baureifen Grundstücke einheitlich und höher als der einheitliche Hebesatz für die übrigen in der Gemeinde liegenden Grundstücke sein.

§ 26 Koppelungsvorschriften und Höchsthebesätze

In welchem Verhältnis die Hebesätze für die Grundsteuer der Betriebe der Land- und Forstwirtschaft, für die Grundsteuer der Grundstücke und für die Gewerbesteuer zueinander stehen müssen, welche Höchstsätze nicht überschritten werden dürfen und inwieweit mit Genehmigung der Gemeindeaufsichtsbehörde Ausnahmen zugelassen werden können, bleibt einer landesrechtlichen Regelung vorbehalten.

§ 27 Festsetzung der Grundsteuer

(1) ¹Die Grundsteuer wird für das Kalenderjahr festgesetzt. ²Ist der Hebesatz für mehr als ein Kalenderjahr festgesetzt, kann auch die jährlich zu erhebende Grundsteuer für die einzelnen Kalenderjahre dieses Zeitraums festgesetzt werden.

(2) Wird der Hebesatz geändert (§ 25 Abs. 3), so ist die Festsetzung nach Absatz 1 zu ändern.

(3) ¹Für diejenigen Steuerschuldner, die für das Kalenderjahr die gleiche Grundsteuer wie im Vorjahr zu entrichten haben, kann die Grundsteuer durch öffentliche Bekanntmachung

festgesetzt werden. ²Für die Steuerschuldner treten mit dem Tage der öffentlichen Bekanntmachung die gleichen Rechtswirkungen ein, wie wenn ihnen an diesem Tage ein schriftlicher Steuerbescheid zugegangen wäre.

§ 28 Fälligkeit

(1) Die Grundsteuer wird zu je einem Viertel ihres Jahresbetrags am 15. Februar, 15. Mai, 15. August und 15. November fällig.

(2) Die Gemeinden können bestimmen, daß Kleinbeträge wie folgt fällig werden:

1. am 15. August mit ihrem Jahresbetrag, wenn dieser fünfzehn Euro nicht übersteigt;
2. am 15. Februar und 15. August zu je einer Hälfte ihres Jahresbetrags, wenn dieser dreißig Euro nicht übersteigt.

(3) ¹Auf Antrag des Steuerschuldners kann die Grundsteuer abweichend vom Absatz 1 oder Absatz 2 Nr. 2 am 1. Juli in einem Jahresbetrag entrichtet werden. ²Der Antrag muß spätestens bis zum 30. September des vorangehenden Kalenderjahres gestellt werden. ³Die beantragte Zahlungsweise bleibt so lange maßgebend, bis ihre Änderung beantragt wird; die Änderung muß spätestens bis zum 30. September des vorangehenden Jahres beantragt werden.

§ 29 Vorauszahlungen

Der Steuerschuldner hat bis zur Bekanntgabe eines neuen Steuerbescheids zu den bisherigen Fälligkeitstagen Vorauszahlungen unter Zugrundelegung der zuletzt festgesetzten Jahressteuer zu entrichten.

§ 30 Abrechnung über die Vorauszahlungen

(1) ¹Ist die Summe der Vorauszahlungen, die bis zur Bekanntgabe des neuen Steuerbescheids zu entrichten waren (§ 29), kleiner als die Steuer, die sich nach dem bekanntgegebenen Steuerbescheid für die vorausgegangenen Fälligkeitstage ergibt (§ 28), so ist der Unterschiedsbetrag innerhalb eines Monats nach Bekanntgabe des Steuerbescheids zu entrichten. ²Die Verpflichtung, rückständige Vorauszahlungen schon früher zu entrichten, bleibt unberührt.

(2) Ist die Summe der Vorauszahlungen, die bis zur Bekanntgabe des neuen Steuerbescheids entrichtet worden sind, größer als die Steuer, die sich nach dem bekanntgegebenen Steuerbescheid für die vorangegangenen Fälligkeitstage ergibt, so wird der Unterschiedsbetrag nach Bekanntgabe des Steuerbescheids durch Aufrechnung oder Zurückzahlung ausgeglichen.

(3) Die Absätze 1 und 2 gelten entsprechend, wenn der Steuerbescheid aufgehoben oder geändert wird.

§ 31 Nachentrichtung der Steuer

Hatte der Steuerschuldner bis zur Bekanntgabe der Jahressteuer keine Vorauszahlungen nach § 29 zu entrichten, so hat er die Steuer, die sich nach dem bekanntgegebenen Steuerbescheid für die vorangegangenen Fälligkeitstage ergibt (§ 28), innerhalb eines Monats nach Bekanntgabe des Steuerbescheids zu entrichten.

Abschnitt IV

Erlaß der Grundsteuer

§ 32 Erlaß für Kulturgut und Grünanlagen

(1) Die Grundsteuer ist zu erlassen

1. für Grundbesitz oder Teile von Grundbesitz, dessen Erhaltung wegen seiner Bedeutung für Kunst, Geschichte, Wissenschaft oder Naturschutz im öffentlichen Interesse liegt, wenn die erzielten Einnahmen und die sonstigen Vorteile (Rohertrag) in der Regel unter den jährlichen Kosten liegen. ²Bei Park- und Gartenanlagen von geschichtlichem Wert ist der Erlaß von der weiteren Voraussetzung abhängig, daß sie in dem billigerweise zu fordernden Umfang der Öffentlichkeit zugänglich gemacht sind;
2. für öffentliche Grünanlagen, Spiel- und Sportplätze, wenn die jährlichen Kosten in der Regel den Rohertrag übersteigen.

(2) ¹Ist der Rohertrag für Grundbesitz, in dessen Gebäuden Gegenstände von wissenschaftlicher, künstlerischer oder geschichtlicher Bedeutung, insbesondere Sammlungen oder Bibliotheken, dem Zweck der Forschung oder Volksbildung nutzbar gemacht sind, durch die Benutzung zu den genannten Zwecken nachhaltig gemindert, so ist von der Grundsteuer der Hundertsatz zu erlassen, um den der Rohertrag gemindert ist. ²Das gilt nur, wenn die wissenschaftliche, künstlerische oder geschichtliche Bedeutung der untergebrachten Gegenstände durch die Landesregierung oder die von ihr beauftragte Stelle anerkannt ist.

§ 33 Erlass wegen wesentlicher Reinertragsminderung bei Betrieben der Land- und Forstwirtschaft

(1) ¹Die Grundsteuer wird in Höhe von 25 Prozent erlassen, wenn bei Betrieben der Land- und Forstwirtschaft der tatsächliche Reinertrag des Steuergegenstandes um mehr als 50 Prozent gemindert ist und der Steuerschuldner die Minderung des tatsächlichen Reinertrags nicht zu vertreten hat. ²Beträgt die vom Steuerschuldner nicht zu vertretende Minderung des tatsächlichen Reinertrags 100 Prozent, ist die Grundsteuer abweichend von Satz 1 in Höhe von 50 Prozent zu erlassen. ³Der tatsächliche Reinertrag eines Betriebs der Land- und Forstwirtschaft ermittelt sich nach den Grundsätzen des § 236 Absatz 3 Satz 1 und 2 des Bewertungsgesetzes für ein Wirtschaftsjahr. ⁴Er gilt als in dem Erlasszeitraum bezogen, in dem das für den Betrieb der Land- und Forstwirtschaft maßgebliche Wirtschaftsjahr endet.

(2) ¹Der Erlass nach Absatz 1 wird nur gewährt, wenn die Einziehung der Grundsteuer nach den wirtschaftlichen Verhältnissen des Betriebs unbillig wäre. ²Ein Erlass nach Absatz 1 ist insbesondere ausgeschlossen, wenn für den Betrieb der Land- und Forstwirtschaft nach § 4 Absatz 1, § 4 Absatz 3 oder § 13a des Einkommensteuergesetzes für dasjenige Wirtschaftsjahr ein Gewinn ermittelt wurde, das im Erlasszeitraum bei der Ermittlung des tatsächlichen Reinertrags nach Absatz 1 zugrunde zu legen ist.

(3) Eine Ertragsminderung ist kein Erlassgrund, wenn sie für den Erlasszeitraum durch Fortschreibung des Grundsteuerwerts berücksichtigt werden kann oder bei rechtzeitiger Stellung des Antrags auf Fortschreibung hätte berücksichtigt werden können.

§ 34 Erlass wegen wesentlicher Ertragsminderung bei bebauten Grundstücken

(1) ¹Die Grundsteuer wird in Höhe von 25 Prozent erlassen, wenn bei bebauten Grundstücken der normale Rohertrag des Steuergegenstandes um mehr als 50 Prozent gemindert ist und der Steuerschuldner die Minderung des normalen Rohertrags nicht zu vertreten hat. ²Beträgt die vom Steuerschuldner nicht zu vertretende Minderung des normalen Rohertrags 100 Prozent, ist die Grundsteuer abweichend von Satz 1 in Höhe von 50 Prozent zu erlassen. ³Normaler Rohertrag ist bei bebauten Grundstücken die nach den Verhältnissen zu Beginn des Erlasszeitraums geschätzte übliche Jahresmiete. ⁴Die übliche Jahresmiete ist

in Anlehnung an die Miete zu ermitteln, die für Räume gleicher oder ähnlicher Art, Lage und Ausstattung regelmäßig gezahlt wird. ⁵Betriebskosten sind nicht einzubeziehen.

(2) ¹Bei eigengewerblich genutzten bebauten Grundstücken gilt als Minderung des normalen Rohertrags die Minderung der Ausnutzung des Grundstücks. ²In diesen Fällen wird der Erlass nach Absatz 1 nur gewährt, wenn die Einziehung der Grundsteuer nach den wirtschaftlichen Verhältnissen des Betriebs unbillig wäre.

(3) ¹Wird nur ein Teil des Grundstücks eigengewerblich genutzt, so ist die Ertragsminderung für diesen Teil nach Absatz 2, für den übrigen Teil nach Absatz 1 zu bestimmen. ²In diesen Fällen ist für den ganzen Steuergegenstand ein einheitlicher Prozentsatz der Ertragsminderung nach dem Anteil der einzelnen Teile am Grundsteuerwert des Grundstücks zu ermitteln.

(4) Eine Ertragsminderung ist kein Erlassgrund, wenn sie für den Erlasszeitraum durch Fortschreibung des Grundsteuerwerts berücksichtigt werden kann oder bei rechtzeitiger Stellung des Antrags auf Fortschreibung hätte berücksichtigt werden können.

§ 35 Verfahren

(1) ¹Der Erlaß wird jeweils nach Ablauf eines Kalenderjahres für die Grundsteuer ausgesprochen, die für das Kalenderjahr festgesetzt worden ist (Erlaßzeitraum). ²Maßgebend für die Entscheidung über den Erlaß sind die Verhältnisse des Erlaßzeitraums.

(2) ¹Der Erlaß wird nur auf Antrag gewährt. ²Der Antrag ist bis zu dem auf den Erlaßzeitraum folgenden 31. März zu stellen.

(3) ¹In den Fällen des § 32 bedarf es keiner jährlichen Wiederholung des Antrags. ²Der Steuerschuldner ist verpflichtet, eine Änderung der maßgeblichen Verhältnisse der Gemeinde binnen drei Monaten nach Eintritt der Änderung anzuzeigen.

Abschnitt V

Übergangs- und Schlußvorschriften

§ 36 Sondervorschriften für die Hauptveranlagung 2025

(1) Auf den 1. Januar 2025 findet eine Hauptveranlagung der Grundsteuermessbeträge statt (Hauptveranlagung 2025).

(2) ¹Die in der Hauptveranlagung 2025 festgesetzten Steuermessbeträge gelten abweichend von § 16 Absatz 2 vorbehaltlich der §§ 17 bis 20 mit Wirkung von dem am 1. Januar 2025 beginnenden Kalenderjahr an. ²Der Beginn dieses Kalenderjahres ist der Hauptveranlagungszeitpunkt.

(3) ¹Bescheide über die Hauptveranlagung können schon vor dem Hauptveranlagungszeitpunkt erteilt werden. ²§ 21 Satz 2 ist entsprechend anzuwenden.

§ 37 Anwendung des Gesetzes

(1) Diese Fassung des Gesetzes gilt erstmals für die Grundsteuer des Kalenderjahres 2025.

(2) Für die Grundsteuer bis einschließlich zum Kalenderjahr 2024 findet das Grundsteuergesetz in der Fassung vom 7. August 1973 (BGBl. I S. 965), das zuletzt durch Artikel 38 des Gesetzes vom 19. Dezember 2008 (BGBl. I S. 2794) geändert worden ist, weiter Anwendung.

(3) § 25 Absatz 4 und 5 in der am 1. Januar 2025 geltenden Fassung ist erstmals bei der Hauptveranlagung auf den 1. Januar 2025 anzuwenden.

§ 38 Bekanntmachung
Das Bundesministerium der Finanzen wird ermächtigt, den Wortlaut dieses Gesetzes in der jeweils geltenden Fassung bekannt zu machen.

Fassungsvergleich Grundsteuergesetz
(Anwendung bis einschließlich zum Kalenderjahr 2024 / ab dem Kalenderjahr 2025)

Das Grundsteuergesetz vom 7. August 1973 (BGBl. I S. 965), das zuletzt durch Artikel 3 des Gesetzes zur Reform des Grundsteuer- und Bewertungsgesetzes (Grundsteuer-Reformgesetz) vom 26. November 2019 (BGBl. I S. 1794) und durch Artikel 1 des Gesetzes zur Änderung des Grundsteuergesetzes zur Mobilisierung von baureifen Grundstücken für die Bebauung vom 30. November 2019 (BGBl. I S. 1875) geändert worden ist, gilt erstmals für die Grundsteuer des Kalenderjahres 2025.

Für die Grundsteuer bis einschließlich zum Kalenderjahr 2024 findet das Grundsteuergesetz in der Fassung vom 7. August 1973 (BGBl. I S. 965), das zuletzt durch Artikel 38 des Gesetzes vom 19. Dezember 2008 (BGBl. I S. 2794) geändert worden ist, weiter Anwendung.[1]

Der nachfolgende Fassungsvergleich vermittelt einen schnellen, kompakten Überblick über die Änderungen, die das Grundsteuergesetz vom 7. August 1973 (BGBL. I S. 965) infolge des Grundsteuer-Reformgesetzes vom 26. November 2019 (BGBl. I S. 1794) und des Gesetzes zur Änderung des Grundsteuergesetzes zur Mobilisierung von baureifen Grundstücken für die Bebauung gegenüber der ab dem Kalenderjahr 2008 geltenden Fassung erfahren hat.

Grundsteuergesetz vom 7. August 1973 (BGBL I S. 965)

zuletzt geändert durch **Artikel 38 des Jahressteuergesetzes 2009 vom 19. Dezember 2008 (BGBl I S. 2794)**	zuletzt geändert durch **Artikel 3 des Grundsteuer-Reformgesetzes vom 26. November 2019 (BGBL I S. 1794)** **und** **Artikel 1 des Gesetzes zur Änderung des Grundsteuergesetzes zur Mobilisierung von baureifen Grundstücken für die Bebauung vom 30. November 2019 (BGBL I S. 1875)**
(Anwendung bis einschließlich Kalenderjahr 2024)	**(gilt ab dem Kalenderjahr 2025)**
Inhaltsverzeichnis	
Abschnitt I **Steuerpflicht**	
§ 1 Heberecht	
§ 2 Steuergegenstand	
§ 3 Steuerbefreiung für Grundbesitz bestimmter Rechtsträger	
§ 4 Sonstige Steuerbefreiungen	
§ 5 Zu Wohnzwecken benutzter Grundbesitz	
§ 6 Land- und forstwirtschaftlich genutzter Grundbesitz	– unverändert –
§ 7 Unmittelbare Benutzung für einen steuerbegünstigten Zweck	
§ 8 Teilweise Benutzung für einen steuerbegünstigten Zweck	
§ 9 Stichtag für die Festsetzung der Grundsteuer, Entstehung der Steuer	
§ 10 Steuerschuldner	
§ 11 Persönliche Haftung	
§ 12 Dingliche Haftung	

---

1) Siehe S. 1004.

	Abschnitt II **Bemessung der Grundsteuer**		
§ 13	Steuermeßzahl und Steuermeßbetrag	§ 13	Steuerme<u>ss</u>zahl und Steuermessbetrag
§ 14	Steuermeßzahl für Betriebe der Land- und Forstwirtschaft		– unverändert –
§ 15	Steuermeßzahl für Grundstücke	§ 15	Steuerme<u>ss</u>zahl für Grundstücke
§ 16	Hauptveranlagung		
§ 17	Neuveranlagung		
§ 18	Nachveranlagung		– unverändert –
§ 19	Anzeigepflicht		
§ 20	Aufhebung des Steuermeßbetrags		
§ 21	Änderung von Steuermeßbescheiden		
§ 22	Zerlegung des Steuermeßbetrags	§ 22	Zerlegung des Steuerme<u>ss</u>betrags
§ 23	Zerlegungsstichtag		
§ 24	Ersatz der Zerlegung durch Steuerausgleich		
	Abschnitt III **Festsetzung und Entrichtung der Grundsteuer**		
§ 25	Festsetzung des Hebesatzes		
§ 26	Koppelungsvorschriften und Höchsthebesätze		
§ 27	Festsetzung der Grundsteuer		– unverändert –
§ 28	Fälligkeit		
§ 29	Vorauszahlungen		
§ 30	Abrechnung über die Vorauszahlungen		
§ 31	Nachentrichtung der Steuer		
	Abschnitt IV **Erlaß der Grundsteuer**		
§ 32	Erlaß für Kulturgut und Grünanlagen		
§ 33	Erlaß wegen wesentlicher ~~Ertragsminderung~~	§ 33	Erla<u>ss</u> wegen wesentlicher Reinertragsminderung bei Betrieben der Land- und Forstwirtschaft
§ 34	~~Verfahren~~	§ 34	Erlass wegen wesentlicher Ertragsminderung bei bebauten Grundstücken
		§ 35	Verfahren
	Abschnitt V **Übergangs- und Schlußvorschriften**		– unverändert –
§ 35	~~(weggefallen)~~		
§ 36	~~Steuervergünstigung für abgefundene Kriegsbeschädigte~~	§ 36	Sondervorschriften für die Hauptveranlagung 2025
§ 37	~~Sondervorschriften für die Hauptveranlagung 1974~~	§ 37	Anwendung des Gesetzes
§ 38	~~Anwendung des Gesetzes~~	§ 38	Bekanntmachung

Abschnitt VI
Grundsteuer für Steuergegenstände in dem in Art 3 des Einigungsvertrages genannten Gebiet ab dem Kalenderjahr 1991

§ 40	Land- und forstwirtschaftliches Vermögen	
§ 41	Bemessung der Grundsteuer für Grundstücke nach dem Einheitswert	
§ 42	Bemessung der Grundsteuer für Mietwohngrundstücke und Einfamilienhäuser nach der Ersatzbemessungsgrundlage	– aufgehoben –
§ 43	Steuerfreiheit für neugeschaffene Wohnungen	
§ 44	Steueranmeldung	
§ 45	Fälligkeit von Kleinbeträgen	
§ 46	Zuständigkeit der Gemeinden	

Änderungen im Detail	
§ 2 Steuergegenstand Steuergegenstand ist der Grundbesitz im Sinne des Bewertungsgesetzes: 1. die Betriebe der Land- und Forstwirtschaft (§§ 33, 48a und 51a des Bewertungsgesetzes). Diesen stehen die in § 99 Abs. 1 Nr. 2 des Bewertungsgesetzes bezeichneten Betriebsgrundstücke gleich; 2. die Grundstücke (§§ 68, 70 des Bewertungsgesetzes). Diesen stehen die in § 99 Abs. 1 Nr. 1 des Bewertungsgesetzes bezeichneten Betriebsgrundstücke gleich.	**§ 2 Steuergegenstand** Steuergegenstand ist der Grundbesitz im Sinne des Bewertungsgesetzes: 1. die Betriebe der Land- und Forstwirtschaft (§§ <u>233, 240 und 241</u> des Bewertungsgesetzes); <u>diesen</u> stehen die in § <u>218 Satz 2</u> des Bewertungsgesetzes bezeichneten Betriebsgrundstücke gleich; 2. die Grundstücke (§§ <u>243, 244</u> des Bewertungsgesetzes); <u>diesen</u> stehen die in § <u>218 Satz 3</u> des Bewertungsgesetzes bezeichneten Betriebsgrundstücke gleich.
§ 10 Steuerschuldner (1) Schuldner der Grundsteuer ist derjenige, dem der Steuergegenstand bei der Feststellung des Einheitswerts zugerechnet ist. (2) Derjenige, dem ein Erbbaurecht, ein Wohnungserbbaurecht oder ein Teilerbbaurecht zugerechnet ist, ist auch Schuldner der Grundsteuer für die wirtschaftliche Einheit des belasteten Grundstücks. (3) Ist der Steuergegenstand mehreren Personen zugerechnet, so sind sie Gesamtschuldner.	**§ 10 Steuerschuldner** (1) Schuldner der Grundsteuer ist derjenige, dem der Steuergegenstand bei der Feststellung des <u>Grundsteuerwerts</u> zugerechnet ist. (2) <u>Ist der Steuergegenstand mehreren Personen zugerechnet, so sind sie Gesamtschuldner.</u>
§ 13 Steuermeßzahl und Steuermeßbetrag (1) Bei der Berechnung der Grundsteuer ist von einem Steuermeßbetrag auszugehen. Dieser ist durch Anwendung eines Tausendsatzes (Steuermeßzahl) auf den Einheitswert oder seinen steuerpflichtigen Teil zu ermitteln, der nach dem Bewertungsgesetz im Veranlagungszeitpunkt (§ 16 Abs. 1, § 17 Abs. 3, § 18 Abs. 3) für den Steuergegenstand maßgebend ist. (2) (aufgehoben) (3) In den Fällen des § 10 Abs. 2 ist der Berechnung des Steuermeßbetrags die Summe der beiden Einheitswerte zugrunde zu legen, die nach § 92 des Bewertungsgesetzes festgestellt werden.	**§ 13 Steuermesszahl und Steuermessbetrag** Bei der Berechnung der Grundsteuer ist von einem Steuermessbetrag auszugehen. Dieser ist durch Anwendung eines <u>Promillesatzes</u> (Steuermesszahl) auf den <u>Grundsteuerwert</u> oder seinen steuerpflichtigen Teil zu ermitteln, der nach dem Bewertungsgesetz im Veranlagungszeitpunkt (§ 16 <u>Absatz</u> 1, § 17 <u>Absatz</u> 3, § 18 <u>Absatz</u> 3) für den Steuergegenstand maßgebend ist.
§ 14 Steuermeßzahl für Betriebe der Land- und Forstwirtschaft Für Betriebe der Land- und Forstwirtschaft beträgt die Steuermeßzahl 6 vom Tausend.	**§ 14 Steuermeßzahl für Betriebe der Land- und Forstwirtschaft** Für Betriebe der Land- und Forstwirtschaft beträgt die Steuermeßzahl <u>0,55 Promille</u>.

Fassungsvergleich (Anwendung bis/ab 2025) GrStG

Änderungen im Detail

bis 2024	ab 2025

§ 15 Steuermeßzahl für Grundstücke
(1) Die Steuermeßzahl beträgt ~~3,5 vom Tausend~~.
(2) ~~Abweichend von Absatz 1 beträgt die Steuermeßzahl~~
~~1. für Einfamilienhäuser im Sinne des § 75 Abs. 5 des Bewertungsgesetzes mit Ausnahme des Wohnungseigentums und des Wohnungserbbaurechts einschließlich des damit belasteten Grundstücks 2,6 vom Tausend für die ersten 38.346,89 Euro des Einheitswerts oder seines steuerpflichtigen Teils und 3,5 vom Tausend für den Rest des Einheitswerts oder seines steuerpflichtigen Teils;~~
~~2. für Zweifamilienhäuser im Sinne des § 75 Abs. 6 des Bewertungsgesetzes 3,1 vom Tausend.~~
	§ 15 Steuermesszahl für Grundstücke
	(1) Die Steuermesszahl beträgt
	1. für unbebaute Grundstücke im Sinne des § 246 des Bewertungsgesetzes 0,34 Promille,
	2. für bebaute Grundstücke
	   a) im Sinne des § 249 Absatz 1 Nummer 1 bis 4 des Bewertungsgesetzes 0,34 Promille,
	   b) im Sinne des § 249 Absatz 1 Nummer 5 bis 8 des Bewertungsgesetzes 0,34 Promille.
	(2) Die Steuermesszahl nach Absatz 1 Nummer 2 Buchstabe a wird um 25 Prozent ermäßigt, wenn
	1. für das Grundstück nach § 13 Absatz 3 des Wohnraumförderungsgesetzes vom 13. September 2001 (BGBl. I S. 2376), das zuletzt durch Artikel 3 des Gesetzes vom 2. Oktober 2015 (BGBl. I S. 1610) geändert worden ist, eine Förderzusage durch schriftlichen Verwaltungsakt erteilt wurde und
	2. die sich aus der Förderzusage ergebenden Bestimmungen im Sinne des § 13 Absatz 2 des Wohnraumförderungsgesetzes für jeden Erhebungszeitraum innerhalb des Hauptveranlagungszeitraums eingehalten werden.
	(3) Für nach Wohnraumförderungsgesetzen der Länder geförderte Grundstücke gilt Absatz 2 entsprechend.
	(4) Liegen für ein Grundstück weder die Voraussetzungen des Absatzes 2 noch des Absatzes 3 vor, wird die Steuermesszahl nach Absatz 1 Nummer 2 Buchstabe a um 25 Prozent ermäßigt, wenn das jeweilige Grundstück
	1. einer Wohnungsbaugesellschaft zugerechnet wird, deren Anteile mehrheitlich von einer oder mehreren Gebietskörperschaften gehalten werden und zwischen der Wohnungsbaugesellschaft und der Gebietskörperschaft oder den Gebietskörperschaften ein Gewinnabführungsvertrag besteht,
	2. einer Wohnungsbaugesellschaft zugerechnet wird, die als gemeinnützig im Sinne des § 52 der Abgabenordnung anerkannt ist, oder
	3. einer Genossenschaft oder einem Verein zugerechnet wird, der seine Geschäftstätigkeit auf die in § 5 Absatz 1 Nummer 10 Buchstabe a und b des Körperschaftsteuergesetzes genannten Bereiche beschränkt und von der Körperschaftsteuer befreit ist.
	Der Abschlag auf die Steuermesszahl nach Satz 1 wird auf Antrag für jeden Erhebungszeitraum innerhalb des Hauptveranlagungszeitraums gewährt, wenn nachgewiesen wird, dass die jeweiligen Voraussetzungen am Hauptveranlagungsstichtag vorlagen. Entfallen die Voraussetzungen des Satzes 1 während des Hauptveranlagungszeitraums, ist dies nach § 19 Absatz 2 anzuzeigen.
	(5) Die Steuermesszahl nach Absatz 1 Nummer 2 wird für bebaute Grundstücke um 10 Prozent ermäßigt, wenn sich auf dem Grundstück Gebäude befinden, die Baudenkmäler im Sinne des jeweiligen Landesdenkmalschutzgesetzes sind. Stehen auf einem Grundstück nur ein Teil der Gebäude oder nur Teile eines Gebäudes im Sinne der jeweiligen Landesdenkmalschutzgesetzes unter Denkmalschutz, so ist die Ermäßigung der Steuermesszahl entsprechend anteilig zu gewähren.

§ 16 Hauptveranlagung (1) Die Steuermeßbeträge werden auf den Hauptfeststellungszeitpunkt (§ ~~21 Abs. 2~~ des Bewertungsgesetzes) allgemein festgesetzt (Hauptveranlagung). Dieser Zeitpunkt ist der Hauptveranlagungszeitpunkt. (2) und (3)	**§ 16 Hauptveranlagung** (1) Die Steuermeßbeträge werden auf den Hauptfeststellungszeitpunkt (§ 221 Absatz 2 des Bewertungsgesetzes) allgemein festgesetzt (Hauptveranlagung). Dieser Zeitpunkt ist der Hauptveranlagungszeitpunkt. – unverändert –
§ 17 Neuanlagung (1) Wird eine Wertfortschreibung (§ ~~22 Abs. 1~~ des Bewertungsgesetzes) oder eine Artfortschreibung oder Zurechnungsfortschreibung (§ ~~22 Abs. 2~~ des Bewertungsgesetzes) durchgeführt, so wird der Steuermeßbetrag auf den Fortschreibungszeitpunkt neu festgesetzt (Neuanlagung). (2) bis (4)	**§ 17 Neuanlagung** (1) Wird eine Wertfortschreibung (§ 222 Absatz 1 des Bewertungsgesetzes) oder eine Artfortschreibung oder Zurechnungsfortschreibung (§ 222 Absatz 2 des Bewertungsgesetzes) durchgeführt, so wird der Steuermeßbetrag auf den Fortschreibungszeitpunkt neu festgesetzt (Neuanlagung). – unverändert –

Änderungen im Detail

Fassung bis 2025	Fassung ab 2025
§ 18 Nachveranlagung (1) Wird eine Nachfestsetzung (§ ~~23 Abs. 1~~ des Bewertungsgesetzes) durchgeführt, so wird der Steuermeßbetrag auf den Nachfeststellungszeitpunkt nachträglich festgesetzt (Nachveranlagung). (2) bis (4)	**§ 18 Nachveranlagung** (1) Wird eine Nachfestsetzung (§ 223 Absatz 1 des Bewertungsgesetzes) durchgeführt, so wird der Steuermeßbetrag auf den Nachfeststellungszeitpunkt nachträglich festgesetzt (Nachveranlagung). – unverändert –
§ 19 Anzeigepflicht Jede Änderung in der Nutzung oder in den Eigentumsverhältnissen eines ganz oder teilweise von der Grundsteuer befreiten Steuergegenstandes hat derjenige anzuzeigen, der nach § 10 als Steuerschuldner in Betracht kommt. Die Anzeige ist innerhalb von drei Monaten nach Eintritt der Änderung bei dem Finanzamt zu erstatten, das für die Festsetzung des Steuermeßbetrags zuständig ist.	**§ 19 Anzeigepflicht** (1) Jede Änderung in der Nutzung oder in den Eigentumsverhältnissen eines ganz oder teilweise von der Grundsteuer befreiten Steuergegenstandes hat derjenige anzuzeigen, der nach § 10 als Steuerschuldner in Betracht kommt. Die Anzeige ist innerhalb von drei Monaten nach Eintritt der Änderung bei dem Finanzamt zu erstatten, das für die Festsetzung des Steuermeßbetrags zuständig ist. (2) Den Wegfall der Voraussetzungen für die ermäßigte Steuermesszahl nach § 15 Absatz 4 hat derjenige anzuzeigen, der nach § 10 als Steuerschuldner in Betracht kommt. Die Anzeige ist innerhalb von drei Monaten nach dem Wegfall der Voraussetzungen bei dem Finanzamt zu erstatten, das für die Festsetzung des Steuermessbetrags zuständig ist.

§ 20 Aufhebung des Steuermeßbetrags
(1) Der Steuermeßbetrag wird aufgehoben,
1. wenn der ~~Einheitswert~~ aufgehoben wird oder
2. wenn dem Finanzamt bekannt wird, daß
   a) für den ganzen Steuergegenstand ein Befreiungsgrund eingetreten ist oder
   b) der Steuermeßbetrag fehlerhaft festgesetzt worden ist.
(2) Der Steuermeßbetrag wird aufgehoben
1. in den Fällen des Absatzes 1 Nr. 1 mit Wirkung vom Aufhebungszeitpunkt (§ ~~24 Abs. 2~~ des Bewertungsgesetzes) an;
2. in den Fällen des Absatzes 1 Nr. 2 Buchstabe a mit Wirkung vom Beginn des Kalenderjahres an, der auf den Eintritt des Befreiungsgrundes folgt. 2§ 16 Abs. 3 ist entsprechend anzuwenden;
3. in den Fällen des Absatzes 1 Nr. 2 Buchstabe b mit Wirkung vom Beginn des Kalenderjahres an, in dem der Fehler dem Finanzamt bekannt wird.
(3)
	§ 20 Aufhebung des Steuermeßbetrags
	(1) Der Steuermeßbetrag wird aufgehoben,
	1. wenn der Grundsteuerwert aufgehoben wird oder
	2. wenn dem Finanzamt bekannt wird, daß
	   a) für den ganzen Steuergegenstand ein Befreiungsgrund eingetreten ist oder
	   b) der Steuermeßbetrag fehlerhaft festgesetzt worden ist.
	(2) Der Steuermeßbetrag wird aufgehoben
	1. in den Fällen des Absatzes 1 Nr. 1 mit Wirkung vom Aufhebungszeitpunkt (§ 224 Absatz 2 des Bewertungsgesetzes) an;
	2. in den Fällen des Absatzes 1 Nr. 2 Buchstabe a mit Wirkung vom Beginn des Kalenderjahres an, der auf den Eintritt des Befreiungsgrundes folgt. 2§ 16 Abs. 3 ist entsprechend anzuwenden;
	3. in den Fällen des Absatzes 1 Nr. 2 Buchstabe b mit Wirkung vom Beginn des Kalenderjahres an, in dem der Fehler dem Finanzamt bekannt wird.
	– unverändert –

§ 22 Zerlegung des Steuermeßbetrags (1) Erstreckt sich der Steuergegenstand über mehrere Gemeinden, so ist der Steuermeßbetrag vorbehaltlich des § 24 in die auf die einzelnen Gemeinden entfallenden Anteile zu zerlegen (Zerlegungsanteile). Für den Zerlegungsmaßstab gilt folgendes: 1. ~~Bei Betrieben der Land- und Forstwirtschaft ist der auf den Wohnungswert entfallende Teil des Steuermeßbetrags der Gemeinde zuzuweisen, in der sich der Wohnteil oder dessen wertvollster Teil befindet. Der auf den Wirtschaftswert entfallende Teil des Steuermeßbetrags ist in dem Verhältnis zu zerlegen, in dem die auf die einzelnen Gemeinden entfallenden Flächengrößen zueinander stehen.~~ 2. ~~Bei Grundstücken ist der Steuermeßbetrag in dem Verhältnis zu zerlegen, in dem die auf die einzelnen Gemeinden entfallenden Flächengrößen zueinander stehen. Führt die Zerlegung nach Flächengrößen zu einem offenbar unbilligen Ergebnis, so hat das Finanzamt auf Antrag einer Gemeinde die Zerlegung nach dem Maßstab vorzunehmen, der nach bisherigem Recht zugrunde gelegt wurde. Dies gilt nur so lange, als keine wesentliche Änderung der tatsächlichen Verhältnisse eintritt; im Falle einer wesentlichen Änderung ist nach einem Maßstab zu zerlegen, der den tatsächlichen Verhältnissen besser Rechnung trägt.~~ ~~Einigen sich die Gemeinden mit dem Steuerschuldner über die Zerlegungsanteile, so sind diese maßgebend.~~ (2) ~~Entfällt auf eine Gemeinde ein Zerlegungsanteil von weniger als fünfundzwanzig Euro, so ist dieser Anteil der Gemeinde zuzuweisen, der nach Absatz 1 der größte Zerlegungsanteil zusteht.~~	**§ 22 Zerlegung des Steuermessbetrags** (1) Erstreckt sich der Steuergegenstand über mehrere Gemeinden, so ist der Steuermessbetrag vorbehaltlich des § 24 anteilig in die auf die einzelnen Gemeinden entfallenden Anteile zu zerlegen (Zerlegungsanteile). (2) Zerlegungsmaßstab ist bei Betrieben der Land- und Forstwirtschaft der nach § 239 Absatz 2 des Bewertungsgesetzes ermittelte Gemeindeanteil am Grundsteuerwert des Betriebs der Land- und Forstwirtschaft. (3) Zerlegungsmaßstab ist bei Grundstücken das Verhältnis, in dem die auf die einzelnen Gemeinden entfallenden Flächengrößen zueinander stehen. Führt die Zerlegung nach Flächengrößen zu einem offenbar unbilligen Ergebnis, sind die Zerlegungsanteile maßgebend, auf die sich die Gemeinden mit dem Steuerschuldner einigen. (4) Entfällt auf eine Gemeinde ein Zerlegungsanteil von weniger als 25 Euro, so ist dieser Anteil der Gemeinde zuzuweisen, der nach Absatz 2 oder 3 der größte Zerlegungsanteil zusteht.

Änderungen im Detail	
§ 23 Zerlegungsstichtag (1) Der Zerlegung des Steuermeßbetrags werden die Verhältnisse in dem Feststellungszeitpunkt zugrunde gelegt, auf den der für die Festsetzung des Steuermeßbetrags maßgebende ~~Einheitswert~~ festgestellt worden ist. (2) Ändern sich die Grundlagen für die Zerlegung, ohne daß der ~~Einheitswert~~ fortgeschrieben oder nachträglich festgestellt wird, so sind die Zerlegungsanteile nach dem Stand vom 1. Januar des folgenden Jahres neu zu ermitteln, wenn wenigstens bei einer Gemeinde der neue Anteil um mehr als ein Zehntel, mindestens aber um zehn Euro von ihrem bisherigen Anteil abweicht.	**§ 23 Zerlegungsstichtag** (1) Der Zerlegung des Steuermeßbetrags werden die Verhältnisse in dem Feststellungszeitpunkt zugrunde gelegt, auf den der für die Festsetzung des Steuermeßbetrags maßgebende <u>Grundsteuerwert</u> festgestellt worden ist. (2) Ändern sich die Grundlagen für die Zerlegung, ohne daß der <u>Grundsteuerwert</u> fortgeschrieben oder nachträglich festgestellt wird, so sind die Zerlegungsanteile nach dem Stand vom 1. Januar des folgenden Jahres neu zu ermitteln, wenn wenigstens bei einer Gemeinde der neue Anteil um mehr als ein Zehntel, mindestens aber um zehn Euro von ihrem bisherigen Anteil abweicht.
§ 25 Festsetzung des Hebesatzes (1) Die Gemeinde bestimmt, mit welchem Hundertsatz des Steuermeßbetrags oder des Zerlegungsanteils die Grundsteuer zu erheben ist (Hebesatz). (2) Der Hebesatz ist für ein oder mehrere Kalenderjahre, höchstens jedoch für den Hauptveranlagungszeitraum der Steuermeßbeträge festzusetzen. (3) Der Beschluß über die Festsetzung oder Änderung des Hebesatzes ist bis zum 30. Juni eines Kalenderjahres mit Wirkung vom Beginn dieses Kalenderjahres zu fassen. Nach diesem Zeitpunkt kann der Beschluß über die Festsetzung des Hebesatzes gefaßt werden, wenn der Hebesatz die Höhe der letzten Festsetzung nicht überschreitet. (4) Der Hebesatz ~~muß~~ jeweils einheitlich sein 1. für die in einer Gemeinde liegenden Betriebe der Land- und Forstwirtschaft; 2. für die in einer Gemeinde liegenden Grundstücke. ~~Wird das Gebiet von Gemeinden~~ geändert, so kann die Landesregierung oder die von ihr bestimmte Stelle für die von der Änderung betroffenen Gebietsteile ~~auf~~ eine bestimmte Zeit verschiedene Hebesätze zulassen.	**§ 25 Festsetzung des Hebesatzes** (1) Die Gemeinde bestimmt, mit welchem Hundertsatz des Steuermeßbetrags oder des Zerlegungsanteils die Grundsteuer zu erheben ist (Hebesatz). (2) Der Hebesatz ist für ein oder mehrere Kalenderjahre, höchstens jedoch für den Hauptveranlagungszeitraum der Steuermeßbeträge festzusetzen. (3) Der Beschluß über die Festsetzung oder Änderung des Hebesatzes ist bis zum 30. Juni eines Kalenderjahres mit Wirkung vom Beginn dieses Kalenderjahres zu fassen. ²Nach diesem Zeitpunkt kann der Beschluß über die Festsetzung des Hebesatzes gefaßt werden, wenn der Hebesatz die Höhe der letzten Festsetzung nicht überschreitet. (4) Der Hebesatz <u>muss</u> <u>vorbehaltlich des Absatzes 5</u> jeweils einheitlich sein 1. für die in einer Gemeinde liegenden Betriebe der Land- und Forstwirtschaft; 2. für die in einer Gemeinde liegenden Grundstücke. <u>Werden Gemeindegebiete</u> geändert, so kann die Landesregierung oder die von ihr bestimmte Stelle für die von der Änderung betroffenen Gebietsteile <u>für</u> eine bestimmte Zeit verschiedene Hebesätze zulassen. <u>(5) Die Gemeinde kann aus städtebaulichen Gründen baureife Grundstücke als besondere Grundstücksgruppe innerhalb der unbebauten Grundstücke im Sinne des § 246 des Bewertungsgesetzes bestimmen und abweichend von Absatz 4 Satz 1 Nummer 2 für die Grundstücksgruppe der baureifen Grundstücke einen gesonderten Hebesatz festsetzen. Baureife Grundstücke sind unbebaute Grundstücke im Sinne des § 246 des Bewertungsgesetzes, die nach Lage, Form und Größe und ihrem sonstigen tatsächlichen Zustand sowie nach öffentlich-rechtlichen Vorschriften sofort bebaut werden könnten. Eine erforderliche, aber noch nicht erteilte Baugenehmigung sowie zivilrechtliche Gründe, die einer sofortigen Bebauung entgegenstehen, sind unbeachtlich. Als städtebauliche Gründe kommen insbesondere die Deckung eines erhöhten Bedarfs an Wohn- und Arbeitsstätten sowie Gemeinbedarfs- und Folgeeinrichtungen, die Nachverdichtung bestehender Siedlungsstrukturen oder die Stärkung der Innenentwicklung in Betracht. Die Gemeinde hat den gesonderten Hebesatz auf einen bestimmten Gemeindeteil zu beschränken, wenn nur für diesen Gemeindeteil die städtebaulichen Gründe vorliegen. Der Gemeindeteil muss mindestens 10 Prozent des gesamten Gemeindegebiets umfassen und in dem Gemeindeteil müssen mehrere baureife Grundstücke belegen sein. Die genaue Bezeichnung der baureifen Grundstücke, deren Lage sowie das Gemeindegebiet, auf das sich der gesonderte Hebesatz bezieht, sind jeweils nach den Verhältnissen zu Beginn eines Kalenderjahres von der Gemeinde zu bestimmen, in einer Karte nachzuweisen und im Wege einer Allgemeinverfügung öffentlich bekanntzugeben. In der Allgemeinverfügung sind die städtebaulichen Erwägungen nachvollziehbar darzulegen und die Wahl des Gemeindegebiets, auf das sich der gesonderte Hebesatz beziehen soll, zu begründen. Hat eine Gemeinde die Grundstücksgruppe baureifer Grundstücke bestimmt und für die Grundstücksgruppe der baureifen Grundstücke einen gesonderten Hebesatz festgesetzt, muss dieser Hebesatz für alle in der Gemeinde oder dem Gemeindeteil liegenden baureifen Grundstücke einheitlich und höher als der einheitliche Hebesatz für die übrigen in der Gemeinde liegenden Grundstücke sein.</u>

GrStG (Anwendung bis/ab 2025) — Fassungsvergleich

Änderungen im Detail

bis 2025	ab 2025
§ 33 Erlaß wegen wesentlicher ~~Ertragsminderung~~ (1) ~~Ist~~ bei Betrieben der Land- und Forstwirtschaft ~~und bei bebauten Grundstücken~~ der ~~normale Rohertrag~~ des Steuergegenstandes um mehr als 50 Prozent gemindert und hat der Steuerschuldner die Minderung des ~~Rohertrags~~ nicht zu vertreten, ~~so wird die Grundsteuer in Höhe von 25 Prozent erlassen~~. Beträgt die Minderung des normalen Rohertrags 100 Prozent, ist die Grundsteuer in Höhe von 50 Prozent zu erlassen. ~~Bei Betrieben der Land- und Forstwirtschaft und bei eigengewerblich genutzten bebauten Grundstücken wird der Erlass nur gewährt, wenn die Einziehung der Grundsteuer nach den wirtschaftlichen Verhältnissen des Betriebs unbillig wäre.~~ ~~4Normaler Rohertrag ist~~ 1. ~~bei Betrieben der Land- und Forstwirtschaft der Rohertrag, der nach den Verhältnissen zu Beginn des Erlasszeitraums bei ordnungsmäßiger Bewirtschaftung gemeinhin und nachhaltig erzielbar wäre;~~ 2. ~~bei bebauten Grundstücken die nach den Verhältnissen zu Beginn des Erlasszeitraums geschätzte übliche Jahresrohmiete.~~ (2) ~~Bei eigengewerblich genutzten bebauten Grundstücken gilt als Minderung des normalen Rohertrags die Minderung der Ausnutzung des Grundstücks.~~ (3) ~~Umfaßt der Wirtschaftsteil eines Betriebs der Land- und Forstwirtschaft nur die forstwirtschaftliche Nutzung, so ist die Ertragsminderung danach zu bestimmen, in welchem Ausmaß eingetretene Schäden den Ertragswert der forstwirtschaftlichen Nutzung bei einer Wertfortschreibung mindern würden.~~ (4) ~~Wird nur ein Teil des Grundstücks eigengewerblich genutzt, so ist die Ertragsminderung für diesen Teil nach Absatz 2, für den übrigen Teil nach Absatz 1 zu bestimmen. Umfaßt der Wirtschaftsteil eines Betriebs der Land- und Forstwirtschaft nur zu einem Teil die forstwirtschaftliche Nutzung, so ist die Ertragsminderung für diesen Teil nach Absatz 3, für den übrigen Teil nach Absatz 1 zu bestimmen. In den Fällen der Sätze 1 und 2 ist für den ganzen Steuergegenstand ein einheitlicher Hundertsatz der Ertragsminderung nach dem Anteil der einzelnen Teile am Einheitswert des Grundstücks oder am Wert des Wirtschaftsteils des Betriebs der Land- und Forstwirtschaft zu ermitteln.~~ (5) Eine Ertragsminderung ist kein Erlaßgrund, wenn sie für den Erlaßzeitraum durch Fortschreibung des ~~Einheitswerts~~ berücksichtigt werden kann oder bei rechtzeitiger Stellung des Antrags auf Fortschreibung hätte berücksichtigt werden können.	**§ 33 Erlass wegen wesentlicher Reinertragsminderung bei Betrieben der Land- und Forstwirtschaft** (1) Die Grundsteuer wird in Höhe von 25 Prozent erlassen, wenn bei Betrieben der Land- und Forstwirtschaft der tatsächliche Reinertrag des Steuergegenstandes um mehr als 50 Prozent gemindert ist und der Steuerschuldner die Minderung des tatsächlichen Reinertrags nicht zu vertreten hat. Beträgt die vom Steuerschuldner nicht zu vertretende Minderung des tatsächlichen Reinertrags 100 Prozent, ist die Grundsteuer abweichend von Satz 1 in Höhe von 50 Prozent zu erlassen. Der tatsächliche Reinertrag eines Betriebs der Land- und Forstwirtschaft ermittelt sich nach den Grundsätzen des § 236 Absatz 3 Satz 1 und 2 des Bewertungsgesetzes für ein Wirtschaftsjahr. Es gilt als im Erlasszeitraum bezogen, in dem das für den Betrieb der Land- und Forstwirtschaft maßgebliche Wirtschaftsjahr endet. (2) Der Erlass nach Absatz 1 wird nur gewährt, wenn die Einziehung der Grundsteuer nach den wirtschaftlichen Verhältnissen des Betriebs unbillig wäre. Ein Erlass nach Absatz 1 ist insbesondere ausgeschlossen, wenn für den Betrieb der Land- und Forstwirtschaft nach § 4 Absatz 1, § 4 Absatz 3 oder § 13a des Einkommensteuergesetzes für dasjenige Wirtschaftsjahr ein Gewinn ermittelt wurde, das im Erlasszeitraum bei der Ermittlung des tatsächlichen Reinertrags nach Absatz 1 zugrunde zu legen ist. (3) Eine Ertragsminderung ist kein Erlassgrund, wenn sie für den Erlasszeitraum durch Fortschreibung des Grundsteuerwerts berücksichtigt werden kann oder bei rechtzeitiger Stellung des Antrags auf Fortschreibung hätte berücksichtigt werden können.
§ 34 ~~Verfahren~~ (bisherigen Regelungen aus § 34 werden nach § 35 verschoben)	**§ 34 Erlass wegen wesentlicher Ertragsminderung bei bebauten Grundstücken** (1) Die Grundsteuer wird in Höhe von 25 Prozent erlassen, wenn bei bebauten Grundstücken der normale Rohertrag des Steuergegenstandes um mehr als 50 Prozent gemindert ist und der Steuerschuldner die Minderung des normalen Rohertrags nicht zu vertreten hat. Beträgt die vom Steuerschuldner nicht zu vertretende Minderung des normalen Rohertrags 100 Prozent, ist die Grundsteuer abweichend von Satz 1 in Höhe von 50 Prozent zu erlassen. Normaler Rohertrag ist bei bebauten Grundstücken die nach den Verhältnissen zu Beginn des Erlasszeitraums geschätzte übliche Jahresmiete. Die übliche Jahresmiete ist in Anlehnung an die Miete zu ermitteln, die für Räume gleicher oder ähnlicher Art, Lage und Ausstattung regelmäßig gezahlt wird. Betriebskosten sind nicht einzubeziehen. (2) Bei eigengewerblich genutzten bebauten Grundstücken gilt als Minderung des normalen Rohertrags die Minderung der Ausnutzung des Grundstücks. In diesen Fällen wird der Erlass nach Absatz 1 nur gewährt, wenn die Einziehung der Grundsteuer nach den wirtschaftlichen Verhältnissen des Betriebs unbillig wäre. (3) Wird nur ein Teil des Grundstücks eigengewerblich genutzt, so ist die Ertragsminderung für diesen Teil nach Absatz 2, für den übrigen Teil nach Absatz 1 zu bestimmen. In diesen Fällen ist für den ganzen Steuergegenstand ein einheitlicher Prozentsatz der Ertragsminderung nach dem Anteil der einzelnen Teile am Grundsteuerwert des Grundstücks zu ermitteln. (4) Eine Ertragsminderung ist kein Erlassgrund, wenn sie für den Erlasszeitraum durch Fortschreibung des Grundsteuerwerts berücksichtigt werden kann oder bei rechtzeitiger Stellung des Antrags auf Fortschreibung hätte berücksichtigt werden können.

Änderungen im Detail	
§ 35 (weggefallen)	§ 35 Verfahren – unveränderte Übernahme der Regelungen aus dem bisherigen § 34 Abs. (1) bis (3) –
§ 36 ~~Steuervergünstigung für abgefundene Kriegsbeschädigte~~ ~~(1) Der Veranlagung der Steuermessbeträge für Grundbesitz solcher Kriegsbeschädigten, die zum Erwerb oder zur wirtschaftlichen Stärkung ihres Grundbesitzes eine Kapitalabfindung auf Grund des Bundesversorgungsgesetzes in der Fassung der Bekanntmachung vom 22. Januar 1982 (BGBl. I S. 21), zuletzt geändert durch die Verordnung vom 15. Juni 1999 (BGBl. I S. 1328), erhalten haben, ist der um die Kapitalabfindung verminderte Einheitswert zugrunde zu legen. Die Vergünstigung wird nur so lange gewährt, als die Versorgungsgebührnisse wegen der Kapitalabfindung in der gesetzlichen Höhe gekürzt werden.~~ ~~(2) Die Steuervergünstigung nach Absatz 1 ist auch für ein Grundstück eines gemeinnützigen Wohnungs- oder Siedlungsunternehmens zu gewähren, wenn die folgenden Voraussetzungen sämtlich erfüllt sind:~~ ~~1. Der Kriegsbeschädigte muß für die Zuweisung des Grundstücks die Kapitalabfindung an das Wohnungs- oder Siedlungsunternehmen bezahlt haben.~~ ~~2. Er muß entweder mit dem Unternehmen einen Mietvertrag mit Kaufanwartschaft in der Weise abgeschlossen haben, daß er zur Miete wohnt, bis das Eigentum an dem Grundstück von ihm erworben ist, oder seine Rechte als Mieter müssen durch den Mietvertrag derart geregelt sein, daß das Mietverhältnis dem Eigentumserwerb fast gleichkommt.~~ ~~3. Es muß sichergestellt sein, daß die Steuervergünstigung in vollem Umfang dem Kriegsbeschädigten zugute kommt.~~ ~~(3) Lagen die Voraussetzungen des Absatzes 1 oder des Absatzes 2 bei einem verstorbenen Kriegsbeschädigten zur Zeit seines Todes vor und hat seine Witwe das Grundstück ganz oder teilweise geerbt, so ist auch der Witwe die Steuervergünstigung zu gewähren, wenn sie in dem Grundstück wohnt. Verheiratet sich die Witwe wieder, so fällt die Steuervergünstigung weg.~~	§ 36 Sondervorschriften für die Hauptveranlagung 2025 (1) Auf den 1. Januar 2025 findet eine Hauptveranlagung der Grundsteuermessbeträge statt (Hauptveranlagung 2025). (2) Die in der Hauptveranlagung 2025 festgesetzten Steuermessbeträge gelten abweichend von § 16 Absatz 2 vorbehaltlich der §§ 17 bis 20 mit Wirkung von dem am 1. Januar 2025 beginnenden Kalenderjahr an. Der Beginn dieses Kalenderjahres ist der Hauptveranlagungszeitpunkt.
§ 37 ~~Sondervorschriften für die Hauptveranlagung 1974~~ ~~(1) Auf den 1. Januar 1974 findet eine Hauptveranlagung der Grundsteuermeßbeträge statt (Hauptveranlagung 1974)*~~ ~~(2) Die Hauptveranlagung 1974 gilt mit Wirkung von dem am 1. Januar 1974 beginnenden Kalenderjahr an. Der Beginn dieses Kalenderjahres ist der Hauptveranlagungszeitpunkt.~~ ~~(3) Bei der Hauptveranlagung 1974 gilt Artikel 1 des Bewertungsänderungsgesetzes 1971 vom 27. Juli 1971 (Bundesgesetzbl. I S. 1157).~~ ~~(4) (weggefallen)~~	§ 37 Anwendung des Gesetzes (1) Diese Fassung des Gesetzes gilt erstmals für die Grundsteuer des Kalenderjahres 2025. (2) Für die Grundsteuer bis einschließlich zum Kalenderjahr 2024 findet das Grundsteuergesetz in der Fassung vom 7. August 1973 (BGBl. I S. 965), das zuletzt durch Artikel 38 des Gesetzes vom 19. Dezember 2008 (BGBl. I S. 2794) geändert worden ist, weiter Anwendung. (3) § 25 Absatz 4 und 5 in der am 1. Januar 2025 geltenden Fassung ist erstmals bei der Hauptveranlagung auf den 1. Januar 2025 anzuwenden.
§ 38 ~~Anwendung des Gesetzes~~ ~~Diese Fassung des Gesetzes gilt erstmals für die Grundsteuer des Kalenderjahres 2008.~~	§ 38 Bekanntmachung Das Bundesministerium der Finanzen wird ermächtigt, den Wortlaut dieses Gesetzes in der jeweils geltenden Fassung bekannt zu machen.
Abschnitt VI Grundsteuer für Steuergegenstände in dem in Art 3 des Einigungsvertrages genannten Gebiet ab dem Kalenderjahr 1991 §§ 40 bis 46	– aufgehoben –

III. Abweichende landesrechtliche Regelungen zum Grundsteuer- und Bewertungsgesetz – Anwendung für die Grundsteuer ab dem Kalenderjahr 2025

Überblick

Nr.	Land		Seite
III.1	**Baden-Württemberg**		
	1.	Gesetz zur Regelung einer Landesgrundsteuer (Landesgrundsteuergesetz – LGrStG) vom 4. November 2020 (GBl. 2020, 974) geändert durch:	1533
	1.1	Artikel 1 des Gesetzes zur Änderung des Landesgrundsteuergesetzes und zur Einführung eines gesonderten Hebesatzrechts zur Mobilisierung von Bauland (ÄndGLGrStG) v. 22. Dezember 2021 (GBl. 2021, 1029)	
	1.2	Artikel 6 der Zehnten Verordnung des Innenministeriums zur Anpassung des Landesrechts an die geänderten Geschäftsbereiche und Bezeichnungen der Ministerien (10. Anpassungsverordnung) vom 21. Dezember 2021 (GBl. 2022, 1)	
III.2	**Bayern**		
	1.	Bayerisches Grundsteuergesetz (BayGrStG) vom 10. Dezember 2021 (GVBl. 2021, 638)	1560
III.3	**Hamburg**		
	1.	Hamburgisches Grundsteuergesetz (HmbGrStG) vom 24. August 2021 (HmbGVBl. I 2021, 600)	1565
III.4	**Hessen**		
	1.	Hessisches Grundsteuergesetz (HGrStG) vom 15. Dezember 2021 (GVBl. 2021, 906)	1569
III.5	**Niedersachsen**		
	1.	Niedersächsisches Grundsteuergesetz (NGrStG) vom 7. Juli 2021 (Nds. GVBl. 2021, 502)	1575
III.6	**Saarland**		
	1.	Gesetz Nr. 2040 zur Einführung einer Landesgrundsteuer (Saarländisches Grundsteuergesetz, GrStG-Saar) vom 15. September 2021 (Amtsblatt des Saarlandes I 2021, 2372)	1581
III.7	**Sachsen**		
	1.	Sächsisches Gesetz über die Festsetzung der Steuermesszahlen bei der Grundsteuer (Sächsisches Grundsteuermesszahlengesetz – SächsGrStMG) vom 21. Dezember 2021 (SächsGVBl. 2022 S. 9)	1582

III.1. Baden-Württemberg

Gesetz zur Regelung einer Landesgrundsteuer (Landesgrundsteuergesetz – LGrStG) vom 4. November 2020 (GBl. 2020, 974), das zuletzt durch Artikel 6 der Verordnung vom 21. Dezember 2021 (GBl. 2022, 1) geändert worden ist

INHALTSÜBERSICHT

Erster Teil
Allgemeine Vorschriften

§ 1 Entstehung der Grundsteuer
§ 2 Anwendung der Abgabenordnung und Rechtsweg

1. Abschnitt
Steuergegenstand und Steuerbefreiung

§ 3 Steuergegenstand
§ 4 Steuerbefreiung für Grundbesitz bestimmter Rechtsträger
§ 5 Sonstige Steuerbefreiungen
§ 6 Zu Wohnzwecken genutzter Grundbesitz
§ 7 Land- und forstwirtschaftlich genutzter Grundbesitz
§ 8 Unmittelbare Benutzung für einen steuerbegünstigten Zweck
§ 9 Anwendung der Steuerbefreiung

2. Abschnitt
Steuerschuldner und Haftung

§ 10 Steuerschuldner
§ 11 Persönliche Haftung
§ 12 Dingliche Haftung

Zweiter Teil
Bewertungsverfahren

§ 13 Feststellung von Grundsteuerwerten
§ 14 Ermittlung der Grundsteuerwerte
§ 15 Hauptfeststellung
§ 16 Fortschreibungen
§ 17 Nachfeststellung
§ 18 Aufhebung des Grundsteuerwerts
§ 19 Änderung von Feststellungsbescheiden
§ 20 Nachholung einer Feststellung
§ 21 Wertverhältnisse bei Fortschreibungen und Nachfeststellungen
§ 22 Erklärungs- und Anzeigepflicht
§ 23 Auskünfte, Erhebungen und Mitteilungen

Dritter Teil
Bewertungsvorschriften

§ 24 Bewertungsgrundsätze
§ 25 Wirtschaftliche Einheit

1. Abschnitt
Land- und forstwirtschaftliches Vermögen

§ 26 Begriff des land- und forstwirtschaftlichen Vermögens
§ 27 Abgrenzung des land- und forstwirtschaftlichen Vermögens vom Grundvermögen in Sonderfällen
§ 28 Betrieb der Land- und Forstwirtschaft
§ 29 Bewertungsstichtag
§ 30 Ermittlung des Ertragswerts
§ 31 Bewertung des Betriebs der Land- und Forstwirtschaft

§ 32 Zuschläge zum Reinertrag
§ 33 Grundsteuerwert des Betriebs der Land- und Forstwirtschaft
§ 34 Kleingartenland und Dauerkleingartenland
§ 35 Tierbestände
§ 36 Übrige land- und forstwirtschaftliche Nutzungen

2. Abschnitt
Grundvermögen

§ 37 Grundstück
§ 38 Bewertung von Grundstücken

Vierter Teil
Bemessung der Grundsteuer

§ 39 Steuermesszahl und Steuermessbetrag
§ 40 Steuermesszahlen
§ 41 Hauptveranlagung
§ 42 Neuveranlagung
§ 43 Nachveranlagung
§ 44 Anzeigepflicht
§ 45 Aufhebung des Steuermessbetrags
§ 46 Änderung von Steuermessbescheiden
§ 47 Zerlegung des Steuermessbetrags
§ 48 Zerlegungsstichtag
§ 49 Ersatz der Zerlegung durch Steuerausgleich

Fünfter Teil
Festsetzung und Entrichtung der Grundsteuer

§ 50 Festsetzung des Hebesatzes
§ 50a Gesonderter Hebesatz für baureife Grundstücke
§ 51 Festsetzung der Grundsteuer
§ 52 Fälligkeit
§ 53 Vorauszahlungen
§ 54 Abrechnung über die Vorauszahlungen
§ 55 Nachentrichtung der Steuer

Sechster Teil
Erlass der Grundsteuer

§ 56 Erlass für Kulturgut und Grünanlagen
§ 57 Erlass wegen wesentlicher Reinertragsminderung bei Betrieben der Land- und Forstwirtschaft
§ 58 Verfahren

Siebter Teil
Ermächtigungs- und Schlussvorschriften

§ 59 Hauptveranlagung 2025
§ 60 Übergangsvorschriften
§ 61 Ermächtigungen
§ 62 Bekanntmachung

Erster Teil
Allgemeine Vorschriften

§ 1
Entstehung der Grundsteuer

(1) Grundbesitz unterliegt der Grundsteuer. Die Grundsteuer wird nach den tatsächlichen Verhältnissen zu Beginn des Kalenderjahres festgesetzt. Die Steuer entsteht mit dem Beginn des Kalenderjahres, für das die Steuer festzusetzen ist.

(2) Die Gemeinde bestimmt durch ihren Hebesatz, ob und in welcher Höhe von dem in ihrem Gebiet liegenden Grundbesitz Grundsteuer zu erheben ist.

(3) Für den in gemeindefreien Gebieten liegenden Grundbesitz bestimmt die Landesregierung durch Rechtsverordnung, wer die nach diesem Gesetz den Gemeinden zustehenden Befugnisse ausübt.

§ 2
Anwendung der Abgabenordnung und Rechtsweg

(1) Für Handlungen und Entscheidungen der Landesfinanzbehörden im Zusammenhang mit der Bewertung, der Feststellung und dem Steuermessbetragsverfahren sind die Vorschriften der Abgabenordnung (AO) und des Finanzverwaltungsgesetzes entsprechend anzuwenden, soweit dieses Gesetz keine abweichende Regelung enthält. Für die Verwaltung der Grundsteuer durch die Gemeinden gilt § 1 Absatz 2 und 3 AO entsprechend.

(2) Gegen Entscheidungen der Landesfinanzbehörden ist der Finanzrechtsweg eröffnet. Die Vorschriften der Finanzgerichtsordnung sind entsprechend anzuwenden, soweit dieses Gesetz keine abweichende Regelung enthält. In einem gerichtlichen Verfahren kann die Revision auch darauf gestützt werden, dass das angefochtene Urteil auf der Verletzung dieses Gesetzes beruht.

1. ABSCHNITT
Steuergegenstand und Steuerbefreiung

§ 3
Steuergegenstand

Steuergegenstand sind folgende Arten des Grundbesitzes:
1. Land- und forstwirtschaftliches Vermögen (§ 26),
2. Grundvermögen (§ 37).

§ 4
Steuerbefreiung für Grundbesitz bestimmter Rechtsträger

(1) Von der Grundsteuer ist befreit
1. Grundbesitz, der von einer inländischen juristischen Person des öffentlichen Rechts für einen öffentlichen Dienst oder Gebrauch benutzt wird; ausgenommen ist der Grundbesitz, der von Berufsvertretungen und Berufsverbänden sowie von Kassenärztlichen Vereinigungen und Kassenärztlichen Bundesvereinigungen benutzt wird;
2. Grundbesitz, der vom Bundeseisenbahnvermögen für Verwaltungszwecke benutzt wird;
3. Grundbesitz, der von
   a) einer inländischen juristischen Person des öffentlichen Rechts,
   b) einer inländischen Körperschaft, Personenvereinigung oder Vermögensmasse, die nach der Satzung, dem Stiftungsgeschäft oder der sonstigen Verfassung und nach ihrer tatsächlichen Geschäftsführung ausschließlich und unmittelbar gemeinnützigen oder mildtätigen Zwecken dient, für gemeinnützige oder mildtätige Zwecke benutzt wird;
4. Grundbesitz, der von einer Religionsgesellschaft, die Körperschaft des öffentlichen Rechts ist, einem ihrer Orden, einer ihrer religiösen Genossenschaften oder einem ihrer Verbände für Zwecke der religiösen Unterweisung, der Wissenschaft, des Unterrichts, der Erziehung oder für Zwecke der eigenen Verwaltung benutzt wird; den Religionsgesellschaften stehen die jüdischen Kultusgemeinden gleich, die nicht Körperschaften des öffentlichen Rechts sind;
5. Grundbesitz, der zur Beherbergung der Geistlichen und Kirchendiener der Religionsgesellschaften, die Körperschaften des öffentlichen Rechts sind, und der jüdischen Kultusgemeinden dient; § 6 ist insoweit nicht anzuwenden;
6. Grundbesitz der Religionsgesellschaften, die Körperschaften des öffentlichen Rechts sind, und der jüdischen Kultusgemeinden, der am 1. Januar 1987 und im Veranlagungszeitpunkt zu einem nach

Kirchenrecht gesonderten Vermögen, insbesondere einem Stellenfonds gehört, dessen Erträge ausschließlich für die Besoldung und Versorgung der Geistlichen und Kirchendiener sowie ihrer Hinterbliebenen bestimmt sind; die §§ 6 und 7 sind insoweit nicht anzuwenden.

Der Grundbesitz muss ausschließlich demjenigen, der ihn für die begünstigten Zwecke benutzt, oder einem anderen nach den Nummern 1 bis 6 begünstigten Rechtsträger zuzurechnen sein. Satz 2 gilt nicht, wenn der Grundbesitz von einem nicht begünstigten Rechtsträger im Rahmen einer Öffentlich Privaten Partnerschaft einer juristischen Person des öffentlichen Rechts für einer öffentlichen Dienst oder Gebrauch überlassen wird und die Übertragung auf den Nutzer am Ende des Vertragszeitraums vereinbart ist.

(2) Öffentlicher Dienst oder Gebrauch im Sinne dieses Gesetzes ist die hoheitliche Tätigkeit oder der bestimmungsgemäße Gebrauch durch die Allgemeinheit. Ein Entgelt für den Gebrauch durch die Allgemeinheit darf nicht in der Absicht, Gewinn zu erzielen, gefordert werden.

(3) Öffentlicher Dienst oder Gebrauch im Sinne dieses Gesetzes ist nicht anzunehmen bei Betrieben gewerblicher Art von juristischen Personen des öffentlichen Rechts im Sinne des Körperschaftsteuergesetzes.

§ 5
Sonstige Steuerbefreiungen

Soweit sich nicht bereits eine Befreiung nach § 4 ergibt, sind von der Grundsteuer befreit

1. Grundbesitz, der dem Gottesdienst einer Religionsgesellschaft, die Körperschaft des öffentlichen Rechts ist, oder einer jüdischen Kultusgemeinde gewidmet ist;
2. Bestattungsplätze;
3. a) die dem öffentlichen Verkehr dienenden Straßen, Wege, Plätze, Wasserstraßen, Häfen und Schienenwege sowie die Grundflächen mit den diesem Verkehr unmittelbar dienenden Bauwerken und Einrichtungen, zum Beispiel Brücken, Schleuseneinrichtungen, Signalstationen, Stellwerke, Blockstellen;
   b) auf Verkehrsflughäfen und Verkehrslandeplätzen alle Flächen, die unmittelbar zur Gewährleistung eines ordnungsgemäßen Flugbetriebes notwendig sind und von Hochbauten und sonstigen Luftfahrthindernissen freigehalten werden müssen, die Grundflächen mit den Bauwerken und Einrichtungen, die unmittelbar diesem Betrieb dienen, sowie die Grundflächen ortsfester Flugsicherungsanlagen einschließlich der Flächen, die für einen einwandfreien Betrieb dieser Anlagen erforderlich sind;
   c) die fließenden Gewässer und die ihren Abfluss regelnden Sammelbecken, soweit sie nicht unter Buchstabe a fallen;
4. die Grundflächen mit den im Interesse der Ordnung und Verbesserung der Wasser- und Bodenverhältnisse unterhaltenen Einrichtungen der öffentlich-rechtlichen Wasser- und Bodenverbände und die im öffentlichen Interesse staatlich unter Schau gestellten Privatdeiche;
5. Grundbesitz, der für Zwecke der Wissenschaft, des Unterrichts oder der Erziehung benutzt wird, wenn durch die Landesregierung oder die von ihr beauftragte Stelle anerkannt ist, dass der Benutzungszweck im Rahmen der öffentlichen Aufgaben liegt; der Grundbesitz muss ausschließlich demjenigen, der ihn benutzt, oder einer juristischen Person des öffentlichen Rechts zuzurechnen sein;
6. Grundbesitz, der für die Zwecke eines Krankenhauses benutzt wird, wenn das Krankenhaus in dem Kalenderjahr, das dem Veranlagungszeitpunkt (§ 41 Absatz 1, § 42 Absatz 3 und § 43 Absatz 3) vorangeht, die Voraussetzungen des § 67 Absatz 1 oder 2 der AO erfüllt hat; der Grundbesitz muss ausschließlich demjenigen, der ihn benutzt, oder einer juristischen Person des öffentlichen Rechts zuzurechnen sein.

§ 6
Zu Wohnzwecken genutzter Grundbesitz

(1) Dient Grundbesitz, der für steuerbegünstigte Zwecke im Sinne der §§ 4 und 5 benutzt wird, zugleich Wohnzwecken, gilt die Befreiung nur für

1. Gemeinschaftsunterkünfte der Bundeswehr, der ausländischen Streitkräfte, der internationalen militärischen Hauptquartiere, der Bundespolizei, der Polizei und des sonstigen Schutzdienstes des Bundes und der Gebietskörperschaften sowie ihrer Zusammenschlüsse;
2. Wohnräume in Schulheimen, Ausbildungs- und Erziehungsheimen sowie Prediger- und Priesterseminaren, wenn die Unterbringung in ihnen für die Zwecke des Unterrichts, der Ausbildung oder der Erziehung erforderlich ist; wird das Heim oder Seminar nicht von einem der nach § 4 Absatz 1 Satz 1

Nummer 1, 3 oder 4 begünstigten Rechtsträger unterhalten, so bedarf es einer Anerkennung der Landesregierung oder der von ihr beauftragten Stelle, dass die Unterhaltung des Heims oder Seminars im Rahmen der öffentlichen Aufgaben liegt;
3. Wohnräume, wenn der steuerbegünstigte Zweck im Sinne des § 4 Absatz 1 Satz 1 Nummer 1, 3 oder 4 nur durch ihre Überlassung erreicht werden kann;
4. Räume, in denen sich Personen für die Erfüllung der steuerbegünstigten Zwecke ständig bereithalten müssen (Bereitschaftsräume), wenn sie nicht zugleich die Wohnung des Inhabers darstellen.

(2) Die Befreiung nach Absatz 1 gilt nicht für eine von anderen Räumen baulich getrennte Zusammenfassung einer Mehrheit von Räumen, die über einen selbständigen Zugang verfügt und in ihrer Gesamtheit so beschaffen ist, dass die Führung eines selbständigen Haushalts möglich ist; für die Führung eines selbständigen Haushalts sind notwendige Nebenräume wie Küche, Bad oder Dusche sowie Toilette und eine Mindestwohnfläche von 20 Quadratmetern erforderlich.

§ 7
Land- und forstwirtschaftlich genutzter Grundbesitz

Wird Grundbesitz, der für steuerbegünstigte Zwecke im Sinne der §§ 4 und 5 genutzt wird, zugleich land- und forstwirtschaftlich genutzt, so gilt die Befreiung nur für
1. Grundbesitz, der Lehr- oder Versuchszwecken dient;
2. Grundbesitz, der von der Bundeswehr, den ausländischen Streitkräften, den internationalen militärischen Hauptquartieren oder den in § 6 Absatz 1 Nummer 1 bezeichneten Schutzdiensten als Übungsplatz oder Flugplatz genutzt wird;
3. Grundbesitz, der unter § 5 Nummer 1 bis 4 fällt.

§ 8
Unmittelbare Benutzung für einen steuerbegünstigten Zweck

Die Befreiung nach den §§ 4 und 5 tritt nur ein, wenn der Steuergegenstand für den steuerbegünstigten Zweck unmittelbar benutzt wird. Unmittelbare Benutzung liegt vor, sobald der Steuergegenstand für den steuerbegünstigten Zweck hergerichtet wird.

§ 9
Anwendung der Steuerbefreiung

(1) Wird ein abgrenzbarer Teil des Steuergegenstandes für steuerbegünstigte Zwecke im Sinne der §§ 4 und 5 genutzt, so ist nur dieser Teil des Steuergegenstandes steuerfrei.

(2) Dient der Steuergegenstand oder ein Teil des Steuergegenstandes sowohl steuerbegünstigten Zwecken im Sinne der §§ 4 und 5 als auch anderen Zwecken, ohne dass eine eindeutige Abgrenzung für die verschiedenen Zwecke möglich ist, so ist der Steuergegenstand oder der Teil des Steuergegenstandes nur befreit, wenn die steuerbegünstigten Zwecke überwiegen.

2. ABSCHNITT
Steuerschuldner und Haftung

§ 10
Steuerschuldner

(1) Schuldner der Grundsteuer ist derjenige, dem der Steuergegenstand bei der Feststellung des Grundsteuerwerts zugerechnet wird.

(2) Wird der Steuergegenstand mehreren Personen zugerechnet, so sind sie Gesamtschuldner.

(3) Bei Erbbaurechten ist für das Erbbaurecht und das Erbbaurechtsgrundstück ein einheitlicher Wert nach § 38 zu ermitteln, der festzustellen wäre, wenn die Belastung mit dem Erbbaurecht nicht bestünde. Der ermittelte Wert ist dem Erbbauberechtigten zuzurechnen. Gleiches gilt für das Wohnungserbbaurecht und das Teilerbbaurecht nach dem Wohnungseigentumsgesetz. Der Wert für jedes Wohnungserbbaurecht und Teilerbbaurecht ist entsprechend dem Miteigentumsanteil am Grundstück nach § 38 zu ermitteln.

§ 11
Persönliche Haftung

(1) Neben dem Steuerschuldner haften der Nießbraucher des Steuergegenstandes und derjenige, dem ein dem Nießbrauch ähnliches Recht zusteht.

(2) Wird ein Steuergegenstand ganz oder zu einem Teil einer anderen Person übereignet, so haftet der Erwerber neben dem früheren Eigentümer für die auf den Steuergegenstand oder Teil des Steuergegen-

standes entfallende Grundsteuer, die für die Zeit seit dem Beginn des letzten vor der Übereignung liegenden Kalenderjahres zu entrichten ist. Das gilt nicht für Erwerbe aus einer Insolvenzmasse und für Erwerbe im Vollstreckungsverfahren.

§ 12
Dingliche Haftung

Die Grundsteuer ruht auf dem Steuergegenstand als öffentliche Last.

ZWEITER TEIL
Bewertungsverfahren

§ 13
Feststellung von Grundsteuerwerten

(1) Grundsteuerwerte werden für die jeweilige Art des Grundbesitzes im Landesgebiet gesondert festgestellt (§ 180 Absatz 1 Satz 1 Nummer 1 AO).

(2) In dem Feststellungsbescheid (§ 179 AO) sind für land- und forstwirtschaftliches Vermögen nach § 3 Nummer 1 auch Feststellungen zu treffen über:
1. die Vermögensart sowie
2. die Zurechnung der wirtschaftlichen Einheit und bei mehreren Beteiligten über die Höhe ihrer Anteile.

(3) In dem Feststellungsbescheid (§ 179 AO) sind für Grundvermögen nach § 3 Nummer 2 Feststellungen für die Zurechnung der wirtschaftlichen Einheit und bei mehreren Beteiligten über die Höhe ihrer Anteile zu treffen.

(4) Die Feststellungen nach den vorherigen Absätzen erfolgen nur, soweit sie für die Besteuerung von Bedeutung sind.

§ 14
Ermittlung der Grundsteuerwerte

Die Grundsteuerwerte werden nach den Vorschriften des dritten Teils ermittelt. Bei der Ermittlung der Grundsteuerwerte ist § 163 AO nicht anzuwenden; hiervon unberührt bleiben Übergangsregelungen, die die oberste Finanzbehörde trifft.

§ 15
Hauptfeststellung

(1) Die Grundsteuerwerte werden in Zeitabständen von je sieben Jahren allgemein festgestellt (Hauptfeststellung).

(2) Der Hauptfeststellung werden die Verhältnisse zu Beginn des Kalenderjahres (Hauptfeststellungszeitpunkt) zugrunde gelegt.

(3) Die erste Hauptfeststellung für die Grundsteuerwerte wird auf den 1. Januar 2022 für die Hauptveranlagung auf den 1. Januar 2025 durchgeführt.

§ 16
Fortschreibungen

(1) Der Grundsteuerwert wird neu festgestellt (Wertfortschreibung), wenn der in Euro ermittelte und auf volle hundert Euro abgerundete Wert, der sich für den Beginn eines Kalenderjahres ergibt, von dem entsprechenden Wert des letzten Feststellungszeitpunkts nach oben oder unten um mehr als 15 000 Euro abweicht.

(2) Über die Zurechnung der wirtschaftlichen Einheit gemäß § 13 Absatz 2 Nummer 2 und Absatz 3 wird eine neue Feststellung getroffen (Zurechnungsfortschreibung), wenn sie von der zuletzt getroffenen Feststellung abweicht und dies für die Besteuerung von Bedeutung ist. Wechsel in der Vermögensart einer wirtschaftlichen Einheit führen zu einer Aufhebung und einer Nachfeststellung.

(3) Eine Fortschreibung nach den Absätzen 1 oder 2 findet auch zur Beseitigung eines Fehlers der letzten Feststellung statt. § 176 AO ist entsprechend anzuwenden. Satz 2 gilt nur für die Feststellungszeitpunkte, die vor der Verkündung der maßgeblichen Entscheidung eines der in § 176 der AO genannten Gerichte liegen.

(4) Eine Fortschreibung ist vorzunehmen, wenn dem Finanzamt bekannt wird, dass die Voraussetzungen für sie vorliegen. Der Fortschreibung werden vorbehaltlich des § 21 die Verhältnisse im Fortschreibungszeitpunkt zugrunde gelegt. Fortschreibungszeitpunkt ist:

1. bei einer Änderung der tatsächlichen Verhältnisse der Beginn des Kalenderjahres, das auf die Änderung folgt, und
2. in den Fällen des Absatzes 3 der Beginn des Kalenderjahres, in dem der Fehler dem Finanzamt bekannt wird, bei einer Erhöhung des Grundsteuerwerts jedoch frühestens der Beginn des Kalenderjahres, in dem der Feststellungsbescheid erteilt wird.

§ 17
Nachfeststellung

(1) Für wirtschaftliche Einheiten, für die ein Grundsteuerwert festzustellen ist, wird der Grundsteuerwert nachträglich festgestellt (Nachfeststellung), wenn nach dem Hauptfeststellungszeitpunkt:
1. die wirtschaftliche Einheit neu entsteht oder
2. eine bereits bestehende wirtschaftliche Einheit erstmals zur Grundsteuer herangezogen werden soll.

(2) Der Nachfeststellung werden vorbehaltlich des § 21 die Verhältnisse im Nachfeststellungszeitpunkt zugrunde gelegt. Nachfeststellungszeitpunkt ist:
1. in den Fällen des Absatzes 1 Nummer 1 der Beginn des Kalenderjahres, das auf die Entstehung der wirtschaftlichen Einheit folgt, und
2. in den Fällen des Absatzes 1 Nummer 2 der Beginn des Kalenderjahres, in dem der Grundsteuerwert erstmals der Besteuerung zugrunde gelegt wird.

§ 18
Aufhebung des Grundsteuerwerts

(1) Der Grundsteuerwert wird aufgehoben, wenn dem Finanzamt bekannt wird, dass
1. die wirtschaftliche Einheit wegfällt oder
2. der Grundsteuerwert der wirtschaftlichen Einheit infolge von Befreiungsgründen der Besteuerung nicht mehr zugrunde gelegt wird.

(2) Aufhebungszeitpunkt ist:
1. in den Fällen des Absatzes 1 Nummer 1 der Beginn des Kalenderjahres, das auf den Wegfall der wirtschaftlichen Einheit folgt, und
2. in den Fällen des Absatzes 1 Nummer 2 der Beginn des Kalenderjahres, in dem der Grundsteuerwert erstmals der Besteuerung nicht mehr zugrunde gelegt wird.

§ 19
Änderung von Feststellungsbescheiden

Bescheide über die Feststellung von Grundsteuerwerten können schon vor dem maßgeblichen Feststellungszeitpunkt erteilt werden. Sie sind zu ändern oder aufzuheben, wenn sich bis zu diesem Zeitpunkt Änderungen ergeben, die zu einer abweichenden Feststellung führen.

§ 20
Nachholung einer Feststellung

(1) Ist die Feststellungsfrist gemäß § 181 AO abgelaufen, kann eine Fortschreibung oder Nachfeststellung unter Zugrundelegung der Verhältnisse vom Fortschreibungs- oder Nachfeststellungszeitpunkt mit Wirkung für einen späteren Feststellungszeitpunkt vorgenommen werden, für den diese Frist noch nicht abgelaufen ist. § 181 Absatz 5 der AO bleibt hiervon unberührt.

(2) Absatz 1 ist bei der Aufhebung des Grundsteuerwerts entsprechend anzuwenden.

§ 21
Wertverhältnisse bei einer Fortschreibung und Nachfeststellung

Bei einer Fortschreibung und bei einer Nachfeststellung der Grundsteuerwerte sind die Wertverhältnisse im Hauptfeststellungszeitpunkt zugrunde zu legen.

§ 22
Erklärungs- und Anzeigepflicht

(1) Die Steuerpflichtigen haben Erklärungen zur Feststellung der Grundsteuerwerte für den Hauptfeststellungszeitpunkt oder einen anderen Feststellungszeitpunkt abzugeben, wenn sie hierzu durch die Finanzbehörde gemäß § 149 Absatz 1 Satz 2 AO aufgefordert werden. Fordert die Finanzbehörde zur Abgabe einer Erklärung auf, hat sie eine Frist zur Abgabe der Erklärung zu bestimmen, die mindestens einen Monat betragen soll. Die Aufforderung zur Abgabe einer Erklärung kann von der obersten Finanzbehörde durch öffentliche Bekanntmachung erfolgen.

(2) Eine Änderung der tatsächlichen Verhältnisse, die sich auf die Höhe des Grundsteuerwertes oder die Vermögensart auswirken oder zu einer erstmaligen Feststellung führen kann, ist auf den Beginn des folgenden Kalenderjahres anzuzeigen. Die Frist für die Abgabe dieser Anzeige beträgt einen Monat und beginnt mit Ablauf des Kalenderjahres, in dem sich die tatsächlichen Verhältnisse geändert haben.

(3) Die Erklärung nach Absatz 1 und die Anzeige nach Absatz 2 sind abzugeben

1. von dem Steuerpflichtigen, dem das Grundstück zuzurechnen ist,
2. bei einem Grundstück, das mit einem Erbbaurecht belastet ist, vom Erbbauberechtigten; der Erbbauverpflichtete ist zur Mitwirkung verpflichtet, soweit dies zur Erfüllung der Erklärungspflicht des Erbbauberechtigten erforderlich ist.

(4) Die Erklärung nach Absatz 1 und die Anzeige nach Absatz 2 sind bei dem für die gesonderte Feststellung zuständigen Finanzamt abzugeben.

(5) Die Erklärung nach Absatz 1 und die Anzeige nach Absatz 2 sind Steuererklärungen im Sinne der Abgabenordnung, die eigenhändig zu unterschreiben sind.

(6) Die Erklärung nach Absatz 1 und die Anzeige nach Absatz 2 sind nach amtlich vorgeschriebenem Datensatz durch Datenfernübertragung zu übermitteln. Auf Antrag kann die Finanzbehörde zur Vermeidung unbilliger Härten auf eine Übermittlung durch Datenfernübertragung verzichten. Für die Entscheidung über den Antrag gilt § 150 Absatz 8 AO.

§ 23
Auskünfte, Erhebungen und Mitteilungen

(1) Die nach Bundes- oder Landesrecht zuständigen Behörden haben den Finanzbehörden die rechtlichen und tatsächlichen Umstände mitzuteilen, die ihnen im Rahmen ihrer Aufgabenerfüllung bekannt geworden sind und die für die Feststellung von Grundsteuerwerten oder für die Grundsteuer von Bedeutung sein können.

(2) Die Grundbuchämter haben den für die Feststellung des Grundsteuerwerts zuständigen Finanzbehörden mitzuteilen:

1. die Eintragung eines neuen Eigentümers oder Erbbauberechtigten sowie bei einem anderen als einem rechtsgeschäftlichen Erwerb zusätzlich die Anschrift des neuen Eigentümers oder Erbbauberechtigten; dies gilt nicht für die Fälle des Erwerbs nach den Vorschriften des Zuordnungsrechts,
2. die Eintragung der Begründung von Wohnungseigentum oder Teileigentum,
3. die Eintragung der Begründung eines Erbbaurechts, Wohnungserbbaurechts oder Teilerbbaurechts.

In den Fällen des Satzes 1 Nummern 2 und 3 ist gleichzeitig der Tag des Eingangs des Eintragungsantrags beim Grundbuchamt mitzuteilen. Bei einer Eintragung aufgrund Erbfolge ist das Jahr anzugeben, in dem der Erblasser verstorben ist. Die Mitteilungen sollen der Finanzbehörde über die für die Führung des Liegenschaftskatasters zuständige Behörde oder über eine sonstige Behörde, die das Liegenschaftskataster gemäß § 2 Absatz 2 der Grundbuchordnung führt, zugeleitet werden.

(3) Die nach den Absätzen 1 oder 2 mitteilungspflichtigen Stellen unterrichten die betroffenen Personen vom Inhalt der Mitteilung. Eine Unterrichtung kann unterbleiben, soweit den Finanzbehörden Umstände aus dem Grundbuch, den Grundakten oder aus dem Liegenschaftskataster mitgeteilt werden.

(4) Die nach den Absätzen 1 oder 2 mitteilungspflichtigen Stellen übermitteln die Mitteilungen den Finanzbehörden nach amtlich vorgeschriebenem Datensatz über die amtlich bestimmte Schnittstelle. Die Grundbuchämter und die für die Führung des Liegenschaftskatasters zuständigen Behörden übermitteln die bei ihnen geführten Daten laufend, mindestens alle drei Monate. Die oberste Finanzbehörde legt im Einvernehmen mit den obersten Vermessungs- und Katasterbehörden die Einzelheiten der elektronischen Übermittlung und deren Beginn in einem Schreiben fest. Dieses Schreiben ist im Gemeinsamen Amtsblatt des Landes Baden-Württemberg zu veröffentlichen.

DRITTER TEIL
Bewertungsvorschriften

§ 24
Bewertungsgrundsätze

(1) Bezugsgröße für die Bewertung ist die jeweilige wirtschaftliche Einheit (§ 25) des Grundbesitzes (§ 3).

(2) Der Bewertung des land- und forstwirtschaftlichen Vermögens (§ 3 Nummer 1) ist der Ertragswert gemäß §§ 26 bis 36 zugrunde zu legen.

(3) Der Bewertung des Grundvermögens (§ 3 Nummer 2) ist der Bodenwert gemäß § 38 zugrunde zu legen.

(4) Der Grundsteuerwert wird auf volle hundert Euro nach unten abgerundet.

§ 25
Wirtschaftliche Einheit

(1) Jede wirtschaftliche Einheit ist für sich zu bewerten. Ihr Wert ist im Ganzen festzustellen. Was als wirtschaftliche Einheit zu gelten hat, ist grundsätzlich nach den Anschauungen des Verkehrs zu entscheiden. Die örtliche Gewohnheit, die tatsächliche Übung, die Zweckbestimmung, die tatsächliche, unabhängige Nutzungsmöglichkeit und die wirtschaftliche Zusammengehörigkeit der einzelnen Wirtschaftsgüter sind zu berücksichtigen. Mehrere Wirtschaftsgüter kommen als wirtschaftliche Einheit nur insoweit in Betracht, als sie demselben Eigentümer gehören. Die Zurechnung zu einer wirtschaftlichen Einheit wird beim Grundbesitz im Sinne der §§ 26 bis 38 jedoch nicht dadurch ausgeschlossen, dass die Wirtschaftsgüter zum Teil dem einen, zum Teil dem anderen Ehegatten oder Lebenspartner gehören. In einen Betrieb der Land- und Forstwirtschaft im Sinne der §§ 26 bis 36, der von einer Gesellschaft oder Gemeinschaft des bürgerlichen Rechts betrieben wird, sind auch die Wirtschaftsgüter einzubeziehen, die einem oder mehreren Beteiligten gehören und dem Betrieb zu dienen bestimmt sind. In den Betrieb der Land- und Forstwirtschaft im Sinne der §§ 26 bis 36 sind auch einzubeziehen

1. dem Eigentümer des Grund und Bodens nicht gehörende Gebäude, die auf dem Grund und Boden des Betriebs stehen und der Bewirtschaftung des Betriebs dienen,
2. dem Eigentümer des Grund und Bodens nicht gehörende Betriebsmittel, die der Bewirtschaftung des Betriebs dienen, und
3. ein Anteil des Eigentümers des Betriebs der Land- und Forstwirtschaft an einem Wirtschaftsgut, wenn es mit dem Betrieb zusammen genutzt wird.

(2) Für jedes Wohnungseigentum und Teileigentum nach dem Wohnungseigentumsgesetz ist entsprechend dem Miteigentumsanteil am Grundstück ein Wert nach § 38 zu ermitteln. Der ermittelte Wert ist dem Wohnungs- oder Teileigentümer zuzurechnen.

(3) Bei wirtschaftlichen Einheiten des Grundvermögens, die sich über die Landesgrenze hinaus erstrecken, wird nur der sich innerhalb der Landesgrenzen befindliche Teil bewertet. Für den anderen Teil erfolgt keine gesonderte Feststellung nach § 13. Wenn sich Teile einer wirtschaftlichen Einheit des land- und forstwirtschaftlichen Vermögens im Ausland befinden, gelten die Sätze 1 und 2 entsprechend.

1. ABSCHNITT
Land- und forstwirtschaftliches Vermögen

§ 26
Begriff des land- und forstwirtschaftlichen Vermögens

(1) Die wirtschaftliche Einheit des land- und forstwirtschaftlichen Vermögens ist der Betrieb der Land- und Forstwirtschaft. Wird der Betrieb der Land- und Forstwirtschaft oder werden Teile davon einem anderen Berechtigten zur Erzeugung von Pflanzen und Tieren sowie zur Verwertung der dadurch selbst gewonnenen Erzeugnisse überlassen, so gilt dies als Fortsetzung der land- und forstwirtschaftlichen Tätigkeit des Überlassenden.

(2) Land- und Forstwirtschaft ist die planmäßige Nutzung der natürlichen Kräfte des Bodens zur Erzeugung von Pflanzen und Tieren sowie die Verwertung der dadurch selbst gewonnenen Erzeugnisse. Zum land- und forstwirtschaftlichen Vermögen gehören alle Wirtschaftsgüter, die einem Betrieb der Land- und Forstwirtschaft dauernd zu dienen bestimmt sind.

(3) Zu den Wirtschaftsgütern, die dem Betrieb der Land- und Forstwirtschaft dauernd zu dienen bestimmt sind, gehören insbesondere:
1. der Grund und Boden,
2. die Wirtschaftsgebäude,
3. die stehenden Betriebsmittel,
4. der normale Bestand an umlaufenden Betriebsmitteln,
5. die immateriellen Wirtschaftsgüter.

Als normaler Bestand an umlaufenden Betriebsmitteln gilt ein Bestand, der zur gesicherten Fortführung des Betriebs erforderlich ist.

(4) Nicht zum land- und forstwirtschaftlichen Vermögen gehören:
1. Grund und Boden sowie Gebäude und Gebäudeteile, die Wohnzwecken oder anderen nicht land- und forstwirtschaftlichen Zwecken dienen,
2. Tierbestände oder Zweige des Tierbestands und die hiermit zusammenhängenden Wirtschaftsgüter (zum Beispiel Gebäude und abgrenzbare Gebäudeteile mit den dazugehörenden Flächen, stehende und umlaufende Betriebsmittel), wenn die Tiere weder nach § 35 zur landwirtschaftlichen Nutzung

noch nach § 36 Absatz 2 zu den sonstigen land- und forstwirtschaftlichen Nutzungen gehören; die Zugehörigkeit der landwirtschaftlich genutzten Flächen zum land- und forstwirtschaftlichen Vermögen wird hierdurch nicht berührt,
3. Zahlungsmittel, Geldforderungen, Geschäftsguthaben, Wertpapiere und Beteiligungen sowie
4. Geldschulden und Pensionsverpflichtungen.

§ 27
Abgrenzung des land- und forstwirtschaftlichen Vermögens vom Grundvermögen in Sonderfällen

(1) Dienen im Umgriff einer Windenergieanlage Flächen einem Betrieb der Land- und Forstwirtschaft, sind abweichend von § 26 Absatz 4 Nummer 1 die Standortflächen der Windenergieanlage und der dazugehörenden Betriebsvorrichtungen (abgegrenzte Standortfläche der Windenergieanlage) dem land- und forstwirtschaftlichen Vermögen zuzurechnen.

(2) Land- und forstwirtschaftlich genutzte Flächen sind dem Grundvermögen zuzurechnen, wenn nach ihrer Lage, den am Feststellungszeitpunkt bestehenden Verwertungsmöglichkeiten oder den sonstigen Umständen anzunehmen ist, dass sie innerhalb eines Zeitraums von sieben Jahren anderen als land- und forstwirtschaftlichen Zwecken, insbesondere als Bau-, Gewerbe- oder Industrieland oder als Land für Verkehrszwecke, dienen werden.

(3) Flächen sind stets dem Grundvermögen zuzurechnen, wenn sie in einem Bebauungsplan als Bauland festgesetzt sind, ihre sofortige Bebauung möglich ist und die Bebauung innerhalb des Plangebiets in benachbarten Bereichen begonnen hat oder schon durchgeführt ist. Satz 1 gilt nicht für die Hofstelle.

§ 28
Betrieb der Land- und Forstwirtschaft

(1) Ein Betrieb der Land- und Forstwirtschaft umfasst:
1. die land- und forstwirtschaftlichen Nutzungen:
   a) die landwirtschaftliche Nutzung,
   b) die forstwirtschaftliche Nutzung,
   c) die weinbauliche Nutzung,
   d) die gärtnerische Nutzung,
       aa) Nutzungsteil Gemüsebau,
       bb) Nutzungsteil Blumen- und Zierpflanzenbau,
       cc) Nutzungsteil Obstbau,
       dd) Nutzungsteil Baumschulen,
   e) die übrigen land- und forstwirtschaftlichen Nutzungen,
2. die Nutzungsarten:
   a) Abbauland,
   b) Geringstland,
   c) Unland,
   d) Hofstelle,
3. die Nebenbetriebe.

(2) Die land- und forstwirtschaftlichen Betriebsflächen sind einer Nutzung, innerhalb der gärtnerischen Nutzung einem Nutzungsteil oder einer Nutzungsart zuzuordnen (gesetzliche Klassifizierung).

(3) Zum Abbauland gehören die Betriebsflächen, die durch Abbau der Bodensubstanz überwiegend für den Betrieb der Land- und Forstwirtschaft nutzbar gemacht werden, zum Beispiel Steinbrüche, Torfstiche, Sand-, Kies- und Lehmgruben.

(4) Zum Geringstland gehören die Betriebsflächen geringster Ertragsfähigkeit, für die nach dem Bodenschätzungsgesetz keine Wertzahlen festzustellen sind.

(5) Zum Unland gehören die Betriebsflächen, die auch bei geordneter Wirtschaftsweise keinen Ertrag abwerfen können.

(6) Zur Hofstelle gehören alle Hof- und Wirtschaftsgebäudeflächen einschließlich der Nebenflächen, wenn von dort land- und forstwirtschaftliche Flächen nachhaltig bewirtschaftet werden.

(7) Als Nebenbetrieb gilt ein Betrieb, der dem Hauptbetrieb zu dienen bestimmt ist und nicht einen selbständigen gewerblichen Betrieb darstellt.

§ 29
Bewertungsstichtag

(1) Für die Größe des Betriebs sowie für den Umfang und den Zustand der Gebäude sind die Verhältnisse im Feststellungszeitpunkt maßgebend.
(2) Für die stehenden und umlaufenden Betriebsmittel ist der Stand am Ende des Wirtschaftsjahres maßgebend, das dem Feststellungszeitpunkt vorangegangen ist.

§ 30
Ermittlung des Ertragswerts

(1) Bei der Ermittlung des Ertragswerts (§ 24 Absatz 2) eines Betriebs der Land- und Forstwirtschaft ist von der Ertragsfähigkeit auszugehen. Ertragsfähigkeit ist der bei ordnungsmäßiger Bewirtschaftung gemeinhin und nachhaltig erzielbare Reinertrag eines pacht- und schuldenfreien Betriebs mit entlohnten fremden Arbeitskräften (Reinertrag). Er ermittelt sich aus dem Betriebseinkommen abzüglich des Lohnaufwands für die entlohnten Arbeitskräfte und des angemessenen Anteils für die Arbeitsleistung des Betriebsleiters sowie der nicht entlohnten Arbeitskräfte. Hierbei sind alle Umstände zu berücksichtigen, die bei einer Selbstbewirtschaftung des Betriebs den Wirtschaftserfolg beeinflussen.
(2) Der Reinertrag wird aus den Erhebungen nach § 2 des Landwirtschaftsgesetzes oder aus Erhebungen der Finanzverwaltung für jede gesetzliche Klassifizierung gesondert ermittelt. Bei der Ermittlung des jeweiligen Reinertrags ist zur Berücksichtigung der nachhaltigen Ertragsfähigkeit ein Durchschnitt aus den letzten zehn vorliegenden Wirtschaftsjahren zu bilden, die vor dem Hauptfeststellungszeitpunkt geendet haben.
(3) Der Ertragswert ist das 18,6-fache der Summe der Reinerträge des Betriebs.

§ 31
Bewertung des Betriebs der Land- und Forstwirtschaft

(1) Bei der Ermittlung des Ertragswerts für einen Betrieb der Land- und Forstwirtschaft sind die land- und forstwirtschaftlichen Nutzungen, Nutzungsarten und die Nebenbetriebe (§ 28 Absatz 1) mit ihrem jeweiligen Reinertrag nach den Absätzen 2 bis 8 zu bewerten. Mit dem Ansatz des jeweiligen Reinertrags sind auch dem Eigentümer des Grund und Bodens nicht gehörende stehende und umlaufende Betriebsmittel, die der Bewirtschaftung des Betriebs dienen, abgegolten.
(2) Der Reinertrag der landwirtschaftlichen Nutzung ermittelt sich aus der Summe der Flächenwerte. Der jeweilige Flächenwert ist das Produkt aus der Größe der gesetzlich klassifizierten Eigentumsfläche des Betriebs und den Bewertungsfaktoren der Anlage 1. Die Bewertungsfaktoren Grundbetrag und Ertragsmesszahl nach § 9 des Gesetzes zur Schätzung des landwirtschaftlichen Kulturbodens (Bodenschätzungsgesetz) sind für jede Eigentumsfläche gesondert zu ermitteln.
(3) Der Reinertrag der forstwirtschaftlichen Nutzung ermittelt sich aus der Summe der Flächenwerte. Der jeweilige Flächenwert ist das Produkt aus der Größe der gesetzlich klassifizierten Eigentumsfläche des Betriebs und dem jeweiligen gegendüblichen Bewertungsfaktor gemäß Anlage 2. Die gegendüblichen Bewertungsfaktoren bestimmen sich nach den forstwirtschaftlichen Wuchsgebieten und deren Baumartenanteilen nach der zuletzt vor dem Hauptfeststellungszeitpunkt durchgeführten Bundeswaldinventur (§ 41a des Bundeswaldgesetzes). Abweichend hiervon werden klassifizierte Eigentumsflächen mit katastermäßig nachgewiesenen Bewirtschaftungsbeschränkungen als Geringstland bewertet, wenn infolge der Bewirtschaftungsbeschränkungen eine nachhaltige forstwirtschaftliche Nutzung unterbleibt.
(4) Der Reinertrag der weinbaulichen Nutzung ermittelt sich aus der Summe der Flächenwerte. Der jeweilige Flächenwert ist das Produkt aus der Größe der gesetzlich klassifizierten Eigentumsfläche des Betriebs und dem Bewertungsfaktor für die Verwertungsform Traubenerzeugung gemäß Anlage 3.
(5) Der Reinertrag der gärtnerischen Nutzung ist gegliedert nach den Nutzungsteilen zu ermitteln. Der Reinertrag eines Nutzungsteils ermittelt sich aus der Summe der Flächenwerte. Der jeweilige Flächenwert ist das Produkt aus der gesetzlich klassifizierten Eigentumsfläche des Betriebs und dem jeweiligen Bewertungsfaktor gemäß Anlage 4. Abweichend hiervon wird der Nutzungsteil Gemüsebau wie eine landwirtschaftliche Nutzung bewertet, wenn im Wechsel landwirtschaftliche und gärtnerische Erzeugnisse gewonnen werden und keine Bewässerungsmöglichkeiten bestehen.
(6) Der Reinertrag für die übrigen land- und forstwirtschaftlichen Nutzungen ist für jede Nutzung nach § 36 gesondert zu ermitteln. Der Reinertrag einer übrigen land- und forstwirtschaftlichen Nutzung ermittelt sich aus der Summe der Flächenwerte. Der jeweilige Flächenwert ist das Produkt aus der Größe der gesetzlich klassifizierten Eigentumsfläche des Betriebs und dem jeweiligen Bewertungsfaktor einschließlich des Zuschlags gemäß Anlage 5. Für die sonstigen land- und forstwirtschaftlichen Nutzungen, für die kein Bewertungsfaktor festgelegt wurde, ist der Reinertrag der jeweiligen Nutzung durch Multi-

plikation der Bruttogrundflächen der nachhaltig genutzten Wirtschaftsgebäude mit dem Zwölffachen des Werts gemäß Anlage 5 und für den dazu gehörenden Grund und Boden nach Absatz 8 zu ermitteln; dies gilt unabhängig von einer gesetzlichen Klassifizierung als Hofstelle.

(7) Der Reinertrag für die Nutzungsarten Abbauland, Geringstland und Unland ermittelt sich aus der Summe der Flächenwerte der jeweiligen Nutzungsart. Der jeweilige Flächenwert ist das Produkt aus der Größe der gesetzlich klassifizierten Eigentumsfläche des Betriebs und dem jeweiligen Bewertungsfaktor gemäß Anlage 5.

(8) Der Reinertrag für die Hofflächen und die Nebenbetriebe ermittelt sich aus der Summe der Flächenwerte. Der Flächenwert ist das Produkt aus der jeweils als Hofstelle gesetzlich klassifizierten Eigentumsfläche des Betriebs und dem dreifachen Bewertungsfaktor gemäß Anlage 6.

§ 32
Zuschläge zum Reinertrag

(1) Ein Zuschlag zum Reinertrag einer Nutzung oder Nutzungsart ist vorzunehmen,
1. bei der landwirtschaftlichen Nutzung gemäß Anlage 1, wenn der tatsächliche Tierbestand am maßgeblichen Bewertungsstichtag (§ 29) die in Anlage 1 genannte Grenze nachhaltig überschreitet,
2. bei der gärtnerischen Nutzung gemäß Anlage 4, wenn in einem Nutzungsteil Flächen unter Glas und Kunststoffen dem Betrieb zu dienen bestimmt sind; zu den Flächen unter Glas und Kunststoffen gehören insbesondere mit Gewächshäusern, begehbaren Folientunneln, Foliengewächshäusern und anderen Kulturräumen überbaute Bruttogrundflächen; unerheblich ist, ob die Flächen unter Glas und Kunststoffen neben der Erzeugung auch zur Lagerung oder zum Vertrieb der Erzeugnisse zu dienen bestimmt sind,
3. bei der Nutzungsart Hofstelle gemäß Anlage 6 für die weinbauliche Nutzung und für Nebenbetriebe; der Zuschlag ermittelt sich durch Multiplikation der Bruttogrundflächen der nachhaltig genutzten Wirtschaftsgebäude mit dem Zwölffachen des jeweiligen Bewertungsfaktors; unerheblich ist, ob die Wirtschaftsgebäude neben der Erzeugung auch zur Lagerung oder zum Vertrieb der Erzeugnisse zu dienen bestimmt sind.

(2) Der Reinertrag einer Nutzung oder Nutzungsart ist um einen Zuschlag zu erhöhen, wenn die Eigentumsflächen des Betriebs zugleich der Stromerzeugung aus Windenergie dienen. Der Zuschlag ermittelt sich aus dem Produkt der abgegrenzten Standortfläche der Windenergieanlage und dem Bewertungsfaktor gemäß Anlage 7.

§ 33
Grundsteuerwert des Betriebs der Land- und Forstwirtschaft

(1) Die Summe der Reinerträge des Betriebs einschließlich der Zuschläge (§§ 31 und 32) ist zur Ermittlung des Ertragswerts mit dem Faktor 18,6 zu kapitalisieren und ergibt den Grundsteuerwert des Betriebs der Land- und Forstwirtschaft.

(2) Die Summe der Reinerträge einschließlich der Zuschläge (§§ 31 und 32) eines Betriebs der Land- und Forstwirtschaft ist für jede Gemeinde gesondert zu ermitteln, wenn sich die wirtschaftliche Einheit über mehrere Gemeinden erstreckt. Der auf eine Gemeinde entfallende Anteil am Grundsteuerwert berechnet sich aus der jeweils für eine Gemeinde gesondert ermittelten Summe der Reinerträge im Verhältnis zur Gesamtsumme der Reinerträge des Betriebs der Land- und Forstwirtschaft.

§ 34
Kleingartenland und Dauerkleingartenland

(1) Als Betrieb der Land- und Forstwirtschaft gelten auch Kleingartenland und Dauerkleingartenland im Sinne des Bundeskleingartengesetzes.

(2) Bei der Ermittlung des Ertragswerts für Kleingartenland- und Dauerkleingartenland ist abweichend von § 31 der Reinertrag für den Nutzungsteil Gemüsebau anzusetzen. Der Reinertrag ergibt sich aus der Summe der Produkte der jeweils gesetzlich klassifizierten Eigentumsfläche und dem Reinertrag für das Freiland gemäß Anlage 4.

(3) Gartenlauben von mehr als 30 Quadratmetern Brutto-Grundfläche gelten als Wirtschaftsgebäude. § 31 Absatz 8 findet entsprechende Anwendung.

(4) Die Summe der Reinerträge nach den Absätzen 2 und 3 ist zur Ermittlung des Ertragswerts mit dem Faktor 18,6 zu kapitalisieren und ergibt den Grundsteuerwert des Betriebs der Land- und Forstwirtschaft.

§ 35
Tierbestände

(1) Tierbestände gehören in vollem Umfang zur landwirtschaftlichen Nutzung, wenn im Wirtschaftsjahr

1. für die ersten 20 Hektar nicht mehr als 10 Vieheinheiten (VE),
2. für die nächsten 10 Hektar nicht mehr als 7 VE,
3. für die nächsten 20 Hektar nicht mehr als 6 VE,
4. für die nächsten 50 Hektar nicht mehr als 3 VE,
5. und für die weitere Fläche nicht mehr als 1,5 VE

je Hektar der vom Inhaber des Betriebs selbst bewirtschafteten Flächen der landwirtschaftlichen Nutzung erzeugt oder gehalten werden. Zu den selbst bewirtschafteten Flächen gehören die Eigentumsflächen und die zur Nutzung überlassenen Flächen. Die Tierbestände sind nach dem Futterbedarf in Vieheinheiten umzurechnen.

(2) Übersteigt die Anzahl der Vieheinheiten nachhaltig die in Absatz 1 bezeichnete Grenze, so gehören nur die Zweige des Tierbestands zur landwirtschaftlichen Nutzung, deren Vieheinheiten zusammen diese Grenze nicht überschreiten. Zunächst sind mehr flächenabhängige Zweige des Tierbestands und danach weniger flächenabhängige Zweige des Tierbestands zur landwirtschaftlichen Nutzung zu rechnen. Innerhalb jeder dieser Gruppen sind zuerst Zweige des Tierbestands mit der geringeren Anzahl von Vieheinheiten und dann Zweige mit der größeren Anzahl von Vieheinheiten zur landwirtschaftlichen Nutzung zu rechnen. Der Tierbestand des einzelnen Zweiges wird nicht aufgeteilt.

(3) Als Zweig des Tierbestands gilt bei jeder Tierart für sich:
1. das Zugvieh,
2. das Zuchtvieh,
3. das Mastvieh,
4. das übrige Nutzvieh.

Das Zuchtvieh einer Tierart gilt nur dann als besonderer Zweig des Tierbestands, wenn die erzeugten Jungtiere überwiegend zum Verkauf bestimmt sind. Ist das nicht der Fall, so ist das Zuchtvieh dem Zweig des Tierbestands zuzurechnen, dem es überwiegend dient.

(4) Die Absätze 1 bis 3 gelten nicht für Pelztiere. Pelztiere gehören nur dann zur landwirtschaftlichen Nutzung, wenn die erforderlichen Futtermittel überwiegend von den vom Inhaber des Betriebs landwirtschaftlich genutzten Flächen gewonnen werden.

(5) Der Umrechnungsschlüssel für Tierbestände in Vieheinheiten sowie die Gruppen der mehr oder weniger flächenabhängigen Zweige des Tierbestands sind den Anlagen 8 und 9 zu entnehmen.

§ 36
Übrige land- und forstwirtschaftliche Nutzungen

(1) Zu den übrigen land- und forstwirtschaftlichen Nutzungen gehören:
1. Hopfen, Spargel und andere Sonderkulturen,
2. die sonstigen land- und forstwirtschaftlichen Nutzungen.

(2) Zu den sonstigen land- und forstwirtschaftlichen Nutzungen gehören insbesondere:
1. die Binnenfischerei,
2. die Teichwirtschaft,
3. die Fischzucht für Binnenfischerei und Teichwirtschaft,
4. die Imkerei,
5. die Wanderschäferei,
6. die Saatzucht,
7. der Pilzanbau,
8. die Produktion von Nützlingen,
9. die Weihnachtsbaumkulturen,
10. die Kurzumtriebsplantagen.

2. ABSCHNITT
Grundvermögen

§ 37
Grundstück

(1) Wirtschaftliche Einheit des Grundvermögens ist das Grundstück im Sinne dieses Abschnitts. Hierzu gehört der ganze oder anteilige Grund und Boden, soweit es sich hierbei nicht um land- und forstwirtschaftliches Vermögen handelt. Bodenschätze sind nicht einzubeziehen.

(2) Ein Anteil des Eigentümers eines Grundstücks an anderem Grundvermögen ist in die wirtschaftliche Einheit Grundstück einzubeziehen, wenn der Anteil zusammen mit dem Grundstück genutzt wird. Das gilt nicht, wenn das gemeinschaftliche Grundvermögen nach den Anschauungen des Verkehrs als selbständige wirtschaftliche Einheit anzusehen ist.

§ 38
Bewertung von Grundstücken

(1) Der Grundsteuerwert der Grundstücke ermittelt sich durch Multiplikation ihrer Fläche des Grund und Bodens mit dem jeweiligen Bodenrichtwert gemäß § 196 des Baugesetzbuchs (BauGB). Maßgebend ist der Bodenrichtwert des Richtwertgrundstücks in der Bodenrichtwertzone, in der sich das zu bewertende Grundstück befindet.

(2) Die Bodenrichtwerte sind von den Gutachterausschüssen im Sinne des ersten Teils des dritten Kapitels des Baugesetzbuches (§§ 192 ff. BauGB) auf den Hauptfeststellungszeitpunkt zu ermitteln, zu veröffentlichen und nach amtlich vorgeschriebenem Datensatz durch Datenfernübertragung an die zuständigen Finanzbehörden bis spätestens zum 30. Juni des Jahres in dem die Hauptfeststellung stattfindet zu übermitteln. Die nach Satz 1 an die Finanzbehörden zu übermittelnden Daten können auch an eine nach Satz 3 zu bestimmende Stelle zur Weiterleitung an die Finanzbehörden übermittelt werden. Das Ministerium für Finanzen wird ermächtigt, im Einvernehmen mit der zuständigen obersten Landesbehörde diese Stelle zu bestimmen, zu beauftragen und soweit erforderlich zu beleihen.

(3) Wird von den Gutachterausschüssen im Sinne des ersten Teils des dritten Kapitels des Baugesetzbuches (§§ 192 ff. BauGB) kein Bodenrichtwert ermittelt, ist der Wert des Grundstücks aus den Werten vergleichbarer Flächen abzuleiten.

(4) Ein anderer Wert des Grundstücks kann auf Antrag angesetzt werden, wenn der durch ein qualifiziertes Gutachten nachgewiesene tatsächliche Wert des Grund und Bodens zum Zeitpunkt der Hauptfeststellung mehr als 30 Prozent von dem Wert nach Absatz 1 oder 3 abweicht. Qualifiziert ist ein Gutachten, wenn dieses durch den zuständigen Gutachterausschuss im Sinne der §§ 192 ff. des Baugesetzbuchs oder von Personen, die von einer staatlichen, staatlich anerkannten oder nach DIN EN ISO/IEC 17024 akkreditierten Stelle als Sachverständige oder Gutachter für die Wertermittlung von Grund und Boden bestellt oder zertifiziert worden sind, erstellt worden ist.

VIERTER TEIL
Bemessung der Grundsteuer

§ 39
Steuermesszahl und Steuermessbetrag

Bemessungsgrundlage der Grundsteuer ist der Steuermessbetrag. Dieser ist durch Anwendung eines Promillesatzes (Steuermesszahl) auf den Grundsteuerwert oder seinen steuerpflichtigen Teil zu ermitteln, der im Veranlagungszeitpunkt (§ 41 Absatz 1, § 42 Absatz 3 und § 43 Absatz 3) für den Steuergegenstand maßgebend ist.

§ 40
Steuermesszahlen

(1) Für Betriebe der Land- und Forstwirtschaft beträgt die Steuermesszahl 0,55 Promille.

(2) Für Grundstücke beträgt die Steuermesszahl 1,30 Promille.

(3) Die Steuermesszahl nach Absatz 2 wird um 30 Prozent ermäßigt, wenn das Grundstück überwiegend zu Wohnzwecken dient. Überwiegend dient ein Grundstück zu Wohnzwecken, wenn der Anteil der Wohnnutzung an der gesamten Wohn- und Nutzfläche den Anteil der wohnfremden Nutzung übersteigt.

(4) Die Steuermesszahl nach Absatz 2 wird um 25 Prozent ermäßigt, wenn

1. für das Grundstück eine Förderung nach dem Landeswohnraumförderungsgesetz (LWoFG) zugesagt wurde und

2. die sich aus der Förderzusage im Sinne des LWoFG ergebenden Bindungen für jeden Erhebungszeitraum innerhalb des Hauptveranlagungszeitraums bestehen, oder
3. für das Grundstück nach § 13 Absatz 3 des Wohnraumförderungsgesetzes (WoFG) vom 13. September 2001 (BGBl. I S. 2376), das zuletzt durch Artikel 42 des Gesetzes vom 20. November 2019 (BGBl. I S. 1626, 1652) geändert worden ist, oder nach Maßgabe des Ersten Wohnungsbaugesetzes (Wohnungsbau- und Familienheimgesetz – WoBauG) vom 26. April 1950 (BGBl. I S. 83) oder des Zweiten Wohnungsbaugesetzes (Wohnungsbau- und Familienheimgesetz – II. WoBauG) vom 27. Juni 1956 (BGBl. I S. 523), zuletzt geändert am 19. August 1994 (BGBl. I S. 2137), eine Förderzusage erteilt wurde und
4. die sich aus der Förderzusage im Sinne des WoFG, des WoBauG oder des II. WoBauG ergebenden Bindungen für jeden Erhebungszeitraum innerhalb des Hauptveranlagungszeitraums bestehen.

Wird ein abgrenzbarer Teil des Grundstücks zu diesem Zwecke genutzt, so ist nur dieser Teil des Steuergegenstandes begünstigt.

(5) Liegen für ein Grundstück die Voraussetzungen des Absatzes 4 nicht vor, wird die Steuermesszahl nach Absatz 2 um 25 Prozent ermäßigt, wenn das jeweilige Grundstück

1. einer Wohnungsbaugesellschaft zugerechnet wird, deren Anteile mehrheitlich von einer oder mehreren Gebietskörperschaften gehalten werden und zwischen der Wohnungsbaugesellschaft und der Gebietskörperschaft oder den Gebietskörperschaften ein Gewinnabführungsvertrag besteht,
2. einer Wohnungsbaugesellschaft zugerechnet wird, die als gemeinnützig im Sinne des § 52 der AO anerkannt ist, oder
3. einer Genossenschaft oder einem Verein zugerechnet wird, der seine Geschäftstätigkeit auf die in § 5 Absatz 1 Nummer 10 Satz 1 Buchstabe a und b des Körperschaftsteuergesetzes genannten Bereiche beschränkt und von der Körperschaftsteuer befreit ist.

Wird ein abgrenzbarer Teil des Grundstücks zu diesem Zwecke genutzt, so ist nur dieser Teil des Grundstücks begünstigt.

Der Abschlag auf die Steuermesszahl nach Satz 1 wird auf Antrag für jeden Erhebungszeitraum innerhalb des Hauptveranlagungszeitraums gewährt, wenn nachgewiesen wird, dass die jeweiligen Voraussetzungen am Hauptveranlagungsstichtag vorlagen. Entfallen die Voraussetzungen des Satzes 1 während des Hauptveranlagungszeitraums, ist dies anzuzeigen.

(6) Die Steuermesszahl nach Absatz 2 wird um 10 Prozent ermäßigt, wenn sich auf dem Grundstück Gebäude befinden, die Kulturdenkmale im Sinne des Gesetzes zum Schutz der Kulturdenkmale (Denkmalschutzgesetz) sind. Wird ein abgrenzbarer Teil des Grundstücks zu diesem Zwecke genutzt, so ist nur dieser Teil des Steuergegenstandes begünstigt.

(7) Erfüllt ein Grundstück mehrere Vergünstigungstatbestände im Sinne der Absätze 3 bis 6, ergibt sich die Ermäßigung der Steuermesszahl nach Absatz 2 aus der Summe der zu berücksichtigenden Prozentsätze.

§ 41
Hauptveranlagung

(1) Die Steuermessbeträge werden auf den Hauptfeststellungszeitpunkt (§ 15) allgemein festgesetzt (Hauptveranlagung). Dieser Zeitpunkt ist der Hauptveranlagungszeitpunkt.

(2) Der bei der Hauptveranlagung festgesetzte Steuermessbetrag gilt vorbehaltlich der §§ 42 und 45 von dem Kalenderjahr an, das zwei Jahre nach dem Hauptveranlagungszeitpunkt beginnt. Dieser Steuermessbetrag bleibt unbeschadet der §§ 42 und 45 bis zu dem Zeitpunkt maßgebend, von dem an die Steuermessbeträge der nächsten Hauptveranlagung wirksam werden. Der sich nach den Sätzen 1 und 2 ergebende Geltungszeitraum ist der Hauptveranlagungszeitraum.

(3) Ist die Festsetzungsfrist nach § 169 AO bereits abgelaufen, so kann die Hauptveranlagung unter Zugrundelegung der Verhältnisse im Hauptveranlagungszeitpunkt mit Wirkung für einen späteren Veranlagungszeitpunkt vorgenommen werden, für den diese Frist noch nicht abgelaufen ist.

§ 42
Neuveranlagung

(1) Wird eine Wertfortschreibung (§ 16 Absatz 1) oder eine Zurechnungsfortschreibung (§ 16 Absatz 2) durchgeführt, so wird der Steuermessbetrag auf den Fortschreibungszeitpunkt neu festgesetzt (Neuveranlagung).

(2) Der Steuermessbetrag wird auch dann neu festgesetzt, wenn dem Finanzamt bekannt wird, dass

1. Gründe, die im Feststellungsverfahren über den Grundsteuerwert nicht zu berücksichtigen sind, zu einem anderen als dem für den letzten Veranlagungszeitpunkt festgesetzten Steuermessbetrag führen oder

2. die letzte Veranlagung fehlerhaft ist; § 176 der AO ist hierbei entsprechend anzuwenden; das gilt jedoch nur für Veranlagungszeitpunkte, die vor der Verkündung der maßgeblichen Entscheidung eines obersten Gerichts des Bundes liegen.

(3) Der Neuveranlagung werden die Verhältnisse im Neuveranlagungszeitpunkt zugrunde gelegt. Neuveranlagungszeitpunkt ist

1. in den Fällen des Absatzes 1 der Beginn des Kalenderjahres, auf den die Fortschreibung durchgeführt wird;
2. in den Fällen des Absatzes 2 Nummer 1 der Beginn des Kalenderjahres, auf den sich erstmals ein abweichender Steuermessbetrag ergibt. § 41 Absatz 3 ist entsprechend anzuwenden;
3. in den Fällen des Absatzes 2 Nummer 2 der Beginn des Kalenderjahres, in dem der Fehler dem Finanzamt bekannt wird, bei einer Erhöhung des Steuermessbetrags jedoch frühestens der Beginn des Kalenderjahres, in dem der Steuermessbescheid erteilt wird.

(4) Treten die Voraussetzungen für eine Neuveranlagung zwischen dem Hauptveranlagungszeitpunkt und dem Zeitpunkt des Wirksamwerdens der Steuermessbeträge (§ 41 Absatz 2) ein, so wird die Neuveranlagung auf den Zeitpunkt des Wirksamwerdens der Steuermessbeträge vorgenommen.

§ 43
Nachveranlagung

(1) Wird eine Nachfeststellung (§ 17 Absatz 1) durchgeführt, so wird der Steuermessbetrag auf den Nachfeststellungszeitpunkt festgesetzt (Nachveranlagung).

(2) Der Steuermessbetrag wird auch dann nachträglich festgesetzt, wenn der Grund für die Befreiung des Steuergegenstandes von der Grundsteuer wegfällt, der für die Berechnung der Grundsteuer maßgebende Grundsteuerwert (§ 38 Absatz 1) aber bereits festgestellt ist.

(3) Der Nachveranlagung werden die Verhältnisse im Nachveranlagungszeitpunkt zugrunde gelegt. Nachveranlagungszeitpunkt ist

1. in den Fällen des Absatzes 1 der Beginn des Kalenderjahres, auf den der Grundsteuerwert nachträglich festgestellt wird;
2. in den Fällen des Absatzes 2 der Beginn des Kalenderjahres, der auf den Wegfall des Befreiungsgrundes folgt; § 41 Absatz 3 ist entsprechend anzuwenden.

(4) Treten die Voraussetzungen für eine Nachveranlagung zwischen dem Hauptveranlagungszeitpunkt und dem Zeitpunkt des Wirksamwerdens der Steuermessbeträge (§ 41 Absatz 2) ein, so wird die Nachveranlagung auf den Zeitpunkt des Wirksamwerdens der Steuermessbeträge vorgenommen.

§ 44
Anzeigepflicht

(1) Jede Änderung in der Nutzung oder in den Eigentumsverhältnissen eines ganz oder teilweise von der Grundsteuer befreiten Steuergegenstandes hat derjenige anzuzeigen, der nach § 10 als Steuerschuldner in Betracht kommt. Die Anzeige ist innerhalb von drei Monaten nach Eintritt der Änderung bei dem Finanzamt zu erstatten, das für die Festsetzung des Steuermessbetrags zuständig ist.

(2) Den Wegfall der Voraussetzungen für die ermäßigte Steuermesszahl nach § 40 Absatz 3 bis 6 hat derjenige anzuzeigen, der nach § 10 als Steuerschuldner in Betracht kommt. Die Anzeige ist innerhalb von drei Monaten nach dem Wegfall der Voraussetzungen bei dem Finanzamt zu erstatten, das für die Festsetzung des Steuermessbetrags zuständig ist.

§ 45
Aufhebung des Steuermessbetrags

(1) Der Steuermessbetrag wird aufgehoben,
1. wenn der Grundsteuerwert aufgehoben wird oder
2. wenn dem Finanzamt bekannt wird, dass
    a) für den ganzen Steuergegenstand ein Befreiungsgrund eingetreten ist oder
    b) der Steuermessbetrag fehlerhaft festgesetzt worden ist.

(2) Der Steuermessbetrag wird aufgehoben
1. in den Fällen des Absatzes 1 Nummer 1 mit Wirkung vom Aufhebungszeitpunkt (§ 18 Absatz 2) an;
2. in den Fällen des Absatzes 1 Nummer 2 Buchstabe a mit Wirkung vom Beginn des Kalenderjahres an, der auf den Eintritt des Befreiungsgrundes folgt; § 41 Absatz 3 ist entsprechend anzuwenden;

3. in den Fällen des Absatzes 1 Nummer 2 Buchstabe b mit Wirkung vom Beginn des Kalenderjahres an, in dem der Fehler dem Finanzamt bekannt wird.

(3) Treten die Voraussetzungen für eine Aufhebung zwischen dem Hauptveranlagungszeitpunkt und dem Zeitpunkt des Wirksamwerdens der Steuermessbeträge (§ 41 Absatz 2) ein, so wird die Aufhebung auf den Zeitpunkt des Wirksamwerdens der Steuermessbeträge vorgenommen.

§ 46
Änderung von Steuermessbescheiden

Bescheide über die Neuveranlagung oder die Nachveranlagung von Steuermessbeträgen können schon vor dem maßgebenden Veranlagungszeitpunkt erteilt werden. Sie sind zu ändern oder aufzuheben, wenn sich bis zu diesem Zeitpunkt Änderungen ergeben, die zu einer abweichenden Festsetzung führen.

§ 47
Zerlegung des Steuermessbetrags

(1) Erstreckt sich der Steuergegenstand über mehrere Gemeinden, so ist der Steuermessbetrag vorbehaltlich des § 49 anteilig in die auf die einzelnen Gemeinden entfallenden Anteile zu zerlegen (Zerlegungsanteile).

(2) Zerlegungsmaßstab ist bei Betrieben der Land- und Forstwirtschaft der nach § 33 Absatz 2 ermittelte Gemeindeanteil am Grundsteuerwert des Betriebs der Land- und Forstwirtschaft.

(3) Zerlegungsmaßstab ist bei Grundstücken das Verhältnis, in dem die auf die einzelnen Gemeinden entfallenden Flächengrößen zueinanderstehen. Führt die Zerlegung nach Flächengrößen zu einem offenbar unbilligen Ergebnis, sind die Zerlegungsanteile maßgebend, auf die sich die Gemeinden mit dem Steuerschuldner einigen.

(4) Entfällt auf eine Gemeinde ein Zerlegungsanteil von weniger als 25 Euro, so ist dieser Anteil der Gemeinde zuzuweisen, der nach Absatz 2 oder 3 der größte Zerlegungsanteil zusteht.

§ 48
Zerlegungsstichtag

(1) Der Zerlegung des Steuermessbetrags werden die Verhältnisse in dem Feststellungszeitpunkt zugrunde gelegt, auf den der für die Festsetzung des Steuermessbetrags maßgebende Grundsteuerwert festgestellt worden ist.

(2) Ändern sich die Grundlagen für die Zerlegung, ohne dass der Grundsteuerwert fortgeschrieben oder nachträglich festgestellt wird, so sind die Zerlegungsanteile nach dem Stand vom 1. Januar des folgenden Jahres neu zu ermitteln, wenn wenigstens bei einer Gemeinde der neue Anteil um mehr als ein Zehntel, mindestens aber um 10 Euro von ihrem bisherigen Anteil abweicht.

§ 49
Ersatz der Zerlegung durch Steuerausgleich

Die Landesregierung kann durch Rechtsverordnung bestimmen, dass bei Betrieben der Land- und Forstwirtschaft, die sich über mehrere Gemeinden erstrecken, aus Vereinfachungsgründen an Stelle der Zerlegung ein Steuerausgleich stattfindet. Beim Steuerausgleich wird der gesamte Steuermessbetrag der Gemeinde zugeteilt, in der der wertvollste Teil des Steuergegenstandes liegt (Sitzgemeinde); an dem Steueraufkommen der Sitzgemeinde werden die übrigen Gemeinden beteiligt. Die Beteiligung soll annähernd zu dem Ergebnis führen, das bei einer Zerlegung einträte.

FÜNFTER TEIL
Festsetzung und Entrichtung der Grundsteuer

§ 50
Festsetzung des Hebesatzes

(1) Die Gemeinde bestimmt, mit welchem Hundertsatz des Steuermessbetrags oder des Zerlegungsanteils die Grundsteuer zu erheben ist (Hebesatz).

(2) Der Hebesatz ist für ein oder mehrere Kalenderjahre, höchstens jedoch für den Hauptveranlagungszeitraum der Steuermessbeträge festzusetzen.

(3) Der Beschluss über die Festsetzung oder Änderung des Hebesatzes ist bis zum 30. Juni eines Kalenderjahres mit Wirkung vom Beginn dieses Kalenderjahres zu fassen. Nach diesem Zeitpunkt kann der Beschluss über die Festsetzung des Hebesatzes gefasst werden, wenn der Hebesatz die Höhe der letzten Festsetzung nicht überschreitet.

(4) Der Hebesatz muss vorbehaltlich des § 50a jeweils einheitlich sein
1. für die in einer Gemeinde liegenden Betriebe der Land- und Forstwirtschaft;
2. für die in einer Gemeinde liegenden Grundstücke.

Wird das Gebiet von Gemeinden geändert, so kann die Landesregierung oder die von ihr bestimmte Stelle für die von der Änderung betroffenen Gebietsteile auf eine bestimmte Zeit verschiedene Hebesätze zulassen.

§ 50 a
Gesonderter Hebesatz für baureife Grundstücke

(1) Die Gemeinde kann aus städtebaulichen Gründen baureife Grundstücke bestimmen und abweichend von § 50 Absatz 4 Satz 1 Nummer 2 für die Grundstücksgruppe der baureifen Grundstücke einen gesonderten Hebesatz festsetzen.

(2) Baureife Grundstücke sind unbebaute Grundstücke, die nach Lage, Form und Größe und ihrem sonstigen tatsächlichen Zustand sowie nach öffentlich-rechtlichen Vorschriften sofort bebaut werden könnten. Eine erforderliche, aber noch nicht erteilte Baugenehmigung sowie zivilrechtliche Gründe, die einer sofortigen Bebauung entgegenstehen, sind unbeachtlich.

(3) Als städtebauliche Gründe kommen insbesondere die Deckung eines erhöhten Bedarfs an Wohn- und Arbeitsstätten sowie an Gemeinbedarfs- und Folgeeinrichtungen, die Nachverdichtung bestehender Siedlungsstrukturen oder die Stärkung der Innenentwicklung in Betracht.

(4) Die Gemeinde hat den gesonderten Hebesatz auf einen bestimmten Gemeindeteil zu beschränken, wenn nur für diesen Gemeindeteil die städtebaulichen Gründe vorliegen. In dem Gemeindeteil müssen mehrere baureife Grundstücke belegen sein.

(5) Die genaue Bezeichnung der baureifen Grundstücke, deren Lage sowie das Gemeindegebiet, auf das sich der gesonderte Hebesatz bezieht, sind jeweils nach den Verhältnissen zu Beginn eines Kalenderjahres von der Gemeinde zu bestimmen, in einer Karte auszuweisen und im Wege einer Allgemeinverfügung öffentlich bekannt zu geben. In der Allgemeinverfügung sind die städtebaulichen Erwägungen nachvollziehbar darzulegen und die Wahl des Gemeindegebiets, auf das sich der gesonderte Hebesatz beziehen soll, zu begründen.

(6) Hat eine Gemeinde die baureifen Grundstücke bestimmt und hierfür einen gesonderten Hebesatz festgesetzt, muss dieser Hebesatz für alle in der Gemeinde oder dem Gemeindeteil liegenden baureifen Grundstücke einheitlich und höher als der einheitliche Hebesatz für die übrigen in der Gemeinde liegenden Grundstücke sein.

§ 51
Festsetzung der Grundsteuer

(1) Die Grundsteuer wird für das Kalenderjahr festgesetzt. Ist der Hebesatz für mehr als ein Kalenderjahr festgesetzt, kann auch die jährlich zu erhebende Grundsteuer für die einzelnen Kalenderjahre dieses Zeitraums festgesetzt werden.

(2) Wird der Hebesatz gemäß § 50 Absatz 3 geändert, so ist die Festsetzung nach Absatz 1 zu ändern.

(3) Für diejenigen Steuerschuldner, die für das Kalenderjahr die gleiche Grundsteuer wie im Vorjahr zu entrichten haben, kann die Grundsteuer durch öffentliche Bekanntmachung festgesetzt werden. Für die Steuerschuldner treten mit dem Tag der öffentlichen Bekanntmachung die gleichen Rechtswirkungen ein, wie wenn ihnen an diesem Tag ein schriftlicher Steuerbescheid zugegangen wäre.

§ 52
Fälligkeit

(1) Die Grundsteuer wird zu je einem Viertel ihres Jahresbetrags am 15. Februar, 15. Mai, 15. August und 15. November fällig.

(2) Die Gemeinden können bestimmen, dass Kleinbeträge wie folgt fällig werden:
1. am 15. August mit ihrem Jahresbetrag, wenn dieser 15 Euro nicht übersteigt;
2. am 15. Februar und 15. August zu je einer Hälfte ihres Jahresbetrags, wenn dieser 30 Euro nicht übersteigt.

(3) Auf Antrag des Steuerschuldners kann die Grundsteuer abweichend von Absatz 1 oder Absatz 2 Nummer 2 am 1. Juli in einem Jahresbetrag entrichtet werden. Der Antrag muss spätestens bis zum 30. September des vorangehenden Kalenderjahres gestellt werden. Die beantragte Zahlungsweise bleibt so lange maßgebend, bis ihre Änderung beantragt wird; die Änderung muss spätestens bis zum 30. September des vorangehenden Jahres beantragt werden.

§ 53
Vorauszahlungen

Der Steuerschuldner hat bis zur Bekanntgabe eines neuen Steuerbescheids zu den bisherigen Fälligkeitstagen Vorauszahlungen unter Zugrundelegung der zuletzt festgesetzten Jahressteuer zu entrichten.

§ 54
Abrechnung über die Vorauszahlungen

(1) Ist die Summe der Vorauszahlungen, die bis zur Bekanntgabe des neuen Steuerbescheids zu entrichten waren, kleiner als die Steuer, die sich nach dem bekanntgegebenen Steuerbescheid für die vorausgegangenen Fälligkeitstage ergibt, so ist der Unterschiedsbetrag innerhalb eines Monats nach Bekanntgabe des Steuerbescheids zu entrichten. Die Verpflichtung, rückständige Vorauszahlungen schon früher zu entrichten, bleibt unberührt.

(2) Ist die Summe der Vorauszahlungen, die bis zur Bekanntgabe des neuen Steuerbescheids entrichtet worden sind, größer als die Steuer, die sich nach dem bekanntgegebenen Steuerbescheid für die vorangegangenen Fälligkeitstage ergibt, so wird der Unterschiedsbetrag nach Bekanntgabe des Steuerbescheids durch Aufrechnung oder Rückzahlung ausgeglichen.

(3) Die Absätze 1 und 2 gelten entsprechend, wenn der Steuerbescheid aufgehoben oder geändert wird.

§ 55
Nachentrichtung der Steuer

Hatte der Steuerschuldner bis zur Bekanntgabe der Jahressteuer keine Vorauszahlungen nach § 53 zu entrichten, so hat er die Steuer, die sich nach dem bekanntgegebenen Steuerbescheid für die vorangegangenen Fälligkeitstage gemäß § 52 ergibt, innerhalb eines Monats nach Bekanntgabe des Steuerbescheids zu entrichten.

SECHSTER TEIL
Erlass der Grundsteuer

§ 56
Erlass für Kulturgut und Grünanlagen

(1) Die Grundsteuer kann erlassen werden

1. für Grundbesitz, dessen Erhaltung wegen seiner Bedeutung für Kunst, Geschichte, Wissenschaft oder Naturschutz im öffentlichen Interesse liegt, wenn die erzielten Einnahmen und die sonstigen Vorteile (Rohertrag) in der Regel unter den jährlichen Kosten liegen; bei Park- und Gartenanlagen von geschichtlichem Wert ist der Erlass von der weiteren Voraussetzung abhängig, dass sie in dem billigerweise zu fordernden Umfang der Öffentlichkeit zugänglich gemacht sind;
2. für öffentliche Grünanlagen, Spiel- und Sportplätze, wenn die jährlichen Kosten in der Regel den Rohertrag übersteigen.

(2) Für Grundbesitz, welcher von wissenschaftlicher, künstlerischer oder geschichtlicher Bedeutung ist und dem Zweck der Forschung oder Volksbildung nutzbar gemacht wird, kann von der Grundsteuer ein angemessener Teil erlassen werden. Das gilt nur, wenn die wissenschaftliche, künstlerische oder geschichtliche Bedeutung durch die Landesregierung oder die von ihr beauftragte Stelle anerkannt ist. Grundbesitz ist insbesondere dann von wissenschaftlicher, künstlerischer oder geschichtlicher Bedeutung, wenn er der Beherbergung von Sammlungen oder Bibliotheken dient.

§ 57
Erlass wegen wesentlicher Reinertragsminderung bei Betrieben der Land- und Forstwirtschaft

(1) Die Grundsteuer wird in Höhe von 25 Prozent erlassen, wenn bei Betrieben der Land- und Forstwirtschaft der tatsächliche Reinertrag des Steuergegenstandes um mehr als 50 Prozent gemindert ist und der Steuerschuldner die Minderung des tatsächlichen Reinertrags nicht zu vertreten hat. Beträgt die vom Steuerschuldner nicht zu vertretende Minderung des tatsächlichen Reinertrags 100 Prozent, ist die Grundsteuer abweichend von Satz 1 in Höhe von 50 Prozent zu erlassen. Der tatsächliche Reinertrag eines Betriebs der Land- und Forstwirtschaft ermittelt sich nach den Grundsätzen des § 31 Absatz 2 für ein Wirtschaftsjahr. Er gilt als in dem Erlasszeitraum bezogen, in dem das für den Betrieb der Land- und Forstwirtschaft maßgebliche Wirtschaftsjahr endet.

(2) Der Erlass nach Absatz 1 wird nur gewährt, wenn die Einziehung der Grundsteuer nach den wirtschaftlichen Verhältnissen des Betriebs unbillig wäre. Ein Erlass nach Absatz 1 ist insbesondere aus-

geschlossen, wenn für den Betrieb der Land- und Forstwirtschaft nach § 4 Absatz 1, 3 oder § 13a des Einkommensteuergesetzes für dasjenige Wirtschaftsjahr ein Gewinn ermittelt wurde, das im Erlasszeitraum bei der Ermittlung des tatsächlichen Reinertrags nach Absatz 1 zugrunde zu legen ist.

(3) Eine Ertragsminderung ist kein Erlassgrund, wenn sie für den Erlasszeitraum durch Fortschreibung des Grundsteuerwerts berücksichtigt werden kann oder bei rechtzeitiger Stellung des Antrags auf Fortschreibung hätte berücksichtigt werden können.

§ 58
Verfahren

(1) Der Erlass wird jeweils nach Ablauf eines Kalenderjahres für die Grundsteuer ausgesprochen, die für das Kalenderjahr festgesetzt worden ist (Erlasszeitraum). Maßgebend für die Entscheidung über den Erlass sind die Verhältnisse des Erlasszeitraums.

(2) Der Erlass wird nur auf Antrag gewährt. Der Antrag ist bis zu dem auf den Erlasszeitraum folgenden 31. März zu stellen.

(3) In den Fällen des § 56 bedarf es keiner jährlichen Wiederholung des Antrags. Der Steuerschuldner ist verpflichtet, eine Änderung der maßgeblichen Verhältnisse der Gemeinde binnen drei Monaten nach Eintritt der Änderung anzuzeigen.

SIEBTER TEIL
Ermächtigungs- und Schlussvorschriften

§ 59
Hauptveranlagung 2025

(1) Auf den 1. Januar 2025 findet eine Hauptveranlagung der Grundsteuermessbeträge statt (Hauptveranlagung 2025).

(2) Die in der Hauptveranlagung 2025 festgesetzten Steuermessbeträge gelten abweichend von § 41 Absatz 2 und vorbehaltlich der §§ 42 bis 45 ab dem zum 1. Januar 2025 beginnenden Kalenderjahr. Der Beginn dieses Kalenderjahres ist der Hauptveranlagungszeitpunkt.

(3) Bescheide über die Hauptveranlagung können schon vor dem Hauptveranlagungszeitpunkt erteilt werden. § 46 Satz 2 ist entsprechend anzuwenden.

(4) Für die Anwendung des § 13 Absatz 4 bei der Hauptfeststellung nach § 15 Absatz 3 ist zu unterstellen, dass anstelle von Einheitswerten Grundsteuerwerte für die Besteuerung nach dem Grundsteuergesetz in der am 1. Januar 2022 geltenden Fassung von Bedeutung sind. Die Steuerbefreiungen des Grundsteuergesetzes in der am 1. Januar 2022 geltenden Fassung sind bei der Hauptfeststellung nach Absatz 1 zu beachten. Bei Zurechnungsfortschreibungen nach § 16 Absatz 2 ist von der Hauptfeststellung auf den 1. Januar 2022 bis zum 1. Januar 2025 zu unterstellen, dass anstelle von Einheitswerten Grundsteuerwerte nach dem Grundsteuergesetz in der jeweils gültigen Fassung von Bedeutung sind.

(5) Werden der Finanzbehörde durch eine Erklärung im Sinne des § 22 auf den 1. Januar 2022 für die Bewertung eines Betriebs der Land- und Forstwirtschaft vor dem 1. Januar 2022 eingetretene Änderungen der tatsächlichen Verhältnisse erstmals bekannt, sind diese bei Fortschreibungen nach § 16 und Nachfeststellungen nach § 17 auf Feststellungszeitpunkte vor dem 1. Januar 2022 nicht zu berücksichtigen.

(6) Einheitswertbescheide, Grundsteuermessbescheide und Grundsteuerbescheide, die vor dem 1. Januar 2025 erlassen wurden, werden kraft Gesetzes zum 31. Dezember 2024 mit Wirkung für die Zukunft aufgehoben, soweit sie auf den §§ 19, 20, 21, 22, 23, 27, 33, 34, 76, 79 Absatz 5 oder § 93 Absatz 1 Satz 2 des Bewertungsgesetzes in Verbindung mit Artikel 2 Absatz 1 Satz 1 und 3 des Gesetzes zur Änderung des Bewertungsgesetzes in der Fassung des Artikels 2 des Gesetzes vom 22. Juli 1970 (BGBl. I S. 1118) beruhen. Für die Bewertung des inländischen Grundbesitzes (§ 19 Absatz 1 in der Fassung vom 31. Dezember 2024) für Zwecke der Grundsteuer bis einschließlich zum Kalenderjahr 2024 ist das Bewertungsgesetz in der Fassung vom 1. Februar 1991 (BGBl. I S. 230), das zuletzt durch Artikel 2 des Gesetzes vom 4. November 2016 (BGBl. I S. 2464) geändert worden ist, weiter anzuwenden.

§ 60
Übergangsvorschriften

(1) §§ 2 und 3, 10 und 12, sowie der zweite, dritte und siebte Teil sind ab dem Zeitpunkt des Inkrafttretens dieses Gesetzes anzuwenden. Die übrigen Vorschriften sind erstmals für die Grundsteuer des Kalenderjahres 2025 anzuwenden.

(2) Für die Grundsteuer bis einschließlich zum Kalenderjahr 2024 findet das Grundsteuergesetz vom 7. August 1973 (BGBl. I S. 965) in der Fassung der Änderung durch Artikel 38 des Gesetzes vom 19. Dezember 2008 (BGBl. I S. 2794, 2844) weiter Anwendung.

§ 61
Ermächtigungen und datenschutzrechtliche Bestimmungen

(1) Das Ministerium für Finanzen wird ermächtigt, durch Rechtsverordnung im Einvernehmen mit dem Ministerium Ländlicher Raum die Anlagen zu diesem Gesetz zu ändern. In der jeweiligen Rechtsverordnung kann das Ministerium für Finanzen zur Sicherstellung der Gleichmäßigkeit der Besteuerung, insbesondere zur Sicherstellung einer relations- und realitätsgerechten Abbildung der Grundsteuerwerte, anordnen, dass ab dem nächsten Feststellungszeitpunkt Grundsteuerwerte unter Berücksichtigung der tatsächlichen Verhältnisse und der geänderten Wertverhältnisse durch Anwendung der jeweils angepassten Anlagen festgestellt werden.

(2) Das Ministerium für Finanzen wird zur Sicherstellung der elektronischen Datenübermittlung an die Finanzbehörden im Sinne dieses Gesetzes zudem ermächtigt, den amtlich vorgeschriebenen Datensatz und die weiteren technischen Einzelheiten, insbesondere die amtlich bestimmte Schnittstelle, zu bestimmen. Durch Rechtsverordnung des Ministeriums für Finanzen im Einvernehmen mit dem Ministerium des Inneren, für Digitalisierung und Kommunen kann das Verfahren zur Übermittlung der Daten der Messbescheide an die Gemeinden durch Datenfernübertragung bestimmt werden.

(3) Die Finanzbehörden werden ermächtigt, die für die Erklärungs- und Anzeigepflicht notwendigen flurstückbezogenen Daten nach § 23 Absatz 1, § 31 sowie § 38 Absatz 2 den Steuerpflichtigen elektronisch und öffentlich abrufbar bereitzustellen. Dabei können auch die Daten der zu einer wirtschaftlichen Einheit gehörenden Flurstücke zusammengefasst werden. Das Ministerium für Finanzen wird ermächtigt, die Einzelheiten durch Rechtsverordnung zu regeln.

§ 62
Bekanntmachung

Das Ministerium für Finanzen wird ermächtigt, den Wortlaut dieses Gesetzes in der jeweils geltenden Fassung bekannt zu machen.

Anlage 1
(zu § 31 Absatz 2)

Landwirtschaftliche Nutzung

Bewertungsfaktoren	Bezugseinheit	in EUR
Grundbetrag	pro Ar	2,52
Ertragsmesszahl	pro Ertragsmesszahl (Produkt aus Acker-/Grünlandzahl und Ar)	0,041
Zuschläge für	**Bezugseinheit**	**in EUR**
Verstärkte Tierhaltung	je Vieheinheit (VE) über einem Besatz von 2,0 VE je Hektar selbst bewirtschafteter Fläche der landwirtschaftlichen Nutzung	79,00

Anlage 2
(zu § 31 Absatz 3)

Forstwirtschaftliche Nutzung

Bewertungsfaktor für Wuchsgebiet		in EUR/ha
1	Odenwald	124,93
2	Oberrheinisches Tiefland und Rhein-Main-Ebene	64,13
3	Schwarzwald	181,38

Bewertungsfaktor für Wuchsgebiet		in EUR/ha
4	Baar-Wutach	172,51
5	Neckarland	117,23
6	Schwäbische Alb	123,63
7	Südwestdeutsches Alpenvorland	177,56

Anlage 3
(zu § 31 Absatz 4)

Weinbauliche Nutzung

Bewertungsfaktor für	Flächeneinheit	in EUR
Traubenerzeugung	pro Ar	11,70

Anlage 4
(zu § 31 Absatz 5)

Gärtnerische Nutzung

Nutzungsteil Gemüsebau		
Bewertungsfaktor für	**Flächeneinheit**	**in EUR**
Flächen im Freiland und für Kleingarten- und Dauerkleingartenland	pro Ar	12,35
Zuschläge für	**Flächeneinheit**	**in EUR**
Flächen unter Glas und Kunststoffen	pro Ar	45,00

Nutzungsteil Blumen-/Zierpflanzenbau		
Bewertungsfaktor für	**Flächeneinheit**	**in EUR**
Flächen im Freiland	pro Ar	27,60
Zuschläge für	**Flächeneinheit**	**in EUR**
Flächen unter Glas und Kunststoffen	pro Ar	65,15

Nutzungsteil Obstbau		
Bewertungsfaktor für	**Flächeneinheit**	**in EUR**
Flächen im Freiland	pro Ar	9,53
Zuschläge für	**Flächeneinheit**	**in EUR**
Flächen unter Glas und Kunststoffen	pro Ar	45,00

Nutzungsteil Baumschulen		
Bewertungsfaktor für	Flächeneinheit	in EUR
Flächen im Freiland	pro Ar	22,29
Zuschläge für	Flächeneinheit	in EUR
Flächen unter Glas und Kunststoffen	pro Ar	65,15

Anlage 5
(zu § 31 Absatz 6 und 7)

Übrige land- und forstwirtschaftliche Nutzungen sowie Abbauland, Geringstland und Unland

Sondernutzungen		
Bewertungsfaktor für	Flächeneinheit	in EUR
Hopfen	pro Ar	13,75
Spargel	pro Ar	12,69

Sonstige land- und forstwirtschaftliche Nutzungen		
Bewertungsfaktor für	Bezugseinheit	in EUR
Wasserflächen	pro Ar	1,00
Zuschläge für stehende Gewässer		
Wasserflächen für Binnenfischerei, Teichwirtschaft und Fischzucht für Binnenfischerei und Teichwirtschaft	ab 1,00 kg bis 4,00 kg Fischertrag/Ar pro Ar	2,00
Wasserflächen für Binnenfischerei, Teichwirtschaft und Fischzucht für Binnenfischerei und Teichwirtschaft	über 4,00 kg Fischertrag/Ar pro Ar	2,50
Zuschläge für fließende Gewässer		
Teichwirtschaft und Fischzucht für Binnenfischerei und Teichwirtschaft	bis 500 Liter/Sekunde Durchfluss pro Liter/Sekunde	12,50
Teichwirtschaft und Fischzucht für Binnenfischerei und Teichwirtschaft	über 500 Liter/Sekunde Durchfluss pro Liter/Sekunde	15,00
Saatzucht	pro Ar	Anlage 1
Weihnachtsbaumkulturen	pro Ar	19,40
Kurzumtriebsplantagen	pro Ar	Anlage 1
Sonstige land- und forstwirtschaftliche Nutzungen, für die kein Bewertungsfaktor festgelegt wurde		
Wirtschaftsgebäude	pro Quadratmeter Bruttogrundfläche und Monat	1,23

Nutzungsarten Abbauland, Geringstland und Unland		
Bewertungsfaktor für	Flächeneinheit	in EUR
Abbauland	pro Ar	1,00
Geringstland	pro Ar	0,38
Unland	pro Ar	0,00

Anlage 6
(zu § 31 Absatz 8)

Nutzungsart Hofstelle

Bewertungsfaktor für	Flächeneinheit	in EUR
Hofflächen	pro Ar	6,62
Zuschläge für	**Flächeneinheit**	**in EUR**
Wirtschaftsgebäude der weinbaulichen Nutzung bei Fass- und Flaschenweinerzeugung	pro Quadratmeter Bruttogrundfläche und Monat	1,23
Wirtschaftsgebäude der Nebenbetriebe	pro Quadratmeter Bruttogrundfläche und Monat	1,23

Anlage 7
(zu § 32 Absatz 2)

Weitere den Ertragswert erhöhende Umstände

Bewertungsfaktor für	Flächeneinheit	in EUR
Abgegrenzte Standortfläche der Windenergieanlage	pro Ar	59,58

Anlage 8
(zu § 35 Absatz 5)

Umrechnungsschlüssel für Tierbestände in Vieheinheiten (VE) nach dem Futterbedarf

Tierart	1 Tier	
Nach dem Durchschnittsbestand in Stück:		
Alpakas	0,08	VE
Damtiere		
Damtiere unter 1 Jahr	0,04	VE
Damtiere 1 Jahr und älter	0,08	VE
Geflügel		
Legehennen (einschließlich einer normalen Aufzucht zur Ergänzung des Bestandes)	0,02	VE
Legehennen aus zugekauften Junghennen	0,0183	VE
Zuchtputen, -enten, -gänse	0,04	VE
Kaninchen		
Zucht- und Angorakaninchen	0,025	VE
Lamas	0,1	VE
Pferde		
Pferde unter 3 Jahren und Kleinpferde	0,7	VE
Pferde 3 Jahre und älter	1,1	VE
Rindvieh		
Kälber und Jungvieh unter 1 Jahr (einschließlich Mastkälber, Starterkälber und Fresser)	0,3	VE
Jungvieh 1 bis 2 Jahre alt	0,7	VE
Färsen (älter als 2 Jahre)	1	VE
Masttiere (Mastdauer weniger als 1 Jahr)	1	VE
Kühe (einschließlich Mutter- und Ammenkühe mit den dazugehörigen Saugkälbern)	1	VE
Zuchtbullen, Zugochsen	1,2	VE
Schafe		
Schafe unter 1 Jahr (einschließlich Mastlämmer)	0,05	VE
Schafe 1 Jahr und älter	0,1	VE
Schweine		
Zuchtschweine (einschließlich Jungzuchtschweine über etwa 90 kg)	0,33	VE
Strauße		
Zuchttiere 14 Monate und älter	0,32	VE
Jungtiere/Masttiere unter 14 Monate	0,25	VE
Ziegen	0,08	VE

GrStG-BW

Abweichendes Landesrecht (Baden-Württemberg)

Tierart	1 Tier	
Nach der Erzeugung in Stück:		
Geflügel		
Jungmasthühner (bis zu 6 Durchgänge je Jahr – schwere Tiere)	0,0017	VE
(mehr als 6 Durchgänge je Jahr – leichte Tiere)	0,0013	VE
Junghennen	0,0017	VE
Mastenten	0,0033	VE
Mastenten in der Aufzuchtphase	0,0011	VE
Mastenten in der Mastphase	0,0022	VE
Mastputen aus selbst erzeugten Jungputen	0,0067	VE
Mastputen aus zugekauften Jungputen	0,005	VE
Jungputen (bis etwa 8 Wochen)	0,0017	VE
Mastgänse	0,0067	VE
Kaninchen		
Mastkaninchen	0,0025	VE
Rindvieh		
Masttiere (Mastdauer 1 Jahr und mehr)	1	VE
Schweine		
Leichte Ferkel (bis etwa 12 kg)	0,01	VE
Ferkel (über etwa 12 bis etwa 20 kg)	0,02	VE
Schwere Ferkel und leichte Läufer (über etwa 20 bis etwa 30 kg)	0,04	VE
Läufer (über etwa 30 bis etwa 45 kg)	0,06	VE
Schwere Läufer (über etwa 45 bis etwa 60 kg)	0,08	VE
Mastschweine	0,16	VE
Jungzuchtschweine bis etwa 90 kg	0,12	VE

Anlage 9
(zu § 35 Absatz 5)
Gruppen der Zweige des Tierbestands nach der Flächenabhängigkeit

1. Mehr flächenabhängige Zweige des Tierbestands:
Pferdehaltung,
Pferdezucht,
Schafzucht,
Schafhaltung,
Rindviehzucht,
Milchviehhaltung,
Rindviehmast.
2. Weniger flächenabhängige Zweige des Tierbestands:
Schweinezucht,
Schweinemast,
Hühnerzucht,
Entenzucht,
Gänsezucht,
Putenzucht,
Legehennenhaltung,
Junghühnermast,
Entenmast,
Gänsemast,
Putenmast.

III.2. Bayern

Bayerisches Grundsteuergesetz
(BayGrStG)
Vom 10. Dezember 2021
(GVBl. 2021, 638)

Der Landtag des Freistaates Bayern hat das folgende Gesetz beschlossen, das hiermit bekannt gemacht wird:

Teil 1
Grundstücke / Grundsteuer B

Kapitel 1
Ermittlung der Grundsteuer

Art. 1
Steuergegenstand, Berechnungsformel

(1) [1]Steuergegenstand der Grundsteuer B sind die Grundstücke als wirtschaftliche Einheiten des Grundvermögens. [2]Die Grundsteuer ergibt sich durch eine Multiplikation des Grundsteuermessbetrags des Grundstücks und des von der Gemeinde bestimmten jeweiligen Hebesatzes. [3]Sie ist ein Jahresbetrag und auf volle Cent nach unten abzurunden.

(2) [1]Der Grundsteuermessbetrag des Grundstücks ist die Summe aus
1. dem Produkt aus dem Äquivalenzbetrag des Grund und Bodens nach Abs. 3 Satz 1 und der Grundsteuermesszahl nach Art. 4 und
2. dem Produkt aus den Äquivalenzbeträgen von Wohn- und Nutzflächen nach Abs. 3 Satz 2 und der jeweiligen Grundsteuermesszahl nach Art. 4.

[2]Der Grundsteuermessbetrag des Grundstücks ist auf volle Cent nach unten abzurunden.

(3) [1]Der Äquivalenzbetrag des Grund und Bodens ergibt sich durch eine Multiplikation der Fläche des Grund und Bodens mit der jeweiligen Äquivalenzzahl nach Art. 3 Abs. 1; er wird auf volle Cent nach unten abgerundet. [2]Die Äquivalenzbeträge von Wohn- und Nutzflächen der Gebäude ergeben sich durch eine Multiplikation der maßgeblichen Gebäudeflächen mit der Äquivalenzzahl nach Art. 3 Abs. 2.

(4) [1]Die Zurechnung mehrerer Wirtschaftsgüter zu einer wirtschaftlichen Einheit wird nicht dadurch ausgeschlossen, dass die Wirtschaftsgüter zum Teil dem einen, zum Teil dem anderen Ehegatten oder Lebenspartner gehören. [2]Bei Gebäuden auf fremdem Grund und Boden sind der Grund und Boden dem Eigentümer des Grund und Bodens und die Gebäude dem wirtschaftlichen Eigentümer der Gebäude zuzurechnen.

(5) [1]Erstreckt sich der Steuergegenstand auch auf ein anderes Land oder das Ausland, ist nur für das im Gebiet des Freistaates Bayern gelegene Grundvermögen Grundsteuer nach diesem Gesetz zu ermitteln und zu erheben. [2]Dieses bildet eine eigenständige wirtschaftliche Einheit.

Art. 2
Maßgebliche Flächen

(1) [1]Gebäudefläche bei Wohnnutzung ist die Wohnfläche im Sinne der Wohnflächenverordnung. [2]Als Wohnnutzung gilt auch die Nutzung als häusliches Arbeitszimmer. [3]Im Übrigen ist die Nutzfläche des Gebäudes maßgeblich. [4]Die Gebäudefläche ist durch eine geeignete Methode zu ermitteln.

(2) [1]Nutzflächen von Garagen, die in räumlichem Zusammenhang zu der Wohnnutzung stehen, der sie rechtlich zugeordnet sind, bleiben bis zu einer Fläche von insgesamt 50 m² außer Ansatz. [2]Dies gilt unter den Voraussetzungen des Satzes 1 auch für Garagen, die eine eigene wirtschaftliche Einheit bilden.

(3) [1]Im Übrigen bleiben die Nutzflächen von Nebengebäuden von untergeordneter Bedeutung, die in räumlichem Zusammenhang zu der Wohnnutzung stehen, der sie zu dienen bestimmt sind, bis zu einer Fläche von insgesamt 30 m² außer Ansatz. [2]Dies gilt unter den Voraussetzungen des Satzes 1 auch für Nebengebäude, die eine eigene wirtschaftliche Einheit bilden.

(4) [1]Ein Grundstück gilt als unbebaut, wenn die darauf errichteten Gebäude, mit Ausnahme der Fälle des Abs. 2 Satz 2, eine Gesamtgebäudefläche von insgesamt weniger als 30 m² haben. [2]Besteht ein Bauwerk aus mehreren wirtschaftlichen Einheiten, ist die Gesamtgebäudefläche des Bauwerks anzusetzen. [3]Die

Gebäudefläche bleibt in der Folge außer Ansatz. [4]§ 246 des Bewertungsgesetzes (BewG) bleibt im Übrigen unberührt.

(5) Die für dieses Gesetz maßgeblichen Flächen von Grund und Boden sowie die Wohn- und Nutzflächen der Gebäude sind jeweils auf volle Quadratmeter nach unten abzurunden.

Art. 3
Äquivalenzzahlen

(1) [1]Für die Fläche des Grund und Bodens beträgt die Äquivalenzzahl 0,04 € je Quadratmeter. [2]Abweichend von Satz 1 gilt:

1. Dienen die Gebäude mindestens zu 90 % der Wohnnutzung, wird die Äquivalenzzahl für die das Zehnfache der Wohnfläche übersteigende Fläche des Grund und Bodens nur zu 50 % angesetzt.
2. Ist die Fläche des Grund und Bodens zu mindestens 90 % weder bebaut noch befestigt, wird der Äquivalenzbetrag für die 10 000 m² übersteigende Fläche insgesamt wie folgt angesetzt: (übersteigende Fläche des Grund und Bodens x 0,04 /m²)^{0,7} €, höchstens jedoch eine Äquivalenzzahl von 0,04 €/m².
3. Sind sowohl die Voraussetzungen von Nr. 1 als auch von Nr. 2 erfüllt, wird
   a) für die Fläche bis zum Zehnfachen der Wohnfläche Satz 1,
   b) für die Fläche, die das Zehnfache der Wohnfläche übersteigt und 10 000 m² nicht überschreitet, Nr. 1, höchstens jedoch eine Äquivalenzzahl von 0,02 €/m², und
   c) im Übrigen Nr. 2

angewendet.

(2) Die Äquivalenzzahl für Gebäudeflächen beträgt stets 0,50 € je Quadratmeter.

Art. 4
Grundsteuermesszahlen

(1) [1]Die Grundsteuermesszahl beträgt 100 %. [2]Für den Äquivalenzbetrag der Wohnflächen wird die Grundsteuermesszahl auf 70 % ermäßigt.

(2) [1]Die Grundsteuermesszahl für den Äquivalenzbetrag der Wohnflächen wird um 25 % ermäßigt, soweit eine enge räumliche Verbindung mit dem Betrieb der Land- und Forstwirtschaft des Steuerschuldners besteht. [2]Dies gilt nur, soweit Wohnflächen dem Inhaber des Betriebs der Land- und Forstwirtschaft, den zu seinem Haushalt gehörenden Familienangehörigen oder den Altenteilern zu Wohnzwecken dienen und mindestens einer der Bewohner durch eine mehr als nur gelegentliche Tätigkeit in dem Betrieb an ihn gebunden ist. [3]Für Flächen, die den Angestellten des Betriebs zu Wohnzwecken dienen, gilt Satz 1 entsprechend.

(3) Die Grundsteuermesszahlen für die Äquivalenzbeträge der Gebäudeflächen werden um 25 % ermäßigt, wenn ein Baudenkmal nach Art. 1 Abs. 2 Satz 1 oder Abs. 3 des Bayerischen Denkmalschutzgesetzes vorliegt.

(4) Die Grundsteuermesszahl für den Äquivalenzbetrag der Wohnflächen wird um 25 % ermäßigt, soweit

1. die Wohnflächen den Bindungen des sozialen Wohnungsbaus aufgrund einer staatlichen oder kommunalen Wohnraumförderung unterliegen oder
2. die Voraussetzungen des § 15 Abs. 4 des Grundsteuergesetzes (GrStG) in der am 1. Januar 2025 geltenden Fassung vorliegen.

(5) [1]Eine Ermäßigung der Grundsteuermesszahlen nach Abs. 2 bis 4 wird gewährt, wenn die jeweiligen Voraussetzungen zum Veranlagungszeitpunkt vorlagen. [2]Sind mehrere Ermäßigungstatbestände erfüllt, sind die Ermäßigungen nacheinander anzuwenden. [3]Den Bezugspunkt der Berechnung der ermäßigten Grundsteuermesszahl bildet jeweils die vorangegangene ermäßigte Grundsteuermesszahl.

Art. 5
Hebesatz

(1) Abweichend von § 25 Abs. 4 Satz 1 Nr. 2 GrStG können Gemeinden für die Fälle einer nach Art. 4 Abs. 2, 3 und 4 ermäßigten Grundsteuermesszahl reduzierte Hebesätze auf den jeweiligen Anteil des Grundsteuermessbetrags vorsehen.

(2) § 25 Abs. 5 GrStG findet keine Anwendung.

Kapitel 2
Verfahren

Art. 6
Feststellung der Äquivalenzbeträge

(1) ¹Die Äquivalenzbeträge werden auf den 1. Januar 2022 allgemein festgestellt (Hauptfeststellung). ²Abweichend von § 221 BewG findet keine turnusmäßige Hauptfeststellung statt. ³Bei der Ermittlung der Äquivalenzbeträge ist § 163 der Abgabenordnung (AO) nicht anzuwenden.

(2) ¹In dem Feststellungsbescheid für die Äquivalenzbeträge der Grundstücke sind auch Feststellungen zu treffen über die Fläche von Grund und Boden und die Gebäudeflächen. ²Abweichend von § 219 Abs. 2 Nr. 1 BewG wird die Grundstücksart der wirtschaftlichen Einheit nicht festgestellt. ³Feststellungen erfolgen nur, wenn und soweit sie für die Besteuerung von Bedeutung sind. ⁴Der Feststellungsbescheid kann mit dem nachfolgenden Grundsteuermessbescheid verbunden und zusammengefasst bekannt gegeben werden.

(3) ¹Die Äquivalenzbeträge (Betragsfortschreibung) und die Flächen (Flächenfortschreibung) werden neu festgestellt, wenn ein Äquivalenzbetrag oder eine Fläche von der zuletzt getroffenen Feststellung abweicht und es für die Besteuerung von Bedeutung ist. ²Eine Fortschreibung nach Satz 1 findet auch zur Beseitigung eines Fehlers der letzten Feststellung statt.

(4) Für die Äquivalenzbeträge nach diesem Gesetz gelten die Vorschriften des Bewertungsgesetzes über die Fortschreibung, Nachfeststellung, Aufhebung, Änderung und Nachholung der Feststellung im Übrigen sinngemäß.

(5) ¹Die Aufforderung zur Abgabe einer Erklärung mittels Allgemeinverfügung durch öffentliche Bekanntmachung nach § 228 Abs. 1 Satz 3 BewG erfolgt durch das Bayerische Landesamt für Steuern. ²Abweichend von § 228 Abs. 2 BewG sind die Änderungen der tatsächlichen Verhältnisse, die sich auf die Höhe der Flächen oder der Äquivalenzbeträge auswirken oder zu einer Nachfeststellung oder der Aufhebung der Flächen oder der Äquivalenzbeträge führen können, auf den Beginn des folgenden Kalenderjahres zusammengefasst anzuzeigen. ³Die Anzeige ist bis zum 31. März des Jahres abzugeben, das auf das Jahr folgt, in dem sich die tatsächlichen Verhältnisse geändert haben. ⁴In den Fällen des Art. 1 Abs. 4 Satz 2 ist § 228 Abs. 3 Nr. 1 BewG anzuwenden.

(6) Die Erklärung und die Anzeige nach Abs. 5 sind Steuererklärungen im Sinne der Abgabenordnung, die nach amtlich vorgeschriebenem Datensatz durch Datenfernübertragung übermittelt werden sollen.

Art. 7
Veranlagungsverfahren

(1) ¹Die Grundsteuermessbeträge werden auf den 1. Januar 2025 allgemein festgesetzt (Hauptveranlagung). ²Der Grundsteuermessbetrag wird auch dann neu festgesetzt, wenn dem Finanzamt bekannt wird, dass die letzte Veranlagung fehlerhaft ist. ³Der Grundsteuermessbetrag wird auch dann neu festgesetzt, wenn der Grundsteuermessbetrag, der sich für den Beginn eines Kalenderjahres ergibt, von dem entsprechenden Betrag des letzten Festsetzungszeitpunkts nach unten abweicht. ⁴Dasselbe gilt, wenn sein auf den Grund und Boden entfallender Anteil abweicht oder sein auf das Gebäude entfallender Anteil um mehr als 5 € nach oben abweicht. ⁵Im Übrigen gelten die Vorschriften des Grundsteuergesetzes über die Neuveranlagung, Nachveranlagung, Aufhebung und Zerlegung des Grundsteuermessbetrags und die Änderung des Grundsteuermessbescheids sinngemäß.

(2) ¹Änderungen der Nutzung hat derjenige anzuzeigen, dem der Steuergegenstand zuzurechnen ist. ²Satz 1 gilt für den Wegfall der Voraussetzungen für die ermäßigten Grundsteuermesszahlen nach Art. 4 Abs. 2 bis 4 entsprechend. ³§ 19 Abs. 1 Satz 1 GrStG bleibt unberührt. ⁴Abweichend von § 19 Abs. 1 Satz 2 und Abs. 2 Satz 2 GrStG ist die Anzeige nach den Sätzen 1 bis 3 bis zum 31. März des Jahres abzugeben, das auf das Jahr folgt, in dem sich die Verhältnisse geändert haben. ⁵Art. 6 Abs. 6 gilt entsprechend.

Art. 8
Erweiterter Erlass

(1) ¹Ansprüche aus dem Grundsteuerschuldverhältnis können erlassen werden, soweit nach dem durch dieses Gesetz vorgeschriebenen Systemwechsel nach Lage des einzelnen Falles eine unangemessen hohe Steuerbelastung eintritt. ²Die §§ 163 und 227 AO sowie §§ 32 bis 34 GrStG bleiben unberührt.

(2) Ein Fall des Abs. 1 Satz 1 kann insbesondere vorliegen bei wirtschaftlichen Einheiten des Grundvermögens,

1. wenn die Lage erheblich von den in der Gemeinde ortsüblichen Verhältnissen abweicht,

2. wenn die Gesamtnutzungsdauer des Gebäudes überschritten ist oder
3. bei einer Übergröße des nicht zu Wohnzwecken

genutzten Gebäudes, sofern dieses eine einfache Ausstattung aufweist und entweder einen Hallenanteil aufweist oder auf Dauer nicht genutzt wird.

(3) § 35 GrStG gilt entsprechend.

Teil 2
Betriebe der Land- und Forstwirtschaft / Grundsteuer A

Art. 9
Ergänzende Regelungen

(1) Zur Hofstelle nach § 234 Abs. 6 BewG gehören auch Hof- und Wirtschaftsgebäudeflächen einschließlich der Nebenflächen, von denen aus keine Flächen eines Betriebs der Land- und Forstwirtschaft mehr nachhaltig bewirtschaftet werden, wenn sie keine Zweckbestimmung erhalten haben, die zu einer zwingenden Zuordnung zum Grundvermögen führt.

(2) [1]Art. 1 Abs. 4 Satz 1 gilt für Betriebe der Land- und Forstwirtschaft entsprechend. [2]In einen Betrieb der Land- und Forstwirtschaft, der von einer Gesellschaft oder Gemeinschaft des bürgerlichen Rechts betrieben wird, sind auch die Wirtschaftsgüter einzubeziehen, die einem oder mehreren Beteiligten gehören und dem Betrieb zu dienen bestimmt sind. [3]In den Betrieb der Land- und Forstwirtschaft sind auch einzubeziehen

1. der Eigentümerin oder dem Eigentümer des Grund und Bodens nicht gehörende Gebäude, die auf dem Grund und Boden des Betriebs stehen,
2. der Eigentümerin oder dem Eigentümer des Grund und Bodens nicht gehörende Betriebsmittel, die der Bewirtschaftung des Betriebs dienen, und
3. ein Anteil der Eigentümerin oder des Eigentümers des Betriebs der Land- und Forstwirtschaft an einem Wirtschaftsgut, wenn es mit dem Betrieb zusammen genutzt wird.

(3) Art. 6 Abs. 5 und 6, Art. 7 Abs. 2 Satz 3 bis 5 gelten für Betriebe der Land- und Forstwirtschaft entsprechend.

Teil 3
Übergangs- und Schlussvorschriften

Art. 10
Anwendung von Bundesrecht

(1) [1]Die Bestimmungen des Grundsteuergesetzes und des Bewertungsgesetzes sind für Zwecke der Festsetzung und Erhebung der Grundsteuer ab dem Kalenderjahr 2025 nur anzuwenden, soweit sich aus diesem Gesetz nichts anderes ergibt. [2]Die Grundsteuer der Kalenderjahre bis einschließlich 2024 bemisst sich ausschließlich nach den bundesgesetzlichen Regelungen.

(2) [1]Die Vorschriften der Abgabenordnung sind entsprechend anzuwenden, soweit in diesem Gesetz nichts anderes bestimmt ist. [2]§ 32h AO gilt mit der Maßgabe, dass der Landesbeauftragte für den Datenschutz zuständig und das Bayerische Datenschutzgesetz einschlägig ist.

(3) [1]Die im Grundsteuergesetz enthaltenen Verordnungsermächtigungen finden in Bezug auf die in diesem Gesetz geregelten Sachverhalte mit der Maßgabe Anwendung, dass die entsprechenden Rechtsverordnungen durch das Staatsministerium der Finanzen und für Heimat (Staatsministerium) erlassen werden. [2]Die darauf gestützten Rechtsverordnungen des Bundes finden diesbezüglich nur Anwendung, wenn und soweit das durch Rechtsverordnung des Staatsministeriums angeordnet ist.

Art. 10a
Übergangsregelungen

(1) Für die Anwendung des Art. 6 Abs. 2 Satz 3 und Abs. 3 Satz 1 dieses Gesetzes sowie der §§ 223 und 224 BewG ist für Feststellungszeitpunkte zwischen dem 1. Januar 2022 und dem 31. Dezember 2024 zu unterstellen, dass die Feststellungen für die Besteuerung nach diesem Gesetz von Bedeutung sind und die wirtschaftlichen Einheiten zur Besteuerung nach diesem Gesetz herangezogen oder nicht mehr herangezogen werden.

(2) ¹Die Vermessungsverwaltung stellt ab dem 1. Juli 2022 befristet bis zum 31. Dezember 2022 folgende Daten der Flurstücke zum Hauptfeststellungszeitpunkt kostenlos über eine allgemein zugängliche Internetanwendung zur Verfügung:

1. die Flurstücksnummer,
2. die amtliche Fläche,
3. den Gemeindenamen,
4. den Gemarkungsnamen und die Gemarkungsnummer,
5. die tatsächliche Nutzung mit den zugehörigen Flächenanteilen, und
6. soweit vorhanden die einzelnen Flächenanteile mit der zugehörigen Ertragsmesszahl und die Gesamtertragsmesszahl.

²Der Eigentümer hat das Recht, jederzeit ohne Angabe von Gründen gegen die Veröffentlichung der in Satz 1 Nr. 6 genannten Daten seines Flurstücks Widerspruch einzulegen. ³Widerspricht der Eigentümer, hat eine Veröffentlichung der entsprechenden Daten des Eigentümers durch die Vermessungsverwaltung in der Internetanwendung für die Zukunft zu unterbleiben.

Art. 10b
Änderung des Kommunalabgabengesetzes

In Art. 18 des Kommunalabgabengesetzes (KAG) in der Fassung der Bekanntmachung vom 4. April 1993 (GVBl. S. 264, BayRS 2024-1-I), das zuletzt durch § 1 des Gesetzes vom 19. Februar 2021 (GVBl. S. 40) geändert worden ist, werden nach dem Wort „Ausnahme" die Wörter „des Äquivalenzbetrags-," eingefügt.

Art. 11
Inkrafttreten, Außerkrafttreten

(1) Dieses Gesetz tritt am 1. Januar 2022 in Kraft.

(2) ¹Art. 10b tritt am 1. Juli 2022 außer Kraft. ²Art. 10a tritt am 31. Dezember 2029 außer Kraft.

III.3. Hamburg

Hamburgisches Grundsteuergesetz
(HmbGrStG)
Vom 24. August 2021
(HmbGVBl. I 2021, 600)

Der Senat verkündet das nachstehende von der Bürgerschaft beschlossene Gesetz:

Teil 1
Grundstücke; Grundsteuer B/Grundsteuer C

Abschnitt 1

Bemessung der Grundsteuer

§ 1
Steuergegenstand, Berechnungsformel

(1) Steuergegenstand der Grundsteuer B sind die Grundstücke als wirtschaftliche Einheiten des Grundvermögens. Die Grundsteuer ergibt sich durch eine Multiplikation des Grundsteuermessbetrags des Grundstücks und des durch ein Gesetz bestimmten Hebesatzes. Sie ist ein Jahresbetrag und auf volle Cent nach unten abzurunden.

(2) Der Grundsteuermessbetrag des Grundstücks ist die Summe

1. aus dem Produkt des Grundsteuerwerts des Grund und Bodens nach Absatz 3 Satz 1 und der Grundsteuermesszahl nach § 4 und
2. aus den jeweiligen Produkten der Grundsteuerwerte von Wohn- und Nutzflächen nach Absatz 3 Satz 2 und der jeweiligen Grundsteuermesszahl nach § 4.

Der Grundsteuermessbetrag des Grundstücks ist auf volle Cent nach unten abzurunden.

(3) Der Grundsteuerwert des Grund und Bodens ist der Äquivalenzbetrag, der sich durch eine Multiplikation der Fläche des Grund und Bodens mit der Äquivalenzzahl nach § 3 Absatz 1 ergibt; er wird auf eine Nachkommastelle nach unten abgerundet. Die Grundsteuerwerte von Wohn- und Nutzflächen der Gebäude sind die Äquivalenzbeträge, die sich durch eine Multiplikation der maßgeblichen Gebäudeflächen mit der Äquivalenzzahl nach § 3 Absatz 2 ergeben.

(4) Die Zurechnung mehrerer Wirtschaftsgüter zu einer wirtschaftlichen Einheit wird nicht dadurch ausgeschlossen, dass die Wirtschaftsgüter zum Teil der oder dem einen, zum Teil der anderen Ehegattin, dem anderen Ehegatten, der anderen Lebenspartnerin oder dem Lebenspartner zuzurechnen sind. Bei Gebäuden auf fremdem Grund und Boden sind der Grund und Boden der Eigentümerin oder dem Eigentümer des Grund und Bodens und die Gebäude der wirtschaftlichen Eigentümerin oder dem wirtschaftlichen Eigentümer der Gebäude zuzurechnen.

(5) Erstreckt sich der Steuergegenstand auch auf ein anderes Land, ist nur für das im Gebiet der Freien und Hansestadt Hamburg gelegene Grundvermögen Grundsteuer nach diesem Gesetz zu ermitteln und zu erheben. Dieses bildet eine eigenständige wirtschaftliche Einheit.

§ 2
Maßgebliche Flächen

(1) Gebäudefläche bei Wohnnutzung ist die Wohnfläche im Sinne der Wohnflächenverordnung vom 25. November 2003 (BGBl. I S. 2346) in der jeweils geltenden Fassung. Als Wohnnutzung gelten auch häusliche Arbeitszimmer. Im Übrigen ist die Nutzfläche des Gebäudes maßgeblich. Die Gebäudefläche ist durch eine geeignete Methode zu ermitteln.

(2) Nutzflächen von Garagen, die in räumlichem Zusammenhang zu der Wohnnutzung stehen, der sie rechtlich zugeordnet sind, bleiben bis zu einer Fläche von insgesamt 50 m² außer Ansatz. Dies gilt unter den Voraussetzungen des Satzes 1 auch für Garagen, die eine eigene wirtschaftliche Einheit bilden.

(3) Im Übrigen bleiben die Nutzflächen von Nebengebäuden von untergeordneter Bedeutung bis zu einer Fläche von 30 m² außer Ansatz, sofern sie in räumlichem Zusammenhang zur Wohnnutzung stehen, der sie zu dienen bestimmt sind. Dies gilt unter den Voraussetzungen des Satzes 1 auch für Nebengebäude, die eine eigene wirtschaftliche Einheit bilden.

(4) Ein Grundstück gilt als unbebaut, wenn die darauf errichteten Gebäude, mit Ausnahme der Fälle des Absatzes 2 Satz 2, eine Gebäudefläche von insgesamt weniger als 30 m² haben. Besteht ein Gebäude aus mehreren wirtschaftlichen Einheiten, ist die Gesamtgebäudefläche des Gebäudes anzusetzen. Die Gebäudefläche bleibt in der Folge außer Ansatz. § 246 des Bewertungsgesetzes in der Fassung vom 1. Februar 1991 (BGBl. I S. 231), zuletzt geändert am 21. Dezember 2020 (BGBl. I S. 3096, 3129), in der jeweils geltenden Fassung bleibt im Übrigen unberührt.

(5) Die für dieses Gesetz maßgeblichen Flächen von Grund und Boden und Gebäuden sind auf volle Quadratmeter nach unten abzurunden.

§ 3
Äquivalenzzahlen

(1) Die Äquivalenzzahl für die Fläche des Grund und Bodens beträgt 0,04 Euro je Quadratmeter. Abweichend von Satz 1 gilt:

1. Übersteigt die Fläche des Grund und Bodens das Zehnfache der Wohnfläche, wird die Äquivalenzzahl für den darüber hinaus gehenden Teil der Fläche nur zu 50 vom Hundert (v. H.) angesetzt, wenn die Gebäude mindestens zu 90 v. H. der Wohnnutzung dienen und soweit kein Fall nach Nummer 2 erster Halbsatz vorliegt,

2. ist die Fläche des Grund und Bodens zu mindestens 90 v. H. nicht bebaut, wird der Äquivalenzbetrag in Euro für die 10.000 m² übersteigende Fläche wie folgt angesetzt: (übersteigende Grund- und Bodenfläche x 0,04 Euro/m²)^{0,7}; in den Fällen nach Nummer 1 wird die Äquivalenzzahl für die Fläche des Grund und Bodens bis zum Zehnfachen der Wohnfläche stets zu 100 v. H. angesetzt.

(2) Die Äquivalenzzahl für Gebäudeflächen beträgt 0,50 Euro je Quadratmeter.

§ 4
Grundsteuermesszahlen

(1) Die Grundsteuermesszahl beträgt 100 v. H. Für den Äquivalenzbetrag der Wohnflächen wird die Grundsteuermesszahl auf 70 v. H. ermäßigt.

(2) Die Grundsteuermesszahl für den Äquivalenzbetrag der Wohnflächen wird um 25 v. H. ermäßigt, soweit eine normale Wohnlage vorliegt. Der Senat wird ermächtigt, durch Rechtsverordnung für Zwecke der Grundsteuer ein Verzeichnis für gute und normale Wohnlagen zu erlassen. Weisen Steuerpflichtige eine andere Wohnlage nach, so ist diese anzusetzen. Sofern keine Wohnlage aus der Rechtsverordnung nach Satz 2 ermittelbar ist, wird eine normale Wohnlage vermutet.

(3) Die Grundsteuermesszahlen für die Äquivalenzbeträge der Gebäudeflächen werden um 25 v. H. ermäßigt, wenn ein Baudenkmal nach § 4 Absatz 2 Satz 1 oder ein Ensemble nach § 4 Absatz 3 des Denkmalschutzgesetzes vom 5. April 2013 (HmbGVBl. S. 142), geändert am 26. Juni 2020 (HmbGVBl. S. 380, 384), in der jeweils geltenden Fassung vorliegt.

(4) Die Grundsteuermesszahl für den Äquivalenzbetrag der Wohnflächen wird um 25 v. H. ermäßigt, soweit die Wohnflächen

1. den Bindungen nach § 10 Absatz 3 in Verbindung mit § 10 Absätze 2 und 4 des Hamburgischen Wohnraumförderungsgesetzes vom 19. Februar 2008 (HmbGVBl. S. 74), zuletzt geändert am 21. Mai 2013 (HmbGVBl. S. 244),

2. den Bindungen nach § 25 in Verbindung mit § 13 Absätze 2 und 3 des Wohnraumförderungsgesetzes vom 13. September 2001 (BGBl. I S. 2376), zuletzt geändert am 20. November 2019 (BGBl. I S. 1626, 1652),

3. den Bindungen einer Förderung nach § 88d des Zweiten Wohnungsbaugesetzes in der Fassung vom 19. August 1994 (BGBl. I S. 2138) in der bis zum 31. Dezember 2001 geltenden Fassung unterliegen oder

4. nach dem Hamburgischen Wohnungsbindungsgesetz als öffentlich gefördert gelten.

(5) Eine Ermäßigung der Grundsteuermesszahlen nach den Absätzen 3 und 4 wird auf Antrag gewährt, wenn die jeweiligen Voraussetzungen zum Veranlagungszeitpunkt vorlagen. Sind mehrere Ermäßigungstatbestände erfüllt, sind die Ermäßigungen nacheinander anzuwenden. Bezugspunkt der Berechnung ist jeweils die vorangegangene Grundsteuermesszahlermäßigung. Die Ermäßigungen nach § 15 des Grundsteuergesetzes vom 7. August 1973 (BGBl. I S. 965), zuletzt geändert am 21. Dezember 2020 (BGBl. I S. 3096, 3129), in der jeweils geltenden Fassung gelten nicht.

§ 5
Gesonderter Hebesatz bei unbebauten und baureifen Grundstücken (Grundsteuer C)

Für unbebaute und baureife Grundstücke im Sinne des § 1 Absatz 1 Satz 1 kann ein abweichender Hebesatz (Grundsteuer C) bestimmt werden. § 25 Absatz 5 Sätze 1 bis 4 und 7 bis 9 des Grundsteuergesetzes finden Anwendung.

Abschnitt 2
Verfahren

§ 6
Feststellungsverfahren

(1) Die jeweiligen Grundsteuerwerte werden auf den 1. Januar 2022 allgemein festgestellt (Hauptfeststellung). Abweichend von § 221 des Bewertungsgesetzes findet keine turnusmäßige Hauptfeststellung statt. Bei der Ermittlung des Grundsteuerwerts ist § 163 der Abgabenordnung nicht anzuwenden.

(2) In dem Feststellungsbescheid für die Grundsteuerwerte der Grundstücke sind auch Feststellungen über die Fläche von Grund und Boden und die Gebäudeflächen zu treffen. Abweichend von § 219 Absatz 2 Nummer 1 des Bewertungsgesetzes wird die Grundstücksart der wirtschaftlichen Einheit nicht festgestellt. Feststellungen erfolgen nur, wenn und soweit sie für die Besteuerung von Bedeutung sind. Der Feststellungsbescheid kann mit dem nachfolgenden Grundsteuermessbescheid verbunden und zusammengefasst bekannt gegeben werden.

(3) Die Grundsteuerwerte (Wertfortschreibung) und die Flächen (Flächenfortschreibung) werden neu festgestellt, wenn ein Äquivalenzbetrag oder eine Fläche von der zuletzt getroffenen Feststellung abweicht und es für die Besteuerung von Bedeutung ist. Eine Fortschreibung nach Satz 1 findet auch zur Beseitigung eines Fehlers der letzten Feststellung statt.

(4) Für die Grundsteuerwerte nach diesem Gesetz gelten die Vorschriften des Bewertungsgesetzes über die Fortschreibung, Nachfeststellung, Aufhebung, Änderung und Nachholung der Feststellung im Übrigen sinngemäß.

(5) Die Aufforderung zur Abgabe einer Erklärung durch öffentliche Bekanntmachung nach § 228 Absatz 1 Satz 3 des Bewertungsgesetzes erfolgt durch das zuständige Finanzamt mittels Allgemeinverfügung. Abweichend von § 228 Absatz 2 des Bewertungsgesetzes sind die Änderungen der tatsächlichen Verhältnisse, die sich auf die Höhe des Grundsteuerwerts auswirken oder zu einer Nachfeststellung oder der Aufhebung des Grundsteuerwerts führen können, auf den Beginn des folgenden Kalenderjahres zusammengefasst anzuzeigen. Die Anzeige ist bis zum 31. März des Jahres abzugeben, das auf das Jahr folgt, in dem sich die tatsächlichen Verhältnisse geändert haben. In den Fällen des § 1 Absatz 4 Satz 2 ist § 228 Absatz 3 Nummer 1 des Bewertungsgesetzes anzuwenden.

(6) Die Erklärung und die Anzeige nach Absatz 5 sind Steuererklärungen im Sinne der Abgabenordnung, die nach amtlich vorgeschriebenem Datensatz durch Datenfernübertragung übermittelt werden sollen.

§ 7
Veranlagungsverfahren

(1) Die Grundsteuermessbeträge werden auf den 1. Januar 2025 allgemein festgesetzt (Hauptveranlagung). Der Grundsteuermessbetrag wird auch neu festgesetzt, wenn der Grundsteuermessbetrag, der sich für den Beginn eines Kalenderjahres ergibt, von dem entsprechenden Betrag des letzten Festsetzungszeitpunkts nach unten abweicht. Dasselbe gilt, wenn sein auf den Grund und Boden entfallender Anteil nach oben abweicht oder wenn sein auf das Gebäude entfallender Anteil um mehr als 5 Euro nach oben abweicht. Der Grundsteuermessbetrag wird auch dann neu festgesetzt, wenn dem Finanzamt bekannt wird, dass die letzte Veranlagung fehlerhaft ist.

(2) Im Übrigen gelten die Vorschriften des Grundsteuergesetzes über die Neuveranlagung, Nachveranlagung, Aufhebung und Zerlegung des Grundsteuermessbetrags und die Änderung des Grundsteuermessbescheids sinngemäß.

(3) Änderungen der Nutzung hat diejenige Person anzuzeigen, welcher der Steuergegenstand zuzurechnen ist. Satz 1 gilt für den Wegfall der Voraussetzungen für die ermäßigten Grundsteuermesszahlen nach § 4 Absätze 3 und 5 entsprechend. § 19 Absatz 1 Satz 1 des Grundsteuergesetzes bleibt unberührt. Abweichend von § 19 Absatz 1 Satz 2 und Absatz 2 Satz 2 des Grundsteuergesetzes ist die Anzeige nach den Sätzen 1 bis 3 bis zum 31. März des Jahres abzugeben, das auf das Jahr folgt, in dem sich die Verhältnisse geändert haben. § 6 Absatz 6 gilt entsprechend.

Abschnitt 3
Erlass

§ 8
Erlass im Härtefall

(1) In einem besonders gelagerten, nicht rohertragsbedingten Härtefall kann der Anteil der Grundsteuer B, der auf den Grundsteuermessbetrag eines nicht für Wohnzwecke genutzten Gebäudes entfällt, teilweise erlassen werden. Der Erlass wird nur auf Antrag gewährt. Der Antrag ist bis zu dem auf den Erlasszeitraum folgenden 31. März zu stellen. Einer jährlichen Wiederholung des Antrags bedarf es nicht. Die Steuerschuldnerin oder der Steuerschuldner ist verpflichtet, eine Änderung der maßgeblichen Verhältnisse dem zuständigen Finanzamt binnen drei Monaten nach Eintritt der Änderung anzuzeigen.

(2) Sofern in einem Fall des Absatzes 1 weitere Erlasstatbestände vorliegen, gilt die Grundsteuer nach Anwendung des Absatzes 1 als Ausgangswert für die Berechnung. Die Erlassregelungen des Grundsteuergesetzes bleiben ansonsten unberührt.

Teil 2
Betriebe der Land- und Forstwirtschaft; Grundsteuer A

§ 9
Abweichende Regelungen

(1) Zur Hofstelle nach § 234 Absatz 6 des Bewertungsgesetzes gehören auch Hof- und Wirtschaftsgebäudeflächen einschließlich der Nebenflächen, von denen aus keine land- und forstwirtschaftliche Betriebsflächen mehr nachhaltig bewirtschaftet werden, wenn sie keine Zweckbestimmung erhalten haben, die zu einer zwingenden Zuordnung zum Grundvermögen führt.

(2) § 1 Absatz 4 Satz 1 gilt für Betriebe der Land- und Forstwirtschaft entsprechend. In einen Betrieb der Land- und Forstwirtschaft, der von einer Gesellschaft oder Gemeinschaft des bürgerlichen Rechts betrieben wird, sind auch die Wirtschaftsgüter einzubeziehen, die einem oder mehreren Beteiligten gehören und dem Betrieb zu dienen bestimmt sind. In den Betrieb der Land- und Forstwirtschaft sind auch einzubeziehen

1. der Eigentümerin oder dem Eigentümer des Grund und Bodens nicht gehörende Gebäude, die auf dem Grund und Boden des Betriebs stehen,
2. der Eigentümerin oder dem Eigentümer des Grund und Bodens nicht gehörende Betriebsmittel, die der Bewirtschaftung des Betriebs dienen, und
3. ein Anteil an einem Wirtschaftsgut der Eigentümerin oder des Eigentümers des Betriebs der Land- und Forstwirtschaft, wenn es mit dem Betrieb zusammen genutzt wird.

(3) § 1 Absatz 4, § 6 Absätze 5 und 6 sowie § 7 Absatz 3 Sätze 3 bis 5 gelten für Betriebe der Land- und Forstwirtschaft entsprechend.

Teil 3
Erhebung der Grundsteuer

§ 10
Fälligkeit bei Kleinbeträgen

Die Grundsteuer wird fällig

1. am 15. August mit ihrem Jahresbetrag, wenn dieser 15 Euro nicht übersteigt,
2. am 15. Februar und am 15. August mit je einer Hälfte ihres Jahresbetrags, wenn dieser 30 Euro nicht übersteigt.

Teil 4
Anwendung von Bundesrecht; Übergangs- und Schlussvorschriften

§ 11
Anwendung von Bundesrecht

(1) Die Bestimmungen des Grundsteuergesetzes und des Bewertungsgesetzes sind für Zwecke der Festsetzung und Erhebung der Grundsteuer ab dem Kalenderjahr 2025 nur anzuwenden, soweit sich aus

diesem Gesetz nichts anderes ergibt. Auf die Festsetzung und Erhebung der Grundsteuer der Kalenderjahre bis einschließlich 2024 findet dieses Gesetz keine Anwendung.

(2) Die Vorschriften der Abgabenordnung sind entsprechend anzuwenden, soweit in diesem Gesetz nichts anderes bestimmt ist. § 32h der Abgabenordnung gilt mit der Maßgabe, dass die oder der Hamburgische Beauftragte für Datenschutz und Informationsfreiheit zuständig und das Hamburgische Datenschutzgesetz vom 18. Mai 2018 (HmbGVBl. S. 145) in der jeweils geltenden Fassung einschlägig ist.

(3) Rechtsverordnungen des Bundes finden für die Grundsteuer B und C keine Anwendung.

§ 12
Übergangsregelungen

(1) Die Grundsteuerwerte werden auf den 1. Januar 2022 allgemein festgestellt. Die Grundsteuermessbeträge nach diesem Gesetz werden auf den 1. Januar 2025 allgemein festgesetzt.

(2) Für die Anwendung des § 6 Absatz 1 Satz 2 und des § 6 Absatz 3 Satz 1 dieses Gesetzes sowie der § 223 Absatz 1 Nummer 2 und § 224 Absatz 1 Nummer 2 des Bewertungsgesetzes ist für Feststellungszeitpunkte zwischen dem 1. Januar 2022 und dem 31. Dezember 2024 zu unterstellen, dass die Feststellungen für die Besteuerung nach diesem Gesetz von Bedeutung sind und hinsichtlich der Besteuerung der wirtschaftlichen Einheiten die Regelungen dieses Gesetzes gelten.

§ 13
Außerkrafttreten

Mit Ablauf des 31. Dezember 2024 tritt das Gesetz über die Erhebung der Grundsteuer vom 21. Januar 1974 (HmbGVBl. S. 8) in der geltenden Fassung außer Kraft.

III.4. Hessen

Hessisches Grundsteuergesetz (HGrStG)
Vom 15. Dezember 2021
(GVBl. 2021, 906)

§ 1
Geltungsbereich

(1) Dieses Gesetz gilt für wirtschaftliche Einheiten des Grundvermögens (Grundstücke) nach den §§ 2, 218 Satz 1 Nr. 2 und Satz 3 in Verbindung mit § 99 Abs. 1 Nr. 1, sowie den §§ 243 und 244 des Bewertungsgesetzes in der Fassung der Bekanntmachung vom 1. Februar 1991 (BGBl. I S. 230), zuletzt geändert durch Gesetz vom 16. Juli 2021 (BGBl. I S. 2931), in der am 24. Dezember 2021 geltenden Fassung.

§ 2
Abweichende Regelungen vom Grundsteuergesetz, Anwendung des Bewertungsgesetzes, der Abgabenordnung und des Finanzverwaltungsgesetzes

(1) Es gelten
1. § 3 anstelle des § 10 des Grundsteuergesetzes,
2. die §§ 4, 5 und 7 anstelle des § 13 des Grundsteuergesetzes,
3. § 6 anstelle des § 15 Abs. 1 und 5 des Grundsteuergesetzes,
4. § 8 anstelle der §§ 16 und 36 des Grundsteuergesetzes,
5. § 9 anstelle des § 17 des Grundsteuergesetzes,
6. § 10 anstelle des § 18 des Grundsteuergesetzes,
7. § 11 anstelle des § 20 des Grundsteuergesetzes,
8. § 12 anstelle des § 17 Abs. 4, § 18 Abs. 4, § 20 Abs. 3 und § 21 des Grundsteuergesetzes und
9. § 13 anstelle des § 25 Abs. 5 des Grundsteuergesetzes

vom 7. August 1973 (BGBl. I S. 965), zuletzt geändert durch Gesetz vom 16. Juli 2021 (BGBl. I S. 2931), in der am 24. Dezember 2021 geltenden Fassung.

(2) Die allgemeinen Bewertungsvorschriften der §§ 2 bis 16 des Bewertungsgesetzes in der am 24. Dezember 2021 geltenden Fassung sind anwendbar, soweit sie zur Anwendung dieses Gesetzes erforderlich sind. Bei der Anwendung von § 2 des Bewertungsgesetzes in der am 24. Dezember 2021 geltenden Fassung kommen mehrere Wirtschaftsgüter als eine wirtschaftliche Einheit nur insoweit in Betracht, als sie im Gebiet derselben Gemeinde nach § 15 der Hessischen Gemeindeordnung belegen sind.

(3) Für Zwecke dieses Gesetzes sind die besonderen Bewertungsvorschriften und Schlussbestimmungen nach
1. § 218 Satz 1 Nr. 2 und Satz 3 in Verbindung mit § 99 Abs. 1 Nr. 1,
2. den 243 bis 246 und 248,
3. § 249 Abs. 5, 6 und 10 und
4. § 266 Abs. 3 und 5

des Bewertungsgesetzes in der am 24. Dezember 2021 geltenden Fassung entsprechend anwendbar.

(4) Die §§ 228 und 229 des Bewertungsgesetzes in der am 24. Dezember 2021 geltenden Fassung gelten für die Festsetzung von Steuermessbeträgen nach diesem Gesetz entsprechend mit der Maßgabe, dass
1. die Aufforderung zur Abgabe der Erklärung nach § 228 Abs. 1 Satz 3 des Bewertungsgesetzes in der am 24. Dezember 2021 geltenden Fassung durch das Ministerium der Finanzen durch öffentliche Bekanntmachung erfolgen kann; es kann die Befugnis durch Erlass auf nachgeordnete Dienststellen übertragen,
2. in den Fällen des § 228 Abs. 4 des Bewertungsgesetzes in der am 24. Dezember 2021 geltenden Fassung an die Stelle des für die gesonderte Feststellung zuständigen Finanzamts das für die Festsetzung des Steuermessbetrags zuständige Finanzamt tritt.

Das Grundrecht der Unverletzlichkeit der Wohnung (Art. 13 des Grundgesetzes, Art. 8 der Verfassung des Landes Hessen) wird durch die Befugnis für örtliche Erhebungen über die Bewertungsgrundlagen nach § 229 Abs. 2 Satz 1 des Bewertungsgesetzes in der am 24. Dezember 2021 geltenden Fassung eingeschränkt.

(5) Für Handlungen und Entscheidungen der Landesfinanzbehörden im Zusammenhang mit den Regelungen dieses Gesetzes gelten die Vorschriften
1. der Abgabenordnung in der Fassung der Bekanntmachung vom 1. Oktober 2002 (BGBl. I S. 3866; 2003 I S. 61), zuletzt geändert durch Gesetz vom 25. Juni 2021 (BGBl. I S. 2154), entsprechend mit der Maßgabe, dass in den Fällen des § 182 Abs. 2 Satz 1 der Abgabenordnung an die Stelle des Feststellungsbescheides über einen Grundsteuerwert der Feststellungsbescheid über einen Steuermessbetrag tritt,
2. des Finanzverwaltungsgesetzes in der Fassung der Bekanntmachung vom 4. April 2006 (BGBl. I S. 846, 1202), zuletzt geändert durch Gesetz vom 25. Juni 2021 (BGBl. I S. 2056), entsprechend, soweit dieses Gesetz keine abweichende Regelung enthält.

§ 3
Steuerschuldner
(ersetzt den § 10 des Grundsteuergesetzes)

(1) Schuldner der Grundsteuer ist derjenige, dem der Steuergegenstand nach § 2 Nr. 2 des Grundsteuergesetzes in der am 24. Dezember 2021 geltenden Fassung bei der Festsetzung des Steuermessbetrags zuzurechnen ist. Ist der Steuergegenstand mehreren Personen zuzurechnen, so sind sie Gesamtschuldner.

(2) Soweit nichts anderes bestimmt ist, richtet sich die Zurechnung des Steuergegenstands nach § 39 Abs. 1 und 2 Nr. 1 der Abgabenordnung. Im Falle eines Erbbaurechts, eines Wohnungserbbaurechts oder Teilerbbaurechts ist der Steuermessbetrag dem Erbbauberechtigten, im Falle eines Gebäudes auf fremdem Grund und Boden dem Eigentümer des Grund und Bodens zuzurechnen.

§ 4
Steuermessbetrag
(ersetzt den § 13 des Grundsteuergesetzes)

(1) Bei der Berechnung der Grundsteuer ist von einem Steuermessbetrag auszugehen. Dieser ermittelt sich, indem die Flächenbeträge nach § 5 jeweils mit den Steuermesszahlen nach § 6 multipliziert werden, die Summe dieser Produkte (Ausgangsbetrag) wiederum mit dem Faktor nach § 7 multipliziert wird und das daraus resultierende Ergebnis auf volle Euro abgerundet wird.

(2) Ist der Steuergegenstand zum Teil steuerbefreit, wird der Steuermessbetrag für den steuerpflichtigen Teil ermittelt und festgesetzt. Ist der Steuergegenstand vollständig steuerbefreit, wird kein Steuermessbetrag ermittelt und festgesetzt.

(3) Bei der Ermittlung des Steuermessbetrags ist § 2 Abs. 1 und 2 des Bewertungsgesetzes in der am 24. Dezember 2021 geltenden Fassung sinngemäß anzuwenden. Bei Erbbaurechten ist für das Erbbaurecht und das Erbbaurechtsgrundstück nur ein Steuermessbetrag zu ermitteln; dieser entspricht dem Betrag, der festzusetzen wäre, wenn die Belastung mit dem Erbbaurecht nicht bestünde. Satz 2 gilt entsprechend für Wohnungserbbaurechte und Teilerbbaurechte. Bei Gebäuden auf fremdem Grund und Boden ist für den Grund und Boden sowie für das Gebäude auf fremdem Grund und Boden nur ein Steuermessbetrag zu ermitteln.

§ 5
Flächenbeträge
(ersetzt den § 13 des Grundsteuergesetzes)

(1) Der Flächenbetrag für den Grund und Boden ist das Produkt aus der Fläche des zum Grundstück gehörenden Grund und Bodens in Quadratmetern und einem Ansatz von 0,04 Euro je Quadratmeter.

(2) Der Flächenbetrag für den zu Wohnzwecken genutzten Teil eines zum Grundstück gehörenden benutzbaren Gebäudes nach § 248 Bewertungsgesetz in der am 24. Dezember 2021 geltenden Fassung ist das Produkt aus der Wohnfläche in Quadratmetern und einem Ansatz von 0,50 Euro je Quadratmeter. Nicht genutzte Flächen nach Satz 1, die zuvor zu Wohnzwecken genutzt wurden, gelten bis zu einer Nutzung zu anderen Zwecken weiterhin als zu Wohnzwecken genutzt. Die Vermietung von Wohn- und Schlafräumen zur kurzfristigen Beherbergung von Personen ist kein Wohnzweck. Ein häusliches Arbeitszimmer gilt ungeachtet der ertragsteuerlichen Würdigung als zu Wohnzwecken genutzt. Garagen, die zu Wohnzwecken genutzten Gebäuden oder Gebäudeteilen zu dienen bestimmt sind, bleiben außer Ansatz, wenn sie in räumlichem Zusammenhang zum Gebäude oder Gebäudeteil stehen oder wenn sie eine eigene wirtschaftliche Einheit bilden und ihre Nutzungsfläche 100 Quadratmeter nicht überschreitet. Nebengebäude, die zu Wohnzwecken genutzten Gebäuden oder Gebäudeteilen zu dienen bestimmt und von untergeordneter Bedeutung sind, bleiben außer Ansatz, wenn sie in räumlichem Zusammenhang zum Gebäude oder Gebäudeteil stehen oder eine eigene wirtschaftliche Einheit bilden. Von

einer untergeordneten Bedeutung ist auszugehen, wenn die Gebäudefläche jeweils weniger als 30 Quadratmeter beträgt. Die Nutzungsfläche von Garagen und Nebengebäuden, die nach Satz 5 bis 7 nicht außer Ansatz bleiben, gilt als Wohnfläche im Sinne des Satzes 1.

(3) Der Flächenbetrag für den zu anderen Zwecken als Wohnzwecken genutzten Teil eines zum Grundstück gehörenden benutzbaren Gebäudes nach § 248 Bewertungsgesetz in der am 24. Dezember 2021 geltenden Fassung ist das Produkt aus der Nutzungsfläche in Quadratmetern und einem Ansatz von 0,50 Euro je Quadratmeter. Nicht genutzte Flächen nach Satz 1, die zuvor zu anderen Zwecken als Wohnzwecken genutzt wurden, gelten bis zu einer Nutzung zu Wohnzwecken weiterhin als zu anderen Zwecken als Wohnzwecken genutzt.

(4) Bei der Berechnung nach den Abs. 1 bis 3 sind für Wohnungseigentum und Teileigentum § 249 Abs. 5 und 6 des Bewertungsgesetzes in der am 24. Dezember 2021 geltenden Fassung entsprechend anzuwenden. Für Garagenstellplätze und Nebengebäude im Wohnungseigentum gilt Abs. 2 Satz 5 bis 8 entsprechend.

(5) Beträgt die Gebäudefläche der auf einem Grundstück errichteten Gebäude insgesamt weniger als 30 Quadratmeter, bleibt diese für die Ermittlung der Flächenbeträge nach Abs. 1 bis 3 außer Ansatz. Außer Ansatz bleiben auch Gebäude oder Gebäudeteile für den Zivilschutz nach § 245 Bewertungsgesetz in der am 24. Dezember 2021 geltenden Fassung.

(6) Bei der Anwendung der Abs. 1 bis 5 ist stets von vollen Quadratmetern auszugehen. Hierfür sind Nachkommastellen abzurunden.

§ 6
Steuermesszahlen
(ersetzt den § 15 Abs. 1 und 5 des Grundsteuergesetzes)

(1) Die Steuermesszahl für die Flächenbeträge nach § 5 Abs. 1 und 3 beträgt 100 Prozent.

(2) Die Steuermesszahl für den Flächenbetrag nach § 5 Abs. 2 beträgt 70 Prozent.

(3) Für Kulturdenkmäler im Sinne des Hessischen Denkmalschutzgesetzes vom 28. November 2016 (GVBl. S. 211) werden die Steuermesszahlen nach den Abs. 1 und 2 für die Flächenbeträge nach § 5 Abs. 2 und 3 auf Antrag um 25 Prozent ermäßigt, wenn die Voraussetzungen zum Veranlagungszeitpunkt vorliegen.

(4) § 15 Abs. 2 bis 4 des Grundsteuergesetzes in der am 24. Dezember 2021 geltenden Fassung sind anzuwenden.

§ 7
Faktor
(ersetzt den § 13 des Grundsteuergesetzes)

(1) Der Faktor ergibt sich nach folgender Formel:

Faktor = (Bodenrichtwert nach Abs. 2 / durchschnittlicher Bodenrichtwert nach Abs. 3)^{0,3}

Der Faktor wird auf zwei Nachkommastellen abgerundet.

(2) Der Bodenrichtwert ist der zum jeweiligen Hauptveranlagungszeitpunkt nach § 8 Abs. 1 Satz 2 ermittelte Bodenrichtwert nach § 196 Baugesetzbuch der Bodenrichtwertzone, in der das Grundstück liegt. Erstreckt sich das Grundstück über mehr als eine Bodenrichtwertzone, wird für jede in einer Bodenrichtwertzone gelegene Grundstücksteilfläche der jeweilige Bodenrichtwert mit dem Quotienten aus der Grundstücksteilfläche und der Fläche des Grundstücks (jeweils in Quadratmetern) multipliziert; die Summe dieser Produkte ist als Bodenrichtwert der wirtschaftlichen Einheit anzusetzen. In deckungsgleichen Bodenrichtwertzonen ist jeweils der niedrigste der Bodenrichtwerte anzusetzen. Für Zonen ohne festgestellten Bodenrichtwert (symbolischer Bodenrichtwert) oder wenn für das Grundstück zum jeweiligen Hauptveranlagungszeitpunkt kein Bodenrichtwert für baureifes Land vorliegt, wird der durchschnittliche Bodenrichtwert in der Gemeinde nach Abs. 3 angesetzt. Für bebaute oder bebaubare Grundstücke im Außenbereich nach § 35 Baugesetzbuch werden zehn Prozent des durchschnittlichen Bodenrichtwertes nach Abs. 3 angesetzt.

(3) Der durchschnittliche Bodenrichtwert ist der auf den jeweiligen Hauptveranlagungszeitpunkt nach § 8 Abs. 1 Satz 2 ermittelte durchschnittliche Bodenrichtwert in der Gemeinde. Er wird durch die Zentrale Geschäftsstelle der Gutachterausschüsse für Immobilienwerte des Landes Hessen aus den Bodenrichtwerten für baureifes Land in der jeweiligen Gemeinde zum jeweiligen Hauptveranlagungszeitpunkt als flächengewichteter Mittelwert berechnet und auf volle Euro gerundet. Bei deckungsgleichen Bodenrichtwertzonen ist jeweils der niedrigste der Bodenrichtwerte in die Ermittlung einzubeziehen. Bodenrichtwerte im Außenbereich nach § 35 Baugesetzbuch sowie Zonen ohne festgestellten Bodenrichtwert (symbolischer Bodenrichtwert) werden nicht berücksichtigt. Die für alle Gemeinden berechneten durchschnittlichen Bodenrichtwerte werden im Staatsanzeiger für das Land Hessen veröffentlicht.

§ 8
Hauptveranlagung
(ersetzt die §§ 16 und 36 des Grundsteuergesetzes)

(1) Steuermessbeträge werden erstmalig auf den 1. Januar 2022 und danach in Zeitabständen von vierzehn Jahren jeweils auf den 1. Januar allgemein festgesetzt (Hauptveranlagung). Die in Satz 1 bezeichneten Zeitpunkte sind Hauptveranlagungszeitpunkte. Der Zeitraum zwischen zwei Hauptveranlagungszeitpunkten ist der Hauptveranlagungszeitraum. Der Hauptveranlagung werden die Verhältnisse zum Hauptveranlagungszeitpunkt zugrunde gelegt.

(2) Die bei einer Hauptveranlagung festgesetzten Steuermessbeträge gelten vorbehaltlich der §§ 9 und 11 von dem Kalenderjahr an, das ein Jahr nach dem Hauptveranlagungszeitpunkt beginnt, frühestens vom Kalenderjahr 2025 an. Die durch Hauptveranlagung festgesetzten Steuermessbeträge bleiben unbeschadet der §§ 9 und 11 bis zu dem Zeitpunkt maßgebend, von dem an die Steuermessbeträge der nächsten Hauptveranlagung wirksam werden.

(3) Ist die Festsetzungsfrist nach § 169 Abgabenordnung bereits abgelaufen, kann die Hauptveranlagung unter Zugrundelegung der Verhältnisse vom Hauptveranlagungszeitpunkt mit Wirkung für einen späteren Veranlagungszeitpunkt vorgenommen werden, für den diese Frist noch nicht abgelaufen ist.

§ 9
Neuveranlagung
(ersetzt den § 17 des Grundsteuergesetzes)

(1) Der Steuermessbetrag wird neu festgesetzt (Neuveranlagung), wenn

1. während des Hauptveranlagungszeitraumes nach § 8 Abs. 1 Satz 3 Änderungen in den tatsächlichen Verhältnissen eintreten, die sich auf die Höhe des Steuermessbetrages nach § 4 oder auf die Steuerschuldnerschaft nach § 3 auswirken, oder
2. die letzte Veranlagung fehlerhaft ist; § 176 der Abgabenordnung ist hierbei entsprechend anzuwenden; das gilt jedoch nur für Veranlagungszeitpunkte, die vor der Verkündung der maßgeblichen Entscheidung eines obersten Gerichts liegen.

(2) Der Neuveranlagung werden die tatsächlichen Verhältnisse im Neuveranlagungszeitpunkt zugrunde gelegt. Neuveranlagungszeitpunkt ist der Beginn des Kalenderjahres, das auf das Kalenderjahr folgt, in dem die Änderungen eingetreten oder der Fehler dem Finanzamt bekannt geworden ist. Für die Berechnung des Faktors nach § 7 sind die Verhältnisse im Hauptveranlagungszeitpunkt maßgebend.

§ 10
Nachveranlagung
(ersetzt den § 18 des Grundsteuergesetzes)

(1) Der Steuermessbetrag wird nachträglich festgesetzt (Nachveranlagung), wenn

1. eine wirtschaftliche Einheit neu entsteht oder
2. der Grund für eine vollständige Steuerbefreiung des Steuergegenstands weggefallen ist.

(2) Der Nachveranlagung werden die tatsächlichen Verhältnisse im Nachveranlagungszeitpunkt zugrunde gelegt. Nachveranlagungszeitpunkt ist der Beginn des Kalenderjahres, das auf das Kalenderjahr folgt, in dem die wirtschaftliche Einheit neu entstanden oder der Befreiungsgrund weggefallen ist. Für die Berechnung des Faktors nach § 7 sind die Verhältnisse im Hauptveranlagungszeitpunkt maßgebend.

§ 11
Aufhebung des Steuermessbetrags
(ersetzt den § 20 des Grundsteuergesetzes)

(1) Der Steuermessbetrag wird aufgehoben, wenn

1. eine wirtschaftliche Einheit wegfällt oder
2. für den gesamten Steuergegenstand nach § 2 Nr. 2 Grundsteuergesetz in der am 24. Dezember 2021 geltenden Fassung ein Steuerbefreiungsgrund eintritt.

(2) Die Aufhebung erfolgt mit Wirkung vom Beginn des Kalenderjahres, das auf das Kalenderjahr folgt, in dem die wirtschaftliche Einheit weggefallen oder der Befreiungsgrund eingetreten ist.

§ 12
Gemeinsame Vorschriften zur Neuveranlagung, Nachveranlagung und Aufhebung des Steuermessbetrags
(ersetzt die §§ 17 Abs. 4, 18 Abs. 4, 20 Abs. 3 und 21 des Grundsteuergesetzes)

(1) Treten die Voraussetzungen für eine Neuveranlagung, Nachveranlagung oder Aufhebung des Steuermessbetrags während des Zeitraums zwischen dem ersten Hauptveranlagungszeitpunkt nach § 8 Abs. 1 Satz 2, dem 1. Januar 2022, und dem frühesten Zeitpunkt des Wirksamwerdens der Steuermessbeträge nach § 8 Abs. 2, dem 1. Januar 2025, ein, werden die Neuveranlagung, Nachveranlagung oder Aufhebung des Steuermessbetrags auf den Zeitpunkt des Wirksamwerdens der Steuermessbeträge vorgenommen.

(2) Sind zu einem nachfolgenden Hauptveranlagungszeitpunkt nach § 8 Abs. 1 Satz 2 tatsächliche Verhältnisse zu berücksichtigen, welche die Voraussetzungen einer Neuveranlagung, Nachveranlagung oder Aufhebung des Steuermessbetrags erfüllen, ist für den Steuermessbetrag eine Neuveranlagung, Nachveranlagung oder Aufhebung anstelle der Hauptveranlagung durchzuführen. Für die Berechnung des Faktors nach § 7 sind dabei die Verhältnisse in diesem Hauptveranlagungszeitpunkt maßgebend.

(3) Bescheide über die Neuveranlagung, Nachveranlagung oder Aufhebung von Steuermessbeträgen können schon vor dem maßgebenden Veranlagungszeitpunkt erteilt werden. Sie sind zu ändern oder aufzuheben, wenn sich bis zu diesem Zeitpunkt Änderungen ergeben, die zu einer abweichenden Festsetzung führen.

(4) Ist die Festsetzungsfrist nach § 169 der Abgabenordnung bereits abgelaufen, können die Neuveranlagung, Nachveranlagung oder Aufhebung unter Zugrundelegung der Verhältnisse vom Hauptveranlagungszeitpunkt mit Wirkung für einen späteren Veranlagungszeitpunkt vorgenommen werden, für den diese Frist noch nicht abgelaufen ist.

§ 13
Hebesatz für baureife Grundstücke
(ersetzt den § 25 Abs. 5 des Grundsteuergesetzes)

(1) Die Gemeinde kann aus städtebaulichen Gründen baureife Grundstücke als besondere Grundstücksgruppe innerhalb der unbebauten Grundstücke im Sinne des § 246 des Bewertungsgesetzes in der am 24. Dezember 2021 geltenden Fassung bestimmen und hierfür ein gesonderten Hebesatz festsetzen oder mehrere, nach der Dauer der Baureife der Grundstücke abgestufte, gesonderte Hebesätze festsetzen. Für die Dauer der Baureife bleiben Zeiträume vor dem 24. Dezember 2021 unberücksichtigt.

(2) Als städtebauliche Gründe im Sinne des Abs. 1 Satz 1 kommen insbesondere die Deckung eines erhöhten Bedarfs an Wohn- und Arbeitsstätten sowie Gemeinbedarfs- und Folgeeinrichtungen, die Nachverdichtung bestehender Siedlungsstrukturen oder die Stärkung der Innenentwicklung in Betracht.

(3) Baureife Grundstücke im Sinne des Abs. 1 Satz 1 sind unbebaute Grundstücke nach § 246 des Bewertungsgesetzes in der am 24. Dezember 2021 geltenden Fassung, die nach Lage, Form und Größe und ihrem sonstigen tatsächlichen Zustand sowie nach öffentlich-rechtlichen Vorschriften sofort bebaut werden könnten. Eine erforderliche, aber noch nicht erteilte Baugenehmigung sowie zivilrechtliche Gründe, die einer sofortigen Bebauung entgegenstehen, sind unbeachtlich.

(4) Die Gemeinde hat den gesonderten Hebesatz oder die gesonderten Hebesätze nach Abs. 1 Satz 1 auf einen bestimmten Gemeindeteil zu beschränken, wenn nur für diesen Gemeindeteil die städtebaulichen Gründe vorliegen. Der Gemeindeteil muss mindestens 10 Prozent der Siedlungsfläche des Gemeindegebiets nach der Gemeindestatistik des Hessischen Statistischen Landesamtes umfassen und in ihm müssen mehrere baureife Grundstücke belegen sein.

(5) Die genaue Bezeichnung der baureifen Grundstücke, deren Lage sowie das Gemeindegebiet, auf das sich der gesonderte Hebesatz oder die gesonderten Hebesätze beziehen, sind jeweils nach den Verhältnissen zu Beginn eines Kalenderjahres von der Gemeinde zu bestimmen, in einer Karte nachzuweisen und öffentlich bekannt zu geben. Die städtebaulichen Erwägungen sind nachvollziehbar darzulegen und die Wahl des Gemeindegebiets, auf das sich der gesonderte Hebesatz oder die gesonderten Hebesätze beziehen sollen, ist zu begründen.

(6) Der gesonderte Hebesatz oder die gesonderten Hebesätze nach Abs. 1 Satz 1 müssen höher sein als der einheitliche Hebesatz für die übrigen in der Gemeinde liegenden Grundstücke, dürfen jedoch das Fünffache des einheitlichen Hebesatzes nicht überschreiten. Die Gemeinde kann eine Karenzzeit bestimmen, innerhalb der ein gesonderter Hebesatz nach Abs. 1 Satz 1 noch nicht gilt, sondern stattdessen der einheitliche Hebesatz für die übrigen in der Gemeinde liegenden Grundstücke.

§ 14
Erlass wegen wesentlicher Ertragsminderung

§ 34 des Grundsteuergesetzes in der am 24. Dezember 2021 geltenden Fassung gilt entsprechend mit der Maßgabe, dass

1. in Abs. 3 Satz 2 an die Stelle des Grundsteuerwerts der Steuermessbetrag und
2. in Abs. 4 an die Stelle der Fortschreibung des Grundsteuerwerts die Festsetzung des Steuermessbetrags tritt.

§ 15
Rechtsweg und Revisibilität des Landesrechts

Gegen Entscheidungen der Landesfinanzbehörden nach diesem Gesetz ist der Finanzrechtsweg nach § 4 Abs. 1 des Hessischen Ausführungsgesetzes zur Finanzgerichtsordnung vom 17. Dezember 1965 (GVBl. I S. 347), zuletzt geändert durch Gesetz vom 21. Dezember 1976 (GVBl. I S. 532), eröffnet. Die Vorschriften der Finanzgerichtsordnung sind entsprechend anzuwenden, soweit dieses Gesetz keine abweichende Regelung enthält. Die Revision an den Bundesfinanzhof kann auch darauf gestützt werden, dass das angefochtene Urteil des Finanzgerichts auf der Verletzung dieses Gesetzes beruhe.

§ 16
Ermächtigungen

Das Ministerium der Finanzen und das Ministerium für Wirtschaft, Energie, Verkehr und Wohnen werden ermächtigt, die automatisierte Bereitstellung der für die Ermittlung des Faktors nach § 7 erforderlichen Merkmale auf der Grundlage des § 17 der Ausführungsverordnung zum Baugesetzbuch vom 15. Juni 2018 (GVBl. S. 258), geändert durch Gesetz vom 16. März 2021 (GVBl. S. 195), zu koordinieren. § 229 Abs. 5 des Bewertungsgesetzes in der am 24. Dezember 2021 geltenden Fassung ist insoweit nicht anzuwenden.

§ 17
Inkrafttreten

Dieses Gesetz tritt am Tag nach der Verkündung in Kraft.

III.5. Niedersachsen

Niedersächsisches Grundsteuergesetz (NGrStG)
Vom 7. Juli 2021
(Nds. GVBl. 2021, 502)

§ 1
Geltungsbereich

Der Niedersächsische Landtag hat das folgende Gesetz beschlossen:

§ 1
Regelungszweck

[1]Dieses Gesetz trifft für Zwecke der Ermittlung, Festsetzung und Erhebung der Grundsteuer für Zeiträume ab dem Kalenderjahr 2025 von den Bestimmungen des Grundsteuergesetzes (GrStG) und des Bewertungsgesetzes (BewG) abweichende Regelungen für Niedersachsen. [2]Die Bestimmungen des Grundsteuergesetzes und des Bewertungsgesetzes sind für Zwecke der Ermittlung, Festsetzung und Erhebung der Grundsteuer für die in Satz 1 genannten Zeiträume nur anzuwenden, soweit sich aus diesem Gesetz nichts anderes ergibt. [3]Soweit diese Bestimmungen den Grundsteuerwert betreffen, sind sie für Zwecke der Ermittlung, Festsetzung und Erhebung der Grundsteuer B entsprechend auf die Äquivalenzbeträge nach § 2 Abs. 3 anzuwenden, soweit sich aus diesem Gesetz nichts anderes ergibt.

Erster Teil
Grundstücke, Grundsteuer B

Erstes Kapitel
Ermittlung der Grundsteuer

§ 2
Steuergegenstand, Berechnungsformel

(1) [1]Steuergegenstand der Grundsteuer B nach diesem Gesetz sind vorbehaltlich des Absatzes 4 Satz 2 die Grundstücke im Sinne des § 2 Nr. 2 GrStG als wirtschaftliche Einheiten des Grundvermögens. [2]Die Grundsteuer B ergibt sich durch eine Multiplikation des Grundsteuermessbetrags des Grundstücks nach Absatz 2 mit dem von der Gemeinde bestimmten jeweiligen Hebesatz. [3]Sie ist ein Jahresbetrag und auf volle Cent nach unten abzurunden.

(2) [1]Der Grundsteuermessbetrag des Grundstücks ist durch Anwendung der jeweiligen Grundsteuermesszahl nach § 6 auf den Äquivalenzbetrag des Grund und Bodens nach Absatz 3 Satz 1 und den jeweiligen Äquivalenzbetrag der Wohnfläche oder der Nutzfläche etwaiger Gebäude des Grundstücks nach Absatz 3 Satz 2 zu ermitteln. [2]Die Summe dieser Ergebnisse ist als Grundsteuermessbetrag des Grundstücks auf volle Cent nach unten abzurunden.

(3) [1]Der Äquivalenzbetrag des Grund und Bodens ergibt sich durch eine Multiplikation der nach § 3 maßgeblichen Fläche des Grund und Bodens mit der jeweiligen nach § 4 Abs. 2 zu ermittelnden Äquivalenzzahl und dem Lage-Faktor nach § 5. [2]Die Äquivalenzbeträge von Wohn- oder Nutzfläche der Gebäude ergeben sich durch eine Multiplikation der jeweiligen nach § 3 maßgeblichen Gebäudeflächen mit der Äquivalenzzahl nach § 4 Abs. 1 und dem Lage-Faktor nach § 5. [3]Der Äquivalenzbetrag des Grund und Bodens sowie die Äquivalenzbeträge der Wohn- und Nutzfläche der Gebäude werden jeweils auf volle Cent nach unten abgerundet.

(4) [1]Die Zurechnung mehrerer Wirtschaftsgüter zu einer wirtschaftlichen Einheit wird abweichend von § 2 Abs. 2 BewG nicht dadurch ausgeschlossen, dass die Wirtschaftsgüter zum Teil der einen Ehegattin oder Lebenspartnerin oder dem einen Ehegatten oder Lebenspartner, zum Teil der anderen Ehegattin oder Lebenspartnerin oder dem anderen Ehegatten oder Lebenspartner gehören. [2]Bei Gebäuden auf fremdem Grund und Boden sind abweichend von § 244 Abs. 3 Nr. 2 und § 262 BewG der Grund und Boden der Eigentümerin oder dem Eigentümer des Grund und Bodens und die Gebäude der wirtschaftlichen Eigentümerin oder dem wirtschaftlichen Eigentümer des Gebäudes zuzurechnen. [3]Bei Erbbaurechten ist § 261 BewG entsprechend anzuwenden.

(5) [1]Erstreckt sich der Steuergegenstand auch auf ein anderes Land oder das Ausland, so ist nur für das im Gebiet des Landes Niedersachsen gelegene Grundvermögen Grundsteuer nach diesem Gesetz zu ermitteln, festzusetzen und zu erheben. [2]Dieses Grundvermögen bildet eine eigenständige wirtschaftliche Einheit.

§ 3
Maßgebliche Flächen

(1) ¹Maßgebliche Gebäudefläche bei Wohnnutzung ist, soweit sich aus den Absätzen 2 und 3 nichts anderes ergibt, die Wohnfläche. ²Als Wohnnutzung gilt auch ein häusliches Arbeitszimmer. ³Im Übrigen ist die Nutzfläche des Gebäudes maßgeblich. ⁴Nicht genutzte Gebäudeflächen, die zuvor Wohnzwecken gedient haben, gelten bis zu einer Nutzung zu anderen Zwecken weiterhin als zu Wohnzwecken genutzt. ⁵Die Vermietung von Wohn- und Schlafräumen zur kurzfristigen Beherbergung von Personen ist kein Wohnzweck.

(2) ¹Nutzflächen von Garagen, die in räumlichem Zusammenhang zur Wohnnutzung stehen, der sie auch rechtlich zuzuordnen sind, bleiben bei der Ermittlung der maßgeblichen Gebäudeflächen bis zu einer Fläche von 50 m² außer Ansatz. ²Dies gilt unter den Voraussetzungen des Satzes 1 auch für Garagen, die eine eigene wirtschaftliche Einheit bilden.

(3) ¹Im Übrigen bleiben die Nutzflächen von Nebengebäuden, die in räumlichem Zusammenhang zur Wohnnutzung stehen, der sie zu dienen bestimmt sind, bis zu einer Fläche von 30 m² bei der Ermittlung der maßgeblichen Gebäudeflächen außer Ansatz. ²Dies gilt unter den Voraussetzungen des Satzes 1 auch für Nebengebäude, die eine eigene wirtschaftliche Einheit bilden.

(4) ¹Ein Grundstück gilt als unbebaut, wenn die darauf errichteten Gebäude eine Gesamtgebäudefläche von weniger als 30 m² haben; bei der Berechnung bleiben die Regelungen des Absatzes 2 oder 3 unberücksichtigt. ²Besteht ein Bauwerk aus mehreren wirtschaftlichen Einheiten, so ist für die Berechnung die Gesamtgebäudefläche des Bauwerks anzusetzen. ³Die Gebäudefläche bleibt in der Folge außer Ansatz. ⁴§ 246 BewG bleibt im Übrigen unberührt.

(5) Die ermittelten Flächen von Grund und Boden und Gebäuden sind als für dieses Gesetz maßgebliche Flächen auf volle Quadratmeter nach unten abzurunden.

§ 4
Äquivalenzzahlen

(1) Für Gebäudeflächen wird eine Äquivalenzzahl von 0,50 Euro je Quadratmeter angesetzt.

(2) ¹Für die Fläche des Grund und Bodens wird eine Äquivalenzzahl von 0,04 Euro je Quadratmeter angesetzt. ²Abweichend von Satz 1 gilt:
1. Übersteigt die Fläche des Grund und Bodens das Zehnfache der Wohnfläche, so wird die Äquivalenzzahl nach Satz 1 für den das Zehnfache der Wohnfläche übersteigenden Teil der Fläche nur zu 50 Prozent angesetzt, wenn die Gebäude mindestens zu 90 Prozent ihrer Fläche der Wohnnutzung dienen und soweit kein Fall der Nummer 2 Halbsatz 1 vorliegt.
2. Ist die Fläche des Grund und Bodens zu mindestens 90 Prozent weder bebaut noch befestigt, wird der Äquivalenzbetrag für die 10 000 m² übersteigende Fläche insgesamt wie folgt angesetzt: (übersteigende Fläche des Grund und Bodens in Quadratmetern x 0,04 Euro je Quadratmeter)^{0,7}; in den Fällen der Nummer 1 wird die Äquivalenzzahl für die Fläche des Grund und Bodens bis zum Zehnfachen der Wohnfläche stets zu 100 Prozent angesetzt.

§ 5
Lage-Faktor

(1) ¹Zur Ermittlung des Lagefaktors wird der Bodenrichtwert des betreffenden Grundstücks nach Absatz 2 zu dem Durchschnittsbodenwert der Gemeinde nach Absatz 3 ins Verhältnis gesetzt und auf dieses Verhältnis ein Exponent von 0,3 angewendet. ²Der Lage-Faktor ergibt sich damit aus der folgenden Formel:
Lage-Faktor = (BRW ÷ dBRW)^{0,3}.
³Er wird auf zwei Nachkommastellen abgerundet.

(2) ¹Die Größe „BRW" ist der nach Absatz 4 Satz 2 oder nach § 8 Abs. 4 Satz 2 für den jeweiligen Stichtag maßgebliche Bodenrichtwert nach § 196 des Baugesetzbuchs (BauGB) für Bauflächen gemäß Anlage 1 der Bodenrichtwertrichtlinie (BRW-RL) vom 11. Januar 2011 (BAnz. S. 597) der Bodenrichtwertzone, in der das Grundstück liegt. ²Erstreckt sich das Grundstück über mehr als eine Bodenrichtwertzone, so wird für jede in einer Bodenrichtwertzone gelegene Grundstücksteilfläche der jeweilige Bodenrichtwert mit dem Quotienten aus der Grundstücksteilfläche und der Fläche des Grundstücks (jeweils in Quadratmetern) multipliziert; die Summe dieser Produkte ist als Bodenrichtwert der wirtschaftlichen Einheit Grundstück anzusetzen. ³Bei der Ermittlung des Bodenrichtwerts des Grundstücks nach Satz 2 bleibt jedoch die Bodenrichtwertzone einer dem Grundstück zugehörigen Flurstücksteilfläche, die weniger als fünf Prozent der Gesamtfläche eines Flurstücks ausmacht oder kleiner als 10 m² ist, unberücksichtigt; diese Flurstücksteilfläche wird flächengewichtet auf die übrigen

Flurstücksteilflächen verteilt. ⁴In deckungsgleichen Bodenrichtwertzonen im Sinne der Nummer 5 Abs. 2 BRW-RL ist der jeweils niedrigste der Bodenrichtwerte anzusetzen. ⁵Liegt kein Bodenrichtwert für Bauflächen gemäß Satz 1 vor, so findet der Bodenrichtwert nach § 196 BauGB für Sonstige Flächen gemäß Anlage 1 der BRW-RL der Bodenrichtwertzone, in der das Grundstück liegt, Anwendung.

(3) ¹Die Größe „dBRW" ist der nach den Sätzen 2 bis 6 ermittelte durchschnittliche Bodenrichtwert in der Gemeinde (Durchschnittsbodenwert für Zwecke der Grundsteuer), der nach Absatz 4 Satz 2 oder nach § 8 Abs. 4 Satz 2 für den jeweiligen Stichtag maßgeblich ist. ²Zur Ermittlung des Durchschnittsbodenwerts für Zwecke der Grundsteuer wird für jede Gemeinde aus den Bodenrichtwerten nach § 196 BauGB in Verbindung mit Anlage 1 der BRW-RL für Wohnbauflächen, gewerbliche Bauflächen, gemischte Bauflächen und Sonderbauflächen der Gemeinde ein Durchschnittsbodenwert gebildet. ³Dieser ergibt sich als Median aller dieser in der Gemeinde liegenden Bodenrichtwerte. ⁴Er wird auf volle Euro abgerundet. ⁵Es wird nur ein Durchschnittsbodenwert über alle Nutzungen hinweg gebildet. ⁶Bei deckungsgleichen Bodenrichtwertzonen im Sinne der Nummer 5 Abs. 2 BRW-RL ist der jeweils niedrigste der Bodenrichtwerte in die Ermittlung einzubeziehen. ⁷Die Aufgabe der Ermittlung des Durchschnittsbodenwerts für Zwecke der Grundsteuer wird aufgrund des § 199 Abs. 2 Nr. 3 BauGB den Geschäftsstellen der Gutachterausschüsse zugewiesen.

(4) ¹Die Vermessungs- und Katasterverwaltung stellt die für Zwecke der Grundsteuer erzeugten Geodaten für den Hauptfeststellungszeitpunkt der Finanzverwaltung spätestens bis zum 31. Mai 2022 zur Verfügung. ²Sie werden der Hauptfeststellung nach § 8 Abs. 2 Satz 2 und der Hauptveranlagung nach § 9 Abs. 1 Satz 1 zugrunde gelegt. ³Aus diesen Geodaten sind für das jeweilige Flurstück die Bezeichnung des Flurstücks, die amtlichen Flächen und gegebenenfalls Teilflächen sowie die Bodenrichtwerte nach § 196 BauGB für Bauflächen oder für Sonstige Flächen gemäß Anlage 1 der BRW-RL des Flurstücks oder der Flurstücksteilflächen und der dBRW ersichtlich. ⁴Die in Satz 3 genannten Geodaten werden danach jährlich auf den 1. Januar erzeugt und der Finanzverwaltung bis zum 31. Mai des betreffenden Jahres zur Verfügung gestellt, wobei die Bodenrichtwerte nach § 196 BauGB für Bauflächen und für Sonstige Flächen gemäß Anlage 1 der BRW-RL der Flurstücke oder der Flurstücksteilflächen und der dBRW nur alle sieben Jahre aktualisiert werden. ⁵Auf ihrer Grundlage erfolgt jeweils eine Neuberechnung des Lage-Faktors.

(5) ¹Für Zwecke der Grundsteuer stellt die Finanzverwaltung mit einem Grundsteuer-Viewer die für die Steuererklärung erforderlichen Geodaten im Internet kostenfrei über eine Karte zur Verfügung. ²Aus diesem Grundsteuer-Viewer sind für das jeweilige Grundstück die Bezeichnung der Flurstücke und die amtliche Fläche der Flurstücke oder Flurstücksteilflächen sowie zum Zweck der Information der für den jeweiligen Stichtag maßgebliche Bodenrichtwert nach § 196 BauGB für Bauflächen oder für Sonstige Flächen der Flurstücke oder Flurstücksteilflächen, der Durchschnittsbodenwert der Gemeinde für Zwecke der Grundsteuer und der Lage-Faktor ersichtlich.

§ 6
Grundsteuermesszahlen

(1) ¹Die Grundsteuermesszahl beträgt 100 Prozent. ²Für den Äquivalenzbetrag der Wohnflächen wird die Grundsteuermesszahl auf 70 Prozent ermäßigt.

(2) ¹Die Grundsteuermesszahl für den Äquivalenzbetrag der Wohnflächen nach Absatz 1 Satz 2 wird nochmals um 25 Prozent ermäßigt, soweit eine enge räumliche Verbindung mit dem Betrieb der Land- und Forstwirtschaft des Steuerschuldners besteht. ²Dies gilt nur, soweit die Wohnfläche der Inhaberin oder dem Inhaber des Betriebs der Land- und Forstwirtschaft, den zu ihrem oder seinem Haushalt gehörenden Familienangehörigen und den Altenteilern zu Wohnzwecken dient und mindestens eine Bewohnerin oder ein Bewohner durch eine mehr als nur gelegentliche Tätigkeit in dem Betrieb an ihn gebunden ist. ³Für Flächen, die den Arbeitnehmerinnen und Arbeitnehmern des Betriebs zu Wohnzwecken dienen, gilt Satz 1 entsprechend.

(3) Die Grundsteuermesszahlen für die Äquivalenzbeträge der Gebäudeflächen nach Absatz 1 Satz 1 oder nach Absatz 1 Satz 2, auch in Verbindung mit Absatz 2, werden um 25 Prozent ermäßigt, wenn ein Baudenkmal nach § 3 Abs. 1 bis 3 des Niedersächsischen Denkmalschutzgesetzes vorliegt.

(4) Die Grundsteuermesszahl für den Äquivalenzbetrag der Wohnflächen nach Absatz 1 Satz 2, auch in Verbindung mit Absatz 2 oder 3, wird um 25 Prozent ermäßigt, soweit

1. die Wohnflächen den Bindungen des sozialen Wohnungsbaus aufgrund einer staatlichen oder kommunalen Wohnraumförderung unterliegen oder
2. die Voraussetzungen des § 15 Abs. 4 Satz 1 Nr. 1, 2 oder 3 GrStG in der am 1. Januar 2025 geltenden Fassung vorliegen.

(5) Eine Ermäßigung der Grundsteuermesszahlen nach Absatz 2, 3 oder 4 wird auf Antrag gewährt, wenn die jeweiligen Voraussetzungen zum Veranlagungszeitpunkt vorlagen.

§ 7
Hebesatz

(1) [1]Bei der Hauptveranlagung nach § 9 Abs. 1 Satz 1 ist durch die Gemeinde ein aufkommensneutraler Hebesatz zu ermitteln. [2]Dazu ist das Grundsteueraufkommen der Gemeinde, das aus den Grundsteuermessbeträgen nach den für die Grundsteuer ab dem Kalenderjahr 2025 geltenden Regelungen zu erwarten ist, dem Grundsteueraufkommen gegenüberzustellen, das im Haushaltsplan der Gemeinde für das Kalenderjahr 2024 veranschlagt worden ist. [3]Der aufkommensneutrale Hebesatz ist der Hebesatz, der sich ergäbe, wenn die Höhe des Grundsteueraufkommens gleich bliebe.

(2) Die Gemeinde muss den aufkommensneutralen Hebesatz und die Abweichung des von der Gemeinde bei der Hauptveranlagung bestimmten Hebesatzes von dem aufkommensneutralen Hebesatz in geeigneter Art und Weise veröffentlichen.

(3) § 25 GrStG bleibt unberührt.

Zweites Kapitel
Verfahren

§ 8
Feststellungsverfahren

(1) [1]In dem Feststellungsbescheid für Grundstücke sind ergänzend zu § 219 Abs. 2 BewG auch Feststellungen zu treffen über die Fläche von Grund und Boden und die Gebäudeflächen sowie ihre Einordnung als Wohnfläche oder Nutzfläche. [2]Feststellungen erfolgen nur, wenn und soweit sie für die Besteuerung von Bedeutung sind. [3]Der Feststellungsbescheid kann mit dem nachfolgenden Grundsteuermessbescheid verbunden und zusammengefasst bekannt gegeben werden.

(2) [1]Abweichend von § 221 BewG findet keine turnusmäßige Hauptfeststellung statt. [2]Die Äquivalenzbeträge werden auf den 1. Januar 2022 allgemein festgestellt (Hauptfeststellung). [3]Der Hauptfeststellung werden die Verhältnisse zu Beginn des Kalenderjahres (Hauptfeststellungszeitpunkt) zugrunde gelegt. [4]Bei der Ermittlung der jeweiligen Äquivalenzbeträge ist § 163 der Abgabenordnung (AO) nicht anzuwenden.

(3) [1]Neu festgestellt werden die Äquivalenzbeträge (Betragsfortschreibung) oder die Flächen des Grundstücks (Flächenfortschreibung), wenn ein Äquivalenzbetrag oder eine Fläche von der zuletzt getroffenen Feststellung abweicht und es für die Besteuerung von Bedeutung ist. [2]Eine Betragsfortschreibung ist auch durchzuführen, wenn die turnusmäßige Neuberechnung der Lage-Faktoren alle sieben Jahre zu einer Änderung der Äquivalenzbeträge führt. [3]Der Fortschreibungszeitpunkt ist der Beginn des Kalenderjahres, das auf das Jahr der Änderung folgt. [4]Eine Fortschreibung nach Satz 1 findet auch zur Beseitigung eines Fehlers der letzten Feststellung statt.

(4) [1]Für die Äquivalenzbeträge nach diesem Gesetz gelten die Vorschriften des Bewertungsgesetzes über die Fortschreibung, Nachfeststellung, Aufhebung, Änderung und Nachholung der Feststellung im Übrigen sinngemäß. [2]Dabei gilt die Maßgabe, dass der Lage-Faktor zunächst nach den Verhältnissen des Hauptfeststellungszeitpunkts, nach dem Zeitpunkt der ersten Neuberechnung nach § 5 Abs. 4 Satz 5 jedoch nach den Verhältnissen des Zeitpunktes der jeweils letzten Neuberechnung zugrunde gelegt wird.

(5) [1]Die Aufforderung zur Abgabe einer Erklärung mittels Allgemeinverfügung durch öffentliche Bekanntmachung erfolgt abweichend von § 228 Abs. 1 Satz 3 BewG durch die für Steuern in Niedersachsen zuständige Mittelbehörde. [2]Änderungen der tatsächlichen Verhältnisse, die sich auf die Höhe der Äquivalenzbeträge auswirken oder zu einer Nachfeststellung oder der Aufhebung der Äquivalenzbeträge führen können, sind abweichend von § 228 Abs. 2 BewG auf den Beginn des folgenden Kalenderjahres zusammengefasst anzuzeigen. [3]Die Anzeige ist abweichend von § 228 Abs. 2 Satz 3 BewG bis zum 31. März des Jahres abzugeben, das auf das Jahr folgt, in dem sich die tatsächlichen Verhältnisse geändert haben. [4]Bei Gebäuden auf fremdem Grund und Boden sind die Erklärung und die Anzeige von derjenigen oder demjenigen abzugeben, der oder dem die wirtschaftliche Einheit jeweils zuzurechnen ist.

(6) Die Erklärung und die Anzeige nach Absatz 5 sind Steuererklärungen im Sinne der Abgabenordnung, die nach amtlich vorgeschriebenem Datensatz durch Datenfernübertragung zu übermitteln sind; § 228 Abs. 6 Sätze 2 und 3 BewG bleibt unberührt.

§ 9
Veranlagungsverfahren

(1) [1]Die Grundsteuermessbeträge werden auf den 1. Januar 2025 allgemein festgesetzt (Hauptveranlagung). [2]Dieser Zeitpunkt ist der Hauptveranlagungszeitpunkt.

(2) ¹Der Grundsteuermessbetrag wird auch neu festgesetzt, wenn der Grundsteuermessbetrag, der sich für den Beginn eines Kalenderjahres ergibt, von dem entsprechenden Betrag des letzten Veranlagungszeitpunkts nach unten abweicht. ²Dasselbe gilt, wenn sein auf den Grund und Boden entfallender Anteil nach oben abweicht oder wenn sein auf Gebäude entfallender Anteil um mehr als 5 Euro nach oben abweicht. ³Der Grundsteuermessbetrag wird auch dann neu festgesetzt, wenn dem Finanzamt bekannt wird, dass die letzte Veranlagung fehlerhaft ist.

(3) Im Übrigen gelten die Vorschriften des Grundsteuergesetzes über die Neuveranlagung, Nachveranlagung, Aufhebung und Zerlegung des Steuermessbetrags und die Änderung von Steuermessbescheiden sinngemäß.

(4) ¹Änderungen der Nutzung hat diejenige oder derjenige anzuzeigen, der oder dem der Steuergegenstand zuzurechnen ist. ²Satz 1 gilt für den Wegfall der Voraussetzungen für die ermäßigten Grundsteuermesszahlen nach § 6 Abs. 2 bis 4 entsprechend. ³§ 19 Abs. 1 Satz 1 GrStG bleibt unberührt. ⁴Abweichend von § 19 Abs. 1 Satz 2 und Abs. 2 Satz 2 GrStG ist die Anzeige nach den Sätzen 1 bis 3 bis zum 31. März des Jahres zu erstatten, das auf das Jahr folgt, in dem sich die Verhältnisse geändert haben. ⁵§ 8 Abs. 6 gilt entsprechend.

§ 10
Erlass wegen wesentlicher Ertragsminderung

§ 34 Abs. 1 bis 3 des Grundsteuergesetzes gilt entsprechend mit der Maßgabe, dass in Absatz 3 an die Stelle des Grundsteuerwerts der Grundsteuermessbetrag tritt.

Zweiter Teil
Betriebe der Land- und Forstwirtschaft, Grundsteuer A

§ 11
Abweichende Regelungen

(1) Abweichend von § 234 Abs. 6 BewG gehören zur Hofstelle auch Hof- und Wirtschaftsgebäudeflächen einschließlich der Nebenflächen, von denen aus keine land- und forstwirtschaftlichen Flächen mehr nachhaltig bewirtschaftet werden, soweit sie keine Zweckbestimmung erhalten haben, die zu einer zwingenden Zuordnung zum Grundvermögen führt.

(2) In den Betrieb sind abweichend von § 2 Abs. 2 BewG auch der Eigentümerin oder dem Eigentümer des Grund und Bodens nicht gehörende Gebäude, die auf dem Grund und Boden des Betriebs stehen, und der Eigentümerin oder dem Eigentümer des Grund und Bodens nicht gehörende Betriebsmittel, die der Bewirtschaftung des Betriebs dienen, einzubeziehen.

(3) Ein Anteil der Eigentümerin oder des Eigentümers eines Betriebs der Land- und Forstwirtschaft an einem Wirtschaftsgut ist in den Betrieb einzubeziehen, wenn es mit dem Betrieb zusammen genutzt wird.

(4) In einen Betrieb der Land- und Forstwirtschaft, der von einer Gesellschaft oder Gemeinschaft des bürgerlichen Rechts betrieben wird, sind abweichend von § 2 Abs. 2 BewG auch die Wirtschaftsgüter einzubeziehen, die einer oder einem oder mehreren Beteiligten gehören und dem Betrieb zu dienen bestimmt sind.

(5) § 2 Abs. 4, § 8 Abs. 5 und 6 sowie § 9 Abs. 4 Satz 4 gelten für Betriebe der Land- und Forstwirtschaft entsprechend.

Dritter Teil
Übergangs- und Schlussvorschriften

§ 12
Anwendung von Bundesrecht

(1) Die Ermittlung, Festsetzung und Erhebung der Grundsteuer für Zeiträume der Kalenderjahre bis einschließlich 2024 bemisst sich ausschließlich nach den Bestimmungen des Grundsteuergesetzes und des Bewertungsgesetzes.

(2) ¹Die Vorschriften der Abgabenordnung sind entsprechend anzuwenden, soweit in diesem Gesetz nichts anderes bestimmt ist. ²§ 32h AO gilt mit der Maßgabe, dass der oder die Landesbeauftragte für den Datenschutz zuständig ist und hinsichtlich ihrer oder seiner Rechte und Pflichten, Aufgaben und Befugnisse und ihres oder seines Tätigkeitsberichts die Bestimmungen des Niedersächsischen Datenschutzgesetzes einschlägig sind.

(3) Die im Grundsteuergesetz enthaltenen Verordnungsermächtigungen finden in Bezug auf die in diesem Gesetz geregelten Sachverhalte mit der Maßgabe Anwendung, dass für den Erlass der entsprechenden Verordnungen das für Finanzen zuständige Ministerium zuständig ist.

§ 13
Übergangsregelungen

Für die Anwendung des § 8 Abs. 1 Satz 2 und Abs. 3 Satz 1 dieses Gesetzes sowie des § 223 Abs. 1 Nr. 2 und des § 224 Abs. 1 Nr. 2 BewG ist für Feststellungszeitpunkte zwischen dem 1. Januar 2022 und dem 31. Dezember 2024 zu unterstellen, dass die Feststellungen für die Besteuerung nach diesem Gesetz von Bedeutung sind und die wirtschaftlichen Einheiten zur Besteuerung nach diesem Gesetz herangezogen oder nicht mehr herangezogen werden.

§ 14
Evaluation

Nach Abschluss der Hauptfeststellung evaluiert das für Finanzen zuständige Ministerium die Belastungsverteilung der Grundsteuer nach diesem Gesetz zum 31. Dezember 2027.

§ 15
Inkrafttreten, Außerkrafttreten

(1) Dieses Gesetz tritt am Tag nach seiner Verkündung in Kraft.
(2) § 13 tritt am 31. Dezember 2029 außer Kraft.

III.6. Saarland

Gesetz Nr. 2040 zur Einführung einer Landesgrundsteuer (Saarländisches Grundsteuergesetz, GrStG-Saar)
Vom 15. September 2021
(Amtsblatt des Saarlandes I 2021, 2372)

Der Landtag des Saarlandes hat folgendes Gesetz beschlossen, das hiermit verkündet wird:

§ 1
Steuermesszahlen für Grundstücke des Grundvermögens

(1) Die Steuermesszahlen für im Saarland belegene Grundstücke des Grundvermögens betragen abweichend von § 15 Absatz 1 des Grundsteuergesetzes in der Fassung der Bekanntmachung vom 7. August 1973 (BGBl. I S. 965), zuletzt geändert durch Artikel 3 des Gesetzes vom 16. Juli 2021 (BGBl. I S. 2931),

1. 0,64 Promille für unbebaute Grundstücke im Sinne des § 246 des Bewertungsgesetzes in der Fassung der Bekanntmachung vom 1. Februar 1991 (BGBl. I S. 230), zuletzt geändert durch Artikel 1 und 2 des Gesetzes vom 16. Juli 2021 (BGBl. I S. 2931),
2. 0,34 Promille für bebaute Grundstücke im Sinne des § 249 Absatz 1 Nummer 1 bis 4 des Bewertungsgesetzes und
3. 0,64 Promille für bebaute Grundstücke im Sinne des § 249 Absatz 1 Nummer 5 bis 8 des Bewertungsgesetzes.

(2) Für § 15 Absatz 2 bis Absatz 5 des Grundsteuergesetzes sind die Steuermesszahlen nach § 1 Absatz 1 maßgeblich.

§ 2
Inkrafttreten

Dieses Gesetz tritt am Tag nach der Verkündung in Kraft.

III.7. Sachsen

**Sächsisches Gesetz
über die Festsetzung der Steuermesszahlen
bei der Grundsteuer
(Sächsisches Grundsteuermesszahlengesetz – SächsGrStMG)
Vom 21. Dezember 2021**

(SächsGVBl. 2022 S. 9)[1)]

Die Steuermesszahl beträgt, abweichend von § 15 Absatz 1 Nummer 1 und 2 des Grundsteuergesetzes vom 7. August 1973 (BGBl. I S. 965), das zuletzt durch Artikel 3 des Gesetzes vom 16. Juli 2021 (BGBl. I S. 2931) geändert worden ist, für im Freistaat Sachsen belegene

1. unbebaute Grundstücke im Sinne des § 246 des Bewertungsgesetzes in der Fassung der Bekanntmachung vom 1. Februar 1991 (BGBl. I S. 230), das zuletzt durch Artikel 2 des Gesetzes vom 16. Juli 2021 (BGBl. I S. 2931) geändert worden ist, 0,36 Promille,
2. bebaute Grundstücke im Sinne des § 249 Absatz 1 Nummer 1 bis 4 des Bewertungsgesetzes 0,36 Promille und
3. bebaute Grundstücke im Sinne des § 249 Absatz 1 Nummer 5 bis 8 des Bewertungsgesetzes 0,72 Promille.

---

1) Das Gesetz wurde erlassen als Artikel 1 des Gesetzes zur Bestätigung des Grundsteuermesszahlengesetzes und zur redaktionellen Anpassung des Gesetzes zur Finanzierung des Ausbildungsverkehrs im Öffentlichen Personennahverkehr vom 21. Dezember 2021 (SächsGVBl. 2022 S. 9). Gem. Artikel 3 des Gesetzes zur Bestätigung des Grundsteuermesszahlengesetzes und zur redaktionellen Anpassung des Gesetzes zur Finanzierung des Ausbildungsverkehrs im Öffentlichen Personennahverkehr vom 21. Dezember 2021 tritt Artikel 1 am Tag nach der Verkündung in Kraft. Gleichzeitig tritt das Sächsische Grundsteuermesszahlengesetz vom 3. Februar 2021 (SächsGVBl. S. 242) außer Kraft.

Anlage R 3

Reform des Grundsteuer- und Bewertungsrechts

Dritter Teil
Reform des Grundsteuer- und Bewertungsrechts

Wesentliche Gesetzesmaterialien / Drucksachen / Anträge

lfd. Nr.	Dokument	Anlage	Seite
I. Gesetz zur Änderung des Grundgesetzes (Artikel 72, 105 und 125b)			
1	Gesetzentwurf der Bundesregierung v. 21.6.2019 (BT-Drucks. 19/13454 v. 23.9.2019)		
2	Gesetzentwurf der Fraktionen der CDU/CSU und SPD v. 25.6.2019 (BT-Drucks. 19/11084)	R 3.1	1586
3	Gesetzentwurf der Bundesregierung v. 19.7.2019 (BR-Drucks. 327/19)		
4	Stellungnahme des Bundesrates v. 20.9.2019 (BR-Drucks. 327/19 (B))		
5	Beschlussempfehlung des Finanzausschusses des Bundestages v. 16.10.2019 (BT-Drucks. 19/14136)		
6	Bericht des Finanzausschusses des Bundestages v. 17.10.2019 (BT-Drucks. 19/14157)		
7	Gesetzesbeschluss des Deutschen Bundestages v. 18.10.2019 (BR-Drucks. 499/19)		
8	Unterrichtung durch den Deutschen Bundestag v. 18.10.2019 (BR-Drucks. zu 327/19)		
9	Beschluss des Bundesrates v. 8.11.2019 (BR-Drucks. 499/19 (B))		
10	Gesetz zur Änderung des Grundgesetzes (Artikel 72, 105 und 125b) v. 15.11.2019 (BGBl. I S. 1546)		
II. Gesetz zur Reform des Grundsteuer- und Bewertungsrechts (Grundsteuer-Reformgesetz – GrStRefG)			
1	Gesetzentwurf der Bundesregierung v. 21.6.2019 (BT-Drucks. 19/13453 v. 23.9.2019)		
2	Gesetzentwurf der Fraktionen der CDU/CSU und SPD v. 25.6.2019 (BT-Drucks. 19/11085)	R 3.2	1590
3	Gesetzentwurf der Bundesregierung v. 9.8.2019 (BR-Drucks. 354/19)		
4	Ausschussempfehlung (Finanzausschuss) v. 9.9.2019 (BR-Drucks. 354/1/19)		
5	Ausschussempfehlung (Finanzausschuss) v. 11.9.2019 (zu BR-Drucks. 354/1/19)		
6	Antrag Mecklenburg-Vorpommern v. 19.9.2019 (BR-Drucks. 354/2/19)		
7	Stellungnahme des Bundesrates v. 20.9.2019 (BR-Drucks. 354/19 (B))	R 3.3	1696
8	Gegenäußerung der Bundesregierung zu der Stellungnahme des Bundesrates v. 2.10.2019 (BT-Drucks. 19/13713)	R 3.4	1702

lfd. Nr.	Dokument	Anlage	Seite
9	Änderungsantrag der Fraktion der FDP v. 16.10.2019 (BT-Drucks. 19/14144)		
10	Beschlussempfehlung des Finanzausschusses des Bundestages v. 16.10.2019 (BT-Drucks. 19/14138)		
11	Bericht des Finanzausschusses des Bundestages v. 17.10.2019 (BT-Drucks. 19/14158)	R 3.5	1705
12	Gesetzesbeschluss des Deutschen Bundestages v. 18.10.2019 (BR-Drucks. 500/19)		
13	Unterrichtung durch den Deutschen Bundestag v. 18.10.2019 (BR-Drucks. zu 354/19)		
14	Beschluss des Bundesrates v. 8.11.2019 (BR-Drucks.500/19 (B))		
15	Gesetz zur Reform des Grundsteuer- und Bewertungsrechts (Grundsteuer-Reformgesetz – GrStRefG) v. 26.11.2019 (BGBl. I S. 1794)		

lfd. Nr.	Dokument	Anlage	Seite
III. Gesetz zur Änderung des Grundsteuergesetzes zur Mobilisierung von baureifen Grundstücken für die Bebauung			
1	Gesetzentwurf der Bundesregierung v. 21.6.2019 (BT-Drucks. 19/13456)		
2	Gesetzentwurf der Fraktionen der CDU/CSU und SPD v. 25.6.2019 (BT-Drucks. 19/11086)	R 3.6	1708
3	Gesetzentwurf der Bundesregierung v. 9.8.2019 (BR-Drucks. 353/19)		
4	Ausschussempfehlung (Städtebau, Wohnungswesen und Raumordnung) v. 9.9.2019 (BR-Drucks. 351/1/19)		
5	Stellungnahme des Bundesrates v. 20.9.2019 (BR-Drucks. 353/19 (B))		
6	Beschlussempfehlung des Finanzausschusses des Bundestages v. 16.10.2019 (BT-Drucks. 19/14139)		
7	Bericht des Finanzausschusses des Bundestages v. 17.10.2019 (BT-Drucks. 19/14159)		
8	Unterrichtung durch den Deutschen Bundestag v. 18.10.2019 (BR-Drucks. zu 353/19)		
9	Gesetzesbeschluss des Deutschen Bundestages v. 18.10.2019 (BR-Drucks. 503/19)		
10	Beschluss des Bundesrates v. 8.11.2019 (Br-Drucks. 503/19 (B))		
11	Gesetz zur Änderung des Grundsteuergesetzes zur Mobilisierung von baureifen Grundstücken für die Bebauung v. 30.11.2019 (BGBl. I S. 1875)		

IV. Sonstige Gesetzentwürfe / Anträge			
1	Antrag der Fraktion DIE LINKE „Sozial gerechte Grundsteuer-Reform für billigere Mieten und starke Kommunen" (BT-Drucks. 19/7980 v. 21.2.2019)		
2	Antrag der Fraktion DIE LINKE „Grundsteuer nicht länger auf Mieterinnen und Mieter umlegen" (BT-Drucks. 19/8358 v. 14.3.2019)		
3	Gesetzentwurf der Fraktion BÜNDNIS 90/DIE GRÜNEN „Entwurf eines Gesetzes zur Änderung des Bürgerlichen Gesetzbuches und anderer Gesetze – Abschaffung der Grundsteuer-Umlagefähigkeit (Mieter-Grundsteuer-Entlastungsgesetz)"; BT-Drucks. 19/8827 v. 29.3.2019		
4	Beschlussempfehlung und Bericht des Ausschusses für Recht und Verbraucherschutz des Bundestages (BT-Drucks. 19/14118 v. 16.10.2019) zum a) Gesetzentwurf der Fraktion BÜNDNIS 90/DIE GRÜNEN „Mieter-Grundsteuer-Entlastungsgesetz" und b) Antrag der Fraktion DIE LINKE „Grundsteuer nicht länger auf Mieterinnen und Mieter umlegen"		
5	Antrag der Fraktion der AfD „Echte Gemeindesteuerreform auf den Weg bringen" (BT-Drucks. 19/11125 v. 25.6.2019)		
6	Antrag der Fraktion der FDP „Grundsteuer – Einfaches Flächenmodell ohne automatische Steuererhöhungen" (BT-Drucks. 19/11144 v. 26.6.2019)		
7	Beschlussempfehlung (BT-Drucks. 19/14141 v. 16.10.2019) und Bericht (BT-Drucks. 19/14160 v. 17.10.2019) des Finanzausschusses des Bundestages zum c) Antrag der Fraktion der AfD „Echte Gemeindesteuerreform auf den Weg bringen" und d) Antrag der Fraktion der FDP „Grundsteuer – Einfaches Flächenmodell ohne automatische Steuererhöhungen"		

Deutscher Bundestag – Drucksache 19/11084

25. Juni 2019
Gesetzentwurf der Fraktionen der CDU/CSU und SPD
Entwurf eines Gesetzes zur Änderung des Grundgesetzes
(Artikel 72, 105 und 125b)

A. Problem und Ziel

Die Fraktionen der CDU/CSU und SPD haben einen Gesetzentwurf zur Reform des Grundsteuer- und Bewertungsrechts vorgelegt, der die Vorgaben aus dem Urteil des Bundesverfassungsgerichts vom 10. April 2018 (BVerfGE 148, 147) – (BGBl. I S. 531) – umsetzt.

Die Frage der Gesetzgebungskompetenz des Bundes für die notwendige Reform des Grundsteuer- und des Bewertungsgesetzes wird nicht einheitlich beantwortet. Es werden unterschiedliche Auffassungen zur Frage der Erforderlichkeit einer bundesgesetzlichen Regelung der Grundsteuer zur Herstellung gleichwertiger Lebensverhältnisse oder zur Wahrung der Rechts- oder Wirtschaftseinheit im Bundesgebiet nach der seit dem 16. November 1994 geltenden Fassung des Artikels 72 Absatz 2 des Grundgesetzes (GG) vertreten. Artikel 125a Absatz 2 GG räumt dem Bund lediglich eine begrenzte Änderungskompetenz des fortgeltenden Bundesrechts unter Beibehaltung der wesentlichen Elemente ein, erlaubt aber keine grundlegende Neukonzeption der Materie.

Da die Gesetzgebungskompetenz des Bundes in der Wissenschaft nicht einheitlich beurteilt wird, soll diese unzweifelhaft abgesichert werden. Dazu erhält der Bund mit dieser Grundgesetzänderung uneingeschränkt die konkurrierende Gesetzgebungskompetenz zur Regelung der Grundsteuer. Zeitgleich wird den Ländern über eine Ergänzung in Artikel 72 Absatz 3 GG eine umfassende abweichende Regelungskompetenz eröffnet. Dafür bestehen gute Gründe mit Blick auf das Ziel einer bundesgesetzlichen Grundlage. Zugleich bietet sich gerade die Grundsteuer aufgrund der Immobilität des Steuerobjekts und des bereits in der Verfassung vorhandenen kommunalen Hebesatzrechts dafür an, die Steuerautonomie der Länder zu stärken.

B. Lösung

Der Gesetzentwurf sieht eine Änderung des Grundgesetzes vor, um dem Bund ausdrücklich die konkurrierende Gesetzgebungskompetenz für die Grundsteuer zu übertragen, ohne dass für deren Ausübung die Voraussetzungen des Artikels 72 Absatz 2 GG vorliegen müssen. Um den Ländern die Befugnis zu umfassenden abweichenden landesrechtlichen Regelungen einzuräumen, wird den Ländern für die Grundsteuer das Recht zu abweichenden Regelungen nach Artikel 72 Absatz 3 GG eingeräumt.

C. Alternativen

Keine Änderung des Grundgesetzes.

1. Der Bundesgesetzgeber könnte bestimmen, dass das Grundsteuer- und Bewertungsrecht in vollem Umfang durch Landesrecht ersetzt werden kann (Artikel 125a Absatz 2 Satz 2 GG).

2. Der Bundesgesetzgeber könnte das Grundsteuergesetz und die Bewertungsvorschriften für Zwecke der Grundsteuer aufheben, um den Ländern landesgesetzliche Regelungen zu ermöglichen.

D. Haushaltsausgaben ohne Erfüllungsaufwand

Keine.

E. Erfüllungsaufwand

E.1 Erfüllungsaufwand für Bürgerinnen und Bürger

Ein Erfüllungsaufwand für Bürgerinnen und Bürger ist nicht zu erwarten.

E.2 Erfüllungsaufwand für die Wirtschaft

Ein Erfüllungsaufwand für die Wirtschaft ist nicht zu erwarten.

Davon Bürokratiekosten aus Informationspflichten

Durch das Gesetz werden keine Informationspflichten eingeführt oder abgeschafft.

E.3 Erfüllungsaufwand der Verwaltung

Ein zusätzlicher Erfüllungsaufwand für die Verwaltung ist mit der Grundgesetzänderung nicht unmittelbar verbunden.

Anlage R 3.1

F. Weitere Kosten

Durch das Gesetz entstehen der Wirtschaft keine Kosten, da sie von der Regelung nicht unmittelbar betroffen ist. Unmittelbare Auswirkungen auf die Einzelpreise und das Preisniveau, insbesondere auf das Verbraucherpreisniveau, sind nicht zu erwarten.

Entwurf eines Gesetzes zur Änderung des Grundgesetzes
(Artikel 72, 105 und 125b)

Vom …

Der Bundestag hat mit Zustimmung des Bundesrates das folgende Gesetz beschlossen; Artikel 79 Absatz 2 des Grundgesetzes ist eingehalten:

Artikel 1
Änderung des Grundgesetzes

Das Grundgesetz für die Bundesrepublik Deutschland in der im Bundesgesetzblatt Teil III, Gliederungsnummer 100-1, veröffentlichten bereinigten Fassung, das zuletzt durch Artikel 1 des Gesetzes vom 28. März 2019 (BGBl. I S. 40) geändert worden ist, wird wie folgt geändert:

1. In Artikel 72 Absatz 3 Satz 1 Nummer 6 wird der Punkt am Ende durch ein Semikolon ersetzt und wird folgende Nummer 7 angefügt:
   „7. die Grundsteuer."
2. Artikel 105 Absatz 2 wird wie folgt geändert:
   a) Folgender Satz wird vorangestellt:
      „Der Bund hat die konkurrierende Gesetzgebung über die Grundsteuer."
   b) In Satz 2 werden die Wörter „Der Bund" durch das Wort „Er" ersetzt.
3. Dem Artikel 125b wird folgender Absatz 3 angefügt:
   „(3) Auf dem Gebiet des Artikels 72 Absatz 3 Satz 1 Nummer 7 darf abweichendes Landesrecht der Erhebung der Grundsteuer frühestens für Zeiträume ab dem 1. Januar 2025 zugrunde gelegt werden."

Artikel 2
Inkrafttreten

Dieses Gesetz tritt am Tag nach der Verkündung in Kraft.

Berlin, den 25. Juni 2019

Ralph Brinkhaus, Alexander Dobrindt und Fraktion
Dr. Rolf Mützenich und Fraktion
Begründung

A. Allgemeiner Teil

I. Zielsetzung und Notwendigkeit der Regelungen

Ziel des Gesetzentwurfs ist die Begründung einer uneingeschränkten konkurrierenden Gesetzgebungskompetenz des Bundes für die Neuregelung des Grundsteuer- und Bewertungsrechts ohne die besonderen Voraussetzungen des Artikels 72 Absatz 2 GG, unter gleichzeitiger Ermächtigung der Länder zu abweichenden landesrechtlichen Regelungen. Die Frage der Gesetzgebungskompetenz des Bundes für die notwendige Reform des Grundsteuer- und des Bewertungsgesetzes wird nicht einheitlich beantwortet. Gemäß Artikel 105 Absatz 2 GG hat der Bund für die Grundsteuer die konkurrierende Gesetzgebungskompetenz unter den Voraussetzungen des Artikels 72 Absatz 2 GG. Es werden unterschiedliche Auffassungen zur Frage des Erfordernisses einer bundeseinheitlichen Regelung der Grundsteuer zur Herstellung gleichwertiger Lebensverhältnisse oder zur Wahrung der Rechts- oder Wirtschaftseinheit im Bundesgebiet nach der seit dem 16. November 1994 geltenden Fassung des Artikels 72 Absatz 2 GG vertreten. Darauf hat das Bundesverfassungsgericht in seinem Urteil vom 10. April 2018 hingewiesen, ohne dass es dazu einer Entscheidung bedurfte. Artikel 125a Absatz 2 GG räumt dem Bund lediglich eine begrenzte Änderungskompetenz des fortgeltenden Bundesrechts unter Beibehaltung der wesentlichen Elemente ein, erlaubt aber keine grundlegende Neukonzeption der Materie.

Da die Gesetzgebungskompetenz des Bundes in der Wissenschaft nicht einheitlich beurteilt wird, soll diese unzweifelhaft abgesichert werden. Dazu erhält der Bund mit dieser Grundgesetzänderung uneingeschränkt die konkurrierende Gesetzgebungskompetenz zur Regelung der Grundsteuer. Zeitgleich wird den Ländern über eine Ergänzung in Artikel 72 Absatz 3 GG eine umfassende abweichende Regelungskompetenz eröffnet. Dies entspricht der bisherigen Systematik bundeseinheitlicher Steuergegenstände und Bemessungsgrundlagen auf der einen und Hebesatzautonomie der Gemeinden auf der anderen Seite bei Grund- und Gewerbesteuer. Hierfür bestehen gute Gründe. Das betrifft vor allem die Schaffung einer bundesgesetzlichen Grundlage. Denn die Grundsteuer wird aufgrund ihrer historisch gewachsenen Funktion als unverzichtbare Finanzierungsquelle für die Kommunen bundesweit erhoben. Darüber hinaus bestehen Querbezüge zwischen Grund- und Gewerbebesteuerung insbesondere im Bereich der Land- und Forstwirtschaft, die Vorkehrungen zur Vermeidung von Doppelbesteuerungen erfordern. Zugleich bietet sich gerade die Grundsteuer aufgrund der Immobilität des Steuerobjekts und des bereits in der Verfassung vorhandenen kommunalen Hebesatzrechts dafür an, die Steuerautonomie der Länder zu stärken. Dem trägt die vorgesehene Abweichungsbefugnis der Länder Rechnung.

II. Wesentlicher Inhalt des Entwurfs

Durch Ergänzung des Artikels 105 Absatz 2 GG wird die konkurrierende Gesetzgebungsbefugnis des Bundes für die Grundsteuer festgeschrieben und die Abweichungsbefugnis der Länder durch Aufnahme der Grundsteuer in den Katalog in Artikel 72 Absatz 3 Satz 1 Nummer 7 GG begründet.

III. Alternativen

Keine Änderung des Grundgesetzes.

1. Der Bundesgesetzgeber könnte bestimmen, dass das Grundsteuer- und Bewertungsrecht in vollem Umfang durch Landesrecht ersetzt werden kann (Artikel 125a Absatz 2 Satz 2 GG).

2. Der Bundesgesetzgeber könnte das Grundsteuergesetz und die Bewertungsvorschriften für Zwecke der Grundsteuer aufheben, um den Ländern landesrechtliche Regelungen zu ermöglichen.

IV. Gesetzgebungskompetenz

Die Gesetzgebungskompetenz des Bundes für die Änderung des Grundgesetzes folgt aus Artikel 79 Absatz 1 GG.

V. Vereinbarkeit mit dem Recht der Europäischen Union und völkerrechtlichen Verträgen

Das Gesetz steht mit dem Recht der Europäischen Union und völkerrechtlichen Verträgen in Einklang.

VI. Gesetzesfolgen

1. Rechts- und Verwaltungsvereinfachung

Aspekte der Rechts- und Verwaltungsvereinfachung sind nicht unmittelbar betroffen.

2. Nachhaltigkeitsaspekte

Die Managementregeln und Indikatoren der nationalen Nachhaltigkeitsstrategie wurden geprüft. Der Gesetzentwurf berührt keine Aspekte einer nachhaltigen Entwicklung.

3. Haushaltsausgaben ohne Erfüllungsaufwand

Durch die Grundgesetzänderung ergeben sich keine unmittelbaren finanziellen Auswirkungen. Die Auswirkungen sind nach Maßgabe des Haushaltsgesetzes von der einfachgesetzlichen Ausgestaltung und der Wahrnehmung der eingeräumten Kompetenzen abhängig.

4. Erfüllungsaufwand

Ein Erfüllungsaufwand für Bürgerinnen und Bürger bzw. für die Wirtschaft ist nicht unmittelbar zu erwarten. Insoweit werden keine Vorgaben neu eingeführt, geändert oder abgeschafft. Es werden keine Informationspflichten eingeführt oder abgeschafft.

5. Weitere Kosten

Unmittelbare Auswirkungen auf Einzelpreise und das allgemeine Preisniveau, insbesondere das Verbraucherpreisniveau, sind nicht zu erwarten.

6. Weitere Gesetzesfolgen

Die Änderungen haben keine Auswirkungen auf die Gleichstellung von Frauen und Männern.

VII. Befristung; Evaluierung

Keine.

B. Besonderer Teil

Zu Artikel 1 (Änderung des Grundgesetzes)
Zu Nummer 1

Durch Aufnahme der neuen Nummer 7 in Artikel 72 Absatz 3 Satz 1 GG wird den Ländern die Befugnis zur abweichenden Gesetzgebung über die Grundsteuer eingeräumt.

Zu Nummer 2

Mit der Ergänzung des Artikels 105 Absatz 2 GG wird dem Bund die konkurrierende Gesetzgebung über die Grundsteuer unabhängig von den Voraussetzungen des Artikels 72 Absatz 2 GG zugewiesen.

Zu Nummer 3

Mit der Regelung soll gewährleistet werden, dass die Grundsteuer erst für Veranlagungszeiträume ab dem 1. Januar 2025 auf der Grundlage abweichenden Landesrechts erhoben werden kann. Auf diese Weise wird sichergestellt, dass zu einem einheitlichen Zeitpunkt (1. Januar 2025) in allen Ländern die Grundsteuer nach neuem Recht – bundesgesetzlich oder landesgesetzlich geregelt – erhoben wird. Eine vorherige Diversifizierung der Grundsteuererhebung soll steuerpolitisch vermieden werden. Die Regelung ermöglicht es den Ländern zugleich, bereits frühzeitig und parallel zur Fortgeltung des bisherigen Bundesrechts bis zum 31. Dezember 2024 mit den erforderlichen Schritten zur verfahrensmäßigen Umsetzung abweichenden Landesrechts zu beginnen (z. B. Anforderung der Steuererklärungen, Erlass von Steuermessbescheiden).

Zu Artikel 2 (Inkrafttreten)

Die Vorschrift regelt das Inkrafttreten.

Deutscher Bundestag – Drucksache 19/11085

25. Juni 2019
Gesetzentwurf der Fraktionen der CDU/CSU und SPD
Entwurf eines Gesetzes zur Reform des Grundsteuer- und Bewertungsrechts
(Grundsteuer-Reformgesetz – GrStRefG)

A. Problem und Ziel

Mit dem Urteil vom 10. April 2018 – 1 BvL 11/14, 1 BvL 12/14, 1 BvL 1/15, 1 BvR 639/11, 1 BvR 889/12 – hat das Bundesverfassungsgericht die §§ 19 bis 23, 27, 76, 79 Absatz 5 sowie § 93 Absatz 1 Satz 2 des Bewertungsgesetzes in Verbindung mit Artikel 2 Absatz 1 Satz 1 und 3 des Gesetzes zur Änderung des Bewertungsgesetzes in der Fassung des Artikels 2 des Gesetzes vom 22. Juli 1970 (BGBl. I S. 1118), soweit sie bebaute Grundstücke außerhalb des Bereichs der Land- und Forstwirtschaft und außerhalb des in Artikel 3 des Einigungsvertrags genannten Gebiets betreffen, jedenfalls seit dem 1. Januar 2002 für unvereinbar mit Artikel 3 Absatz 1 des Grundgesetzes (GG) erklärt. Dem Gesetzgeber hat das Bundesverfassungsgericht eine Frist zur Neuregelung spätestens bis zum 31. Dezember 2019 gesetzt. Bis zu diesem Zeitpunkt dürfen die als unvereinbar mit Artikel 3 Absatz 1 GG festgestellten Regeln über die Einheitsbewertung weiter angewandt werden. Nach Verkündung einer Neuregelung dürfen die beanstandeten Regelungen für weitere fünf Jahre ab der Verkündung, längstens aber bis zum 31. Dezember 2024, angewandt werden.

Bei der Umsetzung der Vorgaben des Bundesverfassungsgerichts soll unter Wahrung der dem Bund derzeit nach dem Grundgesetz zustehenden Gesetzgebungskompetenz an das bestehende Bewertungs- und Grundsteuersystem angeknüpft werden. Der Gesetzentwurf zielt daher auf eine verfassungskonforme, rechtssichere und zeitgemäße Fortentwicklung der Grundsteuer und der damit verbundenen Bewertung der Grundsteuerobjekte, um die Grundsteuer als verlässliche Einnahmequelle der Kommunen zu erhalten. Da die Gesetzgebungskompetenz des Bundes in der Wissenschaft nicht einheitlich beurteilt wird, soll diese unzweifelhaft abgesichert werden. Dazu erhält der Bund mit der zeitgleich eingebrachten Grundgesetzänderung uneingeschränkt die konkurrierende Gesetzgebungskompetenz zur Regelung der Grundsteuer. Zeitgleich wird den Ländern über eine Ergänzung in Artikel 72 Absatz 3 GG eine umfassende abweichende Regelungskompetenz eröffnet. Nicht beabsichtigt ist eine strukturelle Erhöhung des Grundsteueraufkommens. An die Gemeinden wird daher appelliert, die aus der Neubewertung des Grundbesitzes resultierenden Belastungsverschiebungen durch eine gegebenenfalls erforderliche Anpassung des Hebesatzes auszugleichen, um ein konstantes Grundsteueraufkommen zu sichern. Die Bundesregierung erwartet deshalb auch, dass Kommunen in einem Haushaltssicherungsverfahren landesrechtlich nicht die Möglichkeit verwehrt wird, ihre Hebesätze zur Wahrung der Aufkommensneutralität entsprechend anzupassen.

Um eine wiederkehrende Bewertung der Grundsteuerobjekte zu gewährleisten, sollen die Grundlagen für ein weitgehend automatisiertes und damit zukunftsfähiges sowie einfach, transparent und nachvollziehbar ausgestaltetes Verwaltungsverfahren zur Erhebung der Grundsteuer geschaffen werden.

B. Lösung

Das Bewertungs- und Grundsteuerrecht bleibt in seiner Grundstruktur erhalten und wird unter Berücksichtigung der Vorgaben des Bundesverfassungsgerichts sowie unter weitgehender Nutzbarmachung automationstechnischer Möglichkeiten fortentwickelt.

C. Alternativen

Keine.

D. Haushaltsausgaben ohne Erfüllungsaufwand

Angestrebt wird eine Reform, die bundesweit das nach bisherigem Recht geschätzte Aufkommen der Grundsteuer A und B von rund 14,8 Milliarden Euro im Jahr 2022 sichert. Dies soll konzeptionell durch die Bestimmung von Steuermesszahlen erreicht werden, mit denen unter der Annahme von konstanten Hebesätzen ein annähernd gleiches Grundsteueraufkommen rechnerisch erreicht werden kann. Letztlich wird jedoch das Aufkommen der Grundsteuer entsprechend den verfassungsrechtlichen Vorgaben des Artikels 28 GG auf kommunaler Ebene durch die Festsetzung der Hebesätze bestimmt.

Infolge der künftigen Einbeziehung der Wohngebäude bei land- und forstwirtschaftlichen Betrieben in die Grundsteuer B verlagert sich ein jährliches Aufkommen von rund 100 Mio. Euro von der Grundsteuer A in die Grundsteuer B.

E. Erfüllungsaufwand
E.1 Erfüllungsaufwand für Bürgerinnen und Bürger

Die Durchführung der Hauptfeststellung auf den 1. Januar 2022 und die Hauptveranlagung der Grundsteuermessbeträge auf den 1. Januar 2025 sowie die Pflege der ermittelten Werte erstrecken sich über mehrere Jahre, so dass der gesamte Erfüllungsaufwand für den Hauptfeststellungszeitraum 2022 – 2028 linear auf einen Zeitraum von sieben Jahren zu verteilen ist. Da ein vollständig digitalisiertes Verwaltungsverfahren auf den 1. Januar 2022 noch nicht angeboten werden kann, ist eine umfassende Datenerhebung mittels einer elektronischen Steuererklärung durch die Bürgerinnen und Bürger erforderlich.

Unter Berücksichtigung dieser Prämissen entfällt vom gesamten Erfüllungsaufwand für ca. 36 Mio. wirtschaftliche Einheiten ein jährlicher Erfüllungsaufwand von rund 2,1 Mio. Stunden auf die Bürgerinnen und Bürger. Zusätzlich entstehen Sachkosten von ca. 445 000 Euro für die Übermittlung papiergebundener Steuererklärungen.

Durch die Änderungen des Steuerstatistikgesetzes fällt kein Erfüllungsaufwand an, da es sich um eine Sekundärstatistik handelt.

E.2 Erfüllungsaufwand für die Wirtschaft

Die Durchführung der Hauptfeststellung auf den 1. Januar 2022 und die Hauptveranlagung der Grundsteuermessbeträge auf den 1. Januar 2025 sowie die Pflege der ermittelten Werte erstrecken sich über mehrere Jahre, so dass der gesamte Erfüllungsaufwand für den Hauptfeststellungszeitraum 2022 – 2028 linear auf einen Zeitraum von sieben Jahren zu verteilen ist. Da ein vollständig digitalisiertes Verwaltungsverfahren auf den 1. Januar 2022 noch nicht angeboten werden kann, ist auch für die Wirtschaft eine umfassende Datenerhebung mittels einer elektronischen Steuererklärung erforderlich.

Unter Berücksichtigung dieser Prämissen entfallen vom gesamten Erfüllungsaufwand für ca. 36 Mio. wirtschaftliche Einheiten ein jährlicher Erfüllungsaufwand von rund 8,9 Mio. Euro auf den Bereich der Land- und Forstwirtschaft und rund 92,3 Mio. Euro auf die übrige Wirtschaft. Zusätzlich entstehen der gesamten Wirtschaft Sachkosten von ca. 181 000 Euro für die Übermittlung papiergebundener Steuererklärungen.

Durch die Änderungen des Steuerstatistikgesetzes fällt kein Erfüllungsaufwand an, da es sich um eine Sekundärstatistik handelt.

Davon Bürokratiekosten aus Informationspflichten

Bei diesem Erfüllungsaufwand handelt es sich um Bürokratiekosten aus Informationspflichten.

Das Regelungsvorhaben unterliegt nicht der „One in, one out"-Regel, da es die Rechtsprechung des Bundesverfassungsgerichts 1:1 umsetzt.

E.3 Erfüllungsaufwand der Verwaltung

Für die Abschätzung des personellen Vollzugsaufwands in den Finanzämtern ist von 36 Mio. wirtschaftlichen Einheiten auszugehen. Weitere Voraussetzung ist, dass die Durchführung des Gesamtverfahrens weitgehend vollmaschinell erfolgt. Dies bedingt, dass die Erklärungen elektronisch eingehen oder gescannt sowie rein automationsgestützt weiterverarbeitet werden können und eine papierbasierte Aktenführung nicht erforderlich ist. Der hierfür erforderliche Erfüllungsaufwand kann erst nach technischer Feinplanung vollständig ermittelt werden.

Die Durchführung des gesamten Verfahrens erstreckt sich über mehrere Jahre, sodass sich der erforderliche personelle Mehraufwand entsprechend aufteilt. Die von Bund und Ländern eingerichtete Arbeitsgruppe Grundsteuer geht für die Gesamtdauer der ersten Hauptfeststellung bundesweit von rund 2 200 Vollzeitäquivalenten aus, die für die „modellunabhängigen Tätigkeiten" in jedem Fall erforderlich sind.

Der aufgeführte, geschätzte Personalbedarf ist daher nicht als jahresbezogener Daueraufwand, sondern als kumulierter Gesamtpersonalbedarf für die Erledigung aller Aufgaben im Zusammenhang mit dem ersten Hauptfeststellungszeitpunkt nach neuem Recht zu verstehen. Eine Verteilung führt für die Kalenderjahre 2019 bis 2024 zu folgenden Einschätzungen:

für das Jahr 2019:	222 Arbeitskräfte (16 945 000 Euro) und für die Intendanz 37 Arbeitskräfte (2 796 000 Euro)
für das Jahr 2020:	260 Arbeitskräfte (19 770 000 Euro) und für die Intendanz 43 Arbeitskräfte (3 262 000 Euro)
für das Jahr 2021:	260 Arbeitskräfte (19 770 000 Euro) und für die Intendanz 43 Arbeitskräfte (3 262 000 Euro)
für das Jahr 2022:	1 970 Arbeitskräfte (150 076 000 Euro) und für die Intendanz 325 Arbeitskräfte (24 762 000 Euro)

Reform der Grundsteuer   Anlage R 3.2

für das Jahr 2023: 3 045 Arbeitskräfte (231 857 000 Euro) und für die Intendanz 502 Arbeitskräfte (38 256 000 Euro)

für das Jahr 2024: 320 Arbeitskräfte (24 325 000 Euro) und für die Intendanz 53 Arbeitskräfte (4 013 000 Euro).

Dies führt zu Gesamtpersonalkosten in Höhe von rund 462 Mio. Euro. Hinzu kommt ein Aufwand für den Intendanzbereich (Sachgebietsleitungen, Geschäftsstelle, IT-Stelle, Postverteilung usw.), der Personalkosten in Höhe von rund 76 Mio. Euro verursacht. Soweit im Rahmen des Vollzugs ein zentraler IT-Betrieb für einzelne Aufgaben erforderlich ist, würden hierfür zusätzliche, jährliche Kosten hinzukommen. Ob und in welcher Höhe dieser Aufwand zu einem zusätzlichen Personalbedarf (zeitlich befristet oder dauerhaft) führt, kann zum gegenwärtigen Zeitpunkt nicht abgeschätzt werden, da in den Ländern unterschiedliche Herangehensweisen zur Bewältigung der anstehenden Mehrarbeit geprüft werden. So wurden bereits in einigen Ländern Vorkehrungen getroffen und es wurde entsprechendes Personal zur Erfassung der Daten für die Erhebung der Grundsteuer bereitgestellt.

Je nachdem, in welchem Umfang Leistungen seitens der IT erbracht werden, um hierdurch den personellen Aufwand in den Finanzämtern zu verringern und den Komfort für die Bürgerinnen und Bürger zu erhöhen, werden sich die Kosten für die IT-Umsetzung nach ersten groben Bewertungen auf ca. 44 Mio. Euro im Bereich KONSENS (Koordinierte neue Software-Entwicklung der Steuerverwaltung) bis 2022 belaufen. Analog zum bisherigen Vorgehen bei der Umsetzung des Steuerbürokratieabbaugesetzes sowie des Bürgerentlastungsgesetzes wird empfohlen, das KONSENS-Budget mit entsprechenden Auswirkungen auf den Haushalt von Bund und Ländern um die bereitzustellenden Finanzmittel in Summe zu erhöhen, um die Auswirkungen auf andere laufende Umsetzungsprojekte in der IT zumindest zu verringern.

F. Weitere Kosten

Der Wirtschaft, einschließlich mittelständischer Unternehmen, entstehen keine direkten sonstigen Kosten.

Auswirkungen auf Einzelpreise und das Preisniveau, insbesondere auf das Verbraucherpreisniveau, sind nicht zu erwarten. Es wird eine aufkommensneutrale Reform der Grundsteuer angestrebt.

Entwurf eines Gesetzes zur Reform des Grundsteuer- und Bewertungsrechts
(Grundsteuer-Reformgesetz – GrStRefG)
Vom ...

Der Bundestag hat mit Zustimmung des Bundesrates das folgende Gesetz beschlossen:

Inhaltsübersicht

Artikel 1	Änderung des Bewertungsgesetzes
Artikel 2	Weitere Änderung des Bewertungsgesetzes
Artikel 3	Änderung des Grundsteuergesetzes
Artikel 4	Änderung der Abgabenordnung
Artikel 5	Weitere Änderung der Abgabenordnung
Artikel 6	Änderung des Einführungsgesetzes zur Abgabenordnung
Artikel 7	Weitere Änderung des Einführungsgesetzes zur Abgabenordnung
Artikel 8	Änderung des Einkommensteuergesetzes
Artikel 9	Änderung des Umsatzsteuergesetzes
Artikel 10	Änderung des Gewerbesteuergesetzes
Artikel 11	Änderung der Gewerbesteuer-Durchführungsverordnung
Artikel 12	Änderung des Erbschaftsteuer- und Schenkungsteuergesetzes
Artikel 13	Änderung der Erbschaftsteuer-Durchführungsverordnung
Artikel 14	Änderung des Gesetzes über Steuerstatistiken
Artikel 15	Änderung des Bodenschätzungsgesetzes
Artikel 16	Änderung der Immobilienwertermittlungsverordnung
Artikel 17	Änderung des Finanzausgleichsgesetzes
Artikel 18	Inkrafttreten

Anlage R 3.2

Anhang zu Artikel 1 Nummer 6

Anlage 27	(zu § 237 Absatz 2) Landwirtschaftliche Nutzung
Anlage 28	(zu § 237 Absatz 3) Forstwirtschaftliche Nutzung
Anlage 29	(zu § 237 Absatz 4) Weinbauliche Nutzung
Anlage 30	(zu § 237 Absatz 5) Gärtnerische Nutzung
Anlage 31	(zu § 237 Absatz 6 und 7) Übrige land- und forstwirtschaftliche Nutzungen sowie Abbauland, Geringstland und Unland
Anlage 32	(zu § 237 Absatz 8) Nutzungsart Hofstelle
Anlage 33	(zu § 238 Absatz 2) Weitere den Ertragswert erhöhende Umstände
Anlage 34	(zu § 241 Absatz 5) Umrechnungsschlüssel für Tierbestände in Vieheinheiten (VE) nach dem Futterbedarf
Anlage 35	(zu § 241 Absatz 5) Gruppen der Zweige des Tierbestands nach der Flächenabhängigkeit
Anlage 36	(zu den §§ 251 und 257 Absatz 1) Umrechnungskoeffizienten zur Berücksichtigung abweichender Grundstücksgrößen beim Bodenwert von Ein- und Zweifamilienhäusern
Anlage 37	(zu § 253 Absatz 2) Vervielfältiger
Anlage 38	(zu § 253 Absatz 2 und § 259 Absatz 4) Wirtschaftliche Gesamtnutzungsdauer
Anlage 39	(zu § 254) Ermittlung des Rohertrages
Anlage 40	(zu § 255) Bewirtschaftungskosten
Anlage 41	(zu § 257 Absatz 2) Abzinsungsfaktoren
Anlage 42	(zu § 259 Absatz 1) Normalherstellungskosten
Anlage 43	(zu § 260) Wertzahlen für Teileigentum, Geschäftsgrundstücke, gemischt genutzte Grundstücke und sonstige bebaute Grundstücke nach § 249 Absatz 1 Nummer 5 bis 8

Artikel 1
Änderung des Bewertungsgesetzes

Das Bewertungsgesetz in der Fassung der Bekanntmachung vom 1. Februar 1991 (BGBl. I S. 230), das zuletzt durch Artikel 2 des Gesetzes vom 4. November 2016 (BGBl. I S. 2464) geändert worden ist, wird wie folgt geändert:

1. Die Inhaltsübersicht wird wie folgt geändert:
    a) Nach der Angabe zu § 203 werden die folgenden Angaben eingefügt:
    „§§ 204 bis 217 unbesetzt

Siebenter Abschnitt

Bewertung des Grundbesitzes für die Grundsteuer ab 1. Januar 2022

A. Allgemeines

§ 218	Vermögensarten
§ 219	Feststellung von Grundsteuerwerten
§ 220	Ermittlung der Grundsteuerwerte
§ 221	Hauptfeststellung
§ 222	Fortschreibungen
§ 223	Nachfeststellung
§ 224	Aufhebung des Grundsteuerwerts
§ 225	Änderung von Feststellungsbescheiden
§ 226	Nachholung einer Feststellung
§ 227	Wertverhältnisse bei Fortschreibungen und Nachfeststellungen
§ 228	Erklärungs- und Anzeigepflicht
§ 229	Auskünfte, Erhebungen und Mitteilungen
§ 230	Abrundung
§ 231	Abgrenzung von in- und ausländischem Vermögen

B. Land- und forstwirtschaftliches Vermögen
I. Allgemeines

§ 232	Begriff des land- und forstwirtschaftlichen Vermögens
§ 233	Abgrenzung des land- und forstwirtschaftlichen Vermögens vom Grundvermögen in Sonderfällen
§ 234	Betrieb der Land- und Forstwirtschaft
§ 235	Bewertungsstichtag
§ 236	Bewertungsgrundsätze
§ 237	Bewertung des Betriebs der Land- und Forstwirtschaft
§ 238	Zuschläge zum Reinertrag
§ 239	Grundsteuerwert des Betriebs der Land- und Forstwirtschaft
§ 240	Kleingartenland und Dauerkleingartenland

II. Besondere Vorschriften
a) Landwirtschaftliche Nutzung

§ 241	Tierbestände

b) Übrige land- und forstwirtschaftliche Nutzungen

§ 242	Übrige land- und forstwirtschaftliche Nutzungen

C. Grundvermögen
I. Allgemeines

§ 243	Begriff des Grundvermögens
§ 244	Grundstück
§ 245	Gebäude, Gebäudeteile und Anlagen für den Zivilschutz

II. Unbebaute Grundstücke

§ 246	Begriff der unbebauten Grundstücke
§ 247	Bewertung der unbebauten Grundstücke

III. Bebaute Grundstücke

§ 248	Begriff der bebauten Grundstücke
§ 249	Grundstücksarten
§ 250	Bewertung der bebauten Grundstücke
§ 251	Mindestwert
§ 252	Bewertung im Ertragswertverfahren
§ 253	Ermittlung des kapitalisierten Reinertrags
§ 254	Rohertrag des Grundstücks
§ 255	Bewirtschaftungskosten
§ 256	Liegenschaftszinssätze
§ 257	Ermittlung des abgezinsten Bodenwerts
§ 258	Bewertung im Sachwertverfahren
§ 259	Ermittlung des Gebäudesachwerts
§ 260	Wertzahlen

IV. Sonderfälle

§ 261	Erbbaurecht
§ 262	Gebäude auf fremdem Grund und Boden

V. Ermächtigungen

§ 263	Ermächtigungen".

b) Die Angabe zum Dritten Teil wird wie folgt gefasst:

„Dritter Teil
Schlussbestimmungen

§ 264	Bekanntmachung
§ 265	Anwendungsvorschriften

§ 266 Erstmalige Anwendung des Siebenten Abschnitts des Zweiten Teils".

c) Die folgenden Angaben werden angefügt:

„Anlage 27 (zu § 237 Absatz 2) Landwirtschaftliche Nutzung
Anlage 28 (zu § 237 Absatz 3) Forstwirtschaftliche Nutzung
Anlage 29 (zu § 237 Absatz 4) Weinbauliche Nutzung
Anlage 30 (zu § 237 Absatz 5) Gärtnerische Nutzung
Anlage 31 (zu § 237 Absatz 6 und 7) Übrige land- und forstwirtschaftliche Nutzungen sowie Abbauland, Geringstland und Unland
Anlage 32 (zu § 237 Absatz 8 und 9) Hofstellen
Anlage 33 (zu § 238 Absatz 2) Weitere den Ertragswert erhöhende Umstände
Anlage 34 (zu § 241 Absatz 5) Umrechnungsschlüssel für Tierbestände in Vieheinheiten (VE) nach dem Futterbedarf
Anlage 35 (zu § 241 Absatz 5) Gruppen der Zweige des Tierbestands nach der Flächenabhängigkeit
Anlage 36 (zu den §§ 251 und 257 Absatz 1) Umrechnungskoeffizienten zur Berücksichtigung abweichender Grundstücksgrößen beim Bodenwert von Ein- und Zweifamilienhäusern
Anlage 37 (zu § 253 Absatz 2) Vervielfältiger
Anlage 38 (zu § 253 Absatz 2 und § 259 Absatz 4) Wirtschaftliche Gesamtnutzungsdauer
Anlage 39 (zu § 254) Ermittlung des Rohertrages
Anlage 40 (zu § 255) Bewirtschaftungskosten
Anlage 41 (zu § 257 Absatz 2) Abzinsungsfaktoren
Anlage 42 (zu § 259 Absatz 1) Normalherstellungskosten
Anlage 43 (zu § 260) Wertzahlen für Teileigentum, Geschäftsgrundstücke, gemischt genutzte Grundstücke und sonstige bebaute Grundstücke nach § 249 Absatz 1 Nummer 5 bis 8".

2. Nach § 203 wird folgender Siebenter Abschnitt eingefügt:

„Siebenter Abschnitt
Bewertung des Grundbesitzes für die Grundsteuer ab 1. Januar 2022

A. Allgemeines

§ 218
Vermögensarten

Für Vermögen, das nach diesem Abschnitt zu bewerten ist, erfolgt abweichend von § 18 eine Unterscheidung in folgende Vermögensarten:
1. Land- und forstwirtschaftliches Vermögen (§ 232),
2. Grundvermögen (§ 243).
Betriebsgrundstücke im Sinne des § 99 Absatz 1 Nummer 2 werden dem land- und forstwirtschaftlichen Vermögen zugeordnet und sind wie land- und forstwirtschaftliches Vermögen zu bewerten. Betriebsgrundstücke im Sinne des § 99 Absatz 1 Nummer 1 werden dem Grundvermögen zugeordnet und sind wie Grundvermögen zu bewerten.

§ 219
Feststellung von Grundsteuerwerten

(1) Grundsteuerwerte werden für inländischen Grundbesitz, und zwar für Betriebe der Land- und Forstwirtschaft (§§ 232 bis 234, 240) und für Grundstücke (§§ 243 und 244) gesondert festgestellt (§ 180 Absatz 1 Satz 1 Nummer 1 der Abgabenordnung).
(2) In dem Feststellungsbescheid (§ 179 der Abgabenordnung) sind auch Feststellungen zu treffen über:
1. die Vermögensart und beim Grundvermögen auch über die Grundstücksart (§ 249) sowie
2. die Zurechnung der wirtschaftlichen Einheit und bei mehreren Beteiligten über die Höhe ihrer Anteile.
(3) Die Feststellungen nach den Absätzen 1 und 2 erfolgen nur, soweit sie für die Besteuerung von Bedeutung sind.

Anlage R 3.2

§ 220
Ermittlung der Grundsteuerwerte

Die Grundsteuerwerte werden nach den Vorschriften dieses Abschnitts ermittelt. Bei der Ermittlung der Grundsteuerwerte ist § 163 der Abgabenordnung nicht anzuwenden; hiervon unberührt bleiben Übergangsregelungen, die die oberste Finanzbehörde eines Landes im Einvernehmen mit den obersten Finanzbehörden der übrigen Länder trifft.

§ 221
Hauptfeststellung

(1) Die Grundsteuerwerte werden in Zeitabständen von je sieben Jahren allgemein festgestellt (Hauptfeststellung).
(2) Der Hauptfeststellung werden die Verhältnisse zu Beginn des Kalenderjahres (Hauptfeststellungszeitpunkt) zugrunde gelegt.

§ 222
Fortschreibungen

(1) Der Grundsteuerwert wird neu festgestellt (Wertfortschreibung), wenn der in Euro ermittelte und auf volle 100 Euro abgerundete Wert, der sich für den Beginn eines Kalenderjahres ergibt, von dem entsprechenden Wert des letzten Feststellungszeitpunkts nach oben oder unten um mehr als 15 000 Euro abweicht.
(2) Über die Art oder Zurechnung der wirtschaftlichen Einheit (§ 219 Absatz 2) wird eine neue Feststellung getroffen (Artfortschreibung oder Zurechnungsfortschreibung), wenn sie von der zuletzt getroffenen Feststellung abweicht und es für die Besteuerung von Bedeutung ist.
(3) Eine Fortschreibung nach Absatz 1 oder 2 findet auch zur Beseitigung eines Fehlers der letzten Feststellung statt. § 176 der Abgabenordnung über den Vertrauensschutz bei der Aufhebung und Änderung von Steuerbescheiden ist hierbei entsprechend anzuwenden. Satz 2 gilt nur für die Feststellungszeitpunkte, die vor der Verkündung der maßgeblichen Entscheidung eines der in § 176 der Abgabenordnung genannten Gerichte liegen.
(4) Eine Fortschreibung ist vorzunehmen, wenn dem Finanzamt bekannt wird, dass die Voraussetzungen für sie vorliegen. Der Fortschreibung werden vorbehaltlich des § 227 die Verhältnisse im Fortschreibungszeitpunkt zugrunde gelegt. Fortschreibungszeitpunkt ist:
1. bei einer Änderung der tatsächlichen Verhältnisse der Beginn des Kalenderjahres, das auf die Änderung folgt, und
2. in den Fällen des Absatzes 3 der Beginn des Kalenderjahres, in dem der Fehler dem Finanzamt bekannt wird, bei einer Erhöhung des Grundsteuerwerts jedoch frühestens der Beginn des Kalenderjahres, in dem der Feststellungsbescheid erteilt wird.

§ 223
Nachfeststellung

(1) Für wirtschaftliche Einheiten, für die ein Grundsteuerwert festzustellen ist, wird der Grundsteuerwert nachträglich festgestellt (Nachfeststellung), wenn nach dem Hauptfeststellungszeitpunkt:
1. die wirtschaftliche Einheit neu entsteht oder
2. eine bereits bestehende wirtschaftliche Einheit erstmals zur Grundsteuer herangezogen werden soll.

(2) Der Nachfeststellung werden vorbehaltlich des § 227 die Verhältnisse im Nachfeststellungszeitpunkt zugrunde gelegt. Nachfeststellungszeitpunkt ist:
1. in den Fällen des Absatzes 1 Nummer 1 der Beginn des Kalenderjahres, das auf die Entstehung der
    wirtschaftlichen Einheit folgt, und
2. in den Fällen des Absatzes 1 Nummer 2 der Beginn des Kalenderjahres, in dem der Grundsteuerwert
    erstmals der Besteuerung zugrunde gelegt wird.

§ 224
Aufhebung des Grundsteuerwerts

(1) Der Grundsteuerwert wird aufgehoben, wenn dem Finanzamt bekannt wird, dass:
1. die wirtschaftliche Einheit wegfällt oder

2. der Grundsteuerwert der wirtschaftlichen Einheit infolge von Befreiungsgründen der Besteuerung nicht mehr zugrunde gelegt wird.

(2) Aufhebungszeitpunkt ist:
1. in den Fällen des Absatzes 1 Nummer 1 der Beginn des Kalenderjahres, das auf den Wegfall der wirtschaftlichen Einheit folgt, und
2. in den Fällen des Absatzes 1 Nummer 2 der Beginn des Kalenderjahres, in dem der Grundsteuerwert erstmals der Besteuerung nicht mehr zugrunde gelegt wird.

§ 225
Änderung von Feststellungsbescheiden

Bescheide über Fortschreibungen oder über Nachfeststellungen von Grundsteuerwerten können schon vor dem maßgeblichen Feststellungszeitpunkt erteilt werden. Sie sind zu ändern oder aufzuheben, wenn sich bis zu diesem Zeitpunkt Änderungen ergeben, die zu einer abweichenden Feststellung führen.

§ 226
Nachholung einer Feststellung

(1) Ist die Feststellungsfrist (§ 181 der Abgabenordnung) abgelaufen, kann eine Fortschreibung (§ 222) oder Nachfeststellung (§ 223) unter Zugrundelegung der Verhältnisse vom Fortschreibungs- oder Nachfeststellungszeitpunkt mit Wirkung für einen späteren Feststellungszeitpunkt vorgenommen werden, für den diese Frist noch nicht abgelaufen ist. § 181 Absatz 5 der Abgabenordnung bleibt hiervon unberührt.

(2) Absatz 1 ist bei der Aufhebung des Grundsteuerwerts (§ 224) entsprechend anzuwenden.

§ 227
Wertverhältnisse bei Fortschreibungen und Nachfeststellungen

Bei Fortschreibungen und bei Nachfeststellungen der Grundsteuerwerte sind die Wertverhältnisse im Hauptfeststellungszeitpunkt zugrunde zu legen.

§ 228
Erklärungs- und Anzeigepflicht

(1) Die Steuerpflichtigen haben Erklärungen zur Feststellung der Grundsteuerwerte für den Hauptfeststellungszeitpunkt oder einen anderen Feststellungszeitpunkt abzugeben, wenn sie hierzu durch die Finanzbehörde aufgefordert werden (§ 149 Absatz 1 Satz 2 der Abgabenordnung). Fordert die Finanzbehörde zur Abgabe einer Erklärung auf, hat sie eine Frist zur Abgabe der Erklärung zu bestimmen, die mindestens einen Monat betragen soll. Die Aufforderung zur Abgabe einer Erklärung kann vom Bundesministerium der Finanzen im Einvernehmen mit den obersten Finanzbehörden der Länder durch öffentliche Bekanntmachung erfolgen.

(2) Eine Änderung der tatsächlichen Verhältnisse, die sich auf die Höhe des Grundsteuerwerts, die Vermögensart oder die Grundstücksart auswirken oder zu einer erstmaligen Feststellung führen kann, ist auf den Beginn des folgenden Kalenderjahres anzuzeigen. Gleiches gilt, wenn das Eigentum oder das wirtschaftliche Eigentum an einem auf fremdem Grund und Boden errichteten Gebäude übergegangen ist. Die Frist für die Abgabe dieser Anzeige beträgt einen Monat und beginnt mit Ablauf des Kalenderjahres, in dem sich die tatsächlichen Verhältnisse geändert haben oder das Eigentum oder das wirtschaftliche Eigentum an einem auf fremdem Grund und Boden errichteten Gebäude übergegangen ist.

(3) Die Erklärung nach Absatz 1 und die Anzeige nach Absatz 2 sind abzugeben
1. von dem Steuerpflichtigen, dem das Grundstück zuzurechnen ist,
2. bei einem Grundstück, das mit einem Erbbaurecht belastet ist, vom Erbbauberechtigten unter Mitwirkung des Erbbauverpflichteten oder
3. bei einem Gebäude auf fremdem Grund und Boden vom Eigentümer des Grund und Bodens unter Mitwirkung des Eigentümers oder des wirtschaftlichen Eigentümers des Gebäudes.

(4) Die Erklärungen nach Absatz 1 und die Anzeigen nach Absatz 2 sind bei dem für die gesonderte Feststellung zuständigen Finanzamt abzugeben.

(5) Die Erklärungen nach Absatz 1 und die Anzeigen nach Absatz 2 sind Steuererklärungen im Sinne der Abgabenordnung, die eigenhändig zu unterschreiben sind.

(6) Die Erklärungen nach Absatz 1 und die Anzeigen nach Absatz 2 sind nach amtlich vorgeschriebenem Datensatz durch Datenfernübertragung zu übermitteln. Auf Antrag kann die Finanzbehörde zur Vermeidung unbilliger Härten auf eine Übermittlung durch Datenfernübertragung verzichten. Für die Entscheidung über den Antrag gilt § 150 Absatz 8 der Abgabenordnung.

§ 229
Auskünfte, Erhebungen und Mitteilungen

(1) Die Eigentümer von Grundbesitz haben der Finanzbehörde auf Anforderung alle Angaben zu machen, die sie für die Sammlung der Kauf-, Miet- und Pachtpreise braucht. Dabei haben sie zu versichern, dass sie die Angaben nach bestem Wissen und Gewissen gemacht haben.

(2) Die Finanzbehörden können zur Vorbereitung einer Hauptfeststellung und zur Durchführung von Feststellungen der Grundsteuerwerte örtliche Erhebungen über die Bewertungsgrundlagen anstellen. Das Grundrecht der Unverletzlichkeit der Wohnung (Artikel 13 des Grundgesetzes) wird insoweit eingeschränkt.

(3) Die nach Bundes- oder Landesrecht zuständigen Behörden haben den Finanzbehörden die rechtlichen und tatsächlichen Umstände mitzuteilen, die ihnen im Rahmen ihrer Aufgabenerfüllung bekannt geworden sind und die für die Feststellung von Grundsteuerwerten oder für die Grundsteuer von Bedeutung sein können.

(4) Die Grundbuchämter haben den für die Feststellung des Grundsteuerwerts zuständigen Finanzbehörden mitzuteilen:
1. die Eintragung eines neuen Eigentümers oder Erbbauberechtigten sowie bei einem anderen als einem rechtsgeschäftlichen Erwerb zusätzlich die Anschrift des neuen Eigentümers oder Erbbauberechtigten; dies gilt nicht für die Fälle des Erwerbs nach den Vorschriften des Zuordnungsrechts,
2. die Eintragung der Begründung von Wohnungseigentum oder Teileigentum,
3. die Eintragung der Begründung eines Erbbaurechts, Wohnungserbbaurechts oder Teilerbbaurechts.

In den Fällen der Nummern 2 und 3 ist gleichzeitig der Tag des Eingangs des Eintragungsantrags beim Grundbuchamt mitzuteilen. Bei einer Eintragung aufgrund Erbfolge ist das Jahr anzugeben, in dem der Erblasser verstorben ist. Die Mitteilungen sollen der Finanzbehörde über die für die Führung des Liegenschaftskatasters zuständige Behörde oder über eine sonstige Behörde, die das amtliche Verzeichnis der Grundstücke (§ 2 Absatz 2 der Grundbuchordnung) führt, zugeleitet werden.

(5) Die nach den Absätzen 3 oder 4 mitteilungspflichtige Stelle hat die betroffenen Personen vom Inhalt der Mitteilung zu unterrichten. Eine Unterrichtung kann unterbleiben, soweit den Finanzbehörden Umstände aus dem Grundbuch, den Grundakten oder aus dem Liegenschaftskataster mitgeteilt werden.

(6) Die nach den Absätzen 3 oder 4 mitteilungspflichtigen Stellen übermitteln die Mitteilungen den Finanzbehörden nach amtlich vorgeschriebenem Datensatz über die amtlich bestimmte Schnittstelle. Die Grundbuchämter und die für die Führung des Liegenschaftskatasters zuständigen Behörden übermitteln die bei ihnen geführten Daten laufend, mindestens alle drei Monate. Das Bundesministerium der Finanzen legt im Einvernehmen mit den obersten Finanzbehörden der Länder und den obersten Vermessungs- und Katasterbehörden der Länder die Einzelheiten der elektronischen Übermittlung und deren Beginn in einem Schreiben fest. Dieses Schreiben ist im Bundesanzeiger und im Bundessteuerblatt zu veröffentlichen.

§ 230
Abrundung

Die ermittelten Grundsteuerwerte werden auf volle 100 Euro nach unten abgerundet.

§ 231
Abgrenzung von in- und ausländischem Vermögen

(1) Für die Bewertung des inländischen nach diesem Abschnitt zu bewertenden Vermögens gelten die §§ 232 bis 262. Nach diesen Vorschriften sind auch die inländischen Teile einer wirtschaftlichen Einheit zu bewerten, die sich sowohl auf das Inland als auch auf das Ausland erstrecken.

(2) Die ausländischen Teile einer wirtschaftlichen Einheit unterliegen nicht der gesonderten Feststellung nach § 219.

Anlage R 3.2

B. Land- und forstwirtschaftliches Vermögen

I. Allgemeines

§ 232
Begriff des land- und forstwirtschaftlichen Vermögens

(1) Land- und Forstwirtschaft ist die planmäßige Nutzung der natürlichen Kräfte des Bodens zur Erzeugung von Pflanzen und Tieren sowie die Verwertung der dadurch selbst gewonnenen Erzeugnisse. Zum land- und forstwirtschaftlichen Vermögen gehören alle Wirtschaftsgüter, die einem Betrieb der Land- und Forstwirtschaft dauernd zu dienen bestimmt sind.

(2) Die wirtschaftliche Einheit des land- und forstwirtschaftlichen Vermögens ist der Betrieb der Land- und Forstwirtschaft. Wird der Betrieb der Land- und Forstwirtschaft oder werden Teile davon einem anderen Berechtigten zur Erzeugung von Pflanzen und Tieren sowie zur Verwertung der dadurch selbst gewonnenen Erzeugnisse überlassen, so gilt dies als Fortsetzung der land- und forstwirtschaftlichen Tätigkeit des Überlassenden.

(3) Zu den Wirtschaftsgütern, die dem Betrieb der Land- und Forstwirtschaft dauernd zu dienen bestimmt sind, gehören insbesondere:
1. der Grund und Boden,
2. die Wirtschaftsgebäude,
3. die stehenden Betriebsmittel,
4. der normale Bestand an umlaufenden Betriebsmitteln,
5. die immateriellen Wirtschaftsgüter.

Als normaler Bestand an umlaufenden Betriebsmitteln gilt ein Bestand, der zur gesicherten Fortführung des Betriebs erforderlich ist.

(4) Nicht zum land- und forstwirtschaftlichen Vermögen gehören:
1. Grund und Boden sowie Gebäude und Gebäudeteile, die Wohnzwecken oder anderen nicht land- und forstwirtschaftlichen Zwecken dienen,
2. Tierbestände oder Zweige des Tierbestands und die hiermit zusammenhängenden Wirtschaftsgüter (zum Beispiel Gebäude und abgrenzbare Gebäudeteile mit den dazugehörenden Flächen, stehende und umlaufende Betriebsmittel), wenn die Tiere weder nach § 241 zur landwirtschaftlichen Nutzung noch nach § 242 Absatz 2 zu den sonstigen land- und forstwirtschaftlichen Nutzungen gehören; die Zugehörigkeit der landwirtschaftlich genutzten Flächen zum land- und forstwirtschaftlichen Vermögen wird hierdurch nicht berührt,
3. Zahlungsmittel, Geldforderungen, Geschäftsguthaben, Wertpapiere und Beteiligungen sowie
4. Geldschulden und Pensionsverpflichtungen.

§ 233
Abgrenzung des land- und forstwirtschaftlichen Vermögens vom Grundvermögen in Sonderfällen

(1) Land- und forstwirtschaftlich genutzte Flächen in Sondergebieten für Windenergieanlagen sind stets dem land- und forstwirtschaftlichen Vermögen zuzurechnen.

(2) Land- und forstwirtschaftlich genutzte Flächen sind dem Grundvermögen zuzurechnen, wenn am Bewertungsstichtag nach bestehenden Verwertungsmöglichkeiten oder den sonstigen Umständen anzunehmen ist, dass sie innerhalb eines Zeitraums von sieben Jahren anderen als land- und forstwirtschaftlichen Zwecken, insbesondere als Bau-, Gewerbe- oder Industrieland oder als Land für Verkehrszwecke, dienen werden.

(3) Flächen sind stets dem Grundvermögen zuzurechnen, wenn sie in einem Bebauungsplan als Bauland festgesetzt sind, ihre sofortige Bebauung möglich ist und die Bebauung innerhalb des Plangebiets in benachbarten Bereichen begonnen hat oder schon durchgeführt ist. Satz 1 gilt nicht für die Hofstelle.

§ 234
Betrieb der Land- und Forstwirtschaft

(1) Ein Betrieb der Land- und Forstwirtschaft umfasst:
1. die land- und forstwirtschaftlichen Nutzungen:
    a) die landwirtschaftliche Nutzung,
    b) die forstwirtschaftliche Nutzung,
    c) die weinbauliche Nutzung,
    d) die gärtnerische Nutzung,
        aa) Nutzungsteil Gemüsebau,
        bb) Nutzungsteil Blumen- und Zierpflanzenbau,

cc) Nutzungsteil Obstbau,
dd) Nutzungsteil Baumschulen,
e) die übrigen land- und forstwirtschaftlichen Nutzungen,
2. die Nutzungsarten:
a) Abbauland,
b) Geringstland,
c) Unland,
d) Hofstelle,
3. die Nebenbetriebe.

(2) Die land- und forstwirtschaftlichen Betriebsflächen sind einer Nutzung, innerhalb der gärtnerischen Nutzung einem Nutzungsteil oder einer Nutzungsart, zuzuordnen (gesetzliche Klassifizierung).

(3) Zum Abbauland gehören die Betriebsflächen, die durch Abbau der Bodensubstanz überwiegend für den Betrieb der Land- und Forstwirtschaft nutzbar gemacht werden, zum Beispiel Steinbrüche, Torfstiche, Sand-, Kies- und Lehmgruben.

(4) Zum Geringstland gehören die Betriebsflächen geringster Ertragsfähigkeit, für die nach dem Bodenschätzungsgesetz keine Wertzahlen festzustellen sind.

(5) Zum Unland gehören die Betriebsflächen, die auch bei geordneter Wirtschaftsweise keinen Ertrag abwerfen können.

(6) Zur Hofstelle gehören alle Hof- und Wirtschaftsgebäudeflächen einschließlich der Nebenflächen, wenn von dort land- und forstwirtschaftliche Flächen nachhaltig bewirtschaftet werden.

(7) Als Nebenbetrieb gilt ein Betrieb, der dem Hauptbetrieb zu dienen bestimmt ist und nicht einen selbständigen gewerblichen Betrieb darstellt.

§ 235
Bewertungsstichtag

(1) Für die Größe des Betriebs sowie für den Umfang und den Zustand der Gebäude sind die Verhältnisse im Feststellungszeitpunkt maßgebend.

(2) Für die stehenden und umlaufenden Betriebsmittel ist der Stand am Ende des Wirtschaftsjahres maßgebend, das dem Feststellungszeitpunkt vorangegangen ist.

§ 236
Bewertungsgrundsätze

(1) Der Bewertung eines Betriebs der Land- und Forstwirtschaft ist der Ertragswert zugrunde zu legen.

(2) Bei der Ermittlung des Ertragswerts ist von der Ertragsfähigkeit auszugehen. Ertragsfähigkeit ist der bei ordnungsmäßiger Bewirtschaftung gemeinhin und nachhaltig erzielbare Reinertrag eines pacht- und schuldenfreien Betriebs mit entlohnten fremden Arbeitskräften (Reinertrag). Er ermittelt sich aus dem Betriebseinkommen abzüglich des Lohnaufwands für die entlohnten Arbeitskräfte und des angemessenen Anteils für die Arbeitsleistung des Betriebsleiters sowie der nicht entlohnten Arbeitskräfte. Hierbei sind alle Umstände zu berücksichtigen, die bei einer Selbstbewirtschaftung des Betriebs den Wirtschaftserfolg beeinflussen.

(3) Der Reinertrag wird aus den Erhebungen nach § 2 des Landwirtschaftsgesetzes oder aus Erhebungen der Finanzverwaltung für jede gesetzliche Klassifizierung gesondert ermittelt. Bei der Ermittlung des jeweiligen Reinertrags ist zur Berücksichtigung der nachhaltigen Ertragsfähigkeit ein Durchschnitt aus den letzten zehn vorliegenden Wirtschaftsjahren zu bilden, die vor dem Hauptfeststellungszeitpunkt geendet haben.

(4) Der Ertragswert ist das 18,6fache der Summe der Reinerträge des Betriebs.

§ 237
Bewertung des Betriebs der Land- und Forstwirtschaft

(1) Bei der Ermittlung des Ertragswerts für einen Betrieb der Land- und Forstwirtschaft sind die land- und forstwirtschaftlichen Nutzungen, Nutzungsarten und die Nebenbetriebe (§ 234 Absatz 1) mit ihrem jeweiligen Reinertrag nach den Absätzen 2 bis 9 zu bewerten. Mit dem Ansatz des jeweiligen Reinertrags sind auch dem Eigentümer des Grund und Bodens nicht gehörende stehende und umlaufende Betriebsmittel, die der Bewirtschaftung des Betriebs dienen, abgegolten.

(2) Der Reinertrag der landwirtschaftlichen Nutzung ermittelt sich aus der Summe der Flächenwerte. Der jeweilige Flächenwert ist das Produkt aus der Größe der gesetzlich klassifizierten Eigentumsfläche des Betriebs und den Bewertungsfaktoren der Anlage 27. Die Bewertungsfaktoren

Anlage R 3.2

Grundbetrag und Ertragsmesszahl nach § 9 des Bodenschätzungsgesetzes sind für jede Eigentumsfläche gesondert zu ermitteln.
(3) Der Reinertrag der forstwirtschaftlichen Nutzung ermittelt sich aus der Summe der Flächenwerte. Der jeweilige Flächenwert ist das Produkt aus der Größe der gesetzlich klassifizierten Eigentumsfläche des Betriebs und dem jeweiligen gegendüblichen Bewertungsfaktor gemäß Anlage 28. Die gegendüblichen Bewertungsfaktoren bestimmen sich nach den forstwirtschaftlichen Wuchsgebieten und deren Baumartenanteilen nach der zuletzt vor dem Hauptfeststellungszeitpunkt durchgeführten Bundeswaldinventur (§ 41a des Bundeswaldgesetzes). Abweichend hiervon werden klassifizierte Eigentumsflächen mit katastermäßig nachgewiesenen Bewirtschaftungsbeschränkungen als Geringstland bewertet, wenn infolge der Bewirtschaftungsbeschränkungen eine nachhaltige forstwirtschaftliche Nutzung unterbleibt.
(4) Der Reinertrag der weinbaulichen Nutzung ermittelt sich aus der Summe der Flächenwerte. Der jeweilige Flächenwert ist das Produkt aus der Größe der gesetzlich klassifizierten Eigentumsfläche des Betriebs und dem Bewertungsfaktor für die Verwertungsform Traubenerzeugung gemäß Anlage 29.
(5) Der Reinertrag der gärtnerischen Nutzung ist gegliedert nach den Nutzungsteilen zu ermitteln. Der Reinertrag eines Nutzungsteils ermittelt sich aus der Summe der Flächenwerte. Der jeweilige Flächenwert ist das Produkt aus der gesetzlich klassifizierten Eigentumsfläche des Betriebs und dem jeweiligen Bewertungsfaktor gemäß Anlage 30. Abweichend hiervon wird der Nutzungsteil Gemüsebau wie eine landwirtschaftliche Nutzung bewertet, wenn im Wechsel landwirtschaftliche und gärtnerische Erzeugnisse gewonnen werden und keine Bewässerungsmöglichkeiten bestehen.
(6) Der Reinertrag für die übrigen land- und forstwirtschaftlichen Nutzungen ist für jede Nutzung nach § 242 gesondert zu ermitteln. Der Reinertrag einer übrigen land- und forstwirtschaftlichen Nutzung ermittelt sich aus der Summe der Flächenwerte. Der jeweilige Flächenwert ist das Produkt aus der Größe der gesetzlich klassifizierten Eigentumsfläche des Betriebs und dem jeweiligen Bewertungsfaktor einschließlich des Zuschlags gemäß Anlage 31. Für die übrigen land- und forstwirtschaftlichen Nutzungen, deren Nutzung unabhängig von einer Fläche erfolgt, sind der Reinertrag für nachhaltig genutzte Wirtschaftsgebäude gemäß Anlage 31 und der Reinertrag für den dazu gehörenden Grund und Boden nach Absatz 8 zu ermitteln; dies gilt unabhängig von einer gesetzlichen Klassifizierung als Hofstelle.
(7) Der Reinertrag für die Nutzungsarten Abbauland, Geringstland und Unland ermittelt sich aus der Summe der Flächenwerte der jeweiligen Nutzungsart. Der jeweilige Flächenwert ist das Produkt aus der Größe der gesetzlich klassifizierten Eigentumsfläche des Betriebs und dem jeweiligen Bewertungsfaktor gemäß Anlage 31.
(8) Der Reinertrag für die Hofflächen und die Nebenbetriebe ermittelt sich aus der Summe der Flächenwerte. Der Flächenwert ist das Produkt aus der jeweils als Hofstelle gesetzlich klassifizierten Eigentumsfläche des Betriebs und dem dreifachen Bewertungsfaktor gemäß Anlage 32.

§ 238
Zuschläge zum Reinertrag

(1) Ein Zuschlag zum Reinertrag einer Nutzung oder Nutzungsart ist vorzunehmen,
1. bei der landwirtschaftlichen Nutzung gemäß Anlage 27, wenn der tatsächliche Tierbestand am maßgeblichen Bewertungsstichtag (§ 235) die in Anlage 27 genannte Grenze nachhaltig überschreitet,
2. bei der gärtnerischen Nutzung gemäß Anlage 30, wenn in einem Nutzungsteil Flächen unter Glas und Kunststoffen dem Betrieb zu dienen bestimmt sind. Zu den Flächen unter Glas und Kunststoffen gehören insbesondere mit Gewächshäusern, begehbaren Folientunneln, Foliengewächshäusern und anderen Kulturräumen überbaute Bruttogrundflächen. Unerheblich ist, ob die Flächen unter Glas und Kunststoffen neben der Erzeugung auch zur Lagerung oder zum Vertrieb der Erzeugnisse zu dienen bestimmt sind,
3. bei der Nutzungsart Hofstelle gemäß Anlage 32 für die weinbauliche Nutzung und für Nebenbetriebe. Der Zuschlag ermittelt sich durch Multiplikation der Bruttogrundflächen der nachhaltig genutzten Wirtschaftsgebäude mit dem Zwölffachen des jeweiligen Bewertungsfaktors. Unerheblich ist, ob die Wirtschaftsgebäude neben der Erzeugung auch zur Lagerung oder zum Vertrieb der Erzeugnisse zu dienen bestimmt sind.

(2) Der Reinertrag einer Nutzung oder Nutzungsart ist um einen Zuschlag zu erhöhen, wenn die Eigentumsflächen des Betriebs zugleich als Sondergebiet für Windenergieanlagen dienen. Der Zuschlag ermittelt sich aus dem Produkt der abgegrenzten Standortfläche und dem Bewertungsfaktor gemäß Anlage 33.

§ 239
Grundsteuerwert des Betriebs der Land- und Forstwirtschaft

(1) Die Summe der Reinerträge des Betriebs einschließlich der Zuschläge (§§ 237, 238) ist zur Ermittlung des Ertragswerts mit dem Faktor 18,6 zu kapitalisieren und ergibt den Grundsteuerwert des Betriebs der Land- und Forstwirtschaft.

(2) Die Summe der Reinerträge des Betriebs einschließlich der Zuschläge (§§ 237, 238) eines Betriebs der Land- und Forstwirtschaft ist für jede Gemeinde gesondert zu ermitteln, wenn sich die wirtschaftliche Einheit über mehrere Gemeinden erstreckt. Der auf eine Gemeinde entfallende Anteil am Grundsteuerwert berechnet sich aus der jeweils für eine Gemeinde gesondert ermittelten Summe der Reinerträge im Verhältnis zur Gesamtsumme der Reinerträge des Betriebs der Land- und Forstwirtschaft.

§ 240
Kleingartenland und Dauerkleingartenland

(1) Als Betrieb der Land- und Forstwirtschaft gelten auch Kleingartenland und Dauerkleingartenland im Sinne des Bundeskleingartengesetzes.

(2) Bei der Ermittlung des Ertragswerts für Kleingartenland- und Dauerkleingartenland ist abweichend von § 237 der Reinertrag für den Nutzungsteil Gemüsebau anzusetzen. Der Reinertrag ergibt sich aus der Summe der Produkte der jeweils gesetzlich klassifizierten Eigentumsfläche und dem Reinertrag für das Freiland gemäß Anlage 30.

(3) Gartenlauben von mehr als 30 Quadratmetern Brutto-Grundfläche gelten als Wirtschaftsgebäude. § 237 Absatz 8 findet entsprechende Anwendung.

(4) Die Summe der Reinerträge nach den Absätzen 2 und 3 ist zur Ermittlung des Ertragswerts mit dem Faktor 18,6 zu kapitalisieren und ergibt den Grundsteuerwert des Betriebs der Land- und Forstwirtschaft.

II. Besondere Vorschriften

a) Landwirtschaftliche Nutzung

§ 241
Tierbestände

(1) Tierbestände gehören in vollem Umfang zur landwirtschaftlichen Nutzung, wenn im Wirtschaftsjahr

für die ersten 20 Hektar	nicht mehr als	10 Vieheinheiten,
für die nächsten 10 Hektar	nicht mehr als	7 Vieheinheiten,
für die nächsten 20 Hektar	nicht mehr als	6 Vieheinheiten,
für die nächsten 50 Hektar	nicht mehr als	3 Vieheinheiten,
und für die weitere Fläche	nicht mehr als	1,5 Vieheinheiten

je Hektar der vom Inhaber des Betriebs selbst bewirtschafteten Flächen der landwirtschaftlichen Nutzung erzeugt oder gehalten werden. Zu den selbst bewirtschafteten Flächen gehören die Eigentumsflächen und die zur Nutzung überlassenen Flächen. Die Tierbestände sind nach dem Futterbedarf in Vieheinheiten umzurechnen.

(2) Übersteigt die Anzahl der Vieheinheiten nachhaltig die in Absatz 1 bezeichnete Grenze, so gehören nur die Zweige des Tierbestands zur landwirtschaftlichen Nutzung, deren Vieheinheiten zusammen diese Grenze nicht überschreiten. Zunächst sind mehr flächenabhängige Zweige des Tierbestands und danach weniger flächenabhängige Zweige des Tierbestands zur landwirtschaftlichen Nutzung zu rechnen. Innerhalb jeder dieser Gruppen sind zuerst Zweige des Tierbestands mit der geringeren Anzahl von Vieheinheiten und dann Zweige mit der größeren Anzahl von Vieheinheiten zur landwirtschaftlichen Nutzung zu rechnen. Der Tierbestand des einzelnen Zweiges wird nicht aufgeteilt.

(3) Als Zweig des Tierbestands gilt bei jeder Tierart für sich:
 1. das Zugvieh,
 2. das Zuchtvieh,
 3. das Mastvieh,
 4. das übrige Nutzvieh.

Anlage R 3.2

Das Zuchtvieh einer Tierart gilt nur dann als besonderer Zweig des Tierbestands, wenn die erzeugten Jungtiere überwiegend zum Verkauf bestimmt sind. Ist das nicht der Fall, so ist das Zuchtvieh dem Zweig des Tierbestands zuzurechnen, dem es überwiegend dient.
(4) Die Absätze 1 bis 3 gelten nicht für Pelztiere. Pelztiere gehören nur dann zur landwirtschaftlichen Nutzung, wenn die erforderlichen Futtermittel überwiegend von den vom Inhaber des Betriebs landwirtschaftlich genutzten Flächen gewonnen werden.
(5) Der Umrechnungsschlüssel für Tierbestände in Vieheinheiten sowie die Gruppen der mehr oder weniger flächenabhängigen Zweige des Tierbestands sind den Anlagen 34 und 35 zu entnehmen.

b) Übrige land- und forstwirtschaftliche Nutzungen

§ 242
Übrige land- und forstwirtschaftliche Nutzungen

(1) Zu den übrigen land- und forstwirtschaftlichen Nutzungen gehören:
1. Hopfen, Spargel und andere Sonderkulturen,
2. die sonstigen land- und forstwirtschaftlichen Nutzungen.

(2) Zu den sonstigen land- und forstwirtschaftlichen Nutzungen gehören insbesondere:
1. die Binnenfischerei,
2. die Teichwirtschaft,
3. die Fischzucht für Binnenfischerei und Teichwirtschaft,
4. die Imkerei,
5. die Wanderschäferei,
6. die Saatzucht,
7. der Pilzanbau,
8. die Produktion von Nützlingen,
9. die Weihnachtsbaumkulturen,
10. die Kurzumtriebsplantagen.

C. Grundvermögen

I. Allgemeines

§ 243
Begriff des Grundvermögens

(1) Zum Grundvermögen gehören, soweit es sich nicht um land- und forstwirtschaftliches Vermögen (§§ 232 bis 242) handelt:
1. der Grund und Boden, die Gebäude, die sonstigen Bestandteile und das Zubehör,
2. das Erbbaurecht,
3. das Wohnungseigentum und das Teileigentum,
4. das Wohnungserbbaurecht und das Teilerbbaurecht nach § 30 Absatz 1 des Wohnungseigentumsgesetzes.

(2) In das Grundvermögen sind nicht einzubeziehen:
1. Bodenschätze,
2. die Maschinen und sonstigen Vorrichtungen aller Art, die zu einer Betriebsanlage gehören (Betriebsvorrichtungen), auch wenn sie wesentliche Bestandteile sind.
3. (3) Einzubeziehen sind jedoch die Verstärkungen von Decken und die nicht ausschließlich zu einer Betriebsanlage gehörenden Stützen und sonstigen Bauteile wie Mauervorlagen und Verstrebungen.

§ 244
Grundstück

(1) Jede wirtschaftliche Einheit des Grundvermögens bildet ein Grundstück im Sinne dieses Abschnitts.
(2) Ein Anteil des Eigentümers eines Grundstücks an anderem Grundvermögen (zum Beispiel an gemeinschaftlichen Hofflächen oder Garagen) ist in die wirtschaftliche Einheit Grundstück einzubeziehen, wenn der Anteil zusammen mit dem Grundstück genutzt wird. Das gilt nicht, wenn das gemeinschaftliche Grundvermögen nach den Anschauungen des Verkehrs als selbständige wirtschaftliche Einheit anzusehen ist (§ 2 Absatz 1 Satz 3 und 4).
(3) Als Grundstück gelten auch:
1. das Erbbaurecht zusammen mit dem Erbbaurechtsgrundstück,

2. ein Gebäude auf fremdem Grund und Boden zusammen mit dem dazugehörenden Grund und Boden,
3. jedes Wohnungseigentum und Teileigentum nach dem Wohnungseigentumsgesetz sowie
4. beim Wohnungserbbaurecht und beim Teilerbbaurecht das Erbbaurecht zusammen mit dem belasteten
5. Grund und Boden.

§ 245
Gebäude, Gebäudeteile und Anlagen für den Zivilschutz

Gebäude, Gebäudeteile und Anlagen, die wegen der in § 1 des Zivilschutz- und Katastrophenhilfegesetzes bezeichneten Zwecke geschaffen worden sind und im Frieden nicht oder nur gelegentlich oder geringfügig für andere Zwecke benutzt werden, bleiben bei der Ermittlung des Grundsteuerwerts außer Betracht.

II. Unbebaute Grundstücke

§ 246
Begriff der unbebauten Grundstücke

(1) Unbebaute Grundstücke sind Grundstücke, auf denen sich keine benutzbaren Gebäude befinden. Die Benutzbarkeit beginnt zum Zeitpunkt der Bezugsfertigkeit. Gebäude sind als bezugsfertig anzusehen, wenn den zukünftigen Bewohnern oder sonstigen vorgesehenen Benutzern die bestimmungsgemäße Gebäudenutzung zugemutet werden kann. Nicht entscheidend für den Zeitpunkt der Bezugsfertigkeit ist die Abnahme durch die Bauaufsichtsbehörde.
(2) Befinden sich auf dem Grundstück Gebäude, die auf Dauer keiner Nutzung zugeführt werden können, so gilt das Grundstück als unbebaut. Als unbebaut gilt auch ein Grundstück, auf dem infolge von Zerstörung oder Verfall der Gebäude auf Dauer kein benutzbarer Raum mehr vorhanden ist.

§ 247
Bewertung der unbebauten Grundstücke

(1) Der Grundsteuerwert unbebauter Grundstücke ermittelt sich regelmäßig durch Multiplikation ihrer Fläche mit dem jeweiligen Bodenrichtwert (§ 196 des Baugesetzbuchs).
(2) Die Bodenrichtwerte sind von den Gutachterausschüssen im Sinne der §§ 192 ff. des Baugesetzbuchs auf den Hauptfeststellungszeitpunkt zu ermitteln, zu veröffentlichen und nach amtlich vorgeschriebenem Datensatz durch Datenfernübertragung an die zuständigen Finanzbehörden zu übermitteln.
(3) Wird von den Gutachterausschüssen im Sinne der §§ 192 ff. des Baugesetzbuchs kein Bodenrichtwert ermittelt, ist der Wert des unbebauten Grundstücks aus den Werten vergleichbarer Flächen abzuleiten.

III. Bebaute Grundstücke

§ 248
Begriff der bebauten Grundstücke

Bebaute Grundstücke sind Grundstücke, auf denen sich benutzbare Gebäude befinden. Wird ein Gebäude in Bauabschnitten errichtet, ist der bezugsfertige Teil als benutzbares Gebäude anzusehen.

§ 249
Grundstücksarten

(1) Bei der Bewertung bebauter Grundstücke sind die folgenden Grundstücksarten zu unterscheiden:
1. Einfamilienhäuser,
2. Zweifamilienhäuser,
3. Mietwohngrundstücke,
4. Wohnungseigentum,
5. Teileigentum,
6. Geschäftsgrundstücke,
7. gemischt genutzte Grundstücke und
8. sonstige bebaute Grundstücke.

(2) Einfamilienhäuser sind Wohngrundstücke, die eine Wohnung enthalten und kein Wohnungseigentum sind. Ein Grundstück gilt auch dann als Einfamilienhaus, wenn es zu weniger als 50 Prozent der Wohn- und Nutzfläche zu anderen als Wohnzwecken mitbenutzt und dadurch die Eigenart als Einfamilienhaus nicht wesentlich beeinträchtigt wird.
(3) Zweifamilienhäuser sind Wohngrundstücke, die zwei Wohnungen enthalten und kein Wohnungseigentum sind. Ein Grundstück gilt auch dann als Zweifamilienhaus, wenn es zu weniger als 50 Prozent der Wohn- und Nutzfläche zu anderen als Wohnzwecken mitbenutzt und dadurch die Eigenart als Zweifamilienhaus nicht wesentlich beeinträchtigt wird.
(4) Mietwohngrundstücke sind Grundstücke, die zu mehr als 80 Prozent der Wohn- und Nutzfläche Wohnzwecken dienen und nicht Ein- und Zweifamilienhäuser oder Wohnungseigentum sind.
(5) Wohnungseigentum ist das Sondereigentum an einer Wohnung in Verbindung mit dem Miteigentumsanteil an dem gemeinschaftlichen Eigentum, zu dem es gehört.
(6) Teileigentum ist das Sondereigentum an nicht zu Wohnzwecken dienenden Räumen eines Gebäudes in Verbindung mit dem Miteigentum an dem gemeinschaftlichen Eigentum, zu dem es gehört.
(7) Geschäftsgrundstücke sind Grundstücke, die zu mehr als 80 Prozent der Wohn- und Nutzfläche eigenen oder fremden betrieblichen oder öffentlichen Zwecken dienen und nicht Teileigentum sind.
(8) Gemischt genutzte Grundstücke sind Grundstücke, die teils Wohnzwecken, teils eigenen oder fremden betrieblichen oder öffentlichen Zwecken dienen und nicht Ein- und Zweifamilienhäuser, Mietwohngrundstücke, Wohnungseigentum, Teileigentum oder Geschäftsgrundstücke sind.
(9) Sonstige bebaute Grundstücke sind solche Grundstücke, die nicht unter die Absätze 2 bis 8 fallen.
(10) Eine Wohnung ist in der Regel die Zusammenfassung mehrerer Räume, die in ihrer Gesamtheit so beschaffen sein müssen, dass die Führung eines selbständigen Haushalts möglich ist. Die Zusammenfassung der Räume muss eine von anderen Wohnungen oder Räumen, insbesondere Wohnräumen, baulich getrennte, in sich abgeschlossene Wohneinheit bilden und einen selbständigen Zugang haben. Daneben ist erforderlich, dass die für die Führung eines selbständigen Haushalts notwendigen Nebenräume (Küche, Bad oder Dusche, Toilette) vorhanden sind. Die Wohnfläche soll mindestens 20 Quadratmeter betragen.

§ 250
Bewertung der bebauten Grundstücke

(1) Der Grundsteuerwert bebauter Grundstücke ist nach dem Ertragswertverfahren (Absatz 2) oder dem Sachwertverfahren (Absatz 3) zu ermitteln.
(2) Im Ertragswertverfahren nach den §§ 252 bis 257 sind zu bewerten:
1. Einfamilienhäuser,
2. Zweifamilienhäuser,
3. Mietwohngrundstücke,
4. Wohnungseigentum.
(3) Im Sachwertverfahren nach den §§ 258 bis 260 sind zu bewerten:
1. Geschäftsgrundstücke,
2. gemischt genutzte Grundstücke,
3. Teileigentum,
4. Sonstige bebaute Grundstücke.

§ 251
Mindestwert

Der für ein bebautes Grundstück anzusetzende Wert darf nicht geringer sein als 75 Prozent des Werts, mit dem der Grund und Boden allein als unbebautes Grundstück zu bewerten wäre (§ 247). Bei der Bewertung von Ein- und Zweifamilienhäusern im Sinne des § 249 Absatz 2 und 3 ist bei der Ermittlung des Mindestwerts § 257 Absatz 1 Satz 2 anzuwenden.

§ 252
Bewertung im Ertragswertverfahren

Im Ertragswertverfahren ermittelt sich der Grundsteuerwert aus der Summe des kapitalisierten Reinertrags nach § 253 (Barwert des Reinertrags) und des abgezinsten Bodenwerts nach § 257. Mit dem Grundsteuerwert sind die Werte für den Grund und Boden, die Gebäude, die baulichen Anlagen, insbesondere Außenanlagen, und die sonstigen Anlagen abgegolten.

§ 253
Ermittlung des kapitalisierten Reinertrags

(1) Zur Ermittlung des kapitalisierten Reinertrags ist vom Reinertrag des Grundstücks auszugehen. Dieser ergibt sich aus dem Rohertrag des Grundstücks (§ 254) abzüglich der Bewirtschaftungskosten (§ 255).

(2) Der Reinertrag des Grundstücks ist mit dem sich aus Anlage 37 ergebenden Vervielfältiger zu kapitalisieren. Maßgebend für den Vervielfältiger sind der Liegenschaftszinssatz nach § 256 und die Restnutzungsdauer des Gebäudes. Die Restnutzungsdauer ist grundsätzlich der Unterschiedsbetrag zwischen der wirtschaftlichen Gesamtnutzungsdauer, die sich aus Anlage 38 ergibt, und dem Alter des Gebäudes am Bewertungsstichtag. Sind nach der Bezugsfertigkeit des Gebäudes Veränderungen eingetreten, die die wirtschaftliche Gesamtnutzungsdauer des Gebäudes wesentlich verlängert haben, ist von einer der Verlängerung entsprechenden Restnutzungsdauer auszugehen. Die Restnutzungsdauer eines noch nutzbaren Gebäudes beträgt mindestens 30 Prozent der wirtschaftlichen Gesamtnutzungsdauer. Bei einer bestehenden Abbruchverpflichtung für das Gebäude ist die Restnutzungsdauer abweichend von den Sätzen 3 bis 5 auf den Unterschiedsbetrag zwischen der tatsächlichen Gesamtnutzungsdauer und dem Alter des Gebäudes am Bewertungsstichtag begrenzt.

§ 254
Rohertrag des Grundstücks

Der Rohertrag des Grundstücks ergibt sich aus den in Anlage 39 nach Land, Gebäudeart, Wohnungsgröße und Baujahr des Gebäudes angegebenen monatlichen Nettokaltmieten je Quadratmeter Wohnfläche einschließlich der in Abhängigkeit der Mietniveaustufen festgelegten Zu- und Abschläge.

§ 255
Bewirtschaftungskosten

Als Bewirtschaftungskosten werden die bei ordnungsgemäßer Bewirtschaftung und zulässiger Nutzung marktüblich entstehenden jährlichen Verwaltungskosten, Betriebskosten, Instandhaltungskosten und das Mietausfallwagnis berücksichtigt, die nicht durch Umlagen oder sonstige Kostenübernahmen gedeckt sind. Sie ergeben sich aus den pauschalierten Erfahrungssätzen nach Anlage 40.

§ 256
Liegenschaftszinssätze

(1) Liegenschaftszinssätze sind die Zinssätze, mit denen der Wert von Grundstücken abhängig von der Grundstücksart durchschnittlich und marktüblich verzinst wird. Bei der Bewertung bebauter Grundstücke gelten die folgenden Zinssätze:
1. 2,5 Prozent für Ein- und Zweifamilienhäuser,
2. 3,0 Prozent für Wohnungseigentum,
3. 4,0 Prozent für Mietwohngrundstücke mit bis zu sechs Wohnungen,
4. 4,5 Prozent für Mietwohngrundstücke mit mehr als sechs Wohnungen.

(2) Bei der Bewertung von Ein- und Zweifamilienhäusern im Sinne des § 249 Absatz 2 und 3 verringert sich der Zinssatz nach Absatz 1 Nummer 1 um jeweils 0,1 Prozentpunkte für jede vollen 100 Euro, die der Bodenrichtwert oder der Bodenwert nach § 247 Absatz 3 je Quadratmeter den Betrag von 500 Euro je Quadratmeter übersteigt. Ab einem Bodenrichtwert oder Bodenwert nach § 247 Absatz 3 je Quadratmeter in Höhe von 1 500 Euro je Quadratmeter beträgt der Zinssatz für Ein- und Zweifamilienhäuser einheitlich 1,5 Prozent.

(3) Bei der Bewertung von Wohnungseigentum im Sinne des § 249 Absatz 5 verringert sich der Zinssatz nach Absatz 1 Nummer 1 um jeweils 0,1 Prozentpunkte für jede vollen 100 Euro, die der Bodenrichtwert oder der Bodenwert nach § 247 Absatz 3 je Quadratmeter den Betrag von 2 000 Euro je Quadratmeter übersteigt. Ab einem Bodenrichtwert oder Bodenwert nach § 247 Absatz 3 je Quadratmeter in Höhe von 3 000 Euro je Quadratmeter beträgt der Zinssatz für Wohnungseigentum einheitlich 2 Prozent.

§ 257
Ermittlung des abgezinsten Bodenwerts

(1) Zur Ermittlung des abgezinsten Bodenwerts ist vom Bodenwert nach § 247 auszugehen. Bei der Bewertung von Ein- und Zweifamilienhäusern im Sinne des § 249 Absatz 2 und 3 sind zur Berück-

sichtigung abweichender Grundstücksgrößen beim Bodenwert die Umrechnungskoeffizienten nach Anlage 36 anzuwenden.

(2) Der Bodenwert nach Absatz 1 ist mit Ausnahme des Werts von selbständig nutzbaren Teilflächen nach Absatz 3 mit dem sich aus Anlage 41 ergebenden Abzinsungsfaktor abzuzinsen. Der jeweilige Abzinsungsfaktor bestimmt sich nach dem Liegenschaftszinssatz nach § 256 und der Restnutzungsdauer des Gebäudes nach § 253 Absatz 2 Satz 3 bis 6.

(3) Eine selbständig nutzbare Teilfläche ist ein Teil eines Grundstücks, der für die angemessene Nutzung der Gebäude nicht benötigt wird und selbständig genutzt oder verwertet werden kann.

§ 258
Bewertung im Sachwertverfahren

(1) Bei Anwendung des Sachwertverfahrens ist der Wert der Gebäude (Gebäudesachwert) getrennt vom Bodenwert zu ermitteln.

(2) Der Bodenwert ist der Wert des unbebauten Grundstücks nach § 247.

(3) Die Summe aus Bodenwert (§ 247) und Gebäudesachwert (§ 259) ergibt den vorläufigen Sachwert des Grundstücks. Dieser ist zur Ermittlung des Grundsteuerwerts im Sachwertverfahren mit der Wertzahl nach § 260 zu multiplizieren. Mit dem Grundsteuerwert sind die Werte für den Grund und Boden, die Gebäude, die baulichen Anlagen, insbesondere Außenanlagen, und die sonstigen Anlagen abgegolten.

§ 259
Ermittlung des Gebäudesachwerts

(1) Bei der Ermittlung des Gebäudesachwerts ist von den Normalherstellungskosten des Gebäudes in Anlage 42 auszugehen.

(2) Der Gebäudenormalherstellungswert ergibt sich durch Multiplikation der jeweiligen nach Absatz 3 an den Hauptfeststellungszeitpunkt angepassten Normalherstellungskosten mit der Brutto-Grundfläche des Gebäudes.

(3) Die Anpassung der Normalherstellungskosten erfolgt anhand der vom Statistischen Bundesamt veröffentlichten Baupreisindizes. Dabei ist auf die Preisindizes für die Bauwirtschaft abzustellen, die das Statistische Bundesamt für den Neubau in konventioneller Bauart von Wohn- und Nichtwohngebäuden jeweils für das Vierteljahr vor dem Hauptfeststellungszeitpunkt ermittelt hat. Diese Preisindizes sind für alle Bewertungsstichtage des folgenden Hauptfeststellungszeitraums anzuwenden. Das Bundesministerium der Finanzen veröffentlicht die maßgebenden Baupreisindizes im Bundessteuerblatt.

(4) Vom Gebäudenormalherstellungswert ist eine Alterswertminderung abzuziehen. Die Alterswertminderung ergibt sich durch Multiplikation des Gebäudenormalherstellungswerts mit dem Verhältnis des Alters des Gebäudes am Bewertungsstichtag zur wirtschaftlichen Gesamtnutzungsdauer nach Anlage 38. Sind nach Bezugsfertigkeit des Gebäudes Veränderungen eingetreten, die die wirtschaftliche Gesamtnutzungsdauer des Gebäudes wesentlich verlängert haben, ist von einem der Verlängerung entsprechenden späteren Baujahr auszugehen. Der nach Abzug der Alterswertminderung verbleibende Gebäudewert ist mit mindestens 30 Prozent des Gebäudenormalherstellungswerts anzusetzen. Bei bestehender Abbruchverpflichtung für das Gebäude ist die Alterswertminderung abweichend von den Sätzen 2 bis 4 auf das Verhältnis des Alters des Gebäudes am Bewertungsstichtag zur tatsächlichen Gesamtnutzungsdauer begrenzt.

§ 260
Wertzahlen

Zur Ermittlung des Grundsteuerwerts ist der vorläufige Sachwert des Grundstücks im Sinne des § 258 Absatz 3 mit der sich aus Anlage 43 ergebenden Wertzahl zu multiplizieren.

IV. Sonderfälle

§ 261
Erbbaurecht

Bei Erbbaurechten ist für das Erbbaurecht und das Erbbaurechtsgrundstück ein Gesamtwert nach den §§ 243 bis 260 zu ermitteln, der festzustellen wäre, wenn die Belastung mit dem Erbbaurecht nicht bestünde. Der ermittelte Wert ist dem Erbbauberechtigten zuzurechnen.

Reform der Grundsteuer

Anlage R 3.2

§ 262
Gebäude auf fremdem Grund und Boden

Bei einem Gebäude auf fremdem Grund und Boden ist für den Grund und Boden sowie für das Gebäude auf fremdem Grund und Boden ein Gesamtwert nach den §§ 243 bis 260 zu ermitteln. Der ermittelte Wert ist dem Eigentümer des Grund und Bodens zuzurechnen.

V. Ermächtigungen

§ 263
Ermächtigungen

(1) Das Bundesministerium der Finanzen wird ermächtigt, durch Rechtsverordnung mit Zustimmung des Bundesrates die folgenden Anlagen zu ändern:
1. die Anlagen 27 bis 33 durch Anpassung der darin aufgeführten Bewertungsfaktoren und Zuschläge zum Reinertrag an die Ergebnisse der Erhebungen nach § 2 des Landwirtschaftsgesetzes oder an die Erhebungen der Finanzverwaltung zum nächsten Feststellungszeitpunkt,
2. im Einvernehmen mit dem Bundesministerium für Ernährung und Landwirtschaft die Anlagen 34 und 35 durch Anpassung des darin aufgeführten Umrechnungsschlüssels und der Gruppen der Zweige eines Tierbestands an geänderte wirtschaftliche oder technische Entwicklungen und
3. die Anlagen 36 bis 43 durch Anpassung der darin aufgeführten Bewertungsfaktoren des Ertrags- und Sachwertverfahrens an geänderte wirtschaftliche oder technische Verhältnisse.

In der jeweiligen Rechtsverordnung kann das Bundesministerium der Finanzen zur Sicherstellung der Gleichmäßigkeit der Besteuerung, insbesondere zur Sicherstellung einer relations- und realitätsgerechten Abbildung der Grundsteuerwerte, anordnen, dass ab dem nächsten Feststellungszeitpunkt Grundsteuerwerte unter Berücksichtigung der tatsächlichen Verhältnisse und der geänderten Wertverhältnisse durch Anwendung der jeweils angepassten Anlagen 27 bis 43 festgestellt werden.

(2) Das Bundesministerium der Finanzen wird ermächtigt, durch Rechtsverordnung mit Zustimmung des Bundesrates die gemeindebezogene Einordnung in die jeweilige Mietniveaustufe zur Ermittlung der Zu- und Abschläge nach § 254 in Verbindung mit Anlage 39 Teil II auf der Grundlage der Einordnung nach § 12 des Wohngeldgesetzes in Verbindung mit § 1 Absatz 3 und der Anlage der Wohngeldverordnung für steuerliche Zwecke herzuleiten."

3. Der bisherige § 204 wird § 264.
4. Der bisherige § 205 wird § 265.
5. Nach § 265 wird folgender § 266 angefügt:

„§ 266
Erstmalige Anwendung des Siebenten Abschnitts des Zweiten Teils

(1) Die erste Hauptfeststellung für die Grundsteuerwerte nach § 221 wird auf den 1. Januar 2022 für die Hauptveranlagung auf den 1. Januar 2025 durchgeführt.

(2) Für die Anwendung des § 219 Absatz 3 bei der Hauptfeststellung nach Absatz 1 ist zu unterstellen, dass anstelle von Einheitswerten Grundsteuerwerte für die Besteuerung nach dem Grundsteuergesetz in der am 1. Januar 2022 gültigen Fassung von Bedeutung sind. Die Steuerbefreiungen des Grundsteuergesetzes in der am 1. Januar 2022 gültigen Fassung sind bei der Hauptfeststellung nach Absatz 1 zu beachten. Bei Artfortschreibungen und Zurechnungsfortschreibungen nach § 222 Absatz 2 ist von der Hauptfeststellung auf den 1. Januar 2022 bis zum 1. Januar 2025 zu unterstellen, dass anstelle von Einheitswerten Grundsteuerwerte nach dem Grundsteuergesetz in der jeweils gültigen Fassung von Bedeutung sind.

(3) Werden der Finanzbehörde durch eine Erklärung im Sinne des § 228 auf den 1. Januar 2022 für die Bewertung eines Betriebs der Land- und Forstwirtschaft oder eines Grundstücks vor dem 1. Januar 2022 eingetretene Änderungen der tatsächlichen Verhältnisse erstmals bekannt, sind diese bei Fortschreibungen nach § 22 und Nachfeststellungen nach § 23 auf Feststellungszeitpunkte vor dem 1. Januar 2022 nicht zu berücksichtigen.

(4) Einheitswertbescheide, Grundsteuermessbescheide und Grundsteuerbescheide, die vor dem 1. Januar 2025 erlassen wurden, werden kraft Gesetzes zum 31. Dezember 2024 mit Wirkung für die Zukunft aufgehoben, soweit sie auf den §§ 19 bis 23, 27, 76, 79 Absatz 5, § 93 Absatz 1 Satz 2 des Bewertungsgesetzes in Verbindung mit Artikel 2 Absatz 1 Satz 1 und 3 des Gesetzes zur Änderung des Bewertungsgesetzes in der Fassung des Artikels 2 des Gesetzes vom 22. Juli 1970 (BGBl. I S. 1118) beruhen."

Anlage R 3.2

6. Die Anlagen 27 bis 43 aus dem Anhang zu diesem Gesetz werden angefügt.

Artikel 2
Weitere Änderung des Bewertungsgesetzes

Das Bewertungsgesetz in der Fassung der Bekanntmachung vom 1. Februar 1991 (BGBl. I S. 230), das zuletzt durch Artikel 1 dieses Gesetzes geändert worden ist, wird wie folgt geändert:

1. Die Inhaltsübersicht wird wie folgt geändert:
   a) Die Angabe zu § 19 wird wie folgt gefasst:
      „§ 19 (weggefallen)".
   b) Die Angabe zu § 20 wird wie folgt gefasst:
      „§ 20 Abweichende Feststellung von Besteuerungsgrundlagen aus Billigkeitsgründen".
   c) Die Angaben zu den §§ 21 bis 29 werden wie folgt gefasst:
      „§§ 21 bis 29 (weggefallen)".
   d) Die Angabe zu § 32 wird wie folgt gefasst:
      „§ 32 (weggefallen)".
   e) Die Angaben zu den §§ 33 bis 49 werden wie folgt gefasst:
      „§§ 33 bis 49 (weggefallen)".
   f) Die Angaben zu den §§ 50 bis 52 werden wie folgt gefasst:
      „§§ 50 bis 52 (weggefallen)".
   g) Die Angaben zu den §§ 53 bis 55 werden wie folgt gefasst:
      „§§ 53 bis 55 (weggefallen)".
   h) Die Angaben zu den §§ 56 bis 58 werden wie folgt gefasst:
      „§§ 56 bis 58 (weggefallen)".
   i) Die Angaben zu den §§ 59 bis 61 werden wie folgt gefasst:
      „§§ 59 bis 61 (weggefallen)".
   j) Die Angabe zu § 62 wird wie folgt gefasst:
      „§ 62 (weggefallen)".
   k) Die Angaben zu den §§ 63 bis 67 werden wie folgt gefasst:
      „§§ 63 bis 67 (weggefallen)".
   l) Die Angaben zu den §§ 68 und 69 werden wie folgt gefasst:
      „§§ 68 und 69 (weggefallen)".
   m) Die Angabe zu § 71 wird wie folgt gefasst:
      „§ 71 (weggefallen)".
   n) Die Angaben zu den §§ 72 und 73 werden wie folgt gefasst:
      „§§ 72 und 73 (weggefallen)".
   o) Die Angaben zu den §§ 74 bis 77 werden wie folgt gefasst:
      „§§ 74 bis 77 (weggefallen)".
   p) Die Angaben zu den §§ 78 bis 82 werden wie folgt gefasst:
      „§§ 78 bis 82 (weggefallen)".
   q) Die Angaben zu den §§ 83 bis 90 werden wie folgt gefasst:
      „§§ 83 bis 90 (weggefallen)".
   r) Die Angaben zu den §§ 91 bis 94 werden wie folgt gefasst:
      „§§ 91 bis 94 (weggefallen)".
   s) Die Angabe zu § 121a wird wie folgt gefasst:
      „§ 121a (weggefallen)".
   t) Die Angabe zu § 122 wird wie folgt gefasst:
      „§ 122 (weggefallen)".
   u) Die Angaben zu den §§ 125 bis 128 werden wie folgt gefasst:
      „§§ 125 bis 128 (weggefallen)".
   v) Die Angaben zu den §§ 129 bis 133 werden wie folgt gefasst:

„§§ 129 bis 133 (weggefallen)".
- w) Die Angaben zu den §§ 134 bis 137 werden wie folgt gefasst:
  „§§ 134 bis 137 (weggefallen)".
- x) Die Angaben zu den §§ 138 und 139 werden wie folgt gefasst:
  „§§ 138 und 139 (weggefallen)".
- y) Die Angaben zu den §§ 140 bis 144 werden wie folgt gefasst:
  „§§ 140 bis 144 (weggefallen)".
- z) Die Angabe zu § 145 wird wie folgt gefasst:
  „§§ 145 (weggefallen)".
- aa) Die Angaben zu den §§ 146 bis 150 werden wie folgt gefasst:
  „§§ 146 bis 150 (weggefallen)".
- ab) Die Angaben zu den Anlagen 1 bis 8 werden wie folgt gefasst:
  „Anlagen 1 bis 8 (weggefallen)".
2. § 17 wird wie folgt geändert:
   - a) Absatz 2 wird aufgehoben.
   - b) Der bisherige Absatz 3 wird Absatz 2 und die Angabe „§§ 19 bis 150" wird durch die Angabe „§§ 20 bis 266" ersetzt.
3. § 18 wird wie folgt geändert:
   - a) In Nummer 1 wird die Angabe „(§§ 33 bis 67, § 31)" gestrichen.
   - b) In Nummer 2 wird die Angabe „(§§ 68 bis 94, § 31)" gestrichen.
   - c) In Nummer 3 wird die Angabe „(§§ 95 bis 109, § 31)" gestrichen.
4. § 19 wird aufgehoben.
5. § 20 wird wie folgt gefasst:

„§ 20
Abweichende Feststellung von Besteuerungsgrundlagen aus Billigkeitsgründen

Bei der Bewertung ist § 163 der Abgabenordnung nicht anzuwenden; dies gilt nicht für Übergangsregelungen, die die oberste Finanzbehörde eines Landes im Einvernehmen mit den obersten Finanzbehörden der übrigen Länder trifft."

6. Die §§ 21 bis 29, 32 bis 69, 71 bis 94, 121a und 122 werden aufgehoben.
7. § 97 Absatz 1 Satz 2 wird aufgehoben.
8. In § 123 werden die Wörter „§ 12 Abs. 4, § 21 Abs. 1, § 39 Abs. 1, § 51 Abs. 4, § 55 Abs. 3, 4 und 8, den §§ 81 und 90 Abs. 2 vorgesehenen Rechtsverordnungen" durch die Wörter „§ 12 Absatz 4 Satz 3 vorgesehene Rechtsverordnung" ersetzt.
9. Die §§ 125 bis 150 sowie die Anlagen 1 bis 8 werden aufgehoben.
10. In § 151 wird die Angabe „§ 138," gestrichen.
11. § 157 wird wie folgt geändert:
    - a) Absatz 1 wird wie folgt geändert:
      - aa) In Satz 1 werden nach dem Wort „Bewertungsstichtag" die Wörter „für inländischen Grundbesitz, und zwar für Betriebe der Land- und Forstwirtschaft, für Grundstücke und für Betriebsgrundstücke," eingefügt.
      - bb) Satz 2 wird wie folgt gefasst:

„§ 229 gilt für die Grundbesitzbewertung sinngemäß."
- a) In Absatz 3 Satz 3 wird die Angabe „Satz 2" gestrichen.

Artikel 3
Änderung des Grundsteuergesetzes

Das Grundsteuergesetz vom 7. August 1973 (BGBl. I S. 965), das zuletzt durch Artikel 38 des Gesetzes vom 19. Dezember 2008 (BGBl. I S. 2794) geändert worden ist, wird wie folgt geändert:

1. Folgende Inhaltsübersicht wird vorangestellt:

Anlage R 3.2

„Inhaltsübersicht

Abschnitt I
Steuerpflicht

- § 1 Heberecht
- § 2 Steuergegenstand
- § 3 Steuerbefreiung für Grundbesitz bestimmter Rechtsträger
- § 4 Sonstige Steuerbefreiungen
- § 5 Zu Wohnzwecken benutzter Grundbesitz
- § 6 Land- und forstwirtschaftlich genutzter Grundbesitz
- § 7 Unmittelbare Benutzung für einen steuerbegünstigten Zweck
- § 8 Teilweise Benutzung für einen steuerbegünstigten Zweck
- § 9 Stichtag für die Festsetzung der Grundsteuer, Entstehung der Steuer
- § 10 Steuerschuldner
- § 11 Persönliche Haftung
- § 12 Dingliche Haftung

Abschnitt II
Bemessung der Grundsteuer

- § 13 Steuermesszahl und Steuermessbetrag
- § 14 Steuermesszahl für Betriebe der Land- und Forstwirtschaft
- § 15 Steuermesszahl für Grundstücke
- § 16 Hauptveranlagung
- § 17 Neuveranlagung
- § 18 Nachveranlagung
- § 19 Anzeigepflicht
- § 20 Aufhebung des Steuermessbetrags
- § 21 Änderung von Steuermessbescheiden
- § 22 Zerlegung des Steuermessbetrags
- § 23 Zerlegungsstichtag
- § 24 Ersatz der Zerlegung durch Steuerausgleich

Abschnitt III
Festsetzung und Entrichtung der Grundsteuer

- § 25 Festsetzung des Hebesatzes
- § 26 Koppelungsvorschriften und Höchsthebesätze
- § 27 Festsetzung der Grundsteuer
- § 28 Fälligkeit
- § 29 Vorauszahlungen
- § 30 Abrechnung über die Vorauszahlungen
- § 31 Nachentrichtung der Steuer

Abschnitt IV
Erlass der Grundsteuer

- § 32 Erlass für Kulturgut und Grünanlagen
- § 33 Erlass wegen wesentlicher Reinertragsminderung bei Betrieben der Land- und Forstwirtschaft
- § 34 Erlass wegen wesentlicher Ertragsminderung bei bebauten Grundstücken
- § 35 Verfahren

Abschnitt V
Übergangs- und Schlussvorschriften

- § 36 Sondervorschriften für die Hauptveranlagung 2025
- § 37 Anwendung des Gesetzes
- § 38 Bekanntmachung".

2. § 2 wird wie folgt gefasst:

„§ 2
Steuergegenstand

Steuergegenstand ist der inländische Grundbesitz im Sinne des Bewertungsgesetzes:
1. die Betriebe der Land- und Forstwirtschaft (§§ 233, 240 und 241 des Bewertungsgesetzes); diesen stehen die in § 218 Satz 2 des Bewertungsgesetzes bezeichneten Betriebsgrundstücke gleich;
2. die Grundstücke (§§ 243, 244 des Bewertungsgesetzes); diesen stehen die in § 218 Satz 3 des Bewertungsgesetzes bezeichneten Betriebsgrundstücke gleich."

Anlage R 3.2

Reform der Grundsteuer

3. § 10 wird wie folgt geändert:
   a) Absatz 2 wird aufgehoben.
   b) Absatz 3 wird Absatz 2.
4. § 13 wird wie folgt gefasst:

„§ 13
Steuermesszahl und Steuermessbetrag

Bei der Berechnung der Grundsteuer ist von einem Steuermessbetrag auszugehen. Dieser ist durch Anwendung eines Promillesatzes (Steuermesszahl) auf den Grundsteuerwert oder seinen steuerpflichtigen Teil zu ermitteln, der nach dem Bewertungsgesetz im Veranlagungszeitpunkt (§ 16 Absatz 1, § 17 Absatz 3, § 18 Absatz 3) für den Steuergegenstand maßgebend ist."

5. In § 14 werden die Wörter „6 vom Tausend" durch die Angabe „0,55 Promille" ersetzt.
6. § 15 wird wie folgt gefasst:

„§ 15
Steuermesszahl für Grundstücke

(1) Die Steuermesszahl beträgt
1. für unbebaute Grundstücke im Sinne des § 246 des Bewertungsgesetzes 0,34 Promille,
2. für bebaute Grundstücke
   a) im Sinne des § 249 Absatz 1 Nummer 1 bis 4 des Bewertungsgesetzes 0,34 Promille,
   b) im Sinne des § 249 Absatz 1 Nummer 5 bis 8 des Bewertungsgesetzes 0,34 Promille.

(2) Die Steuermesszahl nach Absatz 1 Nummer 2 Buchstabe a wird um 25 Prozent ermäßigt, wenn
1. für das Grundstück nach § 13 Absatz 3 des Wohnraumförderungsgesetzes vom 13. September 2001 (BGBl. I S. 2376), das zuletzt durch Artikel 3 des Gesetzes vom 2. Oktober 2015 (BGBl. I S. 1610) geändert worden ist, eine Förderzusage durch schriftlichen Verwaltungsakt erteilt wurde und
2. die sich aus der Förderzusage ergebenden Bestimmungen im Sinne des § 13 Absatz 2 des Wohnraumförderungsgesetzes für jeden Erhebungszeitraum innerhalb des Hauptveranlagungszeitraums eingehalten werden.

(3) Für nach Wohnraumförderungsgesetzen der Länder geförderte Grundstücke gilt Absatz 2 entsprechend.

(4) Liegen für ein Grundstück weder die Voraussetzungen des Absatzes 2 noch des Absatzes 3 vor, wird die Steuermesszahl nach Absatz 1 Nummer 2 Buchstabe a um 25 Prozent ermäßigt, wenn das jeweilige Grundstück
1. einer Wohnungsbaugesellschaft zugerechnet wird, deren Anteile mehrheitlich von einer oder mehreren Gebietskörperschaften gehalten werden und zwischen der Wohnungsbaugesellschaft und der Gebietskörperschaft oder den Gebietskörperschaften ein Gewinnabführungsvertrag besteht,
2. einer Wohnungsbaugesellschaft zugerechnet wird, die als gemeinnützig im Sinne des § 52 der Abgabenordnung anerkannt ist, oder
3. einer Genossenschaft oder einem Verein zugerechnet wird, der seine Geschäftstätigkeit auf die in § 5 Absatz 1 Satz 1 Nummer 10 Buchstabe a und b des Körperschaftsteuergesetzes genannten Bereiche beschränkt und von der Körperschaftsteuer befreit ist.

Der Abschlag auf die Steuermesszahl nach Satz 1 wird auf Antrag für jeden Erhebungszeitraum innerhalb des Hauptveranlagungszeitraums gewährt, wenn nachgewiesen wird, dass die jeweiligen Voraussetzungen am Hauptveranlagungsstichtag vorlagen. Entfallen die Voraussetzungen des Satzes 1 während des Hauptveranlagungszeitraums, ist dies nach § 19 Absatz 2 anzuzeigen."

7. In § 16 Absatz 1 Satz 1 wird die Angabe „§ 21 Abs. 2" durch die Angabe „§ 221 Absatz 2" ersetzt.
8. In § 17 Absatz 1 wird die Angabe „§ 22 Abs. 1" durch die Angabe „§ 222 Absatz 1" und die Angabe „§ 22 Abs. 2" durch die Angabe „§ 222 Absatz 2" ersetzt.
9. In § 18 Absatz 1 wird die Angabe „§ 23 Abs. 1" durch die Angabe „§ 223 Absatz 1" ersetzt.
10. § 19 wird wie folgt geändert:
    a) Der Wortlaut wird Absatz 1.
    b) Folgender Absatz 2 wird angefügt:
    „(2) Den Wegfall der Voraussetzungen für die ermäßigte Steuermesszahl nach § 15 Absatz 4 hat derjenige anzuzeigen, der nach § 10 als Steuerschuldner in Betracht kommt. Die Anzeige ist innerhalb von drei Monaten nach dem Wegfall der Voraussetzungen bei dem Finanzamt zu erstatten, das für die Festsetzung des Steuermessbetrags zuständig ist."
11. In § 20 Absatz 2 Nummer 1 wird die Angabe „§ 24 Abs. 2" durch die Angabe „§ 224 Absatz 2" ersetzt.
12. § 22 wird wie folgt gefasst:

„§ 22
Zerlegung des Steuermessbetrags
(1) Erstreckt sich der Steuergegenstand über mehrere Gemeinden, so ist der Steuermessbetrag vorbehaltlich des § 24 anteilig in die auf die einzelnen Gemeinden entfallenden Anteile zu zerlegen (Zerlegungsanteile).
(2) Zerlegungsmaßstab ist bei Betrieben der Land- und Forstwirtschaft der nach § 239 Absatz 2 des Bewertungsgesetzes ermittelte Gemeindeanteil am Grundsteuerwert des Betriebs der Land- und Forstwirtschaft.
(3) Zerlegungsmaßstab ist bei Grundstücken das Verhältnis, in dem die auf die einzelnen Gemeinden entfallenden Flächengrößen zueinander stehen. Führt die Zerlegung nach Flächengrößen zu einem offenbar unbilligen Ergebnis, sind die Zerlegungsanteile maßgebend, auf die sich die Gemeinden mit dem Steuerschuldner einigen.
(4) Entfällt auf eine Gemeinde ein Zerlegungsanteil von weniger als 25 Euro, so ist dieser Anteil der Gemeinde zuzuweisen, der nach Absatz 2 oder 3 der größte Zerlegungsanteil zusteht."

13. § 33 wird wie folgt gefasst:

„§ 33
Erlass wegen wesentlicher Reinertragsminderung bei Betrieben der Land- und Forstwirtschaft
(1) Die Grundsteuer wird in Höhe von 25 Prozent erlassen, wenn bei Betrieben der Land- und Forstwirtschaft der tatsächliche Reinertrag des Steuergegenstandes um mehr als 50 Prozent gemindert ist und der Steuerschuldner die Minderung des tatsächlichen Reinertrags nicht zu vertreten hat. Beträgt die vom Steuerschuldner nicht zu vertretende Minderung des tatsächlichen Reinertrags 100 Prozent, ist die Grundsteuer abweichend von Satz 1 in Höhe von 50 Prozent zu erlassen. Der tatsächliche Reinertrag eines Betriebs der Land- und Forstwirtschaft ermittelt sich nach den Grundsätzen des § 236 Absatz 3 Satz 1 und 2 des Bewertungsgesetzes für ein Wirtschaftsjahr. Er gilt als in dem Erlasszeitraum bezogen, in dem das für den Betrieb der Land- und Forstwirtschaft maßgebliche Wirtschaftsjahr endet.
(2) Der Erlass nach Absatz 1 wird nur gewährt, wenn die Einziehung der Grundsteuer nach den wirtschaftlichen Verhältnissen des Betriebs unbillig wäre. Ein Erlass nach Absatz 1 ist insbesondere ausgeschlossen, wenn für den Betrieb der Land- und Forstwirtschaft nach § 4 Absatz 1, § 4 Absatz 3 oder § 13a des Einkommensteuergesetzes für dasjenige Wirtschaftsjahr ein Gewinn ermittelt wurde, das im Erlasszeitraum bei der Ermittlung des tatsächlichen Reinertrags nach Absatz 1 zugrunde zu legen ist.
(3) Eine Ertragsminderung ist kein Erlassgrund, wenn sie für den Erlasszeitraum durch Fortschreibung des Grundsteuerwerts berücksichtigt werden kann oder bei rechtzeitiger Stellung des Antrags auf Fortschreibung hätte berücksichtigt werden können."

14. Nach § 33 wird folgender § 34 eingefügt:

„§ 34
Erlass wegen wesentlicher Ertragsminderung bei bebauten Grundstücken
(1) Die Grundsteuer wird in Höhe von 25 Prozent erlassen, wenn bei bebauten Grundstücken der normale Rohertrag des Steuergegenstandes um mehr als 50 Prozent gemindert ist und der Steuerschuldner die Minderung des normalen Rohertrags nicht zu vertreten hat. Beträgt die vom Steuerschuldner nicht zu vertretende Minderung des normalen Rohertrags 100 Prozent, ist die Grundsteuer abweichend von Satz 1 in Höhe von 50 Prozent zu erlassen. Normaler Rohertrag ist bei bebauten Grundstücken die nach den Verhältnissen zu Beginn des Erlasszeitraums geschätzte übliche Jahresmiete. Die übliche Jahresmiete ist in Anlehnung an die Miete zu ermitteln, die für Räume gleicher oder ähnlicher Art, Lage und Ausstattung regelmäßig gezahlt wird. Betriebskosten sind nicht einzubeziehen.
(2) Bei eigengewerblich genutzten bebauten Grundstücken gilt als Minderung des normalen Rohertrags die Minderung der Ausnutzung des Grundstücks. In diesen Fällen wird der Erlass nach Absatz 1 nur gewährt, wenn die Einziehung der Grundsteuer nach den wirtschaftlichen Verhältnissen des Betriebs unbillig wäre.
(3) Wird nur ein Teil des Grundstücks eigengewerblich genutzt, so ist die Ertragsminderung für diesen Teil nach Absatz 2, für den übrigen Teil nach Absatz 1, zu bestimmen. In diesen Fällen ist für den ganzen Steuergegenstand ein einheitlicher Prozentsatz der Ertragsminderung nach dem Anteil der einzelnen Teile am Grundsteuerwert des Grundstücks zu ermitteln.
(4) Eine Ertragsminderung ist kein Erlassgrund, wenn sie für den Erlasszeitraum durch Fortschreibung des Grundsteuerwerts berücksichtigt werden kann oder bei rechtzeitiger Stellung des Antrags auf Fortschreibung hätte berücksichtigt werden können."

15. Der bisherige § 34 wird § 35.
16. Vor § 35 wird die Abschnittsbezeichnung „Abschnitt V Übergangs- und Schlußvorschriften" gestrichen.
17. Vor § 36 wird folgende Abschnittsbezeichnung eingefügt.

Reform der Grundsteuer **Anlage R 3.2**

„Abschnitt V Übergangs- und Schlussvorschriften".
18. § 36 wird wie folgt gefasst:
„§ 36
Sondervorschriften für die Hauptveranlagung 2025
(1) Auf den 1. Januar 2025 findet eine Hauptveranlagung der Grundsteuermessbeträge statt (Hauptveranlagung 2025).
(2) Die in der Hauptveranlagung 2025 festgesetzten Steuermessbeträge gelten abweichend von § 16 Absatz 2 vorbehaltlich der §§ 17 bis 20 mit Wirkung von dem am 1. Januar 2025 beginnenden Kalenderjahr an. Der Beginn dieses Kalenderjahres ist der Hauptveranlagungszeitpunkt."
19. § 37 wird aufgehoben.
20. Der bisherige § 38 wird § 37 und wird wie folgt geändert:
    a) Satz 1 wird Absatz 1 und die Angabe „2008" wird durch die Angabe „2025" ersetzt.
    b) Folgender Absatz 2 wird angefügt:
„(2) Für die Grundsteuer bis einschließlich zum Kalenderjahr 2024 findet das Grundsteuergesetz in der Fassung vom 7. August 1973 (BGBl. I S. 965), das zuletzt durch Artikel 38 des Gesetzes vom 19. Dezember 2008 (BGBl. I S. 2794) geändert worden ist, weiter Anwendung."
21. Folgender § 38 wird angefügt:
„§ 38
Bekanntmachung
Das Bundesministerium der Finanzen wird ermächtigt, den Wortlaut dieses Gesetzes in der jeweils geltenden Fassung bekannt zu machen."
22. Abschnitt VI wird aufgehoben.
23. In § 10 Absatz 1 wird das Wort „Einheitswerts" durch das Wort „Grundsteuerwerts" ersetzt.
24. In § 13 Absatz 1 Satz 2, § 20 Absatz 1 Nummer 1, § 23 Absatz 1 und 2 wird jeweils das Wort „Einheitswert" durch das Wort „Grundsteuerwert" ersetzt.

Artikel 4
Änderung der Abgabenordnung

Die Abgabenordnung in der Fassung der Bekanntmachung vom 1. Oktober 2002 (BGBl. I S. 3866; 2003 I S. 61), die zuletzt durch Artikel 15 des Gesetzes vom 18. Dezember 2018 (BGBl. I S. 2639) geändert worden ist, wird wie folgt geändert:
1. In § 180 Absatz 1 Satz 1 Nummer 1 werden nach dem Wort „Einheitswerte" die Wörter „und die Grundsteuerwerte" eingefügt.
2. § 181 wird wie folgt geändert:
    a) Absatz 3 Satz 1 und 2 wird durch die folgenden Sätze ersetzt:

„Die Frist für die gesonderte Feststellung von Einheitswerten oder von Grundsteuerwerten (Feststellungsfrist) beginnt mit Ablauf des Kalenderjahres, auf dessen Beginn die Hauptfeststellung, die Fortschreibung, die Nachfeststellung oder die Aufhebung eines Einheitswerts oder eines Grundsteuerwerts vorzunehmen ist. Ist eine Erklärung zur gesonderten Feststellung des Einheitswerts oder des Grundsteuerwerts abzugeben, beginnt die Feststellungsfrist mit Ablauf des Kalenderjahres, in dem die Erklärung eingereicht wird, spätestens jedoch mit Ablauf des dritten Kalenderjahres, das auf das Kalenderjahr folgt, auf dessen Beginn die Einheitswertfeststellung oder die Grundsteuerwertfeststellung vorzunehmen oder aufzuheben ist."

    b) In Absatz 4 werden nach dem Wort „Einheitswert" die Wörter „oder der Grundsteuerwert" eingefügt.
3. In § 182 Absatz 2 Satz 1 werden nach dem Wort „Einheitswert" die Wörter „oder einen Grundsteuerwert" eingefügt.
4. In § 183 Absatz 4 werden nach dem Wort „Einheitswert" die Wörter „oder den Grundsteuerwert" eingefügt.

Artikel 5
Weitere Änderung der Abgabenordnung

Die Abgabenordnung in der Fassung der Bekanntmachung vom 1. Oktober 2002 (BGBl. I S. 3866; 2003 I S. 61), die zuletzt durch Artikel 4 dieses Gesetzes geändert worden ist, wird wie folgt geändert:
1. § 141 Absatz 1 Satz 1 Nummer 3 und Satz 3 wird aufgehoben.
2. In § 180 Absatz 1 Satz 1 Nummer 1 werden die Wörter „die Einheitswerte und" gestrichen.
3. § 181 wird wie folgt geändert:
    a) Absatz 3 Satz 1 und 2 wird durch die folgenden Sätze ersetzt:

„Die Frist für die gesonderte Feststellung von Grundsteuerwerten (Feststellungsfrist) beginnt mit Ablauf des Kalenderjahres, auf dessen Beginn die Hauptfeststellung, die Fortschreibung, die Nachfeststellung oder die Aufhebung eines Grundsteuerwerts vorzunehmen ist. Ist eine Erklärung zur gesonderten Feststellung des Grundsteuerwerts abzugeben, beginnt die Feststellungsfrist mit Ablauf des Kalenderjahres, in dem die Erklärung eingereicht wird, spätestens jedoch mit Ablauf des dritten Kalenderjahres, das auf das Kalenderjahr folgt, auf dessen Beginn die Grundsteuerwertfeststellung vorzunehmen oder aufzuheben ist."

    b) In Absatz 4 werden die Wörter „der Einheitswert oder" gestrichen.

4. In § 182 Absatz 2 Satz 1 werden die Wörter „einen Einheitswert oder" gestrichen.
5. In § 183 Absatz 4 werden die Wörter „den Einheitswert oder" gestrichen.

Artikel 6
Änderung des Einführungsgesetzes zur Abgabenordnung

Dem Artikel 97 § 8 des Einführungsgesetzes zur Abgabenordnung vom 14. Dezember 1976 (BGBl. I S. 3341; 1977 I S. 667), das zuletzt durch Artikel 13 des Gesetzes vom 11. Dezember 2018 (BGBl. I S. 2338) geändert worden ist, wird folgender Absatz 5 angefügt:

„(5) § 152 Absatz 2 der Abgabenordnung ist nicht auf Steuererklärungen zur gesonderten Feststellung des Grundsteuerwerts auf den 1. Januar 2022 anzuwenden."

Artikel 7
Weitere Änderung des Einführungsgesetzes zur Abgabenordnung

Das Einführungsgesetz zur Abgabenordnung vom 14. Dezember 1976 (BGBl. I S. 3341; 1977 I S. 667), das zuletzt durch Artikel 6 dieses Gesetzes geändert worden ist, wird wie folgt geändert:

1. Dem Artikel 7 wird folgender Absatz 3 angefügt:
   „(3) Die Absätze 1 und 2 sind letztmals anzuwenden für gesonderte Feststellungen auf den 1. Januar 2024."
2. Artikel 97 wird wie folgt geändert:
   a) Dem § 10 Absatz 2 wird folgender Satz angefügt:
      „Satz 2 ist letztmals anzuwenden für gesonderte Feststellungen auf den 1. Januar 2024."
   b) Dem § 10b wird folgender Satz angefügt:
      „§ 180 Absatz 1 Satz 1 Nummer 1, § 183 Absatz 3 Satz 1 und 2 und Absatz 4, § 182 Absatz 2 Satz 1 und § 183 Absatz 4 der Abgabenordnung in der am 1. Januar 2025 geltenden Fassung sind erstmals auf Feststellungszeitpunkte nach dem 31. Dezember 2024 anzuwenden."
3. Dem Artikel 97a § 2 Nummer 7 wird folgender Satz angefügt:
   „Satz 1 ist letztmals für gesonderte Feststellungen auf den 1. Januar 2024 anzuwenden."

Artikel 8
Änderung des Einkommensteuergesetzes

Das Einkommensteuergesetz in der Fassung der Bekanntmachung vom 8. Oktober 2009 (BGBl. I S. 3366, 3862), das zuletzt durch Artikel 1 des Gesetzes vom 25. März 2019 (BGBl. I S. 357) geändert worden ist, wird wie folgt geändert:

1. § 13 Absatz 1 wird wie folgt geändert:
   a) In Nummer 1 Satz 4 werden die Wörter „§ 51 Absatz 2 bis 5" durch die Wörter „§ 241 Absatz 2 bis 5" ersetzt.
   b) In Nummer 2 wird die Angabe „(§ 62 Bewertungsgesetz)" durch die Angabe „(§ 242 des Bewertungsgesetzes)" ersetzt.
2. § 57 Absatz 3 wird aufgehoben.

Artikel 9
Änderung des Umsatzsteuergesetzes

In § 24 Absatz 2 Satz 1 Nummer 2 des Umsatzsteuergesetzes in der Fassung der Bekanntmachung vom 21. Februar 2005 (BGBl. I S. 386), das zuletzt durch Artikel 9 des Gesetzes vom 11. Dezember 2018 (BGBl. I S. 2338) geändert worden ist, werden die Wörter „nach den §§ 51 und 51a" durch die Angabe „nach § 241" ersetzt.

Artikel 10
Änderung des Gewerbesteuergesetzes

In § 9 Nummer 1 Satz 1 des Gewerbesteuergesetzes in der Fassung der Bekanntmachung vom 15. Oktober 2002 (BGBl. I S. 4167), das zuletzt durch Artikel 8 des Gesetzes vom 11. Dezember 2018 (BGBl. I S. 2338) geändert worden ist, werden die Wörter „1,2 Prozent des Einheitswerts" durch die Wörter „0,11 Prozent des Grundsteuerwerts" ersetzt.

Artikel 11
Änderung der Gewerbesteuer-Durchführungsverordnung

In § 20 Absatz 2 der Gewerbesteuer-Durchführungsverordnung in der Fassung der Bekanntmachung vom 15. Oktober 2002 (BGBl. I S. 4180), die zuletzt durch Artikel 2 Absatz 13 des Gesetzes vom 1. April 2015 (BGBl. I S. 434) geändert worden ist, wird das Wort „Einheitswerts" durch das Wort „Grundsteuerwerts" ersetzt.

Artikel 12
Änderung des Erbschaftsteuer- und Schenkungsteuergesetzes

In § 12 Absatz 3 des Erbschaftsteuer- und Schenkungsteuergesetzes in der Fassung der Bekanntmachung vom 27. Februar 1997 (BGBl. I S. 378), das zuletzt durch Artikel 5 des Gesetzes vom 25. März 2019 (BGBl. I S. 357) geändert worden ist, wird die Angabe „(§ 19 Abs. 1 des Bewertungsgesetzes)" durch die Angabe „(§ 157 Absatz 1 Satz 1 des Bewertungsgesetzes)" ersetzt.

Artikel 13
Änderung der Erbschaftsteuer-Durchführungsverordnung

In Muster 6 (§ 8 ErbStDV) Nummer 4 der Erbschaftsteuer-Durchführungsverordnung vom 8. September 1998 (BGBl. I S. 2658), die zuletzt durch Artikel 18 des Gesetzes vom 29. Juni 2015 (BGBl. I S. 1042) geändert worden ist, wird in der zweiten Spalte das Wort „Einheitswert" durch das Wort „Grundsteuerwert" ersetzt.

Artikel 14
Änderung des Gesetzes über Steuerstatistiken

Das Gesetz über Steuerstatistiken vom 11. Oktober 1995 (BGBl. I S. 1250, 1409), das zuletzt durch Artikel 13 des Gesetzes vom 17. August 2017 (BGBl. I S. 3214) geändert worden ist, wird wie folgt geändert:

1. § 1 Absatz 1 Nummer 5 wird wie folgt gefasst:

    „5. die Grundsteuerwerte
    a) des land- und forstwirtschaftlichen Vermögens,
    b) des Grundvermögens,".

2. § 2 Absatz 5 wird wie folgt geändert:
    a) In dem Satzteil vor Nummer 1 wird das Wort „Einheitswerte" durch das Wort „Grundsteuerwerte" ersetzt.
    b) Die Nummern 1 bis 3 werden durch die folgenden Nummern 1 und 2 ersetzt:

        „1. für die Statistik der Grundsteuerwerte des land- und forstwirtschaftlichen Vermögens von den Betrieben der Land- und Forstwirtschaft
        a) Fläche der land- und forstwirtschaftlichen Nutzung, Reinerträge, Grundsteuerwert und Grundsteuermessbetrag mit den im Bewertungsverfahren festgestellten Angaben;
        b) Rechtsform des Eigentümers, Ort der Belegenheit;
        2. für die Statistik der Grundsteuerwerte des Grundvermögens von den Grundstücken
        a) Gebäudefläche, Grundstücksfläche, Nettokaltmiete, Reinertrag, Gebäudewert, Bodenwert, Grundstückswert, Grundsteuerwert und Grundsteuermessbetrag mit den im Besteuerungsverfahren festgestellten Angaben;
        b) Grundstücksart, Rechtsform des Eigentümers, Baujahr, Ort der Belegenheit, Art des Bewertungsverfahrens, Art des Besitzverhältnisses."

    3. In § 5 Satz 1 Nummer 2 wird das Wort „Einheitswertaktenzeichen" durch die Wörter „Aktenzeichen für die Feststellung der Grundsteuerwerte" ersetzt.

Artikel 15
Änderung des Bodenschätzungsgesetzes

§ 17 des Bodenschätzungsgesetzes vom 20. Dezember 2007 (BGBl. I S. 3150, 3176), das durch Artikel 232 der Verordnung vom 31. August 2015 (BGBl. I S. 1474) geändert worden ist, wird wie folgt geändert:

1. Dem Absatz 2 wird folgender Satz angefügt:

   „Scheidet ein nach Satz 1 Nummer 3 berufenes Mitglied aus, so ist ein neues sachkundiges Mitglied zu berufen."

2. Nach Absatz 2 wird folgender Absatz 3 eingefügt:

   „(3) Die nach Absatz 2 Satz 1 Nummer 3 berufenen Mitglieder des Schätzungsbeirats werden als Amtsträger im Sinne des § 7 Nummer 3 der Abgabenordnung tätig. Sie dürfen den Inhalt der Verhandlungen des Schätzungsbeirats sowie die Verhältnisse der Steuerpflichtigen, die ihnen im Zusammenhang mit ihrer Tätigkeit auf Grund dieses Gesetzes bekanntgeworden sind, nicht unbefugt offenbaren und Geheimnisse, insbesondere Betriebs- oder Geschäftsgeheimnisse, nicht unbefugt verwerten. Auf Zuwiderhandlungen sind die Vorschriften über das Steuergeheimnis und die Strafbarkeit seiner Verletzung entsprechend anzuwenden. Die für die Bodenschätzung maßgebenden natürlichen Ertragsbedingungen unterliegen nicht der Geheimhaltungspflicht."

3. Der bisherige Absatz 3 wird Absatz 4.

4. Folgender Absatz 5 wird angefügt:

   „(5) Das Bundesministerium der Finanzen wird ermächtigt, durch Rechtsverordnung ohne Zustimmung des Bundesrates die Geschäftsordnung für den Schätzungsbeirat und die Entschädigung der Mitglieder sowie die Sachausgaben des Schätzungsbeirats allgemeinverbindlich zu regeln."

Artikel 16
Änderung der Immobilienwertermittlungsverordnung

§ 10 der Immobilienwertermittlungsverordnung vom 19. Mai 2010 (BGBl. I S. 639) wird wie folgt geändert:

1. Nach Absatz 2 wird folgender Absatz 3 eingefügt:

   „(3) Die Richtwertzonen nach § 196 Absatz 1 Satz 3 des Baugesetzbuchs sind grundsätzlich so abzugrenzen, dass lagebedingte Wertunterschiede zwischen der Mehrheit der Grundstücke und dem Bodenrichtwertgrundstück nicht mehr als 30 Prozent betragen."

2. Der bisherige Absatz 3 wird Absatz 4.

Artikel 17
Änderung des Finanzausgleichsgesetzes

§ 8 des Finanzausgleichsgesetzes vom 20. Dezember 2001 (BGBl. I S. 3955, 3956), das zuletzt durch Artikel 4 des Gesetzes vom 19. Dezember 2018 (BGBl. I S. 2696) geändert worden ist, wird wie folgt geändert:

1. Absatz 2 wird wie folgt gefasst:

   „(2) Als Steuerkraftzahlen der Gewerbesteuer werden jeweils für die einzelnen Länder die Beträge angesetzt, die sich ergeben, wenn die im Bundesgebiet insgesamt im Ausgleichsjahr aufgekommene Gewerbesteuer im Verhältnis der länderweisen Grundbeträge dieser Steuern in dem dem Ausgleichsjahr vorausgehenden Kalenderjahr verteilt werden. Dabei sind die Grundbeträge maßgebend, die das Statistische Bundesamt nach dem Ergebnis der Gemeindefinanzstatistik festgestellt hat. Als Steuerkraftzahlen der Grundsteuer von den land- und forstwirtschaftlichen Betrieben und der Grundsteuer von den Grundstücken werden für die einzelnen Länder jeweils die Beträge angesetzt, die sich ergeben, wenn die im Bundesgebiet insgesamt im Ausgleichsjahr aufgekommenen Grundsteuern jeweils im Verhältnis der Summen der nach bundesgesetzlich normiertem Bewertungsrecht berechneten Grundsteuermessbeträge, die die Länder für das dem Ausgleichsjahr vorausgehende Kalenderjahr für ihr Gebiet festzustellen haben, verteilt werden; dies gilt nicht, soweit das Statistische Bundesamt für alle Länder in bundeseinheitlicher Abgrenzung Grundbeträge der Grundsteuern festgestellt hat."

2. Die folgenden Absätze 4 bis 6 werden angefügt:

   „(4) Für die Ausgleichsjahre 2025 bis 2027 werden bei der Ermittlung der Steuerkraftzahlen der Grundsteuer von den land- und forstwirtschaftlichen Betrieben und der Grundsteuer von den Grundstücken abweichend von den Regelungen in Absatz 2 jeweils die vom Statistischen Bundesamt festgestellten Grundbeträge des Jahres 2024 angesetzt.

   (5) Für die Ausgleichsjahre 2028 und 2029 werden bei der Ermittlung der Steuerkraftzahlen der Grundsteuer von den land- und forstwirtschaftlichen Betrieben und der Grundsteuer von den

Grundstücken abweichend von den Regelungen in Absatz 2 jeweils die Steuerkraftzahlen für jedes Land ermittelt, indem jeweils anteilig

1. die Grundbeträge nach Absatz 4

   im Jahr 2028 zu 67 Prozent und

   im Jahr 2029 zu 33 Prozent, sowie

2. die für das dem Ausgleichsjahr vorangehende Kalenderjahr ermittelten Beträge gemäß Absatz 2

   im Jahr 2028 zu 33 Prozent und

   im Jahr 2029 zu 67 Prozent

   zugrunde gelegt werden.

(6) Das Bundesministerium der Finanzen kann in der Verordnung nach § 14 Absatz 4 für die Ausgleichsjahre 2025 bis 2029 bei den Grundsteuern in Anlehnung an die Festlegungen in Absatz 4 von § 13 Nummer 2 abweichende Festlegungen treffen."

Artikel 18

Inkrafttreten

(1) Die Artikel 1, 3, 14, 15 und 16 treten am Tag nach der Verkündung in Kraft.

(2) Die Artikel 4 und 6 treten am 1. Januar 2022 in Kraft.

(3) Im Übrigen tritt dieses Gesetz am 1. Januar 2025 in Kraft.

Berlin, den 25. Juni 2019

Ralph Brinkhaus, Alexander Dobrindt und Fraktion

Dr. Rolf Mützenich und Fraktion

Anhang
zu Artikel 1 Nummer 6

Anlagen 27 bis 43

Anlage 27
(zu § 237 Absatz 2)

Landwirtschaftliche Nutzung

Bewertungsfaktoren	Bezugseinheit	in EUR
Grundbetrag	pro Ar	2,32
Ertragsmesszahl	pro Ertragsmesszahl (Produkt aus Acker-/Grünlandzahl und Ar)	0,044
Zuschläge für	**Bezugseinheit**	**in EUR**
Verstärkte Tierhaltung	je Vieheinheit über einem Besatz von 2,0 VE je Hektar selbst bewirtschafteter Fläche der landwirtschaftlichen Nutzung	75,00

Anlage 28
(zu § 237 Absatz 3)

Forstwirtschaftliche Nutzung

Bewertungsfaktor für Wuchsgebiet		in EUR/ha
1	Schleswig-Holstein Nordwest	90,21
2	Jungmoränenlandschaft Schleswig-Holstein Ost/Nordwest-Mecklenburg	88,14
3	Schleswig-Holstein Südwest	93,87
4	Mecklenburg-Westvorpommersches Küstenland	69,56
5	Ostholsteinisch-Westmecklenburger Jungmoränenland	77,43
6	(Mittel-)Mecklenburger Jungmoränenland	59,19
7	Ostmecklenburg-Vorpommersches Jungmoränenland	84,34
8	Ostvorpommersches Küstenland	55,58
9	Nordostbrandenburger Jungmoränenland (Mittelbrandenburger Jungmoränenland)	52,77
10	Ostmecklenburg-Nordbrandenburger Jungmoränenland (Nordbrandenburger Jungmoränenland)	52,32
11	Ostniedersächsisch-Altmärkisches Altmoränenland (Westprignitz-Altmärkisches Altmoränenland)	42,88
12	Südost-Holsteinisch-Südwestmecklenburger Altmoränenland	55,14
13	Ostniedersächsisches Tiefland	63,54
14	Niedersächsischer Küstenraum	82,39
15	Mittelwestniedersächsisches Tiefland	68,36
16	Westfälische Bucht	75,20
17	Weserbergland	108,98
18	Nordwestdeutsche Berglandschwelle	81,14
19	Nordwestliches Harzvorland	71,78
20	Nordöstliche Harzvorländer	48,29
21	Sachsen-Anhaltinische Löss-Ebene	60,07
22	Mittleres nordostdeutsches Altmoränenland	35,16
23	Hoher Fläming	43,39
24	Mittelbrandenburger Talsand- und Moränenland	33,31
25	Düben-Niederlausitzer Altmoränenland	33,62
26	Lausitzer Löss-Hügelland	87,47
27	Zittauer Gebirge	156,50
28	Oberlausitzer Bergland	155,76
29	Elbsandsteingebirge	121,95
30	Westlausitzer Platte und Elbtalzone	73,78
31	Sächsisch-Thüringisches Löss-Hügelland	69,49
32	Leipziger Sandlöss-Ebene	59,14
33	Ostthüringisches Trias-Hügelland	70,99

Anlage R 3.2

Bewertungsfaktor für Wuchsgebiet		in EUR/ha
34	Thüringer Becken	72,26
35	Nordthüringisches Trias-Hügelland	67,97
36	Harz	144,55
37	Mitteldeutsches Trias-Berg- und Hügelland	104,94
38	Nordwesthessisches Bergland	93,33
39	Nördliches hessisches Schiefergebirge	105,61
40	Sauerland	147,91
41	Bergisches Land	120,10
42	Niederrheinisches Tiefland	74,91
43	Niederrheinische Bucht	78,04
44	Nordwesteifel	138,40
45	Osteifel	104,16
46	Mittelrheintal	70,72
47	Westerwald	120,19
48	Taunus	101,50
49	Wetterau und Gießener Becken	82,59
50	Vogelsberg und östlich angrenzende Sandsteingebiete	107,27
51	Rhön	102,51
52	Südthüringisches-Oberfränkisches Trias-Hügelland	106,16
53	Thüringer Gebirge	160,33
54	Vogtland	137,59
55	Erzgebirgsvorland	96,99
56	Erzgebirge	169,27
57	Frankenwald, Fichtelgebirge und Steinwald	179,61
58	Oberpfälzer Wald	142,13
59	Oberpfälzer Becken- und Hügelland	72,43
60	Frankenalb und Oberpfälzer Jura	107,55
61	Fränkischer Keuper und Albvorland	73,32
62	Fränkische Platte	74,44
63	Spessart	109,62
64	Odenwald	127,68
65	Oberrheinisches Tiefland und Rhein-Main-Ebene	69,24
66	Hunsrück	121,95
67	Moseltal	95,10
68	Gutland	104,10
69	Saarländisch-Pfälzisches Muschelkalkgebiet	86,87
70	Saar-Nahe-Bergland	83,61
71	Westricher Moorniederung	76,37
72	Pfälzerwald	80,25

Anlage R 3.2

Bewertungsfaktor für Wuchsgebiet		in EUR/ha
73	Schwarzwald	180,18
74	Baar-Wutach	169,52
75	Neckarland	123,36
76	Schwäbische Alb	129,11
77	Südwestdeutsches Alpenvorland	179,19
78	Tertiäres Hügelland	165,05
79	Bayerischer Wald	160,93
80	Schwäbisch-Bayerische Schotterplatten- und Altmoränenlandschaft	165,76
81	Schwäbisch-Bayerische Jungmoräne und Molassevorberge	158,43
82	Bayerische Alpen	135,72

Anlage 29
(zu § 237 Absatz 4)

Weinbauliche Nutzung

Bewertungsfaktor für	Flächeneinheit	in EUR
Traubenerzeugung	pro Ar	12,15

Anlage 30
(zu § 237 Absatz 5)

Gärtnerische Nutzung

Nutzungsteil Gemüsebau

Bewertungsfaktor für	Flächeneinheit	in EUR
Flächen im Freiland und für Kleingarten- und Dauerkleingartenland	pro Ar	13,21
Zuschläge für	**Flächeneinheit**	**in EUR**
Flächen unter Glas und Kunststoffen	pro Ar	44,14

Nutzungsteil Blumen-/Zierpflanzenbau

Bewertungsfaktor für	Flächeneinheit	in EUR
Flächen im Freiland	pro Ar	28,13
Zuschläge für	**Flächeneinheit**	**in EUR**
Flächen unter Glas und Kunststoffen	pro Ar	64,77

Nutzungsteil Obstbau

Bewertungsfaktor für	Flächeneinheit	in EUR
Flächen im Freiland	pro Ar	10,18
Zuschläge für	**Flächeneinheit**	**in EUR**
Flächen unter Glas und Kunststoffen	pro Ar	44,14

Nutzungsteil Baumschulen

Bewertungsfaktor für	Flächeneinheit	in EUR
Flächen im Freiland	pro Ar	21,52
Zuschläge für	**Flächeneinheit**	**in EUR**
Flächen unter Glas und Kunststoffen	pro Ar	64,77

Anlage 31
(zu § 237 Absatz 6 und 7)
**Übrige land- und forstwirtschaftliche Nutzungen
sowie Abbauland, Geringstland und Unland**

Sondernutzungen		
Bewertungsfaktor für	Flächeneinheit	in EUR
Hopfen	pro Ar	13,94
Spargel	pro Ar	13,83

Sonstige land- und forstwirtschaftliche Nutzungen		
Bewertungsfaktor für	Bezugseinheit	in EUR
Wasserflächen	pro Ar	1,00
Zuschläge für stehende Gewässer		
Wasserflächen für Binnenfischerei, Teichwirtschaft,	ab 1,00 kg bis 4,00 kg Fischertrag/Ar pro Ar	36,00
Wasserflächen für Binnenfischerei, Teichwirtschaft	über 4,00 kg Fischertrag/Ar pro Ar	45,00
Zuschläge für fließende Gewässer		
Fischzucht für Binnenfischerei und Teichwirtschaft	bis 500 Liter/Sekunde Durchfluss pro Liter/Sekunde	12,50
Fischzucht für Binnenfischerei und Teichwirtschaft	über 500 Liter/Sekunde Durchfluss pro Liter/Sekunde	15,00
Saatzucht	pro Ar	Anlage 27
Weihnachtsbaumkulturen	pro Ar	19,40
Kurzumtriebsplantagen	pro Ar	Anlage 27
Sonstige land- und forstwirtschaftliche Nutzungen, für die kein Bewertungsfaktor festgelegt wurde		
Wirtschaftsgebäude	pro Quadratmeter und Monat	1,23

Nutzungsarten Abbauland, Geringstland und Unland		
Bewertungsfaktor für	Flächeneinheit	in EUR
Abbauland	pro Ar	1,00
Geringstland	pro Ar	0,33
Unland	pro Ar	0,00

Anlage 32
(zu § 237 Absatz 8)

Nutzungsart Hofstelle

Bewertungsfaktor für	Flächeneinheit	in EUR
Hofflächen	pro Ar	20,16
Zuschläge für	**Flächeneinheit**	**in EUR**
Wirtschaftsgebäude der weinbaulichen Nutzung bei Fass- und Flaschenweinerzeugung	pro Quadratmeter und Monat	1,23
Wirtschaftsgebäude der Nebenbetriebe	pro Quadratmeter und Monat	1,23

Anlage 33
(zu § 238 Absatz 2)

Weitere den Ertragswert erhöhende Umstände

Bewertungsfaktor für	Flächeneinheit	in EUR
Standortflächen in Sondergebieten zur Windenergieerzeugung	pro Ar	84,24

Anlage 34
(zu § 241 Absatz 5)

Umrechnungsschlüssel für Tierbestände in Vieheinheiten (VE) nach dem Futterbedarf

Tierart	1 Tier	
Nach dem Durchschnittsbestand in Stück:		
Alpakas	0,08	VE
Damtiere		
Damtiere unter 1 Jahr	0,04	VE
Damtiere 1 Jahr und älter	0,08	VE
Geflügel		
Legehennen (einschließlich einer normalen Aufzucht zur Ergänzung des Bestandes)	0,02	VE
Legehennen aus zugekauften Junghennen	0,0183	VE
Zuchtputen, -enten, -gänse	0,04	VE
Kaninchen		
Zucht- und Angorakaninchen	0,025	VE
Lamas	0,1	VE
Pferde		
Pferde unter 3 Jahren und Kleinpferde	0,7	VE
Pferde 3 Jahre und älter	1,1	VE
Rindvieh		
Kälber und Jungvieh unter 1 Jahr (einschließlich Mastkälber, Starterkälber und Fresser)	0,3	VE
Jungvieh 1 bis 2 Jahre alt	0,7	VE
Färsen (älter als 2 Jahre)	1	VE
Masttiere (Mastdauer weniger als 1 Jahr)	1	VE
Kühe (einschließlich Mutter- und Ammenkühe mit den dazugehörigen Saugkälbern)	1	VE
Zuchtbullen, Zugochsen	1,2	VE
Schafe		
Schafe unter 1 Jahr (einschließlich Mastlämmer)	0,05	VE
Schafe 1 Jahr und älter	0,1	VE
Schweine		
Zuchtschweine (einschließlich Jungzuchtschweine über etwa 90 kg)	0,33	VE
Strauße		
Zuchttiere 14 Monate und älter	0,32	VE
Jungtiere/Masttiere unter 14 Monate	0,25	VE

Anlage R 3.2

Tierart	1 Tier	
Ziegen	0,08	VE

Nach der Erzeugung in Stück:

Geflügel		
Jungmasthühner (bis zu 6 Durchgänge je Jahr – schwere Tiere)	0,0017	VE
(mehr als 6 Durchgänge je Jahr – leichte Tiere)	0,0013	VE
Junghennen	0,0017	VE
Mastenten	0,0033	VE
Mastenten in der Aufzuchtphase	0,0011	VE
Mastenten in der Mastphase	0,0022	VE
Mastputen aus selbst erzeugten Jungputen	0,0067	VE
Mastputen aus zugekauften Jungputen	0,005	VE
Jungputen (bis etwa 8 Wochen)	0,0017	VE
Mastgänse	0,0067	VE
Kaninchen		
Mastkaninchen	0,0025	VE
Rindvieh		
Masttiere (Mastdauer 1 Jahr und mehr)	1	VE
Schweine		
Leichte Ferkel (bis etwa 12 kg)	0,01	VE
Ferkel (über etwa 12 bis etwa 20 kg)	0,02	VE
Schwere Ferkel und leichte Läufer (über etwa 20 bis etwa 30 kg)	0,04	VE
Läufer (über etwa 30 bis etwa 45 kg)	0,06	VE
Schwere Läufer (über etwa 45 bis etwa 60 kg)	0,08	VE
Mastschweine	0,16	VE
Jungzuchtschweine bis etwa 90 kg	0,12	VE

Anlage 35
(zu § 241 Absatz 5)
Gruppen der Zweige des Tierbestands nach der Flächenabhängigkeit

1. Mehr flächenabhängige Zweige des Tierbestands:
   Pferdehaltung,
   Pferdezucht,
   Schafzucht,
   Schafhaltung,
   Rindviehzucht,
   Milchviehhaltung,
   Rindviehmast.
2. Weniger flächenabhängige Zweige des Tierbestands:
   Schweinezucht,
   Schweinemast,
   Hühnerzucht,
   Entenzucht,
   Gänsezucht,
   Putenzucht,
   Legehennenhaltung,
   Junghühnermast,
   Entenmast,
   Gänsemast,
   Putenmast.

Anlage R 3.2

Anlage 36
(zu § 251 und § 257 Absatz 1)

Umrechnungskoeffizienten zur Berücksichtigung abweichender Grundstücksgrößen beim Bodenwert von Ein- und Zweifamilienhäusern

Grundstücksgröße	Umrechnungskoeffizient
< 250 m²	1,24
≥ 250 m²	1,19
≥ 300 m²	1,14
≥ 350 m²	1,10
≥ 400 m²	1,06
≥ 450 m²	1,03
≥ 500 m²	1,00
≥ 550 m²	0,98
≥ 600 m²	0,95
≥ 650 m²	0,94
≥ 700 m²	0,92
≥ 750 m²	0,90
≥ 800 m²	0,89
≥ 850 m²	0,87
≥ 900 m²	0,86
≥ 950 m²	0,85
≥ 1.000 m²	0,84
≥ 1.050 m²	0,83
≥ 1.100 m²	0,82
≥ 1.150 m²	0,81
≥ 1.200 m²	0,80
≥ 1.250 m²	0,79
≥ 1.300 m²	0,78
≥ 1.350 m²	0,77
≥ 1.400 m²	0,76
≥ 1.450 m²	0,75
≥ 1.500 m²	0,74
≥ 1.550 m²	0,73
≥ 1.600 m²	0,72
≥ 1.650 m²	0,71
≥ 1.700 m²	0,70
≥ 1.750 m²	0,69
≥ 1.800 m²	0,68
≥ 1.850 m²	0,67
≥ 1.900 m²	0,66
≥ 1.950 m²	0,65
≥ 2.000 m²	0,64

Anlage R 3.2

Anlage 37
(zu § 253 Absatz 2)

Vervielfältiger

Restnut-zungs-dauer (Jahre)	Zinssatz										
	1,5 %	1,6 %	1,7 %	1,8 %	1,9 %	2,0 %	2,1 %	2,2 %	2,3 %	2,4 %	2,5 %
1	0,99	0,98	0,98	0,98	0,98	0,98	0,98	0,98	0,98	0,98	0,98
2	1,96	1,95	1,95	1,95	1,94	1,94	1,94	1,94	1,93	1,93	1,93
3	2,91	2,91	2,90	2,90	2,89	2,88	2,88	2,87	2,87	2,86	2,86
4	3,85	3,84	3,84	3,83	3,82	3,81	3,80	3,79	3,78	3,77	3,76
5	4,78	4,77	4,75	4,74	4,73	4,71	4,70	4,69	4,67	4,66	4,65
6	5,70	5,68	5,66	5,64	5,62	5,60	5,58	5,56	5,55	5,53	5,51
7	6,60	6,57	6,55	6,52	6,50	6,47	6,45	6,42	6,40	6,37	6,35
8	7,49	7,45	7,42	7,39	7,36	7,33	7,29	7,26	7,23	7,20	7,17
9	8,36	8,32	8,28	8,24	8,20	8,16	8,12	8,08	8,05	8,01	7,97
10	9,22	9,17	9,13	9,08	9,03	8,98	8,94	8,89	8,84	8,80	8,75
11	10,07	10,01	9,96	9,90	9,84	9,79	9,73	9,68	9,62	9,57	9,51
12	10,91	10,84	10,77	10,71	10,64	10,58	10,51	10,45	10,38	10,32	10,26
13	11,73	11,65	11,58	11,50	11,42	11,35	11,27	11,20	11,13	11,05	10,98
14	12,54	12,45	12,37	12,28	12,19	12,11	12,02	11,94	11,85	11,77	11,69
15	13,34	13,24	13,14	13,04	12,95	12,85	12,75	12,66	12,57	12,47	12,38
16	14,13	14,02	13,91	13,80	13,69	13,58	13,47	13,37	13,26	13,16	13,06
17	14,91	14,78	14,66	14,53	14,41	14,29	14,17	14,06	13,94	13,83	13,71
18	15,67	15,53	15,40	15,26	15,12	14,99	14,86	14,73	14,60	14,48	14,35
19	16,43	16,27	16,12	15,97	15,82	15,68	15,53	15,39	15,25	15,12	14,98
20	17,17	17,00	16,83	16,67	16,51	16,35	16,19	16,04	15,89	15,74	15,59
21	17,90	17,72	17,54	17,36	17,18	17,01	16,84	16,67	16,51	16,35	16,18
22	18,62	18,42	18,23	18,03	17,84	17,66	17,47	17,29	17,11	16,94	16,77
23	19,33	19,12	18,91	18,70	18,49	18,29	18,09	17,90	17,71	17,52	17,33
24	20,03	19,80	19,57	19,35	19,13	18,91	18,70	18,49	18,29	18,08	17,88
25	20,72	20,47	20,23	19,99	19,75	19,52	19,30	19,07	18,85	18,64	18,42
26	21,40	21,13	20,87	20,62	20,37	20,12	19,88	19,64	19,41	19,18	18,95
27	22,07	21,79	21,51	21,24	20,97	20,71	20,45	20,20	19,95	19,70	19,46
28	22,73	22,43	22,13	21,84	21,56	21,28	21,01	20,74	20,48	20,22	19,96
29	23,38	23,06	22,75	22,44	22,14	21,84	21,56	21,27	20,99	20,72	20,45
30	24,02	23,68	23,35	23,02	22,71	22,40	22,09	21,79	21,50	21,21	20,93
31	24,65	24,29	23,94	23,60	23,27	22,94	22,62	22,30	21,99	21,69	21,40
32	25,27	24,89	24,52	24,17	23,81	23,47	23,13	22,80	22,48	22,16	21,85
33	25,88	25,48	25,10	24,72	24,35	23,99	23,63	23,29	22,95	22,62	22,29
34	26,48	26,07	25,66	25,27	24,88	24,50	24,13	23,77	23,41	23,06	22,72

Anlage R 3.2

Restnut-zungs-dauer (Jahre)	Zinssatz										
	1,5 %	1,6 %	1,7 %	1,8 %	1,9 %	2,0 %	2,1 %	2,2 %	2,3 %	2,4 %	2,5 %
35	27,08	26,64	26,22	25,80	25,40	25,00	24,61	24,23	23,86	23,50	23,15
36	27,66	27,21	26,76	26,33	25,90	25,49	25,08	24,69	24,30	23,93	23,56
37	28,24	27,76	27,30	26,84	26,40	25,97	25,55	25,14	24,73	24,34	23,96
38	28,81	28,31	27,82	27,35	26,89	26,44	26,00	25,57	25,16	24,75	24,35
39	29,36	28,85	28,34	27,85	27,37	26,90	26,45	26,00	25,57	25,14	24,73
40	29,92	29,38	28,85	28,34	27,84	27,36	26,88	26,42	25,97	25,53	25,10
41	30,46	29,90	29,35	28,82	28,30	27,80	27,31	26,83	26,36	25,91	25,47
42	30,99	30,41	29,85	29,29	28,76	28,23	27,73	27,23	26,75	26,28	25,82
43	31,52	30,92	30,33	29,76	29,20	28,66	28,14	27,62	27,12	26,64	26,17
44	32,04	31,41	30,81	30,21	29,64	29,08	28,54	28,01	27,49	26,99	26,50
45	32,55	31,90	31,27	30,66	30,07	29,49	28,93	28,38	27,85	27,34	26,83
46	33,06	32,39	31,73	31,10	30,49	29,89	29,31	28,75	28,20	27,67	27,15
47	33,55	32,86	32,19	31,54	30,90	30,29	29,69	29,11	28,55	28,00	27,47
48	34,04	33,33	32,63	31,96	31,31	30,67	30,06	29,46	28,88	28,32	27,77
49	34,52	33,79	33,07	32,38	31,70	31,05	30,42	29,81	29,21	28,63	28,07
50	35,00	34,24	33,50	32,79	32,09	31,42	30,77	30,14	29,53	28,94	28,36
51	35,47	34,68	33,92	33,19	32,48	31,79	31,12	30,47	29,84	29,24	28,65
52	35,93	35,12	34,34	33,58	32,85	32,14	31,46	30,79	30,15	29,53	28,92
53	36,38	35,55	34,75	33,97	33,22	32,50	31,79	31,11	30,45	29,81	29,19
54	36,83	35,98	35,15	34,35	33,58	32,84	32,12	31,42	30,74	30,09	29,46
55	37,27	36,39	35,55	34,73	33,94	33,17	32,44	31,72	31,03	30,36	29,71
56	37,71	36,81	35,94	35,10	34,29	33,50	32,75	32,02	31,31	30,63	29,96
57	38,13	37,21	36,32	35,46	34,63	33,83	33,05	32,31	31,58	30,88	30,21
58	38,56	37,61	36,70	35,82	34,97	34,15	33,35	32,59	31,85	31,14	30,45
59	38,97	38,00	37,07	36,16	35,29	34,46	33,65	32,87	32,11	31,38	30,68
60	39,38	38,39	37,43	36,51	35,62	34,76	33,93	33,14	32,37	31,63	30,91
61	39,78	38,77	37,79	36,84	35,94	35,06	34,22	33,40	32,62	31,86	31,13
62	40,18	39,14	38,14	37,17	36,25	35,35	34,49	33,66	32,86	32,09	31,35
63	40,57	39,51	38,48	37,50	36,55	35,64	34,76	33,92	33,10	32,31	31,56
64	40,96	39,87	38,82	37,82	36,85	35,92	35,03	34,16	33,33	32,53	31,76
65	41,34	40,23	39,16	38,13	37,15	36,20	35,28	34,41	33,56	32,75	31,96
66	41,71	40,58	39,49	38,44	37,43	36,47	35,54	34,64	33,78	32,96	32,16
67	42,08	40,92	39,81	38,74	37,72	36,73	35,79	34,88	34,00	33,16	32,35
68	42,44	41,26	40,13	39,04	38,00	36,99	36,03	35,11	34,22	33,36	32,54
69	42,80	41,60	40,44	39,33	38,27	37,25	36,27	35,33	34,42	33,56	32,72
70	43,15	41,93	40,75	39,62	38,54	37,50	36,50	35,55	34,63	33,75	32,90
71	43,50	42,25	41,05	39,90	38,80	37,74	36,73	35,76	34,83	33,93	33,07

Anlage R 3.2

Restnut-zungs-dauer (Jahre)	Zinssatz										
	1,5 %	1,6 %	1,7 %	1,8 %	1,9 %	2,0 %	2,1 %	2,2 %	2,3 %	2,4 %	2,5 %
72	43,84	42,57	41,35	40,18	39,06	37,98	36,95	35,97	35,02	34,11	33,24
73	44,18	42,88	41,64	40,45	39,31	38,22	37,17	36,17	35,21	34,29	33,40
74	44,51	43,19	41,93	40,72	39,56	38,45	37,39	36,37	35,40	34,46	33,57
75	44,84	43,50	42,21	40,98	39,80	38,68	37,60	36,57	35,58	34,63	33,72
76	45,16	43,79	42,49	41,24	40,04	38,90	37,81	36,76	35,76	34,80	33,88
77	45,48	44,09	42,76	41,49	40,28	39,12	38,01	36,95	35,93	34,96	34,03
78	45,79	44,38	43,03	41,74	40,51	39,33	38,21	37,13	36,10	35,11	34,17
79	46,10	44,66	43,29	41,98	40,73	39,54	38,40	37,31	36,27	35,27	34,31
80	46,41	44,95	43,55	42,22	40,96	39,74	38,59	37,48	36,43	35,42	34,45
81	46,71	45,22	43,81	42,46	41,17	39,95	38,77	37,66	36,59	35,56	34,59
82	47,00	45,49	44,06	42,69	41,39	40,14	38,96	37,82	36,74	35,71	34,72
83	47,29	45,76	44,31	42,92	41,60	40,34	39,13	37,99	36,89	35,85	34,85
84	47,58	46,03	44,55	43,14	41,80	40,53	39,31	38,15	37,04	35,98	34,97
85	47,86	46,29	44,79	43,36	42,00	40,71	39,48	38,31	37,19	36,12	35,10
86	48,14	46,54	45,02	43,58	42,20	40,89	39,65	38,46	37,33	36,25	35,22
87	48,41	46,79	45,25	43,79	42,40	41,07	39,81	38,61	37,47	36,37	35,33
88	48,68	47,04	45,48	44,00	42,59	41,25	39,97	38,76	37,60	36,50	35,45
89	48,95	47,28	45,70	44,20	42,77	41,42	40,13	38,90	37,73	36,62	35,56
90	49,21	47,52	45,92	44,40	42,96	41,59	40,28	39,04	37,86	36,74	35,67
91	49,47	47,76	46,14	44,60	43,14	41,75	40,43	39,18	37,99	36,85	35,77
92	49,72	47,99	46,35	44,79	43,32	41,91	40,58	39,32	38,11	36,97	35,87
93	49,97	48,22	46,56	44,98	43,49	42,07	40,73	39,45	38,23	37,08	35,98
94	50,22	48,44	46,76	45,17	43,66	42,23	40,87	39,58	38,35	37,18	36,07
95	50,46	48,67	46,96	45,35	43,83	42,38	41,01	39,70	38,47	37,29	36,17
96	50,70	48,88	47,16	45,53	43,99	42,53	41,14	39,83	38,58	37,39	36,26
97	50,94	49,10	47,36	45,71	44,15	42,68	41,28	39,95	38,69	37,49	36,35
98	51,17	49,31	47,55	45,89	44,31	42,82	41,41	40,07	38,80	37,59	36,44
99	51,40	49,52	47,74	46,06	44,47	42,96	41,53	40,18	38,90	37,68	36,53
100	51,62	49,72	47,92	46,22	44,62	43,10	41,66	40,30	39,00	37,78	36,61

Anlage R 3.2

Restnut-zungsdauer (Jahre)	Zinssatz							
	2,6 %	2,7 %	2,8 %	2,9 %	3,0 %	3,5 %	4 %	4,5 %
1	0,97	0,97	0,97	0,97	0,97	0,97	0,96	0,96
2	1,92	1,92	1,92	1,92	1,91	1,90	1,89	1,87
3	2,85	2,85	2,84	2,83	2,83	2,80	2,78	2,75
4	3,75	3,74	3,73	3,73	3,72	3,67	3,63	3,59
5	4,63	4,62	4,61	4,59	4,58	4,52	4,45	4,39
6	5,49	5,47	5,45	5,44	5,42	5,33	5,24	5,16
7	6,33	6,30	6,28	6,25	6,23	6,11	6,00	5,89
8	7,14	7,11	7,08	7,05	7,02	6,87	6,73	6,60
9	7,93	7,90	7,86	7,82	7,79	7,61	7,44	7,27
10	8,71	8,66	8,62	8,57	8,53	8,32	8,11	7,91
11	9,46	9,41	9,36	9,30	9,25	9,00	8,76	8,53
12	10,20	10,13	10,07	10,01	9,95	9,66	9,39	9,12
13	10,91	10,84	10,77	10,70	10,63	10,30	9,99	9,68
14	11,61	11,53	11,45	11,37	11,30	10,92	10,56	10,22
15	12,29	12,20	12,11	12,02	11,94	11,52	11,12	10,74
16	12,95	12,85	12,76	12,66	12,56	12,09	11,65	11,23
17	13,60	13,49	13,38	13,27	13,17	12,65	12,17	11,71
18	14,23	14,11	13,99	13,87	13,75	13,19	12,66	12,16
19	14,84	14,71	14,58	14,45	14,32	13,71	13,13	12,59
20	15,44	15,30	15,16	15,02	14,88	14,21	13,59	13,01
21	16,03	15,87	15,72	15,56	15,42	14,70	14,03	13,40
22	16,59	16,43	16,26	16,10	15,94	15,17	14,45	13,78
23	17,15	16,97	16,79	16,62	16,44	15,62	14,86	14,15
24	17,69	17,50	17,31	17,12	16,94	16,06	15,25	14,50
25	18,22	18,01	17,81	17,61	17,41	16,48	15,62	14,83
26	18,73	18,51	18,30	18,08	17,88	16,89	15,98	15,15
27	19,23	19,00	18,77	18,55	18,33	17,29	16,33	15,45
28	19,72	19,47	19,23	19,00	18,76	17,67	16,66	15,74
29	20,19	19,93	19,68	19,43	19,19	18,04	16,98	16,02
30	20,65	20,38	20,12	19,86	19,60	18,39	17,29	16,29
31	21,11	20,82	20,54	20,27	20,00	18,74	17,59	16,54
32	21,55	21,25	20,96	20,67	20,39	19,07	17,87	16,79
33	21,97	21,66	21,36	21,06	20,77	19,39	18,15	17,02
34	22,39	22,07	21,75	21,44	21,13	19,70	18,41	17,25
35	22,80	22,46	22,13	21,80	21,49	20,00	18,66	17,46
36	23,20	22,84	22,50	22,16	21,83	20,29	18,91	17,67
37	23,58	23,22	22,86	22,51	22,17	20,57	19,14	17,86

Anlage R 3.2

Restnutzungsdauer (Jahre)	Zinssatz							
	2,6 %	2,7 %	2,8 %	2,9 %	3,0 %	3,5 %	4 %	4,5 %
38	23,96	23,58	23,21	22,85	22,49	20,84	19,37	18,05
39	24,33	23,93	23,55	23,17	22,81	21,10	19,58	18,23
40	24,69	24,28	23,88	23,49	23,11	21,36	19,79	18,40
41	25,03	24,61	24,20	23,80	23,41	21,60	19,99	18,57
42	25,37	24,94	24,52	24,10	23,70	21,83	20,19	18,72
43	25,71	25,26	24,82	24,40	23,98	22,06	20,37	18,87
44	26,03	25,57	25,12	24,68	24,25	22,28	20,55	19,02
45	26,34	25,87	25,41	24,96	24,52	22,50	20,72	19,16
46	26,65	26,16	25,69	25,23	24,78	22,70	20,88	19,29
47	26,95	26,45	25,96	25,49	25,02	22,90	21,04	19,41
48	27,24	26,73	26,23	25,74	25,27	23,09	21,20	19,54
49	27,53	27,00	26,48	25,99	25,50	23,28	21,34	19,65
50	27,80	27,26	26,74	26,23	25,73	23,46	21,48	19,76
51	28,07	27,52	26,98	26,46	25,95	23,63	21,62	19,87
52	28,34	27,77	27,22	26,68	26,17	23,80	21,75	19,97
53	28,59	28,01	27,45	26,90	26,37	23,96	21,87	20,07
54	28,84	28,25	27,68	27,12	26,58	24,11	21,99	20,16
55	29,09	28,48	27,89	27,33	26,77	24,26	22,11	20,25
56	29,33	28,71	28,11	27,53	26,97	24,41	22,22	20,33
57	29,56	28,93	28,31	27,72	27,15	24,55	22,33	20,41
58	29,78	29,14	28,52	27,91	27,33	24,69	22,43	20,49
59	30,00	29,35	28,71	28,10	27,51	24,82	22,53	20,57
60	30,22	29,55	28,90	28,28	27,68	24,94	22,62	20,64
61	30,43	29,75	29,09	28,45	27,84	25,07	22,71	20,71
62	30,63	29,94	29,27	28,62	28,00	25,19	22,80	20,77
63	30,83	30,12	29,44	28,79	28,16	25,30	22,89	20,83
64	31,02	30,31	29,61	28,95	28,31	25,41	22,97	20,89
65	31,21	30,48	29,78	29,10	28,45	25,52	23,05	20,95
66	31,39	30,65	29,94	29,26	28,60	25,62	23,12	21,01
67	31,57	30,82	30,10	29,40	28,73	25,72	23,19	21,06
68	31,75	30,99	30,25	29,55	28,87	25,82	23,26	21,11
69	31,92	31,14	30,40	29,69	29,00	25,91	23,33	21,16
70	32,08	31,30	30,55	29,82	29,12	26,00	23,39	21,20
71	32,24	31,45	30,69	29,95	29,25	26,09	23,46	21,25
72	32,40	31,60	30,82	30,08	29,37	26,17	23,52	21,29
73	32,56	31,74	30,96	30,20	29,48	26,25	23,57	21,33
74	32,71	31,88	31,09	30,32	29,59	26,33	23,63	21,37

Anlage R 3.2

Restnut-zungsdauer (Jahre)	Zinssatz							
	2,6 %	2,7 %	2,8 %	2,9 %	3,0 %	3,5 %	4 %	4,5 %
75	32,85	32,02	31,21	30,44	29,70	26,41	23,68	21,40
76	32,99	32,15	31,34	30,56	29,81	26,48	23,73	21,44
77	33,13	32,28	31,45	30,67	29,91	26,55	23,78	21,47
78	33,27	32,40	31,57	30,77	30,01	26,62	23,83	21,50
79	33,40	32,52	31,68	30,88	30,11	26,68	23,87	21,54
80	33,53	32,64	31,79	30,98	30,20	26,75	23,92	21,57
81	33,65	32,76	31,90	31,08	30,29	26,81	23,96	21,59
82	33,77	32,87	32,00	31,17	30,38	26,87	24,00	21,62
83	33,89	32,98	32,11	31,27	30,47	26,93	24,04	21,65
84	34,01	33,09	32,20	31,36	30,55	26,98	24,07	21,67
85	34,12	33,19	32,30	31,45	30,63	27,04	24,11	21,70
86	34,23	33,29	32,39	31,53	30,71	27,09	24,14	21,72
87	34,34	33,39	32,48	31,62	30,79	27,14	24,18	21,74
88	34,44	33,49	32,57	31,70	30,86	27,19	24,21	21,76
89	34,54	33,58	32,66	31,77	30,93	27,23	24,24	21,78
90	34,64	33,67	32,74	31,85	31,00	27,28	24,27	21,80
91	34,74	33,76	32,82	31,93	31,07	27,32	24,30	21,82
92	34,84	33,84	32,90	32,00	31,14	27,37	24,32	21,83
93	34,93	33,93	32,98	32,07	31,20	27,41	24,35	21,85
94	35,02	34,01	33,05	32,14	31,26	27,45	24,37	21,87
95	35,10	34,09	33,12	32,20	31,32	27,48	24,40	21,88
96	35,19	34,17	33,19	32,27	31,38	27,52	24,42	21,90
97	35,27	34,24	33,26	32,33	31,44	27,56	24,44	21,91
98	35,35	34,32	33,33	32,39	31,49	27,59	24,46	21,92
99	35,43	34,39	33,39	32,45	31,55	27,62	24,49	21,94
100	35,51	34,46	33,46	32,51	31,60	27,66	24,50	21,95

Berechnungsvorschrift für die Vervielfältiger (Barwertfaktoren für die Kapitalisierung):

$$\text{Vervielfältiger} = \frac{q^n - 1}{q^n \times (q-1)}$$

$$q = 1 + LZ \quad \text{wobei } LZ = \frac{P}{100}$$

LZ = Zinssatz (Liegenschaftszinssatz)
n = Restnutzungsdauer
p = Zinsfuß

Anlage 38
(zu § 253 Absatz 2 und 259 Absatz 4)

Wirtschaftliche Gesamtnutzungsdauer

Ein- und Zweifamilienhäuser	80	Jahre
Mietwohngrundstücke, Mehrfamilienhäuser	80	Jahre
Wohnungseigentum	80	Jahre
Geschäftsgrundstücke, gemischt genutzte Grundstücke und sonstige bebaute Grundstücke:		
Gemischt genutzte Grundstücke (Wohnhäuser mit Mischnutzung)	80	Jahre
Museen, Theater, Sakralbauten	70	Jahre
Bürogebäude, Verwaltungsgebäude	60	Jahre
Banken und ähnliche Geschäftshäuser	60	Jahre
Einzelgaragen und Mehrfachgaragen	60	Jahre
Kindergärten (Kindertagesstätten), allgemeinbildende Schulen und berufsbildende Schulen, Hochschulen, Sonderschulen	50	Jahre
Wohnheime, Internate, Alten- und Pflegeheime	50	Jahre
Kauf-/Warenhäuser	50	Jahre
Krankenhäuser, Kliniken, Tageskliniken, Ärztehäuser	40	Jahre
Gemeindezentren, Saalbauten, Veranstaltungsgebäude, Vereinsheime	40	Jahre
Beherbergungsstätten, Hotels, Verpflegungseinrichtungen	40	Jahre
Sport- und Tennishallen, Freizeitbäder, Kur- und Heilbäder	40	Jahre
Tief-, Hoch- und Nutzfahrzeuggaragen als Einzelbauwerke, Carports	40	Jahre
Betriebs- und Werkstätten, Industrie- und Produktionsgebäude	40	Jahre
Lager- und Versandgebäude	40	Jahre
Verbrauchermärkte, Autohäuser	30	Jahre
Reithallen, ehemalige landwirtschaftliche Mehrzweckhallen, Scheunen und Ähnliches	30	Jahre

Teileigentum ist in Abhängigkeit von der baulichen Gestaltung den vorstehenden Gebäudearten zuzuordnen.

Auffangklausel
Für nicht aufgeführte Gebäudearten ist die wirtschaftliche Gesamtnutzungsdauer aus der wirtschaftlichen Gesamtnutzungsdauer vergleichbarer Gebäudearten abzuleiten.

Anlage 39
(zu § 254 Absatz 2)

Ermittlung des Rohertrages

I. Monatliche Nettokaltmieten in EUR/Quadratmeter Wohnfläche**
 (Wertverhältnisse / Stand 1. Januar 2022)

Land	Gebäudeart*	Wohnfläche** (je Wohnung)	Baujahr des Gebäudes				
			bis 1948	1949 bis 1978	1979 bis 1990	1991 bis 2000	ab 2001
Baden-Württemberg	Einfamilienhaus	unter 60 m²	6,60	6,79	6,86	7,12	7,44
		von 60 m² bis unter 100 m²	5,72	5,87	5,94	6,16	6,44
		100 m² und mehr	5,74	5,90	5,96	6,18	6,46
	Zweifamilienhaus	unter 60 m²	6,73	6,93	7,01	7,26	7,58
		von 60 m² bis unter 100 m²	5,70	5,87	5,94	6,15	6,43
		100 m² und mehr	5,50	5,66	5,72	5,92	6,20
	Mietwohngrundstück	unter 60 m²	7,16	7,38	7,45	7,73	8,07
		von 60 m² bis unter 100 m²	6,44	6,64	6,71	6,95	7,26
		100 m² und mehr	6,34	6,54	6,60	6,84	7,15
Bayern	Einfamilienhaus	unter 60 m²	7,23	7,56	7,55	7,40	8,34
		von 60 m² bis unter 100 m²	6,26	6,54	6,53	6,41	7,22
		100 m² und mehr	6,28	6,56	6,55	6,43	7,24
	Zweifamilienhaus	unter 60 m²	7,01	7,32	7,30	7,18	8,07
		von 60 m² bis unter 100 m²	5,95	6,20	6,19	6,08	6,84
		100 m² und mehr	5,72	5,98	5,97	5,86	6,60
	Mietwohngrundstück	unter 60 m²	8,24	8,60	8,59	8,43	9,49
		von 60 m² bis unter 100 m²	7,41	7,74	7,73	7,58	8,54
		100 m² und mehr	7,30	7,61	7,61	7,47	8,42
Berlin	Einfamilienhaus	unter 60 m²	7,55	7,48	7,27	8,75	9,00
		von 60 m² bis unter 100 m²	6,53	6,47	6,28	7,58	7,79
		100 m² und mehr	6,55	6,49	6,31	7,60	7,81
	Zweifamilienhaus	unter 60 m²	7,50	7,43	7,22	8,70	8,95
		von 60 m² bis unter 100 m²	6,36	6,31	6,13	7,37	7,58
		100 m² und mehr	6,13	6,07	5,91	7,10	7,31
	Mietwohngrundstück	unter 60 m²	6,90	6,84	6,65	8,00	8,23
		von 60 m² bis unter 100 m²	6,21	6,15	5,98	7,19	7,40
		100 m² und mehr	6,12	6,06	5,88	7,09	7,29
Brandenburg	Einfamilienhaus	unter 60 m²	6,87	6,66	6,59	8,15	8,85
		von 60 m² bis unter 100 m²	5,94	5,76	5,70	7,05	7,66
		100 m² und mehr	5,96	5,78	5,72	7,08	7,68
	Zweifamilienhaus	unter 60 m²	6,46	6,26	6,20	7,66	8,32
		von 60 m² bis unter 100 m²	5,46	5,29	5,24	6,49	7,04
		100 m² und mehr	5,27	5,10	5,06	6,26	6,79

Land	Gebäudeart*	Wohnfläche** (je Wohnung)	Baujahr des Gebäudes				
			bis 1948	1949 bis 1978	1979 bis 1990	1991 bis 2000	ab 2001
Bremen	Mietwohngrundstück	unter 60 m²	6,41	6,21	6,15	7,61	8,26
		von 60 m² bis unter 100 m²	5,76	5,59	5,54	6,84	7,44
		100 m² und mehr	5,68	5,51	5,45	6,75	7,32
	Einfamilienhaus	unter 60 m²	7,09	6,97	7,60	7,78	8,14
		von 60 m² bis unter 100 m²	6,14	6,04	6,57	6,73	7,04
		100 m² und mehr	6,17	6,06	6,59	6,76	7,07
	Zweifamilienhaus	unter 60 m²	7,55	7,41	8,08	8,29	8,67
		von 60 m² bis unter 100 m²	6,40	6,28	6,85	7,02	7,34
		100 m² und mehr	6,17	6,05	6,59	6,77	7,08
Hamburg	Mietwohngrundstück	unter 60 m²	6,79	6,67	7,26	7,45	7,79
		von 60 m² bis unter 100 m²	6,11	6,01	6,54	6,70	7,01
		100 m² und mehr	6,02	5,91	6,44	6,59	6,91
	Einfamilienhaus	unter 60 m²	7,39	6,95	7,20	7,19	7,55
		von 60 m² bis unter 100 m²	6,39	6,02	6,22	6,21	6,53
		100 m² und mehr	6,42	6,04	6,25	6,24	6,55
	Zweifamilienhaus	unter 60 m²	7,73	7,28	7,54	7,54	7,91
		von 60 m² bis unter 100 m²	6,55	6,17	6,38	6,38	6,70
		100 m² und mehr	6,31	5,94	6,15	6,15	6,46
Hessen	Mietwohngrundstück	unter 60 m²	7,16	6,73	6,97	6,97	7,32
		von 60 m² bis unter 100 m²	6,44	6,07	6,27	6,27	6,59
		100 m² und mehr	6,35	5,96	6,18	6,18	6,48
	Einfamilienhaus	unter 60 m²	6,64	6,74	6,54	6,86	7,17
		von 60 m² bis unter 100 m²	5,75	5,84	5,66	5,94	6,20
		100 m² und mehr	5,77	5,86	5,68	5,97	6,22
	Zweifamilienhaus	unter 60 m²	6,77	6,87	6,65	7,00	7,29
		von 60 m² bis unter 100 m²	5,73	5,82	5,64	5,92	6,18
		100 m² und mehr	5,52	5,61	5,44	5,72	5,96
Mecklenburg-Vorpommern	Mietwohngrundstück	unter 60 m²	7,54	7,66	7,42	7,79	8,14
		von 60 m² bis unter 100 m²	6,79	6,89	6,68	7,02	7,33
		100 m² und mehr	6,69	6,79	6,57	6,90	7,21
	Einfamilienhaus	unter 60 m²	6,43	6,28	5,95	6,87	7,38
		von 60 m² bis unter 100 m²	5,57	5,44	5,15	5,95	6,38
		100 m² und mehr	5,59	5,46	5,17	5,97	6,40
	Zweifamilienhaus	unter 60 m²	6,87	6,72	6,36	7,35	7,88
		von 60 m² bis unter 100 m²	5,81	5,68	5,38	6,23	6,68
		100 m² und mehr	5,61	5,48	5,19	6,00	6,44

Anlage R 3.2

Land	Gebäudeart*	Wohnfläche** (je Wohnung)	Baujahr des Gebäudes				
			bis 1948	1949 bis 1978	1979 bis 1990	1991 bis 2000	ab 2001
Niedersachsen	Mietwohngrundstück	unter 60 m²	6,85	6,70	6,34	7,33	7,86
		von 60 m² bis unter 100 m²	6,16	6,04	5,70	6,59	7,08
		100 m² und mehr	6,07	5,94	5,61	6,49	6,97
	Einfamilienhaus	unter 60 m²	6,18	6,52	6,47	6,62	6,85
		von 60 m² bis unter 100 m²	5,35	5,65	5,60	5,73	5,92
		100 m² und mehr	5,37	5,67	5,62	5,76	5,94
	Zweifamilienhaus	unter 60 m²	6,40	6,75	6,70	6,85	7,09
		von 60 m² bis unter 100 m²	5,42	5,71	5,67	5,81	6,01
		100 m² und mehr	5,23	5,52	5,47	5,59	5,79
Nordrhein-Westfalen	Mietwohngrundstück	unter 60 m²	6,88	7,28	7,21	7,38	7,64
		von 60 m² bis unter 100 m²	6,19	6,54	6,49	6,64	6,87
		100 m² und mehr	6,11	6,44	6,39	6,54	6,76
	Einfamilienhaus	unter 60 m²	6,29	6,52	6,54	6,63	6,95
		von 60 m² bis unter 100 m²	5,45	5,64	5,66	5,74	6,00
		100 m² und mehr	5,47	5,66	5,69	5,76	6,03
	Zweifamilienhaus	unter 60 m²	6,42	6,64	6,66	6,76	7,07
		von 60 m² bis unter 100 m²	5,43	5,62	5,64	5,72	5,99
		100 m² und mehr	5,25	5,42	5,45	5,52	5,77
Rheinland-Pfalz	Mietwohngrundstück	unter 60 m²	6,59	6,82	6,84	6,94	7,25
		von 60 m² bis unter 100 m²	5,93	6,13	6,15	6,24	6,53
		100 m² und mehr	5,83	6,04	6,06	6,15	6,43
	Einfamilienhaus	unter 60 m²	6,32	6,73	6,91	6,97	7,45
		von 60 m² bis unter 100 m²	5,48	5,83	5,98	6,03	6,44
		100 m² und mehr	5,50	5,85	6,00	6,05	6,46
	Zweifamilienhaus	unter 60 m²	6,24	6,65	6,84	6,88	7,37
		von 60 m² bis unter 100 m²	5,29	5,63	5,78	5,84	6,24
		100 m² und mehr	5,10	5,43	5,59	5,62	6,01
Saarland	Mietwohngrundstück	unter 60 m²	6,88	7,33	7,54	7,60	8,11
		von 60 m² bis unter 100 m²	6,19	6,60	6,78	6,84	7,30
		100 m² und mehr	6,10	6,50	6,67	6,73	7,19
	Einfamilienhaus	unter 60 m²	6,54	6,65	6,84	6,86	7,07
		von 60 m² bis unter 100 m²	5,67	5,75	5,92	5,94	6,11
		100 m² und mehr	5,69	5,77	5,94	5,96	6,13
	Zweifamilienhaus	unter 60 m²	6,99	7,09	7,31	7,34	7,55
		von 60 m² bis unter 100 m²	5,93	6,01	6,20	6,22	6,39
		100 m² und mehr	5,71	5,80	5,97	5,99	6,17

Anlage R 3.2

Land	Gebäudeart*	Wohnfläche** (je Wohnung)	Baujahr des Gebäudes				
			bis 1948	1949 bis 1978	1979 bis 1990	1991 bis 2000	ab 2001
Sachsen	Mietwohngrundstück	unter 60 m²	7,27	7,36	7,59	7,62	7,84
		von 60 m² bis unter 100 m²	6,54	6,62	6,83	6,86	7,05
		100 m² und mehr	6,44	6,53	6,72	6,75	6,95
	Einfamilienhaus	unter 60 m²	6,19	6,17	5,97	6,81	7,10
		von 60 m² bis unter 100 m²	5,37	5,34	5,17	5,89	6,14
		100 m² und mehr	5,39	5,37	5,19	5,91	6,16
	Zweifamilienhaus	unter 60 m²	6,20	6,18	5,98	6,82	7,11
		von 60 m² bis unter 100 m²	5,25	5,23	5,06	5,77	6,03
		100 m² und mehr	5,07	5,05	4,88	5,56	5,82
Sachsen-Anhalt	Mietwohngrundstück	unter 60 m²	6,47	6,43	6,22	7,09	7,41
		von 60 m² bis unter 100 m²	5,82	5,78	5,60	6,39	6,66
		100 m² und mehr	5,73	5,70	5,52	6,29	6,56
	Einfamilienhaus	unter 60 m²	6,25	6,33	6,17	6,74	7,24
		von 60 m² bis unter 100 m²	5,42	5,48	5,34	5,83	6,26
		100 m² und mehr	5,44	5,50	5,36	5,86	6,28
	Zweifamilienhaus	unter 60 m²	6,16	6,22	6,07	6,64	7,13
		von 60 m² bis unter 100 m²	5,21	5,27	5,14	5,62	6,04
		100 m² und mehr	5,03	5,09	4,96	5,43	5,81
Schleswig-Holstein	Mietwohngrundstück	unter 60 m²	6,37	6,44	6,27	6,86	7,37
		von 60 m² bis unter 100 m²	5,74	5,80	5,65	6,18	6,64
		100 m² und mehr	5,64	5,71	5,57	6,08	6,53
	Einfamilienhaus	unter 60 m²	6,57	6,90	7,00	7,20	7,64
		von 60 m² bis unter 100 m²	5,69	5,97	6,05	6,23	6,62
		100 m² und mehr	5,71	5,99	6,08	6,25	6,64
	Zweifamilienhaus	unter 60 m²	6,79	7,12	7,24	7,45	7,90
		von 60 m² bis unter 100 m²	5,75	6,04	6,13	6,31	6,69
		100 m² und mehr	5,55	5,82	5,91	6,08	6,45
Thüringen	Mietwohngrundstück	unter 60 m²	6,80	7,15	7,26	7,46	7,92
		von 60 m² bis unter 100 m²	6,12	6,43	6,53	6,71	7,12
		100 m² und mehr	6,03	6,33	6,43	6,61	7,03
	Einfamilienhaus	unter 60 m²	6,63	6,54	6,32	6,84	7,47
		von 60 m² bis unter 100 m²	5,74	5,67	5,47	5,92	6,46
		100 m² und mehr	5,76	5,69	5,49	5,94	6,48
	Zweifamilienhaus	unter 60 m²	6,48	6,39	6,17	6,69	7,29
		von 60 m² bis unter 100 m²	5,48	5,41	5,23	5,68	6,18
		100 m² und mehr	5,29	5,21	5,04	5,47	5,95

Anlage R 3.2

Land	Gebäudeart*	Wohnfläche** (je Wohnung)	Baujahr des Gebäudes				
			bis 1948	1949 bis 1978	1979 bis 1990	1991 bis 2000	ab 2001
	Mietwohngrundstück	unter 60 m²	6,64	6,55	6,33	6,85	7,48
		von 60 m² bis unter 100 m²	5,98	5,89	5,70	6,17	6,73
		100 m² und mehr	5,89	5,80	5,61	6,07	6,62

*Für Wohnungseigentum gelten die Nettokaltmieten für Mietwohngrundstücke.

**Flächen, die zu anderen als Wohnzwecken genutzt werden, gelten als Wohnfläche. Für diese Flächen ist bei Mietwohngrundstücken die für Wohnungen mit einer Fläche unter 60 m² geltende monatliche Nettokaltmiete in Euro je Quadratmeter Nutzfläche (ohne Zubehörräume) anzusetzen. Bei Ein- und Zweifamilienhäusern sind diese Flächen zu der jeweiligen Wohnfläche zu addieren.

Nettokaltmiete – Festwert – für einen Garagenstellplatz (Einzelgarage/Tiefgarage)	35 EUR/Monat

II. Mietniveaustufen

Zur Berücksichtigung von Mietniveauunterschieden zwischen Gemeinden eines Landes sind die Nettokaltmieten zu I. durch folgende Ab- oder Zuschläge anzupassen:

Mietniveaustufe 1	– 22,5 %
Mietniveaustufe 2	– 10,0 %
Mietniveaustufe 3	+/– 0 %
Mietniveaustufe 4	+ 10,0 %
Mietniveaustufe 5	+ 20,0 %
Mietniveaustufe 6 und höher	+ 32,5 %

Die gemeindebezogene Einordnung in die Mietniveaustufen ergibt sich aus der Rechtsverordnung zur Durchführung des § 254 des Bewertungsgesetzes in der jeweils aktuellen Fassung.

Anlage 40
(zu § 255 Absatz 2)

Bewirtschaftungskosten

Pauschalierte Bewirtschaftungskosten für Verwaltung, Instandhaltung und Mietausfallwagnis in Prozent der Jahresmiete oder der üblichen Jahresmiete
(ohne Betriebskosten)

Restnutzungsdauer	Grundstücksart		
	1	2	3
	Ein- und Zweifamilienhäuser	Wohnungs- und Teileigentum	Mietwohngrundstück
≥ 60 Jahre	18	23	21
40 bis 59 Jahre	21	25	23
20 bis 39 Jahre	25	29	27
< 20 Jahre	27	31	29

Anlage 41
(zu § 257 Absatz 2)

Abzinsungsfaktoren

Restnut-zungs-dauer (Jahre)	\multicolumn{11}{c}{Zinssatz}

Restnutzungsdauer (Jahre)	1,5 %	1,6 %	1,7 %	1,8 %	1,9 %	2,0 %	2,1 %	2,2 %	2,3 %	2,4 %	2,5 %
1	0,9852	0,9843	0,9833	0,9823	0,9814	0,9804	0,9794	0,9785	0,9775	0,9766	0,9756
2	0,9707	0,9688	0,9668	0,9649	0,9631	0,9612	0,9593	0,9574	0,9555	0,9537	0,9518
3	0,9563	0,9535	0,9507	0,9479	0,9451	0,9423	0,9396	0,9368	0,9341	0,9313	0,9286
4	0,9422	0,9385	0,9348	0,9311	0,9275	0,9238	0,9202	0,9166	0,9131	0,9095	0,9060
5	0,9283	0,9237	0,9192	0,9147	0,9102	0,9057	0,9013	0,8969	0,8925	0,8882	0,8839
6	0,9145	0,9092	0,9038	0,8985	0,8932	0,8880	0,8828	0,8776	0,8725	0,8674	0,8623
7	0,9010	0,8948	0,8887	0,8826	0,8766	0,8706	0,8646	0,8587	0,8528	0,8470	0,8413
8	0,8877	0,8807	0,8738	0,8670	0,8602	0,8535	0,8468	0,8402	0,8337	0,8272	0,8207
9	0,8746	0,8669	0,8592	0,8517	0,8442	0,8368	0,8294	0,8221	0,8149	0,8078	0,8007
10	0,8617	0,8532	0,8449	0,8366	0,8284	0,8203	0,8123	0,8044	0,7966	0,7889	0,7812
11	0,8489	0,8398	0,8307	0,8218	0,8130	0,8043	0,7956	0,7871	0,7787	0,7704	0,7621
12	0,8364	0,8266	0,8169	0,8073	0,7978	0,7885	0,7793	0,7702	0,7612	0,7523	0,7436
13	0,8240	0,8135	0,8032	0,7930	0,7830	0,7730	0,7632	0,7536	0,7441	0,7347	0,7254
14	0,8118	0,8007	0,7898	0,7790	0,7684	0,7579	0,7475	0,7374	0,7273	0,7175	0,7077
15	0,7999	0,7881	0,7766	0,7652	0,7540	0,7430	0,7322	0,7215	0,7110	0,7006	0,6905
16	0,7880	0,7757	0,7636	0,7517	0,7400	0,7284	0,7171	0,7060	0,6950	0,6842	0,6736
17	0,7764	0,7635	0,7508	0,7384	0,7262	0,7142	0,7024	0,6908	0,6794	0,6682	0,6572
18	0,7649	0,7515	0,7383	0,7253	0,7126	0,7002	0,6879	0,6759	0,6641	0,6525	0,6412
19	0,7536	0,7396	0,7259	0,7125	0,6993	0,6864	0,6738	0,6614	0,6492	0,6372	0,6255
20	0,7425	0,7280	0,7138	0,6999	0,6863	0,6730	0,6599	0,6471	0,6346	0,6223	0,6103
21	0,7315	0,7165	0,7019	0,6875	0,6735	0,6598	0,6463	0,6332	0,6203	0,6077	0,5954
22	0,7207	0,7052	0,6901	0,6754	0,6609	0,6468	0,6330	0,6196	0,6064	0,5935	0,5809
23	0,7100	0,6941	0,6786	0,6634	0,6486	0,6342	0,6200	0,6062	0,5927	0,5796	0,5667
24	0,6995	0,6832	0,6673	0,6517	0,6365	0,6217	0,6073	0,5932	0,5794	0,5660	0,5529
25	0,6892	0,6724	0,6561	0,6402	0,6247	0,6095	0,5948	0,5804	0,5664	0,5527	0,5394
26	0,6790	0,6619	0,6451	0,6289	0,6130	0,5976	0,5825	0,5679	0,5536	0,5398	0,5262
27	0,6690	0,6514	0,6344	0,6177	0,6016	0,5859	0,5706	0,5557	0,5412	0,5271	0,5134
28	0,6591	0,6412	0,6238	0,6068	0,5904	0,5744	0,5588	0,5437	0,5290	0,5148	0,5009
29	0,6494	0,6311	0,6133	0,5961	0,5794	0,5631	0,5473	0,5320	0,5171	0,5027	0,4887
30	0,6398	0,6211	0,6031	0,5856	0,5686	0,5521	0,5361	0,5206	0,5055	0,4909	0,4767
31	0,6303	0,6114	0,5930	0,5752	0,5580	0,5412	0,5251	0,5094	0,4941	0,4794	0,4651
32	0,6210	0,6017	0,5831	0,5650	0,5476	0,5306	0,5143	0,4984	0,4830	0,4682	0,4538
33	0,6118	0,5923	0,5733	0,5550	0,5373	0,5202	0,5037	0,4877	0,4722	0,4572	0,4427
34	0,6028	0,5829	0,5638	0,5452	0,5273	0,5100	0,4933	0,4772	0,4616	0,4465	0,4319
35	0,5939	0,5737	0,5543	0,5356	0,5175	0,5000	0,4832	0,4669	0,4512	0,4360	0,4214
36	0,5851	0,5647	0,5451	0,5261	0,5078	0,4902	0,4732	0,4568	0,4410	0,4258	0,4111
37	0,5764	0,5558	0,5360	0,5168	0,4984	0,4806	0,4635	0,4470	0,4311	0,4158	0,4011
38	0,5679	0,5471	0,5270	0,5077	0,4891	0,4712	0,4540	0,4374	0,4214	0,4061	0,3913
39	0,5595	0,5385	0,5182	0,4987	0,4800	0,4619	0,4446	0,4280	0,4120	0,3966	0,3817
40	0,5513	0,5300	0,5095	0,4899	0,4710	0,4529	0,4355	0,4188	0,4027	0,3873	0,3724

Anlage R 3.2

Restnut-zungs-dauer (Jahre)	Zinssatz										
	1,5 %	1,6 %	1,7 %	1,8 %	1,9 %	2,0 %	2,1 %	2,2 %	2,3 %	2,4 %	2,5 %
41	0,5431	0,5216	0,5010	0,4812	0,4622	0,4440	0,4265	0,4097	0,3936	0,3782	0,3633
42	0,5351	0,5134	0,4926	0,4727	0,4536	0,4353	0,4178	0,4009	0,3848	0,3693	0,3545
43	0,5272	0,5053	0,4844	0,4644	0,4452	0,4268	0,4092	0,3923	0,3761	0,3607	0,3458
44	0,5194	0,4974	0,4763	0,4561	0,4369	0,4184	0,4007	0,3838	0,3677	0,3522	0,3374
45	0,5117	0,4895	0,4683	0,4481	0,4287	0,4102	0,3925	0,3756	0,3594	0,3440	0,3292
46	0,5042	0,4818	0,4605	0,4402	0,4207	0,4022	0,3844	0,3675	0,3513	0,3359	0,3211
47	0,4967	0,4742	0,4528	0,4324	0,4129	0,3943	0,3765	0,3596	0,3434	0,3280	0,3133
48	0,4894	0,4668	0,4452	0,4247	0,4052	0,3865	0,3688	0,3518	0,3357	0,3203	0,3057
49	0,4821	0,4594	0,4378	0,4172	0,3976	0,3790	0,3612	0,3443	0,3282	0,3128	0,2982
50	0,4750	0,4522	0,4305	0,4098	0,3902	0,3715	0,3538	0,3369	0,3208	0,3055	0,2909
51	0,4680	0,4451	0,4233	0,4026	0,3829	0,3642	0,3465	0,3296	0,3136	0,2983	0,2838
52	0,4611	0,4381	0,4162	0,3955	0,3758	0,3571	0,3394	0,3225	0,3065	0,2913	0,2769
53	0,4543	0,4312	0,4093	0,3885	0,3688	0,3501	0,3324	0,3156	0,2996	0,2845	0,2702
54	0,4475	0,4244	0,4024	0,3816	0,3619	0,3432	0,3255	0,3088	0,2929	0,2778	0,2636
55	0,4409	0,4177	0,3957	0,3749	0,3552	0,3365	0,3188	0,3021	0,2863	0,2713	0,2572
56	0,4344	0,4111	0,3891	0,3682	0,3485	0,3299	0,3123	0,2956	0,2799	0,2650	0,2509
57	0,4280	0,4046	0,3826	0,3617	0,3420	0,3234	0,3059	0,2893	0,2736	0,2588	0,2448
58	0,4217	0,3983	0,3762	0,3553	0,3357	0,3171	0,2996	0,2830	0,2674	0,2527	0,2388
59	0,4154	0,3920	0,3699	0,3490	0,3294	0,3109	0,2934	0,2769	0,2614	0,2468	0,2330
60	0,4093	0,3858	0,3637	0,3429	0,3233	0,3048	0,2874	0,2710	0,2555	0,2410	0,2273
61	0,4032	0,3797	0,3576	0,3368	0,3172	0,2988	0,2815	0,2652	0,2498	0,2353	0,2217
62	0,3973	0,3738	0,3516	0,3309	0,3113	0,2929	0,2757	0,2594	0,2442	0,2298	0,2163
63	0,3914	0,3679	0,3458	0,3250	0,3055	0,2872	0,2700	0,2539	0,2387	0,2244	0,2111
64	0,3856	0,3621	0,3400	0,3193	0,2998	0,2816	0,2645	0,2484	0,2333	0,2192	0,2059
65	0,3799	0,3564	0,3343	0,3136	0,2942	0,2761	0,2590	0,2430	0,2281	0,2140	0,2009
66	0,3743	0,3508	0,3287	0,3081	0,2887	0,2706	0,2537	0,2378	0,2230	0,2090	0,1960
67	0,3688	0,3452	0,3232	0,3026	0,2834	0,2653	0,2485	0,2327	0,2179	0,2041	0,1912
68	0,3633	0,3398	0,3178	0,2973	0,2781	0,2601	0,2434	0,2277	0,2130	0,1993	0,1865
69	0,3580	0,3345	0,3125	0,2920	0,2729	0,2550	0,2384	0,2228	0,2082	0,1947	0,1820
70	0,3527	0,3292	0,3073	0,2869	0,2678	0,2500	0,2335	0,2180	0,2036	0,1901	0,1776
71	0,3475	0,3240	0,3021	0,2818	0,2628	0,2451	0,2287	0,2133	0,1990	0,1857	0,1732
72	0,3423	0,3189	0,2971	0,2768	0,2579	0,2403	0,2239	0,2087	0,1945	0,1813	0,1690
73	0,3373	0,3139	0,2921	0,2719	0,2531	0,2356	0,2193	0,2042	0,1901	0,1771	0,1649
74	0,3323	0,3089	0,2872	0,2671	0,2484	0,2310	0,2148	0,1998	0,1859	0,1729	0,1609
75	0,3274	0,3041	0,2824	0,2624	0,2437	0,2265	0,2104	0,1955	0,1817	0,1689	0,1569
76	0,3225	0,2993	0,2777	0,2577	0,2392	0,2220	0,2061	0,1913	0,1776	0,1649	0,1531
77	0,3178	0,2946	0,2731	0,2532	0,2347	0,2177	0,2018	0,1872	0,1736	0,1610	0,1494
78	0,3131	0,2899	0,2685	0,2487	0,2304	0,2134	0,1977	0,1832	0,1697	0,1573	0,1457
79	0,3084	0,2854	0,2640	0,2443	0,2261	0,2092	0,1936	0,1792	0,1659	0,1536	0,1422
80	0,3039	0,2809	0,2596	0,2400	0,2219	0,2051	0,1896	0,1754	0,1622	0,1500	0,1387
81	0,2994	0,2764	0,2553	0,2357	0,2177	0,2011	0,1857	0,1716	0,1585	0,1465	0,1353
82	0,2950	0,2721	0,2510	0,2316	0,2137	0,1971	0,1819	0,1679	0,1550	0,1430	0,1320
83	0,2906	0,2678	0,2468	0,2275	0,2097	0,1933	0,1782	0,1643	0,1515	0,1397	0,1288

Anlage R 3.2

Restnutzungs-dauer (Jahre)	Zinssatz										
	1,5 %	1,6 %	1,7 %	1,8 %	1,9 %	2,0 %	2,1 %	2,2 %	2,3 %	2,4 %	2,5 %
84	0,2863	0,2636	0,2427	0,2235	0,2058	0,1895	0,1745	0,1607	0,1481	0,1364	0,1257
85	0,2821	0,2594	0,2386	0,2195	0,2019	0,1858	0,1709	0,1573	0,1447	0,1332	0,1226
86	0,2779	0,2554	0,2346	0,2156	0,1982	0,1821	0,1674	0,1539	0,1415	0,1301	0,1196
87	0,2738	0,2513	0,2307	0,2118	0,1945	0,1786	0,1640	0,1506	0,1383	0,1270	0,1167
88	0,2698	0,2474	0,2269	0,2081	0,1908	0,1751	0,1606	0,1473	0,1352	0,1241	0,1138
89	0,2658	0,2435	0,2231	0,2044	0,1873	0,1716	0,1573	0,1442	0,1322	0,1211	0,1111
90	0,2619	0,2396	0,2193	0,2008	0,1838	0,1683	0,1541	0,1411	0,1292	0,1183	0,1084
91	0,2580	0,2359	0,2157	0,1972	0,1804	0,1650	0,1509	0,1380	0,1263	0,1155	0,1057
92	0,2542	0,2322	0,2121	0,1937	0,1770	0,1617	0,1478	0,1351	0,1234	0,1128	0,1031
93	0,2504	0,2285	0,2085	0,1903	0,1737	0,1586	0,1447	0,1321	0,1207	0,1102	0,1006
94	0,2467	0,2249	0,2050	0,1869	0,1705	0,1554	0,1418	0,1293	0,1179	0,1076	0,0982
95	0,2431	0,2214	0,2016	0,1836	0,1673	0,1524	0,1389	0,1265	0,1153	0,1051	0,0958
96	0,2395	0,2179	0,1982	0,1804	0,1642	0,1494	0,1360	0,1238	0,1127	0,1026	0,0934
97	0,2359	0,2144	0,1949	0,1772	0,1611	0,1465	0,1332	0,1211	0,1102	0,1002	0,0912
98	0,2324	0,2111	0,1917	0,1741	0,1581	0,1436	0,1305	0,1185	0,1077	0,0979	0,0889
99	0,2290	0,2077	0,1885	0,1710	0,1552	0,1408	0,1278	0,1160	0,1053	0,0956	0,0868
100	0,2256	0,2045	0,1853	0,1680	0,1523	0,1380	0,1251	0,1135	0,1029	0,0933	0,0846

Restnutzungsdauer (Jahre)	Zinssatz							
	2,6 %	2,7 %	2,8 %	2,9 %	3,0 %	3,5 %	4 %	4,5 %
1	0,9747	0,9737	0,9728	0,9718	0,9709	0,9662	0,9615	0,9569
2	0,9500	0,9481	0,9463	0,9444	0,9426	0,9335	0,9246	0,9157
3	0,9259	0,9232	0,9205	0,9178	0,9151	0,9019	0,8890	0,8763
4	0,9024	0,8989	0,8954	0,8919	0,8885	0,8714	0,8548	0,8386
5	0,8796	0,8753	0,8710	0,8668	0,8626	0,8420	0,8219	0,8025
6	0,8573	0,8523	0,8473	0,8424	0,8375	0,8135	0,7903	0,7679
7	0,8355	0,8299	0,8242	0,8186	0,8131	0,7860	0,7599	0,7348
8	0,8144	0,8080	0,8018	0,7956	0,7894	0,7594	0,7307	0,7032
9	0,7937	0,7868	0,7799	0,7731	0,7664	0,7337	0,7026	0,6729
10	0,7736	0,7661	0,7587	0,7514	0,7441	0,7089	0,6756	0,6439
11	0,7540	0,7460	0,7380	0,7302	0,7224	0,6849	0,6496	0,6162
12	0,7349	0,7264	0,7179	0,7096	0,7014	0,6618	0,6246	0,5897
13	0,7163	0,7073	0,6984	0,6896	0,6810	0,6394	0,6006	0,5643
14	0,6981	0,6887	0,6794	0,6702	0,6611	0,6178	0,5775	0,5400
15	0,6804	0,6706	0,6609	0,6513	0,6419	0,5969	0,5553	0,5167
16	0,6632	0,6529	0,6429	0,6329	0,6232	0,5767	0,5339	0,4945
17	0,6464	0,6358	0,6253	0,6151	0,6050	0,5572	0,5134	0,4732
18	0,6300	0,6191	0,6083	0,5978	0,5874	0,5384	0,4936	0,4528
19	0,6140	0,6028	0,5917	0,5809	0,5703	0,5202	0,4746	0,4333

Anlage R 3.2

Restnut-zungsdauer (Jahre)	Zinssatz							
	2,6 %	2,7 %	2,8 %	2,9 %	3,0 %	3,5 %	4 %	4,5 %
20	0,5985	0,5869	0,5756	0,5645	0,5537	0,5026	0,4564	0,4146
21	0,5833	0,5715	0,5599	0,5486	0,5375	0,4856	0,4388	0,3968
22	0,5685	0,5565	0,5447	0,5332	0,5219	0,4692	0,4220	0,3797
23	0,5541	0,5419	0,5299	0,5181	0,5067	0,4533	0,4057	0,3634
24	0,5401	0,5276	0,5154	0,5035	0,4919	0,4380	0,3901	0,3477
25	0,5264	0,5137	0,5014	0,4893	0,4776	0,4231	0,3751	0,3327
26	0,5131	0,5002	0,4877	0,4756	0,4637	0,4088	0,3607	0,3184
27	0,5001	0,4871	0,4744	0,4622	0,4502	0,3950	0,3468	0,3047
28	0,4874	0,4743	0,4615	0,4491	0,4371	0,3817	0,3335	0,2916
29	0,4750	0,4618	0,4490	0,4365	0,4243	0,3687	0,3207	0,2790
30	0,4630	0,4497	0,4367	0,4242	0,4120	0,3563	0,3083	0,2670
31	0,4513	0,4378	0,4248	0,4122	0,4000	0,3442	0,2965	0,2555
32	0,4398	0,4263	0,4133	0,4006	0,3883	0,3326	0,2851	0,2445
33	0,4287	0,4151	0,4020	0,3893	0,3770	0,3213	0,2741	0,2340
34	0,4178	0,4042	0,3911	0,3783	0,3660	0,3105	0,2636	0,2239
35	0,4072	0,3936	0,3804	0,3677	0,3554	0,3000	0,2534	0,2143
36	0,3969	0,3832	0,3700	0,3573	0,3450	0,2898	0,2437	0,2050
37	0,3869	0,3732	0,3600	0,3472	0,3350	0,2800	0,2343	0,1962
38	0,3771	0,3633	0,3502	0,3375	0,3252	0,2706	0,2253	0,1878
39	0,3675	0,3538	0,3406	0,3279	0,3158	0,2614	0,2166	0,1797
40	0,3582	0,3445	0,3313	0,3187	0,3066	0,2526	0,2083	0,1719
41	0,3491	0,3354	0,3223	0,3097	0,2976	0,2440	0,2003	0,1645
42	0,3403	0,3266	0,3135	0,3010	0,2890	0,2358	0,1926	0,1574
43	0,3316	0,3180	0,3050	0,2925	0,2805	0,2278	0,1852	0,1507
44	0,3232	0,3097	0,2967	0,2843	0,2724	0,2201	0,1780	0,1442
45	0,3150	0,3015	0,2886	0,2763	0,2644	0,2127	0,1712	0,1380
46	0,3071	0,2936	0,2807	0,2685	0,2567	0,2055	0,1646	0,1320
47	0,2993	0,2859	0,2731	0,2609	0,2493	0,1985	0,1583	0,1263
48	0,2917	0,2784	0,2657	0,2535	0,2420	0,1918	0,1522	0,1209
49	0,2843	0,2710	0,2584	0,2464	0,2350	0,1853	0,1463	0,1157
50	0,2771	0,2639	0,2514	0,2395	0,2281	0,1791	0,1407	0,1107
51	0,2701	0,2570	0,2445	0,2327	0,2215	0,1730	0,1353	0,1059
52	0,2632	0,2502	0,2379	0,2262	0,2150	0,1671	0,1301	0,1014
53	0,2566	0,2437	0,2314	0,2198	0,2088	0,1615	0,1251	0,0970
54	0,2501	0,2372	0,2251	0,2136	0,2027	0,1560	0,1203	0,0928
55	0,2437	0,2310	0,2190	0,2076	0,1968	0,1508	0,1157	0,0888
56	0,2375	0,2249	0,2130	0,2017	0,1910	0,1457	0,1112	0,0850

Anlage R 3.2

Restnut-zungsdauer (Jahre)	Zinssatz							
	2,6 %	2,7 %	2,8 %	2,9 %	3,0 %	3,5 %	4 %	4,5 %
57	0,2315	0,2190	0,2072	0,1960	0,1855	0,1407	0,1069	0,0814
58	0,2257	0,2133	0,2016	0,1905	0,1801	0,1360	0,1028	0,0778
59	0,2199	0,2077	0,1961	0,1851	0,1748	0,1314	0,0989	0,0745
60	0,2144	0,2022	0,1907	0,1799	0,1697	0,1269	0,0951	0,0713
61	0,2089	0,1969	0,1855	0,1748	0,1648	0,1226	0,0914	0,0682
62	0,2036	0,1917	0,1805	0,1699	0,1600	0,1185	0,0879	0,0653
63	0,1985	0,1867	0,1756	0,1651	0,1553	0,1145	0,0845	0,0625
64	0,1935	0,1818	0,1708	0,1605	0,1508	0,1106	0,0813	0,0598
65	0,1885	0,1770	0,1661	0,1560	0,1464	0,1069	0,0781	0,0572
66	0,1838	0,1723	0,1616	0,1516	0,1421	0,1033	0,0751	0,0547
67	0,1791	0,1678	0,1572	0,1473	0,1380	0,0998	0,0722	0,0524
68	0,1746	0,1634	0,1529	0,1431	0,1340	0,0964	0,0695	0,0501
69	0,1702	0,1591	0,1488	0,1391	0,1301	0,0931	0,0668	0,0480
70	0,1658	0,1549	0,1447	0,1352	0,1263	0,0900	0,0642	0,0459
71	0,1616	0,1508	0,1408	0,1314	0,1226	0,0869	0,0617	0,0439
72	0,1575	0,1469	0,1369	0,1277	0,1190	0,0840	0,0594	0,0420
73	0,1535	0,1430	0,1332	0,1241	0,1156	0,0812	0,0571	0,0402
74	0,1497	0,1392	0,1296	0,1206	0,1122	0,0784	0,0549	0,0385
75	0,1459	0,1356	0,1260	0,1172	0,1089	0,0758	0,0528	0,0368
76	0,1422	0,1320	0,1226	0,1139	0,1058	0,0732	0,0508	0,0353
77	0,1386	0,1286	0,1193	0,1107	0,1027	0,0707	0,0488	0,0337
78	0,1351	0,1252	0,1160	0,1075	0,0997	0,0683	0,0469	0,0323
79	0,1316	0,1219	0,1129	0,1045	0,0968	0,0660	0,0451	0,0309
80	0,1283	0,1187	0,1098	0,1016	0,0940	0,0638	0,0434	0,0296
81	0,1250	0,1156	0,1068	0,0987	0,0912	0,0616	0,0417	0,0283
82	0,1219	0,1125	0,1039	0,0959	0,0886	0,0596	0,0401	0,0271
83	0,1188	0,1096	0,1011	0,0932	0,0860	0,0575	0,0386	0,0259
84	0,1158	0,1067	0,0983	0,0906	0,0835	0,0556	0,0371	0,0248
85	0,1128	0,1039	0,0956	0,0880	0,0811	0,0537	0,0357	0,0237
86	0,1100	0,1011	0,0930	0,0856	0,0787	0,0519	0,0343	0,0227
87	0,1072	0,0985	0,0905	0,0832	0,0764	0,0501	0,0330	0,0217
88	0,1045	0,0959	0,0880	0,0808	0,0742	0,0484	0,0317	0,0208
89	0,1018	0,0934	0,0856	0,0785	0,0720	0,0468	0,0305	0,0199
90	0,0993	0,0909	0,0833	0,0763	0,0699	0,0452	0,0293	0,0190
91	0,0967	0,0885	0,0810	0,0742	0,0679	0,0437	0,0282	0,0182
92	0,0943	0,0862	0,0788	0,0721	0,0659	0,0422	0,0271	0,0174
93	0,0919	0,0839	0,0767	0,0700	0,0640	0,0408	0,0261	0,0167

Anlage R 3.2

Restnutzungsdauer (Jahre)	Zinssatz							
	2,6 %	2,7 %	2,8 %	2,9 %	3,0 %	3,5 %	4 %	4,5 %
94	0,0896	0,0817	0,0746	0,0681	0,0621	0,0394	0,0251	0,0160
95	0,0873	0,0796	0,0726	0,0662	0,0603	0,0381	0,0241	0,0153
96	0,0851	0,0775	0,0706	0,0643	0,0586	0,0368	0,0232	0,0146
97	0,0829	0,0755	0,0687	0,0625	0,0569	0,0355	0,0223	0,0140
98	0,0808	0,0735	0,0668	0,0607	0,0552	0,0343	0,0214	0,0134
99	0,0788	0,0715	0,0650	0,0590	0,0536	0,0332	0,0206	0,0128
100	0,0768	0,0697	0,0632	0,0573	0,0520	0,0321	0,0198	0,0123

Berechnungsvorschrift für die Abzinsungsfaktoren (Barwertfaktoren für die Abzinsung):

$$\text{Abzinsungsfaktor} = \frac{1}{q^n}$$

$$q = 1 + LZ \quad \text{wobei } LZ = \frac{P}{100}$$

LZ = Zinssatz (Liegenschaftszinssatz)
n = Restnutzungsdauer
p = Zinsfuß

Anlage R 3.2

Anlage 42
(zu § 259 Absatz 1)

Normalherstellungskosten

I. Begriff der Brutto-Grundfläche (BGF)

1. Die BGF ist die Summe der bezogen auf die jeweilige Gebäudeart marktüblich nutzbaren Grundflächen aller Grundrissebenen eines Bauwerks. In Anlehnung an die DIN 277-1:2005-02 sind bei den Grundflächen folgende Bereiche zu unterscheiden:
Bereich a: überdeckt und allseitig in voller Höhe umschlossen,
Bereich b: überdeckt, jedoch nicht allseitig in voller Höhe umschlossen,
Bereich c: nicht überdeckt.

Für die Anwendung der Normalherstellungskosten (NHK) sind im Rahmen der Ermittlung der BGF nur die Grundflächen der Bereiche a und b zugrunde zu legen. Balkone, auch wenn sie überdeckt sind, sind dem Bereich c zuzuordnen.

Für die Ermittlung der BGF sind die äußeren Maße der Bauteile einschließlich Bekleidung, z. B. Putz und Außenschalen mehrschaliger Wandkonstruktionen, in Höhe der Bodenbelagsoberkanten anzusetzen.

2. Nicht zur BGF gehören z. B. Flächen von Spitzböden und Kriechkellern, Flächen, die ausschließlich der Wartung, Inspektion und Instandsetzung von Baukonstruktionen und technischen Anlagen dienen, sowie Flächen unter konstruktiven Hohlräumen, z. B. über abgehängten Decken.

II. Normalherstellungskosten (NHK)

Normalherstellungskosten in Euro/m² BGF auf der Grundlage der Normalherstellungskosten 2010 (NHK 2010), einschließlich Baunebenkosten und Umsatzsteuer für die jeweilige Gebäudeart (Kostenstand 2010) sowie eines pauschalen Zuschlages für bauliche Anlagen, insbesondere Außenanlagen, und sonstige Anlagen (3 %)

	Gebäudeart	Baujahrgruppe		
		vor 1995	1995–2004	ab 2005
1	Gemischt genutzte Grundstücke (Wohnhäuser mit Mischnutzung)	695	886	1.118
2	Banken und ähnliche Geschäftshäuser	736	937	1.494
3	Bürogebäude, Verwaltungsgebäude	839	1.071	1.736
4	Gemeindezentren, Vereinsheime, Saalbauten, Veranstaltungsgebäude	1.004	1.282	1.555
5	Kindergärten (Kindertagesstätten), allgemeinbildende Schulen, berufsbildende, Schulen, Hochschulen, Sonderschulen	1.164	1.488	1.710
6	Wohnheime, Internate, Alten-, Pflegeheime	876	1.118	1.370
7	Krankenhäuser, Kliniken, Tageskliniken, Ärztehäuser	1.334	1.705	2.075
8	Beherbergungsstätten, Hotels, Verpflegungseinrichtungen	1.118	1.427	1.859
9.1	Sporthallen	1.133	1.447	1.777
9.2	Tennishallen	814	1.040	1.226
9.3	Freizeitbäder, Kur- und Heilbäder	1.978	2.524	3.075
10.1	Verbrauchermärkte	582	742	896
10.2	Kauf- und Warenhäuser	1.066	1.360	1.633
10.3	Autohäuser ohne Werkstatt	757	968	1.277
11.1	Betriebs- und Werkstätten eingeschossig oder mehrgeschossig ohne Hallenanteil; Industrielle Produktionsgebäude, Massivbauweise	762	973	1.200

11.2	Betriebs- und Werkstätten, mehrgeschossig, hoher Hallenanteil; Industrielle Produktionsgebäude, überwiegend Skelettbauweise	536	680	942
12.1	Lagergebäude ohne Mischnutzung, Kaltlager	283	361	505
12.2	Lagergebäude mit bis zu 25 Prozent Mischnutzung	443	567	711
12.3	Lagergebäude mit mehr als 25 Prozent Mischnutzung	716	917	1.128
13	Museen, Theater, Sakralbauten	1.514	1.875	2.395
14	Reithallen, ehemalige landwirtschaftliche Mehrzweckhallen, Scheunen und Ähnliches	263		
15	Stallbauten	422		
16	Hochgaragen, Tiefgaragen und Nutzfahrzeuggaragen	623		
17	Einzelgaragen, Mehrfachgaragen	500		
18	Carports und Ähnliches	196		

19	**Teileigentum** Teileigentum ist in Abhängigkeit von der baulichen Gestaltung den vorstehenden Gebäudearten zuzuordnen.
20	**Auffangklausel** Normalherstellungskosten für nicht aufgeführte Gebäudearten sind aus den Normalherstellungskosten vergleichbarer Gebäudearten abzuleiten.

Reform der Grundsteuer **Anlage R 3.2**

Anlage 43
(zu § 260)
Wertzahlen
für Teileigentum, Geschäftsgrundstücke, gemischt genutzte Grundstücke und sonstige bebaute Grundstücke nach § 249 Absatz 1 Nummer 5 bis 8

Vorläufiger Sachwert		Bodenrichtwert		
		bis 100 EUR/m²	bis 300 EUR/m²	über 300 EUR/m²
bis	500 000 EUR	0,80	0,90	1,00
	750 000 EUR	0,75	0,85	0,95
	1 000 000 EUR	0,70	0,80	0,90
	1 500 000 EUR	0,65	0,75	0,85
	2 000 000 EUR	0,60	0,70	0,80
	3 000 000 EUR	0,55	0,65	0,75
über	3 000 000 EUR	0,50	0,60	0,70

Begründung

A. Allgemeiner Teil

I. Zielsetzung der Regelungen

Ziel dieses Gesetzes ist es, unter Berücksichtigung der Rechtsprechung des Bundesverfassungsgerichts vom 10. April 2018 – 1 BvL 11/14, 1 BvL 12/14, 1 BvL 1/15, 1 BvR 639/11, 1 BvR 889/12 –,
- die Grundsteuer verfassungskonform, rechtssicher und zeitgemäß auszugestalten,
- damit den Erhalt der Grundsteuer als verlässliche kommunale Einnahmequelle dauerhaft zu gewährleisten und
- durch eine weitgehende Automation bei der Grundsteuererhebung ein zukunftsfähiges, einfach, transparent und nachvollziehbar ausgestaltetes Verwaltungsverfahren für die Bürger, Wirtschaft und Verwaltung einzuführen.

Bei der Umsetzung der Vorgaben des Bundesverfassungsgerichts soll unter Wahrung der dem Bund derzeit nach dem Grundgesetz zustehenden Gesetzgebungskompetenz an das bestehende Bewertungs- und Grundsteuersystem angeknüpft werden.

Da die Gesetzgebungskompetenz des Bundes in der Wissenschaft nicht einheitlich beurteilt wird, soll diese unzweifelhaft abgesichert werden. Dazu erhält der Bund mit der zeitgleich eingebrachten Grundgesetzänderung uneingeschränkt die konkurrierende Gesetzgebungskompetenz zur Regelung der Grundsteuer. Zeitgleich wird den Ländern über eine Ergänzung in Artikel 72 Absatz 3 GG eine umfassende abweichende Regelungskompetenz eröffnet.

Mit der Reform der Grundsteuer wird keine Veränderung des Grundsteueraufkommens verfolgt.

II. Notwendigkeit der Regelungen

Die Grundsteuer hat für die kommunalen Haushalte eine enorme Bedeutung. Nach der Gewerbesteuer und dem Gemeindeanteil an der Einkommensteuer stellt die Grundsteuer die drittgrößte Einnahmequelle der Kommunen dar. Das weitgehend stabile Gesamtaufkommen der Grundsteuer A und B betrug im Jahr 2017 bundesweit rund 14 Milliarden Euro. Der Grundsteuer kommt eine besondere fiskalische Bedeutung für die Kommunalhaushalte zu, da sich das Aufkommen aus der Grundsteuer durch die Ausübung des kommunalen Hebesatzrechts an die laufenden Aufgabenbedarfe der Städte und Gemeinden anpassen lässt. Die Grundsteuer stellt in der Praxis für viele Kommunen neben der Gewerbesteuer die einzige

Anlage R 3.2

Reform der Grundsteuer

quantitativ gewichtige Haushaltsposition dar, über die autonom ein Haushaltsausgleich ohne weitere Neuverschuldung erreicht werden kann.

Um die Grundsteuer als verlässliche Einnahmequelle der Kommunen zu erhalten, ist nach der Entscheidung des Bundesverfassungsgerichts vom 10. April 2018 – 1 BvL 11/14, 1 BvL 12/14, 1 BvL 1/15, 1 BvR 639/11, 1 BvR 889/12 – eine Neuregelung der Bewertungsvorschriften für die Grundsteuer, soweit sie bebaute Grundstücke außerhalb des Bereichs der Land- und Forstwirtschaft und außerhalb des in Artikel 3 des Einigungsvertrags genannten Gebiets betreffen, bis zum 31. Dezember 2019 erforderlich.

Um nicht erneut einen Bewertungsstau, der zu dem vom Bundesverfassungsgericht für verfassungswidrig erklärten Zustand geführt hat, eintreten zu lassen, ist es erforderlich, die Bewertungsregelungen insgesamt durch Vereinfachungen weiterzuentwickeln. Die Vereinfachungen der Bewertungsregelungen machen es möglich, die Bewertung der Steuerobjekte und die Erhebung der Grundsteuer automationsgestützt durchzuführen.

1. Bisherige Regelungen

Die Bemessungsgrundlage der Grundsteuer knüpft derzeit an die Einheitswerte des Ersten Abschnitts des Zweiten Teils des Bewertungsgesetzes an. Der Gesetzgeber verfolgte damit ursprünglich ein Konzept einer mehrfachen Verwendung der Bewertungsgrundlagen für verschiedene Steuern durch turnusmäßige Neubewertungen des Grundbesitzes (Hauptfeststellungen). Die Bewertung des Grundbesitzes gewährleistete das allgemeine Bewertungsziel des § 9 Absatz 1 BewG. Der nach § 21 Absatz 1 BewG normierte Turnus von sechs Jahren für eine neue Hauptfeststellung wurde jedoch durch Artikel 2 Absatz 1 Satz 3 des Gesetzes zur Änderung des Bewertungsgesetzes (BewÄndG 1965) in der Fassung des Artikels 2 des Gesetzes zur Änderung und Ergänzung bewertungsrechtlicher Vorschriften und des Einkommensteuergesetzes vom 22. Juli 1970, BGBl. I S. 1118 ausgesetzt. Infolgedessen liegen den Einheitswerten in den alten Ländern weiterhin die Wertverhältnisse der letzten Hauptfeststellung auf den 1. Januar 1964 zugrunde. Für Grundstücke in den neuen Ländern gelten gemäß § 129 Absatz 1 BewG weiterhin die Einheitswerte, die nach den Wertverhältnissen zum 1. Januar 1935 festgestellt sind oder noch festgestellt werden. Daneben kommt für Mietwohngrundstücke und Einfamilienhäuser, für die ein im Veranlagungszeitpunkt für die Grundsteuer maßgebender Einheitswert 1935 nicht festgestellt wurde oder festzustellen ist, eine Ersatzbemessungsgrundlage nach § 42 des Grundsteuergesetzes (GrStG) zur Anwendung.

Für Fortschreibungen und Nachfeststellungen im laufenden Hauptfeststellungszeitraum sind gemäß § 27 BewG weiterhin die Wertverhältnisse der vorgenannten Hauptfeststellungszeitpunkte zugrunde zu legen.

Das Abstellen auf die unterschiedlichen Hauptfeststellungszeitpunkte und Bemessungsgrundlagen bei der Grundsteuer schließt eine Nutzung der elektronisch vorhandenen Daten des Immobilienmarkts und der Geodateninfrastruktur bisher weitgehend aus. Die Notwendigkeit einer Reform des Bewertungsrechts ist deshalb seit Jahren unbestritten.

2. Verfassungsrechtliche Vorgaben

Das Bundesverfassungsgericht hielt in seinem Urteil vom 10. April 2018 – 1 BvL 11/14, 1 BvL 12/14, 1 BvL 1/15, 1 BvR 639/11, 1 BvR 889/12 –, die Vorschriften über die Einheitsbewertung jedenfalls seit dem Bewertungsstichtag 1. Januar 2002 für verfassungswidrig, weil die Aussetzung einer erneuten Hauptfeststellung über einen langen Zeitraum systembedingt in erheblichem Umfang zu Ungleichbehandlungen durch ungleiche Bewertungsergebnisse führt, die mit dem allgemeinen Gleichheitssatz nach Artikel 3 Absatz 1 des Grundgesetzes nicht zu vereinbaren sind. Eine ausreichende Rechtfertigung für diese Ungleichbehandlungen ergibt sich für das derzeitige Recht, weder allgemein aus dem Ziel der Vermeidung eines allzu großen Verwaltungsaufwands noch aus Gründen der Typisierung und Pauschalierung noch wegen Geringfügigkeit der Grundsteuerlast noch aus einer etwaigen Kompensation durch Nachfeststellungen und Wertfortschreibungen. Zu den verfassungsrechtlichen Anforderungen einer gleichheitsgerechten Bewertung führte das Bundesverfassungsgericht grundlegend aus:

– Der Gesetzgeber hat bei der Wahl der Bemessungsgrundlage und bei der Ausgestaltung der Bewertungsregeln einer Steuer einen großen Spielraum, solange sie geeignet sind, den Belastungsgrund der Steuer zu erfassen und dabei die Relation der Wirtschaftsgüter zueinander realitätsgerecht abzubilden.

– Um beurteilen zu können, ob die gesetzlichen Bemessungsregeln eine in der Relation realitätsgerechte Bewertung der erfassten Güter und damit die Vergleichbarkeit der Bewertungsergebnisse im Einzelfall sicherstellen, muss das Gesetz das für den steuerlichen Belastungsgrund als maßgeblich erachtete Bemessungsziel erkennen lassen.

– Dabei ist der Gesetzgeber von Verfassungs wegen auch nicht verpflichtet, sich auf die Wahl nur eines Maßstabs zur Bemessung der Besteuerungsgrundlage festzulegen. Je nach Art und Vielfalt der von der Steuer erfassten Wirtschaftsgüter wird eine gleichheitsgerechte Bemessung der Erhebungsgrundlage ohnehin oft nur durch die Verwendung mehrerer Maßstäbe möglich sein. Bei der Wahl des geeigneten Maßstabs darf sich der Gesetzgeber auch von Praktikabilitätserwägungen leiten lassen, die je nach Zahl der zu erfassenden Bewertungsvorgänge an Bedeutung gewinnen und so auch in größerem Umfang Typisierungen und Pauschalierungen rechtfertigen können, dabei aber deren verfassungsrechtliche Grenzen wahren müssen.

– Dies gilt in besonderem Maße bei steuerlichen Massenverfahren. Bei der Ausgestaltung eines solchen Systems zur Erfassung der Bemessungsgrundlage kann der Gesetzgeber Praktikabilitätserwägungen Vorrang vor Gesichtspunkten der Ermittlungsgenauigkeit einräumen und dabei auch beträchtliche Bewertungs- und Ermittlungsunschärfen in Kauf nehmen, um die darauf beruhende Festsetzung und Erhebung der Steuer handhabbar zu halten. Begrenzt wird sein Spielraum dadurch, dass die von ihm geschaffenen Bemessungsregeln grundsätzlich in der Lage sein müssen, den mit der Steuer verfolgten Belastungsgrund in der Relation realitätsgerecht abzubilden.

– Da die Wertverhältnisse während der folgenden Jahre eines Hauptfeststellungszeitraums typischerweise verkehrswertrelevanten Veränderungen unterliegen, bedarf es in regelmäßigen und nicht zu weit auseinander liegenden Abständen einer neuen Hauptfeststellung.

Mit Blick auf anderenfalls drohende Vollzugsprobleme sowie die erhebliche finanzielle Bedeutung der Grundsteuer hat das Bundesverfassungsgericht die Fortgeltung der beanstandeten Regelungen zunächst bis zum Ergehen einer Neuregelung, insoweit längstens bis zum 31. Dezember 2019, angeordnet. Ferner hat das Gericht aufgrund der besonderen Sachgesetzlichkeiten der Grundsteuer (Umsetzungsaufwand einer Neubewertung) eine weitere Fortgeltung der beanstandeten Normen für fünf Jahre nach Verkündung der Neuregelung, längstens aber bis zum 31. Dezember 2024, angeordnet.

Die Entscheidungen des Bundesverfassungsgerichts betreffen zwar nicht ausdrücklich die Bewertung des land- und forstwirtschaftlichen Vermögens und die Bewertung des Grundvermögens der in Artikel 3 des Einigungsvertrages genannten Gebiete. Gleichwohl schließt das Bundesverfassungsgericht in seinem Urteil nicht aus, dass die für die getroffene Entscheidung maßgeblichen Gesichtspunkte auch auf die Beurteilung dieser Vorschriften zu übertragen sind. In der Weitergeltungsanordnung führt das Gericht dazu aus, dass im Falle einer Verfassungswidrigkeit insgesamt keine Einheitswertfeststellungen und damit insbesondere für den Bereich der Land- und Forstwirtschaft in allen Ländern und für das Grundvermögen in den neuen Ländern getroffen werden können.

3. Automationstechnische und organisatorische Rahmenbedingungen

Die unterschiedlichen Bewertungs- und Besteuerungsverfahren einerseits nach Eigentümern und Nutzern sowie andererseits nach den Wertverhältnissen zum 1. Januar 1935 und zum 1. Januar 1964 sind der Wiedervereinigung Deutschlands geschuldet. In den einzelnen Ländern sind darüber hinaus angepasst an die jeweils unterschiedlichen Hauptfeststellungszeitpunkte und Bemessungsgrundlagen unterschiedliche Automationsverfahren eingesetzt. Teilweise besteht in einigen Ländern eine automationstechnische Verbindung zur jeweiligen Kataster- und Vermessungsverwaltung sowie zu den Grundbuchämtern der Justizverwaltung. Überwiegend teilen jedoch die Kataster- und Vermessungsverwaltung bzw. die Justizverwaltung amtliche Grundstücksinformationen auf dem Papierweg mit. Zudem erfolgt auch die Kommunikation mit den Gemeinden auf analogem Wege.

Einer Vereinheitlichung der Automationsverfahren in den Ländern waren durch die gesetzlich unterschiedlich festgelegten Hauptfeststellungszeitpunkte und durch die unterschiedliche Infrastruktur der übrigen Verwaltungen in den einzelnen Ländern Grenzen gesetzt. Die Finanzverwaltung gab deshalb einer Prozessoptimierung im Rahmen einer gesetzlichen Neuregelung bislang den Vorzug.

Nachdem in den letzten Jahren sowohl in der Kataster- und Vermessungsverwaltung als auch in der Justizverwaltung eine umfassende Digitalisierung der Verwaltungsverfahren in Form fest definierter Standards eingeleitet wurde, besteht auch in der Finanzverwaltung die Notwendigkeit, die erforderlichen Kommunikationswege im Verwaltungsverfahren sukzessive neu auszugestalten, um bestehende Fachverbindungen für den strukturellen Vollzug der Gesetze zu sichern. Gleichwohl erfolgt die Umsetzung der jeweiligen Standards der Kataster- und Vermessungsverwaltung der Länder bzw. der Justizverwaltungen der Länder im Wege einer bundesweit freiwilligen Zusammenarbeit mit unterschiedlichen Interessen und Zielsetzungen innerhalb des jeweiligen Landes.

Um einerseits die Organisationshoheit der Länder und andererseits dem verfassungsrechtlichen Grundsatz der Gleichmäßigkeit der Besteuerung zu wahren, sind bundeseinheitlich materiell-rechtliche und verfahrensrechtliche Regelungen erforderlich, um den strukturellen Vollzug des Bewertungs- und Grundsteuerrechts zu gewährleisten. Entsprechendes gilt auch für die Kommunikationswege mit den rund 11 000 Gemeinden und Gemeindeverbänden in Deutschland.

III. Folgerungen für die Erreichung des Gesetzesziels und Konzeption der Bewertungsregelungen für Zwecke der Grundsteuer

Nachdem in den einzelnen Ländern unterschiedliche Automationsverfahren zur Bewertung des land- und forstwirtschaftlichen Vermögens und des Grundvermögens Anwendung finden, kommt zur Gewährleistung einer fristgerechten Umsetzung der verfassungsrechtlichen Vorgaben in einem Massenverfahren nur eine grundlegende Modernisierung der bewährten Bewertungs- und Automationsverfahren unter Nutzung der bisherigen, aktualisierten Datenbestände in Betracht. Hierzu müssen die Automationsverfahren in allen Ländern vereinheitlicht und gleichzeitig ein elektronisches Steuererklärungsverfahren aufgebaut werden. Perspektivisch muss die sich im Aufbau befindliche Geodateninfrastruktur der Finanzverwaltung nach einem bundeseinheitlichen Konzept möglichst zeitnah implementiert werden. Für die Beseitigung der mit der Verfassung unvereinbaren Rechtslage bedeutet dies, dass nur eine weitere Vereinfachung der bisherigen Verfahrens- und Bewertungsvorschriften, durch weitere Typisierungen und Pauschalierungen des Ertragswert- und des Sachwertverfahrens, den ersatzlosen Wegfall von Übergangs- und Überleitungsvorschriften sowie eine gesetzliche Anordnung zur Digitalisierung der Kommunikationswege die Umsetzung der materiell-rechtlichen Vorgaben des Bundesverfassungsgerichts strukturell gewährleisten.

Nach erfolgter Digitalisierung führt die Nutzung amtlicher Grundstücksinformationen und Daten des Immobilienmarkts auf elektronischem Wege im Zusammenspiel mit den Vereinfachungen des materiellen Rechts dazu, dass das Bewertungs- und Besteuerungsverfahren für alle Beteiligten einfach, transparent und nachvollziehbar ausgestaltet ist. Gleichzeitig können Bürger und Wirtschaft von überflüssigen Mehrfacherklärungen befreit und damit von steuerbürokratischem Aufwand soweit wie möglich entlastet werden. Dazu werden insbesondere folgende Maßnahmen ergriffen:

- Historisch gewachsene, aber zwischenzeitlich überkommene Einzelfallregelungen werden abgeschafft.
- Fallspezifische Einzelfallregelungen werden im Rahmen der Wertermittlung typisiert.
- Daten des Immobilienmarkts werden genutzt und die Möglichkeiten einer elektronischen Übermittlung werden für die Grundsteuer erstmals eingeführt.
- Die vorhandenen Grundstücksinformationen anderer Behörden und Stellen müssen der Steuerverwaltung künftig elektronisch bereitgestellt werden.
- Die Steuererklärungspflichten werden reduziert und eine elektronische Kommunikation bei der Abgabe der Steuererklärungen für Zwecke der Grundsteuer erstmals ermöglicht.

Mit der Reform der Grundsteuer wird keine Veränderung des Grundsteueraufkommens verfolgt. An die Gemeinden wird daher appelliert, die durch die Neubewertung des Grundbesitzes resultierenden Belastungsverschiebungen durch eine gegebenenfalls erforderliche Anpassung des Hebesatzes auszugleichen, um ein konstantes Grundsteueraufkommen zu sichern. Dabei geht die Bundesregierung davon aus, dass auch Kommunen in einem Haushaltssicherungsverfahren landesrechtlich nicht die Möglichkeit verwehrt wird, ihre Hebesätze zur Wahrung der Aufkommensneutralität entsprechend anzupassen. Die Höhe der Grundsteuer ist Teil der grundgesetzlich garantierten Steuerautonomie der Gemeinden (vgl. Artikel 28 Absatz 2 und Artikel 106 Absatz 6 Satz 2 Grundgesetz). Sie richtet sich nach dem örtlichen Bedarf und der zur Verfügung stehenden Bemessungsgrundlage. Gesetzliche Möglichkeiten auf das Hebesatzniveau einzuwirken, ergeben sich darüber hinaus nur aus den Kopplungsvorschriften zu den Hebesätzen der Gewerbesteuer und den Regelungen zu den Höchsthebesätzen im Grundsteuergesetz.

Die zuvor genannten Maßnahmen können eine Aufkommensneutralität der Grundsteuer auf gesamtstaatlicher Ebene gewährleisten, nicht jedoch Belastungsverschiebungen zwischen den einzelnen Steuerobjekten ausschließen. Die im Rahmen einer aktuellen Wertermittlung zu Tage tretenden Wertverzerrungen, die auf der Ebene der Grundsteuer als Belastungsverschiebungen wahrgenommen werden, sind das Ergebnis einer jahrzehntelangen Aussetzung der Hauptfeststellung.

IV. Wesentlicher Inhalt des Entwurfs
1. Belastungsentscheidung der Grundsteuer und Folgerungen für das Bewertungsverfahren

Die Grundsteuer hat sich in ihrer historischen Bedeutung und Ausgestaltung als konjunkturunabhängig und konsolidierend bewährt und stärkt mit Blick auf das Hebesatzrecht der Gemeinden die kommunale Selbstverwaltungsautonomie. Sie knüpft historisch sowie begrifflich an das Innehaben von Grundbesitz an und wird von demjenigen geschuldet, dem der Steuergegenstand zuzurechnen ist. Steuerobjekt der Grundsteuer ist der Grundbesitz (§ 2 GrStG), an den ohne Berücksichtigung der jeweils persönlichen Verhältnisse und subjektiven Leistungsfähigkeit des Steuerschuldners angeknüpft wird und den Steuerpflichtigen dadurch zu einer ertragsbringenden Nutzung anhalten soll. Auch wenn die Grundsteuer nicht an die subjektive Leistungsfähigkeit anknüpft, folgt sie als Sollertragsteuer dem Leistungsfähigkeitsprinzip. Die mit dem Grundbesitz vermittelte Möglichkeit einer ertragsbringenden Nutzung, die durch den Sollertrag widergespiegelt wird, vermittelt eine objektive Leistungsfähigkeit des Steuerschuldners. Sachliche und persönliche Unbilligkeiten werden durch entsprechende Erlassvorschriften aufgefangen (§§ 33 und 34 GrStG und die allgemeinen Erlassvorschriften der Abgabenordnung).

Diese Ausgestaltung hat insbesondere für die Bewertung und Besteuerung des land- und forstwirtschaftlichen Vermögens Bedeutung, da die Grundsteuer (A) insofern zu einer nachhaltigen Bewirtschaftung der Flächen führt. Zugleich tritt sie an die Stelle der Gewerbesteuer und hat unter dem Gesichtspunkt einer gerechten Besteuerung insbesondere im ländlichen Raum eine Nachholfunktion im Rahmen der gemeindlichen Besteuerung.

Auch die Ausgestaltung der Bewertung und Besteuerung des Grundvermögens als verbundene Grundsteuer (B), die sowohl den Grund und Boden als auch das Gebäude in die Bemessungsgrundlage einschließt, erfüllt vielfältige Zwecke. Einerseits wird über die Erfassung des Grund und Bodens ein Zusammenhang mit kommunalen Infrastrukturleistungen hergestellt, die durch Beiträge und Gebühren nicht vollständig abgegolten werden können und dem Grundstückseigentümer zu Gute kommen. Andererseits wird durch die Erfassung der Gebäude und die dadurch vermittelte objektive Leistungsfähigkeit gewährleistet, dass vielfältige freiwillige Aufgaben einer Gemeinde finanziert werden, die der Allgemeinheit andernfalls regelmäßig nur mit Zuschüssen zur Verfügung gestellt werden können.

Schließlich bestehen auch unter dem Gesichtspunkt einer gleichmäßigen und gerechten, am Leistungsfähigkeitsprinzip orientierten Bewertung und Besteuerung gegen die Erhebung der Grundsteuer keine verfassungsrechtlichen Bedenken. Auch wenn die Grundsteuer nicht an die tatsächliche Leistungsfähigkeit des Steuerpflichtigen anknüpft, sondern diese durch eine Sollertragsbesteuerung typisiert wird, hat der Verfassungsgeber die Grundsteuer nicht in allen Einzelheiten, aber doch in ihrer üblichen Ausgestaltung und ihrer historisch gewachsenen Bedeutung gebilligt und als zulässige Form des Steuerzugriffs anerkannt (vgl. BFH vom 30. Juni 2010 – BStBl 2011 II S. 48). Die Grundsteuer ist auch innerhalb der Europäischen Union und international als regionale oder gemeindliche Steuer verbreitet und anerkannt.

2. Ausgestaltung der Bewertungsverfahren

Nach der Entscheidung des Bundesverfassungsgerichts vom 10. April 2018 – 1 BvL 11/14, 1 BvL 12/14, 1 BvL 1/15, 1 BvR 639/11, 1 BvR 889/12 – hat der Gesetzgeber bei der Wahl der Bemessungsgrundlage und bei der Ausgestaltung der Bewertungsregeln einer Steuer einen großen Spielraum, solange sie geeignet sind, den Belastungsgrund der Steuer zu erfassen und dabei die Relation der Wirtschaftsgüter zueinander realitätsgerecht abzubilden.

Die Belastungsentscheidung knüpft auch künftig an das Innehaben von Grundbesitz in Form von land- und forstwirtschaftlichem Vermögen oder Grundvermögen an und wird durch den Charakter einer Sollertragsteuer geprägt.

Aufgabe einer neuen Hauptfeststellung ist es, diese Belastungsentscheidung unter Vermeidung bisheriger Mängel gleichheitsgerecht umzusetzen und ein weitgehend automatisiertes, zukunftsfähiges, einfach, transparent und nachvollziehbar ausgestaltetes Verwaltungsverfahren zu schaffen, das die verfassungsrechtlichen Vorgaben dauerhaft umsetzen kann. Die Bewertungsverfahren müssen strukturell geeignet sein, das dem Bewertungsmaßstab innerhalb des zulässigen Wertekorridors nahekommende Bewertungsziel eines objektiviert-realen Grundsteuerwerts als Bemessungsgrundlage für eine relations- und realitätsgerechte Besteuerung zu erfassen. Nachdem sich die bisherigen Verfahrens- und Bewertungsvorschriften grundsätzlich bewährt haben, kann auf diese bei gleichzeitiger Vereinfachung der Regelungen aufgebaut werden. Daneben kann die bisherige Bewertungssystematik durch eine weitgehende Automation für Bürger, Wirtschaft und Verwaltung zu einem einfacheren, transparenteren und nachvollziehbareren Verwaltungsverfahren fortentwickelt werden.

Modernisierte Besteuerungsverfahren unter Nutzung elektronisch vorhandener Daten und amtlicher Grundstücksinformationen im Bereich des land- und forstwirtschaftlichen Vermögens und des Grundvermögens ermöglichen eine weitgehend automationsgestützte Bewertung. Hierzu wird in einem ersten Schritt die Abgabe elektronischer Steuererklärungen ermöglicht und in den Ländern sukzessive programmtechnische Verbindungen zu Daten anderer Behörden (insbesondere Kataster- und Vermessungs- sowie Grundbuchämter) geschaffen. In Zukunft erhalten Steuerpflichtige im Rahmen des dynamischen Bewertungsverfahrens die Möglichkeit elektronische Änderungsanzeigen und vorausgefüllte Steuererklärungen abzugeben. Dies entlastet die Bürgerinnen und Bürger sowie die Wirtschaft. Durch die Einbindung der Kommunen in das automatisierte Bewertungs- und Grundsteuermessbetragsverfahren wird zugleich das Ziel einer rechtssicheren und zeitgemäßen Ausgestaltung der Grundsteuer für die Gemeinden erreicht.

3. Bewertung des land- und forstwirtschaftlichen Vermögens

Die Besteuerung der land- und forstwirtschaftlichen Betriebe erfolgt künftig durch eine standardisierte Bewertung der Flächen und der Hofstellen mittels einer weitgehenden Automation des Bewertungs- und Besteuerungsverfahrens. Dies führt zugleich zu einer erheblichen Vereinfachung der Bewertungssystematik, da auf einzelbetriebliche Differenzierungen und Abgrenzungen des Grund und Bodens weitgehend verzichtet werden kann. Die Bewertung der einzelnen land- und forstwirtschaftlichen Nutzungen (Sollertrag des Grund und Bodens sowie der stehenden und umlaufenden Betriebsmittel) und der Hofstelle einer wirtschaftlichen Einheit erfolgt dabei auf Basis eines typisierenden durchschnittlichen Ertragswertverfahrens. Die unterschiedlichen land- und forstwirtschaftlichen Nutzungsformen (landwirtschaftlich, forstwirtschaftlich, weinbaulich, gärtnerisch) werden Bewertungsfaktoren zugeordnet, die den durchschnittlichen Ertrag je Flächeneinheit widerspiegeln. Die jeweilige Grundstücksfläche der jeweiligen Nutzung wird mit dem Bewertungsfaktor multipliziert, sodass sich der Reinertrag der individuell genutzten land- und forstwirtschaftlichen Fläche ergibt. Die Summe aus allen Reinerträgen der jeweiligen Nutzungen wird anschließend kapitalisiert und ergibt den Grundsteuerwert. Gebäude oder Gebäudeteile, die innerhalb land- und forstwirtschaftlich genutzter Hofstellen Wohnzwecken oder anderen als land- und forstwirtschaftlichen Zwecken dienen, werden dem Grundvermögen zugerechnet. Im Bereich der Wohngebäude des Betriebsinhabers wird damit die Rechtslage der neuen Länder bundeseinheitlich eingeführt und es erfolgt eine bundesweite Gleichbehandlung aller Land- und Forstwirte.

Die Bewertung des land- und forstwirtschaftlichen Vermögens mittels eines durchschnittlichen Ertragswertverfahrens trägt der Belastungsentscheidung durch Anknüpfung an den Sollertrag des Grundbesitzes Rechnung. Das auf diese Weise objektivierte Ertragswertverfahren steht zu dem allgemeinen Bewertungsmaßstab des § 9 Absatz 1 BewG nicht in Widerspruch, sondern konkretisiert unter Berücksichtigung des speziellen Bewertungsvorbehalts und der Ausgestaltung der Grundsteuer als Sollertragsteuer das Bewertungsziel eines objektiviert-realen Ertragswerts eines selbstbewirtschafteten, pacht- und schuldenfreien Betriebs. Dies wird durch die Differenzierung der einzelnen Nutzungen sowie Nutzungsarten, die Berücksichtigung der dafür jeweils maßgebenden Bewertungsfaktoren und den hierfür jeweils gesondert ermittelten Reinertrag erreicht. Damit wird eine relationsgerechte Abbildung aller Wirtschaftsgüter innerhalb des land- und forstwirtschaftlichen Vermögens gewährleistet. Das Bewertungsverfahren typisiert die regelmäßig vorliegende Selbstbewirtschaftung der Flächen oder des Betriebs im Wege einer Betriebsfortführung. Unter ökonomischen Gesichtspunkten wird mit dem Ertragswert eine relationsgerechte Abbildung der Vermögensart land- und forstwirtschaftliches Vermögen für Zwecke der Grundsteuer sichergestellt.

4. Bewertungsverfahren des Grundvermögens

Die Verfahren zur Bewertung des Grundvermögens werden in Anlehnung an die anerkannten Vorschriften zur Verkehrswertermittlung von Grundstücken auf der Grundlage des Baugesetzbuchs modernisiert.

Der Wert für ein unbebautes Grundstück wird ausgehend von der jeweiligen Grundstücksfläche als physischem Bewertungskriterium und dem durchschnittlichen Lagewert für den Grund und Boden, dem Bodenrichtwert, ermittelt. Die Bodenrichtwerte werden durch unabhängige Gutachterausschüsse abgeleitet. Der sich unter Anwendung der Bodenrichtwerte auf das jeweilige Grundstück ergebende Grundsteuerwert spiegelt typisierend den objektiviert-realen Wert für das Grundstück lageabhängig und relationsgerecht wider.

Die Bewertung bebauter Grundstücke wird entsprechend den Preisbildungsmechanismen am Grundstücksmarkt durch die Art und den Umfang der Bebauung bestimmt. Aus diesem Grund wird bei der Bewertung des Grundvermögens – wie bisher – zunächst eine Einteilung der unterschiedlichen Grundstücksarten vorgenommen.

Als vorrangige Bewertungsmethode kommt für Zwecke der Grundsteuer als Sollertragsteuer ein typisiertes vereinfachtes Ertragswertverfahren zur Anwendung. Nur wenn die Anwendung dieses Ertragswertverfahrens nicht in Betracht kommt, erfolgt eine Bewertung anhand eines vereinfachten Sachwertverfahrens als Auffangverfahren.

Der Ertragswertmethodik liegt der Gedanke zugrunde, dass sich der objektiviert-reale Wert eines Grundstücks – ähnlich wie beim land- und forstwirtschaftlichen Vermögen – aus seinem nachhaltig erzielbaren Reinertrag ermitteln lässt. Im Ertragswertverfahren ist der auf den Bewertungsstichtag bezogene Barwert (Gegenwartswert) aller zukünftigen Erträge zu ermitteln. Hierbei ist zu beachten, dass die Lebensdauer (Nutzungsdauer) eines Gebäudes – im Gegensatz zum Grund und Boden – begrenzt ist. Während die Erträge oder Ertragsanteile für ein Gebäude nur für die am Bewertungsstichtag verbleibende und begrenzte Nutzungsdauer (Restnutzungsdauer) des Gebäudes kapitalisiert werden können, sind die dem Grund und Boden zuzurechnenden Erträge bzw. Ertragsanteile für eine unbegrenzte Nutzungsdauer als „ewige Rente" zu kapitalisieren. Der Wert des Grund und Bodens ist grundsätzlich eine stete Größe, die nur allgemeinen Wertschwankungen unterworfen ist.

Im typisierten vereinfachten Ertragswertverfahren für Zwecke der Grundsteuer wird diesen Grundsätzen Rechnung getragen, indem der Ertragswert am Bewertungsstichtag aus dem
- über die Restnutzungsdauer des Gebäudes kapitalisierten jährlichen Reinertrag des Grundstücks (Erträge aus Grund und Boden sowie Gebäude) zuzüglich des
- über die Restnutzungsdauer des Gebäudes abgezinsten Bodenwerts

ermittelt wird.

Diesem Vorgehen liegt der Gedanke zugrunde, dass in den Mieten eine Abgeltung des Werts des Grund und Bodens für den Zeitraum der typisierend angenommenen Restnutzungsdauer des Gebäudes bereits enthalten ist und nach Ablauf der Restnutzungsdauer des Gebäudes der Wert des Grund und Bodens verbleibt. Der jährliche Reinertrag des Grundstücks wird daher in Abhängigkeit der Restnutzungsdauer des Gebäudes kapitalisiert und der heutige Wert des Grund und Bodens in Abhängigkeit der Restnutzungsdauer des Gebäudes auf den Bewertungsstichtag abgezinst.

Für Ein- und Zweifamilienhäuser, Mietwohngrundstücke und Wohnungseigentum wird ein vorgegebener durchschnittlicher Sollertrag in Form einer Nettokaltmiete je Quadratmeter in Abhängigkeit der Lage des Grundstücks typisierend angenommen. Dieses Vorgehen soll in den meisten Fällen eine weitestgehend automatisierte Feststellung von Grundsteuerwerten sowie zukünftig bei gleichbleibenden tatsächlichen Verhältnissen eine vorausgefüllte Steuererklärung ermöglichen.

Den unterschiedlichen Ausprägungen einzelner Grundstücksarten wird insbesondere durch spezifische Bewirtschaftungskosten und Liegenschaftszinssätze folgerichtig Rechnung getragen.

Das Sachwertverfahren dient für Nichtwohngrundstücke als Auffangverfahren, da sich für diese nach den vorhandenen statistischen Quellen derzeit keine für die gesamte Nutzung durchschnittlichen Nettokaltmieten ermitteln lassen. Beim Sachwertverfahren erfolgt die Wertermittlung für den Grund und Boden sowie der Gebäude gesondert. Die Summe aus Bodenwert und Gebäudewert bildet den vorläufigen Sachwert, der mittels einer Wertzahl (Marktanpassungsfaktor) an die objektiv-realen Marktbedingungen angepasst wird.

Die parallele Anwendung von Ertrags- und Sachwertverfahren im Rahmen der steuerlichen Bewertung des Grundbesitzes wurde durch das Bundesverfassungsgericht ausdrücklich anerkannt.

Schließlich wird dem Vereinfachungsgedanken auch bei den Sonderfällen von erbbaurechtsbelasteten Grundstücken und Gebäuden auf fremden Grund und Boden unter Berücksichtigung der einschlägigen Wertermittlungsmethode Rechnung getragen.

Die Bewertung des Grundvermögens mittels eines typisierenden Ertragswert- und Sachwertverfahrens trägt der Belastungsentscheidung durch Anknüpfung an den Sollertrag des Grundbesitzes Rechnung. Die Bewertungsverfahren stehen mit dem allgemeinen Bewertungsgrundsatz im Einklang, da sie unter Berücksichtigung des speziellen Bewertungsvorbehalts das Bewertungsziel eines objektiviert-realen Werts konkretisieren und dessen relationsgerechte Abbildung innerhalb der Grundsteuer als Sollertragsteuer gewährleisten. Zudem ist höchstrichterlich anerkannt, dass das Sachwertverfahren und die sachgerechte Vervielfältigung jährlicher Erträge den objektiviert-realen Wert innerhalb der verfassungsgerichtlich gebotenen Wertekorridors erreichen und strukturell die Bemessungsgrundlage für die Grundsteuer realitätsgerecht abbilden können. Die Differenzierung der einzelnen Grundstücksarten, die darauf beruhende Zuordnung zu einem sachgerechten Bewertungsverfahren und die typisierende Anwendung spezifischer Bewertungsfaktoren gewährleisten eine relationsgerechte Abbildung aller Wirtschaftsgüter innerhalb des Grundvermögens und einen realitätsgerechten Grundstückswert als Bemessungsgrundlage für die Grundsteuer.

5. Erstmaliger Bewertungszeitpunkt

Im Rahmen der Entscheidung des Bundesverfassungsgerichts vom 10. April 2018 – 1 BvL 11/14, 1 BvL 12/14, 1 BvL 1/15, 1 BvR 639/11, 1 BvR 889/12 – wurde mit Blick auf die besonderen Sachgesetzlichkeiten der Grundsteuer eine abgestufte Weitergeltungsanordnung erlassen. Um die rechtlichen Vorgaben des Gerichts fristgerecht umzusetzen, sieht der Gesetzentwurf als ersten Hauptfeststellungszeitpunkt, auf den Grundsteuerwerte nach den neuen Bewertungsregeln ermittelt werden sollen, den 1. Januar 2022 vor.

Mangels aktuell vorhandener Daten zu dem jeweiligen Grundbesitz sind zunächst für diesen ersten Hauptfeststellungszeitpunkt, initialisierende Steuererklärungen für alle wirtschaftlichen Einheiten insbesondere für das Grundvermögen mit wenigen erforderlichen Angaben abzugeben. Dieser Termin ge-

gewährleistet eine hohe Aktualität der Grundstücksinformationen und die dadurch gewonnene Zeitspanne ermöglicht eine sachgerechte Abarbeitung der Bewertungsfälle.

6. Verfahren zu späteren Stichtagen

Das neue Recht hält an der bisherigen Konzeption der regelmäßig wiederkehrenden Hauptfeststellungen fest. Zwischen zwei Hauptfeststellungszeitpunkten sind gegebenenfalls Fortschreibungen und Nachfeststellungen durchzuführen, bei denen aber die Wertverhältnisse des letzten Hauptfeststellungszeitpunktes maßgeblich bleiben. Die anschließenden Hauptfeststellungen werden in einem Abstand von sieben Jahren erfolgen. Die darauffolgende Hauptfeststellung ist daher für den 1. Januar 2029 vorgesehen.

Wiederkehrende Hauptfeststellungszeitpunkte waren ursprünglich bereits im geltenden Recht vorgesehen. Gleichwohl sind spätere Hauptfeststellungen – nicht zuletzt aufgrund des mit dem alten Recht einhergehenden immensen Verwaltungsaufwands – ausgeblieben. In einem weitgehend automationsgestützten Verfahren wird dieser Aufwand deutlich geringer sein. Für ein erneutes Aussetzen der Hauptfeststellungszeitpunkte bestehen nach entsprechender Automatisierung des Verwaltungsverfahrens in Zukunft keine Gründe mehr. Ziel ist es, zu den späteren Hauptfeststellungszeitpunkten möglichst auf eine Anforderung von manuell auszufüllenden Steuererklärungen bei gleichbleibenden tatsächlichen Verhältnissen zu verzichten. Vielmehr sollen die erforderlichen Daten aus anderen Quellen oder vereinfachten elektronischen Anzeigen erhoben und automationstechnisch nutzbar gemacht werden.

7. Anwendung der neuen Werte für die Grundsteuer

Wie heute bei den Einheitswerten wird auch in Zukunft der gemeindliche Hebesatz nicht direkt auf die neuen Grundsteuerwerte angewendet werden. Unverändert wird zunächst durch Multiplikation einer gesetzlich festgelegten Steuermesszahl mit dem Grundsteuerwert ein Steuermessbetrag festgesetzt, auf den dann der gemeindliche Hebesatz angewendet wird. Auch wenn die Höhe des Aufkommens letztlich auf kommunaler Ebene bestimmt wird, wird bei der Festlegung der künftigen Steuermesszahlen angestrebt, ein Messbetragsvolumen herbeizuführen, das dem bisherigen Messbetragsvolumen möglichst nahe kommt. Eine Differenzierung der Belastung bei den Vermögensarten und Grundstücksgruppen ist nur auf der Ebene der Messbetragsgestaltung möglich.

Die neuen Grundsteuerwerte finden für die Grundsteuer ab dem Jahr 2025 Anwendung.

8. Parallele Geltung des alten und des neuen Bewertungsrechts

Auch wenn die erste Hauptfeststellung nach neuem Recht auf den 1. Januar 2022 erfolgt, bleiben die Einheitswerte zunächst bis einschließlich 31. Dezember 2024 für die Besteuerung maßgeblich. Daher sind Fortschreibungen und Nachfeststellungen, die sich nach dem alten Recht bis zum 1. Januar 2024 ergeben, noch bis zur erstmaligen Anwendung der Grundsteuerwerte für die Grundsteuer durchzuführen. Damit müssen für eine Übergangszeit die alten und die neuen Bewertungsregelungen parallel nebeneinander angewendet werden.

V. Alternativen
Keine.

VI. Gesetzgebungskompetenz

Nach Artikel 105 Absatz 2 in Verbindung mit Artikel 72 Absatz 2 Grundgesetz hat der Bund die konkurrierende Gesetzgebungskompetenz für das materielle Bewertungsrecht und das Grundsteuergesetz. Maßgeblich für die Gesetzgebungskompetenz ist gemäß Artikel 105 Absatz 2 Grundgesetz die Ertragsverteilung. Da die Erträge der Grundsteuer gemäß Artikel 106 Absatz 1 Satz 1 Grundgesetz den Gemeinden zugewiesen sind, sieht Artikel 105 Absatz 2 Grundgesetz vor, dass die Voraussetzungen des Artikels 72 Absatz 2 GG für eine Gesetzgebungskompetenz des Bundes vorliegen müssen. Danach hat der Bund die Gesetzgebungskompetenz, wenn und soweit die Herstellung gleichwertiger Lebensverhältnisse im Bundesgebiet oder die Wahrung der Rechts- oder Wirtschaftseinheit im gesamtstaatlichen Interesse eine bundesgesetzliche Regelung erforderlich macht. Diese Voraussetzungen sind gegeben.

Das bisherige Regelungssystem der Grundsteuer (wie auch der Gewerbesteuer) zeichnet sich dadurch aus, dass zwar der Steuergegenstand und die Bemessungsgrundlage sowie weitere Bestimmungen bundesgesetzlich geregelt sind, dass aber die eigentliche Höhe der Steuer maßgeblich durch die ertragsberechtigten Gemeinden (Grund- und Gewerbesteuer) bestimmt wird. Es besteht bisher Rechtseinheitlichkeit auf der Ebene der Bemessungsgrundlage. Demgegenüber wird das Aufkommen der ertragsberechtigten Körperschaften (hier der Gemeinden) durch bundesgesetzliche Regelung nicht vorweggenommen, da die Bestimmung der Höhe der Grundsteuer und damit auch des örtlichen Aufkommens über das Hebesatzrecht bei den Gemeinden verbleibt.

Für diese Aufteilung der Kompetenzen bestehen gute Gründe. Nach der Rechtsprechung des Bundesverfassungsgerichts verfügt der Gesetzgeber bei der Ausgestaltung der Regelungen zur Bestimmung der Bemessungsgrundlage einer Steuer über einen weiten Spielraum. Dies gilt auch für die vom Bundesverfassungsgericht geforderte Neuregelung der Grundsteuer. Eine ausschließliche Länderkompetenz zur Regelung der Grundsteuer bzw. des dazu erforderlichen Bewertungsrechts könnte daher zu deutlich voneinander abweichenden Regelungen der grundsteuerlichen Bemessungsgrundlagen führen. Die Spannweite reicht insoweit von stark wertabhängigen bis hin zu weitgehend wertunabhängigen Bewertungsmaßstäben. Die Grundsteuer könnte daher bei einer weitgehenden länderweisen Ausdifferenzierung der grundsteuerlichen Belastungsentscheidung bereits auf der Ebene der Bemessungsgrundlage durch bis zu 16 unterschiedliche Landesgesetze ihr bisheriges Gepräge als Sollertragsteuer verlieren. Eine solche Rechtszersplitterung hätte nicht unerhebliche problematische Folgen.

So ist die Grundsteuer in das deutsche Steuerrechtssystem vollständig eingebunden. Die gemeindlichen Realsteuern Grund- und Gewerbesteuer sind zur Vermeidung von ökonomischen Doppelbelastungen aufeinander abgestimmt. Dies erfolgt auf der Grundlage der einheitlichen Bemessungsgrundlage. So wird nach § 9 Nummer 1 Satz 1 des Gewerbesteuergesetzes der Gewinn um einen Prozentsatz des Einheitswertes der zum Betriebsvermögen gehörenden Grundstücke pauschal gekürzt, um eine Doppelbelastung mit Grundsteuer und Gewerbesteuer zu verringern. Im Bereich der Land- und Forstwirtschaft dient die Grundsteuer als Ersatz für die Gewerbesteuer. Der Ertrag des land- und forstwirtschaftlichen Betriebs wird über den Einheitswert in der Grundsteuer erfasst.

Eine außersteuerliche Nutzung der Grundsteuerwerte im Bereich des land- und forstwirtschaftlichen Vermögens wäre ebenfalls nicht möglich.

Soweit Grundbesitz sich über mehrere Gemeinden erstreckt, müssten zudem für dieselben Steuerobjekte unterschiedliche Grundsteuerwerte ermittelt werden. Der Ansatz verschiedener Grundsteuerwerte für ein und dasselbe Bewertungsobjekt dürfte auf wenig Verständnis bei den Betroffenen stoßen. Steuerschuldner mit Grundbesitz in mehreren Ländern, beispielsweise größere Unternehmen, müssten sich auf möglicherweise 16 unterschiedliche Berechnungsmethoden mit gegebenenfalls verschiedenen Bewertungen und Bemessungsgrundlagen einstellen. Im Rahmen der Gewerbesteuerfestsetzung hätten unterschiedliche Wertansätze auch länderübergreifend Auswirkung.

Zudem führen unterschiedliche Bemessungsgrundlagen zu erheblichen Problemen bei der erforderlichen Berücksichtigung der Grundsteuereinnahmen im bundesstaatlichen Finanzausgleich. Artikel 107 Absatz 2 Grundgesetz verlangt – zum Zwecke eines angemessenen Ausgleichs der unterschiedlichen Finanzkraft der Länder – auch die Finanzkraft der Gemeinden zu berücksichtigen. Dabei dürfen auch Einnahmequellen, über deren Nutzung Länder und Gemeinden eigenverantwortlich entscheiden, dem Grunde nach nicht unberücksichtigt bleiben (BVerfGE 86, 148 [217]). Das Aufkommensvolumen der Grundsteuer ist ausgleichsrelevant. Sie wird daher derzeit mit ihrem bundesweit tatsächlich erzielten Aufkommen im Finanzausgleich berücksichtigt und auf die Länder nach ihrem jeweiligen Anteil an der Summe der bundeseinheitlich geregelten Bemessungsgrundlagen verteilt. Bei einer länderweise unterschiedlichen Ausgestaltung der grundsteuerlichen Bemessungsgrundlagen entfiele die bisherige Grundlage für die Ermittlung der länderspezifischen Anteile nach dem im Finanzausgleichsgesetz geregelten Verfahren. Eine sachgerechte Lösung zur Berücksichtigung der rechtlich erreichbaren und ökonomisch tragbaren grundsteuerbezogenen Steuerkraft für die Kommunen würde dadurch erheblich erschwert. Bei z. B. reiner Einbeziehung des länderweisen Ist-Aufkommens in den Finanzausgleich wären in jedem Fall grundlegende Probleme im Bund-Länder-Verhältnis zu erwarten, da andere Länder die Folgen der autonomen Entscheidung eines Landes – bzw. seiner Kommunen – über die Höhe der Grundsteuerhebesätze über den Finanzausgleich mittragen würden.

Da die Bewertung des Grundbesitzes in einem digitalisierten Verwaltungsverfahren zukunftsfest ausgestaltet werden soll, erfordert dies bundeseinheitliche Datenstrukturen. Dadurch kann zugleich der Vollzug der Ertragsteuern verbessert werden (vgl. BT-Drs. 17/77). Ein solches Verfahren ist von amtlichen Grundstücksinformationen oder statistischer Marktdaten anderer Landes- oder Kommunalbehörden abhängig. Im Bereich der Wertermittlung muss auf die Tätigkeit der rechtlich unabhängigen Gutachterausschüsse zurückgegriffen werden, die ebenfalls unterschiedlich und nicht weisungsgebunden organisiert sind. Dadurch besteht aus Sicht des Bundes die Gefahr, dass die Einhaltung der verfassungsrechtlichen Vorgaben und die Gleichmäßigkeit der Besteuerung im Rahmen der Personal-, Organisations- und Finanzierungshoheit der unterschiedlichen Landesressorts oder Kommunalbehörden konterkariert werden könnte. Dies gilt insbesondere deshalb, weil es keine Staatspraxis zur verbindlichen Abstimmung und Anwendung von Standards der Landesbehörden gibt und deshalb regelmäßig Staatsverträge oder Verwaltungsabkommen geschlossen werden müssten.

In der Historie des modernen Staats und der Grundsteuer ist eine solche Rechtszersplitterung mit den entsprechenden Folgen für die Durchführung der Verwaltungsverfahren einschließlich der Auswirkungen auf die Wirtschaft vorzufinden. Um die damit verbundenen negativen Folgen zu vermeiden, war zunächst die Schaffung einheitlicher Bewertungsgrundlagen durch ein (Reichs-) Bewertungsgesetz erforderlich. Eine Vereinheitlichung der Realsteuern ist dann durch das Gesetz vom 1. Dezember 1936 (RGBl. I. S. 961) erfolgt. Eine föderale Festsetzung der Bemessungsgrundlage der Grundsteuer könnte dazu führen, dass die Grundsteuer noch mehr als bisher (über die Hebesätze hinaus) als Mittel des Standortwettbewerbs genutzt wird. Damit könnte das Problem ungleicher Lebensverhältnisse zwischen Ländern bzw. einzelnen Regionen verschärft werden.

Ebenso sprechen Gerechtigkeitsaspekte gegen ein Nebeneinander von wertabhängigen und wertunabhängigen Bemessungsgrundlagen im Bundesgebiet. Diese Situation wäre bei einer Regelung durch die Länder angesichts des weiten gesetzgeberischen Gestaltungsspielraumes zu befürchten und könnte nachteilige Auswirkungen auf das Sozialgefüge und die Gleichwertigkeit der Lebensverhältnisse zur Folge haben. Es erschiene insbesondere nicht gerechtfertigt, wenn strukturschwächere Länder bzw. Regionen auf eine wertabhängige Besteuerung setzten, während in strukturstarken Ländern bzw. Regionen eine wertunabhängige Besteuerung gewählt würde, die sozialen Zielrichtungen und Verteilungsaspekten kaum Rechnung trägt. Das beeinträchtigt auch das übergeordnete Ziel einer gleichmäßigen Besteuerung des Grundvermögens im gesamten Bundesgebiet als Voraussetzung für die Akzeptanz der Grundsteuer bei der Bevölkerung insgesamt. Denn die Grundsteuer wird aufgrund ihrer historisch gewachsenen Funktion als unverzichtbare Finanzierungsquelle für die Kommunen bundesweit erhoben und trifft unter Berücksichtigung der Abwälzung auf die Mieter nahezu jeden Bürger.

Unabhängig davon ergibt sich eine Gesetzgebungskompetenz des Bundes aus Artikel 125a Absatz 2 Grundgesetz, da fortgeltendes Bundesrecht lediglich fortgeschrieben wird. Der vorliegende Gesetzentwurf stellt keine grundlegende Neukonzeption des Grundsteuerrechts dar. Zur Umsetzung der verfassungsgerichtlichen Vorgaben werden die Bewertungsregeln unter Berücksichtigung der Belastungsentscheidung und die Bewertungsverfahren unter Beibehaltung der wesentlichen Elemente lediglich unter Anpassung an veränderte Rahmenbedingungen modifiziert. Als gleichbleibende wesentliche Elemente hält das neue Recht fest am Steuergegenstand (Betriebe der Land- und Forstwirtschaft, Grundstücke), am System von Hauptfeststellung, Wertfortschreibung und Nachfeststellungen und an den bisherigen Bewertungsmethoden zur Ermittlung des Bewertungsziels (Ertrags- und Sachwertverfahren zur Ermittlung eines objektiviert-realen Werts innerhalb eines Wertekorridors des gemeinen Werts im Sinne von § 9 Absatz 1 BewG). So ist der erhöhte Pauschalierungsgrad im Rahmen der Bewertung der notwendigen Anpassung an die aktuellen Verhältnisse, insbesondere der Verwaltungsvereinfachung und den Anforderungen der Digitalisierung geschuldet. Die Reichweite der bundesgesetzlichen Regelung gegenüber dem Landesrecht wird dadurch nicht in spürbarer Weise erhöht. Es werden vielmehr wie bisher bestehende Elemente der Grundsteuer verwendet und die üblichen Bewertungsmethoden (Ertrags- und Sachwertverfahren) weiterhin angewendet.

Da die Gesetzgebungskompetenz des Bundes in der Wissenschaft nicht einheitlich beurteilt wird, soll diese unzweifelhaft abgesichert werden. Dazu erhält der Bund mit der zeitgleich eingebrachten Grundgesetzänderung uneingeschränkt die konkurrierende Gesetzgebungskompetenz zur Regelung der Grundsteuer. Zeitgleich wird den Ländern über eine Ergänzung in Artikel 72 Absatz 3 GG eine umfassende abweichende Regelungskompetenz eröffnet.

VII. Vereinbarkeit mit dem Recht der Europäischen Union und völkerrechtlichen Verträgen

Der Gesetzentwurf ist mit dem Recht der Europäischen Union und völkerrechtlichen Verträgen, die die Bundesrepublik Deutschland abgeschlossen hat, vereinbar.

VIII. Gesetzesfolgen

1. Rechts- und Verwaltungsvereinfachung

Die neuen Bewertungsverfahren sowohl im Bereich des Grundvermögens als auch im Bereich des land- und forstwirtschaftlichen Vermögens sehen aus Vereinfachungsgründen umfassende Typisierungen vor. Zahlreiche im geltenden Recht vorgesehene Differenzierungen entfallen. Aufgrund der Möglichkeit einer weitgehenden Automationsunterstützung – insbesondere bei späteren Hauptfeststellungen – tragen die neuen Bewertungsverfahren erheblich zur Verwaltungsvereinfachung bei.

Durch die parallele Geltung von altem und neuem Recht wird es allerdings temporär zu einer deutlichen Mehrbelastung der Finanzverwaltung kommen.

2. Nachhaltigkeitsaspekte

Das Vorhaben steht im Einklang mit der Deutschen Nachhaltigkeitsstrategie. Es sichert das Steueraufkommen des Gesamtstaates und unterstützt damit den Indikatorenbereich 8.2 (Staatsverschuldung – Staatsfinanzen konsolidieren, Generationengerechtigkeit schaffen). Eine Nachhaltigkeitsrelevanz bezüglich anderer Indikatoren ist nicht gegeben.

3. Demografische Auswirkungen

Das Vorhaben hat keine Auswirkungen auf den demografischen Wandel.

4. Haushaltsausgaben ohne Erfüllungsaufwand

Angestrebt wird eine Reform, die bundesweit das geschätzte Aufkommen der Grundsteuern A und B von rund 14,8 Milliarden Euro im Jahr 2022 sichert. Dies soll konzeptionell durch die Bestimmung von Steuermesszahlen erreicht werden, mit denen unter der Annahme von konstanten Hebesätzen ein annähernd gleiches Grundsteueraufkommen rechnerisch erreicht werden kann. Letztlich wird jedoch das Aufkommen der Grundsteuer entsprechend den verfassungsrechtlichen Vorgaben des Artikels 28 Grundgesetz auf kommunaler Ebene durch die Festsetzung der Hebesätze bestimmt. Infolge der künftigen Einbeziehung der Wohngebäude bei land- und forstwirtschaftlichen Betrieben in die Grundsteuer B, verlagert sich ein jährliches Aufkommen von rund 100 Millionen Euro von der Grundsteuer A in die Grundsteuer B.

5. Erfüllungsaufwand

5.1. Erfüllungsaufwand für Bürgerinnen und Bürger

Die Durchführung der Hauptfeststellung auf den 1. Januar 2022 und die Hauptveranlagung der Grundsteuermessbeträge auf den 1. Januar 2025 sowie die Pflege der ermittelten Werte erstrecken sich über mehrere Jahre, so dass der gesamte Erfüllungsaufwand für den Hauptfeststellungszeitraum 2022 – 2028 linear auf einen Zeitraum von sieben Jahren zu verteilen ist. Da ein vollständig digitalisiertes Verwaltungsverfahren auf den 1. Januar 2022 noch nicht angeboten werden kann, ist eine umfassende Datenerhebung mittels einer elektronischen Steuererklärung durch die Bürgerinnen und Bürger erforderlich.

Unter Berücksichtigung dieser Prämissen entfällt vom gesamten Erfüllungsaufwand für ca. 36 Mio. wirtschaftliche Einheiten ein jährlicher Erfüllungsaufwand von rund 2.100.000 Stunden auf die Bürgerinnen und Bürger. Zusätzlich entstehen Sachkosten von ca. 445.000 Euro für die Übermittlung papiergebundener Steuererklärungen.

Durch die Änderungen des Steuerstatistikgesetzes fällt kein Erfüllungsaufwand an, da es sich um eine Sekundärstatistik handelt.

5.2. Erfüllungsaufwand für die Wirtschaft

Die Durchführung der Hauptfeststellung auf den 1. Januar 2022 und die Hauptveranlagung der Grundsteuermessbeträge auf den 1. Januar 2025 sowie die Pflege der ermittelten Werte erstrecken sich über mehrere Jahre, sodass der gesamte Erfüllungsaufwand für den Hauptfeststellungszeitraum 2022 – 2028 linear auf einen Zeitraum von sieben Jahren zu verteilen ist. Da ein vollständig digitalisiertes Verwaltungsverfahren auf den 1. Januar 2022 noch nicht angeboten werden kann, ist auch für die Wirtschaft eine umfassende Datenerhebung mittels einer elektronischen Steuererklärung erforderlich.

Unter Berücksichtigung dieser Prämissen entfallen vom gesamten Erfüllungsaufwand für ca. 36 Mio. wirtschaftliche Einheiten ein jährlicher Erfüllungsaufwand von rund 8,9 Mio. Euro auf den Bereich der Land- und Forstwirtschaft und rund 92,3 Mio. Euro auf die übrige Wirtschaft. Zusätzlich entstehen der gesamten Wirtschaft Sachkosten von ca. 181 000 Euro für die Übermittlung papiergebundener Steuererklärungen. Bei diesem Erfüllungsaufwand handelt es sich um Bürokratiekosten aus Informationspflichten.

Durch die Änderungen des Steuerstatistikgesetzes fällt kein Erfüllungsaufwand an, da es sich um eine Sekundärstatistik handelt.

Das Regelungsvorhaben unterliegt nicht der „One in, one out"- Regel, da es die Rechtsprechung des Bundesverfassungsgerichts 1:1 umsetzt.

5.3. Erfüllungsaufwand der Verwaltung

Für die Abschätzung des personellen Vollzugsaufwands in den Finanzämtern ist von 36 Millionen wirtschaftlichen Einheiten auszugehen. Weitere Voraussetzung ist, dass die Durchführung des Gesamtverfahrens weitgehend vollmaschinell erfolgt. Dies bedingt, dass die Erklärungen elektronisch eingehen oder gescannt sowie rein automationsgestützt weiterverarbeitet werden können und eine papierbasierte Aktenführung nicht erforderlich ist.

Die Durchführung des gesamten Verfahrens erstreckt sich über mehrere Jahre, so dass sich der erforderliche personelle Mehraufwand entsprechend aufteilt. Der geschätzte Personalbedarf ist daher nicht als jahresbezogener Daueraufwand, sondern als kumulierter Gesamtpersonalbedarf für die Erledigung aller Aufgaben im Zusammenhang mit dem ersten Hauptfeststellungszeitpunkt nach neuem Recht zu verstehen. Eine Verteilung führt für die Kalenderjahre 2019 bis 2024 zu folgenden Einschätzungen:

für das Jahr 2019:	222 Arbeitskräfte (16 945 000 Euro) und
	für die Intendanz 37 Arbeitskräfte (2 796 000 Euro)
für das Jahr 2020:	260 Arbeitskräfte (19 770 000 Euro) und
	für die Intendanz 43 Arbeitskräfte (3 262 000 Euro)
für das Jahr 2021:	260 Arbeitskräfte (19 770 000 Euro) und
	für die Intendanz 43 Arbeitskräfte (3 262 000 Euro)
für das Jahr 2022:	1 970 Arbeitskräfte (150 076 000 Euro) und
	für die Intendanz 325 Arbeitskräfte (24 762 000 Euro)
für das Jahr 2023:	3 045 Arbeitskräfte (231 857 000 Euro) und
	für die Intendanz 502 Arbeitskräfte (38 256 000 Euro)
für das Jahr 2024:	320 Arbeitskräfte (24 325 000 Euro) und
	für die Intendanz 53 Arbeitskräfte (4 013 000 Euro).

Dies führt zu Gesamtpersonalkosten in Höhe von rund 462 Mio. Euro. Hinzu kommt ein Aufwand für den Intendanzbereich (Sachgebietsleitungen, Geschäftsstelle, IT-Stelle, Postverteilung usw.), der Personalkosten in Höhe von rund 76 Mio. Euro verursacht.

Zum gegenwärtigen Zeitpunkt ist noch nicht abzusehen, wie weit die automationstechnische Unterstützung innerhalb der Steuerverwaltungen der Länder für eine weitere Hauptfeststellung fortgeschritten sein wird. Außerdem ist derzeit nicht abschätzbar, inwieweit die Landessteuerverwaltungen zum Zeitpunkt der nächsten Hauptfeststellung mit externen Behörden IT-technisch vernetzt sein werden. Solange dies nicht absehbar ist, kommt eine Schätzung des Aufwands der Steuerverwaltungen der Länder für eine künftige weitere Hauptfeststellung nicht in Betracht.

Je nachdem in welchem Umfang Leistungen seitens der IT erbracht werden, um hierdurch den personellen Aufwand in den Finanzämtern zu verringern und den Komfort für die Bürgerinnen und Bürger zu erhöhen, werden sich die Kosten für die IT-Umsetzung nach ersten groben Bewertungen auf circa 44 Mio. Euro im Bereich KONSENS bis 2022 belaufen. Analog zum bisherigen Vorgehen bei der Umsetzung des Steuerbürokratieabbaugesetzes sowie des Bürgerentlastungsgesetzes wird empfohlen, das KONSENS-Budget mit entsprechender Auswirkungen auf den Haushalt von Bund und Ländern um die bereitzustellenden Finanzmittel in Summe zu erhöhen, um die Auswirkungen auf andere laufende Umsetzungsprojekte in der IT zu mindestens zu verringern.

6. Weitere Kosten

Der Wirtschaft, einschließlich mittelständischer Unternehmen, entstehen keine direkten sonstigen Kosten. Auswirkungen auf Einzelpreise und das Preisniveau, insbesondere auf das Verbraucherpreisniveau, sind nicht zu erwarten. Es wird eine aufkommensneutrale Reform der Grundsteuer angestrebt.

7. Weitere Gesetzesfolgen

Unter Berücksichtigung der unterschiedlichen Lebenssituation von Frauen und Männern sind keine Auswirkungen erkennbar, die gleichstellungspolitischen Zielen gemäß § 2 der Gemeinsamen Geschäftsordnung der Bundesministerien zuwiderlaufen.

IX. Befristung; Evaluierung

Die Regelungen sollen dauerhaft wirken, so dass eine Befristung nicht in Betracht kommt.
Das Vorhaben wird innerhalb von sieben Jahren nach dem Wirksam werden der neuen Bemessungsgrundlage evaluiert. Dabei wird die Bundesregierung untersuchen, inwieweit die Ziele des Vorhabens erreicht wurden, d. h. insbesondere eine verfassungskonforme, rechtssichere und zeitgemäße Fortentwicklung der Grundsteuer und der damit verbundenen Bewertung der Grundsteuerobjekte unter Nutzung eines weitgehend automatisierten, einfachen, transparenten und nachvollziehbar ausgestalteten Verwaltungsverfahrens. Wesentliche Indikatoren dafür sind eine erfolgreiche Umsetzung ohne verfassungsrechtliche Beanstandung und ohne strukturelle Erhöhung des Grundsteueraufkommens. Unter Einbeziehung der Daten aus dem Steuervollzug, z. B. den Fallzahlen zum Änderungsbedarf bei vorausgefüllten Steuererklärungen sowie den Zahlen zur Entwicklung des Erfüllungsaufwandes, wird die Bundesregierung untersuchen, inwieweit die Nutzung automationstechnischer Möglichkeiten erfolgreich zu einem einfachen und transparenten Verfahren geführt haben.

B. Besonderer Teil

Zu Artikel 1 (Änderung des Bewertungsgesetzes)
Zu Nummer 1
Inhaltsübersicht

Die Inhaltsübersicht wird wegen der Einfügung eines Siebenten Abschnitts im Bewertungsgesetz (BewG) an den Zweiten Teil des Bewertungsgesetzes redaktionell angepasst. In den Schlussbestimmungen wird ein neuer Paragraf angefügt, der Übergangsregelungen zur Anwendung des Siebenten Abschnitts des Bewertungsgesetzes regelt.

Zu Nummer 2
Siebenter Abschnitt – neu –

Es wird im Zweiten Teil des Bewertungsgesetzes ein Siebenter Abschnitt eingefügt. Damit wird dem Erfordernis Rechnung getragen, dass die neuen Bewertungsverfahren neben den bisherigen Bewertungsverfahren des Ersten Abschnitts des Zweiten Teils des Bewertungsgesetzes parallel angewandt werden (vgl. hierzu Begründung zu § 266 Absatz 2 BewG) und erst nach einer Übergangszeit das Bewertungsverfahren nach dem Ersten Abschnitt des Zweiten Teils abgelöst werden kann.

Unter „A. Allgemeines" (§§ 218 bis 231 BewG) wird im Wesentlichen das Feststellungsverfahren für die Grundsteuerwerte normiert. Das Feststellungsverfahren entspricht konzeptionell in weiten Teilen dem Feststellungsverfahren bei den Einheitswerten. Die Feststellung der Grundsteuerwerte kann allerdings in Zukunft automationsunterstützt durchgeführt werden. Unter „B. Land- und forstwirtschaftliches Vermögen" (§§ 232 bis 242 BewG) wird die Grundsteuerwertermittlung für das land- und forstwirtschaftliche Vermögen geregelt und unter „C. Grundvermögen" (§§ 243 bis 262 BewG) die Grundsteuerwertermittlung für das Grundvermögen.

Teil A (Allgemeines)

§ 218

Die Vorschrift bestimmt, dass für die Bewertung nach dem Siebenten Abschnitt eine Einordnung in die Vermögensarten, land- und forstwirtschaftliches Vermögen sowie Grundvermögen, erfolgt. Klarstellend wird in Satz 2 und 3 normiert, dass Betriebsgrundstücke einer der oben genannten Vermögensarten zuzuordnen und entsprechend der zugeordneten Vermögensart zu bewerten sind. Die Zuordnung erfolgt entsprechend der Regelung in § 99 BewG. Danach ist ein Betriebsgrundstück im Sinne des Bewertungsrechts der zu einem Gewerbebetrieb gehörende Grundbesitz soweit er, losgelöst von seiner Zugehörigkeit zu dem Gewerbebetrieb, entweder einen Betrieb der Land- und Forstwirtschaft bilden oder zum Grundvermögen gehören würde. §§ 95 bis 97 BewG bestimmen den Begriff des Gewerbebetriebs im Sinne des Bewertungsrechts und sind für die Einordnung des Grundstücks als Betriebsgrundstück anzuwenden.

§ 219

Die Norm bestimmt, für welches Vermögen Grundsteuerwerte gesondert festzustellen sind. Sie entspricht im Wesentlichen unter Anpassung an die neuen Begrifflichkeiten § 19 BewG. Statt Einheitswerten sind nunmehr Grundsteuerwerte für inländischen Grundbesitz und zwar für Betriebe der Land- und Forstwirtschaft und für Grundstücke gesondert festzustellen. Im Feststellungsbescheid sind darüber hinaus für die Grundsteuerwertfeststellung Feststellungen über die Vermögensart, beim Grundvermögen auch über die Grundstücksart und die Zurechnung der wirtschaftlichen Einheit sowie der Höhe der Anteile bei mehreren Beteiligten zu treffen. Absatz 3 der Norm sieht auch für die Grundsteuerwertfeststellung vor, dass eine Feststellung nur zu erfolgen hat, wenn sie für die Besteuerung von Bedeutung ist.

Eine gesonderte Artfeststellung für Betriebsgrundstücke ist für die Grundsteuer nicht erforderlich. Betriebsgrundstücke werden abweichend von den Regelungen der bisherigen Einheitsbewertung einer der zwei Vermögensarten des § 218 BewG zugeordnet und innerhalb dieser Vermögensart bewertet. Daher sind nur gesonderte Feststellungen hinsichtlich der Vermögensart und Grundstücksart nach § 219 Absatz 2 Nummer 1 BewG zu treffen.

§ 220

Die Norm ist im Wesentlichen inhaltsgleich mit § 20 BewG und nur an die neuen Begrifflichkeiten angepasst. Sie bestimmt allgemein, dass die Grundsteuerwerte nach den Vorschriften dieses Abschnitts ermittelt werden. Satz 2 bestimmt, dass bei der Ermittlung der Grundsteuerwerte § 163 der Abgabenordnung (AO) nicht anzuwenden ist, d. h. eine abweichende Feststellung aus Billigkeitsgründen nicht in Betracht kommt. Hiervon unberührt bleiben Übergangsregelungen möglich, die die oberste Finanzbehörde eines Landes im Einvernehmen mit den obersten Finanzbehörden der übrigen Länder trifft.

§ 221

Die Norm regelt entsprechend § 21 BewG die Durchführung von Hauptfeststellungen. Absatz 1 normiert, dass die Grundsteuerwerte bei Hauptfeststellungen allgemein festgestellt werden, und bestimmt für die Hauptfeststellungen einen siebenjährigen Hauptfeststellungsturnus. Nach Absatz 2 sind den Hauptfeststellungen die jeweiligen Verhältnisse am Hauptfeststellungszeitpunkt, d. h. zu Beginn des Kalenderjahres, zugrunde zu legen.

Da die Wertverhältnisse während der folgenden Jahre eines Hauptfeststellungszeitraums typischerweise wertrelevanten Veränderungen unterliegen, bedarf es nach dem Urteil des Bundesverfassungsgerichts vom 10. April 2018 zur Einheitsbewertung in regelmäßigen und nicht zu weit auseinander liegenden Abständen einer neuen Hauptfeststellung. Mit der Festlegung eines siebenjährigen Hauptfeststellungsturnus wird das ursprüngliche Konzept einer regelmäßig mitschreitenden Bewertung wieder aufgenommen und damit die in diesem Zusammenhang bestehenden verfassungsrechtlichen Vorgaben umgesetzt.

§ 222

Die Norm ist an § 22 BewG angelehnt und regelt, wann es zwischen zwei Hauptfeststellungen zu Fortschreibungen kommt.

Absatz 1

Die Wertfortschreibungsgrenzen in Absatz 1 wurden auf Euro umgestellt und die Höhe angepasst. Eine Neufeststellung der Grundsteuerwerte ist nunmehr vorzunehmen, wenn der in Euro ermittelte und auf volle hundert Euro abgerundete Wert, der sich für den Beginn eines Kalenderjahres ergibt, von dem entsprechenden Wert des letzten Feststellungszeitpunkts nach oben oder nach unten um mehr als 15.000 Euro abweicht. Die Abweichung von 15.000 Euro beim Grundsteuerwert entspricht durchschnittlich einer Differenz von rund 20 Euro bei der Grundsteuer.

Die Höhe der Wertfortschreibungsgrenzen berücksichtigt, dass eine Änderung der tatsächlichen Verhältnisse stets in vollem Umfang geprüft werden muss. Sie nehmen den Gedanken der Kleinbetragsverordnung auf, orientieren sich an einem verwaltungseffizienten Handeln und berücksichtigen, dass die Bescheiderteilung automationsgestützt erfolgt.

Aus diesen Gründen wurde auf unterschiedliche Wertfortschreibungsgrenzen in Abhängigkeit danach, ob es sich um eine Abweichung zu Gunsten oder zu Lasten des Steuerpflichtigen handelt, verzichtet und erheblicher Verwaltungsaufwand vermieden. Damit wird nicht nur dem Grundsatz eines effizienten Verwaltungshandelns Rechnung getragen, sondern insbesondere das Prinzip der Gleichmäßigkeit der Besteuerung durch Wahrung einer realitäts- und relationsgerechten Bewertung mittels nicht zu hoher Wertfortschreibungsgrenzen gewahrt.

Absatz 2

Absatz 2 betrifft die Art- und Zurechnungsfortschreibung, wenn sich zu den zuletzt getroffenen Feststellungen für die Besteuerung relevante Abweichungen ergeben. Die Regelung entspricht § 22 Absatz 2 BewG.

Absatz 3

Absatz 3 ist mit einer geringfügigen redaktionellen Änderung wortlautidentisch mit § 22 Absatz 3 BewG und normiert, dass eine Fortschreibung auch zur Beseitigung von einer fehlerhaften Feststellung erfolgt.

Absatz 4

Absatz 4 bestimmt, wann eine Fortschreibung vorzunehmen ist und welche Verhältnisse der Fortschreibung zugrunde zu legen sind. Die Vorschrift des § 235 Absatz 2 BewG über die Zugrundelegung eines anderen Zeitpunkts sowie § 227 BewG, wonach die Wertverhältnisse im Hauptfeststellungszeitpunkt zugrunde zu legen sind, bleiben von Absatz 4 unberührt.

§ 223

§ 223 BewG entspricht im Wesentlichen § 23 BewG und regelt, wann Nachfeststellungen vorzunehmen sind.

Absatz 1

Nachfeststellungen sind durchzuführen, wenn nach dem Hauptfeststellungszeitpunkt (§ 221 Absatz 2 BewG) eine wirtschaftliche Einheit neu entsteht (Nummer 1) oder eine bereits bestehende wirtschaftliche Einheit erstmals zu einer Steuer herangezogen werden soll (Nummer 2). Eine neue wirtschaftliche Einheit entsteht beispielsweise, wenn Wohn- oder Teileigentum neu begründet wird. Eine bereits bestehende wirtschaftliche Einheit wird etwa dann erstmals zu einer Steuer herangezogen, wenn eine Steuerbefreiung für die Grundsteuer wegfällt. In den Fällen einer Grundsteuerbefreiung wird ein festgestellter Grundsteuerwert regelmäßig nicht vorliegen, da eine Feststellung mangels Relevanz für die Grundsteuer nach § 219 Absatz 3 BewG nicht vorzunehmen ist. Fällt nun zwischen zwei Hauptfeststellungszeitpunkten die Steuerbefreiung weg, ist nach § 223 Absatz 1 Nummer 2 BewG eine Nachfeststellung vorzunehmen.

Absatz 2

Absatz 2 regelt den Nachfeststellungszeitpunkt. Nachfeststellungszeitpunkt ist danach der Beginn des Kalenderjahres, das auf die Entstehung der wirtschaftlichen Einheit folgt beziehungsweise in dem der Grundsteuerwert erstmals der Besteuerung zugrunde gelegt wird. Die Vorschrift des § 235 Absatz 2 BewG über die Zugrundelegung eines anderen Zeitpunkts bleibt unberührt.

§ 224

§ 224 BewG entspricht im Wesentlichen § 24 BewG und regelt, wann ein Grundsteuerwert aufgehoben wird.

Absatz 1

Dies ist wie bisher der Fall, wenn eine wirtschaftliche Einheit wegfällt (Absatz 1 Nummer 1) oder der Grundsteuerwert der wirtschaftlichen Einheit infolge von Befreiungsgründen der Besteuerung nicht mehr zugrunde gelegt wird (Absatz 1 Nummer 2). Eine wirtschaftliche Einheit kann beispielsweise dann wegfallen, wenn zwei wirtschaftliche Einheiten zu einer neuen wirtschaftlichen Einheit zusammengefasst werden. Werden neue Steuerbefreiungsvorschriften eingeführt, entfällt die Bedeutung der Grundsteuerwerte für die Besteuerung und die Grundsteuerwerte sind folglich ebenfalls aufzuheben.

Absatz 2

Absatz 2 regelt den Aufhebungszeitpunkt. Die Grundsteuerwerte sind im Fall des Absatzes 1 Nummer 1 auf den Beginn des Kalenderjahres aufzuheben, das auf den Wegfall der wirtschaftlichen Einheit folgt. Im Fall des Absatzes 1 Nummer 2 sind die Grundsteuerwerte auf den Beginn des Kalenderjahres aufzuheben, in dem der Grundsteuerwert erstmals der Besteuerung nicht mehr zugrunde gelegt wird.

§ 225

§ 225 BewG entspricht § 24a BewG und ist an die neuen Begrifflichkeiten redaktionell angepasst worden. Die Norm regelt, dass Bescheide über Fortschreibungen oder Nachfeststellungen von Grundsteuerwerten bereits vor den maßgeblichen Feststellungszeitpunkten ergehen können. Ergeben sich bis zu den Feststellungszeitpunkten Änderungen, die zu einer abweichenden Feststellung führen würden, sind die Bescheide an die Änderungen anzupassen.

§ 226

§ 226 BewG entspricht § 25 BewG und ist an die neuen Begrifflichkeiten redaktionell angepasst worden. Die Norm bestimmt, dass Fortschreibungen oder Nachfeststellungen bei Ablauf der Feststellungsfrist mit Wirkung auf einen späteren Feststellungszeitpunkt möglich sind, für den die Feststellungsfrist noch nicht abgelaufen ist.

§ 227

§ 227 BewG entspricht § 27 BewG und ist an die neuen Begrifflichkeiten redaktionell angepasst worden. Die Norm bestimmt dass bei Fortschreibungen und Nachfeststellungen der Grundsteuerwerte die Wertverhältnisse im Hauptfeststellungszeitpunkt zugrunde zu legen sind.

§ 228

§ 228 BewG ist an § 28 BewG angelehnt.

Absatz 1

Zur Durchführung der Feststellung von Grundsteuerwerten bedarf es am jeweiligen Hauptfeststellungszeitpunkt stets einer (ggf. vorausgefüllten) Erklärung des Steuerpflichtigen zur Feststellung von Grundsteuerwerten. Haben sich bei einer wirtschaftlichen Einheit die tatsächlichen Verhältnisse grund-

Anlage R 3.2 — Reform der Grundsteuer

legend geändert und/oder ist eine grundlegende Änderung bei den Wertverhältnissen eingetreten, so kann das Finanzamt den Steuerpflichtigen zum nächsten Nachfeststellungs- oder Fortschreibungszeitpunkt zur Abgabe einer Feststellungserklärung auffordern. Zur Verwaltungsvereinfachung kann dies im Wege der öffentlichen Bekanntmachung erfolgen. Fordert die Finanzbehörde zu einer Erklärung auf, hat sie eine Frist zur Abgabe zu bestimmen, die mindestens einen Monat betragen soll.

Absatz 2

Nach Absatz 2 hat der Steuerpflichtige bei einer Änderung der tatsächlichen Verhältnisse, die den Wert oder die Art (Vermögens- oder Grundstücksart) beeinflussen oder zu einer erstmaligen Feststellung führen können, auf den Beginn des folgenden Kalenderjahres eine vereinfachte Erklärung (Anzeige) abzugeben. Eine Anzeige ist auch bei dem Übergang des Eigentums oder des wirtschaftlichen Eigentums an einem auf fremden Grund und Boden errichteten Gebäudes abzugeben. Andere Änderungen, die zu einer Zurechnungsfortschreibung führen, wie beispielsweise der Eigentumsübergang an einem Grundstück, bedürfen keiner Erklärung des Steuerpflichtigen, weil die Finanzverwaltung insbesondere durch Mitteilung anderer Behörden hiervon erfährt (vgl. etwa § 229 Absatz 3 BewG). Die Abgabefrist für die Erklärungen beträgt einen Monat und beginnt mit Ablauf des Kalenderjahres, in dem sich die tatsächlichen Verhältnisse geändert haben beziehungsweise das wirtschaftliche Eigentum übergegangen ist.

Absatz 3

Absatz 3 bestimmt, von wem die Anzeige (vereinfachte Erklärung) abzugeben ist. Sie ist im Regelfall von demjenigen abzugeben, dem das Grundstück zuzurechnen ist.

Anders als bei den Einheitswerten wird bei den Grundsteuerwerten dem Erbbauberechtigten das Grundstück zugerechnet (vgl. § 261 BewG). Folgerichtig ist auch der Erbbauberechtigte verpflichtet, die Feststellungserklärung abzugeben. Dies ist sachdienlich, da anzunehmen ist, dass der Erbbauberechtigte als Nutzungsberechtigter des Grundstücks die entsprechenden Kenntnisse für die Feststellungserklärung besitzt. Der Erbbauverpflichtete hat an der Erklärung mitzuwirken, da im Einzelfall nicht auszuschließen ist, dass bestimmte Tatsachen nur vom Erbbauverpflichteten erlangt werden können.

Bei einem Gebäude auf fremden Grund und Boden ist der Grundstückseigentümer verpflichtet die Steuererklärung abzugeben. Der Eigentümer oder der wirtschaftliche Eigentümer des Gebäudes hat mitzuwirken.

Absatz 4

Absatz 4 bestimmt, dass die Erklärung nach Absatz 1 und die Anzeige nach Absatz 2 bei dem für die gesonderte Feststellung zuständigen Finanzamt abzugeben und sofern keine elektronische Übermittlung erfolgt (vgl. Absatz 6), zu unterzeichnen sind. Örtlich zuständig für die gesonderte Feststellung ist nach der allgemeinen abgabenrechtlichen Zuständigkeitsverteilung das Lagefinanzamt (§ 18 Absatz 1 Nummer 1 der AO).

Absatz 5

Die Vorschrift regelt, dass die Erklärungen nach Absatz 1 und die Anzeigen nach Absatz 2 Steuererklärungen im Sinne der Abgabenordnung sind. Dies hat zur Folge, dass die Erfüllung sowohl der Erklärungs- als auch der Anzeigepflicht erzwingbar ist (§§ 328 ff. AO) und dass bei Nichterfüllung oder bei nicht fristgerechter Erfüllung der Erklärungs- und Anzeigepflicht grundsätzlich ein Verspätungszuschlag festgesetzt werden muss (§ 152 Absatz 2 AO). Schließlich folgt daraus, dass dem Erklärungs- und Anzeigepflichtigem sowie seinem Gesamtrechtsnachfolger die Pflicht zur Berichtigung seiner Erklärung bzw. Anzeige aus § 153 Absatz 1 AO trifft.

Absatz 6

Absatz 6 bestimmt, dass die Erklärungen nach Absatz 1 und die Anzeigen nach Absatz 2 im Sinne der Abgabenordnung auf elektronischem Wege zu übermitteln sind. Zur Vermeidung unbilliger Härten ist auf Antrag des Steuerpflichtigen unter den Voraussetzungen des § 150 Absatz 8 AO die Abgabe der Steuererklärung oder der Anzeige auf Papier zulässig. Bei der Entscheidung zur Befreiung von der Verpflichtung zur elektronischen Abgabe soll eine großzügigere Verwaltungspraxis gelten als beispielsweise bei Unternehmen für die Abgabe von Unternehmenssteuererklärungen. Als Befreiungsgründe kommen insbesondere in Betracht, wenn Steuerpflichtige einen nicht unerheblichen finanziellen Aufwand geltend machen (Beispiel: erforderliche Anschaffung eines PC) oder wenn der Steuerpflichtige nach seinen individuellen Kenntnissen und Fähigkeiten nicht oder nur eingeschränkt zur Abgabe von elektronischen Erklärungen in der Lage ist. Persönliche Unzumutbarkeit liegt beispielsweise vor, wenn der Steuerpflichtige über keinerlei Medienkompetenz verfügt und aufgrund der Umstände auch nicht zu erwarten ist, dass er zukünftig und zeitnah Zugang zur Computertechnik findet.

§ 229

§ 229 BewG entspricht inhaltlich § 29 BewG. Er ist insbesondere hinsichtlich der neuen Begrifflichkeiten redaktionell angepasst. § 229 BewG regelt – wie bisher auch § 29 BewG -, welche Erhebungsmöglichkeiten über Besteuerungsgrundlagen und Auskunftsrechte das Finanzamt hat sowie welche Mitteilungspflichten andere Behörden gegenüber dem Finanzamt haben.

Wie bisher auch § 29 Absatz 1 BewG sieht § 229 Absatz 1 BewG vor, dass die Eigentümer von Grundbesitz den Finanzbehörden auf Anforderung alle Angaben zu machen haben, die sie für die Sammlung der Kauf-, Miet- und Pachtpreise braucht. Personenbezogene Daten aus der Grundsteuererklärung sollen nicht in die Kauf-, Miet-, und Pachtpreissammlung übernommen werden. Gleiches gilt nach § 2a Absatz 5 Nummer 2 AO für Körperschaften, Personenvereinigungen und Vermögensmassen.

Wie bisher regelt § 229 Absatz 3 BewG die Anzeige- und Mitteilungspflichten der nach Bundes- oder Landesrecht zuständigen Behörden. Diese haben alle ihnen bekannt gewordenen Umstände, die für die Feststellung von Grundsteuerwerten oder die Festsetzung der Grundsteuer von Bedeutung sind, mitzuteilen. Dazu gehören insbesondere die in § 229 Absatz 4 BewG festgelegten Daten der Grundbuchämter. Darüber hinaus gehören hierzu insbesondere Daten, die bei der Vermessungs- und Katasterverwaltung im amtlichen Liegenschaftskatasterinformationssystem technisch geführt werden.

Wie bisher in § 29 Absatz 5 BewG regelt § 229 Absatz 5 BewG, dass die mitteilungspflichtigen Stellen grundsätzlich verpflichtet sind, die betroffenen Personen von dem Inhalt der Mitteilung zu unterrichten. Eine Unterrichtung kann jedoch in Übereinstimmung mit Artikel 13 Absatz 4 der Datenschutzgrundverordnung unterbleiben, soweit den Finanzbehörden Umstände aus dem Grundbuch, den Grundakten oder aus dem Liegenschaftskataster mitgeteilt werden. Es kann davon ausgegangen werden, dass die betroffenen Personen nicht nur die betroffenen Daten kennen, sondern auch – nicht zuletzt aufgrund der gesetzlichen Mitteilungspflicht – wissen, dass diese Daten (wie bereits nach früherem Recht) den Finanzbehörden zu Besteuerungszwecken mitgeteilt werden. Insoweit ist § 229 Absatz 5 BewG als Klarstellung zu verstehen (vgl. dazu auch den in § 2a Absatz 3 AO klarstellend zum Ausdruck kommenden Anwendungsvorrang der Datenschutzgrundverordnung). Nach Artikel 23 Absatz 1 Buchstabe e der Datenschutzgrundverordnung können bestehende Informationspflichten zudem durch Rechtsvorschriften eines Mitgliedstaats, denen der Verantwortliche oder der Auftragsverarbeiter unterliegt, eingeschränkt werden. Voraussetzung ist, dass die Beschränkung den Wesensgehalt der Grundrechte und Grundfreiheiten achtet und in einer demokratischen Gesellschaft eine notwendige und verhältnismäßige Maßnahme darstellt, um den Schutz sonstiger wichtiger Ziele des allgemeinen öffentlichen Interesses des Mitgliedstaats, insbesondere eines wichtigen finanziellen Interesses, etwa im Steuerbereich, wie hier das Aufkommen der Grundsteuer durch Schaffung der Möglichkeit einer weitgehend automatisiert und flächendeckenden Erhebung, sicherzustellen.

Übersteigen die Interessen der betroffenen Person den Aufwand für die Informationserteilung, zum Beispiel anlässlich eines erforderlichen schriftlichen Kontakts mit dem Betroffenen ihn von der Mitteilung nach § 229 Absatz 3 oder Absatz 4 BewG zu informieren, hat in diesen Fällen eine Information von der Mitteilung zu erfolgen.

Die in Absatz 6 – neu – normierte Verpflichtung zur elektronischen Datenübermittlung an die Finanzbehörden nach vorgeschriebenem Datensatz über die amtlich bestimmte Schnittstelle (vgl. § 87b AO) ist Grundvoraussetzung für eine weitgehend automationsgestützte Neubewertung aller 36 Millionen wirtschaftlichen Einheiten.

§ 230

§ 230 BewG entspricht im Wesentlichen § 30 BewG und bestimmt, dass die in Euro ermittelten Grundsteuerwerte auf volle hundert Euro abgerundet werden. Aufgrund der Feststellung der Grundsteuerwerte in Euro bedarf es keiner Umrechnung mehr von Deutsche Mark in Euro.

§ 231

Die Vorschrift entspricht den Regelungen des § 32 BewG. Siebestimmt, dass für die Bewertung des inländischen nach diesem Abschnitt zu bewertenden Vermögens die Vorschriften der §§ 232 bis 262 BewG gelten. Nach diesen Vorschriften sind auch die inländischen Teile einer wirtschaftlichen Einheit zu bewerten, die sich sowohl auf das Inland als auch auf das Ausland erstreckt. Diese Regelung ist insbesondere für die Bewertung von Betrieben der Land- und Forstwirtschaft von praktischer Bedeutung, da diese teilweise über Landesgrenzen hinweg betrieben werden. Bewertet für Zwecke der Grundsteuer wird in diesen Fällen nur der inländische Teil der wirtschaftlichen Einheit. Zudem wird klargestellt, dass der ausländische Teil einer wirtschaftlichen Einheit nicht der gesonderten Feststellung nach § 219 BewG unterliegt.

Teil B (Land- und forstwirtschaftliches Vermögen)

1. Einführung

Die Bewertung des land- und forstwirtschaftlichen Vermögens erfolgt bislang im Rahmen einer Betriebsbewertung (Gesamtbewertung) mit dem Ertragswert. Für die alten Länder wird die Bewertung bisher in Form der Eigentümerbesteuerung und für die neuen Länder in Form der Nutzerbesteuerung jeweils einheitlich nach den Wertverhältnissen zum 1. Januar 1964 vorgenommen. In den alten Ländern gehört der Wohnteil einschließlich der Altenteilerwohnung zum land- und forstwirtschaftlichen Vermögen, während die Wohngebäude in den neuen Ländern dem Grundvermögen zugerechnet werden. Durch die Übertragung der Agrarpolitik auf die Europäische Union und nach mehrfachen Strukturveränderungen innerhalb der letzten 50 Jahre haben sich die für einen Ertragswert maßgebenden Verhältnisse in der Land- und Forstwirtschaft grundlegend geändert. Zur Weiterentwicklung des Bewertungsverfahrens der Betriebe der Land- und Forstwirtschaft für Zwecke der Grundsteuer ist deshalb auf die jüngeren Erfahrungen im Bereich der Erbschaft- und Schenkungsteuer zurückzugreifen.

Die Bewertung des Grund und Bodens mittels Pachtpreisen ist aus Sicht der Wissenschaft und der land- und forstwirtschaftlichen Sachverständigen nur im Fall der Verpachtung einzelner Flächen zielführend. Dagegen muss der wirtschaftende Betrieb regelmäßig Flächen zupachten, was statistisch in einer hohen Pachtquote und einem gesteigerten Ertrag zum Ausdruck kommt. Die Bewertung des land- und forstwirtschaftlichen Vermögens für die Erbschaft- und Schenkungsteuer erfolgt deshalb durch ein Reingewinn- und ein Mindestwertverfahren. Im Rahmen einer einmaligen Bewertung für Zwecke der Erbschaft- und Schenkungsteuer muss eine solche sachliche Differenzierung und der damit verbundene Aufwand einer nachträglichen Liquidationsbewertung im Verhältnis zur realitätsgerechten Abbildung anderer Wirtschaftsgüter hingenommen werden. Bei der jährlich wiederkehrend zu erhebenden Grundsteuer ist ein solches Verfahren sowohl mit Blick auf die rückwirkende Korrektur der Bemessungsgrundlage als auch mit Blick auf die monetären und bürokratischen Belastungen sowohl für die Land- und Forstwirtschaft als auch für die Finanzverwaltung nicht zielführend.

2. Folgerungen für das Bewertungsverfahren

Um in einem steuerlichen Massenverfahren die Bewertung des land- und forstwirtschaftlichen Vermögens transparent und effizient gestalten zu können, muss die Bewertungssystematik für den Grundbesitz weitgehend vereinfacht und aufgrund zur Verfügung stehender Datengrundlagen möglichst vollautomatisiert abgewickelt werden. Dies kann im Einzelnen durch eine automationsfreundliche Ausgestaltung des Bewertungsverfahrens wie folgt erreicht werden:

– Die wirtschaftliche Einheit Betrieb der Land- und Forstwirtschaft erstreckt sich künftig bundeseinheitlich nicht mehr auf den Wohnteil.
– Die übrigen Grundstrukturen des bisherigen Rechts in Form der Vermögensart, die Definition der wirtschaftlichen Einheit Betrieb der Land- und Forstwirtschaft, die Abgrenzungskriterien hierzu und die bewährte Gliederung des Betriebs in Nutzungen bleiben erhalten. Eine Änderung erfolgt nur dergestalt, dass die Gliederung des Betriebs (sog. gesetzliche Klassifizierung) über eine Grundstücksdatenbank für das voll automationsgestützte Bewertungsverfahren zur Verfügung gestellt wird.
– Die Bewertung der wirtschaftlichen Einheit Betrieb der Land- und Forstwirtschaft erfolgt bundeseinheitlich nach dem Eigentümerprinzip auf der Basis des amtlichen Liegenschaftskatasters in Form einer standardisierten Bewertung der Flächen und gegebenenfalls der vorhandenen Hofstellen mit einem typisierenden Ertragswert.
– Die Ableitung der Ertragswertansätze erfolgt soweit als möglich aus den durchschnittlichen Ertragsverhältnissen der Testbetriebe beim Bundesministerium für Ernährung und Landwirtschaft für Deutschland. Dadurch kann bei jeder Hauptfeststellung auf kontinuierliche Daten zurückgegriffen werden.

3. Änderungen gegenüber der bisherigen Rechtslage

Nach der bisherigen Rechtslage gehen die land- und forstwirtschaftlichen Flächen, die Hofflächen, die Wirtschaftsgebäude und die Betriebsmittel allgemein im Ertragswert eines Betriebs der Land- und Forstwirtschaft auf und beeinflussen über das jeweilige Ertrags- und Aufwandsgefüge den entsprechenden Hektarwert der einzelnen Nutzungen oder den unmittelbaren Vergleichswert. Deshalb ist bisher geregelt, dass bei aktiv wirtschaftenden Betrieben die gegendüblichen Abweichungen gegenüber den unterstellten Ertragsverhältnissen durch Zu- oder Abrechnungen und die betriebsindividuellen Abweichungen insbesondere für Wirtschaftsgebäude und Vieh als Betriebsmittel durch Zu- oder Abschläge erfolgen. Dagegen sind in den Fällen einer Stückländerei beim Eigentümer des Grund und Bodens keine Abschläge wegen fehlender Betriebsmittel und dementsprechend keine Zuschläge für den Überbestand an Betriebsmitteln bei deren Eigentümer zulässig.

Aufgrund der Notwendigkeit einer weitgehend vollautomatisierten Bewertung der land- und forstwirtschaftlichen Flächen wird auf eine vergleichende Bewertung und deren umfangreiche Ermittlungen verzichtet. Stattdessen wird unmittelbar für jede Nutzung ein Reinertrag ermittelt. Die neue Rechtslage unterstellt, dass der Reinertrag der gesondert zu bewertenden Nutzungen das jeweilige Ertragswertpotential des bewirtschafteten Grund und Bodens abbildet und mit dessen Ansatz die hierfür unmittelbar erforderlichen Betriebsmittel ideell abgegolten werden. Dabei kommt es entsprechend dem Charakter einer objektiven Flächenbewertung zunächst nicht darauf an, ob der Eigentümer oder der Pächter den Grund und Boden selbst bewirtschaftet. Auf die Unterscheidung zwischen aktiv wirtschaftenden Betrieben einschließlich etwaiger Ertragswertsteigerungen durch Zupachtflächen einerseits und Stückländereien sowie verpachteten Betrieben einschließlich etwaiger Ertragswertminderungen andererseits sowie den damit verbundenen Abgrenzungsschwierigkeiten und Korrekturrechnungen bei besonders intensiven Nutzungen wird deshalb verzichtet. Dennoch wird den im bisherigen Recht berücksichtigten Umständen dem Grunde nach auf vereinfachte Weise dadurch Rechnung getragen, dass die typischerweise von aktiv wirtschaftenden Betrieben unterhaltenen Hofstellen eigenständig bewertet werden. Durch die gesonderte Erfassung von Viehzuschlägen oder der Bewertung der Wirtschaftsgebäude werden weitere ertragswertsteigernde Umstände ersatzweise pauschal erfasst, die wesentlich und fachlich unbestritten sind.

I. Allgemeine Vorschriften

§ 232

Absatz 1

Die Regelung definiert den tätigkeitsbezogenen Begriff der Land- und Forstwirtschaft. Der Sammelbegriff umfasst neben der Landwirtschaft und der Forstwirtschaft auch den Weinbau, den Gartenbau und die sonstigen Betriebszweige. Zugleich regelt § 232 Absatz 1 BewG den Umfang des land- und forstwirtschaftlichen Vermögens. Dienen Wirtschaftsgüter nach ihrer Zweckbestimmung einer land- und forstwirtschaftlichen Tätigkeit dauerhaft zur planmäßigen und ständigen Bewirtschaftung, werden sie unter objektiven Gesichtspunkten dieser Vermögensart zugerechnet.

Absatz 2

Bewertungsgegenstand für Zwecke der Grundsteuer ist innerhalb des land- und forstwirtschaftlichen Vermögens die wirtschaftliche Einheit des Betriebs der Land- und Forstwirtschaft. Die wirtschaftliche Einheit bestimmt sich nach den wirtschaftlichen Eigentumsverhältnissen beim Grund und Boden am Bewertungsstichtag und umfasst die damit in engem sachlichem Zusammenhang stehenden Wirtschaftsgüter, die in Absatz 3 konkretisiert werden.

Absatz 3

Absatz 3 bestimmt die Wirtschaftsgüter, die dem Betrieb der Land- und Forstwirtschaft dauernd zu dienen bestimmt sind. Zu diesen Wirtschaftsgütern gehören insbesondere der Grund und Boden, die Wirtschaftsgebäude, die stehenden Betriebsmittel, der normale Bestand an umlaufenden Betriebsmitteln und die immateriellen Wirtschaftsgüter. Zum Grund und Boden gehören alle Flächen, die nicht als Grundvermögen zu erfassen sind. Wirtschaftsgebäude sind Gebäude oder Gebäudeteile, die ausschließlich der unmittelbaren Bewirtschaftung des Betriebs und nicht Wohnzwecken dienen. Stehende Betriebsmittel wie z. B. das lebende und tote Inventar dienen einem Betrieb längerfristig. Dagegen sind umlaufende Betriebsmittel zum Verbrauch im eigenen Betrieb oder zum Verkauf bestimmt. Zu den immateriellen Wirtschaftsgütern gehören insbesondere Lieferrechte und von staatlicher Seite gewährte Vorteile, die die Voraussetzungen eines Wirtschaftsguts erfüllen. Ein normaler Bestand an umlaufenden Betriebsmitteln stellt sicher, dass eine ordnungsgemäße Bewirtschaftung im Sinne des definierten Reinertrags möglich ist.

Absatz 4

Die Vorschrift entspricht im Wesentlichen § 33 Absatz 3 BewG. Sie berücksichtigt jedoch, dass zu Wohnzwecken, gewerblichen und/oder öffentlichen Zwecken dienende Gebäude und Gebäudeteile stets dem Grundvermögen zuzurechnen sind.

Da der Betrieb der Land- und Forstwirtschaft künftig nicht mehr die Wohngebäude und den dazugehörenden Grund und Boden umfasst (z. B. Wohnteil einschließlich Altenteilerwohnung und Wohnungen der Arbeitnehmer), ist insoweit eine Abgrenzung zwischen dem land- und forstwirtschaftlichen Vermögen und dem Grundvermögen geboten. Zum Grund und Boden der Wohngebäude zählen neben der bebauten Fläche auch die Nebenflächen wie z. B. Stellplätze und Gärten. Bei Betrieben in den alten Ländern, die vor dem 31. Dezember 1998 bereits bestanden haben, ist eine Abgrenzung nach § 13 Absatz 4 und 5 EStG erfolgt, die grundsätzlich zu übernehmen ist. Bei Betrieben in den neuen Ländern sind die Wohngebäude stets abgegrenzt und als Grundvermögen erfasst. Insoweit ist eine Abgrenzung nur in künftig entstehenden wirtschaftlichen Einheiten vorzunehmen.

Anlage R 3.2   Reform der Grundsteuer

Im Übrigen wird die traditionelle Verkehrsanschauung in Absatz 4 Nummer 2 bis 4 im Bereich der Land- und Forstwirtschaft fortgeführt, wonach der Betriebsinhaber im Falle einer Veräußerung seines Betriebs die abschließend aufgeführten Wirtschaftsgüter nicht zwangsläufig mitveräußert oder dem Erwerber besonders in Rechnung stellt. Eine Änderung dieser Rechtslage hätte zur Folge, dass auch für diese Wirtschaftsgüter Grundsteuer zu entrichten wäre.

§ 233

Absatz 1

Nach der bisherigen Rechtslage sind die Standortflächen von Windkraftanlagen auf land- und forstwirtschaftlich genutzten Flächen dem Grundvermögen zuzurechnen. Nach der neueren Rechtsprechung des Bundesfinanzhofs hierzu sind bei bestellten Grunddienstbarkeiten und einer weiteren land- und forstwirtschaftlichen Nutzung der Flächen (einschließlich einer Unternutzung der Umgriffsflächen) nur die eigentlichen Standortflächen aus dem land- und forstwirtschaftlichen Vermögen auszuscheiden. In Folge dessen muss jeweils für kleinste wirtschaftliche Einheiten des Grundvermögens eine Wertermittlung erfolgen, ohne dass in der Regel die eigentliche Betriebsvorrichtung Windkraftanlage der Grundsteuer unterliegt.

Neben den Schwierigkeiten bei der Abgrenzung der Standortflächen ergeben sich solche auch bei der Bewertung dieser Flächen, da den Gutachterausschüssen hierfür keine ausreichende Zahl von Kauffällen zur Ermittlung entsprechender Bodenrichtwerte zur Verfügung stehen. Aus diesen Gründen regelt die Vorschrift, dass land- und forstwirtschaftlich genutzte Flächen in Sondergebieten für Windenergieanlagen aus Vereinfachungsgründen stets und im vollen Umfang (einschließlich der Standortfläche) dem land- und forstwirtschaftlichen Vermögen zugerechnet werden. Alle übrigen Energieerzeugungsflächen werden weiterhin über § 232 Absatz 4 Nummer 1 BewG dem Grundvermögen zugerechnet.

Absatz 2

Die Vorschrift entspricht inhaltlich § 69 Absatz 1 BewG. Sie ersetzt jedoch das nach bisherigem Recht gültige Tatbestandsmerkmal „auf absehbare Zeit", das durch die hierzu ergangene höchstrichterliche Rechtsprechung mit sechs Jahren konkretisiert wurde, in Übereinstimmung mit dem Hauptfeststellungszeitraum durch sieben Jahre.

Absatz 3

Die Vorschrift entspricht inhaltlich § 69 Absatz 3 BewG unter Berücksichtigung der Abgrenzung und Bewertung von land- und forstwirtschaftlichen Hofstellen.

§ 234

Absatz 1

Die Vorschrift greift auf die bewährten Regelungen des § 34 Absatz 1 und 2 BewG zurück. Sie enthält eine Beschreibung des Betriebs der Land- und Forstwirtschaft und gliedert diesen für Zwecke der Wertermittlung auf.

Der Begriff der Nutzung umfasst grundsätzlich die Gesamtheit aller jeweils hierzu gehörenden Wirtschaftsgüter, die einem Betriebszweig oder mehreren Betriebszweigen der Urproduktion dienen. Dies hat den Vorteil, dass mehreren Nutzungen dienende Wirtschaftsgüter nicht im Einzelnen quotal aufgeteilt werden müssen. Die Definitionen des Abbaulands, Geringstlands und Unlands entsprechen § 34 Absatz 2 Nummer 2 BewG, werden jedoch aus automationstechnischen Gründen künftig als Nutzungsart bezeichnet.

Neu ist die Nutzungsart Hofstelle, die zur weiteren Vereinfachung des Bewertungsverfahrens eingeführt wird. Die Nutzungsart ergänzt die jeweiligen Nutzungen um die Hofflächen, die dadurch unmittelbar bewertet werden können. Gleiches gilt für die auf einer Hofstelle befindlichen Wirtschaftsgebäude und Betriebsmittel, soweit hierfür eine gesonderte Erfassung angeordnet ist.

Nebenbetriebe werden wie bisher dem Betrieb der Land- und Forstwirtschaft zugeordnet und gesondert erfasst. Für die Abgrenzung des Nebenbetriebs zum Gewerbebetrieb gelten die bisherigen Grundsätze.

Absatz 2

Um eine möglichst weitgehende Automation des Bewertungsverfahrens zu gewährleisten, werden die land- und forstwirtschaftlichen Flächen auf der Grundlage von Mitteilungen anderer Behörden, von Steuererklärungen, von Außenprüfungen oder anlässlich der Durchführung einer land- und forstwirtschaftlichen Sachverständigentätigkeit den entsprechenden Nutzungen, Nutzungsteilen sowie Nutzungsarten zugeordnet. Die Angaben zu den klassifizierten Flächen sind im amtlichen Liegenschaftskatasterinformationssystem bundeseinheitlich auf der Rechtsgrundlage des § 229 Absatz 3 i. V. m. Absatz 6 BewG der Finanzverwaltung zur Verfügung zu stellen.

Absatz 3
Die Vorschrift grenzt das Abbauland von den Nutzungen ab. Sie entspricht inhaltlich § 43 Absatz 1 BewG.

Absatz 4
Die Vorschrift grenzt das Geringstland von den Nutzungen ab. Sie entspricht inhaltlich § 44 Absatz 1 BewG.

Absatz 5
Die Vorschrift grenzt das Unland von den Nutzungen ab. Sie entspricht inhaltlich § 45 Absatz 1 BewG.

Absatz 6
Die Vorschrift definiert die vom Grundvermögen abgegrenzten Hofstellen, die zur Vereinfachung der Bewertung gesondert zu erfassen sind. Umfang und Ausstattung der jeweiligen Hofstelle richten sich grundsätzlich nach den Erfordernissen und der Größe der von dieser Stelle aus bewirtschafteten Flächen. Die Hofflächen werden unabhängig davon, ob sie bebaut oder unbebaut sind, dem Betrieb der Land- und Forstwirtschaft zugerechnet, wenn sie zumindest teilweise der Bewirtschaftung der übrigen land- und forstwirtschaftlichen Flächen dienen. Die sich auf den Hofflächen befindlichen Wirtschaftsgebäude werden mit ihren jeweiligen Brutto-Grundflächen ebenfalls der Hofstelle zugerechnet.

Absatz 7
Die Vorschrift fingiert die Nebenbetriebe als Nutzungsart. Inhaltlich entspricht die Definition § 42 Absatz 1 BewG.

§ 235
Absatz 1
Die Vorschrift regelt, dass für die Feststellung des Grundsteuerwerts allgemein die Verhältnisse zum Feststellungszeitpunkt (d. h. zum Stichtag 1. Januar eines Jahres) maßgebend sind, auch wenn in der Land- und Forstwirtschaft regelmäßig abweichende Wirtschaftsjahre bestehen.

Absatz 2
Abweichend von der Regelung des Absatzes 1 und damit abweichend von § 221 Absatz 2 BewG, § 222 Absatz 4 Satz 2 BewG und § 223 Absatz 2 Satz 1 BewG wird aus Zweckmäßigkeitsgründen auf die Bestände zum Schluss des vorangegangenen Wirtschaftsjahres abgestellt. Grundsätzlich erleichtert dies die Ermittlung der umlaufenden Betriebsmittel und die Abgrenzung der Überbestände. Bedeutung erlangt die Vorschrift bei der Ermittlung der Tierbestände für die Abgrenzung der landwirtschaftlichen von der gewerblichen Tierhaltung.

§ 236
Absatz 1
Die Vorschrift normiert im Allgemeinen als Bewertungsmaßstab für den Betrieb der Land- und Forstwirtschaft den Ertragswert.

Bei der Ermittlung des Ertragswerts wird davon ausgegangen, dass der Eigentümer den zu bewertenden Betrieb der Land- und Forstwirtschaft behält, fortlaufend nutzt und hieraus Erträge erzielt. Sinn und Zweck des Ertragswerts ist es somit, außerlandwirtschaftliche Faktoren auszuscheiden, die zwar den Veräußerungspreis eines Betriebs beeinflussen, jedoch in keinem ökonomischen Zusammenhang mit der objektiven Ertragsfähigkeit einer land- und forstwirtschaftlichen Urproduktion stehen.

Absatz 2
Bei der Bewertung der Wirtschaftsgüter im Sinne des § 232 Absatz 3 BewG durch Kapitalisierung des Reinertrags ist nicht auf das individuell durch den Land- und Forstwirt erwirtschaftete Ergebnis abzustellen, sondern auf den gemeinhin und nachhaltig erzielbaren Reinertrag eines pacht- und schuldenfreien Betriebs (Sollertrag).

Bei der Beurteilung dieser Grundsätze ist nicht auf Muster- oder Spitzenbetriebe sondern auf durchschnittliche Betriebsergebnisse abzustellen, die anhand der gesetzlich normierten Gliederung eines Betriebs üblicherweise erzielt werden. Dabei sind alle wesentlichen Umstände, die auf den Wirtschaftserfolg Einfluss nehmen oder von denen die Verwertung der gewonnenen Erzeugnisse abhängig ist, zu berücksichtigen. Außerdem ist zu unterstellen, dass der Betrieb schuldenfrei und mit einem für die ordnungsgemäße, gemeinhin übliche Bewirtschaftung notwendigen Bestand an Wirtschaftsgebäuden und Betriebsmitteln ausgestattet ist.

Die Ableitung der Reinerträge erfolgt zur Umsetzung der gesetzlichen Vorgaben soweit als möglich aus den durchschnittlichen Ertragsverhältnissen der Testbetriebe beim Bundesministerium für Ernährung und Landwirtschaft für das gesamte Bundesgebiet. Zur realitätsgerechten Abbildung der nachhaltigen

Anlage R 3.2 — Reform der Grundsteuer

Ertragsfähigkeit wurden die notwendigen Kennzahlen für jede Nutzung gesondert als Durchschnittswerte aus zehn Wirtschaftsjahren ermittelt. Ausgangspunkt ist das durchschnittliche Betriebseinkommen der Betriebe, das die gemeinhin erzielbare Entlohnung der Produktionsfaktoren Boden, (Besatz-) Kapital und Arbeit repräsentiert. Der Reinertrag ergibt sich aus dem Betriebseinkommen abzüglich des Lohnaufwands für fremde Arbeitskräfte und dem angemessenen Anteil für die Arbeit des Betriebsleiters sowie der nicht entlohnten Arbeitskräfte (nAK).

Absatz 3

Zur Vereinfachung des Bewertungsverfahrens wird der Reinertrag für jede gesetzliche Klassifizierung gesondert ermittelt. Neben den Abzügen nach Absatz 3 ist darüber hinaus als technische Korrektur ein Abzug für die Wirtschaftsgebäude als Betriebsmittel auf der Basis einer Verzinsung von 5,5 Prozent vorzunehmen, da eine Unterscheidung zwischen aktiv wirtschaften Betrieben und Verpachtungsbetrieben nicht erfolgt und Wirtschaftsgebäude ideell bei der Nutzungsart Hofstelle – mithin bei aktiv wirtschaftenden Betrieben – erfasst werden. Das Ergebnis ist der standardisierte Reinertrag für den Grund und Boden. Er bildet das Ertragswertpotential des Grund und Bodens und der zur Bewirtschaftung erforderlichen Betriebsmittel ab. Daraus ergibt sich für den standardisierten Reinertrag des Grund und Bodens das folgende Schema:

Durchschnittliches Betriebseinkommen der Betriebe
geteilt durch die durchschnittlich bewirtschaftete Landwirtschaftsfläche (LF) in Hektar
= Betriebseinkommen/ha LF
abzüglich Lohnaufwand für fremde Arbeitskräfte/ha LF
abzüglich angemessener Lohnansatz für Betriebsleiter und nicht entlohnte AK/ha LF
abzüglich anteiliger Reinertrag für die Wirtschaftsgebäude/ha LF
= anteiliger Reinertrag des Grund und Bodens einschließlich der Betriebsmittel zur LuF Erzeugung/ha LF

Bei der Ermittlung des angemessenen Lohnansatzes der nicht entlohnten Arbeitskräfte (einschließlich des Betriebsleiters) wurde wie folgt vorgegangen. In Wirtschaftsjahren, in denen die Nettorentabilität des Betriebs 100 % erreichte und somit eine volle Entlohnung aller Produktionsfaktoren möglich war, wird der Lohnansatz der nicht entlohnten Arbeitskräfte in vollem Umfang abgezogen. In Wirtschaftsjahren, in denen die Nettorentabilität unter 100 % lag, wird nur der Anteil des Lohnansatzes abgezogen der dem Prozentsatz der ermittelten Nettorentabilität entspricht.

Absatz 4

Der Ertragswert ermittelt sich nach Absatz 5 aus dem 18,6-fachen des Reinertrages, den der Betrieb der Land- und Forstwirtschaft gemäß seiner wirtschaftlichen Bestimmung im Durchschnitt der Jahre nachhaltig erbringen kann. Der Kapitalisierungsfaktor unterstellt eine immerwährende Verzinsung der Reinerträge von 5,5 Prozent.

§ 237

Absatz 1

Die Vorschrift regelt, dass die Gesamtbewertung eines Betriebs der Land- und Forstwirtschaft zur Vereinfachung des Bewertungsverfahrens nach dessen Gliederung erfolgt. Hierzu sind für jede der land- und forstwirtschaftlichen Nutzungen, Nutzungsteile sowie für die Nutzungsarten die entsprechenden Eigentumsflächen des Betriebs der Land- und Forstwirtschaft mit dem nach § 236 BewG ermittelten standardisierten Reinertrag zu multiplizieren. Der standardisierte Reinertrag ergibt sich aus den jeweiligen Bewertungsfaktoren, die in den Anlagen 27 bis 33 zum BewG festgelegt sind.

Die Bewertung der wirtschaftlichen Einheit Betrieb der Land- und Forstwirtschaft erfolgt über die dem Eigentümer zuzurechnenden Flächen, unabhängig davon, ob er diese im Rahmen seines aktiv wirtschaftenden Betriebs bewirtschaftet oder ob diese einem anderen aktiv wirtschaftenden Betrieb dienen oder zur Nutzung überlassen sind. Gleiches gilt wegen des nachhaltig erzielbaren Reinertrags für den Fall, dass die Flächen am Bewertungsstichtag nur vorübergehend nicht bewirtschaftet werden oder einer entsprechenden Stilllegungsverpflichtung unterliegen (Ansatz des Sollertrags). Aus diesen Gründen müssen im Rahmen eines Ertragswerts diejenigen Wirtschaftsgüter, die dem Eigentümer des Grund und Bodens nicht gehören, jedoch den Ertrag eines Betriebs maßgeblich beeinflussen, dem Eigentümer fiktiv zugerechnet werden. Dieses Prinzip entspricht im Wesentlichen § 34 Absatz 4 BewG, wonach die Wirtschaftsgüter ideell zugerechnet und bewertet werden. Neu ist, dass die einem Eigentümer nicht gehörenden Betriebsmittel sich ausdrücklich auf die jeweiligen land- und forstwirtschaftlichen Eigentumsflächen erstrecken und damit fiktiv abgegolten werden. Folglich kommt es nicht darauf an, ob der Eigentümer die Flächen tatsächlich selbst bewirtschaftet oder diese zur Nutzung überlässt. Eine Unterscheidung zwischen aktiv wirtschaftenden Betrieben, verpachteten Betrieben und Stückländereien kann deshalb im Rahmen des Massenverfahrens entfallen. Dies dient der grundlegenden Vereinfachung und ermöglicht zugleich eine weitgehende und rechtssichere Bewertung der Flächen im vollautomatisierten Verfahren.

Absatz 2

Die Vorschrift konkretisiert die Ermittlung des standardisierten Reinertrags für die Nutzung von Ackerland und Grünland sowie einer damit verbundenen Tierhaltung nach Maßgabe des § 241 BewG. Die Einstufung in Acker- oder Grünland erfolgt nach dem Bodenschätzungsgesetz. Sie ist im amtlichen Liegenschaftskataster zur Berechnung der Ertragsmesszahlen nachzuweisen. Die Ertragsmesszahl ist das Produkt einer Fläche in Ar und der Acker- oder Grünlandzahl (Wertzahlen). Die Bewertungsfaktoren Grundbetrag und Ertragsmesszahl sind deshalb von der im Kataster ausgewiesenen amtlichen Flächengröße abhängig und müssen folgerichtig für jede Fläche gesondert ermittelt werden, der ggf. um Zuschläge nach § 238 Absatz 1 Nummer 1 und Absatz 2 BewG zu erhöhen ist.

Die summierten Ergebnisse aus der Vervielfältigung der jeweiligen Eigentumsflächen des Betriebs mit deren individuell ermitteltem Reinertrag ergeben den zu kapitalisierenden Reinertrag der landwirtschaftlichen Nutzung. Wirtschaftsgebäude und weitere den Ertragswert steigernde Betriebsmittel werden nach Absatz 8 und 9 erfasst.

Absatz 3

Die Vorschrift konkretisiert die Ermittlung des standardisierten Reinertrags für die Nutzung von forstwirtschaftlichen Flächen (Holzbodenflächen und Nichtholzbodenflächen).

Zur grundlegenden Vereinfachung des Bewertungsverfahrens gegenüber der bisherigen Rechtslage werden nicht mehr betriebsindividuelle Waldzustandsdaten erhoben, sondern es werden für naturräumlich homogen gegliederte Einheiten gegendübliche Verhältnisse normiert, die aus den forstwirtschaftlichen Wuchsgebieten und deren Baumartenanteilen gemäß § 41a Bundeswaldgesetz abgeleitet werden. Abweichend hiervon werden forstwirtschaftliche Flächen in Naturschutzgebieten mit weitgehenden Bewirtschaftungs-beschränkungen als Geringstland bewertet, wenn dies katastermäßig nachgewiesen ist.

Die summierten Ergebnisse aus der Vervielfältigung der jeweiligen Eigentumsflächen des Betriebs mit deren individuell ermitteltem Reinertrag in Abhängigkeit von den gegendüblichen Verhältnisse ergeben den zu kapitalisierenden Reinertrag der forstwirtschaftlichen Nutzung.

Absatz 4

Die Vorschrift konkretisiert die Ermittlung des standardisierten Reinertrags für die Nutzung von Weinbauflächen (d. h. von vorübergehend nicht bestockten Flächen, noch nicht ertragsfähigen Jungfeldern und im Ertrag stehenden Rebanlagen). Zur grundlegenden Vereinfachung des Bewertungsverfahrens gegenüber der bisherigen Rechtslage wird der Reinertrag für die Verwertungsform Traubenerzeugung gesetzlich normiert.

Die summierten Ergebnisse aus der Vervielfältigung der jeweiligen Eigentumsflächen des Betriebs mit dem ermittelten Reinertrag für die Verwertungsform Traubenerzeugung ergeben den zu kapitalisierenden Reinertrag der weinbaulichen Nutzung. Wirtschaftsgebäude und weitere den Ertragswert steigernde Umstände werden nach Absatz 8 und ggf. durch Zuschläge nach § 238 Absatz 1 Nummer 3 und Absatz 2 BewG erfasst.

Absatz 5

Die Vorschrift konkretisiert die Ermittlung des standardisierten Reinertrags für die unterschiedliche Nutzung von Flächen des Gemüse-, des Blumen- und Zierpflanzenbaus, des Obstbaus sowie von Baumschulflächen. Zur grundlegenden Vereinfachung des Bewertungsverfahrens gegenüber der bisherigen Rechtslage wird der Gemüsebau im Wechsel mit landwirtschaftlichen Kulturen wie eine landwirtschaftliche Nutzung bewertet. Die summierten Ergebnisse aus der Vervielfältigung der jeweiligen Eigentumsflächen des Betriebs mit dem hierzu ermittelten Reinertrag eines Nutzungsteils einschließlich einer etwaigen Ertragssteigerung bei der Erzeugung unter Glas und Kunststoffen ergibt den zu kapitalisierenden Reinertrag des gärtnerischen Nutzungsteils. Wirtschaftsgebäude (z. B. Verkaufsräume) und weitere den Ertragswert steigernde Umstände werden nach Absatz 8 und durch Zuschläge nach § 238 Absatz 1 Nummer 2 und Absatz 2 BewG erfasst.

Absatz 6

Die Vorschrift konkretisiert die Ermittlung des standardisierten Reinertrags für die in § 242 BewG beispielhaft aufgeführten übrigen land- und forstwirtschaftlichen Nutzungen.

Die bisherigen Sonderkulturen Hopfen und Spargel werden wegen des von der landwirtschaftlichen Nutzung abweichenden Ertrags- und Aufwandsgefüges als Sondernutzungen erfasst. Für die sonstigen land- und forstwirtschaftlichen Nutzungen werden für die flächengebundenen Nutzungen wie bisher Reinerträge ausgewiesen.

Anlage R 3.2 — Reform der Grundsteuer

Die summierten Ergebnisse aus der Vervielfältigung der jeweiligen Eigentumsflächen des Betriebs mit dem hierzu ermittelten Bewertungsfaktor ergeben den Reinertrag der übrigen land- und forstwirtschaftlichen Nutzungen.

Die nicht flächengebundenen Nutzungen (z. B. der Imkerei, der Wanderschäferei und der Pilzzucht) werden – unabhängig von einer gesetzlichen Klassifizierung als Hofstelle – die ggf. genutzte Grundflächen nach Absatz 8 und ggf. vorhandene Wirtschaftsgebäude nach Anlage 31 ermittelt, jedoch bei der jeweiligen Nutzung erfasst.

Absatz 7

Die Vorschrift bestimmt, dass die gesetzlich klassifizierten Flächen Abbauland, Geringstland und Unland mit einem standardisierten Reinertrag gemäß Anlage 31 zum BewG zu erfassen sind. Auch wenn den Flächen regelmäßig keine größere Bedeutung zukommt, muss die Erfassung und Bewertung von Abbauland, Geringstland und Unland entsprechend dem Gebot der vollständigen Erfassung der Flächen des Betriebs für Zwecke einer relationsgerechten Besteuerung und aus automationstechnischen Gründen erfolgen.

Absatz 8

Die Vorschrift regelt die Bewertung der Hofstelle und konkretisiert die Ermittlung des standardisierten Reinertrags.

Nach dem bisherigen Rechtslage werden Hausgärten bis zu 10 Ar zur Hof- und Gebäudefläche gerechnet. Ferner wird die gesamte Hof- und Gebäudefläche für Zwecke der Bewertung in eine Nutzung oder bei Vorliegen mehrerer Nutzungen in diese anteilig einbezogen, soweit sie ihr dienen. Zur grundlegenden Vereinfachung des Bewertungsverfahrens gegenüber der bisherigen Rechtslage werden nunmehr die Hof- und Wirtschaftsgebäudeflächen gesondert bewertet.

Der Grund und Boden der Hofstelle wird anhand der zuvor gegenüber dem Grundvermögen abgegrenzten Hofflächen typisierend mit dem höchsten Reinertrag der landwirtschaftlichen Nutzung bewertet (Annahme einer Acker-/Grünlandzahl von 100). Der entsprechende Reinertrag ist in Anlage 32 zum BewG als Bewertungsfaktor für die Hofflächen ausgewiesen. Damit wird die bisher mittelbar erfolgte Bewertung der Hofstelle dem Grunde nach praxisgerecht fortgeführt und für Zwecke einer vollautomatischen Bewertung nutzbar gemacht. Zugleich wird dadurch gewährleistet, dass Flächenänderungen bei den Nutzungen sich folgerichtig nicht auf die Bewertung der Hofstelle auswirken. Ferner wird der höchste Reinertrag zur Abgeltung ertragswerterhöhender Umstände einer Hofstelle in Relation zu den land- und forstwirtschaftlich nutzbaren Flächen verdreifacht. Damit wird eine auf eine tatsächliche Erfassung von Wirtschaftsgebäuden in der Masse der Fälle verzichtet.

§ 238

Zur Abgeltung ertragswerterhöhender Umstände werden

– bei verstärkter Tierhaltung auf der Grundlage der selbst bewirtschafteten Flächen der landwirtschaftlichen Nutzung Viehzuschläge erfasst. Mit den Viehzuschlägen werden der erhöhte Tierbestand und die dazu notwendigen Wirtschaftsgebäude abgegolten,

– bei den gärtnerischen Nutzungsteilen Zuschläge für die Ertragssteigerung bei Flächen unter Glas und Kunststoffen erfasst. Zur Beibehaltung des Vereinfachungseffekts wird dabei nicht zwischen Gebäuden und Betriebsvorrichtungen sowie zwischen beheizbaren und nicht beheizbaren Flächen unterschieden und der Begriff klargestellt,

– werden bei der weinbaulichen Nutzung und bei Nebenbetrieben nachhaltig genutzte Wirtschaftsgebäude mit einem typisierenden Ertragswert gemäß Anlage 32 erfasst.

Absatz 2

Für land- und forstwirtschaftliche Flächen, die als Sondergebiet der Windenergieerzeugung dienen, regelt § 233 Absatz 1 BewG die Zuordnung zur Land- und Forstwirtschaft. Folgerichtig sind diese werterhöhenden Umstände, die auch den Ertragswert einer Fläche steigern, bei der Bewertung der Standortfläche zu berücksichtigen. Für das zusätzliche Ertragswertpotential des Grund und Bodens ist ein Zuschlag gemäß Anlage 33 zu erfassen.

§ 239

Absatz 1

Die Vorschrift fasst die zur Vereinfachung der Bewertung jeweils gesondert ermittelten Reinerträge als Reinertragsanteile zu einem Gesamtwert für den Betrieb der Land- und Forstwirtschaft (Summe der Reinerträge) zusammen.

Die Summe der Reinerträge bildet die Grundlage für die nach § 236 Absatz 5 BewG vorgeschriebene Kapitalisierung des Reinertrags mit dem Faktor 18,6 und ergibt den gesondert festzustellenden Grundsteuerwert des Betriebs der Land- und Forstwirtschaft.

Reform der Grundsteuer Anlage R 3.2

Absatz 2

Bei Betrieben der Land- und Forstwirtschaft, die sich über mehrere Gemeinden erstrecken, ist die gesonderte Ermittlung der Reinerträge die Grundlage für ein vereinfachtes Zerlegungsverfahren. Zur Bestimmung des Zerlegungsmaßstabs wird aufgrund der standardisierten Flächenbewertung jeweils der in einer Gemeinde erzielte Reinertrag in Abhängigkeit von den Nutzungen ermittelt. Dadurch kann der anteilige Grundsteuerwert der jeweiligen Gemeinde im Zerlegungsverfahren zielgenau und folgerichtig zugewiesen werden.

§ 240

Nach den bisherigen Verwaltungsregelungen gehören selbständige Kleingärten zur gärtnerischen Nutzung und werden mit einem vereinfacht ermittelten Reinertrag für Gemüsebau bewertet.

Absatz 1

Die Vorschrift sichert die bisherige Rechtspraxis ab. Sie fingiert, dass Kleingärten und Dauerkleingartenland im Sinne des Bundeskleingartengesetzes als Betriebe der Land- und Forstwirtschaft zu qualifizieren sind.

Absatz 2

Die Vorschrift regelt, dass Kleingärten und Dauerkleingartenland entsprechend der bisherigen Rechtspraxis in einem vereinfachten Verfahren mit dem Reinertrag für Gemüsebau im Freiland gemäß Anlage 30 zum BewG bewertet werden.

Absatz 3

Die Vorschrift fingiert, dass Gartenlauben von mehr als 30 Quadratmetern Brutto-Grundfläche als Wirtschaftsgebäude anzusehen sind und entsprechend § 237 Absatz 8 BewG bewertet werden.

Absatz 4

Die Vorschrift entspricht § 239 Absatz 1 BewG.

II. Besondere Vorschriften

§ 241

Die besonderen Vorschriften zur Abgrenzung der landwirtschaftlichen Tierhaltung von der gewerblichen Tierhaltung entsprechen den bisherigen bewertungsrechtlichen und ertragsteuerlichen Grundsätzen.

Absatz 1

Die Vorschrift entspricht § 51 Absatz 1a BewG.

Absatz 2

Die Vorschrift übernimmt den Wortlaut des § 51 Absatz 2 BewG.

Absatz 3

Die Vorschrift übernimmt den Wortlaut des § 51 Absatz 3 BewG.

Absatz 4

Die Vorschrift übernimmt den Wortlaut des § 51 Absatz 5 BewG.

Absatz 5

Die Vorschrift entspricht inhaltlich § 51 Absatz 4 BewG.

§ 242

Absatz 1

Die Vorschrift entspricht § 175 Absatz 1 BewG. Sie gliedert die übrigen land- und forstwirtschaftlichen Nutzungen auf und definiert die Sonderkulturen.

Die Vorschrift dient der besseren Abgrenzung von der landwirtschaftlichen Nutzung und ermöglicht eine zielgenauere Ermittlung der Reinerträge, da bei Sonderkulturen sowohl hinsichtlich der Erträge als auch der Aufwendungen besondere Verhältnisse vorliegen. Weil die Bedeutung des Tabakanbaus in Deutschland weiter abnimmt und es sich nicht um eine Dauerkultur handelt, wurde zwecks eindeutiger gesetzlicher Klassifizierung der Flächen der Tabakanbau nicht mehr den Sondernutzungen zugeordnet.

Absatz 2

Die Vorschrift entspricht § 62 Absatz 1 BewG und ist um weitere Nutzungen erweitert worden.

Anlage R 3.2 Reform der Grundsteuer

Teil C (Grundvermögen)

1. Einführung

Von den ca. 36 Millionen wirtschaftlichen Einheiten, die der Grundsteuer unterliegen, entfallen ca. 32 Millionen wirtschaftliche Einheiten auf das Grundvermögen. Zur Bewältigung dieser Bewertungsaufgabe ist ein verwaltungsökonomisches Handeln in besonderem Maße geboten. Die geltende Einheitsbewertung ist nicht darauf ausgerichtet, die erforderlichen Bewertungsgrundlagen automationsgestützt zu erfassen, sodass eine in regelmäßigen Abständen erforderliche Neubewertung des Grundvermögens einen erheblichen Arbeitsaufwand für Bürger, Wirtschaft und Verwaltung nach sich ziehen würde. Mit der Neuregelung des Verfahrens zur Bewertung des Grundvermögens wird daher insbesondere das Ziel verfolgt, eine turnusmäßige Neubewertung des Grundvermögens weitgehend automationsunterstützt vornehmen zu können.

Das Erfordernis einer weitgehend automationsunterstützten Neubewertung aller ca. 32 Millionen wirtschaftlichen Einheiten des Grundvermögens ist mit den verfassungsrechtlichen Anforderungen an eine relations- und realitätsgerechte Bewertung der Grundstücke in Einklang zu bringen.

2. Folgerungen für das neue Bewertungsverfahren

Mit der Anlehnung an die anerkannten Vorschriften zur Ermittlung von Verkehrswerten von Grundstücken auf der Grundlage des Baugesetzbuchs erfassen die neuen Bewertungsvorschriften zur Bewertung des Grundvermögens den Belastungsgrund der Grundsteuer und bilden die Relation der Wirtschaftsgüter zueinander realitätsgerecht ab.

Der Wert unbebauter Grundstücke und der Bodenwert bebauter Grundstücke ist auf der Grundlage der von den Gutachterausschüssen für Grundstückswerte abgeleiteten Bodenrichtwerte nach § 196 Baugesetzbuch (BauGB) zu ermitteln.

Bei der Bewertung der bebauten Grundstücke ist wie im geltenden Recht grundsätzlich ein typisiertes – vereinfachtes – Ertragswertverfahren als Regelverfahren und in bestimmten Ausnahmefällen ein typisiertes – vereinfachtes – Sachwertverfahren als Auffangverfahren anzuwenden.

Die Bewertungsverfahren beschränken sich auf wenige – vom Steuerpflichtigen erklärbare – externe Eingangsdaten.

Für bebaute Grundstücke erfolgt – wie im geltenden Recht – eine Mindestwertprüfung in Bezug auf den Wert für das unbebaute Grundstück. Die Höhe des Mindestwerts orientiert sich an dem verfassungsrechtlich zulässigen Wertekorridor.

I. Allgemeines

§ 243

Die Umschreibung der Vermögensart Grundvermögen entspricht inhaltlich § 68 BewG. Zur Abgrenzung des Grundvermögens vom land- und forstwirtschaftlichen Vermögen wird ergänzend auf die Begründung zu §§ 232 bis 233 BewG Bezug genommen.

§ 244

Absatz 1

Die Definition der wirtschaftlichen Einheit des Grundvermögens in Absatz 1 entspricht derjenigen in § 70 BewG. Danach bildet jede wirtschaftliche Einheit (§ 2 BewG) des Grundvermögens ein Grundstück im Sinne des Siebenten Abschnitts.

Absatz 2

Entsprechend der Grundbesitzbewertung für Zwecke der Erbschaft- und Schenkungsteuer (§ 157 BewG) ist ein Anteil des Eigentümers eines Grundstücks an anderem Grundvermögen in die wirtschaftliche Einheit einzubeziehen, wenn der Eigentümer seinen Anteil zusammen mit seinem Grundstück nutzt. Diese Vorschrift ermöglicht es, mehrere Grundstücksteile auch dann zu einer wirtschaftlichen Einheit zusammenzufassen, wenn sie unterschiedlichen Eigentümern gehören.

Ein Anwendungsfall ist beispielsweise ein Garagengrundstück, das einer Vielzahl von Eigentümern gehört, und von einzelnen Eigentümern gemeinsam mit ihren in räumlicher Nähe liegenden Reihenhäusern genutzt wird. Der Anteil des Eigentümers an dem Garagengrundstück zusammen mit seinem Reihenhaus bilden in diesem Fall eine wirtschaftliche Einheit. Hierbei ist – anders als bei der Einheitsbewertung – nicht erforderlich, dass alle Miteigentümer des Garagengrundstücks ihren Anteil jeweils zusammen mit einem Reihenhaus nutzen.

Absatz 3

Absatz 3 enthält eine gegenüber dem bisherigen Recht (§§ 92, 94 BewG) erweiterte Definition der wirtschaftlichen Einheit. Danach werden das Erbbaurecht und der mit dem Erbbaurecht belastete Grund und Boden zu einer wirtschaftlichen Einheit zusammengefasst. Auch das mit einem Erbbaurecht belastete Wohnungs- oder Teileigentum nach dem Wohnungseigentumsgesetz bildet zusammen mit dem Wohnungs- bzw. Teilerbbaurecht eine wirtschaftliche Einheit. Auf die bisher erforderliche getrennte Bewertung wird zukünftig aus Vereinfachungs- und Automationsgründen verzichtet.

Die Zusammenfassung der bisher getrennt zu bewertenden wirtschaftlichen Einheiten führt zu einer Vereinfachung für den Steuerschuldner und die Verwaltung. Bereits bisher ist in Erbbaurechtsfällen ausschließlich derjenige, dem das Erbbaurecht zugerechnet wird, Schuldner der Grundsteuer (§ 10 Absatz 2 GrStG in der geltenden Fassung). Entsprechendes gilt bei der Steuerschuldnerschaft bei einem Wohnungs- oder Teilerbbaurecht (§ 10 Absatz 2 GrStG in der geltenden Fassung).

Auf eine gesonderte Regelung der Steuerschuldnerschaft im Grundsteuergesetz wird wegen der einheitlichen Zuordnung des Steuergegenstands in Erbbaurechtsfällen zum Eigentümer des Grund und Bodens bereits auf Bewertungsebene (§ 261 BewG) verzichtet.

Auch Gebäude auf fremdem Grund und Boden werden zusammen mit dem dazu gehörenden Grund und Boden insgesamt als eine wirtschaftliche Einheit bewertet (siehe auch § 262 BewG).

§ 245

Die sachliche Befreiung der Gebäude, Gebäudeteile und Anlagen für den Zivilschutz entspricht der bisherigen Regelung in § 71 BewG.

II. Unbebaute Grundstücke

§ 246

Absatz 1

Die Begriffsbestimmung der unbebauten Grundstücke und die Abgrenzung zu den bebauten Grundstücken in Absatz 1 folgt im Wesentlichen der Regelung in § 72 BewG. Danach liegt ein unbebautes Grundstück vor, wenn auf dem Grundstück keine benutzbaren Gebäude liegen. Die Benutzbarkeit des Gebäudes beginnt mit der Bezugsfertigkeit. Bezugsfertigkeit liegt vor, wenn den zukünftigen Bewohnern oder den sonstigen vorgesehenen Benutzern des Gebäudes die bestimmungsgemäße Gebäudenutzung zugemutet werden kann. Die Definition der Bezugsfertigkeit übernimmt die Grundsätze der Rechtsprechung des Bundesfinanzhofs (vgl. BFH-Urteil vom 14. Mai 2003 II R 14/01, BFHE 202, 371, BStBl II, 906).

Absatz 2

Die Vorschrift übernimmt im Wesentlichen die Regelungen des § 72 Absatz 2 und 3 BewG. Nach Absatz 2 gilt das Grundstück als unbebaut, wenn auf dem Grundstück lediglich Gebäude vorhanden sind, die auf Dauer keiner Nutzung zugeführt werden können oder infolge von Zerstörung oder Verfall auf Dauer kein benutzbarer Raum mehr vorhanden ist. Die bisherigen Regelungen zu den Gebäuden von untergeordneter Bedeutung wurde aus Gründen der Gleichmäßigkeit der Besteuerung und um Abgrenzungsschwierigkeiten zu vermeiden nicht übernommen.

§ 247

Absatz 1

Bei der Bewertung des Grundvermögens für Zwecke der Grundsteuer wird bei unbebauten Grundstücken der Grundsteuerwert regelmäßig aus dem Produkt der Grundstücksfläche und dem Bodenrichtwert ermittelt. Der Ansatz der Bodenrichtwerte vereinfacht das Verfahren insofern, als die nachhaltige Ertragsfähigkeit des Bodens und der zutreffende Kapitalisierungsfaktor in Form einer ewigen Rente nicht im Einzelnen ermittelt werden müssen.

Der Bodenrichtwert ist der durchschnittliche Lagewert des Bodens für eine Mehrheit von Grundstücken innerhalb eines abgegrenzten Gebiets (Bodenrichtwertzone), die nach ihren Grundstücksmerkmalen weitgehend übereinstimmen und für die im Wesentlichen gleiche allgemeine Wertverhältnisse vorliegen. In bebauten Gebieten sind die Bodenrichtwerte mit dem Wert zu ermitteln, der sich ergeben würde, wenn der Boden unbebaut wäre (§ 196 Absatz 1 Satz 2 BauGB).

Die Heranziehung von Bodenrichtwerten hat sich sowohl im Rahmen der Grundbesitzbewertung für Zwecke der Erbschaft- und Schenkungsteuer sowie der Grunderwerbsteuer als auch anlässlich ertragsteuerrechtlicher Wertermittlungsanlässe, wie z. B. der Kaufpreisaufteilung, in langjähriger Praxis bewährt. Bei der Wertermittlungsmethode für unbebaute Grundstücke unter Heranziehung der Bodenrichtwerte handelt es sich um eine verfassungsrechtlich unbedenkliche typisierende Bewertungsmethode, die der Vereinfachung der Grundsteuerwertermittlung dient (vgl. BFH-Urteil vom 12. Juli 2006 II R 1/04, BFHE 213, 387, BStBl II, 742).

Anlage R 3.2
Reform der Grundsteuer

Im Interesse einer praktikablen Anwendung der Bodenrichtwerte in einem Massenverfahren wird mit der Einfügung des Absatzes 3 in § 10 der Immobilienwertermittlungsverordnung vom 19. Mai 2010, BGBl. I S. 639 (ImmoWertV) präzisiert, dass die von den Gutachterausschüssen zu bildenden Bodenrichtwertzonen im Sinne des § 196 Absatz 1 Satz 3 BauGB so abzugrenzen sind, dass lagebedingte Wertunterschiede zwischen der Mehrzahl der Grundstücke und dem Bodenrichtwertgrundstück nicht mehr als +/- 30 Prozent betragen (siehe Artikel 16).

Nach ständiger höchstrichterlicher Rechtsprechung sind die von den Gutachterausschüssen ermittelten und den Finanzämtern mitzuteilenden Bodenrichtwerte für die Beteiligten im Steuerrechtsverhältnis verbindlich. Dem Gesetzgeber steht es frei, bestimmte Bewertungsparameter typisierend festzulegen und deren Rechtsverbindlichkeit bei der Bewertung von Grundbesitz anzuordnen, solange die Grenzen der Typisierung eingehalten sind. Die Ermittlung von Bodenrichtwerten wurde explizit einer außerhalb der Finanzverwaltung stehenden Stelle, den Gutachterausschüssen, aufgegeben, da diesen auf Grund ihrer besonderen Sach- und Fachkenntnis und ihrer größeren Ortsnähe sowie der von Beurteilungs- und Ermessenserwägungen abhängigen Wertfindung eine vorgreifliche Kompetenz bei der Feststellung von Bodenrichtwerten zukommt (vgl. ständige höchstrichterliche Rechtsprechung BFH-Urteil vom 26. April 2006 II R 58/04, BFHE 213, 207, BStBl II, 793; vom 12. Juli 2006 II R 1/04, BFHE 213, 387, BStBl II, 742; vom 25. August 2010 II R 42/09, BFHE 230, 570, BStBl II 2011, 205).

Absatz 2

Bodenrichtwerte sind von den Gutachterausschüssen für Grundstückswerte, soweit die Länder keine häufigere Ermittlung vorgeschrieben haben, mindestens zum 31. Dezember eines jeden zweiten Kalenderjahres flächendeckend zu ermitteln (§ 196 Absatz 1 BauGB). Für Zwecke der steuerlichen Bewertung des Grundbesitzes sind Bodenrichtwerte nach ergänzenden Vorgaben der Finanzverwaltung zum jeweiligen Hauptfeststellungszeitpunkt oder sonstigen Feststellungszeitpunkt zu ermitteln (§ 196 Absatz 1 Satz 6 BauGB).

Die Etablierung einer elektronischen Übermittlung der Bodenrichtwerte von den Gutachterausschüssen an die Finanzbehörden nach bundeseinheitlichem amtlich vorgeschriebenen Datensatz, wie es von Absatz 2 vorgegeben wird, ist Voraussetzung für ein vollautomationsgestütztes Bewertungsverfahren. Landesrechtlich ist sicherzustellen, dass die zur Erfüllung der Erklärungspflichten erforderliche grundstücksbezogene Auskunft über den Bodenrichtwert kostenfrei ist.

Absatz 3

Die Befugnis zur Ableitung des Werts des unbebauten Grundstücks aus den Werten vergleichbarer Flächen, wenn die Gutachterausschüsse in Ausnahmefällen keine Bodenrichtwerte ermittelt haben, stellt – wie in § 179 Satz 4 BewG – eine vollständige Bewertung aller wirtschaftlichen Einheiten sicher.

III. Bebaute Grundstücke

§ 248

Die Definition der bebauten Grundstücke entspricht § 74 BewG. Danach liegt ein bebautes Grundstück vor, wenn sich auf dem Grundstück benutzbare Gebäude befinden (vgl. zur Definition der Benutzbarkeit die Begründung zu § 246 BewG). Wird ein Gebäude in Bauabschnitten errichtet, ist der bezugsfertige Teil als benutzbares Gebäude anzusehen.

§ 249

Absatz 1

Die Vorschrift enthält eine abschließende Aufzählung der Arten der bebauten Grundstücke und entspricht im Wesentlichen § 75 BewG. Die Bewertungsverfahren berücksichtigen die Preisbildungsmechanismen am Grundstücksmarkt. Sie bilden daher die für eine marktkonforme Wertermittlung erforderliche Differenzierung in Grundstücksarten einschließlich der jeweiligen Bewertungsparameter ab. Die Unterscheidung bei bebauten Grundstücken zwischen verschiedenen Grundstücksarten ist insbesondere für die Wahl des Bewertungsverfahrens, der Heranziehung der einzelnen Bewertungsparameter, wie z. B. der Liegenschaftszinssätze im Ertragswertverfahren, und für die gezielte Festlegung der Grundsteuermesszahlen von Bedeutung.

Bei der Abgrenzung der Grundstücksarten wurde bisher auf das Verhältnis der Jahresrohmieten der unterschiedlichen Nutzungen zurückgegriffen. Zukünftig soll insoweit das Verhältnis der jeweiligen Wohn- oder Nutzflächen zur gesamten Wohn- und Nutzfläche maßgeblich sein. Dieser Aufteilungsmaßstab steht in den maßgeblichen Fällen zur Verfügung. Abgrenzungsschwierigkeiten werden somit vermieden.

Absatz 2 und 3

Die Vorschriften übernehmen weitgehend die Definition der Ein- und Zweifamilienhäuser des § 75 Absatz 5 und 6 BewG. Ein- und Zweifamilienhäuser sind danach Wohngrundstücke mit einer Wohnung bzw. zwei Wohnungen. Eine Mitbenutzung für andere als Wohnzwecke, insbesondere betriebliche (gewerbliche oder freiberufliche oder land- und forstwirtschaftliche) oder öffentliche Zwecke ist unschädlich, wenn diese weniger als 50 Prozent, berechnet nach der Wohn- und Nutzfläche, beträgt, und die Eigenart des Grundstücks als Ein- oder Zweifamilienhaus nicht beeinträchtigt.

Absatz 4

Die Vorschrift entwickelt die Definition der Mietwohngrundstücke des § 75 Absatz 2 BewG fort. In Abgrenzung zu den Ein- und Zweifamilienhäusern sind nach Absatz 4 Mietwohngrundstücke Grundstücke, die mehr als zwei Wohnungen enthalten. Mietwohngrundstücke müssen zudem nach der Wohn- und Nutzfläche zu mehr als 80 Prozent Wohnzwecken dienen.

Absatz 5

Die Definition der Grundstückart Wohnungseigentum folgt dem Wohnungseigentumsgesetz (vgl. § 1 Absatz 2 Wohnungseigentumsgesetz). Wohnungseigentum ist danach das Sondereigentum an einer Wohnung in Verbindung mit dem Miteigentumsanteil an dem gemeinschaftlichen Eigentum, zu dem es gehört.

Absatz 6

Die Definition der Grundstückart Teileigentum folgt dem Wohnungseigentumsgesetz (vgl. § 1 Absatz 3 Wohnungseigentumsgesetz). Teileigentum ist danach das Sondereigentum an nicht zu Wohnzwecken dienenden Räumen eines Gebäudes in Verbindung mit dem Miteigentum an dem gemeinschaftlichen Eigentum, zu dem es gehört. Ein Beispiel für Teileigentum ist das Sondereigentum an einem gewerblich genutzten Verkaufsladen innerhalb eines Gebäudes.

Absatz 7

Die Vorschrift entwickelt die Definition der Geschäftsgrundstücke im Sinne des § 75 Absatz 3 BewG fort. Geschäftsgrundstücke werden danach als Grundstücke definiert, die zu mehr als 80 Prozent nach der Wohn- und Nutzfläche eigenen oder fremden betrieblichen (gewerblichen, freiberuflichen) oder öffentlichen Zwecken dienen.

Absatz 8

Die Vorschrift übernimmt im Wesentlichen die Definition des gemischt genutzten Grundstücks nach § 75 Absatz 4 BewG. Gemischt genutzte Grundstücke sind danach Grundstücke, die neben Wohnzwecken auch eigenen oder fremden betrieblichen (gewerblichen, freiberuflichen) oder öffentlichen Zwecken dienen und keine Ein- und Zweifamilienhäuser, Mietwohngrundstücke, Wohnungseigentum, Teileigentum oder Geschäftsgrundstücke sind. Zu den gemischt genutzten Grundstücken zählt beispielsweise ein Grundstück, das eine Wohnung enthält und zu mindestens 50 Prozent, jedoch weniger als 80 Prozent, nach der Wohn- und Nutzfläche zu betrieblichen oder öffentlichen Zwecken mitbenutzt wird. Ebenfalls zu den gemischt genutzten Grundstücken gehört ein Mehrfamilienhaus, das Läden- und Gewerberäume enthält und zu mehr als 20 Prozent aber weniger als 80 Prozent nach der Wohn- und Nutzfläche betrieblichen oder öffentlichen Zwecken dient.

Absatz 9

Die Vorschrift übernimmt die Definition der sonstigen bebauten Grundstücke des § 75 Absatz 7 BewG. Sonstige bebaute Grundstücke sind demnach alle übrigen, in den Absätzen 2 bis 7 nicht genannten Grundstücke. Hierzu zählen insbesondere Gebäude, die nicht betrieblich und nicht zu Wohnzwecken genutzt werden, wie beispielsweise private Bootshäuser.

Absatz 10

Absatz 10 enthält erstmals eine gesetzliche Definition der Wohnung im bewertungsrechtlichen Sinne für Zwecke der Grundsteuer, welche die typologische Umschreibung des bewertungsrechtlichen Begriffs der Wohnung nach der Rechtsprechung des Bundesfinanzhofs übernimmt (vgl. BFH-Urteil vom 4. Dezember 2014 II R 20/14, BFHE 248, 193, BStBl II 2015, 610). Sie entspricht im Wesentlichen § 181 Absatz 9 BewG, regelt jedoch im Hinblick auf den breiteren Anwendungsbereich bei der Grundsteuer eine abweichende Wohnungsgröße von 20 Quadratmetern.

§ 250

Absatz 1

Absatz 1 bestimmt die Bewertungsmethoden, die zur Wertermittlung des Grundsteuerwerts für bebaute Grundstücke Anwendung finden. Die zur Anwendung kommenden Bewertungsmethoden sind das Ertrags- und das Sachwertverfahren. Die Regelung lehnt sich an § 76 Absatz 1 und 2 BewG an.

Absatz 2

Absatz 2 bestimmt, dass Ein- und Zweifamilienhäuser, Mietwohngrundstücke sowie Wohnungseigentum im Ertragswertverfahren zu bewerten sind. Damit wird der Großteil der Grundstücke (ca. 24

Millionen wirtschaftliche Einheiten) im Ertragswertverfahren bewertet. Die Bewertung der bebauten Grundstücke im Ertragswertverfahren folgt der Systematik der Grundsteuer als Sollertragsteuer. Beim Ertragswertverfahren wird der Wert von bebauten Grundstücken auf der Grundlage des für diese Grundstücke marktüblich erzielbaren Ertrags ermittelt. Das Ertragswertverfahren kommt als allgemein anerkannte Wertermittlungsmethode insbesondere bei bebauten Grundstücken in Betracht, bei denen der in der Regel zu erzielende Ertrag für die Werteinschätzung am Grundstücksmarkt im Vordergrund steht.

Im Rahmen der steuerlichen Massenbewertung kommt das Ertragswertverfahren insbesondere in den Fällen in Betracht, in denen der objektiviert-reale Wert durch einen Sollertrag bestimmt wird und dieser durch realitätsgerechte, statistisch ermittelte Erträge abgeleitet werden kann. Die Wertermittlung kann dadurch für den Großteil der Fälle anwenderfreundlich ausgestaltet werden. Auf eine Ortsbesichtigung kann regelmäßig und auf ein Sachverständigengutachten gänzlich verzichtet werden.

Absatz 3

Absatz 3 bestimmt, dass im Rahmen der steuerlichen Massenbewertung das typisierte Sachwertverfahren bei Geschäftsgrundstücken, gemischt genutzten Grundstücken, Teileigentum und sonstigen bebauten Grundstücken Anwendung findet. Das Sachwertverfahren wird damit für diejenigen bebauten Grundstücke angewendet, bei denen es zum einen für die Werteinschätzung am Grundstücksmarkt nicht in erster Linie auf den Ertrag ankommt, sondern die Herstellungskosten im gewöhnlichen Geschäftsverkehr wertbestimmend sind, zum anderen derzeit keine für die gesamte Nutzung statistisch ermittelbaren durchschnittlichen Erträge existieren.

§ 251

Wie im geltenden Recht (§ 77 BewG) darf der im typisierten Ertragswertverfahren oder im typisierten Sachwertverfahren für ein bebautes Grundstück ermittelte Wert einen bestimmten Wertekorridor, mit dem der Grund und Boden allein als unbebautes Grundstück zu bewerten wäre, nicht unterschreiten. Es entspricht den Gepflogenheiten des Grundstücksverkehrs, dass der Käufer eines bebauten Grundstücks zumindest denjenigen Preis zahlen wird, der dem gemeinen Wert des unbebauten Grund und Bodens abzüglich etwaiger Freilegungskosten entspricht.

Mit dem Abschlag von 25 Prozent vom Wert des unbebauten Grundstücks werden insbesondere die üblichen Freilegungskosten in sog. Liquidationsfällen im Sinne des § 16 Absatz 3 Nummer 2 ImmoWertV, in denen der nicht abgezinste Bodenwert ohne Berücksichtigung der Freilegungskosten den im Ertragswertverfahren ermittelten Wert erreicht oder übersteigt, typisierend berücksichtigt.

Bei der Bewertung von Ein- und Zweifamilienhäusern im Sinne des § 249 Absatz 2 und 3 BewG sind zur Berücksichtigung abweichender Grundstücksgrößen beim Bodenwert typisierende Umrechnungskoeffizienten nach Anlage 36 zum BewG zu beachten (vgl. Begründung zu § 257 Absatz 1 BewG). Diese Regelung ist auch im Rahmen der Bestimmung des Mindestwerts entsprechend zu berücksichtigen.

§ 252

Das Ertragswertverfahren im bisherigen Recht auf der Grundlage der jährlichen Reinerträge nach §§ 78 bis 82 BewG (Reinertragsverfahren; vgl. Bundestags-Drucksache IV/1488 S. 56 ff.) wurde unter Berücksichtigung des aktuellen Stands des Wertermittlungsrechts und der aktuellen Datenlage fortentwickelt.

Das Ertragswertverfahren nach § 252 ff. BewG wird in Anlehnung an das vereinfachte Ertragswertverfahren nach § 17 Absatz 2 Satz 1 Nummer 2 ImmoWertV geregelt.

Im Ertragswertverfahren ist der auf den Bewertungsstichtag bezogene Barwert (Gegenwartswert) aller zukünftigen Reinerträge aus dem Grundstück zu ermitteln. Hierbei ist zu beachten, dass die Lebensdauer (Nutzungsdauer) eines Gebäudes – im Gegensatz zum Grund und Boden – begrenzt ist (vgl. Begründung Allgemeiner Teil, IV.4). Nach Ablauf der Restnutzungsdauer des Gebäudes verbleibt der Wert des Grund und Bodens als Restertrag.

Im vereinfachten Ertragswertverfahren nach §§ 252 ff. BewG wird diesen Grundsätzen der Wertfindung Rechnung getragen, indem der vorläufige Ertragswert am Bewertungsstichtag aus dem

– über die Restnutzungsdauer des Gebäudes kapitalisierten jährlichen Reinertrag des Grundstücks (Reinerträge aus Grund und Boden sowie Gebäude/ohne vorherigen Abzug einer Bodenwertverzinsung) zuzüglich des

– über die Restnutzungsdauer des Gebäudes abgezinsten Bodenwerts

ermittelt wird.

Mit dem Ertragswertverfahren wird der Wert des Grundstücks durch Abzinsung/Kapitalisierung der Reinerträge ermittelt, die mit dem Grundstück dauerhaft erwirtschaftet werden können. Der Ertragswert stellt sich damit als Barwert der zukünftigen Erträge des Grundstücks dar.

Anlage R 3.2

Der Ertragswertermittlung liegt damit der Gedanke zugrunde, dass das Gebäude über die Zeit seiner unterstellten wirtschaftlichen Nutzungsdauer Reinerträge erwirtschaftet. Um diesen wiederkehrenden Reinerträgen einen Wert zum Wertermittlungszeitpunkt zu geben, müssen diese kapitalisiert werden. Am Ende der Restnutzungsdauer eines Gebäudes erwirtschaftet dieses keine Erträge mehr, sodass lediglich der Wert des Grund und Bodens verbleibt. Unterstellt wird, dass der Grund und Boden zum Ablauf der Restnutzungsdauer dem heutigen Wert entspricht, der dann wiederum auf den Wertermittlungszeitpunkt abzuzinsen ist.

Der Kapitalisierung des jährlichen Reinertrags des Grundstücks und der Abzinsung des Bodenwerts ist jeweils derselbe Liegenschaftszinssatz zugrunde zu legen. Der Liegenschaftszinssatz entspricht den Erwartungen der Marktteilnehmer in die zukünftige Marktentwicklung und spiegelt die marktübliche Verzinsung der Liegenschaften wider. Dabei wird die Kapitalisierungs- bzw. Abzinsungsdauer nach der wirtschaftlichen Restnutzungsdauer des Gebäudes bemessen.

Das vereinfachte Ertragswertverfahren lässt sich über folgende Formel darstellen:

$EW = RE \times KF + BW \times AF$

$$\text{wobei } KF = \frac{q^n - 1}{q^n \times (q-1)} \qquad q = 1 + LZ$$

$$\text{wobei } LZ = \frac{P}{100}$$

$$\text{wobei } AF = q^n$$

EW	=	Ertragswert
RE	=	jährlicher Reinertrag
KF	=	Kapitalisierungsfaktor (Barwertfaktor; Anlage 37 zum BewG)
AF	=	Abzinsungsfaktor (Barwertfaktor; Anlage 41 zum BewG)
BW	=	Bodenwert ohne selbständig nutzbare Teilfläche
LZ	=	Liegenschaftszinssatz
n	=	wirtschaftliche Restnutzungsdauer
p	=	Zinsfuß

Das hierauf aufbauende typisierte Ertragswertverfahren nach den §§ 252 bis 257 BewG stellt sich schematisch wie folgt dar:

	jährlicher Rohertrag (§ 254 BewG, Anlage 39 zum BewG)
./.	nicht umlagefähige Bewirtschaftungskosten (§ 255 BewG, Anlage 40 zum BewG)
=	jährlicher Reinertrag (§ 253 Absatz 1 BewG)
x	**Vervielfältiger / Barwertfaktor** (§§ 253 Absatz 2, 256 BewG, Anlage 37, 38 zum BewG)
=	Barwert des Reinertrages (§§ 252, 253 BewG)
+	**abgezinster Bodenwert** (§ 257 BewG, Anlage 41 zum BewG)
=	Grundsteuerwert (§ 252 BewG)

§ 252 Satz 1 BewG stellt als Eingangsnorm die Systematik für das vereinfachte Ertragswertverfahren dar und bestimmt, dass sich der Grundsteuerwert im Ertragswertverfahren aus der Summe des kapitalisierten Reinertrags nach § 253 BewG (Barwert des Reinertrags des Grundstücks) und des abgezinsten Bodenwerts nach § 257 BewG ermittelt.

§ 252 Satz 2 BewG bestimmt, dass die Werte für den Grund und Boden, das Gebäude, die baulichen Anlagen, insbesondere Außenanlagen, und die sonstigen Anlagen durch den Ansatz des Grundsteuerwerts abgegolten sind.

Besondere objektspezifische Grundstücksmerkmale (vgl. § 8 Absatz 3 ImmoWertV) werden im Rahmen dieser typisierenden Wertermittlung nicht gesondert ermittelt.

Anlage R 3.2 — Reform der Grundsteuer

§ 253

Absatz 1

Die Vorschrift regelt die Ermittlung des jährlichen Reinertrags des Grundstücks als erste Stufe der Wertermittlung im vereinfachten Ertragswertverfahren. Hierzu sind vom jährlichen Rohertrag des Grundstücks (§ 254 BewG) die nicht umlagefähigen Bewirtschaftungskosten (§ 255 BewG) abzuziehen.

Absatz 2

Die Vorschrift regelt die Ermittlung des Barwerts der Reinerträge durch Anwendung des Vervielfältigers (Barwertfaktors) nach Anlage 37 zum BewG auf den jährlichen Reinertrag des Grundstücks. Die Vervielfältiger wurden aus der Anlage 1 zu § 20 ImmoWertV (Barwertfaktor für die Kapitalisierung) übernommen. Maßgeblich für den Vervielfältiger sind der Liegenschaftszinssatz (§ 256 BewG) und die Restnutzungsdauer des Gebäudes. Finanzmathematisch handelt es sich um einen Zeitrentenbarwertfaktor einer jährlich nachschüssig zahlbaren Rente, wobei als Rente die jährlich anfallenden Reinerträge des Grundstücks über die Restnutzungsdauer des Gebäudes mit Hilfe des Vervielfältigers (Barwertfaktors) kapitalisiert werden.

Die Restnutzungsdauer wird grundsätzlich nach der wirtschaftlichen Gesamtnutzungsdauer des Gebäudes, die in Anlage 38 zum BewG typisierend geregelt ist, und dem Alter des Gebäudes zum Bewertungsstichtag ermittelt. Sind nach der Bezugsfertigkeit des Gebäudes, beispielsweise im Rahmen einer Kernsanierung oder Entkernung, bauliche Maßnahmen durchgeführt worden, die zu einer wesentlichen Verlängerung der wirtschaftlichen Gesamtnutzungsdauer des Gebäudes geführt haben, ist von einer entsprechend verlängerten wirtschaftlichen Restnutzungsdauer auszugehen. Dies kann beispielsweise der Fall sein, wenn nicht nur der Ausbau (u. a. Heizung, Fenster und Sanitäreinrichtungen) umfassend modernisiert, sondern auch der Rohbau (u. a. Fundamente, tragende Innen- und Außenwände, Treppen, Dachkonstruktion sowie Geschossdecken) teilweise erneuert worden ist.

Die Regelung zur Mindestrestnutzungsdauer in Höhe von 30 Prozent der wirtschaftlichen Gesamtnutzungsdauer berücksichtigt, dass auch ein älteres Gebäude, das laufend instand gehalten wird, nicht wertlos wird. Sie macht in vielen Fällen – gerade bei älteren Gebäuden – die Prüfung entbehrlich, ob die restliche Lebensdauer infolge baulicher Maßnahmen wesentlich verlängert wurde. Bei älteren, noch nutzbaren Gebäuden schließt die Mindestrestnutzungsdauer in typisierender Weise eine Verlängerung der Restnutzungsdauer durch geringfügige Modernisierungen ein. Beispielsweise ergäbe sich bei einer wirtschaftlichen Gesamtnutzungsdauer von 80 Jahren eine Mindestrestnutzungsdauer von 24 Jahren (80 Jahre x 30 Prozent).

Des Weiteren wird als Ausnahme die Berücksichtigung einer tatsächlichen Restnutzungsdauer in den Fällen einer bestehenden Abbruchverpflichtung geregelt.

§ 254

Ausgangsgröße der Bewertung im Ertragswertverfahren ist der jährliche Rohertrag des Grundstücks.

Bei Wohngebäuden (Ein- und Zweifamilienhäusern, Mietwohngrundstücke und Wohnungseigentum) wird der jährliche Rohertrag aus Vereinfachungsgründen in der Regel auf der Grundlage von aus dem Mikrozensus des Statistischen Bundesamtes abgeleiteten durchschnittlichen Nettokaltmieten je Quadratmeter Wohnfläche, die in drei Grundstücksarten, drei Wohnflächengruppen sowie fünf Baujahrgruppen unterschieden werden, ermittelt. Diese Mieten werden des Weiteren nach sechs gemeindescharfen Mietniveaustufen differenziert (vgl. Anlage 39 zum BewG).

Die Anwendung einer durchschnittlichen Miete auf statistischer Grundlage vereinfacht in einem Massenverfahren insbesondere die Fälle, in denen Grundstücke eigengenutzt, ungenutzt, zu vorübergehendem Gebrauch oder unentgeltlich überlassen werden. Die Erklärung der tatsächlichen Mieteinnahmen durch den Steuerpflichtigen und die Ermittlung einer üblichen Miete im Sinne des § 79 Absatz 2 BewG ist entbehrlich.

§ 255

Bewirtschaftungskosten sind nach der Norm die bei ordnungsgemäßer Bewirtschaftung und zulässiger Nutzung marktüblich entstehenden jährlichen Verwaltungskosten, Betriebskosten, Instandhaltungskosten und das Mietausfallwagnis, die nicht durch Umlagen oder sonstige Kostenübernahmen gedeckt sind. Die Regelung entspricht den Grundsätzen des § 19 Absatz 1 ImmoWertV.

Die bisher in den Vervielfältigern nach § 80 BewG enthaltenen Bewirtschaftungskosten werden gem. § 255 BewG i. V. m. der Anlage 40 zum BewG pauschaliert berücksichtigt und sachgerecht in Abhängigkeit von den unterschiedlichen Grundstücksarten und nach der jeweiligen Restnutzungsdauer der Gebäude differenziert. Aus Vereinfachungsgründen werden die anzusetzenden Bewirtschaftungskosten nach Erfahrungssätzen bestimmt. Ein Ansatz in tatsächlicher Höhe kommt im typisierten Massenverfahren nicht in Betracht.

§ 256

Absatz 1

Die Regelung in Absatz 1 der Norm enthält die Definition des Liegenschaftszinssatzes. Sie entspricht § 14 Absatz 3 Satz 1 ImmoWertV.

Mit dem Liegenschaftszinssatz werden die Erwartungen der Marktteilnehmer hinsichtlich der Entwicklung der allgemeinen Ertrags- und Wertverhältnisse auf dem Grundstücksmarkt erfasst. Die Verwendung des angemessenen und nutzungstypischen Liegenschaftszinssatzes dient insbesondere der Marktanpassung (§ 14 Absatz 1 und 3 ImmoWertV).

Die Liegenschaftszinssätze werden üblicherweise nach § 193 Absatz 5 Satz 2 Nummer 1 BauGB von den Gutachterausschüssen für Grundstückswerte auf Grundlage der am Markt erzielten Kaufpreise ermittelt und veröffentlicht.

Im typisierten Ertragswertverfahren nach §§ 252 bis 257 BewG werden die von den örtlichen Gutachterausschüssen für Grundstückswerte ermittelten und veröffentlichten Liegenschaftszinssätze aus Vereinfachungs- und Automationsgründen nicht unmittelbar herangezogen, sondern es werden grundstücksartbezogen marktübliche Liegenschaftszinssätze gesetzlich normiert.

Absatz 2

Zur Gewährleistung einer relations- und realitätsgerechten Bewertung von Ein- und Zweifamilienhäusern im Ertragswertverfahren ist eine Abstufung der gesetzlich normierten Zinssätze in Korrelation zu den Bodenrichtwerten erforderlich. Absatz 2 bestimmt daher, dass der Liegenschaftszinssatz sich um jeweils 0,1 Prozentpunkte je volle 100 Euro verringert, die der Bodenrichtwert oder Bodenwert nach § 247 Absatz 3 BewG je Quadratmeter die Grenze von 500 Euro je Quadratmeter übersteigt. Eine Verminderung des Liegenschaftszinssatzes führt zu steigenden Ertragswerten. Ab einem Bodenrichtwert oder Bodenwert nach § 247 Absatz 3 BewG je Quadratmeter von 1.500 Euro je Quadratmeter wird ein einheitlicher Liegenschaftszinssatz von 1,5 Prozent angewendet.

Absatz 3

Wie bei Ein- und Zweifamilienhäusern ist zur Gewährleistung einer relations- und realitätsgerechten Bewertung von Wohnungseigentum im Ertragswertverfahren eine Abstufung der gesetzlich normierten Zinssätze in Korrelation zu den Bodenrichtwerten erforderlich. Absatz 3 bestimmt daher, dass der Liegenschaftszinssatz sich um jeweils 0,1 Prozentpunkte je volle 100 Euro verringert, die der Bodenrichtwert oder der Bodenwert nach § 247 Absatz 3 BewG je Quadratmeter die Grenze von 2.000 Euro je Quadratmeter übersteigt. Ab einem Bodenrichtwert oder Bodenwert nach § 247 Absatz 3 BewG je Quadratmeter von 3.000 Euro je Quadratmeter wird ein einheitlicher Liegenschaftszinssatz von 2 Prozent angewendet.

§ 257

Absatz 1

Die Vorschrift regelt die Ermittlung des abgezinsten Bodenwerts auf der Grundlage des Werts für ein unbebautes Grundstücks (§ 247 BewG).

Der Bodenwert steigt bei kleiner werdenden Grundstücken ab einer Grundstücksgröße von ca. 500 Quadratmetern regelmäßig überproportional an. Bei größer werdenden Grundstücken geht die Minderung des Quadratmeterpreises im Verhältnis zur Fläche hingegen zurück und vermindert sich bei einer Grundstücksgröße von über 2.000 Quadratmeter nur noch marginal. Diese Wertabhängigkeit des Bodenrichtwerts in Relation zur Fläche wird insbesondere bei Ein- und Zweifamilienhausgrundstücken gegeben. Im typisierten Ertragswertverfahren werden aus Vereinfachungsgründen für die Bewertung von Ein- und Zweifamilienhäusern zur Berücksichtigung abweichender Grundstücksgrößen beim Bodenwert in der Anlage 36 zum BewG Umrechnungskoeffizienten vorgegeben. Veröffentlichungen der örtlichen Gutachterausschüsse zu entsprechenden Umrechnungskoeffizienten sind insoweit für Zwecke der Ermittlung von Grundsteuerwerten nicht zu berücksichtigen.

Absatz 2

Der Bodenwert ist vor der Abzinsung über die wirtschaftliche Restnutzungsdauer des Gebäudes zunächst um den Wert selbständig nutzbarer Teilflächen im Sinne des Absatzes 3 zu korrigieren, soweit diese nicht ohnehin eine gesonderte wirtschaftliche Einheit bilden und gesondert bewertet werden.

Auf den ggf. korrigierten Bodenwert ist der zutreffende Abzinsungsfaktor gemäß Anlage 41 zum BewG anzuwenden, für dessen Höhe der gesetzlich normierte Liegenschaftszinssatz (§ 256 BewG) und die wirtschaftliche Restnutzungsdauer im Sinne des § 253 Absatz 2 und 3 BewG bestimmend sind. Der Bodenwert der selbständig nutzbaren Teilflächen ist anschließend zu addieren.

Anlage R 3.2

Absatz 3
Die Vorschrift definiert die selbständig nutzbaren Teilflächen innerhalb einer wirtschaftlichen Einheit Grundstück entsprechend des § 17 Absatz 2 Satz 2 ImmoWertV.

§ 258
Absatz 1
Das in den §§ 83 bis 90 BewG geregelte Sachwertverfahren wird auf der Grundlage des aktuellen Stands des Wertermittlungsrechts und der aktuellen Datenlage fortentwickelt.

Das Sachwertverfahren wird in Anlehnung an das Sachwertverfahren nach den §§ 21 ff. ImmoWertV geregelt. Besondere objektspezifische Grundstücksmerkmale (vgl. § 8 Absatz 3 ImmoWertV) werden im Rahmen der typisierenden steuerrechtlichen Wertermittlung aus Vereinfachungs- und Automationsgründen nicht gesondert ermittelt.

Das typisierte – vereinfachte – Sachwertverfahren nach den §§ 258 bis 260 BewG stellt sich schematisch wie folgt dar:

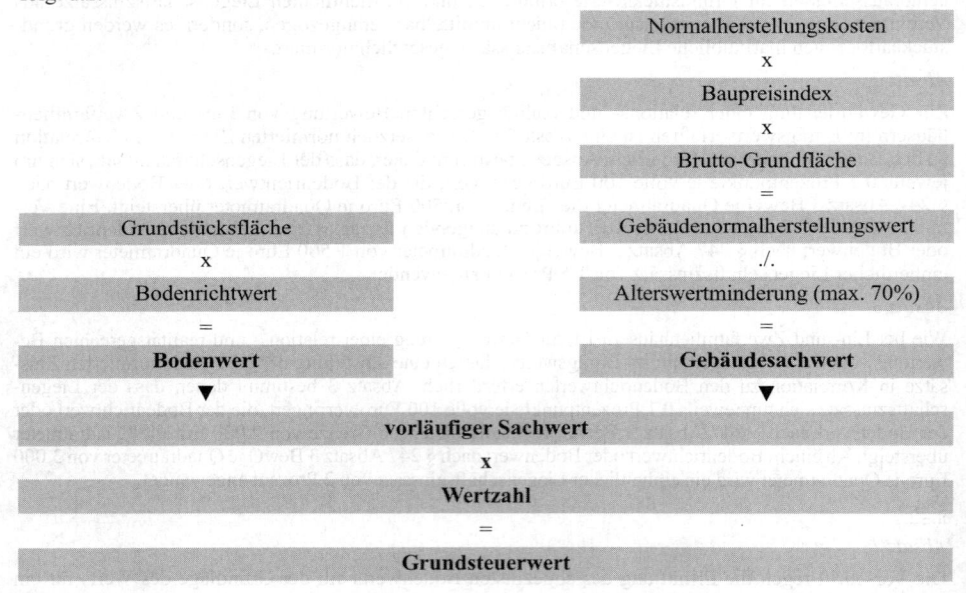

```
                                           Normalherstellungskosten
                                                    x
                                              Baupreisindex
                                                    x
                                            Brutto-Grundfläche
                                                    =
          Grundstücksfläche               Gebäudenormalherstellungswert
                  x                                 ./.
          Bodenrichtwert                  Alterswertminderung (max. 70%)
                  =                                 =
              Bodenwert                        Gebäudesachwert
                  ▼                                 ▼
                          vorläufiger Sachwert
                                    x
                                Wertzahl
                                    =
                            Grundsteuerwert
```

Absatz 2
Die Vorschrift entspricht § 84 BewG und bestimmt, dass der Bodenwert mit dem Wert des unbebauten Grundstücks nach § 247 BewG anzusetzen ist.

Absatz 3
Die Vorschrift beschreibt die Ermittlung des Grundsteuerwerts (Sachwerts) im Sachwertverfahren und entspricht im Wesentlichen § 83 BewG. Die Summe aus dem gesondert zu ermittelnden Bodenwert (§§ 258 Absatz 2, 247 BewG) und dem gesondert zu ermittelnden Gebäudesachwert (§ 259 BewG) ergibt den vorläufigen Sachwert, der mittels einer Wertzahl (§ 260 BewG) an die allgemeinen Wertverhältnisse auf dem Grundstücksmarkt angepasst wird. Die Werte für den Grund und Boden, das Gebäude, die baulichen Anlagen, insbesondere Außenanlagen, und die sonstigen Anlagen sind mit dem Ansatz des Grundsteuerwerts abgegolten. Zur Berücksichtigung von baulichen Anlagen, insbesondere Außenanlagen, und sonstigen Anlagen wurden die Normalherstellungskosten pauschal um drei Prozent erhöht. (vgl. auch Begründung zu § 259 Absatz 1 BewG).

§ 259

Absatz 1
Zur Ermittlung des Gebäudesachwerts ist nicht von den tatsächlichen, sondern von den gewöhnlichen Herstellungskosten für die jeweilige Gebäudeart und Flächeneinheit auszugehen (vgl. § 22 ImmoWertV). Die unter Fortentwicklung des § 85 BewG ermittelten Normalherstellungskosten ergeben sich aus der Anlage 42 zum BewG.

Die Normalherstellungskosten sind aus dem arithmetischen Mittelwert der Regelherstellungskosten von vergleichbaren Gebäudearten für die Standardstufen 2 bis 4 lt. Anlage 24 zum BewG in der Fassung des Steueränderungsgesetzes vom 2. November 2015, BGBl. I S. 1834 abgeleitet worden. Die Regelherstellungskosten in der Anlage 24 zum BewG wurden in Anlehnung an die Normalherstellungskosten 2010 der Sachwert-Richtlinie vom 5. September 2012, BAnz AT 18. Oktober 2012 B1 zur Ermittlung des Sachwerts nach den §§ 21 bis 23 ImmoWertV ermittelt.

Bei der Ableitung sind vergleichbare Gebäudearten mit annähernd gleichen Normalherstellungskosten zusammengefasst worden. Zur verwaltungsökonomischen Bewältigung eines Massenverfahrens zur Grundstücksbewertung wird zwischen möglichst eindeutig identifizierbaren Bauweisen und Nutzungstypen unterschieden.

Die Differenzierung der Normalherstellungskosten erfolgt entsprechend der Unterteilung der Regelherstellungskosten in Standardstufen nach der Anlage 24 zum BewG, wobei die Einordnung in Abhängigkeit der Baujahre in drei Gruppen durchgeführt wurde. Bei Gebäuden mit Baujahren vor 1995 kann im Allgemeinen von einem geringeren Standard, insbesondere hinsichtlich der energetischen Eigenschaften, ausgegangen werden. Dagegen kann bei Baujahren ab 2005 eine höhere Standardstufe unterstellt werden. Auf eine Eingruppierung entsprechend der Standardstufe 1 und 5 gemäß Anlage 24 zum BewG wurde hinsichtlich der typisierenden Betrachtungsweise verzichtet. Dies entspricht insgesamt der Grundkonzeption der Sachwert-Richtlinie 2012 zur Berücksichtigung der unterschiedlichen Ausstattungsstandards und ermöglicht eine – automationsunterstützte – typisierende Berücksichtigung der baujahrtypischen Ausstattung.

Insbesondere zur Berücksichtigung von baulichen Anlagen, insbesondere Außenanlagen, wie beispielsweise Außenstellplätze, Erschließung und Einfriedung, sowie sonstigen Anlagen wurden die Normalherstellungskosten
pauschal um drei Prozent erhöht.

Absatz 2
Der Gebäudenormalherstellungswert entspricht dem Produkt aus der Brutto-Grundfläche und den am Hauptfeststellungszeitpunkt maßgebenden Normalherstellungskosten.

Absatz 3
Die Normalherstellungskosten sind auf dem Kostenstand 2010 ermittelt worden. Sie müssen nach Maßgabe der zum Hauptfeststellungszeitpunkt maßgebenden Baupreisindizes angepasst werden. Dabei ist auf die Preisindizes für die Bauwirtschaft abzustellen, die das Statistische Bundesamt für den Neubau in konventioneller Bauart von Wohn- und Nichtwohngebäuden jeweils für das Vierteljahr vor dem Hauptfeststellungszeitpunkt ermittelt hat. Diese Preisindizes sind für alle Bewertungsstichtage des folgenden Hauptfeststellungszeitraums anzuwenden. Auf diese Weise wird vermieden, dass in jedem Einzelfall eine Umrechnung der Pauschalherstellungskosten für die verschiedenen Gebäudearten in Normalherstellungskosten erfolgen muss.

Das Bundesministerium der Finanzen veröffentlicht die maßgebenden Baupreisindizes im Bundessteuerblatt.

Absatz 4
Der Gebäudenormalherstellungswert ist in Abhängigkeit des Alters des Gebäudes zu mindern. Die Alterswertminderung wird regelmäßig nach dem Alter des Gebäudes zum Bewertungsstichtag und einer typisierten wirtschaftlichen Gesamtnutzungsdauer bestimmt. Die typisierte Gesamtnutzungsdauer ist der Anlage 38 zum BewG zu entnehmen. Bei der Alterswertminderung wird von einer linearen jährlichen Wertminderung ausgegangen (vgl. § 23 Satz 2 ImmoWertV).

Sind nach der Bezugsfertigkeit des Gebäudes, beispielsweise im Rahmen einer Kernsanierung oder Entkernung, bauliche Maßnahmen durchgeführt worden, die zu einer wesentlichen Verlängerung der Nutzungsdauer des Gebäudes geführt haben, ist von einem entsprechend späteren Baujahr auszugehen. Dies kann beispielsweise der Fall sein, wenn nicht nur der Ausbau (u. a. Heizung, Fenster und Sanitäreinrichtungen) umfassend modernisiert, sondern auch der Rohbau (u. a. Fundamente, tragende Innen- und Außenwände, Treppen, Dachkonstruktion sowie Geschossdecken) teilweise erneuert worden ist.

Eine Verkürzung der Restnutzungsdauer kommt in Betracht, wenn am Bewertungsstichtag eine Abbruchverpflichtung für das Gebäude besteht. In diesem Fall ist die tatsächliche Restnutzungsdauer in Abhängigkeit des Abbruchzeitpunkts anzusetzen.

Der nach Abzug der Alterswertminderung verbleibende Gebäudewert ist regelmäßig mit mindestens 30 Prozent des Gebäudenormalherstellungswerts anzusetzen. Diese Restwertregelung berücksichtigt, dass auch ein älteres Gebäude, das laufend instand gehalten wird und daher noch benutzbar ist, ggf. trotz Ablauf der typisierten wirtschaftlichen Gesamtnutzungsdauer einen verbleibenden Wert hat. Die An-

Anlage R 3.2 — Reform der Grundsteuer

nahme eines Restwerts macht in vielen Fällen die Prüfung entbehrlich, ob die restliche Lebensdauer des Gebäudes infolge baulicher Maßnahmen wesentlich verlängert wurde. Bei älteren, noch nutzbaren Gebäuden schließt die Begrenzung der Alterswertminderung in typisierender Weise eine Verlängerung der Restnutzungsdauer durch geringfügige Modernisierungen ein. Der Ansatz eines Restwerts entspricht den Regelungen des § 86 Absatz 3 Satz 1 BewG und § 190 Absatz 4 Satz 5 BewG.

§ 260

Zur Berücksichtigung der Lage auf dem Grundstücksmarkt einschließlich der regionalen Baupreisverhältnisse ist der im Wesentlichen nur kostenorientierte vorläufige Sachwert an die allgemeinen Wertverhältnisse auf dem örtlichen Grundstücksmarkt anzupassen (Marktanpassung). Hierzu ist der vorläufige Sachwert bei der Verkehrswertermittlung mit dem zutreffenden Sachwertfaktor zu multiplizieren, der von den Gutachterausschüssen für Grundstückswerte aus dem Verhältnis geeigneter Kaufpreise zu entsprechenden vorläufigen Sachwerten ermittelt wird (§ 193 Absatz 5 Satz 2 Nummer 2 BauGB i. V. m. § 14 Absatz 2 Nummer 1 ImmoWertV).

Im typisierten – vereinfachten – Sachwertverfahren nach §§ 258 bis 260 BewG werden marktübliche Sachwertfaktoren als Wertzahlen gesetzlich vorgegeben (Anlage 43 zum BewG).

IV. Sonderfälle

Unterabschnitt IV. zum Grundvermögen enthält Regelungen zu den sogenannten Sonderfällen. Hierzu gehören die Erbbaurechtsfälle (§ 261 BewG) und die Fälle mit Gebäuden auf fremdem Grund und Boden (§ 262 BewG).

Eine Regelung zu Grundstücken im Zustand der Bebauung – wie bisher in § 91 BewG – ist für die Grundsteuer entbehrlich. Für Zwecke der Grundsteuer bleiben die nicht bezugsfertigen Gebäude und Gebäudeteile bei der Ermittlung des Wertes unverändert außer Betracht.

§ 261

Das Erbbaurecht wird künftig zur Ermittlung der Bemessungsgrundlage für die Grundsteuer mit dem belasteten Grund und Boden zu einer wirtschaftlichen Einheit zusammengefasst (§ 244 Absatz 3 Nummer 1 BewG). § 261 BewG bestimmt somit, dass in den Fällen, in denen ein Grundstück mit einem Erbbaurecht belastet ist, für den Grund und Boden sowie für ggf. vorhandene Gebäude ein Gesamtwert nach den §§ 246 bis 260 BewG zu ermitteln ist. Festgestellt wird der Wert, der festzustellen wäre, wenn die Belastung mit dem Erbbaurecht nicht bestünde. Die Vorschrift entwickelt § 92 BewG unter Berücksichtigung des typisierenden Massenverfahrens fort.

Dem Erbbauberechtigten wird unter Abweichung von der bisherigen Bewertungssystematik der Gesamtwert von Grund und Boden und Gebäude zugerechnet, da er sich durch die Vereinbarung eines Erbbaurechtes und der damit einhergehenden Zahlung des Erbbauzinses eine Rechtsposition verschafft, die es rechtfertigt, ihn für die Dauer des Erbbaurechts für Zwecke der Bewertung im Rahmen der Grundsteuer dem Eigentümer des Grund und Bodens gleichzustellen. Wer endgültig mit der Grundsteuer belastet werden soll, unterliegt der Privatautonomie (vgl. § 2 Nummer 3 des Erbbaurechtsgesetzes).

§ 262

Nach § 262 BewG werden das Gebäude auf fremdem Grund und Boden und das damit belastete Grundstück aus Vereinfachungs- und automationstechnischen Gründen unter Fortentwicklung der Regelungen des § 94 BewG und unter Berücksichtigung des typisierenden Massenverfahrens als eine wirtschaftliche Einheit des Grundvermögens bewertet. Hierzu wird das Gebäude auf fremdem Grund und Boden mit dem dazu gehörenden Grund und Boden zu einer wirtschaftlichen Einheit zusammengefasst (§ 244 Absatz 3 Nummer 2 BewG). Ein Gebäude auf fremdem Grund und Boden liegt vor, wenn ein anderer als der Eigentümer des Grund und Bodens darauf ein Gebäude errichtet hat und ihm das Gebäude bewertungsrechtlich zuzurechnen ist. Das Gebäude wird insbesondere dann einem anderen als dem Eigentümer des Grund und Bodens zugerechnet, wenn ein anderer an dem Gebäude das zivilrechtliche (Gebäude als Scheinbestandteil) oder wirtschaftliche Eigentum (beispielsweise bei Vereinbarung eines Entschädigungsanspruchs für das Gebäude nach Beendigung des Nutzungsverhältnisses) innehat.

Für die wirtschaftliche Einheit ist ein Gesamtwert festzustellen, der dem zivilrechtlichen Eigentümer des Grund und Bodens zuzurechnen ist. Dieser ist trotz abweichender wirtschaftlicher Vereinbarung grundsätzlich (Ausnahme: Gebäude als Scheinbestandteil) zivilrechtlich Eigentümer des Gebäudes. Er wird Steuerschuldner für das belastete Grundstück und kann auf einfachem Weg aufgrund amtlicher Grundstücksinformationen im automatisierten Verfahren ermittelt werden. Gleichwohl führt dies im Ergebnis zu keiner tatsächlichen Belastungsverschiebung, wenn nach den üblichen vertraglichen Vereinbarungen die Grundsteuer schon bisher auf den Eigentümer des Gebäudes auf fremdem Grund und Boden abgewälzt wurde. Wer die Grundsteuer endgültig tragen soll, unterliegt der Privatautonomie.

§ 263

Absatz 1

§ 263 Absatz 1 BewG ermächtigt das Bundesministerium der Finanzen, durch Rechtsverordnung mit Zustimmung des Bundesrates die Anlagen 27 bis 43 zum BewG an die Ergebnisse der Erhebungen nach § 2 des Landwirtschaftsgesetzes, an die Erhebungen der Finanzverwaltung oder an geänderte wirtschaftliche oder technische Entwicklungen anzupassen. Die Ermächtigung soll eine realitäts- und relationsgerechte Bewertung für die Zukunft sicherstellen. In der jeweiligen Rechtsverordnung kann daher das Bundesministerium der Finanzen zur Sicherstellung der Gleichmäßigkeit der Besteuerung, insbesondere zur Sicherstellung einer relations- und realitätsgerechten Abbildung der Grundsteuerwerte, anordnen, dass ab dem nächsten Feststellungszeitpunkt Grundsteuerwerte unter Berücksichtigung der tatsächlichen Verhältnisse und der geänderten Wertverhältnisse durch Anwendung der jeweils angepassten Anlagen 27 bis 43 zum BewG festgestellt werden. Eine Anpassung der Anlagen 34 und 35 erfolgt im Einvernehmen mit dem Bundesministerium für Ernährung und Landwirtschaft.

Absatz 2

§ 263 Absatz 2 BewG ermächtigt das Bundesministerium der Finanzen, durch Rechtsverordnung mit Zustimmung des Bundesrats die gemeindebezogene Einordnung in die jeweilige Mietniveaustufe zur Ermittlung der Zu- und Abschläge nach § 254 BewG i. V. m. der Anlage 39 zum BewG auf der Grundlage der Einordnung nach § 12 des Wohngeldgesetzes in der jeweils gültigen Fassung in Verbindung mit § 1 Absatz 3 und der Anlage der Wohngeldverordnung in der jeweils gültigen Fassung für steuerliche Zwecke herzuleiten.

Zu Nummer 3

§ 264 – neu –

Da der Siebente Abschnitt unmittelbar an den Sechsten Abschnitt des Zweiten Teils des BewG angefügt wird, verschiebt sich der Dritte Teil des BewG. Die Ermächtigungsnorm § 204 BewG zur Neubekanntmachung des Bewertungsgesetzes wird infolgedessen § 264 BewG.

Zu Nummer 4

§ 265 – neu –

Es handelt sich um eine Folgeänderung. Da der Siebente Abschnitt unmittelbar an den Sechsten Abschnitt des Zweiten Teils des BewG angefügt wird, verschiebt sich der Dritte Teil des BewG. Die Norm zu den Anwendungsvorschriften § 205 BewG wird infolgedessen § 265 BewG.

Zu Nummer 5

§ 266 – neu –

Absatz 1

Die neu eingefügte Norm § 266 BewG bestimmt in Absatz 1, dass die erste Hauptfeststellung für die Grundsteuerwerte nach § 221 BewG auf den 1. Januar 2022 durchgeführt wird. Ab diesem Zeitpunkt können Feststellungsbescheide über die neuen Grundsteuerwerte ergehen.

Absatz 2

§ 219 Absatz 3 BewG bestimmt, dass Grundsteuerwerte festgestellt werden, soweit diese für die Besteuerung relevant sind. Da das derzeitige Grundsteuergesetz für die Bemessung der Grundsteuer auf die Einheitswerte verweist, sind die Grundsteuerwerte bis zu der mit Artikel 3 dieses Gesetzes vorgesehenen Anwendung des Grundsteuergesetzes für die Grundsteuer 2025 für die Besteuerung noch nicht von Relevanz. Dies könnte dazu führen, dass die Grundsteuerwerte solange nicht festgestellt werden könnten, bis Artikel 3 dieses Gesetzes Anwendung findet, das wiederum für die Bemessung der Grundsteuer auf die Grundsteuerwerte verweist. Eine frühere Anwendung des Grundsteuergesetzes im Sinne des Artikels 3 ist nicht möglich, da die automationstechnischen Umstellungen erst eine Erhebung der Grundsteuer auf Grundlage der Grundsteuerwerte zum 1. Januar 2025 ermöglichen und daher bis dahin die Grundsteuer auf den bisherigen Einheitswerten beruhen soll. Um einen lückenlosen Übergang vom alten Grundsteuerrecht auf Grundlage der Einheitswerte zum neuen Grundsteuerrecht auf Grundlage der Grundsteuerwerte zu ermöglichen, müssen die Grundsteuerwerte bereits vorher festgestellt worden sein, bevor Artikel 3 dieses Gesetzes Anwendung findet. Absatz 2 bestimmt daher, bei der Feststellung der Grundsteuerwerte in der Übergangszeit für § 219 Absatz 3 BewG zu unterstellen, dass anstelle von Einheitswerten Grundsteuerwerte maßgebend für die Besteuerung nach dem Grundsteuergesetz sind. Damit wird eine Relevanz der Grundsteuerwerte für die Bemessung der Grundsteuer bereits zum ersten Hauptfeststellungszeitpunkt fingiert.

Derzeit werden für steuerbefreite Grundstücke keine Einheitswerte festgestellt. Es ist anzunehmen, dass im Zeitpunkt der erstmaligen Veranlagung zur Grundsteuer zum 1. Januar 2025 (vgl. Begründung zu Artikel 3 § 36 GrStG) jedenfalls ein Großteil der derzeitigen im Grundsteuerrecht vorgesehenen Steuerbefreiungen bestehen. Auch dem wird in der Übergangsregelung Rechnung getragen. Im Ergebnis werden bei der Anwendung von § 219 Absatz 3 BewG das im ersten Hauptfeststellungszeitpunkt geltende Grundsteuerrecht und damit auch die Steuerbefreiungsvorschriften zugrunde gelegt.

Sollte bis zum 31. Dezember 2024 eine Steuerbefreiungsvorschrift aufgehoben werden, kann eine Nachfeststellung der Grundsteuerwerte nach § 223 Absatz 1 Nummer 2 BewG erfolgen. Wird eine neue Steuerbefreiungsvorschrift bis zum 31. Dezember 2024 in das Grundsteuergesetz aufgenommen, sind die Grundsteuerwerte nach § 224 Absatz 1 Nummer 2 BewG aufzuheben.

Bei Art- und Zurechnungsfortschreibungen ist bei der Anwendung von § 222 Absatz 2 BewG ab dem ersten Hauptfeststellungszeitpunkt und der Anwendung von Artikel 3 ebenfalls zu unterstellen, dass anstelle von Einheitswerten Grundsteuerwerte maßgebend für die Bemessung der Grundsteuer sind.

Absatz 3

Absatz 3 bestimmt, dass Finanzbehörden vor dem 1. Januar 2022 eingetretene Änderungen der tatsächlichen Verhältnisse, die ihr im Rahmen der erstmaligen Erklärung nach § 228 BewG erstmals bekannt werden, nicht für die zurückliegenden Jahre zur Fortschreibung oder Nachfeststellung der Einheitswerte verwenden dürfen. Dies soll die wahrheitsgemäße Abgabe der Erklärung nach § 228 BewG und damit eine realitätsgerechte Bewertung sicherstellen. Ab dem 1. Januar 2025 dürfen spätestens auch auf bereits bestandskräftige Bescheide, die auf den vom Bundesverfassungsgericht mit seinem Urteil vom 10. April 2018 zur Grundsteuer als verfassungswidrig festgestellten Bestimmungen des Bewertungsgesetzes beruhen, keine Belastungen mehr gestützt werden. Spätestens ab dem 1. Januar 2025 sind daher in jedem Fall keine Fortschreibungen und Nachfeststellungen der Einheitswerte mehr möglich (vgl. auch Begründung zu Absatz 4).

Absatz 4

In Nummer 4 des Tenors des Urteils des Bundesverfassungsgerichts vom 10. April 2018 zur Grundsteuer (BGBl. I S. 531) hat das Bundesverfassungsgericht bestimmt, dass für Kalenderjahre nach Ablauf der Fortgeltungsfristen auch auf bereits bestandskräftige Bescheide, die auf den als verfassungswidrig festgestellten Bestimmungen des Bewertungsgesetzes beruhen, keine Belastungen mehr gestützt werden dürfen. Nach § 31 Absatz 2 Satz 1 und 2 i. V. m. § 13 Nummer 8a und 11 des Bundesverfassungsgerichtsgesetzes kommt der Entscheidung des Bundesverfassungsgerichts vom 10. April 2018 zur Grundsteuer Gesetzeskraft zu. Absatz 4 hebt daher klarstellend kraft Gesetzes die Einheitswertbescheide, Grundsteuermessbescheide und Grundsteuerbescheide, die vor dem 1. Januar 2025 erlassen wurden und soweit sie auf den §§ 19, 20, 21, 22, 23, 27, 76, 79 Absatz 5, 93 Absatz 1 Satz 2 BewG in Verbindung mit Artikel 2 Absatz 1 Satz 1 und Satz 3 des Gesetzes zur Änderung des Bewertungsgesetzes in der Fassung des Artikels 2 des Gesetzes vom 22. Juli 1970 (BGBl. I S. 1118) beruhen, zum 31. Dezember 2024 mit Wirkung für die Zukunft auf.

Zu Nummer 6

Anlagen 27 bis 43 – neu –

Die Anlagen 27 bis 43 zum BewG werden dem Stammgesetz angefügt. In den Anlagen werden bestimmte Bewertungsparameter für die Bewertung für Zwecke der Grundsteuer vorgegeben. Vgl. jeweils die Begründung zu den Normen, die auf die Anlagen Bezug nehmen.

Zu Artikel 2 (Weitere Änderung des Bewertungsgesetzes)

Zu Nummer 1

Die Inhaltsübersicht wird an die Aufhebung der §§ 19, 21 bis 29, 32, 39 bis 69, 71 bis 94, 121a, 122, 125 bis 150 und der Anlagen 1 bis 8 sowie die veränderte Bezeichnung des § 20 BewG angepasst.

Zu Nummer 2

§ 17 Absatz 2 – aufgehoben – und Absatz 2 – neu –

Der in § 17 BewG definierte Geltungsbereich der besonderen Bewertungsvorschriften des BewG wird an den Wegfall der Einheitsbewertung angepasst.

Zu Nummer 3

§ 18 Nummer 1 bis 3

Es handelt sich um Folgeänderungen durch den Wegfall der Einheitsbewertung.

Zu Nummer 4

§ 19 – aufgehoben –

Es handelt sich um Folgeänderungen durch den Wegfall der Einheitswerte.

Reform der Grundsteuer

Anlage R 3.2

Zu Nummer 5

§ 20

Es handelt sich um eine Folgeänderung durch den Wegfall der Einheitsbewertung.

Zu Nummer 6

§§ 21 bis 29, 32 bis 69, 71 bis 94, 121a und 122 – aufgehoben –

Die §§ 21 bis 29, 32 bis 69, 71 bis 94, 121a und 122 BewG haben aufgrund des Wegfalls der Einheitsbewertung keinen Anwendungsbereich mehr und werden daher aufgehoben.

Zu Nummer 7

§ 97 Absatz 1 Satz 2 – aufgehoben –

Es handelt sich um eine Folgeänderung durch den Wegfall der Einheitsbewertung.

Zu Nummer 8

§ 123

Es handelt sich um eine Folgeänderung durch den Wegfall der Einheitsbewertung.

Zu Nummer 9

§§ 125 bis 150 und Anlagen 1 bis 8 – aufgehoben –

Die §§ 125 bis 150 BewG sowie die Anlagen 2 bis 8 zum BewG haben aufgrund des Wegfalls der Einheitsbewertung keinen Anwendungsbereich mehr und werden daher aufgehoben.

Zu Nummer 10

§ 151

Es handelt sich um eine Folgeänderung durch die Aufhebung von § 138 BewG (vgl. Begründung zu Nummer 9).

Zu Nummer 11

§ 157 Absatz 1 Satz 1 und 2, Absatz 3 Satz 1

Es handelt sich um Folgeänderungen aufgrund des Wegfalls der Einheitsbewertung. In § 157 Absatz 1 Satz 1 BewG wird nunmehr für die Erbschaft- und Schenkungsteuer sowie die Grunderwerbsteuer der inländische Grundbesitz definiert, da mit Wegfall des § 19 Absatz 1 BewG auf die Definition dort nicht mehr verwiesen werden kann. Eine inhaltliche Änderung ist damit nicht verbunden. Darüber hinaus wird auf § 229 BewG verwiesen, da mit Wegfall von § 29 BewG (vgl. Begründung zu Nummer 6) nicht mehr dorthin verwiesen werden kann.

Zu Artikel 3 (Änderung des Grundsteuergesetzes)

Zu Nummer 1

Inhaltsübersicht

Eine Inhaltsübersicht wurde dem Grundsteuergesetz vorangestellt.

Zu Nummer 2

§ 2

Die Vorschrift wurde unter Berücksichtigung der neuen bewertungsrechtlichen Definitionen angepasst.

Zu Nummer 3

§ 10 Absatz 2 – aufgehoben – und Absatz 2 – neu –

Die neue Fassung der Vorschrift trägt durch Wegfall des bisherigen Absatzes 2 den bewertungsrechtlichen Änderungen bei Erbbaurechtsgrundstücken Rechnung. Der bisherige Absatz 3 wird entsprechend Absatz 2.

Zu Nummer 4

§ 13

Es handelt sich um eine redaktionelle Anpassung der Schreibweise.

Zu Nummer 5

§ 14

Die Steuermesszahl wurde an die geänderten bewertungsrechtlichen Vorschriften und deren steuerliche Auswirkungen sowie redaktionell an eine zeitgemäße Sprache angepasst.

Zu Nummer 6

§ 15

Absatz 1

Die Steuermesszahlen wurden an die geänderten bewertungsrechtlichen Vorschriften und deren steuerliche Auswirkungen sowie redaktionell an die geänderte Schreibweise und eine zeitgemäße Sprache angepasst.

Absatz 2

Wohnen ist ein existenzielles Grundbedürfnis. Aus diesem Grund ist allgemein anerkannt, dass es sich bei der Schaffung und Verfügbarmachung von ausreichendem Wohnraum um einen überragenden Gemeinwohlbelang handelt.

Das Bundesverfassungsgericht hat in seiner Entscheidung vom 7. November 2006 (BGBl. 2007 I S. 194) anerkannt, dass – bei den weiteren sich an die Bewertung anschließenden Schritten – zur Bestimmung der Steuerbelastung der Gesetzgeber Lenkungszwecke, etwa in Form zielgenauer und normenklarer steuerlicher Verschonungsregelungen, berücksichtigen darf.

Im Rahmen eines dynamischen Massenverfahrens kann eine zielgenaue und normenklare Verschonungsregelung in Form eines Abschlags von der Steuermesszahl für Wohngrundstücke im Sinne des § 249 Absatz 1 Nummer 1 bis 4 des Bewertungsgesetzes (Grundsteuervergünstigung) nur dann erfolgen, wenn bereits im außersteuerrechtlichen Bereich eine Konkretisierung der Wohnraumförderwürdigkeit erfolgt ist. Aus diesen Gründen knüpft die Grundsteuervergünstigung für den Steuergegenstand Grundstück an das Vorliegen eines Förderbescheides und die Einhaltung der Förderkriterien nach dem Wohnraumförderungsgesetz des Bundes an. Dabei wird typisierend unterstellt, dass Fehlförderungen, d. h. Fälle, in denen der Förderzweck und die Zielgruppe sowie die Förderintensität unangemessen sind, nach § 7 des Wohnraumförderungsgesetzes zu vermeiden oder auszugleichen sind. Insoweit erübrigt sich eine detaillierte Prüfung einzelner Wohnungen.

Absatz 3

Absatz 3 bestimmt, dass die Ermäßigung der Steuermesszahl nach Absatz 1 Nummer 2 Buchstabe a um 25 Prozent auch für nach den Wohnraumfördergesetzen der Länder entsprechend geförderte Grundstücke erfolgt.

Absatz 4

Die Vorschrift greift den Grundgedanken des Absatzes 2 auf. Sie berücksichtigt die Belange der Bau- und insbesondere der Wohnungswirtschaft, in dem der Lenkungszweck Schaffung und Verfügbarmachung von Wohnraum normenklar für die in Nummer 1 bis 3 abschließend aufgezählten Wohnungsbaugesellschaften, Wohnungsbaugenossenschaften und -vereine auf deren Antrag hin gewährt wird.

Mit der Grundsteuervergünstigung sollen zusätzliche Investitionsanreize zur Schaffung von Wohnraum gesetzt werden und zielgenau die Bau- und Wohnungswirtschaft in denjenigen Fällen positiv beeinflussen, bei denen die günstige Versorgung der Bevölkerung mit Wohnraum Hauptzweck ist. Aus diesen Gründen umfasst die Grundsteuervergünstigung nur Wohnungsbaugesellschaften, die mehrheitlich von Gebietskörperschaften beherrscht werden und bei denen ein Gewinn durch Abführung an die jeweiligen Gebietskörperschaften der kommunalen Daseinsfürsorge zu Gute kommt. Entsprechendes gilt für Wohnungsbaugesellschaften, die im Dienste der Allgemeinheit tätig werden und deshalb als gemeinnützig im Sinne des § 52 der Abgabenordnung anerkannt werden oder nach § 5 Absatz 1 Nummer 10 des Körperschaftsteuergesetzes steuerbefreit sind.

Zu Nummer 7

§ 16 Absatz 1 Satz 1

Es handelt sich um eine Folgeänderung aufgrund des Wegfalls der Einheitsbewertung. Ein Verweis ins Bewertungsgesetz wurde angepasst.

Zu Nummer 8

§ 17 Absatz 1

Es handelt sich um Folgeänderungen aufgrund des Wegfalls der Einheitsbewertung. Verweise ins Bewertungsgesetz wurden angepasst.

Zu Nummer 9

§ 18

Es handelt sich um Folgeänderungen aufgrund des Wegfalls der Einheitsbewertung. Verweise ins Bewertungsgesetz wurden angepasst.

Zu Nummer 10
Zu Buchstabe a
§ 19 Absatz 1

Der bisherige Wortlaut des § 19 BewG wird auf Grund der Anfügung des Absatzes 2 zum Absatz 1.

Zu Buchstabe b
§ 19 Absatz 2 – neu –

Die Vorschrift stellt strukturell sicher, dass die zuständige Finanzbehörde beim Wegfall der Voraussetzungen für die ermäßigte Steuermesszahl (Grundsteuervergünstigung) Kenntnis erlangt und dies im Wege einer Neuveranlagung berücksichtigen kann.

Zu Nummer 11
§ 20 Absatz 2 Nummer 1

Es handelt sich um eine Folgeänderung aufgrund des Wegfalls der Einheitsbewertung. Ein Verweis ins Bewertungsgesetz wurde angepasst.

Zu Nummer 12
§ 22

Absatz 1

Die Vorschrift bestimmt wie bisher die Grundsätze der Zerlegung von Steuermessbeträgen und wurde lediglich an die geänderte Schreibweise angepasst.

Absatz 2

Die Vorschrift bestimmt den Zerlegungsmaßstab bei Betrieben der Land- und Forstwirtschaft. Als Zerlegungsmaßstab werden die Reinertragsverhältnisse zugrunde gelegt, die gemäß § 239 Absatz 2 BewG für jede Gemeinde im Rahmen der Bewertung eines Betriebs der Land- und Forstwirtschaft ermittelt und ausgewiesen werden.

Absatz 3

Die Vorschrift bestimmt den Zerlegungsmaßstab bei Grundstücken. Als Zerlegungsmaßstab ist grundsätzlich das Verhältnis der Flächen maßgeblich. Die Vorschrift ermöglicht in unbilligen Fällen die Festlegung abweichender Zerlegungsanteile im Einvernehmen der Beteiligten.

Absatz 4

Die Vorschrift entspricht inhaltlich den Regelungen des Absatzes 2 der bisherigen Vorschrift.

Zu Nummer 13
§ 33

Absatz 1

Die Vorschrift bestimmt in Satz 1 die Grundsätze für den Erlass der Grundsteuer bei Betrieben der Land- und Forstwirtschaft, die eine Reinertragsminderung erlitten haben. Der Begriff des Reinertrags wird in Satz 2 unter Rückgriff auf die bewertungsrechtliche Definition in § 236 Absatz 3 Satz 1 und 2 BewG konkretisiert. Aufgrund des regelmäßig abweichenden Wirtschaftsjahres in der Land- und Forstwirtschaft fingiert Satz 3 die Zuordnung des steuerrechtlich maßgebenden Wirtschaftsjahres zum Erlasszeitraum.

Absatz 2

Die Vorschrift bestimmt die weiteren Voraussetzungen für den Erlass der Grundsteuer und konkretisiert die Prüfung der wirtschaftlichen Verhältnisse anhand der steuerrechtlichen Gewinnermittlung.

Absatz 3

Die Vorschrift berücksichtigt den neuen bewertungsrechtlichen Begriff des Grundsteuerwerts.

Zu Nummer 14
§ 34 – neu –

Absatz 1

Die Vorschrift bestimmt wie im bisherigen Recht in § 33 die Grundsätze für den Erlass der Grundsteuer bei einer Rohertragsminderung. Der Begriff des normalen Rohertrags im Sinne der üblichen Jahresmiete wurde unter Rückgriff auf die bewertungsrechtliche Definition konkretisiert. Der Absatz wurde dazu neu gefasst und gleichzeitig an die geänderte Schreibweise angepasst.

Absatz 2

Die Vorschrift entspricht den bisherigen Regelungen in § 33 Absatz 1 Satz 3 und Absatz 2.

Absatz 3

Die Vorschrift entspricht inhaltlich dem bisherigen § 33 Absatz 4 und berücksichtigt den neuen bewertungsrechtlichen Begriff des Grundsteuerwerts.

Absatz 4

Die Vorschrift entspricht inhaltlich dem bisherigen § 33 Absatz 5 und berücksichtigt den neuen bewertungsrechtlichen Begriff des Grundsteuerwerts.

Zu Nummer 15

§ 35 – neu –

Der bisherige § 34 GrStG wird zu § 35 GrStG.

Zu Nummer 16 und Nummer 17

Überschrift Abschnitt V

Es handelt sich um eine Folgeänderung aus der Einfügung des § 35 GrStG. Die Überschrift des V. Abschnitts muss daher um eine Norm nach hinten verschoben werden.

Zu Nummer 18

§ 36

Absatz 1

Die Hauptfeststellung der Grundsteuerwerte muss aus administrativen Gründen zum 1. Januar 2022 erfolgen, ohne dass die Hauptveranlagung der Steuermessbeträge durchgeführt wird. Aus diesen Gründen wird in zeitlicher Hinsicht die Nachholung der Hauptveranlagung der Steuermessbeträge auf den 1. Januar 2025 gesetzlich angeordnet. Eine Festsetzung des Steuermessbetrags mit Wirkung zum 1. Januar 2025 zeitgleich mit der Feststellung des Grundsteuerwerts bleibt dennoch nach § 21 möglich.

Absatz 2

Die Vorschrift bestimmt materiell-rechtlich als Hauptveranlagungszeitpunkt den 1. Januar 2025, um dem Urteil des Bundesverfassungsgerichts vom 10. April 2018 (BGBl. I S. 531) und dem Steuerentstehungszeitpunkt Rechnung zu tragen. Auf diesen Zeitpunkt erfolgt auch die Grundsteuerveranlagung durch die Gemeinde.

Zu Nummer 19

§ 37 – aufgehoben –

Die Vorschrift ist durch die Anordnung der neuen Hauptveranlagung auf den 1. Januar 2025 gegenstandslos geworden.

Zu Nummer 20

§ 37 Absatz 1, 2 – neu –

Zu Buchstabe a

Absatz 1

Der bisherige § 38 wird § 37 Absatz 1 und regelt die Anwendung des durch dieses Gesetz geänderten Grundsteuergesetzes für die Grundsteuer ab dem Kalenderjahr 2025.

Zu Buchstabe b

Absatz 2 – neu –

Der neue Absatz 2 regelt, dass für die Grundsteuer bis zum Kalenderjahr 2024 weiterhin das Grundsteuergesetz in der Fassung vom 7. August 1973 (BGBl. I S. 965), das zuletzt durch Artikel 38 des Gesetzes vom 19. Dezember 2008 (BGBl. I S. 2794) geändert worden ist, Anwendung findet. Damit wird gewährleistet, dass in der Zeit zwischen dem Inkrafttreten von Artikel 3 dieses Gesetzes und der ersten Hauptveranlagung der Grundsteuerwerte auf Basis der Einheitswerte Grundsteuermessbeträge und Grundsteuer festgesetzt werden kann.

Zu Nummer 21

§ 38 – neu –

Die Vorschrift ermächtigt das Bundesministerium der Finanzen das Grundsteuergesetz in der jeweils gültigen Fassung neu bekannt zu machen.

Zu Nummer 22

Abschnitt VI – aufgehoben –

Abschnitt VI und die damit verbundene Überschrift sind durch die Anordnung der neuen Hauptveranlagung auf den 1. Januar 2025 gegenstandslos geworden.

Zu Nummer 23 und 24

§ 10 Absatz 1, § 13 Absatz 1 Satz 2, § 20 Absatz 1 Nummer 1, § 23 Absatz 1, § 23 Absatz 2

In den Vorschriften wird der Begriff des Einheitswerts durch den neuen bewertungsrechtlichen Begriff des Grundsteuerwerts ersetzt.

Zu Artikel 4 (Änderung der Abgabenordnung)

Allgemein

In der Zeit vom 1. Januar 2022, ab dem Grundsteuerwerte erstmals festgestellt werden, bis zum 1. Januar 2025, in dem erstmals auf Grundlage der Grundsteuerwerte Grundsteuer erhoben wird, werden soweit erforderlich Feststellungen hinsichtlich des Einheitswerts und des Grundsteuerwerts nach den Vorschriften der AO durchgeführt. Der Artikel 4 dieses Gesetzes ergänzt daher im Wesentlichen die entsprechenden Normen um den Begriff der Grundsteuerwerte.

Zu Nummer 1

§ 180 Absatz 1 Satz 1 Nummer 1

Wie die Einheitswerte werden auch die neuen Grundsteuerwerte gesondert festgestellt.

Zu Nummer 2

§ 181 Absatz 3 Satz 1 und 2, Absatz 4

Die für Einheitswerte geltenden Regelungen über die Feststellungsfrist werden auf die Grundsteuerwerte übertragen.

Zu Nummer 3

§ 182 Absatz 2 Satz 1

Ein festgestellter Grundsteuerwert wirkt – wie bisher der Einheitswert – auch gegenüber dem Rechtsnachfolger.

Zu Nummer 4

§ 183 Absatz 4

Wie bisher bei den Einheitswertbescheiden sollen für die Feststellungsbescheide über die Grundsteuerwerte die Erleichterungen zur Bekanntgabe nach § 122 Absatz 7 AO gelten, wenn die entsprechenden Voraussetzungen erfüllt sind.

Zu Artikel 5 (Weitere Änderung der Abgabenordnung)

Allgemein

Auf Feststellungszeitpunkte ab dem 1. Januar 2025 werden keine Einheitswerte mehr festgestellt. Artikel 5 bereinigt daher die betroffenen Vorschriften in der Abgabenordnung und ersetzt im Wesentlichen die Wörter „Einheitswert oder Grundsteuerwert" durch den Begriff „Grundsteuerwert".

Zu Nummer 1

§ 141 Absatz 1 Satz 1 Nummer 3 und Satz 3 – aufgehoben –

§ 141 Absatz 1 Satz 1 Nummer 3 und Satz 3 AO haben, nachdem auf Feststellungszeitpunkte ab dem 1. Januar 2025 keine Einheitswerte mehr festzustellen sind, keinen Anwendungsbereich mehr. Sie können daher für diese Feststellungszeitpunkte entfallen.

Zu Nummer 2

§ 180 Absatz 1 Satz 1 Nummer 1

In der Norm entfällt der Begriff des Einheitswerts. Auf Feststellungszeitpunkte ab dem 1. Januar 2025 werden ausschließlich Grundsteuerwerte gesondert festgestellt.

Zu Nummer 3

§ 181 Absatz 3 Satz 1 und Absatz 4

In der Norm wird der Begriff des Einheitswerts gestrichen. Die Regelungen zur Feststellungsfrist werden für Feststellungszeitpunkte ab dem 1. Januar 2025 auf die Feststellungen von Grundsteuerwerten beschränkt.

Zu Nummer 4

§ 182 Absatz 2 Satz 1

In der Norm entfällt der Begriff des Einheitswerts. Auf Feststellungszeitpunkte ab dem 1. Januar 2025 werden ausschließlich Grundsteuerwerte gesondert festgestellt.

Zu Nummer 5

§ 183 Absatz 4

In der Norm entfällt der Begriff des Einheitswerts. Auf Feststellungszeitpunkte ab dem 1. Januar 2025 werden ausschließlich Grundsteuerwerte gesondert festgestellt. Die Regelungen zur Empfangsvollmacht werden daher für Feststellungszeitpunkte ab dem 1. Januar 2025 auf die Feststellung von Grundsteuerwerten beschränkt.

Zu Artikel 6 (Änderung des Einführungsgesetzes zur Abgabenordnung)

Artikel 97 § 8

Nach § 152 Absatz 2 AO steht die Festsetzung eines Verspätungszuschlags in den dort genannten Fällen nicht im Ermessen der Finanzbehörde, sondern ist gesetzlich vorgeschrieben. Der neue Absatz 5 des Artikel 97 § 8 des Einführungsgesetzes zur Abgabenordnung (EGAO) bestimmt, dass für Erklärungen zur Feststellung des Grundsteuerwerts auf den 1. Januar 2022 Verspätungszuschläge nur aufgrund einer entsprechenden Ermessensentscheidung gemäß § 152 Absatz 1 AO festgesetzt werden können.

Zu Artikel 7 (Weitere Änderung des Einführungsgesetzes zur Abgabenordnung)

Zu Nummer 1

Artikel 7 Absatz 3 – neu –

Artikel 7 EGAO hat, nachdem die Einheitswerte für Feststellungszeitpunkte ab dem 1. Januar 2025 wegfallen, keinen Anwendungsbereich mehr. Er wird daher für Feststellungszeitpunkte ab dem 1. Januar 2025 aufgehoben.

Zu Nummer 2

Zu Buchstabe a

Artikel 97 § 10 Absatz 2 Satz 3 – neu –

Nachdem die Einheitswerte für Feststellungszeitpunkte ab dem 1. Januar 2025 wegfallen, hat Artikel 97 § 10 Absatz 2 Satz 2 EGAO insoweit keinen Anwendungsbereich mehr. Artikel 97 § 10 Absatz 2 Satz 2 EGAO ist daher nach dem neuen Satz 3 für Feststellungszeitpunkte ab dem 1. Januar 2025 nicht mehr anzuwenden.

Zu Buchstabe b

Artikel 97 § 10b Satz 3 – neu –

Der neue Satz 3 des Artikel 97 § 10b EGAO enthält die Anwendungsregelung für die durch Artikel 4 dieses Gesetzes geänderten Regelungen in § 180 Absatz 1 Satz 1 Nummer 1, § 183 Absatz 3 Satz 1 und 2 und Absatz 4, § 182 Absatz 2 Satz 1 und § 183 Absatz 4 AO.

Zu Nummer 3

Artikel 97a § 2 Nummer 7 Satz 2 – neu –

Nachdem die Einheitswerte für Feststellungszeitpunkte ab dem 1. Januar 2025 wegfallen, hat die Regelung insoweit keinen Anwendungsbereich mehr. Sie ist daher nach dem neuen Satz 2 in Arttikel 97a § 2 EGAO für Feststellungszeitpunkte ab dem 1. Januar 2025 nicht mehr anzuwenden.

Zu Artikel 8 (Änderung des Einkommensteuergesetzes)

Zu Nummer 1

§ 13 Absatz 1 Nummer 1 Satz 4 und Nummer 2

Es handelt sich um Folgeänderungen durch den Wegfall der Bewertungsregelungen zur Einheitsbewertung zum 1. Januar 2025.

Zu Nummer 2

§ 57 Absatz 3 – aufgehoben –

§ 57 Absatz 3 EStG hat, nachdem die Einheitswerte wegfallen, keinen Anwendungsbereich mehr. Er kann daher ersatzlos entfallen.

Zu Artikel 9 (Änderung des Umsatzsteuergesetzes)

§ 24 Absatz 2 Satz 1 Nummer 2

Es handelt sich um Folgeänderungen durch den Wegfall der Bewertungsregelungen zur Einheitsbewertung zum 1. Januar 2025.

Zu Artikel 10 (Änderung des Gewerbesteuergesetzes)

§ 9 Nummer 1 Satz 1

Es handelt sich um Folgeänderungen durch den Wegfall der Einheitswerte. Der Prozentsatz wird entsprechend auf die Grundsteuerwerte angepasst.

Reform der Grundsteuer

Anlage R 3.2

Zu Artikel 11 (Änderung der Gewerbesteuer-Durchführungsverordnung)
§ 20 Absatz 2
In § 20 Absatz 2 GewStDV wird der Begriff der Einheitswerte durch Grundsteuerwerte ersetzt.

Zu Artikel 12 (Änderung des Erbschaftsteuer- und Schenkungsteuergesetzes)
§ 12 Absatz 3
Nach Wegfall der Bewertungsvorschriften zur Einheitsbewertung im Bewertungsgesetz (vgl. Begründung zu Artikel 2) wird neben einer redaktionellen Anpassung eines Verweises an die Rechtsförmlichkeit der Verweis auf § 19 BewG angepasst.

Zu Artikel 13 (Änderung der Erbschaftsteuer-Durchführungsverordnung)
Muster 6 (§ 8 ErbStDV)
In dem Muster 6 zu § 8 der Erbschaftsteuer-Durchführungsverordnung wird der Begriff der Einheitswerte durch Grundsteuerwerte ersetzt.

Zu Artikel 14 (Änderung des Gesetzes über Steuerstatistiken)
Zu Nummer 1
§ 1 Absatz 1 Nummer 5
Anstelle der bisherigen amtlichen Bundesstatistiken zu den Hauptfeststellungszeitpunkten der Einheitsbewertung werden amtliche Bundesstatistiken zur Feststellung der Grundsteuerwerte für das land- und forstwirtschaftliche Vermögen und für das Grundvermögen angeordnet. Die Bundesstatistik der Einheitswerte für Gewerbebetriebe entfällt, da eine Hauptfeststellung der Einheitswerte für Betriebsvermögen von gewerblichen Betrieben mangels steuerlicher Bedeutung nicht vorgesehen ist.

Zu Nummer 2
Zu Buchstabe a
§ 2 Absatz 5 Satzteil vor Nummer 1
Es handelt sich um eine Folgeänderung zur vorstehenden Änderung des § 1 Absatz 1 Nummer 5 des Gesetzes über Steuerstatistiken.

Zu Buchstabe b
§ 2 Absatz 5 Nummer 1 und 2 – neu –
Für die amtlichen Bundesstatistiken zur Feststellung der Grundsteuerwerte und Grundsteuermessbeträgen für land- und forstwirtschaftliches Vermögen und für Grundvermögen werden die zentralen Erhebungsangaben festgelegt.

Zu Nummer 3
§ 5 Satz 1 Nummer 2
Die im Feststellungsverfahren vergebenen Aktenzeichen zur Feststellung der Grundsteuerwerte treten anstelle der bisherigen Einheitswertaktenzeichen.

Zu Artikel 15 (Änderung des Bodenschätzungsgesetzes)
Zu Nummer 1
§ 17 Absatz 2 Satz 4 – neu –
Die Vorschrift stellt die Arbeitsfähigkeit des Schätzungsbeirats im Hinblick auf die Novellierung des Bewertungsrechts für Zwecke der Grundsteuer sicher.

Zu Nummer 2
§ 17 Absatz 3
Die Vorschrift bestimmt im Hinblick auf haftungsrechtliche Fragen, dass die ehrenamtlich tätigen Mitglieder des Schätzungsbeirats anlässlich ihrer Amtshandlungen als Amtsträger tätig werden. Zudem wird klargestellt, dass die nicht beamteten Mitglieder des Schätzungsbeirats als Amtsträger die Vorschriften des Steuergeheimnisses einhalten müssen und die Verletzung des Steuergeheimnisses die Rechtsfolgen des § 355 Strafgesetzbuch auslöst. Ferner wird eine Regelung zur Wahrung der Geschäfts- und Betriebsgeheimnisse getroffen. Zur Abgrenzung werden die regelmäßig einem größeren Kreis Dritter tatsächlich bekannten natürlichen Ertragsbedingungen des Bodens von den Regelungen des Steuergeheimnisses ausgenommen.

Zu Nummer 3
§ 17 Absatz 4
Es handelt sich um eine Folgeänderung. Aufgrund der Einfügung des neuen Absatzes 3 wird der bisherige Absatz

Anlage R 3.2

3 zu Absatz 4.
Zu Nummer 4
§ 17 Absatz 5 – neu –
Es wird eine Ermächtigungsgrundlage geschaffen, damit die Rechte und Pflichten der Mitglieder des Schätzungsbeirats rechtssicher geregelt sowie die Entschädigungen für die Beiratsmitglieder und die Sachaufwendungen für den Schätzungsbeirat rechtssicher festgesetzt werden können. Dadurch kann den sachspezifischen Erfordernissen des Schätzungsbeirats und den haushaltsrechtlichen und haushaltswirtschaftlichen Gründen im Verwaltungsvollzug besser Rechnung getragen werden.

Zu Artikel 16 (Änderung der Immobilienwertermittlungsverordnung)
Zu Nummer 1
§ 10 Absatz 3 – neu –
Nach § 193 Absatz 5 Satz 1 des Baugesetzbuches i. V. m. § 196 Absatz 1 Satz 1 des Baugesetzbuches sind von den Gutachterausschüssen für Grundstückswerte auf Grund der Kaufpreissammlung flächendeckend durchschnittliche Lagewerte für den Boden unter Berücksichtigung des unterschiedlichen Entwicklungszustands zu ermitteln (Bodenrichtwerte). Hierbei sind gemäß § 196 Absatz 1 Satz 3 des Baugesetzbuches Richtwertzonen zu bilden, die jeweils Gebiete umfassen, die nach Art und Maß der Nutzung weitgehend übereinstimmen.

Mit der Einfügung des Absatzes 3 in § 10 der ImmoWertV wird im Interesse einer praktikablen Anwendung der Bodenrichtwerte in einem Massenverfahren präzisiert, dass die von den Gutachterausschüssen zu bildenden Richtwertzonen im Sinne des § 196 Absatz 1 Satz 3 des Baugesetzbuches so abzugrenzen sind, dass lagebedingte Wertunterschiede zwischen der Mehrzahl der Grundstücke und dem Bodenrichtwertgrundstück nicht mehr als +/- 30 Prozent betragen. Diese Regelung greift den Änderungsvorschlag in dem Beschluss des Bundesrates vom 15. Mai 2009 zur Immobilienwertermittlungsverordnung auf (Bundesrats-Drucksache 296/09 B, Nummer 3).

Zu Nummer 2
§ 10 Absatz 4 – neu –
Es handelt sich um eine Folgeänderung. Aufgrund der Einfügung des neuen Absatzes 3 wird der bisherige Absatz 3 zu Absatz 4.

Zu Artikel 17 (Änderung des Finanzausgleichsgesetzes)
Zu Nummer 1
Zu Buchstabe a
§ 8 Absatz 2
Die Vorschrift bewirkt eine Verteilung der Steuerkraft für die Grundsteuern gemäß den jeweils länderweise vergleichbaren Steuermessbeträgen. Für den Fall der Inanspruchnahme der Länderöffnungsklausel soll in geeigneter Weise sichergestellt werden, dass der Aufwand für die Bereitstellung der Daten zur Berechnung des Länder-Finanzausgleichs möglichst gering gehalten wird.

Zu Buchstabe b
§ 8 Absatz 4 bis 6 – neu –
Die Vorschrift dient der verbesserten Planbarkeit des Übergangs zu einem neuen Grundsteuer- und Bewertungsrecht. Für den Fall, dass die Kommunen durch entsprechende Hebesatzanpassungen dafür sorgen, dass ihr Aufkommen nach der Gesetzesänderung unverändert bleibt, bewirkt sie in den Jahren 2025 bis 2027, dass keine aus der Grundsteuer resultierenden Änderungen der im bundesstaatlichen Finanzausgleich geleisteten und empfangenen Zahlungen auftreten. Die neuen, durch das Grundsteuer- und Bewertungsrecht veränderten Finanzkraftverhältnisse wirken sich erst ab dem Jahr 2028, mit einem Gewicht von 33 Prozent, und 2029, mit einem Gewicht von 67 Prozent, auf den Finanzausgleich aus, bevor sie ab dem Jahr 2030 vollständig berücksichtigt werden.

Zu Artikel 18 (Inkrafttreten)
Zu Absatz 1
Absatz 1 regelt, dass die Artikel 1, 3, 14, 15 und 16 am Tag nach der Verkündung in Kraft treten.
Zu Absatz 2
Absatz 2 bestimmt, dass die Artikel 4 und 6 am 1. Januar 2022 in Kraft treten.
Zu Absatz 3
Absatz 3 bestimmt, dass alle weiteren Artikel am 1. Januar 2025 in Kraft treten.

Reform des Grundsteuer- und Bewertungsrechts **Anlage R 3.3**

Bundesrat – Drucksache 354/19 (Beschluss)

20. September 2019
Stellungnahme des Bundesrates
Entwurf eines Gesetzes zur Reform des Grundsteuer- und Bewertungsrecht
(Grundsteuer-Reformgesetz – GrStRefG)

Der Bundesrat hat in seiner 980. Sitzung am 20. September 2019 beschlossen, zu dem Gesetzentwurf gemäß Artikel 76 Absatz 2 des Grundgesetzes wie folgt Stellung zu nehmen:

1. Zum Gesetzentwurf allgemein
   Der Bundesrat begrüßt, dass die Bundesregierung einen Gesetzentwurf zur Reform des Grundsteuer- und Bewertungsrechts vorgelegt hat. Die Grundsteuer zählt zu den wichtigsten Einnahmequellen der kommunalen Haushalte. Der Bundesrat geht davon aus, dass das Gesetzespaket zur Grundsteuerreform vom Deutschen Bundestag zügig beschlossen wird. Damit haben die Städte und Gemeinden in Deutschland die Gewähr, dass sie gemäß der vom Bundesverfassungsgericht gewährten Übergangsfrist auch ab 1. Januar 2020 die Grundsteuer erheben können.

2. Zu   Artikel 1   Nummer 1 Buchstabe a, Nummer 2, Nummer 5 (Inhaltsübersicht, Siebenter Abschnitt -neu-, § 221, § 266 Absatz 1, 2, 3 BewG)

    Artikel 6   (Artikel 97 § 8 Absatz 5 (EG AO)

    Artikel 18   Absatz 2 (Inkrafttreten)

    Anlage 39

   a) Artikel 1 ist wie folgt zu ändern:
      aa) In Nummer 1 Buchstabe a ist die Angabe "Siebenter Abschnitt Bewertung des Grundbesitzes für die Grundsteuer ab 1. Januar 2022" durch die Angabe „Siebenter Abschnitt Bewertung des Grundbesitzes für die Grundsteuer ab 1. Januar 2021" zu ersetzen.
      bb) Nummer 2 ist wie folgt zu ändern:
         aaa) Die Angabe „Siebenter Abschnitt Bewertung des Grundbesitzes für die Grundsteuer ab 1. Januar 2022" ist durch die Angabe „Bewertung des Grundbesitzes für die Grundsteuer ab 1. Januar 2021" zu ersetzen.
         bbb) In § 221 Absatz 1 ist die Angabe „sieben Jahre" durch die Angabe „acht Jahre" zu ersetzen.
      cc) In Nummer 5 sind in § 266 Absatz 1, 2 und 3 jeweils die Angaben „1. Januar 2022" durch die Angabe „1. Januar 2021" zu ersetzen.
   b) In Artikel 6 ist in Artikel 97 § 8 Absatz 5 die Angabe „1. Januar 2022" durch die Angabe „1. Januar 2021" zu ersetzen.
   c) In Artikel 18 ist in Absatz 2 die Angabe „1. Januar 2022" durch die Angabe „1. Januar 2021" zu ersetzen.
   d) In der Anlage 39 ist die Angabe „Stand 1. Januar 2022" durch die Angabe „Stand 1. Januar 2021" zu ersetzen.

   Begründung:
   Nach den Ende November 2018 vorgestellten Eckpunkten des Bundesfinanzministeriums zur Grundsteuerreform war eine Neubewertung der Grundstücke zum Stichtag 1. Januar 2020 vorgesehen. Der Gesetzentwurf sieht abweichend hiervon den Stichtag 1. Januar 2022 vor.
   Nach Ansicht des Bundesrates beeinträchtigt die zeitliche Verschiebung des Hauptfeststellungszeitpunktes um zwei Jahre die administrative Umsetzung der Neuregelung durch die Finanzverwaltungen der Länder und durch die Kommunen in erheblicher Weise. Als besonderes Risiko hierbei sieht der Bundesrat, dass die Bodenrichtwerte zum Stichtag 1.1.2022 den Grundstückseigentümern beim geplanten Beginn der Erklärungsannahme ab Mitte 2022 (nach den Planungen der Bereiche IT und Organisation) möglicherweise noch nicht flächendeckend zur Verfügung stehen könnten. Erklärungen würden dann später abgegeben und somit die Zeitspanne für die Bearbeitung der Wertfeststellungen in den Finanzämtern verkürzt. Eine Möglichkeit zur Bewältigung dieses Risikos wäre es, den bisher vorgesehenen Zeitpunkt für den Abschluss der Bewertungsarbeiten in den Finanzämtern um ein halbes Jahr auf den 30. Juni 2024 zu verschieben. Dies würde jedoch zu Lasten der Städte und Gemeinden die Zeitspanne für das Einjustieren der ab 2025 anzuwendenden Grundsteuerhebesätze verkürzen. Nach Ansicht der kommunalen Spitzen-

Anlage R 3.3 Reform des Grundsteuer- und Bewertungsrechts

verbände ist ein Jahr Vorlauf zwingend erforderlich, um auf Basis der neuen Grundsteuermessbescheide die Grundsteuerbescheide umzusetzen und etwaige Hebesatzanpassungen zur Wahrung der Aufkommensneutralität vorzunehmen.

Eine Festlegung des Hauptfeststellungszeitpunktes auf den 1. Januar 2021 vermeidet diese Risiken, weil die maßgeblichen Bodenrichtwerte bei Beginn der Erklärungsannahme ab 2022 vorliegen.

Bodenrichtwerte sind von den Gutachterausschüssen für Grundstückswerte, soweit die Länder keine häufigere Ermittlung vorgeschrieben haben, mindestens zum 31. Dezember eines jeden zweiten Kalenderjahres flächendeckend zu ermitteln (§ 196 Absatz 1 BauGB). Der in § 221 Absatz 1 vorgesehene 7-Jahres-Turnus lässt dies unberücksichtigt, so dass die Gutachterausschüsse, soweit die Bodenrichtwerte nach Landesrecht nicht jährlich ermittelt werden, häufiger zu einem Hauptfeststellungszeitpunkt (Zwischen-)Bodenrichtwerte ermitteln müssten. Dies ist für viele Gutachterausschüsse mit erheblichem Mehraufwand – insbesondere in personeller Ausrichtung – verbunden.

Auch wenn für Zwecke der steuerlichen Bewertung des Grundbesitzes Bodenrichtwerte nach ergänzenden Vorgaben der Finanzverwaltung zum jeweiligen Hauptfeststellungszeitpunkt oder sonstigen Feststellungszeitpunkt zu ermitteln sind (§ 196 Absatz 1 Satz 6 BauGB), sollten bereits im Rahmen der Gesetzgebung Möglichkeiten gesucht und Regelungen getroffen werden, die den sich abzeichnenden Mehraufwand für die Gutachterausschüsse reduzieren können.

Daher sollten die weiteren Hauptfeststellungen in einem 8-Jahres-Turnus erfolgen.

In der Folge wird die Bundesregierung gebeten, die Beträge in der Anlage 39 für einen Stand zum 1. Januar 2021 auszuweisen und zu prüfen, ob in Artikel 2 Nummer 6 die Steuermesszahl für Wohngrundstücke entsprechend anzupassen ist.

3. Zu Artikel 1 Nummer 2 (§ 222 Absatz 1 BewG)
Artikel 2 Nummer 6 und 6a -neu- (§ 22 Absatz 1 BewG)

a) In Artikel 1 Nummer 2 sind in § 222 Absatz 1 die Wörter „oder unten" durch die Wörter „um mehr als 50 000 Euro oder nach unten" zu ersetzen.

b) In Artikel 2 ist in Nummer 6 die Angabe „§§ 21 bis 29" durch die Angabe „§§ 21, 23 bis 29" zu ersetzen und nach Nummer 6 folgende Nummer 6a einzufügen:
„6a. In § 22 Absatz 1 wird die Angabe "mindestens aber um 5 000 Deutsche Mark" durch die Angabe „für Feststellungszeitpunkte vor dem 1. Januar 2020 mindestens aber um 5 000 Deutsche Mark, für Feststellungszeitpunkte ab dem 1. Januar 2020 und vor dem 1. Januar 2025 mindestens aber um 25 000 Deutsche Mark" ersetzt."

<u>Begründung:</u>

Der Bundesrat spricht sich für höhere Wertfortschreibungsgrenzen bei Wertabweichungen nach oben im geltenden und im neuen Recht aus, um in der Übergangsphase die parallele Administration zweier Rechtslagen zu erleichtern. Höhere Wertfortschreibungsgrenzen reduzieren die Zahl der Fälle, in denen die Einheitswerte bzw. die Grundsteuerwerte nach werterhöhenden Veränderungen fortgeschrieben werden müssen und in der Folge die Steuermessbescheide und die Grundsteuerbescheide anzupassen sind.

Der Bundesrat schlägt vor, bei der relativen Grenze für Wertfortschreibungen nach oben im geltenden Recht für Feststellungen ab dem 1. Januar 2020 und vor dem 1. Januar 2025 den Betrag von derzeit 5 000 Deutsche Mark zu verfünffachen und die im neuen Recht vorgesehene absolute Grenze für Wertfortschreibungen nach oben auf 50.000 Euro festzulegen. Im geltenden Recht beträgt derzeit die absolute Grenze bei Abweichungen nach oben umgerechnet 51.129 Euro. Die absolute Grenze im neuen Recht sollte nicht wesentlich hinter dieser Größenordnung zurückbleiben, denn die Grundsteuerwerte werden ein Vielfaches der Einheitswerte betragen.

4. Zu Artikel 1 Nummer 2 (§ 229 Absatz 4 Satz 4 BewG)

In Artikel 1 Nummer 2 § 229 ist Absatz 4 Satz 4 wie folgt zu fassen:
„Bis eine informationstechnische Verknüpfung zwischen den Datenbanken des Grundbuchamtes und der Finanzbehörde herbeigeführt ist, sollen die Angaben nach Satz 1 bis 3 auch im Liegenschaftskataster gespeichert und der Finanzbehörde über die für die Führung des Liegenschaftskatasters zuständige Behörde oder über eine sonstige Behörde, die das amtliche Verzeichnis der Grundstücke (§ 2 Absatz 2 der Grundbuchordnung) führt, zugeleitet werden."

<u>Begründung:</u>

§ 229 BewG-E orientiert sich an der bisherigen Verwaltungspraxis, berücksichtigt jedoch nicht, dass diese dem Datenschutz nicht gerecht wird und nicht dem Stand der Technik

Reform des Grundsteuer- und Bewertungsrechts

Anlage R 3.3

entspricht. In der Praxis werden Informationen des Grundbuchs über die Katasterverwaltung der Finanzverwaltung zugeleitet. Perspektivisch muss eine direkte Kommunikation zwischen Grundbuch und Finanzverwaltung aufgebaut werden. Daten des Grundbuchs sind in der Regel personenbezogene oder personenbeziehbare Daten, die im Liegenschaftskataster nur insoweit geführt und gespeichert werden, wie dies für die Katasterverwaltung erforderlich ist. Ein Bedarf der Finanzverwaltung an Daten der Grundbuchverwaltung ist kein Rechtsgrund für die Katasterverwaltung, über ihren eigenen Bedarf hinaus Daten im Liegenschaftskataster zu speichern. Ohne eine Speicherung von Daten ist deren Weiterleitung aus dem Liegenschaftskataster nicht möglich.

5. Zu Artikel 1 Nummer 2 (§ 229 Absatz 6 Satz 3 BewG)

Der Bundesrat bittet, im weiteren Gesetzgebungsverfahren zu prüfen, inwieweit es in § 229 Absatz 6 Satz 3 BewG-E für die Festlegung der Einzelheiten und des Beginns der elektronischen Übermittlung der grundsteuerrelevanten Daten auch des Einvernehmens der obersten Justizbehörden der Länder bedarf.

Begründung:

Nach § 229 Absatz 6 Satz 1 BewG-E übermitteln die nach den Absätzen 3 und 4 mitteilungspflichtigen Stellen, darunter die Grundbuchämter (Absatz 4), Mitteilungen über bestimmte grundsteuerrelevante Umstände nach amtlich vorgeschriebenem Datensatz über die amtlich bestimmte Schnittstelle. Nicht alle Länder verfügen bereits über die für die Datenübermittlung erforderliche Schnittstelle. Die Ausrüstung der Grundbuchämter mit der für die Datenerfassung und -verarbeitung erforderlichen IT-Infrastruktur (wie etwa der genannten Schnittstelle) fällt in die Zuständigkeit der Justizverwaltungen der Länder. Die Entscheidung über die Einzelheiten und den Beginn der elektronischen Datenübermittlung sollte daher nicht ohne das Einvernehmen der obersten Justizbehörden der Länder getroffen werden.

6. Zu Artikel 1 Nummer 2 (§ 247 Absatz 1 BewG)

Der Bundesrat bittet, im weiteren Gesetzgebungsverfahren zu prüfen, inwieweit die Angabe „regelmäßig" präziser umschrieben werden kann beziehungsweise die Fälle benannt werden können, bei denen die Regel nicht greift.

Begründung:

In der Rechtssprache ist aus den Formulierungen „regelmäßig" oder „in der Regel" zu schließen, dass es Ausnahmen gibt. Für den Rechtsanwender muss sich aber zumindest ansatzweise ergeben, wann ein solcher Regelfall nicht vorliegt.

7. Zu Artikel 1 Nummer 2 (§ 247 Absatz 1 Satz 2 –neu– BewG)

In Artikel 1 Nummer 2 ist § 247 Absatz 1 folgender Satz 2 anzufügen:
„Maßgebend ist der Bodenrichtwert der Bodenrichtwertzone, in der sich das zu bewertende Grundstück befindet."

Begründung:

Der vom Gutachterausschuss ermittelte Bodenrichtwert sollte ohne weitere Korrekturen übernommen werden. Der Gesetzestext ist hier nicht eindeutig und sollte die schlichte Übernahme der Bodenrichtwerte deutlicher herausstellen.

8. Zu Artikel 1 Nummer 2 (§ 247 Absatz 1 Satz 3 –neu– BewG)

In Artikel 1 Nummer 2 ist § 247 Absatz 1 folgender Satz 3 anzufügen:
„Maßgebend ist der Bodenrichtwert des Richtwertgrundstücks in der Bodenrichtwertzone, in der sich das zu bewertende Grundstück befindet (Zonenwert)."

Begründung:

Die Anfügung des Satzes 3 in Absatz 1 stellt klar, dass mit dem in Satz 1 genannten Bodenrichtwert (§ 196 des BauGB) der Wert gemeint ist, den der zuständige Gutachterausschuss für die betreffende Bodenrichtwertzone ausweist (sog. „Zonenwert"). Nach § 196 Absatz 1 BauGB ist der Bodenrichtwert der durchschnittliche Lagewert des Bodens für eine Mehrheit von Grundstücken innerhalb eines abgegrenzten Gebietes (Bodenrichtwertzone), die nach ihren Grundstücksmerkmalen, insbesondere nach Art und Maß der Nutzbarkeit weitgehend übereinstimmen und für die im Wesentlichen gleiche allgemeine Wertverhältnisse vorliegen. Eventuelle Abweichungen des zu bewertenden Grundstücks vom Bodenrichtwertgrundstück hinsichtlich seiner Grundstücksmerkmale (zum Beispiel hinsichtlich des Erschließungszustands, des beitrags- und abgabenrechtlichen Zustands, der Art und des Maßes der baulichen Nutzung) sind für die Ermittlung des Grundsteuerwertes nicht zu berücksichtigen.

Anlage R 3.3 Reform des Grundsteuer- und Bewertungsrechts

9. Zu Artikel 1 Nummer 2 (§ 249 Absatz 10 Satz 4 BewG)

   In Artikel 1 Nummer 2 ist in § 249 Absatz 10 Satz 4 die Angabe „20" durch die Angabe „23" zu ersetzen.

   Begründung:
   Der Bundesrat spricht sich dafür aus, im Interesse einer Rechtsvereinheitlichung die für das Vorliegen einer Wohnung maßgebende Mindestgröße entsprechend der Regelung in § 181 Absatz 9 Satz 4 auf 23 Quadratmeter festzulegen.

10. Zu Artikel 1 Nummer 2 (§ 251 Satz 2 BewG) Anlage 36

    a) In Artikel 1 Nummer 2 ist § 251 Satz 2 zu streichen.
    b) Anlage 36 ist zu streichen.

    Folgeänderungen:
    Artikel 1 ist wie folgt zu ändern:
    a) In Nummer 1 Buchstabe c ist die Angabe "Anlage 36" zu streichen:
    b) In Nummer 2 ist die Angabe „§ 257 Absatz 1 Satz 2" zu streichen.

    Begründung:
    Nach Ansicht des Bundesrates sollen bei den Bodenrichtwerten die sogenannten „Zonen-Werte" gelten. Eine Anpassung des ausgewiesenen „Zonen-Wertes" an individuelle, von den Eigenschaften der Richtwert-Referenzgrundstücke abweichende Merkmale des zu bewertenden Grundstücks soll nicht erfolgen.
    Solche Anpassungen sind in der gutachtlichen Immobilienwertermittlung zum Beispiel bei Abweichungen hinsichtlich des Erschließungszustands, der Art und des Maßes der baulichen Nutzung, des beitrags- und abgabenrechtlichen Zustands oder der Grundstücksgröße vorzunehmen.
    Mit den im Gesetzentwurf vorgesehenen Umrechnungskoeffizienten für Ein- und Zweifamilienhäuser in Abhängigkeit von der Grundstücksgröße wird nur einer dieser Umstände für Anpassungen bei der Grundstücksbewertung für Zwecke der Grundsteuer typisierend berücksichtigt. Dies führt zu einem ungleichen Ausmaß an Typisierung zwischen Ein-/Zweifamilienhäusern und anderen Grundstücksarten.
    Der Bundesrat spricht sich für den Verzicht auf die Berücksichtigung der Umrechnungskoeffizienten aus.

11. Zu Artikel 1 Nummer 2 (§ 253 Absatz 2 Satz 4 und 6, § 259 Absatz 4 Satz 3 und 5 BewG)

    Artikel 1 Nummer 2 ist wie folgt zu ändern:
    a) In § 253 Absatz 2 sind die Sätze 4 und 6 zu streichen.
    b) In § 259 Absatz 4 sind die Sätze 3 und 5 zu streichen.

    Begründung:
    Bei der Bewertung bebauter Grundstücke spielt das jeweilige Gebäudealter eine Rolle. Im vereinfachten Ertragswertverfahren richtet sich u. a. hiernach der Vervielfältiger für die Kapitalisierung des Reinertrags und für die Bodenwertabzinsung. Beim vereinfachten Sachwertverfahren bestimmen sich hiernach die Alterswertminderung und die Höhe der Normalherstellungskosten.
    Bei der Bestimmung des Gebäudealters sollen nach dem Gesetzentwurf auch Veränderungen berücksichtigt werden, die die wirtschaftliche Gesamtnutzungsdauer des Gebäudes wesentlich verlängert haben (z. B. Kern-sanierungen). Entsprechendes gilt für bestehende Abbruchverpflichtungen, welche die Nutzungsdauer verkürzen.
    Der Bundesrat hält die Berücksichtigung solcher das Gebäudealter verlängernder oder verkürzender Umstände für einen nicht zu rechtfertigenden bürokratischen und administrativen Aufwand. Betroffene Eigentümer müssten in den Feststellungserklärungen entsprechende Zusatzangaben machen, zum Beispiel zum Umfang erfolgter Sanierungen, um zu beurteilen, ob hierdurch eine Verlängerung der wirtschaftlichen Gesamtnutzungsdauer eingetreten ist.
    Auch in Anbetracht der vermutlich sehr geringen Anzahl von Fällen, in denen diese Berücksichtigung steuerrelevant wäre, ist eine solche Verkomplizierung des Bewertungsverfahrens abzulehnen.

12. Zu Artikel 1 Nummer 2 (§ 254 Absatz 1 Satz 1 BewG)

    In Artikel 1 Nummer 2 ist in § 254 Absatz 1 Satz 1 vor dem Wort „Rohertrag" das Wort „jährliche" einzufügen.

Begründung:
Der jährliche Rohertrag des Grundstücks ergibt sich aus den in der Anlage 39 nach Land, Gebäudeart, Wohnungsgröße und Baujahr des Gebäudes angegebenen monatlichen Nettokaltmieten je Quadratmeter Wohnfläche einschließlich der in Abhängigkeit der Mietniveaustufen festgelegten Zu- und Abschläge.
Der beim Ertragswertverfahren maßgebende Rohertrag des Grundstücks ergibt sich nach § 254 BewG aus „monatlichen" Nettokaltmieten, obwohl die Gesetzeskonzeption einschließlich der Vervielfältiger von Jahreswerten ausgeht. Dabei handelt es sich um ein redaktionelles Versehen, das beseitigt werden muss.

13. **Zu Artikel 1 Nummer 2 (§ 257 Absatz 2 Satz 1 und Absatz 3 BewG)**
In Artikel 1 Nummer 2 ist § 257 wie folgt zu ändern:
a)   In Absatz 2 Satz 1 sind die Wörter „mit Ausnahme des Werts von selbständig nutzbaren Teilflächen nach Absatz 3" zu streichen.
b)   Absatz 3 ist zu streichen.

Begründung:
Die im Gesetzentwurf vorgesehene Abgrenzung und gesonderte Behandlung von selbständig nutzbaren Teilflächen eines Grundstücks führt bei der Bewertung der betreffenden Grundstücke zu erheblichen Schwierigkeiten und Streitpotenzial. Dies schon deshalb, weil weder der Gesetzestext noch die Gesetzesbegründung die Kriterien für die Annahme einer selbständig nutzbaren oder verwertbaren Teilfläche eines Grundstücks nennen. Die Regelung ist für die Rechtsanwender zu unbestimmt.
Sie ist aber auch vor dem Hintergrund entbehrlich, als die Mindestwertregelung nach § 251 gewährleistet, dass bei bebauten Grundstücken der Wert des Grund und Bodens abzüglich der Freilegungskosten nicht unterschritten wird. Es bedarf keiner zusätzlichen, schwer handhabbaren mindestwertähnlichen Regelung für Teilflächen im vereinfachten Ertragswertverfahren.

14. **Zu Artikel 2 Nummer 6 (§ 51a BewG)**
Der Bundesrat bittet, im weiteren Gesetzgebungsverfahren sicherzustellen, dass die Regelungen des § 51a des Bewertungsgesetzes Gültigkeit behalten.

Begründung:
Der vorliegende Gesetzentwurf sieht in Artikel 2 Nummer 6 u. a. die Aufhebung des § 51a des Bewertungsgesetzes (BewG) vor, ohne diese Änderung zu begründen. Aus Sicht des Bundesrates ist die Änderung auch nicht gewollt.
Mit dem Wegfall der Regelungen des § 51a BewG dürfen die Tierhaltungskooperationen, auch wenn sie den Regelungen des § 51a BewG entsprechen, ab dem 1. Januar 2025 nicht mehr die Umsatzsteuer-pauschalierung anwenden, werden gewerbesteuerpflichtig und unterliegen der Grundsteuer B. Die Regelung ist auf landwirtschaftliche Haupterwerbsbetriebe begrenzt und erlaubt regionale Zusammenschlüsse lediglich in einem Umkreis von max. 40 km (vgl. § 51a Absatz 1 Satz 1 Nummern 1 und 3 BewG).

15. **Zu Artikel 3 Nummer 6 (§ 15 Absatz 2 Nummer 1 GrStG)**
In Artikel 3 Nummer 6 sind in § 15 Absatz 2 Nummer 1 nach dem Wort „Verwaltungsakt" die Wörter „oder öffentlich-rechtlichen Vertrag" einzufügen.

Begründung:
In Niedersachsen und weiteren Ländern können Förderzusagen sowohl durch schriftlichen Verwaltungsakt als auch öffentlich-rechtlichen Vertrag erteilt werden. Insbesondere in der Mietwohnraumförderung ist es gängige Praxis, dass Förderzusagen (ausschließlich) durch öffentlich-rechtlichen Vertrag erteilt werden.
Dass Förderzusagen sowohl durch Verwaltungsakt als auch durch öffentlich-rechtlichen Vertrag erfolgen können, sieht auch § 13 Absatz 3 WoFG ausdrücklich vor. Sachliche Gründe, die Steuermesszahl nur dann zu ermäßigen, wenn eine Förderzusage nur in Form eines schriftlichen Verwaltungsaktes vorliegt, sind nicht ersichtlich.

16. **Zu Artikel 3 Nummer 13 (§ 33 Absatz 2 Satz 2 GrStG)**
Der Bundesrat bittet, im weiteren Gesetzgebungsverfahren zu prüfen, ob die Formulierung in § 33 Absatz 2 Satz 2 GrStG-E so zu verstehen ist, dass die Höhe des nach § 4 Absatz 1 oder 3 oder § 13a des Einkommensteuergesetzes ermittelten Gewinns für den Ausschluss des Erlasses nach Absatz 1 irrelevant ist. Dabei ist ferner zu prüfen, ob der Begriff „Gewinn", der ertragsteuerrechtlich auch einen Verlust umfasst, auch grundsteuerrechtlich so zu verstehen ist.

Begründung:

Die Formulierung „wenn ... ein Gewinn ... ermittelt wurde" wird in der Rechtsanwendung eine Vielzahl von Fragen aufwerfen. Eine präzisere Formulierung sollte geprüft werden.

17. **Zu Artikel 14 (Änderung des Gesetzes über Steuerstatistiken)**

Der Bundesrat bittet, im weiteren Gesetzgebungsverfahren zu prüfen, wie sichergestellt werden kann, dass die bisher erhobenen Daten zur Einheitsbewertung auch nach Inkrafttreten des vorliegenden Änderungsgesetzes für steuerstatistische Zwecke genutzt werden können.

Begründung:

Nach Artikel 18 Absatz 1 des vorliegenden Änderungsgesetzes treten u. a. die Neuregelungen im Gesetz über Steuerstatistiken am Tag nach der Verkündung des vorliegenden Änderungsgesetzes in Kraft. Dadurch könnte fraglich werden, ob nach Inkrafttreten der Neuregelung statistische Auswertungen zu Einheitswerten zulässig sind, weil diese im Gesetz über Steuerstatistiken überhaupt nicht mehr erwähnt werden.

18. **Zum Gesetzentwurf insgesamt**

Der Bundesrat fordert den Bund auf, vor dem Hintergrund einer in allen Ländern und Kommunen angespannten Personal-, Nachwuchs- und Ressourcensituation im Sinne eines Bündnisses für die Steuerverwaltung die Länder zeitnah bei der Umsetzung des Grundsteuer-Reformgesetzes finanziell zu unterstützen und die bei ihnen und den Kommunen zur Umsetzung der Grundsteuerreform zusätzlich anfallenden Kosten auszugleichen. Länder, die aufgrund der geplanten Regelung in Artikel 72 Absatz 3 Satz 1 Nummer 7 des Grundgesetzes von der bundesgesetzlichen Regelung abweichen, sollen ebenfalls einen anteiligen Ausgleich erhalten. Dieser darf die Höhe der durchschnittlich anfallenden Kosten der bundesgesetzlichen Regelung nicht überschreiten.

Begründung:

Im Entwurf eines Grundsteuer-Reformgesetzes wird von Gesamtpersonalkosten von rund 462 Mio. Euro sowie von einem Aufwand für den Intendanzbereich in Höhe von rund 76 Mio. Euro ausgegangen. Ferner sollen nach einer groben Schätzung die zusätzlichen IT-Kosten im Bereich KONSENS bis zum Jahr 2022 circa 44 Mio. Euro betragen. Auch können weitere nennenswerte Kosten z. B. im Bereich Gebäude und anderer Infrastrukturen nicht ausgeschlossen werden. Hinzu kommen noch nicht absehbare Kosten im kommunalen Bereich.

Da der Koalitionsvertrag auf Bundesebene sowie der Entwurf eines Grundsteuer-Reformgesetzes die Sicherung der Grundsteuer als wichtige Einnahmequelle vorsehen und somit eine gute Finanzausstattung der Länder und Kommunen auch ein Anliegen des Bundes sein dürfte, sollten Länder und Kommunen bei den zu erwartenden Kosten der Grundsteuerreform im Rahmen eines Bündnisses für die Steuerverwaltung vollständig entlastet werden. Es ist zu erwarten, dass eine zeitgerechte personelle, administrative und IT-Umsetzung der Grundsteuerreform eine äußerste Anspannung aller Kräfte erfordern dürfte, die die Gefahr in sich trägt, dass andere wichtige Projekte in der Steuerverwaltung und im Steuervollzug in dieser Umsetzungsphase in den Hintergrund treten. Auch um dieses zu vermeiden, sollte mit materieller Unterstützung des Bundes ein gemeinsames Bündnis für die Steuerverwaltung geknüpft werden, um diese Phase angemessen tragbar zu gestalten.

Da alle Länder und Kommunen das gleiche finanzielle Unterstützungsinteresse haben, soll die Unterstützung durch den Bund auch dann erfolgen, wenn Länder vom geplanten Abweichungsrecht für die Grundsteuer Gebrauch machen sollten. Der anteilige Ausgleich darf jedoch nicht die Höhe der durchschnittlich anfallenden Kosten der bundesgesetzlichen Regelung überschreiten.

Der Bund wird vor diesem Hintergrund aufgefordert, zeitnah die notwenigen rechtlichen und haushälterischen Schritte zu prüfen und einzuleiten, um die finanzielle Entlastung der Länder und Kommunen zu ermöglichen. Nähere Fragen von Ausgestaltung, Umsetzung und Abrechnung der Unterstützung im Rahmen eines solchen Bündnisses für die Steuerverwaltung sind in diesem Kontext gemeinsam zwischen Bund, Ländern und Kommunen partnerschaftlich zu klären.

Reform des Grundsteuer- und Bewertungsrechts **Anlage R 3.4**

Deutscher Bundestag – Drucksache 19/13713
2. Oktober 2019
Unterrichtung durch die Bundesregierung
Entwurf eines Gesetzes zur Reform des Grundsteuer- und Bewertungsrechts
(Grundsteuer-Reformgesetz – GrStRefG) – Drucksache 19/13453
Gegenäußerung der Bundesregierung zu der Stellungnahme des Bundesrates

Zu Ziffer 1   Zum Gesetzentwurf allgemein

Die Bundesregierung nimmt die Ausführungen des Bundesrats zur Kenntnis. Die Bundesregierung geht wie der Bundesrat davon aus, dass das Gesetzespaket zur Grundsteuerreform vom Deutschen Bundestag zügig beschlossen wird.

Zu Ziffer 2   Artikel 1 Nummer 1 Buchstabe a, Nummer 2, Nummer 5 (Inhaltsübersicht, Siebenter Abschnitt – neu –, § 221, § 266 Absatz 1, 2, 3 BewG)

                Artikel 6 (Artikel 97 § 8 Absatz 5 (EG AO)

                Artikel 18 Absatz 2 (Inkrafttreten)

                Anlage 39

Die Bundesregierung wird den Vorschlag prüfen.

Es wird darauf hingewiesen, dass nach dem aktuellen Kenntnisstand eine automationsgestützte Erklärungsannahme frühestens ab dem 1. Januar 2022 möglich ist.

Zu Ziffer 3   Artikel 1 Nummer 2 (§ 221 Absatz 1 BewG)

                Artikel 2 Nummer 6 und 6a – neu – (§ 22 Absatz 1 BewG)

Die Bundesregierung lehnt den Vorschlag ab.

Zu a) Die Wertfortschreibungsgrenzen in Höhe von 15.000 Euro im neuen Recht berücksichtigen, dass eine Änderung der tatsächlichen Verhältnisse stets in vollem Umfang geprüft werden muss. Sie nehmen den Gedanken der Kleinbetragsverordnung auf, orientieren sich an einem verwaltungseffizienten Handeln und berücksichtigen, dass die Bescheiderteilung automationsgestützt erfolgt.

Zu b) Eine Verfünffachung der Mindestgrenze für Wertfortschreibungen nach oben im geltenden Recht verschärft die vom Bundesverfassungsgericht für verfassungswidrig erklärten Wertverzerrungen erheblich. Das Bundesverfassungsgericht hat die Fortgeltungsanordnung der beanstandeten Regelungen, einschließlich des § 22 BewG, unter Zugrundelegung der bisherigen Wertfortschreibungsgrenzen nur bis zur Verkündung einer Neuregelung bis zum 31. Dezember 2019 erlassen. Da zudem jede Änderung der tatsächlichen Verhältnisse, wie beispielsweise bei einem Neubau, stets in vollem Umfang zu prüfen ist, dürfte sich der Verwaltungsaufwand nach Ansicht der Bundesregierung nicht erheblich verringern.

Zu Ziffer 4   Artikel 1 Nummer 2 (§ 229 Absatz 4 Satz 4 BewG)

Die Bundesregierung wird den Vorschlag prüfen.

Zu Ziffer 5   Artikel 1 Nummer 2 (§ 229 Absatz 6 Satz 3 BewG)

Die Bundesregierung wird der Bitte um Prüfung nachkommen.

Zu Ziffer 6 bis 13

Zu den nachfolgenden Vorschlägen des Bundesrats zur Bewertung des Grundvermögens macht die Bundesregierung folgende Vorbemerkungen:

Unter Beachtung der Vorgabe des Bundesverfassungsgerichts, den Belastungsgrund der Steuer zu erfassen und dabei die Relation der Wirtschaftsgüter zueinander realitätsgerecht abzubilden, wurde die Bewertung des Grundvermögens in Anlehnung an die anerkannten Vorschriften der Immobilienwertermittlungsverordnung normiert. Im Interesse der Praktikabilität der Bewertungsverfahren in einem Massenverfahren und einer Minimierung des Erfüllungsaufwandes wurden – teilweise im Kompromisswege – bereits einige Typisierungen in den Regierungs-entwurf aufgenommen. Zur Bewertung der Wohngrundstücke im Ertragswertverfahren wird insbesondere anstelle der Erfassung der tatsächlich vereinbarten Mieten und der üblichen Mieten an die aus statistischen Grundlagen abgeleiteten durchschnittlichen Nettokaltmieten angeknüpft. Auf eine weitere Ausdifferenzierung der durchschnittlichen Nettokaltmieten in größeren Städten anhand der Bodenrichtwerte wurde verzichtet. Gemischt genutzte

1703

Anlage R 3.4   Reform des Grundsteuer- und Bewertungsrechts

Grundstücke und Nichtwohngrundstücke werden ausschließlich in einem vereinfachten Sachwertverfahren bewertet.

Das Bundesverfassungsgericht hat in seiner Entscheidung vom 10. April 2018 eine realitäts- und relationsgerechte Bewertung des Grundvermögens gefordert, aber dem Gesetzgeber auch Raum zur Typisierung zugestanden. Es gilt eine den verfassungsrechtlichen Vorgaben entsprechende Reform umzusetzen.

Zu Ziffer 6   Zu Artikel 1 Nummer 2 (§ 247 Absatz 1 BewG)

Die Bundesregierung lehnt die Bitte um Prüfung ab.

Die Formulierung ist der in der Praxis bewährten geltenden Regelung für die Grundbesitzbewertung für Zwecke der Erbschaft- und Schenkungsteuer sowie der Grunderwerbsteuer nachgebildet. Ein Ausnahmefall wird in § 247 Abs. 3 BewG geregelt.

Zu Ziffer 7   Artikel 1 Nummer 2 (§ 247 Absatz 1 Satz 2 – neu –)

Die Bundesregierung lehnt den Vorschlag ab.

Der Bodenrichtwert ist gemäß § 196 BauGB der durchschnittliche Lagewert des Bodens für eine Mehrheit von Grundstücken innerhalb eines begrenzten Gebiets (Bodenrichtwertzone), die nach den Grundstücksmerkmalen weitgehend übereinstimmen und für die im Wesentlichen gleiche allgemeine Wertverhältnisse vorliegen. Er ist bezogen auf den Quadratmeter Grundstücksfläche eines Grundstücks mit den dargestellten Grundstücksmerkmalen (Bodenrichtwertgrundstück). Eine klarstellende Regelung, dass der Bodenrichtwert der Bodenrichtwertzone bzw. des Richtwertgrundstücks in der Bodenrichtwertzone maßgebend ist, ist insoweit entbehrlich.

Die Negierung der von den Gutachterausschüssen für Grundstückswerte vorgegebenen Differenzierungen beeinträchtigt die realitäts- und relationsgerechte Bewertung der Grundstücke und wird in einigen Fällen zu Bewertungsergebnissen über den gemeinen Wert hinausführen. Bei deckungsgleich überlagernden Bodenrichtwertzonen ist insbesondere die Art der Nutzung sachgerecht zu berücksichtigen.

Zu Ziffer 8   Artikel 1 Nummer 2 (§ 247 Absatz 1 Satz 3 – neu – BewG)

Die Bundesregierung lehnt den Vorschlag ab.

Auf Ziffer 7 wird verwiesen.

Zu Ziffer 9   Artikel 1 Nummer 2 (§ 249 Absatz 10 Satz 4 BewG)

Die Bundesregierung wird den Vorschlag prüfen.

Zu Ziffer 10   Artikel 1 Nummer 2 (§ 251 Satz 2 BewG)
                   Anlage 36

Die Bundesregierung lehnt den Vorschlag ab.

Der Vorschlag schränkt die realitäts- und relationsgerechte Bewertung ein. Abweichungen zwischen der Grundstücksgröße des zu bewertenden Grundstücks und des Bodenrichtwertgrund-stücks sind bei Ein- und Zweifamilienhausgrundstücken regelmäßig wertrelevant. Auf Ziffer 7 wird ergänzend hingewiesen.

Da die Umrechnungskoeffizienten pauschalierend in der Anlage 36 des Gesetzes vorgegeben werden, ist der Verwaltungs- und Bürokratieaufwand gering.

Bei größeren Ein- und Zweifamilienhausgrundstücken wird die Nichtberücksichtigung der Umrechnungskoeffizienten häufig zu Überbewertungen führen.

Zu Ziffer 11   Artikel 1 Nummer 2   (§ 253 Absatz 2 Satz 4 und 6,
                                                       § 259 Absatz 4 Satz 3 und 5 BewG)

Die Bundesregierung wird den Vorschlag prüfen.

Zu Ziffer 12   Zu Artikel 1 Nummer 2 (§ 254 Absatz 1 Satz 1 BewG)

Die Bundesregierung stimmt dem Vorschlag zu.

Zu Ziffer 13   Artikel 1 Nummer 2 (§ 257 Absatz 2 Satz 1 und Absatz 3 BewG)

Die Bundesregierung lehnt den Vorschlag ab.

Der Vorschlag schränkt die realitäts- und relationsgerechte Bewertung ein.

Der Bodenwert von selbstständig nutzbaren Teilflächen ist im Rahmen des vereinfachten Ertragswertverfahrens gesondert zu berücksichtigen. Insbesondere ist diese Teilfläche nicht in die Abzinsung des Bodenwerts über die wirtschaftliche Restnutzungsdauer des Gebäudes einzubeziehen.

Da diese Fallgestaltungen nur in einer geringen Anzahl auftreten, ist der entstehende Verwaltungs- und Bürokratieaufwand vertretbar. In der Praxis werden derartige Teilflächen häufig bereits als gesonderte wirtschaftliche Einheit im Sinne des § 2 BewG erfasst und bewertet.

Zu Ziffer 14   Artikel 2 Nummer 6 (§ 51a BewG)

Die Bundesregierung wird den Vorschlag prüfen.

Zu Ziffer 15   Artikel 3 Nummer 6 (§ 15 Absatz 2 Nummer 1 GrStG)

Die Bundesregierung wird den Vorschlag prüfen.

Zu Ziffer 16   Artikel 3 Nummer 13 (§ 33 Absatz 2 Satz 2 GrStG)

Die Bundesregierung wird der Bitte um Prüfung nachkommen.

Nach Auffassung der Bundesregierung schließt der Gesetzeswortlaut einen Erlass gemäß § 33 Absatz 2 Satz 2 Grundsteuergesetz aus, wenn die dem Erlassjahr zuzuordnenden Einkünfte einen Gewinn ausweisen. Der Begriff „Gewinn" schließt den Begriff „Verlust" wortlautgetreu eindeutig aus, da ansonsten der Begriff „Einkünfte" der Gesetzesformulierung hätte zu Grunde gelegt werden müssen.

Zu Ziffer 17   Artikel 14 (Änderung des Gesetzes über Steuerstatistiken)

Die Bundesregierung lehnt die Bitte um Prüfung ab.

Das Gesetz über Steuerstatistiken (StStatG) ordnet zu bestimmten Zeitpunkten eine amtliche Statistik im Bereich Steuern an und regelt die Erhebung der Daten. Die nach einer rechtmäßigen Fassung des StStatG erhobenen Daten bleiben jedoch zu jeder Zeit auswertbar. Insofern besteht kein weiterer Handlungsbedarf.

Zu Ziffer 18   Zum Gesetzentwurf insgesamt

Die Bundesregierung lehnt den Vorschlag ab.

Die Verwaltungshoheit hinsichtlich der Grundsteuer obliegt ausschließlich den Ländern und Gemeinden. Gemäß Artikel 104a Absatz 5 des Grundgesetzes haben Bund und Länder die bei ihren Behörden entstehenden Verwaltungsausgaben zu tragen.

Die Bundesregierung wird sich für die Schaffung eines Gesprächsformats einsetzten, um die mit der Reform der Grundsteuer verbundenen verwaltungspraktischen und IT-mäßigen Aufgaben angemessen zu erörtern.

Anlage R 3.5

Deutscher Bundestag – Drucksache 19/14158

17. Oktober 2019
Bericht des Finanzausschusses

a) zu dem Gesetzentwurf der Fraktionen der CDU/CSU und SPD
   – Drucksache 19/11085 –
   Entwurf eines Gesetzes zur Reform des Grundsteuer- und Bewertungsrechts
   (Grundsteuer-Reformgesetz – GrStRefG)

b) zu dem Gesetzentwurf der Bundesregierung
   – Drucksachen 19/13453, 19/13713 –
   Entwurf eines Gesetzes zur Reform des Grundsteuer- und Bewertungsrechts
   (Grundsteuer-Reformgesetz – GrStRefG)

– Auszug aus dem Bericht –

…

Vom Ausschuss angenommene Änderungsanträge

Die vom Ausschuss angenommenen Änderungen am Gesetzentwurf auf Drucksache 19/11085 sind aus der Zusammenstellung in der Beschlussempfehlung des Finanzausschusses ersichtlich. Die Begründungen der Änderungen finden sich in diesem Bericht unter „B. Besonderer Teil". Die Koalitionsfraktionen der CDU/CSU und SPD brachten insgesamt 4 Änderungsanträge ein.

…

B. Besonderer Teil

Zu Artikel 1 (Änderung des Bewertungsgesetzes)

Zu Nummer 2

§ 228 Absatz 3 Nummer 1 BewG

Da der Begriff des Grundstücks in § 244 Absatz 1 als wirtschaftliche Einheit des Grundvermögens legal definiert wird, die Erklärungspflicht nach § 228 Absatz 3 Nummer 1 unzweifelhaft auch den Steuerpflichtigen trifft, dem land- und forstwirtschaftliches Vermögen zugerechnet wird, ist zur Klarstellung der treffende bewertungsrechtliche Begriff der wirtschaftlichen Einheit zu verwenden.

§ 229 Absatz 4 Satz 2 BewG

Der Verweis wird an die Rechtsförmlichkeit angepasst.

§ 233 Absatz 1 BewG

Der Gesetzentwurf stellt bisher bewertungsrechtlich auf Sondergebiete für Windenergieanlagen ab. Um Missverständnisse zum kataster- und bauplanungsrechtlichen Begriff des Sondergebiets für Windenergieanlagen auszuschließen, wird der Wortlaut der Norm präziser gefasst. Die Vorschrift regelt, dass Standortflächen (d. h. einschließlich der dazu notwendigen Umgriffsflächen) für Windenergieanlagen sowie dafür erforderliche Betriebsvorrichtungen wie Zuwegungen zur Windenergieanlage (vgl. BFH Urt. v. 11.4.2019 – IV R 3/17) dem land- und forstwirtschaftlichen Vermögen zugerechnet werden. Zur weiteren Vereinfachung des Bewertungsverfahrens wird weder auf die unterschiedlichen bauordnungsrechtlichen Vorschriften der Länder noch auf anderweitige Genehmigungsverfahren abgestellt. Ausschlaggebend ist allein, ob es sich um tatsächlich genutzte Standorte für Windkraftanlagen handelt, wobei überwiegend im Außenbereich privilegiert zulässige Windenergieanlagen erfasst werden (§ 35 Absatz 1 BauGB), oder durch Aufstellung von Bebauungsplänen die planungsrechtlichen Grundlagen für Windenergieanlagen eigenständig geschaffen wurden.

Alle übrigen Energieerzeugungsflächen werden weiterhin über § 232 Absatz 4 Nummer 1 BewG dem Grundvermögen zugerechnet.

§ 233 Absatz 2 Satz 1 BewG

Die Korrektur passt den Wortlaut an den inhaltsgleichen § 69 Absatz 1 BewG an.

§ 234 Absatz 2 BewG

Es handelt sich um eine Korrektur der Zeichensetzung.

§ 237 Absatz 1 Satz 1 BewG

Es handelt sich um die redaktionelle Anpassung eines Verweises.

§ 237 Absatz 6 Satz 4 BewG
Es handelt sich um die klarstellende Anpassung des Gesetzestextes an den Text der Anlage 31 und den dort festgelegten Bewertungsparametern.

§ 238 Absatz 2 Satz 1 und 2 BewG
Der Wortlaut wird an die Neufassung des § 233 Absatz 1 BewG angepasst.

§ 239 Absatz 2 Satz 1 BewG
Es handelt sich um eine rein grammatikalische Korrektur.

§ 240 Absatz 1 Satz 1 BewG
Es handelt sich um eine rein grammatikalische Korrektur.

§ 250 Absatz 3 Satz 1 BewG
Es handelt sich um eine rein grammatikalische Korrektur.

§ 254 Absatz 1 Satz 1 BewG
Es wird im Gesetz klargestellt, dass der jährliche Rohertrag aus den monatlichen Nettokaltmieten der Anlage 39 des BewG anzusetzen ist.

Zudem wird der Wortlaut an die Anlage 39 des BewG angepasst. Damit wird klargestellt, dass die Anlage 39 auch für Wohnflächen Anwendung findet, die den Wohnungsbegriff nicht erfüllen.

§ 256 Absatz 2 Satz 1 und Absatz 3 Satz 1
Die Verweise werden an die Rechtsförmlichkeit angepasst.

§ 266 Absatz 2 Satz 1 und 3
Die Sprache wird an die Rechtsförmlichkeit angepasst.

Anlage 27 (zu § 237 Absatz 2)
Es handelt sich um eine Anpassung an die Rechtsförmlichkeit.

Anlage 31 (zu § 237 Absatz 6 und 7)
Bei den Bewertungsfaktoren für Binnenfischerei, Teichwirtschaft sowie Fischzucht für Binnenfischerei für Teichwirtschaft wurde jeweils bei den stehenden und fließenden Gewässern die vollständige Bezeichnung aufgenommen.

Die Ergänzung des Begriffs der Bruttogrundfläche bei der Bezugseinheit Quadratmeter erfolgt aufgrund des eindeutigen Gesetzeswortlauts klarstellend.

Anlage 32 (zu § 237 Absatz 8)
Die Reduzierung des Ertragswerts für die Hofstelle von 20,16 € auf 6,72 € ist dem Gesetzeswortlaut des § 237 Absatz 8 geschuldet, der bereits eine Vervielfachung des Ertragswerts gesetzlich vorschreibt. Insoweit wird ein redaktioneller Fehler bereinigt.

Die Ergänzung des Begriffs der Bruttogrundfläche bei der Bezugseinheit Quadratmeter erfolgt aufgrund des eindeutigen Gesetzeswortlauts klarstellend.

Anlage 33 (zu § 238 Absatz 2)
Der Wortlaut wird an die Neufassung des § 233 Absatz 1 BewG angepasst.

Anlage 40 (zu § 255)
In der Anlage 40 (zu § 255) sind die pauschal abzuziehenden Bewirtschaftungskosten aufgeführt. Diese sind vom Rohertrag des Grundstücks wie er sich aus § 254 ergibt abzuziehen. Um Missverständnisse zu vermeiden, wird die Unterüberschrift der Anlage 40 klarstellend angepasst.

Zu Artikel 3 (Änderung des Grundsteuergesetzes)
Zu Nummer 6

§ 15 Absatz 4 Nummer 3 GrStG
Der Verweis wird an die Rechtsförmlichkeit angepasst.

§ 15 Absatz 5 GrStG (neu)
Bei der geplanten Reform der Wertermittlung für Zwecke der Grundsteuer werden die Besonderheiten denkmalgeschützter Grundstücke, wie zum Beispiel mit dem Denkmalschutz in vielen Fällen einhergehende erhöhte Unterhaltungskosten oder Nutzungseinschränkungen nicht berücksichtigt. Baudenkmäler umfassen oft große Grundflächen mit häufig gleichzeitig vorhandenen Einschränkungen bei der Nutzung und den Refinanzierungsmöglichkeiten. Die Erhaltung von Baudenkmälern liegt im öffentlichem Interesse und ist daher zuvorderst eine Aufgabe der öffentlichen Hand. Diese im öffentlichen Interesse liegende Wahrnehmung der Aufgabe durch Private bei gleichzeitig vorliegenden Ein-

schränkungen, die von den privaten Eigentümern im Interesse der Allgemeinheit hinzunehmen sind, sollen bei der Erhebung der Grundsteuer berücksichtigt werden.

Nach dem bisherigen Recht war ein Abschlag in Höhe von 5 bis 10 Prozent im Rahmen der Einheitswertermittlung aufgrund eines koordinierten Ländererlasses vom 21. Oktober 1985 möglich, der sich auf die Höhe der Grundsteuer entsprechend auswirkte. Einen Automatismus, wonach ein Objekt mit Denkmalschutz weniger wert ist, als ein Objekt ohne Denkmalschutz gibt es nicht. Insbesondere in gefragten Lagen, wie der Immobilienmarktbericht für 2018 des Gutachterausschusses für Grundstückswerte in München belegt, werden für Objekte mit Denkmalschutz am Grundstücksmarkt auch höhere Preise je Quadratmeter Wohn-und Nutzfläche gezahlt. Die Bewertungsebene wird daher nicht mehr als der richtige Ort für die Berücksichtigung der Denkmaleigenschaft angesehen. Die individuelle Berücksichtigung des Denkmalschutzes im Rahmen der Wertermittlung ist zudem äußerst komplex. Sie setzt grundsätzlich die sachgerechte Beurteilung der Gesamtumstände des Einzelfalls voraus, die in einem typisierten steuerrechtlichen Massenverfahren nicht verwaltungsökonomisch leistbar ist. Die Berücksichtigung einer wertmindernden Denkmaleigenschaft im Einzelfall würde erheblichen administrativen Mehraufwand verursachen. Bei der jetzt anstehenden Reform des Grundsteuergesetzes sollen die Besonderheiten denkmalgeschützter Grundstücke unmittelbar bei der Erhebung der Grundsteuer berücksichtigt werden, um damit die Belastungen, die von den Eigentümerinnen und Eigentümern solcher Grundstücke im Interesse der Allgemeinheit getragen werden, zu verringern und den Erhalt der Baudenkmäler zu stärken.

Durch die Gewährung eines Abschlags auf die Steuermesszahl in Höhe von 10 Prozent wird den besonderen Belangen der Eigentümer von Baudenkmalen unbürokratisch Rechnung getragen, ohne dabei in die Bewertung der wirtschaftlichen Einheiten für Zwecke der Grundsteuer einzugreifen. Eine äußerst komplexe individuelle Berücksichtigung der Denkmaleigenschaft von Baudenkmale im Rahmen der Bewertung – und der damit einhergehende erhebliche administrative Aufwand – wird vermieden. Zum Nachweis der Denkmaleigenschaft ist in aller Regel auf die Denkmallisten oder Denkmalbücher der jeweils zuständigen Denkmalschutzbehörde des Landes zurückzugreifen. Sind nur Teile des jeweiligen Grundstücks denkmalgeschützt, verringert sich die Ermäßigung der Steuermesszahl entsprechend. Dabei wird in der Regel auf das Verhältnis der Wohn- und Nutzfläche der nicht denkmalgeschützten Gebäude oder Gebäudeteile zur gesamten Wohn- und Nutzfläche abzustellen sein.

Zu Artikel 17 (Änderung des Finanzausgleichsgesetzes)
Zu Nummer 1a)
§ 8 Absatz 2 FAG

Durch Anfügung der neuen Sätze 4 und 5 wird klargestellt, dass die Reform des Grundsteuer- und Bewertungsrechts auch in dem zur steuerkraftgerechten Durchführung des bundesstaatlichen Finanzausgleichs anzuwendenden Normierungsverfahren nicht zu unverhältnismäßigem Mehraufwand führen darf. Dies gilt auch insofern, als gesonderte Erklärungspflichten für die Steuerpflichtigen nicht entstehen dürfen.

Reform des Grundsteuer- und Bewertungsrechts **Anlage R 3.6**

Deutscher Bundestag – Drucksache 19/11086

25. Juni 2019
Gesetzentwurf der Fraktionen der CDU/CSU und SPD
Entwurf eines Gesetzes zur Änderung des Grundsteuergesetzes zur
Mobilisierung von baureifen Grundstücken für die Bebauung

A. Problem und Ziel

Insbesondere in Ballungsgebieten besteht ein erheblicher Wohnungsmangel. Die damit verbundene Wertentwicklung von Grundstücken wird vermehrt dazu genutzt, baureife Grundstücke als Spekulationsobjekt zu halten. Diese Grundstücke werden nur aufgekauft, um eine Wertsteigerung abzuwarten und die Grundstücke anschließend gewinnbringend wieder zu veräußern. Einer sachgerechten und sinnvollen Nutzung werden diese Grundstücke nicht zugeführt. Trotz des damit vorhandenen Baulands wird der erforderliche Wohnungsbau ausgebremst.

Ziel des Gesetzes ist es, den Kommunen zu ermöglichen, steuerliche Anreize bei der Grundsteuer zu setzen und damit baureife Grundstücke für eine Bebauung zu mobilisieren.

B. Lösung

Es wird für die Gemeinden die Möglichkeit der Festlegung eines erhöhten, einheitlichen Hebesatzes auf baureife Grundstücke eingeführt. Dadurch kann über die Grundsteuer ein finanzieller Anreiz geschaffen werden, die baureifen Grundstücke einer sachgerechten und sinnvollen Nutzung durch Bebauung zuzuführen. Der rein finanzielle Nutzen der Grundstücke als Spekulationsobjekte soll mittels des besonderen Hebesatzes auf baureife Grundstücke verringert werden.

C. Alternativen

Keine.

D. Haushaltsausgaben ohne Erfüllungsaufwand

Inwieweit von der Möglichkeit zur Erhebung der Grundsteuer C durch die Gemeinden Gebrauch gemacht wird, kann im Voraus nicht eingeschätzt werden. Daher sind die finanziellen Auswirkungen auf das Steueraufkommen nicht ermittelbar.

E. Erfüllungsaufwand

E.1 Erfüllungsaufwand für Bürgerinnen und Bürger

Ein Erfüllungsaufwand für die Bürgerinnen und Bürger ist nicht zu erwarten.

E.2 Erfüllungsaufwand für die Wirtschaft

Ein Erfüllungsaufwand für die Wirtschaft ist nicht zu erwarten.

Davon Bürokratiekosten aus Informationspflichten

Durch das Gesetz werden keine Informationspflichten eingeführt oder abgeschafft.

E.3 Erfüllungsaufwand der Verwaltung

Inwieweit von der Möglichkeit zur Erhebung der Grundsteuer C durch die Gemeinden Gebrauch gemacht wird, kann im Voraus nicht eingeschätzt werden. Daher sind die Auswirkungen auf den Erfüllungsaufwand der Verwaltung nicht ermittelbar.

F. Weitere Kosten

Die Prüfungen zu den weiteren Kosten sind noch nicht abgeschlossen. Eine Preiswirkung auf die Gesamtkosten von Bauvorhaben kann nicht ausgeschlossen werden.

Anlage R 3.6

**Entwurf eines Gesetzes zur Änderung des Grundsteuergesetzes zur
Mobilisierung von baureifen Grundstücken für die Bebauung**

Vom ...

Der Bundestag hat mit Zustimmung des Bundesrates das folgende Gesetz beschlossen:

Artikel 1

Änderung des Grundsteuergesetzes

Das Grundsteuergesetz vom 7. August 1973 (BGBl. I S. 965), das zuletzt durch Artikel 3 des Gesetzes vom ... (BGBl. I S. ...) [einsetzen: Datum und Fundstelle des Grundsteuer-Reformgesetzes] geändert worden ist, wird wie folgt geändert:

1. § 25 Absatz 4 wird durch die folgenden Absätze 4 und 5 ersetzt:

„(4) Der Hebesatz muss vorbehaltlich des Absatzes 5 jeweils einheitlich sein
   1. für die in einer Gemeinde liegenden Betriebe der Land- und Forstwirtschaft und
   2. für die in einer Gemeinde liegenden Grundstücke.

Werden Gemeindegebiete geändert, so kann die Landesregierung oder die von ihr bestimmte Stelle für die von der Änderung betroffenen Gebietsteile für eine bestimmte Zeit verschiedene Hebesätze zulassen.

(5) Die Gemeinde kann in Gebieten mit besonderem Wohnraumbedarf baureife Grundstücke als besondere Grundstücksgruppe innerhalb der unbebauten Grundstücke im Sinne des § 246 des Bewertungsgesetzes bestimmen und abweichend von Absatz 4 Satz 1 Nummer 2 für die Grundstücksgruppe der baureifen Grundstücke einen gesonderten Hebesatz festsetzen. Baureife Grundstücke sind unbebaute Grundstücke im Sinne des § 246 des Bewertungsgesetzes, die nach Lage, Form und Größe und ihrem sonstigen tatsächlichen Zustand sowie nach öffentlich-rechtlichen Vorschriften sofort bebaut werden könnten. Eine erforderliche, aber noch nicht erteilte Baugenehmigung sowie zivilrechtliche Gründe, die einer sofortigen Bebauung entgegenstehen, sind unbeachtlich. Die genaue Bezeichnung der baureifen Grundstücke und deren Lage sind jeweils nach den Verhältnissen zu Beginn eines Kalenderjahres von der Gemeinde zu ermitteln, in einer Karte nachzuweisen und im Wege einer Allgemeinverfügung öffentlich bekannt zu geben. In der Allgemeinverfügung ist der besondere Wohnraumbedarf zu begründen. Hat eine Gemeinde die Grundstücksgruppe baureifer Grundstücke bestimmt und für die Grundstückgruppe der baureifen Grundstücke einen gesonderten Hebesatz festgesetzt, muss dieser Hebesatz für alle in der Gemeinde liegenden baureifen Grundstücke einheitlich und höher als der einheitliche Hebesatz für die übrigen in der Gemeinde liegenden Grundstücke sein."

2. Dem § 37 wird folgender Absatz 3 angefügt:

„(3) § 25 Absatz 4 und 5 in der am 1. Januar 2025 geltenden Fassung ist erstmals bei der Hauptveranlagung auf den 1. Januar 2025 anzuwenden."

Artikel 2

Inkrafttreten

Dieses Gesetz tritt am 1. Januar 2025 in Kraft.

Berlin, den 25. Juni 2019

Ralph Brinkhaus, Alexander Dobrindt und Fraktion

Dr. Rolf Mützenich und Fraktion

Begründung

A. Allgemeiner Teil

I. Zielsetzung und Notwendigkeit der Regelungen

Trotz Wohnungsmangels, vor allem in den Ballungsgebieten, werden baureife Grundstücke zu Spekulationsobjekten. Insbesondere baureife Grundstücke zwischen bebauten Grundstücken in Ballungsgebieten werden lediglich deshalb gekauft, um einen Wertzuwachs abzuwarten und die Grundstücke dann mit Gewinn weiter zu veräußern. Ein Interesse an einer sachgerechten Nutzung der Grundstücke besteht in diesen Fällen von den Grundstückseigentümern in der Regel nicht. Hierdurch entstehen dauerhafte Baulücken, die städteplanerisch unbefriedigend sind und dazu führen, dass der Bedarf an bebaubaren Grundstücken nicht gedeckt werden kann. Die die Bundesregierung tragenden Fraktionen CDU/CSU und SPD haben deshalb im Koalitionsvertrag vom 12. März 2018 vereinbart, dass die Kommunen durch Schaffung der rechtlichen Grundlagen – neben ihrer bauplanerischen Hoheit – ergänzend

Reform des Grundsteuer- und Bewertungsrechts **Anlage R 3.6**

die Möglichkeit erhalten, die Baulandmobilisierung durch grundsteuerliche Maßnahmen zu begleiten. Um die baureifen Grundstücke für die Bebauung zu mobilisieren, wird den Gemeinden die Möglichkeit eingeräumt, einen erhöhten Hebesatz auf baureife Grundstücke festzusetzen. Die zusätzliche grundsteuerliche Belastung von baureifen aber brachliegenden Baulandgrundstücken ist im Rahmen der Einschätzungsprärogative des Gesetzgebers ein wichtiges Instrument, um einerseits Spekulationen zu begegnen und andererseits Bauland für die Bebauung zu mobilisieren. Zugleich können wichtige Impulse für die Innenentwicklung der Städte und Gemeinden gegeben werden. Die bundesgesetzlich geregelte Optionsmöglichkeit zur Einführung eines eigenständigen Hebesatzrechtes für baureife Grundstücke (sog. Grundsteuer C) berücksichtigt zugleich die regional und örtlich unterschiedlichen Grundstücksmärkte sowie das jeweilige Angebot und die jeweilige Nachfrage von Bauland. Damit kann die Grundsteuer C zielgerichtet in den Gemeinden eingesetzt werden.

II. Wesentlicher Inhalt des Entwurfs

Bisher konnten die Gemeinden bei der Grundsteuer zwei verschiedene Hebesätze festlegen, die einheitlich für die in der Gemeinde befindlichen Betriebe der Land- und Forstwirtschaft einerseits und für die Grundstücke andererseits sein mussten.

Entsprechend dem Ziel des Gesetzes wird für die Gemeinden die Möglichkeit geschaffen, einen besonderen Hebesatz für baureife Grundstücke festzulegen. Um eine baldige bauliche Nutzung derjenigen Grundstücke zu erreichen, die nach den rechtlichen Voraussetzungen und den tatsächlichen Gegebenheiten sofort bebaut werden können, ist die Erhebung der Grundsteuer mittels eines besonderen Hebesatzes beschränkt auf die besondere Grundstücksgruppe der sog. „baureifen Grundstücke". Als solche gelten nur unbebaute Grundstücke, die der Grundsteuerpflicht unterliegen und innerhalb oder außerhalb eines Plangebiets trotz ihrer Baureife nicht baulich genutzt werden. Dabei bleiben Hinderungsgründe zivilrechtlicher Art, die einer möglichen sofortigen Bebauung entgegenstehen, bei der Beurteilung der Baureife eines Grundstücks außer Betracht. Die jeweils örtlich zuständige Gemeinde entscheidet nach pflichtgemäßem Ermessen darüber, ob eine besondere Nachfrage nach Bauland besteht und welche steuerliche Belastung im Rahmen der verfassungsmäßigen Vorgaben den betroffenen Grundstückseigentümern auferlegt werden soll. Dadurch ist die gesonderte Grundsteuerbelastung gebietsmäßig beschränkt, auf den angestrebten Lenkungszweck zielgenau ausgerichtet und stärkt zugleich die kommunale Finanzausstattung.

Nachdem die Grundsteuerhebesätze regelmäßig von den Gemeinden jährlich überprüft werden und der besondere Hebesatz für „baureife Grundstücke" nach den vorgesehenen Regelungen vom allgemeinen Hebesatz für Grundstücke abweichen darf, kann die Besteuerung flexibel an die jeweilige Marktlage und die örtlichen Verhältnisse angepasst werden. Gleichzeitig setzt die zusätzliche Besteuerung der Grundstücksgruppe „baureifer Grundstücke" nicht das Verhältnis von Angebot und Nachfrage außer Kraft, so dass dessen volkswirtschaftliche Funktion erhalten bleibt.

III. Alternativen
Keine.

IV. Gesetzgebungskompetenz

Die Gesetzgebungskompetenz folgt aus Artikel 105 Absatz 2 des Grundgesetzes (GG) in Verbindung mit Artikel 72 Absatz 2 GG als auch aus Artikel 125a Absatz 2 Satz 1 GG für die Einführung einer Grundsteuer C auf baureife Grundstücke. Da die Gesetzgebungskompetenz des Bundes in der Wissenschaft nicht einheitlich beurteilt wird, soll diese unzweifelhaft abgesichert werden. Dazu erhält der Bund mit der zeitgleich eingebrachten Grundgesetzänderung uneingeschränkt die konkurrierende Gesetzgebungskompetenz zur Regelung der Grundsteuer. Zeitgleich wird den Ländern über eine Ergänzung in Artikel 72 Absatz 3 GG eine umfassende abweichende Regelungskompetenz eröffnet.

1. Gesetzgebungskompetenz aus Artikel 72 Absatz 2 in Verbindung mit Artikel 105 Absatz 2 GG

Eine Gesetzgebungskompetenz des Bundes aus Artikel 72 Absatz 2 GG besteht, wenn und soweit die Herstellung gleichwertiger Lebensverhältnisse im Bundesgebiet oder die Wahrung der Rechts- oder Wirtschaftseinheit im gesamtstaatlichen Interesse eine bundesgesetzliche Regelung erforderlich macht. Dies ist hier der Fall.

Die Ermöglichung eines gesonderten erhöhten Hebesatzes auf baureife Grundstücke durch das vorliegende Gesetz ist im Zusammenhang mit dem Gesetz zur Reform des Grundsteuer- und Bewertungsrechts zu sehen und stützt sich hinsichtlich der Begründung der Gesetzgebungskompetenz des Bundes auf dieselben Erwägungen. Der Bund kann danach im Rahmen seiner Einschätzungsprärogative davon ausgehen, dass bis zu 16 unterschiedliche Bewertungssysteme für die Grundsteuer zu nicht unerheblichen problematischen Entwicklungen in Bezug auf die Rechts- und Wirtschaftseinheit führen. Diese übergreifenden Gründe machen auch eine bundesgesetzliche Regelung einer Grundsteuer C erforderlich.

Das bundesgesetzlich geregelte Bewertungsrecht für Zwecke der Grundsteuer trifft verfahrensrechtliche Regelungen über gesonderte Feststellungen zur Vermögensart und zur Grundstücksart (vgl. § 219 Absatz 2 des Bewertungsgesetzes – BewG), die eine wesentliche Grundlage für die Definition des Steuergegenstandes nach § 2 des Grundsteuergesetzes (GrStG) bilden. Um innerhalb der bundesgesetzlich geregelten Grundstücksart der unbebauten Grundstücke (§ 219 Absatz 2 i. V. m. § 246 BewG) die Voraussetzungen zur rechtlichen Abgrenzung und Definition „baureifer Grundstücke" zu schaffen und zugleich die unterschiedlichen Rechtswege zu garantieren, muss die besondere Grundstücksgruppe baureifer Grundstücke im Bewertungsrecht bundeseinheitlich definiert und geregelt werden. Nur dadurch wird gewährleistet, dass im Falle der Festsetzung eines gesonderten Hebesatzes für die Grundstücksgruppe der baureifen Grundstücke keine unterschiedlichen Rechtsgrundsätze zur Anwendung kommen und die Definitionen der bebauten und unbebauten Grundstücke mit einer entsprechenden Definition der baureifen Grundstücke unterlaufen werden können. Soweit baureife Grundstücke Länder- oder Gemeindegrenzen überschreiten oder baureife Grundstücke von Unternehmen in mehreren Gemeinden betroffen sind, die eine Grundsteuer C erheben, erfordert die Gleichmäßigkeit der Besteuerung der davon betroffenen Gebiete auch in diesen Fällen eine bundeseinheitliche Regelung im gesamtstaatlichen Interesse.

Dabei ist zu berücksichtigen, dass der Eingriff des Bundes in die Länderkompetenz als gering einzustufen ist, wenn die Grundsteuer C wie mit dem Gesetzentwurf vorgesehen bundesgesetzlich in Form einer Ermächtigung für die Kommunen zur Anwendung eines besonderen höheren Hebesatzes für baureife Grundstücke ausgestaltet ist.

2. Gesetzgebungskompetenz aus Artikel 125a Absatz 2 Satz 1 GG

Unabhängig davon ergäbe sich eine Gesetzgebungskompetenz des Bundes aus Artikel 125a Absatz 2 GG, da fortgeltendes Bundesrecht lediglich fortgeschrieben wird. Die Einführung einer Grundsteuer C stellt keine grundlegende Neukonzeption der Grundsteuer, sondern lediglich eine Modifikation des bestehenden Grundsteuerrechts dar. Es werden bestehende Elemente der Grundsteuer verwendet und lediglich den Kommunen die Möglichkeit der Anwendung besonderer Hebesätze eingeräumt.

Die Grundsteuer C ist keine absolute Neuerung im Bundesrecht. Eine gesonderte Besteuerung baureifer Grundstücke erfolgte bereits im Zeitraum 1961/1962 durch § 12a GrStG. Darüber hinaus existiert mit § 73 BewG bereits eine Vorschrift, die in ihrem Absatz 1 die Grundstücksart „baureifes Grundstück" als Unterkategorie der unbebauten Grundstücke vorsieht. Zudem wird die Erhebung der Grundsteuer C in das Ermessen der Gemeinden gestellt, die bundesgesetzliche Regelung beschränkt sich auf die Vorgaben zur Ausweisung der Kategorie der baureifen Grundstücke als Besteuerungsgegenstand der Grundsteuer C. Dies stellt keinen weitreichenden neuen Eingriff in die Länderkompetenz dar.

V. Vereinbarkeit mit dem Recht der Europäischen Union und völkerrechtlichen Verträgen

Der Gesetzentwurf ist mit dem Recht der Europäischen Union und völkerrechtlichen Verträgen, die die Bundesrepublik Deutschland abgeschlossen hat, vereinbar.

VI. Gesetzesfolgen
1. Rechts- und Verwaltungsvereinfachung
Das Vorhaben dient nicht der Vereinfachung von Verwaltungsverfahren.

2. Nachhaltigkeitsaspekte
Das Vorhaben steht im Einklang mit der Deutschen Nachhaltigkeitsstrategie. Es sichert das Steueraufkommen des Gesamtstaates und unterstützt damit den Indikatorenbereich 8.2 (Staatsverschuldung – Staatsfinanzen konsolidieren, Generationengerechtigkeit schaffen). Außerdem bezweckt es die Mobilisierung baureifer Grundstücke für den erforderlichen Wohnungsbau und unterstützt damit den Indikatorenbereich 11.3 (Bezahlbarer Wohnraum für alle). Eine Nachhaltigkeitsrelevanz bezüglich anderer Indikatoren ist nicht gegeben.

3. Haushaltsausgaben ohne Erfüllungsaufwand

Inwieweit von der Möglichkeit zur Erhebung der Grundsteuer C durch die Gemeinden Gebrauch gemacht wird, kann im Voraus nicht eingeschätzt werden. Daher sind die finanziellen Auswirkungen auf das Steueraufkommen nicht ermittelbar.

4. Erfüllungsaufwand

Ein Erfüllungsaufwand für Bürgerinnen und Bürger bzw. für die Wirtschaft ist nicht unmittelbar zu erwarten. Es werden keine Informationspflichten eingeführt oder abgeschafft. Inwieweit von der Möglichkeit zur Erhebung der Grundsteuer C durch die Gemeinden Gebrauch gemacht wird, kann im Voraus nicht eingeschätzt werden. Daher sind die Auswirkungen auf den Erfüllungsaufwand für die Verwaltung nicht ermittelbar.

5. Weitere Kosten

Eine Preiswirkung auf die Gesamtkosten von Bauvorhaben kann nicht ausgeschlossen werden.

6. Weitere Gesetzesfolgen

Unter Berücksichtigung der unterschiedlichen Lebenssituation von Frauen und Männern sind keine Auswirkungen erkennbar, die gleichstellungspolitischen Zielen gemäß § 2 der Gemeinsamen Geschäftsordnung der Bundesministerien zuwiderlaufen.

7. Demografische Auswirkungen

Das Vorhaben hat keine Auswirkungen auf den demografischen Wandel.

VII. Befristung; Evaluierung

Die Regelungen sollen dauerhaft wirken, so dass eine Befristung nicht in Betracht kommt.

Ob hinsichtlich der Auswirkungen auf den Erfüllungsaufwand eine Evaluation der Regelungen erforderlich sein wird, kann erst dann beurteilt werden, wenn bekannt ist, ob und wie viele Gemeinden die Option zur Festlegung eines gesonderten Hebesatzes auf baureife Grundstücke in Anspruch genommen haben.

B. Besonderer Teil

Zu Artikel 1 (Änderung des Grundsteuergesetzes)
Zu Nummer 1
§ 25 Absatz 4 und 5 – neu –

Absatz 4

Die Vorschrift entspricht § 25 Absatz 4 Satz 1 GrStG in der bisherigen Gesetzesfassung, nach der der Hebesatz für die Betriebe der Land- und Forstwirtschaft einerseits und die Grundstücke andererseits einheitlich festzulegen ist.

Absatz 5 – neu –

Die Vorschrift schafft nach Satz 1 für den Steuergegenstand Grundstücke (§ 2 Nummer 2 GrStG) abweichend von Absatz 4 Satz 1 Nummer 2 in Gebieten mit besonderem Wohnraumbedarf die rechtliche Möglichkeit zur Festsetzung eines gesonderten Hebesatzes für die besondere Grundstücksgruppe baureifer Grundstücke. Der von der Gemeinde gesondert festgesetzte Hebesatz ist im jeweiligen Einzelfall unmittelbar auf den vom örtlich zuständigen Finanzamt mitgeteilten Steuermessbetrag anzuwenden. Satz 2 definiert die Grundstücksgruppe „baureife Grundstücke" und grenzt diese von der bewertungsrechtlichen Grundstücksart „unbebaute Grundstücke" ab. Satz 3 regelt in Übereinstimmung mit dem bewertungsrechtlichen Stichtag dem Zeitpunkt der Grundsteuerentstehung, dass die genaue Bezeichnung der baureifen Grundstücke und deren Lage von der Gemeinde im Hinblick auf die Heranziehung mit einem besonderen Hebesatz hinreichend zu bestimmen und im Wege einer Allgemeinverfügung öffentlich bekannt zu geben sind. Damit wird bereits dem Grunde nach die rechtliche Überprüfung zur Heranziehung eines baureifen Grundstücks gewährleistet.

Satz 6 regelt ergänzend, dass im Falle der gesonderten Festsetzung eines Hebesatzes für die besondere Grundstücksgruppe baureifer Grundstücke dieser innerhalb des Gemeindegebiets nur einheitlich zur Anwendung kommen darf und der Hebesatz dem Gesetzeszweck entsprechend höher als für die übrigen Grundstücke sein muss. Eine unterschiedliche Festsetzung von gesonderten Hebesätzen für innerhalb eines Gemeindegebiets unterschiedlich belegene baureife Grundstücke ist damit ausgeschlossen.

Zu Nummer 2

§ 37 Absatz 3 – neu –

Nach § 37 Absatz 3 GrStG sind die Regelungen dieses Gesetzes erstmals für die Grundsteuerfestsetzung im Rahmen der Hauptveranlagung zum 1. Januar 2025 anzuwenden.

Zu Artikel 2 (Inkrafttreten)

Artikel 2 bestimmt, dass das vorliegende Änderungsgesetz am 1. Januar 2025 in Kraft tritt.

Stichwortverzeichnis

A
Abbruch
- Gebäude auf fremdem Grund und Boden 287, 758
- vorzeitiger – eines Gebäudes 97
- Wertminderung bei Notwendigkeit baldigen – 79, 97, 492, 655, 656, 714, 785, 811, 828, 865, 908
- Wertminderung bei Verpflichtung zum – 79, 80, 105, 492, 655, 714, 716, 718, 811

Abbruchverpflichtung
- beim Erbbaurecht sowie bei Gebäuden auf fremdem Grund und Boden 739
- Grundbesitzbewertung 249, 274, 288

Abfallentsorgung
- Grundsteuerfreiheit 1457

Abgrenzung des Grundvermögens
- vom Betriebsvermögen 118
- vom land- und forstwirtschaftlichen Vermögen 38, 125, 134, 765, 769
- von den Betriebsvorrichtungen 34 ff., 512 ff.

Abrundung
- der Einheitswerte 18
- der Grundbesitzwerte 134
- der Grundsteuerwerte 315

Abschläge
- bei Bewertung im Ertragswertverfahren 79, 82, 130
- bei Bewertung im Sachwertverfahren 95 ff.

Abzinsungsfaktoren
- bei der Feststellung von Grundsteuerwerten 458 ff.
- bei der Grundbesitzbewertung, ErbSt 284, 287, 427
- bei der Verkehrswertermittlung 962

Altenwohnheime
- Appartements in 1495

Altersheime
- Raummeterpreise 701

Alterswertminderung
- bei der Einheitsbewertung 88, 92, 94, 798, 827, 837, 864, 884, 907
- bei der Grundbesitzbewertung 139, 264, 271 ff., 274
- bei der Grundsteuerbewertung 357 ff.

Alterswertminderung (Alterswertminderungsfaktor)
- bei der Verkehrswertermittlung 962, 963

Anbauten 104, 274

Anteile an Kapitalgesellschaften
- Bewertung 6

Anwendungsvorschriften
- Siebenter Abschnitt des Zweiten Teils des Bewertungsgesetzes 364 ff.

Anzeigepflicht
- Änderung der GrSt-Voraussetzungen 1425
- bei Änderung der tatsächlichen Verhältnisse 312 ff.

Apotheke
- Gebäudeart, Grundbesitzbewertung 265

Appartements
- in Studenten- und Altenheimen 1502

Architektenkosten
- als Baunebenkosten 651

Arkaden 87

Artfortschreibung 14
- Grundbesitz 489

Aufhebung
- des Grundsteuerwerts 308 f.

Aufhebung des Einheitswerts 16
- Grundbesitz 490

Aufstockungen 274

Aufzüge
- als Betriebsvorrichtungen 516
- Zuschlag für – 684, 686, 694, 703, 705

Ausbau
- von Wohnungen 794

Ausbildungsheime
- Anerkennung als steuerbefreite – 1484
- GrSt-Befreiung von – 1410, 1411, 1487

Ausgangswert
- Angleichung des – an den gemeinen Wert 101
- Begriff 86

Ausgleichsleistungen
- des Bundes 1447

Auskunftspflicht 18, 127, 160

Ausländische Streitkräfte 1451

Ausländisches Sachvermögen 19, 315

Außenanlagen
- Abgrenzung 517
- auf fremdem Grund und Boden 758
- bei der Grundbesitzbewertung 244, 260, 268
- besonders werthaltige – 268
- Durchschnittspreise 719, 721, 722, 835
- Einfamilienhäuser 806
- Grundvermögen 36, 46, 59, 62, 517
- Regelherstellungskosten, Grundbesitzbewertung 268
- Wert der – 62, 100, 559, 865, 908
- Wert der – im Sachwertverfahren 86, 100

Außenausstattung, bessere
- Preise für – 686

Außenprüfung
- bei der Grundbesitzbewertung 160

Außenwände
- Fehlen von – 682, 691

Ausstattungsmerkmale
- für Bankgebäude 820
- für Hotelgebäude 820
- für Versicherungsgebäude 820
- für Verwaltungsgebäude 820

Ausstattungsstandards
- Ausstattungsgüte, Einheitsbewertung 623

Ausstellungshallen
- Raummeterpreise 702

B

Badehäuser 59, 895
- Raummeterpreise 702, 899

Bäder
- als Betriebsvorrichtungen 517, 527

Bahnanlagen 59, 527, 1479

Balkone 594, 595, 596, 597

Bankgebäude 59, 619, 820

Barwertfaktoren, Verkehrswertermittlung 962

Basiswert
- Feststellung von Grundbesitzwerten, ErbSt 149

Bauabschnitte
- Errichtung eines Gebäudes in – 45, 553, 776, 922
- Raummeterpreise 710, 823

Baualter
- als Bewertungsfaktor 71, 72

Bauart
- als Bewertungsfaktor 71, 72

Bauausführung
- als Bewertungsfaktor 71, 72

Baudenkmal 659

Bauerwartungsland
- Begriff 228

Baugebiete 576

Baugesetzbuch 562 ff., 946 ff.

Baujahr
- als Bewertungsfaktor 71, 72, 271 ff.
- fiktiv späteres Baujahr, Grundbesitzbewertung 271 ff.

Bauland
- als Grundvermögen 38
- Begriff bei der ErbSt 228

Bauliche Ausstattung 676

Baumängel
- bei der Einheitsbewertung 79, 82, 95, 647, 714, 772, 797, 811, 828, 865, 907
- bei der Verkehrswertermittlung (siehe besondere objektspezifische Grundstücksmerkmale)

Baunebenkosten
- als Teil der Herstellungskosten 88, 664
- Architektenkosten als – 664
- Kosten der Behördenleistungen als – 664
- Kosten der Verwaltungsleistungen als – 664

Baunutzungsverordnung 576 ff.

Baupreisindex
- bei der Grundbesitzbewertung 260, 267, 940 f.
- bei der Grundsteuerbewertung 354, 1394
- bei der Verkehrswertermittlung 963

Baureife Grundstücke 51

Bauschäden
- bei der Einheitsbewertung 79, 82, 95, 647, 714, 772, 797, 811, 827, 865, 907
- bei der Verkehrswertermittlung (siehe besondere objektspezifische Grundstücksmerkmale)

Bebaute Grundstücke
- Arten 53, 54, 235 ff., 769
- Begriff 53, 235, 330 f.
- bei der Feststellung von Grundbesitzwerten – 139, 235
- Besonderheiten bei der Bewertung 492
- Bewertung von – 57, 58, 139, 239 ff., 337 f., 769, 776
- GrSt-Erlass für – wegen wesentlicher Ertragsminderung 1426, 1428, 1505
- Mindestwert 61, 740, 773

Bebauung
- Zustand der – 104, 132, 291, 771

Bebauungsplan 562 ff., 576 ff.

Bedarfsbewertung
- Feststellung von Grundbesitzwerten 134, 142, 161

Bedinge Lasten
- auflösend – 4
- aufschiebend – 4

Bedingter Erwerb
- auflösend – 4
- aufschiebend – 4

Befristung
- auf einen unbestimmten Zeitpunkt 4

Begrenzung
- der Wertminderungen und Werterhöhungen 79

Behelfsbauten 60
- Preise für – 707

Behelfswohnungen 791

Beitrittsgebiet
- Bewertung der bebauten Grundstücke 765, 767
- Bewertung der unbebauten Grundstücke 767, 769, 775, 776
- Bewertungsvorschriften für das – 125
- Grundsteuervorschriften für das – 1440, 1499

Belastungszahl
- als Ausdruck der Grundsteuerbelastung 74 ff.

Beleuchtungsanlagen
- als Betriebsvorrichtungen 516, 517

Belüftungsanlagen 516, 539

Berechnungsverordnung, Zweite 588

Bereitschaftsräume
- GrSt-Befreiung 1410, 1412, 1488

Bergschäden
- Berücksichtigung von – 80, 95, 647, 772, 784, 797, 811

Berufsverbände
- GrSt-Befreiung 1399, 1446

Berufsvertretungen
- GrSt-Befreiung 1399, 1446

Besondere objektspezifische Grundstücksmerkmale
- bei der Verkehrswertermittlung 953, 954

Besonderer Einheitswert
- Feststellung des – 104, 132, 771
- für Grundstücke im Zustand der Bebauung 104, 132, 771

Bestandteile 34, 35, 506

Bestattungsplätze
- GrSt-Befreiung 1406

Bestimmungsgemäßer Gebrauch
- durch die Allgemeinheit 1399, 1402

Beteiligte
- am Verfahren zur Feststellung von Grundbesitzwerten 156

Betonfertigbauwerke
- als Gebäude 542

Betrieb der Land- und Forstwirtschaft
- Begriff 21, 317

Betriebsgrundstücke 11
- Abgrenzung der – vom Grundvermögen 118
- Bewertung 118, 924
- Zurechnung 118

Betriebskosten
- bei der Einheitsbewertung 62 ff., 68, 589, 598, 771
- bei der Grundbesitzbewertung 254, 257
- bei der Verkehrswertermittlung 955, 961, 971

Betriebskostenverordnung 598 ff.

Betriebsvermögen 10
- Abgrenzung vom Grundvermögen 118
- Begriff 116
- Bewertungsgrundsätze – 116
- der freien Berufe 116
- von Körperschaften, Personenvereinigungen und Vermögensmassen 117

Betriebsvorrichtungen 512 ff.
- Abgrenzung vom Grundvermögen 512, 539
- Abgrenzung von Außenanlagen 517
- Abgrenzung von Gebäudebestandteilen 515
- Abgrenzung von Gebäuden 512, 527, 539
- bei Tankstellengrundstücken 513, 519, 840
- kein Grundvermögen 34, 36, 769

Betriebswert
- bei der Feststellung von Grundbesitzwerten 135, 136

Betriebswohnungen
- bei der Feststellung von Grundbesitzwerten 135, 209 ff.
- beim land- und forstwirtschaftlichen Vermögen 135, 137

Bewässerungsanlagen
- als Außenanlagen 100
- als Betriebsvorrichtungen 516, 528
- Durchschnittspreise für – 719

Bewertung
- allgemein 2
- des Grundvermögens 10
- nach dem Einheitswert 11
- von Anteilen 6
- von ausländischem Sachvermögen 19
- von bebauten Grundstücken 52 ff., 57 ff., 239
- von inländischem Sachvermögen 19
- von Kapitalforderungen 6
- von Nutzungen und Leistungen 7, 467
- von Schulden 6, 120
- von unbebauten Grundstücken 228 ff.
- von Wertpapieren 6
- von wirtschaftlichen Einheiten 2

Bewertungsgrundlagen
- örtliche Erhebung von – 18, 127

Bewertungsgrundsätze
- für Betriebsvermögen 5, 117

Bewertungsvorschriften
- allgemeine – 1
- besondere – 10

Bewirtschaftungskosten
- Begriff 257, 588, 961, 971
- bei der Feststellung von Grundsteuerwerten 344, 457
- in der Einheitsbewertung 62 ff., 66
- in der Grundbesitzbewertung 257
- in der Verkehrswertermittlung 961, 971

Bezugsfertigkeit
- von Bürogebäuden 516
- von Gebäuden 45, 138, 561, 771, 922

Bibliotheken
- GrSt-Erlass 1426

Bodenbefestigungen
- als Außenanlagen 100
- als Betriebsvorrichtungen 517
- Durchschnittspreise für – 719

Bodenrichtwert
- Begriff 573, 947, 956 ff., 1003 ff.
- in der Grundbesitzbewertung 138, 228 ff.
- in der Verkehrswertermittlung 947, 956 ff., 1003 ff.

Bodenschätze
- Bewertung 34, 767

Bodenverbände
- GrSt-Befreiung 1406, 1408

Bodenverunreinigungen
- bei der Einheitsbewertung 657
- bei der Verkehrswertermittlung (siehe besondere objektspezifische Grundstücksmerkmale)

Bodenwert 61, 62, 63, 244, 260
- Ermittlung, Einheitsbewertung 87, 795, 821
- Ermittlung, Grundbesitzbewertung 138, 139, 228
- Ermittlung, Grundsteuerbewertung 327 ff., 345 ff.
- Ermittlung, Verkehrswertermittlung 963 ff.

Bodenwertanteil 63

Bodenwertverzinsung
- bei der Grundbesitzbewertung 245

Bootshäuser
- Preise für – 705, 904

Brauereien
- Wertzahl 725

Brücken
- als Außenanlagen 100
- als Betriebsvorrichtungen 517
- Durchschnittspreise 721

Brutto-Grundfläche
- Begriff 409, 943, 973
- bei der Grundbesitzbewertung 260, 264, 269 ff., 409, 931
- bei der Grundsteuerbewertung 355 ff.
- bei der Verkehrswertermittlung 955, 973

Bundeseisenbahnvermögen 1399
– GrSt-Befreiung 1403
Bundeskleingartengesetz 549
Bundespolizei
– Diensträume in Bahnhöfen, GrSt 1470
Bundeswehr
– Unterkünfte der – 1410, 1411
Bürgerliches Gesetzbuch 506 ff.
Bürogebäude / Bürohäuser 59, 561, 700, 820, 823

C

Campinggrundstücke 59
Container
– als Gebäude 542

D

Dachgärten 594, 596
Dachgeschoss
– Anrechnung auf die Brutto-Grundfläche 270
Dauernutzungsrecht
– Begriff 749
Dauerwohnrecht
– Begriff 749
Deckenverkleidungen
– Preise für – 685
Denkmalschutz
– Bewertung der Grundstücke unter – 659, 797, 820, 1502
Dienstgrundstücke
– GrSt-Befreiung der – von Geistlichen 1399, 1404, 1461
Dienstwohnungen
– GrSt-Befreiung der – von Geistlichen 1399, 1404, 1461
Dingliche Beschränkungen
– bei der Ermittlung des Grundstückswerts 508, 509
Diplomatische Zwecke 1412, 1468, 1493
Discountermarkt
– Gebäudeart, Grundbesitzbewertung 265
Doppelhäuser
– Bewertung – 55
Draisinenbahnen
– GrSt-Befreiung von – 1470

E

Eckgrundstücke
– Bewertung 47
Ehegatten
– Zusammenrechnung des Vermögens von – 17
Eigenheime 791
Einbauten
– in Gebäuden 687
Einfamilienhäuser 53, 236, 331 ff., 791 ff.
– Abgrenzung des – zum Zweifamilienhaus 54
– Abgrenzung wirtschaftliche Einheit 805
– Bewertung 57, 58, 132, 139, 239, 337, 770, 791
– mit Schwimmbecken oder Schwimmhallen 611, 612, 713
– Raummeterpreise 90, 709, 795

– Schätzung der üblichen Miete 68, 139
– Vervielfältiger 374
Einfriedigungen
– als Außenanlagen 100
– als Betriebsvorrichtungen 517
– Durchschnittspreise für – 719
Einheit
– wirtschaftliche 2
Einheitswert
– Nachträgliche Feststellung eines – 768
Einheitswerte
– Anwendung der – für den Grundbesitz 123, 132
– Aufhebung 17, 490
– Ermittlung 11
– Feststellung 11
– Feststellungsbescheide 11
– Fortschreibung 14, 132, 490, 498 ff.
– Hauptfeststellung 13
– Nachfeststellung 16, 132, 490
– Verfassungsmäßigkeit 488 ff.
Einkaufszentren
– Raummeterpreise 880
Eissportanlagen
– Betriebsvorrichtungen bei – 536
Entlüftungsanlagen
– in einer Tiefgarage 539
Entrichtung
– der GrSt 1423
Entsorgungsträger
– Grundstücke von – 1457
Entstehung
– der GrSt 1416
Entwässerungsanlagen
– als Außenanlagen 100
– als Betriebsvorrichtungen 516
– Durchschnittspreise für – 719
Entwicklungszustand
– in der Verkehrswertermittlung 952
Erbbaugrundstücke
– bei der Einheitsbewertung 105, 131, 729, 769, 774
– bei der Grundbesitzbewertung 140, 276, 284 ff.
– Wertfortschreibungen 106, 491
Erbbaurecht 729 ff.
– Abbruchverpflichtung beim – 739
– als Grundvermögen 34, 769, 773
– als Untererbbaurecht 790
– Begriff 276, 729 ff., 789
– bei der Grundbesitzbewertung 140, 276, 277 ff.
– bei der Grundsteuerbewertung 360 f.
– Bewertung 105, 131, 773
– Entstehung 789
– Erwerb des Grund und Bodens durch den Erbbauberechtigten 734
– Gesetz über das – 729 ff.
– Grundsteuerbefreiung bei – 1450
– und Gebäude auf fremdem Grund und Boden 735, 778
Erbbauzins
– Erbbauzinsverpflichtung 140, 276

1718

- Maßgebender – 278
- Recht auf – 105, 140, 276, 730, 774

Erhebungsrecht der Finanzämter 18

Erholung
- Grundstücke, die der – dienen 552, 607

Erklärungen
- zum Ersatzwirtschaftswert 127
- zur Feststellung des Einheitswerts 17
- zur Feststellung von Grundbesitzwerten 134, 153
- zur Feststellung von Grundsteuerwerten 312 f.

Erlass der Grundsteuer
- Allgemeine Voraussetzungen 1428
- für bebaute Grundstücke 1426, 1428, 1431, 1505
- für Betriebe der Land- und Forstwirtschaft 1426, 1428, 1429
- für Gebäude mit kulturell wertvollem Inventar 1424, 1484
- für Grundbesitz mit Erhaltung im öffentlichen Interesse 1424
- für Kulturgut 1424, 1484, 1502
- für öffentliche Grünanlagen 1424
- für Sport- und Spielplätze 1424
- Rechtsanspruch auf – 1434
- Verfahren 1434
- wegen Naturschutz 1463, 1503
- wegen wesentlicher Ertragsminderung 1426

Erlassverfahren
- für die GrSt 1434

Ersatzbemessungsgrundlage 1441

Ersatzwirtschaftswert
- für das land- und forstwirtschaftliche Vermögen 125, 1499

Erschließung 568 ff.
- erschließungsbeitragsrechtlicher Zustand 229

Ertragsminderung
- GrSt-Erlass wegen wesentlicher – 1426, 1428

Ertragswert, Verkehrswertermittlung 960 ff.

Ertragswertverfahren
- Abschläge bei Bewertung 130
- bei der Einheitsbewertung 57, 58, 62 ff., 130, 611 ff.
- bei der Grundbesitzbewertung 139, 244 ff.
- bei der Grundsteuerbewertung 339 ff.
- bei der Verkehrswertermittlung 960 ff.

Erwerb
- auflösend bedingter – 4
- aufschiebend bedingter – 4

Erziehungsheime
- Anerkennung als steuerbefreite – 1484
- GrSt-Befreiung 1410, 1411

Erziehungszwecke
- Anerkennung der Nutzung zu – 1484, 1485, 1486
- GrSt-Befreiung 1406, 1408, 1410, 1411, 1484

F

Fabrikgebäude
- Raummeterpreise 680

- Wertzahlen 101, 723, 726

Fabrikgrundstücke 60
- Raummeterpreise 89, 678

Fälligkeit
- der GrSt 1423

Feriendorf
- Bewertung eines – 617, 820

Ferienhäuser
- Einheitsbewertung 603

Ferienheime
- Raummeterpreise 701, 820
- Wertigkeit einzelner Bauteile 832

Ferienwohnungen
- Einheitsbewertung 603

Fernschulen
- GrSt-Befreiung 1482

Fertigbauweise, Gebäude in – 637

Festsetzung
- der GrSt 1422, 1518
- des GrSt-Messbetrags 1397, 1417, 1515
- Stichtag für die – 1416

Feststellung
- Nachholung einer – 17, 310 f.
- von Grundbesitzwerten 134 ff., 142 ff., 940 f.
- von Grundsteuerwerten ab 1.1.2022 303 ff.

Feststellungsbescheide 11, 134
- Änderung 17, 309 f.

Feststellungsfrist
- bei der Einheitsbewertung des Grundvermögens 503

Feststellungsverfahren
- bei der Grundbesitzbewertung 142 ff.

Feststellungsverjährung 503

Fitness-Center 619

Fließende Gewässer
- GrSt-Befreiung 1406, 1408

Flughafengrundstücke
- Grundsteuerbefreiung 1478

Fluglärm
- Abschlag wegen – 79, 642 ff.

Fördertürme 524

Fortschreibung des Einheitswerts
- Fortschreibungszeitpunkt 14, 132
- für den Grundbesitz 14, 132
- tatsächliche Verhältnisse bei – 14, 498
- von Erbbaugrundstücken 106, 132
- Wertverhältnisse bei – 17, 132

Fortschreibung des Grundsteuerwerts
- für den Grundbesitz 305 ff., 311

Fortschreibungs-Richtlinien 489, 498

Frei- und Verkehrsflächen
- Bewertung 229

Freie Berufe
- Betriebsvermögen von – 115

Freisitze 597

Freitreppen
- als Außenanlagen 100
- Durchschnittspreise 719

Freizeit
- Grundstücke, die der – dienen 552, 607

1719

Fremde Staaten
– GrSt-Befreiung 1412, 1468, 1493
Fußböden
– Preise 682, 683, 685

G

Garagengrundstücke 59, 833
– als Außenanlagen 100
– Be- und Entlüftungsanlagen in einer Tiefgarage 539
– Raummeterpreise 700, 701, 903
– Wertzahl 728
– wirtschaftliche Einheit bei Einfamilienhäusern 805
Gartenlauben 551, 552, 601
Gaststätten
– Preise 704, 900
Gebäude
– Abgrenzung von Betriebsvorrichtungen 512 ff., 539
– als Grundstücksbestandteil 506
– als Teil des Grundvermögens 34
– Art, Grundbesitzbewertung 265
– auf Dauer nicht nutzbare – 138, 226
– auf fremdem Grund und Boden 43, 113, 141, 551, 735, 747, 760, 762, 778
– Begriff 34, 512 ff.
– Betonfertigbauwerke 542
– Container 542, 543
– Fertigbauweise 637
– für den Zivilschutz 44, 141, 557
– mit unbedeutender Nutzung 138
– Transformatorenhäuschen 544
– verfallene oder zerstörte – 45, 49
– von untergeordneter Bedeutung 45, 49, 773
Gebäude auf fremdem Grund und Boden 42, 113, 548, 735, 758, 760, 762
– Abbruchverpflichtung bei – 739
– bei der Grundbesitzbewertung 141, 287 ff.
– bei der Grundsteuerbewertung 361
– Bewertung von – 42, 551, 735, 758, 760, 762, 763
– Gebäude von untergeordneter Bedeutung 763
Gebäude von untergeordneter Bedeutung
– bei Gebäuden auf fremdem Grund und Boden 763
– Bewertung 602, 763, 776
Gebäudeart 265, 352
Gebäudeertragswert
– bei der Grundbesitzbewertung 245
Gebäudenormalherstellungswert 88
– Wertminderung wegen Alters 88, 91
Gebäuderegelherstellungswert
– bei der Grundbesitzbewertung 260, 264
Gebäudesachwert
– Abschläge 95 ff.
– bei der Grundbesitzbewertung 264
– bei der Grundsteuerbewertung 351 ff.
– bei der Verkehrswertermittlung 962, 963
– Erhöhung 88, 96

– Ermäßigung 88, 96, 662
– Ermäßigung wegen Abbruchs 96, 718
– Ermäßigung wegen schlechter Lage 96
– Ermäßigung wegen übermäßiger Raumhöhe 98
– Ermäßigung wegen unorganischen Aufbaus 98
– Ermäßigung wegen wirtschaftlicher Überalterung 96, 718
– Zuschläge 88, 90, 96 ff.
Gebäudestandards
– bei der Grundbesitzbewertung 266 ff.
– bei der Verkehrswertermittlung 955, 986 ff.
Gebäudewert 62, 88
– Erhöhung 90, 96 ff.
– Ermäßigung 90, 96 ff.
– Ermittlung 88
– im Sachwertverfahren 88
– Wertminderung wegen Alters 91
Gebrauchsüberlassung
– vorübergehende – 256
Geistliche
– GrSt-Befreiung von Dienstgrundstücken und Dienstwohnungen 1404, 1410, 1411
Gemeindegröße
– Bewertungsfaktor 68, 370 ff.
Gemeiner Wert 5, 134, 769
– Angleichung des Ausgangswerts 101
– Begriff 5, 769
– Bewertungsmaßstab bei der Grundbesitzbewertung 225
– Nachweis des niedrigeren – 134
Gemeinnützige Zwecke
– GrSt-Befreiung 1399, 1403, 1460
– Wohnräume für – 1411
Gemischtgenutzte Grundstücke 53, 54, 132, 236, 336, 770, 807 ff.
– Bewertung 57, 59, 239, 337, 770, 807 ff.
– Vervielfältiger 371, 372
Gerüche
– wertmindernder Umstand 79, 638, 785, 810
Gesamtnutzungsdauer
– bei der Feststellung von Grundsteuerwerten 451
– bei der Grundbesitzbewertung 245, 246 ff., 249, 271 ff., 407
– bei der Grundsteuerbewertung 340 ff., 451
– bei der Verkehrswertermittlung 955, 968
Geschäftsgrundstücke 53, 54, 236, 336, 894
– Bewertung 57, 59, 239, 337, 678, 685, 688, 699, 704, 771, 894 ff.
– Vervielfältiger 373
– Wertzahlen 101, 723
Geschosse
– Berechnung 697
Geschossflächenzahl
– Bewertung 229
Gesellschaft
– Grundbesitz von vermögensverwaltenden Gesellschaften, ErbSt 148
Gesonderte Feststellung
– von Grundbesitzwerten 142 ff.

1720

Gewässerrandstreifen 1465
Gewerbebetrieb 116
– von Körperschaften, Personenvereinigungen und Vermögensmassen 117
Gleisanlagen
– als Betriebsvorrichtungen 517
Golfplätze
– Betriebsvorrichtungen bei – 537
Gottesdienst
– GrSt-Befreiung von dem – dienenden Grundbesitz 1406, 1407
Großmärkte
– Bewertung 878 ff.
Grünanlagen
– Erlass der GrSt 1424
Grund und Boden
– Wertansatz für den – bei kleinen Versorgungsflächen 560
Grundbesitz
– Begriff 11
– Bewertung von Schutzräumen 44, 141, 557
– der dem Naturschutz dient 1424, 1463, 1503
– Einheitswertfeststellung 11
– Feststellung von Grundsteuerwerten 303 ff.
– Fortschreibung der Einheitswerte 14, 132, 489, 498, 770
– für gemeinnützige und mildtätige Zwecke genutzter – 1399, 1403
– für sportliche Zwecke genutzter – 1404, 1453
– für wissenschaftliche, Unterrichts- und Erziehungszwecke 1406, 1408, 1480
– GrSt-befreiter land- und forstwirtschaftlich genutzter 1414
– GrSt-befreiter von Privatschulen – 1480
– GrSt-befreiter – fremder Staaten 1413, 1468, 1493
– GrSt-befreiter – von Schulungsheimen 1481
– GrSt-befreiter – von Werkschulen und Lehrwerkstätten 1481
– GrSt-befreiter – zu Wohnzwecken 1410 ff.
– Hauptfeststellung der Einheitswerte 13
– mit Erhaltung im öffentlichen Interesse 1424, 1502
– von Krankenhäusern 1406, 1407, 1488
Grundbesitzwert
– beim land- und forstwirtschaftlichen Vermögen 135 ff.
– Feststellung von – 134 ff., 161 ff.
– Grundbesitzbewertung 134 ff., 161 ff.
– Grunderwerbsteuer 938 f.
– Wertverhältnisse bei der Feststellung von – 134, 161
Grunddienstbarkeit
– beim Grundstückswert 508, 509, 797, 810
Grundfläche
– Begriff 594
– Ermittlung 594
Grundsteuer
– ab Kalenderjahr 2025 1511
– Entstehung 1416

– Erlass 1424, 1426, 1434, 1502, 1505
– Fälligkeit der – 1423
– Festsetzung 1396, 1425, 1443
– Freiheit für neugeschaffenen Wohnraum 1442
– Hauptveranlagung 1418
– Heberecht 1396, 1470
– im Beitrittsgebiet 1420
– Kleinbeträge 1423, 1443
– Mindereinnahmen 1447
– nach der Ersatzbemessungsgrundlage 1441
– Nachveranlagung 1419
– Neuveranlagung 1418
– Steueranmeldung 1442
– Steuergegenstand 1397
– Stichtag 1416
– Verwaltung 1397
– Vorauszahlungen auf die – 1423
Grundsteuerbefreiung
– allgemeine Voraussetzungen 1399, 1407
– bei Naturschutz 1424, 1463, 1476
– bei unmittelbarer Nutzung für begünstigte Zwecke 1405
– bestimmter Rechtsträger 1399
– für ausländische Streitkräfte 1452
– für Draisinenbahnen 1470
– für Gewässerrandstreifen 1465
– für land- und forstwirtschaftlich genutzten Grundbesitz 1414
– für Privatschulen 1480
– für Schulungsheime 1481
– für Schwimm- und Heilbäder 1462
– für Versuchsgüter 1459
– für Werkschulen 1481
– Öffentlich Private Partnerschaft 1399, 1466 ff.
– von Einrichtungen des Fernunterrichts 1482
– Wirtschafts- und Handelsbüro Hongkong 1494
Grundsteuerbelastung
– außergewöhnliche – 74, 76
– Belastungszahl der – 74, 76
Grundsteuermessbescheid 1397
– Bekanntgabe 1398
– Einsprüche gegen – 1501
Grundsteuer-Richtlinien 1396
Grundsteuervergünstigungen
– für abgefundene Körperbehinderte 1437
– Miete bei – 65, 69
Grundsteuerwert
– Bewertung des Grundbesitzes ab 1.1.2022 303 ff.
Grundstücke
– als wirtschaftliche Einheit 42
– baureife 51
– bebaute 52, 139, 769, 770, 775, 7776
– Begriff 42, 324 f.
– bei der Grundbesitzbewertung 224
– bei der Grundsteuerbewertung 324 f.
– Erbbaurecht 105, 131, 140, 769, 773, 779
– fremder Staaten 1412, 1468, 1493
– GrSt-Messzahl 1417, 1440
– Hebesatz 1396

- herrenlose – 1500
- im Zustand der Bebauung 104, 141, 291, 757, 762
- kleine Versorgungsflächen 560
- mit mehreren Gebäuden bzw. Gebäudeteilen, Grundbesitzbewertung 249, 274
- unbebaute 45 ff., 138, 226, 773, 775, 776
- Wohnungseigentum 110, 131, 239, 740 ff.

Grundstücke im Zustand der Bebauung 104, 291, 774, 776
- bei der Grundbesitzbewertung 141, 291 ff.
- besonderer Einheitswert für – 102

Grundstücksart
- als Bewertungsfaktor 53, 54, 71, 370 ff.

Grundstücksarten
- Begriff / Abgrenzung 236 f., 331 ff.

Grundstücksbestandteile 506

Grundstücksgröße
- bei der Feststellung von Grundsteuerwerten 443
- Bewertung 229

Grundstückshauptgruppen
- im Beitrittsgebiet 770, 772, 782
- Wohnungs- und Teileigentum 780

Grundstücksmerkmale
- in der Verkehrswertermittlung 952, 953

Grundstückstiefe
- Bewertung 229

Grundstückswert
- Begriff 62
- Erhöhung 79, 80
- Ermäßigung 79
- im Sachwertverfahren 86, 663
- und dingliche Beschränkungen 506, 510

Grundvermögen 10
- Abgrenzung vom Betriebsvermögen 118
- Abgrenzung vom land- und forstwirtschaftlichen Vermögen 38, 547, 765, 769
- Abgrenzung von Betriebsvorrichtungen 34, 36, 512 ff., 539
- Begriff bei der Einheitsbewertung 34, 36
- Begriff bei der Grundbesitzbewertung 134, 161, 223
- Begriff bei der Grundsteuerbewertung 323 f.
- Beitrittsgebiet 128, 769
- Wertverhältnisse bei Fortschreibungen und Nachfeststellungen 16, 128, 132, 491, 498, 770
- wirtschaftliche Einheit 42

Gutachten
- Nachweis des niedrigeren gemeinen Werts 134, 213, 296, 943, 1007, 1008

Gutachter
- Nachweis des niedrigeren gemeinen Werts 298, 1007

Gutachterausschuss
- Bildung, Zusammensetzung, Aufgaben nach BauGB 946 ff.
- Bodenrichtwert 138, 228, 946, 947
- Erfahrungssätze für Bewirtschaftungskosten 257
- Liegenschaftszinssätze 258, 946, 955, 958

- Sachwertfaktoren 275, 946, 955, 958
- Vergleichsfaktoren, Vergleichspreise 241, 946, 955, 958, 959

H

Hafengrundstücke 59, 515, 1470

Haftung
- dingliche 1416
- für die GrSt 1416
- persönliche 1416

Hallenbäder 59
- Raummeterpreise 687, 901

Hauptfeststellung der Einheitswerte 13
- für den Grundbesitz 13

Hauptfeststellung der Grundsteuerwerte
- für den Grundbesitz 304, 364

Hauptfeststellungszeitpunkt 13

Hauptfeststellungszeitraum 13

Hauptveranlagung
- der GrSt 1418
- Sondervorschriften für die – 1974 1439

Hauspersonal
- Wohnungen für – 53, 770, 791

Heberecht
- für die Grundsteuer 1396

Hebesatz
- der Grundsteuer 1396, 1441

Heilbäder
- Grundsteuerfreiheit 1462

Heizungsanlagen
- als Betriebsvorrichtungen 516
- bewertungsrechtliche Behandlung von – 692

Herstellungskosten eines Gebäudes
- bei der Einheitsbewertung 88, 91
- bei der Grundbesitzbewertung (siehe Regelherstellungskosten)
- bei der Verkehrswertermittlung (siehe Normalherstellungskosten)

Hinterland
- Bewertung 46

Hochhäuser
- Zuschlag 682, 697

Hoheitliche Tätigkeit
- GrSt-Befreiung bei Ausübung – 1399, 1401

Holzfachwerkgebäude
- Bewertung 712

Holzgebäude
- Bewertung 712

Hotelgrundstücke 59
- Raummeterpreise 699, 824

I

ICE-Neubaustrecken 1479

Immobilienwertermittlungsverordnung (ImmoWertV) 949 ff.

Indexreihen
- in der Verkehrswertermittlung 957, 958

1722

Industrie- u. Handelskammern 1446
Inlandsvermögen 123
Instandhaltungskosten
– bei der Einheitsbewertung 62 ff., 589
– bei der Grundbesitzbewertung 254, 257
– bei der Verkehrswertermittlung 961, 971

J

Jahresmiete
– bei der Grundbesitzbewertung / GrESt bis 31.12.2008 139
Jahresrohmiete
– Begriff 67, 771, 807
– Sollmiete 67
– Wohnraumförderungsgesetz 621
– Zuschlag für Schönheitsreparaturen bei der – 628
Jahreswert
– Begrenzung 9
– lebenslängliche Nutzungen und Leistungen 8, 467 ff.
– sonstige Nutzungen und Leistungen 9
Jugendheim
– Gebäudeart, Grundbesitzbewertung 265
Juristische Personen des öffentlichen Rechts
– Begriff 1401
– GrSt-Befreiung von – 1399, 1401

K

Kapitalforderungen
– Bewertung 6
Kapitalgesellschaften
– Betriebsvermögen von – 117
– Bewertung von Anteilen 6
Kapitalisierung
– bei der Grundbesitzbewertung, ErbSt (siehe Vervielfältiger)
– bei der Verkehrswertermittlung 962
Kapitalwert
– lebenslängliche Nutzungen und Leistungen 8, 467 ff.
– wiederkehrende Nutzungen und Leistungen 7
Kassenärztliche Vereinigungen
– keine Grundsteuerbefreiung 1399
Kaufpreis
– Nachweis des niedrigeren gemeinen Werts, ErbSt 298, 1010
Kaufpreissammlung 573
Kegelbahnen 529
Kesselhäuser 515, 521
Kinderheime
– Raummeterpreise 701
Kindertageseinrichtungen
– grundsteuerrechtliche Behandlung 1454
Kleingärten
– Begriff 549, 551, 552
– Gartenlauben 549, 551, 552
Kliniken 59
– Raummeterpreise 700, 901

Klöster 1491
Kohlenbunker 521, 526
Konsularische Zwecke 1412, 1468, 1493
Körperbehinderte
– GrSt-Vergünstigung für abgefundene – 1437, 1508
Körperschaften
– Betriebsvermögen von – 117
Kostenwert
– siehe Reform der Grundsteuer
Kraftstromanlagen
– als Betriebsvorrichtungen 516, 543
Krankenhäuser
– GrSt-Befreiung 1406, 1409, 1483
Kriegsbeschädigte
– GrSt-Vergünstigung für abgefundene – 1437, 1508
Kühlhäuser 59
– Raummeterpreise 702, 708
Kulturgut
– Erlass der GrSt 1424, 1502

L

Laboratorien
– Raummeterpreise 678
Laden
– Gebäudeart, Grundbesitzbewertung 265
Ladengrundstücke 894, 898
Lage
– des Grundstücks als Ermäßigungsgrund 96, 772
Lagefinanzamt
– örtliche Zuständigkeit, ErbSt 152
Lagergebäude 59
– Raummeterpreise 680, 852 ff.
Land- und Forstwirtschaft
– Erlass wegen wesentlicher Ertragsminderung bei Betrieben der – 1426, 1429
– GrSt-Befreiung 1414
– im Beitrittsgebiet 125, 1430, 1499
– Steuermesszahl für Betriebe der – 1417
– Zerlegung des Steuermessbetrags 1420
Land- und forstwirtschaftliches Vermögen 10
– Abgrenzung vom Grundvermögen 36, 316, 548, 765, 769, 803
– Begriff 20, 125, 135, 316
Lärm
– als wertmindernder Umstand 79, 639, 640, 642, 796, 810, 827, 867, 907
– als wertmindernder Umstand bei Truppenübungsplätzen 639
Lärmschutzbereiche (Flughäfen) 645
Lärmschutzdämme 722
Lasten
– auflösend bedingte – 4
– aufschiebend bedingte – 4
Leistungen
– lebenslängliche – 8, 467 ff.
– wiederkehrende 7
Lichtspielhäuser 59
– Raummeterpreise 697, 901

1723

Liegenschaftszinssätze
- Begriff 258, 939, 946, 958
- bei der Grundbesitzbewertung 245, 258, 939
- bei der Grundsteuerbewertung 344 f.
- bei der Verkehrswertermittlung 946, 955, 958, 960 ff.

Loggien 594, 596

M

Marktanpassungsfaktoren
- Begriff 958
- bei der Grundbesitzbewertung (siehe Wertzahl)
- bei der Verkehrswertermittlung 946, 953, 955, 958

Markthallen 59
- Raummeterpreise 702

Mehrzweckhallen
- Betriebsvorrichtungen bei – 512 ff., 536

Messehallen 59
- Raummeterpreise 702, 878, 880

Mietausfallwagnis
- bei der Einheitsbewertung 62 ff., 589
- bei der Grundbesitzbewertung 254, 257
- bei der Verkehrswertermittlung 961, 971

Miete
- bei der Feststellung von Grundsteuerwerten 452 ff.
- bei Grundsteuervergünstigungen 66, 69
- Jahresmiete 139
- Jahresrohmiete 66, 771, 807
- Rohertrag 252
- Schätzung der üblichen – 68
- übliche 7, 68, 139, 252, 254 ff., 807

Mietniveau-Einstufungsverordnung
- bei der Feststellung von Grundsteuerwerten 1011 ff.

Mietniveaustufen
- bei der Feststellung von Grundsteuerwerten 456, 1011 ff.

Mietspiegel
- Ermittlung der üblichen Miete 255 f.

Mietwohngrundstücke 53, 54, 236, 331 ff.
- Bewertung 57, 59, 337, 807 ff.
- Vervielfältiger 370

Mildtätige Zwecke
- GrSt-Befreiung bei Verfolgung – 1399, 1403
- Wohnräume für – 1411

Mindestwert
- von bebauten Grundstücken 61, 139, 244, 338, 773

Mitbenutzung
- eines Einfamilienhauses zu gewerblichen oder freiberuflichen Zwecken 794

Mitteilungen 18, 127, 314
Möbelausstellungsräume 539
Mobilheime
- Bewertungsrechtliche Behandlung der – 604 ff., 708

Modernisierung
- fiktiv späteres Baujahr, Grundbesitzbewertung 264, 271
- Verlängerung der Restnutzungsdauer, Grundbesitzbewertung 247 ff.
- Verlängerung der Restnutzungsdauer, Verkehrswertermittlung 955, 969 f.

Molkereigrundstücke 58, 723, 725
Museen
- GrSt-Erlass für – 1424

Musterhäuser
- Abbruchverpflichtung 759
- Bewertung 759

Mutterhäuser
- der Diakonieverbände 1489

N

Nachentrichtung
- der GrSt 1423

Nachfeststellung
- der Grundsteuerwerte 307 f., 311

Nachfeststellungen der Einheitswerte 16, 132
- tatsächliche Verhältnisse bei – 16
- Wertverhältnisse bei – 17, 490, 770

Nachholung
- einer Feststellung 17

Nachkriegsbauten 131

Nachveranlagung
- der GrSt 1420

Nachweis des niedrigeren gemeinenWerts
- Grundbesitzbewertung 134, 209, 213, 296 ff., 1007, 1008

Naturschutz
- Besteuerung von Grundbesitz für – 1424, 1463, 1503

Neuveranlagung
- der GrSt 1418

Nichtwohngebäude
- Grundbesitzbewertung 268, 940 f.

Normalherstellungskosten
- bei der Feststellung von Grundsteuerwerten 351 f., 464 f.
- bei der Verkehrswertermittlung 955, 973 ff.

Notweg
- beim Grundstückswert 507, 510

Notwohnungen 791

Nutzungen
- lebenslängliche – 8, 467 ff.
- wiederkehrende – 7

O

Ofenanlagen 523
Offene Hallen 519, 522
Öffentlich Private Partnerschaft
- GrSt-Befreiung – 1399, 1466 ff.

Öffentliche Zuständigkeit
- für die Feststellung von Grundbesitzwerten 152

Öffentlicher Dienst
- GrSt-Befreiung 1399, 1401
- Wohnräume für – 1410, 1411

Öffentlicher Gebrauch
- GrSt-Befreiung 1399, 1401
- Wohnräume für – 1410, 1411

Öffentlicher Verkehr
- GrSt-Befreiung von dem – dienenden Grundbesitz 1406, 1407

Öffentliches Interesse
- an der Erhaltung von Grundbesitz 1424

P

Parkhäuser
- bei Warenhäusern 727
- Grundsteuerliche Behandlung 1455
- Raummeterpreise 701

Parkplätze
- grundsteuerliche Behandlung 1455, 1483

Passagen 87

Passivhäuser
- Bewertung 620

Pastoralreferenten
- Dienstwohnungen von – 1461

Pferdestall
- Gebäudeart, Grundbesitzbewertung 265

Pflegeheime
- Raummeterpreise 701

Pkw-Ausstellung
- Ganzstahlkonstruktionen zur – 545
- Raummeterpreise 689

Platzbefestigungen
- als Außenanlagen 100
- als Betriebsvorrichtungen 517
- Durchschnittspreise 719

Pressehallen 522

Privatschulen 59
- GrSt-Befreiung 1406, 1408, 1480
- Raummeterpreise 701, 899

Q

Qualitätsstichtag
- in der Verkehrswertermittlung 951, 952

R

Rampen
- als Außenanlagen 100
- als Betriebsvorrichtungen 517
- Durchschnittspreise 1467

Rauch
- als wertmindernder Umstand 79, 772, 797, 810

Raumhöhe
- übermäßige – als Ermäßigungsgrund 98

Raummeterpreise 89
- für Bankgebäude 700, 835
- für Behelfsbauten 707
- für Einfamilienhäuser 709, 795
- für Fabrikgrundstücke 678, 855
- für Feriendorfanlagen 827
- für Ferienheime 827
- für Garagen 855, 857
- für Geschäftsgrundstücke 699
- für Hotelgebäude 699, 824
- für Lagerhausgrundstücke 855
- für Mobilheime 606, 708
- für Tankstellenräume 835
- für Überdachungen 701, 855
- für Versicherungsgebäude 701, 823
- für Verwaltungsgebäude 678, 700, 823
- für Zweifamilienhäuser 709
- für Werkstätten 855

Reallast
- beim Grundstückswert 508, 509

Rechtsbehelfsbefugnis
- bei der Feststellung von Grundbesitzwerten 160

Reform der Grundsteuer
- Änderung des Bewertungsgesetzes (Gesetzentwurf) 1590 ff.
- Änderung des Grundgesetzes (Gesetzentwurf) 1586 ff.
- Änderung des Grundsteuergesetzes (Gesetzentwurf) 1590 ff.
- Bundesrat, Stellungnahme 1696 ff.
- Bundesregierung, Gegenäußerung 1702 ff.
- Mobilisierung von baureifen Grundstücken (sog. Grundsteuer C) 1708 ff.

Regelherstellungskosten
- bei der Grundbesitzbewertung 264 ff., 268, 409 ff., 940 f.

Reinertrag
- bei der Grundbesitzbewertung 245
- bei der Grundsteuerbewertung 340 ff.
- bei der Verkehrswertermittlung 960, 961

Reithallen 59, 689, 902, 903
- Betriebsvorrichtungen bei – 535

Reklamenutzung
- Werterhöhung 79, 81, 96, 98

Religionsgesellschaften
- dem Gottesdienst dienender Grundbesitz von 1406, 1407
- GrSt-Befreiung 1399, 1404

Restaurant
- Gebäudeart, Grundbesitzbewertung 265

Restaurationsbetriebe
- Raummeterpreise 700, 900

Restnutzungsdauer
- bei der Grundbesitzbewertung 245 ff.
- bei der Grundsteuerbewertung 340 ff.
- bei der Verkehrswertermittlung 952, 960
- gewogene bzw. gewichtete – 250 f.

Restwert
- im Sachwertverfahren 94

Rohbauland
- Begriff 228

Rohertrag
- bei der Feststellung von Grundsteuerwerten 452 ff.
- bei der Grundbesitzbewertung 252 ff.
- bei der Grundsteuerbewertung 342 f.
- bei der Verkehrswertermittlung 960, 961
- für Anteilscheine 6
- für Wertpapiere 6

S

Saalbauten
– Preise 704, 901
Sachverständiger
– Nachweis des niedrigeren gemeinen Werts 298, 1007
Sachwertfaktoren
– bei der Grundbesitzbewertung – siehe Wertzahlen
– bei der Verkehrswertermittlung 955, 958, 963
Sachwertverfahren
– bei der Einheitsbewertung 57, 59, 86, 611 ff.
– bei der Grundbesitzbewertung 260 ff.
– bei der Grundsteuerbewertung 350 ff.
– bei der Verkehrswertermittlung 962 f.
Sammelgaragen
– Raummeterpreise 701
Sanatorien 59
– Raummeterpreise 700, 901
Sanierungsgebiete
– Abschlag für Grundstücke in – 662
Schiebehallen 541
Schießstände
– Betriebsvorrichtungen bei – 534
Schlossgrundstücke 1464
Schönheitsreparaturen 68, 628
Schulden
– Bewertung von – 6
Schülerheime
– GrSt-Befreiung 1410, 1411, 1484
Schuppen
– Bewertung 690
Schutzräume
– Bewertungsrechtliche Behandlung 44, 141, 557
Schwimmbäder
– GrSt-Freiheit 1462
Schwimmbecken
– als Außenanlagen 100
– bei der Grundbesitzbewertung 268
– bei Ein- und Zweifamilienhäusern 611
– Durchschnittspreise 713, 720
– im Haus 59
Selbstbedienungswaschanlagen
– Betriebsvorrichtungen bei 541
selbstständig nutzbare Teilfläche
– bei der Grundbesitzbewertung 245
– bei der Grundsteuerbewertung 348 ff.
Silos 525, 530
SMART-Tower 545, 689
Sollmiete
– als Jahresrohmiete 67
Sondereigentum
– nach dem Wohnungseigentumsgesetz 740
Sonderfälle
– bei der Feststellung von Grundbesitzwerten 139
Sonstige bebaute Grundstücke
– Bewertung 53, 55, 239, 336, 337
Sozialgebäude
– Raummeterpreise 678

Spiel- und Sportplätze
– Erlass der GrSt 1424
– Grundsteuerliche Behandlung 1453
Sporthallen
– Betriebsvorrichtungen bei – 536
Sportliche Anlagen
– Betriebsvorrichtungen bei – 533
– Erlass der GrSt 1424
– Grundsteuerliche Behandlung 1453
Sportliche Zwecke
– GrSt-Befreiung bei Verfolgung – 1403, 1453
Sportplätze
– Betriebsvorrichtungen bei – 533
Sprinkleranlagen 516
– Betriebsvorrichtungen bei – 530
– Bewertung 706
Squashhallen
– Betriebsvorrichtungen bei – 525, 619
Staub
– Beeinträchtigungen durch – 797, 810
Stellplätze
– Grundsteuerliche Behandlung 1455
Steuerausgleich
– als Ersatz der Zerlegung des GrSt-Messbetrag 1421
Steuerbefreiung
– allgemeine Voraussetzungen 1401, 1407
– für den Grundbesitz bestimmter Rechtsträger 1399
– für land- und forstwirtschaftlichen Grundbesitz 1414
– für zu Wohnzwecken genutzter Grundbesitz 1410
– Öffentlich Private Partnerschaft 1399, 1466 ff.
– sonstige – 1406
– teilweise Benutzung 1415
– unmittelbare Benutzung 1415
Steuerbegünstigte Zwecke
– Allgemeines 1460
– bei teilweiser Benutzung 1415
– bei unmittelbarer Benutzung 1415
Steuerfestsetzungsverfahren
Steuergegenstand
– der Grundsteuer 1397
Steuermessbescheid
– Änderung 1420
– Bekanntgabe 1398
– für die Grundsteuer 1397
Steuermessbetrag
– Aufhebung 1419
– für die Grundsteuer 1417, 1419
– Steuerausgleich als Ersatz für Zerlegung 1421
– Zerlegung 1420
– Zuständigkeit für Festsetzung und Zerlegung 1397
Steuermesszahl
– Ausgangspunkt für die GrSt 1417, 1509
– Betriebe der Land- und Forstwirtschaft 1423, 1440
– Grundstücke 1417, 1440

Steuerschuldner
- für die GrSt 1416, 1441

Stewing-Hallen 540

Stichtag
- Festsetzung der GrSt 1416
- Zerlegung 1420

Stützmauern
- als Außenanlagen 100
- Durchschnittspreise 719

T

Tankstellen 59, 834 ff.
- als Betriebsvorrichtungen 513, 521
- Gebäudeart, Grundbesitzbewertung 265
- Raummeterpreise 700, 835 ff.

Tatsächliche Verhältnisse
- Fortschreibungen, Nachfeststellungen der Einheitswerte 14, 16, 132, 491, 498

Teileigentum
- als Grundvermögen 34, 323
- Begriff 236, 237, 336, 740, 755
- Bewertung 110, 131, 139, 239, 337, 780
- Entstehung 755, 780
- Gebäudeart, Grundbesitzbewertung 265, 415
- Grundstücksart beim – 759

Teilerbbaurecht
- als Grundvermögen 34
- Bewertung 105, 107

Teilwert
- Begriff 6

Tennisplätze 59, 689, 902
- als Außenanlagen 100
- Betriebsvorrichtungen bei – 534

Terrassen 594, 595, 596, 597

Textilbauten 539, 904

Theatergrundstücke 59, 705, 901

Therme
- Gebäudeart, Grundbesitzbewertung 265

Tiefgaragenstellplatz, Grundbesitzbewertung 265, 270

Tiefkühllagerhalle als Gebäude 546

Tore
- als Außenanlagen 100
- Durchschnittspreise 722

Transformatorenhäuser 59
- als Betriebsvorrichtung 544, 560
- als Gebäude 544
- Raummeterpreise 702
- Wertansatz für den Grund und Boden 560

Treuhandanstalt
- Betriebe der – 1499

Trinkhallen 59, 708
- Raummeterpreise 702, 895

Trockenhäuser 59, 513, 520
- Raummeterpreise 702

U

Überalterung
- wirtschaftliche – eines Gebäudes 96, 714, 716, 718

Überbau
- beim Grundstückswert 507, 510

Überdachungen
- Abgrenzung bei Betriebsvorrichtungen 513, 519
- Preise 691, 881

Übergroße Flächen
- Behandlung der – 695, 812

Übliche Miete 66, 68, 69, 139, 252 ff., 621, 807
- Schätzung 69, 254

Uferbefestigungen 517

Umbauten 794

Umbauter Raum
- Berechnung 89, 591, 665, 796, 821, 841, 867, 886, 909

Umrechnungskoeffizienten
- Begriff 946, 958
- bei der Feststellung von Grundsteuerwerten 443 f.
- in der Grundbesitzbewertung 229 f.
- in der Verkehrswertermittlung 946, 958

Umsatzsteuer, Grundbesitzbewertung 264

Umwandlungssteuergesetz
- Zurechnungsfortschreibungen 497

Umweltschutz
- Bauten für den – 722

Umzäunungen
- als Außenanlagen 100, 719

Unbebaute Grundstücke
- Begriff 45, 138, 226, 326 f.
- Bewertung 46, 138, 228 ff., 327 ff., 769, 775, 776

Unorganischer Aufbau
- als Ermäßigungsgrund 98

Untererbbaurechte 790
- Begriff 790
- Bewertung 790

Unterführungen
- als Außenanlagen 100

Unterrichtszwecke
- GrSt-Befreiung 1406, 1408, 1480

V

Verbrauchermärkte 878

Vereinshäuser
- Preise 705, 894 ff., 899

Verfall
- zum – preisgegebene Gebäude 45, 49, 138, 227, 775

Verfassungsmäßigkeit
- der Einheitsbewertung 488

Vergleichsfaktoren
- Begriff 946, 958
- bei der Grundbesitzbewertung 241, 242 f.
- bei der Verkehrswertermittlung 946, 958, 959

Vergleichspreise
- bei der Grundbesitzbewertung 241 f.
- bei der Verkehrswertermittlung 959

Vergleichswertverfahren
- bei der Grundbesitzbewertung 241 ff.

- bei der Verkehrswertermittlung 953, 959
Verkaufsstände 59, 894 ff.
- Raummeterpreise 702, 899
Verkehrsflächen
- Grundsteuerbefreiung 1455
Verkehrsflughäfen 1406, 1408, 1471, 1488
Verkehrslandeflächen
- GrSt-Befreiung 1406, 1408, 1471
Verkehrsunternehmen
- Betriebswerkstätten 723
Verkehrswert 573, 947, 949 ff.
Vermögensarten
- bei der Grundsteuerbewertung 303
Vermögenszusammenrechnung 17
Versicherungsgebäude 59, 820
- Raummeterpreise 686, 823
Versorgungsanlagen
- als Außenanlagen 100
Versorgungsflächen
- Wertansatz für den Grund und Boden bei kleinen — 560
Versorgungsträger
- Grundstücke von — 1457
Versuchsgüter
- GrSt-Befreiung 1459
Vervielfältiger
- bei der Feststellung von Grundsteuerwerten 445 ff.
- bei der Grundbesitzbewertung 245, 246, 404
Vervielfältiger auf die Jahresrohmiete 62, 71 ff.
- bei abnormer Lebensdauer 71
- bei der Feststellung von Grundbesitzwerten 139
- bei hoher Grundsteuerbelastung 74
- bei verschiedenem Alter 72
- bei verschiedener Bauart 72
- bei Wiederaufbau 73
- für Einfamilienhäuser 374
- für gemischtgenutzte Grundstücke 371, 372, 809 ff.
- für Geschäftsgrundstücke 373
- für Mietwohngrundstücke 370, 809 ff.
- für Zweifamilienhäuser 375
- nach Gemeindegrößen 629 ff.
- regelmäßige — 71
Verwaltungsgebäude 59, 820 ff.
Verwaltungskosten
- bei der Einheitsbewertung 62 ff., 588
- bei der Grundbesitzbewertung 254, 257
- bei der Verkehrswertermittlung 961, 971
Vorauszahlungen
- auf die Grundsteuer 1423
Vorderland
- Bewertung von — 46
Vorkaufsrecht
- beim Grundstückswert 508, 509
Vorläufiger Sachwert
- bei der Grundbesitzbewertung 260
Vorzeitiger Abbruch
- eines Gebäudes 264, 274, 718, 775

W
Wandverkleidungen
- Preise 685
Warenhäuser 59, 878
- mit Parkdächern oder Parkhäusern 727, 1455
- Raummeterpreise 700, 880
Wasserverbände
- GrSt-Befreiung 1406, 1408
Wegebefestigungen
- als Außenanlagen 100
- Durchschnittspreise 719
Werkschulen
- GrSt-Befreiung 1481
Werkstattgebäude
- Raummeterpreise 680, 723, 855
Wertermittlung
- bei Eckgrundstücken 47
- bei mehreren Beteiligten 4
- bei unbebauten Grundstücken 46, 138, 228
- für Vorderland und Hinterland 46
- von Grundstücken in Sonderfällen 49
Wertermittlungsstichtag
- in der Verkehrswertermittlung 951, 952
Wertfortschreibung 14, 132, 489 ff., 498 ff.
- des Grundbesitzes 14, 131, 489 ff.
- eines Erbbaurechts 106, 494
Wertmindernde Umstände
- für den Grundstückswert 79, 714, 717, 772
Wertminderung
- bei Gebäuden verschiedenen Alters 93
- bei Verkürzung der Lebensdauer 93
- bei Verlängerung der Lebensdauer 94
- wegen Alters 92 ff., 139, 264, 270, 492, 798, 827, 864, 884, 907
- wegen baulicher Mängel und Schäden 79, 95, 96, 647, 714, 772, 828, 865, 885, 908
- wegen schlechten baulichen Zustandes 95
- wegen übermäßiger Raumhöhe 98, 714
- wegen unorganischen Aufbaus 98
- wegen vorzeitigen Abbruchs 80, 492, 493, 655, 656, 714, 718, 785, 811, 828, 865, 885, 908
- wegen wirtschaftlicher Überalterung 96, 714, 717, 718, 785, 828, 865, 885, 908
Wertpapiere
- Bewertung 6
Wertverhältnisse
- bei Nachfeststellungen 17, 311 f.
- Fortschreibungen 17, 311 f., 498 ff.
- Fortschreibungen des Grundvermögens 132, 311 f., 491, 498 ff., 770, 801, 821, 834
Wertzahlen
- bei der Einheitsbewertung 101 ff., 723 ff., 726
- bei der Feststellung von Grundsteuerwerten 359, 466
- bei der Grundbesitzbewertung 260, 275
Wesentliche Ertragsminderung
- bei bebauten Grundstücken 1431
- bei Betrieben der Land- und Forstwirtschaft 1426, 1429
- GrSt-Erlass 1426, 1505

- Voraussetzungen 1428, 1505
Windkraftwerke
- Betriebsvorrichtungen bei – 545
Wintergärten 594, 595
Wirtschaftliche Einheit 2, 16, 17
- Grundstück 42
- Land- und Forstwirtschaft 135
Wirtschaftliche Überalterung
- bei der Verkehrswertermittlung (siehe besondere objektspezifische Grundstücksmerkmale)
- Ermäßigung 96, 714, 717, 718, 785, 828, 868, 885, 908
Wissenschaftliche Zwecke
- GrSt-Befreiung 1404, 1407, 1483, 1484, 1486
Wochenendhäuser
- Bewertung 265, 603, 803 ff.
Wohnflächenberechnung 236, 590, 594, 596
Wohnflächenverordnung 594
Wohngebäude
- Grundbesitzbewertung 268, 940 f.
Wohnlauben
- Bewertung 603, 791 ff.
Wohnräume
- für den öffentlichen Dienst oder Gebrauch 1410, 1411
- für gemeinnützige oder mildtätige Zwecke 1410, 1411
- GrSt-befreite – 1410
- in Schülerheimen 1410, 1411, 1484
Wohnraumförderungsgesetz
- Förderung nach dem – 621
Wohnteil
- beim land- und forstwirtschaftlichen Vermögen 135, 137, 209 ff.
Wohnungen
- Begriff 53, 54, 236, 337, 609, 791, 1496
Wohnungseigentum
- als Grundvermögen 34, 110, 131, 323
- Begriff 236, 237, 335, 740, 755
- Bewertung 110, 131, 139, 239, 337
- Entstehung 780
- Gebäudeart, Grundbesitzbewertung 265, 412
Wohnungseigentumsgesetz 740
Wohnungserbbaurecht
- als Grundvermögen 34, 223

- Bewertung 105, 131, 140
Wohnungsleerstand 818
Wohnzwecke
- GrSt-befreiter Grundbesitz 1410

Z
Zechen
- Wertzahlen 723
Zelthallen 539, 540, 896
Zeltplätze 59
Zerlegung
- des GrSt-Messbetrags 1397, 1420
- Ersatz der – durch Steuerausgleich 1421
- Stichtag 1420
Zivildienst
- Wohnheime für den – 1461
Zivilschutz
- Gebäude für den – 44, 141, 295, 326, 557
Zivilschutz- und Katastrophenhilfegesetz 557
Zonengrenzgebiet
- Wertzahlen 101, 727
Zubehör 34, 506, 769
Zurechnung
- bei Grundstücken 11, 42, 489 ff.
Zurechnungsfortschreibung 11
- des Grundbesitzes 489, 497, 1500
Zusammenrechnung
- von Wirtschaftsgütern 17
Zuschlag
- bei Grundstücken mit nicht mehr als zwei Wohnungen 139
- zu den Raummeterpreisen 827, 884
Zustand der Bebauung 104, 141, 776
Zuständigkeit
- der Gemeinden für die Realsteuern 1445
- örtliche Zuständigkeit, Grundbesitzbewertung, ErbSt 152
Zweifamilienhäuser 53, 55, 236, 331 ff.
- Bewertung 57, 58, 239, 337
- Errichtung in Bauabschnitten 558
- mit Schwimmbecken oder Schwimmhallen 611, 612
- Raummeterpreise 709
- Schätzung der üblichen Miete 69
- Vervielfältiger 375